特别的人民，特别的国家
——美国全史

（第9版）

[美] 玛丽·贝丝·诺顿（Mary Beth Norton）
卡罗尔·谢瑞夫（Carol Sheriff）
大卫·W. 布莱特（David W. Blight）
霍华德·P. 丘达柯夫（Howard P. Chudacoff）
弗雷德里克·洛奇沃（Fredrik Logevall）
贝丝·百利（Beth Bailey） 著

黄少婷 译

关于作者

玛丽·贝丝·诺顿（Mary Beth Norton）

玛丽·贝丝·诺顿出生于密歇根州（Michigan）安娜堡市（Ann Arbor）。1964年，她获得了密歇根大学（University of Michigan）的文学学士学位，1969年获得哈佛大学博士学位。她是康奈尔大学（Cornell University）的玛丽·唐隆·阿尔杰（Mary Donlon Alger）教授。她的学位论文曾获得艾伦·内文斯奖（Allan Nevins Prize）。她的著作包括《英裔美国人》（The British-Americans）(1972)；《自由的女儿们》（Liberty's Daughters）(1980, 1996)；《开国母亲和父亲》（Founding Mothers & Fathers）(1996)，该书入围1997年普利策奖（Pulitzer Prize）历史类前三；《在恶魔的陷阱中》（In the Devil's Snare）(2002)，该书入围2003年《洛杉矶时报》图书奖（LA Times Book Prize）历史类前五，并获得了2003年国际英语联合会（English-Speaking Union）大使图书奖美国研究类奖项。她合编了三部关于美国女性历史的著作，还曾担任《美国历史协会历史文献指南》（American Historical Association's Guide to Historical Literature）(1995)一书的主编。她的文章曾发表于《美国历史评论》（American Historical Review）、《威廉与玛丽季刊》（William and Mary Quarterly）、《女性历史学报》（Journal of Women's History）等学术期刊。玛丽·贝丝担任过伯克郡女性历史学家联合会（Berkshire Conference of Women Historians）会长、美国历史协会（American Historical Association）研究副会长、人文委员会（National Council on the Humanities）主任。她曾在图书电视（Book TV）、历史与发现频道（the History and Discovery Channels）、PBS、NBC作为评论家评述早期美国历史，她还常常通过"教授美国历史（Teaching American History）"节目向高中教师作讲座。她获得了四个荣誉学位，并于1999年当选为美国艺术与科学学院（American Academy of Arts and Sciences）成员。她曾获得过国家人文基金会（National Endowment for the Humanities）、古根海姆基金会（Guggenheim）、洛克菲勒基金会（Rockefeller）、斯达基金会（Starr）和亨利·E.亨廷顿图书馆（Henry E. Huntington Library）的学术奖金。2005年至2006年间，她曾任剑桥大学（the University of Cambridge）纽纳姆学院（Newnham College）的美国历史与行政机构（American History and Institutions）庇特教授。

卡罗尔·谢瑞夫（Carol Sheriff）

卡罗尔·谢瑞夫出生于华盛顿州，成长于贝塞斯达（Bethesda），于1985年获得卫斯理大学（Wesleyan University）文学学士学位，并于1993年获得耶鲁大学博士学位。从1993年起，她在威廉与玛丽学院（College of William and Mary）教授历史，并在该校获得了托马斯·杰弗逊教育奖（Thomas Jefferson Teaching Award）、校友会教育奖金（the Alumni Teaching Fellowship Award），以及卓越教学校聘教授席位（University Professorship for Teaching Excellence）。她的著作包括《人工河：伊利运河与进步的矛盾》（The

Artificial River: The Erie Canal and the Paradox of Progress》(1996)，该书获得了纽约州历史协会(New York State Historical Association) 的迪克森·瑞安·福克斯奖(Dixon Ryan Fox Award)以及纽约州档案馆的卓越研究奖(the Award for Excellence in Research);《战争中的民族：美国南北战争中的平民和士兵，1854—1877》(A People at War: Civilians and Soldiers in America's Civil War, 1854—1877)[与司各特·雷诺兹·纳尔逊(Scott Reynolds Nelson)合著，2007]。卡罗尔为纽约州历史课程撰写了一部分教学手册，在"教授美国历史(Teaching American History)"节目中进行讲座，为罗切斯特博物馆与科学中心(Rochester Museum and Science Center)的一项展览担任顾问，并且在历史频道(History Channel)的"现代奇观(Modern Marvels)"节目中讲述伊利运河，她还参与了几个纪念南北战争150周年的公共历史项目。在威廉与玛丽学院，她教授关于美国历史研究和早期共和国、内战时期以及美国西部历史的高年级课程。最近，卡罗尔被提名为2013学年度优秀教授，以表彰她的教学学术成果及服务。

大卫·W.布莱特(David W. Blight)

大卫·W.布莱特出生于密歇根州弗林特市(Flint)，于1971年获得密歇根州立大学(Michigan State University)的文学学士学位，并于1985年获得威斯康星大学(University of Wisconsin)博士学位。他目前担任1954班美国历史教授和耶鲁大学吉尔德·莱尔曼研究中心(Gilder Lehrman Center)奴隶制、反抗和废奴运动研究主任。在事业的头七年，大卫曾担任弗林特一所公立高中的教师。他撰写了《弗雷德里克·道格拉斯的南北战争》(Frederick Douglass's Civil War)(1989)和《种族与重聚：美国记忆中的南北战争，1863—1915》(Race and Reunion: The Civil War in American Memory, 1863—1915)(2001)，该书获得了八个奖项，包括班克洛夫特奖(Bancroft Prize)、弗雷德里克·道格拉斯奖(Frederick Douglass Prize)、亚伯拉罕·林肯奖(Abraham Lincoln Prize)，以及美国历史学家组织(the Organization of American Historians)颁发的四个奖项。他最近出版的著作是《不再是奴隶：约翰·华盛顿与华莱士·特内奇的奴隶解放》(A Slave No More: The Emancipation of John Washington and Wallace Turnage)(2007)，该书获得了三个奖项。他编辑或参与编辑了六本书，包括各个版本的威廉·爱得华·伯格哈特·杜波依斯(W.E.B.DuBois)，《黑人的灵魂》(The Souls of Black Folk)以及《弗雷德里克·道格拉斯生平概述》(Narrative of the Life of Frederick Douglass)。大卫的文章发表于《美国历史学报》、《南北战争历史》(Civil War History)等学术期刊以及加博·博瑞特(Gabor Boritt)编辑的著作《南北战争缘何而来》(Why the Civil War Came)(1996)，等等。1992年至1993年间，他曾担任德国慕尼黑大学(University of Munich)美国研究高级富布莱特教授(Fulbright Professor)，2006年至2007年间，他获得了纽约公共图书馆(New York Public Library)多萝西和路易斯湾卡尔曼中心(Dorothy and Lewis B. Cullman Center)研究员职位。大卫作为数部纪录片的顾问曾出现在1998年PBS电视台系列节目《美国的非洲人》(Africans in America)中。他曾任职于美国历史协会委员会(the Council of the American Historical Association)。大卫还为初中老师、国家公园管理处(National Park Service)的护林员和历史学家讲授暑期课程。

霍华德·P.丘达柯夫(Howard P. Chudacoff)

霍华德·P.丘达柯夫是布朗大学(Brown University)美国历史研究乔治·L.利特菲尔德(George L. Littlefield)教授和城市研究教授，他出生于内布拉斯加州奥马哈市(Omaha)。他于1965年获得芝加哥大学(University of Chicago)文学学士学位，并于1969年获得同校博士学位。他的著作包括《流动的美国人》(Mobile Americans)(1972);

《你几岁了？》(How Old Are You?)(1989)；《单身汉的年代》(The Age of the Bachelor)(1999)；《美国城市社会的进化》(The Evolution of American Urban Society)[与朱迪斯·史密斯(Judith Smith)合著，2004]，《嬉戏的孩子：一部美国历史》(Children at Play: An American History)(2007)。他还与彼特·鲍德温(Peter Baldwin)共同编辑了《美国城市历史中的重大问题》(Major Problems in American Urban History)(2004)一书。他的文章发表于《家庭历史学报》(Journal of Family History)、《美国历史评论》(Reviews in American History)、《美国历史学报》(Journal of American History)等刊物。在布朗大学中，霍华德在美国文明项目(American Civilization Program)中担任联席主席、历史学院主席，并担任布朗在美国大学体育总会(NCAA)的教职员代表。他还担任城市历史协会(the Urban History Association)的董事会成员。国家人文基金会、福特基金会(Ford Foundation)、洛克菲勒基金都向他颁奖以促进他的学术研究。

弗雷德里克·洛奇沃(Fredrik Logevall)

弗雷德里克·洛奇沃是瑞典斯德哥尔摩人，是康奈尔大学国际研究约翰·S.奈特(John S. Knight)研究教授和历史学教授，他在该校担任马里奥·埃诺迪国际研究中心(Mario Einaudi Center)主任。他于1986年从西门菲莎大学(Simon Fraser University)获得学士学位，1993年获得耶鲁大学博士学位。他最近的著作是《美国的冷战：不安的政治》(America's Cold War: The Politics of Insecurity)[与坎贝尔·克雷格(Campbell Craig)合著，2009]。其他出版物包括《选择战争》(Choosing War)(1999)，该书获得三个奖项，包括美国对外关系史学家学会(the Society for Historians of American Foreign Relations)(SHAFR)协会颁发的沃伦·F.库尔图书奖(Warren F. Kuehl Book Prize)；《越南战争的根源》(The Origins of the Vietnam War)(2001)；《恐怖主义和9/11：一种解读》(Terrorism and 9/11: A Reader)(2002)；合作编辑《美国外交政策百科全书》(the Encyclopedia of American Foreign Policy)(2002)；合作编辑《第一次越南战争：殖民地纠纷和冷战危机》(The First Vietnam War: Colonial Conflict and Cold War Crisis)(2007)。弗雷德里克曾是美国对外关系史学家学会斯图亚特·L.伯纳斯(Stuart L. Bernath)文章、图书和讲座奖项的得主，同时也是美国对外关系史学家学会委员会的成员、康奈尔大学出版社员工委员会的成员以及弗吉尼亚大学(the University of Virginia)米勒公共事务中心(Miller Center of Public Affairs)的总统档案项目(Presidential Recordings Project)编辑顾问委员会成员。2006年至2007年间，他曾担任诺丁汉大学(the University of Nottingham)的莱弗休姆(Leverhulme)访问教授，并在剑桥大学担任梅隆高级学者(Mellon Senior Fellow)。

贝丝·百利(Beth Bailey)

贝丝·百利出生于佐治亚州亚特兰大市，于1979年从西北大学(Northwestern University)获得学士学位，并于1986年获得芝加哥大学(the University of Chicago)博士学位。她目前是天普大学(Temple University)的历史学教授。她的研究和教学领域包括战争与社会、美国军事、美国文化史(19世纪和20世纪)、流行文化、性别与性学。她最近的著作是《美国军队：缔造全志愿部队》(American Army: Making the All-Volunteer Force)(2009)。她的其他著述包括《从前廊到后座：20世纪美国求爱史》(From Front Porch to Back Seat: Courtship in 20th Century America)(1988)，《第一个神奇的地方：第二次世界大战时期夏威夷种族与性的炼金术》(The First Strange Place: The Alchemy of Race and Sex in WWII Hawaii)[与戴维·法伯(David Farbor)合著，2001]。她参与编撰了《我们时代的历史》(A History of Our Time)[与威廉·蔡非(William Chafe)、哈弗·希特科夫(Harvard Sitkoff)合作编撰，第七版，2007]。贝丝为PBS电视台和历史频道制作的不计其数的电视纪录片担任过顾问及/或出镜专家。她曾获得美国学术团体协会(the American Council of Learned Societies)、国家人文基金会、伍德罗·威尔逊国际学者中心(Woodrow Wilson International Center for Scholars)颁发的奖金和学术奖金,她还被提名为哥伦比亚大学(Columbia University)巴纳德学院(Barnard College)的安·惠特尼·奥林(Ann Whitney Olin)学者,并在该校担任美国研究项目(the American Studies Program)主任和新墨西哥大学(the University of New Mexico)讲师。她曾担任日本埼玉大学(Saitama University)和墨尔本大学(the University of Melbourne)三一学院(Trinity College)的访问学者,并曾在印度尼西亚担任高级富布莱特讲师。她教授性学与性别学、战争以及美国文化课程。

前　言

在第9版中，本书作了大量修改，但是仍旧保持着叙事的优势和重点，正因如此，无论是学生还是教师，都对本书青眼有加。在本书第8版出版后的几年中，学界出现了新的材料，另辟蹊径的解读层出不穷，美国历史学界前沿涌现了全新的主题。本书的作者们已经将这些研究发现融合进第9版。

和其他师生一样，我们在不断地重新创造过去，重新构筑我们的记忆，再度发现影响我们、伤害我们、困扰我们的那些人物和事件。本书代表了我们对美国历史持续不断的重新发现过程——多样化的民族和他们创造与哺育的国家。这本书证明，世上存在许多不同的美国人和许多不同的回忆。我们致力于尽可能全面地将他们展现出来，无论是以胜利或是悲剧的结局，无论是以分裂还是统一的形态。

关于《特别的人民，特别的国家》

《特别的人民，特别的国家》首版于1982年，是美国第一部重要的教科书，它将社会和政治历史全面地融合在一起。从最初开始，作者们就下定决心讲述美国所有民族的故事。本书的标志性特点是对社会和政治历史的融会贯通，以及超越一般历史只着眼于公众人物和重大事件的局限性，探讨了美国人民的日常生活。本书的所有版本都强调了公共政策与个人经历的交互作用、国内问题和国际事务的关系、流行文化的各种体现以及美国与美国人多样的起源。我们不断地将叙事建立在第一手资料的坚实基础上——赫赫有名或名不见经传的书信、日记、公共文件、口述历史、物质文化、手工艺品等。我们长期以来激励读者思考美国历史的意义——而不仅是记住事实。学生和教师常常告诉我们他们多么欣赏我们对于历史的态度。

秉承初版的传统，本书每个章节的开篇都是戏剧性的小片段，着眼于某个个体或一群人的故事。这些小片段引入关键主题，而这些主题则以简明扼要的引言和结论构造出章节的框架。大量地图、图表、图例和表格为读者理解文本观点提供了必要的地理和统计学背景。精心挑选的插图——其中许多专属于本书——为读者理解文中所探讨的话题提供了直观的视角，尤其是作者还配上了说明文字。这一版本与之前的所有版本一样，致力于将最前沿的学术观点、可读性、清晰的结构、批判性思考以及图文并茂的材料贯穿于全书每一页中。

本书的主题

在我们坚持不懈将政治、社会和文化历史融会贯通的过程中，有几个主题和问题脱颖而出。我们研究了美国人民定义自己的许多方式——性别、人种、阶级、地区、种族渊源、宗教、性取向——以及许多反映他们多维体验的问题。我们强调了美国人民极为丰富多样的日常生活——城市、农场或是大牧场，工厂或是公司总部，社区或是立法机构，身处充满关爱或是仇恨的群体，休闲娱乐或是工作，坐在教室里或者身着军装，参加秘密国家安全会议或是展开公开外交关系辩论，身在教堂或是志愿者团体，身处污染的环境或是自然保护区。我们特别关注生活方式、衣食住行、家庭生活和结构、劳动环境、性别角色、迁徙和流动性、生育以及育儿。我们探究美国人如何休闲娱乐和充实自己的精神生活，我们探讨他们的音乐、体育、戏剧、平面媒体、电影、广播、电视、形象艺术和文学，无论是"高端"文化还是流行文化。我们研究技术——比如内燃引擎和计算机——如何影响美国人的生活。

美国人的个人生活总是与政治和政府等公共领域交互作用。为了理解美国人民如何致力于保障自己各不相同的生活方式，寻求棘手问题的解决方案，我们强调了他们对于地方政府、州政府和联邦政府的期待，政府在提供解决方案中所起的作用，各种利益团体的游说，竞选和选举结果，以及任何时期的权力等级。由于美国长久以来都是国际事务中举足轻重的参与者，我们探讨了美国在战争中的角色、对其他国家的干预、帝国建设、移民形态、外国人的形象、跨国文化联系以及国际经济潮流。

本版特色

第9版的准备工作始于波士顿圣智（Cengage）办公室中一次为期两天的作者会议。在会上，我们探讨了这一领域的最新学术成果、教师们对于第8版的反馈意见以及我们在持续研究中获得的发现。我们的作者会议总是充满了睿智的乐趣和热烈的讨论，我们交换观点和想法并乐在其中。

这一版本建立在前版的基础上，继续强调用全球视野关注美国历史，本书初版时就具备了这一特点。从欧洲在北美和南美殖民为背景的"大西洋世界"到国际恐怖主义的讨论，作者们将最前沿的全球学术热点贯穿于本书之中。和第8版一样，我们努力加强对于美国人民多样性的处理，探讨广为应用的宽泛种族类别中的差异，关注移民问题，关注来自全世界的文化和智慧以及美国与日俱增的宗教多样性。我们同时还强调了不同民族通过土地占有和移民融入美国社会的过程。与此同时，我们将关于多样性的讨论融入叙事之中，而不是刻意地将任何一个群体从主流中孤立出去。我们在新版中延续了本书的传统，在每一章引言的结尾留下三个发人深省的问题，引导学生阅读接下去的内容。

第一手材料

我们相信学生们需要通过第一手材料参与历史思考的机会，所以我们在第9版中提供了更多这类机会。下文中描述的新栏目"昨日重现"通过指导说明和提出问题帮助学生运用视觉材料。除此以外，作者们为每一章指定了一系列第一手材料，为学生们补充有用的背景知识。

一如既往，作者们重新审视每一个句子、解读、地图、图表、插图和说明，完善措辞、提供新的例子，将历史、人类学、社会学和政治学等许多领域的前沿发现纳入文本中。有的章节开篇片段是本版独有的。本版的地图全部重新设计和修改，变得更加鲜活、引人入胜，并与文本内容关系紧密。

"遗产" "放眼天下" 和 "昨日重现"

本书每章都有两段简明扼要的专题文字："人民与国家的遗产"（第6版新增）以及"放眼天下"（第7版新增）。遗产出现在每一章的结尾，通过探究当前话题的历史根源，为质疑历史研究现实意义的学生们提供了强有力而合时宜的答案。遗产的新主题包括菲尼亚斯·泰勒·巴纳姆（P.T.Barnum）的作秀、道德改革者的禁酒运动、林肯总统的连任就职演说、国家公园、孩子们的量产玩具。我们加入了许多其他遗产内容。

"放眼天下"审视了美洲（及美国）内外以及与世界其他地区的联系。"放眼天下"出现在每一章合适的地方，以适当的篇幅探讨明确的话题。结构紧凑的段落详述了通常不为人知的国内外发展之间的联系。话题涵盖了经济、政治、社会、技术、医疗和文化历史等各个领域,生动地证明了美国这一地理区域从来都不是孤立于其他民族和国家的独立存在。本版新增的"放眼天下"内容包括火鸡、书写文具、内部改良、议事妨碍、"重回非洲"运动、海外留学项目、东京玫瑰、猪流感等。每一个"放眼天下"专题都以不同寻常和生动无比的实例突出全球互联关系,激发学生灵感的同时令他们增长知识。

我们在本版中新增了一个全新的栏目"昨日重现",这一栏目旨在为学生们提供一个审视第一手材料并对其进行批判性思考的机会。作者们为每一章内容选择了一到两种讲述时代故事的视觉材料(包括漫画、照片、手工艺品和杂志封面等),并辅以说明文字,帮助学生们理解对第一手材料的仔细分析如何让我们更深入地了解文中所讨论的时代。在该栏目中,我们选择将注意力集中在视觉材料上,因为通常教师们最难获得这些资料,并针对这些素材准备教学内容——另一个原因是我们常常在文本中赋予视觉材料以重要角色。第25章中有一幅1937年美国密歇根州弗林特市汽车工人静坐罢工期间的女子"应急部队"游行照片。图下的说明文字描述了照片中的场景,然后提出若干问题,引导学生对该照片进行更深入的分析,并思考这一事件的历史意义。

本版各部分的变化

玛丽·贝丝·诺顿主要负责第一章至第八章的内容,并且担任协调作者(coordinating author),扩充了欧洲早期在美洲各国的探险历史〔包括时评家理查德·哈克卢伊特(Richard Hakluyt)〕,探究了印第安民族和欧洲人对calumet烟斗(所谓的和平烟斗)的使用。她对英国及其殖民地宗教多样性以及殖民的宗教动机展开拓展讨论,修改了中间部分,将更多注意力赋予被奴役的战俘在船上的经历。为了使时间脉络更清晰,她将关于法国和西班牙在北美殖民地的内容从第3章移至第4章,并在第4章中增加了许多笔墨,涵盖了18世纪西部的住民——美洲原住民、西班牙人和法国人。第4章开头插入了一个新的关于奴隶玛丽-约瑟夫·安杰利克(Marie-Joseph Angélique)的开篇片段,此人被指控纵火烧毁蒙特利尔的商业城区。关于"七年战争"(Seven Years' War)、美国独立战争(American Revolution)、立宪会议(Constitutional Convention)的最新学术成果加入到第5章至第7章中。本版用一张表格方便地总结了州制宪会议投票数。本版还加入了更多关于女性政治角色和目标的信息,关于早期共和国的党派研究也增加了可观的篇幅。

卡罗尔·谢瑞夫负责第9章以及第11章至第13章,她增加了早期共和国和早期新奥尔良的民族主义文化内容,并修改了关于1812年战争和阿龙·伯尔(Aaron Burr)的讨论。她增添了便士报纸、亨利·戴维·梭罗(Henry David Thoreau)、科学与工程学、女性活动以及感化院等讨论。对于政治的整体处理作了修改,政治暴力得到特别关注,加入了一张该时期总统详情的表格。第13章中加入了大量关于西南边陲的信息,包括美国西部居民的引述,并且涉及了反扩张主义(anti-expansionism)和天主教传教过程中虐待印第安人等内容。

大卫·W.布莱特主要负责第10章以及第14章至第16章,他展开讨论了脱离联邦(secession)以及南北战争(Civil War)的经济原因和战争中的经济史,运用了大量新的学术研究成果。第10章插入了一个新的开章片段,内容是1827年在蒙蒂塞洛(Monticello)举行的奴隶拍卖会、杰弗逊(Jefferson)和萨利·海明斯(Sally Hemings)。他考虑了北军士兵的理想并增添了南方和北方巨大伤亡人数造成的文化影响等材料。第15章和第16章都对司法问题进行了新的处理,第16章还增加篇幅讨论南方佬(scalawag)和提包客(carpetbaggers)。

霍华德·P.丘达柯夫负责第17章至第21章及第24章,他大幅修改和更新了关于19世纪末技术变革和妇女参政权(women's suffrage)的处理。他还增加了对西南部印第安民族、西部民间英雄、政府和用水权、西部劳工暴力、女性艺人〔以及安东尼·卡姆斯托克（Anthony Comstock）这样的道德家对此的反对］、伍德罗·威尔逊（Woodrow Wilson）的种族主义、马库斯·加维（Marcus Garvey）和20年代黑人向北方大迁徙（Great Migration）等的讨论。第20章新加入的开篇片段描述了基督教妇女禁酒联合会（Women's Christian Temperance Union）会长弗朗西斯·威拉德（Frances Willard）的生活。他还巩固了第22章中对于社会服务所（settlement house）的分析，以避免重复。

弗雷德里克·洛奇沃主要负责第22章、第23章、第26章和第28章，他更新了关于19世纪后期美国帝国主义和冷战根源的探讨，并增添了第一次世界大战中护士和非裔美国士兵的新材料。

贝丝·百利主要负责第25章、第27章和第29章，她加入了关于流行文化、罗斯福新政（New Deal）制度史、30年代生态危机、第二次世界大战中拘禁日本公民和日裔美国人、欧洲解放、军人权利法案（GI Bill）以及战后时期老兵回乡等问题的最新学术成果。她扩充了关于战时宣传和审查制度的讨论。第29章新增的关于核污染受害者（downwinders）的开篇片段与该章节中的冷战内容联系更紧密。第29章内容经过了大量修改和重新组织。

洛奇沃和**百利**共同负责第30章至第33章的内容。这些章节包括大量关于北方人权和社会正义斗争的考量，以及以抗议校车为形式的反对意见。第31章加入了关于青年自由和责任的部分，还增加了关于流行文化、女性军人、宗教狂热崇拜等问题的讨论。该章中还增添了关于外交政策和美国生活模式的新材料。和之前的版本一样，第33章涵盖了最近的历史，这些内容经过全面的修改和重新组织。该章节中加入了乔治·W.布什（George W. Bush）的第二个任期以及贝拉克·奥巴马（Barack Obama）的当选、经济大衰退（Great Recession）、伊拉克和阿富汗战争等内容。

教学和学习帮助

这里列出的补充材料是和第9版《特别的人民，特别的国家》配套使用的。这些材料针对着当今学生和教师的多样化需求。

针对教师

Aplia, Aplia™是一个线上学习方案，通过接触课程材料、锻炼批判性思考技巧以及课程预习来帮助学生们培养学习责任感。Aplia是由一位教师为其他教师量身定做的工具，激励读史学生认真阅读并进行批判性思考。每一章都有针对性练习，让学生们联想支持较大历史概念的个体细节，总结结论，而不是死记硬背历史事实。每一章都包括至少一套以文本中的地图为基础的问题。课后作业也为学生们提供了阅读和理解第一手文件、影像和其他资料的经验。自动评分的课后作业包括详尽和即时的解释，确保学生们有规律地付出努力。评分册分析帮助教师们监测和处理学生个体或在团队中的表现。欲知详情请访问www.aplia.com/cengage。

教师伴侣站（Instructor Companion Site）。教师们能在这个网站上找到他们成功教授丰富美国历史研究课程所需的一切工具。版权保护的教学材料包括由中部皮德蒙特社区学院（Central Piedmont Community College）的乔治·C.沃伦（George C. Warren）编写的《教师资料手册》（*Instructor's Resource Manual*）；一套由瓦尔德斯塔州立大学（Valdosta State University）的巴尼·利克曼（Barney Rickman）定制的微软®PowerPoint®讲座幻灯片，包括文中的所有图片（照片、艺术品和地图）。伴侣网站还为教师们提供了历史探测器（HistoryFinder）和沃兹沃斯美国历史资源中心（Wadsworth American History Resource Center）的入口（参见下文中的描述）。请登录www.Cengage.com/history进入网站。

PowerLecture 光盘、Exam View®以及JoinIn®。在这个二元平台中，多合一资源包含《教师资料手册》，Word®和PDF格式的《测验银行》（Test Bank），讲座大纲和文中图片的定制微软®PowerPoint®幻灯片，带链接内容的JoinIn® PowerPoint幻灯片。光盘中还包含ExamView®，一种使用方法非常便捷的评分和指导系统，它让教师能够在几分钟内生成、传送和定制测试。由中部皮德蒙特社区学院的乔治·C.沃伦撰写的测试题目包括多项选择题、定义、地理和问答题。

　　历史探测器（HistoryFinder）。这个带搜索功能的线上数据库让教师们能够快速和轻松地从成千上万的资源中搜索和下载需要的内容，包括艺术作品、照片、地图、第一手资料和音像/影像片段。每份资料都直接下载为微软®PowerPoint®幻灯片格式，使教师们能够轻松地为班级教学制作出精彩纷呈的PowerPoint幻灯片。

　　电子教师资源手册（eInstructor's Resource Manual）。由中部皮德蒙特社区学院的乔治·C.沃伦编写，手册中为每一章节配备了一套学习目标、综合的章节大纲、课堂活动创意、讨论问题、备选论文话题以及讲座补充材料。手册可以从教师伴侣网站和PowerLecture光盘中找到。

　　Web Tutor™，见Blackboard®以及WebCT®。Web Tutor富有针对性和预设格式的内容灵活生动，使得教师们能够轻松地制作和管理他们自己的课程网站。WebTutor的课程管理工具让教师们能够模拟办公室时间、发布通知、组织串线讨论、用测验材料跟踪学生课程进度等。WebTutor还让学生们能够实时运用各种学习工具，包括章节总结音频、练习测验、专名表抽认卡和网站链接等。

　　课程伴侣（CourseMate）。圣智学习的课程伴侣通过交互学习、研究和课本辅助考试准备工具将课程概念融入生活中。你的班级在使用课本和本书课程伴侣网站学习时，交互教学和学习工具会使学生的理解力获得长足进步，除此以外还有"投入程度跟踪器"（EngagementTracker），这是一种领先的追踪学生在课程中投入程度的工具。详情请见www.cengagebrain.com。

学生资源

　　课程伴侣（CourseMate）。课程伴侣网站为学生们提供了课堂外的交互学习、研究和考试准备资源。学生们能够在网站上找到教学大纲和目标、焦点问题、抽认卡、测验题、第一手资料链接（包括课本中指出的以及羽毛符号标注的）和影像片断。课程伴侣网站还包含了完整的本书电子版。进行测试的学生可以直接链接到电子书中的相关部分获得额外信息。整本电子书具备搜索功能，学生们甚至可以做笔记留待日后参考。除此之外，电子书还外链到丰富的媒体资源，比如视频和音频版章节总结、第一手资料文件和批判性思考问题以及互动（可局部放大的）地图。学生们能够把电子书当作他们的主要课本，或者作为辅助多媒体支持。请登录www.cengagebrain.com下载。

　　沃兹沃斯美国历史资源中心（Wadsworth American History Resource Center）。这个资源中心让你的学生能够进入包含成百上千第一手资源的"模拟阅读器"，其中包括演说词、书信、法律文件和抄本、诗歌、地图、仿真画面、时间轴和补充图像，这些资料让历史栩栩如生，除此之外还有可指定的交互作业。地图专题包括谷歌地图™坐标及练习，让学生们理解地理和地图的运用。学生们能够比较传统教科书上的地图和如今该地点的鸟瞰图。这是学习、回顾和研究的理想资源。除了地图专题以外，资源中心还为学生复习和考查提供了空白地图。欲知详情请咨询您的销售代表，绑定课本与历史资源中心浏览权限。

　　cengagebrain.com。为你的学生节约时间和金钱。指示他们登录www.cengagebrain.com选择资料格式、优惠，获得在课程中脱颖而出的机会。学生们可以随时自由选择需要购买的内容。在这个网站上，学生们可以购买可下载的电子书或美国历史资源中心的使用权限，还有本书的额外学习工具和交互电子书，或者《历史手册》（The History Handbook）中的电子音频（eAudio）模块。学生能够获得电子教材50%折扣，单独电子章节只需1.99美元。

　　阅读器项目（Reader Program）。圣智学习发布了一系列阅读器，有的只包含第一手资料，有的是第一手资料和第二手资料的结合，许多阅读器的设计目的是指导学生进行历史研究。请登录Cengage.com/history，查阅完整的阅读器目录，或者咨询你的销售代表推荐适合你特定需求的阅读器。

自定义选项

没有人比你更了解自己的学生，那么为什么不根据他们的需求量身定制课本呢？圣智学习能为你的课程提供自定义方案——根据你的要求对本书进行微调或者将多种资源组合起来，创造出真正独一无二的内容。你可以挑选和选择章节，融入你自己的材料，添加额外的地图练习和《兰德麦克纳利地图集》(Rand McNally Atlas)（包括围绕地图集中的地图提出的问题），创造出适合您独特教学方法的课本，确保教材对你的学生来说物有所值。请咨询您的圣智学习销售代表，为您的课程定制自定义方案。

《兰德麦克纳利美国历史地图集（第二版）》(Rand McNally Atlas of American History, 2e)。这本全面的地图集包括80余幅地图，新内容包含国际视野，包括1945年至2005年中东发生的事件以及美国和全世界人口趋势。额外的地图记录了发现新大陆的航行；殖民地建立；美国参与的主要军事行动，包括独立战争、两次世界大战；移民来源，少数民族人口和经济变革形态等内容。

课程阅读器(Course Reader)。圣智学习的全新课程阅读器让教师们能够在短短几分钟内创造出自定义的电子阅读器。教师们可以通过搜索和浏览圣智浩瀚的文档数据库精确选择布置给学生的内容。资源包括成百上千的历史文件、图像和媒体，加上能够增添趣味，加深对第一手资料理解的文学篇目。教师们也可以从本书的定制"编辑之选"合集开始，然后对其进行更新以适应各自的需求。每种资源都包含了齐全的教学工具，提供了完整的学习体验，包括将阅读纳入上下文中的描述性批注、批判性思考和为加强重点知识设计的多选题。预知详情和组合选择请联系您当地的圣智学习销售代表。

鸣谢

作者们希望向下列各位对本版的准备工作施以援手的人士表示衷心感谢：菲利普·戴利德(Philip Daileader)、戴维·法伯(David Farber)、丹尼尔·洛奇沃(Danyel Logevall)、琼·帕门特(Jon Parmenter)、安娜·戴利德·谢瑞夫(Anna Daileader Sheriff)、本杰明·戴利德·谢瑞夫(Benjamin Daileader Sheriff)以及塞琳·谢瑞夫(Selene Sheriff)。

在本书修订的每个阶段，庞大的历史学评论小组阅读了我们的章节草稿。他们的建议、纠正和诉求帮助我们在这繁重的修订工作中找到了方向。我们无法在此赘述他们的所有建议，但是我们采纳了他们的绝大多数意见，使得本书更加完善。我们衷心感谢：

沙拉·阿尔珀恩(Sara Alpern)，得州农工大学(Texas A&M University)

弗雷德里克·贝尔(Friederike Baer)，天普大学(Temple University)

特罗伊·比克汉姆(Troy Bickham)，得州农工大学

罗伯特·比奥纳兹(Robert Bionaz)，芝加哥州立大学(Chicago State University)

维多利亚·拜纳姆(Victoria Bynum)，得克萨斯州立大学圣马科斯分校(Texas State University, San Marcos)

马里奥·芬尤(Mario Fenyo)，鲍威州立大学(Bowie State University)

沃尔特·希克森(Walter Hixson)，阿克伦大学(University of Akron)

埃里森·麦克尼斯(Allison McNeese)，慈悲山学院(Mount Mercy College)

史蒂夫·奥布赖恩(Steve O'Brien)，布里奇沃特州立大学(Bridgewater State College)

保罗·奥哈拉(Paul O'Hara)，塞维尔大学(Xavier University)

约翰·帕特曼（John Putman），圣地亚哥州立大学（San Diego State University）

托马斯·罗伊（Thomas Roy），俄克拉荷马大学（University of Oklahoma）

曼弗雷德·席尔瓦（Manfred Silva），埃尔帕索社区学院（El Paso Community College）

迈克尔·沃巴赫（Michael Vollbach），奥克兰社区学院（Oakland Community College）

作者们诚挚感谢设计、编辑、制作和悉心帮助该书的圣智工作人员。感谢资深责任编辑安·韦斯特（Ann West），资深开发编辑茱利亚·吉诺蒂（Julia Giannotti），内容产品编辑珍妮·李（Jane Lee），项目编辑黛比·梅耶（Debbie Meyer），照片研究员彭布洛克·赫伯特（Pembroke Herbert），以及美术编辑夏洛特·米勒（Charlotte Miller）。

M.B.N.
C.S.
D.B.
H.C.
F.L.
B.B.

目 录

第一章　三个旧世界创造一个新世界，1492—1600　　1

美洲社会 / 4
 古代美洲 / 4
 中美洲文明 / 5
 普埃布罗人和密西西比文化 / 5
 昨日重现　太阳城 / 6
 阿兹特克人 / 7
1492年的北美洲 / 7
 性别分工 / 8
 社会组织结构 / 9
 战争和政治 / 10
 宗教 / 10
非洲社会 / 10
 西非 / 11
 互补的性别角色 / 13
 几内亚的奴隶制 / 13
欧洲社会 / 13
 性别、工作、政治和宗教 / 13
 瘟疫和战争的后果 / 15
 政治和技术改变 / 16
 探险的动机 / 16
早期欧洲探险 / 17
 遨游地中海大西洋 / 17
 地中海大西洋的岛屿 / 18
 非洲的葡萄牙贸易站 / 18

 早期殖民的经验教训 / 18
哥伦布、卡伯特和后继者们的航行 / 19
 哥伦布的航行 / 19
 哥伦布的观察 / 20
 挪威人和其他北方航海者 / 21
 约翰·卡博托的探险 / 23
西班牙人的探险和征服 / 23
 科尔特斯和其他探险家 / 23
 占领特诺奇蒂特兰 / 24
 西班牙殖民 / 24
 黄金、白银以及西班牙的衰落 / 25
哥伦布大交换 / 26
 天花和其他疾病 / 26
 糖、马和烟草 / 26
北美洲的欧洲人 / 28
 放眼天下　玉米 / 29
 印第安人与欧洲人之间的贸易 / 30
 西班牙和英国的竞赛 / 30
 罗亚诺克 / 30
 哈利奥特的《一份简短而真实的报告》 / 31
结语 / 31
 人民与国家的遗产　肯纳威克人/
  古印第安人 / 32
扩展阅读 / 32

第二章　欧洲人殖民北美，1600—1650　　33

西班牙、法国和荷兰殖民北美 / 36
- 新墨西哥 / 36
- 魁北克和蒙特利尔 / 36
- 昨日重现　阿科玛普埃布罗 / 37
- 新法兰西的耶稣会传教区 / 38
- 新尼德兰 / 40

加勒比 / 40
- 战争和飓风 / 40
- 蔗糖种植 / 41

英国人对殖民的兴趣 / 42
- 社会和经济变革 / 42
- 英国宗教改革 / 43
- 清教徒、独立派和长老会 / 43
- 斯图亚特君主 / 43

弗吉尼亚的建立 / 44
- 詹姆斯敦与曾那寇马卡 / 44
- 阿尔冈昆和英国的文化差异 / 45
- 烟草种植 / 46
- 印第安袭击 / 46
- 弗吉尼亚公司的结局 / 46

切萨皮克的生活 / 47
- 劳动力需求 / 47
- 契约劳工的处境 / 48
- 生活标准 / 48
- 切萨皮克家庭 / 48
- 切萨皮克的政治 / 49

新英格兰的建立 / 50
- 对比鲜明的地区人口统计学模式 / 50
- 对比鲜明的地区宗教模式 / 50
- 独立派 / 51
- 清教徒和帕卡诺科特 / 52
- 马萨诸塞湾公司 / 52
- 约翰·温斯罗普总督 / 52
- 放眼天下　火鸡 / 53
- 契约理想 / 55
- 新英格兰城镇 / 55
- 皮科特战争及其后果 / 55
- 传教活动 / 56

新英格兰的生活 / 58
- 新英格兰家庭 / 58
- 宗教的影响 / 59
- 罗杰·威廉姆斯 / 59
- 安妮·哈钦森 / 59
- 人民与国家的遗产　蓝法（Blue Laws） / 60

结语 / 61
扩展阅读 / 61

第三章　大西洋世界中的北美洲，1650—1720　　62

英国美洲定居点的发展 / 65
- 纽约 / 65
- 新泽西 / 67
- 宾夕法尼亚 / 69
- 卡罗来纳 / 69
- 切萨皮克 / 70
- 新英格兰 / 70
- 殖民地政治结构 / 71

帝国危机十年：1670年代 / 72
- 新法兰西和易洛魁人 / 72
- 普埃布罗民族和西班牙人 / 73
- 菲利普王战争 / 73
- 培根起义 / 75

大西洋贸易体系 / 75
- 非洲奴隶制产生的原因 / 75
- 大西洋奴隶贸易 / 77
- 西非和奴隶贸易 / 79
- 新英格兰和加勒比 / 79
- 放眼天下　异国饮料 / 80
- 奴役航行 / 82

北美和加勒比地区的奴隶制 / 82
 切萨皮克的非洲奴隶 / 82
 南卡罗来纳的非洲奴隶 / 83
 稻米和靛蓝染料 / 84
 北卡罗来纳和南卡罗来纳的印第安奴隶 / 84
 北方的奴隶 / 85
 奴隶反抗 / 85
帝国重组和巫术危机 / 86
 殖民地自治遭受挑战 / 86

重商主义和《航海条例》/ 87
美洲光荣革命 / 87
威廉国王战争 / 88
1692年巫术危机 / 88
昨日重现　巫术审判之辩 / 89
人民与国家的遗产　非裔美洲人 / 90
新的帝国策略 / 91
结语 / 91
扩展阅读 / 92

第四章　变革的美洲社会，1720—1770　　93

地理扩张和民族多样性 / 96
 西班牙和法国领土扩张 / 96
 法国和密西西比 / 97
 来自非洲的非自愿移民 / 97
 昨日重现　奴隶的象征性反抗 / 100
 欧洲新移民 / 101
 苏格兰—爱尔兰、苏格兰、德国 / 102
 保持民族和宗教身份 / 103
英属美洲的经济增长和发展 / 104
 商业和制造业 / 104
 富有和贫穷 / 105
 区域经济 / 105
殖民地文化 / 106
 上流文化 / 107
 启蒙运动 / 107
 口头文化 / 108
 宗教和公民仪式 / 108
 放眼天下　天花接种 / 109
 消费仪式 / 110
 茶和马德拉 / 111

"中间立场"的仪式 / 111
殖民地家庭 / 112
 印第安和混血家庭 / 112
 欧洲裔美洲家庭 / 113
 非裔美洲家庭 / 114
 反抗的形式 / 115
 城市生活 / 115
政治：英属美洲的稳定和危机 / 116
 殖民地议会 / 116
 南卡罗来纳和纽约的奴隶反抗 / 117
 暴徒和监管者 / 117
英裔美洲人中的宗教危机 / 118
 乔治·怀特菲尔德 / 118
 大觉醒的影响 / 119
 弗吉尼亚浸信会 / 119
结语 / 120
 人民与国家的遗产　"白手起家"的
 人们 / 121
扩展阅读 / 122

第五章　斩断帝国联系，1754—1774　　123

欧洲人和印第安人之间展开新一轮战争 / 126
 易洛魁中立 / 126
 奥尔巴尼会议 / 129

七年战争 / 129
放眼天下　第一次世界大战 / 131
1763：转折点 / 133

尼奥林和庞蒂亚克 / 133
1763年声明 / 133
乔治三世 / 134
代表理论 / 134
真辉格党 / 135
《糖税法》和《货币法案》 / 135

印花税法案危机 / 136
詹姆斯·奥蒂斯的《英属殖民地的权利》 / 136
帕特里克·亨利和《弗吉尼亚印花税法案决议》 / 136
继续向英国效忠 / 137
反印花税法案示威 / 137
美国的利益分歧 / 138
自由之子 / 139
反抗和撤销 / 139

反抗《唐森德法案》 / 141

约翰·迪金森的《一个美国农民的来信》 / 142
反抗的仪式 / 142
昨日重现 女性纺织者的革命象征主义 / 143
自由之女 / 144
关于抵制运动的不同意见 / 144

波士顿的冲突 / 145
波士顿屠杀 / 145
英国阴谋？ / 145
塞缪尔·亚当斯和通讯委员会 / 146

茶叶和动乱 / 147
《不可容忍法案》和《魁北克法案》 / 149
人民与国家的遗产 女性政治激进主义 / 149

结语 / 150
扩展阅读 / 150

第六章　真正的独立，1774—1783　　152

大陆会议和委员会设立的政府 / 155
第一次大陆会议 / 155
大陆联合会 / 156
观察委员会 / 156
地区议会 / 156

偏远地区的竞赛 / 157
怀疑和战争 / 157
昨日重现 边境难民 / 158
边境斗争 / 159

选择立场 / 159
新斯科舍和加勒比 / 159
爱国者 / 160
反独者 / 160
中立者 / 160
非裔美洲人 / 161
放眼天下 新国家 / 162

战争和独立 / 163
莱克辛顿和康科德的战役 / 164

战争第一年 / 164
英国战略 / 164
第二届大陆会议 / 165
乔治·华盛顿 / 165
英国人撤离波士顿 / 165
《常识》(Common Sense) / 166
杰弗逊和《独立宣言》 / 167

北方的战争 / 167
纽约和新泽西 / 167
1777年战役 / 168
易洛魁联盟分裂 / 169
1778年法国—美国同盟 / 170

军队和后方的生活 / 170
大陆军 / 170
军官团体 / 171
艰难和疾病 / 171
后方 / 172

南方的胜利 / 173

南卡罗来纳和加勒比地区 / 173　　　　　人民与国家的遗产　革命的起源 / 177
　　戈林和南方战事 / 175　　　　　结语 / 177
　　约克镇的投降 / 176　　　　　扩展阅读 / 178
　　《巴黎条约》 / 176

第七章　缔造共和国，1776—1789　　　　　179

创造高尚的共和国 / 182
　　各种共和主义 / 182
　　美德和艺术 / 183
　　昨日重现　描绘美德 / 184
　　教育改革 / 185
　　朱迪思·萨金特·默里
　　（Judith Sargent Murray） / 185
　　女性和共和国 / 186
第一次奴隶解放和种族主义发展 / 186
　　放眼天下　书写工具和文具 / 187
　　奴隶解放和释放奴隶 / 188
　　自由黑人人口的增长 / 189
　　被解放的奴隶的生活 / 189
　　种族主义理论的发展 / 189
　　白人男性的共和国 / 191
设计共和国政府 / 191
　　州宪法 / 191
　　限制州政府 / 191
　　修改州宪法 / 192
　　《邦联条例》 / 192
邦联的考验 / 192
　　财政事务 / 193
　　外交事务 / 194

　　和平条约条款 / 194
西部的秩序和混乱 / 195
　　印第安关系 / 195
　　1785年条例 / 196
　　《西北条例》 / 197
从危机到《宪法》 / 198
　　税收和经济 / 198
　　谢司叛乱 / 199
　　制宪会议 / 199
　　麦迪逊和《宪法》 / 200
　　弗吉尼亚和新泽西计划 / 200
　　关于国会的辩论 / 201
　　奴隶制和《宪法》 / 201
　　国会权力和总统权力 / 202
反对和批准 / 202
　　联邦党和反联邦党 / 203
　　权利法案 / 203
　　批准 / 203
　　庆祝批准 / 205
结语 / 205
　　人民与国家的遗产　镇区系统 / 206
扩展阅读 / 207

第八章　早期共和国国内外冲突，1789—1800　　　　　208

建立可行的政府 / 211
　　第一届国会 / 211
　　权利法案 / 211
　　执法和司法 / 211
　　关于奴隶制的辩论 / 212

华盛顿和汉密尔顿治下的国内政策 / 212
　　华盛顿的初步行动 / 212
　　亚历山大·汉密尔顿 / 213
　　国家和州债务 / 214
　　汉密尔顿的财政计划 / 214

美国第一家银行 / 215
解读《宪法》 / 215
《制成品报告》 / 216
"威士忌暴乱" / 216

法国大革命和党派政治的发展 / 217
共和党人和联邦党人 / 217
法国大革命 / 218
埃德蒙·热内 / 218
民主社团 / 219

党派政治以及对英关系 / 220
《杰伊条约》辩论 / 220
党派的基础 / 221
华盛顿的告别演说 / 221
1796年选举 / 222

约翰·亚当斯和政治异见 / 222
"XYZ事件" / 223
与法国的准战争 / 223

"外国人和煽动叛乱法案" / 223
昨日重现　共和国早期的报纸 / 224
弗吉尼亚和肯塔基决议 / 225
1800年会议 / 225

新国家的西部 / 225
西北地区的战争 / 226
"教化"印第安人 / 227
易洛魁人和切罗基人 / 228
放眼天下　海地难民 / 229

世纪末的"革命" / 230
"弗赖斯叛乱" / 230
"加布里埃尔叛乱" / 230
人民与国家的遗产　战争时期的异见 / 231
1800年选举 / 231

结语 / 232
扩展阅读 / 232

第九章　界定美国，1801—1823　　　　　233

政治愿景 / 236
政教分离 / 236
政治动员 / 237
党派媒体 / 237
有限政府 / 237
司法政治 / 238
马歇尔法院 / 239
司法审查 / 239
1804年总统竞选 / 239
民族主义和文化 / 240

国家向西扩张 / 240
新奥尔良 / 241
路易斯安那购地案 / 241
刘易斯和克拉克考察 / 242
印第安人之间的分歧 / 243
腾思科瓦塔瓦和特库姆塞 / 244

美国在欧洲的轨道上 / 245
第一次巴巴利战争 / 245

美国主权受到威胁 / 245
1807年禁运令 / 246
国际奴隶贸易 / 247
1808年总统竞选 / 248
女性和政治 / 248
失败的政策 / 248
麦迪逊先生的战争 / 249

1812年战争 / 249
入侵加拿大 / 250
海战 / 250
焚烧首都 / 250
昨日重现　销售战争 / 251
南方的战争 / 252
《根特条约》 / 253
美国主权得到再次伸张 / 253
国内影响 / 253

民族主义计划 / 254
美国体系 / 255

早期内部改进 / 255
　　善意的时代 / 255
　　政府促进市场扩张 / 256
　　边境解决 / 257
　　门罗主义（Monroe Doctrine） / 257
暴露的地方主义 / 258
　　早期工业发展 / 258

　　1819年恐慌 / 258
　　放眼天下　工业盗版 / 260
　　密苏里妥协 / 261
结语 / 262
　　人民与国家的遗产　州权利和否决
　　　　原则 / 263
扩展阅读 / 264

第十章　南方的崛起，1815—1860　　　　265

"与众不同的"南方 / 268
　　南北共同点 / 268
　　南北差异 / 268
　　南方世界观和支持奴隶制之辩 / 271
　　奴隶社会 / 272
南方扩张，印第安人的反抗和迁移 / 273
　　南方西迁运动 / 273
　　印第安人条约的签订 / 274
　　印第安人的和解 / 274
　　放眼天下　艾米斯塔案 / 275
　　联邦政策中的印第安人迁徙 / 276
　　切罗基人 / 277
　　"切罗基诉佐治亚案" / 278
　　眼泪之路 / 278
　　塞米诺战争 / 279
老南方的社会金字塔 / 280
　　自耕农 / 280
　　自耕农民间文化 / 282
　　自耕农的生计 / 282
　　无土地的白人 / 283
　　自耕农的要求和白人阶级关系 / 284
　　自由黑人 / 284
　　自由黑人社区 / 285

种植园主的世界 / 285
　　新贵 / 285
　　社会地位和种植园主的价值观 / 286
　　全球经济中的棉花王 / 287
　　家长制 / 287
　　种植园主阶级的婚姻和家庭 / 288
奴隶生活和劳动 / 289
　　奴隶们的日常处境 / 289
　　奴隶日常工作 / 290
　　针对奴隶的暴力和胁迫 / 290
　　奴隶—奴隶主关系 / 291
奴隶文化和反抗 / 292
　　非洲文化遗风 / 292
　　奴隶的宗教和音乐 / 292
　　奴隶制下的黑人家庭 / 295
　　国内奴隶贸易 / 295
　　反抗策略 / 296
　　奈特·透纳起义 / 297
　　昨日重现　奈特·透纳起义再现 / 298
　　人民与国家的遗产　奴隶制赔偿 / 299
结语 / 299
扩展阅读 / 300

第十一章　躁动的北方，1815—1860　　　　301

与众不同的其实是北方？ / 304
　　前工业化农场 / 304

　　前工业化工匠 / 305
　　早期工业化 / 306

运输革命 / 306
 道路 / 306
 蒸汽船 / 307
 运河 / 307
 铁路 / 308
 政府推动内部改进工程 / 309
 地区联系 / 309
 对发展的模棱两可态度 / 310
工厂和工业化 / 311
 工厂工作 / 311
 纺织工厂 / 311
 放眼天下　内部发展工程 / 312
 工人抗议 / 313
 工会 / 314
消费和商业化 / 314
 制衣业 / 314
 商业专门化 / 314
 昨日重现　繁荣和衰退的景像 / 315
 商业化农业 / 316
 农场女性的工作变化 / 316

乡村社会 / 317
 繁荣和衰退的循环 / 317
变化的家庭 / 317
 "理想"家庭 / 317
 缩小的家庭 / 318
 女性的付薪工作 / 319
城市发展 / 319
 城市繁荣 / 319
 与市场相关的发展 / 320
 贫富两极分化 / 320
 移民 / 323
 民族矛盾 / 324
 有色人种 / 325
 都市文化 / 327
 便士报纸 / 328
 城市作为进步的象征 / 328
 人民与国家的遗产　费尼尔司·泰勒·巴纳姆的哗众取宠 / 329
结语 / 330
扩展阅读 / 331

第十二章　改革和政治，1824—1845　　334

从复兴到改革 / 335
 复兴 / 335
 道德改革 / 336
 感化院和收容所 / 337
 戒酒 / 337
 昨日重现　儿童参与 / 338
 公共学校 / 339
 工程学和科学 / 340
乌托邦实验 / 341
 摩门教徒 / 341
 震颤派（Shakers） / 341
 奥奈达派、欧文派和傅立叶派 / 342
 美国文艺复兴 / 343
废奴主义 / 343
 早期废奴主义和殖民 / 343

 即时主义（Immediatism） / 344
 雷恩辩论 / 344
 美国的反奴隶制团体 / 345
 放眼天下　国际反奴隶制运动 / 346
 非裔美国废奴主义者 / 347
 反对废奴主义 / 347
 道德劝说对抗政治行动 / 348
女性权利 / 348
 法律权利 / 348
 政治权利 / 349
杰克逊主义和党派政治 / 349
 扩大政治参与 / 349
 1824年选举 / 350
 1828年选举 / 351
 民主党 / 352

安德鲁王 / 352
联邦制的问题：拒绝执行和银行矛盾 / 353
    拒绝执行 / 353
    《军力动员法》 / 354
    美国第二银行 / 354
    政治暴力 / 354
    反共济会运动 / 355
    1832年竞选 / 355
    杰克逊的第二任期 / 355
    《铸币流通令》 / 356
辉格党的挑战和第二政党体系 / 356

    辉格党和改革者 / 356
    1836年竞选 / 357
    范布伦和艰难时期 / 357
    盎格鲁—美利坚矛盾 / 358
    威廉·亨利·哈里森和1840年竞选 / 358
    人民与国家的遗产　道德改革者的戒酒
        运动 / 359
    泰勒总统 / 360
结语 / 360
扩展阅读 / 361

第十三章　争议的西部，1815—1860　　362

美国想象中的西部 / 365
    定义西部 / 366
    边境文学 / 366
    西部艺术 / 366
    反驳神话 / 368
跨阿巴拉契亚西部的扩张和抵抗 / 368
    决定迁居何处 / 369
    印第安迁移和反抗 / 370
    黑鹰战争（Black Hawk War） / 371
    出售西部 / 372
    开垦土地 / 373
联邦政府和西进扩张 / 373
    皮草贸易 / 373
    跨大陆探险 / 374
    参与其中的军队 / 376
    公共土地 / 376
    放眼天下　加利福尼亚的黄金 / 377
西南边境 / 378
    西南部的奴隶制 / 379
    新墨西哥边境 / 379
    得克萨斯边境 / 379
    卡曼奇帝国 / 380

    昨日重现　绘画和文化印象 / 381
    美国企业主 / 382
    得克萨斯政治 / 383
    孤星共和国 / 383
    战时损失和收获 / 384
远西地区的文化边境 / 384
    西方传教士 / 385
    摩门教徒 / 385
    俄勒冈和加利福尼亚通道 / 386
    印第安条约 / 387
    文化接触的生态影响 / 387
    淘金热 / 389
    采矿定居点 / 389
领土扩张的政治 / 391
    一目了然的命运 / 391
    "要么54度40分，要么战争" / 392
    波尔克和1844年选举 / 392
    得克萨斯加入联邦 / 393
结语 / 393
    人民与国家的遗产　早期拉美定居者的
        后裔 / 394
扩展阅读 / 394

第十四章　奴隶制和美国的未来：通往战争之路，1845—1861　396

墨西哥战争及其影响 / 400
  俄勒冈 / 400
  "波尔克先生的战争" / 400
  海外战争和大众想象 / 402
  征服 / 402
  《瓜达卢佩—伊达尔戈条约》 / 403
  "奴隶主集团阴谋" / 403
  昨日重现　大众想象中的墨西哥战争 / 404
  《威尔莫特但书》 / 405
  1848年选举和大众主权 / 405
1850：妥协还是休战 / 406
  领地中关于奴隶制的辩论 / 406
  1850年妥协 / 407
  《逃奴法案》 / 407
  《汤姆叔叔的小屋》 / 409
  地下铁道 / 409
  1852年选举和妥协案的崩溃 / 411
奴隶制扩张和党派体系的崩溃 / 412
  《堪萨斯—内布拉斯加法案》 / 412
  共和党的诞生 / 412
  一无所知党 / 413
  党派重组以及共和党的示好 / 414
  共和党意识形态 / 414
  南方民主党人 / 414
  放眼天下　威廉·沃克和掠夺 / 415
  流血的堪萨斯 / 416
  1856年总统选举 / 417
奴隶制和美国的未来 / 417
  "德雷德·司各特（Dred Scott）案" / 417
  亚伯拉罕·林肯和奴隶主集团 / 419
  《莱康普顿（Lecompton）宪法》和民主党人之间的矛盾 / 419
分裂 / 420
  约翰·布朗（John Brown）袭击哈珀斯费里（Harpers Ferry） / 420
  1860年总统选举 / 421
  脱离联邦和南方邦联 / 422
  桑特堡和战争爆发 / 424
  因果关系 / 424
  人民与国家的遗产　恐怖主义者还是自由斗士？ / 426
结语 / 426
扩展阅读 / 427

第十五章　革新之火：南北战争，1861—1865　428

美国走向战争，1861—1862 / 431
  第一场战役：布尔朗战役 / 432
  大策略 / 432
  联邦海军战役 / 434
  远西的战争 / 435
  格兰特的田纳西战役和夏伊洛战役（Battle of Shiloh） / 435
  麦克莱伦和半岛战役 / 436
  邦联攻击马里兰和肯塔基 / 437
战争改变南方 / 438
  邦联和集权 / 438
  邦联民族主义 / 439
  南方城市和工业 / 439
  女性角色的改变 / 440
  人类苦难、囤积和通胀 / 440
  邦联征兵的不公正 / 441
战时北方经济和社会 / 442
  北方商业、工业和农业 / 442
  军需官和军事政府动员 / 442
  北方工人的战斗精神 / 444
  经济民族主义和政府—商业合作关系 / 444
  联邦事业 / 445

战争后方和战场上的北方女性 / 446
瓦尔特·惠特曼的战争 / 446

解放的来临 / 447
　　林肯和奴隶解放 / 447
　　征用法案 / 449
　　《解放黑人奴隶宣言》 / 449
　　非裔美国新兵 / 450
　　谁解放了奴隶？ / 450
　　邦联的释奴计划 / 451

士兵们的战争 / 451
　　普通士兵和意识形态 / 451
　　医院和军营生活 / 452
　　来复火枪 / 452
　　黑人士兵为尊严而战 / 452

1863：战局扭转 / 453
　　钱斯勒斯维尔战役
　　（Battle of Chancellorsville） / 453
　　昨日重现　南北战争中的黑人士兵 / 454
　　围攻维克斯堡（Vicksburg） / 455
　　葛底斯堡战役 / 455

解体：南方、北方和西部 / 456
　　联邦占领地带 / 456

邦联联盟的瓦解 / 456
南方城市中的食物暴动 / 457
邦联军逃兵 / 457
反战情绪，南方和北方 / 458
和平民主党人 / 459
纽约市征兵暴动 / 459
远西的印第安战争 / 460
1864年大选 / 461

1864—1865：意志的最终考验 / 461
　　北方外交策略 / 461
　　战争僵局和联邦的获胜策略 / 462
　　放眼天下　英国眼中的南北战争 / 463
　　亚特兰大陷落 / 464
　　谢尔曼向大海进发 / 464
　　弗吉尼亚染的土地 / 465
　　阿波马托克斯的投降 / 465
　　金融账 / 466
　　死亡人数及其影响 / 467
　　人民与国家的遗产　亚伯拉罕·林肯的
　　　"第二次就职演说" / 468

结语 / 469
扩展阅读 / 470

第十六章　战后重建：一场未完成的革命，1865—1877　　471

战时重建 / 474
　　林肯的10%计划 / 474
　　国会和《韦德—戴维斯法案》
　　（Wade-Davis Bill） / 475
　　第十三条修正案 / 475
　　被解放黑奴事务管理局 / 476
　　废墟和仇恨 / 476

自由的意义 / 477
　　自由的感觉 / 477
　　非裔美国家庭团聚 / 477
　　黑人谋求独立 / 478
　　前奴隶对土地的渴望 / 478
　　黑人接受教育 / 478

黑人教会的成长 / 479
佃户制的兴起 / 480
昨日重现　佃农制：因债务被奴役 / 481

约翰逊的重建计划 / 482
　　田纳西的安德鲁·约翰逊 / 482
　　约翰逊的激进观点 / 483
　　约翰逊的赦免政策 / 483
　　总统的重建计划 / 483
　　黑人章程 / 484

国会重建计划 / 484
　　激进派 / 484
　　国会对约翰逊 / 484
　　第十四条修正案 / 485

南方和约翰逊的挑衅 / 486
1867—1868年重建法案 / 487
土地再分配的失败 / 487
宪法危机 / 487
弹劾约翰逊总统 / 488
1868年大选 / 489
第十五条修正案 / 489
南方的政治和重建 / 490
白人的反抗 / 491
黑人选民和南方共和党 / 491
共和党政府的胜利 / 492
工业化和工厂城镇 / 492
共和党人和种族平等 / 492
"黑奴统治"的神话 / 493
提包客和无赖汉 / 494

税收政策和作为政治分野的腐败 / 494
三K党（Ku Klux Klan） / 494
重建的退缩 / 495
三K党恐怖主义的政治含义 / 496
北方的工业扩张和重建 / 496
自由共和党反叛 / 497
大赦 / 498
西部、种族和重建 / 498
放眼天下 "回到非洲"运动 / 499
海外扩张 / 499
重建的司法后退 / 500
1876年争议大选和1877年妥协 / 501
结语 / 502
扩展阅读 / 502
人民与国家的遗产 覆败的事业 / 503

第十七章　西部的发展，1865—1900　　504

原住民的经济活动 / 507
　生存文化 / 507
　屠杀水牛 / 508
　鲑鱼的减少 / 509
原住民文化的转型 / 509
　西部人 / 509
　政府政策和条约 / 510
　保留政策 / 510
　原住民的抵抗 / 511
　印第安政策改革 / 512
　红鸟 / 512
　《道斯土地占有法》
　　（Dawes Severalty Act） / 512
　鬼魂舞 / 513
　西部的丧失 / 513
　昨日重现 让印第安人外表和行为肖似
　　"美国人"的尝试 / 514
自然资源边境的生活 / 515
　采矿和伐木 / 515
　复杂的社会 / 516

西部女性 / 517
种族的意义 / 518
保护运动 / 519
新州的准入 / 520
西部民间英雄 / 520
灌溉与交通 / 520
　水权 / 521
　政府对水权的监管 / 521
　放眼天下 澳大利亚边境 / 522
　《纽兰兹垦荒条例》
　　（Newlands Reclamation Act） / 523
　铁路建设 / 523
　铁路补贴 / 523
　标准规格，标准时间 / 524
开垦平原地区 / 525
　平原地区的定居 / 525
　平原的艰苦条件 / 525
　社会隔绝 / 526
　邮购公司和乡村免费递送 / 527
　农业的机械化 / 528

立法和科学助力 / 529
畜牧边境 / 529
　　　开放牧场 / 530
　　　带刺铁丝网 / 531

　　　企业化畜牧 / 531
　　　人民与国家的遗产　国家公园 / 532
结语 / 533
扩展阅读 / 533

第十八章　机器时代，1877—1920　　534

技术和工业化的胜利 / 537
　　　电气工业的诞生 / 538
　　　亨利·福特和汽车工业 / 538
　　　放眼天下　大西洋海底电缆 / 539
　　　卡内基和钢铁 / 540
　　　杜邦和化学工业 / 541
　　　技术和南方工业 / 542
　　　技术造成的影响 / 542
　　　弗雷德里克·W. 泰勒（Frederick W. Taylor）和
　　　　效率 / 543
机械化和劳动力地位的改变 / 543
　　　批量生产 / 543
　　　劳动力的重建 / 545
　　　工业事故 / 546
　　　合同自由 / 547
　　　关于劳动改革的法院判决 / 547
劳动暴力和工会运动 / 547
　　　昨日重现　1911三角内衣工厂火灾的
　　　　影响 / 548
　　　1877年铁路工人罢工 / 549
　　　劳动骑士团 / 550
　　　海马基特暴动 / 550
　　　美国劳工联合会 / 551
　　　霍姆斯特德和普尔曼罢工 / 552
　　　西部的工人暴力 / 552

　　　世界产业工人联合会 / 553
　　　女性工会成员 / 553
　　　工薪阶层的经历 / 554
生活水平 / 554
　　　日常奢侈品 / 554
　　　生活成本 / 555
　　　家庭收入的补充 / 555
　　　更高的生活期望 / 556
　　　抽水马桶和其他发明 / 556
　　　膳食改革 / 557
　　　成衣 / 558
　　　百货商店和连锁店 / 558
　　　广告 / 559
企业合并运动 / 559
　　　企业的崛起 / 561
　　　联营和信托 / 561
　　　控股公司 / 561
　　　金融家 / 562
财富的福音及其批判者 / 563
　　　政府对商业的帮助 / 563
　　　不同的声音 / 563
　　　反托拉斯立法 / 564
　　　人民与国家的遗产　录音技术 / 565
结语 / 565
扩展阅读 / 566

第十九章　城市生活的活力和混乱，1877—1920　　567

现代城市的发展 / 570
　　　工业发展 / 570

　　　大众交通运输的机械化 / 570
　　　城市蔓延 / 571

人口增长 / 571
进城务工人员 / 574
新海外移民 / 574
地理和社会流动性 / 576

城市社区 / 577
文化留存和改变 / 579
城市边境 / 579
种族隔离和暴力 / 580
墨西哥聚居区 / 580
文化适应 / 581

内城的生活状况 / 582
内城的住房 / 582
住房改革 / 582
新住宅技术 / 582
贫困救济 / 583
犯罪和暴力 / 583

管理城市 / 584
供水和排污 / 584
城市工程师 / 585
执法者 / 585
政治机器 / 585
昨日重现 街道清洁和城市改革 / 587
公民改革 / 588
社会改革 / 589
城市美丽运动 / 589

家庭生活 / 589
住宅和家族结构 / 589
出生率下降 / 590
人生阶段 / 590
未婚者 / 591
寄宿和客居 / 591
亲戚关系的作用 / 591
节日庆典 / 592

新的休闲和大众文化 / 592
休闲时间的增加 / 593
棒球 / 593
放眼天下 日本棒球 / 594
槌球和自行车 / 595
足球 / 595
表演行业 / 596
女性和少数族裔的机遇 / 596
电影 / 597
黄色新闻 / 598
其他大众市场出版物 / 598
人民与国家的遗产 儿童和量产玩具 / 599
安东尼·科姆斯多克
（Anthony Comstock） / 599

结语 / 600
扩展阅读 / 600

第二十章 镀金时代的政治，1877—1900　　602

党派政治的性质 / 605
文化—政治同盟 / 605
派系斗争 / 606

立法问题 / 606
公务员改革 / 606
铁路规范 / 608
关税政策 / 608
货币政策 / 609
立法成果 / 610

临时总统 / 610

海斯、加菲尔德和阿瑟 / 610
昨日重现 镀金时代的政治景象 / 611
克利夫兰和哈里森 / 612

歧视、剥夺公民权和对策 / 612
针对非裔美国人的暴力 / 613
剥夺公民权 / 613
司法种族隔离 / 614
非裔美国人的社会运动 / 614
女性选举权 / 615

土地动乱和平民主义 / 616

南方的佃农和租种制 / 617
中西部和西部的困境 / 618
格兰其运动 / 618
白帽子 / 618
农民联盟 / 619
联盟统一问题 / 620
平民主义的崛起 / 621
平民党代表人物 / 621
放眼天下 俄国平民主义 / 622

1890年代的大萧条和抗议 / 622
持续的货币问题 / 623
大萧条的后果 / 624
大萧条时期的抗议 / 624
社会主义者 / 624
尤金·V.德布斯 / 625
科克西失业请愿军 / 625

白银圣战和1896年总统大选 / 626
自由白银 / 626
麦金莱的提名 / 627
威廉·杰宁斯·布莱恩 / 627
大选结果 / 628
麦金莱总统任期 / 629

结语 / 629

扩展阅读 / 630
人民与国家的遗产 一个童话的解读 / 631

第二十一章 进步时期,1895—1920　　632

千差万别的进步动机 / 635
全国协会和海外影响 / 635
新中产阶级和黑幕披露者 / 636
上层改革者 / 636
放眼天下 海外大学和留学 / 637
安置房 / 638
工人阶级改革者 / 638
社会福音运动(Social Gospel) / 638
社会主义者 / 639
南方和西部进步主义 / 639
进步主义的反对者 / 640

政府和立法改革 / 641
重组政府 / 641
劳动改革 / 642
禁酒令 / 642
管控卖淫 / 642

社会体制的新思想 / 643
约翰·杜威(John Dewey)和进步教育 / 644
学院和大学的发展 / 645
进步法律思想 / 645
社会科学 / 646
优生学 / 647

挑战种族和性别歧视 / 647
针对非裔美国人的持续歧视 / 647
布克·T.华盛顿(Booker T. Washington)和
　自强自立 / 648
W.E.B.杜博斯和"精英的1/10" / 648
昨日重现 重量级拳击冠军杰克·约翰逊
　成为种族英雄 / 649
美国印第安人社会 / 650
"女性运动" / 650
女性俱乐部 / 650
女权主义 / 651
玛格丽特·桑格的圣战 / 651
女性选举权 / 651

西奥多·罗斯福和总统地位复兴 / 653
西奥多·罗斯福 / 653
规范托拉斯 / 654
纯净食物和药物法律 / 654
种族关系 / 656
保护资源 / 656
吉福德·平肖 / 656
1907年大恐慌 / 656
塔夫脱政府 / 657

1912年的候选人们 / 657
新国家主义对抗新自由主义 / 658
伍德罗·威尔逊和进步改革扩张 / 659
　　伍德罗·威尔逊 / 659
　　威尔逊的商业管制政策 / 659
　　关税与税收改革 / 660

1916年大选 / 660
人民与国家的遗产　玛格丽特·桑格，
　　计划生育和避孕争议 / 661
结语 / 662
扩展阅读 / 662

第二十二章　帝国征途，1865—1914　　664

帝国梦 / 668
　　海外政策精英 / 668
　　海外贸易扩张 / 669
　　种族思维和男性社会精神特质 / 669
　　昨日重现　广告中的讯息 / 670
　　放眼天下　《国家地理》 / 672
　　"教化"冲动 / 673
野心和战略 / 674
　　苏厄德的帝国追求 / 674
　　国际交流 / 675
　　艾尔弗雷德·T. 马汉（Alfred T. Mahan）和
　　　海军至上主义 / 675
1890年代危机：夏威夷、委内瑞拉和古巴 / 676
　　合并夏威夷 / 676
　　委内瑞拉边境争端 / 677
　　古巴革命 / 677
　　缅因号沉没 / 678
　　麦金莱的最后通牒和战争决定 / 679
西班牙—美国战争和帝国之辩 / 679
　　战争动机 / 679

菲律宾战场上的杜威 / 680
《巴黎条约》 / 681
反帝国主义主张 / 682
帝国主义之辩 / 682
亚洲交锋：菲律宾战争和中国外交 / 683
　　菲律宾暴动和绥靖 / 683
　　中国和开放门户政策 / 683
西奥多·罗斯福的世界 / 684
　　总统权威 / 684
　　古巴和《普拉特修正案》 / 685
　　巴拿马运河 / 685
　　罗斯福推论 / 687
　　美国—墨西哥关系 / 688
　　东亚的调停 / 688
　　美元外交 / 689
　　盎格鲁—美利坚和解 / 689
　　人民与国家的遗产　关塔那摩湾
　　　（Guantánamo Bay） / 690
结语 / 690
扩展阅读 / 691

第二十三章　第一次世界大战中的美国人，1914—1920　　692

岌岌可危的中立 / 695
　　第一次世界大战的爆发 / 696
　　偏袒 / 697
　　威尔逊主义 / 697
　　破坏中立权利 / 698
战争决定 / 698

和平主张 / 699
全面潜水艇战争 / 699
战争讯息和战争宣言 / 700
赢得战争 / 701
　　征兵入伍 / 701
　　堑壕战 / 702

炮弹休克症 / 703
　　法国战场上的美国部队 / 704
　　布尔什维克革命 / 704
　　十四点计划 / 705
　　战斗中的美国人 / 705
　　伤亡 / 705
　　放眼天下　1918年的流感疫情 / 706
动员后方 / 707
　　商业——政府合作 / 708
　　昨日重现　以食取胜 / 709
　　经济表现 / 710
　　劳动力短缺 / 710
　　全国战时劳工委员会
　　　（National War Labor Board） / 711
公民自由受到挑战 / 712
　　公共信息委员会 / 712
　　有关间谍活动和煽动叛乱的法案 / 713

　　红色恐慌，红色之夏 / 714
　　工人罢工 / 714
　　美国退伍军人团 / 715
　　帕尔默围捕 / 715
　　种族动乱 / 716
　　黑人的斗志 / 717
和平的溃败 / 717
　　巴黎和会 / 718
　　国际联盟和第十条款 / 718
　　条约的批判者 / 718
　　参议院驳回条约和联盟 / 720
　　人民与国家的遗产　言论自由和美国公民
　　　自由协会 / 721
　　一个不安全的世界 / 721
结语 / 722
扩展阅读 / 723

第二十四章　新时代，1920—1929　　724

大商业的胜利 / 727
　　新经济扩张 / 727
　　协会和"新游说" / 727
　　工人组织的挫败 / 728
　　疲软的农业 / 728
政治和政府 / 728
　　哈丁政府丑闻 / 729
　　柯立芝繁荣 / 729
　　进步主义改革的延伸 / 730
　　印第安事务和政策 / 730
　　女性和政治 / 731
消费社会 / 731
　　汽车的影响 / 731
　　广告 / 733
　　收音机 / 733
城市、流动人口和郊区 / 733
　　非裔美国人的迁徙 / 734
　　马库斯·加维（Marcus Garvey） / 734

　　墨西哥和波多黎各的新移民 / 735
　　郊区化 / 735
日常生活的新节奏 / 736
　　家庭管理 / 737
　　健康和预期寿命 / 737
　　放眼天下　泛美航空 / 738
　　昨日重现　1920年代的郊区扩张 / 739
　　老龄美国人和退休 / 740
　　社会价值 / 740
　　劳动队伍中的女性 / 740
　　雇用少数民族女性 / 741
　　淑女以外的形象选择 / 742
　　同性恋文化 / 742
防线 / 743
　　三K党 / 743
　　移民限额 / 744
　　基要主义 / 744
　　斯科普斯审判 / 744

宗教复兴教派 / 745
娱乐时代 / 746
 电影和运动 / 746
 体育英雄 / 747
 电影明星和公众英雄 / 747
 禁酒令 / 748
文化潮流 / 748
 文学的异化 / 748
 哈莱姆文艺复兴 / 750
 爵士乐 / 750
1928年大选和新时代的终结 / 751

赫伯特·胡佛 / 752
阿尔·史密斯 / 752
胡佛政府 / 752
证券市场崩溃 / 752
需求下降 / 753
人民与国家的遗产　校际运动 / 754
公司债务和证券市场投机 / 755
海外经济困难，国内联邦失败 / 755
结语 / 755
扩展阅读 / 756

第二十五章　大萧条和罗斯福新政，1929—1941　　757

胡佛和艰苦时期，1929—1933 / 761
 农民和产业工人 / 761
 边缘工人 / 761
 中产阶级劳动者和家庭 / 762
 胡佛的有限解决方案 / 762
 抗议和社会动荡 / 764
 补助金大军 / 765
富兰克林·D.罗斯福和新政的推行 / 766
 银行业危机 / 767
 第一个百日 / 768
 《全国工业复兴法》/ 768
 《农业调整法案》/ 769
 救济项目 / 769
政治压力和第二次新政 / 771
 商业反对 / 771
 煽动政治家和平民主义者 / 771
 左翼批判者 / 773
 塑造第二次新政 / 773
 公共事业振兴署 / 774
 《社会保障法案》/ 775
 罗斯福的平民主义策略 / 776
劳动力 / 776

手工艺和产业工会之间的竞争 / 777
 静坐罢工 / 778
 美国阵亡将士纪念日的惨败 / 778
联邦权力和文化全国化 / 778
 昨日重现　女性急救队（Women's Emergency Brigade）和通用汽车静坐罢工 / 779
 在西部的新政 / 780
 美洲原住民的新政 / 780
 在南方的新政 / 781
 大众媒体和流行文化 / 781
新政的局限 / 783
 放眼天下　1936年奥林匹克运动会 / 784
 法院填塞计划 / 785
 罗斯福衰退 / 785
 1940年总统大选 / 786
 种族和新政的局限 / 786
 非裔美国人的支持 / 788
 对新政的评估 / 789
结语 / 789
 人民与国家的遗产　社会保障 / 790
扩展阅读 / 790

第二十六章　喧嚣浮世中的美国，1920—1941　792

在1920年代追求和平与秩序 / 795
　　和平团体 / 796
　　华盛顿海军会议 / 796
　　《凯洛格—白里安公约》/ 798
世界经济、文化扩张和大萧条 / 798
　　经济和文化扩张 / 798
　　战争债务和德国赔款 / 799
　　贸易下滑 / 801
　　美国承认苏联 / 802
美国控制拉丁美洲 / 802
　　美国的经济实力 / 803
　　好邻居政策 / 803
　　与墨西哥民族主义的冲突 / 805
欧洲步入战争 / 806
　　希特勒统治下的德国侵略 / 806
　　美国的孤立主义观点 / 807
　　奈氏委员会（Nye Committee）听证会 / 807
　　罗斯福的观念转变 / 807

波兰和第二次世界大战爆发 / 809
日本、中国和亚洲新秩序 / 809
　　蒋介石 / 809
　　昨日重现　德国在波兰发动闪电战 / 810
　　东北危机 / 811
　　罗斯福的隔离演说 / 811
美国加入第二次世界大战 / 812
　　第一个和平时期征兵法案 / 812
　　《大西洋宪章》/ 813
　　放眼天下　广播新闻 / 814
　　美国对日本的要求 / 815
　　偷袭珍珠港 / 816
　　解释珍珠港事件 / 817
　　可避免的战争？ / 817
　　人民与国家的遗产　总统愚民 / 818
结语 / 818
扩展阅读 / 819

第二十七章　国内外第二次世界大战，1941—1945　820

战争中的美国 / 823
　　毫无防备的国家 / 823
　　太平洋地区的战争 / 824
　　"欧洲为先"策略 / 825
生产前线和美国劳动者 / 826
　　企业、高校和战争事业 / 826
　　曼哈顿计划 / 827
　　工人的新机会 / 827
　　工作中的女性 / 828
　　战争中的工会工人 / 828
　　生产线上的成功 / 829
后方的生活 / 830
　　支持战争事业 / 830
　　政治宣传和流行文化 / 830
　　昨日重现　描绘敌军 / 831

战时繁荣 / 832
　　流动中的国家 / 832
　　种族矛盾 / 833
　　战时家庭 / 834
美国理想的局限 / 834
　　放眼天下　东京玫瑰 / 835
　　拘禁日裔美国人 / 836
　　非裔美国人和"双胜利" / 837
　　隔离的军队 / 838
　　美国和大屠杀 / 839
军旅生活 / 840
　　义务兵役 / 840
　　投身战斗 / 840
赢得战争 / 841
　　盟军之间的矛盾 / 841

欧洲的战争 / 841
雅尔塔会议 / 842
哈里·杜鲁门 / 844
太平洋地区的战争 / 844
轰炸日本 / 845
结语 / 847
　　人民与国家的遗产　核扩散 / 848
扩展阅读 / 848

第二十八章　冷战和美国全球化，1945—1961　　850

从盟友到对手 / 854
　　去殖民化 / 854
　　斯大林的目标 / 854
　　美国经济和策略需求 / 855
　　斯大林和杜鲁门 / 855
　　昨日重现　斯大林：从盟友到对手 / 856
　　冷战的开端 / 857
　　核外交 / 857
　　凯南和丘吉尔的告诫 / 858
　　杜鲁门主义 / 859
　　不可避免的冷战？ / 859
遏制政策 / 859
　　李普曼的评论 / 860
　　马歇尔计划 / 860
　　《国家安全法案》/ 862
　　柏林封锁和空运 / 862
　　双重打击 / 863
亚洲冷战 / 863
　　中国内战 / 864
　　越南追求独立 / 865
朝鲜战争 / 865
　　美国军队干预 / 866
　　中国加入战争 / 866
　　杜鲁门开除麦克阿瑟 / 866

和平协定 / 867
战争的影响 / 867
持续的冷战 / 868
　　"大规模报复" / 868
　　中央情报局成为外交政策工具 / 868
　　核扩军 / 869
　　匈牙利起义 / 869
　　放眼天下　人民对人民运动 / 870
　　U-2事件 / 871
　　《台湾问题决议案》/ 871
第三世界的斗争 / 871
　　第三世界的利益 / 871
　　种族主义和隔离成为美国劣势 / 872
　　发展和现代化 / 873
　　干预危地马拉 / 873
　　古巴革命和菲德尔·卡斯特罗 / 874
　　阿拉伯——以色列纷争 / 874
　　苏伊士危机 / 876
　　艾森豪威尔主义 / 876
　　关于越南的《日内瓦协定》/ 877
　　人民与国家的遗产　国家安全体制 / 878
　　民族解放阵线 / 878
结语 / 879
扩展阅读 / 880

第二十九章　20世纪中叶的美国，1945—1960　　881

塑造战后美国 / 885
　　退役军人回归 / 885
　　《军人安置法案》/ 885
　　经济增长 / 886

婴儿潮 / 886
郊区化 / 887
福利的不平等 / 888
冷战时期的国内政策 / 888

哈里·S.杜鲁门和战后自由主义 / 889
战后罢工和《塔夫脱—哈特莱法案》 / 889
1948年总统大选 / 890
杜鲁门的"公平施政"(Fair Deal) / 890
艾森豪威尔的积极保守主义 / 890
军事—工业复合体的发展 / 891

冷战恐惧和反共产主义 / 891
间谍活动和核恐惧 / 891
反共产主义政治 / 892
麦卡锡主义和愈演愈烈的"猎巫"行动 / 893
国会中的反共产主义 / 893
红色恐怖的衰退 / 894

民权斗争 / 895
上升的黑人政治权利 / 895
最高法院胜利和校园去种族隔离 / 896
蒙哥马利公共汽车抵制 / 897
白人反抗 / 897
联邦权威和州权利 / 898

创造一个中产阶级国家 / 899
更多美国人的繁荣 / 899
阳光地带和经济增长 / 899
昨日重现 向莱维敦迁徙 / 900

新中产阶级文化 / 901
白人身份和全国文化 / 901
电视 / 902
消费者文化 / 903
宗教 / 904

20世纪中叶的男性、女性和年轻人 / 904
婚姻和家庭 / 904
1950年代家庭中的性别角色 / 904
女性和工作 / 905
"男子气概危机" / 906
性生活 / 906
青年文化 / 906
中产阶级文化受到的挑战 / 907

中产阶级国家的局限 / 907
放眼天下 芭比 / 908
顺从性的批判者 / 909
环境恶化 / 910
种族主义延续 / 911
繁荣时期的贫困 / 911

结语 / 913
扩展阅读 / 913
人民与国家的遗产 忠诚誓约 / 914

第三十章 躁动的1960年代,1960—1968   915

肯尼迪和冷战 / 918
约翰·菲茨杰拉德·肯尼迪 / 919
1960年大选 / 919
第三世界的国家建设 / 920
苏联—美国矛盾 / 921
猪湾侵略事件(Bay of Pigs Invasion) / 921
古巴导弹危机 / 922

向着自由前进 / 922
学生和运动 / 923
自由之行和选民登记 / 923
肯尼迪和公民权利 / 923
伯明翰和儿童圣战 / 924
"永远隔离!" / 924

华盛顿游行 / 924
昨日重现 "C计划"和全国舆论 / 925
自由之夏 / 926

自由主义和伟大社会 / 926
肯尼迪遇刺 / 927
约翰逊和伟大社会计划 / 927
《公民权利法案》 / 927
1964年总统大选 / 928
改善美国生活 / 929
反贫困战争 / 930

约翰逊和越南 / 932
肯尼迪在越南的遗产 / 933
东京湾事件和决议 / 933

扩大战争决议 / 933
反美国化运动 / 934
越南的美国士兵 / 935
国内的分歧 / 935
分裂的国家 / 936
城市动乱 / 937
黑人权力 / 937
年轻人和政治 / 938
言论自由运动 / 939
学生运动 / 939
放眼天下 来势汹汹的英国流行音乐 / 941
年轻人和越南战争 / 942

青年文化和反文化 / 942
1968年 / 943
春节攻势 / 943
约翰逊退出 / 943
暗杀 / 944
芝加哥民主党全国会议 / 944
全球抗议 / 945
尼克松当选 / 946
结语 / 946
人民与国家的遗产 1965年《移民法案》 / 947
扩展阅读 / 947

第三十一章 持续分裂和新局限，1969—1980　　948

新的身份政治 / 951
非裔美国文化民族主义 / 952
墨西哥裔美国政治活动 / 952
奇卡诺运动 / 953
美洲原住民的政治活动 / 953
《平权法案》 / 954
女性运动和同性恋解放 / 955
自由的和激进的女权主义 / 955
女性运动的成就 / 956
女性运动的阻力 / 956
同性恋解放 / 958
越南战争结束 / 958
入侵柬埔寨 / 958
抗议和反示威 / 959
军队的士气问题 / 959
巴黎和平协定 / 959
昨日重现 战争景象 / 960
越南战争的代价 / 961
越战教训引起的争议 / 962
越战老兵 / 962
尼克松、基辛格和世界 / 962
尼克松主义 / 962
缓和政策 / 963

向中国开放 / 963
中东的战争 / 963
放眼天下 石油输出国组织和1973年石油禁运 / 965
拉丁美洲和非洲的反激进主义 / 966
总统政治和领导危机 / 966
尼克松的内政计划 / 966
敌手和肮脏伎俩 / 967
水门事件的掩盖和调查 / 967
弹劾和辞呈 / 968
福特的总统生涯 / 968
卡特成为"局外人"总统 / 969
经济危机 / 970
滞胀及其原因 / 970
恢复经济的努力 / 971
经济危机的影响 / 971
税收抵制 / 971
信用和投资 / 972
文化转型时期 / 973
环境保护主义 / 973
科技 / 974
宗教和精神治疗文化 / 974
性和家庭 / 974

青年 / 975
　　多样性 / 975
新一轮冷战和中东危机 / 976
　　卡特的分裂政府 / 976
　　戴维营协定 / 976
　　苏联入侵阿富汗 / 977
　　伊朗人质危机 / 978
　　人民与国家的遗产　志愿兵役制 / 979
　　萨达姆·侯赛因的崛起 / 979
结语 / 980
扩展阅读 / 980

第三十二章　保守主义的复兴，1980—1992　　982

里根和保守派复兴 / 985
　　罗纳德·里根 / 985
　　新保守主义联盟 / 986
　　里根的保守方针 / 986
　　抨击社会福利项目 / 987
　　亲商政策 / 987
　　对工人组织的攻击 / 988
　　新右翼 / 988
里根经济政策 / 989
　　供应方经济 / 989
　　通货膨胀的猛药 / 990
　　"美国的黎明" / 990
　　解除管制 / 990
　　高风险债券和合并热 / 991
　　富人越来越富有 / 992
里根和世界 / 993
　　苏美矛盾 / 994
　　里根主义 / 994
　　尼加拉瓜反政府战争 / 994
　　伊朗门事件丑闻 / 996
　　美国在中东的利益 / 997
　　恐怖主义 / 997
　　戈尔巴乔夫上台 / 998
　　"改革"和"开放" / 998
1980年代的美国社会 / 999
　　宗教右翼的兴起 / 999
　　"文化战争" / 1000
　　新的不平等 / 1000
　　昨日重现　对抗艾滋病的传播 / 1001
　　美国城市中的社会危机 / 1002
　　艾滋病流行 / 1002
　　来自亚洲的新移民 / 1003
　　增长的拉丁人口 / 1003
　　新的生活方式 / 1004
冷战的结束和全球失序 / 1005
　　乔治·赫伯特·沃克·布什 / 1005
　　支持民主运动 / 1006
　　苏联势力的崩溃 / 1006
　　胜利的代价 / 1007
　　萨达姆·侯赛因的赌局 / 1007
　　沙漠风暴行动 / 1008
　　放眼天下　美国有线电视新闻网络
　　（CNN） / 1009
　　国内问题 / 1010
　　克拉伦斯·托马斯（Clarence Thomas）
　　提名 / 1010
结语 / 1010
扩展阅读 / 1011
　　人民与国家的遗产　《美国残疾人
　　法案》 / 1012

第三十三章　步入全球新千年，1992年以来的美国　1013

社会压力和政治新方向 / 1017
  洛杉矶动乱 / 1017
  克林顿的胜利 / 1017
  克林顿和"新民主党" / 1018
  "共和党革命"和政治妥协 / 1019
  政治合作和丑闻 / 1020
  政治、媒体和名流文化 / 1020
  美国社会中的暴力和愤怒 / 1021
  克林顿的外交 / 1021
  巴尔干危机 / 1022
  中东的协议 / 1023
  本·拉登和基地组织 / 1023

全球化和繁荣 / 1023
  数字革命 / 1024
  商业全球化 / 1025
  全球化的批判者 / 1025
  目标：麦当劳 / 1026
  布什—戈尔竞争 / 1027
  胶着的2000年总统大选 / 1027

"9·11"和伊拉克战争 / 1027
  "9·11" / 1027
  阿富汗战争 / 1028
  《美国爱国者法案》 / 1028
  经济不稳定 / 1029

  海外反应 / 1029
  为什么是伊拉克 / 1030
  国会首肯 / 1030
  巴格达陷落 / 1031
  2004年大选 / 1032
  美国遭到孤立 / 1032

"9·11"后美国的国内政策 / 1033
  乔治·W.布什的总统生涯 / 1033
  飓风卡特里娜 / 1033
  经济衰退 / 1033
  2008年大选 / 1035
  贝拉克·奥巴马 / 1035

新千年最初十年的美国人 / 1036
  近年美国的种族和民族 / 1037
  改变的美国家庭 / 1038
  昨日重现　亚利桑那移民法 / 1039
  药物、科学和宗教 / 1041
  改变的世纪 / 1041
  全球化和世界卫生 / 1041
  放眼天下　猪流感疫情 / 1042
  直面恐怖主义 / 1043

结语 / 1043
  人民与国家的遗产　因特网 / 1045
扩展阅读 / 1045

第一章

三个旧世界创造一个新世界，1492—1600

Carancahueses

五年之后，尔瓦·努涅·卡贝扎·德·瓦克（Alvar Nuñez Cabeza de Vaca）还能回想起当初他遇到的奇迹。"我遇到四个马背上的基督徒，他们看到我和印第安人为伍并身着奇装异服大吃一惊。他们凝视我良久，因为太过震惊所以一言不发，什么也不敢问我。"

1536年2月中旬，这"四个基督徒"在墨西哥北部遇到的人确实让人瞠目结舌。卡贝扎·德·瓦克和同行的其他三个人那时刚刚徒步穿越北美，其中包括一个名叫埃斯特凡（Estevan）的北非奴隶。他们和其他六百人于1527年6月从西班牙出发，踏上了一趟不幸的探险之旅，这群人的头领名叫庞费罗·德·纳瓦埃兹（Pánfilo de Narváez）。1528年年末，在探索了佛罗里达州的西海岸之后，包括贝扎·德·瓦克在内的80个人在现代得克萨斯州海岸上遭遇船只失事［很可能在加尔韦斯顿（Galveston）市附近］，那个地方被他们称为"厄运之岛"（Isa de Malhado，或 Island of Misfortune）。

章 节 大 纲
美洲社会
昨日重现　太阳城
1492年的北美洲
非洲社会
欧洲社会
早期欧洲探险
哥伦布、卡伯特和后继者们的航行
西班牙人的探险和征服
哥伦布大交换
放眼天下　玉米
北美洲的欧洲人
人民与国家的遗产　肯纳威克人/古印第安人
结语

大多数幸存者一个接一个死去，他们的命运各不相同，被不同的印第安民族虐待、帮助或奴役。卡贝扎·德·瓦克到达了大陆，他在那里作为行脚商幸存下来，用贝壳换皮革和燧石。

1533年1月，他无意中找到了其他三个人。这几个西班牙人和埃斯特凡计划离开，但是直到1534年9月才找到机会。他们一直往南走，然后转向内陆，朝北进发，探索了格兰德河（Rio Grande）的上游河段。他们继续往西走，几乎到达了太平洋，然后他们再一次往南，在此过程中依靠印第安人指路，从一个村落走到另一个村落。他们说服一路上遇到的人自己会治病，以自己的服务换取食物。瓦克描述了他们看到的许多村落的饮食习惯和生活环境，为现代历史学家和人类学家提供了欧洲人到达美洲之初原住民文化的宝贵记录。埃斯特凡一路上曾担任什么角色不得而知，相关记录很少，但是由于瓦克的记叙很大程度上将他忽略，表明那些西班牙人将他视为奴仆。

◀ 1530—1540年代卡贝扎·德·瓦克穿越北美洲之旅。1528年船只失事后，卡贝扎·德·瓦克与得克萨斯海湾（Texas Gulf）的卡兰卡瓦人（Karankawa）一起居住了几年。这幅图由亲眼见过他们的西班牙艺术家利诺·桑切斯·y.塔皮亚（Lino Sanchez y Tapia）绘制，这是现存的唯一一幅描述他们的画。

年表

公元前12 000—前10 000	古印第安人穿过白令陆桥（Beringia land bridge）从亚洲迁徙至北美洲
公元前7000年	北美开始培育粮食作物
公元前2000年前后	奥尔麦克（Olmec）文明出现
公元300—600年前后	特奥蒂瓦坎（Teotihuacan）影响力巅峰
公元1000年	古普埃布罗（Pueblo）人在现代亚利桑那州和新墨西哥州设立定居点
1001	挪威人在"文兰"（Vinland）设立定居点
1050—1250	卡霍基亚（Cahokia）影响力巅峰 密西西比文化在现代美国中西部和东南部盛行
14世纪	阿兹特克（Aztec）崛起
1450年代—1480年代	葡萄牙人在地中海大西洋（Mediterranean Atlantic）的岛屿探险和殖民
1477	《马可·波罗游记》描述了中国的情形
1492	哥伦布抵达巴哈马群岛
1494	托尔德西里亚斯条约（Treaty of Tordesillas）瓜分了西班牙和葡萄牙在非洲、印度和南美宣告占有的领土
1496	西班牙攻占加那利群岛（Canary Islands）中的最后一座
1497	卡伯特抵达北美
1513	庞斯·德·利昂（Ponce de Leon）探索佛罗里达
1518—1530	天花流行使西印度群岛（West Indies）、中美洲及南美洲的印第安人口锐减
1519	科尔特斯（Cortés）入侵墨西哥
1521	阿兹特克帝国被西班牙人攻陷
1524	维拉扎诺（Verrazzano）沿美国大西洋海岸航行
1534—1535	卡蒂埃（Cartier）探索圣劳伦斯河（St. Lawrence River）
1534—1536	瓦克、埃斯特凡以及另外两名同伴徒步穿越北美洲
1539—1542	索托（Soto）探索美国东南部
1540—1542	科罗纳多（Coronado）探索美国西南部
1587—1590	罗利（Raleigh）的罗诺克（Roanoke）殖民地消失
1588	哈利奥特（Harriot）发表《一份简短而真实的报告：在弗吉尼亚新发现的土地》（*A Briefe and True Report of the New Found Land of Virginia*）

当这四位旅者终于在1536年7月到达墨西哥城（Mexico City）时，他们非同寻常的成就为他们赢得了所有人的赞誉。另外两个西班牙人在墨西哥定居下来。在一次向北深入现代美国的探险中，埃斯特凡担任向导时身亡。卡贝扎·德·瓦克本人被任命为巴拉圭地方官，1555年他关于非凡之旅的记述发表，为他赢得了不朽的声名。

在1492年之前的数千年中，美洲的人类社会与世隔绝独立发展。始于公元15世纪的时代结束了这长久以来的与世隔绝状态。当欧洲人寻找财富和贸易机会时，来自其他文化的人们有史以来第一次与他们频繁往来。一切都发生了深刻的改变。他们的交流互动中包含了残忍和善意、贪婪和欺骗、交易和盗窃、震惊和疾病、囚禁和奴役。等到那三个西班牙人和一个非洲人穿越北美洲的时代，欧洲的扩张和殖民已经初现端倪。在接下去的350年中，欧洲人会将他们的影响扩散至全球。这些微小殖民地将来会变成美国，它们的历史必须置于欧洲探险和开拓的大背景下来观照。

欧洲水手们在15世纪后期到达各个大陆，这些大陆有着自己原本的历史，而入侵者们很大程度上将其忽略了。美洲原住民曾经是世界上最熟练的植物育种者，他们培育出了比欧洲、亚洲或非洲更富有营养和多产的农作物。他们发明了书写和数学体系，并且创造出比大西洋另一端使用的任何历法都精确的日历。在美洲，和欧洲一样，领袖们竭力扩张政治和经济势力，在此过程中社会随着他们的成功或失败动荡起伏。但是欧洲人的到来无可估量地使美洲内部的相互斗争发生了转变。

1400年之后，欧洲各国不仅在自己的大陆上开战，还试图在世界其他地方获得宝贵的殖民地和贸易站。最初他们把主要兴趣放在亚洲和非洲，但是最终欧洲人把大部分注意力投向美洲。他们争相抢夺贸易和统治权，改变了四个大陆的历史进程。即便是欧洲人逐步获得优势地位，他们的命运也依然被美洲人和非洲人重塑。在15世纪和16世纪的美洲，三个旧世界齐聚一堂，创造出一个新世界。

- 相会在美洲的这三个世界有什么重要特点？
- 它们的会合对各自有什么影响？
- 这次会合过程中最关键的初始发展是什么？

美洲社会

人类起源于非洲大陆，在现在的埃塞俄比亚（Ethiopia），人们曾发现300万年前的类人遗存。在漫长的岁月中，增长的人口逐渐扩散到其他大洲。由于当时的天气比现在寒冷许多，因此地球的水域有相当一部分集中在被称作"冰川"的冰之大河中。相应地，海平面比较低，大陆块比现在占有的地球表面积更大。学者们很久以来都相信美洲最早的居住者大约于12 000至14 000年前穿越称作"白令"的陆桥（目前的白令海峡）来到这里。然而北美和南美一系列惊人的人类学发现表明，一部分美国人可能早在这之前就已经在美洲大陆定居，他们或许是通过海路来到美洲。一些遗传学家推论，有三批前赴后继的移民，至少在3万年前就开始了。大约12 500年前，气候变暖，海平面升高，美洲人与那些居住在彼此相连的亚洲、非洲和欧洲大陆上的人从此隔绝。

古代美洲

最早的美洲人被称为古印第安人（Paleo-Indians）。这些游牧猎人和野生植物采集者的足迹遍布北美和南美，可能是以由大家庭组成的群落形式来进行迁移。到了大约11 500年前，古印第安人开始制作精良的石制抛掷武器，他们将之绑缚在木制长矛上，用来捕杀和屠宰野牛（水牛）、长毛象和当时生活在美洲大陆上的其他大型哺乳动物。当冰川期（Ice Age）结束时，人类的人口开始增长，除了野牛以外的所有大型美洲哺乳动物都灭绝了。究竟是过度捕猎还是气候变化导致了它们的灭亡，学者们无法达成共识。无论是由于哪一种原因，古印第安人失去了主要肉类来源，只好寻找新的生存途径。

到了大约9 000年前，现在中墨西哥地区的原住民开始种植粮食作物，尤其是玉米、节瓜、豆类、鳄梨和胡椒。在南美洲的安第斯山脉，人们开始种植土豆。随着农业技术在美洲的发展和传播，事实证明蔬菜和玉米是比狩猎和采集更稳定的食物来源。除了那些生活在最恶劣的气候环境中的人，大多数美洲人开始适应一种更安稳的生活方式，以便于经常照顾田间的作物。一部分人建立了长期的居住点，其他人则每年在固定的几个地点之间来回迁徙。他们通过控制燃烧来清除森林。大火烧毁树木，腾出耕地，草木燃烧的灰烬使土地更肥沃，不但如此，空出的草地吸引了鹿和其他野生动物。所有美洲文化都强调生产足够食物。尽管他们交易贝壳、燧石、盐和铜等物品，但是没有一个社会会在对其生存至关重要的物品上依赖另一个群体。

只要是农业主导经济的地区，复杂的文明就会蓬勃发展。这样的社会有稳定的粮食和蔬菜供应，不再需要将他们所有的精力都花在维持生存上。相反，他们能够积累财富、创造装饰品、与其他群落交易、创造繁复的仪式和祭典。在北美洲，成功培植出富含营养的农作物，比如玉米、豆子和节瓜，似乎导致了所有主要文明的增长和发展：首先是中美洲（现代墨西哥和危地马拉）的大型城邦，接着是位于今日美国的，统称为密西西比文化的城市群。历史学家和人类学家现在相信，这些社会中的每一个，在农业上获得成功后立即达到了人口和影响力的巅峰。在达到食物供应的极限之后，这些社会纷纷衰落和瓦解，通常伴随着可怕的政治和军事后果。

中美洲文明

人类学家和历史学家对第一个重要的中美洲文明奥尔麦克人（Olmecs）仍然知之甚少。奥尔麦克人大约在四千年前生活在墨西哥湾附近，金字塔神庙统治着这些城市。大约两千年后发展出来的玛雅文明（Mayas）和特奥蒂瓦坎文明（Teotihuacan）相关记录多得多。特奥蒂瓦坎大约建于公元前300年的墨西哥谷地（the Valley of Mexico），最终成为当时世界上最大的城市地区之一，5世纪时居民或许多达100 000人。特奥蒂瓦坎的商业网络范围达到了数百英里；许多人将当地出产的黑曜石（一种绿色的玻璃质）视为珍品，这种材料可用来制作精良的刀和镜子。朝圣者不远万里前来膜拜特奥蒂瓦坎的恢宏金字塔和魁扎尔科亚特尔（Quetzalcoatl）的大神庙——中墨西哥的主神羽蛇神。

在尤卡坦半岛（Yucatan Peninsula），今日的墨西哥东部，玛雅人建立了城市中心，城市中有巍峨的金字塔和神庙。他们研究天文学，创造出复杂的书写系统。然而他们的城邦几乎一直沐浴在战火之中。战争和食物供应不足导致最强大的几个城市到公元900年都已经没落，玛雅文明的古典时期到此结束。600年后西班牙人到达此地时，曾经辉煌显赫的文明只剩下一些遗迹。

普埃布罗人和密西西比文化

现在美国境内的古代原住民社会从中美洲人那里学会了种植玉米、节瓜和豆子的技术，但是不同文化之间的确切关系仍有待发掘。（格兰德河以北至今未发现中美洲的手工艺品，但是墨西哥北部曾发现一些与密西西比制品相似的物品。）现代亚利桑那州和新墨西哥州境内的霍霍卡姆人（Hohokam）、莫戈隆人（Mogollon）和古普埃布罗人（Ancient Pueblos）将狩猎、采集和农业结合在一起维持生计，他们所在的地区贫瘠干旱，降雨无法预测。霍霍卡姆村民建造了大规模的灌溉系统，但是即便如此，他们仍然时不时地需要在水源供应不足时重新寻找定居地。在公元900年至1150年之间，普埃布罗人在查科峡谷（Chaco Canyon）建造了14栋"巨屋（Great Houses）"，这些建筑为多层石制结构，每一栋平均有大约200个房间。这个峡谷处在大约四百英里道路的交界处，成为主要的绿松石区域贸易和加工中心，绿松石是美丽装饰品的原材料。然而干旱最终导致查科人往其他地点迁徙。

大约同一时期，与之不相干的密西西比文化在现代的美国中西部和东南部蓬勃发展。密西西比人主要依靠玉米、节瓜、坚果、南瓜和鹿肉作为食物，生活在稳固的居住地，社会等级森严。他们最大的城市中心是太阳城（the City of the Sun）（现在被称为卡霍基亚），该城位于现代圣路易斯（St. Louis）附近。卡霍基亚坐落于伊利诺伊河（Illinois）、密苏里河（Missouri）和密西西比河

昨日重现

太阳城

如今太阳城（卡霍基亚）遗存被保存在伊利诺伊州南部的一个国家公园内。这些土墩大部分已经夷为平地，或者规模大大缩小，但是人类学家能够将其复原。在他们所有发现中，最重要的两个如下：木头阵和比尔格雕像（Birger Figurine）。考古学家发现了木头阵曾经所在位置的柱孔，显示了太阳崇拜的卡霍基亚人如何运用精确排列的木柱监测太阳在一年中的运行规律。发现于卡霍基亚附近的红土比尔格雕像描绘了一个手持锄头、身上缠绕着藤蔓的女人坐在猫脸蛇怪（大地的象征）上的形象。为什么木头阵对于卡霍基亚农民来说如此重要？比尔格雕像上的节瓜藤蔓和其他特征有什么重要意义？

▲ 一位艺术家设想的卡霍基亚木头阵复原图。背景是僧侣墩。
图片来源：卡霍基亚土丘历史站（Cahokia Mounds Historic Site）

▲ 比尔格雕像的正视图
图片来源：由伊利诺伊大学伊利诺伊州考古学调查（Illinois State Archaeological Survey）提供

▲ 比尔格雕像的后视图
图片来源：由伊利诺伊大学伊利诺伊州考古学调查（Illinois State Archaeological Survey）提供

(Mississippi)交汇处的肥沃耕地,如特奥蒂瓦坎和查科峡谷一样是宗教和贸易的中心。在巅峰时期(大约公元11世纪和12世纪),太阳城占地面积超过5平方英里,人口大约20 000——以中美洲标准来说不大,但是比其他北方社会都要大,比同时期的伦敦更大。

尽管卡霍基亚人从来没有发明过书写系统,但是这些太阳崇拜者发展出了精确的日历,他们创造的木头阵(woodhenge)就证明了这一点——这些木头阵是由高大的木柱构成的大圈,对应至点和分点。该城的主金字塔(总共有大小不一的120座),今天被称为僧侣墩(Monks Mound),在当时是西半球有记载的第三大建筑建构;它一直以来都是美洲最大的土木工程。这座金字塔坐落于大广场(Grand Plaza)的北端,周围环绕着另外17座土墩,其中一些用于殡葬。然而公元1250年,在一次灾难性的地震发生几十年后,这座城市被遗弃。人类学家相信由人口过剩和附近森林被破坏导致的气候变化和环境恶化共同导致了这座城市的崩溃。在此之后,大规模的人口流动使该地区陷入混乱,战事因此愈演愈烈。

阿兹特克人

在遥远的南部,阿兹特克人(或称墨西卡人)于12世纪迁徙至墨西哥谷地。特奥蒂瓦坎荒无人烟的遗迹到这时已经荒弃了至少两百年,这些遗迹让这些移民叹为观止困惑不解。他们的编年史记录了他们的主神维齐洛波奇特利(Huitzilopochtli)——一位由鹰代表的战神——指引着他们在一个岛上建立都城,他们在这个岛上看到一只鹰捕食一条蛇,而蛇是魁扎尔科亚特尔的象征。这个岛上城市变成了特诺奇蒂特兰(Tenochtitlán)——该等级社会的中心,社会等级由世袭的勇士、商人、僧侣、平民和奴隶等阶层组成。

阿兹特克人征服了他们的邻邦,强迫他们进贡纺织品、黄金、食品和用于祭奠维齐洛波奇特利的人类牺牲。他们还进行被称为荣冠战争(Flowery Wars)的仪式性战斗,以便获取更多用于祭典的俘虏。战神嗜血成性,不知餍足。在阿兹特克历兔子十年(Ten Rabbit)(1502),孟蒂祖玛二世(Motecuhzoma II)[西班牙人不能正确发出这个名字的音节,所以把他称作蒙特祖马(Montezuma)]的加冕典礼上,成千上万的活人被开膛破肚,挖出活蹦乱跳的心脏用于祭祀。

阿兹特克人相信他们生活在第五个太阳纪。之前的大地以及生活在大地上的所有人类曾毁灭了四次。他们预测自己的世界将在地震和饥荒中毁灭。在阿兹特克历燧石十三年(Thirteen Flint)发生了火山爆发,疾病和饥荒扩散,野生动物攻击孩童,日食使天空陷入黑暗。有没有僧侣怀疑第五个太阳纪即将到达尾声?后来,阿兹特克人终于得知,燧石十三年被欧洲人称为1492年。

1492年的北美洲

多个世纪以来,生活在墨西哥北部的美洲人改变了他们曾经相似的生活方式,以适应差异巨大的气候和地形,因而创造出了欧洲人抵达美洲时看到的丰富多样的文化区域(生存方式)(参见地图1.1)。学者们通常用语族(language group)来指称这样的文化区域[比如阿尔冈昆语(Algonquian)或易洛魁语(Iroquoian)],因为毗邻的印第安民族通常使用相关的语言。生活在不适合农业的环境中的群落——比如由于降雨不足或土壤贫瘠——采取游牧的生活方式。在今日的美国境内,这些群落包括住在大盆地(Great Basin)(现在的内华达州和犹他州)的派尤特人(Paiutes)和肖肖尼人(Shoshones)。由于找到的食物有限,只能供应为数不多的人,因此,这类狩猎—采集者群落规模较小,通常由一个或几个相互联系的家庭构成。男人狩猎小型动物,而女人则采集种子和浆果。在大型猎物更充足,因此食物供应也更稳定的地区,比如今日的加拿大中部和西部以及大平原(the Great Plains)地区,猎人群落的规模要大一些。

在更适宜生存的环境中,较大的群落将农业和

地图1.1　北美洲的原住民文化

北美洲的原住民高效地运用他们居住地区的自然资源。本地图显示，沿岸群落依赖捕鱼业，土地肥沃地区的人们从事农业种植，而其他地区的民族则将狩猎（通常配合采集）作为主要维生模式。

来源：版权©圣智学习

采集、狩猎、捕鱼结合起来。那些生活在沿海地区的人们，食用鱼类和贝类，作为种植粮食作物和采集种子及浆果的补充，如生活在今日的华盛顿州和俄勒冈州的奇努克人（Chinooks）。内陆地区的住民［比如密苏里河河谷的阿里卡拉人（Arikaras）］狩猎大型动物，同时种植玉米、节瓜和豆类。居住在现代加拿大东部和美国东北部的人们也将狩猎、捕鱼和农业结合在一起。他们经常控制大火开拓耕地或者辅助狩猎。

四通八达的贸易道路将天各一方的民族联系到一起。比如现代伊利诺伊州南部开采的石头制成的锄头和长矛远在东北方的伊利湖（Lake Erie）和西方的平原都有出土。众所周知的友好标志calumet烟斗帮助语言不通、文化相异的群落进行商业往来与其他交往，这种烟斗装饰着羽毛，初次见面时呈给陌生人以示友好。

性别分工

主要依赖于狩猎大型动物——比如鹿和水牛——的社会将这些任务交给男人，而把食物加工和制衣的工作分配给女人。在这些游牧群落从西班牙人那里获得马匹之前，女人们在群落迁移时也要搬运家庭财物，有时候他们会使用狗作为辅助。在狩猎民族中，这样的性别分工是普遍存在的，而和地理位置无关。在沿岸民族中，女人负责在海岸上采集贝类，而男人们则乘船捕捞鱼类。居住在六七十个自治村落中的普埃布罗人使用五种不同语言，他们将农业劳动当作男人的工作。在东部，说阿尔冈昆语、易洛魁语以及穆斯科格语（Muskogean）的大型民族群落将大部分种植杂务交给女人，尽管清理土地由男人们负责。在所有农业社会中，女人们都负责采集野生食物、加工或储存食物，而男人们则负责狩猎。

在北美洲的所有地区，女人们负责照顾幼小的孩子，而较年长的年轻人则从他们的同性家长那里学习成人的技能。孩子们通常享有很大程度的自由。年轻人通常能选择自己的婚姻伴侣，在大多数社会中只要夫妇不想再生活在一起，就能很容易地离婚。和密西西比文化相反，这些社会的人口数目通过维持较低的出生率保持在一个当前食物供应能够维持的水平。婴儿和幼童的哺乳期持续两年甚至更久，文化禁忌禁止夫妇在这段时间内性交。

社会组织结构

西南部和东部的农业民族具有相似的社会组织结构。他们生活在村落中，这些村落有时候有一千甚至更多的居民。普埃布罗人生活在悬崖边

▲ 雅克·勒·莫因（Jacques Le Moyne），1560年代一同来到法国在佛罗里达的定居点的艺术家创作了一批最早的以北美洲民族为主题的欧洲绘画。他笔下的原住民耕种场景表现出劳动性别分工：男人们用鱼骨锄整地，接着女人们在洞里撒上种子。但是勒·莫因描绘的场景并不是没有值得商榷的地方：他无法抛弃欧洲对于正确耕种方法的观点，于是错误地画上了犁过的田垄。

图片来源：玛丽·贝丝·诺顿收藏

或其他易于防守地点的多层建筑中。北方的易洛魁（Iroquois）村落（位于现代纽约州）由树皮覆盖的巨大长方形结构构成，或称长屋；易洛魁人自称豪德诺索尼人（Haudenosaunee），意为"长屋中的人"。在今日的美国东南部，穆斯科格人和南阿尔冈昆人依然生活在稻草盖成的大屋中。大多数东部村庄周围都环绕着木制栅栏和沟渠，用来抵御外敌攻击。

在所有农业社会中，每一处住所都容纳着一个母系大家族（由母亲血缘决定的家族）。母亲、已经成婚的女儿、女儿的丈夫以及孩子都生活在一起。母系家庭并不意味着母权制，或者女性掌握权力，而是一种推定亲属关系的方式。相反，大草原和大平原地区的游牧群落通常是父系家族（由男性血缘决定）。他们缺乏固定的村落，主要通过在必要时迁往更安全的居住点的能力防御攻击。

战争和政治

原住民村落的防御设计表明，在前哥伦布时代的美洲，战争非常重要。在欧洲人到达美洲以前很长一段时间，大陆上的居民为了控制最好的狩猎和捕鱼地区、最肥沃的耕地或者必需品来源，比如盐（用以保存肉类）和燧石（用以制造刀刃和箭镞）而相互交战。身穿木制铠甲的美洲群落排成一排相对而站进行战斗，这样便于使用棍棒和投掷长矛，这些武器只有在近距离才能发挥效果。他们只有在遭遇欧洲的火枪时才躲在树木背后射箭，枪支使他们的盔甲形同虚设。在此类战役中，被敌人俘虏的人们有时候沦为奴隶并被夺去原来的名字和身份作为羞辱，但是前哥伦布时代的美洲奴隶从来不是重要的劳动力来源。

美洲各地的政治结构差异巨大。在普埃布罗人中，由十到三十人构成的村委会是最高政治权力机构；村庄之间没有相连的政治结构。游牧猎人在独立的群落之间也缺乏正式联系。易洛魁人则相反，他们用复杂的政治层级将村庄合并为民族，再将民族整合为联盟。每个民族的代表组成议会，为整个联盟制定战争或和平的决议。在所有美洲文化中，公民领袖和战争首领瓜分政治权力，他们只有在取信于民的时候才能维持自己的权力。独裁统治者只有在东南部传承密西西比文明的酋邦中才具有支配地位。在农业民族中，女人取得领导地位的概率比游牧民族中更大，尤其在那些由女性从事主要农事的民族。当今的马萨诸塞州一带的阿尔冈昆村落，女性酋长（统治者）担任领袖，但是女性从来没有担任过狩猎群落的头领。易洛魁的女性没有当过酋长，但是宗妇握有政治权力。每个村庄的年长妇女能够选择她们的领袖，并且可以（通过俘虏罪犯替代死去的亲属）发动和（通过拒绝为战士提供食物）制止战争。

宗教

所有美洲民族都是多神崇拜民族，即崇拜多位神祇。每个族群最重要的信仰和仪式与它的生存手段息息相关。像普埃布罗人和穆斯科格人这样的农耕民族中，主要神祇与耕种有关，他们的主要节日以播种和收获为中心。对于居住在大平原上的猎人来说，最重要的神和动物有关，他们的主要节日也与狩猎相关，一个群落的经济和女人们在这个群落中的角色决定女人是否具有作为宗教领袖的潜力。女人在农耕社会中拥有最崇高的地位，因为她们同时还是主要的食物生产者，而在狩猎社会中，男人在宗教和政治事务中占主导地位。

欧洲人抵达美洲时，墨西哥以北的美洲存在形形色色的文化，人口超过10 000 000。中美洲的阶级王国与大平原的游牧狩猎社会以及东北或西南的农耕社会截然不同。北美洲多种多样的住民使用的语言多达一千多种。因为显而易见的原因，他们并不认为自己属于同一个民族，他们也没有想过联合起来一起抵御欧洲的侵略者。

非洲社会

15世纪的非洲就像15世纪的美洲一样，存在许许多多适应不同地形和气候(参见地图1.2)的文化。这些文化中有许多历史悠久。在北部的地中海沿岸,居住者柏柏尔人(Berbers)是穆斯林教徒,即先知穆罕默德在公元7世纪创立的伊斯兰宗教的信奉者。在非洲的东岸,穆斯林城邦与印度、摩鹿加群岛(Mollucas)(现代印度尼西亚的一部分)和中国进行大量的贸易往来。在这些港口,阿拉伯人和非洲人长期的接触和通婚创造出斯瓦希里(Swahili)语言及文化。东非的城邦通过香料之路(Spice Route)与地中海东部以及东亚进行水路贸易,其他则通过知名的丝绸之路(Silk Road)绵延的陆路穿过中亚。

撒哈拉大沙漠(Saharan)和利比亚(Libyan)沙漠坐落于地中海沿岸以南的非洲内陆,广袤无垠近乎无水的大地中,商道纵横交错,在绿洲中蜿蜒穿行。公元15世纪骆驼的引入使长距离旅行成为可能,而且随着9世纪之后伊斯兰教的扩张,由穆斯林商人控制的商业有助于将类似的宗教和文化观念在整个区域内传播。在沙漠以南,非洲大部分地区不是热带雨林(沿岸)就是草原(内陆)。生活在沙漠以南广袤地带的人们说着各种各样的语言,拥有迥然相异的生存方式。几内亚湾(the Gulf of Guinea)以南,草原被操班图(Bantu)语的民族占领,他们大约两千年前离开了位于现代尼日利亚的故乡,慢慢往南和往东迁徙,穿过大洲。

西非

西非大地上遍布着热带丛林和无树大草原,15世纪欧洲人踏足非洲前,原住民依靠捕鱼、畜牧和种植在那里繁衍生息了至少10 000年。西非的北部地区,或称上几内亚(Upper Guinea),受到来自地中海的伊斯兰文化的巨大影响。到公元11世纪,该地区的许多居民已经成为穆斯林。在上几内亚和穆斯林地中海地区之间,以骆驼拖车为交通工具的贸易是撒哈拉沙漠以南非洲和欧洲以及西亚的主要联系。非洲人将象牙、黄金和奴隶出售给北方的商人,换取盐、海枣、丝绸和棉布。

上几内亚自东北至西南,从佛得角(Cape Verde)延伸到帕尔玛斯角(Cape Palmas)。最北部地区被称作稻米海岸(Rice Coast)(今日的冈比亚、塞内加尔和几内亚),居住在该地区的民族在沿岸的沼泽地中捕鱼和耕种水稻。以南的谷物海岸(Grain Coast)人烟稀少,从海上也很难到达,因为该地区只有一个比较好的海港[现代塞拉利的昂弗里敦(Freetown, Sierra Leone)]。那里的民族主要从事农业和蓄养牲畜。

在下几内亚(Lower Guinea),帕尔玛斯角的南部和东部,大多数非洲人都是信奉传统宗教而非伊斯兰教的农民。他们相信灵魂居住在某些特定的地方,因此,他们对这些地方赋予了特殊的意义。就像美洲的农耕民族一样,他们创造各种以保障丰收为目的的仪式。在整个地区中,个体村落由家族群体构成,相互结合成为阶级王国。在与欧洲人接触的初期,该地区以政治和社会权力分散为特点。

▲ 这件黄铜雕塑描述了人和动物的狩猎场面,这件物品是居住在现代象牙海岸(Ivory Coast)的阿坎(Akan)人用来称量黄金的。在国内或对外交易中使用的平凡无奇的物件变得既富有装饰性又实用,为今天的人们提供了古代非洲生活的直观感受。

图片来源:纽约法国国家博物馆联合会(Reunion des Musees Nationaux, NY)/盖布朗利博物馆(Musee de Quai Branly)/法国巴黎斯卡拉(Scala)

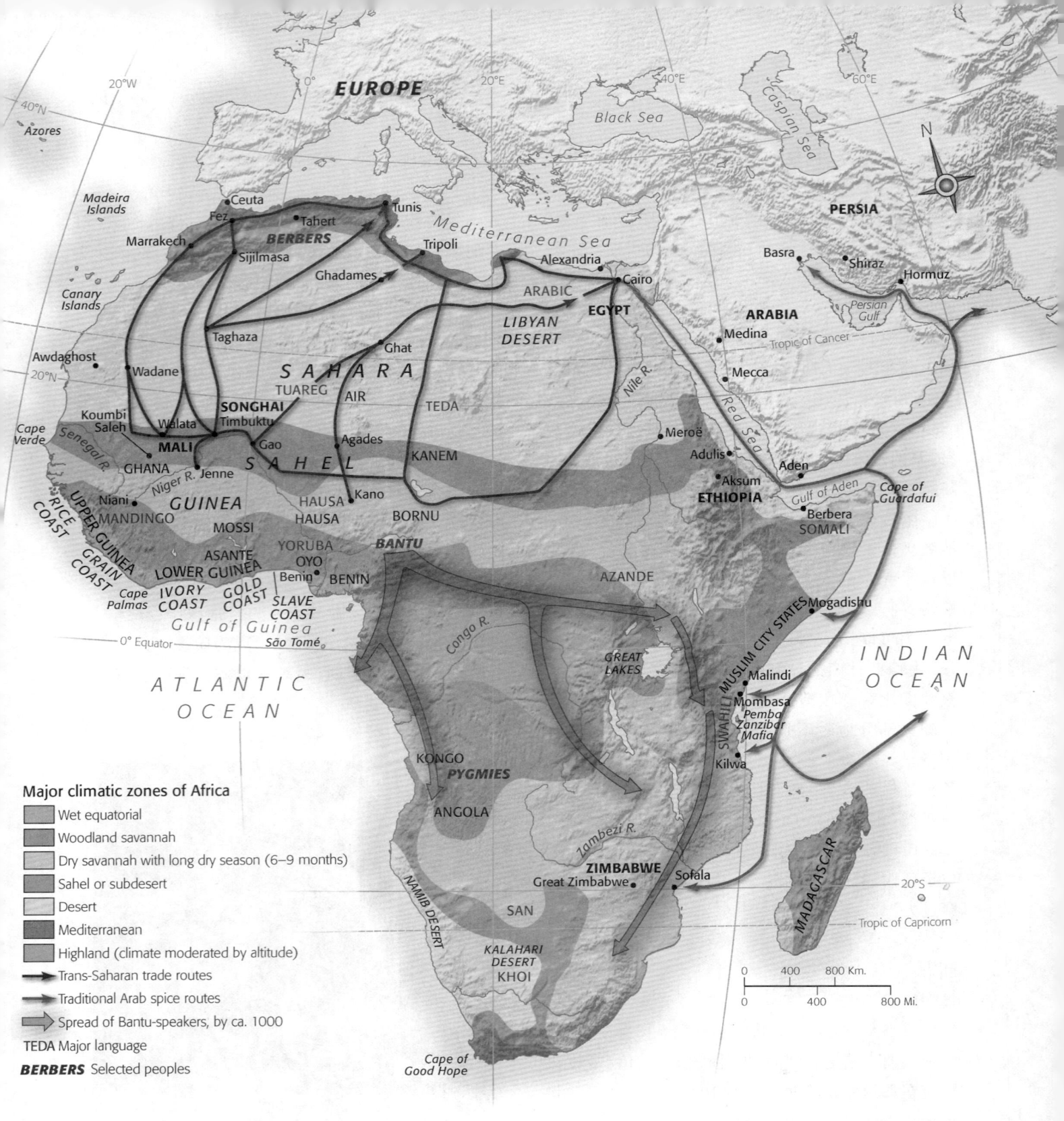

12　地图1.2　非洲和非洲民族，公元1400年前后

在非洲大陆上居住着许多截然不同的民族，他们生活在迥然相异的生态环境和政治单位中。早在欧洲人开始探索非洲的海岸线之前，非洲北部地区就已经与地中海（因此也与欧洲）通过商道网络进行往来。

来源：版权©圣智学习

互补的性别角色

西非社会和美洲社会一样,将不同的任务分配给男性和女性。总体而言,男女分担农耕责任。男人还负责狩猎、管理牲畜,并且承担大部分捕鱼工作。女人们负责照顾孩子、准备食物、制造工具用品以及贸易。他们管理着四通八达的地方和地区贸易网络,家庭、村落和小王国通过这些网络进行交易。

尽管不同国家有着不同的经济并且相互竞争,但是下几内亚的人们拥有相似的社会体系,这种社会体系的基础被人类学家称为"两性原则"。在下几内亚,两性分别处理自己的事务:男性政治和宗教领袖,统治男性,而女性亦然。例如,在达荷美(Dahomean)王国,每个男性官员都有着对应的女性官员;黄金海岸上的30个阿坎族小城邦中,首领通过母系血缘继承地位,并且每个男性首领都有一个女性助手负责监管其他女性。许多西非社会都实行一夫多妻制(一个男人有几个妻子,每个妻子和自己的子女单独生活)。因此,很少有成年人长期居住在婚姻家庭中,但是两性体系确保他们的行为受到同性成员的监管。

在整个几内亚地区,宗教信仰强调互补的两性角色。女性和男性都可以担任异教团体和神秘团体的首领,这些团体指导着各个村庄的精神生活。年轻的女性被纳入桑德(Sandé)教,年轻男性则加入波洛(Poro)教。这两个教派都不能将自己的秘密泄露给对方。尽管西非女性(与同时代的美洲原住民不同)极少对男性享有权威,但是女性宗教首领在桑德教中却可以统治其他同性成员,加强对行为习俗的服从,监督她们的精神状态。

几内亚的奴隶制

西非法律既承认个人土地所有权,也承认公共土地所有权,但是试图积累财富的男性需要获得劳动力耕种土地,劳动力包括妻子、孩子和奴隶。因此,终身沦为奴隶的西非人构成了当地经济的重要元素。非洲人可以因犯罪沦为奴隶,也有人自愿卖身为奴,或者将孩子卖身为奴还债。拥有奴隶的非洲人有权享有他们的劳动成果,尽管奴隶们被剥削到何种程度没有一定的标准,而且奴隶地位不一定会延续到下一代。一些奴隶被当作动产持有;另一些则可以参与贸易,保留一部分利润;还有一些人获得了显著的政治或军事地位。不过,所有人都发现自己很难克服被奴役的耻辱,而且他们的主人可以随心所欲地将他们交易买卖。

西非人是善于蓄养牲畜、狩猎、捕鱼、用植物纤维和动物皮革制造面料的农耕民族。男性和女性以家庭为单位或者与同性一起协同劳作。他们习惯相对来说平等的两性关系,尤其是在宗教环境中。他们被当作俘虏带到美洲,对欧洲殖民社会至关重要,这些社会利用他们的劳动力,却对他们的文化传统毫无尊重。

欧洲社会

在15世纪,欧洲也是农业社会。几百年来,欧洲农村人的日常生活几乎没有发生任何改变。当时的欧洲分裂成诸多互相交战的小国家,语言、政治和经济都是造成分裂的原因,但是在社会层面上,欧洲人的生活展现出许多相似之处。在阶级化的欧洲社会中,几个家族统治着绝大多数人,尤其是由一系列连锁的等级制度组织起来的英国社会。换句话说,每个人(除了顶层和底层的少数人)的地位比一部分人高,同时比另一部分人低。等级制度的底层是受到各种形式奴役的人。尽管欧洲人并不臣服于长期的奴隶制度,但是基督教教义允许他们奴役"异教徒"(非基督教信徒),部分欧洲人的自由受到诸如农奴制这类处境的限制,他们与土地或特定的主人捆绑在一起。简而言之,当时的欧洲国家与非洲或中美洲国家相似,但是与美洲墨西哥以北较为平等的社会有很大不同(参见地图1.3)。

性别、工作、政治和宗教

大多数欧洲人像非洲人和美洲人一样,居住

地图 1.3 1453年的欧洲

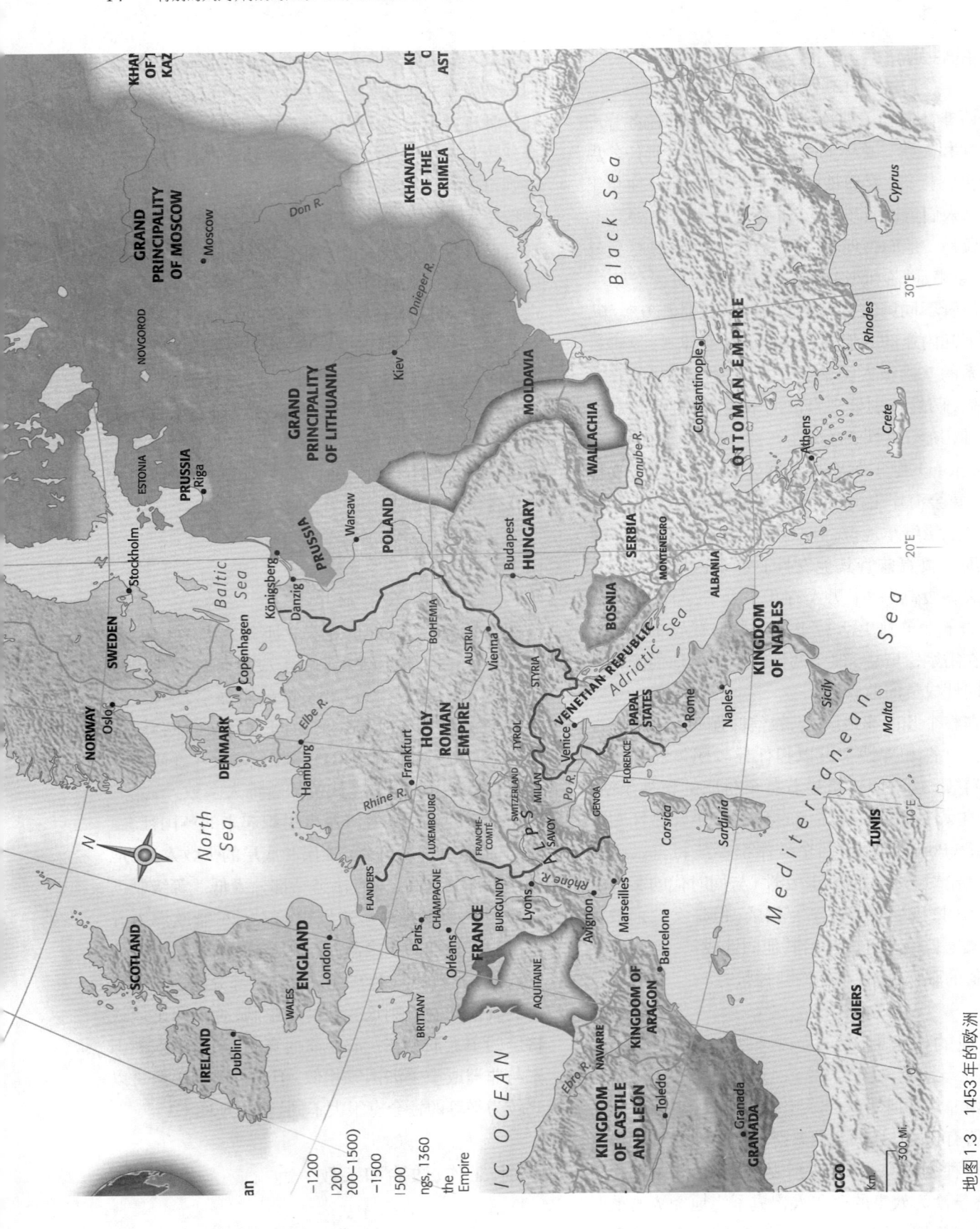

冒险进入大西洋的欧洲人来自欧洲大陆的西北边界，那里分裂成无数相互征伐的国家。

来源：版权所有©圣智学习

在小村庄里。大地上只零星散布着为数不多的几个城市,它们大多是港口城市或是行政首都。欧洲农民被称为农夫,他们拥有或租赁独立的土地所有权,但是他们在田间共同劳作。因为土地每隔一到两年必须休耕一次重新积蓄肥力,一个家庭无法保障自己定期的粮食供应,除非所有村民每年分担劳动并分享粮食作物。男人承担了大部分耕作,女人们主要帮忙播种和收获。在某些地区男人们主要负责放牧家畜。女人的职责主要包括育儿和家庭日常事务,如储存食物、挤奶和照料家禽。假如一个女人的丈夫是城市工匠或小店主,她或许会帮助他的生意。由于欧洲人饲养家畜(猪、山羊、绵阳和牛)获得肉食,所以狩猎在他们的文化中几乎没有经济地位。相反,狩猎主要是男性贵族的一项运动。

在非洲和美洲,女人们通常在政治和宗教中扮演着重要的角色,但是欧洲则不然,各个生活领域都被男人完全占领。少数几个女人——令人瞩目的英格兰伊丽莎白女王一世——与生俱来拥有地位或权力,但是绝大多数女性与政治权威地位无缘。同时,欧洲女人的社会、宗教和经济地位一般比较低下,但是他们在自己家中可以管束儿童和仆人。与美洲家庭中儿童享受自由形成鲜明对比,欧洲的儿童被严加管教,规矩十分严格。

基督教是占统治地位的欧洲宗教。在西方,天主教会拥有绝对权威,他们的总部在罗马,受教皇及其座下的男性教士领导。尽管欧洲人名义上是信天主教的,但是实际上许多人仍然追随被教廷视为异端却无法消灭的当地信仰体系。国王在利益一致的时候会与教廷结盟,但是两者通常独立运作。尽管如此,从12世纪开始,欧洲的基督教国家团结一致,公开致力于将非基督教徒(通常是穆斯林)从自己的国土以及圣城耶路撒冷驱逐出去,并且导致了一系列被称为"圣战"的十字军东征。尽管如此,15世纪穆斯林占领了地中海的商业和土地,尤其是1453年他们攻下君士坦丁堡(基督教拜占庭帝国的首都)之后。无人能够预料,基督教欧洲国家可能挑战这种统治。

瘟疫和战争的后果

15世纪初,欧洲各国正慢慢从称作"黑色病"(Black Death)的灭顶瘟疫中恢复,第一次黑死病肆虐是在1346年。有一种观点认为黑死病似乎是从中国传至欧洲的,也许是长途商贾在沿着丝绸之路来到地中海东部过程中带来了病毒。接着1360年代和1370年代黑死病再次卷土重来。尽管没有精确的数据资料,而且黑死病在各个地区的影响不尽相同,但是最乐观估计也有整整三分之一的欧洲人口在这可怕的几年中丧生。随之而来的是严重的经济滑坡——某些地区超过一半工人死亡——伴随着严峻的社会、政治和宗教乱势,因为许多教士和其他领导人物在瘟疫中丧生。

▲ 16世纪早期葡萄牙的日常生活,本图为一本祈祷书抄本的插图。顶层是一户富裕的人家,正在享用由一个非洲奴隶端上的饭菜。其他场景则展示了男性劳动者在整地、猎鸟(左)以及伐木(右),图的下方是一个女人在整好的田地里播种,而顶上的背景中则是女仆在厨房中工作。

图片来源:国家古典艺术博物馆(Museu Nacional de Arte Antiga),葡萄牙里斯本

瘟疫对人口造成严重打击，英国和法国发动了百年战争［the Hundred Years' War（1337—1453）］，这场战争的导火索是因为英国君主觊觎法国王位。这场战争中断了连接英格兰和安特卫普（位于现代比利时）通往当时贸易中心威尼斯，接着通向印度和中国的陆上贸易路线。英格兰处在地中海商业中心的边缘，商人们将木材和布料运往安特卫普换取来自东方的香料和丝绸。地中海商人需要通往北方贸易伙伴的新路径，于是他们取道海上前往安特卫普。三角形的风帆，或称斜挂大三角帆（而不是当时普遍的方形船帆）的使用增强了船只的可控性，使得船只能够驶出地中海和欧洲海岸北部附近。其他至关重要的发展还包括中国发明的罗盘以及其他航海工具的完善，如星盘和四分仪，这些工具使航海水手能够通过测试太阳、月亮或某些星星及地平线的关系估计它们所在的位置（纬度）。

政治和技术改变

百年战争之后，欧洲君主们强硬地巩固了他们之前分散的政治权力，并通过提高已备受压榨的农民税收增加收入。长久的军事斗争造就了国家民族自豪感，超越了普遍的宗教和王朝忠诚感。在英格兰，亨利七世于1485年建立都铎王朝（Tudor dynasty），开始统一此前四分五裂的土地。而在法国，查尔斯七世的继任者们统一了王国。最成功的是阿拉贡的费迪南德（Ferdinand of Aragón）和卡斯蒂利亚的伊莎贝拉（Isabella of Castile），两人于1469年成婚，建立了强大的信仰天主教的西班牙。1492年，他们打败了在西班牙和葡萄牙境内生活了数百年的穆斯林，在此之后将犹太人和穆斯林逐出了他们的领地。

15世纪还为欧洲带来了技术变化。1450年代德国发明铅字的活字版和印刷机使得获取信息比过去更容易。印刷技术使欧洲人对寓言中记载的大海对面的大陆备感好奇，现在他们能从书上读到关于那些土地的故事。这类书籍中最重要的有托勒密（Ptolemy）的《地理》（*Geography*），该书最早出版于1475年，后来屡次再版，描述了古书中描绘的世界并加入了最新发现；还有出版于1477年的《马可波罗游记》（*Travels*）。《马可波罗游记》记述了一个威尼斯商人在13世纪中国的探险，引人遐想地描述了这个坐落在东方毗邻一个大洋的国家。《马可波罗游记》在欧洲受过教育的精英阶层中流传甚广，一开始是手稿，后来成为印刷本。该书使许多欧洲人相信他们可以乘坐海船和中国直接通商，而不是依赖丝绸之路或是经由东非的香料之路。假如越洋海路确实存在的话，北部的欧洲人就能绕过穆斯林和威尼斯人，他们直到那时一直控制着亚洲货物。

探险的动机

技术进步、新崛起的强大国家领袖势力增长，这些原因使得15世纪和16世纪欧洲航海探险成为可能。每个国家都渴望更便捷地获得非洲和亚洲货品——丝绸、染料、香水、宝石、糖、黄金，尤其是诸如胡椒、丁香、月桂和肉豆蔻之类的香料。人们喜欢香料不仅是因为它们可以用作调料烹饪食物，还因为人们相信这些香料具有医疗或魔法特性。它们的吸引力很大程度上来自它们的稀缺性、高昂的价格和神秘的产地。它们经过那么多道手，千里迢迢来到伦敦或是塞维尔（Seville），没有欧洲人知道它们到底是从什么地方来的。（比如肉豆蔻只生长在摩鹿加群岛的九个小岛上，这些岛屿位于现在的印度尼西亚东部。）如果能绕过威尼斯和君士坦丁堡的中间商，直接获得这些珍贵的商品，将会提高国家的收入和相对于其他国家的地位，还能为富有的统治者提供他们觊觎的奢侈物品。

除了经济动机以外，还有将基督教义传遍全世界的意愿。把物质和精神目标联系在一起在今天看来似乎是矛盾的，但是15世纪的欧洲人并不觉得两者之间有什么必然矛盾。探险家和殖民者——尤其是罗马天主教徒——真诚地竭力让"异教"民族皈依基督教。与此同时，他们希望通过和非洲、中国、印度以及摩鹿加群岛建立直接贸易关系来增加自己国家的财富。

早期欧洲探险

为了建立贸易，欧洲水手第一次开始探索大洋。14世纪开始航海家不仅需要越来越普遍的高操控性船只和航海辅助工具，还需要关于海洋、洋流，特别是风向的知识。风向能够让他们的船只如虎添翼。但是风向如何变化？大西洋微风会将他们的横帆船只带往何方？即使有了三角帆的帮助，这些船只是否还是需要顺风航行（让风从船只的正后方吹来）？

遨游地中海大西洋

欧洲人在被称为"地中海大西洋"的海域寻找到了这些问题的答案，这一地区位于西班牙西南的广阔海域，由亚速尔群岛（Azores）（西边）和加那利群岛（Canaries）（南边）相联，中间是马德拉群岛（Madeiras）（参见地图1.4）。14世纪欧洲人到达了这三个群岛——1330年代首先到达加那利群岛，接着是马德拉群岛和亚速尔群岛。加那利群岛成为伊比利亚水手偏爱的目的地，而伊比利亚半岛包括西班牙和葡萄牙。从欧洲经水路至加那利群岛很容易，因为强劲的东北信风沿着伊比利亚和非洲海岸线往南吹。整个航程大约耗时一周，而岛上的火山山峰是明显的标识，哪怕使用不甚精确的航海工具也不会错过。

返航却是个问题。试图回到家乡的伊比利亚水手面临着一个主要障碍：迅速把他带到加那利群岛的信风现在正直直地扑面而来。迎着风奋力划桨，前前后后地抢风行驶同样令人厌烦而低效。通常遭遇逆风的水手会耐心等待风向改变，但是东北信风持续不停歇地刮着。于是他们想出了一种新

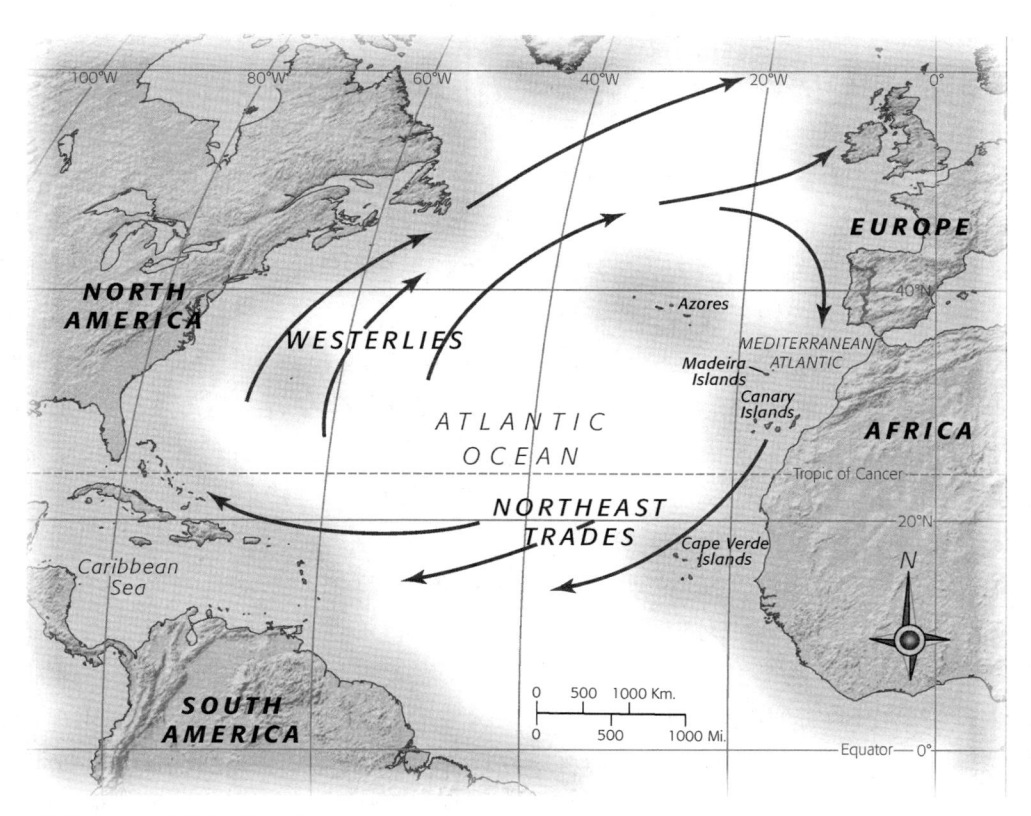

地图1.4　大西洋风和岛屿
为了找到新的陆地，欧洲水手不得不探索海洋。他们发现的第一片领域是大西洋风和岛屿。
来源：版权所有©圣智学习

办法:"绕风航行"。这意味着在不改变航道的情况下尽可能逆风航行。在地中海大西洋,水手会朝西北方向驶入开阔的海面,直到几个星期之后他进入能够把他带回家乡的风带,即所谓的西风带(Westerlies)。这些风沿着北美洲海岸往北吹,然后往东直到欧洲(我们现在已经清楚地知道这一点,但是最早的航海家们却不知道)。

这种方法乍看之下似乎违反常识,但是它却成了成功探索大西洋和太平洋的关键。一旦水手了解了风向和与之相伴的洋流,他就无须害怕离开欧洲后再也回不来。面对逆风时,他只需绕着风航行,直至找到一股能把他带往正确方向的风。

地中海大西洋的岛屿

在15世纪,拥有地中海大西洋海风和洋流知识的伊比利亚水手们定期拜访这三个群岛,到达这些岛屿不过两周不到时间。荒无人烟的亚速尔群岛很快被葡萄牙移民殖民,他们在此种植小麦销往欧洲,并且向过往的水手出售牲畜。马德拉群岛也没有原住民,至1450年代,葡萄牙殖民者驱使奴隶(很可能是从伊比利亚带来的犹太人或穆斯林)种植大量糖用作物,出口到欧洲大陆。至1470年代,马德拉群岛已经发展出了殖民地种植园经济。这是世界史上首次有一个地区被专门用于种植一种经济作物——甘蔗——并被销往其他地区。不仅如此,由于大规模种植园农业的劳动异常繁重,因此只有奴隶劳动力(他们无法选择退出)才能保证这一系统的持续成功。

加那利群岛上原本就有原住民——关契斯人(Guanches),他们开始与欧洲来客交易动物皮毛和染料。1402年之后,法国人、葡萄牙人和西班牙人开始对加那利群岛发动零星的攻击。关契斯人奋起反抗,尽管对欧洲陌生疾病的易感性削弱了他们的实力。七个岛屿一个接一个地陷落,得胜的欧洲人把关契斯人当做奴隶带到马德拉群岛或伊比利亚半岛。1496年,西班牙征服了最后一个岛屿,随后将该岛变成了砂糖作物种植园。加那利群岛和马德拉群岛一起被称作"酒岛"(Wine Islands),因为产出的砂糖中很大一部分被用于制造甜酒。

非洲的葡萄牙贸易站

一些欧洲人专注于开拓地中海大西洋的岛屿,而另一些则将这些岛屿当做通往非洲的踏脚石。1415年,葡萄牙获得了北非穆斯林城市休达(Ceuta)的控制权(参见地图1.2)。葡萄牙国王若昂一世(John I)的儿子恩里克王子(Prince Henry the Navigator)深知,无尽的财富正等待着首个直接到达非洲和亚洲富饶之地的欧洲国家。他一次又一次地派遣船只沿着非洲海岸线往南航行,寻找通往亚洲的航道。但是直到恩里克王子去世之后,巴尔托洛梅乌·迪亚士(Bartholomew Dias)才绕过非洲南端(1488),瓦斯科·达伽马(Vasco da Gama)最终到达了印度(1498),并在马拉巴(Malabar)找到了全世界最大的胡椒资源。

在此之前,葡萄牙早已饱尝航海家航行带来的硕果。尽管西非的城邦成功地阻止了欧洲向腹地的渗透,但是他们准许葡萄牙人沿着海岸线建立贸易站。这些非洲王国通过向商人收取租金和征收货物关税获得了巨大收益,并且获得欧洲产品变得更为容易了。葡萄牙人也获益匪浅,因为他们不再需要依赖横穿撒哈拉沙漠的骆驼商队。他们的船只迅速地将非洲黄金、象牙和奴隶运往欧洲,赚得盆满钵满。葡萄牙人向非洲奴隶主购买奴隶,然后将这些人带到伊比利亚,第一次将黑奴引入了欧洲。

早期殖民的经验教训

葡萄牙成功的关键是靠近非洲海岸的一座无人岛。1480年代,他们在位于几内亚湾(Gulf of Guinea)的圣多美(San Tome)岛建立了殖民地(参见地图1.2)。那时马德拉已经接近砂糖产能的极限。而圣多美的土壤却十分适合种植这种高收益的作物,于是种植园农业在那里迅速扩张。种植园主从

◀ 横帆船浮雕,后部的三角帆增加了机动性。该浮雕发现于葡萄牙贝伦区(Belém)的热罗尼莫斯修道院瓦斯科·达伽马墓上。他正是在该地登上这样的横帆船,前往印度。

图片来源:玛丽·贝丝·诺顿收藏

大陆引进了大量奴隶在田间耕作,由此创造了第一个主要依靠奴役非洲黑人为劳动力的经济。

到1490年代,克里斯托弗·哥伦布(Christopher Columbus)西行之前,欧洲人已经在地中海大西洋获得了三个至关重要的殖民经验。首先,他们学会了如何成功将本土作物和牲畜移植到热带。第二,他们发现这些地方的土著或者可征服(比如关契斯人),或者能够为他们所用(比如非洲人)。第三,他们发展出一种切实可行的种植园奴隶制模型,以及提供无穷无尽奴隶劳动力的机制。至此舞台已经搭建完成,世界史上的重头戏即将上演。

哥伦布、卡伯特和后继者们的航行

克里斯托弗·哥伦布从地中海大西洋获得了丰富的经验。哥伦布于1451年出生于意大利城邦热那亚(Genoa),这位羊毛商人的儿子自学成才,到1490年代已成为经验丰富的水手和地图制作者。像同时代的许多水手一样,他深受葡萄牙及其岛屿的吸引,尤其是马德拉群岛,他在那里指挥着一支船队。至少有一次,他曾航行至黄金海岸(Gold Coast)的葡萄牙前哨。他在那儿被黄金深深吸引,并且开始理解奴隶贸易的经济潜力。

就像许多优秀航海家一样,哥伦布知道地球是圆的。但是他对地球大小的估计与其他制图者不同:他认为中国距离欧洲南岸只有3 000英里。因此,他辩称,往西航行更容易到达亚洲,与之相比绕过非洲南端艰难得多。专家们对他的狂妄言论嗤之以鼻,他们精确地估计两个大陆相隔12 000英里。1484年,当哥伦布请求葡萄牙执政者支持他西行亚洲的计划时,他们拒绝了他那看似疯狂的计划。

哥伦布的航行

西班牙国王费迪南德(Ferdinand)和王后伊莎

贝拉（Isabella）对葡萄牙在非洲的成功十分眼热，他们更乐于接受哥伦布的异想天开。在一些西班牙贵族和一群卡斯蒂利亚（Castile）意大利商人的催促之下，国王和王后同意为这次冒险的航行提供经济支持，部分原因是他们希望收益能够用以远征被穆斯林占领的耶路撒冷。于是，1492年8月3日，哥伦布带领三艘船只——平塔号（Pinta）、尼尼亚号（Niña）和圣玛利亚号（Santa Maria）——从西班牙港口帕罗斯启航。

第一段航程很熟悉，船队顺着东北信风直下加那利群岛。哥伦布在那里整修了他的横帆船，增加三角帆以增强机动性。9月6日，船只起锚，驶向陌生的海洋。

一个多月之后，理想的信风将船只带到一片陆地附近，据哥伦布估计，那里正是齐潘戈（Cipangu）（日本）的所在之处（参见地图1.5）。10月12日，他和手下们登上了巴哈马群岛（Bahamas）的一座岛屿，这座岛被当地居民称作加纳（Guanahani），但是哥伦布将它重新命名为圣萨尔瓦多（San Salvador）。（由于哥伦布对于登陆地的描述可以作各种解读，因此现今有几处地点声称是他的登陆地。）接着他开始探索现在的古巴和伊斯帕尼奥拉岛（Hispaniola），岛上的居民泰诺人（Taino）将这两个地方分别称为科尔巴（Colba）和波西奥（Bohio）。哥伦布以为自己已经到达了东印度群岛［香料群岛（the Spice Islands）］，于是把这一地区的原住民称作"印第安人"。泰诺人以为欧洲人是从天而降，所以不管哥伦布走到哪里，好奇的泰诺人都会聚集起来会见他并交换礼物。

哥伦布的观察

哥伦布的航海日志是初登新大陆的第一手资料，它基本上由三个主题构成。首先，他坚持询问泰诺人哪里能找到黄金、珍珠和香料。每一次他的消息人都（通过手势）回答其他岛上或者大陆上才有这些物产。最终他开始质疑这些答案，并在日志中写道："我开始相信……他们会拣我想听的告诉我。"

其次，哥伦布一再提到那些奇特而美丽的植物和动物。"这里的鱼和我们那里如此不同，令人称奇……色彩如此艳丽，任何人都会叹为观止，"他写道，"鸟儿的歌声让人乐不思蜀。那些华丽的植物让我目不转睛。"然而哥伦布的兴趣不仅仅在审美上。"我相信这里许多植物和树木在西班牙会变得价值连城，可以用于制造染料、香料和药品，"他推测道，并且补充道自己返回欧洲时将"尽力带上每一种标本"供专家们研究。

再次，哥伦布还描述了岛上的居民，并且抓了几个带回西班牙。据他所言，泰诺人非常迷人、温柔和友好，尽管他们告诉他住在其他岛上的卡尼巴人（Caniba）［今天被称为加勒比人（Caribs）］非常凶残，他们袭击他们的村庄，并吃掉一些战俘［这就是"食人族"（cannibal）一词的由来］。尽管哥伦布害怕并且不信任加勒比人，他却相信泰诺人很可能会皈依天主教，并且标注道："假如虔诚的宗教人士掌握印第安语言，这些人一定会很快全变成基督徒。"不过，比起传教他有更迫切的事需要考虑。这些岛民"应该会成为优质而熟练的奴仆"，哥伦布宣称。"奴役所有人并让他们遵从你的意愿"一定很容易。

因此，欧洲人和美洲人第一次面对面接触的记录揭示了接下来几个世纪中至关重要的数个主题。欧洲人希望利用美洲的资源获取利益，包括植物、动物和人，哥伦布的后继者和他一样将当地人分成"好的"（泰诺人）和"坏的"（加勒比人）两类。此后哥伦布还进行过三次西行，探索了加勒比海的大部分岛屿，并沿着中美洲和南美洲的海岸航行。直到1506年去世的那天，55岁的哥伦布仍然相信自己已经到达亚洲。不过在他去世之前，已经有其他人获知真相。1499年探索南美洲海岸的弗洛伦汀·阿美利哥·韦斯普奇（Florentine Amerigo Vespucci）首先公开表明，这是一个全新的大陆。1507年，马丁·瓦尔德泽米勒（Martin Waldseemüller）在他的地图上将这片土地正式标注为"美洲"。截至此时，西班牙、葡萄牙和教皇

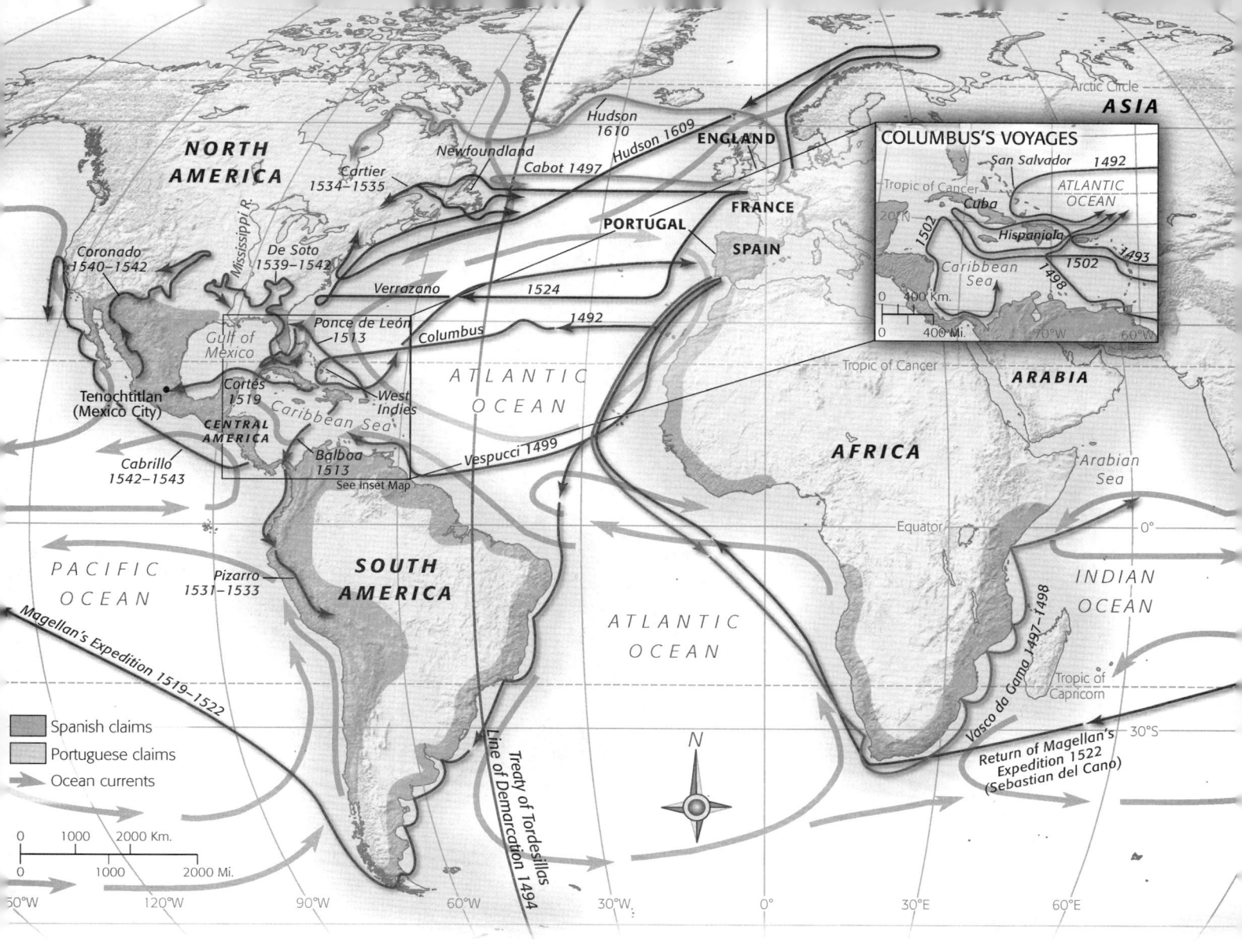

地图1.5　欧洲人在美洲的探险

哥伦布航海之后的一个世纪中，欧洲探险家探索了北美和南美的沿岸地区和部分内陆。

来源：版权所有©圣智学习

亚历山大六世已经签署了托尔德西里亚斯条约（Treaty of Tordesillas），确认了葡萄牙在非洲的领地——随后增加了巴西——以此换取西班牙在美洲其他地区的优势地位。

挪威人和其他北方航海者

在哥伦布之前五百年，大约公元1001年，莱夫·埃里克松（Leif Ericsson）带领的北欧探险队穿过戴维斯海峡（Davis Strait）到达北美洲，戴维斯海峡将探险队位于格陵兰的村庄和巴芬岛（Baffin Island）隔开（巴芬岛位于哈得孙湾的东北方；参见地图1.1），两者之间的距离仅200海里，他们将登陆之地称作"文兰"（Vinland）。当地住民的攻击迫使他们在数年之后仓促地离开了文兰。1960年代，考古学家确定挪威人曾在现在的纽芬兰兰塞奥兹牧草地（L'Anse aux Meadows）建立前哨，但是文兰的位置很可能更靠南。

后来的欧洲人并不知道挪威探险家曾在美洲留下足迹，但是部分历史学家辩称，15世纪巴斯克（Basque）捕鲸人和渔民（相当于现代法国北部和西班牙）曾在纽芬兰附近发现富饶的渔场，但是守住了这个秘密。无论渔民们是否曾穿越整个大西洋，他们已经将北部探索得一清二楚。15世

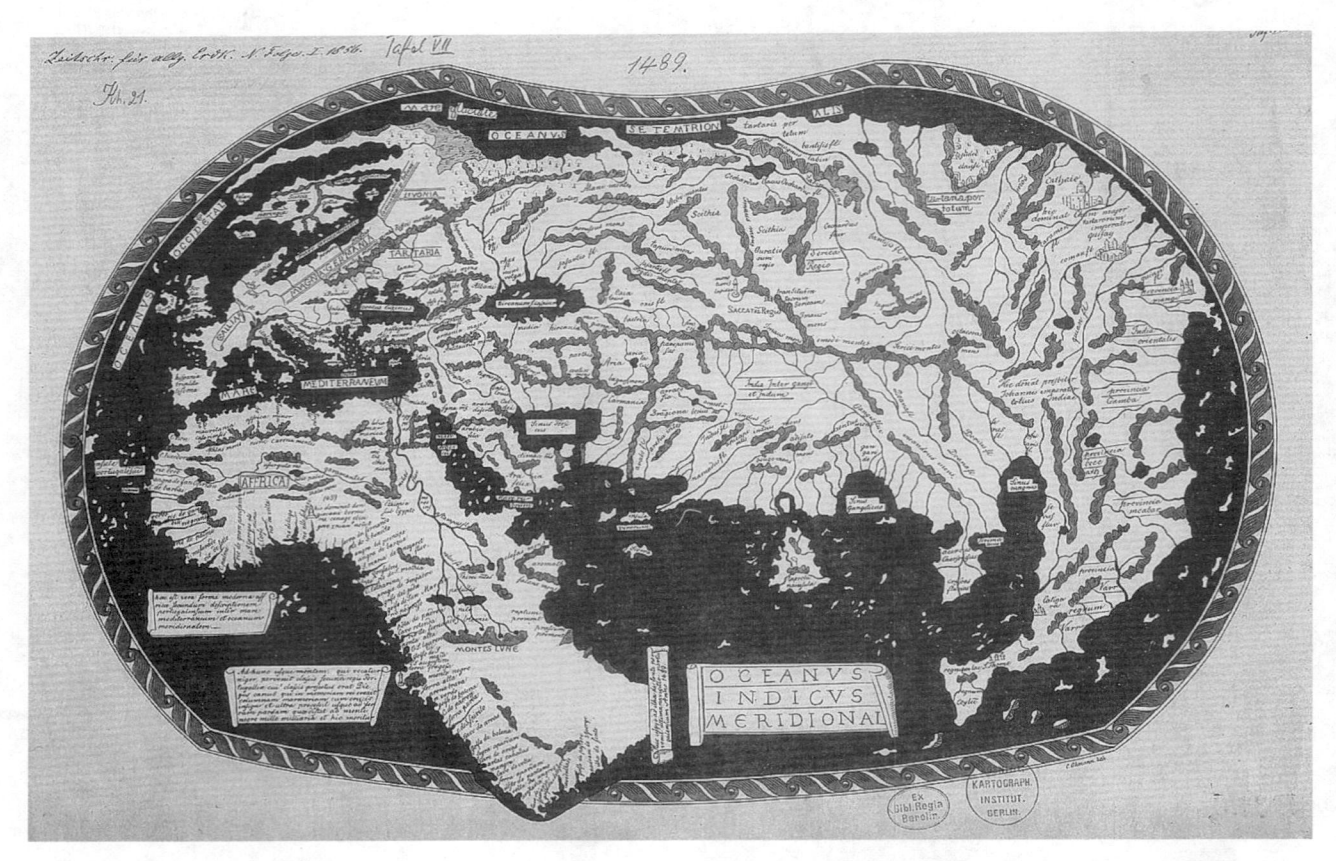

21 ▲ 这幅图是亨利库斯·马尔泰卢丝（Henricus Martellus）于1489年按照克里斯托弗·哥伦布的理解绘制的世界地图，它还整合了1488年绕过非洲南端好望角的葡萄牙水手巴尔托洛梅乌·迪亚士此后获得的信息。马尔泰卢丝并未试着估计分隔欧洲西岸和亚洲东岸的海洋究竟有多广。

图片来源：Bildarchiv Preussischer Kulturbesitz/纽约，艺术资源

▲ 1507年，德国制图者马丁·瓦尔德泽米勒首次将新发现的南方大洲命名为"美洲"。这个名字来自意大利探险家阿美利哥·韦斯普奇，后者意识到自己到达的是一个"新世界"，而非亚洲海岸附近的岛屿。

图片来源：布朗大学约翰·卡特·布朗图书馆

纪的航海家常常在欧洲大陆、英格兰、爱尔兰和冰岛之间往来。水手们探索的北美地区后来成为今天的美国和加拿大,这些探险丰富了他们的知识。

北欧水手遭遇的海风为他们的去程造成了障碍,而不是返程。将哥伦布带回欧洲的西风迎面吹向西望的北欧人。不过水手们很快发现冬季最强的海风会偏向南方,所以只要他们在春天从北欧的港口出发,往北航行时就能得到足够的航行速度。因此,大多数往南航行的水手会到达加勒比一带,而那些选择北部航线的水手则通常会到达今日的缅因州或加拿大。

约翰·卡博托的探险

"发现"北美洲的荣誉一般归于祖安·卡博托（Zuan Cabboto）,也就是现在我们常说的约翰·卡博托（John Cabot）。更准确的说法是,卡博托首次将关于北美洲海岸线的知识带到欧洲,并且宣布其为英国领土。和哥伦布一样,卡博托是来自意大利城邦热那亚（Genoa）的航海专家;他们或许彼此认识。英国人当时与亚洲通商必须经过从安特卫普（Antwerp）到威尼斯再到穆斯林世界的重重中转,卡博托料定英国人一定热衷于赞助探险之旅,他得到了国王亨利七世的资助。1497年5月下旬,他乘坐马修号（Mathew）从布里斯托尔（Bristol）启航,并于一个月后到达北美洲。卡博托花了一个月时间探索了现今的纽芬兰（Newfoundland）,然后顺着西风带回到英国,归程只用了15天。

哥伦布、卡博托及其后来者们的航行最终将东半球和西半球联结在了一起。葡萄牙探险家佩德罗·阿尔瓦雷斯·卡布拉尔（Pedro Ávares Cabral）于1500年到达巴西;约翰·卡博托之子塞巴斯蒂安于1507年追随父亲的脚步来到北美;同受法国资助的乔瓦尼·达·韦拉扎诺（Giovanni da Verrazzano）和雅克·卡蒂埃（Jacques Cartier）分别于1524年和1534年来到北美;1609年和1610年,亨利·哈得孙（Henry Hudson）为荷兰西印度公司（Dutch West India Company）探索了北美沿岸（参见地图1.5）。这些探险家的主要使命是寻找只存在于传说中的穿越美洲的"西北航道（Northwest Passage）",以期找到通往富饶亚洲的捷径。不过,韦拉扎诺隐约预感到:"(美洲的)乡野事实上充满着希望,其本身就值得好好开发。那里有着丰富多样的动植物资源。"

▲ 来自纽芬兰兰塞奥兹牧草地（L'Anse aux Meadows）的人工制品,该地点被挪威人称作"斯特罗蒙德（Straumond）"。这些不显眼的小物件为研究北美挪威定居点的考古学家提供了许多信息。小小的圆形物件是用来纺纱的锭盘,这一物件表明斯特罗蒙德有女性存在;而坚果来自只生长在圣劳伦斯河以南的一种树木,因此显示了北欧人沿着海岸跋涉的大致范围。

图片来源:加拿大兰塞奥兹牧草地

西班牙人的探险和征服

只有西班牙人探索和占领的地区迅速开始殖民化进程。1493年的第二次航行中,哥伦布带领17艘船只到达伊斯帕尼奥拉（Hispaniola）,满载着1 200多人口、种子、植物、牲畜、家禽和狗——以及细菌、老鼠和烟草。被称作"伊莎贝拉（Isabela）"的定居点（现在的多米尼加共和国）以及其他定居点成为西班牙侵略美洲的集结地。在古巴和伊斯帕尼奥拉岛上,欧洲人和他们带来的马、牛和猪学会了适应新环境。当西班牙人接着深入大陆进行探险时,他们已经骑上了岛上繁殖的马,吃上了岛上繁殖的牛和猪。

科尔特斯和其他探险家

一开始,西班牙探险家们分散在加勒比盆地

附近。1513年,胡安·庞塞·德莱昂(Juan Ponce de León)抵达佛罗里达,瓦斯科·努涅斯·德·巴尔博亚(Vasco Núñez de Balboa)穿过巴拿马地峡(Isthmus of Panama)到达太平洋,随后潘菲洛·德·纳尔瓦埃斯(Pánfilo de Narváez)和其他探险家探索了墨西哥湾沿岸。16世纪30和40年代,西班牙征服者继续深入,探索了许多被西班牙君主宣布占领的地区:弗朗西斯科·巴斯克斯·德·科罗纳多(Francisco Vásquez de Coronado)踏遍当今美国的西南部地区,几乎与此同时,埃尔南多·德·索托(Hernán de Soto)探索了东南地区。胡安·罗德里格斯·卡布里略(Juan Rodríguez Cabrillo)沿着加利福尼亚海岸航行。法兰西斯克·皮泽洛(Francisco Pizarro)冒险进入南美洲西部,征服印加人(Incas),从而获得全世界最富饶的银矿。不过最重要的征服者非埃尔南·科尔特斯(Hernán Cortés)莫属,他于1521年征服了阿兹特克帝国(Aztec Empire)。

冒险家科尔特斯1506年第一次到达加勒比,1519年,他带领部队登陆墨西哥大陆,寻找传说中的富饶城市。在海岸线附近,当地玛雅人向他献上一群年轻的女奴隶。其中一个叫做玛琳辛(Malinche)的女奴〔西班牙人为她施以洗礼,并为她改名堂·玛丽娜(Doña Marina)〕被阿兹特克人卖为奴隶,并由玛雅人抚养成人。因为她担任了科尔特斯的翻译,所以有部分现代墨西哥人将她视为叛徒,不过也有人认为她对于奴役她的人没有忠诚可言。在她生活的时代,欧洲人和阿兹特克人都对她十分尊重。玛琳辛为科尔特斯生下一个儿子马丁(Martín)——这是最早的混血儿之一——但玛琳辛最后嫁给了科尔特斯的一个下属军官。

占领特诺奇蒂特兰

前往阿兹特克首都的途中,科尔特斯在玛琳辛的帮助下聪明地将长期受阿兹特克压迫的部落纳入麾下。西班牙人的奇兽(马和牲畜)以及响彻云霄的武器(枪和炮)大大震慑了他们的新盟友。不过西班牙人也受到了极大震动。多年以后,贝尔纳尔·迪亚斯·德尔·卡斯蒂略(Bernal Díaz del Castillo)回忆自己第一次看到特斯科科湖(Lake Texcoco)中央的特诺奇蒂特兰(Tenochtitlán)时的情形:"我们叹为观止,感到眼前的一切像魔法……巍峨的高塔、神庙和其他建筑矗立在水中,全部由砖石砌成。"他回忆道,有些士兵们忍不住问,"我们是不是在做梦啊?"

来到特诺奇蒂特兰的西班牙人不仅带来了马和钢铁武器,还带来了天花,并从伊斯帕尼奥拉开始广为传播。1520年,这场流行病达到了巅峰,致命地削弱了特诺奇蒂特兰的防守兵力。"厄运在人群中迅速传播,"后来一个阿兹特克人回忆道,"有些人浑身上下都长满了(脓包)——脸上、头上、胸上……这是场巨大的灾难。许多人死于这种病症。"1521年,特诺奇蒂特兰不得不投降,这场疫病是主要原因。西班牙人在原址上建立了墨西哥城(Mexico City)。科尔特斯和他的部下们搜刮了大量金银宝藏。于是,在哥伦布第一次航行之后不到三十年内,将美洲领土视为囊中之物的西班牙君主终于控制了自古罗马以来欧洲人所见识过的最富有、最广袤的帝国。

西班牙殖民

西班牙首创了殖民模式,后来其他国家争相模仿,这个模式包括三个元素。首先,王室试图保持对殖民地的统治权,将等级森严的政府强加于殖民地,留给美洲当地的自治权限十分有限。这种控制包括仔细审查候选移民,限制他们的人数,坚持所有商品必须由殖民地从西班牙进口。为了加强社会稳定性,这些移民被进一步要求生活在受到当局密切关注的城镇中。罗马天主教神父试图以正统宗教观确保殖民者的顺从。

其次,首批殖民地中,男性占大多数。尽管后来有部分西班牙女性移民到美洲,但是男性主要将印第安——其后则是非洲——女性娶为妻子或当做情妇,而殖民地的管理者们对此乐见其成。于是产生了众多混血人口,至今为止混血儿在拉美人中

▲ 图片来自《阿萨蒂特兰古抄本》(Codex Azcatitlan),该书记述了从阿兹特克(墨西哥)民族来到墨西哥谷(Valley of the Mexico)一直到被科尔特斯征服为止的历史。这本欧洲风格的书籍出版于16世纪后期——大约在被阿兹特克征服七十年后。不过,这本抄本以当地人的视角描述了这些翻天覆地的事件。在这里,科尔特斯由他的翻译兼情人玛琳辛带领,后面跟着运输辎重的当地同盟。人群中还有科尔蒂斯的黑人奴隶。

图片来源:法国巴黎国家图书馆/斯纳克/纽约,艺术资源

占有很大比例。

第三,殖民地财富的基础是剥削当地人以及从非洲引进的奴隶。中美洲民族习惯于独裁统治。西班牙人只是夺过了原本由当地领主担任的角色,这些领主原本就惯于从臣民那里榨取劳动力和贡品。科尔特斯建立了所谓的监护征赋制(encomienda),规定可将村庄划归西班牙征服者个人所有,以作为对他们服务的回报;从方方面面将奴隶制合法化,只是没有冠以奴隶制的名称罢了。

1542年,殖民地神父巴托洛梅·德拉斯·卡萨斯(Bartolomé de las Casas)提出了富有说服力的批判,因此西班牙国王重新制定了一套法律,用以改革殖民体系,禁止征服者将印第安人据为奴隶,不过仍然允许他们从进贡的村庄中获取金钱和物资。为了应对这些限制规定以及持续下降的印第安人口,这些在西班牙就熟知奴隶制度的委托监护主(encomenderos)开始向美洲引入非洲人,以此为手段增加自己直接控制下的劳动力数量。他们雇佣的印第安人和非洲人主要在金银矿、蔗糖种植园和巨大的马、牛、羊牧场劳动。在较大的加勒比岛屿上,非洲奴隶远比大陆更为普遍。

许多一蹶不振的中美洲原住民接受了由圣方济各会和多明我会修士带到新西班牙的基督教——这些修士许下甘于贫穷和一生不娶的誓言加入教会。修士们全身心地努力劝说中美洲人搬到城镇中居住并建造罗马天主教堂。西班牙人夷平了现有的城市,在曾经的阿兹特克、印加和玛雅神庙原址上建起天主教堂和修道院。在这些城镇中,印第安人接触了欧洲习俗和宗教仪式,这些仪式旨在融合天主教和异教信仰。修士们故意将圣母马利亚信仰和谷物女神信仰并置在一起,于是印第安人巧妙地将自己传统世界观的某些方面与基督教义融合在了一起,这一过程被称为综摄(syncretism)。西班牙领土上数以万计的印第安人至少部分接受了天主教义,因为这是他们新统治者的宗教,而他们习惯于服从。

黄金、白银以及西班牙的衰落

新世界的金银一开始是恩物,但是最终却导致曾经的强国西班牙的衰落。中国,这个有着白银货币制度的巨大国度,吸收了大量的西班牙白银,据估计占新世界所有银矿产量的一半,而他们为此支付的价格是欧洲的两倍。尤其是从1570年代开始,西班牙每年从阿卡普尔科(Acapulco,位于墨西哥西岸)调遣装满白银的大帆船前往位于菲律宾群岛马尼拉(Manila)的新定居点进行交易,西班牙人因此轻而易举地获得来自中国的商品,如丝绸和亚洲香料。

前所未有的财富大量涌入,导致迅速的通货膨

胀,（加上许多其他负面影响）致使西班牙商品在国际市场上售价过高,而进口商品在西班牙更便宜。曾经利润丰厚的西班牙纺织业和几十种其他产业一起崩溃。来自美洲殖民地看似源源不断的财富壮大了西班牙君主的胆量,使他们在和丹麦及英国的战争中一掷千金。16世纪末和17世纪初,西班牙君主几次拒不偿还国债,导致了国家金融的大浩劫。17世纪中叶南美金矿和银矿逐渐衰竭,西班牙的经济一下子崩盘,西班牙因此失去了它在国际上的重要地位。

哥伦布大交换

15世纪和16世纪的数次欧洲航海以及西班牙殖民导致了广泛的疾病、植物和动物的双向流动[历史学家阿尔弗雷德·克劳士比（Alfred Crosby）将之称为哥伦布大交换（Columbian Exchange）,参见地图1.6］。在过去的成千上万年中,东半球和西半球各自独立演进,形成了迥然相异的生命形式。许多大型哺乳动物,如牛和马,对于相连的欧洲、亚洲和非洲大陆来说很普遍,而美洲人驯化的最大的家养畜类就是狗和美洲驼。美洲的农作物——尤其是玉米、豆类、南瓜、木薯以及土豆——比欧洲及非洲的农作物具有更丰富的营养,产量也更高,如小麦、小米和黑麦。很快,当地人就学会了饲养和食用欧洲牲畜,而欧洲人和非洲人也习惯于种植和食用美洲农作物。最终,他们的食谱都得到了大大的丰富。这导致的一个结果就是,接下去的300年间,世界人口翻了一番。今天世界各地种植的农作物中,大约有五分之三原本生于美洲。

天花和其他疾病

然而,来自欧洲和非洲的传染病对美洲造成了灾难性的影响。这些疾病长期肆虐于其他大陆,多次造成数以万计的人口死亡,但留下的幸存者通常具有某种程度的免疫力,而印第安人则成为这些疾病的受害者。统计数据令人难以置信。1492年,哥伦布登陆伊斯帕尼奥拉岛时,那里居住着大约50万人。50年之后,这座岛上只剩下不到两千原住民。距欧洲人初次登陆加纳岛30年内,巴哈马群岛上的泰诺人无一幸存。

尽管麻疹、斑疹伤寒、流感和其他疾病也严重折磨着当地人,然而在特诺奇蒂特兰,最凶残的杀手是天花,它主要通过人类直接接触进行传播。据历史学家统计,外来微生物的长期影响使原本的美洲人口削减了百分之九十之多。疫病以每20至30年的频率反复发作,一个紧跟着一个或是接二连三,所以一场疫病的幸存者很可能死在第二场或第三场疫病暴发中。大量的死亡也瓦解了已经在殖民者统治下不堪重负的社会,使得当地人在干旱、歉收或其他天灾人祸面前更加不堪一击。

深入美洲大陆北部,即使那里的美洲人口较少,与欧洲人接触也有限,但是疾病依然在乡间肆虐。1616年至1618年,一场大瘟疫,很可能是病毒性肝炎,横扫了鳕鱼角（Cape Cod）北部沿岸的村庄。死亡率再一次高达百分之九十。几年以后,一位英国旅行者评论道,人们"躺在屋子里,成堆成堆地死去",骨头和骷髅覆盖了村庄的废墟。由于该地区人口急剧减少,短短几年之后,英国殖民者不费一兵一卒就在那里建立了定居点。

不过,美洲人似乎也报了一箭之仇。他们很可能将梅毒传染给了欧洲人,这是一种致命的性病。第一例有记载的梅毒病例出现在1493年的西班牙巴塞罗那,就在哥伦布从加勒比返航不久。尽管不像天花那样快速致死,但梅毒也是危险和致人衰弱的。士兵、水手和妓女携带着这种病毒,在欧洲和亚洲迅速传播,于1505年传到了中国。

糖、马和烟草

这三种物品的交换对于欧洲和美洲有着重大影响。糖最早出产于东印度群岛,至1450年在地中海大西洋岛屿上已经种植。糖在欧洲一开始被当做药物,后来成为广受欢迎的奢侈食材,欧洲对糖

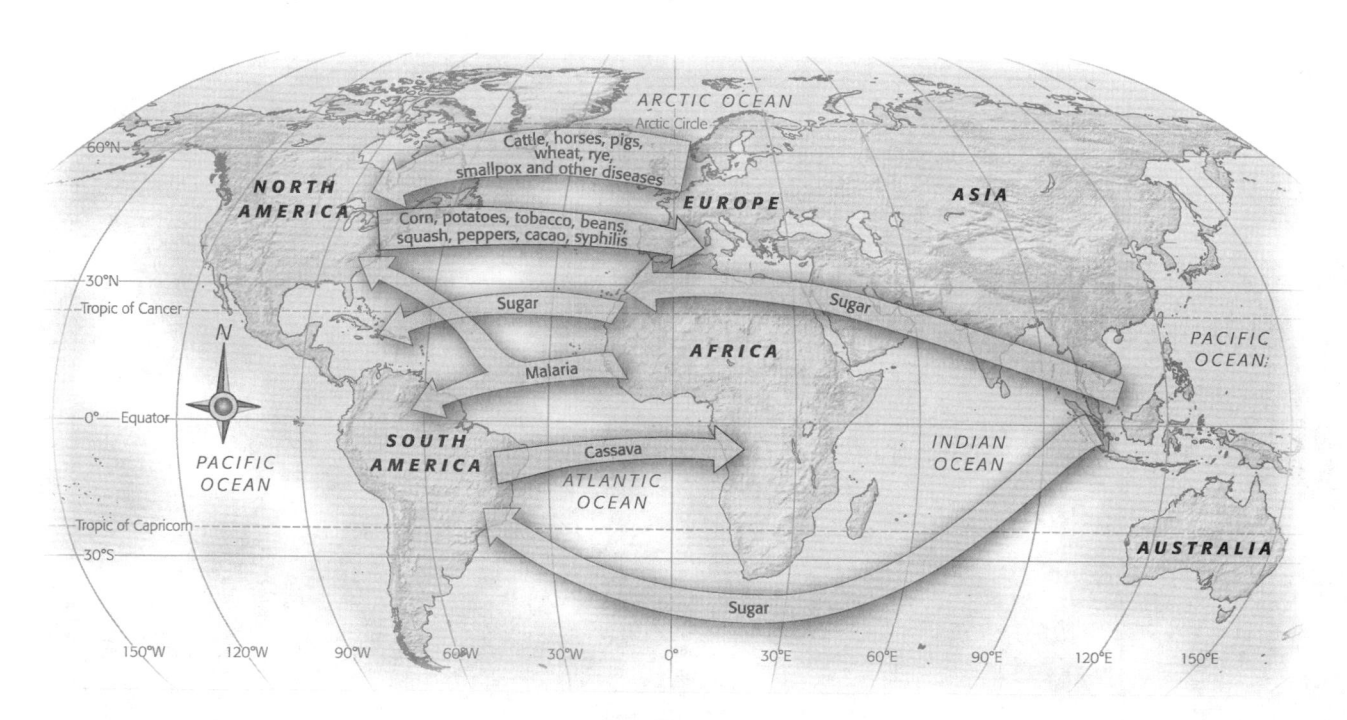

第一章 三个旧世界创造一个新世界，1492—1600　　27

地图 1.6　哥伦布大交换中的主要项目

15世纪和16世纪，欧洲探险家横跨地球时，他们开启了植物、动物和疾病的"哥伦布大交换"。这些事件永远改变了全世界人的生活，为大西洋两岸的人们带去新的食物，也传播了新的瘟疫。

来源：版权所有©圣智学习

▲ 墨西哥纳亚里特（Nayarit）一处墓葬发现的公元200—800年的男性雕像。人像体表的皮肤感染显示，这个人正在遭受梅毒的折磨。假如不加治疗，梅毒后期会在体表形成这样的感染。诸如这尊前哥伦布雕像的证据说服了大多数学者，让他们相信梅毒起源于美洲——这一假设多年来一直备受争议。

图片来源：私人收藏/图像研究顾问和档案

于巴西的葡萄牙殖民地（建立于1532年）开始为欧洲市场生产蔗糖，规模甚至更大，1640年之后（参见原书第39—40页），甘蔗种植成为加勒比英国及法国殖民地最重要的部分。

　　马和糖一样，是1493年由哥伦布带往美洲的，17世纪落入北美印第安人手中。通过贸易和盗窃，马在大平原（Great Plains）大为传播，至1750年已经遍及大部分地区。拉科塔人（Lakotas）、科曼奇人（Comanches）和乌鸦印第安人（Crows）以及其他印第安民族开始用马运输、用马匹数量衡量财富，并在马背上展开战争。有些原本以种植农作物为主的部落抛弃了农业。由于得到了马匹，原本混合着采集和农业的可持续狩猎方式，几乎被单一的水牛狩猎替代。

　　在美洲，欧洲人第一次接触烟草，一开始他们认为烟草具有某些有益的药效。16世纪烟草开始在土耳其种植后，抽烟和咀嚼这种"印第安草"成为欧洲的风尚。尽管有些人对此抱怀疑态度，比如英格兰国王詹姆斯一世于1604年宣称吸烟"有害

需求量巨大，因此，哥伦布在1493年的航行中将加那利岛的甘蔗带到伊斯帕尼奥拉岛。至1520年代，大安地列斯群岛（Greater Antilles）的非洲奴隶甘蔗种植园定期往西班牙运输蔗糖。半个世纪之后，位

▲ 这一神秘的插图文本被称为德雷克手稿（Drake Manuscript），正式名称为《印第安人的自然历史》(Histoire Naturelle des Indies)，手稿中包括许多有关1580年代西班牙属美洲原住民生活的绘画。画面中令人愉快的场景展现了求爱成功后的结果：画面中女人的父亲坐在树下，祝福这对年轻的情侣。未来的丈夫证明了他是一个勇猛的猎人（注意他手里的兔子），而未来的妻子则展现了自己的厨艺（她在碾碎玉米）。两人的衣着都很华丽，而背景中屋子里沸腾的罐子预示着这对幸福夫妻美满的未来。

图片来源：皮尔蓬·摩根图书馆/艺术资源，纽约

眼睛、鼻子、大脑和肺部健康"，烟草的人气却节节攀升。直到20世纪，人们才发现烟草中具有致瘾的尼古丁及其与肺癌的联系。

欧洲和非洲人入侵美洲具有重要的生物学因素，因为侵略者带来了植物和动物。其中有一部分是他们特意带到美洲的，比如牲畜。而另一些则是不期而至，如老鼠（藏匿在船只里）、大麻和疾病。反之亦然。当欧洲人回到故乡时，他们有意地带回了玉米、土豆和烟草等作物，也无意间带回了不速之客，梅毒。

北美洲的欧洲人

最初，欧洲人更感兴趣的是开发北美洲的自然资源，而非艰辛地在当地建立殖民地。约翰·卡博托最初的报告称，纽芬兰附近鱼类资源非常丰富，于是欧洲人争相前往利用这里充足的鳕鱼资源，鳕鱼在他们的家乡需求量巨大，是平价的蛋白质来源。整个16世纪，法国人、西班牙人、巴斯克人和葡萄牙人在北美洲水域定期捕捞；韦拉扎诺和卡蒂埃分别于1524年和1534年遇到已经在美洲沿岸捕鱼的无

27 放眼天下

玉米

在中美洲人看来，玉米是羽蛇神魁扎尔科亚特尔（Quetzalcoatl）的恩赐。切罗基人（Cherokees）的传说中，一位老妇人的孙子将她埋葬在干净而日照充足的土地里，这种珍贵的植物就从她的血液中生长出来。而阿布那基人（Abenakis）认为，一位年轻的少女命令一个年轻人拽着她的头发走过一片烧焦的土地，从而出现了玉米。切罗基老祖母和阿布那基少女的长发变成了茎秆上的玉蜀黍，欧洲人将之称为印第安玉米。两个故事都象征性地将玉米和女性联系在一起，这与考古学家近年来提出的猜想不谋而合：至少在北美洲东部，女性植物培育者对于玉米产量的实质性提高功不可没。

所有印第安人都种植玉米，对于他们来说，玉米是神圣的，是他们饮食的主要构成部分。他们将玉米粒晒干，把它碾成粗粉。他们把玉米煮成糊状或者捏成烤玉米饼。这种玉米饼即是现代墨西哥面饼（tortillas）的雏形。印第安人还将某些种类的干燥玉米粒加热，直到它们爆裂，就像今天的爆米花一样。尽管来到北美洲和南美洲的欧洲侵略者一开始很轻视玉米，但他们很快发现这种植物可以在各种气候环境下种植——从海平面到1 200英尺海拔，从潮湿多雨的地区到年降雨量只有12英寸的干旱地区。而且玉米的产量极高，每英亩收获的卡路里是小麦的两倍。于是欧洲人也开始依赖玉米，不但在美洲定居点种植玉米，还将玉米引入了本国。

玉米种植还传播到了亚洲和非洲。如今，中国的玉米产量仅次于美国，位居世界第二，在非洲，玉米是种植最广泛的作物。美国的玉米产量仍然占全世界玉米产量的45%，其中三个州几乎包揽了总产量的一半——伊利诺伊、爱荷华和内布拉斯加，玉米也是美国产量最高的农作物。超过一半的美国玉米被用作牲畜饲料。其余玉米有一大部分被加工成糖浆，用于碳酸饮料及糖果生产。还有一些被加工成乙醇，这种汽油添加剂可以减少污染和对石油燃料的依赖。玉米也是淡啤酒和牙膏的原料。它被广泛应用于轮胎、墙纸、猫屑和阿司匹林的制造中。值得一提的是，在一家拥有一万种商品的现代美国杂货店中，约有四分之一商品或多或少依赖玉米。

如今，古代美洲农作物种植者将玉米传遍全世界，为地球上的人们提供了五分之一的卡路里。魁扎尔科亚特尔的恩赐惠及全球。

◀ 现知最早的欧洲人所作的玉米图画，这种美洲植物将对整个世界产生不同寻常的影响。

图片来源：The Lu Esther T. Mertz Library, NYBG/Art Resource, NY

名船只。在1570年代初,西班牙对英国运输开放市场之后,英国人热情地投身于纽芬兰捕鱼业中(在此之前他们在冰岛附近捕鱼,仅仅满足国内需求),将咸鳕鱼销往西班牙,换取宝贵的亚洲商品。英国人很快在该地区占领了主导地位,到15世纪末,这里已经成为比墨西哥湾更具价值的欧洲商业焦点。

印第安人与欧洲人之间的贸易

渔民们很快意识到他们可以用布料、金属制品如罐子和刀,换取当地捕兽者的海狸皮,海狸皮在欧洲被制成时髦的帽子。一开始,欧洲人在沿岸的船只上与当地人进行交易,后来他们逐渐开始在大陆上建立贸易站,集中和控制皮草的交易。这些贸易站主要由男性探险家占据,他们的主要目的是尽可能多地往欧洲故乡运输海狸皮。

印第安人对欧洲产品的需求与欧洲人对皮草,尤其是海狸皮的需求不相上下,这些产品可以让他们的生活变得更简单,而且可以在邻居中间攀比炫耀。一些群体开始完全以捕猎海狸获取皮草卖给欧洲人为业,他们抛弃了传统的经济,食物来源部分依赖其他人。海狸皮的大量交易还导致了严重的生态后果。在一些地区,海狸完全销声匿迹。缺少它们筑造的水坝,导致土壤侵蚀,后来的几十年中,欧洲殖民者砍伐树林开辟耕地使土壤侵蚀更加严重。

西班牙和英国的竞赛

西班牙在美国赚得盆满钵满的同时,英国的商人和政治领袖在一旁看得眼热。16世纪中期,像约翰·霍金斯(John Hawkins)和弗朗西斯·德雷克爵士(Sir Francis Drake)这样的英国"海狗(sea dogs)"开始掠夺从加勒比回故乡的西班牙船队。他们的行为造成了两国之间的龃龉,并推动了战争的爆发,这场战争于1588年达到顶点,英国人在英国海岸击退了气势汹汹的西班牙入侵——西班牙无敌舰队(the Spanish Armada)。作为与西班牙竞赛的一部分,英国领导者开始考虑在西半球建立殖民地,以此更好地掌握珍贵贸易品的资源,同时阻止对手占领美洲。

牧师理查德·哈克卢伊特(Richard Hakluyt)极力怂恿女王和她的侍臣朝着这一目标前进,1560年代,还是学生的哈克卢伊特被探险航海故事深深吸引。他翻译并发表了大量关于全球探险的文本,不断地坚持英国对北美洲的所有权。在《航海报告(1582)》(Divers Voyages),尤其是《主要航海(1589)》(Principall Navigations)等书中,他毫无保留地主张英国在如此"富饶而温和的土地"上建立殖民地的好处,并且极力争辩"没有人比英国人更有资格勇敢推进这项创举"。

首批英国殖民规划者将西班牙的占领视为模式和挑战。他们希望向美洲输送移民,为他们自己和国家的利益剥削当地人,以此复制西班牙的成功。包括沃特·雷利爵士(Walter Raleigh)在内的小组开始推进建立贸易站的计划,他们可以利用这些贸易站与印第安人进行交易,并且为进攻新西班牙提供基地。女王伊丽莎白一世批准了这个计划,授权雷利殖民北美。

罗亚诺克

经过两次预备勘查,1587年沃特·雷利爵士派遣117名殖民者前往他以"童贞女王(Virgin Queen)"伊丽莎白命名的弗吉尼亚(Virginia)的地区。他们在罗亚诺克岛(Roanoke Island)上建立了一个定居点,该地区属于现在的北卡罗来纳,不过补给船由于西班牙无敌舰队而耽误了航期,1590年到达时却找不到他们的踪影。殖民者们就此消失了,只在一棵树上刻下了"克罗托安(Croatoan)"一词(这是附近一座岛屿的名字)。最近,科学家们通过分析树木年轮发现,1587年至1589年之间,北卡罗来纳沿岸发生过严重干旱,很可能对殖民者的生活造成严重危机,可能他们正是因为这个原因才离开了罗亚诺克。

就这样,英国在北美沿岸建立定居点的第一次尝试失败了,同样失败的还有此前葡萄牙在布雷顿角岛（Cape Breton Island）（1520年代初）的殖民地，西班牙在现代佐治亚（1520年代中期）的殖民地以及法国在南卡罗来纳以及北佛罗里达（1560年代）的殖民地。这三次尝试之所以失败是因为邻近民族的反抗加上殖民者缺少食物来源，无法自给自足。葡萄牙人、西班牙人、首批法国殖民者以及英国人无法与当地印第安人和平共处，而西班牙士兵于1565年摧毁了佛罗里达的法国殖民地（参见原书第35页）。

哈利奥特的《一份简短而真实的报告》

托马斯·哈利奥特在发表于1588年的《一份简短而真实的报告：在弗吉尼亚新发现的土地》（*A Briefe and True Report of the New Found Land of Virginia*）一书中解释了这些尝试失败的原因，该书公开了雷利的殖民。哈利奥特是一位著名的科学家，他参与了前往罗亚诺克的第二次预备航行，为英国读者描述了当地的动植物和风土人情。他的记述表明，尽管探险者们依赖附近的村民供给大多数食物，但是他们依然毫无必要地杀了一些人，激起了当地人的敌意，哈利奥特承认这些杀戮并没有正当原因。

科学家提议后来的殖民者以他的同伴们为前车之鉴，更仁慈地对待美洲当地人。但是他书中的内容却解释了为什么很少有人听取他的意见。《一份简短而真实的报告》探讨了美洲可能的经济发展。哈利奥特强调了三点：为欧洲人所熟悉的商品，如葡萄、铁、铜以及毛皮动物；新奇美洲产品的获利前景，如玉米、木薯和烟草；利用当地人为欧洲人牟利相对简单。假如美洲人试图以武力反抗英国人，哈利奥特主张后者凭借纪律整肃的士兵和更先进的武器可以轻而易举获胜。

哈利奥特的《一份简短而真实的报告》为他的英国读者们描绘了一片充满暴富机遇的丰饶土地。他认为，只要住在那里的人们皈依基督教，确定了欧洲的崇高地位或征服事实，"不久之后就会习得文明"——只要他们不死于疾病以及他亲眼所见的蹂躏。托马斯·哈利奥特了解故事的关键元素，不过他的预测十分离谱。欧洲很难真正占领美洲。事实上，这项目标从未真正完成，至少与哈利奥特及其同胞料想的大相径庭。

结语

欧洲人、非洲人和美洲人的初次接触终于托马斯·哈利奥特，接近16世纪末，距离葡萄牙水手第一次出发探索地中海大西洋和西非海岸大约250年。这些水手建立了商业联系，将非洲奴隶带到伊比利亚，然后送往欧洲人征服和殖民的岛屿。地中海大西洋及其海岛甘蔗种植园滋养了诸如克里斯托弗·哥伦布这样的航海家，他们冒险进入此前完全陌生的水域——他们的足迹遍及加勒比和北美海岸。哥伦布第一次到达美洲时，他误以为自己发现了亚洲，这是他原本的目的地。后来的探险家懂得更多，但是除了西班牙人以外，几乎所有人都将美洲视为他们一心向往的通往中国和摩鹿加群岛富饶之地的海路中间的阻碍。最早意识到北美洲海岸有利可图的是普通的欧洲渔民，他们在这里找到丰富的鱼类和皮草资源，在他们的家乡，对这两种商品的需求量非常大。

阿兹特克人预测，他们的第五个太阳纪将在地震和饥荒中结束。科尔特斯入侵之后，他们显然饱尝了饥荒的滋味，虽然没有发生地震，他们的神庙却轰然倒塌，西班牙人（和印第安劳力）用石头建起天主教堂，尊崇他们的上帝和圣子耶稣，而非慧兹罗波西特利（Huitzilopochtli）。一开始，征服者们征用美洲人，后来则奴役非洲劳工开垦土地、开采贵金属以及放牧，为他们和他们的祖国积累了巨大的财富。

欧洲人对美洲的最初影响是灾难性的。短短几十年内，欣欣向荣的文明发生了巨变。欧洲的疾病造成数百万西半球住民的死亡；他们的牲畜以及许多其他引进的动物和植物永久性地改变了美洲环境。在此过程中欧洲也发生了巨大变化：美洲食物如玉米、土豆，增强了整个大陆的营养，美洲的黄金和白银一开始让西班牙人一夜暴富，后来却对西班牙经济造成毁灭性打击。

截至16世纪末，北美洲的住民比哥伦布到达前

人民与国家的遗产

肯纳威克人/古印第安人

1996年7月28日,大学生威尔·托马斯(Will Thomas)涉过华盛顿肯纳威克(Kennewick)附近的哥伦比亚河(Columbia River)时,感觉脚下有个圆圆的东西。当意识到这是一个颅骨时,他大吃了一惊。一开始他以为自己发现的是一桩最近发生的凶杀案的被害人。不过很快,托马斯发现的遗骨年代大白于世:颅骨的年龄高约9 200岁。在接下去的十年中,这具骨架被称作肯纳威克人(Kennewick Man)或古印第安人(Ancient One)(这是当地印第安部落的叫法),CBS电视台的60分(60 Minutes)节目(1998年10月)、国家地理节目(National Geographic)(2000年12月)、《时代周刊》封面故事(2006年3月)以及几部纪录片都报道了这一发现。这是美国发现的最古老而接近完整的骨架,该遗存成为一桩联邦法院案件和无数书籍及文章的主题。

诉讼争议的焦点是《美国原住民墓藏保护与归还法》(The Native American Graves Protection and Repatriation Act),这项法案于1990年由国会通过,旨在防止对印第安墓葬的亵渎,规定必须将遗骨与圣物归还原住民。这一法案将"美国原住民"定义为"属于或有关美国原居民部落、民族或文化者"。该地区由乌玛提拉人领导的部落准备收回遗骨,并以恰当的仪式将其重新安葬。

然而八位考古学家联名向联邦法庭提起了诉讼,辩称年代如此久远的骸骨不可能与现代部落有关,因此要求将其用于科学研究。

尽管美国政府支持部落的主张,然而2002年8月,即两年后的上诉中,一位联邦法官判决考古学家胜诉。内政部(the Interior Department)认为,根据《美国原住民墓藏保护与归还法》定义,在美国境内发现的1492年以前的所有文物自动归属为美国原住民所有,而该法官认为这种理解是错误的。乌玛提拉人对该判决进行了抗议,辩称这一判决显然与国会实施《美国原住民墓藏保护与归还法》的初衷相违背,而且"将美国原住民遗骸当做科学样本的做法侵犯了原住民安葬或关怀祖先的权利"。2006年6月,乌玛提拉领袖前往遗骨所在的西雅图博物馆(Seattle Museum)参观,对其进行了纪念和祈祷。

这具被称作肯纳威克人或古印第安人的遗骨所引起的争议反映了一个持续传承的事实:这个国家的原住民和后来移民之间的关系常常充满纷争。

更少。而住在那里的人们——印第安人、非洲人和欧洲人——身处一个全新的世界——在这个世界里,原本独立发展数千年的食物、宗教、经济、生活方式、政治体系相互交融。毫无疑问,在此过程中充满了斗争和纠纷。

扩展阅读

David Abulafia, *The Discovery of Mankind: Atlantic Encounters in the Age of Columbus* (2008)

Alfred W. Crosby, *The Columbian Exchange: Biological and Cultural Consequences of 1492* (1972)

John H. Elliott, *Empires of the Atlantic World: Britain and Spain in America, 1492—1830* (2006)

Alvin Josephy, Jr., ed., America in 1942 (1992)

Peter C. Mancall, *Hakluyt's Promise: An Elizabethan's Obsession for an English America* (2007)

Charles C. Mann, *1492: New Revelations of the Americas Before Columbus* (2005)

D.W. Meinig, *Atlantic America, 1492—1800* (1986)

Samuel Eliot Morison, *The European Discovery of America: The Southern Voyages, A.D. 1492—1616* (1974); *The Northern Voyages, A.D. 1500—1600* (1971)

John K. Thornton, *Africa and Africans in the Making of the Atlantic World*, 1400—1680 (1992)

第二章

欧洲人殖民北美，1600—1650

▼ 这幅18世纪早期英国的加勒比海以及中美洲地图生动地表现出17世纪普罗维登斯岛殖民者的危险处境，这座小岛的东、南、西面都被大陆上的西班牙领土包围，而北面则是西班牙占领的大安的列斯岛。

33 　威廉·鲁德耶德（William Rudyerd）上尉似乎是备受美洲清教徒殖民推崇的那种人物，所以他的哥哥敦促新殖民点的规划者将他委任为点兵将军时，后者毫不犹豫地同意了。鲁德耶德是历经数场欧洲战争的老兵，如同殖民规划者和许多殖民者一样，他追随这种特立独行的新英国信仰。在殖民的最初几年中，鲁德耶德证明自己是一个精力充沛的军士，他辛勤地训练殖民者如何在面临袭击时保护自己。但是他也积极捍卫自己的个人地位，他的行为在脆弱的社区中掀起了灾难。这位长官将一个罹患坏血病的仆人殴打致死（鲁德耶德认为仆人只是偷懒）并且与其他殖民者争执不断，因为他觉得他们没有对他这个出生高贵的绅士表达出应有的尊重。

章 节 大 纲
西班牙、法国和荷兰殖民北美
昨日重现　阿科玛普埃布罗
加勒比
英国人对殖民的兴趣
弗吉尼亚的建立
切萨皮克的生活
新英格兰的建立
放眼天下　火鸡
新英格兰的生活
人民与国家的遗产　蓝法
结语

　　牧师刘易斯·摩根（Lewis Morgan）就是鲁德耶德的反对者之一，鲁德耶德常和他争辩宗教书籍和教堂事务。鲁德耶德虽然是清教徒，但是思想非常传统，他觉得摩根鼓励教众唱赞美诗激进得骇人听闻。他们之间的分歧很快逐步升级成相互辱骂。"你这张臭气熏天的嘴活该被犀利地骂回去，不配别人回以绅士之礼，"上尉曾傲慢地对牧师说，"我就是给了你太多尊重，结果反遭其辱。"

　　类似争端在所有英国美洲殖民地中时有发生，习惯于不容置疑权威的绅士们懊丧地发现，在殖民地环境下，他们与生俱来的社会地位会遭到各种新贵的挑战。但是在鲁德耶德和摩根的殖民地中，争端变得尤为危险，因为这两个人生活在普罗维登斯岛上，这是现代尼加拉瓜海岸附近一个与世隔绝的清教徒前哨。

34 **年表**

1558	伊丽莎白一世登基
1565	圣奥古斯丁（St. Augustine）（佛罗里达）成立，这是现代美国境内最古老的欧洲长期定居点
1598	欧纳特为西班牙占领新墨西哥普埃布罗
1603	詹姆斯一世登基
1607	詹姆斯敦建立，这是北美第一个英属长期定居点

(续表)

1608	法国人建立魁北克
1610	新墨西哥圣达菲（Santa Fe）建立
1614	荷兰人建立奥伦治堡（Fort Orange）
1619	弗吉尼亚下议院（Virginia House of Burgesses）成立，这是英国殖民地中首个民选议会
1620	普利茅斯殖民地（Plymouth）建立，这是新英格兰首个英属长期定居点
1622	波瓦塔印第安部落联盟（Powhatan Confederacy）进攻弗吉尼亚
1624	荷兰人在曼哈顿岛（新阿姆斯特丹）定居
1624	英国殖民圣基茨岛（St. Kitts），这是小安的列斯第一个被欧洲人占领的岛屿
1624	詹姆斯一世撤销弗吉尼亚公司的许可证
1625	查尔斯一世登基
1630	马萨诸塞湾殖民地建立
1634	马里兰建立
1636	威廉姆斯被逐出马萨诸塞湾，在罗德兰岛上建立普罗维登斯
1636	康涅狄格建立
1637	新英格兰爆发皮科特战争（Pequot War）
1638	哈钦森被逐出马萨诸塞湾，前往罗德岛
1642	法国人建立蒙特利尔
1646	弗吉尼亚和波瓦塔印第安部落联盟之间达成停战协议

1630年，一队英国探险家在普罗维登斯岛建立定居点——与马萨诸塞湾同年——他们试图在土地肥沃的热带建立英国滩头堡，以便在中美洲大陆成功建立殖民地。不过这个前哨的地理位置很危险，它被西班牙定居点环绕，并且没能建立起自给自足的当地经济，最终，因为经济原因，该定居点不得不成为英国私掠船的基地，这导致了它的没落。这一决定致使西班牙人认为必须清除清教徒。1635年和1640年，普罗维登斯岛两次抵御西班牙袭击。但是1641年5月，七艘战舰组成的大型西班牙舰队载着2000名士兵和水手占领该岛，幸存者逃亡到其他几个加勒比定居点、大陆上的英国殖民地或者回到英国。

不过，到这时西班牙在美洲已经无法再占据支配地位。截至1640年代，法国、荷兰、英国都已在北美洲建立了长期殖民地。法国和荷兰殖民地和西班牙贸易站一样，大多居住着欧洲男性，他们定期与原住民族交往，利用原住民的劳动力或试图说服他们皈依基督教。和西班牙征服者一样，（大陆上的）法国和荷兰商人和（加勒比海上的）种植者渴望一夜暴富，然后衣锦还乡。1580年代，托马斯·哈利奥特这样的英国人同样希望在北美迅速致富，不过他们追求这些利益的方式不尽相同。

而大多数英国殖民者与其他欧洲人不同，包括在普罗维登斯岛建立殖民地失败的那批英国人在内，他们都打算长期留居美洲。在美洲大西洋东北沿岸如今被称为新英格兰的地方，他们以其他殖民地难以企及的程度重新构建了欧洲农业经济和家庭生活，居民以单身男性为主。不过，切萨皮克（Chesapeake）地区和加勒比岛屿上的英国殖民地以针对国际市场的大规模农业生产为基础，劳动力主要由奴仆和奴隶构成。

和其他欧洲人一样，无论定居点选在哪里，英国人学着适应陌生环境之后，才开始欣欣向荣，而普罗维登斯岛上的殖民者们永远无法达成这一目标。首批英国长期殖民地因为与邻近印第安人的联系而生存了下来。定居者们学着种植闻所未闻的美洲作物,如玉米和笋瓜。他们不得不与当地人以及其他欧洲国家的殖民地建立广泛的贸易关系。他们需要劳动力耕种土地,一开始用的是英国契约奴仆,后来则开始进口非洲奴隶。所以后来的美国及英属加勒比地区的早期历史并不是与世隔绝的英国殖民地故事,而是欧洲人、非洲人、美洲人以及各种环境之间复杂交互作用的结果。

- 为什么欧洲各国人选择移民美洲?
- 当地人对他们的出现作何反应?
- 位于切萨皮克和新英格兰的英国殖民地之间有什么不同?又有什么相似之处?

西班牙、法国和荷兰殖民北美

西班牙人在现代美国境内建立了第一个欧洲长期殖民地,不过其他国家都试图分一杯羹。1560年代胡格诺教徒(Huguenots,法国新教徒)为了逃避迫害在大西洋南岸建立了殖民地。一艘过往船只拯救了位于如今南卡罗来纳的第一个殖民地中饥饿的幸存者们。第二个殖民地靠近现代佛罗里达州杰克逊维尔(Jacksonville),1565年毁于佩德罗·梅嫩德斯(Pedro Menendez)领导的西班牙探险队之手。为了保证西班牙对这一战略地区的统治(该地区靠近西班牙商船与欧洲之间的航道),梅嫩德斯建立了一个坚固的前哨,并将之命名为圣奥古斯丁(St. Augustine)——这是美国持续到现在的长期欧洲定居点中最早的一个。

当地的加尔(Guale)和蒂穆夸(Timucua)部落一开始与强大的新来者们结成同盟,欢迎这些圣方济各会修士们进入他们的村庄。不过和平关系并未持续很久,因为当地人拒绝强加于他们之上的西班牙权威。尽管如此,圣方济各会修士们为欧洲入侵后饱受病痛和战争折磨的印第安人提供了精神上的安慰,最终他们获得了许多皈依者,并往西延伸到佛罗里达,往北至大西洋沿岸岛屿。

新墨西哥

圣奥古斯丁建立之后过了三十多年,西班牙征服者才冒险深入现代美国的其他地区。1598年,出生于墨西哥的探险家胡安·德·奥纳特(Juan de Onate)被富裕都市的传言吸引,带领500名左右士兵和定居者往北进入新墨西哥,奥纳特的妻子有科尔特斯和蒙特祖玛血统(Moctezuma)。一开始,普埃布罗部落诚挚地欢迎新来者。但是当西班牙人开始用虐待、凶杀和强奸从村民手中夺取食物和衣服时,阿科玛(Acoma)的居民杀死了几个士兵,其中就有奥纳特的侄子。侵略者们展开残酷的报复,杀死了八百多人,并且俘虏了剩下的人。12岁以上的俘虏被强制奴役20年,25岁以上的男人被截去一条腿。之后剩下的普埃布罗村庄纷纷投降,也就并不令人惊讶了。

然而奥纳特的血腥胜利不过是错觉,因为新墨西哥没有多少财富。而且它距离太平洋海岸太远,无法保护西班牙航道,而后者是奥纳特的目的之一(他和其他人一样,一开始以为美洲大陆比实际上窄得多)。许多西班牙人回到了墨西哥,但是他们的马匹留了下来,改变了当地居民的生活。军官们考虑抛弃这个距离最近的西班牙定居点足足有800英里的孤立殖民地。不过,出于防御目的,长官们还是决定在该地区保留一个小小的军事前哨基地和一些基督教传教士,将圣达菲(Santa Fe)(建立于1610年)设为首府(参见地图4.1)。在南面的一些地区,西班牙军官获得了监护征赋授权,保证他们有权控制普埃布罗村民的劳动力。然而由于缺乏矿藏和肥沃的农业用地,这些授权产出甚微。

魁北克和蒙特利尔

在大西洋海岸,法国人将注意力放到北方雅克·卡蒂埃1530年代探索过的地区。他们几次试图在加拿大海岸建立长期基地,但是直到1605年发现罗亚尔港(Port Royal)才成功。1608年,萨缪尔·德·尚

阿科玛普埃布罗

如今，阿科玛普埃布罗高高矗立在平顶上，和16世纪西班牙征服者胡安·德·奥纳特包围并最终攻占它时没什么不同。早在西班牙人来到现代新墨西哥之前，该地点就被他们选中，因为这里的地势难攻易守；有的建筑结构历史可以追溯到11世纪，至今仍耸立在村庄中央。在365英尺高的平顶上建造房屋比居住在山下的平原更安全，但是也会带来其他问题——最令人瞩目的是水源供应。至今为止村庄里依然没有水源。阿科玛的居民们不得不攀爬陡峭的阶梯，去平顶山的山侧取水（如今那里是一条同样陡峭的小路）。阿科玛的女性从很久以前开始就擅于制作陶器，这一传统得到了保留。有的陶器重心很低，如图中所示的这个。这一设计如何帮助阿科玛的女性将稀缺的水运送到平顶山山顶？他们如何搬运这种陶罐？

▲ 用于将水运到平顶山顶的陶罐。
图片来源：Field Museum of Natural History FMNH Neg#A109998c

表 2.1　北美长期欧洲殖民地的建立，1565—1640 年

殖 民 地	创 始 人	日 期	经 济 基 础
佛罗里达	佩德罗·梅嫩德斯·德阿维莱斯	1565	种植
新墨西哥	胡安·德·奥纳特	1598	畜牧
弗吉尼亚	弗吉尼亚公司	1607	烟草
新法兰西	法国	1608	皮草贸易
新尼德兰	荷兰西印度公司	1614	皮草贸易
普利茅斯	独立派	1620	种植，渔业
缅因	费迪南多·戈吉斯爵士（Sir Ferdinando Gorges）	1622	渔业
圣基茨，巴巴多斯等	欧洲移民	1624	蔗糖
马萨诸塞湾	马萨诸塞湾	1630	种植，渔业，皮草交易
马里兰	塞留斯·卡尔弗特（Cecilius Calvert）	1634	烟草
罗德岛	罗杰·威廉姆斯（Roger Williams）	1636	种植
康涅狄格	托马斯·胡克（Thomas Hooker）	1636	种植，皮草贸易
纽黑文	马萨诸塞移民	1638	种植
新罕布什尔	马萨诸塞移民	1638	种植，渔业

普兰（Samuel de Champlain）在内陆建立贸易站，当地易洛魁人将之称为斯塔达科纳（Stadacona），75 年前，卡蒂埃曾在该地区过冬。他选择的地方很不错：魁北克是整个圣劳伦斯河谷（St. Lawrence River）最具防御价值的地点，也是进入大陆内部的咽喉要塞。1642 年，法国人在圣劳伦斯河的低谷（因此也是海道的末端）建立了第二个定居点蒙特利尔，该地区被印第安人称作奥雪来嘉（Hochelaga）。

在这些定居点建立之前，主要是渔民将北美的海狸皮运输到法国，然而新的贸易站很快夺得了利润丰厚的皮草贸易的控制权（参见表 2.1）。定居新法兰西的欧洲人很少；其中大多数为男性，其中有部分人娶了印第安女性。殖民地的领袖们将沿河的土地授权给富有的领主（贵族），领主们引入佃户耕种这些土地。很小一部分法国男人将妻子带到北美，从事农业；尽管如此，在魁北克建立 25 年之后，这里只有 64 个定居的家族，其他都是商人或士兵。出于对已被占领和耕种的土地的尊重，北美新法兰西的发展始终没怎么超过魁北克和蒙特利尔之间河谷的范围（参见地图 2.1）。因此，该地区和新西班牙迥然不同，后者的特点是城市零星分布以及直接监督印第安劳工。

新法兰西的耶稣会传教区

法国耶稣会（Society of Jesus）是一个致力于劝说异教徒皈依基督教的罗马天主教教派，耶稣会传教士（Jesuits）也来到了新法兰西。1625 年，耶稣会传教士初次来到魁北克，印第安人将他们称为黑袍（Black Robes），传教士们试图说服当地人居住在法国定居点附近，并接受欧洲农耕方式。这些努力失败之后，耶稣会传教士们总结经验，决定将天主教介绍给他们的新教民，而不坚持从根本上改变他们的传统生活方式。按照这一方针，黑袍们学习当地印第安语言，两三人一组旅居偏僻的内陆地区，和成百上千的潜在皈依者生活在一起。

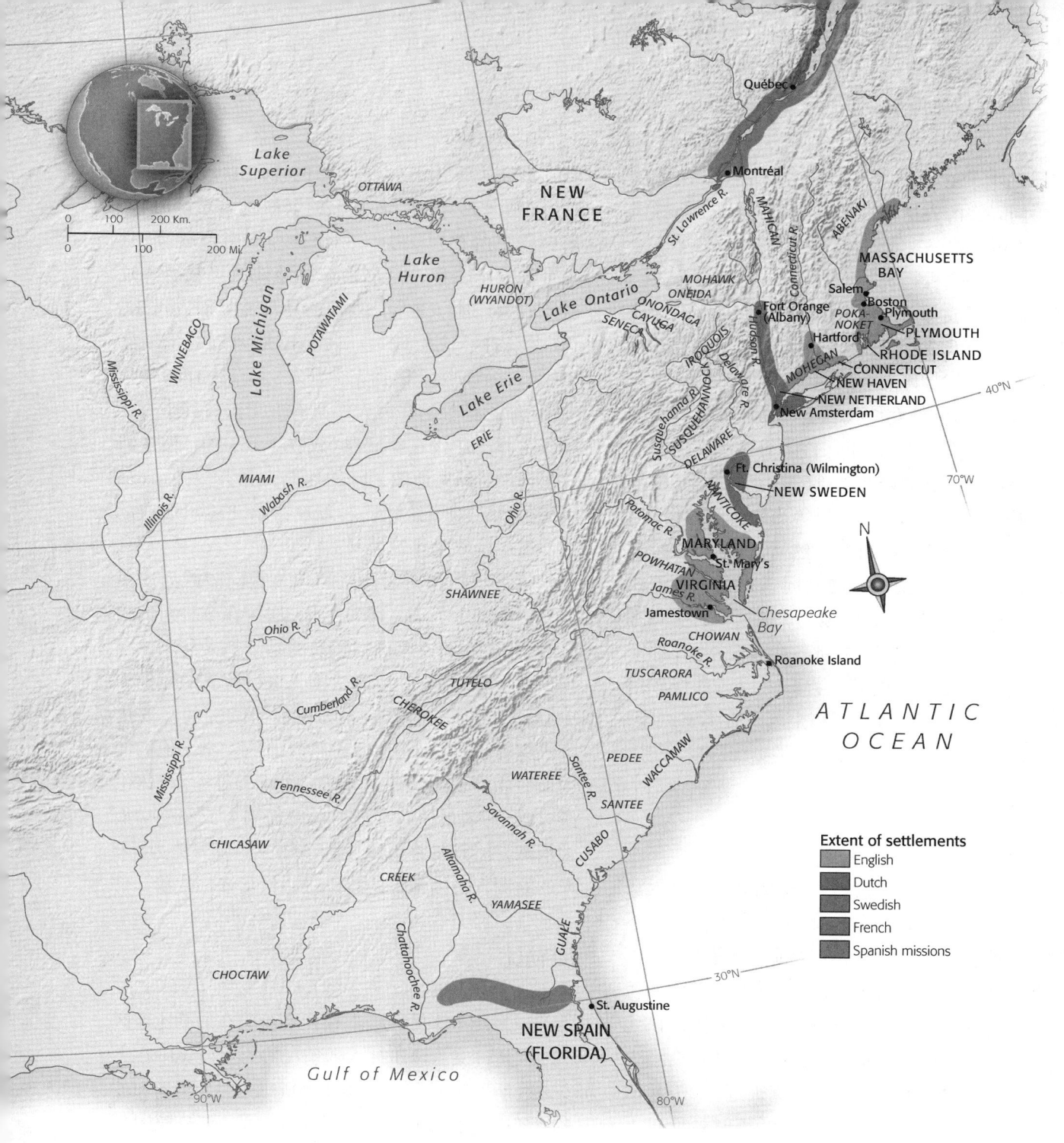

地图2.1　美洲东北部的欧洲定居点和印第安部落，1650年

1650年前在东部建立的几个欧洲定居点很分散，紧挨着大西洋沿岸以及主要河流的河岸。与之形成鲜明对比，美洲当地居民控制着广袤的内陆地区，而西班牙人已经开始往西移动。

来源：版权©圣智学习

耶稣会教士们运用各种策略，想方设法获得富有影响力之人的信任，逐渐侵蚀印第安村落中传统宗教领袖巫医的权威。受过雄辩法训练的耶稣会教士以自己的辩才获得了许多人的欣赏。他们对天花免疫（因为他们都已经得过天花），于是他们将印第安人得的传染病解释为上帝对罪孽的惩罚，由于萨满巫医无法用传统疗法治疗这些新的瘟疫，因此他们的主张显得更具说服力。耶稣会传教士还能运用欧洲科学预测日食和月食。或许最重要的是，他们可以运用纸上的记号远距离互相交流，这让村民们十分吃惊。印第安人渴望学习如何使用文字不同寻常的力量，这是他们接受传教士精神讯息的关键因素之一。

尽管这一过程耗费了许多年，但耶稣会传教士们慢慢获得了成千上万的皈依者，其中有些人迁徙到专为基督教印第安人设立的保护区。天主教特别向女性提供了鼓舞人心的模范圣母马利亚，在蒙特利尔和魁北克，修女们代表圣母马利亚教导女性和儿童，并关照他们的需求。许多男性和女性皈依者都谨遵以热情和虔诚为基础的基督教教义，他们改变了婚前性行为和轻易离婚等当地传统习俗，因为天主教教义禁止这些行为。然而，当耶稣会传教士们试图让他们接受严格的欧洲式儿童教养方式时，他们却拒不接受，相反，他们保留了自己更熟悉的方式。和新墨西哥的圣方济各会教士不同，耶稣会教士认为当地文化的某些方面可以与基督教信仰并存。由于他们对劳动力和土地占有不感兴趣，所以他们吸引皈依者的努力得到了更佳回报。

新尼德兰

在争取当地人灵魂方面，其他欧洲人完全无法与耶稣会传教士匹敌，不过法国皮草贸易商不得不面对直接的挑战。1614年，在亨利·哈得孙探索以他名字命名的河流之后短短五年，他的赞助商荷兰西印度公司在河上建立了贸易站（奥伦治堡），该地点位于今天纽约阿尔巴尼。和法国人一样，荷兰人四处搜寻海狸皮，他们距离魁北克很近，对于法国在该地区的统治产生了威胁。荷兰当时是世界上占优势地位的商业力量，他们的主要目的是贸易而非殖民。因此，新尼德兰和新法兰西一样保持较小的规模，主要局限在河谷中，可以方便地通往其他定居点。殖民地南边的倚仗是新阿姆斯特丹，1624年，该定居点在曼哈顿岛（Manhattan Island）上建立，它位于哈得孙河的河口。

作为荷兰西印度公司在北美建立的殖民地，新尼德兰是四通八达商业帝国的小贸易站，这个商业帝国通往非洲、巴西、加勒比和今日的印度尼西亚。贵族主管为公司统治殖民地；由于没有选举大会，殖民者对他们名义上的领袖毫无忠诚可言。来到这里的移民很少。尽管1629年出台政策，只要带领五十个以上定居者来到该地就可获得大片土地或大庄园主地位，但是还是没能吸引人过来。[其中只有一块土地——阿尔巴尼附近的伦斯勒（Rensselaerswyck）得到完全开发]。直到1660年代中期，新尼德兰的居民大约只有五千人。其中有一部分是原本居住在新瑞典（成立于1638年，位于特拉华河畔；参见地图2.1）的瑞典人和芬兰人，1655年荷兰人占领了该地。新瑞典留给北美定居点的主要遗产是木屋建筑。

新法兰西和新尼德兰的印第安同盟因为皮草贸易竞争发生争端。1640年代，居住在今日纽约州北部，主要和荷兰人进行贸易的易洛魁人与居住在今日安大略地区，主要与法国人进行贸易的休伦人（Hurons）开战。易洛魁人希望成为欧洲的主要皮草供应商，并且希望保障狩猎领地的安全。他们使用荷兰人提供的枪支，完成了这两个目标，将休伦人灭族，后者的人口在此之前已经因为天花疫病大大消减。于是易洛魁人成为该地区的主要势力，未来的欧洲人将因他们的掉以轻心付出惨痛代价。

加勒比

17世纪上半叶，法国、荷兰和英国在加勒比地区不断发生冲突。西班牙人的殖民势力主要集中在大安地列斯群岛——古巴、伊斯帕尼奥拉、牙买加和波多黎各。他们忽略了许多较小的岛屿，部分原因是因为遭遇加勒比住民的反抗，另一部分原因则是大陆能提供更多财富，且得来更不费力。然而这些小岛吸引了其他欧洲势力：这些岛屿可以成为他们攻击满载着美洲黄金和白银的西班牙船只的基地，而且还可以供应珍贵的热带产品，如染料和水果。

战争和飓风

英国是首个在加勒比小岛（小安地列斯群岛）

上建立据点的北欧国家，1624 年英国首先在圣克里斯托弗（St. Christopher）（圣基茨，St. Kitts）建立据点，接着是其他岛屿，如巴巴多斯（1627）和普罗维登斯（Providence）（1630）。法国打败加勒比人之后，在瓜德罗普岛（Guadeloupe）和马丁尼克岛（Martinique）建立了殖民地，而荷兰人则更轻易地获得了圣尤斯特歇斯岛（Sint Eustatius）的控制权（靠近圣克里斯多夫，具有重要战略意义）。除了当地居民以外，欧洲人还不得不操心和西班牙人相互间的冲突。和普罗维登斯岛一样，许多殖民地在 17 世纪几度易手。比如，1655 年英国人将西班牙人逐出牙买加，其后法国人迅速占领了半个伊斯帕尼奥拉，建立了圣多明各殖民地（现代海地）。

新定居者们还面临着另一重危险：被泰诺人（Taino）称为"胡拉坎（hurakan）"的大风暴，或飓风。英国人在圣克里斯多夫建立第一个英国据点之后，仅仅过了九个月，有个殖民者写道："飓风把它刮走了。"两年之后，一场风暴将刚刚建立的殖民地毁于一旦，让定居者们"无比凄凉"，缺衣少食无家可归。几乎每年夏末都有一两个岛屿惨遭飓风侵袭。幸存者们对风暴的强大破坏力心怀敬畏，他们不得不反复重建和补种。为了抵御强风，他们设计了一至两层的砖石房屋，这些屋子有着低矮的屋顶，窗子上安装着沉重的木百叶。

蔗糖种植

为什么欧洲人试图占领和控制这样灾难频繁

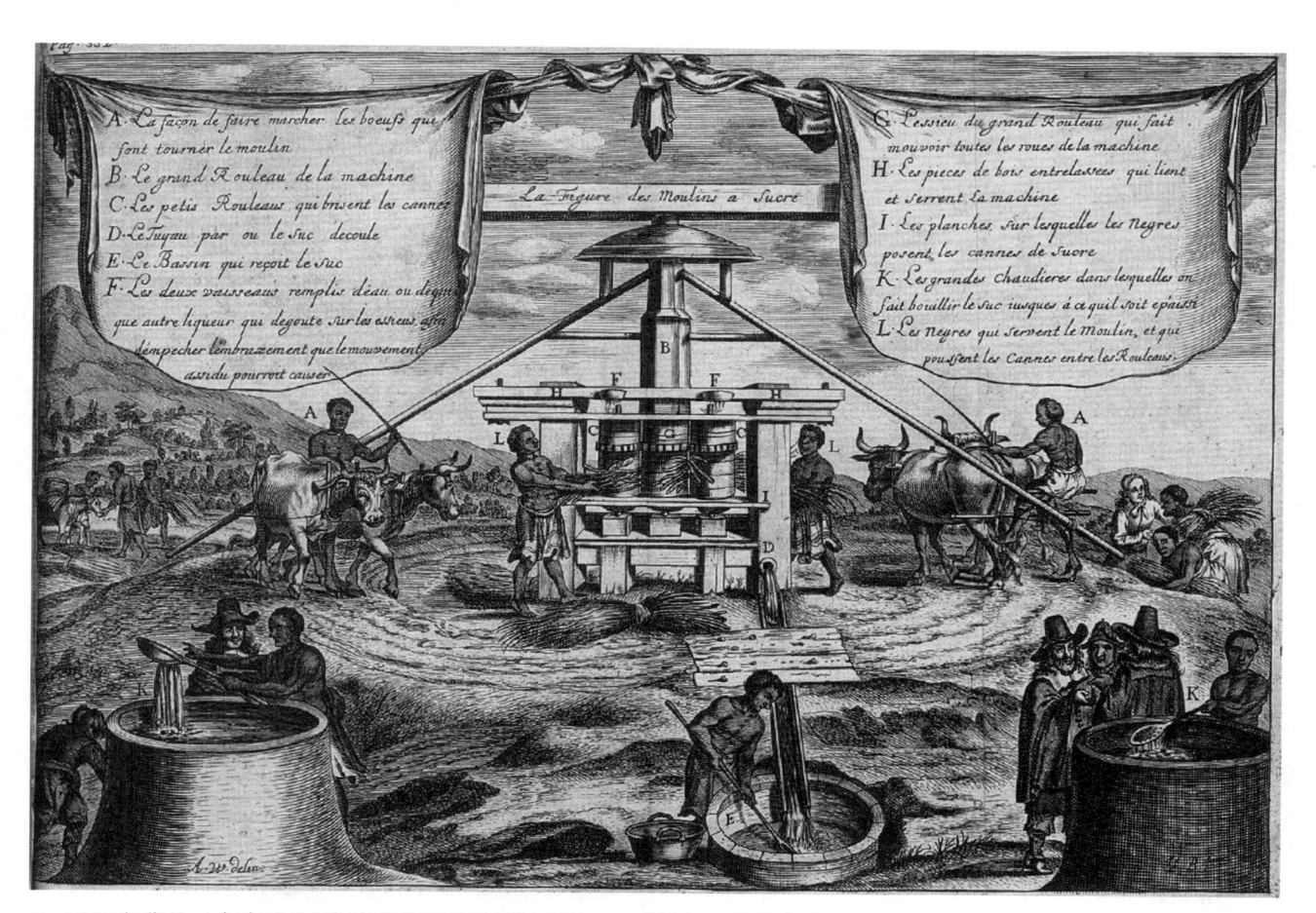

▲ 1660 年代的一本法国书用插图为好奇的欧洲读者揭示了蔗糖加工的各个步骤。几头牛（A）牵引着榨汁机，滚轴压榨甘蔗（C），分离出糖汁（D），糖汁被收集在大桶（E）中，然后熬制成糖浆（K）。非洲奴隶在几个欧洲人（前景中）的监督下完成整个过程所有步骤的操作。

图片来源：费城图书馆公司（Library Company of Philadelphia）

的小岛？主要原因是为了糖。欧洲人热爱蔗糖，因为蔗糖提供甜味，快速增强能量，并且让那些为国际市场种植和加工蔗糖的人一夜暴富。蔗糖大量涌入欧洲的时间与咖啡和茶大致相当——这些刺激、致瘾的苦味亚洲饮料用蔗糖可以提味——于是蔗糖很快成为欧洲饮食中不可或缺的元素。

巴巴多斯的英国居民在试验了烟草、棉花和槐蓝之后，于1640年代发现该岛的土壤和气候种植甘蔗最为理想。那时全世界主要蔗糖来源是马德拉斯（Madeiras）、加那利群岛、圣多美（Sao Tome），尤其是巴西，农民以及奴仆或奴隶在这些地区种植大量甘蔗。甘蔗收获之后需要在两天内进行加工，不然果汁就会蒸发，所以巴西的制造者们迅速把甘蔗带到中央工厂，在那里把甘蔗压榨、熬制，最后精炼成红糖和白糖。

一些巴贝多人（Barbadians）拜访了1630年代至1640年代荷兰短暂统治下的巴西东北部，一开始他们原样复制了巴西人的机械和小型加工方式，使用现有奴仆和奴隶的劳动力。直到1650年代中期，在富有的英国商人的资助下，加上他们自己通过种植烟草和棉花积累的资金，实力较强的种植园主大幅扩大了生产规模。他们扩大了土地范围，建立自己的蔗糖加工厂，购买越来越多的劳动力——一开始是英国和爱尔兰奴仆，接着是欧洲奴隶。

当其他加勒比种植园主踊跃加入蔗糖种植时，巴贝多人的利润被分薄了。尽管如此，一百多年来，蔗糖仍然是最具价值的美洲商品。18世纪，英属牙买加和法属圣多明各大批奴隶种植的蔗糖占领了世界市场。尽管如此，长期看来，欧洲在美洲殖民地未来的经济仍然依赖于大陆地区而非加勒比岛屿。

英国人对殖民的兴趣

雷利在罗亚诺克建立殖民地以失败告终，此后20年英国终止了在北美建立殖民地的尝试。1606年，当英国人决定再试一次的时候，他们再一次计划模仿西班牙模式。然而当他们抛弃这一模式，建立与其他欧洲势力截然不同的定居点时，成功才终于青睐他们。和西班牙、法国或荷兰不同，英国最终派遣大批男性和女性前往美洲大陆建立以农业为基础的殖民地。两个重要的发展变化促使约200 000名普通英国男女于17世纪移民北美洲，并导致他们的政府鼓励他们移民。

社会和经济变革

第一个发展变化是巨大的社会和经济变革。在1530年后的150年间，由于引进富有营养的美洲作物，英国的人口翻了一番。这些增加的人口需要食物、衣服和其他物资。商品竞争导致通货膨胀，而由于工人数量的增加，工人的实际工资下降了。在这些全新的经济和人口统计条件下，有的英国人——尤其是拥有大片土地，可以为增加的人口生产食物和纺织纤维的那些人——资产大幅增长。而其他人，尤其是没有土地的劳工和只有小块土地的农民，陷入了贫穷的境地。地主们提高地租，控制农民们原本长期耕作的共有土地（圈地），或者决定将小块佃户租种的土地合并成大块土地，将佃农们驱逐出去。结果，地理和社会流动性大大增强，而城市人口急速膨胀。以伦敦为例，至1650年，人口增加至原来的三倍多，375 000居民居住在拥挤的建筑中。

富有的英国人对于自己的所见所闻非常警惕，因为他们发现传统的生活方式正在逐渐消失。无地可耕和无家可归的人潮涌入街道与公路。维持秩序成为官员们烦恼的问题，他们逐渐相信英国的人口实在太多了，认为北美洲建立的殖民地可以吸纳英国的"过剩人口"，从而减缓本土的社会压力。出于类似的原因，许多英国人觉得自己从土地匮乏人口过多的小岛迁徙至土壤肥沃人烟稀少的大洲可以改善自己的生活。受到移民前景吸引的人群包括绅士的幼子，如威廉·鲁德耶德，由于富有家族的长子继承制，他无权继承土地，根据这种制度，所有不动产都将由长子一人继承。在第二个发展变化的背景下，即英国宗教重大变革之下，此类经济因素变得更为重要。

英国宗教改革

16世纪的宗教改革最终导致大批英国异见者离开故乡。1533年，渴望男性继承人的亨利八世迷恋安妮·博林（Anne Boleyn），请求教皇宣告他和西班牙出生的皇后阿拉贡的凯瑟琳（catherine of aragon）的婚姻无效，尽管他们结婚将近二十年，而且生育了一个女儿。教皇拒绝了这一请求，于是亨利退出罗马天主教。他成立了英国国教（Church of England）——并且在议会的准许下——把自己封为最高领导人。一开始，经过改革的英国国教与罗马天主教并无不同。不过，在亨利女儿伊丽莎白一世（亨利八世和安妮·博林结婚后生下的女儿）的统治下，16世纪早期发端于欧洲的新宗教信仰思潮对英国产生了巨大影响，因为它拥有政府的许可，而且受到税收支持。

这些思潮构成了德国教士马丁·路德（Martin Luther）和法国牧师兼律师加尔文（Calvin）领导的宗教改革（Protestant Reformation）。路德和加尔文反对将神父视为信徒和上帝之间中间人的天主教教义，坚持人们可以自己解读《圣经》。这一观点促进了读写能力的传播：为了理解和解读《圣经》，人们必须学会识字。路德和加尔文都反对天主教仪式，否认复杂教会阶层的必要性。他们还坚称获得救赎的关键是对上帝的信仰，而不是——像天主教教导的那样——信仰和善举的结合。加尔文比路德走得更远，他强调上帝的全能，并且强调人们必须完全服从上帝的旨意。

清教徒、独立派和长老会

伊丽莎白一世包容基督教的各种不同形式，只要他们承认她作为英国国教最高领导人的权威。在她漫长的统治下（1558—1603），加尔文的思想在英格兰、威尔士，尤其是苏格兰获得了影响力（爱尔兰同样是伊丽莎白一世的领土，但是天主教仍然占据主导地位）。苏格兰教会最终接受了长老制，这种组织体系摒弃了主教，将宗教权威赋予牧师团体和被称为长老会的信徒。不过，到16世纪后期，许多加尔文教徒——包括那些被称为清教徒的信徒，因为他们希望净化教会；或是独立派，因为他们想彻底离开教会——相信英格兰和苏格兰的改革者做得还不够彻底。亨利简化了教会的阶层，苏格兰人改变了它的结构，而他们则希望彻底废除它。亨利和苏格兰人使教会从属于国家利益，而他们则希望教会不受政治干扰。现有的英格兰和苏格兰教会，和天主教教会以及欧洲大陆国家官方新教教会一样，名义上仍然包括领土中所有居民。而英格兰和苏格兰的加尔文教徒倾向于更严格的定义：他们希望教会只包括那些他们认为"被拯救"的人们——那些出生之前就被上帝选中将获得救赎的人。

不过，自相矛盾的是，他们信仰中关键的一点在于坚持认为人们不可能确知自己是否被"拯救"，因为凡人不可能理解或影响他们进入天堂或地狱的宿命。因此，虔诚的加尔文教徒每天都面临着严重的两难境地：假如被拯救者（或"被选中者"）无法确知，又怎么建立合适的教会呢？如果一个人的命运已经注定，不可能改变，那么他为什么还要去教堂或者做善事呢？加尔文教徒解决第一个两难问题的方法是，承认他们对于教会成员被选身份的判断只是接近上帝不可知的决定。他们解决第二个问题的办法是，解释上帝赋予被选中者接受救赎和行善的能力。因此，即使一个人无法通过虔诚和善举在天堂中获得一席之地，这些行为却决定了他在被拯救者之间的地位。

斯图亚特君主

伊丽莎白一世的斯图亚特继承者，她的表弟詹姆斯一世（1603—1625）及其子查理一世（1625—1649）对加尔文教徒的容忍度较低。作为苏格兰人，他们对都铎及其先祖在英国建立的代议政府传统毫无尊重（参见表2.2）。坐在议会中的富有地主们已经习惯于对政府政策施加巨大影响,尤其是税收政策。然而詹姆斯一世却公然宣称他对君权神授的信仰,这一立场后来由他的儿子继承。斯图亚特君主坚持自己的权力来自上帝,而他的臣民有责任服从他。他们将君主的绝对权威比作父亲对孩子的权威。

詹姆斯一世和查理一世都相信他们的权力中包括强制宗教服从。因为加尔文教徒——以及英格兰和苏格兰剩下的天主教徒——挑战了国教的准则,斯图亚特君主授权将持异见的牧师赶下布道坛。1620年代和1630年代,一些清教徒、独立派、长老会派和天主教徒决定前往美洲,他们希望将各种宗教信仰付诸实践,而不受斯图亚特王朝或教会阶层的阻碍。有些人仓促逃跑,逃避逮捕和牢狱之灾。

表2.2 英国都铎和斯图亚特君主,1509—1649年

君主	在位时期	与前任君主的关系
亨利八世	1509—1547	儿子
爱德华六世	1547—1553	儿子
玛丽一世	1553—1558	同父异母姐姐
伊丽莎白一世	1558—1603	同父异母妹妹
詹姆斯一世	1603—1625	表弟
查理一世	1625—1649	儿子

弗吉尼亚的建立

英国在西半球建立第一个长期殖民地的动机既有宗教因素也有经济因素。斗志昂扬的英国新教徒无论在祖国还是美洲都渴望与"教皇制度"开战。他们同意理查德·哈克卢伊特(Richard Hakluyt)的说法,他评价道,假如西班牙人依靠"他们的迷信"还能"在那么短的时间里做出那么伟大的事业",那么"我们真实而真诚的宗教"真正的拥护者必然能获得更伟大的成果。

根据这一信念,1606年,一队商人和富有的贵族——其中有一些人与宗教改革者结成同盟——为弗吉尼亚公司获得了皇家特许证,该公司的组织形式是股份公司。这些现代企业的前身一开始是为了贸易航行而建立的,它们通常利润丰厚,通过出售股份集合许多小投资者的资源,并且分散风险。然而,事实证明这家股份公司无法有效地建立殖民地,因为殖民地需要大量持续的资本投入。缺乏快速回报在股东和殖民者之间造成了矛盾。尽管一开始弗吉尼亚公司的投资者期待丰厚利润,然而弗吉尼亚公司建立的两个定居点——一个在缅因,一个在詹姆斯敦,缅因的定居点一年之后就分崩离析——收益却远远不如他们预料的那么多。

詹姆斯敦与曾那寇马卡

1607年,该公司将104名男人和男孩派往切萨皮克湾附近的一个地区,该地区被当地原住民称为曾那寇马卡(Tsenacommacah)。5月,他们在河中的泥泞半岛上建立了栅栏围绕的定居点,将之称为詹姆斯敦,并且以他们的君主之名命名了这条河流。他们很快建起小房舍和一座小教堂。由于缺乏在陌生环境中生存所需的装备和物资,这些殖民者饱受纠纷和疾病的困扰,他们试图保持传统英国社会和政治阶层。詹姆斯敦的贵族和士兵熟知西班牙的经验,他们希望依靠当地印第安人提供食物和贡品,然而曾那寇马卡的居民拒绝合作。不仅如此,由于糟糕的运气,定居者们到来的时候正是严重干旱时节(现在我们知道这是1700年来最严重的一次干旱),这次大干旱持续到1612年。缺乏降雨不仅使耕种作物变得困难,而且污染了他们的饮用水。

曾那寇马卡的酋长包华顿(Powhatan)继承了留个阿尔冈昆(Algonquian)村庄的统治权,后来又夺取了大约25个其他村庄的控制权(参见地图2.1)。1607年年末,酋长和殖民地领袖之一约翰·史密斯上尉(Captain John Smith)进行谈判,同意与英国人结成同盟。包华顿希望用食物换取枪支、短柄斧和剑,这样,他相对自己的敌人就具有了技术上的优势。结盟的双方都希望让对方臣服,但是两方都没能成功。

很快，双方在互不信任的基础上建立起了脆弱的合作关系。1609年，酋长将他的主要村庄迁徙到新来者们无法轻易到达的地区。没有了包华顿的帮助，定居点经历了"饥荒"（1609年冬天至1610年），许多人死于饥饿，至少有一个殖民者忍不住吃人。1610年春天，幸存者们打点行装，打算跟随刚刚到达的船只离开，但是在出詹姆斯河的途中他们遇到了新的官员、男女殖民者以及补给，于是他们返回了詹姆斯敦。小规模冲突时不时发生，与包华顿的僵局持续着。为了占上风，定居者们于1613年绑架了包华顿的女儿波卡洪塔斯（Pocahontas），将她作为人质。被俘期间，她同意皈依基督教，并嫁给了殖民者约翰·罗尔夫（John Rolfe）。他爱上了她，但是她嫁给他很可能是出于外交原因；他们的结合开启了英国人与她族人的一段和平时期。在弗吉尼亚公司的资助下，她和罗尔夫乘船前往英国为殖民地作宣传，吸引民众的兴趣。1616年，波卡洪塔斯在格雷夫森德（Gravesend）去世，死因很可能是痢疾，她的儿子当时还是婴儿，成年后回到了弗吉尼亚。

尽管他们的皇家特许证名义上宣称对更大地区具有所有权，但是在詹姆斯敦的定居者们看来，他们的"弗吉尼亚"对应着曾那寇马卡。包华顿的统治受到北面波多马克河（Potomac）河的局限，南面被大沼泽（Great Dismal Swamp）阻隔，西面则是高原边缘——皮埃蒙特高地的起始。在这些天然屏障之外，居住着包华顿的敌人们（尤其是西面），那是包华顿不敢贸然进入的地区。英国人依靠包华顿人做他们的向导和翻译，他们沿着河流和原有的小路行进，与包华顿的伙伴们进行贸易。半个多世纪中，"弗吉尼亚"的定居点始终局限在曾那寇马卡的范围之内。

阿尔冈昆和英国的文化差异

在曾那寇马卡和北美洲沿岸其他地区，英国定居者和当地阿尔冈昆人关注的是彼此间的文化差异——而非相似之处——尽管双方都有着深刻的宗教信仰，主要靠农业维持生活，接受社会和政治阶级，并且遵守严格规定的性别角色。从一开始，英国男人就认为印第安男人很懒惰，因为他们不耕种作物，却把时间耗费在打猎上（在英国人眼中，这是一项运动，而非工作）。印第安男人们则认为英国男人女里女气，因为他们做"女人的活计"在田间耕种。出于同样原因，英国人相信阿尔冈昆女人受到严重压迫，因为他们必须从事繁重的农活。

阿尔冈昆和英国的阶级本质上不尽相同。阿尔冈昆人和包华顿人一样，政治势力和社会地位不一定沿父系直接继承，而是被姐妹的儿子继承。与之相反，英国贵族从父亲那里继承他们的地位。英国政治和军事领袖倾向于专制统治，而阿尔冈昆领袖（甚至包华顿）对族人的权威有限。习惯于欧洲强势的君主，英国人过高估计了酋长们的能力，以为他们制定的条约足以约束族人。

除此以外，阿尔冈昆人和英国人关于财产的概念也不一样。大多数阿尔冈昆村庄共有土地。土地完全无法出售买卖，尽管一定的使用权（比如狩猎或捕鱼）可以转移。大多数英国村民曾经也共有过土地，但是由于前一个世纪的圈地运动，他们已经习惯于私有农场以及购买和出售土地。英国人还拒绝承认印第安人对传统狩猎领地的合法所有权，他们坚持认为只有耕熟的土地才能被某人所有或占领。有个殖民者说道：在某个区域"游荡"的"野蛮人"没有耕种过，根本没资格宣称对该土地的"所有权"。英国人相信，这些"未占有"土地的所有权归英国王室所有，1497年约翰·卡伯特（John Cabot）以王室之名宣布占领了北美洲。

最重要的是，英国定居者坚定不移地相信他们文明的优越性。尽管在殖民初期，他们常常期望与当地人和平共处，但是他们总是先入为主地以为自己可以决定共存的条件。就像罗亚诺克的托马斯·哈利奥特（Thomas Harriot），他们希望当地人能接受英国习俗，皈依基督教。当他们认为英国的利益遭遇危险时，他们对印第安人没有丝毫尊重，弗吉尼亚的发展历程就证明了这一点，一旦这些孜孜以求的定居者发现有利可图的商品，他们就立即

▲ 在访问英国期间,这位童年被称作"波卡洪塔斯",成年后则被称为玛托卡(Matoaka)或丽贝卡(Rebecca)的包华顿公主,端坐着,由年轻的荷兰—德国雕刻师西蒙·凡·德帕斯(Simon Van de Passe)为她绘制肖像。端正的姿态证明她为自己的背景感到自豪。画中的波卡洪塔斯戴着珍珠耳环,身着繁复的服饰,围着华丽的蕾丝环领。她手中的鸵鸟羽毛扇象征着皇家地位,但是她头上戴的却是男性清教徒常戴的帽子。她的五官显然具有印第安女性的特征,凡·德帕斯并没有将她的外貌"欧洲化"。这幅肖像的复制版本原本出现在约翰·史密斯的《弗吉尼亚通史》(General Historie of Virginia)(1624)一书中。

图片来源:国家肖像画廊(National Portrait Gallery),史密森尼学会(Smithsonian Institution)/纽约艺术资源

改变了态度。

烟草种植

他们发现的商品是烟草,这种美洲作物一开始由西班牙人引入欧洲,后来主要在土耳其种植。1611年,约翰·罗尔夫将西班牙加勒比带来的各种种子种下,这些种子比弗吉尼亚印第安人种植的品种更好。九年之后,弗吉尼亚人出口四万磅烟叶;到1620年后期,装载量戏剧性地增长至150万磅。烟草大繁荣开始了,欧洲和非洲的需求逐步扩大,带来高昂的价格和种植园主的丰厚利润,而烟草种植因此更加狂热。后来,烟草价格迅速回落,速度几乎和上升时一样快,由于供应量不断增长以及国际竞争,每年的烟草价格大幅起落。尽管如此,烟草还是使弗吉尼亚迅速繁荣起来。

烟草种植的传播改变了每个人的生活。成功种植烟草需要大量土地,因为这种作物很快会耗尽土壤的养分。农民们很快发现一块土地只能生产大约三茬令人满意的作物,接着需要休耕几年,才能恢复肥力。因此,曾经很小的英国定居点开始迅速扩张:心急的申请者开始向弗吉尼亚公司申请詹姆斯河及其支流两岸的土地许可。因为多年和平,弗吉尼亚人有种错误的安全感,他们彼此间间隔一定距离,沿着河岸建起农场——这种定居模式对于烟草种植很方便,但是却不利于防御。

印第安袭击

包华顿的兄弟及继承人欧百切卡那夫(Opechancanough)眼看着英国殖民者的势力扩张,并见证了他们让当地人皈依基督教的企图。这位战争领袖意识到危险,于1622年3月22日在詹姆士河沿岸发起了一系列配合良好的袭击。一天的战争结束时,347名殖民者(约为总数的四分之一)命丧黄泉,而两名皈依基督教徒的及时警告拯救了詹姆斯敦免受毁灭。

弗吉尼亚受到了重创,但是并没有就此崩溃。一艘艘船只从英国送来新的殖民者和武器,殖民者们多次对欧百切卡那夫的村庄发起攻击。1632年,双方签订了和平条约,但是1644年4月垂暮的欧百切卡那夫最后一次对侵略者们发动攻击,尽管他多半知道自己无法成事。1646年,包华顿联盟的幸存者们正式向英国臣服。尽管他们继续生活在该地区,但却不再奋起反抗欧洲殖民扩张。

弗吉尼亚公司的结局

1622年的袭击虽然没能摧毁殖民地,但是成功地杀死了它的"家长"。弗吉尼亚公司从来没从殖民事业中获得利润,由于内部腐败以及支持殖民者

的巨额成本，所有利润都被耗尽。然而在消亡之前，该公司制定了两个政策，奠定了一些关键的先例。首先，该公司为了吸引殖民者，于1617年建立了"人头权利（headright）"体系。每一个自费前往殖民地的新人都将获得50英亩的政府赠地；而每资助一个人路费，也可以获得相应的赠地。对于普通家庭来说，许多人拥有的土地很少，甚至没有土地，人头权利体系为移民弗吉尼亚提供了强有力的动机。而对于富有的士绅阶层，该体系承诺的甚至更多：他们有可能建立巨大种植产业，雇佣大量劳动力。两年之后，该公司引入了第二次改革，向弗吉尼亚主要定居点的土地所有者授权进行代表选举，就此成立了被称作"下议院（House of Burgesses）"的议会。英国地主长期以来习惯于选举国会议员并操控他们自己的地方政府；因此，他们希望在该国殖民地也能享受同样的特权。

当詹姆斯一世于1624年撤销许可证，将弗吉尼亚转为皇家殖民地时，他延续了弗吉尼亚公司的人头权利政策。不过，因为不信赖立法机关，他裁撤了议会。然而弗吉尼亚人愤然反对这项决议，于是1629年下议院再一次运作起来。英国在北美建立殖民地之后短短20年，殖民者们已经成功地坚持在地方层面上实现自治。因此，英国在美洲领地的政治结构与西班牙、荷兰以及法国殖民地大相径庭——后者都受到宗主国的独裁统治。

切萨皮克的生活

至1630年代，烟草已经当仁不让地成为弗吉尼亚的主要作物和收入来源。它很快与切萨皮克湾上的第二个殖民地马里兰同样重要，后者被查理一世作为个人财产（所有权）赠予乔治·卡尔弗特（George Calvert），第一任巴尔的摩公爵（Lord Baltimore），首批殖民时间为1634年。（由于弗吉尼亚和马里兰都邻近切萨皮克湾——参见地图2.1——所以它们常常被并称为"切萨皮克"。）卡尔弗特家族的成员希望殖民地成为他们受迫害的天主教教友的避难所。第二任巴尔的摩公爵塞西里厄斯·卡尔弗特（Cecilius Calvert）成为第一个向所有基督教殖民者提供宗教自由的殖民领袖；他明白，为占多数的新教徒提供庇护同样可以保障天主教徒的权利。马里兰1649年颁布的《信仰自由法案》（Act of Religious Toleration）将他的政策纳入法律。

除了宗教以外，切萨皮克的两个殖民地在所有方面都很类似。马里兰和弗吉尼亚一样，烟草种植园主在河岸两旁建立独立的种植园而非城镇。该地区深广的河流在道路设施匮乏落后的年代提供了可靠的水上运输。每个种植园或种植园群落都有自己的码头供海船装卸货物。结果，弗吉尼亚和马里兰几乎没有城镇，因为这里的居民不需要商业中心买卖货物。

劳动力需求

烟草的种植、收获和培育重复、耗时而劳动密集。每隔几年就需要清理土地开拓新的田地，这项工作也需要大量劳动力。所以，成功的切萨皮克种植园最需要的就是劳动力。但是去哪里、用什么方法才能获得劳动力呢？附近的印第安人数量因为战争和疾病剧减，无法满足劳动力需求。被奴役的非洲人也很难得：商人们把非洲奴隶贩卖给加勒比砂糖种植园主更容易，利润也更丰厚。只有少量非洲后裔流入切萨皮克，其中一部分是自由民。至1650年，弗吉尼亚生活着大约三百名黑人——只占总人口的很小一部分。

因此，切萨皮克种植园主主要依靠英国供应他们所需的劳动力。由于人头权利体系（马里兰于1640年开始也采用了这项政策），切萨皮克任何一个烟草农民都可以通过从英国进口劳工同时获得土地和劳动力。良好的管理可以使这个过程自我延续下去：他们可以用赚取的利润支付更多劳工的路费，因此获得更多土地。巨大成功甚至能让他们晋升该地区正在形成的种植园主士绅阶层。

由于欧洲社会中男人们做农活，因此殖民者们先入为主地认为耕种劳工应该是男性。这些劳工和少量女性以契约劳工的身份移民美洲——换句话说，他们协议工作四到七年，换取路费。17世纪，在弗吉尼亚及马里兰的英国移民约有130 000名，其中契约劳工占了75%至85%。其余则主要是年轻夫妇，通常有一到两个孩子。

契约劳工中，15岁和24岁之间的男性约占四分之三；五到六人中只有一个是女性。这些年轻男人大多来自农民或劳工家庭，许多人来自英国社会动荡严重的地区。有些人在英国国内已经迁徙过多次，然后才辗转来到美洲。通常他们来自社会中间阶层——他们同时代的人们将他们称为"普通人"。他们的年轻说明他们在家乡很可能还没有立身。

契约劳工的处境

对于这样的人来说，切萨皮克似乎提供了良好的前景。完成协议条款的雇佣工可以获得"自由报酬"，包括衣物、工具、牲畜、成桶的玉米和烟草，有时甚至还有土地。至少从远处看，美洲似乎为人们提供了英国所没有的冒险机遇。然而移民者的生活通常很艰难。雇佣劳工一般每周工作六天，每天工作10到14小时。他们的雇主可以随意教训或买卖他们，而且若是逃走会面临严酷的惩罚。尽管如此，法律为他们提供了少许保障。比如，他们的雇主有义务为他们提供足够的食物、衣物和住所，而且禁止过度体罚。被残忍对待的劳工可以向法庭寻求帮助，有时候他们可以赢得裁决，准许被转到更仁慈的雇主名下，或者直接解除契约。

仆役和他们的主人一样，必须与传染病艰苦抗争。移民首先必须熬过被殖民者称作"调理"的适应期，通常他们在切萨皮克度过的第一个夏季不得不和疾病（很可能是疟疾）作斗争。他们常常需要忍受疟疾反复发作，除此外还有痢疾、伤寒和其他疾病。结果大约有40%的男性仆役在成为自由民之前就一命呜呼。而即使是那些成功熬过调理期的22岁年轻男性预期寿命也只剩下20来年。

不过，对于那些幸存者来说，更进一步的机会是货真价实的。到17世纪最后几十年，前仆役常常成为独立农民（"自由地主"），过上简朴但舒适的生活。有些甚至取得了重要的政治地位，比如治安法官或是军官。但是1670年代，烟草价格开始进入长达50年的停滞和下降期。同时，肥沃的土地越来越稀少昂贵。1681年，马里兰终止了将土地作为仆役自由后应有权利一部分的法律规定，迫使大量获得自由的仆役成为雇佣劳工或是佃农。至1700年，切萨皮克不再是原来的机遇之地。

生活标准

早期切萨皮克的生活对每个人来说都很艰辛，无关性别或社会地位。农民（有时候连同他们的妻子一起）与仆役们在田间一起辛勤劳作，费力地整理土地、种植和收割烟草及玉米。由于猪可以在树林中自行觅食，几乎不需要照料，因此切萨皮克家庭主要依靠猪肉和玉米过活，这些食物足以填饱肚子，但是没有足够营养。当地家庭用鱼类、贝壳和野生禽类以及小花园中种植的生菜、豌豆等蔬菜补充单调的膳食。由于几乎不可能贮存足够的过冬食物，传染病带来的健康问题更加严重。殖民者们所知的腌渍、风干和烟熏等手段并不总能防止食物腐败。

大多数家庭的财物只有农具、床、基本的厨具和餐具。椅子、桌子、蜡烛和刀叉是奢侈品。大多数人日出而作日落而息，坐在粗糙的凳子上或是储物箱上，手里端着盘子或碗，用调羹舀炖煮的肉和蔬菜吃。摇摇欲坠的房子通常只有一到两个房间。殖民者将收入用于改进农场，购买牲畜和更多劳动力，而非改善生活条件。当地家庭从英国进口生产工具，而非自己制造服装或工具。

切萨皮克家庭

男性的主导地位（参见图2.1）、契约仆役以及居高不下的死亡率构成了不同寻常的家庭生活模式。女性仆役在服役期间通常不能结婚，因为主人不希望女仆怀孕减少他们的劳动力数量。许多男

年龄及性别构成

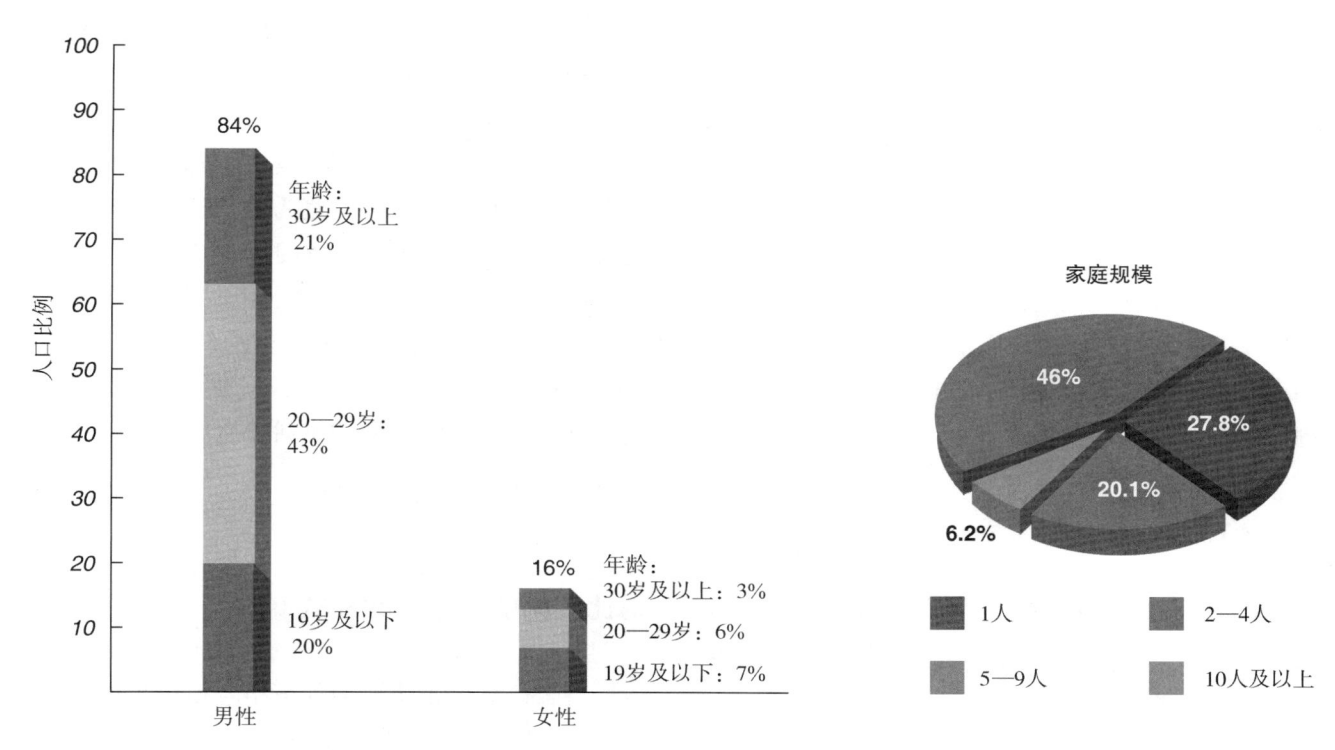

家庭规模

图 2.1　1625 年弗吉尼亚人口

17 世纪，北美洲大陆的英国殖民地只进行过一次详细的人口普查，这次人口普查的准备工作在弗吉尼亚进行。名单上总共有 1 218 人，构成 309 个 "家庭"，生活在 278 个住所中——所以有些房子中住着不止一户人家。左边的图表显示了完整信息被记录的 765 人的年龄和性别分布，而右图则是 309 户家庭规模的百分比变化。该殖民地中大约有 42% 的居民是仆役，集中在 30% 的家庭中。将近 70% 的家庭完全没有仆役。

来源：皮特·S. 威尔斯 (Wells, Peter S.)《1776 年以前的英属美洲殖民地人口》，1975，普林斯顿大学出版社，2003 年重版。由普林斯顿大学出版社授权重印。

性前仆役一辈子无法结婚，因为女性数量非常少；这些人独自或成双成对生活，或者作为第三名家庭成员与一对已婚夫妇生活在一起。与之形成鲜明对比的是，切萨皮克几乎所有成年自由女性都嫁了人，而寡妇们通常在丈夫去世短短数月之后再婚。然而，由于高婴儿死亡率，并且，大多数婚姻不是因为仆役契约而延迟，就是因为死亡而终止，切萨皮克的女性通常只能生一到三个健康的孩子，而英国女性通常会生至少五个孩子。

因此，切萨皮克的家庭很少，很小，而且寿命很短。年轻的移民作为脱离家庭控制的个体来到美洲，他们通常在孩子还很小的时候去世。比如在弗吉尼亚的一个县中，四分之三以上的孩子在结婚或满 21 岁时至少已经失去父母中的一方。这些孩子们早早在他们父母、继父母或其他监护人农场中工作。他们即使有机会受教育，也非常随意，切萨皮克出生的孩子是否能读会写，完全取决于他们的父母是否识字并且愿意抽时间教他们。

切萨皮克的政治

整个 17 世纪，移民占切萨皮克人口的大多数，这对该地区的政治模式意义重大。弗吉尼亚的下议院以及马里兰的下议院 (House of Delegates)（1635 年设立）中移民占了大多数；他们还控制着总督委员会，后者同时还充当各个殖民地的最高法庭，以及总督的立法和行政顾问。不过，一直到18世纪早期，当地出生并且联系紧密的统治精英阶层才形成。

以民意赞成为基础的代表机构通常是政治稳定的主要保障。在17世纪的切萨皮克，大多数拥有财产的白人男性享有权投票，这些自由民地主将自己地区中的本土精英选为立法者（议员），这些人似乎是天然的领袖。但是由于这些人是移民，彼此之间以及与其他殖民地之间缺乏联系，因此这些议会的存在不能创造政治稳定。不同寻常的人口模式因此助长了该地区的政治争端。

新英格兰的建立

促使英国人迁徙至切萨皮克的经济和宗教动机也吸引男人们和女人们来到新英格兰，该地区原本被称为北弗吉尼亚，直到1616年约翰·史密斯上校（Captain John Smith）探索沿岸地区之后对其重新命名（参见地图2.2）。然而，由于组织新英格兰殖民地的是清教徒，而且环境因素大相径庭，因此北方的定居点与南方发展截然不同。即使在殖民者们刚离开英格兰时，南北差异就已经十分明显。

对比鲜明的地区人口统计学模式

为了控制杂乱无序的移民（包括试图逃脱英国国教权威的宗教异见者），皇家官员于1634年命令伦敦的港务管理人员收集所有前往殖民地的旅客信息。由此获得的1635年纪录成为历史学家们的宝库。他们只记录了该年出发的53艘船只，其中有20艘前往弗吉尼亚，17艘前往新英格兰，8艘前往巴巴多斯，5艘前往圣克里斯托弗，2艘前往百慕大，还有1艘前往普罗维登斯岛。这些船只上的乘客约有5 000人，其中有大约2 000人前往弗吉尼亚，1 200人前往新英格兰，其他人则前往各个岛屿。将近五分之三的乘客年龄在15至24岁之间，这个数据表明前往美洲的移民中大多是年轻男性仆役。

但是在前往新英格兰的人中间，这些年轻人所占比例不到三分之一；将近40%的人年龄大于24岁，而另外三分之一的人年龄小于15岁。与此同时，在前往弗吉尼亚的人中，女性只占14%，而在前往新英格兰的人中，女性则占了40%。这样的构成表明新英格兰移民通常以家庭为单位迁徙。他们还携带了更多物品和牲口，倾向于和来自同一地区的人们待在一起。比如，有一艘船上，超过半数的人来自约克郡；而另一艘船上，将近一半人来自白金汉郡。总而言之，前往新英格兰的移民常和近亲一起行动。他们在北美洲的生活比南方的同乡更舒适，较少孤独。

对比鲜明的地区宗教模式

清教徒集会很快成为新英格兰殖民地的关键机构，而在切萨皮克的早期发展中却没有哪个教派拥有如此影响力。分散的定居模式让任何有志于组织教派的人知难而退。英国的天主教及英国国教主教对他们美洲的教友毫不在意，所有切萨皮克宗教集会都因为缺少足够的神职人员而一蹶不振。（比如，根据一名目击者记录，1665年50个弗吉尼亚英国国教教区中，只有10个拥有常驻牧师。）直到1690年代，英国国教才开始在弗吉尼亚茁壮成长；到那时，它已经取代了天主教，成为马里兰的主要教派，而加尔文教徒在两个殖民地中都是少数派。

在新英格兰和切萨皮克，宗教影响着虔诚的加尔文教徒的生活，他们希望能定期重新评估自己的灵魂状态。许多人投入自省和《圣经》研究中，家庭成员在丈夫或父亲的领导下一起祈祷。但是，即使是最虔诚的教徒也没法确定自己是不是被上帝选中的人，关于他们灵魂状态的焦虑困扰着虔诚的加尔文教徒。这种焦虑赋予他们的宗教信仰以一种特殊的强度，并促使他们对自己和他人的言行更加关注。在他们短暂统治马里兰和弗吉尼亚期间，加尔文教徒试图加强天主教徒和英国国教教徒忽

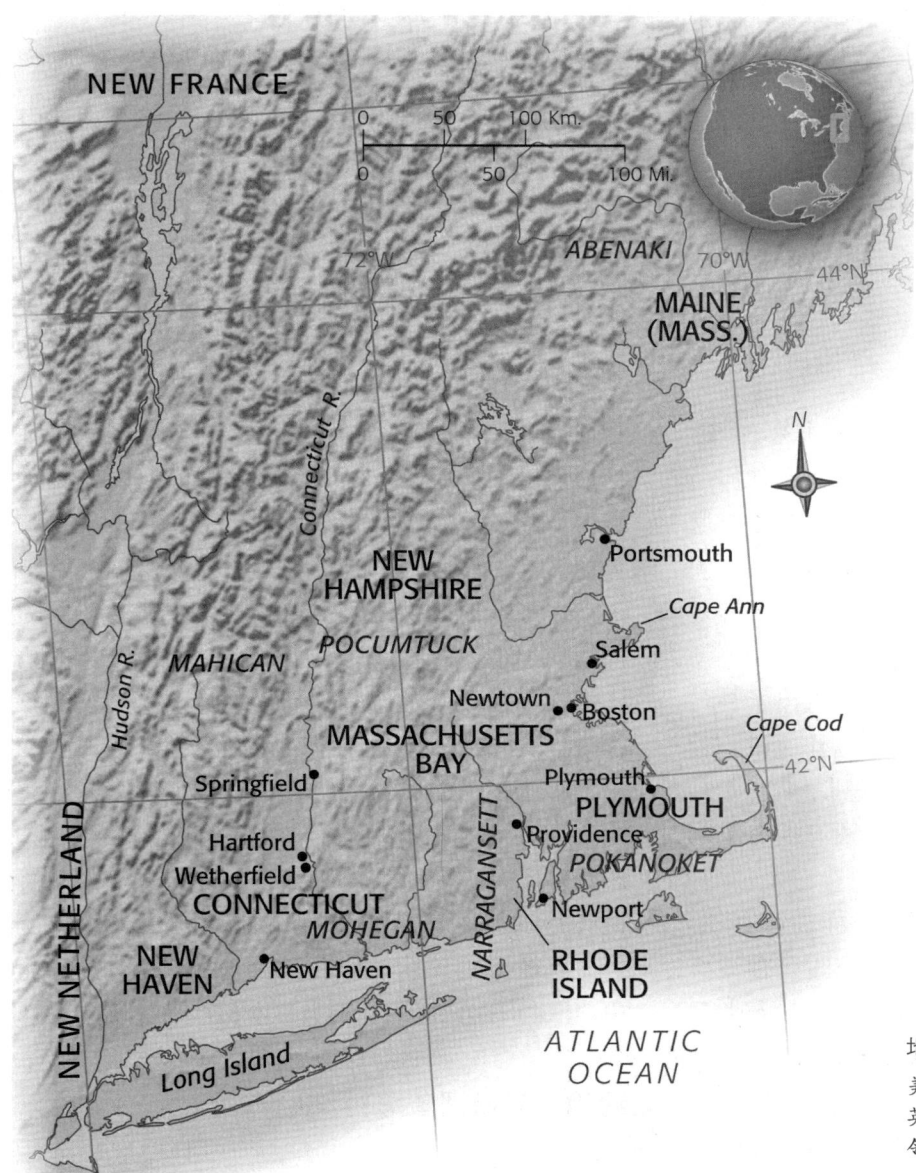

地图 2.2　1650 年的新英格兰殖民地
美洲大陆上定居点最密集的地区是新英格兰，英国定居点和印第安村庄毗邻而居。
来源：版权©圣智学习

略的道德准则。

独立派

认为英国国教过分腐败无法被拯救的独立派是第一批迁徙至新英格兰的宗教异见者。1609 年，一个独立派团体迁往荷兰莱顿（Leiden），他们在那里找到了斯图亚特英国所没有的信仰自由。但是最终荷兰也让他们忧心忡忡，因为这个包容他们的国度同样包容让他们骇然的宗教和行为。为了让自己和孩子们不被尘世诱惑腐化影响，这些如今被称作清教徒的人从弗吉尼亚公司获得许可，在其领地的北部建立了殖民地。

1620 年 9 月，一百多人乘坐老旧拥挤的"五月花号"从英国出发，其中只有 30 人是独立派。像前十年长期定居在纽芬兰沿岸的一些英国家庭一样，清教徒们希望能通过捕鳕鱼为生。同年 11 月，他们在鳕鱼角登陆，比他们原本计划的登陆地更偏北。尽管如此,因为将近冬季,他们还是决定先在该地区落脚。他们穿过马萨诸塞湾,来到一处条件不错的港口(约翰·史密斯将之命名为普利茅斯,他曾于1614年到过这里),在一个帕图科特(Pautuxet)族村庄的空房子中安顿下来,村子中原来的住民全部死于1616—1618年的一场流行病。

清教徒和帕卡诺科特

在登陆之前,清教徒们就不得不迎击来自"陌生人",或非独立派的第一个挑战,这些人和他们一起乘船前往美洲。由于他们登陆的地点在弗吉尼亚公司的管辖范围之外,有些陌生人质疑殖民地领袖的权威。作为回应,1620年在船上签订的《五月花号公约》(Mayflower Compact)确立以一个"公民自治团体"暂时代替宪章。男性殖民者选出了一名总督,开始通过镇民大会为整个殖民地作决策。后来,多个城镇建立,人口增加之后,普利茅斯和弗吉尼亚以及马里兰一样设立了议会,由所有拥有土地的男性殖民者选举出代表。

像他们之前的詹姆斯敦殖民者一样,普利茅斯的居民在全新环境下生存条件很艰苦。只有一半"五月花号"乘客活到第二年的春天。这些人幸存下来多亏了帕卡诺科特人(Pakanokets)[万帕诺亚格(Wampanoag)部落的分支],他们殖民的地区在该族控制之下。帕卡诺特村庄在最近的流行病中损失惨重,于是,为了保护自己不受新英格兰南方沿岸强大纳拉干族(Narragansetts)的侵略(这些人侥幸躲过了疾病的肆虐),帕卡诺特人与新来的移民结成同盟。在1621年春季,他们的领袖迈斯色以(Massasoit)与殖民者达成协议,在殖民地最初困难的几年中,帕卡诺特人为殖民者提供必要的食物。殖民者们还依赖帕图科特族人斯宽托(Squanto),他像玛琳辛一样,在当地人和欧洲人之间起着协调沟通的作用。斯宽托在1610年代初被渔民捉住带往欧洲,学会了说英语。回去之后,他发现流行病席卷他的村子。于是斯宽托成为殖民者的翻译,以及关于该地区环境的主要信息来源。

马萨诸塞湾公司

1620年代结束之前,另一群清教徒(希望从内部改革英国国教的公理会教徒)建立了将会主宰新英格兰并于1691年吞并普利茅斯的殖民企业。1625年,查理一世登基,他对清教徒的敌意比乃父更甚。在他的领导下,英国国教试图抑制清教徒的活动,把牧师们从他们的讲坛上赶下来,迫使教众不得不将信仰转至地下。有些信教的商人很担忧自己在英国的长远未来,于是在1628年派了一批殖民者前往安妮角(Cape Ann)(鳕鱼角北部)。第二年,这些商人获得皇家许可,成立了马萨诸塞湾公司。

这个新的股份制公司很快吸引了清教徒们的注意,他们越来越相信,自己将无法在祖国自由地实践自己的宗教信仰。他们仍然将改革英国国教作为他们的目标,但是他们获得的结论是应该去美洲追求这一理想。在一次戏剧性的行动中,教会商人们决定将马萨诸塞湾公司的总部迁往新英格兰。于是殖民者们将可以自由处理自己的事务,无论俗世还是宗教事务,而不再需要向祖国的任何人负责。就像普利茅斯殖民者一样,他们希望从鳕鱼业中获取利润;他们还计划出口木材产品。

约翰·温斯罗普总督

新公司最重要的新成员是约翰·温斯罗普(John Winthrop),他是英国一个较小贵族家族的成员。1629年10月,马萨诸塞湾公司选举温斯罗普为总督,直到20年之后去世,他从一个领导岗位辗转至另一个,始终为马萨诸塞湾公司效力。温斯罗普组织了新教徒美洲大迁徙的初始阶段。1630年,一千多名英国男性和女性来到马萨诸塞——大多数人去了波士顿。至1643年,约两万多人紧随其后。

1630年,在登上"阿贝拉"号(Arbella)前往新英格兰的途中,约翰·温斯罗普发表了题为《基督仁爱的典范》的演说,表达了他对新殖民地的展望,最为强调的一点是他和殖民同伴们为之奋斗的事

火鸡

普利茅斯殖民者们到达北美第一年的尾声，举行了一次传统的英国节日庆祝丰收。众所周知，他们邀请迈斯色以的帕卡诺科特人加入他们，并且众所周知地一起享用那时就被称作火鸡的禽类。但是为什么这种原产于美洲、至今仍然是美洲人感恩节食物的禽类会以当时的奥斯曼帝国的一个地区命名？美洲当地人以自己的语言为这种禽类命名；比如阿兹特克人把雄鸟称为"huexoloti"，把雌鸟称为"totolin"，而有些东北部的印第安人则把它们称为"nehm"。

哥伦布完成第一次航行回到西班牙的时候，火鸡就在他带回欧洲的特产之列。伊比利亚半岛长期以来都是地中海商业的焦点，西班牙水手们经常来往于中东的港口。不久以后，其中一艘西班牙船只把一些雄火鸡和雌火鸡带到了奥斯曼帝国。那里的农民已经熟悉这种禽类的亚洲远房亲戚雉鸡，于是他们开始改良品种。几十年之内，他们成功培育了更肥硕更驯服的美洲禽类。到1540年代，这种禽类进入英国，16世纪末，"火鸡"在不列颠诸岛成为流行的食物。

据此，当托马斯·哈利奥特在1588年的《一份简短而真实的报告》一书中提到这种野生北美禽类时，他将它们称为"土耳其公鸡和土耳其母鸡"。他没有给出当地人使用的名称，因为和他遇见的其他新奇植物和动物不同，这种禽类对于他和读者来说已经非常熟悉。

詹姆斯敦和普利茅斯的殖民者也把他们在新家见到的禽类当做他们在英国食用的禽类的近亲。但是他们认为美洲的火鸡不如英国的好，野生美国火鸡似乎难以驯服。它们是迅捷而饥饿的掠食者，常常偷吃作物嫩芽，通常被视为害鸟。（当然，如果哪个幸运的殖民者有幸打中一只，就能享用鲜美的一餐。）于是弗吉尼亚和新英格兰的殖民者很快开始进口英国火鸡，和鸡以及猪一起饲养。

第一次在感恩节上食用的"火鸡"源自哪里已经成谜。它们到底是野生美洲火鸡还是驯养的奥斯曼—英国品种？无论如何，火鸡的名称将起源于美洲的禽类与地中海、欧洲以及中东联系在一起，成为哥伦布大交换中典型的动物案例。

◀ 来自美洲的火鸡很快完成了环球旅行，左图来自印度一个伊斯兰王国的莫卧儿绘画。当地艺术家尤斯塔德·曼瑟尔（Ustad Mansur）画下了1612年果阿（Goa）送给皇帝贾汉吉尔（Jahangir）的"土耳其公鸡"——果阿邦是印度次大陆西岸的一块飞地。这只火鸡很可能是从伊比利亚半岛带到欧洲贸易站，然后再被送往贾汉吉尔的宫廷——艺术家又将它变成了不朽的画作，这对他来说是难得见到的景象。

图片来源：英国伦敦维多利亚和阿尔伯特博物馆（Victoria & Albert Museum）/布里吉曼艺术图书馆（The Bridgeman Art Library）

51 ▲ 一些学者现在相信这幅1638年由荷兰艺术家亚当·维莱特斯（Adam Willaerts）创作的画作描绘了普利茅斯殖民地建立大约十五年后的场景。港口的形状、木门以及山脉上绵延的房舍都与现在关于该定居点的记载相符。没有人认为维莱特斯本人到过普利茅斯，但是从殖民地回到荷兰的人很可能将普利茅斯的情景描述给他听，清教徒们在迁徙之前已在该地生活了许多年。

图片来源：J.D.班斯（J.D. Bangs），荷兰莱顿美国清教徒前辈移民博物馆（Leiden American Pilgrim Museum）

业具有公民本质。上帝，他解释道："在任何时代对人类处境的安排都是相似的，有些人富有，有些人贫穷，有些人出身高贵，掌握权势受到尊崇，有些人则地位卑微，服从统治。"但是地位的差异并不代表价值高低。相反，上帝如此规划这个世界，因此"每个人都需要其他人，从此以后他们或许能更紧密地联结在一起，以手足般的情谊彼此相偎。"在美洲，温斯罗普宣称："我们应该成为山丘上的城池，所有人的眼睛都盯着我们。"假如清教徒们没能贯彻上帝赋予自己的"特殊使命"，那么"主一定会愤怒地惩罚我们"。

温斯罗普抱持的是一种超验的想象。他期望清教徒美洲成为一个真正的共和社会，在这个社会中，每个人都将整体的利益置于私愿之上。尽管如此，和17世纪的英国一样，这个社会的特征却是社会不平等和清晰的社会地位及权力阶层，温斯罗普希望它的成员们能按照基督之爱的戒律生活。当然，这种理想超越了人类能力所及范围。早先的马萨诸塞以及对应的加勒比地区普罗维登斯岛都曾发生过激烈争端和有悖基督教义的行为。不过，值得称道的是，在新英格兰，这种理想在移民的子孙中持续了三至四代。

契约理想

清教徒们主要以契约条规的方式表达自己的共和理想。他们相信上帝在选中他们前往美洲完成特殊使命时，与他们制定了契约——即协议或合约。现在轮到他们互相立约，保证同心协力向着目标努力。教堂、市镇，甚至英国美洲殖民地的建立者常常订立正式条款，以此规定这些机构的基础。清教徒的《五月花号公约》就是一份契约，《康涅狄格基本法》(Fundamental Orders of Connecticut)(1639)也是如此，这份文件奠定了1636年及之后康涅狄格河谷沿岸殖民地的基本法。

马萨诸塞湾的领袖们也把最初的股份制公司章程转化成建立在共识基础上的契约社会根本。在拥有土地的男性殖民者的压力下，他们逐渐将常设法院(General Court)——官方的公司小型统治团体——变成了一个殖民地立法机构。他们还将自由民或集团选举成员的地位赋予了所有拥有财产的成年男性教会成员。如同在国王废止下议院之后争取重新建立下议院的弗吉尼亚人一样，马萨诸塞的男性居民坚持迫使他们不情不愿的领袖赋予他们在政府中更高的话语权。大批清教徒抵达马萨诸塞湾后不到二十年，这个殖民地就有了由一个总督和两院立法机构组成的有效自治体系。常设法院同时还建立了一个以英国为蓝本的司法体系，尽管他们采用的法律与宗主国不同。

新英格兰城镇

殖民地的土地分配方式进一步促进了共和理想。在弗吉尼亚和马里兰，个人申请者获得人头权利，独立建立农场，而马萨诸塞的情况则不同，一群群常常来自同一个英国村庄的人们一起向常设法院申请土地，并建立城镇（这是英国不存在的新行政单位）。获得该种许可的人们决定如何分配土地。可以理解的是，被许可人复制了他们家乡的村庄。首先，他们为房舍和教堂留出土地。然后他们将散布在市镇中心的土地分配给每个家庭：东一个牧场，西一片林地，那里一块耕地。他们将最好最大的土地保留给最显赫的居民，包括牧师。在英国地位较低的人获得较小较差的土地。尽管如此，每个男人甚至少数单身女人都获得了土地，因此与其他英国殖民地大相径庭。当移民者们开始跨越马萨诸塞湾的天然地理屏障到达康涅狄格(1636)、纽黑文(1638)和新罕布什尔(1638)时，他们保留了同样的土地分配方式和城镇结构。(只有缅因例外，沿岸地区零星居住着渔民和他们的家人，不同标准的城镇构造。)

城镇中心发展迅速，并且以三种截然不同的方式进化。一些殖民地试图保持温斯罗普基于多样化家庭农场的和谐社区生活的构想，主要包括位于内陆的孤立农业定居点。第二类是类似波士顿和塞伦(Salem)的港口城镇，这些城镇成为繁忙的海港，充当着贸易中心和成千上万新移民的门户。第三类是商业化的农业城镇，它们产生于康涅狄格河谷，四通八达的水路使农民们可以出售多余的货物。比如，在马萨诸塞的斯普林菲尔德(Springfield)，威廉·品钦(William Pynchon)和他的儿子约翰一开始是皮草商人，后来成为拥有上万英亩土地的大地主。即使在新英格兰，切萨皮克式的开拓精神依然可见。不过木材和水产出口牟利的计划并没有很快很轻易地得以实现，新定居点缺乏必要的基础设施支持这样的事业。

皮科特战争及其后果

移民康涅狄格河谷的进程终止了清教徒们与附近印第安人相对和平的共处。河谷中第一批英国人在牧师托马斯·胡克(Thomas Hooker)的领导下从马萨诸塞湾迁徙到该地。尽管他们的新定居点离其他英国殖民城镇很远，宽阔的河流却让他们很容易通往海洋。该地区只有一个问题：它所处的地方由强大的皮科特人统治。

皮科特人的统治源自他们充当在新英格兰阿尔冈昆人和新尼德兰中的荷兰人之间主要贸易中

介的身份。英国殖民者的到来标志着他们在地区贸易网络中权力的消退,因为以前需要通过他们进行贸易的小部落现在可以直接和欧洲人进行贸易了。皮科特人和英国殖民者之间的冲突早在康涅狄格定居点建立之前就已经开始了,但是这些定居点的建立让天平进一步向战争一端倾斜。皮科特人试图号召其他印第安部落一起对抗英国殖民扩张,不过没能成功。在两名英国商人被杀身亡(并非皮科特人所为)之后,英国人袭击了一个皮科特村庄。1637年4月,皮科特人以牙还牙袭击康涅狄格韦琴斯菲尔德(Wethersfield),杀死9人,俘虏两人。作为报复,下个月英国人出动一个探险队,焚烧了神秘河(Mystic River)上一座以皮科特人为主的村庄。英国人和他们的纳拉干同盟至少屠杀了400名皮科特人,其中大多数是妇孺,他们还俘虏和奴役了幸存者。

在接下去的40年中,新英格兰的印第安人对欧洲侵略习以为常。他们与新来者进行贸易,有时候为他们工作,但是最重要的是他们拒绝文化渗透或融入英国社会。本土美洲人坚持使用传统的耕种方式,拒绝使用犁或栅栏,由女性而非男性继续担任主要的耕种者。当印第安人为了生存不得不学习"欧洲"技艺时,他们选择的是与传统职业最接近的行业,如制作扫帚、编织篮子和碎石,保证收入的同时保持自己的独立性。唯一被他们接受的欧洲行为是养殖牲畜,因为早期的狩猎地区已经变成了英国农场,最后野生猎物完全消失,在这种情况下家养的牲畜提供了完美的肉食来源。

传教活动

尽管马萨诸塞湾殖民地的官方印章上刻着一个印第安人呼喊"来帮帮我们吧",但是大多数殖民者对感化阿尔冈昆人皈依基督教没什么兴趣。只有一些马萨诸塞传教士严肃对待传教工作,其中最著名的是约翰·艾略特(John Eliot)和托马斯·梅休(Thomas Mayhew)。艾略特坚持让皈依者在城镇生活,以英国方式耕种土地,取英国名字,穿着欧式的衣服和鞋子,理发,不再遵循大部分传统习俗。由于艾略特要求自己的拥护者进行文化转变——依据的理论是,除非印第安人能"文明开化",否则无法成为合格的基督教徒——可想而知他没能成功。艾略特最成功的时候也只有1 100名印第安人(基数有好几万)生活在14个他所建立的"祈祷城镇(Praying Towns)"中,而这些城镇居民中只有十分之一受过正式洗礼。

艾略特的失败与新法兰西的成功传教形成鲜明对比。清教徒缺乏天主教富有美感的仪式和对女性的特别号召力,而且加尔文派清教徒无法为虔诚的信徒提供死后上天堂的保证。不过在玛莎葡萄岛(Martha's Vineyard)上,托马斯·梅休证明让大量印第安人皈依加尔文派基督教是可行的。他允许那里的万帕诺亚格(Wampanoag)基督教徒保持传统的生活方式,还训练他们自己社区中的成员向他们布道。

这样的宗教观点为什么会吸引印第安人?皈依常常让新教徒们(天主教和清教都是如此)不得不远离自己的亲属和传统——这种可能的结果必定让许多潜在的信徒望而却步。不过很多人显然希望将欧洲人的宗教作为一种手段,来适应侵略者们造成的天翻地覆的变化。疾病、酒精、新的贸易模式以及失去原有领地扰乱了他们的传统生活方式,到了一个前所未有的程度。许多印第安人一定以为欧洲人自己的想法才是在新环境下生活的关键。

约翰·温斯罗普对于1630年代早期横扫新英格兰南部天花大疫情的描述揭示了天花、皈依基督和英国占领土地之间的关系。"这是一场印第安人的浩劫,"他在1633年的日记中写道,"好多人在病中承认英国人的上帝是好的上帝;如果他们能恢复健康,一定好好侍奉他。"但是大多数人没能熬过去:1634年1月,一个英国侦查员报告,天花已经传播到"西边所知的所有印第安种植园"。至7月,据温斯罗普观察,波士顿周围方圆300英里大多数印第安人都死于该疾病。因此,他满足地宣称:"主已经为我们所拥有的正名。"

▲ 马萨诸塞戴德姆（Dedham）的费尔班克斯（Fairbanks）房舍，这是新英格兰现存最古老的住宅之一。但是只有中央的建筑（有大烟囱的那栋）是1636年建造的，两侧的其他房屋都是后来加建的。早期马萨诸塞市镇中到处都是类似住宅。

图片来源：杰弗里·豪依（Jeffrey Howe）摄

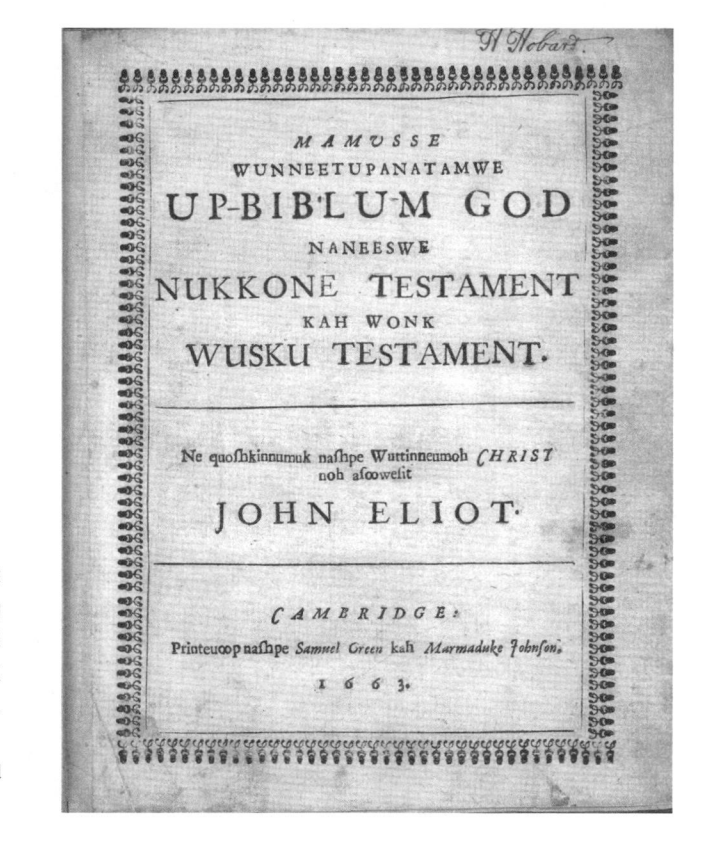

▶ 这是北美洲英国殖民地印刷的第一本《圣经》，带马萨诸塞印第安人使用的阿尔冈昆方言翻译。清教徒牧师约翰·艾略特主持了翻译和出版，这是他努力劝当地人皈依基督教的行动之一。他没有成功获得许多拥护者，但是如今这部《圣经》已经成为试图复兴传统语言的新英格兰印第安人的语言学资料，关于这种语言的知识至19世纪已经失传。

图片来源：宾夕法尼亚大学珍稀书籍和手稿图书馆（Rare Book and Manuscript Library）

新英格兰的生活

新英格兰殖民者的生活方式和他们的阿尔冈昆近邻以及切萨皮克同乡都不一样。阿尔冈昆部落通常一年迁徙四到五次,以便充分利用天时地利。春季,女人们在田间耕种,一旦作物生根发芽,几个月内都不需要再定期照料。村民们于是分成小小的群组,女人们采集野生食物,男人们则狩猎和捕鱼。丰收时节,村民们回到村庄收割作物,然后再一次分头进行秋猎。冬天,人们聚集到遮风避雨的地方过冬,下一年的春天再回到田野中开始新一轮的耕种。迁徙的时机很可能由女人们决定,因为他们的行为(采集野生食物,包括沿岸的贝类以及耕种作物)更强调对周围环境的利用。

和四处迁徙的阿尔冈昆人不同,英国人一年四季住在同一个地方。新英格兰人也和切萨皮克人不一样,他们建造坚固的住所,希望能长久住下去(其中一些房屋保留至今)。家具和房屋的规模与切萨皮克差不多,但是新英格兰的饮食更多样化。他们重复耕种同一片土地,他们相信用粪便当肥料浇灌土地比隔几年开垦新的土地省力一些。除此之外,他们还把田地用栅栏围起来,防止牛羊和猪的践踏,这些牲畜是他们主要的肉食来源。新英格兰人往外拓宽领地不是因为人口繁衍,而是因为牲畜繁殖;他们的牲畜不断增加,需要更多牧场。

新英格兰家庭

由于清教徒一般举家迁徙至美洲,因此新英格兰人口的年龄分布很广,而且因为更多女性移民至新英格兰而非烟草殖民地,所以人口能够快速地开始自我增长。因为没有疟疾之类的热带疾病,一旦殖民者们度过最艰难的最初几年,新英格兰也比切萨皮克更利于健康,甚至超过他们的宗主国。移民切萨皮克的成年男性殖民者原来在英国平均50至55岁的预期寿命减少了约10年,而马萨诸塞殖民者的预期寿命则延长了5年以上。

结果,切萨皮克人口模式产生了数量较少、规模较小、持续时间较短的家庭,而新英格兰的人口统计学特征则产生了数量众多、规模较大、持续时间长的家庭。在新英格兰,大多数男性都能成婚;移民女性结婚年龄很早(平均约20岁);而且婚姻持续的时间也更长,生的孩子更多,这些孩子也有更大概率长大成人。假如17世纪的切萨皮克女性预期可以抚养一到三个孩子,那么新英格兰的女性可以期待抚养五到七个孩子。

人口的特点对家庭生活也有其他重要意义。因为孩子众多,而且清教徒强调阅读《圣经》的重要性,所以年轻人的教育受到广泛关注。生活在城镇中的人们希望能建立小型学校;女孩和男孩们从父母或学校"夫人"(dame)那儿学习阅读,然后男

▲ 1664年,8岁的女孩伊丽莎白·艾金顿(Elizabeth Eggington)成为现知最早新英格兰绘画的对象。她的母亲在生下她之后不久就亡故了,死因或许是生产并发症;这个女孩华丽的服饰、精致的首饰和羽毛扇子不仅体现出她家庭的富有,而且还说明她深受商人兼船长父亲的喜爱。不幸的是,这幅肖像创作前后女孩就去世了,或许这幅肖像和一些其他殖民地的儿童肖像画一样,事实上是在她去世后画来纪念她的。

图片来源:康涅狄格哈特福德沃兹沃斯雅典艺术博物馆(Wadsworth Atheneum Museum of Art, Hartford),沃尔特·H.克拉克夫人(Mrs Walter H. Clark)赠,由其女托马斯·L.阿奇博尔德夫人(Mrs. Thomas L. Archibald)捐赠/纽约艺术资源

孩们继续学习书写，最终学习数学和拉丁语。除此以外，新英格兰事实上还产生了祖父母的角色，因为在英国人的寿命一般不够长，很少有人能看到孩子的孩子出世。而早期的切萨皮克父母常常等不及孩子结婚就已经去世，新英格兰的父母则对成年的后代具有很强的控制力。年轻人没有可以耕种的土地无法结婚，由于共有的土地分配体系，他们不得不依赖自己的父辈获得土地。女儿们也需要父母提供家庭用品作为嫁妆。而父母则依靠孩子们的劳动生活，他们似乎常常很不情愿看见孩子们结婚，成立自己的家庭。这些需求有时候会导致两代人之间的冲突。不过，整体而言，孩子们似乎常常满足家长的意愿，因为他们很少有其他选择。

宗教的影响

清教徒控制着马萨诸塞湾、普利茅斯、康涅狄格和其他早期北方殖民地的政府。公理会（Congregationalism）是唯一得到官方承认的宗教；除了罗德岛以外，其他教派信徒没有信仰的自由。一些非清教徒在市镇会议中投票，但是在马萨诸塞湾和纽黑文，教会成员身份是在殖民地选举中投票的必要条件。南北所有殖民地都向居民收税建造教堂以及支付牧师的工资，但是只有新英格兰将犯罪条款建立在旧约的基础之上。马萨诸塞最初的法律（1641年和1648年）融入了《圣经》中提取的规定，纽黑文、普利茅斯、新罕布什尔和康涅狄格后来都照搬了这一做法。无论是否是教会成员，所有新英格兰人都被要求参加礼拜，而不尊重牧师的人们会受到罚款或鞭刑的惩罚。

清教徒殖民地试图将严格的道德操守强加于人们身上。殖民者们会因为酗酒、纸牌、跳舞甚至懒惰受审——尽管这些罪行层出不穷，表明新英格兰人常常违反法律，而且对这些活动乐此不疲。在订婚期间发生性关系的夫妻（结婚后怀胎不满九月就生下孩子为证）会被处以罚款和公开羞辱。施行今日所谓同性恋行为的男性和一部分女性被视为大逆不道罪无可恕，有些人甚至被处以极刑。

在新英格兰，教会和公务的联系比切萨皮克更紧密，在切萨皮克这样的处罚很少发生。清教徒们反对宗教事务受到俗世干扰，但是与此同时却希望教会能影响政治和社会事务。他们还认为国家有义务支持和保护唯一真正的教会——他们的。尽管他们前往美洲是为了寻求信仰自由，结果他们却拒绝赋予持不同宗教信仰者自由，且并不觉得有什么矛盾。

罗杰·威廉姆斯

罗杰·威廉姆斯是一名1631年移民马萨诸塞湾的独立派，他很快就与清教正统发生冲突。他告诉自己的同伴们，英国国王无权赋予他们已经被印第安人占领的土地，而且教会和政府应该彻底分离，并且清教徒不应该将自己的想法强加给其他人。由于清教徒领袖在宗教和政治上都极强调意见一致，所以他们无法容忍严重的异议。1635年10月，马萨诸塞以挑战殖民地宪章合法性、坚持认为新英格兰公理会教徒没有将自己、宗教以及政治与英国腐朽体制及行为分离为由，审理了威廉姆斯。

威廉姆斯被宣判有罪并逐出殖民地，他于1636年年初前往纳拉干湾源头，在从纳拉干人和万帕诺亚格人那里获得的土地上建立了普罗维登斯镇。由于威廉姆斯相信政府和宗教在任何方面都不应该互相干涉，因此后来成为罗德岛的普罗维登斯和其他城镇采取了包容所有宗教的政策，包括犹太教。和马里兰一起，这个由威廉姆斯建立的小殖民地预示了最终成为美国标志之一的宗教自由。

安妮·哈钦森

对马萨诸塞领导者们造成持续挑战和困扰的异见者是安妮·哈钦森夫人（Anne Hutchinson）（夫人这一头衔表明她较高的社会地位）。她是个技艺高超的医师，在波士顿的女性中间非常受欢迎，她极为推崇约翰·科登（John Cotton），后者是一位强

人民与国家的遗产

蓝法（Blue Laws）

17世纪的新英格兰殖民地颁布的法令，现在一般被称作蓝法，该法令阻止居民们在星期日工作或娱乐，规定他们把时间用于做礼拜。尽管这些法令没有得到严格贯彻，但是多年来许多殖民者发现自己因为这些明令禁止的安息日行为被处以罚款，比如耕种田地，追逐走失的牲畜，在小酒馆喝酒或者玩推圆盘之类的小游戏。受到更严重惩处的是那些利用别人去教堂做礼拜的时机入室偷窃食物、服装和其他物品的小偷。

这一名称似乎是由教士塞缪尔·彼得斯（Samuel Peters）发明的，这位反独者在他1781年于伦敦出版的《康涅狄格通史》（General History of Connecticut）一书中首次使用了这个说法。彼得斯对于驱逐他的州政府显然不无偏见怨怼，他用"蓝法"泛称康涅狄格早期的法令，将之定义为"血腥法律，因为它们都用鞭刑、割耳、烧舌和死刑清洗罪孽"。不过，最终蓝法一词获得了如今的主要含义，即规定周日行为的法律。在独立之后，各州继续施行该法令，尤其是19世纪，但是和殖民时期一样，这些法令很少得到强制贯彻。

尽管如此，他们仍然白纸黑字保留着，有些条款被严格实施。1961年的最高法院就麦卡洛克诉马里兰州案（McGowan v. Maryland）做出判决，支持该州法律限制星期天可以出售的商品必须符合促进民众的"健康，安全，娱乐和总体幸福"的世俗目的。殖民地立法者试图禁止周末工作，但是现代美国人（像马里兰立法一样），似乎更在意停止周日消费。直到1991年，最后一个州（北达科他州）才废除了要求所有商店周日关门的法律，而直到2003年纽约州才撤销星期日销售酒类的禁令。至今新泽西州博根郡（Bergen County）还禁止境内许多百货商场星期日开门营业。这一禁令的拥护者将每周一天交通减少的好处作为论据。

在2008年开始的经济衰退中，残余的蓝法受到人们的新一轮攻击，因为他们希望在自己的社区中刺激商业活动，曾经的"让星期天保持特别（Keep Sunday Special）"运动崩溃了。尽管如此，"在我们国家恢复尊奉上帝之日"的呼声依旧不断，显示了这项美国人民自17世纪持续至今的遗产。

调恩典之约（covenant of grace），或上帝拯救卑微人类的牧师。与之相反，大多数马萨诸塞神职人员强调清教徒们有必要做善事、学习、反省，以便为接受上帝恩典作准备。（在最极端的形态中，这种教义甚至接近行为之约的边缘，即人们能够通过努力获得拯救。）在利用没有男性在场的生产场合宣扬她的宗教思想达几个月之后，哈钦森夫人开始在家里组织妇女集会，讨论科登的布道。因为强调恩典之约，她甚至主张被选中者能够确定被拯救，并与上帝直接交流。这种想法对于清教徒来说非常有吸引力。安妮·哈钦森为他们提供了拯救的确定性，而不是一种持续焦虑的状态。她的做法还削弱了体制性教会及其牧师的重要性。

因此，哈钦森夫人的想法对于清教正统来说是个极大的威胁。1637年11月，官员们以诽谤殖民地牧师宣扬行为之约的罪名控告她。她聪明地为自己辩护了两天，与约翰·温斯罗普本人较量《圣经》文本和智慧。但是接着安妮·哈钦森志满意得而大言不惭地宣称上帝曾和她直接对话，并向她解释假如清教徒们胆敢伤害她就要世世代代惩罚清教徒的后人。这一主张确定了她的流放，因为法庭中谁能确认这一神启属实？她还被逐出了教会，1638年，她和她的家人以及一些忠诚追随者被流放到罗德岛。几年之后，她迁徙到新尼德兰，她和她的大多数孩子都被印第安人杀死。

马萨诸塞的权威们认为安妮·哈钦森对既存秩序构成双重威胁；她不仅威胁宗教正统，还威胁着传统的性别角色。清教徒们相信所有灵魂在上帝面前平等，但是他们认为事实上女性（和他们的精神自我截然不同）低于男性。基督徒们长期以来信奉圣保罗（Saint Paul）的意见，认为女人应该在教堂中保持沉默，并服从自己的丈夫。哈钦森夫人在这两点上反其道而行。地方法官在审判中的评断表明，他们对她"男性化"行为十分愤慨，不逊于对她宗教信仰的愤怒。温斯罗普控诉她挑拨妻子反抗丈夫，因为她的许多追随者都是女性。后来有个教士坦率地对她说："你踏出了自己的领地，你比起妻子来更像个丈夫，比起听众来更像个布道者，比起平民来更像个官员。"

新英格兰权威对安妮·哈钦森的反应表明他们根深蒂固的欧洲性别角色观念。对他们来说，一个秩序井然的社会要求妻子们服从丈夫，平民服从统治者，普通人服从贵族。英国人试图通过殖民北美改变他们生活的许多方面，但是并不想改变劳动的性别分工以及男性理所当然的优越地位，或者社会阶层。

结语

至17世纪中期，欧洲人来到北美洲和加勒比地区定居，这一事实标志着两个半球的民族都将发生重大改变。这些新来者不可磨灭地改变了自己以及当地人的生活。欧洲人用武器和疾病杀戮印第安人，并不同程度地使他们皈依基督教。与当地人的接触让欧洲人学会食用新的食物，说新的语言以及不甘愿地承认其他文化模式的持续性。许多欧洲殖民地的繁荣甚至生存在很大程度上有赖于美洲作物（如玉米和烟草）以及亚洲作物（甘蔗），这些事实证明了后哥伦布生态大交换的重要意义。

随着英国、西班牙、葡萄牙、法国和荷兰争夺对亚洲、非洲和美洲人民及资源的控制权，原来局限于欧洲的政治冲突扩散到全球。在南美，西班牙人靠着金银矿获得大量财富，而法国人主要依靠皮草贸易（加拿大）和种植甘蔗（加勒比）获得主要利润。蔗糖还让巴西的葡萄牙人一夜暴富。荷兰人的注意力主要集中在商业，他们在美国和加勒比交易皮草和蔗糖。

尽管英国殖民地一开始也试图依赖贸易，但是他们很快就采取了另一种殖民形式，因为许多"中等"英国人决定移民北美洲。英国人将祖国的社会和政治移植到新环境中，程度比欧洲殖民地更甚。他们数量众多，对耕种及畜牧土地需求量巨大，这些原因致使他们无可避免地与当地印第安人发生冲突。新英格兰和切萨皮克在移民人口的性别比例以及年龄分布上大相径庭，他们的经济本质、定居模式以及宗教影响也有着巨大差异。不过他们扩张过程中的内部和外部冲突却很相似。在接下去的几年中，几个地区都将卷入越来越激烈的争端中，这些争端困扰着各个欧洲势力，将继续影响各个种族的美洲人。直到18世纪中期，法国和英国将展开至今为止最大规模的战争，而英国美洲殖民地最终将获得独立。

扩展阅读

Virginia DeJohn Anderson, *Creatures of Empire: How Domestic Animals Transformed Early America* (2004)

Richard S. Dunn, *Sugar and Slaves: The Rise of the Planter Class in the English West Indies, 1624—1713* (1972)

David Hackett Fischer, *Champlain's Dream: The European Founding of North America* (2008)

Alison Games, *Migration and the Origins of the English Atlantic World* (1999)

David D. Hall, *Worlds of Wonder, Days of Judgment: Popular Religious Belief in Early New England* (1989)

Karen O. Kupperman, *The Jamestown Project* (2007)

Mary Beth Norton, *Founding Mothers & Fathers: Gendered Power and the Forming of American Society* (1996)

Carla Gardina Pestana, *Protestant Empire: Religion and the Making of the British Atlantic World* (2009)

Helen C. Rountree, *Pocahontas, Powhatan, Opechancanough: Three Indian Lives Changed by Jamestown* (2005)

David J. Weber, *The Spanish Frontier in North America* (1992)

第三章

大西洋世界中的北美洲，1650—1720

NARRATIVE

OF THE

CAPTIVITY, SUFFERINGS AND REMOVES

OF

Mrs. *Mary Rowlandson,*

她饥饿难耐。一个善良的邻居给了她一块煮过的马蹄,奴隶狼吞虎咽。绝望之中,她从一个小孩子手里抢过另一块,那个孩子"咬不动……但是口手并用地吸吮、啃咬、咀嚼,口水流得到处都是"。后来,她回想起来,觉得"那种滋味很合我的口味……主将它变成令人愉悦的美味,换了别的时刻一定让人恶心"。但是玛丽·罗兰森(Mary Rowlandson)记述道,她的女主人威胁要杀了她,说她乞讨吃食"丢了家里的脸"。被囚禁的奴隶反驳道:"他们这样饿死我和敲碎我的脑袋有什么区别。"

> **章 节 大 纲**
>
> 英国美洲定居点的发展
> 帝国危机十年:1670年代
> 大西洋贸易体系
> 放眼天下　异国饮料
> 北美和加勒比地区的奴隶制
> 帝国重组和巫术危机
> 昨日重现　巫术审判之辩
> 人民与国家的遗产　非裔美洲人
> 结语

是什么使得马萨诸塞兰喀斯特(Lancaster)的教士约瑟夫·罗兰森(Joseph Rowlandson)的妻子陷入如此不堪境地? 1676年2月10日,一群万帕诺亚格人、纳拉干人和尼普玛克人(Nipmucks)组成的武装力量杀死了14个市镇居民(包括她的女儿),并俘虏了其他23人,这场争端被新英格兰人称作菲利普王战争(King Philip's War)。她在战争中被袭击者俘虏,以便收取赎金,她忍受他们的折磨,和他们一起穿过马萨诸塞西部和新罕布什尔南部冬天的田野。她成为了纳拉干酋长坤纳平(Quinnapin)及其三个妻子的奴隶,其中一个是她的情人,名字叫做维塔姆(Weetamoo),本人就是万帕诺亚格的酋长。1676年8月,被万帕诺亚格人称作菲利普王的领袖死去后,这两人都被殖民者杀死。但是在此数月前的5月,玛丽·罗兰森已被从俘虏她的人那里以20英镑赎回——大约相当于如今的500美元。这位清教徒女性后来写道,她的经历为她上了一堂重要的宗教课:"不要着眼于当前的小麻烦,要保持平静。"

◀ 玛丽·怀特·罗兰森将自己在菲利普王战争中的经历撰写成书,该书初版于1682年,后来迅速成为殖民地的畅销书。该书曾重版过多次,并且奠定了一种流行文学的基础:俘虏叙事。一代又一代的殖民地读者被这些与印第安俘虏共度数月或数年的经历深深吸引。

年表

1642—1646	英国内战
1649	查理一世被处死
1651	《航海法案》通过，规范殖民地贸易
1660	斯图亚特王朝（查理二世）复辟
1663	卡罗来纳获得特许
1664	英国占领新尼德兰
1664	纽约建立
1664	新泽西建立
1670年代	马凯特（Marquette）、若利埃（Jolliet）及拉萨尔（La Salle）为法国探索五大湖及密西西比河谷
1675—1676	培根起义（Bacon's Rebellion）干扰弗吉尼亚政府；詹姆斯敦被毁
1675—1678	菲利普王战争重创新英格兰
1680—1700	普埃布罗（Pueblo）反叛，暂时将西班牙人逐出新墨西哥
1681	宾夕法尼亚获得特许
1685	詹姆斯二世登基
1686—1688	新英格兰疆界划定，从缅因至新泽西所有许可证被撤换
1688—1689	詹姆斯二世在光荣革命（Glorious Revolution）中被迫退位
1688—1689	威廉和玛丽登基
1689	美国光荣革命；马萨诸塞、纽约和马里兰推翻殖民总督
1688—1689	威廉国王战争（King William's War）在新英格兰北部前线打响
1691	新马萨诸塞许可发放
1692	塞伦爆发巫术危机；19人被吊死
1696	贸易及种植园委员会（Board of Trade and Plantations）建立，用以协调英国殖民地管理
1696	美国建立副海事法庭
1701	易洛魁对法国和英国采取中立政策
1702—1713	安妮女王战争（Queen Anne's War）在法国与英国之间打响
1711—1713	图斯卡罗拉战争（Tuscarora War）（北卡罗来纳）造成大多图斯卡罗拉人被俘或迁徙
1715	雅马西战争（Yamasee War）几乎将南卡罗来纳毁于一旦

玛丽·罗兰森的著名叙事《上帝的统治与仁慈》（The Sovereignty and Goodness of God）出版于1682年，除了记述她和俘虏在一起生活时遭受的磨难以外，该书还揭露了许多其他事实；该书显示出，她对他们的处境缺乏理解或同情。当维塔姆的孩子死亡时，她在冷冰冰地评价道："这件事有一个好处，那就是（棚屋的）生活空间变大了。"哪怕是为她赎回周旋，担任中间人的基督教印第安人，她也对他们缺乏信任。她的叙述不仅描述了她自己作为俘虏的经历，也描述了英国新英格兰人和他们的

印第安邻居间的龃龉。菲利普王的父亲迈斯色曾和普利茅斯的首批殖民者结成同盟,当他去世后,情况发生了很大变化。

许多变化与大陆殖民地参与日益增长的国际关系网络直接相关。菲利普王许多被俘者战后命运比其他变化更能证明这一事实:他们被卖到加勒比和其他地区充当奴隶,有的被远远运送至现代摩洛哥的丹吉尔(Tangier)。北美洲和英国一样,逐渐陷入全世界贸易和战争的矩阵中。由海船交织而成的网络——曾经只有哥伦布和后继者们零星几股船队——如今在全球范围内纵横交错,将欧洲货物运往美洲和非洲,将加勒比出产的砂糖运往新英格兰和欧洲,将非洲人运往美洲,将新英格兰水产和木制品——偶尔还有印第安奴隶——运往加勒比。北美殖民地曾经只是小贸易站,如今却拓宽疆域。17世纪中期之后,经济变得更具多样性。

1640年至1720年间,三大发展塑造了大陆英国殖民地的生活:与印第安人及其他欧洲殖民地矛盾不断升级;奴隶制的扩散,尤其是在南部沿海地区;殖民地与英国政治及经济关系的改变。

奴隶贸易的爆炸性增长急剧地改变了英国—美洲经济。许多水手和船只所有者发现,运载奴隶收益颇丰。买得起奴隶的种植园主也收获了巨大的利益。奴隶贸易一开始主要牵涉印第安人和来自加勒比地区已经沦为奴隶的非洲人,不过很快重点转向从非洲直接运往美洲的奴隶。大量西非人的到来和进入劳动力市场,迅速扩大了农业产量,为国际贸易体系添了一把火,并且迅速重塑了殖民地社会。

迅速发展的北美经济重新吸引了殖民地管理者的注意。尤其是1660年斯图亚特王朝复辟(由于英国内战曾下台一段时间)后,伦敦官僚试图更高效地监管美国殖民地,保证宗主国从殖民地的经济增长中获益。至18世纪早期,在长达30年的动乱之后,殖民地政治体制呈现新的稳定状态。

英国殖民者和伦敦管理者都无法忽略生活在北美大陆上的其他人。随着英国定居点的扩张,他们不仅与强大的印第安部落频频发生摩擦,还与荷兰人、西班牙人,尤其是法国人发生矛盾。除此以外,所有欧洲人殖民地都在1670年代十年间遭遇了重大危机。至1720年,欧洲人和印第安人之间的战争,欧洲人之间的战争,与不同殖民势力结盟的印第安人之间的战争,成为美洲生活中司空见惯的特征。北美洲殖民地相互之间以及与欧洲人之间不再隔离,所以北美殖民地的人和产品成为世界贸易体系的一部分,也无可避免地陷入了纷争之中。

- 北美和非洲跨大西洋奴隶贸易的后果是什么?
- 英国的殖民地政策在1650年至1720年之间有些什么变化?
- 欧洲人和印第安各族之间新矛盾的原因和结果是什么?

英国美洲定居点的发展

1642年和1646年之间,国王查理一世的支持者和清教徒控制的议会之间展开内战,烽火包围了殖民者们的宗主国。结果议会取得胜利,导致1649年查理一世被处死,权柄暂时落入议会领袖奥利佛·克伦威尔(Oliver Cromwell)之手,该时期被称为联邦时期(Commonwealth)。但是克伦威尔去世之后,议会决定复辟斯图亚特王朝,条件是查理一世的儿子及继承人同意限制其权力。查理二世同意了,斯图亚特王朝于1660年复辟(参见表3.1)。新国王随后以北美洲大陆的大片土地酬谢在内战中支持自己的贵族和其他人。由此建立的殖民地成为最终组成美国的十三州中的六个:纽约、新泽西、宾夕法尼亚(包括特拉华)、北卡罗来纳及南卡罗来纳(参见地图3.1)。这些殖民地总称为复辟殖民地,因为它们是由复辟的斯图亚特王朝建立的。所有这些殖民地都归个人所有,每个殖民地的归属权都属于一人或数人,他们控制着殖民地政府。

纽约

查理的弟弟詹姆斯,即约克公爵,很快获得了

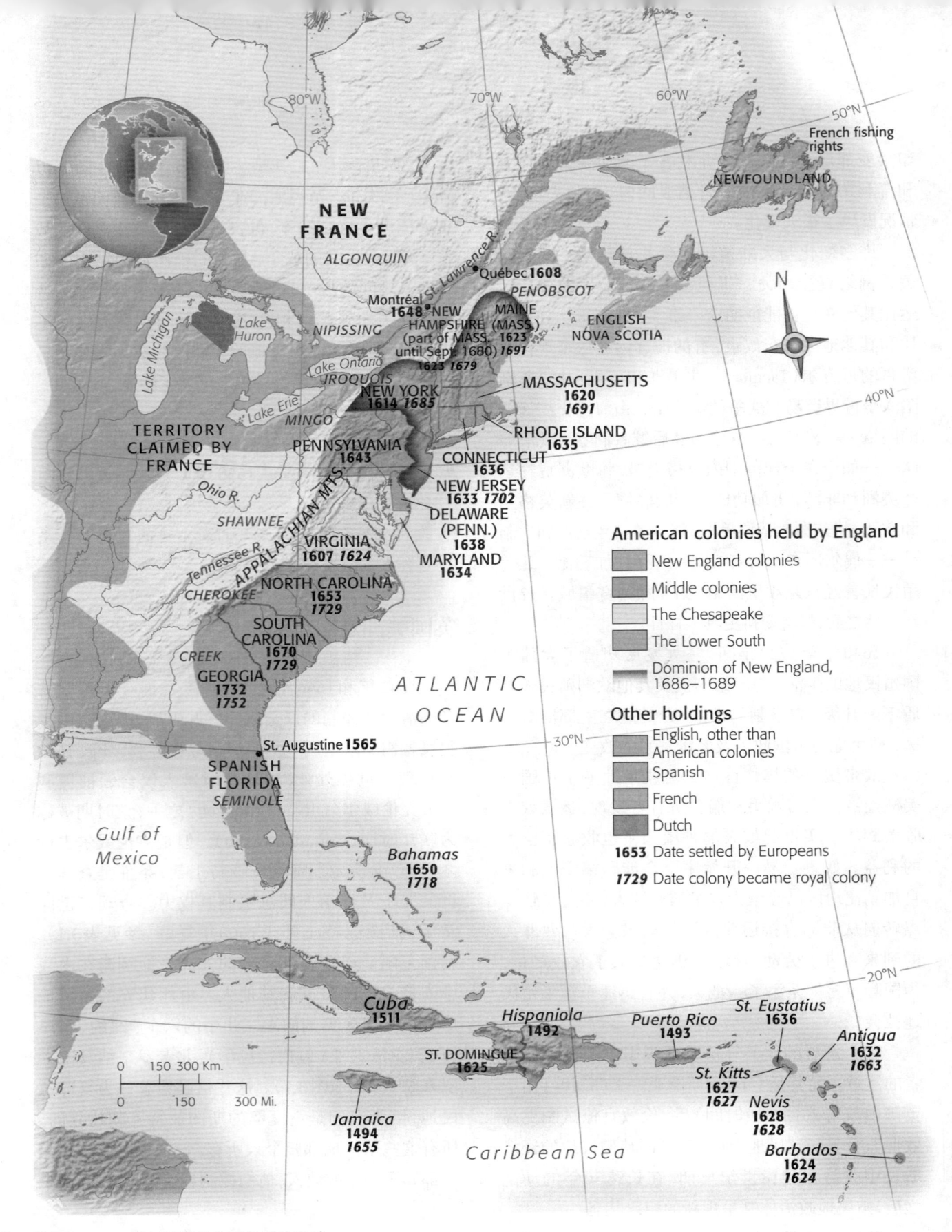

地图3.1　18世纪早期的英国美洲殖民地

至18世纪初，英国殖民地名义上占领了北美洲大西洋海岸线。然而殖民地的正式疆界是具有欺骗性的，因为每个殖民地的西边领地对欧洲人来说仍然大体陌生，大多数土地上仍旧居住着印第安人。

来源：版权©圣智学习

表3.1　英国斯图亚特复辟君主，1660—1714年

君　　主	统治时期	与前任的关系
查理二世	1660—1685	父子
詹姆斯二世	1685—1688	兄弟
玛丽	1688—1694	父女
威廉	1688—1702	女婿
安妮	1702—1714	姐弟，弟媳

好处。1664年，查理二世将康涅狄格和特拉华河之间的地区送给了詹姆斯，包括哈得孙河谷（Hudson valley）和长岛。荷兰人在该地区定居影响不大，因为英国人和荷兰人当时正时不时发生零星战争，而且英国人也袭击其他荷兰殖民地。8月，詹姆斯的战舰在曼哈顿岛靠岸，要求新尼德兰投降。该殖民地未加反抗就服从了。尽管1672年荷兰曾短暂地夺回该殖民地，但是1674年荷兰永久性地割让了该地区。

因此，詹姆斯获得了一片多民族的领土，他重新命名了纽约（参见表3.2）。1664年，一支重要的少数族裔英国人（大多为长岛上的新英格兰清教徒）已经生活在该地，除此以外该地区还混居着荷兰人和数量可观的印第安人、非洲人、德国人、斯堪的纳维亚人及少数其他欧洲民族。荷兰西印度公司向殖民地输入奴隶，其中一部分意在销往切萨皮克。不过许多人作为劳工留在了新尼德兰；在英国占领时期，曼哈顿的1 500名自由居民中，约有五分之一拥有非洲血统。纽约城市人口中的奴隶比例高于切萨皮克农村。

詹姆斯的代表们意识到人口的多样性，因此小心翼翼地周旋，努力建立英国权威。1665年公布的法律条款《约克公爵法律》（The Duke's Laws）只适用于长岛上的英国定居点，后来才扩展至殖民地中的其他地区。詹姆斯的政策一开始延续了荷兰当地政府的形式，承认荷兰土地所有权，并且允许荷兰居民维持习以为常的法律惯例。每个城镇都获得允许自行决定哪个教会[荷兰归正会（Dutch Reformed），公理会，或英国国教]获得税收支持。让英国居民气馁的是，《约克公爵法律》中并没有关于代表大会的条款。和其他斯图亚特贵族一样，詹姆斯不信任立法团体，直到1683年他才同意殖民者们关于选举立法机关的请求。在此之前，贵族总督统治着纽约。

因此，英国占领在短期内并未对殖民地造成立竿见影的影响。公爵并未推进移民，所以殖民地的人口增长缓慢，直到1698年第一次英国人口普查时，人口达到18 000。直到18世纪第二个十年，曼哈顿仍然是波士顿椭圆圈内的一个商业闭塞地。

新泽西

英国占领并未给纽约带来多少变化，主要原因是约克公爵于1664年将哈得孙河与特拉华河之间的土地——东泽西和西泽西——重新批给他的朋友乔治·卡特瑞特（George Carteret）爵士以及约翰·柏克莱领主（John Lord Berkeley）。这次授地使得公爵的殖民地东邻康涅狄格，西边与南边则与

表3.2　北美英国殖民地的建立，1664—1681年

殖　民　地	建　立　者	时　　间	经济基础
纽约（前身为新尼德兰）	约克公爵詹姆斯	1664	农业，皮草贸易
新泽西	乔治·卡特瑞特爵士 约翰·柏克莱领主	1664	农业
北卡罗来纳	卡罗来纳地主	1665	烟草，林产品
南卡罗来纳	卡罗来纳地主	1670	稻，靛蓝染料
宾夕法尼亚（包括特拉华）	威廉·佩恩	1681	农业

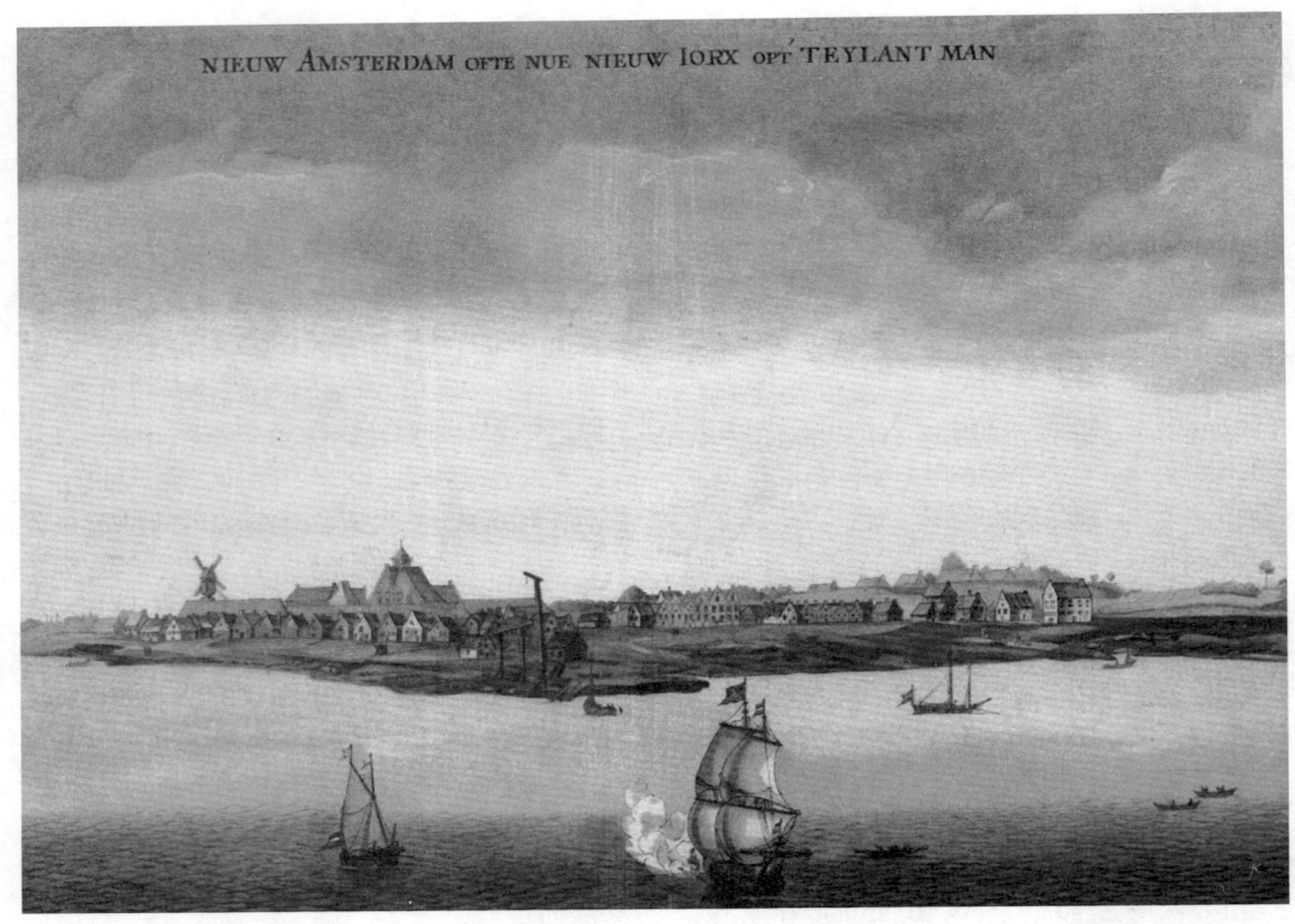

▲ 荷兰艺术家约翰·芬伯翁（Johannes Vingboons）描绘了1665年新阿姆斯特丹/纽约的景象，此时英国刚占领该地不久。请注意画面中的风车、高耸的政府建筑以及小小的房舍——这一切让该定居点看上去如同当时的欧洲村庄。与普利茅斯（参见原书第51页）的景象形成鲜明对比。

图片来源：荷兰国家档案（National Archives of Netherland）

泽西接壤，丧失了许多肥沃的土地，并且阻碍了经济发展。与此同时，泽西的所有人迅速采取行动，吸引移民，许诺慷慨的土地授权，有限的宗教自由以及——没有皇室授权下——代表大会。作为回应，大批新英格兰清教徒向南迁徙到泽西，除此以外还有一些巴贝多人、纽约荷兰人，最后苏格兰人也加入此列。新泽西发展迅速；1726年，联合殖民地第一次进行人口普查时，新泽西已经拥有32 500居民，仅仅比纽约少了8 000人。

20年之内，柏克莱和卡特瑞特都将泽西的股权卖给了多方投资者。卡特瑞特所有股份（西泽西）和柏克莱（东泽西）一部分股权的购买者是教友派（Society of Friends），又称贵格会（Quakers）。这支激进的小教派拒绝尘世和宗教的阶级。贵格会相信任何人都能直接接收上帝的"内心灵光（inner light）"，而且所有人在上帝眼中都是平等的。贵格会没有受过正式训练的牧师，他们允许男性和女性在集会中发言，成为"公友（public Friends）"，这些人四处旅行，传播上帝的箴言。1650年代，贵格会在整个大西洋世界劝导信徒改宗，从巴巴多斯的基地出发，在英国所有殖民地中招收信徒。掌权者们并不欢迎贵格会激进的平等主义，他们四处都受到迫害。安妮·哈钦森曾经的追随者玛丽·戴尔（Mary Dyer）也加入了贵格会，她作为传教士回到波士顿，于1660年因为宣扬贵格教义被处以绞刑（一起受刑的还有几名男性）。

宾夕法尼亚

1681年，贵格会获得了他们自己的殖民地，查理二世将马里兰和纽约之间的地区授权给他的密友，该教派杰出的代表威廉·佩恩（William Penn）。佩恩当时37岁，该殖民地属于他个人所有，直到美国独立战争，他的后代们一直从殖民地中获益。尽管如此，和在他之前的马里兰罗马天主教卡尔弗特一样，佩恩不仅将他的领地视为收入来源，同时也充当遭受迫害的教友的庇护所。佩恩以自由的条件将土地提供给所有来到殖民地的人，承诺包容所有宗教，尽管只有基督教男性拥有投票权；他保证英国的自由，比如保释的权利以及陪审团审判；并且许诺成立代表大会。他还通过广为传播的德语、法语及荷兰语宣传册随时公布宾夕法尼亚提供的土地。

佩恩的行为以及对贵格会的吸引导致了一股移民风潮，规模不下1630年代清教徒大批前往新英格兰。至1683年年中，已经有超过3 000人——其中有威尔士人、爱尔兰人、荷兰人和德国人——迁徙到宾夕法尼亚，五年之内人口达到了12 000。（与之形成对比的是，弗吉尼亚用了三十多年才获得差不多的人口）。按计划，位于水陆交通便捷的特拉华河上的费城将成为殖民地中的主要大城市，它吸引了来自整个英语世界的商人和工匠。贵格会从大陆和加勒比殖民地来到这里，带来关于美洲土壤种植的多年经验和成熟的贸易关系。宾夕法尼亚肥沃丰饶的土壤很快让居民们能够将多余的面粉和其他食物出口到西印度群岛。一夜之间费城就获得了2 000名公民，并开始挑战波士顿的商业主导地位。

作为一个信奉平等主义原则的和平主义者，佩恩试图公平地对待当地人。他学习说德拉瓦人[或勒纳佩（Lenapes）]的语言，从他们那里购买大片土地，再卖给欧洲定居者。佩恩还设立了严格的贸易规则，禁止向印第安人出售酒类。他的政策吸引了17世纪末前后迁徙至宾夕法尼亚以逃避马里兰、弗吉尼亚以及北卡罗来纳与英国殖民地冲突的印第安人。最重要的是图斯卡罗拉人，他们的经历将在本章后文中详述。肖尼人（Shawnees）和迈阿密人（Miamis）情况类似，他们从俄亥俄谷往东迁徙到这里。不过，讽刺的是，吸引印第安人来到这里的包容同样吸引了非贵格会欧洲人，他们对印第安人的土地所有权毫无尊重。事实上，佩恩的政策如此成功，以至于造成了自己的衰落。18世纪前半叶在宾夕法尼亚定居的苏格兰—爱尔兰人，德国人和瑞士人因为土地问题不断与近期迁徙至殖民地的印第安人发生冲突。

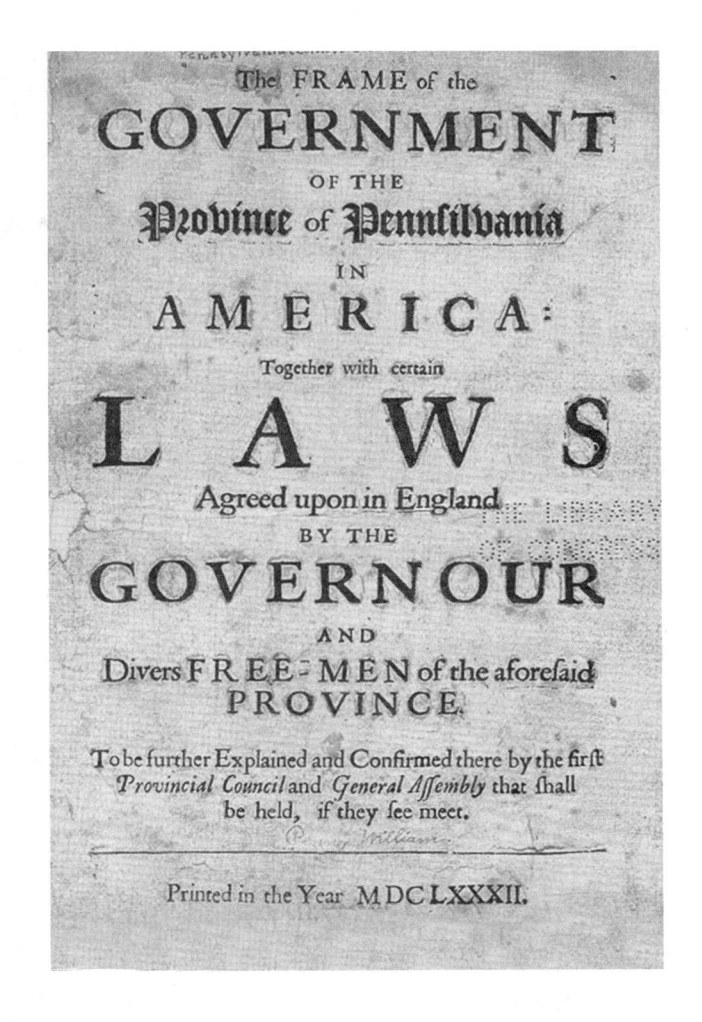

卡罗来纳

最南端的专属殖民地，于1663年由查理二世授权，该殖民地包括从弗吉尼亚南端至西班牙属佛罗里达的大片土地。该地区具有重要的战略意义：

成功的英国定居可以阻止西班牙人向北扩张。同时,肥沃的亚热带土壤有希望生产出奇特珍贵的商品,如无花果、橄榄、葡萄酒和丝绸。所有人将他们的新殖民地命名为卡罗来纳,以向查理致敬,后者的拉丁名字是卡罗勒斯(Carolus)。他们请政治哲学家约翰·洛克(John Locke)为他们起草了《卡罗来纳基本宪法》(The Fundamental Constitutions of Carolina),该文件为这个殖民地制订了繁复的计划,殖民地由各等级拥有土地的贵族统治,以架构严谨的政治和经济权力分配为特征。

然而卡罗来纳没能按照人们预期的轨迹发展。相反,该地区很快形成了两个明显的人口中心,并于1729年分裂成两个独立的殖民地,直接由皇室统治。弗吉尼亚种植园主在阿尔伯马尔(Albemarle)地区定居,后来这里成为北卡罗来纳。他们建立了一个类似自己家乡的社会,经济主要依赖种植烟草和出口林产品,如沥青、柏油和木材。因为北卡罗来纳缺少令人满意的港口,所以这里的种植园主依靠弗吉尼亚的港口和商人处理他们的贸易。另一个人口中心最终形成了南卡罗来纳的核心,它发展于查尔斯顿,该镇建于1670年,靠近阿什利河(Ashley River)和库珀河(Cooper River)的交界。早期的居民大多来自过分拥挤的巴巴多斯。这些甘蔗种植园主希望重建种植园农业,并且希望逃避台风侵袭。两个希望都落空了,甘蔗无法在卡罗来纳成功种植,而且他们在1686年经历了一场"极为可怕而具破坏力"的台风。

定居者们开始种植玉米,养殖牛群,然后出售给加勒比种植园主。和他们之前的其他殖民者一样,他们还依赖与附近印第安人的贸易提供他们能够转卖到别处的商品。在卡罗来纳,这些物品是卖到欧洲的鹿皮以及运往加勒比各岛和北方殖民地的印第安奴隶。附近的印第安民族更频繁地捕猎鹿,并且非常乐意将俘虏的敌人卖给英国定居者。在18世纪的第一个十年,南卡罗来纳平均每年出口54 000张皮革,后来海外装载量最高达到了每年160 000张。1715年之前,卡罗来纳人额外出口了大概三万至五万印第安奴隶。

切萨皮克

英国内战拖缓了英国早期定居点的发展。在切萨皮克,国王和议会两方面的支持者造成了马里兰的武装冲突和弗吉尼亚的政治动荡。但是战争一结束,移民一恢复,殖民地就再一次开始扩张。一些定居者,尤其是弗吉尼亚东岸和殖民地的南方边界的定居者,开始种植谷物,蓄养牲畜,种植亚麻,出售给英国和荷兰商人。烟草种植者们开始进口越来越多的英国契约仆役,让他们在农场中工作,截至此时这些农场已经发展成种植园。1646年,包华顿印第安部落联盟最终被打败,印第安袭击的隐忧终于被排除,移民们,尤其是新近移民,开始热切地扩大自己的土地。

尽管他们主要依靠的仍然是英国劳动力,但是切萨皮克的烟草种植园主也开始使用少量奴隶劳工。几乎所有人都来自历史学家伊拉·柏林(Ira Berlin)所谓的"大西洋克列奥尔人(Atlantic creoles)"——即来自大西洋世界其他欧洲定居点的人(可能为混血),他们主要来自伊比利亚贸易站。并非所有来到切萨皮克的大西洋克列奥尔人都是被囚禁的人,有的是自由民或者契约劳工。随着他们的到来,切萨皮克成为柏林所谓的"有奴隶的社会",在这个社会中奴隶制并不主导经济,但却是一系列共同存在的劳动力体系中的一个。

新英格兰

1642年英国内战开始后,新英格兰的移民基本停止了。清教徒一开始挑战国王,然后统治成为共和国的英国,于是他们再没有动机离开家园,复辟之后也很少有人移民。然而清教徒统治下的殖民地的人口继续因为自然增长而大幅增加。至1670年代,新英格兰的人口已经增至三倍以上,达到了70 000左右。如此迅速的扩张对于土地资源造成极大压力。殖民地定居点扩张至马萨诸塞和康涅狄格的腹地,许多第三和第四代成员通过迁徙——向北至新罕布什尔或缅因,向西南至纽约或新泽

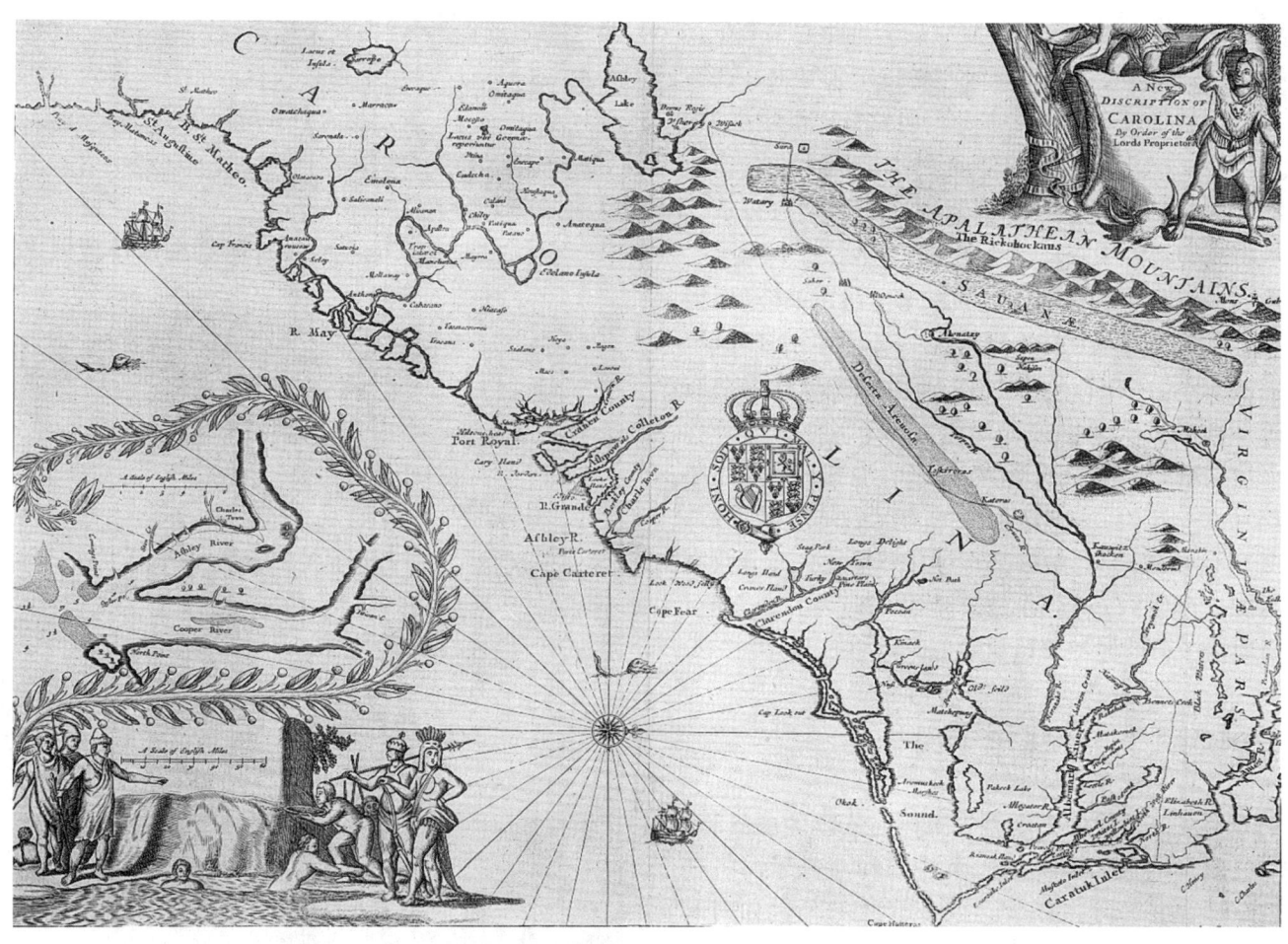

▲ 1671年，约翰·奥格尔比（John Ogilby）《卡罗来纳新述》（*A New Description of Carolina*）一书中的地图（上南下北）。插图中的信息由德国印第安商人约翰·利德尔（John Lederer）提供，这本小册子旨在吸引定居者来到新卡罗来纳殖民地。他用贵族领主（Lords Proprietors）提供的信息填充自己的文本，强调殖民地温和的气候、丰富的资源以及友善的印第安人，角落里的漩涡花饰围绕的宁谧画面强调了这一信息。

图片来源：殖民地威廉斯堡基金会

西——为他们自己和孩子们寻找足够的耕地。其他人则放弃了农业，学习锻造或木工，在不断扩大的城镇中谋生。

在大约1650年之后，留在小而人口稠密的新英格兰早期社区的人们经历了新的事件：巫术指控和审判。其他地区大体上逃过一劫，尽管大多数17世纪的人们相信女巫存在。这些恶魔的同盟被认为可以出于善或恶的目的驾驭灵魂。比如，一个女巫或许会算命，调配治疗药剂或咒语，或者伤害孩子或宝贵牲畜，从而伤害其他人。不过只有在新英格兰，许多被指控的女巫（1690年以前总共约有100人）受到了审判。大多数被指控的女巫是惹恼了邻居的中年女性，虽然并非全部。历史学家们因此下结论，认为在联系紧密的社区中，频繁的日常交往造成长期龃龉，导致有的殖民者相信其他人邪恶地造成了某些不幸。尽管如此，只有少部分受指控的女巫被宣判有罪，而被处以死刑的则更少，因为法官和陪审团对这样的指控持怀疑态度。

殖民地政治结构

新英格兰法庭中止了可疑的迫害，这说明殖民地机构的成熟。至17世纪最后25年，几乎所有英国美洲殖民地都有完善的政治和司法结构。在新英格兰，拥有财产的男性或立法会选举总督；在其他地区，国王或者殖民地所有者指定领导人。选举或指定的委员会在政策事务上向总督提供建议，并充当立法会上议院议员。每个殖民地都设有当地治安法官、郡法院组成的司法机构，通常还包括议员组成的上诉法院。

当地政治机构同样得到发展。在新英格兰，当选的市政委员一开始负责管理市政，但是至17世纪末，至少每年举行一次，由大多数成年男性自由居民参加的市政会议负责处理当地事务。在切萨皮克殖民地和南北卡罗来纳，委派的治安官管理当地政府。一开始，宾夕法尼亚的情况也是一样，但是至18世纪初，当选的郡县官员开始接手一部分政府职能。在纽约，1683年建立殖民地代表大会之前，当地选举会就已经开始执政。

帝国危机十年：1670年代

当复辟殖民地不断开拓英国定居地的疆界时，北美最早的英国殖民地以及法国和西班牙定居点正面临着危机，这些危机主要的原因是他们和当地印第安人的关系发生了变化。在1670年和1680年之间，新法兰西、新墨西哥、新英格兰以及弗吉尼亚之间遭遇了严酷的斗争，因为他们的利益和当地美洲原住民发生了冲突。结果所有早期殖民地都无可避免地发生了改变。

新法兰西和易洛魁人

1670年代中期，加拿大总督路易斯·德·芳堤那（Louis de Buade de Frontenac）决定将新法兰西的疆域向南和向西开拓，以期建立通往墨西哥的商道，直接控制殖民地赖以牟利的宝贵皮草贸易。因此，他鼓励雅克·马凯特神父（Father Jacques Marquette）、路易·若利埃（Louis Jolliet）以及雷内-罗伯·卡维利尔·拉萨尔（René-Robert Cavelier de La Salle）在五大湖和密西西比河谷地区进行探险。然而，他的目标造成了自己与强大的易洛魁联盟之间的矛盾，后者由五个印第安民族组成——莫霍克人（Mohawks）、奥奈达人（Oneidas）、奥内达加人（Onondagas）、卡尤加人（Cayugas）以及塞内加人（Senecas）。（1772年，图斯卡罗拉成为联盟中第六个民族。）

在16世纪结成的一个特殊防御联盟条款规定

▲ 唐·迪亚哥·德·瓦加斯（Don Diege de Vargas），1692年重新征服普埃布罗人的探险之旅的领袖。这是已知的他唯一一幅肖像，如今，这幅肖像挂在新墨西哥历史博物馆的总督宫中。

图片来源：新墨西哥历史博物馆（New Mexico History Museum）总督宫（Palace of Governors）

下，由一个代表委员会为整个易洛魁联盟制定战争或和平决议，尽管每个民族仍然保留了一部分自治权，并且不被强迫违背自己意愿遵守委员会的指令。在欧洲人到来之前，易洛魁人挑起战争主要是为了获得俘虏以便补充自己的人口。与外国商人的接触早在1633年就开始带来破坏性的疾病，这加剧了他们对俘虏的需求。与此同时，欧洲人的到来引发了战争的经济动机：占据皮草贸易以及无障碍获得欧洲商品的愿望。1640年代与休伦人的战争开启了他们与其他印第安民族的一系列纷争，这些冲突被称作海狸战争（Beaver Wars），易洛魁人试图通过这些战争控制利润丰厚的生皮贸易。易洛魁战士自己并不捕捉海狸；相反，他们打劫其他村庄，搜寻藏匿的海狸皮，或在皮草运输至欧洲贸易站的途中袭击内陆来的印第安人。然后易洛魁用这些战利品换取欧洲生产的毯子、刀、火枪、酒精和其他需要的物品。

在1670年代中期，随着易洛魁领地的增加，法国人开始干涉，因为易洛魁的胜利可能摧毁法国人与西方印第安人直接贸易的计划。在接下去的二十年中，法国人多次袭击易洛魁村庄。尽管1677年纽约人和易洛魁人结成了被称作"链条盟约"（Covenant Chain）的正式同盟，但是英国人除了武器之外对他们的贸易伙伴没提供什么帮助。在没有获得多少帮助的情况下，联盟自力更生，甚至扩大了自己的领地，并于1701年和法国人以及其他印第安人协商订立中立条约。在接下去的半个世纪中，易洛魁民族通过贸易和富有技巧的外交而非战争维持自己的影响力，与印第安人或欧洲国家结盟或解除盟约，为达成自己的目的创造最佳条件。

普埃布罗民族和西班牙人

在新墨西哥，1670年代的事件也导致了一个重大危机，并造成了长期的后果。在西班牙多年统治下，普埃布罗民族将基督教义加入了自己的信仰之中，但同时仍然保持原有的传统仪式，像中美洲人一样参加混合的宗教活动。但是几十年之后，圣方济各会修士采取了越来越残忍越来越暴力的手段，试图将所有本土宗教的痕迹抹去。享有监护征赋制权的神父和世俗殖民者对人们施以繁重的劳动要求，而这些人已经饱受阿帕契（Apache）突袭和严重干旱造成的食物短缺折磨。1680年，普埃布罗人在备受尊敬的萨满波普（Pope）的领导下发起反击，成功将西班牙人赶出了新墨西哥（参见地图3.2）。尽管1700年之前西班牙成功重新建立起权威，然而帝国官员们吸取了前车之鉴。之后，西班牙总督们强调与普埃布罗人的合作，依靠他们的劳动，而不再试图破坏他们的文化完整性。普埃布罗反叛构成了北美殖民地中最成功，并且持续时间最长的印第安反抗运动。

其他当地民族，包括家乡与新墨西哥相距许多英里的民族，也感到了西班牙人的存在。西班牙军事前哨（presidios）和圣方济各会传教士为普埃布罗人提供了一些保护，但是其他印第安人获得马匹和枪支的愿望造成该地区特有的暴力。纳瓦霍人（Navajos）、阿帕契人和尤特人（Utes）互相攻击并攻击普埃布罗人，试图获得俘虏以及皮草，用来和西班牙人交易。被俘的印第安男性可能被送往墨西哥银矿，而女性和孩子通常被西班牙人当做家庭劳工。17世纪后期，当科芒彻人（Comanches）从大平原（Great Plains）往西迁徙到这里时，尤特人和他们结盟，在普埃布罗的反叛之后，该联盟统治新墨西哥北部边境长达70年。

在人口更稠密的英国殖民地中，怨恨起自1670年代的十年间，起因并非宗教（如新墨西哥）或贸易（如新法兰西），而是因为土地。简而言之，迅速扩张的英国裔美洲人口想要更多土地。在新英格兰和弗吉尼亚，尽管原因不尽相同，但定居者们开始蚕食至当时为止仍然属于美洲印第安人的领土。

菲利普王战争

至1670年代初，新英格兰南部日益增长的定居点包围了纳拉干湾世世代代属于万帕诺亚格的土地。当地酋长梅塔卡姆（Metacom），或称菲利普王为损失的领土烦恼,并且担心欧洲文化和基督教对他的人民造成的影响。1675年6月菲利普带领自己的战士袭击附近的社区。其他阿尔冈昆民族,包括尼普玛克人和纳拉干人很快加入了菲利普王的部队。当年秋天,几个印第安民族合力袭击了北康涅狄格河谷的定居点,阿贝内基人加入战斗之后,这场战争也扩散到了缅因。1676年年初,印第安同盟摧毁了像兰喀斯特这样的数个村庄,他们俘虏了玛丽·罗兰森和其他人,甚至袭击了普利茅斯和普罗维登斯;同年,阿贝内基袭击导致缅因殖民者放弃了大多定居点。该同盟总共完全或部分摧毁了92个市镇中的27个,袭击了其他40个,使英国定居点的疆界往东方和南方退缩。

1676年,南方事态发生了反转。印第安联盟食物和弹药供应短缺,殖民者们开始运用基督教印第安人作为向导和侦查员。6月12日,莫霍克——新英格兰阿尔冈昆人的古老的易洛魁敌人——乘着大多数万帕诺亚格战士攻击一个英国城镇的时候摧毁了他们一个重要的营地。同年8月菲利普王被杀后,南方同盟分崩离析。尽管如此,战争仍然

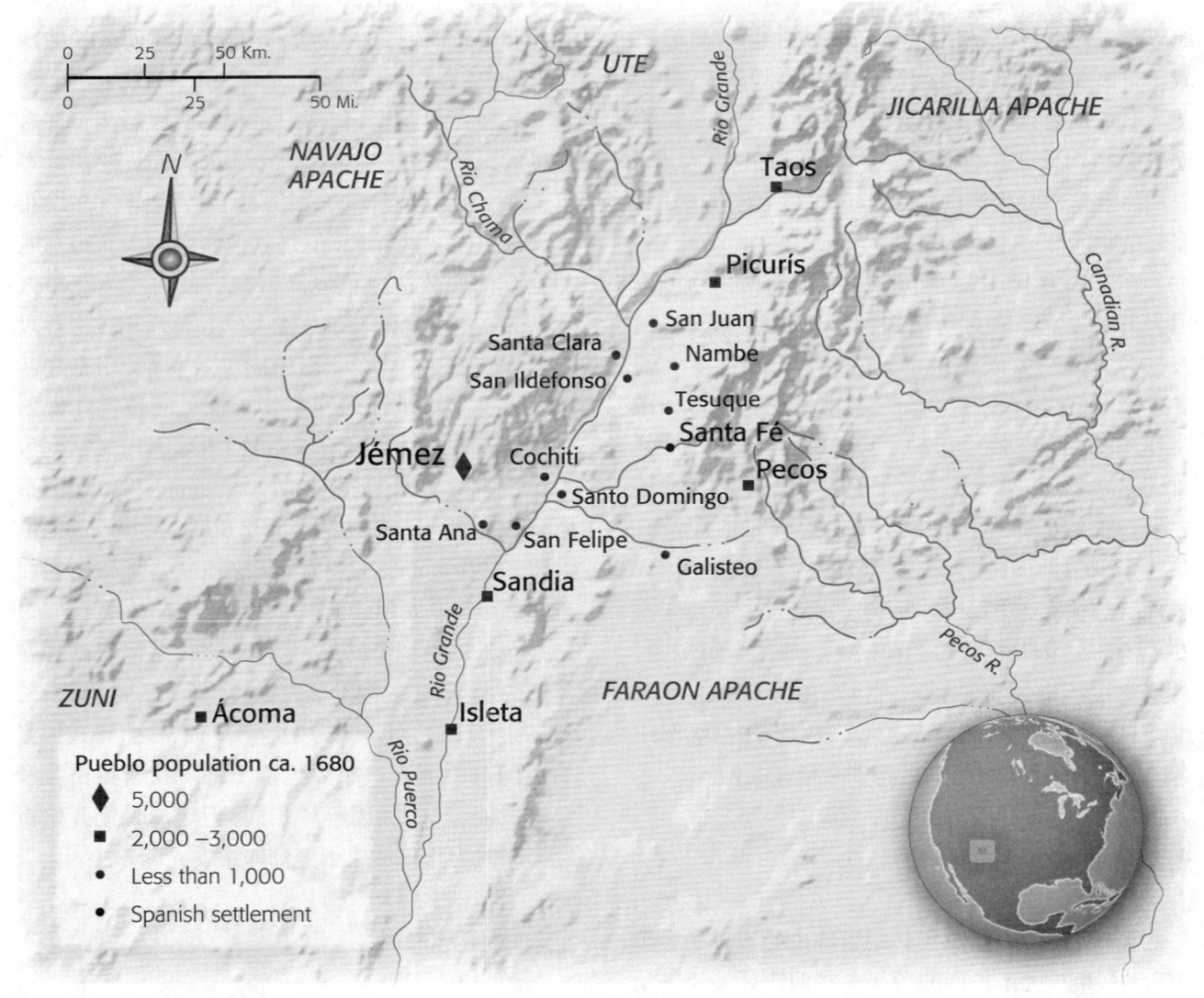

地图3.2 新墨西哥,1680年

1680年,位于圣达菲的孤单西班牙定居点被附近许多普埃布罗村庄包围,后者数量大大超过了它。

来源:改编自杰克·D.福布斯(Jack D. Forbes)的《阿帕契、纳瓦霍和西班牙》(*Apache, Navaho, and Spaniard*)一书。1960年俄克拉荷马大学出版社版权所有。经俄克拉荷马大学出版社允许重印。

在缅因前线持续了两年。英国殖民者在那里最终也没能打败阿贝内基人，两方都弹尽粮绝，只好于1678年达成停战协议。

除了被俘并被卖作奴隶的万帕诺亚格人、尼普玛克人、纳拉干人以及阿贝内基人以外，更多人死于饥荒和疾病。新英格兰人破坏了南方沿海部落的势力。自此以后南方印第安人以小部落的方式生活，臣服于殖民者，常常成为他们的仆人或是水手。只有在玛莎葡萄岛上，基督教万帕诺亚格人（并没有参与战争）才得以完好无缺地保留他们的文化身份。

定居者们为他们的胜利付出了可怕的代价：估计有十分之一体格健全的成年男性人口被杀或受伤。从人口比例来说，这是美国历史上代价最惨重的冲突。战争中的惨痛损失还导致许多清教徒殖民者质疑他们之前认为上帝支持他们的信念，他们现在怀疑上帝是否背弃了他们。接下去的30年中，新英格兰人并没有完全重建荒弃的内陆市镇，直到美国独立战争时期该地区的人均收入才再一次达到1675年以前的水平。

培根起义

无独有偶，战乱同时重创了弗吉尼亚。在1670年代初，无法获得土地的前奴仆们对根据条约归弗吉尼亚印第安人所有的土地虎视眈眈。总督威廉·柏克莱（William Berkeley），大地主小团体的领袖，抗拒发起战争，因为那可能会让挑战他权威的定居者们离目标更近一步。不满的殖民者们聚集在新近移民者纳撒尼尔·培根（Nathaniel Bacon）的麾下，他和其他新来者发现，殖民地中所有令人满意的土地都已经有主了。1675年，一些豆格（Doeg）印第安人杀害了一个契约仆役，他们将这个事件作为借口，不仅袭击了豆格人，还有更强大的民族苏斯克汉诺克人（Susquehannocks）。作为反击，苏斯克汉诺克部落于1676年袭击了外围的农场。

柏克莱和培根很快起了冲突。总督剥夺了培根及其随从的法律保护；反叛者将柏克莱拘为人质，强迫他授予他们袭击印第安人的权利。在1676年动荡的夏天，培根交替作战：追逐印第安人，与总督斗争。9月，培根的武装袭击了詹姆斯敦，将首都夷为平地。然而10月培根死于痢疾时，反叛行动开始崩溃。尽管如此，叛军证明了自己的实力。柏克莱被召回英国，1677年新签署的条约将许多有争议的领土开放殖民。于是培根起义的结果是，大多数弗吉尼亚印第安人被赶往西方阿巴拉契亚山脉之外。

大西洋贸易体系

在1670年代和1680年代，切萨皮克的繁荣仰仗着烟草，而成功的烟草种植则总是依赖充足的劳动力供应。但是愿意签订长期契约在马里兰和弗吉尼亚工作的英国男性和女性越来越少。英国本土的人口压力有所减轻，而复辟殖民地的建立意味着移民们可以选择其他美洲殖民地作为目的地。除此以外，欧洲忽上忽下的烟草价格以及土地的日渐稀缺使切萨皮克对潜在的定居者来说吸引力大大减小。这对富有的切萨皮克烟草种植者造成了困扰。他们如何才能获得所需的劳力呢？他们在加勒比种植蔗糖的岛屿找到了答案，那里的荷兰、法国、英国和西班牙种植园主习惯于购买非洲奴隶。

非洲奴隶制产生的原因

欧洲和伊斯兰奴隶制有着数百年的历史。欧洲基督教徒——天主教徒和新教徒——都相信，奴役异教徒，尤其是异国血统的异教徒，在宗教上是正当的。穆斯林也认为异教徒可以被奴役，他们进口了数十万非洲黑人奴隶到北非和中东。一些基督教徒辩称，奴役异教徒将导致他们皈依基督教。其他人相信任何在战争时期被俘虏的异教徒都可以被奴役。结果，当葡萄牙水手到达撒哈拉以南非洲沿岸，遭遇役使奴隶的非洲社会时，他们用金子向当地人购买农奴和其他商品。事实上，他们一开

▲ 这座弗吉尼亚宅邸是北美或加勒比地区幸存至今的三座雅各宾式大宅邸之一，它被称为"培根的城堡"。建造于1665年，这座房屋在起义时期被纳撒尼尔·培根手下的人占领并加固，但是培根是否曾来过此地不得而知。1677年初，它被威廉·柏克莱爵士的军队攻破，这是最后被攻破的叛军前哨之一。

图片来源：弗吉尼亚文物保护协会（Association for the Preservation of Virginia Antiquities）

始只是将奴隶从一个非洲国家倒卖到另一个。从1440年代开始，葡萄牙开始进口大量奴隶到伊比利亚半岛；至1500年，被奴役的非洲人约占葡萄牙和西班牙的主要城市里斯本和塞维尔人口的十分之一。1555年，他们中有一些被带往英格兰，在那里——这种做法又推广到其他地方——尤其是伦敦和布里斯托尔（Bristol），居民们已经习惯于在街道上看到黑人奴隶。

伊比利亚人将非洲奴隶出口到他们的美洲产业所在地、新西班牙和巴西。由于天主教会禁止这些地区正式奴役印第安人，而自由劳工又没有动机自愿去矿场或蔗糖种植园工作，因为他们能在其他地方更轻松的环境下赚取更多报酬，于是（没有选择的）非洲奴隶成为加勒比和巴西经济的支柱。于是，所有蔗糖种植岛屿上的欧洲种植园主在加勒比地区定居后不久，就开始购买奴隶，他们常常从伊比利亚人处购入奴隶。因此，美洲的首批非洲奴隶经由安哥拉进口，这是葡萄牙的主要早期贸易伙伴，葡萄牙语"Negro"逐渐成为当时常用的名称。

英国人对于奴役其他人类没有什么道德障碍。毕竟奴隶制是受到《圣经》认可的，而且不乏这么做的同时代人。当时很少有人质疑世世代代奴役非洲人及其后代，或者来自新英格兰或卡罗来纳的印第安俘虏。然而他们早期对奴隶地位的令人费解的定义显示，17世纪英国殖民者们一开始缺乏用来定义"种族"和"奴隶"的清晰概念性分类。比如，

1670年的弗吉尼亚法律率先尝试定义哪些人可以被奴役，不过令人注意的是，法律中没有使用后来将成为常态的种族术语。相反，它笨拙地试图将进口的非洲人挑选出来，宣称"所有通过船运到达殖民地的非基督徒仆人将终生成为奴隶"。这种非种族性的措辞显示，当时的英国美洲定居者们还没完全发展出"种族"和"奴隶"的意义，随着时间的流逝，通过他们对于奴隶机制本身的经验，这两个概念将相继得到发展。

大西洋奴隶贸易

如果不是达西亚贸易体系的迅速发展，北美大陆的种植园主不可能获得他们需要的奴隶，而前者的关键则是奴隶人口的运输。尽管这个复杂的大西洋经济体系被称为三角贸易，但是人和货物并非简单地以图表中的模式在大西洋中穿行。相反，他们的活动造成了一个复杂的交换网络，将大西洋世界的各个民族紧密交织在一起（参见地图3.3）。

海洋奴隶贸易是全新的，尽管役使奴隶并非新事物。出售和运输奴隶、交换奴隶劳动生产的商品、奴隶巨大的衣食需求，都刺激了欧洲及其殖民地之间扩张的商业网络。原本重点偏向于地中海和亚洲的欧洲经济，将重点放到了大西洋。至17世纪后期，奴隶以及奴隶劳动产品的贸易构成了欧洲经济体系的基础。哥伦布大发现的讽刺性因此完整：为了寻找亚洲的财富，哥伦布却发现了与非洲一起最终替代亚洲成为欧洲繁荣之源的土地。

▲ 尼古拉斯·波考克（Nicholas Pocock）绘制了索斯维尔护卫舰（Southwell frigate）的版画，这是一艘来自英国布里斯托尔的前私掠船，大约1760年变成了一艘奴隶贸易船。下部的画面显示该船只的公司在西非沿岸进行奴隶贸易。

图片来源：英国布里斯托城市博物馆和艺术画廊（Bristol City Museum and Art Gallery）/布里吉曼艺术图书馆

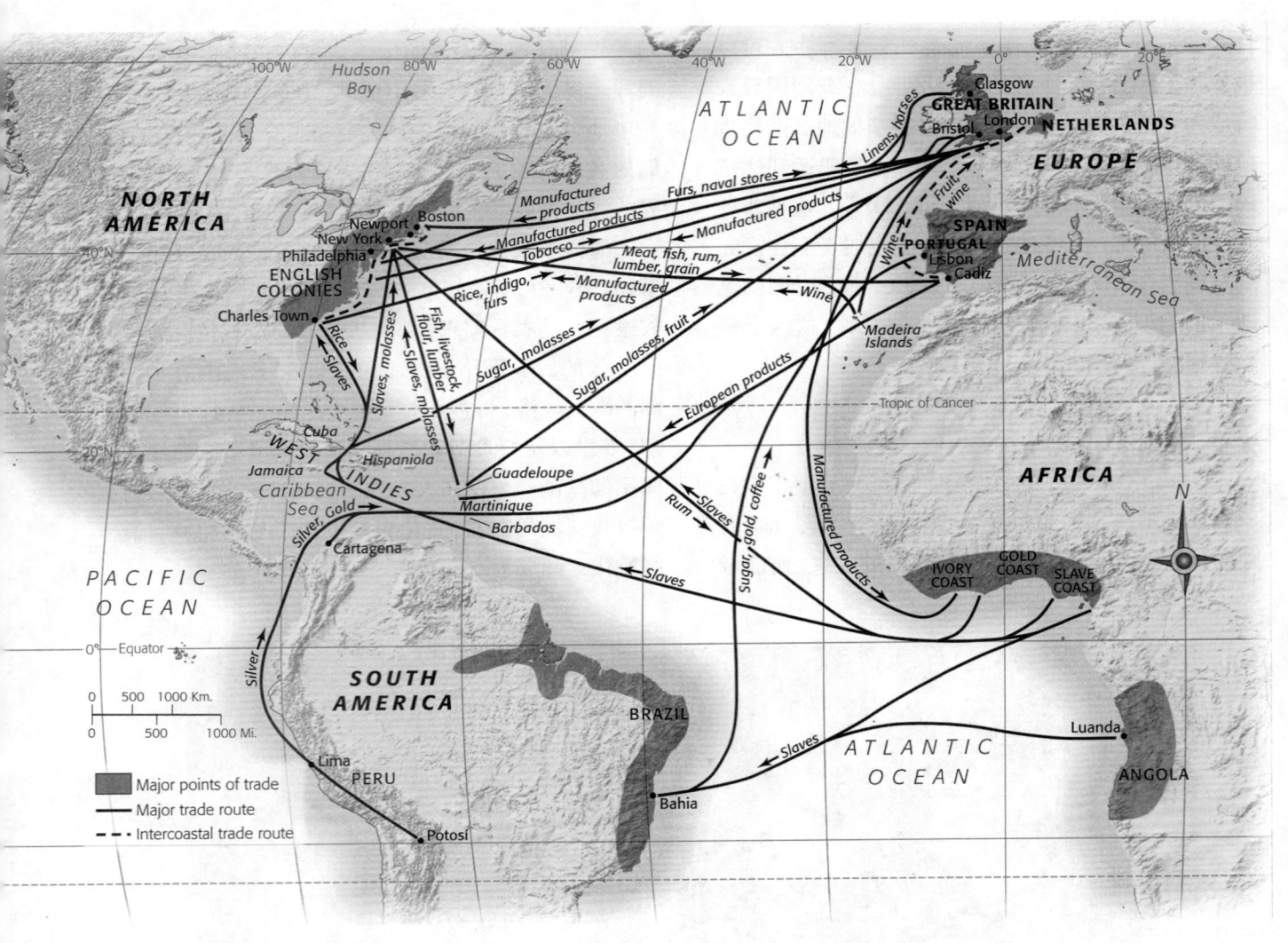

地图3.3 大西洋贸易路线

至17世纪后期,复杂的贸易网络将大西洋沿岸的国家和殖民地连成一片。最具价值的交换商品是奴隶以及奴隶劳动的产品。

来源:©圣智学习

奴隶贸易的各种元素相互之间以及与更广阔的交换网络之间有着不同的关系。切萨皮克烟草和加勒比及巴西蔗糖在欧洲需求量巨大,所以种植园主们将这些产品径直运往他们的祖国。获得的利润用以购买耕种所需的非洲劳动力以及欧洲工业产品。欧洲奴隶贩子从经营转口港的非洲沿岸统治者那里获得奴隶货物,并以欧洲商品及东印度纺织品支付;这些统治者对于美洲产品没什么需求。欧洲人从非洲购买奴隶,并在殖民地中重新贩卖,从美洲获得蔗糖和烟草,作为交换,将他们的工业产品到处散发。

欧洲国家互相之间展开激烈的战争,以控制这一利润丰厚的贸易。葡萄牙人一开始控制该贸易,1630年代被荷兰人取代。在英国—荷兰战争中,荷兰输给了英国,后者通过由查理二世1672年授权的股份制公司皇家非洲公司(Royal African Company)控制该贸易。该公司垄断了英国与撒哈拉以南非洲的所有贸易,建立并维持着17个边界贸易站和要塞,向西非调度成百上千运载着英国工业产品的船只,并向英国在加勒比的殖民地运送了大约100 000奴隶。它支付年平均10%的红利,部分代理人一夜暴富。1712年垄断期限结束时,许多英国个人和北美商人非法地进入奴隶市场。至18世纪初,这样的独立商人负责运送大部分殖民地进口的非洲奴隶,

▲ 至18世纪中期,美国烟草已与非洲奴隶制息息相关。图中这则版画是弗吉尼亚约克河的烟草广告,广告中的种植者一手持锄头,一手持烟枪,并非切尔西人,而是非洲人。当然,奴隶通常不抽高质量烟草,这种烟草一般用于出口,不过他们通常获准种植少量作物自用。

图片来源:威廉斯堡基金会

从成功的航行中赚取巨额利润。

西非和奴隶贸易

大多数被运往北美的奴隶来自西非。有的来自稻米海岸和谷物海岸,尤其是前者,但更多人生活在黄金海岸、奴隶海岸以及比夫拉湾(Bight of Biafra)(现代尼日利亚)和安哥拉(参见地图1.2)。某些沿岸统治者——如奴隶海岸的阿贾(Adja)国王——承担着中间商的角色,他们允许在自己的领地中建立长期奴隶贸易站,并向常驻的欧洲人提供奴隶,定期停靠在沿岸贸易站的船只满载着奴隶离开。这样的统治者控制着欧洲人的奴隶劳工来源,同时也控制着内陆民族获得贸易产品的途径,比如纺织品、铁条、酒精、烟草、枪支、马尔代夫群岛(位于印度洋中)出产的被广泛用作货币的白贝壳。所有被运往美洲的奴隶中至少有10%通过达荷美(Dahomey)的主要奴隶贸易站维达岛(Whydah),维达岛的商人们每年从该贸易中获得不菲的收入。葡萄牙、英国和法国在那里建立了贸易站,欧洲人必须向维达岛的统治者们支付费用才能获得货物。

奴隶贸易对于西非各国造成了不同的后果。奴隶贸易的集中趋势帮助建立了强大的18世纪王国,如达荷美和阿散蒂(Asante)[由阿坎诸邦(Akan States)演变而来]。奴隶运输毁灭了较小的政体,干扰了传统的经济模式,因为曾经向北运往地中海的货物转而运往大西洋,而当地制造业在欧洲产品的竞争下没落了。农业生产变得更密集,尤其是稻米产区,因为需要向成百上千的奴隶船供应跨大西洋航行所需的食物。由于出口奴隶的主要构成是战争中的俘虏,最活跃的商人同时也是战斗中的胜者。有的国家甚至为了获得珍贵的俘虏发动战争。比如,在15世纪后期向葡萄牙人出售俘虏的贝宁(Benin),在16及17世纪势力达到巅峰的时候并未这么做,直至18世纪势力逐渐衰落,与邻近城邦纷争不断时,才继续开始出售战俘。

因此奴隶贸易对于非洲各地区的影响是不平均的。上几内亚部分地区的统治者,尤其是现代冈比亚和塞内加尔,大体上抗拒参与该贸易;从该地区出发的少量奴隶船比其他地区的奴隶船更可能在海上遭遇叛乱。尽管种植园主更青睐男性奴隶,比夫拉湾出发的奴隶货船却以女性奴隶为主。在诸如黄金海岸等地区,奴隶贸易对于剩余的人口性别比例造成重大影响。在那些地方,相对短缺的男性增加了女性的工作需求,鼓励了一夫多妻制,并且为女性和他们的孩子造就了更多机会。

新英格兰和加勒比

新英格兰与该贸易体系有着最复杂的关系。该地区只生产一种英国需要的产品:可以充当海船桅杆的高大树木。为了购买英国产品,新英格兰人

放眼天下

异国饮料

17世纪的殖民者们不仅喜欢上了茶叶（来自中国）的味道，还养成了喝咖啡（来自阿拉伯半岛）、喝巧克力（来自中美洲）以及朗姆酒（从甘蔗中蒸馏而来，同时蔗糖也为前三种苦味的饮料增加甜味）的习惯。美洲和欧洲对这些曾经富有异国情调的饮料需求巨大，帮助重塑了17世纪中期以后的世界经济。事实上，有个历史学家曾经估计，1776年以前穿越大西洋移民美洲的人之中，大约有三分之二曾经以某种方式参与（尤其是作为奴隶）烟草、白棉布以及这四种饮料的生产并向世界市场供应。这些异国饮料逐渐从奢侈品变成必需品，也对习俗和文化产生了深远的影响。

每种饮料都有自己的消费模式。巧克力从墨西哥引入西班牙，在当地风靡了一个世纪，然后传遍了整个欧洲，成为贵族们喜爱的饮料，在宫廷和宅邸的亲密宴会中被加热饮用。而与之形成对比的是，咖啡成为英国和殖民地商人喜爱的晨间饮品，因为咖啡因能让饮用者保持清醒和注意力集中。咖啡在新的公共咖啡馆中售卖，光临咖啡馆的只有男性，对话的主题是政治和商业。1660年代，第一家咖啡馆在伦敦开业；至1690年代，波士顿已经有了数家咖啡馆。不过，至18世纪中期，茶已经代替咖啡成为英国和美洲更受青睐的含咖啡因热饮，主要在下午家中由女性主持的茶会上饮用。茶象征着高贵的地位和礼貌的谈话。相反，朗姆酒则是大众饮料。因为新技术以及甘蔗产量增加，这种廉价而烈性的蒸馏酒应运而生，供大西洋世界各地的自由劳动人民开怀畅饮。

美洲殖民地在这些饮料的生产、分配和消费中扮演着至关重要的角色。最明显地，巧克力起源于美洲，南美热带地区的可可种植园数量和规模成倍增长，以满足上升的需求量。咖啡和茶（尤其是后者）在殖民地的需求量和英国本土一样大。而朗姆酒的整个制作过程和消费过程都离不开美洲。法国和英国加勒比种植园出产的蔗糖被装进北美木材制造的木桶和船只中运往大陆，那里的140个蒸馏酒厂将糖浆转化成朗姆酒。美洲人自己就消费了其中很大一部分——估计平均每人每年4加仑——但更多出口到非洲。在那里，朗姆酒可以换得更多奴隶，生产更多蔗糖，从而制造更多朗姆酒，如此不断循环。

这样，与这四种不同饮料相关的新口味和新习俗就将殖民地与世界其他地区联系在了一起，并且改变了它们的经济和社会发展。

▲ 彼得·慕格（Peter Muguet）1685年著作《论咖啡、中国茶与巧克力》(*Tractatus De Poto Caphe, Chinesium Thet et de Chocolata*)的卷首插画。慕格的插图从视觉上将最近引入欧洲的三种异国热饮联系在了一起。饮用这些饮料的是它们各自文化来源的代表：一个包着头巾的土耳其人（前景中是咖啡壶），一个中国人（桌子上是茶壶）以及一个手持安着把手的空葫芦的印第安人（他身前的地板上放着一个巧克力壶和一支长柄勺）。

图片来源：国会图书馆（Library of Congress）

需要从其他地方获取利润，尤其是加勒比。那些岛屿恰好缺少新英格兰产量丰富的产品：用来喂饱日益壮大的奴隶人口的廉价食物（主要是玉米和海鱼）以及制造蔗糖和糖浆木桶用的木材。至1640年代后期，在切萨皮克经济依赖奴隶生产之前几十年，新英格兰已经依靠奴隶及奴隶主的消费牟利。向加勒比蔗糖种植园主出售食物和木制品成为新英格兰农民和商人的主要收入来源。在宾夕法尼亚、纽约、新泽西建立之后，这些殖民地也加入了利润丰厚的西印度贸易。

新英格兰内陆以及中部殖民地的店主们和当地农民以物易物，换取谷物、牲畜和木桶板，然后用这些物品与海港城镇的商人进行贸易。这些商人派遣船只前往加勒比，从一个岛屿航行到另一个岛屿，将货物换成糖浆、蔗糖、水果、染料和奴隶。由于气候、小型岛屿市场瞬息万变的供求关系以及整个结构赖以生存的脆弱信用体系，这一贸易系统唯一的常数就是不确定性。他们将船只装满货物后就转向波士顿、纽波特、纽约或费城，卸下货物（通常还包括被奴役的人们）。美洲人开始将糖浆蒸馏成朗姆酒，这是整个贸易中绝无仅有的能够定义为三角贸易的部分的关键方面。罗德岛岛民们将朗姆酒运往非洲，换取奴隶，运回加勒比岛屿换取更多糖浆，蒸馏更多朗姆酒。

▲ 贝宁的一次出行，1668年。一幅当代欧洲版画展示了当时富饶的西非王国首都贝宁一队皇家队伍出行的场景。在17世纪，贝宁统治者们的势力让潜在竞争者望而却步，于是该王国并没有参与频繁的战争。相反，在15世纪和18世纪，当王国比较衰弱时，它开始俘虏并贩卖自己的敌人。

图片来源：国会图书馆

奴役航行

与这种体系捆在一起的，是将非洲人运往美洲的航行（通常被称为中间通道），这些奴隶在美洲和加勒比地区耕种有利可图的作物，他们同时也消费北美生产的食物。在船上，除了在甲板上进行短暂的锻炼之外，男人们通常被成对捆起来，白天女性和孩子一般可以自由活动，并且根据指示准备食物或打扫卫生。晚上，男人和女人们被禁闭在独立的舱房中。我们可以从关于奴隶们行为的描述中一窥他们在此境况下的反应，因为很少有人有机会记录下自己的经历。许多人通过绝食、跳海或参与暴动反抗被奴役的命运，虽然他们极少成功。无数目击者曾提到过集体歌唱和鼓乐，这些行为一定在激起他们斗志的同时营造出一种团结的感觉。但是船上的境况如地狱一样糟糕，因为船长们通常尽可能地装载更多人，所以船上闷热、拥挤，充斥着呕吐物和粪便的臭味。

这种严酷的航行造成俘房和船员们的高死亡率也就不奇怪了。新近被奴役的人中，平均有10%到20%死在路上，死在漫长或疾病肆虐的航行中，死亡率可能比这还高得多。除此以外，其余20%或者死在船只从非洲出发之前，或者死在船只到达美洲不久之后。水手们的死亡率也很高，主要是因为暴露在非洲特有的传染病黄热病和疟疾环境下。四到五个人中就有一个人死在航行中，被派去下几内亚经营皇家非洲公司贸易站的人中只有10%能活着回到故土。水手们签约参与奴隶航行并不情愿；事实上，许多人是受迫或被骗成行，因为船上的环境对于水手和奴隶来说都很艰难。奴隶商人们的贪婪臭名昭著，而船长们的残酷也罄竹难书——无论对水手还是对失去自由的俘房都是一样。有的船员自己也是奴隶或被解放的奴隶。不幸的是，这些常常沦为虐待对象的水手自己也是施虐者，他们常常虐待管辖之下的奴隶。然而同时，通过与被奴役者的亲密接触，他们明白了自由的珍贵，这些水手们对于个人独立的狂热追求在整个大西洋世界都非常著名。

北美和加勒比地区的奴隶制

巴巴多斯是美洲第一个"奴隶社会"（经济完全依靠奴隶，与"有奴隶的社会"相对），许多其他地区紧随其后。当该岛的人口开始扩张，大种植园主将他们的土地合并起来，大约40%的早期英国居民分散至其他殖民地中。移民们将他们的法律、商业联系和蓄养奴隶的习惯带到了各地；比如，1661年的巴巴多斯奴隶规范成为后来牙买加、安提瓜、弗吉尼亚和南卡罗来纳奴隶规范的范本。不仅如此，首批运往北美的非洲奴隶中，有一大部分经由巴巴多斯。除了许多定居在卡罗来纳的巴贝多人以外，其他人迁往弗吉尼亚的南部地区（他们专门向前家乡岛屿售卖食物和牲畜）、新泽西以及新英格兰，在那些地方，他们已经拥有了奴隶贸易伙伴。

切萨皮克的非洲奴隶

刚到切萨皮克的非洲人一般被分派到种植园的外围部分（被称作角落），直到他们学会一些英语以及美洲烟草种植的知识。这种起源于美洲的作物在西非的各个地区也有种植，所以切萨皮克的种植园主很可能从劳工那里获得了不少专业知识，他们在17世纪后期仍然在试验加工和处理技术。这些非洲人——绝大多数是男性——住在10到15人一间或两间的外围房舍里，由英国美洲监工进行监管。每个人每年大约要种植一到二英亩烟草。他们的生活充满了艰辛和孤独，因为很少有人说同样的语言，所有人都必须为主人每周工作六天。星期天种植园主允许他们放一天假。许多人利用这些时间耕种自己的菜园或者狩猎捕鱼补充自己贫乏的饮食。由于女性的稀缺，他们很少能组成家庭。

奴隶的成本大约是契约仆役的2.5倍，但是他们可以终生服务以回报更高昂的投资，前提是他们能活下去——大量奴隶无法幸存下来，他们的身体在航行中变得衰弱，并因为暴露在新的疾病环境下而得病。足够富有的种植园主可以碰碰运气购买奴隶，积累更多财富，建立拥有数百甚至数千奴隶的大种植园，而没那么宽裕的种植园主则无法负担契约仆役的成本，他们的价格也随着稀缺水涨船高。随着时间的流逝，切萨皮克的英国—美洲社会开始变得阶层分明——富裕种植园主和贫民种植园主的差距不断扩大。因此，大量引进切萨皮克的非洲奴隶对英国—美洲社会的形成具有重大影响，并且在整体上重塑了人口结构。

非洲奴隶大量涌入弗吉尼亚和马里兰，早在1690年，这些殖民地的奴隶数量已经超过了契约仆役。至1710年，非洲后裔占该地区人口的五分之一。尽管如此，而且大量奴隶仍在不断被进口到这些地区，十年之后，切萨皮克美洲出生的奴隶已经超过了非洲出生的奴隶，自此以后当地出生的奴隶人口比例继续上升。

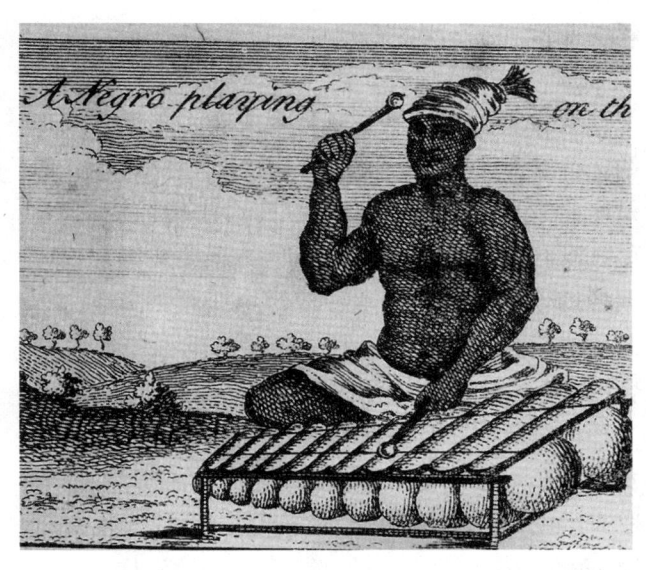

▲ 1726年，威廉·史密斯（William Smith），皇家非洲公司的一名雇员，画下了乐者演奏类似马林巴琴的叫做"巴拉佛（balafo）"的传统乐器的场景。18世纪后期，弗吉尼亚人描述了奴隶们演奏同种乐器的情形，可见非洲音乐随着大量奴隶一起进入了美洲。

图片来源：约瑟夫·瑞根斯坦图书馆（Joseph Regenstein Library）

南卡罗来纳的非洲奴隶

1670年，生活在加勒比的非洲奴隶跟随他们的主人一起从巴巴多斯前往南卡罗来纳，他们占早期人口中的三分之一。巴贝多奴隶主们很快发现非洲出生的奴隶们拥有各种技能，能适应南卡罗来纳的亚热带气候环境。非洲式独木舟水路运输成为该殖民地中的主要运输方式，殖民地中河道纵横，包括了许多沿岸附近的大岛屿。非洲式的渔网比英国渔网更高效。奴隶们编织的篮子和挖空的葫芦成为常用的食品和饮料容器。非洲人捕杀鳄鱼的技能让他们能够游刃有余地对付短吻鳄。最后，非洲人还改良了传统的畜牧技术并应用于美洲。由于肉类和毛皮是该殖民地早年重要的出口商品，所以非洲人对南卡罗来纳的繁荣功不可没。

1693年，当奴隶制在南卡罗来纳开始牢牢扎根时，西班牙佛罗里达的官员们开始向逃亡者提供自由，条件是皈依天主教。多年来，成百上千的南卡罗来纳逃亡者利用了这一条件，尽管并非所有人都赢得了自由。许多人在圣奥古斯丁附近专门为他们建立的城镇格雷西亚·瑞尔·桑塔·特雷莎·德·莫斯（Gracia Real de Santa Teresa de Mose）中定居，该地区的首领是前奴隶弗朗西斯科·梅嫩德斯（Francisco Menendez）。

1700年之后，南卡罗来纳开始直接从非洲进口奴隶。从1710年至18世纪中期，非洲出生的奴隶成为该殖民地中奴隶人口的大多数，而至1750年，奴隶已经占到居民中的大多数。由于南卡罗来纳和西非环境条件相似，而且有着大量非洲出生的人口，所以西非文化的更多方面在这里比北美洲其他地区保留得更完整。只有在南卡罗来纳，奴隶父母继续为子女取非洲名字；也只有在这里，出现了一种混合着英语和非洲词汇的方言。[这种语言被称作嘎勒语（Gullah），在与世隔绝的地区，这种语言保留至今。]在这里非洲技能仍然很有用，因此其他地区随着第一代移民消失的技术在这里得到了延续，并在移民的子孙中代代相传。在南卡罗来纳，非洲女性成为主要的小商人，占领了查尔斯顿的市场，就像在几内亚时一样。

稻米和靛蓝染料

奴隶进口的时机恰逢稻米成功引入南卡罗来纳。英国人对于种植和加工稻米没有任何知识,但是来自非洲稻米海岸的人们世世代代种植稻米。尽管没有确实的证据,然而非洲人的专业知识很可能帮助他们的英国主人种植稻米获利。高产的西非稻米种植技术被广泛采纳,并与欧洲技术相结合,尤其是在内陆沼泽地和潮汐江河流域,这些地方种植稻米都涉及丰富的水利控制工程。在西非,女人们在种植和加工稻米中起着关键作用,在南卡罗来纳也是一样。男性奴隶负责挖掘水渠,准备耕地,而女性们则负责播种、除草,用研钵和杵碾压收割后的稻子,去除稻壳和麸皮,然后簸扬筛除谷壳。由于英国磨石会破坏谷粒(直到18世纪后期才发展出新的加工方法),南卡罗来纳人继续使用西非的手工臼米方式;种植园主们让男性和女性奴隶各司其职。

每一个在稻米种植园中劳作的劳工每年必须种植三到四英亩稻田,这些种植园比切萨皮克的烟草种植园大得多。这些劳工中大多数是女性,因为许多男性奴隶承担了打铁或者木工等不会分配给女性的工作。为了降低成本,种植园主们还指望奴隶们种植一部分自己的口粮。这些地方普遍使用一种预先规定职责的"任务"系统,在奴隶们完成当天预定的任务之后,他们就能休憩或者在自己的菜园或其他项目中进行劳作。有经验的劳工通常下午很早就能完成指定的任务,下工后以及星期天,他们的主人就无权占用他们的时间。有个学者称,这种运用于18世纪早期之前南卡罗来纳的独特任务系统比之集体劳动赋予了奴隶们更多自由,这通常是熟悉稻米耕种的奴隶们与需要他们专业知识的奴隶主之间协商的结果。

南卡罗来纳的第二大经济作物的种植者们也运用了这种任务系统,从而利用奴隶们的专业技能。靛蓝是英国日益增长的纺织业中唯一的蓝色染料来源,因此价值不菲。年轻女性伊莱扎·卢卡斯(Eliza Lucas)管理着父亲的种植园,在1740年代初,她开始试验种植靛蓝。她运用奴隶们和加勒比监工们的知识发展出一系列种植和加工技术,后来这些技术被整个殖民地的种植园采纳。靛蓝生长在高地上,而稻谷则生长在低洼地中;稻米和靛蓝还有着不同的生长季节。因此,这两种作物互为补充。南卡罗来纳的靛蓝质量从来无法与加勒比地区的相提并论,但是靛蓝种植园却如雨后春笋般冒出来,因为这种作物十分珍贵,所以卡罗来纳人每向英国出口一磅靛蓝染料,都能获得议会提供的相应奖金。

北卡罗来纳和南卡罗来纳的印第安奴隶

北卡罗来纳和南卡罗来纳被奴役的人中,还有雇佣而非出口的印第安俘虏。1708年,这样的印第安人大约占南卡罗来纳人口总数的14%。广泛传播而利润丰厚的印第安奴隶运输对南卡罗来纳与其原住民邻居的关系有着重大影响。美洲原住民知道他们永远能在查尔斯顿找到敌人俘虏的市场,

▲ 尽管这个米篮来自19世纪南卡罗来纳,它的式样却是传统西非式的。女性奴隶用这样的篮子扬弃稻米中的谷壳,臼完稻米后,把它放在篮子中抛到空中,于是较轻的谷壳就被风吹走了。

图片来源:南卡罗来纳乔治城(Georgetown)稻米博物馆(The Rice Museum)提供

于是他们利用这一途径解决真正或潜在的对手。然而印第安民族很快发现卡罗来纳人不值得信任。殖民者们和商人们的优先等级不断变化，一会儿亲近某个同盟，一会儿又亲近另一个，于是印第安人发现原本是征服者的自己反而成了奴隶。

印第安奴隶贸易开始于1650年代中期，在海狸战争之后，韦斯托人〔最初被称作伊利人（Eries）〕为了逃脱易洛魁敌人的追击，往南迁徙至五大湖地区。他们擅长运用欧洲火器，于是开始袭击西班牙防御薄弱的佛罗里达传教地区，并将捕获的印第安俘虏卖给弗吉尼亚人。随着卡罗来纳的建立，地主们与韦斯托人进行垄断贸易，这大大激怒了被排挤出利润丰厚的奴隶和鹿皮贸易的当地定居者。种植园主们秘密资助袭击韦斯托人的人，至1682年最终将他们一网打尽。东南部的印第安人对这种奴隶突袭发起反击——在韦斯托人战败后由其他印第安民族继续——试图通过臣服于英国人或西班牙人，或者并入更大的新政体中保护自己，比如后来被称为克里克（creeks）、奇克索（Chickasaws）或切罗基（Cherokees）的部落。

一开始，卡罗来纳人并不直接与邻近的印第安人发生冲突。但是1711年，易洛魁族的分支图斯卡罗拉人袭击了位于北卡罗来纳新伯恩（New Bern）的一个瑞士—德国定居点，这个定居点剥夺了他们的土地。南卡罗来纳人和他们的印第安同盟们接着联合起来，在一场血腥的战争中击败了图斯卡罗拉人。之后，一千多图斯卡罗拉人，人人沦为奴隶，剩下的人向北迁徙，然后加入了易洛魁联盟，然而并未获得议会中的席位，而是由奥奈达人代表。

四年之后，曾经帮助打败图斯卡罗拉人的雅玛西人背叛了他们曾经的英国同盟。他们的袭击似乎是计划多时的报复，因为英国商人的各种不公对待，以及对他们自己领土的威胁，于是雅玛西联合克里克人和其他穆斯科格（Muskogean）民族，一起袭击了外围的英国定居点。在1715年的春季和夏季，英国和非洲难民数以千百计地涌入查尔斯顿。随着北方援兵的到来，雅玛西—克里克攻击最终被挫败，殖民者们仓促地武装他们的非洲奴隶，切罗基人加入了对抗克里克人的斗争。战争结束后，卡罗来纳停止参与印第安奴隶贸易，因为他们所有的印第安邻居都出于自我保护迁徙到了别的地方：克里克人向西迁徙，雅玛西人向南，而其他部落则向北。因此，卡罗来纳奴隶贸易的泛滥最终造成了自己的灭亡。在战争的余波中，卡罗来纳的本土民族得以重新组合，并重整旗鼓，因为他们不再受到奴隶贩子的袭击。

北方的奴隶

来自加勒比地区的大西洋克里奥尔人、来自卡罗来纳和佛罗里达的印第安人以及因为犯罪或债务被判为奴隶的本土印第安人构成了北部大陆殖民地中各个奴隶劳工群体。北方人与围绕奴隶贸易的商业网络错综复杂的关系保证了许多生活在美洲弗吉尼亚以北地区的非洲后裔以及"西班牙印第安人"成为新英格兰人口中显著的组成部分。有的奴隶生活在城市地区，尤其是纽约，1700年纽约比其他内陆城市拥有更多黑人人口。女性倾向于充当家仆，而男性则在码头上充当体力劳工。在17世纪末，四分之三的费城富裕家庭中有一到两个奴隶。

然而，即使在北方，大多数奴隶也都在农村劳动，大多数奴隶负责农业耕种。哈得孙河谷和新泽西北部的荷兰农场主似乎特别依赖非洲奴隶，罗德岛纳拉干地区的大地主也是如此。有的奴隶在新的乡村企业中辛苦劳作，比如铁匠铺，他们与雇佣劳工以及契约仆役一起在锻造间或铸造厂中工作。尽管拥有奴隶的北方殖民者相对较少，但是拥有奴隶的殖民者却十分依赖他们的劳动。因此，即使整体而言奴隶制对北方经济的贡献不大，某些个人奴隶主却从这一体制中获得巨大收益，并且有足够的理由想要保存这项制度。

奴隶反抗

奴隶制逐渐成为北美和加勒比地区基本的组

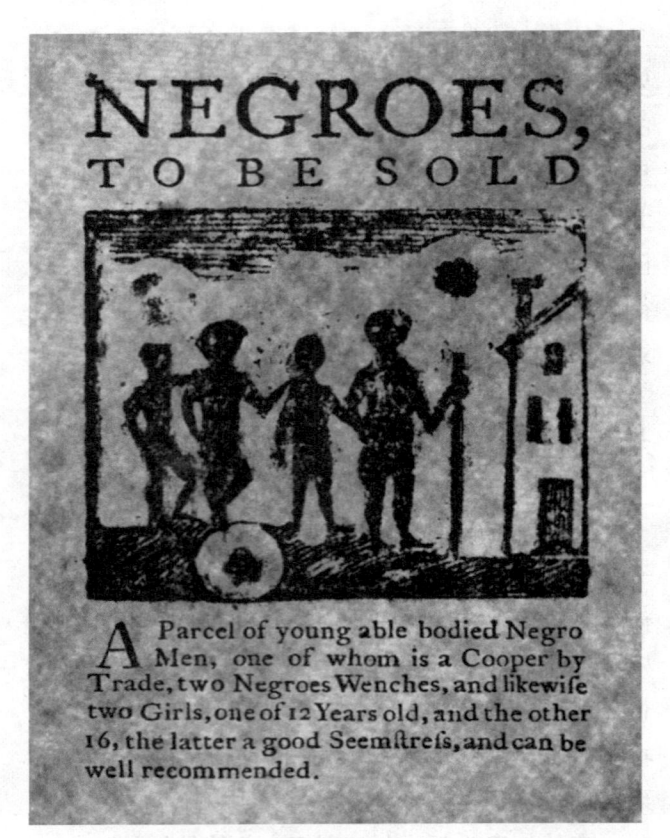

▲ 1768年刊登在《纽约日报》(New York Journal)上的出售奴隶广告。这两位奴隶的专业技能对城市买主来说可能很有吸引力：一个是对制桶匠或船主很有用的制桶工人，另一个则是可能吸引裁缝注意的女裁缝。广告中提到的其他奴隶可能被需要家仆或劳工的人购买。

图片来源：纽约格兰杰收藏 (The Granger Collection)

成部分，奴隶对他们主人的反抗也愈演愈烈。最通常的情况下，这种反抗以诈病或逃亡为形式，但是偶尔奴隶们也会策划叛乱。1713年以前，英属加勒比地区经历了七次重大的叛乱，涉及至少五十名奴隶，并造成了白人和黑人双方的死亡。1675年和1692年，巴巴多斯的当权者两次在叛乱计划实施之前加以阻止，事后处死了六十多名被判有罪的反叛者。

大陆殖民地中第一次奴隶起义发生在1712年的纽约，当时奴隶大约占总人口的15%。起义者主要是刚刚从黄金海岸阿坎诸邦来到纽约的奴隶，他们先是放火，然后伏击想要灭火的人，杀了八人，伤了十二人。有的起义者为了逃避被捕而自杀，在被捕和受审的人中，有十八名被判处死刑。他们被枭首的尸体暴露在户外，作为对其他人的警告。

帝国重组和巫术危机

寻求新收入来源的英国官员决定利用日益扩大的大西洋奴隶和奴隶劳动产品贸易的利润。切萨皮克烟草和加勒比蔗糖具有显而易见的价值，但是其他殖民地产品也有着可观的潜力。议会和斯图亚特王室据此起草了相关法律，旨在控制这些贸易的发展方向，以图为宗主国获得主要利润。

殖民地自治遭受挑战

和其他欧洲国家一样，英国将自己的商业政策建立在一系列关于世界经济体系运作的假设之上，这种理论被统称为"重商主义（mercantilism）"。该理论将经济世界视为民族国家的集合，政府之间互相竞争有限的财富。一个国家获得的正是另一个国家失去的。每个国家都尽可能做到在经济上自给自足，同时又在与其他国家的贸易中占据有利的形势并获取平衡，让出口大于进口。殖民地扮演着重要的角色，它们向宗主国供应宝贵的原材料，这些原材料被用于国内消费或运往国外，并且殖民地还是宗主国工业产品的市场。

1651年和1673年之间，英国国会通过《航海条例》(Navigation Acts)，设立了与重商主义理论相符的三条主要原则。第一，只有英国或殖民地商人和船只可以在殖民地中进行合法贸易。第二，某些宝贵的美洲产品只能在本国或其他英国殖民地中销售。一开始，列出的商品包括羊毛、蔗糖、烟草、靛蓝、生姜和染料；后来的条例又补充了稻米、船只用品（桅杆、翼梁、沥青、柏油和松脂）、黄铜以及皮草。第三，所有意图在殖民地中销售的外国产品必须经由英国运输，并支付英国进口关税。几年之后，新的法律又设立了第四条原则：殖民地不能出口与英国产品竞争的产品（比如羊毛服饰、帽子或铁）。

这些法律条款对有的殖民地造成了不利影响，比如切萨皮克，因为那里的种植园主无法为他们的经济作物寻找国外市场。这些条例一开始帮助英属加勒比地区的蔗糖种植园主将巴西蔗糖赶出了家乡市场，但是后来却阻止这些英国种植园主在其他地方出售他们的蔗糖。在一些地区，这些条例的影响很小，甚至是积极的。建筑业主和船主通过英国和殖民地商人垄断美洲贸易而得利；这些条例刺激利润丰厚的殖民地造船业蓬勃发展，尤其是在新英格兰。北方和中部殖民地生产了许多不在限定之列的产品——比如鱼类、面粉、肉、牲畜以及桶木板。这些产品可以直接销往法国、西班牙或荷兰属加勒比岛屿，唯一条件就是用英国或美洲船只运输。

英国当权者很快发现撰写重商主义法律比执行这些法律简单得多。美洲沿岸的诸多港口为走私者提供了现成的避风港，而殖民地官员常常寻求其他途径销售非法进口的产品。在荷兰属港口，如圣尤斯特歇斯（St. Eustatius），美洲商人可以轻而易举地将限制产品脱手，并购买不付税的外国产品。因为美洲陪审团倾向于偏袒当地走私者，而非海关官员（殖民地海关服务建立于1671年），于是1696年议会建立了几个美洲副海事法庭，这些法庭不设陪审团，专门判决违反航海条例的案件。

重商主义和《航海条例》

《航海条例》对美洲的国际贸易加以规定限制，然而至1680年代初，大陆政府以及居民已经习惯了很大程度上的政治自治。地方统治的传统在新英格兰尤为根深蒂固，马萨诸塞、普利茅斯、康涅狄格和罗德岛特别作为独立实体运作，不服从于国王或领土所有者的权威。弗吉尼亚是皇家殖民地，新罕布什尔（1679）和纽约（1685）分别获得了这一地位，所有其他大陆定居点都属个人所有，国家对它们几乎没有施加任何控制。在所有英国殖民地中，拥有最低财产限制以上的自由成年男性都期待在政府中拥有影响力和发言权，尤其是在涉及税收的决议上。

1685年詹姆斯二世登基之后，这样的期待与君主的期望发生了矛盾。新国王和他的继承者们试图通过勒紧政府的缰绳，削减殖民地的政治自治权，从而为显然一片混乱的殖民地管理引入秩序。最值得注意的是，殖民地管理者锁定了新英格兰。来自美洲的报告说服了英国官员们，使他们认为新英格兰是走私的温床。除此以外，新教徒们拒绝向非公理教徒授予宗教自由，并且坚持保留与英国做法不符的法律。因此，新英格兰似乎是加大力度施加英国权威的理想地区。从新泽西到缅因，所有殖民地的许可证都被一一撤销，1686年建立了新英格兰自治领（Dominion of New England）。（该领地疆界参见地图3.1。）总督埃德蒙·安德罗斯爵士（Sir Edmund Andros）拥有巨大的权利：国会解散了所有议会，安德罗斯只需经过一个指定委员会的同意就可以制定法律和征税。

美洲光荣革命

新英格兰人忍受安德罗斯的贵族统治长达两年。接着他们认识到詹姆斯二世的权势摇摇欲坠。詹姆斯因为不经国会同意就征税，以及宣布皈依天主教而触犯了臣民的众怒。1689年4月，波士顿的领导者们监禁了安德罗斯和他的同僚们。5月，他们获得了不流血政变光荣革命的确切消息，1688年年末，詹姆斯被赶下皇位，他的女儿玛丽及其丈夫，荷兰王子奥兰治的威廉（William of Orange）接替了他的统治。当国会将王位赋予新教徒威廉和玛丽时，光荣革命进一步证实了国会和新教至高无上的地位。

在其他殖民地中，光荣革命也让人们鼓起勇气反叛。在马里兰，新教徒协会（Protestant Association）颠覆了天主教领土所有者政府的统治；在纽约，拥有德国血统的民兵军官雅各布·莱斯勒（Jacob Leisler）控制了政府。波士顿人、马里兰人和纽约人都与威廉和玛丽的支持者们结盟。他们认为自己在殖民地中的行动是英国反抗斯图亚特专制主义的一部分。

然而，威廉和玛丽与詹姆斯二世一样相信英国

▲ 埃德蒙·安德罗斯爵士（1637—1714），被广为憎恶的新英格兰贵族总督。1689年，他被包括数位马萨诸塞湾殖民地领袖在内的联盟推翻。他被拘禁，最后被送回英国。
图片来源：马萨诸塞州档案馆（Massachusetts State Archives）

应该对自己难驾驭的美洲领土加强控制。结果，只有马里兰的起义获得了皇家批准，主要原因在于起义的反天主教推力。在纽约，莱斯勒以叛国罪被处以绞刑，而马萨诸塞（吸收了之前独立的普利茅斯），成为皇家殖民地，并被指派了一位总督。该行政区恢复了当地政府的镇民会议体系，继续选举委员会，然而1691年的新授权撤销了传统的投票和官员任职的宗教考量。波士顿中心出现了一个英国国教教区。约翰·温斯罗普构想的"山坡上的城市"终于成为泡影。

威廉国王战争

与法国人及其阿尔冈昆同盟的战争成为新英格兰诸多困境之一。法国国王路易十四与被废黜的詹姆斯二世结成同盟，英国于1689年向法国宣战。[这场战争如今被称为"九年战争（Nine Years' War）"，但是当时的殖民者们将之称为威廉国王战争（King William's War）。]这场战争在欧洲打响之前，英国裔美洲人和阿贝内基人就因为缅因的英国定居点大打出手，1678年休战之后，该地区被重新占领，并且再次开始扩张。整体或局部的袭击摧毁了许多城镇，其中包括斯克内克塔迪（Schenectady）、纽约以及诸如法尔茅斯（Falmouth）（如今的波特兰）和约克等缅因社区。1690年，由殖民地统治者组织的对抗蒙特利尔和魁北克的征伐遭受惨痛失败，在剩下的冲突中，新英格兰发现自己只能防守招架而无力还击。即使是正式结束欧洲战争的《赖斯韦克条约》（Peace of Ryswick）（1697）也没能让北方边境的战火有所消停。因为持续的纷争，几十年来殖民者们都无法重新在缅因定居。

1692年巫术危机

可以理解，新英格兰人害怕菲利普王战争的历史重演。1692年的8个月中，巫术指控像野火一样在马萨诸塞爱塞克斯郡（Essex County）的乡村社区中传播——这是一个人口众多的地区，直接受到邻近缅因南部和新罕布什尔印第安人袭击的威胁。早期个人矛盾引发的孤立巫术指控事件与1692年在该地区引起剧烈动荡的无数恐慌几乎没什么关系，当时战火刚好燃到北方。在危机结束之前，14名女性和5名男性被处以绞刑，一个男人被用重石压死，54人承认自己是女巫或巫师，超过140人被监禁，有的长达好几个月。

这场危机始于2月末，塞伦村（繁华的塞伦港外围的地区）的几个孩子和年轻女人正式指控几名年长邻居以巫蛊方式折磨他们。很快，其他指控者和忏悔者加入他们的行列，有些人是在缅因战争中失去亲人的女性家仆。其中一人在菲利普王战争中失去了祖父母，然后又在威廉国王之战中失去了其他亲人。这些年轻女性或许是该地区最无权无势

巫术审判之辩

截至1692年9月末,关于塞伦巫术审判(开始于同年6月)的分歧将马萨诸塞湾的知识领袖们分成了两大阵营。其中的重要人物是殖民地的牧师们,尤其是一对父子:牧师因克里斯·马瑟(Increase Mather)及其儿子科顿(Cotton)。两位都是多产的作家,两人都选择将观点化作印刷文字。29岁的科顿·马瑟强烈支持这些审判,而且应总督的要求写下了《无形世界的奇迹》(The Wonders of the Invisible World)一书,为审判程序和裁决辩护。通过大号字体,该书的扉页揭示了主题:魔鬼。而他父亲写作的相关书籍《良知案例》(Cases of Conscience)扉页则使用了不那么突出的词汇"邪灵",该书并未用语言证明"恶灵和巫术的痛苦折磨",而是谨慎地提醒人们,宣判被告有罪需要"万无一失的证据"。尽管因克里斯一书的最后插入了一篇补遗,坚持自己同意儿子的观点,但是任何人只要比较两本书的扉页就会发现,他试图隐藏自己家庭中关于巫术审判的观点分歧。在两书扉页的内容中,还有什么矛盾的内容?

人民与国家的遗产

非裔美洲人

1650年之前，非裔人口只占北美洲殖民地总人口的极小一部分。1670年代之后，极度依赖非洲奴隶的南方经济崛起，北方殖民地中雇佣非洲奴隶的做法也广为传播，这些现象让美洲人口构成发生了翻天覆地的变化。至1775年，超过25万非洲人被运入后来成为美国的地区；这些人及后裔在当时占总人口的20%左右。

根据2000年的人口普查，美国人口中有12.5%宣称拥有非洲祖先。由于合法非洲奴隶进口终止于1808年，并且美国直到20世纪后期吸引的自愿非裔移民寥寥无几，所以多数本土出生的非裔美国人都有着殖民地时期的祖先，而很少欧裔美国人能下这个结论。大多数欧裔美国人至少有一部分血统来自19世纪和20世纪早期的欧洲大移民。

现代非裔美国人口包括许多不同肤色的人们，反映出大量跨种族性关系的存在（无论被迫还是自愿），这种现象是在非洲人久居北美大陆漫长岁月中发展出来的。从殖民时期开始，无论是自由的还是被奴役的，非裔美洲人都与欧洲人及印第安人生下了后代；后来他们还与亚洲移民通婚。很大程度上，不同肤色人种的融合是联邦法律的结果，从美国共和国早期至1967年——该法律被最高法院推翻——欧洲后裔和其他民族通婚是被禁止的。因此，假如有色人种想要合法地结婚，他们必须和其他有色人种结婚。

最近，越来越多的跨种族结合造就了许多混血儿。2000年人口普查第一次允许美国人将自己同时定义为多个民族的成员。对这一改变的反对声音主要来自非裔美国社区的领导人，他们害怕政治影响力遭到削弱。多年以来，州法律和联邦法律将具有可见非洲血统的人们定义为"黑人"；在人口统计表中，具有非洲血统的人们比其他民族的人们更不愿意将自己定义为混血儿。因此，这一美国人口重要组成部分的自我种族定义继续受到歧视传统的影响。

的人，她们显然无力改变地区命运，于是她们为新英格兰同胞们提供了颇具说服力的论据，解释似乎无穷无尽的困境：他们的地区不仅遭受印第安人及其法国同盟的直接攻击，还受到恶魔及其同盟女巫们的直接攻击。

这些所谓受折磨的女孩们不仅指控通常被怀疑施行这类邪术的年长女人们，还指控了来自缅因前线拥有声望的男性，这些人与印第安人交易，或者没能打败印第安人。指控者和忏悔者们都声称，巫术阴谋的领袖是牧师乔治·布尔福斯（George Burroughs），一个在缅因和塞伦村都担任过牧师的哈佛毕业生。他被指控蛊惑前去与阿贝内基人战斗的士兵。殖民地的治安官，同时也是政治和军事领袖，也迫不及待地愿意相信这类指控，因为，假如是魔鬼造成了新英格兰目前的麻烦处境，他们个人就不需为前线的可怕损失承担责任了。

10月，巫术危机最糟糕的阶段结束了，总督解散了专为审判这些嫌疑人设立的特殊法庭。他和一些德高望重的神职人员开始认为，将邪灵施虐者描述视为"恶魔的证明"是不妥当的——每个人都知道恶魔是不可信任的。大多数审判的质疑者并不认为那些受折磨的指控者作假，他们也不认为巫术不存在，或者忏悔是虚假的。相反，他们质疑法庭中呈现的证据是否足以在法律上证明被告有罪。因此，在普通法庭的终审（1693年5月结束）中，几乎所有被告人都被宣判无罪，总督很快为少数被判有罪的人宣判缓刑。

新的帝国策略

1696年，英国在殖民地管理上迈出了一大步，设立了15人组成的贸易及种植园委员会，这一机构从此成为政府中与美洲殖民地相关的主要机关。该委员会负责收集信息，审核王室在美洲委任的人员，审查殖民地议会通过的立法，监督贸易政策，并且在殖民地问题上为继任的各部提供建议。尽管如此，贸易委员会并没有直接的行政权力。在美洲事务上，它不仅与海关及海军分享权力，还必须与一名内阁成员分享权力。尽管这项改革提高了殖民地管理的质量，然而对美洲领地的监督仍然分散而任意。

这一点显然让马萨诸塞和美洲其他英国殖民地更容易适应新的帝国秩序。大多数殖民者憎恶这些来到美洲，下定决心贯彻国王和国会政策的异己官员，但是他们适应后者的要求以及《航海条例》规定的贸易规则。他们投入了另一场欧洲战争——西班牙王位继承战争（Spanish Succession），在殖民地中被称为安妮女王之战（Queen Anne's War）——1702年至1713年，战争并未造成持久的影响，除了巨大的经济负担。与皇家政府结成同盟的殖民者们以官职和土地授权的形式获得了后者的庇护，并且组成支持英国官员的"执政党"。其他殖民者或者交友不慎，或者在捍卫殖民地自治权方面更有原则，成为反对党，或者"国家"利益。到1725年之前，两个团体中大多数人都出生于美洲。他们来自精英家族，南方家族的财富主要来自经济作物生产，而北方家族则来自商业。

结语

从1650年至1720年的70年中，基本的经济和政治模式得以建立，这些模式将在大陆殖民地社会中构成后来的巨变。1650年，新英格兰和切萨皮克只是两个孤立的英国人口中心，它们和新尼德兰的小型荷兰殖民地一起生存在沿海地区。1720年，几乎整个北美东岸都落入英国人手中，而印第安人对于阿巴拉契亚（Appalachian）山脉以东地区的控制因为菲利普王战争、培根起义、雅马西和图斯卡罗拉战争，以及安妮女王战争的后果变得支离破碎。不过，山脉以西，易洛魁势力仍然占统治地位。除了南卡罗来纳以及切萨皮克许多非洲出生的人口，原本的移民人口如今多为美洲当地出生人口所替代；原本以皮草和毛皮贸易为基础的经济变得复杂得多，并且与宗主国的关系也更为紧密；各种各样的政治结构被重塑为更统一的模式。然而，与此同时，切萨皮克和卡罗来纳大规模推行奴隶制使这些地区的社会与北方社会大相径庭。为国际市场生产烟草、稻米和靛蓝染料是南方地区经济的特征。这些地区已经成为真正的奴隶社会，严重依赖"终生奴役"体系，而非"具有奴隶"的社会，后者中一些奴隶和契约仆役及自有雇佣劳工混合在一起充当主要劳动力。

不过，北方殖民地的经济也依赖于大西洋贸易体系获取利润，关键元素是奴隶运输，这些奴隶主要是非洲人，也包括一些印第安人。新英格兰向西印度出售玉米、海鱼和林产品，在那里奴隶们消耗食物，种植园主从那里将一桶桶蔗糖和糖浆装上船，木桶所用的板材由北方农民生产。宾夕法尼亚和纽约也发现加勒比岛屿是他们出产的牲畜、谷物以及麦粉的现成市场。迅速发展的奴隶业在这些年间刺激了所有英国殖民地的经济发展。

与此同时，墨西哥西班牙殖民地的北方仍然主要依靠佛罗里达传教区和新墨西哥要塞及传教区。法国人从蒙特利尔和魁北克之间的圣劳伦斯河上的基地探索密西西比河谷，但是还没有在五大湖或以西地区建立很多定居点。两个国家的殖民者都依靠当地人的劳动和善意。西班牙人无法完全控制他们的印第安同盟，法国人甚至没有尝试过这么做。然而西班牙和法国在英国定居点南面和西面的不断出现意味着北美洲欧洲势力的冲突几乎不可避免。

至1720年，将统治英国殖民地直到1775年的帝国管理结构的关键元素已经牢牢就位。源自17世纪后期和18世纪早期的地区经济体系将在接下去的一个世纪中继续主导北美的生活——直到获得独立。英国裔美洲人已经发展出对当地自治政府的忠诚，这一点终将导致他们与国会及国王兵戎相见。

扩展阅读

Ned Blackhawk, *Violence over the Land: Indians and Empires in the Early American West* (2006)

David Eltis, *The Rise of African Slavery in the Americas* (1998)

Alan Gallay, *The Indian Slave Trade: The Rise of the English Empire in the American South, 1670—1717* (2002)

Andrew Knaut, *The Pueblo Revolt of 1680* (1995)

Jill Lepore, *The Name of War: King Philip's War and the Origins of American Identity* (1998)

Edmund S. Morgan, *American Slavery, American Freedom: The Ordeal of Colonial Virginia* (1975)

Jennifer L. Morgan, *Laboring Women: Reproduction and Gender in New World Slavery* (2004)

Mary Beth Norton, *In the Devil's Snare: The Salem Witchcraft Crisis of 1692* (2002)

Marcus Rediker, *The Slave Ship: A Human History* (2007)

Betty Wood, *The Origins of American Slavery* (1997)

第四章

变革的美洲社会，1720—1770

▼ 1722年魁北克风景画，大约十多年后，玛丽–约瑟夫·安杰丽卡因为毁灭性的大火灾被处以死刑。火灾中被毁的商人区沿着河岸分布，神舍酒店在版画最右边角落里G字母标示的地方。

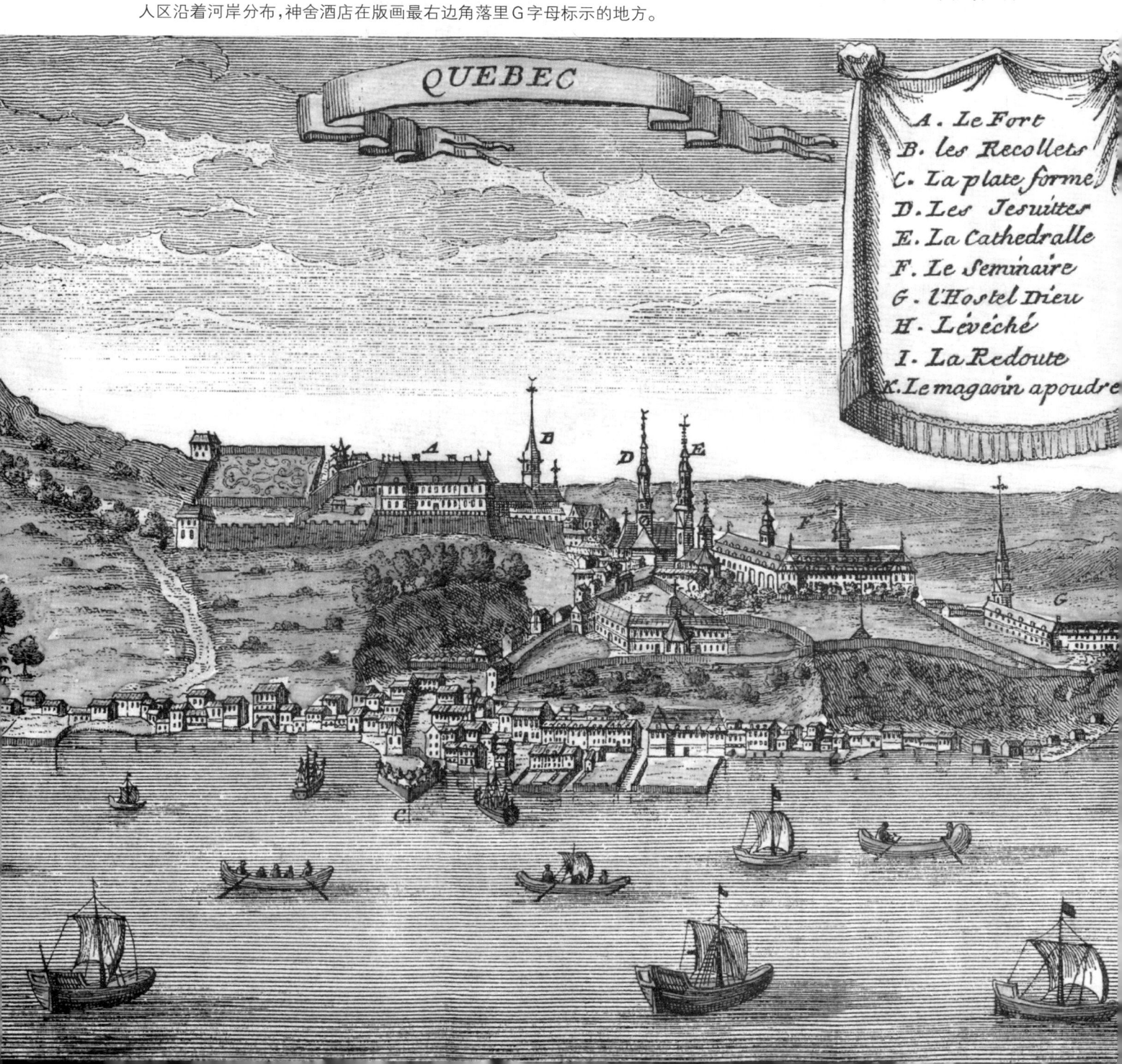

QUEBEC

A. Le Fort
B. Les Recollets
C. La plate forme
D. Les Jesuittes
E. La Cathedralle
F. Le Seminaire
G. l'Hostel Dieu
H. L'évéché
I. La Redoute
K. Le magasin apoudre

她犯的罪是致命的，而惩罚是可怕的。1734年6月21日，出生于葡萄牙的非裔女性玛丽-约瑟夫·安杰丽卡（Marie-Joseph Angélique）因为纵火罪在蒙特利尔被处以绞刑。法官们判定安杰丽卡放火焚烧该城的商人聚居区、神舍酒店（Hotel-Dieu）以及一所修道院兼医院。在被处死前，她因为严刑逼供承认犯罪，并坚持自己是单独行动。"吊死我！"她喊道，"是我干的。是我一个人干的。"后来，她的尸体在绞刑架上挂了几个小时，用来昭著她的恶行，接着尸体被焚毁，骨灰撒了遍地。

章 节 大 纲
地理扩张和民族多样性
昨日重现　奴隶的象征性反抗
英属美洲的经济增长和发展
殖民地文化
放眼天下　天花接种
殖民地家庭
政治：英属美洲的稳定和危机
英裔美洲人中的宗教危机
结语
人民与国家的遗产　"白手起家"的人们

安杰丽卡九年前来到蒙特利尔，被一个富有的商人弗朗切维尔阁下（the Sieur de Francheville）及其妻子买走。她在他们的大宅第中干活，受女主人的命令，和她一起的还有几个自由劳工和一个印第安奴隶男孩。1734年，29岁的安杰丽卡成为蒙特利尔三千左右居民中150名左右奴隶中的一个。官员们质问她的身世，她声称自己在被卖给弗朗切维尔之前曾在英国殖民地被拘禁过一段时间，最可能是纽约。

4月10日，弗朗切维尔家里发生毁灭性的火灾，安杰丽卡立刻被怀疑放火。她的主人突然死于1733年年末，她请求女主人赐予她自由，这样她就可以和情人一起离开蒙特利尔，她的情人叫做克劳德·蒂博（Claude Thibault），曾是一位法国士兵，当时在同一屋檐下当仆人。当这个要求被拒绝之后，她变得无礼而难以控制，而且信誓旦旦地威胁要将女主人"烤熟"，作为报复，她的女主人准备将她卖到一个法属加勒比岛屿上。1月，她和克劳德已经在其他房子里放了一把火，然后徒劳地打算逃跑。目击者证明在火灾之前她曾暗示自己打算烧毁弗朗切维尔的房子。然而安杰丽卡一直坚称自己无辜，直到被严刑拷打，而且她从未牵涉劳德·蒂博，后者从新法兰西消失，不见了踪迹。

年表

1690	洛克（Locke）的《人类理解论》（*Essay Concerning Human Understanding*）出版，这是启蒙主义思想的关键例子
1718	新奥尔良在法属路易斯安那建立

(续表)

1721—1722	波士顿爆发天花疫情,导致美洲第一次广泛使用疫苗接种
1732	佐治亚建立
1733	约翰·彼得·曾格(John Peter Zenger)因为"煽动性诽谤罪"在纽约受审并被宣判无罪
1739	史陶诺动乱(Stono Rebellion)(南卡罗来纳)导致白人越来越恐惧奴隶暴动
1739—1748	乔治王战争(King George's War)影响美洲经济
1740年代	切萨皮克的黑人人口数量因为自然增长而开始增加,助长了大种植园的崛起
1741	纽约市"阴谋"反映了白人对奴隶暴动的持续恐惧
1751	富兰克林(Franklin)的《电学实验与观察》(Experiments and Observations on Electricity)出版,这是美洲对启蒙主义科学的重要贡献
1760—1775	18世纪欧洲和非洲向英国殖民地移民的高峰
1765—1766	哈得孙河流域民众因土地而发生暴动,矿工和占地者反抗大地主
1767—1769	监管者运动(Regulator Movement)(南卡罗来纳)试图在偏远地区建立秩序
1771	在阿拉曼战役(Battle of Alamance)中,北卡罗来纳"监管者"被东部的民兵打败

安杰丽卡的悲剧故事反映了18世纪北美洲境内非洲奴隶制的普遍。这个拥有非洲血统的女性,出生于葡萄牙,在英国殖民地生活过一段时间,她的个人经历清楚地反映了大西洋世界中各民族的辗转迁徙运动,1720年后,这些运动将许多新的族群带到了英国殖民地。18世纪的欧洲和非洲民族大迁徙改变了北美洲的人口特质以及北美洲的地貌。民族多样性在英属美洲的小城市中尤其显著。至此为止,新英格兰以南的英国殖民地吸引了最多的新来者,许多人都在富饶的乡村定居下来。他们的到来不仅大大增加了人口数量,同时还改变了政治平衡,并通过引进新的教派影响了宗教气候。非自愿的移民们(奴隶和被流放的罪犯)同样主要聚集在南方殖民地的中部。

18世纪中叶欧洲北美殖民地的发展历程中,有几个标志性的关键主题:不仅是人口增长(通过自然增长和移民两种途径)和民族多样性,同时殖民地城市中心的重要性不断上升,城市精英阶层形成并日渐繁荣,包括类似弗朗切维尔这样的商人家庭,所有社会阶层的消费层次上升,内部市场日益重要。在法国和英国内陆殖民地,出口主导着经济。大西洋沿岸和海湾沿岸的定居者被国际商业体系束缚,这一体系会因为各种原因剧烈动荡,而这些原因与殖民地没什么关系,然而殖民地却无法避免地受到它们的影响。然而,扩张的本土人口需要更多数量和种类的商品,而欧洲无法满足所有需求。因此,在英属和法属美洲以及北部被称为"边境之地(Borderlands)"的新西班牙地区(在那里出口从来不是经济的重要因素),殖民者们越来越依赖开发和消费自己的资源(参见地图5.2)。例如弗朗切维尔阁下就以皮草商人的身份起家,但是到去世时已经在新的钢铁厂中投入了大笔资金。

至1760年代,富有家族之间通婚在所有欧洲美洲殖民地中都很普遍。这些生活优越,受过良好教育的殖民者们积极参与跨大西洋文化生活,如启蒙运动,而一些"出生寒微"的殖民者却目不识丁。精英们生活在舒适的宅第中,享受着休闲活动。而大多数殖民者则过着日出而作日落而息的自力更生的生活,无论是自由民还是奴隶,这种差异在英属美洲最为明显,英国在美洲有着最大也是最繁荣的定居点。至18世纪下半叶,不同阶级英裔美洲人之间的社会和经济差距显著拉大。随着阶级差异的日益扩大,在出生不同、社会阶层不同的人们之间,政治、经济甚至是宗教矛盾也日益激化。

1720年,北美洲的大部分地区还在印第安人的控制下。50年之后,当地人仍然占据着美洲大陆的内陆地区,然而即便如此,他们的生活也已经被欧洲定居点的地理扩张不可逆转地改变了。法国将殖民地边界从圣劳伦斯拓展到墨西哥湾,西班牙贸易站从新墨西哥中心向东和向西扩张,英国殖民地占据了阿巴拉契亚山和大西洋之间的领土,北美洲已经今非昔比。

- 人口、地理和经济变化对欧洲、非洲和印第安国家造成了哪些影响?
- 18世纪殖民地文化有哪些关键元素?
- 18世纪中期的哪些发展开启了英属北美洲政治和宗教变化的进程?

地理扩张和民族多样性

18世纪中叶,欧洲的北美领地无论人口还是地理都得到了扩张。最惊人的发展是英属大陆殖民地戏剧性的人口增长。1700年,这些殖民地中只居住着大约250 000欧洲裔美洲人以及非裔美洲人。30年之后,这个数字翻了一番有余;至1775年,人口数变成了250万。

尽管来自非洲、苏格兰、爱尔兰、英国和德国的移民对于人口增长功不可没,但是更多来自自然增长。度过了殖民初期的艰难岁月之后,美洲人口开始以大约每二十五年翻一番的速度增加。这种直到近代人类历史上前所未有的高增长率有着多种多样的成因,最主要的是女性生育年龄非常小(欧裔美洲人二十出头,而非裔美洲人则是二十岁不到)。因为已婚女性每二到三年生育一次,每个女性通常会生五到十个孩子。因为这些殖民地相对来说有着比较健康的生活环境,尤其是弗吉尼亚以北地区,所以大部分孩子可以安全度过婴儿期长大成人,并且成立自己的家庭。结果,1775年英属美洲16岁以下人口大约占了总人口的一半。(与之形成鲜明对比的是,目前美国16岁以下人口占人口总数不到1/4)。

西班牙和法国领土扩张

英属北美殖民地迅速扩张的人口大部分被限制在阿巴拉契亚山脉(在西)和大西洋海岸(在东)之间。相反,西班牙和法国的领地却在北美大幅扩张,虽然他们的人口增长十分缓慢。在18世纪末,得克萨斯大约只有3 000名西班牙居民,而加利福尼亚只有不到1 000;最大的西班牙殖民地新墨西哥人口也不过20 000左右。大陆法属殖民地的欧洲人口总数从1700年的15 000左右增长至1760年代的70 000左右,然而这些殖民者聚居的地点非常分散。法国和西班牙定居点的地理扩张对于当地民族有着深远的影响。

18世纪早期,法国人通过水路,西班牙通过陆路,分别探索了密西西比河谷地区。他们在那里遇到了强大的印第安民族,比如夸保人(Quapaws)、奥色治人(Osages)以及喀多人(Caddos)。一些欧洲人——牧师、士兵、农民、商人、牧场主——发现自己周围聚集着想获得工业产品的当地人,这些人试图与新来者们友好相处。这些地区的西班牙和法国侵略者不得不调整自己适应印第安外交和文化习惯,以达到自己的目的。比如法国官员们就常抱怨自己不得不忍受冗长的烟斗仪式(calumet ceremonies),不习惯女性出席外交场合的西班牙人不得不同意得克萨斯印第安人派来女性代表。1716年,这两个欧洲国家在密西西比河下游地区建立了相邻的贸易站——法国人在纳基托什(Natchitoches)(密西西比河以西),西班牙人则在往西南12英里处的洛山(Los Adaes)(参见地图4.1)。1699年,法国已经在比洛克西湾(Biloxi Bay)建立了一个定居点(位于现代密西西比州),随后于1718

年通过建立新奥尔良巩固了自己在墨西哥湾的势力，这一行为西班牙人无法反击，因为该地和圣达菲的陆路距离很远。

相反，西班牙人一开始将注意力集中在得克萨斯［比如于1718年建立圣安东尼奥（San Antonio）］，后来则重点关注一个被他们称作阿尔塔（Alta）（上）加利福尼亚的地方。当得知在北美洲西北沿岸捕猎海獭的俄国人打算殖民该地区时，他们从加利福尼亚半岛向北派遣远征队。从1769年7月弗朗西斯肯·朱尼佩罗·瑟拉（Franciscan Junipero Serra）在上加利福尼亚建立第一个教区所在地的基地开始，他们通过陆路和海路往北行进至蒙特利湾（Monterey Bay）。1770年4月，他们在这里正式宣布上加利福尼亚属于西班牙。在接下去的几十年中，他们从现代旧金山起，在南至圣地亚哥的沿岸地区建立了要塞和教区。在这些中心，来自西班牙的圣方济各修士和一些来自墨西哥的定居者生活在成千上万皈依基督教的印第安人中间。

法国和密西西比

沿着密西西比河分布，新奥尔良以北的法国贸易站充当着帝国黏合剂的角色。"Coureurs de bois"（本意为"林中奔跑者"）利用美洲内陆的河流和湖泊在魁北克和新路易斯安那领地之间运输货物。在密奇利马基纳克（Michilimackinac）（位于密歇根湖和呼伦湖的交界处）等地，印第安人用皮草和兽皮换取火枪、弹药和其他宝贵物品。奥色治人渴望获得军火，以至于他们事实上成了商业猎人；目击者称他们的女性有时候忙于加工皮革，只能由老人准备饭食。该地区最大的法国殖民地，统称为"le pays de Illinois"（"伊利诺伊国"），人口总数一直不过三千多。这些定居点沿着密西西比河现代圣路易斯以南分布，它们生产小麦出口至新奥尔良。在这样的法国贸易站中，欧洲女性的匮乏导致法国男性和印第安女性的跨种族结合，并产生了被称作"metís"的混血民族。法国扩张对于重塑密西西比河当地联盟起着一定作用。比如，大平原的马上民族科曼奇（Comanches）如今可以通过印第安中间人与法国人进行交易，不再需要西班牙货物——或者他们的前盟友尤特人（Utes）。因为失去了这样强大的伙伴，尤特人于1752年与新墨西哥握手言和，开始参加一年一度的西班牙交易会。尤特人原本常常被西班牙人奴役，而这时却反过来奴役生活在殖民地北边和西边的派尤特（Paiutes）及其他非骑马民族。他们用皮革和奴隶——大多是年轻女性——换取马匹和金属制品。这种商业关系一直持续到西班牙结束在该地区的统治。

在法国官员的脑海中，路易斯安那最重要的功能是后援和防御：它的首要目标是保护宝贵的加勒比岛屿，遏制西班牙和英国扩张。因此他们并未将注意力放在路易斯安那的经济发展上，然而指望牟利的农民和来到加拿大定居的印第安商人很快要求法国政府为他们供应奴隶。1719年，官员们默许了他们的要求，在接下去的十年中运来了六千多名非洲奴隶，这些奴隶大多来自塞内加尔。但是居民们没能建立起成功的种植园经济。他们种了一些烟草和靛蓝，这些产品和从印第安人处获得的皮革和兽皮构成了18世纪路易斯安那主要的出口产品。一些非洲奴隶被送往伊利诺伊国充当农场劳工和家仆，1730年代，他们占到了总人口的接近40%。

来自非洲的非自愿移民

路易斯安那的扩张激怒了纳齐兹（Natchez）印第安人，因为他们的土地被侵占了。1729年，纳齐兹在新到来的奴隶们的帮助下，袭击了殖民地的北部地区，杀害了超过10%的欧洲人。法国人给予反击，屠杀纳齐兹人及其奴隶盟友，但是在法国统治之下，路易斯安那一直是一个脆弱而被忽略的殖民地。

在美洲的其他地区，奴隶制在18世纪变得更加根深蒂固。总体上来说，来到美洲的非洲人比欧洲人更多，其中绝大多数是奴隶，而且大约有一半是1700和1800年之间到达的。大多数人都被运往巴西或加勒比，主要交通工具是英国或葡萄牙船只。

◀ 1816年，一位俄国画家描绘了这一加利福尼亚教区的景象。印第安人在德洛丽丝教会教区（Mission Delores）和西班牙观众面前跳舞。如今，画面左边的建筑仍然矗立在旧金山市中央。这一景象传达了一种教区中特有的宗教混合感，当地习俗与修士们的天主教教义相结合，创造了丰富的精神信仰融合文化。

图片来源：加利福尼亚大学伯克利分校，班克罗夫特图书馆

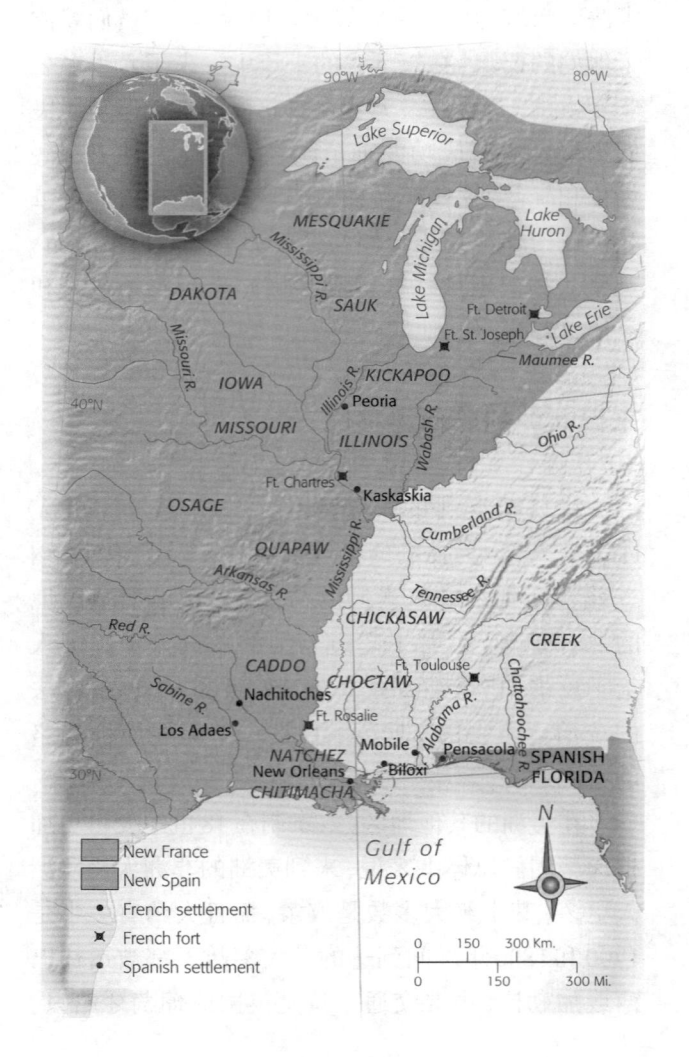

在奴隶制存在期间被运往美洲的 11 000 000 奴隶中，1775年之前只有大约260 000进入后来成为美国的地区。稻米、靛蓝、烟草和甘蔗种植园在这些年里都在迅速扩张，稳步提升了对奴隶的需求。在加勒比，男性远远多于女性，而且骇人的死亡率意味着只有持续大量注入新的奴隶人口才能将劳动力维持在稳定水平。在北美大陆上，只有南卡罗来纳需要吸纳大量非洲奴隶保持和扩张劳动力，因为那里的稻米种植艰难而损害健康（主要是因为携带疟疾的蚊子在水稻田里大量繁殖）。

这些非自愿的奴隶来自非洲许多不同的族群和地区（参见地图4.2）。超过40%的人从中西非（West Central Africa）（现代刚果和安哥拉）上船，接近20%来自贝宁湾（Bight of Benin）（现代多哥、贝宁以及尼日利亚东南地区），大约9%来自黄金海岸（现代加纳及其邻国）。还有一小部分来自东非、温

地图4.1 路易斯安那，约1720年
至1720年，法国要塞和定居点在密西西比河及其北美洲内陆支流沿岸星罗棋布。两个孤立的西班牙贸易站坐落于墨西哥湾附近。
来源：版权©圣智学习

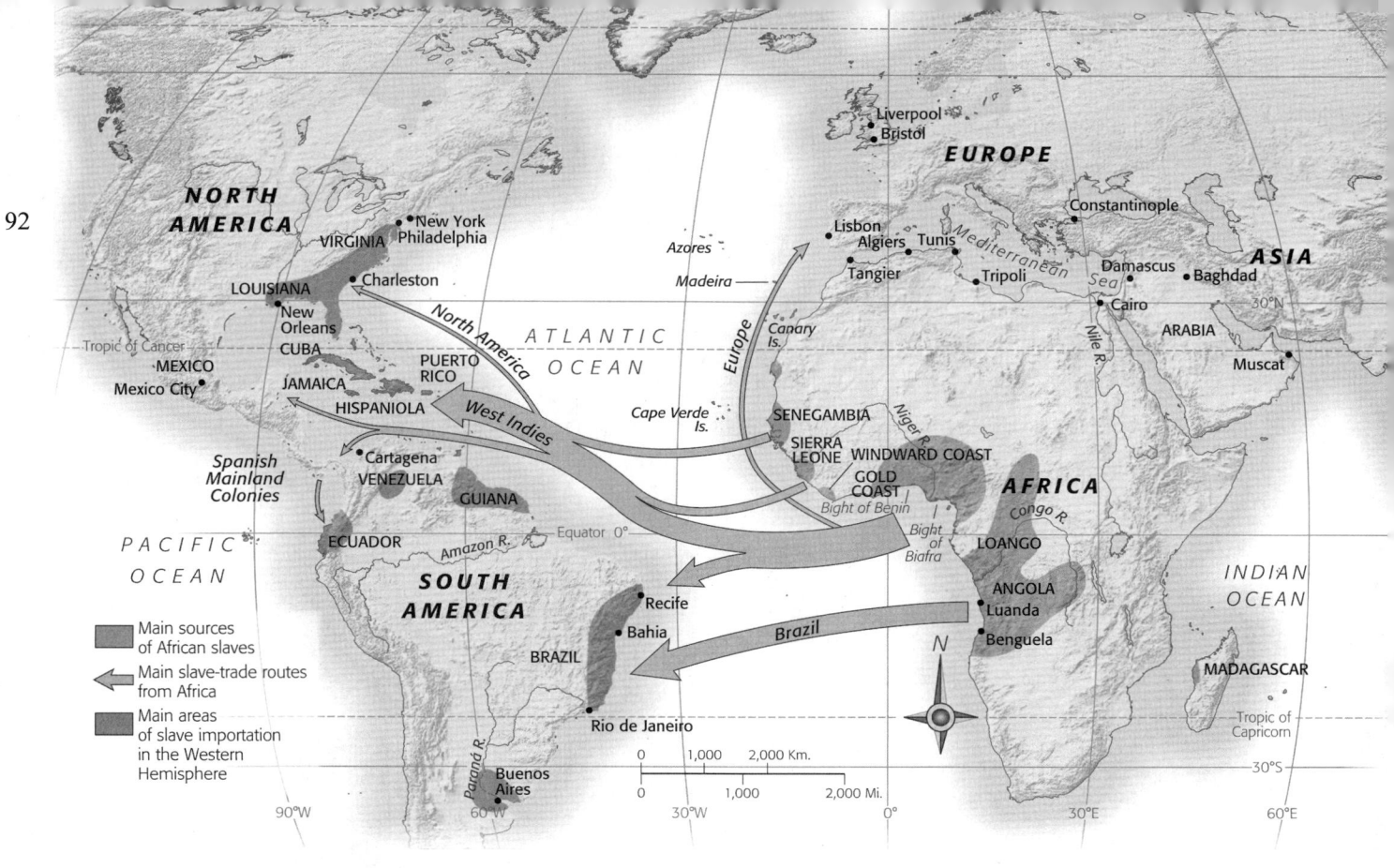

地图 4.2 美洲非洲奴隶的主要来源和目的地
如图所示，非洲奴隶来自西非许多地区（有的来自非洲大陆内陆），用船运到美洲各地。
来源：©圣智学习

沃德（Windward）以及稻米海岸（Rice Coasts）（现代塞内加尔、冈比亚和塞拉利昂）。

标准的奴隶贸易操作手段是在一个港口装满一船奴隶，运往另一个地区出售，这意味着来自同一个地区的人们（包括敌人和盟友）都一起被运到了美洲。由于种植园主常偏爱某一特定民族的奴隶，所以这个趋势变得更为明显。比如，弗吉尼亚人主要购买来自比夫拉湾的伊博人（Igbos）人，而南卡罗来纳人和佐治亚人则选择赛格甘比人（Segegambians）和来自非洲中西部的人。路易斯安那种植园主们一开始选择来自贝宁湾的奴隶，但是后来更多购买来自非洲中西部的奴隶。稻米种植园主希望购买赛格甘比人，因为他们在家乡也种植稻米，这种意愿非常容易解释，但是历史学家们对于其他偏好产生的原因则有分歧。

成千上万，很可能数以万计的非洲奴隶是穆斯林。其中有些人会阿拉伯语，有个别来自贵族家庭。贵族血统被发现可能会让奴隶们重获自由回到家乡。比如，1732年到达马里兰的约伯·本·所罗门（Job Ben Solomon）。他原本是一个来自塞内加尔的奴隶商人，在冈比亚售卖奴隶时被袭击者俘虏。他用阿拉伯语写的一封信让他的主人们对他刮目相看，于是第二年他就获得了自由。1788年被带到路易斯安那的阿布德·阿尔-拉曼（Abd al-Rahman）就没那么幸运了。因为贵族血统，他的主人们将他叫做"王子"，但是直到1829年，他才在西非认识的一个欧洲人的帮助下获得自由。

除了被带到美洲大陆的大约260 000奴隶，因为高自然增长率，在美洲出生的非裔人逐渐占奴隶人口的大多数，尤其是1740年以后。不过，大约40%的非洲人是男性，女性和孩子们一起构成了进口奴隶的大多数；女孩和女性因为生育能力以及生产技能得到重视。拥有成年女性奴隶的种植园主可以看着劳动力规模稳步增长而不需要再购买劳工——奴隶子女出生后在所有殖民地中都被定义为奴隶。奴隶主托马斯·杰弗逊后来指出其中的联系，称："我认为每两年生一个孩子的女人比农场中最能干的男人更值钱。她的产出增加了资本，而

昨日重现

奴隶的象征性反抗

尽管大多数关于非洲奴隶反抗北美洲奴隶制的研究主要集中在暴动和逃亡,但是18世纪中期的考古学发现,比如下图所示的这些物品,揭示了奴隶们个人生活的重要方面以及其他的反抗形式。在安纳波利斯发现的这套物件构成了一个冥基斯灵体,或西非灵魂束(spiritual bundle)。每件物品都有自己的象征含义(比如弯曲的指甲象征着火焰的力量),非洲人和非裔美洲人将这样的一套物件放在灶台或窗台下面来引导灵魂,这些灵魂从门或烟囱里进出屋子。他们的主要目的是保护奴隶们免受主人的伤害,比如防止家庭被拆散。右上图的人像是在一个奴隶铁匠的住处发现的。这尊人像同样反映了奴隶的反抗,不过是以另外一种方式:这是一位颇有天赋的手艺人无声的反抗,他用主人的铁、自己的时间和技能秘密打造了一件非凡的物品。尽管他们没有留下文字记录,今天的学生们能否从这些物品中一窥奴隶们的生活?如果可以的话,能得到什么启示?

▲ 弗吉尼亚亚历山德拉(Alexandra)古迹发现的人工制品。

图片来源:私人收藏/图像研究顾问和档案

▲ 马里兰安纳波利斯查尔斯·卡罗尔(Charles Carroll)住宅地板下发现的18世纪冥基斯灵体(minkisi)。

图片来源:由安纳波利斯马里兰大学学院市分校考古

他的劳动则会逐步消耗,直至消失殆尽。"

在切萨皮克,奴隶的数量迅速增长,因为奴隶进口补充了奴隶人口,而美洲的奴隶人口本身已经开始通过自然增长自我维持了。奴隶们日常的工作包括种植烟草,工作中有大致相等的性别比例,这减少了奴隶死亡率,提高了生育率。即使在环境恶劣的南卡罗来纳,尽管依然保持着大量奴隶进口,但至1750年在美洲出生的奴隶人数也已经超过了非洲出生的奴隶人数。

欧洲新移民

除了新来的非洲人以外,18世纪大约有500 000欧洲人来到英属北美殖民地,大多数是1730年之后。在17世纪后期,英国官员决定征召德国和法国新教徒,避免英国本土大规模向殖民地移民。受到重商主义思想的影响,他们将大量本土人口视为财产,而非债务。因此,他们命令将那些"不良分子"流放到殖民地,比如流浪者和詹姆斯二世党人叛逆者(被赶下台的斯图亚特君主的支持者),而与此同时不鼓励移民。他们向外国新教徒提供土地和宗教庇护,甚至出资赞助一些群体的路费。在1740年之后,他们放松了公民身份(入籍)要求,只需缴纳一小笔费用、七年的居住期限、新教徒身份,并向国王宣誓效忠即可。这种政策导致英属美洲殖民地中出现了绝无仅有的民族多样性。

表4.1 1770年代早期,谁从英国和苏格兰来到美洲?为什么? 单位(万)

	英国移民	苏格兰移民	自由美洲人口
目的地			
13个英属殖民地	81.1%	92.7%	—
加拿大	12.1	4.2	—
西印度群岛	6.8	3.1	—
年龄分布			
21岁以下	26.8	45.3	56.8%
21—25岁	37.1	19.9	9.7
26—44岁	33.3	29.5	20.4
45岁及以上	2.7	5.3	13.1
性别分布			
男性	83.8	59.9	—
女性	16.2	40.1	—
未知	4.2	13.5	—
孤身一人或与家人同行			
与家人同行	20.0	48.0	—
孤身一人	80.0	52.0	—
已知身份职业或地位			
贵族	2.5	1.2	—
商人	5.2	5.2	—
农民	17.8	24.0	—

单位（万）（续表）

	英国移民	苏格兰移民	自由美洲人口
工匠	54.2	37.7	—
劳工	20.3	31.9	—
离开的原因			
积极原因（如改善地位）	90.0	36.0	—
消极原因（如贫困、失业）	10.0	64.0	—

注：在1773年12月和1776年3月之间，英国政府对于从苏格兰和英格兰港口出发前往美洲的个人和家庭进行了调查，了解他们是什么人、前往哪里、为什么离开。上表总结了官方问卷中的一部分发现，显示英格兰和苏格兰移民之间存在许多显著的差异。

来源：伯纳德·贝林（Bernard Bailyn），《西行记》（Voyagers to the West）[纽约：克诺夫（Knopf），1986]，表4.1，5.2，5.4，5.7，5.23以及6.1。

早期的移民纷纷写信回家，敦促其他人也过来；这些联系导致了来自特定地区的移民链。最成功的移民准备充分，他们从美洲的通信对象那里得知土地和资源应有尽有，尤其是在被称作"边远地区（backcountry）"的内陆地区，但是他们需要资本来充分利用这些新的机会。一文不名来到美洲的人过得不太好；大约有40%的新来者属于这一类别，他们是作为某种契约劳工移民到美洲的。

境况最差的五万名左右移民是被流放的犯人，他们被判盗窃和谋杀等罪名，被判流放2到14年，而不是被处以死刑。许多人都没什么技能，其中三分之一是女性，他们一般被运往马里兰，受雇于烟草种植园中，或者充当铁匠或家仆。大多数人最终的命运无法确知，但是有部分人在殖民地中继续犯罪，多亏了报纸上对他们事迹的报道，他们在大西洋两岸都臭名昭著。

苏格兰—爱尔兰、苏格兰、德国

最大的移民群体之一来自爱尔兰或苏格兰，人数超过150 000，一般以家庭为单位。大约有7万，17世纪定居在北爱尔兰的长老会苏格兰教徒的苏格兰—爱尔兰后裔，他们加入约35 000名直接从苏格兰前往美洲的人的行列（参见表4.1）。另外45 000人，包括新教徒和天主教徒，从爱尔兰南部（通常是个人）移民至美洲。高额租金、坏年成和宗教歧视（爱尔兰）这些因素综合起来，驱使人们背井离乡。许多爱尔兰移民在爱尔兰时以纺织亚麻布为生，但是1710年代，亚麻布的价格大幅下降。由于用于纺织的亚麻是从宾夕法尼亚进口，而亚麻籽

▲ 1729年12月，很可能是在纽约的哈得孙河谷，一位匿名艺术家绘制了帕拉蒂尼（Palatine）之子J.M.斯托尔（J.M. Stolle）的肖像，斯托尔于1709年从德国来到北美洲。这个年轻人华丽的衣着和背景中的圆柱以及栏杆表明这位艺术家希望表现出该家庭雄厚的经济实力，尽管这一画面是否精确无从知晓。

图片来源：国家艺术馆，华盛顿。埃德加·威廉（Edgar William）和柏妮丝·克莱斯勒（Bernice Chrysler）所赠

被出口到同一地区,因此船只上有足够空间定期将乘客们从爱尔兰送往宾夕法尼亚。至1720年代,这一移民路线已经非常成熟,关于北美洲美好前景的积极报道更为其添了一把火。

这样的移民通常在费城或特拉华纽卡斯尔(New Castle)登陆,然后迁徙到萨斯奎哈纳河(Susquehanna River)沿岸宾夕法尼亚西部的穷乡僻壤,殖民地政府在那里特地为他们设立了一个叫做多尼戈尔(Donegal)的郡。因为常常负担不起土地费用,他们只能非法生活在属于印第安人、土地投机者或殖民地政府的土地上。在边境背景下,他们得到了无法无天、酗酒、互相之间以及对邻近的印第安人暴力相向的名声。

来自德国和瑞士德语地区的移民数量大约有85 000人,他们大多数在1730年和1755年之间从莱茵兰移民到美洲。这些人通常也是以家庭为单位移民,并在费城登陆。许多人像16世纪的英国契约奴仆一样,签订特定年限的奴仆劳动协议以支付路费。当可以自由选择时,德国人倾向于聚居在一起,他们构成了某些郡县近半人口。其他人在查尔斯顿登陆,并在南部内陆地定居。许多德国人往西迁徙到宾夕法尼亚,然后往南进入马里兰的边远地区和弗吉尼亚。其他人在查尔斯顿落脚,并在南方内陆地区定居。德国人属于多种多样的新教教派,主要包括路德教(Lutheran)、德国改革宗教(German Reformed)和摩拉维亚教(Moravian),因此大大丰富了宾夕法尼亚的宗教多样性。该世纪后期,他们和他们的后裔占到宾夕法尼亚居民的三分之一。很多人害怕这些人会把宾夕法尼亚"德国化",本杰明·弗兰克林(Benjamin Franklin)早在1751年就表示了这种忧虑。他们"永远不会接受我们的语言或习俗",他不准确地预测道。

最集中的移民时期是1760年和1775年之间。德国和不列颠群岛经济艰难的时期导致许多人决定去美洲寻找更好的生活;与此同时,奴隶贸易开始生根发芽。仅仅在那15年中,超过220 000自由民和奴隶到达美洲——接近1775年英属北美殖民地总人口的10%。后来到达美洲的自由移民没什么选择,只能待在城市里或迁徙到定居点的边缘;其他地方的土地已经全被占领了(参见地图4.3)。在边远地区,他们成为土地投机者的佃农,或者向他们购买产业,土地投机者们购买大片土地,指望(通常落空)发大财。

保持民族和宗教身份

由于这些移民模式以及南方的奴隶集中,因此至1775年,新英格兰以南的一半殖民地人口都有非英国血统。移民们是否欣然融入盎格鲁—美洲文化取决于定居的模式、群体的规模以及移民们对他们共同文化的联系强度。例如,17世纪后期,移民到查尔斯顿或纽约市的法国新教徒(Huguenots)在两代之后就无法保持自己的语言或宗教习俗。然而在哈得孙河谷创立乡村社区新帕尔茨(New Paltz)和新罗谢尔(New Rochelle)的胡格诺教徒(Huguenots)则将法国特征和加尔文教派的做法延续了一个世纪。与之形成鲜明对比的是,规模同样不大的殖民地犹太人无论在哪里定居都保持着鲜明的民族身份。大多数是被迫害的西班牙和葡萄牙犹太人后代塞法迪(Sephardic),他们一开始逃到荷兰或荷兰的美洲殖民地,接着又移民到英国领地。在像纽约、纽波特或罗得岛这样的地区,他们建起犹太教堂,积极地保存自己的宗教(例如,通过遵循饮食规范或者阻止他们的孩子与基督徒通婚)。

更大的移民群体成员(德国人、爱尔兰人和苏格兰人)发现保持欧洲生活方式更简单。有的少数民族群体主导了某些地区。在马里兰弗雷德里克(Frederick)附近,德语比英语更普遍;在北卡罗来纳的安森(Anson)和坎伯兰郡,你会觉得自己身处苏格兰。来自不同国家的移民者在同一地区定居时,民族矛盾常常浮现出来。比如,一个生活在宾夕法尼亚的德国牧师声称,苏格兰—爱尔兰移民"懒惰、浪荡而贫穷",并且"德国和英国血统以婚姻关系美满结合的情况十分罕见"。盎格鲁—美洲精英们有意加剧这类矛盾,以便分化对立,保持他们

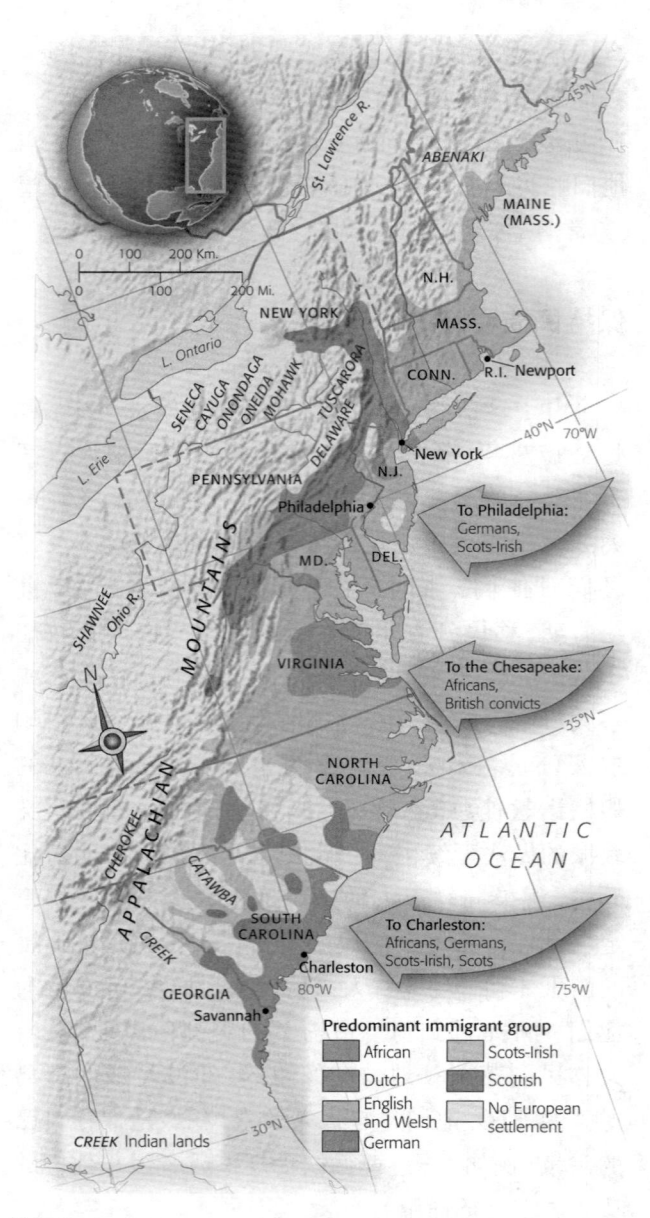

地图4.3 英属殖民地的非英裔民族群体，约1775年
1720年之后到达美洲的非非洲移民只能在定居点边缘住下，如图所示。苏格兰、苏格兰—爱尔兰、法国和德国新移民不得不前往边疆。荷兰人留在他们17世纪时定居的地方。非洲人集中在沿岸种植园地区。
来源：©圣智学习

的政治和经济权力，他们常常破坏殖民地慷慨的入籍法律，让许多长期定居的移民也无法在政府中发出声音。

精英们可能更倾向于忽略英国殖民地日益加强的种族和民族多样性，然而他们最终却无法做到。当他们在1770年代向独立前进时，他们认识到自己需要非英裔美洲人的支持。当他们开始为自己的目的寻求新支持者时，他们开始刻意地谈起"人权"，而非"英国自由"。

英属美洲的经济增长和发展

英属美洲人口的戏剧性增长导致殖民地经济的增长，尽管国际市场有很多不确定。英属殖民地与法属美洲殖民地以及西班牙属美洲殖民地的对比表现出许多显著区别。新西班牙北方边境的人口和经济发展停滞，因为与世隔绝的定居点没什么可供出口的产品。法属加拿大出口大量皮草和鱼类，但是政府的商业垄断确保了大多数利润最后属于宗主国，而不是殖民地。路易斯安那殖民地需要大量政府补贴才能生存，因此在所有法属美洲领地中，只有加勒比诸岛获得了经济繁荣。

商业和制造业

相反，在英属北美洲，每年增长的人口产生越来越大的商品和服务需求，导致小规模殖民地制造业以及复杂内部贸易网的发展。道路、桥梁、磨坊和商店拔地而起，满足许多新定居点的需求。活跃的沿海贸易得到发展；至1760年代后期，从波士顿港口出发的船只中超过一半驶往其他大陆殖民地。这样的船只不仅收集用于出口的货物、分配进口商品，同时还销售美洲本土生产的商品。这些殖民地不再完全依赖欧洲提供工业制品。有史以来第一次，美洲人口产生出足够的需求来支持本土制造业。

炼铁业成为规模最大的产业。切萨皮克和中部殖民地的炼铁工厂需要大规模的投资以及足够劳动力的协调——通常包括契约奴仆、罪犯和奴隶——他们负责开矿、伐木制造木炭，最后用木炭作为燃料将矿石熔化精炼成铁条。由于这项工作又脏又危险又艰难，罪犯和仆人常常企图逃跑，但是奴隶们却获得了学习宝贵技能以及积累财产的新渠道，因为他们做额外的工作可以获得补偿。至1775年，英属美洲殖民地的钢铁产品超过了英国本土。

尽管如此，外国贸易对于经济构成了主要影响。殖民地的繁荣很大程度上有赖于海外各国对美洲产品的需求，如烟草、稻米、靛蓝、鱼类和林木制品。销售这些物品让殖民者们获得所需的信用额度，用来购买英国和欧洲的进口商品。假如对美洲出口产品的需求放缓，殖民者的收入也会相应下降，他们对进口产品的购买力也会下降。商人们对于经济下降趋势尤为敏感，破产很常见。

富有和贫穷

虽然美洲的经济起伏不定，但是在18世纪慢慢增长。这种增长一部分来自出口商品获得的更高收入，相应地为所有拥有财产的美洲人创造了更高的生活水准。18世纪初期，当英国制造的产品价格相对于美洲收入呈下降趋势时，殖民地的家庭开始购买便利设施，如椅子和陶瓷碟子等。当贸易网络让人们易于获得更丰富的食物种类时，他们的饮食水准也获得了提高。1750年以后，富裕的家庭中开始出现奢侈物品，而普通人开始购买英国进口的陶器和茶壶。即使是最贫穷的财产所有者也拥有了更好和更丰富的家用物品。差别不在于人们拥有的物品种类，而在于这些财产的质量和数量。

然而经济增长的好处分布非常不均：富裕的美洲人相对于其他殖民者改善了自己的社会地位。到1750年，当地出生的经营家族主导着美洲的政治、经济和社会生活，18世纪开始，他们有足够的资本利用人口增长带来的变化。他们是出口经济作物和进口奢侈品的城市商人，将小农场出租给移民佃农的大地主，为富有的种植园主供应奴隶的奴隶商人。这一富有家族群体的崛起使18世纪中期美洲的社会和经济结构具有比以前更分明的等级。

新来者并没有获得前辈们的上升机会。尽管如此，乡村地区（95%的殖民者生活在这些地方）几乎没有自由定居者是真正赤贫的；至1750年至少三分之二的乡村住宅所有者拥有自己的土地。但是在城市中，劳工家庭生活在贫困的边缘，在所有地方，都有无地工人可供雇佣。至1760年代，申请救济的人们充斥着公共城市济贫系统，有的城市开始建造贫民习艺厂或救济院收容越来越多的老年人、体弱者、寡妇及其孩子们。

区域经济

在这个整体图景中，开始显现出不同的区域模式，部分原因是因为乔治王战争，也称奥地利王位继承战争（the War of the Austrian Succession）(1739—1748)。

新英格兰的出口经济依赖着与加勒比地区的贸易：北部森林提供建造船只所需的木材，这些船只将海鱼运往岛上甘蔗种植园，供奴隶们食用。战争的爆发为新英格兰船只和水手创造了巨大需求，因此经济蓬勃发展，但是新英格兰人在加勒比的战役中以及成功袭击路易斯堡（Louisbourg）(位于现代新斯科舍）时遭受了巨大的人员和物资损失，这场战役的胜利保护了通往新法兰西的航道。当造船业的繁荣随着战争结束而结束时，经济开始停滞，寡妇和孤儿们开始抢占救济名额。英国甚至在《艾克斯·拉·沙佩勒条约》（Treaty of Aix-la Chapelle）(1748）中将路易斯堡归还给了法国。

与之形成对比的是，乔治王战争及其后果为中部殖民地和切萨皮克带来了繁荣，因为这两个地区肥沃的土壤和更长的种植季节毫不费力地生产出足够的谷物。1748年之后，当欧洲的一系列歉收导致面粉价格快速上涨时，费城和纽约在粮食贸易中获得了领先地位。一些切萨皮克种植园主开始将烟草田地改种小麦和玉米。烟草仍然是大陆殖民地最大的单一出口商品，然而谷物种植的开始通过鼓励港口市镇（如巴尔的摩）的发展对切萨皮克定居点的模式造成了重大改变，商人们和造船业主们建立商号处理这一新的贸易。

南卡罗来纳的经济作物是稻米，这决定了它独特的经济模式以及处在大西洋飓风带上的地理位置。像加勒比地区的蔗糖一样，该殖民地的稻米和靛蓝作物时不时被剧烈的风暴毁于一旦，导致艰难

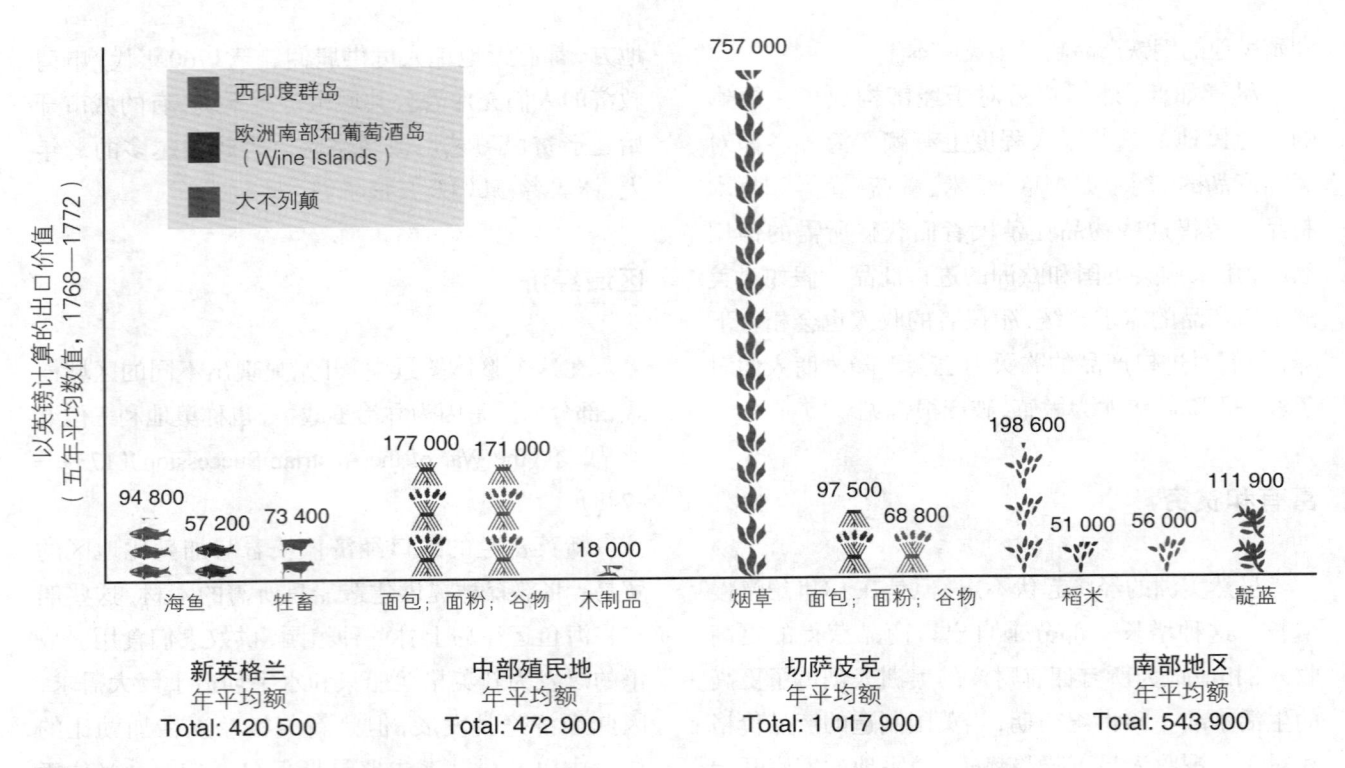

图 4.1

如上图所示，美洲大陆英属殖民地的不同地区有着显著不同的贸易模式：他们向不同市场出口不同的产品。至此为止价值最高的出口产品是切萨皮克奴隶们种植的烟草。

来源：改编自詹姆斯·F.谢菲尔德（James F. Shepherd）与盖里·M.沃尔顿（Gary M. Walton）的《北美洲殖民地的船运、海洋贸易和经济发展》（Shipping, Maritime Trade, and the Economic Development of Colonial North America）（剑桥大学出版社，1972）。

和破产。然而1730年国会将稻米从限制产品清单中剔除之后，南卡罗来纳因为直接与欧洲大陆进行贸易开始繁荣起来。战争的爆发打断了这一贸易，该殖民地开始进入萧条时期，直到1760年代欧洲需求重新上升才结束。不过，总体而言南卡罗来纳比其他英属殖民地的经济发展速度更快，而且到美国革命时期，它在大陆英属美洲殖民地中拥有最高的不动产所有者平均财富水平。

最新的英国定居点佐治亚与南卡罗来纳息息相关，1732年该殖民地获得批准，成为被从监狱释放并移民的英国债务人的避风港。在殖民地的建立者詹姆斯·奥格尔索普（James Oglethorpe）的构想中，佐治亚将成为居住着强悍农民的守备地区，他们可以保护英国定居点的南侧，使其不受西班牙属佛罗里达的进犯。因此，他授权禁止使用奴隶，以确保殖民地中所有的成年男性都能成为它的守护者。但是南卡罗来纳的水稻种植园主在1751年成功将此限制撤

销。自此以后，他们彻底地侵占了佐治亚，该殖民地尽管政治上独立并于1752年成为皇家殖民地，但是仍变成了肖似南卡罗来纳的稻米种植奴隶社会。

乔治王战争一开始对新英格兰人有利，损害了南卡罗来纳和佐治亚的利益，但是长期而言这些效果发生了逆转。在切萨皮克和中部殖民地，战争带来了长时间的繁荣。这些变化体现出英国美洲大陆殖民地在帝国内部截然不同的经历。尽管沿海贸易不断增长，但殖民地的经济命运并非取决于它们的北美邻居，而是取决于欧洲及加勒比地区动荡的市场。假如不是因为英国帝国体系不可预见的危机（将在第五章中讨论），它们很难下定决心同心戮力。即使有了这样的推动力，它们仍然发现保持团结很难。

殖民地文化

至1750年，英属美洲领地的人口比起半个世纪

前不但更稠密且更多样,而且贫富两极分化越发严重,在发展的城市中尤其显著。当地出生的殖民地精英们试图通过各种方式将自己与普通人划清界限,与此同时,他们巩固着自己对于当地经济和政治权力的控制。

上流文化

一位历史学家将这些进程描述为"美洲的上流化"。通过贸易、农业或制造业获得财富的殖民者们一掷千金,他们穿着时尚,乘坐由身穿制服的仆人们驾驭的马车,举办奢侈的宴会招待彼此。最值得注意的是,他们建造包括各种社交功能的大宅邸,如舞蹈、玩纸牌或喝茶。条件足够优越的人们享受"休闲"时光(这在北美洲是首创),他们去欣赏音乐会和戏剧,赌马,玩台球和其他游戏。他们还养成了风度翩翩的礼仪规范,采用程式化的语言形式,对"得体"的行为方式十分注重。尽管财富积聚的效果在英属美洲殖民地中最为显著,然而新墨西哥、路易斯安那和魁北克的精英家族也将自己与"平民"区分开来。这些富有的家族一起刻意构建了一种与其他普通殖民者大相径庭的上流文化。

来自这些家族的人们不仅以财产以及殖民地政治、社会和经济阶层中的地位为傲,还拥有骄人的教育水平和与欧洲的文化联系。许多人由家族雇佣的家庭教师授课;有些人甚至去欧洲或美洲的大学学习(哈佛大学是最早的殖民地大学,成立于1636年;威廉和玛丽创立于1693年;耶鲁创立于1701年;接着还有其他几所大学相继创立,包括创立于1747年的普林斯顿)。在17世纪,只有上进的神职人员上大学,学习包括古代语言和神学在内的课程。然而至18世纪中期,学院纷纷扩展了自己的课程,包括数学、自然科学、法律和医学。因此,极少数精英家庭和上升家庭的年轻男性为未来的职业而非神职进入学院学习。美洲女性一般被排除在先进的教育之外,只有少数进入加拿大或路易斯安那的修道院学习,在修道院的围墙内进行长期学习。

启蒙运动

被称作启蒙运动的思潮深刻地影响了领导殖民地学院的博学的神职人员和他们的学生们。大约1650年,为了确定宇宙的法则,一些欧洲思想家开始分析自然。他们运用实验和抽象推理发现行星、恒星、物体坠落等现象背后的普遍原则,以及光与声音的特征等。最重要的是,启蒙哲学家们强调通过理性获得知识,尤其乐于挑战原本未受质疑的假定。例如,约翰·洛克(John Locke)的《人类理解论》(1690)反驳了人类生而具有内在思想的观念。洛克声称,所有知识都来自一个人对外部世界的观察。因此对巫术或占星术的信仰和其他类似现象受到了抨击。

启蒙运动对于欧洲和美洲受过良好教育、生活

▲ 画家约翰·辛格顿·科普利(John Singleton Copley)于1769年创作的这幅肖像画描绘了富有的朗姆酒蒸馏厂主詹姆斯·史密斯的妻子伊丽莎白·莫里。她时髦的着装和姿态让她看上去似乎是个有闲阶级的夫人,然而婚前和婚后这位苏格兰移民都在波士顿经营着一家成功的干货店。因此,她同时迎合和参与了新的消费文化。

图片来源:W.R.罗杰斯和玛丽·C.罗杰斯所赠。美术博物馆,波士顿。允许复制,美术博物馆,波士顿。

优越的人们产生了巨大的影响。它为他们提供了共同的语汇以及统一的世界观,根据这种观点,启蒙运动后的18世纪比以前所有时代更好、更明智。这一运动让他们戮力同心,努力解释上帝的造物规律。因此,美洲自然主义者,如约翰和威廉·巴特兰(Willaim Bartram)为欧洲科学家们提供关于新世界植物和动物的信息,用于新创造的普遍分类体系。而对于天文学感兴趣的美洲人,也通过研究1769年罕见的金星凌日现象参与了全球研究太阳系的热潮。美洲参与启蒙运动的重要人物是本杰明·弗兰克林,1748年,只有42岁的他退出了成功的印刷事业,从此将自己奉献给了科学实验和公共服务。他的《电学实验与观察》(1751)至今仍在使用。

启蒙理性主义不但影响科学,还影响了政治。洛克的《政府论》(*Two Treatises of Government*)(1691)和其他法国及苏格兰哲学家的著作挑战了源自家庭中父权的神授阶级政治秩序的观念。洛克声称,是人创造了政府,所以他们有权改变它,挑战社会契约。无法保护人民权利的统治者可以以和平方式——甚至以暴力途径——被合法地罢免。启蒙理论家们宣称,政府应该以人民的福利为目的。正确的政治秩序可以防止独裁者的产生,上帝的自然法则甚至可以统治君主的权威。

口头文化

探讨这些思想的世界只属于少数人,而非多数人。大多数北美洲的居民都不识字。即使他们有阅读能力——这些人在法属美洲和西班牙属美洲只是凤毛麟角,在英属美洲人中则占了三分之二——通常也不会书写。直到1750年代,书籍都很稀罕,而殖民地报纸直到1720年代才开始出版。父母、长兄或长姐以及需要额外收入的当地寡妇们教年轻人阅读;几年之后,更幸运的男孩们(以及1750年代之后上流家庭的女孩们)或许可以去私立学校学习书写。除了南方一些英国国教的传教士以外,很少有美洲人试图指导奴隶的孩子。只有最热忱的印第安皈依者会学习欧洲读写技能。

因此,北美洲的文化主要是口头的、公共的,并且至少在18世纪前半叶具有强烈的本土特征。面对面的对话是主要的交流方式。信息传播的速度非常慢,而且只在相对封闭的区域内传播。不同的地区发展出不同的文化传统,种族和民族差异又强化了这些差异。公共仪式是殖民者们巩固文化身份的主要途径。

宗教和公民仪式

去教堂做礼拜大概是这类仪式中最重要的一种。在公理会(清教)教堂,教堂领袖根据社区中的地位来分配座位。在早期的新英格兰,男人和女人们相对坐于过道的两边,根据年龄、财产以及是否为正式教会成员来排序。至18世纪中期,富有的男性和他们的妻子坐在私有的条凳上;他们的孩子、仆人、奴隶和不那么幸运的人们则仍然以性别隔离的方式坐在后排、旁边或者教堂的阳台上。在18世纪的弗吉尼亚,英国郊区教堂中的席位也服从于当地的地位阶层。种植园家庭购买自己专用的条凳,在一些教区,拥有土地的绅士们习惯于在礼拜开始之前的一刻才三五成群姗姗来迟,故意吸引别人注意他们的超然地位。在魁北克城,整齐的队伍走进教区教堂,庆祝天主教节日;每个参与者的社会等级决定了他在队伍中间的位置。相反,宾夕法尼亚和其他地区的贵格会礼拜堂使用平等主义但是性别分离的排位系统。围绕着人们进入殖民地教堂并落座的不同仪式,象征着他们的社会地位以及当地社区的价值观。

公共文化同样以公民领域为中心。在新英格兰,政府将感恩节(感谢丰收、军事胜利,等等)、禁食日和祈祷日(当殖民地遭受如干旱或疫情等艰难时期)作为官方日。在这些场合,每个人都需要参加在教堂举行的公共仪式。因为十六岁和六十岁之间所有身体健全的男性,都必须在当地民兵营中服役——殖民地中唯一的军事力量——每个月的召集,也将社区的人们集合在一起。

在切萨皮克,重要的仪式在法庭和选举日举

放眼天下

天花接种

天花是全世界最可怕的人类杀手，它反复蹂躏北美洲，无论殖民者还是印第安人都无法幸免。因此，1721年4月，当海马号（Seahorse）携带着感染天花的人们从加勒比到达波士顿时，新英格兰人害怕发生最糟糕的情况。当局命令船只和乘客们进行检疫隔离，但是已经太晚了：天花病毒逃到了城市里，到6月，几十人已经感染了这种可怕的疾病。

然而或许不无希望。伦敦皇家学会（London's Royal Society）（一个促进科学启蒙主义方法的组织）牧师科顿·马瑟（Reverend Cotton Mather）曾在两年前的协会期刊中读到过两个医生的记述——一个在君士坦丁堡，另一个在士麦那（Smyrna）——他们记录了一种欧洲人并不知晓，但是在北非和中东广为流传的医疗技术。这种技术被称作接种，即从患者的脓包（或痘疹）中获取脓液，注入健康人手臂上的小切口。幸运的话，这个人可能感染轻微的天花，然后获得对该病毒终生的免疫力。他的奴隶奥尼希摩斯（Onesimus）更激发了马瑟对于接种的兴趣，这个北非人年轻时可能接种过天花，他向他的主人详细地描述了这个过程。

疫情在城中肆虐，马瑟在当地的医学社团中传播手稿，提倡将接种作为当前疫病的解决方法。但是城里几乎所有的医生都把他的想法当作天方夜谭，并挑战他的理论来源——尤其诋毁他依靠奥尼希摩斯提供信息。马瑟只赢得了一个支持者，扎伯蒂尔·伯依斯顿（Zabdiel Boylston），一位医生兼药剂师。这两个人为自己的孩子和其他两百人左右进行了接种，尽管他们遭受了强烈反对，甚至有人企图炸他的房子。然而在疫情结束时，波士顿人清楚地看到了结果：接种的人中，只有3%死亡；而其他以"自然方式"面对疾病的人中，死亡率达到了15%。即使是马瑟最坚定的反对者也被说服了，从此支持将接种作为天花的治疗手段。马瑟为皇家学会撰写了报告，随着这些报告的发表，英国的贵族家庭也开始接受接种。

因此，通过由启蒙主义和奴隶制巩固的跨太平洋联系，美洲殖民者们学会了如何与这种最致命的疾病战斗。如今，多亏世界卫生组织（World Health Organization）的努力，天花已经被完全根除。

▲ 在科顿·马瑟和他通过接种法与波士顿天花疫情作斗争的几年之后，扎伯蒂尔·伯依斯顿在伦敦出版了这本小册子，传播他们成功的消息。献给威尔士公主的题词暗示着该贵族家庭对这一过程的支持。

图片来源：私人收藏/图像研究顾问和档案

▲ 于1740年在伦敦初版的托马斯·迪尔沃什（Thomas Dilworth）的《新英语指南》（*A New Guide to the English Tongue*），七年之后，由本杰明·弗兰克林在费城重印，这是最受欢迎的殖民地儿童拼写和阅读教学课本之一。它运用了作者所谓的"循序渐进"法，先介绍两个字母的单词，然后是三个字母、四个字母以及更长的单词，并且小心翼翼地摈除了可能"引起散漫或混乱思想"的词。

办。郡县法庭集会时，人们前来提起诉讼、担任证人或者陪审团。出席庭审成为一种公民教育的方式；人们通过旁观审判进程，学习邻居们对他们的行为存在哪些期待。选举也起到同样的作用。拥有产业的人们公开投票选举官员。他们通常站在候选者中间，每个选民被叫上前来，宣布自己的意向。接着得到口头选票的先生会礼貌地感谢投票者。依照传统，候选人事后会在附近的酒馆中请他们的支持者喝朗姆酒。

在北美洲殖民地的所有地方，公开惩处罪犯不仅是为了羞辱罪犯，也是为了提醒社区成员遵守得体的行为规范。公开绞刑或鞭刑以及坐畜棚的命令，表达了公众对于犯罪的愤怒以及重新恢复和谐的期望。法官们常常宣判以特别的方式羞辱歹徒的刑罚。例如在得克萨斯圣安东尼奥，一个偷牛的小偷被宣判"脖子上挂着肠子"游街；而当一个新墨西哥人攻击自己的岳父时，他不仅被勒令赔偿医药费，而且必须公开对岳父下跪赔礼道歉，获得对方的原谅。新英格兰人在被宣判死刑缓刑时，并不能因此逃脱公开侮辱：他们常常被勒令在脖子上套一条绞索，不断提醒着他们自己、他们的家人以及他们的邻居，这些人恶劣地违反了社会规范。

消费仪式

至1770年，英属美洲家庭平均将支出的四分之一用于购买消费品，这助长了以消费为中心的新仪式。这种购买行为在北美洲的各种居民中建立了新的联系，创造了历史学家们所谓的"商品帝国"。最初是非必需品的购买。在17世纪，定居者们和邻居们以物易物，或者向宗主国的商人购买必需品。至18世纪中期，专营商店开始在费城或新奥尔良这样的城市中迅速扩张。1770年，光波士顿就有超过五百家商店，为消费者们提供了丰富多样的女帽、缝纫用品、烟草、手套、餐具，等等。即使是小镇也有一两个零售店。殖民者们会留出时间用于"购物"，这是一种令人愉悦的新休闲活动。购买某个物品——如一个陶瓷碗、一面镜子或一匹美丽的面料——开启了消费仪式。

消费者们会以得体的方式使用他们购买的东西：把镜子挂在墙上显眼处，在桌上或餐边柜里展示碗碟，把面料做成独特的服饰。殖民者们因为拥有可爱的物件感到愉快，但是他们同样乐于骄傲地向亲戚和邻居们公开展示购买的商品（并通过这一行为表现自己的财富和品位）。富人或许会雇佣画师画下他们使用这些物品或是身穿这些服饰的形

▶ 被判刑的罪犯在他们的朋友、亲人和邻居面前受到公开惩罚和羞辱。一个人或许会因为藐视权威、酗酒、混乱行为或盗窃被关进畜棚。这种做法的目的不仅仅是为了阻止他再犯，更是为了让所有看到他羞耻姿态的人以他的命运作为前车之鉴。

图片来源：国会图书馆

象，这样就创造了图像记录，这些画也同样被展示出来供他人欣赏。

住在乡村的穷人也加入了这些新潮流，以购买廉价的商品为乐趣。18世纪弗吉尼亚某偏僻乡村的一个店主的账本显示，假如顾客们缺少现金的话，他也接受以物易物。一个女人用母鸡和小鸡换得一只白蜡盘；另一个则用几码手织布换得一块华丽的面料、一些缎带和一条项链。当地奴隶们用自由时间种的棉花换取彩色缎带和帽子，他们一定满怀自豪感地佩戴这些帽子。还有人购买镜子，这样就可以看到自己穿戴这些物品的样子。

茶和马德拉

喝茶是女性运用和主导的消费仪式，在英属美洲殖民地的城市和乡村中都扮演着重要的角色。有望进入上流阶层的家庭想方设法购买饮茶必要的物件：不仅仅是茶壶和杯子，还有茶滤、糖夹、碗，甚至专用的桌子。茶为社交提供了一个焦点，因为它的成本，茶成为一个关键的地位象征。富有的女性定期在午后茶会上招待他们的男性和女性朋友。这种温和提神的热饮看上去也很健康。因此，即使是穷人家也有喝茶的习惯，尽管他们负担不起富有邻居们使用的华丽器皿。一些莫霍克印第安人也接受了这个习惯，这让一位1740年代看到他们喝茶的瑞典游客大吃一惊。

另一种与士绅地位有关的饮品是由拥有跨大西洋家族关系的商人们从葡萄牙岛屿引进的马德拉酒。至1770年，马德拉酒成为最受精英阶层欢迎的饮料，购买和以得体方式饮用都很昂贵。开瓶、醒酒、倒入醒酒器、然后倒进专用的玻璃杯中，整个过程繁复而富有仪式感。不同地区的殖民地消费者有着各不相同的品味，不同的制造商和商人们满足他们的需求；大陆的殖民者偏爱用纯马德拉酒兑白兰地喝，而加勒比的居民喜欢较深较甜的葡萄酒，不加烈酒。从1750年代开始，城市居民们可以在专卖店里买到这些酒。他们喝的许多酒多半是走私的，因为广告出售的酒比海关的记录更多。

"中间立场"的仪式

其他几种仪式让北美殖民地的各种文化可以进行互动。尤其是历史学家理查德·怀特称之为"中间立场"的重要仪式——即印第安人和欧洲人相遇的心理和地理空间。这些文化遭遇绝大多数发生在贸易或战争背景下。

当欧洲人想方设法与印第安人进行贸易时，他们遇到了一种当地的交换体系，强调赠礼而非正式

◀ 这张贸易卡（广告）是一个费城烟草商人在1770年印发的，描绘了一群富人在酒馆交际的画面。这里描绘的两种活动和广告本身都体现了消费主义的新仪式。只有当顾客可以选择不同的花钱方式时，商人才开始打广告。

图片来源：费城图书馆公司

化的购买和出售。成功的讨价还价需要法国和英国商人向印第安人赠送礼物（布料、朗姆酒、火药和其他物品），然后对方会投桃报李，最后正式贸易才开始启动。而且这种交易通常要迎合当地民族的偏好。比如，北美洲东北部的印第安人喜欢叫做"粗呢"的厚重面料。因为英国制造商会特地为了当地人的需求制造这种面料，所以英国商人很快获得了相对于法国竞争者们的优势。朗姆酒成为许多贸易仪式中重要的组成部分，这对印第安社会造成了不利影响。商人们从经验中得知，喝醉的印第安人会以更低廉的价格出售他们的皮草，而且一些猎人得不到朗姆酒就不愿意打猎。酒精滥用加速了村庄情况的恶化，这些村庄已经因疾病和混乱遭到破坏。

跨文化仪式同样得到发展以对抗凶杀。印第安人和欧洲人都相信凶杀需要补偿行为，但是对于采用哪种行为产生了分歧。对于印第安人来说，"以牙还牙"的复仇只是许多种对凶杀的回应方式之一。俘虏另一个可以代替死者的印第安人或殖民者也可以补偿，或者"补偿死者损失"——即为死者的家庭提供补偿的物品，这是在边境维护和平的关键策略。最终，法国人和阿尔冈昆人发展出一种复杂的处理边境谋杀的仪式，包括两个社会传统的元素：谋杀案受到调查，确定谋杀者，但是在双方同意下，死亡通常可以用商品"补偿"而非以命抵命。

殖民地家庭

殖民地家庭（而非个人）构成了殖民地社会的基本单位，从未结婚的成年人非常罕见。人们组成家庭生活在一起，家庭通常由一对夫妻领导，在每个地方，家庭都构成主要的生产和消费机制。然而家庭形式和结构在不同的美洲殖民地之间有着巨大的差异。

印第安和混血家庭

随着欧洲人巩固他们对北美洲的控制，印第安人开始改变自己以适应全新的环境。部落的成员数量因为疾病和战争而减少，于是他们重新组合成新的单位；例如，1730年代，卡罗来纳西部的卡托巴人（Catawbas）合并了几个早期部落，开始崛起，包括雅玛西人和加尔人。类似的，欧洲世俗和宗教权威重新塑造了印第安的家庭形式。许多印第安社会允许轻易离婚，而欧洲教区则对这种行为非常不满；允许一夫多妻婚姻的社会（包括新英格兰阿尔冈昆人）重新定义了这样的关系，将其中一个妻子定义为"合法妻子"，而其他则是"妾室"。

持续的高死亡率造就了印第安社会的特点，在这些社会中，远亲关系有着新的重要性，当父母死亡之后，其他亲戚——有时候甚至是非亲属——承担了养育孩子的责任。除此以外，当欧洲人在任何地区建立权威时，那里的印第安人再也无法追求传统的生存方式。这导致了一些不同寻常的家庭结构以及一系列经济策略。例如在新英格兰，阿尔冈昆丈夫和妻子不能一起生活，因为成年人在异地工作以求谋生（或许妻子们去当家仆，而丈夫们则当水手）。有的当地女人嫁给非裔美洲男人，两个种族的人口性别比例失调鼓励了这样的结合。而在新墨西哥，部落解体的纳瓦霍、普埃布罗人、派尤特人和阿帕契人被边境小城镇的西班牙定居者们雇为仆人。他们被统称为"格尼扎罗人（genizaros）"，失去了与印第安文化的联系，而是生活在西班牙社会的边缘。

在任何欧洲女性比例相对较少的地方，私通（婚内或婚外）常常在欧洲男性和印第安女性之间发生。导致的欧印混血（mestizos）和白黑混血（metis）人口在家族的"中间立场"中工作，以缓和其他文化接触。在新法兰西和盎格鲁—美洲偏远地区，这样的家庭常常生活在印第安村落中，并且融入商业网络之中。这些结合产生的孩子们常常成为美洲当地社会的领袖。比如有着肖尼母亲和法国父亲的彼得·查特（Peter Chartier）在1740年代的宾夕法尼亚西部领导着一个支持法国的肖尼部落。与之相反，在西班牙边境，欧洲人和格尼扎罗人的后代被视为堕落的个体。他们无法得到合法婚姻的特权，生出一代代有着不同种族混血的"私生"子女，使西班牙社会中产生出许多精确描述肤色深度的标签，而这在法属美洲或英属美洲是前所未有的。

欧洲裔美洲家庭

18世纪的英裔美洲人用"家庭"一词指称一个屋檐下的所有人（包括所有住家的仆人或奴隶）。

▲ 在18世纪的西班牙，混血北美洲家庭的存在引起极大的好奇心，造就了所谓"角色画（casta paintings）"市场，专门描绘各种混血家庭。1763年，墨西哥艺术家米格尔·卡布雷拉（Miguel Cabrera）描绘了一个西班牙父亲和一个印第安母亲以及他们的混血女儿。类似这幅理想化画作的真实家庭可以在当时的新墨西哥看到。

图片来源：斯卡拉/纽约艺术资源；西班牙马德里美洲博物馆

许多迁往北美洲的欧洲移民都比印第安人和混血儿有着更稳定的家庭生活。欧洲男性和他们的寡妇统领着远比今日美国家庭更大的家族。在1790年，美国家庭平均包括5.7个自由民；这些家庭中很少有父母子女兄弟以外的亲属，比如祖父母。以血缘或奴役关系为纽带的家庭成员一起制造用于消耗或出售的产品。一家之主对外代表家庭，在选举中投票，管理经济事务，并且对于其他家庭成员拥有合法权威——他的妻子、他的孩子和他的仆人及奴隶。

在英属、法属和西班牙属美洲，大多数欧洲家庭以农业为生，比如种植农作物和蓄养牲畜。工作的规模和特质各不相同：路易斯安那的靛蓝种植或切萨皮克的烟草种植，与新英格兰自给自足的农场模式或新墨西哥和得克萨斯的养牛场，需要不同的劳动力种类。尽管如此，就如第一章中讨论过的欧洲、非洲和印第安社会，家庭中的事务是根据性别分配的。主人、他的儿子们、男性仆人或奴隶承担一类杂务；女主人、她的女儿、女性仆人或奴隶则承担另一类杂务。

女人们负责英裔美洲人所谓的"内宅事务"。她和她的女性帮手们准备食物、打扫房子、洗衣，通常还负责制作服装。准备食物包括在花园中种植和培育植物、采摘和保存蔬菜、腌制和熏制肉类、压榨苹果制作苹果酒、挤奶以及制作黄油和奶酪，更不用提烹饪和烘焙。一家之主和他的男性帮手们则负责"主外"，他们也有着繁重的劳动任务。他们在农田中耕种和培育作物、伐木用作燃料、收割和出售作物、照顾牲畜、宰杀牛和猪，为家庭提供肉食。维持农场家庭生活的工作十分繁杂，所以夫妻两个人仅靠自己忙不过来。假如他们没有孩子帮忙的话，就只能找仆人或奴隶。

非裔美洲家庭

大多数非裔美洲家庭都作为欧裔美洲家庭的一部分生活。他们有时候生活在种植园中，主人们将之视为一个大家庭的人。超过95%的殖民地非裔美洲人是永久奴隶。尽管许多人生活在农场中，只有一两个奴隶同伴，但是其他人却有着在黑人群体中生活和工作的经验。在南卡罗来纳，大多数人口都有着非洲血统；在佐治亚，非洲血统的人口大约占总人口的一半；在切萨皮克，40%。至1790年，卡罗来纳低地非裔美洲人的比例接近90%。

非裔美洲人生活的环境决定了他们家庭的形态，然而在任何地方，只要有可能，奴隶们就会建立起家庭结构，在卡罗来纳，年轻人按照非洲的取名

▲ 18世纪费城，威廉·L.布雷顿（William L. Breton）的水彩画《老伦敦咖啡馆》（The Old London Coffee House），描绘了门廊下正在进行的一场奴隶拍卖会。这样的场景可能发生在任何著名或受欢迎的集会场所，表明殖民地中奴隶制的无处不在，无论是北方还是南方。

图片来源：宾夕法尼亚历史协会

模式被冠以亲人的名字。在北方,黑人的稀少使得奴隶们组建稳定家庭非常困难。在切萨皮克,认为自己已婚的男性和女性(奴隶们无法合法结婚)常常生活在不同的住所,甚至生活在不同的种植园中。孩子们通常随着母亲一起生活,只有星期天才能见到他们的父亲。与此同时,人口的自然增长导致美洲出生的切萨皮克奴隶之间有着广泛的血缘网络。在卡罗来纳和佐治亚的稻米大种植园中,奴隶夫妇通常和孩子们生活在一起,而且在完成每天的"任务"之后还能为自己劳动,积累财产。一些佐治亚奴隶将多余的产出在萨瓦那(Savannah)的市场上出售,挣钱购买漂亮的布料或烟草、珠宝等奢侈品,但是绝少有人攒下足够钱赎回自由。

反抗的形式

由于所有英国殖民地法律都允许奴隶制,所以奴隶们几乎不能选择逃避奴役,除非逃往佛罗里达,在那里西班牙人会为他们提供庇护。一些新近到达美洲的非洲人盗窃船只,试图回到家乡,或者成群结队地逃亡到边境地区,加入印第安人或者建立独立的社区。在美洲出生的奴隶中间,家庭联系对这些决定影响很大。南卡罗来纳的种植园主们很快发现,正如一个人所写的那样,奴隶们"很热爱自己的家庭,没有人会丢下家人独自逃走",于是许多奴隶主出于实用的目的想方设法让家庭成员们生活在一起。在切萨皮克,家庭成员通常分开居住,所以亲情可能导致奴隶们出逃,尤其当一个家庭成员被卖到或迁徙到相距遥远的地方。

尽管殖民地奴隶很少集体反叛,但是他们常常用其他方式反抗奴隶制。奴隶们一致反抗奴隶主免费征用他们的周日时间。亲戚群体抗议亲戚们受到的过分惩罚,并谋求住在彼此附近。世世代代居住在同一个种植园中的非裔美洲家庭中产生的联系成为奴隶制下朝不保夕生活的一种保障。假如父母和孩子们因为被出售到不同的地方而分开,其他亲戚可以帮忙抚养孩子。在非裔美洲人中间,就和印第安人一样,延伸家庭因此比在欧洲裔美洲人中起着更重要的作用。

大多数奴隶家庭都可以用辛勤劳动创造出一小部分的自治权,尤其是在工作和精神生活领域,特别是在南部低地。沦为奴隶的穆斯林常常坚持自己的伊斯兰信仰,这种模式在路易斯安那和佐治亚尤为明显。有的非裔美洲人保留了传统的信仰,而其他人则皈依基督教(常常保留了一些非洲元素),他们的新宗教保证所有人在天堂中都将获得自由和平等,于是他们从中寻求慰藉。南卡罗来纳和佐治亚的奴隶们谨慎地捍卫自己的习俗力量,在完成"任务"之后掌控自己的时间。即使在切萨皮克的烟草种植园中,奴隶们也耕种自己的花园、设陷阱捕捉野生动物或捕鱼,补充奴隶主们提供的可怜食物。该世纪后期,一些拥有过剩劳动力的切萨皮克种植园主开始将奴隶们雇佣给其他人,并且常常允许劳工们保留一小部分收入。他们通过这些途径积累的财产可以用来购买非必需品或是作为遗产赠给孩子。

城市生活

正如非裔美洲人和欧洲裔美洲人一起生活在种植园中,他们在城市社区中也比邻而居。(在1760年代的费城,五分之一劳动力是奴隶,至1775年黑人占纽约市人口的近15%)。这样的城市按照今天的标准来看不过是中等规模。1750年,最大的城市波士顿和费城居民人口分别只有17 000和13 000。尽管如此,城市生活与北方的农场、南方的种植园或西南的牧场有着很大的区别。各处的城市居民都在市场上购买食物和木材。城市居民根据钟表显示的时间作息,而非日出日落,男人们的工作常常需要他们离家。比起乡村居民,城里人与家庭以外的世界接触的机会也要多得多。

至1750年代,大多数主要城市至少有一份周报,有的甚至有两三份。英裔美洲人报纸发表最新的"伦敦建议"(通常有两三个月时间的延迟)以及其他殖民地的消息,还有本土报道。人们可以在酒馆和咖啡馆中获得报纸(通常有人大声朗读),于是那些买不起报纸甚至目不识丁的人也可以知道新闻。然而，与外部世界的联系也有一些缺点。水手们有时候会将致命的疾病带到港口。波士顿、纽约、费城和新奥尔良遭受了可怕的天花和黄热病的流行，大多数农村的欧洲人和非洲人则逃过一劫。

政治：英属美洲的稳定和危机

18世纪早期，英裔美洲人的政治生活表现出新的稳定性。除了大量来自海外的移民以外，大多数大陆居民都出生于美洲。来自上流家庭的人们在每个地区的政治结构中占领主导地位，因为投票人（自由男性财产拥有者）倾向于在选举中服从高人一等的受过良好教育的人们。

殖民地议会

在所有英属美洲殖民地中，政治领袖们想方设法增强选举议会相对于总督和其他委任官员的权力。议会开始主张与英国众议院相关的特权，比如税收立法以及控制军队的权力。议会还发展出许多影响英国委派官员的手段，尤其是威胁扣留他们的薪酬。在一些殖民地（如弗吉尼亚和南卡罗来纳），议会中的精英成员常常联合起来对抗皇家官员，但是在其他一些地区（比如纽约），他们内部之间长期争斗不休。为了赢得竞争激烈的选举，纽约的上流阶层领袖们开始设法获得"人民"的支持，公开竞争选票。然而在1735年，纽约政府因为过于激烈地抨击政府行为将报社编辑约翰·彼得·曾格逮捕

◀ 在殖民地城市中，火灾成为主要的灾难。17世纪和18世纪有几个城市在持续数个小时不受控制的火灾中遭受重大损失。在18世纪中期，像纽约这样的城市组织了志愿公司，比如图片所示的大约1750年无名街道上的手拉手公司（Hand-in-Hand）。图片左边，消防员从水井中将一桶桶水传到右边的引擎处，两侧的人们控制水泵，将水柱冲向火焰。引擎的右边，领头的人用喇叭朝人们喊话，画面最后边的人们从着火的建筑中将物品搬运出来。

图片来源：斯托克斯收藏，纽约公共图书馆

入狱。曾格的律师为他受到的"煽动性诽谤"指控辩护，认为说出真相不可能是诽谤，因此为现在美国法律中的新闻自由原则做出了贡献。

议会成员认为自己积极捍卫殖民者权利，防止侵害殖民者的自由——比如，防止总督们强制征收不公的税赋。至该世纪中期，他们将自己政府的结构与英国平衡的政体进行比较，后者据说是君主制、贵族制与从古希腊和古罗马时代就备受推崇的民主制的结合体。政治领袖们进行了大致的类比，将他们的总督等同于君主，他们的委员会等同于贵族，他们的议会等同于众议院。人们相信，这三者对于良好的政府都是必不可少的，然而英裔美洲人并不以同样赞同的态度看待它们。他们将总督和委派的委员会视为英国的代表，他们对于殖民地习以为常的生活方式造成了潜在的威胁。然而，许多殖民者将议会视为人民的保护者。反过来，议会也将自己视为人民的代表。

然而这样的信念不应该与现代做法等同起来。这些议会大多由势力强大的家族控制，这些家族的成员们年复一年当选议员，很少关注贫穷选民的利益。尽管定居点持续扩张，但是议会却没能重新调整自己的构成，这导致了边远地区居民的严重不满，尤其是那些来自非英裔族群的人们。殖民地将议会视为人民代表、自由捍卫者的理想因此必定与殖民地的现实大相径庭：受到最积极捍卫和巧妙代表的必然是富有的男性殖民者，尤其是议员本身。

在世纪中期，在相对平静的时期内稳定下来的政治结构遭遇了一系列危机。没有哪个危机影响所有殖民地，但是也没有哪个殖民地毫发无损地幸免于难。各种危机——民族、种族、经济、区域性——暴露出多元美洲社会不断累积的内部矛盾，预示了独立战争时期更严重的混乱。最重要的是，它们证明光荣革命后的政治权已不再适于统治英属美洲帝国。再一次，变化必不可少并且将不日而至。

南卡罗来纳和纽约的奴隶反抗

其中一次危机发生在南卡罗来纳。1739年9月9日星期天一早，大约二十个男性奴隶，大多数可能是来自刚果的天主教徒，聚集在查尔斯顿南部的史陶诺河（Stono River）附近。9月是稻米收获的中期（因此对于非洲男性来说是一个压力非常大的时期，与女性相比，他们对稻米种植不太熟悉），对天主教徒来说，9月8日是圣母马利亚的诞生日，在刚果，圣母马利亚受到热忱的崇敬。这些奴隶抢夺枪支和弹药，杀害店主和附近的种植园家庭。接着，其他当地奴隶加入了他们的行列，一众人马朝着佛罗里达行进，希望能获得庇护。然而，到中午，该地区的奴隶主都收到了警报。那天下午，一个民兵部队袭击了逃亡者，这时逃亡人数已经达到了大约百人，民兵杀死了一些人，将其他人驱散。一个多星期之后，大多数剩下的共谀者被逮捕。殖民地很快处死了幸存者，但是两年后，关于逃亡叛徒的谣言在殖民地广为流传。

史陶诺动乱震惊了卡罗来纳奴隶主和其他殖民地的居民。在整个英属美洲，统治非裔美洲人的法律变得更为严苛。最惊人的回应来自1712年年底一次大陆奴隶起义的发生地纽约市。在那里，来自南方的消息和乔治王战争引起的对西班牙人的恐慌，导致了1741年夏天开始的恐怖统治。殖民地当局怀疑，在一个被西班牙人买通的欧洲人的领导下，白人和黑人组成的盗贼和纵火犯团伙图谋煽动奴隶起义。到夏末，31个黑人和4个白人因为参与所谓的密谋而被处死。史陶诺动乱和纽约"阴谋"不仅暴露和证实了英裔美洲人对于奴隶制的最深的恐惧，而且还揭露了议会无力防止严重内乱的事实。接下去20年间发生的事件证实了这种模式。

暴徒和监管者

至18世纪中期，阿巴拉契亚山脉以东的肥沃土地都已经被买下或占领。最后，土地业权和土地所有状况引起的矛盾无论数量和频率都大大增加。比如，1746年，一些新泽西农民和东泽西（East Jersey）业主的代理人产生了暴力冲突。业主们主张拥有农民的土地，并且要求他们每年支付称为

"免役税"的土地使用费用。后来成为佛蒙特的地区在1760年代也发生了类似暴力事件。在那里,拥有新罕布什尔土地授权的农民,和通过纽约授权对该地区土地主张所有权的投机者之间斗争不断。

最严重的土地动乱发生在1765年至1766年的哈得孙河沿岸。17世纪后期,纽约总督将哈得孙河谷下游的大片土地授予有权有势的家族。这些业主接着将这些领地分割成小农场,主要出租给贫苦的荷兰和德国移民,后者将土地租赁视为通往独立自由业主地位的途径。至1750年代,一些业主每年获得大笔免役税和其他费用。

不过,1740年之后,来自新英格兰和欧洲的移民增加,这给纽约大庄园带来了冲突。新来者反抗土地租赁体系。许多人擅自占用领地中的空地,菲利普斯(Philipse)状告在其土地上生活了20年的农民们。纽约法院支持菲利普斯的主张,勒令侵占土地者为拥有有效租契的佃农腾出地方。各方农民组成的群体没有服从,而是发起暴乱,用暴力手段恐吓业主和忠诚的佃农,将他们的朋友们从监狱中释放出来,并且与郡县司法长官及其武装团体展开战斗。这场叛乱持续了将近一年,只到其首领被英国军队缉拿才最终偃旗息鼓。

很快,卡罗来纳也发生了另一种形式的暴力冲突。1760年代后期(南卡罗来纳)和1770年代早期(北卡罗来纳)的监管者运动,煽动偏远地区的农民对抗控制着殖民地政府的东部富有种植园主,后者,在南卡罗来纳,苏格兰—爱尔兰定居者抗议他们在殖民地政治事务中没有发言权。他们持续几个月组成被称为"监管者"的自发治安队伍,在乡村中巡查,抱怨松懈而偏颇的执法行为。北卡罗来纳监管者主要反对重税,他们在1771年阿拉曼与东部民兵的战斗中失败。地区、民族和经济张力一起造成了这些骚乱,最终在边境人民对卡罗来纳政府的不满中爆发出来。

英裔美洲人中的宗教危机

不过,影响范围最广的危机却是宗教危机。从1730年代到1760年代,如今被统称为第一次大觉醒(the First Great Awakening)的宗教复兴浪潮横扫了各个殖民地,尤其是新英格兰(1735—1745)和弗吉尼亚(1750年代—1760年代)。正统加尔文教徒(Orthodox Calvinists)竭力对抗启蒙理性主义,因为后者否认人性本恶。与此同时,伴随乔治王战争而来的经济和政治不稳定使殖民者们易于接受福音传道者们的精神讯息。除此之外,许多新来的移民和偏远地区的居民此前并未隶属于某个教派,因此为福音传道者们带来了许多潜在的皈依者。

大觉醒始于新英格兰,在那里,清教徒殖民地建立者一代的后裔们构成了公理会教派的主要成员。无论是完全或"半途"教派——后一类建立于1662年,保证没有经历过拯救信仰的人们也能遵守教会规则——这些成员主要是女性。不过,从大觉醒的初期开始,男性和女性报以同样热情。在1730年代中期,著名布道者兼神学家乔纳森·爱德华滋(Reverend Jonathan Edwards)注意到,有一次马萨诸塞北安普敦(Northampton)教会的年轻成员,对于明确基于加尔文教派原则的布道产生不同寻常的反应。爱德华滋主张,只有当个体认识到自己堕落的本性,完全服从于上帝意志,才能获得拯救。这种服从为男女公理会教徒大幅减轻了负罪感,这次布道被视为可以确认的一次宗教转变(conversion)。

乔治·怀特菲尔德

直到1739年,这种转变仍然是孤立的,这时英国国教牧师乔治·怀特菲尔德(George Whitefield)已经因为领导英国宗教复兴广受赞誉,而这一年他来到了美洲。他用15个月周游英国殖民地,向来自佐治亚和新英格兰的大批观众进行布道,接着将努力的重点放在大城市:波士顿、纽约、费城、查尔斯顿和萨瓦那。怀特菲尔德是一个能抓住人心的演说家,他实际上导致了大觉醒。一个历史学家将他称为"第一个现代名人",因为他的自我推销极富技巧,并且聪明地操控听众和报纸。每到一处,他的名声总是先于他本人到达。读者们抢购他写的书和关于他的书，于是这些书成为最早的殖民地畅销书。成千上万的自由民和奴隶前来聆听——并感受转变。怀特菲尔德的历程是有史以来的第一个，在原本千差万别的殖民地中间创造出新的内在联系。

一开始普通教士欢迎怀特菲尔德和类似于他的美国流动福音传教士。不过，许多教士很快意识到，尽管他们的教会中充满了"复兴"教派，但是这种教派与他们自己对待教义和信仰问题的方式是相悖的。他们不喜欢复兴派情绪化的方式，教士的流动性也干扰了信众正常出席弥撒。许多信徒被复兴教派夺走，因而不再出席原先的仪式。对于传统教派而言，最大逆不道的莫过于女性布道者，这些人走上大街小巷，来到布道坛，宣告她们阐明上帝言辞的权利（甚至是义务）。

大觉醒的影响

对于大觉醒的反对很快越来越激烈，导致公理会分裂成不同阵营。"旧教义派（Old Lights）"——传统的牧师和他们的追随者——与"新教义派（New Light）"福音主义信徒展开了激烈的辩论。当公理会教徒和长老会教徒分裂成旧教义派和新教义派派系，并且新福音主义教派卫公理会（Methodists）和浸信会（Baptists）获得了拥护者，原本已经拥有无数派别的美洲新教越发四分五裂。1771年之后，卫公理会派遣"骑马的布道者"（circuit riders）前往偏远的定居点，他们在劝皈边居民方面获得了广泛的成功。矛盾的是，不同教派数量的剧增和教派之间的愤怒冲突最终导致美洲愿意包容宗教多样性。没有哪个单一的教派可以毫不含糊地主张自己才是正宗，于是为了存在下去，他们只好共同生存。

最重要的是，大觉醒挑战了传统的思维模式，因为复兴主义者的传道直截了当地反驳殖民地的服从传统。巡回布道者中只有一小部分是被授予圣职的神职人员，他们声称自己比受过学院教育的精英神职人员更理解上帝的意志。不仅如此，他们和他们的追随者们将世界上的人分成两类——被拯救的和被诅咒的——而对性别、年龄、地位这些主流社会分类并不尊崇。复兴主义对于情感而非学识的强调削弱了习得智慧的效力，而新教义派不仅质疑宗教正统，同时还质疑社会和政治正统。比如，新教义派开始捍卫反对社会共识的群体和个人的权利，因此挑战了殖民地政治生活的基本信条。大觉醒平等主义的主题同时吸引了普通人，并引起了精英们的反感。

弗吉尼亚浸信会

在弗吉尼亚，这种趋势比在其他地方更明显，当地用税赋支持着英国国教，而种植园士绅和他们阔绰的生活方式主宰着社会。至1760年代，浸信会在弗吉尼亚获得了一席之地；他们的信念和行为不可避免地与最文雅的家庭的生活方式相冲突。他们拒绝赛马、赌博和舞蹈这些占据士绅们大量休闲时间的活动，认为这些行为是有罪的。他们的语言风格很平实，与士绅们时髦的华丽辞藻对比鲜明。他们彼此之间互称"兄弟"或"姐妹"，无论社会地位如何，他们选举教派的领袖——至1776年超过了九十人。他们每个月的"伟大集会"（great meetings）吸引成百上千人，创造新的公共仪式，对抗英国国教每周的礼拜。

引人注目的是，几乎所有弗吉尼亚浸信会教派都包括了自由民和奴隶。例如，在1760年但河浸信会（Dan River Baptist Church）建立时，74名成员中有11个是非裔美洲人，有的教派中非裔美洲人甚至占了多数。教会规则适用于所有成员，跨种族性关系、离婚和私通在所有教会中都被禁止。除此以外，教会禁止奴隶主通过出售奴隶拆散奴隶夫妻。两个种族组成委员会负责调查关于教会成员违规行为的投诉。教会会把盗窃主人财务的奴隶开除教籍，但是同时他们也会将虐待奴隶的奴隶主开除教籍。1772年，一个受到除籍惩罚的奴隶主就体会了一次真正的转变。他因为"灼烧"一个奴隶受到处罚，查尔斯·库克（Charles Cook）向教会道歉，后来

▲ 约翰·科利特（John Collet）的这幅画描绘的是极富号召力的福音主义者乔治·怀特菲尔德在英国户外布道的情形，不过殖民地中同样的场景也反复出现，尤其是在已有教派的牧师禁止他登上他们的讲坛、将他视为过于激进的异类之后。请注意前景中那些昏厥的女性；据说女性特别容易受到怀特菲尔德布道的影响。为他递啤酒杯的工人态度究竟是讽刺还是因为过于投入？答案并不清楚，不过这一姿态强调了怀特菲尔德受众的多样性——并非全是士绅或普通人。

图片来源：个人收藏/布里吉曼艺术图书馆

成为一个大部分由非裔美洲人组成的教会中的布道者。

大觉醒在18世纪中期为英属美洲殖民地注入了一股平等主义的思潮，质疑世俗和宗教领域中习以为常的行为模式，导致了重要的社会和政治后果。

结语

在1770年之前的半个多世纪中，北美洲发生了

人民与国家的遗产

"白手起家"的人们

推崇"白手起家"之人是美国最普遍的主题之一（通常被清楚地表达为男性），这些人出身不显，但是通过非比寻常的努力和天赋获得财富或地位。最常被引为例证的是如19世纪成功商人安德鲁·卡内基（Andrew Carnegie）（曾经是一个来自苏格兰的贫苦移民）以及约翰·D.洛克菲勒（John D. Rockefeller）（出生于纽约州北部地区一个贫瘠的农场）这样的人。

不过，这一传统最早的典范却生活在18世纪。本杰明·富兰克林的《自传》（Autobiography）记录了他获得成功的方法，他出生于一个波士顿蜡烛工匠家庭，是家里的第17个孩子。富兰克林虽然出身寒微，但是后来却成为一个活跃于科学、政治、教育和外交等多个领域的人，富有且极富影响力。然而，富兰克林的故事无独有偶，一个显然出身奴隶的南卡罗来纳人给自己赎得自由，成为一个富有影响力的废奴主义者，娶了一个富有的英国女人，发表了一本广受欢迎的自传，印数赶超了富兰克林的自传。他的第一个主人把他叫做古斯塔夫斯·瓦萨（Gustavus Vassa），这也是他的常用名。但是1789年发表《有趣的故事》（Interesting Narrative）一书时，他却把自己称为奥劳达赫·埃奎亚诺（Olaudah Equiano）。

文中，埃奎亚诺说自己1745年出生于非洲，11岁被绑架然后被运到巴巴多斯，接着被运到弗吉尼亚，在那里被一个英国海军军官买下。许多年来，学者和学生们依赖该书中的叙述研究中央航路的经历。但是最近文森特·卡莱塔（Vincent Carretta）发现的证据显示，尽管埃奎亚诺的自传大部分被证明十分精确，然而埃奎亚诺两次表明自己的出生地是卡罗来纳，并且比自己声称的年轻三到五岁。为什么埃奎亚诺要隐瞒自己的来历并谎报年龄？卡莱塔推测：《故事》一书的可信度部分来自埃奎亚诺的非洲出身，假如承认真实年龄就会引起对他早期经历的质疑，因为传说中的绑架发生时他的年龄非常小。

埃奎亚诺或称瓦萨，因此名副其实地"白手起家"，正如本杰明·富兰克林和许多其他人所做的那样。（富兰克林倾向于遗漏而非篡改个人历史中不便言说的部分——比如他曾生过一个私生子。）埃奎亚诺显然使用了从熟人那里收集的信息，这些人毫无疑问经历过中央航路的航行，因此，他才能精确描述奴隶贸易的可怕之处。在此过程中，他是最早明确再造个人历史的人之一。

巨大改变。法国和西班牙定居点大幅扩张了自己的地理疆域，在英国殖民地中，来自德国、苏格兰、爱尔兰和非洲的新移民带来了他们的语言、习俗和宗教。欧洲移民在所有英国殖民地中定居，但是集中在蓬勃发展中的城市和偏远乡村。相反，来自非洲的奴隶移民们主要在大西洋沿岸一百英里以内生活和工作。在南方殖民地的许多地区，50%到90%的人口有着非洲血统。

欧洲的北美殖民地中的经济生活同时在两个层面上发展。许多殖民者生活在农场、种植园和牧场，每天、每星期、每月和每年的杂务占据了男性、女性和孩子们的生活，同时提供家庭所需和用于在市场中出售的产品。与此同时，错综复杂的国际贸易网络影响着英国、法国、西班牙殖民地的经济。欧洲各国之间18世纪的激烈战争无可避免地将殖民者牵涉其中，为他们打开新的海外销路，或者干扰他们的传统市场。反复无常的殖民地经济因为美洲人无法控制的原因不断波动。少数幸运者通过技能、控制关键资源或好运收获了国际商业的利润，构成富有商人和地主阶层，在殖民地的政治、文化和社会生活中占据主导地位。在经济天平的另一端，贫苦的被殖民者们，尤其是城市居民，为了糊口而辛勤劳动。

　　欧洲各族开始在北美洲定居的一个半世纪之后，殖民地将不同的欧洲、美洲和非洲传统融合成一种新的混合文化，这一文化从欧洲文化中撷取了许多元素，也从北美洲本土文化中汲取了至少同样多的灵感。欧洲人定期与非洲和美洲血统的人们以及其他欧洲国家的人进行互动。他们必须采用新的方法，才能顺应文化间的差别，并且在自己分崩离析的社会中创造联系。然而与此同时，主流殖民者们仍然将自己视为法国人、西班牙人或英国人，而非美洲人。这在加拿大、路易斯安那或西班牙领地中也是一样的，但是在1760年代，一些英裔美洲人开始意识到他们的利益并不一定和大不列颠及其君主的利益一致。第一次，他们直接挑战宗主国的权威。

扩展阅读

Marilyn Baseler, *"Asylum for Mankind": America 1607—1800* (1998)

Richard R. Beeman, *The Varieties of Political Experience in Eighteenth-Century America* (2004)

James F. Brooks, *Captives and Cousins: Slavery, Kinship, and Community in the Southwest Borderlands* (2002)

William E. Burns, *Science and Technology in Colonial America* (2005)

Richard Bushman, *The Refinement of America: Persons, Houses, Cities* (1992)

Kathleen DuVal, *The Native Ground: Indians and Colonists in the Heart of the Continent* (2006)

Rhys Isaac, *The Transformation of Virginia, 1740—1790* (1982)

Jill Lepore, *New York Burning: Liberty, Slavery, and Conspiracy in Eighteenth-Century Manhattan* (2005)

Harry S. Stout, *The Divine Dramatist: George Whitefield and the Rise of Modern Evangelicalism* (1991)

Stephanie G. Wolf, *As Various as Their Land: The Everyday Lives of 18th Century Americans* (1992)

第五章

斩断帝国联系，1754—1774

▼ 1775年，英国卡通画家讽刺美洲女性参与抵制运动，把北卡罗来纳伊登顿（Edenton）的女性描绘成丑陋轻佻的形象。在他看来，她们忽略了自己作为母亲的职责，竟敢妄图进入政治竞技场，通过1774年10月签署的声明要求"做每一件我们力所能及的事"，以支持"公共福利"。在背景中，他描绘了她们丢弃茶叶的场景，这个行为与珍妮特·肖描述的威尔明顿附近的城镇中的行为相似。

115 　出身良好的苏格兰女性珍妮特·肖（Janet Schaw）选择了一个不凑巧的时机拜访她多年前移民到北美的哥哥。她和同伴们1774年10月从爱丁堡登船，航行中遭遇了数场暴风雨，1775年1月终于到达西印度群岛。她拜访了安提瓜以及圣克里斯托弗的种植园家庭，度过了快乐的时光，这些人中有不少和她一样是苏格兰人，她还在圣尤斯特歇斯（St. Eustatius）国际免税港购物，购买了一些比家乡更便宜的"极好的法国手套"和一些"英国线袜"。接着她继续航程，去北卡罗来纳拜访哥哥。在那里，她遇到了懒惰而看上去病态的"乡下人（rusticks）"，在她看来，这些人对宗主国有着"根深蒂固的仇恨"，他们在策划对英国和美洲都不利的"阴谋"。

章节大纲

欧洲人和印第安人之间展开新一轮战争
放眼天下　第一次世界大战
1763：转折点
印花税法案危机
反抗《唐森德法案》
昨日重现　女性纺织者的革命象征主义
波士顿的冲突
茶叶和动乱
人民与国家的遗产　女性政治激进主义
结语

　　珍妮特·肖很快发现一个美洲议会禁止"所有形式的娱乐，甚至牌戏"。威尔明顿（Wilmington）的居民们在禁令生效之前举办了最后一场舞会，她发现这个活动"很可笑"，并且把它比作17世纪的荷兰绘画中滑稽、狂欢的农民。她还描述了那些"一本正经焚茶的女士"，不过，她嗤之以鼻，"除非代价并不大，否则她们就一直拖延着，我不觉得任何人会付出超过四分之一镑的代价"。所有这些"上流"商人，她评述道，"都反对这些程序"，他们准备着尽早离开。她宣布这些人"昏头昏脑"。尽管坚持"我并非政客"，但是她还是总结道，殖民地中的麻烦是由国会政策中"关于自我节制的错误认知"引起的。肖本人在一年之内回到了苏格兰。她哥哥的产业后来被收归国有，因为他拒绝发誓效忠，不过他在新家乡一直住到去世。

116 **年表**

1754	奥尔巴尼会议（Albany Congress）召开，试图加强殖民地团结
	华盛顿在宾夕法尼亚大草原（Great Meadows）要塞堡（Fort Necessity）战败
1755	布拉多克（Braddock）的军队在宾夕法尼亚战败
1756	英国对法国宣战，七年战争（Seven Years' War）正式打响
1759	英国军队占领魁北克

(续表)

1760	美洲阶段的战争随着蒙特利尔被英国军队攻占而结束
	乔治三世登基
1763	《巴黎条约》(Treaty of Paris)结束七年战争
	庞蒂亚克(Pontiac)的同盟袭击西部的要塞和定居点
	1763年的公告试图关闭阿拉巴契亚山脉以西地区,不开放定居
1764	《糖税法》(Sugar Acts)对糖浆征收新税,收紧海关规定
	《货币法案》(Currency Act)宣布殖民地发行的纸币不合法
1765	《印花税法案》(Stamp Act)要求殖民地中所有印刷品支付印花税
	自由之子(Sons of Liberty)形成
1766	《印花税法案》撤销
	《公告法》(Declaratory Acts)坚持国会有权对殖民地征税
1767	《唐森德法案》(Townshend Acts)对帝国中的贸易征税,派遣新官员前往美洲
1768	斯坦威克斯堡条约将肯塔基开放给英属美洲定居点
1768—1770	唐森德税遭到反对;抵制和公开抗议使商人和城市工匠间形成分裂
1770	诺斯勋爵(Lord North)成为首相
	唐森德税撤销,除了茶叶税
	波士顿大屠杀(Boston Massacre)导致五名殖民地暴徒死亡
1772	波士顿通讯委员会(Boston Committee of Correspondence)成立
1773	《茶叶法案》(Tea Act)帮助东印度公司
	波士顿人抗议《茶叶法案》
1774	《不可容忍法案》(Coercive Acts)将波士顿和马萨诸塞一并惩罚
	《魁北克法案》(Quebec Act)改革魁北克政府
	第一次大陆会议(Continental Congress)召开

回首前事,约翰·亚当斯将1760年至1775年这段时期定义为真正的美洲独立战争时期。这场革命,亚当斯宣称,在战斗开始前已经结束,因为它发生在"人们的思想中",它牵涉的不是实际的赢得独立,而是从效忠英国到效忠美洲的根本转变。如今,并非所有历史学家都赞成亚当斯定义的转变,或者将珍妮特·肖见证的事实视为构成独立的一部分。但是没有人能否认这关键的几年中发生的事件的重要性,这些年中,殖民地开始团结起来抵抗英国的政策。

1760年代和1770年代初的故事描述了大不列颠和英属美洲之间越来越大的分歧。在英国殖民西半球的漫长历史中,个别地区和宗主国之间不时发生关系非常紧张的情况。尽管如此,这种关系很少长时间持续,也不会扩大,除了1689年光荣革命之后的危机。影响各个殖民地的主要分歧是内部而非外部的。然而,1750年代,一系列事件开始将殖民者的注意力从内部事务中转移到它们与大不列颠的关系之上。这一情况始于七年战争。

英国在这场战争中压倒性的胜利在1763年以条约形式得到确认,这一条约永久性地改变了北美洲的权力平衡。法国被逐出美洲大陆,西班牙被逐出佛罗里达,这些事件对内陆的当地人和英国殖民地的居民们都造成了重大影响。善于操纵欧洲列强彼此对抗的印第安人失去了他们最重要的外交工具。英属美洲人不再害怕法国人威胁他们的北方和西方边境,也不用担心东南方的西班牙人。一些历史学家主张,假如1776年法国还控制着密西西比河与五大湖地区的话,沿海的英属殖民地永远不敢和宗主国翻脸。

1763年英国的胜利戏剧性地影响了美洲所有居民。这场胜利对包括殖民地在内的大不列颠也有着重大影响。英国的巨额战争相关债务需要偿付,于是国会第一次对殖民地征收除了长期规范贸易的关税以外的财政税。这一决定暴露了美洲人和英国人政治思维上的差异——这些差异此前都因为共享的政治语汇被模糊了。

在1760年代和1770年代初,英属美洲居民结成的广泛联盟,包括男性和女性,奋起抵抗新的税赋以及英国官员对地区政府的高压掌控。殖民地选举产生的领袖多年来对英国的动机越来越怀疑。他们将过去的龃龉搁置一边,在对新政策的回应中同心协力,并且开始慢慢地重新定位他们的政治思维。不过,直到1774年夏天,大多数人仍然试图在帝国的框架内找到一个解决办法;很少有人真正考虑独立。

- 七年战争的原因和后果是什么?
- 美洲人抗议的是哪些英国政策?他们发展了哪些理论和策略来支持这些抗议?
- 为什么1773年的《茶叶法案》导致大陆殖民地和大不列颠之间的矛盾不断升级?

欧洲人和印第安人之间展开新一轮战争

18世纪中期,大西洋沿海地区的英国殖民地被敌对的或者潜在敌对的邻居包围着:到处是印第安人,佛罗里达和墨西哥湾沿岸的西班牙人,圣劳伦斯湖到密西西比河的内陆河湖系统中的法国人。西班牙的贸易战没有造成直接的威胁,因为西班牙作为重要国际势力的时代已经一去不复返。但是法国人就是另一回事了。他们长长的要塞和定居点锁链占据着北美洲内陆,便于与印第安人建立贸易关系和同盟。1689年至1748年的三次英法战争没能让英国动摇法国对美洲边境的控制。在1713年结束安妮女王战争(Queen Anne's War)签订的《乌得勒支和平条约》(Peace of Utrecht)下,英国赢得了对北部边境地区的控制,如纽芬兰、哈得孙湾和阿卡迪亚(Acadia)(新斯科舍),并打开了之前由法国人占领的前往五大湖地区的通路。但是英国在乔治王战争中并没有占领新的土地(参见表5.1和地图5.2)。

易洛魁中立

在安妮女王战争和乔治王战争这两场战争中,易洛魁联盟秉持1701年首次推行的中立政策。当英国和法国针锋相对夺取对北美大陆名义上的控制权时,该联盟灵巧地在他们中间周旋,操控欧洲人,拒绝让自己的战士完全投靠任何一方,尽管英国人和法国人都赠送给他们数不清的礼物。易洛魁与南方的切罗基人和卡托巴人持续漫长的斗争,让年轻的战士们获得了战斗经验,并获得新的俘虏代替损失的人口。他们还和宾夕法尼亚以及弗吉尼亚建立和平关系,目的之一是为了让殖民

表5.1　殖民地战争，1689—1763年

美洲名称	欧洲名称	日期	交战方	美洲战场	争端
威廉国王战争	九年战争	1689—1697	英国、荷兰对法国、西班牙	新英格兰，纽约，加拿大	法国势力
安妮女王战争	西班牙继承战争	1702—1713	英国、荷兰、奥地利对法国、西班牙	佛罗里达、新英格兰	西班牙王位
乔治王战争	奥地利继承战争	1739—1748	英国、荷兰、奥地利对法国、西班牙、普鲁士	西印度、新英格兰、加拿大	奥地利王位
法印战争	七年战争	1756—1763	英国对法国、西班牙	俄亥俄、加拿大	俄亥俄所有权

▲ 欧洲艺术家笔下的18世纪易洛魁战士。依靠六个民族组成的联盟，这些人在七年战争之前占领着北美洲内陆地区。殖民势力在地图上划的界限以及商人的侵入对他们的势力影响微乎其微。

图片来源：国会图书馆，珍贵书籍和特别收藏部

者们认可他们对肖尼和德拉瓦的占领。接着他们巩固了与五大湖地区阿尔冈昆人的友好关系，因此阻挠来自法国人同盟可能的袭击，同时使他们自己成为大西洋沿岸地区和西部地区之间贸易和交流必不可少的中间人。因此，易洛魁巩固了他们对于美洲整个弗吉尼亚以北和五大湖以南内陆地区的控制。

然而即使是易洛魁也无法阻止肖尼和德拉瓦人定居的地区（现在的宾夕法尼亚和弗吉尼亚西部，以及俄亥俄东部）成为一场大战的导火索。之前的模式发生大逆转，这场矛盾从美洲蔓延到欧洲，一锤定音地解决了北美的争夺。

早在1730年代后期，麻烦已经开始在密西西比以东酝酿，英国商人从卡罗来纳和弗吉尼亚往西推进，挑战阿巴拉契亚山脉另一边的法国势力。在乔治王战争期间，因为英国海军成功封锁了圣劳伦斯湖，法国很难为定居点和当地同盟提供物资，这更加深了法国殖民地官员对英国入侵的恐惧，尤其是当1740年代易洛魁谈判者宣称为德拉瓦人和肖尼人代言，割让大片土地给宾夕法尼亚官员。占地者（主要是苏格兰—爱尔兰人和德国人）已经迁入该地区的某些部分，并且和德拉瓦人协商在那里定居的权利；有些人甚至向当地"地主"支付租金。所有人都生活在德拉瓦领地独立的农场中，与他们的土著邻居和平共处。然而佩恩（Penn）家族的代表和易洛魁达成的协议对当地印第安人和占地者视而不见，只要求他们搬走。不满的德拉瓦人和肖尼人往西迁徙，他们加入其他失去领地的印第安人，怨恨与日俱增。

他们迁入的地区同时被弗吉尼亚和宾夕法尼亚宣布占领，受到富有的弗吉尼亚人的觊觎，他们

119 地图5.1 欧洲定居点和印第安人，1754年

至1754年，欧洲人已经将英国殖民地的疆界拓展至阿巴拉契亚山脉的东部山麓。很少有独立的印第安民族继续生存在东部，但是在山脉另一边他们控制着乡村地区。只有一些分散的英国和法国要塞维持着欧洲人在这些地区的存在。

来源：©圣智学习

以俄亥俄公司（Ohio Company）为组织，在1749年获得了巨大的土地许可。该公司的代理人建立了贸易战，目的在于占领阿勒格尼河（Allegheny）和莫农加希拉河（Monongahela）交汇形成的俄亥俄重要地区（参见地图5.1）。然而这个"俄亥俄公司"对法国人来说也很重要。因为俄亥俄河为密西西比河上的法国贸易站提供直接的水上通道，英国人常驻俄亥俄地区将进一步挑战法国人在西部河流沿岸的统治。因此，1750年代早期，宾夕法尼亚皮草商人、俄亥俄公司代表、法国军队、占地者、易洛魁人、德拉瓦人和肖尼人蜂拥而上试图在该地区占据一席之地。1752年法国人和他们的印第安同盟对现代克利夫兰（Cleveland）的一个贸易站发起突袭，把宾夕法尼亚人赶出该地区，但是弗吉尼亚人造成的挑战大得多。因此，1753年法国人从伊利湖向南推进，在战略点建立固若金汤的贸易站。

奥尔巴尼会议

1754年6月，为了应对法国人的威胁，来自七个北方和中部殖民地的代表齐聚纽约奥尔巴尼。以伦敦官员为靠山，他们的目标主要有二：一是说服易洛魁放弃传统的中立立场，二是协商防御计划。两个目的都没成功。易洛魁礼貌地倾听殖民者们的论点，但是感到没有任何理由改变半个世纪以来得心应手的立场。此外，尽管奥尔巴尼会议代表采取了一个联盟计划（Plan of Union）（该计划本应建立一个选举产生的拥有税权的殖民地间立法机构），然而他们的地区政府一致反对这一计划，因为这些殖民地政府害怕因此丧失自治权。

当奥尔巴尼会议代表进行仔细磋商时，其实他们准备的战争已经开始了。弗吉尼亚总督罗伯特·丁威迪（Robert Dinwiddie）派遣一小支民兵在俄亥俄的岔路（forks）建起围栏，然后布防。当大队法国人马来到岔路口时，弗吉尼亚民兵的第一个分遣队投降，和平地放弃了这个战略地点。法国人开始建造更大和更复杂的杜肯堡（Fort Duquesne）。得知这场遭遇之后，负责指挥弗吉尼亚援军的缺乏经验的年轻军官继续追进，而非等待进一步指示。他遭遇了一支法国散兵游勇，而俄亥俄印第安侦察兵的领袖塔纳格里森（Tanaghrisson），残酷地屠戮了法国指挥官，带领着印第安人屠杀了其他受伤的法国士兵。塔纳格里森希望引发一场战争，迫使英国人守卫俄亥俄，不受法国人侵略，他成功了。弗吉尼亚人被逼近的法国军队困在宾夕法尼亚大草原粗制滥造的要塞堡里。经过为期一天的战斗（1754年7月3日），22岁的乔治·华盛顿手下三分之一人马战死或受伤，于是他只好投降。他和他的手下们获得允许返回弗吉尼亚。

七年战争

华盛顿的错误和塔纳格里森的野心引发的这场战争最终几乎将整个世界卷入其中。1755年7月，杜肯堡以南几英里处，一支法国和印第安人的联军袭击了正准备对要塞发起新一轮攻击的英国和殖民地部队。在这场损失惨重的败战中，爱德华·布拉多克（Edward Braddock）将军被杀，幸存下来的士兵们士气低落。许多俄亥俄印第安人最终加入了法国人，因为他们相信英国人没能力保护他们。宾夕法尼亚边境在接下去的两年里承受了德拉瓦人反复袭击的冲击，超过一千名居民被杀害。定居者们感到自己遭到了背叛，因为袭击他们的印第安人曾经（据一个见证者所言）"几乎是他们每天来往的熟人，在他们家里吃吃喝喝，一起咒骂一起泄愤，甚至是亲密的玩伴"。

惨败的消息传到伦敦之后，英国于1756年向法国宣战，七年战争正式开始。尽管在此之前，英国已经准备好了和旧敌展开新斗争，但是此刻终于迈出了命运的一步。英国人和新英格兰人害怕法国会试图重新占领新斯科舍，那里的人口大多数是17世纪法国定居者和当地米克马克人（M'ikmaqs）通婚的后代。因为害怕在遭到袭击时，大约12 000名法属新斯科舍人会抛弃他们从该世纪早年开始贯彻的中立政策，英国将领们在1755年强迫其中大约七千人离开背井离乡——这是第一次现代大规模

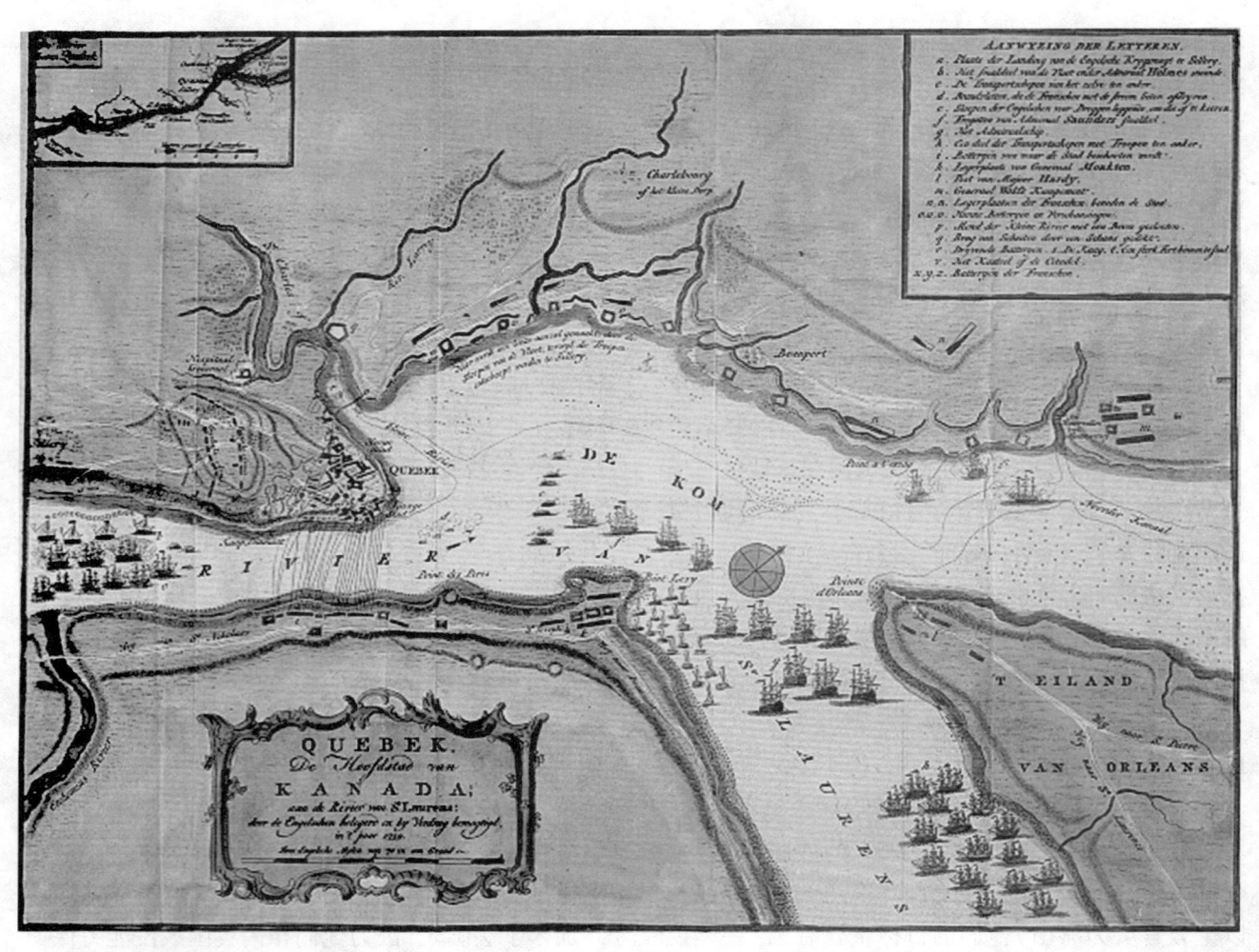

▲ 1769年的荷兰地图集记录下十年前英国成功袭击魁北克的情景。圣劳伦斯河中密布着英国舰队的船只。南安的大炮轰炸筑起防御工事的城镇（用穿过河流的线条标示）。城市左边的亚伯拉罕平原（Plains of Abraham），代表英国军队的一线红方块夜晚悄悄爬上高地，迎战魁北克的法国防兵（蓝色方块）。

图片来源：玛丽·贝丝·诺顿收藏

驱逐，如今被称为种族清洗。填满阿卡迪亚人的船只驶向每个大陆殖民地，在那里，被驱逐的人们被分散到相距甚远的社区中，遭遇敌视和偏见。许多家庭被拆散，有的永远无法再团聚。1763年之后，幸存者们重新定居：有的回到加拿大，其他人前往法国或法属加勒比岛屿，许多人最终在路易斯安那定居下来，在那里，他们被称作卡津人（Cajuns）（来自"阿卡迪亚"一词）。

三年中，一场灾难接着另一场。英国军官们试图迫使各个殖民地向军队提供人员和物资，但是几乎徒劳无功。接着，在1757年肩负战争使命的文官威廉·皮特（William Pitt）的领导下，英国最终采取了一个成功的军事策略。皮特同意偿还殖民地在战争期间的开销，并且把征兵的权利赋予当地殖民者，因此赢得了美洲对战争更大力度的支持。（尽管如此，弗吉尼亚议员们拨出更多款项用于抵御可能的奴隶暴动，而不是与法国人和印第安人作战。）大量殖民地民兵和同样多从英国派遣到北美的红衫正规军并肩作战；不过这两群人之前关系恶劣，互相看不顺眼。

英属美洲殖民地商人的行动让局势更为紧张。在战争期间，波士顿、费城和纽约的商行继续与法属西印度群岛进行贸易。为了替他们的鱼类、面粉、木材和其他产品寻找市场，他们贿赂海关官员，

放眼天下

第一次世界大战

如今，我们把20世纪的一系列冲突称为世界战争，但是第一次世界范围的战争较之早了一个多世纪。被历史学家们称为"帝国大战（Great War for the Empire）"的争战开始于1754年的宾夕法尼亚西南地区，起因看似地方纷争——英国还是法国在俄亥俄的岔路建立要塞。它最终将全世界的矛盾势力牵涉入内，不仅证明欧洲各国海外帝国的重要性与日俱增，也说明北美洲统治纷争日益集中化。

此前欧洲各国之间的战争主要发生于欧洲，尽管海外殖民地时不时会被卷入。然而俄亥俄岔路的竞争令奥地利和普鲁士矛盾重燃，导致欧洲各国开始抢夺同盟者。最后，英国、汉诺威（Hanover）和普鲁士结成联盟对抗法国、奥地利和俄国，后来瑞典、萨克森（Saxony），再之后西班牙也加入了战团。欧洲的战争持续了七年。1763年，这些国家签订了和平条约，将欧洲大陆回复到战前的局面，但是在世界其他地方，英国一劳永逸地战胜了法国和西班牙。

在加勒比地区，英国占领了法属岛屿瓜德罗普（Guadeloupe）和马丁尼克，并且从西班牙人手中夺取了哈瓦那。在北美洲，英国人重新占领了法国要塞路易斯堡，最终征服了魁北克。在非洲，英国颠覆了塞内冈比亚（Senegambia）的法国奴隶贸易站。在印度，英国军队获得了孟加拉的控制权。三年之后，英国人在本地治里（Pondicherry）打败了一支法国军队，这时候距法国失去加拿大只过去四个月，法国在印度的影响也被消灭了。战争后期，一支英国远征队在菲律宾从西班牙手中夺取了马尼拉（Manila）。指挥官并不知道他的国家已对英国宣战，所以对方的袭击让他措手不及。

开始于美洲边远乡村地区的这场战争体现了北美洲和世界其他地区日益紧密的联系。战争的后果暴露出其他意外的联系。胜利者和战败者都不得不支付第一次世界战争的高额费用。英国和法国的经济斗争尽管各自独立，但最终造成了类似的结果：国外（对英国来说是美洲）和国内（对法国来说）的革命。

▲ 1771年，艺术家老多明尼克·塞雷斯（Dominic Serres, the Elder）描绘了1757年英国海军战船袭击印度昌德纳戈尔（Chandernagore）的法国要塞（位于画面左边背景中）的情形。战舰上的加农炮是英国获胜的关键，这是七年战争中英国占领印度的关键之一

图片来源：伦敦国家海洋博物馆

让他们睁一只眼闭一只眼，名义上运往荷兰圣尤斯特歇斯港或西班牙蒙特克里斯蒂港（Monte Cristi）（位于伊斯帕尼奥拉）之类的中立港口，实际上却运往法属加勒比，并且获得了宝贵的法国蔗糖作为回报。英国官员试图阻止这些非法贸易，但是没能成功，有的贸易是打着交换战俘的旗号进行的，还使用了停战旗帜。事实上，在战争期间，北美洲的商人不仅为法属加勒比，还为法国本土提供了关键的物资。

尽管如此，1758年7月，英国军队重新占领了路易斯堡的要塞，赢得了通往圣劳伦斯河的入口，并且切断了主要的法国军需运输途径。同年秋天，德拉瓦人和肖尼人接受了英国的和平提议，法国人放弃了杜肯堡。接着，在1759年9月的一次奇袭中，詹姆斯·沃尔夫（James Wolfe）将军的正规军在亚伯拉罕平原打败了法国军队，占领了魁北克。预感到英国人将取得胜利，易洛魁放弃了他们传统的中立立场，希望通过与英国人结盟在战后获得利益。一年之后，英国攻下法国在美洲大陆上最后一个要塞蒙特利尔，这场战争的美洲阶段结束了。

《巴黎条约》（Treaty of Paris）（1763）中，法国将主要北美洲领地割让给英国。法国的同盟国西班牙在战争将近结束时把佛罗里达割让给战胜国。与此同时，法国将路易斯安那密西西比河以西地区割让给西班牙，作为同盟国在其他地区遭受损失的部分补偿。因此，英国人获得了美洲大陆皮草贸易的控制权。英国沿海殖民地再也不必担心法国广袤的北美洲领土对它们造成的威胁（参见地图5.2）。

英国压倒性的胜利促使一些美洲人拓宽了思路。像本杰明·弗兰克林这样长期关注殖民地利益和潜力的人，为英属美洲构想了一个辉煌的新未来——这个未来不仅包括地理扩张，还包括经济发

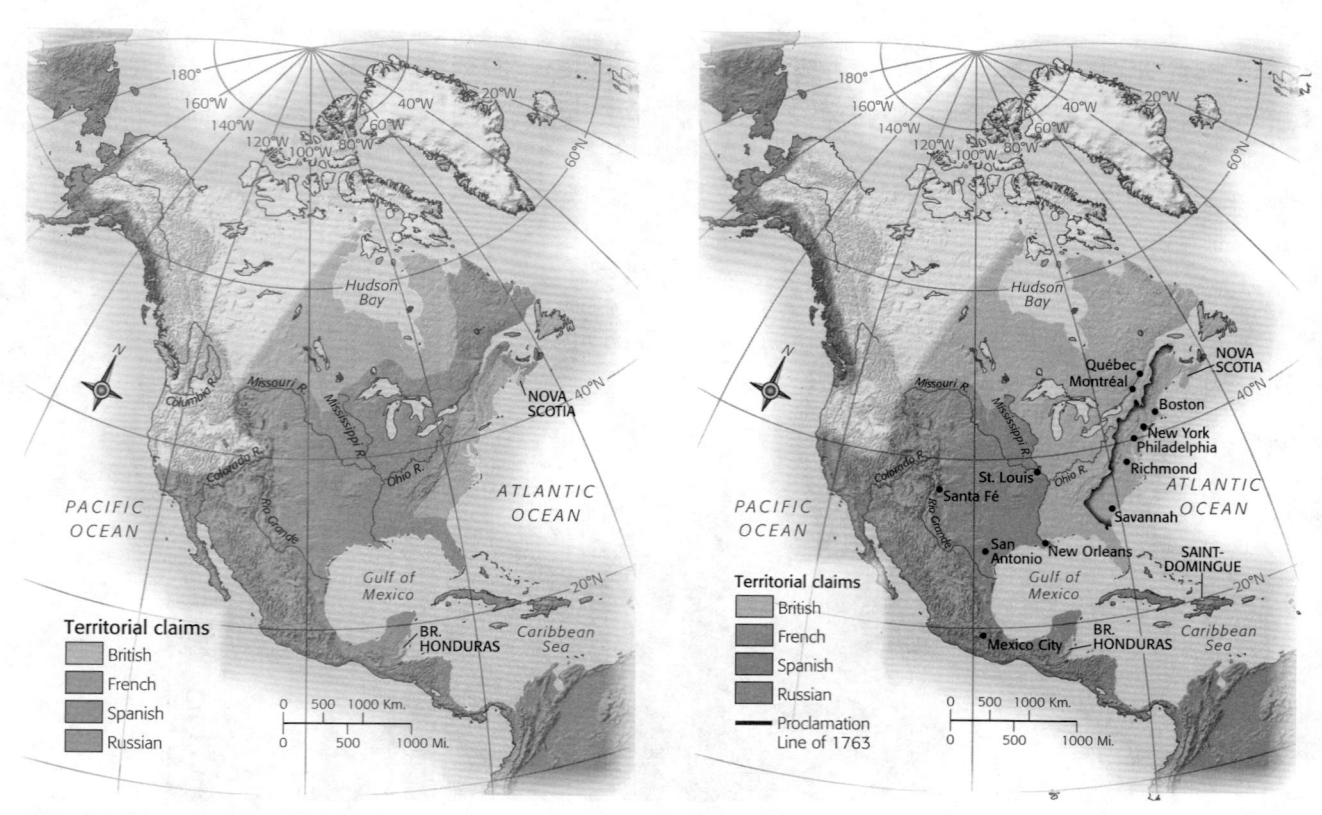

地图5.2 欧洲在北美洲的领土
英国在七年战争（法国和印第安战争）中戏剧性的胜利在这两幅地图中得到了证明，两幅地图标明了法国在1763年《巴黎条约》订立之后失去的大陆领土。
来源：©圣智学习

展和人口增长。这样的人将领导1763年以后对英国政策的反抗。他们同心协力反对可能拖缓美洲发展的任何法律，并且不懈地支持美洲掌控自我命运。他们中的许多人在西部地区进行了投机。

1763：转折点

英国对法国的胜利对于北美洲造成了不可逆转的影响，最初感到这种影响的是内陆的当地民族。随着法国人被彻底赶出美洲大陆，西班牙的领地被局限于密西西比河以西，印第安人长期采取的挑拨欧洲人互斗的外交策略不再有效。这种影响立竿见影并且有毁灭性打击。

甚至在《巴黎条约》签订之前，南方的印第安人就不得不开始适应新的环境。1758年英国在美洲战争中占上风时，克里克人和切罗基人已经无法再通过威胁投向法国人或西班牙人阵营而强迫英国人让步。出于绝望和对英国暴行的报复，切罗基人在1760年袭击了卡罗来纳和弗吉尼亚边境。尽管一开始取得胜利，但是印第安人在第二年还是被英国正规军和殖民地民兵联军打败。1761年后期，双方签订和平条约，规定切罗基人允许英国人在他们的领地内建立要塞，并且将大片土地向欧洲开放定居。

尼奥林和庞蒂亚克

南方切罗基人的命运预示了俄亥俄发生的事件。在那里，英国人不再面临法国人的竞争，于是提高了贸易产品的价格，并且终止了传统的赠礼行为，渥太华人（Ottawas）、齐佩瓦人（Chippewas）和珀塔瓦通米人（Potawatomis）感到非常愤怒。定居者们很快迁入莫农加希拉和萨斯奎汉纳（Susquehanna）山谷。一个叫做尼奥林（Neolin）的萨满[也被称为德拉瓦先知（Delaware Prophet）]号召印第安人奋起反抗对他们土地的入侵以及欧洲人对他们施加的文化影响。自1675年菲利普王以来，首次出现具有影响力的领袖号召所有部落一起抵抗英裔美洲人的威胁。尼奥林主张，印第安民族依赖欧洲货物是自取灭亡（尤其是酒精），号召他们进行抵抗，无论是以和平还是暴力的方式。尼奥林宣称，假如山脉以西的所有印第安人团结起来抵抗侵略者，那么"生命之主"（Master of Life）将为他们补充大大减少的鹿群，再一次眷顾他的人民。讽刺的是，尼奥林号召人们回归印第安传统本身就显示出欧洲起源；他对单一生命之主的引用，显示出他受融合基督教的影响。

底特律附近一个渥太华村庄的战争领袖庞蒂亚克，成为一场以尼奥林规诫为基础的运动的领袖。1763年春天，庞蒂亚克促成了休伦人、齐佩瓦人、珀塔瓦通米人、德拉瓦人、肖尼人和明戈人（Mingoes）（宾夕法尼亚易洛魁）之间出人意料的同盟。庞蒂亚克趁着战争伙伴们袭击五大湖地区其他英国贸易站的时候包围了底特律堡（Fort Detroit）。底特律抵挡住了进攻，但是至6月下旬，尼亚加拉（Niagara）以西匹特堡（Fort Pitt）（前杜肯堡）以北的其他所有要塞都被印第安联盟攻陷。接着，在整个夏季，印第安人突袭了弗吉尼亚和宾夕法尼亚边境，屠戮了至少两千名定居者。他们带走了许多非裔美洲人，吓坏了种植园主们，因为他们很害怕印第安人和黑人会结成同盟。尽管如此，他们无法攻下尼亚加拉、匹特堡或底特律。8月初，殖民地民兵在宾夕法尼亚布细伦（Bushy Run）重创了一支印第安联军。10月下旬庞蒂亚克撤走包围底特律的军队之后，这场战役结束了。三年之后，双方最终协议签订和平条约，结束了战争。

1763年声明

庞蒂亚克战争证明英国从法国获得的巨大领土统治起来十分困难。伦敦当局缺乏管理广袤地区的经验，尤其是该地区还居住着许多难以驾驭的民族：圣劳伦斯河沿岸剩余的法国定居者和许多印第安社区。10月，英国政府发布了1763年声明，将从阿巴拉契亚山脉汇入大西洋的河流上游源头暂定为殖民地定居的西部边境（参见地图5.1）。颁

▲ 第一位著名的美洲艺术家本杰明·韦斯特（Benjamin West）绘制了这幅版画，画面描绘了庞蒂亚克暴动结束后的一次战俘交换，亨利·波奎特上校（Colonel Henry Bouquet）负责监督战时被俘的定居者回归。在前景中，一个孩子拒绝离开他已经产生出感情的印第安父母。许多殖民者被韦斯特描绘的场景吸引——战俘们不情愿抛弃他们的印第安领养家庭。

图片来源：俄亥俄历史协会

布者们指望这份声明可以在正式的土地割让范围确定以前，通过禁止殖民者们迁入印第安土地避免冲突，但是这份声明却激怒了两个特定的殖民地群体：已经在这条线以西非法定居的人（其中包括许多苏格兰—爱尔兰移民）和来自宾夕法尼亚以及弗吉尼亚的土地投机公司。

1763年之后的几年中，后一个群体[包括乔治·华盛顿、托马斯·杰弗逊、帕特里克·亨利（Patrick Henry）和本杰明·富兰克林等人]积极游说，试图让殖民地政府和伦敦官员承认他们的土地主张。在1768年纽约斯坦威克斯堡举行的条约会议中，他们与易洛魁代表协商，试图将边境线进一步往西和往南推进，将肯塔基向他们的投机开放。仍然声称为将肯塔基用作狩猎场的德拉瓦人和肖尼人代言的易洛魁人同意了这一协定，因为他们既获得了宝贵的商品，又不影响自己的领土。然而尽管弗吉尼亚土地公司的主张最终获得了下议院的支持，但是他们却从来没有在真正具有决定权的伦敦获得进展，因为那里的官员意识到西部大扩张将会耗费他们大量资金，而这正是他们缺少的。

乔治三世

七年战争来之不易的胜利耗费了英国数百万英镑，并造成了巨额的战争债务。如何偿还这笔债务，并且获得经费守卫新获得的领土，让1760年从父亲乔治二世那里继位的国王乔治三世一筹莫展。22岁的君主是一个睿智而热情的男人，受过中等程度的教育，不幸却是个飘忽不定的人物品评者。在1763年至1770年之间关键的几年中，英国和殖民地之间的裂痕越来越大，一系列政治危机困扰着英国，国王却以让人困惑的速度替换政府官员。尽管打定决心声张君主的权力，但是乔治三世却不够成熟，也不够自信。他固执地认为保持现状就是爱国的标志。

1763年被他选定为首相的人乔治·格伦维尔（George Grenville）相信英国可以加紧对美洲殖民地的管理。格伦维尔遭遇到一系列财政危机：英国沉重的债务自从1754年以来将近翻了一番，从7 300万英镑上升至13 700万英镑。战前每年的财政支出不到800万英镑，而这时单单债务的利息就达到了500万英镑。格伦维尔的内阁不得不寻找新的经费来源，英国本土的税已经很重了。由于殖民者从战时开销中获得了很大的利益，因此格伦维尔总结道，应该要求英属美洲人为帝国运作支付更大比例的经费。

代表理论

格伦维尔并没有质疑大不列颠对殖民地收税的权利。和他的所有同胞一样，他相信政府的合法性最终来自人民的赞同,但是他和殖民者对赞同的定义大相径庭。美国人已经惯于认为,只有住在附近,并且获得他们或他们的财产所有者邻居们投票支持的人,才能代表他们。而格伦维尔和同时代的国人们则相信国会——国王、领主和下议院一起——根据其定义代表了所有英国子民,无论他们生活在哪里(甚至在海外),也无论他们是否能够投票。

国会认为自己总体上代表了整个国家;某位众议院成员产生的选区对于该成员的投票没有特别的权利主张,这位成员也并非必须居住在选民们的附近。根据这一称为实际代表(virtual representation)的理论,所有英国人——包括殖民者——都成为国会代表。因此,可以假定他们对国会法案的赞同。相反,在殖民地中,议会下议院的成员被视为专门代表选举他们的地区。在格伦维尔提出向殖民者们收税之前,这两种认识共同存在,因为还没有什么争端暴露出核心的矛盾。然而1760年代的一系列事件揭露了两种代表定义之间的不协调。

真辉格党

一系列事件将美国人对政治权力的态度凸显了出来。殖民者们已经习惯于只对他们施加有限权威、很少影响他们日常生活的中央政府。结果,他们相信好政府是大体上不约束他们的政府,这种观点与一群被称作"真辉格党"(Real Whigs)的英国作者的理论不谋而合。引用可以追溯到约翰·洛克甚至英国内战的异见思想传统,真辉格党强调大权政府固有的危险,尤其是由君主领导的政府。他们中一些人甚至偏爱共和主义,这种体制的提出是为了整个除去君主,更直接地将权力赋予人民。真辉格党提醒人们不断捍卫自己的自由和财产免受政府企图侵害。政治权力永远应该引起恐惧,约翰·特伦查德(John Trenchard)和托马斯·戈登(Thomas Gordon)在他们的系列文集《卡托的信函》(*Cato's Letters*)(1720—1723年初版于伦敦,其后在殖民地中多次再版)。他们认为人民必须永远保持警惕,防止执政者企图腐化和压迫他们。

1760年代和1770年代初,英国官员勒紧统治缰绳、从殖民地收税的努力让许多美洲人相信真辉格党的论证适用于他们的处境,尤其是因为自由和财产权之间的联系。他们最终以真辉格党的警告为视角解读英国的政策,发现格伦维尔及其继任者的行动中包含压迫企图。历史学家们对于这些观点的正确程度存在争议,但是至1775年,许多殖民者们认为这些观点是正确的。然而,在1760年代中期,殖民地领袖们并没有立即谴责格伦维尔图谋压迫他们,而是质疑他提出的法律是否明智。

《糖税法》和《货币法案》

1764年,国会通过了首批类似措施,《糖税法》和《货币法案》。《糖税法》(也被称为《岁入法案》(Revenue Act))改写了已有的海关规定,对于一些殖民地进口外国商品征收新税。富有影响力的加勒比蔗糖种植园主在伦敦强烈提倡这一法案的关键条款,旨在阻碍美洲朗姆酒蒸馏厂走私法属西印度群岛糖浆。这一法案还在新斯科舍的哈利法克斯建立了一个副海事法院,用以审判违犯该法律的行为。尽管《糖税法》似乎与《航海条例》相近,但是它打破了明确为收税设计的传统,即美洲贸易不途经英国。《货币法案》实际上让大多数殖民地纸币变成非法货币,因为英国商人长久以来一直抱怨美洲人用通胀的当地货币支付他们的债务。美洲人几乎存不下什么英国货币,因为他们的进口大于出口;殖民者们抱怨这一法案令他们丧失了有用的交换工具。

《糖税法》和《货币法案》被强加于一个已经处于萧条中的经济之上。七年战争伴随着商业繁荣,但是当战争转向海外时,短暂的繁荣于1760年夏然而止。城市商人的进口产品找不到买家,失去了军队的巨大食物需求伤害了美洲农民的利益。欧洲烟草市场一落千丈，威胁着切萨皮克种植园主的生计。水手们纷纷失业，工匠们少有顾客。在这样的环境中，增加进口税和货币供应不足的前景引起了商人们的敌意。

美洲个人评论家和被激怒的殖民地政府抗议新政策。然而因为缺乏对国会法案的联合抗议先例，1764年美洲人只迈出了一些犹疑而不协调的步伐。八个殖民地立法会分别向国会提交请愿书，要求撤销《糖税法》。他们称，该法案的商业规定不但会伤害殖民地，也会伤害宗主国，他们不同意该法案通过。这些抗议收效甚微。法律仍然有效，格伦维尔继续其他税收计划。

印花税法案危机

格伦维尔最重要的提议是《印花税法案》（1765），该法案以在英国推行近一个世纪的法律为蓝本。通过对大多数印刷品征税，它几乎影响了每个殖民者，但是商人和殖民地精英阶层的负担最重，因为他们比一般人更常使用印刷品。任何人购买报纸或小册子、许愿、转让土地、购买色子或玩纸牌、申请酒类执照、接受政府委任或借钱都需要支付印花税，而外语报纸则征收双倍印花税。此前英国从未向殖民地提出过涉及面这么广的税赋。该法案还要求印花税用稀有的英国钱币支付。违反者会受到副海事法院的审判，在这些法院中，只有法官们拥有决定权，这导致美洲人害怕自己失去由陪审团审理案件的资格。最后，这样的法律与殖民地的自我税收传统完全背道而驰。

詹姆斯·奥蒂斯的《英属殖民地的权利》

抗议《糖税法》和提议中的《印花税法案》最重要的殖民地小册子是卓越的马萨诸塞年轻律师小詹姆斯·奥蒂斯（James Otis）写作的《伸张和得到证明的英属殖民地权利》（Rights of British Colonies Asserted and Proved）。奥蒂斯把接下去十年将困扰殖民者的两难境地赤裸裸地呈现在人们面前。他们如何证明他们对国会的特定法案的反对是正当的，而同时又不质疑议会对他们的权威？一方面，奥蒂斯主张，美洲人和其他英国人一样，"有资格享有所有自然的、必须的、继承的和不可分割的权利"，包括不缴纳未经同意的税款的权利。"没有一个人，也没有一群人……能够剥夺[这些权利]"，他宣称。另一方面，奥蒂斯承认，在光荣革命之后建立的英国体系之下，"国会的权力是无法控制的，只能由其自身控制，我们必须遵守……让国会随心所欲把这些重负强加于我们身上吧，我们必须服从、耐心地承担，这是我们的责任，直到他们心满意足，愿意释放我们。"

奥蒂斯的第一个论点引用了殖民地对于代表的认识，暗示国会不能以宪法来对殖民地征税，因为美洲人在它的层级中并未得到代表。然而他的第二个论点既承认了政治现实，又接受了主流的英国政府理论：国会是帝国中唯一的最高权威。即使是不合乎宪法的法律，只要是由议会颁布的，也必须被遵守，直到议会决定撤销这些法律。

为了解决这一两难处境，奥蒂斯提出在国会中加入殖民地代表，但是他的想法在大西洋两岸都没被当回事。英国人相信殖民者们已经在国会中得到真正的代表，而英裔美洲人知道派几个议员去伦敦，很容易就会少数服从多数。奥蒂斯在印花税法案通过之前出版了他的小册子。1765年春天，当美洲人第一次得知法案实施，他们犹豫不决地采取了一些反应。很少有殖民者——甚至是受委任的政府官员——公开支持该法律。但是殖民地请愿书没能成功阻止该法案的实施，而且进一步游说似乎徒劳无益。或许奥蒂斯是对的：美洲人面前的唯一选择就是不情不愿而忠诚地支付印花税。以此为前提，在伦敦的殖民地代理人想方设法试图让他们的美洲朋友们担任印花分销者，如此至少这一法案会被公正地履行。

帕特里克·亨利和《弗吉尼亚印花税法案决议》

并非所有殖民者都认命地支付这一新税。一

位初次在弗吉尼亚下议院任职的29岁律师被他的立法者同僚们的自鸣得意震惊了。帕特里克·亨利后来回忆道，他"年轻，毫无经验，对于下议院的形式和构成它的成员很陌生"——但是他决定行动起来。"独自一人，缺少建议，缺少帮助，在一本旧法律书的空白页上"，他写下了《弗吉尼亚印花税法案决议》(Virginia Stamp Act Resolves)。

从亨利的早年经历无从预测他后来在政治领域内获得的成功，而他进入该领域就十分戏剧化。亨利是一个移民到弗吉尼亚西部的富有苏格兰移民的儿子，他几乎没受过正式教育。18岁结婚之后，他尝试过经营农场和开店，但是都失败了，然后才将法律当作抚养妻子和六个孩子的手段。亨利缺乏法律训练，但是他的好口才使他成为一个很有效的辩护人。一个德高望重的弗吉尼亚律师称："他是至今为止我听过的最有力的演说者。他说的每个词不但吸引而且掌控着人们的注意力。"

帕特里克·亨利在接近立法会议结束的时候提出了自己的七条建议，这时候许多下议院议员已经离开会场回家了。亨利激烈的演说导致众议院议长谴责他叛国，而亨利否认了这一点。留在威廉斯堡(Williamsburg)的议员以微弱的多数优势采纳了他七条提议中的五条。尽管他们第二天撤销了其中最激进的一条，但他们的行为有着深远的影响。一些殖民地报纸发表了亨利的七条解决方案的原版，就好像下议院已经将这些方案一起通过了，尽管其中一条被取消，而另外两条从来没经过讨论或投票。

下议院采纳的四条建议重复了奥蒂斯的论点，主张被殖民者们从来没有丧失英国子民的权利，其中包括对税收的赞同权。另外三条解决方案走得更远。被取消的决议主张，下议院拥有向弗吉尼亚人征税的"唯一且仅有的权利"，最后两条（从来没被考虑过的两条）则主张弗吉尼亚人不需要遵守由其他立法体（即国会）通过的税法，并且将任何反对这一观点的人定义为"陛下的殖民地的敌人"。

继续向英国效忠

下议院只接受亨利的决议中的前四条，这个决定预示了接下去十年中大多数美洲人能接受的立场。尽管他们愿意为自己的权利作斗争，但是被殖民者们并不想要独立。马里兰律师丹尼尔·杜兰尼(Daniel Dulany)1765年出版的小册子《几点思考：关于对英属殖民地进行征税的合理性》(Considerations on the Propriety of Imposing Taxes on the British Colonies)是最广为传阅的宣传册，它传达的共识是："殖民地依靠大不列颠，而属于国王、领主和众议院的权威可以正当地得以实施，用以确保或保持它们的依赖。"但是杜兰尼提醒道，上级没有权利"随心所欲地剥夺下级的财产"；在"依赖和服从"和"完全附庸和奴隶制"之间有着关键的区别。

在接下去的十年中，美洲的政治领袖们试图寻找一个方法，能让他们控制自己的内部事务，尤其是税收，但是与此同时又维持英国统治。最主要的困难在于英国官员无法对国会权力这样的问题做出让步。国会对于所有殖民地领地拥有绝对权威的认识仍然存在于英国政府理论之中。1760年代至1770年代内阁最尖锐的批评者也只质疑特定政策是否明智，而不是它们赖以生存的原则。实际上，美洲人希望英国领袖能够改变他们对于政府职能的基本理解。然而这一要求实在超出了实际。

最终美洲人对于印花税法案的抵抗脱离了关于国会权力的意识形态辩论。1765年夏末和秋天，一些殖民者创造性的行动赋予了反抗运动以主要的力量。

反印花税法案示威

8月，波士顿工匠社会俱乐部"忠诚九(Loyal Nine)"组织了一场反对印花税法案的示威游行。为了表明所有阶层的人们都反对这一法案，他们找到位于波士顿北端(North End)和南端(South End)

社区的互相对立的劳工组织。由体力劳工和贫困小商人构成的这两个群体常常发生龃龉,但是"忠诚九"说服他们将恩怨暂放一边,一起参加游行。所有殖民者都需要支付印花税,而非只有富人。

8月14日一早,示威者们把该地区印花收税官安德鲁·奥利佛(Andrew Oliver)的仿真像挂在波士顿众议院的一棵树上。那天晚上,由大约五十名衣冠楚楚的商人带领的一大群人举着仿真像在城市中穿行。人群在奥利佛家附近点起了堆柴火,点燃了仿真像。示威者们打破了奥利佛家的大多数窗户,并且向试图驱散他们的官员扔石头。在混战中,北端和南端的领袖们举杯庆祝彼此的团结。奥利佛只好公开保证不履行自己的职责,"忠诚九"取得了成功。一个波士顿人兴高采烈地写信给亲戚:"我相信从来没有见过那么多人一起开怀,其中一个人不那么开心,我听见他说抱歉,但是几乎所有人的脸上都挂着微笑。"

但是12天之后的另一次集体行动却没有获得波士顿可敬市民们的赞扬,这次的目标是奥利佛的连襟副总督托马斯·哈钦森(Lieutenant Governor Thomas Hutchinson)。在8月26日的晚上,据报道一群由南端领袖伊本内泽·麦金托什(Ebenezer MacIntosh)领导的人们袭击了几位海关官员的住宅。接着这群人毁掉了哈钦森位于波士顿最时尚街区之一的华丽住宅。副总督称,至第二天早晨,"该地区最雅致的房子之一被洗劫一空,只剩下四面空墙"。他的树木和花园被糟蹋得面目全非,他珍贵的图书馆损失惨重,并且他们"洗劫了整栋房子,除了一部分厨房家具"。然而哈钦森不无慰藉,因为"第一次暴乱的始作俑者从来没有希望事态发展到

◀ 1795年艺术家劳伦斯·沙利(Lawrence Sully)绘制了帕特里克·亨利的唯一一幅肖像画。这个老人酷烈的目光反映出30年前他在下议院介绍《弗吉尼亚印花税法案决议》时同样激烈的行为。

图片来源:马萨诸塞安默斯特(Amherst),安默斯特学院,米德艺术博物馆(Amherst College, Mead Art Museum),赫伯特·L.普拉特(Herbert L. Pratt)遗赠,(1895)AC 1945.115

这个地步,反动统治者对这种空前的暴行表达了最深的憎恶"。

美国的利益分歧

1765年8月波士顿两次暴动之间的区别暴露出某种分歧,这种分歧将持续成为后来殖民地抗议的特征。1760年代,很少有殖民者站在英国一边,但是各个殖民群体有着不同的目标。构成"忠诚九"的手工艺人、商人、律师和其他受过良好教育的社会精英偏爱秩序井然的示威游行,且目的仅限于政治问题。而与之相反,对于城市劳工来说,经济方面的愤懑或许是最重要的。当然,他们在破坏哈钦森住宅时发泄的那种"地狱般的怒火"暗示了他们对他炫耀财富的行径十分憎恶。

英裔殖民者拥有集体示威活动的悠久传统,被剥夺政治权利的人们走上街头,以便抒发深刻的怨愤之情。但是印花税法案矛盾首次将普通城市民众拖入了跨大西洋政治的漩涡中,包括非英语国家新移民,因为外语报纸要征收双倍税。原本只有上流人士或殖民立法会成员关心的事务如今已成为街头巷尾和小酒馆中热议的话题。本杰明·富兰克林的女儿对此深有体会,她当时是伦敦的一位殖民地代理人,"人们只谈论这个问题,德国人说'stomp',黑人说'tamp',总而言之每个人都有意见

要抒发"。

体力劳工、奴隶和女性进入帝国政治领域，对于想要对英国政策采取有效反抗的男性精英来说，既是威胁又是助力。一方面，集体行动可以产生令人瞩目的影响。反印花税法案示威游行从北方的哈利法克斯一直到南方的加勒比岛屿安提瓜，在各个城市和市镇中如火如荼地展开（参见地图5.3）。这些游行非常成功，至11月1日，该法案计划生效的那天，没有一个印花收税官愿意履行自己的职责。因此，该法案无法实行。另一方面，富有的男性认识到，由此前无权无势的人们组成的群体可能威胁到他们对社会的统治，这些人的目标不总是与自己一样（正如波士顿的事件表现出的那样）。他们不禁怀疑，假如众人"地狱般的怒火"转向他们自己，会发生什么？

自由之子

因此，他们试图通过建立一个殖民地间协会"自由之子"，将反抗疏导至可以接受的形式。11月初纽约人组织了第一个类似团体，该团体的分支很快发展到其他沿海城市。自由之子由商人、律师和富裕的零售商构成，至1766年年初已经将来自查尔斯顿、南卡罗来纳到朴次茅斯、新罕布什尔的抗议领袖联系在一起。因为酒馆是交换新闻和意见的重要场所，所以其中有相当一部分成员是酒馆业主也就不奇怪了。

自由之子可以影响事件，但并不能控制它们。在查尔斯顿（前Charles Town），1765年10月，一群人高声喊道："自由自由印花纸"强迫南卡罗来纳印花收税官辞职。几天后的庆功会——这次示威游行是该市有史以来规模最大的一次——展示了一面装饰着"自由"一词的英国旗帜。然而，当1766年1月当地奴隶们同样高喊着"自由"在大街小巷游行时，新的自由之子查尔斯顿分会却大惊失色。奴隶的自由并不是精英奴隶主们所想的那种自由。在弗吉尼亚，种植园主们表达了类似的担忧，害怕他们的奴隶可能与最近突袭他们边境的印第安民族联合起来。

在费城，抵抗领袖们同样惊惶不已，一群愤怒的群众威胁要袭击本杰明·富兰克林的房子。该城市的劳工们相信富兰克林要为印花税法案负一部分责任，因为他为一位密友获得了印花税收税官的职务。然而作为费城和其他地区反抗运动中坚力量的工匠们对富兰克林非常忠诚，因为他是他们中成功的一员。他们聚集起来保卫他的房子和家人免受群众的攻击。富兰克林的家被救了下来，但是费城条件优渥的零售商和普通劳工之间因此产生裂痕，使得费城无法成功建立波士顿那样的联盟。

反抗和撤销

在1765年到1766年的秋冬，印花税法案的反对者们采取了一系列不同的措施。殖民地立法会向国会请愿，请求撤销这一备受憎恨的法案，法院纷纷关门，因为它们无法获得所有合法文件要求的印花。10月，九个殖民地派遣代表参加1754年以来的第一次全体大会。印花税法案大会（Stamp Act Congress）在纽约召开，会上起草了一份强调该法案将会引起不良经济效果的抗议书。与此同时，自由之子召开大众会议，试图为反抗运动赢得公众支持。最后，美洲商人组织了禁止进口协会，向英国出口商施压。至1760年代，四分之一的英国出口产品销往殖民地，美洲商人推断销售额大幅下降会导致伦敦商人游说撤销法案。由于时事艰难，美洲商人本来就在为进口商品寻找新的顾客，暂停购买将有助于减少他们膨胀的库存。

1766年3月，国会撤销了印花税法案。禁止进口协议取得了预料中的效果，在富有的伦敦商人中为殖民地找到了同盟。但是联合抵制、正式抗议和集体行动在赢得撤销中所起的效果不如新首相的当选，乔治三世当选为首相，原因与殖民地政治并无关系。1765年，代替格伦维尔的罗金汉勋爵（Lord Rockingham）原本就反对印花税法案，不是因为他相信国会缺乏对殖民地征税的权力，而是因为他觉

地图5.3 反印花税法案大规模示威游行的地点
地图中所示的每个地点都是1765年反印花税法案示威游行的发生地点。包括美国所有英国殖民地都加入了抗议，反对这一触犯众怒的政策。
来源：©圣智学习

得这一法案不明智且会制造分裂。因此，尽管罗金汉提出撤销，但他还是将之与《公告法》的通过联系在一起，后者主张"在任何情况下"国会拥有向英属美洲领地征税和立法的权力。

5月，法案撤销的消息传到了罗德岛纽波特，自由之子很快派信使将这振奋人心的消息传遍了殖民地。他们组织庆典纪念这一辉煌的事件以及美洲人对英国的忠诚。他们达到了目的，于是自由之子解散了。很少有殖民者看到《公告法》的不祥预兆。

130 ▲ 1766年8月,在威廉·皮特成为首相之后,一位英国艺术家将"美洲的胜利"描绘成迫在眉睫的灾难。美洲(一个印第安人)坐在由皮特驾驶的马车上,向着悬崖径直狂奔,而大不列颠已经栽了下去。画面中的六匹马代表了皮特新内阁的成员。
图片来源:国会图书馆

反抗《唐森德法案》

被殖民者达到了自己最迫切的目标,但是长期前景仍然不明朗。1766年的夏天,伦敦内阁发生另一项变动,证明他们获得的胜利多么脆弱。新首相威廉·皮特曾经在七年战争中促成殖民地和英国的合作。但是皮特病了,另一个人查尔斯·唐森德(Charles Townshend)成为内阁中的主导势力。作为格伦维尔的同盟和殖民地征税支持者,唐森德决定再次试图从英国的美洲领地获得额外经费(参见表5.2)。

唐森德在1767年提出的税赋将对如纸、玻璃和茶等商品征税,因此,它们似乎是现有航海条例的延伸。但是唐森德税赋在两方面与之前的关税有着很大区别。首先,它们对殖民地从英国进口的商品征税,而不是对从外国进口的商品征税。因此,它们违背了重商主义理论。其次,税收收入将用来支付一部分殖民地官员的薪酬。议会将不再能够通过扣留薪酬赢得这些官员的合作。除此以外,唐森德计划设立一个美洲海关专员委员会(American Board of Customs Commissioners),并在波士顿、费城和查尔斯顿设立副海事法院。这两个行动激怒了商人们,更严格地执行《航海条例》将威胁他们的利益。

约翰·迪金森的《一个美国农民的来信》

1765年，印花税法案通过之后几个月，殖民地人民才开始发起抗议。然而《唐森德法案》一经通过，就立即引起反响。尤其是著名律师约翰·迪金森（John Dickinson）撰写的文集《宾夕法尼亚一个美国农民的来信》（*Letters from a Farmer in Pennsylvania*）表达了广泛共识。最后，除了四家报纸以外，所有殖民地报纸都刊印了约翰·迪金森的文章；以小册子的形式在美洲印刷了七版。约翰·迪金森主张，国会可以规范殖民地贸易，但是不能利用这一权力来提高税收。通过区分贸易规范和不可接受的商业税收，约翰·迪金森规避了棘手的赞同问题和殖民地与国会的关系问题。但是他的辩论制造出另一个同样棘手的问题。事实上，它敦促殖民地人民评估国会通过的任何适用于贸易的法律的动机，然后决定是否遵守。这从长远看来是不切实际的。

作为对《唐森德法案》的回应，马萨诸塞议会起草了一封写给其他殖民地立法会的书信，建议联名抗议请愿。内阁认为此事件导致殖民地团结一心。当刚刚被委任美洲事务大臣（secretary of state for America）一职的希尔斯伯勒勋爵（Lord Hillsborough）得知马萨诸塞通函一事时，他命令殖民地总督弗朗西斯·伯纳德（Francis Bernard）让议会将其召回。他还命令其他总督防止治内的议会探讨这封信。希尔斯伯勒的命令给殖民地议会提供了动机，联合起来反抗他们的权利遭受新威胁。1768年后期，马萨诸塞立法会召开，就此进行讨论，并以92对17票的结果掷地有声地拒绝召回该信。伯纳德立即解散了议会，其他总督在他们的立法会讨论这封通函时，也依样画葫芦。

反抗的仪式

对于反抗的支持者们来说，反对召回通函的票数——92——获得了仪式般的重要性。而数字45原本已经被赋予了象征意义，同情美洲的伦敦激进分子约翰·威尔克斯（John Wilkes）因为发表了一篇题为《北不列颠人，第45号》（*The North Briton*, No.45）的文章而被捕入狱。在波士顿，银匠保罗·莱弗勒（Paul Revere）制作了一个重45盎司的大酒杯，可以装45及耳（半杯）酒，并且在杯子上刻上了反对派立法委员的名字；詹姆斯·奥蒂斯、约翰·亚当斯和其他一些人公开用这个杯子喝了45杯祝酒。在查尔斯顿，城中的零售商们用45盏灯装饰一棵树，并且点燃了45支焰火。他们手持45支蜡烛，进入一家酒馆，酒馆中有45张桌子，桌子上放着45杯葡萄酒，45杯潘趣酒和92个杯子。

这样的公共仪式起到了重要的凝聚和教育功能。正如奥蒂斯、杜兰尼、迪金森和其他人撰写的小册子让识字的人们熟悉英国政策引起的问题，这些公共仪式则让不识字的美洲人了解了反抗的理由，并让他们熟悉辩论中使用的术语。当波士顿重新集结的自由之子邀请数百城市居民每年8月14日与他们共进晚餐，纪念第一次《印花税法案》示威游行，而查尔斯顿的自由之子则公开举行会议

表5.2 英国内阁及其美洲政策

内阁领袖	主要法案
乔治·格伦维尔	糖税法（1764）
	货币法案（1764）
	印花税法案（1765）
罗金汉勋爵	撤销印花税法案（1766）
	公告法（1766）
威廉·皮特/查尔斯·唐森德	唐森德法案（1767）
诺斯勋爵	撤销唐森德税（除了茶叶税）（1770）
	茶叶法案（1773）
	不可容忍法案（1774）
	魁北克法案（1774）

昨日重现

女性纺织者的革命象征主义

至1760年代,普通和条件较好的城市殖民地居民,习惯于购买面料请裁缝缝制服装。只有较为贫穷的乡村居民继续将羊毛或亚麻纺成线,然后将线织成布料,再做成衣服。城市居民几十年来已经习惯于追赶英国潮流,他们长期以来看不起那些穿着自己纺织面料制成服装的乡下人——然而纺织依然被视为标准的女性工作,许多年轻女孩学习这种技能。一个富有的费城诗人写道,在纺车前劳动让她想起"女性运用灵巧的双手/相聚一堂辛勤劳动"。所以当殖民地人民共同抵制英国商品时,女性公开支持美洲反抗运动的重要途径之一,就是在公共场所纺纱。这首诗歌对于纺织者的目的和影响传达了什么信息?女性在公共场所进行这项原本在家里完成的工作有意义吗?有什么意义?

▲ 1769年一位波士顿诗人创作了这篇传单韵文,赞颂聚集在城市北端的纺织者。

图片来源:马萨诸塞历史协会/布里吉曼艺术图书馆

▲ 18世纪的美洲纺车,这种纺车被运用于公开纺织示威中。而纺羊毛的纺车因为太大,不容易搬运。

图片来源:美国历史国家博物馆,史密森尼学会,贝林中心(Behring Center)

时，群众聚在一起围观和聆听。与之类似，公开传唱支持美洲事业的歌曲也有助于传播言论。这些事件的参与者公开地表达他们对于反抗事业的承诺，鼓励其他人加入他们的行列。

自由之子和其他美洲领袖特意努力争取普通人加入反对唐森德税的运动中。最重要的是，他们敦促所有阶层的男女殖民地人民签署拒绝购买或消费英国产品的协议。此前经济上将殖民地人民联系在一起的新消费主义如今也在政治上将他们联系在一起，为他们提供了一个现成的展示忠诚的方式。正如"一位零售商"在1770年的一份费城报纸上写道，"通过达成共识不购买英国产品，让爱国的民众手握力量，这对于大家的利益是必要的"。

自由之女

作为布料和家用产品的主要购买者，女性在这场禁止消费运动中扮演着核心角色。超过300名波士顿妇女公开承诺不购买或饮用茶，"除非生病"。正如珍妮特·肖后来指出的那样，北卡罗来纳威尔明顿的女性庄严肃穆地列队穿过城镇，然后烧掉了自己的茶叶。整个殖民地的女性交换替代茶叶的配方，或者改喝咖啡。这些抗议活动中最著名的是所谓的伊登顿女士茶会（Edenton Ladies Tea Party），不过和茶叶没什么关系。这是德高望重的北卡罗来纳女性的集会，他们正式承诺为公共福利而工作，支持反抗英国政策。（参见边码第114页的讽刺漫画。）

女性们还被鼓励进行家庭生产。在许多市镇，年轻的女性将她们自己称为"自由之女"，她们聚集在公共广场上纺织，试图说服其他女性纺纱织布，鼓励殖民地居民穿着用家织土布做的服装，结束对英国布料的依赖。纸和传单宣扬这些象征性的爱国主义展示，这些行为与包含数字45和92的男性仪式有着同样的目的。来自上层家庭的年轻女性从早到晚坐在户外纺织，只吃美洲食物，只喝当地香草茶，并且聆听爱国主义演讲，她们成了政治导师。许多女性在她们的新角色中获得了极大满足感。当一个讽刺家暗示女性在纺织工作时只谈论"服装、丑闻和诽谤这种鸡毛蒜皮的小事"时，三位波士顿女性愤怒地回应："在恶言讽刺、人身攻击、不入流的小聪明方面技不如人，我们自豪得很；但是在诚实、真诚、热爱美德、热爱自由和我们的家乡方面，我们却不愿低人一等。"

关于抵制运动的不同意见

然而在支持不进口和不消费运动中，殖民地人民远远说不上团结。假如印花税法案抗议时不时（如在波士顿和费城）体现出工匠、商人为一方和普通劳工为另一方之间的分歧，那么反抗《唐森德法案》的运动则暴露了美洲社会阶层中新的裂痕。最重要的裂痕产生于经济环境的改变，使1765年的同盟城市工匠和商人分道扬镳。

印花税法案抵制运动帮助复兴了萧条的经济，因为它创造了对当地产品的需求，并且减少了商人们的库存。但是1768年和1769年，商人们正在享受着繁荣的时代，并没有支持抵制运动的经济动机。结果，商人们不情不愿地签署协议，有时候却在私下里违反。相反，工匠们热情地支持反进口运动，因为他们认识到英国产品的匮乏会为他们本土生产的产品腾出现成的市场。因此，手艺人成为强迫进口商和顾客的核心，通过在商店示威、公开违规者的姓名，甚至毁坏财物的方式胁迫他们。

这种策略很有效：殖民地从英国进口的产品数量在1769年大幅下降，尤其是纽约、新英格兰和宾夕法尼亚。但是这些策略同样引起了激烈的反对，以另一种方式造成意见分歧。有些支持反抗英国政策的美洲人开始质疑使用暴力强迫他人加入抵制的行为。此外，运动中存在的对于个人财产的威胁让更富有、更保守的男性和女性感到恐慌。就如1765年精英成员们忧惧的那样，普通居民的政治激进主义挑战着精英阶层的统治。

大商人违反不进口协定被揭露出来，导致各阶层的抵制者意见不合，1770年4月，消息传来，唐森德税被撤销，只保留了茶叶税，这时美洲人松了一口气。新首相诺斯勋爵说服国会，在帝国内征收贸易税是不明智的。尽管有的殖民地领袖辩称不进口运动应该继续下去，直到茶叶税也被撤销，但是商人们很快恢复了进口。其他《唐森德法案》仍然有效，但是撤销税赋使得支付官员薪酬以及加强关税实施力度的条款显得不那么令人反感了。

波士顿的冲突

一开始，新内阁并没有做什么引起殖民地人民敌意的事。不过就在诺斯勋爵提出撤销唐森德税的同一天，波士顿市民和士兵之间发生了一场冲突，导致五名美洲人死亡。这一使波士顿爱国者致死的"波士顿屠杀（Boston Massacre）"的事件起因于海关官员和马萨诸塞人民之间反复的冲突。美洲海关专员委员会设立在波士顿的决定最终导致了冲突的发生。

1767年11月，海关专员们一抵达，居民就锁定了目标。1768年6月，他们因走私嫌疑扣押爱国者领袖约翰·汉考克（John Hancock）的单桅纵帆船自由号，引起了暴乱，海关官员的物产在这场暴乱中被毁坏。这场暴乱转而使内阁相信，为了在这个无法无天的港口中维持秩序，军队是必须的。两个正规军军团入驻波士顿证实了波士顿人最深的恐惧，红衫军持续地提醒城市居民英国权力的压迫潜力。守卫在该市入口"波士顿地峡（Boston Neck）"搜查所有旅行者及其物品。红衫巡逻队日日夜夜在城市中徘徊，质问过路人，有时甚至骚扰他们。他们在波士顿下议院举行阅兵，演奏军乐，通常公开鞭打逃兵和其他违反军规的人。父母们开始担心自己女儿的安全，她们常常是士兵们粗俗性骚扰的对象。然而最大的潜在暴力原因在于士兵们和波士顿劳工们之间的紧张关系。许多红衫兵在业余时间寻找兼职，和城市中的劳工竞争体力活。这两个群体的成员不断在酒馆中或大街上争吵斗殴。

波士顿屠杀

1770年3月5日傍晚，一群劳工开始向守卫海关的士兵们投掷坚硬的雪球。哨兵们忍无可忍，违反命令向人群开火，杀死了四人，打伤了八人，一名伤者几天之后死亡。根据报道第一个死亡的是克里斯普斯·阿塔克斯（Crispus Attucks），一个尼普马克（Nipmuck）和非洲混血水手。反抗领袖们将阿塔克斯和其他死者理想化成为自由献身的殉道者，为他们举办了一场庄严的葬礼，之后每年3月5日用爱国主义演说纪念这一事件。银匠保罗·莱弗勒对于这一枪杀事件的刻画也是宣传运动的一部分。

为首的民族主义者们不希望士兵们变成烈士。尽管民族主义者们从屠杀中获得了一定的政治利益，但是他们很可能并不赞成一开始导致这一事件发生的聚众活动。自1765年8月人们毁坏哈钦森的房子起，与自由之子结盟的人们一直支持有秩序的示威游行，并且对这种引起波士顿屠杀的失控暴乱表达了厌恶之情。因此，当士兵们在11月因杀人接受审判时，坚定的民族主义者约翰·亚当斯和小乔赛亚·昆西（Josiah Quincy Jr.）担当他们的辩护律师。几乎所有被告都被判无罪释放，被宣判有罪的两个人在拇指被烙印之后也被释放了。毫无疑问，这种倾向明显的审判结果是为了说服伦敦官员不向波士顿施加报复。

英国阴谋？

波士顿屠杀和唐森德税撤销之后的两年，表面的平静笼罩着殖民地。1772年6月，罗德岛居民因为英国海军双桅纵帆船葛斯比号（Gaspée）过分积极地征收关税感到愤怒，在该船因落潮搁浅在普罗维登斯岛附近的纳拉甘西特湾时，他们袭击并烧毁了它。然而，由于随后的调查没能确认犯罪者，殖民地居民没有受到任何惩罚。敢直言不讳的报纸，如《波士顿公报》（Boston Gazette），《宾夕法尼亚日报》（Pennsylvania Journal）和《南卡罗来纳公报》

(South Carolina Gazette)纷纷发表文章，引用真辉格意识形态，指责大不列颠蓄意策划这起事件，企图压迫殖民地。在印花税法案撤销之后，反抗领袖们赞颂了国会；在唐森德税撤销后，他们提醒人们警惕迫在眉睫的专制暴行。印花税法案原本看似孤立的错误，一个单一的选择失误，然而现在看起来却像是一个威胁美洲自由的阴谋的一部分。评论家们指出国会对于英国激进人士约翰·威尔克斯的迫害，驻扎在波士顿的军队以及副海事法庭越来越多，他们将这些作为奴役殖民地人民的证据。事实上，民族主义作者们反复玩味"奴役"一词。大多数被殖民的居民对奴隶制都有直观的了解（有可能他们本人就是奴隶主，也可能与奴隶主为邻），被英国人奴役的威胁对他们来说一定具有特别的威慑力。

尽管如此，这时还没有人提倡从宗主国独立。尽管一些殖民者越来越相信他们应该试图在国会的权威下寻求自由，但是他们仍然承认自己的英国公民身份，并且效忠乔治三世。因此，他们开始构想一个体系，让他们能够由自己选出的立法机构统治，同时臣服于国王。但是这样的计划违反了英国人对于政府本质的观念，这一观念假设国会对整个帝国行使唯一而完整的最高统治权。不但如此，在英国人的脑海中，国会包括国王、领主和众议院，所以将君主从立法机构中分离是不可能的。

塞缪尔·亚当斯和通讯委员会

1772年，51岁的塞缪尔·亚当斯比其他美洲反抗领袖年长大约十岁，包括他的远房表弟约翰。他曾担任过波士顿收税员，马萨诸塞议会成员和书记员，"忠诚九"的同盟以及自由之子中的一员。坚持不懈献身美洲事业的亚当斯在腐化堕落满是陋习的英国和由简单、热爱自由的人民组成的殖民地之间划了一道清晰的界线。作为一个经验丰富的政治组织者，亚当斯不断在波士顿镇民大会的演说中强调小心谨慎的集体行动的必要性。因此他的通讯委员会肩负起在马萨诸塞居民之间创造理性共识的使命。

这样的委员会后来遍布所有殖民地，代表了美洲反抗组织的下一个符合逻辑的步骤。直到1772年，抗议运动很大程度上局限于沿海地区，主要是大城市和市镇（参见地图5.3）。亚当斯意识到是时候拓宽该运动的地理范围了，试图让更多殖民地居民参与斗争。因此，波士顿镇民会议指示通讯委员会"陈述殖民地居民的权利，特别是这一地区"；罗列"至今发生过的，或者时不时可能发生的侵权和违犯行为"；并且将影印本散发到本地区其他市镇。作为回应，波士顿要求"就此问题自由交流观点"。

波士顿人撰写的殖民地权利声明宣称，美洲人拥有绝对的生命、自由和财产权。"英国众议院享有随心所欲赋予和承认殖民地居民财产的权利"的想法与"自然法和公正的首要原则……尤其是英国宪法"是"不相容的"。列出的不满事项包括未经代表而征税、不必要的军队和海关官员驻扎在美洲土地上、使用帝国收入支付殖民地官员薪酬、副海事法庭扩张的管辖权，甚至还有伦敦上级为美洲总督们下达命令的实质。

整个文件被印成小册子，在各个市镇中散发，文件中丝毫没有表现出1760年代殖民地反对国会的声明中特有的犹疑。至少在波士顿，反抗领袖再也不拘泥于精确界定国会权限。他们不再提及服从国会的必要性。他们为之献身的道路将美洲权利放在首位，而占据第二位的忠于大不列颠则被远远抛在后面。

马萨诸塞各个城镇对于委员会宣传册的反应一定让塞缪尔·亚当斯欢欣鼓舞。有些城镇不同意波士顿对于时事局面的评估，但是大多数与波士顿站在一边。布伦特里（Braintree）声称："所有公务员都是或应该是人民的公仆，并且依靠他们提供官方支持，与之相反，总督的自上而下统治中，每个例子都倾向于压迫和破坏公民自由。"霍尔登（Holden）市宣称"新英格兰的人民从来没有赋予英国任何加诸我们的管辖权。"彼得舍姆（Petersham）的公民评论，反抗暴政是"本地人民首要和最高的社会责任"。而波纳尔镇（Pownallborough）则提醒

◀ 在波士顿屠杀发生后不久,银匠保罗·莱弗勒刊印了这幅插图,描绘了1770年3月5日海关附近冲突的情景。这幅插画为爱国者的文字描述提供了视觉支持,画面上英国士兵向毫无抵抗力的人群开火(而不是士兵们被审判时所说的来势汹汹的暴民)。更糟糕的是,有人从建筑内部向外开枪,建筑被贴上了"屠夫大厅"(Butchers Hall)的标签。

图片来源:布朗大学约翰·卡特·布朗图书馆(John Carter Brown Library)

道:"忠诚是一个相对概念,像王国和联邦一样,它是本土的,并且有其界限。"像这样的信念使得英属美洲事务中的下一个危机成为最后一个。

茶叶和动乱

至1773年,茶叶税是唯一一个仍然有效的唐森德税。1770年后的几年中,一些美洲人仍然抵制英国茶叶,而另一些人则公开或私下里恢复消费。茶叶在殖民地人民的饮食和社会生活中扮演着非常重要的角色,所以遵守抵制不仅要求他们放弃一种偏爱的饮品,还意味着改变熟悉的社交形式。因此,1770年以后,即使抵制运动已经开始瓦解,茶叶仍然保持着激烈的象征特点。

1773年5月,国会通过了一项旨在拯救东印度公司免于破产的法案。该公司垄断了英国与东印度的贸易,对于英国经济以及许多投资该公司股份的英国重要政治家的财政状况至关重要。根据茶叶法案,从此以后在美洲合法销售的茶叶必须通过东印度公司的指定代理商销售,这将使该公司绕开英国和殖民地的中间商,并且可以降低茶叶售价,与走私者的价格竞争。最终结果是美洲消费者可以享受更低廉的茶叶价格。然而,反抗领袖们将这个新政策解读为迫使他们承认国会有权向他们征税的险恶手段,因为哪怕是售价相对较低的茶叶仍然会按唐森德法律征收税款。其他人则认为茶叶法案是在所有殖民地贸易中建立东印度公司垄断的第一步。被指定接收第一批茶叶的四个城市因此准备回应在他们看来对他们自由的新威胁。

在纽约,茶叶运输船根本没到达。在费城,宾夕法尼亚的总督说服船长把船开回英国。在查尔斯顿,茶叶卸下船储藏起来;有的被毁去,其余的则在1776年被新的州政府销售。唯一的冲突发生在波士顿,一方是镇民大会,包括附近市镇前来的与会者,另一方是总督托马斯·哈钦森,他的两个儿子正是茶叶代理商,双方拒绝协商。

三艘茶叶运输船中的第一艘,达特默斯号(Dartmouth),于11月28日进入波士顿港。海关法律要求货物登陆,并且船只到达20日内货主需要支付规定的关税;否则货物将被海关官员没收并拍卖。在一系列大众会议之后,波士顿人投票决定在码头上安排守卫阻止卸货。哈钦森拒绝批准船只离开港口。

12月16日,在货物将被没收前一天,超过五千人(接近该市人口的三分之一)涌入老南方教堂(Old South Church)。由塞缪尔·亚当斯担任住持的会议,最后一次试图努力说服哈钦森将茶叶送回英国。但是总督仍然不为所动。傍晚据说亚当斯宣布:"他想不出还能做些什么——他们已经为了拯救祖国做了他们力所能及的一切事。"接着人群后面爆发出呼喊:"波士顿港今晚将变成茶壶!莫霍克人来了!"三五成群的人们挤出会堂。几分钟之内,大约六十个粗糙地伪装成印第安人的男性集结在码头上,登上三艘船,将货物扔进港口。至晚上9点,他们的工作完成了:342箱价值约10 000英镑的茶叶四分五裂地漂浮在海面上。

在这些"印第安人"中间,有许多波士顿工匠代表,包括银匠保罗·莱弗勒。5个石匠,11个木匠和建筑工人、3个皮匠,1个铁匠,2个理发师,1个马车匠,1个鞋匠和12个学徒被辨认出来。他们的阶层中还包括4个来自波士顿以外的农民、10个商人、2个医生、1个教师和1个曾经为广受支持的反抗运动画过插画的书商。第二天约翰·亚当斯在他的日记中欢欣地写道,这场抗议"如此无畏,如此

▲ 波士顿倾茶事件(Boston Tea Party)的策划者们聚集在绿龙酒馆(Green Dragon Tavern)中,后来其中一个成员、肖像画家约翰·约翰逊(John Johnson)画了这幅素描。

图片来源:美国文物协会(American Antiquarian Society)

人民与国家的遗产

女性政治激进主义

21世纪,美国的女性公民已经参与到美国公共生活的各个层面中。1984年,杰拉尔丁·费拉罗(Geraldine Ferraro)成为民主党副总统候选人;南希·佩洛西(Nancy Pelosi)当选众议院议长,2007年1月成为竞选第三顺位总统继承人;希拉里·罗德姆·克林顿(Hillary Rodham Clinton)于2008年竞选总统;2009年索尼娅·索托马约尔(Sonia Sotomayor)进入最高法院,成为第二个现任女性成员。近一百个女性在众议院和参议院中占有一席之地;许多女性担任州长或在其他州政府部门中任职。但是1760年代之前,美洲女性作为一个群体被认为缺乏适合的公共角色。一位男性评论家在1730年代中期表达了这种共识:"政治不适合他们;统治国家和治理行政区这些事情对女性来说太困难太棘手,这会让她们变得沉重而严肃,夺去本该永远伴随她们的悦目笑容。"

但是当殖民地人民开始反抗1760年代中期至后期强加于他们身上的新英国税赋和法律时,情况发生了改变。美洲反抗运动的支持者,无论男女,都意识到传统形式的抗议(比如美洲的议会向英国国会递交请愿书)作用有限。

因为在大多数美洲家庭中,购物决定都是由女性做出的,而且在纺纱和织布这些生产活动中,她们的劳动可以代替进口布料,所以她们加入反抗运动是非常重要的。美洲历史上,女性有史以来第一次获得正式的政治立场。所有阶层的女性都必须决定加入还是反对抵制英国商品的运动。她们建立的促进家庭生产的群体——昵称为"自由之女"——构成了首批美洲女性政治组织,尽管是尝试性和非正式的。

从此以后,美洲女性参加了很多政治运动,包括反奴隶制社团、支持女性选举权组织、妇女基督教戒酒联合会(Women's Christian Temperance Union),以及公民权利运动等。革命时期女性留给国家的遗产在全国女性政治党团会议(National Women's Political Caucus)和关注美国妇女组织(Concerned Women for America)等组织中得到延续。事实上,当代美国人毫无疑问会发现自己难以想象,假如没有活跃在所有政治和党派群体中的女性,社会会变成什么样。

大胆,如此坚定、勇猛而不可动摇",以至于"我只能将它视为历史的新纪元"。

《不可容忍法案》和《魁北克法案》

而诺斯政府得知波士顿发生的一系列事件时,远没有那么高的热情。1774年3月,国会接受了四个法案中的第一个,后来这些法律被统称为"不可容忍"或"难以忍受"法案。法案命令关闭波士顿港,直到他们支付茶叶损失,并且禁止除了食物和木柴以外的所有贸易。春末,国会通过了另外三个惩罚性措施。《马萨诸塞政府法案》(Massachusetts Government Act)改变了该行政区的许可证,用指派的议会代替选举议会,增强了总督的权力,并且禁止大多数镇民会议。《司法管理法例》(Justice Act)允许在镇压暴乱或执行法律中被指控杀人者在案件发生的殖民地之外受审。最后,《驻营条例》(Quartering Act)允许军官征用私有建筑作为军队驻扎地。因此,《不可容忍法案》不仅惩罚了波士顿人,还将马萨诸塞作为一个整体一并处罚,警告其他殖民地的居民,假如他们反抗英国权威,也将成为报复的对象。

通过最后一项《不可容忍法案》之后,国会将注意力转向亟需改革的魁北克政府。因此,在民族主义者的脑海中,《魁北克法案》与《不可容忍法案》联系在了一起。为了安抚英国征服前法国殖民地之后产生的紧张情绪,《魁北克法案》赋予了天主教徒更大的宗教自由——这引起了新教徒殖民地居民的警惕,他们将罗马天主教等同于宗教和政治专制。该法案还恢复了1763年被英国诉讼程序代替的法国民法,并且设立了委任议会(而非选举产生的立法会)作为该殖民地的领导机构。最后,为了向北方的印第安人提供一定程度的保护,让他们免受英属美洲定居者的侵害,该法案将阿巴拉契亚山脉以西、密西西比河以东以及俄亥俄河以北的地区附属于魁北克。该地区当时鲜有欧洲居民,因此从海岸殖民地的辖区内被分割了出去。希望开发俄亥俄,吸引额外移民的富有殖民地居民,现在面临着与魁北克官员打交道的前景。

为采取惩罚性措施投票的英国国会成员,相信他们终于解决了令人烦恼的美洲人造成的问题。但是反抗领袖们并未表现出对英国国会权威低头的意愿。在他们眼中,《不可容忍法案》和《魁北克法案》证实了他们自1768年以来的忧虑:英国已经开始着手实施蓄谋已久的压迫计划。假如波士顿港被关闭,为什么纽约和费城的港口不会遭受同样命运?假如马萨诸塞的皇家许可可以被改变,南卡罗来纳不是一样可以?假如某些人可以被转移到远方受审,任何违法者不是都可以?假如军队可以强制驻扎私宅,难道这不是占领全美洲的预兆?假如天主教可以在魁北克获得有利地位,难道不会推及所有地区?看起来针对美洲权利和自由的阴谋终于露出了完整的真面目。

波士顿通讯委员会敦促所有殖民地立即协力抵制英国商品。但是其他行政地区在迈出这么激进的一步之前犹豫了。罗德岛、弗吉尼亚、宾夕法尼亚都提议再次召开殖民地代表大会,考虑合适的对策,1774年6月中旬,马萨诸塞默许了。很少有人希望贸然采取行动;即使是最狂热的爱国者仍然忠于英国,希望能够取得和解。尽管他们反对英国的政策,他们仍然将自己视为帝国的一部分。美洲人和英国统治者已经接近冲突的边缘,但是他们还没有投身于无法挽回的决裂中。于是各个殖民地同意于9月派遣代表前往费城参加大陆会议(Continental Congress)。

结语

仅仅20年前,七年战争在宾夕法尼亚西部荒野中打响时,没人能预料到未来会对英属大陆殖民地造成如此迅速而戏剧性的改变。然而这次冲突将法国赶出了北美洲,并且造成了巨额债务,英国不得不想方设法支付,这些发展对于帝国关系有着重要的意义。

1763年战争结束后的几年中,殖民地人民看待自己和忠诚的方式发生了重大变化。将自己视为政治参与者的数量大大增加。曾经毫不怀疑地与大不列颠紧密联系,但是现在他们却开始发展出作为美洲人的自我身份,包括认识到将他们与英国人分开的文化和社会鸿沟。他们开始意识到他们对于政治程序的观念与宗主国秉持的观念相悖。最重要的是,他们对于定义由什么构成了代表和批准政府行为有着不同的认识。他们还逐渐开始明白,他们的经济利益不一定与大不列颠的经济利益吻合。殖民地政治领袖在许多事件之后才得出了这样的结论,其中一些事件不乏暴力,这改变了他们对于自己和宗主国关系的理解。国会法案,比如印花税法案和唐森德法案引起殖民地的反响——意识形态和实际的——又引起英国的进一步回应。矛盾不断累积,直到波士顿人倾倒东印度公司茶叶事件中达到高潮。

1774年的夏末,美洲人投身于反抗运动,但是并没有寻求独立。尽管如此,他们开始与帝国斩断联系。在接下去的十年中,他们将缔造新的国家,用新的联系代替被抛弃的与英国的联系。

扩展阅读

Fred Anderson, *The War That Made America: A Short History of the French and Indian War* (2005)

Bernard Bailyn, *The Ideological Origins of the American Revolution* (1967)

T.H. Breen, *The Marketplace of Revolution: How Consumer Politics Shaped American Independence* (2004)

Benjamin L. Carp, *Rebels Rising: Cities and the American Revolution* (2007)

Gregory Dowd, *War Under Heaven: Pontiac, the Indian Nations, and the British Empire* (2002)

Marc Egnal, *A Mighty Empire: The Origins of the American Revolution* (1988)

Merrill Jensen, *The Founding of a Nation: A History of the American Revolution, 1763—1776* (1968)

Pauline R. Maier, *From Resistance to Revolution: Colonial Radicals and the Development of American Opposition to Britain, 1765—1776* (1972)

Gary B. Nash, *The Unknown American Revolution: The Unruly Birth of Democracy and the Struggle to Create America* (2005)

Peter Silver, *Our Savage Neighbors: How Indian War Transformed Early America* (2008)

第六章

真正的独立，1774—1783

肖尼酋长黑鱼（Blackfish）为他的新俘虏取名歇尔托维（Sheltowee），或"大龟"，并把他收为养子。黑鱼的战士们轻而易举地抓住了这个形单影只的猎人，当时他正带着猎到的水牛回营地——称作蓝舔（Blue Licks）的海水泉，他的同伴们在那里制盐。俘虏说服他的边境居民同伴们放弃战斗，向肖尼人（英国人的同盟）投降。这时候是1778年2月。猎人丹尼尔·布恩（Daniel Boone）大约三年前和家人从卡罗来纳迁徙到肯塔基，刚好在独立战争开始之前。他的同时代人和一些历史学家怀疑布恩在美国独立战争期间究竟对哪方势力效忠。1778年，他和肖尼的相遇可以有好几种解读方式，体现出独立战争时期忠诚的许多模糊之处。

肖尼人当时正在搜寻俘虏以弥补酋长"玉米秆（Cornstalk）"之死，这位酋长几个月之前在俄亥俄被美洲民兵关押并杀害。在泉水边被俘虏的26个男人中，大约一半被肖尼家庭收养；其他人——不太愿意适应印第安生活方式——被当作囚犯押解到底特律的英国要塞。布恩向黑鱼保证，春天他将协商让留在原定居点布恩斯伯勒（Boonesborough）的女人和孩子们投降，他一边观察一边等待，表面上表示对自己的新生活很满意。1778年6月，他逃出部落，匆忙赶回家乡提醒肯塔基人即将发生的袭击。

9月中旬，当黑鱼的肖尼人和他们的英国同盟出现在布恩斯伯勒栅栏外时，布恩负责协商。尽管定居者们坚决拒绝退后到山脉另一边，但零星的证据显示他们同意向英国人效忠，以避免血腥的战斗。然而协商瓦解，最终变成一场混战，印第安人徒劳无益地包围要塞一个星期，然后撤退。威胁过去之后，布恩被控告叛国罪，受到肯塔基民兵团军事法庭的审判。尽管他被判无罪，但是关于蓝舔发生的事件及其后果的质疑影响了他的一生。

章 节 大 纲

大陆会议和委员会设立的政府
偏远地区的竞赛
昨日重现　边境难民
选择立场
放眼天下　新国家
战争和独立
北方的战争
军队和后方的生活
南方的胜利
人民与国家的遗产　革命的起源
结语

◀ 乔治三世的一尊雕像矗立在纽约市的宝林葛因（Bowling Green），这是美国独立战争的第一批牺牲品之一，殖民地人民将它拽倒，象征他们接受《独立宣言》。铸雕像的金属大部分被熔铸成子弹，但是20世纪，大体上完整无缺的头部在康涅狄格出土。

图片来源：乔治三世雕像的倒塌，宾夕法尼亚伊斯顿（Easton）拉法叶学院艺术收藏（Lafayette College Art Collection）（局部）

年表

1774	第一次大陆会议在费城召开,通过《权利与不平等宣言》(Declaration of Rights and Grievances)
	大陆联合会(Continental Association)实施对英国的抵制,建立观察委员会监督抵制行动
1774—1775	行政区会议代替崩溃的殖民地政府
1775	莱克辛顿(Lexington)和康科德(Concord)的战役;战争打响
	第二届大陆会议召开
	华盛顿被任命为总司令
	邓莫尔(Dunmore)发表宣言,向加入英国军队的爱国者的奴隶们提供自由
1776	潘恩(Paine)发表了《常识》(Common Sense),宣扬独立
	英国人撤离波士顿
	《独立宣言》生效
	纽约市被英国人占领
1777	英国人攻占费城
	伯戈因(Burgoyne)在萨拉托加(Saratoga)投降
1778	法国同盟为美国提供关键帮助
	英国人撤离费城
1779	沙利文(Sullivan)远征队破坏易洛魁村庄
1780	英国人占领查尔斯顿
1781	康华里(Cornwallis)在约克镇投降
1782	和平谈判开始
1783	《巴黎条约》签订,承认美国独立

丹尼尔到底效忠谁?是英国人?美国人?还是其他肯塔基人?他的行为可以从三方面来解读。他是否将定居者们出卖给肖尼人并试图在肯塔基建立英国权威?他是否——像他后来声称的那样——两次欺骗了肖尼人?或者他是否曾经将脆弱定居点的生存当做第一要务?肯塔基是个边境地区——英国人、印第安人和各个群体的美洲定居者争夺控制权。布恩和其他阿巴拉契亚边远乡村的居民在这样不确定的环境下挣扎图存,并不总是面临如此明确的选择。

丹尼尔·布恩并不是1770年代唯一一个立场模糊或多变的美洲人。作为一场影响到密西西比河以东北美洲大部分地区的内战,美国独立战争让成千上万家庭流离失所,干扰了经济,通过迫使许多殖民地人民永远背井离乡重塑了社会,导致美洲人形成新的政治观念,并且从13个独立殖民地中创造了一个国家。它不仅仅是英国人和爱国者军队之间的一系列交锋,更标志着美洲人共同历史上的一个重要转折点。

为独立而斗争要求独立领袖完成三个彼此分离但又紧密联系的任务。首先是政治和意识形态方面：将倾向于忠诚反抗的共识转变成为支持独立的同盟。通过一系列措施（从劝说到胁迫）让所有欧洲裔美洲人加入独立事业，殖民地的当选领袖们还试图在即将到来的战斗中确保印第安人和奴隶保持中立。

第二个任务涉及外交关系。为了赢得独立，爱国者领袖们知道他们需要国际，尤其是法国的承认和帮助。因此，他们将经验最丰富的美洲外交官本杰明·富兰克林派往法国，他曾在伦敦担任过数年殖民地代理人。富兰克林巧妙地周旋，促成了1778年的法国—美国同盟，事实证明该同盟对于赢得独立是至关重要的。

只有第三个任务直接涉及英国人。乔治·华盛顿，美国军队的总指挥官很快认识到他的主要目标不是赢得战役，而是避免彻底失败。让他的军队保存实力第二天再战，比任何一场单一战役的结果更重要。结果，独立战争的故事中充斥着英国行动和美国应对，英国进攻和美国防御及撤退。英国军事策划者没能精确地分析他们面临的问题，也帮了美国人一把。一开始，他们将与美国人的战争视同与欧洲其他国家的战争，发现问题时为时已晚：他们将注意力集中在赢得战役上，而没有考虑达到主要目的即保持殖民地对英国的忠诚的困难。结果，美国人的胜利很大程度上有赖于他们的忍耐和英国的错误，而非他们的军事能力。

- 1774年之后，北美洲居民面临着怎样的选择？为什么各类人分别做出那些选择？
- 英国和美国军队分别采用哪些军事策略？
- 这个新国家是怎么赢得独立的？

大陆会议和委员会设立的政府

1774年9月，第一届大陆会议的55名代表聚集在费城，他们知道自己采取的任何措施都很可能赢得广泛支持。那年夏天，各个殖民地召开了受到广泛报道的公开会议，支持另一个反进口公约。参加过多次此类会议的人们保证（像北卡罗来纳人一样）"严格遵守并忠于全体大会成员们通过的规定和限制"。大陆会议的代表大多由未经法律许可的地区会议选出，而这些会议的成员由当地集会选出，因为总督们禁止常规议会进行正式选举。因此指派代表参加大陆会议本身就代表了美洲人公然反抗英国权威。

第一次大陆会议

殖民地的政治领导人物大多数是律师、商人和种植园主，他们代表了除佐治亚以外的所有殖民地，这些代表参加了费城召开的大陆会议。马萨诸塞代表团包括经验丰富的波士顿反抗运动组织者塞缪尔·亚当斯（Samuel Adams）及其志存高远的律师表弟约翰。纽约派来的人中包括富有才干的年轻律师约翰·杰伊（John Jay）。宾夕法尼亚代表包括保守派约瑟夫·盖洛威（Joseph Galloway）和他长久以来的对手约翰·迪金森（John Dickinson）。弗吉尼亚选出了理查德·亨利·李（Richard Henry Lee）和帕特里克·亨利（Patrick Henry），这两个人都以爱国热情而著称，除此以外还有乔治·华盛顿。这些人大多从未见过面，但是在未来的几星期、几个月、几年中，他们将成为新国家的总建筑师。

当议员们在9月5日相聚木匠厅（Carpenters' Hall）时，他们面临着三个任务。前两个任务清晰明确：定义美洲遭受的不公和制订反抗计划。第三个任务——明确他们与大不列颠的本质关系——则不那么清晰，而且十分棘手。最激进的议员，如弗吉尼亚的李，辩称殖民地人民只对乔治三世负有效忠的义务，国会对殖民地没有合法权威。而保守派——约瑟夫·盖洛威和他的同盟者——则提出了一个正式的联合计划，要求国会和新的美洲立法机构共同批准所有与殖民地相关的法律。在激烈的辩论之后，代表们以微弱优势驳回了盖洛威的提议，但是他们还没有准备好接受激进的立场。

最后，他们接受了由约翰·亚当斯提出的措辞。《权利与不平等宣言》的关键条款宣称美洲人将服从国会，但是只在自愿前提下，而且他们将拒绝一切改头换面的税赋，如唐森德税。值得注意的是，这一立场在1774年秋天代表了一种妥协，但短短几年前还会被认为过于激进。从十年前第一次犹豫地抗议《糖税法》开始，美洲人已经走过了很长一段路。

大陆联合会

宪法问题解决之后，代表们很快就他们想要撤销的法律达成一致（值得注意的是《不可容忍法案》），并且决定在向国王请愿撤销的同时实施经济抵制。他们采纳了《大陆协议》，号召反对英国商品进口（1774年12月1日生效），反对消费英国产品（1775年3月1日生效），反对美洲商品出口到英国以及英属西印度群岛（1775年9月10日生效）。

协议的这些规定经过精心设计，比此前殖民地采取的任何经济措施都更全面，力图吸引不同的群体和地区。比如，反进口协定采用包罗广泛的语言，禁止奴隶和工业品贸易，这与弗吉尼亚上层社会长期以来阻止或至少放缓非洲奴隶来到海岸的愿望一致。（弗吉尼亚的领导阶层相信持续的奴隶进口阻碍了具有有用技能的欧洲移民来到他们的殖民地。）将反消费协定的执行时间延迟到三个月之后，为北方城市商人预留了清空12月1日前合法进口的存货的时间。无论是反出口新策略还是推迟将近一年时间都是为其他利益服务。1773年，许多弗吉尼亚人发誓停止出口烟草，提高当时饱和市场上的烟草价格。于是他们兴高采烈地欢迎禁止出口，同时允许他们提高烟草价格从而获利，这些烟草需要在装船以前晾干和加工。推迟反出口协定的生效时间还有利于针对加勒比地区的北方木材和食品出口商，让他们在禁止令生效之前销售最后一季产品。

观察委员会

为了执行大陆协议，大陆会议建议在每个美洲地区选出观察和调查委员会。会议明确规定，委员会成员由所有符合选举下议院成员资格的人选出，保证委员会具有广泛的群众基础。这七千到八千委员有些是经验丰富的官员，有些则是政治新手，成为美国反抗运动的当地领袖。

这些委员会的官方职能只是监督抵制政策的实施情况，但是在接下去的6个月中，它们成为事实上的政府。它们检查商人的记录，公开继续进口英国货物的人员名单。它们促进家庭生产，鼓励美洲人接受简单的着装方式和行为，象征他们忠于自由和高尚行为。由于昂贵的休闲活动被认为反映邪恶和堕落，会议（如珍妮特·肖亲眼所见）敦促美洲人放弃舞蹈、赌博、赛马、牌戏、斗鸡和其他"奢侈而放荡"的活动。有的委员会要求被发现赌博、酗酒或赛马的人们道歉。因此，私下的行为被赋予了重要的公共意义。

委员会逐渐将它们的权威扩展到美洲生活的方方面面。它们试图确定美洲反抗运动的反对者，发展出复杂的间谍网络，传递大陆协议，收集签名，调查可疑言论和行为的报告。有嫌疑的异见者被要求公开表示支持殖民地事业；假如他们拒绝，委员会就会将他们监视起来，限制他们的行动，或者试图强迫放逐他们。某一天和朋友们随口评论政治的人可能第二天就发现自己被指控"叛国言论"。比如，一个马萨诸塞人因为诬蔑议会是"一群或一批蠢蛋"，"和诺斯勋爵一样专制，应该受到压迫或抵制"被传唤到当地委员会面前。他拒绝公开认错，于是委员会开始监视他。

地区议会

1774年冬季和1775年早春，当观察委员会扩张权力时，正规殖民地政府正在崩溃。只有几个立法会继续召开会议，并且权威不受挑战。在大多数

▲ 1775年，一个英国漫画家将讽刺场景设定在厕所中，表达了他对大陆会议宣言的蔑视，画面中的政治家撕了一页会议决议当厕纸。右边的人则凝视着一本政治宣传册，约翰·威尔克斯和一个浑身浇着沥青沾着羽毛的人的画像装点着墙壁。

图片来源：国会图书馆

殖民地中，选举产生的地区议会接过了政府管辖权，有时候完全代替了立法会，有时候则同时举行会议。1774年年末和1775年年初，这些议会认可大陆联合会，选举代表参加第二届大陆会议（计划5月召开），组织民兵团体，收集武器和弹药。无力遏制反抗大潮的英国总督和委员会，只能无助地看着他们的权威分崩离析。

皇家官员遭受一轮又一轮的羞辱。法院被禁止召开会议，税款支付给议会的代理人，而非地区收税员，治安官的权力受到挑战，民兵只听从委员会的召集令。简而言之，在莱克辛顿和康科德战役打响之前6个月，美洲人已经在地区层面获得了独立，只不过没有正式得到承认，而且大体上没有流血伤亡。并不是所有美洲人都完全意识到正在发生什么。大多数人仍旧宣称对大不列颠效忠，否认他们试图离开帝国。

偏远地区的竞赛

当观察委员会在东部巩固自己的权威时，一些殖民地居民却往西方前进。这些渴望土地的人们，无视1763年宣言、殖民地总督的声明以及印第安袭击的威胁，其中许多是来自爱尔兰的新移民和七年战争后在北美洲退役的士兵，1760年代中期后，他们成群结队来到俄亥俄河及其支流附近的土地上。有时候他们从投机者手中购买来源可疑的土地许可证；更多时候，他们只是勘测土地然后非法占领，指望他们的所有权最终会被承认。英国1771年放弃（和彻底摧毁）皮特堡（Fort Pitt）的决定，排除了该地区定居的最后障碍，因为这次撤退使得1763年宣言无法实施。至1775年后期，从宾夕法尼亚西部往南，至弗吉尼亚和肯塔基东部，直至北卡罗来纳西部的各个地区，点缀着成千上万的新住宅。

怀疑和战争

偏远地区的人们很少积极地看待该地区的土著民族。（罕见的例外是摩拉维亚（Moravian）传教士，他们与印第安皈依者一起居住在俄亥俄河河谷上游三个小小的边境社区中。）边境居民对于曾经维持该地区勉强和平的小规模贸易没有兴趣；他们只想要土地耕种作物和蓄养牲畜。

1774年，在新总督邓莫尔勋爵的领导下，弗吉尼亚积极行动，主张迅速发展的偏远地区的所有权。在春季和夏初，弗吉尼亚人在俄亥俄河南面的肯塔基勘探土地，局势越来越紧张，该地区由肖尼人占领，他们拒绝1768年的《斯坦威克斯条约》（Stanwix Treaty）。"邓莫尔勋爵战争"由弗吉尼亚民兵和一些肖尼战士的大规模冲突构成。双方都没有获得明确的胜利，但是冲突结束后成千上万的定居者——包括丹尼尔·布恩和他的伙伴们——涌向山脉另一端。

大批人口移民肯塔基的时候，战争开始了，印第安人和偏远地区居民的忠诚度像布恩一样易变而不确定。他们互相敌对，但是在帝国斗争中应该站在哪一边呢？答案很可能基于哪方更符合他们的利益。理解了这一点，大陆会议重新占领了皮特堡，并且在俄亥俄建立了其他要塞。依靠这样的保护，多达20 000定居者在1780年以前蜂拥

昨日重现

边境难民

作为在七年战争中赢得胜利的后果之一，大不列颠于1763年占领了连通呼伦湖和伊利湖的河流上的底特律堡（Fort Detroit），如下面这幅18世纪水彩画所示。这个战略地点控制着进入三个最西端大湖的水路入口；在边境道路匮乏，路况又差的时代，这样的水路运输是至关重要的。美国独立战争军两次试图占领底特律，印第安人从这里突袭边境定居点，但是两次殖民地军队都被英国的印第安同盟打败了。因此整场战争中，底特律吸引着反独难民，其中包括玛丽-特蕾丝·柏塞雷·拉塞尔（Marie-Therese Berthelet Lasselle），她和家人一起于1780年从现在的印第安纳韦恩堡（Fort Wayne）的贸易站逃到要塞。下图是她画在丝绸上的水彩自画像，还额外加上了丝线刺绣。我们从这些资料中能获得哪些关于边境女性难民的信息？这些资料关于她的利益和技能透露出什么样信息？

▲ 创作这幅早期底特律水彩风景画的艺术家不得而知。这幅画描绘了村庄和保护居民们的要塞。

图片来源：威廉·L.克莱门茨图书馆

◀ 只有上流社会的女性学习创作这样的作品，结合刺绣和水彩。玛丽-特蕾丝·拉塞尔创作的这幅精致的自画像体现出娴熟的技巧。

图片来源：密歇根门罗郡历史委员会（Monroe County Historical Commissions）

至肯塔基和宾夕法尼亚西部。然而边境关系仍然不明朗：比如不断发展的匹兹堡中就居住着许多活跃的反独者。

当地土著对于欧裔美洲新移民的反感使许多人倾向于与大不列颠结盟。然后一些酋长不无警惕：毕竟英国人放弃皮特堡（和他们），这表明英国人将来缺乏保护他们的意愿和能力。不仅如此，英国并未下定决心立即全面使用潜在的土著同盟力量。在场的官员明白，印第安人的作战方式和战争目标不一定与英国的目标和方式契合。因此，他们一开始只期待印第安人承诺保持中立。

认识到自己对印第安人的窘迫立场，爱国者们也试图确保印第安人的中立。1775年，第二届大陆会议向印第安社会发出全体消息，将这场战争描述为"我们和旧英国的家庭矛盾"，要求他们"不要搀和到任何一方"，因为"这和你们印第安人无关"。易洛魁承诺保持中立。但是一支由酋长"拖独木舟"（Dragging Canoe）带领的切罗基人决定利用这场"家庭矛盾"，重新占领一些土地。在1776年的夏季，他们袭击了弗吉尼亚西部和卡罗来纳的一些定居点。在民兵部队毁掉许多切罗基城镇、作物和物资之后，"拖独木舟"和他执着的追随者们逃往西部，建立了新的村庄。其他切罗基人同意停战协议，割让了更多土地。

边境斗争

整场战争期间，一些肖尼和切罗基部落不断袭击偏远地区的定居点，但是他们自己内部的分歧阻碍了他们。1763年英国战胜法国，破坏了印第安民族保持独立最有效的手段：挑拨欧洲势力彼此争斗。在这些新环境下很难构想出成功的策略，印第安领袖们不再共同进退。社区分成数个部分，因为年长者和年轻人，内政领袖和战争领袖为了采取何种政策激烈争吵。只有为数不多的社区［其中包括新英格兰的斯托克布里奇（Stockbridge）印第安人和纽约的奥奈达人］坚定地支持美国独立；大多数其他印第安村庄不是试图保持中立就是时不时与英国人结成同盟。定居者们发起了反击：1778年和1779年年初，一支边境民兵军队在乔治·罗杰斯·克拉克（George Rogers Clark）的领导下占领了现代伊利诺伊（Kaskaskia）和印第安纳（Vincennes）的英国贸易站。尽管如此，独立军一直没办法对底特律的红衫军主要据点发起有效攻击。

爱国者和红衫军部队的战斗结束后，定居者和印第安人之间的战争在边远地区还持续了很久。事实上，独立战争本身在争夺阿巴拉契亚山脉以西地区控制权的斗争中不过是一个短短的篇章，这场斗争开始于1763年，一直持续到下一个世纪。

选择立场

1765年，对印花税法案的抗议赢得了加勒比地区和新斯科舍及未来美国境内大部分殖民者的支持。哈利法克斯（Halifax）、新斯科舍，圣克里斯托弗和尼维斯（Nevis）就和波士顿、纽约、查尔斯顿以及其他大陆城镇（参见地图5.3）一样发起示威游行。不过，当印花税法案开始生效时，加勒比诸岛的居民却忠实地支付印花税，直到法案撤销。在新斯科舍和加勒比地区，许多殖民者开始质疑反抗运动的目标和手段，主要是因为他们对大不列颠的军事和经济依赖。

新斯科舍和加勒比

尽管英国在七年战争中获得压倒性的胜利，但北方大陆和南方岛屿殖民地相信自己在法国的还击下仍然很脆弱，于是他们积极争取让正规部队和海军战舰在境内驻扎。除此以外，甘蔗种植园主——在一些岛屿上，他们奴隶的人数大大超过他们的人数，大约达到了25比1——害怕英国军队撤离后可能发生的奴隶暴动。两个地区的欧裔居民人口都不大，当地政治结构也不强。1775年哈利法克斯的居民比1770年时更少，种植甘蔗的岛屿只有几个种植园主担任领袖，因为成功者们纷纷前往英国购买大宅邸，将他们的产业留给雇佣的经理人打理。

新斯科舍和西印度群岛的人们都有重要的经济原因最终选择支持宗主国。1770年代中期，北方人最终带着一箱箱干咸鱼突破加勒比市场。他们削弱了新英格兰对北方沿海贸易的掌控，战争打响后，他们从英国对反叛者贸易采取的报复性措施中获益匪浅。英国蔗糖生产者的利润主要依靠他们在帝国内对该贸易的垄断，因为效率更高的法国种植园主能以三分之二的价格出售他们的蔗糖。不仅如此，英国种植园主在伦敦的有效游说为这些岛屿获得了《唐森德法案》的部分豁免。因此，蔗糖种植园主顺理成章地判断，他们的利益可以在帝国内部得到恰当的保护。简而言之，加勒比岛民和新斯科舍都没有理由相信，独立以后他们会过得更好。

爱国者

13个殖民地中的许多居民——尤其是在人数或政治上主导殖民地社会的群体成员——则得出了不同的结论，他们选择支持反抗，然后是独立。活跃的独立者占欧裔美洲人口的五分之二左右。其中有中小农户、主流新教教派成员（包括旧教义派和新教义派）、切萨皮克上流人士、贩卖美洲商品的商人、城市工匠、当选官员，以及拥有英国血统的人们。通常来说妻子们赞同丈夫的政治立场，当然也有例外。尽管这样的爱国者支持独立，但是他们在广泛的合作之下，仍然有着各异的诉求，就如1760年代一样。有的人期望有限的政治改革，其他人则希望广泛的政治变革，还有一些人则希望全面的社会和经济改革。（第七章中将讨论各方的利害关系如何交织。）

不过，有的殖民者却无法赞同独立。和他们更激进的同伴一样，其中大多数人反对英国国会的政策，但是他们更喜欢通过国会宪法改革进行修正。在《不可容忍法案》通过至马萨诸塞战斗打响之间关键的一年中，发生了一系列重要事件，理清了他们的思路。他们反对暴力抗议，维护合法建立政府，恐惧无政府状态，这些因素结合起来，让他们对反抗的危险更为敏感。

反独者

大约五分之一的欧裔美洲人口仍然对大不列颠保持忠诚，他们坚定地反对独立。大多数反独者长期反对成为爱国者领袖的那些人，尽管原因多种多样。英国委任的政府官员；各地的英国国教神职人员和北方的世俗英国国教信徒，他们的教派属于少数派；佃农，尤其当他们的地主与爱国者站在同一阵营；受迫害的是宗教教派成员；许多在1760年代末和1770年代初反抗东部统治的偏远地区南方居民；非英裔少数民族，尤其是苏格兰人——所有这些群体都害怕权力落入控制殖民地议会的人们手中，这些人过去对他们的福利完全不在乎。除此之外还有一些商人，他们依靠帝国关系；前官员以及1763年之后来美国定居的英国军队士兵，这些人构成了反独派的核心，仍然忠于独立者们愿意抛弃的自我概念。

在战争期间，反独者聚集在被英国军队占领的城市中。战争结束后，当英军撤离这些据点时，反独者分散在大英帝国的不同地区——英国、巴哈马群岛，尤其是加拿大。在新斯科舍、新布朗斯维克（New Brunswick）和安大略地区，他们重建了殖民地居民的生活。总共大约有70 000美洲人情愿背井离乡也不愿在独立于英国统治的国家中生活。

中立者

在爱国者和反独者之间，还剩下大约五分之二的欧裔美洲人口。有些试图避免选择立场的人只是和平主义者，比如贵格会教徒。其他一些人则投机取巧地根据眼前的形势转换立场。还有一些人只想管自己过日子；他们对政治毫不关心，不管谁掌权都服从。当加诸他们身上的负担太重时，无论是英国人还是美国人他们都会反抗——比如税太高或者征兵太频繁。他们的态度用"两边都不是好

▲ 1769年约翰·辛格顿·科普利（John Singleton Copley）绘制的新罕布什尔总督约翰·温特沃斯（John Wentworth）肖像。温特沃斯是新罕布什尔当地人，他赞同殖民地一开始对英国政策的抗议，但是最终对国王效忠。他是反独派流亡者的领袖之一，他们在战争期间聚集在伦敦，1792年被任命为新斯科舍总督，一直工作到1808年。

图片来源：新罕布什尔汉诺威（Hanover），达特茅斯学院（Dartmouth College），胡德艺术博物馆（Hood Museum of Art）；伊瑟·洛维尔·亚伯特太太（Mrs. Esther Lowell Abbott）赠，以纪念其丈夫戈登·亚伯特（Gordon Abbott）

东西"来总结最恰当。这样的人在偏远地区尤其多（包括布恩的肯塔基），苏格兰—爱尔兰定居者对爱国者上流人士和英国当局都没什么好感。

对于爱国者来说，漠然或中立与反独一样可耻：那些不支持他们的人必然就是反对他们的。至1775年到1776年的冬季，第二届大陆会议建议所有"不受影响"的人被解除武装或逮捕。州立法会通过法律，对疑似反独者或中立者采取严厉的惩罚。许多人开始要求所有选民（或者在某些情况下是所有自由成年男性）宣誓效忠；拒绝效忠受到的惩罚一般是驱逐到英国或是额外税赋。1777年之后，许多州将被驱逐者的财产充公，将这些收入作为战争经费。

爱国者的政策帮助他们确保分散和受迫害的反对者无法聚集起来威胁独立事业。但是爱国者不仅需要担心反独者和中立者，因为独立派并不能保证奴隶们支持他们。

非裔美洲人

在新英格兰，居民中奴隶很少，独立热情广泛传播，而自由的非裔美洲人加入当地爱国者民兵。在中部殖民地，奴隶构成人口中的一小部分，但是数量并不少，他们中间存在更多分歧，但大体上是倾向于独立的。在弗吉尼亚和马里兰，自由民的人口比奴隶人口略多，奴隶暴动的可能性时不时引起恐惧，但不至于让人无能为力。相反，南卡罗来纳和佐治亚，奴隶占人口半数以上，这些地区显然不那么热衷于反抗英国。佐治亚没有派代表出席第一届大陆会议，并在第二届大陆会议就独立问题投票时，提醒代表们考虑"我们内部的黑人和亲英分子（反独者）"。因此，在大陆和加勒比诸岛一样，殖民地人民害怕他们中间潜在的敌人。

奴隶们本身在独立期间面临着两难境地。首先，他们的目标是个人独立。但是他们如何才能脱离奴隶制呢？他们应该和主人们并肩作战还是反戈相向？非裔美洲人做着艰难的决定，但是对于大多数奴隶来说，支持英国人似乎更有希望。在1774年末1775年年初，一些奴隶群体开始以自由为条件向英国军队提供帮助。最重要的事件发生于1775年的查尔斯顿，自由黑人引航员托马斯·杰瑞米亚（Thomas Jeremiah）被判定企图煽动奴隶叛乱，接着被残酷地处死。

1775年11月，奴隶主最深的恐惧变成了现实，弗吉尼亚的皇家总督邓莫尔勋爵提出向奴隶和契约奴仆提供自由，条件是离开爱国者主人，加入英国军队。邓莫尔希望在对抗独立者的战争中使用非裔美洲人，并且通过剥夺种植园主的劳动力扰乱经济。一开始，大约有1 000个非裔美洲人响应英国人的号召；尽管其中许多人死于天花疫病，300人

放眼天下

新国家

美国独立战争不仅创造了美利坚合众国，还直接导致了其他三个新国家的诞生：英国统治下的加拿大、塞拉利昂（Sierra Leone）和澳大利亚。

在独立前的现代加拿大地区，只有新斯科舍有规模可观的英语定居者。这些人大多是新英格兰人，在1758年之后被从流放的阿卡迪亚人中强制征召，重新在该地区定居。在独立战争期间和独立战争之后，许多反独派家庭，尤其是来自北方和中部殖民地的那些，迁徙至现代加拿大地区，仍然在英国统治之下。新布朗斯维克和上几内亚（后来的安大略）行政区得以设立，供他们居住，一些流亡者也在魁北克定居。短短几年之后，反独难民使人烟稀少的前法属殖民地焕然一新，为现代的双语（主要说英语）加拿大国奠定了基础。

塞拉利昂也是由殖民地流亡者建立的——在战争期间加入英国军队的非裔美洲人，其中许多人最后去了伦敦。看到难民们的贫穷处境，一群慈善商人——他们将自己称为黑人难民救济委员会（Committee for Relief of the Black Poor）——制订了一项为非裔美洲人在其他地方安家落户的计划。难民们拒绝被送往巴哈马群岛，害怕在加勒比地区会重新沦为奴隶，于是他们最后决定将难民们送回其祖先的土地。1787年年初，载着约四百名定居者的船只到达西非的塞拉利昂，黑人难民救济委员会的代表从当地统治者手中购买土地。殖民的最初几年很艰难，许多新移民死于疾病和食物匮乏。但是1792年数千名原本迁往新斯科舍的其他非裔美洲反独者加入了他们的行列。人口涌入保证了殖民地的生存；它一直是大英帝国的一部分，直到1961年获得独立。

1786年，当塞拉利昂移民准备从伦敦启航时，首批囚犯运输船正准备前往澳大利亚。在1782年的巴黎和平谈判中，美国外交官们坚决地驳回了英

▲ 黑人反独者西非定居点的早年景象，现代塞拉利昂的建立。

图片来源：纽约公共图书馆，米丽安与伊拉·D.华勒艺术珍藏，印刷物及照片（Miriam and Ira D. Wallach Division of Art, Prints and Photographs），埃斯特（Astor）、勒诺克斯（Lenox）以及蒂尔顿（Tilden）

国人的建议，拒绝继续将美国当做罪犯流放地，而在整个18世纪这都是现实情况。因此，英国需要为法院判决犯有盗窃、伤害或杀人罪的流放犯人寻找一个新的目的地。英国决定将他们千里迢迢送往詹姆斯·库克（James Cook）船长1770年探索和占领的大陆。英国不断将罪犯送往澳大利亚的部分地区，一直到1868年，但是在此之前很久，自愿移民已经开始到来。现代澳大利亚是1901年1月1日由各个独立的殖民地政府建立的联邦。

因此，美利坚合众国历史上的建国事件将这个国家与北方邻居以及西非和亚洲太平洋国家的建立联系在了一起。

▲ 英国艺术家托马斯·罗兰森（Thomas Rowlandson）画下了男性和女性罪犯坐着小船摆渡到将把他们带往澳大利亚流放地的海船的场景。请注意，岸上的绞刑架上还挂着两具尸体——象征着这些人们逃跑的命运。

图片来源：澳大利亚国家图书馆

幸存了下来，在英国的保护下到达攻占的纽约市。由于其他指挥官重新强调邓莫尔的声明，有数万逃奴最终加入英国军队，战争结束后，至少有九千人和红衫军一起离开。

尽管奴隶在最初几年并没有对独立事业造成严重威胁，但是爱国者们利用奴隶起义的传闻给自己谋求好处。在南卡罗来纳，反抗领袖们辩称，当皇家政府无法召集足够的防御力量时，团结在大陆联合会之下将保护奴隶主们免受奴隶们的侵犯。毫无疑问，许多立场摇摆的卡罗来纳人因为害怕殖民地自由民的公然分裂会鼓励奴隶发起叛乱，于是被拉入了独立阵营。

爱国者们永远无法完全忽略反独者、中立者、奴隶和印第安人造成的威胁，但是对这些群体的恐惧极少能严重阻碍独立运动。偏远地区的民兵时不时拒绝去沿海地区履行职责，因为他们害怕自己走了之后家乡会遭到印第安人袭击。有时候南方部队拒绝在北方服役，因为他们（和他们的政治领袖）不愿意让自己的家园受到奴隶起义威胁却毫无还手之力。但是大规模奴隶起义根本不切实际，印第安社区中存在分歧，而且爱国者成功解除了反独者的武装并迫使他们保持中立，这些事实确保独立者们为独立而战的同时，大体上仍然牢牢掌握着乡村的控制权。

战争和独立

1775年1月27日，美洲事务国务卿（Secretary of State for America）达特茅斯勋爵（Lord Dartmouth），向波士顿的托马斯·凯奇将军（General Thomas Gage）发出了一封决定性的信函，敦促他迈出决定性的一步。反对不可能"十分强大"，达特茅斯写道，即使如此，"冲突在目前情况下爆发也比成熟的叛乱好一些"。

▲ 1775年，一位匿名艺术家描绘了红衫军进入康科德的场景。北桥（North Bridge）的战斗发生在他们成功进入康科德几小时之后，标志着英国和殖民地之间正式开战。

图片来源：马萨诸塞康科德，康科德博物馆，www.concordmuseum.org

莱克辛顿和康科德的战役

4月14日,凯奇收到达特茅斯的书信之后,派遣一支远征队查抄储备在康科德的殖民地军需物资。波士顿人派两个信使,威廉·道斯(William Dawes)和保罗·列维尔(Paul Revere)[后来塞缪尔·普雷斯科特博士(Dr. Samuel Prescott)也加入了他的行列]前往乡村地区发出警告。于是,当数百名英国前锋在4月19日拂晓到达莱克辛顿时,他们发现70个民兵组成的乌合之众——大约是该城镇一半成年男性人口——已经在公共场地上集结。美洲人的指挥官意识到他们不可能阻挡红衫军的前进,于是下令自己的人手撤退。但是当他们开始解散时,枪声响起了;英国士兵们接着扫射了几轮。他们停止射击的时候,8个美洲人被打死,其他10人受伤。于是英国人继续前往5英里之外的康科德。

那里的民兵团规模更大,附近城镇的人们加入了康科德居民的行列。北桥的一轮交火导致独立中英国人首次流血:3人被杀死,9人受伤。数千民兵一边向波士顿撤退,一边从房屋内、树木背后和灌木丛中向英国军队射击。到一天的战役结束时,红衫军伤亡人数达272人,其中70人死亡。援兵的到来和美洲民兵缺乏协同作战经验才没有造成更大人员伤亡。而爱国者方面的伤亡人数只有93人。

战争第一年

至4月20日晚,数千美洲民兵被当地委员会召集,聚集在波士顿附近,他们将警报传遍郊野。许多人没有待很长时间(因为他们要回家春耕),但是留下的那些人和新招募的士兵被组织成正式军队。在马萨诸塞民兵团指挥官亚提马斯·华德将军(General Artemas Ward)的指挥下,军官们指挥民兵们挖掘战壕、保护水源、购买军需物资、执行军队纪律、举行日常军事训练、筑造防御工事。

将近一年时间,两军坐在这些包围线两边,彼此虎视眈眈。红衫军只对他们的围军发起过一次攻击,6月17日,他们将美洲人从查尔斯顿布里德山(Breed's Hill)上的战壕里赶出来。在这场被错误命名为邦克山之战的战役中,英国人遭受了整场战争中最严重的损失:超过800人受伤,228人阵亡。而美洲人,尽管被迫抛弃自己的据点,伤亡人数却不到英国人的一半。

在这11个月中,爱国者们占领了提康德罗加堡(Fort Ticonderoga),尚普兰湖(Champlain)上的一个英国要塞,并且获得了急需的加农炮。他们试图将加拿大人卷入战争,让他们站在美国一边,于是他们发起了一次北部战役,但是1776年年初在魁北克以重大灾难结束,他们的军队被天花蹂躏。但是这场战争第一年,关键点在于双方在波士顿的主力部队长时间按兵不动。这一延迟让双方都有机会重组和策划他们的战略。

英国战略

诺斯勋爵和他的新美洲国务卿乔治·热尔曼勋爵(Lord George Germain)对于他们面临的这场战争作了三个假设。第一,他们推断独立军队无法抵挡受过训练的英国正规军的袭击。他们和他们的将领们相信,1776年的战役将决定战争结果。因此,他们向美洲派遣了大不列颠有史以来人数最多的军事力量:370艘运输船满载着32 000士兵和数以吨计的物资前往美洲,同时到来的还有73艘海军战船和13 000名水手。他们认为,这样超乎寻常的力量可以确保英军迅速取得胜利。在这些士兵中,有成千上万的职业德国士兵[许多人来自黑森州(state of Hesse)],他们的公国统治者们将他们出租给英国。

第二,英国官员和部队军官们以对待欧洲冲突的方式对待这场战争,他们采取传统策略,决定先占领主要美洲城市,决定性地击败叛军,同时避免己方严重伤亡。

第三,他们以为明确的军事胜利将达到他们的目标,即重新获得殖民地的忠诚。

事实证明这三个假设都落空了。诺斯和热尔曼大大低估了美洲人武装反抗的决心。战场上的失败并未导致爱国者们抛弃自己的政治目标和求和。伦敦官员们也没有认识到美洲人口分散在1 500英里长100余英里宽的广袤土地上。尽管英国在战争某些阶段可以占领所有最大的美洲港口，但是只有不到5%人口居住在这些城市里。不仅如此，海岸线为他们提供了许许多多完美的港口，基本的贸易很容易找到其他途径。换句话说，失去城市对于破坏美洲反抗事业的作用根本微乎其微，而英国将领们却反复浪费资源占领这些港口。

最重要的是，伦敦官员们一开始没有意识到军事胜利并不一定会带来政治胜利。要长期维持殖民地的统治需要让数十万美洲人回到原本的忠诚状态。1778年之后，内阁为达到这一目的采取了一种策略，即在占领地区广泛使用反独派力量以及恢复民政权威。但是这项新政策来得太晚了。英国的领导人从来没有充分意识到，他们并不是在打一场传统的欧洲战争，而是一场全新的战争：第一次现代民族解放战争。

第二届大陆会议

至少英国有一个随时能指导战事的官僚体系。而美洲人只有第二届大陆会议，会议原本的目的是为了考虑内阁对大陆协议的反应。1775年5月10日聚集在费城的代表们却不得不肩负起殖民地间政府的责任。"那么多目标，公民的，政治的，商业的和军事的，快速向我们倾泻而来，我们不知道先开始做什么。"约翰·亚当斯在会议初期给一位密友的书信中写道。然而夏季过去时，会议慢慢组织殖民地备战。它授权印制货币用来购买必需品，建立了一个委员会监督管理外交关系，采取措施逐步强化民兵组织，并下令建造13艘护卫舰以组成大陆海军（Continental Navy）（最终包括47艘船只）。最重要的是，它建立了大陆联军（Continental Army），并委任了将领。

直到会议召开，马萨诸塞行政区议会负责监管华德和驻扎波士顿的民兵部队。然而，这支由新英格兰各地的人们组成的军队对于有限的当地资源是个巨大的负担。一开始，议会不得不选出一个总指挥官，许多代表认识到提名某个非新英格兰人的重要性。约翰·亚当斯后来回忆，在6月中旬他提议任命一位弗吉尼亚人，这个人"作为军官的技能和经验，独立的财产，杰出的才能和出众而全面的性格，将受到全美洲的赞许"：乔治·华盛顿。议会全体一致通过该提议。

乔治·华盛顿

乔治·华盛顿并不是狂热激进或深思熟虑的政治思想家，他并没有在前独立动荡中占据重要地位。致力于美国独立事业，他庄重、保守而可敬——这是一个有着无懈可击的正直立场的人。作为一个弗吉尼亚种植园主的小儿子，华盛顿不指望继承大笔财产，而是计划成为一名测量员。但是长兄的早亡以及和富有孀妇马莎·卡斯蒂斯（Martha Custis）的婚姻使他成为弗吉尼亚最大的奴隶主之一。尽管本人是贵族，但是他却坚定不移地支持代表政府。在七年战争开始时，他犯了错误，而通过召集军队，并在1755年布拉道克（Braddock）战败时在战火中保持镇定，他挽回了声誉。

华盛顿还拥有天赋异禀的精力。在长达八年多的战争中，他从未得过重病，并且只离开过短短一段时间。不仅如此，他的外表和行动都符合领袖风范。在那个时代，大多数男性身高不到5英尺，而他身高6英尺多，有着雄伟和威严的外表。其他爱国者赞颂他的判断力、坚决和慎重，连一个反独者都承认华盛顿"仅凭性格中特有的非比寻常的冷静和审慎就能弥补许多缺点"。

英国人撤离波士顿

在1775年7月指挥围攻波士顿的战役时，华盛顿需要用到自己所能聚集的所有冷静和审慎。这位新将领延续华德的策略，努力组织和保存这些部队。至1776年3月,来自提康德罗加堡的加农炮最终使他能够直接对城市里的红衫军施压,军队准备采取行动。然而攻击波士顿被证明没必要。英军新指挥官威廉·何奥爵士(Sir William Howe)已经在考虑撤退;他希望将兵力转移至纽约市。爱国者们的炮火帮他们下定了决心。3月17日,英国人和超过一千名反独派同盟者永远放弃了波士顿。

1776年春季,当英国舰队离开波士顿前往哈利法克斯的临时避风港时,殖民地正在势不可挡地向着独立前进。尽管战争已经展开几个月,美洲领袖们却否认他们试图与大不列颠决裂,直到1776年1月发行的一本小册子才走出这一步。

《常识》(Common Sense)

托马斯·佩恩(Thomas Paine)的《常识》在美洲引起轰动,很快卖出了数万本。作者是一名激进的英国印刷商,1774年才迁移到美洲,他咄咄逼人地号召独立。佩恩还挑战了美洲人关于政府和殖民地与英国之间关系的许多先入为主的假设。他反驳只有君主制、贵族制和民主制的平衡才能维护自由的观点,提倡建立一个只有人民政府,没有国王或贵族的共和国。佩恩不承认和宗主国之间的联系会带来好处,而是坚持认为英国无情地剥削殖民地。而对于独立的美洲将变得贫弱分裂这一常见主张,他代之以无限的信心,认为一旦摆脱欧洲的束缚,美洲将具有无穷力量。

他用同样激烈的措辞表达这些惊世骇俗的感情。佩恩对大多数其他宣传册作者的理性风格不屑一顾,而是采用了一种暴怒的语气,将国王描述为"皇家畜生",一个"不顾殖民地利益的""恶棍"。他的宣传册反映出普通人的口头文化。它采用日常语言,主要权威来源是许多美洲人熟悉的唯一一本书籍《圣经》。毫无疑问这本宣传册比当时的其他政治印刷品具有更广泛的发行量。

我们并不清楚多少人是因为读了《常识》才决定追随独立事业。但是到春末,独立已经无法避免。5月10日,第二届大陆会议正式建议各个殖民地组成新的政府,用州宪法代替原来的殖民地纲领。主张独立者意识到这股大势,与为数不多仍然与议会联系在一起的反独者断绝了关系。

6月7日,独立运动得到确认。弗吉尼亚的理查德·亨利·李介绍了关键决议,约翰·亚当斯紧随其后:"这些联合殖民地从此成为,而且是名正言顺地成为自由和独立的国家;它们解除效忠英国王室的一切义务,它们和大不列颠国家之间的一切政治关系从此全部断绝,而且必须断绝。"议会对此进行了讨论,但是并没有立即采纳李的决议。相反,议会将投票推迟到6月初,留出时间磋商和观察公众反应。在此期间,一个由五人组成的委员会——包

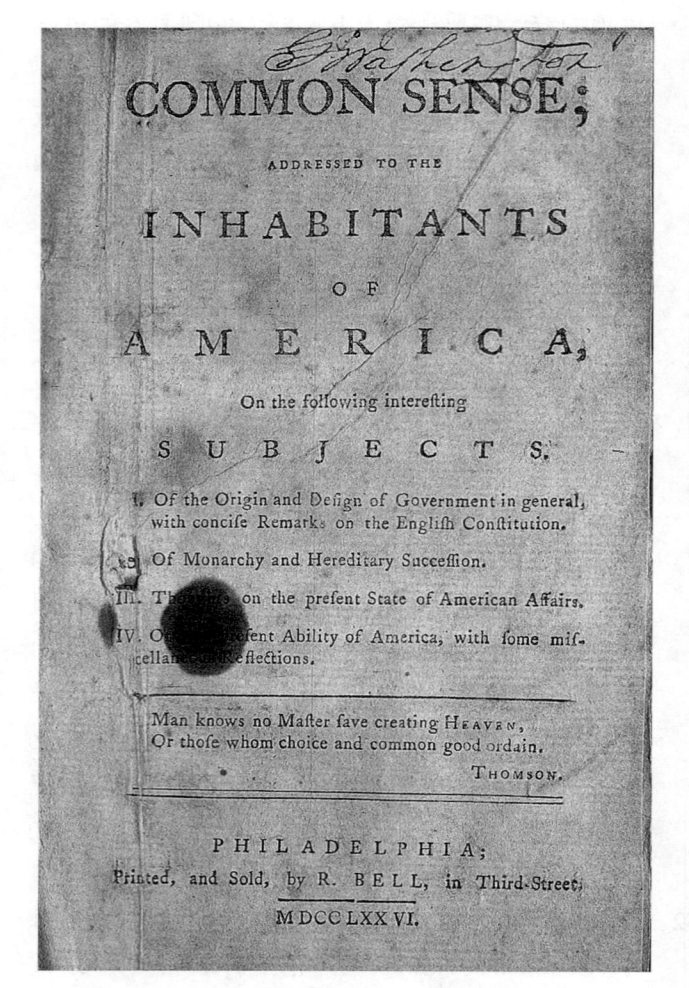

▲ 1776年,托马斯·佩恩煽动性的宣传册《常识》刚出版时,美洲的民族主义者领袖们就阅读了这本册子,上图所示的乔治·华盛顿本人收藏的初版就是证明。

图片来源:波士顿图书馆(Boston Athenaeum)

括托马斯·杰弗逊、约翰·亚当斯和本杰明·富兰克林在内——受命起草独立宣言。

委员会将撰写宣言的主要责任赋予了以雄辩的文风而著称的杰弗逊。数年之后，亚当斯回忆，杰弗逊谦虚地反对他的选择，提议让亚当斯准备初稿。这位马萨诸塞独立者记录下了他诚恳的回复："你写得比我好十倍。"

杰弗逊和《独立宣言》

34岁的托马斯·杰弗逊是一位弗吉尼亚律师，他曾在威廉和玛丽学院（College of William and Mary）受教育，并且在一位德高望重的律师的事务所中任职。作为下议院的成员，他在历史和政治理论方面学富五车。广博的知识不仅体现在宣言中，也体现在他撰写的弗吉尼亚州宪法草案中，完成这份草案几天之后，他就被任命为委员会成员。杰弗逊是一个非常顾家的人，他深深地爱着自己的家庭和家人。在他的早期政治生涯中，心爱的妻子反复遭受生育困难的折磨。当他在费城撰写文件和辩论时，她在蒙蒂塞洛（Monticello）的家里遭受小产折磨。1782年，她在婚后的第十年生下第六个孩子（存活下来的第三个），因为生产引起的并发症而去世，直到这时杰弗逊才开始全心投入公共事务中。

不过，《独立宣言》的长期重要性并不在于长篇累牍地控诉了对乔治三世的不满（包括议会删除的一个段落中，杰弗逊控诉英国皇室将奴隶制强加于美洲），而在于它掷地有声地宣布了从此以后将成为美国人理想的原则："我们认为下面这些真理是不言而喻的：造物者创造了平等的个人，并赋予他们若干不可剥夺的权利，其中包括生命权、自由权和追求幸福的权利。为了保障这些权利，人们才在他们之间建立政府，而政府之正当权力，则来自被统治者的同意。任何形式的政府，只要破坏上述目的，人民就有权利改变或废除它，并建立新政府。"这些词句将永远回荡在美国历史上，其地位独一无二。

在费城投票通过《独立宣言》的代表们无法预料他们大胆的行为将引起什么后果。当他们接受宣言的时候，他们也就犯下了叛国罪。因此，当他们总结道"谨以我们的生命、财富和神圣的荣誉，相互保证，共同宣誓"时，他们一点儿也没有夸大其词。真正的斗争还横亘在他们面前，很少有人拥有托马斯·佩恩那样无穷的乐观信心。

北方的战争

1776年6月末，第一批装载着威廉·何奥爵士部队的船只，从哈利法克斯（Halifax）出发，出现在纽约的海岸上（参见地图6.1）。7月2日，议会就独立发起投票时，红衫军在史泰登岛（Staten Island）登陆，但是何奥一直等到更多军队从英国抵达才开始攻击。因此，华盛顿有时间将70 000兵马从波士顿调往南边，守卫曼哈顿。

纽约和新泽西

但是华盛顿和他的部下们在战斗和转移方面仍然缺乏经验，他们犯了一些重大错误，在布鲁克林高地（Brooklyn Heights）和曼哈顿岛的战役中败下阵来。城市被英国人占领，他们俘虏了将近3 000名美国士兵。（这些人在战争剩下的大部分时间内都在停靠在纽约港的英国囚船上度过，许多人死于天花和其他疾病。）华盛顿慢慢穿过新泽西往宾夕法尼亚撤退，英国军队占领了新泽西的大部分地区。占领的部队几乎没遇到什么抵抗；独立事业似乎乱成一团。"这是考验人们灵魂的时候，"托马斯·佩恩在他另一本宣传册《危机》（The Crisis）中写道，"在这场危机中，不坚定的士兵和民族主义者会从为国家而战的斗争中退却……然而我们至少拥有慰藉，斗争越困难，胜利也越辉煌。"

驻扎在新泽西的红衫军们开始无视纪律强奸抢劫，于是英国人丧失了优势。华盛顿决定发起反击。他快速移动，夜晚穿过特拉华河，于12月26日一大早袭击了特伦顿（Trenton）的一个黑森（Hessian）营地，这时德国人刚庆祝完圣诞节，还在休养生息。

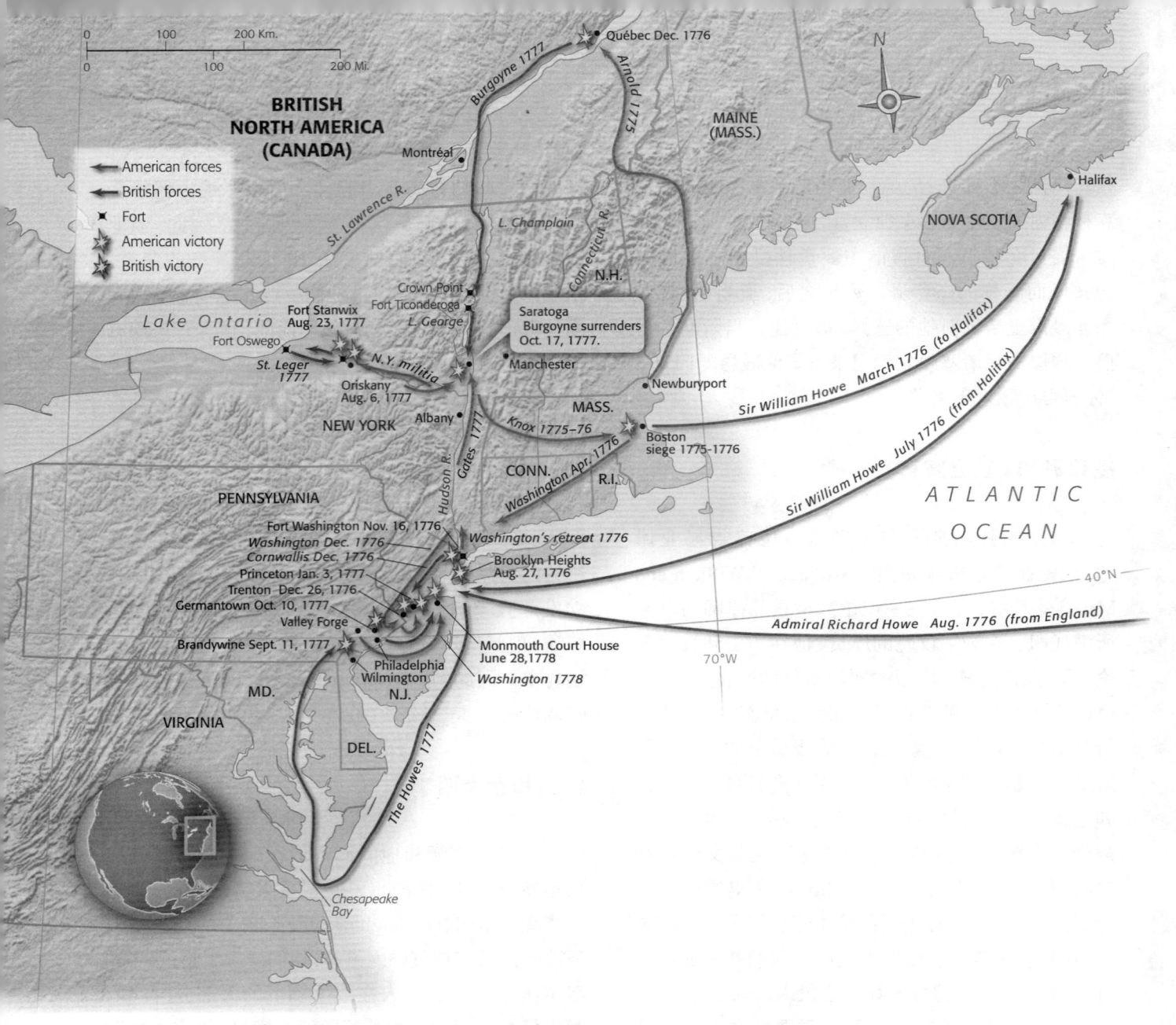

地图6.1　北方的战争，1775—1778年

独立战争的第一阶段由英国军队主导，他们在波士顿地区活动，1776年春天红衫军撤退到新斯科舍，攻占了纽约和新泽西。

来源：©圣智学习

民族主义者们俘虏了九百多名黑森人，杀死了30人；只有3个美国人受伤。占领该地区并通过两次迅速的胜利鼓舞美国人的士气之后，华盛顿在新泽西莫里斯敦（Morristown）建立起过冬营地。

1777年战役

冬天，伦敦为1777年制定的战略旨在切断新英格兰和其他殖民地的联系。约翰·伯戈因（John Burgoyne）将军，何奥的副将，同时也是策划者之一，将率领一支红衫军和印第安人的联军从加拿大沿哈得孙河顺流而下，在奥尔巴尼（Albany）附近与一支类似的沿着莫霍克河（Mohawk River）河谷往东行进的部队汇合。按照计划，联军将在纽约城与何奥的军队会师。但是在纽约，何奥同时还在准备自己占领费城的计划。结果，1777年英国在美洲的军队各自为政；这将是一场灾难。

何奥占领了费城，但是却是以一种令人费解的方式，在开始战役之前，他拖延了几个月，接着花了6个星期通过海陆而非陆路将兵力运往目的地。令

▲ 约瑟夫·布兰特（Joseph Brant），在独立战争后期帮助说服莫霍克人、塞内加人和卡尤加人支持英国人的易洛魁领袖，该肖像由查尔斯·威尔森·皮尔（Charles Willson Peale）绘制于1797年。

图片来源：独立国家历史公园收藏

人难以置信的是，在漫长航程结束时，他距离费城只比出发时近了40英里。等到何奥向费城进军时，华盛顿已经有足够时间准备防御。两军两次在民族主义者的首都附近发生冲突，一次是在布兰迪万河（Brandywine），另一次是在日耳曼敦（Germantown）。尽管英国人两次都获得了胜利，但是美国人并没有遭受什么损失。红衫军于9月末占领了费城，但是徒劳无益。战斗季节即将结束；独立军收获了对自己和将领的信心；而且在遥远的北方，伯戈因将遭到惨败。

伯戈因和他的部队于6月中旬从蒙特利尔出发，一开始坐船在尚普兰湖上行进，然后通过陆路行军至哈得孙，因为不得不清理民族主义民兵们沿途布下的巨大树木，他们的行进受到阻碍。7月在提康德罗加堡（Fort Ticonderoga）轻而易举的胜利后又经历了8月的两次挫败——红衫军和印第安人沿着莫霍克河往东行进，在纽约奥斯坎尼（Oriskany）打了一场战役后往回走；然后在佛蒙特贝宁顿（Bennington）附近交战之后，美国民兵们几乎将伯戈因的800名德国雇佣兵一网打尽。伯戈因磕磕绊绊的行进让美国部队获得足够时间为他的到来做准备。在和一支由霍雷肖·盖茨（Horatio Gates）将军领导的美国军队发生了几次小规模战斗之后，伯戈因在纽约萨拉托加附近遭到包围。1777年10月17日，他带领六千多人向美军投降。

易洛魁联盟分裂

1777年8月，奥斯坎尼的战斗使得易洛魁联盟四分五裂。尽管六个民族承诺在战争中保持中立，但是两位富有影响力的莫霍克领袖，玛丽·布兰特和约瑟夫·布兰特姐弟相信，易洛魁人应该和英国人结成同盟，保护领地不受渴望土地的殖民地人民侵犯。布兰特姐弟获得了塞内加人、卡尤加人和莫霍克人的支持，他们都向1777年的远征队贡献了战士。但是奥奈达人——他们在新教传教士的影响下皈依了基督教——更偏向于美国一边，并争取到了图斯卡罗拉人。奥内达加人分裂成三个派系：一个支持英国，一个支持美国，另一个支持中立。在奥斯坎尼，一些奥奈达人和图斯卡罗拉人加入了民族主义者民兵团，与他们的易洛魁同胞交战，粉碎了长达300年的友谊联盟。

易洛魁联盟的瓦解和同盟抛弃中立立场引发可怕的后果。1778年，与英国结盟的战士突袭了宾夕法尼亚和纽约的边境村庄。作为报复，第二年夏天美国人派遣由约翰·沙利文（John Sullivan）将军指挥的远征队烧毁了易洛魁的庄稼、果园和定居点。由此导致的灾难使许多部落不得不在1779—1780年的冬天前往五大湖北部地区寻找食物和居所。大量易洛魁人再也没有回到纽约，而是长期在加拿大定居。

伯戈因在萨拉托加的投降令民族主义者们欢欣鼓舞，同时也让反独者和英国人灰心丧气。在流放伦敦时，托马斯·哈钦森（Thomas Hutchinson）提到那里的反独者"普遍一蹶不振"。"每个人都神情忧郁，"他评论道，"我们中大多数人都打算埋骨此地。"这场灾难导致1774年诺斯勋爵授权和平委员会向美国人提供他们要求的权利——事实上，这是对1763年帝国体系的回归。但是这个提议来得实在太晚了：民族主义者们拒绝了这一提议，和平委员会只好于1778年年中两手空空地乘船回到英国。

最重要的是，美国人的萨拉托加大捷正式将法国人卷入战争。从1763年开始，法国人就企图报七年战争的一箭之仇，而美国独立战争给了他们这个机会。即使在1776年年末本杰明·富兰克林到达巴黎之前，法国已经偷偷摸摸地向独立军提供军需物资。事实上，在战争前两年美国人使用的90%的火药来自法国，通过法属加勒比马丁尼克岛运输到美洲大陆。

1778年法国—美国同盟

本杰明·富兰克林孜孜不倦地周旋，加强两国之间的联系。他采用了一种朴素的着装风格，使他在路易十六的奢华宫廷中看起来特别显眼。他使自己成为美洲质朴品格的代表，富兰克林迎合法国人将美国人视为善良农民的印象。他的努力在1778年迎来了高潮，两国签订了两份协定。在《友好与通商协议》(Treaty of Amity and Commerce)中，法国承认美国独立，与新成立的国家建立贸易关系。在《联盟协议》(Treaty of Alliance)中，法国和美国承诺——假设法国对英国宣战，事实上不久以后它就是这么做的——任何一国不得擅自与敌人进行和平谈判。法国还正式放弃了对加拿大和密西西比河以东的北美领土的所有。在接下去的几年中，法国—美国合作最明显的标志是拉法叶侯爵(Marquis de Lafayette)，一个于1777年自愿加入乔治·华盛顿麾下的年轻贵族，他和美国军队并肩作战，直到战争结束。

与法国的结盟对于民族主义者的事业来说，主要有两大好处。第一，法国开始公开帮助美国人，除了武器、弹药、衣物和军毯之外，还直接派遣部队和战船前往美国。第二，英国人不能再将注意力完全放在美洲大陆上，因为他们不得不与法国人在加勒比地区和其他地方战斗。1779年西班牙加入战争，成为法国的盟友（但并非美国的盟友），更放大了英国的问题，因为独立战争这时变成了全球战争。法国、英国和美国船只在西印度群岛、北美大西洋沿岸甚至英国本土水域交战。法国人在整场战争中为美国人提供帮助，而战争最后几年的帮助结果是最关键的。

军队和后方的生活

在战争最初的几个月中，独立军主要由亦民亦兵的"公民—士兵"组成，这些民兵将手中的犁换成枪，保卫自己的家乡。在几个月，最多一年之后，最早到来的这些人回到了家乡。之后他们只短暂地在军队中服役，并且只有战斗部队在他们农场和城镇附近时才加入战斗。在这样的民兵单位中，当选的军官和选择他们的士兵反映出他们家乡存在的社会阶层，不过他们的自由和灵活性也是由正式组织的全国团体、由委任的军官领导的大陆军中所不具备的。

大陆军

大陆士兵和民兵们不同，他们主要是年轻、单身或无产的男性，他们服役的时间很长，或者持续到战争结束，一方面是为了赚取金钱奖励，或者获得战后分配的土地。他们响应"英勇反抗"英国的号召，看到从军提供的保家卫国、证明男性身份和获得战后公民身份以及拥有财产权利的机会。战斗拖延得越久，奖金数额也越大、越诱人。为了完成各自的指标，城镇和州积极地征召每个能征召的新兵。来自中部各州的军团包含特别大比例的新移民；宾夕法尼亚大约45%的士兵有爱尔兰血统，大约13%是德国人，有的人在德语军团中服役。

邓莫尔宣言导致1776年1月大陆会议修改了一项禁止美国正规军征召非裔美洲人的政策，北方各州的征兵人员立即转向奴隶们，他们通常被承诺在战争结束后获得自由。代替主人们应征入伍的奴隶占东康涅狄格应征者的10%,其余大约5%是自由黑人,他们可以获得应征入伍的奖金。南方各州一开始试图抵挡这一趋势,但是后来除了佐治亚和南卡罗来纳之外,其他南方州也开始征召黑人士兵。大约五千名非裔美洲人最终在大陆军中服役。他们一般在混合种族的队伍中服役,但是有时候会被委以其他人回避的任务,比如填埋死者、搜寻食物或者驾马车。总体而言,在任何时候他们都占正规军的10%左右,但是他们很少在民兵团中服役。

同样跟随美国军队的还有许多女性——贫穷士兵们的妻子和遗孀,她们跟随家中的男人一起来到军队,因为她们太过贫穷,无法独立生存。这样的随军家属——估计占军队总人数的3%——在军队中担任厨子、护士和洗衣妇,以换取口粮和低薪。这些女性、平民后勤人员,还有不定期在军营中进进出出的民兵,非常难以管理,尤其是他们都不受正规军的军纪约束。然而军队的不规整人员情况同时也反映出它最强大的力量所在:几乎无穷的男性和女性力量。

军官团体

大陆军的军官们培养出强烈的自豪感以及对独立事业的忠诚。他们承受的磨难、他们打过的战役以及他们克服的困难,都帮助他们锻造出一种团体精神,这种精神将持续到战争结束之后。战争的真相通常是肮脏、混乱和腐败的,但是军官们不断发展自我观念,将自己视为不计个人得失,为国家的利益而战斗的职业军人。军官贝内迪克特·阿诺德(Benedict Arnold)在战争初期曾经为民族主义事业英勇战斗,却向英国人叛变,他们将他的名字变成邪恶的象征。"多么黑暗,多么可憎,没有人爱,所有人恨。"一个军官写道。

军官们的妻子也为自己和自己丈夫对国家做出的贡献而骄傲。不像穷人家的女性,她们不随军,而是在军队扎营的时候进行长时间的探视(通常是在冬季)。比如,玛莎·华盛顿和其他军官的妻子在1777年到1778年的冬天就住在翠谷(Valley Forge)。她们随身带着食物、衣物和家用器具,让暂居生活变得更舒适,她们在茶会、晚宴和舞会上招待彼此及配偶。社交和讨论时事造就了友谊,当她们的丈夫们后来成为新的国家领导人时,她们维持了良好的社交关系。

艰难和疾病

美国军队中的生活对每个人来说都不容易,尽管普通士兵比他们的长官忍受着更多艰辛。薪水很低,而且通常部队不能及时支付薪水。口粮(日常标准配量的面包、肉类、蔬菜、牛奶和啤酒)并不总是按时分发,人们有时不得不自己搜寻食物。军队供给的衣物和鞋子通常质量很差;士兵们不得不

▲ 出生于马萨诸塞格罗顿(Groton)的自由非裔美洲人巴兹莱·里尔(Barzillai Lew)。1743年,他在七年战争中服役,后来又在美国独立战争的民族主义者军队中服役。他是一个技巧娴熟的横笛手,参加过邦克山战役。和其他北方的自由民一样,他和独立军共同作战,与南方的奴隶相反,后者偏向于帮助英国人。

图片来源:梅·特雷莎·博尼托(Mae Theresa Bonitto)提供

将就着用或者自己找别的。扎营的时候，士兵们有时候在附近的农场当雇佣劳动力，以补充他们微薄的口粮或收入。当处境恶化时，军队威胁哗变（尽管很少有人将这威胁付诸实践），更多情况下，他们只是弃军而去。逃军或其他违反军纪的行为，比如盗窃和伤人，会受到严厉惩罚；被判有罪的士兵会被处以数百鞭刑，而军官则受到当众羞辱，被剥夺委任，然后被不光彩地免除职务。

军营中的地方性疾病——尤其是痢疾、各种热病和战争初期的天花——使情况变得更糟糕，有时候会影响征兵。大多数土生土长的殖民地居民从来没有接触过天花，也没有接种过疫苗，所以1774年起初几个月之后，天花开始在北方乡村肆虐，士兵和平民不堪一击。这种疾病在英国占领波士顿期间侵袭了波士顿的居民、在1775年至1776年袭击魁北克的独立军部队以及那些逃跑之后加入邓莫尔勋爵（1775）或康华里勋爵（1781）部队的非裔美洲人。由于大多数英国士兵已经经历过天花（这种病在英国很常见），所以它并没有对红衫军造成什么严重威胁。

华盛顿认识到天花可能造成独立军大量减员，尤其是当天花成为导致魁北克征战失败的一大原因之后。因此，1777年年初在莫里斯敦，他命令所有正规军和新兵接种疫苗，尽管有些人会在这一有风险的过程中死去，幸存者也会在接下来的几周缺乏战斗能力。这些戏剧化的措施，加上国外出生的士兵（大多数对天花免疫）应征入伍，在接下去的战争中保存了大陆士兵的实力，为美国最终获得胜利做出了重要贡献。

不幸被英国人俘虏的美国士兵和水手忍受了极大的折磨，尤其是那些被关押在曼哈顿或曼哈顿附近临时监狱或囚船（被称作废船）里的人。由于英国拒绝承认美国政府的合法性，所以红衫军军官将这些民族主义者们视为叛国者，而非值得公平对待的战俘。他们被关押期间口粮少得可怜，环境拥挤而肮脏，最终有2/3的俘虏成为疾病的受害者，尤其是痢疾。最臭名昭著的是废船杰西号（Jersey）；据幸存者们说，他们不得不抢夺小片恶心的食物，这些食物上覆盖着"令人作呕的脏东西"，每天都必须将五到十个战友的尸体搬走。

后方

应征入伍、在议会中工作或者被敌军俘虏的男人们离家很长时间。他们以前只处理"内宅事务"的女性家人现在不得不同时肩负起"外务"了。正如一位康涅狄格士兵的妻子后来回忆，她的丈夫"在整个战争期间或多或少都在外面（直到1777年之后），因为在外时间太长，根本没办法在我们的农场里做什么事。所有的活都是我自己干的"。类似的，约翰·亚当斯和阿比盖尔·亚当斯（Abigail Adams）对于阿比盖尔发展出"女农场主"的技能感到自豪。在写给丈夫的信中，她不再说"你的"农场，而开始说"我们的"——这种称呼的改变很能说明问题。大多数女性，像阿比盖尔那样，并不需要亲自下地干活，但是她们需要监督田间的劳工，管理家里的财政。阿比盖尔非常机智，她将约翰应她的要求从欧洲寄给她的小物品（如手帕）卖掉，用赚来的利润成功地投资州政府债券，尽管约翰建议她购买更多土地。

战争时期的破坏影响了许多美国人的生活。即使远离战场，人们也缺少许多必需品，如盐、肥皂和面粉。小奢侈品，如新的服装，甚至缎带、手套这些东西，基本上也难以获得。严重的通货膨胀

▲ 这幅18世纪的印刷品展示了停靠在纽约港的杰西号囚船。这艘光秃秃的英国船只环境恶劣，容纳了成百上千的美国战俘。杰西号只是许多类似监狱中的一个，对美国人来说，它已经成为英国人虐待他们被俘士兵的象征。

图片来源：图像研究顾问和档案

加重了国家的灾难，侵蚀了所有收入的价值。对于那些生活在军营或行军路线附近的人们来说，艰难更是加倍。双方的士兵都抢劫农场和房舍，寻找食物或可以卖出价钱的东西；他们烧毁栅栏，抢走马匹和牛，用来拉运输车。不仅如此，他们还把天花和其他疾病带到经过的一切地方。在这样恶劣的环境中，加上丈夫不在家，女人们不得不独立做出重大决定，比如要不要特地让他们的孩子遭受生命的风险接种天花疫苗，还是冒险让这些年轻人"以自然方式"和疾病抗争，而后者的死亡风险更高。许多人，包括阿比盖尔·亚当斯在内，选择了第一种方式，当他们的孩子化险为夷时着实松了一口气。

南方的胜利

1778年年初，紧随着萨拉托加灾难，乔治·热尔曼勋爵和英国军队领袖重新评估了他们的战略。伦敦的流亡反独者说服他们将战场向南方转移，声称忠诚的南方人会欢迎红衫军，将他们视为解救者。而得到安抚回到友好统治之下的南方殖民地可以当做反攻中部和北方各州的基地。

南卡罗来纳和加勒比地区

代替威廉·何奥爵士的亨利·克林顿爵士（Sir Henry Clinton），负责监督英国军队在美国重新集结。1778年6月，他下令从费城撤退，并派遣一支护航队，成功地占领了法属加勒比圣卢西亚岛（St. Lucia），此后，该岛成为英国的重要基地。他还在年末派遣一小支远征队前往佐治亚。萨瓦纳和奥古斯塔相继轻松落入英国人手中，克林顿相信南方策略能够获得成功。1779年后期，他从纽约沿海岸线往下，包围南部最重要的城市查尔斯顿（参见地图6.2）。尽管饱受天花折磨，但是被困在城内的美国人还是坚持了几个月。尽管如此，1780年5月12日，本杰明·林肯将军（General Benjamin Lincoln）还是不得不带领整个南方军队5 500人向侵略者投降。在接下去的几个星期内，红衫军遍布南卡罗来纳，在内陆的重要地点驻防。成百上千南卡罗来纳人拒绝效忠美国，宣布重新对国王效忠。克林顿组织了反独者军团，绥靖进程开始了。

然而胜利并不像看上去那么彻底。南方战事的胜利取决于对海洋的控制，因为英国军队非常分散，在陆地上行军十分困难，只有通过英国海军船只才能让军队互相协调。这时，皇家海军安全地占领着美国海岸线，但是法国海军力量对整个南方造成了威胁。美国私掠船在加勒比水域出没，打劫来自或前往英属岛屿的珍贵货物。不仅如此，1778年后期，法国一个接一个地瞄准这些岛屿，包括蔗糖产量仅次于牙买加的格林纳达岛（Grenada）。1781年，他们又盯上了圣克里斯托弗。即使在1781年年初，英国人占领和劫掠了圣尤斯特歇斯岛（这个荷兰岛屿自从法国加入战争后就充当着从欧洲往美国运输军需品的中转站），这个胜利对他们却没什么好处。事实上，这次小小的胜利或许让他们付出了整场战争失败的代价。因为海军上将乔治·布里奇斯·罗德尼爵士（Admiral Sir George Rodney）下定决心要确保胜利（并从劫掠中获得个人利益），没能追击弗朗索瓦·德·格拉斯上将（Admiral Francois de Grasse）领导下的法国舰队，这支舰队其后从加勒比驶向弗吉尼亚，在约克镇战役中起到了重要的作用。

而且红衫军从来都没能在南卡罗来纳或佐治亚占领的地区建立完全的控制。民族主义群体自由行动，反独者没能得到适宜的保护。查尔斯敦的陷落没能让民族主义者气馁；相反，这一事件激励着他们奋起。正如一个马里兰人自信地宣称："美国的命运不是失去一个两个城镇就能决定的。"四个州中的女性民族主义者组成了女士联合会（Ladies Association），募集资金为需要的士兵购买衬衣。征兵加快了速度。

尽管如此，1780年一整年，南卡罗来纳的战事对于民族主义者来说不容乐观。8月，在卡莫登（Camden），南方的新英国指挥官康华里勋爵的军队碾压了由霍雷肖·盖茨（Horatio Gates）指挥的一支

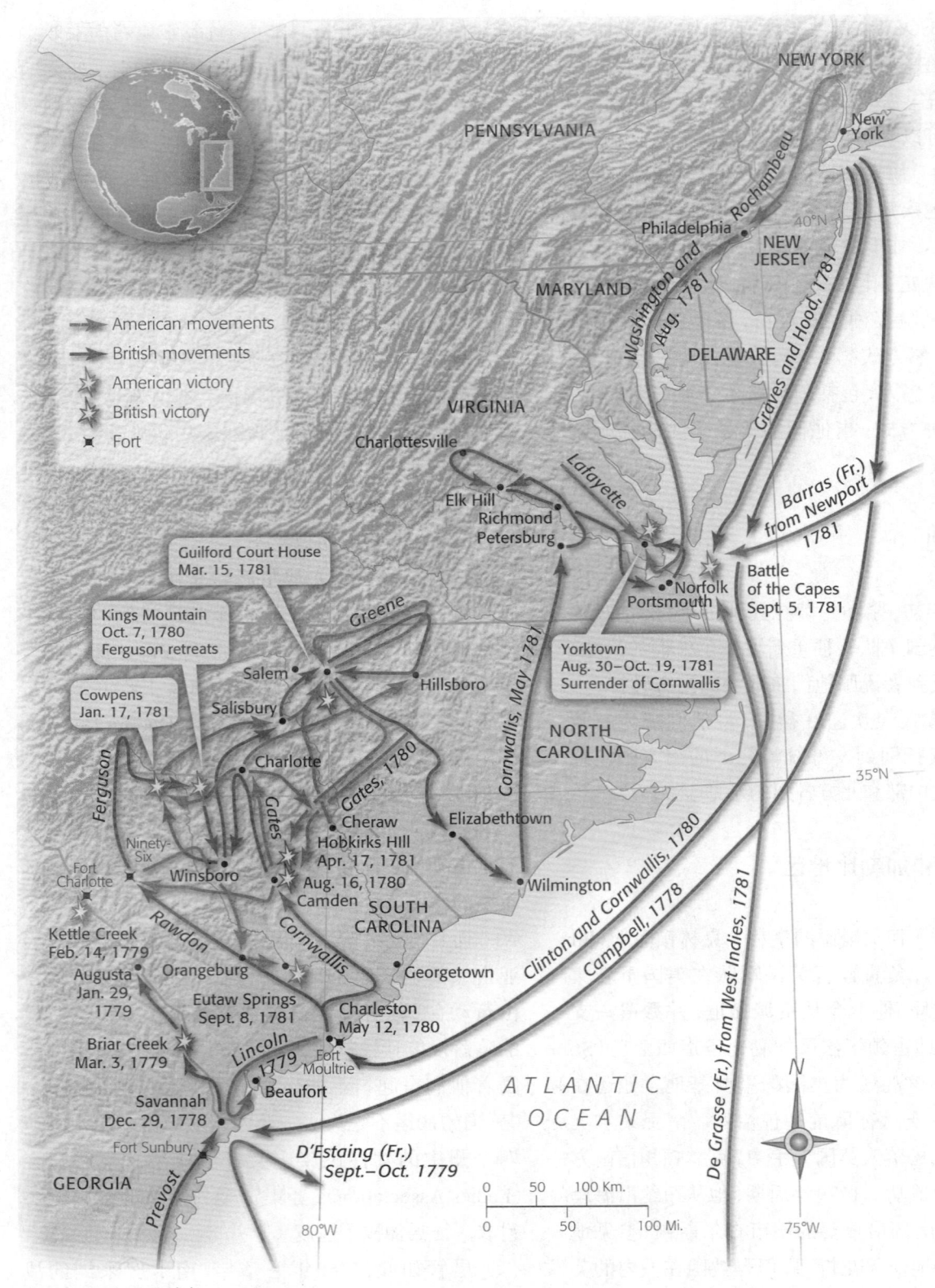

地图6.2 南方的战争

南方战争——1778年年末英国入侵佐治亚之后——以英国屡次突入内陆为特征,导致南卡罗来纳和北卡罗来纳都与美国守军展开战斗。康华里突袭弗吉尼亚的计划虽然一开始看起来很有希望,但是1781年10月最终在约克镇以重大灾难结束。

来源:©圣智学习

重组南方军队。数千名非裔美洲奴隶加入了红衫军,争取邓莫尔勋爵以及后来的亨利·克林顿爵士承诺的自由。他们独自或拖家带口从民族主义者主人那里叛逃,严重地影响了卡罗来纳和佐治亚在1780年及1781年的耕种和收获。由于战争,奴隶主们失去了数万奴隶。并不是所有人都加入英国军队,或者因为加入英国军队而获得自由,但是他们的逃亡正起到了英国人期望的效果。许多人成为红衫军的侦查员和向导,或者成为军营或占领城市如纽约的劳工。

戈林和南方战事

卡莫登一战失败之后,华盛顿(不得不留在北方牵制占领纽约的英国军队)任命纳森威尔·戈林将军(General Nathanael Greene)指挥南方战事。南卡罗来纳的情况让戈林大惊失色,他告诉一位朋友:"困难一词用来形容这里的情况……几乎没有意义,它实在不足以表现"现实。他的部队需要衣物、毯子和食物,但是"这个国家的大部分地区一片荒芜,极可能变成荒漠"。无休无止的游击战争,他评论道,已经"腐化了人们的原则,他们什么也不想,只知道互相劫掠"。

在如此可怕的环境中,戈林不得不小心谨慎、步步为营。他对许多不断变换阵营的美国人采取了安抚政策,在一个两年内人们的效忠对象可以变化七次的地区,这是个很有优势的策略。他还命令自己的部队公正对待俘虏,禁止他们抢夺反独者的财产。他意识到民族主义者需要说服饱受战争侵扰的百姓,他们将为该地区带来稳定,因此帮助佐治亚和南卡罗来纳分崩离析的地区议会重新在内陆建立统治权威——这个目标英国人永远无法达成。由于极度缺乏正规军(在他统领部队时只有1600名左右),戈林不得不依靠西部的志愿兵,他无法忍受边境民兵团体还要忙于保卫家园免遭印第安人袭击。因此采取了外交手段,目标是让印第安人对这场战争袖手旁观。尽管皇家官员与红衫侵略军合作,一开始赢得了一些印第安同盟,但是戈林的小心周旋最终获得了成功。到战争结束,只有克里克人仍然站在大不列颠一边。

1780年12月,戈林开始指挥南方军队之前,大势已经开始发生转变。10月,在国王山(King's Mountain)上,一支来自偏远地区的军队打败了一大群红衫军和反独者。接着在1781年1月,戈林信

▲ "双排炮风景"(A View from the Two-Gun Battery),1780年的圣卢西亚,由查尔斯·福瑞斯特(Charles Forrest)创作。福瑞斯特是在独立战争期间驻扎在西印度群岛的英国军官,他画了这幅风景速写,表现了一些岛屿防御可能出现的美国或法国海军的情形。

图片来源:威廉·L.克莱蒙图书馆(William L. Clements Library)

赖的副官丹尼尔·摩根（Daniel Morgan）在考彭斯（Cowpens）漂亮地打垮了英国塔尔顿军团（Tarleton's Legion）。3月，戈林本人在北卡罗来纳吉尔福德法院（Guilford Court House）与康华里爵士统帅的英国主力部队正面交锋。尽管一天战争结束时，康华里控制了该地区，但是他的大部分兵力却被摧毁了。他不得不撤退到威尔明顿（Wilmington）沿岸，接收从纽约通过海路运来的补给和新鲜部队。与此同时，戈林转向南卡罗来纳，在那里发动了一系列迅速攻击，迫使红衫军放弃他们的内陆据点，不得不撤退到查尔斯敦。

约克镇的投降

康华里往北进入弗吉尼亚，在那里与一支由美国叛徒贝内迪克特·阿诺德率领的分遣队会合。康华里率领着7 200人组成的新部队，没有当机立断采取行动，而是撤退到约克和詹姆斯河中间的半岛，他在约克镇布防，等待物资和增援到来。抓住这个机会，华盛顿迅速从纽约城往南转移7 000名法国和美国联军。德·格拉斯的舰队从加勒比地区及时赶到打败了前来为康华里解围的皇家海军船只，于是这位英国将军被围困了。1781年10月19日，康华里终于投降。

当战败的消息传到伦敦时，诺斯勋爵的内阁倒台了。国会投票决定停止对美国的进攻作战，授权进行和平谈判。华盛顿带领主力部队回到纽约，在那里，没有获得足够报酬——他们觉得自己也没有得到足够赞赏——的军官们越来越焦躁。1783年3月，他们威胁哗变，除非国会向他们保证，支付和他们的付出相配的补偿金。事先得到所谓"纽堡阴谋"（Newburgh Conspiracy）消息的华盛顿，出色地面对这次挑战。他召集军官们，用饱含深情而有理有据的演说激起他们的民族主义情感，化解了这次危机。"他们怎么可以，"他问道："打开内乱的闸门，血洗我们正在崛起的帝国？"他在摸索着眼镜时提醒道："我在你们服役时老去，发现自己视力越来越差了。"据目击者称，许多叛乱的军官开始哭起来。

在这一年的年末，他在大陆会议上，正式辞去总指挥官一职。在斗争的结尾，通过这样的行为，华盛顿建立了永久的先例：美国军队由人民控制。

战争胜利了，但是付出了惨痛的代价。超过35 000名美国男性在战争中死亡，只有大约1/4死于战斗伤害，整整一半人死于被英国俘房期间。在南方，连年的游击战争和成千上万逃亡奴隶的损失让经济一蹶不振。地方政府债台高筑，缺乏资金，无法运作，因为很少有人付得起税。比如，1780年代，在马里兰查尔斯郡（Charles County），人们普遍拒绝选举或委任的政府职务，因为官员有义务用自己的个人财产支付征收不到的税款或罚款。该县许多原本富裕的种植园主因无力偿还债务而破产，1790年代，据一个旅行者观察，乡村"呈现出最阴沉的面貌"，并评价道，"荒废的老宅邸"曾经住着生活优渥的奴隶主。

《巴黎条约》

然而查尔斯郡的居民和大部分美国人在得知初步和平条约于1782年11月在巴黎签订时，是欢欣鼓舞的。美国外交官——本杰明·富兰克林、约翰·杰和约翰·亚当斯——无视议会的指示，不遵循法国的引导，直接与大不列颠谈判。他们的直觉很准确：与其说法国政府是美国的朋友，不如说它是英国的敌人。事实上，法国公使在幕后活动，试图阻止在美洲建立一个强大而统一的政府。西班牙想要拥有阿巴拉契亚和密西西比河之间的领土，这个愿望让谈判变得更为复杂。但是事实证明美国代表善于权力政治，他们达成了主要目标：作为统一的国家获得独立。厌倦了战争的英国新内阁在谢尔本勋爵（Lord Shelburne）的领导下（他此前曾公开批评诺斯勋爵的美洲政策），作出了无数让步——事实上因为让步实在太多，在和平条约签订之后不久，议会就将内阁撤职了。

1783年9月3日正式签署的条约无条件地承认"美利坚合众国"的独立。慷慨的边境线勾画出这个新的国家：北边大约直到现在与加拿大的边境

人民与国家的遗产

革命的起源

美利坚合众国是在一次被普遍称为美国独立战争的事件中建立起来的。然而今日的许多历史学家主张，假如革命意味着推翻先前的权力结构，那美国的并不是真正的"革命"。国家获得了独立，建立了共和国，这在18世纪的背景下是非常激进的事件，但是本质上来说领导殖民地的这批人同样领导着新国家（除了英国官员和委任官员）。与之形成鲜明对比的是，几乎同时代的法国大革命中，君主和许多贵族被处死，结果导致了重要的权力重新分配。所以美国独立战争的遗产似乎很模糊，既激进同时又很保守。

"革命"之后两百多年，政治观点差异巨大的群体对其真正含义提出了质疑。从极左到极右，美国人常常宣称他们的行为代表着革命精神。抗议歧视女性和少数群体政策的人们（通常是自由党人）常常援引《独立宣言》中的"生而平等"之类的语言。反对财富和权力集中于少数人手中的左翼组织再一次援引革命的平等主义趋向。那些抗议更高税收（通常是希望减少政府角色的"保守党"）常常运用波士顿茶会（Boston Tea Party）的象征意义，在"茶会"运动中反对奥巴马政府的政策。右翼民兵武装自己，准备着保护自己的家庭和家人不受用心险恶的政府迫害，他们相信1775年独立战争时应召民兵们也是这么做的。事实上，所谓的民兵组成了自卫队，守卫美国—墨西哥边境，防范非法外国人入境。革命的讯息被援引来支持任何法外示威游行，从入侵军事基地到反战抗议者再到堕胎诊所外的示威，所有这些示威行动都被拿来与1760年代抗议英国政策的示威行动类比。但是我们同样可以援引革命来反对这样的街头抗议，因为——有些人可能有异议——在一个共和国中，改变总是和平地发生，通过投票箱，而不是在街头。

正如18世纪的美国人对于他们与宗主国做斗争的意义存在分歧，革命的传承在21世纪初仍然备受争议，无论是对于因革命而建立的国家，还是对于今天的美国人民。

线，南面是北纬31度（大约是现代佛罗里达的北部边境），西面是密西西比河。1763年被英国占领的佛罗里达归还给西班牙（参见地图7.2）。美国人还获得了纽芬兰以外无限制的捕鱼权。割让这么多土地给美国之后，英国忽略了印第安同盟的领土权利。英国外交官对反独者和英国商人也亏欠良多。该合约关于战前债务偿付以及战后反独者处理的条款措辞模糊，在接下去的几年中造成了麻烦，事实证明这些条款无法执行。

结语

漫长的战争终于结束了，获胜的美国人可以满足而敬畏地回顾他们的成就。通过团结大陆各个殖民地，他们在各个国家中占有了一席之地，并且与法国结成成功的同盟。依靠民兵和正规军组成的毫无经验的军队，他们打败了世界上最强大的军事势力的职业士兵。他们更多地通过坚持和坚决达到目的，而非战场上的辉煌胜利，在他们的坚持中，后方的妻子和家人们与前线的士兵一样功不可没。他们只获得为数不多的真正胜利——最重要的是特伦顿、萨拉托加和约克镇战役——但是即使在曼哈顿和查尔斯敦遭受毁灭性的损失之后，他们的军队依然屡败屡战。最终，美国人把敌人耗得弹尽粮绝。

通过赢得这场战争，美国人重塑了他们生活的物质和精神环境。他们抛弃了曾经对他们来说非常重要的英国身份，将反独者邻居们从他们的新国家放逐,因为这些人不愿意与宗主国决裂。他们在各州和国家层面建立了共和政府。他们开始创造新的国家忠诚,尤其是在大陆军士兵们的家庭中。他们还主张拥有密西西比河以东、五大湖以南的领地,这大大扩张了潜在开放定居的土地,对印第安人在大陆内陆地区的传统主导地位构成了威胁。

在获得独立的过程中,美国人克服了千难万险。但是他们将来会面对更大的挑战:确保他们的共和国在一个英国、法国和西班牙激烈对抗的世界中生存下来。

扩展阅读

Edwin G. Burrows, *Forgotten Patriots: The Untold Story of American Prisoners during the Revolutionary War* (2008)

Robert McCluer Calhoon, *The Loyalists in Revolutionary America, 1760—1781* (1973)

Colin Calloway, *The American Revolution in Indian Country* (1995)

Stephen Conway, *The War of American Independence, 1775—1783* (1995)

Sylvia Frey, *Water from the Rock: Black Resistance in a Revolutionary Age* (1991)

Pauline Maier, *American Scripture: Making the Declaration of Independence* (1997)

Charles Niemeyer, *America Goes to War: A Social History of the Continental Army* (1997)

Mary Beth Norton, *Liberty's Daughters: The Revolutionary Experience of American Women, 1750—1800* (2nd ed., 1996)

Cassandra Pybus, *Epic Journeys of Freedom: Runaway Slaves of the American Revolution and Their Global Quest for Liberty* (2006)

Charles Royster, *A Revolutionary People at War: The Continental Army and American Character, 1775—1783* (1980)

第七章

缔造共和国，1776—1789

▼ 拉姆齐-波尔克（Ramsay-Polk）家族在马里兰州塞西尔县卡彭特定居点的情形，由詹姆斯·皮尔（James Peale）绘制，约在1793年。这些共和国女性华丽的衣裙以及繁复的帽子和发型彰显出她们上流社会的身份。在背景中的码头上，你可以看到正待装船的大桶烟草（由奴隶种植），这正是他们财富和闲适生活的来源。

1787年，一群联邦党人——《宪法》提案的拥护者——聚集在宾夕法尼亚边境的城镇卡莱尔（Carlisle）。这些人计划燃放加农炮庆祝国家会议两个星期前正式批准《宪法》，但是一大群反联邦党阻止他们这么做。接着，他们从被动反抗发展到主动袭击，攻击了联邦党，在愤怒的反联邦党人公开烧毁了一本《宪法》后，联邦党人逃离了现场。

第二天，联邦党人回到原地点燃礼炮并朗读会议的批准声明。为了避免再一次暴力冲突，反联邦党进行了游行并且烧毁了两个联邦党人的雕像。当联邦党官员们后来以暴乱指控和逮捕几个示威者时，反联邦党人主导的民兵冲入监狱将他们放了出来。幸好逮捕令中的缺陷——合法地释放了被捕者——阻止了另一场血腥冲突的发生。

章 节 大 纲
创造高尚的共和国
昨日重现　描绘美德
第一次奴隶解放和种族主义发展
放眼天下　书写工具和文具
设计共和国政府
邦联的考验
西部的秩序和混乱
从危机到《宪法》
反对和批准
结语
人民与国家的遗产　镇区系统

此后的几个星期，这些事件的参与者在卡莱尔报纸中争辩这些示威游行的意义。联邦党作者宣称，那些值得尊重的庆祝者们"秩序井然而冷静"，相反，反联邦的反对者们却是"可疑"的人，"一些微不足道的叫花子"。"其中一个人"反唇相讥，称联邦党是"一群邪恶的暴民"。尽管宪法的支持者们宣称自己是"政府的朋友"，但事实上他们不是：因为他们推崇一个旨在压迫人民自由的政府，他们暴露了自己秘密贵族的真正身份。

卡莱尔暴动预示着阿尔巴尼（纽约）、普罗维登斯（罗德岛）和其他城市在新的《宪法》问题上的分歧。1775年开始并持续不断的斗争一直持续到18世纪末，美国人不断地争论——无论是通过印刷品还是面对面——如何才能贯彻联邦原则，以及谁最能代表人民。东部地区的人与西部地区的人争论；在这两个地区，精英与普通人又相互争辩。像宾夕法尼亚小城中举行的那类庆典在斗争中扮演着重要的角色。毕竟只有少部分有产者才拥有投票权，其他人（甚至投票者本身）只能在街头表达他们的政治观点。

年表

1776	第二届大陆会议指示各州起草宪法
	阿比盖尔·亚当斯建议她的丈夫"别忘了女士们"
1777	《邦联条例》(Articles of Confederation)送交各州批准
	佛蒙特成为第一个废除奴隶制的辖区
1781	《邦联条例》通过
1783	《巴黎条约》签订,正式承认美国独立
1784	外交官与易洛魁人在斯坦威克斯堡签订条约,但是两年之后易洛魁人毁约
1785	1785年《土地法令》(Land Ordinance)对西北地区勘查和销售土地做出规定
1785—1786	美国与乔克托人(Choctaws)、奇克索人(Chickasaws)和切罗基人(Cherokees)在南卡罗来纳霍普韦尔(Hopewell)进行条约谈判
1786	安纳波利斯会议(Annapolis Convention)召开,讨论改革政府
1786—1787	马萨诸塞西部发生谢司叛乱(Shays's Rebellion),提出了关于共和国未来的问题
1787	第一部美国戏剧,罗耶尔·泰勒(Royall Tyler)的《对比》(The Contrast)上演《西北法令》(Northwest Ordinance)开发俄亥俄河以北和密西西比河以东的领土
	制宪会议(Constitutional Convention)构想新的政府形式
1788	汉密尔顿、杰伊和麦迪逊(麦迪逊)撰写《联邦党人》(The Federalist),敦促纽约批准《宪法》
	《宪法》通过
1789	威廉·希尔·布朗(William Hill Brown)发表《同情的力量》(The Power of Sympathy),这是第一部美国小说
	马萨诸塞命令城镇支持公共学校
1800	威姆斯(Weems)出版《华盛顿传》(Life of Washington)一书

共和主义观点认为政府应该完全建立在人民同意的基础上,这一理论的源头可以追溯到古希腊和古罗马的政治理论家。理论家们称,共和国是可取但脆弱的政府形式。除非这些国家的公民特别正直善良——清醒、道德而勤奋——而且大体上对关键问题意见一致,否则共和国注定会失败。当美国人离开大英帝国时,他们抛弃了英国的观念,即最佳政府体系应该平衡君主、贵族和人民三方,或者换句话说,稳定的政府要求有君主、贵族和人民的参与。他们转而相信共和主义的优越性,在这种制度下,人民而非国会才是最高统治者。在战争期间和战争之后,美国人必须处理这一决定可能引起的反对后果,比如卡莱尔示威游行就是明证。他们如何能保证政治稳定?他们如何让民众达成共识?他们如何创造和维持一个正直的共和国?

美国的政治和知识领袖们试图将美德灌输给他们的男性和女性国民。1776年之后,美国文学、戏剧艺术、建筑和教育都清楚无误地追求道德目标。女性教育被认为尤其重要,因为共和国孩子们的母亲将为国家的未来负起主要责任。在这些事务上,美国人可以达成一致意见,但是他们在很多其他关键问题上无法达成共识。几乎所有白人男性都先入为主地认为女性、非裔美国人和印第安人在政治中不应该获得正式角色;男性将前两类人视为家中的依赖者,最后一类则摒除在政治之外。尽管如此,他们发现在很多问题上难以达成一致,比如他们这一群体中多少人应该参与政治程序,投票的频率应该是多久一次,或者他们的新政府应该如何架构。

共和国公民也不得不做出许多其他决定。共和国的外交政策和其他国家是不是应该有区别?(比如,美国是不是应该致力于将共和主义事业扩展到其他地方?)还有托马斯·杰弗逊在《独立宣言》中的措辞:"所有人生而平等。"以此大胆的宣言为原则,白人共和主义者又如何将永久奴役非裔美国人视为正当?有的人通过释放自己的奴隶或者投票赞成废奴的州立法律作为回答。其他人则通过否认黑人和白人是同样意义上的"人"来作为回应。

这些年中,美国人面临的最重要的任务是构建一个统一的国家政府。在1765年之前,英属大陆殖民地很少为了共同事业而合作。许多原因让他们彼此分离:各异的经济、不同的宗教传统和民族构成,互相矛盾的西部土地主张,还有不同的政治。但是独立战争将他们团结在了一起,创造出新的民族主义精神,尤其是曾在大陆军或外交使节团中服役的人们。战事的经历至少瓦解了一些之前让美国四分五裂的分界线,将对于州和地区的忠诚上升到对国家的忠诚。

尽管如此,打造一个共和国(而不是一系列松散联系在一起的州),既不轻松也不简单。事实证明,美国在《邦联条例》之下成立的第一个政府过于虚弱,权力也过于分散。但是1787年,当政治领袖们起草宪法时,他们另辟蹊径。有的历史学家辩称邦联条例和《宪法》反映了对立的政治哲学,《宪法》代表着与"民主的"《邦联条例》对立的"贵族主义"反革命。更准确地说,这两份文件是一脉相承的,这些尝试旨在解决一系列同样的问题——比如说,各州和国家之间的关系以及权力集中的程度。两者都将共和主义运用于统治中的实践问题;在解决这些困难方面,两者都不算完全成功。

- 新的国家身份包括哪些元素?女性、印第安人和非裔美国人如何适应这一身份?
- 当新国家的领导人们试图建立第一个现代共和国时,他们面临着什么问题?
- 在不同的时期,这些问题如何以不同方式得到解决?

创造高尚的共和国

约翰·迪金森许多年后回忆道,当殖民地宣布独立时,"没人提出与政府形式有关的疑问,也没人探究是共和国还是限制君主制更好……我们知道这个国家的人们必须团结在某种形式的政府下,而除了共和主义形式不作他想"——简而言之,人民自治政府。但是这个目标如何实现?

各种共和主义

在新成立的美国中,出现了三种共和主义的定义。在古代历史和政治理论的基础上发展出第一种,持这一观点的主要是受过良好教育的精英(比如马萨诸塞州的亚当斯兄弟)。古希腊和古罗马人民政府的历史表明,共和国只有规模较小,并且国民人种统一的情况下才能成功。除非一个共和国的公民愿意为公共福利牺牲他们的个人利益,否则政府会崩塌。经典共和理论坚持,一个真正高尚的人必须放弃个人利益,完全为国家最高利益而工作。作为对牺牲的回报,共和国为他的公民提供平等的机会。在这样的政府统治之下,阶级的基础是功绩,而非世袭的财富和地位。社会将由"自然贵族"阶层的成员统治,这些人的才能让他们从卑微的出身中脱颖而出,登上权力和特权的高峰。阶层不会被完全废除,但是会建立在功绩的基础上。

第二个定义受到精英阶层其他成员和一些能工巧匠的支持,吸纳了更多经济理论而非政治思想。这一版本的共和主义不是将国家视为由高尚地为公共利益牺牲的人们构成的有机整体,而是采纳了苏格兰理论家亚当·史密斯(Adam Smith)的理论,强调个人对自身利益的理性追求。将物资卖给军队的人从爱国主义中获取了巨大的利益,就是这种方式。国家只能从蓬勃的经济扩张中获得好处,亚历山大·汉密尔顿(Alexander Hamilton)等人辩称道。当共和国的人们想方设法提高自己的经济和社会条件时,整个国家都会从中受益。通过追求个人利益而不是通过服从于共同理想,也可以实现共和主义理想。这种思想决绝地抛弃了清教盟约的旧观念,而第一种定义却保留了这一思想,强调共识,不过它还强调才能而非出身决定着上层社会。

第三个共和主义的观念影响不那么广泛,但是却比前两者更平等主义,前两者都包含着相当的不平等潜力。这一观念的支持者很多不识字,或者几乎不识字,所以不能用文字来支持自己的信念。提倡第三个版本共和主义的人中最著名的是托马斯·佩恩,他呼吁让更多人参与政治程序。他们还希望政府能直接回应普通人的需求,抛弃"弱者"应该自动服从"强者"的观念。事实上,他们或多或少是现代意义上的民主派。对他们来说,人民朴素的智慧象征着共和主义的美德。

尽管这三种共和主义思想各不相同,但是它们有着许多同样的假设。三种观念都对比了美国的勤奋美德和英国及欧洲的腐化堕落。在第一个版本中,这种美德通过节俭和自我牺牲来证明;第二个版本中,它将防止自我利益变成邪恶;在第三个版本中,这是将无产的自由男性纳入选民阶层的理由。"美德,只有美德……是共和国的基础。"热忱的民族主义者,费城的本杰明·拉什博士(Dr. Benjamin Rush)于1778年宣称。他的美国同胞们很赞同,尽管他们对美德的定义不尽相同。大多数人都同意,一个高尚的国家应该由勤奋努力的公民组成,他们衣着朴素,生活简单,选举明智的领袖担任公务员,并且放弃引人注目的奢侈品消费。

美德和艺术

当美国人民开始构建他们的共和国时,他们相信自己正在着手一项史无前例的事业。他们对自己的新国家充满自豪感,希望用共和制美国朴素的美德代替君主制欧洲的邪恶——不道德、自私、缺乏公共精神。他们想方设法将共和原则注入各个领域,不仅是在政府领域,也包括社会和文化,希望绘画、文学、戏剧和建筑向公众传达国家主义和美德。

在这些创作的一开始,美国人面临着关键的矛盾。对于一些共和主义者来说,艺术即不道德的体现。很多人认为,它们出现在一个高尚的社会中,标志着奢侈和堕落。为什么一个朴素的农民需要一幅画或一本小说?为什么某些人要花辛辛苦苦赚来的工资在一个陈设铺张的剧院中看一场戏剧?第一批美国艺术家、剧作家和作者面临着可能的两难境地。他们希望创造出象征美德的作品,但是许多人视这些作品腐化堕落,而不顾他们的初衷。

尽管如此,作家和艺术家们进行了尝试。威廉·希尔·布朗的《同情的力量》(1789)是第一部在美国创作出的小说,它讲述了一个可怕的关于引诱的故事,是对年轻女性的警示。在第一部成功的美国戏剧——罗耶尔·泰勒的《对比》(1787)中,曼雷上校(Colonel Manly)的高尚行为与纨绔子弟比利·丁珀(Billy Dimple)应受谴责的行为形成鲜明对比(点题)。当时最受欢迎的书籍,梅森·洛克·威姆斯(Mason Locke Weems)的《华盛顿传》出版于1800年,乔治·华盛顿去世后不久。该书作者希望"弘扬他的伟大美德……成为我们年轻一代的楷模"。威姆斯的风格远远说不上细腻。他创作的最有名的一个故事——6岁的乔治勇敢地承认砍了他父亲最喜爱的樱桃树——结尾他的父亲宣称:"到我怀里来,我最最亲爱的孩子……我的儿子如此英勇的行为的价值超过一千棵树,哪怕它们的花是银子做的,果子是纯金做的。"

绘画和建筑也被期待成为高尚道德标准的范例。该时期最著名的两位艺术家,吉伯特·斯图尔特(Gilbert Stuart)和查尔斯·威尔森·皮尔(Charles Wilson Peale)创作了无数可敬的共和国公民肖像。约翰·特朗布尔(John Trumbull)的巨幅油画描绘了美国历史上的里程碑,如邦克山战役和康华里在约克镇投降的情景。这些肖像和历史场景旨在

昨日重现

描绘美德

1780年代，美国印刷商开始出版杂志，这些杂志成为他们推广美德观念的重要载体。月刊和双月刊中充斥着本土诗歌和文章，出版商们需要配上插图——这是周报不需要的。这些出版物中最重要，也是存在时间最长的是《哥伦比亚杂志》(Columbian Magazine)，1786年至1792年在费城发行。下面是当地艺术家受委托绘制的两幅插图。《犁的赞歌》(Venerate the Plow)弘扬了美国农业，女性人物象征着美国（注意她头顶上方的13颗围成圈的星星），她手里拿着一捆谷物。另一幅中，哥伦比亚（Golumbia）将一个女孩和一个男孩（崛起的种族）献给米纳瓦（Minerva，智慧女神），她依靠着的柱台上标注着文字，赞颂独立是"智慧、刚毅和坚持不懈的奖赏"。在背景中，一个农民在耕地，船只在海上航行。这些画面代表了美国人怎样的理想？

▲《哥伦比亚杂志》,1786年。
图片来源：国会图书馆

▲《哥伦比亚杂志》,1787年。
图片来源：国会图书馆

170　向观众们灌输爱国主义情感。建筑师们也希望通过他们的建筑传达一种共和理想的朝气蓬勃感。当弗吉尼亚政府向出使法国的公使托马斯·杰弗逊，寻求关于州首府里士满（Richmond）的设计建议时，杰弗逊毫不犹豫地建议他复制罗马建筑尼姆的四方神殿（Maison Carree at Nimes）。"它很简约，"他解释道，"但是高贵得难以言喻。"杰弗逊为接下去一代美国建筑设定了指导性的理念：线条简约，比例和谐，宏伟的感觉。

尽管艺术家们竭尽全力（有些人或许会说正是因为他们），一些美国人至1780年代中期还是开始发现了奢侈和堕落的迹象。独立战争后重新开始的欧洲贸易导致了进口时尚潮流的回归，男性和女性兼而有之。精英家族又开始参加舞会和音乐会。聚会缺了赌博和牌戏看上去不再完整。针对年轻人的社交俱乐部成倍增长，塞缪尔·亚当斯在出版物中表达了他的忧虑，他感到堕落的机会潜伏在波士顿年轻人的茶会计划和上流对话背后。对于热忱的共和主义者来说，尤其让人警惕的是1783年辛辛那提协会（Society of the Cincinnati）的成立，这是一个世袭组织，其成员是独立战争中的军官和他们的第一个男性后代。尽管组织者希望促进公民—士兵的概念，但是反对者们害怕这个群体会变成当地出生贵族的核心。所有这些变化都直接挑战了美国作为一个高尚共和国的自我形象。

教育改革

美国人对于初生共和国未来的深刻担忧集中在他们对孩子的关注上，因为孩子是"崛起的一代"。教育之前被视为一种个人进步的手段，是个体家庭需要操心的事。现在学校教育却有了公共目的。假如年轻人要抵制恶习的诱惑，成为自治政府的合格公民，他们就需要受到良好的教育。事实上，整个国家的兴亡由教育决定。1780年代和1790年代因此见证了两次重要的教育变革。

首先，北方各州开始用税款支持公共小学。1789年，马萨诸塞成为第一个要求城镇为公民提供免费公共基础教育的州。第二，女孩的学校教育取得了进步。美国人认识到崛起一代的重要性，认为母亲必须受到恰当的教育才能正确地教导她们的孩子。因此，马萨诸塞坚持要求城镇小学既接收男孩也接收女孩。美国境内成立了许多私立学校，为家世良好的少女提供继续深造的机会。这时还没有人提出为女性开设学院，但是一些幸运的女孩可以学习历史、地理、修辞学和数学。学校还为女性学生提供精致女红的训练——唯——项被认为适合上流女性的艺术活动。

朱迪思·萨金特·默里（Judith Sargent Murray）

马萨诸塞格洛斯特（Gloucester）的朱迪思·萨金特·默里成为共和国早期女性教育方面的主要理

▲ "朱迪思·萨金特·史蒂文斯"（后改姓默里），由约翰·辛格顿·科普利（John Singleton Copley）创作，1770—1772年。这位20年后撰写数本宣传册宣扬女性教育进步的女性坐在椅子上，此时还处在第一段婚姻中。她清明睿智的眼神体现出她的智慧和目标的严肃性。

图片来源：芝加哥泰拉美国艺术基金会（Terra Foundation for American Art, Chicago）/纽约艺术资源

论家。默里在几篇文章中辩称女性和男性有平等的智力潜能，尽管女性因为受教育程度较低，所以看起来似乎没那么聪明。"我们只能从我们所知的出发去推断，"她宣称，"假如我们没有公平获得知识的机会，那么就不能据此推断我们的性别低人一等。"因此，默里总结道，男孩和女孩应该获得平等的教育机会。她进一步主张，女孩应该学习靠自己的能力生活："独立应该放到她们够得到的地方。"

默里直截了当地挑战了传统殖民地观念，比如有个男人说，女孩们"只要知道怎么做衬衫和布丁就足够了"，她的思想是普遍反思女性地位的一部分，这是独立的结果之一。男性和女性都意识到，女性民族主义者对美国的独立运动做出了至关重要的贡献。因此，美国人开始对女性在共和社会中应该扮演的角色发展出新的观念。

女性和共和国

有关这些观念最著名的表达出现在阿比盖尔·亚当斯于1776年3月写给她丈夫的一封信中。"在你们必须制定的新法典中，我希望你们别忘了女士们，"她写道，"别忘了所有男人只要做得到都会变成专制统治者……假如不对女性加以特别关注（原文如此），我们会下定决心发起反叛，我们不会让任何既没有给我们发言权又没有代表我们的法律约束自己。"通过这些语句，阿比盖尔·亚当斯往前迈进了一步，其他权利被剥夺的美国人将追随她的脚步。她有意将用来对抗英国国会无上权威的意识形态用于独立领袖们从未想过的目的。他们假设妻子的利益和丈夫完全一致。然而阿比盖尔·亚当斯反驳了这一点，因为男性"本质上是独裁的"，所以美国应该改革迫使妻子们服从于丈夫的殖民地婚姻法，这一法律给了男性控制家庭财富的权力，否认妻子具有合法的独立民事行为权利。

阿比盖尔·亚当斯并没有要求女性选举权，但是其他人主张了这项权利，一些男性和女性作家开始从普遍意义上讨论和定义"女性权利"。1776年，新泽西州宪法的起草者草率地将选民定义为满足一定财产资格的"所有自由居民"。因此，他们无意中将投票权赋予了拥有财产的白人未婚女性和孀妇，以及自由黑人土地所有人。符合条件的女性和非裔美国人因为在独立战争期间的经历，对政治颇有兴趣，他们定期在新泽西的地方和议会选举中投票，直到1807年，州立法会剥夺了他们的这项权利，并且错误地控诉他们进行选举诈骗。女性选择投票证明了她们对自己在国家政治生活中的地位有了不同的认识。

如此戏剧性的一幕并不常见。战争结束后，大多数欧裔美国人以传统的方式看待女性，他们主张女性的主要职能是成为好妻子、好母亲和女主人。他们发现男性和女性性格中具有重大差异，这最终让他们解决了两种最有影响力的共和主义思想之间的矛盾，并导致一些女性获得新角色。因为妻子不能拥有财产或直接参与经济生活，所以女性被视为自我牺牲和无私共和主义的象征。独立战争后通过建立新的由女性管理运作的慈善机构，家世良好的女性肩负起公共责任，尤其是通过照顾贫苦的孀妇和孤儿。因此，男人在追求他们的自我经济利益（另一个共和主义美德）时，再也不用被良知纠缠，因为他们知道他们的妻子和女儿们正在履行家庭对公共福利的责任。因此，这个理想的共和主义男性是一个个人主义者，为他自己和他的家庭谋求进步发展。相反，理想的共和主义女性，则将其他人的幸福置于自己的幸福之上。

欧裔男性和女性一起为创造高尚的共和国设定了背景。但是接近20%的美国人口有着非洲血统。这大约70万非裔美洲人如何纳入发展中的国家计划呢？

第一次奴隶解放和种族主义发展

革命理想暴露了美国社会中的主要矛盾之一。欧裔美国人和非裔美国人都看到了奴隶主们试图阻止英国"奴役"他们的讽刺之处。许多革命领袖也对该问题发表言论。1773年，本杰明·拉什博士将奴隶制称为"贬低人类天性的恶习"，并耸人听闻

放眼天下

书写工具和文具

在17世纪，殖民地人民强调教孩子读《圣经》的重要性；与之相比书写则不被视为那么必要，许多能读的人从没学过书写。然而到了18世纪，尤其是在美国革命期间和结束后，书写技能变得更为重要，被战争分隔两地的家庭成员需要互相交流，于是需要能够处理远程通信，而商人从中获得了新的商机。在战争结束后，这种经验使美国人更强调教年轻人学会书写，而不只是阅读。

大多书籍不是从英国进口就是在美国印刷，但是书写需要来自世界各地的各种器具。纸张或者从英国进口，或者在当地制造，美国造纸厂的数量不断增加；1750年至1780年之间建立了30多家。美国人用作书写工具的鹅毛笔原产于德国或荷兰。无论在欧洲大陆还是英国，鹅毛先要经过加热，去除所有脂肪或隔膜，并硬化尖端，然后成千上万地运到大西洋对岸。还需要削笔刀来削尖变钝的鹅毛笔，此外还有墨水壶（由黄铜、玻璃或白镴或其他各种材料制成），大多也来自英国。不过缺少来自国际贸易的其他物件，美国人还是不能书写。

比如，为了吸收墨水，纸张必须经过吸墨粉处理，这种粉末是山达脂（一种产自北非的树脂）和浮石粉（一种磨成粉的火山玻璃）的混合物。因为没有信封，18世纪的书写者将纸张叠起来，外面写上收件人的名字，然后用荷兰或英国生产的蜡封起来，这种蜡混合了印度产的虫胶（一种胶状的昆虫分泌物，至今仍被用来制作虫漆）和产自西班牙的朱砂（一种红色的类似石英的结晶）。最值得注意的是，墨水本身也是用一系列不同原料制作而成的：来自阿勒颇（叙利亚）的栎五倍子、来自苏丹的阿拉伯树胶（阿拉伯树胶树的树汁）以及来自英国的明矾和绿矾（从不同的矿石中提炼）。墨水从英国运来的时候很可能是粉末状的；到了美国，才加入另一种主要原料尿液，让白矾和其他原料混合均匀，变成液体的墨水。在美国销售这些书写用品的商人有时候会用"最佳荷兰封蜡"或"阿勒颇墨水"等概念为他们的商品招徕客人，但是绝大多数情况下他们销售这些商品时并不说明产地。

因此，尽管某个男孩或女孩——或他们的父母——在某个新学校里学会了书写，但是他们很可能对此毫无知觉，事实上他们使用的工具让美国人融入一条长长的商业链中，将看似普通的写信或记账的行为和大不列颠、欧洲大陆、北非和中东联系在了一起。

◀ 这张写字台制造于18世纪中后期的宾夕法尼亚，当时很可能属于大西洋中部某个州的某个富有家庭。接收箱用来接收或送出信件；许多抽屉中可以存放纸张、墨水、印章和封蜡以及其他用品。显而易见，书写的重要性带动了对新家具类型的需求。

图片来源：历史敖德萨基金会（Historic Odessa Foundation）

地提醒道:"自由的植物生性柔弱,与奴隶制为邻不可能长久生存。"一般人也指出了其中的矛盾。康涅狄格士兵约西亚·阿特金斯(Josiah Atkins)见到华盛顿的种植园后,在日记中评论道:"唉！那个假装代表人类利益、社会自由的人,竟然可以以压迫为乐,而且还是最糟糕的那种！"

非裔美国人不需要革命意识形态来告诉他们奴隶制是错的。1779年,一群来自新罕布什尔朴次茅斯(Portsmouth)的奴隶质问州立法会:"(我们的主人)是从哪里得到的权威任意处置我们的生命、自由和财产?"他恳求"在一片堂皇追求自由果实的土地上,希望再也听不到奴隶之名"。同一年,几个奴隶在康涅狄格费尔菲尔德(Fair field)向立法会请求自由,他们将奴隶制描述为一种"可怕的罪恶"和"明目张胆的不公"。那些"高尚地追求自由事业"的人们,他们质问道,怎么能继续"这种可憎的作为"？

奴隶解放和释放奴隶

两州的立法会都给出了否定回答,但是战后几年中,北方逐渐废除奴隶制,这个过程被称作"第一次奴隶解放"。佛蒙特仍然是独立的司法管辖区,该地区在1777年《宪法》中废除了奴隶制。作为对奴隶男性和女性提起的诉讼的回应,马萨诸塞法院在1783年决定州《宪法》禁止奴隶制。其他州也在1780年(宾夕法尼亚)和1804年(新泽西)之间的几年中逐渐接受了解放奴隶的法律。新罕布什尔没有正式废除奴隶制,但是据称1800年人口统计中只有8个奴隶,1810人口统计中奴隶人数则是0。尽管南方各州没有采取普遍的解放奴隶法律,但是弗吉尼亚(1782)、特拉华(1787)和马里兰(1790和1796)立法会改变了早年限制奴隶主释放奴隶权限的法律。然而南卡罗来纳和佐治亚从未考虑过采取这些行动,而北卡罗来纳坚持所有释放奴隶行为(解放个体奴隶)都必须由当地法庭批准。

因此,革命意识形态对于大奴隶主根深蒂固的经济利益影响很有限。只有在北方各州——有奴隶存在的社会,而非奴隶制社会——州立法会才可能投票废除奴隶制。即使在那些地方,立法者对于奴隶主财产权的顾虑——毕竟革命争取的不仅有生命和自由权,还有财产权——致使他们偏向于逐步解放而非立即废除。比如,纽约的法律赋予1799年7月4日之后出生在奴隶家庭的孩子自由,但是只有到二十几岁才能获得(在此之前他们需要通过劳动偿付高于养育成本的费用)。这些法律没能解放现有的奴隶人口,因此使奴隶主现有的人口财产基本保持完整。北方的非裔美国人在接下去的几十年中处于奴隶制和自由的过渡阶段。尽管奴隶解放法律禁止将奴隶出售到该体制仍然合法的司法管辖区,但是奴隶主们通常绕开这样的禁令。1840年人口统计显示北方几个州中仍然有奴隶人口;比如,直到1840年代后期罗德岛和康涅狄格才

▲ 1790年,一个具有非洲血统的水手端坐着让画家画下自己的肖像,水手和画家的名字都已无法得知。

图片来源:私人收藏;照片由纽约赫切尔和阿尔德画廊(Hirschl & Adler Galleries)提供

解决了所有奴隶制的遗留问题。

自由黑人人口的增长

尽管废奴进展缓慢,美国拥有非洲血统的自由人口数量在革命结束后的最初几年中大幅增长。在战争之前,这些人的数量很少;比如1755年,马里兰只有4%的非裔美国人是自由民。大多数在战争前获得解放的奴隶是白黑混血儿,是女性奴隶和主人的孩子,因此被主人解放。但是战争时期的动荡大大增加了被解放的人口。战争中从种植园中逃出来的奴隶、在美国军队中效力的奴隶还有其他被主人或州法律解放的奴隶现在都得到了自由身。至1790年,美国境内有将近6万有色人种自由民;十年后,他们的数量达到了108 000,占非裔美国人总人口的近11%。

在切萨皮克,经济变革加速了奴隶解放,比如土地肥力下降,从烟草向谷物生产转变,还有反奴隶制的浸信会(Baptists)和卫理公会教徒(Methodists)的影响力逐渐增强。作为一个德高望重的浸信会皈依者,腰缠万贯的种植园主罗伯特·卡特(Robert Carter)释放了所有奴隶,因为他相信拥有奴隶是罪恶的。因为谷物种植和烟草种植相比,劳动密集程度有所下降,种植园主们开始抱怨奴隶"过剩"。他们有时候通过解放一些生产力较低或更偏爱的奴隶来解决问题。奴隶们也抓住了这些机会和主人协商,让他们独立地生活和工作,直到攒够钱赎身。弗吉尼亚的自由黑人人口从1790年到1810年翻了一番有余;至1810年,将近1/4的马里兰非裔美国人口不再受到合法束缚。

被解放的奴隶的生活

在1780年代以后,重获自由的人们从乡村地区想办法来到北方的港口城市,比如波士顿和费城。这些迁徙者中女性和男性的数量大约是三比二,因为女性在城市里有着更多的工作机会,尤其是在家政服务方面。有的男性也在个人家庭中服务,但是更多人成为体力劳工或水手。一部分女性和相当一部分男性(1795年生活在费城的解放奴隶中接近1/3)是技术工人或零售商。这些人为自己挑选了新的名字,将前主人的姓氏换成诸如纽曼(Newman)或布朗(Brown)等,他们尽快建立独立的夫妻家庭,而不是继续住在雇主的家里。他们还开始占领界限分明的社区,这很可能是歧视造成的结果。

奴隶解放并未带来平等。那些认识到非裔美国人自由权利的白人不愿意接受他们成为和自己地位平等的人。法律歧视被解放的奴隶,就和歧视奴隶一样。一些州——包括特拉华、马里兰和南卡罗来纳——很快通过法律否定自由有产黑人男性有投票权。南卡罗来纳禁止自由黑人在法庭中作证反对白人。新英格兰人用契约合同控制获得自由的年轻人,他们通常被拒绝在公共学校中受教育。被解放的奴隶发现购买产业和找到好工作非常困难。尽管在许多地区非裔美洲人被接受成为福音派教会的成员——甚至牧师,但是他们在教堂事务中很少享有平等的发言权。

慢慢地,重获自由的人们发展出自己的机构,通常以他们聚居的社区为基础。在查尔斯敦,白黑混血建立了布朗伙伴协会(Brown Fellowship Society),为成员们提供保险,赞助了一所学校,并且帮助抚养孤儿。1784年,费城和巴尔的摩的前奴隶们在牧师理查德·艾伦(Reverend Richard Allen)的领导下建立社团,最终形成了非裔卫理圣公会(African Methodist Episcopal,即AME)。非裔卫理圣公会教派后来资助学校——和非裔浸信会、非裔主教派(African Episcopal)以及非裔长老派(African Presbyterian)等教派一起——成为自由黑人社会的文化中心。被解放的奴隶们很快明白,为了生存和成功,他们必须依靠集体的力量,而不是白人同胞的好意。

种族主义理论的发展

他们的努力尤为重要,因为革命之后的几年中,在美国,正式的种族主义理论开始发展。欧裔美国人长久以来视他们的奴隶为低等人,但是最具影响力的作家们将这低劣归结于环境因素。他们辩称,非洲奴隶们看似低贱的性格来自他们的被奴役,而不是他们世袭的卑贱导致他们被奴役。然而,在革命结束后,奴隶主们需要为自己奴役其他人类,违反"所有人生而平等"的前提去寻找辩护理由。结果,他们开始主张拥有非洲血统的人不是那么完整的人类,而共和主义平等原则只适用于欧裔美国人。换句话说,为了回避他们的所作所为和革命理论中的平等主义暗示之间的矛盾,他们重新定义了这一理论,于是它不再适用于非裔美国人。

与此同时,"种族"这一概念本身以一致的形式出现,用于由肤色界定的群体,将人们划分为"白种人""红种人"和"黑种人"。欧裔美国人之间的平等主义思想崛起减小了他们群体内部的地位差别,并且将所有"白人"和其他有色人种——印第安人和非裔美国人划清界限。(这种区分很快出现在北方和南方出现的新种族通婚法律中,这些法律禁止白人和黑人或印第安人之间通婚。)来自不同民族的印第安人,尤其是美国东南部,几十年以前就开始称呼自己为"红种人"。与此同时,作为奴隶生活在美国土地上的经历在许多穿越大西洋幸存下来的各种民族和国家的人们之间形成了"非洲"或"黑人"身份。令人惊讶的是,最先将自己称为"非洲人"的是航海水手——他们和欧洲人频繁接触,导致他们为自己建构了一个统一(和分裂的)身份。因此,在革命时期,"白""红"和"黑"——伴随前者的尊贵和后两者的卑微——依次发展成对比鲜明的词语。

这种种族主义有着几个互相交织的元素。首先是认为黑人低人一等的观念,正如托马斯·杰弗逊在1781年坚持的那样,黑人"身体和头脑的天赋比白人低一等"。(他对于印第安人是否低劣不那么确定。)接着是黑人天生懒惰混乱的观点。尽管奴隶主们反过来辩称奴隶们是"天生的"劳工,但是似乎没人发现其中的矛盾。第三是认为所有黑人都很淫乱,而且黑人男性垂涎欧裔美国女性。黑人男性和白人女性发生性关系的阴霾充斥着早期美国种族主义思想。重要的是,通常情况恰恰相反,奴隶主对奴隶女性的性利用更常见,但是这种情况却很少引起评论或担忧。

非裔美国人并未放任这些发展中的种族主义观念不受挑战。自由黑人数学天才本杰明·班尼卡(Benjamin Bannecker)直接反驳了托马斯·杰弗逊关于非洲人智力低下的观点。1791年,班尼卡向杰弗逊寄了一本他最新出版的历书(其中包括他的天文学计算),证明黑人的智力。杰弗逊在回答中承认班尼卡的智慧,但是暗示他将班尼卡视为例外;杰弗逊坚持他需要更多证据,才会改变他对一般非洲血统美国人的看法。

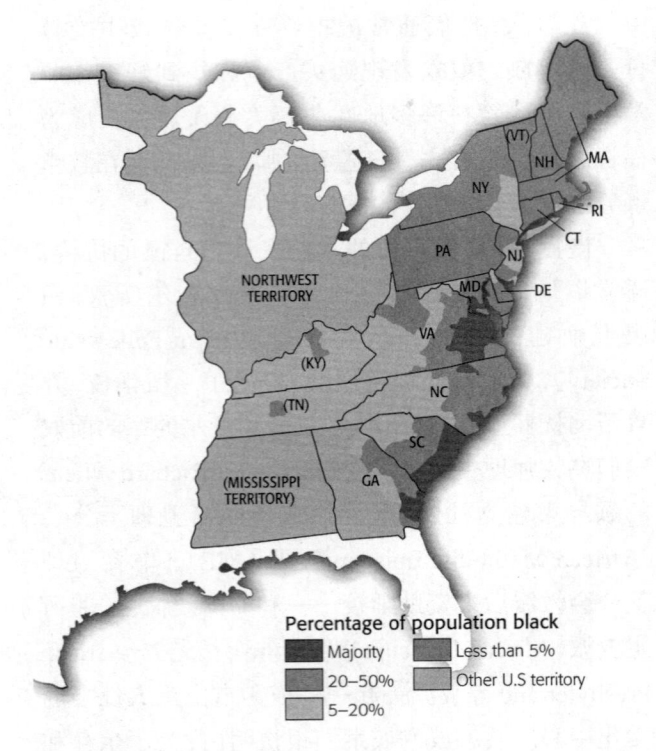

地图7.1 非裔美国人口,1790年:人口总数占比
第一次人口普查显示,非裔美国人口大部分集中于美国的少数几个地区,最明显的是南卡罗来纳、佐治亚和弗吉尼亚沿海地区。尽管偏远地区的黑人数量不断增加——很可能是迁徙的奴隶主将他们带到这些地区的——大多数北部和东部地区,除了纽约及其周边地区,很少有非裔美国居民。
来源:来自莱斯特·J.卡彭等编辑:《早期美国历史地图集:独立战争时期,1760—1790》(Lester J. Cappon et al., ed., *Atlas of Early American History: The Revolutionary Era, 1760—1790*),1976年由普林斯顿大学出版社出版

白人男性的共和国

自从这个国家诞生之时,领袖们就将这个共和国定义为白人男性的事业。尽管拥有非洲血统的男性在大陆军中英勇服役,然而从1770年代开始的法律将"白"和男性公民权利联系在一起。事实上,有的历史学家争辩,对黑人、印第安人和女性的压迫是白人男性之间理论上平等的必要前提。他们指出,通过定义普遍的种族敌对,有助于创造白人之间的团结,并减少授予穷人选举权对上流势力的威胁。不仅如此,他们还将女性排除在政治领域之外而将所有权力留给了男性,尤其是那些"出身良好的"人。或许这是独立战争结束后美国社会奴隶和自由民之间的分裂被转化成黑人——其中一些是自由民——和白人之间的分裂的一个原因。白人男性权力行使者确保他们继续占主导地位,用种族代替奴隶制作为决定非裔美国人地位的主要决定因素就是其中一个手段。

设计共和国政府

1776年5月,在《独立宣言》通过之前,第二届大陆会议已经指示各州构想新的共和政府代替1774年和1775年殖民地政府崩溃后开始议事的人民选举地方议会和委员会。因此,美国人一开始把注意力集中在草拟州宪法上,而对他们的国家政府没有投入多少注意力——后来不得不弥补这个疏忽。

州宪法

在州一级,政治领袖们很快发现自己面临着定义"宪法"的问题。美国人希望用具体的文件说明政府的基本结构,但是一开始立法者们不能决定如何达成这一目标。各州最终下结论,普通立法机构不应该草拟宪法。遵循1777年佛蒙特和1780年马萨诸塞的指引,各州开始为专门起草宪法筹备会议。因此,各州试图直接从人民那里获得授权——理论上他们是共和国中的最高统治者,然后才能建立新的政府。在准备新宪法过程中,代表们将草稿提交选民进行批准。

州宪法的制定者主要思考的问题是概述政府权力的分配和局限——两者对共和国的生存都是至关重要的。假如权威不被限制在合理的界限之内,各州政府很可能会变成专制政府,就像英国一样。美国在英国统治下的经验教训渗透于他们新宪法的每一项条款中。各州试验不同的方案来解决制定者们预测的问题,早期的宪法在具体条款中差别巨大,不过大纲大体上是可比较的。

在殖民地章程之下,美国人学会了畏惧总督的权力——通常是国王指派的代理人或领地所有者——并且将立法机构视为自己的捍卫者。因此,第一批州宪法特别规定州长每年选举一次(一般是通过立法机构),他的任期有限,并且赋予他极少的独立权威。与此同时,这些宪法拓展了立法机构的权力。每个州,除了宾夕法尼亚和佛蒙特,都保留了两院结构,上议院的成员任期更长,比之下议院成员需要满足更高的财产标准。不过他们同时重新规划了选区,使之更精确地反映人口模式,而且他们还增加了两院中议员的人数。最后,大多数州都降低了选举所需的财产资格。结果,立法机构中开始包括一些战前没资格投票的人。因此,独立战争时期见证了第一次有意拓宽美国政府基础的尝试,这个过程一直持续到今天。

限制州政府

然而州宪法的制定者们知道,假如专制者当选政府官员,响应人民诉求的政府并不一定能为他们提供足够的保护。因此,他们在文件中加入了对政府权威的明确限制,试图保护他们眼中个体公民不可剥夺的权利。七部《宪法》包含正式的权利法案,其他几部也有类似条款。大多数《宪法》保证公民的新闻自由、公平审判权利、批准税收权利以及一般搜查令保护。一个独立的司法机构负责保障这些权利。大多数州还保证了宗教自由，但是加上了种种限制。比如，七个州要求所有公务员是基督徒，有些州继续用税款支持教派。（直到1833年马萨诸塞成为最后一个除去所有宗教机构遗留特征的州。）

大体上，《宪法》制定者们更强调防止州政府变成专制政府，而不是将它们变成高效的政治权利行使机构。考虑到美国在大不列颠统治下的经历，它们对于塑造政府采取的方式是可以理解的。但是建立如此弱势的政治单位，尤其是在战时，使这些宪法的修订不可避免。很快，有的州开始改写1776年和1777年拟定的《宪法》。

修改州宪法

修订后的版本不约而同地增加了州长的权力，减少了立法机构的权限范围。至1780年代中期，一些美国政治领袖总结，限制政府权力的最佳方式是平衡立法、执法和司法权力，这种设计被称为"制衡原则"。他们在1787年拟定的国家《宪法》同样代表了这一原则。

然而美国人在州一级运用的《宪法》理论并不一定影响他们对国家政府的构想。因为美国官员们最初把注意力集中在组织反抗英国的军事斗争上，所以大陆会议的权力和结构并没有得到发展。直到1777年后期，议会才将《邦联条例》——概述国家政府雏形的文件——提交给各州批准，这些条例简单地将无计划的大陆会议组织方式写进了法律。

《邦联条例》

国家政府的主要构成部分是一院制立法机构，立法机构中每个州都有一票。它的权力包括处理外交关系，调解州与州之间的分歧，监管海事，规范印第安贸易，评估州和国家货币制度。《邦联条例》（以下简称《条例》）并没有赋予国家政府有效增加收入的能力，或是实施一致商业政策的能力。美利坚合众国被描述为"一个坚定的友谊联盟"，其中，每个州"保持最高统治权、自由和独立，以及一切根据此协议未在议会集结期间明确授予美国的一切权力、司法权和权利"。

《条例》要求所有州立法机构一致通过才能生效或修订，结果一个关于西部土地的条款十分棘手。大陆会议接受的草稿允许各州保留原本土地章程中规定的土地所有权。但是章程中有着明确的西部边境线的州（比如马里兰和新泽西）希望其他州将它们阿巴拉契亚山脉以西的土地割让给国家政府。它们担心，拥有更多土地的州可能扩展，并压制它们较小的邻居。马里兰直到1781年一直拒绝接受《条例》，直到弗吉尼亚最终保证将西部领土交给国家司法机关（参见地图7.2）。其他州依样画葫芦，无组织领土由国家整体持有的原则就此建立。

一个州就能拖延批准长达三年，这种能力预示着美国政府在《条例》下的命运。这个一院制的立法机构，无论被称作第二届大陆会议（直到1781年），还是被称作邦联国会（Confederation Congress）（自1781年之后），都太过低效和笨重，无法进行有效的统治管理。《条例》的制定者没有充分考虑国家政府中的权力分配，或者邦联和州之间的关系。他们建立的国会同时充当立法机构和集体执行机构（没有司法机构），但是它没有独立的收入，也没有权力强制各州接受它的裁定。在《条例》之下，国家政府在一个又一个危机之间蹒跚前行。（参见附录或邦联条例文本。）

邦联的考验

财政对州和国家政府造成了最持久的问题。因为所有层级的立法机构都只是不情愿地征税，议会和各州一开始试图简单地通过印钱来提供战争经费。尽管这些钱所倚仗的只有信心，但是仍然在1775年和1776年的大部分时间成功流通，并且没有造成过度贬值。对军需物资和民用商品的需求很高刺激了贸易（尤其是和法国的贸易）和本土制造业。事实上，这些年里印的钱很可能只是健康的经济发展所需的交换媒介。

地图7.2　西部土地主张和割让，1782—1802年

美国获得独立之后，各州相互竞争原来章程赋予它们所有权的宝贵土地。各州之间或者州和新国家之间进行了一系列妥协，如上图所示。

来源：©圣智学习

财政事务

但是在1776年后期，当美国军队在纽约和新泽西遭遇挫败时，物价开始上涨，通货膨胀开始了。货币的价格仰仗着美国人对他们政府的信心，这种信心将在接下去的几年中受到严峻的考验，尤其是英国在南方接连胜利的黑暗岁月（1779年和1780年）。州政府控制薪酬和物价，要求人们在金属与纸币对等的基础上接受纸币。各州还开始借债，设立彩票，并征税。他们的努力都化作了泡影。大陆会议尝试完全停止印钱，完全依赖各州提供的钱，但是也起不了作用。到1780年年初，一枚1美元的银币要用40美元纸币来换。很快，大陆货币一文不值（参见图表7.1）。

1781年，面临货币体系的完全崩溃，邦联国会采取了野心勃勃的改革。在费城富商罗伯特·莫里斯（Robert Morris）领导下的财政部建立之后，国会要求各州修订《邦联条例》，允许国家对进口商品

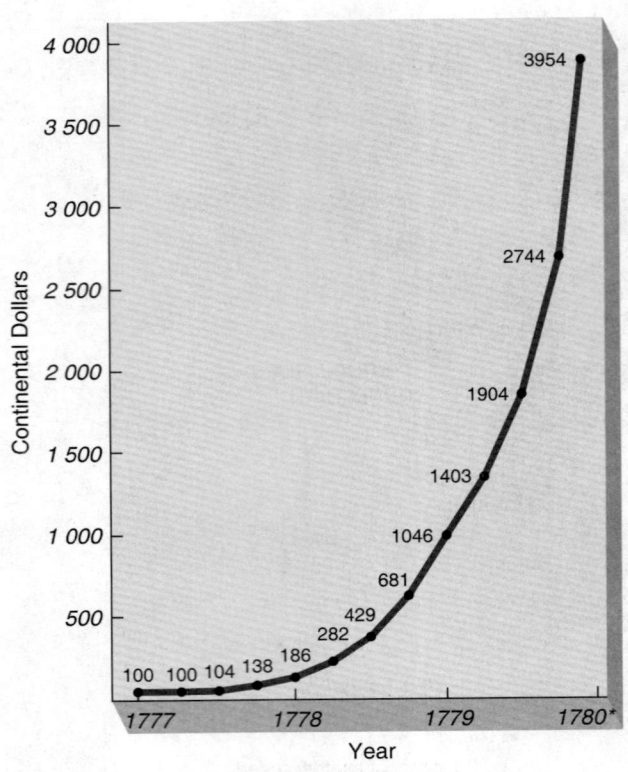

图表7.1 大陆货币的贬值，1777—1780年

大陆货币的贬值在1778年加剧，图表以相对100美元银币的价值衡量纸币价值，如上图所示。从此以后，纸币价值几乎每天都在下降。

来源：数据来自约翰·J.麦卡斯克（John J. McCusker），"值多少真金白银？货币价值紧缩工具：美国经济历史价格表"（How Much Is That in Real Money? A Historical Price Index for Use as a Deflator of Money Values in the Economy of the United States），《美国古物研究协会汇编》（Proceedings of the American Antiquarian Society），Vol. 101, Pt. 2, 1991, 图表C-1。

注：1780年4月该货币被弃用

征收5%的税款。莫里斯将国家财政置于坚实的基础上，但是这项关税从来没有实行。一开始罗德岛和纽约拒绝同意征收这项关税。这两个州的反对反映了它们对过于强势的中央政府的恐惧。正如有个忧心忡忡的公民在1783年写道："假如长久的资金给了国会，那么已经在美国占据重要地位的贵族就会完全建立一个独断专横的政府。"

外交事务

由于《邦联条例》没有赋予邦联国会指定国家商业政策的权力，海外贸易领域同样暴露了政府的弱势。在战争结束后不久，英国、法国和西班牙用它们的殖民地限制美国贸易。美国人原本希望独立能带来与世界各国的自由贸易，因此大为愤怒，但是却不能做些什么来改变这一处境。邦联国会成员只能无助地眼看着英国商品大量涌入美国，而美国产品却不能在英国西印度群岛销售，那里曾经是它主要的市场。

西班牙出现在美国西南边境时，邦联国会的困难与日俱增。西班牙下定决心阻止共和国扩张，于1784年对美国船只关闭了密西西比河通道，因此使阿巴拉契亚山脉以西不断增长的定居点无法到达墨西哥湾。1785年，邦联国会通过外交部与西班牙开启谈判，但是即使约翰·杰伊是全国最富经验的外交官之一，也无法赢得必要的让步。第二年随着邦联国会突然分裂，谈判破裂：南方人和西部人坚持密西西比河上的航行权，而北方人却愿意放弃这一主张，以换取西印度地区的商业让步。这个僵局让一些国会议员质疑在外交事务上全国是否能形成统一意见。

和平条约条款

1783年《巴黎条约》中的条款也造成了严重的问题。条款四保证战前债务的支付（大多数是美国人欠英国商人的），而条款五建议各州允许反独派恢复他们被充公的财产，这引起了巨大的反对。各州通过法律否认英国公民在美国法庭起诉要求偿付借款或恢复财产的权利，镇民会议公然反对反独者的回归。正如康涅狄格诺沃克（Norwalk）的居民所言，没有美国人希望允许那些"托利恶棍"回来，"为父母流的泪还在脸颊上，我们被杀害的弟兄们在坟墓里尸骨未寒"。各州政府也有理由反对实施这一条约。出售反独者的土地、住宅和其他财产的所得已经用来资助战争。因为许多买主是德高望重的民族主义者，所以各州很犹豫对他们的财产合法性提出质疑。

州和地方政府拒绝履行条款四和条款五给了

▲ 一幅英国漫画讽刺地反映了美国人对战后贸易的希望,这些希望在1783年之后化作了泡影。代表美国的印第安女性坐在成捆烟草堆成的小山上,周围是准备销往欧洲的成桶稻米和靛蓝染料。艺术家讽刺了失败的1778年英国和平委员会和英国人对叛逆殖民的让步,但是这幅画捕捉到了美国人对于本国产品的信心。

图片来源:芝加哥历史博物馆

英国人借口,让原本早该撤离的军队滞留在五大湖上的军事据点。不仅如此,邦联国会劝说各州政府履行条约失败暴露了它的无权,即使是在外交领域也是如此,而根据《邦联条例》规定,它在该领域应该是有权威的。忧心忡忡的国家主义者公开争辩,不管这些条款多么不得人心,无法实施条约挑战了共和国的信誉。"当外国发现我们政府的本质令契约毫无可靠性,"亚历山大·汉密尔顿问道,"他们还会愿意和我们合作或为我们做任何事吗?"

西部的秩序和混乱

国会议员们考虑阿巴拉契亚山脉对面土地的情况时,也面临着棘手的问题。尽管英国和美国外交官并未讨论部落的领土所有权,但是美国假设《巴黎条约》已经澄清了自己对密西西比河以东的所有土地的权利,除了仍被西班牙占领的土地。尽管如此,邦联国会认识到这些土地需要从最强大的部落手中获得,于是他们开始和南方及北方的印第安人谈判(参见地图7.3)。

印第安关系

1784年,纽约斯坦威克斯堡,美国外交官与声称代表易洛魁的印第安酋长们进行谈判;1785年年末和1786年年初,在南卡罗来纳霍普韦尔,他们与来自乔克托、奇克索和切罗基的各族使者也进行了谈判。1786年,易洛魁正式拒绝了《斯坦威克斯堡条约》,

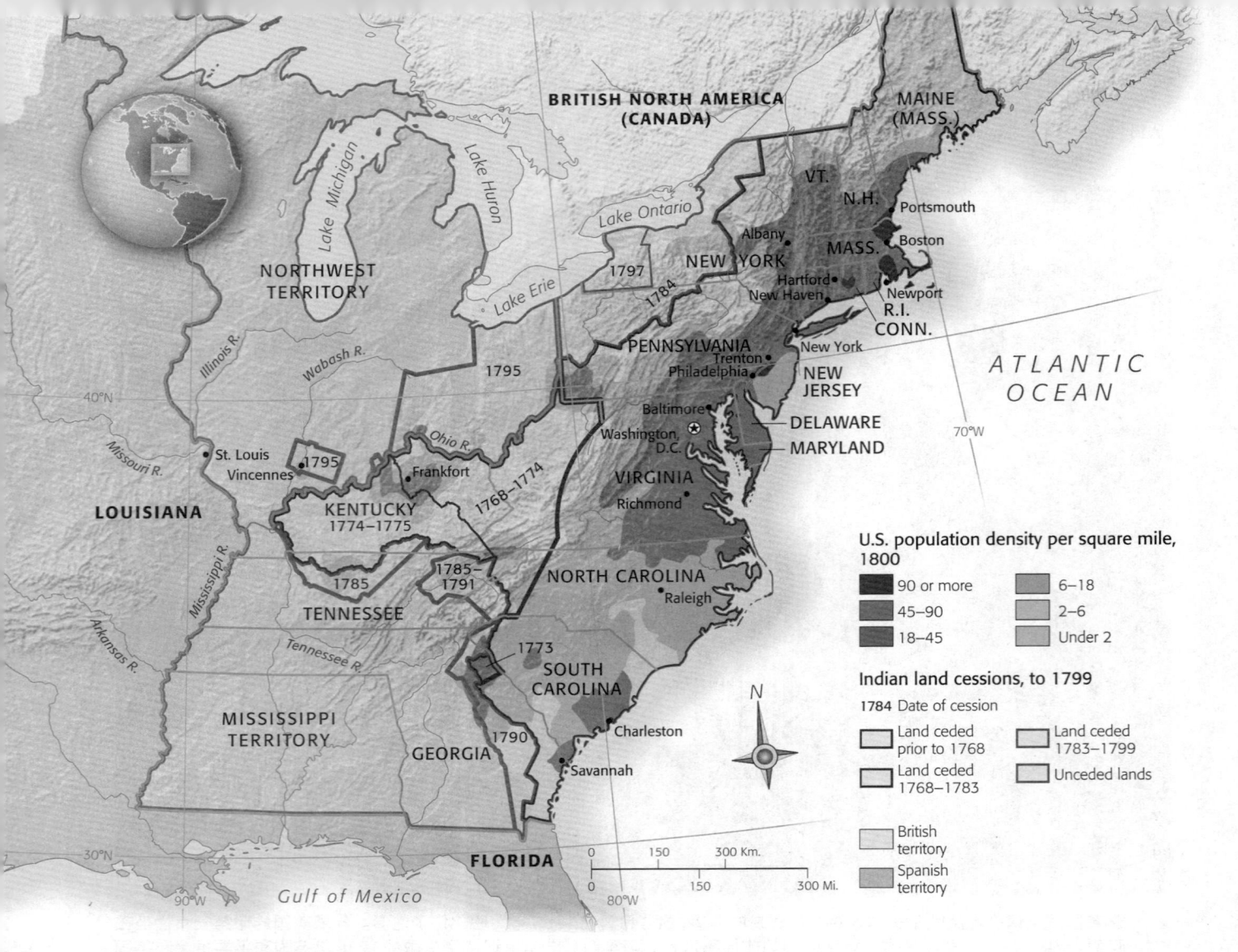

地图 7.3 部落领地割让给美国，1775—1790 年

美国的土地主张几乎没有意义，因为印第安各族仍然控制着新国家的正式边境线内的广袤地区。1780 年代和 1790 年代的一系列条约将一些土地向白人开放定居。

来源：莱斯特·J.卡彭编辑，《早期美国历史地图集：独立战争时期，1760—1790 年》，普林斯顿大学出版社，1976 年。

否认参加谈判的人得到授权为"六部落联盟"（Six Nations）发言。联盟威胁对边境定居点发起新一轮袭击，但是每个人都知道这种威胁是空洞的；这个存在缺陷的条约被默认成立。直到 1780 年代末，纽约从易洛魁民族手中购买大片土地。至 1790 年，曾经占主导地位的联盟被限制在一些分散的保留地内。在南方，美国也将合约视为对它统治权的确认，授权定居者们继续向存疑的领土迁徙。欧裔美国人涌入阿巴拉契亚南部，致使克里克人——他们并没有同意《霍普韦尔条约》——通过宣战来保护自己的领土。直到 1790 年他们才和美国达成协议。

西部各族，如肖尼人、奇佩瓦人（Chippewas）、渥太华人（Ottawas）和珀塔瓦通米人（Potawatomis）从 1750 年代已经开始反对易洛魁领导权。在易洛魁势力垮台后，他们组成了自己的联盟，并要求与美国直接谈判。他们试图联合起来一致对外，防止个别部落和村庄逐步投降。但是他们面临着一个困难的任务。在独立战争之后的世界中，印第安各族已经无法采用曾经起到良好效果的外交策略——挑动欧洲势力和美国势力互相斗争。法国离开了，西班牙的领地在遥远的西部和南部，英国势力局限在加拿大和五大湖以北。只有美国留了下来。

1785 年条例

一开始，国家政府忽略了西部联盟。在州土地割让完成不久之后,以密西西比河、五大湖和俄亥俄河为界,邦联国会开始打理西北地区(参见地图7.2)。1784年、1785年和1787年通过的条例规定了土地出售给定居者和正式政府的程序。

为了确保有秩序的开发,国会在1785年指示将这些土地勘探划分成6英里见方的城镇土地,每块土地分为36个区域,每个区域640英亩(1平方英里)。每块城镇土地中,出售其中16个区块获得的收入用以支持公共学校——这是美国历史上第一次资助教育的联邦行为。每英亩土地的最低价格是1美元,而最小出售单位是一个区块。因此,邦联国会显示出对小农户的漠不关心:结果最低费用640美元,完全超出了一般美国人的承受能力,除了获得土地许可证作为从军收入一部分的退伍军人之外。出售西部土地获得的收入成为国家政府获得的第一笔独立收入。

《西北条例》

三个土地政策中最重要的一个——1787年《西北条例》——包含一系列权利法案,向定居者们保证宗教自由、陪审团审判权,禁止残忍和特殊惩罚,并且在名义上禁止奴隶制。最后,这一禁令成为反奴北方人的重要象征,但是它在当时没起到什么效果。该地区的一些居民已经拥有奴隶,邦联国会的目的并不是剥夺他们的财产,条例中还包含一个允

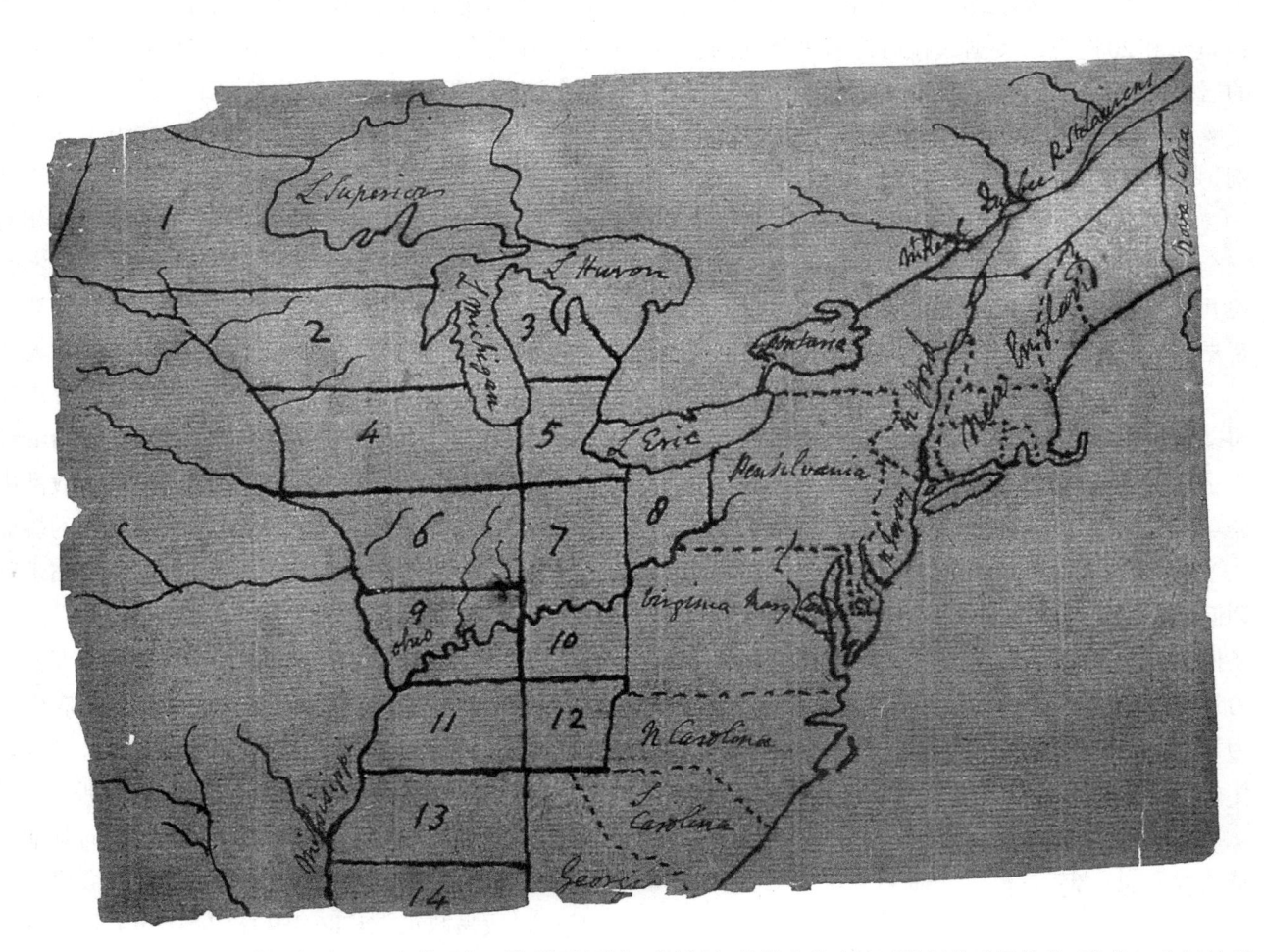

▲ 1784年,托马斯·杰弗逊提出了一个管理新国家的西部领土的计划,他提出将这片区域划分成网格状,形成14个新的州,每个州由约10平方英里的百户邑(古时英格兰等地的郡、县的分区——译者注)构成。经过一年的讨论后,杰弗逊的计划被文中提到的1785年的土地系例取代了。

图片来源:克莱门茨图书馆,密歇根大学

许奴隶主"合法收回"在该地区避难的逃亡奴隶的条款——这是第一条国家逃亡奴隶法律。这个条例防止奴隶制在当地生根，阻碍奴隶主带着他们的奴隶迁往该地区，但是直到1848年整个被称为"老西北"的地区才完全废除奴隶制。而且国会默认了俄亥俄河以南地区奴隶制的合法性。

1787年的条例还规定了该地区居民"具有等同于最初的13个州的地位"，有权组织州政府和寻求联盟认可。因此，在国家历史上，邦联国会很早就规定了基本政策，允许新的州在与最初的13个州同等的基础上建立，并且保证这些地区的居民拥有与最初的13个州居民同等的权利。经过在殖民地势力统治下的惨痛经历，国会议员们明白为新国家第一个"殖民地"做好最终自治的准备是多么重要。19世纪和20世纪的美国人在对待后来建立的各州的居民的态度上不那么慷慨，因为这些人中很多不是欧裔或新教徒。但是国家从未完全无视《西北条例》的平等主义原则。

尽管从某种意义上来说，在1787年，这一条例完全是理论性的。该地区的迈阿密人、肖尼人和德拉瓦人拒绝承认美国的统治权。他们以暴力反抗定居，袭击深入俄亥俄河北部的缺乏警惕的先行者。1788年，国会将大片土地折价出售给俄亥俄公司，该公司在俄亥俄河和马斯金格姆河的交界处建立了玛丽埃塔镇（Marietta）。但是印第安人阻止该公司将定居点往内陆深入延伸。

美国在确保西北地区安全定居时遇到的一系列问题体现了邦联政府根本上的虚弱。直到《邦联条例》被新的《宪法》替代之后，美国才获得足够的力量实行《西北条例》。因此，尽管该条例常常被视为邦联国会为数不多持续下去的成就，但是它仍可作为政治无力背景之下的观照。

从危机到《宪法》

陷入财政、海外贸易和外交事务困境中的美国人敏锐地感觉到《邦联条例》的不足。邦联国会无法征税，也不能将自己的意志强加于各州之上来制定统一的商业政策或者保证条约的实施。美国经济在战争结束后不到一年时间就陷入了萧条也是这些因素推波助澜。欧洲各国在独立战争后将限制加诸美国贸易，经济作物的出口商（尤其是烟草和稻米）和制造产品进口商遭受了重大损失。尽管至1786年经济开始回暖，但是事实证明战争的影响不可能消除，尤其是在下南方（Lower South）。一些估计显示，在1775年至1790年之间美国的人均国民生产总值下降了接近50%。

税收和经济

战争对美国经济造成了长期的改变。战争期间非军需物资的海外贸易几乎完全停止，这刺激了本土制造业。结果，尽管1783年之后欧洲产品涌入美国市场，但是独立战争后美国工业的发展仍旧如火如荼。比如，1793年，第一个美国纺织工厂开始在罗德岛波塔基特（Pawtucket）投入生产。由于持续的人口增长，本土市场在整体经济中获得了相对更重要的地位。不仅如此，海外贸易模式从欧洲转向西印度群岛，持续了战争前就开始的趋势。海运至法国和荷兰加勒比诸岛的粮食成为美国最大的单一出口商品，代替了烟草（因此加速了切萨皮克从烟草向谷类生产的转变）。南卡罗来纳开始继续大规模进口奴隶，因为种植园主试图补充在战乱中失去的劳动力。然而没有英国的让步，美国的靛蓝染料无法与加勒比地区生产的匹敌，甚至连稻米种植园主都在努力寻找新的市场。

1785年3月，因为认识到邦联国会处理商业事务上的无能，弗吉尼亚和马里兰的代表在弗农山庄（Mt. Vernon，乔治·华盛顿的种植园）会晤，试图讨论有关波托马克河贸易的协定，这条河大部分河段将两州分开。这次会晤很成功，于是他们向其他各州发出邀请，在马里兰安纳波利斯举行的会议上一起探讨贸易政策。1786年9月，尽管九个州指派了代表，但是只有五个代表团出席会议。出席会议的代表们意识到这么少的人不可能对政治体系产生重大影响。于是他们开始召集另一场会议，这场会议将于九个月之后在费城召开,目的是"设计看来必不可少的进一步条款……以使中央政府的《宪法》适应联盟的需要"。

一开始响应的州很少。但是国家的经济问题还导致了税收灾难。各州债台高筑,为了提供军费,各州发行有价证券代替士兵的报酬,返还其他人的物资费用和借款。在1780年代初的艰难岁月里,许多退伍军人和其他债权人将这些有价证券卖给投机者,当各州开始向公民征税偿还债务时,他们开始获得收益。1785年,国会从各州征用了更多税款,偿付国内外国家战争公债的债权人。大多数州一开始试图服从这一要求,但是往往引起公众的抗议,这导致立法会不得不通过法律至少解除此前的部分纳税人义务。马萨诸塞的回应最富戏剧性,州立法机构征收重税,以全额银币在1780年代结束之前支付证券(加上利息)。农民们除了出售土地以外几乎没有什么获得银币的希望,当州政府开始征收新税时,他们进行了激烈的反抗。马萨诸塞州西部郡县中的人们认为改革势在必行,其中许多人是来自上层家庭的退伍军人。

183 谢司叛乱

大陆军的前军官丹尼尔·谢司(Daniel Shays)成为满怀怨愤的西部人的名义领袖。1787年1月25日,他带领大约1 500人的部队,攻击了斯普林菲尔德的政府军械库,试图抢夺储存在那里的军用物资。民兵们迅速集合保卫军械库,向他们的前战友开火,叛军在24人伤亡后撤退。其中一些人(包括谢司)逃出了马萨诸塞,再也没有回来;两个人被处以绞刑;大多数通过支付小额罚款,并发誓效忠马萨诸塞州逃避了惩罚。至于州立法机构,很快就戏剧性地通过征收新的进口税和放松征税减轻了土地所有者的负担。

尽管如此,谢司叛乱者的话在新成立的国家中引起广泛反响。他们将马萨诸塞人说成"专制的",将自己塑造成"监督员"(Regulators,就像1760年代卡罗来纳偏远地区的人们一样),他们坚持"任何对人民自由或财产的侵犯,假如不能得到补偿,他们侵扰政府是正当的"。因此,他们将自己的反叛与早期独立斗争联系在一起。

制宪会议

这样爆炸性的言论说服了许多政治领袖,这个国家的问题远不止贸易和税收政策。对一些人来说,这次叛乱证明他们需要更强大的中央政府。在大多数州已经委任代表之后,邦联国会姗姗来迟地支持提议中的会议,"唯一目的是修改《邦联条例》"。1787年5月中旬,来自除了罗德岛的所有州的55名代表聚集在费城,开始磋商。

大多数参加立宪会议的代表财力雄厚。他们都偏向改革;否则,他们就不会来到费城。大多数人希望赋予国家政府征税和海外贸易的新权力。然而与此同时他们也想方设法促进自己州的利

▲ 詹姆斯·麦迪逊(1751—1836),年轻的学者,有经验的政治家,被誉为"宪法之父"。

图片来源:国会图书馆

益。许多曾担任过州立法委员,有些人还曾出力起草州宪法。他们对于这些宪法的成功或失败的理解影响了他们在费城进行的磋商。他们的社会身份包括商人、种植园主、医生、将军、州长,尤其是律师——23人曾学习过法律。大多数人出生在美国,许多人来自一个世纪前到达美洲的家族。大多数人是公理会教徒、长老会教徒或英国国教教徒。在一个只有极小部分人能获得高等教育的时代,其中半数以上人上过大学。一些人曾在英国受教育,但是大多数人从美国教育机构毕业:普林斯顿有10个,是与会者中校友最多的学校。最年轻的代表26岁,最年长的——本杰明·富兰克林——81岁。和被选为主席的乔治·华盛顿一样,大多数人正值壮年。十来个人肩负着会议中的大部分工作。这些人中,弗吉尼亚的詹姆斯·麦迪逊是名副其实的"宪法之父"。

麦迪逊和《宪法》

1787年,文弱害羞的詹姆斯·麦迪逊36岁。他是一个成长在弗吉尼亚西部的普林斯顿毕业生,曾在地方安全委员会(Committee of Safety)中任职,后来相继被选入地区议会,州下议院和上议院,以及大陆会议(1780—1783)。尽管1784年麦迪逊回到弗吉尼亚在州立法机构中任职,但是他仍然与国家政治保持接触,其中一个途径是不断与密友托马斯·杰弗逊通信。他是安纳波利斯会议的推动者之一,强烈支持会议对进一步改革的号召。

麦迪逊因为系统充分地准备费城会议而从众多代表中脱颖而出。通过杰弗逊,他在巴黎购买了两百多部关于历史和政府的著作,仔细地分析这些著作对于过去邦联和共和国的总结。在制宪会议开始之前一个月,他用长长的论文《美国政治制度的弊端》(Vices of Political System of the United States)总结了他的研究结果。麦迪逊评价了现有政府结构中的不足(其中有"各州对联邦权威的侵犯"和"在公共利益要求团结一致的情况下"缺乏团结),揭示了将会在接下去几个月中指导他行为的结论。这个政府最需要的,他宣称,是"对统治权的修改,使它在各方利益和团体之间保持中立,与此同时控制自己,避免与整个社会的利益对立"。

因此,麦迪逊相信政府的构建方式必须能够使它不沦落成专制政府,或者完全受到某个特定团体的影响。他认为在这方面,一个大规模的有潜力的共和国是一种优势。他反驳了普遍认为共和国只有规模小才能生存的观点,麦迪逊主张大而富有多样性的共和国更好。因为这个国家将包括许多不同的团体,其中没有哪个能够控制政府。互相抗争的团体之间的妥协让步最终会带来政治稳定。

弗吉尼亚和新泽西计划

5月29日由埃德蒙德·兰道夫(Edmund Randolph)提出的所谓弗吉尼亚计划(Virginia Plan),融入了麦迪逊对国家政府的观念。该计划提出了一个两院立法机构,下议院由人民直接选出,上议院则由下议院选出;两院中的代表都与土地或人口成比例;由国会选出的执行机构;国家司法机构;国会对州法律的否决权。弗吉尼亚政府赋予国会更广泛的权力,在"所有个体州政府无法胜任的情况下"拥有立法权。假如这一计划被完全采纳,那么它会建立一个国家权威不受挑战的国家政府,同时各州的权力被大大削弱。两院同时实行比例代表制(无论如何测算)将使大的州在国家政府中拥有主导发言权。

会议中的许多代表认为有必要改变,但是他们相信弗吉尼亚计划在国家权力巩固方面走得太远了。就兰道夫的提议讨论了两个星期之后,不满的代表们——尤其是来自小州的代表——在新泽西代表威廉·帕特森(William Paterson)的领导下团结一致。6月15日,帕特森提交了一个可供选择的计划——新泽西计划,主张强化《邦联条例》而非彻底改变政府结构。帕特森提出保留一票制国会,其中每个州都持有平等的一票,但是赋予国会收税和贸易规范的新权力。之前,帕特森已经在辩论中清楚地表明了自己的立场。他主张《邦联条例》是

"议会所有事项的恰当基础",他主张代表们的任务应该是"精确地定义各州的权力范围,规定由国家政府实行强制措施"。尽管邦联会议一开始否决了帕特森的立场,但是他和他的同盟们在接下去的几个月中获得了数次胜利。

关于国会的辩论

代表们从讨论国会的结构和功能开始。他们轻而易举地达成共识——新的国家政府应该有两院立法机构。此外,和美国人长期反对实质代表制的传统保持一致,他们达成共识,"人民(无论这个概念如何定义)"应该在国会至少一个议院中有直接代表。但是他们发现在三个关键的问题上各人的答案五花八门:国会两个议院中的代表人数是否应该对应人口比例?在一个或两个议院中,各州的代表比例应该如何规定?最后,两院代表应该如何选出?

事实证明最后一个问题最容易解决。引用约翰·迪金森的意见,代表们认为下议院成员由人民直接选举产生是"必须的",而上议院的成员由州立法机构选出是"权宜的"。因为立法机构曾经为邦联国会选择代表,所以它们会期待在新政府中享有类似的特权。假如邦联会议不同意州立法机构选出议员,《宪法》很快会在各州的政治领袖之间遭到严重反对。这个计划还有个优点,可以让国会其中一个议院的选举离"穷困者"远一步,富有的会议代表们并不完全相信这些人的判断力。

参议院中可能采取比例代表制引起了更大的分歧。代表们没有太多争论就接受了众议院中的比例代表制。但是较小的各州通过他们的代表——马里兰的路德·马丁(Luther Martin),主张在参议院中采取平等代表制。他们准确无误地假设,这个计划会让他们在国家层面拥有更大权力。而另一方面,较大的各州则支持比例代表制,因为这样他们就可以在上议院中占据更多名额。讨论持续了数周,僵持不下,双方都没能得到大多数支持。会议指派了一个专门委员会提出妥协方案,委员会建议参议院中每个州占一票,同时附带一个限制性条款,即所有拨款法案都来自下议院。但是直到最终投票时,几个妥协方案的反对者退出后,会议才没有不欢而散。

奴隶制和《宪法》

剩下的关键问题根据地域而非州的大小将国家一分为二:下议院中的代表如何在各州之间分配?代表们一致认为每十年应该进行一次人口普查,统计全国人口,他们也同意不付税的印第安人被排除在代表对象之外。来自奴隶数量众多的各州的代表们希望非裔和欧裔居民同样被计入人口数;而来自奴隶数量较少的各州的代表则希望只计算自由民的人数。因此,奴隶制不可避免地与新政府的成立联系在了一起。最后代表们用1783年邦联议会发明的用于各州财政评估的公式解决了这一分歧:3/5的奴隶将计入人口总数。(这个公式表明,代表们判断,奴隶作为财富创造者不如自由民,而不是将他们视为60%的人类和40%的财产。)3/5的折中方案获得了全体通过。只有两个代表,纽约的戈文诺·莫里斯(Gouverneur Morris)和弗吉尼亚的乔治·梅森(George Mason)公开反对奴隶机制。

尽管奴隶和奴隶制这些词并没有出现在《宪法》中(制定者们用"其他人"这样的词粉饰这一概念),但是这份文件为奴隶制提供了直接或间接的保障。比如,3/5条款不仅为南方白人男性选民确认了比例制的国会代表权,同时还确保对总统人选具有不均衡的影响力,因为在总统选举团(参见下一章)中,每个州的票数是由议会代表团的规模决定的。为了让南方人赞成国会大多数投票决定商业政策(而非2/3),新英格兰人同意至少在20年内不终止奴隶进口。不仅如此,逃亡奴隶条款要求所有州将逃亡的奴隶返还原主人。《宪法》保证国家政府将帮助任何受到"国内暴力"威胁的州,因此保证出力镇压未来的奴隶暴动,或者类似谢司叛乱的事件。

国会权力和总统权力

一旦代表们就棘手纠结的奴隶制和代表问题达成一致,他们在其他问题上也达成了共识,那年夏天他们住所附近的酒馆和寄宿公寓中的非正式谈话不无帮助。所有人一致同意国家政府需要征税和规范海外及州间商业的权力。不过代表们没有赋予国会弗吉尼亚计划中提出的几乎无限制的权力范围,而是列举了国会的各项权力,并且赋予它执行这些权力的一切"必须和适当"的权威,预留了灵活机变的空间。他们去除了弗吉尼亚计划中包含的国会否决权,会议暗示了国家对州法律的司法否决权,但是没有进行清晰地授权。《宪法》加上国家法律和条约将构成"全国的最高法律……各州的法官仍应遵守",《宪法》第六条模棱两可地宣称。作为另一个限制州权力的手段,代表们拟定了长长一列禁止州政府的行为,包括损害契约义务——换句话说,阻止债务人获偿。并且——和许多州宪法相反——他们规定,永远不能要求美国公务员接受宗教测试。

会议将处理外交事务的权力交给了新任官员——总统——的手中,他同时被任命为军队的总指挥官。这个决定提出了一个问题,并且在《宪法》文本中并未明确规定,在战争期间,获得特别权力的究竟是总统还是国会?在参议院的允许下,总统可以指定法官和其他联邦官员。为了选举总统,代表们创立了一个复杂的机制——总统选举团,选举团成员由各州立法机构或合格的选民从每个州中选出。假如没有哪个候选人获得大多数选民的支持,那么众议院(作为州投票,而非个人)将选出总统。代表们还同意,这位元首每届任期为四年,不过可以参加下一届选举,他们否决了延长总统任期的提议。

最终文件体现出弗吉尼亚计划中的一些渊源和痕迹,但是折中方案在国家层面上创造了一个权力不如麦迪逊和兰道夫一开始构想得那么大的政府。《宪法》的关键是政治权利的分配——国家政府的执法机关、立法机关和司法机关三权分立,以及州和国家之间的权力分配(被称为联邦制度)。比如,宪法修正案要求由国会2/3的成员和3/4的州通过才能生效。各个机关互相平衡,它们的权力有意设定为互相限制,防止任何一个机关独立行动。总统可以否决国会立法,但是两院中2/3以上的投票又可以推翻他的否决,而且他的条约和重要的委任需要经过参议院批准。国会可以弹劾总统和联邦法官,但是法院似乎拥有《宪法》的最终解释权。这些制衡原则让政府很难成为独裁政府。不过,与此同时,复杂的体系有时候会妨碍政府迅速并果断地行动。不仅如此,《宪法》在州和国家权力之间划界限时十分模糊,这导致下一个世纪美国因为这个问题打了一场内战。

最后一次会议在1787年9月17日举行。出席的42名代表(其他人几个星期前返回了自己家乡)中,只有三个人拒绝签署《宪法》,其中两人是因为缺少权利法案。本杰明·富兰克林撰写了一份号召团结的演讲稿;由于嗓音太微弱,人们听不到,另一位代表代他朗读。"我承认这部宪法中有几个部分我目前并不赞成。"富兰克林承认。不过他敦促大家接受它,"因为我不指望更好的,而且我不确定这是否已经是最好的。"这时《宪法》才得以公开。会议的整个进程完全保密——这种状态持续到19世纪,各位代表的个人笔记才公开。(参见附录《宪法》全文。)

反对和批准

9月下旬,邦联议会向各州提交了《宪法》。批准条款规定,至少九个州的特别会议上由合格选民选出的代表通过之后,新的制度才开始生效。因此,国家《宪法》和《邦联条例》不同之处还在于,它直接建立在公民权利的基础上(而绕开了可能反对的州立法机构)。

当各州开始为特别会议选举代表时,提案中的政府引起的争论越来越热烈。报纸文章和宣传册激烈地支持或攻击费城会议的决定。争论的激烈程度出乎意料。全国每一份报纸都刊印了《宪法》全文，大多数人支持通过。不过，事实很快证明制宪会议中的争论比起全民的意见分歧来说实在算是温和。尽管大多数民众同意国家政府应该在税收、海外和州间商业方面具有更多权力，但是也有一些人相信提议中的政府有着专制的可能性。双方之间的激烈争执常常升级成街头对抗，就如宾夕法尼亚卡莱尔发生的事件一样。

联邦党和反联邦党

支持和拥护《宪法》的人们将自己称为"联邦党"。他们在经典共和主义认知的基础上，激烈地以长篇大论探讨高尚的、集体主义的、自我牺牲的、由伟大的能人贵族们领导的联邦理想。他们宣称，只要是来自精英阶层的正人君子管理政府，国家就不需要害怕权力集中，他们辩称，谨慎架构的政府将排除专制的可能性。共和国可以很大，他们宣称，只要政府的设计阻止任何一个单一群体控制它。立法、执法和司法权的分立以及州和国家之间权力的划分将达成这一目标。因此，人们不需要用正式的方式保障不受新政府权力的侵害。相反，他们的自由将受到"杰出的可敬之人"的守护——这些"上流"人士唯一的目标（乔治·华盛顿所言）是"获得善良高尚的人们的认同"。

联邦党将那些反对《宪法》的人称为反联邦党，因此将他们放到了负面的一方。反联邦党认识到国家需要收入来源，但是害怕过于强大的中央政府。他们将州政府视为个人权利的主要保护者；因此，削弱州权力可能引起专制权力的抬头。反联邦党反驳《宪法》的意见中常常包括一系列滥用政府权威的可能性。

作为1760年代后期和1770年代初期真正辉格党（Real Whig）意识形态的继承者，反联邦党人强调民众需要不断警惕，防止受迫害。事实上，一些反联邦党人原本宣扬这些思想——塞缪尔·亚当斯、帕特里克·亨利和理查德·亨利·李领导了对于《宪法》的反对意见。这些老一代美国人的政治观点是在集中化的、国家主义的独立战争时期之前形成的，这些人在反联邦党各界中都存在。除此之外还有只顾保护个人财产不受过度税收侵害的小农户、偏远地区的浸信会和长老派教徒，以及野心勃勃往上钻营的人们，他们可以从比较松散的经济和政治体系中获益，而《宪法》构建的政府则阻碍了他们的目的。联邦党人诋毁这些人无法无天、放荡无忌，甚至"缺乏男子气概"和"孩子气"，因为他们不愿意追随精英的领导支持《宪法》。

权利法案

公开争论持续不断，反联邦党人将注意力集中在《宪法》缺少权利法案上。评论者相信，即使这个新体系削弱了各州的权力，但是人们仍然可以通过明确的权利保障获得保护，不受专制迫害。《宪法》的确包含了一些对于议会权力的限制。比如，人身保护令禁止随意监禁，除非在"叛乱或侵略的情况下"才能暂时执行。但是反联邦党人发现类似的《宪法》条款很少，而且不尽恰当。他们也不相信联邦党人所说的新政府权力有限不能侵害人民权利的观点。反对者们希望国家统治文件和大多数州宪法一样包含权利法案。

《一个联邦农民的书信》（*Letters of a Federal Farmer*）或许是传播最广的反联邦党宣传册，其中列举了应该受到保护的权利：新闻和宗教自由、陪审审判权、禁止不合理搜查等。托马斯·杰弗逊从巴黎响应了这一观点。他回复麦迪逊寄给他的《宪法》，宣称"我很喜欢总体的想法"，但是"省略了权利法案……人们有权拥有权利法案，对抗大地上任何一个政府——普遍的或特定的，没有哪个公正的政府应该拒绝，或寄托于推断"。

批准

当州会议考虑是否批准时，代表们倾向于将州和地方利益放在首位。因此，当联邦人辩称，拥有对海外贸易征税权的国家政府如果得以成立，可以减少导致谢司叛乱和其他州地方抗议的财政压力。然而缺少权利法案成为提议政府中越来越难以忽略的瑕疵。最初通过《宪法》的五个州中，四个全体投票一致通过，但是随之严重的分歧浮现出来。在马萨诸塞州，反联邦党力量得到支持，因为州政府对谢司叛乱的手段过于强硬，引起了强烈抗议，该州355票中，仅以19票微弱优势通过《宪法》，并且建议修订和明确权利。1788年6月，新罕布什尔批准时，九个州的要求已经满足。但是纽约和弗吉尼亚还没有投票，每个人都意识到，假如这些重要的州不接受，那么新《宪法》不可能成功推行。

尽管反联邦党帕特里克·亨利坚持不懈地努力，但是支持《宪法》的势力仍然在弗吉尼亚的会议中获得了10票的优胜，弗吉尼亚也建议明确各项权利并写入《宪法》。在纽约，詹姆斯·麦迪逊、约翰·杰伊和亚历山大·汉密尔顿以"Publius"的名义共同发表了由85篇政治文论组成的合集《联邦党人》(The Federalist)，该文集解释了《宪法》背后的理论，并且富有技巧地反驳了批评者。他们的辩论有理有据，联邦党人又承诺在《宪法》中加入权利法案，于是赢得了战役。1788年7月26日，纽约以3票的微弱优势通过了《宪法》。尽管最后几个州——北卡罗来纳和罗德岛——分别于1789年11月和1790年5月才加入联盟，但是新政府在此之前已经成为现实。（批准会议具体票数参见表7.1。）

▲ 1789年《联邦年鉴》(The Federal Almanack)宣告了新宪法的优点。国家政府被画成一座由13根柱子支撑的大厦，但是并非所有美国人都那么肯定，它真的像图中宣称的那样"如时间一般坚实牢固"。

图片来源：美国文物协会(American Antiquarian Society)

表7.1　州会议批准《宪法》

州	日　期	票　数
特拉华	1787年12月7日	30—0
宾夕法尼亚	1787年12月12日	46—23
新泽西	1787年12月18日	38—0
佐治亚	1788年1月2日	26—0
康涅狄格	1788年1月9日	128—40
马萨诸塞	1788年2月6日	187—168
马里兰	1788年4月28日	63—11
南卡罗来纳	1788年5月23日	149—73
新罕布什尔	1788年6月21日	57—47
弗吉尼亚	1788年6月25日	89—79
纽约	1788年7月26日	30—27
北卡罗来纳	1789年11月21日	194—77
罗德岛	1790年5月29日	34—32

庆祝批准

许多城市中的美国人在1788年7月4日以一系列游行庆祝《宪法》批准（虽然有点过早），仪式性地将《宪法》通过和正式采纳《独立宣言》联系在一起。精心策划的列队戏剧化了历史，象征着新国家的团结，试图冲淡最近还在宾夕法尼亚卡莱尔等地发生的分歧。就像前革命时代的抗议集会一样，这些游行的作用是为识字和不识字的美国人上政治课。游行旨在教育男人和女人们新《宪法》的重要性，并向他们宣扬，政治领袖们期望高尚的美国公众们发扬勤奋和俭朴的美德。

表达这些含义的标志充斥着费城游行，这些标志由艺术家查尔斯·威尔森·皮尔绘制。大约五千人参加了游行队伍，彩车描绘着"壮丽联邦大厦"（The Grand Federal Edifice）等主题，队伍长达1.5英里。代表第一代先锋和革命战争部队的游行者与一群群农民以及手工艺人展现着他们的工作。超过40队手工艺人，包括理发师、帽匠、印刷匠、织布工、钟表匠赞助了这些花车。律师、医生和所有教派的神职人员以及议员们跟在工匠之后。最后的游行者象征着国家的未来：来自普林斯顿大学和其他城市大学的学生手持着"崛起的一代"的旗帜。

结语

在1770年代和1780年代之间，国家作为一个政治联合体已经形成。它开始发展从大英帝国独立出的经济，试图在世界上留下自己的轨迹，以保护国家利益，守卫边疆，促进良好贸易。一些美国人为他们理想中的共和国拟定了他们觉得合适的文化和智识生活指导方针，为一个高尚的民族勾勒出艺术和教育目标。美国形成过程中不可分割的一部分是美国种族主义思想的系统形成。强调种

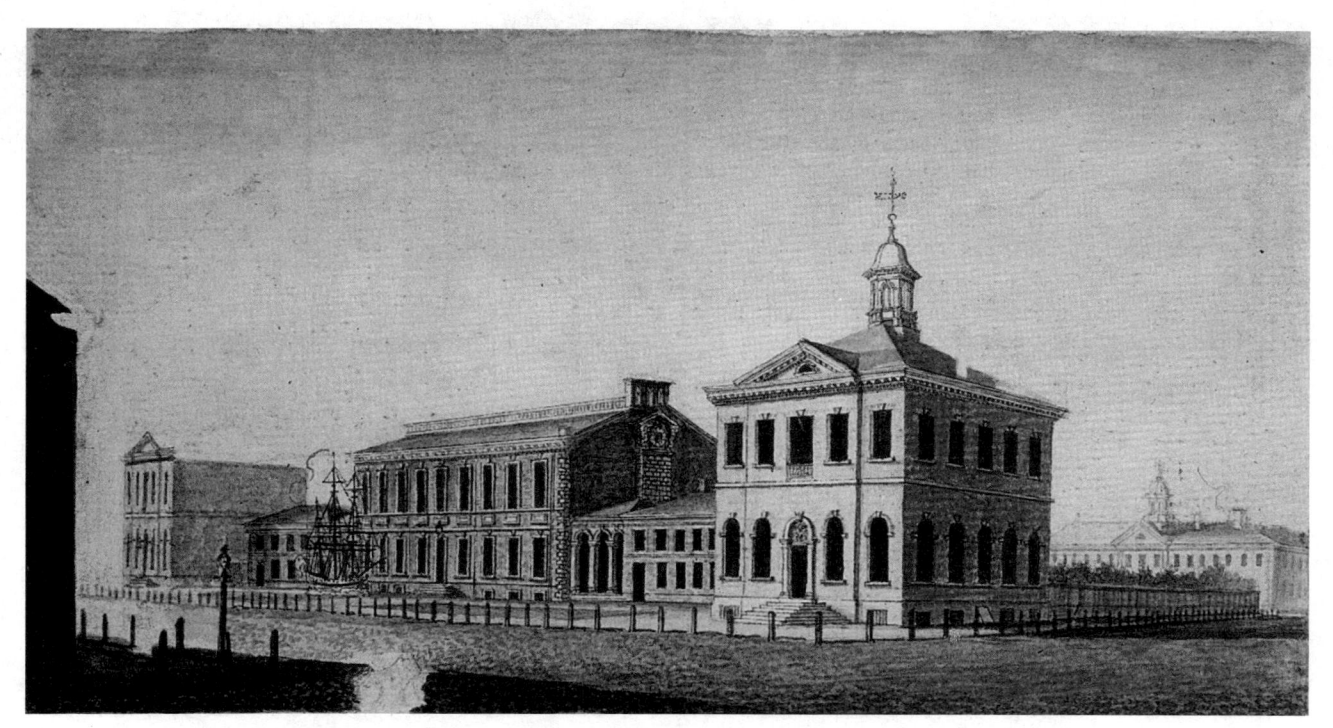

▲ 左边是费城州议会大厦（Philadelphia State House），这座建筑现在被称为独立大厅（Independence Hall），不过不包括熟悉的塔楼；右边是国会大厅（Congress Hall），费城充当美国首都时，国会会议在其中举行。这幅1792年水彩画的前景中是33英尺长的船只"团结号"（Union），这艘制作精巧的船只在1788年7月4日的大游行中，被人们举着经过城市的大街小巷。

图片来源：迪特里希基金会（The Dietrich American Foundation）

人民与国家的遗产

镇区系统

今天,任何一个从阿巴拉契亚山脉以西地区的农村上空飞过的人都可以看到镇区系统在地形上刻下的印记。穿过这片土地的道路呈直线,彼此之间90度相交,将土地划分成棋盘。这种土地测量体系起源于1785年的《土地法令》,这种体系是为了规范西北地区的土地销售而发明的。

英国人和印第安各族传统上都以自然地标作为土地的分界,比如丘陵、河流、大树和明显的地表岩石。这个系统被称为"地界系统"(metes and bounds),产生出类似1667年缅因这样的领土描述:一片"特定的高地……位于岛屿的西南面,靠近马塞尔山脊(Mussell Ridge)和海墙,与沼泽相邻"。不过,即使是在殖民地初期,一些定居者也雇佣土地测量员,在土地上用很多抽象的线条分割成大小各异的地块。有时候这些线条与自然特征相关,比如法属加拿大的长而窄的土地面向圣劳伦斯河;有时候它们和土地没什么关系。但是由于北美在不同时期慢慢被殖民,并且使用了各种不同的土地分配方式,所以没有哪个系统占主导地位——至少,直到1785年《土地法令》实施前一直是如此。从那时起,《土地法令》规定的系统成为美国政府所有土地分配的模板。

土地测量员在一片特定土地上设定了东西基线和南北子午线之后,他会规划出由36个经编号的一英里见方的区块构成的城镇。他对自然特征毫不在意;潜在的买家需要自行研究哪些地区有河流、山坡或可取的优点,比如盐渍地。最初的政策是以一定单位同样的单价出售土地,不过1832年开始让位于另一个体系,个人单次最少可购买40英亩土地,1854年以后,土地价格不再统一。美国在美洲大陆上向西拓展疆域的时候,镇区系统继续实行,让土地购买变得民主化,并且有条不紊地开放新土地定居。

1785年《土地法令》为美国人民和国家留下的遗产印刻在俄亥俄河以西的每一寸土地上。

族(而非奴隶或自由民的地位)是非裔美国人在国家中地位的决定因素,这使将自己界定为"白人"的男性把除了自己以外的大多数人排除于共和主义定义之外,并保证他们在可预见的未来主导国家。白人女性主要被视为家庭中的依赖者,她们在共和国中的角色十分有限,被视为下一代的母亲和对国家福利的无私贡献者。

战争和为国家独立而斗争的经历在1780年代改变了美国生活的政治背景。1775年,大多数美国人相信"统治最少的政府是最好的政府",但是,至1780年代后期,许多人改变了他们的想法。他们是《宪法》的起草者和支持者,他们从《邦联条例》下的联盟的变迁兴衰总结出,更强有力的中央政府是必须的。在是否批准《宪法》的辩论中,他们主张他们的提议在观念上和《邦联条例》具有同样(如果不是更进一步)的"共和性"。

双方在大体遵循共和原则方面意见一致,但是他们强调了不同的共和主义观点。联邦党人提出了一个基于经典共和主义原则的立场,强调社会重于个人。反联邦党人害怕当选的领导不会为了全体的利益牺牲个人利益,他们想要一个较弱势的中央政府,正式保护个人权利,以及松散的经济规则。《宪法》通过后,联邦党人获得了胜利,不过他们的优势很微弱。至此各州融入国家整体的过程正式完成。1790年代,《宪法》实施后的最初十年,我们将看到真正的美利坚合众国迈出犹豫的脚步。

扩展阅读

Richard Beeman, *Plain, Honest Men: The Making of the American Constitution* (2009)

Ira Berlin and Ronald Hoffman, eds., *Slavery and Freedom in the Age of the American Revolution* (1983)

Cathy N. Davidson, *Revolution and the Word: The Rise of the Novel in America* (1987)

Edith Gelles, *Portia: The World of Abigail Adams* (1992)

Woody Holton, *Unruly Americans and the Origins of the Constitution* (2007)

Peter S. Onuf, *Statehood and Union: A History of the Northwest Ordinance* (1987)

Jack N. Rakove, *Original Meanings: Politics and Ideas in the Making of the Constitution* (1996)

Leonard L. Richards, *Shays's Rebellion: The American Revolution's Final Battle* (2002)

David Waldstreicher, *In the Midst of Perpetual Fetes: The Making of American Nationalism, 1776—1820* (1997)

Gordon S. Wood, *The Creation of the American Republic, 1776—1787* (1969)

第八章

早期共和国国内外冲突，1789—1800

1798年最后几个月,富有的费城夫人德波拉·诺里斯·洛根(Deborah Norris Logan)成了众矢之的。她的丈夫,杰弗逊的支持者乔治·洛根博士(Dr. George Logan)因为担心美国和前同盟国之间可能发生战争,以个人名义前往法国履行和平使命。在她丈夫出国期间,洛根的妻子忠诚地捍卫他的行为,因此她不得不忍受此前任何美国女性都没有经历过的运动。这一事件的发生说明政治象征已经将女性包含在内、联邦党和反联邦党之间分歧越来越大,以及早期共和国中外交事务的重要性。

最先发起攻击的是"彼得箭猪"(Peter Porcupine),联邦党报纸编辑威廉·科贝特(William Cobbett)在7月的《箭猪公报》(Porcupine's Gazette)充满讽刺性暗示地评论道:"博士出发去法国之后,杰弗逊立即前往了他朋友的农场,在那里过了三天。问题:他在那里干什么?是不是整理博士珍贵的手稿呢?"后来科贝特又称,乔治和德波拉·洛根的行为够他们戴上枷锁受公开羞辱——他,根据推测,是因为叛国罪(这是联邦党给他安的罪名),而她,科贝特暗示,是因为通奸。共和派报纸立刻为德波拉辩护,因为他们理解女性贞洁在脆弱年轻的共和国中有着怎样的象征意义。他们攻击那些怀疑她和副总统杰弗逊牵扯不清的谣言粗俗不堪,并声称,哪怕是堕落的伦敦人都不可能写出比这更恶劣的"诋毁公共美德或国家道德"的东西。

德波拉·洛根面对这样的公开议论依然坚决。尽管一开始她避居在田庄中,但是在杰弗逊的建议下,她回到费城,向全世界证明乔治的"无辜和名誉",并表明她"不害怕也不耻于面对公众的目光"。她的丈夫被法国领导人热忱接待,并且在消除敌意方面取得了一定成效,报道公之于众时,她陶醉在人们对他的颂扬中,后来她回忆道"几乎每一天,我的耳边都响起祝福,人们祝他平安并迅速归来"。乔治·洛根在家乡受到了热烈欢迎,至少杰弗逊一派是如此。由联邦党人控制的国会则没那么当回事。1799年1月,国会通过了所谓的《洛根法案》(Logan Act),禁止公民个人担任未经授权的外交使命,该法案至今有效。

章 节 大 纲

建立可行的政府
华盛顿和汉密尔顿治下的国内政策
法国大革命和党派政治的发展
党派政治以及对英关系
约翰·亚当斯和政治异见
昨日重现　共和国早期的报纸
新国家的西部
放眼天下　海地难民
世纪末的"革命"
人民与国家的遗产　战争时期的异见
结语

◀ 乔治·洛根和德波拉·洛根,他们的行为在1798年引起了极大的政治争议。杰弗逊在她(德波拉)丈夫出国期间拜访的优雅宅邸斯坦顿(Stenton),仍然作为历史遗迹保留着。

年表

1789	华盛顿就任第一届总统
	《司法条例》(Judiciary Act)组织联邦法院体系
	法国大革命开始
1790	汉密尔顿的《公共信用报告》(Report on Public Credit)提出国家承担债务
1791	第一个十条修正案(权利法案)通过
	第一家国家银行获得许可
1793	英国、西班牙和荷兰宣战
	华盛顿的中立宣言让美国远离战火
	民主协会(Democratic Societies)成立，这是第一批草根政治组织
1794	韦恩(Wayne)在"伐木之战"(Fallen Timbers)中战胜迈阿密联盟(Miami Confederacy)
	宾夕法尼亚西部发生"威士忌叛乱"(Whiskey Rebellion)，抗议税收
1795	与英国签订《杰伊条约》(Jay Treaty)，解决革命时期遗留问题
	与西班牙签订《平克尼条约》(Pinckney's Treaty)，设定美国的南方边境
	与迈阿密联盟签订合约，在俄亥俄地区开放定居
1796	第一次总统竞选：亚当斯当选总统，杰弗逊当选副总统
1798	"XYZ事件"导致美国舆论反对法国
	《惩治煽动叛乱法案》(Sedition Act)处罚异见
	弗吉尼亚和肯塔基决议抗议压迫异见
1798—1799	与法国展开"美法准战争"(Quasi-War)
	宾夕法尼亚爆发"弗赖斯叛乱"(Fries's Rebellion)，抗议税收
1800	法国—美国会议(Franco-American Convention)结束"美法准战争"
	"加布里埃尔叛乱"(Gabriel's Rebellion)威胁弗吉尼亚奴隶主
1801	选举团陷入僵局后，众议院将托马斯·杰弗逊选为总统

洛根的行为造成的争议只是1790年代诸多斗争中的一个。事实证明，围绕是否批准《宪法》的斗争预示着，共和国面临的重大政治、经济和外交问题将导致越来越大的分歧：权力（尤其是财政权力和税收）的集中程度、国家权力和州权利之间的关系、在欧洲持续爆发战争时期采取何种外交政策、异见的界限等。美国人并未预料到激烈的分歧会让1790年代充满动荡。他们相信《宪法》可以解决邦联的问题，错误地期望新政府主要依靠共识来统治国家。美国试图处理完全被国境包围的印第安民族问题时，没人料到他们会遇到什么困难。

或许最重要的一点是，美国人无法理解或完全接受国家公民分裂成相互竞争的两个党派。他们相信，在共和国中，这类党派的崛起意味着衰落和腐化。然而在许多情况下，比如德波拉和乔治·洛根遭遇的事件中，联邦党和共和领袖千方百计运用出版物和公共集会来发动他们各自的支持者，以此重置了国家的政治实践甚至理论。当这十年结束时,美国人仍旧没有接受党派政治的暗示,伴随1800年选举而来的激烈争论生动地证明了这一点。

- 新共和国面临着哪些重大挑战?
- 哪些分歧将国家公民分成两派?
- 美国人面对这些分歧作何反应?

建立可行的政府

一开始,共识似乎是可能的。1788年只有为数不多的一些反联邦党人在议会选举中竞选职位,当选的人则更少。因此,第一届国会的大多数成员支持强大的国家政府。《宪法》的起草者们特地留下许多悬而未决的关键问题,民族主义者控制国会,以为他们的意见很快就能占上风。

第一届国会

国会于1789年召开时,面临着四个刻不容缓的任务:获得收入来支持政府,回应各州呼吁的权利法案,建立执政部门,以及组织联邦司法机构。最后一个任务尤其重要。《宪法》设立了最高法院,但是是否设立其他联邦法院留待国会决定。

如同在立宪会议中一样,在众议院中代表弗吉尼亚的詹姆斯·麦迪逊很快成为国会中颇具影响力的成员。第一次会议开始几个月之后,他说服国会采纳了1789年《税收法案》(Revenue Act),给某些进口商品加上了5%的关税。因此,第一届国会很快达成了邦联国会从未达成的成果:一个有效的国家税收法律。新政府在最初的几年中可能会有一些问题,但是缺乏收入将不再成为问题。

权利法案

麦迪逊在《宪法》修订方面也一马当先。在会议期间,他反对对于国家政府的额外限制,相信有限的政府权力使得权利法案不再必须。但是麦迪逊后来改变了想法,他对一个朋友评论道:"在每个政府中,权力都可能造成压迫。"6月介绍19条修正提案时,他告诉与会的议员们,他们需要对州会议中人们表达的意愿作出反应,尤其值得注意的是,北卡罗来纳曾经发誓没有权利法案就不批准《宪法》。许多人一开始反对他的观点,但是在持久的激烈辩论之后,国会通过了其中12条修正案。各州正式批准了其中10条,这些修正案在1791年12月15日正式成为《宪法》的一部分(参见附录中的宪法和修正案文本,包括第二十七条,即12条中的一条)。正如麦迪逊所料,这些修正案的通过化解了反联邦党的反对,为新政府赢得了支持。

第一条修正案禁止国会通过任何限制宗教、言论、新闻、和平集会或请愿自由的法律。接下去两条修正案直接源自前殖民者们对于常备军的恐惧。第二条修正案保证了"保存和持有武器"的权利,因为需要"井然有序的民兵"。第三条修正案限制了部队在私人家庭内驻扎的条件。第四条修正案禁止"不合理的搜查和扣押",第五和第六条规定了被告的权利,第七条明确了民事案件(与刑事案件相反)中陪审团审判的条件,第八条禁止"残酷和特殊惩罚"。第九条和第十条修正案为人民和各州保留了其他未具体说明的权利和权力。简而言之,这些修正案的作者坚持,通过列举这些权利,他们的意图并不是为了排除其他权利。

执法和司法

在就修正案提案进行讨论时,国会还考虑了执法机构的组织结构。国会轻易地达成一致,沿用《邦联条例》设立的管理部门:战争部、外交部(重新命名为国家)和财政部。国会设立了两个次要职务:首席检察官——国家的官方律师——以及邮政大臣。关于总统是否可以独自罢黜他原本在参议院允许下任命的官员,国会议员们存在分歧。经过一轮辩论,众议院和参议院同意赋予他这样的权力,并设立了一条重要原则:执行部门的领导由总统负责。

第一届国会影响最深远的法律是《1789年司法

条例》，其定义了联邦司法机构的司法权限，建立了16人组成的最高法院，13个地区法院和3个上诉法院。其中最重要的条款，第25条允许案件涉及特定《宪法》问题时，由州上诉至联邦法院。这一法案推定了《宪法》第六条，后者称联邦法令和条约为"国家最高法律"，暗示从州到联邦法院的上诉权，然而《宪法》并未明确允许这种行为。在19世纪，忠于州权利的法官和立法者会挑战第25条的合宪法性。

在最初的十年中，最高法院几乎没有审理什么重要案件，几位成员辞职。（第一位首席法官只担任了六年。）但是在1796年的重要判决"韦耳诉海尔顿案"（Ware v. Hylton）中，最高法院第一次宣布一条州法律违反《宪法》。同年它还审核了国会一项行动的合宪性，在"海尔顿诉合众国案"（Hylton v. U.S.）中支持它的有效性。这十年中最重要的案件"奇泽姆诉佐治亚州"（Chisholm v. Georgia）（1793）提供了他州成员在联邦法院起诉另一个州的先例。五年之后，第十一条宪法修正案推翻了这一在州政府中不受欢迎的决议。

关于奴隶制的辩论

尽管《宪法》条款国会不得在20年内禁止奴隶进口，但是1790年代早期三个贵格会团体向国会提交请愿书，支持废奴并呼吁停止奴隶进口。在随之而来的辩论中，国家的第一批政治领袖直接探讨了这些在《宪法》中被美化语言所粉饰的问题。南方人反应强烈，甚至认为国会根本不应该讨论这些请愿。这些议员们辩称，假如南方各州知道联邦政府会考虑干涉奴隶制，他们当时就不会批准《宪法》。立法者们积极为奴隶制辩护，预示了接下去70年间关于这个问题的大多数争论点。他们坚持奴隶制是联邦必不可少的一部分，废奴导致的问题比它解决的更多，国家将面临如何安置大量被解放的奴隶的问题。

一些北方议员，反驳了南方的立场，本杰明·富兰克林在最后一篇公开文章中表达了这一观点。不过类似讨论很快平息。国会接受了一个委员会的报告，否认1808年之前国会有权停止奴隶进口或者在任何时候解放奴隶，这些权力"仅属于这几个州"。国会不能废除奴隶制的判例一直维持到内战。

华盛顿和汉密尔顿治下的国内政策

乔治·华盛顿从未主动竞选总统。1783年，他回到弗农山庄，渴望回归弗吉尼亚种植园主的平静生活。但是他的同胞们从来不把华盛顿视为普通公民。他被一致选为制宪会议主席时，并没有参与辩论，但是一直为强势国家政府投票。在新政府结构被采纳之后，美国人一致认为只有乔治·华盛顿拥有足够声望担任共和国的第一任总统，这个职位大体上是为他量身打造的。选举团中的全票通过不过是把这个共识正式化了。

乔治·华盛顿虽然很不情愿回归公共生活，但是他深知自己无法忽略国家的召唤。在等待国家首都纽约的传召期间，他写信给一位老朋友："回到政府席位对我来说感觉就像犯人上断头台……我很理智，我将带着同胞们的声音和自己的名誉登上这次旅程，但是会获得什么样的回报，只有上帝知道。"他象征性地在就任典礼上穿上家里纺织的衣服。

华盛顿的初步行动

1789年，华盛顿刚上任几个月时非常谨慎，因为他知道他所做的一切都将成为未来的先例。当他的称呼引起争议时（副总统约翰·亚当斯偏爱"美国总统殿下、人民自由的捍卫者"），华盛顿对此不置一词。最后定下的称呼是朴实的"总统先生"。他将执行部门的领导全体当做首席顾问，创立了内阁。按照《宪法》的要求，他每年向国会提交《国情咨文》（State of the Union）。华盛顿还总结，他应该谨慎保守地行使对议会立法的否决权——事实上，只有当他相信某个法案违宪时才使用这项权力。

在就任初期，华盛顿对所有州进行了精心组织的访问。在每一站，他都受到穿制服的民兵军团的欢迎,年轻女性在他经过的道路上抛撒花朵,地方领导人、独立战争退伍军人团体和德高望重的市民向他发表正式讲话,重申对美国的忠诚。因此,总统个人成为美国统一的象征,与此同时将普通人吸引到国家政治领域之中。

华盛顿当选总统后的重要任务之一是选择各执政部门的领导。他为战争部(War Department)选择了他的老战友,马萨诸塞州的亨利·诺克斯(Henry Knox),在战争期间他曾是华盛顿麾下可靠的炮兵将军。他为国务院(State Department)选择的是弗吉尼亚同乡托马斯·杰弗逊,后者此前担任公使出使法国,刚回到美国。而对于至关重要的财政部长一职,总统选择了卓越而志向高远的亚历山大·汉密尔顿。

亚历山大·汉密尔顿

1757年,汉密尔顿出生在英属西印度群岛,他是一个苏格兰贵族的私生子,他母亲的丈夫因为通奸和离弃与她离婚。他的早年在贫困中度过;他的母亲在他11岁时去世,之后他在贸易公司中担任职员。1773年,在朋友们的经济支持下,汉密尔顿进入国王学院(King's College,后来的哥伦比亚大学)。仅仅18个月之后,这位早熟的17岁青年为独立战争贡献了一本宣传册。汉密尔顿积极投身于民族主义事业,他自愿加入美国军队,在军中获得了华盛顿的注意。1777年,华盛顿将这位年轻人委任为副官之一,两人彼此非常欣赏。

这位将军的庇护帮助这个背景含糊的贫穷青年结了一门好亲事。23岁时,他娶了伊丽莎白·斯凯勒(Elizabeth Schuyler),一个富有纽约家庭的女儿。战争之后,汉密尔顿在纽约城从事法律工作,担任安纳波利斯会议的代表,后来作为代表出席了制宪会议。尽管他在两次会议中都没有发挥重要影响,但是1788年他对《联邦党人》的贡献表明,他是共和国中主要的政治思想家之一。

同时担任财政部长和总统顾问,汉密尔顿展现出让他从大多数当代人中脱颖而出的两个特点。首先,他的忠诚主要献给了国家。由于出生于加勒比群岛,汉密尔顿和任何州都没有先天联系;他也不同情、不理解地方自治的需求。他的财政政策总是旨在巩固国家权力。汉密尔顿从来不畏惧使用集中的执法权,而老一代同胞总是反复与殖民地政府发生冲突,而且他公开地倾向于和英国保持密切的政治和经济联系。

第二,汉密尔顿以不加掩饰的犬儒主义看待人类。或许是因为他艰难的早期生涯和他高于一切

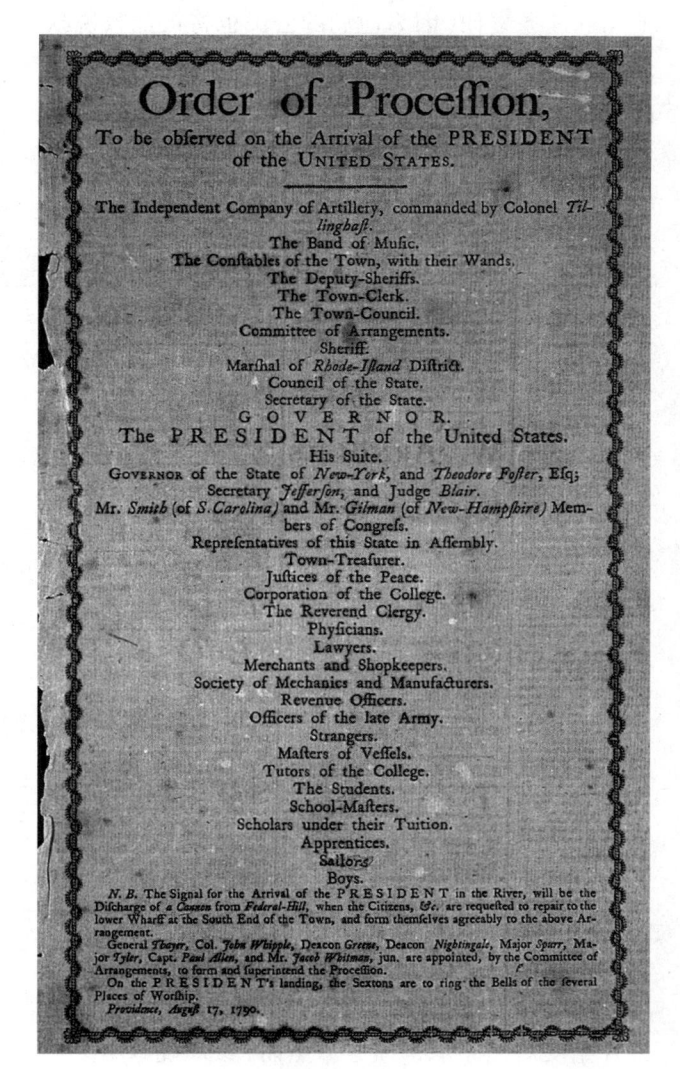

▲ 当乔治·华盛顿在第一届任期内周游全国时,他受到当地领导人精心策划的仪式的欢迎。1790年8月17日,罗德岛普罗维登斯庆典的组织者发出这个布告,通知出席者正式游行计划。当一些美国人为这些盛况自豪时,其他人却害怕它们预示着君主制的回归。

图片来源:加州圣马力诺(San Marino)亨廷顿图书馆和艺术收藏(The Huntington Library & Art Collections)

的雄心,汉密尔顿相信人们的主要动力是自我经济利益。他完全不指望人们高尚和自我牺牲行为的能力。这种见解让他不同于那些对未来存有玫瑰色幻想的美国人,后者认为大公无私的公民们会追求公共利益,而非他们的个人优势。尽管其他美国人(比如詹姆斯·麦迪逊)也强调个人利益在共和国中的重要性,但是汉密尔顿在强调个人利益是人类行为的主要动因时,比他们走得更远。这些信念严重地影响着他处理重大事务的方式:理顺新国家混乱的财政。

国家和州债务

国会命令新财政部长评估公共债务,提交支持政府信用的建议。汉密尔顿发现国家剩余的战争债务包括三类:国家向外国政府和投资者借款,大部分是法国(大约110万美元);国家政府向商人、退役军人、革命债券所有人等所欠债务(大约270万美元);最后是州政府所欠的类似债务(大约250万美元)。涉及国家债务,很少有人反对:美国人认识到,他们的新政府如果想获得成功,必须全额偿付这些独立过程中产生的金融义务。

而州债务则是另一回事。一些州——值得注意的是弗吉尼亚、马里兰、北卡罗来纳和佐治亚——已经通过征税和以土地许可代替货币的方法偿付了大部分债务。他们反对国家政府承担其他州的债务责任,因为他们的公民也将被征收税款用于支付这些债务。相反,马萨诸塞、康涅狄格和南卡罗来纳仍然有大笔未支付债务,它们很欢迎国家承担责任。而国家可能承担州债务还有着政治暗示。将债务收归国家政府有助于将经济和政治权力集中于国家一级。相反的政策会为各州留下更大的独立性。

汉密尔顿的财政计划

汉密尔顿的第一份《政府信用报告》于1790年1月提交给国会,引起了激烈的辩论。这位财政部长提出,由国会承担未偿付的州债务,把这些债务与国家债务合并,发行新的有价证券,覆盖本金和累积的未付利息。因此,汉密尔顿希望保证公共债权人——其中许多人是富有的商人和投机者——在新政府的生存中占有举足轻重的金融股份。反对意见集中在詹姆斯·麦迪逊周围,他提出两条理由反对政府承担债务。首先,他所在的弗吉尼亚州已经偿付了大部分债务,第二,很多富有投机者以面值的一小部分从贫困的退伍军人和农民手中购买州和国家债券,他不希望让这些人不劳而获。

麦迪逊的反对意见起到了部分作用,众议院一开始反对国家承担债务。然而,参议院基本上全盘接受了汉密尔顿的计划。一系列让步接踵而来,承担债务法案开始与会议期间其他重要的争议联系起来:国家首都的位置。波托马克河(Potomac River)上的一个南方地点(靠近弗农山庄,获得华盛顿的支持)被选为首都,汉密尔顿财政计划的第

▲ 詹姆斯·夏普利斯(James Sharpless)于1796年创作的亚历山大·汉密尔顿肖像。这幅汉密尔顿的侧像大约是华盛顿任期快结束时画的,展现了财政部长和托马斯·杰弗逊及詹姆斯·麦迪逊第一次展开激烈党派斗争时的模样。

图片来源:国家肖像画廊(National Portrait Gallery),史密森尼学会(Smithsonian Institution)

第八章 早期共和国国内外冲突,1789—1800　215

▲ 建造于1790年代中期的美国第一家银行,图中是这栋费城建筑在1800年的样子。在视觉上,它经典坚固的外观隐藏了饱受争议的历史渊源。

图片来源:费城图书馆公司(Library Company of Philadelphia)

一部分于1790年成为法律。

美国第一家银行

四个月之后,汉密尔顿向国会提交了第二个公共信用报告,建议基于英国银行模式,授权开设国家银行。在国会已经投票决定设立银行之后,这个提议也遭到了许多反对。

美国合众银行(The Bank of the United States)许可时间为20年,资本1 000万美元。其中只有200万美元来自公共基金,私人投资者将占有余下份额。该银行将成为财政部的收入和支出代理机构。大多数政治领导人意识到这种机构是有益的,尤其是它可以解决美国长期缺少可接受的交换媒介问题。但是另一个问题也被放大了:《宪法》是否赋予国会建立这样一个银行的权力?

解读《宪法》

詹姆斯·麦迪逊用一个荡气回肠的"不"回答了这个问题。他指出制宪会议代表已经明确拒绝了一个授权国会发行公司许可证的条款。因此,他辩称,这种权力不能从《宪法》的其他部分中推断出来。麦迪逊的主张令华盛顿总统感到混乱,他决定在将该法案写进法律之前先征求其他人的意见。司法部长埃德蒙德·兰道夫和国务卿托马斯·杰弗逊同意麦迪逊的意见，认为银行是不合宪的。杰弗逊引用了宪法第一条第八款，赋予国会"制定为执行以上各项权力和依据本宪法授予合众国政府或政府中任何机关或官员的其他一切权力所必要的和恰当的法律"。杰弗逊辩称，关键词是"必须"：国会可以做需要的事情，但是没有明确的《宪法》授权，不能仅凭意愿行事。因此，杰弗逊创设了《宪法》的狭义解释（strict-constructionist）解读方法。

华盛顿请汉密尔顿就提议获得的负面评价做出回应。1791年2月，汉密尔顿向总统提交了《合众银行合宪性辩护》(Defense of the Constitutionality of the Bank)，出色地清楚地阐释了一种广义解释（broad-constructionist）宪法观。汉密尔顿有力地辩解道，国会可以选择任何一种没有被《宪法》明确禁止的手段来达到合宪的目的。他是这么推理的：假如目的是合宪的，而手段并非不合宪，那么这些手段也是合宪的。

华盛顿同意了这一观点，于是该法案成为法律。事实证明银行很成功，为国家债务筹集资金和承担州债务也一样成功。新国家的有价证券成为本国公民和富有的外国人青睐的投资，尤其是荷兰人，纷纷购买美国债务证书。新资本的注入，加上美国谷物在欧洲市场上的高价，减轻了农民的债务负担，造就了新的繁荣。但是在亚历山大·汉密尔顿广泛的金融计划中，其他两个方面却没那么顺利。

《制成品报告》

1791年12月，汉密尔顿向国会提交了他的《制成品报告》(Report on Manufactures)，这是他为美国经济开的第三个也是最后一个处方。该报告概述了一个野心勃勃的计划，旨在鼓励和保护美国初生的工业，比如制鞋业和纺织业。汉密尔顿辩称，如果美国严重依赖欧洲提供制造产品，那么它就永远不可能真正独立。他敦促国会通过有限地使用保护关税促进技术人员和工人移民美国，支持工业发展。汉密尔顿的许多想法在接下去的几十年中得以实施，但是1791年很少有国会议员能看到他提议中的优点。他们坚定地相信美国的未来在于农业和转口贸易，所以共和国的支柱是自耕农。

同年，国会接受了汉密尔顿财政计划中的另一个方面，对美国境内蒸馏的威士忌征收特许权税。尽管1789年的《税收法案》已经覆盖了国家债，但是资助州债务的决定意味着国家政府需要额外收入。威士忌税影响了相对较少的西部人——种植谷物的农民和把这些谷物加工成威士忌的大小蒸馏厂主——而且还可能降低威士忌消费量。（18世纪美国人以酗酒而闻名，他们人均每天消耗的酒精量是今天的两倍。）不仅如此，汉密尔顿知道这些西部农民和蒸馏厂主是杰弗逊的支持者，因此他觉得对他们征税而非对支持自己政策的商人征税有百利而无一害。

"威士忌暴乱"

关于威士忌税的消息在西部引起抗议，那里的居民原本就对军队无力保护他们地区不受印第安袭击不满。在他们看来，不能保护好他们的政府，现在却提议向他们征收不公平的税款。动荡在宾夕法尼亚、马里兰和弗吉尼亚边境地区持续了两年。大批民众起草请愿书，抗议该项税赋，并有意地模仿1760年代的集体行动，时不时骚扰收税员。

直到1794年7月暴力事件爆发，华盛顿总统才以撤销作为回应，该事件源于宾夕法尼亚西部的农民反抗两位试图向他们征税的税务官。大约七千名反叛者于8月1日密谋毁坏匹兹堡（Pittsburgh），但是他们决定回避要塞守备武装的重火力。华盛顿于是采取决定性的行动，避免了谢司叛乱的危机重现。8月7日，他号召叛乱者分散，并集结了接近1 300名民兵。联邦军队于10月和11月向西进发之时（有时由华盛顿亲自领军），动乱已经平息。军队没有遭遇任何抵抗，只逮捕了20个嫌疑犯。两个人被判叛国罪，但是，华盛顿秉持一贯的怀柔政策，赦免了两人。缺乏领导、无组织的叛乱最终没有造成流血伤亡。

威士忌暴乱的重要性并不在于军队战胜暴动

▲ 尽管国会对汉密尔顿的《制成品报告》并未作出积极反应，但是萌芽阶段的美国工业认识到汉密尔顿政策的重要性。波士顿的一名墙纸制造商埃比尼泽·克劳（Ebenezer Clough）将劝诫加入了信笺抬头中："美国人，支持祖国的制造业吧，假如你期待祖国的繁荣。"

图片来源：美国文物协会

者——因为并没有——而在于它对美国公民传达的强硬信息。华盛顿证明了，国家政府不允许暴力反抗法律。在共和国中，变化必须是通过和平途径取得，通过修正或撤销，而不是殖民时代那种法外行为。

法国大革命和党派政治的发展

至1794年，一些美国人已经开始通过选举政治系统性地寻求变革，尽管传统的政治理论将有组织的反抗——尤其是共和国中——视为非法。在君主制政体中，正式的对抗群体是可以期待的，这种群体通常被称为党派。相反，在一个人民政府中，持续的党派分歧被视为腐化和颠覆的预兆。这种负面评价尽管广受支持，但是并没有阻止党派性的增长。

共和党人和联邦党人

杰弗逊和麦迪逊早在1792年就相信汉密尔顿的政策以农业为代价，倾向富有商人利益，最终将会把一个腐败的政府加诸美国。他们将自己定义为独立真正的继承人，谴责汉密尔顿阴谋颠覆共和原则。为了让他们的观点更引人注目，杰弗逊、麦迪逊和他们在国会中的追随者们开始将自己称作共和党人。汉密尔顿不甘示弱，以同样的罪名谴责杰弗逊和麦迪逊：企图破坏共和国。汉密尔顿和他的支持者们开始将自己称为联邦党人，以此宣布自己主张的正统性，并且将自己与《宪法》联系在一起。两个团体都谴责对方是图谋蓄意破坏独立共和原则的非法党派。支持两方的报纸在党派之争中煽风点火，发表对政敌的刻毒攻击。事实上，在两党彻底联合之前，这样的报纸不仅提供了交流的途径，而且还充当了政治认同的基础。

一开始，华盛顿总统试图游离于分裂他的两位主要顾问汉密尔顿和杰弗逊的政治纷争之外。但是日益增长的矛盾说服他于1792年再次参选，以促进政治团结。然而，1793年之后，外交事务的进展

▲ 这幅来自1790年代的联邦党政治漫画表现了"怒火中烧的疯汤姆"佩恩，试图破坏华盛顿总统和亚当斯副总统精心建造的（经典风格）联邦政府。恶魔帮助佩恩的场景体现了那个时代对党派偏见的普遍恨意。

图片来源：加州圣马力诺亨廷顿图书馆和艺术收藏

放大了分歧，因为法国（美国的战时同盟）和大不列颠（美国最重要的贸易伙伴）重新开始新一轮起源于一个世纪前的周期性敌对。

法国大革命

1789年，很多美国人对法国革命的新闻喜闻乐见。法国人成功颠覆压迫的君主制，似乎为美国自己的独立提供了证明。美国人将自己视为一个无可避免的历史潮流中的先驱，这一潮流将以共和模型重塑世界。人们举行晚宴、公共庆典和舞会庆祝法国革命；女人们用革命标志装饰帽子和衣服；一些男人开始用法国方式将自己称为"男性公民"，而女人们成了"女性公民"（citeness 或 "citess"）。然而一个富有批判精神的报纸编辑严厉反对"这些狂热的法国化的女士们"，他将她们视为"人形怪兽"。

至1793年，来自法国的报道开始变得令人不安。突发暴力事件仍在继续，政治领袖们以令人眼花缭乱的速度接连变换。死刑增加了；国王本人在年初被斩首。尽管许多美国人，包括杰弗逊和麦迪逊，对革命仍然保持同情，但是其他人——其中包括亚历山大·汉密尔顿——开始将法国视为共和主义的扭曲案例。

当新成立的共和制法国开始陷入与其他国家的斗争时，美国内部的争论越来越激烈。既因为法国领导人害怕邻近的君主国会干涉革命，也因为他们试图将共和信条传遍整个欧洲大陆，于是他们先向奥地利宣战，然后于1793年向英国、西班牙和荷兰宣战。这让美国人陷入了两难境地。1778年与法国签订的《联盟协议》将他们"永远"与法国捆绑在一起，而且对共和主义的信奉造成了两国之间意识形态的联系。然而美国也和英国联系在一起。除了两国共同的历史和语言以外，美国和英国已经重新成为重要的经济伙伴。美国人仍然从英国购买大多数制造产品。事实上，由于美国的收入严重依赖进口税，所以国家经济的健康事实上要求他们与前宗主国保持不受干扰的贸易。

埃德蒙·热内

1793年，政治和外交气候变得更为复杂，法国政府代表埃德蒙·热内（Edmond Genêt）来到南卡罗来纳查尔斯敦。热内的到来为华盛顿总统提出了棘手的问题。他是否应该接待热内从而官方承认法国革命政府？他是否应该承认美国在1778年《联盟协议》规定下对法国负有义务？或者他是否该宣布美国中立？

华盛顿解决这个两难问题的方法是，他既接待了热内，同时又发表声明，告知世界，美国将采取"对交战势力双方友好而公平"的政策。联邦党报纸大声支持这项声明，党派领袖们组织集会赞扬总

▲ 法国革命的暴力，尤其是将国王路易十六送上断头台的行为，令美国人大惊失色，导致许多人质疑美国是否应该继续成为这样一个国家的同盟国。

图片来源：埃里希·莱森(Erich Lessing)/纽约艺术资源

统的行为。而共和党人则偏向于支持法国，他们不情不愿地接受了中立政策，因为这项政策得到了压倒性的民意支持。

热内的党派在巴黎失去权柄，于是他试图在美国寻求政治庇护。但是他从外交场合的消失并未消除法国革命在美国的影响。热内造成的国内党派分歧在所谓的民主协会的俱乐部中保留了下来，这些俱乐部是由同情法国革命并担忧华盛顿政府政策的美国人建立的。这种社团反映了草根阶层关于事态日益严重的顾虑，这些正是杰弗逊和麦迪逊所烦恼的。

民主社团

1793年到1800年之间，成立了四十多个民主社团。这些社团的成员们视自己与1760年代反抗运动追求同样的目标：保护人民自由，反抗腐败和自私自利的统治者的侵害。为了达成这一目的，他们公开抗议政府财政和外交政策，反复重申他们信仰的"平等人权"，尤其是言论自由、新闻自由和集会自由的权利。就像自由之子一样，这些民主社团主要由手工艺人和工匠组成，尽管也有职业人、农民和商人加入他们的行列。尽管这些社团是地方性的，但是它们彼此之间通过报纸网络有效沟通，并且在全国范围内与议会中的共和党结成同盟。

这种公民团体迅速传播，公开批评政府管理，这让汉密尔顿和华盛顿很不安。联邦党作家们谴责这些组织具有危险的破坏性，因为构想公共政策的应该是当选的官员，而不是"自我创造的社团"。这些群体的"真正计划"，一家报纸称，是"将国家卷入战争，取得国家的控制权，从而专制统治人民"。1794年，相互攻击达到高潮，因为华盛顿谴责这些社团挑起了威士忌暴乱。反过来,共和党领袖和报纸编辑出言维护这些社团,但是谴责了暴动者。

回过头来看,华盛顿和汉密尔顿对于民主社团的反应似乎过于敌对。但是当时人们相信党派纷争会威胁共和国的生存。作为美国第一批有组织的政治异见者,民主社团引起了政府官员的警惕,他们此时还没接受一个新的观点,即自由政府的重要组成部分是有组织而忠诚的反对。

党派政治以及对英关系

1794年,乔治·华盛顿派遣首席大法官约翰·杰伊前往伦敦,就英美关系中一些未解决的问题进行磋商。英国最近扣留了几艘在法属西印度群岛进行贸易的商船。美国希望建立航海自由抵消原则,并主张自己作为中立国和交战双方自由贸易的权利。不仅如此,大不列颠仍然在美国西北地区留有贸易站,因此违反了《1783年和平条约》。那里的定居者相信英国需要为他们与邻近印第安人的新一轮战争负责,并且他们希望将这个威胁消除。美国人还希望签订商业条约,并且就战争结束后和英国军队一起离开的奴隶索要补偿。

《杰伊条约》辩论

事实证明伦敦的协商很困难,因为杰伊希望对方让步,但是没有什么可以与之交换。英国不同意撤离西部要塞或放松对加勒比地区的限制。(不过他们采取了一些限制,破坏了美国对于开放贸易的希望。)条约设立了两个仲裁委员会——一个用来处理美国人欠英国债权人的战前债务,另一个用来倾听被扣押美国商船的主张——但是英国坚决拒绝为奴隶主们失去的奴隶提供补偿。在这样的情况下,杰伊很可能已经尽全力了。尽管如此,大多数美国人,包括总统,一开始都对条约中至少某些条款表达了不满。

参议院秘密地就《杰伊条约》展开了辩论。直到1795年6月条约通过(20票对10票,刚好是《宪法》要求的2/3)之后,公众们才在主要的共和党报纸,本杰明·富兰克林·贝奇的《极光》(Aurora)上读到该条约的条款。贝奇随后组织了抗议,鼓励出版物和公众集会敦促华盛顿拒绝这一条约。南方的反抗尤其强烈,种植园主们批判条约没有让英国人就逃奴作出补偿,并且反对支付战前债务,因为这或许会迫使他们付清早至1760年代欠英国商人的债务。但是联邦党人用自己的集会和文章进行反驳,主张《杰伊条约》总比另一种选择——没有条约好。总统因为共和党人有组织的口头反对很不高兴,并被支持条约的意见说服,于8月中旬签署了条约。只剩下一个机会可以阻止这份条约生效:国会必须拨款才能执行条约,并且,按照《宪法》的规定,拨款法案必须来自众议院。

华盛顿推迟到1796年3月才将条约提交众议院,徒劳无益地希望到这时反对意见已经化解。在辩论中,共和党人反对支持拨款,他们赢得了投票,要求华盛顿将所有与谈判相关的文件提交给众议院。华盛顿成功地拒绝了这一要求,创设了一种延续至今的权力——行政特权,即总统可以在他认为必要的时候拒绝给予国会信息。

条约的反对者一开始占了与会者中的大多数,但是拨款的压力随着时间的流逝不断加大,而联邦党人又发起了一次特别强有力的运动,用出版物和请愿书瞄准中部各州的议员,让这些议员所在的地区将会因为拨款通过而受益。选民请愿书主张,如果筹集条约所需的资金失败,将会导致美国和英国开战,因此威胁宾夕法尼亚的边境定居点和纽约、新泽西的商业利益。联邦党人进一步成功地将《杰伊条约》与另一个更受欢迎的公约联系在一起。1795年,南卡罗来纳的托马斯·平克尼(Thomas Pinckney)曾与西班牙达成协议,赋予美国在密西西比河上的航行特权,并且免除在新奥尔良登陆和储存货物的征税,因此促进了国家经济。对于平克尼条约的压倒性支持(参议院一致通过)帮助他们克服了对《杰伊条约》的反对。4月末,众议院以51票对48票的微弱优势筹到了款项。这次投票的分界既有党派又有地域成分：南方人中只有两个不反对条约，国会联邦党人中只有三个反对，大多数中部各州的代表都投了赞成票。

讽刺的是，联邦党人左右公共意见的运动违反了他们基本的政治哲学。他们相信普通人的意见应该与当选领袖的判断不同，然而为了说服众议院跟随总统的领导，他们积极地参与草根政治活动。甚至连联邦党女性都参与其中，他们向民兵集团展示爱国主义条幅或者在7月4日的庆典中扮演正式角色。联邦党人赢得了这场斗争，但是在长期看来他们输了，因为事实证明整体而言共和党人在取得民意支持方面有效得多。

党派的基础

描述国会和国家中日益明显的党派性比解释选民中的这种分歧简单。杰弗逊和麦迪逊使用的语言（人民对抗贵族）或者汉密尔顿和华盛顿的语言（真正的爱国主义者和破坏性的乌合之众）并没有恰当地解释日益严重的分歧。农业和商业利益之间的简单经济差异也无法提供答案，因为超过90%的美国人仍然生活在农村地区。不仅如此，杰弗逊对于繁荣农业美国的构想是基于商业农耕的基础上，而非农村的自给自足。1790年代的分歧也不是简单地重复1787—1788年联邦党人和反联邦党人之间的争论。尽管大多数反联邦党人后来成了共和党人，但是该党派的领袖麦迪逊和杰弗逊原本是支持《宪法》的。

然而我们可以作一些区分。共和党人，尤其是在南方和中部各州颇有声望的那些人，倾向于对政治和经济持自信和乐观的态度。南方种植园主控制着他们的地区，并且掌握着奴隶阶层，他们展望以持续向西扩张为基础的繁荣未来，并且希望能主导这个过程。共和党人用民主言论获得了新英格兰以南小农民的拥护。非英裔民族——尤其是爱尔兰人、苏格兰人和德国人——也发现共和党的话语很吸引人。工匠们也加入了这一联盟，因为他们将自己视为城市中的小农民，很珍惜从专横的老板手中获取的独立。所有共和党人都强调开发美国自己的资源，不像联邦党人那样担心国家在世界上的地位。共和党人在外交事务中对法国保持同情。

相反，联邦党人集中于新英格兰的商业利益人群中，大多数有英国血统。他们缺乏安全感，强调秩序、阶层和服从于政治权威的必要性。富有的新英格兰商人与联邦党人站在一起，但是该地区的农民因为新英格兰土地贫瘠无法扩大农业生产，于是也倾向于这个更为保守的党派。联邦党人像共和党人一样，假设南方和中部各州的利益群体将占领西部土地，于是他们没什么动机积极开发那片富饶的领土。在联邦党人的眼中，国内和国外的潜在敌人——威胁着国家。考虑到欧洲战争对国家造成的威胁，联邦党人关于国际事务的看法或许是准确的，但是它却很不讨巧。因为联邦党人对于任何地区的选民都没有提供关于美好未来的希望，所以共和党会笑到最后也就不奇怪了。

华盛顿的告别演说

在条约辩论之后，乔治·华盛顿为自身遭到的批判所累，决定退休。（当时总统的任期没有两届的限制，直到1951年第二十一条修正案通过后才有这项规定。）9月，华盛顿发表了他的告别演说，这篇文章大部分是由汉密尔顿撰写的。在该文中，华盛顿概括了至少贯彻到1940年代末的领导美国外交政策的两条原则：与其他国家保持商业联系，但不保持政治联系；不与任何国家长期结盟。他同时还在美国和欧洲之间划出清晰的界线，强调美国的特殊——它的与众不同——以及外交事务中独立的必要性，如今该理论被称作单边主义。

华盛顿哀叹在他的国民中间存在党派分歧。一些人将他终结党派斗争的意愿解读为号召政治家们只考虑国家整体的利益。但是在即将举行的总统选举背景下，告别演说似乎更像是攻击了共和党反对意见的合法性。华盛顿提倡大家团结在联邦党的旗帜后面，他认为这是唯一恰当的政治立场。联邦党人（就像共和党人一样）继续将自己视为真理的捍卫者以及独立精神唯一的真正继承人。双方都将对手视为误入歧途、罔顾国家利益的麻烦制造者,认为对方费尽心机侵蚀革命理想。

1796年选举

这两个有组织的团体竞争政府职务,使1796年政府选举成为总统职位的第一次严肃竞争。国会中的联邦党推出副总统约翰·亚当斯作为接任华盛顿总统一职的人选,外交官托马斯·平克尼是他的竞选搭档。国会中的共和党人则选择了托马斯·杰弗逊作为他们的总统候选人;律师、革命战争退伍军人和活跃的共和党政治家,纽约的阿伦·伯尔(Aaron Burr)同意竞选副总统。

这场竞选竞争激烈,但是并不由普选决定。大多数州立法机构委任了选举人。不仅如此,竞选团中的投票方式并未将党派指定人选考虑进去。宪法的制定者们并未预见到国家政治组织竞争的发展,因此根据《宪法》规定,人们选择一个人当总统,另一个人当副总统。选举人只是同时为两个人投票。得票最高的人当选总统;票数第二的则是副总统。

事实证明这个过程成了联邦党人瓦解的原因。亚当斯以71票当选总统,但是许多联邦党选举人(尤其是来自新英格兰的那些)没有为平克尼投票。杰弗逊获得了68票,比平克尼多9票,从而当选副总统。因此,即将上任的这届政府在政治理念上是存在分歧的。在接下去的四年中,新总统和副总统这对曾经的同盟和亲密朋友,如今却成了不共戴天的敌人。

约翰·亚当斯和政治异见

约翰·亚当斯接过总统的职务,对过去四年的党派发展尤其视而不见。作为总统,他从未抛弃乔治·华盛顿早在1794年就置之不理的过时成见:

▲ 这幅"XYZ事件"期间发表的漫画把美国画成一个被法国政府要员迫害的少女。在背景中,约翰·布尔(John Bull,英国)在高处看着这一幕,而其他欧洲国家则在讨论这一事件。

图片来源:礼莱图书馆(The Lilly Library)

总统应该作为一个独立而庄严的人物超脱于政治之上，不寻求党派利益。因此，亚当斯完整保留了华盛顿的内阁，尽管其主要成员拥戴他的主要联邦党竞争者亚历山大·汉密尔顿。亚当斯常常采取被动的姿态，让其他人（尤其是汉密尔顿）带头，而总统本应该杀伐决断。结果，他的管理得到了前后矛盾的评价。但是亚当斯游离于汉密尔顿的操纵之外，这让他平安度过了共和国有史以来最大的国际危机：和法国之间的美法准战争。

"XYZ事件"

《杰伊条约》增进了美国和英国之间的关系，但是导致法国展开报复，法国命令其船只扣留运载英国货物的美国船只。作为回应，国会增加了军费，授权建造船只并储备武器和弹药。总统亚当斯还派遣三个专员前往巴黎协商解决方案。几个月以来，美国专员试图与法国外交大臣塔列朗（Tallyrand）对话，但是塔列朗的中间人向他们索要250 000美元的贿赂才答应进行协商。美国人反击道："不，不；六便士都别想。"并且在1798年3月发给总统的急件中报告了这一事件。亚当斯将这一僵局告知了国会，并建议进一步增加防御款项。

国会中的共和党人认为亚当斯蓄意破坏协商，坚持要求他将信件交给国会。亚当斯应允了，因为他意识到提交报告对他自己有利。他只是将法国中间人的姓名掩去，将他们称为X、Y和Z。这些文件揭示了美国人在法国被轻视的事实，在美国引起了一股反法情绪的风潮。一个记者对专员们的回答作了演绎："我们会将百万用于防御，但是你们休想要一分钱。"这句话成为风靡全国的口号。空气中充斥着开战的呼喊。国会正式废除了《联盟条约》，授权美国船只扣押法国船只。

与法国的准战争

于是，加勒比海域中美国海军军舰和法国武装民船未经宣战的战争打响了。尽管美国一开始因为商船停运损失巨大，但是至1799年年初，美国海军稳占上风。海军船只扣押了8艘法国武装民船和海军船只，消除了法国对美国活跃的加勒比贸易的威胁。

反对战争并且仍然同情法国的共和党人无法抑制反法情绪的风潮。因为中间人Y吹嘘"美国存在法国党"，联邦党人直截了当地谴责共和党人（包括偏心的公使乔治·洛根）有叛国计划。一份纽约报纸宣称在读过XYZ信件之后还能保持"不温不火"的人都是"罪犯——任何不对法国人的所作所为强烈唾弃的人必定有着黑暗的灵魂，正适合叛国诡计和腐败"。约翰·亚当斯在将共和党人称为叛国者和承认他们有权反对政府措施之间摇摆不定。他的妻子却没么宽容。"这些被法国人鼓吹为同党的人们，"阿比盖尔·亚当斯宣称，应该被"判为国家的叛徒。"假如杰弗逊当选总统，她补充道："我们早就被一起卖给法国了。"

"外国人和煽动叛乱法案"

联邦党人将有利的舆论环境看做一举击败共和党对手让其永不能翻身的好机会。现在举国似乎都看到了他们从1794年威士忌暴乱就开始反复说的真理——共和党人是反动的海外间谍——联邦党人试图将这一信念写进法律。1798年，被联邦党人控制的国会通过了一系列的四条法案，被称为"外国人和煽动叛乱法案"，他们试图压制异见，并防止未来共和党继续成长。

这四条法案中有三条针对最近到来的移民，联邦党人怀疑他们同情共和党人。《移民归化法案》（Naturalization Act）加长了获得公民身份所需的居住时长，并规定所有居住在美国的外国人必须在联邦政府登记。两条外国人法案尽管没有立即实施，但是规定了战争期间可以拘留敌国公民，并且总统有权将任何他认为对国家安全造成危险的外国人驱逐出境。

第四条法案，《煽动叛乱法案》，试图同时控制本国公民和外国人。它将阴谋阻止联邦法律实施

共和国早期的报纸

和今天不同，1790年代报纸编辑和出版商并不想客观地呈现新闻事实，事实上，也没有任何一个读者指望他们这么做。相反，报纸和新国家中迅速扩张的政治党派联系密切——党派群体（这时还不是现代意义上的政党）将他们自己称为联邦党人和共和党人。联邦党人的"官方"报纸是《美国公报》(The Gazette of the United States)，由各地政府支持的殖民地报纸也被称作公报——比如《伦敦公报》(London Gazette)就和英国政府捆绑在一起。在共和党人的许多同盟报纸中有《纽约日报》(New-York Journal)和《爱国记录》(Patriotic Register)。比较随机选出的两份报纸的头版，读者一眼就能看出两者的区别。《美国公报》的头版充满理智的新闻文章，而《纽约日报》的头版则布满了广告，有些广告标题上还画着引人入胜的设计元素。哪份报纸更能直接吸引美国工匠和直来直往的农业从业者：是联邦党人的枯燥新闻还是共和党引人注目的广告？

图片来源：美国文物协会

界定为非法,对这类罪行的最高处罚为5年徒刑和5 000美元罚款。该法案还试图控制言论。写作、印刷或口头表达"虚假、诽谤和恶意"反政府或反总统言论,"意图中伤……或使两者或两者之一遭受侮辱或诋毁"成为一项罪名,最高可判处两年监禁和2 000美元罚款。如今,仅仅惩罚言论的法律就是违宪的。但是在18世纪,当任何有组织的政治反对都有嫌疑时,许多美国人都支持《煽动叛乱法案》对言论自由的限制。

《煽动叛乱法案》导致了15桩诉讼和10个有罪判决。被判有罪的人中包括一名议员和前报纸编辑,佛蒙特的马修·里昂(Matthew Lyon)以及苏格兰移民和丑闻散布者詹姆斯·加林德(James Callender),他的爆料迫使亚历山大·汉密尔顿不得不承认婚外情。在将注意力转向总统亚当斯后,加林德被判有罪,被处以罚款和9个月监禁。然而,越来越多的共和党报纸编辑继续不屈不挠地批判联邦党人,迫害不仅没有吓退他们,反而让他们越挫越勇。其中最直言不讳的要属威廉·杜安(William Duane)——继贝奇之后接任《极光》编辑——他完全无视了《煽动叛乱法案》的诉讼,在州和联邦法庭中因为其他似是而非的罪名被控告,甚至被联邦党暴徒穷凶极恶地打了一顿之后,仍然继续党派攻击。他和其他共和党人建立了一个非正式的报纸网络,在全国范围内交换信息并散布反对观点。

弗吉尼亚和肯塔基决议

杰弗逊和麦迪逊另辟蹊径和这些法案展开斗争。他们知道,向联邦党人控制的国会请愿撤销这些法律显然会失败,而联邦党法官们拒绝被告个人质疑《煽动叛乱法案》的合宪性。因此,共和党领袖们只能转向另一个可以正式抗议的平台:州立法机构。他们谨慎地隐藏自己在其中所扮演的角色——副总统和议员希望避免被指控煽动罪——杰弗逊和麦迪逊起草了一系列决议,并于1798年分别介绍给肯塔基和弗吉尼亚立法机构。因为州之间的协议创造了《宪法》,所以这些决议主张,通过州发表言论的人们有合法权利判断联邦政府行为的合宪性。两个州都宣布《煽动叛乱法案》违宪,因此(肯塔基宣称)"无效且没有法律效力",推进了后来被称作"拒绝执行(承认)"的法律原则。

尽管没有其他州的支持,但是弗吉尼亚和肯塔基决议产生了一系列客观的短期和长期影响。首先,它们公正地将反对党置于反专制权力革命传统之中。第二,它们的统一理论启发了1814年的哈特福德会议(Hartford Convention)和1830年代及以后的南方各州权利声明。杰弗逊和麦迪逊确定了一个关键的宪法问题:州在反对国家政府上可以做到哪一步?两者之间的矛盾如何解决?这些问题一直到内战都没有得到明确的解答。

1800年会议

《煽动叛乱法案》正在实施,而北方各州立法机构反对弗吉尼亚和肯塔基决议时,联邦党人关于美国应该对法国采取何种行动的问题发生了分歧。汉密尔顿和他的支持者们主张发表宣言,将未经宣布的海战合法化。而亚当斯接收到一系列私下的信号——其中有乔治·洛根的报告——表明法国政府很后悔对美国专员的所作所为。

得到了这样的保证,亚当斯派遣威廉·凡斯·默里(William Vans Murray)前往巴黎与法国的新领导人拿破仑·波拿巴(Napoleon Bonaparte)谈判,后者正在巩固他对国家的控制,急于结束麻烦的海外纷争。美国试图达成两个目的:为1793年以来法国扣押的美国船只索要补偿以及废除1778年条约。1800年会议结束了美法准战争,满足了后一个条件,但是没有达成前一个。尽管如此,它还是将美国从永久同盟中解放了出来,从此美国可以沿着乔治·华盛顿在告别演说中提出的独立外交路线走下去了。

新国家的西部

至18世纪末,美国已经在原来13个州的基础上增加了三个（佛蒙特、肯塔基和田纳西），人口也比1790年普查时的400万增加了100万。它名义上还控制了以俄亥俄河为分界，密西西比河以东和西班牙属佛罗里达以北的所有土地。在大量流血伤亡之后，美国才控制了俄亥俄以北土地，因为一开始迈阿密人领导的由八个西部印第安部落组成的强大联盟控制着这片土地。

西北地区的战争

西北地区第一任长官阿瑟·圣克莱尔将军（General Arthur St. Clair）徒劳无功地想要开放更多土地用于定居，但是在1789年年初与西部印第安联盟的谈判以失败告终。随后，联盟颇有能力的战争领袖利特尔·特特尔（Little Turtle）在现代印第安纳和俄亥俄边境附近的几次重大战役中打败了由约西亚·哈玛将军（General Josiah Harmar）领导的军队（1790年），以及由圣克莱尔本人领导的军队（1791年）。圣克莱尔手下600多人死亡，更多人受伤，这是美国边境地区历史上最惨痛的失败。

1793年，迈阿密联盟宣称只有美国承认俄亥俄河为西北边境才能和解。但是国家政府拒绝放弃在该地区的领土。重整旗鼓、斗志昂扬的军队在革命战争英雄安东尼·韦恩将军（General Anthony Wayne）的领导下，于1794年8月在伐木战役［靠近今天的俄亥俄州托莱多（Toledo），参见地图7.3］中袭击并打败了联盟。成功与该联盟协商对于新美国来说是至关重要的，因为假如没有和平条约，战争可能无限期地继续下去，而美国定居者——被政府视为"白种野人"——继续向西开拓。美国缺乏意愿和资源进行长期的边境斗争，因此韦恩以尊重的态度对待联盟领导人，他将他们视为"红种绅士"。1795年8月，他与他们达成了协议。

随之而来的《格林维尔条约》满足了双方各自

▲ 伐木战役中的两位敌对首领，也是《格林维尔条约》（Treaty of Greenville, 1995）的谈判者。左图是迈阿密联盟的领导人利特尔·特特尔；右图是安东尼·韦恩将军。在一幅肖像中，利特尔·特特尔在熊爪项链上挂了一个韦恩的小像。

图片来源：芝加哥历史博物馆（Chicago History Museum）　　　图片来源：独立国家历史公园（Independence National Historic Park）

的一部分意愿。美国获得在未来的俄亥俄州大部分地区定居的权利，而印第安人只保留了该地区的西北一隅。不过印第安人获得了他们长久以来渴望的声明：美国承认他们的土地所有权。在格林维尔，美国正式承认印第安对土著民族未割让的所有土地拥有主权，可凭此居留。美国政府再也不会仅通过与某个欧洲或北美国家协商就占领印第安领土。

俄亥俄以南，平克尼同年与西班牙签订的条约将美国和佛罗里达之间的北纬31度线作为边境线。尽管如此，西班牙在老西南部（Old Southwest）的影响力继续引发该地区美国定居者的忠诚问题，其中很大一部分地区仍然被克里克人、切罗基人和其他印第安民族占领，并未割让。《西南法令》（Southwest Ordinance, 1790）试图通过允许奴隶制来开发该地区，这一法令使该地区对奴隶主颇具吸引力。

"教化"印第安人

连独立于联邦统治的印第安各族也开始进入美国的影响力范围之内。美国的明确目标是"教化"他们。华盛顿的战争部长亨利·诺克斯于1789年主张，政府应该"将我们的农业和艺术知识传授给这个国家的原住民"，"而非消灭人类种族的一部分"。诺克斯建议，这个计划中的第一步是将"对于专有财产的爱"介绍给印第安各族；为了达到这一目的，他提议政府将牲畜送给印第安个人。四年之后，《1793年印第安贸易和交流法案》（Indian Trade and Intercourse Act of 1793）将诺克斯的计划变成法律，保证联邦政府将为印第安人提供动物和农业工具，同时还为他们提供合适的指导人员。

这个善意的计划显示出联邦官员们对于印第

▲ 1805年，一位匿名艺术家画下了佐治亚州梅肯（Macon）附近的克里克代理处的本杰明·霍金斯（Benjamin Hawkins）——商人和西南地区印第安人的美国代理人。霍金斯将欧式农业介绍给克里克人，图中的人们带着田间的作物。在美国东部，印第安民族不得不对传统生活方式做出类似改变，从而维持他们的群体身份。

图片来源：格林维尔郡艺术博物馆（Greenville County Museum of Art）

安人生活现实的无视。它不仅错误地假设印第安人能够轻易克服传统土地共有的意识,而且忽视了东部印第安各部落长达几个世纪的农业经验。政策制定者的注意力只集中在印第安男性身上:因为他们打猎,所以男性印第安人是必须被"教化",必须被教会耕种的"野蛮人"。而这些社会中传统由女性承担农业劳动则是无关紧要的,因为在官员们的眼中,印第安女性——就像拥有欧洲出身的女性一样——应该合乎规矩地将自己局限于生育孩子、家务琐事和家庭生产范围内。

易洛魁人和切罗基人

一开始印第安各部落谨慎地对待"教化"计划。易洛魁联盟被战争毁于一旦;1790年代它的人民生活在被一个历史学家称为"荒野贫民窟"的地方。他们被限制在小小的保护区中,越来越多的英国—美国农田包围着他们,男人们不再能够打猎,只好每天饮酒作乐。贵格会传教士开始在塞内加人中间建立演示农田,想要教男人们如何耕地,但是他们很快发现女人们对他们的演示表现出更大的兴趣。佐治亚的切罗基人情况也一样,印第安代理人发现女人们热情地想方设法学习新的农耕方式和纺织技术。当南方狩猎领地缩小时,切罗基男性开始养殖牛和猪,但是他们像对待野生动物一样对待家畜,让改革者们大吃一惊,他们让这些动物自由地在林间奔跑,需要的时候就射杀它们,就像曾经射杀野鹿一样。男人们还开始耕地,尽管切罗基女人仍然肩负着耕种和收获的主要责任。

在1799年的春季之后,易洛魁男人们对贵格会的课程接受度更高,因为一个名叫帅莱克(Handsome Lake)的塞内加人看见了一些非凡的异象。像其他可以追溯到1760年代的预言家一样,帅莱克宣称印第安人应该戒酒、戒毒、戒其他破坏性的欧洲习俗。尽管他指示他的同胞们如贵格会提倡的那样重新分配男人和女人的工作,但是帅莱克的首要目的是保护易洛魁文化。他认识到,由于男人们无法再通过狩猎获得肉食,只有采纳欧洲的性

▲ 加布里埃尔叛乱时期的弗吉尼亚里士满。当时的城市就是这样。州首府、反叛者的目标占领着城市的地平线,正如它占领着加布里埃尔的思想。

图片来源:马里兰历史协会(Maryland Historical Society)

海地难民

尽管许多欧裔美国人一开始对1789年法国革命的消息表示欢迎，但是很少人对随后爆发的法属殖民地圣多明各（St. Domingue，后来的海地）奴隶起义表达同样的感情，该地区与西班牙属圣多明各（Santo Domingo）共享伊斯帕尼奥拉岛。很快，附近起义的大批难民涌入新美国，随之而来的还有被大多数政治领袖视为恶劣的后果。获得独立不到十年，这个新国家面临着第一次移民危机。

1790年代初，圣多明各的600 000居民中，大约有100 000自由民，这些人几乎都是奴隶主；其中一半是白人，其余是白黑混血儿。在法国革命开始时，这些自由的白黑混血儿寻求更大的社会和政治平等，这引起奴隶主关于人口的分歧，于是奴隶们抓住机会起义。至1793年，他们在前奴隶杜桑·卢维杜尔（Toussaint L'Ouverture）的领导下获得了胜利，1804年，他们最终驱逐了法国人，建立了海地共和国。成千上万的白人和白黑混血儿以及他们所能运输的尽可能多的奴隶，在这混乱的几年中，一起前往美国寻求庇护。

尽管美国政治领袖们愿意为这些难民提供庇护，使他们免遭暴力，但是他们却害怕这些人的到来造成的后果。南方种植园主一想到如此熟悉自由平等概念的奴隶们将和他们自己的奴隶混在一起就不寒而栗。许多人对于大量有色人种自由民的移民感到不舒服，尽管这些移民属于奴隶主阶层。南方各州大多通过法律禁止海地奴隶和自由白黑混血儿进入，但是这些法律往往很难执行，甚至完全不可能，后来的国会法案也是一样。于是，15 000多难民——白人、黑人和混血人口——涌入了美国和西班牙属路易斯安那。许多人最后定居弗吉尼亚（这个州没有通过排斥法律）或者查尔斯敦、萨瓦纳（Savannah）和新奥尔良。

他们在这些地方对现有的人口产生了相当的影响。在新奥尔良和查尔斯敦，白黑混血儿的涌入引起高度的肤色意识，将肤色较浅的人置于有色人种阶层的顶端。这并非巧合，1793年查尔斯敦布朗协会（Charleston Brown Fellowship Society）成立，该协会完全由自由白黑混血儿组成。1803年美国买下路易斯安那之后，该地区的自由有色人种几乎在三年内翻了一番，很大一部分原因是最后一股新海地移民潮。在弗吉尼亚，成功起义的故事激励了当地的奴隶，1800年他们策划了被称作"加布里埃尔叛乱"的起义。

海地难民将欧裔美国人和非裔美国人与西印度群岛的事件联系在一起，不可磨灭地影响了两群人。

◀ 19世纪初，路易斯安那的一个自由有色人种女性，很可能是海地难民中的一个。埃斯特本·罗德里格斯·米尔（Esteban Rodriguez Mir）于1782年被提名为西班牙属路易斯安那的总督，他下令所有奴隶和自由黑人女性戴上头巾，而不是帽子——只有白人才有权戴帽子——这个女人和许多其他人违反他的命令，名义上服从，但是却创造了精致繁复的头巾装饰。

图片来源：路易斯安那州立博物馆

别分工才能让易洛魁人维持自治。

世纪末的"革命"

18世纪的最后两年中,有三个事件可以被视为真正或潜在的革命:"弗赖斯叛乱""加布里埃尔叛乱"以及托马斯·杰弗逊当选总统。尽管这些事件彼此之间存在重大差异,但是它们却反映了年轻共和国面临的紧张和莫测的局势。弗赖斯反叛者反抗国家的税收权力。加布里埃尔和他的追随者们直接挑战对于切萨皮克经济至关重要的奴隶体制。而1800年你死我活的总统选举暴露了《宪法》中的一个结构缺陷,这个缺陷将通过修正案弥补。

"弗赖斯叛乱"

这个税收抵抗运动以其中一个著名领袖命名——民兵首领和革命战争退伍军人约翰·弗赖斯。1798—1799年,宾夕法尼亚利哈谷(Lehigh Valley)的德籍美国农民首先发起暴动。为了为美法准战争提供资金,国会对土地、房屋和法律文件征收税款。被灌输了革命理想(其中至少有2/5是退伍军人)的德籍美国人觉得这些税赋是对他们自由和生计的威胁,也是1765年可憎的《印花税法案》的回声。为了伸张反抗违宪法律的权利,他们支起了自由杆,签署了呈给国会的请愿书,并且非暴力地阻止估价员评估他们的房屋。他们反复表达威胁,但是没有伤害任何人。

尽管如此,一个联邦法官下令逮捕了20名反抗者。1799年3月,弗赖斯带领由120名民兵组成的军队前往伯利恒,他们包围了临时关押囚犯的酒馆。长时间的协商没能将他们释放,但是最终因为害怕发生暴力冲突,一个联邦执法官还是允许这些人离开。亚当斯总统将这些民兵的行为描述为"叛国、公然与美国为敌"。弗赖斯和他的许多邻居被逮捕和审判;他和其他两个人被判叛国罪;其他32人被判违反《煽动叛乱法案》。尽管弗赖斯和其他"叛国者"被判处绞刑,但是亚当斯在行刑日期前两天赦免了他们(和其他所有人)。尽管联邦党总统表现了仁慈,但是该地区的居民还是成了共和党人,并且将这一传统保持了下去。

"加布里埃尔叛乱"

和利哈谷及其他地方的白人同胞一样,非裔美国人,无论奴隶还是自由民,在革命期间都开始对自由和平等概念耳熟能详。他们也见证了团结起来为自由奋斗而不是单独反抗或逃跑的好处——这个信息被1793年圣多明各成功奴隶起义的戏剧化消息强化了。加布里埃尔这个弗吉尼亚奴隶铁匠策划了第二次世纪末革命,吸取了海地和美国的经验,还融合了自己的宗教信仰。

接连数月,他和牧师兄弟马丁一起拜访了黑人浸信会和卫理公会集会,奴隶们聚集在一起,摆脱了主人们的严密监控。加布里埃尔先为他的事业募集了其他有一技之长的非裔美国人,他们生活在半自由的状态下,受的监管最少。接着,他开始招收乡村奴隶。反叛者们计划在1800年8月30日晚上袭击里士满,在该城放火,控制州首府,并且抓住州长詹姆斯·门罗(James Monroe)。在那时候,加布里埃尔相信其他奴隶或者贫困的白人会加入他们。

这个计划表现出相当的政治成熟,但是因为大雨被迫延后。接着几个种植园主从告密者那里得知了计划,并散布了消息。加布里埃尔逃避拘捕达数星期,但是民兵部队很快逮捕并审问了叛乱中的其他几位领袖。26个反叛者,包括加布里埃尔本人在内,被处以绞刑。讽刺的是,叛乱的最后,只有那些背叛同伴的奴隶获得了自由。

在审判中,加布里埃尔的其中一名追随者清楚地表达了让切萨皮克奴隶主们闻风丧胆的观点。他像乔治·华盛顿一样告诉自己的法官:"我不惜冒着生命危险努力为我的国人寻求自由,我愿意为他们的事业而牺牲。"南方的州立法机构通过法律加强规范奴隶制,以此回应他的宣言。不久之后,南方一切关于解放奴隶的言论都停息了,奴隶制成

人民与国家的遗产

战争时期的异见

1798年和1799年对法国的美法准战争是美国第一次海外战争,这场战争导致美国社会第一次出现压制异见的现象。1798年的《煽动叛乱法案》通过将异议刑事化,试图平息共和党人对于战争和总统约翰·亚当斯的批评。15个人被指控,10个人在法令条款下被判有罪,处以罚款和监禁(包括一名议员)。

尽管美国人假设自己在第一条修正案的规定下享有言论自由,以为战争期间的异见者会受到保护,这一观点现在被完全接受,两个世纪之前却并非如此。每一次纷争都导致政府和个人公民压制异见者。在内战期间,联邦监禁了公民联盟的支持者,在军事法的规定下将他们拘押了很长时间。在第一次世界大战期间,《煽动叛乱法案》允许政府将口头上批判战争的外国移民驱逐出境,其中有几个直言不讳的社会主义者和无政府主义者。不仅如此,愤怒的邻居们将反对政府政策的市民告发,让他们受到一系列正式和非正式的制裁。第二次世界大战导致孤立主义者噤声,这些反对美国参战的人们无法用公共宣传册表达自己的想法。

越南战争时期的反战抗议直到今天仍然影响着这个国家,因为美国人在1960年代和1970年代的行动是否反对或符合政府政策依然存在分歧。《爱国者法案》在2001年9·11事件之后,消除了长期以来联邦政府监视公民的限制,颇有争议地授以图书馆记录的访问权限。伊拉克战争和阿富汗战争的批判导致一系列引起激烈辩论的问题:发表机密消息或者虐囚照片的报纸是否越界?政治人物能否谴责战争行为,而不被视为不爱国?

言论自由从来不容易保持,而战争环境使之难上加难。当国家受到袭击时,无论是来自外国还是恐怖主义者,许多爱国的美国人都宣称异见的时间已经结束了,所有公民都应该支持政府。其他人则主张,假如自由在这个国家中有意义的话,人们就必定有权利在任何时候说出自己的想法。自从9·11事件以来,美国发生的事件表明,这个遗产对于美国人来说仍然十分容易引发争议。

为更加严防死守的经济机制和生活方式。

1800年选举

第三次世纪末革命是共和党"接管"政府——托马斯·杰弗逊当选总统,国会被共和党主宰——以及十年来愈演愈烈的党派斗争达到高潮。在1800年11月之前,联邦党人和共和党人不仅竞争国会席位,而且积极运作,试图控制竞选团的竞选结果。双方都害怕对方取得胜利,也都想避免1796年的分裂结果重现。共和党再一次提名托马斯·杰弗逊和阿伦·伯尔;联邦党人提名约翰·亚当斯和南卡罗来纳的查尔斯·科特斯沃斯·平克尼(Charles Cotesworth Pinckney)竞选副总统。共和党报纸网络在宣传《煽动叛乱法案》期间,积极地宣传杰弗逊的事业。统计选票的时候,杰弗逊和伯尔同样获得73票(没有共和党选举人想冒险将伯尔的名字从选票上省去),而亚当斯获得64票,平克尼获得63票。按照《宪法》规定,选举必须在现有的众议院中决定;新当选的杰弗逊支持者们只有在总统上任后才能就职。

投票持续了6天,共进行了35轮,联邦党人一致支持伯尔,而共和党人则坚定地支持杰弗逊。最后,来自特拉华的议员联邦党人詹姆斯·贝亚德(James Bayard)总结道:"再不选杰弗逊先生就是在拿《宪法》冒险,说不定会引起内战。"他在第30轮投票中充当中间人,让这个弗吉尼亚人获得了总统职位。这一结果是通过了第十二条修正案,规定选举人从此以后将为总统和副总统分别投票。

被击败的联邦党人转而在条件允许的时候加强自己对司法机关的控制。亚当斯总统将他的国务卿约翰·马歇尔（John Marshall）任命为首席法官；马歇尔担任这一职务长达34年，对解读《宪法》造成长久的影响。1801年3月3日，亚当斯在总统办公室里度过了最后几个小时，任命了几名所谓的"午夜法官"，让他们担任匆忙通过的1801年《司法条例》创造的新职位，这一法案还将最高法院的法官人数从6人减为5人。具有强烈党派倾向性的联邦党人希望通过此举防止杰弗逊对司法机构产生立竿见影的影响，尽管共和党掌握了总统和国会。

结语

19世纪开始的时候，美国的居民们面临着新共和国中天翻地覆的生活。密西西比河以东的印第安人发现他们为了保留一部分传统文化必须放弃另一部分。一些非裔美国人未能成功地挣脱残酷奴隶制的束缚，随着日益增多的限制性法律而面对着越来越多的限制。

一些欧裔美国人也努力适应变化的环境。《宪法》下第一届政府的最初11年为国会、总统和司法行为设立了许多先例——其中有内阁的建立、《宪法》关键条款的解读，还有关于州和联邦立法的司法观的萌发。在与西班牙《平克尼条约》、英国《杰伊条约》以及法国（1800年会议）成功磋商的基础上，美国建立了自己的独立外交政策，努力避免卷入欧洲各国及欧洲大陆战争。

然而事实证明内部政治意见统一难以达成，尤其是1793年之后。1790年代引起了关于国内外政策的激烈讨论，涵盖男女的有组织党派和草根政治活动体系开始形成，尽管还没有产生正式党派。威士忌暴乱和弗赖斯叛乱表明，即使是在新政府的统治下，地区矛盾依然存在。对法国发动未宣战的战争富有争议，分裂了一个党派，而使另一个党派更为强大。1801年，经过十年多的斗争，杰弗逊一派的农业未来观、权力下放的共和主义超越了亚历山大·汉密尔顿的强大的中央经济和强有力的国家政府展望。

扩展阅读

Joyce Appleby, *Capitalism and a New Social Order: The Republican Vision of the 1790s* (1984)

Susan Branson, *These Fiery Frenchified Dames: Women and Political Culture in Early National Philadelphia* (2011)

Douglas Egerton, *Gabriel's Rebellion: The Virginia Slave Conspiracies of 1800 and 1802* (1993)

Stanley Elkins and Eric McKitrick, *The Age of Federalism, 1788—1800* (1993)

Joseph J. Ellis, *Founding Brothers: The Revolutionary Generation* (2000)

James Horn, Jan Ellen Lewis, and Peter S. Onuf, eds., *The Revolution of 1800: Democracy, Race, and the New Republic* (2002)

Richard Labunski, *James Madison and the Struggle for the Bill of Rights* (2006)

David Andrew Nichols, *Red Gentlemen & White Savages: Indians, Federalists, and the Search for Order on the American Frontier* (2008)

Jeffrey L. Pasley, *"The Tyranny of Printers": Newspaper Politics in the Early American Republic* (2001)

Thomas P. Slaughter, *The Whiskey Rebellion* (1986)

第九章

界定美国，1801—1823

▼ 1801年，自然学家查尔斯·威尔森·皮尔（Charles Wilson Peale）发掘出乳齿象（类似"长毛猛犸象"）之后，联邦党人嘲笑这块柴郡的奶酪是"猛犸"奶酪。皮尔的探险获得杰弗逊政府的部分资助，联邦党人将之视为无用的琐事。

图片来源：《查尔斯·威尔森·皮尔发掘出乳齿象》，1806年。马里兰历史协会（Maryland Historical Society）提供（细节）

托马斯·杰弗逊总统为了将自己和联邦党前辈们传闻中的贵族化行为方式区分开,对庆典表示出不耐烦甚至厌恶。但是就任之后第一个元旦,美国第三位总统热忱地等待着人们仪式化地呈上赞颂他丰功伟绩的礼物,可以预见,这是一份"捍卫共和主义,隔绝所有贵族阶级艺术"的礼物——用一位送礼者的话来说。这件迟到的就职礼物在马萨诸塞州制作完成,在路上花了接近一个月,一路乘坐雪橇、船和四轮马车招摇过市,行程超过400英里。这件礼物重达1 200多磅,直径4英尺,上面刻着一行字:"美国最大的奶酪——送给美国最伟大的人。"

章 节 大 纲
政治愿景
国家向西扩张
美国在欧洲的轨道上
1812年战争
昨日重现　销售战争
民族主义计划
暴露的地方主义
放眼天下　工业盗版
结语
人民与国家的遗产　州权利和否决原则

前一年7月,马萨诸塞西部一个小农业社区想出了这个创意,它后来被称为"猛犸芝士"的创意。这个名叫柴郡的城镇属于浸信会教区,毅然站在杰弗逊派—共和党一边,镇上的"女士们"用九百头奶牛产的牛奶做成这块奶酪,"象征着"城镇中所有居民对总统的"崇高敬仰"。在新英格兰,公理教徒仍旧在讲坛和州议会中占主导地位,作为宗教少数派的成员,这些柴郡浸信会教徒为杰弗逊的当选欢欣鼓舞,因为他构想的美国未来不仅包括农业主义,而且还有政教分离。他们狂热的牧师约翰·勒兰德(John Leland)将这块奶酪献给总统,两天之后,他在众议院中进行了周日的布道,在那里,至少有一个文雅的听众将他的招牌福音主义斥为"耸人听闻"。

联邦党编辑们很喜欢拿这块巨型奶酪取乐,他们尤其喜欢取笑奶酪制作者。他们说,奶酪送到时半腐烂长蛆的状态象征着国家在共和党统治下将是什么样。它的存在,撇开尺寸不提,就是因为过度的民主,以至于连女人和蛮荒地区的牧师都能扮演领衔角色。这块奶酪,他们嘲笑道,是用"蠢驴"奶做成的。

年表

1801	马歇尔成为首席大法官
	杰弗逊就任总统
1801—1805	美国打败巴巴利（Barbary）海盗
1803	"马伯利诉麦迪逊案"（Marbury v. Madison）
	路易斯安那购地案
1804	杰弗逊连任总统，克林顿当选为副总统
1804—1806	刘易斯和克拉克探险
1805	腾思科瓦塔瓦（Tenskwatawa）崭露头角，成为肖尼领袖
1807	切萨皮克事件
	《禁运法案》（Embargo Act）
1808	国会禁止奴隶进口
	麦迪逊当选总统
1808—1813	腾思科瓦塔瓦和特库姆塞（Tecumseh）阻止印第安人反抗
1811	国家公路出现
1812	麦迪逊连任总统
1812—1815	1812年战争
1813	特库姆塞之死
	波士顿制造公司（Boston Manufacturing Company）在马萨诸塞沃尔瑟姆（Waltham）开设纺织工场
1814	《根特条约》（Treaty of Ghent）
1814—1815	哈特福德会议
1815	新奥尔良战役
1817	定期汽船开始在密西西比河上航行
1817—1825	建造伊利大运河
1819	"麦卡洛克诉马里兰州案"
	《亚当斯·欧尼斯条约》（Adams-Onis Treaty）
1819—1820年代早期	第一次大萧条
1820—1821	密苏里妥协（Missouri Compromise）
1823	门罗主义（Monroe Doctrine）

然而，联邦党人对猛犸奶酪的嘲笑没有为他们赢得新的支持者，而是激起新一轮引人注目的民主自豪感的表达。在接下去的几个月中，一个费城面包师卖出了一只"猛犸面包"，而两个屠夫献给总统一头"猛犸小牛"。在华盛顿，一个"猛犸食客"在十分钟内吃了42颗鸡蛋。事实证明这股"猛犸"狂热并非转瞬即逝：两年之后，1804年，国会大厦的宴会为一群轻视联邦党人的共和党人呈上"猛犸面

包"以及威士忌、烈性苹果酒和红酒,总统杰弗逊也出席了宴会。

虽然回过头来看似乎很浮夸,但是政治象征主义和对抗在共和国初期非常严肃,那些在决斗中死去的人们证明了这一点,其中最著名的是亚历山大·汉密尔顿。被排除在正式政治参与之外的人们通常加入选民们的行列,表达对国家未来的理想愿景,他们或是向立法会请愿,或是参加游行,或是在酒馆中激烈辩论——或者送一块猛犸奶酪给总统。在这样的象征主义背后,存在着严肃的政治意识形态。杰弗逊相信美德来自农业劳动,因此他们庆贺路易斯安那领土的获得。然而,他们以农业为基础的"自由国度"向西扩张时遭到了印第安人和他们的欧洲同盟的抵抗,有时候联邦党人也来唱对台戏。直到1812年战争这种抵制才大致上得以解决,美国才开始在大陆上不受拘束地扩张。尽管战争并没有解决导致战争的许多问题,但是却对美国的发展产生重要影响。它维持了美国的统治权,将大部分西部地区向欧裔美国人和他们的非裔美国奴隶开放,并且刺激了运输业和工业革命。

尽管当代观察者注意到战后民族主义预示着一个"善意的时代"的到来,但是事实很快证明良好感觉是有尽头的。当经济从繁荣转向萧条,民族主义乐观和表面团结的泡沫或许没有完全破灭,但是从此以后它再也没有那么轻快。事实证明,西部奴隶制的未来比任何问题都更易制造分裂,正如密苏里请求获得州地位时表现出的境况一样。

- 国家发展的两个主要愿景各有哪些特点?
- 美国和欧洲的关系如何影响政治和经济发展?
- 在哪些方面,没有投票权的美国人——大多数是黑人、女性和印第安人——参与了这个新国家的界定过程?

政治愿景

在就职演说中,杰弗逊向他的对手们示好。他站在国会大厦唯一已经落成的部分——参议院大厅中,向选民们致辞。他并不将他们视为党派成员,而是具有共同信念的公民:"我们都是共和党人,我们也都是联邦党人。"接近一千人凝神屏气地倾听他修复共和主义的愿景:"一个明智而俭朴的政府,应该制止人们互相伤害,这让他们可以自由规范自己对于工业和发展的追求,也不会从劳动者嘴边夺去凭自食其力获得的面包。这就是好政府的概述。"

但是即将离职的总统约翰·亚当斯没有听见杰弗逊的呼吁,他在拂晓前已经离开了华盛顿。他和杰弗逊曾经是亲密的朋友,现在却强烈地互相厌憎。尽管杰弗逊在就职演说中表达了团结精神,但是民主—共和党——1790年代的共和党这时将自己称作民主—共和党,这一称谓来自1790年代的民主协会——和联邦党仍然是死敌。这两个党派对于该如何组织社会和政府持有不同观点。联邦党人推崇拥有集中权威,能够推动经济发展的强大国家政府。而民主—共和党则致力于限制国家政府权力,他们相信有限的政府能够促进共和美德,而这种美德来自农业劳动。将近20年之后,杰弗逊会将他的这次当选称为"1800年革命","对于我们的政府原则来说,这是一场真正的革命,正如1776年的正式独立一样。"

政教分离

当柴郡农民们向杰弗逊赠送猛犸奶酪的时候,他们主要是为了向他致力于政教分离表示谢意。杰弗逊收到这块熟过头的奶酪当天,就亲笔写信给康涅狄格丹伯里(Danbury)的浸信协会(Baptist Association)作为答谢,宣称《宪法》第一条修正案支持"政教之间建立起隔墙"。杰弗逊的书信清楚地表明他有限政府观中的一个核心组成部分。总统宣称"宗教是仅限于人和他的上帝之间的事情"。它在政府权界之外。新英格兰浸信会教徒将杰弗逊奉为英雄,但是新英格兰的联邦党人相信他们最深的恐惧得到了证实。在1800年总统选举期间,联邦党人曾经对杰弗逊发起激烈的反对运动，错误地为他贴上无神论者的标签。事实证明他们的说辞收到极佳的效果，在杰弗逊当选之后，一些新英格兰女性把他们的《圣经》藏在花园里或者井里，以防传言中的民主—共和党人的查抄。杰弗逊写给丹伯里的书信似乎证实了这种臆测。

杰弗逊当选总统的时代是一个宗教复兴的时代，尤其是卫理公会教徒和浸信会教徒当中。他们的民主布道——所有人类，他们说，在上帝的眼中都是平等的——鼓励着蓬勃生长的民主政治文化。受到世俗和宗教关于众生平等思想的鼓舞，社会中的普通人敢于表达他们自己的政治愿景。他们不再简单地在社会和政治精英们定义好的辩论中选择立场，而是积极重塑这些辩论。比如，当柴郡浸信会教徒将他们的奶酪献给总统杰弗逊时，他们就犀利地告诉这位弗吉尼亚种植园主，这块奶酪制作过程中"没有依靠一个奴隶的帮助"。

政治动员

1800年革命不仅让民主—共和党获得了总统席位，还让他们在国会两院中都占据多数，这个选举大体上局限于有产男性，但并非完全如此。《宪法》将规定投票的权力留给各州。除了新泽西以外的所有州中，女性都无权投票，哪怕她们符合资产要求，而在新泽西，这个权利也是漫不经心赋予的，并于1807年撤销。1800年，满足资产要求的自由黑人男性在除了特拉华、佐治亚、南卡罗来纳和弗吉尼亚的所有州中都可以投票，但是当地习俗通常阻止他们践行这项权利。尽管如此，党派政治俘获了几乎所有美国人的想象，而政客们积极地向选民和非选民献殷勤。大多数政治动员在地方进行，两党在民兵训练场、酒馆和教堂、庭审集会和节日庆典等各种场合中争取民意支持。选民和非选民同样通过游行、签署请愿书、唱歌、就充满政治意味的讲道进行辩论等方式表达他们的观点。或许最重要的是，他们全盘接受了一个蓬勃生长的，由宣传册、海报、年鉴，尤其是报纸组成的印刷文化。

党派媒体

报纸为持续的政治对话提供了平台。在酒馆、工匠的作坊和家里，报纸被高声朗读，为地方事件赋予了全国范围内的重要性。假如没有报纸的宣传作用，柴郡的猛犸奶酪就只是一块巨大的牛奶凝固物。而有了报纸，这块蛋糕就值得总统一顾了。在1800年，美国有260家报纸；至1810年，达到了396家——所有这些报纸都对自己的党派性不加掩饰。

两党各自选择了官方媒体。当选后不久，杰弗逊说服《国家通讯》(National Intellegencer)从费城搬到新首都华盛顿，在那里，它成了民主—共和党的喉舌。1801年，亚历山大·汉密尔顿推出《纽约晚报》(New York Evening Post)作为联邦党的官方报纸。它称颂联邦党之余常常将杰弗逊称为骗子，并将他描述为奴隶教派领袖。这些党报每周出版六期或七期，年复一年雷打不动，保证在竞选运动以外的时期，美国人也能将党派政治热情发扬光大。

有限政府

杰弗逊既需要公仆也需要支持者。为了让赞成他的富有个人自由观、农业共和国观和有限政府观的人进入这届政府，杰弗逊拒绝承认亚当斯在卸任之前委任的官员，并且开除了联邦党关税收税员。他将空出的财政和司法职务奖励给共和党人。联邦党人谴责杰弗逊像"狩猎野兽一样打击联邦党人"，完全抛弃了就职演说中的和平提议。杰弗逊派则致力于让政府更倾斜。假如亚历山大·汉密尔顿将国债视为经济增长的引擎，那么杰弗逊就将之视为政府的腐败源头。财政部长艾伯特·加勒廷(Albert Gallatin)将军费裁撤了一半，并将1802海军军费减去2/3。接着他进一步将国债从8 300万美元减少到5 700万美元，希望至1817年完全消除国债。在俭朴精神的激励下，杰弗逊关闭了美国在

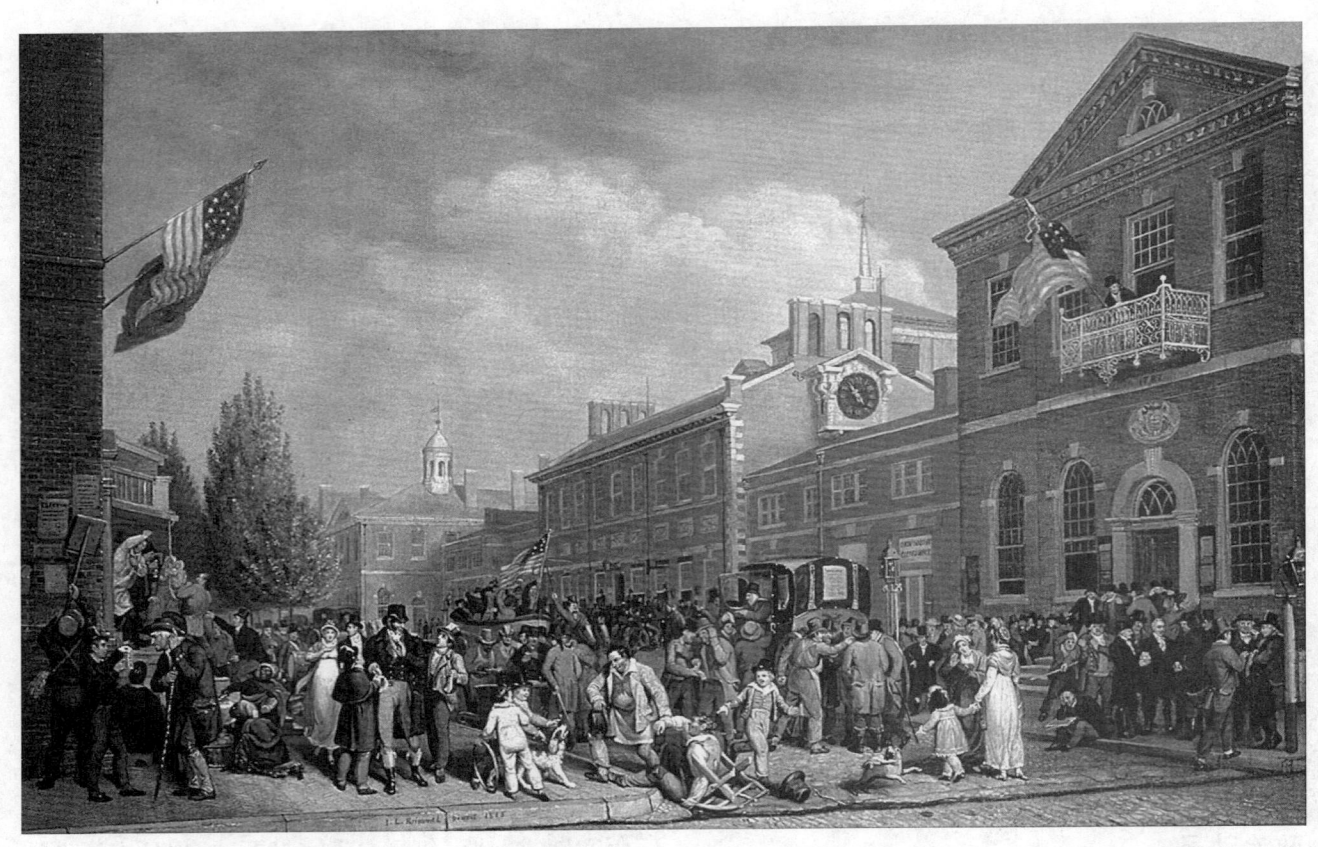

▲ 尽管大多数地方将投票权局限于有产阶级白人男性，然而一些选举吸引了各个种族的男人、女人和孩子，比如费城举行的这一场。

图片来源：由亨利·法兰西丝·杜邦·温特图尔博物馆（The Henry Francis du Port Winterthur Museum）提供

海外的五个使馆中的两个，分别是位于海牙（Hague）和柏林的。杰弗逊派不但攻击税收，还攻击财政支出：民主—共和党控制的国会监督着所有国内税收撤销，包括1791年饱受厌憎的威士忌税。

自由的观念也是民主—共和党和联邦党的重要区别。1798年的《煽动叛乱法案》帮助共和党人结成反抗联盟。而杰弗逊拒绝用这些法案对付他的对手们，并赦免了被判违反这些法案的人们。

国会放任1801年《煽动叛乱法案》过期，1802年《外国人法案》过期，并且撤消了1798年的《移民归化法案》，该法案要求移民居住满14年才能获得公民权。1802年的法案替代了它，该法案规定外国人注册登记，但是只要求居住满5年、对宪法忠诚并抛弃对外国的忠诚和头衔，由此就能取得公民权。新法案一直到20世纪都是外国人加入美国籍的基础。

司法政治

对于许多民主—共和党人来说，司法代表着中央集权和非民主的力量，尤其因为法官们是通过委任而非选举，并且是终身制。因此具有党派倾向性的民主—共和党人开始攻击对方的法官。在杰弗逊的煽动下，众议院弹劾（告发）共和党地区法官新罕布什尔的约翰·皮克林（John Pickering），参议院认定其有罪。据说皮克林生活混乱而且酗酒，是个绝佳的靶子。1803年皮克林被赶出办公室的同一天，众议院弹劾最高法院法官塞缪尔·蔡斯（Samuel Chase）司法行为不当。作为一个坚定的联邦党人，蔡斯曾在《煽动叛乱法案》下推动了不少诉案，并于1800年积极为亚当斯运作，并且反复在法院中公开指责杰弗逊的统治。但是在参议院中，民主—共和党人没能凑齐认定有罪所需的2/3大多数。开除蔡斯失败保留了法院的独立性，并且设定了先例：只有犯罪行为，(而非政治分歧)，才能正当地除去某人的职务。

马歇尔法院

尽管杰弗逊在连任两届总统期间委任了三名新的联邦最高法院法官，但是最高法院在他的远房表亲约翰·马歇尔的领导下仍然是联邦党的据点。马歇尔接受了共和主义的一些外部衣饰——比如选择用朴素的黑色长袍代替法官同事们更鲜艳的学院长袍——但是却坚定不移地坚持着联邦党的意识形态。即使1811年民主—共和党获得最高法院大多数席位之后，马歇尔作为首席法官仍然具有极大影响力。在马歇尔担任首席法官期间(1801—1835)，最高法院一以贯之地维持联邦对于各州的至高权力，同时保护商业和资本的利益。

无论是实践还是理论上，马歇尔都让最高法院成为政府的一个平等分支。一开始被认为无足轻重的司法职位成为野心勃勃、才华横溢的人们觊觎的荣誉。不仅如此，马歇尔还通过统一意见巩固了法院；法官们不再分别发表影响意见一致的判决，而是作为全体表达大多数意见。马歇尔成为大多数人观点的代表：从1801年至1805年，他撰写了法院26项判决中的24项；至1810年，他撰写了法院意见中的85%，涵盖每一个重要的判决。

司法审查

最重要的一个案件涉及亚当斯的午夜委任。在他离职前的最后几个小时内，亚当斯将联邦党人威廉·马伯利(William Marbury)任命为哥伦比亚地区治安法官。但是杰弗逊的国务卿詹姆斯·麦迪逊拒绝认证这一委任，并允许新总统委任一个民主—共和党人代替他。马伯利提起诉讼，要求职务执行令(强制总统委任他的法院庭谕)。"马伯利诉麦迪逊案"造成了一个政治难题。假如最高法院满足马伯利的要求，那么总统很可能不会服从执行令的要求，而法院没法强迫他执行。然而如果法院拒绝发布执行令，那么联邦党人占据的法院只能让民主—共和党赢下这一局。

为了避免这两个陷阱，马歇尔巧妙地改造了这个问题。在为法院撰写的判决书中，他裁决马伯利有权就任，但是最高法院无法强制麦迪逊尊重这一委任，因为《宪法》并没有赋予法院发布职务执行令的权力。因为宪法中缺少明文规定，马歇尔写道，所以1789年的《司法条例》授权法院发布执行令的条款是违宪的。因此，最高法院否认自己有权发布职务执行令，但是确立了最高法院判断由国会通过的法律是否合宪的权力，而这个权力比前者重要得多。在此过程中，马歇尔塑造了司法审查理论。因为《宪法》是"国家最高法律"，马歇尔写道，任何违反《宪法》的联邦或州法令都必定是无效的。最高法院的职责是坚持法律，它将决定立法行为是否违反《宪法》。"解释法律是什么，"马歇尔裁决道，"断然是司法部门的职责和责任。"最高法院决定立法和总统行为是否合宪的权力永久性地增强了司法独立性，并且为《宪法》注入了生命。"马歇尔发现了纸面上的《宪法》，将它变成了权力。"詹姆斯·艾布拉姆·加菲尔德(James A. Garfield)总统后来评价道。

1804年总统竞选

第十二条修正案通过后的第一次总统竞选中，杰弗逊没有冒险：他放弃了伯尔这位竞选搭档，而是遵循约定俗成的南北平衡规则，选择了纽约的乔治·克林顿(George Clinton)。他们在选举团中以162票对14票的结果大肆碾压了他们的对手——南卡罗来纳的查尔斯·科特斯沃斯·平克尼和纽约人鲁弗斯·金(Rufus King)，获得17个州中15个州的支持。1804年竞选使伯尔和汉密尔顿年深日久的仇恨迅速升级，汉密尔顿在纽约的州竞选中支持伯尔的对手。汉密尔顿把伯尔称作骗子，伯尔挑战汉密尔顿，进行决斗。尽管汉密尔顿的儿子菲利普于1801年死于决斗伤，但他相信他的荣誉危在旦夕，于是接受了这次挑战。由于决斗在纽约非法，于是他们选择了新泽西州哈得孙河作为决斗地点。这次决斗的细节仍然模糊——汉密尔顿是否像他声称的那样没有开枪？——但是结果很清楚：汉密尔顿被伯尔打中后，第二天不治身亡。在纽约和新泽西，检举人纷纷控告伯尔谋杀。

无论回到纽约还是新泽西，伯尔都面临被捕，而且政治前途严重受损，于是他逃到了西部。历史学家们对他的动机存在分歧，但当时人们认为"伯尔阴谋"和同一时期詹姆斯·威尔金森准将（Brigadier General James Wilkinson）密谋用军队占领现在的得克萨斯建立新帝国，并且说服现存西部领土脱离美国加入新帝国相关。1807年，伯尔因叛国罪受到审判，他面临着起诉，杰弗逊总统也参与其中，但是杰弗逊的政敌——首席法官马歇尔对该案进行了监督。（当时，最高法院法官主持巡回法庭。）马歇尔指示法院狭义地解释叛国罪，于是陪审团宣判伯尔无罪，最后他逃亡至欧洲。

民族主义和文化

当政治家们争辩如何才能发挥国家的潜力时，其他美国人则用画笔和钢笔兜售自己的爱国主义愿景。《宪法》通过接近30年之后，画家们继续用画笔描绘美国诞生的伟大画面以及制宪会议的场景。约翰·特朗布尔（John Trumbull）于1817年受委托创作的四幅革命场景的画作仍然挂在华盛顿国会大厦的圆形大厅内。

通过建筑，美国人有意识地构建起一个全新的、独立的国家。出身于法国，革命期间曾在乔治·华盛顿麾下服役的工程师、建筑师皮耶·查尔斯·朗方（Major Pierre Charles L'Enfant）设计了华盛顿城，其设计理念旨在象征一种"互相观照"：政府三个部门——立法、司法和行政——应该每时每刻互相监督。但是民族主义容易构想，而不容易构建。因为饱受实用性困难的困扰，朗方的计划用了

将近一个世纪才得以实施。1851年，一个法国游客记录道，华盛顿有着"没有房屋的街道"，"没有街道的房屋"，是"一个触目惊心的证据，表明一个人不能随心所欲地创造一个伟大的城市"。在华盛顿和其他地方，较富有的美国人把房屋建造成"联邦"风格，这些建筑模仿装饰简约的古典建筑风格，并采用本土材料，而非进口材料。

这一时期最畅销的书籍是诺亚·韦伯斯特（Noah Webster）的拼写书，这本书的目的在于使英语更为"共和"。根据一些人的估计，这本书至19世纪末售出了将近一亿册。韦伯斯特相信美国人应该像彼此一样说话和拼写——他们应该团结起来，说民族语言——但是和"国王的英语"不同，他们的语言不应该要求精英训练才能掌握。单词的拼写应该符合读音——比如，"honor"应该代替"honour"。共同的语言可以将分布越来越广的人口团结起来。

国家向西扩张

没有什么比西部及其广袤的土地更能激起杰弗逊派的民族主义想象，这些土地似乎极适宜农业扩张。尽管联邦党人总是劝说他们小心谨慎，害怕失控的扩张会阻碍商业发展和联邦监督。

至1800年，数十万白种美国人已经在肥沃的俄亥俄河和密西西比河河谷定居，侵入了印第安领地。在西北部，他们种植作物，尤其是小麦，而在西南部，他们则种植棉花。在美国独立战争时期，棉花生产对南卡罗来纳和佐治亚的海岛种植园主来说是有利可图的，他们种植的是长纤维品种。能够在内陆任何土壤中生长的短纤维棉花卖不出去，因为黏性的棉花籽只能用手工去除。1793年，年轻的新英格兰发明家伊莱·惠特尼（Eli Whitney）设计了一台棉花机器（"引擎"）之后，一个人就可以完成原先需要50人的工作量，于是短纤维棉花的种植迅速向西扩张至路易斯安那、密西西比、阿拉巴马、阿肯色和田纳西的肥沃土地。通过成倍地增加棉花纤维从原棉中分离的效率，棉花机器大幅增加了

对于奴隶的需求,奴隶们负责在棉花田中播种、照料和收割。

无论销售的是哪种作物,美国定居者们都依赖密西西比河和它的海湾内港埠新奥尔良的畅行无阻。国务卿詹姆斯·麦迪逊写道:"密西西比河对他们(西部定居者)来说意味着一切。哈得孙、特拉华、波托马克和大西洋各州所有可以通船只的河流汇聚成一股。"任何控制新奥尔良港口的人都扼住了美国经济的咽喉。

新奥尔良

在七年战争(1763年)中获得密西西比河以西法国领地的西班牙,于1800年和1801年秘密地将该地区归还法国。直到1802年,拿破仑似乎充满信心地要在新世界中重建法兰西帝国,美国官员才得知此事。"美国的每双眼睛都盯着路易斯安那的事情。"杰弗逊在给美国驻法国大使罗伯特·R.李维顿(Robert R. Livingston)的信中写道。西班牙官员在将控制权割让给法国的当晚就破坏了《平克尼条约》,否认美国人享有在货物运往海外市场前储存在新奥尔良港口(或践行"寄存权")的特权。西部农民和东部商人都通过新奥尔良进行贸易,他们认为狡猾的拿破仑关闭了港口,于是开始讨论进行战争。

为了释放战争压力并且赢得西部农民的支持,杰弗逊敦促国会授权召集11万民兵,但与此同时派遣弗吉尼亚州州长詹姆斯·门罗前往法国与李维顿会合,授命他买下新奥尔良港和尽可能多的密西比河河谷土地。门罗于1803年4月抵达法国,他惊讶地得知法国已经提出以1.5亿的价格将路易斯安那827 000平方英里的土地卖给美国。由于圣多明各通过起义和奴隶暴动脱离了法国控制,拿破仑放弃了新世界帝国的梦想,不再需要将路易斯安那当作粮仓。他更迫切的需求是筹集足够的资金对英国开战。4月30日,门罗和李维顿签署协议买下了这片广袤的土地,它的明确边境和土地仍然未注明(参见地图9.1)。

路易斯安那购地案

对于如何才能成就国家伟大和个人富足,存在分歧的人们对路易斯安那购地案各有所见。这次交易确保美国能够控制密西西比河的入口,让依靠密西西比河运输出售货物的西部定居者安下心来。将美国想象成国际贸易网络中沟通欧洲和亚洲的枢纽的人们也被这一事件激发出商业憧憬。寻求便宜而肥沃土地的东部人可以在路易斯安完成梦想。它面积广袤,这意味着可以留出一部分土地,收容因为白人定居者及其黑人奴隶入侵而失去家园的印第安人,安抚那些更喜欢"教化"美洲大陆原住民而非将他们"赶尽杀绝"的美国白人的良心。不过,这次交易也受到了一些批判:有人怀疑它的合宪性(连杰弗逊也为此烦恼);另一些人则担心它违背了民主—共和党人对于减税的决心;一些新英格兰联邦党人抱怨这次交易危害了他们的商业利益并且威胁到共和国的持续发展,因为人口过于分散,超出了便于恰当控制的范围。不过整体上来说,路易斯安那购地案是杰弗逊担任总统期间最受好评的政绩。

然而,路易斯安那并不像一些联邦党人悲叹的那样,或者大部分共和党人觊觎的那样,是一片"广袤无垠的荒原"。当美国获得这块领土时,几十万没有参与协议的人们成了美国公民。其中包括在这片广袤的土地上安家落户的几十个美洲原住民族,除此以外还有欧洲和非洲血统的人们——或者更常见的是两者的混血儿——这些人主要聚居在墨西哥湾岸区(Gulf Coast)。在新奥尔良附近,路易斯安那的殖民痕迹从该地区的人民身上反映出来:拥有法国和西班牙血统的克里奥尔人、拥有非洲血统的奴隶、有色人种自由民、阿卡迪亚人;或者法国人后裔(加拿大东部法国定居者的后裔),还有一些德国人、爱尔兰人和英国人。交易之后第一次人口普查统计——1810年人口普查统计中,约有97 000名非印第安人居住在路易斯安那购地案的地区范围之内,其中大多数(77 000人)生活在现在的

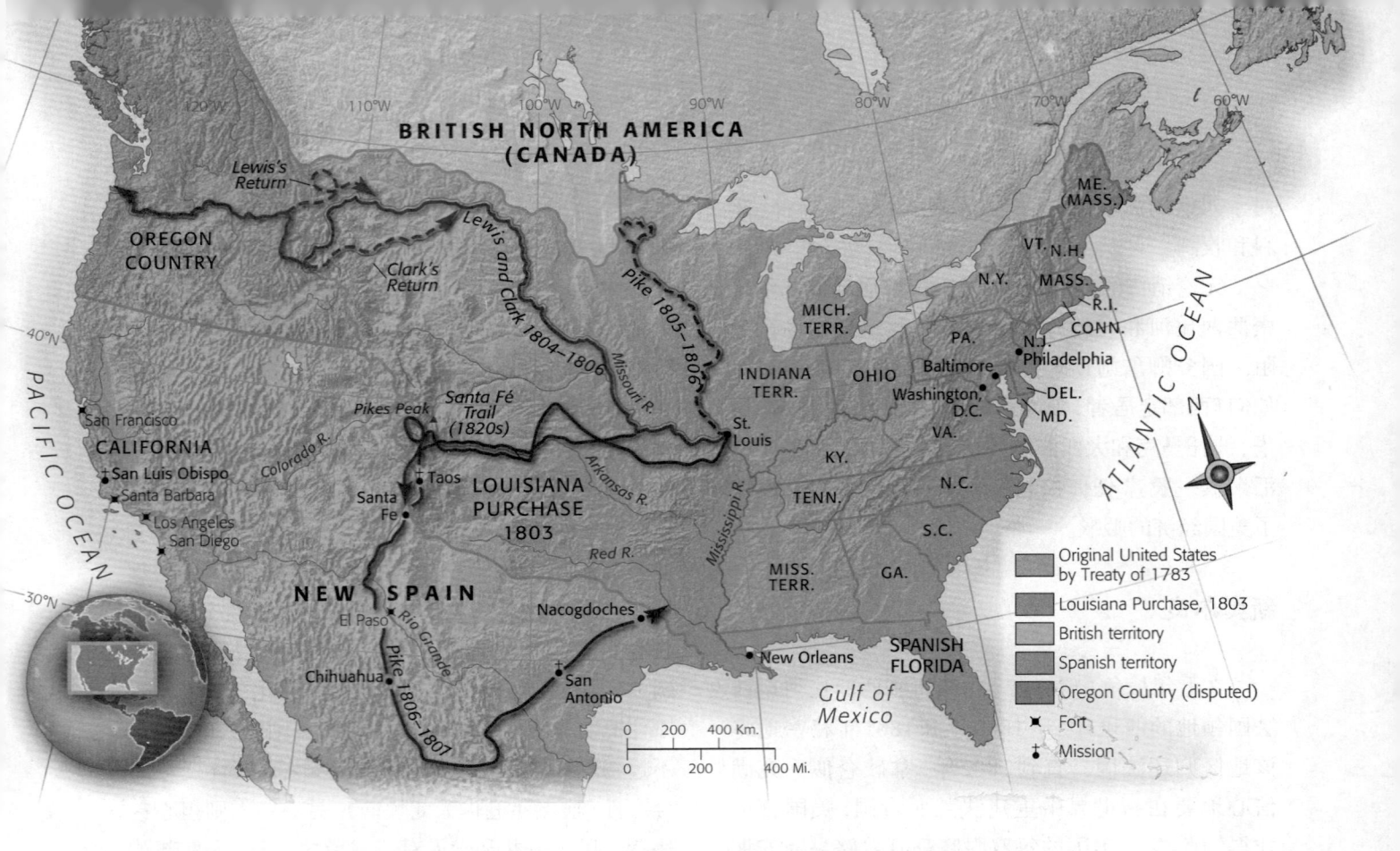

路易斯安那交易（1803年）将美国的疆域拓展了一倍，并且将跨密西西比河西部地区向美国定居者开放。
来源：©圣智学习

路易斯安那州境内。并不是所有这些新美国人都欢迎他们的新国家身份。尽管杰弗逊将西部想象成"自由帝国"，但是有色人种自由民很快发现，自己被排除在路易斯安那购地案协议"割让土地中的居民"将享有美国公民权利的条款之外。新奥尔良的有色人种没有投票和担任陪审员的权利，他们奋力抗争，争取保持组成家庭和随心所欲遗赠财物的权利——在富有同情心的英国陪审员、法官或立法者的帮助下——其中一些人获得了成功。

刘易斯和克拉克考察

杰弗逊长久以来对跨密西西比西部很感兴趣，在他的想象中，那里的火山和盐山星罗棋布，美洲驼和猛犸象徘徊，威尔士人在那里定居。他感到亟需一探究竟，害怕假如美国人不尽早占有这片土地，仍然控制着大陆北端（属于今天的加拿大）以及太平洋西北部的英国人一定会捷足先登。他立即派遣了军事风格的考察团，记录下该地区的商业可能性——通往太平洋的水道、与印第安人的贸易机会——同时，将那里的地理、民族、植物群和动物群分门别类。

这次考察由梅里韦瑟·刘易斯（Meriwether Lewis）和威廉·克拉克（William Clark）领导，开始于1804年，持续了两年多；考察团沿着密苏里河顺流而上，穿过落基山脉，然后沿哥伦比亚往下到达太平洋——接着再原路返回。途中考察团的成员们"发现"（在他们看来是如此）了几十个此前不为人知的印第安部落，其中许多民族早在很久以前就已经发现了欧洲人的存在。刘易斯和克拉克发现曼丹人（Mandans）和希达察人（Hidatsas）已经拥有稳定的欧洲商品供应渠道，比如小刀、灯芯绒裤子和戒指。尽管这个后来被称为"发现部队"（Corps of Discovery）的考察团预料自己可能会碰到印第安人，并且为可能发生的冲突做好了准备，但是它的目的是和平的：加强贸易关系，获得政治同盟，以及利用印第安人对于地形的知识。根据这些目标，刘易斯和克拉克随身携带了21袋送给美洲原住

▲ 这顶编织帽由努特卡（Nootka）印第安人制作，是刘易斯和克拉克在他们考察哥伦比亚河时收集的——可能是贸易品，也可能是礼物。

图片来源：埃里希·莱森/纽约艺术资源

民领袖的礼物，既为了表达好意，也为了激发他们对于美国产品的贸易兴趣。考察团与当地民族的交往大多是友好的，但是当印第安人不为刘易斯和克拉克的礼物所动时，则会产生矛盾。遇到拉科塔（Lakota）[或肖克斯族（Sioux）]后，刘易斯将他们贬斥为"野蛮种族中最卑劣的恶棍"。

尽管兵团采用的是军队风格，但是运作方式通常很民主，比如应征入伍的人们在军事法庭中占有一席之地，克拉克的黑奴约克（York）和考察团的女向导兼翻译萨卡加维亚（Sacagawea）还获准参与投票决定1805年过冬营地的地点。但是和考察团的其他成员不同，约克和萨卡加维亚都没有酬劳，后来当约克提出用他的服务换取自由时，克拉克报之以——用克拉克自己的话来说——"一顿严厉的痛打"。

刘易斯和克拉克没能发现通往太平洋的西北通道，事实证明他们选择的穿越落基山脉的路线充满危险，不太实用，但是他们的探索对于民族主义美国的扩张观念贡献很大。在考察期间收集的化石和美洲原住民手工艺品在查尔斯·威尔森·皮尔位于费城独立大厅（Independence Hall）的博物馆中展出，这个机构强调美国地理的独特，尤其是它的共和主义实验；除了陈列自然和人类"古玩"之外，皮尔的博物馆还展示了他自己绘制的著名革命英雄肖像。民族主义者一般忽略印第安人对于美国领土的主张。尽管杰弗逊比许多同时代人对印第安人有着更多同情心——他对他们的文化感兴趣，并且相信印第安人在智力上与白人平等——但是他还是试图游说国会制定宪法修正案，将印第安人转移到密西西比河以西新获得的路易斯安那地区，只是并没有成功。他个人参与向奇克索人施压，迫使他们出卖土地，在运用法律途径迁徙印第安人的计划失败之后，他主张使用诡计。他建议商人们设法让那些"优秀而有影响力的个人"欠下债务，让他们不得不"割让土地"来偿债。

印第安人之间的分歧

一些印第安民族决定与白人侵略者交往，接受白人的习俗，并以此谋生，他们通常愿意出售自己的土地并向西迁徙。这些"妥协者"（或"先进分子"）遭到"传统主义者"的反对，后者主张忠于民族生活方式，拒绝出让自己的土地。不过妥协者和传统主义者之间的区分并不总是那么清晰，几年前塞内加人帅莱克就是证明。

在1800年代初，一对肖尼族兄弟，腾思科瓦塔瓦（1775—1837）和特库姆塞（1768—1813）发起了一次对抗美国侵入的传统主义叛乱，他们成立了一个泛印第安联邦，这个联邦以老西北地区为中心，延伸至南部的部分地区。在兄弟俩在世时，肖尼人失去了他们位于俄亥俄的大部分土地；至1800年代，他们只占据着俄亥俄、密歇根和路易斯安那地区的零星地点。抑郁的拉拉维西卡（Lalawethika）——腾思科瓦塔瓦年轻时的名字——转向欧洲疗法（尤其是威士忌）与印第安疗法相结

▲ 查尔斯·威尔森·皮尔在他位于费城的博物馆中展示了一些"自然奇珍",许多美国人相信,这些物件表明了美国的与众不同。

图片来源:由费城宾夕法尼亚美术学院(Pennsylvania Academy of the Fine Arts)提供,莎拉·哈里森太太(Mrs. Sarah Harrison)馈赠[小约瑟夫·哈里森收藏(The Joseph Harrison Jr. Collection)]

合,于1804年成为萨满。但是当欧洲疾病在他的村落里肆虐时,他彻底绝望了。

腾思科瓦塔瓦和特库姆塞

1805年,拉拉维西卡战胜病魔重获新生,并改名为腾思科瓦塔瓦("打开的门"),白人将他称为"先知"。他号称死过一次然后重生,作为宗教领袖在俄亥俄河谷地区走南闯北,他抨击美洲原住民间道德价值衰落,提醒人们戒威士忌、消弭潜在部落间战争、强调和谐与尊重长者。他敦促印第安人回归古老的生活方式,抛弃白人的做派:用弓箭而非枪支狩猎,不戴帽子,把面包换成玉米和豆子。腾思科瓦塔瓦当时正在发起一项宗教运动,为肖尼人、珀塔瓦通米人和其他流离失所的西部印第安人提供希望。

至1808年,腾思科瓦塔瓦和他的哥哥特库姆塞关于灵魂重建谈得少了些,而更多地提到反抗美国侵略。他们邀请所有民族的印第安人在印第安纳的泛印第安城镇定居,一开始是在格林维尔(1806—1808),然后是在靠近现代拉法叶的先知镇(Prophetstown,1808—1812)。这些新城镇挑战了条约签订程序,因为1795年的《格林维尔条约》已经将这些土地赋予割让大片领土的印第安人。印第安人,尤其是年轻人,纷纷涌向特库姆塞周围,他是兄弟二人中更关心政治的一个。

特库姆塞相信只有印第安联邦才能阻止白人定居的推进,于是他千方百计让南北部的印第安人联合起来,劝说分布在从加拿大到佐治亚的狭长地带的印第安人联合抵抗。在南部的印第安人中间,只有一个克里克族的分支欢迎他,但是他向南散布信息引起了白人定居者和政府官员的警惕。1811年11月,特库姆塞在南方时,印第安纳州州长威

▲ 这幅查尔斯·M.罗素(Charles M. Russsell)绘制的刘易斯和克拉克考察的油画描绘了萨卡加维亚和奇努克印第安人交谈的场景。作为一个肖肖尼人,萨卡加维亚熟悉这片土地以及山区印第安人的语言,她担任探索队的向导。

图片来源:个人收藏/彼得纽瓦克美国图像(Peter Newark American Pictures)/布里吉曼艺术图书馆

廉·亨利·哈里森(William Henry Harrison)向腾思科瓦塔瓦和他的追随者们发起攻击。在蒂皮卡诺(Tippecanoe)战役中,军队烧毁了他们的城镇;逃脱的印第安人对白人定居者发起报复。"我们还能采取什么途径呢,"哈里森问,"除了将他们斩草除根。"因为风险大大增加,特库姆塞与英国人正式结盟,后者在安大略南部仍然占据着一些要塞。西部的同盟加上美国在公海的中立权问题,导致美国与英国开战。

美国在欧洲的轨道上

十年以前,1801年,当杰弗逊为美国制定新路线时,他试图缓解美国和法国之间的紧张局势。"与所有国家保持和平、商业关系和诚实友谊,不与任何国家结成同盟。"他曾在第一次就职演说中宣称。然而早期共和国的经济严重依赖渔业和运输业,美国商船在国与国之间运输货物。波士顿、塞伦和费城的商人与中国进行贸易,用布匹和金属与俄勒冈沿岸的奇努克印第安人换取皮草,然后驶往中国,换取陶瓷、茶叶和丝绸。奴隶贸易将美国船只吸引到非洲。美国的商业利益显然集中在海上,杰弗逊的第一次就职演说之后不久,美国就和北非巴巴利海岸沿岸的城邦黎波里(Tripoli)开战了,这场战争的起因——自由航海权将成为美国外交政策的奠基石。换句话说,在国家领海之外,公海应该向所有船只开放自由航行。

第一次巴巴利战争

1801年,黎波里的帕夏(bashaw,也称为pasha)向美国宣战,因为美国拒绝为船只、水手和乘客安全通过地中海付买路钱。杰弗逊派遣了一个海军中队保护美国船只。两年的僵局之后,杰弗逊宣布对黎波里实施封锁,但是当美国护卫舰费城号(Philadelphia)在港口搁浅时,船上的300名军官和水手都沦为了俘虏。杰弗逊拒绝将他们赎回,一小支美国军队在阿拉伯、希腊和非洲雇佣兵的陪伴下,从埃及前往"黎波里海岸"(海军赞歌至今纪念这一事件),占领了德恩港(Derne)。1805年,双方签订条约终止战争,但是直到1815年美国继续向其他三个巴巴利城邦支付过路费——阿尔及尔(Algiers)、摩洛哥和突尼斯。在这些年中,美国卷入了欧洲的纷争。

一开始,杰弗逊让美国置身事外,没有卷入法国革命初的欧洲混乱中。1795年参议院通过《杰伊条约》之后,美国和英国似乎放下分歧重归于好了。英国撤出了美国领土(仍然保留加拿大和太平洋西北部的那些)上的西部要塞,并且对美国和法国的贸易减少了干涉。接着,1803年5月,拿破仑将路易斯安那卖给美国两个星期之后,法国与英国开战,随后又与英国的大陆盟友普鲁士、奥地利和俄罗斯开战。拿破仑战争又一次将美国卷入公海中的交战国之间。但是一开始美国——作为世界上最大的中立海运承运国——事实上从它们的纠纷中获益匪浅,美国商人控制了大部分西印度贸易。然而,1805年之后,当英国在特拉法加(Trafalgar)战胜法国和西班牙时,英国的皇家海军收紧了对海洋的控制。两个月之后,拿破仑在奥斯德立兹(Austerlitz)碾压俄罗斯和奥地利军队。陷入僵局的法国和英国展开商业战争,封锁对方的贸易。作为两国的贸易伙伴,美国付出了沉重代价。

美国主权受到威胁

有一个英国策略尤其威胁美国主权。为了补充水手数量,英国船只截停美国船只,并且强制将英国逃亡者、英国出生而后加入美国籍的海员以及其他疑似英国人的水手充军。1803年至1812年,大约有6 000至8 000美国人被强制征召入伍。不仅如此,所谓的逃亡者——其中许多是美国公民——面临英国军事法庭审判。美国人将"一日为英国臣民,终身为英国臣民"的原则视为对美国公民身份的讽刺和对他们国家主权的侵犯。美国人也怨恨英国人干涉他们的西印度贸易,以及搜查和扣押美国领海中的美国船只等行径。

▲ 在1812年战争期间,英国军队及其印第安盟友占领了威斯康星的谢尔比堡(Fort Shelby),将它改名为麦凯堡(Fort Mckay)。在《根特条约》(1814年)签订后,该军事基地回到美国手中,英国上尉W.安德鲁·布尔戈(W. Andrew Bulger)在撤离和烧毁基地前,向他的印第安盟友们告别。

图片来源:威斯康星历史协会(Wisconsin Historical Society),WHi-42292

1806年4月,国会以《禁止进口法案》(Non-Importance Act)作为回应,禁止英国制造的产品进入美国港口。由于该法令豁免了布料和金属制品,因此对英国贸易影响甚微;相反,它只是对英国人的警告,让他们知道假如继续损害美国的中立权利将会产生什么后果。11月,杰弗逊暂停了这一法令,巴尔的摩律师威廉·平克尼(William Pinkney)前往伦敦与詹姆斯·门罗一起协商解决方案。但是他们带回国的条约违反了杰弗逊的指示——这份条约没有太多提及强制征兵——于是总统自始至终未将它提交参议院审核。

英美关系一步步地恶化,1807年达到高潮,美国船只切萨皮克号驶出诺福克,在向地中海航行途中被英国护卫舰猎豹号(Leopard)拦截,英国官员要求搜查英国叛逃者。遭到拒绝后,猎豹号开火,杀死了三名美国人,导致包括船长在内的另外七人受伤。接着英国人抓住了四名叛逃者,其中三名有美国国籍;一人被处以绞刑。切萨皮克事件激怒了美国人,同时暴露了美国在军事上的弱势。

1807年禁运令

假如美国的军事准备更充分的话,众怒可能会导致宣战。然而,杰弗逊选择了他所谓的"和平威胁"。7月,总统对英国战船关闭水域,并增加了军事和海军经费。1807年12月,杰弗逊再一次向英国施加经济压力,援引《禁止进口法案》,八天后继之以新限制——禁运令。杰弗逊和他的国会支持者们将禁运令视为避免战争的短期措施,这条法令禁止美国向任何国家出口商品,以此向英国和法国施压,迫使它们尊重美国权利,并且防止美国商船和英国战船之间发生对抗。

然而,禁运令最严重的经济影响却是在美国自身。1808年出口总量下降了80%,经济萧条开始,新英格兰承运商和他们的工人们受到重创。相反，制造商却获益匪浅，因为国内市场完全属于他们，商人们开始将资本从海运转向制造。1807 年，新英格兰有 20 个棉花和羊毛工厂；至 1813 年，这些工厂的数量超过了 200 个。在此期间，愿意参与走私的商人赚得盆满钵满。

国际奴隶贸易

只需要看一看蓬勃的奴隶贸易就能发现稀缺是怎样创造需求的。在杰弗逊的鼓励下，国会于 1807 年进行投票，从 1801 年 1 月 1 日起禁止奴隶贸易——这是《宪法》允许的最早日期。只有南卡罗来纳仍然允许合法进口奴隶，但是该州大多数富有影响力的种植园主倾向于禁止该贸易，因为他们害怕（目睹了圣多明各发生的事件之后）继续增加本州的黑人人口，而这时黑人的数量已经多于白人了。国会辩论的焦点并非禁止奴隶贸易是否是个好主意，而是禁令生效后非法进口的非洲人如何处理。最终的法案规定，走私进入美国的奴隶将被按照到达州或地区的法律出售。换句话说，它强调了奴隶（甚至非法奴隶）是财产。假如不如此规定的话，一位佐治亚议员威胁道，结果可能是"对政府权威的抵抗"，甚至内战。尽管关于奴隶贸易的辩论并不严格按照区域（或地域）界线分布，但是地区间的紧张关系并未被激烈的党派纠纷完全掩盖。

商人们预料到法律开始实施之后奴隶的价格将会高涨，于是在法律通过后的几个月中，他们不

▲《登陆和占领美国船只切萨皮克号》（1816 年）描绘了英国护卫舰猎豹号的船员强制搜查美国船只切萨皮克号上的英国海军叛逃者的情形。切萨皮克号的水手们进行了反抗，但是英国人占了上风，并且抓住了四名叛逃者，其中三名是美国公民。美国人因为英国践踏美国权利感到耻辱和愤怒。
图片来源：威廉·L.克莱蒙图书馆

让手中的奴隶进入市场。仅仅在1807年最后4个月中,16 000个非洲奴隶来到查尔斯敦的加德斯登沃夫(Gadsden Wharf),热烈期盼1月1日截止期限早日到来的商人们将他们扣押在那里。尽管其中许多奴隶——至少数百人,甚至可能有数千人——被卖出前就死在狭窄而充满病菌的"候宰栏"中,但是根据商人们的计算,存活下来的奴隶升值部分将超过损失。1808年1月1日并不是国际奴隶贸易的终止;而是兴隆而有利可图的非法贸易的开始。正如1819年法官约瑟夫·斯托里(Joseph Story)所言,奴隶贸易"仍然和以前一样进行着,带着难以平息的暴虐和无法满足的贪婪。贪欲在规避中变得更巧妙;它凝视并捕捉猎物,有罪的监视者并没有抑制它的胃口,而是让它变得更大"。1819年,国会通过一条法律,授权总统使用强制力量拦截非洲沿岸的奴隶船,但是势单力薄的美国海军无法制止非法人口贸易。

1808年总统竞选

关于国际奴隶贸易的讨论渐渐平息,而关于禁运令的争论却开始升温,尤其是1808年总统竞选在即。民主—共和党人遭到派系分歧的影响,受到贸易限制束缚的沿海各州也非常不满。尽管九个州的立法机构通过决议敦促杰弗逊再次参加竞选,但是总统按照乔治·华盛顿的先例,拒绝了第三次任期竞选。他支持国务卿詹姆斯·麦迪逊成为民主—共和党人的领袖。然而,民主—共和党提名第一次产生争夺的情况。麦迪逊获得了国会党团会议的认可,但是弗吉尼亚民主—共和党人推出了詹姆斯·门罗,他后来退出了竞选,而一些东部人则支持副总统乔治·克林顿。麦迪逊和克林顿参加选举。查尔斯·科特斯沃斯·平克尼和鲁弗斯·金以崭新面貌再次作为联邦党代表参加竞选。

较年轻的联邦党人充分利用民众对民主—共和党政策的广泛不满,尤其是禁运令。平克尼只获得了47票,麦迪逊获得了122票,但是他获得了新英格兰除了佛蒙特以外所有州的支持,赢得了特拉华,并且获得了其他两个州的一些选举团选票。联邦党人还获得了一些国会席位,并控制了纽约州立法机构。尽管联邦党的未来看上去充满希望,但是这一届民主—共和党政府到下一届的过渡很顺利。

女性和政治

两届政府之所以能够顺利过渡,新首都中当选和受委任的官员们的妻子功不可没,她们鼓励政治和外交协商。这样的协商通常发生在社交场合,甚至私人住宅中。有着不同利益的人们可以通过个人关系对意识形态分歧进行沟通。女人们扮演着重要的角色,她们促进对话,倾听非官方的信息或发表观点,并且在国际事务方面充当她们国家的代理人。精英阶层的女性主持社交活动,平息内部党派斗争,在这些社交活动中,联邦党人和民主—共和党人可以彬彬有礼地交谈,求同存异,哪怕这些交往和政治无关。政客们的妻子彼此之间的交往也有政治目的:当第一夫人多莉·麦迪逊拜访议员们的妻子时,她收集了各地的菜谱,在白宫宴会中呈上具有各个地方特色的菜肴,为丈夫收获了许多善意。麦迪逊夫人希望她小火慢炖的菜单能够防止地域矛盾升温至沸点。

不过,在禁运令期间,女性的购买力或许是最具影响力的。杰弗逊派回想起女性对独立时期抵制运动的支持,于是直接争取女性支持他们的禁运令。富有同情心的女性唾弃进口面料,自己(或者指示奴隶们)织造供自己和家庭使用的面料。然而,联邦党人却鼓励女性"让商业活下去",于是支持他们的女性购买走私货物。

失败的政策

在国内反对派的压力下,禁运令最终崩溃了。1809年的《不往来法案》(Non-Intercourse Act)代替了禁运令,重新开始与英法以外的所有国家继续贸易,并授权总统重新开放与两国的贸易,只要它们尊重美国的中立权利。1809年6月,英国公使来到美国,保证英国将撤销对美国贸易的限制,于是麦迪逊总统重新开放了与英国的贸易。但是英国国王位于伦敦的政府否认了公使的保证，导致麦迪逊回归《不往来法案》。

1810年《不往来法案》过期时，国会用《梅肯二号法案》（Macon's Bill Number 2）代替了这一法令，重新开放与英法的贸易，但是规定当其中任何一个国家侵害美国商业权利时，总统将暂停与另一个国家的贸易。1811年，当拿破仑接受这一提议时，麦迪逊宣布停止与英国的贸易往来。尽管法国继续拦截美国船只，但是英国成了美国的主要仇恨对象，因为英国皇家海军占领了海域。

1812年春天，英国海军上将下令船只停止拦截、搜查或扣押美国战船，6月英国重新对美国船运开放海域。但是英国政策变化的消息到达美国海岸之前，国会已经对英国宣战。

麦迪逊先生的战争

投票分歧很严重。众议院以79票对49票支持战争；参议院则是19票对13票。民主—共和党人支持和反对战争的票数分别是98票和23票；而联邦党人则以32对0票的结果反对开战。倾向于战争的人包括总统麦迪逊，他指出英国对美国主权和尊严的侵犯：强制征兵、破坏中立贸易权，以及英国与西部印第安人结盟。其他人则认为这是一个占领和吞并英属加拿大的机会。大多数好战者都是渴望土地的南部和西部人——"好战分子"（War Hawks）——由南卡罗来纳的约翰·卡德威尔·卡尔霍恩（John C. Calhoun）以及第一届国会议员、众议院长，肯塔基的亨利·克雷（Henry Clay）领导。战争反对者，弗吉尼亚的约翰·兰道夫在国会中愤怒地谴责："对土地的贪婪而非海洋权促成了战争！""加拿大！加拿大！加拿大！"大多数来自沿海各州的代表，尤其是东北部，害怕贸易中断，他们反对所谓的"麦迪逊先生的战争"。

一开始，联邦党人从反战情绪中获益。他们加入叛变的民主—共和党人的行列，支持纽约市市长德维特·克林顿（DeWitt Clinton）参加1812年的总统竞选。克林顿在竞选中以89比128的结果败给麦迪逊，结果体现了人们对于战时总统的反对，联邦党人获得了一些国会席位，并且获得了许多地方选票。但是赞成战争的南部和西部，仍然是坚定的民主—共和党。

1812年战争

战争从1812年持续至1815年，包括一系列混战和小规模战争（参见地图9.2），美国军队因为杰弗逊派节约的军费政策，准备很不充分。因为缺少经验丰富的军官——"美国军事学院"（U.S. Military Academy）在西点（West Point）成立，这所1802年成立的军事学院只培养出89名正规军官——战役的过程很糟糕。尽管美国海军有一队经验丰富的军官，但是事实证明它完全不是皇家海军的对手。

美国也没能成功征募足够的军队。政府吸引新兵的努力毁誉参半，比如签约奖金、三个月佣金以及退伍后购买160英亩西部土地的权利。一开始，征兵在西部人中间进行得不错，他们受到公民精神、土地渴望、强烈的反印第安情绪和对特库姆塞的泛印第安组织的恐惧激励。但是当拖欠佣金的消息以及军队供应及口粮不足的消息传开后，应募的人大大减少。在新英格兰，募集军队更困难。联邦党人劝阻人们应征入伍，甚至连一些新英格兰的民主—共和党人都拒绝募集志愿军队。其他人则向部下保证他们只负责防御，比如在缅因，这些人只守卫海岸线。新英格兰和纽约的民兵团通常拒绝在本州以外作战。因为极度缺乏士兵，纽约向奴隶们提出以自由换取他们应征入伍，并且向他们的主人进行补偿，美国军队在老西北地区和加拿大对奴隶们提出了同样的条件。在费城，黑人领袖成立了"黑人旅"（Black Brigade），守卫城市。但是在美国南部诸州，人们普遍害怕武装的奴隶，于是把他们排除在军队之外，新奥尔良是唯一的例外，那里的自由黑人民兵团可以追溯到西班牙控制路易斯安那时期。相反，英国人却以自由为条件征募奴隶。结果，英国军队——由英国正规军、印第安同盟、逃亡奴隶以及加拿大人组成,其中许多人是在美国独立战争期间逃亡的反独者——加起来比美国军队还多。

入侵加拿大

尽管征兵遇到了许多问题,但是美国人以为可以轻易占领加拿大。加拿大人烟稀少,军队规模很小,而且大西洋中的皇家海军无法进入五大湖地区。美国人还指望法属加拿大人或许会欢迎美国军队。

美国的策略旨在分裂加拿大军队,鼓励支持英国的印第安人,尤其是特库姆塞,英国人向他承诺在五大湖地区建立一个印第安国家。1812年7月,美国将军、密歇根州州长威廉·赫尔（William Hull）带领人数超过英国人及其盟友的部队进入上加拿大（现代的安大略）,希望攻占蒙特利尔。但是因为放弃了马基诺岛（Mackinac Island）、迪尔伯恩堡（Fort Dearborn）和底特律堡（Fort Detroit）,他将整个中西部暴露在敌军面前。扎卡里·泰勒上校（Captain Zachary Taylor）提供了整场战争中唯一的亮点,在1812年9月印第安纳地区的哈里森堡保卫战中为美国人赢得了一场陆战胜利。但是至1812年到1813年的冬季,英国人已经控制了老西北的大约一半地区。美国在纽约和加拿大的交界处尼亚加拉前线（Niagara Front）没有获得更大的胜利,很大一部分原因是因为纽约民兵拒绝离开本州入侵加拿大。

海战

尽管"宪法号"[USS Constitution,在打败皇家孤立号（HMS Guerriere）后被昵称为"老铁甲战士"（Old Ironsides）]、"黄蜂号"（USS Wasp）以及美国船舰（USS United States）在大西洋上获得了几次胜利,但是美国海军在战争打响时只有区区17艘船,无法与强大的皇家海军匹敌。皇家海军于1812年封锁了切萨皮克湾和特拉华湾,至1814年封锁线覆盖了几乎所有大西洋沿岸的美国港口和海湾海岸。1811年之后,美国海外贸易下降了90%,关税收入的减少威胁到联邦政府的生存并使新英格兰完全瘫痪。

对五大湖控制权的争夺导致西北战场的关键逐渐成为一次造船竞赛。在总指挥官奥利弗·哈泽德·佩里（Oliver Hazard Perry）和造船业主诺亚·布朗（Noah Brown）的领导下,美国在伊利湖上的船只数量超过英国,并在1813年9月10日的血腥普廷贝（Put-in-Bay）战役中将他们打败,获得了伊利湖的控制权。

焚烧首都

威廉·亨利·哈里森将军接着开始进行美国历史上最成功的陆地战役之一。一群衣衫褴褛的肯塔基民兵志愿军,佩着刀剑当武器,每天行军20到30英里加入哈里森的俄亥俄军队。哈里森的军队人数达到了4 500,他们袭击并占领了底特律,然后穿行至加拿大,在1813年10月的泰晤士战役（Battle of the Thames）中打败了英国人、肖尼人和奇佩瓦人组成的军队。死者中包括特库姆塞。美国人接着将加拿大首都约克（现在的多伦多）夷为平地,撤离前劫掠和烧毁了议会大厦。

1814年英军在欧洲打败拿破仑之后,对美国发起了陆地反击,主要打击目标是切萨皮克湾地区。作为对焚毁约克的报复——同时也是为了使美国部队从尚普兰湖转移,英国人计划发起新一轮攻击——皇家军队于8月占领了华盛顿特区并放火,使总统官邸和部分城市燃烧了一整夜。城市中一片混乱。总统和内阁逃离首都。多莉·麦迪逊留下监督,直到内阁文件被转移才离开,众所周知的是她还抢救了吉尔伯托·斯图尔特（Gilbert Stuart）创作的乔治·华盛顿肖像。

英国袭击华盛顿的目的只是为了分散美军注意力。主要战役发生在1814年9月的巴尔的摩,美国人坚守防线。被扣留在一艘英国船只上的弗朗西斯·司各特·奇（Francis Scott Key）从巴尔的摩

销售战争

1812年战争不是一场受欢迎的战争，但是却引发许多美国人为战争的胜利而自豪。左边是1812年的征兵海报，威廉·亨利将军征召骑兵。由于运输困难，哈里森无法提供很好的条件——士兵们甚至需要提供自己的培根和自己的马匹——但是他保证征战持续时间会很短，毫无疑问急于回家乡赶秋收的人们很关心这个问题。1815年《根特条约》和新奥尔良战役之后制造的手帕，手帕上描绘着美国对世界最强海上军事力量——英国——的胜利。手帕周围印着一圈装饰花纹，很可能是用来展示的。从中我们能看到哪些相似的价值观？哪些因素——比如它们针对的目标群体、它们的目的，以及它们的制造时间——造成了它们之间的区别？

> **CIRCULAR.**
>
> ST. MARY's, September 20th, 1812.
>
> SIR—As the force which I have collected at this place (of mounted men) is not sufficient to accomplish the object of the expedition, which it was proposed to set out from hence—You are hereby authorised to circulate through the country my wishes to be joined by any number of mounted men, (corps ready organised would be preferred) under the authority heretofore given by Gov. Meigs. Companies which may join me to serve for the expedition and which will furnish their own horses will have credit for a tour of duty, and the expedition is not expected to continue more than thirty days, and will, at any rate, not extend beyond forty.
>
> I am, respectfully,
> your humble servant.
> WM. H. HARRISON.
>
> P. S. The men must bring on as much bacon as possible. Any one who will bring a spare horse, saddle and bridle, shall be allowed fifty cents per day for the use of them—The bearer is authorised to hire horses and give certificates which will be taken up and paid for by the Quarter Master.
>
> WM. H. HARRISON

▲ 因为正规军规模很小，美国常常需要依靠短期征兵才能对英国发动战争。

图片来源：芝加哥历史博物馆

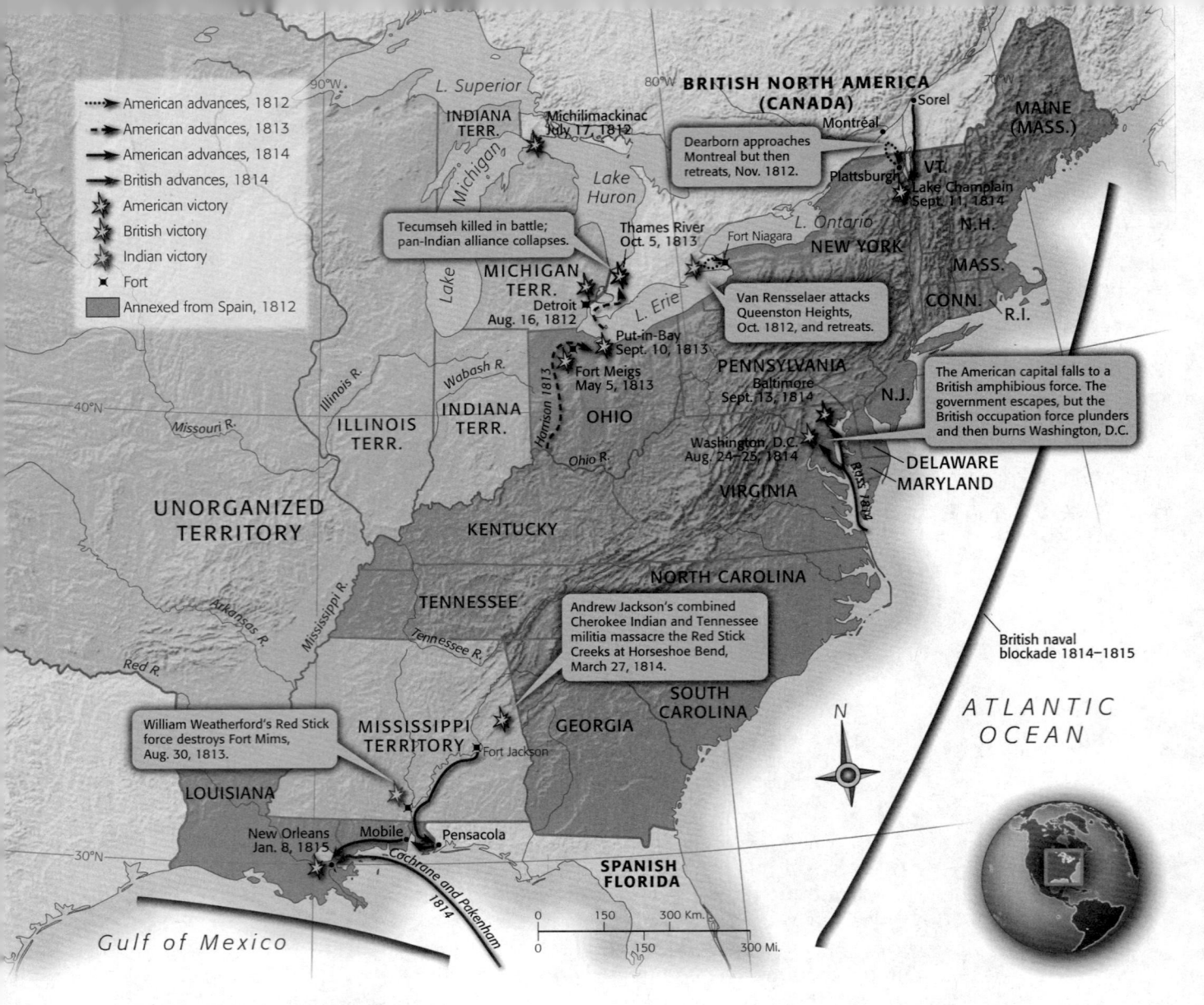

地图 9.2　1812 年战争的主要阵营

陆地上的战争主要集中在美国—加拿大边境、切萨皮克湾以及路易斯安那和密西西比领域。

来源：©圣智学习

港目睹了麦克亨利堡（Fort McHenry）被轰炸的场面，他在次日早晨写下了韵文"星条旗"（The Star-Spangled Banner，1931 年成为国歌）。尽管英国人致使美国造成了重大破坏，但是他们几乎没有获得什么军事胜利；事实证明他们在尚普兰河上的进攻也没有成功。战争陷入了僵局。

南方的战争

在南方，两场战争同时打响。其中一场被历史学家称为"另一场 1812 年战争"（或"爱国者战争"），一支受到麦迪逊政府秘密支持的美国私军试图从西班牙手中夺取东佛罗里达。战争始于佐治亚—佛罗里达边境的定居者叛乱——他们试图占领更多土地，于是袭击了西班牙人的印第安同盟，后来又抗议西班牙人的黑人士兵武装（增加了定居者们对于奴隶叛乱的恐惧）——最后演变成战争，爱国者从美国正规军（陆军和海军）以及佐治亚民兵团那里获得了支持。联邦党人谴责他们侵略中立地带，而参议院两次拒绝（1812 年和 1813 年）支持军事占领佛罗里达，这一运动于 1814 年 5 月溃散。历史学家对于爱国者战争的作用存在分歧，有人认为这场战争最终有助于美国从西班牙赢得佛罗里达，但是也有人持相反意见，认为它阻碍了这一进程。

在和英国的战争中,事实证明南方战区成功得多。这场战争的最终战役以美国袭击墨西哥湾沿岸的"红棍"克里克人(Red Stick Creeks)和新奥尔良附近的英军开始,并以美国人获得新的白人定居领地结束。红棍曾经响应特库姆塞的号召(他的母亲就是克里克人)反抗美国扩张。哈里森将军的军队于1811年在蒂皮卡诺打败肖尼军队时,一些人死在印第安纳地区。1813年,红棍军袭击了距离莫比尔(Mobile)大约40英里的米姆斯堡(Fort Mims),杀害了数百名在该地寻求庇护的白人男性、女性和儿童。为了报仇,来自田纳西的安德鲁·杰克森(Andrew Jackson)将军召集了民兵和红棍军的印第安宿敌(包括其他支持接纳白人的克里克人),于1814年3月在马蹄湾(Horseshoe Bend)将红棍军一网打尽(位于今天的阿拉巴马),导致了《杰克森堡条约》(Treaty of Fort Jackson)的签订,条约规定克里克人割让2 300万英亩土地,或者接近半数财产,并且撤往密西西比河地区的西南部分。

杰克森成为正规军少将,继续往南前进至墨西哥湾,对新奥尔良虎视眈眈。在先后占领彭萨科拉(位于西班牙属佛罗里达)和莫比尔之后,杰克森的军队进入新奥尔良,三个星期中,他们与英国士兵玩捉迷藏。1815年1月8日,两军正面交战。因为占据要塞的有利地形,杰克森麾下没受过什么训练的士兵们抵挡住了英军两次正面袭击。一天结束时,两千多名英国士兵战死或受伤(伤亡率达到了1/3),而美国的伤亡人数只有21人。

新奥尔良战役发生在战争正式结束之后两周:英国和美国外交官于12月24日签署《根特条约》的消息还没有传到美国。尽管在军事上并非必要,但是新奥尔良战役让安德鲁·杰克森的政治地位扶摇直上,而面对强大敌人赢得的胜利也激起了民族自豪感。

《根特条约》

《根特条约》本质上恢复了战前的状态。它终止了美国和英国以及美洲原住民的仇怨,释放了俘房,归还了占领的土地,并且仲裁了边境纠纷。但是美国在强制征兵、封锁或其他中立海洋权方面并没有得到满意的结果,而英国要求的从缅因到明尼苏达地区割让的要求没有得到满足。英国人放弃了对特库姆塞的独立印第安国家的承诺。

为什么协商者答应这些并不理想的条件呢?拿破仑的战败让美国得以放弃他们战前的要求,因为一旦欧洲和平,强制征兵和干涉美国商业就是没有实际意义的问题。类似地,饱受战争之苦的英国国库几乎耗尽,也不再迫切要求军事胜利。

美国主权得到再次伸张

然而1812年战争对于美国在全世界中的地位有着重要影响。它确定了共和国的独立,并保证了加拿大相对美国的独立性。和英国的贸易与领土纷争仍在继续,但是它们不会再引发战争。美国人增强了避开欧洲政治的决心。

回归和平让美国可以继续将注意力投入巴巴利海岸,阿尔及尔总督利用美国忙于应付英国军队的时机对美国宣战。在第二次巴巴利战争中,美国军队俘虏和扣押了数百名阿尔及尔人,1815年夏天双方就条约进行协商,美国将再也不需要为在地中海通行缴纳费用。第二次巴巴利战争再一次伸张了美国的主权及其自由航海原则。

国内影响

1812年战争对美国国内局势有着深远的影响。随着哈特福德会议的召开,联邦党人掌握国家权威的希望化作了泡影,因为陷入僵局的战争和支离破碎的新英格兰经济令人万分焦虑,新英格兰代表在康涅狄格的哈特福德会面,会议在1814—1815年冬季持续了三个星期,讨论修改国家协议或者脱离共和国。尽管温和派阻止了脱离联邦的决议,但是代表们谴责了战争和禁运令,同时对《宪法》做了些修正,使南方权力相对于北方被削弱,并使宣战变得更困难。接下去的几个星期中,杰克森在新奥尔

◀ 美国人很高兴，1812年战争重新确立了他们对英国君主政体的独立。画面中水手的脚踩在皇冠上，一旁是断裂的锁链。

图片来源：个人收藏/图像研究顾问和档案

良旗开得胜和《根特条约》的消息相继传来，哈特福德会议使联邦党人看起来执迷不悟，甚至悖逆。联邦党在一些州幸存至1820年代，但是该党派在全国的影响力已经微乎其微。

随着特库姆塞的死亡，中西部印第安人失去了他们最强大的领袖；而随着英国人的撤退，他们又失去了最强大的盟友。在南部，红棍人将大片肥沃的土地割让给美国。这场战争并没有对所有印第安人造成毁灭打击——一些妥协者，比如切罗基人，获得了暂时的繁荣——但是它有效地解除了决心对抗美国扩张的传统主义者的武装。尽管《根特条约》承诺美国终止和印第安人的仇怨，返还他们战前的"财产、权利和特权"，但是印第安人却无法迫使美国人遵守这一协议。

对于美国农民来说，这次战争开辟了大片之前属于印第安人的土地，可以在老西南种植棉花，在老西北种植小麦。对于年轻的产业来说，最终结果表明这场战争成了兴奋剂，因为美国人不能再依靠国外进口产品，尤其是织物。因此1812年战争刺激了对原棉的需求，而西南地区新获得的土地召唤着南方人，他们纷纷带着奴隶，或者带着某一天能拥有奴隶的梦想，迁徙到该地区。战争的结束加速了将在接下去几十年中主导美国历史的三股潮流：向西扩张、工业腾飞和奴隶制的根深蒂固。

民族主义计划

在总统任期的最后一年，詹姆斯·麦迪逊和民主—共和党人接纳了一个民族主义计划，吸收了联邦党的观念，认为联邦政府应该鼓励经济增长。在他1815年12月写给国会的报文中,麦迪逊建议经济发展和军事扩张。他的计划后来被亨利·克雷称为美国体系(American System),其中包括设立国家银行,加强运输业和保护性关税——对进口商品征收税款,旨在保护美国制造商不受国外竞争的影响。然而麦迪逊并未完全脱离杰弗逊派根源;他辩称,只有《宪法》修正案才可以授权联邦政府建造地方道路和运河。

美国体系

克雷和其他国会领导人,比如南卡罗来纳的卡尔霍恩(Calhoun),相信美国体系将会消除扩张的国家中的地域分歧。关税将刺激新英格兰工业。而新英格兰制造的产品则能在南部和西部找到市场。与此同时,南方和西方的农业产品——棉花和食物——也能供给新英格兰工厂及其工人。制造品和农业产品将沿着道路和运河运输到各地——同时代人将之称为内部进步——关税可以用作建设道路和运河。国家银行将处理交易。

在麦迪逊任期的最后一年,民主—共和党国会实施了民族主义计划中的大部分。1816年,它授权开设了美国第二银行(Second Bank of the United States,第一家银行的授权于1811年过期),作为联邦经费的存放处、发行货币、收税以及偿还政府债务。美国第二银行同时还将监管州和地方银行,确保它们的纸币有硬通货支持(贵金属)。和前身一样,这家银行有着共有和私有混合的所有权;政府为该银行提供1/5的资本,并且委任了1/5的领导。

国会还通过了一项保护性关税,去帮助1812年战争期间开始繁荣,但是现在正受到海外贸易重新开始威胁的工业。1816年关税对进口羊毛和棉花以及铁、皮革、帽子、纸和砂糖征税。不过,这项关税预示着一个逐渐增长的趋势,使国家进一步分裂而不是团结。新英格兰以及西部和中大西洋诸州可以从这项关税中受益,于是表示欢迎,而许多南方人则表示反对,因为这提高了消费品的价格,同时让英国人有可能通过对棉花征税作为报复性措施。

一些南方人迫切需要内部进步。卡尔霍恩直言不讳地支持道路和运河"将共和国联结在一起"。然而,1817年3月3日,卸任的前一天,麦迪逊总统因为合宪性疑虑,否决了卡尔霍恩的《奖金法案》(Bonus Bill),这让国会措手不及,该法案本来将授权联邦资金建设公共设施。

早期内部改进

撇开合宪性疑虑不提,联邦党人和民主—共和党人都同意,国家的繁荣依赖改良的交通。对于联邦党人来说,道路和运河对于商业发展是必须的;对于杰弗逊派来说,它们将推进西部扩张和农业增长。1806年,国会通过(杰弗逊已经签署)了一项法令,授权为坎伯兰公路(Cumberland Road)提供资金(后来的国家公路),这条公路总长130英里,连接了马里兰的坎伯兰和弗吉尼亚的惠灵(Wheeling,现在的西弗吉尼亚)。工程开始于1811年,并于1818年结束。两年后,国会又授权考察通往俄亥俄的哥伦布(Columbus)的国家公路,这个项目在1825年得到资金,1833年竣工;这条公路最终将延伸至印第安纳。

不过,在麦迪逊总统否决《奖金法案》之后,大多数交通建设从各州、私人投资者那里获得资金,或者两者兼而有之。在1817年至1825年之间,纽约州建造了伊利运河(Erie Canal),连接五大湖,并通往大西洋海岸。尽管南方诸州建造的运河规模较小,但是南方贸易在1817年之后依赖于河上的蒸汽船,从那时起蒸汽船开始定期在密西西比河上来回。有了运河和蒸汽船,西方的农产品可以更快捷并廉价地运往市场,这加快了国家向西扩张的步伐。不过,和蒸汽船不同,运河将贸易网络拓展至没有天然水道的地区。尽管密西西比河为早期共和国提供了伟大的商业干线,但是运河开始通过北方重新定位中西部贸易。

善意的时代

麦迪逊的继任者詹姆斯·门罗延续了麦迪逊

的国内计划，支持关税并于1822年否决了《坎伯兰公路法案》(Cumberland Road Bill，目的是维修)。门罗是最后一位参加过制宪会议的总统，也是1801年以来第三位当选总统的弗吉尼亚人。他曾担任过参议员和两届弗吉尼亚州州长，作为麦迪逊的国务卿和战争部长，利用和杰弗逊以及麦迪逊的密切联系赢得了总统席位。1816年，他和竞选搭档丹尼尔·汤普金斯(Daniel Tompkins)大败最后的联邦党总统候选人鲁弗斯·金，获得了所有选举团选票，除了联邦党势力根深蒂固的马萨诸塞、康涅狄格和特拉华。一家波士顿报纸将这个一党统治时期戏称为"善意的时代"。

在联邦党首席法官约翰·马歇尔的领导下，最高法院成为民族主义计划的堡垒。在"麦卡洛克诉马里兰州案"(1819年)中，法院推翻了一条未得到州立法机构许可而向州内银行收税的法律——这一法律旨在阻碍由联邦授权的美国第二银行的巴尔的摩分行。这家银行拒绝付税，并且提起诉讼。争议发生在州和联邦司法机构之间。马歇尔代表一致通过的法院撰写了判决书，坚持联邦政府相对于各州的最高权力。"《宪法》及其法律是至高无上的，"他宣称，"它们控制着诸州的《宪法》和法律，而不受它们的控制。"法院还判定，在《宪法》条款规定下，国会有权力为银行颁发许可证，因为它被赋予了通过"所有必要和适宜实施的法律"的权力。因此马歇尔法院支持联邦党的观点，认为联邦政府可以促进州际商业。

政府促进市场扩张

后来的最高法院案件又确认了政府促进经济发展和工商企业及承担风险的职能。在"吉本斯诉奥登案"(Gibbons v. Ogden, 1824)中，最高法院推翻了一条纽约法律，该法律赋予罗伯特·富尔顿(Robert Fulton)和罗伯特·李维顿[及其后人亚伦·奥登(Aaron Ogden)]在纽约—新泽西蒸汽船贸易中的垄断权。首席法官马歇尔判决联邦政府拥有向新企业颁发许可的权力，并且联邦许可的效力高于纽约州的垄断权许可，同时宣称国会在《宪法》的商业条款下有权延伸到"商业交往的所有类型"，

▲ 旅行者、商人和牲口占据了国家公路的一部分，这是1829年巴尔的摩3号里程碑路边的场景。
图片来源：由马里兰历史协会(Maryland Historical Society)提供

包括运输。"吉本斯诉奥登案"的判决建立在早期马歇尔法院判决的基础之上，比如"达特茅斯学院诉伍德沃德案"（Dartmouth College v. Woodward, 1819年），判决保护契约不可侵犯，不受州的干扰；以及"富莱切尔诉派克案"（Fletcher v. Peck, 1810年），判决宣布一条佐治亚法律无效，因为它侵犯了个人订立契约的权利。在"吉本斯诉奥登案"判决两年内，在纽约运营的蒸汽船从6艘增加到43艘。首席法官罗杰·托尼（Roger Taney）经手的"查尔斯桥诉沃伦桥案"（Charles River Bridge v. Warren Bridge, 1837年）中，判决鼓励新企业和新技术，支持竞争而非垄断，支持公共利益而非旧协议中暗含的特权。

联邦法院、州法院和州立法机构协力鼓励企业扩散——这些组织像个人一样可以持有财产并处理业务。企业主被称作股东，被赋予有限责任，除了最初的投资以外免除个人对企业债务的责任。有限责任鼓励投资者们支持新的商业投资。

联邦政府以其他方式帮助商业经济的发展。美国邮政局促进信息流通，这是市场经济中的一个关键元素。邮局的数量从1815年的3 000个增加到1845年的14 000个。为了激发个人创造力，促进经济增长，政府通过专利法来保护发明，通过对外国进口商品征收关税来保护本土产业。

边境解决

门罗的国务卿约翰·昆西·亚当斯（John Quincy Adams）在果断和民族主义方面都和马歇尔法院不相上下。亚当斯是约翰·亚当斯和阿比盖尔·亚当斯夫妇的儿子，他在1817年至1825年期间负责国家的外交政策，推进地理扩张（通过协商，而非战争），为美国赢得了在大西洋海域的捕鱼权，与欧洲保持政治距离及和平。在亚当斯的领导下，美国和英国及西班牙解决了一系列冲突点。1817年，美国和大不列颠签署了《拉什—巴格特条约》（Rush–Bagot Treaty），限制英国海军一次只能有一艘船只在尚普兰湖及安大略湖（Lake Ontario）上通行，其他四个大湖则以每次最多两艘为限。这是现代第一个裁军条约，解除了美国和加拿大边境的武装。接着亚当斯又积极推进《1818年公约》（Convention of 1818），这一公约将美国—加拿大边境线从明尼苏达的伍兹湖（Lake of the Woods）往西推进至落基山脉，沿着北纬39度线。当他们无法就落基山脉以西边境达成共识时，英国和美国同意一起占领俄勒冈十年（1827年续约）。

亚当斯的协商导致了《亚当斯—欧尼斯条约》的签订，条约规定美国获得佛罗里达，该地区已被安德鲁·杰克逊将军以镇压塞米诺突袭为借口占领，1817年至1818年的第一次塞米诺战争（First Seminole War）期间，塞米诺突袭边境线上的美国定居点。尽管路易斯安那交易并未提及西班牙属西佛罗里达，但是美国主张东至派迪多河（Perdido River, 今天的佛罗里达—阿拉巴马边境）的土地。在1812年战争期间，美国曾占领莫比尔和剩下的西佛罗里达地区，战争结束后，亚当斯主张占有东佛罗里达，此时西班牙正为国内和殖民地的问题焦头烂额。1819年，西班牙大使唐·路易·德·奥尼斯（Don Luis de Onis）同意将佛罗里达无偿割让给美国，只要美国放弃对北墨西哥（得克萨斯）的主张，并且承担美国公民有权向西班牙取得的500万美元。《亚当斯—欧尼斯条约》[或称《横贯大陆条约》（Transcontinental Treaty）]还确定了路易斯安那购地案的西南界线，并且在北纬42度确定了西班牙属墨西哥和俄勒冈地区的边境线。

门罗主义（Monroe Doctrine）

约翰·昆西·亚当斯将美国和西半球欧洲纷争隔离开的愿望为他带来了最伟大的成就：门罗主义。最紧急的问题是承认拉丁美洲的政府。在1808年至1822年期间，拉普拉塔联合省（the United Provinces of Rio de la Plata, 今天的北阿根廷、巴拉圭和乌拉圭）、智利、秘鲁、哥伦比亚和墨西哥纷纷脱离西班牙（参见地图9.3）。1822年，在《亚当斯—欧尼斯条约》签订后不久，美国成为拉丁美洲以外第一个承认这些新国家的国家，包括墨西哥。但是在欧洲，反动政权正在兴起，而此时法国正占领着西班牙，镇压自由叛乱，美国害怕大陆势力会试图让拉丁美洲国家回归殖民统治。推出大陆各国同盟之后，英国向美国提出联合声明，反对欧洲干涉西半球事务。亚当斯拒绝了英国的提议，认为这正是他试图避免的纠缠关系，尽管和英国及其强大的海军结盟有很多益处。

门罗在1823年向国会提交了后来被称作"门罗主义"的文件。他的报文宣称美洲"从今以后不再被视为任何欧洲势力的未来殖民地"。这一原则道出了美国的焦虑，他们不仅担心拉丁美洲，还担心俄罗斯往阿拉斯加以外扩张及其在加利福尼亚的定居点。门罗要求欧洲不干涉独立新世界国家的事务，包括欧洲在新世界现有的殖民地。尽管门罗的话语没有效力——欧洲各国置身于新世界事务之外是因为他们害怕皇家海军，而不是美国的宣言——但是在国内却大受欢迎，因为这番话激起了美国民族主义和反英、反欧情绪。

暴露的地方主义

禁运令、1812年战争以及战后内部的迅速改进，鼓励着南方和北方经济以不同但又相互关联的方式发展。当南方越来越依赖棉花种植，北方却经历着加速的工业发展，其基础已经在20年前打下了。杰弗逊派忠于节俭政府和农业国家，他们并不推动工业，这项工作是为数不多的企业在做。

早期工业发展

尽管美国人努力将自己定义为独立的国家，但是却依赖英国技术将面料制造的许多步骤组合起来——梳理（理顺）纤维、纺纱、织布——都在一个工厂中进行。第一个美国水利纺织厂由塞缪尔·斯莱特（Samuel Slater）于1790年建立，这个英国移民依靠记忆重建了他曾在英国棉织厂工作时见过的复杂机器。但是斯莱特的工厂只能梳理和纺纱；纺好的纱线仍然需要手工织成布匹，这项工作通常由想要赚取现金的女性完成。1810年，波士顿人弗朗西斯·卡博特·洛厄尔（Francis Cabot Lowell）决定将水利机器纺织引入美国，他拜访了英国纺织中心曼彻斯特，参观工厂，然后依靠记忆画出所见所闻的草图。1813年，他和商业伙伴自称为波士顿制造公司（Boston Manufacturing Company），将面料制造的所有工序都集中在马萨诸塞州沃尔瑟姆的一家工厂中。十年后，波士顿制造公司成立了模范工业镇——以已故创始人的名字命名——沿着梅里马克河（Merrimack River）河岸。在马萨诸塞洛厄尔有着供工人们居住的宿舍，这是曼彻斯特出租屋和贫民窟的健康替代品。美国实业家们希望美国在工业化过程中摒弃与欧洲工业化联系在一起的贫穷和堕落。

这家美国纺织厂诞生于1812年战争期间。《根特条约》签订后，英国制造的廉价面料涌入美国市场，洛厄尔意识到现在这个市场需要保护。因此他奋力游说当局将棉布纳入1816年关税中，这在劝说不情愿的南卡罗来纳支持这项条款时起到了关键作用。

早期工业化主要在北方诸州进行，无法避免地和奴隶制联系在一起。大量资本来自从非洲奴隶贸易中累积财富的商人，而最繁荣的两种产业——纺织和制鞋——相继发展，伴随着南方棉花种植经济的增长。南方棉花种植业为北方纺织厂供应原料，而北方制鞋厂则将他们的"黑人短鞋"（Negro brogans，工作鞋）卖给南方种植园主。即使是在传统北方，家庭作坊式劳动力模式——户外工作——也与南方奴隶休戚相关：新英格兰农场女孩们为商人编织棕榈叶帽子，然后商人们再将这些帽子卖给南方种植园主，供他们的奴隶们佩戴。

1819年恐慌

战争一结束，美国经济就开始快速增长。国际市场对美国商品的需求（以及价格）达到了新的高峰。欧洲的糟糕天气导致农作物歉收，这增加了欧洲市场对美国的北方粮食和南方棉花的需求，相应

地图9.3 拉丁美洲独立，1840年

随着中美洲和南美洲在对抗欧洲殖民地势力的独立战争中取得胜利，门罗总统竭力警告欧洲各国不要干涉该地区事务，以此增强美国的安全。

来源：©圣智学习

放眼天下

工业盗版

尽管美国人以发明创造和勤奋工作而自豪，但是他们工业发展起步的时候却依赖着进口技术，有时甚至是剽窃。18世纪末期在机械制造和动力织布机发明方面遥遥领先的英国很清楚在工业革命中占据领先地位的价值，因此他们禁止出口纺织技术。但是出生于欧洲的塞缪尔·斯莱特和约翰·斯莱特以及他们出生于苏格兰的动力织布机制造者威廉·吉尔摩（William Gilmore）、波士顿人弗朗西斯·卡博特·洛厄尔以及纳森·阿尔普顿（Nathan Appleton）规避英国禁令和专利权，建立了美国最早的几家纺织厂。

塞缪尔·斯莱特曾在英国一家棉纺厂担任学徒工，后来升为监督员，他很精通棉织机械和工序。英国禁止出口纺织技术，于是斯莱特伪装成农民移民至美国。1790年在罗德岛的波塔基特（Pawtucket），他在黑石河（Blackstone River）上建立了美国第一家水利纺纱厂，按照记忆复制了那些复杂的机器。他和哥哥约翰、他们的罗德岛合伙人摩西（Moses）和奥巴蒂亚·布朗（Obadia Brown）以及威廉·阿尔梅（William Almy）一起，后来在罗德岛和马萨诸塞建造和管理数家工厂。1815年，他雇用了新移民威廉·吉尔摩，后者制造了一个与英国机器类似的水利织布机。斯莱特兄弟在1820年代引进了英国的蒸汽织布机。这时候，新英格兰按照英国模式建造的工厂中，纺纱和织布都可以完成了。

1810年，弗朗西斯·卡博特·洛厄尔和斯莱特兄弟不谋而合：建立拥有机械、水利织布机的现代纺织厂。洛厄尔和全家去英国度假，在苏格兰爱丁堡，他和波士顿同乡纳森·阿尔普顿会合。在英国见到的纺织厂让他们大开眼界，于是他们计划将水利机械纺织引入美国。他们知道自己必须从英国获得让曼彻斯特成为著名纺织中心的"先进生产技术"。洛厄尔去了曼彻斯特，白天去纺织厂参观和观察，并会见工厂管理者。夜晚则回到酒店凭着记忆将看到的水力纺织机和工序画成草图。回到美国后，他和其他几个人组成了波士顿联合会（Boston Associates），在洛厄尔的工业盗版基础上建立了沃尔瑟姆—洛厄尔纺织厂。几年之内，纺织成为美国的重要产业，波士顿联合会在其中占据了主导地位。

就这样，现代美国工业革命以国际联系开始，而非成长与本土的美国发明。足智多谋和工业盗版让美国踏上了工业进步的道路。

◀ 这幅当代油画表现了波士顿制造公司于1814年在马萨诸塞沃尔瑟姆建立的纺织厂。所有制造工序都在一个屋檐下完成，该公司在新英格兰农村建立了第一批工厂，利用奔腾的河流作为动力来源。

图片来源：由马萨诸塞沃尔瑟姆高尔·普拉斯协会（Gore Place Society）提供

地引发了西部土地投机。投机者们竞相以政府设定的低价购买大片土地，然后加上大差价倒卖给后来的定居者。这一扩张建立在贷款很容易的基础上。因为贷款和纸币很容易获得，农民和投机者大肆购买土地，而制造商则兴建企业或扩大已有企业规模。

事实证明繁荣只是昙花一现。欧洲慢慢从战争中恢复，气候也有好转，至1810年代末，欧洲人可以耕种自己需要的粮食，英国的新《玉米法》(Corn Laws)对进口粮食征收高额关税，进一步减少了对美国农业出口产品的需求。英国的棉花价格下降。拉丁美洲的战争干扰了矿业，减少了贵金属供应量，导致欧洲各国开始囤积硬通货；作为应对，美国银行大量印刷纸币，将信用额度进一步扩大。因为害怕通胀，美国第二银行在1819年要求各州的银行以硬通货偿还贷款，而它本身印刷的纸币已经超过了硬通货的储备额。于是各州银行转而从个人和企业处回收贷款和抵押贷款。商品价格下降意味着农民无法支付抵押贷款以及土地价值的下降——在西部下降幅度大约是50%到75%——这意味着他们即使出售农场也无法偿还债务。国家的银行系统崩溃了。1819年经济恐慌严酷地提醒美国人，他们仍然生活在欧洲经济轨道之上。

乡村和城市的生活一样艰难。丧失抵押品赎回权猛增。失业率突升，即使是在以炼铁、烟草加工等产业为主的传统制造地区也是如此。在费城，失业率达到了75%。经济收缩给工人及其家庭造成重大打击。正如一个巴尔的摩医师记录道，劳动阶层的人们对艰难时事的感触"比商人们深一千倍"。他们在经济蓬勃增长的时期没能攒下足够积蓄以便渡过难关；他们常常只能依靠慈善机构发放的食物、衣物和柴火度过寒冬。

经济萧条使整个美国社会震荡不已。来自所有地区的美国人都在深思快速市场扩张的好处和危险，他们对于谁该为它的缺点负责争论不已。西部人谴责东部人；农民和工人谴责银行家。即使1820年代初开始，国家的经济在一系列国内进步项目影响下开始复苏，依然没有人充满信心地预测这个国家的经济和政治时运将着落在哪里——哪个地区、哪个区域。

密苏里妥协

1819年金融恐慌来袭时，政治危机也随之降临。争议问题是奴隶制的向西扩张。尽管北方和南方存在大量经济联系，但是奴隶制长期以来一直是个政治引爆点。自从《宪法》起草以来，国会就试图回避这个问题；唯一的例外是关于国际奴隶贸易的争论。然而，1819年奴隶制再一次被提上了国家政治日程，因为从路易斯安那地区分割出来的密苏里地区的居民向国会请求以允许奴隶制的州《宪法》进入联邦。这一举措带来的风险不仅仅在于一个个别州中奴隶制的未来。密苏里进入联邦将使蓄奴各州在参议院中占有两票优势，而密苏里发生的一切将为路易斯安那购地案中获得的广袤土地中产生的新西部诸州设定先例。"这个重大问题，"为联邦的命运深感不安的杰弗逊总统写道，"就像夜晚的火警，把我惊醒，令我充满恐惧。"

在路易斯安那购地案之后，尤其是1812年战争结束后，美国人口向西部涌动，导致五个新的州加入联邦：路易斯安那(1812年)、印第安纳(1816年)、密西西比(1817年)，伊利诺伊(1818年)和阿拉巴马(1819年)。其中路易斯安那、密西西比和阿拉巴马允许奴隶制存在。因为密苏里和自由的伊利诺伊、印第安纳以及俄亥俄(1803年成为州)在同一纬度，因此该州作为奴隶州进入联邦不仅会将奴隶制往西推进，更会将其往北推进，而且会使众议院中来之不易的平衡发生倾斜。

在两年半时间里，这个问题主导着国会，激烈的争论已经超出了密苏里州眼前奴隶制问题的范畴。当纽约的代表小詹姆斯·塔尔梅奇(James Tallmadge Jr.)提出逐渐在密苏里实行奴隶解放时，一些南方人谴责北方威胁联邦生存。"如果你们坚持的话，联邦将会瓦解，"佐治亚的托马斯·威利斯·科布(Thomas W. Cobb)对塔尔梅奇喊道。只有"血海"才能扑灭塔尔梅奇点燃的火焰，科布警

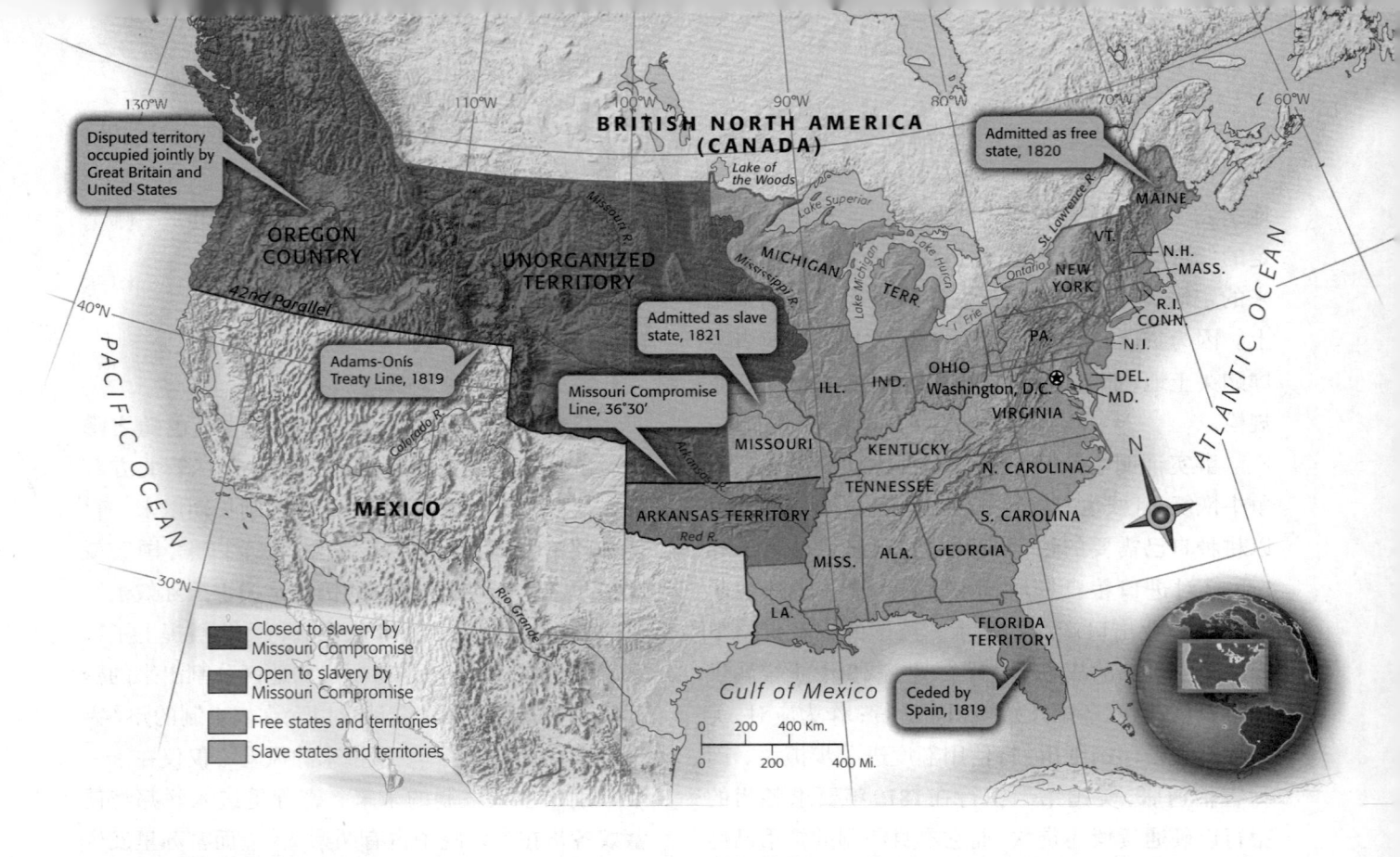

众议院议长亨利·克雷制定的妥协方案建立了一种方法，避免新州在允许或禁止奴隶制问题上引发争议。在此过程中，它将美国分成了北方和南方两个地区。

来源：©圣智学习

告道。"那就来吧。"塔尔梅奇反唇相讥。众议院中北方人占大多数，于是通过了《塔尔梅奇修正案》（Tallmadge Amendment），但是被参议院驳回。

众议院议长亨利·克雷——他本人就是一个西部奴隶主——于1820年提出了一个妥协方案。从马萨诸塞州分离出来的缅因州将作为自由州加入联邦，而密苏里则将紧随其后作为奴隶州加入，保持奴隶州和自由州的平衡，12对12。在密西西比河的南部边界北纬36°30′以北的路易斯安那其他地区，奴隶制将被永久禁止（参见地图9.4）。

这一妥协方案得以通过，但是差一点儿瓦解，因为密苏里州提交的州《宪法》禁止自由黑人进入该州境内，反对者认为这一条款违反了联邦《宪法》规定，即每个州的公民都"在各州拥有所有同等特权和豁免权"。支持者则反驳，无论北方还是南方，有许多州已经禁止自由黑人进入了。1821年，克雷出了第二个妥协方案：密苏里州将保证它的任何法律都不能歧视他州公民。（这一妥协方案顺利通过，但是进入联邦后，密苏里州两次采纳禁止自由黑人入境的法律。）在之后的三十多年中，密苏里州妥协将控制着新奴隶州准入的国会政策。但是这一妥协方案并没有抑制关于奴隶制向西扩张引发的政治矛盾，只是暂时粉饰太平。

结语

1790年代的党派纷争尽管让美国政治领袖们产生警惕，但却吸引了美国人的想象，使共和国早期成为一个普遍而激烈的政治参与时期。因为激烈党派纷争的困扰，杰弗逊总统竭力统一全国，同时巩固民主—共和党对政府的控制。杰弗逊派构想了一个保护个人自由的农业国家，因此推崇有限国家政府——不干涉宗教事务，在军事、外交使团、经济项目中裁减经费。而对手联邦党人则主要通过司法施加他们的影响力，他们宣称联邦权威高于各州，司法机构甚至坚称自己的权威高于政府其他部门。联邦党人希望加强的联邦政府能促进商业和工业。

人民与国家的遗产

州权利和否决原则

当《宪法》代替《邦联条例》时，美国拥有了更强大的中央政府，但是州和联邦政府之间的本质关系仍旧模棱两可，因为制宪会议代表无法就没有调和的矛盾中究竟是州还是国家占优势达成一致意见。第十条《宪法》修正案只略微澄清了这个问题：该修正案声称，未赋予中央政府的权利由各州或人民保留。联邦体系的分权本质以及到底由谁来决定什么权力分配给哪个权威，仍然没有明确定义。

新英格兰联邦党人于1814年在哈特福德会面准备一系列申诉反对"麦迪逊先生的战争"，他们引用了拒绝执行原则，这一原则最初是在16年前肯塔基和弗吉尼亚决议中宣布的，这两个决议分别由托马斯·杰弗逊和詹姆斯·麦迪逊撰写。为了反对《煽动叛乱法案》，这两位开国者主张，假如国家政府运用并没有由《宪法》赋予它的权力，则各州可以拒绝执行联邦行为——换句话说，宣称这些行为在本州境内无效。在哈特福德，新英格兰诸州的联邦党代表讨论通过脱离联邦将拒绝执行权更进一步。它们并没有迈出这极端的一步，但是在他们的构想中，州评估和否认联邦权威的权利已经成为异见的传统，直到今日仍在各种危机中展现出来。

在接下去的十年中，南卡罗来纳拒绝执行它反对的联邦关税，1861年南方诸州因为亚伯拉罕·林肯当选总统而感到威胁，主张其脱离联邦的权利。尽管内战看似解决了这个问题——各州不能拒绝执行联邦法律，也不能脱离联邦——但是1954年最高法院倾向于学校整合的裁决遭到南方各州反对，它们再一次主张在本州境内拒绝执行"未经授权的"联邦政策的权利。1990年代，一些西部州试图拒绝执行联邦环境法。在21世纪初，同性婚姻问题再一次暴露出联邦政府和州政府之间的不和，尽管这次各州没有诉诸脱离联邦或否决原则。相反，当美国国会没能获得2/3多数票提出禁止同性婚姻的《宪法》修正案时，许多州通过了本州的《宪法》修正案，禁止同性婚姻，从而主张它们的权利。象征性地，脱离联邦的威胁直到哈特福德会议后两个多世纪仍然有效。2009年，旨在启动艰难的国家经济的联邦经济刺激计划遭到得克萨斯州州长里克·佩里（Rick Perry）的强烈反对，他宣称他的州或许有一天会脱离联邦，而不是面对无用的支出、税收和债务。哈特福德会议为人民国家留下的遗产为国家政策异见者提供了一个运用州政府以及脱离联邦威胁等手段作为抗议工具的模型。

尽管杰弗逊本人相信有限政府，但他还是考虑购买路易斯安那地区，这是他担任总统期间最伟大的政绩之一。广袤无垠的肥沃土地激起了杰弗逊式的农业共和国梦想：美国人很快涌入路易斯安那地区。如果不是因为印第安人（及其英国盟友）的阻碍以及落后的交通道路，进入该地区的美国人会更多。

杰弗逊的愿景中还包括美国从外国事务中脱身。但是因为美国的经济集中于国际船运，因此它很快将面临来自国外，而非来自党派或地域分歧的威胁。在和巴巴利各国的战争中，美国竭力保护公海上的商业和船只。和英国的第二场战争——1812年战争——原因类似，但是敌方的实力强得多。尽管造成了军事僵局，但是这场战争激起了新的民族主义情感，并且开启了美国发展的新纪元。

《根特条约》重新确立了美国的独立地位；从此以后，美国能够在谈判桌上与英国解决争议。这场战争还对中西部和西南部的印第安反抗势力造成严重打击。与此同时，禁运令和战争加速了美国工业增长的脚步。由于联邦党人反对战争破坏了他们的信誉,至1820年,他们的党派消失在国家政治舞台上。缺少了有组织的党派纷争,同时代人所称的"善意的时代"应运而生。

尽管战后蓬勃的几年中,明显矛盾被掩盖了,但是对于美国通往繁荣和伟大的路线构想仍然存在分歧。在首席法官约翰·马歇尔领导下,最高法院支持联邦党计划,发布了一系列通过经济民族主义刺激商业和工业的裁决。而民主—共和党人则将目光投向南部和西部,广袤而富饶的路易斯安那地区。无论支持农业还是工业发展,大多数美国人都同意改进交通是必要的,尽管大多数内部改进发生在北方。

在19世纪的前1/4,美国大大扩张了自己的领土,不仅买下了路易斯安那,还获得了佛罗里达。因为害怕欧洲重新在美洲施加影响,并且有了扩大的版图做底气,门罗总统宣称美国将不会容忍欧洲对美洲事务的干涉。但是尽管扩大的疆域巩固了美国的国际地位,但是土地扩张同样威胁着美国国内新建立的政治统一。

这一威胁在1819年变得最为明显,战后经济繁荣戛然而止,议员们预测关于密苏里州是否作为奴隶州加入联邦的分歧将造成可怕的后果。亨利·克雷的妥协方案将奴隶制扩张问题从政治中央舞台上除去,然而这一方案仅仅针对已经属于美国的领土,并没有一劳永逸地解决这一问题。

扩展阅读

Stephen Aron, *American Confluence: The Missouri Frontier from Borderland to Border State* (2006)

David Edmunds, *Tecumseh and the Quest for Indian Leadership* (2006)

Joanne B. Freeman, *Affairs of Honor: National Politics in the New Republic* (2001)

Nancy Isenberg, *Fallen Founder: The Life of Aaron Burr* (2007)

John Lauritz Larson, *Internal Improvement: National Public Works and the Promise of Popular Government in the United States* (2001)

Jon Latimer, *1812: War with America* (2007)

Kent Newmyer, *John Marshall and the Heroic Age of the Supreme Court* (2001)

Jeffrey Ostler, *The Plains Sioux and U.S. Colonialism from Lewis and Clark to Wounded Knee* (2004)

Jeffrey Pasley, Andrew Robertson, and David Waldstreicher, eds., *Beyond the Founders: New Approaches to the Political History of the Early American Republic* (2004)

第十章

南方的崛起，1815—1860

▼《奴隶市场》(Slave Marhet)，由一位不知名的美国艺术家所做，大约是在1850—1860年。这一场景谴责了在奴隶拍卖会上贸易商和种植园主的残酷和剥削。一位年轻的妇女被迫与爱人分离，一个小孩子被迫离开母亲。

托马斯·杰弗逊去世时和在世时一样负债累累。1826年7月4日,托马斯·杰弗逊和亨利·亚当斯这对宿敌兼美国的奠基者在同一天去世,许多美国人都觉得这是天意。但是在弗吉尼亚的蒙蒂塞洛——杰弗逊的家乡,这位国家创始人的白人和黑人"家人"中间,弥漫着尘世的焦虑。

1827年1月15日,蒙蒂塞洛举办了一场为期五天的庄园拍卖。所有物品都出现在拍卖会上,包括绘画、家具和纪念品等。所有拍品中最昂贵的是"130名宝贵的黑奴",杰弗逊的孙子和遗嘱执行人托马斯·杰弗逊·兰道夫(Thomas Jefferson Randolph)描述道:"最难得的是一下子卖出这么多奴隶,这在弗吉尼亚州是极为罕见的。"一大群人不畏严寒聚集在这里。蒙蒂塞洛的铁匠约瑟夫·佛塞特(Joseph Fossett)眼睁睁看着妻子伊迪丝和八个孩子被四个出价者分别拍走。

章 节 大 纲
"与众不同的"南方
南方扩张,印第安人的反抗和迁移
放眼天下　艾米斯塔案
老南方的社会金字塔
种植园主的世界
奴隶生活和劳动
奴隶文化和反抗
昨日重现　奈特·透纳起义再现
人民与国家的遗产　奴隶制赔偿
结语

据人们说,杰弗逊是个仁慈的奴隶主,除了极少情况他一般不拆散奴隶家庭,也不鞭笞他们。但是他很喜欢干涉奴隶们的家庭生活和劳动效率。他的妻子玛莎(Martha)(他们育有两个女儿)于1782年去世后,杰弗逊又和女奴莎莉·赫明斯(Sally Hemings)生了至少六个子女,其中两个在婴儿时期夭折。莎莉是杰弗逊妻子的同父异母姐妹,也是蒙蒂塞洛一个错综复杂的浅肤色大家族的成员。

杰弗逊的奴隶们以家庭为单位在1827年拍卖上出售。按照杰弗逊的承诺,乔·佛塞特(Joe Fossett)在主人去世一年后获得了自由。杰弗逊在此之前已经解放了他和莎莉·赫明斯所生的四个孩子:威廉·贝弗里·赫明斯、哈利特·赫明斯二世、詹姆斯·麦迪逊·赫明斯以及托马斯·伊斯顿·赫明斯。1822年,贝弗里和哈利特离开蒙蒂塞洛,获得白人身份。杰弗逊从来没有释放莎莉;根据弗吉尼亚法律要求,必须公开从州立法会获得特免,才能重新赋予她自由并让她留在本州,这位蒙特切洛的圣人不希望他的长期家仆兼情人再引发更多桃色新闻了,因为多年来他们的关系所引起的关注已经够多了。莎莉生活在弗吉尼亚的夏洛茨维尔(Charlottesville),1835年去世,享年62岁,直到最后仍然是奴隶身份,她给孩子们留下了大量和杰弗逊共同生活时期的遗物,包括他的一副眼镜、一个鞋扣和一个墨水瓶。

"感谢上帝这桩可怕的事情总算完了,"杰弗逊的孙女玛丽在拍卖结束后写道。她安慰自己,至少绝大部分奴隶都被卖到了本州。不过,她将这"悲伤场景"比作"古代被占领的村庄,所有人都被卖作奴隶"。蒙蒂塞洛本身于1831年被出售。但是1820年代整个南方奴隶扩张和棉花生产的"事情"根本还没完。

245

年表

1810—1820	13.7万奴隶被迫从上南方（Upper South）迁往阿拉巴马、密西西比河其他西部地区
1822	南卡罗来纳维西（Vessey）的暴动计划被发现
1830年代	大部分非裔美国人奴隶出生于美国
1830年代—1840年代	棉花贸易成为商业财富的最大来源和美国的主要出口产业
1831	透纳在弗吉尼亚领导了一场奴隶暴力起义
1832	弗吉尼亚在南方主持了最后一场关于奴隶制未来的辩论，逐步废除奴隶制没有获得投票通过
	迪尤的支持奴隶制宣传册《黑人奴隶制的废除》(Abolition of Negro Slavery)出版
1836	阿肯色获准作为奴隶州加入联邦
1839	密西西比的《已婚女性财产法案》(Married Women's Property Act)赋予已婚女性一些财产权利
1845	佛罗里达和得克萨斯获准作为奴隶州加入联邦
	道格拉斯（Douglass）的《弗德里克·道格拉斯，一个美国黑奴的自传》(Narrative of the Life of Frederick Douglass, an American Slave, Written by Himself)出版
1850	南方种植园主所占的农业财富份额达90%—95%
1850—1860	大约30万从上南方迁徙到下南方的奴隶中，60%至70%被卖断
1857	辛顿·R.海尔博（Hinton R. Helper）的著作《迫近的危机》(The Impending Crisis)出版，抨击奴隶制度
	乔治·菲茨休（George Fitzhugh）的《南方思想》(Southern Thought)为奴隶制积极辩护
1860	美国有405 751名白黑混血儿，占非裔美国人口的12.5%
	所有南方白人家庭中，有3/4拥有奴隶
	南方棉花产量达到历史最高

1815年，有着肥沃土壤和不断增长的奴隶劳动力的南方诸州和地区万事俱备，开始走向发展、繁荣和富强。人们在新的土地上定居，人口涌入新州，南方亦步亦趋地成为世界上最广袤、最富活力的商业农业经济体。老南方的财富来自出口作物、土地和奴隶，境内几乎全是农村人口。在棉花为王的土地上，种族奴隶制不仅影响经济，还影响着价值观、习俗、法律、阶级结构和该地区与全国及全世界的关系。人们越来越惯于将奴隶的身体、劳动和生活定义为动产，奴隶们的斗争也越来越激烈，不仅是为了生存，更是为了反抗，有时候他们公然反抗，但这种反抗更多地表现在日常生活和文化表达中。至1860年，南方白人不仅积极维护奴隶制，主张这种体制的道德和经济优势，而且竭力保持和推进他们对国家政府的政治影响力。

- 在老南方，奴隶制渗透于每个阶层和群体中，无论是自由民还是奴隶，该地区是怎么成为"奴隶社会"的？哪些原因造成这一事实？
- 南方白人如何将棉花视为全球经济中的"王者"？有哪些原因？1815年至1860年，棉花贸易的国际规模如何塑造南方社会？
- 非裔美国奴隶如何在潜在的混乱和动荡中维持有意义的生活和集体意识？
- 如何衡量老南方历史中的以下几个核心主题的相对重要性：阶级、种族、迁徙、权力、自由、财富？

"与众不同的"南方

直到1800年代上半叶,从切萨皮克和弗吉尼亚到密苏里,穿过佛罗里达至得克萨斯的地区才被命名为南方。如今,许多人仍然认为南方是美国最与众不同的地区。历史学家们长久以来一直在分析研究老南方和美国其他地区的共同点和差异。由于南方独特的历史,是否像诗人爱伦·泰特(Allen Tate)所说的,南方一直是"山姆大叔的另一个省"?还是像南方作家韦尔伯·约瑟夫·卡什(W.J. Cash)于1940年所说的那样,南方是"一棵布满年轮的树,经年风雨压弯和扭曲了它的枝干,而它的主根深深扎进老南方的土壤中"?分析南方为什么比美国其他地区看起来更具宗教性、更保守或更悲剧,一直是美国文化和政治中长盛不衰的研究课题。

一些特定的美国价值观与北方联系在一起,比如物质主义、个人主义和进步信仰,而另一些价值观则与南方联系在一起,比如传统、荣誉和家庭忠诚。所以在南北战争前的几十年中,人们一般抱有成见,认为南方是静止甚至是"后退的",而北方则是富有活力的。在内战前,有许多标准可以用以衡量南方和北方的差异。与此同时,南方的各个地区也不尽相同:奴隶人口稠密的低地稻米和棉花区;小农民和自给自足农业为主的山区;东南部的亚热带湿地;棉花带(Cotton Belt)的种植园文化,尤其是密西西比河河谷;得克萨斯草地;弗吉尼亚和北卡罗来纳的烟草和小麦种植区;繁忙的海港城市;只散落着零星山区民居的荒野地区。

南北共同点

南方的独特在于其坚持奴隶制,但是它和美国其他地区依然有着许多共同点。南方和北方的地理规模大约相当。1815年,南方白人与北方的自由公民同胞之间有着美国独立战争时期和1812年战争时期共同传承下来的民族英雄和意识形态。南方人以各异的口音和北方人说着同一种语言,崇拜着同一个新教上帝。南方人和北方人生活在同一部《宪法》之下,他们拥有同样复杂的民族主义,在对待政府时又有着同样的地方主义。至1840年,北方人和南方人在使用州权利原则对抗联邦权威方面,几乎同样频繁。西部迁徙激起的美国使命感和美国梦成为南方和北方体验的共同部分。

南方人托马斯·杰弗逊将美国构想为向西扩张的自耕农乐土,所谓自耕农是指那些独立而自给自足的农民。事实上,这是此类愿景中最生动而令人信服的一个。杰弗逊相信"美德"属于那些耕种土地的人,农民是最好的公民。1804年,杰弗逊宣称他"比之工人,在道德和身体上都更偏爱农民"。但是当奴隶制和种植园经济进一步扩张(参见图10.1)时,南方并没有像北方那样成为个人机遇的福地。

在南北战争打响前的45年中,南方经历了美国经济的大起大落。研究显示,尽管奴隶制非常残忍,但是它对种植园主来说,仍是一种有利可图的劳动力体制。南方人和北方人共享扩张的资本经济。当这一经济增长时,基于奴隶的金钱—作物农业经济反映了种植园主的理性选择。基本上更多土地和更多奴隶可以被转化成更多财富。

直到1860年南北战争前夕,南北两个地区的财富和财产分配几乎一模一样:50%的自由成年男性只占有1%的地产和个人财产,而最富有的1%则占有27%的财富。比较1850年得克萨斯和威斯康星的一份研究结果显示,每个州最富有的2%家庭拥有31%至32%财富。所以北方和南方都有统治阶级,即使他们的财富投资于不同的产业中。南方和北方的企业家,无论是在密西西比三角洲以外打造种植园,还是在新英格兰沿河诸镇建立制鞋和纺织工厂,都同样在扩张的市场经济中谋求财富。南方"奴隶主阶级"事实上更像是迁徙到西部牟利的有产北方人。

南北差异

北方和南方之间有着重要的差异。南方的气

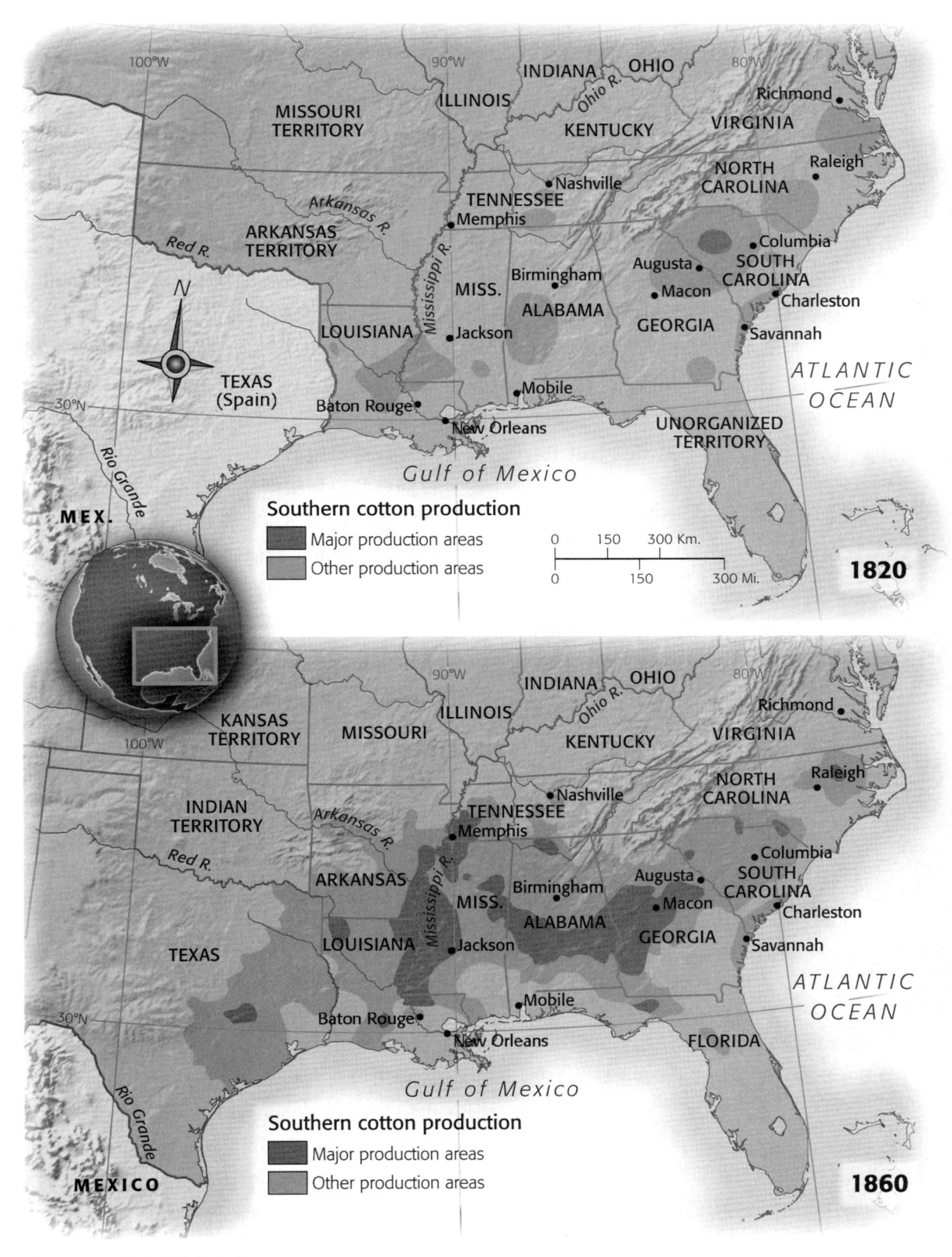

地图10.1 南方的棉花生产
这两张地图显示了迅速向西扩张的棉花种植及其对于内战前南方的重要性。
来源：©圣智学习

候和更长的种植季节赋予它显而易见的农村和农业命运。许多大河提供了肥沃的土地和通往市场的运输通道。南方的白人和黑人对家乡、土地以及彼此之间的关系有着强烈的感情。南方发展成一个严重不平等的双种族社会，其中一个种族的自由直接建立在另一个种族的被奴役上。白人财富建立在宝贵的黑人劳动力基础上。

为了实现生产和收益最大化，棉花种植者尽可能占领更多土地。结果南方的人口密度很低；至1860年，广袤而基本荒无人烟的得克萨斯每平方英里平均人口只有2.3人，路易斯安那15.6人，佐治亚18.0人。密西西比河以东不蓄奴的诸州与之形成鲜明对比，人口密度几乎高出三倍以上。

▲ 1841年，《美国》(America)，爱德华·威廉姆斯·克雷(Edward Williams Clay)创作的平版印刷和水彩画。这是对忠诚、满足的奴隶们的理想化描绘，奴隶制的北方辩护者们四处散播这些意象。画面中的种植园中，衣着体面的奴隶们载歌载舞，向奴隶主和他完美的家庭表达感激。文本中，一位老奴隶说道："上帝保佑您，主人！您赐予我们食物和衣服。在我们病时照顾我们，我们年迈干不动活的时候，您为我们养老！"主人虔诚地回答道："这些可怜的生物是我们祖先传下来的神圣遗产，只要我还剩下一块钱，就会竭尽全力保障他们快乐无忧。"

图片来源：国会图书馆(Library of Congress)

东北部的平均人口密度是每平方英里65.4人。马萨诸塞州每平方英里平均人口达153.1。而纽约市每平方英里挤着86 400人。1850年代，康涅狄格的年轻记者，未来的著名景观建筑师弗雷德里克·劳·奥姆斯特德(Frederick Law Olmsted)周游南方时，几乎一直坐在马背上，沿着原始的小径前行。在佐治亚的哥伦布和阿拉巴马的蒙哥马利，奥姆斯特德发现"荒芜的山地中点缀着一些沉寂的村庄，其中许多是孤立的棉花农场"。对于一个后来设计出纽约市中央公园的人来说，这种景象过于富有乡土气息了。

人烟稀少的地方很难出资建造和运营学校、教堂、图书馆，甚至旅馆和餐厅。因为类似原因，南方的乡村特点和以种植园作为自给自足社会单位的特点意味着该地区很少将资源用于加强疾病控制和公共健康。南方人对他们的教会很忠诚，有些人相信大学很重要，但是这些机构的发达程度都远远低于北方。那里的工厂很少，因为种植园主将大部分资本用于购买奴隶。一小部分南方人小规模投资冶铁或纺织行业。但是最大的南方"工业"却是伐木业，大工厂将奴隶用作劳动力来生产香烟。更关键的是，南方市场经济和区域运输网络的发展比北方慢。尽管南方人齐心协力，但1860年南方铁路只占全国铁路英里数的35%。

老南方从来没有发展出自己的银行业或船运业。否则它争取成为国际同业联盟的努力或许能持续更久。大多数南方人的银行账户在北方，而且南方棉花种植园主对纽约的船运依赖越来越甚。早在1822年，南方棉花总量的1/6从纽约港抵达利物浦或勒阿弗尔(Le Havre)，占该城市出口总额的2/5。许多纽约商人和银行家都对奴隶制的命运和棉花价格密切关注。在1837年至1839年举行的一系列经济会议中，南方代表就海外贸易的本质、对北方进口商和金融家的依赖以及其他可能威胁到他们商业独立和安全的问题进行辩论。但是除了言辞以外，这些会议不能提供任何行之有效的举措；这是南方种植园主们最后一次联合起来试图摆脱他们的北方中间人和船运商。

在工业增长方面，任何标准下南方都远远落后于北方。它的城市中心大多是新奥尔良或查尔斯顿那样的港口，这些城市成为商业和小规模制造业的中转站。诚如一位历史学家所言，内陆有一些依赖农业贸易的小集市城镇——这是"没有城市的城市化"。奴隶制减缓了城市发展。作为一个种族控制制度，奴隶制在城市中的效果并不好。类似的，由于缺乏制造业，南方无法像北方那样随时吸纳大量移民。至1860年，全国的海外出生人口中，只有13%生活在奴隶制诸州。

像大多数北方人一样，内战前的南方人是福音基督教的拥护者。来自所有地区的美国人普遍信仰个人上帝和皈依，相信虔诚是获得救赎的途径。但是南方的福音主义和北方不同。在南方，浸信会和卫理公会关注个人提升而非社会进步。至1830年代，在北方，福音主义是改良运动（参见第九章）的主要源泉，而在拥有大量奴隶黑人、社会结构受到废奴主义者越来越猛烈的攻击的南方，如一位学者所言，宗教"涉及奴隶制时采取撒手不管政策"。尽管19世纪初的南方奴隶已经开始皈依基督教，但是许多南方白人仍然害怕改革的冲动会助长一位历史学家所谓的教会"种族间交流"。不仅如此，由于距离遥远，人口分散，那些可能受到改革思想影响的女性无法和其他改革主义者建立频繁的联系。唯一的改革运动扎根在崛起的南方圣经地带（Bible Belt），宣扬诸如节欲等价值，其焦点是个人行为，而非社会改革。

奴隶制度使北方和南方的社会结构在1815年之后不可避免地分道扬镳。因为传统保守的社会结构，内战前南方法律限制法院的权力，巩固种植园主控制权。监狱一般只容纳白人，大部分黑人都受制于个人奴隶主的绝对权威。南方的违法行为一般是暴力犯罪，而非财产犯罪。

南方世界观和支持奴隶制之辩

或许南方最与众不同之处在于它的独特世界观，一系列由种植园主阶级持有的思想和价值体系，同时也影响着整个社会。像所有人一样，南方人解释奴隶制正当性的方式与其他文明试图捍卫自己传承的体制的方式没什么不同。但是支持奴隶制之辩的核心是一种深刻而持久的种族主义。美国全境持续存在的现代种族主义让人更清楚地理解内战前南方人对奴役人类的正当化。

在美国独立战争初期，天赋权利和平等的启蒙思想在上南方激起了反奴隶制情绪，掀起了短暂的奴隶解放风潮，并且导致逐步解放奴隶的希望空前高涨。1796年，弗吉尼亚人圣乔治·塔克（St. George Tucker）辩称："奴隶制不仅违反了公民社会的自然法则，而且损害了最好的政府形式。"不过，士绅阶层的理性行为或许会终止这一有利可图的体制的希望，可是终究在美国落空了。奴隶制扩张时，南方人很快开始积极捍卫这项制度。1816年，长老派牧师乔治·布恩（George Bourne）因为反奴隶制布道和将奴隶主逐出教会被弗吉尼亚流放，他控诉道，只要奴隶制一受到挑战，南方人"就会立刻被噎住，因为他们的喉咙里紧紧堵着一个黑奴"。1820年，约翰·昆西·亚当斯参加完内阁会议，和南卡罗来纳政治家及奴隶制拥护者约翰·卡德威尔·卡尔霍恩（John C. Calhoun）结伴同行，其后他在日记中吐露心声，认为太多南方人"一提到将人权赋予有色人种就陷入极度痛苦焦躁中"。

至1820年代，南方白人继续发动攻势，活跃地正当化奴隶制，将之描述成"积极的善"，而不仅仅是"必要的恶"。他们用奴隶制的古老历史和《圣经》中关于蓄养奴隶的许多引文，当作支持奴隶制的历史论据。他们认为，奴隶制是黑人的天然归宿。白人是更具智慧的种族，而黑人则四肢发达，因此是天生的劳动者。白人们是文明的缔造者，而黑人则是伐木者和提水人。支持奴隶制的作家们并不粉饰言辞。在写于1851年的支持奴隶制宣传册中，约翰·坎贝尔（John Campbell）自信地宣称："最低等的黑奴部落和白种法国人、英国人或美国人之间有着深而广的鸿沟，就像猴子和黑奴之间的区别那样显著。"

一些南方人用实用主义的观点捍卫奴隶制；

他们将黑奴简单地视为经济必需品和追求财富的象征。1845年,南卡罗来纳的詹姆斯·亨利·哈蒙德(James Henry Hammond)辩称,蓄奴本质上是财产权的问题。哈蒙德不愿意"抽象地"谈论奴隶制的"对错",他认为财产神圣不可侵犯,受《宪法》保护,因为奴隶是合法财产———一锤定音。拥护奴隶制观点最深的根源是阶级社会观念,奴隶制的拥护者们相信这是上帝或上天规定的。南方人珍视传统、责任和荣誉,他们相信社会变革只能缓慢少量地进行,或者根本就不该存在。奈特·透纳起义爆发前不久,弗吉尼亚立法会于1831年至1832年就逐步废奴进行辩论,奴隶主与威廉和玛丽大学法律及历史学教授托马斯·R.迪尤(Thomas R. Dew)主张"许许多多世纪形成的制度需要许许多多世纪来去除"。迪尤广泛传播的作品《黑人奴隶制的废除》(1832)一书开启了支持奴隶制写作的风潮,这股风潮在接下去的30年间愈演愈烈。直到透纳的流血起义爆发后,迪尤才承认,南方奴隶解放"从未被严肃讨论过"。但是当奴隶制向西扩张,为国家繁荣增添动力时,迪尤提醒南方人任何程度的逐步废除都会威胁到整个地区,使其"万劫不复"。迪尤宣称黑人奴隶制是"自然秩序"的一部分,也是"社会深刻稳固根基"不可分割的一部分,还是"秩序良好、根基稳固的自由"的基础。迪尤秩序良好的社会中还包含男人和女人泾渭分明的活动领域和职能。

奴隶制拥护者的观点和北方改革者对于自由、进步和平等的观念大相径庭。他们扭曲自然法原则为自己所用,辩称能力和处境的不平等才是人类的自然状态,而非平等。来自南卡罗来纳州的美国前参议员威廉·哈珀(William Harper)于1837年谴责杰弗逊在《独立宣言》中著名的平等宣言只不过是"情绪化的辞藻"。"和真相相去甚远,真相是没有人生来自由,"哈珀辩称,"没有两个人生来平等。"支持奴隶制的作者们相信人类生来就有着地位差异;他们强调人们应该依赖自制和责任,而非权利,作为人类真正的处境。如弗吉尼亚作者乔治·菲茨休于1854年所言:"人类并非生而具有平

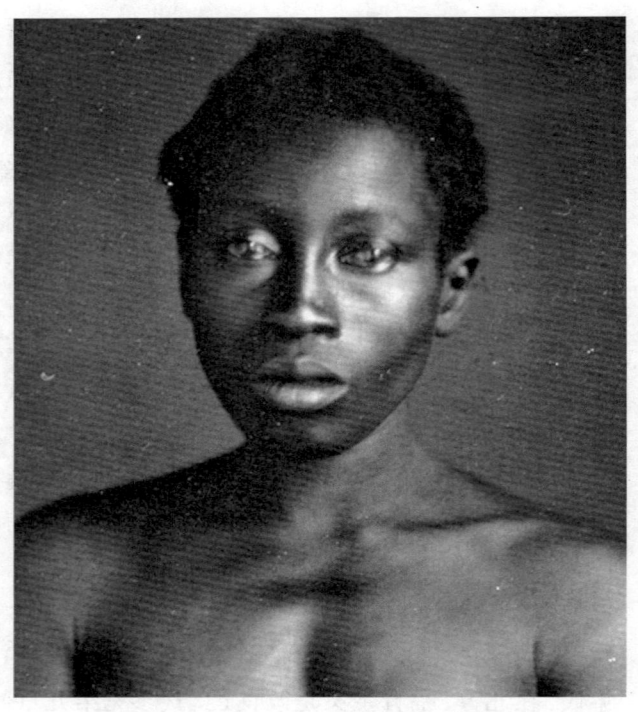

▲ 南卡罗来纳哥伦比亚附近艾奇希尔(Edgehill)种植园中的奴隶德里亚(Delia),这幅照片由银版照相摄影师约瑟夫·兹里(Joseph Zealy)为自然科学家路易斯·阿加西(Louis Agassiz)拍摄。德里亚是阿加西的七个被摄裸体对象之一,该项目旨在研究非洲人和非裔美洲人的低等面部特征。德里亚欲哭无泪的凝视萦绕着这一悲剧的过程,"种族科学"试图用这种方式将人类分门别类、判定高下,为支持奴隶制言论服务。

图片来源:哈佛大学,毕巴底考古与民族博物馆(Peabody Museum of Archaeology and Ethnology)

等权利。毋宁说,一些人一出生背上就被安上了鞍座,其他人注定骑着他们,驱策他们。"

许多奴隶主都相信他们拥有奴隶的同时,也肩负着一系列家长式的职责,必须守护主人和奴隶之间的家庭关系。尽管奴隶起义和逃亡的事例数不胜数,奴隶们也经常被出售,但是种植园主们需要相信并付出大量精力来构建奴隶们心满意足的理想。通过奴役黑人来推进自己自由、追求个人财富的奴隶主们不得不持续不断地为自己开脱。

奴隶社会

奴隶制和种族歧视影响着老南方的一切。白人和黑人都同样成长、社会化、结婚、养育儿女、工

作、梦想着积累财富，并且在奴隶制的影响下磨砺基本的行为习惯。这对于蓄奴和不蓄奴的白人以及自由或被奴役的黑人来说都是一样的。奴隶制塑造了南方的社会结构，推动了南方经济中几乎一切有意义的部分，并且逐渐掌控南方的政治。路易斯安那的甘蔗种植园主鲁道夫·卢西恩·德斯杜尼斯（Rudolphe Lucien Desdunes）回忆，在他成长的社会中"奴隶制是轴心，万物围绕它转动"。

在发展的资本主义市场体系中，南方和北方、西部互相依赖，甚至还包括欧洲。为了保证棉花贸易顺利进行，南方人需要依靠北方银行、在西部大河中运营的北方蒸汽船公司和北方商人。但是这一体系中有些元素越来越受到内战前南方人的排斥，尤其是城市主义、薪酬劳动体制、扩大的投票权以及任何危及他们种族和阶级秩序的威胁。

像内战前和后来一样，南方有许多不同地区，但是美国人总是下定决心要为一位历史学家所说的"美国南部差异"（Dixie difference）下定义。"南方既有美国特点又是一种不同的存在，"另一位历史学家写道，"有时候是民族特点的镜子或放大镜，有时候又是截然相反的文化。"这在内战前尤为确切。

从文化上来说，南方发展出一种讲述自己故事的倾向。它的乡村特点和传统观念赋予南方人独特的讲故事习惯。"南方人……热爱好故事，"密西西比作家尤多拉·威尔蒂（Eudora Welty）说道，"他们是天生的朗诵者、伟大的记忆载体、日记书写者、通信者、书信收藏者、历史追溯者和辩手——并且在所有这些身份之上，是伟大的谈话者。"南方的故事既独特又富有民族特点，它开始于我们所说的"老南方"，这是印第安人被逐出之后才产生的术语。

南方扩张，印第安人的反抗和迁移

1812年战争前夕，阿巴拉契亚边境开放时，美国人是好动而喜欢流动的。迅速增长的人口中每年大约有5%到10%迁往别处，通常是往西。在19世纪最初的20年中，他们涌入俄亥俄河谷；至1820年代肖尼酋长特克姆塞（Tecumse）去世，泛印第安联盟崩溃之后，每年迁徙至密西西比河河谷及以外。至1850年，2/3美国人住在阿巴拉契亚山以西地区。

南方西迁运动

和其他地区一样，这种往西迁徙的风潮也是南方的实际情况。1820年之后，棉花种植的核心地区和以奴隶为基础的种植园体系从沿海诸州转移到阿拉巴马以及新开辟的密西西比河河谷定居地——田纳西、路易斯安那、阿肯色和密西西比。南方奴隶主强迫奴隶们随他们迁徙至南方新开辟的地区，自耕农也跟上了他们的脚步，希望通过获得廉价的土地和蓄养奴隶累积更多财富。

这股迁徙潮在东南地区随处可见。早在1817年，佐治亚人塞缪尔·麦克唐纳德（Samuel McDonald）在他的地区发现了一种"慢性病"。"患这种病的病人，"他说道，一开始表现出"强烈的爱"，他们谈论着西部的"新国度"。接着他开始试着"卖掉存货"，"最后……卖掉他的种植园"。一旦被这种"阿拉巴马热"击中，大多数人一辈子都不能康复了，尽想着"往西走"。同一年，南卡罗来纳查尔斯顿的一家报纸充满警醒地报道，迁出该州的人数已经达到了"出乎意料的比例"。事实上，1800年之后出生于南卡罗来纳的人中，大约一半离开了该州，大多数往西南迁徙。至1833年，爱尔兰演员泰隆·鲍华（Tyrone Power）驾着驿马车从佐治亚来到阿拉巴马，途中见到许多"移民营帐"，并且发现路都被这样的旅者"铺满"了。

南方沿海地区种植园主通往财富的途径是前往西部，为欣欣向荣的世界市场种植棉花，购买更多的土地和奴隶。密西西比的人口从1820年的73 000蹿升至1850年的607 000，其中大多数是非裔美国奴隶。横跨密西西比河的阿肯色人口从1820年的14 000上升至1850年的210 000。至1835年，得克萨斯的美国移民人数达到了35 000，包括三千奴隶,是墨西哥人的两倍。野心勃勃的美国定居者于1836年宣布得克萨斯从墨西哥独立,这刺激了美国新一轮移民涌入该地区。至1845年,"得克萨斯热"已经将英国人口提高到125 000。那一年得克萨斯加入联邦打开了东部移民潮的闸门,并引发了美国与墨西哥之间的冲突,这一冲突最后将以战争收尾。

随着棉花王国的发展,南方政治领袖梦想着在全国和世界占据主导地位,但是这股向西的迁徙风潮一开始受到乐观民族主义的激励,最终却使移民种植园主更分散,更向南深入。1817年,国会议员约翰·卡德威尔·卡尔霍恩支持国民的扩张行为,将之视为一种"将共和国团结起来"的手段,他为这一过程提供了不容置疑的前提:"让我们占领空地。"一段时间之后,南方的政治统治往西扩张至棉花地带(Cotton Belt)。至1840年代和1850年代,这些时刻关注世界市场,担忧以奴隶为基础的经济,遭受精力充沛的资本主义种植园主竭力保护和扩张他们的体制的攻击。日甚一日,如一位历史学家所言,他们将自己视为"恰好拥有土地的奴隶主",而不是"恰好拥有奴隶的地主"。

在一切扩张开始之前,其他更古老的美洲族群已经占领了这片土地。在1830年之前,上佐治亚大片地区属于切罗基人,阿拉巴马和密西西比河的大片土地是克里克、乔克托或奇克索的土地。印第安人已经开始迁徙,不过是被迫的。东部和南部林地的原住民文化必须被连根拔起,才能为白人扩张腾出地方。对于绝大多数美国白人来说,印第安人挡住了他们扩张帝国的道路。所以,他们的逻辑是,占领印第安土地不过反映了历史的自然进程:以进步之名,"教化者"必须代替"森林之子"。国家领袖提供了所有需要的辞藻和论证。安德鲁·杰克逊将军于1816年称:"除了让这整片肥沃的土地……进入市场,没有什么方法更能促进美利坚合众国,尤其是西南边境的福利。"1830年,杰克逊总统言之凿凿地解释为什么印第安人必须离开,"哪个好人会喜欢一片被森林覆盖,栖居着几千野蛮人的土地,胜过我们点缀着城市、城镇和繁荣农场的共和国?"

印第安人条约的签订

理论上来说,根据美国《宪法》,联邦政府承认印第安人主权,并且将印第安民族当作外国民族。事实上,美国以盛典和庆祝活动接待印第安人代表,双方交换礼物作为友谊的象征。印第安各族和美国之间签订条约、盖章、正式批准,程序就和其他国际条约一样。然而,在实际操作过程中,政府制定条约和对待印第安人主权的方式中充斥着蒙骗和欺诈。美国将一些条款强加于印第安人代表,而且当国家扩张时,新条约代替了旧条约,使印第安土地权不断缩水。

尽管1812年之后,面对这种压力,印第安人仍然坚持反抗,但是这只不过减缓了这一进程而已。1820年代,中西部、俄亥俄河河谷、密西西比河河谷和其他南方棉花种植区的印第安各族为了少量的钱割让了两百万英亩土地。

印第安人的和解

密西西比河以东的印第安各族日益试图通过和解维持生存。在19世纪的最初30年中,乔克托人(Choctaw)、克里克人(Creek)和奇克索人(Chickasaw)在密西西比下游地区成为美国扩张市场经济中的供应商。在合约条款规定下,印第安贸易通过贸易站和商店为印第安人提供物资,购买或交换印第安人制造的商品。贸易站为酋长们提高信用额度,但他们常常入不敷出欠下债务,不得不出售土地偿还联邦政府。

至1822年,乔克托人已经出售了1 300万英亩土地,但是仍然负有13 000美元的债务。印第安人挣扎着适应新环境,提高农业和狩猎产量,成为雇农和手艺人,在纳齐兹(Natchez)和新奥尔良的市场摊位上出售产品。当美国向西扩张时,美国白人通过教育和皈依基督教加速推动了他们的同化过程。"把入门书和锄头放到(印第安)孩童手中,"众

艾米斯塔案

1839年4月，西班牙奴隶船特科拉号（Tecora）从西非地区隆波科（Lomboko），后来的塞拉利昂起航。船上载着被非洲敌人俘虏和出卖的门德人（Mende）。6月，他们到达西班牙殖民地古巴哈瓦那。两个西班牙人购买了这批门德人中的3/5，然后登上艾米斯塔号，前往他们位于古巴其他地区的种植园。在海上航行了三天之后，非洲人发起暴动。在被西班牙人称作约瑟夫·克林克（Joseph Clinque）的人的领导下，他们杀死了船长，夺得船只的控制权。他们命令两位西班牙奴隶主带他们回非洲，但是这两个奴隶主白天向东航行，晚上则向北，试图抵达美国南部海岸。因为严重偏离航道，艾米斯塔号在长岛南部被美国船只华盛顿号扣押，在康涅狄格登陆。

这些"艾米斯塔非洲人"很快成为有关废奴主义者、奴隶主和美国—西班牙关系的著名道德和法律案例。那些非洲人被关押在纽黑文，许多问题引起持续不断的争议：他们是奴隶兼杀人犯，古巴奴隶主的财产，还是践行天赋人权的自由人？他们是在公海上违反1795年条约扣押的西班牙财产吗？假如一个北方州可以"释放"被俘的非洲人，那么这对南方被奴役的非裔美国人意味着什么？康涅狄格废奴主义者立即诉诸法院，美国巡回法庭法官驳回了反叛和谋杀的控诉，但是拒绝释放这些非洲人，因为他们的西班牙主人主张他们是自己的财产。

在此期间，门德人渴望讲述自己的故事。一位耶鲁大学古代语言学教授约西亚·吉布斯（Josiah Gibbs）探视了这些俘虏，学习他们的计数语言。在纽约，他在各个码头走来走去，反复重复这些门德词汇，直到非洲海员詹姆斯·科维（James Covey）回应了他。科维前往纽黑文，和这些雀跃的非洲人对话，很快他们悲惨的故事在北方新英格兰引起广泛同情。

在新的庭审中，法官宣判这些非洲人是被非法俘虏的，并判决他们回到故乡。尽管奴隶制在古巴或许是合法的，但是非洲和美洲之间的奴隶贸易在西班牙和英国签订的一份合约中被规定为违法。西班牙律师们要求归还他们的"商品"。因为需要南方的选票来赢得连任，马丁·范布伦总统支持西班牙的主张，提议将非洲人遣送回古巴，而等待他们的命运很可能是死亡。

1841年2月，行政机关将这一案件诉诸最高法院。在该案的辩论过程中，前总统约翰·昆西·亚当斯指着审判室墙上的一份《独立宣言》，援引生命和自由的天赋人权，严厉谴责范布伦政府"滥用权力……造成不公"。最后法院以7比1的决议判决非洲人"生而自由"，有权自卫，但对美国奴隶制的合法性不置一词。

克林克参与的巡回筹款和演说为他们回非洲之行筹集了足够款项。1841年11月27日，35名幸存者和5名传教士在非洲登陆。他们于1月15日抵达塞拉利昂。1842年，克林克在给艾米斯塔委员会的书信中写道："我感谢所有美国人民，我将永远不会忘记美国人民。"但是艾米斯塔案的国际意义将持续下去。艾米斯塔号上的儿童俘虏莎拉·马戈鲁（Sarah Magru）留在美国，进入欧柏林学院（Oberlin College），后来回到塞拉利昂的门德教区中工作。

艾米斯塔案显示，奴隶制和自由，美国和世界是如何复杂交织在一起的。它损害了那一代美国和西班牙之间的外交关系，激励了非洲的基督教传教工作。

◀ 1840年由纳撒尼尔·乔斯林（Nathaniel Jocelyn）创作的约瑟夫·克林克肖像。1839年，西班牙船只艾米斯塔号沿着古巴海岸运送非洲俘虏时，克林克领导了奴隶暴动。他们控制了这艘船，向新英格兰航行，在康涅狄格海岸附近被拯救。克林克被赞颂为伟大领袖，在他和他的同伴等待审判时，他端坐着让画家画像。1841年，美国最高法院判决他们无罪。他们最终回到了故乡西非的塞拉利昂。

图片来源：纽黑文殖民地历史协会（New Haven Colory Historical Society）

议院印第安事务委员会(House Committee on Indian Affairs)于1818年建议道,"假以时日,他们将自然而然地拿起犁耕种土地;当他们的头脑受到启蒙和开拓,《圣经》将成为他们的引路书,他们将在道德和勤奋的习惯中成长。"1819年,作为对传教士游说的回应,国会每年拨款1万美元用于"边境定居点邻近部落的教化"。新教传教团负责管理这笔"教化资金",并建立教区学校。

在五年之内,32个寄宿制学校开始招收印第安人学生。他们用英语代替美洲印第安语言,教授基督教福音书的同时还教授农业技术。但是对农业和私有财产的强调没能阻止定居者觊觎印第安土地。无论这些原住民居住在哪里,都有非法定居者打扰他们的生活。联邦政府只是敷衍地强调条约的正当性,而合法的印第安人土地权利则让位于白人文明的前进。

不过久而久之,印第安人再也无法阻止棉花经济扩张并将他们包围。因为失去土地,他们也丧失了独立性。乔克托人开始依赖美国白人,不仅需要他们提供制造产品,甚至需要他们提供食物。依赖和疾病促使印第安人不得不往西部迁徙。当其他族群的人口数快速增长时,印第安人口下降了,一些部族的人口在短短30年中下降了50%。法国旅行家兼作家阿历克西·德·托克维尔(Alexis de Tocqueville)注意到了这种对比。"这些野生部族不仅在后退,他们还在被毁灭,"托克维尔在目睹1831年印第安人被迫迁徙的悲剧时总结道,"当他们让出道路,默然死去时,一个巨大和扩张的民族填充了他们的位置。这是史无前例的巨大增长和快速毁灭。"1820年和1850年之间,多达10万东部和南部印第安人被迫背井离乡;大约3 000人死于这一过程中。

"先知"坦斯克瓦特瓦和特库姆塞(Tecumseh)(参见原书第229—230页)的人民肖尼人的流离失所说明了印第安人背井离乡的情形。1795年签署条约中,肖尼人放弃了俄亥俄的1 700万英亩土地,此后他们分散居住在印第安纳和密苏里东部。在1812年战争之后,一些肖尼人从加拿大的英国人或墨西哥人那里寻求庇护。至1854年,堪萨斯向白人开放定居,肖尼人不得不割让7/8的土地,合140万英亩。

背井离乡对所有肖尼人都产生了深远的影响。男人们丧失了传统的家庭供养者角色;他们狩猎林地动物的技术在堪萨斯草原上毫无用武之地。谷物成为部落的主要食物,肖尼女人承担起供养者的角色,合约条款下的政府补助补充了他们的生计来源。令人赞叹的是,肖尼人在如此灾难性的流离失所打击之下,仍然保留了自己的语言和文化。

联邦政策中的印第安人迁徙

东南部落的大部分土地——切罗基人、克里克人、乔克托人、奇克索人和塞米诺人——在1812年战争后完好无损,他们积极抵抗白人的进犯。詹姆斯·门罗总统在1824年年末向国会提交的最后一份年报中提出将所有印第安人迁徙至密西西比河对面。门罗将他的提议描述为"可敬的",认为这一计划将保护印第安人不受侵略,为他们提供"进步和文明"的独立性。他相信强制力是不必要的。

但是这四个部族无一例外地拒绝了门罗的提议。1789年至1825年之间,四个部族和美国协商签订了30个条约,他们已经达到了极限。大多数人希望能保留仅剩的一点祖传土地。

来自佐治亚的压力激励了门罗的政策。1820年代,佐治亚州谴责联邦政府违背1802年的承诺,将切罗基人和克里克人从佐治亚西北部迁走,作为交换,该州放弃对西部土地所有权的主张。1826年,在联邦政府的压力下,克里克人割让了佐治亚境内所有土地,只剩下一小片,但是佐治亚人仍旧不为所动。只有将所有佐治亚克里克人全部迁往西部才能解决佐治亚和联邦政府之间的纷争。

结果对于克里克人来说是毁灭性的。在尝试保留阿拉巴马境内仅剩的一点传统土地失败后,他们激进地改变了政治结构。1829年,以传统的村庄自治为代价,他们将部族权威集中起来,禁止任何一个酋长擅自割让土地。

▲ 南方印第安人试图保留他们在南方的祖传土地。卡尔·博德莫（Karl Bodmer）的水彩画描绘了 1830 年印第安人被强制迁出密西西比和阿拉巴马之前，纳齐兹附近密西西比河上的一个乔克托人营地。

图片来源：内布拉斯加，奥马哈，乔斯林艺术博物馆（Joslyn Art Museum）。安然艺术基金会（Enron Art Foundation）赠

1830 年，国会两院进行了长时间的辩论，最后以微弱优势通过了《印第安人迁移法》（Indian Removal Act），授权总统和所有生活在密西西比河以东地区的部族协商迁徙事宜。该法案为印第安迁移提供联邦经费，假如不是因为奴隶州的超额代表，该法案很可能无法以《宪法》规定的 3/5 多数票通过。

切罗基人

要阻止迁移，先下手为强地抵抗似乎比改变自己适应美国方式更可能成功。在接受挑战融入美国标准方面，没人比切罗基人做得更彻底了，他们的传统故乡集中在田纳西东部、阿拉巴马北部及佐治亚。在 1819 年至 1829 年之间，这个部落在经济上达到自给自足，政治上达到自治，在这场切罗基文艺复兴中，接近 15 000 成年切罗基人开始将自己视为一个民族，而不是一系列村庄的集合。在 1821 年和 1822 年，自学成才的切罗基人赛阔亚（Sequoyah）发明了一张 86 个字母组成的音标字母表，使切罗基语《圣经》成为可能，1820 年至 1823 年，他还创办了一份部族报纸：《切罗基凤凰报》（Cherokee Phoenix, 1828）。切罗基人还创立了包含两院立法会、法院体系和领薪水的官僚体系的正式政府。1827 年，他们通过了以美国《宪法》为模板的书面宪法。他们将狩猎、采集和辅助农业经济转变成基于以物易物、货币和信用的商品贸易。

然而，切罗基土地法和美国法律大相径庭。该部族集体拥有所有切罗基土地，禁止将土地出售给外人。尽管如此，经济变化与政治转型并驾齐驱。许多人成为个体农民和奴隶主；至 1833 年，他们拥有 1 500 名黑人奴隶，一段时间之后，切罗基的种族特征变得非常复杂。在迁移至西部之前和之后，"混

血"和"纯血"等名称被植入部落社会的肌理中，关于切罗基蓄奴传统以及成员身份的争论至今仍在这个群体中存在。但是这些切罗基改革并没有为他们赢得南方白人的尊重或接纳。1820年代，佐治亚强迫他们出售在该州拥有的7 200平方英里土地。1822年，国会拨款30 000美元购买佐治亚的切罗基土地，但是切罗基人拒绝了。佐治亚对他们不愿协商割让土地变得不耐烦，于是宣告切罗基人的《宪法》无效，将他们纳入该州的权威管辖之内，禁止切罗基全国理事会(Cherokee National Council)集会，除非是为了割让土地，并且下令强占他们的土地。1829年在切罗基土地上发现黄金之后，佐治亚对切罗基领土的胃口变得越来越大。

"切罗基诉佐治亚案"

切罗基人在富有同情心的白人，但并非总统安德鲁·杰克逊的帮助下，由酋长约翰·罗斯(John Ross)领导，诉诸联邦法院，要求捍卫他们与美国签订的条约。他们的司法策略反映了他们与日俱增的政治成熟度。在"切罗基诉佐治亚"一案(Cherokee Nation v. Georgia)(1831)中，首席法官约翰·马歇尔(John Marshall)判决，根据联邦《宪法》规定，印第安部落既不是外国，也不是州，因此在联邦法院中没有合法立场。马歇尔说道，印第安和美国的关系"有着重要而独特的区别，这是绝无仅有的"。它们被视为"国内非独立部族"。从法律上来说，他们在美国之内，但不属于美国。尽管如此，马歇尔说道，印第安人对自己的土地有着不容置疑的所有权，只有自愿放弃才能让他们失去土地。

一年以后，在"乌斯特诉佐治亚"(Worcester v. Georgia)一案中，马歇尔更清楚地界定了切罗基人的地位。他宣称，这个印第安部族是一个独特的政治社会，在其中"佐治亚的法律没有效力"，未经允许或条约赋予的特权，佐治亚人不能进入。切罗基人争相庆贺。《凤凰报》编辑伊莱亚斯·布迪诺特(Elias Bondinot)将这一判决称为"辉煌的消息"。然而，以反印第安斗士建立起声誉的杰克逊竭尽全力驳回法院的决议。报纸争相报道杰克逊的言论："约翰·马歇尔做出了他的判决：现在看他怎么实施吧。"杰克逊热衷于开辟新的领土作为定居地，他倾向于驱逐切罗基人。

佐治亚人同样拒绝服从判决，他们无法忍受自己的疆界中有个主权独立的切罗基部族，他们也拒绝倾听印第安人分享他们美国梦的请求。一份切罗基统计报告显示，他们拥有33个磨坊、13个锯木厂、1个军工厂、69个铁匠铺、2个制革厂、762台织布机、2 486台纺车、172辆四轮马车、2 923把犁、7 683匹马、22 531头牛、46 732头猪和2 566只羊。"你们让我们抛弃了猎人和战士的身份，"切罗基领袖于1832年说道，"我们照做了——你们让我们建立一个共和政府：我们照做了——还把你们的政府当做模板。你们让我们耕种土地，学习机械技术：我们照做了。你们让我们学习阅读：我们照做了。你们让我们抛弃原来的偶像，崇拜你们的上帝：我们照做了。"但是犁和《圣经》在他们南方同胞的经济、霸权和种族追求面前都没能为切罗基人赢得尊重。

眼泪之路

最先离开的是乔克托人；他们在1831年和1832年冬天被迫从密西西比和阿拉巴马向西部迁移。他们经过时，阿历克西·德·托克维尔正在走访孟斐斯(Memphis)："伤者、病人、新生儿和老人在生死线上挣扎……我看到他们登上船，穿过大河，"他写道，"这一幕永远不会从我的记忆中消失。安静的人们既没有低泣也没有抱怨。他们的灾难无止无尽，他们感到永远无法治愈。"其他部落很快加入这场被迫的长征。阿拉巴马的克里克人抵抗迁徙，直到1836年，军队将他们向西驱赶。一年之后，奇克索人跟随其后。

切罗基人在法庭上抵抗迁徙之后发生了分歧。一些人认为继续抵抗是无望的，接受迁徙是保留他们文明的唯一机会。这支少数民族的领袖于1835年签署了《新埃可塔条约》(Treaty of New Echota)，将南方家乡换成西部土地。不过，大部分人想要坚

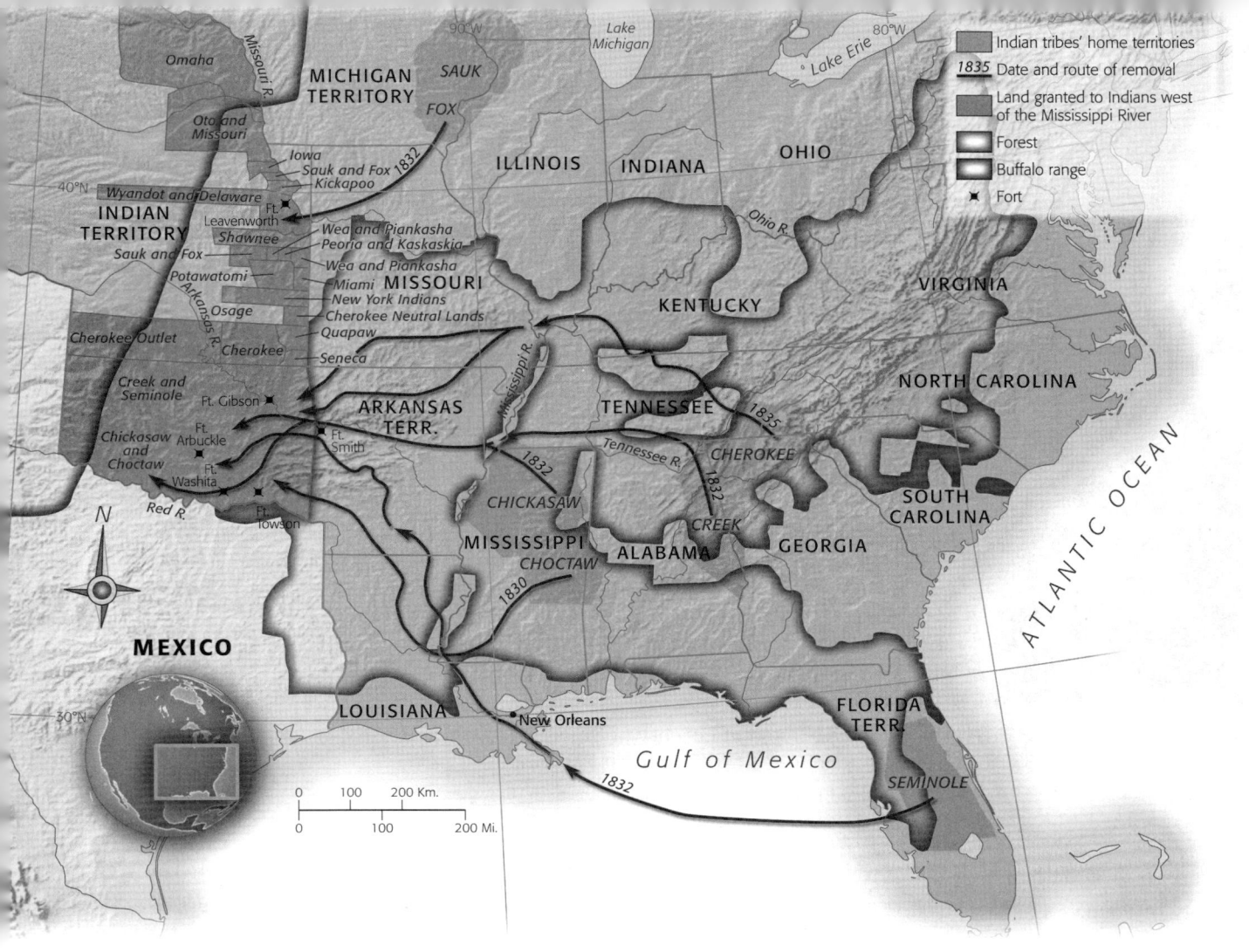

地图10.2 美国原住民迁出南方，1820—1840年

在20年时间内，联邦政府和南方诸州强迫美洲原住民将传统故土换成西部土地。一些部落群体留在南方，但是大多数人在陌生的西部环境中定居。

来源：©圣智学习

守阵地。约翰·罗斯带着15 000切罗基人签署请愿书游说参议院拒绝批准条约。但是他失败了。不过，1838年，撤离的时刻终于来到时，大多数切罗基人拒绝迁徙。总统马丁·范布伦派遣联邦部队将他们包围。大约2 000名切罗基人被驱逐，被关进隔离营中，在军队护卫下前往今日俄克拉荷马的印第安领地。接近1/4死于疾病和疲劳，这段路程被称为"眼泪之路"（Trail of Tears）。

被迫前往西部的长征结束时，印第安人已经将密西西比河以东的1亿平方英亩土地换成了密西西比河以西3 200万英亩土地加上6 800万美元。密西西比河以东只有一些零星分散的留守者，其中包括佛罗里达的赛米诺人和阿巴拉契亚山脉南部的切罗基人。

强制迁移对于切罗基和其他背井离乡的印第安部族来说有着灾难性的影响。在西部，他们遭遇了陌生的环境。他们无法离开陆地，许多人只好依靠政府的钱生存。迁移还带来新的内部矛盾。尤其是切罗基人，他们开始争夺部族政府的控制权。1839年，约翰·罗斯的追随者暗杀了条约赞成派的几个领袖。暴力时不时地发生，直到1846年的新条约带来暂时的休战。一段时间之后，切罗基人得以在俄克拉荷马东北部的塔勒阔（Tahlequah）重建政治机构和统治体系。

塞米诺战争

在佛罗里达，一小支塞米诺人继续反抗。一

▲ 20世纪波尼族艺术家布鲁梅特·艾柯霍克（Brummet Echohawk）创作的《眼泪之路》（*The Trail of Tears*）。大约20 000名切罗基人在1838—1839年被驱逐，其中大约1/4死于前往今日俄克拉荷马的途中。

图片来源：托马斯·吉尔克里斯美国历史艺术协会（Thomas Gilcrease Institute of American History and Art）

些塞米诺领袖在1832年签署的《佩恩土地条约》（Treaty of Payne's Landing）中同意在三年内迁移到西部，但是其他人反对这份条约，一些人很可能根本不知道条约的存在。在富有魅力的领袖奥西欧勒（Osceola）的领导下，一支少数派拒绝离开故乡，和条约支持者展开了斗争。1835年，当美国政府派遣联邦军队强制他们撤离时，奥西欧勒对他们展开了激烈的游击战争。

佛罗里达印第安人是一个混合的族群，包括许多克里克人和印第安—非洲裔混血（前奴隶或逃奴者的后代）。然而，美国军队认为他们都是应该被驱逐的塞米诺人。托马斯·吉瑟普将军（General Thomas Jesup）相信逃奴人口是战争的关键。"我或许可以向你保证，这是一场黑奴战争，而不是一场印第安战争，"1836年他在给一个朋友的书信中写道，"如果不能迅速扑灭，下一季结束之前，南方会感受到这场战争对他们奴隶人口的影响。"

奥西欧勒在休战白旗下被俘，1838年在军队监狱中去世，但是塞米诺人在酋长"夜猫"（Coacoochee）的领导下继续反抗。1842年，美国放弃了迁徙的努力。1858年的又一场战争之后，奥西欧勒的大部分追随者同意往西迁移到印第安领地，但是一些塞米诺人仍然留在佛罗里达大沼泽（Florida Everglades）。

老南方的社会金字塔

当印第安人被迫不断往西迁徙时，他们的土地终于对跃跃欲试的白人定居者开放了。大部分南方白人家庭（1860年有3/4）都没有奴隶。大多数人是拥有土地并自给自足的自耕农。贫穷白人和种植园主阶级之间的社会差距可能很大，尽管奴隶主和非奴隶主之间的界线是不固定的。而白人和自由黑人之间的差距更大。白人自耕农、无土地的白人和自由黑人占据了老南方社会金字塔宽大的基座。

自耕农

最先进入南方荒野的白人农民迁徙至落后偏远的地区或是印第安人迁走后的土地，他们中许多人没有奴隶。在1812年战争之后，他们一波又一波地沿着阿巴拉契亚南部往下，直到海湾地区，或穿过坎伯兰山口（Cumberland Gap）进入肯塔基和田纳西。在南方大部分地区，尤其是离开沿海和大河的内陆地区，自给自足的小农场是常态。受到肥沃土地故事的吸引，许多人反复带着妻子和孩子们迁徙。许多人对新土地充满激情，一个北卡罗来纳人警惕地写道："阿拉巴马热狂暴地席卷了此地……我担心如果它再持续扩散下去，终将使地区人口锐减。"

这些农民信奉个人主义而勤劳。和他们的北方同胞不同，他们的生活并没有因为交通运输的发展而得到改变。他们可能是独立的思考者，但是他们作为社会底座绝大多数人的立场并不意味着他们可以操纵社会的政治或经济发展方向。他们自给自足，通常离群索居，沉浸在农场的工作中，既参与了以奴隶为基础的农作物经济，又游离于这种经济之外。

在南方边境，男人们负责清理田地、建造木屋、建设农场，而他们的妻子则负责家庭经济，并且耐心地重建社会联系——和亲戚、邻居以及同去做礼拜的教友——丰富每个人的体验。女人们很少像男人们那样为了迁徙而兴奋。他们害怕边境的与世隔绝和孤立无援。"我们一辈子都在（搬家），"一位女性悲叹道，"一旦我们舒服地安定下来，就是搬到新地方的时候了。"

一些自耕农获得大片平地，他们购买奴隶，成为种植园主。他们创造了密西西比和路易斯安那等棉花种植繁荣地区新财富的一部分。其他人则紧靠熟悉的山地，或者力图自给自足，因为，如同一个边境居民所言，他不喜欢"看到邻居在树丛里探头探脑"。一位历史学家写道，尽管他们没有奴隶，但是自耕农妒忌他们的独立，因为"家庭是他们自

▲ 伊斯特曼·约翰逊（Eastman Johnson）的《他的小提琴之路》（Fiddling His Way）(1866)描绘了一个流动黑人乐手为一个农民家庭演奏的乡村生活场景。人们的表情和姿态表明南方社会的自耕农阶层中存在不同种族的社会融合。
图片来源：弗吉尼亚，诺福克克莱斯勒艺术博物馆（Chrysler Museum of Art）。小沃尔特·P.克莱斯勒（Walter P. Chrysler, Jr.）遗赠

主地位的基础"。无论产业大小，他们都希望完全控制经济和家庭生活。

自耕农民间文化

自耕农享受着以家庭、教堂和本地区为基础的民间文化。他们的语言模式和变音让人想起他们的苏格兰—爱尔兰或爱尔兰背景。他们成群结队地参加被称作野营集会的宗教活动，这些集会的间隙，他们互相协助盖房、滚木头、一起缝被子、剥玉米、狩猎以获取食物或当作运动。这样的场合结合了劳动、乐趣和友谊，并提供充足的食物和酒。

耗费精力的工作和家庭责任塑造了女人们的家庭生活。他们在田间劳作的辛苦程度让弗雷德里克·劳·奥姆斯特德和英国作家弗朗西斯·特罗洛普（Frances Trollope）这样的游客大为震惊，他们相信自耕农把他们的妻子变成了"土地上的奴隶"。一年到头，料理和准备食物消耗了女人们大量的时间。在频繁的怀孕和照顾幼儿之间，家庭事务依旧不能耽搁。育儿和医疗的任务主要也属于母亲，他们通常依靠民间智慧处理这些事情。女人们也乐于成为家庭中的主人，这是唯一一个他们可以主导并施展权力的空间，尽管不得不付出健康的代价。

自耕农的生计

渴望财富的男人们积极加入对奴隶和棉花利润的争夺中。北卡罗来纳人约翰·F.福林托夫（John F. Flintoff）在日记里记录了他的奋斗历程。1841年，18岁的福林托夫来到密西西比碰运气。和其他有抱负的自耕农一样，他曾当过奴隶监工，但是他常常发现自己无法取悦他的雇主们。于是，某一天他放弃了，回到北卡罗来纳，在那里结了婚，在父母的房子里住了一段时间。但是福林托夫等不及"在世界上一展拳脚"，于是他接着又尝试前往路易斯安那，后来又辗转到密西西比。

福林托夫的健康在海湾地区遭到严重损害，乏善可陈的"一流工作"和"非常低的薪水"交替出现。不仅如此，作为一个在前不着村后不着店的种植园中工作的年轻男人，福林托夫常常感到孤独。哪怕是在1844年的一次野营集会上，他都"感觉不到什么温情"。他的雇主挑剔他的工作，1846年福林托夫绝望地总结道"管理黑奴和大农场是摧毁灵魂的工作"。

但是成功的愿望让他一往无前。26岁时，他买了第一个奴隶，而这时他连土地都没有，"这是个7岁的黑人男孩。"很快他又买了两个孩子，这是市面上最便宜的奴隶。福林托夫意识到自己的地位已经变成了奴隶主，于是他开始对自己的低薪感到怨愤。1853年，拥有九个年轻奴隶和日益壮大的家庭，福林托夫面临着"一生中最难过的时期"。他被自己的叔叔解雇，回到北卡罗来纳，卖掉了几个奴隶，然后在连襟们的帮助下买了124英亩土地。当他开始偿还债务时，他期待可以将他的妻子从劳动中解放出来，有可能的话送他的儿子去上大学。尽管福林托夫证明了一个农民可以出入奴隶主阶级，但是他从来没有达到他期待的棉花种植园主的地位（拥有大约20个或以上的奴隶）。

或许更典型的南方自耕农是费迪南·L.斯蒂尔（Ferdinand L. Steel），他年轻时从北卡罗来纳迁徙至田纳西，一开始在摆渡船上当船夫，最终在密西西比从事农业。斯蒂尔每天清晨5点起床，然后工作至日落。尽管棉花是他用以牟利的产品，但他也和家人一起种植玉米和小麦；他每年出售5到6包棉花（大约2 000磅），用赚得的钱从商店中购买砂糖、咖啡、盐、胚布、火药和其他一些商品。

因此，斯蒂尔以小农的身份进入市场经济，但是结果有好有坏。他得自己摘棉花，抱怨这是项艰辛的工作，而且利润不高。他感到自己是棉花王国中的一个农奴。当棉花价格下跌时，像斯蒂尔这样的小规模种植者或许会陷入债务，失去农场。

1840年代，斯蒂尔在密西西比的生活保留着许多边境风味，他依靠家庭经济生存下来。他制作全家人的鞋子；他的妻子和妹妹做裙子、衬衣和"马裤"。斯蒂尔家的女人们还自己做肥皂，把棉花纺

▶《北卡罗来纳移民：贫穷的白人》(North Carolina Emigrants: Poor White Folks)，帆布油画，詹姆斯·亨利·贝尔德(James Henry Beard)作于1845年。这幅画描绘了一个往西寻找新的土地和生计的自耕农家庭，他们的全副身家都在这匹饥肠辘辘的马的背上。

图片来源：辛辛那提艺术博物馆(Cincinnati Museum of Art)，宝洁公司(Proctor & Gamble Company)赠

成线再织成布；男人们狩猎野味。斯蒂尔用贯叶泽兰茶和其他草药治疗疾病。当国家陷入关于自由或奴隶劳动力的纷争危机时，拥有一个奴隶对于这个独立的南方农民一直是个奢望。

斯蒂尔日常生活的终点是家庭和宗教。家庭成员每天一起祈祷，他每天吃完午饭之后抽出一个小时研究《圣经》。"我的信仰与日俱增，而且我很享受尘世无法赋予我的那种平静。"他在1841年写道。为了准备好迎接审判日，斯蒂尔从教会中借了历史、拉丁语和希腊语语法以及宗教书籍。最后，他成为一个游方卫理公会牧师。"我的生活很艰辛，"他反思道，"但是多亏上帝保佑一切安好。"

无土地的白人

另外两个自由南方人群体同样生活艰辛，而且更没有保障：无土地的白人和自由黑人。南方工人中一个规模相当大的少数派是没有土地的雇工——各州情况不同，大致在25%至40%，他们在农村和城镇中为其他人工作。他们的财产只包括一些家庭用品和一些动物——通常是散放着会自己觅食的猪。无土地的人中包括一些移民，尤其是爱尔兰人，他们承担繁重和危险的工作，比如建造铁路和挖渠。

在农村，白人雇农拿着低薪奋力拼搏，指望有朝一日能买得起地，假如他们租地耕种的话，还要担心农作物不可预测的市场价格。他们省吃俭用，打零工，一些人终于爬到了自耕农阶级。北卡罗来纳的詹姆斯和南希·班尼特(Nancy Bennet)奋斗了整整十年终于成功攒够钱买了一块自己的地，为避免棉花不稳定的市场价格，他们决定种植口粮之外的玉米和小麦，换取现金。像班尼特这样的人们既是依赖奴隶劳动力的棉花种植园主主导的经济的参与者，也是它的受害者。

蓄养猪和其他牲畜的牧民不顾一切地渴望成功。至1860年，南方预测只有发动战争才能保存它的社会，弗吉尼亚、南北卡罗来纳和佐治亚四州中有300 000至400 000白人——大约占白人总人口的1/5——生活在真正的赤贫中。他们的生活非常艰难。一个内战前早期前往南卡罗来纳中部的旅行者描述了他在乡村中遇到的白人：他们"看起来面黄肌瘦，又贫穷又困顿。一些人的生活悲惨程度是我生平仅见"。在老南方，土地和奴隶决定财富，而许多白人既没有土地又没有奴隶。

自耕农的要求和白人阶级关系

至1830年代，西部地区沿海诸州非蓄奴地区的阶级矛盾开始浮现，在那里，自耕农不满于自己在州立法会中毫无发言权，并且抨击当地政府的腐败。在激烈的辩论之后，改革者赢得了许多场胜利。西南地区最晚定居的几个州接受了白人男性选举权和其他选举改革，包括州长普选、立法会委任，只以白人人口为基准，并由郡政府在当地选出。然而，拥有新财富的奴隶主们明白，更开放的政治结构可能导致令人不安的阶级斗争，于是他们下定决心掌握绝对主导权。

或许值得注意的是，在这样的矛盾下，奴隶主和非奴隶主并没有经历更多公开斗争。历史学家提供了几个解释。其中最重要的因素是种族。南方的种族意识形态强调，所有白人相对于黑人高一等。因此，奴隶制成为白人之间平等地位的基础，白人特权提高了贫穷白人的地位，让他们和富人拥有共同利益。与此同时，上进的梦想将一些阶级矛盾钝化了。

最重要的是，南北战争之前，许多自耕农大体上可以追求他们的独立生活方式，不必受制于蓄奴的种植园主。他们在自己的农场中劳动，没有债务，在自己建造的农村寓所中和家人一起打拼。类似的，奴隶主们追求自己的目标，基本不受自耕农的影响。种植园主为市场生产农产品，但是同时也为自己生产。压制异见也起到了越来越重要的作用。1830年之后，因道德谴责或阶级仇恨批判奴隶制的南方白人受到恐吓、攻击，或者被褫夺权力，因为这是一个因白人种族团结巩固起来的社会。

尽管如此，内战前后期仍然有一些阶级斗争的迹象。棉花土地逐渐被占领，非奴隶主面临着更渺茫的经济希望；与此同时，富有的种植园主享受着膨胀的利润。进入棉花生产的风险实在太高，奴隶的价格对于想顺着社会阶梯往上爬的自耕农来说也太高了。从1830年到1860年，蓄奴的南方白人家庭比例逐步从36%减少至25%。尽管奴隶主在白人人口中显然是少数，但是他们占有的南方农业财富仍然高达90%至95%。

预料到可能的分裂，奴隶主岿然不动。1850年代，他们占据了州立法会中50%至85%的席位，并且在南方议会中占据相似比例的席位。种植园主的利益控制着所有其他主要社会机构，比如教堂和学院。

自由黑人

1860年，南方接近25万自由黑人也渴望能提高社会地位。但是他们的处境总体上比自耕农更差，通常只比奴隶们稍好一些。上南方的自由黑人通常是1780年代和1790年代被他们的主人释放的男女奴隶的后代。在美国独立前夕，因为宗教原则和革命理想，弗吉尼亚和切萨皮克地区的大量奴隶主释放了他们的奴隶（参见第七章）。也有许多自由黑人是逃奴，尤其是1830年代以前，他们隐没在南方的人口中，一些人则去了北方。

南方白人越来越迫切地限制自由黑人在他们之间出现。"看起来自由黑奴的数量，"一个弗吉尼亚奴隶主抱怨道，"总是超过被释放的黑奴数量。"一些自由黑人在城镇或城市中工作，但是大多数人生活在农村地区，挣扎求生。他们通常没有土地，常常不得不和奴隶们一起在别人的田地里劳动。根据法律，自由黑人不能佩枪，不能买酒或者违反宵禁，教会以外不能集会，不能在法庭中作证，也不能（1835年后在南方全境）投票。尽管困难重重，还是有一小部分人买了土地，另一些人作为娴熟的手艺人找到了工作，这种情况在城市中尤其普遍。

一些自由黑人发家致富，购买了奴隶。1830年，南方有3 775个自由黑人奴隶主；80%生活在路易斯安那、南卡罗来纳、弗吉尼亚和马里兰四州，其中大约有一半住在新奥尔良和查尔斯顿这两个城市中。他们大多数为自己的妻子和孩子赎了身，否则就无法让他们获得自由，因为法律规定新释放的黑人必须离开本州。为了为赎了身的家庭成员赢得自由，成百上千的黑人奴隶主请愿免除南方大多数州通过的反奴隶解放法。与此同时,新奥尔良的一些白黑混血儿是蓬勃的市场中活跃的奴隶商人。南方自由黑人的复杂世界通过爱德华·P.琼（Edward P. Jone）于2003年出版的畅销小说《已知的世界》（The Known World）获得了新的关注,该书描写了一个弗吉尼亚家庭从奴隶跻身奴隶主的故事。尽管在美国很少见,但是奴隶制根源的贪婪和对权力的悲剧性追逐可以跨越一切种族或民族的藩篱。

自由黑人社区

在棉花地带和海湾地区的自由黑人中,相当一部分是白黑混血儿,他们是富有白人种植园主们拥有特权的后代。并不是所有种植园主都释放了他们的混血后代,但是他们通常能认识到为孩子们创造良好教育和财务背景的道德义务。在诸如新奥尔良、查尔斯顿、莫比尔这样的城市中,普遍的种族间性关系以及来自加勒比地区的移民创造出一个可观的白黑混血儿群体,他们的人口数量很大,可以被当作一个特定的阶级。

至1840年代,在很多南方城市中,自由黑人社区已经形成,尤其是在数量不断增长的教堂周围。至1850年代末,巴尔的摩有15座教堂,路易斯维尔有9座,纳什维尔（Nashville）和圣路易斯各4座——其中大部分是非洲裔卫理圣公会（African Methodist Episcopal）教堂。阶级和种族差别对于南方自由黑人来说非常重要,在一些城市中,技术工匠和浅肤色人分别形成手足般的情谊和友情,但是在这些城市以外,白黑混血儿通常过得很艰难。在美国,只要身体里有"一滴"黑色的"血"（白人眼中任何可见的种族混合特征）,就是黑人,就有被当作奴隶的可能性。

种植园主的世界

占据南方社会金字塔塔尖的是蓄奴的种植园主。作为群体他们生活优渥,但是大多数人住在舒适的农舍里,而不是传说中的那种豪华大宅中。拥有美丽花园、外围长排奴隶住所的宏伟种植园豪宅是老南方长盛不衰的象征。但是在1850年,50%的南方奴隶主只有不到5个奴隶,72%少于10个奴隶,88%少于20个。因此,一般的奴隶主并不是富有的贵族,而是上进的农民。

新贵

路易斯安那棉花种植园主贝内特·巴洛（Bennet Barrow）是1840年刚发家致富的种植园主。他一直担心自己的棉花收成,在日记本中写满了气候报告和对于收成的悲观预测。不过巴洛也努力地试图摆脱这些忧虑。他尝尝打猎,喜欢赛马和养猎狗。他可以毫不动容地记录一个奴隶的死亡,但是当他的动物们感染疾病的时候,他简明扼要的文字中流露出悲伤的情感。"从没有哪个人像我一样不幸,"他悲痛地写道,"我最喜爱的小狗再也活不过来了。"当他养的马乔斯·贝尔（Jos Bell）——"南方最好的马"——"跑了一英里之后倒下……一辈子毁了"的时候,他的感情尤为强烈。同一天,悲痛欲绝的巴洛给了他的人类财产们"好一顿鞭子"。在1841年的日记记录中,他担心流言中的奴隶暴动。于是当他的几个奴隶违反他的命令宰了一头猪时,他把他们"狠狠鞭打了一顿"。奴隶吉尼·杰里（Ginney Jerry）"偷奸耍滑",不好好采棉花,并且据说"打算逃走",巴洛连着鞭打了他两天,并且实事求是地记录道:"我拿着枪,在奴隶房后面的牛轭湖找到他,朝他的大腿开了一枪——等等,到处都在下雨。"

最富有的种植园主运用自己的财富创造上流生活。他们互相拜访,举办宴会和舞会,女人们穿着最时尚的衣裙出席这些场合,这些活动提供了交友、恋爱和展示的机会。这些宴会常在基督教假日中举行,不过也可能在煮糖浆、单身舞会、赛马或玛丽女王加冕日等场合举办。这些娱乐活动对于种植园女性来说是尤为重要的消遣,与此同时他们保持着严格的性别差异社会。年轻女性爱好社会活动,以此当作他们单调家庭生活的调剂。1826年,一个弗吉尼亚女孩喜出望外,因为她"……在城里度过……一周，屋子里总是有五个俊男和同样多的美女"，她宣称，她和她的同伴们整天"吃喝、访友、玩闹和睡觉"。

至1840年代，阿拉巴马和密西西比州棉花种植地区的大多数种植园主都是新贵。正如一个历史学家写道："许多人从木屋中沿着棉花包堆成的台阶往上爬，住进种植园豪宅中，一边攀爬一边累积奴隶。"许多人过的日子并不像富人。他们一边把新积累的财富投入棉花土地和奴隶中，一边追求文雅做派和更高的社会地位。

在小说《押沙龙，押沙龙！》(Absalom, Absalom！)(1936)中，威廉·福克纳（William Faulkner）创造的角色——托马斯·萨德本（Thomas Sutpen）将新贵种植园主的形象永远定格下来。萨德本在一次摆渡船赌博中赢了一大笔钱，然后于1830年代来到密西西比郡，购买了一个巨大的种植园，把它命名为"萨德本的一百"（Sutpen's Hundred），他和他的奴隶军团把它变成一个富有的庄园。萨德本娶了一个当地女人，尽管郡中更早的居民总是把他视为神秘的外来者，但是他却成了蓄奴阶级的支柱，最终成为南方联盟军（Confederate Army）中的军官。萨德本是白手起家，并且有着不屈不挠的意志，他的财富以拼搏为基础。尽管他的野心最终造成他的毁灭，但是他在南方学会的第一堂成功学课程就是"你得有地，有黑奴，有一栋好房子"。

密西西比河谷的棉花种植的繁荣造就了一代贵族。格林伍德·勒弗洛尔（Greenwood Leflore）就是一个真实的例子，这个乔克托酋长在密西西比拥有一个有400名奴隶的种植园。在国际市场上售出棉花之后，他花10 000美元在法国布置豪宅中的一个房间，用手织地毯、包金家具、镶嵌龟甲的柜橱、各种镜子和油画、黄铜和乌木的大钟和大烛台装点居室。

社会地位和种植园主的价值观

奴隶所有权是南方财富的主要决定因素。奴隶是一种商品，也是一种投资，就像黄金一样；人们以投机的心态购买奴隶，期待他们的市场价格稳步上升。许多奴隶主贷款购买奴隶，将他们用作抵押品。尤其是在成长中的州，无法用现金购买奴隶的人会让卖家提供贷款，就像现在的银行为房屋放贷一样。奴隶主会用利润分期付款。奴隶主和借他们钱的人相信这些"人类抵押品"，相信他们的价值会增加。千千万万的奴隶被用于抵押贷款，许多人甚至被抵押了几次，他们充分意识到主人们的金融手段。在路易斯安那圣兰德县（St. Landry's Parish），1833年和1837年之间，一个叫做雅克（Jacques）的8岁奴隶男孩在12岁之前被抵押了3次，售出2次，变成一位历史学家所说的"人类印钞机和投资工具"。

奴隶制的影响在整个社会体系中扩散，直到非奴隶主的价值观和道德观念也被打上它的印记。奴隶劳动力的唾手可得造成自由劳动力的贬值：严厉监督下的辛苦劳动为奴隶种族专有，很少有自由人会去尝试。1831年，当阿历克西·德·托克维尔穿过俄亥俄来到肯塔基旅行时，他观察到"奴隶制对社会造成的效果。俄亥俄（河）的右岸上，所有人都在勤奋劳动；劳动是被尊崇的；那里没有奴隶。而来到左岸之后，情形突然大变，你觉得自己简直来到了世界的另一边；富于进取的精神消失了。在那里，劳动不仅痛苦；而且可耻"。不过，托克维尔自己的阶级冲动却在南方找到了源头。他在那儿发现一个"名副其实的贵族阶级……将许多偏见与高贵情感、天性结合在一起"。

贵族价值观——血统、特权、自豪、荣誉和个人及教养的提升——在整个南方赢得了尊敬。不过，这些特质中不少都很稀有，在棉花王国新近迎来定居的地区中，勇气和自力更生的价值观直到1820年代和1830年代一直是主流。不过，至1850年代，已经扎根的贵族种植园群体却统治了密西西比河河谷的大部分地区。在这个地理上不断扩张的社会，独立和荣誉精神不仅激励着种植园主，也激励着边境农民。

要求男人们通过暴力捍卫荣誉的决斗规则（Code Duello）在北方逐步消失，但是在南方却持续了很久。1851年，在北卡罗来纳，富有的种植主塞缪尔·弗莱明（Samuel Fleming）在大街道上公然将律师威廉·维特斯蒂尔·艾弗里（William Waightstill Avery）"用牛皮鞭抽一顿"，试图以此解决他们之间的矛盾。根据决斗规则，艾弗里有两个选择：用暴力挽回他的尊严，或者无动于衷，成为人尽皆知的懦夫。三个星期后，他在伯克县高级法院的一次会议上近距离将弗莱明射杀。一个法官只用了10分钟就宣判艾弗里无罪，而围观者站起来为他鼓掌喝彩。

骄傲的贵族种植园主不仅希望行使权力，也希望获得贫穷白人的尊重。但是坚决独立的自耕农阶层憎恨一切侵犯他们权利的行为，而且许多人有着福音派信仰，赞扬俭朴的价值观，谴责种植园主对财富的热爱。所以种植园主的政治权力和领导权建立在他们对世界棉花的垄断前提和黑人奴隶劳动力的基础之上。

全球经济中的棉花王

种植园主一直关注着国际棉花市场的成长。棉花这样的经济作物是用来出口的；种植园主的命运依赖世界贸易，尤其是和欧洲的贸易。美国南方在世界棉花供应中占据的地位非常重要，以至于南方种植园主获得了巨大的自信，认为棉花繁荣是持久的，尤其是英国和法国这两个工业化国家，一直会向棉花王低头。

1793年，伊莱·惠特尼发明的棉花机功不可没，这种机器能够清除短纤维棉中的棉花籽，而这种棉花是英国纺织业迫切需要的，自从1800年开始，美国棉花产量每十年翻一番，至1840年代，占全世界供应量的3/4。轧棉机逐渐占据了整栋建筑，革新的棉花生产加上南方财富被投入土地和奴隶。在19世纪最初十年，一位种植园主写道，单单在南卡罗来纳，棉花就"使适宜种植棉花的土地价格上涨了三倍"，并且使种植者的收入"翻了一番"。至1850年，南方经济作物占全美出口总额的3/5，英国每七个工人中就有一个依靠美国棉花提供工作。事实上，棉花生产已经使奴隶成为美国价值最高的金融财产——换算成美元价值比美国所有银行、铁路和制造业加起来更高。1860年换算成美元，奴隶作为财产的总价值估计在35亿元左右。换算成21世纪初的美元大约是700亿元。

"棉花为王，"《南方种植者》（Southern Cultivator）于1859年宣称，"它对全世界经济施加着惊人的影响。"直到1840年，棉花贸易为北方经济增长提供了大量出口资本。不过，在此之后，北方经济的扩张却不再依赖棉花利润。尽管如此，南方种植园主和政治家们仍然夸口棉花王的无上权力。"我们的棉花是世界上最神奇的法宝，"1853年一个种植园主宣称，"用它的力量，我们可以把任何东西变成我们想要的东西。""世界上没有任何势力敢……对棉花宣战，"詹姆斯·哈蒙德（James Hammond）于1858年在美国参议院中称，"棉花为王。"尽管1861年南方生产了450万包棉花，达到历史产量的巅峰，但是它在全世界的地位即将不保。此后，棉花对于南方来说成了枷锁而非王者。

家长制

奴隶主们倡导家长制的意识形态，将自己对黑人奴隶和白人女性的统治合法化。他们强调他们的义务，将自己视为社会财富和他们拥有的特定奴隶家庭的监护人，而不是强调商业和农业有利可图的方面。家长式的种植园主将自己视为一个低等种族仁慈的保护者，而非压迫者。

北卡罗来纳最大的种植园主保罗·卡林顿·卡梅伦（Paul Carrington Cameron）就是这种思想的例证。在他的1 000个奴隶中爆发疫病之后（他在阿拉巴马和密西西比还有好几百个），卡梅伦写道："我恐怕黑女们在这场瘟疫中遭受了不少折磨，渴望良好的照顾和善意，对金钱的热爱也不可能诱使我残酷对待他们。"另一次，他对他的姐姐描述他感觉到的责任："你记不记得在一个严寒的早晨，（我们的母亲）生病时，她对我说，保罗，我的儿子，这些人应该穿上鞋子，每当我看到哪个人的鞋子破了，耳边就会响起她的教诲；只要我是他们的主人，就不会忘记这些话。"

对于富有的种植园主来说，以这样的方式看待自己令人欣慰，习惯于权力现实的奴隶们也努力让他们的主人感到自己的仁慈受到感激。家长制也被用来反驳废奴主义批判。尽管如此，家长制通常只是自欺欺人，是回避奴隶严酷遭遇的手段。事实上，家长制成为主人和奴隶之间的相互让步关系，双方各取所需——主人从奴隶那儿获得劳动，而奴隶则要求主人为他们提供一定程度的自治和生活空间。正如一位历史学家辩称的那样，家长制"来自规范和在道德上合法化剥削体制的必要"，是建立在"被害者自愿繁殖和生产"基础上的，是奴隶社会中"跨越固有的不可容忍矛盾的脆弱桥梁"。

即使是保罗·卡梅伦的仁慈在环境发生变化时也消失了。南北战争之后，他对非裔美国人努力争取自由非常恼火，做出全面的经济决定，完全不顾他们的福利。1865年圣诞节写下的文字中，卡梅伦没表现出多少基督教慈善（而是盈利动机），他宣称："我相信谁先摆脱自由黑奴谁就能在改良的农业中占取先机。我没有费力留住任何一个。"写完之后，他解雇了土地上接近一千个黑人，将自己的土地出租给几个白人农民，然后开始投资工业。

种植园主阶级中的男性和女性之间的关系也用家长制来定义。上流社会的南方女性被教养成一位妻子、母亲和男性的温顺伴侣。南卡罗来纳的玛丽·伯伊金·切斯纳（Mary Boykin Chesnut）提及丈夫时写道："他是一家之主。听从就是服从……我的整个舒适生活都仰仗着他的好脾气。"在一个建立在压迫整个种族基础上的社会体制中，女性发现挑战社会对于性别或种族关系的规范非常困难。

种植园主的女儿们通常会进入南方迅速倍增的寄宿制学校。在那里，他们和其他女孩建立友谊，接受教育。一般来说，年轻女性可以与她父母赞成的求爱对象交际。但是她很快就得选定一个丈夫，一辈子忠于这个刚认识不久的男人。年轻女性常常被孤立，在情感上得不到满足。他们不得不以家人的意愿为先，尤其是她的父亲。"对我来说最好的选择就是满足爸爸的愿望，"一个年轻的北卡罗来

▲ 一个种植园奴隶主、一双女儿和家奴的肖像，这个家奴很可能是孩子们的"保姆"（照顾人）。这幅图片生动地描绘了家庭宁静的愿望以及家长和奴隶的角色。

图片来源：加利福尼亚，马利布（Malibu），保罗盖蒂博物馆（J. Paul Getty Museuem）收藏

纳女性于1823年写道，"我好奇什么时候才能停止痛苦，开始享受生活，而不是忍受它。"

结婚时，种植园主阶级的女性将大部分法定权利割让给丈夫，成为他家庭中的一部分。一年中大部分时间，她离群索居地住在大种植园中，她得监督烹饪和储存食物、管理家庭事务、监督孩子们，照料、照顾生病的奴隶。这些现实在边境地区更严酷，也更束缚人。女人们在与远亲和其他女人的联系中寻求安慰。1821年，一个佐治亚女性写信给她哥哥述说一位表嫂的不幸："他们生活在……这个州的边境，那是个完全未开化的地方。W表哥是个很好的丈夫，但是她疯了一样地想去阿拉巴马，她的一个姐姐住在那里。"种植园中的男人们可以时不时地逃到公共领域——城镇、商业或政治。而女性们只有靠着亲缘才能暂时摆脱乡村种植园文化。

种植园主阶级的婚姻和家庭

所以不难理解，敏锐的年轻白人女性步入婚姻时往往很焦虑。女性们很难控制自己不把婚礼日视为"决定命运的一天"，正如一位20岁的富有的弗吉尼亚女孩露西·布雷肯里奇（Lucy Breckinridge）

在1832年说的那样,她为自己将在圣坛上交出的自主权哀悼不已。在日记中,她记录了自己对婚姻赤裸裸的观点:"假如(丈夫们)有一点儿关心自己的妻子,那也只是把她们当作一种仆人,一种照顾他们生活,让孩子不在他们跟前碍眼的生物。一个女人婚后的生活除了磨难和辛苦劳动一无所有,除非有很多很多爱。"

露西喜欢小孩,但是她知道生孩子常常导致痛苦、健康欠佳和死亡。1840年,育龄南方女性的生育率几乎比国家平均水平高了30%。1800年,平均每个南方女性会生8个孩子;至1860年,数字下降到6个,加上一次以上流产。生育导致的并发症是主要死亡原因,在潮湿的南方这种概率比东北部高两倍。

种植园主和奴隶之间的性关系是白人女性必须忍受却不应该关注的另一个问题来源。"对道德法则的破坏……使白黑混血儿和黑莓一样常见,"佐治亚的一位女性抗议道,但是妻子们却必须"像鸵鸟一样视而不见"。"统治可怕黑人后宫的富豪,"切斯纳女士写道,"……在这些上帝和法律赐予他的可怜女人们面前就像所有人类美德的模范。"至1850年代,这种习惯和调情,无论动机如何,在南方各地,比如在杰弗逊的蒙蒂塞洛(Monticello),创造了大量混血人口,整个南方对于"家庭"一词的使用变得很勉强。

南方男性不能忍受女性谈论奴隶问题。在1840年代和1850年代,当废奴主义对奴隶制的抨击愈演愈烈时,南方男性发表了密集的文章,强调女性应该把心思放在家里。《南方季评》(Southern Quarterly Review)称:"女人就应该待在家里。她最大的特权就是在政治上与她丈夫的存在融合在一起。"

但是一些南方女性开始追求更重要的角色。弗吉尼亚烟草种植大城镇彼得堡(Petersburg)的一份女性研究表明,南方存在推崇女性经济自治的行为。1860年前的几十年,不婚女子和第一任丈夫死后不再改嫁的女性超过33%。类似的,赚取薪水、控制个人财产和经营裁缝生意的女性人数大大增加。

种植园主围绕家庭生活和当地道德观念创造社会。但是他们的途径却是通过一代代非裔美国奴隶的精力和人生,这些奴隶帮助他们从南方的土壤中汲取巨大的财富。

奴隶生活和劳动

对于非裔美国人来说,奴隶制是一个沉重的负担,它摧毁了一些人,使另一些人发展出迫不得已的生存模式。奴隶们熟悉充满贫穷、压迫、苦难和仇恨的生活。他们中大部分只是提供体力建立起一个农业帝国。但是他们的日常生活却象征着这个国家最基本的矛盾:在这个全世界模范的共和国中,他们是残酷不平等权力关系中的弱势一方。

奴隶们的日常处境

南方奴隶们除了生活必需品之外,几乎没有什么物质享受。尽管他们通常能获得足够的食物,但是饮食很单调,而且没什么营养。他们的衣服也很单调、粗糙和廉价。奴隶一般只有夏季和冬季一两套替换衣物,每年冬天可以获得一床毯子。男孩和女孩在炎热的气候中光着身子跑来跑去,冬天则穿上棉质长衬衣。许多奴隶直到12月才能穿鞋,甚至连靠北的弗吉尼亚也是如此。光脚常常成为奴隶地位的象征,所以在获得自由之后,许多黑人父母特别在意让他们的孩子穿上鞋。衣食住行条件在城市一般会稍好一些,奴隶们常常生活在主人的房子里,定期雇佣给别人干活,于是他们可以存下一些积蓄。

一些较富有的种植园为奴隶提供条件好些的房舍,但是一般的奴隶住在粗制滥造的一室小木屋内。奴隶小屋最严重的缺点不是不够舒适,而是不够健康。每个住所中都住着一到两个完整的家庭。拥挤和缺少卫生设施导致细菌病毒极易传播,还有伤寒、疟疾以及痢疾等疾病交叉感染。白人种植园医生受雇定期照看生病的奴隶,但是一些"奴隶医生"在奴隶住所和主人面前具有一定权力,他们通过草药学和灵术进行卫生保健和治疗。

奴隶日常工作

艰苦工作是奴隶生存的核心事实。墨西哥湾岸区的棉花种植区中,奴隶们大规模长时间地在田间劳作,几乎就像田野中的工厂。监工们每天日出之前摇响开工铃,年龄不一的奴隶们扛着工具走向田野。在上南方种植烟草的奴隶们长时间劳作,在严格的纪律约束下采摘黏糊糊的叶片,这些叶子有时候是有毒的。正如一个女人在1930年代回忆的那样:"他们一直干到太阳下山之后,才能收工。接着他们得急急忙忙地完成夜间工作(比如给牲口加水或者清理棉花),然后才能吃晚饭,或者饿着肚子上床睡觉。"

"日出而作日落而息"在南方许多地区是常态。正如一个种植园主所说的那样,奴隶们是最好的劳动力,因为"你可以命令他们,让他们做正确的事情"。利润的地位优先于家长制。奴隶女性承担和男人一样繁重的农活,甚至连怀孕期间也无法幸免。老人们忙于照顾年幼的孩子们,做一些细碎的活计,或者梳理棉花、去除棉花籽和纺纱。黑人废奴主义演说家弗朗西斯·艾伦·沃特金斯(Frances Ellen Watkins)在1857年的一次演说中敏锐地捕捉到奴隶制压榨性的经济现实,谴责奴隶主们"发明了一种可怕的炼金术,用这种巫术……血液可以变成金子。他们听不见痛苦的呼喊,只听得见金钱的脆响,忙着弯腰捡拾"。

至1830年代,奴隶们发现工时也可以用来激励劳动。激励也应该成为劳动体制以及主奴关系的一部分。南卡罗来纳和佐治亚低地的种植园主使用任务系统,为奴隶们布置一定量的工作,规定在一定的时间内完成。指定某个奴隶负责的田地中每天必须采一定量的棉花,或者必须犁和锄多少列田垄。一旦完成了这些任务,奴隶们的时间就属于他们自己,他们可以耕种自己的园地,养猪,甚至可以接受另一份雇佣工作。通过经验和各人不同情况,许多奴隶形成了自己的财产所有权意识。当任务系统运作效果最好的时候,奴隶们和主人都很欢迎这种方式,这在他们之间培养出一定程度的相互理解。

奴隶儿童是奴隶体制的未来,他们被广泛视为潜在劳动力。1860年的400万奴隶人口中,有一半不满16岁。"每两年可以生一个孩子,"托马斯·杰弗逊写道,"比劳动力最强的男性奴隶带来更多利润。"1858年,一个奴隶主在一份农业杂志中计算,1827年以400美元价格购买的奴隶女孩生了三个儿子,价值3 000美元,这些孩子成为他田间的劳工。奴隶儿童负责拾柴火、把水运到田间、打扫庭院、将收割的甘蔗装到车上、把小麦堆成垛、赶走偷吃稻子的鸟,并参与棉花和烟草生产的许多环节。"工作,"一个历史学家写道,"可以说是偷走这些年轻奴仆童年时光的贼。"

当奴隶儿童们长大成人,他们面临着许多心理创伤。他们开始意识到自己的父母最终无法保护他们,于是面临着一种无力感。他们不得不想尽办法反抗从内心认同白人们视为理所当然的低人一等。在北卡罗来纳长大的托马斯·琼斯(Thomas Jones)记得他和那种"受难和耻辱"感殊死搏斗,他"被迫觉得……自己是堕落的"。许多前奴隶最遗憾的莫过于被剥夺受教育权。"奴隶制对我犯下的罪行中,有一个我永远无法原谅,"牧师詹姆斯·佩宁顿(James Pennington)说道,"它剥夺了我的教育。"对于即将成年的女孩来说,可能遭受性虐待的创伤威胁着她们的生活。

针对奴隶的暴力和胁迫

当然,奴隶们不可能要求很多自主权,因为奴隶主喜欢垄断强制力和暴力。整个南方的白人都相信奴隶们"只有用鞭子才能管教好"。一个南卡罗来纳人诚恳地向一个北方记者解释,他定期鞭打奴隶,"大概每两周一次吧……对鞭刑的恐惧能让他们保持良好的秩序。"证据显示小农场中奴隶遭到鞭刑的频率比大种植园中低。但是鞭打对于奴隶主来说象征着权威，而对奴隶来说象征着暴政，这成为判断一个主人好坏的标准。用一个前奴隶的话来说，好主人"不常鞭打奴隶"，而一个坏主人会"打到你流血、红肿"。

这些报告表明，可怕的虐待可能发生，也确实发生了。奴隶主在种植园中享有绝对权威，奴隶被视为动产，法庭不承认他们的证词。奴隶主很少需要给法律或州政府一个交代。怀孕的女奴隶也遭到鞭打，除此之外还有灼烧、截肢、虐待和谋杀。然而身体上的酷刑在美国不如新世界其他蓄奴地区普遍。尤其是加勒比的一些甘蔗种植岛屿，奴隶们的待遇非常糟糕，死亡率居高不下，男性奴隶人口大幅下降。美国正相反，奴隶人口稳步自然增长，出生率超过死亡率，每一代的人数都在扩张。

美国奴隶制最大的恶不是身体虐待，而是奴隶制的本质：压迫，属于另一个人，没有流动或改变的希望。回忆过去时，一些前奴隶强调了身体虐待，或者"牛鞭的日子"，比如一个女人描述过去时。但是体罚的记忆不仅集中在鞭刑造成的痛楚，还有精神暴虐。德里娅·加里克（Delia Garlic）指出了关键的一点："灵魂和身体完全属于其他人，很糟糕。我可以和你说一整天，但是即使是那样你还是猜不出到底有多可怕。"托马斯·刘易斯（Thomas Lewis）这么说："不存在所谓的善待奴隶。许多人比其他人好一些，但是奴隶属于他的主人，没有任何途径摆脱这种处境。"成为一个奴隶意味着成为另一个人意志和物质所有权的对象，正如俗话说的，"从摇篮到坟墓"，永远属于他。

大多数美国奴隶尽管被奴役，但是仍然保留着精神独立和自尊。与当时普遍的观念相反，他们并不是自我压迫的忠诚伙伴。他们不得不俯首帖耳，对着主人说甜言蜜语，但是他们彼此之间的言行却判若两人。在《弗德里克·道格拉斯一个美国黑奴的自传》(*Narrative of the Life of Frederick Douglass, an American Slave, Written by Himself*)（1845）一书中，道格拉斯写道，大多数奴隶在被问及"他们的处境和奴隶主的性格时，几乎全都说他们很满足，他们的主人很仁慈"。道格拉斯解释，奴隶们这么做是因为相信"少说少错"，尤其是在不熟悉的人面前。因为他们是"人类家庭中的一部分"，奴隶们常常争辩谁的主人最好。但是一天结束后，道格拉斯评价道，有坏主人的奴隶想要换个好主人；有了好主人之后，他又想"成为自己的主人"。

奴隶—奴隶主关系

一些前奴隶记得主人和奴隶之间的温情，一些"特别的"奴隶如技术精湛的骑师，受到种植园主的青睐，他们享受自主权、特权，甚至名誉。但是普遍的态度是怀疑和敌对。奴隶们看穿了仁慈的行为。一个女人说她的女主人是个"很好的主人"，只不过"因为她养着我们为她工作"。一个男人回忆他的主人们将奴隶们照顾得很好，"玛利亚老祖母说：'为什么不呢——这是他们自己的钱。'"奴隶们还憎恨自己被当作力畜。一个人评价他的主人"定期给我们优质和充足的食物，就像你照顾自己的马一样，如果你有匹好马的话"。

奴隶们对于每天无数个象征他们低下地位的表征很敏感。一个男人回忆起一条普遍规则，就是奴隶们吃玉米面包，而主人们吃饼干。即使黑人们得到饼干，"用来做饼干的也是三等面粉"。一个前奴隶回忆道："我们负责抓老鼠，结果却是便宜了白人们。"假如主人替奴隶把园圃中出产的作物带到城里卖，奴隶们常常怀疑他们会私吞一部分利润。

怀疑常常变成仇恨。1852年黄热病流行时，许多奴隶把它看作上帝的惩罚。一个叫作明尼·福尔克斯（Minnie Fulkes）的老年前奴隶相信上帝会惩罚白人，因为他们残酷对待黑人。她描述了她母亲不得不承受的鞭笞，然后呼喊道："主啊，主啊，我恨白人，洪水应该淹死更多人。"当然，在种植园中，奴隶们必须隐藏这种想法。他们常常对白人表现出一种感情，回到自己的房子里又是另一种。在他们的日常生活中，奴隶们创造出许多在压迫世界中求生和保持人性的方法。

奴隶文化和反抗

一个人总是"高于其兽性的总和",非裔美国小说家拉尔夫·埃利森(Ralph Ellison)于1967年写道。在艰难的命运和压迫之前,人们创造了给予他们希望的事物。奴隶们保持这种反抗精神的源泉是他们的文化:一个由传承自过去,维持到现在的信念、价值和行为组成的集合。他们竭尽全力缔造了一个由故事、音乐、宗教世界观、领导、传统食物气息、自己的声音和脚步声构成的社会。"民间传说表达的价值观,"非裔诗人斯特林·布朗(Sterling Brown)写道,提供了"一种力量的源泉……奴隶们在怀疑的时候可以回归这个源泉,获得新的希望"。

非洲文化遗风

1808年之后,奴隶文化发生了巨大的变化,这一年国会禁止继续进口奴隶,出生于非洲的那一代奴隶渐渐死去。几年来,南卡罗来纳重新非法开放国际奴隶贸易,但是至1830年代,南方的绝大部分奴隶都是土生土长的美国人。许多黑人事实上比大多数美国白人能追溯到更远的祖先。

尽管缺少第一手记忆,非洲的影响仍然很强,尤其是外表和表达形式。一些奴隶男性把头发编成辫子和各种繁复的形状;奴隶女性常常把头发束起来——用绳子或布条绑成一束束。一些男性和许多女性用非洲风格和色彩的手绢把头发包起来。在葬礼中,奴隶们依照非洲传统用罐子和其他玻璃物件装饰坟墓。

音乐、宗教和民间故事是大多数奴隶日常生活的一部分。他们部分借鉴了非洲背景,又融合了新的美国民俗,创造出学者们所谓的神圣世界观,影响着工作、休闲和自我认识的方方面面。奴隶们制造出雕刻着传统花纹的弦乐器。他们非洲式的鼓点和舞蹈让白人们啧啧称奇。一个1860年代来到佐治亚的旅行者描述了一场非洲仪式舞蹈:"歌者们围成一个圈……接着他们开始浅吟低唱,强度和音量逐渐上升,直到震耳欲聋,歌声传到很远的地方。"这位"围圈呼喊"的观察者还注意到舞者的敏捷,还有他们吟唱过程中的问答形式。

许多奴隶依旧相信灵魂。白人们也相信鬼魂和咒语,但是奴隶们的信念类似于非洲的"活死灵"概念——他们认为死去的亲属会在尘世中游荡很多年,直到死亡过程完成。奴隶们还进行咒术,使用半魔法性质的根药。至1850年代,最著名的术师和根医生,据说生活在南卡罗来纳、佐治亚、路易斯安那和其他拥有大量非洲人口的孤立沿岸地区。

这些文化遗风为奴隶们提供了一种对于自己与众不同的感情。这种行为和信仰并不是静止的"非洲民族主义"或简单的"保留"。它们是文化改良、在美洲的新体验下重新形成的活的传统。生活在老南方的非裔南方奴隶是在大西洋世界中经过两个世纪文化融合造就的民族,南方本身融合了许多非洲和欧洲的文化力量。

当奴隶们成为非裔美国人时,他们同时还培养出一种种族身份感。在殖民地时期,非洲人从许多不同的城邦和王国来到美洲,他们有着各不相同的语言、身体特征和传统。种植园主们曾经用民族差异创造出职业阶层。然而,到内战前早期,原有的民族特征逐渐弱化,美国奴隶们越来越将自己视为一个由种族团结起来的单一群体。非洲人来到新世界的时候完全没有"种族"概念;但是至内战前,他们的后代们已经通过痛苦的经验认识到,现在的种族是他们生活的决定性特征。他们是一个被移植、被改变的民族。

奴隶的宗教和音乐

当非洲文化让位于日渐成熟的非裔美国文化时,越来越多的奴隶接受了基督教。但是他们把基督教变成一种精神支柱和反抗的工具。他们的基督教是一个公正和解脱的宗教,和他们主人的宗教宣传大相径庭,后者是一种控制手段。"你们应该已经听到了布道,"一个人说,"服从你们的主人和女主人,不要偷鸡和蛋以及肉,却对灵魂拯救不置一词。"奴隶们相信耶稣关心他们的灵魂和他们的困境。正如一个历史学家所言,他们对《圣经》故事的理解中"期望字面意义上的重生"。

对于奴隶来说,基督教是一种拯救个人和族群的宗教。虔诚的男人和女人们"在田野中或是路边"或者在特殊的能够提供私密性的"祈祷场地"中每天祈祷。一些奴隶举办热烈的秘密祈祷会,一直持续到深夜。许多奴隶拥有坚定不移的信念,认为上帝会干涉历史,结束他们的奴役生涯。这种信仰——以及伴随着崇拜而来的快乐和感情解脱——支撑着他们的精神。

奴隶们还按照非洲习惯对基督教进行改良。在西非信仰中,信徒完全属于神,以至于神本身的个性代替了人类个性。在内战前晚期,基督教奴隶们体验新教"圣灵"降临。呼喊、歌唱和舞蹈的结合似乎攫取了黑人崇拜者们的灵魂,形成了他们宗教信仰的核心。"这座集会的旧屋着火了,"一个前奴隶布道者道,"圣灵在那里……上帝看到我们的需求,来到我们身边。我过去常常好奇人们在喊些什么,但是我现在不好奇了。里面充满欢乐,它喷涌而出,那么强烈,我们无法保持镇静。这是骨头中的火焰。每当火焰触及某个人,他就会跳起来。"在户外的树丛中或是集会场所,奴隶们欢迎上帝的降临,他们将双臂伸向天空,用脚踩出节拍,用歌声发泄他们的苦难。一些旅行者目睹了这些"拳脚崇拜者""乐团"。许多后奴隶制黑人合唱团必须在木地板上演出,将其当作"鼓"。

节奏和身体动作对于奴隶们的宗教体验来说至关重要。黑人布道者将布道吟唱出来,四处扩散,将罪人汇聚成意义和抑扬顿挫构成的叙事,在通往皈依的道路上,一个美国传统就此诞生。吟唱布道既是来自《圣经》的讯息,也是一种特征鲜明的形式,要求听众们不时回答"是的,先生们!"和"阿门!"但正是在歌声中奴隶们将自己超群的天赋注入到美国文化中。

通过灵魂仪式,奴隶们试图为混乱的生活找寻秩序。奴隶歌曲的歌词有许多主题。在后来常被称作"悲伤之歌"的歌曲中,他们同样期待着即将来临的重生。悲伤可能突然被欢乐替代:"你是否曾站在高山上,在云中浣手?"重生也是著名圣歌"哦,自由"的核心:"哦,哦,自由/哦,哦,自由加诸我身——/但是此前我是个奴隶,/我将被埋入坟墓,/

▶ 刘易斯·米勒的绘画《林奇堡黑奴舞》(*Lynchburg Negro Dance*),弗吉尼亚林奇堡,1853年8月18日。这件作品展示了奴隶们穿着繁复的服装,手持弦乐器和"骨头"舞蹈的场景,这是一种非洲传统民间打击乐器,夹在手指之间,用来打节拍。
图片来源:艾比·奥尔德里奇·洛克菲勒民间艺术收藏(Abby Aldrich Rockefeller Folk Art Collection),殖民地威廉斯堡基金会(Colonial Williamsburg Foundation)

回到我主身边,/获得自由!"

悲伤和快乐之间的矛盾和突然转折赋予了许多歌曲生机:"有时候我就像一个失去母亲的孩子……/有时候我就像空中的苍鹰,/……展开双翼飞翔,飞翔,飞翔!"许多歌曲都表达了一种和上帝的亲密感与亲近感。一些歌曲体现出明确的反叛精神,比如长盛不衰的"他说,假如我能为所欲为/假如我能为所欲为,假如我能为所欲为,/我要把这房屋颠覆"!一些灵歌让黑人社会作为一个整体获得了一种集体希望。

"哦,仁慈的主!要到何时,
我们可怜的灵魂能获得自由;
主啊,摧毁他们的奴役之力吧——
您是否与我同行?
主啊,摧毁他们的奴役之力,
大赦我们吧!"

从许多方面看,美国奴隶对基督教进行改良,以适应自己的需求。他们寻求的是另一个世界、另一个家园,而不是命运赋予他们的尘世落脚点。在布雷尔兔(Br'er Rabbit)的民间故事的许许多多版本中,以及数不清的歌曲副歌中,弱者通过智慧存活下来,权力被颠覆,他们以自己的文化想象勾勒出幸存的景象。

▲ 这幅照片摄于1862年南卡罗来纳的博福特(Beaufort),展现了一个奴隶家庭的五代人,这是沉默但有力的证据,证明非裔美国奴隶十分重视随时可能受到威胁的家庭关系。

图片来源:国会图书馆

奴隶制下的黑人家庭

美国奴隶们坚定地依赖赋予生活意义的个人关系。尽管美国法律并不承认奴隶家庭，但是主人们允许他们组成家庭；事实上，奴隶主们希望奴隶组成家庭生儿育女。结果，即使在迅速扩张的棉花王国的边缘，男女老少的比例都很正常。在南卡罗来纳的一些最大的种植园中，当奴隶主们允许奴隶通过任务系统增加自主权时，以牲畜、工具和园圃产出为形式的财富积累造就了更稳定、更健康的家庭。

依照非洲亲缘传统，非裔美国人避免堂表亲之间通婚（这在贵族奴隶主之间很寻常）。非裔美国人用上几代的亲属名字命名自己的孩子，以此强调他们的家族历史。亲戚网络和枝繁叶茂的家族在许多奴隶社区让生活保持完整。

对于女性奴隶来说，白人主人的性虐待和强奸对她们和她们的家庭生活来说是旷日持久的威胁。至1860年，美国有405 751个白黑混血儿，占非裔美国人总人口的12.5%。白人种植园主对待女性奴隶的行为有时很开放，但是他们却讳莫如深。正如玛丽·切斯纳的评价，男性奴隶主和女性奴隶之间的性关系是"不可言说的东西"。在新奥尔良的奴隶市场，为了性购买奴隶非常常见。在所谓的"高级货贸易"（fancy trade）（"高级货"指的是年轻迷人的女孩或妇女奴隶），女性的售价常常比均价高出300%。在这类年轻女性的拍卖会上，奴隶主们展现出奴隶体制核心的最丑陋的价值观——为女性"伴侣"花费3 000美元至5 000美元，证明男权的不可一世。

女性奴隶不得不在这个令人困扰的欲望、威胁和耻辱的世界中挣扎求生。哈丽特·雅各布斯（Harriet Jacobs）大半青春期和刚成年的那几年一直在努力躲避主人毫不留情的性追求，她将自己的处境形容成"生活的战争"。回忆起她费尽心机保护孩子们，为他们寻找前往北方的自由道路时，雅各布斯问了一个令人难以忘怀的问题，很多女性奴隶将这个问题带入了坟墓："为什么奴隶们会爱呢？为什么用这些随时随地会被暴力夺去的东西牵扯他们的心呢？"

国内奴隶贸易

被迫与爱人分开、性利用和被买卖是奴隶家庭最恐惧、最憎恨的事情。许多人年复一年挣扎着让孩子们留在身边，被释放之后，他们努力重新和被迫迁徙或遭买卖的爱人建立联系。在1820年至1860年之间，据估计有200万奴隶迁徙到佐治亚西部到得克萨斯东部之间的地区。联邦军队于1864年和1865年在密西西比和路易斯安那登记了几千桩黑人婚姻，40岁以上的男人中有25%称他们被迫与以前的妻子分离。每年有成千上万的黑人家庭被拆散，以满足棉花经济扩张的需要。

许多战前南方白人以奴隶贸易为生。仅仅在南卡罗来纳，1850年代之前，就有一百多家奴隶贸易公司，每年平均将6 500名左右奴隶售往西南诸州。尽管南方人经常否认，但是大量奴隶向西迁徙是直接被出售到西部，而不是随着主人一起迁移。一份典型的奴隶商广告写着："求购黑奴。我将为年轻合适的黑奴支付最高额现金，牙口好身体好优先。"有人估计，弗吉尼亚里士满的奴隶贸易在1858年的净利润高达400万美元。同年里士满的一份奴隶销售市场指导列出了"合格耕童"的平均价格："12至14岁，850至1 050美元，'超一流女童' 1 300至1 350美元；'超一流男奴' 1 500美元。"

奴隶商人是讲求实际的而灵活变通的生意人。有时南方种植园主认为他们地位低下，但是许多奴隶主都和他们进行交易。市场力量推动着这种奴隶贸易。在新奥尔良等城市的奴隶"栏"中，商人们推出"又大又宽敞的展厅……可以容纳超过200个待售的黑奴"。商人们绞尽脑汁让这些奴隶看上去年轻、健康和快乐，他们把男人的灰色胡须剃除，用船桨管束他们，以免在商品身上留下伤痕，还强迫奴隶们在买家来到拍卖会的时候唱歌跳舞。被运往西南市场时，奴隶们通常被"锁链"锁在一起，步行跋涉500多英里。

▲ 销售文件显示，图片中的这个女性奴隶路易莎（Louisa）属于她怀里抱着的这个小孩。将来，路易莎的人生将由这个孩子随心所欲主宰。

图片来源：圣路易斯，密苏里历史协会（Missouri Historical Society）

奴隶商人的语言中融合了志得意满的种族主义和商业。"昨天我拒绝把一个20岁女孩以700美元卖出去，"一个商人在1853年写给另一个商人的信中说道，"如果你觉得最多肯出700美元，那我还不如自己留着。她被打得遍体鳞伤，但是有一口好牙。"一些交易是根据主人的要求处理的，通常是因为一些惨无人道的理由。"昨天买了个厨子，要卖到州外去，"一个商人写道，"她把人逼疯了，就是这么回事。"一些商人证明了奴隶制和种族主义如何深刻交织在一起："我花1 100美元买了个叫做艾萨克（Isaac）的男孩，"1854年一个商人对合伙人写道，"我觉得他质量一流……他是个……家仆……一等的厨子……优秀的车夫。他还是个很好的粉刷家和油漆工……说他会做漂亮的镶板门……而且他还拉得一手好琴……他是个天才，说起来有点怪，但是我觉得他比我还聪明。"

反抗策略

奴隶们反抗时和拼命捍卫家庭生活时表现出同样的常识和决心。公开革命在高压之下几乎是不可能的，他们也清楚这一点。但是他们抓住一切机会改善自己的工作条件。在不受监视的时候，他们也许会松懈一会儿。因此，奴隶主们常抱怨奴隶"从来不会白白付出力气"。

不满和绝望同样表现为蓄意破坏工具，漫不经心地对待工作，盗窃食物、牲口或粮食或者偷酒酗酒。一些被外雇的奴隶偷偷藏起一部分报酬。他们也可能只是固执不听话。"我雇了一个叫做吉姆·阿切尔（Jim Archer）的男孩，"一个密西西比维克斯堡（Vicksburg）奴隶主在1843年抱怨道，"吉姆不愿受任何人管教，他说……他今年夏天想回家。"一个叫作艾伦（Ellen）的女人在1856年受雇在田纳西当厨师，她不声不响地把有毒的水银倒进烤苹果里，给她一无所觉的女主人吃。还有一些女性奴隶尽可能控制自己妊娠，不是避免怀孕就是想办法把怀孕变成改善生存处境的手段。

许多男性奴隶和一些女性奴隶通过暴力袭击监工甚至奴隶主来反抗。南方法庭记录和报纸中有着许多关于这些反叛奴隶的报道，他们颠覆了温驯奴隶形象的谎言。他们付出的代价很高昂。这样的单独反叛者一般被保下来，鞭打一顿，卖到别的地方或绞死。

许多奴隶个体试图逃到北方，一些人获得了被称作"地下铁路"（Underground Railroad，参见原书第378页）的松散网络的帮助。但是逃奴更常见的方法是暂时逃跑，躲在树林中。逃奴中大约有80%都是男性；女人们无法像男人那样轻易逃跑，因为他们对孩子负有责任。对处境的恐惧和不满或者家人分离或许会刺激奴隶们铤而走险。尝试逃跑的奴隶中只有一小部分最终逃到北方或加拿大获得自由身，但是这些逃亡者使得奴隶制到1850年代

▲ 被锁在一起的奴隶们朝着西南部各州的新定居地前进。

图片来源：私人收藏/彼得·纽瓦克美国图片（Peter Newark American Pictures）/布里奇曼艺术馆（The Bridgeman Art Library）

成为一种很不稳定的体制。

不过美国奴隶制中也涌现了一些大无畏的革命。加布里埃尔叛乱于1800年事发时，牵涉了多达1 000个奴隶，这场叛乱原本计划袭击弗吉尼亚里士满（参见原书第215—216页）。根据富有争议的法庭证词，1822年查尔斯顿也有一场类似的密谋，领导者是一位名叫丹马克·维西（Denmark Vesey）的自由黑人。维西出生于加勒比，曾经是个奴隶，他于1799年中了彩票，获得1 500美元奖金，为自己赎了身，成为黑人社区中的宗教领袖。根据一种疑点重重的解读，维西是一个革命英雄，他下定决心解放他的人民，不成功便成仁。但是历史学家迈克尔·约翰逊（Michael Johnson）最近质疑，这份法庭证词是这场所谓暴动的唯一可靠来源。或许这份证词揭露的并非现实，而只是南卡罗来纳白人对奴隶起义的恐惧？约翰逊称，法庭将这个案件建立在谣言和受胁迫的证人证词的基础上，"变出了"这场现实中并不存在的叛乱。无论实情如何，拘捕和审判结束后，73名"谋反者"被处死，其他三四十个人被该州流放。

奈特·透纳起义

最著名的反叛者奈特·透纳于1831年在弗吉尼亚南安普敦县发动起义，为自由而战。他的母亲是一个非裔女奴，非常痛恨自己被奴役，奈特·透纳是个早熟的孩子，他很小的时候就学会了阅读。在第一任主人的鼓励下，他学习了《圣经》，享有一些特权，但是同时也需要忍受艰苦工作和换主人。他的父亲成功逃亡并获得了自由。

年轻的奈特最终成为一个以雄辩和神秘主义著称的布道者。在周密计划了几年之后，奈特于1831年8月22日黎明前的黑暗时分，带领一队反叛者从一个农场跑到另一个农场。叛乱队伍用斧头砍击受害者的腿部和头部，或者用枪杀死他们。在被惊动的种植园主们未来得及阻止他们之前，奈特·透纳和他的追随者们已经在48小时内屠杀了60名白人，男女老幼都有。这场起义很快被镇压，作为报复，该地区和邻近诸州的白人们随意杀害奴隶。透纳最终被捕并被处以绞刑。多达200名非裔美国人，因为起义而丧命，其中有许多无辜的人遭到四处劫掠的白人报复。

奈特·透纳在美国悬而未决的种族奴隶制和歧视历史上，仍然是最挥之不去的象征之一。在监狱里等待行刑时，弗吉尼亚律师和奴隶主托马斯·R.格雷（Thomas R. Gray）采访了透纳。他们引人入胜的采访成果《奈特·透纳忏悔录》（The Confessions of Nat Turner）在透纳被处死之后一个月内成为畅销书。透纳讲述了他童年的故事、他的宗教观、他对自由的渴望；格雷把这个反叛者称为"阴沉的狂徒"，不过把他塑造得引人入胜，并且创造了美国奴隶制最引人瞩目的记录之一。在透纳暴动之后，许多州紧接着通过了反对黑人教育和宗教行为的严苛的法律规定。

273 昨日重现

奈特·透纳起义再现

左下图来自托马斯·R.格雷的《奈特·透纳忏悔录》。这份接近20页的文件由律师格雷出版，他记录并改写了透纳行刑前在牢狱采访中作的长声明。该书成为畅销书，它记录了透纳的个性，尤其是他起义的动机和方式。该书将透纳描绘成一个宗教神秘主义者和狂热分子，让广大群众想象一个受宗教激励的奴隶反叛者的内心。

右下图是1831年的木版画《弗吉尼亚可怕屠杀》（Horrid Massacre in Virginia）。这一复合场景表现了无辜女性和孩童以及白人男性作为受害者和抵抗者被杀害的情形。透纳起义之后的恐惧、困惑和残忍报复在这里得以展现。为什么奈特·透纳暴动会让南方和全国如此震惊？奈特·透纳起义在接下去的几十年中将对南方捍卫奴隶制产生什么影响？

◀ 图片来源：密歇根大学，威廉·L.克莱门茨图书馆（William L. Clements Library）

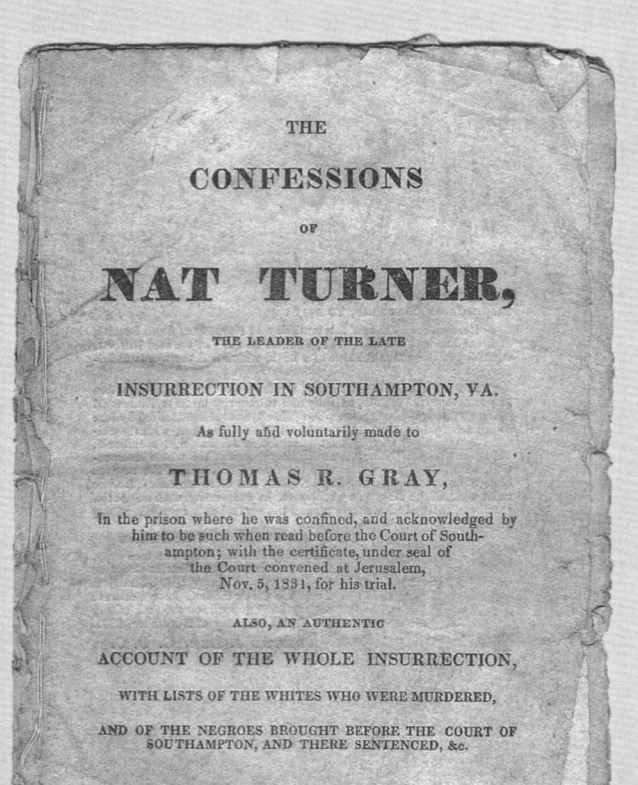

▼ 图片来源：国会图书馆

人民与国家的遗产

奴隶制赔偿

美国如何面对其长达250年的种族奴隶制历史？最好的办法是否是将这一时期看作非裔美国人和这个国家经过的一段可怕而终将淡忘的历程？这个国家是否亏欠被压迫的黑人一笔迟迟未付的债务？在1865年奴隶解放后，许多前奴隶因为联邦政府模棱两可的承诺，以为自己有权获得"40英亩土地和一头骡子"，但是这些承诺从未兑现。

1897年，出生于1865年前奴隶走私营的四个孩子的贫穷母亲卡莉·豪斯（Callie House），组织成立了"全国前奴隶养老金和赔偿协会"（National Ex-Slave Pension and Bounty Association），以士兵的退休金体制为范本。豪斯走遍了整个南方地区，以10美分的会费招收了250 000成员。她游说联邦政府提供养老金失败，1916年被指控邮件欺诈，被判入狱一年。

更近的一次是一场关于"补偿"奴隶的广泛争论。在1960年代重写奴隶制历史的过程中，美国人关于奴隶劳动如何创造美国财富了解了更多：保险公司如何为奴隶设保，美国政府在奴隶制的保留和扩张中如何沆瀣一气，在奴隶主每个月因为奴隶们的劳动可获得5美元时，奴隶们如何建起了美国的国会大厦。

由于许多类似案例，这场争论愈演愈烈：第二次世界大战期间被拘押的日裔美国人获得补偿，一些美洲原住民部落获得土地赔偿，成千上万大屠杀幸存者和强制劳动的受害者获得赔偿，1999年判决的一次诉讼将向20世纪初遭到农业部不公待遇的约20 000黑人农民赔偿约20亿美元。

另一方面，有些人辩称，由于已经没有活着的前奴隶或奴隶主，所以奴隶制赔偿永远不可能以金钱的形式支付。但是2002年，三家据称曾从奴隶制中获益的大企业被告上法庭，国家补偿协调委员会（National Reparations Coordinating Committee）保证对美国政府提起诉讼。一些市议会通过决议，强制司法管辖权内经营的公司调查过去是否参与奴隶贸易或拥有奴隶，这些决议促使一些银行和其他公司为非裔美国人设立奖学金项目。

评论员称，这些资源最好用于"确保黑人孩子受到良好的教育"并且重建他们的内城贫民区。提倡者主张，当"政府参与反人类的罪行时"，它"有义务向受害者赔偿"。这场赔偿运动在草根黑人社区中受到强烈支持，这个问题也成为广泛公共辩论的主题。奴隶制为国家和民族遗留下的问题必定会成为美国最伤痕累累的考验，敦促它思考如何让历史和正义握手言和。

最重要的是，1832年，弗吉尼亚州大为震动，举行了大规模的立法和公共辩论，讨论以奴隶解放作为摆脱奴隶制的手段。这个富有争议的计划提出，在1858年之前不会释放奴隶，但是最终将会把所有黑人迁出弗吉尼亚。不过众议院进行投票时，逐步废奴的计划以58票对73票被驳回。最后，弗吉尼亚只能选择巩固对奴隶制的道德和经济辩护，除此之外什么都不能做。这是南方白人最后一次讨论某种形式的奴隶解放，直到战争迫使他们就范。

结语

在南北战争前40年，南方和美国其他地区一样，在土地、财富和权力等各方面有所发展。尽管南方诸州深陷于国家传统和政治经济之中，但是由于奴隶制，它们也作为意识形态和经济上与众不同的地区得到发展。内战前南方的双民族特征比北方明显得多；白人成长中直接被黑人社会习俗和文化影响；大多数黑人都是奴隶，主要是土生土长的美国人,他们和白人共同缔造了一个乡村农业社会。从老南方一直到现代,南方白人和黑人有着悲剧性的共同历史,其中许多人有血缘关系。

随着棉花产业的繁荣以及州和联邦的印第安迁移政策,南方成为巨大的奴隶社会。奴隶制名副其实地影响了南方生活和政治的每个方面,并且越来越催生了一个下定决心保存保守、阶级化社会和种族秩序的领导阶级。尽管白人优越性将白人们团结在一起,但是自耕农的民主价值观和贵族种植园主的盈利动机常常发生冲突。奴隶主仁慈的自我形象和家长式意识形态最终必须接受奴隶们自己判断。非裔美国奴隶通过创造出丰富而富有表现力的民俗文化和强调个人及群体拯救的宗教来回应。他们的经历根据地区和劳动种类的差异,也存在着深刻的不同。一些黑人被奴隶制摧毁,许多其他人通过可歌可泣的生存和反抗度过了最艰难的岁月。

至1850年,通过自己的才智和背后的非裔劳动力,南方白人野心勃勃地创造了世界上最后的有利可图的、扩张的奴隶社会之一。同一个国家中,在他们的北面,与他们在经济、宪法体制和历史上紧密交织的另一个社会,正经历着更迅速的发展——工业主义和自由劳动力是其发展的动力。这两个深刻联系在一起,但是相互恐惧、彼此分离的社会很快将被卷入一场与国家未来息息相关的政治风暴中。

扩展阅读

Ira Berlin, *Generations of Captivity: A History of African American Slaves* (2003)

David Brion Davis, *Inhuman Bondage: The Rise and Fall of Slavery in the New World* (2006)

Steven Deyle, *Carry Me Back: The Domestic Slave Trade in American Life* (2005)

Drew G. Faust, ed., *The Ideology of Slavery: Proslavery Thought in the Antebellum South, 1830—1860* (1981)

Annette Gordon-Reed, *The Hemingses of Monticello: An American Family* (2008)

Walter Johnson, *Soul by Soul: Life Inside the Antebellum Slave Market* (1999)

Charles Joyner, *Down by the Riverside: A South Carolina Slave Community* (1984)

James D. Miller, *South by Southwest: Planter Emigration and Identity in the Slave South* (2002)

James Oahes, *Slavery and Freedom: An Interpretation of the Old South* (1991)

Michael O'Brien, *Conjectures of Order: Intellectual Life and the American South, 1810—1860*, 2 vols. (2004)

Daniel H. Usner Jr., *American Indians in the Lower Mississippi Valley* (1998)

第十一章

躁动的北方，1815—1860

▼ 农民家庭将多余的产出和手工艺品带往当地集市，在那里，这些商品被商人买下，再次贩售给别人。

四个孩子都不到十岁，走路还颤巍巍的。这是1807年4月17日，他们刚刚花25天时间从苏格兰县来到美国纽约，一路上狂风暴雨。他们的父母，玛丽·安（Marry Ann）和詹姆斯·阿奇博尔德（James Archbald），不情不愿地离开世世代代的故乡，梦想着未来孩子们可以不用受制于任何人——无论是地主还是雇主。他们踏上航程追寻杰弗逊式的共和独立之梦。

阿奇博尔德一家在纽约州中部哈得孙河的一条支流沿岸买了一个农场。他们养了一大群羊，种植干草和蔬菜，把兔子剥皮取肉——然后把衣食所需以外所有剩余的食物或皮毛卖掉。玛丽·安将丈夫和儿子们剪下的羊毛纺成线，制成布，做成衣服穿或是卖掉。他们用换取的现金支付贷款。离开苏格兰县21年后，玛丽·安眼看着马上能还上最后一笔债，她声称自己很富有："还清债务在我看来就是富有。"不过，这时候她的儿子们已经长大成人了，而且有着自己的财富梦。他们的梦想在水上，而非陆地上。

十年，即1807—1817年4月17日——阿奇博尔德一家踏上美国海岸之后的十年，纽约州立法会授权建造一条把伊利湖和哈得孙河连在一起的运河，土地测量员规划的路线穿过阿奇博尔德的农场。儿子们（其中一个二十出头，另一个才十几岁）帮忙挖掘运河，而玛丽·安和她的女儿们则为儿子们雇佣的20个爱尔兰工人做饭和洗衣。被运河热坑了一次之后，儿子们很快在商业投资中小试牛刀。他们借钱在纽约西部购入小麦和木材，指望把这些货物卖给奥尔巴尼和纽约市的商人好好赚一笔。这不是玛丽·安为她的儿子们设想的未来，他们的投资让她伤心，但却并不让她惊讶。早在1808年，她就已经做出了一个关于新家的令人不快的结论："我们是个商人的国家，杰弗逊先生说什么做什么都无法改变。"

美国或许早在1808年就已经变成了"商人的国家"，但是在1812年战争之后的数年中，市场经济以出乎意料的方式迅速腾飞，这在阿奇博尔德一家前往美国寻求独立的时候是无法想象的。在北方，蒸汽船、运河，接着是铁路建设，重新规划了这个年轻共和国的地理和经济，导致西部移民、工业、商业和城市发展的繁荣，在富有商业头脑的美国人中散播着乐观主义思想。

章 节 大 纲

与众不同的其实是北方？

运输革命

工厂和工业化

放眼天下　内部发展工程

消费和商业化

昨日重现　繁荣和衰退的景象

变化的家庭

城市发展

人民与国家的遗产　费尼尔司·泰勒·
　巴纳姆的哗众取宠

结语

年表

1824	"吉本斯诉奥登案"（Gibbons v. Ogden）禁止蒸汽船垄断
1825	伊利运河完工
1827	巴尔的摩和俄亥俄铁路（B&O）工程开始
1830	第一辆火车头在B&O铁路上行驶
1830年代	廉价报纸出现
1830年代—1850年代	城市暴动司空见惯
1834	女性工人在洛厄尔（Lowell）罢工
1835	阿肯色通过第一部女性财产法律
1836	美国第二银行关闭
1837	1837年恐慌开始，经济下滑
1839—1843	经济萧条
1840年代	女性工厂工人的出版物出现
1842	"联邦诉亨特案"（Commonwealth v. Hunt）宣布罢工合法
1844	联邦政府赞助第一条电报线路
	洛厄尔女性改革协会（Lowell Female Reform Association）
1845	大规模爱尔兰移民开始

尽管交通革命将促进商业贸易，但是仅有技术还不能使它发生。即使在1812年战争之后，美国和欧洲，尤其是英国，依然有着深层的金融联系。当欧洲人经历艰难时世时，美国商人、制造商、农民和工人——及其家庭也度日如年。尤其是对于依靠薪水为生的美国人来说，经济衰退常常意味着失业和贫困。

经济衰退甚至能动摇最具商业头脑的北方人，1812年战争后的几年经济快速扩张带来的其他后果也是一样。一些人担心，市场扩张如果不受控制的话，会威胁国家的道德。它扰乱了传统的家庭组织模式，而且严重依赖体力劳动者——其中许多是移民以及自由非裔美国人——最好情况下他们被视为不适于获得共和国公民身份的人，最坏情况下甚至被视为威胁。市场扩张催生了大量迅速发展的城市，似乎证明了托马斯·杰弗逊的观点，这些城市仿佛"道德、人类健康和自由的瘟疫"。像杰弗逊这样的人还觉得道德会滋养艺术，满脑袋商业的美国人可以将城市视为文明的典范，也可以将之视为堕落和斗争的温床。只有对进步、发展和自我提升保持强烈的信仰，这些美国人才能充满希望地认为商业扩张将会带来国家的富强。他们表达了一种自由劳动意识形态，同时将市场扩张的负面效应合理化，并宣扬北方劳动体制优于南方的观点。

- 哪些因素促进了北方社会的商业化，为什么这些因素对南方的影响小得多？
- 1815年至1860年，北方人的日常生活——工作、家庭、娱乐——发生了哪些变化？
- 哪些因素造成了快速城市化，北方的城市和乡村生活与南方比起来有哪些差别？

279 与众不同的其实是北方？

历史学家詹姆斯·麦克弗森（James McPherson）对于南方的独特性这个老问题提出了新的观点：实际上偏离正常轨道的也许是北方——新英格兰、大西洋中部各州和老西北。在美国诞生之初，南北两个地区具有许多共同点，其中一些共同点存在了好几十年：奴隶制、民族同质性、绝大多数人从事农业、城市人口少。晚至1812年战争，两个地区的差异仍然不如共同之处多。但是随着1812年战争后的经济发展，一切情况都发生了改变。尽管这些发展常用国家主义语汇表达，但其实大多由州和当地政府以及私营企业主导，而且在北方范围更广，速度也更快。是北方在积极迎接经济进步时偏离了国际轨道，而不是南方。麦克弗森（McPherson）写道，北方"向着一个南方人不耻，甚至恐惧的未来猛冲"。伴随着对进步的不断追求，北方——而不是南方——象征着1831—1832年游历美国的阿历克西·德·托克维尔所说的美国的"焦躁的灵魂"。

当南方作为奴隶社会扩张时，北方亦迅速而深刻地变化着。诚如一位历史学家所言，它从一个有市场的社会变成了一个市场社会。在殖民时期，定居者们生活在设有市场的社会中，他们参与长距离贸易——把多余的产出出售给商人，商人们把这些原材料销售到欧洲，用所得的收入购买成品再销售——但是大部分定居者仍然保持着自给自足的生活方式。在1812年战争期间及战后，北方成为更稳固的市场社会，参与长距离贸易从根本上转变了个人的理想和行为。由于战争期间欧洲贸易基本上中断，企业家开始投资国内工厂，引发了日常生活组织方式的一系列改变。导致的结果是农业本身的转型。农业变得商业化。个体农民抛弃了自给自足的生活方式，而是专注于种植能在市场上出售的经济作物。顺利的情况下，农民们可以用获得的现金购买他们曾经自己生产的物品，比如布料、蜡烛、肥皂以及一些奢侈品。和典型的南方自耕农不同，他们不能自给自足，离群索居也很罕见。在北方，市场扩张有时候戏剧性地改变了生活的方方面面。有些历史学家将这些迅速而无处不在的变化视为市场革命。

前工业化农场

19世纪初，南方和北方都鲜有完全独立的自耕农。大多数人从事所谓的混合农业：他们种植和养殖一系列作物和牲畜。他们的目标是实现所谓的"竞争力"：舒适的日常生活和为孩子们提供经济机会。当他们的产出超过所需时，他们会用多余产品和邻居交易，或者卖给当地的店主。这种交易常常不用货币；农民们可能会用鸡蛋换鞋子，或者在邻居的田地中帮忙换取稻草垛。即使是像詹姆斯·阿奇博尔德和玛丽·安·阿奇博尔德这样以确保自己独立性和为孩子们创造机会为主要目的的农民，也加入了远距离市场交换。他们并不简单地把农产品用来和邻居交换，而是卖给商人换取现金，接着商人们又把这些货物卖给阿奇博尔德一家从未见过的人，这些人或许生活在数百英里之外。阿奇博尔德一家从事的就是混合农业——他们种植黑麦、玉米、大麦、豌豆、燕麦和土豆，除此以外还养了许多牲畜——同时他们也生产布料出售。但是对于玛丽·安·阿奇博尔德来说，赚取现金最主要的目的不是为了积累财富，而是为了偿还家庭的土地债务。像阿奇博尔德这样的家庭偶尔会享受奢侈品——对于玛丽·安·阿奇博尔德来说，这意味着买书——但是安全比收益更重要。

农场劳动力的主要来源是家人，尽管北方和南方的一些自耕农也依靠奴隶或契约仆役。工作按照性别进行分配。男人和男孩在田间耕作、放牧、砍柴、捕鱼和狩猎。女人和女孩们打理园圃、挤牛奶、纺纱织布、加工和保存食物、做饭、洗衣，并且照顾婴幼儿。

在追求独立的过程中，农民们相互合作。他们把农具借给彼此，帮助对方收割作物，以物易物，帮邻居建造谷仓和剥玉米。经手的现金很少，主要是因为货币很短缺。尽管如此，新英格兰农民常常记录复杂的账目,他们记下欠别人的东西和别人欠他们的东西(他们不记录货币价值),而南方的大多数农民却排斥这种形式主义的做法,只是在脑海里把债权债务记上一笔。在两个地区,债务可能需要好多年才能偿还,也不一定是直接偿还。欠邻居两天劳动的农民或许会以邻居的名义把鸡蛋给当地店主。

许多农民同时参与这种当地经济和远距离贸易。在和熟人以物易物的当地经济中,存在一个"正当价格"体系,邻居们用工时来计算生产一件产品或提供一次服务的价值。而当同一群农民参与远距离贸易——把产品出售给商人,这些商人又出售给其他商人,几易其手之后最终来到某个遥远的海边城市,甚至欧洲——他们则根据市场情况来设置价格。在长距离市场中,信用和债务以货币价值进行计算。

前工业化工匠

住在城镇或村庄附近的农民常常从当地鞋匠、马具匠、铁匠、军械工匠、银匠和裁缝那里购买手工制品。不过大多数工匠生活在这个国家的海港,工匠师傅(拥有自己的商店和工具的生意人)管理着工厂,雇佣学徒和熟练工。尽管南方和北方绝大多数手工艺人都是白人,但是黑人在一些城市的都市贸易中也很常见,比如查尔斯顿、南卡罗来纳的裁缝和木匠行业。十几岁的学徒和他们的师傅生活在一起,师傅教他们手艺,为他们提供住所和食物,并且提供家长般的教导,以此换取对方的劳动。师傅的妻子在女儿们的帮助下为她丈夫的工人们做饭、洗衣和缝纫。手工艺人师傅和工人之间的关系本质上是家庭式的,虽然未必总是和谐。当学徒期

▲ 尽管把亚麻纤维从木本部分分离可能是一项艰巨的劳动,但是理亚麻集会就像剥玉米集会一样将邻居们聚在一起,既是娱乐又是工作。

图片来源:华盛顿特区,国家艺术画廊(National Gallery of Art)。埃德加·威廉(Edgar William)和伯尼斯·克莱斯勒·加尔比施(Bernice Chrysler Garbisch)赠

满之后,学徒们就变成了熟练工,他们可以获得薪水,通常会把钱省下来准备开自己的店。工厂没有劳动或专业的分工。量体、设计、缝纫整套衣服都由一个裁缝完成;鞋匠制鞋的过程也是一样。

男人、女人和孩子们长时间在农场和工厂中工作,但是工作节奏非常不均衡和无组织。在忙季,他们从黎明劳作到黄昏;而收获季或大订单完成后,工作节奏一下子慢下来。在集市和庭审的日子,他们互相交换八卦,结伴喝酒,交易物品,旁观正义得到伸张。剥玉米壳集会和盖谷仓等活动不但将人们集中在一起剥玉米或者盖房子,他们也吃吃喝喝、跳舞调情。即使是忙季也不能阻挡手工艺人每天抽空喝点薄酒,或者轮流朗读报纸;他们甚至可能为了参加政治集会把店关了。工作日也没有严格的时间表;星期一早晨熟练工常常到得很晚,甚至可能根本不出现,因为他们在休息日的晚上总是痛饮到深夜。尽管手工艺人师傅是老板,但是他的工人们对工厂有着相当大的影响力。

早期工业化

至1812年战争爆发时,前工业化习惯已经发生了改变,这些变化在某些地方尤为显著。美国的早期工业承认日常工作程序和市场关系。女人和孩子们从很久以前就开始制作服饰、帽子、肥皂、蜡烛和其他家庭需要的产品。18世纪末和19世纪初,一种"外包"制度——在西欧某些地区仍然存在类似做法——在东北地区发展出来,尤其是在马萨诸塞、新泽西和宾夕法尼亚。女人和孩子们继续像以前一样制作产品,不过现在他们大大增加了产量,而且对象变成了家人和社区以外的其他人。商人为他们提供原材料,支付他们一定的报酬(通常按件数计算),然后把他们制作的成品卖到远方市场,把利润收入自己的口袋。这种做法有时被称为"外包工作",很受急于赚钱的女人们欢迎,有的人希望保持一定程度的经济独立性,有些人则希望攒钱买更多的地,帮孩子们建造自己的农场。尤其是在新英格兰——该地人口稠密,农场很小,土地肥力流失,导致农业机会有限,因此造成劳动力过剩——外包系统提供了赚钱的机会,人们可以用这些钱购买更便宜、更肥沃的西部土地,家庭成员不需要离开家找工作。

运用欧洲引进的技术,最早的工厂和外包体系齐头并进。1790年,塞缪尔·斯莱特支持在罗德岛建立美国第一家水利纺纱工厂,雇佣童工把原棉纺成线,将织好的线送到附近的农民家庭,女人们把线织成布再送还给斯莱特,并且获得酬金。早期的制鞋工厂也依赖类似的体系:工厂工人把牛皮裁成鞋面和鞋底,然后送到农村家庭中。在那里,女人们负责缝纫鞋面,男人们则负责固定(整理形状)和固定鞋底,这个过程有时候在小工厂中进行。这种改变很微妙,同时又很重要:尽管仍然是熟悉的工作,但是女人们开始有偿操作纺车,主要为市场而不是家庭生产布料,而男性制鞋匠则开始为从未踏足过他们店里或家里的双脚制作鞋子。

运输革命

为了将产品从产地运到遥远的市场出售,内部发展是必须的。在1812年战争之前,自然水道为人们和货物提供了最现成和廉价的运输途径,但是它们的局限性也一目了然。船夫们撑着轻舟(货船)在浅水中或驾着平底船在深水中顺流而下。货物一般只沿顺流方向移动,而且大多数船一抵达目的地就被拆成木料。在一些河的某些河段,包括密西西比河和哈得孙河,帆船在正确的风向条件下可以逆流而上,但是很有限。

道路

陆地运输也相当受局限。尽管殖民时期和独立战争时期建造了一些道路,但是它们通常被倒下的树木阻断,泥泞不堪,或者尘土飞扬。为了减少泥泞和尘土,一些付费道路公司建造了一些"用木头铺成的"道路。排列紧密的原木就像条绒布的纹路一样。但是乘客们抱怨不停颠簸让他们犯恶心，商人们避免用运货马车运输易碎商品。陆地运输速度慢，而且代价昂贵，需要大量人力物力。在1800年，根据联邦政府委托的一项报告，将一吨商品往内陆运30英里的代价相当于通过水路把同一批商品从纽约运到英国。缺少廉价和快速的运输阻碍了人口向西扩张和工业发展。阿奇博尔德一家受够了纽约州北部的严冬，1810年他们考虑过搬到俄亥俄州，但是最终放弃了这个想法，正如玛丽·安·阿奇博尔德解释："那里距离市场太远了。"

在美国独立之后，一些北方州授权私营股份公司建造收费道路。这些道路拓宽了新英格兰南部和大西洋中部各州的商业可能性，但是在1812年战争期间，由于国家的北部和南部边境缺乏道路系统，军队和军需物资的运输受到阻碍，从而导致道路建设又有了一项新的利益——国防。除了国家公路以外，所需资金主要由各州和私人投资者提供，建造收费道路的热情大大超过了耗费的金钱和人力。收费道路公司有时会采取一些改进措施，比如铺设碎石和砂砾做成的坚硬路面，但是许多新建的道路也会遇到老问题。自然水路不可预测，而公路路况的糟糕可以预见，所以人们不仅需要更多运输设施，也需要更好的运输设施。

蒸汽船

蒸汽船是一项重要发明。1807年，罗伯特·富尔顿（Robert Fulton）的克莱蒙特号（Clermont）沿着哈得孙河，用32小时完成从纽约到奥尔巴尼之间的航程，证明了运用蒸汽引擎驱动船只的可行性。最高法院在"吉本斯诉奥登案"中判决蒸汽船垄断非法，其后蒸汽船公司在东部河流上蓬勃发展起来，五大湖地区的势头则稍逊一筹。这些船运载的乘客比货运船更多，把定居者送往中西部，他们可以在那里种植谷物和养猪，供应给东北部的工厂工人。在密西西比河和俄亥俄河等西部河流中，蒸汽船扮演着更直接的商业角色，将中西部的木材和谷物以及南方的棉花运往新奥尔良，然后换成海船，驶向北方和国际港口。1850年代，蒸汽船开始定期往来于西至加利福尼亚和华盛顿领地的河流中。私人所有和运营的蒸汽船在频繁的严重锅炉爆炸、着火、船只相撞等事故之后受到联邦规范。

1815年，乘坐平底船从俄亥俄到新奥尔良需要耗费数月时间；1840年，同一段航程仅需10天。但是蒸汽船并没有完全取代平底船。相反，顺流而下驶向新奥尔良的平底船数量在1816年至1846年之间翻了一番。现在，平底船上的船员可以乘坐蒸汽船逆流而上，而不用再长途跋涉，平底船航行中最重要的投资——时间——已经大大下降了。

运河

18世纪末和19世纪初，私营公司（有时候享有州补贴）开凿了一些小运河，将货物和产品运到原本只能经过航行困难的河流或状况堪忧的道路抵达的内陆地区。这些项目很少能获得可观的利润，所以很难吸引投资者继续投资其他项目。1815年，美国只有三条长度超过2英里的运河，最长一条是27英里。在麦迪逊否决了《奖金法案》之后，富有商业头脑的纽约人对于联接伊利湖和纽约港的运河的希望破灭了，州长德威特·克林顿（DeWitt Clinton）竭力推动了一项由州政府赞助的工程。后来这一工程被称作伊利运河（Erie Canal），全长363英里，深4英尺，从布法罗（Buffalo）直通奥尔巴尼。怀疑者嘲笑它是"克林顿的大壕沟"（Clinton's Big Ditch）。

但是乐观主义者占了上风。1817年7月4日，工程带着许多象征主义和夸耀开始了。拥护者们强调，这条运河将完成美国的革命诺言，证明美国人的才能和努力将会克服一切困难，将天堑变成坦途，比如布法罗和奥尔巴尼之间680英尺起起落落的地势。在此过程中，它将把全国连接起来，保障它相对于欧洲的商业独立。

在接下去的8年中，接近九千名工人砍伐森林、铲土、堆成土堆、挖掘树根、爆破岩石、投掷和拖运圆石、改变水流方向、塑造河床。石工和木匠筑造沟渠和水闸。这项工作十分危险，工作环境是充满瘴气、老鼠和蛇的沼泽地。一些地方的地质结构坚硬无比,火药爆破炸毁岩石的同时也把一些工人炸得四分五裂。运河河床坍塌使许多人窒息而死,还有一些人从沟渠和水闸上掉下来摔死。

运河的拥护者们将这条水道称作"共和国自由民"的工程,是对美国共和传统的致敬。但是参与运河建造工程的人很少觉得自己的工作能实现杰弗逊所说的共和自由概念。尽管农民和工匠提供了重要的劳动,但是更多是体力工人,其中包括许多移民和一些罪犯。完工之后,伊利运河依靠童工的劳动运作。男孩们牵着马,拖着船只在运河的83座水闸之间往来,而女孩们则负责做饭和打扫卫生。冬季运河结冰关闭时,许多运河工人发现自己既没有活干也没有地方住。一些人成功地以无业游民的身份被关进监狱;其他许多人则饱受赤贫煎熬。

伊利河完工于1825年11月,带来了立竿见影的成功。由马匹牵引的船只上堆满了一斗斗小麦、一桶桶燕麦和一堆堆原木,稳稳地从纽约和布法罗西部往东行进,码头工人把伊利湖周围的货物装上运河船。每年数以万计的乘客在这条新的水路上航行,1825年就有4万人次。运河将布法罗和纽约市之间的航程从20天缩短至6天,把运输费用降低了接近95%——因此保障了纽约市全国超级港口的地位。原本美国内陆稀缺的商品现在可以轻易以低廉价格获得。比如,当运河船开始将工厂生产的布料从东部沿海运往纽约中部时,家庭生产的布料价格大大下降。

其他各州也急于建造自己的运河。至1840年,运河网络在东北部和中西部地区纵横分布,运河总长度达到了3 300英里。由于南方拥有适于航行的河流,所以那里挖掘的运河较少。无论北方和南方,没有任何一条新建的运河获得伊利运河那样巨大的经济成功。由于高昂的建设成本和经济收缩,1830年代运河投资大幅下降。一些中西部州无法偿还运河借款,导致破产或濒临破产。至19世纪中叶,建成的英里数还不如烂尾的多。运河时代结束了,尽管伊利运河(到那时为止拓宽和改道两次)仍然很繁荣,一直到20世纪末仍然继续着商业运营。

铁路

未来属于铁路。火车的速度比运河船更快,而

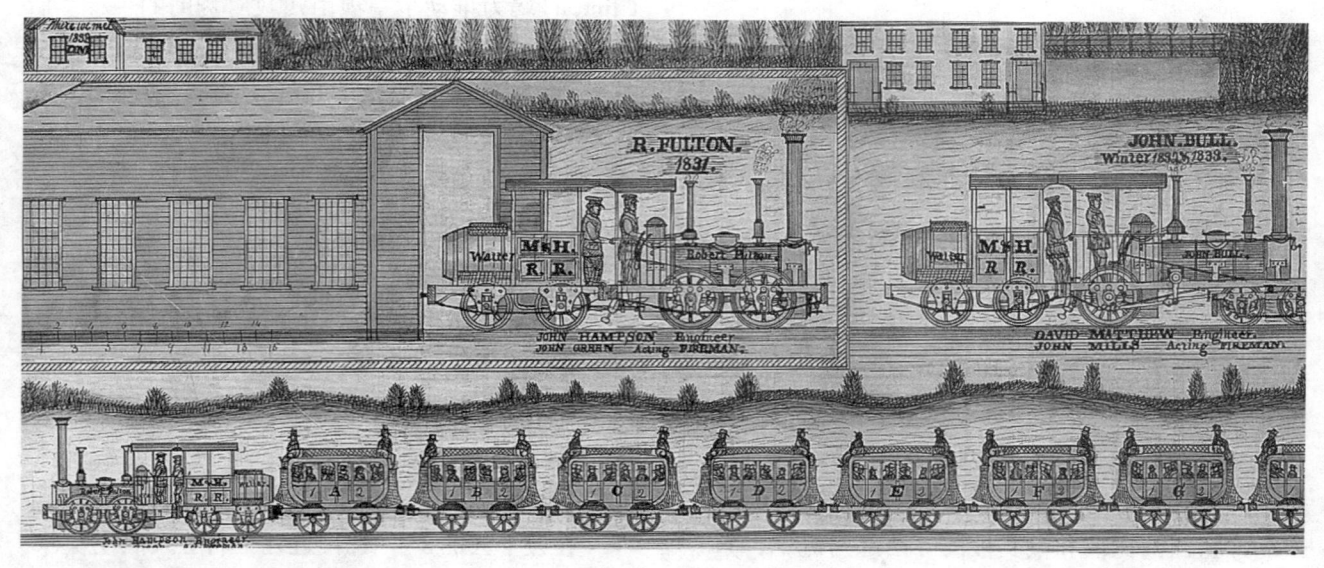

▲ 1830年代引进的铁路很快超过了运河。建造铁路比建造运河更容易、更快捷也更廉价,列车运输人和货物的速度也更快。莫霍克与哈得孙(Mohawk & Hudson)的英国工程师大卫·马修斯(David Mattews)画下了这幅他设计的早期火车头的图画。莫霍克与哈得孙为速度较慢的伊利运河船只制造了竞争者。
图片来源:纽约历史协会(New York Historical Society)收藏

且全年都可以运营。铁路也不需要建在自然水源附近，因此能把最偏僻的地区和国内及国际市场连接在一起。至1860年，美国拥有60 000英里铁轨，这些铁轨大多位于北方，而且铁路戏剧性地降低了运输货物所需的成本和时间，刺激着公众对发展的想象。

美国的铁路时代始于1830年，彼得·库伯（Peter Cooper）的火车头大拇指汤姆（Tom Thumb）首次沿着巴尔的摩和俄亥俄铁路轨道行驶了13英里。1833年，国家第二条铁路诞生，全长136英里，从查尔斯顿一直到南卡罗来纳的汉堡。不过，直到1850年代，铁路才提供价格合理的远距离运输服务。即便如此，由于轨道没有定宽标准，国家铁路系统的发展受到阻碍。比如，宾夕法尼亚和俄亥俄铁路就有至少七种宽度的铁轨。从费城前往查尔斯顿一路上有八种标准，需要乘客和货物换乘七次列车。只有在肯塔基的博林格林（Bowling Green），北方和南方铁路彼此相连。尽管北方人和南方人同样竞相建设内部改进工程，但是美国的运河和铁路并没有如最早的政府赞助内部改进工程的支持者们希望的那样，将这些地区联系在一起，促进爱国主义。

政府推动内部改进工程

北部各州和地方政府以及私人投资者在内部发展上花费的资金比南方人多得多。宾夕法尼亚和纽约两州就占了所有州投资额的一半。南方各州也投资建造铁路，但是由于自由人口比例较小，他们的税收更少，因此可以用于投资的资金也较少。

对于追求回报的资本家来说，南方铁路看起来往往希望不大。如果要让投资者有利可图，同时又让运输者能够承担得起费用，火车单向装货是不够的；假如火车将农业产品运往市场，那么返程时车厢中必须装满工业制品或制成品。但是奴隶和缺少现金的农民并不能提供很大的消费者基础。尽管种植园主为奴隶们购买现成的衣服和鞋子，但是这样的交易一年只进行一次，无法成为稳定的货运收入来源。由于最富有的人生活在河流沿岸，他们有时候觉得铁路没什么必要。许多人重新投资土地和奴隶，相信这些投资比高风险的铁路投资更稳妥。

北方和南方在南北战争之前建设的人均铁路长度基本相同，但是以总英里数作为测量标准时，人口更多的北方拥有的铁路网络长得多，构成了一个完整的当地铁路系统，从主干线往各地延伸。在南方，铁路本质上仍然是地区性的，这使得南方旅客以铁路、驿马车和船相结合的方式旅行。无论人还是货物，穿越南方都绝非易事，除非乘坐蒸汽船或平底船沿着密西西比河系统航行——即使如此，河水仍时不时淹没河岸，干扰航行，每次长达几星期。

地区联系

南方投资河流运输和蒸汽船严重倾向种植园主的利益，因为他们的土地通常分布在河岸地区，而北方如火如荼的运河和铁路建设则不然，这些工程将运输网络拓展至内陆深处，不仅更民主，也更利于团结。1815年，老西北地区将近所有产出都通过密西西比河顺流而下运往新奥尔良，以此将地区的财富与南方联系在一起。不过至1850年代，运河和铁路加强了老西北地区和东北地区的经济、文化和政治联系，尤其是人口更稠密的北方地区。（参见地图11.1）

内部发展加速了人口向西迁徙。这些交通设施让旅程本身变得更轻松，同时让西部定居显得更吸引人，因为他们可以更容易进入东部市场，并且可以带来熟悉的生活设施。新闻、访客和奢侈品如今定期抵达原本偏僻的东北和中西部地区。距离海洋数百英里的玛丽·阿奇博尔德很高兴伊利运河带来新鲜的海洋水产，她解释道："距离……在这里已经变得无关紧要了。"

萨缪尔·F.B.摩尔斯（Samuel F. B. Morse）于1844年发明的电报使距离和时间的压缩更明显。新闻几乎可以沿着电报线瞬间传达。至1852年，全国境内已经架设了超过23 000英里电报线。电报

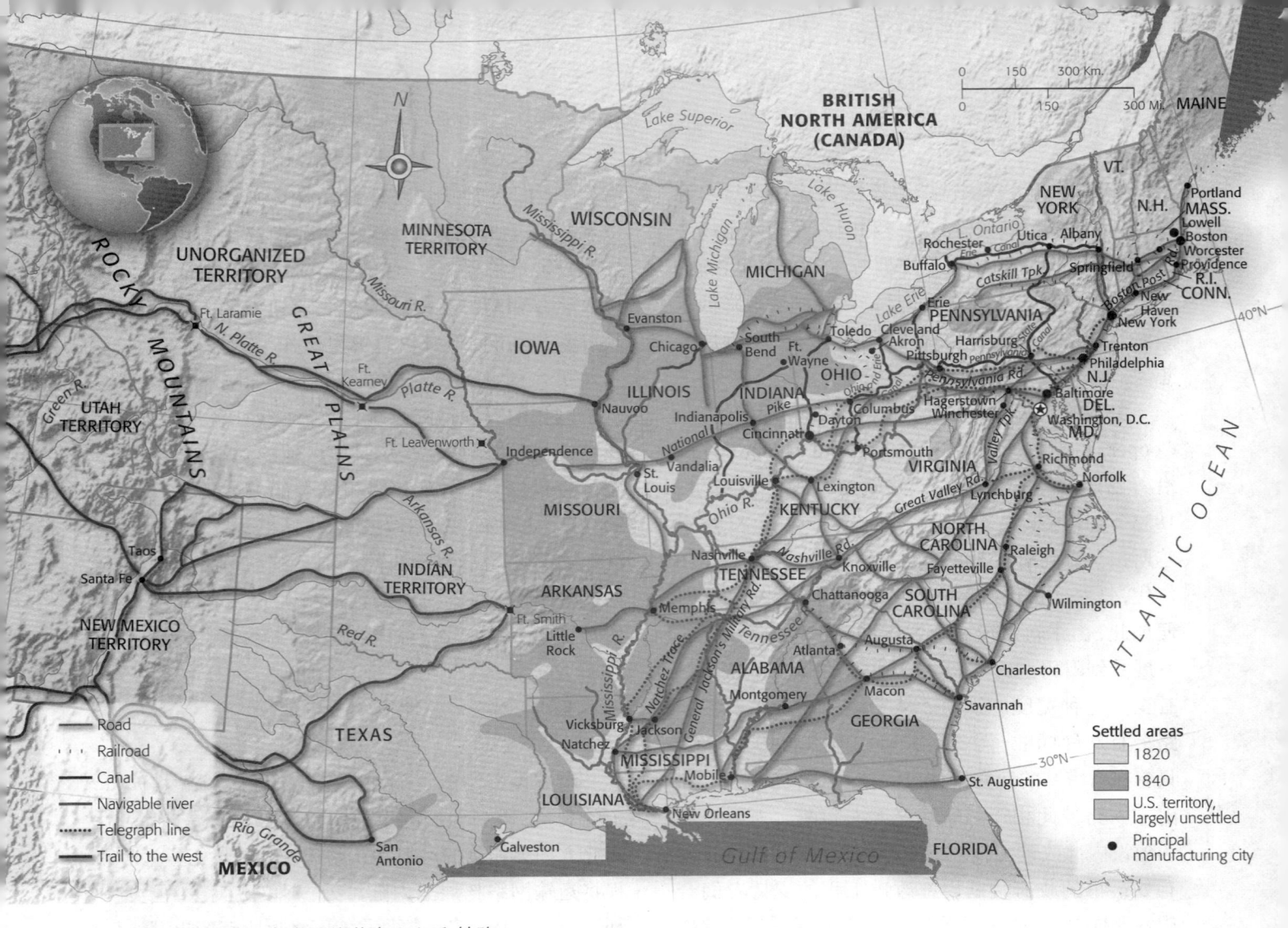

地图 11.1　1850年主要的道路、运河和铁路

一个交通网络将沿海地区和内陆地区连接在一起。定居者沿着这些路径向西,他们将谷物、谷物产品和棉花运回港口城市。

来源：©圣智学习

使现代商业行为成为可能,包括远距离协调市场条件、产量和供应。内部发展工程和电报使原本偏僻地区的人们能够宣称自己是"世界公民"——借用一个纽约西部居民的说法。

对发展的模棱两可态度

许多北方人为内部发展工程欢呼,认为这是进步的象征。北方人宣称,通过建造运河和铁路,他们完成了上帝对北美洲的设计。在更实用主义的层面上,运河和铁道使他们能够前往西部寻找机遇。

但是欢迎这些机遇的人们也会发现很多值得惋惜的东西。玛丽·安·阿奇博尔德享受她的海鲜晚餐,但是同时也遗憾自己的儿子们参与投机。其他人公开谴责数量巨大的爱尔兰运河挖掘工和铁道铺设工,他们觉得这些人堕落,而且种族上低人一等。也有一些人担心通过推进城市发展,交通运输发展会促进社会的弊病。

事实证明自然环境的恶化也令人担忧。河流被人为改道,沼泽被排干,森林被砍伐,自然栖息地受到干扰,甚至被破坏。人类很快就体会到了这么做的后果。由于失去了水力,磨坊无法运作。由于赖以生存的森林不复存在,野生动物——许多乡村居民(美洲原住民和欧裔美国人)的蛋白质来源——迁往其他地方寻找家园。随着自然水道被水闸隔阻或改道以为运河提供水源,渔民们也发现他们的蛋白质(和现金)来源枯竭了。许多北方人虽然欢迎发展，但是他们也遗憾其代价。

著名超验主义者亨利·戴维·梭罗（Henry David Thoreau）（参见第十二章）为这种对于发展模棱两可的态度提供了富有说服力的表达方式。即使他因为刺耳的噪音和环境恶化谴责"恶魔般的铁马"（列车），但也承认它令人敬畏的本质——对人类创新的巨大贡献。

工厂和工业化

内部发展通过戏剧性地降低运输成本，使东北地区的制造业和商业快速扩张成为可能。运河和铁路的落成使跨阿巴拉契亚西部向大规模定居者开放，西部农民开始向东北部的工厂及其工人提供原材料和粮食。他们还在东北部创造了一个更大的国内制造品市场。西部定居者将大部分时间投入耕种，他们更喜欢购买布料、鞋子和其他产品，而不是自己制作。他们也需要东北部的铁，用来制作农具（比如犁、叉铲、镰刀等）、钉子（用来建造房屋和其他建筑，尤其是中西部迅速萌生的城市），以及铁路轨道。

北美洲最古老的工业之一——冶铁业，集中在大西洋中部各州，尤其是宾夕法尼亚，不过一直向南延伸至里士满，向北延伸至奥尔巴尼。但凡有矿床和燃料资源丰富的地方，冶铁业就很繁荣。在1840年代，原本用木炭加热熔炉的冶铁工厂逐渐转向煤炭和后来的蒸汽。但是炼铁的生产方式没有什么改变，小工厂的效率仍然比大工厂更高。尽管冶铁业不断扩张，但是日常工作基本上还是维持原样。

工厂工作

在许多其他产业中，日常生活发生了戏剧性的变化。早期工业化进程中包含大量原材料处理程序——磨面、把猪肉加工成包装肉类、锯木——猪肉包装产业证明了专业化如何把手工艺人变成劳工。按照传统，一个屠夫将整头猪分割成各个部分，而在新的产业组织结构下，每个工人分配到一项特定的工作——比如切下猪的右前腿，或者挖出内脏——猪被放在"拆解流水线"上。

工厂工作的非个人化本质、严格规范与手工艺作坊和农场家庭的随意气氛形成了鲜明对比。铃声、蒸汽哨声或者钟声控制着工作节奏。在大型工厂中，劳动者可能从来没见过工厂主，他们在雇佣监工的监督下工作，他们也看不到通过自己的劳动生产出的最终成品。工厂工人在冷冰冰的市场力量下丧失了自治感。尤其是1840年代欧洲移民猛增之后，廉价而缺乏技术的工人大量涌入，与本土工人竞争工作机会，导致他们朝不保夕，而个人发展的机会基本上已经不存在了。

在某些行业，机器的运用使大规模生产成为可能。尽管一开始美国人依赖进口或者仿造英国设计，但是他们很快就建造了自己的机器。英国人所说的美国制造体系运用精密的机器制造出不需要个人调整组装的可更换零件。棉花机的发明者伊莱·惠特尼（Eli Whitney）在1798年开始提倡可更换零件的想法，他和联邦政府签署协议，在28个月中为政府制造一万把来复枪。1820年代，美国兵工署与私营企业签署合约，引进机器制造的可更换枪械零部件。美国体系很快就创造出机器——工具产业——用于大规模生产的机器加工制造行业。这个新体系允许低成本大规模生产：沃尔瑟姆（Waltham）手表、耶鲁锁和其他产品成为价廉物美的家用品。

纺织工厂

纺织工厂的机械化是最具戏剧性的，纺织品生产的中心是新英格兰靠近水源的地区，以便用水力驱动纺纱机和织布机。1815年之后，新英格兰原始的棉花工厂发展成为用机器大量生产产品的现代工厂。棉布产量从1817年的400万码上升至1840年的32 300万码。不过机械化并没有将工人们淘汰，相反，工厂需要更多工人操作机器。1840年代中期，棉花工厂大约雇佣了80 000个"操作工"，其中半数以上是女性。工厂主雇佣常驻经理人负责

放眼天下

内部发展工程

1827年7月4日，当时还在世的唯一一个《独立宣言》签署者，91岁高龄的查尔斯·卡洛（Charles Carroll），在美国第一条向西的铁路——巴尔的摩和俄亥俄铁路工程动工仪式上铲了第一锹土。"我认为这是我一生中最重要的时刻，"他声称，"仅次于签署《独立宣言》，甚至同等重要。"他和很多其他人相信，内部发展将为美国日益增长的工业中心提供食物和原材料，同时将制成品运抵偏僻乡村，从而巩固美国的经济独立。

尽管推崇者将这个时代的运河和铁路视为美国共和主义的胜利，但是这些交通运输项目常常依靠国外的技术、资金和劳动力。美国工程师们先后考察法国、低地国家，尤其是英国的运河和铁路；一位伊利运河工程师曾经花了近两年时间沿着英国运河跋涉2 000英里。铁路公司从英国制造商那里购买火车头。与此同时，外国投资者在这些被当作美国独立象征的工程中投入相当比例的资金。除了向国外借鉴相关知识和吸纳资金以外，美国人还从海外寻找建造他们运河和铁路的人力。数千名来自爱尔兰的移民从天亮工作到天黑，他们炸毁巨石、抽干布满瘴气的沼泽，清理树根和岩石，堆积泥土。南北战争之后，中国移民在横贯大陆的铁路上从事同样艰苦和危险的劳动。

内部发展工程完工后，人、原材料和货物可以以低廉的成本迅速穿过大陆，这刺激了年轻共和国的成长——但是同时也加强了它和欧洲的联系。棉花和粮食从美国腹地往东运输，其中有相当一部分被搬上海船。棉花供应欧洲的纺织工厂，粮食则成为工人们的口粮。因此，一旦欧洲的经济情况开始缩紧，纺织生产速度放缓，工人们因收入减少而降低购买食物的预算，远在美国的棉花和小麦农场都能感觉到这些动荡。

运河和铁路被当作美国独立的象征赞颂，它们将美国农民和越来越复杂而易变的国际经济联系在一起。

工厂的运营，因此将所有权和经营管理割裂开。工人们赚取薪资，他们生产的布料在美国全境销售。

由于无法在工厂附近找到足够的劳动力，经理们开始招收新英格兰的农场女孩，支付她们工资，让他们住在宿舍和寄宿住所中，这种模式后来被称为沃尔瑟姆或洛厄尔（Lowell）工业化计划。以土地为生的人们总是对异于自己的人抱着怀疑态度，尤其是在早期美国，农业生活方式常常与美德本身联系在一起，这导致一些乡村父母犹豫该不该把女儿送到纺织工厂去。为了缓解这种顾虑，工厂主们常常为这些工厂女孩提供家长式的监督；他们规定宵禁，禁止喝酒，并且要求女孩们去教堂做礼拜。尽管有很多限制，但是华尔生的体系为女孩们提供了和同龄人社交的机会，而且使他们获得了一种源自离家生活和赚取工资的独立感。工人们为工厂主资助的《洛厄尔献礼》（*Lowell Offering*）撰写文学作品，晚上还参加教育讲座。

大多数女性以为她们的工厂生涯是暂时的，而且工作环境本身很少让她们改变想法——水力织布机的声音震耳欲聋，工作时间很长，还必须接受统一管理。不过她们满意地接受社会和文化机会以及工资，他们用赚得的钱帮助家人买地，送兄弟上大学，或者省下来用作自己的嫁妆、教育，或者购买个人物品，比如时髦的衣服。女孩们平均16岁来到工厂，工作5年然后离开，通常原因是结婚——她们常常嫁给在城镇中遇到的男性，而不是家乡的农场男孩。当他们离开工厂时，更年轻的女性取代她们的位置。

尽管沃尔瑟姆计划因其新颖吸引了国际关注，但是在诸多计划中，更常见的是塞缪尔·斯莱特采

▲ 这幅银版照片很可能摄于1840年代，画面中是一个沃尔瑟姆或洛厄尔工作的年轻工厂女孩。她肿胀粗糙的双手与她靓丽整洁的裙子以及仔细梳理并用缎带束起的头发形成鲜明对比。她的双手表明她像当时大多数十二三岁的孩子那样从事纺织整经工的工作，在棉线或羊毛送入织布机之前将它们捋直。

图片来源：杰克·内勒收藏（Jack Naylor Collection）/图像研究顾问和档案

用的罗德岛计划（或福尔河（Fall River）计划）。工厂雇佣整个家庭，让他们生活在公司的寄宿屋里。男人们常常在工厂附近的农场中工作，而他们的妻子和孩子们则在工厂里工作，尽管随着这个体系的发展，男人们更可能在工厂中全职工作，在以家庭为单位的工作中直接监督妻儿的劳动。

工人抗议

随着时间的流逝，工厂的生活越来越艰难，尤其是1837年至1843年的经济萧条期间，对布料的需求量下降了，导致许多工厂都兼职运营。为了增加产能，经理们将机器提速，要求每个工人操作更多台机器。在1836年和1850年之间，洛厄尔纺纱机和织布机的数量分别增加了140%和150%，但是工人的数量却只增加了50%。在利润竞赛中，工厂主增加工作时间，降低工资，制定更严格的纪律，压缩宿舍空间。

工人们组织起来谴责老板们把他们当作付薪的奴隶一样对待。1834年，为了抗议25%的降薪，他们进行了"罢工"，但是没有成功。两年之后，当宿舍费用上涨时，他们再次罢工，仍然没有成功。随着条件的恶化和罢工的失败，工人们开始以新的方式抗议。1844年，马萨诸塞州的女性工人组成了洛厄尔女性改革协会，和其他工人一起齐心协力向州立法会施压，要求制定十小时工作制——当时有些工人不得不忍受每天14小时的工作时间，不过他们的抗议失败了。

女人们在工人运营的报纸上抱怨：1842年，《工厂女孩》（Factory Girl）在新罕布什尔诞生，马萨诸塞州出现了《万帕诺亚格和操作者日报》（Wampanoag and Operatives' Journal）。两年后，工厂工人成立了《工厂女孩园地》（Factory Girl's Garland）以及《工业之声》（Voice of Industry），这份报纸被昵称为"工厂女孩之声"。即使工厂主资助的报纸《洛厄尔献礼》曾经是工厂工人和经理们共同的骄傲，这时也开始卷入纠纷，工人们谴责编辑禁止他们发表批判工作条件的文章。

工人抗议削弱了组织效果。很少有好战的本土工厂工人留下来和经理们以及工厂主们抗争，渐渐地，进入工厂工作的新英格兰女儿越来越少。1850年代，爱尔兰移民女性取代了她们。技术进步使得工作越来越不需要技术含量，也更机械化，因此，这些工厂能够雇佣没有技术的劳工，也可以支付更少的薪水。男性工人们也开始抗议市场经济和工厂造成的变化。但是，和女性不同，他们可以投票。工人政治党派最早于1820年代在宾夕法尼亚、纽约和马萨诸塞形成，接着扩散到其他地方；他们提倡免费公共教育，提倡终止因债务而入狱，并且反对银行和垄断。一些人倡导免费宅地，这提醒我们，早期产业工人仍然期望拥有土地。

工会

法院为有组织的工人提供了最大的胜利：保护他们免受阴谋法的迫害。19世纪第一个十年，制鞋熟练工们组织起来对抗他们的雇主，雇主们则起诉他们阴谋犯罪。1806年至1815年之间的制鞋工人案将工人组织置于不确定的位置。尽管法院承认工人们组织的权利，但是法官们仍将罢工视为非法，直到马萨诸塞州的案件"联邦诉亨特案"（1842）判决波士顿制鞋工人有权"以最有利于他们利益的方式"罢工。

第一批工会在城市熟练工中诞生，如印刷、木工、制鞋和裁缝等行业。这些工会一般是地方性的，其中最强大的一些工会类似于中世纪的行业协会，它们规定学徒制度，设立最低薪资，保护成员们远离低级工人的竞争。1820年代和1830年代在许多城市中出现了保护性组织，包括个人手工艺工会，比如全国工人联合会（National Trade Union）（1834）。但是这场运动在1839—1843年的艰难时期的降薪和失业中瓦解了。

长期的工人组织很难维持。技术精湛的手工艺人看不起技术较差的工人。不仅如此，工人们还根据民族、宗教、种族和性别分成不同阵营。

消费和商业化

新英格兰工厂通过生产物美价廉的布料催生了成衣产业的繁荣。1820年代之前，女性在家里缝制多数衣物，一些人购买旧衣。裁缝为富有的男人和女人定制服装。至1820年代和1830年代，大多服饰在工厂中大量生产，在零售服装店中售卖。这个过程通常只是将工作重新组织；裁缝们不再从头到尾亲力亲为地做一件衣服。标准尺寸代替了量体裁衣，而且劳动分工开始成为普遍做法：一个工人整天裁剪纸样，另一个人负责缝褶边，另一个钉纽扣，还有一个缝领子。1846年发明的缝纫机加快了这个过程的速度，尤其是1850年代广泛普及之后。许多农场家庭仍然自己做衣服，不过他们买得起的时候也会购买成衣，留出更多时间来种庄稼和抚养孩子。

制衣业

市场扩张为批量生产的服装创造了需求。农村女孩离开农场去工厂工作，不再有时间缝衣服。年轻的男性移民通常和母亲及姐妹们相隔数千英里，只能购买做工粗糙、松松垮垮不合身的衣服。但是至少在开始时，最大的成衣市场位于南方棉花种植地区。纺织产业的成功提高了原棉的需求和价格，棉花王国的种植园主们为奴隶们购买现成的鞋子和衣服，他们情愿把锄头而不是针线交到他们手中。这么做有着合理的经济考量。

尽管许多人在自己的工厂中生产衬衣和裤子，但是零售商常常批发商品。纽约的刘易斯和汉福德（Lewis and Hanford）夸口在1848—1849年的冬天剪裁了超过100 000件成衣。这家纽约公司主要在南方做生意，在新奥尔良拥有自己的零售批发商店。新奥尔良竞争者保罗·图兰（Paul Tulane）拥有一家纽约工厂，为路易斯安那商店生产成衣。在中西部地区，辛辛那提成为男装工业的中心。尽管南方人和西方人参与成衣贸易，但是它的中心仍然在纽约。

商业专门化

商业随着制造业一起扩张。商业专门化将大城市中的一些贸易商，尤其是纽约，变成了真正的商业王国。在伊利运河开通后，纽约市成为从欧洲、南部海港到西部每条重要贸易线路上的站点。纽约贸易商是南方棉花和西部粮食的中间商。其他城市的商人扮演着相似的角色。贸易商有时候也会把利润投入工厂，进一步刺激都市制造业。一些城市专注于某些产业：罗切斯特成为制粉中心（"面粉之城"），辛辛那提（"猪肉之都"）成为第一个肉类包装中心。

繁荣和衰退的景象

商业经济的增长导致了消费品的大量生产，同时也催生了经济繁荣和衰退。右图是来自1848—1849年《波士顿目录》(Boston Directory)上刊登的一份成品衬衣广告，下图中是《哈珀周刊》(Harper's Weekly)描绘的1857年金融恐慌中的纽约市，这是当时制衣业的中心，两者相距不过短短十年。F. B. 洛克(F.B. Locke)在选择广告意象时是为了迎合什么样的价值观？为什么《哈珀周刊》在提到打折商品和抢购时使用了"风潮"一词？图片左边一个警察护送两个孩子走出商店的画面有什么意义？根据画面的暗示，《哈珀周刊》如何看待这一"风潮"的后果？这幅图还暗示了金融崩溃造成的哪些社会后果？这两幅图片是否暗示着十年间美国价值观的变化？为什么？

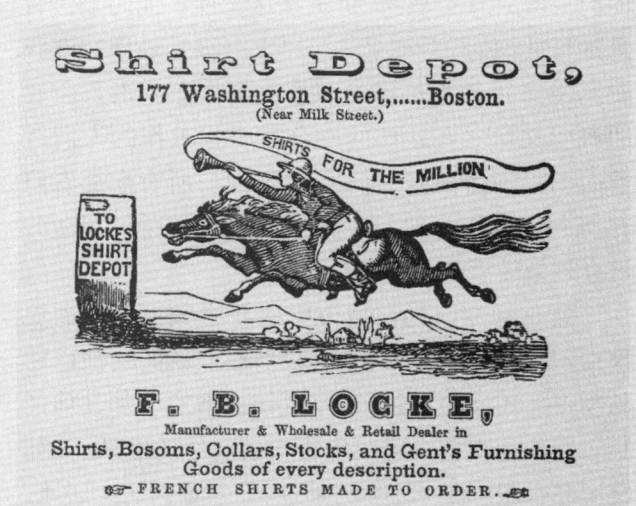

▲ 1857年，美国经历了严重的金融收缩，价格大幅下降，商业一落千丈。而唾手可得的特价商品并不能弥补普遍的失业和薪资下降。

图片来源：图像研究顾问和档案

▲ 尽管F.B. 洛克继续接受衬衣定制，但是为了适应新的成衣市场，他成为男式衬衣的制造商、批发商和零售商。

图片来源：沃肖美国商业收藏(Warshaw Collection of Business Americana)，华盛顿特区，史密森尼学会(Smithsonian Institution)

参与复杂商业交易的商人需要大量的办公室员工,大多数是男性。办公室阶级结构底层是信童,他们常常只有十来岁,负责递送文件。他们上一级是抄写员,负责手抄文件。再上一级是处理文件和航运文书并负责翻译的职员。再往上一级是会计和机要文员。在这样的办公室中找工作的人们常常向书写师傅学习写一手"好字"。所有人都希望有朝一日能上升到合伙人的位置,尽管他们成功的机会越来越渺茫。

商业的专门化在城市中比在小城镇中发展更快,小城镇中,商人们继续和当地农场的女性以物易物——用面粉、罐子和平底锅换取鸡蛋和其他产品。当地手工艺人继续出售自己制作的成品,比如鞋子和衣服。在一些乡村地区,尤其是新的定居地,小贩充当了商人的角色。但是当交通发展,城镇扩张后,小城镇的商人们也越来越专门化了。

商业化农业

即使是在制造业和商业繁荣时期,农业依然是北方经济的支柱。但是交通运输革命和市场扩张将原本半自给自足式的农场变成商业化的企业。许多家庭不再从事混合农业,而是开始专注于经济作物种植。尽管大多数北方人继续从事农业,但是他们的日常生活和关系与父辈及祖父辈常常大相径庭。

至1820年代,东部的农民基本上已经耕种了所有可获得的土地,他们的小农场土地常常很不平整,因此不适合使用1830年代引进的节省劳动力的工具,比如机械播种机、收割机和打谷机。许多北方农民因此迁徙到西部,或者退出农业生产,转而去商人的家里或工厂工作。不过,这些留下来的农民在农场中积极适应,就像他们的孩子在水力织布厂或账房中工作。州政府积极推动农业革新。马萨诸塞州从1817年,纽约州从1819年开始赞助农业奖项和县交易会。为了鼓励创新,纽约将获胜者关于如何种出得奖作物的文章发表在刊物上。

1820年,南方农产品大约有1/3针对市场,但是至1850年这个比例超过了50%。当农民们转向专门化和以市场为中心的生产时,他们常常投资额外的土地(购买搬到西部的邻居的土地)、新的农业生产设备(比如改良的铁耙和不锈钢犁),雇佣新的劳动力(帮工)。伊犁运河开通后,许多新英格兰和大西洋中部各州农场家庭面临着来自中西部地区农民的激烈竞争,他们开始放弃小麦和玉米种植,转而开始养殖牲畜,尤其是牛,并且专注于蔬菜和水果种植。他们的产出大部分进了北方迅速增长的城市和制造业人口的肚子里。

农民们通过土地销售和债务为创新提供资金。事实上,增加土地价值而非农产品销售才是最大利润的保证。拥有自己土地的农民家庭发家致富,但是从事农业的门槛越来越高了。至1840年代,东北地区的一个农村劳动者需要十多年才能攒够买一个农场的钱。佃农和雇佣帮工的数量开始上升,为推动商业扩张提供劳动力。以前使用免费家庭成员和奴隶工的农民开始出租农场的部分土地,或者雇佣劳动力养殖牲口或种植作物。

农场女性的工作变化

当商业经济扩张时,乡村女性也承担起额外责任,增加了她们原本就已经非常繁重的农场和家庭工作。一些人开始从事外包工作。许多人增加鸡蛋、奶制品和园圃产品的产量,用来销售;其他人则养殖蜜蜂或蚕。

随着新英格兰纺织工厂生产越来越多的成品布料,农场女性和孩子们通常放弃了耗时的纺织,购买工厂生产的布料,将省下的时间用来为市场生产更多的额外产品,比如黄油和奶酪。女人们常常制作黄油和奶酪;现在他们开始批量制作,希望从销售中赚取利润。一些混合农业农场完全转型为奶制品生产,男人们承担了原本由女人从事的工作。运河和铁路将奶酪运往东部的港口,批发商把这些产品销往世界各地,运往加利福尼亚、英国和中国。1844年,英国从美国进口了超过500万磅奶酪。

乡村社会

尽管农业期刊和协会劝说农民们像高效的企业那样管理他们的农场，但并非所有农民都抛弃了聚集在市场、杂货店、酒馆和教堂的习惯。他们也没有抛弃建谷仓和剥玉米集会等活动，但是至1830年代，这些活动中跳舞和调情的年轻人越来越少了。许多年轻女性离开农场去纺织工厂工作，年轻男性常常成为职员或工厂工人。留在家乡的人们通常穿着商店中买来的衣服，吃商店中买的面粉做成的派。

即使他们仍然交换劳动，和邻居们社交，但是农民们越来越习惯用货币记债。他们的账目越来越紧，也越来越关注国内和国际市场。当金融恐慌来袭时，现金短缺几乎中止了商业活动，使许多农民进一步陷入债务，有时候甚至到了破产的程度。面临着失去土地的可能性，农民们做出一些原本被认为难以想象的举动：他们向邻居回收欠款，有时会导致长期建立的关系产生裂痕。

繁荣和衰退的循环

市场经济的扩张导致了繁荣和衰退的循环。繁荣刺激了制成品需求，比如服装和家具。增加的需求不仅导致更高的价格和更高的产量，由于商业乐观主义和更高价格预期，还会导致土地投机。投资资金非常充裕，因为美国人进行储蓄，而外国，尤其是英国投资者购买美国债券和有价证券。接着产量超过了需求，导致价格和薪资下降；相应地，土地和股票价值开始崩溃，投资资本流出美国。这种繁荣和衰退的循环影响着全国每一个角落，但是东北部受的影响尤其大，哪怕是最小的地区也与地区和全国市场紧密相连。

尽管1820年代和1830年代经济很繁荣，但是1837年美国第二银行关闭导致的金融恐慌引起了一个衰退周期。经济紧缩直到1843年仍然很严重。国内储蓄和外国投资急剧下降。许多银行无法把钱归还给储户，各州面临着赤字，由于经济下滑无法偿还债券。欧洲，尤其是英国投资者开始对所有美国贷款存疑，并从美国抽离资金。

艰难的时期开始了。费城呈现出一片怪异的景象。"街道看上去荒无人烟，"1842年西德尼·乔治·费雪（Sidney George Fisher）观察道，"最大的（商人）商场关上了门，对外出租，没有生意……没有钱，没有信心。"纽约的账房纷纷关门闭户。纽约前市长菲利普·霍恩（Philip Hone）后来评述道，"一种死寂的宁静弥漫在这个不久前还生机勃勃的城市中。没有商品在出售，没有生意在进行。"饥民们在施汤棚前排长队，乞丐们挤在路边。一些工人开始打家劫舍。工人群体在关闭的银行门前讨要存款。治安官以原价1/4的价格出售查封的产业。在小一些的城市，比如马萨诸塞州的林恩（Lynn），制鞋工人依靠钓鱼和料理菜园度过艰难时期，而工人们开始从捡破烂、挖螃蟹和采蒲公英为生。曾经腰缠万贯的生意人几乎失去了一切，有些是市场的受害者，也有一些是因为自己不够谨慎，这导致国会通过了《1841年联邦破产法》；至两年后该法律被撤销时，有41 000个破产者在该法律条文下寻求庇护。

变化的家庭

关于经济起落的焦虑超出了工厂和账房的范围，渗透进北方家庭中。农村和城市家庭经济的急剧变化导致了新的家庭理想。在前工业化时代，家庭主要是经济单位；如今它成为一种道德和文化机构，尽管事实上很少有家庭能够按照这种理想生活。

"理想"家庭

在北方，市场经济将家庭和工作场所分得越来越清，这催生了一种新的中产阶级理想，根据这种理想，男性在公共领域活动，而女性则监督私人或家庭领域。理论上，家庭成了一种情感上的避风港，将竞争激烈而自私自利的商业世界隔绝，男性的注意力越来越集中在工作上，渴望出人头地，然而又害怕在不可预测的市场经济中失败。家庭的中心是一对出于爱而非经济利益或优势结合的夫妻。男人养家糊口，保护家人，而女人则培养和捍卫家庭的道德，确保资本主义的奢侈无度不会侵蚀私人领域。童年的主要目标是教育，而不是工作，童年本身的定义也得到了扩展：孩子们在家里一直待到接近二十岁甚至二十出头。这种理想被称为"两分领域（separate-sphere）"理想（内外分工理想），有时候也被称为家庭崇拜或者真正女性美德崇拜。尽管它严格地区分了男性和女性各自的活动领域，但是这种理想赋予了家庭责任新的地位。在凯瑟琳·比彻（Catharine Beecher）广为传阅的《家庭经济论》（*Treatise on Domestic Economy*）（1841）一书中，作者将管理家庭视为一种科学，尽管她宣扬母亲的角色是家庭的道德守卫。虽然比彻推崇雇佣年轻的单身女性为教师，但她相信，一旦女人结了婚，她就属于自己的家庭。她坚持认为女性天生是高尚而无微不至的照顾者，这种先天优势使她们尤其适合教育（单身时）和教养子女（结婚后）。尽管比彻将公共领域视为男性的领地，但是她坚持私人领域应该上升至与公共领域同等重要的地位。

缩小的家庭

这些新的家庭理想建立在较小家庭的基础上，这些家庭中的父母，尤其是母亲，可以赋予孩子更多关注，为他们提供更好的教育和经济支持。随着市场经济的兴起，父母负担不起原先那么多的孩子，因为孩子不再扮演重要的经济角色。城市家庭生产的家庭产品更少，而商业农民和自给自足的农民不同，他们不再需要全年无休的大量劳动力，而是在农忙时期雇佣一些帮工。尽管家庭规模缩小的原因之一是人们初婚年龄变得较晚，因此缩短了潜在的生育时间；另一方面来自有意识的控制，随着1850年代橡胶避孕套的发明，控制生育变得更容易了。一些女性也会选择以人流终止意外怀孕。

1800年，美国女性一般生育7到8个孩子；至1860年，这个数字下降至5到6个。即使有许多拥有大家庭传统的移民在美国安家落户，这种下降趋势仍然很明显；土生土长的美国妇女的生育率甚至下降得更多。尽管农村家庭仍然比城市家庭大一些，但是两个群体的生育率都有所下降。

尽管生育率下降，但是还是很少有北方女性能够达成男主外女主内的中产阶级理想。大多数工薪阶层的女性为他们的家庭提供至关重要的收入，也无法留在家庭中。对他们来说，家庭理想常常是一种压迫，因为中产阶级改革者将贫穷误认为是不

▲ 当中产家庭努力按照新的家庭理想生活时，他们常常依赖非裔或移民仆人，这些人为了照顾雇主的孩子们，牺牲了和自己的孩子相处的时间。

图片来源：圣路易斯艺术博物馆（St. Louis Art Museum），埃德加·威廉（Edgar William）和伯尼斯·克莱斯勒·加尔比施（Bernice Chrysler Garbisch）赠

道德,谴责外出工作的母亲让他们的孩子工作或者干杂务,而不是去学校上学。尽管大多数中产阶级女性可以待在家里,但是新的清洁和舒适标准耗费了她们大量的时间。这些女性对家庭的贡献通常以道德方式进行评估,尽管他们的经济贡献实际上非常大。当她们在家中工作时,她们不计酬劳地提供了许多服务,而更富有的女性一般会雇佣家仆做这些日常家庭琐事。不仅如此,因为没有仆人,女人们无法将自己的时间、精力投入到对孩子的教养上,所以家庭崇拜理想其实远不是许多中产阶级家庭能够触及的。

女性的付薪工作

在工人阶级家庭中,女性早在12岁左右就离开父母出去工作,一生中大部分时间赚取薪水,只有短暂的孕育和抚育孩子的假期。单身女孩和妇女主要充当家仆或者在工厂工作。已婚和寡居的女性则成为洗衣妇、女裁缝和厨子。一些人在城市的大街小巷兜售食物或器具;其他人则在家中做些零活,在外包系统中赚点薪水;另一些人则成为妓女。这些工作很少能让女性自己或家庭过上舒适的生活。

中产阶级美国人设法让女性离家更近。假如年轻女孩离家前往新英格兰的工厂工作,或者在新的城市商店中当职员,那多半只是结婚前短暂的插曲。另外,教师就是符合女性得体观念的唯一一种职业。1823年,比彻姐妹凯瑟琳和玛丽创办了哈特福德女子学院(Hartford Female Seminary),除了传统的女性课程,如家政艺术和宗教外,还教授历史和科学课程。十年后,凯瑟琳·比彻成功说服人们为女性建立了一所教师培训学校。她辩称,因为女性具有道德优越性和经济价值;她主张,由于这些女性将保持单身,因此不需要像男同事们挣得那样多,尽管并不适用于所有案例,她假设这些男性是要结婚的。未婚女性的工资大约是男性教师的一半。至1850年,教师已经成为一项女性的职业。许多女性成为教师,她们通常工作两到五年。

19世纪,人口中单身女性的比例大大增加。在东部,一些单身女性原本想要结婚,但是发现市场和地理扩张让她们无法达成愿望:越来越多的年轻男性前往西部寻找机遇,导致东部社会的年轻男女比例严重失调。但是也有一些女性选择独立,寻找市场经济和城市扩张带来的机遇。由于女性工作的报酬通常很低,所以那些坚决放弃婚姻的女性面临着严峻的挑战,这导致许多单身女性不得不依赖慈善或家庭帮助。

城市发展

对于许多当代观察者来说,城市象征着市场扩张对北方社会的影响,无论是好的影响还是坏的影响。美国历史上没有哪个时代比1820年至1860年之间这段时期更能见证迅速的城市化进程。生活在城市地区的人口(定义为人口2 500以上的地区)从1820年的7%上升至1860年的接近20%。这一发展主要发生在东北部和中西部地区。尽管大多数北方人仍然生活在农场中或小村庄里,但是个别城市的人口迅速增长。许多居民是暂时的——他们很快会迁徙到其他城市或乡村——并且许多人来自外国海岸。

城市繁荣

即使新的城市层出不穷,原有的城市也急剧增长(参见地图11.2)。在1820年,美国人口超过1万的地方有13个;在1860年,已经达到了93个。纽约市在1820年已经是美国最大的城市,当年人口为123 709,而1860年已经达到813 669——增长了6.5倍。1820年和1860年费城都是美国第二大城市,40年中人口增长了9倍。1815年,纽约州罗切斯特(Rochester)的人口只有300人。至1830年,伊利运河的开通将这个沉睡的农业城镇变成了繁忙的制造中心;这时它已经变成了全美国第25大城市,人口超过9 000。它的人口继续以惊人的速率增长,甚至在短短十年中翻了一番。至1860年,它已拥有超过50 000居民。

城市也经历着地理扩张。比如纽约市在1830年拓展了边境线。直到那时，从该市一端走到另一端不过短短1小时。1825年，第14街是纽约市的北部边界。至1860年，400 000人生活在这条界线以外，该市的北部边界成了第42街。奶牛牧场、菜园和兰花已经成为过去。公共运输线使城市扩张成为可能。1827年，公共马车出现在纽约，1832年竣工的哈勒姆铁路（Harlem Railroad）穿过曼哈顿。至1850年代，所有大城市都有了马拉的公共车辆，比较富有的居民可以负担票价，在城市外围更大的土地上定居。

与市场相关的发展

城市在维持北方的市场革命中功不可没，它们成为运输中心、商业中心，某些情况下甚至成为制造中心。一些城市随着制造业一起发展。波士顿制造公司为自己选择的地点是马萨诸塞的洛厄尔，因为它靠近梅里马克河（Merrimack River），湍急的河水可以为纺织厂提供动能。1826年工厂在洛厄尔成立，至1850年代该城已经是新英格兰的第二大城市。尽管大多早期制造业的选址都在乡村地区，但是一些商业城市，如纽约，经历了历史学家们所说的大都会工业化，这种形式的工业化依靠的是劳动力的重新组织，而非机械化，和更早的外包体系颇有相似之处。比如，早期的成衣生产常常在全纽约的出租屋中进行，女人们从事着都市形式的外包工作，日复一日地为成衣钉纽扣，其他人则不停地缝褶边。1860年，25 000名女性在纽约市从事制造工作，她们占工薪阶层劳动力的1/4。其中2/3的人在制衣业中工作。

北方的城市化比南方更快，但是北方城市化过程中最惊人的一点是发生的地点。除了个别例外，南方城市都是海港，1820年到1860年的40年间，北方出现了许多内陆城市，这些城市通常因为交通运输线路或制造业选址而突然生机勃勃起来。

北方城市发展出复杂的市政服务系统，但是缺少足够的税收权力为所有人提供服务。他们充其量只能对新的排污系统、铺路和总水管相关的产业收税。新服务和基本卫生设施依赖居民们的经济承受能力。另一个解决方案是授权私营企业出售基本服务，比如提供照明用煤气。巴尔的摩于1816年最早授权建立私营煤气公司。至19世纪中期，每个大城市都这么做了。不过，私营企业缺少足够资本建设充足的供水系统，他们只在商业区和条件较好的住宅区铺设管道，绕开了穷人。供水的任务最终落到了市政府的身上。

贫富两极分化

在全美国，财富集中在相对少数人手中。至1860年，最富有的5%美国家庭拥有国家财富的一半以上，最富有的10%家庭拥有接近3/4。在南方，农村种植园财富集中的现象最为明显，而在北方，经济两极分化的证据在城市中最触目惊心。

尽管早期纺织业制造商乐观地预言美国工业化不必产生和欧洲工业化联系在一起的贫穷和堕落，但是美国工业化城市很快就变得和那些欧洲城市没什么不同。一系列因素造成了普遍的贫困：低薪，许多工人无法保证全职工作，进一步导致薪酬下降的女性工人和童工越来越普遍。雇主们振振有词地说女性和孩子不需要养家糊口，因为在雇主们的思维方式中，他们天性依赖他人，这意味着他们依靠男人供养，不需要挣得足以自给自足的薪水。不过，事实上并非所有女性或儿童都有男性供养，男性的薪资也未必总是足够养家糊口。

纽约出现了随着工业化而来的极端贫富分化。工人们居住的区域，条件非常拥挤、肮脏和危险。原本为两个家庭建造的房屋通常挤着四家人，为六个家庭建造的分租公寓住着12户人家。这些家庭有时会把一些房间租给房客换取租金，使原本就拥挤不堪的环境雪上加霜，这导致贫穷的纽约人尽可能待在户外。但是贫困社区中的街道非常肮脏。多余的污水从屋外厕所中排入沟渠，带着尿液和粪便涌入街上。人们把垃圾堆在排水沟中，或者

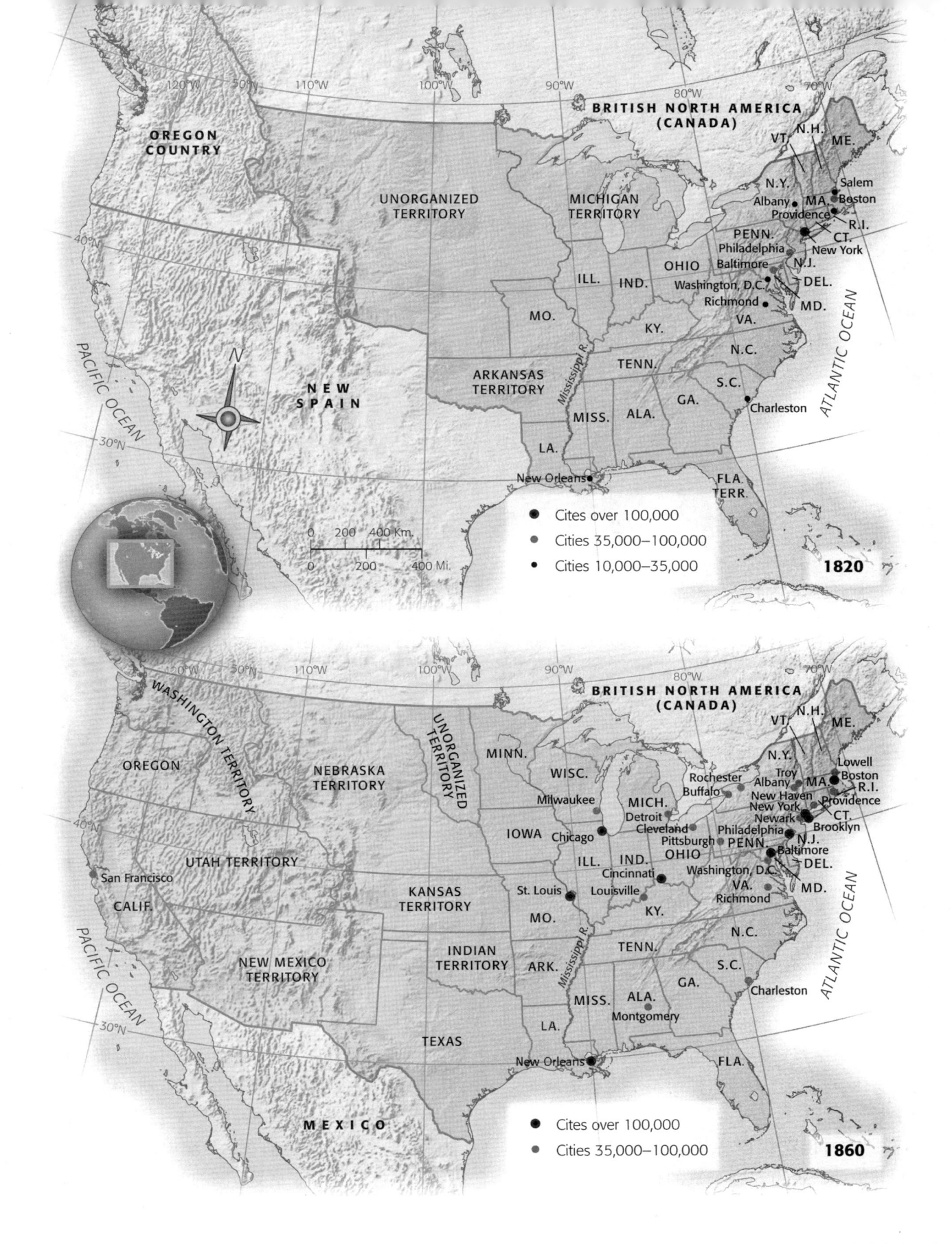

1820年至1860年之间，生活在城市的美国人数量大大增加，而大城市的数量也随之增加。在1820年，只有纽约州有过万人口；40年之后，其他8个城市也超过了这个水平。

来源：©圣智学习

▲ 1850年代突出的一个城市贫困现象是无家可归和失去双亲的孩子,他们大多数是移民,在纽约市的街头游荡。第29街和麦迪逊大道的孤儿之家(The Home for the Friendless Orphanage)为一些孤女提供了住所。

图片来源:纽约历史协会收藏

任由它们在后院和小巷子里堆积如山。猪、鹅、狗和秃鹰在街上觅食,巨大的老鼠在城市的木质人行道下和大楼中乱窜。疾病在城市中横行。伤寒、痢疾、疟疾和肺结核定期拜访城市中的穷人聚居区。1831年、1849年和1866年爆发的霍乱疫情造成数千人死亡。

不过在贫困街区步行距离之内就是奢华的豪宅,其中的居民可以在炎热的夏季或瘟疫流行期间到自己的乡村庄园躲避。大多财富来自继承。那种一开始生活在贫困中,在西部皮草贸易中摇身变成百万富翁的约翰·雅各·阿斯特(John Jacob Astor)式人物是十里挑一,其他人的财富大多来自继承或婚姻。不过,这些富有的纽约人也没有闲着,他们投资商业和制造业,努力增加自己的财富和权力。

在贫富两极之间,是一个特别的中产阶级,他们的人数比富有精英阶级多,但是比劳动阶级小得多。他们是生意人、贸易商和职业人士,迅速的工业化和商业专业化使他们在北方城市比南方城市更多见。中产阶级家庭享受着新的消费品:羊毛地毯、精美的墙纸、各种家具代替了家徒四壁的状态和石灰墙壁,还有相对较少的18世纪住宅。房屋空间很大,常常有4到6个房间。中产阶级的孩子们每人都有自己的床,至1840年代和1850年代,中产阶级家庭已经用上了屋内机械厕所,尽管这时还没有抽水马桶。中产阶级家庭成为城市俱乐部和协会的中坚力量,是教堂家庭长椅上的主力军,他们把儿子们送去大学读书。他们距离约翰·雅各·阿斯特的世界很遥远,和劳动阶级以及穷人的世界同样遥远。

移民

许多城市穷人都是移民。在1830年至1860年之间来到美国的500万移民超出了1790年的美国总人口。其中大多数是欧洲人,主要来自爱尔兰和德国(参见图表11.1)。在南北战争前的移民高峰时期(1847—1857年)有330万移民进入美国,包括130万爱尔兰人和110万德国人。至1860年,15%的白人人口出生在国外,90%的移民生活在北方各州。并不是所有人都计划长期定居下来,还有许多人,比如爱尔兰人,将自己视为家乡的流民。

多个综合因素将欧洲人从故乡"推出去",并把他们"拉"到美国北方。在爱尔兰,土豆饥荒(1845—1850年)——由于土豆病变造成的大范围饥荒——迫使数百万人背井离乡。尽管经济条件也是大多

Number of Immigrants per Country, 1831–1860

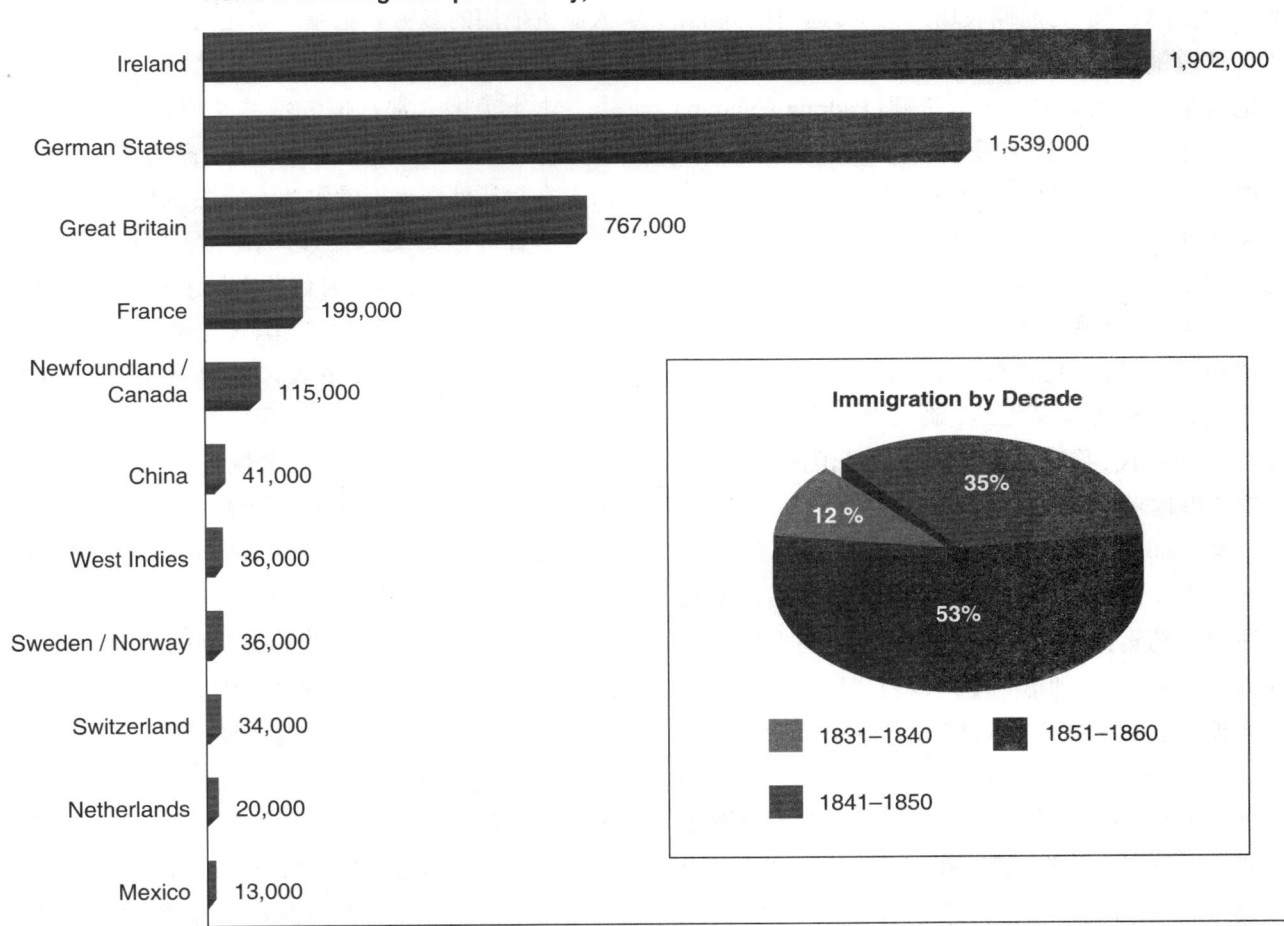

Ireland	1,902,000
German States	1,539,000
Great Britain	767,000
France	199,000
Newfoundland / Canada	115,000
China	41,000
West Indies	36,000
Sweden / Norway	36,000
Switzerland	34,000
Netherlands	20,000
Mexico	13,000

Immigration by Decade
- 1831–1840: 12%
- 1841–1850: 53%
- 1851–1860: 35%

图表11-1 美国主要移民来源,1831—1860年

大多数移民都来自两个地区:爱尔兰所属的英国以及德国。这两个地区在1830年至1860年移民美国的人数比1790年美国第一次人口普查时统计所得的全国人口数还多。至1860年,白人人口中的15%出身于外国。

来源:数据来自史蒂芬·特恩斯特伦(Stephan Thernstrom)编辑的《哈佛美国少数民族百科全书》(*Harvard Encyclopedia of American Ethnic Groups*),剑桥、马萨诸塞和伦敦:哈佛大学出版社,1980年,第1047页

数德国人移民的原因，不过其中也包括一些政治难民——自由主义者、自由思想者、社会主义者、共产主义者和无政府主义者——他们在1848年欧洲革命失败之后逃离祖国。欧洲人对美国的关注度越来越高，因为雇主、政治团体和船运公司大力发展跨大西洋事业。通常他们获得的信息很直白：在美国获得工作，出人头地，每个人都能成为独立农民，要不就在欧洲挨饿。尽管鼓吹者们向移民们承诺了一片牛奶与蜜之地，但是很多人很快就看清了现实；数十万人在美梦破灭后回到了家乡。

许多早期移民在农村地区生活或工作。像阿奇博尔德一家，一些人很快在农场定居下来，最终买了属于自己的地。其他人因为负担不起最低限额的首付款，只好成为雇佣农场的帮工，运河挖掘工，或者铁道铺设工——他们通常抱着以后能买得起土地的希望。帕德雷格·卡恩顿（Padraig Cundun）就是幸运儿之一。这个爱尔兰人用他当运河工人赚得的工资在纽约州西部买了一片土地，1834年他自豪地宣称："我终于有一块很好的农场土地了，它完全属于我。没有人可以向我收租。我和我的家人一年四季随便哪天都能随心所欲地吃面包和肉、黄油和牛奶，所以我想来这里比待在爱尔兰好，在爱尔兰我无权无势又无地，缺衣少食。"至1840年代和1850年代，稳定的移民流变成了浪潮，买地的希望变得越来越渺茫。

至1860年，大多数移民都在城市中定居，常常是他们上岸时的海港城市。最赤贫的移民买不起通往内陆的运河票或火车票。其他一些人带着少许资源到来，但是却遭到专门以新移民为目标的骗子诈骗。还有一些人喜欢城市的多民族特点。在1855年，纽约的623 000居民中，52%是移民，28%来自爱尔兰，16%来自德国。另一个主要的海港城市波士顿呈现出欧式风格，在1850年代，该城市中有35%的人口出生于国外，其中2/3是爱尔兰人。

大多来自爱尔兰的新移民都年轻而贫穷，他们来自农村地区，而且是罗马天主教徒。女人们充当家仆或在工厂中工作。男人们则在建筑业或运输业中当体力工人。定居在新英格兰的德国人很少；他们大多带着充足的资源，前往密西西比河河谷和俄亥俄河河谷的上游地区，俄亥俄、伊利诺伊、威斯康星和密苏里等州。尽管像查尔斯顿和萨瓦那这样的南方城市中有大量爱尔兰移民，但是绝大多数欧洲移民定居在东北部或中西部，其中许多人厌恶奴隶制或者反感亚热带地区的炎热气候。

民族矛盾

土生土长的美国人和移民之间的关系充满矛盾，尤其是爱尔兰天主教移民，这种矛盾常常来自经济转变期的焦虑。本土工人谴责爱尔兰移民使他们的工作机会减少或者薪资降低。中产阶级白人谴责他们的贫穷和犯罪。在他们看来，是移民的道德堕落而非薪资过低导致了贫穷。

本土美国人常常把爱尔兰人和另一个他们认为道德低下的种族联系在一起：非裔美国人。北方白人常常从外观上把爱尔兰人描述为非白人，和非洲人一样。但是爱尔兰移民和非裔美国人并没有惺惺相惜。相反，这个时代几次最激烈的暴乱恰恰发生在爱尔兰移民和非裔美国人之间。

1830年代的反天主教风潮和种族偏见有着密切的关系。在波士顿，反天主教暴动频繁发生。1834年，马萨诸塞的查尔斯顿附近，一群暴民焚烧了一座女修道院。1844年在费城，一群暴徒攻击牧师和修女，并肆意破坏教堂；1854年在马萨诸塞州的劳伦斯，一群暴民将一个爱尔兰街区夷为平地。反天主教暴力迅速扩散到城市以外的地区，本土美国人和爱尔兰工人之间的冲突沿着美国的运河和铁路扩散，但是城市暴动通常吸引更多的报纸关注，这加剧了人们对城市的恐惧，认为那是暴力和堕落的地方。

大多数德国移民都是新教徒，大部分人的经济状况优于爱尔兰人。部分原因是因为德国人一般带着一些资源和技能来到美国，美国人的成见一般将他们视为勤劳、自立和聪明的人。但是非新教徒德国人——天主教徒和犹太教徒（美国人将他们视为另一个种族），常常遭到种族和宗教偏见引发的仇视。

▶ 移民们常常认为自己比非裔美国人优越,这恶化了种族矛盾。图中一个德国移民显示出优越感,虽然他依靠一个非裔美国工人为他指路。

图片来源:北卡罗来纳艺术博物馆(North Carolina Museum of Art),北卡罗来纳州基金购买(52.9.2)

移民们通常住在少数民族聚居地区。新教徒和天主教徒之间互不相容,爱尔兰天主教徒倾向于住在自己的街区中,他们建造天主教教堂和学校。在较大的城市中,来自德国同一地区的人们聚居在一起。移民们成立社交俱乐部和互助协会,比如爱尔兰协会(Hibernian Society)和爱尔兰之子(Sons of Erin)(爱尔兰人)以及犹太组织(B'nai B'rith)(犹太人)。

有色人种

非裔美洲人也积极巩固他们自己的社会和文化。晚至1830年代,大量非裔美洲人仍然在纽约和新泽西充当奴隶,但是自由非裔美洲人的数量稳步上升,至1860年接近250 000人(其中许多是从南方奴隶制社会逃出来的难民)生活在北方都

▲ 家仆们在雇佣所中等待自己的命运。由于家仆通常和雇主住在一起，所以品格诚实常常是雇主选择合适仆人时最重要的考量。

图片来源：纽约历史协会收藏，博物馆购买，阿伯特-雷诺克斯基金会（Abbott-Lenox Fund），1959年（1959.46）

市中。尽管地位、职业、财富、教育和宗教千差万别，但是非裔美洲人常常感到一种种族凝聚力。非洲卫理公会主教（African Methodist Episcopal）教堂和牧师协助加强社区建设。教堂和社区大厅承担着市政厅和学校建筑的功能。牧师们同时也是政治领袖，他们在自己的大厅中举行政治论坛、会议和抗议集会。

但是白人种族主义仍然冲击着北方非裔美国人生活的每个方面。公共车辆、酒店、餐厅和剧院可以随意拒绝非裔美国顾客，而不会受到法律惩处。城市法律禁止非裔美国人进入公共建筑。甚至在法律更宽松的地方，白人大众的态度也限制着非裔美国人的机会。比如在马萨诸塞，非裔美国人比美国其他地区享受更多的法律权利。然而保护公民权利和政治权力的法律却不能强迫白人去黑人的店铺购物。"在马萨诸塞做生意的有色男性比在其他我所知的地方得到更多的尊重，也更少得到资助。"一个著名的非裔美国律师声称。

非裔美国人不能从事工厂或神职工作。女性成为家仆、厨子、洗衣服和育儿保姆。大多数非裔美国男性成为建筑工、搬运工、码头装卸工或者散

▲ 尽管非裔美国人在街上卖东西不能赚很多钱，但是这项工作为他们提供了独立感和尊严感。

图片来源：旧金山美术博物馆（The Fine Arts Museums of San Francisco），米尔德丽·安娜·威廉姆斯（Mildred Anna Williams）收藏

工——所有这些工种都频繁经历失业。其他人在薪资较低但是更稳定的服务行业中工作，充当仆人、服务员、厨子、理发师和看门人。许多非裔美国人成为水手，因为航海提供规律的工作和进阶机会，尽管不能保护他们免遭种族主义羞辱。

在发展中的城市中，非裔美国人把服务业变成生意，开设自己的餐厅、酒馆、酒店、理发店和仆人职业中介。一些人成为餐饮供应商。还有一些人出售二手服装或者成为废旧品商人或是零工承包商。一些人变得很富有，他们投资房地产和放贷。一些职业人士，如牧师、教师、医师、牙医、律师和报纸编辑，构成了规模较小但是不断增长的非裔美国中产阶级。

在大城市和小城市中，非裔美国人成为城市暴力的对象。白人暴动者殴打非裔美国人，或向他们投掷石块，破坏他们的住宅、教堂和经营场所，让非裔美国人疲于逃生。费城遭遇的暴力事件最多，1830年代和1840年代有五次重大暴动，还有几次大暴动发生在普罗维登斯和纽约，1834年7月，超过60栋建筑在为期三天的暴动中被毁或遭到破坏，好几百非裔美国人死于城市暴动中。

都市文化

白人和黑人、移民和土著劳动阶级家庭生活在拥挤、污秽的环境中，他们在室内度过的时间很少。1840年代，纽约的一大娱乐区包厘街（Bowery），形成了一种劳动阶级青年文化。灯火辉煌的人行道两旁剧院、舞厅和咖啡馆林立，成为一个都市娱乐场。老一代美国精英常常害怕这些"包厘街男孩和女孩"。包厘街男孩油光闪亮的头发、奇装异服和大摇大摆的姿态吓坏了许多中产阶级纽约人，而包厘街女孩们五彩斑斓的服饰和花枝招展的帽子也和上流阶层女士低调的面纱和帽子形成鲜明对比。在老一代人看来同样骇人听闻的还有那些屈服于城市诱惑，尤其是妓院诱惑的中产阶级职员。

一群群打扮得绚丽夺目的年轻男人和女人夸耀他们的性感，使用污秽的语言，有时候还说外语，并且狂饮无度——这一切使自认为正派的市民建立起私人俱乐部和社团。一些人加入了共济会（Masonic order），这一组织提供了繁忙混乱的城市无法提供的一切：复杂的阶层等级、对上级的旧派尊崇、和谐以及共同的价值观。尽管共济会只招收男性成员，但是女性们也组织了自己的协会，包括文学俱乐部和慈善社团。

都市娱乐和体育越来越成为正式的商品，供人们选购。人们必须买票才能进入剧院、马戏团，位于纽约的P.T.巴纳姆美国博物馆（P.T. Barum American Museum）、赛马场或者棒球场。赛马、竞

走以及1850年代的棒球运动吸引了大量都市男性人群。从1831年开始，体育爱好者们可以阅读专门的体育报刊《时代精神》(Spirit of the Times)。一群华尔街公司职员在1842年成立了荷兰籍纽约人俱乐部(Knickerbocker Club)，并于1845年制定了棒球赛的规则。至1849年，拳击新闻是如此喜闻乐见，以至于一场马里兰州拳击赛的解说通过电报传遍了整个东部地区。

剧院常常是一个城市的第二大建筑，仅次于教堂。大城市往往拥有两个以上针对不同阶级的剧院。一些剧目超越了阶级的界限，莎士比亚的剧目频繁演出，并且广受欢迎，甚至连文盲观众都熟知他的剧本，然而对戏剧的共同品味并没有平息阶级矛盾。1849年，一位美国演员和一位英国演员关于如何正确演绎莎士比亚剧作《麦克白》发生争论，这一事件逐步升级成纽约精英剧场阿斯特广场歌剧院(Astor Place Opera House)的一场劳动阶级暴动，当时那位英国演员正在该剧院演出。一个目击者解释道，这是"富人对抗穷人——贵族对抗人民"。混乱愈演愈烈，成千上万人涌入街道，军队向劳动阶级人群开枪，至少杀死27人，导致大约150人受伤。

1840年代，演唱团、剧团和马戏团在城市间巡回演出。唱游歌手的演出尤其受人们欢迎，白人男性（常常是爱尔兰人）用焦木炭把自己化装成非裔美国人，边唱边跳边打节拍。1830年代初，纽约的托马斯·D.赖斯(Thomas D. Rice)因为南方老奴隶吉姆·克劳(Jim Crow)的角色一举成名。扮演黑人的赖斯穿着不合身的破衣烂衫和旧鞋，颤抖、跳舞和歌唱。唱游表演者说着讽刺经济和政治精英的笑话，激起人们对前工业时代习惯和道德的怀念，人们以为由自由自在的黑人象征着那一时代。与此同时，扮演黑人的演员们用滑稽的动作加深了人们对非裔美国人的种族主义偏见，将他们视为肉欲而懒惰的人。

便士报纸

便士报纸是1830年出现的一种新媒体形式，很快席卷了北方各个城市，尤其是纽约、波士顿、费城和巴尔的摩等海港城市。蒸汽印刷的出现、改良的造纸术和交通运输创新这些技术进步而得以实现的便士报纸，和传统的6美分报纸在本质上大相径庭。传统报纸报道的大多是商业新闻，并且与某个政党坚决站在同一立场；政治家们自己提供了许多内容，常常发表他们的演说稿。相反，便士报纸则宣扬政治独立性，并且雇佣记者走街串巷报道当地、全国甚至国际故事。与主要依赖邮政订阅和政党发行取得收入的6美分报纸不同，便士报纸由报童在街上贩卖，通过出售广告位盈利，并且受众更广、更多样化。劳动阶级的人们第一次能够经常买报纸了。

便士报纸关注日常生活，即今日我们所说的"人情故事"，让一个社会阶层的人们有机会窥探不同阶层、民族和种族的生活。例如，劳动阶级和中产阶级读者能够读到关于上流社会的故事，如舞会、赛马和各种奢侈生活；富人和中产阶级读者则可以邂逅贫困街区的生活，如犯罪、贫穷和有害健康的环境。便士报纸常常将新闻写得耸人听闻或者带着偏见地进行报道，在此过程中影响着都市居民彼此之间的认识，以及他们对城市本身的看法。

城市作为进步的象征

许多北方人同时将龙蛇混杂、增长迅速、充满市政设施改良和暴力的城市视为进步和衰落的象征。一方面，城市代表着经济进步；新城市在交通和经济的十字路口发展起来。城市孕育了教堂、学校、公民政府和博物馆，这一切都是文明和文化的表征。随着运河和铁路将西部向大规模定居者开放，许多北方白人为他们所谓的"文明"象征欢欣鼓舞：教堂尖塔、公共建筑出现在不久以前还被美洲原住民占据的所谓"蛮荒之地"。1846年，一份卫理公会报纸评论道，美国向西迅速扩张的步伐将超出"我们的道德和智慧进步"。但是，这位编辑指出，补救方法显而易见：把教堂、学校和道德改革团体带到西部。"城市、文明、宗教是我们进步的足

费尼尔司·泰勒·巴纳姆的哗众取宠

关于费尼尔司·泰勒·巴纳姆（1810—1891）最广为人知的是玲玲兄弟（Ringling Brothers）和巴纳姆贝利马戏团（Barnum & Bailey Circus），不过他还留下了其他遗产：宣传炒作手段——位于纽约市的巴纳姆美国博物馆利用欺骗和奇观在1841到1868年之间吸引了数以千万计的参观者，使他成为那个时代第二富有的美国人。

"我欠媒体的……我拥有的每一块钱都是欠媒体的，"巴纳姆宣称。巴纳姆最初获得广泛的知名度是在1835年，他带着乔伊斯·赫斯（Joice Heth）进行巡回演出，声称这个人有161岁，是乔治·华盛顿的前奴隶。人们的兴趣渐渐消失后，巴纳姆又传出谣言，称她是个假人，是用皮革和骨头做成的机器。便士报纸在随之而来的争议中狂欢，使入场费水涨船高，让巴纳姆赚得足够的钱买下美国博物馆。他以类似的炒作手段宣传其中的"500 000自然和人造珍奇物品"。比如，"斐济人鱼"（Feejee Mermaid）造成了全国轰动，科学家们纷纷争论它的真实性。（事实上是把猴子的头缝在鱼的身体上）。巴纳姆还举办宣传活动，包括1854年美国有史以来第一次选美大赛。这场比赛因为触及中产阶级敏感点而彻底失败，但是巴纳姆又坚持举办了小狗、婴儿和鸡的选美大赛。光是婴儿选美大赛就吸引了61 000名观众。如巴纳姆所言："假如没有宣传，会有一些可怕的事情发生……那就是什么也没有！"巴纳姆的自传售出了100多万册，激发了一代又一代创业者的灵感。

许多今日的文化标志一开始只不过是宣传噱头，包括美国小姐选美大赛（1921）、梅西百货感恩节游行（Macy's Thanksgiving Day，1924）以及固特异飞船（Goodyear blimp，1925）。自1916年以来，内森热狗店（Nathan's）每年7月4日举办吃热狗大赛，如今吸引着4万现场观众和全国的电视观众；这个活动还包括仍然沿用巴纳姆之名的马戏团的演出。内森的对手奥斯卡·梅耶（Oscar Meyer）于1936年发起第一届热狗车大赛（weinermobile），从全国公开赛中选拔出的车手们架着七辆热狗形状的汽车环游全国。《吉尼斯世界纪录》一开始是一家爱尔兰啤酒公司的宣传册，激励披萨制作者挑战世界上最大的披萨；冰激凌制作者挑战全世界最大的圣代；亿万富翁乘坐热气球跨越海洋，展示他们企业的标志。甚至连失败的尝试也会受到公众关注。

今天的企业家们体现出费尼尔司·泰勒·巴纳姆长盛不衰的传统，这位自称地球上最伟大的马戏团老板，教会人们通过免费炒作来吸引媒体关注。

▲ 费尼尔司·泰勒·巴纳姆第一次获得巨大成功是在1835年，他向想要围观乔伊斯·赫斯的人收入场券，并号称乔伊斯·赫斯有161岁高龄，是乔治·华盛顿的前奴隶。

图片来源：萨默斯历史协会（The Somers Historical Society）

迹，"他宣称。对于许多19世纪的美国白人来说，城市代表着文明对野蛮和异教文化的胜利。

然而同样是在美国，也有一部分人谴责美国大城市的特征，他们将之视为疾病、贫穷、犯罪和邪恶的避风港。对于许多中产阶级观察者来说，疾病和犯罪代表着道德堕落。他们认为瘟疫是上天的惩罚，主要打击那些肮脏、放纵和不道德的人。许多中产阶级和富人相信瘟疫是都市穷人的道德堕落引起的。盗窃和卖淫提供了道德邪恶的证据，富有的旁观者们并不认为这些犯罪是贫穷的副产品，而认为它们是个体失败的表现。他们的应对方法是催逼反对流浪和扰民的法律，并推动城市官员们建立美国首批警力。1838年，波士顿开始雇佣白天工作的警察，作为兼职巡夜者和巡警的补充，1845年，纽约以伦敦为范本建立了自己的警察队伍。

北方人如何调和都市的邪恶和堕落与他们观念中的进步象征呢？中产阶级改革者将注意力集中在净化城市的疾病和邪恶上。假如疾病是一种天谴，而不是由经济转变导致的艰苦环境的衍生物，那么美国人就有能力拨乱反正。中产阶级改革者从大街小巷开始，试图说服城市中的劳动阶级，假如他们放弃酒精、更努力地工作和频繁祈祷，他们的生活状况就能变好。他们探讨不同于南方奴隶的北方劳动阶层穷人如何能够通过勤奋工作和高尚习惯来改善自己的生存条件。这种对于上升流动性的信念成为许多北方人进步观念的核心。

上升流动性的信念与自由劳动的概念息息相关，根据这种观念，在一个竞争市场中，工作努力、生活道德的人可以提高自己的地位。自由劳动理想对于生产商和商人们尤其具有吸引力，这些人急于相信他们自己的成功来自勤恳劳动和道德操守，他们也急于鼓励工厂中的工人和职员努力工作，勤谨生活，尽管世事艰难仍旧保持乐观心态。许多劳动者一开始拒绝接受自由劳动理想，将它视为改头换面的兜售工业化劳动习惯、合理化低薪和镇压工人反抗的手段。但是至1850年代，当奴隶制向西扩张问题回到政治台前，越来越多的北方人接受了自由劳动理想，将奴隶制视为北方自由劳动理想的对立面。或许正是这种思维方式，而非别的因素，使北方与众不同。

结语

19世纪上半叶，北方迅速陷入商业文化之中。北方各州和资本家们大量投资内部发展工程，将北方推入新的发展轨道。大多数北方人转向商业农耕，或者以较小规模转向工薪劳动。农民们放弃了混合农业，专注于经济作物种植，而他们的孩子常常去工厂或账房中工作。

对于许多北方人来说，市场经济象征着进步，他们发现有许多值得庆贺的地方：比如廉价的北方土地和额外农场雇工工作更容易获得，曾经需要耗费大量时间生产的商品如今可以轻易买到。不过，与此同时，市场经济也导致了专门化，比较冷漠的工作场所，更系统化、规模化的复杂市场关系，工作和娱乐之间更明确的界限以及自然资源恶化。由于参与了市场经济，北方人也更易受到起伏不定的国内和国际市场的直接影响，在经济衰退时期，许多北方家庭遭受了赤贫打击。

由于家长们直接依赖孩子劳动力的情况有所减少，北方人开始形成较小的家庭。尽管劳动阶级的孩子们仍然继续充当运河船夫和工厂帮工（或者清扫城市街道），但是中产阶级家庭创造了一种受到保护的童年模式，他们保护孩子们不受家庭以外世界的危险的侵害。他们的母亲理论上成为家庭的道德守护者，使家庭免受新经济激烈竞争和自私风气的侵蚀。不过，很少有女性拥有奢侈的时间、精力全身心地投入到相夫教子中去。

移民和自由非裔美国人在扩张的经济中从事大部分薪资最低的工作，许多土生土长的白人谴责他们是这个时代迅速经济变革造成的问题的罪魁祸首。反移民（尤其是反天主教）和反黑人暴动成为常态。与此同时，移民和非裔美国人正努力建设自己的社区。

对于许多美国人来说，城市开始象征着市场扩张的可能性和局限性。城市地区有着贫富两极分化的特点，它们催生了活跃的劳动阶级文化，尽管也导致贫穷、犯罪和团伙暴力。为了调和发展过程中看似矛盾的方面——比如，物质丰富和赤贫的共生——中产阶级北方人表达了一种自由劳动理想，鼓吹竞争市场中的阶级上升流动性。这一理想将越来越成为北方地区特征的核心。

扩展阅读

Hal Barron, *Those Who Stayed Behind: Rural Society in Nineteenth-Century New England* (1984)

Jeanne Boydston, *Home and Work: Housework, Wages, and the Ideology of Labor in the Early Republic* (1990)

Nancy Cott, *The Bonds of Womanhood: "Women's Sphere" in New England, 1780—1835* (1977)

Daniel Walker Howe, *What Hath God Wrought: The Transformation of America, 1815—1848* (2007)

Bruce Laurie, *Artisans into Workers: Labor in Nineteenth-Century America* (1989)

Mary Ryan, *Cradle of the Middle Class: The Family in Oneida County, New York, 1790—1865* (1981)

Carol Sheriff, *The Artificial River: The Erie Canal and the Paradox of Progress, 1817—1862* (1996)

Christine Stansell, *City of Women: Sex and Class in New York, 1789—1860* (1986)

Melvyn Stokes and Stephen Conway, eds., *The Market Revolution in America: Social, Political, and Religious Expressions, 1800—1880* (1996)

George Rogers Taylor, *The Transportation Revolution, 1815—1860* (1951)

第十二章

改革和政治，1824—1845

28岁的纺织厂工人在新泽西州帕特森（Paterson）一座悬崖上稳住脚步；他顺着70英尺的峭壁，瞥了眼下面的河流；然后双脚起跳，两膝弯曲，将腿蜷在胸前，双手紧贴身体两侧，跳进了河里。接着他浮出水面，人们为他挑战生死极限的表演欢呼——也为这一举动的象征意义喝彩。这是1827年9月，从七八岁起就开始担任纺纱工的山姆·帕奇（Sam Patch）想证明自己的观点。

美国最早的纺织工厂中，从瀑布往下跳是男孩们流行已久的消遣；山姆·帕奇最早表演跳水是在罗德岛的波塔基特（Pawtucket）。但是对于帕奇来说，跳水不仅仅是一种消遣：他把它视为一种蕴含着政治意义的"艺术"。他选择帕特森绝跳的时间刚好可以抢走森林花园（Forest Garden）的构想者——企业家蒂莫西·B.克雷恩（Timothy B. Crane）的风头。森林花园是一座旨在为这个纺织城镇的"高贵"女士和绅士们提供休憩之地的公园。这个公园原本向所有人开放，但是前往公园需要经过一座收费桥。所得的收入将用作公园维护经费，但更重要的是，这道门槛将把无力支付过桥费的帕特森居民挡在外面。对于克雷恩来说，这意味着挡住乌合之众。

帕奇和纺织工人们明白，他所谓的乌合之众就是指他们这些人，他们从森林花园中看到了现代化北方的所有弊端。森林花园象征着一个贬低体力劳动，把工匠变成工人，实业家和企业家自视甚高，抱有道德优越感并瞧不起雇工的世界。在前几个月中，城镇居民们（用行动和言语）攻击这个公园、工人、工程和蒂莫西·克雷恩本人。接着，当克雷恩计划用五彩纷呈的庆祝活动纪念收费桥梁落成时，山姆·帕奇决定利用这个场合维护这些工人的尊严，而正是这些人使得工业革命成为可能。

在帕特森跳水两年后，山姆·帕奇成为一个职业跳水者，在北方工业化最迅速的一些地区挑战瀑布跳水，最终在纽约罗切斯特125英尺的杰尼西瀑布（Genesee Falls）跳水时丧生。尽管一些旁观者认为他的行为不过是糊涂的作秀，但是他穿着象征性的纺纱工服饰，在社会和政治层面与粗鲁的技工群体联系在一起。（作为纺纱工头领，帕奇的工作技术含量很高。）帕奇的跳水冒险和他对高尚中产阶级价值观的藐视吸引了政治媒体的注意。这个时代两大主要党派——辉格党和杰克逊派民主党——以截然相反的目光看待帕奇。对于辉格党来说，帕奇象征着某个编辑所说的"民主的错误"，而杰克逊派则将帕奇捧为"工匠英雄"。帕奇还引起了总统安德鲁·杰克逊本人的兴趣。1833年费城献马给杰克逊时，他就把它命名为山姆·帕奇。这匹马成为总统的最爱，最后以完整的军葬礼下葬。

章 节 大 纲

从复兴到改革

昨日重现　儿童参与

乌托邦实验

废奴主义

放眼天下　国际反奴隶制运动

女性权利

杰克逊主义和党派政治

联邦制的问题：拒绝执行和银行矛盾

辉格党的挑战和第二政党体系

人民与国家的遗产　道德改革者的戒酒运动

结语

◀ 山姆·帕奇和他的勇敢行为引发了19世纪末美国人的想象。

年表

1790年代—1840年代	第二次大觉醒
1820年代	模范监狱建立
1820年代—1840年代	乌托邦社区成立
1824	总统竞选过程中选举团未产生多数票
1825	众议院选举亚当斯为总统
1826	美国促进禁酒协会（American Society for the Promotion of Temperance）成立
1828	《可憎的关税法案》（Tariff of Abominations）通过
	杰克逊当选总统
1830	约瑟夫·史密斯（Joseph Smith）建立摩门教（Mormon Church）
1830年代—1840年代	民主—辉格竞争在第二党派体系中定型
1831	加里森（Garrison）第一次发表《解放者》（Liberator）
	反共济会（Antimasons）举行第一次全国政治会议
	杰克逊否决重新授权美国第二银行
	杰克逊再次当选总统
1832—1833	废止权危机（Nullification Crisis）
1836	《硬币支付通令》（Specie Circular）
	范布伦（Van Buren）当选总统
1837	卡罗琳（Caroline）事件
1837—1842	克鲁顿水道系统（Croton Aqueduct）建设
1838—1839	美国和加拿大因边境争端调动民兵组织
1839—1843	艰难时势导致失业和通货紧缩扩大
1840	辉格党在哈里森（Harrison）领导下获得总统选举的胜利
1841	泰勒（Tyler）在哈里森去世后继任总统
1846	史密森尼学会（Smithsonian Institution）成立
1848	塞内卡福尔斯女权会议（Seneca Falls Woman's Rights Convention）
	美国科学促进会（American Association for the Advancement of Science）成立

许多美国人加入山姆·帕奇这类人的行列，试图在一个经济和社会迅速变革的时代重申对生活的控制权。市场经济、增长的财富和不平等、移民、向西迁徙浪潮和奴隶制、领土扩张这些因素同时引起美国人的希望和恐惧。许多美国人欢迎时代进步，尽管他们希望能对他们眼中可恶的副作用加以限制。然而，同样是这些美国人，对于如何定义进步发展，什么是社会的弊病，如何解决这些弊病，却常常持不同意见。

许多美国人担心他们在一个迅速变化的世界中难有立足之地，于是转向福音教派寻求慰藉，这些教派发起了这个时代无数次的革新运动，其中大多数集中在北方。改革者们相信人类自我完善的观念，因此致力于将个人和社会从罪恶中解放出来。尤其是在东北部和中西部地区，女性和男性组织起来，努力阻止泛滥的卖淫和酒精，改进监狱和收容所中的环境，并建起公立学校。一些人像对待宗教一样狂热地追随科学。其他改革者却另辟蹊径，建立与世隔绝的实验社区，希望建立社会新关系形式的模型，而不是致力于解决社会问题。与此同时，奴隶制的反对者和女性权利的倡导者在既有的体制中活动，千方百计地扭转美国人关于独立宣言"所有人生而平等"的限制性前提以及实用主义含义。

福音派改革者一般与辉格党站在同一阵线，但是杰克逊民主党也关注社会问题，主要是阶级不平等。他们对于教导劳动阶级的男人和女人们如何生活的中产阶级改革者越来越怀疑，而且反对政府政策和机构赋予的特权，比如美国第二银行。然而在涉及这个时代最刻不容缓的问题——奴隶制——时，这两个全国政党都保持沉默，希望能掩盖这一争端。

然而，民主党和辉格党之间出现的政治对抗，让他们在大多数其他重要问题上立场分明。民主党强调最好的政府是管得最少的政府，而辉格党则推崇强势的联邦政府，以推动经济发展，维持社会秩序。民主党将国家向西的农业扩张视为迫切需求，而辉格党则积极推动东部的工业和商业发展。他们希望通过高保护性关税、中央银行和联邦资助内部发展工程等措施组成的美国体系（American System）促进发展。民主党和辉格党一起构成了所谓的第二党派体系，其特点是强大的组织、强烈的忠诚感和宗教及民族投票模式。

- 改革者们希望摈除的社会之"恶"有哪些？他们这么做的动机是什么？
- 改革和政治之间的关系是什么？
- 使民主党和辉格党产生分歧的主要问题有哪些？

从复兴到改革

18世纪末和19世纪初的一系列宗教复兴有时被称为"第二次大觉醒"，因为它与18世纪的大觉醒有许多相似之处，激起了人们对于基督弥赛亚第二次降临和在地球上建立上帝国度（Kingdom of God）的希望。复兴者们决定通过对抗邪恶来加速千禧年的到来，即随着基督第二次降临而来的地球千年和平时代。一些人相信美国在上帝的设计中肩负着独特的使命，在消灭邪恶的事业中扮演着特别的角色。假如罪与恶，比如酗酒、咒骂和淫乱能够被消灭，个人和社会就能得到完善。他们还号召个人一起对抗社会之恶，包括最重要的奴隶制，还有决斗以及安息日亵渎神圣。直到所有美国人都被感化皈依，所有社会邪恶都被压制，基督才会第二次降临人间。

因为对于个人来说，迎接上帝和信仰还不够，复兴者们致力于大规模皈依。农村女性、男性和孩子们长途跋涉参加信徒野营集会，日日夜夜在树林或空地临时搭建的平台和帐篷中聆听激情四射的传道。在城市中，人们参加日常礼拜和祈祷会，尤其是女性，这些活动有时候长达数月。皈依者们宣布放弃个人罪恶，发誓过神圣化的生活，致力于帮助他人看到神圣之光。

复兴

最著名的复兴运动发生在1801年肯塔基的凯恩山脊（Cane Ridge）。根据一份报告的估计，有25 000人参加了这场运动，其中包括男性和女性、自由民和奴隶，而当时肯塔基最大的城市列克星顿的居民不到2 000人。个人悔改和皈依的号召使南方新教教义生机勃勃，赋予教会福音派基础。尽管法律常常限制黑人教会和布道者或者将之视为非法，尤其是1831年奈特·透纳的血腥暴动之后，不过实际操作中黑人和混合教派常常在地区层面上繁荣起来，黑人和白人福音主义者统一阵线，齐心协力对抗他们亵渎神明的邻居。尽管在1840年代和1850年代，奴隶制问题引发越来越激烈的公共辩论，南方长老会教徒、浸信会和卫理公会教派从宗派的国家会议中退出。在这些分离教派的白人领袖看来，奴隶制并不会阻碍人类的自我完善，而是成为它的保证；他们辩称，仁慈奴隶主的家长式引导会把非洲人引向基督教。

所有复兴主义者都相信个人进步，但是北方的复兴主义者还强调社会进步，成为个人救赎和社会改革的传教士。北方福音派创立新的宗教团体和志愿改革社团。如莱曼·比彻（Lyman Beecher）这样的布道者在新英格兰建立基地，然后搬到辛辛那提，查尔斯·芬尼（Charles Finney）在连接东北部和中西部的运河和道路上游历，辩称邪恶是可以避免的，基督教徒并未遭受原罪的诅咒，而且任何人都能获得救赎。用日常语言来说，前律师芬尼宣称"上帝使人类成为道德自由之人"。芬尼的复兴主义象征超越了地域、阶级和种族。他一开始是长老会教徒，最终成为卫理公会教徒。复兴主义在卫理公会和浸信会之间大行其道，他们从普通人中间选拔牧师，教派结构将民主参与最大化。

芬尼在纽约西部获得了最大成功，这个地区经历了迅速的交通运输和工业化变革——他将之称为"滚烫的地区"（Burned-Over District），因为该地区熊熊燃烧着福音派之火。迅速变革引发人们对社会混乱的恐惧——家庭离散、酗酒、咒骂和卖淫。许多人也担心他们的社会地位在动荡的经济循环中究竟是会上升还是会下降。

当北方复兴主义布道者强调善举和虔诚等善行的重要性时，他们协助引发了这个时代的许多社会改革运动，这些运动从滚烫地区开始，向东传播到新英格兰和大西洋中部诸州，向西传播到上中西部地区。受福音派启发的改革协会一起构成了历史学家们所说的"仁善国度"。在提倡各不相同的目的的同时，他们对人类自我完善有着同样的坚持，他们常常向同一批富人寻求经费来源和建议。

道德改革

这些自由能让他们善加利用这个时代的新技

▲ 复兴主义会议常常吸引成千上万的信徒，这些集会被称作"信徒野营集会"，因为虔诚的教徒们参加为期数日的户外野营，聆听富有感召力的牧师日日夜夜的布道。

图片来源：老斯特布里奇村博物馆（Old Sturbridge Village）

术:蒸汽印刷和铁路,传播福音派宣传。大量印刷的小册子和报纸深入美国内陆,改革者将他们的信息传播至东北部和中西部,加强经济上关系越来越密切的地区之间的文化联系。因为运河和列车使旅行更简单,改革者们可以参加年会,和想法相似的人们取得个人联系,当地改革团体也可以招待来自远方的演讲者。大多数改革组织如政党,纷纷资助周报,创造出一个真正的改革者社会。

当实业家和商人为福音派改革提供经费来源时,他们的妻子和女儿们征召新成员,散发请愿书。发源于工业化和复兴的家庭生活崇拜将家庭道德守卫者的角色赋予了女性;改革者们将这个角色从家庭领域拓展至公共领域。女性承担的道德引导职责超越了自己家庭和孩子的范畴;他们成立帮助任性青年的感化院,或者建立孤儿收容所。参与改革运动让女性能够在家庭以外行使道德权威,赋予他们一种全新的影响力之感。也许他们既能提升人们的生活,也能加快千禧年的到来。这些女性还和其他参与慈善社团活动的志同道合的同性建立起友谊。尽管上南方城市中的精英女性创立和参加改革社团,但是道德改革主要是东北部和中西部的现象。

许多女性改革者进入女校或女子神学院求学,其中的课程包括"才艺"——音乐、舞蹈、书法——但是重点是科学和文学。秉持着男女智力旗鼓相当的理念,女子学校的课程是根据男子大学的课程模板设置的,至1820年,参加过高等教育机构学习的男性和女性数量几乎一样。在女子学院和神学院中,在校友参加的成百上千个阅读会和文学社团中,女性们磨砺自己的智慧和雄辩技巧,为影响民意做好了准备,尽管其中有很多人仍然承担着大量家庭责任。这些女性中有一些成为著名的编辑和作家,但是大多数人作为教育工作者影响着社会,尤其是改革者。

对于女性和部分男性来说,改革象征着政治影响力的雏形,这一时期投票权仅限于有产阶级男性。1830年纽约取缔卖淫运动事件证明了改革如何引发政治行动。女性改革者甚至为城市中的妓女设立了收容所,试图为她们提供值得尊重的工作,公开妓院客户的名单,羞辱那些导致女性堕落的男性。纽约女性成立了女性道德改革协会(Female Moral Reform Society),扩大她们的地域范围和行动。至1840年,全国已经有555个分会。在接下去的几年中,该组织成功游说纽约州立法限制男性引诱女性卖淫,由此进入了政治领域。改革者们相信,只要妓女们能够摆脱对她们虎视眈眈的男人们的腐化作用,所谓的堕落女性或许会在道德上获得提升。

感化院和收容所

对于自我完善的一种类似信仰导致改革者们建立了针对罪犯和违法者设立的感化院,这些感化院并不像监狱一样只是单纯用来惩罚违法者,更是为了通过规训管理把他们变成富有生产力的社会成员。在"奥本制"(Auburn System)中,囚犯们白天一起工作,晚上彼此隔离,而在"费城制"(Philadelphia System)中,日日夜夜都是彻底的沉默和隔绝。隔绝和沉默是为了给囚犯们提供反省和赎罪的机会,给他们提供忏悔的机会。法国人阿历克西·德·托克维尔于1831年来到美国研究监狱时,指出费城体系让他感到"仿佛穿越地下墓穴;这里有一千个生物,但是却荒凉孤独"。

其他改革者设法改进精神病人的生存条件,当时的精神病人常常和罪犯一起关押在牢笼或者黑暗的地牢中,被锁在墙壁上,残忍对待或者关在单人囚房中。这场运动的领袖多萝西娅·迪克斯(Dorothea Dix)是典型的19世纪初改革者,她一开始相信个体的自我进步和人类的自我完善,然后转向社会行动,提倡集体责任。迪克斯调查收容所,向马萨诸塞州立法会请愿,游说其他州和国会,从改革走向政治,帮助创造了女性的新公共角色。迪克斯的努力取得了成效,33个州中28个在1860年为精神病人建立了公共机构。

戒酒

戒酒提倡者主张部分或完全戒酒,他们也从个

儿童参与

数十万儿童加入戒酒运动，通常是通过参加所谓的"冷水军"。和成人戒酒社团一样，冷水军提倡滴酒不沾。在例如乔治·华盛顿诞辰以及7月4日国庆等节日时，他们在公开集会上游行，演唱戒酒歌曲，高举横幅旗帜和如右下图所示的这种扇子。长老会牧师托马斯·P.亨特（Thomas P. Hunt）是冷水军的创始人，因为他相信吸引儿童加入比直接针对成年人更有效果，更有希望完全根除酒精消费。他可能的逻辑是什么？下图中证书和扇子上的画面能提供什么线索？参加这场运动的好处是什么？为什么亨特选择了"军队"一词，这一选择为什么可能会吸引年轻成员们？

▲ 参加冷水军的孩子们通常会获得一张证书，证明他们对戒酒事业的忠诚，重申他们的誓言。

图片来源：纽约历史协会收藏

▲ 冷水军中的儿童有时候会手持装饰扇子参加游行，他们也可能在家里展示这些扇子，提醒他们及其父母戒酒的美德。

图片来源：美国政治生活博物馆（Museum of American Political Life）

人领域进入政治领域。19世纪早期喝酒非常普遍，像山姆·帕奇这样的人们聚集在酒吧和乡村小旅馆中喝威士忌、朗姆酒和苹果酒，一边闲聊一边谈政治或者玩纸牌。无论是签署协议、举行纪念庆典还是庆祝丰收，酒都是必不可少的。"高贵的"女性不在公开场合饮酒，但是许多人长期饮用基于酒精的专利药物，广告中宣称这些药可以包治百病。

福音主义者认为喝酒是罪恶的，在许多宗派中，戒酒是皈依的一部分。传教士谴责酒精违反了安息日的规定——这是工人们一周中唯一的休息日，一些人常在酒馆中度过。工厂主谴责酒精使工人们变得不可靠。公民领袖将酒精与犯罪联系在一起。中产阶级改革者，尤其是女性，谴责人们为了酒精挥霍工资，使男人们抛弃家庭责任，并且催生了家庭中的虐待行为。在1840年代初，成千上万的普通女性组成了玛莎·华盛顿（Martha Washington）社团，旨在通过改造酒鬼、将孩子们培养成滴酒不沾的人以及传播戒酒信息来保护家庭。改革者们相信，远离酒精既能培养宗教自我完善，又能促进世俗发展。他们希望消灭山姆·帕奇这类人的粗俗酒文化。

戒酒运动的势头越来越强劲，它的目标从自我节制逐渐转向自愿戒除，最终演变成禁酒。至1830年代中期，5 000个州和当地戒酒协会主张完全戒酒，超过100万人发誓完全戒除酒精，包括70万加入冷水军（Cold Water Army）的儿童。人均酒精消费量已经从1800年的5加仑降至1840年代的2加仑以下。美国促进戒酒协会（The American Society for the Promotion of Temperance）成立于1826年，旨在推广戒酒宣誓，该组织开始向立法会施压，要求他们禁止酒精生产和销售。1851年，缅因州成为第一个禁酒州，酒精仅能被用于医疗目的；至1855年，类似法律在整个新英格兰、纽约、宾夕法尼亚和中西部都开始推行。

戒酒运动有着民族主义或反移民和反天主教的特点。爱尔兰人和德国人于1849年抱怨《美国新教杂志》（American Protestant Magazine）"把小酒馆像埃及青蛙一样倒在我们身上"。改革者们谴责美国的运河上成百上千主要面向爱尔兰工人的小酒馆，在城市中，他们对于城市德国家庭在星期日聚集在啤酒园中大吃大喝跳舞唱歌，甚至玩纸牌的传统大为不满。一些天主教徒听从了他们的劝告，发誓戒除酒精，并且成立了自己的组织，比如波士顿的圣玛丽互利完全戒酒协会（St. Mary's Mutual Benevolence Total Abstinence Society）。

但是戒酒运动也产生了大量反对的声音。许多工人拒绝改革者的努力，新教徒和天主教徒兼而有之，因为在他们看来，这些人只是将中产阶级价值观强加于自己身上，而且他们根本不了解自己的生活。于是他们坚决捍卫自己随心所欲喝任何东西的权利。工人们赞同贫穷和犯罪是问题，但是他们相信造成这些问题的原因是低薪而不是饮酒的习惯。连一些戒酒者都反对禁酒，因为他们相信喝不喝酒是自我控制问题，而不应受到国家的强制干涉。

公共学校

新教徒和天主教徒也经常就教育问题发生争执。公共教育通常包括宗教教育，但是当教师们教授新教信仰，运用国王詹姆斯版（King James）的《圣经》时，天主教徒也设立了自己的学校，教授天主教教义。一些新教徒开始害怕天主教将永远无法融入美国文化，一些人则谴责天主教徒是排他主义者，计划暗中侵蚀共和国，强迫人们接受教皇控制。然而即使这些矛盾在慢慢酝酿，公共教育仍然是所有改革运动中对美国人的生活影响最广泛的一个。

该运动的领袖是贺拉斯·曼（Horace Mann），一位出身寒微的马萨诸塞律师和改革者。曼提倡由税收支持的免费教育代替教会学校和缺乏职业训练的年轻人建立的私立学校。曼提出，普及教育将终结苦难和犯罪，并且帮助移民美国化。"假如我们不教育孩子们成为善良的公民，"他辩称，"假如我们不培养他们的才能，在他们的心中注入对真理和责任的爱以及对所有神圣事物的敬畏，那么我们的共和国就会走向万劫不复。"

1837年至1848年,在曼担任马萨诸塞州教育委员会(Board of Education)部长期间,马萨诸塞州引领了"公共学校"运动,建立了专门培训教师的学校("师范学校",原型是法国的师范学校,也是教师培训学院的先驱)。这一运动将学年拉长,提高教师工资,使这份职业更具吸引力。曼也相信该时代的普遍观念,认为女性有着先天道德优势,并且可以支付更少薪资,因为她们是天生的依赖者,基于这些理念,他构想了一个教育体系,让女性培养将来的职员、农民和工人,课程表更为实用,弱化了古典学,而重视地理、算术和科学。和其他改革运动一样,教育改革的基础是进步和自我完善的观念;只要有了恰当的引导,个人就能通过自我教育超越物质和道德处境。

多亏了公共教育的普及,至1850年绝大多数土生土长的美国白人都受过教育。报纸和杂志数量激增,书店四处扩张。动力印刷公司和更便利的交通运输使图书和期刊的广泛传播成为可能。宗教媒体——无论是传统教派还是复兴主义教派——印刷宣传册、赞美诗集、《圣经》和宗教报纸。世俗报纸和杂志,无论政治报刊、便士报纸还是文学期刊,都从1830年代开始大量刊发。

工程学和科学

公共教育强调科学,反映出社会不仅重视道德改革,也寄希望于工程学和科学解决国家问题的普遍趋势。并不是每个人都将流行病的责任归于不道德,比如,科学家和医生们将污秽和不流动的水源视为罪魁祸首。费城于1819年至1822年期间建造了费尔芒特供水系统(Fairmount Water Works),在建造市镇排水系统方面走在了前列。在1832年毁灭性的霍乱疫情之后,纽约市开始规划自己的大型排水系统:在1837年至1842年期间,纽约建造了

▲ 图中是纽约哈勒姆区附近的克洛顿供水管道,这是当时的工程学奇观。该系统将净水输送到纽约市。

图片来源:米利安及伊拉·D.瓦拉赫艺术部(Miriam and Ira D. Wallach Division of Art),印刷品和摄影作品。纽约公共图书馆埃斯特、勒诺克斯及蒂尔顿基金会(Astor, Lenox and Tilden Foundations)

长达41英里的克洛顿供水管道(Croton Aqueduct),这是一个由镶嵌在砖石工程中的铁管构成的复杂系统,将水源从上纽约运到曼哈顿。

在全国范围内,科学也变得越来越重要,当时成立的一些机构至今仍然存在。富有的英国科学家詹姆斯·史密森(James Smithson)将庄园遗赠给美国政府,其后国会设立了史密森尼学会(Smithsonian Institution)(1846),用以获得和传播科学知识。史密森尼的主管是全国最有才能的科学家之一约瑟夫·亨利(Joseph Henry),他的电磁学实验使电报和该世纪末发明的电话技术成为可能。1848年,亨利帮助建立了美国科学促进会(American Association for the Advancement of Science),促进科学合作和进步。亨利是个虔诚的宗教信徒,但是这并未阻碍他坚持不懈地追求科学知识。对于许多19世纪美国人来说,尤其是非复兴主义教派的信徒,宗教信仰和科学追求是可以共存的。他们将科学发现视为进步的标志,这让他们更加相信千禧年即将到来。他们相信,上帝创造了自然世界,而不断完善这个世界,为上帝重临做好准备是他们的基督责任。

乌托邦实验

一些理想主义者梦想着全新的社会秩序。他们以宗教原则或抵抗市场经济过度个人主义的愿望作为基础,或两者兼而有之,建立了数十个乌托邦社会,把这些理想社区当作大社会模型。一些团体,如摩门教,在第二次大觉醒期间崛起,而另一些团体,如震颤派,则起源于18世纪的欧洲。乌托邦社区试图恢复他们眼中已经逝去的公共本质,尽管他们有时倡导一些激进而非常规的婚姻和教育行为。

摩门教徒

耶稣基督后期圣徒教会(Church of Jesus Christ of Latter-day Saints)的乌托邦实验留下的影响最为深远,这一教派的成员通常被称为摩门教徒(Mormons)。1820年代发生在纽约西部的宗教动荡中,年轻的农民约瑟夫·史密斯(Joseph Smith)称,一个叫做莫罗尼(Moroni)的天使给了他一些神圣的刻字金版。史密斯把他获得的启示刊印成《摩门经》(Book of Mormon),并于1830年组织了教派。第二年,该团体迁往俄亥俄建立"新耶路撒冷"(New Jerusalem),等待耶稣第二次降临。

愤怒的暴民将摩门教徒赶出俄亥俄州之后,他们在密苏里定居。反摩门者指控摩门教是约瑟夫·史密斯的一个阴谋,并且害怕摩门教的经济和政治势力。1838年,密苏里州州长指控史密斯煽动暴乱,并且试图控告他和其他领袖叛国罪。

史密斯及其追随者离开密苏里迁往伊利诺伊州的诺伍(Nauvoo)。州立法会给了他们一份建立城市的许可,又给了他们自治权和组织当地民兵团的授权。但是摩门教徒再一次受到敌视,尤其是在1841年史密斯采纳一夫多妻制,允许男人们同时娶几个妻子之后。第二年,史密斯成为市长,他的宗教和政治势力得到巩固,诺伍还向联邦政府申请成为自治区,这些因素进一步激怒了反对者,其中包括一些前摩门教徒。1844年,史密斯及其兄弟被指控犯有叛国罪并被收监,接着被杀害,摩门教徒离开了伊利诺伊,在西部的旷野中寻找安居乐业之地。在杨百翰(又译布里根姆·杨,Brigham Young)的领导下,他们在大盐湖山谷(Great Salt Lake)建立了一个合作社区。

在那里,摩门教徒根据家庭规模分配耕地。男人们建造了四通八达的灌溉系统,他们按照获得的土地比例和预期使用的水量分配劳动量,将干旱的山谷变成了一片富饶的绿洲。随着殖民地的发展,教派长老获得了水源、贸易和工业的控制权,最终控制了犹他州的地区政府。

震颤派(Shakers)

震颤派的乌托邦实验是规模最大的公共乌托邦实验,于1820年至1860之间达到了巅峰,在八个州的20个定居点中总共拥有六千成员。震颤派社区强调农业和手工艺,他们把自己的产品卖到社区之外;其中大多数成为自给自足并且获利颇丰的产业。社区的手工艺传统与新工厂的规模作业形成了鲜明对比。但是震颤派本质上是一种精神团体。1772年由妈妈安·李(Ann Lee)在英国建立,该教派的名称来自他们的礼拜仪式,过程中包括震颤整个身躯、唱歌、跳舞和喊叫。安·李的几个孩子在婴儿时期都夭折了,她将他们的死亡视为对她性交之罪的赎罪,因此她提倡单身主义。1773—1774年期间,她在英国坐牢,后来定居美国。

在宗教行为和社会关系方面,震颤派为这个时代的迅速变化提供了另一种选择。震颤派聚群而居,男人和女人们分开居住;个体家庭被废除。男人和女人们平等地分享领导权。许多震颤派定居点成为孤儿、寡妇、逃亡者、被虐待的妻子和失业工人的暂时庇护所。他们的定居点依靠新成员发展和生存,这不仅是因为独身主义意味着无法繁衍后代,也是因为一些成员不适应公共生活或无法接受震颤派的精神信息而离开。

奥奈达派、欧文派和傅立叶派

其他乌托邦社区加入了抵制伴随工业化而来的社会变革的行列之中。约翰·汉弗莱·诺伊斯(John Humphrey Noyes),被芬尼的复兴者引导皈依,建立了两个至善主义社区:第一个于1835年在佛蒙特帕特尼(Putney)建立,之后他被指控犯有通奸罪,其后于1848年在纽约奥奈达建立了另一个。诺伊斯公然反对个人主义,提倡财产公有制,共同育儿和"复杂婚姻",在这种体系中,社区中的所有男性和所有女性都有着婚姻关系,但是女性可以决定接受或拒绝性交的提议。奥奈达聚居区禁止排他性的性关系,要求男人们实行"男性节制",或者在性交中避免射精,旨在促进超出性欲满足基础的关系。怀孕必须经过计划;夫妻向诺伊斯申请生孩子,或者由诺伊斯指定两个人生孩子。罗伯特·戴尔·欧

▲ 新哈莫尼这幅田园牧歌式的场景绘于实验失败几年后,掩盖了这个短暂的社区充满仇恨的历史,它吸引了许多定居者,但是事实证明他们不愿意或者不能够完全投入共产主义生活。画面左边是"蜂箱",包括厨房、办公室和会议室;山坡顶上是居民住宅、洗衣房和印刷机。

图片来源:内布拉斯加的奥马哈,乔丝琳艺术博物馆(Joslyn Art Museum),安然艺术基金会(Enron Art Foundation)赠

文（Robert Dale Owen）在印第安纳新哈莫尼（New Harmony）（1825—1828）建立的社区同样废除私有财产制，提倡公共育儿。以法国哲学家夏尔·傅立叶（Charles Fourier）命名的傅立叶派在东北部和中西部建立了二十多个社区，这些社区同样抵制个人主义，推崇两性平等。

最著名的傅立叶社区是马萨诸塞州靠近波士顿的西罗克斯伯里（West Roxbury）的布鲁克农场（Brook Farm）。在超验主义——相信现实世界从属于精神领域，人类智能通过直觉，而不能通过习惯和经验到达——的激励下，布鲁克农场的成员反对物质主义。他们的农村地方自治主义与精神性、体力劳动、智力生活和玩耍相结合。布鲁克农场原本由"一位论派"（反对三位一体说）牧师乔治·里普利（George Ripley）于1841年建立，吸引了不少农民、手工艺人和作家，纳撒尼尔·霍桑（Nathaniel Hawthorne）就是其中之一。布鲁克农场居民定期为主要超验主义期刊《日晷》（Dial）供稿。尽管一位论教徒并不是福音派，但是正如他们最富影响力的牧师所言，他们主要的中产和上流阶层信徒长期"献身进步事业"。1845年，布鲁克农场的一百名成员根据傅立叶建议的模式将自己组织成劳动方阵（工作—生活单位）。由于严格的组织代替了个人主义，成员数有所减少。1846年的一场大火灾之后一年，这个实验失败了。

1843年亨利·戴维·梭罗（Henry David Thoreau）拜访布鲁克农场后，觉得有组织的乌托邦社区并不适合他："我觉得我情愿住在地狱里的单身汉住所，也好过上天堂。"两年后，梭罗在马萨诸塞瓦尔登湖（Walden Pond）岸边的小木屋里建立了属于自己的一人乌托邦，他在那里思考和书写与自然、道德、性灵、进步、社会以及政府有关的文字。

美国文艺复兴

梭罗加入了今日被称作美国文艺复兴的文学浪潮。拉尔夫·沃尔多·爱默生（Ralph Waldo Emerson）是超验主义运动的支柱，他为这一运动提供了主要灵感。1831年退出波士顿一位论教派之后，他在欧洲旅居两年，然后回到美国，用演讲和写作倡导个人主义和自力更生。他受到广泛的赞誉，影响了霍桑、《日晷》编辑玛格丽特·富勒（Margaret Fuller）、赫尔曼·梅尔维尔（Herman Melville）、梭罗以及许多其他人。在哲学强度和道德理想主义方面，美国文艺复兴具有独特的美国特色，也有着欧洲浪漫主义运动的渊源。它以美国背景和人物探讨普遍主题。比如，霍桑采用清教新英格兰作为背景，而梅尔维尔则将伟大的灵魂探索写成航海冒险。

和其他美国文艺复兴作者相比，梭罗或许最强调个人主义及其现实运用。在1849年的文章《抵制公民政府》（Resistance to Civil Government）（在他去世后被称为《公民的不从》（Civil Disobedience））中，梭罗倡导个人抵制参与不道德行动的政府。梭罗已经将自己的理念付诸实践：在美国和墨西哥战争期间（参见第十四章），梭罗拒绝付税，相信这会帮助不道德战争，扩张奴隶制，他的行为导致他坐了一段时间的牢。"我一刻也不能把这个政治组织视为我的政府，因为它同时也是奴隶政府。"梭罗写道。后来，梭罗又藐视联邦法律，帮助逃奴重获自由。

废奴主义

梭罗加入福音派废奴主义者的行列，试图废除奴隶制，他们认为奴隶制既是个人也是社会的罪恶，弥漫于整个美国社会。他们的努力建立在早一代反奴隶制行动主义的基础上。

早期废奴主义和殖民

从美国建国之初——像费城、纽约、奥尔巴尼、波士顿和楠塔基特（Nantucket）等地——自由黑人成立了各种社团，向立法机构请愿，希望获得司法补偿，举行公开游行，尤其是用出版宣传册记录奴隶制的可怕之处。非裔美国废奴主义者写出了奴隶制对于黑人和白人家庭的毁灭性影响，提倡立即废止奴隶制，帮助逃奴，并且推动自由黑人的法律平等。至1830年，全国有55个非裔美国废奴主义社团。但是大卫·沃克（David Walker）的言论最能引起美国白人的注意。在他的《对全世界有色公民的呼吁》（Appeal ... to the Colored Citizens）（1829）一文中，出生于南方的自由非裔美国人沃克提倡暴力推翻奴隶制，这在南方白人和北方大部分地区引发了恐慌。

暴力推翻并不是白人废奴主义者的目标，在美国独立战争之后，白人废奴主义者开始在波士顿等地出现，尤其是拥有大量震颤派教徒的费城，他们的宗教信仰强调人类平等。这些早期的反奴隶制观点要求逐步废除奴隶制，停止奴隶贸易。尽管他们通过司法决议帮助非裔美国人追求自由，但是他们先入为主地认为黑人种族地位较卑微，这种观念导致他们不主张赋予黑人平等权利。早期白人废奴主义者一般是富有并具有社会影响力的男性，他们主张社会将女性、非裔美国人和不够精英的白人男性排除在外。

通常精英们支持殖民运动，1816年，随着美国殖民协会（American Colonization Society）的成立，这一点已经非常明确。该协会的成员计划购买和重新安置美国奴隶以及自由黑人，将他们转移到非洲或加勒比。这个计划的支持者包括托马斯·杰弗逊、詹姆斯·麦迪逊、詹姆斯·门罗和亨利·克雷，还有许多来自北方，尤其是上南方的默默无闻的男性和女性。1824年，这一社团在非洲西海岸建立了利比里亚（Liberia），开始让自愿的非裔美国人前去定居。该协会至1860年已经帮助了近12 000人迁徙。一些殖民主义者的目标是让南方摆脱引起麻烦的奴隶，从而巩固奴隶制，或者将所有非裔美国人清除出北方。其他人希望殖民能改善非裔美国人的处境。尽管一些非裔美国人支持这个运动，但是黑人废奴主义者一般都反对。

在1830年代初，一个新的更激进的白人废奴主义者团体——最著名的是威廉·劳埃德·加里森（William Lloyd Garrison）——既反对大卫·沃克提出的暴力推翻，也反对白人法律改革者和殖民主义者提出的逐步废除。他们要求立即、全面和没有补偿的废除。在1831年开始出版的《解放者》（The Liberator）第一期中，加里森宣称："我很急迫——我不会模棱两可——我不会接受借口——我不会退后一步——我的声音将被听见。"两年后，他成立了美国反奴隶制协会（American Antislavery Society），该协会成为当时最大的废奴主义组织。

即时主义（Immediatism）

后来被称为即时主义者的人们相信，奴隶制是一种绝对的罪恶，需要立即彻底根除。他们受到非裔美国废奴主义团体和福音派观念的影响，相信决定自己精神命运的是人类而非上帝，他们自己能够选择善或恶。在这种意义上，所有人在上帝的眼中都是平等的。当所有人类选择善而非恶时，千禧年就会降临。然而奴隶制否认奴隶男性和女性具有做这些选择的能力，否认他们具有作为芬尼所说的"道德自由主体"行事的能力。只要奴隶制持续一天，千禧年就会被推迟。

由于千禧年有赖于基督教赢得的所有心灵，由于它需要依靠每个人的自我完善，包括奴隶主，加里森因此提倡"道德说服"。他和他的追随者们不希望通过强制措施来解放奴隶，而是想要赢得奴隶主和其他支持或包容奴隶制的人的心灵。大量牧师和非神职人员在全国范围内传播福音派信息，推动福音派废奴主义的发展。

雷恩辩论

1829年，公理会教徒和长老会教徒在辛辛那提成立雷恩神学院（Lane Seminary），训练将福音派教义传往西部的牧师。莱曼·比彻担任领袖，它吸引了北方和南方的学生，鼓励"有色人种"申请。不久之后，西奥多·维尔德（Theodore Weld），查尔斯·芬尼最虔诚的皈依者之一于1833年来到雷恩神学院（Lane Seminary），他组织了被称为"雷恩辩论"的为期18天的学校学生和教职员工讨论会,探讨殖民主义和即时主义各自的优点。最后即时主义获得了胜利。

在维尔德的领导下,雷恩的学生和教职员工紧接着成立了反奴隶制协会,于1829年将他们的反奴隶制事业扩散至辛辛那提日益增加的非裔美国人口,这些人当时正受到白人的残酷攻击。因为害怕混乱再起,白人商业领袖抗议反奴隶制协会。雷恩的董事们在比彻的批准下进行了压制,进一步禁止反奴隶制活动。

"雷恩叛乱者"(Lane Rebels)公开与神学院决裂,在俄亥俄州的北部城镇奥伯林(Oberlin)加入另一个神学院,该城建立时是一个基督教至善派的定居点。这个新神学院致力于即时主义,成为第一个准许女性加入的学院,也是最早允许非裔美国人入学的学院之一。维尔德拒绝了奥伯林的教职,而是选择将废奴主义信息直接传递到西部乡村,成为美国反奴隶制协会的代理人。

美国的反奴隶制团体

至1838年,在协会鼎盛时期,有2 000个地方分会,成员超过300 000。与早期的白人废奴主义协会不同,即时主义组织欢迎来自所有种族和阶级背景的男性和女性。莉迪娅·玛丽亚·切尔德(Lydia Maria Child)、玛丽亚·契布曼(Maria Chapman)和卢克丽霞·莫特(Lucretia Mott)在协会执行委员会中工作;从1841年至1843年,切尔德负责编辑协会官方报纸《全国反奴隶制标准》(National Anti-Slavery Standard),1844年至1848年,契布曼担任联合编辑。该协会赞助黑人和女性演讲者,由女性承担大多数日常劝导工作。

在北部和中西部的乡村和小城镇社区中,女性寄送书信、收集签名、筹集款项、组织抵制用奴隶种植的棉花织成的面料,并且力图加强公共意识。1835年,通过"伟大邮政运动",协会的成员在信件中夹满反奴隶制传单。女人们挨家挨户地上门为反奴隶制请愿书收集签名;至1838年,超过400 000份请愿书被送达国会,每份请愿书上都有不计其数的签名。持废奴主义观点的女性在"缝纫会"中聚首,为逃奴缝制衣服,同时组织未来活动,比如反奴隶制市集,他们在这些市集上出售商品,通常是自己做的物品,用所得的收益资助废奴主义事业。这些市集增强了反奴隶事业的曝光度,吸引了更多美国人直接接触废奴主义者及其观点。

◀ 1829年,吉尔伯特·亨特为了追求自由而离开弗吉尼亚,在美国殖民协会的支持下来到利比里亚。尽管亨特欣赏他在非洲看到的大部分情景,但是他对殖民的幻想很快就破灭了,他回到里士满,成为一名铁匠,并且成为非洲第一浸信会(First African Baptist Church)的一名执事。

图片来源:弗吉尼亚历史协会

放眼天下

国际反奴隶制运动

国际反奴隶制运动的中心在大不列颠,但是在1830年代,英国当地的许多反奴隶制协会认为他们已经完成了任务,然后解散了。在过去的30年中,国际奴隶贸易已经大大减少,1833年,英国国会终结了英国境内的奴隶制。然而,与此同时,美国的废奴主义正在崛起,这时美国废奴主义者将他们的事业拓展到大西洋彼岸。在仍然存在奴隶制的地方,他们重新恢复国际废奴运动,比如西班牙领地古巴、南美洲独立国家和殖民地、非洲和亚洲,以及美国。

黑人废奴主义的战斗精神点燃了美国1830年代的废奴主义,威廉·劳埃德·加里森又将其转变为即时主义。为了筹集经费并且向美国施加国际压力,敦促其废除奴隶制,非裔美国废奴主义者在1840年定期周游英国。他们通过巡回演讲和公开讲述自己的经历,呼吁支持废奴运动。前奴隶的现身说法尤其有效,他们讲述自己对奴隶制的第一手体验,并且展示自己伤痕累累的身体。

黑人废奴主义者在小城镇和乡村中以及英国的工业中心进行演讲。逃亡奴隶摩西·甘迪(Moses Gandy)周游英国之后出版了自传,随后几十种类似的奴隶叙事在伦敦出版。第二年,即1845年,弗雷德里克·道格拉斯开始了一次为期19个月的游历,在英国发表了300场演说。

1849年,黑人废奴主义者威廉·威尔斯·布朗(William Wells Brown)、亚历山大·克伦梅尔(Alexander Crummell)和J.W.C. 佩宁顿(J.W.C. Pennington)加上其他人,共计20个美国代表参加国际巴黎和平会议(International Paris Peace Conference)。在那里,布朗将战争与奴隶制进行类比,告诉来自西欧和美国的800名代表,"只有维持战争才能维持奴隶制"。他原定在英国的短期巡回演讲最后变成为期五年的放逐,因为在1850年《逃亡奴隶法》(Fugitive Slave Law)颁布之后,他回到美国就会被抓住并且重新被奴役。1854年,英国废奴主义者从他的前主人那里为他赎身,他因此重新获得了自由。

在甘迪、道格拉斯、布朗和其他几十个前奴隶的协助下,废奴主义重新变成一个国际问题。他们为成立于1839年的英国和海外反奴隶制协会(British and Foreign Anti-Slavery Society)以及其他数百个更激进的地方协会提供了能量。至1850年代初,全国废奴主义运动成功在哥伦比亚、阿根廷、委内瑞拉和秘鲁废除了奴隶制。尽管美国继续抵抗国内外压力,但是美国的黑人废奴主义者在复兴世界反奴隶制运动中不仅起到了重要作用,而且在倡导女性权利、国际和平、戒酒以及其他改革运动中也做出了贡献,并将美国人与全世界的改革运动联系在了一起。

◀ 威廉·威尔斯·布朗的自传在美国和英国的废奴主义中间引起轰动。1849年,布朗是参加巴黎和平会议的美国代表之一,他接着在英国度过了五年的流亡生涯,害怕在1850年颁布的《逃亡奴隶法》规定下被重新奴役。在英国废奴主义者为他从前主人那里赎回自由后,他才回到了美国。

图片来源:北卡罗来纳大学教堂山分校图书馆美国南方纪实(Documenting the American South, The University of North Carolina at Chapel Hill Libraries)授权使用

非裔美国废奴主义者

尽管白人废奴主义协会向非裔美国人开放会员资格，并且资助前奴隶的巡回演讲，但是非裔美国人直到1840年代和1850年代仍然继续独立推动废除奴隶制事业，并且积极改善自由非裔美国人的地位。前奴隶通过演讲、出版物和参加被称作地下铁路（Underground Railroad）的秘密网络献身于废除奴隶制的事业，其中最著名的人物是弗雷德里克·道格拉斯、亨利·比布（Henry Bibb），哈丽特·塔布曼（Harriet Tubman）和索杰纳·特鲁斯（Sojourner Truth）。地下铁路秘密将奴隶男性、女性和儿童送往自由地区。数以千计的不知名非裔美国人继续美国独立战争后那代人的事业，建造教堂，为非裔美国儿童建立学校和孤儿院，并且举行会议，探讨自由诸州中提高非裔美国人地位的策略。

尽管白人废奴主义者和黑人废奴主义者之间诞生了真正的友谊，但是许多白人废奴主义者仍然将黑人视为低等的人类，这导致一些非裔美国人拒绝白人反奴隶组织，成立自己的组织。其他一些人则缺乏耐心等待威廉·劳埃德·加里森提出的即时主义实现的那天；他们并不反对道德劝说，但是他们寻求更为立竿见影的方法如立法，来解决南方和北方非裔美国人的问题。非裔美国废奴主义者在即时主义者赢得支持时也感到欢欣鼓舞。

反对废奴主义

不过，废奴主义的成功也招致了仇恨，甚至遭到暴力反对。在南方，暴徒阻止反奴隶制传单的散发。在南卡罗来纳，官员们拦截和烧毁废奴主义文学作品；1835年，支持奴隶主义的攻击者在南卡罗来纳和路易斯安那杀害了4名废奴主义者以及40名据说正计划在密西西比和路易斯安那发起奴隶叛乱的人。

北方白人也有反对废除奴隶制的理由：他们认识到棉花至关重要的经济作用；而且他们害怕奴隶解放会导致大量获得自由的奴隶涌入他们的地区。和许多南方人一样，他们质疑这种体制的道德性，而不是实用性：他们相信黑人天生低人一等，无法获得那些自由和市民身份要求的品质，如美德和勤奋。一些北方人也反对白人女性参与废奴主义，他们相信女性适合的位置在家中。

北方也经历了自己的反废奴主义暴力。1830年在波士顿，大卫·沃克神秘死亡，原因不明。其他憎恶废奴主义者的人包括"拥有财产和地位的绅士"——指的是19世纪商业和政治精英——他们常常和南方棉花经济有着千丝万缕的经济关系，并且和南方领袖们有着密切的政治关系。北方绅士们煽动反对废奴主义的暴动。1835年，在纽约尤蒂卡（Utica），商人和专业人士解散了欢迎黑人和女性参加的州反奴隶制会议。暴民暴力在该年达到巅峰，爆发了超过50个针对废奴主义者或非裔美国人的暴动。1837年，在伊利诺伊奥尔顿（Alton），一群暴民杀害了白人废奴主义编辑以利亚·P.洛夫乔伊（Elijah P. Lovejoy），暴动者在费城全新的宾夕法尼亚大厅中向参加美国女性反奴隶制会议（Anti-Slavery Convention of American Women）的三千黑

▲ 女性在改革，尤其是废奴主义改革中扮演着积极的角色。这幅拍摄于1850年的珍稀银板照片展现了男性和女性在纽约卡泽诺维亚（Cazenovia）参加废奴主义大会的情形，其中包括弗雷德里克·道格拉斯。

图片来源：加利福尼亚洛杉矶的保罗盖蒂博物馆（J. Paul Getty Museum）收藏

人和白人女性投掷石头，出言不逊，这栋建筑专门用于举行废奴主义会议，其中还开设了一家废奴主义书店。第二天，一群暴民焚毁了这栋建筑，而这时距它落成仅仅过了3天。

道德劝说对抗政治行动

这样的暴力使得一些即时主义者质疑道德劝说是否是现实的策略。像肯塔基奴隶主之子詹姆士·G.波尼（James G. Birney）这样的人欢迎即时主义，但是相信废奴只能在男性的政治领域实现。将女性牵涉入内违反了事物的自然秩序，并且对实现解放奴隶这一最终目标有弊无利。因此，当女性权利的热情支持者威廉·劳埃德·加里森于1840年支持艾比·凯利（Abby Kelly）成为美国反奴隶制协会商业委员会会员时，他造成了废奴主义运动中无法弥补的分裂。亚瑟·塔潘（Arthur Tappan）和西奥多·维尔德发起了一个分裂团体，建立了美国和外国反奴隶制协会（American and Foreign Anti-Slavery Society）。这个协会随后组成了一个新的政治党派：自由党（Liberty Party），该党于1840年和1844年提名波尼参加总统竞选。

尽管自由党致力于即时废奴主义，但它质疑联邦政府是否具有在真正存在奴隶制的地方废除奴隶制的权力。有权决定境内奴隶制是否合法的是各州，而不是联邦政府。联邦政府在西部领地中可以行使权力，于是该党派要求所有新的领地都禁止奴隶制。一些著名的黑人废奴主义者支持该党派，其中包括弗雷德里克·道格拉斯，该党派的领袖也强调对抗北方偏见的必要性。

女性权利

一些女性废奴者为自己遭受的不公待遇感到愤怒，她们在倡导女性权利的运动中占取了先机。1840年在伦敦举行的第一次世界反奴隶制会议上，废奴主义者卢克丽霞·莫特和伊丽莎白·卡迪·斯坦顿（Elizabeth Cady Stanton）初次邂逅，女性废奴主义者不能在会议主厅中获得座席，这让她们俩都非常失望；八年后，两人协助组织了第一次美国女性权利会议。安吉丽娜·格林姆克（Angelina）和莎拉·格林姆克（Sarah Grimke）来自蓄奴家庭，但是她们移居北方，成为活跃的废奴主义者。批评者们攻击她们在包括男性的观众面前发表演讲，对于女性不该演讲而应该服从男性的主张，她们公然反抗，成为女性法律和社会平等地位直言不讳的提倡者。

对于许多不那么知名的女性来说，她们的政治意识也在废奴主义活动中得到培养，尤其是请愿运动。1830年代，女性递交给国会的请愿书使用谦逊的语言，请愿者们"祈求"她们的政治领导人考虑她们对于奴隶制的不满。1836年在国会投票自动将反奴隶请愿列入议事日程之后，女性开始捍卫自己的权利，要求国会考虑她们的请愿书。女性开始在请愿书中运用更直截了当的语言，这些请愿书开始提供特定的立法建议。女性请愿者越来越将自己视为公民，而非政治服从者。

宗教复兴主义和改革运动同样致使女性们重新审视自己在社会中的位置。复兴运动帮助女性们自视为天生与男性平等的人，而改革运动则让中产阶级女性走出家庭，进入公共领域。女性改革者的游说影响了法律改革，使一些人开始考虑显而易见的下一步：女性的完全公民责任。

法律权利

仍然有许多法律障碍必须克服。在独立之后，美国各州延续了传统的英国婚姻法，赋予丈夫们对家庭的绝对控制权。男人们拥有妻子的个人财产，是他们孩子的法定监护人，并且拥有家庭成员生产或取得的一切财物。一个父亲可以合法地反对女儿选择的丈夫，尽管至1800年大多数美国女性都能选择自己的婚姻伴侣。

已婚妇女从1830年代开始，在财产和婚姻权利方面取得了一些微弱进步。1835年，阿肯色州通过了第一部已婚女性财产法律，至1860年，又有16个州通过了允许单身、已婚或离婚女性拥有和转移自己财产的权利。当一个妻子继承财产时，这些财产就归她个人而非她丈夫所有，尽管以某种其他方式赚得或者获得的钱财仍然属于她的丈夫。女性还可以立遗嘱。这些法律在富有的美国人中间尤其受欢迎，无论南北，他们希望在忽上忽下的经济形势中保护家庭财产；而女性名下的财产不受丈夫债权人的威胁。在1830年代，各州还将离婚法律自由化，把虐待和遗弃也作为离婚的条件，不过离婚的人仍然很罕见。

一些激进的改革者仍然辩称婚姻构成了一种奴役。最直言不讳的包括露西·斯通(Lucy Stone)，她最终和志同道合的废奴主义者亨利·布莱克韦尔(Henry Blackwell)结婚，但条件是不愿意许下服从丈夫的誓言，并且要保留原来的姓。"露西·斯通式女人"一词成为习惯用语，用来指称不冠夫姓的已婚女性。

政治权利

至1855年露西·斯通和亨利·布莱克韦尔结婚时，两人在保障女性政治权利的组织运动中都已经非常活跃。这场运动从1848年7月开始，伊丽莎白·卡迪·斯坦顿、卢克丽霞·莫特、玛丽·安·麦克林托克(Mary Ann McClintock)、玛莎·莱特(Martha Wright)和珍妮特·亨特(Janet Hunt)在纽约塞内卡福尔斯组织了第一次女性权利会议(Woman's Rights Convention)，所有与会者都是废奴主义者，除了斯坦顿之外都是震颤派教徒。出席塞内卡福尔斯会议的并不是最早的女性权利活动家；激进的改革者，如范妮·莱特(Fanny Wright)已经为这一事业宣传了几十年，两年之前的1846年，六个纽约州农村女性要求州的新法律回归"真正的民主原则"，向女性保证平等的政治和公民权利，这一努力没能成功但是没有引起什么公众反对。塞内卡福尔斯会议要求女性的国家公民身份，而不仅仅是州公民身份，因此吸引了更多注意力，也引发了更多仇恨。

在塞内卡福尔斯会议上，300名女性和男性呼吁女性的社会和经济平等，一些人还提倡政治平等。他们抗议法律对他们的社会约束，比如被许多场合排斥。他们以《独立宣言》为范本写作的《感伤宣言》(Declaration of Sentiments)，痛陈女性遭受的不公，并开启了女权运动的先河。"所有男人和女人生来都是平等的。"宣言声称。1850年代，废奴主义和女性权利有着同样的前提，因此包括前奴隶索杰纳·特鲁斯等人在内的许多改革者同时致力于两个运动。不过，在支持运动总目标的人中间，女性选举权问题引发了分歧。威廉·劳埃德·加里森和弗雷德里克·道格拉斯都支持女性选举权，但是大多数男性积极反对这一权利。塞内卡福尔斯会议上，在道格拉斯的强烈支持下，女性选举权决议才得以通过，但是许多与会者仍然拒绝签署。1851年，伊丽莎白·卡迪·斯坦顿和戒酒提倡者苏珊·B.安东尼(Susan B. Anthony)一起，成为女性选举权最直言不讳和坚持不懈的活动家。他们获得的支持者相对较少，却收获了许多批判者。

杰克逊主义和党派政治

政治家和改革者一样想方设法控制扩张的美国的变革方向。他们重新构建了政治愿景，以迎合基数越来越大的选民。竞争激烈的选举使政治成为19世纪美国人极好的消遣，吸引了选民和非选民的兴趣和广泛参与。但是强烈的利害关系还导致了激烈甚至至死方休的敌对。

扩大政治参与

在1810年代，各州开始解除对选民的财产限制，至1840年，保留这些规定的只有26州中的7州。一些州甚至允许外国人参加投票，只要他们正式宣誓成为美国公民。直接结果是总统选举团中的选票数量大大增加。在1824年和1828年之间，这个数字增加了三倍，从360 000增至110万以上。1840年，有240万男性参加了投票。而投票表决的合格选民比例也大大提高,从1824年的27%上升至1840年的80%多。

与此同时,选择总统选民的方式也变得更为民主。以前,党派领袖的核心成员会议在大多州中具有决定权,但是至1824年,24个州中的18个州通过公众投票选出选民,而1800年这么做的州只有5个。结果,政治家们开始直接迎合选民,1824年选举见证了议会推举竞选人核心成员会议的终结,同一政党的众议院和参议院成员一起选出他们的候选人。

1824年选举

结果,1824年有五个民主—共和党候选人走向台前竞争总统席位。出席者稀稀落落的共和党核心成员会议选择财政部部长、佐治亚的威廉·哈里斯·克劳福德(William H. Crawford)作为总统候选人。但是其他民主—共和党人抵制核心成员会议,认为它违反了民主原则,结束了国会在提名总统候选人中的角色。相反,州立法会负责提名候选人,为扩展的选民提供地区候选人名单。约翰·昆西·亚当斯获得了来自新英格兰的支持,而西部人支持众议院议长、肯塔基州的亨利·克雷。一些南方人一开始支持战争部部长约翰·卡德威尔·卡尔霍恩(John C. Calhoun),他后来放弃竞争总统职位,转而竞选副总统。田纳西立法会提名在政界还不出名的军事英雄安德鲁·杰克逊。

在最后角逐总统职位的四个候选人中,杰克逊在选举团和公众投票中都获得了领先位置,但是没有候选人获得选举团的大多数票。亚当斯获得了第二;克劳福德和克雷远远落在后面。根据宪法规定,众议院通过州代表团的选举,将从三个选举团票数领先的候选人中选出下一届总统,每个州拥有一张选票。克雷的票数最少,最先失去资格,其他三个人都尽力争取他的支持,希望他能影响自己的支持者,为他们投票。克劳福德在选举之前因中风而丧失活动能力,因此一直没有被严肃地考虑过。克雷支持亚当斯,后者获得了24个州中的13个州代表团的支持,因此当选总统(参见地图12.1)。亚当斯提名克雷在内阁中担任国务卿,这是传统中通往总统职位的垫脚石。

愤怒的杰克逊派谴责竞选结果是"腐败的讨价还价",声称亚当斯向克雷提供内阁职位,换取他的选票,窃取了其他候选人的选票。杰克逊的辛酸导致他后来强调人民意志。共和党分裂了。亚当斯派成为国家共和党(National Republicans),而杰克逊派则成为民主党;他们立即开始为1828年选举制订计划。

作为总统,亚当斯提出了强势的民族主义政策,包括亨利·克雷的由保护性关税、国家银行和内部改进工程构成的美国体制。亚当斯相信联邦

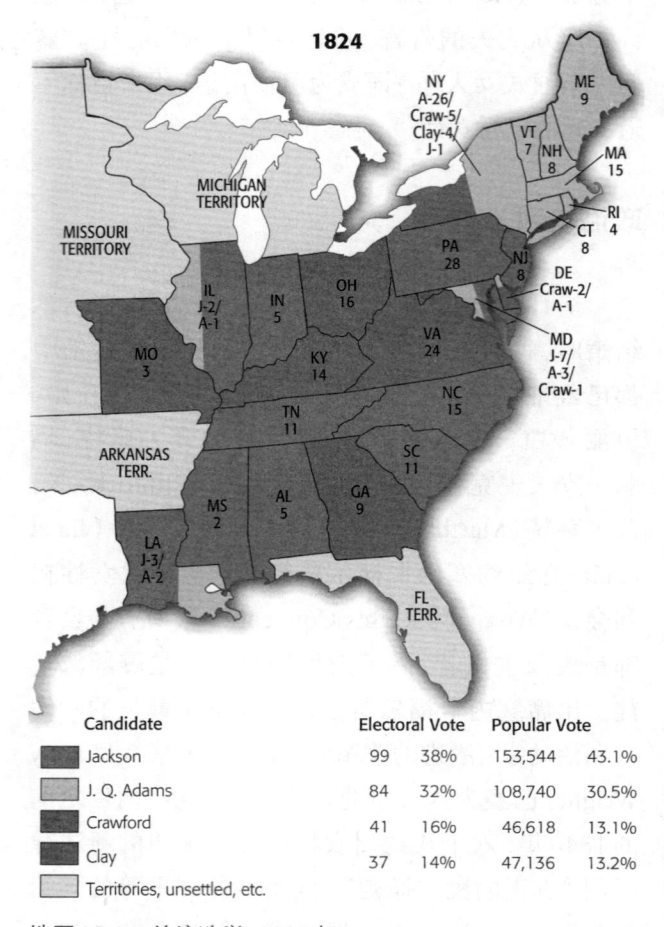

地图12.1 总统选举,1824年

安德鲁·杰克逊获得的选举人票和选民票都领先,但是没能获得选举团大多数票通过。众议院将约翰·昆西·亚当斯选为总统。

来源:©圣智学习

政府的活跃角色应该延伸到教育、科学和艺术,并提出在华盛顿特区建立国家大学。虽然亚当斯曾是一个杰出的外交官和国务卿,但是他作为总统却不怎么走运。他低估了1819年恐慌挥之不去的影响,以及国家银行和保护性关税随后招致的坚决反对。

1828年选举

1828年总统选举中,亚当斯和杰克逊在竞选运动中激烈对抗。安德鲁·杰克逊被起了个绰号叫"老山胡桃木"(Old Hickory),山胡桃木是美国最坚硬的木头,杰克逊是一个咄咄逼人而野心勃勃的人。1767年,杰克逊出生于南卡罗来纳,他身世寒微,通过奋斗成为田纳西州的种植园主和奴隶主。带领田纳西民兵团将克里克人从阿拉巴马和佐治亚边境打退之后,杰克逊于1815年登上全国政治舞台,成为新奥尔良战役(Battle of New Orleans)的英雄,他在征战西班牙佛罗里达的米诺尔人(Seminoles)时再创辉煌。杰克逊曾代表田纳西担任过众议院议员和参议院议员,是佛罗里达第一位地区行政长官(1821),并于1824年参加总统竞选。

▲ 总统候选人安德鲁·杰克逊被画在图中这个1824年的饰品或针线盒上。这件物品显示了竞选运动如何渗入大众文化,以及无权选举的女性在政治中的活跃角色。

图片来源:大卫·J.福伦特和简宁·L.福伦特(David J. and Janine L. Frent)夫妇收藏

选民和非选民都使用徽章、奖牌或其他首次批量制造的竞选用品表达对杰克逊的热情。在一轮激烈的个人对抗中,杰克逊的支持者们谴责亚当斯窃取1824年的竞选结果,而且在担任俄国公使期间曾为沙皇寻觅妓女。反杰克逊派则用杰克逊妻子的历史加以反驳,他的妻子雷切尔(Rachel)嫁给杰克逊之前还没有和第一任丈夫正式离婚,这使她成为通奸者和重婚者。1806年,杰克逊为了捍卫雷切尔的名誉,在一次决斗中杀死了一个人,竞选期间"杀人犯"的谴责不绝于耳。

尽管亚当斯保持着1824年赢得的各州选票,但是他的反对者如今团结在一个候选人的背后,杰克逊在竞选中大获全胜,获得了56%的选民票,并且在选举团中以178对83票获胜(地图12.2)。杰克逊派相信人民的意志最终获得了胜利。获得雄厚

候选人	选举团票		选民票	
Jackson (Democrat)	178	68%	647,286	56.0%
J. Q. Adams (National Republican)	83	32%	508,064	44.0%
Territories, unsettled, etc.				

地图12.2 总统竞选,1828

安德鲁·杰克逊一雪1824年竞选总统失利的前耻,在1828年竞选中大获全胜。

来源:©圣智学习

资金赞助的各州政党、政治领袖、报纸编辑和群众运动联合起来，选出了这届总统。民主党成为美国第一个组织严谨的全国党派，有条不紊的政党组织成为19世纪美国政治的标志。

民主党

民主党代表着一系列宽泛的观点，但是从根本上忠于杰克逊派的农业社会概念。他们认为强势的中央政府与个人自由是对立的，而且他们谴责政府干预经济，以工匠和普通农民的代价让富人得益。不过，涉及西部扩张问题时，杰克逊派呼吁政府干预，杰克逊则不顾东北部改革者的抗议开始了印第安迁移。

虽然杰克逊提倡有限政府，但是他和杰弗逊一样加强了政府执政部门的权利。他结合了党派领袖和国家元首的角色，将权力集中在白宫。他依靠政治盟友，他的"厨房内阁"（Kitchen Cabinet）给他提供建议，而他极少咨询正式内阁。杰克逊要求高度忠诚，并且慷慨地奖励他的追随者们。杰克逊称，官员轮岗能让政府对公众意愿更及时地作出回应，他委任了许多忠诚的民主党官员，批评者们将之称为战利品体系，在这种体系中，获胜者将战利品分给支持者们。尽管杰克逊不是第一个这么做的总统——杰弗逊就替换了亚当斯委任的许多官员——但杰克逊曾经公然反对腐败和讨价还价，这使他成为煽动性言论攻击的目标。反对者们称，战利品体系造成了政府腐败，因为委任官员的基础变成了忠诚，而非能力。

安德鲁王

反对者们嘲笑杰克逊是"安德鲁王一世"，谴责他滥用权力，无视最高法院在切罗基事务上的裁决权，架空内阁，并且委任自己的政治密友就任官员。他们反对他复兴共和美德的宣言，谴责他草率鲁莽地破坏经济。

或许最令杰克逊的批判者深恶痛绝的是他频繁使用否决权，他用这种方式来推动他理想中的有限政府。1830年，他否决了《梅斯维尔道路法案》（Maysville Road），这一计划原本将为肯塔基州梅斯维尔到列克星顿的总长60英里的收费公路建设项目提供资金。杰克逊坚称，根据宪法规定，限于一州范围之内的内部发展工程应该由州政府而非联邦政府提供资金。这次否决破坏了亨利·克雷的美国体制，并且在个人意义上让克雷感到尴尬，因为这个项目正是位于他的家乡。

从乔治·华盛顿到约翰·昆西·亚当斯，前6位总统一共否决了9个法案；而杰克逊一人就否决了12个。之前的总统们相信只有在宪法基础上否决才是正当的，但是杰克逊认为政见不合也是正

▲ 以英国忠实的反对派命名的辉格党很喜欢把安德鲁·杰克逊描述为一个极富权利欲、渴望将共和国变成君主国的领袖。

图片来源：纽约历史协会收藏

尽管批判者们将杰克逊描述为君主,但是他本人却以普通人的总统自居。图中他骑着珍贵的爱马山姆·帕奇,这是根据不满的工厂工人、勇敢的瀑布跳水者而命名的。

图片来源:杰克逊故居(The Hermitage),位于安德鲁·杰克逊总统的家乡田纳西州纳什维尔

当理由。他将否决权变成了控制国会的有效武器,因为国会行事之前不得不先权衡总统否决的可能性。

联邦制的问题:拒绝执行和银行矛盾

在否决了梅斯维尔公路之后不久,杰克逊直接面临着州和联邦权力对抗的问题。奴隶制南方害怕联邦权力,其中最严重的是南卡罗来纳,那里的种植园主阶层最强大,而且奴隶制也最集中。南方人还憎恨保护性关税,而这正是克雷的美国体系的基础之一,他通过于1824年和1828年分别对纺织品和铁征收进口税保护了国内制造业。在保护北方工厂的同时,这一关税提高了南方人获得制成品的成本,他们很快将1828年的高关税打上了"可憎关税法案"的标签。

拒绝执行

南卡罗来纳的政治领袖们反对1828年关税,援引了拒绝执行原则,这一原则认为,州有权推翻或者拒绝执行联邦立法。拒绝执行来自1789年弗吉尼亚和肯塔基决议中表达的观点——州代表着人民,因此有权利判断联邦行为的正当性和合宪性。杰克逊的副总统、南卡罗来纳的约翰·卡德威尔·卡尔霍恩在他未署名的《解释与异议》(Exposition and Protest)中称,联邦政府和州发生分歧时,专门的州会议——比如专门为批准《宪法》而召开的会议应该裁决分歧,拒绝执行或者确认联邦法律。卡尔霍恩主张,只有拒绝执行的权力才能够保证少数人避免多数人暴政的侵害。

作为杰克逊1828年的竞选搭档,卡尔霍恩避免公开支持拒绝执行并因此让民主党尴尬;他还希望赢得杰克逊的支持,成为下一届总统竞选的民主党继承人。因此,1830年初,马萨诸塞州参议员丹尼尔·韦伯斯特(Daniel Webster)和南卡罗来纳参议员罗伯特·Y.海恩(Robert Y. Hayne)争辩州权利时,卡尔霍恩默默地在参议院和满座的旁听席主持会议。关于限制西部土地销售决议的辩论很快转向关税,并且从该点引申到联邦的本质,潜台词即拒绝执行。海恩谴责北方威胁制造分裂。两天中,韦伯斯特雄辩地维护新英格兰和共和国,让拒绝执行的支持者们只有招架之力。尽管是与海恩进行辩论,但是他的评价却是针对卡尔霍恩的。在辩论高潮中,韦伯斯特引用了两幅强有力的图片。其中一幅是拒绝执行的后果:"州和州分裂,不和,相互冲突;这片土地上充满内部仇恨,或者浸透了……手足们的鲜血!"另一幅是伟大国家在铭文"自由和联邦,现在到永远,一体永不分离"下繁荣富强的爱国主义画面。

尽管杰克逊同情州权利,不信任联邦政府,但是却反对州主权的想法。他坚定地相信主权属于

人民。他深深地信赖联盟，与韦伯斯特一样畏惧拒绝执行。在韦伯斯特—海恩辩论后不久，总统在一次杰弗逊日（Jefferson Day）的晚宴上用祝酒词表明了自己的立场："我们的联邦必须且应该永垂不朽。"轮到副总统卡尔霍恩时，他祝道："联邦——仅次于我们最宝贵的自由。"以此表明他对州权利的坚持。卡尔霍恩和杰克逊分道扬镳，杰克逊开始留意国务卿马丁·范布伦，考虑让他成为继任者，放弃卡尔霍恩。

国会于1832年通过新关税，降低了一些税收，但是对进口铁、棉花和羊毛仍然征收高税，矛盾进一步加剧。尽管大多数南方代表支持新关税，但是南卡罗来纳反对，并坚持宪法赋予他们权利掌控自己的命运，而不是为北方实业家的需要随时牺牲。他们害怕这一行动会为国会立法干预奴隶制设置先例。1832年11月，南卡罗来纳州会议拒绝执行1828年和1832年关税，宣称联邦官员在州内收税不合法。

《军力动员法》

杰克逊私下里威胁侵入南卡罗来纳和对副总统卡尔霍恩处以极刑；但是在公开场合，他采取了谨慎的策略。12月，杰克逊发表声明反对拒绝执行。他将部队派遣到南卡罗来纳的联邦要塞，准备让美国元帅们负责收集要求的税款。在杰克逊的要求下，国会通过了《军力动员法》（Force Act），该法令授予总统召集军队的权力，但是同时提供了一种避免武力的途径，即在外国船只到达查尔斯顿港口之前对其征税。杰克逊还抛出了橄榄枝，建议降低关税。

由于南卡罗来纳向分裂主义的倾斜，卡尔霍恩受其影响，辞去了副总统职务，但很快被选为美国参议员，他和亨利·克雷一起拟定了1833年的让步关税。国会很快通过了这一法案，总统也签署通过，新关税扩充了免税物品清单，在九年时间内降低了关税。心满意足的南卡罗来纳会议撤销了拒绝执行法律。在最后关头，它还拒绝执行杰克逊的《军力动员法》。不过杰克逊忽略了这一态度。

拒绝执行在共和国本质和原则问题上引起了真正的争议。双方都相信自己维护《宪法》，反对颠覆共和价值。南卡罗来纳的领袖们反对联邦政府的独裁和制造业利益。而杰克逊则与南卡罗来纳的独断专行斗争，认为他们拒绝服从联邦权威有分裂共和国的危险。双方都没有获得明确的胜利，尽管双方都宣称自己是胜利者。美国还需经历一次关于中央银行的争议才能更清晰地定义联邦政府的权力。

美国第二银行

危如累卵的是美国第二银行，这家银行为期20年的许可证将于1836年到期。美国第二银行存放着联邦资金，并且为企业提供信贷。该银行发行的纸币和货币一样在全国流通；它们可以随时兑换成黄金，联邦政府在所有交易中都接受第二银行的纸币支付，包括土地交易。通过25家分支机构，第二银行成为州银行的票据交换所，它拒绝接受任何缺少足够黄金储备的州银行发行的纸币。大多数州银行都深恨中央银行的警察角色，他们认为这可能导致严重问题。不仅如此，州银行无法平等地和第二银行竞争，因为后者有着更充足的现金储备。

许多州政府认为国家银行对地方需求回应不及时，许多西部定居者和城市工人还辛酸地记得在1819年大恐慌期间这个银行的保守信贷政策。作为一家私有的盈利机构，它的政策反映了所有人的利益，尤其是完全控制着银行的董事长尼古拉斯·比德尔（Nicholas Biddle）的个人利益。比德尔是一名东部贵族，象征着所有西部人眼中银行的问题，也象征着所有东部工人眼中商业精英的问题。

政治暴力

关于第二银行的争议点燃了长期存在的政治仇恨，引发街头暴力。竞选常常涉及欺诈，因为没有匿名投票表决，各个政党纷纷雇佣密探恐吓选民。纽约市是最强势的机器政党组织，民主党坦慕尼协会（Tammany Hall）的故乡，所以当银行争议使矛盾在全国范围内加剧时，纽约1834年的市长选举导致了大混乱。

民主党密探攻击第六区的辉格党总部时，为期3天的暴动开始了。民主党人将一些辉格党人打到失去知觉，然后把拳头和大棒转向试图恢复秩序的警察；其中8人受重伤，连市长都在冲突中受了伤。辉格党人发誓要以牙还牙，500个辉格党人从军械库中窃得武器，但是还没来得及用上，州民兵团就到达现场控制住了场面。

几个月之后，费城发生竞选日暴动，导致两人死亡，五栋建筑被烧毁。尽管这两次暴动因为规模和激烈程度引人瞩目，但是民主党和辉格党双方发起的选举人恐吓和欺诈是第二党派体系的特点。

反共济会运动

暴力是反共济会运动（Antimasonry Party）形成的催化剂，这是1820年代中期在上纽约开始的一场反共济会（Freemasonry）草根运动，共济会是一个秘密男性兄弟会，吸引商业和公民事务中有着较高地位的中产阶级和上流阶级男性参加。共济会的反对者声称这个兄弟会是反共和的，共济会成员串通起来分享商业和政治利益。1826年，一位对共济会不满并披露该社团内幕的前成员失踪并被推定为谋杀，共济会成员曾阻挠司法调查，这一事件成为有组织反共济会运动的导火索之一。福音派教徒公开指责共济会，声称该协会成员忽略自己的家庭，沉迷于酒精和下流的娱乐。反共济会运动很快在东北部和中西部部分地区发展成一个活跃的政治运动。1828年总统竞选中，反共济会人士反对杰克逊，因为他本人也是一个共济会会员。反共济会人士的自信心在1830年州长竞选中得到强势体现，他们于1831年在巴尔的摩召开了第一次全国政治会议，提名马里兰的威廉·沃特（William Wirt）竞选总统，宾夕法尼亚的阿莫斯·埃尔梅克（Amos Ellmaker）竞选副总统。

1832年竞选

在反共济会党的带领下，民主党和国家共和党也召开了自己的党派会议。民主党再次确认此前已经获得了州立法会提名的杰克逊成为总统候选人，并且提名纽约的马丁·范布伦为副总统候选人。国家共和党会议选择了克雷和宾夕法尼亚的约翰·萨金特（John Sergeant）。独立民主党（Independent Democrats）推选弗吉尼亚的约翰·弗洛伊德（John Floyd）和亨利·李（Henry Lee）；作为弗吉尼亚州州长，弗洛伊德支持拒绝执行，这为他赢得了许多南卡罗来纳人的支持。

国家银行成为这届总统竞选的主要问题。杰克逊派谴责该银行是特权和不公平经济权力的工具，而共和党人则支持银行，将它视为经济民族主义计划的支柱。银行的许可证有效期到1836年，但是作为竞选策略的一部分，克雷说服比德尔，请国会批准提前重新发放许可。假如杰克逊签署了新发许可证，那么克雷就可以攻击总统在此问题上的前后矛盾。假如他行使否决权，那么根据克雷的推断，选举人会向他点头。但是这个计划却适得其反。总统否决了这一法案，并且发布了一个否决报告，争取打动担忧这个时代的迅速经济发展会加剧利益分配不公平的选民。杰克逊承认繁荣永远不可能平均分配，但是他坚决反对试图利用政府为自己谋取不公利益的特殊利益群体。"很遗憾，"他写道，"富人和有权有势的人常常为了自私自利的目的操纵政府的行为。"事实证明这个报告很有说服力，也很成功。杰克逊赢得了54%的选民票，而克雷只获得37%，杰克逊还获得了76%的选举团票。尽管反共济会党只赢得了佛蒙特一州的支持，但是他们却激励了反对杰克逊的运动。

杰克逊的第二任期

在全面胜利和第二次就职典礼之后，杰克逊于1833年开始解散第二银行，将联邦经费存于由各州批准的银行中（被批评者称为"宠物银行"）。因为没有了联邦政府的存款，第二银行束手无策。1836年第二银行的联邦许可证过期时，它成了另一个宾夕法尼亚许可的私有银行。五年之后，它关门停业了。

国会允许美国第二银行消亡，它于1836年通过了《联邦存款法》(Deposit Act)，授权财政部长在每个州指定一个银行，提供之前由美国银行提供的服务。这一法令还规定，联邦政府超出500万美元的盈余分散在各州，作为免息贷款（或者"储蓄"），各州将公共土地出售给投机者获得收入，这些投机者购买大量土地，重新包装出售，希望以此获得利润。这一法令从1837年开始实行。（根据推断，这些贷款被免除债务，事实上从来没有返还。）民主党急于用这笔经费进行州资助的内部发展工程，于是他们和辉格党一起大力支持这一措施。杰克逊担心这一法令会促进投机，推动通货膨胀，因此损害农民的利益，于是反对这一法案。由于对该法案的支持足够推翻总统否决，杰克逊只好签署了法案，但是首先坚持一项条款，禁止州银行发行或者接受小额纸币。杰克逊希望能通过鼓励使用铸币防止不择手段的生意人支付工人们贬值的纸币，从而欺骗他们。

《铸币流通令》

杰克逊总统接着命令财政部长利瓦伊·伍德伯里(Levi Woodbury)发布《铸币流通令》，规定在1836年8月之后，只有定居者可以用纸币购买土地；投机者必须使用铸币（黄金或白银）。事实证明这个政策的后果是破坏性的，这致使土地销售大量下降，因此减少了联邦政府的盈余以及政府对各州的贷款。

与此同时，银行危机开始显现。一家西部银行称人们"似乎不信任所有银行，他们觉得政府对银行没有信心"。人们害怕银行发行的纸币会贬值，于是想方设法把纸币兑换成铸币，造成了铸币短缺，迫使银行暂停兑现，这又进一步导致信心下降。

杰克逊的反对者非常愤怒，主要是因为三个月之前参议院因为害怕这类结果驳回了一个类似的《铸币流通令》的法案。而现在"安德鲁王"利用总统权力公然反抗立法意愿，并且造成了毁灭性的后果。在杰克逊任期日渐减少的时候，国会撤销了该法案，但是总统否决了这一法案，直到国会休会一直拒绝签署。最后，直到1838年杰克逊任期结束后，国会的联合决议才推翻了《铸币流通令》。

辉格党的挑战和第二政党体系

1830年代，民主党的反对者，包括残余的国家共和党和反共济会党，联合起来组成了辉格党。他们谴责杰克逊对国会的控制，于是借用了18世纪反对汉诺威君主专制的英国政党的名字。他们也是忠诚的反对党。从1834年到1840年代，辉格党和民主党在几乎平等的立场上竞争，各自吸引了来自各个地区的支持者。这个时期的政治竞争——第二政党体系——比学者们所谓的第一政党体系，即民主—共和党对抗联邦党的时期更为激烈，也更有组织。

辉格党和改革者

辉格党主张通过积极的政府来促进经济扩张。他们支持企业许可证、国家银行和纸币；而民主党对以上三点都加以反对。辉格党一般对于进步和自我完善有着强烈的信心，他们也支持包括公共学校、监狱和收容所在内的社会改革以及戒酒运动。杰克逊派批判改革协会通过对政治少数派施加过分影响而侵犯人们的自由意志；辉格党则反驳，他们这么做是为了共同利益。辉格党也不反对帮助特殊利益群体，只要这么做能促进公共福利。他们辩称，颁发公司许可证可以为每个人拓宽经济机会，工人们和农民们也一样。民主党则不信任集中的经济权力以及道德和经济强制，他们坚守杰弗逊主义的有限政府原则。

辉格党强调所有阶级和利益之间的"利益和

谐"。他们的哲学是平等机遇。民主党倾向于将社会视为分裂的"富人"和"穷人",他们欢迎"平等权利"的口号。他们推崇像山姆·帕奇这样的"英雄工匠",而辉格党人则对"过度民主"很谨慎,更希望看到自上而下治理的社会。辉格党相信自由劳动理想,认为社会的富人和有权势的人是通过自己的才能获得成功的。民主党则断言他们的政敌从特权中得利。

但是与阶级一样,宗教和民族性也影响着党派隶属关系。辉格党对活跃政府和道德改革的支持赢得了福音派新教徒的好感。卫理公会教徒和浸信会教徒绝大部分是辉格党,一小群自由黑人选民也一样。在许多地方,改革协会的成员名单和辉格党的名单相重合。事实上,辉格党实践的是一种政治复兴主义。他们的集会类似野营宗教集会;他们的演说运用宗教式的修辞;他们的计划代表着改革者的完全主义信念。

通过迎合福音派,辉格党远离了持其他信仰的成员。福音派教徒理想中的基督国度没有空间容纳非福音派新教徒、天主教徒、摩门教徒或宗教自由思想者。那些团体反对安息日法律,尤其是戒酒立法,也反对国家干涉一般的道德和宗教问题。事实上,他们更希望政教分离。结果,超过95%的爱尔兰天主教徒、90%的荷兰归正会教徒和80%的德国天主教徒为民主党投票。

两党的平台因此吸引了看起来很奇怪的选民联盟。辉格党倾向于政府资助的商业发展,害怕社会混乱,他们希望循序渐进,有控制地在西部土地上定居;随后他们又反对奴隶制向西扩张。新英格兰黑人和地位稳固的奴隶主,尤其是上南方的那些奴隶主,发现这些想法令他们心动;前者是为了消除奴隶制本身,而后者则是为了保证自己的投资不受廉价西部竞争的威胁。民主党承诺开放额外土地用于定居,这吸引了自耕农、工薪阶层、边境奴隶主和移民。由于这些联盟群体五花八门,两个党派之间都留下了包容各种信念的空间,尤其是涉及奴隶制时。

不过,政治家们意识到奴隶制的潜在分裂本质,一些人极力将它排除在全国政治辩论之外。1836年,众议院为了回应美国反奴隶制协会的请愿运动,采取了废奴主义们所谓的"限制言论自由的规定",自动将废奴主义请愿列上议程,有效地阻止了这些问题引起争论。前总统约翰·昆西·亚当斯当时是马萨诸塞州的代表,他戏剧性地捍卫请愿的权利,好多次公开谴责限制言论自由的规定,该法令最终于1848年撤销。

1836年竞选

由杰克逊亲自选定的副总统马丁·范布伦在1836年总统竞选中领导民主党。作为一个职业政治家,范布伦曾在纽约建立了一个政治集团——奥尔巴尼政团,接着于1829年离开,加入杰克逊的内阁,一开始担任国务卿,接着担任美国驻英国大使。

由于1836年辉格党还没有融合成一个国家政党,所以他们推选了三个候选人:丹尼尔·韦伯斯特(Daniel Webster)(新英格兰)、休·怀特(Hugh White)(南方)以及威廉·亨利·哈里森(William Henry Harrison)(西部)。他们希望通过分散选票使竞选进入众议院阶段。然而,范布伦轻而易举地俘获了选举团,尽管他在150万选民票中只有25万票。所有副总统候选人都没有获得多数选举人票,于是美国历史上唯一一次,参议院决定副总统竞选,选出了民主党候选人,肯塔基州的理查德·M. 约翰逊(Richard M. Johnson)。

范布伦和艰难时期

范布伦就任短短几周后,就遭遇了美国信用体系的崩溃。银行拒绝按照《铸币流通令》将纸币兑换成黄金,经济的盘旋衰退开始了,这削减了银行贷款,扼杀了商业信心。信贷紧缩使情况进一步恶化。在短暂的恢复之后,艰难时期从1839年一直持续到1843年。

范布伦追随杰克逊的硬通货政策。他缩减联邦开支,导致物价进一步下跌,并且反对本可以扩

表12.1 美国总统，1824—1845年

总　　　统	政　　　党	任　　　期
詹姆斯·门罗	民主—共和党	1817—1825
约翰·昆西·亚当斯	民主—共和党	1825—1829
安德鲁·杰克逊	民主党	1829—1837
马丁·范布伦	民主党	1837—1841
威廉·亨利·哈里森	辉格党	1841
约翰·泰勒	当选时为辉格党，不过后来脱党	1841—1845

张信贷的国家银行。总统为政府储蓄提出了一个新的地区财政体系。根据提议，这些地区财政分支机构将只接受和散发黄金和白银硬币；它们将不接受以州银行为付款人的纸币或支票。范布伦的独立财政法案于1840年变成法律。通过增加硬通货的需求量，该法案令银行失去黄金储备，进一步加速了物价通缩。这些问题在州竞选中挥之不去。辉格党支持新银行、更多纸币以及唾手可得的公司和银行许可证。而作为推行硬通货的政党，民主党主张完全取缔纸币。民主党甚至越来越不相信州银行；至1840年代中期，大多数民主党人支持取缔所有银行企业。

盎格鲁—美利坚矛盾

在艰难时期，盎格鲁—美利坚之间产生新的矛盾。最棘手的争端来自"卡罗琳号（Caroline）事件"。私有蒸汽船卡罗琳号运输物资帮助加拿大对英国发动起义，虽然没有成功，但是英国反独者在此过程中烧毁了船只，杀死了一名美国公民。英国拒绝道歉，美国报纸号召发起报复。因为担心公众支持加拿大反叛者可能会引发战争，范布伦总统派温菲尔德·司各特（Winfeld Scott）将军在边境驻军，防止美国人自发展开报复。纽约当局逮捕了一名被断定造成卡罗琳号上美国人死亡的加拿大人之后，矛盾才平息。原本被指控的谋杀嫌犯被宣判无罪。假如判决相反，英国外交大臣帕默斯顿（Lord Palmerston）可能会发动战争。

几乎是同时，缅因和新布伦瑞克（New Brunswick）之间长久以来的边境纠纷再一次影响了英美关系。英国于1831年接受了一个仲裁决议，确定新的边境，但是美国参议院拒绝了这一决议。因此，1838年至1839年冬季，当加拿大伐木工人在争议地区砍伐树木时，一个缅因公民武装队集结起来驱赶他们。伐木工人们俘虏了这队人马，双方都动用了民兵团，国会授权召集5万人。司各特将军被调遣到缅因州阿鲁斯图克（Aroostook），他在那里主持了停战协议。《韦伯斯特—阿什伯顿条约》（Webster-Ashburton Treaty）（1842）确定了缅因和新布伦瑞克之间以及沿着五大湖划定的边境，不过俄勒冈州边境仍然悬而未决，1827年联合占领协议再次更新。

威廉·亨利·哈里森和1840年竞选

由于国家深陷艰难时事中，辉格党信心满满地迎来1840年选举。他们的策略很简单：维护忠诚支持者，通过把艰难时期的责任归咎于民主党争取独立派。辉格党推出了1811年在蒂珀卡努河战胜肖尼人的征服者、战争英雄威廉·亨利·哈里森将军。民主党再一次提名范布伦总统，而新成立的自由党则推出了詹姆斯·伯尼（James Birney）。

哈里森，或称"蒂珀卡努"（Old Tippecanoe）及其竞选搭档、弗吉尼亚的约翰·泰勒发起了一场"木屋和苹果酒"竞选运动，用一场人民的圣战反对"宫殿"中的贵族总统。尽管出生于弗吉尼亚的一个种

人民与国家的遗产

道德改革者的戒酒运动

宗教改革组织为了完善社会，以便加速基督的回归，在1830年代和1840年代吸引了大批追随者。来自1837年纽约州西部的一个商人，西拉斯·马克斯（Silas Marks）评价道，女性专注于"当时的伟大目标……比如支持诸如废奴主义、道德改革等协会"。通过"道德改革"，改革者们旨在建立和实行一种新的性别规范：男性和女性的婚前独身生活。你可以在今日宣扬婚前禁欲的"纯洁"运动中听见他们呼号的回响。

道德改革者担心经济扩张会带来堕落社会副产品。当年轻人脱离了父母的约束，离开家去工作或上学，（按照改革者的估计）突然投入放荡和猥亵，威胁这个国家的身体和精神健康。北方女性组织了接近六百个当地改革协会，以抵挡这样的威胁。她们游说取缔卖淫，帮助"失足"女性，宣扬贞节观，并且公开地羞辱在婚姻外通过频繁光顾妓院或"引诱"贞洁的年轻女性堕落，以便追求性满足的男性。这样的男性公开谴责改革者的手段，但是几乎没有人敢公开质疑他们的目的。西拉斯·马克斯写道："只要对他们的行动有点微词就成了异端。"

现代纯洁运动的起源同样兼有世俗和宗教因素。这些运动始于1990年代初，处在逐步扩大的艾滋病防范意识和公开反对青少年怀孕的浪潮中。纯洁运动者鼓励年轻人宣誓禁欲，"用你的身体崇敬上帝，因为这是圣灵的神庙"，他们还保证这么做的实际好处。宣誓守贞，一个组织的网站写道，意味着避免怀孕和性传播疾病，同时保持"实现梦想的每一个机会"。19世纪改革者也提醒年轻人，他们的梦想——事业所有权、中产阶级身份——有赖于性规范。如同当时的道德改革者为曾经一意孤行而后来改过自新的青少年提供救赎，如今的守贞提倡者也谈论"第二贞节"。

和19世纪的改革者一样，如今的守贞运动者强调团体和皈依。为了增强有着守贞思想的年轻人之间的伙伴关系，鼓励新的誓言，守贞组织赞助类似音乐会等活动，赞助激情四射的复兴改革集会的现代版本。在高度公开化的守贞舞会上，女儿和父亲交换誓言：父亲保证"保护我的女儿，在守贞领域成为她的权威和保护"；女儿则保持贞洁直到结婚。年轻男性和女性佩戴守贞戒指体现他们的誓言，并鼓励朋友们加入他们的行列。如今，一些年轻流行明星，比如乔纳斯兄弟（Jonas Brothers）和乔丁·斯帕克斯（Jordin Sparks），在公开宣传中也强调自己的守贞誓言。但是如今和过去一样，守贞提倡者因为他们的手段受到批判，其有效性常被质疑。

通过倡导婚前贞节作为对抗社会中宗教、医疗和社会疾病的武器，道德改革者为这个民族和国家留下了虽然颇富争议但历久弥新的遗产。

植园家族，但是哈里森把自己的形象塑造成一个普通农民。当政党成员就艰难时期向民主党发起攻击时，哈里森保持沉默，赢得了"将军妈妈"（General Mum）的昵称。辉格党以盛大的集会、游行、歌曲、海报、竞选纪念品和党报《小木屋》（The Log Cabin）迎合选民。他们取悦选民和非选民，包括女性，许多女性参加他们的集会和演讲，积极推广辉格党的事业；例如，一位弗吉尼亚女性出版了两本宣传册，支持哈里森成为候选人。哈里森以微弱优势赢得选民票，但是在选举团中却以234对60票大获全胜。

在1841年就任之后，总统哈里森立即召集国会特别会议，通过了辉格党计划：撤销独立财政体系，设立新的国家银行，通过更高的保护性关税。但是68岁的哈里森在就任短短一个月之后因急性肺炎去世。约翰·泰勒成为第一个经历了总统在任上去世的副总统，他因抗议杰克逊的拒绝执行而离开民主党。《宪法》并没有规定这种情况应该怎么处理，不过泰勒很快就完全掌握了行政权力，创造了一个重要的先例，直到1967年第二十五条修正案才将其写进《宪法》。

泰勒总统

在担任总统期间，泰勒更像是民主党而不是辉格党。他反复否决克雷的保护性关税、内部改进工程以及复兴美国银行的法案。泰勒第二次否决银行法案两天后，整个内阁全部辞职，除了国务卿丹尼尔·韦伯斯特；韦伯斯特在商定《韦伯斯特—阿什伯顿条约》之后，也加入了辞职的行列。泰勒成为一个无党派的总统，辉格党虽然赢了选举，但却输了总统席位。深恶痛绝的辉格党人将泰勒称为"意外阁下"（His Accidency）。

和杰克逊一样，泰勒扩大了总统权力，强调向西扩张。不过，他的扩张主义构想包含着辉格党元素：他注意夏威夷和中国的商业市场。在总统任期中，美国和中国达成了第一批条约，泰勒还将门罗主义扩展到夏威夷（或称三明治群岛[Sandwich Islands]）。但是在泰勒的计划中，美国通往繁荣富强的道路主要在于得克萨斯和奴隶制的向西扩张。

结语

从1824年到1840年代，宗教和改革塑造着美国政治。受到人类至善信念的驱动，许多福音派教徒，尤其是女性，孜孜不倦地力图改正美国社会的弊病。他们希望开启新千年——伴随着基督回归而来的一千年尘世和平。改革者与卖淫及酒精做斗争，他们致力于帮罪犯和违法者改过自新，改善疯人院的条件，建立公共学校。一些人否认从内部改革美国社会的可能性，而是加入实验性社区，这些社区为社会和经济秩序提供另辟蹊径的激进模式。废奴主义者结合了改革者和乌托邦主义者的方法；他们努力从内部完善美国社会，但是采取了激进的手段——废除奴隶制。女性作为改革的倡导者，尤其是废奴主义倡导者进入公共领域，其中一些人转而同样激进地为女性谋求完整的法律和政治权利。

改革重塑了政治，而政治家们又重塑了公共措辞，以便获得日益扩大的选民的支持。和改革者们一样，约翰·昆西·亚当斯总统提高了对扩张政府职能的预期。国家共和党和民主党之间的斗争，接着是民主党和辉格党之间的斗争，激发了公众对于政治运动和政治议题的更大兴趣。民主党和辉格党几乎平等地竞争选民忠诚度，通过设立强大的组织，在国家和地方选举中针锋相对，常常带着欺诈，甚至暴力的特征。两党都赞同经济发展，但是方式不同：辉格党提倡集权政府牵头刺激商业增长，而民主党则提倡有限政府，并且寻求农业扩张。然而，杰克逊在使用总统权威时却毫不犹豫；他的政敌给

▲ 尽管辉格党反对民主党，但是他们却采纳了民主党的许多竞选技巧，以1840年"木屋和苹果酒"竞选运动迎合普通人。画面中，街上的人群驾着一辆装饰着木屋画的马车。这场运动的激情感染了选民和非选民，80%有资格的选民参加了投票。

图片来源：富兰克林·D.罗斯福图书馆（Franklin D. Roosevelt Library）

他取了个绰号叫作"安德鲁王"。关于美国第二银行和拒绝执行的争议揭示了对于国家基本原则的不同解读。

1830年代后期和1840年代早期陷入了不确定的境地：经济再次陷于崩溃边缘，与英国之间出现矛盾，第一次有总统在任上去世。当被批评者嘲笑为"意外阁下"的约翰·泰勒就任总统时，他坚定地认为美国的繁荣应该依赖于向西部扩张。

扩展阅读

Philip F. Gura, *American Transcendentalism: A History* (2007)
Daniel Walker Howe, *What Hath God Wrought: The Transformation of America, 1815—1848* (2007)
Paul E. Johnson, *Sam Patch, the Famous Jumper* (2003)
Mary Kelley, *Learning to Stand and Speak: Women, Education, and Public Life in America's Republic* (2006)
Steven Mintz, *Moralists and Modernizers: America's Pre-Civil War Reformers* (1995)
Richard S. Newman, *The Transformation of American Abolitionism: Fighting Slavery in the Early Republic* (2002)
Harry L. Watson, *Liberty and Power: The Politics of Jacksonian America* (2006)
Susan Zaeske, *Signature of Citizenship: Petitioning, Antislavery, and Women's Political Identity* (2003)

第十三章

争议的西部，1815—1860

对于8岁的亨利·克雷·布鲁斯来说，迁徙西部是一场探险。1844年4月，这个弗吉尼亚男孩开始了一场长达1 500英里、为期2个月的旅程，前往他密苏里的新家。新鲜的一切让亨利啧啧称奇——美丽的自然地貌、令人难忘的城镇、各种风格的服饰。最让他肃然起敬的是从路易斯维尔到圣路易斯的蒸汽船航程，这艘船就像"飘浮在水上的房子"。到达密苏里时，西部和东部的差异让亨利大吃一惊。农场彼此之间的距离更远，乡下到处是浆果、野果、猎物和鱼。但是这里并非天堂。响尾蛇、狼和凶恶的野猪在乡下游荡，使亨利和他的玩伴们不得不待在家附近。

只有一个生物残暴得堪比野生动物：种植园主杰克·珀金森（Jack Perkinson），而亨利就住在这个种植园中。亨利是个随着母亲和兄弟姐妹一起迁徙的小奴隶，因为他的主人决定去西部重新开始事业。佩蒂斯·珀金森（Pettis Perkinson）（杰克的兄弟，亨利的主人）和其他三个弗吉尼亚白人把他们的家人、奴隶，还有一切可以塞进三架货车中的财产打包，其中两辆装奴隶，一辆装白人。到了密苏里之后，佩蒂斯·珀金森和杰克·珀金森生活在一起，据亨利说，他常常对自己的奴隶又打又骂。亨利在密苏里的第一年像正常小奴隶一样无忧无虑。这个孩子钓鱼、打猎（带着狗，而不是枪），收集草原鸡的蛋。但是随着他的9岁生日到来，亨利被租了出去，一开始租给一个制砖匠，接着又租给一个烟草工厂。他从日出工作到日落，一旦不能满足老板的要求就会遭到鞭打。

与此同时，佩蒂斯·珀金森对密苏里失望而回到了故乡弗吉尼亚，后来只找回了部分奴隶，包括亨利在内，他们"不情不愿地回去"了。在弗吉尼亚，不那么严苛的日常工作等待着珀金森的奴隶们，但是那并不能补偿他们与留在密苏里的亲人分离的痛苦。

章 节 大 纲
美国想象中的西部
跨阿巴拉契亚西部的扩张和抵抗
联邦政府和西进扩张
放眼天下　加利福尼亚的黄金
西南边境
昨日重现　绘画和文化印象
远西地区的文化边境
领土扩张的政治
结语
人民与国家的遗产　早期拉美定居者的后裔

◀ 和亨利·克雷·布鲁斯（Henry Clay Bruce）一样，1840年代的许多移民在前往西部的旅途中都乘坐过蒸汽船，除此之外的交通方式还包括步行、骑马、乘坐马车或运河渡船，或者常常是几种方式结合起来。

332 年表

年份	事件
1812	土地总局（General Land Office）成立
1820	公共土地降价
1821	圣达菲（Santa Fe Trail）成为墨西哥城市
	墨西哥独立
1823	墨西哥允许史蒂夫·奥斯丁（Stephen Austin）让美国公民定居
1824	《国会一般调查法》（Congressional General Survey Act）
	杰迪戴亚·史密斯（Jedediah Smith）的《南部路线》（South Pass）出版
	印第安办公室（Indian Office）成立
1825—1832	企业主协议签署
1826	弗雷多尼亚（Fredonia）叛乱失败
1830	《印第安迁移法》（参见第十章）
1832	黑鹰战争（Black Hawk War）
1834	麦科密克（McCormick）镰刀获得专利
1836	孤星共和国（Lone Star Republic）成立
	陆军测绘工兵队（U.S. Army Corps of Topographical Engineers）成立
1840—1860	250 000 至 500 000 移民横跨大陆
1841	《木屋法案》（Log Cabin Bill）
1844	总统竞选讨论得克萨斯并入联邦
1845	"昭昭天命"（Manifest destiny）提法出现
	得克萨斯加入联邦（3月1日），成为第28个州（12月29日）
1846—1848	对墨西哥战争（参见十四章）
1847	摩门教徒在大盐湖山谷定居
1848	加利福尼亚发现黄金
1849—1850年代	移民涌入大平原和远西地区
1855	灰谷大屠杀（Ash Hollow Massacre）
1857—1858	摩门教徒和美国军队发生军事冲突
1862	《宅地法》（Homestead Act）

很快佩蒂斯·珀金森又一次对弗吉尼亚农场贫瘠而多岩石的土壤感到厌倦了，他打算重整旗鼓去西部碰运气，这次他搬到了密西西比，他有个姐姐住在那儿。但是棉花种植园中的生活既不适合亨利也不适合他的主人，于是他决定给密苏里第二次机会，这让奴隶们非常高兴。

亨利的主人仍然焦躁不安：回到密苏里两年后，他决定前往得克萨斯。亨利现在快20岁了，他和他的兄弟们拒绝前往。尽管佩蒂斯·珀金森勃然大怒，但是只得放弃了自己的计划，他显然不希望和不愿屈从的奴隶们针锋相对。又被出租多次之后，亨利成为珀金森的密苏里农场中的工头，他一直待在那里，直到南北战争期间逃到自由的堪萨斯州。最后，亨利·克雷·布鲁斯获得了许多人前往西部时追求的机遇和自由。

1820年，全国大约20%的人口生活在阿巴拉契亚山脉以西。至1860年，这个数字已经达到近50%。大多数白人和自由黑人前往西部是因为他们自己或者一家之主相信更好的机遇在那里等着他们。当东部人想象西部的时候，他们通常构想大片富饶未开垦的土地。从1840年代开始，他们又开始想象自己在西部的金银矿中一夜暴富。有些人看到了木材、果园或者向农民、矿工、伐木工和养殖户出售物品或服务的机会。

这些前往西部的人中，很多并没有发言权。男人们通常不与女人和孩子商量便做了决定，而奴隶们的意愿更是没人考虑。那些西部定居者也不太考虑或者完全忽视他们的迁徙会如何影响原本在西部生活的印第安人——那也许是他们世世代代居住的故乡，也有一部分印第安人是被美国政府强制迁徙到那里的。

联邦政府在西部扩张中的作用远远不止迁移印第安人。政府赞助的探险队制定规范定居和建立领地政府的法律，勘查公共土地并定价，出售这些土地，投资交通运输道路，并驻扎军事力量。

英国—美国人在西部定居的过程中，墨西哥政府也扮演着一个重要角色，1820年代，墨西哥政府鼓励向北部边境移民，这一政策后来让他们悔不当初。从美国来的定居者们与这个地区的其他居民——印第安人、西班牙人和混血儿争夺土地和其他自然资源。十年之后，墨西哥北方省份得克萨斯宣布独立，并且试图加入联邦。两国关系高度紧张的时代就此开始了。紧张的不仅是美国和墨西哥的关系，还有美国内部局势，因为得克萨斯的未来和奴隶制这一棘手问题难分难解。

对于一些来自南方的美国白人来说，能够在西部拥有奴隶象征着他们自己的自由。对于其他来自北方和南方的人来说，奴隶制的向西扩张阻碍了他们实现梦想，他们希望在一个不受奴隶制对白人劳动堕落影响的地区寻找新开端。尤其是北方人，常常将目光投向俄勒冈领地。他们相信艰辛的横跨大陆之旅带来的牺牲会得到补偿：在一片没有黑人奴隶或自由民的土地上开创农业繁荣。

甚至当民主党和辉格党回避奴隶制问题时，关于西部扩张在国家经济发展中扮演什么角色的问题上，他们仍采取截然相反的立场。但是一旦注意力转向得克萨斯，政治领袖们就发现将西部扩张和奴隶制问题分离变得越来越困难了。

西部的人类互动既包括合作，又存在矛盾，但是随着一个又一个十年，矛盾——期待和现实之间的矛盾，有着不同愿望和世界观的人们之间的矛盾——越来越成为日常生活的主旋律。至1840年代中期，西部的事件使南方和北方政治利益长期的不协调愈演愈烈。

- 东部的紧张局势如何影响西部移民和定居？
- 公共、私人和个人动机如何一起促进西部的发展？
- 是什么促进了西部的合作，又是什么造成了矛盾？

美国想象中的西部

历史学家弗雷德里克·杰克逊·透纳（Frederick Jackson Turner）在19世纪后期写道，与众不同的不是南方也不是北方，而是西部。有着广袤处女地的西部边境——他所谓的"野蛮和文明的交界点"——孕育了美国民主，塑造了美国特色，并且使美国从其他国家中脱颖而出。现代历史学家普遍规避美国卓尔不群这个问题，强调美国和世界其他地区深刻而复杂的联系。尽管如今的学者同样反对透纳对"边境"的种族主义假设，但是一些人发现可以用这个词表示不同文化交汇之地的持久价值。其他人基本上将西部视为一个地区，而非一个进程，尽管他们在如何描述问题上存在分歧。

定义西部

对于19世纪初的美国人来说,西部包括阿巴拉契亚以西的所有土地。但是首要的是,那是个代表未来的地方,是提升他们自己和后代经济和社会地位的地方。对于许多人来说,经济和社会地位的提升使土地所有权成为必需;西部看似应有尽有的土地意味着任何人都有希望拥有自己的土地,并获得经济和政治独立。原本已经拥有土地的人,比如佩蒂斯·珀金森,向西寻找更廉价、更广袤、更富饶的土地。1848年加利福尼亚发现金矿后,西部成为一个一夜暴富、衣锦还乡的地方。

许多人在强制力的威胁下来到西部。这些人中包括奴隶男性、女性和孩子,他们的主人常常不顾他们的意愿就将他们迁徙到西部,还有根据1830年《印第安迁移法》被美国军队强制迁往西部的印第安人。

对于其他人来说,西部这个概念本身就令人困惑。来自墨西哥和中美洲或南美洲的移民向西行进,进入欧裔美国人所说的西部。中国人往东进入加利福尼亚。许多印第安人只是把西部当作自己的故乡。其他印第安人和法国加拿大人往西南跋涉来到西部。和欧裔美国人差不多,所有这些人之所以来到北美洲大陆的西端,是由于一系列拉力和推力的因素总和。

边境文学

对于欧裔美国人来说,丹尼尔·布恩(Daniel Boone)成为典型边境人,他勇往直前的个人主义为善良勤劳的自由爱好者开辟了伊甸园般的西部。通过约翰·菲尔森(John Filson)在布恩在世时出版的传记和蒂莫西·弗林特(Timothy Flint)在其去世后出版的传记(两书分别出版于1784年和1833年),布恩成为美国和欧洲家喻户晓的人物。神秘的布恩生活在旷野中,自身成为"自然"的缩影。他离群索居,一看到邻居家的木屋烟囱里升起炊烟就感到不得不搬往别处。他徒手战胜熊和印第安人。根据传说,虽然他接受野性的方式,但是却成为文明的寻路人。一位朋友写道,布恩"为数百万人类家庭开辟走出贫穷和饥荒的压力,通往留着奶与蜜之地的道路"。通过借用圣经语言——流奶与蜜之地指的是希望之乡,上帝许给被围困的以色列人的乐土——布恩的朋友暗示他像摩西一样带领他的人民走向富饶之地。

这样的故事不仅将布恩神化了,而且神化了西部本身。根据弗林特的畅销传记,拳打印第安人的布恩为文明社会夺取了"伟大的西部——地球上的花园"。真实的布恩曾后悔杀死印第安人,并且常常挣扎着养家糊口,但这些一点儿也不重要。当布恩成为詹姆斯·菲尼莫尔·库珀(James Fenimore Cooper)背景设定在西纽约的边境的作品《皮裹腿故事集》(Leatherstocking Tales)(1823—1841)中的英雄楷模时,他不仅象征着美国冒险,还象征着个人主义和自由。

随着1830年代蒸汽印刷的发明,西部冒险故事变得廉价,被人们广泛传阅。另一个有真实原型的人物大卫·克洛科特(Davy Crockett)也变成了神话英雄,很多书中都有他的身影。在现实生活中,克洛科特一开始在安德鲁·杰克逊的麾下与希腊人战斗,后来则捍卫印第安权利,非难迁移法案。在得克萨斯独立战争期间因保卫阿拉莫(Alamo)使团而丧生(1836),尽管如此,那些故事常常将西部描绘成远离文明社会的蛮荒之地,主角们与印第安人和墨西哥人作战。但是即使在这个版本的西部神话中,美国西部仍然象征着被美国白人视为国家核心价值的东西:自由。

西部艺术

在这类文学的激励下,许多东部人渴望亲眼看一看西部和那里的原住民,于是艺术家们纷纷迫不及待地顺应他们的需求。然而他们创作的画面表现的常常是美国白人的理想,而非真正的西部本身。在这些画像中,西部有时候被表现为居住着野

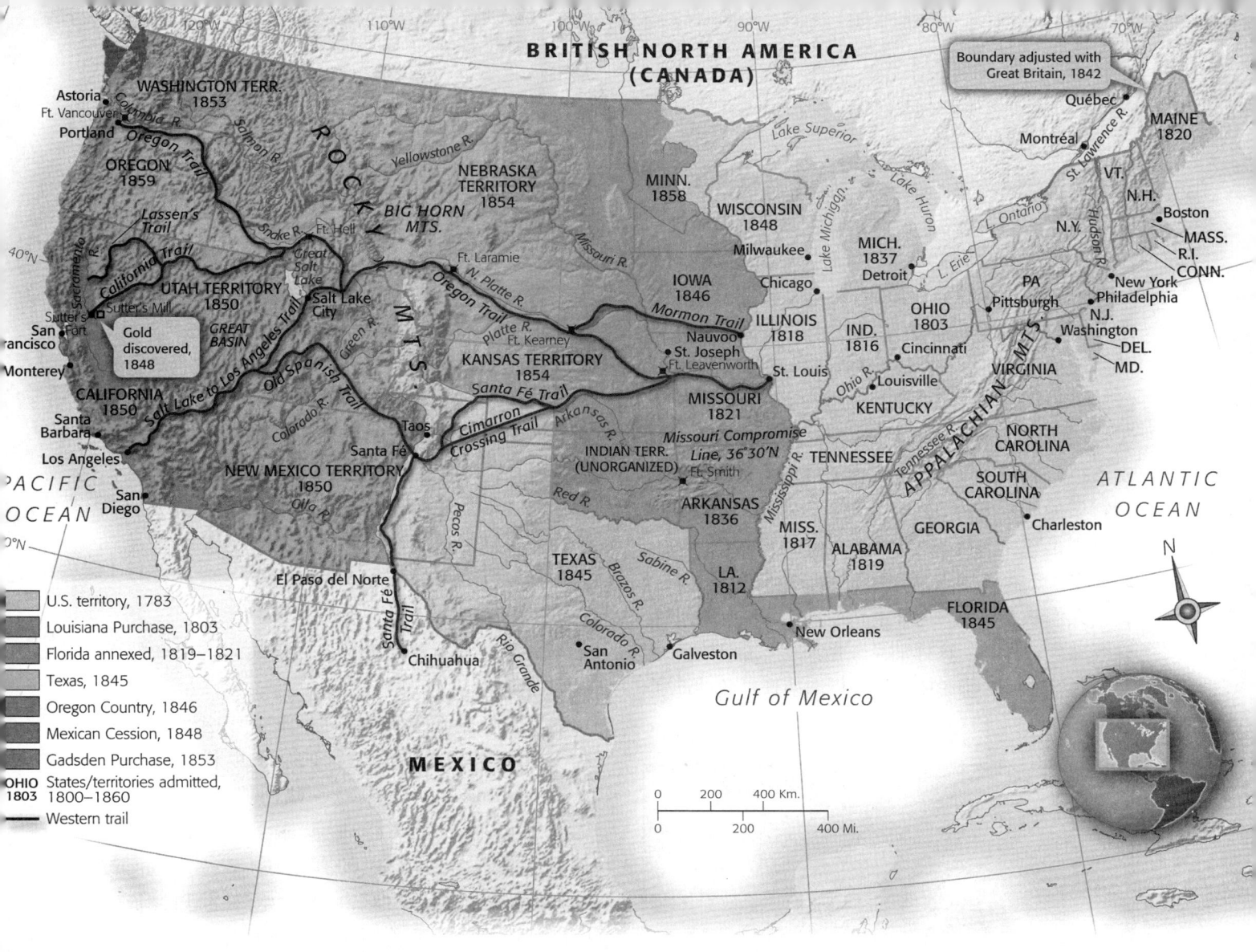

地图 13.1　西部扩张，1800—1860 年

通过勘探、购买、战争和条约，美国成为一个横贯大陆的国家，从大西洋直达太平洋。

来源：©圣智学习

人的蛮荒之地（无论高贵与否），有时候则被描绘成开垦过的花园，一片流奶与蜜之地，是实现杰弗逊式农业梦想的地方。

首批前往西部的英裔美国艺术家是塞缪尔·西摩（Samuel Seymour）和提香·拉姆齐·皮尔（Titian Ramsay Peale），1820 年，联邦政府雇用他们跟随探险家史蒂芬·H. 朗（Stephen H. Long）前往落基山脉进行探险。这些艺术家创造了一种富有影响力的艺术类别：政府报告中的摹本。在1840 年和 1860 年之间，国会发表了接近 60 件关于西部探险的作品，表现了数百植物、动物和人的平版印刷和雕版印刷。一些报告成为畅销书。最受欢迎的是 12 卷《太平洋铁路调查》（Pacific Railway Survey）（1855—1860），该书记录了探索四条代选铁道路线的过程。政府发行了 53 000 多本，帮助东部人想象大陆的西部土地。

尽管政府报告常常忠实地复原原版绘画，但是它们有时候会对措辞略作改变。比如 1849 年理查德·科恩（Richard Kern）跟随探险家詹姆斯·H. 辛普森（James H. Simpson）前往西南部时，他画了一个臣服姿态的纳瓦乔人。这幅画大量发行的印刷本将这个人的姿态变成了叛逆的模样。在其他个例中，政府报告把艺术家笔下被印第安人占据的风景变成杳无人烟的旷野，看上去似乎可以随意占领。

然而原版艺术作品也并不一定提供精确的西

部景象。艺术家自己先入为主的文化预设奠定了这些图像的基调，商业艺术家创作他们认为公众渴望看到的东西。1830年代，乔治·凯特林（George Catlin）在西部旅行时，他或许衷心希望画下他眼中印第安人逐渐消失的生活方式。但是他的另一目的是吸引会为他买单的东部人前来观展。1830年《印第安迁移法》通过后不久，旅行和绘画就开始了，凯特林描绘西部的时候心中有种道德观。印第安人被分成两类——保留了原始的，几乎接近高贵的特质的印第安人，被塑造为自由和谦逊的人；另一类则是和白人接触之后同流合污的。画家暗示，印第安人远离美国人腐化堕落的影响有利无弊。

人们从杂志和书籍的配图，甚至银行钞票上看到西部艺术作品。这样的画面助长了东部人的好奇心和幻想——有时候还引起他们向西迁徙的冲动。

▲ 乔治·凯特林最著名的肖像作品之一，画家描绘了阿西尼博因河（Assiniboine）印第安人Wi-Jun-Jon，画作同时表现了他和白人同流合污之前和之后的形象。"之前"的姿态是一位携带和平烟斗的庄重战士；而在"之后"的肖像中，这个"腐化的"印第安人抛弃了他的尊严，代之以虚荣，还用雪茄代替了和平烟斗。

图片来源：史密森尼国家艺术博物馆

反驳神话

但是西部现实常常与宣传者的承诺相悖，有时候让希望为未来移民扫清障碍的定居者感到失望。1850年代从费城传出一首戏仿流行"西进"口号的歌谣：

他们告诉我西部有财富等着攫取，
有森林等着砍伐，有工作等着完成；
我试了试——做不到——只好在绝望中放弃，
看看是否能再一次把我吸引到那儿。
我理想中那个小而温馨的农场，
原来尽收眼底，
我头也不回地归来了——你可以去——然而我为你祈祷
先生们，你们是否能再一次把我吸引到西部。

伊利诺伊州的英国移民丽贝卡·伯兰德（Rebecca Burlend）遇到了各种困难——阴晴不定的气候、艰苦的工作环境、骗子——她和她儿子写了一本名为《移民的真相》（*A True Picture of Emigration*）的自传（1831），警示她的同胞们，告诉他们等待着他们的美国西部究竟是什么模样。伯兰德一家被一个英国人的书信引诱到伊利诺伊，这些信件赞美"流奶与蜜之地"。伯兰德揣测他一定是"从荆棘里而非花丛中采集的蜜"。她的记述并不是为了劝阻移民，而是为了用现实的描述代替玫瑰色的幻想。

跨阿巴拉契亚西部的扩张和抵抗

美国人一直是易动难安的，不过历史上从来没有达到过1812年战争后的流动规模，这场战争削弱了印第安反抗力量，开启了一系列交通运输建设项目。1820年代和1830年代，定居者涌向阿巴拉契亚山脉以西，进入老西北和老西南地区。他们步行、骑马、坐车、坐运河渡船、蒸汽船或者常常几种交通方式相结合。许多人像佩蒂斯·珀金森和他的奴隶们一样屡次迁徙，寻找更佳的机遇，当机遇并未如预料中那样到来，一些人回到了故乡。

老西北和老西南地区在19世纪初都发生了人口激增。但是老西南以每十年50%的增速增长，而老西北则以指数方式增长。在1790年，该地区的白人人口只有区区数百人。至1860年，此地已成为近700万人的家乡。1810年到1830年之间，俄亥俄的人口增长至接近原来的四倍，而印第安纳和伊利诺伊的人口分别增长至14倍和13倍。密歇根的人口在1820年和1850年之间增长了50倍。人口增长的主要原因是移民，而非出生率增加，而且人们到了老西北之后并不是停滞不动的。至1840年代，离开俄亥俄的人比前往那里的人更多。地域流动性，寻求更多更好的机遇，以及与市场经济的联系定义了这个后来被称作中西部的地区，因为后来美国又将领土进一步向西拓展。对于许多北方人来说，这个地区开始象征着美国价值观的核心：自由和上行流动性，对于美国白人和欧洲移民来说，两者都可以通过勤奋工作和高尚的行为获得。

决定迁居何处

下定决心向西迁徙，接着再迁徙，可能是困难的，甚至痛彻心扉。移居西部意味着把失去肥力的土地和缺乏可购买土地的已定居地区抛在身后，但是它还意味着将家人、朋友和社会抛弃。一个女士记得，出发去西部的前夜，全家人最后一次聚在一起，"看上去好像我们第二天早晨都要进坟墓似的"。旅程毫无疑问艰辛而昂贵，清理新土地也是一样辛苦。西部是机遇之地，也是叵测之地。如果土壤不如预期的那么肥沃怎么办？如果邻居——白人和印第安人——不友好或者更糟怎么办？如果思乡之情变得无法忍受怎么办？

考虑到西部定居者们冒的风险，他们竭力控制尽可能多的变数。像佩蒂斯·珀金森一样，人们常常重新定居在有亲朋好友的社区中，而且他们常常和来自故乡的熟人一起踏上旅途。他们迁徙到气候和故乡相近的地方。马萨诸塞农民前往新纽约或俄亥俄，弗吉尼亚人和北卡罗来纳人前往密苏里，佐治亚人在密西西比和得克萨斯定居，而欧洲人——大多是德国人和爱尔兰人——则更多前往老西北而非老西南。移民们在少数民族社区中定居，或者和有着相似宗教价值观及联系的人们居住在一起。结果，用两位历史学家的话来说，中西部"更像是民族和文化的跳棋盘，而非众所周知的大熔炉"。

在一路向西的美国人确定特定的目的地时，他们的决定常常基于那里的奴隶制状况。一些南方白人厌倦了种植园精英阶层的社会和政治权力，在没有奴隶制的地区寻找新的家园——或者至少是没有种植园的地方。但是许多其他人前往西部却是为了提升自己拥有奴隶的机会，或者购买更多奴隶。北方白人同样憎恶精英奴隶主的经济和政治势力，希望自己能与奴隶制和自由黑人保持距离。1850年代，许多中西部州通过了"黑人法"，禁止非裔美国人生活在这些州境内，无论自由民还是奴隶。（俄勒冈通过了类似法律。）讽刺的是，许多自由黑人迁徙到西部就是为了远离东部的偏见。

1815年至1860年之间，很少有西方移民在大平原地区定居，这是一片保留给印第安人的地区，直至1850年代，相对比较少的东部人冒险横穿大陆前往加利福尼亚和俄勒冈，直到1869年横贯大陆的铁道完工。尽管一开始西南似乎在吸引新定居者方面略胜一筹，但是中西部因其更发达的运输道路、更民主的经济市场通路、更少的非裔美国人口、更小更廉价的平均土地所有权，还有与新英格兰及北欧相似的气候，在1820年之后的几十年中吸引力比西南部大得多。老西北欣欣向荣的运输中心还成为没有足够现金购买土地的向西迁徙者的第一站。他们找到运河渡船卸货的工作，在附近农场中种植和收割小麦，把麦子磨成面粉，或者把树锯成木材——或者更常见的情况是把这些季节性的零活拼凑起来。随着老西北的人口更快速地增长，南方白人越来越担忧涉及奴隶制的国会代表和法律。

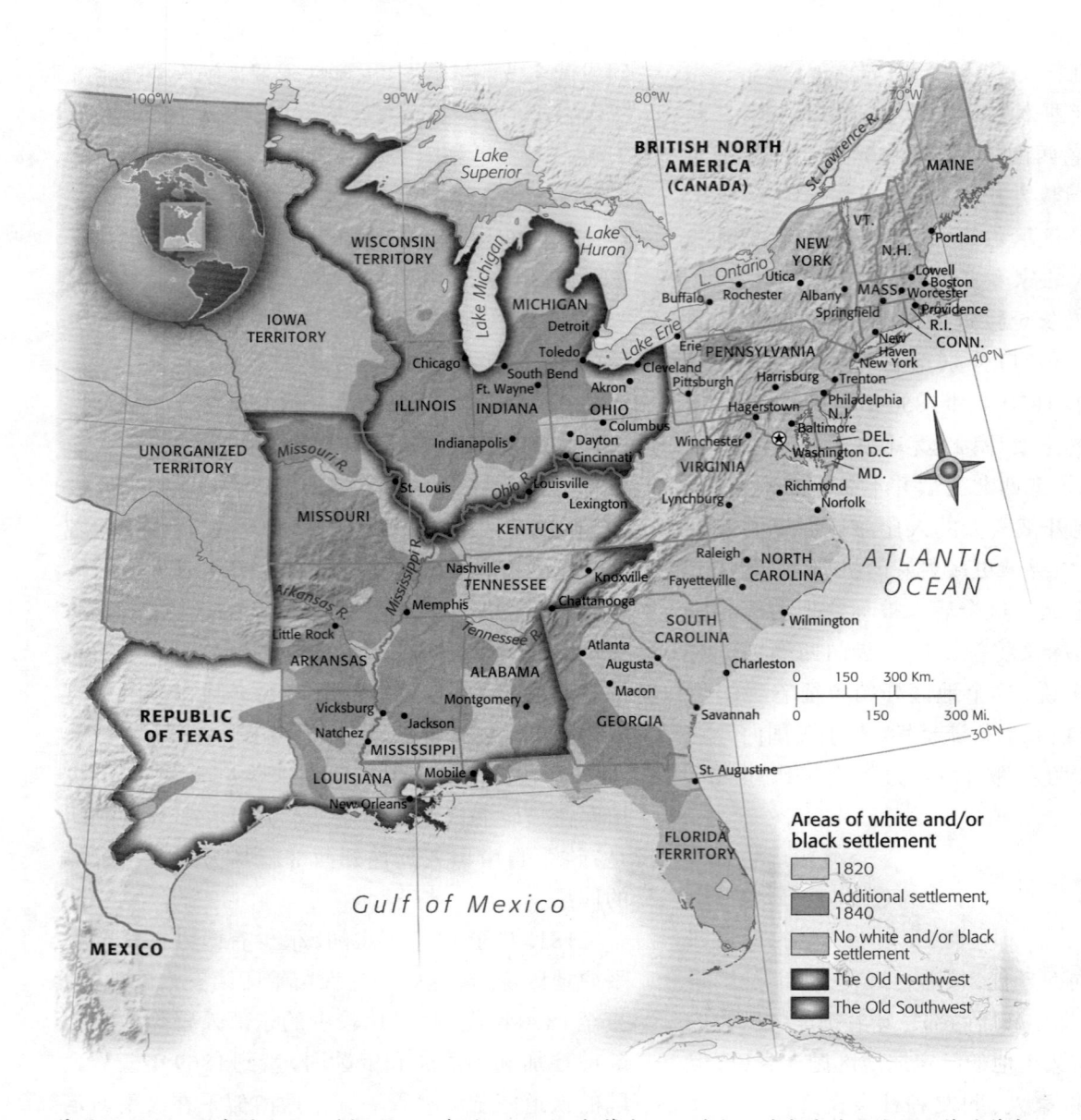

美国人口从1820年的960万增长至1840年的1 710万，印第安人迁移和日益发达的运输网络将称作老西南和老西北地区的土地开放给白人和黑人定居者。

来源：©圣智学习

印第安迁移和反抗

在中西部和西南部，白人定居地的扩张建立在印第安迁移的基础上。甚至在美国军队将印第安人从老西南（参见第十章）遣送到西部时，联邦政府就与东北部的印第安人签订条约，让他们出让自己的土地所有权，换取密西西比河以西的土地。1829年至1851年之间，美国政府和北方印第安部落签署了86份这样的合约。一些北方印第安人躲避迁移，包括印第安纳的迈阿密人、上中西部的渥太华人（Ottawas）和齐佩瓦人（Chippewas），还有威斯康星南部的温尼贝戈人（Winnebagos）。比如，1840年，迈阿密酋长们迫于压力同意用印第安纳的500 000英亩土地交换印第安地区（Indian Country）同样面积的土地。在合约条款规定下，他们的人民有五年时间完成迁徙。五年之后联邦军队就会将没有迁徙的人遣送到西部。但是大约一半迈阿密人躲避

▲ 1834年，卡尔·博德默（Karl Bodmer）描绘了伊利诺伊草原上的一个农场，这是农民们在一开始清理土地进行耕种的迫切需求下降后建造的虽然仍旧朴素，但更牢固的建筑结构。

图片来源：内布拉斯加州奥马哈，乔斯林艺术博物馆（Joslyn Art Museum），安然艺术基金会赠

士兵——其中许多艰苦跋涉到印第安地区的人未经允许私自回到家乡。在威斯康星，一些温尼贝戈人也逃避迁徙，或者在被士兵遣送到西部后又偷偷回到威斯康星。

黑鹰战争（Black Hawk War）

索克人 [Sauks, 或称萨客人（Sacs）] 和福克斯人离开时却不那么愉快。1804年和1830年之间的一系列合约中，他们的首领用伊利诺伊西北部和威斯康星西南部的土地换取爱荷华领地的密西西比河地区。1812年战争中站在英军一边的索克战士黑鹰（Black Hawk）驳斥这些合约的有效性，发誓他的人民将回到世代相传的土地上。1832年，他带着一些索克和福克斯家庭回到伊利诺伊，在白人中间引起了恐慌。州长发动了军事武装，后来周围各州和领地的武装力量以及美国正规军也加入进来。在此后的几个月中，成百上千印第安人和几十个白人在血腥暴力中死去，这场冲突被称作"黑鹰战争"。当索克人和福克斯人试图穿过密西西比河逃跑时，蒸汽船和岸上的美国士兵开始无差别地开火。那些成功穿过密西西比河逃走的男人、女人和孩子在西岸遭遇拉科塔 [Lakota, 苏族人（Sioux）] 射来的炮火，他们的宿敌如今与美国人结成了同盟。

黑鹰幸存了下来，向美国人投降，美国官员决定让他和其他暴动的领袖明白反抗毫无用处。他们被收监，然后沿着一条旨在强调美国地大物博、人口众多的路线被送到华盛顿特区，接着再次被关押，印第安人被送回了自己的家乡。黑鹰战争标志着老西北地区印第安武装暴动的结束，增加了该地区对白人定居者的吸引力。

339 出售西部

土地投机者、"纸城"（只存在于纸上的城镇）的开发商、蒸汽船公司和农具制造商都将中西部宣传为一个有着无尽机遇的宁谧之地。土地所有者强调该地区和东部海关及市场的关系。当人们举家迁徙西部的时候，他们并不希望远离文明——神话中的丹尼尔·布恩和大卫·克洛科特除外。1835年，北俄亥俄罗斯堡（Rowsburg）的业主迈克尔·D.罗试图出售城镇土地，他强调罗斯堡坐落在"人烟稠密"的地区，矗立在四通八达的公共交通路线的十字路口，并且已经建起了磨坊和鞣革场。

西部定居地通常取决于国家和国际市场的关系，而非独辟蹊径。东部农民希望远离丧失肥力的土地或者租地，寻找种植经济作物的肥沃土地。节省劳动力的设备，如赛勒斯·麦考密克（Cyrus McCormick）的镰刀（1834）和约翰·迪尔（John Deere）的不锈钢犁（1837），使西部更富吸引力。麦考密克是一位弗吉尼亚发明家，他发明了一种马拉的镰刀并获得专利，这个发明可以节约劳动力，让两个人收割原本用手持工具需要大约4到6人的麦地。这种镰刀的高效在大草原上尤其能够发挥作用，那里的土地比谢南多厄（Shenandoah）河谷更开阔更平坦，于是麦考密克于1847将自己的工厂搬到了芝加哥，开始强势宣传，销售他的镰刀和西部土地——这种镰刀售价100美元，对普通农民来说是一项昂贵的投资。约翰·迪尔的不锈钢犁不像木犁和铁犁那么容易被草根拗断，而且不需要经常清洁，假如没有这种犁，"垦荒"或许根本无从谈起。

▲ 在广告中，赛勒斯·麦考密克把他的镰刀描绘成能够把西部变成一个繁荣而闲适的乐土的工具。
图片来源：威斯康星历史协会（Wisconsin Historical Society）

开垦土地

大多数白人移民打算种地。在合适的土地上落脚之后,如果那里没有现成的屋子,他们立即建起简陋的木屋。时间不允许他们建造更复杂的结构,因为与麦考密克镰刀的广告相反,几乎没有定居者能找到现成的开垦好的土地。他们首先得垦荒。

对于那些在林区定居的人来说,要把作物种到地里,最简单最快捷的方式就是使用包围法,即用斧头在树木靠近根部的地方切出深痕,切断树液的流动。几个星期之后,这些树的树叶就会掉光,农民们将树叶烧成灰,当作肥料。一旦有足够的光线通过,定居者就种玉米,这是一种耐久又富有营养的作物。最后枯死的树倒下来,被加工成木柴和篱笆,要挖出剩下的树根是一项非常艰苦的任务。垦荒速度取决于家庭规模,以五到十英亩的速度,一个普通家庭需要花十年时间才能开垦出一个农场,前提是他们没有移居别处。草原土地花费的时间少一些。不过,整个1850年代许多农民认为没有树木的土地等同于荒漠,不适合种植作物。

农业吸引家庭,而伐木和开矿吸引的大多数是年轻单身男性。至1840年代,这个国家的木材产业主要集中在五大湖周围。当东部的森林大大减少,东北的木材公司和劳工迁徙到威斯康星、密歇根和明尼苏达。不久前到来的斯堪的纳维亚人和法属加拿大人同样投入欣欣向荣的木材产业,为发展的城市提供建筑材料,为扩张的铁路提供枕木。当五大湖地区的森林日益稀疏,伐木工人们再次迁徙——一些迁往海湾各州的松树林,一些迁往加拿大,一些则迁往远西,加利福尼亚的墨西哥人和加拿大的英国人已经在那里建立了繁荣的木材产业。随着1849年淘金热(Gold Rush)之后加利福尼亚各城市迅速发展,木材需求量陡然增加,这吸引中西部的伐木工人迁往更靠西的地方。

中西部自己的城市也滋养了周围乡村的定居地。蒸汽船把诸如路易斯维尔和辛辛那提这样的河畔定居地变成活跃的商业中心,而芝加哥、底特律和克利夫兰在五大湖沿岸不断发展。至19世纪中期,有着铁路、畜栏和谷物升降机的芝加哥主导着该地区的经济;西部农民通过铁路将牲畜和谷物运到那里,生猪在那里变成包装好的肉类,谷物被加工成面粉,然后运往东部。面粉和生猪加工产业催生了商业市场。一些全世界最成熟而富投机性的经济活动就发生在芝加哥。

联邦政府和西进扩张

在西部被探索、勘探、变得安全和"开化"之前,几乎没有美国白人考虑在那里定居,"开化"不仅指移除原住民人口,还意味着建立教堂、商业和美国司法机构。尽管一些人在欧洲文明到来之前就已经来到西部,但是大规模定居建立在联邦政府经济支持的基础上。

皮草贸易

他们是最能代表神秘西部的人,是在大山里游荡的独行者,他们捕猎海狸,离群索居,抛弃一切文明的外衣,无畏地去往白人从未踏足过的地方。皮草猎人事实上是跨阿巴拉契亚山脉以西第一批定居的美国白人,但是事实上,他们的生活与这个神话几乎没什么相似之处。尽管许多人与美国社会毫无联系,但是他们定期与西部的原住民交往。皮草猎人生活在印第安人中间,掌握多种语言,而且常常娶印第安女性为妻。印第安女性把动物尸体加工成成品皮草,她们还增进丈夫和自己原住民社区的关系。这种婚姻的后代——metis或mestizos(印第安和欧洲混血)——常常进入皮草贸易,增加西部的文化复杂性。

皮草贸易是一项国际贸易,美国腹地的生皮被运往欧洲和亚洲。直到1820年代,英国公司仍主宰着这一行业,但是美国企业在1820年代和1830年代开始蓬勃发展。美国皮草公司(The American Fur Company)使约翰·雅各·阿斯特(John Jacob

▲ 艺术家阿尔弗雷德·雅各布·米勒（Alfred Jacob Miller）描绘了港口的一场婚礼，在1837年的一次落基山聚会中，一位印第安女性的父亲将她嫁给了一个印欧混血儿。
图片来源：印第安纳波利乌斯，美国印第安人和西方艺术博物馆授权使用

Astor）成为全国首富。当埃斯特在位于纽约市的宅邸中享受奢侈生活时，他的生意雇佣成百上千的猎人和交易人，他们和原住民一起生活在五大湖和太平洋西北部地区。从哥伦比亚河上的阿斯托里亚（Astoria）基地，美国皮草公司通过将皮草运往中国赚得成百上千万的财富，该地距离太平洋只有几英里，位于今日的俄勒冈。

甚至对于大多数没能到达阿斯托里亚的猎人来说，皮草贸易具有国际的维度。从1820年代开始，他们每年进行一次"聚会"——这是一种历时数天的聚会，聚会上他们用皮草交换枪支、烟草和珠子，然后用来与印第安人交易。他们还分享故事、喝酒、赌博。与持续了世世代代的印第安集会类似，这种聚会把北至加拿大南至墨西哥，整个西部的美国人、印第安人、墨西哥人和混血儿聚集起来。聚会在偏远的山区进行，但却是都会化的盛事。

至1840年代，美国皮草贸易开始衰落。海狸被过度狩猎，时尚的风向转了，丝绸取代海狸皮，成为人们喜欢的帽子材料。商人们的"遗产"包括设定了一种资源开发和耗尽（以及兴衰）的模式，给原住民带来毁灭性的疾病，并且在跨密西西比西部开发了许多路线。

跨大陆探险

早期探险的动机是寻找将商品更快更安全地送达贸易站的路径。威廉·贝克尼尔（William Becknell），一个企业商人，在1821年帮助绘制圣达菲小径的路线，在密苏里和新墨西哥圣达菲之间，它与奇瓦瓦小径（Chihuahua Trail）相连，后者向南进入墨西哥，让美国和墨西哥商人能够发展出欣欣向荣的商品交易，制成品被换成皮草和其他物品。皮草商人杰迪戴亚·史密斯（Jedediah Smith）在1824年重新发现了南部路线；这条落基山脉中20英里长的小径位于今日的怀俄明州，原本只有美洲原住民和一小群来自太平洋皮草公司的皮草猎人知道，他们早在1812年就曾经过这条路线。南部路线成为大多数陆路旅行者到达加利福尼亚和俄勒冈的路线。不那么知名的商人、猎人、传教士和淘金者常常得到美洲原住民向导的帮助，他们也发现了穿过西部的路线，而且其中一些人帮助政府进行探索，其中最著名的是山人基特·卡森（Kit Carson）。

刘易斯和克拉克的发现公司（Corps of Discovery）只是许多联邦赞助的探险中的一个，目的是为了绘制跨密西西比河西部的地图。这些探险常常带有外交目的，旨在与印第安群体建立友好的关系，以便和他们进行贸易或者结成军事同盟。一些人肩负科学使命，受命记录关于该地区的原住民和动植物的信息。但是这些探险的目的总是与商业相关。正如刘易斯和克拉克希望发现通往太平洋的西北通道而无果，后来的探险家希望定位能够让美国商人和农民进行国内国际贸易的铁道路线。

1805年，美国陆军派遣泽布伦·派克（Zebulon Pike）寻找密西西比河的源头以及能够通船前往西

地图 13.3　西部印第安人和探险路线

尽管西部探险家们相信他们发现新路线和新地区，但是印第安人在这些探险家们踏足的大多数地区都已生活了许多年。

来源：罗伯特·万特莱（Robert Utley），《美国西部的印第安边境，1846—1890》（*The Indian Frontier of the American West, 1846—1890*），新墨西哥大学出版社（University of New Mexico Press），1984年，第5页，经新墨西哥大学出版社允许转载

部的路线。他被授意收集关于自然资源和原住民族的信息，并与印第安首领建立外交关系。他还将向印第安人购买土地；在最高法院判决"约翰逊诉迈金托什"（*Johnson v. M'Intosh*）（1823）一案之前，印第安人并没有土地所有权，只拥有"居住权"，政府官员指示派克和其他探险家辨别和购买适合作为军事驻地的土地。

尽管派克没能确定密西西比河的源头，并且在建立外交关系和购买土地方面成果有限，但是他却收集了重要的信息。从今日的明尼苏达州返回后不久，他又出发前往今日的密苏里、内布拉斯加、堪萨斯和科罗拉多。派克和他的人手游荡到南面的西班牙领地，那里的军官把他拘留在墨西哥长达数月，疏忽大意地让他游历了原本通过其他途径也无法探索的地区。派克被释放之后将自己的经历记录下来，描述了西南城市的潜在市场和

充足的皮草与贵金属。特哈斯省（Tejas）（得克萨斯）以其肥沃的土地和丰美的草地令他着迷。与此同时，派克摒弃了另一个墨西哥北部省份，认为这个地方不适合人类居住，它的边境延伸到今日内华达和犹他州的北方边境。他解释道，尽管游牧的印第安人能在那里自给自足，但是这个地区不适合文明人开垦耕作。

另一个军队探险家史蒂芬·朗（Stephen Long），也于1820年宣称组成现代俄克拉荷马、堪萨斯和内布拉斯加的地区是"美洲大荒漠"（Great American Desert），无法耕种。直到1850年代，计划跨洲铁路时，这片"沙漠"预留给印第安人定居，而且大多军队赞助的探险都集中在其他地区。1838年，国会设立了陆军测绘工兵队，在大规模定居之前系统地探索西部土地。作为该部队中的少尉，约翰·C.弗雷蒙（John C. Fremont）对密西西比河上游和密西西比河流域、落基山脉、大盆地（the Great Basin）、俄勒冈以及加利福尼亚之间的地区进行了三次探索。他帮助勘探了俄勒冈小径（Oregon Trail）。在妻子杰西·本顿·弗雷蒙（Jessie Benton Fremont）的帮助下，弗雷蒙发表了畅销的探险记录，为他赢得了"道路之父"（The Pathfather）的称号，并且奠定了他的政治事业基础。陆军测绘工兵队最重要的贡献是1850年代勘探跨洲铁路的可能路线。

联邦政府花费数百万宣传探险的结果，费用甚至超过探险本身的花费。西进移民常常随身带着两本书：《圣经》和弗雷蒙的军队探险记录。

参与其中的军队

军队所做的并不仅仅是探索。它还协助西部为迎接定居做准备。随着1824年的《一般调查法》通过，国会授权军队绘制对国家的军事保护或商业发展至关重要的交通运输工程路线。除了联邦政府拨款的项目之外，军队工程师们还帮助设计州和私人资助的道路、运河和铁路，部队士兵清理森林、铺设路基。同样在1824年颁布的一个相关法案授权军队开发俄亥俄河和密西西比河；后来的修正案则将密苏里也包括了进去。

至1850年代，90%的美国军队驻扎在密西西比河以西。当印第安人拒绝出让自己的土地时，军队将他们遣送到西部；当他们对白人及其财产施加伤害时，军队同他们作战。军队有时候会破坏未经法律许可私占土地的白人占地者拒绝让出的庄稼和建筑物。但是，军队的主要使命是协助横跨大陆的迁徙。印第安地区边缘的军事堡垒震慑着印第安人，守卫定居者和移民不受印第安人袭击，并且提供信息和物资。理论上，军队还应该保护印第安人，将定居者赶出印第安土地，并且强制执行禁止向印第安人出售酒精的法律。然而即使官员们倾向于执行这些政策，军队相对于其管理的领土规模太小，使这成为不可能的任务。

印第安事务办公室负责处理政府的其他印第安往来事务，包括协商条约、学校管理以及贸易监管。印第安事务办公室设立于1824年，隶属于战争部，该办公室和军队合作，保护前往西部碰运气的公民，将妨碍美国扩张的印第安人迁走。1849年，印第安办公室成为新成立的内政部的一部分，并且很快通过一种保留体系把重点从迁徙转向教化。一些印第安人接受保留体系，认为这是抵御白人进犯的最佳保护，其他人则反对这一体系，有时候导致部落间你死我活的斗争。

公共土地

联邦政府控制着大片土地，有些是独立战争之后各州割让的土地，还有一些是与外国势力，包括印第安族群签订条约的结果。成立于1812年的土地总署（General Land Office）是财政部的一部分，专门负责处理这些土地的分配事务。该机构最早的政策是为了增加收入，而将西部的土地分成640英亩的地块，在公开拍卖中出售，单价不低于每英亩2美元。这些政策向投机者倾斜，却不利于缺乏现金的个体农民。投机者购买了数百万英亩土地。由于无法负担联邦土地，许多定居者成为非法占地者，导致国会在1820年把地价降至每英亩1.25美

放眼天下

加利福尼亚的黄金

1848年1月，詹姆斯·马歇尔在加利福尼亚人萨特（Sutter）的磨坊中发现黄金，消息很快传开——名副其实地传遍了全世界。一年之内，数以万计的冒险者从其他国家蜂拥至加利福尼亚，使该地区成为整个北美洲甚至全世界最国际化的地区。

在跨洋电报发明以前的时代，消息传播的速度惊人。墨西哥人首先听闻。接着消息传到智利、秘鲁，然后传遍整个南美洲，接着越过太平洋传到夏威夷、中国和澳大利亚；然后传至欧洲——爱尔兰、法国和德国诸邦。这个消息是怎么传播的？横跨大陆的旅行者往南把消息带到下加利福尼亚州（Baja California）和墨西哥的索诺拉（Sonora）。至1849年春天，大约六千墨西哥人在新成立的加州索诺拉周围搜寻黄金。许多墨西哥人季节性地迁往北方淘金，每次回故乡都传播加利福尼亚的消息。

海船把加利福尼亚黄金的消息带到夏威夷。当地报纸《火奴鲁鲁波利尼西亚》（*Honolulu Polynesian*）于1848年6月24日对全国宣布了这个消息。"火奴鲁鲁此前从未见识过淘金热引发的这种狂热。"那年夏天《火奴鲁鲁波利尼西亚》写道。淘金者和商人乘船从夏威夷抵达加利福尼亚，他们的家书又吸引了其他人。繁忙的交通导致夏威夷和加利福尼亚之间早在1853年就有了定期往来的蒸汽船服务。

1848年8月，一艘船将加利福尼亚黄金的消息带到智利的瓦尔帕莱索（Valparaiso）。更戏剧性的是，几个星期之后，另一艘海船载着价值2 500美元的金沙靠岸。尽管智利报纸一开始忽略了这个发现，但是智利城市中的人们狂热地谈论黄金。至11月，报纸报道了加利福尼亚一夜暴富的谣言。在这一年年底之前，两千智利人出发前往加利福尼亚，许多智利商人在旧金山开设分店。

关于黄金和加利福尼亚的消息于1848年12月到达澳大利亚。淘金者很快准备好旅行事宜，至1850年，悉尼港每艘船的目的地都是加利福尼亚。1848年年中，消息已经传到了中国。前往金矿区的旧金山商人Chum Ming写信给一个表亲，讲述他发财的愿望。4个月之后，这位表亲也和同村人一起来到了旧金山。普遍的贫困和黄金的诱惑导致许多其他中国人加入这一行列。至1850年代中期，五个淘金者中就有一个是中国人。

加利福尼亚人，无论是原住民还是新移民、外国的还是土生土长的，都对民族多样性惊奇不已。有人把加利福尼亚描述为"奇妙得超乎想象，巴别塔一样的地方"。1850年，新成立的加利福尼亚州有接近40%海外出生的居民，其中大多数是非欧洲人。通过口口相传、谣言、家书和报纸报道，1848年黄金的发现把加利福尼亚和全球数百万普通人联系在了一起。

◀ 弗兰克·马利埃特（Frank Marryat）于1855年绘制了这幅旧金山沙龙的素描，戏剧化了加利福尼亚淘金热的国际化特点。像戏剧演员一样，沙龙的顾客身着北方佬、墨西哥人、亚洲人和南美洲人的服饰。

图片来源：纽约历史协会收藏

▲ 查尔斯·科佩尔（Charles Koppel）为《太平洋铁路报告》(*Pacific Railway Reports*)(1853)绘制了科罗拉多沙漠（Colorado Desert）和信号山（Signal Mountain）的景象。这片沙漠似乎广袤无垠，而那些在沙漠中穿行的人们似乎在走向未知之地。
图片来源：美国历史中心，位于奥斯汀的得克萨斯大学（The University of Texas）

元，并且把最小地块改成80英亩。12年后，政府开始出售40英亩大小的地块。然而要求一次性付清土地费用，在一个缺乏现金流的社会（尤其是1819年大恐慌之后），想成为西部定居者的人中几乎没人拥有足够的现金来购买政府土地。因为投机者接受赊账，所以许多手头窘迫的农民以高价向他们购买土地。

农民们呼吁联邦政府出台先买权政策——由法律规定未获得所有权的情况下，在土地上定居、进行开发或者后来以最低价格（每英亩1.25美元）购买的权利。尽管一些州通过先买权提供土地，国会在1820年代和1830年代的某些特定案例中授予联邦土地先买权，但是第一部普遍的先买权法律，所谓的《木屋法案》（Log Cabin Bill），直到1841年才出台，即使到了那时，它仍然只适用于经勘测的土地。随着1862年《宅地法》出台，先买权才扩大到未经勘测的土地，该法案规定将土地免费提供给任何美国公民（或者宣称愿意成为公民的外国人），根据规定，他或她只要在这块土地上住满五年并且进行开发。定居者也可以在住满6个月之后以1.25美元的单价购买这片土地，这种规定让他们能够将土地用作贷款的担保物，以便购买更多土地、农具或机器。不过，到《宅地法》出台的时候，大多数剩余的联邦土地都是不毛之地，而且160英亩对于一个独立农场来说不一定够用。不仅如此，大多数最好的土地都落入了投机者手中。

西南边境

沿着路易斯安那领地的西南边境分布着大体

上由卡曼其人（Comanches）和其他印第安人控制的省份，这些地区一开始被西班牙占领，1821年之后又被新成立的独立国家墨西哥占领。新墨西哥及其繁忙的商业中心阿尔布开克（Albuquerque）和圣达菲，仍然在墨西哥联邦的控制下，直到美国在墨西哥的战争中赢得这一地区。与之相反，得克萨斯与墨西哥政府的关系单薄得多；1824年，它成为一个自治州，拥有比新墨西哥多得多的政治独立性，不受联邦权威约束。这种情况使得克萨斯为独立而斗争，接着又努力加入美国，这一事件将富有争议的奴隶制问题重新推到了美国政治辩论的前台。

西南部的奴隶制

英裔美国人开始对墨西哥的北部地区感兴趣时，西南部的奴隶制已经有几个世纪的历史。然而印第安土著民族——卡曼其人（Comanches）、阿帕齐人（Apaches）、基奥瓦人（Kiowas）、纳瓦乔人（Navajos）、尤特人（Utes）和普埃布罗人（Pueblos）——还有西班牙人实行的奴隶制与非洲人和美国南方的非裔美洲人的奴隶制有所不同。西南部的奴隶制暴力程度并不见得较低，但是它的核心是俘虏女性和儿童，使他们融入掳掠者的社会中，他们提供劳动力和地位，同时推动与原来社会的经济和外交往来。

如一个学者所言，这种"俘虏和表亲"体系建立在种族混合的基础上——这种行为对大多数美国白人来说都是大逆不道的。1820年代和1830年代，当来自东南部的白人奴隶主一路向墨西哥领地推进时，他们常常以种族主义理由为自己的征服辩解。他们争辩道，即使是该地区的西班牙定居者也因种族混杂变得懒惰而野蛮，因此注定要被他们以和平或者非和平的方式取代。

新墨西哥边境

1821年，当墨西哥从西班牙获得独立时，新墨西哥的西班牙人口对土生土长的普埃布罗人口比例大约为三比一。当地有28 000西班牙人，包括出生在西班牙的人，尤其是克里奥罗人（criollos），即出生于新西班牙的西班牙人后裔。无论是西班牙人、印第安人、克里奥罗人还是印欧混血儿，大多数新墨西哥人都参与灌溉农业。在圣达菲北面，他们耕种小块土地，但是在南面，更大的农场和养殖场是主流。养殖场主的财富来自在远方市场出售羊毛和玉米，也来自免费的劳动力：农场帮工因为债务所以为养殖场主效力，这些人通常是他们自己的亲戚。西班牙人、普埃布罗人和印欧混血儿因为印第安劫掠部落的威胁结成联盟——阿帕齐人、尤特人、纳瓦乔人和卡曼其人——他们有时候联合起来御敌。但是西班牙人和懒散的普埃布罗人之间的关系并非总是和平友好的。数量上的优势使西班牙人能够控制富饶的北部河谷中大多普埃布罗村庄和土地，其他地区则是不毛之地。

圣达菲小径为新墨西哥带来了一场商业爆炸，在短短两年内使进口额翻了一番。西班牙人试图阻止外国人进入，而墨西哥政府则向英裔美国和法国企业家提供大片土地许可，他们有时与该地区的西班牙居民合伙做生意，希望他们能发展该地区的工业和农业，并且加强和美国之间的商业联系。

尽管商业联系确实得到了加强，但是1820年代和1830年代几乎没有美国人长期定居在新墨西哥。大多数最好的土地已经被印第安人和西班牙人占领了。而寻找廉价、肥沃土地的美国人并不需要千里迢迢前往远西；他们可以在得克萨斯达到同样的目的。

得克萨斯边境

不过在墨西哥独立时期，得克萨斯的处境并不明朗。和新墨西哥不同，印第安原住民在1821年仍然是得克萨斯的主流群体，尽管那里的人口同样包括西班牙人、英国人、混血儿和印第安移民。在3万

地图13.4 墨西哥的远北
现在被视为美国西南部的地区直到美国在墨西哥战争中征服该地区之前是墨西哥的北部省份（1846—1848）。
来源：©圣智学习

原住民中，大多数是克维尔特根人（Coahuiltecans）、通卡瓦人（Tonkawas）、卡兰卡瓦人（Karankawas）、阿帕齐人、喀多人（Caddos）和维奇塔人（Wichitas）。得克萨斯属于被一个历史学家称为"卡曼奇帝国"（Comanche Empire）的地区，这是一片从北墨西哥延伸至路易斯安那的广袤领土，卡曼奇人以血缘关系、贸易、外交和暴力结合的方式统治着该地区。1821年的得克萨斯欧洲后裔相对较少。从1500年代，西班牙人就在那里定居，建立教区和要塞，但是至1820年，他们的数量只有5 000人。大多数人在养殖场中蓄养牲畜，而其他人则通过和印第安人交易谋生。他们离墨西哥城的西班牙殖民首都非常遥远，由此形成了一种特殊的身份，他们将自己视为得克萨斯人（Tejanos），而非西班牙人。其中许多人和印第安人通婚。

1812年战争之后，英裔美国人已经开始进入得克萨斯，他们在那里寻找皮草、白银或冒险。他们交易制成品——如枪支、弹药和水壶——换取动物皮毛、马和骡子；很快他们就基本上代替得克萨斯人成为印第安人的贸易伙伴。尽管一些英裔人口在得克萨斯定居，通常生活在印第安人中间，但是大多数人只通过圣达菲和奇瓦瓦路线往来，却不定居。多半是因为该地区的暴力让他们望而却步。

卡曼奇帝国

当印第安人相互之间争夺资源时，西南边

昨日重现

绘画和文化印象

尽管西班牙裔很少在得克萨斯定居,但是那些少数定居者发展出一种独特而骄傲的文化身份。他们将自己称为得克萨斯人,改变了自己传承的文化——音乐、舞蹈和烹饪——以适应新环境。在下图描绘1844年圣安东尼奥一场庆典的油画中,法国出生的画家西奥多·甘提尔茨(Theodore Gentilz)捕捉到了文化转移和边境变化的融合。这一场景中的哪些元素让人想起西班牙的生活或是殖民地首都墨西哥城的生活?哪些元素似乎是为适应文化边境和政治边境进行的改变?画面中哪些元素似乎是宣扬得克萨斯文化,而哪些(假如有的话)又是批判了这种文化?假如你把这幅画当作关于得克萨斯文化及其对于当代音乐及舞蹈的信息来源,你关于这位艺术家以及他捕捉到的场景还有什么想要了解的?

◀ 尽管甘提尔茨油画中的音乐家在演奏小提琴,其他艺术作品却记录了吉他的风行,这促成了走廊舞(corridor)的兴起,这是一种民族芭蕾舞,在今天的乡村和西部音乐中仍然能见到它的痕迹。

图片来源:罗伯特·科温(Robert Corwin)拍摄

▲ 西奥多·甘提尔茨于1840年代来到得克萨斯,很快开始用画笔记录该地区的文化。画面中,得克萨斯定居者在表演"凡丹戈"(fandango),这是一种西班牙舞蹈。

图片来源:得克萨斯共和国图书馆的女儿们(Daughters of the Republic of Texas Library)

境经历着间歇性的但常常十分血腥的暴力。卡曼奇人骑着马猎杀野牛，抓捕俘虏，从敌人那里偷窃马匹、牲畜和庄稼，他们的敌人包括波尼人（Pawnees）、阿拉帕霍人（Arapahos）、夏安人（Cheyennes）和奥色治人（Osage）。其他更小的印第安部落，比如维奇塔人和喀多人，大多以农业为生，种植足够的玉米、豆子、笋瓜和南瓜供自己食用，并和更具流动性的卡曼奇人交易。当庄稼歉收时，农民们也常常转而猎杀野牛，有时候导致和卡曼奇人发生冲突。

在墨西哥独立时期，局势开始变得越来越紧张，另有1万印第安人开始迁往该地区。1812年战争中被打败后，肖尼人和基卡普人（Kickapoos）从老西北来到这里，他们曾是特库姆塞（Tecumseh）联盟的成员。他们向北进入加拿大，然后重新往南进入堪萨斯、印第安领地，接着进入得克萨斯。切罗基人、克里克人、乔克托人（Choctaws）、奇克索人和塞米诺尔人（Seminoles），其中一些人和非裔美洲奴隶生活在一起。新来的印第安人常常与当地土著发生冲突，他们争夺土地和动物。这矛盾也是文化层面的：一些印第安移民接受了英式服装和种族观念，将捕猎水牛、穿兽皮、不把土地视为商品的印第安土著不屑地视为"野蛮人"。

因为这样的暴力威胁着东南印第安迁徙的可行性，而且干扰贸易，因此，美国政府在1835年以中间人的身份安排签订了一份条约：卡曼奇人允许移民进入他们的领地，以此交换贸易机会。不久以后，贸易繁荣起来。印第安移民交换农产品和制成品，比如来福枪和弹药，换取卡曼奇人的肉、长袍和马。卡曼奇人还交易从得克萨斯或墨西哥北部抓到的人类俘虏。同一年，卡曼奇人终止了与奥色治人之间长达一个多世纪的战争。当和平回归时，美国商人也回来了，他们建起了长期贸易站。与此同时，美国政府的印第安迁徙计划仍在亦步亦趋地继续着，这鼓舞了美国人对棉花种植和扩展主义的投入。墨西哥官员对该地区的未来忧心忡忡。

美国企业主

在墨西哥独立前十多年，西班牙人就已经开始担忧得克萨斯的安全，他们视其为敌对的印第安人尤其是卡曼奇人和美国之间的缓冲带。他们的解决方法是在该地区定居。因此，当来自密苏里的矿主和商人摩西·奥斯丁（Moses Austin）于1821年1月找到墨西哥城的西班牙当权者时，他们愿意订立条约，只要奥斯丁带来愿意融入得克萨斯社会的美国人。作为带来300户天主教家庭的酬劳——没有奴隶——奥斯丁将获得大约200 000英亩的土地许可，这些土地位于布拉索斯河（Brazos River）沿岸。然而，奥斯丁没来得及行动就死了，墨西哥于1821年9月从西班牙独立。

奥斯丁的儿子史蒂芬继承了他父亲的计划，向新墨西哥政府施压，要求他们尊重该土地授权，政府在1823年同意了，条件是这位更年轻的奥斯丁放弃美国公民身份，成为墨西哥人。至1825年，史蒂芬·奥斯丁已经安排300户家庭（2 000名白人）定居，尽管承诺过不带任何奴隶，但他还是带来了400名非裔"契约劳工"。这些非裔美国人的劳动合同长达99年，实质上就是奴隶。尽管如此，奥斯丁成功吸引定居者来到得克萨斯鼓励了墨西哥政府与他签订了另外三份条约，用土地向他交换另外900户家庭。

由于大体上对奥斯丁的实验感到满意，1824年墨西哥通过了一部殖民法律（Colonization Law），为未来的外国定居者提供优惠的土地和税收政策，把殖民的细节留给墨西哥各州自行决定。科阿韦拉—得克萨斯州（Coahuilay Texas）明确指出，一个家庭的一家之主能够获得4 428英亩牧地或177英亩耕地。与美国的土地不同，这里的土地很廉价，而且可以在六年之内分期付款，直到第四年才需要付第一笔钱。为了获得资格，外国人必须是正直的基督徒，有着"良好习惯"，而且他们还必须长期定居。为了让这些新定居者融入墨西哥社会，科阿韦拉—得克萨斯州政府向娶墨西哥女性的人提供额外土地。

大多数定居墨西哥的美国公民这么做是受到移民中介的赞助，他们负责选择"有道德的"殖民者，分配土地，并且执行规定。作为报酬，每吸引100户家庭他就能获得接近25 000英亩牧地和1 000英亩耕地。在1825年至1832年之间，大约有24份中介合同（其中17份是和英裔美国人签订的），移民中介承诺带来800户家庭。许诺的土地非常广袤，加起来几乎覆盖今日的得克萨斯全境。

1820年代，英裔美国人和他们的奴隶一起迁徙到得克萨斯，受到一系列推动和牵制因素的影响。一些人感到1819年的艰难时世让他们来到这里；与此同时，他们被廉价的土地吸引，尤其是慷慨的信用条件。尽管墨西哥努力鼓励移民融入本国社会，但是这些美国人倾向于生活在分离的社区中，与得克萨斯人很少交往。更让墨西哥政府烦恼的是，英裔美国人的数量与得克萨斯人口达到了二比一。当局担心移民的美国人试图将得克萨斯变成美国的一部分。

得克萨斯政治

1826年，他们的恐惧似乎实质化了，一个叫作海登·爱德华兹（Haden Edwards）的移民中介呼吁成立独立的得克萨斯——"弗雷德尼亚共和国"（Fredonia Republic）。另一个移民中介辩称他们与墨西哥政府保持和平关系利大于弊，并且拒绝了爱德华兹的脱离运动。奥斯丁甚至派遣民兵帮助镇压叛乱。尽管弗雷德尼亚叛乱失败了，但是墨西哥当局害怕它预示的未来。

墨西哥当局认为，解决分裂威胁的方法是弱化美国人在得克萨斯的地位。1830年，他们终止了来自美国的合法移民，与此同时鼓励来自欧洲和墨西哥其他地区的移民，以稀释美国的影响力。他们禁止美国奴隶进入得克萨斯，这一规定让得克萨斯和墨西哥其他地区接轨——前一年奴隶制被法律禁止——而且这是为了让美国奴隶主知难而退。然而这些法律并不能阻止美国人和他们的奴隶们到来；很快他们就控制住了得克萨斯的大部分海岸线以及和美国的边境。墨西哥当局在1833年撤销了反移民法律，认为它只能阻止政治的定居者，却对遏制大量涌入的不受欢迎的定居者收效甚微。至1835年，得克萨斯的非印第安人口接近三万，美国人和得克萨斯人的比例达到了七比一左右。

得克萨斯白人分为两个主要群体。一部分像史蒂芬·奥斯丁一样，更喜欢留在墨西哥，但是要求更高的自治权、奴隶制合法化和与美国的自由贸易。其他人推动得克萨斯脱离墨西哥，要求并入美国。1835年，脱离主义者占领了一个负责在加尔维斯顿湾（Galveston Bay）收税的墨西哥军事机构。奥斯丁倡议和平解决这一危机，但是墨西哥当局却把他当作可疑分子，监禁了18个月，这一行为帮助他倒向了独立事业的一边。但是领导该运动的将是萨姆·休斯顿（Sam Houston）和戴维·克罗基特（Davy Crockett）——新来的美国人。

孤星共和国

整个墨西哥对于得克萨斯的不满越来越严重，墨西哥总统桑塔·安那将军（General Santa Anna）宣布自己是独裁者，并且向得克萨斯举兵。得克萨斯人害怕桑塔·安那会释放他们的奴隶，并且把他们的情况和1770年代美国殖民地的处境相提并论，他们发起了武装叛乱。战争一开始，1836年3月经历了圣安尼奥（San Antonio）的阿拉莫（Alamo）教区和戈利亚德（Goliad）的失败之后，得克萨斯人到年底很轻松地转败为胜了。他们宣布自己为孤星共和国，选举萨姆·休斯顿为总统。他们的宪法将奴隶制合法化，并且禁止黑人自由民生活在得克萨斯境内。

得克萨斯接着受到了国家建设的挑战，对于领袖们来说这包括印第安迁徙。当印第安人拒绝离开时，该国第二任总统米拉波·拉马尔（Mirabeau Lamar）调动起得克萨斯突击队（Texas Rangers）——不穿制服的骑马民兵，用恐怖威胁把他们赶走。这些突击队员得到得克萨斯政府批准，但有时候却任意妄为,他们侵入印第安村庄,烧杀抢掠。尽管一些得克萨斯官员试图与印第安人及得克萨斯人协商,但是一个历史学家所说的"种族清洗"清除了土地上的原住民定居者,为美国白人和他们的非裔美国奴隶留出了空间。不久以后,幸存下来的卡曼奇人将面临着饥荒和人口锐减——因欧洲疾病、干旱和过度狩猎而衰弱——但是他们在此之前却奋起反击,孤注一掷地劫掠墨西哥北部,大肆蹂躏那里的居民和乡村,无意之间为美国的征服铺平了道路。

战时损失和收获

在1845年合并得克萨斯之后,美国从1846至1848年向墨西哥发动战争(参见第十四章),试图进一步扩张其领土。在边境地区,和墨西哥本土一样,平民——印第安人、得克萨斯人、加利福尼亚人和墨西哥人——被卷入了浩劫中。一些人失去了生命,更多人危险地在两个阵营的夹缝中挣扎,遭到战争的蹂躏。假如他们帮助墨西哥人,那么美国军队就毁掉他们的家园;假如他们拒绝帮助墨西哥人,那么墨西哥人就毁掉他们的家园。一份1847年的美国军队报告指出,"疯狂的志愿兵……对墨西哥人民和财产施以各种暴行"。许多平民逃走了。甚至在边境地区的战争结束后,暴力也没有停止。从1847年至1848年,得克萨斯突击队屠杀印第安人。"他们认为一个印第安人的死公平地抵偿一匹马的损失。"一位英裔美国人写道。

然而也有一些平民从战争中牟得利益。农民们向军队出售物资和骡子,不法商贩向士兵出售酒精和食物,其他人在军营附近做起赌博和卖淫生意。尽管如此,平民和士兵之间的关系仍然以紧张为主,这主要是由于美国士兵的种族主义态度。

远西地区的文化边境

美国在墨西哥战争中赢得大量新领土之前,一些美国人就已经孤注一掷地搬到远西地区,通常是

▲ 像乔治·艾伦(George Allen)一样,许多得克萨斯定居者依赖奴隶劳动力承担他们的农活和家务。

图片来源:奥斯丁的得克萨斯大学,美国历史中心

墨西哥控制的地区——如加利福尼亚和犹他。一些人寻求宗教自由或试图劝说其他人皈依基督教，但是大多数人希望获得肥沃的耕地。无论他们往西迁徙的目的是什么，他们常常会遇到来自不同文化背景的人们。这种遭遇有时候会导致合作，但是更寻常的情况是导致冲突或公开矛盾。

西方传教士

天主教传教士在远西地区维持着强势的存在。在西班牙传教区中，教士们把印第安人当作"精神儿童"，向他们介绍天主教圣礼；以严格的祈祷、性生活和工作体系约束他们；把他们当作不具备完全民事行为能力的人。当他们没能满足教士或士兵的期待时，他们就成为体罚的对象。当他们逃跑时，会被强制遣送回来。他们没有政治发言权，几乎没有其他选择，印第安人常常以武装起义的形式回应虐待行为，在此过程中帮助弱化教区体系本身。

一部墨西哥法律于1833年将加利福尼亚的教区世俗化，将它们从教会控制中解除，主要用它们组织印第安劳动力。一些印第安人留在教区中，其他人离开去自己的土地上耕种，或者在别处找工作，但是对于几乎所有人来说，世俗化带来扩大的个人自由，尽管他们的法律权利仍然受到持续限制。

即使在这些教区世俗化之后，天主教传教士——美国人、欧洲人和皈依的印第安人——仍然继续照顾移民，致力于劝说印第安人皈依，并且特别支持罗马天主教聚集区。传教士建立学校和学院，引入医疗服务，甚至帮助铁路勘查。

在太平洋西北地区，天主教徒直接与新教教徒争夺印第安灵魂。尽管福音派教徒将注意力集中在中西部，但是其中少数人希望把基督教带给远西地区的印第安人。在美国海外教区委员会（American Board of Commissioners for Foreign Missions）的支持下，两对传教士夫妇——通常被认为是首批经过俄勒冈路线（Oregon Trail）的白人移民——于1836年抵达太平洋西北地区。纳西莎·惠特曼（Narcissa Whitman）和马科斯·惠特曼（Marcus Whitman）在瓦伊拉特普（Waiilatpu）为卡尤斯（Cayuse）印第安人建立了一座礼拜堂，在今日的华盛顿沃拉沃拉（Walla Walla）附近，而伊莱莎·斯伯丁（Eliza Spalding）和亨利·斯伯丁（Henry Spalding）在位于如今的爱达荷的拉普瓦伊（Lapwai）努力劝服内兹·柏斯（Nez Perce）。因为带着文化优越感，惠特曼夫妇没能和卡尤斯人建立友好关系，没有说服一个人皈依。于是惠特曼夫妇重新把努力转移到1840年代开始不断流入俄勒冈地区的白人移民身上。

这些移民的到来加剧了和卡尤斯人的矛盾，当1847年一场毁灭性的麻疹流行病爆发时，卡尤斯人将之视为有预谋的袭击。作为报复，他们谋杀了惠特曼夫妇和其他12名传教士。在惠特曼夫妇被残害之后，斯伯丁夫妇抛弃了自己更成功的教区；谴责天主教徒引起屠杀；成为俄勒冈的农民，此后的15年中再也没有回到拉普瓦伊。

摩门教徒

摩门教徒在密苏里和伊利诺伊遭到迫害，因此他们前往西部寻求宗教庇护。1847年，布里格姆·杨（Brigham Young）带领他们前往大盐湖（Great Salt Lake）谷的"希望之乡"，该地区仍然在墨西哥的管辖之内，但是很快将变成蛮荒的美国犹他领地的一部分。当非摩门教徒开始在犹他定居时，布里格姆·杨试图通过吸引新的摩门定居者来到他所称的德赛雷特州（Deseret）以稀释他们的影响力。1849年，杨和他的伙伴们建立了永久移民基金（Perpetual Emigration Fund），资助贫困移民的"手推车公司"，尤其是来自欧洲的移民，这些人用小小的手推车推着所有财产来到犹他。

摩门教徒进入大盆地使这个地区印第安人之间已经非常复杂的关系变得更复杂。比如尤特人长期交易赃物和俘虏，尤其是派尤特人。在摩门教徒似乎终结奴隶贸易时，尤特奴隶贩子虐待他们的派尤特俘虏，尤其是儿童，算计着摩门教徒会把他们买下来。这种策略常常收到成效；但是当它无效时，尤特奴隶贩子有时候会把那些儿童杀死，在一个个案中，奴隶贩子拎起奴隶儿童的双脚往石头上砸。被买下的孩子们常常在摩门家庭中当仆人，这鼓励了他们忧心如焚的家庭，他们热切期望待在他们孩子的附近，于是在摩门村庄附近定居。尽管摩门教徒试图将派尤特人纳入他们的宗教范围内，但是他们——像加利福尼亚的天主教传教士一样——把成年印第安人当作儿童那样对待，这造成了矛盾，甚至暴力，因为派尤特人试图保障自己的自主权。摩门教徒和派尤特人有着共同敌人尤特人，尽管如此，他们在1850年代早期结成了并不轻松的同盟。

由于奴隶贸易受到威胁，经济不堪重负，尤特人袭击摩门和派尤特定居地，偷窃牲畜和马匹重新贩卖，又肆意破坏他们的庄稼和财产，希望能把摩门教徒赶走。1853年战争爆发，尽管1854年达成了勉强的停战协议，但是摩门教徒和他们的印第安邻居之间关系依旧紧张。

在摩门教徒和他们的白人邻居之间也是如此。尽管摩门教徒为数以万计经过他们定居地前往加利福尼亚的定居者及矿工提供服务和物资，比如渡船，但是杨不鼓励"异教徒"（他用来表示非摩门教徒）在德赛雷特定居，并且提倡抵制异教徒生意。1852年，摩门教徒公开批准一夫多妻制，部分教徒已经实践了十多年，反摩门情绪在全国范围内滋长。在一些年轻摩门教徒捣毁犹他联邦办公室之后，詹姆斯·布坎南（James Buchanan）总统——希望将美国人的注意力从越来越分化的奴隶制问题上转移——于1857年派遣2 500名联邦军队军人镇压所谓的摩门叛乱。

由于忧心自己的安全问题，一群摩门人加入一群派尤特人的行列，袭击了一辆经过的货运火车，车上载着非摩门教移民。1857年8月，大约有120个男人、女人和儿童死在所谓的山地草场屠杀事件（Mountain Meadows Massacre）中。在接下来的两年中，美国军队和摩门教徒陷入武装冲突，导致许多财产损失，但是没有人员死亡。正如摩门教徒与他们的邻居以及过路者的关系体现的那样，西部暴力常常发端于复杂的交往和联盟关系，并不仅仅是原住民对抗新来者。

俄勒冈和加利福尼亚通道

原住民和新来者之间的来往并非全是暴力的。从1840年直至1860年，约有250 000到500 000人，包括许多儿童，徒步横穿大部分美洲大陆，这条线路平均耗时七个月。尽管他们全副武装准备迎接冲突，但是他们与印第安人相遇时即便关系紧张，大多数时候都是和平的。

横跨大陆的旅程开始于密苏里沿岸某个所谓的出发点——比如独立镇（Independence）、圣约瑟镇（St. Joseph）和西港登陆（Westport Landing）等城镇，在那里，移民们采购未来2 000英里旅途所需的物资。把补给塞进已经装满家庭财物的货车上，然后集体乘坐货运火车或者自行前往目的地。矿工通常独自旅行，追寻财富的年轻人们三五成群，农民——包括许多女性，只是因为丈夫的坚持才不得不迁徙——常常和亲戚、邻居、教会成员或其他熟人一起旅行。

他们把出发时间定得很晚，以便为他们的牛和牲畜找到粮草，但是又不能太晚，以免遇到危险的大雪，落基山脉和内华达山脉（Sierra Nevada）的雪下得很早。并不是所有人都能成功。从1846年至1847年，多恩党（Donner Party）转错了个弯，结果被困在暴风雪中，不得不沦落到相食。更幸运的跨大陆移民在货车旁艰苦跋涉，每天天还没亮就启程，中午短暂地休息一下，然后一直走到傍晚。他们平均每天行走15英里，气候从冰冷到酷热不定。在由家庭组成的货运火车中，人们常常白天照顾牲畜，而女人在一天精疲力竭的跋涉之后支起营地，准备三餐，并照顾小孩子。许多女性在途中生产，这种原本就很艰难的体验变成残酷折磨。"她的痛苦实在太厉害了，"一个女人描写她姐姐的经历，"一切乱成一团，颠簸的车子、哭喊的婴儿、灰尘、灌木丛，还有永不停止的疼痛。"即使是在正常条件下，旅途生活也是令人精疲力竭的，身体和情感都是如此。跨大陆迁徙者担心印第安人袭击，迷路，物资或水短缺，失去爱人，他们不得不把死去的亲人埋在路上，一辈子也不能回来看看。但是对大多数成年人来说，跋涉的生活并不特别危险，因为印第安人袭击非常罕见，而且死亡率大致和那些社会原本的死亡率差不多。不过，孩子被货车车轮碾死或者在涉水时被淹死的概率比成年人高很多。

印第安人虽然很警惕，但通常是和平的。尤其是在迁徙的初期，印第安人为移民提供食物和信息或者摆渡他们过河；作为交换，移民们给他们羊毛毯、小刀、金属罐、烟草、装饰珠子和其他印第安社会匮乏的物品。当交易进展不顺利时——当其中一方误解了另一方的文化做法或者试图欺骗另一方——他们之间的关系就变得紧张起来，不仅仅是直接涉及的当事人，印第安人和移民的普遍关系也受到影响。印第安人开始对所有白人警觉起来，正如移民无法区别不同的原住民群体或部落。

移民中间持续的一项罪行是盗窃牲畜，他们通常为此谴责印第安人，尽管白人窃贼也偷牲畜。印第安人偷牲畜通常是在白人没提供礼物来交换放牧权利的时候。所谓的摩门母牛事件（Mormon Cow Incident，或 Grattan Massaccre）就是类似的事件，这一事件造成流血冲突，永久地改变了俄勒冈通道沿途的关系。

1854年8月，一个拉科塔人在今日的怀俄明境内杀死了从附近一个摩门营地中走失的母牛。当拉科塔领袖提供补偿时，美国军队中尉约翰·格拉坦（John Grattan）为了出一口气没有接受。双方大动肝火，格拉坦命令他的部下开枪，一名拉科塔酋长倒地身亡后，印第安人发起反击，杀死了格拉坦和他所有手下共29人。作为打击报复，接下去的一年中威廉·哈尼（William Harney）将军带领600士兵来到灰谷（Ash Hollow）附近的一个村庄，移民和印第安人多年来一直在那里和平地进行贸易。印第安首领拒绝让哈尼处置他们的任何族人，将军就下令手下开火。30分钟之后，87名印第安人倒地身亡，70名女性和儿童被俘虏。这一事件干扰了通道沿途的和平交易，为拉科塔人和美国军队之间近20年的战火冲突埋下了基础。

印第安条约

即使在美国军队卷入武装冲突时，印第安办公室仍然致力于协商条约，阻止印第安人及其部落间的矛盾影响西部迁徙和贸易。1851年的《拉勒米堡条约》(Fort Laramie Treaty)［或者《马溪委员会条约》(Horse Creek Council Treaty)］由美国和八个北方平原部落签署——拉多塔人（Ladotas）、夏安人、阿拉帕霍人、克劳人、阿西布尼旺人、格罗斯文特人（Gros-Ventres）、曼丹人（Mandans）和阿里卡拉人（Arrickaras）——他们占领了普拉特河（Platte River）河谷，三条通往西部的跨大陆路线从中穿过——俄勒冈、加利福尼亚和摩门通道。两年之后，1853年，美国与这些西南部落签署了条约，卡曼奇人、基奥瓦人（Kiowas）和阿帕齐人，他们生活在圣达菲通道的附近。在这两份条约的规定下，印第安人同意彼此之间保持和平，承认政府划定的部落边境，允许美国建造道路和要塞，在这些边境之内，克制对西部移民的劫掠，并且为任何犯下的劫掠进行赔偿。作为交换，他们将持续十年每年从美国政府获得拨款，用物资、家畜和农具形式支付。这些拨款在美国总统的判断下可以再延长五年。

但是这些条约对他们的印第安签署者和对作为中间人的美国官员来说通常意味着不同的东西。与美国的期待相反，印第安酋长们并不将这些条约视为永久约束。与此同时，政府官员承诺拨款但是却不保障能准时获得，常常让印第安人挨饿受冻。这些条约并没有结束部落间战争，它们也没能保障跨大陆移民的安全。但是它们却代表了美国政府促进扩张和保护那些拥有西部热情的公民的努力。

文化接触的生态影响

与霍乱、天花和其他传染病相比，武装冲突造成的人员伤亡相对较少。在移民路线的出发点，移

◀ 这张宝贵的立体卡呈现了1860年代一辆移民列车的样子，包括两个女性，可能还有一个孩子，他们在加利福尼亚州草莓谷（Strawberry Valley）的自然风景映衬下看上去很渺小。

图片来源：国会图书馆

◀ 建立于1834年，拉勒米堡被用作皮草贸易站，建成三年后阿尔弗雷德·雅各布·米勒（Alfred Jacob Miller）将那里的景象描绘成画，印第安的和欧洲的或混血捕猎者都来到这里，不仅交换商品，还进行社交活动。1849年，当印第安人和跨大陆来到俄勒冈的移民之间的关系变得越来越紧张时，美国军队控制了该要塞，用于保护跨大陆移民。这座要塞矗立在怀俄明东部俄勒冈通道的起点。

图片来源：巴尔的摩，沃尔特艺术博物馆（The Walters Art Museum）

民们密集地安营扎寨，准备踏上旅程，这种情况很容易滋生疾病，移民们往往疏忽大意地传染给和他们进行贸易的印第安人。因为害怕感染，印第安人和移民们对贸易越发望而却步。

由于移民通路的包围，水牛（美洲野牛）消失，这进一步加剧了局势的紧张。水牛不仅为平原印第安人提供蛋白质，它们还有着重要的精神意义。许多美洲原住民谴责移民导致水牛的消失，即使大多数跨大陆移民没看见过一头水牛。至跨大陆移民在1840年代和1850年代达到高峰时，水牛群已经被过度捕猎，其中一部分原因是美洲原住民渴望将水牛皮出售。当通道上的人流量增加时，幸存的水牛分散到水草没被跨大陆移民的牲畜狼吞虎咽或是践踏的地方。但是移民的车队在极少数的情况下确实踩踏过野牛群，人们急于满足自己的边境幻想而射杀动物——他们读过的文学作品造就了这些幻想；水牛捕杀为枯燥的旅程提供了消遣。跨大陆移民也为了娱乐捕杀其他动物，所过之处留下无数羚羊、狼、熊和鸟腐烂的尸体——这些动物对许多印第安原住民来说都具有重要的精神意义。

跨大陆移民还在草原上点火。印第安人从很久以前就开始用火清理耕地，刺激草地的生长，并且制造贫瘠地带，阻止野牛游荡到敌对民族的领地上。但是现在移民们虽然习惯于炉子，而不是明火，却偶然引发在原野上肆虐的火灾，烧死动物和它们赖以生存的植物。在更罕见的情况下，印第安人为了捉住移民们逃走的牲畜而放火。关于故意纵火的故事夸大了这些事件的程度，但是他们同样加剧了印第安人和跨大陆移民之间的仇恨。

淘金热

移民们侵入印第安生活最深的地方是在加利福尼亚金矿区附近。1848年1月，约翰·威尔森·马歇尔在靠近今日加利福尼亚州萨克拉门多（Sacramento）的美洲河（American river）的支流浅水中发现金子，该地点位于约翰·苏特（John Sutter）的产业中。第二年，数以万计的"淘金者"（forty-niners）蜂拥至加利福尼亚，他们在那里淘金，在泥沙里寻找金子，希望一夜暴富。

一些人确实发了财。来自密苏里圣吉纳维芙（Ste. Genevieve）的黑人彼得·布朗在1851年写给他妻子的信中道："加利福尼亚是全世界最佳的赚钱地点。也是地球上最适合黑人的地方。"但是并不是所有人都在淘金热中欣喜若狂。约翰·萨特（John Sutter）抱怨黄金"毁"了他的磨粉和制革生意，因为他的印第安和摩门工人离开他去了矿上，而恶棍们则盗窃他的财产。大多数淘金者一直都没找到足够支付开销的金子。"你经常在美国听到的故事，"一个淘金者在家书中写道，"是能够想象的最夸张的谎言——金矿就是个骗局。"他们的梦想被击碎——并且因为太穷或者太窘迫不能回家——许多淘金者在大采矿企业找了拿薪水的工作，使用危险的机器深入地表到达矿脉中。

黄金的发现改变了加利福尼亚的面貌（参见地图13.5）。作为一个遥远的墨西哥省份，加利福尼亚原本有一串被军事要塞（堡垒）和传教区包围的小定居点，而且住在加利福尼亚的大多是印第安人，还有少数墨西哥大牧场主，他们在广袤的土地上养殖牛羊，印第安劳工被迫在这些牧场中干活。当黄金的消息传开时，来自南美、亚洲、澳大利亚和欧洲的新移民蜂拥至加利福尼亚。尽管加利福尼亚最高法院的一个判决——"人民诉霍尔案"（People v. Hall）（1854）——使阻止针对中国移民的暴力变得不可能，中国公民仍然继续在加利福尼亚碰运气；至1859年，大约有35 000中国人在金矿区中工作。

为了养活成千上万的矿工，加利福尼亚经历了农业的迅速发展。尽管毗邻矿区的土地变得寸草不生，液压开采将表层土壤冲走，把埋在地下的矿藏暴露出来，加利福尼亚的农业整体上兴盛起来，小麦成为人们喜爱的作物；它需要的投资最少，很容易种植，而且有着相对较短的生长周期。与中西部和俄勒冈的家庭农场相反，加利福尼亚的大规模小麦种植建立在印第安奴隶劳工的基础上。

采矿定居点

当商人们蜂拥而至，采矿业也带来了商业和工业的繁荣，这些商人为新的定居者提供物资、食物和衣物。其中有一位德国犹太移民叫作利瓦伊·斯特劳斯（Levi Strauss），他结实的矿工裤在探矿者中间找到了现成的市场。由于男性人数远远大于女性，女性的技能（和陪伴）需求量巨大。即使当男人们建立起全男性的家庭，从事扭曲传统性别特征观

▲ 水牛皮贸易的蓬勃导致印第安人和白人都过度捕猎美洲野牛,使这种动物在19世纪后期几乎绝种。

图片来源:国会图书馆

念的事项,女性仍然能因烹饪、洗衣和缝纫获得很高的报酬。女性还运营寄宿公寓、旅馆和妓院。

城市迅速发展。1848年,旧金山曾是一个小小的教区定居地,只有大约1 000墨西哥人、英国人、士兵、天主教会修士和印第安人。随着淘金热的开始,它变成了一个速成的城市,1850年人口已膨胀至35 000。它是通往内陆的西海岸门户,带来人员和物资的船只将港口挤得水泄不通。当年一位法国旅客写道:"在旧金山,15个月前你还只能看到半打大木屋,如今却能看到一个证券交易所、一家剧院、所有基督教派的教堂,还有许许多多非常美丽的住宅。"

然而当英裔美国人、欧洲人、西班牙人、亚洲人和非裔美洲人口膨胀时,印第安人口却经历着毁灭性打击。尽管加利福尼亚于1850年作为自由州并入联邦,但是它的立法会很快通过了《政府及印第安保护法》(An Act for the Government and Protection of Indians),这条法令实际上将奴役印第安人合法化了。1849年至1851年间普遍在金矿中使用印第安奴隶,直到新来的矿主激烈攻击才结束,他们相信印第安奴隶让白人劳动力堕落,并且为先于他们落脚的矿主提供了不公平的优势。这些从暴力中幸存下来的奴隶被派去干农活或是当家仆。在1821年至1860年之间,加利福尼亚的印第安人口从200 000下降至30 000,大量印第安人死于疾病、饥荒和暴力。由于主人们隔离男性和女

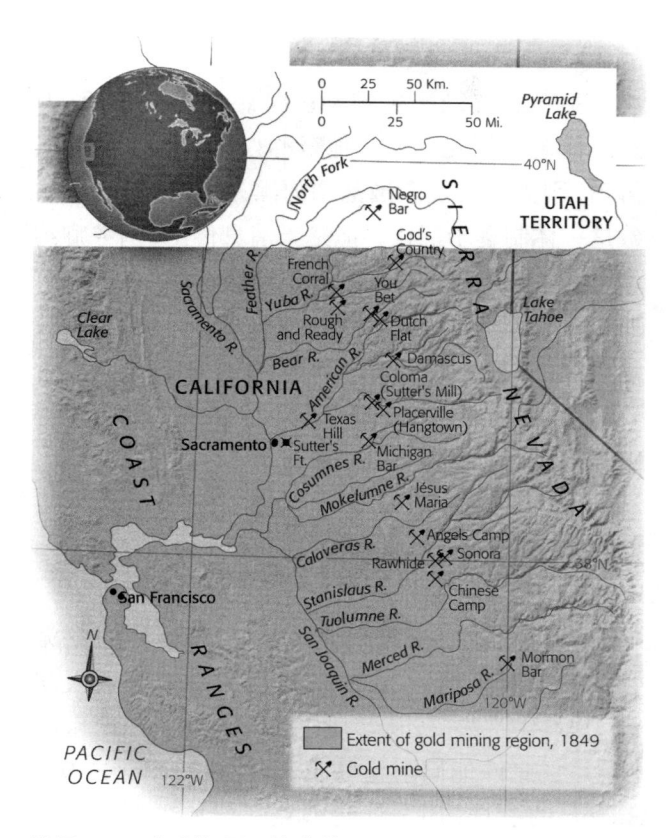

地图13.5　加利福尼亚淘金热

1848年，苏特的磨坊发现黄金，点燃了加利福尼亚的淘金热，这股热潮几乎影响了内华达山脉整个西部山麓。

来源：©圣智学习

性工人，即使幸存下来的印第安人也无法大量繁育子女。

领土扩张的政治

随着人口的向西迁徙，政治势力的中心也随之转移，民主党和辉格党政治家们试图将奴隶制问题排除在领土扩张政治之外。然而他们却没能做到这一点。向西扩张是民主党理想的核心，这种理想将西部肥沃而充足的土地视为创造一个白人能够建立独立生计并获得平等权利，从现有的奴隶制或城市精英的不良影响中解放出来的关键。辉格党对于迅速的向西扩张持更为怀疑的态度，尽管他们对其带来的商业机会表示欢迎。相反，他们更致力于推动现有国境范围内的工业和商业发展。辉格党的领袖亨利·克雷（Henry Clay）解释道："我们团结、合作，并且巩固现有的东西远比试图攫取更多重要。"

然而，得克萨斯问题让向西扩张和奴隶制纠缠在一起无法分离。在建立孤星共和国之后不久，萨姆·休斯顿就向美国当局申请作为一个州并入美国。但是一个新的奴隶州会打破参议院中奴隶州和自由州之间的平衡，这是自密苏里妥协案开始维持的平衡。辉格党和民主党担心在自己的阶级中引起分裂，都不倾向于直面这一问题。1830年代，民主党总统安德鲁·杰克逊和马丁·范布伦（Martin Van Buren）回避了这个问题，前者是奴隶制的激烈拥护者，后者则是温和的反对者。但是至1840年代中期，随着棉花种植的迅速扩张，一些民主党政治家开始将得克萨斯的并入等同于国家一目了然的命运。

一目了然的命运

关于美国向西和向南扩张不可避免、正当并且是天意的观念可以追溯到美国建立之时，但是1845年第一次由《美利坚合众国杂志和民主评论》（*United States Magazine and Democratic Review*）主编约翰·L.欧沙利文（John L. O'Sullivan）打上了"昭昭天命"（manifest destiny）的标签。欧沙利文宣称得克萨斯加入联邦将"完成我们的昭昭天命，占领上帝为我们每年增加的数百万人提供自由发展而分派给我们的大陆"。他和其他人相信，美国的命运是包围整个美洲大陆。昭昭天命暗示美国人有种天赋权利，或许甚至是一种责任，将他们的共和基督体制传播给那些不那么幸运、不那么文明的民族。昭昭天命并没有激励多少美国人打点行装驾着货车前往西部。不过它却为领土扩张提供了一种政治理由。

昭昭天命概念中不言自明地包含着一种信念，即美洲印第安人和西班牙人像非裔人一样，是低等的人，最好能被控制或征服。白人种族主义理论家相信，和白人不同，纯种印第安人和黑人没有自我进步的能力。而且，根据这些种族主义理论家的说法，西班牙人也没有这种能力，因为和印第安人的通婚使他们丧失了这种能力。俄亥俄州土著兰斯福德·哈斯丁斯（Lansford Hastings）冒险西行，写作了《俄勒冈及加利福尼亚移民指南》（The Emigrants' Guide to Oregon and California, 1845），他在书中提到，一个加利福尼亚墨西哥人（Californio，指生活在加利福尼亚的墨西哥人）"在智慧的尺度上几乎是不可见的等级，略高于将他围绕的野蛮部落"。根据哈斯丁斯的希望，假如足够的盎格鲁-撒克逊人迁徙到加利福尼亚，他们就能仅凭人数优势征服墨西哥人。并且假如他们这么做的话，就可以表彰自己行使上帝的意志。然而，也有一些人感到扩张的美国违背了上帝的意愿。在关于得克萨斯是否加入联邦的辩论中，先验主义者威廉·埃勒里·钱宁（William Ellery Channing）辩称，美国应该以榜样的力量扩张帝国，而非征服：它应该"承担崇高道德帝国的角色，通过展现自由的成果传播自由，而不是通过掠夺、践踏和毁灭"。

1846年6月，缺乏耐心的扩张主义者，包括约翰·C.弗里蒙特（John C. Fremont）在内，针对墨西哥当局发起了武装叛乱，并且宣布加利福尼亚成为独立的共和政体。由于美国军队很快在墨西哥的战争中征服了加利福尼亚，那场"熊旗起义"（Bear Flag Rebelliion）——名字来源于革命军旗帜上的符号——十分短暂，但是进一步加剧了加利福尼亚的种族矛盾。

"要么54度40分，要么战争"

在北方，从1818年开始，英国和美国共同占有争议的俄勒冈领地。从约翰·昆西·亚当斯政府开始，美国试图把边境固定在北纬49度，但是英国下定决心保留通往皮吉特湾（Puget Sound）和哥伦比亚河（Columbia River）的通道。1840年代初，当移民们涌入俄勒冈时，扩张主义者要求一直到最北边界北纬54度40分的整个俄勒冈地区都属于美国。很快"要么54度40分，要么战争"成为他们的战斗口号。

泰勒总统既想要俄勒冈又想要得克萨斯，但是更执著于得克萨斯。他辩称奴隶制扩张没什么可怕，因为它会使全国范围内黑人人口更分散，导致这一体制逐步消亡。但是当消息传出，国务卿约翰·卡尔霍恩从华盛顿写信给英国首相，称得克萨斯加入联邦是保护奴隶制的一种方法——"一种政治机制，对奴隶制诸州的和平、安全和繁荣至关重要"——参议院在1844年以35对16的票数拒绝得克萨斯加入联邦。

波尔克和1844年选举

忧心忡忡的南方民主党人在1844年的党派会议上决定采纳一条规定，即要求总统候选人获得2/3的会议选票，从实质上给南方各州一次否决权，并且允许他们阻止马丁·范布伦（Martin Van Buren）的参选，因为他是得克萨斯加入联邦的反对者。民主党转而让"年轻的山核桃树"（Young Hickory）众议院议长詹姆斯·K.波尔克（James K. Polk）参选，他是热切的扩张主义者，也是来自田纳西的蓄奴棉花种植园主。民主党为了争取跨地区的选民而号召占领整个俄勒冈领地和得克萨斯加入联邦。辉格党支持亨利·克雷，辩称民主党挑起争端的民族主义将导致和英国或墨西哥甚至两国同时开战。克雷偏爱通过协商来扩张，而许多北方辉格党人完全反对新的州加入联邦，害怕这会导致额外的奴隶州，并且令美国与重要贸易伙伴间的关系变得紧张。

波尔克和民主党人以170对105的选举人票的优势赢得了大选，尽管270万张选民票中只获得了38 000票的微弱优势。波尔克以区区6 000票的选民票优势获得了纽约州的36张选举人票。自由党（Liberty Party）候选人、废奴主义者詹姆斯·G.伯尼（James G. Birney）通过自由土壤的平台从克雷那儿抽走了接近16 000张票。假如没有伯尼，克雷或许能赢得纽约，使他在选举人团中获得141票对134票的优势。因此废奴主义力量不经意间帮助选出

▲ 这幅1845年的俄勒冈市画像描绘了俄勒冈通道的西部终点，这幅画是由一位被派去调查英国和美国共同占领地区大规模美国移民的影响的英国军官提供的。《俄勒冈条约》(Oregon Treaty)(1846)将英国和美国领土的边界确定在北纬49度之后，俄勒冈市成为1848至1851年的俄勒冈领地首都。

图片来源：国会图书馆

了一位奴隶主总统。

得克萨斯加入联邦

泰勒总统将波尔克的胜利解读为得克萨斯加入联邦的授权，他提出由国会联合决议允许得克萨斯加入联邦。通常的并入方式是条约协商，要求参议院以2/3票数通过——扩张主义者没能获得那么多赞成票，因为有足够的奴隶制反对者反对得克萨斯加入联邦。而联合决议只要求两院都获得多数通过。1845年3月1日，众议院以120对98票通过，参议院以27对25票通过。距卸任三天的时候，泰勒签署了这一议案。从来没有承认过得克萨斯独立的墨西哥立即与美国断交。10月，得克萨斯的公民认可加入联邦，1845年12月，得克萨斯加入联邦，州宪法允许奴隶制。美国与墨西哥的战争一触即发。这场史无前例的争端将暴露出向西扩张、奴隶制和地域冲突之间难分难解的关系。

结语

在文学和艺术作品中描绘的边境形象的鼓舞下，东部人常常将西部视为一个有着丰富自然资源的地方，认为辛勤劳动的人在那里能够找到安全、自由，甚或财富。在19世纪的前几十年，他们数以百万计地涌入老西南和老西北地区。尽管联邦政府以支持交通运输发展、勘查、廉价土地和保护移民不受印第安人袭击等形式推动西部扩张，但是西部移民并没有轻率地做决定。他们也并不总能达成自己孜孜以求的目标。一些人回到家乡，一些人迁往新的地点，另一些人因为太贫困或太窘迫而留在西部，不情愿地放弃经济独立的梦想。另一些人在西部实现了目标，尽管事实证明通往成功的道路比他们预期的缓慢迂回得多。

并不是每个人都那么自愿地迁往西部，也并不是所有西部人都将它视为一个扩张的地区。在1820年至1860年之间，非裔美国奴隶被他们的主人大量迁往西部。美洲原住民发现他们的土地和

人民与国家的遗产

早期拉美定居者的后裔

如今，美国的新闻媒体充斥着关于美国拉丁裔的故事，因为目前的人口统计数字表明他们是美国最大的种族或少数民族。报纸、杂志、电视和广播聚焦于记录在案和未记录在案的拉美移民增长的数字，拉美裔在生活和工作的社区中日益增加的影响力，以及这些移民和非裔美国人时不时的龃龉。然而所有投注在新近移民身上的注意力忽略了拉美人口中一个相当大的比例：那些并非移民后代，而是在美利坚合众国成立之前就居住在北美的拉美人的后裔。

当美国于1840年代占领从得克萨斯东部至加利福尼亚的地区时，那里的人口不仅包括印第安原住民，还有许多在分散的定居地上居住着的至少有部分欧洲血统的人们，主要是西班牙或葡萄牙血统。他们的后代包括曼纽尔·卢汉（Manuel Lujan）（1969—1988）这样的国会议员和肯尼斯·萨拉查（Kenneth Salazar）这样的参议员（任期为2004年至2009年，随后他辞去参议员成为内政部长）。如今，当被问及他们的移民血统时，他们通常回答是这个国家走向他们，而非相反。他们的家族居住在这块如今是美国领土的土地上长达12甚至14代。

有趣的是，有可信的证据显示，许多新墨西哥的早期伊比利亚定居者是犹太改宗者，或有着新基督教渊源——这些人的犹太祖先在15世纪为了逃避宗教迫害正式皈依天主教。1492年，当犹太人被逐出西班牙和葡萄牙时，许多人逃到西班牙帝国的偏僻角落。一些人参加了胡安·德·奥纳特（Juan de Onate）于1598年前往新墨西哥的探险，另一些人最后迁徙到这个遥远的定居地。在那里，一些人私下里继续遵从犹太习俗，如安息日规定和食物限制（比如不吃猪肉）。当宗教法庭（Inquisition）在1660年代注意到这些行为时，被指控犯有这些罪行的人中包含殖民地前总督及其妻子。如今，一些新墨西哥的拉美居民承认他们是犹太改宗者，并且重新恢复了犹太身份。

所有这些在美国扎根已久的拉美裔公民都给这个国家及其人民留下了重要的多元文化遗产，不仅限于那些有着皈依者血统的人。

生计被压缩，他们的环境发生剧变，以至于他们的经济和精神生活遭到威胁。一些印第安人通过适应和和平友好的姿态应对白人的入侵；另一些人则发起反抗，有时候这些反抗是强有力的。假如他们的第一策略失败，他们就会尝试另一种。然而单纯的人数优势对白人有利。对于得克萨斯和加利福尼亚的印第安人来说，白人入侵带来了毁灭。

尽管许多美国白人相信美洲原住民低人一等，这让他们为印第安人的命运找到了借口。但正是对于黑人和奴隶制的态度决定了他们在西部什么地方落脚。那些相信奴隶制使白人劳动力堕落的人沿着北部的通道前往西部，而那些梦想着成为奴隶主的人则往南前进，不过他们在那里与另一群被他们视为种族上低人一等的人发生了冲突：墨西哥人。当得克萨斯的美国定居者从墨西哥获得独立，合法化奴隶制，并且申请加入美利坚合众国时，他们将奴隶制的向西扩张这一造成分歧的问题带到了美国政治的表面。尽管民主党政治家们一开始试图通过提出模糊的俄勒冈领地计划保持地理上的势均力敌，不过却是得克萨斯加入联邦这一事件为军事冲突、西南的大片新领土和重燃的地域矛盾做好了准备。

扩展阅读

Gary Clayton Anderson, *The Conquest of Texas: Ethnic*

Cleansing in the Promised Land, 1820—1875 (2005)

Stuart Banner, *How the Indians Lost Their Land: Law and Power on the Frontier* (2005)

Ned Blackhawk, *Violence over the Land: Indians and Empires in the Early American West* (2006)

Andrew R. L. Cayton and Peter S. Onuf, *The Midwest and the Nation: Rethinking the History of an American Region* (1990)

Pekka Hämäläinen, *The Comanche Empire* (2008)

Robert V. Hine and John Mack Faragher, *The American West: A New Interpretive History* (2000)

Albert L. Hurtado, *Indian Survival on the California Frontier* (1998)

Susan L. Johnson, *Roaring Camp: The Social World of the California Gold Rush* (2000)

Andrés Reséndez, *Changing National Identities at the Frontier: Texas and New Mexico, 1800—1850* (2005)

Michael L. Tate, *Indians and Emigrants: Encounters on the Overland Trails* (2006)

第十四章

奴隶制和美国的未来：
通往战争之路，1845—1861

1858年6月16日，这是一个炎热窒息的夜晚，曾担任过一届国会议员的亚伯拉罕·林肯登上伊利诺伊的斯普林菲尔德（Springfield）国会大厦立法议事厅升起的平台，接受共和党提名竞选美国参议员，和全美国最著名的民主党人史蒂芬·A.道格拉斯（Stephen A. Douglas）竞争。身高6英尺4英寸的林肯在拥挤的大厅中鹤立鸡群，他的头部几乎与阳台边沿齐平。这时美国正处在历史的十字路口，而他已经花了几个星期准备他的演说。他喜爱背诵诗歌，以无与伦比的智慧和感染力发表他诗意的演说。他的身形瘦削，一双大手姿势笨拙，他的声音很洪亮但是音调很高，林肯很快抓住了观众们的注意力。"奴隶制动乱"让美国政治剧烈震荡，在堪萨斯的游击战争中爆发出来。"在我看来，"林肯冒险试探道，"这不会停止，直到一场危机到来，然后过去。"接着，他以熟读圣经的听众们熟悉的意象为这场危机赋予了令人难忘的隐喻。

章 节 大 纲

墨西哥战争及其影响
昨日重现　大众想象中的墨西哥战争
1850：妥协还是休战
奴隶制扩张和党派体系的崩溃
放眼天下　威廉·沃克和掠夺
奴隶制和美国的未来
分裂
结语
人民与国家的遗产　恐怖主义者还是自由斗士？

> 一幢裂开了的房子是站立不住的。我相信这个政府不能永远保持半奴隶和半自由的状态。我不期望联邦解散，我不期望房子崩塌，但我的确期望它停止分裂。它将完全成为其中一种，或者另一种。或许奴隶制的反对者会阻止它的进一步传播，把它限制在公众相信它将逐渐衰落直至完全消亡的轨道上；或者它的提倡者将把它进一步推进，直到它在所有州中都合法，无论是旧的还是新的——北方还是南方。

在这场30分钟演说中余下的大部分时间，林肯声称由民主党的"主要头目"领导的"计划"阴谋试图把奴隶制变成一种全国性的体制。他带着党派激情谴责道格拉斯不在乎"奴隶制被投票否决或投票支持"。对于林肯来说，这是一个历史不再容许美国人逃避的选择。

◀ 亚伯拉罕·林肯（右）和史蒂芬·A.道格拉斯（左），1860年。正襟危坐的摄影棚照片将两人塑造成著名的1858年辩论中可能的姿态，他们在这场辩论中争夺伊利诺伊州的美国参议员席位。

362 年表

1846	墨西哥战争开始
	协商《俄勒冈条约》(Oregon Treaty)
	《威尔莫特但书》(Wilmot Proviso)引发地域分歧
1847	加斯提出人民主权论
1848	《瓜达卢佩—伊达尔戈条约》(Treaty of Guadalupe Hidalgo)令美国获得西南部新领地
	自由土壤党成立
	泰勒当选总统
	加利福尼亚发现黄金,随后申请以自由州的身份加入联邦
1850	1850年妥协案通过,包含引发争议的《逃奴法案》(Fugitive Slave Act)
1852	斯托(Stowe)出版《汤姆叔叔的小屋》(Uncle Tom's Cabin)
	皮尔斯(Pierce)当选总统
1854	《独立民主党人的呼吁》(Appeal of the Independent Democrats)出版
	《堪萨斯—内布拉斯加法案》获得支持,引发争议
	共和党成立
	逃奴回归直指弗吉尼亚的奴隶制
1856	流血的堪萨斯困扰美国
	布鲁克斯在参议院中殴打萨姆纳
	布坎南当选总统,但是共和党人弗里蒙特赢得北方诸州中的大部分支持
1857	"德雷德·斯科特诉桑福德案"(Dred Scott v. Sanford)认可南方关于黑人公民权和领地奴隶制的观点
	经济恐慌和大范围失业开始
1858	堪萨斯选民拒绝莱康普顿宪法
	林肯—道格拉斯辩论引起关注
	道格拉斯主张人民主权在领地中压倒德雷德·斯科特案的判决
1859	布朗劫掠哈珀斯·费里(Harpers Ferry)
1860	民主党分裂成两派;南方民主党人要求为领地提供立宪保障
	林肯在分裂的地区选举中当选总统
	"克里坦登妥协案"(Crittenden Compromise)失败
	南卡罗来纳脱离联邦
1861	其他六个南方州脱离联邦
	在阿拉巴马的蒙哥马利市建立南方邦联
	袭击萨姆特堡(Sumter Fort)点燃南北战争烽火
	上南方的四个州加入南方邦联

在接下去的竞选中，林肯和道格拉斯就分裂国家的重大问题进行交锋：奴隶制的具体扩张，废奴主义的含义，联邦权威在奴隶制中扮演的角色，《独立宣言》是否预示着某种形式的种族平等，以及美利坚合众国的道德完善和未来生存问题。两位候选人的足迹遍布伊利诺伊，林肯旅行4 350英里，发表了大约63场重要演说，而道格拉斯则跋涉5 000英里，发表了130次演说。道格拉斯不情愿地答应参加7场辩论，每一场分别在伊利诺伊的不同选举区中举行，除了芝加哥和斯普林菲尔德，因为两位候选人已经在这两个地区出现过。

林肯—道格拉斯辩论的形式引起21世纪美国人的羡慕：他们进行长达3小时的马拉松辩论，双方针锋相对，充满头头是道的政治分析和戏剧效果，候选人轮流发表长演说和抗辩。数以万计的人们参加了这些户外活动，他们步行、坐马车或火车前往目的地，还有铜管乐队伴奏。美国人表现出的对于民主参与的兴致之高可谓前无古人后无来者。"草原着火了，"一位东部记者写道，"这个民族对政治的兴趣之深令人惊讶。"

一遍又一遍，道格拉斯谴责他的对手和所有共和党人的激进主义，声称他们是倾向种族平等的"废奴主义者"。林肯被迫承认他反对白人和黑人之间的社会地位平等，但是他信奉《独立宣言》的天赋人权教义，并且从道德上谴责奴隶制，认为那是一种必须加以限制的"邪恶"。林肯坚持制止奴隶制的扩张，同时认为联邦政府无法合法地在南方终止这种制度。他谴责道格拉斯对奴隶制的未来保持危险的中立甚至漠视的态度。

道格拉斯比林肯矮一英尺，穿着更得体，并且有着华丽的演说风格，他诉诸种族偏见以及一种模糊而雄辩的联合主义。林肯将这场选举表现为一种道德选择，是贯彻自由劳动自由土地教义，或者成为一个最终被奴隶主及其教唆者的寡头政治占领的共和国，下定决心扼杀普通公民的自由。1858年，林肯和道格拉斯辩论美国民主的本质。两人都诉诸恐惧和希望；伊利诺伊的公民倾听、学习，并且为不同的未来投票。

在25万张选票中，林肯比道格拉斯多得了四千票左右。但是在19世纪，参议员是由州立法会选出的；由于过时的分配方式，民主党保持着54对46票的优势，成功将道格拉斯送回了美国参议院。不过，林肯的声音将再次被人们听见。"我很高兴自己进行了上次的竞选，"他说，"这让我有机会对这个时代最宏大也最持久的问题发表观点。"

1858年之前，一场包含更大的矛盾和暴力的戏剧性事件开始包围这个国家。从1846到1848年，美国野心勃勃地与墨西哥开战，前所未有地将奴隶制扩张的问题暴露出来。在堪萨斯领地，明火执仗的战争在支持奴隶制和反对奴隶制的定居者之间展开。在美国参议院中，一位南方代表将一位北方参议员打得不省人事。一则新的逃奴法律让成千上万自由黑人和逃奴因为担心自己的自由和生命受到威胁而逃往加拿大。在与奴隶制相关的政治问题上一概妥协的传统摇摇欲坠，行将崩溃。联邦最高法院刚刚就西部扩张中奴隶制的合宪性，以及非裔美国公民身份地位做出了一个戏剧化的判决——让大多数南方人欣喜，同时让许多北方人恐惧。而废奴主义者约翰·布朗（John Brown）正计划进攻弗吉尼亚，掀起一场奴隶叛乱。

美利坚合众国的政治文化正在分崩离析。1850年代，奴隶制将无论北方还是南方的美国人拖进了一个充满争论的漩涡，连其最优秀的政治家也无法解决。长久被抑制的经济和政治目标分歧，如今在奴隶制问题上发散开来。原有的全国性政治党派四分五裂，而加强地域利益的重新组合代替了它们的地位。原本笼罩在西部领地上空的阴云变成了一场吞噬整个国家的风暴。这个国家每一次扩张都遇到棘手的问题：新领地和新州是奴隶州还是自由州？

北方和南方日益强烈地感觉到，美国的未来危如累卵——它的经济的特点、它的劳动体系、它对于宪法自由的定义，以及它的种族自我定义。对于黑人来说，这场愈演愈烈的争论既带来希望又带来绝望。他们可以鼓起勇气，相信这场政治冲突或许会导致他们的解放。但是在一个试图定义自己未来的国家中，黑人不得不考虑他们在美国是否有未来可言。1855年，弗雷德里克·道格拉斯（Frederick Douglass）为奴隶发声，他写道："成为一个只有现在和过去的生物，这种想法让我困扰，我渴望有个未来——一个有着希望的未来。"道格拉斯也通过这些词句说中了这个国家核心的窘境。

- 1845年后，西部扩张如何与奴隶制和自由的未来交织在一起？为什么？
- 1850年代，为什么美国人（白人男性，所有人都能投票，而黑人中却几乎没有人拥有选举权）如此深切地关注选举政治？
- 南北战争的长远和直接原因是什么？

墨西哥战争及其影响

1840年代，领土扩张在来自北卡罗来纳的总统詹姆斯·K.波尔克（James K. Polk）的领导下甚嚣尘上。得克萨斯在他就职前夕加入联邦并不一定导致墨西哥战争，但是通过一系列有计划的决定，波尔克使冲突爆发出来。墨西哥和美国断交，在得克萨斯并入联邦过程中，波尔克敦促得克萨斯人占据至格兰德河的所有土地，并且主张这条河是他们的西南边境。墨西哥坚称努埃塞斯河（Nueces River）才是边境；因此，冲突的舞台已经准备好了。没有任何因素能够阻碍波尔克完成美国命中注定的统治美洲的命运。他想要墨西哥的领土，直达太平洋，还有整个俄勒冈地区。他和他的扩张主义内阁达到了他们的目的，但是却对扩张将会造成的国内和平代价几乎一无所知。

俄勒冈

在1844年的竞选中，波尔克的支持者们威胁与大不列颠开战，以获得整个俄勒冈地区。然而作为总统，波尔克一开始诉诸外交。他不想同时和墨西哥以及英国开战，试图避免西北地区的流血冲突，美国和英国从1819年开始联合占领这一分裂的地区。他放弃了将边境定在北纬54度40分的要求，向英国施压，要求其接受北纬49度边境。1846年英国同意了。《俄勒冈条约》将今日的俄勒冈、华盛顿和爱达荷全境以及怀俄明和蒙大拿的部分地区（参见地图14.1）划归美国。就这样，一个新的土地占领和征服的时代在美国第11任总统的领导下开始了，同时他也是第六位奴隶主总统以及通过代理人秘密从白宫购买和出售奴隶的总统。

"波尔克先生的战争"

波尔克对墨西哥的态度更激进。1846年初，他命令美国军队在"大老粗"（Old Rough and Ready）扎卡里·泰勒（Zachery Taylor）将军的指挥下，向南进军，守卫争议边境格兰德河，穿过墨西哥马塔莫罗斯城（Matamoros）（参见地图14.2）。

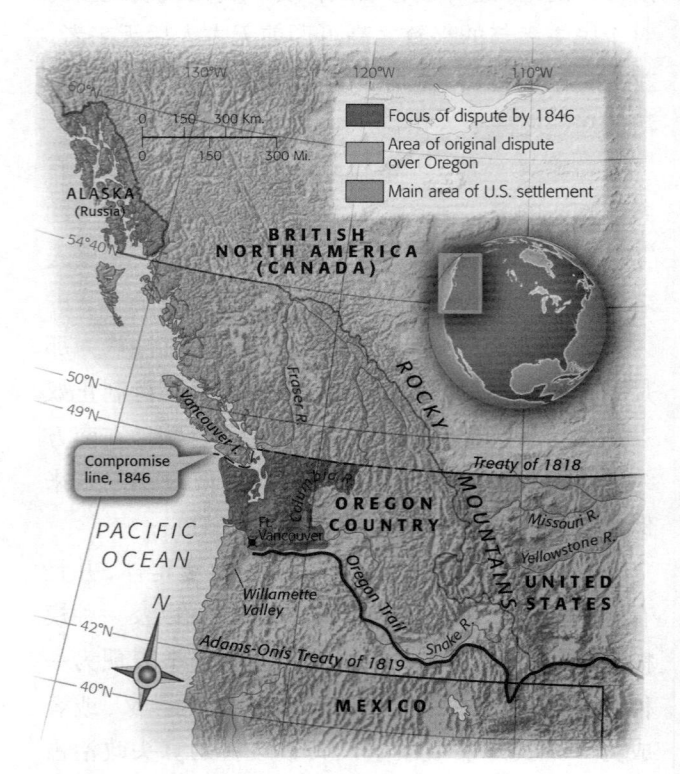

▲ 地图14.1 俄勒冈的美国扩张

波尔克的支持者们的口号是"要么54度40分，要么战争"，但是将边境定于北纬49度的协商避免了与英国开战的危险。

来源：©圣智学习

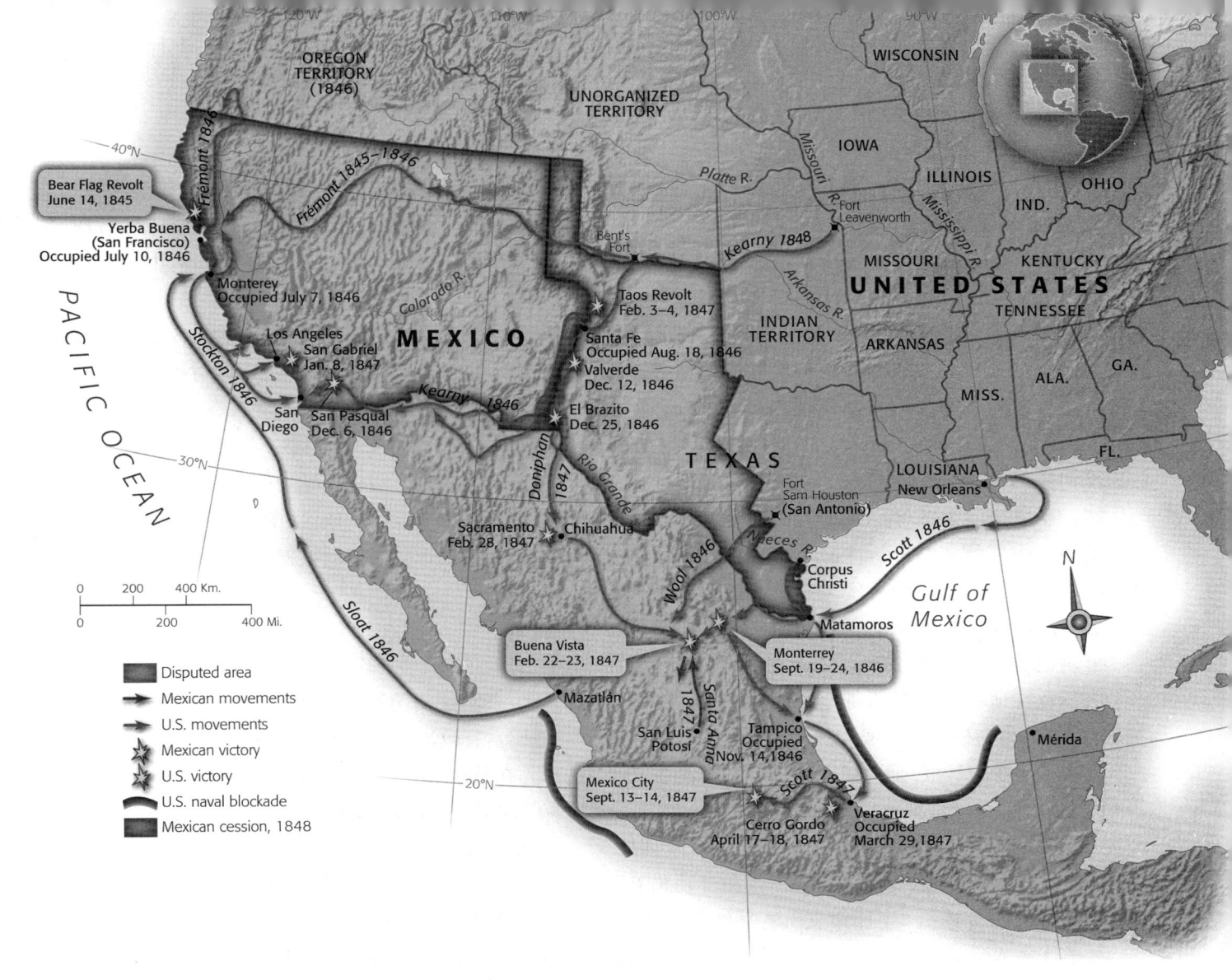

地图14.2 墨西哥战争

这幅地图显示了美国和墨西哥的争议领土。在美国占领了墨西哥东北部、新墨西哥以及加利福尼亚地区后,温菲尔德·司各特(Winfield Scott)将军在这场战争的决定性战役中一举攻下了墨西哥城。

来源:©圣智学习

波尔克特别渴望加利福尼亚成为他扩张主义策略的奖品,并且尝试从墨西哥购买大片远至太平洋的土地。当这一努力失败后,波尔克等待开战。格兰德河两军之间的协商磕磕绊绊地以法语进行,因为没有哪个美国军官会说西班牙语,也没有哪个墨西哥军官会说英语。在三个星期僵持不下之后,紧张局势到了一触即发的境地。1846年4月24日,墨西哥骑兵队在河的北岸伏击了美国骑兵队;11名美国人被杀,63人沦为俘虏。4月26日,泰勒派遣一支部队经陆路前往华盛顿特区,这支部队用了两个星期到达,宣称:"现在可以认为战争开始了。"

波尔克起草了一份声明提交给国会:墨西哥已经"跨过了美国的边境,侵略我们的领土,令美国鲜血洒在美国土壤上"。在伴随着宣战声明的法案中,波尔克欺骗性地宣称"战争是墨西哥咎由自取"并且号召美国兴兵。两天之后,5月13日,众议院以174票对14票同意美国对墨西哥宣战,而参议院则是40票对2票,有大量弃权票。一些反奴隶制的辉格党人试图在国会中反对战争,但是根本连开口的机会都没有。因为波尔克隐藏了关键事实,在遥远的格兰德河发生的完整事实真相不为人知。然而"昭昭天命"的理论和实践使得美国投入了在外国领土上的第一场重大战争。

海外战争和大众想象

战争引发了大量公众庆典。大量人群聚集在南方城市中声援战争，诸如里士满和路易斯维尔。两万费城人和更多纽约人秉持着同样的精神进行集会。泰勒将军在帕洛阿尔托（Palo Alto）和雷萨卡·德·拉帕尔马（Rescaca de la Palma）的两场战役初捷的消息传到国内时，志愿者们蜂拥至征兵站。在纽约兰辛堡（Lansingburgh）的家中，作家赫尔曼·梅尔维尔（Herman Melville）评论道："这里的人们全都处于一种极度兴奋的状态……所有阶层中都弥漫着军事热情……所有人都在谈论'蒙特祖玛的大厅'（Halls of the Montezumas）。"出版商迫不及待地将关于墨西哥地理的书籍付印；"帕洛阿尔托"帽和根汁汽水成为热销商品。由轮转印刷机印刷的新的日报，通过赋予战争一种浪漫主义吸引力而销量大增。

这是一场在遥远的异国他乡进行的冒险征战。这是实现盎格鲁—撒克逊—基督扩张和占领北美洲以及将文明传播给"半印第安"墨西哥人的使命。对于许多人来说，种族主义点燃了扩张主义斗志。1846年，一份伊利诺伊的报纸以此为基础为这场战争辩护，声称墨西哥人是"进步民主道路上的爬行动物"。对于那些阅读报纸的人来说，墨西哥战争成为第一个即时体验的全国事件。战地记者争相报道国境以南的战役。从墨西哥海湾沿岸的韦拉克鲁斯（Vera Cruz），船只将新闻送往新奥尔良，那里的九家日报派更快的蒸汽船前去接应。这些新闻报道还没有靠岸就排好版了，骑马的人将新闻带到北方。在战争接近尾声的时候，新闻通过电报从新奥尔良传到华盛顿特区，只需短短三天。

这场战争催生了大量的诗歌、歌曲、戏剧、游记文学和平版印刷作品，捕捉大众想象，颂扬冲突。"北方人之歌"（Yankee Doodle）曲调的新词宣称："他们在我们的土地上攻击我们的人民/还越过我们的河流，先生/现在就亮起我们手中的剑/让他们瞧瞧北方男孩能做什么，先生。"大多数受到战争启发涌现的大众艺术作品都富有爱国主义特色。但是并不是每个人都欢呼雀跃。废奴主义者詹姆斯·罗素·洛威尔（James Russell Lowell）将这场战争视为一场"有利于奴隶制的国家犯罪，我们共同的罪孽"。拉尔夫·沃尔多·爱默生（Ralph Waldo Emerson）在他1847年的日记中倾诉道："美国将征服墨西哥，但是这就好比一个人吞下砒霜，终将使他倒下。墨西哥会毒害我们。"甚至连支持奴隶制的发言人约翰·卡德威尔·卡尔霍恩都看到了扩张主义的极大危险。他说，墨西哥是"禁果，吞食它的惩罚将是把我们的制度置于政治死地"。

征服

事实证明美军部队无法无天、军纪松散，并且他们富有政治野心的指挥官们常常起内讧。尽管如此，在战争一开始，美国军队就取得了重大的收益。在1846年5月，波尔克命令史蒂芬·柯尼上校（Colonel Stephen Kearny）和一支小分队入侵偏远而人烟稀少的新墨西哥和加利福尼亚。他们几乎没有遇到任何抵抗就拿下了圣达菲，柯尼接着向加利福尼亚推进，在那里，他和两支海军军队以及由约翰·查尔斯·弗里蒙特上尉（Captain John C. Fermont）领导的美国定居者叛军会合。扎卡里·泰勒将军的军队袭击并占领了蒙特雷（Monterrey），将墨西哥东北部收入囊中（参见地图14.2），该地区于九月投降。

然而，事实证明新墨西哥对美军来说并不如探囊取物般轻而易举。1847年1月，在位于圣达菲西北的陶斯（Taos），西班牙人和印第安人在帕布洛·蒙托亚（Pablo Montoya）和托马斯·罗梅罗（Tomas Romero）的领导下反抗美国人，杀死了许多政府官员。在这次被称为"陶斯叛乱"（Taos Revolt）的事件中，大约有500名墨西哥和印第安叛乱者围攻陶斯之外阿罗约翁多（Arroyo Hondo）的一个磨坊。美国兵团很快发起行动，以300重装军队镇压了叛乱。越聚越多的叛乱者撤退到陶斯印第安村落（Taos Pueblo），在一座铜墙铁壁的教堂中负隅顽抗。美国军队用加农炮杀死了大约150名叛乱者，并俘虏了约400人。

在多次搜捕之后，大约有28名叛军领袖在陶斯广场被绞死，结束了对美国占领的流血抵抗，墨西哥和印第安人仍旧主张这些土地的所有权。

1846年年末之前，美国军队还控制了加利福尼亚。由于墨西哥人在广袤国土的外围遭受的重创并没有粉碎他们的反抗，温菲尔德·司各特将军把战火燃到了敌人的腹地。他率领14 000人在韦拉克鲁斯登陆，向墨西哥城进军。事实证明这次鲁莽的入侵是这场战争关键的战役。司各特的部下因为黄热病大幅减员，受到威胁，他们遭遇了一系列可怕的墨西哥抵抗，但是工兵们不断发现可以绕过敌人的侧翼路径。在一系列硬战之后，美国军队占领了墨西哥首都。

《瓜达卢佩—伊达尔戈条约》

美国和墨西哥两国的代表于1848年2月签署了《瓜达卢佩—伊达尔戈条约》。美国获得了佛罗里达和新墨西哥（包括现在的内华达、犹他、亚利桑那以及科罗拉多和怀俄明的一部分），并且承认格兰德河为得克萨斯的南方边境。作为交换，美国政府同意向墨西哥支付1 500万美元，解决其公民（大部分为得克萨斯人）对墨西哥要求的索赔（320万美元）。在波尔克赢得参议院对这一条约支持的那天，巴黎的一群暴民强迫路易·菲利普（Louis Philippe）放弃法国王位，一位名为卡尔·马克思的德国作家在伦敦发表了题为《共产党宣言》(The Communist Manifesto)的小册子。马克思的著作在许多年以后才产生巨大影响，但是当1848年反君主制的民族主义革命传播到意大利、奥地利、匈牙利和德国时，共和制美国占领了一个西方帝国。

这场战争的代价包括13 000美国人（大多数死于疾病）和50 000墨西哥人的死亡。不仅如此，墨西哥和美国之间的仇恨一直延续到20世纪。公众观点对此有着严重分歧。正如大多数南方种植园主，西南部人对战争非常热情；新英格兰人竭力反对战争。国会中的辉格党人谴责民主党人波尔克"挑起了"一场没有必要的战争，并且"篡夺了国会的权力"。年迈的约翰·昆西·亚当斯谴责这场战争，一位名叫亚伯拉罕·林肯的伊利诺伊辉格党人把波尔克的主张称作"痴人说梦"。废奴主义者和少数反奴隶制辉格党人谴责这场战争是扩张奴隶制的阴谋。国会议员俄亥俄州的乔舒亚·吉丁斯（Joshua Giddings）谴责波尔克的目的是"让奴隶制稳稳当当地在得克萨斯扎根"并且把奴隶制的领地扩张至西部。

"奴隶主集团阴谋"

这些谴责助长了北方对于"奴隶主集团"的恐惧。废奴主义者从很久以前就开始告诫人们奴隶主阶层寡头政治的威胁，认为他们意图通过对联邦权力的控制来统治整个国家。奴隶主们通过镇压异见控制了南方。1836年，他们在国会中强制通过禁止对某问题进行公开议论或辩论的规定，威胁着北方自由。对于许多北方白人，甚至那些对奴隶制并没有意见的人来说，关于言论自由的斗争最先令"奴隶主集团"这一提法变得可信。对墨西哥的战争深化了这种恐惧。反奴隶制的北方人问道，这场值得质疑的战争难道不是为了获得广袤的新奴隶领土而发起的吗？

北方关于奴隶制扩张的观点开始转变，但是这场战争对于南方观念的影响甚至更戏剧化。一开始，一些南方辉格党人因为发动战争攻击民主党总统，几乎没有南方国会议员将奴隶制视为首要问题。在北方和南方的许多白人都害怕大片的土地占领将造成成千上万非白种墨西哥人进入美国，并扰乱种族秩序。一位印第安纳政治家不希望"我们联邦中出现任何混血种族，也不希望有除了白人以外其他肤色的人种，除非他们是奴隶"。而《查尔斯顿水星报》(Charleston Mercury，南卡罗来纳)问道，这个国家是否希望"将八百万人融入我们的人口中，用种族、用语言、用宗教、用礼仪和法律向我们开战"。然而，尽管许多政治家有着种族主义和如此众多的夸张猜测，但他们很快在西南方征服战争的结果中看到了其他前景。

367 昨日重现

大众想象中的墨西哥战争

墨西哥战争是美国第一场由现代意义上的记者报道的海外战争,也是第一场激起广泛传播的充斥着大众艺术和纪念物品的战争。墨西哥战争中的美军指挥官扎卡里·泰勒将军成为战争英雄,并且其后在1848年当选为总统,竞选运动中出现了这种艺术的无数形式。为什么美国对墨西哥战争,也是美国第一场海外战争被记者们争相报道?在政治和军事艺术中得到广泛描绘?你认为墨西哥战争的艺术呈现提高还是降低了战争的人气?

▶ 装饰大水罐:1848—1850(陶瓷),法国画派(19世纪),一侧是扎卡里·泰勒肖像(1784—1850),美国第12任总统(1849—1850);另一侧是战场风景画和墨西哥战争(1846—1848)的英雄,以纪念泰勒于1847年在布埃纳维斯塔(Buena Vista)战役的胜利。

图片来源:得克萨斯的休斯敦美术博物馆(Museum of Fine Arts),巴尤本德收藏馆(Bayou Bend Collection),伊玛·霍格女士(Miss Ima Hogg)赠,布里奇曼艺术图书馆(Bridgeman Art Library)

▲ 油画,扎卡里·泰勒将军指挥布埃纳维斯塔战役,1847年墨西哥,布上油画,威廉·亨利·鲍威尔(William Henry Powell)(1823—1879)。

图片来源:芝加哥历史博物馆,布里奇曼艺术图书馆

368 《威尔莫特但书》

1846年8月，宾夕法尼亚民主党人大卫·威尔莫特提出一项修正案，或者说对一项军队拨款法案的限制性条款：在任何从墨西哥获得的领土中，"奴隶制或非自愿仆役状态不应该继续存在下去"。尽管这一限制性条款从来没能在国会两院中通过，北方人对其反复援引改变了关于奴隶制扩张的争论。南方人突然团结在他们的货车周围保护奴隶社会的未来。不久前"并非奴隶制的捍卫者"的亚历山大·H.斯蒂芬斯（Alexander H. Stephens）如今宣称奴隶制建立在圣经的基础上，超脱道德评价，而约翰·卡德威尔·卡尔霍恩则采取了一种激进的立场。卡尔霍恩坚称，这些领土属于所有州，因此联邦政府无权限制奴隶制在那里扩张。南方奴隶主拥有源自第五条修正案中的宪法权利，卡尔霍恩宣称，把他们的奴隶（作为财产）带到这些领土的任何地方。

这种立场常常被称为"州主权"（state sovereignty），很快成为南方政治家中一种正统性的考验，这是一种激进的历史倒退。1787年，邦联议会阻碍甚至近乎完全取缔西北领地中的奴隶制；美国宪法的第四条授权国会为这些领地制定"一切需要的规定和规范"；而密苏里妥协案在路易斯安那购地获得的大部分领土中禁止奴隶制。然而现在南方领袖们要求为奴隶制的未来提供保障。

在北方，威尔莫特限制性条款成为废奴主义者的战斗口号。最终14个州的立法会对其提供支持——并不是因为它的所有支持者都是废奴主义者。值得注意的是，大卫·威尔莫特既不是废奴主义者也不是反奴隶制辉格党人。他否认对"奴隶制这一问题存在任何反感情绪"或者对"奴隶持有病态的同情"。相反，他的目标是捍卫"白种自由民的权利"，并"为自由白人劳动者"夺取加利福尼亚。威尔莫特在反奴隶制争议中的角色衡量了这一领土问题对持多方观点的北方人的可观的警示能力。

然而，正如威尔莫特证明的那样，身兼种族主义者和奴隶制反对者两个角色是可能的。大多数北方白人并非活跃的废奴主义者，他们想让西部不受奴隶制侵犯的愿望常常与他们阻止黑人在那里定居的愿望相伴随。对奴隶主集团的恐惧因此导致了一场威力巨大的反奴隶制运动，团结了废奴主义者和反黑人选民。岌岌可危的是持续多时的一种美国梦：自由个人通过在西部获得土地实现社会流动性。自由劳动的神圣理想，及其对集权的恐惧，在美国燃起了一种新的政治信仰。英国经济学家亚当·斯密（Adam Smith）写道，一个人对自己劳动力的占有和出售，是"所有财产中最神圣不可侵犯的基础"。成千上万的北方人开始相信，奴隶劳动将贬低自由民的诚实劳动，使他们失去工作。因此西部必须禁止奴隶进入。

1848年选举和大众主权

分裂的奴隶制问题遍布于国家政治之中。在波尔克宣布放弃总统连任时，民主党人提名参议员密歇根的刘易斯·卡斯（Lewis Cass）竞选总统，肯塔基的威廉·巴特勒（William Butler）将军竞选副总统。卡斯是一个忠诚的民主党人，曾经在杰克逊的内阁中任职，他于1847年创造了"大众主权"的概念——让西部领地的居民为自己制定有关奴隶制的决策。他的党派平台宣称国会缺乏干涉奴隶制扩张的权力。辉格党人提名了南方奴隶主和战争英雄扎卡里·泰勒将军，纽约的国会议员米勒德·菲尔莫尔（Millard Fillmore）是他的竞选搭档。辉格党大会同样拒绝主张国会在这些领地中有决定奴隶制问题的权力。

然而这个问题终究无法避免。许多南方民主党人不信任卡斯，最终投票支持泰勒，因为他是个奴隶主。在北方人中间，关于奴隶制的顾虑导致了一个新党派的诞生。纽约民主党人推崇威尔莫特限制性条款，背叛了卡斯，提名前总统马丁·范布伦。反奴隶制辉格党人和自由党的前支持者加

表 14.1 新政党

党派	影响时期	影响地区	结果
自由党	1839—1848	北方	与其他反奴隶制团体融合,组成自由土壤党
自由土壤党	1848—1854	北方	与共和党融合
一无所知党(美国党)	1853—1856	全国	消失,大多数人加入共和党
共和党	1854—今日	北方(后来全国)	成为民主党的对手,在1860年赢得总统选举

入他们的行列,组成了自由土壤党,范布伦成为该党派的候选人(参见表14.1)。该党派致力于限制奴隶制向任何西部领地扩张,他们的口号是"自由土壤,自由言论,自由劳动,自由人民",赢得了接近300 000北方选票。对于一个新的第三党派来说,获得全国选票的10%是史无前例的。泰勒获得了140万张选民票,卡斯获得120万张,并赢得了总统职位,但是选举结果阴云密布而非一锤定音。

美国政治沿着地域界线分裂,这是空前的情形。宗教派系也分成了北派和南派。当1850年代来临时,墨西哥战争的遗留问题和1848年的矛盾冲突主导着国家生活,威胁到了联邦本身。

1850:妥协还是休战

1850年代的第一场地域之战牵涉了加利福尼亚。超过80 000美国人在1849年的淘金热中涌入加利福尼亚。由于国会无法就统治西部领地的方式达成一致,泰勒总统敦促这些定居者直接申请加入联邦。他们立即照做了,提出了一部禁止奴隶制的州立法。由于加利福尼亚作为自由州进入联邦会打破参议院中的地域权力平衡(奴隶州和自由州的比例是15对15),南方政治家们希望延迟加利福尼亚进入联邦,并且把它变成一个奴隶领地,或者至少将密苏里妥协线往西拓展至太平洋。

领地中关于奴隶制的辩论

德高望重的辉格党领袖亨利·克雷感到联邦岌岌可危。"伟大的调停者"(Great Pacificator)克雷此前两次——分别是1820年和1833年——在塑造地域妥协中起了主导作用;现在他最后一次奋力保护这个国家。对于平静下来的参议院来说,克雷提出了1850年冬天的一系列妥协措施。有一次,他举起一片所谓的乔治·华盛顿的棺木碎片,用来鼓舞大家团结起来。在接下去的几个星期中,他和参议员伊利诺伊的史蒂芬·A.道格拉斯(Stephen A. Douglas)通过辩论和修正来引导他们的妥协交易。

亟待解决的问题千头万绪而艰巨。加利福尼亚或其一部分是否会成为自由州?从墨西哥获得的领土该如何组织?允许奴隶制存在的得克萨斯索要西至圣达菲的大片新土地。南方人抱怨逃奴没有按照《宪法》要求被遣送回去,而北方人则反对国家首都举行的奴隶拍卖。八年前,在《普里格诉宾夕法尼亚州一案》(*Prigg v. Pennsylvania*,1842)中,最高法院判决,《宪法》中逃奴条款的强制实施是一种联邦义务,而非州义务,这增强了南方长期存在的一劳永逸解决这一问题的愿望。然而,最麻烦的是奴隶制在这些领地中的地位。

克雷和道格拉斯希望避免特定的程式,他们在大众主权的观点中发现了一位历史学家所谓的"模棱两可的魔力"。最终国会将不得不承认领地的州地位,但是"在此期间",刘易斯·卡斯道,它应该允许居住在那里的人们"以他们自己的方式规范自己顾虑的问题"。

这些简单的话语听起来很好但却无法执行。定居者们什么时候才能禁止奴隶制?为了避免党派中的分歧,北方和南方民主党人以两种无法共存的方式向他们的选民解释卡斯的言论。南方人宣称国会或领地立法会都无权禁止奴隶制。只有在领地发展后期，定居者们准备好起草州宪法时，他们才能迈出这一步，因此给奴隶制充分的时间扎根。而北方人则坚持认为生活在某个领地中的美国人有权成立地方自治政府，因此可以随时禁止奴隶制。

当参议员丹尼尔·韦伯斯特（Daniel Webster）把自己的名望和口才献给克雷的法案时，妥协事业获得了强有力的支持者。"我希望，"3月7日韦伯斯特在高度戏剧性的情形下说道，"今天在这里不是作为一个马萨诸塞州人，也不是作为一个北方人，而是作为一个美国人发声。我今天为了联邦的存续而发声。"韦伯斯特抛弃了他早期对威尔莫特限制性条款的支持，敦促北方人不要用反奴隶制措施"嘲讽或苛责"南方。对于南方煽动叛乱者，他警告他们联邦分裂将无可避免地导致暴力和破坏。由于他对妥协所做的努力，韦伯斯特被新英格兰的许多前废奴主义朋友谴责，他们责备他走到了"魔鬼"那一边。

不过在此之前的三天，同样戏剧性的是，卡尔霍恩勉强被人从病床上抬起来发表了反对妥协的演说。由于卡尔霍恩不能站立也不能说话，弗吉尼亚的参议员詹姆斯·梅森（James Mason）代替他宣读他的演说。这位南方睿智的捍卫者头发斑白、行将就木，他警告道"把这些州联结在一起的细绳""已经大大变弱"。卡尔霍恩并没有提到法案中的特定措施；他预测假如南方要求得不到满足，联邦必将解体，因此让一些人因为害怕转而支持妥协。

克雷因为疾病而离开华盛顿，道格拉斯重新分次引入妥协措施。尽管妥协方案并没有获得多数支持，但是道格拉斯敏锐地意识到这些措施可能分别产生各不相同的大多数票。因为南方人赞成其中一些条款，而北方人赞成另一些，所以在每个单一问题上可能产生微弱的多数。这个策略奏效了，道格拉斯的足智多谋缓和了危机，1850年妥协成为了法律。

1850年妥协

这一妥协案总共有五个关键措施：
（1）加利福尼亚成为一个自由州。
（2）得克萨斯边境设定在其目前的边界处（参见地图14.3），美国向得克萨斯支付1 000万美元，作为对失去新墨西哥领地的补偿。
（3）新墨西哥和犹他领地在人民主权的基础上加以管理。
（4）逃奴法得以巩固。
（5）华盛顿哥伦比亚特区禁止奴隶贸易。

这一妥协案的通过普天同庆；华盛顿和其他城市的人们欢庆这个好消息。"在一个辉煌的夜晚，"一个现代历史学家记录道，"消息传遍寰宇，醉饮狂欢是每个爱国主义者的责任。在第二天黎明到来之前许多公民证明了他们的爱国主义情怀。"

事实上，值得庆贺的理由远不如人们希望的那样充分。最乐观的情况下，1850年妥协案只不过是一种巧妙的逃避。正如一位历史学家辩称，这一法案更多的是一种"休战协议"，是推迟更大的冲突，而不是真正的妥协。道格拉斯找到一种方法通过五个提案，而且无需说服北方人和南方人就基本问题达成共识。这个妥协案为美国赢得了时间，但是它却没有真正地解决领土问题。

不仅如此，这一妥协法案还有两个基本的缺陷。第一个缺陷与人民主权的模棱两可有关。南方人坚持认为在领地阶段中将不存在奴隶制的禁止，而北方人则宣称定居者可以随心所欲地随时禁止奴隶制。这一妥协甚至允许对领地立法会的行为向最高法院提起上诉。一位机智的政治家评价道，这些立法委员制造了一桩诉讼，而非一部法律。

《逃奴法案》

第二个缺陷在于《逃奴法案》，这一法案为奴隶制提供了新的和富有争议的保护。这部法律授权奴隶主去自己所在州的法院提交某个有义务为他

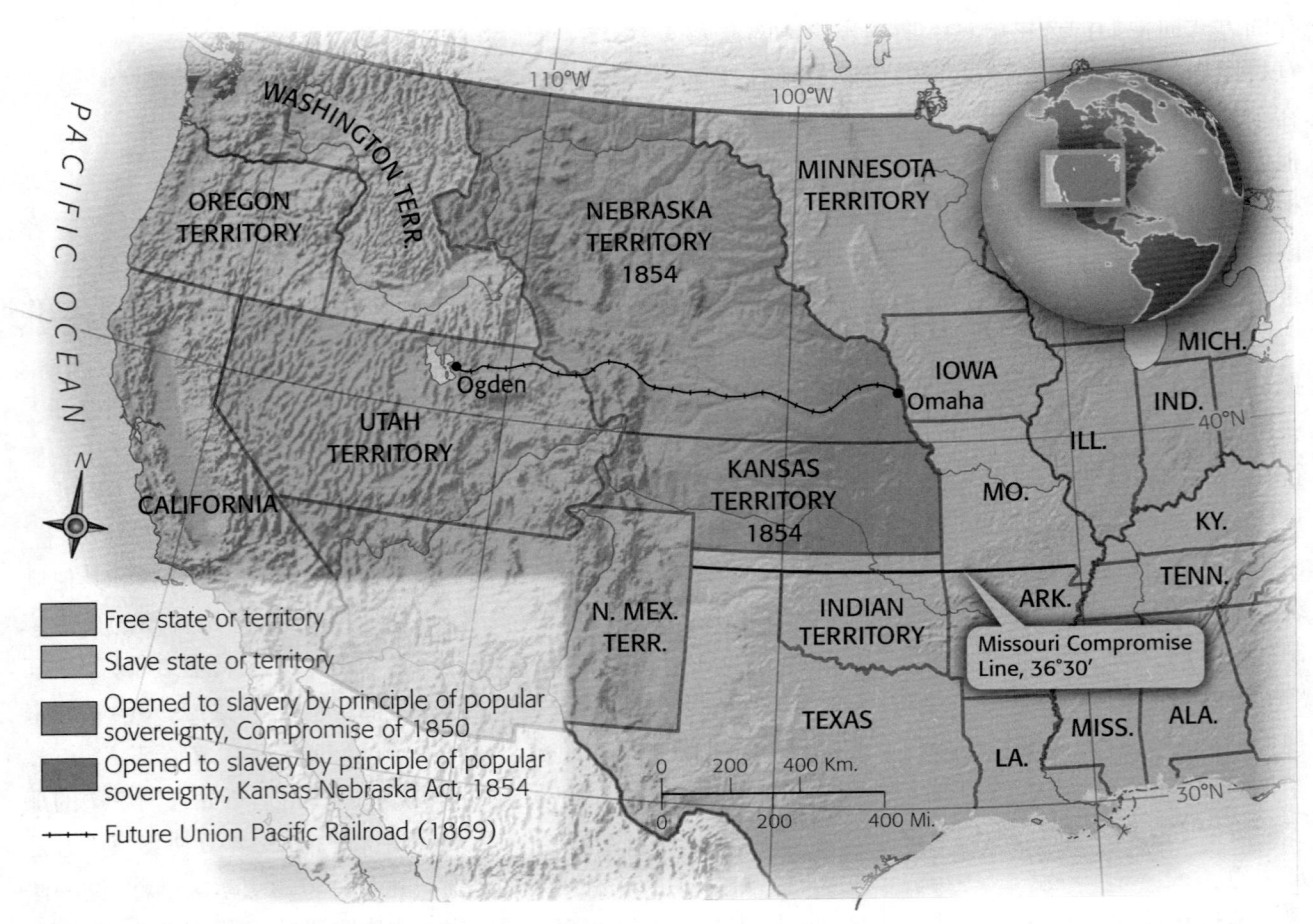

地图14.3 《堪萨斯—内布拉斯加法案》和奴隶制扩张，1854

关于《堪萨斯—内布拉斯加法案》在众议院中的投票（参见表14.2）证明了美国政治由于奴隶制问题而产生的地域分歧。

来源：©圣智学习

们服务的奴隶逃逸的证据。随之产生的文字记录和对这个逃奴的描述将被当作某个人奴隶地位的法律证明，甚至在自由州和领地也是如此。专门委任的法院官员负责判断描述中这个人的身份，而非根据他或她是否确实是一个奴隶做出判决。惩罚规定将庇护逃奴定为一种重罪，并且这部法律宣称可以召集北方公民抓捕逃奴。交给美国执法官的费用也有利于奴隶主：假如所谓的逃奴被返还给奴隶主，则需支付10美元；假如逃奴没有被返还，则需支付5美元。

废奴主义报纸很快开始攻击《逃奴法案》，称它是对基本美国权利的违反。为什么所谓的逃奴没有受审判的权利？为什么他们没有机会提交证据或者证供？为什么法律赋予当局经济动机将嫌疑逃奴

表14.2 《堪萨斯—内布拉斯加法案》投票

	赞　成	反　对
北方民主党	44	42
南方民主党	57	2
北方辉格党	0	45
南方辉格党	12	7
北方自由土壤党		4

抓捕遣送回去，为什么北方人要因为庇护逃奴被逮捕？这些辩论说服了一些北方人，所有自由黑人都很容易被绑架和奴役。"自由"州对于黑人来说不再是安全的避风港，无论他们是否是奴隶出身；估计有2 000黑人在《逃奴法案》颁布前夕逃到了加拿大。

在1850年和1854年之间，对于奴隶搜捕者的抗议和暴力抵抗在数十个北方城镇中上演。有时候废奴主义者把逃奴从监狱中劫走或是帮助他们脱离奴隶中介的控制，比如1851年，波士顿人沙德拉奇·明金斯（Shadrach Minkins）换乘几趟列车穿过马萨诸塞，经佛蒙特到达加拿大蒙特利尔。也是在1851年，一个名叫杰瑞·麦克亨利（Jerry McHenry）的逃奴在纽约的锡拉丘兹（Syracuse）被一群废奴主义暴民释放，然后迅速逃到加拿大获得自由。同年，宾夕法尼亚兰开斯特县（Lancaster County）的一个黑人小社区以武力保卫四个逃奴，反抗前来重新奴役他们的联邦武装团队。在这次"克里斯蒂亚娜（Christiana）暴动"中，这些逃奴射杀了马里兰的奴隶主爱德华·葛尔苏奇（Edward Gorsuch），因为他试图夺回自己的"财产"。逃奴问题引发了越来越多的边境战火，一篇关于克里斯蒂亚娜事件的报道标题呐喊道："内战！第一枪已打响！"

许多废奴主义者被他们反抗《逃奴法案》的经历说服，认为暴力是反抗奴隶制的一种正当途径。在一篇1854年的题为《杀害绑架犯是否正确又明智》的专栏文章中，弗雷德里克·道格拉斯说，使逃奴法彻底成为"一纸空文"的唯一办法是制造一些"奴隶抓捕者的尸体"。

《汤姆叔叔的小屋》

在这个节骨眼上，一部描绘奴隶的人性和苦难的小说以一种感动数百万北方人的方式诞生。作者哈里特·比彻·斯托（Harriet Beecher Stowe）的新英格兰家庭出现了许多德高望重的牧师，她以深刻的道德信念写就了《汤姆叔叔的小屋》。她的故事于1851年连载，于1852年以书籍形式出版，传达了奴隶家庭的痛楚，并且描述了一位母亲和她的孩子们穿过冰封的俄亥俄河冲向自由的故事。斯托还描述了奴隶制对于奴隶主的邪恶影响，比起控诉落入奴隶制之网的南方人，她更严厉地控诉这种制度本身。不仅如此，斯托还揭示了北方的奴隶主义和在奴隶制中扮演的同谋角色，她笔下最恶劣的奴隶主是一个在新英格兰出生的人，还有一个拜访种植园的亲戚，她是一个难以取悦的佛蒙特女人，她甚至忍受不了黑人在场。

9个月后，这部小说售出了300 000本，至1853年年中销量超过一百万。无数人看过改编成舞台剧的《汤姆叔叔的小屋》，在戏剧阅读会中听到这个故事，或者读过从该书得到灵感的其他类似小说。斯托把奴隶制的邪恶传达给许多从来没有思考过这个问题的人。事实上，一代又一代，《汤姆叔叔的小屋》中的角色——伊莱莎（Eliza）、小伊娃（Little Eva）、西蒙·莱格里（Simon Legree）和汤姆叔叔本人——进入了美国大众想象中，成为奴隶制及其终结的象征性符号。

《汤姆叔叔的小屋》的风靡让焦虑的南方白人感到警觉。在政治和大众文学中，他们看到了自己的生活方式受到的威胁。在南方激进的领土权利主张背后深藏着一种恐惧，假如周边地区法律禁止奴隶制，它们也许会被当作基地，将废奴主义扩张到奴隶州中。对于大多数南方白人来说，只要任何地方存在对于蓄奴的道德谴责，就意味着每个地方都是一样的。

为了在意识形态的竞技场上保护奴隶制，南方人需要反驳将奴隶制度视为道德过错的观点。因此，作为对《汤姆叔叔的小屋》的回应，大约15到20部支持奴隶制的小说在1850年代出版。这些小说在斯托夫人的杰作的对比下显得苍白无力，但是南方作家继续捍卫他们的体制，宣扬它比计酬劳工更人性化，而且他们把奴隶贸易的责任推到北方投机者的"外部干预"上。在离奇做作的故事中，比如J.W.佩奇（J.W. Page）的《罗兵叔叔在他的小屋中，汤姆叔叔在波士顿没有小屋》（Uncle Robin in His Cabin and Tom Without One in Boston），奴隶们被来访的废奴主义者引诱逃亡，最后只能在北方城市中忍饥挨饿。

地下铁道

事实上，尤其令奴隶主们困扰的是1850年代被广泛称为地下铁路的网络。这个松散的国内违法

▲ 伊莱莎穿越俄亥俄河，在浮冰上跳跃，这或许是最著名，也最常被引用的《汤姆叔叔的小屋》中的意象。这幅插图来自20世纪的墨西哥艺术家米格尔·科瓦鲁维亚斯（Miguel Covarrubias）。

图片来源：安默斯特学院（Amherst College）档案和特别收藏

▲ 在《哈莉特·塔布曼和圣经及蜡烛的静物画》（Still Life of Harriet Tubman with Bible and Candle）中，我们看到地下铁道年轻冷静而意志坚定的领袖。塔布曼看起来很温和，但实际上却以她自己的方式充当着解放近三百名同胞的革命者。

图片来源：路易斯·皮斯霍期/社科派（Louis Psihoyos/Science Faction）

网络鼓舞着逃奴们奔向自由，却从来都没有良好的组织。成千上万的奴隶确实通过这些途径成功逃走，但是大体上凭借的是自己的智慧和勇气，以及一些北方城市黑人的帮助。波士顿的刘易斯·海登（Lewis Hayden）、纽约的戴维·拉格尔斯（David Ruggles），还有华盛顿特区的雅各布·吉布斯（Jacob Gibbs），只是成功地帮助逃亡奴隶逃出其地区的许多黑人废奴主义者中的一部分。

不仅如此，1848年的逃奴哈莉特·塔布曼（Harriet Tubman）后来回到家乡马里兰，她至少十数次前往弗吉尼亚，通过暗中手段可能帮助了多达300名奴隶获得自由，其中有一些是她自己的家庭成员。马里兰种植园主对她的英勇胜利恼怒无比，为此他们悬赏40 000美元捉拿她。

在俄亥俄州，无数白人废奴主义者，通常是贵格会教徒，加入黑人的行列，在奴隶制地区和自由地区的边界河畔许多地点充当着奴隶解放的代理人。地下铁路同时还拥有无数海上路径，沿岸的奴隶在弗吉尼亚或南北卡罗来纳外登船，或者从新奥尔良登船，最后抵达北方港口城市、加勒比或者英国。许多来自下南方和得克萨斯的逃奴逃亡墨西哥，墨西哥于1829年废除了奴隶制。一些奴隶通过加入佛罗里达的塞米诺尔社区（Seminole）逃走，他们与塞米诺尔人在1835—1842年和1855—1858年的两场塞米诺尔战争中对抗美国军队。

这一持续而危险的人性的流动是人类勇气和自由意志的证明。它从来没有达到某些愤怒的奴隶主想象中的规模，也没有数百北方城镇和如今的当地历史协会宣称的那样有不计其数的家庭和庇护所。然而在现实和传说中，地下铁道对奴隶制这一体制施加了压力，并且为奴隶们提供了希望。

1852年选举和妥协案的崩溃

1852年总统选举为南方领导人带来了希望，他们以为奴隶制在一位新总统的统治下将高枕无忧。来自新罕布什尔的民主党人富兰克林·皮尔斯（Franklin Pierce）轻而易举地战胜辉格党总统候选人温菲尔德·司各特（Winfield Scott）将军。南方人希望皮尔斯坚定地支持1850年妥协案。因为司各特有关妥协的观点未知，而自由土壤党候选人、新罕布什尔的约翰·P.黑尔（John P. Hale）已经公开反对它，所以皮尔斯的胜利暗示着对妥协案的广泛支持。

然而辉格党是衰弱的，至1852年地域分歧已经令它行将就木。总统皮尔斯对于妥协案的接纳令许多北方人反感。他大力贯彻《逃奴法案》引起了广泛愤慨和对奴隶主集团的恐惧，尤其是在逃奴安东尼·伯恩斯（Anthony Burns）的事件中，他于1852年偷偷乘着船逃离弗吉尼亚。在波士顿，他以为自己在以废奴主义著称的城市中已经安全，伯恩斯开始了新生活。但是在1854年，联邦执法官找到了他，把他关押在波士顿的法院大楼中。一群由不同种族构成的废奴主义者攻击了法院，在试图营救伯恩斯的过程中杀死了一名看守，但营救行动却没有成功，这一事件吸引了全国的关注。

皮尔斯下定决心推行《逃奴法案》。他发电报给当地官员，要求他们"不惜一切代价地确保这一法律的执行"，并且向波士顿派出了海军、骑兵和炮兵。美国军队把伯恩斯押送到波士顿港，穿过大街小巷，他的支持者们披上黑布，下了半旗。以100 000美元的代价，一个黑人通过联邦法律的力量被送回奴隶主手中。

支持奴隶制未来的国家意愿常常经受考验。这种联邦政府对奴隶制明显的支持使得民众群情激昂，甚至连许多保守派也加入其中。纺织品制造商阿莫斯·A.劳伦斯（Amos A. Lawrence）评论道："我们上床睡觉时还是老派、保守和妥协的联邦辉格党人，醒来却变成了彻头彻尾的疯狂废奴主义者。"陪审员们拒绝将攻击波士顿法院的废奴主义者定罪，而新英格兰诸州开始通过个人自由法律，以阻碍或妨碍联邦执法。在这类法律中，当地法官有权拒绝执行《逃奴法案》，这在事实上否认了联邦权威。北方人现在把这些事实视为奴隶主集团作威作福的证据，在愤怒的奴隶主看来却是合法捍卫他们的权利。

皮尔斯每次都面临着地域矛盾。他提出的横贯大陆的铁路脱轨了，而当时国会议员正在为它应该坐落于北方还是南方争论不休。他试图获得外国领土，这引起了更多麻烦。与夏威夷的合并条约失败了，因为南方参议员们不愿意投票支持另一个自由州的建立，而通过《奥斯坦德宣言》（Ostend Manifesto）获得奴隶制古巴的努力激怒了北方人。在一次美国驻英国、法国和西班牙外交官的会议之后，一份文件主张，假如古巴不能被"买下"，就以武力征服它。外交官们预测古巴"将非洲化，伴随着所有白种人遭受的恐惧成为第二个圣多明各"。反奴隶制提倡者再一次从中看到了奴隶主集团的阴谋。

太平洋中发生的事件同样加重了国内的分歧，主要是关于美国扩张的范围应该有多远。通过分别于1853年和1854年策划的东京湾登陆，海军准将马修·佩里（Commodore Matthew Perry）确立了美国与日本贸易的意愿。日本人感到被冒犯但同时大感好奇，他们被佩里的蒸汽动力战舰所震撼，这是他们第一次看到这种喷吐着黑烟的漂浮机器。佩里在1854年3月签订的《神奈川条约》（Kanagawa Treaty）协商将两个港口作为美国船只的装煤站。他们渴望的贸易协议姗姗来迟，尽管这并没有阻止商人和银行家在佩里回到美国时将英雄的荣誉洒向他。在他和日本人的会面中，自负的佩里向在他看来低人一等的东道主们提供了一个电报系统，一辆1/4比例的货车，一部墨西哥战争的历史书，以及一百加仑肯塔基威士忌。

很快，当他回到家乡后，另一个领土法案将国会和举国上下卷入更大的混乱中，1850年妥协案彻底崩溃。

奴隶制扩张和党派体系的崩溃

新的争议以一种惊人的方式开始。史蒂芬·A.道格拉斯是1850年妥协案的建筑师之一，他用一部法案建立了堪萨斯和内布拉斯加领地。道格拉斯天赋卓越，对总统职位野心勃勃，他因为妥协案而非地域争执而扬名。但是他并不将奴隶制视为一个根本的问题，他愿意冒一定程度争议的风险，为他的故乡伊利诺伊赢得经济利益。一条横贯大陆的铁路将鼓励大平原地区的定居，并且刺激伊利诺伊的经济，但是在国会治理铁路将穿越的领地之前，没有公司愿意建造这样一条铁路。因此，推动这条铁路建设的兴趣促使道格拉斯引入了一个激起地域感情的法案。

《堪萨斯—内布拉斯加法案》

《堪萨斯—内布拉斯加法案》暴露了对人民主权的矛盾解读。道格拉斯的法案将"所有与奴隶制相关的问题留在领地里……留给居住在那里的人们"。然而北方人和南方人仍然对于领地定居者是否能够合宪地做这一决定争论不休。此外，堪萨斯和内布拉斯加领地位于路易斯安那购地范围之内，而密苏里妥协禁止从北纬36度30分至加拿大边境的所有土地上的奴隶制。假如人民主权在堪萨斯和内布拉斯加有任何意义的话，那么它必然意味着密苏里妥协不再有效，并且定居者们有权在那里建立奴隶制度。

南方国会议员急于确立奴隶主将奴隶带往任何领地的权利，他们向道格拉斯施压，意图迫使他承认这一点。他们要求明确撤销北纬36度30分的限制，作为他们支持的代价。在和参议员肯塔基的阿奇博尔德·迪克森（Archibald Dixon）共乘马车时，道格拉斯长篇大论地就这个问题进行争辩。最后，他做了一个冲动的决定："看在上帝的份上，先生，你是对的。我会把它加我的法案中，尽管我知道它将引起一场地狱般的风暴。"

或许道格拉斯低估了这场风暴的规模，因为他相信气候和土壤的状况可以把奴隶制拦在堪萨斯和内布拉斯加之外。尽管如此，他的法案将此前被禁止了34年的奴隶制土地突然放开。来自自由土壤党成员和反奴隶制势力的反抗立竿见影并且持续不断；许多人认为这些事件的转折是对神圣信任的背叛。国会中的激烈斗争持续了三个半月。道格拉斯赢得了皮尔斯总统的支持，最终占了优势：1854年这一法案成为法律，这场投票证明了美国政治中危险的地域分裂状态（参见地图14.3和表14.2）。

但是这场风暴才刚刚开始。北方对于奴隶制影响的恐惧更深了。对于《逃奴法案》的反对戏剧性地增长了；在1855年和1859年之间，康涅狄格、罗德岛、马萨诸塞、密歇根、缅因、俄亥俄和威斯康星通过了个人—自由法律。这些法律激怒了南方领袖，他们为被指控的逃奴提供辩护律师，并且要求司法审判。更重要的是《堪萨斯—内布拉斯加法案》对于政治党派的毁灭性的影响。被削弱的辉格党分裂成北派和南派，无法再进行全国性的合作。民主党幸存了下来，但是该党在北方的支持率在1854年选举中大幅下降。北方民主党人失去了91个国会席位中的66个，并且失去了几乎所有自由州立法会的控制权，只余两个。

共和党的诞生

北方选民怒火的受益者是一个新的政治党派。在关于《堪萨斯—内布拉斯加法案》的争论中，六个国会议员发表了题为《独立民主党人的呼吁》（*Appeal of the Independent Democrats*）的文章。乔舒亚·吉丁斯、萨蒙·蔡斯（Salmon Chase）和查尔斯·萨姆纳（Charles Sumner）——这一檄文的主要作者——攻击道格拉斯的立法是"对神圣誓言的粗暴违背"（密苏里妥协），是"对宝贵权利的罪恶背叛"，将使自由领土变成一个"荒芜的专制之地"。他们的呼吁在北方激起了许多人深刻的忧虑，痛切地由伊利诺伊的亚伯拉罕·林肯表达出来。

尽管林肯个人并不谴责南方人——"我们处在他们的立场也会变得和他们一样"——但是他却揭示了《堪萨斯—内布拉斯加法案》的意义。林肯辩称，缔造者们出于对自由的热爱，禁止西北领地中的奴隶制，将"奴隶制"一词排除在《宪法》之外，并且整体上将它当作共和国的"癌症"。《堪萨斯—内布拉斯加法案》不是鼓励自由，而是将奴隶制置于"通往扩张和永恒的康庄大道"上，这建立了一种"道德错误和不公"。美国的未来，林肯警告道，被抵押给了奴隶制及其所有影响。

成千上万的普通北方白人赞同他的看法。在1854年的夏季和秋季，反奴隶制辉格党人和民主党人、自由土壤党人，以及整个老西北地区的其他改革派会合到一起成立了新的共和党，致力于将奴隶制限制在领地之外。共和党人的影响很快传播到东部，他们在1854年总统选举中获得了惊人的胜利。第一次出现在投票表决中时，共和党人获得了大多数北方议会席位。反奴隶制情感创造了一个新的党派，导致大约1/4北方民主党人抛弃了原先的党派。

这也是第一次有一个地域党派在政治体系中获得重要势力。现在辉格党已经成为过去，只剩下民主党勉力维持全国成员关系。共和党吸收了自由土壤党，在北方迅速成长。事实上，共和党联合反奴隶制利益是美国历史上党派忠诚和选民行为转变最急剧的案例。

一无所知党

共和党人还将迅速成长的本土主义运动拉入他们的联盟中，该运动将自己称作美国党，或者一无所知党（因为它的首批成员对自己的目的秘而不宣，对所有问题只回答"我什么也不知道"）。该群体利用对外国人和天主教徒的恐惧。1848年至1860年之间，接近350万移民进入美国——从比例上来说这是美国历史上外国人涌入最多的时期。民主党人拉拢这些新移民的选票，但是许多土生土长的盎格鲁-撒克逊新教徒相信爱尔兰和德国天主

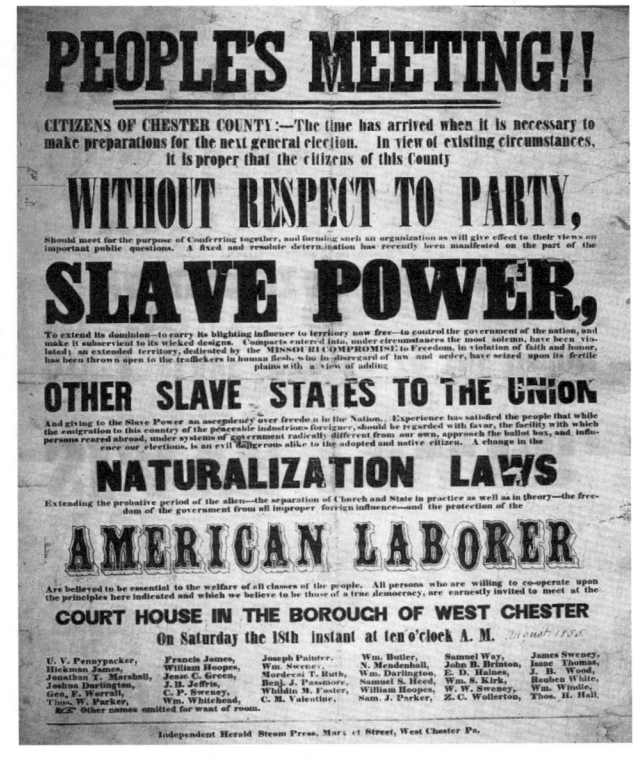

▲ 在整个北方，《堪萨斯—内布拉斯加法案》激起了人们对于奴隶主集团"下定决心扩张领土"和"控制国家政府"的警戒。如图中所宣告的，一系列公众会议在宾夕法尼亚的韦斯特切斯特（West Chester）举行，帮助了新成立的共和党。

图片来源：美国古文物学会（American Antiquarian Society）

教徒主要效忠于罗马教皇，而不是美国。

1854年，反移民恐惧在一些北方州给一无所知党带来了可观的成功。他们在马萨诸塞州尤其成功，选出了11个国会议员，1个州长，所有州官员，所有州参议员，以及378个州代表中除两人之外的所有代表。禁欲运动通过许诺扑灭与酒精及移民（尤其是反爱尔兰运动）联系在一起的罪恶，同样在1850年代早期获得了新的生命力。在这样的环境下，一无所知党竭力巩固新教道德，将官员职位和选举权严格赋予本国出生的人。当辉格党退下历史的舞台时，一无所知党暂时地填补了空缺。但是像辉格党一样，一无所知党无法让北派和南派在奴隶制扩张问题面前统一意见，于是他们在1856年之后解体了。成长壮大的共和党联盟以节制的条例和法律推迟新入籍公民的选举权（参见表14.1）。

党派重组以及共和党的示好

原有选民中有接近一半等着被各个党派抢占，辉格党的消亡确保了政治体系的重大重组。剩下的党派纷纷向选民中的各个派系示好。移民、禁酒、宅地法案、关税、内部发展项目——在1850年代吸引选民时都扮演着重要角色。共和党主要吸引那些对西部经济发展有兴趣的人。商品农业在俄亥俄—密西西比—五大湖地区蓬勃发展，但是该地区的居民渴望更多运河、道路以及河道和港口发展项目。因为信贷稀缺，宅地项目——西部土地可以免费提供给愿意耕种及定居的个人的想法——吸引了许多选民。共和党抓住了这些政治愿望。

党派意识形态吸引成为重组政治体系的潮流。当共和党宣扬"自由土壤，自由劳动，自由人民"的时候，他们抓住了许多北方人的自我印象。这些语汇与传统的自治下的平等自由和机遇理想产生共鸣——共和主义的传承。调用这一系列传承还减少了对于共和党过于激进和废奴主义的谴责。

北方经济蓬勃发展，成千上万的移民迁徙到西部建立富饶的农场，发展社区。中西部人通过使用新机器，比如收割机，让产量成倍增长。铁路将他们的收成运往都市市场。而工业正开始创造生产的奇迹，使不久以前对于普通人遥不可及的商品变得唾手可得。

共和党意识形态

对于许多人来说，进步的关键似乎是自由劳动——劳动的尊严和机遇的激励。人们认为，任何勤劳和正派的人都可以通过抓住重要机遇提升自己的处境，获得经济独立。共和党人辩称，以奴隶劳动为主的南方几乎没有工业，相形之下是落后倒退的。他们的辩论抓住了北方的时代精神。

传统共和主义赞扬正派的普通人是国家的脊梁。在亚伯拉罕·林肯身上，共和党人拥有这一传统的象征，林肯出身低微，凭借自身努力成为一名成功的律师和政治领袖。他们将自己的党派塑造成经济机遇的捍卫者，赋予个人工作、获得土地和达到成功的机遇。用一位爱荷华共和党人的话来说，美国之所以繁荣昌盛是因为它的"大门向所有人敞开，甚至是全国最贫穷、最卑微的人也可以通过努力奋斗获得一席之地，为自己赢得来自同胞的尊重……"

1850年代的危机中最岌岌可危的是两种相互矛盾的"自由"定义：南方种植园主坚持捍卫他们拥有和将奴隶带到全国任何地方的自由，而北方工人和农民主张捍卫他们在自由土地上寻找新生活的自由，不受一种将劳动定义为奴隶和黑人的体制的阻碍。

对于奴隶制扩张的反对使共和党应运而生，但是党派成员小心翼翼地通过接受其他团体的奋斗目标来提高他们的吸引力。他们的综合意识形态包括许多元素：对南方政治势力的憎恶，对统一的忠诚；基于自由劳动和对奴隶制的道德反感及种族偏见等理由的反奴隶制。正如《纽约论坛报》(*New York Tribune*)编辑贺瑞斯·格里利(Horace Greeley)于1856年所写："我深信美国人目前还不是反奴隶制的。"四年之后，格里利再一次评论道："一个反奴隶制的人仅凭这点不能当选。"但是，他补充道："一个推进关税、河流和港口，太平洋铁路，自由宅地法的人可能成功，尽管他反奴隶制。"当这些人将希望寄托于共和党时，他们也变得更害怕奴隶制了。

南方民主党人

在南方，辉格党的瓦解令许多南方人在政治上无所适从；其中包括大量富有的种植园主，少一些的奴隶主，以及都市生意人。在地域危机越来越紧张的氛围中，这些人对于强势的州权利立场和捍卫奴隶制高度受影响。他们自己社区的安全似乎受到了威胁，在1850年代，大多数前辉格党奴隶主都转向了民主党。

然而，从安德鲁·杰克逊的时代开始，没有奴

放眼天下

威廉·沃克和掠夺

在1848年至1861年之间，美国正式与海外各国和平共处。但是这没能阻止公民个人有时候在政客和商人的支持下，发起冒险的夺取海外土地的尝试，尤其是在墨西哥、中美洲和加勒比地区。1850年代是海外"掠夺"最盛行的时期，在这一时期，掠夺指的是个人军事远征，在"昭昭天命"、商业、传播奴隶制和白人至上或男性勇气的名义下，意图破坏海外国家的稳定或占领其土地。

至少有十多个掠夺计划在这个扩张和地域危机的时代产生，这些计划全都是非法的，常常受到美国总统的反对，被视为对1818年《中立法案》的无耻违背，该法案将试图颠覆外国"疆土"视为非法。这样的法律并没有阻止一些参议员、铁路和船运企业家，尤其是我行我素的富有士兵威廉·沃克公然违法，追寻拉丁美洲帝国的"南方梦想"。这一法律也没能阻止几任总统在这些年中较官方地企图将古巴并入联邦。

沃克出生于田纳西，当1848年革命撼动整个美洲大陆时，他正在欧洲旅行和读书。他曾在新奥尔良短暂地担任一家报纸的编辑，然后迁徙到加利福尼亚当执业律师，他惹是生非，至少进行过三次决斗。1853年，沃克注定失败但充满决心地在墨西哥的索诺拉（Sonora）和包姚半岛（Baja）建立美国"殖民地"后，将视线投向尼加拉瓜，那里已经是成千上万美国人非常感兴趣的地方，他们将它的地峡当作通往加利福尼亚金矿区的捷径。

1856年，沃克带着一小支雇佣兵组成的军队侵略尼加拉瓜，利用当时的内战控制了该国政府，宣布自己为总统，并且重新将奴隶制引入一个禁止该体制的国家。1857年，沃克被尼加拉瓜人和英国联军击败，他回到美国，发起了一个筹款和演讲运动，在此过程中他常被当作浪漫主义英雄。在回到尼加拉瓜时，他被一个美军中队逮捕，再一次带回美国领土，接受审判并被宣判无罪。

1860年，沃克发表了他关于远征的记述，《尼加拉瓜的战争》（War in Nicaragua）。他煊赫的名声一部分来自他虚张声势的性格；一些人将他视为投身"奴隶主集团阴谋"的个人，其他人将他当作"灰眼睛的命定之人"，注定推进奴隶制的事业和美国统治。当沃克迫切需要南方政治支持，为他的计划提供经费时，他在尼加拉瓜更激进地支持奴隶制。1860年沃克第三次回到中美洲追寻他永不满足的名誉和权力之梦时，他被一个英国上尉逮捕，转交给洪都拉斯当局，他们立即派行刑队将他处死。这些掠夺冒险点燃了"昭昭天命"的想象，不过是美国在接下去的一个世纪中更大规模开发利用和征服拉丁美洲的微小前兆。沃克的传奇流传在今日的中美洲，既带有英雄色彩又臭名昭著，还活在两部美国电影中，是分别由马龙·白兰度主演的《燃烧》（Burn，1969），以及由艾德·哈里斯（Ed Harris）主演的《沃克》（Walker，1987）。掠夺者将美国与世界相连，给美国和邻居古巴及夏威夷留下了关系艰难的遗产。

◀ 威廉·沃克肖像，这位出生于田纳西的掠夺者是个我行我素的富有士兵，他试图在尼加拉瓜建立自己的帝国，在那里他重新建立了奴隶制。对某些人尤其是南方人来说，他是个浪漫主义英雄，但是对其他人尤其是北方人和美国政府来说，他是个臭名昭著的恶棍和"昭昭天命"最坏的方面的首要拥护者。

图片来源：国会图书馆

隶的自耕农已经是民主党的核心。民主党政治家尽管本人常常是奴隶主,但是却赞颂普通人,并且辩称他们的政策旨在促进普通人的利益。根据南方版的共和主义,正因为黑人被奴役,白人公民才可以在一个奴隶社会中享受自由和社会平等。正如杰佛逊·戴维斯(Jefferson Davis)于1851年所言,在其他社会中,差异是"通过富人和穷人之间的财产"拉开的。但是在南方,奴隶制提升了每个白人的地位,允许非奴隶主"和富人站在同一个广阔的平等层次上"。为了获得普通白人的支持,南方民主党人诉诸种族主义,不加掩饰地警告人们:关键问题"是让黑人统治白人,还是让白人统治黑人?"

南方领导人还将地域矛盾塑造成针对南方荣誉和声望的不公正和侮辱。他们辩称,所有南方白人的权利都受到了威胁,因为反奴隶制和自由土壤势力威胁到一种受宪法保护的制度。稳固而秩序井然的南方是宪法原则的真正捍卫者;而迅速变化的北方,则是其破坏者。

种族恐惧和传统的政治忠诚帮助维系了自耕农和种植园主之间反复无常的同盟关系,使之在1850年代大致上完整无缺。越过阶级界线,南方白人在社会安全利益面前团结在一起,对抗他们眼中共同的敌人共和党,他们认为共和党企图在他们中间制造奴隶动乱。在南方并没有产生切实可行的党派替代辉格党的位置,和北方一样,政治重组强化了地域特征。

两个地区的政治领袖都在关于机遇的辩论中运用种族问题,但是北方人和南方人看到不同的未来。《蒙哥马利邮报》(Montgomery Mail,阿拉巴马)在1860年警告南方白人,共和党意图"解放黑奴,强迫他们和南方穷人的子孙通婚。而富人则可以免受污染"。共和党人则提醒北方工人,假如奴隶制进入领地,那么普通公民的机遇宝库将被污染。

流血的堪萨斯

当渴望土地的党派在堪萨斯领地的地域斗争中反复发生冲突时,《堪萨斯—内布拉斯加法案》引起了大量的仇恨和暴力。废奴主义者和宗教团体派来武装的自由土壤定居者;南方人则派来支援建立奴隶制和阻止"北方部落"窃走堪萨斯。矛盾导致恶性流血事件,很快全国都在谈论"流血的堪萨斯"。

领地中的政治类似战争,而不是民主。在1855年领地立法会的选举中,成千上万支持奴隶制的密苏里人——被称为"边境恶棍"(Border Ruffians)——袭击投票站,为支持奴隶制的候选人制造出大多数票选结果,但却用了虚假手段。他们谋杀和恐吓自由州定居者。在这些暴徒和其他南方人的集会中,写着"南方权利""白人高等"和"阿拉巴马换堪萨斯"等标语的旗帜迎风招展。随之成立的立法会将奴隶制合法化。作为回应,自由土壤党人举行了一场未经授权的会议,他们在会上成立了自己的政府和宪法。堪萨斯是一个易燃箱。至1856年春天,报纸声嘶力竭地呼唤暴力。"在斗争中,让殊死搏斗成为我们的座右铭,让我们血战到底。"支持奴隶制的《占地者主权》(Squatter Sovereign)号召道。奴隶制的倡议者讥讽他们的对手是懦夫,并把"废奴主义者"比作应该被"完全消灭"的"异教徒"。

5月,一个支持奴隶制的地方武装团体被派去逮捕自由土壤领袖,他们洗劫了堪萨斯的劳伦斯城(Lawrence),用加农炮杀死了几个人并摧毁了一座旅馆。作为报复,激进的废奴主义者约翰·布朗带领着一群追随者,谋杀了五名生活在波特瓦托米溪(Pottawatomie Creek)沿岸的支持奴隶制的定居者。他们趁着天黑把被害者从家中掳走,他们的头颅和腿被沉重的宽剑切成几块,他们的身体被抛入灌木丛中。布朗本人并没有使用剑,但是他向一个失去知觉的敌人头部射了一枪确保他死透。很快,武装的游击队在领地中逡巡,为土地所有权归属和奴隶制战斗。

1856年5月,当马萨诸塞州的查尔斯·萨姆纳公开谴责"对堪萨斯犯下的罪行"时,这些激烈的情感将暴力带到美国参议院中。萨姆纳持有激进的反奴隶制观点,他猛烈地攻击总统、南方、南卡罗来纳州参议员安德鲁·P.巴特勒(Andrew P. Butler)。此后不久,巴特勒的表兄弟,众议员普雷斯顿·布鲁克斯(Preston Brooks),来到萨姆纳的参议员办公桌前,举起笞杖,宣称捍卫他亲戚的尊严,然后残忍地击打萨姆纳的头部。这位参议员栽倒在地,满头鲜血,毫无同情心的同僚们只是眼睁睁地旁观着。

震惊的北方人在他们另一桩毫无节制的南方暴力和攻击言论自由的事例前畏缩不前。威廉·卡伦·布莱恩特(William Cullen Bryant),《纽约晚报》(New York Evening Post)的编辑问道:"是不是已经到了这种地步,我们在南方主人面前必须凝神屏息?"仿佛作为回应,《里士满问询报》(Richmond Enquirer)谴责"参议院中粗俗的废奴主义者",他们"不带项圈向前奔跑得太久了。他们就是欠一顿鞭打才肯听话"。马萨诸塞州的民意强烈支持萨姆纳;南卡罗来纳的选民则重新选举布鲁克斯,并且寄给他几十根纪念笞杖。

1856年总统选举

1856年总统选举体现出这种两极分化变得多么极端。对于共和党人来说,"流血的萨姆纳"和"流血的堪萨斯"成为他们的战斗口号。当民主党人集会选举候选人时,他们回避了那些名声显赫的领导人,因为他们关于领地问题的观点将招致争议。相反,他们选择了宾夕法尼亚的詹姆斯·布坎南(James Buchanan),他的主要优点是在过去的四年中担任驻英国大使,因此没有参与领地争议。高超的党派组织帮助布坎南赢得了180万选民票和大选,但是他的胜利有赖于南方的支持。因此,他被贴上了"有着南方原则的北方人"的标签。

16个自由州中有11个投票反对布坎南,在接下去的几十年中,民主党都没能重新在这些州中获得优势。共和党候选人,著名的西部探险家约翰·C.弗里蒙特(John C. Fremont),获得了这11个自由州的支持和130万张选民票;在诞生短短两年之内,共和党成为北方主要的党派。一无所知党的候选人米勒德·菲尔莫尔(Millard Fillmore)赢得了接近100万张选票,但是这场选举是该党最后的回光返照。即将到来的战斗将在地域性的共和党和越来越分裂的民主党之间展开。许多州中,选民投票率高达75%至80%,美国人将会发现选举确实与他们息息相关。

奴隶制和美国的未来

多年来,领地中的奴隶制问题使国会剧烈震荡,而国会试图以模糊的方案解决这一问题。1857年,最高法院卷入这场纷争,接手这个负载着激烈情感的主题,试图以一个权威性裁定平息争议。

"德雷德·司各特(Dred Scott)案"

一个名叫德雷德·司各特的奴隶及其妻子哈丽特·罗宾森·司各特(Harriet Robinson Scott)提起诉讼要求获得自由。司各特提出此要求的基础是,他的前主人,一名外科军医,把他带到自由州伊利诺伊州生活了数年,然后又把他带到明尼苏达领地的斯奈宁堡(Fort Snelling),而密苏里妥协案禁止奴隶制。司各特一开始打赢了官司,但后来上诉通过州法院到达联邦系统,11年后到达最高法院时却输了。

哈丽特·司各特和德雷德·司各特在这场官司的推动中起着同样重要的作用。1836年他们在斯奈宁堡(自由领地)合法结婚,那时候德雷德40岁,而哈丽特17岁。她已经在自由土地上作为奴隶生活了至少五年,生了四个孩子,这些孩子也出生在自由土地上:两个儿子在婴儿时夭折,还有两个女儿依莱莎(Eliza)和莉齐(Lizzie),她们活了下来。十有八九,通过诉讼要求获得"自由身份"的原因之一是哈丽特希望维系家庭并保护两个未成年女儿不被出售或遭受性虐待。这场诉讼开始于1846年,分成两个独立的案件,一个以德雷德的名义,一个以哈丽特的名义,她的动机和年迈而疾病缠身的德雷德是同样的。事实上,她的自由诉讼意愿或许比德雷德的更强烈,但是在漫长的上诉程序中,他们的律师将她的案件归入丈夫的案件中。

一般来说,最高法院法官不愿意把自己卷入重大历史问题中。一个1851年的判决宣称,州法院决定生活在他们司法权范围内黑人的地位。最高法院只需根据这一先例避免裁决实质性的和非常富有争议的问题:像德雷德·司各特这样的黑人是否是美国公民,因此有资格在联邦法院提起诉讼?生活在自由州或领地是否能使他获得自由?国会是否有权在某一领地中禁止或推行奴隶制?

在犹豫了一段时间之后,最高法院同意接受"德雷德·司各特诉桑福德案"(*Dred Scott v. Sanford*),并且决定归根结底对密苏里妥协案进行裁决。两个北方法官暗示他们将反对强行指派给他们的观点,为司各特的自由和密苏里妥协案的合宪性进行辩护。他们的决定在法院中激起了南方人的怒火,他们迫切希望宣布1820年对奴隶制的地理限制是违宪的。华盛顿的南方同情者施压要求支持奴隶制的裁决,几名法官感到他们只是应该一劳永逸地解决领地争端。

1857年3月,来自马里兰的首席法官罗杰·B.托尼(Roger B. Taney)公布了分裂的法院的大多数意见(投票是7票对2票)。托尼宣布司各特既不是美国也不是密苏里的公民,在自由领地中生活并不能让司各特成为自由民,而且国会没有权力从任何领地废除奴隶制。这一决议不但颠覆了一个被尊重了长达37年的地域妥协案,同时还将《威尔莫特但书》的基本想法和人民主权判为无效。

奴隶势力似乎已经赢得了一场重大的宪法胜利。非裔美洲人特别惊愕,因为托尼的裁决认为,建国者从来不曾想过让黑人成为公民。首席法官写道,在国家成立之初,黑人被当作"低人一等的生物",并且没有"白人男性应该尊重的权利"。然而托尼错了。非裔美洲人在建国时的几个州中曾经是公民,而且事实上还投过票。

尽管如此,这一裁决似乎永远关上了黑人获得公正待遇的希望之门。1857年之后,非裔美国人生活在德雷德·司各特决议的土地上。在北方黑

▲ 弗兰克·莱斯利(Frank Leslie)的《插画报》(*Illustrated Newspaper*),1857年6月27日。德雷德·司各特及其妻子哈丽特(下图)以及他们的两个孩子依莱莎和莉齐(上图)。这样端庄的画像和内容丰富的文章为美国人揭示了著名的最高法院案件中的德雷德·司各特及其家人的形象,他们原本充满了神秘感。

图片来源:国会图书馆

人社区中弥漫着愤怒和绝望。许多仍然是逃奴的人逃难到加拿大;其他人则考虑移民到加勒比地区,甚至非洲。玛丽·安·夏德·卡里(Mary Ann Shadd Cary)是自由民以及加拿大移民运动的领袖,她建议黑人同胞们:"你们的国家之船已经腐烂,即将沉没,为什么不离开它呢?"另一个黑人废奴主义者道,德雷德·司各特决议使奴隶制成为"这个国家的最高法律,所有非洲种族的后裔都被剥夺了国籍"。在社会紊乱和恐惧的状态中,黑人们怀疑他们在美国是否有任何未来。

反对这一决议内容的北方白人对于其产生的

条件非常质疑。九个法官中有五个是南方人；北方法官中有三人积极地反驳或拒绝同意部分决议。众所周知，唯一一个支持托尼观点的北方人，宾夕法尼亚的法官罗伯特·格里尔（Robert Grier）与布坎南总统走得很近。事实上，正是布坎南秘密地把他放进去，施加不正当但却有效的影响。

北方出现了一场愤怒的风暴。这一决议似乎证实了针对野心勃勃的奴隶势力的每一条控诉。"确实存在奴隶势力这种东西，"《辛辛那提每日商报》（Cincinnati Daily Commercial）警告道，"它来势汹汹消灭了州的界限。我们现在是一个伟大的同质的蓄奴社会。"《辛辛那提自由人》（Cincinnati Freeman）提问："德国人和爱尔兰人如何能保证，一百年后他们的后代在这个他们接纳的国家中不被当成奴隶？"诗人詹姆斯·拉塞尔·洛威尔（James Russell Lowell）表达了贫穷北方白人的这种种族和经济焦虑，他让他的北方角色伊齐基尔·毕格罗斯（Ezekiel Biglos）用当时的语言道：

哎，这像数字一样清楚，
像一加一等于二那么显而易见，
把黑人变成黑奴的人，
也想把你们变成白奴。

亚伯拉罕·林肯和奴隶主集团

共和党政治家们利用这些恐惧去巩固他们的反奴隶制联盟。亚伯拉罕·林肯强调，领地问题与每个公民息息相关。"善用这些领地，"他早在1854年就宣称，"关系到整个国家的利益。我们希望它们成为自由白人的家园。假如奴隶制在其中生根，至少在某种程度上它们不可能成为自由白人的家园。"这些领地必须保留下来，他坚持，"作为全世界自由白人的出路"，于是移民们可以来到美国"寻找新的家园，改善他们的生活境况"。

更重要的是，林肯提醒人们奴隶制对国家与日俱增的控制力。林肯坚称，建国者们创立了一个致力于自由的政府。他承认他们意识到奴隶制的存在，但是他在1858年的"分裂之家"（House Divided）演说中辩称，公众思维总是倾向于相信奴隶制总有一天会自然消亡或者由立法消灭。林肯主张，逐渐现形的奴隶主集团阴谋的下一步将是最高法院判决"宣称《宪法》不允许某个州将奴隶制赶出它的领地……我们躺下的时候快乐地梦想着密苏里的人们即将把他们的州变成自由之地，但是醒来却发现现实是最高法院将伊利诺伊变成了一个奴隶州"。他的谴责并非夸大其词，因为各种诉讼很快开始挑战州法律，阻碍它们释放来到州境内的奴隶。不计其数的北方人听从林肯的警告，因为时事让他们相信奴隶主们意图将奴隶制变成一种全国性的机制。命中注定地，南方人永远忘不了林肯直截了当的措辞——"彻底消灭"。

政治上，共和党人现在被桎梏于德雷德·司各特判决的矛盾中。最高法院通过维护南方州主权原则，事实上宣称共和党的核心立场——奴隶制停止扩张——是违宪的。共和党人只能拒绝接受这一决议，诉诸"更高法律"，或者寄望于改变最高法院的人员。他们两件事都做了，并且随着对奴隶势力的恐惧与日俱增，捞到了政治资本。但是黑人之间的恐惧也在深化。弗雷德里克·道格拉斯继续试图在他的人民之间创造希望，但是在德雷德·司各特判决生效前夕，他在一场演说中无望地总结道："我凭借信仰前行，而非目之所及。"

《莱康普顿（Lecompton）宪法》和民主党人之间的矛盾

对于像史蒂芬·道格拉斯这样的北方民主党人来说，最高法院的判决提出了一种可怕的两难境地。领地将向奴隶制开放令北方选民陡生警惕。为了重新获得他们的支持，道格拉斯必须找到某种方式安抚这些选民。然而由于他的总统理想，道格拉斯承受不了疏远南方民主党人的代价。

道格拉斯选择坚持他的人民主权原则，即使这个结果触怒了南方人。1857年，堪萨斯投票通过一部支持奴隶制的宪法，在莱康普顿起草。在一场大多数支持奴隶制的选民拒绝参加的公民投票中，它被超过一万张选票否决。证据明确表明,堪萨斯不想要奴隶制,然而布坎南总统为了仓促地将该领地组织起来,试图强迫国会通过《莱康普顿宪法》。

奴隶势力对于政府的影响从来没有这么不加掩饰;与堪萨斯大多数人的意愿相反,布坎南政府及南方人要求支持奴隶制的结果。道格拉斯脱离了布坎南政府,全心全意反对《莱康普顿宪法》。但是他的行为激怒了南方民主党人。在德雷德·司各特判决之后,诸如密西西比的参议员阿尔伯特·G.布朗(Albert G. Brown)这样的南方人相信奴隶制在领地中是受保护的:"最高法院详细解释的《宪法》赞成奴隶制。我们要求奴隶制;我们一定要达到目的。"不过,许多南方人越来越相信,他们的地域权利和奴隶制只有在独立的国家中才能保证安全。而北方民主党人在道格拉斯的领导下,发现支持南方民主党人的观点更为困难,后者坚称奴隶制是自己的宪法权利,必须加以保护。因此,在北方和南方,领地中的奴隶制问题继续破坏缓和的关系,挑起斗争。

分裂

值得记住的是,在1850年代末,大多数美国人平常并不总是囿于奴隶制危机之中。他们专注于个人事务,尤其是应付1857年春天开始的经济恐慌带来的影响。他们担心大范围失业,小麦价格急转直下,纺织工场的报酬下降,或者儿子们成家立业需要土地。在中西部,成千上万的职员、技工、家佣、铁路工人、伐木工人纷纷失业。银行家们茫然无措,不知道该怎么应对由1850年代初开始的狂热西部土地投机导致的脆弱信用体系。在南方的一些地区,比如佐治亚,经济恐慌加深了内地自耕农和沿海蓄奴种植园主之间的阶级界限。农民们谴责佐治亚萌芽的商业银行体系对富有种植园主的紧缩货币政策,而这些人控制着该州的民主党。

经济恐慌是由规范松散的美国银行体系的几个缺点引起的,也是由西部土地和铁路的投机热引起的,还是由虚弱和超负荷的信用体系造成的。

至1858年,费城有40 000失业工人,纽约市有接近100 000。面包暴动和阶级战争的恐惧笼罩着许多北方城市。一如往常,对于这种经济困境的谴责变得地域化,南方人认为工业繁荣的暂时崩溃证明他们的体系才是正确的,而北方人甚至更害怕奴隶主集团侵袭动荡的未来。

约翰·布朗(John Brown)袭击哈珀斯费里(Harpers Ferry)

然而,很快整个国家的注意力将被奴隶制问题的一个新的方面吸引——武装叛乱,在一个废奴主义者的领导下,暴民在"流血的堪萨斯"事件中杀害波特瓦托米溪沿岸支持奴隶制的定居者。约翰·布朗于1800年出生在康涅狄格,他被一对坚定的宗教反奴隶制父母抚养长大。在1820年至1855年之间,他参与了大约20次商业冒险,包括农业,几乎所有尝试都失败了。但是布朗对于废奴主义有着与众不同的观点。他依赖旧约的正义观——"以眼还眼"——而且他对其他人,尤其是南方奴隶主们的罪恶,有着一种清教徒式的执著。布朗相信奴隶制是一种"不可理喻的"战争状态,是一群人对另一群人的罪行。他还相信出于正当理由的暴力是一种神圣的行为,甚至对于参与其中的人来说是一种净化仪式。对于布朗来说,在美国毁灭奴隶制需要革命性的意识形态和革命性的行动。

1859年10月16日,布朗领导由18个白人和黑人组成的团体袭击弗吉尼亚的联邦军军火库。布朗希望引发一场奴隶叛乱,但是不幸失败并且很快被逮捕。11月弗吉尼亚查尔斯顿的一场著名的审判和12月引起公众广泛关注的死刑中,布朗成为美国历史上最为人们铭记的殉道者或者恶棍之一。他未遂的动乱在南方引起强烈恐惧。

接着人们发现布朗从几个地位显赫的废奴主义者那里获得了经费支持。拉尔夫·沃尔多·爱默生和亨利·戴维·梭罗这样的北方知识分子赞颂布朗是一个神圣的斗士,赞颂道"让绞刑架像十字架一样辉煌",而南方白人的怒火熊熊燃烧。南

▲ 约翰·布朗现知最早的照片，很可能是1846年在马萨诸塞州拍摄的，照片展现他对着一面不明的旗帜宣誓的场景，这很可能是一条废奴主义横幅。当时布朗已经在帮助逃奴并思考打击奴隶制的方法。

图片来源：俄亥俄历史协会

方几乎一致将布朗在哈珀斯费里的袭击视为午夜恐怖主义，是他们长久以来对于"废奴使者"渗入该地区诱发奴隶叛乱的恐惧变成了现实。

或许最能说明问题的是，此时距1860年的关键选举只剩不到一年，布朗热忱地走向绞刑架，把一张纸条交给他的狱卒，上面写着著名的预言："我，约翰·布朗现在非常确定，这片罪恶土地上的罪孽只有用血才能冲刷干净。"或许最令南方人感到困扰的是，他们意识到，尽管共和党政治家们谴责布朗的罪行，但是他们谴责的方式将注意力偏移到了更严重的奴隶制之罪上。

1860年总统选举

许多美国人相信1860年总统选举将决定联邦的命运。民主党是唯一一个真正全国性的党派。"一个接着一个，"一位密西西比编辑写道，"把北方和南方维系在一起的联系，被切断了……（但是）民主党逐渐壮大……并且在混沌的政治水域上挥舞着

橄榄枝。"但是，命中注定的，在1860年的南卡罗来纳查尔斯顿会议上，民主党分裂了。

史蒂芬·道格拉斯希望得到他党派的总统提名，但是他无法在领地问题上接受南方立场，疏远北方选民。然而，南方民主党人坚持要求他承认他们的权利——如德雷德·司各特判决定义的那样——于是他们行动起来阻碍道格拉斯的提名。当道格拉斯为他的政纲获得大多数支持时，来自美国南部诸州的代表离开了会议。在妥协案的努力失败之后，民主党产生了两位候选人：北派选出道格拉斯，南派则支持肯塔基州的副总统约翰·C.布雷肯里奇（John C. Breckinridge）。

在芝加哥群情激昂的会议上，共和党人提名亚伯拉罕·林肯。林肯被选为候选人反映了中西部势力日益壮大，而且人们认为他比之前一路领先的纽约州参议员威廉·H.苏厄德（William H. Seward）在奴隶制问题上的态度更温和。宪法联合党（Constitutional Union Party），这一新党派旨在保卫联邦，但是只在上南方具有强大影响力，该党提名了田纳西的约翰·贝尔（John Bell）。

贝尔在随之而来的竞选中提出的唯一问题是保卫联邦时不我待；宪法联合党人希望诉诸历史、情感和中庸让国家保持完整。道格拉斯迫不及待地努力团结北方和南方支持者，与此同时布雷肯里奇很快从极端主义的表现中退却，而他在几个州中的支持者强调他的联合主义。尽管林肯和共和党人否认任何干扰现有奴隶制各州中的奴隶制，但他们坚定地反对将奴隶制扩张到领地中。

1860年总统选举有着地域性的特点，也是美国历史上唯一一次失败者拒绝接受结果的大选。林肯获胜了，但是道格拉斯、布雷肯里奇和贝尔加起来获得了大多数选民票。道格拉斯有着基础广泛的支持，但是几乎没能赢得任何州的支持。布雷肯里奇赢得了九个州，全部都在南方。贝尔在弗吉尼亚、肯塔基和田纳西获得相对多数票。林肯在北方占优势，但是在四个最终忠于联邦的奴隶州（密苏里、肯塔基、马里兰和特拉华——边境诸州）中，他只获得了一个相对多数票，而不是多数票（参见

表14.3)。林肯的胜利是在选举团中获得的。他只赢得了40%选票,甚至不在十个奴隶州的候选名单上。

反对奴隶制扩张是林肯和共和党的核心问题。此外,北方的废奴主义者和自由土壤支持者竭力阻止共和党人在他们的领地立场上妥协。与此同时,在南方,奴隶制的倡导者和分离论者煽动民意,要求举行州会议,考虑脱离联邦。

林肯做出关键决定,不软化他的党派在领地问题上的立场。他提到保持选民和候选人之间信赖的必要性,以及拒绝"服从少数人统治多数人"的必要性。尽管许多保守的共和党人希望妥协——东部商人和前辉格党人,这些人对奴隶制的感觉并不强烈,但是最初的和最投入的共和党人坚决抵制奴隶制的扩张——原本的自由土壤党人和反奴隶制辉格党人。

1860年至1861年冬季,肯塔基州的参议员约翰·J.克里滕登(John J. Crittenden)试图起草一份姗姗来迟的妥协案。希望继承亨利·克雷的衣钵阻止分裂,克里滕登提议两个地区以密苏里妥协线,即北纬36度30分为界,分割领地。但是这个过时而富有争议的想法没有奏效。当林肯在领地问题上排除让步的可能性时,克里滕登建立在不足信的措施基础之上的和平努力崩溃了。

脱离联邦和南方邦联

与此同时,在1860年12月20日,南卡罗来纳在一片欢欣鼓舞的气氛中通过了脱离联邦条例。脱离联邦战略家们集中攻克最极端的奴隶州,希望南卡罗来纳的大胆行为能够成为动力,诱使其他各州就范。

通过重新宣布独立,南卡罗来纳提高了地域冲突的风险。脱离联邦不再是难以想象的一步;联邦分裂了。分离主义者现在主张其他州应该紧跟南卡罗来纳的脚步,那些倾向于妥协的人在联邦外比起在联邦内能得到更优惠的条件。来自奴隶数量较少以及比棉花带更经济多样化的地区的温和派害怕经济混乱,倡议"不脱离联邦前提下的抵抗",他们仍然对联邦有着深厚感情,或者在北方有亲友;上南方各州,比如弗吉尼亚或田纳西,脱离联邦完全不是不可避免的,也没有广泛的民意支持。

南方极端主义者很快就在南部腹地(Deep South)达到了目的。他们压倒一切反对声音,召开独立的州会议,在密西西比、佛罗里达、阿拉巴马、佐治亚、路易斯安那和得克萨斯通过了脱离联邦条例。至1861年2月,这些州加入南卡罗来纳的行列,在阿拉巴马蒙哥马利(Montgomery)组成了一个新政府:南方邦联。聚集在蒙哥马利的各州代表们将来自密西西比的杰佛逊·戴维斯选为总统,邦联开始独立于美国运作。

这种明显的一致行动很具有欺骗性。许多南方人大感困惑,反对立即脱离联邦,或者对其他选择不甚满意,甚至在南方诸州也可能有多达40%。在一些州的会议上,脱离联邦的赞成和反对票数很接近,这是由种植园地区的过度代表造成的结果。在佐治亚,五个投票者中就有三个以上非奴隶主,在脱离联邦会议上,分歧严重的辩论之后,投票结果以166票对130票支持脱离。上南方的四个州——弗吉尼亚、北卡罗来纳、田纳西和阿肯

表14.3 1860年总统选票(州)

林肯(共和党)*	获得北方所有州和除了新泽西州的三票以外所有的选举人票
布雷肯里奇(南方民主党)	获得所有奴隶州,除了弗吉尼亚、肯塔基、田纳西、密苏里的支持
贝尔(宪法联合党)	获得弗吉尼亚、肯塔基、田纳西的支持
道格拉斯(北方民主党)	只获得密苏里的支持

*林肯在整个南方只获得了26 000张选票,甚至不在十个奴隶州的候选人名单上。布雷肯里奇不在三个北方州的候选人之列。

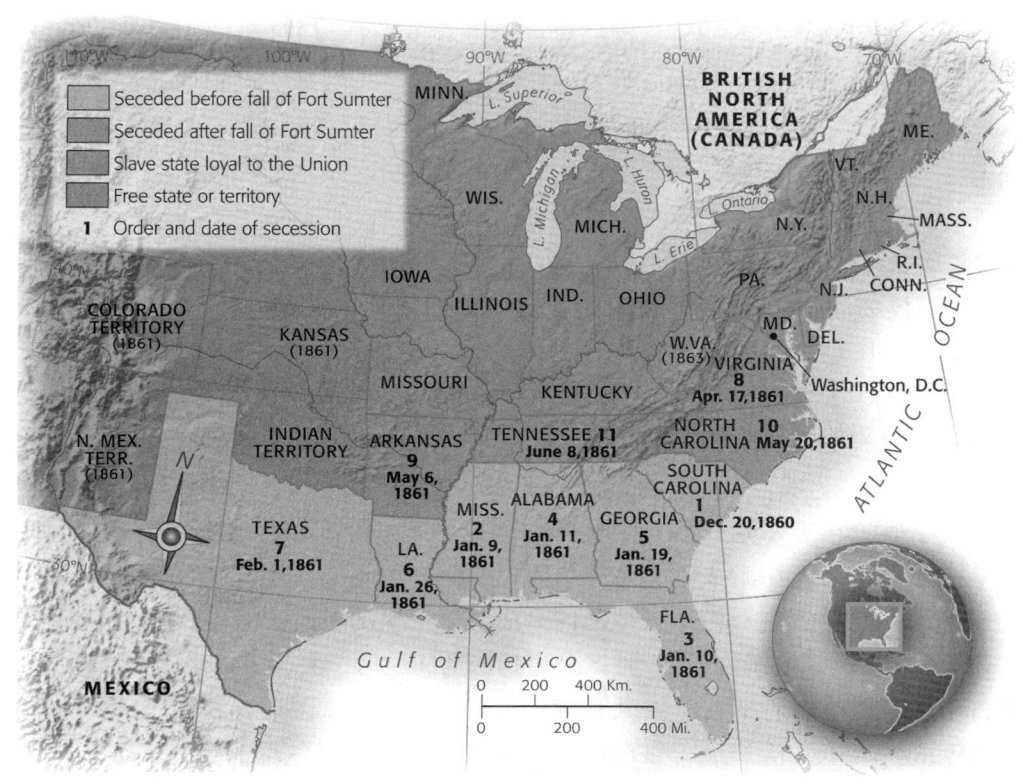

地图14.4 分裂的国家——奴隶和自由地区，1861
在战争开始之后，上南方继南部诸州之后也加入了邦联。这个国家的分裂模式如何对应奴隶制的分布以及黑人所占人口比例？
来源：©圣智学习

色——以小麦生产为重，与北方的商业联系在1850年代得到长足发展，所以它们断然反对脱离联邦，直到战争开始时才加入邦联。在弗吉尼亚谢南多厄河谷（Shenandoah Valley）的奥古斯塔县（Augusta County），1/5的家庭蓄养奴隶，但是直到桑特堡战役之后，大多数人仍坚定地寻求脱离联邦以外的其他选择。在边境各州，公众情感分歧非常大；肯塔基和密苏里的少数族裔试图脱离，但是这些奴隶州最终在联邦的控制之下，此外还有马里兰和特拉华（参见地图14.4）。

这种疑虑并不令人惊讶。分裂对南方人造成了新的困扰的问题。从1860年至1861年的选举反馈分析表明，奴隶主和非奴隶主开始在政治上越走越远。有着根深蒂固奴隶制的各县强烈支持脱离联邦。但是在总统选举中更倾向于选择布雷肯里奇的非奴隶制地区则远没有那么情愿支持脱离：经济利益和战争可能在家乡土地上爆发的担忧造成了一种强有力的负面反应，而抽象概念，比如"州利益"（参见图表14.1），显得不那么重要了。战争已经迫在眉睫，自耕农们开始考虑他们的阶级利益，问自己会在何种程度上支持奴隶制和奴隶主。

关于南部诸州为何脱离这一点，我们只需要看看七个脱离州试图劝说其他奴隶州加入他们行列而派遣出的脱离专员们的演说和文本就能得知。他们反复强调独立是在敌对的共和党人威胁下保持白人种族安全和奴隶体制的唯一途径。阿拉巴马专员史蒂芬·黑尔（Stephen Hale）游说肯塔基立法会时道，"奴隶制""不仅是南方人民财富和财产的基础，也是他们作为一个政治社会存在的基础。"黑尔主张，只有脱离联邦才能保留"上天决定的白种人相对黑种人的种族优越性"。这种经济利益和信仰的混合加速了悲剧的上演。

桑特堡和战争爆发

1861年3月，林肯总统上任那天面临的问题是如何保持联邦政府的权威，同时不挑起战争。他小心翼翼地部署，只试图控制脱离联邦诸州的要塞，认为通过这种方式可以主张联邦权威，同时等待时机修复。但是假如邦联的港口在外国（指美国）控制之下，杰佛逊·戴维斯就不能宣称自己领导的是一个主权国家，因此没有那么多耐心等待。冲突一触即发。

1861年4月12日清晨时分，战争在查尔斯顿港的桑特堡爆发。那里的一支联邦守备部队缺少食物，于是林肯告知南卡罗来纳人他正派遣一艘船只为桑特堡补充供给。对于蒙哥马利政府来说，他们有两个选择，攻击桑特堡或者默许林肯的权威。在邦联内阁举行会议之后，战争部长下令当地将领迫使桑特堡投降，否则就发起攻击。在两天的密集轰炸之下，联邦守备部队最终不得不投降。这场战役中没有人死亡，尽管战后庆祝活动上发生意外致使两名联邦士兵死亡。邦联允许美国军队乘坐卸去武装的船只离开，查尔斯顿人欢腾地庆祝胜利。美国历史上最血腥的战争——南北战争打响了。

因果关系

长久以来，历史学家们就南北战争的瞬时和长期根源争论不休。一些人将它解读为一场"不可抑制的冲突"，是处在迥然相异的历史轨道上的两个文明的碰撞。另一群人认为这场战争是"不必要的"，是"浮躁的一代"不理性的政治家和活动家掀起的一场可以避免的矛盾。但是1861年令两个地区分道扬镳的问题对于美国的未来是根本性的。共和党意识形态的逻辑试图沿着废除奴隶制的方向前进，尽管共和党人否认这样的目的。而南方主张的逻辑则将导致在所有地方建立奴隶制，尽管南方领导人也否认这样的动机。共和党人致力于促

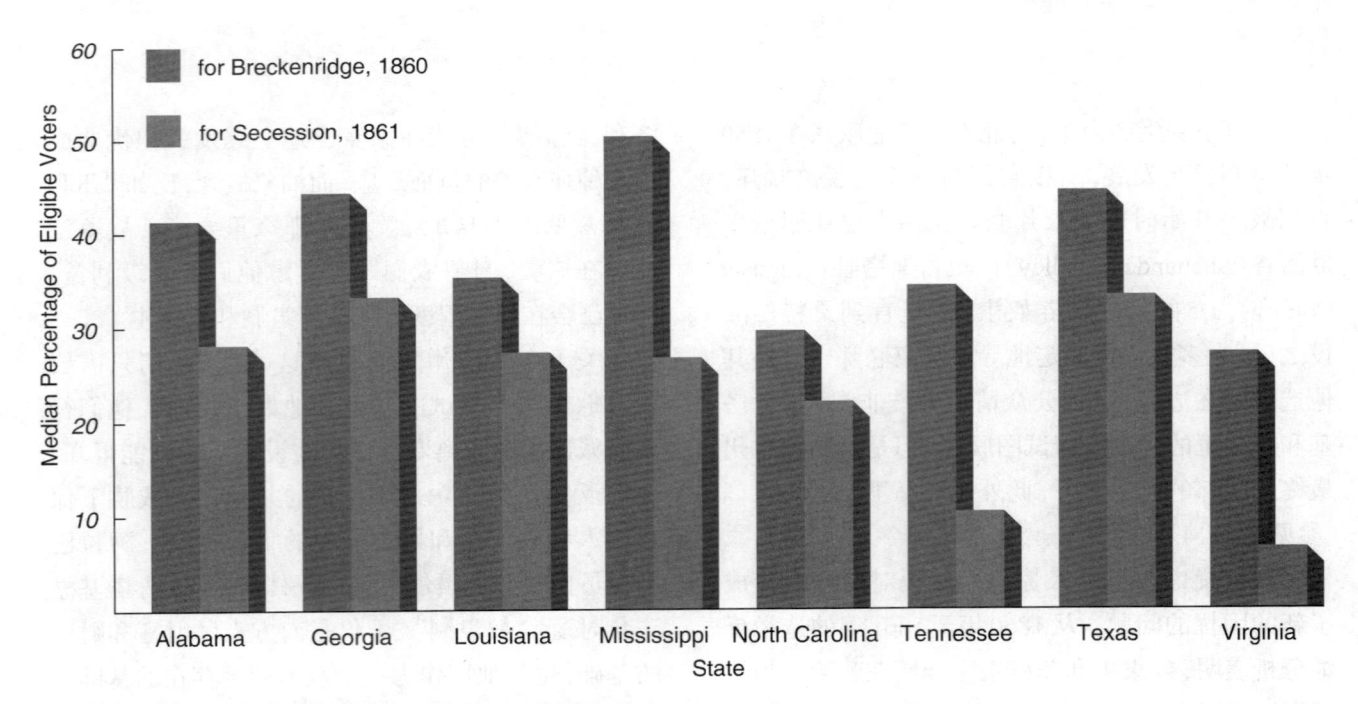

图表14.1　几乎没有奴隶主的八个南方州的投票结果，1860年和1861年

上图描述了奴隶主百分比在本州低于中位水平的各县中的投票情况。这些选民在1861年对脱离联邦的支持率与1860年对南方民主党候选人布雷肯里奇的支持率有什么关系？为什么他们对脱离联邦的支持率如此低？而这时奴隶主较多的各县对脱离联邦的支持率与日俱增。

进北方自由劳动力经济，通过土地分配，内部发展项目和保护性关税在五大湖地区迅速发展。棉花王国的领主们，30亿奴隶财富以及美国经济中最大单项资产的所有者，则下定决心保护和扩张他们的"生活方式"。小土地投资者和大奴隶投资者狭路相逢。

林肯简明扼要地表述了这些事实。在当选总统后写给他的佐治亚国会同僚，很快将担任邦联副总统的亚历山大·斯蒂芬斯（Alexander Stephens）的书信中，林肯保证共和党不会攻击现有奴隶制州中的奴隶制。但是林肯继续道："你们认为奴隶制是正确的，应该扩张；而我们认为奴隶制是错误的，应该加以限制。我猜就是这样产生了摩擦。"弗雷德里克·道格拉斯在一次战后的演说中证明他理解这一点，他在演说中宣称，这场"斗争"并不是在"贪婪的鸟类和残暴的兽类之间展开的纯粹野蛮勇气的展示……而是既有思想，又有行动，并且迫切想要赢得战场以外的某种东西的人类之间的斗争"。

直接或间接地，既有利益又有道德因素，道格拉斯的"某种东西"必然与奴隶制有关。如果没有奴隶制，就不会有战争。许多美国人仍然相信这场战争的重点在于州权利，在于州和联邦权威之间恰当关系的理论和实践。但是州权利的重要性，无论当时还是如今，总是要放在它所处的原则中看。假如脱离联邦是对州权利的实践，那么这样做能达到什么目的？借用道格拉斯的话来说，我们必须理解斗争中蕴含的意义。

▲ R.H.霍维尔（R.H.Howell），根据亨利·克林沃克（Henry Cleenewerck）《第一面独立旗帜在南方升起》（The First Flag of Independence Raised in the South）创作。平版印刷作品，佐治亚的萨凡纳（Savannah），1860年。1860年11月8日夜晚，人潮聚集在萨凡纳约翰逊广场（Johnson Square）抗议林肯赢得总统大选。方尖碑上的横幅写道："我们的座右铭是南方权利，州平等，别践踏我。"这呼应了独立战争时的传统。
图片来源：国会图书馆

人民与国家的遗产

恐怖主义者还是自由斗士？

1859年约翰·布朗袭击哈珀斯费里事件最重要的意义在于它对美国记忆造成的长远影响。"人们同意将他处死，"弗雷德里克·道格拉斯评价布朗道，"然后回家教自己的孩子铭记他。"布朗的象征意义和他的行为同样重要。他同时是美国历史上最为人们热爱和厌弃的人物之一。在以他的名字命名的歌曲，南北战争中广为流传的进行曲《约翰·布朗的身躯》(John Brown's Body)中唱道："你可以称出约翰·布朗身躯的重量/但是你用什么样的秤，如何才能称量约翰·布朗的分量？"

在他被处以死刑前夕，人们用绘画、歌曲和诗构建了一个约翰·布朗神话。他究竟是一个像基督一样为这个国家的罪恶赴死，为了暴露这个国家更大的罪恶不得不犯下罪行的人物？还是一个以他自己心目中的上帝意志为名犯下血腥罪行的恐怖主义者？布朗可以是鼓舞人心的，也可以是令人不安的；可以是顶天立地的，也可以是愚不可及的；可以是一个神圣的斗士，也可以是一个可怕的怪物。他代表着最高的理想和最残酷的行为。他为了正义杀人，被当作叛国者绞死。布朗是历史上著名的复仇者之一，他为我们所不愿为、不能为，或不应为之事。

多年来，许多组织将约翰·布朗作为正当化他们行为的象征，从反对美国外交政策的左翼学生到以诊所和医生为打击目标的当代反堕胎团体。在今天的世界中，恐怖主义和革命暴力更多出现在电视中。自杀袭击者攻击以色列的公共汽车和餐厅；一栋联邦建筑在俄克拉荷马市爆炸；基地组织计划在马德里制造火车爆炸；美国驻非洲和欧洲的大使馆遭到袭击；2001年9月11日，四架被劫持的飞机成为死亡武器，以前所未有的冲击将恐怖主义带到美国；而伊拉克作为一个因什叶派和逊尼派宗派分歧堕入内战的国家，发起致命暴动反抗美军占领。约翰·布朗1859年的袭击继续迫使我们追问，什么时候，何种情况下，革命暴力——以政治或精神目的为名的暴力——才是正当的。这是他留给这个国家和人民的遗产。

结语

历史事件事后回顾时常常显得不可避免。我们永远应该警惕落入这个陷阱，只通过不可避免的透镜观察历史中的重大事件。这些事件和引发美国人相互对抗的思想连成一条锁链，最终导致冲突；人类一直在做选择，是他们选择发动战争。

墨西哥战争使美国获得大量土地，这又将关于西部奴隶制问题推向公开争议。1850年妥协案试图解决争端，但不过让地域斗争的火烧得更旺而已，导致了决定性的1854年《堪萨斯—内布拉斯加法案》，令政党体制化为碎片，并且孕育了真正的反奴隶制联盟。至1857年，伴随着流血的堪萨斯和德雷德·司各特判决，关于劳动力的未来和在一个志向远大不断扩张的社会中自由的含义，北方和南方的美国人面临着清晰而危险的抉择。最终，至1859年，当激进的废奴主义者约翰·布朗袭击哈珀斯费里煽动奴隶暴动时，南方人和北方人开始以阴谋论看待对方。与此同时，非裔美洲人，无论奴隶还是自由民，以前所未有的数量躲避奴隶抓捕者的追踪，越来越期待用暴力的解决方式实现他们在美国的自由梦想，尽管前途未卜。没有人知道未来，但是所有人都知道问题和矛盾是真实存在的。

整个1840年代和1850年代，许多能力卓越的领导人曾竭力扭转联邦解体的结果。晚至1858年，甚至杰佛逊·戴维斯都曾宣称："这个伟大的国家将继续团结在一起。"分裂让北方社论人和选民感到颓丧,也让一些种植园主沮丧。北卡罗来纳最大的奴隶主保罗·卡梅隆(Paul Cameron)承认他"非常难过。我爱联邦"。然而,很多黑人与弗雷德里克·道格拉斯持同样见解:"这场抗争现在必须有个了结了,"他于1861年3月写道,"并且一劳永逸地解决,两者中只能择其一,自由或是奴隶制将成为这个共和国的律法。让斗争到来吧。"

战争为什么爆发?为什么所有阻止战争的努力都失败了?攻击和捍卫奴隶制未来牵扯的情感实在太强烈,它影响的利益实在太关键,所以最终无法达成妥协。1860年妥协案的倡导者认为调解和地域调整的传统将再一次拯救联邦,但是他们的希望破灭了。

1850年代,南方在每次领土扩张中的胜利都增加了北方人对于奴隶主集团的恐惧感,而每一次自由土壤情感的表达都促使奴隶主更加坚定自己的要求。在最深层的意义上,奴隶制是战争的根源。但是当战斗开始后,这场战争的核心问题何去何从笼罩着迷雾。作为一个民族和一个国家,美国人已经到达了他们历史上的命运转折点。答案将从炮火中产生,从两个以超乎想象的尺度相互交战的社会中产生。

扩展阅读

Edward L. Ayers, *What Caused the Civil War: Reflections on the South and Southern History* (2005)

Richard J. Carwardine, *Lincoln* (2003)

Charles Dew, *Apostles of Disunion: Southern Secession Commissioners and the Causes of the Civil War* (2001)

Marc Egnal, *Clash of Extremes: The Economic Origins of the Civil War* (2009)

Nicole Etcheson, *Bleeding Kansas: Contested Liberty in the Civil War Era* (2004)

Don E. Fehrenbacher, *The Slaveholding Republic: An Account of the United States Government's Relations to Slavery* (2001)

Eric Foner, *Free Soil, Free Labor, Free Men: The Ideology of the Republican Party* (1970)

Robert W. Johannsen, *To the Halls of the Montezumas: The Mexican War and the American Imagination* (1985)

David S. Reynolds, *John Brown, Abolitionist: The Man Who Killed Slavery, Sparked the Civil War, and Seeded Civil Rights* (2005)

Elizabeth R. Varon, *Disunion! The Coming of the American Civil War, 1789—1859* (2008)

第十五章

革新之火：南北战争，1861—1865

▼ 关于一个逃跑奴隶的平版画，在北方的流行文化中，这是很常见的一种关于奴隶制的刻画。华莱士·特内奇（Wallace Turnage）最终逃脱的情景与画中很类似。

奴隶围栏是美国历史上黑暗而丑恶的十字路口。要理解美国南北战争为什么发生必须去看、去听、去嗅。1862年,来自阿拉巴马的皮肯斯县(Pickens County)一个棉花种植园的17岁奴隶华莱士·特内奇穿过奴隶商人的院子来到战时莫比尔(Mobile);8个月之后,他将从同一个院子离开莫比尔。

特内奇生于1846年,出生在北卡罗来纳的斯诺希尔(Snow Hill)一个偏远的烟草农场。1860年代中期,当美国处在解体的边缘时,他被一个名叫赫克托·戴维斯(Hector Davis)的奴隶商人卖到弗吉尼亚的里士满。特内奇在戴维斯的三层奴隶监狱中工作,组织日常拍卖,直到1861年初他被以1 000美元的价格出售给阿拉巴马皮肯斯县的棉花种植园主。他常常遭到鞭打,非常渴望逃跑、这位绝望的少年在接下去的两年内四次尝试逃到密西西比,寻找联邦军队的踪影。尽管他逃亡了几个月,但每次都被抓住并送回他阿拉巴马东南部的主人那里。

章节大纲

美国走向战争,1861—1862
战争改变南方
战时北方经济和社会
解放的来临
士兵们的战争
1863:战局扭转
昨日重现　南北战争中的黑人士兵
解体:南方、北方和西部
1864—1865:意志的最终考验
放眼天下　英国眼中的南北战争
人民与国家的遗产　亚伯拉罕·林肯的
　"第二次就职演说"
结语

恼羞成怒的主人把特内奇带到莫比尔奴隶商人的院子里,在那里,这个年轻人被以2 000美元的价格出售给这个港口城市一位富有的商人。在1864年间,当联邦海军将领戴维·法拉格特(David Farragut)带领舰队为袭击莫比尔湾做准备时,这个城市被包围了,城中所有奴隶都被征召建造复杂的战壕。在此期间,特内奇为他新主人的家庭做城里的各种活计,包括架着他们的马车办差。

8月初的一天,特内奇在莫比尔的街上把主人的旧马车撞坏了。他的主人因为愤怒把他带到奴隶围栏,雇看守在围栏的特别"鞭笞房"中抽打他30鞭。特内奇被脱光衣服,用绳子缚住双手,吊在墙上的钩子上。在这个残忍仪式的最后,他的主人命令特内奇走回家。特内奇没有听从,而是"鼓起勇气","虔诚祷告",坚定地穿过邦联营地和战壕向西南走去,他在他的战后记述中写道。士兵们接受了这个流着鲜血、衣衫褴褛的黑人少年,让他成为成百上千从事军营劳动的奴隶中的一个。

在此后的三个星期中,特内奇艰苦跋涉25英里,穿过富尔河(Foul River)河口蛇虫密布的沼泽地,顺着莫比尔湾的西岸往下游前进。特内奇差点儿饿死,侥幸逃脱邦联巡逻,最终成功到达锡达波因特(Cedar Point),在那里,他可以站在莫比尔湾令人生畏的大口,看着被联邦军队占领的多芬岛(Dauphin Island)。美洲短吻鳄在附近的沼泽中游动,齐腰高的三角洲草在酷热的微风中摇曳,笑鸥们在他身边咯咯叫着,特内奇在沼泽兽穴中躲避邦联巡逻。他清楚地记得自己面临的抉择:"回去只有一死,留在原地也只有一死,我的前方是自由;继续往前走假如被抓住最多也是一死,但是逃脱的话却能获得自由。"

年表

1861	布尔朗（Bull Run）战役
	麦克莱伦（McClellan）组织联邦军队
	联邦封锁开始
	美国国会通过第一个征用法案
	"特伦特"（Trent）事件
1862	联邦攻克亨利堡（Fort Henry）和多纳尔森堡（Fort Donelson）
	美国海军占领新奥尔良
	夏伊洛（Shiloh）战役体现出战争的破坏性
	邦联通过征兵
	麦克莱伦的半岛行动没能占领里士满
	美国国会通过第二个征用法案，开始解放奴隶
	邦联在马里兰和肯塔基发起攻势
	9月，安提塔姆（Antietam）战役结束李在马里兰的活动
	英国加入战争，对邦联进行干预，战况扭转
1863	《解放宣言》（Emancipation Proclamation）生效
	联邦国会通过《国家银行法案》（National Banking Act）
	联邦通过征用法
	非裔美国士兵加入联邦军队
	南方城市发生粮食暴动
	查尔斯韦拉（Chancellorsville）战役以邦联获胜告终，但是杰克逊战死
	联邦在维克斯堡（Vicksburg）和葛底斯堡（Gettysburg）赢得关键胜利
	征兵暴动在纽约市爆发
1864	荒原战役（Wilderness）和斯巴萨维利亚战役（Spotsylvania）对双方造成重大伤亡
	冷港战役（Cold Harbor）继续弗吉尼亚的大屠杀
	谢尔曼（Sherman）攻占亚特兰大
	邦联开始从后方崩溃
	林肯再度当选总统，使邦联议和终止战争的所有希望破灭
	杰佛逊·戴维斯提出武装奴隶
	谢尔曼经佐治亚向海边行进
1865	谢尔曼经过南北卡罗来纳
	联邦国会赞成第十三条修正案
	李放弃里士满和彼得斯堡
	李在阿波马托克斯郡（Appomathx Court House）投降
	林肯遭暗杀
	战争死亡人数达到620 000

特内奇绝望地尝试抱着一根圆木在海中游,差点儿丧生,最后好不容易回到岸上。然后有一天他在水边注意到一艘旧划艇被潮水冲到岸边。这个逃亡的熟手现在有了一片"船",开始划向海湾。一个像山一样高的浪头打向他,差点把他淹没,他突然"听到船桨划水声,看到远处的一艘船上有八个北方人"。他跟随着划桨的节奏,跳到联邦的炮艇上。他记得,船上身着蓝衣的人们呆了片刻,他们"默不作声"地打量这个蹲伏在他们面前的憔悴的年轻黑人。特内奇转过头,遥望岸上的邦联士兵,用目光丈量他的勇气带他闯过了多少海路。接着他深吸了第一口自由的空气。

南北战争对北方和南方所有地区的个人带来了惊人的变化。它彻底破坏了正常的生活模式。数百万人被卷入训练营和军团。数十万人组成的军队向南推进,破坏了乡村。无数家庭在没有男人的情况下挣扎求生;商业试图应付大量流失的工人。北方和南方的女人们都在家中肩负起额外的责任,在劳动力市场寻找新的工作。许多女性成为护士和医院护工。生活的各个领域都受到了影响。

但是南方士兵和他们的家人也经历了其他美国群体所从未经历的事情——完全的失败。对于他们中的大部分人来说,当不计其数的南方农场被毁,富有变成了贫穷,希望变成了绝望。战争后期,许多南方人只渴望通货膨胀、物资短缺、奴隶逃亡以及拜访每个家庭的死亡结束。即使是最终对战争寄予厚望的南方奴隶,也并不总是遇到富有同情心的解放者,如那些将特内奇从沉船中拯救出来,给他食物果腹,衣裳蔽体,帐篷遮风挡雨,把他带到一位联邦将军面前的人那样。这个获得解放的黑人面临两个选择:加入黑人军团或者成为一个白人军官的军营仆人。在战争剩下的时间内,特内奇一直为一个马里兰上尉做饭。

在北方,来自所有地区的农民小伙和技工被要求付出此前难以想象的牺牲。战争造成巨大的政府支出和有利可图的联邦协议。《哈珀月刊》(*Harper's Monthly*)报道,一位杰出的金融家期待一场长久的战争,因为战争能促成大宗买卖,活跃的投机和抬高物价。"布尔朗战役,"这位金融家预测,"让华尔街每个有点脑子的人都发了大财。"

南方的变化最为急剧,那里的分离主义者为他们地区的民族独立发起了一场保守的革命。脱胎于州权利原则,邦联现在不得不转变成一个集权国家,迎接一场大规模战争。南方白人害怕和平时期的共和党政府会干涉奴隶制,破坏种植园生活。结果恰恰相反,他们自己的行为导致了一场令整个南方社会天翻地覆,并且将奴隶制一举歼灭的战争。

这场战争在北方和南方都造成了社会矛盾。引起许多人警惕的是,战争期间联邦政府和总统的权力加大了。不过,邦联中的矛盾最深,贫穷和阶级仇恨从内部威胁着南方,而联邦军队从外部对其进行攻击。在北方,分歧也大量涌现,反战情绪偶尔升级成暴力。

最后,南北战争为这个国家带来了一场与种族有关的社会和政治革命。它最大的影响是迫使领导人和公民最终直面奴隶制这一重大问题。而黑人们则敞开胸怀迎接作为美国人的经历中最关键的转折点。

- 南北战争如何为南方和北方带来社会变革?为什么?
- 这场战争如何由保卫联邦或者南方独立变成解放奴隶的战争?
- 至1865年,当各个地方的美国人追寻这场刚结束的战争的意义时,可能获得什么答案?

美国走向战争,1861—1862

战争开始时,几乎没有美国人明白他们面临着什么。敌对攻击在北方和南方都点燃了爱国主义情绪、乐观主义演说和欢乐的庆祝活动。北方社会集结了一批批热心拯救联邦的志愿军,用仪式曲将他们送上战场。在南方,自信的新兵吹嘘自己将把北方佬抽打一顿,在圣诞前回到家乡。南方女性为即将有幸穿上军装的士兵们匆匆赶制灰褐色或者灰胡桃色的手织布制服。1861年当美国人走上战场时，他们对即将到来的经历抱着浪漫主义的想象。

第一场战役：布尔朗战役

整个1861年春天，双方你争我夺地组织和训练他们缺乏经验的军队。1861年7月21日，第一场战役在弗吉尼亚马纳萨斯交叉口（Manassas Junction）展开，该地点靠近一条名为布尔朗的河流。欧文·麦克多尔（Irvin McDowell）将军带领三万联邦军队袭击了由P.G.T.博雷加德（P.G.T. Beauregard）将军统帅的两万两千南方军（参见地图15.1）。当新兵在他们第一场战役的困惑中挣扎时，联邦军队开始占据优势。接着他们遭遇了一支由托马斯·杰克逊（Thomas Jackson）将军率领的弗吉尼亚军队。"杰克逊像一堵石墙一样站在那儿，"一个邦联军人叫道。"石墙"杰克逊的部队坚持住了，九千邦联援军坐着火车到来，为南方赢得了那天战役的胜利。联邦军队撤退到华盛顿，震惊的北方国会议员和观察员眼看着他们撤退，一些观光客因为他们的愚蠢行为被俘虏了。

布尔朗出乎意料的溃败让北方人第一次窥见了这场即将到来的战争的本质。尽管合众国（指北方）享有巨大的资源优势，但是胜利并非轻而易举。支持联邦的感情在弗吉尼亚西部持续增长，而四个边境奴隶州，密苏里、肯塔基、马里兰和特拉华的忠诚度各不相同。但是余下的上南方各州——北卡罗来纳，弗吉尼亚，田纳西和阿肯萨斯——在桑特堡袭击前夕都加入了邦联。被涌现的地区忠诚打动，50万南方人自愿加入战斗，由于人数太多邦联政府几乎无法将他们全部武装起来。由此合众国在华盛顿特区进行了大规模军队动员。

林肯将军队指挥权授予乔治·B.麦克莱伦（George B. McClellan），事实证明这位将领更擅长组织和训练，而不是战斗。麦克莱伦把不断壮大的军队投入军营中，1861年的秋季和冬季接受训练的25万人组成了强大的军事力量，他们的使命将是夺取里士满，这个城市于1861年被设立为邦联首都。

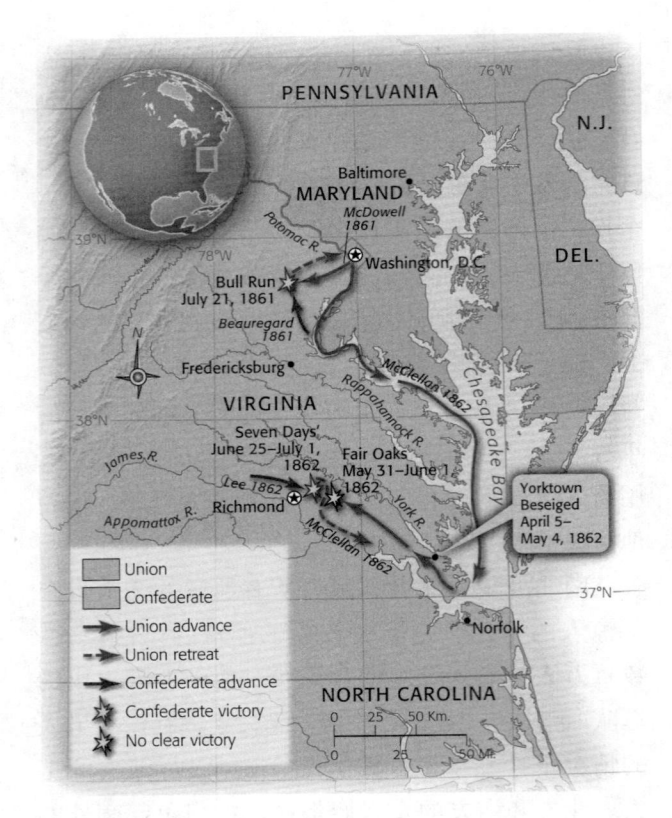

地图15.1 麦克莱伦的战役
在半岛战役中，麦克莱伦选中进犯里士满的水道。
来源：©圣智学习

"敌人的大规模准备，"一个南方士兵写道，第一次在南方刺激出一种"沮丧的感觉"。但是南方士气在战争初期仍然很高涨。大多数美国人对远在天边近在眼前的战争仍然抱着浪漫主义的想象。

大策略

当麦克莱伦进行备战时，联邦开始推进他们整体策略的其他部分，其中包括封锁南方港口和最终夺取密西西比河。就像一条盘紧的蛇，这个"大蟒蛇"（Anaconda）计划将勒得邦联无法动弹（参见地图15.2）。一开始，联邦海军的船只太少，不够巡逻3 550英里海岸线和封锁邦联的补给途径。然而，海军逐渐增加封锁线的效率，尽管从来没能完全阻断南方贸易。

邦联的策略本质上是防卫。防卫姿态不仅与南方的独立主张一致，而且在北方的资源优势背景

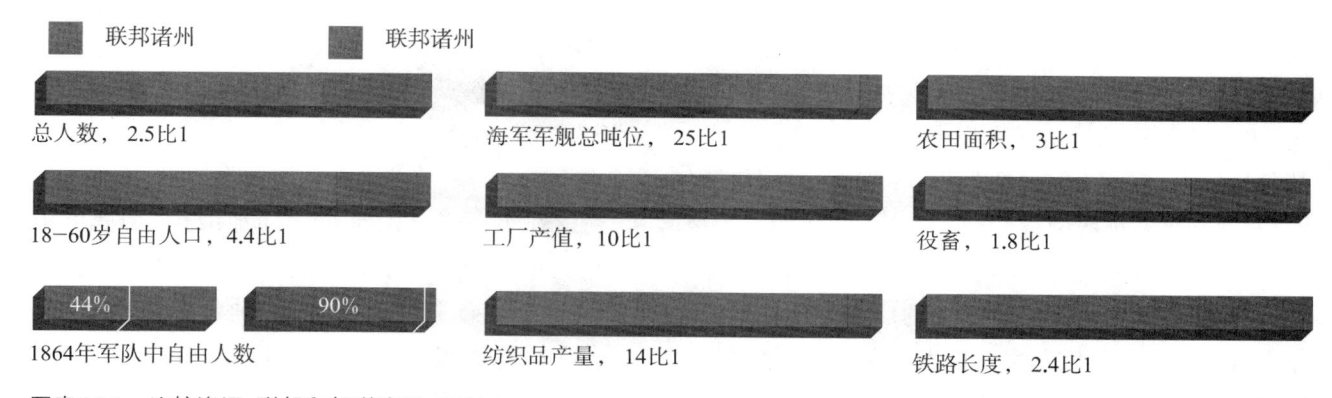

图表15.1 比较资源，联邦和邦联诸州，1861

北方有着绝对的资源优势。尽管北方在人力和工业能力方面的优势非常重要，但仍然需要征服南方，粉碎它的社会及意志。

来源：《泰晤士世界历史地图集》(The Times Atlas of World History)。经授权使用

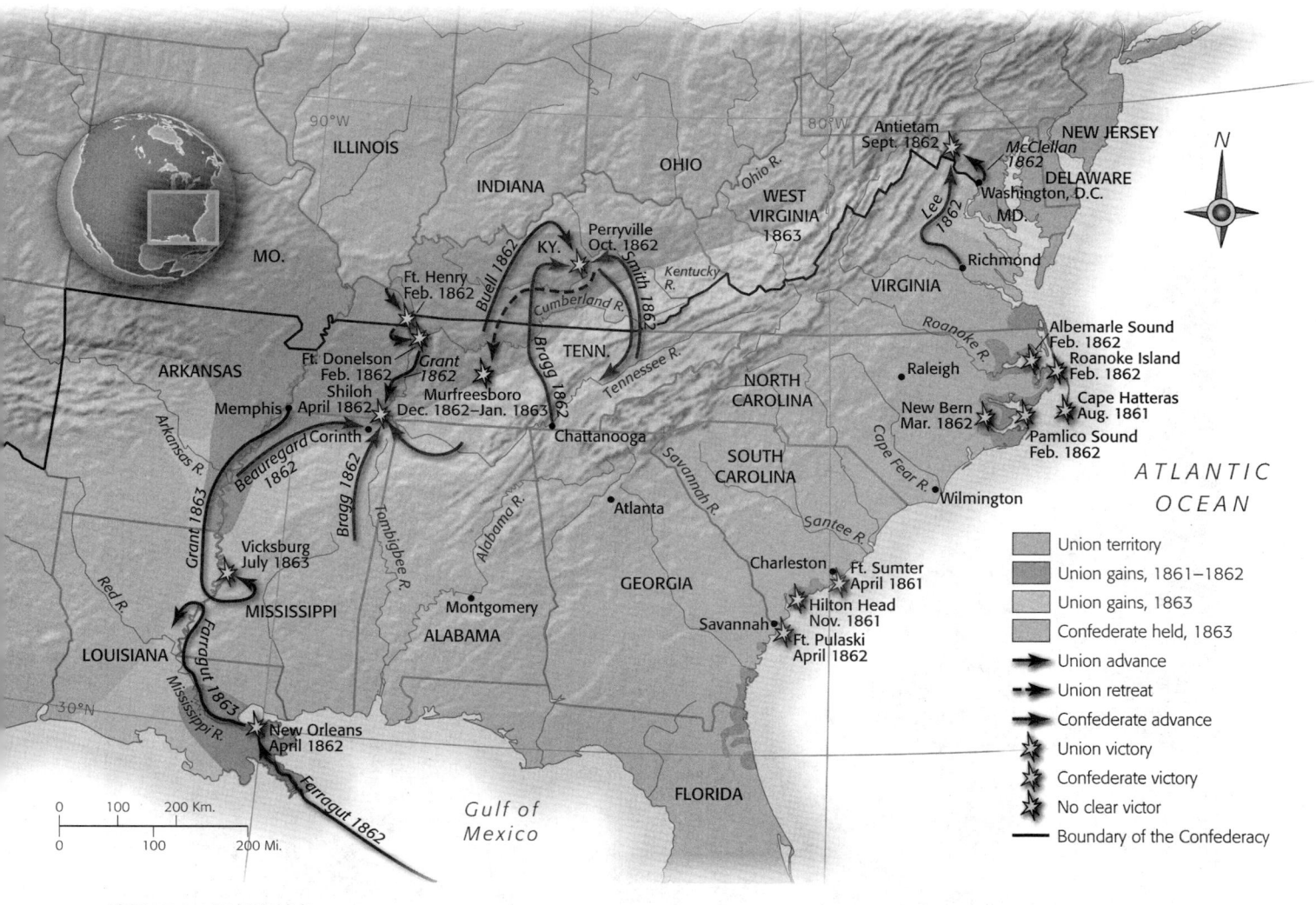

- 总人数，2.5比1
- 18-60岁自由人口，4.4比1
- 1864年军队中自由人数 44% / 90%
- 海军军舰总吨位，25比1
- 工厂产值，10比1
- 纺织品产量，14比1
- 农田面积，3比1
- 役畜，1.8比1
- 铁路长度，2.4比1

图例：联邦诸州 / 联邦诸州

地图15.2 西部的战争

上图是联邦在西部获胜的战役及其于1862年和1863年在密西西比河上以及大西洋沿岸夺取的关键战略地点一览。这些行动在为北方最终赢得胜利、铺平道路方面是关键的。

来源：©圣智学习

下也是理智的（参见图表15.1）。但是杰佛逊·戴维斯把南方策略称为"以攻为守"，抓住机会发起攻击，利用内陆运输线将兵力集中在关键的几点。在战争目标中，邦联不需要征服北方；然而，时间将证明，联邦却需要征服南方。

双方的策略都忽视了西部的重要性，这是一片在弗吉尼亚和密西西比河之间的广袤领土。1861年在政治上分裂的密苏里州爆发了游击战，密西西比河沿岸和其他西部大河沿岸的关键地点在北方最终获胜时成为重要的奖励。在密西西比河以西，邦联希望通过与克里克人、乔克托人、奇克索人、切罗基人、塞米诺尔人和其他较小的平原印第安部落签订协议来占取先机。与此同时，共和党联邦国会将西部塑造成渴望成为州的领地。对于大多数密西西比河以西的印第安人来说，南北战争中所开始的是接近三十载的侵略战争、包围征服策略、驱逐和屠杀。

联邦海军战役

1861年下半年没有重大陆地战役，但是北方在海上占据优势。夏末，联邦海军攻占海特瑞斯角（Cape Hatteras），接着占领南卡罗来纳罗亚尔港（Port Royal）外的海岛之一希尔顿海德（Hilton Head）。几个月后，北方海军通过类似行动占领了北卡罗来纳的关键沿岸战略地点，以及捍卫萨凡纳的普拉斯基堡（Fort Pulaski）。联邦海军行动在邦联海岸线上建立起重要的滩头堡（参见地图15.2）。

南卡罗来纳沿岸的胜利预示了奴隶社会的一场革命。在联邦炮艇到来时，种植园主抛弃他们的土地逃亡别处。刚开始邦联骑兵试图将奴隶们聚拢起来，把他们一起迁徙到内陆。但是成千上万的

▲ 在《第七军团出征图》（*Departure of the Seventh Regiment*，1861）中，旗帜飘扬，成千上万的纽约年轻人出发上战场的景象为南北战争的开端赋予了一种快乐的虚假表象。

图片来源：波士顿美术博物馆，卡洛里克夫妇（M. and M. Karolik）收藏

奴隶们欢呼雀跃地欢迎他们期待中的自由,并且砸坏了他们憎恨的轧棉机。一些人闯进主人的房子里,抢走展示在显眼处的衣物和家具。日益壮大的逃奴队伍涌入联邦阵线。一开始联邦政府不想发动反奴隶制的战争,尽管它开始在联邦军队中利用他们的劳动力,但并没有承认奴隶们的自由。这股声势浩大的解放奴隶潮被许多联邦军官定义为战争"禁运品"(没收的敌方财产),首先在联邦军队和政府中引发了一场关于如何对待被解放奴隶的激烈而令人困扰的争论,接着又直截了当地试图利用他们的劳动力和军事力量。

沿岸地区的袭击让南方人忧心忡忡,但是1862年春天发生的事实更强烈地证明了这场战争的沉重。三月,两艘装甲舰莫尼特号(Monitor)(联邦战舰)和梅里马克号(Merrimack)(被邦联攻占的联邦战舰)首次在弗吉尼亚海岸交战。这场战役尽管并非决定性的,但是却开创了一个全新的海战时代。四月,由戴维·法拉古特海军上将(Admiral David Farragut)指挥的联邦战舰撞开层层封锁密西西比河的木材堰,一边战斗一边向上游推进,占领了新奥尔良。这个城市位于密西西比河河口,曾是南方最大的海港和奴隶贸易中心,如今落入了联邦手中。

远西的战争

再往西,三个完整的邦联军团整装待发,这些军团大多由来自印第安领地的切罗基人组成,但是阿肯色埃尔克霍恩酒馆(Elkhorn Tavern)的一场联邦军胜利粉碎了南方对该地区的控制。自此以后,美洲原住民群体之间的分歧和第二年联邦军队在阿肯色哈尼斯普林斯(Honey Springs)的一场胜利,将邦联在印第安领地的军事行动降格成了游击战。

从1862年2月到5月,在南北战争中最西端的战役中,大约三千邦联军和四千联邦军为了新墨西哥领地的控制权而展开争夺战。新墨西哥战役的军事意义有限,但是邦联侵略有着更宏大的目标:染指圣达菲的贸易财富,并且占领科罗拉多和加利福尼亚的金矿。假如这场战役持续得足够长,邦联或许会因一个西部帝国变得更强大。但是科罗拉多和新墨西哥的联邦主义者为他们的地区而战,并且在3月26日至28日圣达菲以东20英里处的科罗黎也大通道(Glorieta Pass)的一系列战役中,他们阻止了邦联的进犯。至5月1日,邦联军队沿着格兰德河往下游撤退至得克萨斯,终止了他们夺取新墨西哥的努力。

格兰特的田纳西战役和夏伊洛战役(Battle of Shiloh)

与此同时,1862年2月,田纳西北部的陆上和河上军队为联邦赢得了几场重大胜利。一位叫做尤利西斯·S.格兰特(Ulysses S. Grant)的联邦指挥官看出亨利堡和护卫田纳西河坎伯兰河(Cumberland Rivers)的邦联前哨唐奈尔森堡(Fort Donelson)的战略重要性。格兰特意识到,假如联邦军队可以占领这两个堡垒,他们就可以打开两条通往邦联腹地的主要路径。在十天之内,他攻占了这两个堡垒,完全切断了邦联的供给,要求唐奈尔森堡的"无条件投降"。一条通往田纳西、阿拉巴马和密西西比的道路现在敞开在联邦军队面前。格兰特从他的前西点军校室友,邦联指挥官西蒙·玻利瓦尔·巴克纳(Simon Bolivar Buckner)那里获胜,令北方民众群情激昂。

格兰特继续深入田纳西南部,遭遇了这场战争中第一次特别血腥的交战夏伊洛战役(参见地图15.2)。4月6日,邦联将军阿尔伯特·西德尼·约翰斯顿(Albert Sidney Johnston)发现背水等待援军到来的联邦军队。邦联军清晨开始发动袭击,在一天时间内造成了严重损伤。即将胜利时,约翰斯顿将军在马背上被射杀。南方军队差点儿赢得这场突破,但是联邦援军当天晚上赶到。第二天,战局开始扭转,在十个小时的可怕战斗之后,格兰特的部队将邦联军逼退。

双方都没有在夏伊洛战役中赢得决定性的胜利,然而双方的损失令人瞠目结舌,邦联军被迫撤

◀ 1862年4月的夏伊洛战役中,蒸汽船在田纳西匹兹堡登陆(Pittsburg Landing)。这些河船和船上的货物与援军一起到达,在关键的夏伊洛战役中拯救了尤利西斯·S.格兰特将军。

图片来源:马萨诸塞忠勇骑士团(Massachuessetts Commandery Military Order of the Loyal Legion)与美国军事历史研究所(U.S. Army Military History Institute)

退至密西西比北部。北方四万军队减员1.3万人(伤亡或被俘);南方四万军队1.1万人丧生。仅这一场战役中的死亡人数就超过了美国前三场战争的死亡人数总和。现在双方都开始感受到这场战争的真正本质。"我看到一片开阔的战场,"格兰特回忆道,"邦联军前赴后继……战场上堆满了死人,几乎可以在脚不沾地的情况下踩着死尸往任何方向走出战场。"夏伊洛战役最终改变了格兰特对于这场战争的看法。他原本希望南方人很快对冲突"身心疲惫"。在夏伊洛战役之后,"我放弃了除了完全征服以外任何拯救联邦的想法"。对于夏伊洛战场以及许多此后战役的记忆,将阴魂不散地影响幸存下来的士兵们的余生。赫尔曼·麦尔维尔的《夏伊洛,安魂曲》(Shiloh, A Requiem)捕捉到了那个春日的哀痛,这一天两军终于明白战争的真面目:

燕子轻盈地掠过,
仍旧盘旋低徊在战场上
在阴云密布的时日,
夏伊洛那森林覆盖的田野
四月春雨洒在田野上
慰藉着水深火热的人们
在夜晚的休息中
星期日的战斗之后

夏伊洛的教堂周围——
原木砌成的教堂如此孤寂,
呼应着许多弥留之际的呻吟
混杂着濒死的敌兵
自然的祈祷
早晨的敌人,夜晚的朋友——
他们毫不在乎名誉或国家:
(一颗子弹就能拆穿谎言!)
但是现在他们躺在地底,
燕子从他们上空掠过,
夏伊洛一片寂静。

麦克莱伦和半岛战役

在弗吉尼亚前线,林肯总统面临着不同的问题。麦克莱伦将军行动缓慢。当时年仅36岁的麦克莱伦作为军官和铁路主管已经获得了引人瞩目的成功。他习惯于过高估计敌军的规模,反复要求支援,无视林肯进军的指示。麦克莱伦主张,目标有限的战争将达到快速恢复联邦的目的。他既不想干扰奴隶制,也不想对非战斗人员开战。甚至在进军弗吉尼亚之前,麦克莱伦对这场战争的保守看法就是过时的。最后,他选择经由水路前进,带领军队沿着切萨皮克顺流而下,在约克和詹姆斯河之间的半岛登陆,然后从东向里士满进发(参见地图15.1)。

5月31日至6月1日,联邦军队在距离邦联首都7英里之内的费尔法克斯(Fair Oaks)进行了一场血腥但并非决定性的战役。他们已经可以看到里士满教堂的塔尖。邦联指挥官约瑟夫·E.约翰斯顿(Joseph E. Johnston)在费尔法克斯受了重伤,杰佛逊·戴维斯总统任命他的首席军事顾问罗伯特·E.李(Robert E. Lee)担任指挥。55岁的李是一个弗吉尼亚贵族,也是戎马一生、在墨西哥战争中脱颖而出的老军人。尽管他一开始反对脱离联邦,但是忠于自己的州,成为一个可靠的邦联民族主义者。他很快就挫败了麦克莱伦的军团。

一开始,李派遣"石墙"杰克逊的1.7万西北军进入联邦军队后方的谢南多厄(Shenandoah)河谷,威胁华盛顿特区,接着通过高速打击迫使部分联邦军队撤离里士满回护自己的首都。然后,6月中旬,邦联骑兵在穿红斗篷和羽毛帽的我行我素的弗吉尼亚骑手J.E.B.斯图亚特(J.E.B. Stuart)领导下,异乎寻常地用四天时间绕过整个联邦军队,暴涨的奇克哈默尼河(Chickahominy River)北部的麦克莱伦军主力位置暴露。接着,在6月26日至7月1日一系列被称为"七日战役"(Seven Days Battles)的短兵相接中,李打击了麦克莱伦的军队。李从来没将撤退中的联邦军队一网打尽,但是他大胆地将主力部队拉到东北方,攻击联邦军的右翼,只留下一小支兵力守卫里士满,逼迫麦克莱伦(一直相信自己寡不敌众)撤向詹姆斯河。

在七日战役持续的战斗中,联邦军死亡人数达20 614人,邦联军为15 849人。在对马尔文山(Malvern Hill)高地反复发起冲击后,一个军官总结道:"这不是战争,这是谋杀。"至8月3日,麦克莱伦将军队撤回波多马克和华盛顿周边地区。里士满在此后的近两年内都风平浪静。

邦联攻击马里兰和肯塔基

受到这些战绩的鼓励,杰佛逊·戴维斯制订了一系列野心勃勃的计划,旨在扭转局势,为邦联赢得欧洲各国的承认。他下令全面展开攻势,将李派往北方进入马里兰,将柯比·史密斯(Kirby Smith)和布拉克斯顿·布拉格(Braxton Bragg)将军派往肯塔基。戴维斯号召仍然为奴隶州的马里兰和肯塔基的居民脱离联邦和平加入他的政府,还邀请西北部诸州如印第安纳脱离联邦,这些州将许多贸易品顺着密西西比河而下送往新奥尔良。这是将战场转移到北方并且试图推动军事和政治转折的协同努力。

这个计划充满希望,但是最后进攻失败了。8月29日至30日,李的军队在距离华盛顿特区西南不远处的第二次布尔朗战役(Second Bull Run)中获得惊人的胜利。布尔朗河沿岸的同一片杀戮场上,联邦军队前一年夏天曾遭逢失败,整个联邦军被调遣撤退回联邦首都。成千上万的伤员占据了学校和教堂,2 000人在美国国会大厦的圆形大厅中躺在担架上忍受痛苦。

然而在1862年9月17日——整场战争中最血腥的一天,麦克莱伦(McClellan)把李从马里兰夏普斯堡(Sharpsburg)召回。在安提塔姆战役中,5 000人丧生,另外1.8万人受伤。李能躲过一劫极其幸运,因为麦克莱伦拦截了一份战斗命令,这份命令卷在一支每个邦联军指挥官都有的雪茄烟里,因为某个通信员的疏忽大意而丢失。但是麦克莱伦行动迟缓,没能利用他更强的兵力立即展开打击,让李溃败的军队穿过波多马克撤退到安全地带。在安提塔姆战役后,林肯将麦克莱伦从指挥官的位置上替换了下来。

在肯塔基,史密斯和布莱格将军占领了列克星顿和法兰克福,他们试图将北方人逼退至俄亥俄河,但却被10月8日的培利维尔战役(Battle of Perryville)中断。布莱格的军队撤回田纳西,1862年12月31日到1863年1月2日,他们在默弗里斯伯勒(Murfreesboro)打了一场并非决定性,但血腥得多的战役。死亡人数甚至超过了夏伊洛战役,许多生命牺牲在荒凉的冬日战场上。

邦联领导人集结全部兵力试图取得突破,但是失败了。北方占据了兵力和资源优势,南方无法继

◀ 1862年10月 纽约市，摄影师马修·布拉迪（Mathew Brady）举办了一场安提塔姆战役（Battle of Antietam）摄影作品展。尽管鲜为人知，但是布拉迪的视力很差，这张邦联战死士兵的照片实际上是由他的助手亚历山大·加德纳（Alexander Gardner）和詹姆斯·F.吉布森（James F. Gibson）拍摄的。

图片来源：国会图书馆

续攻势。戴维斯非常失望，他向一个邦联代表委员会承认道，南方人正在进入"有史以来最黑暗和最危险的时期"。

但是1862年也为北方带来了沉痛的教训。邦联将军J.E.B.斯图亚特于10月对宾夕法尼亚发起了一场冒险的骑兵进攻。接着，在12月13日，成为波多马克军指挥官的联邦将军安布罗斯·伯恩赛德（Ambrose Burnside）不明智地命令麾下士兵袭击李的军队，后者在弗吉尼亚佛瑞德利克斯堡（Fredericksburg）的高地占据有利的防守位置。李的士兵杀戮北方人的效率如此之高，以至于他不无动容地说道："战争狰狞并没有什么，但我们未免太喜欢杀戮了。"伯恩赛德向玛丽高地（Marye's Heights）的反复冲击甚至震惊了对手，"联邦军前赴后继，就像从屋檐落下的雨滴，"邦联将军詹姆斯·朗斯特里特（James Longstreet）评论道。一位目睹了1 300名联邦士兵死亡和9 600人受伤的联邦军官道："整个平原被人覆盖，人们不断地倒下……我有生以来从未见过这样的战争……一个旅倒下，下一个又顶上前来履行使命，就像落在热土上的雪花一样融化。"巨大的伤亡规模让双方不禁深究这场战争的意义。在前线，在这巨大的挑战面前，一些士兵失去了他们的人性感觉。在安提塔姆死亡人数公布之后，一位联邦丧葬工作人员或许因为筋疲力尽，或许是喝醉了，将58具邦联士兵的尸体扔进了一个当地农民的井里。

战争改变南方

南北战争对普通民众的生活造成了巨大的破坏，并且出乎所有人意料地改变了南方社会。率先衰落的传统之一是南方对地方和有限政府的偏爱。州权利曾经是邦联成立的意识形态，但是州政府的执行力很弱。为了对抗北方的雄厚实力，南方必须集权；就像殖民革命一样，南方人面临着团结一致抗击敌人或者分散死去的选择。

邦联和集权

杰佛逊·戴维斯迅速行动，将所有武器、供给和军队纳入集中控制之下。但是至1862年初，这场战争的规模和持续时间之长提出了更多要求。数万邦联士兵只志愿从军一年，他们计划开春回家乡赶上春耕。要保证南方军队继续战斗需要征召更多新兵。然而，正如一位官员承认的那样，"志愿从军的精神熄灭了"。最后，由于面临着严重的兵力不足，1862年4月邦联政府开始实施美国历史上第一个全国征兵法。因此，这场战争对各州造成了出乎意料的改变，虽然它们脱离联邦的初衷就是因为害怕改变。

戴维斯对邦联国会采取了坚定的领导态度，国会征收税款，后来通过了用农产品支付的实物税。接近4 500名税务代理人分散到各地收集税款。如果在哪里遇到反对，政府就中止人身保护权令状（防止个人不受审判被逮捕的令状），执行戒严令。尽管戴维斯立场强硬坚定，但是事实证明这个税务体系并不适宜南方的战争努力。

为了代替原本应该耕种的从军人员，戴维斯劝说各州政府，要求农民从经济作物转而种植粮食作物。但是军队仍然缺乏食物和劳动力。战争部采取的解决方法是迫使奴隶们建筑防御工事，1861年之后政府严重依赖征用食物用作军粮。军官们一个接一个冲向农场，装走一车车谷物、肉类，抢夺货运马车和役畜。这样的劫掠增加了在丈夫和儿子从军期间打理农场的女性的艰辛和怨恨。

很快，里士满的邦联当局对南方经济进行了名副其实的完全掌控。邦联国会还赋予中央政府几乎完整的铁路控制权。政府设立了一个大型官僚机构管理这类运营：邦联管理机构中有超过7万人。到战争结束时，南方官僚机构就人口比例而言比北方的更为庞大。

邦联民族主义

长久以来，历史学家们不断争论邦联本身究竟是"叛逆""革命"，还是创造了一个真正的"国家"。无论我们使用什么样的标签，邦联都创造了一种民族主义文化和意识形态。南方人试图立即打造他们自己的民族标志和身份。邦联用旗帜、歌曲、语言、印章、学校读本和其他民族特征创造了他们自己的故事。

在以保留州权利、社会秩序和种族奴隶制为目的的保守改革中，南方人相信邦联是美国独立战争的真正遗产——抵御集权势力，与独立战争精神保持一致的堡垒。从这种观点出发，南方"自由"与1776年的爱国者事业同样神圣。对于南方人来说，他们的事业是反抗北方过度民主的持续革命，马背上的乔治·华盛顿（一位弗吉尼亚人）成为邦联官方印章的中心画面。

邦联民族主义的核心还包括用新的说辞为奴隶制辩护，将它塑造成一种仁慈的、保护性的机制。在战时教科书中，孩子们被灌输奴隶制的神圣启示和家长式特征。而且"忠诚奴隶"的观念是南方人民族主义事业的关键。一首白人中间流行的诗歌塑造了一位老奴隶反对《解放奴隶宣言》的心声：

> 现在，主人，这很好，这些话
> 你们一直对我说的，
> 毫无疑问你们是一片好心，但是老黛娜
> 不想要自由……
> 老主人对我好得很——尽管我是他的奴隶，
> 他像对待亲人一样待我——我情愿
> 以主人的小屋为家，吃他的黑面包，
> 也不愿离开主人的孩子们，
> 去和你们一起解放。

在战争的最后一年，面临战败和毁灭时，各种形式的邦联民族主义分崩离析。但是邦联民族主义的精神和实质中有很大一部分将在战后时期复活，变成新的"败局命定"（Lost Cause）理论。

南方城市和工业

在邦联政府设立办公室的城镇和都市中有大量职员和基层官员。职员们原本都是男性，但是现在"政府女孩们"也在邦联官僚体系中占据了一席之地。随之而来大量涌现的都市迁徙让住宅供不应求，也刺激了新的建设。里士满的压力尤其大，那里的人口增加了250%。莫比尔的人口从29 000疾速上升至41 000；亚特兰大也开始发展；一万人涌入了阿拉巴马小城塞尔玛（Selma）的战争相关产业。

当联邦封锁干扰制成品的进口时，传统以农业为主的南方打造了新的产业。许多种植园主持着和戴维斯同样的希望，指望工业化能让南方摆脱一切对北方或世界的依赖，完全不受其约束。确实，几乎从无到有，邦联获得了巨大的工业发展红利。军械局局长（Chief of Ordnance）约西亚·戈加斯（Josiah Gorgas）大幅增加里士满的特里迪加钢铁厂（Tredegar Iron Works）和其他工厂的产能，至1865年，他的军械局（Ordnance Bureau）已经为全邦联提供小型武器和弹药。与此同时，政府建立了铁道线和钢铁厂，从农场和种植园调来的奴隶参与了许多劳动。

女性角色的改变

南北战争前社会角色非常局限的白人女性在战争期间获得了大量新的职责。士兵们的妻子和母亲现在成为一家之主，承担了男人们的工作，包括种植作物和照顾牲畜。没有奴隶的家庭中，女性自己下地耕种，而比较富有的女性突然之间不得不成为监工，开始管理田间的农活。在城市中，曾经基本上被排除在劳动力之外的白人女性发现了有限的薪酬体面的工作，通常是在邦联官僚体系中，一些人找到白领工作，成为"政府女孩"。而女性教师首次出现在南方。

女性从她们的新责任中既获得了自信，也经历了痛苦。其中有一位叫作詹妮·史密斯（Janie Smith）的年轻北卡罗来纳姑娘。她出生并成长于一个富有的乡村家庭，战争波及她的农场，军队将她的家变成了一座医院，她面临着悲惨的现实。"当我想起那天早晨亲眼所见的情景时就忍不住颤抖，"她对一位朋友写道，"一辆接一辆救护车驶进来，车上载着我们的伤员……在每一个棚下和每一棵树下，桌子被搬出来，当作截肢用的手术台……鲜血在小树丛里积成了水坑；濒死之人的呻吟……太可怕了。"但是詹妮·史密斯学会了适应危机。她最后用一段自豪的话语结束了她的书信："现在我已经学会了包扎断腿和一切照顾伤员的方法。"

爱国主义牺牲对一部分女性很有吸引力，但是另一些人则怨憎她们的新负担。一个竭尽全力规训奴隶的得克萨斯女人声称自己"受够了做男人的事"。其他人则对物资短缺感到愤怒，讨厌做饭以及与低层女性接触。一些女性非常鄙视战争，要求她们的男人赶紧回来养家糊口。

人类苦难、囤积和通胀

对于数百万普通南方人来说，这场战争带来了通货膨胀和苦难。普遍穷困第一次降临到了很大一部分白人头上。许多自耕农家庭的顶梁柱加入了军队。正如一份南卡罗来纳报纸所言："战争的责任从许许多多家庭中唤走了养家糊口的人……必须提供帮助，否则穷人会受难。"女性自己向亲戚、邻居、朋友、任何人寻求帮助。有时候他们向邦联政府求告。"以人性之名，"一个女人乞求道，"放我的丈夫回来吧，他对你们政府来说没什么大用处，但是却能为孩子们做点事……我可怜的孩子们没有家也没有父亲。"以至于南方最终在战败面前丧失了继续战斗的意志，女性在要求战争结束中起到了一定的作用。

南方许多地方人烟稀少，一个技艺娴熟的手艺人参军之后，常常会让整个县的人生活不便。他们常常集体乞求豁免或是释放当地磨工、社区中的制革工人或者车轮匠。医师们也十分短缺。然而，最严重的问题是失去铁匠。正如一份来自阿拉巴马的联名请愿书解释的那样，"我们地区已经完全失去了任何可以打造农具的人了。"

邦联船运被封锁加剧了重要物资的短缺——盐、糖、咖啡、钉子——而投机和囤积让短缺更严重。贪婪的商人垄断了一些商品的供应；富有的市

▶ 邦联骑兵队中的五个得克萨斯人坐在一起拍摄正式照片。其中四个人的帽子上饰有"孤星"标志。和成千上万其他的士兵一样，他们拍照片是为了寄给家乡的亲人，不过也可能是战争前线增加战友感情的手段。

图片来源：得克萨斯峡谷，狭地平原历史协会（The Panhandle-Plains Historical Society）

民囤积食物。《里士满消息报》（Richmond Enquirer）批评一个种植园主购买了太多车物资，以至于他的"草坪和道路看上去就像卸货码头一样"。北卡罗来纳州州长纪伯伦·万斯（Zebulon Vance）担忧"我们士兵们可怜的妻子和孩子们的悲痛哭泣……他们身上会发生什么"？

通货膨胀来势汹汹失去控制，邦联政府大量借贷和失衡的税收导致物价增加了接近7 000%。通货膨胀让没有食物来源的城市居民尤其危险。早在1861年和1862年，各报刊就报道了"千万人将面临短缺和饥饿"，忧虑的官员们预测"就算不遭饥荒，女人和孩子们肯定也要受苦"。囤积居奇继续制造地方冲突，邦联组织的初步救济项目没能满足需求。

邦联征兵的不公正

当财富减少时，曾经收入不多的人们环顾四周，发现充分证据显示，并不是所有阶级都遭受平等的牺牲。邦联政府推行的政策完全倾向于上流阶层。比如，直到战争的最后一年，富有的南方人都可以通过雇佣替代者来避免服役。替代者的价格水涨船高，直到派另一个人代替自己上战场需要 5 000到6 000美元。五万多上流社会南方人购买这样的替身。玛丽·波尔金·切斯纳（Mary Boykin Chesnut）知道一个年轻的贵族"花一大笔钱雇替身……现在他那条路也到头了，因为所有健全的男人都已经被派往前线。我听说他将成为某个将军的通讯员"。

对于这类不公的愤怒在1862年10月爆发，邦联国会决定免除所有管理20名以上奴隶的人的兵役。"从来没有哪条法律遭到如此广泛的憎恶，"一位代表指出，"它对穷人的影响几乎是灾难性的。"邦联的每个角落都涌出抗议，北卡罗来纳的立法者们公开指责这一法律。然而，它的支持者们辩称，这个豁免法律维持了秩序，帮助维持食物生产，最后这条法令仍然留了下来。

这条"20黑奴"法显示出许多邦联人在战争威胁颠覆南方社会时感到的种族恐惧。但是它同样引起了逃亡，并刺激南方非奴隶地区的公开联邦主义上了一个新台阶。在密西西比盛产松木，几乎没有奴隶或种植园的琼斯县（Jones County），邦联士兵纽特·奈特（Newt Knight）带领一群叛军占领了该县，宣布他们支持联邦，并且将他们的地区称作"琼斯自由州"（Free State of Jones）。他们在战争剩下的时间内坚持作为一块独立联邦支持者的飞地存在。

民众写给邦联官员的书信中充满苦涩,体现出深刻的阶级隔膜和愤怒。"假如我和我年幼的孩子们在他们父亲服役期间受苦(并)死去,"一个女人威胁道,"我恳求全能的主让我们的鲜血洒在南方。"另一个女人对战争部长信誓旦旦,假如他不为陷入穷困的妻子和母亲们提供帮助,"全知的上帝……将(在)那些有权有势的人身上降下他的怒火……"战争放大了邦联中原有的社会矛盾,并且制造了一些新的矛盾。

战时北方经济和社会

随着战争的开始,一股变革的浪潮也席卷了北方。工厂和民间组织加大马力支持战争,而联邦政府和执政部门获得了新的权力。正处在工业化进程中的社会的能量被用于支持联邦事业。理想主义和贪婪一同泛滥,而北方经济证明了它令人惊叹的生产能力。

北方商业、工业和农业

一开始,战争对商业产生了巨大冲击。北方公司失去了它们的南方市场,许多公司不得不改变产品,寻找新的客户。南方债务也无法收回,这令北方商人和许多西部银行陷入混乱。农业家庭挣扎求生,征兵造成了劳动力短缺。一些企业一直无法从战争造成的恐慌中恢复。纺织厂缺少棉花,工程量下降了,鞋子制造商无法将便宜的鞋子出售给原本为他们的奴隶买鞋的种植园主。

但是某些企业家,比如羊毛生产商,却因为没了竞争产品而得利,而军需产品的需求猛增则令一些产业获得空前的成功。为了喂饱饥饿的战争机器,联邦政府为经济注入史无前例的资本。财政部发行了32亿美元债券和被称为"绿背美钞"(greenback)的纸币,战争部花费了三亿六千万新税带来的收入,其中包括美国的首项所得税。

战争相关的支出令许多北方州的商业蓬勃兴旺。1863年,一份商业杂志分析了战争在马萨诸塞州产生的影响:"马萨诸塞州的商业很少,甚至从没有像刚刚过去的这一年中那么活跃或有利可图……在每一个劳动部门中,政府直接或间接地成为主要雇主和发薪人员。"政府协议拯救了马萨诸塞制鞋企业以及其他州的许多公司,使它们免遭破产。

因为农业和工业之间相辅相成的关系,北方经济同时得到发展。农业的机械化早在战争之前就开始了。然而,战时征兵和兵役使西部农民更倾向于购买节约劳动力的机器。从人类劳动力到机器的转变为工业创造了新的市场,并且为城市工业劳动力扩大了食品供应。农具销售蒸蒸日上。塞勒斯(Cyrus)和威廉·麦考密克(William McCormick)通过销售他们的收割机在芝加哥建立起工业帝国。1862年至1864年之间,割草机和收割机的销售每年翻一番,达到7万台;至战争结束,共有37.5万台收割机投入使用,是1861年的三倍。因此在北方农业家庭中,虽然顶梁柱上了战场,但是却没有像南方农业家庭那样苦难深重。"我们看到一位儿子们上了战场的老妇人,"一本杂志评论道,"和她的伙伴们一起收割干草……一天就能轻松地架着收割机收割七英亩。"北方农场通常不会受到搜寻粮草的军队的蹂躏和破坏,因此在战争时期兴旺发达起来。

军需官和军事政府动员

这一政府—商业联姻来自权力大增的军需部门,作为一个官僚机构,它成长为美国最大的雇主,与成百上千的公司签订了制造合同。军需部的10万名公民雇员通过采购中心网络进行工作,尤其是在华盛顿特区、费城、纽约、辛辛那提和圣路易斯等城市。部门中许多高级军官拥有相当可观的战前经历,尤其是在西部。

从战争部长埃德温·M.斯坦顿(Edwin M. Stanton)的军械部(Ordnance Department)所需武器供给单的一部分中,就足以看出政府需求和商业合作的巨大规模:"7 892台加农炮,11 787炮兵车,4 022 130小型武器……1 022 176 474小型武器弹夹,1 220 555 435雷管……26 440 054磅火药……和90 416 295磅铅。"在一次前所未有的军事动员中,政府还购买了巨量的制服、靴子和其他必需品。至1865年,政府已经以超过1亿美元的代价购买了大约64万匹马和30万头骡。

美国战争支出总额的2/3用于供应战场中的部队,为了指挥这一过程,林肯总统委任了富有才能的工程师蒙哥马利·梅杰斯(Montgomery Meigs)。梅杰斯受过西点训练,此前的经验包括监督国会大厦圆形大厅的建造,他坚持只通过竞标方式签订政府采购协议。他总共支出18亿公共资金用于战争,这个数字比美国自独立以来所有政府支出加起来还要高。一位历史学家辩称,他的努力使联邦军队成为"历史上吃得最好,供给最充足的军队"。许多历史学家将梅杰斯视为"北方胜利的幕后英雄",这一提法很难反驳,尽管他每次也从赢得了战争的军需官队伍获得合同。这种大规模军事动员的成功在美国政治—经济历史上留下了不可磨灭的印记,或许为现代美国军工业状况奠定了最早的基础。

富有的纽约金融家杰·库克(Jay Cooke)的作品最生动地说明了战时商业和政府的关系。库克自己投入政府债券市场营销工作中,为战争提供资金支持。通过充沛的想象力和活力,他说服大投资者和普通公民投入巨大资本,在此过程中为自己赚取巨额委托。但是这位金融家的利润为联邦事业做出了贡献,资本主义和政府的利益在美国历史上第一个"大政府"时期融合在了一起。

▲ 尽管一开始有很多问题,但是供应巨大战争机器的任务让北方经济活跃起来。这幅图片所展示的就是1865年纽约哈得孙街西边的商业状况。

图片来源:纽约历史协会收藏

北方工人的战斗精神

北方工业和城市工薪阶层并没有像许多他们为之工作的公司那样走运。在最初的萧条过后,工作机会变得充足,但是通货膨胀吞噬了工人薪水中的很大一部分。咖啡的价格上涨了三倍;米和糖的价格翻了一番;衣服、燃料价格和房租都上涨了。在1860年至1864年之间,消费品价格上升了至少76%,而日薪只增长了42%。结果工薪家庭的生活水平大大下降了。

当工薪阶层真正的薪水缩水时,他们失去了工作保障。为了增加产量,一些雇主用节约劳动力的机器代替了工人。其他雇主则敦促政府促进移民保障廉价劳动力。作为回应,工人们组织工会并不时罢工。技能娴熟的手工艺人组织起来抗议他们在机器面前失去工作和地位;被手工艺人排除在外的女性和体力工人也组成了自己的工会。事实上,在南北战争期间,有13个职业群体成立了全国工会,其中包括裁缝、煤矿工人和铁路工程师,而罢工的数量也稳步攀升。

雇主们满怀仇恨地对这一新的劳动力独立展开报复。制造商们将劳动激进主义视为对他们行动自由的威胁,因此成立全州或以技能为基础的协会,互相合作,互通有无。这些雇主们分享工会成员黑名单,要求新的工人签署"黄狗"协议(保证不加入工会)。为了平定罢工,他们从黑人、移民和女性中间雇来罢工破坏者,有时候用联邦军队来摧毁工会的意志。

然而,劳动战斗精神并未阻止雇主在政府合约中获利或牟取暴利。不择手段的商人们利用突然激增的军需物品需求,出售用"劣等"材料制成的服装和毯子——从地毯或破布中回收利用的羊毛纤维。劣质品常常被雨一冲就散了;大多数战争前几个月采购的鞋子都一文不值。承包商以正常价格的两倍出售劣质枪支,用染色肉类以次充好。腐败如此普遍,以至于众议院展开了长达一年的调查。这些日常经济生活的现实侵蚀了许多美国人一开始对战争的浪漫幻想。

经济民族主义和政府—商业合作关系

正当的企业也获得了可观的利润。羊毛纺织厂的产量大幅增加,该行业的红利几乎增加了三倍。一些棉纺厂从出售的商品中获得了有史以来最高的利润,尽管降低了产量。经纪行通宵达旦地工作,赚得闻所未闻的佣金。列车载着大量货物和乘客,生意大幅增加,以至于铁路股票价格一路飙升。

铁路同时也是政府支援的主要受益者。由于国会中没有了南方代表,北方跨大洲铁路很快就占了上风。1862年和1864年,国会授权成立两个公司——联邦太平洋铁路公司(Union Pacific Railroad)和中央太平洋铁路(Central Pacific Railroad)——并且为它们提供资金支持,建设连接内布拉斯加奥马哈和加利福尼亚萨克拉门托的铁路。每铺设一英里铁轨,这两个铁路公司就能获得16 000至48 000美元的国债借款,加上20平方英里土地,和400英尺宽的通行权。这两个公司总共获得了大约两千万英亩土地和接近六千万美元贷款。

其他商人也从《土地拨赠法案》(Morrill Land Grant Act, 1862)中获得巨大利益。为了促进农业、工程和军事科学教育,国会分拨给每个州的选举区3万英亩联邦土地。这条法律最终培养了69所学院和综合大学,还让一些杰出的投机者变得更为富有。与此同时,1862年《宅地法案》(Homestead Act)向打算在西部定居的人提供廉价,有时甚至免费的土地,增加了他们的财产。

内战前,能满足需要的国家银行体系、税收和货币并不存在。银行在州授权下运营,发行了7 000多种货币。战争期间,国会和财政部建立了全国性的银行体系,授予其发行国家银行货币的权力,至1865年,大多数州银行在寓禁税的推动下加入了全国体系。这一进程创造了更稳健的货币以及以东部为中心的金融结构,但是同时造成了货币供应失去灵活性,在19世纪后期将导致需要信用和现金的农民们发起反抗。

共和党经济政策拓宽了政府的执政范围,并且前所未有地将人民与国家紧密联系在一起。然而炫耀和理想主义并存。在战时捞金的狂热中,一种炫富的热情在大城市中盛行起来。《哈珀月刊》报道称:"一夜暴富的承包商、投机者和证券交易所投机商以我们国家前所未见的大手笔花钱……男人们在马甲扣子上镶上钻石……女人们用金粉和银粉洒在头发上。"《纽约先锋论坛报》(New York Herald)如此总结城市中的氛围:"这场战争完全改变了美国人的性格特点……赚钱最多的人和花钱最多的人被视为最伟大的人,无论他们通过何种途径赚钱,无论他们把钱花在哪里。"

联邦事业

在成千上万自治城镇和社区中,北方公民感到自己与代表政府有着个人的联系。分裂威胁破坏他们的政治体系,北方人团结起来捍卫它。在战争最开始的两年中,北方因为一个如今看起来可能有些抽象的目标保持着很高的士气——统一——但是在那时,这意味着捍卫人们珍视的社会和政治秩序。

世俗和教会领袖支持联邦事业,连倾向于政教分离的牧师们都谴责"毫无原因的叛乱之恶。废奴主义者积极活动,致力于将这场战争变成反奴隶制的圣战"。自由黑人社区和教会,无论黑人还是白人,都响应聚集于联邦阵线的奴隶们的需求,为他们送去衣物,派遣牧师和教师去帮助那些获得自由的人们。确实,北方黑人全心全意地支持这场战争,成千上万的黑人一开始自愿入伍,尽管他们一开始在林肯政府那里受到排斥。

因此,北方社会面临着奇异而矛盾的趋势。物质主义、贪婪和理想主义、宗教信仰以及自我牺牲

▲ 1864年前后,联邦女性志愿防卫部队。士兵们的帽子和火枪创造出了南北战争期间后方女性生活的罕见形象。
图片来源:国家档案

并存。在此后的几十年间，美国人将树立起纪念碑，铭记那些士兵们的牺牲和理想主义，而不是机会主义，有时这甚至不是他们为之奋斗的事业，而是一种忘却这场斗争更深刻本质的方法。

战争后方和战场上的北方女性

北方女性和南方女性一样，肩负起全新的角色。留在家乡的女性组织了超过1万个士兵救助协会，卷绷带并筹资300万美元用于救护伤员。女性对于联邦军队的第一支受过训练的救护车公司的成立有很大帮助，她们还构成了美国环境卫生委员会（Sanitary Commission）的支柱，这是一个公民中介机构，1861年受到战争部正式承认。美国环境卫生委员会为战士们提供关键的营养和医疗帮助。尽管大多数官员是男性，但是运作其7 000个辅助机构的志愿者却是女性。女人们组织丰富的"卫生集市"（Sanitary Fairs），为战士们的健康和卫生筹款，并引起公众对这些问题的关注。

大约3 200位女性还在前线医院中担任护士。然而女性必须奋力争取才能获得这一职务；自独立以来医学的职业化创造了一个由男性主导的医学体系，许多男性医师并不希望女性的帮助。即使是以坚定地在前线条件最艰苦的医院中工作而闻名的克拉拉·巴顿（Clara Barton），也在1863年被解职。然而许多女性和巴顿一起创立了南北战争护士的英勇传统，如坚毅的多萝西娅·迪克斯（Dorothea Dix）以努力改革疯人院而著称，还有伊利诺伊遗孀玛丽·安·比克迪克（Mary Ann Bickerdyke）不知疲倦地在西部谢尔曼的军队中服务。他们还推动了护理业的职业化，北方城市中的几所护理学校就是在战时或战后建立的。

女性还写作关于南北战争的流行小说。女性以感伤主义的战争诗歌，短篇小说和长篇小说，以及面向成千上万读者的出版战争歌曲，在插图周刊、月刊和专门的"故事报"中创造了一种商业文学。在许多故事中，女性角色为她们对联邦的忠诚和服务寻求认同，而另一些作品则探索了前线爱人们的苦难和死亡。其中有一位女性作家是路易莎·梅·阿尔科特（Louisa May Alcott），1862年12月弗雷德里克斯堡联邦军队惨败后，她来到华盛顿成为一名护士，后来她在流行读物《医院素描》（Hospital Sketches）（1863）中将她的经历记录了下来，她在书中描述遭受重创的男人们"身上布满弹孔和弹片"，"忍受着我们无法形容的痛苦"。阿尔科特让北方读者仿佛身临其境地看到医院中的情景，而他们的亲人就在这些医院里痛苦和死去。

在一位历史学家所谓的"女性化战争文学"的核心，女性作家探索了个人和国家需求之间的关系，以及家和"事业"之间的关系。至1863年，许多女性发现解放奴隶是一个令人鼓舞的主题，如茱莉亚·沃德·豪尔（Julia Ward Howe）在她不朽的"共和国战斗之歌"（Battle Hymn of the Republic）中写道：

> 当他以死让人们成圣
> 让我们拼死还他自由。

瓦尔特·惠特曼的战争

诗人瓦尔特·惠特曼还留下了一份他在华盛顿特区担任志愿护理人员的经历记录。当他为痛苦而孤独的人们包扎伤口并试图给予安慰时，惠特曼发现"悲剧的骨髓集中在那些军医院里"。但是尽管承受着"可怕得无法形容的伤口"，他同时也在这样的痛苦中发现灵感以及美国民主信仰的深化。惠特曼赞颂为联邦战斗的普通士兵的"难以置信的大无畏"和牺牲。正如他在伟大的作品《草叶集》（Leaves of Grass）（1855）中写道："美国最宝贵的财富不在于执政或立法，而总是体现在普通人中。"惠特曼将他对普通人的理想化融入诗歌中，他的诗作还探索了同性恋主题，并拒绝欧洲韵文阳春白雪的格律和韵脚，而是致力于打动普罗大众的"真情实感"。

> 我不停走着，走着（打开时间之门！打开医院之门！）

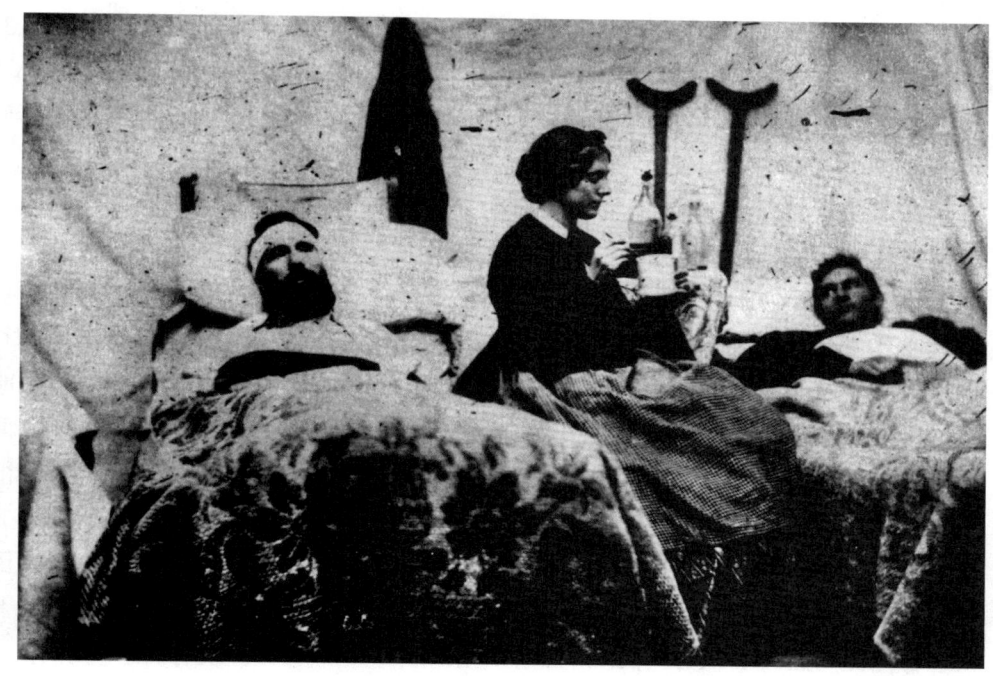

▶ 田纳西州纳什维尔，1863年前后，护士安妮·贝尔（Anne Bell）在一所联邦医院中照顾士兵。左边这个男人悠远的目光和右边那个人感激的凝视真实地呈现了军医院中人们的痛苦。

图片来源：美军军事历史中心（U.S. Army Center of Military History）

我包扎的那些破碎的头颅，（可怜的疯狂的手不要将绷带撕下，）

那个炮兵的脖颈被子弹穿过，我为他检查伤口，

他发出沉重的喘息，眼睛迷离，然而生命努力抗争，（来吧甜美的死亡！信服吧美丽的死亡！

仁慈的死亡请快快降临。）

惠特曼为数百万遭逢丈夫、兄弟、父亲或朋友在战场上丧生的人们沉思。事实上，这场战争的死亡规模之大震惊了许多美国人，让他们相信这场冲突的目的必须比本身更宏大。

解放的来临

除了鼓动双方士兵和公民对目的的忠诚感之外，联邦和邦联政府都没有对战争目的进行澄清。在前几个月的斗争中，戴维斯和林肯都小心翼翼地回避提及奴隶制。戴维斯意识到强调这一问题将激化南方的阶级矛盾。为了避免将邦联等同于奴隶主的利益，他表达了一种更宽泛的传统意识形态。戴维斯告诉南方人他们在为宪法自由而战：北方人背叛了建国者的初衷，而南方人脱离联邦是为了保留传统。只要林肯也避免将奴隶制作为一个问题发挥，那么戴维斯的策略似乎就能起到效果。

林肯回避奴隶制有自己的理由。一开始避免引起联邦边境奴隶州的敌对是非常关键的，因为这些州的忠诚是脆弱的。同时，数月来林肯一直希望支持联邦的大多数人可以在南方坚持这一想法。他觉得好言相劝南方回归联邦或许是可能的，除了他后来所说的"如此基本而使人震惊的"问题——解放奴隶。提出奴隶制问题将严重破坏这两个目的。强大的政治考量也致使林肯保持缄默。共和党是一个年轻而难以驾驭的联盟。一些共和党人对奴隶制深恶痛绝；其他人则是公开的种族主义者，致力于保护自由白人不受奴隶主集团和廉价奴隶劳动力竞争的侵害。在战争初期，甚至在北方，共和党人也没有就对奴隶制采取何种态度达成一致。

林肯和奴隶解放

总统的迟疑与他的一些个人感情相悖。林肯

的同情、谦逊和道德痛苦在他的演说和文字中很明显。但是作为一位政治家,林肯将自己的道德信仰和他的官方行为分得很清楚。他的政治立场是谨慎而复杂的,经过精心计算以便获得最大利益。

许多黑人在战争第一年激烈地抨击林肯,因为他拒绝将斗争转化为一场"废奴战争"。1861年9月,林肯撤回约翰·C.弗雷蒙(John C. Fremont)解放密苏里反动奴隶主所有奴隶的命令时,《盎格鲁—非洲》(Anglo-African)报宣称总统通过他的行为"将数千获得正当自由的人扔回了奴隶制的地狱"。晚至1862年7月,弗雷德里克·道格拉斯(Frederick Douglass)谴责林肯是"叛徒和叛逆者可悲的工具",并且将管理政策描述为"在妥协陈腐的基础上重建陈旧的联邦,奴隶制将通过这一过程重获它曾经拥有的一切权力"。道格拉斯希望旧联邦被毁灭,一个新的联邦在战争的严酷考验中创立,毁灭奴隶制,以人类平等的名义重新书写《宪法》。让这位黑人领袖惊讶的是,短短一年之内,这种影响深远的结果就开始发生了。

林肯先是于1862年3月以一种实质的方式提出了奴隶制问题,他提议各州自行考虑释奴问题。他又请求国会保证为任何决定释奴的州提供帮助,尤其呼吁边境州的代表。林肯提议的是逐步释奴,同时为奴隶主提供补偿,在美国以外建立前奴隶殖民地。1862年8月,他对一个自由黑人代表团解释道:"分开对我们双方来说都比较好……"

直到1864年年中,林肯政府还提出在中美洲和加勒比建立黑人殖民地的不切实际的计划。林肯将殖民视为处理美国即将获得自由的420万奴隶的方案之一。然而他不相信美国有任何成为双种族社会的希望,而且他极度害怕北方白人或许不会支持一场以解放黑人为目的的战争。在弗雷德里克·道格拉斯的领导下,黑人废奴主义者激烈地反对林肯政府的这些策划。

其他政治家们对于反奴隶制的斗争有着更宏大的计划。国会中一群被称为激进派(Radicals)的共和党人在乔治·朱利安(George Julian)、查尔斯·萨姆纳和撒迪厄斯·史蒂文斯(Thaddeus Stevens)等

▲ 一群"违禁品"(自由的奴隶),照片拍摄于1862年5月14日的弗吉尼亚坎伯兰郡码头(Cumberland Landing)。此时还是战争的敏感时期,他们的法律地位还没有完全决定下来。这一代男人、女人以及孩子们代表了人类的解放事业。

图片来源:国会图书馆

人的领导下,献身于为释奴而奋斗的战争。他们推动成立了一个特别的战争两院委员会,他们调查联邦的失败,力图使战术更高效,并且督促总统对奴隶制采取更强硬的措施。

征用法案

1861年8月,在激进派的煽动下,国会通过了第一个征用法案。该法案的初衷是为了惩罚邦联人,将其所有用于"叛乱目的"的财产充公。因此,假如南方在敌对行动中使用奴隶,这些奴隶就会被作为战争的"违禁品"夺走释放。第二个征用法案(1862年7月)更进一步规定没收支持叛乱者的所有财产,甚至那些只是住在南方付邦联税的人也包括在内。他们的奴隶被宣布"永远解除劳役"。这些法案的逻辑是,为了粉碎南方叛乱,政府必须行使非同寻常的权力。

1862年夏天林肯拒绝采纳这种观点。他坚持由各州自愿逐步释奴的提议,而且一开始并没有努力执行第二条征用法案。他的立场引起富有影响力的《纽约论坛报》编辑霍勒斯·格里利的公开抗议。在写给总统的题为"两千万人的祈祷"(The Prayer of Twenty Millions)的公开信中,格里利请求林肯"执行法律",并且宣称:"在广袤的大地上,总统先生,没有一个人……联邦事业的睿智支持者,不感到所有平定叛乱的努力,与此同时维护它的煽动原因是荒谬而无意义的。"林肯的回答清楚地表达了他对这一问题斟酌谨慎的态度。他说他不同意所有那些把奴隶制当作这场战争重大问题的人。"我要拯救联邦,"林肯宣称,"假如我可以不释放任何奴隶而拯救联邦,我会那么做,假如通过释放所有奴隶可以拯救联邦,我会那么做;假如我可以通过释放一部分奴隶,留下一部分奴隶拯救联邦,我也会那么做。我对于奴隶制,对于有色人种所做的一切,是因为我相信这些事情能拯救联邦。"林肯最后以个人免责申明结束这次讲话:"我在这里宣布我的目的是基于我官方职责的观点;我无意改变我多次表达的个人愿望,即所有地方的所有人都应该是自由的。"

当他写下这些话的时候,林肯已经决定大胆地发表一份总统的《解放黑人奴隶宣言》(Emancipation Proclamation)。然而,他正在等待一次联邦胜利,这样看上去就不会像是绝望之举。而写给格里利的信代表了林肯希望将民意调整到最佳状态,以便为即将到来的社会变革做准备,而且他需要慎重地考虑国际上的看法。

《解放黑人奴隶宣言》

1862年9月22日,联邦在安提塔姆战役中取得胜利后不久,林肯发表了由两部分组成的宣言的第一部分。林肯行使作为联邦军队总指挥官的权力,宣布1863年1月1日将释放"叛乱"各州的所有奴隶。林肯明确说明,他将在1月1日判断一个州是否是叛乱州,标准是它在美国国会中没有合法代表。因此,他于1862年9月的声明并不是对奴隶自由权利的伸张,而是对南方人的威胁:除非他们放下武器回归联邦,否则他们就将失去他们的奴隶。"总统知道奴隶对叛乱者的价值,"佐治亚黑人牧师加里森·弗雷泽(Garrison Frazier)道,"他以为他的声明将会促使他们放下武器……而他们不这么做将使释放奴隶成为这场战争中的一部分。"林肯对于南方人放弃抵抗没有抱多少希望,但是他下定决心让他们回应。

在决定命运的1863年1月1日,根据声明,林肯宣布在叛乱地区的"所有被蓄为奴隶的人","从今天开始永远自由"。但是他排除了(和叛乱地区一样)被联邦控制的所有邦联郡县或城市。他宣称,那些地区"目前仍将保持原状,视同声明未发布"。林肯也没有释放留在联邦中的边境奴隶州中的奴隶。"总统故意让这个声明在所有力所能及的地方无法生效……"反当局的报刊《纽约世界报》(New York World)谴责道:"他只在众所周知鞭长莫及的地方宣布释放奴隶。"撇开党派偏见不提,连国务卿苏厄德(Seward)都讽刺道:"我们通过释放无力释放的奴隶来表达对他们的同情,却在我们能放他们自由的地方继续束缚他们。"

但是林肯担心这些法案的合宪性,而且他预计战争结束后南方人也许会向法庭起诉要回"财产"。让解放奴隶成为"一个适宜而必要的战争措施"引发了各种法律问题:一个战争措施的效力有多久?叛乱被镇压后它是否就过期了?这项声明并没有澄清被释放的奴隶的地位或公民身份,尽管它确实为黑人开放了从军的机会。然而,这真的会改变这场战争的特点和目的吗?

因此《解放黑人奴隶宣言》在法律上是一个模糊的文件。但是作为一个道德和政治文件,它有着重大意义。因为这份声明将这场战争定义为一场反奴隶制战争,国会中的激进派可以称颂这一点。然而与此同时,它保护了林肯和保守派的立场,为他保留了随时后退的余地,并且没有迫使边境奴隶州立即做出改变。这是一个谨慎平衡的法案,但是一旦发布就再也不能回头了。

不过,最重要的是,在南方各个地区,成千上万的奴隶已经到达联邦阵线。正如许多人所说的,早在声明发布之前他们已经"用脚投票"支持释奴。而现在,联邦军队进入奴隶社会的每一步都是解放的步伐。

在北方和南方联邦占领地区,黑人和他们的白人盟友以前所未有的热情庆贺《解放黑人奴隶宣言》。这些庆祝活动上充满颂歌,黑人们知道他们终于熬到了出头之日。在华盛顿特区的一个大型"违禁品营地",大约六百名黑人成年男性、女性和儿童于新年前夕聚集在管理总部彻夜欢歌。他们一遍一遍地合唱"去吧,摩西"(Go Down, Moses),讴歌自己壮烈伟大的出走。一首新作的歌曲唱道:"去吧,亚伯拉罕,走到迪克西的土地上,告诉杰夫·戴维斯放我的人走!"

非裔美国新兵

对兵力的需求很快说服当局征召北方和南方黑人加入联邦军队。至1863年春天,非裔美国军队响应十几个在北方城市和城镇巡回宣传的黑人征兵活动。林肯逐渐将黑人士兵视为"恢复联邦唾手可得但未曾使用的巨大力量"。

非裔美国领袖希望通过参军为他们的人民赢得平等权利。弗雷德里克·道格拉斯写道,一旦黑人士兵为联邦战斗,"大地上就没有任何人有权否认他为自己赢得了美国的公民身份"。假如黑人士兵力挽狂澜,另一个人问道:"这个国家会拒绝赋予我们应得的权利吗?"

1864年6月,成千上万前黑人奴隶穿上蓝色军装,林肯支持宪法禁止奴隶制。在共和党全国会议前夕,林肯号召共和党"把永远废除和禁止奴隶制的修正案放在党纲上,作为主旨"。该党立即要求制定第十三条修正案。共和党代表或许没有他的敦促也会采取这一党纲,但是林肯通过游说国会快速批准这一措施证明了自己的全情投入。修正案提案在1865年初通过,被送往各州等待批准。这场拯救联邦的战争同时已变成一场解放奴隶的战争。

谁解放了奴隶?

亚伯拉罕·林肯是否配得上(他自己从来没有主张)"伟大的解放者"这一标签长期存在争议。林肯最终是一个不情愿的解放者,顺从而非领导国会和民意?抑或他通过逐步缓慢地释奴,为这场战争最革新、最敏感的方面进行了领导,在黑人自由问题上,一旦开始前进就再也没有倒退过?当他意识到这场战争的整个特点,并且决定直到获得邦联无条件投降才罢休时,林肯已经将破坏奴隶制作为这场战争的核心目标。

然而,有人辩驳,奴隶本身才是为自己赢得自由的关键。当他们接近战争地带或者有机会担当临时劳工时,他们以成千上万计奔向自由。一些人在联邦军队中充当军营劳动力,最终超过180 000名黑人在联邦陆军和海军中服务。在南方乡村腹地,有时候自由糅杂着困惑,恐惧混合着欢乐。一些人作为个体在1861年得到自由,一些则直到1865年才作为难民集体乘坐火车长途跋涉到达违禁品营。

然而，无论个体以何种方式获得自由，释奴都是两股关键势力角力造成的历史结果：一种是受致力于赢得这场战争的总统军事权威指挥，并基于这种权力产生的政策；另一种，则是自我解放所必需的意志和勇气。1864年莫比尔湾的华莱士·特内奇的逃亡证明释奴既可以来自奴隶自己非比寻常的英雄主义，也可以来自联邦军队的解放行动。大多数黑人认为他们的自由既被赋予又被夺走，同时也将之视为他们的人权。"我现在不再害怕枪和手铐了……"特内奇回忆他获得自由的经历，"也不害怕号角和猎犬奔跑的声音，也不害怕叛乱政府的死亡威胁。"他的身体和思想都获得了自由。"我现在可以说出自己的意见，"特内奇继续道，"对所有阶级和肤色的人们。"

邦联的释奴计划

战争结束前，邦联也回应了释奴问题。战争后期，杰弗森·戴维斯本人愿意牺牲奴隶制来获取独立。他提议邦联政府购买4万名奴隶作为劳工为军队工作，保证服役完成后他们可以获得自由。很快戴维斯就升级了这个想法，号召征收和武装奴隶作为士兵，他们在战争结束后也可以获得自由。他清楚表明，这些士兵的妻子和孩子们必须同样从各州获得自由。戴维斯和他的顾问们为前奴隶构思了一种"农奴或奴工"地位。因此，到最后，一些南方人愿意牺牲一部分种族命运甚至阶级命运，而这些正是他们发起革命的初衷。

关于戴维斯的计划，激烈争议在邦联中不断回响。当邦联国会最终于1865年批准奴隶参军时，奴隶主们只需在"自愿"基础上响应。出于单纯对兵力的渴望，李将军也支持奴隶士兵这个主意。无视他们周围到处都是逃往联邦阵线的奴隶的事实，一些南方领导人错误地认为他们可以指望奴隶们的"忠诚"。大多数邦联奴隶主和社评人激烈抨击参军计划；那些支持它的人承认这场战争已经解放了一部分奴隶人口。他们的目标是坚持抗争，取得平局，获得独立，然后通过优先的战时释奴计划控制战后种族秩序。正如一个密西西比种植园主写给他的州长的信中写道，这个计划看起来就像"快淹死的人抓住稻草"。

相形之下，林肯的《解放黑人奴隶宣言》为联邦军队注入了有生力量。在战争结束前，134 000名前奴隶（和52 000名自由黑人）为自由和联邦而战。他们的参与对于北方胜利来说是关键的。和政策及程序一样，释奴对于这个在战争中诞生的新国家而言有着深刻的实践和道德意义。

士兵们的战争

政策制定和社会改革的错综复杂常常在大多数普通士兵的考量之外。兵役完全改变了他们的生活。参军让年轻的男性离乡背井，将他们投入巨大的组织中，军队纪律忽略他们的个性。军旅生活意味着单调乏味、身体上的艰苦以及与亲人分离。然而军旅经历又有着强大的吸引力。

普通士兵和意识形态

最近的研究显示，双方大多数普通士兵投身战争是出于意识形态目的，并非仅仅是沦为他们不理解的斗争中的棋子。成千上万士兵的书信以及军团报刊表明士兵们内心深处意识到，虽然决心各不相同，奴隶制是战争的主要原因。

以前的观点认为南北战争中的士兵之所以战斗是因为集体凝聚力和身边人们的舍生忘死，但是这已经不足以解释为什么那么多人能忍受长期的艰难困苦。同志情谊、责任和尊严都是阵前的人们的强大动因。还有"统一""家园""政府""自由""旗帜""解放"和"州权利"。但是许多能读会写的士兵们留下的誓词证明他们清楚地看到奴隶制是问题的核心。威斯康星第十三步兵团（Thirteenth Wisconsin Infantry）的成员用典型的措辞宣称这场战争是"因奴隶制而起，为奴隶制而战的战争……就和正午的太阳一样清楚"。他们的敌人，来自弗吉尼亚的摩根的邦联队伍却赞成另一个目的："装作相信这不是一场为了解放黑人的战争的人……不是傻子就是骗子。"

医院和军营生活

战士们的命运通常很悲惨。他们能享受某些新产品,比如罐装炼乳,但是毯子、衣服和武器的质量常常很差。医院一开始管理很混乱。大军营中的卫生规范很少得到执行;公共厕所条件很差,或者使用时很不小心。一份调查发现"围绕军营三英里宽的地带倒了一层厚厚的人类粪便"。水源供应很不安全,伤寒传染病很常见。大约有57 000人死于痢疾和腹泻;事实上,224 000名联邦军人死于疾病或事故,远多余110 100名的战斗减员。邦联军队的供给更差,尤其是在战争后期,而且他们没有任何卫生委员会。尽管如此,由许多白人女性志愿者和黑人女性奴隶支持的分布广泛的医院网络纷纷出现,帮助病人和伤员。

双方的军人很快发现当兵远没有想象的那么光彩。"军营生活的肮脏把所有诗意都塞进了三角帽里,"一个北卡罗来纳志愿军人在1862年写道。一年之后,他惊叹于自己之前的天真无知。战斗教会他"一个士兵生活的真正现实。我们在8月6日以后就没有帐篷了,只能睡在地上、树林里或者开阔的田野里……我学会了生吃肥培根,而且学会了喜欢上它……没有时间洗衣服或洗澡……整个军队或多或少都长了虱子"。联邦军队通过煮衣服对虱子发起"小规模进攻",但是一个士兵称,"我还是在身上发现了一些,无论我做什么都没用。"

之前几乎没有人亲眼目睹过残酷的死亡,但是战争很快让他们对朋友和战友们炸成碎片的身体习以为常。"任何人只要在战役后经过战场,"一个邦联军人写道,"就再也不在乎走过另一个……死亡的情景令人悲伤,但是假如可能的话,伤者的景象更令人悲痛,他们受了各种你能想象的创伤。"许多人英勇赴死,无数人展现出无与伦比的勇气。但是士兵们常常因为不可理喻的战术在大规模牺牲中付出生命。

尽管如此,内战中的士兵们对彼此和使命培养出深刻的忠诚。当战斗逐渐展开,大多数没有弃逃的士兵越来越下定决心把斗争进行到底。"我们现在就像真正的士兵一样,下定决心不后退一英寸,"一个纽约下士写道。当战争最终结束时,"看起来就像一个家庭四分五裂,"一个人评价道。另一个人承认:"我们到处握手,欢笑着,看起来似乎很开心,但是我们的心很沉重,眼睛里已经蓄满泪水。"

来复火枪

技术的进步使南北战争尤其致命。至那时为止最重要的是来复枪和"米尼弹头"(minie ball)。从无膛线火枪中射出的子弹在空中会翻滚和颤动,因此距离80码以上就很不精确。来复枪的设计在枪管内刻出螺旋槽让子弹发射时旋转,因此大大提高了精确性,但是来复枪很难装子弹和使用,直到法国人克劳德·米尼(Claude Minie)和美国人詹姆斯·伯顿(James Burton)开发出一种新型子弹。南北战争中使用的子弹是铅制金属块,底部有洞,发射时会扩张,因此子弹可以"取得"膛线,精确地飞行。使用这些子弹,来复枪的射程达到了400码。

当然,这意味着进攻来复枪手捍卫的阵地的士兵伤亡比以前更惨重;因此防守获得了重要的优势。而大炮现在能从安全距离发射,没有什么能够替代步兵攻击或者常用的包抄侧翼战术。因此,冲锋陷阵的士兵们不得不反复将自己暴露在精准的枪林弹雨下。由于医学知识很不成熟,即使是轻伤也常常导致截肢和感染死亡。欧洲或美国从来没有如此大规模的军队以如此具有杀伤性的武器长时间交战。当死伤人数不断增加,许多公民怀疑联邦军人(未来的最高法院法官)小奥利弗·温德尔·霍尔姆斯(Oliver Wendell Holmes Jr.)所谓的"屠夫法案"。

黑人士兵为尊严而战

战争开始时,联邦军队中的种族主义氛围很强烈。大多数白人士兵不想和黑人士兵接触，认为他们是低人一等的。"我来到这里从来不是为了解放黑鬼，"一个士兵写道，另一个士兵拒绝和非裔美国人并肩作战，因为"我们是太高等的种族，做不了这个。"对于许多人来说，对黑人部队的接受度增加只是因为他们能做重体力劳动，并且"能和白人一样挡子弹"。一首流行歌曲称颂"战死的权利"（Sambo's Right to Be Kilt）是黑人士兵唯一的正当理由。

但是在一些人中间，改变悄然发生。1864年末征收黑人军队时，马萨诸塞士兵查尔斯·布鲁斯特（Charles Brewster）有时候会诽谤他试图征召的人们。但是他看到黑人骑兵部队感到很高兴，因为这让当地的"脱离论者"怒火中烧，而且他赞扬他们"英勇战斗"，医院中满布"受伤和毁损的人"。志愿统领黑人士兵的白人军官一开始只是为了获得升迁，但却发现这一经历转变了他们的看法。和黑人军队待了短短一个月之后，一位白人上尉在给妻子的家书中写道："我对他们的看法前所未有地大为改观。我知道他们中有许多人比那些……把他们所有人诬蔑为粗野堕落的生物的人要高贵得多。"一位将军称他的"有色军团"拥有"令人赞叹的军事训练天赋"。

黑人军队通过自己的奉献造就了这一改变。他们有着毁灭奴隶制从而证明自己平等地位的使命。"当叛乱被粉碎，"一位来自康涅狄格州的黑人志愿兵写道，"谁能像我一样自豪地说，我是备受歧视的种族中第一个肩扛来复枪离开自由北方的人，打破了黑人不会抗争的谣言。"马萨诸塞州第五十四军团的下士詹姆斯·亨利·戈丁（James Henry Gooding）解释道，他所在的部队希望"使人忘记所有针对有色人种的偏见，下定决心在任何岗位上都做到最好"。在一场交战之后，他很骄傲"一个白人军团在我们经过时向我们欢呼"，因为"这表明我们不辱使命"。

通过战火中的经历，马萨诸塞第五十四军团的黑人和白人们建立了深厚感情。1863年7月，在该军团对查尔斯敦港的瓦格纳堡（Fort Wagner）发起代价惨重的进攻前，一个黑人士兵向后来死于这场战役的废奴主义上校罗伯特·戈尔德·肖（Robert Gould Shaw）呼喊道："上校，我会在你身边坚持到死。""他信守了诺言。"这次进攻的幸存者道："从此以后再也没人见过他。"的确，瓦格纳堡的英勇进攻被广为称颂，因为它证明了黑人的勇猛。美国种族主义历史上的这一血腥篇章证明了许多东西，尤其是黑人必须在战役中死去才能被承认为人。

尽管黑人们受到不断的歧视，这样的英勇层出不穷。联邦政府向白人支付每个月13美元加上3.5美元的服装费。而黑人则只能挣得每个月10美元和3美元服装津贴。这一不公平待遇激起了愤怒，几个军团拒绝接受任何酬劳，国会最终修改了这一不平等规定。至少在这个案例中，大多数立法者都同意一个白人士兵的看法，黑人部队已经"在许多血腥的为自由而战的战场上证明了他们的男子气概"。

1863：战局扭转

1863年春季和夏季的斗争并没有决定战争的结果，但是却开始预示着终局。战争开始时，从表面上看，邦联占据了优势，如李的军队在弗吉尼亚中部的战役中表现出色。

钱斯勒斯维尔战役（Battle of Chancellorsville）

这一次，这支南北战争中的大部队不再缓慢笨拙，而是以速度和精确来执行战术。5月2日和3日，弗吉尼亚弗雷德里克斯堡西部，大约130 000波多马克的联邦军成员逼近不到60 000邦联军。李和石墙杰克逊大胆地分兵，命令杰克逊统领的30 000兵力往西行军一天准备从侧翼发起进攻。

这一经典的迂回战术在巨大的兵力劣势下实施。杰克逊麾下老练的"步骑兵"当天傍晚就位，发现毫无准备的联邦军人正在嬉笑、抽烟和打牌。直到受惊的鹿和兔子从森林中奔逃出来，后面跟着穿灰色制服的军队，联邦军队才知道他们遭到了袭击。邦联进攻使联邦军整个右翼陷入混乱状态，开

昨日重现

南北战争中的黑人士兵

下图是1863年7月第五十四马萨诸塞军团进攻南卡罗来纳查尔斯敦瓦格纳堡的情形，作者是芝加哥版画匠库尔特（Kurtz）和埃里森（Allison）。库尔特和埃里森在1880年代印制生动的多彩石印版印刷作品，赞颂非裔美国人的骁勇善战。这一场景描绘了黑人军队在南北战争中最著名的战斗行动；第五十四军团是第一支北方征召的黑人部队，他们的勇敢和牺牲被用以衡量非裔美国人对联邦事业的奉献。右边是第五十四马萨诸塞军团的一位成员获得的英勇勋章。为什么第五十四马萨诸塞军团富有象征意义地证明了黑人士兵在南北战争中的军事能力和政治意义？为什么这些黑人必须死在战场上才能让许多南北战争时期的美国人把他们当成完整的人类和公民看待？

▶ 图片来源：个人收藏/图片咨询和档案

▲ 图片来源：纽约格兰杰收藏

始往后撤退。杰克逊急于利用自己的优势,和几个军官骑马向前勘查地形。当他们于黄昏时分回到阵前时,南方军队将他们误认为邦联军,向他们开火,让他们的指挥官受了致命伤。第二天,联邦军队战败而归。钱斯勒斯维尔战役是一次引人注目的南方胜利,但是却付出了惨痛代价,因为这场战役使他们失去了石墙杰克逊,他在邦联的记忆中将永远成为传奇。

围攻维克斯堡(Vicksburg)

7月的两场战役维克斯堡战役和葛底斯堡战役(Gettysburg)为邦联带来碾压式的战败,严重打击了邦联获得独立的希望。维克斯堡是西部关键的堡垒,是南方手中密西西比河上最后一个主要防御工事(参见地图15.2)。尤利西斯·S.格兰特将军连续几个月在沼泽和支流中探索后,发现了一条进入该市的有利通道。他于5月围攻维克斯堡,困住约翰·彭伯顿(John Pemberton)将军的守卫部队。假如攻陷维克斯堡,那么联邦军队就可以控制密西西比河,将邦联一切为二,并且获得通往南方内地的开放道路。为了避免这一结果,杰弗森·戴维斯把这一地区所有其他部队的指挥权都给了约瑟夫·E.约翰斯顿(Joseph E. Johnston)将军,恳请他帮助彭伯顿。与此同时,在里士满的一次战争会议上,罗伯特·E.李(Robert E. Lee)将军提议邦联对北方发动攻击。尽管这样的进攻并不能直接解维克斯堡之围,但是它可以带给北方惊愕和气馁,假如成功的话,甚至可能会获得和平。通过第二次向北方发动攻击,李希望将战场从不堪重负的弗吉尼亚转移,取得马里兰的公民支持,在北方土地上赢得一次重大胜利,威胁北方大城市,因此迫使联邦接受他的条件投降。

当李鼓励军队通过马里兰西部进入宾夕法尼亚时,密西西比河以南地区邦联的希望越来越晦暗。戴维斯反复致电约翰斯顿将军,敦促他集中兵力袭击格兰特的部队。然而约翰斯顿却没有做什么,他在电报中回答:"我觉得拯救维克斯堡无望。"

与此同时,格兰特的部队以密西西比河谷充足的粮食作为补给,可以无限期地继续他们的围城。他们丰盛的肉蔬饮食变得过于乏味,事实上,有一天当格兰特骑着马经过时,一个士兵抬头嘟囔道:"硬面饼",这指的是一种干饼,士兵日常主食。很快一队士兵开始叫嚷"硬面饼!硬面饼!"要求换换口味别再吃火鸡和土豆。

葛底斯堡战役

在这样的处境下,维克斯堡陷落是不可避免的,1863年7月4日,该地指挥官投降了。同一天,一场鏖战在宾夕法尼亚葛底斯堡已经持续了三天(参见地图15.3)。7月1日,搜寻鞋子供给的邦联军队遭遇了一部分联邦部队。第二天,两座陡峭的山丘上,激烈的战争之后,联邦军队占领了距离该城镇一英里多的公墓岭(Cemetery Ridge)的高地。在那里,他们以一堵石墙为掩护,可以清楚地看到接近一英里旷野以外敌人的一举一动。

李无所畏惧,认为他的增援部队可以突破联邦阵线,7月3日,他下令直接进攻。詹姆斯·朗斯特里特(James Longstreet)将军充满不祥的预感,他提醒李:"从来没有15 000个严阵以待的人可以占领那个位置。"但是李坚持自己的计划。弗吉尼亚人在乔治·E.皮克特(George E. Pickett)的领导下,北卡罗来纳人在詹姆斯·佩蒂格鲁(James Pettigrew)将军的指挥下有条不紊地沿着山坡进军,这场注定失败的进攻史称皮克特冲锋(Pickett's Charge)。一开始,数百名邦联军撕开了敌方的阵线,但是大多数人在激烈屠杀中倒下。7月4日,李不得不撤退,死亡人数几乎达4 000人,失踪和受伤人数则达24 000人。这位邦联将军向戴维斯总统报告:"都是我一个人的过失"并且提出辞呈。戴维斯回答要找到一个更有能力的指挥官是"不可能的事"。在葛底斯堡的山脊上,邦联已经到达了许多人认为的"高水位"。

在葛底斯堡,南方军队展现出令人难忘的勇气和意志,在乔治·G.米德(George G. Meade)将军的指挥下,联邦军队遭受23 000死亡(接近该军队

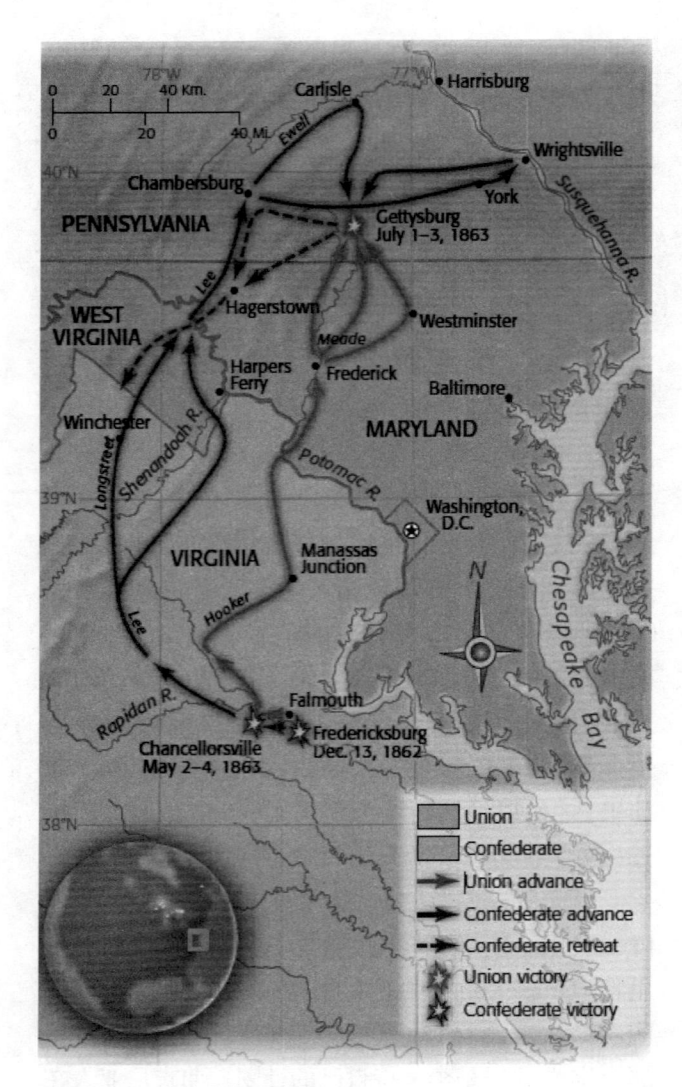

地图15.3 葛底斯堡战役

这场南北战争中最大的战役在宾夕法尼亚南方小小的市镇打响，在这场战役中，李对北方的进攻被击退了。联邦军队占有高地的优势。

来源：©圣智学习

的1/4），在抵御邦联进攻中展现出同样的英勇无畏。但是那里和维克斯堡的结果对南方是灾难性的。邦联被分成两部分；密西西比河以西，E.科比·史密斯（E. Kirby Smith）不得不自行其是，完全从里士满独立。不仅如此，路易斯安那、田纳西和密西西比的腹地暴露在攻击之下。在遥远的北方，李的战败注定了南方重大进攻行动的终结。因为兵力无以为继，邦联不得不保存有限的资源，依赖长期的防守。南方或许还是可以通过拒绝战败或者消磨北方士气获胜，但是它的前景比之前灰暗多了。

解体：南方、北方和西部

北方和南方政府在这场战争的最后两年，都面对着内部越来越强烈的反对声音。早些时候浮现出的不满变得越来越强烈，有时甚至达到剧烈的程度。僵持不下的内战所产生的巨大代价引起了骚乱。但是抗议也来自北方和南方社会结构中的基本压力。

联邦占领地带

无论联邦军队入侵哪里，他们都强制进行大概包括三个地带的军事占领：军队驻扎的城镇，大量军队控制着平民和经济生活；邦联前线仍然在南方控制下，但是已经有局部联邦军事突破的地区；还有"无人之地"，即两军之间的土地，这些地区在邦联权威之外，联邦常常巡查。

多达一百个南方城镇在战争期间驻扎军队，导致社会生活遭到严重干扰。田纳西、弗吉尼亚、路易斯安那、密西西比和佐治亚的大片地区陷入这种占领模式，忍受着食物短缺，作物和财产毁坏，疾病，拦路盗匪，游击战，就地正法还有时不时成群结队流亡的逃奴。在两年占领之后，一个南方白人写信给一个亲属描述他们土生土长的田纳西的克拉克斯维尔（Clarksville）的情形："你几乎认不出这个地方，"她沉痛地写道，"现在这里什么都没有，成了一个充满黑鬼和北佬的肮脏洞窟。"

邦联联盟的瓦解

南方在工业产能、自然资源、劳动力方面都处于很大的劣势，南方人更直接、更痛苦地感受到战争的代价，比北方人更甚。但是更根本的是邦联内部的问题，南方阶级系统威胁着邦联的事业。

一个不祥的发展趋势是种植园主们越来越反对他们自己的政府。邦联军事权威不仅开始征收新的税款，而且还强制奴隶建立防御工事。当联邦政府向种植园地区进军时，邦联指挥官烧毁了敌军前进路线上的棉花储备。许多种植园主气愤地抱怨这种干扰他们农业生产和金融利益的行为。

戴维斯政府的集权政策也不受欢迎。事实上，邦联宪法将实质上的权力赋予了中央政府，尤其是在战争时期。但是许多种植园主采取的是《查尔斯敦水星报》编辑R.B.雷特表达的立场，即邦联宪法"让各州主权不受干扰，仅赋予邦联政府小部分目标，和小部分简单地实现这些目标的权力"。佐治亚州州长约瑟夫·E.布朗（Joesoph E. Brown）采取了一个类似的州权利立场，偶尔阻止物资和该州士兵离开州边境。

联邦内部对联邦政府多年来的反对使南方人陷入防守姿态。现在他们竖立起州权利的屏障，作为抵御改变的措施，将他们创造性治国手段能力的衰退隐藏在背后。种植园主的首要诉求是他们的种植园和生活不受任何影响。当脱离联邦颠覆他们的世界，艰难的战争带走那么多生命，一些人再也无法全身心投入独立事业。

困惑而怨恨的种植园主开始攻击戴维斯。布朗州长大声斥责道，征兵"是颠覆（佐治亚的）主权，与佐治亚一开始支持这场革命的原则完全相悖"。为了挫败这个法律，布朗命令当地征兵官员不与邦联合作。《查尔斯敦水星报》告诉读者们："征兵……是……林肯主义的化身，这正是我们英勇的军队奋力反抗的。"佐治亚的前联邦参议员罗伯特·图姆斯（Robert Toombs）以固执自私的姿态拒绝从棉花转而种粮食，公然违抗政府的意愿、报纸的呼吁和邻居的请求。

南方法院最终支持戴维斯征兵的权力。戴维斯全身心投入南方的独立事业中，但是他的一些行为让他受到具有影响力的精英公民的仇恨。

南方城市中的食物暴动

与此同时，对于普通南方人来说，饥饿和苦难的可怖前景成为了事实。1863年亚特兰大、梅肯（Macon）、哥伦比亚、奥古斯塔（Augusta）、佐治亚索尔兹伯里（Salisbury）和北卡罗来纳海波因特（High Point）发生食物暴动。4月2日，一群人聚集在里士满要求救济。一个过路人注意到汹涌的人潮，问一个年轻的女孩，"那里有庆典吗？""我们庆祝我们活下去的权利，"女孩回答，"我们在挨饿。一旦我们凑够人就去面包店，每个人都会拿一条面包。"很快他们就这么做了，这些行为引起了一场暴动，导致戴维斯下令武力镇压。

整个南方乡村地区，普通人通过拒绝配合征兵、征税和强行征收食物更安静地进行反抗。"在所有州，人们都通过形形色色的途径逃避强制征收食物，有些地方甚至发起公然抵抗。"一个物资供应官写道。为军队提供食物的农民拒绝接受法律规定的信用证或政府债券支付。征兵官员发现渐渐没人再愿意应征。"逃避兵役的情绪是普遍的，"一个佐治亚参议员于1864年写道。在一些地区，税务人员在履行职责时甚至遭到杀害。

杰弗森·戴维斯难以处理如此强烈的不满。他天性一丝不苟、不善交际，没能与大众沟通。他的阶级视角同样让他无法对普通人的苦难感同身受。当他在里士满的社交圈享用鸭子和牡蛎时，普通南方人从熏制室地板上的油滴里回收盐分，并且忍饥挨饿。

邦联军逃兵

这样的不满当然也影响了邦联军队。"什么人明知道家人在故乡受苦还能待在军队里？"一个愤怒的公民向陆军大臣写匿名信道。事实上许多人因为担心他们的亲人，怨恨在他们看来属于富人的战争，确实离开了军队。他们的朋友和邻居们给了他们支持。玛丽·切斯纳特（Mary Chesnut）看见一个人被拖回军队中，而他的妻子袖手旁观。"再逃回来，杰克！"她公然叫道，"再逃回来，越快越好。回到你妻子和孩子们身边。"

直到1862年年中，弃逃对于邦联来说还没有成为一个严重的问题，那一年更严格的管制解决了问题。但是从1863年开始，在役人数急剧下降。至

◀ 背景中远处的军营中可以看到,南方流离失所的难民组成了军队在郊野中穿行。到1864—1865年,数十万南方人成了无家可归的人,有白人也有黑人。

图片来源:国家档案

1863年年中,南方助理战争部长约翰·A.坎贝尔(John A. Campbell)怀疑像弃逃这样的"普遍习惯"是否能被当作一种犯罪。坎贝尔估计有40 000到50 000军人擅离职守,100 000人以某种方式逃避责任。休假、赦免声明和呼吁回归收效甚微;至1863年11月,陆军大臣詹姆斯·塞登(James Seddon)承认军队中有1/3人指望不上。

葛底斯堡战役和维克斯堡战役的失败对邦联士气造成严重打击。当消息传到乔赛亚·科加斯(Josiah Corgas)耳中时,这位邦联军械运营的天才在日记本中倾诉道:"今天彻底毁灭似乎是我们的命运。邦联已经向毁灭倾斜。"在绝望中,戴维斯总统和几个州长采用威胁和种族恐惧手段迫使南方白人做进一步牺牲。戴维斯提醒道,战败将意味着"你们自己、你们的妻子和孩子的灭绝"。密西西比州州长查尔斯·克拉克(Charles Clark)预测"将黑人的种族提升到平等地位——对,甚至高人一等,那会让他们成为你们的主人和统治者"。

从这一刻开始,邦联的内部瓦解开始加速。几家报刊开始公开呼吁和平。"我们支持和平,"罗利(Raleigh)(北卡罗来纳)《每日进步报》(Daily Progress)承认,"因为已经流了够多的血,死了够多的人,留下够多的寡妇和孤儿。"邦联领袖们开始意识到他们正在失去普通人的支持。事实上,邦联在如此严重的内部分歧下维持如此长时间有效的军事抗争是惊人的。

反战情绪,南方和北方

在北卡罗来纳,受人们欢迎的民主党政治家和社评人威廉·W.霍尔登(William W. Holden)领导的一项和平运动正在发展壮大。1863年夏天,他和追随者们召开了超过一百场公共集会。在1864年年初的佐治亚,布朗州长和邦联副总统亚历山大·H.史蒂芬斯(Alexander H. Stephens)领导了一次类似的行动。然而,最终这些运动落空了。缺少两党体系使任何质疑政府行为的正当性成为问题;甚至连霍尔登和布朗都没有完全逃脱不名誉和不忠诚的玷污。

1863年议会选举的结果加剧了邦联中的分歧。在每个地方,脱离主义者和政府支持者的席位被反对政府的人们取代。在过去几年的战争中,戴维斯在邦联国会中的支持逐渐变少。一些报刊编辑和一股英勇坚定的军中核心势力支撑着邦联,尤其是李的北弗吉尼亚军,尽管民意支持正在溃散。

至1864年,对战争的大部分反对意见完全脱离了政治领域。南方人只是放弃了斗争。弃逃者在某些地方占领了整个城镇和乡村。异议在高地和山区尤其普遍，那些地方对联邦的真诚一直是发自内心的。"北卡罗来纳、南卡罗来纳、佐治亚和阿拉巴马山区的情况，"助理战争部长坎贝尔承认，"和联邦任何一支军队一样致命威胁着邦联。"

北方也存在反战情绪，只不过没那么严重。对于政府越来越集权的警惕增强了，对战争的厌倦广泛扩散。对征兵的反感引起抗议，尤其是在贫困的公民中间，联邦军队也在与麻烦的弃逃率做斗争。但是联邦的人力资源比南方丰富得多，所以这些问题都没有威胁到政府的有效性。

不仅如此，林肯拥有一个戴维斯所不具备的天赋：他知道如何与普通公民相处。通过写给报刊的公开信和写给士兵家人的私信，他得到了普通人的支持。战场上的死伤、折磨人的政治问题，还有无休无止的批评让他不堪重负，但是他的政府从来没有失去对联邦战争的控制。

和平民主党人

北方大多战时抗议都出自政治原因。民主党将战争中巨大死亡人数、联邦权力的扩张、通货膨胀和高关税以及解放黑人的责任怪在林肯头上。民主党领袖诉诸传统，号召结束战争，在"宪法维持原样，联邦恢复原貌"的基础上重新统一。民主党公开谴责征兵和军事法，并且捍卫州权利。他们反复谴责共和党政策是为了让北方充斥着黑人，威胁白人的特权。在1862年国会选举中，民主党强势重回政治舞台，和平民主党人对纽约州和伊利诺伊以及印第安纳的立法会大多数成员施加影响力。

在直言不讳的人，如俄亥俄州代表克莱门·L.瓦兰迪加姆（Clement L. Vallandigham）的领导下，和平民主党人逐渐变得越来越引人瞩目。瓦兰迪加姆谴责林肯是一个"独裁者"，在没有议会授权的情况下暂停人身保护令，逮捕数千名无辜公民，并且关闭反对报刊（这是事实）。他谴责征用令和奴隶解放，敦促选民运用自己的投票权力将"亚伯拉罕王"赶下台。瓦兰迪加姆小心翼翼地避免触犯法律，但是他的攻击对战争的破坏力非常大，以至于军事当局以叛国罪逮捕他。林肯明智地决定免予给这位俄亥俄人处罚和殉道者身份，而是将他放逐到邦联。瓦兰迪加姆最终通过加拿大回到北方。

一些反战民主党人确实鼓励反抗征兵，阻碍入伍，破坏通信，并且计划帮助邦联。共和党人把这些人比作毒蛇，有时候将他们称为"铜头毒蛇"（Copperheads），并且范围扩大到所有和平民主党人。尽管一些邦联特工在北方和加拿大很活跃，但是他们从未真正危及联邦的战争行动，他们的压制一直是令人恼火的法律遗产。

纽约市征兵暴动

对政府更激烈的反对来自面临征兵的普通公

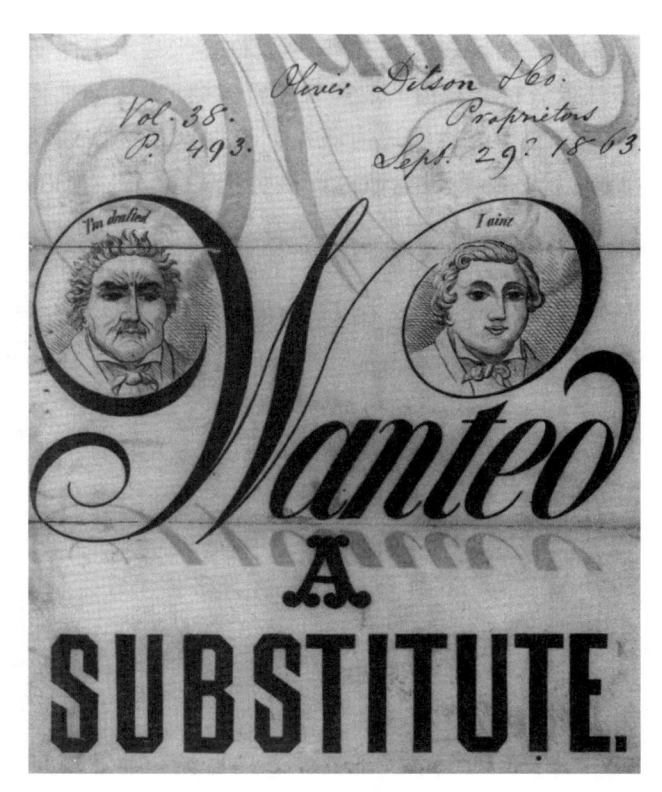

▲ 在联邦政府的征兵体系中，一个被征召入伍者可以雇一个"替代者"代替他从军，这给了一些人口实，声称这场战争成为"富人的战争穷人打"。联邦士兵中应征入伍者不到7%，但是这种行为引发了北方的士气问题。

图片来源：国会图书馆

民，1863年征兵成为法律。尽管许多士兵出于保卫联邦或者扩张自由的愿望甘愿冒生命危险，但是其他人公然想方设法逃避服役。根据这条法律的规定，应征入伍者可以通过提供替代者或者支付300美元免役金留在家里。许多富人做出了这样的选择，俱乐部、城市和州回应大众需求，为其他人逃避征兵令提供资金。在国会于1864年终止免役制度之前，他们总计提供了118 000个替代者和87 000笔免役金。

民主党势力强大的地区的城市穷人和移民尤其仇视征兵令。联邦征兵官员创建了符合条件者名单，这个程序受到个人偏袒和偏见的影响。北方的穷人认为这个制度带有歧视，许多移民怀疑（整体上来说是错误的）他们受征召的数量高得不成比例（联邦军中大约200 000人出生于德国，150 000人出生于爱尔兰）。

结果出现了许多骚乱。征兵官员在北方许多地区遭到粗暴的对待，新泽西、俄亥俄、印第安纳、宾夕法尼亚、伊利诺伊和威斯康星都发生了动乱。到这时为止最严重的暴力事件发生在1863年7月的纽约市。这场战争在这个民主党根据地很不受欢迎，而且种族、民族和阶级矛盾愈演愈烈。承运商不久前雇佣罢工破坏者在警察的保护下破坏了一场码头工人罢工。纽约的工人阶级害怕从南方大量涌入的黑人劳动力，并且将黑人视为战争的起因。贫困的爱尔兰工人怨恨自己被迫代替其他能逃避征兵的人服兵役。

军警官员最早受到攻击，接着暴民高呼着"打倒有钱人"，开始劫掠富人的住宅和商店。但是黑人成为特别的目标。暴民在非裔美国人的社区中横冲直撞，殴打和杀害街上的人们，还放火烧毁了一个孤儿院。至少有74人死于这场暴力事件中，暴动持续失控三天。直到直接从葛底斯堡调遣驻军才结束了这场种族主义和阶级仇恨的悲剧事件。

远西的印第安战争

无论是东部还是西部，在种族、土地和文化问题上，美国都是个差异严重的国家。另一种内战在大平原和西南部爆发。至1864年，美国军队为了根除印第安人在科罗拉多东部所有的土地所有权，在约翰·奇温顿（John Chivington）上校的领导下，向苏族人、阿拉帕霍人和夏安人发动全面战争。印第安酋长们试图和谈，但是美国指挥官们受命"烧毁村庄，无论何时何地看到夏安人都格杀勿论"。一个夏安酋长里恩贝尔（Lean Bear）在骑马向美国军队奔去时被射杀，手里还拿着拜访华盛顿特区时林肯总统给他的文件。美国指挥官告知另一个酋长黑壶，只要将他的人迁往科罗拉多桑德克里克就可以躲过一劫。但是1864年11月29日，700个骑兵袭击了这个夏安村庄，其中许多人喝醉了酒。大多数男人外出打猎，105名夏安女性和儿童以及28名男性被屠杀。美国士兵把受害人肢解，剥去头皮，把女性的残躯放在马鞍上或者帽子里回到丹佛。桑德克里克大屠杀以及1865年印第安人对大牧场和驿马车的报复，将永远留在西部历史的记忆中。

在新墨西哥和亚利桑那领地，专制而残忍的指挥官詹姆斯·卡尔顿将军（General James Carleton）向阿帕奇人和纳瓦霍人发动战争。这两个部落世世代代都以劫掠该地区的普埃布罗人和西班牙民族维持他们的安全和经济。在南北战争期间，英裔美国农场同样成为印第安人的目标。1863年，由前山民吉特·卡尔森（Kit Carson）召集起来的新墨西哥志愿者（New Mexico Volunteers）击败了梅斯卡勒罗阿帕奇人（Mescalero Apaches），把他们驱赶到佩科斯河（Pecos River）河谷博斯克雷东多（Bosque Redondo）的一个保护区中。

但是生活在广袤的峡谷和高地沙漠地区的纳瓦霍人发起了抵抗。在一次"焦土"行动中，卡尔森摧毁了纳瓦霍人的牲畜、果园和作物。1864年1月，意志消沉的纳瓦霍人疲于奔命，饥困交加，终于开始投降。一万两千纳瓦霍人中有3/4被围困，他们被迫跋涉400英里（Long Walk，"长途跋涉"），前往博斯克雷东多保护区，在途中遭受营养不良的折磨甚至死亡。当威廉·T.谢尔曼将军于1868年走访该保护区时，他发现纳瓦霍人"陷入了赤贫和绝望的境地"。同年晚些时候,纳瓦霍人获准回到他们家乡的部分地区,他们带着联邦政府为所欲为的驱赶或是屠灭印第安人的政策的强烈记忆。

1864年大选

回到东部,1864年的夏天,当民主党提名受欢迎的将军乔治·B.麦克莱伦(George B McClellan)竞选总统,并且在政纲中加入了和平要点时,厌战情绪达到了顶点。由瓦兰迪加姆拟定的纲领号召停战,对保存联邦的问题含糊其辞。民主党人利用白人的不安,诉诸种族主义,将林肯称为"黑奴爱好者亚伯"和"寡妇制造者亚伯"。林肯总结道:"这届政府极有可能不再当选。"自从1832年以来没有任何一位在职总统能够连任,而且在全力以赴的内战中,没有举行过国家普选。一些共和党人努力将林肯从他们的选票上除去,换上萨蒙·波特兰·蔡斯(Salmon P. Chase)或约翰·C.弗雷蒙,尽管他们的努力都落空了。即使是宣称自己只接受邦联的"无条件投降"和废除奴隶制的宪法修正案,相对团结的共和党也不得不疲于应付可怕的死亡名单和1864年战场上的胶着状态。

战争的局势很快改变了竞选的情况。至9月初,随着亚特兰大的陷落和联邦军在谢南多厄谷的胜利,林肯连任的希望开始上升。竞选中决定性的情况是18个州允许军队在前线投票;林肯获得了非同寻常的78%军人票。获得55%选民票之后,林肯的连任对南方士气产生了毁灭性的影响,这是针对战争和释奴问题的公民选票。假如没有1864年这样的政治结果,联邦军事胜利和重新定义的国家或许根本不可能存在。

1864—1865:意志的最终考验

在战争最后一年中,假如军事胶着状态和北方反战情绪迫使他们协商停战,邦联人或许仍然有机会赢得他们的胜利,但是当美国人忍受他们历史上最血腥的噩梦时,由于一系列事件,加上北方人坚持了下来,南方的希望最终破灭了。

北方外交策略

北方的长期外交策略在1864年见到了成效。从一开始,北方就追求一个最大目标:阻止欧洲各国承认邦联。外国的承认将会让林肯宣称的联邦与非法叛乱政权战斗成为一个谎言,并且会打开可能保障邦联独立的金融和军事支持。英国和法国都会从分裂而被削弱的美国获益。因此,为了达到这个目的,林肯和国务卿苏厄德需要避免严重军事失败和与欧洲势力的矛盾。

南方人意识到纺织业直接或间接为英国1/5人口提供工作,寄望于英国承认联邦。但是在战争一开始,英国纺织厂就手持50%过剩的棉花,他们后来又在印度、埃及和巴西发现了新的棉花供应来源。而且在整个战争期间,尽管邦联禁止棉花产品贸易,一些南方棉花继续到达欧洲,这一注定失败的政策旨在保证英国的支持。英国政府和邦联政府逢场作戏,但是等待着战场上南方胜利证明其实力。法国尽管同情南方,但是并不愿意撇下英国独自行动。邦联特工成功从欧洲购得宝贵的武器和物资,并且从欧洲金融家那里获得贷款,但是他们从来没有获得过外交突破。

不止一次,联邦的策略几乎崩溃。1861年发生了一场严重危机,一艘美国护卫舰的指挥官由于过分热心,拦截英国蒸汽船特伦特号(Trent),逮捕两个前往英国的邦联外交官,詹姆斯·梅森(James Mason)和约翰·斯莱德尔(John Slidell)。他们在波士顿被囚禁,北方人纷纷叫好,但是英国将这次逮捕视为对航海自由的侵犯,要求释放被囚者。林肯和苏厄德按兵不动,直到北方民意冷却下来,才释放了两位南方人。这一事件让联邦和英国的关系紧张起来。

接着英国将自己制造的战舰出售给邦联的事件引起联邦大使查尔斯·弗朗西斯·亚当斯(Charles Francis Adams)的激烈抗议。一些英国制造的船只进入海域为南方服务,其中最引人注目的是阿拉巴马号（Alabama）。在22个月中，（因为联邦的封锁）阿拉巴马号没有进入任何一个南方港口，于是破坏或捕捉了超过60艘联邦船只，导致一场直到战后才解决的矛盾重重的法律纠纷。

战争僵局和联邦的获胜策略

在战场上，1864年北方胜利看起来仍然遥遥无期。纳撒尼尔·班克斯（Nathaniel Banks）将军旨在占领路易斯安那和得克萨斯更多地区的红河（Red River）行动失败了，8月攻占莫比尔湾并没有导致莫比尔的沦陷。联邦将军威廉·特库姆塞·谢尔曼指出北方必须"将战场保持在南方，直到他们不仅被摧毁、筋疲力尽，而且自尊和灵魂受尽挫折"。谢尔曼很快将全面战争带到南方腹地。1863—1864年冬天，在弗吉尼亚的东部前线，两军僵持不下，等待着来年春天北方的进攻。

历史上的军事权威都同意，深入侵略风险很高：一支军队越深入敌方领地，它自己的通信和供给线就越脆弱。不仅如此，普鲁士专家卡尔·冯·克劳斯维茨（Karl von Clausewitz）指出，假如侵略者遇到"真正的全民"抵抗，他的军队将"四面楚歌，遭到群起而攻之"。南方的广袤土地和坚定的抵抗本来也许会使北方的胜利不可期。

这时格兰特将军已经是所有联邦军队的总指挥，他决定以自己的创新策略考验南方的意志：大规模劫掠。比起其他联邦指挥官，格兰特不囿于传统和教条，他提出用军队破坏邦联铁路，以此毁灭敌人的运输和经济。联邦军队抛弃了他们的供给线，靠这片土地为生，并且毁去邦联军队和平民赖以生存的所有有用资源。乔治·H.托马斯（George H. Thomas）将军的军队于1863年11月赢得查塔努加战役（Battle of Chattanooga）后，佐治亚的腹地畅通无阻。格兰特授命谢尔曼将军带领100 000人深

▲ ▶ 格兰特将军（左）和李将军（右）都是西点军校的毕业生，并且在墨西哥战争期间在联邦军队中服役。1864年他们相互之间的血腥战役激起北方的反战情绪，尽管这些战役让他们看到了胜利的曙光。

图片来源：国家档案

英国眼中的南北战争

英国公众对美国的战争非常关注，以至于失业纺织工人约翰·沃德常常从英国的草甸沼泽（Low Moor）跋涉好几英里路前往克利瑟罗（Clitheroe），只是为了看看报纸报道的战争进展。

由于英国纺织业直接依赖南方棉花（因为战争被阻断），两国之间还有许多意识形态和家族联系，所以美国战争对英国的经济和国内政治都很重要。英国贵族阶层和大多棉花纺织厂主都是坚定的邦联支持者，也支持奴隶制，而由牧师、店主、手工艺人和激进派政治家组成的群体则为联邦和释奴事业而努力。大多数英国工人觉得一场以释奴为目的的战争威胁到他们的未来。"自由"对于英国广大劳动阶级（他们无权投票）意味着基本的政治和公民权利，还有工业化经济中稳定的工作带来的面包黄油，现在却被一场"棉花饥荒"破坏了，许多工人失去工作。

英国贵族将美国人视为缺乏教养、刚愎自用的表亲，对美国的麻烦幸灾乐祸。保守派相信英国政府体制的优越性，对美国的平等化倾向侧目而视。一些英国贵族自由派也以自己的阶级偏见看待美国，同情邦联对"秩序"和独立的要求。英国种族主义同样在这些年中强化，吟唱的流行和种族主义理论中对科学的运用足以证明这一点。

英国关于美国内战的宣传战的激烈程度从他们的辩论方式中可见一斑，双方组织的公共集会成为重大活动，充满喝彩和嘘声以及争夺注意力的横幅、推车和彩车，演说家们信誓旦旦侃侃而谈。在一场新闻战中，英国就南方叛乱是否正当，脱离联邦是否正确或合法，奴隶制是否是矛盾核心，尤其是关于美国本身的民主形象问题发起辩论。这场关于美国考验的激烈斗争成为英国的一场改革测试：那些渴望扩张选举权、加强民主的是支持邦联一派，而那些偏向保留英国阶级政治体制的人则倾向于邦联。

最能象征英国内部争论本质的莫过于几十名在英国充当支持联邦特工的非裔美国人。其中最受欢迎的是威廉·安德鲁·杰克逊（William Andrew Jackson），他是邦联总统杰弗森·戴维斯以前的车夫，于1862年9月从里士满逃了出来。杰克逊在英国公共集会上出现，有力反驳了支持邦联者认为这场战争与奴隶制无关的论点。

最后，英国政府并没有承认邦联，至1864年，英国棉花贵族在埃及和印度发现了新的货源。但是从美国和英国在这个最强阵痛时期的联系，我们可以看出南北战争是美国国际重要性转变的节点。

◀ 一些南方领袖宣称棉花为王，会让英国站在他们这一边。预感到棉花荒可能随之发生，这幅英国卡通漫画展示了棉花王被美国鹰用铁链锁起来的情形，大不列颠关于美国南北战争的本质和意义进行了激烈争论。

图片来源：格兰杰收藏

入侵略南方，直到铁路中心亚特兰大。

亚特兰大陷落

杰弗森·戴维斯在谢尔曼的进军路线上设兵迎击。戴维斯的1864年政治策略的基础是成功地包围亚特兰大，证明邦联军队的实力。戴维斯希望南方的决心能够导致林肯的政治失败，重新选出一个将会诉诸和平的总统。当约翰斯顿将军缓慢但是亦步亦趋地向亚特兰大退守时，戴维斯变得焦虑，试图确保守住亚特兰大。从单纯的军事观点来看，约翰斯顿的行动很富有技巧。但是当约翰斯顿沉默并且继续撤退时，戴维斯用单腿将军约翰·胡德（John Hood）换下了他，后者知道自己的职责是战斗。"我们的一切都取决于亚特兰大的那支军队，"玛丽·切斯纳特写道，"假如它让我们失望，那么一切都完了。"

就南方士气来说，一切早就完了。胡德发起了进攻，但是被打败了，谢尔曼的军队于1864年9月2日占领亚特兰大。这场战争让北方的精神为之一振，保证了林肯的连任。里士满的一个政府职员写道："我们视为珍宝的和平梦想像沙漠里的海市蜃楼一样消失了。"戴维斯劝说南方继续战斗，在联邦大选前赢得新的胜利，但是他不得不承认"我们2/3的军人擅离职守……"在一次绝望的转移中，胡德的军队向北进军，准备切断谢尔曼的供给线，迫使他撤退，但是谢尔曼直接派6万打劫部队向海边进发，沿途破坏邦联资源（参见地图15.4）。

谢尔曼向大海进发

谢尔曼的部队空前强大，几乎全部由经受过战役洗礼的老兵和从中西部升上来的军官组成。在进军开始前，军医筛出了所有病弱的人。剩下的老兵满面风霜，蓄着胡子，面容坚毅，志在必得，正如有人所言："或者平叛或者死。"他们相信"这场战争的责任在南方"，并且准备好让南方付出代价。

地图15.4 舍曼向海边进军

南方腹地成为战争终幕的决定性舞台。从查塔努加开始，联邦军队向佐治亚推进，攻占亚特兰大。随着亚特兰大的失陷，谢尔曼将军一边行军一边大肆破坏，穿过佐治亚到达海边，然后往北通过南北卡罗来纳。

来源：©圣智学习

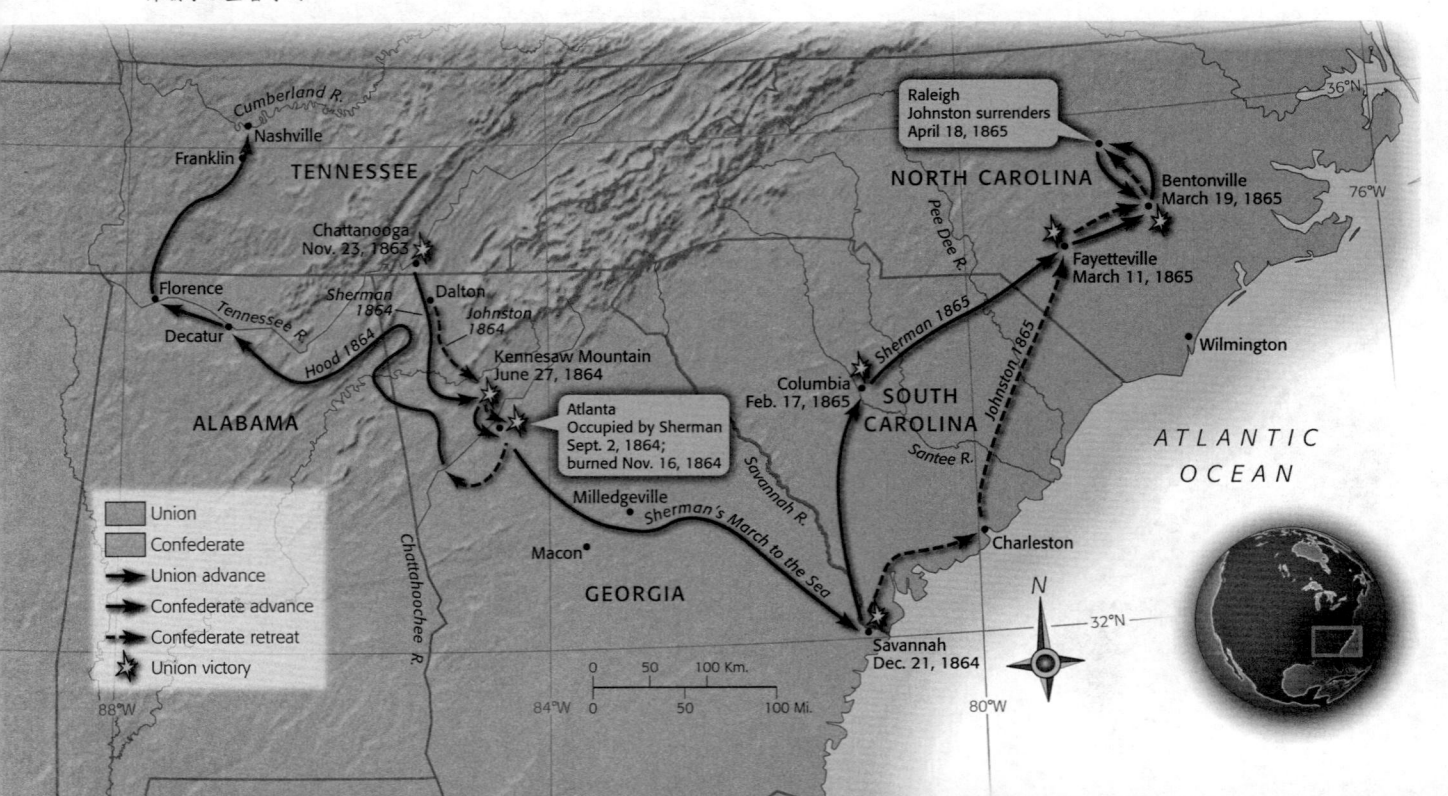

尽管许多人持有种族主义态度，但是大多数人开始支持奴隶解放，因为正如一个人所说："奴隶制阻碍着平定叛乱的事业。"邦联将军约翰斯顿后来评论道："从凯撒大帝时代开始从未有过这样的军队。"

当谢尔曼的人穿过佐治亚时，他们开辟出一条50到60英里宽，两百多英里长的道路。他们造成的破坏令人瞠目结舌；事实上，正是谢尔曼的这次军事行动导致后来许多历史学家将南北战争视为第一场现代"全面战争"。一个佐治亚女性这样描述这片"焦土"："田野遭到践踏，沿路遍布着马、猪和牛的尸体，侵略者们吃不掉或者带不走，于是肆无忌惮地打死，让我们的人挨饿……某些地方的恶臭让人难以忍受。"这样的破坏削减了南方的物资，并且消磨了他们的反抗意志。

12月到达萨瓦纳时，谢尔曼指挥军队往北进发进入南北卡罗来纳。对于他的士兵们来说，南卡罗来纳是"分裂的根源"。他们一边行军一边放火和破坏，几乎没有遇到什么反抗。约翰斯顿将军的敌方军队势单力薄，但是谢尔曼的人本应该是游击攻击和当地守卫部队骚扰攻击的主要目标。两者的缺失导致南卡罗来纳的小詹姆斯·切斯纳特（James Chesnut Jr.）（政治家，玛丽·切斯纳特的丈夫）写道，他的州"遭遇耻辱而不必要的失败……我们拥有时间、机会和手段摧毁他，但是却因为缺乏所需的精力和能力而作罢"。南方人已经失去了继续战斗的意志。

谢尔曼的行军为联邦事业吸引了额外的人力。仅仅佐治亚一地，就有多达19 000名奴隶欢欣鼓舞地欢迎奴隶解放，追随到处抢掠的联邦军队。其他人留在种植园中，等待着战争结束，或是由于白人根深蒂固的谨慎，或是因为联邦军人造成的负面经历。破坏食物既伤害了奴隶又伤害了白人叛军，许多黑人被他们的解放者抢去牲畜、衣服、庄稼和其他财产。事实上，谢尔曼军队的残酷让一些被解放的奴隶都感到震惊。"我看见他们从活猪或者活牛身上切下肉走掉，留下动物痛苦呻吟，"一个人回忆道，"主人让人把它们宰了，但是这非常可怕。"

弗吉尼亚血染的土地

弗吉尼亚的情况也很可怕，在那里，事实证明通往胜利的道路漫长而充满险阻。1864年的春天和夏天，意图攻占里士满的格兰特扑向李的军队，遭遇了可怕的损失；莽原战役（Battle of the Wilderness）死亡人数接近18 000人，枯骨从去年匆匆挖掘的浅坟坑中戳出来；斯巴萨维利亚战役（Spotsylvania）死亡人数超过8 000人；冷港战役（Cold Harbor）短短几个小时的死亡人数就达到12 000人（参见地图15.5）。

在冷港进攻（格兰特后来承认这是个严重错误）前，联邦军队在后背上别上写着名字和地址的纸片，很清楚他们冲向李的战壕时一定会像割草一样倒下。在五5月和6月的6个星期中，格兰特失去了和李的整个军队相当的人。从5月初至7月，联邦军队一路挺进，从弗雷德里克斯堡的森林一直打到里士满以南的彼得堡，他们包围了该城，两军几乎每天都交战。这场战争达到了可怕的现代规模。货运列车载着成千上万联邦伤员缓慢地向华盛顿驶去。历史学家布鲁斯·凯顿（Bruce Catton）写道："仿佛战争这台笨拙的杀人机器最终臻于完美。它不需要间歇性地吐出产物，每次间隔很久，现在它终于可以每天产出，完全不需要停顿。"

格兰特不为所动，顶着压力道："即使整个夏天耗在这里我也提议沿着这条路线挺进。"尽管代价惨重，而且考验了北方士气的极限，但是这些战役为最终胜利扫清了道路：李的军队直到进攻行动不再可能时开始收缩，而格兰特的军队不断用新兵补充力量。围攻彼得堡，两军在长达数英里的战壕两边直接对抗，一直持续到1864—1865年的冬天。

阿波马托克斯的投降

终局终于在1865年春天到来。格兰特继续对李发动连续猛攻，李试图突破联邦战线但是失败了。由于格兰特的部队人数优势达到了二比一以

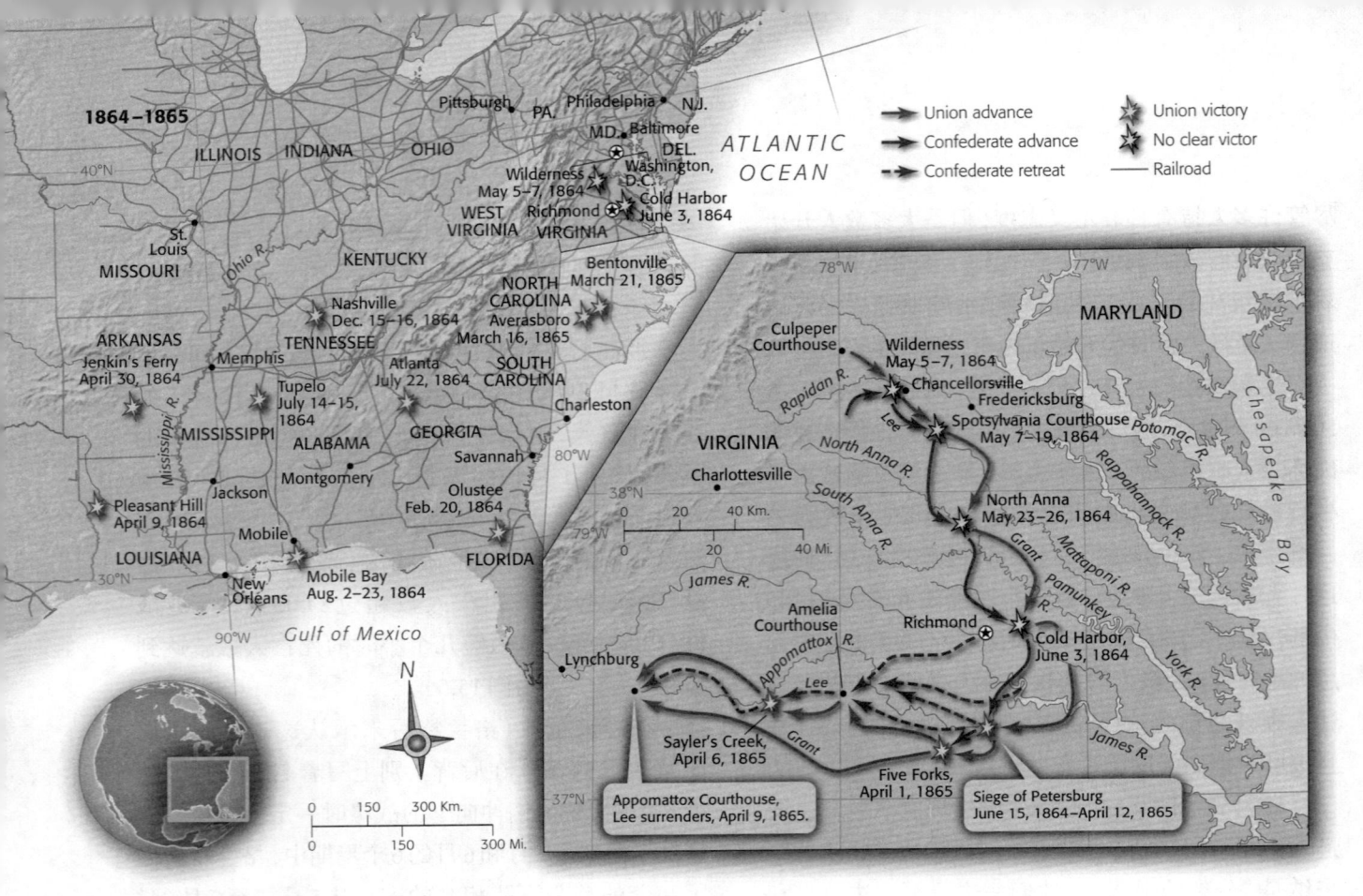

地图15.5 弗吉尼亚的战争

格兰特付出了惨痛代价,他苦心孤诣地打击李的军队,直到被削弱的南方军最终在阿波马托克斯郡府投降。

来源:©圣智学习

上,邦联军的失败不可避免。4月2日,李放弃了里士满和彼得堡。4月9日,李被联邦军队包围,用完了配给,只剩下不到三千人,终于在阿波马托克斯法院投降。格兰特充满敬意地对待他的对手,释放了战败的军队,允许骑兵们保留自己的马匹回家。这场战争终于结束了。几星期以内,约翰斯顿指挥下的邦联军在北卡罗来纳向谢尔曼投降,戴维斯逃到了里士满,但是希望战争继续,最终在佐治亚被捕。北方欢欣鼓舞,而大多数南方人则预测将受到一波波惩罚,陷入了绝望。阿波马托克斯的投降地洋溢着深深的松弛和宁谧的气氛,没人预料到战后的重建和正义如此艰难。

随着李的投降,林肯知道联邦保住了,然而战后的情形他只亲眼看到几天。4月14日受难节,林肯在妻子陪伴下前往华盛顿福特剧院(Ford's Theatre)欣赏一场流行戏剧。在那里,充满怨愤的南方同情者约翰·威尔克斯·布斯(John Wilkes Booth),在直射范围内射中总统的头部。林肯于第二天死亡。12天之后,军队找到并杀死了布斯。联邦失去了战时领袖,葬礼火车将他的遗体带回家乡伊利诺伊,沿途数百万人公开哀悼这个以身殉职的总执行长官。战争结束的如释重负感和对未来的新的失落感和焦虑感挥之不去地萦绕在一起。数百万人从来没有忘记曾经的苦厄,还有他们听到林肯被刺消息时的感受。

金融账

财物毁损和财政支出异常巨大,尽管很难统计。美国战争期间的贷款和税收总计约达30亿美元,而战争债务的利息高达28亿美元。邦联借款超过20亿美元,但是毁损的住宅、庄稼、牲畜和其他财产远远不止这个数。在南方战争地带,四处荒无人烟。在更广阔的地区,篱笆和庄稼被毁坏;房屋、谷仓和桥梁被烧毁;农田荒弃腐烂。联邦军队劫掠了工厂,使南方2/3铁路陷入瘫痪。

422 ▶ 1865年春末南卡罗来纳查尔斯敦的废墟。这座城市于1865年2月18日沦陷，居民被疏散。联邦炮舰和加农炮在战争最后一年中轰炸查尔斯敦，使该城市中许多美丽的新古典主义建筑毁于一旦，四年前脱离联邦就是在那里开始的。一个非裔美国军团接受了该城市的正式投降。

图片来源：国会图书馆

估计这场战争的总成本超过200亿美元——是从联邦建立开始直到1861年所有财政支出的5倍。至1865年，联邦政府的支出达到了内战前水平的20倍，占国民生产总值的26%以上。这些变化或多或少是长期的，因为战时措施让政府更深地参与制造业、银行业和运输业。

死亡人数及其影响

南北战争的人员伤亡尤其骇人听闻。双方军事死亡总人数超过100万——在一个人口3 100万的国家，这个数字非常可怕。大约有360 000名联邦士兵死亡，大多死于疾病。另外275 175名联邦士兵受伤，但是幸存了下来。在邦联方面，估计有260 000人丧生，受伤人数几乎相当。直到越南战争以前，美国死于内战的人数多于其他战争总和。并非所有人都死在战场上：30 218北方人死在南方监狱中，25 976邦联人死在联邦监狱中。

死亡规模和匿名的特点淹没了美国文化，大多数死者不明身份地被埋葬，导致了国家公墓的建立。无数家庭绝望地寻找着亲人，通常徒劳无功。在一个相信"寿终正寝"的基督教文化中，死者应该被家人围绕，并且生命中的最后几个小时应该被清楚地铭记，但是大规模死亡和破碎的尸体散落在千里赤地上，破坏了浪漫主义时代的价值观。在广大个体层面上，无数美国人、士兵和家庭成员从未

人民与国家的遗产

亚伯拉罕·林肯的"第二次就职演说"

历史学家唐·费伦巴赫尔（Don Fehrenbacher）写道："林肯的一些话语作为对国家永久文学宝藏的贡献，获得了至高无上的意义。"1865年3月4日林肯在国会大厦北廊发表的简短演说如何体现这一点？为什么这一文本衍生出如此多的书名？

林肯在第二次就职演说中使用了701个单词组成的韵诗，他没有庆贺联邦军即将获得的胜利，也没多提他自己的当选。相反，他探索了南北战争核心的悲剧，并且解读了它的终极意义。平实的第一段承认了这四年战争中"我们军队的进展"的广义理解。在第二段中，林肯将南方和北方捆绑在一个共同的命运中，但是拷问"制造战争"和"接受战争"分别是哪一方的责任，并且将这个问题留给子孙后代去思考："于是战争降临了。"

接着，演说开始转变方向，林肯大胆地为这场战争提出了一种神学—历史学解释，这种解读直至今天对美国人如何理解他们历史上这一关键转折点仍然具有深远影响。林肯公平而强有力地宣称，"所有人都知道……某种意义上"奴隶制是这场战争的"原因"。双方都向"同一个上帝"祈祷自己胜利。但是林肯引用马太福音18:17提醒道，"全能的上帝自有他的目的"（Almighty has his own purposes），尽管"罪行"总是来自人类的弱点，"让那引来罪过的人去受罪吧"（woe to that man by whom the offence cometh）。林肯小心翼翼地避免评判，但是不受控制地称："竟然有人胆敢请求公正严明的上帝帮助他们用别人脸上的汗水换取面包。"林肯并没有宣称自己完全理解上帝的意旨，但是他想象奴隶制是一种"罪行"，进入"上帝的天道"，而"这场重大战乱灾难"就是它的可怕代价。

突然之间，林肯使用总统就职演说中很不常见的语言，披上了预言家的外衣："然而假如上帝的旨意是让它（战争）继续，直到奴隶们250年没有回报的苦役堆积起的财富统统烟消云散，那么直到每一滴被鞭子抽出的血用喋血的刀剑偿还，正如三千年前所说的那样，那么我们仍然不得不说，主的裁决总体而言是公正无误的。"

众所周知，林肯以一个单句段落结尾，宣称："对任何人都不怀恶意……对所有人都宽大为怀"（malice toward none ... charity for all）是"国家之伤"的治愈膏药。但是在这个现代记忆中不怎么流行的第三段落中，林肯超越了时间和空间，用弗雷德里克·道格拉斯所说的"神圣事业"解释南北战争真正的意义。无论林肯是国家的治疗师还是要求牺牲恢复联邦和毁灭奴隶制的战争缔造者，关于他个人故事的研究一直层出不穷。南北战争的遗产，和林肯在其中的地位，永远融入了我们对这一演说杰作的解读中。

在心理上恢复，或者从战争的个人失去中真正找回安慰。这个时代原本相信苦难总是有目的的，现在这一信念受到了根本上的冲击。历史学家德鲁·福斯特（Drew Faust）写道，南北战争中纪念个体士兵的迫切愿望来自"妻子、父母、手足、儿女的极度痛苦，他们发现没有记录、未经确认和无法辨认的失去难以忍受"。对于一些人来说，死亡的严重打击意味着生活再也无法恢复本来的模样。

这些史无前例的失去（死亡总人数约620 000）源自联邦本质和黑人自由问题的根本分歧。双方都在这场斗争中看到了关键的利益，但是战争规模失去了控制。正如茱莉亚·沃德·豪尔在她著名的"共和国战斗之歌"中写道，他们听到了"永不退却的号角声"。于是战争开始了它可怕的不归路。

▲ 1865年3月4日，亚伯拉罕·林肯在美国国会大厦的台阶上发表第二次就职演说。那天的观众中包括伟大的黑人演说家弗雷德里克·道格拉斯和将要刺杀总统的约翰·威尔克斯·布斯。在演说中，林肯宣称"所有人都知道"奴隶制"某种意义上是战争的原因……"

图片来源：国会图书馆

结语

南北战争永远改变了美国社会。这场战争对幸存者的生活留下的第一个重大遗留问题是死亡本身。尽管入伍军人的精确数字不得而知，然而似乎有700 000到800 000人在邦联军中服役。而联邦军队人数多得多，可能达两三百万。所有这些人都背井离乡，失去了个人目标；假如他们幸存下来的话，人生被以永远无法修复的方式扰乱了。在战争期间，北方和南方，女性在后方挣扎求生时也肩负起了新的职责，一边伤心一边支持战争事业。

工业化和经济事业随着战争呈指数级发展。普通公民发现他们的未来和巨大组织的联系越来越紧密。政府权力的性质和范围也发生了巨大改变。在共和党的领导下，联邦政府不仅将权力拓展到保卫联邦，还拓展到推进自由。一场社会革命和政府权威释放了奴隶们。一个严重分歧的共和国幸存了下来，但是将以全新的宪法形式，这些形式将在重建阶段逐渐成形。

在战争结束时，这个国家将如何运用它的权力保护前奴隶的权利仍然不明朗。分裂偃旗息鼓了，但是美国人是否会继续欢迎一种集权的爱国主义，仍然需要拭目以待。这场战争在巨大的牺牲之后决定性地结束了，但是它留下了许多没有得到回答的问题：充满怨恨，一贫如洗的南方白人对重建国家的努力作何反应？这个国家如何照顾残疾人和孤儿，没有男人耕种土地的农妇，以及所有需要找到和安葬的死者？黑人男性和女性在美国生活中的位置是哪里？

西部爆发了两场内战：一场是联邦和邦联军队之间的战争，另一场则导致了联邦军队和渴望土地的定居者征服西南地区印第安人。在外交前线，联邦政府巧妙周旋，防止英国和其他外国势力插手战争。北方和南方都存在严重分歧，这在邦联的最终瓦解中起到关键的作用。

在南北战争中，美国人经历了破坏和幸存的史诗——历史中前所未有的大转变。南方白人经历了其他美国人从未面对过的惨败。黑人们骄傲却又紧张地摆脱奴隶制获得自由。北方白人在一场为国家存续和重新定义自由而战的大规模战争中大体上是自觉的胜利者。这场战争，伴随着其所有戏剧性、牺牲、社会和政治变革，将世世代代在美国心灵和头脑中留下一段扣人心弦的记忆。

扩展阅读

Stephen V. Ash, *When the Yankees Came: Conflict and Chaos in the Occupied South* (1995)

Edward L. Ayers, *In the Presence of Mine Enemies: War in the Heart of America, 1859—1863* (2002)

Ira Berlin et al., eds., *Freedom: A Documentary History of Emancipation, 1861—1867*, 3 vols. (1979—1982)

David W. Blight, *Frederick Douglass' Civil War: Keeping Faith in Jubilee* (1989)

Alice Fahs, *The Imagined Civil War: Popular Literature of the North and South* (2001)

Drew G. Faust, *This Republic of Suffering: Death and the American Civil War* (2008)

Gary W. Gallagher, *The Confederate War* (1997)

Bruce Levine, *Confederate Emancipation: Southern Plans to Free and Arm Slaves During the Civil War* (2006)

Chandra Manning, *What This Cruel War Was Over: Soldiers, Slavery, and the Civil War* (2007)

James M. McPherson, *Battle Cry of Freedom: The Civil War Era* (1987)

Philip S. Paludan, *"A People's Contest": The Union and the Civil War* (1989)

Mark R. Wilson, *The Business of Civil War: Military Mobilization and the State, 1861—1865* (2006)

第十六章

战后重建：一场未完成的革命，1865—1877

▼ "1865年2月21日，马萨诸塞第五十五有色人种军团冲入南卡罗来纳的查尔斯顿。"托马斯·纳斯特（Thomas Nast），铅笔、油画并在板子上粉刷，作于1865年。当黑人军队冲入邦联大本营时，他们欢呼庆祝，用枪上的刺刀高举着帽子，在挺进查尔斯顿米定街（Meeting Street）时高唱《约翰·布朗的身躯》（John Brown's Body）。

南卡罗来纳查尔斯敦下半区是分裂的温床，1865年2月18日，大部分白人人口撤离，这里成为一片废墟。联邦排炮和炮舰在查尔斯敦港周围长时间狂轰滥炸，摧毁了许多属于低地种植园主的漂亮城镇房屋。接着，人们弃城而去，四处燃起大火，在公共广场，成包棉花被堆成巨大的棉花堆烧毁。对于许多旁观者来说，这火焰仿佛一个穷途末路的文明的葬礼火堆。

第一支进入查尔斯敦的联邦军队是联邦第二十一有色人种军团（Twenty-first U.S. Colored Regiment），他们接受了市长的投降。查尔斯敦的黑人大多曾是奴隶，对他们来说，这是欢欣鼓舞的时刻。在象征主义的仪式中，他们宣告自由，宣布重生。无论战后的秩序将带来什么，查尔斯敦的自由民将邦联废墟变成了一个建立在联邦胜利和黑人解放基础上的重建理想。

章 节 大 纲

战时重建
自由的意义
昨日重现　佃农制：因债务被奴役
约翰逊的重建计划
国会重建计划
南方的政治和重建
重建的退缩
放眼天下　"回到非洲"运动
人民与国家的遗产　覆败的事业
结语

尽管如此，查尔斯敦也和别处没什么不同，死亡吸引了人们的注意力。在战争最后一年中，邦联人将种植园主的赛马场及其著名的骑师俱乐部（Jockey Club）改造成了一座监狱。联邦士兵被关在条件极差的赛道中，连遮风挡雨的东西都没有。257人死于风吹日晒和疾病，被草草掩埋在裁判席后面的大墓地里。城市陷落后，查尔斯敦的黑人们组织起来为联邦死者修建了一座体面的墓地。4月，二十多个黑人工匠将死者移葬在做了记号的坟墓里，并且在墓地周围竖起了高高的篱笆。在公墓入口处的拱门上，他们刷上了"赛马场殉道者"的字样。

接着他们策划了一场不同寻常的仪式。在1865年5月1日早晨，万人队伍围绕种植园主的赛马场游行，为首的是3 000个手捧玫瑰花唱着《约翰·布朗的身躯》的儿童。紧随其后的是拿着花篮和花环的黑人女性，接着是黑人男性。队伍的最后是联邦军团的黑人和白人士兵以及白人牧师和教师，带领他们的是詹姆斯·雷德帕斯（James Redpath），该地区重获自由的黑人学校主管。所有出席者都集合在墓地周围；5个黑人牧师朗诵《圣经》，一个黑人儿童合唱团唱着《美国》（America），《我们将围绕在旗帜周围》（We'll Rally' Round the Flag）、《星条旗》（The Star-Spangled Banner）和黑人灵歌。当仪式结束时，人群回到赛马场聆听演说、进行野餐并举行军事庆祝活动。

年表

1865	约翰逊启动迅速而宽容的重建
	南方白人政府通过限制性黑人法规
	国会拒绝南方代表
	第十三条修正案通过，废除奴隶制
1866	国会通过《民权法案》(Civil Rights Act)，在约翰逊的否决之后重新通过被解放黑奴事务管理局(Freedmen's Bureau)
	国会支持第十四条修正案
	在"米利根案"(Ex parte Milligan)中，最高法院重申了自己的影响力
1867	国会通过《重建法案》(First Reconstruction Act)和《任职法》(Tenure of Office Act)
	宪法会议在南方召开
1868	众议院弹劾约翰逊，参议院宣告其无罪
	多数南方州在激进计划中获准回归联邦
	第十四条修正案通过
	格兰特当选总统
1869	国会支持第十五条修正案（于1870年批准生效）
1871	国会通过第二个《行为法案》
	和英国签订条约解决阿拉巴马领土争端
1872	《大赦法》(Amnesty Act)解除对邦联人任公职的一切限制性规定
	格兰特连任
1873	屠宰场案(Slaughter-House)限制第十四条修正案的权力
	1873年大恐慌导致大批人失业和劳动冲突
1874	民主党在众议院中获得大多数席位
1875	几个格兰特任命的官员被指控腐败
	国会通过弱化的《公民权利法案》
	民主党通过白人优待行动加强对南方各州的控制
1876	"美国诉克鲁克山案"(U.S. v. Cruikshank)进一步削弱第十四条修正案的效力
	总统竞选引发争议
1877	国会将海斯(Hayes)选为总统

战争在查尔斯敦结束了，非裔美国人创立了"装饰日"(Decoration Day)——如今的纪念日(Memorial Day)，这一天人们用鲜花装饰战争中死难者的墓地，以铭记他们。黑人通过他们的劳动、话语、歌声，通过在古老的种植园主赛马场上游行的脚步声，创造了一个美国传统。在理想中，他们在创造第二次美国革命的独立日。

重建将带来革命性的新处境，但是革命也可能发生倒退。南北战争及其后果使美国社会、法律和政治发生了史无前例的改变，但是经济力量、种族主义和司法保守主义的根本现实限制了重建的革命潜力。前所未有的，这个国家不得不决定联邦和州的关系，充公的土地是否应该再分配，以及如何为获得自由的黑人和受到侵害的南方白人带来公平正义，后者的财产和生活遭到战争的摧毁。一场手足相残的血腥战争之后，美国人面临着艰苦卓绝的心理治愈过程。他们如何协调治疗？又如何确定重建中变革尺度和正义之间错综复杂的关系？

重建的混乱在国家政治中体现得最为明显。林肯的继任者安德鲁·约翰逊，与国会关于重建的政策进行激烈斗争。尽管约翰逊是南方人，但他总是与南方富有种植园主站在对立面，他当选总统后最早的举措表明他将对"叛徒"毫不容情。然而，1865年年末之前，约翰逊的政策改变了方向，他成了南方利益的保护者。

约翰逊以为能通过宽大政策迅速地让南方"回归"联邦，而共和党国会议员则倾向于彻底的根本"重建"。1866年至1868年之间，总统和国会中的共和党领袖关于如何让联邦重新统一展开激烈的权力斗争。在斗争结束前，国会弹劾了总统，给予前奴隶选举权，并且赋予他们在南方重建中重要的角色。这个国家还通过了第十四条修正案和第十五条修正案，将法律的平等保护、公民身份的定义和成年男子的普遍投票权引入宪法中。但是在向南方黑人打开经济机会之门方面，他们几乎什么也没有做，而且为非裔美国人争取平等权利的事业很快销声匿迹。

至1869年，三K党广泛使用暴力和恐怖手段阻碍重建，破坏黑人自由。当南方的民主党白人掌握州政府权力后，他们几乎没有遭到来自北方的任何反对。不仅如此，战时的工业蓬勃造就了新的机会和发展重点。西部以其看似无穷无尽的潜力，加上与印第安人的战争，前所未有地吸引着美国的资源和注意力。政治腐败成为全国性的丑闻，而贿赂则成了经商的手段。

因此，重建成为一场黯然失色的革命。南方白人重掌南方各州，种族关系的欲望压倒了全国利益，阻止了重建。但是重建仍然留下了长久的遗产，这个国家既从中获益，也不断产生矛盾。

- 重建时期是否应该被视为第二次美国革命？根据什么样的标准我们可以下这样的判断？
- 1860年代的第十四条宪法修正案的起源和意义是什么？如今它有什么重要意义？
- 重建被认为"结束"于1877年。在1870年代，是什么导致了它的结束？

战时重建

南北战争为复原、正义和物质重建留下巨大的挑战。因为预料到这一过程，早在战争结束之前，联邦的重建于1863年就被提上了日程。许多关键问题若隐若现，假如北方在战场上获胜：国家如何恢复？如何对待南方各州及其领袖——作为迷途的手足还是叛徒？准许各州重新进入联邦的宪法基础是什么？如果可能的话，美国政治家们能从哪里寻找先例或指引？更具体来说，四个棘手的问题占据着早期的思考，并且在整个重建时期盘桓不去。第一，将南方打败后由谁统治那里？第二，由谁统治联邦政府——国会还是总统？第三，黑人自由的维度是什么，根据法律，前奴隶能享有哪些权利？第四，重建是否能保留原有共和国，还是成为第二次革命，重新缔造一个新的共和国？

林肯的10%计划

亚伯拉罕·林肯从来没有反对南方，尽管他最终成为一场反奴隶制战争的领袖。他在战争中失去了三个连襟，他们都在邦联那一边。他最深的恐惧是战争最后会变成整个南方的游击战，幸存下来的一群群邦联人继续抵抗。林肯坚持让他的将军们给南方士兵宽大的处理，只要他们投降。在他被暗杀前一个月发表的第二次就职演说中，林肯承诺：当美国人奋力"包扎国家的伤口"时，"对人毫无恶意,对所有人施与仁慈"。

林肯很早开始计划一个迅速而温和的重建过程。在发表于1863年12月的《特赦与重建宣言》(Proclamation of Amnesty and Reconstruction)中,他提出用"忠诚规则"代替多数原则,作为重建南方州政府的手段。他提出赦免所有前邦联人,除了最高级军官和文官。接着,只要1860年某个州的普选中有10%选民发誓效忠联邦并建立政府,这个新的州就能获得承认。林肯制订这些计划并没有咨询国会,而"忠诚"议会(被称作"林肯政府")于1864年在路易斯安那、田纳西和阿肯色成立,这些州大体上已经被联邦军队占领。这些政府很脆弱,依赖北方军队而生存。

国会和《韦德—戴维斯法案》(Wade-Davis Bill)

由于林肯准许南方各州以看起来如此不成熟的方式重新加入联邦,许多人表示极大的怨愤。许多激进派共和党人是奴隶解放和严厉打击南方的支持者,他们认为这个10%计划是对民主的"纯粹讽刺"。在宾夕法尼亚的众议员撒迪厄斯·史蒂文斯(Thaddeus Stevens)和马萨诸塞州的参议员查尔斯·萨姆纳(Charles Sumner)的带领下,国会中的共和党人与林肯针锋相对,提出了一份更长也更严格的重建方案。史蒂文斯提倡"被征服的领土"理论,辩称南方人既然组织成另一个国家对美利坚合众国开战,那么他们通过脱离联邦已经破坏了其作为州的地位。因此他们必须被当作"被征服的外国土地"来对待,在任何由国会提供的重新获准加入联邦程序之前,退回到"非自治领地"的状态。

1864年7月,国会提出以其赞助人,俄亥俄州的参议员本杰明·韦德(Benjamin Wade)和马里兰国会议员亨利·W.戴维斯(Henry W. Davis)命名的《韦德—戴维斯法案》,这一法案规定了南方重新加入联邦的三个特定条件。

1. 要求白人男性公民的"多数"参与新政府的建立。

2. 要在立宪会议上投票或担任代表,人们必须发"铁壳誓"(iron-clad)(宣称他们从未襄助过邦联战争)。

3. 所有中尉以上的官员和邦联中的所有文官都被剥夺选举权,并被视为"非美利坚合众国公民"。

邦联各州将被视为"被征服的敌人",戴维斯道,并且重新准入的过程将是艰难而缓慢的。作为一个机敏的政治家,林肯搁置否决权,并且发表了一份个人安抚声明,宣称他不会死板地遵循任何"单一"的重建计划。

这次交锋发生在格兰特在弗吉尼亚与李展开血腥战斗期间,当时战争的结果和林肯是否能连任仍不明朗。8月5日,共和党激进派在报刊上发表了《韦德—戴维斯宣言》(Wade-Davis Manifesto)。这是现任总统自己的党派成员对其史无前例的抨击,宣言谴责林肯滥用总统权力,无耻地宽恕最终被征服的南方。1864—1865年出现了立场明确的争论和潜在的宪法危机。林肯将重建视为削弱邦联和赢得战争的手段;激进派则将之视为这个国家政治和种族秩序的长期转变。

第十三条修正案

1865年初,国会和林肯联合采取两个重要措施,承认奴隶制在这场战争中的核心意义。1月31日,国会在强大的内阁支持下,通过了第十三条修正案,这一修正案包括两个条款:第一,废除美国全境的非自愿奴役;第二,宣称国会有权力通过"适宜的立法"强制执行这一结果。这一提案以119对56票通过,只比必须的2/3多了2票,国会中的人们欣喜若狂。一个共和党人在日记中写道:"议员们齐声高呼,持续了几分钟。有人互相拥抱,还有人像孩子一样啜泣。我感到从这次投票之后,我身在一个新的国家。"

但是第十三条修正案产生于长时间的国会辩

论和大量请愿及公众倡导。最早也是最引人注目的请求废除奴隶制的宪法修正案是1864年由伊丽莎白·凯迪·斯坦顿（Elizabeth Cady Stanton）、苏珊·布朗奈尔·安东尼（Susan B. Anthony）和妇女忠诚全国联盟（Women's Loyal National League）提交的。整个联邦的女性收集了数千个签名，为了增加支持者甚至冒险进入坚定支持联邦的肯塔基和密苏里部分地区。从《解放黑人奴隶宣言》到第十三条宪法修正案是一条漫漫长路，其中关于个体"财产权"背离的宪法理论，认为宪法文件应该永不更改的信念基础以及党派政治是其阻力。但是以粉碎奴隶制来赢得战争的逻辑，以及法律应该为牺牲众多性命而拯救的国家确立一个全新开始的观点，终于占了上风。

被解放黑奴事务管理局

1865年3月3日，有着同样重要的潜在意义的是，国会成立了被解放黑奴事务管理局（Bureau of Refugees, Freedmen, and Abandoned Lands）——史无前例的前奴隶机构和社会救济机构，因为战争的大肆破坏而变得必不可少。美国人从来没有以如此规模参与对公民的联邦救济。南方流离失所的黑人和白人难民成千上万，政府继续了非官方前奴隶救助协会早在1862年就开始着手的工作。在其存在的短短四年中，被解放黑奴事务管理局提供食物和医疗服务，建造了几千所学校和几所大学，为前奴隶和他们的前主人协调了数万份雇佣协议，并试图管理充公的土地。

这个机构注定会成为重建中引发争议的一个方面——在南方，白人通常非常恨它，在联邦政府中，政治家们对它的合宪性存在争议。一些机构人员致力于为前奴隶争取权利，而其他人则是利用战后南方混乱的机会主义者。这场战争使一个关于共和国的永恒问题公开化：国家对其人民有什么样的社会福利义务，相对地，人民对国家负有什么义务？除了东部印第安人的征服和重新安置，相对来说，美国人对于前奴隶机构的使命缺乏经验——通过军事占领进行社会改革。

废墟和仇恨

1865年，由于战争的破坏，美国成了一片满目疮痍的土地。就像欧洲国家一样，它现在看起来是一个更沧桑、更富有历史的国度。它将自己撕成了碎片——物质上、政治上和精神上都是如此。一些城市成了瓦砾堆，大片南方乡村荒无人烟、寸草不生，成千上万的人，黑人和白人，都成了难民。一段时间之后，战后南方的景象在北方旅行者看起来似乎颇富浪漫气息。

成千上万自耕农士兵，一些在投降后被释放，有的人更早就抛弃了邦联军衔，长途跋涉回到家乡，发现自己错过了耕种的季节，而且经济已经崩溃。许多白人难民面临着名副其实的饥荒。在被解放黑奴事务管理局成立前三年发出的大约18 300 000配额中，有5 230 000分配给了白人。1866年初，在一个骄傲的农业社会中，南卡罗来纳立法会发行300 000州债券，用以为一贫如洗的民众购买玉米。

1865年10月，在波士顿关押五个月之后，前邦联副总统亚历山大·汉密尔顿·斯蒂芬斯（Alexander H. Stephens）乘着一辆慢火车回到南方。他在弗吉尼亚发现"这个国家的凄凉景象……让人不寒而栗"。当斯蒂芬斯到达佐治亚北部他的家乡时，他的震惊溢于言表："战争留下了可怕的印记……篱笆被毁了，农田都荒弃着，房舍化为焦土。"同年秋天，一个前往里士满的北方记者目睹了一个"在尘土和灰烬中为自己的罪孽哀悼……"的城市。"烧焦的土地""遍布炭渣……焦黑的残垣断壁，街道被砖瓦堵塞无法通行。"最重要的是，每个北方旅行者都遭遇着南方白人对他们征服者的仇恨。北卡罗来纳的一个小旅馆主人告诉一个记者，北佬在战争中杀了他的儿子们，烧毁了他的房子，偷走了他的奴隶。"他们给我留下一个无止境的特权，"他道，"那就是恨他们。我每天早晨四点半起床，一直坐到半夜十二点，恨他们。"

自由的意义

南方黑人在奴隶制废除后满怀希望和谨慎地开始生活。一个得克萨斯人回忆道，自己的父亲在战争结束前就曾告诉他："我们将永远生活在南方人中间，即使在他们被打败之后。"重获自由的男人和女人试图从新的环境中获取尽可能多的好处。通常他们最珍视的改变是个人的——居住地、雇主或者生活条件的变化。

自由的感觉

对于美国的前奴隶来说，重建有着一个至高无上的意义：探索自由的机会。一个南方白人女性在日记中承认，黑人"对获得自由表现出本能而难以抑制的快乐"。前奴隶们记得，在联邦军队来到他们的种植园，证实奴隶解放的流言时，他们彻夜欢歌。一群得克萨斯种植园中的奴隶们欢快地叫喊起来，他们的领头人宣称："我们自由了——再也没有鞭笞和殴打了。"一些人听从自然的愿望，去做那些原本不可能做的事。一个愤怒的祖母扔下她的锄头跑去直面她的女主人。"我自由了！"她喊道，"没错，我自由了！不会再替你干活了！你再也不能把我装进你的口袋里了！"另一个人回忆道，他和其他人"开始行动"，寻找家庭成员，或者只是践行自由行走的人权。

许多获得自由的男性和女性采取了更审慎的态度，小心翼翼地试探他们新处境的界限。"战争结束后，"一个人解释道，"我们害怕迁徙。就像被放生的淡水龟或海龟。只是把脑袋伸出去看看外面究竟什么情况。"作为奴隶，他们已经学会了面对白人的敌意，他们并不以为这种敌意会很快消失。自由生活的关键或许仍然在于什么是可能的，而不在于什么是正确的。许多获得自由的人谨慎地评估潜在的雇主。"大多数有着不错主人的黑奴都留了下来，但是另一些人离开了。其中一些人回来，另一些人则没有，"一个人解释道。在兜了一个大圈寻找更好的生活环境之后，大部分黑人最终回到以前生活的农场或种植园中充当雇工。但是他们重新安置了家庭，并且尽全力掌控他们的劳动条件。

非裔美国家庭团聚

在整个南方，前奴隶们竭力与家人团聚，他们因为奴隶制时期被贩卖或者因为条件艰苦而分离，或在战争期间由于迁徙和解放过程而失散。只有一些零星的信息指引着他们，成千上万的前奴隶踏上了寻找丈夫、妻子、孩子或父母的旅程。依靠黑人社区提供帮助和信息，在黑人报纸上发布寻人启事，一些人找到了失散的亲人，而另一些人则无功而返，报纸直到1880年代一直在不断刊发这类寻人

▲《武装的奴隶》(The Armed Slave)，威廉·斯普朗(William Sprang)，布上油画，作于1865年前后。这幅不同寻常的油画描绘了一个非裔美国老兵的形象，墙上靠着火枪和固定刺刀，手里的雪茄暗示着安全而闲适的新生活，读书的行为证明他拥抱教育和自由。这个男人的形象给人留下了满足和体面的印象。

图片来源：南北战争图书馆(Civil War Library)和费城铁道博物馆(Railroad Museum)提供

启事。

原本属于不同主人的夫妻第一次组成家庭，像奴隶制时他们千方百计争取的那样，父母终于可以维护亲自抚育子女的权利。一个母亲在原主人主张有权鞭打她的孩子时勃然大怒。她告诉他："再也不能动她的孩子一根毫毛。"获得自由的男性和女性任意行事却有很大风险，正如一个人所言，他们已经受尽了惩罚，而且"确定再也不愿受白人的愚弄"。

黑人谋求独立

许多黑人希望尽量减少和白人的接触，正如加里森·弗雷泽（Garrison Frazier）于1865年告诉舍曼将军的那样："对我们的偏见……要经过很多年才能消除。"为了避免与蛮横专横、习惯于对他们指手画脚的白人打交道，黑人们离开了奴隶住处，分散在他们工作地的偏僻角落。"战争结束后我继父来了，"安妮·杨（Annie Yang）回忆道，"带着我和妈妈迁徙到松树林里。"其他人描述自己"穿过河流"或者建造"原木房……在树林里"。一些乡村居民建立了全部由黑人构成的小定居点，至今仍然存在于南方的老公路沿途地区。

即使是曾经享有特权的奴隶也渴望这种独立和社会隔离。一个人拒绝了他主人提供的监工房，搬进一个"自由镇"的简陋窝棚里。他还拒绝了前主人帮他免费磨谷子的好意，因为"像别人一样付钱买东西让他感到自己是个自由人"。

前奴隶对土地的渴望

除了公正的雇主以外，获得自由的男性和女性们最渴望的是土地所有权。土地代表着自力更生，以及为世世代代奴役获得补偿的机会。舍曼将军特设的"第十五野战命令"（Field Order Number 15）于1865年2月发布，在海群岛（Sea Islands）地区留出了400 000英亩土地专门用于前奴隶定居。前奴隶中间洋溢着希望，因为政府许诺给他们40英亩土地、骡子和"私人财产所有权"。但是约翰逊总统命令他们在10月迁徙，土地在军队强制下被返还给原主人。一个北方观察者注意到南卡罗来纳和佐治亚海群岛的前奴隶在新土地上定居后提出了"直截了当"的索求。他们希望确定这片土地"在他们整理和耕种后能属于他们"。在每个地方，年轻和年老的黑人都渴望自己的家园。

但是两党的大多数成员都反对真正将土地再分配给前奴隶。即使是在战争期间管理海岛的改革者也对黑人的愿望缺乏同情。前海岛奴隶们希望建立小而自给自足的农场。北方士兵、官员和两个种族的教士为前奴隶们带去教育和帮助，但同时也坚持要求他们为竞争市场种植棉花。

"北佬就知道宣传棉花、棉花！"一个海岛黑人抱怨道。"我们想要土地，"另一个人写道，但是税务官员"把地块划得太大了，把我们排除在外"。事实上，美国政府最终将数万英亩海岛土地出售，其中90%被来自北方的富有投资者买走。1866年弗吉尼亚一个禁运品营因驱逐爆发抗议，前奴隶贝利·怀特（Bayley Wyatt）清楚地表达了黑人的愿望和主张："我们对定居的土地有权利。为什么？我告诉你。我们的妻子、我们的孩子、我们的丈夫，被一次一次地贩卖，就是为了买下我们脚下的土地；因为这个原因我们对这片土地有着天赋的权利。"

黑人接受教育

各个地方的前奴隶设法获得教育。所有年龄段的黑人都渴望原本只允许白人看的书本。有了自由之后，他们开始建立学校，日日夜夜在教室中学习。男女前奴隶们坐在原木椅子上和布满灰尘的地板上，学习旧年历和废弃字典上的字母。年幼的孩子们带着婴儿来上学，成年人则利用晚上或者在"庄稼收好"之后前来听课。许多教师不得不"让自己的声音盖过小小的屋子里其他三个班级集体背书的声音"。摆脱奴隶制下的无知的渴望如此强烈，以至于很多黑人尽管很贫穷，但还是支付了授课费，通常每个月1或1.5美元。这些小笔钱款在

1870年以前是一个人大部分的农业收入，并且总和超过了100万美元。

联邦政府和两个种族的北方改革者帮助黑人追求教育。在短暂的存在中，被解放黑奴事务管理局建立了4 000多所学校，而来自北方的理想主义的男性和女性在私人慈善资金的支持下建立了许多其他学校。北方女教师——奉献、无私、虔诚——成为许多南方社区中的进步代理人。因此，非裔美国人通过学习与他们的过去决裂。超过600 000人在1877年以前都进入了小学。

黑人和他们的白人同盟同时还看到学院和大学的需要。美国传教协会（American Missionary Association）在1866年至1869年之间建立了七所学院，包括菲斯克（Fisk）和亚特兰大大学。被解放黑奴事务管理局协助在华盛顿特区建立了霍华德大学（Howard University），北方宗教团体，比如卫理公会、浸洗会和公理会支持建立了几十所神学院和师范学校。

在重建期间，非裔美国领导人常常是受过高等教育的个人；许多人来自战前精英阶层或曾是有色人种自由民。弗朗西斯·卡多佐（Francis Cardozo）在南卡罗来纳拥有数个办公室，在苏格兰和英格兰上大学。P.B.S.平奇巴克（P. B. S. Pinchback）是一个种植园主的儿子，被父亲送去辛辛那提的学校学习，后来成为路易斯安那的副州长。来自密西西比的两位黑人参议员，布兰切·K.布鲁斯（Blanche K. Bruce）和海勒姆·雷维尔斯（Hiram Revels）都曾受过特权教育。布鲁斯是一个种植园主的儿子，他的父亲在家中为他提供教育；雷维尔斯则是北卡罗来纳自由黑人夫妇的儿子，他们将他送到伊利诺伊的诺克斯学院（Knox College）读书。这些人和很多自学成才的前奴隶不仅将热情也将教育带到了政治工作中。

黑人教会的成长

摆脱了奴隶制的局限和规定，黑人们可以建立自己觉得合适的机构。奴隶制下的地下教会转为

▲ 所有年龄层的非裔美国人都热切地追求在自由中获得教育的机会。这个阿拉巴马梅格斯的年轻女性在帮助母亲学习阅读。

图片来源：史密森尼学会，鲁道夫·艾克梅耶（Rudolf Eickemeyer）拍摄

公开；在整个南方数不胜数的社区中，前奴隶们"建起凉亭"。这种建筑只是"一种盖着叶子的屋顶"，但是重获自由的男性和女性在里面充满热情地崇拜神明。"布道和呼喊有时候会持续一整天，"他们回忆道，因为在一起自由崇拜神明的机会意味着"光辉的时刻"。

短短几年内，卫理公会和浸洗会独立宗派吸引了大多数南方黑人基督教徒。至1877年，仅仅在南卡罗来纳一地，非洲裔卫理圣公会教堂（African Methodist Episcopal）（A.M.E）就有1 000名教士，44 000成员和教会自己的神学院，而非洲裔卫理公会教派锡安教会（A.M.E. Zion Church）则拥有45 000成员。在教会的迅速成长过程中，其中一些

教派变得最为富有,是黑人生活中最自治的机构,前奴隶证明了他们对自由坚决的捍卫,并且创造了长久的社区。

佃户制的兴起

获得尽可能多的独立性的心愿同样影响着前奴隶的经济事务。由于他们中大多数人没有钱买地,他们就退而求其次:租用他们耕种的土地。但是南方有着现金贫乏的经济,信用资源很少,而且很少有白人会考虑把地租给黑人。大多数黑人在收获前没办法得到现金,于是他们不得不尝试别的选择。

黑人农民和白人地主因此转而采取佃户制,在这一体系中,农民可以保留部分庄稼收成,把其余给地主,这样就可以依靠自己的所得活下去。地主或者商人"提供"收获前所需的食物和工具,比如役畜和种子,获得以作物支付的酬金。白人地主和黑人农民互相讨价还价;佃农会据理力争,或者一年年换雇主。作为一个1870年代至1880年代期间逐渐成熟的体制,大多数佃农都采取"五五分成"的方式——一半给地主,一半留给自己。

佃户体制早在1868年就在南方部分地区实现,这一制度来自前奴隶和地主之间的妥协。它缓解了地主现金和信用的问题,为他们提供持久依赖他们的劳动力;黑人们接受这一体制是因为它让他们有了摆脱日常监督的自由。在奴隶制中,他们成群结队在白人监工的监视下怨恨地劳作,而现在他们

◀ 无论在社会还是政治意义上,在重建期间和之后教会成为非裔美国人生活中的中心。大大小小的教堂,如图中南卡罗来纳海格雷兰丁(Hagley Landing)的信仰纪念教堂(Faith Memorial Church),成为奴隶解放后那代首批黑人自有的机构。

图片来源:菲比阿姨(Aunt Phebe),汤姆叔叔(Uncle Tom)和其他人,南方旧奴隶的性格研究

昨日重现

佃农制：因债务被奴役

在内战后的南方，佃农制成为一种压迫制度。一个新的劳动结构开始时是渴望独立的前奴隶和需要可靠劳动力的地主之间的妥协，进化为"五五分成"的劳动方式，佃农对提供工具的商人欠下还不尽的债务，这些商人拥有左下图这样的种植园商店，该照片拍摄于1868年的密西西比。根据如右下图所示的商人分类账目，很少有佃农能还清债务。为什么前奴隶和前奴隶主一开始觉得佃农制即使困难但却是可以接受的新劳动方式？佃农制对前奴隶和南方经济的长期和短期影响分别是什么？

▲ 密西西比种植园商店，摄于1868年，这是供应商的新机构及其对南方后奴隶农业有重大影响力的典型例子。

图片来源：阿米斯特德艺术文化中心（Amistad Center for Art & Culture），康涅狄格州哈特福德（Hartford），辛普森收藏/艺术（Simpson Collection/Art）

▲ 供应商将这些账本保留了几十年；它们成为佃农如何年复一年在债务中越陷越深，并且把"灵魂出卖给"乡村商店的记录。

图片来源：史密森尼学会，社会生活部

以家庭成员为单位耕种自己份内的土地。但是佃农制后来证实为一场灾难。地主和商人发展出垄断，控制农业经济，佃农们发现自己被不停增加的债务捆住不能动弹（参见第557页）。

然而，根本问题是南方农民作为一个整体仍然专注于棉花种植。在自由状态下，黑人女性常常选择放弃耕种和摘棉花，专注于家庭杂务。由于这个体系的动因降低，相对于获得更高生产水平，他们对于关于性别选择和家庭组织的独立选择权更为看重。南方恢复了内战前英国采购的份额，但是利润下降了。棉花价格开始持续下降，因为世界需求量下降了。

因此，南方农业越来越深地陷入衰退。黑人佃农在日益增长的债务负担下挣扎，使他们越来越受制于地主和提供工具的商人，其压迫程度几乎和奴隶制让他们受制于主人一样。许多白人农民也负债累累，逐渐失去他们的土地，并且加入了佃农阶层。至重建结束，所有南方农场中超过1/3由佃农耕种，白人和黑人兼而有之。美国挣扎着让政治回归秩序时，这一经济转变发生了。

436 约翰逊的重建计划

当重建在总统安德鲁·约翰逊的领导下开始启动时，很多人都预计他会采取严苛的政策。在田纳西的整个政治生涯中，他一直苛责富有的种植园主，赞颂小农民。当一颗暗杀者的子弹将约翰逊推上总统宝座时，许多前奴隶主都和一个北卡罗来纳女人有着同样的绝望，她写道："想想安迪·约翰逊（当了）总统会怎么样！我们会有什么下场——'南方贵族'，他们是这么叫我们的吗？"北方激进派同样有理由相信约翰逊将严厉对待南方。他们其中一人提议流放或处死10到12个叛乱领袖以杀鸡儆猴，约翰逊回答道："你怎么才选出这么几个人？……叛国是犯罪；犯罪必须受到惩处。"

田纳西的安德鲁·约翰逊

和以身成仁的前任一样，约翰逊在内战前政治界经历了从名不见经传到有权有势。他没有受过正规教育，是一个裁缝的学徒。但是从1829年他二十来岁开始至1857年，他在田纳西政治界的每个职务上都待过：市府参事、州代表、国会议员、两任州长和联邦参议员。尽管约翰逊作为南方民主党人当选，但他却是唯一一个来自脱离州的参议员，他拒绝跟随自己的州脱离联邦。林肯于1862年委任他为田纳西州军事总督；从此以后，这成了他在1864年竞选总统连任选票上的象征地位。

尽管约翰逊是一个联邦主义者，但他的政治信念使他成为一个老派杰克逊主义民主党人。正如他们在田纳西东部山区中说的那样，约翰逊在那里建立了政治演说家的名声："老安迪从来没有回过家乡。"约翰逊同时还是一个热切的州权利主义者。在战争之前，他曾支持税收斥资的公共学校和宅地立法，将自己塑造成为普通人的代言人。尽管他强烈地反对脱离联邦，但是约翰逊倡导有限政府。对

▲ 安德鲁·约翰逊好斗而固执，在他自己的重建项目失败中要负很大责任。

图片来源：国会图书馆

于联邦权力,他与激进派的扩张观念完全不同。他对于重建的理念或许可以在他采纳的口号中得到总结:"重建顺其自然,联邦恢复原状。"

在1865年,约翰逊独自控制着重建政策,因为国会在他当选总统前夕刚刚休会,直到12月才重新召集。在接下去的八个月中,约翰逊在南方组织新的州政府,行使他的赦免权。他进一步推进林肯的宽大政策,将更简单的条件给予前邦联人。

约翰逊的激进观点

约翰逊拥有家奴,尽管他从来没成为种植园主。他将奴隶解放视为内战的后果而接受,但是他并不喜欢黑人公民和政治权利。约翰逊相信黑人投票权永远不能由联邦政府强加于某个南方州,这让他与激进派发生冲突。当关系到种族问题时,约翰逊是个十足的白人至上主义者。如某个政治家所言,他"对非裔种族有着无法克服的偏见"。在所有美国总统发表的最不加掩饰的种族主义的官方声明中,约翰逊在1867年的年度演讲中宣称黑人"从政的能力比其他任何种族都差。在他们手中从来没有任何形式的独立政府成功存在过……无论在什么地方,只要任由他们自生自灭,他们就会表现出持续地退回野蛮状态的倾向"。

这样的种族主义观点对约翰逊的政策有着持久的影响。不过,在涉及白人的问题上,约翰逊似乎追求阶级关系的改变。他提出了让富有的种植园主阶级至少暂时失去权力的规定。

约翰逊的赦免政策

南方白人被要求发誓效忠联邦,作为获得假释或赦免的条件,但是约翰逊禁止几类人宣誓:前联邦官员、高级邦联官员、政治领袖以及西点军校或安纳波利斯毕业后加入邦联的毕业生。约翰逊在这份清单上又加上了另一个重要的群体:所有计税财产价值超过20 000美元的前邦联人。这些个人不得不单独向总统请求赦免和恢复政治权利。总统似乎旨在对旧种植园主精英阶层展开报复,因此推崇值得尊敬的自耕农的新领导阶层。

约翰逊指派了地区行政长官,他们通过召开州宪法会议启动重建进程。遴选参加这些会议的代表必须起草新的宪法,废除奴隶制,宣布脱离无效。在这些宪法批准通过之后,才可以投票选出新政府成员,各州将以完全国会代表回归联邦。但是只有那些通过宣誓获得赦免的南方人并且在州脱离联邦那天有资格投票的人才可以参加这一程序。因此未被赦免的白人和前奴隶都没有资格。

总统的重建计划

假如约翰逊的初衷是剥夺前贵族阶层的权力,那么他并没有将计划坚持到最后。原有的白人领导阶层能屈能伸,十分富有影响力;有威望的邦联人赢得选举,在各种职务上接受委任。接着约翰逊开始赦免种植园主和叛军领袖。他雇佣额外的职员,准备必要的文件,开始向几大类人发出赦免。至1865年9月,一天得到赦免的就有成百上千人。这些赦免令,加上种植园主重新取得原本被迫放弃的土地,使原来的精英阶层重新获得权力,很快塑造出了约翰逊南方捍卫者的形象。

为什么约翰逊允许种植园主重新获得权力?当他把骄傲的种植园主变成寻求赦免的人时,个人虚荣也许在其中扮演着一定角色。为了让激进派没有任何机会在南方启动他们理想中的更全面的种族和政治变革,他还下定决心达成迅速的重建。而且约翰逊需要南方人在1866年大选中支持他;因此,仅仅在阿波马托克斯投降后八个月,他就宣布重建完成了。1865年12月,许多邦联议员前往华盛顿在联邦国会中主张自己的席位。甚至连邦联副总统亚历山大·斯蒂芬斯都以佐治亚当选参议员的身份回到了国会山。

这样声名在外的叛徒当选议员让许多北方人感到困扰。一些州会议否认脱离的进程很慢;另一些州只是不情不愿地承认奴隶制已经消亡,并且撰写新的法律表达这一点。

黑人章程

不仅如此,为了定义前奴隶男性和女性的地位,控制他们的劳动,一些立法会只是将大篇奴隶章程中的奴隶改成了前奴隶。新的黑人章程迫使前奴隶携带通行证,遵守宵禁,生活在由地主提供的住宅里,并且放弃进入许多好行业、获得好工作的希望。严格的人员流动法律和限制性劳动协议将前奴隶捆绑在种植园中,并且"反引诱法"惩罚任何试图诱惑这些劳工从事其他工作的人。州政府支持的学校和孤儿院则完全将黑人排除在外。

在北方人看来,南方似乎有意使非裔美国人重回奴役状态,而约翰逊的重建政策致使没有人对这场可怕的战争负责。但是对于这场战争的记忆——此时距离战争结束还不到一年——仍然历历在目,将在接下去的几届总统选举中左右着政治行为。因此,国会中的共和党大多数决定停止约翰逊计划造成的后果。重新召集后,众议院和参议院考虑了新当选南方代表的可信度,决定不接受他们。相反,他们直截了当地挑战总统的权威,建立了一个联合委员会,调查和研究新的重建方向。

国会重建计划

北方国会议员远远称不上团结,但是他们并不怀疑自己有权重塑重建计划。宪法既没有提到脱离联邦也没有提到回归,但是它赋予国会在批准州进入联邦过程中的主要角色。不仅如此,宪法还宣称美利坚合众国将向每个州保证"政府的共和形式"。立法者们相信,这一条款赋予了他们为重建制定政策的权威。

他们很快发现其他宪法问题影响了他们的政策。比如,叛乱对南方各州和联邦的关系造成了什么影响?林肯总是相信脱离联邦是不可能的——以他的观点,邦联各州参加的是一次"动乱"。偏向于积极重建措施的国会议员辩称,这场战争破坏了联邦,南方必须任由胜利者处置。温和派的国会议员坚持这些州通过叛乱丧失了自己的权利,因此需要国会监督。

激进派

这些理论反映了国会本身的多样性。北方民主党,因为最后一年反对战争而被削弱势力,他们贬低任何种族平等的观念,支持约翰逊的政策。撇开党派忠诚度不提,保守派共和党人倾向于重建中的有限联邦角色。激进派共和党人,在撒迪厄斯·史蒂文斯、查尔斯·萨姆纳和乔治·朱利安(George Julian)的领导下,希望改革南方。尽管是他们党派中的少数派,但是他们有着清晰确定的目标,这是他们的优势。他们相信民主化南方、建立公共教育、确保前奴隶的人权是至关重要的。他们倾向于黑人选举权,支持部分土地充公和再分配,并且希望将南方从联邦中排除几年,以达成他们的目标。

产生于战争及其后果,激进派将一个新的公民观引入了美国生活;他们希望创造一个积极的联邦政府,也是种族平等的发端。一大群温和的共和党人,在莱曼·特朗布尔(Lyman Trumbull)的领导下,反对约翰逊的宽大政策,但是希望限制激进派。然而,特朗布尔和温和派投身于推动前奴隶公民权利的联邦化,即使不包括政治权利。

这四个群体全都面临着一个势不可挡的政治现实:1866年大选。讽刺的是,约翰逊和民主党人暗中破坏了与保守派联合的可能性。他们拒绝与保守派或者温和派的共和党人合作,坚持重建已经结束,而新的州政府是合法的,南方代表应该被国会接纳。在共和党人中,激进派的影响力随着约翰逊的不妥协和赤裸裸的挑衅与日俱增。

国会对约翰逊

共和党人试图和约翰逊合作,相信在1866年双方之间已经达成了妥协。在协议条件下,约翰逊将同意对他的计划做出两点修改:将被解放黑奴事务管理局再延长一年,并且通过一项公民权利法案,抵消黑人章程。这一法案将迫使南方法庭在联邦司法机关的终极审查下践行平等原则。其条款适用于公开而非私下的歧视行为。1866年《权利法案》是对美国公民权利的第一个法定定义,直到今天仍然记录在案。

然而,约翰逊通过否决两部法案(后来国会驳回总统的否决后,它们成为法律)破坏了妥协。总统拒绝对他的计划做任何改变,谴责国会的行为,并且表露出自己的种族主义。因为公民权利法案将联邦公民定义为所有纳税的本国出生公民,约翰逊宣称它歧视"大量睿智的、可敬的和爱国的外国人……却偏向黑奴"。他说这一法案"偏袒有色人种,侵害白人种族"。

所有总统—国会合作的希望现在都破灭了。1866年,报刊报道南方日常对黑人权利的侵害,并且报道了令人惊恐的反黑人暴力——尤其是孟菲斯和新奥尔良,那里的警察协助残酷的暴民攻击黑人。在孟菲斯,40个黑人被杀害,12所学校被白人暴民烧毁,在新奥尔良,34个非裔美国人死亡,200人受伤。这样的暴力让共和党人和北方民众相信,他们需要采取更多措施。一个新的共和党计划以第十四条修正案的形式出现。

第十四条修正案

第十四条修正案的五个部分中,第一个在后来的几年中有着最重要的法律意义。它确认了"所有出生于美国或加入美国籍的"公民的公民权,并且禁止各州减少他们的宪法"特权和豁免权"(宪法文本和所有修正案文本参见附录)。它还禁止任何州"未经法律程序"夺取个人的生命、自由或财产,或否认"法律的平等保护"。这些荡气回肠的词语成为非裔美国人公民权的有力保障——事实上,也是

▲ 重建期间发生的孟菲斯(Memphis)种族暴动。画面中,手无寸铁的黑人被全副武装的白人射杀,一项国会调查确认了这一事件。

图片来源:国会图书馆

所有公民权力的有力保障,除了印第安人,后者直到1924年才获得公民权。

共和党人对于修正案的第二和第三部分几乎没有任何争议。第四部分宣称邦联债务无效,并保证美利坚合众国承担战争债务。北方人抵触纳税来为那些资助叛乱的人报销,商业团体就维持联邦政府信用的必要性达成一致。第二和第三部分禁止邦联领袖担任州或联邦职务。只有国会以两院各2/3票数通过,才有权取消惩罚。因此这一修正案确保了对邦联领袖一定程度的惩罚。

修正案的第二部分还涉及代表制度,包含着最初导致这份文件产生的妥协。北方人对于黑人是否应该拥有投票权存在分歧。正如印第安纳的一位公民对一个南方亲戚写道:"尽管我们中有很多人公开支持释放黑人,然而我认为这多半不是发自内心的。我猜我们并不情愿这么做。"这些弯弯绕绕的文字体现出重建是多么具有革命性,但是同时也表现出北方和南方的民意距离将成为宪法奠基石的条文有多么遥远。许多北方州在重建期间仍然保留着剥夺黑人公民权的法律。

奴隶解放最终结束了用于统计黑人人口的"3/5条款",而这将增加南方代表。因此,内战后南方崛起,在国会中攫取权力。假如南方白人不允许黑人投票,那么前脱离主义者将从奴隶解放中得到政治利益。这实在太讽刺,超出了很多北方人可以忍耐的限度。于是共和党人决定,假如某个南方州不赋予黑人选举权,那么他们的代表人数将按比例降低。假如他们赋予黑人投票权,那么他们的代表数将按比例上升。这一妥协避免了直接赋予黑人选举权,但是将使未来的南方黑人选民进入共和党。

第十四条修正案第一次明确指出,选民是"男性",忽略了女性公民,无论黑人还是白人。因为这个原因,它引起了女权运动的强烈反应。女性平等的倡导者已经和废奴主义者协力工作了几十年,常常让自己的事业从属于奴隶解放运动。然而,在第十四条修正案的起草过程中,女性活动家要求发言权。德高望重的领袖,比如伊丽莎白·凯迪·斯坦顿和苏珊·布朗奈尔·安东尼,终止了与废奴主义者的同盟,为女性而战,其他一些人则仍然相信这是"黑奴的时刻"。因此,修正案将新的生命力注入了女权运动,导致原来的盟友之间产生巨大的矛盾。许多男性前废奴主义者,无论白人和黑人,都希望延迟女性选举权通过的日期,以确保前奴隶在南方的选举权。

南方和约翰逊的挑衅

然而,在1866年,重建政治中最大的问题是公众将如何回应国会的举措。约翰逊竭尽全力阻止北方和南方通过第十四条修正案。他谴责国会拒绝接纳南方代表,敦促南方的州立法会投票反对其通过。除了田纳西,所有南方立法会都以高票拒绝了这一修正案。

约翰逊为了将他的观点呈现给北方人,组织了一场全国联合会议(National Union Convention),开始进行巡回演说。当时活跃的个人宣传攻势对于总统来说是罕见的,约翰逊登上了一列专用的火车,开始"巡回"地将自己的讯息带到东北部和中西部,接着回到华盛顿。一个接着一个城市,他以一种大叫大嚷、缺乏尊重的方式谴责共和党人。观众们越来越不能接受他的观点,纷纷开始嘲笑他。在这个竞选之旅中,约翰逊开始分发有36颗星而非25颗星的美国国旗,宣称联邦已经恢复。在许多城镇,他把自己比作一个"遭迫害"的耶稣,或许会因他对南方的宽宏大量而被钉在"十字架上"。而且他反复地给激进派贴上"叛国者"的标签,因为他们想要接管重建工作。

1866年大选对于国会中的共和党人来说是一场大胜仗。激进派和约翰逊公开指责的温和派以大票数赢得连任,并且共和党在国会参议院和众议院中都占到了2/3以上席位。北方的意思表达得很清楚:约翰逊州权利和白人至上的官方政策不成熟地赋予叛军和叛国者好处。尽管激进派的理念或许超前民意太多,但是大多数北方人更害怕约翰逊的方针。因此,共和党国会领袖获得了实施重建计划的授权。

表 16.1 重建计划对比

	约翰逊的计划	激进派的计划	第十四条修正案	1867年重建法案
选举	只有白人,高级邦联领袖必须获得赦免	将选举权赋予黑人男性	南方白人可以决定,但是假如拒绝黑人选举可能会失去代表资格	黑人男性获得选举权,第十四条修正案禁止担任公职的白人不能在新的州政府成立过程中投票
任职	许多著名邦联人重新获得权力	只有忠诚的白人和黑人男性符合资格	邦联领袖被禁止担任公职,除非国会投票赦免	第十四条修正案生效
联邦外的时间	短暂	几年,直到南方完全民主化	短暂	战后3—5年
南方社会其他变化	很少;自由民掌权没有实现;奴隶解放被不情愿地接受,但是没有黑人公民权或政治权	扩张公共教育;充公土地,分配给前奴隶农场;扩张积极的联邦政府	很可能很少,取决于执行情况	很可观,取决于新的州政府的行动

但是约翰逊和南方的不妥协使这个计划陷入僵局。只要"约翰逊政府"存在,南方选民仍然将有色人种排除在外,那么他们就什么也做不成。共和党人决定在南方组织新的州政府,让前奴隶获得选举权。

1867—1868年重建法案

在一些针锋相对的辩论中,共和党人和国会中剩下的民主党人就南北战争本身的意义和记忆进行争论,1867年3月重建法案通过。南方各州事实上获准重新进入联邦的这个计划,仅是激进派计划的一个部分。联邦将领,指挥小支卫戍部队,受命监督选举,在南方五个军事区中获得控制权(参见地图16.1)。第十四条修正案中委任的邦联领袖被禁止投票,直到新的州宪法批准通过。这一行动保证了前奴隶在竞选中的投票权和参加州立宪会以及随后竞选的权利。此外,每个南方州都被要求批准第十四条修正案,以过半票数通过新宪法,然后提交给国会进行批准(参见表16.1)。

因此,非裔美国人获得机会通过这一政治程序为更好的生活而战,而前邦联人则得吞下他们眼中的苦药才能重新回到联邦。第二、第三和第四个重建法案于1867年3月至1868年3月之间通过,为选民管理委员会、宪法的适用条件以及南方白人"诚意"宣誓的管理提供了操作细节。

土地再分配的失败

用一个历史学家的话来说,激进派成功地"剪去了约翰逊的羽翼"。但是他们原本希望国会能做更多。比如,撒迪厄斯·史蒂文斯辩称经济机会对于前奴隶来说至关重要。"假如我们不把充公的叛徒财产作为宅地提供给他们,"史蒂文斯声称,"并且用保护性法律保护他们……我们还不如让他们继续当奴隶。"因此,史蒂文斯制订了一个广泛的土地充公和再分配计划,但是这个计划从来没有实现过。

白人中间的种族恐惧和美国人对于个人财产神圣不可侵犯的执着使土地再分配不受欢迎。北方人习惯于有限的政府职能,而商业社团坚定地反对任何对私有财产权的干涉,即使是对前邦联人也是一样。因此,黑人农民被迫在充满敌视的环境中寻找工作,地主们反对他们获得土地。

宪法危机

国会与安德鲁·约翰逊的争端逐渐恶化。为了限制约翰逊的影响力并且捍卫其重建计划,国会

地图 16.1 重建

上图显示了国会通过1867年重建法案之后建立的五个军事区。每个州中的日期表明，保守的民主党势力很快在四个南方州重新掌权。当被削弱的共和党中的一些小派系和保守民主党人合作时，所谓的激进派重建在大多数其他州中都被减缩了。

来源：©圣智学习

通过了许多引发争议的法律。首先，它要求总统通过五星上将尤利西斯·S.格兰特发布军事命令，而没有参议院的许可格兰特不能被罢免，如此限制总统对军队的权力。接着国会通过了《任职法》，赋予参议院批准改变总统内阁的权力。这一法律的初衷是保护同情激进派的战争部长斯坦顿，它破坏了总统掌控自己内阁任免权力的传统。

所有这些措施，以及每一个重建法案，都由超过2/3票数通过，让总统否决权无效。这一情况导致一些人相信联邦政府到达了一个"国会专制"的阶段，另一些人总结认为约翰逊已经成为人民在公正和长期的基础上重建国家的正当意愿的绊脚石。

约翰逊自己采取了几个激进的措施。他向南方的军队指挥官发布命令，限制他们的权力，增加他在1865年设立的文官政府的权力。接着他撤换了勤勉推行国会新法律的军官，偏向允许不合格邦联人投票的指挥官。最后，他试图撤去战争部长斯坦顿的职务。因为这一举措，矛盾冲突到达了顶点。

弹劾约翰逊总统

弹劾是宪法提供的一种政治程序，用以补救总统、联邦法官和其他高级政府官员的犯罪或滥用职权。那些受到众议院弹劾（被审判或政治上被指控）的人需经参议院裁决。历史上，这种权力一般不用作调查手段或评判总统私生活的手段，尽管近来它曾在比尔·克林顿总统绯闻案中以这种方式被运用。

1867年，众议院审判委员会（House Judiciary Committee）两次考虑弹劾约翰逊，一次否定了这一想法，接着以5对4的微弱票数优势建议弹劾。这一建议被众议院决定性地否决。然而，1868年初约翰逊试图撤去斯坦顿的职务时，第三次弹劾总统的尝试进行得很顺利。指控集中在他破坏《任职法》上，尽管许多现代学者认为他竭力阻碍1867年重建法案的实施是一项严重得多的罪名。

约翰逊在参议院中的审判只持续了三个多月。由激进派领头的指控试图证明约翰逊犯有"重罪和轻罪"。但是他们同时辩称这一审判是评判约翰逊表现的手段,而不是决定他有罪或无罪的司法判决。参议院最终否定了这种推理,因为这可能被用作将任何与国会不合的首席执政官赶下台的武器。尽管大多数参议院投票判约翰逊有罪,但是这一指控离必须的2/3大多数还差了一票。约翰逊保住了总统职务,但政治上遭到削弱,并且任期只剩下不到一年。一些共和党人回避弹劾是因为他们的目光注视着1868年大选,不希望妨害他们重获白宫的希望。

1868年大选

1868年总统大选中,尤利西斯·S.格兰特作为共和党人参选,打败了纽约民主党人霍雷肖·西摩(Horatio Seymour)。格兰特不是激进派,但是他的政纲支持国会重建计划,并且认可南方黑人选举权。(重要的是,共和党人并未在北方推行黑人选举权。)与此同时,民主党人激烈抨击重建计划,宣扬白人至上。事实上,在1868年大选中,民主党人采取了直到那时为止美国历史上最明火执仗地带有种族主义偏见的选举运动。双方都挥舞着"血衣",指责对方是造成战争牺牲的罪魁祸首。民主党由于将他们自己与叛乱以及约翰逊被否决的计划联系在一起,在除了八个州以外的所有州中都失败了,尽管选民票非常相近。第一次大规模参加总统选举的黑人全体将选票投给了格兰特将军。

在任上,格兰特是重建计划的执行者,但并非热忱的倡导者。他在处理南方各州时摇摆不定,有时候捍卫共和党政治制度,有时候则向民主党示好。有时格兰特会呼吁联邦军队停止暴力或实施国会行动。但是他从来没有对南方采取过真正的军事占领。在阿波马托克斯投降的一年之内,迅速的复员将联邦军队减少了100万多,只剩下57 000万人。因此,南方军队数量持续下降,直到1874年得克萨斯以外的南方各州只剩下4 000人。后来关于南方在重建期间遭到迫害的"军事统治"传说充满着神话色彩。

第十五条修正案

1869年,激进派努力完成了第十五条修正案,这是重建过程中宪法改革的最后一个重要举措。这一举措禁止各州"因种族、肤色或以前的奴役处境"来否认投票权。这种措辞并没有保障黑人投票的权利。它故意留出空间让各州可以自由地以其他条件限制投票权,这样北方各州就可以继续拒绝将投票权赋予女性和特定的男性群体——中国移民、文盲和那些没钱支付人头税的穷人。

尽管南方外的数个州拒绝批准,但是所有州中有3/4通过了这一措施,于是第十五条修正案于

▲ 战争前托马斯·沃特曼·伍德(Thomas Waterman Wood)曾在纳什维尔画下社会群像,在1867年决定赋予前奴隶投票权时,画家感到了这一决策的重要性。这幅油画属于一系列关于投票权作品中的一幅,强调了选票对黑人选民的重要性。

图片来源:田纳西纳什维尔,奇克伍德艺术博物馆(Cheekwood Museum of Art)

▲ 路易斯安那巴吞鲁日（Baton Rouge），一个共和党铜管乐队正在参加1868年的竞选运动。联邦竞选团的颜色和士兵们的帽子证明在激进的重建计划至关重要的时刻，南方发起了强势的联邦竞选活动。

图片来源：安德鲁·D.李特尔（Andrew D. Lytle）收藏，手稿893,1254，路易斯安那和下密西西比河谷收藏，路易斯安那州立大学图书馆

1870年成为法律。它也曾是一个政治妥协案，尽管全国的非裔美国人因为这一修正案生效欢欣鼓舞，但是它仍然给各州留下了足够空间，令他们能够创设无数资格门槛，有可能阻碍未来投票。

随着第十五条修正案的通过，许多美国人，尤其是表示支持的北方人，认为重建基本上完成了。"让我们结束重建吧，"1870年《纽约论坛报》(New York Tribune)呼吁道，"这个国家已经对它既厌且倦……让我们拥有平静吧！"但是一些北方人，比如废奴主义者温德尔·菲利普斯（Wendell Philips）表示了忧虑。"我们的时代，"他警告道，"正在飞快地溜走。一旦让公众的思想从战争这个大问题上漂走……就得花超过一代的时间再把它提出来。"

南方的政治和重建

从一开始，重建就遇到了来自南方白人的抗拒。在黑人条款和个人态度方面，许多白人固执地反对奴隶解放，而事实证明前种植园主阶层尤其顽固，他们由于奴隶解放遭受了重大经济损失。1866年，一家佐治亚报纸诚恳地评论道："大多数白人公民相信，奴隶制这项制度是正确的，而且……他们相信现在力所能及的最接近奴隶制的状态将是最好的。"而且对许多从未拥有过努力，但是在战争中遭受重大牺牲的人来说，赤贫、骤然跌落的农产品价格、疾病和增长的城市工业化的不确定性令他们流离失所，流向城市，并且憎恨黑人平等这一想法本身。

白人的反抗

一些种植园主因为害怕对他们的奴隶失去控制，试图通过拒不承认或者误传事件来拖延自由。前奴隶们称他们的主人"没有告知他们已经是自由身"，或者"不肯放他们走"。被解放黑奴事务管理局的工作人员报告称"奴隶制这项旧体制在美国军队驻扎地几英里之外比以前更严酷"。为了紧紧抓住他们的劳工，一些地主声称自己对黑人儿童有控制权，并且运用监护人和学徒法将黑人家庭束缚在种植园里。

白人还竭力阻止黑人获得土地。一些种植园主把小块土地分给自己的奴隶，但是大多数人谴责让黑人变成地主的想法。一个佐治亚女性得知两个业主计划"把他们的土地租给黑奴"时非常愤怒，她的家庭以支持奴隶宗教教育而著称。她宣称这样的行为"伤害了社区的最佳利益"。

白人坚不可摧的反抗很快通过其他方式体现出来，包括暴力。北卡罗来纳的一个城镇中，一个当地治安官在公共街道上棒打一个黑人，在一些州，只要黑人表现出一点点独立性就会遭到一群群"监管者"的恐吓。内战战败后，许多种植园主相信，正如一个南卡罗来纳人所说的那样，黑人"只能用鞭子统治"。而且在约翰逊总统鼓励南方反抗国会重建计划时，许多白人保守派竭力争夺新的州政府，而其他人则抵制投票，试图挫败国会的计划。

黑人选民和南方共和党

极少数黑人对投票视而不见。他们热情而充满希望地把选票投给共和党。大多数人同意一个人的看法，觉得自己应该"支持解放我的党派到底"。不识字也没能阻止黑人（或者没受过教育的白人）进行明智的选择。尽管密西西比的威廉·亨利（William Henry）只"识得几个字"，但是他证明自己和朋友们没有任何困难地选择共和党候选人。"我们站在那里观察，"他解释道，"我们看到 D. 斯莱奇（D. Sledge）投票；他拥有半个县。我们知道他投的是民主党，于是我们投和他相反的票，就是共和党。"不能投票的女性鼓励他们的丈夫和儿子们，而传道士们则鼓励自己的教众使用选举权。投票的热情在所有黑人社区中蔓延开来。

多亏了黑人的高票数，加上有威望的邦联党人受到限制，新的南方共和党在1868—1870年的宪法会议上掌握了权力。共和党代表包括规模可观的黑人队伍（整个南方总共1 000多代表中占了265个）、一些迁徙到南方的北方人和喜欢变化的南方当地人。新的宪法由这一共和党联盟起草，比南方历史上此前采用过的任何法律都更民主。它们消除了投票和担任公职的资产要求，而且把许多委任职位变成了选举职位。它们还提出设立公共学校和精神病、盲人、聋哑人、贫困者和孤儿救助机构。

这些会议扩大了女性在财产所有权和离婚方面的权利。通常，其目的并非使女性和男性拥有平

▲ 在这幅版画中，试图投票的南方黑人遭到白人联盟成员的阻止。图中脱帽的黑人手里拿着一张"共和党选票"，但是却不能靠近投票箱，一个选举法官手持装着子弹的手枪看管着投票箱。

图片来源：格兰杰收藏

等地位，而是为成千上万个受苦受难的债务人减轻负担。因为战争陷入贫困，被债务压垮的白人家庭中，通常是由丈夫签署借款协议。因此，赋予女性控制自己财产的法律权利为他们的家庭提供了一些保障。

共和党政府的胜利

在这些新的环境下，南方各州选出共和党掌控的政府。第一次，1868 年的州立法者中包括南方黑人。而新政府将带来多少社会变革目前仍需拭目以待。与后来南方白人宣称的相反，共和党州政府并没有将前邦联人作为一个整体剥夺其选举权。来自密西西比的黑人政治家詹姆斯·林奇（James Lynch）解释了为什么非裔美国人反对剥夺白人选举权的"愚蠢行为"。与"感觉不舒服就可以随时离开的北方人"不同，没有土地的前奴隶"必须和本州中占大多数的白人搞好关系。否则……只有军队能维持和平"。尽管受到歧视、缺乏物质及社会权力，南方共和党人努力为了被接受、合法身份和安全地在萧条的经济中占据一席之地而奋斗。

大多数南方黑人远没有对奴役自己的种族怀恨在心，而是以宽容的态度对待邦联叛军，并且请求南方白人接受公平的精神。以这种方式，假如白人选民不合作，共和党人只有失败。不过短短几年，南方各州大多数羽翼未丰的共和党就将在残暴的白人仇恨下挣扎求生。但是现阶段一些有产白人把国会重建当作一种既成现实来接受。

工业化和工厂城镇

考虑到北方的理想和南方的紧迫，重建政府积极地推动工业发展。按照这一方针，重建立法会用贷款、减税和短期免税鼓励投资。南方铁路系统得到重新建造和扩张，煤矿和铁矿开采使伯明翰（Birmingham）的钢铁厂成为可能。在 1860 年至 1880 年之间，南方制造厂的数量几乎翻了一番。

然而，这种对大商业的强调造成了很高的州债务和税赋，将资金从学校和其他项目中抽调出来，并且使州立法会中腐败的可能性成倍增长。商业和政府结成紧密同盟，通常以牺牲普通农民和劳动者的需要为代价。这一问题还使共和党陷入保守的策略中，使他们注定无法获得较贫穷的白人的支持。

对于南方大多数白人来说，贫困仍然是常态。在重建那几年中，他们日复一日不得不将政治附属于挣扎求生。这场战争造成了收入来源的大规模损失，比如牲畜，也造成了土地价值的大幅下降。从 1860 年到 1880 年，南方的人均收入从接近全国平均值下跌到全国平均值的 51%。在许多地区，原有的种植园主阶层仍然占领着最好的土地，垄断着信贷和市场。

当许多贫穷的白人和黑人发现农业难以为续时，他们搬到城市和新的工厂城镇中。工业化并没有像席卷北方那样席卷南方，但是显然深深扎下了根。吸引纺织厂进入南方城镇成为一项你争我夺的运动。"仅次于上帝，"一个北卡罗来纳福音派教徒喊道："这个城镇需要的是个棉纺工厂！"1860 年，南方总计有约 10 000 名工厂工人；至 1880 年，这个数字增长到 16 741，至 19 世纪末，达到了 97 559。在成千上万悲欢离合中，贫苦的南方人开始了持续几代从农民向工人及其他形式的城市低收入者转型的过程。

共和党人和种族平等

受非裔美国选民欢迎的政策从来没有在法律之前超越平等。事实上，控制着南方共和党的白人不情愿让黑人按照选民比例担任公职。黑人领袖意识到他们的弱势，并没有将革命性经济或社会变革推进得太远。在每个南方州中，他们领导建立公共学校的事业，尽管没有要求综合设施改良。1870 年，南卡罗来纳通过了南方第一部综合学校法律。至 1875 年，该州 50% 的黑人学龄儿童进入学校，而 3 000 名教师中大约有 1/3 是黑人。

一些非裔美国政治家确实为公民权利和融合

而奋斗。许多人来自新奥尔良或莫比尔等城市，那里许多浅肤色的自由黑人人口在内战前就存在。他们在这些社会中的经验使他们对地位问题很敏感，他们大胆要求公开和平等的公共居住权。要求平等居住权的法律虽然通过了，但是常常没能得到执行。

不管怎样，土地改革和实施种族平等的棘手问题差点儿击溃了共和党政府。土地改革大体上失败了，因为在大多数州中，白人是大多数，而且前奴隶主控制着最好的土地和其他经济权力资源。在大多数前奴隶的脑海中，经济发展都是重中之重。南方黑人需要土地，许多土地因为付不出税而落入州政府手中。这样的土地被划分成小块出售。但是大多数前奴隶缺少现金，无法与投资者或投机者竞争。南卡罗来纳建立了一个土地委员会，但是它只能帮助那些有钱购地的人。任何大范围的土地再分配都必须来自国会授意，而国会从来不支持这种行为。

"黑奴统治"的神话

在数年中，两党中的温和派都遭到了失败，白人对国会重建计划的仇恨开始占上风。一些保守派总是希望通过压力和种族主义宣传对抗重建。他们对黑人施加经济和社会压力：一个黑人共和党人称"我的邻居们不愿雇佣我，也不肯卖给我哪怕价值一便士的东西"。保守派控诉南方落入无知黑人的手中，悲叹"黑人统治"，这成为回归白人至上的战斗口号。

这样的攻击是煽动性的宣传，也是愈演愈烈的"黑奴统治"神话的一部分，这种神话在重建记忆中将成为斗争的核心主题。非裔美国人参与政治，但是几乎没有主导或控制过事件。在十个州宪法撰写会议中，他们只在两个州中占大多数（在一个州

▲ 阿拉巴马的伯明翰是刺激工业发展的重建事业中一个值得注意的成就。图中工人们将熔化的钢铁做成块状，这种铁块被称为"铁猪"。

图片来源：铁猪，伯明翰，《哈珀周报》(Harper's Weekly)，1887年3月26日

中北方移民是大多数)。在州立法会中,只有南卡罗来纳的下议院中黑人占大多数。重建结束前,16个黑人在国会中获得席位,但是没有人当选为行政长官。只有18人任州高级职务,比如副州长、财务主管和教育主管或者州务部长。

总共有四百多个黑人在重建时期担任政治职务,以任何标准来看这都是一个显著的成就。尽管他们从来没有主导这一过程,但是他们建立了丰富的政府服务和公民行动主义的传统。当选官员,如南卡罗来纳的罗伯特·斯莫斯(Robert Smalls),孜孜不倦地为黑人争取更低廉的地价、更好的医疗保健、受教育机会和公民权利。在很长一段时间里,重建中的黑人政治家是美国长期公民权利运动播种时期的无名英雄。

提包客和无赖汉

保守派还猛烈攻击黑人共和党的盟友。他们的宣传诋毁来自北方的白人是"提包客",是计划把偷来的税收装进用地毯面料做成的提包里的贪婪骗子。来自北方的移民担任了很大一部分共和党职务,他们都被这种说辞攻击过。

事实上,大多数在南方定居的北方人都是来寻找商业机会、担任学校教师或者为了更温暖的气候来到这里;大多数人从来没有涉足过政治领域。那些进入政治领域的人通常希望民主化南方,引入北方做法,比如工业和公共教育。提包客的理想经过了艰难时事和南方白人排挤的考验。

提包客的真实行动从来无法匹敌耸人听闻的偏见,尽管至1870年代中期连一些北方人都开始反感重建,或者对南方的暴力感到绝望,从而赞同这种形象。托马斯·温特沃斯·希金森(Thomas Wentworth Higginson)是联邦官员兼南北战争中一个非裔美国军团的指挥官,他暗示,至1874年,留在南方的北方政治家多半是"坏人"、"恶棍",就像"莎士比亚笔下的夏洛克"。同一年,《基督记录者》(Christian Recorder)的非裔美国编辑们与提包客划清界限。报纸坚称,那些"掠夺、欺骗和捕食我们人民偏见的腐败政治吸血鬼们","以倒下的州的尸体为食",并不是黑人的盟友。南方白人的反革命运动似乎赢得了宣传战。

保守派还发明了"无赖汉"(scalawag)一词来诋毁任何与共和党人合作的南方当地白人。大量南方人这么做,包括一些有钱有势的人。然而大多数无赖汉都是自耕农,是来自山区和非奴隶区的人们,在邦联统治下曾经是联邦主义者。他们发现自己可以从共和党人推动的教育和机遇中受益。有时候他们和前奴隶结成同盟,追求普通阶级的利益,希望反抗长期占据主导地位的种植园主的利益。不过,长期而言,这种黑人和白人的同盟在种族主义的流沙中挣扎。

税收政策和作为政治分野的腐败

对于重建政府来说,税收是个主要问题。共和党人希望修复战争的破坏,刺激工业,支持公共学校等新事业。但是南北战争对南方的税收基础产生了重大破坏。一类宝贵的财产——奴隶——完全消失了。而且数十万公民因为战争失去了其他财产中的很大一部分——钱、牲畜、篱笆和建筑。因此,即使只是维持传统服务也需要增加税赋(销售税、特许权税和财产税)。共和党的税收政策不可避免地引起了强烈反对,尤其是在自耕农中间。

共和党人受到的另一个严重抨击是腐败。不幸的是,这是事实。许多提包客和黑人政治家暗箱操作,出售选票或者虚报开支,在一个被"赞成政党分肥制者"(参见第548页)统治的时代参与全国腐败潮,许多学者都承认这一事实的存在。腐败没有党派分别,但是民主党人成功地将责任推给南方共和党人中不合格的黑人和贪婪的提包客。

三K党(Ku Klux Klan)

所有这些问题都伤及了共和党人,他们的领袖还允许按照种族和阶级阵线划分的派系斗争,破坏党派团结。但是在许多南方州,致命一击来自暴力。

三K党（其成员化用了希腊词语"圈子"，kuklos）是一个地下老兵俱乐部，于1866年在田纳西创立，其后扩散到整个南方，迅速发展为一个恐怖组织。针对非裔美国人的暴力从重建最初的日子就时有发生，但是在1867年变得有组织和有目的得多。三K党人想方设法给重建找麻烦和让前奴隶屈服。夜间骚扰、鞭笞、殴打、强奸和凶杀变得很常见，恐怖主义占领了一些郡县和地区。

尽管三K党折磨作为劳动者或个人坚持正当权利的黑人，它的主要目的是政治性的。无法无天的三K党人将活跃的共和党人作为他们攻击的目标。在数个州中，共和党白人和黑人领袖被杀害。在为一个南卡罗来纳"无赖汉"工作的前奴隶开始投票后，恐怖主义者来到这个种植园，用一个被害者的话来说，"鞭笞所有他们能找到的……（黑）人"。三K党人还攻击联盟（Union League）俱乐部——推动黑人投票的共和党组织——以及帮助前奴隶的学校老师。

▲ 这幅卡通描述了1871年8月10日北卡罗来纳摩尔县（Moore County）前奴隶约翰·坎贝尔（John Campbell）在徒劳地请求网开一面的情形。这幅图画虽然没有确实表现出三K党的血腥行为，但却引起了对其力量、恐惧和神秘的联想。

图片来源：格兰杰收藏，纽约

三K党暴力并非是无端的种族主义爆发，而是由非常特定的社会势力塑造和引发的。比如，北卡罗来纳阿拉曼斯（Alamance）和卡斯韦尔（Caswell）县是三K党暴力最严重的地区。那里弱势的共和党大多数依赖黑人选民和白人自耕农的合作，尤其是联邦主义观点或对邦联的不满情绪使他们反对当地民主党官员。这些黑人和白人共和党人一起驱逐了一直被权力围绕的官员。阿拉曼斯和卡斯韦尔的富人以及有影响力的人失去了他们习以为常的政治控制权，这些人正是三K党的郡县长官和当地首领。他们组织了刻意的恐怖活动，吸纳成员，计划暴行。通过恐吓和谋杀，三K党削弱了共和党联盟，恢复了民主党大多数。

三K党暴力在整个南方让共和党人遭受了损失。曾在1867—1868年州立宪会议上担任代表的黑人领袖中有1/10受到了攻击，其中7人死亡。在北卡罗来纳的一个司法区中，三K党对12件凶杀案、700次殴打事件，以及其他暴力行为负有责任，包括强奸和纵火。在尤托（Eutaw）镇对阿拉巴马共和党人的一次袭击就造成了4个黑人死亡，54人受伤。在南卡罗来纳，500个戴面具的三K党人在尤宁县（Union County）监狱中以死刑处死8名黑人囚犯，在临近的约克县（York County），三K党犯下了至少11桩谋杀案和数百次鞭打案件。根据历史学家埃里克·福纳（Eric Foner）的说法，三K党"使共和党人根本不可能在佐治亚的大部分地区发起竞选运动或投票"。

因此，艰难的财政问题、共和党的错误、种族仇恨和恐怖等各个因素结合起来使共和党政权倒台。在大多数南方州中，激进重建只持续了短短几年（参见地图16.1）。然而，重建最持续的失败并非政治性的，而是社会和经济层面的。重建没能改变南方的社会结构或者其财富及权力分配。

重建的退缩

1870年代，北方人逐渐失去了维持南方重建的政治意愿，因为他们自己的地区和西部发生了广泛的经济和社会转型。激进派共和党人谴责国会的怯懦,如迁徙到北卡罗来纳并当选为法官的前联邦军人阿尔比恩·图尔吉(Albion Tourgee)。让前奴隶自生自灭,不提供任何保护,图尔吉说,这相当于一种"不费力的慈善"。事实上,许多非裔美国人相信,在重建期间,北方"把所有黑奴扔出去,让他们没有任何生存下去的手段"。当北方经历自己的转型,对南方的困境失去兴趣时,重建崩溃了。

三K党恐怖主义的政治含义

在一个接一个的南方州中,民主党重新执掌权力,而且他们威胁在北方也打败共和党。旧邦联的白人将重建的衰落称为"南方救赎"。1870年代,"救赎者"民主党人宣称自己是把南方从所谓的"黑人统治"和"提包客统治"中拯救出来的救世主。这是美国历史上为数不多的几次之一,暴力和恐怖作为一种正常的政治策略出现。

1870年和1871年,三K党的暴力活动迫使国会通过两部《航海条例》和一部反三K党法律。这些法律使个人对抗其他人的公民和政治权利的行动第一次被定义为一种联邦犯罪。它们还规定了选举监督者,允许以军法和人身保护令来对抗三K党的凶杀、殴打和威胁。联邦公诉人非常有选择性地运用这些法律。1872年和1873年,密西西比和南北卡罗来纳人见证了许多指控;但是在其他暴力肆虐的地方,这些法律基本上被无视了。南方法官有时候拒绝将三K党定罪;总共3 310桩案件中,只有1 143起被定罪。尽管许多三K党人(仅南卡罗来纳就有约2 000人)逃离自己的州避免指控,而三K党表面上解散了,暴力的威胁却没有结束。被称作莱福俱乐部(Rifle Clubs)和红衫(Red Shirts)的正规军辅助组织通常代替了三K党的位置。

三K党恐怖主义公然反抗国会,然而即使在这个问题上都有不祥的征兆表明北方对于种族公平的执着正在减退。一些保守而有影响力的共和党人反对反三K党法律。他们反对其他共和党人的意见,第十三条、第十四条和第十五条修正案令联邦政府成为公民权利的捍卫者,这些异见者重复民主党的老生常谈,谴责国会侵犯州权利。伊利诺伊的参议员莱曼·特朗布尔(Lyman Trumbull)宣称各州仍然是"个人权利的存管处"。假如国会可以惩罚诸如暴力袭击或凶杀这样的犯罪,他问:"那还需要州政府干什么?"几年来,民主党一直在抱怨"中央集权和权力巩固";现在一些共和党人似乎也同意他们的意见。这种反对意见是共和党内1872年更全面分裂的预兆。

北方的工业扩张和重建

移民和工业化席卷了北方。在1865年和1873年,300万移民涌入这个国家,大多数在北方和西部的工业城市定居。仅仅八年内,战后工业生产值增

▲《提包客》(The Carpetbagger),1869年前后美国平版印刷曲谱的封面。这个从反提包客宣传的巅峰时期流传出的形象似乎是美国政府和奸诈恶棍的综合体,提包里装满了北佬概念,无论是宗教的还是世俗的。

图片来源:格兰杰收藏,纽约

加了75%。非农业工人第一次超过了农民，而工薪阶层超过了独立手工艺人。至1873年，只有英国的工业产值超过美国。政府金融政策在实现这一快速增长过程中功不可没。低投资税和制造品高关税帮助了新兴实业家阶级的成长，尤其是铁路企业家。

铁路成为美国资本时代的象征和刺激因素。从1865年至1873年，美国铺设35 000英里新铁路，总量超过1860年的全国铁路网英里数。铁路建设使银行业水涨船高，使华尔街成为美国资本主义的中心。东部铁路巨头，比如当时最大的企业宾夕法尼亚铁路（Pennsylvania Railroad）的托马斯·司各特（Thomas Scott），在巨额政府现金和土地补贴的支持下缔造了经济帝国。铁路企业还催生了采矿场、谷仓和木材公司。在国会和每个州立法会中，大企业雇佣游说者与政府周旋。腐败很猖獗，一些国会成员和立法会员每年都收到大公司的聘金。

这种急剧增长的资本—政治联盟也导致劳动力和资本之间的斗争加剧。当工业的领军人物在一个没有所得税的时代积累前所未有的财富时，巨大的经济不平等使美国社会两极分化。一个著名的马萨诸塞商业领袖担心，劳动力正处在一个"跃迁状态……生活在宿舍中"并且成为"固定的工厂人口"。在辛辛那提，三个大工厂雇佣的人数与该城市成千上万的小商店差不多。在纽约或者费城，工人们逐渐生活在昏暗而不健康的出租屋里。成千上万人在人口普查中将自己作为"普通劳动者"或者"一般从业者"。许多共和党的自由劳动力口号现在遭遇了严重威胁。美国的社会流动性能否依靠个人工作伦理来保证？还是会在攫取利润的压力下堕落成一个充满危险的工厂、童工和廉价薪资的世界？1868年，共和党人设法在国会中通过了适用于联邦工人的八小时工作制法案。这一"劳动问题"（参见第十八章）现在比"南方"或"前奴隶"问题更让北方人全神贯注。

接着，1873年的恐慌迎来了五年多的经济收缩。300万人失去了他们的工作，阶级立场分歧，尤其是在大城市。债主和失业者追求低息贷款政策以刺激经济扩张（工人和农民迫切需要现金）。商人在大范围的罢工和伴随着经济恐慌而来的工业暴力中，坚决地捍卫财产权，要求"健全货币"政策。一方面是农民和工人，另一方面是富有的实业家，双方之间的鸿沟越来越宽。

自由共和党反叛

一个大体上属于北方的群体对重建感到幻灭，于1872年脱离了共和党，他们将自己称为自由共和党人，提名《纽约论坛报》的著名编辑贺拉斯·格里利（Horace Greeley）为总统候选人。自由共和党人是个由不同人构成的群体，包括仇视腐败的人和提倡更低关税的人。通常这样截然不同的因素无法互相合作，但是两种广为流行和传播的态度将他们团结起来：对联邦干涉南方的反感以及令市场力量和"最好的人"决定政策和事件的精英主义愿望。

民主党人也在1872年提名格里利。两党的合力不足以打败格兰特，他赢得了连任，但是加强了格兰特避免与南方白人发生冲突的意愿。格里利重新团结北方—南方、"超越血腥裂痕重新携手"的竞选运动，要赢得选票有点不成熟，但是预示着美国政治的未来。有组织的蓝—灰兄弟会（联邦和邦联老兵的集会）早在1874年就开始了。格兰特继续谨慎地使用军事力量，于1875年拒绝密西西比州州长迫切要求军队平息种族和政治恐怖主义的请求。

在格兰特的第二届任期中，对其政府的不满越来越多。格兰特意志坚定，但是政治上很天真，他犯了一系列任人不当的错误。他的战争部长、他的私人秘书，以及财政部和海军部（Navy Department）中的官员牵涉进贿赂或税收诈骗丑闻。格兰特没有揭露腐败，而是祖护罪犯。1874年，当格兰特的支持率和共和党的威望下降时，民主党重新获得了众议院代表的大多数，这预示着激进派共和党重建计划的终结。

大赦

民主党在国会中获得权力的后果是削弱了在南方问题上的立法决心。国会已经将第十四条修正案的政治枷锁从许多前邦联人身上解除了。1872年，它采纳了覆盖面很广的《赦免法案》(Amnesty Act)，该法案赦免了剩下的大多数叛徒，只留下五百人被禁止担任公职。在1875年，国会通过了一部《人权法案》(Civil Rights Act)，用以向不久前去世的查尔斯·萨姆纳致敬，要旨是保障黑人在公共区域比如旅馆和剧院的平等居住停留权，但是这一法案被淡化了，并没有任何有效条款保障其执行。(最高法院后来驳回了这一法律；参见第555页。)

1872年之前，民主党夺回了四个州的政府控制权，至1876年1月底总共夺回了八个州政府(参见地图16.1)。在北方，民主党成功地强调重建政府的失败和丑闻。当民意发生转变时，许多共和党人感到自己的选民厌倦了南方问题和战争遗留问题。地域和解现在看起来对商业贸易至关重要。这个国家正在迅速向西扩张，而南方是投资的新前线。

西部、种族和重建

美国种族关系的复杂性和暴力在西部体现得最为淋漓尽致。当第十四条修正案和其他规定开始赋予黑人公民权时，其他有色人种依旧面对迫害。在整个西部，联邦政府对美洲原住民推行遏制政策。在加利福尼亚，白人农民和牧民常常迫使印第安人成为被囚劳动力，一些平民实践着更暴力的"印第安狩猎"。至1880年，30年的暴力使大约4 500加利福尼亚印第安人死于白人定居者之手。

在得克萨斯和西南部，国家扩张的修辞仍然将墨西哥人和其他混血西班牙人说成低劣"懒惰"，没有能力自治。在加利福尼亚和远西的其他州，成千上万中国移民成为残忍暴力的受害者。少有白人反对建设落基山脉铁路期间中国人从事危险工作。但是当中国人开始竞争城市工业工作时，巨大的矛盾产生了。反苦力(Anticoolie)俱乐部在加利福尼亚出现，呼吁反中国劳工的法律，为种族主义煽风点火，组织针对中国工人和雇佣他们的工厂的团伙攻击。西方政治家通过迎合偏见争取白人选票，1879年，新加利福尼亚法规拒绝赋予中国人选举权。

假如我们以海岸为界，而不仅仅以南北为纵轴审视美国，我们会发现南北战争和重建的几年废除了奴隶制，同时也助长了新的变化多端的种族复杂性，尤其是在西部。当早期人类学家运用"科学"种族主义理论决定种族层级时，同时代的西部是一个种族融合和矛盾的广袤地区。一些非裔美国人，尽管世代与美洲原住民混血，但是坚称自己更接近白人，而非游牧的、"不开化的"印第安人，而其他人，如印第安领地的希腊前奴隶，则追求印第安身份。在得克萨斯，白人、印第安人、黑人和西班牙人几十年来混居在一起，但是至1870年代被迫在法律和习俗层面重新考虑谁是白人，谁不是。

▲ 反中国人漫画，"每只狗(无论毛色)都有自己的好日子。"这种形象将美洲原住民、非裔美国人和中国移民融合成同一种种族主义和仇外恐惧。

图片来源：格兰杰收藏

放眼天下

"回到非洲"运动

在南北战争前夕，尤其是在令人失望的重建终局之后，一些非裔美国人试图离开南方，前往美国西部或北方，但也有人试图重回非洲。由白人领导的美国殖民协会（American Colonization Society，简称ACS）致力于将黑人重新"迁回"非洲，该组织于1820年代建立了利比里亚（Liberia）。至1860年，大约11 000非裔美国人自愿移民利比里亚，结果基本上是灾难性的。许多人死于疾病，另一些人则在陌生的新土地上感到无法适应，最终回到了美国。

重建重新唤起了移民冲动，尤其是在种植棉花的地区，那里的黑人对自己的未来充满自信，离开美国的想法逐渐平息；但是当受到威胁或攻击时，整个黑人社区都梦想着能够建立独立"种族"、"民族"或"国家"，他们常常这样呼吁。这个更多存在于想象而非现实中的梦想常常发生在西非。

在南北战争之前，大多数黑人谴责ACS，因为其种族主义以及对美国与生俱来的权利的敌视。但是1875年后，询问信件大量涌入该组织总部。在黑人感到奴隶解放将会反转的感觉最强烈的地方，他们组织了诸如利比里亚松树镇流放会（Liberia Exodus Association of Pinesville），这是佛罗里达的地方团体，或者利比里亚阿肯色殖民会（Liberian Exodus Arkansas Colony）和其他许多类似组织。

在移民会议上，尤其是在教会中，黑人们写信给ACS索要地图或者任何关于新非洲家园的信息。一些当地组织者宣称有80个或者100个新成员"维达维克利比里亚"，尽管这样的热情很少转变成大西洋航行。不过这种冲动是真实存在的。"我们想成为一个民族，"密西西比移民委员会的领导写道，"我们不可能在这里做到，为了达到目的我们必须离开这个国家。"亨利·亚当斯（Henry Adams）是前路易斯安那奴隶、联邦士兵和巡回移民组织者，拥护利比里亚，但是同样也以《圣经》和天赋权利论点支持"堪萨斯热"。"上帝……为他的所有子民都预留了一块土地，"他于1879年写道，"并不是我们认为其他地方的气候或气温""对我们来说更宜人——而是充溢着我们内心的这个念头，'我们最终将获得自由'，不受压迫，不受独裁，不受凶残的南方白人欺凌。"

至1890年代，自由出身的佐治亚重建政治家亨利·麦克尼尔·透纳（Henry McNeal Turner），当时是非洲卫理圣公会的主教，曾三次前往非洲旅行，通过媒体和布道积极劝说黑人"基督化"和"教化"非洲。两艘载满非裔美国人的船开往利比里亚，尽管大多数人因为失望或者生病返回。透纳的"非洲人的非洲"计划既是一个移民体系，也是一种宗教愿景，但是就像当时和此后的所有这类努力一样，比起非洲的现实，它更多反映了美国种族处境的绝望。这些数字并没有在这次与世界的连接中阐述出这种冲动的深度：1879—1880年，大约25 000南方黑人迁往堪萨斯，从1865年至1900年，只有不到四千人移民西非。

在重建期间，美国正在经历一个历史学家所谓的种族本身概念的重塑过程。在此过程中，美国遭遇了其种族关系方面最黑暗的年代，迅速扩张的西部的动荡加剧了新的民族主义和北方及南方之间的和解，这一和解建立在卷土重来的白人至上基础上。

海外扩张

南北战争之后，扩张的压力再次出现（参见第二十二章），1867年国务卿威廉·H.史都华特（William H. Steward）通过从俄罗斯购买阿拉斯加大幅增加了美国领土。反对者嘲笑史都华特的720万美元投资,把阿拉斯加称为"冻州"(Frigidia)、"北极熊乐园"和"Walrussia"。但是史都华特说服重要的国会议员以及其他偏向于和俄罗斯建立友好关系的立法者相信阿拉斯加的经济潜力。

也是在1867年,美国得到了距夏威夷西北1 000英里的中途岛的控制权。1870年,格兰特总统试图兼并多米尼加共和国(Dominican Republic),但没有成功。史都华特和他的继任者汉密尔顿·费舍(Hamilton Fish)还解决了内战期间针对英国的不满。通过外交,他们安排了阿拉巴马号和其他在英国建造并出售给邦联的巡洋舰造成的破坏的赔款。他们还承认美国重建期间的地域和解将为世界贸易和扩张带来新的远大理想。

重建的司法后退

与此同时,联邦最高法院在北方从重建退缩过程中扮演了自己的角色。在南北战争期间,最高法院一直都谨慎而被动。对于德雷德·司各特判决(1857)的反应非常强烈,而且联邦的战时紧急情况非常迫切,以至于最高法院避免干涉政府行为。当法律技术性问题阻止他们审理"克莱蒙·瓦兰迪加姆案"(Clement Vallandigham),法官们集体松了一口气。克莱蒙是林肯战争事业的民主党对手,被一个军事法庭判了资敌罪。但是1866年,一个类似的案件"米利根案"(Ex parte Milligan)到达了最高法院。

印第安纳的兰丁·P.米利根(Lambdin P. Milligan)计划释放邦联战争囚犯,颠覆政府。因为这些行为,一个军事法庭判处公民米利根死刑。米利根挑战军事法庭的权威,宣称他有权受到民事审判。最高法院重申自己的权威,宣称在民事法庭开放并运作期间军事审判是不合法的。

1870年代,最高法院收缩第十四条修正案的含义和有效性,成功地恢复其对国会行为的质疑。1869年,路易斯安那立法会赋予一个企业垄断新奥尔良牲畜屠宰权,于是"屠宰场案"(Slaughter-House)(1873)开始了。该城市中与该公司有竞争关系的屠户立即提起诉讼。他们的律师,最高法院前法官约翰·A.坎贝尔辩称,路易斯安那为了一些公民的利益损害了另一些公民的权利。坎贝尔主张,第十四条修正案通过引入联邦保护下的个人权利改革了宪法制度,保卫其权利不受州的干涉。

但是在屠宰场决议中,最高法院对于第十四条修正案的适用范围发动了惊人的一击。最高法院宣称州公民身份和国家公民身份相互独立。国家公民身份只包括在州际间旅行的权利以及类似微小的权利,最高法院坚持,这是受第十四条修正案保护的。

最高法院还总结道,起诉的屠户并没有因为破坏修正案的法定诉讼程序条款而被剥夺权利或财产。最高法院从公民权利"永久监督者"的角色中退却,法院中大多数宣称最近修正案的制定者本意不在于"摧毁"联邦体制,在这一体制中,各州践行"州内和当地政府权力,包括规范公民权利"。因此,法官们严重地限制了这一修正案保护和捍卫黑人公民权利的潜力——而这正是其初衷。

第二天,最高法院判决"布拉德韦尔诉伊利诺伊州案"(Bradwell v. Illinois),这一案件中,女律师迈拉·布拉德韦尔(Myra Bradwell)被剥夺在伊利诺伊从事法律职业的权利,因为她是一个已婚女性,因此不被当作一个自由人。布拉德韦尔的律师们指向第十四条修正案,主张州违宪地剥夺了她作为公民的"特权和豁免权"。最高法院反对她的主张,宣称女性"最重要的使命……是占据妻子和母亲的高尚而善良的岗位"。

1876年,最高法院甚至通过阉割第十条修正案中的实施条款和揭露第十五条修正案中的内在不足来削弱重建时期的修正案。在"美国诉克鲁克山案"(U.S. v. Cruikshank)中,最高法院推翻了在1870年《实施法》(Enforcement Act)规定下对路易斯安那一群白人袭击黑人集会并密谋剥夺其权利的案件所做的有罪判决。法官们判决第十四条修正案并未赋予联邦政府惩罚这些或许杀害了多达100名黑人的白人的权力。最高法院称:保护公民平等权利的责任"只属于各州"。全部由共和党总统林肯和格兰特委任的法官们践行司法保守主义，在接下去的一个世纪中留下了深刻的印记，削弱了南北战争修正案的改革潜能。

1876年争议大选和1877年妥协

当1876年大选临近时，大多数政治观察者都发现这个国家越来越聚焦于经济问题，北方不再愿意追求重建的目标。一场富有争议的总统竞选的结果更证实了这一事实。纽约的民主党州长塞缪尔·蒂尔登（Samuel J. Tilden），在南方享有很高支持率，只需要再多一张选举人票就能打败共和党候选人拉瑟福德·伯查德·海斯（Rutherford B. Hayes）。来自路易斯安那、南卡罗来纳和佛罗里达（仅有的几个不受民主党控制的南方州）的选举人票争议严重；民主党人和共和党人都宣称，尽管对手作假，但是他们还是赢得了这些州（参见地图16.2）。

为了解决这一史无前例的处境，国会设立了15人组成的选举委员会。这一委员会的成员将在民主党人和共和党人之间取得平衡。由于共和党人在国会中占据多数，他们以8比7的选票战胜对手，在每次清点结果的尝试中，委员会成员一直以严格的党派分界投票。假如国会接受委员会的调查结果，那么海斯将成为总统。

国会是否接受并不确定。民主党人控制着众

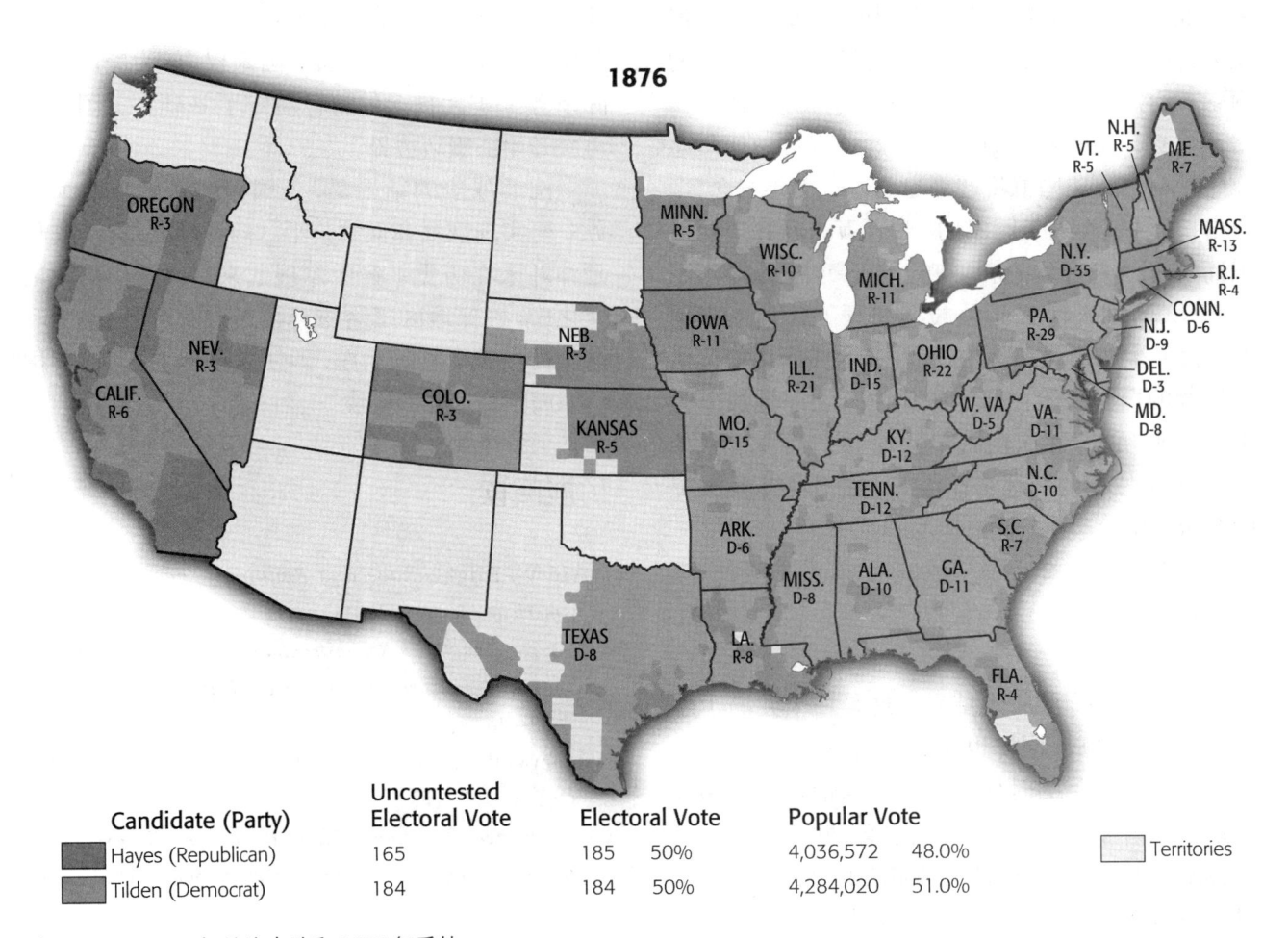

1876

Candidate (Party)	Uncontested Electoral Vote	Electoral Vote		Popular Vote	
Hayes (Republican)	165	185	50%	4,036,572	48.0%
Tilden (Democrat)	184	184	50%	4,284,020	51.0%

地图16.2　1876年总统大选和1877年妥协
1876年，坚定的南方支持和民主党在北方的收获让塞缪尔·蒂尔登获得了选民票的大多数，但是拉瑟福德·伯查德·海斯以终止重建作为交换条件满足民主党的意愿，在选举团中赢得了这场颇有争议的大选。
来源：©圣智学习

议院，可以阻碍或延宕竞选行为。许多公民担心国家会再一次陷入内战，当一些南方人发誓："要么是蒂尔登，要么是战斗！"当民主党同意默许海斯的当选，这一危机得到了解决，在华盛顿酒店，海斯的支持者和想要联邦支持铁路、内部发展项目、联邦保护和从南方撤军的南方人做了一笔"交易"。北方和南方民主党人简单地决定不反对共和党人的当选，只要他结束南方的重建政策。因此，海斯成为总统，在白宫不公开地就职，以避免任何暴力威胁。南方人享受他们获得的经济支持承诺，而重建毫无疑问地结束了。

南方民主党人欢欣鼓舞，但是非裔美国人对于他们的平等希望被背叛而非常怨怒。南北战争带来了奴隶解放，重建许诺他们法律规定的权利。但是大部分美国白人的活动和态度给了他们不祥的预感。1875年7月4日，在华盛顿特区的演讲中，弗雷德里克·道格拉斯预料到了这一窘境。他焦虑地想到第二年美国就将迎来建国一百周年纪念日。道格拉斯担心，这个国家的"数百万人将齐声向天唱诵所有白人种族的和平和善意……从海湾到湖泊，从大海到大洋。"道格拉斯回顾了这15年中他的人民发生的史无前例的改变，担心美国历史记忆上持续的白人至上主义："假如白人之间的战争为黑人带来和平，那么白人之间的和平又会带来什么？"道格拉斯的问题将在接下去的几十年中在美国政治文化中不断回响。

结语

重建留下了矛盾的结果。这是一个充满了悲剧的希望和失败，同样也充满了前所未有的法律、政治和社会变革的时代。联邦胜利带来了联邦政府权力的增加、更强大的民族主义、联邦政府对南方各州的大范围干预，以及对宪法的里程碑式修正案。但是北方使这些变化持续下去的决心逐渐消退，革命并未完成。前奴隶在查尔斯敦的第一个庆祝日表现出的是，对新生活和自由希望的神秘感逐渐减弱，虽然没有彻底消亡。

北方接纳奴隶解放、黑人选举权和宪法修正案来增强中央政府。但是这么做是为了战胜叛乱，确保和平。当这些危机的压力减小时，美国人，尤其是北方美国人，从重建中退缩了。美国人和法院保持对州权威的偏向，不信任联邦权力。自由劳动意识形态要求个人财产得到尊重，而个人应该自给自足。种族主义仍在持续，发展成了更致命的三K党恐怖和黑人堕落理论的形式。在一个个人利己主义和工业化的社会中，对非裔美国人人权的关心以及其他的改革通常没有挣钱更具吸引力。

新的挑战开始压倒重建的目标。在迅速增长的互相联系的国家经济中该国如何开发其巨大的资源？农民、工人、移民和资本家可以共存吗？工业化不仅预示着繁荣，而且工作也增加了对劳动力的剥削。此外，工业增加了国家权力，为美国在国际事务上扩大自己的角色奠定了基础。美国移民再次开始征服新边界。

南北战争的结果是，美国面临着两项重大任务——实现恢复和促进公平。两者都必须产生，但是却并未在历史平衡中发展起来。在美国的政治文化中，确保地区团结与美国黑人的自由、平等和谐相处压倒了移民问题，即便是一个世纪后，美国仍旧面临着这样的困境。

扩展阅读

David W. Blight, *Race and Reunion: The Civil War in American Memory* (2001)

W.E.B. Du Bois, *Black Reconstruction in America* (1935)

Eric Foner, *Reconstruction: America's Unfinished Revolution, 1863—1877* (1988)

William Gillette, *Retreat from Reconstruction, 1869—1879* (1980)

Gerald Jaynes, *Branches Without Roots: The Genesis of the Black Working Class in the American South, 1862—1882* (1986)

Moon-Ho Jung, *Coolies and Cane: Race, Labor, and Sugar in the Age of Emancipation* (2006)

Michael Perman, *The Road to Redemption* (1984)

人民与国家的遗产

覆败的事业

所有重大战争及其后果都在他们的记忆中进行了斗争。有时候失败者在塑造历史记忆的竞赛中胜过了获胜者。在南北战争之后,南方白人及其北方同盟建立了一个"覆败的事业"传说,这是一种强有力的、种族上单一的关于战争和重建的版本,在美国文化中持续到今日。

覆败的事业产生于前邦联人中间,最初是作为一种悼念仪式和一种对战败创伤的心理回应。但是随着时间的流逝,它也逐渐在对战争事由的选择性解读中生根;在南方对重建的抵制中;在白人至上的教条中;在由北方人和南方人共同欣赏和推动的,传奇而怀旧的流行文化中。覆败的事业主张——从高阶军官和普通士兵撰写回忆录到女性领导的纪念协会——这场战争的起因从来不是奴隶制,而是邦联人败给了北佬的数量和资源,这个国家应该通过尊重北方和南方的牺牲来达到和解。在新兴的20世纪,工业化、都市化、多民族的美国以及满是仁慈主人和忠诚奴隶的老南方,罗伯特·E.李(Robert E. Lee)被描绘成美国最真诚的基督教战士,为重新联合提供了一种浪漫主义而感伤化的道路。

从1865年到1880年代,决心洗白邦联的战时参与者促成了这一传说。然而,至1890年代,覆败的事业文化随着邦联的"女儿联合会"(United Daughters)而崛起。南方精英白人女性建立纪念碑,游说国会议员,发表演说,举办学生作文比赛,并竭力控制历史教科书的内容,都是为了称颂南方而服务。最重要的是,覆败事业宣传的故事和覆败完全无关,而是关于一个历史学家所谓的"胜利叙事"。这种新的胜利是这个国家对种族革命和重建的宪法转变的胜利。在1881年回忆录中,杰佛逊·戴维斯辩称奴隶制"绝不是矛盾的起因"并且奴隶们"对自己的命运很满足"。他还宣称覆败的事业并没有覆败:"我们可以为重新获得自治政府欢欣鼓舞……这是一场伟大的胜利……是联邦政府完全无法干预州内部事务。"这些故事和意象在美国黑人的心中回荡,存在于现代对南北战争纪念的品味中,比如史诗般的《飘》(Gone with the Wind),2003年的电影《众神与将军》(Gods and Generals),以及使用邦联旗帜反对公民权利和平权运动。邦联的州权利传统如今被一些州和拥护团体用来抗议联邦的刺激货币和全国医疗改革。

George Rable, *But There Was No Peace* (1984)
Heather Richardson, *West from Appomattox: The Reconstruction of America after the Civil War* (2007)
Elliot West, "Reconstructing Race," *Western Historical Quarterly* (Spring 2003)

第十七章

西部的发展，1865—1900

▼ 美国最伟大的西部风景画家之一托马斯·莫兰（Thomas Moran）在描绘新墨西哥阿科马普埃布罗（Acoma Pueblo）的油画中捕捉了这个地区粗犷而壮丽的景象。在这座陡峭的平顶山顶部，阿科马原住民建造了据说是美国最古老的固定聚落之一的定居地，证明美国人在19世纪末进入西部时遇到了历史悠久的原住民文明。

1893年，一位名叫弗雷德里克·杰克逊·透纳（Frederick Jackson Turner）的历史学家在芝加哥举办的世界哥伦比亚博览会（World's Columbian Exposition）上发表了一次惊人的讲话，这次讲话将塑造接下去几代美国西部的观念。演讲题为"边境在美国历史上的重要意义"（The Significance of the Frontier in American History），其主张"免费土地、持续的倒退，以及美国向西移民"创造出一种独特的民主和平等主义精神。一系列西部边境的移民从殖民地时期开始，换句话说，它解释了美国的进步和民族性。

章节大纲
原住民的经济活动
原住民文化的转型
昨日重现　让印第安人外表和行为肖似"美国人"的尝试
自然资源边境的生活
灌溉与交通
放眼天下　澳大利亚边境
开垦平原地区
畜牧边境
人民与国家的遗产　国家公园
结语

在世界博览会街对面的室内竞技场中，民间角色野牛比尔·科迪（Buffalo Bill Cody）每天上演叫作"野性西部"（The Wild West）的娱乐表演。尽管科迪也将征服西部和创造美国身份戏剧化了，但是他的视角与透纳的有很大差别。透纳描述了一种相对和平的定居方式，西部土地大体是空旷的，而科迪则描绘了对印第安野蛮人领地的暴力征服。透纳的英雄们是坚忍不拔的农民，他们用斧头和犁开垦荒土。而野牛比尔的英雄则是健壮的侦察员，他们不畏艰险，用枪炮和鲜血征服印第安人。透纳运用了诸如木屋、货运火车和麦田之类的意象，辩称边境塑造了一个全新的进步民族。科迪则用真的印第安人和士兵（加上他自己）呈现原住民勇士和白人骑兵之间的冲突场景，将西部描绘成一个充满残酷侵略和英勇胜利的地方。

透纳的文章和科迪的表演都包含夸张和不精确，然而两者从某种程度上来说又都是真实的。美国西部激发着物质进步，也见证了一群人类对另一群人类以及环境的征服。事实上，透纳文章的灵感来自1890年人口普查的负责人，"目前（西部）未定居区域已经被定居地分割成彼此隔离的地块，几乎不能说现在仍然存在一条边境线"。随着时间的流逝，透纳的理论被抛弃了（甚至被透纳自己），它被视为过分单一，而野牛比尔沦落为哗众取宠的无赖之流。然而对两种西部的描绘仍然存在于美国历史的浪漫史中，即使它们模糊了19世纪末西部发展的复杂故事。

有一个事实是确定的。在白人到来之前，西部大部分地区并不是空旷的，那里的居民建立了社会，以非常不同的方式利用资源。比如，在平原地带，波尼人在春天种植庄稼，夏天离开田地捕猎水牛，接着赶在秋收前回到农田。他们有时候会与附近的夏安人和阿拉帕霍人作战，想要将狩猎场和庄稼占为己有。尽管平原印第安人有时候挥霍自然资源，尽情享用水牛，但是他们以有限的方式开发和利用自然资源生存。在中西部以西，当今的美国西南部，包括加利福尼亚南部，印第安人分享土地，有时候与西班牙后裔融合，后者是西班牙殖民者的后代。所有这些民族至多只有有限的途径通往外部市场。

年表

1862	《宅地法案》(Homestead Act)将公民生活和开垦的土地给予他们
	《土地拨赠法案》(Morrill Land Grant Act)将公共土地拨给各州,用于出售,以便资助农业和工业学院
1864	奇温顿(Chivington)的民兵组织在桑德克里克(Sand Creek)屠杀黑壶(Black Kettle)的夏安人
1869	第一条跨大洲铁路竣工
1872	黄石成为第一座国家公园
1876	拉科塔人和夏安人在蒙大拿小巨角(Little Big Horn)伏击卡斯特(Custer)的联邦军队
1877	内兹柏斯印第安人在杨·约瑟夫(Young Joseph)的领导下向美国军队投降
1878	《林地和砂石地法》(Timber and Stone Act)允许公民低价购买木材,但是也让大公司能够获得大片林地
1879	印第安人专门学校卡莱尔中学(Carlisle School)在宾夕法尼亚建立
1881—1882	《排华法案》(Chinese Exclusion Acts)禁止中国人向美国移民
1883	全国时区确立
1884	美国联邦最高法院第一次否认印第安人受政府保护
1887	《道斯土地占有法》(Dawes Severalty Act)结束了对印第安土地的公有权,将地块给予个体原住民家庭
1887—1888	平原地区的严冬冻死了无数牲畜,使农民陷入经济困境
1890	美国军队最后一次在翁迪德尼(Wounded Knee)压迫平原印第安人
	美国人口调查局宣称关闭边境
	优胜美地国家公园(Yosemite National Park)建成
1892	谬尔(Muir)协助建立山岳俱乐部(Sierra Club)
1902	《纽兰兹垦荒条例》(Newlands Reclamation Act)通过

然而,19世纪当白人移民在西部建造新的社区时,他们远比印第安人更广泛地开发利用环境以换取利益。他们发掘土地运走矿物,砍伐森林来建造房屋和取暖,运货和连接市场的公路贯穿田野,在河流中筑起堤坝,用机器犁地,种植作物。他们的目标不仅仅是生存,还包括在本土、全国和国际市场上买入和卖出。当他们将这片土地变得面目全非时,市场经济的成功改变了这个国家。

至1870年,西部指的是密西西比河和太平洋之间的土地,事实上包括几个不同地区,彼此间的经济潜力有差异。太平洋北部沿岸的充足降雨孕育了广茂的树林。再往南的加利福尼亚,林地和草地提供了适合种植蔬菜和橙子林的肥沃河谷。往东,从瀑布山(Cascades)到内华达山脉再到落基山脉,是一些被称作盆地山脉(the Basin and Range)的荒漠和高原,那里蕴藏着黄金、白银和其他矿产。在落基山东面,大平原被分成半干旱、几乎没有树木、生长着粗硬的水牛草的西半边,以及降雨量丰富、长着高高的杂草、可以种植谷物畜养牲口的东半边。

西部大部分地区已经有人定居。在与白人订立协议之前,印第安人在这个地区四处迁徙流转。当他们争夺食物和住所时,他们相互交战、贸易和协商。在西南部的部分地区,西班牙裔往南往北迁徙，在墨西哥和美国领地之间，他们建立了城镇、农场和牧场。在南北战争结束后，美国白人涌入西部，超过了原住民和西班牙裔民族。在1870年至1890年之间，生活在该地区的白人人口迅速从700万膨胀至1700万。

西部可开发土地和原材料的充裕让美国白人满心认为任何人只要够热切和坚持就能成功。但是这种自信的基础是白人具有某种优越感的信念，而且个人利益常常以牺牲原住民与环境为代价。尽管一些白人最终意识到保护环境的重要性，但是大多数美国人极少想到节约自然资源，因为看起来似乎总是有更多领土等着他们开发，进入市场经济。

至1890年，农场、牧场、矿场、城镇和城市社区在如今美国大陆地区的每个角落建立，但是仍然有大片广袤的土地未被开发定居。尽管对于弗雷德里克·杰克逊·透纳来说，消失的边境有着重要的象征意义，但是对于行为却没有直接影响。在某个地点失败的先驱很少坐以待毙，他们继续迁徙，换个地方再尝试。尽管西部的生活有时候很艰苦，但是应有尽有的看似荒无人烟的土地总是让美国人觉得他们有卷土重来的机会。正是这种对无穷机会的信念，较之透纳的边境民主或者科迪对英勇战斗的再现，在美国国民性上留下了更深的印记。

- 人和环境之间的互动如何塑造西部的地理环境和该地区居民的生活？
- 在19世纪末，美国政府与美洲原住民的关系如何随时间流逝而变迁？
- 请描述改革大平原农民和牧民生活的技术改变。

原住民的经济活动

美洲原住民早在美国人移民到此很久之前就已经在西部定居。几个世纪以来，印第安人在自然面前既不被动也不无助，而是积极塑造他们的环境——好坏姑且不论。不仅如此，几乎所有原住民经济体系在19世纪末都被削弱了。某些因素可以解释这种衰落发生的原因和过程。

生存文化

西部印第安社群千差万别。一些原住民生活在固定的定居地；另一些人则居住在一系列临时营地里。大多数印第安人在商品、文化、语言和疾病的流动中既是参与者也是接受者，很少与世隔绝，上述这些变化是由从一个地方迁徙到另一个地方的部落带来的。不考虑社群的类型，所有印第安人都将经济建立在四种活动的不同比例上：种植作物、养殖、狩猎、捕鱼和采集以及贸易和掠夺。玉米是最常见的作物；从西班牙殖民者和其他印第安人那里获得的羊和马是主要牲畜；水牛（美国野牛）是主要的猎物。印第安人为了食物、工具和马互相掠夺，他们用这些东西和其他印第安人或白人交易。他们还为了复仇发起攻击，或者将竞争者逐出狩猎场。为了达到他们的生活标准，印第安人试图平衡他们的经济体系。当水牛狩猎失败时，他们可以靠农作物为生，当作物歉收时，他们仍然可以捕猎水牛或者通过掠夺窃取食物和马匹生活，或者用皮草交换生活必需品。

对于平原地区的印第安人，无论是诸如拉科塔人["苏族"（Sioux）]这样的游牧民族，还是像波尼人这样的村庄居民，日常生活的重心都是水牛。他们烹调和贮存水牛肉，把水牛皮制成衣服、莫卡辛鞋和毯子，把水牛腱用作线和弓弦，并且用骨头和角雕刻工具。水牛非常珍贵，波尼人和拉科塔人常常为了牲畜斗争。平原印第安人还依赖着马匹，他们将马用作交通和狩猎，并且当作财富的象征。为了为他们的牲畜提供食物，平原印第安人定期对长满高高杂草的大草原放火。火把死去的植物烧成灰，减轻了新草在春季生长的困难，于是马匹可以在整个夏天享受丰美的水草。

在西南部，印第安人有着各种不同的生活方式，随环境而变化。比如，在亚利桑那东南部和墨西哥北部的奥哈姆族（O'odham）（他们的名字可以翻译成"那个部族"），一些族群在稀少的河谷中种

▲ 印第安人使用水牛皮制作衣袍，常常展现出装饰服装的工艺技巧。这件尤特印第安皮裙体现了象征主义和审美表现。

图片来源：丹佛艺术博物馆（Denver Art Museum）

植作物，生活在山区和沙漠地区的族群则遵循着猎人—采集者的生存方式。一旦外国人到来，部落就和他们交换有用的东西——工具、布、烟草、牲畜，并且协助对阿帕奇人的劫掠，阿帕奇人是白人和奥哈姆人共同的敌人。[重要的是，阿帕奇把自己称作尼族（Nnee），含义也是"那个部族"]。纳瓦霍人[Nvaho，或称迪奈（Dine'），意思也是"部族"]是牧民，他们的羊、山羊和马为他们提供了地位和保障。

水牛对于平原印第安人的意义，羊对于西南印第安人的意义，就相当于鲑鱼对西北部印第安人的意义。在19世纪中期之前，哥伦比亚河及其支流支持着北美最稠密的人口，这些部落都在夏天捕鲑鱼，将鱼干储存起来过冬。为了捕捉鱼类，克拉特索普人（Clatsops）、克拉玛斯人（Klamath）和斯克拉拉姆人（S'Klallams）发展出各种捕鱼技术，比如河流袭夺，在水上建造平台以及特殊的篮子等。就像其他地区的原住民一样，这些印第安人中有许多通过交易换取马匹、水牛袍、珠子、布和刀。

屠杀水牛

在平原地区和西南部的部分地区，原住民世界开始在1850年后瓦解，因为白人移民进入该地区，与印第安人竞争自然资源的渠道和控制权。他们将水牛和印第安人视为宏图伟业上的绊脚石，于是白人致力于消灭两者。美国军队拒绝执行将狩猎地保留给印第安人使用的协议，于是由铁路资助的水牛狩猎开始了，东部的枪手从缓慢移动的火车上向庞大的猎物射击。一些猎人从制革厂获得每张水牛皮1到3美元的报酬，这些皮革被运往东部，主要用来制成驱动工业机器的皮带；有些人甚至没有停下来捡起猎物。

不过，印第安人和白人都不知道的是，一种复杂的各种因素的综合作用已经在19世纪末的屠杀开始之前就注定了水牛在劫难逃。原住民自己通过增加猎杀加速了水牛群的灭绝，尤其是通过和白人以及其他印第安人交易水牛皮。而且，1840年代和1850年代总体上干旱的几年迫使印第安人在江河流域建立营地，与水牛竞争空间和水源。结果是水牛被赶出了水草丰美的牧场，面临饥荒的威胁。当白人到达大平原时，他们也竭力在同样的流域定居，进一步将水牛驱离草地。与此同时，致命的动物疾病，比如炭疽病和布鲁氏菌病，通过白人蓄养的牲畜带入该地区，进一步毁灭了已经被营养不良和干旱削弱的水牛群。由新来的白人以及一些印第安人带来的马匹、牛和羊的数量逐渐增加，吞噬了水牛群每年某些时段赖以生存的牧草，从而影响了水牛的放牧方式。总而言之，人类和环境震荡造成了水牛群的脆弱，大规模猎杀只是最后一击。1820年平原地区估计约有2 500万头水牛，至1880年代，只剩下几百头。

▶ 马匹有时候超过百匹,女人和孩子通常有二三十人,对于平原印第安营地来说他们既是负担也是助力。马匹与水牛竞争珍贵的草场,而女性和孩子使营地在遭受白人士兵袭击的时候变得脆弱。

图片来源:丹佛公共图书馆,西部历史部(Denver Public Library, Western History Division)

鲑鱼的减少

在西北部,基本的印第安野生食物来源鲑鱼,也遭受着与水牛相似的命运,但是却是因为不同的原因。白人商业渔民和罐头食品厂于1860年代和1870年代进入哥伦比亚和威拉姆特(Willamette)河谷,他们捕捞了越来越多还没来得及游到上游产卵的鲑鱼,所以鲑鱼的供应没有得到补充。至1880年代,在哥伦比亚河游走的鲑鱼大量减少,至1900年代初,在哥伦比亚河及其支流上建起的水坝进一步阻碍了鲑鱼繁殖的能力。美国政府保护印第安人的捕鱼权,但是并不保护河流中的鱼类资源。孵化场帮助恢复了部分供应,但是为了提供电力而建造的堤坝,加上过度捕捞和污染,减少了鲑鱼供应。

原住民文化的转型

水牛屠杀和鲑鱼的减少侵蚀了印第安人赖以生存的基础,但是一种特殊的人口统计学的混合作用也是一大原因。19世纪大部分时间,白人人口都移民到居住着印第安人的西部土地上,这些人多半是年轻男性。在1870年代,加利福尼亚白人男性和女性的比例约3比2,科罗拉多和达科他领地是2比1。至1900年,男性数量优势在这些地区仍然保持着。这些男性大多未婚,约二三十岁,正处在最倾向于暴力行为的年纪。换句话说,印第安人最先可能接触的是商人、捕猎者、士兵、勘探者和牛仔——几乎所有这些人都有枪,并且会毫不迟疑地使用他们的武器对付阻挡他们前进道路的动物和人类。

西部人

不仅如此,这些人持有一种普遍的态度,认为印第安人是不开化、懒惰、狡猾和残忍的。这种蔑视的态度使利用和杀害原住民变得更容易,白人们常常以先发制人地保护自己免受人身和财产威胁为由正当化自己对印第安人实施的暴力行为。当印第安人侵袭白人定居地时,他们有时会肢解尸体、烧毁建筑、绑架女性,这些行为被篝火故事、小册子和流行小说粉饰——这些都强化了印第安人的野人形象。在沙龙和木屋单身汉俱乐部中,男人们吹嘘自己在印第安斗争中的收获,并且炫耀被害者身上割下的头皮或是其他身体部分。

印第安战士同样年轻、全副武装、倾向于暴力。他们看重勇气和复仇,夸耀和白人闯入者的战斗。

但是印第安社群与白人对比鲜明,他们有过多的女性、老人和儿童,使原住民部落不那么富有机动性,因此易受攻击。他们还易受单身白人社会的坏习惯的影响。印第安人模仿白人男性的行为,痛饮廉价威士忌,沉迷于嫖娼。印第安男性从受到白人男性感染的印第安女性那里传染到梅毒和淋病,导致许多人死亡,这些疾病也降低了印第安人的生育能力,而他们的人口已经因为白人传播的天花和其他疾病减少了许多,这些性病使情况雪上加霜。因此,白人边境人口的年龄和性别结构,加上种族歧视的态度,造成了对西部印第安人生存的进一步威胁。

政府政策和条约

政府政策加强了将印第安人从白人野心勃勃的道路上彻底除去的努力,但是印第安部落的组织引发了困惑。北美原住民大体上并非如白人相信的那样组织成部落,而是组成在平原地区和西南及西北地区的无数族群和联邦。大约两百种语言和方言让这些族群彼此隔阂,使印第安人很难团结一心对抗白人侵略者。尽管一种语言族群可以被定义为一个部落,但是彼此分离的族群和宗族分别有着自己的领袖,酋长很少持有广泛的权力。不仅如此,族群之间常常花更多的时间相互斗争,而非抗击白人定居者。

尽管如此,美国政府需要某种方式将印第安人分门别类,以便对他们制定一种政策。美国政府通过赋予部落组织比之前更多的意义来达到这一目的。1795年之后,美国官员认为印第安部落是分裂的国家,他们可以与之签订保证和平和划定印第安和白人土地界线的协议。这是一种错误的假设,因为赞同某一协议的酋长们并不总是为一个族群的所有成员代言,而且这一群体并不一定是受到协议约束的。不仅如此,白人定居者极少接受协议为印第安土地权利的保障。在平原地区,白人们假设他们可以随心所欲在任何地方定居,他们毫不犹豫地抢占江河流域的肥沃耕地。在西北部,白人们将保护印第安人在哥伦比亚河上捕鱼权的协议视为讨厌的东西,将印第安人从最好的地点驱逐,以便使用机械设备捕鱼。当白人移民向印第安领地逼近时,上一个星期签订的协议下一个星期就被破坏了。

保留政策

1880年代之前,联邦政府试图迫使西部印第安人进入保护区,他们认为,印第安人在那些地方可以得到"教化"。保护区通常包含某个族群领地中对白人最没有吸引力的部分。政府将印第安人指派到这些地块上时,承诺保护他们免受白人侵犯,并同意提供食物、衣物和其他必需品。

保护区政策为市场经济扫清了障碍。在与西部的早年接触中,印第安人和白人都从贸易中获益,并且贸易在几乎平等的基础上发生,正如18世纪中东部印第安人和白人之间的贸易一样。印第安人用皮毛、珠宝从白人那里换取衣物、枪支和马匹,有时候协助白人对抗其他印第安人。然而,在西部,白人的需求和经济势力与印第安人的需求和势力发展不成比例。印第安人的依赖性越来越强,而白人对于贸易的对象和条件越来越专制。比如,白人商人说服西南地区的纳瓦霍织工制造适合东部客户的重地毯,采用新的设计和色彩增加销量。与此同时,纳瓦霍人种植更少的作物,被迫购买食物,因为市场经济破坏了他们自给自足的农业。很快他们也将土地和劳动出售给白人,他们的依赖性使美国人更容易逼迫他们进入保护区。

保护区政策产生了堕落腐化的结果。首先,印第安人对于他们自己在保护区中的事务没有发言权。1884年和1886年的最高法院决议将他们定义为受监护的未成年人(就像无助的儿童一样受政府保护),并且否认他们身为美国公民的权利。因此,他们不受第十四条和第十五条修正案的保护,这两部修正案将公民身份的特权和法律保护赋予了非裔美国人。其次,来自不停争夺印第安土地的白人农民、矿工和牧人的压力使政府很难保护保护区完整无缺。再次,政府忽略了原住民历史,甚至将习

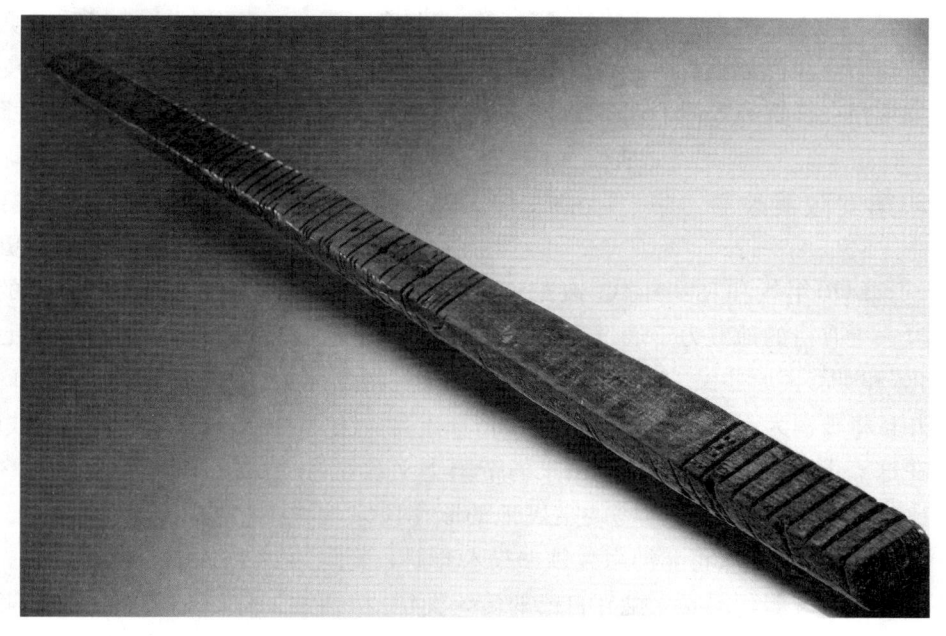

▶ 奥哈姆族人通过年复一年在木棒或骨头上刻上线、点或刻痕来记录历史事件。这根"日历棍"是由一位充当历史学家的人制作的，他会重述这些刻痕代表的故事。不同颜色的记号用来提醒日历棍记录者事件的细节。

图片来源：美国印第安国家博物馆（National Museum of the American Indian），史密森尼学会

惯于彼此征战的印第安族群安置在同一个保护区中。保护区并没有成为推行教化的社会，而是削弱了印第安生活的每个方面，除了求生的决心。

原住民的抵抗

并非所有印第安人都屈从于市场力量和保护区限制规定。阿帕奇族群长期劫掠西南部的白人定居地，并且在大多数同胞被迫进入保护区后，仍然继续他们的叛乱。他们的劫掠在1886年最后一任领袖奇里卡瓦（Chiricahua）酋长格罗尼莫（Geronimo）被捕后才结束。中西部的波尼人反抗白人商人试图强加给他们的不平等交易。在西北部，内兹柏斯印第安人拒绝被迫迁入保护区，于1877年叛逃到加拿大。他们成功地躲开联邦军队和克劳及夏安的探子，跋山涉水1 800英里，但是当他们到达蒙大拿时，他们的领袖杨·约瑟夫认为他们不可能成功，于是结束了逃亡。被送到保护区后，约瑟夫反复向政府请愿，试图回到自己民族世代相传的土地上，但是他的请求被忽略了。

当白人们结束东部的事务后，他们用军事侵略回应西部印第安人的反抗。许多人的态度与一位亚利桑那记者相仿，他写道："赶尽杀绝是我们唯一的希望，越快越好。"比如，1860年，纳瓦霍人在联邦军事压力下，对亚利桑那领地的迪凡堡（Fort Defiance）发起了破坏性的袭击。在报复过程中，美国军队最终通过袭击和断绝粮草让纳瓦霍人不得不屈服，他们毁坏他们的农田、房屋和牲畜，在1863—1864年迫使他们进入新墨西哥波斯克瑞丹多（Bosque Redondo）的保护区。同样在1864年，为了消灭在科罗拉多桑德克里克地区阻碍白人野心的原住民，一支由卫理公会牧师约翰·奇温顿（John Chivington）指挥的民兵部队袭击了一支由黑壶领导的夏安族群，几乎杀光了所有印第安人。1879年，4 000名美国士兵迫使尤特人投降，后者已经放弃了他们位于科罗拉多西部的世代相传的土地，但是拒绝继续让步。

最著名的战役发生于1876年6月，在蒙大拿南部小巨角附近，2 500名拉科塔人和夏安人在酋长脸雨（Rain-in-the-Face）、坐牛（Sitting Bull）和疯马（Crazy Horse）的领导下包围和歼灭由鲁莽的上校乔治·A.卡斯特（George A. Custer）领导的256人政府军队。尽管印第安人在这样的战役中持续表现出军事技巧，但是缺乏供给和美国军队残酷的追击[其中包括联邦军队老兵组成的水牛军（Buffalo Soldiers）非裔美国军团（这个名称来自他们的敌人

夏安人和卡曼奇人）］，最终让武装印第安起义者无从招架。美洲原住民与其说是在战役中被打败，不如说是在骚扰和饥饿下才不得不屈服。

印第安政策改革

1870年代和1880年代，改革者和政府官员比过去更有目的地致力于通过土地所有和教育来"教化"和"提升"原住民。这意味着改变原住民的特点，并且将被视为"野蛮和未开化"的习俗规定为非法。在这点上，美国复制了其他国家的帝国主义政策，比如法国人禁止太平洋岛屿殖民地的原住民宗教仪式，还有英国人将非洲宗教领袖投入监狱。美国政府决心说服印第安人抛弃自己的传统文化，接纳先入为主的美国价值观，如进取、节俭和物质主义。

与此同时，其他团体倡导设身处地，有时甚至是保护性的对待方式。如改革专著乔治·曼尼佩尼（George Manypenny）的《我们的印第安受监护人》（*Our Indian Wards*，1880）和海伦·亨特·杰克逊（Helen Hunt Jackson）的《一个世纪的耻辱》（*A Century of Dishonor*，1881），加上与加拿大人对印第安事务的管理相形见绌的对比唤醒了美国人的良知。加拿大赋予了原住民英国公民权，并且在改变印第安文化方面比美国人缓和得多。印第安人和加拿大白人之间的高通婚率也促进了更平和的关系。

在美国，最活跃的印第安改革组织是"女性全国印第安协会"（Women's National Indian Association，简称WNIA）和印第安权利协会（Indian Rights Association，简称IRA）。女性全国印第安协会致力于运用女性特有的教养和同情等能力帮助需要的人们，促进印第安人逐渐融入美国社会。印第安权利协会更具影响力，但是成员中几乎没有美洲原住民，该组织提倡印第安个人的公民权和土地所有权。大多数改革者相信印第安人文化上比白人低等，并且先入为主地认为印第安人只有全身心接纳勤奋的中产阶级价值观才能在经济上获得成功。

改革者尤其诟病印第安人的劳动性别分工。原住民女性似乎包揽了所有工作——照料庄稼、抚养孩子、烹饪、处理皮革、制作工具和服装——为男性做牛做马，而男性除了打猎就是游手好闲。女性全国印第安协会和印第安权利协会这样的组织忽略了白人男性有时候也虐待白人女性的事实，希望印第安男性肩负起更多责任，更尊重印第安女性，模仿白人中产家庭的男性家长。但是当印第安男性和女性采纳白人社会模式时，女性被要求服从男性，并局限于家庭事务，印第安女性失去了曾经拥有的许多经济独立权和日常生活中的决定权。

红鸟

一些杰出的印第安人成功将白人控制的教育为自己所用。红鸟（Zitkala-Sa，即 Red Bird）是一名1876年出生于南达科他派恩岭（Pine Ridge）保护区的杨克顿苏族人（Yankton Sioux）。12岁时，她被送往印第安纳的一所贵格会寄宿制学校，后来进入厄勒姆学院（Earlham College）和波士顿音乐学院（Boston Conservatory of Music）。她成了一名多才多艺的演说家和小提琴家，但是她的主要贡献是表达同胞的需要和保护原住民文化的文字。1901年，红鸟出版了《古老印第安传说》（*Old Indian Legends*）一书，将苏族的口头传统翻译成故事。她还为《哈珀》和《大西洋月刊》撰写文章，并在斯坦丁罗克（Standing Rock）和尤特保护区中担任各种职务。1902年，红鸟嫁给了一名混血军官，他取名为雷·波宁（Ray Bonnin），并以格特鲁德·波宁（Gertrude Bonnin）闻名于世。最后，她当选为美国印第安协会（Society of American Indians）（参见第584页）的第一个纯种印第安秘书，并且担任《美国印第安杂志》（*American Indian Magazine*）主编，一直致力于倡导印第安人权利。

《道斯土地占有法》（Dawes Severalty Act）

1887年，国会修改了保护区政策，通过了《道斯土地占有法》。这一法案受到改革者的支持，授权解散公社所有的印第安财产,将土地赋予个体印第安家庭。政府坚持这些土地托管25年,因此家庭无法出售他们分得的土地。这一法律还奖励所有接受土地分配者公民权(1906年的一部国会法案搁置了未接受土地分配的印第安人的公民权)。这一法案还授权政府将未经重新分配的土地出售给白人。

由内政部贯彻执行的印第安政策现在获得了两个主要特征,都是为了让印第安人融入美国白人文化。首先也是最重要的,《道斯土地占有法》要求政府将保护区土地分配给个人家庭,相信美国私有财产制度将创造出勤奋的公民,并且让印第安人融入更广阔的社会。正如一名官员所言,其目标是"削弱和破坏(印第安人的)部落关系,通过给予他们单独的家庭,让他们以产业为生,将他们个人化"。第二,官员们相信,假如印第安人的孩子在远离保护区的寄宿制学校中接受教育,他们将更迅速地抛弃他们的"野蛮"习惯。

《道斯土地占有法》代表了一种欧美和基督教世界观,这是一种热忱但狭隘的信念,认为以男性为家长的家庭构成的社会是最理想的模式。政府人员和改革者以及教育家同心协力,他们认为学校是创造爱国而勤劳的公民的工具。他们运用1869年在弗吉尼亚成立的汉普顿机构(Hampton Institute)的模式,该机构用于教育刚刚获得自由的奴隶。在教育家的协助下,1879年卡莱尔中学在宾夕法尼亚建立,成为官方印第安学校体系的旗舰。为了和欧美传统保持一致,这些寄宿制学校将白人定义的性别角色强加于学生身上:男孩学习耕种和木工,女孩则学习缝纫、打扫和烹饪。

鬼魂舞

1890年,政府最后一次展示力量。积极的反抗被镇压后,一些拉科塔人和其他族群转向鬼魂舞宗教,作为一种保存原住民文化的精神手段。受到一位名为沃沃卡(Wovoka)的派尤特先知的启发,鬼魂舞的舞者围成一个圈舞蹈,直到舞者达到一种类似恍惚的状态,眼前出现死去的祖先,舞者相信他们预示着水牛回归的那天,到时所有白人文明的元素,包括枪和威士忌,都将被埋葬。鬼魂舞用包括数天舞蹈和冥想的宗教仪式表达了一种救世观。

鬼魂舞者发誓放弃暴力,但是当他们披上据说能抵挡白人子弹的神圣衬衣时,看起来似乎很危险。当这个宗教开始传播时,政府人员对于印第安人可能的暴动非常警惕。政府谴责这种崇拜是反基督教的,军队开始逮捕鬼魂舞者。在1890年末,政府派遣卡斯特的老军团第七骑兵队扣留向南达科他派恩岭迁徙的拉科塔人。尽管印第安人饥寒交迫,急于寻找庇护所,但是军队臆断他们打算进行武装叛乱。军队在一条叫作翁迪德尼的小溪旁赶上了印第安族群,在雪地中屠杀了约三百名男性、女性和儿童。

西部的丧失

印第安战争和《道斯土地占有法》有效地达到了白人期望和印第安人恐惧的结果:降低了原住民对土地的控制权。迫不及待的投机者引诱印第安人出售新近获得的财产,尽管联邦政府采取一些措施防止这类行为。1887年至1930年代间,原住民拥有的土地从13 800万英亩逐渐减少至5 300万英亩。攫取土地的白人对北部平原地区的鄂吉布瓦人(Ojibwas)尤其残酷。1906年,来自明尼苏达州的参议员摩西·E.克拉普(Moses E. Clapp)对一个印第安拨款法案加上了一个附加条款,宣称白土(White Earth)保护区的混血成年人"有足够能力"(意指受过足够的白人式教育)出售自己的土地,而不必遵守《道斯土地占有法》规定的25年等待期。当这一法案通过成为法律后,投机者哄骗许多鄂吉布瓦人出售自己的土地,换取假币和不值钱的商品。鄂吉布瓦人失去了大半原有财产,陷入了经济毁灭的深渊。

政府政策对于印第安人的生活方式还造成了其他破坏效果。寄宿学校项目招收了成千上万儿童,试图教育他们世代传承的习俗是低劣的,但是大多数人意志消沉地回到家乡,而不是准备好

昨日重现

让印第安人外表和行为肖似"美国人"的尝试

政府官员相信他们可以在寄宿制学校中"教化"印第安儿童，不仅教育他们像白人一样行事，还让他们看起来像白人一样。因此，左下照片中的男孩们身穿棒球服，右图中的女孩们则穿上裙装，携带小包和伞，这一切对于原住民来说都是陌生的。

这些画面传达了关于印第安人受到何种对待的讯息，但是它们同样暗示了创作这些画面的摄影师和艺术家的态度。拍摄棒球队照片的摄影师和描绘女孩返乡图片的艺术家在"教化"原住民方面希望观众接受怎样的讯息？

▲ 位于华盛顿斯波坎（Spokane）的斯波坎堡印第安学校（Fort Spokane Indian School）为那里的寄宿学生创立了一个棒球队，尝试将"美国"习俗教授给原住民学生。

图片来源：华盛顿大学图书馆，华盛顿州，西雅图

▲ 在1884年的一期《弗兰克莱斯利周刊》（*Frank Leslie's Weekly*）（19世纪末和20世纪初最流行的插图新闻和小说期刊）中，描绘了一个"美国化"的印第安女孩，她打扮成合乎规范的淑女，从卡莱尔寄宿学校回到南达科他派恩岭的家乡。

图片来源：国会图书馆

融入白人社会。波林盖西·乔亚维玛（Polingaysi Qoyawayma），一个被迫改成基督教名字伊丽莎白·Q.怀特（Elizabeth Q. White）的霍皮族（Hopi）女性回忆道，在加州河滨（Riverside）的舍曼学校（Sherman Institute）待了四年之后，"作为一个霍皮人，我受到白人的误解；作为一个皈依的传教士，我被霍皮人以怀疑的眼光看待"。

最终，政治和生态危机侵袭了大多数西部印第安族群。仅凭白人的暴力和军事优势并未彻底打败他们。他们的经济体系早在军事活动开始前就已经分崩离析。水牛灭绝，敌人侵略和疾病联合起来让自给自足的生存之道难以维系，以至于美洲原住民除了将土地拱手出让给以市场为中心的白人无计可施。白人们坚信自己的文化高人一等，下定决心通过教导印第安人私有财产的价值观将他们转化为成功的农民；教育他们美国理想；并且抹杀他们"落后的"语言、生活方式和宗教。尽管印第安人试图适应他们面临的各种压力，努力保留自己的文化，但是到19世纪末他们已经失去了土地控制权，抛弃族群身份的压力越来越大。白人赢得了西部，代价却是他们的牺牲，直至今日他们仍是那个野心勃勃的年代的牺牲品。

自然资源边境的生活

与利用自然资源满足维生和小规模贸易需要的印第安人相反，大多数迁徙到西部和大平原地区的白人的动力是物质成功。在他们看来，广袤无垠的土地是未加开采的财富源泉，可以带来更好的生活（参见地图17.1）。利用这些资源推动了定居，并且在国内外创造了新的市场；它还加速了19世纪末席卷整个美国的交通运输、农业和工业革命。对自然财富的利用同样导致了对环境的挥霍，并且加剧了种族和性别压迫的行为。

采矿和伐木

1800年代中期，迫不及待的勘探者开始梳理西部领地，寻找黄金、白银、铜和其他矿产。矿产边境迅速推进，将成千上万人吸引到内华达、爱达荷、蒙大拿、犹他和科罗拉多。加州的淘金热至1850年已经帮助缔造了一个欣欣向荣的大州，随处可见前往附近各州寻找财富的采矿者。其他寻找矿藏财富的人们遵循着传统的路径，从东部和中西部往西部矿区移动。

勘探者一般是焦躁不安的乐观主义者，他们愿意跋山涉水穿过荒原寻找贵金属那惊鸿一瞥的闪光。他们狩猎野生动物为食物，说服商人借款给他们购买设备，以还未发现的矿藏股份作为回报。贷款到期却没能找到矿产的勘探者只好给人打工，为下一次勘探攒钱。

挖掘和运输矿产代价极其昂贵，因此发现矿脉的勘探者很少进行发掘。相反，他们将开采权出售给大型采矿财团，比如阿纳康达铜业公司（Anaconda Copper Company）。在东部资本的资助下，这些企业引入工程师、中型机械、铁道线和工人，导致诸如埃尔帕索（El Paso）和图森（Tucson）等城市的人口大幅增加。在此过程中，他们将西部采矿业集团化，就像东部的制造业一样。尽管金矿和银矿的发现举国皆知，但是采矿企业通常开发不那么浪漫却同样价值不菲的铅、锌、锡、石英和铜富矿。

与采矿业不同，砍伐树木满足建筑和燃料需求需要大片林地才能盈利。由于上中西部和南方的树木供应大大减少——加上带锯和给料机这样的发明的帮助，加快了砍伐森林的进程——木材公司转向了西北部的森林。1878年国会通过《林地和砂石地法》，以便刺激加利福尼亚、内华达、俄勒冈和华盛顿定居，木材公司在这一法案规定下攫取了数百万英亩土地。该法案允许个人公民以低价购买160英亩"不适合耕种"和"主要价值在于木材"的地块。木材公司以水滨宿舍的水手名义注册林地授权，接着把这些授权转移给公司。至1900年个人公民购买了超过350万英亩土地，但是这些土地中绝大部分属于企业。

当采矿企业利用西部矿藏，木材公司砍伐西北

地图 17.1　西部的开发和自然资源

至1890年，采矿、伐木和养牛渗透了密西西比河以西的许多地区，铁路建设将西部经济联结在了一起。这些行为和机械化农业的扩张一起改变了经济和参与其中的人们。

来源：©圣智学习

部的森林时，石油公司开始在西南部钻井。1900年，美国的大部分石油来自阿巴拉契亚山脉和中西部，但是富饶的石油储量在加利福尼亚南部和得克萨斯东部相继发现，不仅创造出新的财富，而且催生了新兴城市，如洛杉矶和休斯敦。尽管石油和煤油仍然主要用于润滑和照明，西南部后来发现的石油成为汽车和其他机器的新燃料能源。

复杂的社会

当西部发展时，它成为富饶的多种族社会，不仅包括美洲原住民和白人移民，还包括墨西哥人、非裔美国人和亚洲人，所有这些人都参与了社会建设的过程。一片新月形的领地支持着牧场主和牧羊人，一开始占领这片土地的是西班牙人的后裔，这一地区从得克萨斯西部穿过新墨西哥和亚利桑那延伸到加利福尼亚北部的边境地区，同时还包括墨西哥。在新墨西哥，西班牙裔与印第安人通婚，形成了由小农和牧场主组成的混血人口。墨西哥移民沿着西南边境进入美国领土寻找工作。一些人周期性地回到墨西哥，另一些人则留在了美国。尽管《瓜达卢佩—伊达尔戈条约》(Treaty of Guadalupe Hidalgo, 1848)保证西班牙裔的财产权，但是"盎格鲁"（墨西哥人指称美国白人）矿主、投机者和铁路公司使用欺诈和其他手段窃取了许多西班牙裔的土地所有权。结果,许多墨西哥人搬到类似圣安东尼奥和图森这样的城市,成了工薪阶层。

在1882年《排华法案》禁止中国劳工移民之前,大约有200 000中国人进入美国,其中大多是年轻单身男性,他们在加利福尼亚、俄勒冈和华盛顿建立社区。许多人签署了为期五年的协议,前来建造铁路,接着回到家乡,可能会获得更好的生活资源。他们还在农田中劳作。至1870年代,中国人占加利福尼亚农业劳动人口的一半。该州的农场和柑橘林需要巨大的流动劳动力,而中国劳工从一片成熟的庄稼到另一片,完成采摘和包装的工作。在诸如旧金山这样的城市,他们在纺织和雪茄工厂中劳动,生活在大规模的宿舍中。鲜有人结婚,因为中国女性极少。

像中国人和墨西哥人一样,日本和欧洲移民也从一个地方迁徙到另一个地方,在采矿和农业社区中劳作。这一地区最终发展出自己的流动经济,劳动者在很大的地理区域中不断转换社区,在采矿、农业和铁路建设等行业中从事短期工作。

非裔美国人的生活范围一般更固定,其中许多人是建立全黑人西部城镇的"流亡者"。比如堪萨斯州的尼科迪默斯(Nicodemus),该城镇由来自肯塔基列克星顿的黑人移民于1877年建立,在两年中发展至600名居民。早期经历非常艰苦,但是最终这个城镇发展出报刊、商店、教会、一家旅馆和一家银行。然而,当尝试获得铁路连接失败后,这个城镇衰落了,因为其中的许多生意沿着所罗门河(Solomon River)移动到波戈(Bogue),那里有个太平洋联合铁路公司(Union Pacific Railroad)的营地。

1879年发生了一场大规模流亡,大约6 000名黑人在堪萨斯前奴隶救济协会(Freedmen's Relief Association)的帮助下从南方迁徙到堪萨斯,其中许多是前奴隶。其他移民在社评人和土地投机者的鼓励下,前往俄克拉荷马领地。1890年代和1900年代初,非裔美国定居者在俄克拉荷马建立了32个全黑人社区,该领地有几个引以为豪的成功黑人农民。

西部女性

尽管未婚男性大量定居在西部自然资源边境地区,但是许多社区里包括大量白人女性人口,她们来到此地的目的与男性一样:获得财富。但是在采矿边境地区和其他地方一样,女性的独立性非常有限;她们通常陪伴着丈夫或者父亲,极少独立勘探。尽管如此,许多女性将自己的劳动用作一种资源,通过烹饪和洗衣赚钱,某些情况下在妓院中为矿工提供性服务。在西北部,她们在罐头食品厂中工作,清洗和腌制她们的丈夫捕到的鱼。墨西哥女性在城市中承担洗衣妇和裁缝的工作。

许多白人女性作为家庭传教运动的成员帮助促进家庭和社区生活。信教传教团长久以来资助海外(比如中国)慈善事业,1830年代和1840年代帮助在俄勒冈的定居,一些女性从男性主导的传教

▲ 1880年代,在西部开采矿产中大规模作业代替了单独的勘探。强大的水柱在科罗拉多的阿尔玛用于清洗沉淀物。

图片来源:科罗拉多历史协会

组织中退出。他们采用"女性为女性工作"的口号,在西部伸张道德权威,他们建立传教设团,帮助女性,包括未婚母亲、摩门教徒、印第安和中国女性,他们相信这些人是男性欺凌的对象,或者仍未接受基督教美德的原则。

种族的意义

为了控制复杂人口组成中的劳动和社会关系,白人定居者们将种族当作一种重要的区分特征。他们通常将人们分成五类:高加索人(他们自己)、印第安人、墨西哥人(原本就定居在西部土地上的墨西哥裔美国人和墨西哥移民)、"蒙古种人"(指中国人)以及"黑人"。运用这些分类时,白人将种族区别强加于除了非裔美国人外从来未将自己视为某个"种族"的人身上。白人运用这些类别将贬低的特征加诸其他人,判定他们永远低人一等。比如,1878年加利福尼亚的一名联邦法官判决中国人不能成为美国公民,因为他们不是"白人"。

西部社区中的少数人种占据了两层劳动体系中的下层部分。白人占领着顶层的管理和技术劳动岗位,而爱尔兰人、中国人、墨西哥人和非裔美国劳动者从事着体力劳动。所有非盎格鲁群体,加上爱尔兰人,都遭到歧视,尤其是占主导地位的白人试图将西部产出的一切财富都完全留给自己。反华人暴力在艰难时期爆发。1885年,当太平洋联合铁路公司试图用低薪中国劳动者替代怀俄明罗克斯普林斯(Rock Springs)的白人工人时,白人侵略和烧毁了该城中国人居住的地方,杀害了28人。墨西哥人发现自己的土地所有权被白人矿主和农民无视或盗取,其中许多是加利福尼亚和其他地方原有的土地所有者。

然而,西部社会的多种族特征还包括跨种族维度。由于许多男性移民是单身,所以与墨西哥和印第安女性的跨种族通婚非常常见。这样的结合对白人男性是可接受的,但是对白人女性却不可接受,尤其在涉及亚洲移民时。大多数西部立法会通过的跨种族通婚法律的目的都是禁止中国和日本男性与白人女性结婚。

◀ 图中的宝丽·贝米斯(Polly Bemis)出生于中国,被她父母当作奴隶出售,来到美国。一个爱达荷酒馆主买下了她,后来她嫁给了一个名叫查理·贝米斯(Charlie Bemis)的人,此人在一场牌戏中把她赢了回去。她的人生故事在少数1860年代和1870年代移民到美国的中国女性中很常见(大多数中国移民都是男性)。不过,和许多中国人不同,她的婚后生活很平静,直至1933年去世。

图片来源:爱达荷历史协会图书馆和档案馆(Idaho Historical Society Library and Archives)

保护运动

当白人从西部的印第安和墨西哥居民手中争夺土地所有权时,关于谁应该控制美国的动物、矿产和木材资源的问题浮现出来。密西西比河以西的大部分未开发领地属于公共区域,一些人相信联邦政府作为其所有者,应该限制开发利用。然而另一些人则相信国家的兴盛取决于对土地的无限制开发利用。

关于自然资源的问题使美国人陷入对发展的渴望和对破坏自然的恐惧之间。南北战争之后,渴望保护自然环境的人们开始组织起一场保护运动。担心野生动物灭绝的猎人反对商业狩猎,游说州立法会通过狩猎规定。艺术家和旅行者在1864年说服国会保护美丽的优胜美地河谷(Yosemite Valley),将其给予加利福尼亚州,责令其保护该地区用于公共目的。接着,1872年,国会指定怀俄明的黄石河区(Yellowstone River)为第一个国家公园。1891年,保护主义者在自然主义者约翰·穆尔(John Muir)的领导下向国会施压,授权总统本杰明·哈里森(Benjamin Harrison)建立森林保护区——不受私营木材公司破坏的公共土地。

这样的政策受到来自木材公司、木材商人、铁路和习惯于随心所欲砍伐树木用作燃料和建材的家庭的强烈反对。尽管穆尔的积极活动和山岳俱乐部(1892年由穆尔协助建立)及诸如南太平洋铁路(Southern Pacific Railroad)这样支持合理资源开发的企业不懈努力,但是西部的反对声音最强,那里的人们仍然急不可待地利用自然的馈

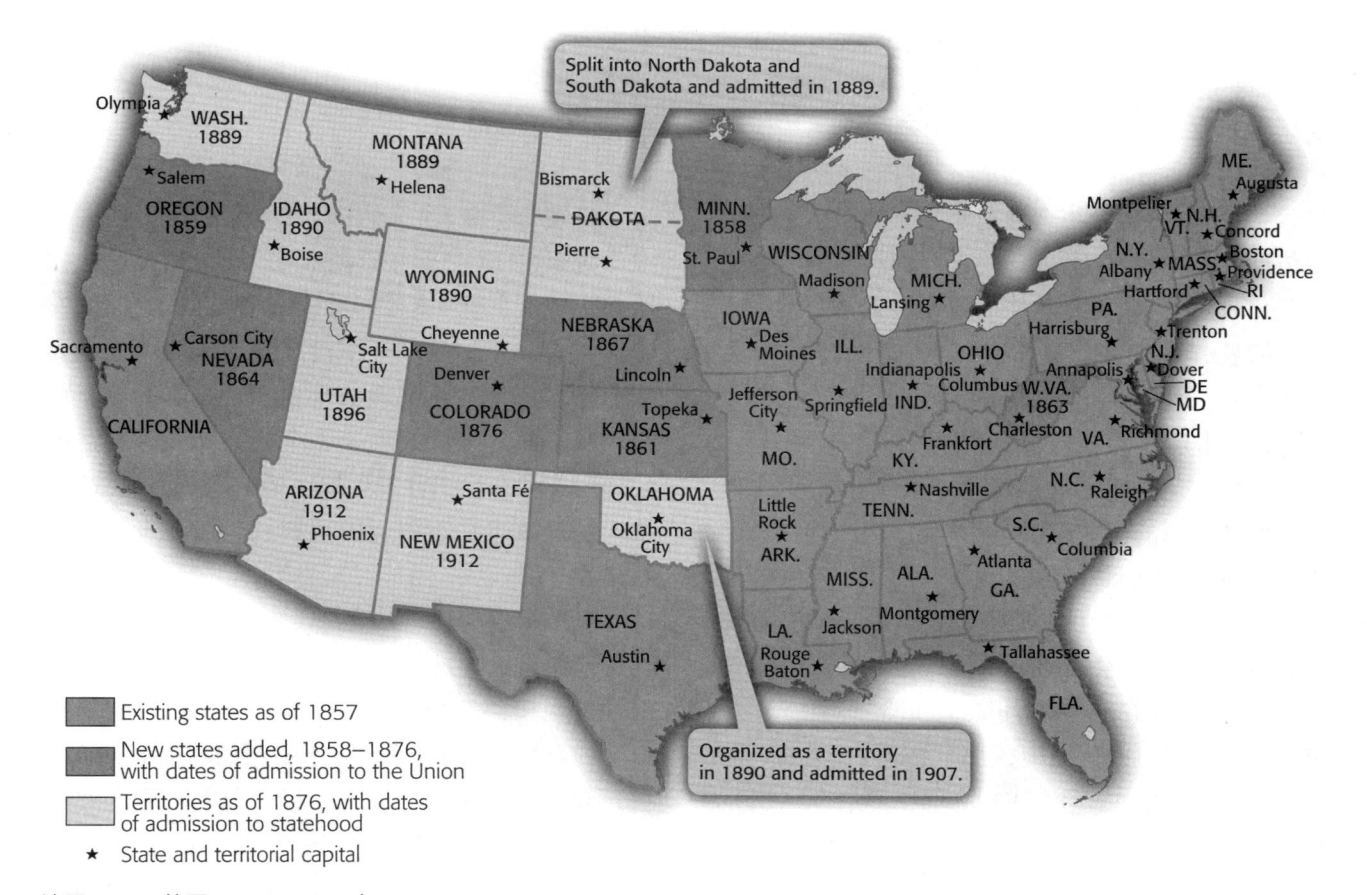

地图17.2 美国,1876—1912年
1889年至1912年之间的建州潮使剩下的领地获得了州地位,预示着1950年代阿拉斯加和夏威夷建州之前的最后一批新州成立。
来源:©圣智学习

赠。然而，讽刺的是，通过禁止踏足优胜美地和黄石这样的地区，保护政策令印第安人和白人定居者失去了原本从联邦土地中获得的野生动物、水和木柴。

新州的准入

采矿和森林地区的开发，以及农场和城市的发展，使西部领地达到了州地位所需的经济和人口门槛（参见地图17.2）。1889年，共和党人试图巩固对国会的控制，他们通过了一项综合法案，赋予北达科他、南达科他、华盛顿和蒙大拿州资格。允许女性投票的怀俄明和爱达荷第二年获准进入联邦诸州行列。直到1896年，国会一直否认将州地位赋予尤他，希望占该领地人口多数并控制当地政府的摩门教徒保证他们将禁止一夫多妻制。

西部各州千差万别的社会丰富了美国民间文化，促进了一种美国精神中与众不同的"锐意进取"的乐观主义。类似达科他领地和亚利桑那领地的墓碑镇（Tombstone）这样的地区充斥着无法无天的享乐主义，这些地区声名狼藉而富于浪漫色彩。以讹传讹的著名人物的传奇，既是西部经历的典型也是美化，诸如野牛比尔这样的先驱增强了西部民间故事的吸引力。

西部民间英雄

亚利桑那的矿业市镇，以其自由流通的货币和松散的执法，吸引着赌徒、盗贼和机会主义者，他们的名字逐渐成为野性西部的代表。在墓碑镇附近，臭名昭著的克兰顿（Clanton）家族及其合伙人约翰·灵戈尔德（John Ringgold 或 Johnny Ringo）从事走私和盗牛。在该城中，厄普（Earp）兄弟——怀特（Wyatt）、吉姆（Jim）、摩根（Morgan）、维吉尔（Virgil）和瓦伦（Warren）——及其朋友威廉·"蝙蝠"·马斯特森（William "Bat" Masterson）和约翰·亨利·道克·霍利迪（John Henry "Doc" Holiday）游走于黑白两道，身兼枪手、赌徒和政客等角色。克兰顿家族和厄普家族的世仇在1881年10月26日达到巅峰，两帮人在OK牧场（OK Corral）发生火拼，三个克兰顿家族的人被杀，霍利迪·厄普和摩根·厄普受伤。这些人物和他们的事迹为未来的小说、电影和电视节目提供了素材。

作家马克·吐温、布勒特·哈特（Bret Harte）和其他人捕捉到了西部生活的韵味，类似野牛比尔、安妮·欧克丽（Annie Oakley）和野性比尔·西科克（Wild Bill Hickok）这样的角色成为西部民间英雄。但是暴力和特立独行并非常态。大多数矿工和伐木工人日出而作日落而息，常常为公司工作，而不是披荆斩棘的独立个人，他们也没有时间、精力或金钱赌博、豪饮或枪战。女性们担任教师、洗衣妇、店主和家庭主妇，工作时间和男人一样长，甚至更长。只有少数人是神枪手或舞会皇后。对大多数人来说，西部生活意味着适应和求生。

灌溉与交通

闪耀的黄金、参天的树木和喷涌的油井塑造了大众对于西部的想象，但是水赋予了它生命。假如西部土地以矿产、木材和油井许诺财富，它们的农业潜力更难以估量——不过只有当定居者们找到方法将水引到这片干燥的土地上之后这些才有可能实现。西部经济发展是一个公共和私人利益如何运用技术和组织开发该地区稀缺水资源，提高农业产能的故事。正如土地控制权是西部发展的核心，水源控制也是一样。

几个世纪以来，印第安人灌溉西南部的农田，维持他们自给自足的农业。当西班牙人到来时，他们开始利用格兰德河灌溉得克萨斯西南部和新墨西哥的农场。后来，他们将水引至加利福尼亚圣地亚哥和洛杉矶等地。首批实行大范围灌溉的北欧裔美国人是摩门教徒。他们于1847年到达尤他，改变河流流向，形成运河网络，这些水资源让他们能够开垦干硬的土地。至1890年，尤他拥有263 000英亩灌溉土地，支持着200 000人的生计。

▶ 内布拉斯加的景象揭露了农民家庭面临的荒芜情况。农民们使用风车为牛和马供水。除非附近有河流,否则他们就面临着灌溉庄稼的困难。

图片来源:内布拉斯加国立历史学会

水权

在科罗拉多和加利福尼亚,通过灌溉开拓土地引起了对流经西部的珍贵水源的争夺战。美国人继承了英国习惯法中的沿岸使用权原则,这一原则坚持只有在河流沿岸拥有土地的人才可以利用水流。而根据沿岸使用权原则,河流本身属于上帝;那些生活在河流附近的人们可以为了正常需要利用水源,但是无权使河流消失。这一原则旨在保护自然,却阻碍了经济发展,因为它禁止业主以生活在下游的其他人的利益为代价修筑堤坝或者改变水流流向。

在西部定居的美国人反对沿岸使用权,偏爱用水优先权,这一原则将河流的水资源奖励给第一个认领它的人。西部人学习东部美国人的先例,后者改变水流流向,为磨坊和工厂提供水力发电,他们主张水就像木材、矿藏和其他自然资源一样,存在是为了满足人类需要,提高利润。他们辩称,任何旨在"合理"或"有益"(经济上高产地)利用河水的人都应该有权利用河流,而法庭基本上同意这一原则。

政府对水权的监管

在用水优先权原则下,修筑堤坝和改变河流流向的人常常会减少下游的流量。因为这些行为受到损害的人们可以通过控告那些剥夺他们水资源的人或者建立公共权威规范用水来保护他们的权益。因此,1879年,科罗拉多建立了几个水源部门,每个部门都设一个专员,专门规范水权。1890年,怀俄明以一个宪法条款扩大了政府控制的概念,宣称该州的河流是公共财产,应该受到监管。

加利福尼亚注定成为最高产的农业州,该州针对水权问题创设了一种戏剧性的解决方式,这种方式有时候被称为"加利福尼亚方案"(California Solution)。1860年代,一些个人控制着肥沃的萨克拉门托(Sacramento)和圣华金河河谷(San Joaquin River)中大片土地,他们用来投机房地产、养牛或者种植小麦。但是在麦田边缘是无主之地,假如进行合理的灌溉,就能支撑利益可观的蔬菜和水果种植。

与偏爱用水优先权,反对沿岸使用权的西部各州不同,加利福尼亚保持着混合的法律体系,支

放眼天下

澳大利亚边境

美国的西部边境并非独一无二。澳大利亚建立时像美国一样是欧洲殖民地，它也有一个方方面面和美国西部相似的边境社会，尤其是采矿业的发展、民间社会及其对待原住民的方式。澳大利亚在1851年经历了淘金热，比美国只晚了两年，大规模采矿公司很快迁入澳大利亚西部地区，开采有利可图的矿藏。1897年，未来的美国总统赫伯特·胡佛（Herbert Hoover）前往澳大利亚工作，开始他成功的矿业工程师职业生涯，他当时还是个22岁的地质学毕业生。

19世纪末，矿藏财富的希望吸引成千上万移民来到澳大利亚。许多新来者来自中国，和美国的情况一样，这些移民受到了敌视。反中国暴动于1861年和1873年在新南威尔士的港口爆发，从1854年开始，澳大利亚政府通过了几部限制中国移民的法律。当澳大利亚于1901年成为独立的英联邦国家时，它通过的首批法案之一就是使用严格的读写测试，事实上在接下去的五十多年中阻止了中国移民。

如同美国西部一样，澳大利亚边境孕育了代表白人男子气概的民间英雄。在一个男性数目远超女性的社会中，澳大利亚人崇尚坚韧不拔而野心勃勃的个人，展现出自力更生和果断的品质，这使澳大利亚边远地区的男性和美国牛仔一样理想化。澳大利亚亡命徒（被称作"丛林好汉"），获得了和美国人杰西·詹姆斯（Jesse James）以及比利小子（Billy the Kid）类似的名声，比如1880年被处以绞刑的臭名昭著的强盗内德·凯利（Ned Kelly）。

尽管澳大利亚人永远铭记将个人自由精神和机会主义带到一个新国度的白人，他们同样将当地原住民视为需要征服和教化的野人，这些人被他们称为"澳洲土著"。基督教传教士认为澳洲土著迷失在异教黑暗之中，试图让他们皈依基督教。1869年，维多利亚省（Victoria Province）政府通过了一项《原住民保护法案》（Aborigine Protection Act），像美国针对印第安人的法律一样，鼓励原住民儿童离开家庭，在白人经营的学校中学习欧洲习俗。原住民用自己的方式适应这些变化。他们组织板球队，那些浅肤色的人有时隐藏自己的身份，告诉人口统计人员自己是白人。不过，最后他们并没有成功融入白人社会，澳大利亚人使用保护区作为一种"保护"澳洲土著的手段，就像美国人将印第安民族孤立在保护区一样。像美国人一样，澳大利亚白人不能在一片充满机会的土地上为原住民找到一个位置。

◀ 与美国西部非常类似，澳大利亚边境地区在盎格鲁殖民者到来前住着当地土著。澳洲土著，即澳洲原住民，生活在村落中，运用自己的文化适应环境。这幅照片展现了玛洛嘉保护区（Maloga Reserve）中的一个原住民营地。

图片来源：澳大利亚国家图书馆（National Library of Australia）

持沿岸使用权,但是部分放开用水优先权。这一体系阻碍了灌溉者,促使他们想方设法改变州法律。1887年,立法会通过了一个允许农民组织建造和运营灌溉项目地区的法案。一个灌溉区可以运用其权限购买水权,获得私人财产,建造灌溉运河,通过税收或发行债券为项目提供资金。作为这一立法的结果,加利福尼亚在灌溉英亩数方面领先全国,灌溉面积超过100万英亩,至1890年,该州的水果和蔬菜农业成为全国最有利可图的农业。

《纽兰兹垦荒条例》(Newlands Reclamation Act)

尽管州监管的灌溉促进了农业,但是联邦政府仍然拥有大多西部土地,在1890年代,比例从加利福尼亚的64%至内华达的96%不等。因为渴望土地的开发商促成,各州希望联邦政府至少移交部分公共土地。各州宣称它们可以通过开拓让这些土地获利——为它提供灌溉水源。国会大体上拒绝这样的移交,因为这会引起争议。假如一个州资助灌溉项目开发它自己的土地,谁来规范流经超过一个州的河道?比如,假如加利福尼亚得到了特拉基河(Truckee River)的控制权,从加利福尼亚—内华达边境向西流出太浩湖(Lake Tahoe),内华达人如何保证加利福尼亚向他们提供足够的水资源?看起来似乎只有联邦政府有权力规范地方水资源开发。

1902年,经过数年争论之后,国会通过了《纽兰兹垦荒条例》。该法案以内华达国会议员弗朗西斯·纽兰兹(Francis Newlands)命名,允许联邦政府将西部公共土地分割成不超过160英亩的地块出售给个人,并使用以此获得的款项来资助灌溉项目。《纽兰兹垦荒条例》提供了水资源控制,但并不是完全保护,因为明渠灌溉中使用的3/4的水资源被蒸发消耗,而这是最常见的灌溉形式。因此,《纽兰兹垦荒条例》完全没有超出为人类利益开发自然的传统之外。它代表了联邦政府扶助西部农业和整体经济开发的决定,正如州和联邦在1850年代和1860年代补贴铁路建设,扶助西部定居一样。

铁路建设

1865年至1890年之间,铁路扩张迅猛增长,轨道公里数从35 000增长至200 000英里,大多是密西西比河以西的建设项目(参见地图17.1)。至1900年,美国拥有全世界1/3的铁路轨道。建筑施工团队中包括各种工人。中央太平洋铁路(Central Pacific)从旧金山向东建造,雇用了成千上万中国人;太平洋联合铁路从内布拉斯加奥马哈向西扩展,主要雇用爱尔兰施工队。工人们生活在棚屋和帐篷中,这些临时居住设施每天被拆解,用平板货车装载着移动到下一个地点。

铁路建设有着强大的经济效应。1880年之后,当不锈钢轨道开始代替铁轨时,铁路将美国的钢铁工业扩张成国际领先。铁路扩张还催生了大量的相关产业,包括煤业、客车和货车制造业,以及仓库建造业。影响深远而至关重要的是,铁路还赋予了西部城市化以重要的动因。以其运输大量人员和货物的能力,诸如太平洋联合铁路和南部太平洋铁路这样的铁路线加速了西部交通中心的发展,例如芝加哥、奥马哈、堪萨斯城、夏安、洛杉矶、波特兰和西雅图。

铁路补贴

在美国历史上最大规模的政府补贴的帮助下,铁路完成了这一系列丰功伟绩。支持者辩称,因为铁路是一项公益事业,政府应该通过提供公共土地支持这些项目,然后他们可以出售这些土地来提供铁路建设的资金。在南北战争期间,在脱离联邦的南方诸州代表缺席的期间,由富有经济头脑的共和党人主导的国会是支持建设的,正如其在19世纪初期支持蒸汽船公司一样。结果,联邦政府授予铁路公司超过18 000万亩土地,大多数用于州际路线。这些授权通常包括一项通行权,加上沿线一条20至80英里宽的土地。铁路公司使用这些土地作为债券抵押品或出售这些土地换取现金,以此来资助铁路建设。许多州立法委员在铁路的成功中获得经

▲ 1882年的这幅广告展现了伊利诺伊中央铁路的一架蒸汽机靠站并引起众人围观赞许的场景。这幅广告夸耀伊利诺伊中央铁路不仅将日新月异的芝加哥城与南至新奥尔良的许多地方连接在一起，而且代替了古老的运输方式，比如插图右下角的小图中的那些驿马车和驳船。

图片来源：国会图书馆

济利益，授予了铁路公司5 000万英亩土地。城市和城镇同样提供了帮助，通常是通过提供贷款或者购买铁路债券或股票。

政府补贴造成了各种不同效果。尽管资本家们常常反对政府干涉私营企业的经济事务，但是铁路公司却欣然接受公共资助，并向政府施加压力，令其满足自己的需要。例如，南部太平洋铁路威胁略过洛杉矶，迫使该市支付一笔奖金，并建造一个火车站。无力或不愿支付的地点遭受了损失。没有公共资助，几乎没有铁路公司能够获得足够的盈利率来吸引投资，然而这类资助并非总是收到理想效果。1880年代间，慷慨政策导致有些社区遭受严重损失，

他们被热情冲昏头脑，为铁路投入太多，结果这些铁路却没能建成或者拖欠贷款。一些工人和农民反对补贴，辩称像南部太平洋铁路公司这样的企业势力会变得太强大。然而，许多社区因为攀上了"铁马"而兴旺发达起来。不仅如此，铁路还帮助将投资引入西部，并且引领着农民走向市场经济。

标准规格，标准时间

铁路建设带来重要的技术和组织改革。至1880年代末，几乎所有铁路线都采纳了标准规格铁轨，这样轨道就可以互相连接。气闸、自动车钩和

其他设备使铁路运输变得更安全和高效。对检测、隧道和桥梁的需求刺激了美国工程职业的发展。组织行为上的进展包括协调乘客和车次表的系统，以及采纳统一车次分类系统。然而，铁路也通过在列车上和车站中将黑人和白人乘客分隔开协助巩固了种族隔离。

铁路运输改变了时间和空间的观念。首先，通过架设桥梁、建造穿山隧道克服物质障碍，铁路将空间转换成时间。人们不再以英里数表达两地间的距离，而开始用一个地点到另一个地点所需的时间来衡量。其次，铁路车次表需要全国时间统一。在建设铁路之前，各地的时钟在太阳当空时敲响正午的钟声，人们据此设定钟表。但是由于各地之间太阳当空的时间不尽相同，所以各地之间存在时差。比如，波士顿的钟表就和纽约的相差接近12分钟。为了强制实行标准时间，铁路创造了自己的时区。1883年，全国各大铁路公司未经国会授权，经协商同意为国家建立四个标准时区。大多数社区据此调整了时间，而铁路时间成为全国时间。

开垦平原地区

当加利福尼亚崛起成为全国最高产的农业州时，大平原开始发生非同寻常的发展。在那里，19世纪末的农业昭示了两个重要成就：将暴露在风中的干燥平原转变成适于耕种的土地，种植出让全人类受益的作物，以及通过机械化和长距离运输以及科学种植等手段将农业转化成大商业。这些成就并不是唾手可得的。该地区的气候和土壤造成了令人望而却步的挑战，而克服这些挑战并不保证成功。灌溉和机械化农业使农民们能够为美国不断增长的人口提供食物，把美国变成世界的面包篮，但是这一过程同样伤害了无数让这一成就成为可能的男性和女性。

平原地区的定居

1870年代和1880年代，堪萨斯、内布拉斯加和得克萨斯几个州的耕地面积超过了之前250年全国的耕地面积。农场的数量在1860年至1910年之间增加到三倍，数十万充满希望的农民涌入大平原地区。1862年《宅地法案》和其他鼓励西部定居的措施为愿意定居和增加产业的人们提供了廉价或者免费的土地。获得土地补贴的铁路公司尤其进取，他们宣传廉价土地，设定贷款条件，提供打折票，承诺立竿见影的成功。铁路代理——常常是前移民——前往丹麦、瑞典、德国和其他欧洲国家招募定居者，并在东部的港口欢迎新来者。

大多数在西部农场定居的家庭千里迢迢迁徙至此是因为机遇似乎向他们承诺了第二次机会、可以获得比之前更好的生活。铁路扩张给偏远地区的农民开辟了一条为市场生产的道路，而谷物升降机的建造解决了贮存问题。作为全世界和全国人口增长的结果，对农产品的需求也不断膨胀，而商业农业的前景——以营利为目的种植作物，运输到远方的海内外市场——前所未有地诱人。

平原的艰苦条件

然而，农场上的生活比广告和铁路代理所暗示的艰苦得多。外来者常常缺少曾经习以为常的必需品，他们不得不努力适应环境。贫瘠的草原缺乏足够的木材用于建造房屋和当作燃料，于是第一批到来的家庭不得不建造草皮房屋，燃烧水牛粪当作燃料。用于烹饪和浇洗的水也很缺乏。钻井的机器非常昂贵，将地下水抽到地表的风车也一样。

气候甚至比地貌更令人生畏。以从明尼苏达西南部至俄克拉荷马，然后往南将得克萨斯一分为二的那条线为界，密苏里河和落基山之间的气候大相径庭。这条线以西，年平均降雨量不到28英寸，不能满足大多数作物或树木的生长（参见地图17.3），甚至连这样稀缺的救命水都不是确定的。农民们前一年为充足的降雨欢欣鼓舞，后一年则只能吸着黄尘，在坚硬的石灰岩土壤上把犁耕断。

气候从来不按照可预测的周期循环。几个星期酷暑和热风之后，突然变换成疾风暴雨电闪雷

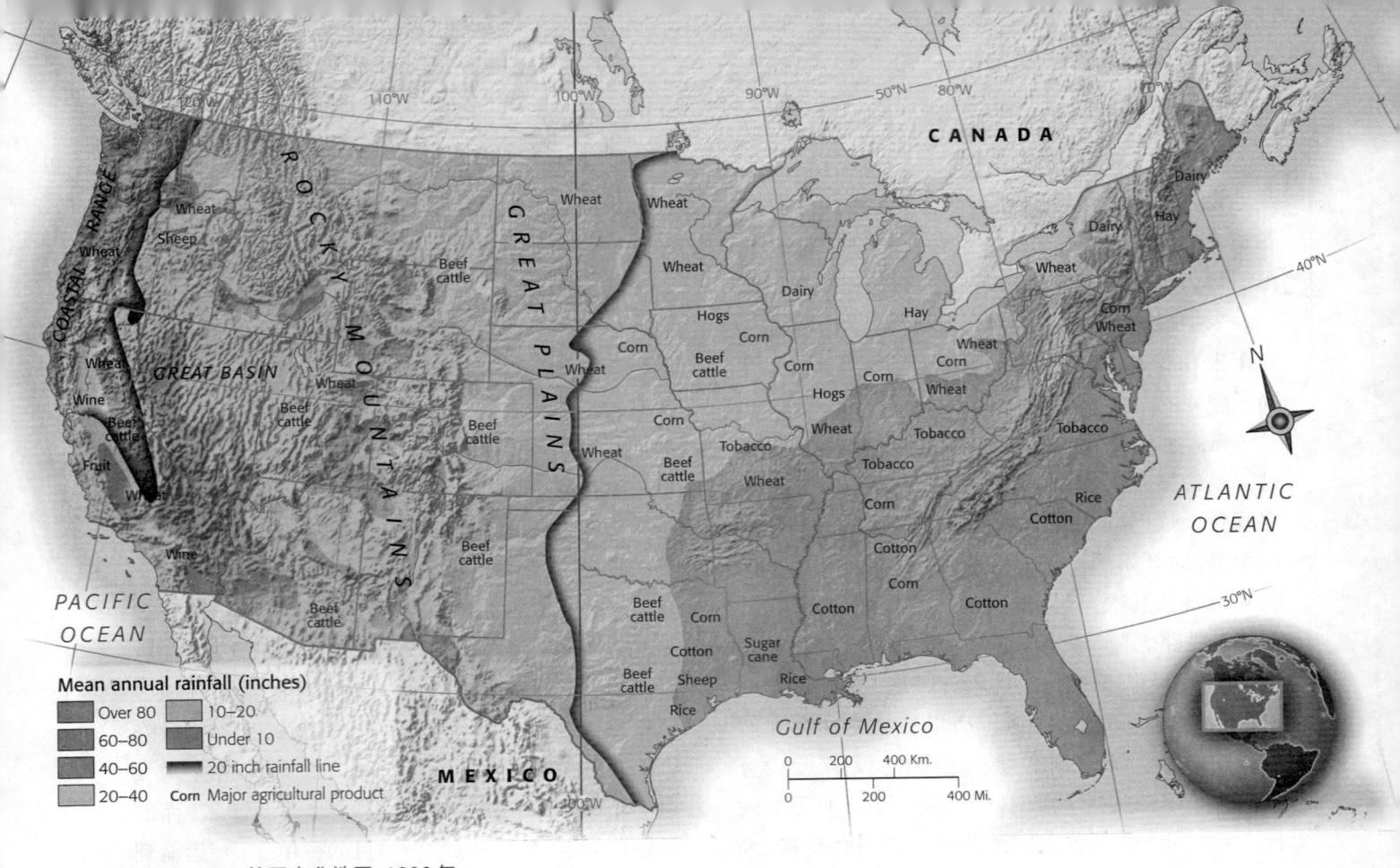

地图17.3 美国农业地区，1890年
在太平洋西北部和28英寸降雨线以东，农民们可以种植各种各样的作物。而这条线以西地区不是太崎岖不平就是太干旱，没有灌溉无法支持农业。曾经哺育水牛群的草地现在可以供养菜牛。

来源：©圣智学习

鸣，将作物和财产冲走。冬天寒冷的暴风雪堆起山一般的雪堆，让人无法进行任何户外活动。1886—1887年冬季，在席卷内布拉斯加、怀俄明和达科他领地的大暴风雪（Great Blizzard）中，气温骤降至零下36摄氏度。在春季，融化的雪让河流暴涨，洪水威胁着数百万英亩庄稼。秋季，一个星期干旱无雨就会将草地变成一点即着的易燃物，微小的火星都可能引发一场燎原之火。1884年至1886年之间的严重干旱让许多农民流离失所，1886年一场范围更广的干旱侵袭了达科他、怀俄明和加利福尼亚。

甚至在良好环境下自然也可能很残酷。适于作物生长的气候同样适于昆虫繁殖。蠕虫和飞虫在田野中肆虐。在1870年代和1880年代，蝗虫把整片农田啃成不毛之地。长达一英里乌云般的蝗虫群会覆盖大地，吞噬一切，唯一的预兆是翅膀振动发出的嗡嗡声：植物、树皮和衣服。正如一位农民哀叹："蝗虫所过之处除了贷款什么都没剩下。"

社会隔绝

定居者们还不得不忍受社会隔绝。在新英格兰和欧洲，农民们生活在村庄中，每天前往附近的农田。这种社区建设模式在广袤无垠的大平原地区很罕见，在远西和南方也是一样，土地划分的特点使乡村居民不得不离群索居。因为大多数地块都是长方形的，通常包括160英亩，所以最多只能有四个家庭彼此毗邻，但是只有当他们在公有的四角交界处建造房屋才可以实现这一目的。实际上，农民家庭常常生活在远离农场边界的地方，彼此的房舍至少相距半英里。人们或许能通过在远处的田野中劳动，偶尔去城镇出售农作物或购买物资透口气。女性们则更孤独，被家庭杂务束缚在家中。她们一有机会就拜访邻居女性，交换食物并招待彼此，但是，正如一位作家所言，一个农妇的生活是

477 ▶ 伊芙琳·卡梅伦（Evelyn Cameron）是一个出生于英国的蒙大拿定居者，她的日记和照片描绘了1890年代和1900年代初边境的艰辛与美丽。这幅照片展现了两个自耕农和他们简单的住处——脏兮兮的地、木质壁炉和充作家具的木箱。

图片来源：蒙大拿历史协会（Montana Historical Society）

"疲惫而乏味的烹饪、浣洗和缝补的循环"。

年轻的内布拉斯加自耕农艾德·唐纳尔（Ed Donnel）写给他密苏里亲人的书信揭示了时间和处境如何消磨一个人的乐观主义。1885年的秋天，唐纳尔在信中快乐地告诉他母亲："我极喜欢内布拉斯加……我刚到这儿时过了段艰难的时期，但是我启程是为了拥有一个家，我决心不成功便成仁……玉米收成很好，我的屋子装上了地板，还有顶上的天花板。"不过，唐纳尔这时已经感到很孤独了。他接着写道，"这里还有很多其他单身汉，但是据我所知我是唯一一个没有亲朋好友生活在附近的人……当我结婚时，你一定想要知道。只要攒够钱买上一头奶牛我就结。"

一年半后，唐纳尔的梦想开始瓦解，他开始去其他地方寻找下一个机会，此时仍然孑然一身。他在给哥哥的信中写道："老鼠把我的草皮畜栏啃塌了……今年夏天我可能会卖出去，地价涨得很快……如果能卖出去我就往西走，和这个国家一起成长。"到秋天，情况变得更坏了。唐纳尔哀叹道："这里已经接连下了三个星期的雨……今年夏天我的身体变得很差，风和太阳让我的头很痛。我觉得如果能卖出去……我就搬到城镇去，因为在磨坊打工一个月可以挣40块，这样就不用在外面风吹雨淋了。"成千上万其他人有着和唐纳尔同样的困惑和艰辛，这种处境导致了农民进城运动，促进了19世纪后期的城市发展（参见第十九章）。

邮购公司和乡村免费递送

农民家庭凭着纯粹的决心组织教堂和俱乐部挣扎求生，他们可以每个月社交几次。至1900年，两个发展将生活在降雨线东部的乡村定居者和现代消费社会更密切地联系在一起。首先，邮购公司使新产品唾手可得，比如蒙哥马利沃德（Montgomery Ward，成立于1872年）和西尔斯的罗巴克（Sears, Roebuck，成立于1893年）。沃德和

▲ 至19世纪末，工业革命对农业产生了重大影响。上图中一个科罗拉多小麦农场的场景展现了蒸汽拖拉机和皮带传动打谷机协助下的收割场景，这些设备使大规模商业作物生产成为可能。

图片来源：科罗拉多历史协会（Colorado Historical Society）

西尔斯因为强调对顾客的个性化关注，常常收到许多汇报家庭消息的信件或者寻求各种建议的信件，从礼物到育儿不一而足。一个华盛顿人写信给沃德先生："既然你号称销售一个人所需的一切东西，我觉得该写信给你，我现在需要一个妻子，不知道你能不能为我做点什么。"另一个人汇报道："我猜你可能觉得奇怪，为什么从今年秋天开始我们就没订购过什么东西。我的胳膊被一头奶牛踢断了，而且我的妻子病了，我们要付诊费。不过现在，谢天谢地，总算把欠款付清了，我们的身体康复了，我们刚生了个男婴，请寄给我一顶长绒棉童帽。"

其次，农民们向国会请愿扩展邮政服务范围后，1896年政府将乡村免费邮递服务（Rural Free Delivery，简称RED）延伸到许多地方。农民们以前不得不前往城镇收取信件。现在他们几乎每天都可以在路边的邮箱中收到信件、报纸和目录。1913年，邮政服务开始提供包裹邮递，这使人们可以更便宜地收到包裹，比如从沃德或西尔斯订购的产品。

农业的机械化

与工业生产一样（参见第十八章），19世纪末的农业革命是在机械的普及推动下产生的。当南北战争将人们从密西西比河河谷上游带走后，留在后方的女性和老年男性开始使用收割机和其他机械设备种植作物，满足食物需求，利用高的粮食价格。战争后，巨大的粮食需求鼓励农民们继续使用机械，发明家们开发了新的设备，使种植和收获变得更便利。播种机、联合收割机、割捆机、割草机和旋转犁，通过铁路运输到西部，改善了平原地区和加利福尼亚的粮食种植效率。1879年获得专利的离心奶油分离机加速了从牛奶中分离奶油的过程，1885年发明的机械化孵化器使养鸡更赚钱。

几个世纪以来，一个农民种植的粮食面积受到人力收获数量的限制。一开始由动物驱动，接着由蒸汽驱动的机械大幅提升了产量。在机械化之前，一个单独工作的农民可以收割7.5英亩小麦。而使用可以收割和扎捆的自动割捆机，同一个农民可以

表 17.1　总结：政府土地政策

铁路土地补贴（1850—1871）	向铁路补贴 18 100 万英亩，鼓励建设和发展
《宅地法案》（1862）	分配 8 000 万英亩土地给定居者，鼓励定居
《土地拨赠法案》（1862）	向各州补贴 1 100 万英亩，用于出售和资助公立农业学院
其他补贴	向各州补贴 12 900 万英亩土地，用于出售和资助其他教育和相关目的
《道斯土地占有法》（1887）	将一些保护区分配给印第安民众个人，促进私有财产制，削弱印第安人中的部落价值观，将剩余的保护区出售给白人（至 1906 年，大约 7 500 万英亩土地被白人购买）
各种法律	允许土地办公室（Land Office）直接出售 10 000 万英亩土地

来源：Goldfield, David; Abbott, Carl E.; Anderson, Virginia Dejohn; Argersinger, Jo Ann E.; Argersinger, Peter H.; Barney, William.; Weir, Robert M., *American Journey, The*, Volume Ⅱ, 3rd ed., ·©2004, 经新泽西上鞍河（Upper Saddle River）培生教育出版集团（Pearson Education, Inc.）允许在印刷版和电子版中使用。

收割 135 英亩粮食。机器也大幅降低了种植其他作物的时间和成本。

立法和科学助力

与此同时，国会和科学家们致力于改良现有的作物和研发新作物。1862 年的《土地拨赠法案》为各州提供联邦土地，用于出售资助教育机构的农业研究。这一法案推动了威斯康星、伊利诺伊、明尼苏达、加利福尼亚和其他州公立大学的建立。1890 年的第二部《土地拨赠法案》资助了更多学校，包括几所只面向黑人的大学。1887 年的《哈奇法案》（Hatch Act）在每个州设立农业实验站，进一步鼓励农业科学和技术的发展。

科学还让农民们更高效地利用土壤。研究者们开发出一种干旱农业法，这是一种将珍贵的水分蒸发降至最低的耕种和耙地技术。植物学家们完善"硬"小麦的多个变种，这种小麦的种子可以忍耐北方冬天的严寒，而磨坊主则发明了一种将更坚硬的小麦粒磨成粉的方法。农业学家改良来自蒙古的苜蓿、来自北非的玉米和来自亚洲的稻米，研究出新的变种。园艺学家卢瑟·伯班克（Luther Burbank）在加利福尼亚塞瓦斯托波尔（Sebastopol）的一个园艺实验室中研究出数百种新的食用作物和花卉。奴隶之子乔治·华盛顿·卡佛（George Washington Carver）成为化学家，在阿拉巴马的塔斯基吉学院（Tuskegee Institute）任教，他用花生、大豆和甜薯创造出数百种产品。其他科学家研究出对抗动植物疾病的方法。正如在矿业和制造业中，科学和技术为美国农业提供了在市场经济中扩张生产力的手段。

畜牧边境

当商业农业在西部扩张时，它迎头撞上了该地区最浪漫的产业之一——畜牧。早在 16 世纪，西班牙地主就已经开始在墨西哥从事牛群养殖，该地区即后来的美国西南部。他们雇用被称作放牧者（vaqueros）的印第安和墨西哥牛仔照顾牛群，将牛围拢起来烙印和屠宰。英裔牧场主于 19 世纪初迁徙到得克萨斯和加利福尼亚，他们雇用放牧者，后者将结绳、烙印、驯马和制作马鞍的技术教给白人和非裔美国牛仔。

至 1860 年代，养牛的回报变得越来越丰厚，人口增长促进了牛肉需求，而铁路则使运输变得容易。至 1870 年，牲畜贩子将成千上万得克萨斯牛往北运到堪萨斯、密苏里和怀俄明（参见地图 17.1）。在北方的目的地，牛被出售给北方牧场，或装上前往芝加哥和圣路易斯的火车，在那里屠宰，然后分配到全国和国际市场。

漫长的旅程使浪漫的牛仔传统应运而生，他们呼喝叱咤，身披鹿绒皮，在星空下点起烟雾弥漫的篝火，但是这一过程效率并不高。跋涉 1 000 英里甚至更远需耗时两到三个月，这一过程使牛群变得肌肉发达而肉质坚硬。通过印第安领地和农民田野的牛群有时候会遭到枪击，后来被州法律禁止通行。牧场主们通过在铁路线附近养殖牛群来攻克这些难题。当牧场主发现得克萨斯长角牛和更重的赫里福德（Hereford）及安格斯（Angus）种杂交出的品种能更好地适应严寒的冬天，于是养牛业开始向北方扩张，激增的牛群在堪萨斯、内布拉斯加、科罗拉多、怀俄明、蒙大拿和达科他进一步挤占已经下降的水牛群的生存空间。利润十分可观。一个牧场主以5美元的价格买入一头小牛，在草原上自由放牧几年，通过围捕重新捉住它，然后以市场价40或45美元售出。

开放牧场

养牛者需要广袤的草场供他们的牛群觅食，同时成本越低越好。因此，他们常常购买水边的几英亩地，把牛群放牧在没人想要的公共区域，因为这些土地没法取水灌溉。使用这种被称作开放牧场畜牧的手段，一个实际上只拥有一百英亩左右土地的养牛者可以利用数千英亩草场。临近的牧场主常常结成同盟，允许牛群一起吃草。主人在每头牛的毛皮上烙印标记作为辨认依据。每个牧场都有自己的记号，这是用来标记动产的简单方式。但是当越来越多渴望财富的牧场主涌入大平原，该地区逐渐被牛群占领，而其他群体开始谴责牧场主过度使用土地。

在加利福尼亚和新墨西哥，牧羊人也使用公共领地，这引发了地区争端。牧场主抱怨羊群将牧草啃到根部，破坏草场，而且牛群拒绝在羊群放牧过的草地上吃草。有时候牧场主和牧羊人会诉诸武力，而不是在法庭上解决争端，因为法官可能会发现双方都在非法占用公共土地。

然而，更重要的是，农业边境的发展引起了对土地的新需求。对财产组织形式的探索导致了鲜为人知但却非常重要的土地管理变革。问题是筑篱笆。因为缺乏足够的木材和石材建造传统的篱

▲ 一群牛仔准备围捕。注意非裔美国人的存在，他们和墨西哥人加起来占所有牛仔的1/4。尽管他们中几乎没有成为畜牧首领或牧场主的，但是黑人牛仔依旧享有一定的独立性，这是他们在租佃农场和城市街道无法得到的。

图片来源：内布拉斯加州立历史学会

笆，西部定居者无法简单地定义和保护自己的财产。农民们谴责养牛者放任牛群践踏玉米地，养牛者反驳农民应该将财产围起来防止食草动物破坏，情况变得紧张起来。但是牧民和农民一样缺少将牲畜和田地围起来的手段。

带刺铁丝网

解决方法是带刺的铁丝网。1873年伊利诺伊迪卡尔布（DeKalb）的农民约瑟夫·F.格利登（Joseph F. Glidde）发明了用尖刺固定的铁丝组成的带刺铁丝网。由马萨诸塞的沃什伯恩与摩恩沃赛斯特制造公司（Washburn and Moen Manufacturing Company of Worcester）大量生产，仅1880年就生产了价值8 050万磅的产品。带刺铁丝网提供了一种廉价而耐久的圈占手段。它将大平原开放给自耕农，让他们能够保护农场不受放牧的牛群破坏。它还终结了开放牧场畜牧，使围捕不再必要，因为它让大量牧民能够将牛群包围在大片私有土地上。除此以外，用来储存和制作草料的圆库的发明使养牛者可以不必在大片草场上放牧牛群。

企业化畜牧

至1890年，大型企业运用科学的繁殖和饲养方法占领了养牛业。企业还使用先进技术从肉类包装中挤出更大回报。和水牛一样，一头牛的所有部分都有各自的用途。一头牛身上大约只有一半畅

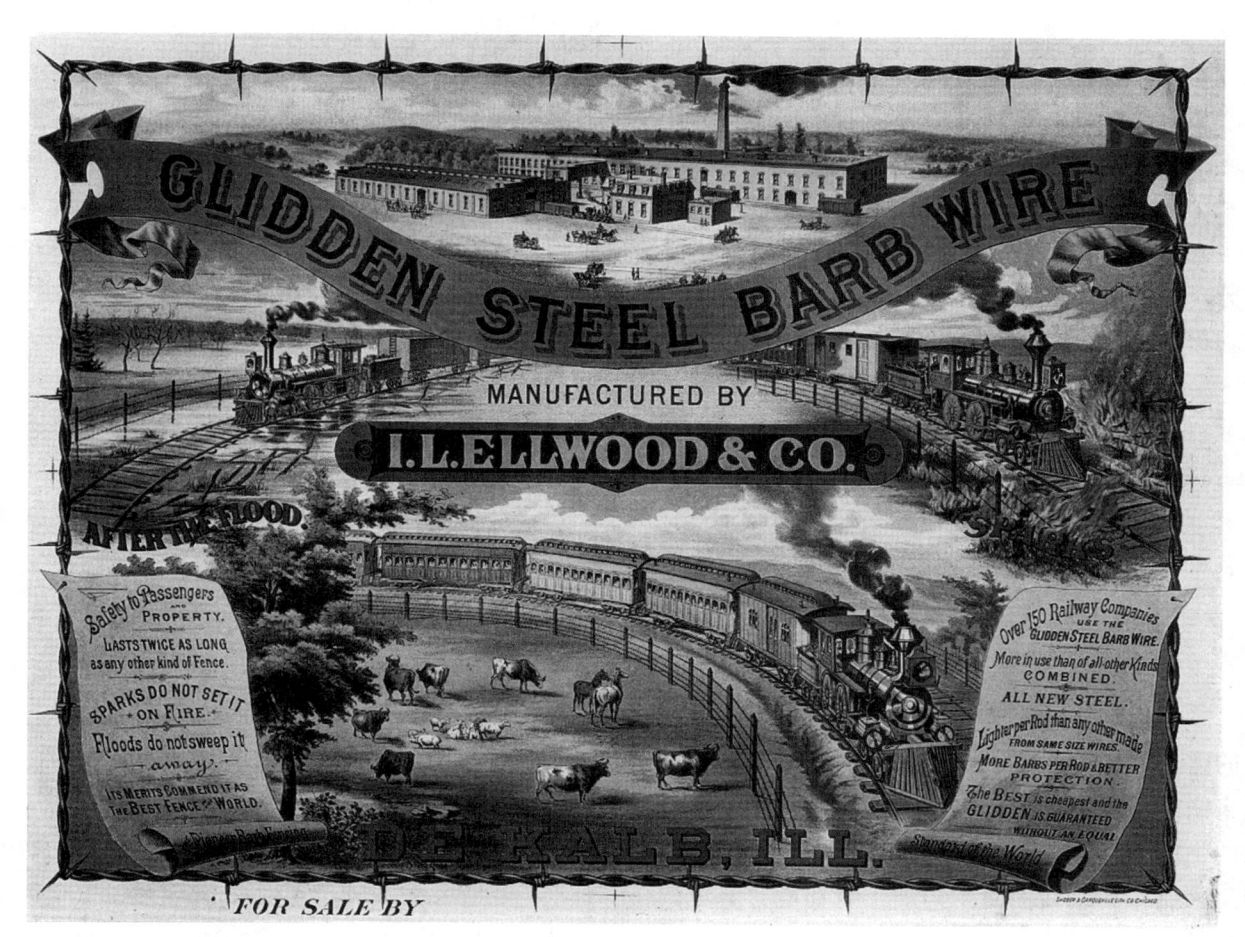

▲ 上图中的广告被各种宣传的产品环绕，它传达了一种讯息，即铁路和农民可以运用一种新型篱笆保护自己的财产不受彼此破坏。

图片来源：伊利诺伊的迪卡尔布埃尔伍德博物馆（Ellwood House Museum）

人民与国家的遗产

国家公园

用国家公园象征自然之美与壮丽是美国对世界文化的独特贡献。然而，一开始国会并没有认识到这种可能性，甚至在1872年建立黄石国家公园，以便保护其未经染指的美时也是如此。政府当时没有资金用于公园的保护，对公园的需求缺乏敏感度。比如，该地区包含国家仅剩的几个水牛群之一，但是偷猎使水牛群数量减少到22头。然而，1886年，内政部长申请并获准骑兵监管该公园；一开始这不过是权宜之计，但是他们一直待到了1922年。

国会慢慢建立起其他公园，包括1890年在加州成立优胜美地和红杉（Sequoia），以及1902年至1915年之间在俄勒冈、尤他、亚利桑那、蒙大拿和科罗拉多建立多个国家公园。从一开始，自然主义者约翰·穆尔和山岳俱乐部这样希望尽可能原汁原味地保留公园的自然主义者和希望将这些土地出租用于伐木、采矿、铁路和旅游业的人之间就冲突不断。（通过贿赂和恐吓攫取权力的克拉克被马克·吐温称为"星条旗下能找出的最腐败堕落的人类"。）为了规范管理，国会于1916年创立了国家公园服务处（National Park Service，简称NPS），该机构的使命是保护自然和历史领地，与此同时为当代人和后代们提供娱乐。史蒂芬·马瑟（Stephen Mather）被任命为服务处的领导，他对于保护工作郑重其事，不过也允许公园中建立酒店，让参观者有地方落脚。

一开始，所有国家公园都位于西部，但是1920年之后，公园服务处开始建立东部点，首先是田纳西和北卡罗来纳的大烟山（Great Smokies）以及弗吉尼亚的谢南多厄（Shenandoah）。重大转折点是1933年，总统弗兰克林·罗斯福把所有自然纪念物和历史景点的监督权都移交给国家公园服务处，这意味着国家公园服务处对自由女神和南北战争战场以及优胜美地都有监管权。几年之后，国家公园服务处开始把海岸加入到自己的职权范围中，从1960年代开始，城市景点，如旧金山附近的金门国家休闲区（Golden Gate National Recreation Area）和新奥尔良的让拉菲特（Jean Lafitte）地区也加入了它的监督范围。

对许多景点来说，成功造成了最大的麻烦，原因是美国公众喜爱它们。至1950年，每年大约有3 000万人参观国家公园。道路年久失修，露营地遭到破坏，垃圾堆积成山。不仅如此，那些热衷于公园土地经济开发的人继续四处游说，企图获得批准截断河流、扩建道路，建造酒店、加油站和餐厅。1964年，国会通过了一个法案，为未来的公园土地购买提供资金，但是在保护自然美景和允许公众直接欣赏之间的平衡方面仍然争议不断。如今，大约有400个国家公园单位，占地超过8 400万英亩。它们是来自过去的遗迹，它们作为国家财富的地位在未来面临着挑战。

销的肉。肉类包装商最大的利润来自牲畜副产品：用来制成皮革的牛皮、用作肥料的血、用于制作胶水的牛蹄、用于制作蜡烛和肥皂的脂肪，其他部分则用来制作香肠。但是牛肉加工对环境有着负面影响。肉类包装商和制革商卖不掉的部分被倒进河流中。至19世纪后期，流经芝加哥市大量加工厂的芝加哥河中的臭气让附近的居民作呕。

开放牧场畜牧使牛肉成为美国饮食中的主食，创造了一些财富，但是它无法经受历史的考验。在1880年代，过度放牧破坏了大平原上的牧草资源，1886—1887年冬天的严寒摧毁了牛群中的90%，使一些小牧民无以为继。至1890年，尽管一些违法圈地的情况仍然存在，但是大规模牧场主一般拥有或租赁他们使用的土地。牛仔们建立劳动组织，参与罢工要求更高薪酬。牛仔们自由和个人主义的神话保留了下来，但是牧业和矿业、农业一样，很快成为一种企业生意。

结语

历史事实表明，弗雷德里克·杰克逊·透纳（Frederick Jackson Turner）将西部形象塑造为民主精神的家园，野牛比尔（Buffalo Bill）将西部描述为白人决胜千里的战场，两种形象至少都是不全面的。人和环境之间的互动比两人理解的都要复杂得多。

美国西部的景象通过其恢宏壮丽和脆弱不堪对于在那里建立社会的复杂人种、族群的混合造成了深远的影响。印第安人原住民使用土地（有时也会滥用），支持自给自足文化，包括贸易和战争以及狩猎和农业。他们主要以小族群为单位生活，依赖脆弱的资源，如水牛群和鲑鱼洄游。当他们与富有商业头脑的迁居欧洲裔美国人接触时，对白人带到西部的市场经济、疾病和暴力的抵制以失败告终。结果是，美国西部的故事成为侵略者的故事，而非原住民的故事。

墨西哥人、中国人、非裔美国人和英裔美国人发现人类行为和非人类世界之间的相互关系，而这时常出乎他们所料。矿工、伐木工、农民和建筑工人开采原矿供应东部的工厂，使用灌溉和机器推动农业繁荣，令草场充斥牛群和羊群，扩充食物来源，并建造将全国连接起来的铁路。在此过程中，他们在短短几十年中令美国一半的国土焕然一新。但是环境也通过它的气候、昆虫和寄生虫对人类施加自己的影响力，以其难以克服的灾害和无法逾越的天然屏障阻碍人类移动和农业。

不仅如此，西部的定居者用暴力和贪婪在一个多种族社会中维持歧视，使许多农民感到自己受到欺骗和背叛，对水资源和草场的利用产生争端，为了市场利益牺牲了环境平衡。该地区的原材料和农业产品提高了生活水准，加速了工业发展，但是人类和环境付出的代价也不容忽视。

扩展阅读

William Cronon, *Nature's Metropolis: Chicago and the Great West* (1991)

Karl Jacoby, *Crimes Against Nature: Squatters, Poachers, Thieves and the Hidden History of American Conservation* (2001)

Karl Jacoby, *Shadows at Dawn: A Borderlands Massacre and the Violence of History* (2009)

Patricia Nelson Limerick, *The Legacy of Conquest: The Unbroken Past of the American West* (1987)

Eugene P. Moehring, *Urbanism and Empire in the Far West, 1840—1890* (2004)

Robert M. Utley, *The Indian Frontier of the American West, 1846—1890* (1984)

Richard White, *"It's Your Misfortune and None of My Own": A New History of the American* (1991)

Donald Worster, *A Passion for Nature: The Life of John Muir* (2008)

第十八章

机器时代，1877—1920

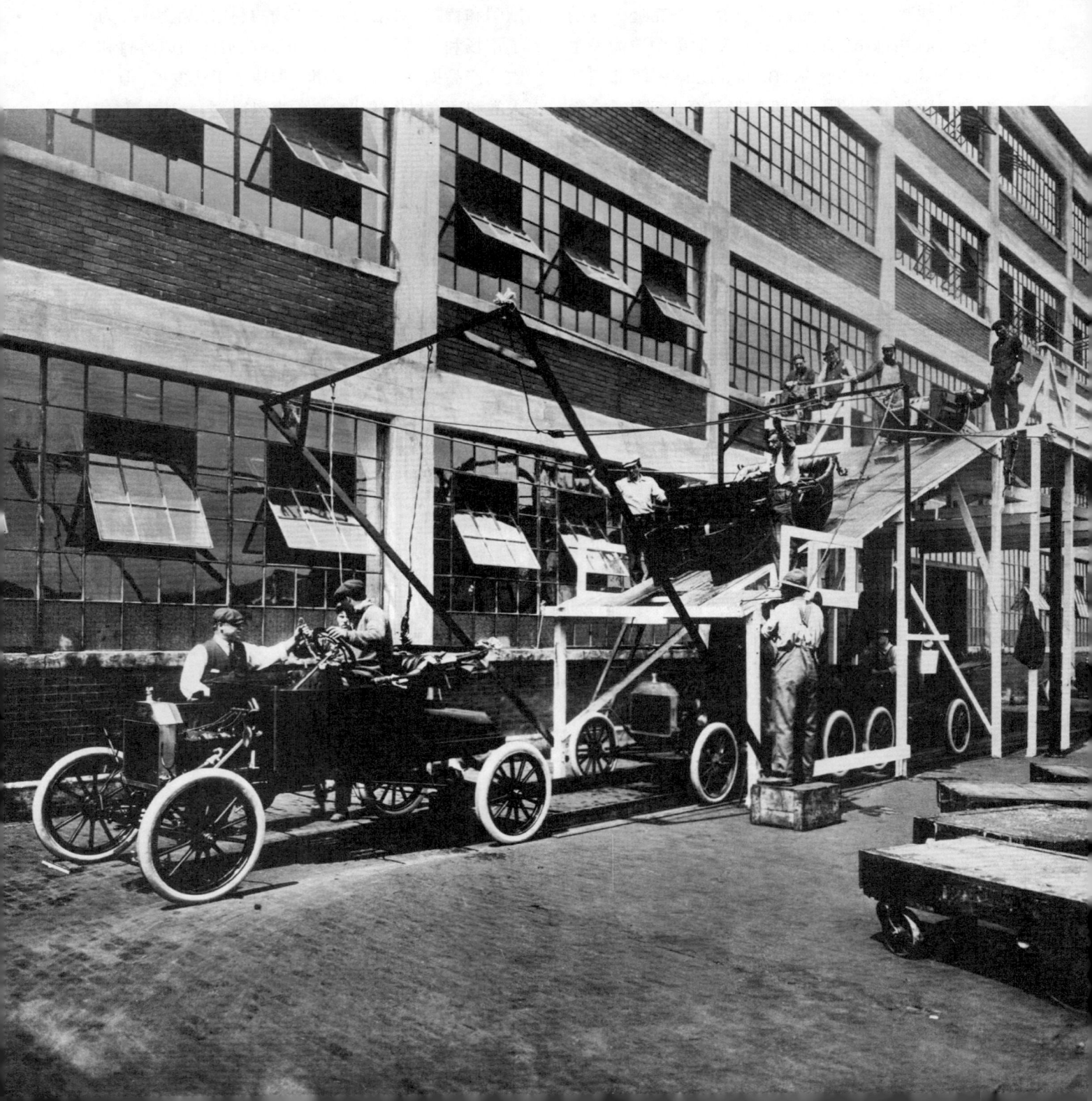

1911年,波士顿附近的政府军工厂沃特敦兵工厂(Watertown Arsenal)钢铁制模工发起罢工,起因是工人约瑟夫·库尼(Joseph Cooney)因为反对效率专家用秒表对他的工作计时而被开除。其他制模工人害怕这样的计时研究是管理层不顾其意愿对其强加新的劳动标准的第一步,于是他们挺身而出保护库尼。制模工工会主席约翰·弗雷(John Frey)解释道:"工人们相信,当他们罢工时是在捍卫自己的工作。"

而经营该工厂的军官们的想法却截然不同。他们认为自己拥有制模工的劳动成果,而产出"比理所当然产量的一半多不了多少"。为了增加产量,他们雇用了德怀特·梅里克(Dwight Merrick),德怀特是所谓的"科学管理"新领域的专家,他负责测算工人的工作时间,提出加快工作速度的建议。

章 节 大 纲

技术和工业化的胜利
放眼天下　大西洋海底电缆
机械化和劳动力地位的改变
劳动暴力和工会运动
昨日重现　1911年三角内衣厂火灾的影响
生活水平
企业合并运动
财富的福音及其批判者
人民与国家的遗产　录音技术
结语

梅里克开始研究当天,一个名叫博金斯(Perkins)的制模工偷偷和梅里克同时测算同一工作任务的时间。梅里克报告这一工作应该花24分钟;博金斯发现要把这项工作做好需要50分钟。梅里克总结道工人们在浪费时间和原材料;博金斯则坚持制模工们对于制作模具比梅里克懂得更多。那天晚上,制模工们集合在一起探讨如何应对梅里克的报告和他们自己的工作感受之间的差距。库尼辩称,他们应该抵制科学管理,于是他的同事们签署了请愿书表达自己的观点。第二天,制模工们离开了工作岗位。

最终,沃特敦制模工和他们的老板们达成妥协,结束了罢工;但是这一事件证明了工业化的一个重要后果,工业化使19世纪末诞生了不计其数的新产品。这一时期有四个重要主题。首先,发明家和制造商运用技术,以此前无法想象的方式为生产服务。第二,为了增加产量,将技术运用最大化,工厂主将日常工作分成重复任务,根据时间规定加以控制。像沃特敦制模工这样的工人(雇员)一直以来都认为自己的价值是技术,现在则挣扎着避免成为机器的奴隶。第三,诸如罐头食品和机器制作的衣服这类南北战争前几乎不存在的商品至19和20世纪之交变得非常普遍,一个新的消费者社会逐渐成形。第四,在追求增长和利润的过程中,企业主(雇主)通过新的企业组织形式累积了巨大权力。新体系的捍卫者创造理论为其辩护,而批判者和劳动者则试图对抗在他们看来是滥用权力的行为。

◀ 装配线使新的美国产品如汽车的生产高效而经济。密歇根海兰帕克(Highland Park)的福特汽车公司工厂的"车体降落"装配线将T型车(Model T)车身通过斜坡,以精确而标准的方式降落在汽车底盘上。

486 年表

1869	劳动骑士团（Knights of Labor）成立
1873—1878	经济衰退
1877	广泛扩散的针对降薪的铁路罢工
1878	爱迪生电灯公司（Edison Electric Light Company）成立
1879	乔治（George）的《贫穷与发展》（Poverty and Progress）倡议对不劳而获的财富征税
1881	第一部联邦商标法开始传播品牌
1882	标准石油托拉斯（Standard Oil Trust）成立
1884—1885	经济衰退
1886	芝加哥海马基特（Haymarket）发生暴动，抗议警察以暴力针对劳动者游行
	美国劳工联合会（American Federation of Labor，即AFL）成立
1890	《谢尔曼反托拉斯法》（Sherman Anti-Trust Act）规定"约束贸易的合并"违法
1892	霍姆斯特德（Homestead，位于宾夕法尼亚）钢铁工人罢工，反对卡内基钢铁公司（Carnegie Steel Company）
1893—1897	经济大萧条导致高失业率和商业失败
1894	普尔曼汽车公司（Pullman Palace Car Company）工人罢工
1895	"美国政府诉E.C.奈特公司案"（U.S. v. E. C. Knight Co.）限制国会规范制造业的权力
1896	"霍尔顿诉哈迪案"（Holden v. Hardy）支持法律规范矿工的工作时间
1903	全国妇女工会联合会（Women's Trade Union League，即WTUL）成立
1905	"洛克纳诉纽约州案"（Lochner v. New York）推翻限制烘焙工人工作时间的法律
	世界产业工人联合会（Industrial Workers of the World，即IWW）成立
1908	"穆勒诉俄勒冈州案"（Muller v. Oregon）支持法律限制女性工作日工作时间不超过十小时
	第一辆福特T型车诞生
1911	纽约三角内衣厂火灾导致146名工人丧生
1913	福特开始转移装配线生产
1919	新英格兰话务员罢工

　　工业化是一个复杂的过程，其主要特点是机器代替手工制造产品。在19世纪中叶，一场工业革命席卷了美国许多地区，而标志性的机械化为19世纪末20世纪初的第二轮工业革命提供了动力。四项技术发展推动了这个新进程：电力、钢铁生产、内燃机引擎以及应用化学的新应用。电力及时替代了早期的蒸汽引擎，而此时后者已经到达了应用的巅峰。钢铁为新的机器和设备提供了原材料。对于铁路以外的交通运输的需求刺激了汽车制造业的发展。而纺织业对染料、漂白剂和清洁剂的试验推动了化学研究。

　　直到19世纪后期，美国不过是另一个发展中国家。1860年，只有1/4美国劳动力在制造业和运输业中工作；至1900年，这个比例达到了一半以上。当20世纪来临时，美国不仅成为世界上最大的原材料和食品生产国，而且是生产力最高的工业国家

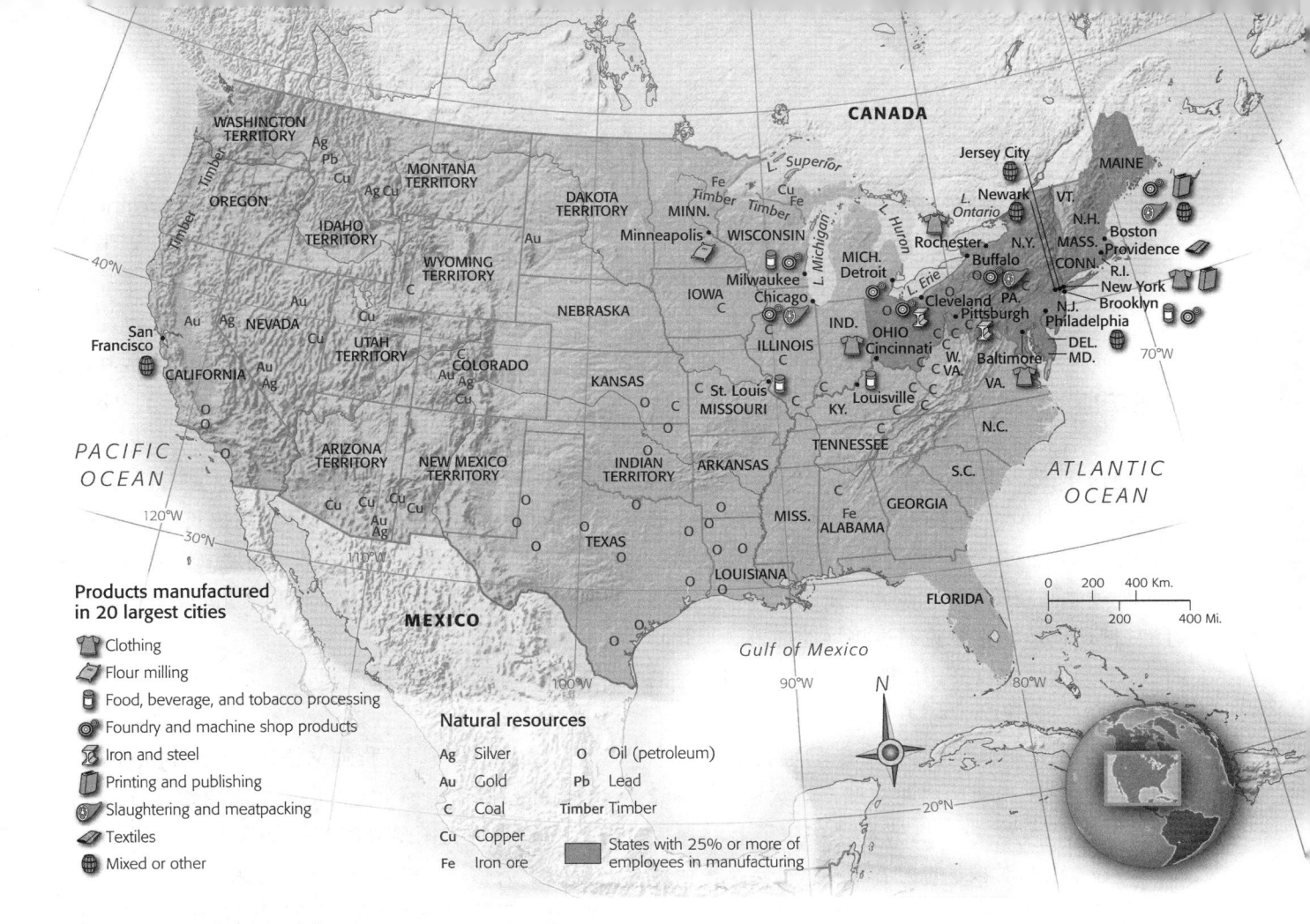

地图18.1 工业生产，1919年

至20世纪初，每个州都有至少一种引以为豪的制造业。尽管制造的产品价值最高的是东北部，但是明尼苏达和加利福尼亚等州也有着惊人的产值。

来源：数据来自美国人口普查局(U.S. Bureau of the Census)，《1920年美国第十四次人口普查》(Fourteenth Census of the United States)卷九，制造业，华盛顿特区：美国政府印制局(U.S. Government Printing Office)，1921年

（参见地图18.1）。在1877年和1920年之间，工业劳动力迅速膨胀（参见第十九章），但是使生产力急剧增长的是节约劳动力的机器，而不是人。商业组织和市场营销的创新同样推动了追求利润的动力。

这些发展对于生活水准和日常生活有着重大影响。工业化的成果与自然资源开发及农业扩张互为补充（参见第十七章）。这些发展将人、环境和技术糅合起来，形成既具建设性又具破坏性的力量。

- 机械化如何影响普通工人的生活以及劳动力的构成？
- 技术创新以何种方式改变美国生活标准？
- 一些美国人运用哪些思想为工业化辩护？其他人又是如何批判它的？

技术和工业化的胜利

当一些人在美国边境寻找机遇时，另一些人则用科技追求新的解决问题方式。托马斯·爱迪生就是这样的人。1876年，他和合伙人一起在新泽西的门洛帕克(Menlo Park)成立了一个"发明工厂"，他们希望"每十天产生一个小发明，每六个月左右产出一个大发明"。爱迪生的态度反映了令美国创造力充满活力的精神，后者又推动了19世纪末的工业化。而由《宪法》创立的美国专利局(U.S. Patent Office)旨在"促进科学和实用艺术的发展"，该机构的活跃反映了这一精神。在1790年至1860年之

间,政府颁发了总共 36 000 个专利。在接下去的 70 年,即 1860 年至 1930 年间,注册专利达到了 150 万。发明常常来自技术和商业组织的结合。电力、内燃机和工业化学的运用证明了这一结合的运作。

电气工业的诞生

爱迪生的一千种发明中,大多使用电力传播光、声音和图像。他最大的"大发明"项目始于 1878 年,这时他开始着手研究有效的室内照明手段。经过单调乏味的反复试验,爱迪生完善了白炽灯泡,使用钨丝防止电流通过将灯丝烧毁。与此同时,他的爱迪生电灯公司发明了一种发电和分流的系统,可以方便地为成千上万顾客提供电力。为了推广他的想法,爱迪生成为自己的宣传人员。在 1880 年圣诞季,他将门洛帕克照得灯火通明;1882 年,他建造了一座发电站,点亮了华尔街上 85 座大楼。一位《纽约时报》的记者赞叹,如今夜晚在他的办公室中工作"几乎就像在日光中书写一样"。

电力在生产和日常生活中的应用证明了工业时代美国创新和组织能力高速发展而灵活的特点。比如,尽管爱迪生将天才用于运用电力的发明,他的直接电流系统只能把电力传播到一至二英里范围之内,因为传输得越远它的电压会受到越多损失。而曾经为火车发明气动刹车的纽约斯克内克塔迪(Schenectady)发明家乔治·威斯汀豪斯(George Westinghouse)解决了这一问题。威斯汀豪斯购买了使用交流电的发电机的欧洲专利权,并将高压电转换成较低电压水平的变压器,使长距离传输变得更高效。

其他企业家创造了新的手段推广爱迪生和威斯汀豪斯的技术突破。前爱迪生个人秘书塞缪尔·英萨尔(Samuel Insull)在全国范围内组织爱迪生发电站,建立起电力应用的帝国。1880 年代末至 1890 年代初,金融家亨利·维拉德(Henry Villard)和 J.P.摩根(J.P. Morgan)购买电气照明的专利,将一系列小设备生产企业合并成通用电气公司(General Electric Company)。同样重要的是,通用电气和威斯汀豪斯电气(Westinghouse Electric)通过建立研究实验室鼓励电气的实际应用,雇用科学家研发日常家用电气产品。

当企业组织公司实验室时,独立发明家试图将手工产品和专利出售给大生产商,有些人成功,有些人失败。格兰维尔·T.伍兹(Granville T. Woods)就是这类发明家之一,他是一位工程师,获得了对于电子和通信至关重要的 35 项专利,有时被称作"黑人爱迪生"。他将大部分发明出售给诸如通用电气这样的公司,在他的发明中有自动断路开关(一种电磁制动器)以及列车通信辅助设备。

亨利·福特和汽车工业

1885 年,德国工程师戈特利布·戴姆勒(Gottlieb Daimler)制作了一个由汽油驱动的内燃机马达——这一发明为美国最高瞻远瞩的实业家亨利·福特提供了灵感。1890 年代,当时身为底特律爱迪生公司电气工程师的福特在业余时间尝试用戴姆勒的引擎驱动交通工具。当时纽约罗切斯特(Rochester)的一名律师乔治·塞尔顿(George Selden)已经开始尝试这种技术,但是福特将组织天赋运用于这一发明,建立起巨大的产业。

和爱迪生一样,福特既有心机又有产品。1909 年他宣称:"我将让汽车民主化。待我成功之日,每个人都能买得起一辆汽车,几乎每个人都将拥有一辆。"福特提出通过以完全相同的方式量产成千上万辆汽车,从而实现这一目标。福特改良了肉类包装和金属制造业中的生产方式,建立起大幅降低汽车生产时间和成本的装配线。每个工人只需使用同样的专用机器完成一道工序,而不是多道工序。通过这种方式,工人们将传送带传送到他们身边的汽车零件组装起来。

1913 年,福特汽车公司(Ford Motor Company)的第一条完整装配线开始在底特律外的海兰帕克投入运作,第二年,福特售出了 248 000 辆汽车。很快,其他制造商进入了这一领域。崛起的产量创造了更多工作、更高收入和更高利润,不仅为汽车制

大西洋海底电缆

19世纪末，当美国制造商将市场向海外扩张时，他们与国外顾客和投资者沟通的能力因为铺设在大西洋下的电缆而得到巨大提高。突发奇想构思建立海下电缆的塞勒斯·菲尔德（Cyrus Field）是一个美国人。然而，大西洋海底电缆项目中工作的工程师和大部分投资者都是英国人，1851年，一个英国公司铺设了第一条成功的海底电缆，从英国多佛（Dover）通向法国加来（Calais），证明绝缘电缆可以在水下传播信号。这项工程将路透社和欧洲大陆联系在一起，并且让法国投资者能收到伦敦证券交易所的即时消息，这些好处激励英国和美国商人尝试更大规模的跨大西洋项目。

最初几次建造跨大西洋电缆的尝试失败了，但是1866年，一艘英国船只在英国投资者的资助下，成功铺设了一条不受干扰的电缆。这一项目是由英美两国电气工程师合作设计的。从此以后，英国和美国在外交关系上联系更紧密，两国公民彼此之间更为关注，因为他们能够更快地接收到国际消息。1881年，当美国总统詹姆斯·加菲尔德（James Garfield）遇刺身亡时，消息几乎立即传到了英国，英国人哀悼这位总统的去世也比当年对林肯遇刺事件更为沉痛，因为林肯去世的消息在事发11天后才传到英国，当时跨大西洋消息是通过蒸汽船递送的。

一些人抱怨几乎瞬时的国际通信带来的压力。一个评论者指出，电报"使每个人匆匆忙忙，我并不相信对我们来说事情变成这样是好事"。但是其他人却热烈欢迎来自电缆联通的好处。纽约和伦敦的证券报价迅速传递大大增加了纽约和伦敦证券交易的活跃度，让投资者们非常高兴。报纸读者们欣然享受第二天就能获得大洋另一端的时事消息，而不是事发一个星期才后知后觉。而大西洋海底电缆的成功又激励了地中海和印度洋的类似项目，最终横跨了太平洋。至1902年，水下电缆遍布全球，全球电信的时代开始了。

▲ 1866年大西洋电缆由英国船只铺设，将美国和英国以及欧洲大陆相连，于是电报信号可以比之前更快地接收和传送。现在欧洲人和美国人可以更快地交换关于政治、商业和军事行动的信息，而此前这类信息需要耗费一个多星期才能从一个国家传递到另一个。

图片来源：国会图书馆

▲ 宾夕法尼亚霍姆斯特德的大规模的卡内基钢铁厂喷出股股浓烟。1886年，这个工厂开创了平炉炼钢法的先河，为高楼大厦制造高强度横梁所需的结构钢材。这一厂区还利用桥式吊车和车厢使持续加工钢产品变得更便利。

图片来源：格兰杰收藏，纽约

造商，还为相关产业，如钢铁、石油、涂料、橡胶和玻璃。不仅如此，这些产业和其他产业中的流水线生产要求新公司建造精确的机器工具制造标准化零部件。这一时期研磨和切割技术的发展使生产过程精确至千分之一英寸。

至1914年，一辆福特汽车售价490美元，大约是十年前的1/4。然而490美元的价格对于许多工人来说仍然太贵，他们的日薪最高只有2美元。然而，那一年福特试图刺激生产，防止高职工流动率，阻碍工会成立，通过向他们提供5美元日薪计划（Five-Dollar-Day）把薪酬和分工制结合起来，让他的工人们更容易购买自己生产的汽车。

卡内基和钢铁

许多新产品，包括机器本身，需要高强度和硬度的金属。钢铁满足了这一目标。尽管已经使用了几个世纪，但是钢铁生产一直效率低下，直到英国工程师亨利·贝西默（Henry Bessemer）发明了一种使用熔铁大量生产高质量钢铁的造价低廉的方法。在美国，实业家安德鲁·卡内基（Andrew Carnegie）是最早意识到贝西默方法的好处的人之一。1872年卡内基走访英国时亲眼见到这一过程，回国后筹集资金在匹兹堡附近建立了一个钢铁厂，他以他原本在宾夕法尼亚铁路公司（Pennsylvania Railroad）时的老板埃德加·汤普森为名，将之命名为埃德加·汤普森钢铁公司（Edgar Thompson Steel）。卡内基使用从数名投资者处筹措的资金买下了其他钢铁工厂，值得注意的是1888年购入的霍姆斯特德钢铁公司（Homestead Steel Company），并且开始销售自己的钢铁，这些钢材一开始主要用于为铁路制造铁轨和桥主梁，他把钢铁销售给对钢铁进行电镀和轧制,制作带刺铁丝网、钢管和其他产品的公司。1892年,他把名下的产业合并成卡内基钢铁公司(Carnegie Steel Company),至1900年,该公司控制了全国钢铁业的大约60%。1901年,卡内基功成身退,把股份卖给J.P.摩根组织的一个团体,组成了大规模的美国钢铁公司(U.S. Steel Corporation)。

杜邦和化学工业

杜邦家族在化工业中的角色可以媲美爱迪生、卡内基和福特在各自产业中的角色。法国移民伊雷内·杜邦(Eleuthiere Irenee du Pont)在1800年代初开始在特拉华制造火药。1902年,该公司几乎垄断美国炸药产业,因为担心遭到反托拉斯迫害,三个表兄弟,阿尔弗雷德(Alfred)、科尔曼(Coleman)和皮埃尔(Pierre),接管了杜邦公司(E.I. du Pont de Nemours and Company),他们将产品线扩展至化肥、染料和其他化工产品。1911年,杜邦科学家在全国第一个研究实验室中工作,将纤维素用于消费品的生产,如照相胶卷、纺织纤维和塑料。杜邦公司还率先应用先进管理、会计和收益再投资等手段,这一切都为高效生产、优化账目和更高利润做出了贡献。

▲ 烟草生产是一个南方产业,传统上雇用非裔美国劳动者。上图中的场景来自大约1880年的一个里士满烟草工厂,展现了女性和儿童撕开草茎为加工做准备的情形。

图片来源:国会图书馆

技术和南方工业

南方的主要支柱作物烟草和棉花,在南北战争之后吸引工业进入该地区,其他形式的生产也得到了长足的发展。美国人一开始主要将烟草用于鼻烟、雪茄和咀嚼。但是1876年18岁的弗吉尼亚人詹姆斯·彭塞克(James Bonsack)发明了一种卷香烟机器。1885年,一家北卡罗来纳烟草公司的老板詹姆斯·B. 杜克(James B. Duke)将彭塞克的机器投入使用,开始大量生产。像爱迪生和福特一样,杜克亲自推广自己制造的产品。他用免费试用装、购物卡和广告牌广告吸引顾客,销售节节攀升。至1900年,他的美国烟草公司(American Tobacco Company)生意遍及全球,占领了英国和日本以及美国本土市场。杜克的工厂和其他烟草工厂雇用黑人和白人工人(包括女性),不过他们在工厂中的工作区域彼此隔离。

电力使新英格兰的水力驱动工厂失去了意义,新技术帮助纺织业重新迁往南方。拥有电力织布机的工厂效率更高,因为它们需要的工人更少,要求的技术水平更低,而且电力照明延长了生产时间。投资人在南方社会建立新的工厂,因为那里可以获得廉价的劳动力。至1900年,南方拥有超过400家纺织厂。在这些纺织厂中工作的女性和儿童每天工作12小时,换取50美分报酬——大约是北方工厂工人薪酬的一半。大多数工厂拒绝雇用黑人,除了当作保安。许多公司在纺织厂附近建立村庄,他们控制其中的住宅、商店、学校和教堂。在这些城镇中,厂主们禁止人们批评公司,遏制建立工会的尝试。

北方和欧洲以及南方地区的当地投资人出资发展南方工业。在1880年代,北方资本家大力发展南方的钢铁制造业,很大一部分位于阿拉巴马的新兴城市伯明翰(Birmingham)。1890年至1900年之间,北方木材集团迁往海湾诸州的松树林中,产量增至500%。南方木材生产不仅促进了建筑业,还导致了家具业和造纸业从北方向南方迁移。

受到工业扩张的鼓励,支持者们宣布新南方的诞生。制造商、商人和金融家组成的资产阶级使南方城市变成新经济秩序的神经中枢,挑战着种植园主阶层的权利。实业家们相信南方应该把南北战争的军事失败抛诸脑后——尽管永远不能忘记邦联士兵的英勇事迹——迎头赶上北方的经济增长。《亚特兰大宪法》(Atlanta Constitution)的主编,南方进步的热情倡导者亨利·格雷迪(Henry Grady)宣称:"我们播撒城镇和城市的种子,代替理论的位置,用商业代替政治。我们已经挑战了你们马萨诸塞州的纺纱工,还有你们宾夕法尼亚的炼铁工……我们已经爱上了工作。"

技术造成的影响

在所有地区,不同产业之间技术创新的时间点不尽相同,但是机器大幅改变了经济和日常生活。电话和打字机使面对面交流变得不再重要,使日益增长的保险和银行业以及实业公司中的通信和记账变得更为便利。电动缝纫机使量产服装几乎进入每家每户。冷冻储藏改变了饮食习惯,让肉类、水果蔬菜和乳制品的保存和运输变得可能。收银机和计算器革新了会计行业,创造了新的白领工作。与此同时,美国高校设立工程项目,使爱迪生和杜邦这样的制造商可以雇佣化学和物理学专业的应届毕业生。

在许多案例中,一开始的技术进步起源于海外。电和内燃机的早期发明是欧洲人的成果。贝西默的钢铁生产流程是在英国发展起来的,而杜邦从法国进口了资本和机器,用来生产火药。但是事实证明美国人特别善于化用和改良这些创新。爱迪生在电力照明方面的试错实验、卡内基员工对于贝西默钢铁制造流程的运用、福特的汽车流水线生产、南方纺织厂主速度更快的织布机、建筑公司开发的巨型蒸汽挖土机——所有这一切,以及其他许多成就,使美国的工业产量到19和20世纪之交时超过了其他工业化国家。

▲ 这幅照片拍摄于起飞前的历史性时刻,展现了第一架飞机在北卡罗来纳基蒂霍克(Kitty Hawk)起飞前的情形,1903年12月17日。奥维尔·莱特(Orvile Wright)躺在驾驶座上,他的兄弟威尔伯(Wilbur)站在附近,这架飞机在空中只飞行了12秒,距离只有120英尺。尽管如此,这次飞行标志着20世纪最具影响力的产业之一的开端。

图片来源:国会图书馆

更高产量、更低成本造就了高额利润。熟练技艺,如橱柜制作和金属加工保留了下来,但是当技术创新使大规模生产变得更经济时,工厂主用大型工厂代替了小型作坊。在1850年至1900年之间,制造业公司的平均资本投资上升了250%。只有大企业能负担复杂的机器,并满负载运作。而且只有大公司能最好地利用大批量运输产品和批发原材料的折扣。经济学家将这些优势称作规模经济。

生产流程对于利润率的影响和机器的运用同样重要。像沃特敦制模工曾经控制生产的方式和时间,但是至1890年代,拥有"专业"经验的工程师和管理人员肩负起这一职责。他们精心计划每个流程,以增加产量。通过标准化,他们降低了对人类技能和适应能力的需要,以工人的独立性为代价大幅提高利润。

弗雷德里克·W.泰勒(Frederick W. Taylor)和效率

高效生产最具影响力的倡导者是弗雷德里克·W.泰勒。1880年代,泰勒是米德维尔钢铁公司(Midvale Steel Company)的工头和工程师,他总结出一个公司降低成本增加利润的最佳方法,就是探讨"各种工作完成时间应该有多快"的研究。泰勒的方法中的"应该"标志着提高单位成本对应的产量,通常是通过裁减不必要的工人。类似地,"多快"意味着时间和金钱是可以划等号的。他把自己的方法称为"科学管理"。

1898年,泰勒带着他的秒表来到伯利恒钢铁公司(Bethlehem Steel Company),展示他的原则如何起作用。他解释道,他的实验要求对工人进行研究,创设"一系列可以将速度和质量提高到极致的动作"。泰勒将这一技术运用于铲矿工,他设计了15种铲子,为使用每一种铲子预先制定了正确的动作,因此把600名工人减少到140名。很快其他公司,包括沃特敦兵工厂,开始将泰勒的理论应用于他们的生产线。

泰勒的著作和实验结果导致时间和质量成为可接受工作的标准,而管理层积累了工作方式的知识和控制权。作为流水线上的构成元素,像沃特敦制模工这样的雇员们害怕他们正在变成另一种可更换的零件。

机械化和劳动力地位的改变

至1900年,劳动力的地位在短短一代人之中发生了天翻地覆的变化。技术创新和流水线生产创造了新的工作岗位,但是由于大多数机器都是节约劳动力的,所以更少的工人可以在更短时间内生产更多产品。不仅如此,工人们不再能够被界定为生产者,像传统的农民和手工艺人那样看待自己。劳动阶层现在主要由雇员构成——不是独立工作,而是被雇佣才工作的人。生产者的收入取决于他们生产的产品的质量;而雇员获得的薪水则取决于他们在岗位上耗费的时间。

批量生产

通过把制造过程分解成简单步骤,批量生产要

▲ 一些产业中,机器和工人的结合仍然要求一丝不苟的手工活。通常有着一双巧手的女性可以在珠宝和制表等行业中找到工作,在图中埃尔金国家钟表公司(Elgin National Watch Company)的厂房中,她们可以迅速完成精细的生产步骤。

图片来源:芝加哥历史协会

求工人们从早到晚日复一日地重复同样的标准操作。一位调查员发现工人变成了"纯粹的机器……比如一个工人操作机器每天钉40到60箱鞋跟。即每天2 400双,4 800只鞋子。不熟悉这项工作的人或许会想不通,一个人怎么可能在一天内拿起和放下4 800只鞋子,更不用说把它们……放进一台机器中……而这是在这种细分工作方式下制鞋业的主要方法"。

流水线和科学管理还剥夺了雇员的独立性。工人们不再能决定工作日何时上班何时下班,何时休息,使用什么工具和技术。时钟约束着他们。正如一个马萨诸塞州工厂工人在1879年所说的:"工作时间人们尽管肩并肩工作,却被禁止互相交谈,否则就会立即被解雇。厂主雇用了专人监督和巡逻。"现在雇工们周围都是拿同样的薪水、以同样的效率工作的人们。

工人们受到这些改变的影响,在雇主们不断增加的权力面前努力保留自主性和自尊,比如沃特敦制模工人。玻璃工人和制桶工人这样的手艺人陷入了从手工劳动向机器生产的转变,他们努力抗争保留自己的工作节奏和习惯——比如,委托一个工友在他们工作的时候大声读报纸。当移民们开始在工厂中工作时,他们试图说服工头雇佣他们的亲朋好友,因此保留了全家工作的习惯和与村庄的联系。下班后，工人们聚集在沙龙和公园中，一起喝酒或者庆祝节日，作为闲暇时间的休闲活动，无视雇主们试图控制他们社会生活的努力。

劳动力的重建

注重效率的雇主们希望坚持一定的行为标准。福特汽车公司要求工人在成为合格的五美元日薪计划的一员之前首先满足公司的行为规范。为了增加工人的动力，一些雇主建立了累进工资制度，为工人制造的每件商品支付一定报酬，而非计算时薪。这些增加产量和最大化机器使用率的努力旨在让工人们像他们所操作的机器一样工作。

当机器和流水线降低了对熟练工的需求时，雇主们发现他们可以通过雇佣女性和儿童降低劳动成本，支付更低的工资。在1880年至1900年之间，被雇佣的女性从260万急剧上升至860万。与此同时，他们的岗位模式发生了惊人的变化（参见表18.1）。最常见和最低薪的女性职业形式，即家政服务业中的女性比例（女仆、厨师和洗衣妇）随着其他领域工作岗位的开辟发生了下降。在制造业中，女性通常每周工作70小时，在纺织厂和食品加工厂中从事低至1.56美元报酬的杂务。（而男性非熟练工完成同样工作的周薪为7至10美元。）尽管女性工厂劳动者的数量在1880年至1900年之间增至三倍，但是这些工作岗位上女性工人的比例仍然维持不变。

然而，文职和零售领域的扩张，大幅增加了这

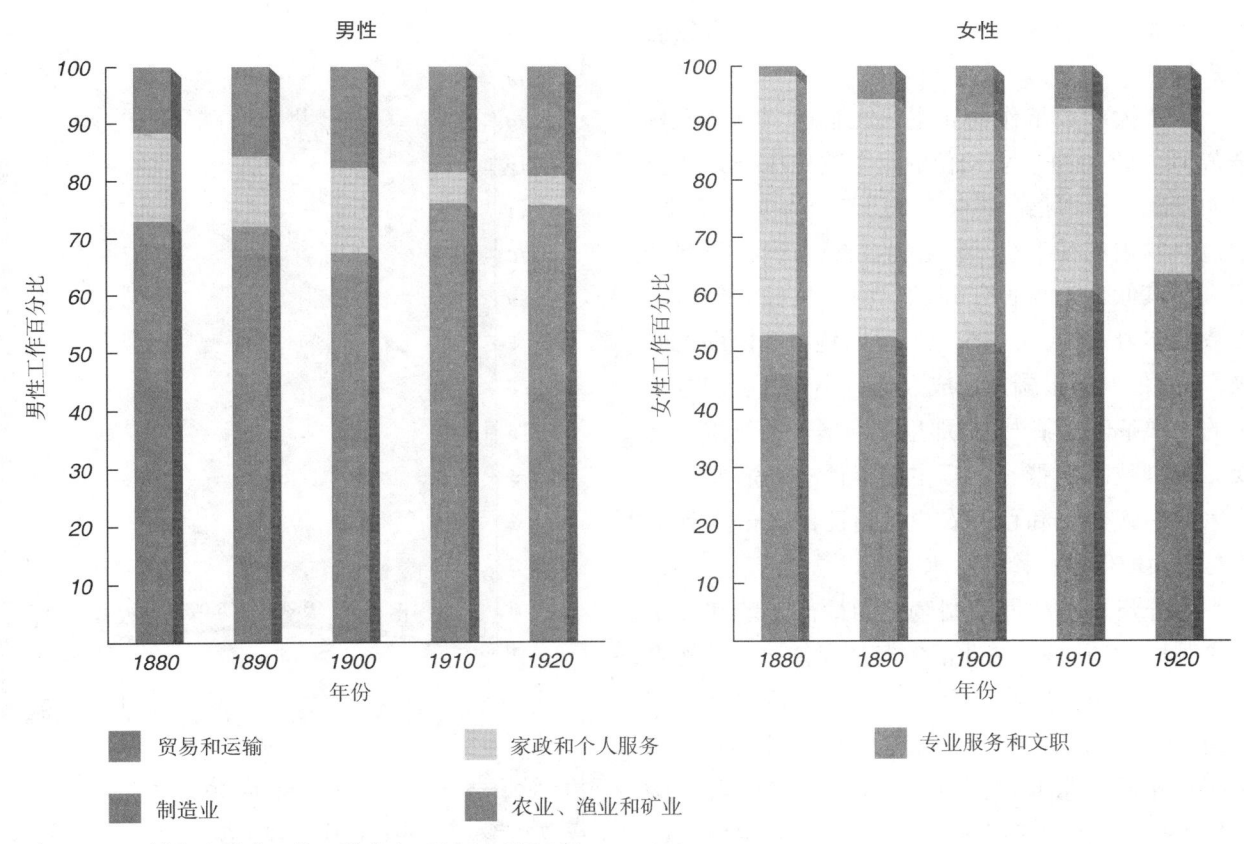

表18.1 男性和女性雇工的工种分布，1880—1920年
这幅图表每部分中柱形的变化代表了男性和女性雇佣情况的趋势。在这幅图表涵盖的40年中，农业、渔业和矿业中的男性和家政服务业中的女性数量下降最多，而制造业中的男性和专业服务（尤其是店员和教师）中的女性数量有着值得引起注意的增长。
来源：美国人口普查局，《1880, 1890, 1900, 1910, 1920年美国人口普查》(*Census of the United States, 1880, 1890, 1900, 1910, 1920*)（华盛顿特区：美国政府印制局）

些岗位中女性的数量和比例,比如打字员、速记员和销售人员。以前,拥有会计和写信技能的男性占领着销售和行政岗位。而诸如打字机、收银机和计算器之类的新发明使这些工作变得简单,雇主们用低薪的女性代替了男性,其中许多人在学校中学过打字和速记。至1920年,女性基本上占了文职工作的一半;1880年,女性只占4%。一个糖厂的主管在1919年评论道:"这家公司的所有记账工作……都是由三个女孩和三台薄记机完成的……一个操作员可以抵三个人。"尽管收入很低,但是女性们被销售工作吸引,因为她们能获得尊重、愉悦的工作环境,还可以和富裕的客户接触,与工厂和家政工作相比,这些岗位更具吸引力。尽管如此,性别歧视仍然存在。在百货商店中,男性收银员负责处理钱款交易;女性极少被赋予开票和点钞的责任。女性通常负责低级的监督岗位,而男性则占领着管理层。

尽管大多数工作的儿童都在自己父母的农场辛苦工作,但是非农业岗位的童工数量在1870年至1900年间增至三倍。1890年,10至15岁的儿童中,超过18%被有偿雇佣(参见表18.2)。纺织和制鞋工厂尤其倾向于雇佣年幼的工人。机械化创造出无数轻体力工种,比如儿童们可以跑腿和协助机器操作员,他们的报酬只是成人的一小部分。南方童工的工作条件尤其艰苦,那里不断增长的纺织厂需要无特别技术的帮工。厂主们引诱迫切需要额外收入的白人佃农和租种农户将自己的孩子送到工厂打工换取低得可怜的薪水。

部分州通过法律限制童工的最低年龄和最高工作时长,尤其是在东北部。但是大公司常常规避这些规定。因为这些法令只能规范州境内运作的公司,而不能限制进行跨州贸易的公司。事实证明执行年龄要求非常困难,因为许多父母需要孩子打工挣钱,他们虚报孩子的年龄,而雇主极少过问。1900年之后,州法律和自动化技术,加上强制性的入学法律,开始降低制造业中雇佣的儿童数量,进步时代的改革者们诉诸联邦立法来限制童工(参见第二十一章)。尽管如此,许多儿童仍然从事街头小生意——比如擦鞋和叫卖报纸以及其他买卖——或者在商店中当帮工。最贫困的儿童还在大街小巷中搜寻小片煤炭和木头、被人扔掉的旧衣和旧家具以及对他们家庭有用的其他物品。

工业事故

对于所有工人来说,工业劳动都是非常危险的。使用高速运转的机器进行重复劳动会让注意力变得迟钝,而最微小的错误也可能造成严重伤害。1920年前,工业事故数量稳步上升,每年导致成千上万人死亡或重伤。比如,1913年,甚至在厂主装载了安全设备之后,仍然有大约25 000人死于工业意外,100万人受伤。肢体残废、伤口感染和得

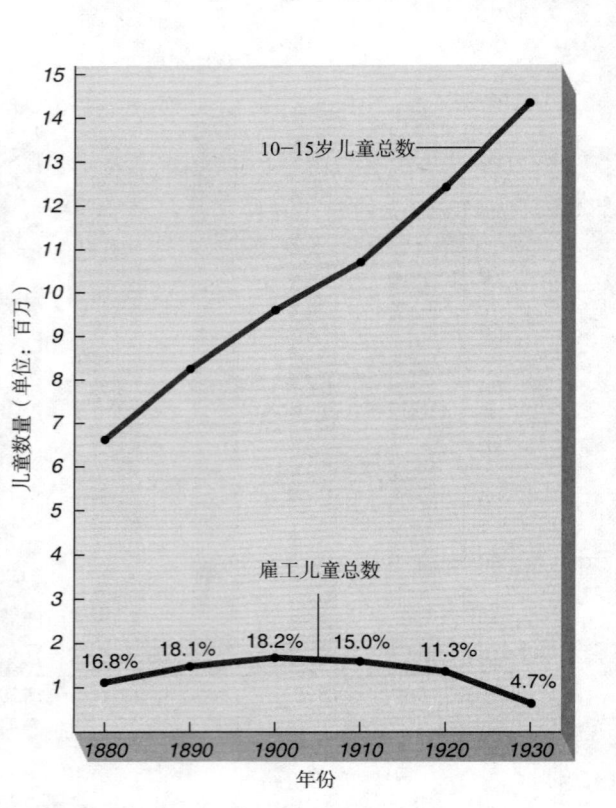

表18.2 劳动力中的儿童,1880—1930年
劳动力中儿童的比例在19和20世纪之交达到了巅峰。在那之后,各州通过法律规定儿童14岁以前必须上学,并限制雇佣儿童的最低年龄,导致童工数量下降。
来源:数据来自《美国殖民时期至今的统计学历史》(*The Statistical History of the United States from Colonial Times to the Present*),康涅狄格的斯坦福德:费尔菲尔德出版社(Stanford, Conn.: Fairfield Publishers),1965年

慢性疾病的人，没有伤残保险代替收入，这些不幸让家庭遭受沉痛的打击。

耸人听闻的灾难，比如爆炸和矿场塌方，导致人们大声呼吁安全规定的出台。最著名的悲剧是1911年纽约的三角内衣厂大火，这场事故导致146名工人丧生，其中大多数是被困在上锁的厂房中的移民少女。尽管公众群情激昂，但是盛行的自由市场观念阻碍了规范工作环境的法律通过，雇主们否认自己对雇员的健康安全负有责任。正如一个铁路经理宣称："对员工的正常补贴已经涵盖了所有风险和事故责任。假如一个员工因为疾病或任何其他原因残疾，要求补偿的权利是不被承认的。"

合同自由

为了正当化他们对待工人的方式，雇主们主张"合同自由"原则。根据这一原则，雇员和雇主之间的关系就像顾客和销售之间的关系。就像一件商品的售价一样，薪酬和工作条件是自由市场的结果，供需法则是其中的主导因素。除此之外，雇主主张，工人与老板达成明确或假设的协议，"出售"他们的劳动。假如一个工人不喜欢协议的条款，比如薪酬和工作时长，那么这个工人可以自由地辞职，去别处寻找其他工作，就像消费者可以自由去别的地方购买商品一样。然而，在实践中，雇主们使用供需法则把薪水压到劳动者可接受的最低限度，导致工人们发现自己被这个体系困住。一个工厂工人于1879年告诉国会："市场已经饱和了，我们有淡季；人们的希望被利用，而报酬减少了；我们的工作增加了，假如我们抗议，他们就说可以找人代替我们。我现在比以前更辛苦，但是现在的报酬只有以前的一半。"

关于劳动改革的法院判决

改革者和工会领袖游说国会制定法律改善工作条件，但是最高法院与商业利益一致，通过狭隘地界定哪些工作危险，哪些工作需要保护来限制这类立法的适用范围。在"霍尔顿诉哈迪案案"（Holden v. Hardy, 1905）中，最高法院支持规定矿工工作时长的法律，判定过长的工作时间会增加伤害的危险。然而，在"洛克纳诉纽约州案"（Lochner v. New York, 1905）中，最高法院宣判限制烘焙工人工作时间不得超过每周60小时和每天10小时的法律无效。与各州有权保护工人健康和安全的主张抵消，最高法院判决烘焙这项工作不够危险，不是可以正当限制工人们自由出售劳动力权利的理由。根据最高法院的判决，这种规定违反了第十四条修正案的保证，即各州无权"未经法律程序剥夺任何人的生命、自由或财产权"。

在"穆勒诉俄勒冈州案"（Muller v. Oregon, 1908）中，最高法院运用了一种不同的逻辑依据，支持一项限制女性洗衣工一天工作不超过十小时的法律。在这一案件中，最高法院将洛克纳案中州无权干涉个人合同权利的辩驳抛到一边，而主张女性作为母亲的幸福"才是公共利益和关怀的目的，这样才能保存种族的力量和活力"。这一案件代表了如消费者联盟（Consumers' League）等改革群体的胜利，该组织积极为女性工作时间和工作条件寻求政府立法。然而，作为穆勒判决的一个后果，劳动法有效地将女性从某些岗位上排除了出去，比如需要重体力、长时间或夜间工作的印刷和运输等行业，进一步将女性限制在低薪和闭塞的工作上。

劳动暴力和工会运动

工人们尽力适应机械化。一些人服从工厂、机器和时间的要求。一些人则竭力将原有的工作方式与新的体系结合。还有一些人积极抗争。个人通过无视管理层的命令、旷工或辞职来挑战体制。但是对于失去独立性的焦虑和对更高工资、更短工作时间和更好工作条件的渴望将不满的工人们吸引到工会中。有组织的劳动力在19世纪末并不罕见。印刷、铸铁等手工艺的技术工人行业工会可以追溯至19世纪初，但是它们的影响力是有限的。至1870年代，拥有庞大劳动力的公司的扩张和管理层

昨日重现

1911三角内衣工厂火灾的影响

1911年3月25日，美国历史上最严重的工厂火灾在三角内衣工厂发生，该工厂占着纽约市一栋大楼最顶上的三层。大火吞噬了成堆面料，火势很快扩散，导致500名年轻女性中146人死亡，其中大多数是受工厂雇佣的犹太移民。许多受害者被活活烧死，因为她们被雇主锁在厂房中；另一些人跳窗逃走。这三幅图片显示了公众如何获得这场悲剧的消息，一个人是通过前来认领受害者尸体的朋友和亲人，另一个人是通过报纸上的讽刺漫画，还有一个人则是通过报纸头条新闻。这些图中哪一张最有冲击力，最可能激励改革？今天的大规模惨剧如何传达给公众？1911年的传播中存在哪些限制？

▲ 1911年三角内衣工厂大火中的许多遇难者并排躺在棺材中，等待亲友们前往临时停尸房认领。

图片来源：©贝特曼/科比斯

▲ 有着激进的倾向性的艺术家约翰·弗兰奇·斯洛恩（John French Sloan）在三角内衣工厂大火之后画了这幅漫画。他急于主张唯利是图的资本家对不必要的死亡负有责任，斯洛恩运用直白的意象传达他的讯息。

图片来源：格兰杰收藏，纽约

▲ 纽约和全国历史最悠久也是最受尊重的报纸《纽约论坛报》，使用大字号标题和恐怖的照片对该事件进行报道，头版全是这一事件的新闻。

图片来源：图像研究顾问和档案

▲ 正如纺织厂常常雇佣幼童，食品加工业也是一样。1913年，年仅7岁的罗西（Rosie）在南卡罗来纳布拉夫顿（Bluffton）的瓦恩罐装公司（Varn & Canning Company）全职工作。她每天早晨4点起床，不去上学。

图片来源：国会图书馆

控制的收紧激起了工会成立的浪潮。

1877年铁路工人罢工

在1873年大恐慌后的经济萧条时期，铁路公司主管降低薪酬，增加工作量，裁减工人，尤其是那些加入工会的工人。这些行为导致工人们发起罢工和暴动。1877年预示着一场大危机。7月，成立工会的铁路工人组织了一系列罢工来抗议降薪。他们发泄压抑已久的愤怒，抗议者们袭击铁路，从宾夕法尼亚和西弗吉尼亚一直到中西部、得克萨斯和加利福尼亚，致使列车脱轨并焚烧站台。雇主组织和指挥的州民兵组织突破警戒线，向威胁他们财产的人群开火。在几个社区中，工厂工人、妻子和商人协助罢工者，而铁路公司则招收罢工破坏者代替工会人员。

最严重的暴力发生于匹兹堡，7月21日，州军队用刺刀攻击投石的抗议者并开火，导致十人死亡，许多人受伤。暴怒的人群将军队逼迫到铁路调车房中，放火烧毁了39栋建筑，104个火车头，1 245节货运和载客车厢。第二天，军队开枪突围出调车房，又杀死了20名公民，然后逃离该市。在一个多月的严重暴力后，总统拉瑟福德·B.海斯（Rutherford B. Hayes）派遣了一支联邦军队——这是历史上首次以军队来镇压工人暴动。在整个罢工过程中，情绪越来越高昂。一位宾夕法尼亚的警卫队员接到命令去镇压1877年罢工，他说："我和所有能接触到的罢工者交谈，发现他们中只有一种精神和一个目标，他们想以合法的方式摧毁大公司的力量。"

劳动骑士团

尽管铁路工人有时候会为所有劳动者发声，但是1877年的罢工捍卫的主要是他们自己的利益。然而，大约同时期，一个叫作劳动骑士团的组织试图吸引广大劳动者。该组织于1869年由费城的裁衣工程李创立，1870年代开始招收其他劳动者。1879年，宾夕法尼亚斯克兰顿（Scranton）的机械工人和市长特伦斯·V.鲍德利（Terence V. Powderly）当选为骑士团大团长。在他的领导下，骑士团成员数量迅速增长，于1886年达到峰值730 000。与大多数手工艺工会不同，骑士团欢迎非技术工人和半技术工人，包括女性、移民和非裔美国人（但仍将中国劳动者排除在外）。

骑士团试图避免黯淡的未来，他们相信建立唯利是图的工业资本主义预示着工业主义的未来。他们意图通过建立互相合作的社会消除工人和管理层之间的矛盾，在这样的社会中，工人而非资本家拥有工厂、矿场和铁路。鲍德利辩称，这一目标"最终将令每个人成为自己的主人——每个人成为自己的雇主"。这种合作概念虽然理论上很诱人，但是却是不可能达成的，因为雇主操纵着经济杠杆，可以轻而易举地将试图建立自己企业的工人通过投资挤出市场。罢工为达成立竿见影的目标提供了一种手段，但是鲍德利和其他骑士团领袖辩称，罢工会将注意力从长期合作社会的目标转移，而且会使工人们失去的比得到的更多。

然而，部分骑士团成员支持激进的行动。1886年，骑士团要求西南部铁路公司提供更高薪酬并承认工会。铁路巨头杰·古尔德（Jay Gould）拒绝谈判，得克萨斯开始罢工，接着扩散到堪萨斯、密苏里和阿肯色。当暴力愈演愈烈时，鲍德利与古尔德进行会晤，暂停罢工，希望能协商解决。但是古尔德拒绝让步，最后骑士团放弃了。激进的手工业工会恼怒于鲍德利的妥协，开始抛弃骑士团，自信他们靠自己可以争取到更多利益。

在海马基特暴动（见下）之后，骑士团的成员逐渐变少，尽管该协会及其合作理想在一些小城镇保留了下来，1890年代，它试图与平民主义者（Populists）联手（参见第二十章）。行业公会的专门利益代替了骑士团基础广泛但常常模糊的吸引力，工人团结的梦想逐渐消散。

海马基特暴动

骑士团在西南部罢工抗议铁路公司的同一年，工会中和工会外的工人们发起大规模支持八小时工作制的罢工。1886年5月1日，在芝加哥，大约有100 000左右工人离开工作岗位投入美国历史上最大的工人游行。他们中包括相信使用暴力颠覆所有政府的无政府主义者。芝加哥警察都被动员起来去维持秩序，他们害怕欧洲激进分子将暴力传统移植到美国，尤其担心在大规模的麦考米克（McCormick）收割机厂的罢工工人。这一天平静地度过，但是两天后，警察突袭了工厂附近的一个地区，工会成员和非工会罢工破坏者之间发生冲突，导致两个工会成员身亡，数人受伤。

第二天傍晚，工人们聚集在芝加哥市中心附近的海马基特广场（Haymarket Square），抗议警察施暴。当一队警察走近集会时，一颗炸弹发生爆炸，致使7人死亡，67人受伤。作为回应，当局大规模逮捕无政府主义者和工会成员。最终庭审宣判爆炸中的8名无政府主义者有罪，尽管他们的犯罪证据疑点重重。4人被处死，1人在监狱中自杀。其余3人于1893年被伊利诺伊州长约翰·P.奥尔特盖尔德（John P. Altgeld）赦免，他相信这些人是陪审团"恶意诽谤攻击"的牺牲品。奥尔特盖尔德因此被资本家们谴责为无政府主义者的朋友，他发现自己的良心行为毁了他的政治生涯。

海马基特爆炸和1877年铁路罢工一样，增加了对工人不满和激进主义的恐惧。海马基特出现了无政府主义者和社会主义者，其中许多人出生于国外，他们造成了一种感觉，即公民领袖必须快速行动来阻止社会动乱。为了保护自己的利益，芝加哥个人捐助者在该市附近协助建立了一个军事基地。

在其他地区，政府加强警力和兵工厂。雇主协会、同业制造商联盟通过分享不能雇佣的工会活动家名单来应付工人斗争，并且雇佣私家侦探保护公司财产，镇压罢工。

美国劳工联合会

美国劳工联合会在1886年的动荡中产生，成为重要的工人组织。美国劳工联合会是全国行业公会的联盟，拥有140 000成员，其中大多是技术工人。在雪茄工人工会（Cigar Makers' Union）的前领袖塞缪尔·冈珀斯（Samuel Gompers）的领导下，避免了骑士团和无政府主义者的理想主义，而是迫切要求实实在在的目标：更高的薪酬、更短的工作时间、集体谈条件的权利。冈珀斯出生于英国的德裔犹太家庭，在与流亡社会主义者的交往中发展出对工会主义的执着，但是他更多的是一个实用主义者，而不是个激进派。与骑士团相反，冈珀斯和美国劳工联合会接受资本主义，不过致力于在体制内改善工作条件。

美国劳工联合会的成员工会在自己的技术领域保留自治，但是试图发展出一种适合所有成员的政策。这一全国组织要求下属的工会雇用组织者发展成员，它还收取费用成立基金，用于帮助罢工的成员。美国劳工联合会避免党派政治，而是紧跟冈珀斯的宣言，支持工人的朋友，反对敌人，无论党派。

美国劳工联合会成员至1901年增长至100万，至1917年达到250万，包含111个全国工会和27 000个地方工会。但是由于成员工会是根据行业而非工作地点组织的，它们对招收非技术工人缺乏兴趣。它们也不招收女性。1910年的630万雇佣女性中，只有不到2%隶属工会。男性工会成员坚持女性不应该被雇用，从而为自己排除女性寻找借口。在一个工人领袖看来，"女性不符合雇佣劳动的工作条件……女人的精神和身体构造是不适宜雇佣劳动的。她在和她的父亲、丈夫或者将成为她丈夫的人竞争"。最主要的是，工会成员担心，因为女性的薪酬更低，因此当女性竞争工作岗位时，男性的薪酬会降低甚至会失去工作。不仅如此，男性工人习惯于工种的性别隔离，无法想象和女性并肩工作的情形。

参加工会的工人还将大多数移民和非裔美国人排除在外。许多白种工人害怕这些群体会压制薪酬，但是直截了当的本土主义和种族主义也影响着工会政策。只有少数海外出生的手工艺人担任领袖的行业工会欢迎移民。黑人们在煤矿工人的工会中势力很大，在建筑、理发和码头工人这些行业中部分加入工会，这些行业雇用了大量非裔美国工人。但是他们只能隶属于南方独立的当地工会，

▲ 1886年的海马基特暴动时期是19世纪末工人骚乱中最暴力的时期之一。上图来自《弗兰克·莱斯利画报》（*Frank Leslie's Illustrated Newspaper*），表现了警察用警棍殴打抗议者，工人们四处逃散的情形。冲突发生时，一颗据说是无政府主义者投放的炸弹爆炸，杀死了警察和工人。
图片来源：国会图书馆

大部分北方的美国劳工联合会工会有排外政策。当迫切需要工作的黑人和移民作为罢工破坏者接受工作，代替罢工工人时，固有的偏见加强了。

霍姆斯特德和普尔曼罢工

1890年代初，美国劳工联合会和工人运动遭到了挫折，工人暴力再一次引发公众恐惧。1892年7月，隶属于美国劳工联合会的钢铁工人联合协会（Amalgamated Association of Iron and Steelworkers）在宾夕法尼亚霍姆斯特德拒绝接受减薪，开始罢工。作为回应，卡内基钢铁公司的总裁亨利·C.弗里克（Henry C. Frick）关闭了工厂。不久之后，弗里克从平克顿侦探事务所（Pinkerton Detective Agency）雇用了300名保安保卫工厂，在夜色掩护中用驳船将他们载到目的地。等在莫农加希拉河（Monongahela River）岸边的愤怒工人袭击和赶跑了平克顿保安。州部队进行了干预，5个月后，罢工工人放弃了。在一个并非罢工者的年轻无政府主义者企图暗杀弗里克之后，民意开始反对工会。

1894年，普尔曼汽车公司（铁路客车）的工人们离开工作岗位，抗议芝加哥附近公司城镇的剥削政策。家长式的企业主乔治·普尔曼为以自己命名的所谓模范城镇中的12 000居民提供了几乎一切。他的公司控制着所有土地和建筑、学校、银行、供水及供气系统。该公司支付薪酬，设定房租，监视不满的雇员。正如一个工人抱怨道："我们出生在普尔曼的房子里，吃着普尔曼商店中购买的食品长大，在普尔曼学校中学习，在普尔曼德教堂中受教，死后我们将被埋葬在普尔曼墓地中，下普尔曼地狱。"

普尔曼绝不愿意做的一件事是谈判。1893年当经济衰退时，普尔曼试图通过以减薪25%到40%来维持利润和股息，同时坚持城镇中原有的房租和物价。经济拮据的工人们派了一个委员会向普尔曼抗议他的政策。他的回应是解雇三名委员会成员。被惹怒的工人号召罢工，其中大多数属于美国铁路工会（American Railway Union）；普尔曼通过关闭工厂反击。富有魅力的领袖尤金·V.戴布斯（Eugene V. Debs）领导的工会投票帮助罢工者，拒绝将任何地方的普尔曼车厢挂在任何列车上。普尔曼拒绝仲裁。铁路公司业主协会于是寻求前铁路律师、美国首席检察官理查德·奥尔尼（Richard Olney）的帮助，取得政府禁止令，禁止工会"阻碍铁路运输并拦截邮件"。格罗弗·克利夫兰（Grover Cleveland）总统派遣联邦军队前往芝加哥，名义上是保护铁路运输的邮件，但是事实上是为了粉碎罢工。不到一个月，罢工工人放弃了，戴布斯因为违抗法院禁止令被捕入狱。最高法院支持戴布斯六个月监禁的判决，理由是联邦政府有权合法地解决州际贸易遇到的障碍。

西部的工人暴力

1890年代的西部，组成工会的矿工在西部矿工联盟（Western Federation of Miners，即WFM）的领导下参与了一些特别暴力的罢工运动。1894年，在科罗拉多克里普尔克里克（Cripple Creek），矿主将每日工作时间从8小时上升至10小时，但却没有增加薪酬，矿工们发起罢工，斗争爆发了。当谈判失败后，矿主们组织私兵保护破坏罢工的工人，而矿工们反过来组织了自己的战斗力量。双方战斗了一个星期，直到州民兵在州长戴维斯·维特（Davis Waite）的命令下进行了干预。维特与矿主达成协议，恢复八小时工作制。结果，西部矿工联盟的成员数量增加了，但是雇主反对工会的措施也加强了。

1890年代的爱达荷，联邦军队三次被派遣去抗击罢工的矿工，保护公司财产。1899年，罢工工人在爱达荷沃德纳（Wardner）炸毁邦克山采矿公司（Bunker Hill Mining Company）的建筑后，士兵们逮捕了镇上所有的男性，州长弗兰克·斯图恩贝格（Frank Steunenberg）颁布戒严令。1905年，卸任的斯图恩贝格在住宅外被暗杀；有人推测是西部矿工联盟出于报复目的杀害了他。平克顿侦探詹姆斯·麦克帕兰德（James McParland）的调查最后导致西部矿工联盟秘书—财务主管威廉"大比尔"·海伍德（William "Big Bill" Haywood），一个强壮的独眼激进分子，和其他两名西部矿工联盟的官员被捕。1907年海伍德被指控谋杀，著名的辩护律师克拉伦斯·达罗（Clarence Darrow）反驳了一个关键证人的证词，他的辩护使海伍德被宣判无罪。

世界产业工人联合会

1905年，在这些事件和其他事件刚发生时，反叛的工会成员组织了一个全新的激进工人组织——世界产业工人联合会（Industrial Workers of the World，即IWW）。世界产业工人联合会和美国劳工联合会不同，却类似工人骑士团，致力于团结被行业工会排除在外的所有种族的所有工人。该协会的口号是"伤害一人就是伤害所有人"，其目标是"一个大工会"。但是被称为"工会会员"（Wobblies）的世界产业工人联合会成员支持暴力和阴谋破坏，突破了骑士团的策略底线。他们欢迎阶级矛盾话语和社会主义意识形态，会员们相信工人们可以控制和运作国家的工业。比如海伍德、伊利诺伊煤矿工会组织者玛丽·"母亲"·琼斯（Mary "Mother" Jones）、被称作"工人运动的贞德"的激情演说家伊丽莎白·格利·弗林（Elizabeth Gurley Flynn）、意大利激进分子卡洛·特雷斯卡（Carlo Tresca）、出生于瑞典的组织者和歌词作者乔·希尔（Joe Hill）领导了一系列引发斗争的罢工。抗议游行在宾夕法尼亚的钢铁业城镇麦基斯洛克斯（McKees Rocks，1907）、马萨诸塞州劳伦斯德纺织厂（1912）以及西部伐木和采矿营地中爆发。尽管世界产业工人联合会会员的反资本主义目标和野心勃勃的策略引起了民众的广泛关注，但是该组织在第一次世界大战中崩溃，当时联邦政府的迫害导致许多领袖入狱，而且成员受到了当地警力残暴的骚扰。

女性工会成员

尽管女性一般被排除在工会之外，但是一些女性雇员像男性一样奋力组织反抗雇主。国际女性制衣工协会（International Ladies' Garment Workers' Union，即ILGWU）的男性和女性移民成员于1909年发起的纽约市"两万人起义"（Uprising of the 20 000）罢工，是当时全国规模最大的罢工之一。女性在马萨诸塞州劳伦斯的1912年纺织工人"面包与玫瑰"（Bread and Roses）罢工中非常活跃。女性行业公会成员数量在1910年代增长很快，但是男性垄断了全国领导地位，即使在拥有庞大女性劳动力的行业中也是如此，比如服装、纺织、靴子和鞋子制造业。

然而，女性实实在在主导着一个工会：国际电气工人兄弟会话务员分部（Telephone Operators' Department of the International Brotherhood of Electrical Workers）。该组织于1912年成立于波士顿，这一工会在美国垄断电话公司和最大的女性员工雇主——贝尔公司中广为扩散。为了促进大多为年轻女性的成员之间的团结，工会领袖组织舞会、短途旅行和义卖活动。他们还赞助教育项目，提高成员的领导技能。该工会主要专注于工作场所问题。旨在提高话务员的自尊和独立性，该公会抵制科学管理技术和监管严格化。1919年，几个好战的工会分支使五个新英格兰州的电话服务瘫痪，但是该工会在1923年新英格兰的一次失败罢工后瓦解。

一个致力于促进劳动妇女利益的重要组织是全国妇女工会联合会（Women's Trade Union League，即WTUL），该协会成立于1903年，以英国一个类似组织为蓝本建立。全国妇女工会联合会力图通过立法改善工作条件，降低工人的工作时间，资助教育活动，倡导女性选举权。它帮助话务员组织自己的工会，1909年，它支持国际女性制衣工协会的反纽约市血汗工厂大规模游行。一开始全国妇女工会联合会的最高职务都由同情女性打工者的中产阶级女性担任，但是1910年代控制权落入有力的工人阶级领袖手中，其中最广为人知的是手套工人艾格尼丝·耐斯特（Agnes Nestor），制帽工人萝丝·施耐德曼（Rose Schneiderman），以及制鞋工人玛丽·安德森(Mary Anderson)。全国妇女工会联合会提倡将学徒项目开放给女性,这样她们就可以进入技术行业,并且培训女性工人担任领导职务。它是工人运动和1920年代女权运动之间的关键桥梁。

工薪阶层的经历

南北战争之后半个世纪中翻天覆地的工人斗争让人很容易忘记,美国工薪族中其实只有一小部分隶属于工会。1900年,2 760万工人中,只有100万人加入了工会。至1920年,工会成员数增加到500万,但是仍然只占劳动力总数的13%。工会组织在建筑业、运输业、通信业中很强,但是在制造业中渗透程度较浅。对于许多工人来说,获得和留住一份工作比起讨要更高的薪酬和争取更短的工作时间更重要。工作不稳定性和淡旺季特点严重地阻碍了工会组织的努力。很少有公司全年雇佣满额劳动力;大多数雇主在旺季雇佣工人,在淡季裁员。1880年人口统计显示,在一些社区中,30%成年男性在前一年部分时段中没有工作。不仅如此,工会组织者对于许多产业工人群体没兴趣,并且有意地将一些人排除在外。

未加入工会的数百万男性、女性和儿童以自己的方式尽可能适应机器时代的压力。越来越多人,本土人和移民,加入兄弟会,如波兰罗马天主教协会(Polish Roman Catholic union)、非裔美国有色人种荣誉兄弟姐妹会(African American Colored Brotherhood and Sisterhood of Honor)以及犹太协会(Jewish B'nai B'rith)等。这些在20世纪初广泛传播的组织以小额月金或年金的代价,为成员提供人身保险、疾病救济和丧葬费用。

因此,对于大部分美国工人来说,机器时代有利有弊。工业报酬在1877年至1914年间提升了,尽管极少达到慷慨的程度,却大大促进了购买力,为标准产品创造了巨大的市场。然而,1900年大多数雇员每周工作60小时,技术工作的时薪20美分,非技术工作时薪更只有10美分。而且工人们发现,哪怕薪酬在增加,生活成本增加得更快。

生活水平

一些美国人,比如沃特敦制模工人,不信任将他们当作机器的体制,但是很少有人能够否认专家们的主张,工业体系提高了日常生活水平。铁路、邮政和电话服务的扩张将曾经孤立的社区拉入了消费社会的轨道。美国创造力与批量生产以及大规模市场营销结合起来,使许许多多原本不存在或者只有有钱人才能享受的产品进入千家万户。结果,美国人的食物、服装和居住条件比过去任何时候都好。新的物质享受以罐头食品、成衣和家用设备为标志,有着双重效应。它将美国人纳入消费社会,不是由居住地区而是由财产界定身份,它也强调了那些能够负担商品和服务的人和无法负担的人之间的差异。

日常奢侈品

假如一个社会的繁荣程度是通过该社会将奢侈品转变成日常用品的程度来评估,那么美国在1880年至1920年之间的确变得富裕了。1880年,只有佛罗里达、得克萨斯和加利福尼亚的居民可以享用新鲜橙子,烟民自己卷香烟,人们在家里制作糖果和肥皂。至1899年,制成品和易腐败的食品越来越常见。那年,美国人以每千人消费一百箱的速率消费橙子,购买了20亿根机器生产的卷烟,平均每人在商店贩售的糖果上花费1.08美元,在成品肥皂上花费63美分。至1921年,这一转变更进一步。美国人那年消耗了430亿根卷烟(平均每人403支),平均每千人食用248箱橙子,人均糖果消费1.66美元,肥皂消费1.40美元。

人们能负担什么产品显然取决于他们的经济来源和收入。这一时期的数据显示,收入大范围上升。在社会顶端,扩张的经济产生巨额财富,造就了新兴实业精英阶层。1891年的一篇期刊文章估计,120个美国人身价至少1 000万美元(换算到今天为25 000万美元)。至1920年，全国人口中最富裕的5%获得接近所有收入的1/4。中产阶级的收入也增加了。比如，白领员工的平均薪酬在1890年至1910年之间增长了36%(参见表18.1)。1900年，联邦执行部门的员工平均年薪是1 072美元，而大学教授则是1 100美元(换算成现代货币大约是30 000美元)——总额并不特别高，但是比体力劳动者获得的收入高得多。中产阶级的数量随着新工作机会的增加而上升，他们以这样的收入可以负担得起相对舒适的居住条件。一栋六到七个房间的住宅售价或造价大约3 000美元(大约相当于现在的70 000美元)，租金从每月15美元到20美元不等(大约相当于现在的400到500美元)。

尽管实业雇员的时薪增加了，但是工人们将不成比例的绝大部分收入用于购买生活必需品。工厂工人的年薪上涨了大约30%，从1890年的486美元(大约相当于现在的12 000美元)上升至1910年的630美元(大约相当于现在的15 500美元)。在拥有大量女性劳动力的产业中，比如制鞋业，时薪率仍然比男性占主要地位的产业更低，比如煤矿业和钢铁制造业。地区差异也很大。尽管如此，如表18.1显示，大多数报酬呈上升趋势。农业劳动者的收入呈现同样趋势，尽管报酬仍然相对较低，因为农业劳动者通常可获得免费的住宅或居住地。

生活成本

然而，假如生活成本上升同样快，甚至更快，薪酬的增长就几乎没有意义。这就是现实情况。几乎没有劳动阶层岗位的收入上涨跟得上物价。一个典型的工薪阶层四口之家每周的生活成本从1889年至1913年上升了47%。因此，住宅、食品和其他商品在1889年每周需花费68美元，1890年代中期略有下降，到1913年涨至100美元。

那么，工薪阶层美国人如何能负担得起机器时代的商品和服务呢？许多人无力负担。一个纺织厂工人的女人回忆自己学生时代的日子，讲述道"一些孩子带着巧克力上学，另一些带着橙

表18.1 美国生活水平，1890—1910

	1890	1910
收入和工资		
年收入(美元)		
职员	848	1 156
公立学校教师	256	492
实业工人	486	630
农业劳动者	233	336
时薪		
烟煤矿工	0.18[a]	0.21
钢铁工人	0.17[a]	0.23
制鞋工人	0.14[a]	0.19
造纸工人	0.12[a]	0.17
劳动者数据		
劳动力总人数	2 850万	4 170万[b]
制造业每周平均工作时间	60小时	51小时

a, 1892年
b, 1920年

子……我猜他们的家庭比我们富裕。我的父亲曾经在每个发薪日买一袋糖果和一袋花生……这就是我们直到下一个发薪日的零食"。另一个女人解释她的家庭如何想方设法适应高昂的物价和低微的薪酬："我们的衣服都是母亲做的。那时候的人们常穿旧衣服。我的母亲会把旧衣服拆开重新缝制。"

家庭收入的补充

尽管如此，家庭可以通过送孩子和妇女加入劳动市场(参见第494—496页)来提高收入，适当地参与消费。一个家庭主要支柱年收入600美元的家庭中，其他家庭成员也许可以把家庭总收入提高到800至900美元。许多家庭还将房间出租给房客和租客，每年的房租收入可达200美元。这些增加家庭收入的手段让人们能够购买重要的服务。1889年到1901年之间，劳动阶层家庭大幅提高人身保险和丧葬保险，以及新娱乐活动的支出(参见第十九

章）。工人们因此可以提高自己的生活水平，而不必做出牺牲。

前所未有地，美国劳动人民生活在高度发达的金钱经济中。在1890年到1920年间，劳动人口增加了50%，从2 800万工人增加到4 200万。然而，这些数字是误导人的，因为它们不仅代表着可获得工作岗位数的增加，还代表着工作性质的变化。在19世纪占主流的乡村家庭中，女性和儿童完成对一个家庭的日常生活至关重要的家务——烹饪、清洁、种植和收获——但是这些工作很少出现在就业数据中，因为它们不会产生报酬。当美国经历工业化时，农业占国家总收入的比例下降了，有偿雇用变得更常见。城市工业和商业中的工作更容易界定，也更容易计算。工作的美国人的比例——无论是在田间、家中、工厂中还是办公室里——很可能并没有大幅增加。大多数美国人，无论男女，其实一直都在工作。真正前所未见的是有偿雇用的增加，这使消费产品和服务的购买更容易承受。

更高的生活期望

科学和技术解决了一些生活难题，它们对生活水平的影响在1900年之后得到了加强。医学进步、更好的膳食、提升的居住水平，大幅降低了死亡率，延长了寿命。在1900年至1920年之间，预期寿命提高了整整六年，而死亡率下降了24%。值得注意的是伤寒、白喉、流感（除了1918年和1919年的严重流感）、肺结核和肠道疾病造成的死亡率大幅下降——而这些疾病是前几代人的灾难。然而，死于癌症、糖尿病、心脏病的人数大大增加，衰老人口的苦难和新环境因素，比如烟尘和化学污染也大大增加了。美国人还发现了更多造成死亡的手段：尽管自杀率保持稳定，但是谋杀和与汽车相关的死亡数大幅上升，这些是快节奏都市社会带来的后果。

便利设施和奢侈品不仅比前半个世纪更容易获得，出人头地的途径似乎也更触手可及。尽管旧时的不平等仍然持续着，种族、性别、宗教和民族仍然影响着机会的分配，教育越来越成为成功的关键。新学校建设和要求14岁以下的孩子在学校学习的法律通过后，公共教育让年轻人准备好争取比父辈更高的生活水平。1890年到1922年之间，进入公立高中的学生数量大幅上升，尽管根据当今的标准，年轻人的毕业率仍然很低——1920年是16.3%，而1890年只有3.5%。服务行业中管理和销售岗位的产生帮助对抗向下流动的趋势，因为机械化造成的结果致使技术工人失去了自己的手艺。而机械化带来的产品量产意味着连工人们都发现生活变得更便利了。

抽水马桶和其他发明

生活方式革命中的先驱包括抽水马桶。1870年左右英国人发明的锁链拉动抽水厕所于1880年代进入美国。1900年后不久，抽水马桶出现了；多亏了批量生产的镀珐琅金属装置，抽水马桶在美国家庭和大楼中普及。价格低廉安装简便，抽水马桶改变了生活习惯和态度。在1880年之前，只有奢侈酒店和富人家庭中有私人室内浴室。至1890年代，疾病的微生物理论引起了对于随意处置的人类粪便作为感染源和水源污染源的恐惧。中产阶级美国人比欧洲人迅速得多，他们将对清洁的渴望与对便利的迫切需求结合起来，开始在他们的都市住宅中安装抽水马桶。至1920年代，抽水马桶在许多工人家庭中也流传开来。身体活动呈现出令人不快的形象，家庭浴室成为终极的私密场所。爱德华（Edward）和克拉伦斯·司各特（Clarence Scott）制造了一种卷在打孔纸卷上的白厕纸，为美国人提供了比原来使用的粗糙厕纸更舒适的替代品。因此更便利的设施普及开来，民主化伴随着批量生产和消费主义到来。

罐头也改变了生活方式。在19世纪中叶之前，美国人基本上只吃当季的食物。晒干、烟熏和腌制可以短时间保存肉类，但是新鲜肉类和乳制品的供应很有限；没有任何办法可以防止变质。1810年，一个法国发明家研发出罐头烹饪和密封的生产流

城市人口创造出鼓励水果和蔬菜农民增加产量的需求。冷藏列车使种植者和肉类包装者可以将易腐败的食物运送到更远的地方,并且储存更长时间。至1890年代,北方城市居民可以享用南方和西部的草莓、葡萄和番茄,每年长达几个月。家用冰箱使中产阶级家庭能够储藏易腐败食品。商业制冰的渐变方法在1870年代发明了出来,至1900年美国拥有两千家制冰工厂,大多数专门生产家用冰块。

膳食改革

新食品的出现同样鼓舞着健康倡导者改革美国膳食。1870年代,密歇根巴特尔克里克(Battle Creek)西部健康改革协会(Western Health Reform Institute)的营养学家约翰·H.凯洛格(John H. Kellogg)开始为病人提供健康食物,包括花生酱和麦片。几年之后,他的兄弟威廉·K.凯洛格(William K. Kellogg)发明了玉米片,另一位营养学家查尔斯·W.波斯特(Charles W. Post)引进了葡萄—坚果,改革了早餐,将传统的鸡蛋、马铃薯和肉类替代成直接食用的谷物,一般认为这种膳食更健康。像爱迪生和福特一样,波斯特相信广告的力量,他亲自为产品撰写广告。他的公司成为全国增长最快的企业之一。

其他发展也影响着人们料理和食用食物的方式。第一次世界大战前夕,科学家们发现了维生素A和B的膳食价值(C和D是后来发现的)。越来越多烹饪书籍和烹饪学校的开设反映了人们对于食物的健康和美味潜力越来越感兴趣。在1876年成立的伯皮公司(Burpee Company)的帮助下,都市庭院中的家庭花园也变得更容易料理,该公司把花卉和蔬菜种子寄给通过邮购目录订购的园艺师——就像他们从西尔斯和罗巴克订购产品一样。

和过去一样,最贫困的人仍然食用富含淀粉和碳水化合物的廉价食物。比如,南方纺织工人几乎每天食用玉米粥和猪背肥肉(猪后背上的一条肉)。贫困的城市家庭很少能吃得起肉类。不过,现在他

▲ 有着水池、浴缸和抽水马桶的现代浴室标志着美国生活标准常被忽视却值得注意的一个特点。它改进了个人卫生习惯,增加了家庭用水量,改变了污物处理的方式,并且占领了一个全新而私密的家庭空间领域。

图片来源:图像研究顾问和档案

程,1850年代,一个叫作盖尔·柏顿(Gail Borden)的美国人发明了一种浓缩和保存牛奶的方法。罐头产品和浓缩牛奶的销售在1860年代开始增长,但是处理一些食物很难,而且罐头必须手工制作。1880年代,技术解决了生产问题。发明家们发明出削果皮和蔬菜皮的削皮机器,以及用锡片批量生产罐头的冲压和焊接机器。现在,连距离市场非常遥远的人,如水手和牛仔,也可以随时享用番茄、牛奶、牡蛎和其他代替原本单调饮食的食物。家庭主妇把食物用密封玻璃罐"包装"起来,储存自己的水果和蔬菜。

其他潮流和发明也拓展了美国膳食。增长的

们中许多人可以购买原本买不到的水果、蔬菜和乳制品。工人们不得不把大部分收入用于购买食物——几乎占家庭主要工作者收入的一半——但是他们再也不会遭受其他发展中国家人们的那种严重营养不良。

成衣

正如罐头和冰箱使许多食物更常见，缝纫机和标准尺寸点燃了服装革命。缝纫机是欧洲人发明的，不过19世纪中叶由美国人小伊莱亚斯·豪尔（Elias Howe Jr.）和艾萨克·M.辛格（Isaac M. Singer）进行了改良，使服装和鞋类制造变得更方便。南北战争时期对军装的需求使成衣（与定制相反）行业迅速发展，至1890年，机器制造的服装零售销售额达到了15亿美元。批量生产使制造商可以以相对低廉的成本生产出优质服装，并且制定标准化的尺寸来适应不同的身材。至1900年，只有最贫困的家庭无法负担"成品"服装。裁缝和女裁缝降级成修补工。许多女性为了省钱或者当作一种爱好继续在家中做衣服，但是用于缝纫机的商业服装纸样简化了家庭制衣过程，把另一种标准化形式注入日常生活中。

批量生产的服装改变了服装风格和品位。保守的维多利亚设计仍然占领着女性时尚潮流，但是女性开始抛弃最繁复的特点。当女性开始更积极地参与工作和休闲活动，服装设计师们开始更注重舒适度。1890年代，袖子和裙长线开始后退，而高耸的领子也消失了。女性开始穿着工厂中制造的称作"衬衣式连衣裙"的合身衬衣。为了舒适，设计师使用更少面料；至1920年代，一条裙子只需要3码布，而不是原先的10码。小巧玲珑成为理想的身材标准：最理想的腰围是18到20英寸，而束身衣成了畅销品。在1900年代初，长束在颈后是最流行的发型。至第一次世界大战，许多女性在医院和工厂中工作，因此更短的发型也被人们接受了。

男装也变得更轻便和时髦。在1900年之前，中产和较富裕的工薪阶层的男性拥有两套西装：一套用于礼拜日和特殊场合，另一套则用于日常穿着。然而，1900年之后制造商开始用各种不同重量的面料生产适合不同季节的便宜服装。男人用毛毡帽代替圆顶礼帽，用软领子和软袖口代替硬领和硬袖口；沉稳的深蓝色哔叽呢让位于色彩更明快、肌理更复杂的织物。劳动阶层男性仍然需要耐久而便宜的工装、衬衣和鞋子。但是即使对收入微薄的男性来说，服装也变成了一种可以购买而不必由妻子和母亲制作和改制的东西。

百货商店和连锁店

百货商店和连锁店帮助缔造和服务于这种新兴的消费主义。在1865年至1900年之间，纽约的梅西百货（Macy's Department Store）、费城的马歇

▲ 消费品制造商使用丰富色彩、宏大场景和幻想的画面向购物热情高涨的公众推广他们的产品。这幅广告来自早餐食品制造商W.K.凯洛格公司（W. K. Kellogg Company），广告展现了使用年轻女性抓住注意力的手段，这一手段后来变得越来越普遍。

图片来源：图像研究顾问和档案

尔·菲尔德（Marshall Field）以及旧金山的百货商场（Emporium）成为都市地标。此前，工薪阶层在存货有限的商店中购买产品，而更富有的人们则光顾精品店；价格、产品质量和社会习俗不鼓励双方在彼此的领地消费。现在，公开展示服装、居家用品和家具的百货商店——这些产品都有大量存货，任何出得起价的人都能随心所欲购买——导致了一场经营革命。它们不仅提供丰富的选择，而且提供送货到家、退还政策和赊账服务。

与此同时，1859年建立的大西洋茶叶公司（Great Atlantic Tea Company）成为第一家连锁杂货店。1869年更名为大西洋及太平洋茶叶公司（Great Atlantic & Pacific Tea Company，最终称为A&P），该公司大量批发产品，然后低价出售给公众。至1915年，全美有1 800家门店，接下去的十年中又建立了另外1 200家。其他连锁店，比如沃尔沃斯（Woolworth）的折扣商店，出售便宜的个人用品和小商品，在同一时期快速发展。

广告

一个物质匮乏的社会不需要广告：当需求超过供应时，生产商无论销售什么都不担心卖不掉。但是在一个物质越来越充裕的社会中，比如工业化的美国，供应常常超过需求，这使创造和增加需求的手段变得必要。广告承担起这一功能。1865年，零售商在广告上花费大约950万美元；这一数字至1900年达到了9 500万，至1919年达到了近5亿。

19世纪末，大量生产消费产品的公司雇佣广告人建立"消费社团"，即由忠实于某个品牌的消费者组成的团体。1881年，国会通过了一部商标法，允许生产商注册和保护品牌商标。成千上万的企业注册各种各样的丰富产品，如海尔斯根汁汽水（Hires Root Beer）、尤尼达饼干（Uneeda Biscuits）以及卡特通便丸（Carter's Little Liver Pills）。广告代理——由费城的艾耶父子广告公司（N. W. Ayer & Son）开创的服务——为希望赢得品牌忠诚度的公司提供建议。报纸成为广告的主要工具。19世纪中叶，出版商开始通过出售更多广告空间追求更高回报。沃纳梅克百货公司（Wanamaker）于1879年发布了第一个整版广告，广告人开始使用大幅图片和精美的产品插图。这种吸引注意力的技术把广告变成了新闻。人们史无前例地通过阅读报纸知道有什么东西在售，而不仅是发生了什么事件。

户外广告牌及霓虹灯开始和报纸竞争重要推销工具的地位。都市高楼、火车站和公路旁的广告牌推广吉列剃须刀、箭牌口香糖和百威啤酒等产品。1890年代中期，霓虹灯使广告牌更生动和引人瞩目。商业区在一个评论者所说的"动态、活动、生命、光的介质，强迫注意"下，欣欣向荣。纽约市百老汇闪亮的霓虹灯——包括绿灯泡组成的45英尺高的亨氏腌制食品和让人目眩的剧院大棚——使这条街被贴上了"伟大白昼之路"（the Great White Way）的标签。很快，"告示"牌被装置起来，语句在布告牌上移动，用各种颜色放送新闻和广告文案。美国人现在已经拥有了多种多样诱人的消费吸引手段。

企业合并运动

新产品和新的营销技术都不能掩盖美国经济中不稳定的因素。新技术所需的巨额资本投资要求工厂在接近产能极限的条件下运作，以覆盖成本。但是投入生产的制造商越多，他们就越需要扩张产品的市场。为了增加销售量，挤垮竞争者，他们不得不打广告和降低售价。为了弥补广告和低价的成本，他们进一步扩大生产，并常常降低薪酬。为了扩张，他们通过出售股票和向商业银行、储蓄银行、保险公司和投资公司贷款来筹措资本。为了偿还贷款，奖励股东，他们不得不生产和销售更多的产品。这一螺旋上升过程扼杀了许多无法跟上脚步的小公司，使工人们陷入持续的不安中。类似的循环同样让商业、银行业和运输业岌岌可危。

在无限制扩张的环境中，只要有任何迹象表明债务人可能无力偿还债务，乐观主义就会分崩离析。经济衰退以痛切的频率时有发生——1873、

▲ 这家位于芝加哥的19世纪百货商店提供各种产品和服务,比如处方药、肉类、家具、贷款、医疗帮助和餐厅,象征着消费主义带来的全新便利生活。它甚至建造了一个喷泉,成为容易辨认的约会地点。

图片来源:芝加哥历史协会

▲ 广告发展成19世纪末的一个强大媒介，使用清晰或者含混的家庭场景强调妻子作为主妇的角色。这幅广告暗示一个无私奉献的妻子充满爱意地承担缝纫和修补衣服的工作，一个强大而高傲的丈夫指引她承担自己的职责。

图片来源：国会图书馆

1884、1893。商业领袖对于什么因素导致这些收缩存在分歧。一些人谴责过度生产，另一些人指向消费不足，还有一些人谴责松懈的信用和投资行为。无论如何解释，商人们开始通过创造越来越严格和大规模的集中组织形式来试图对抗这种兴衰循环的不确定性。

企业的崛起

实业家们从来不质疑资本主义体系。从1800年代初开始，各州放松企业法，鼓励商业和工业，于是他们寻求新的方式来扩大支撑经济增长的基础。在这些法律规定下，几乎任何人都能通过出售股票集资建立公司。股东（投资人）分享利润，而不需承担个人风险，因为法律将他们对公司债务的责任限制在投资数额；他们剩余的个人财产受到保护，即使公司失败，债权人也无权用这些财产来清偿。投资者们也不需要涉足公司的日常运营，公司管理的责任属于经理人。

企业证实为筹集资本推动工业扩张的最佳工具，至1900年，美国所有制造产品中有2/3是由法人企业生产的，比如通用电气和美国烟草公司。1880年代和1890年代，最高法院判决法人像个人一样受到第十四条修正案的保护，这意味着州无权否认法人受法律平等保护，也无权未经司法程序剥夺财产权，企业由此赢得了司法保护。这种判决使企业运营不受政府干扰。

联营和信托

1880年代末到1900年代初，一系列大型联合企业形成，从此占领了美国的经济。一开始，这种联合是试探性和非正式的，主要包含制造同类产品或者提供同种服务的公司之间称作"联营"的（pools）合作协议。通过这类约定，相互竞争的公司试图通过约定各自的产量和分享利润来控制市场。这种"君子协议"在经济环境好、商业机会充足的时候很有效，但是在经济增速放缓时，对利润的渴望常常引诱联营成员私下里降低售价或者超过约定的配额生产。

1879年，约翰·D. 洛克菲勒（John D. Rockefeller）的律师之一塞缪尔·多德（Samuel Dodd）创设了一种更可靠的市场占领手段。多德提议改良一种叫作托拉斯的法律工具，通过引诱或者强制其他同业小公司的股东，把股份控制权"托付"给大公司的信任理事会，让其中一家公司可以控制一个行业。1882年，洛克菲勒用这种方式将自己的公司与其他精炼厂联合，达成了对利润可观的石油产业的横向联合，完全控制同类企业。

控股公司

1888年，新泽西通过法律允许在该地注册的企业拥有其他州其他公司的资产和股票。（托拉斯只提供托管地位,而非所有权。)这一政策放松使控股公司应运而生,这类公司在其他公司拥有部分或全部股权,并且把控股公司的资产(建筑、设备、存货和现金)整合到单一的管理层控制下。在这种形式下,洛克菲勒的控股公司结合了40家此前独立的公司,合并成新泽西标准石油公司(Standard Oil of New Jersey)。至1898年,标准石油公司已经炼制全国石油总产量的84%,控制了大多数油管,并且涉足天然气生产,拥有石油生产资产。为了占领市场,许多控股公司谋求对整个产业所有方面的控制权,包括原材料开采、产品制造和分销。这种纵向联合的模式,将相关生意统一管理,是古斯塔夫·斯威夫特(Gustavus Swift)的芝加哥肉类包装公司的做法。1880年代,斯威夫特投资畜牧业、屠宰场、冷冻车厢和市场营销,以他可以控制的价格出售,确保来自肉类销售的利润。斯威夫特公司(Swift & Company)和标准石油公司通过广泛的运营,将经济触角伸向了全国各地。

合并为产业寻求有序利润提供了答案。在1889年至1903年之间,大约有三百家联合企业形成,其中大多数是信托和控股公司。其他巨型联合企业包括联合铜业公司(Amalgamated Copper Company)、美国炼糖公司(American Sugar Refining Company)和美国橡胶公司(U.S. Rubber Company)。与此同时,这些巨型公司冷酷无情地把成千上万小公司挤出了市场。

金融家

合并潮流创造了一种新型商人,这种商人的职业是提供金融组织,而不是生产具体的产品。精明的投资者寻求企业联合的机遇,成立控股公司,通过出售股票和向银行贷款筹集资金,接着说服生产商将公司出售给新公司。他们的关注点非常分散。W.H. 摩尔(W.H. Moore)组织了美国锡钢片公司(American Tin Plate Company)、钻石火柴公司

▲ 这幅政治卡通将这个信托公司描绘成一只贪婪的章鱼,作者相信洛克菲勒的标准石油公司垄断运用危险的力量,它伸展的触手已经诱捕了国会、州立法会和纳税人,并且正打算染指白宫。

图片来源:国会图书馆

（Diamond Match Company）、国家饼干公司（National Biscuit Company）以及岩石岛铁路（Rock Island Railroad）。类似地，艾尔伯特·H.盖瑞（Elbert H. Gary）参与了带刺铁丝工业和美国钢铁公司（U.S. Steel）的并购。投资银行方面，如J.P.摩根（J.P. Morgan）和雅各布·希夫（Jacob Schiff）引领了并购运动，以其金融力量和组织能力受到尊敬。

企业的发展使股票和债券交易成为经济活动的中心。1886年，纽约证券交易所的日交易量超过了100万股。至1914年，工业股票的数量已经达到了511家，而1869年只有145家。在1870年至1900年之间，美国的经济看似是一种安全而获利丰富的投资，美国企业的海外投资从15亿美元增长至35亿美元。储蓄银行的资产集中在东北部和西海岸（West Coast），在1875年至1897年间增长了700%。这些机构和商业银行以及保险公司一起大量投资铁路和实业。正如一个夸大资本家乐观前景的记者宣称："几乎整个国家（包括典型的孀妇和孤儿）都对股市兴致勃勃。"

财富的福音及其批判者

商业领袖运用企业合并尽可能减少竞争。为了让他们的策略正当化，他们援引社会达尔文主义原则。社会达尔文主义由英国哲学家赫伯特·斯宾塞（Herbert Spencer）发展，由耶鲁大学教授威廉·格雷厄姆·萨姆纳（William Graham Sumner）在美国宣传，这种理论松散地把查尔斯·达尔文的适者生存原则移植到自由主义原则中，即政府不应干涉私有经济事务的原则。社会达尔文主义者提出，在自由市场经济中，财富将自然地流向有能力处理它的人手中。因此财产的获得和拥有是神圣而分所应当的权利。文明依赖这个体系，萨姆纳解释道："假如我们不喜欢适者生存，我们只有一个其他选择，即不适者生存。"以这种观点来看，大企业代表了经济力量的自然聚集，掌握在最适合操纵它的人手中。

社会达尔文主义者还论证道，财富具有道德责任，应帮助那些不那么幸运或者不那么有能力的人。钢铁大亨安德鲁·卡内基主张所谓的"财富的福音"，意味着他和其他实业家是社会财富的守卫者，有责任以人性化的方式服务社会。终其一生，卡内基捐赠超过35 000万美元给图书馆、学校、和平事业以及艺术。然而，这种慈善同样暗示着只有洛克菲勒和卡内基这样的行善者有权利定义什么对社会是好的，是有必要的；它并不意味着向工人们支付体面的工资。

政府对商业的帮助

正如赞美坚毅个人主义的西部创业者在矿业、铁路和农业生意中争取公共补贴，企业合并运动的领袖们也在赞颂独立事业的同时要求政府帮助。他们谴责试图通过立法规定最高工作时长或者规范工厂条件的努力，指责其干扰自然经济法则，但是他们同时又有力地由公共补贴和税收优惠，鼓励商业增长。铁路的补贴（参见第十七章）是这类资助的一种形式。对进口商品征收的关税对美国生产商有利，这是另一种形式。从19世纪初开始运用关税时，实业家们就主张关税保护能鼓励新产品和企业的发展。但是关税似乎也迫使消费者不得不为许多产品支付人为的高昂价格（参见第549页）。

不同的声音

诸如卡内基和洛克菲勒这样的支持者坚称托拉斯和其他大商业形式是经济发展的自然结果，批判者们则谴责这些方式是不自然的，因为它们源自贪婪，限制了机会。这样的谴责从农民、工人、知识分子群体中传出，反映了对垄断的恐惧——由一个强大的公司（比如标准石油公司）主宰某种经济活动（比如石油精炼）。那些恐惧垄断的人们相信，大公司制定价格，压榨员工，通过碾压小公司破坏机会，而且通过腐化政治家威胁民主——所有这一切不仅是不自然的，而且是不道德的。

批判者们相信他们知道一种更好的、更道德的进步途径。至1880年代中期，一些知识分子开始挑战社会达尔文主义和自由主义经济。他们的许多思想发源于自由哲学家兼心理学家威廉·詹姆斯（William James）拥护的实用主义哲学。尽管詹姆斯接受达尔文的进化论，因为它意味着自然是充满变化的，但是他相信人类意志可以改变生存，不受环境左右。对于詹姆斯来说，真理是相对的；假如人类认为某一事物是真的，那么它就是真的。这种实用主义信念意味着社会关系不是如社会达尔文主义者暗示的那样由无法改变的法则所固定的；相反，人类，尤其是被社会选中的那些人，可以带来改变。

社会学家莱斯特·沃德（Lester Ward）在其著作《动态社会学》（*Dynamic Sociology*，1883）一书中表达的观点异曲同工，他主张人类对自然的控制才是文明进步的原因，而非自然法则。只保证适者生存的体制是浪费而残忍的；相反，沃德辩称，政府干预促进的合作活动才是更公正的。经济学家理查德·伊利（Richard Ely）、约翰·R.科蒙斯（John R. Commons）和爱德华·贝美斯（Edward Bemis）都赞成，自然力量应该以公共福祉为目的加以掌控。他们谴责自由主义经济的"不健全的道德"，并且赞扬政府为普通人提供积极帮助。

当学者们为干预自然经济秩序辩护时，亨利·乔治（Henry George）和爱德华·贝拉米（Edward Bellamy）等人的见解质疑美国为什么必须有这么多穷人，同时小部分人则极端富有。乔治是一个只上过七年学但是饱读经济学理论的印刷工。他警醒于与他同阶层的劳动人民的普遍贫困，他开始相信不平等来源于小部分人从上升的土地价值和水涨船高的租金牟利的能力。不像工人获得的薪酬，来自土地所有的财富不需任何生产努力就能获得。为了防止投机牟利，乔治提出用一种针对"不劳而获增值"的"单一税"，以此代替所有税收——因为市场需求增加导致的资产价值上升并非业主自己的努力。乔治在《进步和贫穷》（1879）一书中主张的计划对公众有着巨大吸引力，于1886年差点儿为他赢得了纽约市市长一职。

和接受私有制的乔治不同，小说家爱德华·贝拉米相信竞争资本主义促进浪费。相反，他提出一种由政府掌握的生产手段政治模型。贝拉米在《回溯过去》（*Looking Backward*，1888）一书中勾勒了自己的梦想。这部小说售出超过100万本，它把2000年的波士顿描述成一个宁静的社会，每个人各司其职，而一个仁慈的长老会管理经济。在贝拉米的乌托邦中，一种"手足合作原则"代替了恶意竞争和挥霍浪费的垄断。被他称作"国家主义"的理想激励了国家主义俱乐部在全国各地建立，并且引发人们对政治改革、社会福利措施以及国有铁路和设施的渴望。

反托拉斯立法

很少有人支持贝拉米构想的国有制，但是数个州开始着手禁止垄断和规范商业。至1900年，27个州通过了禁止联营的法律，15个州通过了禁止托拉斯的州宪法条款。大多数是南方和西部的农业州，为了回应来自农业组织的反垄断压力（参见第二十章）。但是州政府缺乏人员和司法支持，无法有效地对大商业采取攻击，而企业则寻找各种途径规避限制规定。看起来似乎只有国家立法才可能奏效。

国会犹豫不决地向这些立法靠拢，但是1890年通过了《谢尔曼反托拉斯法》（Sherman Anti-Trust Act）。该法律由俄亥俄州的参议员约翰·谢尔曼（John Sherman）提出，将"所有以托拉斯或其他形式联合的协议，或者试图限制贸易的阴谋"判定为非法。那些被判违反该法律的人面临着罚款和刑罚，而那些通过非法联合违法犯罪的人可能被起诉三重破坏罪。然而，这一法律故意被模糊和稀释，因为它是由支持商业的东部参议员撰写的。它并没有清晰地界定"限制贸易"，将这些条款的解释权留给法院，而后者当时是商业的盟友。

法官们利用这一法律的暧昧来模糊合理和不合理限制贸易的区别。1895年，联邦政府惩罚了糖业托拉斯（Sugar Trust），因为其拥有全国炼糖产能

录音技术

如今蓬勃的数码录像和音乐下载市场发端于19世纪末技术、化学和人类才智的结合。1877年，托马斯·爱迪生发明灯泡之前，他创造了一种将自己的声音储存在用锡纸做成的缩格中，从而可以保存和回放的技术。一开始，爱迪生希望他的"讲话机"可以帮助商人们保存语音资料。但是1878年，他在竞争对手，电话机的发明者亚历山大·格雷厄姆·贝尔（Alexander Graham Bell）的挑衅下，制作了一个播放录制音乐的留声机，贝尔当时同样在研究录制声音的设备。至1890年代，企业家们开始向听众收费，允许他们从这些机器中听录制的声音。

至1901年，诸如哥伦比亚留声机公司（Columbia Phonograph Company）和维克多留声机公司（Victor Talking Machine Company）这样的公司开始生产播放音乐的机器，音乐录制在一种用蜡化合物制成的圆筒上，比爱迪生过去使用的金属圆筒更耐用。在接下去的十年中，不同的发明家改良了留声机，它可以通过一根唱针（针）在虫漆唱片的沟槽中移动播放音乐。这些技术进步把唱片的播放时间从两分钟增加到四分钟。

留声机唱片现在代替了活页乐谱，成为最流行的流行音乐介质，但是很快，另一个技术奇迹——收音机开始广为流行，帮助推动唱片销售。收音机的普及假如没有另一种电子技术的伟大创造根本不可能发生：麦克风。麦克风可以获得更好的音质，原本需要使用扩音器从演出中捕捉声音，然后把它转换成电流，通过绞合天线，从麦克风传播到无线电站，接着声音被广播出去。当留声机价格下降，音质提高时，市面上的唱片更多了。

1938年发明的惰轮，使留声机转盘能够以唱针精确播放声音所需的速度转动唱片，这带来了重要的进步。不久之后，录音技术中更重要的发明，如磁带录音机，使录音棚中对声音的控制达到前所未有的水平。磁带和速度更慢的转盘延长了播放时间，1963年，荷兰电子公司飞利浦（Philips）带来了压缩盒式录音带。20年后，飞利浦联合日本公司索尼（Sony），改良了一个美国人发明的用来储存录像画面的数码镭射唱片，通过把声音转换成数字序列储存音乐。激光唱片（CD）诞生了，这时距苹果计算机公司（Apple Computer Company）创造iPod不过一步之遥，iPod将CD质量的音乐储存在内置硬盘中。

中的98%，最高法院的九位法官中有八位在"美国诉奈特公司案"中判决对制造业加以控制并不一定意味着控制贸易。根据最高法院的判决，宪法授权国会规范州际商业，但是制造过程（在奈特案中完全发生在宾夕法尼亚）并不属于国会权责范围内。

1890年到1900年，联邦政府在《谢尔曼反托拉斯法》下只判决了18起案件控告成立。最成功的案件包括直接涉及州际商业的铁路。讽刺的是，这一法案使政府拥有了瓦解工人工会的工具：不认为垄断生产是限制贸易行为的法院很乐意将反托拉斯条款用于罢工工会鼓励的抵制行为。

结语

机械化和发明创造将原本只是个发展中国家的美国推入了首屈一指的工业国家行列。至20世纪初，美国工业产值超过了英国、法国和德国的总和。工业增长改变了国家经济，并且让美国不再需要依赖欧洲资本和制造产品。进口商品和海外投资仍然流向美国。但是至1900年，工厂、商店和银行将美国从一个负债的农业国家转变成一个工业、金融业和出口势力。不仅如此，电力、钢铁生产、内燃机引擎和化工的发展不可估量地改变了国内外的日常生活。

但是在工业和农业及矿业中,巨大的规模和野心勃勃的联合吞没了个体,把工作的本质从技术生产者的个体活动转变成工薪阶层从事的批量生产。劳动者们奋起斗争,企图维持对工作的控制,奋起组织工会满足自己的需要。而产品的大量生产缔造了一个基于消费主义、被技术和通信媒体掌控的巨大社会。

执行《谢尔曼反托拉斯法》过程中出现的问题反映了权力分配的不平等。企业联合起来控制资源、生产和政治。劳动者和改革者人数众多,也有一些想法,但是缺乏影响力。他们从技术和批量生产提供的物质成果中获益,但是他们谴责商业获得过多影响力,并且以他们为代价累积巨大利润。在工厂和家庭中,一些人欢庆经济改革,而另一些人则在产业主义的两难处境中挣扎:新的财富积累是否会逐步削弱基于共和主义、民主和平等的共和国?

然而,事实证明工业扩张的脚步几乎不可能停止,因为如此多的人从中获益,无论有权有势者还是普通人。非但如此,新来者涌入美国城市的浪潮更为美国扩张的产能增添了工人和消费者。美国活力的发电机现在位于其都市中心。

扩展阅读

Edward L. Ayers, *The Promise of the New South: Life After Reconstruction* (1992)

Ileen A. DeVault, *United Apart: Gender and the Rise of Craft Unionism* (2004)

Steven J. Diner, *A Very Different Age: Americans of the Progressive Era* (1998)

John F. Kasson, *Civilizing the Machine: Technology and Republican Values in America, 1776—1900* (1976)

Alice Kessler-Harris, *Out to Work: A History of Wage-Earning Women in the United States* (2003)

T.J. Jackson Lears and Richard W. Fox, eds., *The Culture of Consumption: Critical Essays in American History, 1880—1980* (1983)

David Montgomery, *The Fall of the House of Labor: The Workplace, the State and American Labor Activism, 1865—1925* (1987)

Jeffrey Sklansky, *The Soul's Economy: Market Society and Selfhood in American Thought, 1820—1920* (2002)

第十九章

城市生活的活力和混乱，1877—1920

▼ "胡迪尼的脱逃表演"，在纽约百老汇和第四十六大街的高处，哈里·胡迪尼（Harry Houdini）这位世界闻名的美国移民脱逃艺术家，穿着束身衣被倒挂着。人们屏息凝望，想知道他是否可以脱逃。胡迪尼的表演代表着新人群、繁忙的城市、大众娱乐和对自由的追求，也表现了19世纪末20世纪初美国社会的特征。

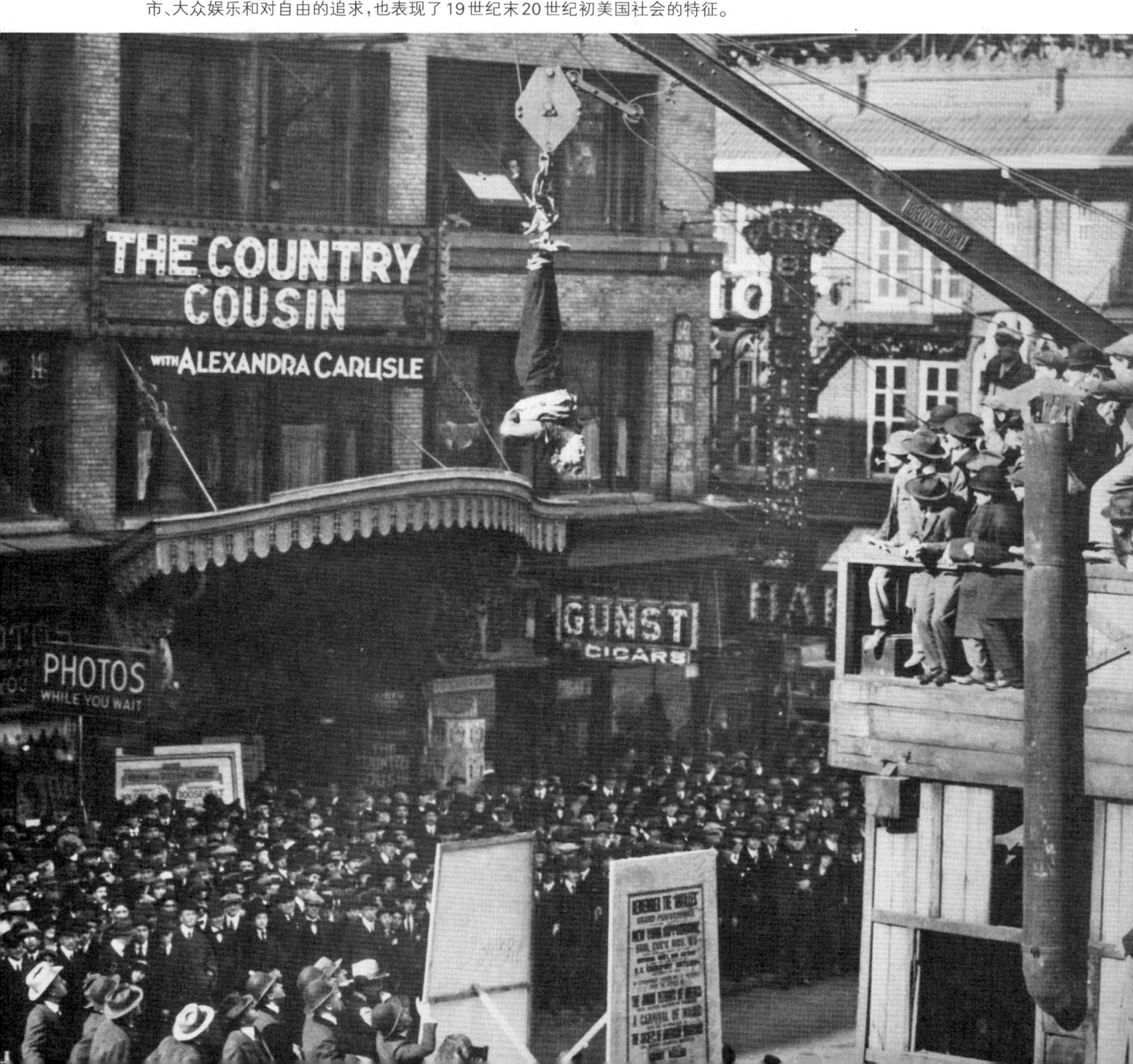

515　　街上的人群紧张地向上张望，纷纷倒抽了一口冷气。他在那里！身穿紧身衣，倒挂在纽约时代广场的上空。突然他开始剧烈地扭动。短短几秒钟时间他就挣脱了束缚，展开双臂头朝下地鞠了一躬。安东尼·科姆斯多克哈里·胡迪尼以身涉险，然后逃脱。同样的事情胡迪尼已经做过好多次，他用惊心动魄的卓绝技艺满足了大众对悬疑、勇气和娱乐的渴望。

章 节 大 纲
现代城市的发展
城市社区
内城的生活状况
管理城市
昨日重现　街道清洁和城市改革
家庭生活
新的休闲和大众文化
放眼天下　日本棒球
人民与国家的遗产　儿童和量产玩具
结语

哈里·胡迪尼的一生从象征和实际意义上来说都是逃脱艰难困苦和不公命运的缩影。他在1874年生于匈牙利，原名埃里希·韦斯（Erich Weiss），他和他的家人于1878年移民至威斯康星州。埃里希的父亲失去了拉比（犹太传教士）的工作后，全家人再次迁徙，这次他们来到纽约市寻找机会，他们一开始生活在寄宿处。埃里希和他的父亲在一家领带厂找到了工作，但是1892年他的父亲去世时，这个年轻人打算离开工厂，成为一个表演者。在默默无闻地当了几年魔术师后，埃里希发现自己具有幻术师和逃生艺术家的天赋。他改了名字，把自己重新塑造成哈里·胡迪尼，这个姓氏来自一位法国魔术师，胡迪尼成为美国最迷人的表演者之一。

至1900年代初，"伟大的胡迪尼"已经成了杂技表演中的特色演出环节，为人们提供了一种全新的都市娱乐形式。他的特长是从复杂而危险的束缚中逃脱：绳索、镣铐和上锁的容器。像托马斯·爱迪生和亨利·福特一样，胡迪尼不仅技巧娴熟，而且极富自我宣传才能，他用色彩鲜艳的海报和传单宣传自己的演出。大约1913年，胡迪尼演出了他著名的"中国水牢"逃生表演，他把自己用绳索捆绑起来，颠倒悬挂在玻璃和钢铁做成的灌满水的柜子里，然后顺利逃脱。在这些逃生表演中，胡迪尼用非同寻常的方式控制自己5.5英尺的身躯，把镐和钥匙隐藏在隐蔽处，在扭曲和伸展身体的时候拿到这些工具。尽管他在表演中无数次死里逃生，但是却无法逃脱1926年夺去他生命的腹部感染。

年表

1867	第一部管制公寓住宅的法律在纽约州通过
1870	1/4美国人生活在城市中
1871	全国职业棒球俱乐部联盟（National League of Professional Baseball Clubs）成立
1880年代	来自东欧和南欧的"新"移民开始大批涌入美国
1883	布鲁克林大桥竣工
1883	普利策买下《纽约世界报》（New York World），缔造了重要的黄色新闻出版物
1885	安全自行车诞生
1886	首家票据交换所在纽约开业
1889	爱迪生发明电影和观影设备
1890年代	电车替代了公共马车
1893	哥伦比亚博览会在芝加哥开幕
1895	赫斯特（Hearst）买下《纽约日报》（New York Journal），成为另一家流行黄色报刊
1898	北卡罗来纳的威明顿（Wilmington）发生种族暴乱
1900—1910	移民热到达顶点
1903	第一届世界杯棒球赛中，波士顿打败匹兹堡
1905	美国国家大学体育协会（National Intercollegiate Athletic Association，即NCAA）的前身校际体育协会（Intercollegiate Athletic Association）成立，重塑了足球的规则
1915	格里菲思（Griffith）执导了《一个国家的诞生》（Birth of a Nation），这是早期技术复杂的重要电影之一
1919	伊利诺伊州圣路易斯发生种族暴动
1920	大部分美国人（51.4%）生活在城市中

尽管胡迪尼在美国和欧洲大获成功，但是一开始他走的是一条19世纪末和20世纪初许多人走过的路。韦斯一家是逃脱贫困处境的移民，试图在扩张的美国城市中重获新生，他们和不计其数的其他新来者面临着无数令人生畏的挑战，在哪里居住，在哪里工作，如何处理以现金为基础的经济，如何在社会偏见中保留自己的少数民族意识，如何保持独立性并赢得尊重。像胡迪尼一样，他们从某种意义上来说需要把逃生和自我重塑当作成功的手段。这些挑战使城市成为充满希望、挫败、成功和矛盾的地方，叮当作响的电车、烟雾弥漫的空气、拥挤的街道和来自五湖四海的语言冲击着感官。

城市从诞生伊始就影响着这个国家的历史，城市是聚集人潮、资源和思想的市场，但是直到1880年代，美国才开始真正成为一个城市国家。19世纪后期的技术创新和工业化触发了广泛的经济和地理扩张，导致成百上千万人口涌向城市。至1920年，城市化经历了里程碑式的发展：当年的人口统计结果显示，有史以来第一次，大部分美国人（51.4%）生活在城市（超过2 500人的定居地）。这一国民生活的新现实在象征意义上与1890年人口普查局宣布边境消失同样重要。

城市中充满了各种新奇的消费主义、商业娱乐活动和政治。惠顾舞厅、戏剧演出、杂技表演、电影和体育活动的城市居民数目屡创新高，他们在城市生活中找到了新的娱乐方式。他们把胡迪尼、体育明星和电影明星变成偶像，或者从某个政治大佬的施舍中获益，对普通的工薪阶层和中产阶级的民众来说，这些体验让他们感到自己似乎能够从崛起的技术和城市社会的不确定中逃脱。但是与此同时，贫穷和歧视困扰着无数城市居民的生活，这个时代的机遇与持续的不公和偏见难分难舍。无论人们的个体体验如何，城市已经成为美国生活的中心，而人们建造城市并适应城市环境的方式塑造了美国社会。

- 造成1877—1920年这一时期城市发展的关键因素有哪些？
- 移民如何适应和重塑他们的新故乡？
- 工业化和城市化如何影响着家庭生活和休闲娱乐的模式？

现代城市的发展

景观城市最初的功能是商业性的，但是却成了19世纪末工业发展的主战场。作为劳动力、交通运输、通信和商品及服务消费的中心，城市提供了工厂所需的一切。因此城市发展和工业化交织成互利互惠的上升螺旋。工业化越往前推进，其制造的工作和投资机遇也越多。而增加的机遇又反过来吸引更多人来到城市；作为工人和消费者，他们又促进了工业化。现代美国的城市发展是个生机勃勃的进程，把美国所有人群牵涉入内，包括已经落地生根的公民和来自欧洲及亚洲的新移民。

工业发展

大多数城市有着各种制造企业，但是产品专门化越来越普遍。量产成衣业集中在纽约市，制鞋业集中在费城，纺织业集中在新英格兰城市如洛厄尔（Lowell）。其他城市的产业使用周边农业区的原料生产成品：明尼阿波利斯（Minneapolis）的面粉、孟菲斯的棉花籽油、芝加哥的牛肉和猪肉。还有其他一些企业专事加工自然资源：丹佛的黄金和铜、西雅图的鱼和木材、匹兹堡和伯明翰的铁、休斯敦和洛杉矶的石油。这些商业活动增加了城市的吸引力，寻求稳定工作机会的人们纷纷涌入这些城市。

与此同时，19世纪初的紧凑城市迅猛发展，居民住宅和商店、工厂及仓库混合在一起。从波士顿到洛杉矶，原定居地上的建筑环境蜿蜒扩张了数英里。步行距离无法再决定一个城市的规模。相反，城市被分成各个不同的区域：工薪阶层和中产阶级社区、商业带、市中心、外围的市郊。这种新布局主要由两种力量造成。首先是离心的大众交通运输，推动人和企业向外扩张；另一个因素是向心的经济变化，将人和物质资源向中心牵引。

大众交通运输的机械化

至1870年代，马车开始与马达驱动的交通工具分享城市街道，这些交通工具让乘客们的旅程更快更远。首先，许多公路在偏远地区设立站点，让乘客们可以乘坐交通工具前往或离开城市中心。1880年代，电缆车（通过移动的地下电缆牵引的车厢）开始在芝加哥、旧金山及其他城市投入运营。接着，1890年代，电力驱动的有轨电车开始代替马车和电缆车。蒙哥马利、阿拉巴马和里士满设计制造的电车进入了几乎所有美国大城市。在一些城市，企业把轨道移到栈桥上，让"悬空"车辆在拥挤的市中心街道上空移动。在波士顿、纽约和费城，交通公司挖掘地下铁路隧道，同样是为了避免交通拥挤。由于"空中电车"成本极其昂贵，所以它们只出现在少数城市，这些地方的公司能够筹集必需的资本，并且有足够的乘客保证利润。

另一种大众交通形式——城市间电动列车，连接着相邻的城市。这些列车的运营距离通常比蒸汽铁路短，城市间列车在拥有越来越多郊区人口的城市之间来往，使偏远地区对置业者和企业的吸引力大大提高，从而推动了城市发展。比如，南卡罗来纳发达的太平洋电力铁路（Pacific Electric

Railway）网络促进了该地区的交通和经济发展。

城市蔓延

大众交通发展促使城市居民迁徙到偏远的社区中，造就了一批通勤的民众。随之而来的城市扩张为各地城市人口带来的好处不尽相同，而且本质上是未经计划的。有轨电车线路服务可以保障最多乘客，车费可以增加公司收入。而需要节约每一分钱的工薪阶层家庭发现有轨电车难以负担。但是发展中的中产阶级可以负担得起通常一次5美分的费用，逃到城市外围安静而绿树成荫的社区，生活在有着独立庭院的房屋中，乘车前往内城工作、购物和娱乐。距离市中心几英里的家不太方便，但是综合而言利大于弊。正如一位郊区居民在1902年写道："我们去歌剧院或许麻烦一些，但是我家榆树上的知更鸟昨天吟唱的音符比任何歌剧女主角都更嘹亮和甜美。"

有轨电车、轻轨和地铁不但改变了居住模式，还改变了商业模式。当消费者们向都市外围迁徙时，商业也如影随形，如雨后春笋般出现在电车线路中转站和轻轨站附近。百货商场分店和银行也加入杂货店、剧院、小酒馆和小商店的行列，形成了社区购物中心，这就是如今郊区购物广场的前身。与此同时，城市中心成为工作区域，高楼大厦在人潮、马匹和车流汹涌的街道背后若隐若现。在芝加哥卢普（Loop）和新奥尔良坚尼街（Canal Stree）等地区，商业和金融业雇用了成千上万人。

人口增长

1870年至1920年之间，居住在城市中的美国人从1 000万增长至5 400万。在这段时期内，人口超过10万的城市数量从15个迅速上升至68个；人口超过50万的城市从2个上升至12个（参见地图19.1）。这些数字本身充满了戏剧性，它们代表着成

▲ 电车和其他形式的大众交通运输工具让中产阶级人群，能够居住在城市的外围，每天前往市中心工作、购物和娱乐，比如图中的这些男女。
图片来源：图像研究顾问和档案

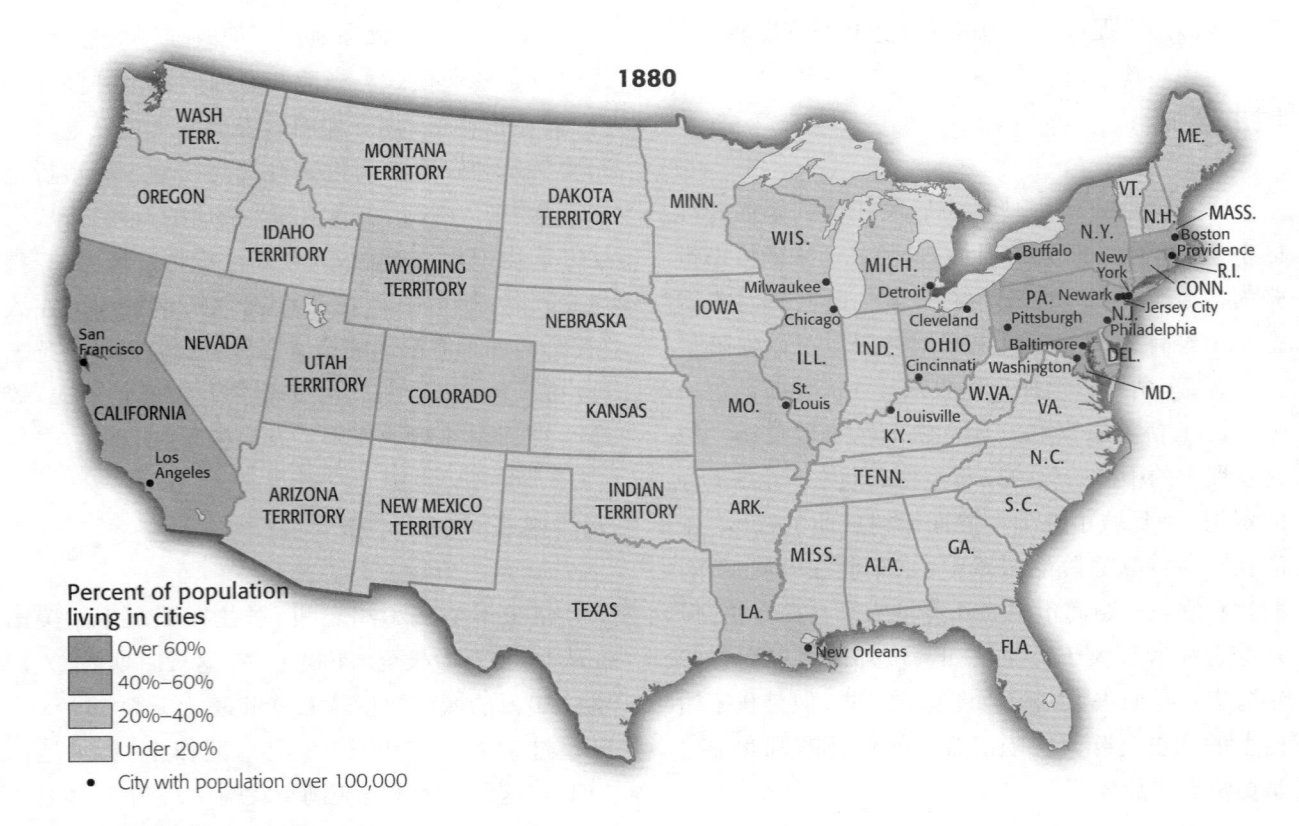

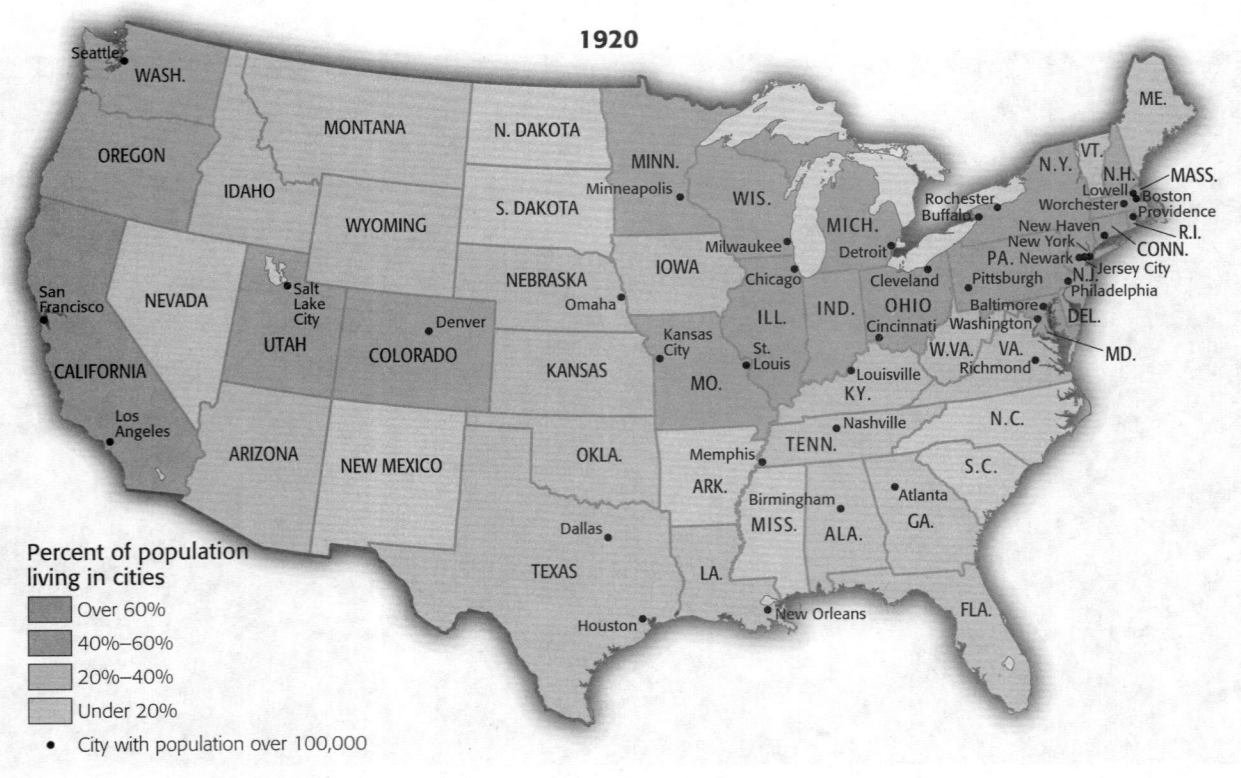

地图 19.1　城市化，1880年和1920年

1880年，大部分州仍然以农村为主。至1920年，城市居住人口少于20%的州只剩下为数不多的几个。

来源：©圣智学习

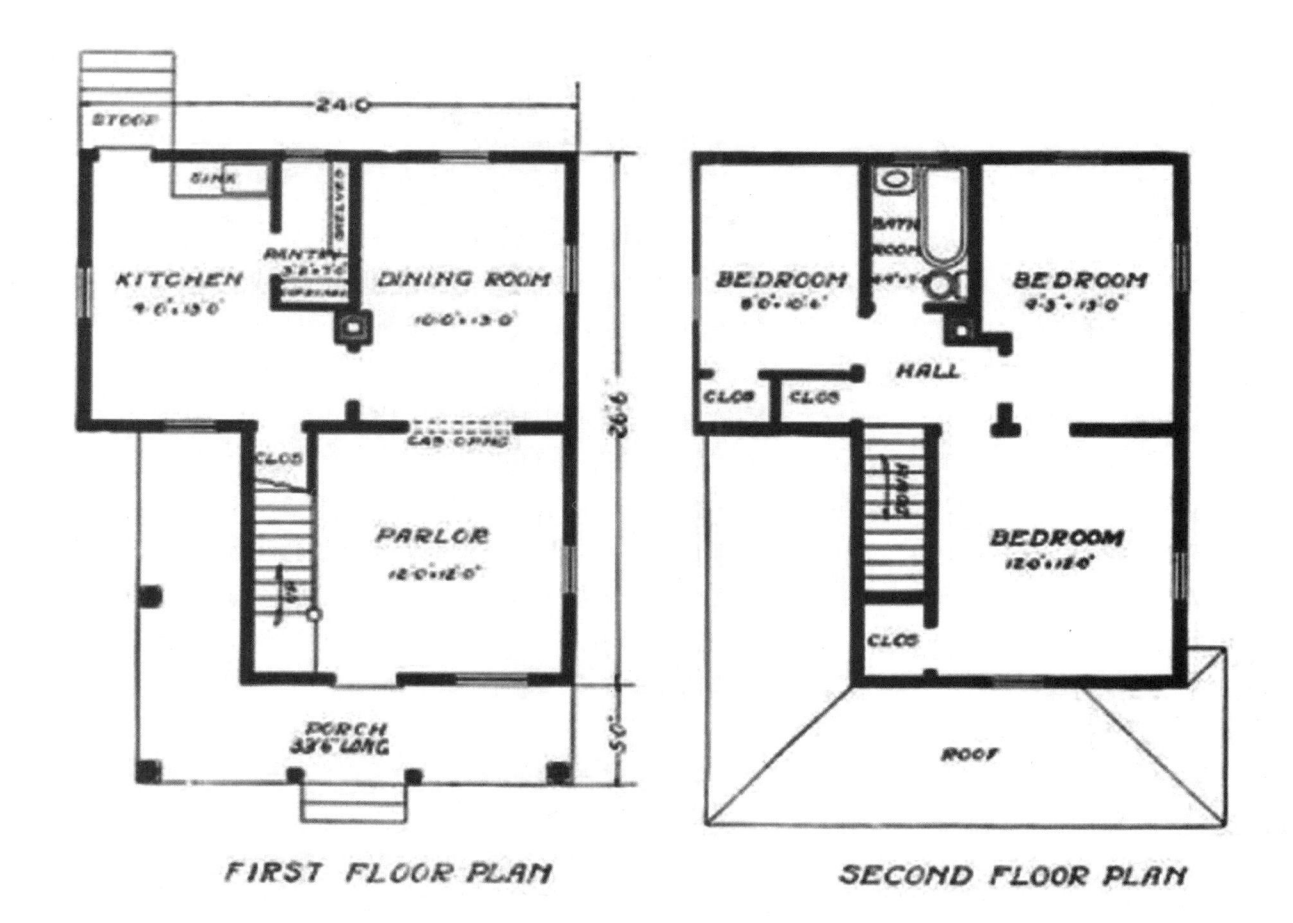

▲ 除了量产的消费品，如服装和家居用品，施乐百公司（Sears, Roebuck and Company）还推广中产阶级住宅建筑方案。图中的"小住宅设计"发布于该公司的一本目录图册上，展示了20世纪初城市边缘建造的这类住宅的平面图和完成效果图。

图片来源：施乐百公司

百上千万关于梦想和焦虑、挣扎和困惑、成功和失败的故事。

美国城市扩张并非来自自然增长（出生率高于死亡率），而是通过吞并周边的土地和人口，而且大部分来自净迁徙（迁入者超过迁出者）。每个城市的面积都扩大了。比如，1898年，纽约市原先只有曼哈顿和布朗克斯（Bronx），如今与布鲁克林、史坦顿岛（Staten Island）以及皇后区（Queens）的一部分融合，人口翻倍，从150万变成了300万。在别的地方，城市以英里为单位向外扩张，吞噬周边可以通过公共交通到达的区域。郊区通常希望被合并，因为城市能够提供学校教育、水灾、火灾防护和排污系统。有时候合并在定居之前发生，增加了生活用地，让新的居民能够迁入。1880年代，芝加哥、明尼阿波利斯和洛杉矶将数百平方英里未开发土地纳入城市边界之内。

进城务工人员

至此为止，来自农村地区的外来人员和来自国外的移民对城市人口增长的贡献最大。事实上，向城市迁徙的热潮足以匹敌同时期发生的西部大规模迁徙。城市新人口主要从两个渠道进入：美国农村和欧洲。亚洲、加拿大和拉丁美洲同样提供移民，尽管数量较少。

除了西部的土地热之外，随着城市人口的膨胀，农村人口下降了。低廉的农作物价格和高起的债务冲击着白人农民的希望，让他们对城市能够提供的机遇趋之若鹜。大城市中满是新来的居民，比如底特律、芝加哥和旧金山，如印第安纳波利斯（Indianapolis）、盐湖城、纳什维尔（Nashville）和圣地亚哥等二线城市也是同样的情况。城市生活的刺激对于年轻人来说尤其具有吸引力。戏剧《城市》（The City, 1920）中有个角色代表许多年轻人呼喊道："谁稀罕刚割下的干草味道，如果他能在第五大道上呼吸汽油味！想想剧院！人潮！想想你能走在大街上，看见的都是陌生人！"往城市迁徙的男性和女性比例大约是五比四，他们迁徙的动机常常是为了逃离不幸福的家庭生活。但是像男性一样，年轻女性也被城市工作机会提供的独立性和自我重建所吸引。

成千上万农村非裔美国人也向城市迁徙，寻找更好的就业机会、逃避农作物留置权的压迫、棉籽象鼻虫对棉花的蹂躏、种族暴力和政治迫害。1915年之后黑人迁徙开始加速，但是32个城市在1900年之前已经有超过1万黑人居民。非裔美国人口在南方城市中日益增长，比如巴尔的摩、亚特兰大和伯明翰，不过北方城市如纽约、克利夫兰和芝加哥也接纳了成千上万的黑人迁徙者。这些新人与其他迁徙者具有类似的农村背景和经济动机，但是在几个重要方面大相径庭。因为很少有工厂雇佣非裔美国人，大多数人只能在服务行业而不是工业中找工作——保洁、厨师和司机。同时，由于大多数服务业工作机会传统上都是女性职业，所以大多城市中黑人女性的数量高于男性。在南方，农村黑人迁徙者成为扩张的城市中体力劳动者的一大重要来源。至1900年，佐治亚州亚特兰大和北卡罗来纳州夏洛特（Charlotte）的总人口中有接近40%是黑人。

在西部，曾经主要为农村人口的西班牙裔同样向城市迁徙，如洛杉矶、圣地亚哥和圣安东尼奥（San Antonio）。中国劳工被种族主义手段从南加利福尼亚城市驱逐出去之后，他们填补了非技术建筑工作的空缺，在一些得克萨斯州的城市，墨西哥土著（被称为提加洛人）占据了大多数体力劳动岗位。墨西哥男性常常长时间离开家乡，在洛杉矶和其他城市做临时工，把女性留在家中照顾家庭。

新海外移民

大多数新来者是从欧洲、亚洲、加拿大和拉丁美洲的村庄逃到美国的海外移民。许多人从未打算定居；他们只想赚得足够的钱之后回到家乡，改善生活舒适和安全程度。每100个来到美国的外国人中大约有30人最终离开。尽管如此，像胡迪尼和他的家人一样，1870年至1920年之间来到美国的移民中有2 600万留了下来，大多数人在城市中定

▲ 刚下船，还身着家乡服饰的移民们在纽约市离岸的埃利斯岛（Ellis Island）联邦移民站拍摄了这张照片。埃利斯岛坐落于自由女神像的阴影中，这里的移民官处理着成百上千万新移民的手续，询问关于背景的问题，检查移民健康状况。

图片来源：公共健康服务记录（90–G–125–29）/美国政府国家档案

居，帮助重塑了美国文化。

美国新的移民潮属于一场遍及全球的广泛运动，传统的谋生手段无法满足人们的需求，于是他们开始寻找更好的机遇。人口压力、土地再分配和工业化吸引成百上千万的农民、小地主和工匠离开欧洲和亚洲，前往加拿大、澳大利亚、巴西、阿根廷以及美国。宗教迫害，尤其是东欧对犹太人无情的屠杀和强制征兵，也驱使人们背井离乡跨越大西洋。人类历史上总是充满了迁徙，但是在19世纪末，通信和运输技术的进步传播了关于机遇的新闻，让旅程更廉价、快捷和安全。

来自北欧和西欧的移民一直将美国作为主要目的地，包括爱尔兰、德国和英国，但是1880年的经济和人口统计学变化推动了来自其他地区的第二次移民潮，这些新移民加入前辈的行列，并且人数逐渐赶超。增加的人口来自东欧和南欧，除此以外还有来自加拿大、墨西哥和日本（参见地图19.2和图表19.1）的小批移民群体。在1900年至1909年之间，这股新移民潮的顶点，2/3的移民来自意大利、奥匈帝国和俄罗斯。至1910年，来自墨西哥的移民人数超过了爱尔兰移民，无数日本人移民到西海岸和夏威夷。出生于海外的黑人也来到美国，这些人主要来自西印度群岛。（参见关于移民国籍的网站。）

许多很久以前定居的美国人害怕所谓的"新移民"，因为他们的民间习俗、天主教和犹太教信仰以

▲ 加勒比和欧洲都向美国派遣移民。这些女性满怀希望地离开家乡瓜德罗普（Guadeloupe），寻找更好的生活，他们对自己作为黑人、外国人和女性将要面对的劣势或许缺乏充分准备。

图片来源：威廉姆·威廉姆斯论文，原稿和档案部门，纽约公共图书馆

及贫穷处境让他们看起来似乎比之前的移民更异于自己。和来自大不列颠和爱尔兰的移民不同，新移民们不说英语，而且超过半数从事体力工种。然而老移民和新移民融入社会的策略非常相似。两个群体中的大多数都来自将家庭作为主要关注点的社会。在埃里希·韦斯一家的案例中，是否移民以及何时移民的决策是根据家庭需求做出的，而且移民们到达美国后，家族联系仍然非常紧密。新来者通常知道自己想去哪里，如何到达，因为他们从已经移民的亲友那里获得帮助。工人们常常帮助亲戚获得工作，而家族成员则聚集资源来维持和提高他们的生活水平。

地理和社会流动性

到达目的地之后，国内迁徙者和海外移民很少留在原地。每年，数百万家庭收拾行囊前往其他地方。一些人迁往另一个社区，有的人则离开原先的城市。因此，韦斯一家在威斯康星的阿普尔顿（Appleton）只待了几年，然后前往纽约市。一张火车票只需几美元，迁徙对很多人来说没什么可失去的。人员流动影响了每个地区、每个城市。从波士顿到旧金山，从明尼阿波利斯到圣安东尼奥，一个城市中居住的半数以上家庭10年以后都离开了。即使留在同一个城市，一个家庭在10年或15年中几次三番更换居住地址也是常事。大体上，每年每三四个家庭中就有一个搬迁（今天的数字是每五个家庭中有一个）。人口周转率影响了几乎每个社区、每个少数民族群体或职业群体。

迁徙为人们提供了逃避的机遇，改换职业则是另一种机遇。对于大多数白人男性来说，通过更好的工作提升社会地位是可行的。膨胀的城市人口需要成千上万的商业提供商品和服务，随着企业的发展和集中化的运营，他们需要新的人员。一个大商业的资本很难累积，但是一个有抱负的商人只需数百美元就能开一家沙龙或是小店。拥有会计知识的人可以从事白领工作，获得比体力工作更高的收入。因此，非体力劳动和随之而来的更高社会地位及收入也不无可能。

这种进步常常发生。能够确定的是，只有极少数人能够累积大笔财富。这个时代的绝大多数最富有的生意人事业初期都拥有明显的优势：美国出身、新教背景、高等教育、相对富裕的父母。然而从贫穷到适度成功，从体力工作到非体力工作的道路上常常能见到重要的进步。俄罗斯移民梅耶·格罗斯曼（Meyer Grossman）刚到美国内布拉斯加奥马哈时是一名卡车司机，攒下足够的积蓄后开了一家成功的家具店，这类事迹还是很常见的。

上升的机遇性流动率很慢，但是在1870年至1920年之间稳步攀升。在迅速扩张的城市，如亚特兰大和洛杉矶，五个白人体力工人中，10年内就有一个跃升至白领或者小业主阶层——假如他们在这个城市住满10年。在更古老的城市，如波士顿和

费城，上升流动性平均约为每10年六人中有一人上升至白领和小业主阶层。一些人从较高的职业地位滑向较低的职业，但是上升流动率常常是下降率的两倍。尽管模式不尽相同，但是移民们经历的上升流动性相对于土著较低，下降流动性相对较高。尽管如此，无论出生于何地，白人男性在一生中获得职业提升或者获得比父辈更好工作的机会相对较大。

然而，什么才是构成更好工作的因素，这取决于一个人对进步的定义。许多移民工匠，比如德国木匠或意大利鞋匠，认为会计的工作没有男子气概。也有一些人对于通过双手劳动具有一种与生俱来的骄傲。于是他们也不鼓励自己的孩子追求白领工作。正如一位意大利裁缝解释道："我在故乡学习裁缝手艺。在这里，在美国，我从来不担心找不着工作，因为我在另一边（意大利）学会了这门手艺……我希望长子能继承这门手艺，因为我告诉他，你至少能养家糊口。"

然而，生意意味着风险。劳动阶级社区中的沙龙和其他小物业业主失败率很高，因为顾客的微薄薪水使利润很不确定。许多体力工人寻求稳定而非流动性，他们更倾向于稳定的薪资而非生意风险。一个生活在康涅狄格州布里奇波特（Bridgeport）的西西里人发现："来到这里的人很怕做生意，因为他们不知道生意会怎么样。在意大利，这些人不太了解这些东西，因为他们大多在农场或自己的行业中工作。"

很多女性从事有偿劳动，就像男性一样，在城市中和城市之间流动，但是他们通常跟随父亲或丈夫一起，他们的经济地位决定了他们的社会阶层。女性可以通过嫁给拥有权势或潜力的男性提升社会地位，但是其他通道基本上是对他们关闭的。法律限制了女性的继承权，教育机构禁止他们获得医学和法律等职业培训，而且先入为主的偏见认为男性比女性更具有手工艺和商业天赋。对于非裔美国人、美国印第安人、墨西哥裔美国人和亚裔美国人来说，机会就更少了。他们囿于偏见，只能从事低薪工作，很少能通过个人努力收获成果。

除了职业上的提升以外，一个人也有可能通过取得财产而获得社会流动性，比如建造或购买房屋。但是拥有自己的住宅并不是那么容易的。银行和借贷机构有着严格的借贷规则，贷款的利率很高，偿付周期很短。因此，租房非常普遍，甚至是独户租住一栋房屋，尤其是在大城市中。尽管如此，部分家庭成功积累财富，能够负担得起物业的首付。有产者比例各地区不尽相同，西部城市更高，东部城市较低，但是1900年所有城市的美国家庭中，有36%的家庭拥有自己的住宅，这一比例是除了丹麦、挪威和瑞典以外所有西方国家中最高的。

许多人，尤其是体力工人，没能提升自己的地位；他们只是从一份低薪工作转向另一份。也有一部分人无法保持自己的旧世界就业地位；埃里希·韦斯的父亲不得不接受体力劳动，因为他无法继续当拉比。然而，还有一部分人发现了新大陆。波士顿、奥马哈、亚特兰大和其他城市的研究显示，大多数在职业上获得提升或者购买产业的人是从其他地方迁徙来的。因此，尽管城市让一些人的希望落空，但是也为另一些人提供了机遇。向上流动的可能性似乎调和了人们对于城市生活巨大压力的不满。在每一个白手起家的故事中，都有着无数小小的胜利。尽管富人和穷人之间的鸿沟进一步扩大，偏见粉碎了一些人的希望，但是两极之间，美国城市扩张的经济创造了空间。

城市社区

持续的人口流动让美国城市成为瞬息万变的地方，除此以外美国城市的另一个特点是亚社区的聚集，这些社区中的大多数人都是从其他地方来的，每天努力适应社会对他们各自文化的挑战。外地人和移民并没完全屈服于融入的压力，而是以一种复杂的方式与城市环境互动，这种方式让他们能够保持自己的民族身份，同时调整自己的眼界和城市本身的社会结构。

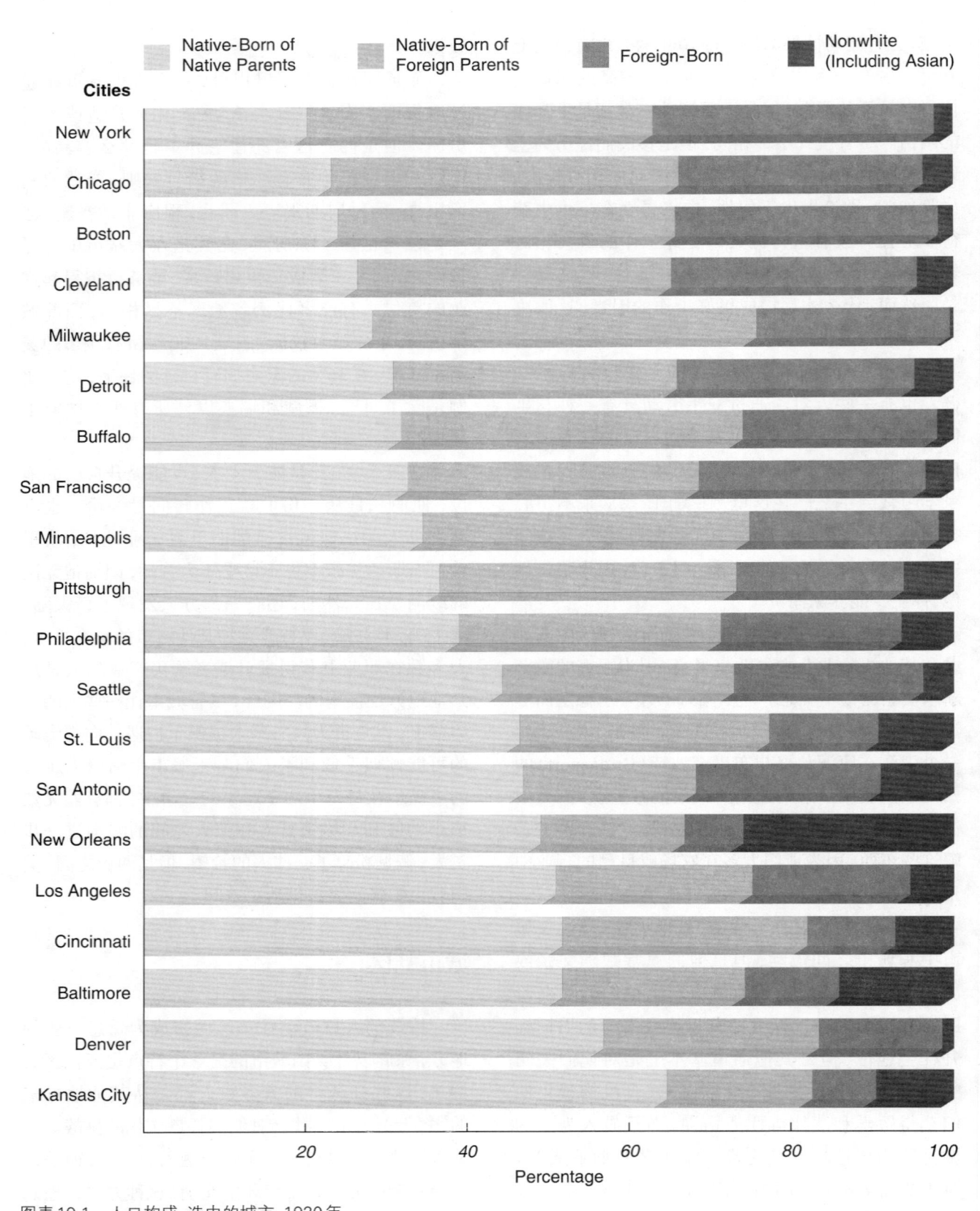

578　特别的人民,特别的国家——美国全史(第9版)

图表19.1　人口构成,选中的城市,1920年

Cities	Native-Born of Native Parents	Native-Born of Foreign Parents	Foreign-Born	Nonwhite (Including Asian)

(柱状图显示以下城市的人口构成比例:New York、Chicago、Boston、Cleveland、Milwaukee、Detroit、Buffalo、San Francisco、Minneapolis、Pittsburgh、Philadelphia、Seattle、St. Louis、San Antonio、New Orleans、Los Angeles、Cincinnati、Baltimore、Denver、Kansas City,横轴为百分比0—100)

至20世纪初,移民和国内迁徙使两代以上本国出生的公民在几乎每个大城市中都成为少数。不仅如此,出生于海外的居民和移民子女(包括紫色和绿色部分)在许多地区构成了绝大多数。

▲ 希望将移民美国化的人相信，公共学校能为文化融合提供最佳的背景。这张1917年克利夫兰教育局和克利夫兰美国化委员会（Cleveland Americanization Committee）的海报使用了对于新移民来说最普遍的语言——斯洛文尼亚语、意大利语、波兰语、匈牙利语和意第绪语以及英语，邀请新来者参加免费课程，学习"美国语言"和"公民权"。

图片来源：国家公园服务收藏（National Park Service Collection），埃利斯岛移民博物馆（Ellis Island Immigration Museum）

文化留存和改变

在新的环境中，英语语言是一种挣扎，时钟规范着按部就班的工作日，这里居无定所，工作也是朝不保夕，移民们首先将自己最熟悉的东西作为他们生活的支柱：他们的文化。旧世界的习俗在移民区中仍然保留着，比如来自同一省份的意大利人，来自同一个岛屿地区的日本人，以及来自同一个犹太人小村（shtetl）的俄罗斯犹太人聚居在一起。新移民重新建立了他们在故乡所熟知的互助社会。

比如，在美国城市中，日本人重新建立了在日本赞助社会庆典和救济事业的"健"（ken）协会，而中国人则重新建立了称为"会"的借贷协会，筹措钱款帮助成员从事商业活动。中国人还把称作"坊"的乡村社团移植到美国，这是一种同姓氏的互助组织，不管成员来自中国哪个地方都视为同源；还有"堂"，旨在帮助别人的秘密社团，不过却是以帮派的形式运作，从商户那里收取保护费。南部意大利人移植了一种体系，"包工头"（padrone）通过和雇主协商为体力工人找工作，并收取报酬。五湖四海的新移民一如既往地践行宗教活动、庆祝传统节日和举行庆典、内部通婚，并且与来自敌对村庄的人们将仇恨一代代传下去。

城市边境

在芝加哥、费城和底特律等大城市，欧洲移民一开始聚集成一个个封闭社区，体力工作和廉价住宅比较容易获得。这些地区通常是多民族混居区，历史学家们将这些地方称为"城市边境"，各种各样的民族和生活方式共存着。同一个群体的成员常常试图将外来者赶出自己的社区空间和机构，但是即使是在等同于某一特定群体的地区，比如小意大利（Little Italy）、犹太街（Jewtown）、波兰区（Polonia）或希腊街（Greektown），快速的社会流动仍然持续破坏居住的一致性，因为之前的居民们分散到其他社区中，又有新的居民搬到此地。通常，某个特定地区混居着几个少数族群，而当地商户和机构，比如面包房、肉店、教堂和俱乐部赋予每个社区自己的个性。

对于第一代和第二代移民来说，他们的社区就像避风港，直到个体准备好从城市边境穿越至主流社会。但是边境的经历常常会在一代甚至短短几年之间消解。大众交通的扩张和工厂向城市外围转移让人们能够流动到其他社区，他们与同样的社会经济阶层，但是不一定来自同一民族的家庭居住在一起。欧洲移民确实会遇到歧视，比如有些社区、职业和俱乐部拒绝犹太人，意大利人也无法进入城市政治，但是歧视很少是系统性的或者完全性的。然而，对于有色人种，边境有着更持久的特点，如非裔美国人、亚洲人和墨西哥人，由于歧视的存在，随着时间流逝，种族多样性有所减弱。

种族隔离和暴力

尽管18世纪和19世纪初居住在美国城市中的少数非裔美国人和白人混居或者彼此毗邻，但是至19世纪末，严格的种族歧视迫使他们进入相对持久、高度隔离的少数民族集中区。至1920年，在芝加哥、底特律、克利夫兰和其他如今数以万计黑人生活的城市，黑人人口中2/3或以上只居住在10%的住宅区中。在他们的社区中，非裔美国人像其他城市居民一样，滋养着帮助他们适应城市生活的机构：商店、俱乐部、剧院、舞厅、报刊和沙龙。教堂，尤其是浸信会（Baptist）和非裔卫理公会（African Methodist Episcopal, AME）新教主义（Protestantism），特别具有影响力。匹兹堡的黑人在20世纪初拥有28个这样的教堂。辛辛那提黑人卫理公会教堂数量在1870年至1900年之间翻了一番。在路易斯维尔，黑人们筹资建立了自己的神学机构。在所有城市中，宗教活动不仅占据着非裔美国人的生活，而且还代表着跨阶层的合作。

通常，因为人口流动增加导致的拥挤压力，黑人唯一的解决办法就是把居住区域向周边的白人社区拓展，这个过程导致了白人居民的骚扰和袭击，他们不包容的态度愈演愈烈，因为害怕黑人社区会导致物业价值下降。非裔美国人在城市中越来越多出现，无论南北——他们与白人竞争居住权、工作和政治影响力——导致了一系列种族暴动。1898年，北卡罗来纳威明顿（Wilmington）的白人因为憎恨非裔美国人参与当地政府，加上一份非裔美国人报刊上的一篇文章指责白人女性性行为随意，点燃了导火索，白人发动暴乱，杀死了几十名黑人。在暴怒中，白人至上主义者颠覆了市政府，驱逐了黑人和白人官员，制定禁令，禁止黑人投票。1906年，亚特兰大的报纸记述黑人男性对女性的袭击，引发一系列针对黑人的枪击和杀害，导致12名黑人死亡，70人受伤。1917年，一批没有技能的黑人罢工破坏者涌入伊利诺易的东圣路易斯，陡增了种族矛盾。有谣言称黑人正在进行武装，打算对白人发起袭击，这导致暴民无数次向黑人社区发起攻击。7月1日，黑人们朝一辆汽车开火，因为他们认为车里的人向他们家中开枪，因而误杀了两名乘坐汽车的警察。第二天，全面暴动开始，在9名白人和39名黑人被杀害、300栋房屋被毁后，才结束。

亚洲人也遭遇了歧视和隔离。尽管中国移民通常偏爱远离英裔，住在旧金山、西雅图、洛杉矶和纽约的唐人街中，他们建立了自己的商业、政府和社会机构，但是英裔仍然不遗余力地将他们隔离。在旧金山，反华情绪被爱尔兰移民丹尼斯·吉尔尼（Denis Kearney）煽动起来，他把1870年代末的失业问题怪到中国人头上。吉尔尼和他的追随者们打着"中国人必须滚"的标语，恐吓雇主拒绝雇佣中国人，把成百上千的亚洲人赶出该城市。旧金山政府禁止中国洗衣店（既是社交中心又是商业设施）入驻白人社区，并且禁止留中国传统辫子。1882年，国会通过了《排华法案》（Chinese Exclusion Act），阻拦中国劳工移民，禁止赋予已经住在美国的中国人国籍。1892年，国会通过了《基瑞法案》（Geary Act），进一步延伸移民限制，并要求华裔美国人携带财政部出具的居住证明。一个叫作中国六公司（Chinese Six Companies）的旧金山组织对抗这一法律，但是1893年美国最高法院在"冯越亭诉美国案"中支持《基瑞法案》。称作"一世"（Issei）的日本第一代移民，大多数定居在洛杉矶市内或周边，法律禁止他们成为美国公民，和中国人一样，他们发展出具有独特经济和居住特点的社区。

墨西哥聚居区

西南部城市中的墨西哥人经历了某种程度上来说更为复杂的居住模式。在诸如洛杉矶、圣塔巴巴拉（Santa Barbara）和图森（Tucson）这样的城市，墨西哥人是原住民；英裔才是新来者，他们占据了城市,把墨西哥人赶到周边地区。墨西哥人在称作"贫民区"(barrios)的居住和商业区中越来越孤立。通常,按照房地产协议,业主保证不将住宅出售给墨西哥人(或者非裔美国人或犹太人),这令墨西哥家庭只能居住在洛杉矶、阿尔布开克(Albuquerque)和圣安东尼奥的贫民区中。这些地区通常是远离市中心的多民族城市边缘,那里居住着欧洲移民。从很大程度上来说,种族偏见而不是其他因素,导致非裔美国人、亚洲人和墨西哥人的城市经历与众不同,阻碍了他们获得改变人生的机会。

文化适应

在移民生活的每个地方,旧世界文化和新世界现实混杂在一起。一方面来说,人们常常发现自己的地方身份被民族身份所掩盖。尽管许多外国人以村庄或出生地区作为身份认同的基础,但是美国本土出生的人将之简化了,只用民族对他们进行分类。比如,来自科克郡(County Cork)和利默里克郡(County Limerick)的人融合成爱尔兰人,来自石勒苏益格(Schleswig)和符腾堡(Wurttemberg)的人融合成德国人,来自卡拉布里亚大区(Calabria)和坎波巴索(Campobasso)的人融合成意大利人。移民机构,比如报刊和教会,发现自己不得不吸引整个民族才能生存下去。

不仅如此,美国城市的多样性促使外国人调整他们的态度和习惯。有那么多人在街道和工作场所互动,很少有新来者能避免与异于自己的群体互动,也很少有人能阻止这种接触改变自己的旧有生活方式。尽管许多移民试图保留自己的母语,但是英语很快渗透了几乎每一个社区,学校教授英语,工作也要求移民掌握英语。外国人身着故乡风格的服饰,但是不得不使用美国而非传统面料。意大利人前去看美国医生,但是仍然戴着传统护身符抵御邪灵。亚洲蔬菜和香料的匮乏导致华裔美国厨师不得不使用当地调料即兴创作,创造了一种叫作"炒杂碎"(chop suey)的全新菜式。音乐尤其体现出这一适应过程。波尔卡乐队在波兰社交聚会中演奏,但是他们的保留曲目融合了美国和波兰的民间音乐;墨西哥芭蕾舞融入了新的主题,描述穿越边境的冒险以及在美国劳动的艰辛。

1870年至1920年之间众多移民涌入把美国从一个以新教为主的国家变成一个宗教多样化的国家,包括新教徒、天主教徒、东正教徒、犹太教徒、佛教徒和穆斯林在内。来自意大利、匈牙利、波兰和斯洛伐克的新移民加入爱尔兰人和德国人的行列,提高了许多城市中的天主教徒比例。在布法罗(Buffalo)、克利夫兰、芝加哥和密尔沃基(Milwaukee),天主教移民和他们的后代构成了埃尔帕索(El Paso)人口的一半以上。德国和俄罗斯移民给纽约市带来全世界最庞大的犹太人口。

新教徒谴责新移民的宗教信仰阻止他们融入美国社会,作为回应,许多天主教徒和犹太教徒试图让自己的信仰适应新的环境。来自早期移民团体的天主教和犹太教领袖支持自由主义趋势,在仪式中运用英语,逐步取消了一些旧世界仪式,比如圣徒节(saints' feasts),并且偏爱公立而非教会学校。然而,只要新移民继续来到,这些趋势就遭到顽固的抵制。比如,天主教徒支持教会学校,有时候发起运动要求政府资助这些学校。有时候,天主教儿童上教会学校也能避免已经拥挤不堪的公立学校雪上加霜。

新移民通常坚持熟悉的宗教活动,无论是意大利南部的民间天主教还是东欧的正统派犹太教(Orthodox Judaism)。因为天主教教区占据重要的地理位置,移民们希望有自己的教区神父,尽管教会希望美国天主教变得更统一。主教们迫于压力只好为主要为波兰教众的教区配备波兰神父而非德国出生的教士。东欧的犹太人相信革新犹太教(Reform Judaism)为了服从美国方式牺牲太多,于是建立了保守派分支,恢复传统仪式,不过还是废除了会堂中的性别隔离,并且允许英语祷告。除此之外,第二代天主教和犹太教徒以及其他民族教友通婚的情况时有发生,比如一个意大利天主教徒和一个波兰天主教徒结婚,这种现象巩固了宗教身份,而让民族身份变得不那么重要了。

每个美国城市中的三大主要移民群体创造了现代美国文化的多元特点——土生土长的白人、各种种族的外国人、土生土长的黑人。这个国家的文化多样性阻止了某个单一种族或大多数民族的统治。这些城市孕育了丰富的文化多样性：美国民间音乐和文学、意大利和墨西哥菜肴、爱尔兰喜剧、意第绪戏剧、非裔美国爵士乐和舞蹈等不一而足。19世纪末的新移民改变了他们的环境，正如他们被环境改变。

内城的生活状况

尽管充满了富有各种文化的居民，美国城市的中心地带似乎遭受着肆虐现代城市社会的每个苦难折磨：贫穷、疾病、犯罪和多样的人群聚居一处的矛盾。城市居民尽自己所能适应，科技、私营企业和公共权威获得了一些引人瞩目的成功。但是他们的许多问题无法解决。

内城的住房

优质住房的稀缺是持续时间最长的匮乏之一，其根源在19世纪的城市发展。尽管各大城市大规模建设房屋，但是人口增长超过了住房供应增长的速度。缺少物廉价美的居住区域让劳动阶层家庭尤其困扰，由于低收入，他们不得不租房居住。当城市扩张时，地主利用廉价租住房的短缺，把现有的住宅分割成更小单位，租给更多人，或建造多套廉租公寓，并且提高租金。低收入家庭通过分享空间和分担费用适应高成本和供不应求。在许多城市中，一套家庭公寓住两三户人家或者一个家庭加几个寄宿者的情况很普遍。

结果是史无前例的拥挤。1890年，纽约移民聚集的下东区每平方英亩人口密度达到了702人，是世界上人口密度最高的地区之一。不同城市中的内城区域获得了不尽相同的外观：比如纽约六至八层的营房式建筑、巴尔的摩和费城破旧的排屋、查尔斯顿和新奥尔良由奴隶房改造而成的住宅，还有西雅图和旧金山摇摇欲坠的三层木屋。但是在每个城市，拥挤都是普遍的。

这些房屋的生活条件非常艰苦。最大的房间不过10英尺宽，而且内部的屋子不是没有窗户就是对着狭窄的竖井，滋生害虫和腐败的气味。一位移民主妇这样描述这种管道："那里很潮湿，住在这里的人家把垃圾、脏报纸和鸡内脏以及其他说不出口的污秽扔在里面……我第一次打扫通风竖井时忍不住吐了。"很少有建筑设有室内管道，居民们不得不使用后院或者地下室的茅厕（室外厕所）。通常，唯一的热量来源是危险而污染严重的煤炉。

住房改革

住房问题引起了广泛的改革运动。纽约州率先于1867年、1879年和1901年通过法律，为新建廉价出租房制定光线、通风和安全规范。纽约和其他各州的类似措施无法弥补现有建筑的缺陷，但是它们确实规定了房东的最低责任义务。一些改革者主张让家庭居住在有着更宽敞的房间和更好的设施的"模范出租房"中，比如记者雅各布·里斯（Jacob Riis）和人道主义者劳伦斯·维勒（Lawrence Veiller）。然而，模范出租房标准要求房东限制他们的利润，很少有人愿意做出这样的牺牲。改革者和政府官员反对政府资助住房改善，害怕这一措施会破坏私营企业精神。尽管如此，住房管制和规范委员会加强了地方政府监督住房建设的权力。

新住宅技术

最终，科技带来了家庭生活的重要变革。先进的中央供暖系统（高炉）、电灯和室内管道营造了更舒适的居所。首先受惠的是中产阶级家庭，随后普及到大多数其他家庭。以前家庭购买煤炭或劈柴当作燃料，用于烹饪或是取暖，点蜡烛照明，烧热水洗澡，他们的住宅和公寓逐渐与外部管道和电线相连，获取燃气、水和电。中央供暖系统和人工照明让居民能享受稳定、舒适的温度，把夜晚变成白昼，而室内管道消除了不愉快的户外体验。不仅如此，这些设施还在能够负担得起这些技术费用的人群中创造了关于隐私的新态度。中产阶级卧室和浴室成为私密的空间。连儿童都能拥有自己的卧室，拥有完整的个性化装饰。

科学和技术进步最终让城市居民和整个国家的生活更安全。至1880年代，医生开始接受微生物（细菌）导致疾病的理论。作为回应，城市建立更高效的净水和排污系统。尽管城市中的疾病和死亡率仍然比农村更高，而且结核病和其他呼吸道疾病仍然在内城地区肆虐，但是应用于净水、排污和食品质量的公共健康规定帮助控制了霍乱、伤寒热和白喉等可怕疾病。

与此同时，街道铺设路面、现代化的消防设备以及电力街道照明迅速在美国城市中普及。新的钢框架建造技术用钢铁骨架而非泥瓦墙支撑大楼，摩天大楼拔地而起，更高效地使用稀缺和昂贵的城市土地。电梯和水暖系统为这些建筑服务。约翰·A.罗布林（John A. Roebling）发明了钢索斜拉桥，他设计的布鲁克林大桥（1883年竣工）是这种建筑的代表，桥梁代替了渡船，将各个都市区域更紧密地联系在一起。

贫困救济

然而，这些进步并没有缓解贫困的重负。都市经济尽管整体上扩张了，但是分布并不规律。就业形势随着经济周期和季节变化沉沉浮浮，尤其是制造业和建筑业中的体力工作。越来越多的家庭挣扎着艰难维生。

从殖民时期开始，美国人就对政府应该为贫困救济承担多少责任而争论不休。根据20世纪初仍然广为流传的传统观点，任何人都能通过努力工作和正派的生活摆脱贫穷；贫困之所以存在是因为一些人道德上比其他人更屡弱。这种推论让人担心帮助穷人会鼓励贫民依赖政府支持而非自己的努力奋斗。商业周期起伏，贫困现象更为严重时，这种态度变得更坚决，市政府停止向贫困家庭直接分发食物、燃料和衣物。相反，城市以救济换取政府项目中的劳动，并且把特殊个案送到国营的救济院、孤儿院和盲人、聋人以及精神病人之家。

合理化救济的努力造成了人们态度上的转变。1877年至1892年期间，92个城市中的慈善家成立了慈善组织会社（Charity Organization Societies），试图集中协调各自为政的慈善团体，让社会福利（像商业一样）变得更高效。这些组织的成员相信贫困是由个人缺点导致的，比如酗酒和懒惰，于是他们花大量时间拜访贫困家庭，鼓励他们更勤俭节约和高尚，并试图辨别出"值得帮助"的穷人。

然而，通过对穷人的近距离观察，一些人道主义者发现，是人们的环境而非个人缺点导致了贫困，而且社会应该肩负起更大的职责来改善他们的处境。这些改革者相信，他们能够通过改善住房、教育、卫生和就业机会减少贫困，而不是劝告穷人更高尚。这种态度引发了在20世纪初进步时期争取建筑规范、工厂规定和公共健康措施的运动（参见第二十一章）。尽管如此，大部分中产和上流阶层美国人继续支持原有的信条，认为在一个富足的社会中，只有不适者才会贫穷，贫穷救济可以容忍，但是永远不值得鼓励。正如一名慈善工作者所言，救济"应该围绕着各种苛刻的条件……让人厌恶并对接受它产生抵触"。

犯罪和暴力

犯罪、混乱、拥挤和贫穷一样是恐惧的温床，人们担心城市会威胁这个国家，尤其是城市中的贫民窟。城市越发展，暴力和动荡似乎也越严重。凶杀率在英国和德国等工业化国家下降了，但是在美国令人担忧地大幅上升：1881年每100万人中有25人被杀害，而1898年每100万人中就有107人被杀害。除此以外，无数违法行为让城市中充满了持续动荡，从家庭暴力到抢劫，再到聚众斗殴。扒手、骗子和夜贼在每个城市中游荡。鲁弗斯·米诺尔（Rufus Minor）这样的城市歹徒像西部亡命徒一样臭名昭著。米诺尔五短三粗，秃顶，

▲ 内城居民不仅尽可能高效地使用室内空间，而且充分利用能获得的一切户外空间。几十户人家拥挤地生活在纽约这些破败的6层廉价出租房，人们见缝插针地在建筑背后晾衣服。请注意楼房之间几乎没什么空间，只有最前排和最后排的屋子能获得阳光和新鲜空气。

图片来源：国会图书馆

看起来像个精明的职员，但是有个警长给他贴上了"全美国最聪明的银行大盗"的标签。米诺尔常常在抢银行之前蓄胡须，然后刮去，避免被目击者认出来。米诺尔涉嫌纽约市、克利夫兰、底特律、普罗维登斯、费城、奥尔巴尼、波士顿以及巴尔的摩的数起银行劫案，这些案件全都发生在1878年至1882年之间。

尽管人们万分恐惧，城市犯罪和暴力或许只是变得更显著和耸人听闻而非更普遍。不可否认的是，财富的集中和不同民族的混居为偷窃、罪恶和攻击提供了更多机会。但是城市中违法和野蛮行为或许并不比偏远森林矿区营地和南方种植园更多。本土主义者急于将城市犯罪归咎于移民，但是违法人口中本土出生的美国人及外国人也不少。一项1900年的监狱调查总结道："我们自己已经进化成为残忍和狡猾的罪犯，犯罪不仅是欧洲强加于我们的。"

管理城市

从事市政管理相关工作的人面临着令人望而生畏的挑战。急剧膨胀的人口和城市的地理扩张创造了对排污、警力和消防保护、学校、公园以及其他服务的迫切需求。这些需求让市政资源捉襟见肘，市政府完全没有能力解决这些问题。除了市长和市议会以外，政府职责通常分散在独立的委员会之间，这些委员会分别负责健康医疗规范、公共事业、贫困救济和其他职能。费城某一时期有多达30个这类委员会。州政府还常常干涉地方事务，任命委员会成员，限制城市征税和借款的能力。

供水和排污

寻找清洁的水资源和排污处理途径成为越来

越迫在眉睫的挑战。1800年代初，城市家庭用茅厕处理人类粪便，工厂把未经处理的污水倾倒入河流、湖泊和海湾中。至19世纪末，大部分城市已经把私营水公司换成公共供水系统，但是这些服务并不能保障纯净的水源。排污系统和抽水马桶的废水，加上工厂把水用作冷却剂，让水道不堪重负，废水污染了饮用水水源，把污染送到下游社区。河流的恶臭常常让人难以忍受，而污染造成了疾病。1878年，19 000人逃离孟菲斯的黄热病瘟疫，留下的人中80%感染了这种疾病。新泽西北部的百赛克河（Passaic River）曾经是流行的度假和钓鱼胜地，至1900年已经完全被倾倒在沿岸的城市垃圾毁了。

1880年代人们开始接受细菌致病的理论，健康医疗官员采取行动，减少人类垃圾和其他污染源威胁水源供应的机会，但是事实证明这个任务很困难。一些州通过了禁止向河流和溪流倾倒未处理污水的法律，一些城市开始进行昂贵的化学治理污水进程。水源管理者逐步设置了机械过滤装置，而各大城市在泽西市的带领下开始在供水中加入氯来清洁。这些努力极大地降低了伤寒症造成的死亡率。

但是排污仍然是个棘手的问题。1900年的专家们估计，每个纽约人每年产生160磅厨余（食物和骨头），1 200磅灰（来自炉灶和火炉），100磅垃圾（鞋子、家具和其他废弃物品）。而同时期的欧洲人人均产生的垃圾大约只有美国人的一半。工厂和企业倾倒的固体废物包括成吨的碎金属和木头。1900年美国城市中还有约350万匹马，每匹马每天产生约20磅粪便和1加仑尿液，这些污物都被雨水冲进附近的水源中。在过去的时代，粪便和垃圾可以当作无伤大雅的小事一笑而过；至20世纪，它们已经成为巨大的健康和安全隐患。

城市工程师

1880年代，在女性组织的领导下，公民团体开始讨论这些困境。至1900年，各大城市政府开始雇佣卫生工程师，比如乔治·华林（George Waring），设计有效的垃圾收集和处理系统，并在焚化炉和填埋场中处理垃圾。黄热病疫情暴发前夕，华林在孟菲斯设计了一个下水道系统，1890年代，他作为纽约市街道清洁委员对卫生和组织进行了大规模的整改。工程师们还通过其他方式把城市变得更宜居。路灯、桥梁建设、防火和其他重要服务设施需要创造力，在解决这些问题的过程中，美国工程师们开发了具有世界性意义的系统和标准。当选的官员们需要依赖工程师的专业知识，他们似乎最有资格为城市的扩张出谋划策。工程师与官僚系统内部的混乱党派政治隔绝，通常能高效地完成自己的职责，并且对城市管理做出了一些最持久的贡献。

执法者

19世纪中期之后，城市居民越来越依赖于职业警察来保护生命和财产安全，但是执法过程变得复杂而富有争议，因为各种城市群体对于法律和执法的观点大相径庭。比起具有经济和政治影响力的人群而言，少数族裔更可能被逮捕。而且警官对自己所属的族群执法不那么严苛，还对通过贿赂逃避法律制裁的人网开一面。

作为执法者，警察常常没受过充分的专业训练，很容易陷入腐败，一方面他们被要求迅速和严格地采取行动，另一方面则又被要求宽大仁慈，他们身处这两种诉求的狭缝中。城市中充满差异，一些人强烈要求警察打击沙龙、赌厅和妓院；与此同时，另一些人则从保护这类以客户为中心、喜欢松散执法的犯罪场所中牟利。在刑法的理想主义目的和人们对个人自由的渴望之间维持平衡变得越来越困难，直至今日这仍然是一个难题。

政治机器

在围绕城市管理的各种问题和困境中，政治机器开始崛起，这些组织的主要目的是获得金钱、影响和声望等回报，并赢得和保持权力。政治机器中的政客们按照惯例用欺诈和贿赂推动他们的目的。但是他们也为投票给他们，让他们保持权力的新移民提供了救济、安保和服务。机器政治家满足人们的需求，完成了其他机构无法或者不愿尝试的事业。

城市机器孕育的领袖被称作"首领"，他们在工人阶级，尤其是移民中间建立起权力基础。大多数首领拥有移民背景，在内城长大，所以他们可以感同身受地了解选举人的诉求。首领们之所以能保持权力是因为他们能为人们解决日常生活问题。波士顿南城区的首领马丁·洛马斯内（Martin Lomasney）解释道："每个行政区中都必须有这样一个人，每个家伙都能向他寻求帮助，不管他做了什么。帮助，你知道，不是你们那些法律和公正，而是帮助。"作为对选票的回报，首领为人们提供工作、建设公园和澡堂，向穷人分发食物和衣服，并且在人与法律发生冲突时施以援手。比如纽约的"大蒂姆"沙利文（"Big Tim" Sullivan）向穷人分发鞋子，赞助年度野餐会。这种个人化的服务收获了大众对首领本人的巨大信赖，此前从来没有公民领袖承担这样的责任。不仅如此，首领们把政治变成了一种全职职业。他们参加婚礼和葬礼，加入俱乐部，在沙龙中开设包间，这样附近的人们就可以与他们面对面交谈。根据纽约某个社区的首领乔治·华

▲ 一位费城摄影师抓拍的画面记录下城市街道和人行道上堆积如山的垃圾，表现了困扰内城和移民社区的垃圾问题，这些区域亟须某种形式的公共服务把垃圾清除。居民们在摄影师的镜头前摆好姿势，似乎对成堆的垃圾司空见惯、毫不介怀。

图片来源：费城档案，纪录部

街道清洁和城市改革

在不断膨胀的城市中,街道清洁问题成为越来越严峻的问题,卫生部门的雇员数量也成倍增长,他们工作中使用的工具也越来越复杂。早在1896年,发明家就已经设计了带刷子的机器和交通工具,代替过去清洁工打扫街道时使用的扫把和铲雪的刮刀。其中一个发明家,新泽西纽瓦克(Newark)的查尔斯·布鲁克斯(Charles Brooks),不仅发明了清扫街道和铲雪的卡车,还设计了储存垃圾和其他杂物的容器。

但是在工程师和卫生专家看来,单单改进街道清洁技术还远远不够。这个过程需要以一种在他们看来符合逻辑的方式来加以组织和控制,并且赋予工人们一种价值感和专业度。这两幅图展示了1868年至1920年之间纽约市清洁工人面貌的重要变化。这两幅对比图体现出怎样的改革态度?比较两幅图中清洁工们的着装,一般公众会有什么反应?

◀ 城市中人口和马匹的数量不断增长,垃圾和粪便成为极大的不便和健康风险。1868年,受雇清扫街道的清洁工常常包括由政治首领雇佣的员工,他们每天早晨必须向监督者报到。
纽约市街道清洁部门开始点名,1868。

◀ 至1900年代初,卫生工程师的职业对于城市环境来说已经非常重要。
本图体现了华伦上校作为PICT街道专员(PICT Street Commissioner)取得的重要进步。1920年的点名。

图片来源:米利亚姆和伊拉·瓦拉赫(D.Miriam and Ira D. Wallach)艺术、印刷品和照片部,纽约公共图书馆。阿斯特、莱诺克斯和蒂尔登基金会(Astor, Lenox and Tilden Foundations)

盛顿·普伦基特（George Washington Plunkitt）的说法，"按规矩（首领）除了政治以外没有任何事务或职务。他们日日夜夜全年无休地玩着政治，他的总部镌刻着'永不落幕'的字样"。

为了资助活动和竞选运动，首领以帮助来换取选票和金钱。政治机器对于地方政府的影响力让他们可以控制公共承包工程，以便回馈他人，他们也能发放公共车辆和有轨电车经营权并分配城市工作。获得城市商业和工作机会的受惠者需要将利润或薪资的一部分回馈给政治机器，并且在选举日奉上选票。评论家将这个过程称作受贿，首领们则称之为感恩。

费城的"公爵"瓦勒（Vare）、堪萨斯市的汤姆·彭德格斯特（Tom Pendergast）以及纽约的理查德·克罗克（Richard Croker）过着帝王般的生活，尽管他们的官方收入非常微薄。然而政治机器很少像时评家们谴责的那样专制或者腐败。相反，有些政治机器像企业一样发展成结构严密的机构，比如纽约的坦慕尼协会（Tammany Hall，以最初起源于爱国主义兄弟俱乐部的协会命名），将公共成就与个人利益融合在一起。这个机构建立在大众基础上，以忠诚和服务巩固势力。一些首领并没有长期固定的组织；他们是从事自由业的机会主义者，为权力讨价还价，有时候成功，有时候失败。但是大多数机器都是数个较小组织的联合体，直接从市中心社区中获取权力。首领们也可以吹嘘他们的重要成就。在工程师们的帮助下，由机器领导的政府进行城市基础建设，比如公共建筑、排污系统、学校、桥梁、大众交通线路。它们也扩大了城市服务——警力、消防和健康部门。

然而，机器政治很少是中立或公正的。少数族裔和新移民团体只能获得象征性的工作和名义上的帮助，甚至什么都没有，比如意大利人和波兰人。而且贿赂和回扣使机器项目和服务成为纳税者的沉重负担。城市无法通过税收和报酬正常筹集足够的资金用于支付建设项目，所以它们以地方债券的形式向公众贷款。时评家谴责这些贷款是虚高或不必要的。无论是否必要，地方债券导致公共债务水涨船高，而且必须收取税收偿还利息和本金。除此以外，来自赌博、卖淫和违禁酒类交易的利润常常很可观。但是在一个经济个人主义的时代，首领们并不比压榨工人、破坏环境和操控政府追逐利益的商业领袖更罪恶，他们的歧视和自私也不比后者更严重。首领们时而仁慈，时而罪恶，充当了城市社会各个部分和无常世界之间的掮客。

公民改革

当首领们忙于巩固自己的权力时，有一些人正试图破坏它们。许多中产和上流阶层的美国人害怕建立在移民基础上的政治机器会威胁民主，而首领和商业之间寡廉鲜耻的同流合污会浪费地方财政资源。公民改革者们对于伴随着城市发展而来的贫穷和混乱忧心忡忡，并且相信城市服务令赋税过于沉重，于是他们组织起来，把更有责任感的领导人推上政府权位。工业体系对于提高效率的强调是公民改革的一大原因。具有商业思维模式的改革者们相信政府应该像企业一样运作。他们总结道，达到这一目的的方法就是选举能够限制开支、阻止腐败的官员。

为了在政府中实现商业原则，公民改革家支持结构性变化，比如城市管理者和委员会形式的政府将把职能交到专家而非政客的手中，并且推行全市性无党派官员选举，而非以社区为基础。以这种策略为武装，改革者相信他们能够将党派政治清除出市政府，并削弱首领们的权力基础。然而，他们很少意识到，首领们的成功是因为他们运用政府满足人民的需要。改革者们只注意到这些机器滋生的浪费和欺诈。

一些改革派市长超越了结构性变化，直面社会问题。底特律的哈森·S.平格里（Hazen S. Pingree）、托莱多（Toledo）的塞缪尔·"黄金法则"·琼斯（Samuel "Golden Rule" Jones）以及克利夫兰的汤姆·约翰逊（Tom Johnson）致力于为穷人提供就业机会，降低有轨电车和公交车企业的费用，并且为所有公民的福利推动政府职责。他们还支持煤气、电力和电话公司的国有制,这一准社会主义的改革疏远了他们的商业同盟。但是平格里、琼斯和约翰逊是特例。公民改革者的政治技能无法与首领们相匹敌;他们获得了一些成就,但是很少能长期留任。

社会改革

另一种类型的改革在政治领域以外悄然兴起。以改进和管理社会为动力,社会改革者发起运动,调查和解决城市问题,这些人大部分是年轻的中产阶级人士。住宅改革者敦促地方政府出台建筑规范以确保廉价出租公寓的安全。教育改革者试图将公共学校作为一种帮助移民儿童为公民身份做准备的途径,教授他们美国价值观。健康改革者试图为能够负担成本的人改进医疗保健服务。他们为移民屋的居民(这些房屋位于内城社区,目的在于弥合阶级之间的鸿沟)提供职业课程、英语课和育儿课,还赞助促进营养和住宅条件的项目。移民屋工作者,如芝加哥的珍妮·亚当斯(Jane Addams)和弗洛伦斯·凯利(Florence Kelley)以及纽约的莉莲·沃尔德(Lillian Wald)拓展了自己的领域,为学校护士、工厂安全标准和公共游乐场而斗争;他们成为城市和这个国家的改革领袖(参见第574—576页)。

城市美丽运动

女性活动家试图帮助需要的人们,让社区重新充满活力,而一群男性改革者则组织了城市美丽运动,提升城市的硬件组织。1893年哥伦比亚博览会(Columbian Exposition)在芝加哥南部举行,这是一次令人目眩神迷的世界博览会,受此启发,建筑师和规划师们在建筑师丹尼尔·伯纳姆(Daniel Burnham)的领导下推动了市民中心、公园和林荫大道的建设,这些设施将让城市经济更高效,也更美丽。"不要做小计划,"伯纳姆敦促道,"要做就做大计划;志存高远,努力工作。"因为这种态度,1900年代的芝加哥、旧金山和华盛顿特区产生了一系列的美丽项目。然而大多数大计划最终只是大大的美梦。政府和私营企业都无法资助大规模项目,而且规划者自己之间也存在诸多分歧,改革者们则质疑美丽是否真的能解决城市问题。

无论具体关注点在哪里,城市改革者们希望拯救城市,而不是抛弃它们。他们相信自己可以通过全体公民合作来提升城市生活。然而,他们常常无法理解,城市是一个充满多样性的地方,不同的人对于改革究竟意味着什么的看法常常彼此矛盾。对于公共改革者来说,以公民服务绩效而非党派忠诚度为基础来委任政府员工就意味着进步,但是对于工人阶级的人们来说,公民服务意味着就业机会减少。道德改革者相信,限制酒精饮料的销售能够阻止工人阶级的一家之主挥霍工资,损害健康,但是移民们把这种运动看作对他们私人生活的干涉。规划者们将新的街道和建筑视为现代必需品,但是这些结构常常让穷人流离失所。善意的人道主义者苛责移民母亲们消费、穿着、做家务和抚养孩子的方式,而不考虑这些母亲无力负担消费者经济创造的产品。因此城市改革是理想主义、天真和迟钝糅杂在一起的混合体。

家庭生活

尽管大部分美国人生活在家庭中,但是这种基本的社会机制在城市化和工业化时期承受着巨大压力。新的机构日益和家庭竞争,提供抚养、教育和安全,包括学校、社会俱乐部、政治组织和社团。神职人员和记者提醒人们家庭和工作的逐步分裂、持续升高的离婚率、女性进入劳动力队伍以及家长对儿童失去控制宣告了家庭和家人关系的消亡。然而在艰难时世中,家庭保留了作为避风港的角色。

住宅和家族结构

在整个现代西方历史中,大多数人在两个相互重合的社会单位中生活:家庭是一群人,彼此之间有血缘或者没血缘,分享同一个住所。而一个家族则是有血缘联系的群体，部分成员生活在一起。在19世纪末和20世纪初，两种机制以不同的形式为特点。

直到不久之前高离婚率和相对较晚的初婚年龄导致独居家庭的数量增加，美国大部分家庭（75%到80%）都是核心家庭，通常是一对已婚夫妇，有孩子或没孩子。只有极少数住宅中居住着大家庭——通常是一对已婚夫妇，他们的孩子们，以及一个或多个亲戚，比如丈夫或妻子的父母、成年兄弟姐妹，或者其他亲戚。独居的人也很少。

有几个因素可以解释这种模式。因为移民通常很年轻，所以美国人口总体而言也很年轻。1880年，居中的年龄小于21岁；至1920年，这一数字仍然只有25岁（目前的居中的年龄是35岁）。不仅如此，1900年45岁到64岁之间人口的死亡率是现在的两倍。所以当时的美国老人很少：65岁及以上人口只有4%，而今天这个数字则是12%。因此，很少可以组成跨越三代的家庭，而且比起今天，与祖父母一起生活的孩子也少得多。

出生率下降

核心家庭的平均规模也发生了变化。19世纪，大多数欧洲和北美地区经历了出生率的下降。美国的出生率下降早在1800年代就开始了，并且在世纪末的时候呈加速趋势。1880年美国的出生率是每1 000人中40个新生儿存活；至1900年下降至32个；至1920年下降至28个。尽管黑人、移民和乡村女性的怀孕率比本国出生的白人城市女性要高，但是所有群体的出生率都下降了。

出生率下降的原因之一是，当美国变得越来越城市化，儿童的经济价值下降了。在农场，儿童在家中或是田野里劳作，每个出生的孩子都代表了家庭劳动力的增长。而在以薪资为基础的城市经济中，儿童很多年无法为家庭收入做出重要贡献，而且一个新出生的孩子代表了对家庭收入的耗费。其次，随着膳食和医疗水平的提升，婴儿死亡率下降了，许多家庭不再需要生多个孩子以确保其中一部分存活下来。

或许最重要的原因是，当经济趋势发生改变，对待儿童的态度也随之发生变化。无论在什么时期，父母都是珍爱自己孩子的。但是随着美国社会的工业化和城市化，人们开始将孩子视为纯真无辜的生物，不仅需要受到保护远离社会不良影响，还能为父母提供感情回报，这种观念一开始在中产阶级中流传，逐渐扩散到劳动阶层。只有当一个母亲的孩子较少时，她的关怀呵护才可以集中和有效。这样一种态度似乎促使父母们限制家庭规模，节制妻子危险期的性生活，或者采取避孕措施。拥有六到八个孩子的家庭变得很少见；三到四个孩子的家庭更常见。生育控制技术如子宫帽和避孕套，已经使用了几个世纪，但是这一时期发明的新材料使这些措施更方便和可靠。1869年之后，避孕套使用橡胶而非动物薄膜制作，英国剧作家和哲学家萧伯纳宣称，新的生育控制工具是"19世纪最伟大的发明"。

人生阶段

尽管家庭仍然富有弹性和适应能力，但是个人生活模式开始发生引人注目的变化。19世纪之前，人生阶段不像今天那么明显，而且数代人居住在一起，辨识度相对较弱。比如，童年被视为一个为成年做准备的阶段，人们在这一阶段逐渐担当更多角色和职责。年轻阶段的细分缺乏认识或界定——幼儿、儿童、少年等。因为已婚夫妇很长历史时期内有更多孩子，活跃的亲子关系占据了成年生活的大部分。相对较少人活到老年或者自愿退休，养老院也很少见，所以老人们通常和其他年龄的人群混居一处。然而，至19世纪末，下降的出生率缩短了亲子责任的时间，所以更多中年夫妇在所有孩子都长大成人离开原生家庭后体验到了"空巢"的感受。人们拥有更长的预期寿命，雇主迫使老年员工退休的趋势日益明显，于是老人和年轻人逐渐分道扬镳。

新的童年模式也出现了。家庭和工作的分离

在城市中尤其司空见惯，这意味着孩子们不再像以前一样为家庭产出收入。可以肯定的是，工人家庭中的儿童仍然需要帮忙劳动——在工厂中工作，在街上收集木片和煤炭，兜售报纸和其他商品——但是总体而言孩子们有更多时间参与其他活动。1870年代和1880年代，各州纷纷通过强制入学法律，教育前所未有地占据了儿童的日常时间，他们每年有九个月待在学校里，一直到十几岁，同伴而非家庭对他们行为的影响力也增强了。同时，受到这一时期科学精神的影响，心理学家和教育者开始研究儿童，帮助将他们塑造成为富有美德和生产力的成年人。诸如 G. 斯坦利·霍尔（G. Stanley Hall）和卢瑟·H. 古里克（Luther H. Gulick）等教育家主张教师和父母应该寓教于乐，适应不同发展阶段儿童的不同需求。"拯救儿童"运动的提倡者急于保护儿童不受城市街头的伤害，他们主张应该建设由成年人监督的游乐场，让孩子们可以选择安全和健康的活动。

未婚者

尽管结婚率仍然很高，但是许多城市居民长期保持单身，主要是因为许多人直到近30岁才结婚。1890年，接近42%成年美国男性和37%女性是单身，几乎比1960年的数据高了一倍，但是比今天略低。这些单身人士中大约半数生活在父母家中，不过另一些人住在宿舍或者租住陌生人家中的房间。这些男性和女性大部分很年轻，他们构成了一种独立的亚文化，时常惠顾舞厅、沙龙、咖啡馆等场所，也成为基督教青年会（Young Men's Christian Association，即YMCA）和基督教女青年会（Young Women's Christian Association，即YWCA）等机构的中流砥柱。

一些未婚人士是同性恋，纽约、旧金山和波士顿等大城市中尤其多。尽管数字难以估计，但是同性恋男性拥有自己的俱乐部、餐厅、咖啡馆、剧院和支持网络构成的亚文化。一些同性伴侣，尤其是女性，组成了长期的类婚姻关系，有时候这种关系被称作"波士顿婚姻"。这一亚文化中的人们更多地被他们的行为而非性伴侣来定义——男性行为类似女性，女性的言行举止仿若男性。"同性恋"这一术语不常用。穿着和言行举止类似女性的男性被称作"仙子"（fairies），而展现出男性特质的男性则被定义为"正常人"，尽管他们或许与"仙子"保持性关系。同性恋女性更难以辨别，由俱乐部和商业场所构成的女同性恋亚文化直到1920年代才出现。当时的同性恋世界更隐蔽，包含各种关系和机构。

寄宿和客居

在每个城市，宿舍和寄宿旅馆都很常见，家庭通常接受租客，把因为孩子成年而空出的房间租出去，获得额外的收入。（租客通常食宿全包，而寄宿者常常只租房间。）至1900年，多达50%的城市居民在一生中某个阶段都曾当过租客，或者与租客生活在一起，包括埃里希·韦斯的家庭。住房改革者谴责寄宿和客居导致过度拥挤和缺乏隐私。然而这种做法非常有效。对于漂泊异乡的人来说，寄宿是一个过渡阶段，提供了一种准家庭环境，直到他们建立起自己的家庭。尤其是在经济困难或者城市快速扩张导致住宅昂贵或稀缺时，新婚夫妇有时候会暂时与其中一方的父母住在一起。许多家庭还接纳寡居的父母或是未婚兄弟姐妹，否则他们就不得不独居了。

亲戚关系的作用

在福利机构匮乏的时代，家庭是人们在困顿时求助的机构。即使亲戚们不生活在同一屋檐下，他们也常常比邻而居，分享育儿、伙食和生活建议，彼此安慰，互相帮助。亲戚之间也常互相介绍工作。负责雇佣的工厂工头常常招收他们的员工推荐的新人。据一个新移民说："两天后，我哥哥把我带到他工作的商店里，他的老板看了看就给了我工作。"

▲ 当城市扩张并变得越来越拥挤，移民和工人阶级社区中的孩子们把街道和人行道当作游乐场所。图中这些孩子们在一家波兰沙龙前旁若无人地嬉戏，这样的活动促使成年人建造游乐场、俱乐部和其他场所，以便保护儿童的安全和纯真，确保他们的玩耍有序和规矩。

图片来源：芝加哥历史协会

但是亲戚的义务并不总是受欢迎的。移民家庭向最后出生的女孩施压，让她留在家中照顾年迈的父母，这种行为常常遏制了教育、婚姻和独立的机会。正如一位年事已高的意大利裔美国父亲承认，"我的一个女儿是老姑娘（并且）导致很多麻烦……这或许是我的错，因为我总是希望她留在家里不要结婚，因为她对家里的经济帮助很大"。几代人之间也常常发生矛盾，移民父母和美国出生的孩子们为了是否抛弃旧世界方式而争论，或者为了已经工作的孩子们应该为家庭贡献多少工资而争吵。尽管如此，无论如何，亲戚关系提供了一种应对城市—工业社会压力的手段。

因此，家庭生活和作用一边变化，一边却坚不可破。新的机制承担了原先由家庭扮演的职责，人们在学校、家庭、工作中和社区中的角色开始由年龄而非其他特征来决定。学校将教育变成一种社会责任。工作中介、人事办公室和工会承担了征召雇员的责任。以年龄为基础的同伴群体对人们的价值观和行为产生了更大的影响。迁徙似乎让家庭四分五裂。但是在这些压力面前，家庭通过扩张或收缩满足暂时的需求，亲戚关系仍然值得依赖，尽管并不总是一种受赞赏的机制。

节日庆典

节日期间家人团聚尤其常见。感恩节、圣诞节和复活节是家人重聚和以儿童为中心举办活动的特殊时刻，女性家属精心烹制美食，装饰住宅。生日也越来越有节日氛围，不但是重要的家庭事件，而且是个体通过与其他同龄人的对比参照，衡量她或他经历和完成某个人生阶段的里程碑。1914年，在安娜·查韦斯（Anna Jarvis）长达六年的不懈努力之下，总统伍德罗·威尔逊签署了一份声明将五月的第二个星期日定为母亲节，这位教师相信长大成人的孩子常常忽略他们的母亲。少数族裔努力把全国性的节日稍作改变，以适应自己的文化，他们利用节日的机会准备独特的民族食物，参加特别的庆祝仪式。对于许多人来说，节日庆典证明了家庭生活的重要性。"在我成长过程中，生活环境有点拥挤，"一位女性回忆道，"但是没人介意，因为我们是一家人……谢天谢地我们生活在一起。"

新的休闲和大众文化

1889年12月2日，成百上千的工人发起示威游行，他们穿过马萨诸塞州的伍斯特（Worcester），支持缩短工作时间。一群木匠打起横幅，上面写道："八小时工作，八小时休息，八小时做自己乐意做的事。"最后一句话很重要，因为它主张了日常生活中一个独特的部分，这个部分属于个体。在所有城市社会阶层中，休闲娱乐活动——做"自己乐意做的事"日益成为度过这部分时间的方式。

休闲时间的增加

美国发明家们一直致力于创造节约劳动力的设备，但是直到1800年代末，技术才真正达到节约时间的效果。机械化和流水线生产把制造业的每周平均工作时间从1860年的66个小时减少到1920年的47个小时。工作时间的缩减意味着工作日更短，周末更自由。白领雇员每天在工作上花8到10个小时，周末常常工作半天或者完全不工作。钢铁厂和血汗工厂的体力工人仍然忍受12至14小时的轮班制，很少有时间或精力进行休闲娱乐。但是当经济从稀缺和生产转向富裕和消费，更多美国人开始投身各种娱乐消遣，而经济中很大一部分提供休闲娱乐，也从中牟利。至1900年，美国人已经陷入了娱乐业的罗网中。

当家庭娱乐扩张，娱乐成为一种有组织的商业活动。批量生产的钢琴和散页乐谱成为中产阶级家庭重要的消费品，这使演唱流行歌曲成为家庭娱乐常见的形式。然而，新娱乐的先驱是运动。专业运动原本是精英阶层中流行的奢侈活动，逐渐成为所有阶层偏爱的消遣，吸引了无数参与者和观众。连无法参与和旁观的人也可以通过阅读报刊上的体育报道来参与其中。

棒球

最流行的运动是棒球。这种运动来源于更古老的击球、投球和跑垒循环游戏，1845年，纽约荷兰籍纽约人俱乐部（Knickerbocker Club）将棒球运动正式定型，这个俱乐部把运动规则标准化了。至1860年，美国至少有50个棒球俱乐部，年轻人在全国各地的城市空地和农村田野里玩业余比赛。1869年，职业俱乐部辛辛那提红袜子（Cincinnati Red Stockings）进行全国巡回比赛，其他球队也紧随

▲ 娱乐中心成为新休闲文化常见而诱人的特色，比如纽约市康尼岛（Coney Island）上的月亮公园（Luna Park）。康尼岛最吸引人的景点是一个叫作"激流勇进"（Shooting the Chutes）的游览项目，类似现代的巨型水滑梯。1904年，月亮公园呈现了轰动一时的大象滑滑梯表演。这个生物大难不死，显然没感觉困扰。
图片来源：图像研究顾问和档案

日本棒球

作为"全国消遣活动",棒球是一种新的休闲追求,美国人将这种运动带到了世界各地。1863年,美国人在中国创立了上海棒球俱乐部(Shanghai Base Ball Club),但是中国人很少关注这项运动,主要是因为皇室将这项运动斥责为精神上腐化堕落的。然而,当美国教师贺拉斯·威尔逊(Horace Wilson)于1870年前后把棒球规则教授给他的日本学生时,这项运动受到热烈的欢迎,被当作一种巩固传统美德的运动。事实上,棒球很快成为日本文化中重要的一部分,一位日本作家评论道:"棒球对我们来说是完美的。假如它没有被美国人发明的话,我们很可能会发明。"

1870年代,几十个日本高中和高校赞助正规棒球队,1883年,在波士顿求学的铁路工程师平冈广(Hiroshi Hiraoka)成立了第一支地方官方球队:新桥竞技俱乐部(Shimbashi Athletic Club Athletics)。粉丝们对这个球队和接下去几年陆续成立的其他球队展现出疯狂的热情。

在美国将棒球介绍到日本之前,日本人没有团队运动,也没有对休闲运动的偏爱。但是他们一学会棒球就发现团队体育的概念很适合他们的文化。但是日本人却很难把美国的休闲观念应用于游戏中。对他们来说,棒球是一项严肃的运动,需要艰辛甚至残酷的训练。伊知(Ichiko),日本两个最好的高中棒球队之一,获得了"血壶"(Bloody Urine)的称号,因为许多选手在一天的辛苦训练之后流下鲜血。日本棒球还有一种与佛教价值观有关的精神特质。根据一个日本教练的说法:"(棒球)的目的不是强身健体,而是锻炼灵魂,而强健的灵魂只有通过高强度锻炼才能获得……学生棒球必须是自律的棒球,必须竭力追求真理,就像禅宗一样。"这种态度导致日本人将棒球视为追求武士道精神的新方式,一种实现武士道的方式。

当美国人在日本打棒球时,日本人发现他们强健而有天赋,但是缺乏纪律和尊重。美国人上场时拒绝脱帽鞠躬,以此侮辱日本人。1891年发生了一次国际争端,东京名城大学(Meijo University)的美国教授威廉·英布里(William Imbrie)在一场比赛中迟到了。他发现门锁上了,于是想翻越围墙走进球场。然而围墙在日本人看来具有神圣的意义,于是日本球迷因为英布里的亵渎行为对他展开攻击。英布里脸部受伤,导致美国大使发表了正式申诉。美国人先入为主地认为他们的竞技能鼓励日本人变得更像西方人,但是日本人把美国休闲娱乐变成了团队精神、纪律和爱国主义的表达,这一切都是富有日本特色的。

◀ 这个1890年的日本棒球队全副武装,装备着球棒、手套和制服,和同时期的美国球队看起来很相似。日本人在美国人进入他们国家后很快接受了棒球,但是同时将自己的文化特质融入了这项运动中。

图片来源:日本棒球名人堂

其后。全国职业棒球俱乐部联盟（National League of Professional Baseball Clubs）成立于1876年，为这项运动赋予了一种稳定的商业化结构。然而，并不是所有运动员都能从中得利；早在1867年，一条"肤色线"将黑人运动员从职业球队中排除出去。尽管如此，至1880年代，职业棒球已经成为一项规模巨大的生意。1903年，全国联盟和竞争对手美国联盟（American League，1901年成立）开始在双方的冠军球队之间举行世界职业棒球大赛（World Series），将棒球正式变成全国性的消遣活动。波士顿红袜（Boston Red Sox）在第一届联赛中打败了匹兹堡海盗队（Pittsburgh Pirates）。

槌球和自行车

棒球主要受男性欢迎。但是同样风靡全国的槌球游戏却同时吸引了男性和女性。中产和上流阶级的人们举行槌球派对和三柱门球比赛，点着蜡烛进行晚间比赛。在这个时代，离家工作将男性和女性的生活领域分开了，槌球增加了两性之间社交的机会。

与此同时，骑自行车逐渐获得了可以与棒球相媲美的流行度，尤其是1885年之后，笨重的旧式脚蹬车被有着充气轮胎和前后轮胎同样大小的安全自行车替代。至1900年，美国人拥有1 000万辆自行车，美国骑手联盟（League of American Wheelmen）等俱乐部游说政府修建更多铺面道路。和棒球不同，非裔美国自行车手获准作为职业运动员参加比赛。1892年至1910年间，黑人骑手梅杰·泰勒（Major Taylor）在美国和欧洲都大获成功。和槌球一样，自行车结合了锻炼和社交，让男性和女性有更多机会相处。不仅如此，在女性从维多利亚时尚的束缚中解放出来的过程中，自行车扮演着举足轻重的角色。为了能骑上无横杠女性自行车，女性不得不穿上分体式的裙装和简单的内衣。正如1900年的人口普查报告宣称："很少有物品……像自行车那样为社会环境带来如此重大的革命。"

足球

作为一种校际竞赛，美式足球吸引的主要是家境良好、有机会获得高等教育的选手和观众。然而，至19世纪末，这项运动吸引了更广泛的观众。1893年的普林斯顿—耶鲁比赛吸引了5万观众，人们在全国各地的后院和操场上展开业余比赛。不过，美式足球很快成了全国性的丑闻，因为这项运动非常暴力，使用"流浪汉运动员"，大学还雇佣非学生运动员帮助队伍获胜。评论者谴责美式足球反映了美国社会令人讨厌的特点。《国家》（The Nation）的一位编辑于1890年指责道："美国青年和美国男性的精神是获胜，是达到目的，不管光明磊落还是不择手段；商业世界中的寡廉鲜耻在美式足球赛场上的微缩竞争中同样有不可抗拒的吸引力。"

这类丑闻在1905年达到了顶峰，18个球员死于与球赛相关的伤害，159名球员严重受伤。作为运动的积极倡导者，西奥多·罗斯福总统召集了一次白宫会议，讨论消除暴力和犯规的方法。这次会议成立了校际体育协会（1910年更名为"美国国家大学体育协会"，即NCAA），专门规范高校运动。1906年，该协会改变了比赛规则，使其变得不那么暴力并且更开放。新的规则禁止"楔形强攻战术"冲撞，把第一次进攻的距离从5码改为10码，将传球前进合法化，并且严格规定选手的资格要求。

随着更多女性进入高校，他们也开始追求槌球和骑车以外的体育活动。体育教育工作者相信，聪明才智需要健康而富有活力的身体匹配，于是他们鼓励女大学生参与划船、远足、游泳等运动。最后女性把篮球变成她们最流行的校际运动。篮球发明于1891年，原本是男性的一项冬季运动，这项运动逐渐接受了来自史密斯学院（Smith College）的森妲·贝伦森（Senda Berenson）制定的女性规则（限制短传球和奔跑，鼓励传球）。

表演行业

商业娱乐活动也成为一种流行的休闲方式，在此过程中，美国表演行业的三个分支——流行喜剧、音乐喜剧和杂技——日益成熟。全新的戏剧表演让观众们遁入情节剧、冒险和喜剧构成的幻想世界。情节很简单，英雄和反派一目了然。对于不熟悉边境的城市居民来说，流行戏剧通过大卫·克洛科特（Davy Crockett）、野牛比尔（Buffalo Bill）和南北战争的故事把神秘的野性西部和老南方变得活灵活现。美德和荣誉总是在情节剧中赢得胜利，在一个不确定而幻灭的世界中，巩固善终将战胜恶的信念，比如《汤姆叔叔的小屋》和《老家园》（The Old Homestead）。

音乐喜剧用歌曲、幽默和舞蹈娱乐观众。美国音乐剧脱胎于欧洲常见的服饰奢华的轻歌剧。这些演出引入美国主题（通常包含少数民族）、民间幽默和19世纪末的动人旋律，让流行的歌曲和演员风靡全国。出生于爱尔兰演艺家庭的歌手、舞者兼歌曲创作者乔治·M.科汉（George M. Cohan），在20世纪初成为美国音乐喜剧大师。科汉在《美国男孩》（Yankee Doodle Boy）和《你是一面伟大的古老旗帜》（You're a Grand Old Flag）等歌曲中诉诸爱国主义和传统价值观，在第一次世界大战中帮助鼓舞民众士气。喜歌剧也变得流行起来。最初，美国喜歌剧模仿欧洲音乐剧，但是至1900年代，维克多·赫伯特（Victor Herbert）等作曲家开始为美国观众谱写特别的喜歌剧。

杂技可能是20世纪初的美国最流行的大众娱乐形式，因为它老少咸宜。这些演出有着固定的套路，就像火车和工厂流水线一样，包括变戏法的人、魔术师、杂技演员、滑稽演员、歌手、舞者以及诸如胡迪尼逃生表演等特色演出。1900年前后，杂耍剧院和杂技团的数量大幅增长，成功的商业演出经营者合作巩固了剧院和演出，如托尼·佩斯特（Tony Pastor，他给了胡迪尼第一份杂技表演工作）和本杰明·基思（Benjamin Keith）以及爱德华·阿尔比（Edward Albee），他们的管理方式与其他行业商人巩固工厂生产的方式异曲同工。多家针对工人阶级观众的剧院的所有者马库斯·洛尔（Marcus Loew）被称为"表演行业的亨利·福特"。制作人佛罗伦兹·齐格菲尔德（Florenz Ziegfeld）聪明地以一种风格化的形式将演出打包成齐格菲尔德歌舞剧（Ziegfeld Follies），为全国人民提供了一种新的女性特质典范——齐格菲尔德女孩，她那优雅的舞蹈和诱人的装束暗示着引人入胜的声色。

女性和少数族裔的机遇

商业表演为女性、非裔美国人和移民表演者提供了经济上和社会上的流动，但是同时也煽动了偏见和压榨。喜歌剧女演员莉莉安·罗素（Lillian

▲ 伊娃·坦圭（Eva Tanguay）是那个时代最受欢迎的轻歌舞剧演员之一。她是一个体态丰满的歌手，把自己标榜为"为杂技代言的女孩"，坦圭身穿繁复的表演服，唱着充满暗示意味的歌曲，很多歌都是专门为她写的，代表了她那无忧无虑的风格。

图片来源：图像研究顾问和档案

Russell)、杂技歌手—喜剧女演员范妮·布莱斯（Fanny Brice）以及轻歌舞剧女王伊娃·坦圭吸引了极端忠诚的粉丝，收获了丰厚的演出酬金，并且因为自己的才华赢得了尊重。她们与娴静端庄的维多利亚女性形成鲜明对比，表现了一种喧闹而独立的形象。伊娃·坦圭精力充沛地在舞台上来来去去，唱着接地气的歌曲，比如"这些都有人做过了，但不是以我的方式"和"我不在乎"，有一种既令人瞠目结舌又自信的内涵。一个新闻记者宣称："伊娃·坦圭拥有着令人震颤、令人意外的活力，这种力量无可争辩，华丽丽地被一个坚不可摧的自我驾驭着。她的整个表演是她自己，为她自己，由她自己。"但是不那么有名的女性表演者和歌女（被称作"轻佻女"，即soubrettes）常常受到男性经纪人和剧院业主的压榨，这些人往往只想用穿着清凉的女性满足大众，牟取利益。

1890年代之前，雇佣非裔美国表演者的主要商业娱乐形式是吟唱表演，但是杂技为他们打开了新的机遇。舞台背景从种植园变成城市，音乐从感伤的民间曲调变成黑人切分节奏。为了迎合白人观众的偏见，作曲家们嘲讽黑人，黑人表演者被迫塑造自贬的角色。在诸如"他只是个小黑人，但他是我的，整个是我的"以及"你或许是个百老汇的夏威夷人，但是你对我来说不过是又一个黑人"等歌曲中，舞台上的黑人和社会中一样遭到贬损。富有才华的黑人喜剧演员和舞者伯特·威廉姆斯（Burt Wiliams）拥有高中学历，而当时大多数白人都没有那么高的学历，他通过画黑人妆和扮演傻笑的白痴、花花公子等样本角色出名，但是却不得不忍受侮辱，遭受折磨。

一种民族性的特色让很多美国大众娱乐拥有自己的独特性。和胡迪尼一样，很多表演者是移民，他们的舞台表演反映了他们的经历。杂耍尤其擅用民族幽默和夸张的方言。滑稽短剧和歌曲传播速度很快，复制了工厂、办公室和街头的步调。演出加强了民族偏见，但是这种扭曲比起针对黑人的那些更自觉和富有同情心。民族幽默常常讽刺移民们面对的日常困境。比如，有意大利人参与的典型情节强调角色蹩脚的英语，把"外交"（diploma）和"水管工"（the plumber）、"抬棺人"（pallbearer）和"北极熊"（polar bear）混为一谈。其他场景也对现代社会生存状况插科打诨。比如，舞台上的医生要求病人为建议付10美元时，病人回答："10美元太贵了。这里有2美元。拿着吧，这是我的建议。"这类场景允许观众们对人类的小缺点会心一笑，而不是肆意嘲笑。

电影

1900年之后不久，现场演出开始让位于一项更唾手可得的商业娱乐形式：电影。1880年代，托马斯·爱迪生完善了电影技术，电影一开始是拱顶街道和台球厅的老虎机西洋景。最后，飞驰的列车、杂技演员和肚皮舞演员的画面投射在屏幕上，这样许多观众就能同时观看，一种新的媒体诞生了。

电影制作人很多有犹太移民背景，他们发现一部电影可以以一种令人兴奋的方式讲述一个故事，和杂耍艺人一样，他们迎合观众的愿望。早期的电影人运用爱国主义和工人阶级经历，帮助美国文化转变，从更固执刻板的维多利亚价值观变成更见多识广的观念。

电影逐渐从几分钟延长到数小时，传达了富有争议的社会讯息，也呈现了创新的技术和表达风格。比如，富有创意的导演D.W.格里菲斯执导的影片《一个国家的诞生》（1915）是关于内战和重建的震撼史诗，但是它同时也煽动起激烈的种族偏见，将非裔美国人描述为对白人道德价值观的威胁。成立于1909年的全国有色人种协进会（NAACP）针对这部电影发起了集体抗议。但是这部影片运用划时代的技术加强了戏剧性，比如特写、淡出和战争场面。

技术和创业精神同样将新闻变成一种大众消费品。精明的出版商运用高速印刷报刊和便宜的纸张，从逐渐增长的广告收入中获利，创造了一种让人们渴望新闻和广告的媒介，如同他们渴望娱乐。城市生活和增加的休闲时间似乎养成了一种对感官刺激的沉迷，从1880年代开始，流行都市报刊越来越助长这种胃口。

黄色新闻

1883年收购《纽约世界报》的匈牙利移民约瑟夫·普利策（Joseph Pulitzer）把新闻变成了一种大众商品。普利策相信报刊应该是"献给人民的事业"，他用关于灾难、犯罪和丑闻的故事填满《纽约世界报》。耸人听闻的标题像广告一样用大号粗体字吸引了读者。普利策的记者们不仅报道新闻，还到处搜寻甚至自己创造。比如，《纽约世界报》的记者奈莉·布莱[Nellie Bly，其真名为伊丽莎白·柯克雷恩（Elizabeth Cochrane）]想方设法进入一个精神病收容所，然后撰写了一篇无所顾忌的报道，曝光她在那里看到的污秽环境。其他记者各显神通，四处挖掘令人抓心挠肺的世情故事。普利策还使漫画流行起来，印刷用的黄色墨水让黄色新闻这个词变成了哗众取宠和耸人听闻的同义词。

普利策的策略无比成功。一年内，《纽约世界报》的发行量从20 000份增长至100 000份，至1890年代末更是达到了100万份。其他出版商，如1895年收购《纽约日报》并开始建立大众报刊帝国的威廉·兰道夫·赫斯特（William Randolph Hearst）也采用了普利策的技巧。普利策、赫斯特以及其他竞争对手将体育和女性新闻变成大众消费品，进一步扩大了发行量。原先也有报刊报道体育新闻，但是黄色新闻报刊赋予这些故事更高的地位，刊印独立的长篇体育版面。体育新闻通过叙事和比分再现了一场比赛的戏剧性，并且提高了体育作为休闲娱乐活动的地位。为了抓住女性读者，报刊还加入了专门介绍家庭小窍门、时尚、礼仪和俱乐部新闻的特别版面。

其他大众市场出版物

至20世纪初，大量流通的杂志令之前时代的精英刊物黯然失色。诸如《麦克卢尔》《周六晚报》（*Saturday Evening Journal*）这样的杂志提供世情故事，搜集并揭发丑闻（参见第574页），用小说、照片、彩色封面和引人瞩目的广告迎合急剧增长的大众市场。与此同时，从1889年至1917年，出版书籍的数量增加了4倍多。新闻和书籍消费日益增长，反映了大众受教育程度的提高。1870年和1920年之间，十岁以上美国的文盲比例从20%降至6%。

其他类型的交流也扩张了。1891年，美国每一百个人中拥有电话的不足1人；至1901年，这个数字增长至2.1；至1921年，蹿升至12.6。1900年，美国人使用了40亿张邮票；1922年，他们购买了143亿张。"通信"这个词获得了新的维度，人们使用媒体、书信和电话让自己的视野远超周遭的一亩三分地。

全国各个地区的人们前所未有地听闻和议论同样的新闻事件，无论是耸人听闻的谋杀案、性丑闻还是某个演艺人士或运动员令人咋舌的财富。

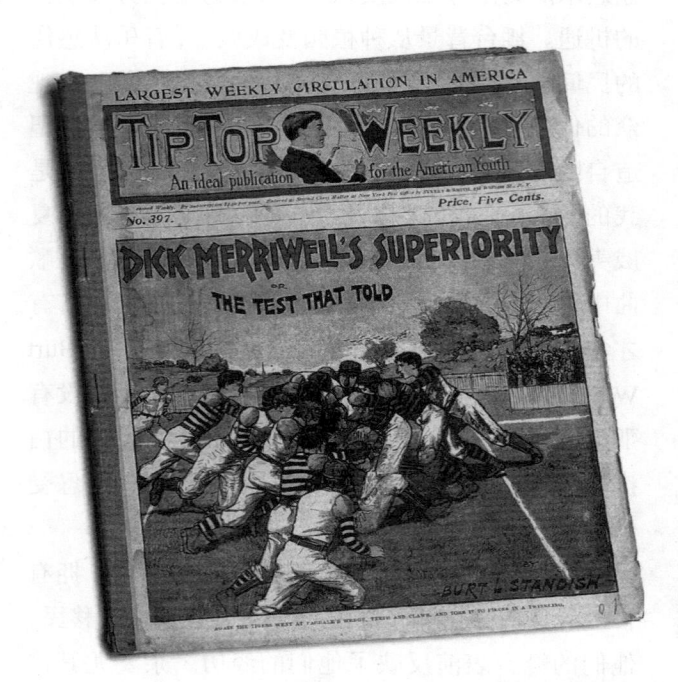

▲ 迪克·梅里威尔（Dick Merriwell）和他的兄弟弗兰克（Frank）是1900年代初伯特·斯坦迪什[Burt Standish，即吉尔伯特·帕顿（Gilbert Patten）的笔名]创作的成百上千个故事中的主人公。这些冒险故事大多包含运动元素，广受欢迎的角色原型运用自己的身体技能、勇气和美德完成不可能的任务并且影响他人，让他们做出正派的行为。

图片来源：图片研究咨询收藏

儿童和量产玩具

在城市工业时代，运动、电影和流行出版物填充了成年美国人全新的休闲娱乐时间，儿童也获得了新的娱乐工具：商业玩具。美国玩具业像其他量产制造业一样，在这个时期日益成熟，许多直至今日仍然流行的玩具和游戏就是这一时期发明的。1880年代，帕克兄弟（Parker Brothers）游戏公司原身的创始人乔治·S.帕克（George S. Parker）开始设计娱乐主题的桌上游戏来替代强调道德说教的游戏。帕克纸牌游戏鲁克（Rook）出现于1906年，很快成为畅销产品。大约同时期，密尔顿布拉德利公司（Milton Bradley Company）开始生产以海盗和儿童文学角色摇翅膀叔叔（Uncle Wiggly）为主题的游戏。

很多新的大众玩具巩固了性别角色。比如万能工匠（Tinkertoys）、拼装玩具和火车模型等为男孩长大成人做准备，向他们介绍建筑和机械方法。而女孩的玩具则强调时代推崇的女性角色，如母亲和主妇。比以前看起来更逼真的洋娃娃鼓励女孩们练习喂养和抚育等任务，而需要动手裁剪服装套件并粘贴到玩偶身体上的纸娃娃则让她们了解时尚和消费主义。还有一些玩偶来源于儿童故事或是商品广告，比如破烂娃娃（Raggedy Ann）和安迪（Andy）以及坎贝尔汤孩子（Campbell Soup Kids）。

日渐成熟的美国玩具产业中诞生的大多数产品反映了一种持久的信念，人们认为童年是一个特殊的人生阶段，相信儿童应该有权参与一位教育者所谓的"寓教于乐"活动。但是这种强调儿童保护的新态度同样让人们倾向于为孩子提供有益智力发展的玩具，而非仅仅为了娱乐。因此，新的商业化教育玩具出现了。密尔顿布拉德利公司的一些早期游戏有着教育主题，而帕克兄弟则开发了四款关于西班牙—美国战争的游戏。

1920年代、1930年代和1940年代，玩具产业开始与大众媒体互动，比如和漫画（顽童班和超人玩具）、电影（秀兰·邓波儿玩偶和巴克·罗杰斯激光枪），还有众多迪士尼玩具。接着，在1950年代，电视和广告对玩具广告的节目化和数量增长有着重要影响。1970年代，现代电子游戏产业崛起了，"电子乒乓球"和"吃豆子"这样的游戏诞生了。这些游戏和许多其他儿童娱乐产品是一百多年前兴起的休闲娱乐和儿童中心观念留下的遗产。

美国越来越成为一个大众社会，同样的产品、同样的技术、同样的信息主导着日常生活，无论人们身处哪个地区。

安东尼·科姆斯多克（Anthony Comstock）

这些休闲娱乐的蓬勃发展并非没有遇到反对声音。反对声音中最德高望重的是道德主义者安东尼·科姆斯多克，他把审查具有性内容和性暗示的文学作品和娱乐产品作为己任。1873年，科姆斯多克创立了"惩恶扬善协会"（Society for the Supression of Vice），说服国会通过了一部法律禁止传播"海淫海盗"的素材。他设法获得了邮政监察的任命，勤勉地禁止邮件中夹带婚姻手册和计生文学。从1870年代开始，直至1915年去世，科姆斯多克不断发起运动反对他认为猥亵的展示和表演，尤其是在纽约市。他的目标不仅包括印刷物，还有裸体女性绘画、身体文化展览以及著名英国作家萧伯纳写的一出戏剧，因为其中的一个主题是卖淫。

但是无论安东尼·科姆斯多克们如何努力，这样的讨伐无法逆转城市中已然发生的文化变革。大众文化或许比其他任何因素更代表着民主，来自普通人自下而上的经验和欲望与有钱、有权者自上而下强加的影响同样重要，甚至更为重要。

运动的流行、电影和舞台上呈现的主题，以及日常出版物的内容不仅说明城市—工业时代的美国人有时间掌控休闲时间活动，还证明精明的企业家明白自己的产品需要迎合新消费者的需求。与此同时，创作者提供关于新社会和经济环境的信息，通过戏剧和幽默帮助人们适应社会，让一些分裂性的因素变得能够容忍。对非裔美国人形象的描绘和处理是例外，这种恶意并没有随着娱乐的扩张而有丝毫减损。

因此，从某种程度上来说，城市新娱乐和媒体有一种均质化的影响，让不同社会群体分享共同经验。公园、球场、杂耍表演、电影和报纸杂志的专题是无派别、非政治的。然而不同的消费群体让它们适应各自的文化需求。比如，移民常常把公园和娱乐区域当作特别民族聚会的场所。让改革者们痛心疾首的是，尽管他们希望公共节假日能吸纳新来者，教会他们节制的习惯，但是移民们却把野餐会和7月4日庆祝活动变成开怀畅饮甚至暴力行为的盛会。年轻的工人阶级男性和女性反抗父母和道学家的警告，经常出入城市舞厅，探索不受成年人监督的恋爱和性行为。儿童经常把街道和屋顶当作自己的游乐场，而不是在成年人监督下参加公园和游乐场的游戏。因此，当美国人学着娱乐时，他们的休闲娱乐就像工作和政治一样，表现着城市生活中蓬勃的多元化影响，同时这些影响也塑造着城市生活。

结语

人和科技使19世纪末20世纪初成为"城市的时代"。美国本土的迁徙者和来自海外的移民重新塑造自己，并且也重塑了城市的环境，胡迪尼就是很好的例子。尽管他们或许逃离了家乡，但是他们也带来了自己的文化，反过来丰富了美国的文化。他们还在全新的大众休闲娱乐形式中找到了桃花源。城市日新月异，日常生活带来新的挑战，政治和改革拥有了新的意义，而家庭生活既反映了变革又反映了传承。

尽管政府和社区似乎仍然混乱不堪，但是至1900年代美国城市已经经历了一次"意料之外的胜利"。在腐败和政治斗争中，工程师们将排污、供水和照明服务现代化了，而城市政府通过扩充职业警力和消防让城市变得更安全。当本土的创新邂逅欧洲、非洲和亚洲文化的传统时，一种新的社会出现了。这个社会并不总是运作顺利；事实上并不存在统一的城市社会，只有一系列亚社会。社会阶层、民族和种族群体、政治以及职业组织有时候和谐共处，有时候则不然。总的来说，城市之所以能够繁荣，是因为多种多样的构成，而非相反。

乐观主义者将美国视为一个大熔炉，认为不同民族文化能够融合成一个团结的民族。然而，事实证明许多少数民族群体根本无法融合，他们更喜欢，有时也是被迫继续自己的行事方式，而少数种族则在熔炉底部煎熬。作为移民和城市化的结果，美国成为一个多元社会，文化影响沿着两个方向流动：由拥有权势和影响力的人自上而下，或者通过各民族的人们带到城市的传统和品位自下而上产生影响。当保留某个文化的愿望遭遇融入的需要，结果通常是复合身份：爱尔兰裔美国人、意大利裔美国人、波兰裔美国人等。

至1920年，许多城市中，移民和他们的后代数量已经超过了土生土长的居民，全国经济依赖于这些新的工人和消费者。迁徙者和移民把美国变成了一个城市国家。仅仅通过生活，他们就赋予美国文化丰富而多样的质地。同时，他们也像哈里·胡迪尼一样，通过改变娱乐和消费主义的进程，为20世纪美国政治自由主义的特点打下了基础。

扩展阅读

John Bodnar, *The Transplanted: A History of Immigrants in Urban America* (1985)

Howard P. Chudacoff, Judith E. Smith, and Peter C. Baldwin, *The Evolution of American Urban Society*, 7th ed. (2010)

John D'Emilio and Estelle Freedman, *Intimate Matters: A History of Sexuality in America* (1988)

Nancy Foner and George M. Frederickson, eds., *Not Just Black* and White: Historical and Contemporary Perspectives on Immigration, Race, and Ethnicity in the United States (2004)

Kenneth T. Jackson, *The Crabgrass Frontier: The Suburbanization of the United States* (1985)

Matthew Frye Jacobson, *Whiteness of a Different Color: European Immigrants and the Alchemy of Race* (1998)

Erika Lee, *At America's Gates: Chinese Immigration During the Exclusion Era, 1882—1943* (2003)

Martin V. Melosi, *The Sanitary City: Urban Infrastructure in America from Colonial Times to the Present* (2000)

Robyn Muncy, *Creating a Female Dominion in American Reform, 1890—1935* (1991)

Kathy Peiss, *Cheap Amusements: Working Women and Leisure in Turn-of-the-Century New York* (1986)

第二十章

镀金时代的政治，1877—1900

弗朗西丝·维拉德（Frances Willard）的整个童年时代可以说是"无拘无束"。年幼的弗朗西丝在威斯康星州的乡下长大，所有玩具都是她自己做的，她爬篱笆、砍树，有一次还试图骑奶牛。1855年，一满16岁，弗朗西丝的一言一行和穿着就不得不像个正常女性一样。她后来写道："他们弄来束手束脚的长裙，还有束手束脚的紧身衣和高跟鞋，我的头发被梳成发髻，用发卡固定起来，从那时起我总是意识到并且服从于加诸我身的限制。"维拉德生活在一个本该民主的社会里，但是这个社会却拒绝赋予女性投票权，也禁止她们参与公共政治生活。

维拉德从来不像其他女性那样接受这些限制。相反，成年后她一直致力于倡议她所谓的"家庭政治"，这一理想融合了女性传统角色与改良的社会愿望。从1879年开始，维拉德担任全国最大的女性组织基督教妇女禁酒联盟（Women's Christian Temperance Union，即 WCTU）的领导，直至1898年辞世。她周游全国，发表了数千次演说，不仅反对酒精，而且提倡女性选举权。53岁时，她开始学习骑自行车，证明自己并没有失去年轻的精神，她认为这一"征服"之举证明成年女性可以在"广阔的世界"中赢得胜利。

弗朗西丝·维拉德并不是一个激烈的极端主义者。她相信赋予女性选举权能够让她们运用内在智慧带来广泛意义上的社会进步，尤其是抵制有害的酒精诱惑。这个社会在她的16岁生日后发生了急剧变化。造成巨大伤痛的南北战争以及战后时代，加上1877年至1900年之间大企业和大商业联盟的迅速崛起，既影响了政治和政府，也重新塑造了日常生活。这个时代的特点是贪婪的特殊工商企业集团获得巨大优势以及政治排外。

章 节 大 纲

党派政治的性质
立法问题
临时总统
昨日重现　镀金时代的政治景象
歧视、剥夺公民权和对策
土地动乱和平民主义
放眼天下　俄国平民主义
1890年代的大萧条和抗议
白银圣战和1896年总统大选
结语
人民与国家的遗产　一个童话的解读

◀ 19世纪末的政治是一种重要的社区活动。在电影、电视、购物商场和大范围传播的职业体育赛事还没出现的时代，雄辩的演说家如社会主义党领袖尤金·V.德布斯（Eugene V. Debs）在铁路车场发表演说，吸引大批听众，有时会持续整整几个小时。

年表

1873	国会停止铸造银币
1873—1878	经济萧条时期
1877	佐治亚通过人头税，剥夺了大多数非裔美国人的公民权
1878	《布兰德—埃勒森法案》(Bland-Allison Act)要求财政部每月购入200万到400万美元价值的白银
1881	加菲尔德被刺杀，亚瑟升任总统
1883	《彭德尔顿法案》(Pendleton Civil Service Act)引入考绩制度
1883	最高法院推翻1883年《民权法案》
1886	沃巴什(Wabash)案判决只有国会有权限制州际贸易税率
1887	农民联盟(Farmers' Alliances)成立
1887	州际贸易委员会(Interstate Commerce Commission)开始规范税率和州际间航运
1890	《麦金莱关税法案》(Mckinley Tariff)提高关税
1890	《谢尔曼白银购买法案》(Sherman Silver Purchase Act)命令财政部每月购入450万盎司白银
1890	"密西西比计划"(Mississippi Plan)用人头税和文化水平测试阻止非裔美国人投票
1890	全国女性选举权协会(National Woman Suffrage Association)成立
1890年代	黑人歧视法在南方诸州通过，在法律和公共生活等方面歧视非裔美国人
1892	平民主义会议在奥马哈举行，草拟改革政纲
1893	《谢尔曼白银购买法案》被撤销
1893—1897	美国遭遇经济大萧条
1894	《威尔逊—戈曼关税法案》(Wilson-Gorman Tariff)通过
1894	科克西失业请愿军(Coxey's Army)向华盛顿特区进发
1896	"普莱西诉弗格森案"(Plessy v. Ferguson)建立隔离但平等原则
1898	路易斯安那实施"祖父条款"，限制非裔美国人投票
1899	"卡明斯诉县教育局案"(Cummings v. County Board of Education)对学校适用隔离但平等原则

美国社会对财富的执迷非常普遍，以至于马克·吐温和查尔斯·达德利·华纳(Charles Dudley Warner)在他们的小说《镀金时代》(The Gilded Age, 1874)中讽刺美国是肤浅掘金者的土地，这个提法广为流传。从此以后，历史学家常用"镀金时代"形容19世纪末的美国。

与此同时，全国和各州都取得了许多经济和政治成就。尽管党派和地区对抗时有发生，但是国会在铁路规范、关税和货币改革、公民服务以及其他重要问题立法上获得了里程碑式的成就。同时，司法部通过支持大商业，反对州和联邦规定，捍卫财产权来对抗改革。总统一职由诚实而可敬的人担任，尽管他们不如华盛顿、杰弗逊或林肯那样杰出，但努力行使自己的权威和独立性。在这些潮流趋势中，排外政策阻止许多美国人投票和取得民主，包括女性、南方黑人、印第安人、教育程度较低的白人以及没有公民权的移民。这种排外政策让弗朗西丝·维拉德等人深感忧虑，尽管他们并不总是愿意把机遇向所有人开放,尤其是对有色人种。

直到1890年代,一个稳固的政党体系和地域之间的权力维持着脆弱的平衡。1890年代,西部和南部农村地区人民的不满愈演愈烈,深重的经济萧条暴露了工业体系中的缺陷。1896年的总统竞选运动让这一代美国人首次经历巨大震荡。一个新党派崛起,旧党派分裂了,地域团结昙花一现,关于国家未来的根本争议达到了顶点。从充满经济变革和新政治结盟的1890年代动荡中,美国的新面貌慢慢浮现。

- 镀金时代中政府的职能是什么,它们如何变化?
- 排外和歧视政策如何为这个时代的政治文化打上印记?
- 经济气候如何导致平民主义运动产生?

547 党派政治的性质

1870年至1896年在美国历史上是个绝无仅有的时代,公众对选举的兴趣无比高涨。北方有约80%符合资格的选民(北方的白人和黑人男性,总体而言低于南方白人男性比率)在地方、州和全国选举中投票。政治成为一种娱乐消遣的方式,比棒球或马戏更受欢迎。真正的投票只是整个过程中的最后环节,其他环节包括游行、野餐和演说。正如一位观察者所言:"(竞选运动)对我们的人民来说就像法国人的戏剧和西班牙人的斗牛一样。"

文化—政治同盟

现在,更多投票者将自己视为独立的人,而非与一个或另一个党派结盟。但是在镀金时代,党派忠诚极为强烈和情绪化。除了个别例子,反对政府干预个人自由的人把自己视为民主党;而那些相信政府可以成为改革代理人的人则认同共和党。民主党支持者中包括在国外出生的人、第二代天主教徒以及犹太人,他们遵循指导个人行为的仪式和圣礼,表达对上帝的信仰。共和党人团结了大多数本国出生的新教徒,他们相信通过净化这个世界的恶能够更好地让人们获得救赎,而立法可以保护人们免受罪恶侵扰。

地域矛盾也是一大分歧点。北方的共和党人向南方和北方的民主党人"挥舞血衣",利用南北战争的痛苦回忆寻求支持。正如一个共和党演说家在1876年诟病的那样:"每个试图摧毁这个国家的人都是民主党人……士兵们,你们英勇身躯上的每一道伤疤都是民主党人带给你们的。"北方的民主党人则更多聚焦于都市和经济问题,但是南方民主党候选人挥舞着另一件"血衣",把共和党人称作白人至上主义和州权力的叛徒。

在州和地方层面,党派政治家们常常就政府应该在多大程度上控制人民生活而争吵不休。最易引发争议的问题是闲暇时间和周日礼拜,即"主日"。新教共和党人试图捍卫安息日的神圣性,立法禁止酒吧、商店和商业娱乐在周日营业。民主党移民习惯从教堂回来后宴饮和娱乐,极力反对关闭沙龙或禁止一周中唯一一个休息日的其他娱乐活动。在涉及教区学校、过度禁止或不加限制供应酒类等问题中也存在类似分歧。

由于这些问题,政治既是一项社区活动也是一种个人活动。在媒体明星占据公众注意力前的时代,人们对政治家个人形成情感忠诚,这类忠诚常常忽视了蠢行和腐败。缅因州浮夸而颇有名望的共和党国会议员、参议员、总统候选人、两任国务卿詹姆斯·G.布莱恩(James G. Blaine)是其中的典型。追随者们将他称为"羽毛骑士"(Plumed Knight),为他谱写歌曲,组织游行,为他的长篇演说着迷,全然不去理会他与商人的腐败勾结以及他对工人及农民的仇恨。

全国党派及候选人的拥护者旗鼓相当,因此没有哪个政党可以在较长时间内维持绝对控制权。1877年至1897年之间,共和党人担任了三届总统,而民主党人则担任了两届,并且极少发生同一党派同时占据总统席位和控制国会的情况。1876年至1892年,两党总统大选票数十分接近。最终结果常常取决于北方少数几个人口大州的选票——康涅狄格、纽约、新泽西、俄亥俄、印第安纳和伊利诺伊。两党都试图通过提名上述几个州的候选人（并为候选人进行暗箱操作）获取优势。

派系斗争

共和党和民主党都遭到了党内派系斗争的分裂影响。在共和党中，纽约参议员罗斯科·康克林（Roscoe Conkling）领导其中一个被称作"忠实拥护者"（Stalwarts）的派系。这位健身爱好者身形健美，被贴上了"政坛最佳躯体"的标签，康克林以腐败机制为支持者攫取政府职务。"忠实拥护者"的对手则是由詹姆斯·G.布莱恩（James G. Blaine）领导的"非纯种派"（Half Breeds），他像康克林一样无所不用其极地争名逐利。除此之外还有其他比较理想主义的共和党人，或"超然派"（Mugwumps，据称来自印第安语，意为"篱笆一边是傻瓜，另一边是笨蛋"）。超然派指责令共和党人蒙尘的政治无赖，相信只有像他们一样正直而受过良好教育的人才能管理政府，密苏里参议员卡尔·舒茨（Carl Schurz）是其中的典型。共和党大商业同盟支持货币金本位制度，而来自矿业区的人却偏爱银本位。民主党人则分裂为白人至上主义南方人，都市政治机器的工人阶级移民支持者，以商业为中心的低关税和金本位制度提倡者，以债务人为中心的自由银本位制度提倡者。像共和党人一样，民主党人也热切地追逐名利权柄。

各州通常由某一党派主导，权柄常常掌握在少数几个人的手中。通常州"首领"是某位参议员，他随心所欲地分派职务，并攫取全国影响力。（直到1913年通过第十七条修正案为止，美国参议院一直由州立法会选举。）除了康克林和布莱恩，参议院中的势力还包括纽约州的托马斯·C.普拉特（Thomas C. Platt）、罗德岛的尼尔森·W.奥尔德里奇（Nelson W. Aldrich）、俄亥俄的马克·A.汉纳（Mark A. Hanna）以及宾夕法尼亚的马修·S.奎伊（Matthew S. Quay）。这些人无所不用其极地运用自己的权力。

奎伊曾经就"使用参议院调查的机密信息从美国砂糖精炼公司投资获利"一事回答："我并不觉得我和参议院的关系可以干涉我随心所欲地购入或卖出股票，我将来还是会我行我素。"

立法问题

在国会中，地区矛盾、滥用任命权、铁路规范、关税和货币制度引发了激烈的争议和党派分歧。1880年代南北战争结束后，国会耗费大量时间讨论士兵抚恤金问题。由40万名联邦退役军人组成的组织"内战联邦退伍军人协会"（The Grand Army of the Republic）与共和党结成联盟，游说国会为退役军人和军人遗孀提供慷慨的抚恤金。大部分情况下，抚恤金是他们应得的。联邦军人的薪酬很低，成千上万的妻子失去了丈夫。但是战争的情感记忆成为一些退役军人以公众利益为代价为自己牟取私利的途径。联邦军耗费了20亿美元打南北战争，然而，退役军人抚恤金最终花费了80亿美元，这是联邦政府有史以来最大的福利支出之一。至1900年，退役军人抚恤金约占联邦预算的40%。而邦联退役军人却拿不到这些钱，南方一些州只能自掏腰包支付小额抚恤金，并为退役军人建造养老院。

公务员改革

很少有政治家敢反对抚恤金，但是一些人试图瓦解腐败体系。在南北战争期间，联邦政府大规模扩大，卖官鬻爵而不考虑官员是否胜任职务的行为植根于南北战争之前，在战后蓬勃发展。邮政、外交使团和其他政府机构急剧扩张，公务员的工资总额也大幅上升。1865年至1891年，联邦政府职务数量增至三倍，从53 000增至166 000。（今日约有130万。）当选官员争相控制这些职务，以便为自己和党派谋取利益。联邦职务获得者承诺选票，并将一部分收入贡献给保护人，以此换取相对轻松而高薪的政府职务。

一些改革者对这样的腐败行为感到震惊，尤其是在格兰特执政期间几件丑闻被披露之后，这些改革者提倡根据行政能力委任和擢升政府工作人员，而非政治关系。1881年，媒体编辑E.L. 哥德金（E.L. Godkin）和乔治·W.柯蒂斯（George W. Curtis）成立了全国公务员改革联盟（National Civil Service Reform League），为这项改革获取了更多支持。同年，詹姆斯·加菲尔德（James Garfield）遭到一名心烦意乱的求职者暗杀，进一步加强了改革的动力。1882年国会通过《潘德尔顿公务员改革法案》（Pendleton Civil Service Act），1883年切斯特·阿瑟（Chester Arthur）总统签署通过，成立公务员委员会（Civil Service Commission）来监督政府职务能力考试。这一法案授予委员会的监督权只涵盖了10%的联邦职务，尽管总统有权扩大这一名单。因为宪法禁止国会干涉州事务，因此州和地方层面的行政事务发展参差不齐。尽管如此，潘德尔顿法案标志着一个新的开端，为进一步改革提供了模板。

然而，退役军人抚恤金和公务员改革并非镀金时代的主要问题。经济政策史无前例地占据着国会的主要注意力。铁路尤其充满争议。当铁路网络不断扩大，竞争也随之而来。在争夺客户的过程中，铁路竞相降低费用，以挫败对手，但是价格战损害了利润，而且不稳定的运输费用让货主和农民十分恼怒。在非竞争性路线上，铁路常常尽可能提高价格，以弥补竞争路线的不盈利低价，这使价格与距离不成比例。只有一条线路的短途运输每英里的费用可能超过竞争线路的长途运输费用。铁路还差别对待客户，为大货主降低费用，并向偏爱的

▲ 保护人机制在镀金时代达到了十分严重的程度，这种机制是指以职务和其他政治利益奖励政治支持者的行为。批评家将之譬喻为股票交易，交易者喧嚣吵嚷毫不掩饰自己的投机目的。这幅漫画中，詹姆斯·加菲尔德总统站在中间的基座上，周围是不停求告的求职者，左边是来自纽约州的共和党领袖，参议员托马斯·C.普拉特，与另一名将"首领的命令"递给副总统切斯特·阿瑟的男子铐在一起。1883年《潘德尔顿法案》旨在取缔保护人机制，换成以行政能力而非政治关系为基础的职务任命机制。

图片来源：国会图书馆

客户和政客提供免费乘客证。

铁路规范

这种徇私行为促使农民、小商人和改革政治家要求规范铁路价格。他们的努力一开始在州层面取得了成功。至1880年,14个州设立的委员会已经限制本州授权线路的运输和仓储费用。铁路通过贿赂说客和高压策略对抗这些措施,辩称第十四条修正案赋予他们不受政府制约并自由获取和使用财产的权利。但是在1877年的"芒恩诉伊利诺伊州案"(Munn v. Illinois)中,最高法院支持州规范原则,宣称铁路拥有的谷仓以公共利益为目的,因此必须出于"公共利益"而受到规范。

然而,州立法会无法规范州际线路,1886年的"沃巴什案"(Wabash)中,最高法院进一步确认了这一限制,在该案中,最高法院宣称,只有国会可以限制涉及州际商业的价格。因此改革者要求联邦政府采取行动。一些商人和农民一样,相信他们遭到了价格歧视,在他们的支持下,国会于1887年通过了《州际商业法案》(Interstate Commerce Act)。这部法律禁止回扣与价格歧视,并成立了全国第一个规范性机构"州际商业委员会"(ICC),以调查铁路定价行为,对非法行为出具停止令,并且寻求法院帮助来贯彻执行。然而,这项立法执行条款效力很弱,为铁路留下了规避的空间,法官将州际商业委员会的权力削减至最低。比如,在"最高运输费用案"(Maximum Freight Rate, 1897)中,最高法院判决州际商业委员会缺少定价权力,在"阿拉巴马密德兰案"(Alabama Midlands, 1897)中,最高法院推翻了针对长距离/短距离价格歧视的禁令。尽管规范原则屡屡遭到削弱,但仍然生效。

关税政策

关税问题常常具有强烈的政治内涵。从1789年以来,国会开始征收关税,对进口产品收取关税以保护美国工业制品和农产品免受欧洲同类产品的冲击。但是关税很快沦为特殊利益群体扩大利润的工具。至1880年代,这些利益群体成功对4 000多种产品加上关税。一些经济学家和农民辩称,关税是政府帮助扶持工业和保留就业机会的必要手段。

为了支持经济发展,共和党将保护性关税置于其政治计划的核心。民主党抱怨关税阻碍进口价格较低的欧洲产品进入市场,从而人为推高了物

◀ 关税等联邦经济政策引发激烈争论,一方是商业及其国会中的同盟,另一方是相信这些政策只对特殊利益群体有利的人。这幅漫画显然反对《麦金莱关税法案》,描绘了象征美国的山姆叔叔被关税及其粗鲁的参议院支持者绑架的场景。

图片来源:格兰杰收藏,纽约

价,使国内制造商受益,却损害了农民的利益——因为他们的农产品不受保护,也伤害了购买工业产品的消费者的利益。比如,一码国外生产的法兰绒或许只需10美分,但是8美分的关税将价格抬高到18美分。一个生产类似法兰绒面料的美国本土制造商,原本售价同样是10美分,现在可以定价17美分,比国外竞品低1美分,把它们挤出市场,但是仍然赚得7美分额外利润。

在镀金时代,关税收入和其他税收使国库充盈。大多数共和党人都喜欢政府挣得比花得多的状态,希望能保持盈余,作为储备,或者用这些钱扶持商业。然而,民主党坚称联邦政府不应该成为一个盈利机构。他们承认保护部分制造品和原材料的必要性,但是偏向于较低的关税,鼓励海外贸易,减少国库盈余。

制造商及其国会同盟坚决控制关税政策。1890年的《麦金莱关税法案》将已经很高的关税又提高了4%。1894年,众议院民主党在格罗弗·克利夫兰(Grover Cleveland)总统的支持下通过了一项法令,削减关税,参议院共和党人在急于保护当地萌芽的纺织业和钢铁业的南方民主党人的支持下,增加了600个修正案,恢复了大多数关税(包括《威尔逊—戈曼关税法案》)。1897年,《丁利关税法案》(Dingley Tariff)进一步提高税率。对关税的攻击尽管没有成功,但是却使关税成为公众脑海中特权交易的象征,并且使之成为改革者长期的靶子。

货币政策

货币政策争议比关税问题激起了更强烈的情绪,因为这些政策代表了有产者和无产者之间的矛盾。南北战争后,工业和农业产量的提高导致价格下降,债务人(无产者)和债权人(有产者)对此有着截然相反的反应。农民深受其害,因为农产品价格在下降;然而,相对有限的流通货币供应的高需求导致借贷利率上升,借款支付贷款和其他债务的成本上升了。他们希望政府多铸银币提高流通货币总量,这反过来会降低利率,使他们的债务负担不那么重。需要贷款的小商人也赞同农民的意见。而大商人、制造商和银行家则偏向于更稳定而有限的金本位货币供应。他们害怕如果取消金本位,那么货币的价值就会上下浮动,导致的不确定性可能威胁投资者对美国经济的信心。关于货币数量和质量的争论还反映了地域分歧:西部银矿产区和南部及西部的农业产区与更为保守的工业化东北部持有相反立场。

1870年代之前,联邦政府购买黄金和白银支持自己的纸币体系(美元),把金币的价值设定为银币的16倍。理论上来说,拥有特定金额纸币的人可以把它兑换成一盎司黄金或者十六盎司白银。然而,西部发现和开采的金矿增加了黄金供应,降低了它相对于白银的市场价格。结果银币从流通中消失了,因为银币相对于金币的价格上升,所以拥有银币的人把它们存了起来。1873年的一项国会法案停止了银币熔铸。通过这一行动,美国非正式地采取了金本位制度,这意味着其货币的主要基准是黄金。

但是几年之内,西部的新矿开始让市场上充满白银,白银价格下跌了。由于现在黄金储量相对来说不如白银那么充足,所以价值超过了白银的十六倍,于是人们开始使用银币而不是存起来。白银生产商希望政府继续以16比1的原有比率购买白银,因为这样他们就可以把白银以高于市场价的价格卖给政府。债务人受到1873—1878年经济萧条的损害,将白银视为扩大货币供应的手段,于是他们加入白银生产商的行列,向政府施压,要求恢复熔铸银币以及16比1的比率。

两党都分裂成白银派和黄金派,国会一开始试图妥协。《布兰德—埃勒森法案》(1878)授权财政部每月购买200万至400万美元价值的白银,而《谢尔曼白银收购法案》(Sherman Purchase Act, 1890)增加了政府的月度白银收购量,指定重量(450万盎司)而非美元价值。这两种措施都不能让不同利益群体满意。债权人希望政府停止购买白银,而对债务人来说,这些法律没有把货币供应扩充到令人满意的程度，仍然让他们觉得政府偏向债权人。这个问题在1896年总统大选期间将变得更情绪化（参见第565—566页）。

立法成果

镀金时代，国会成员在艰难的处境下处理行政服务、铁路规范、货币政策等问题。参议员和代表们赚取微薄的工资，通常需要兼顾两处居所的经济负担：一处在家乡，另一处在华盛顿。大多数国会成员没有个人办公空间，只有一张办公桌。他们每天长时间工作，回应选民的要求，撰写演讲稿，自掏腰包雇员工。尽管腐败和贪婪让一些人蒙尘，但是大多数政治家富有原则而兢兢业业。他们成功处理重要问题，通过了一些意义重大的法律。

临时总统

在安德鲁·杰克逊弹劾、格兰特丑闻，以及1876年选举正当性的疑云（参见第十六章）下，1877年至1900年之间的美国总统小心翼翼地恢复着总统的权威。拉瑟福德·海斯（Rutherford Hayes，1877—1881）、詹姆斯·加菲尔德（1881）、切斯特·阿瑟（Chester Arthur, 1881—1885）、格罗弗·克利夫兰（1885—1889和1893—1897）、本杰明·哈里森（Benjamin Harrison, 1889—1893）以及威廉·麦金莱（William McKinley, 1897—1901）都是正直而诚实的人，他们努力承担立法者和行政长官的职责。像其他政治家一样，他们运用了象征手法。海斯在白宫供应柠檬汽水，强调他和前任尤利西斯·格兰特不一样，不是个酗酒者。而麦金莱公开将雪茄放在一边，于是摄影师们拍不到他抽烟的形象，以免为年轻人树立坏榜样。更重要的是，每个总统都小心翼翼地尝试启动立法，用否决权引导国家政策。

海斯、加菲尔德和阿瑟

拉瑟福德·B.海斯曾任联邦将军和俄亥俄州国会议员及州长，在他颇具争议地当选总统后，这个事件让对手为他贴上了"拉瑟腐"（Rutherfraud）的标签。尽管他的党派指望他服务于商业利益，但是海斯扮演着平静的安抚者的角色。他强调全国和谐重于地域竞争，并且反对种族暴力。他试图通过委任行政机构改革者卡尔·舒尔茨（Carl Schurz）加入他的内阁来颠覆分赃体制，与纽约的庇护者之首，参议员康克林（Conkling）对抗。（他开除了受康克林保护的纽约海关收税员切斯特·阿瑟。）尽管海斯反感动用政府权力来帮助被压迫者，但是他相信社会不应该忽视美籍华人和印第安人的需要，离开总统职位之后，他致力于帮助前奴隶。

1880年海斯拒绝再次竞选总统，于是共和党人提名了另一位俄亥俄州国会议员和南北战争英雄詹姆斯·A.加菲尔德，他以900万票中40 000票的优势打败了同为南北战争英雄的民主党人温菲尔德·斯科特·汉考克（Winfield Scott Hancock）。赢得人口稠密的纽约州和印第安纳州使加菲尔德以较大优势，214票对155票在选举团阶段赢得胜利。加菲尔德冷静而谨慎，试图在党派掌权者中间保持独立的地位。他希望降低关税，发展与拉丁美洲的经济关系，通过断然拒绝康克林的庇护要求取悦了行政机构改革者。但是1881年7月，他没来得及为美国政治做出长远贡献，机会便戛然而止，吉蒂尤·吉托（Charles Guiteau）在华盛顿的一个铁路站将他射杀。子弹嵌入加菲尔德的脊椎中，他弥留了79天，但是最终在感染、心脏衰竭和急性肺炎下支撑不住，于9月19日去世。

加菲尔德的继任者是副总统切斯特·阿瑟，曾经被海斯开除的纽约忠实拥护者。共和党人提名亚瑟竞选副总统只是为了帮助加菲尔德赢得纽约州的选举人票。尽管亚瑟升任总统使改革者们战栗不已，但是他是一个正直而温和的执政者。他签署了《彭德尔顿公民服务法案》（Pendleton Civil Service Act），敦促国会修改过时的关税税率，而且支持联邦管制铁路。他激进地行使否决权，否决过度偏向铁路和企业的法令。亚瑟希望竞选1884年总统，但是共和党人提名了詹姆斯·G.布莱恩。

镀金时代的政治景象

在镀金时代，政治事件，尤其是总统大选，提供了丰富的娱乐，政治家们是占据聚光灯焦点的大明星。在电影和体育等大众娱乐不存在的时代，总统竞选成为一场大众的节日，为人们提供了情感的出口，他们参加游行、欢呼、看烟火、欣赏仪仗队演奏。这两幅画，一幅是艺术家的演绎，另一幅展示了人们对某个候选人表示偏爱的方法，让我们了解那个时代的人们如何表达自己的政治观点。这些画面中呈现的景象与现代竞选活动有什么相似之处？它们又有哪些不同？镀金时代的政治和竞选运动在国家文化中是否扮演着和现在截然不同的角色？

▼ 珍妮斯·L.弗兰特和大卫·J.弗兰特（Janice L. and J. Frent）收藏

▲ 拉瑟福德·B.海斯的总统竞选运动激起了强烈的情感。小图是一个竞选徽章，提醒选民海斯的南北战争功绩，素描则描绘了海斯于1876年就职的情形。

图片来源：©贝特曼/科比斯

为了对抗布莱恩，民主党人选择了纽约州州长格罗弗·克利夫兰，克利夫兰是个单身汉，在竞选期间承认自己是一个私生子的父亲。这次竞选体现出党派政治的肮脏。共和党人向他发出"妈妈！妈妈！我的爸爸在哪里？"的嘘声，暗指他的私生子问题。民主党人回答："去白宫了，哈哈哈！"对布莱恩的不耻导致一些骑墙派共和党人抛弃了自己的党派。竞选日，克利夫兰以区区29 000选民票的微弱优势战胜布莱恩；他在纽约州的1 149票微弱优势使他获得该州36票选举人票，足以奠定219—182票的选举团胜利。克利夫兰之所以能赢得纽约州或许归功于一位新教牧师的言论，他将民主党人等同于"朗姆酒、天主教和叛乱"。民主党人在纽约巨大的爱尔兰—天主教人口中积极宣传利用这一诽谤，呼吁选民支持克利夫兰以示抗议。

克利夫兰和哈里森

作为詹姆斯·布坎南（1857—1861）之后的第一个民主党总统，克利夫兰试图积极发挥领导力。他扩展了行政机构，否决了个人退休金法令，并且敦促国会减少关税。顾问们提醒他，他的行动可能会降低连任的可能性，总统反驳道："如果没什么作为，当选或者连任又有什么用呢？"但是参议院保护主义者扼杀了众议院通过的关税改革，与克利夫兰的愿望相违背，1888年当民主党再次提名克利夫兰参加总统竞选时，党派中的商人说服他节制对高关税的攻击。

1888年，共和党提名来自印第安纳州的前参议员、威廉·亨利·哈里森（William Henry Harrison）总统（1841）的孙子本杰明·哈里森（Benjamin Harrison）。在竞选期间，一些共和党人操纵一名英国外交官，称克利夫兰连任对英国有利。憎恨英国对爱尔兰殖民统治的爱尔兰民主党人不出意料地大为光火，开始反对克利夫兰。对哈里森更有利的是，贿赂和重复投票让他分别以2 300票和14 000票的优势拿下印第安纳和纽约州。（民主党也毫无顾忌地作弊，但是事实证明共和党人在这方面更成功。）这些州的选举人票保证了哈里森的胜利。尽管克利夫兰的选民票比哈里森多了90 000张，但是哈里森在选举团中以233对168票赢得胜利。

哈里森是自1875年以来第一位所在党派在国会两院中都占大多数的总统，他使用各种手段影响立法的进程，从威胁否决到非正式晚宴和与政治家们磋商等不一而足。部分出于对此的回应，1889—1891年国会通过了517个法令，比1875到1889年之间国会通过的平均法令数多了200个。哈里森通过委任改革者西奥多·罗斯福担任行政机构专员显示对行政工作的支持，但是总统和国会都没能抵御来自特殊利益群体的压力，尤其是那些挑唆冲突的人。哈里森签署了《养老金法案》（Dependents' Pension Act），为战争中落下残疾的联邦退伍军人提供津贴，并且向他们的遗孀和孩子提供帮助。这一法令将获得福利的人数翻了一番，从490 000人变成966 000人。

《养老金法案》和1890年的其他拨款使得联邦预算在美国历史上第一次超出10亿美元。民主党人把"10亿美元国会"的责任推卸给挥霍无度的共和党人。选民的反应是在1890年的国会选举中把78个共和党人赶下台。为了利用选民的骚乱，民主党人在1892年再次提名格罗弗·克利夫兰对抗哈里森。这次克利夫兰吸引了来自商业的大笔赞助，以370 000张选民票优势打败了哈里森（总数的3%），轻而易举地赢得了选举胜利。

再次当选的克利夫兰开始处理货币、关税和工人动乱等问题，但是他的行动反映了政治弱势。在竞选运动中，克利夫兰曾保证彻底全面的关税改革，但是却没有赢得参议院中的支持，保护主义者截断了降低关税的努力。除此之外，他听从铁路利益的要求，派遣联邦军队镇压1894年普尔曼罢工。尽管克利夫兰努力采取行动，但是严峻的形势将这个国家推向另一个方向，经济下行和土地动乱尤为严重。

歧视、剥夺公民权和对策

尽管演说家常常提及镀金时代的自由和机遇，

但是歧视和排外政策仍然影响着这个国家超过一半的人口。和南北战争前一样，种族问题塑造了南方的政治，而这里是绝大多数非裔美国人的家乡。面对经济动荡，南方白人农民和工人害怕新近获得自由的非裔美国人会挑战他们享受的政治和社会优越地位（真实的和想象的）。富有的地主和商人煽动这类恐惧，用它们来分裂种族，将贫苦白人的注意力从自己所受的经济压迫中转移开。甚至一部分白人女性主义者，都反对赋予黑人选举权和其他权利，认为白人女性比黑人更有资格获得这种权利，比如苏珊·B.安东尼（Susan B. Anthony）。

在北方，习俗而非法律限制着黑人的机遇。居住和就业歧视，使用公园、旅馆和百货商店等设施的权利将非裔美国人隔离开。白人们总是希望黑人安于"属于自己的位置"。无论在工作报酬还是农作物售价，或者是支付的商品价格方面，非裔美国人都能感到社会强加给自己的低人一等。

针对非裔美国人的暴力

废除奴隶制改变了非裔美国人的法律地位，但是却并没有显著地提高他们的经济待遇。1880年，南方是绝大部分黑人的故乡，90%的黑人依靠农业或个人及家庭服务为生，这些工作与奴隶时代并无不同。歧视现象很猖獗。一些社区将自己视为"日落城镇"，夜晚只有白人可以上街。不仅如此，事实证明，对黑人来说新南方和旧南方一样充满暴力。1889年至1909年之间，超过1 700个非裔美国人被私刑处死。大多数被处死的黑人受到袭击白人女性的指控，但是极少有充分证据证实这类指控。这些恐怖行为时常发生，但是远不限于地广人稀的地区，白人感到蜂拥而至的黑人移民带来了威胁，没有朋友能为他们作保。

然而，黑人们并没有默默忍受这些暴力。当时最引人瞩目的黑人活动家是孟菲斯的学校教师艾达·B.威尔斯（Ida B. Wells）。1884年，威尔斯因为拒绝把座位让给一名白人男性而被强制赶下车。这一事件让她成为反白人至上主义和暴力的代言人，开始了她伟大而孜孜不倦的事业。1889年，威尔斯成为孟菲斯报刊《言论自由和头灯》（*Free Speech and Headlight*）的合伙人，她在报纸上抨击白人的不公。1892年，三个孟菲斯杂货商人出于自卫而反抗袭击他们的白人，因此被私刑处死，威尔斯写了一篇社论，呼吁当地黑人移民西部。随后她周游英格兰和欧洲，发表演说，撰写文章，抨击私刑和歧视。她无法回到敌视她的孟菲斯，于是迁居芝加哥，成为种族平等的有力倡导者。

剥夺公民权

在北方社区，白人有时候会为有色人种投票和担任公职制造障碍，但是更为严重的种族歧视仍然在南方，南方白人领袖热衷于践踏被他们视为低人一等的黑人，他们作威作福，采取各种措施阻止黑人选民投票。尽管重建结束后黑人遭受了无数威胁和仇视，但是他们仍然构成了南方共和党的脊梁，赢得了无数竞选职位。比如，在北卡罗来纳，11个非裔美国人在州参议院中任职，1877年至1890年中，有43人在众议院中任职。对于许多白人和种族主义政治家来说，这样的情况是难以忍受的，他们试图通过剥夺黑人选举权将他们剔除出去。1889年以田纳西为首，1892年阿肯色紧随其后，南方各州对所有想要投票的公民征收1到2美元的税款。事实证明这些选举税阻止了大多数黑人投票，他们非常贫困，欠了许多债务，几乎没有现金做任何事。另一些策略则将文盲黑人的选举权剥夺。

剥夺公民权也以其他更为迂回的方式进行。最高法院在"美国政府诉里斯案"（*U.S. v. Reese*, 1876）中判决，国会无权控制地方和州选举，除了第十五条修正案明确指出的那些权限，这一修正案禁止各州因"种族、肤色或之前的被奴役状态"否认投票权。州立法会想方设法将黑人选民排除在外，却不提及种族、肤色或前奴隶地位。比如，1890年的州立宪会议创立了"密西西比计划"，要求未来选民于每届选举前8个月支付一笔投票税，在投票时出示税单，并且证明他们能够阅读和理解州宪法。登记官员对黑人采用比白人更严格的标准,甚至宣称黑人大学毕业生因为不识字而不符合资格。1898年,路易斯安那实施"祖父条款",为投票限定了文化程度和财产资格限制,但是允许1867年之前有资格投票者的儿子和孙子投票。其他南方各州采取了类似的措施。

事实证明这样的限制非常有效。比如,在南卡罗来纳,70%有资格的黑人在1880年大选中投票;至1896年,这一比例下降到11%。至1900年代,非裔美国人事实上在南方丧失了政治权利。更重要的是,由于选举权常被认为是基本的公民权利,剥夺选举权也剥夺了非裔美国人作为美国公民的社会地位。剥夺选举权还影响了贫困的白人,这些人中很少交得起投票税,也无法满足财产和文化程度要求。结果,密西西比符合资格的选民总数从1876年的257 000人下降到1892年的77 000人。

司法种族隔离

在选举以外的领域,种族歧视同样开始固化,现有的种族隔离惯例扩张。在美国的所有地区,习惯性的种族隔离很常见,掌权的白人致力于让少数种族待在"属于自己的地方",拒绝他们的服务或者进入某些区域。但是在1870年代的一系列案例中,最高法院开始为种族主义司法化打开大门,判定第十四条修正案只保护公民不受州政府侵害的权利,而不针对个人、私有商业或地方政府的行为。这些判决在1883年的公民权案件中达到巅峰,最高法院推翻了1875年的《民权法案》,该法案禁止公共设施中的种族隔离,比如有轨电车、剧院和公园等。最高法院再一次宣称,联邦政府不能规范种族关系方面的个人行为。因此,铁路公司可以维持歧视性政策,比如将艾达·B. 威尔斯(Ida B. Wells)赶出座位的切萨皮克&俄亥俄(Chesapeake & Ohio)铁路。

在"普莱西诉弗格森案"(*Plessy* v. *Ferguson*, 1896)案中,最高法院还以"隔离但平等"为基础支持法定种族隔离。这一案件开始于1892年,一个新奥尔良非裔美国人组织选择荷马·普莱西(Homer Plessy),他自愿违反州法律坐上白人专属列车。普莱西是一名深肤色的欧非混血儿,只有1/8黑人血统(但是仍被路易斯安那法律视为黑人)。和预想的一样,普莱西被逮捕了,对他的诉讼于1896年到达美国联邦最高法院。最高法院让普莱西的支持者大失所望,认为为两个种族提供分离设施的州法律是合理的,因为它保持了"公共和平和良好秩序"。法官比林斯·布朗(Billings Brown)在判决书中表示,司法不能扭转歧视。"假如两个种族在社会平等的条件下接触,"他写道,"这必须是个人自愿情况下发生的结果。"因此,最高法院相信,隔离种族的法律并不一定会"破坏各个种族的司法平等"。尽管这项判决并没有明确提出"隔离但平等"一词,但是将黑人和白人的隔离设施合法化了,条件是他们受到平等对待。1899年,最高法院将隔离但平等准则适用于"康明斯诉国家教育委员会案"(*Cummins* v. *Country Board of Education*)中,允许学校进行种族隔离,直到1954年"布朗诉教育委员会案"(*Brown* v. *Board of Education*)才推翻了这一判决。

俗称吉姆·克劳法(Jim Crow)的种族隔离法律在南方成倍增长,在日常生活中不断提醒非裔美国人他们低人一等的地位。1890年代,很多州和地方通过法律法规,将黑人限制在有轨电车后部,规定他们使用隔离的公共饮水喷泉和厕所,在医院和墓地中只能待在隔离区域。阿拉巴马伯明翰的一项法令要求,在"任何房间、大厅、剧院、电影院、听众席、庭院、法院、球场或其他室内和室外场所",两个种族必须"由清晰的屏障明确隔离"。阿拉巴马墨比尔(Mobile)通过了一项宵禁令,要求黑人在晚上10点以后不得出现在街上,而亚特兰大指定黑人证人在法庭宣誓时使用专门的圣经。

非裔美国人的社会运动

非裔美国女性和男性以各种方式挑战不公。

一些人联合起来抵制种族隔离的有轨电车和歧视商户；另一些人则倡导"黑人企业"。比如，1898年亚特兰大大学教授约翰·霍普（John Hope）号召黑人成为自己的雇主，并支持成立了黑人商人联盟（Negro Business Men's Leagues）。许多黑人将高等教育视为提升社会地位的途径。在全黑人教师的学院中，年轻男性和女性努力为自己和自己的种族增加机会。教育似乎也提供了增强种族间合作的途径。但是黑人歧视法反映出的白人至上主义让南方黑人明白，他们必须在一个双人种对立而非合作的社会中进行交涉。

剥夺公民权将非裔美国男性赶出了公共生活领域——与女性相反，他们原本是可以参加选举的。而非裔美国女性则利用传统的家庭角色来提升种族地位，如母亲、教育者和道德守护者，以期为黑人社会寻求更好的服务。她们的努力象征着比选举更为细致微妙的社会活动——尽管她们也为选举权斗争。她们成功游说南方政府改善城市街道环境、公共健康，扩大慈善服务和职业教育。在这些努力中，黑人女性找到各种途径加入白人女性的行列，与白人男性权力结构协商谈判，以达成自己的目的。然而，在许多情况下，白人女性和白人男性一样支持种族排斥。

女性选举权

尽管一些女性默许自己的受歧视地位，但另一些人挑战男性权力结构，争取选举权。一些人则选择迂回策略，比如弗朗西斯·威拉德（Frances Willard）。作为一个虔诚的教徒，威拉德相信（基督）信仰能够赋予女性改善社会的力量。她运用基督皈依的模范敦促基督教妇女禁酒联合会（Women's Christian Temperance Union）的女性成员签署戒酒承诺书，作为保护家庭和家人远离酗酒之恶的第一步。但是威拉德同样相信，假如女性能够参与选举，基督教妇女禁酒联合会就能够更好地完成改良社会的工作。因此，在1884年的大会上，基督教妇女禁酒联合会通过了一项决议，痛陈"1 200万公民被剥夺公民权"的事实。威拉德为希望将社会运动正当化，同时回避激进主义的女性设计了一种自圆其说的理论。她周游全国，为自己的事业发表有理有据的演说，成为全美国最著名的女性。

更直接的选举权运动是由全国妇女选举权协会（National Woman Suffrage Association，即NWSA）和美国妇女参政权协会（American Woman Suffrage Association，即AWSA）两个组织发起的。由伊丽莎白·卡迪·斯坦顿（Elizabeth Cady Stanton）和苏珊·B.安东尼（Susan B. Anthony）领导的全国妇女选举权协会除了倡导女性投票权以外，也呼吁女性在法庭和工作场所中的权利。两位女性都是1840年代女权运动的老手，但是彼此之间常常有分歧。安东尼不那么激进，相信全国妇女选举权协会应该接纳温和的政权扩大论者。斯坦顿蔑视宗教虔诚，支持计划生育和开放的离婚法以及女性财产权。她曾写道："我情愿生活在一个完全由男人统治但却宗教自由的政权中，而不是在一个没有宗教自由的两性共同统治政权中。"尽管如此，安东尼和斯坦顿仍然是好友，并且孜孜不倦地追求共同的事业。

前废奴主义者露西·斯通（Lucy Stone）领导的美国妇女参政权协会更专注于选举权斗争。美国妇女参政权协会包含自由选举权的温和倡导者，有女性也有男性，主要在州层面工作。个性冲突而非意识形态使全国妇女选举权协会和美国妇女参政权协会各行其是。但是1880年代末，斯通提出两个组织求同存异，于是他们在1890年合二为一，组成了全美妇女选举权协会（National American Woman Suffrage Associaton），斯坦顿任首届主席。

国会并未给予任何选举权团体足够关注。安东尼主张以宪法修正案赋予女性选举权，但是几乎得不到支持。在极罕见的一些场合下，参议院讨论修正案时，参议员们投票否决了这一提议，声称选举权会妨碍女性行使家庭职责。不仅如此，女性选举权运动还留下了种族狭隘的污点。许多运动领袖拥护白人至上地位，并且为了从组织成员那里获

▲ 北卡罗来纳州的利文斯敦学院（Livingstone College）是19世纪后期由非裔美国人创立，专门招收非裔美国人的高等学府之一。这些学校的课程强调为南方和非洲的教育和宗教工作进行培训，采取男女同校的制度，秉持着男性和女性都可以拥有公共角色的办学信念。

图片来源：由北卡罗来纳索尔兹伯里（Salisbury）利文斯敦学院传承大礼堂（Heritage Hall）提供

得支持包容了北方和南方的种族偏见。美国妇女参政权协会和全国妇女选举权协会成员全部都是白人，主要来自中产阶级。参加基督教妇女禁酒联合会的黑人被分到一个独立的有色人种部门。而且当第十五条修正案赋予黑人男性而非白人女性选举权时，安东尼和斯坦顿那样的领袖感到自己遭到了羞辱。这些政权扩大论者相信"受过教育的"白人女性应该获得投票权，而"文盲"黑人，无论男女，都不应该拥有这项特权。

女性确实取得了局部胜利。1870年至1910年之间，11个州（主要在西部）将有限的女性投票权合法化。至1890年，19个州允许女性在学校问题上投票，其中三个州赋予女性在税务和债券问题上的投票权。在全国选举中投票的权利还需经过一代人的努力，但是艾达·B.威尔斯、苏珊·B.安东尼以及露西·斯通等领袖的行动证明女性没有选举权也可以积极地参与政治活动。尽管他们的运动收效甚微，但是他们帮助训练了一支富有政治组织和公共演说经验的女性领导人队伍。

土地动乱和平民主义

选举和种族隔离影响着倍受政治排外政策迫害的人群，而经济不公点燃了一场将撼动美国社会的大规模运动。虽然美国在镀金时代经历了迅速的工业化和城市化，但是整体上还是一个农业社会。1890年，总人口中的64%生活在农村地区，其中许多人遭遇经济困境，随时准备抗议。1870年代初的格兰其组织开始表达农民的不满，这些抗议糅合了尖锐的说辞、怀旧的梦想和讲求实际的平等主义。1870年代末农民联盟在得克萨斯成立，并加速了这种表达方式的发展，1880年代该组织已遍及南方和大平原地区。联盟运动主要发生在债务、恶劣气候和虫害让挣扎的农民丧失希望的地区。农民起义一旦开始，就激起了民众对合作民主社会的向往。

南方的佃农和租种制

南方农业和中西部不同,并没有从机械化中获得多少好处。南方的主要作物是烟草和棉花,两种植物都需要不断采用人力来锄地和除草。烟草需要仔细地采摘,因为茎叶非常脆弱,无法用机器收割。同样,机械设备不够精准,无法采摘棉花。因此,南北战争之后,在前种植园地区,南方农业仍然是劳动密集型产业,而曾经使用奴隶劳动力的劳动力主被雇佣佃农和租种农民的地主取代。

佃农和租种意味着农民租用,而不是拥有土地。成百上千万南方黑人和白人陷入债务和耻辱的网中,被作物留置权压得喘不过气。大多数农民因为太穷,没有现金,所以为了购买必需品不得不借贷,如种子、农具和食物。他们只有用将来的农作物担保。一个缺少物资的无助农民和"供应商人"打交道,商人可以向农民提供必需品,换取"留置权",即对农民将来生产的作物拥有法律权利。作物收割并被送往市场时,商人收取一定比例作物,抵偿借款。然而,债务常常超过作物的价值。农民只能偿还一部分债务,但是仍然需要食物和物资应付来年的生活。他获得这些物资的唯一途径就是再次借款,给商人下一批作物的留置权,从而陷入更深的债务。

商人常常利用农民的无助,抬高价格,对农民预支的欠款收取过高利息。比如,假设一个没有现金的农民需要一袋20美分的种子或者一块20美分的布。供应商人可以预支这些物品,但是把价格抬高到28美分。年末,这笔28美分的借款将累积50%甚至更高的利息,把这个农民的债务提高到42美分——比物品原来的售价翻了一番有余。而借款超过作物价值的农民赚的永远不如花的多,于是永远无法摆脱债务。假如收支差距过大,他就会遭到驱逐。

在南方的穷乡僻壤,南北战争前以小型家庭农场为特征,几乎没有奴隶,而且在农业非常多样化的地区,经济变化调和了作物—留置权问题。新的消费习惯说明了这些变化。1884年,在佐治亚北部丘陵耕种的杰夫塔·狄金森(Jephta Dickson)从商人处购买了价值55.9美元的面粉、土豆、豆子、肉类、玉米和糖浆。南北战争前,农民所需的食物几乎都是自己种植的,这样多种多样的开支很罕见。但是战争之后,像狄金森这样的自耕农转向商业农业;在南方,这意味着种植棉花而非多样化的农业。这种专门化有两个原因:没完没了的债务迫使农民不得不种植能够带来现金的作物,而铁路使他们能够比以前更容易地把棉花运输到市场上。当穷乡

▲ 弗朗西丝·维拉德成为成立于1874年的基督教妇女禁酒联合会第二位并且是最著名的主席。除了推进禁酒运动以外,维拉德和禁酒联合会还参与其他形式的改革,包括女性选举权斗争。1893年,维拉德把运动扩大到全世界,成为第一位国际妇女理事会(International Council of Women)主席。图片中,维拉德和几位美国及英国重要的选举权运动领袖坐在一起,她的位置体现出她的地位,这些人都是世界基督教妇女禁酒联合会的领导人。
图片来源:安娜·A.戈登(Anna A. Gordor)所写《弗朗西丝·E.维拉德的美丽人生》(The Beautiful Life of Frances E. Willard),1898年;图像研究顾问和档案

僻壤的自耕农将更多土地用于种植棉花,他们种植的日常所需的作物就减少了,结果他们发现自己常常受到商人的摆布。

中西部和西部的困境

在中西部,种植者们耕种更多土地,机械化扩大了产量,而海外竞争愈演愈烈,农作物的供应超过了全国和全世界的需求。结果,经济作物的价格稳步下降。1866年一蒲式耳小麦售价1.45美元,而1880年代中期仅售80美分,至1890年代中期更是跌到49美分。与此同时,运输和仓储成本仍然居高不下。种子、肥料、制成品、税收、贷款利率的开销使很多农业家庭陷入紧张甚至是绝望的境地。为了购买必需品和支付账单,农民们不得不生产更多农作物。但是这种螺旋形的发展变得更紧绷:农民生产得越多,作物价格就下降得越多(参见图表20.1)。

而西部遭受了特殊的困境。在科罗拉多,业主资本家控制了运输和水道,而且技术集中在大型采矿公司,把小企业挤出了市场。对铁路垄断行为的指摘在怀俄明和蒙大拿的农民、矿工和牧民中回响。在加利福尼亚、华盛顿和俄勒冈,小麦和水果种植者发现他们的机遇受到阻碍,因为铁路控制着运输和仓储费用。

格兰其运动

在农民们感受到这些发展带来的完全影响之前,他们已经开始组织起来。在希望提升农业地位的农业局(Bureau of Agriculture)员工奥利弗·H.凯利(Oliver H. Kelley)的帮助下,几乎每个州的农民在1860年代至1870年代之间都成立了畜牧业保护协会(Patrons of Husbandry),或称格兰其(The Grange),致力于改善经济和社会环境。至1875年,格兰其拥有2 000个分支机构和100万成员。就像全国的其他志愿组织一样,格兰其有章程、选举领导以及成员誓约。格兰其组织的势力在中西部和南部尤其强盛,他们资助会议和教育活动,帮助缓解农场生活的孤独感。以家庭为中心的地方格兰其组织欢迎女性的参与。

当成员扩张时,格兰其变成了一种经济和政治行动。许多成员参与了1876年成立的美元劳动党(Greenback Labor Party),主张通过保留"美元"(greenbacks)的流通扩大货币供应——南北战争期间政府为了帮助支付费用创造的纸币。地方格兰其分支成立了合作协会,购买物资、出售作物和牲畜。在少数个例中,格兰其成员运营农具厂和保险公司。然而,大多数企业失败了,因为农民缺乏资本进行大规模采购,而且来自大制造商和经销商的竞争让他们无法生存。比如,邮购公司蒙哥马利—沃德公司(Montgomery Ward)可以比格兰其成员(Grangers)更便利地为农村客户供应更便宜的产品。

格兰其组织在1870年代末取得了一些政治成功,说服各州建立了农业学院,选出同情他们的立法者,并且敦促州立法会通过所谓的格兰其法律,规范运输和仓储费用。但是1886年美国联邦最高法院在沃巴什(Wabash)案中否认州有权规范铁路收费,从而推翻了格兰其法律,于是这些尝试也风雨飘摇。格兰其不承认党派政治,因此无法挑战两党中的商业利益势力。他们对经济和政治影响做出的尝试渐渐式微,如今格兰其组织主要作为社会和服务组织存在。

白帽子

在西南部,使用英语的大牧场主向墨西哥农民的公用草地迁徙,引发了抵抗,有时甚至演变成暴力冲突。1880年代末,一群自称"白帽子"(White hats,西班牙语为Las Gorras Blancas)的人开始奋力争夺他们祖祖辈辈放牧的草场。他们烧毁房屋、毁坏英裔竖起的篱笆、威胁新墨西哥领地中的拉斯维加斯镇。像他们之前的格兰其和劳动骑士团或者之后的平民主义者一样,白帽子于1889年宣称:"我们的目的是保护人们的普遍权利和利益,尤其是那

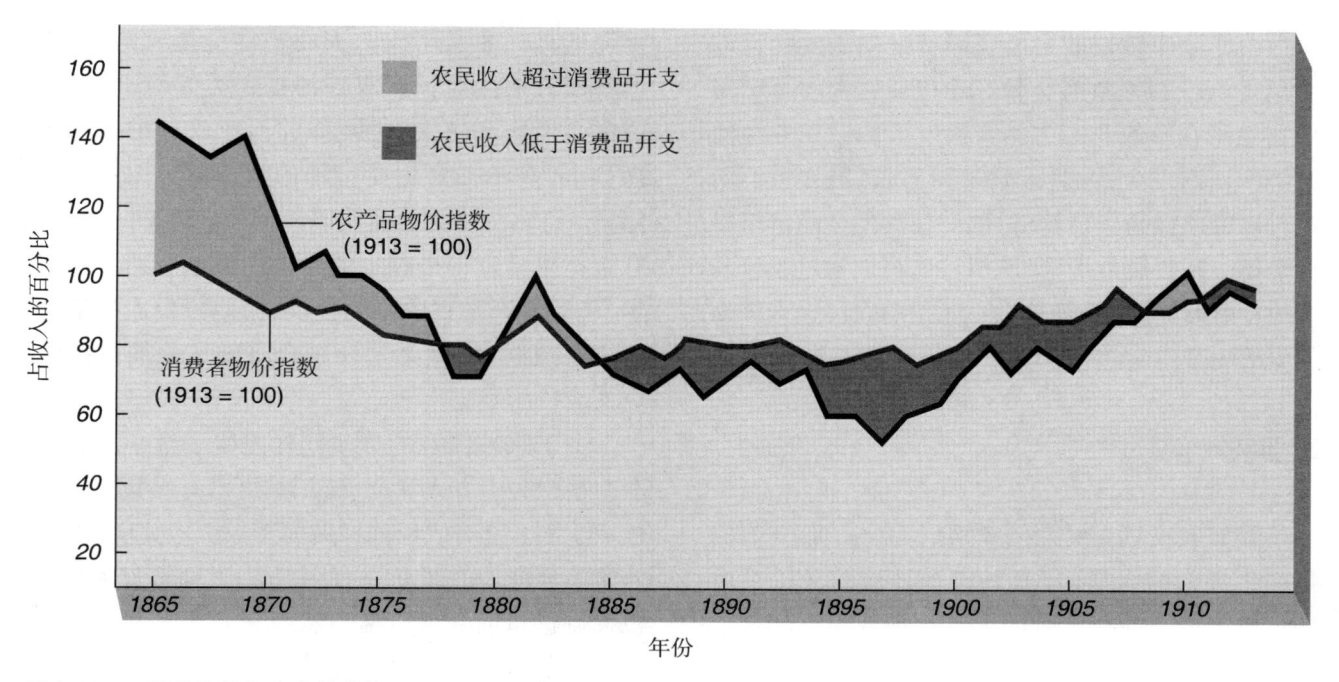

图表20.1 消费价格和农产品价格，1865—1913年
直到1870年代末，尽管农产品价格下降，农民的作物所得仍然超过他们花在消费品上的支出。但是从1880年代中期开始，消费品价格稳中有升，而农产品价格持续下降。结果，农民发现自己很难负担消费品的开销，这个问题直到20世纪一直困扰着他们。

些属于弱势阶层的人。"然而，他们的努力却无法阻止英裔合法购买或者使用公共土地，至1900年许多西班牙裔已经放弃了农耕，开始充当农业雇工或者迁徙到城市。

农民联盟

至1890年，农村激进主义转变成农民联盟，两个组织网络构成了新的大规模运动，一个位于大平原地区，另一个位于南部（西部有一些小联盟群体，但是它们更紧密地和劳动激进派以及反垄断组织联系在一起）。首批联盟出现在得克萨斯，那里饱受压迫的农民们反抗农作物留置权、商人和铁路，也反对一般意义上的金钱权力。他们用巡回演说招募成员，联盟领袖将这场运动扩张至南方其他州。至1889年，南方联盟号称拥有200万成员，而一个独立的全国有色人种农民联盟（Colored Farmers' National Alliance）宣称拥有100万黑人成员。一场类似的运动在大平原地区崛起，1880年代末在堪萨斯、内布拉斯加和达科他组织了200万成员。像格兰其组织一样，农民联盟设法培养社团精神。女性积极参加联盟活动，劳动骑士团的成员受邀参加"反抗垄断压迫的斗争"。

联盟为经济困境提供的解决方法结合了慷慨文化和政府帮助。为了绕开企业势力并控制市场，联盟和格兰其一样提议农民成立合作社，他们可以联合起来，成为一个整体，统一出售作物和牲畜并购买物资和制成品。联盟认为，农民联合起来集中资源比单打独斗可以产生更大影响力，而且可以分享辛苦劳作的成果，而非相互竞争。

为了缓解最严重的农村问题，即现金和信用短缺，联盟提出了一种政府资助体系，称作国库分库。这个计划由两部分组成。第一部分要求联邦政府建立仓库，用于储存不易腐败的农作物，等待更高的市场价格；政府可以出借给农民相当于市场价格80%的国库券。一旦储存的作物售出，农民就可以偿还贷款和小额利息以及仓储费用。这种规定将使农民们避免剥削的作物留置权制度。

国库分库计划的第二个部分是向需要购地的农民提供低利率政府贷款。这些贷款和向暂时将作物储藏在政府仓库中的农民发放的国库券将向经济中注入现金,并且鼓励某种通胀,倡导者们希望可以借此提高作物价格,同时让其他产品价格保持平稳。联盟成员推论,既然政府可以通过关税和拨地补贴商业,那么为什么不能帮助农民挣得体面的生活呢?

联盟统一问题

假如农民联盟能够在政治上统一,那么他们将产生慑人的力量,但是种族和地域差异以及个性矛盾阻挠了最初融合的尝试。种族藩篱削弱了联盟的选举力量,因为南方白人民主党成功创设了阻止非裔美国人投票的限制规定。除此以外,赤裸裸的种族主义阻碍白人联盟接受黑人的帮助。一些南方领袖意识到双方都受到类似的压力,试图联合黑人和白人农民,如佐治亚议员汤姆—沃森(Tom Watson),但是穷困的南方白人无法放下偏见。许多人认为非裔美国人低人一等,并且知道有人比自己过得更差也能给他们带来慰藉。1889年,圣路易斯举行的一场会议中,南方白人拒绝与北方联盟联合,因为这种融合将破坏他们只接纳白人成员的规定。

关于宗教问题的分歧同样阻碍了统一。北方联盟拒绝与南方人联合,害怕被更富有经验的南方领袖主宰。北方农民同样偏向于保护性关税,阻止外国粮食进入美国市场,而南方白人则希望用低关税抑制进口商品的价格。然而北方和南方联盟就某些问题达成了一致:双方都赞成政府规范铁路,公平税收,币制改革,以及停止所谓的竞选欺诈,阻

▲ 1893年在芝加哥世博会(Chicago World's Fair)上展出的这座小屋是得克萨斯兰帕瑟斯(Lampasas)县第一次农民联盟会议举办的地点。该组织用充斥着"我们都背着贷款,但我们有选票"这类标语的招募会、集会和会议,道出了美国农民的委屈,并且为1890年代的平民党成立打下了基础。
图片来源:个人收藏/图片研究咨询和档案

止特殊利益将势力渗透至政府官员中,并且禁止国外投资者拥有土地。

平民主义的崛起

虽然联盟中一开始存在很多分歧,但是不断增长的会员数和不断提升的自信将联盟引向政治活动。至1890年,农民们已经选出了几位同情他们事业的官员,尤其是在南方,联盟控制了四个州长席位,八个州立法会,44个众议院席位,以及三个参议院席位。在中西部,联盟候选人出现在30个党派选票上,比如美元党,并在堪萨斯、内布拉斯加和达科他取得了一些成功。联盟领导人来往于全国各地组织会议,为新党派寻求支持。1890年夏季,堪萨斯联盟举办了一场"人民的会议",提名了几位候选人,横扫该州秋季的选举。人民党或称平民党的成立为联盟的政治活动提供了一个名头。(平民主义一词来自拉丁语"populus",意为"人民",是一种主张普通人权利和权力、对抗特权精英的政治纲领。)1890年的选举成功让各个联盟团体备受鼓舞,努力融合成单一平民党。至1892年,南方联盟成员决定脱离民主党,加入北方的类似党派,召开人民党会议起草竞选纲领,并提名了一位总统候选人。集会于7月4日在内布拉斯加奥马哈举行。

新党的竞选纲领是一份彻底的改革文件,反映了道德重建、政治民主和反垄断的目标。它的序文谴责美国已经被带到了"道德、政治和物质毁灭的边缘。腐败占领了投票箱、立法会、国会……甚至(法院)"。这份政纲谴责(白人各阶层之间的)不公威胁分裂社会,宣称:"数百万人辛勤劳动的成果被肆意窃取,为少数人累积起巨额财富",而这些"财富属于创造它们的人"。这份文件提出了农村动乱的三个核心来源:交通运输、土地和金钱。弱势的州和联邦管制让平民主义者失望透顶,他们要求将铁路和电报线路收归政府所有。他们呼吁联邦政府收回铁路和外国人用以投机的所有土地。货币条款呼吁政府扩大货币供应,印发更多货币,用于农业贷款,并且恢复不限制的白银铸币。其他条款主张分级收入税、邮政储蓄银行、参议员直接选举以及缩短工作时间。该党提名爱荷华州的詹姆斯·B.韦弗(James B. Weaver)为总统候选人,他曾担任联邦将军,支持扩大货币供应,1880年曾作为美元党的候选人竞选总统。

平民党代表人物

平民党的竞选活动以激进的个性和令人热血沸腾的言辞为特点。堪萨斯平原回荡着玛丽·里斯(Mary Lease)的演说,据说她可以"背诵乘法表,让人群如她所愿地叫嚣或欢呼",还有"不穿袜子的杰瑞"(Sockless Jerry)辛普森(Simpson),一个没上过学但却极其精明的农村改革者,他获得这个绰号是因为嘲笑穿丝绸袜的富人,一位记者据此推测辛普森可能根本不穿袜子。南方也涌现出一批同样激进的领袖,比如佐治亚的汤姆·沃森和北卡罗来纳的李欧尼达斯·波克(Leonidas Polk)。科罗拉多的州长戴维斯·"血腥缰绳"·维特(Davis "Bloody Bridles" Waite),攻击矿主,得克萨斯州长詹姆斯·霍格(James Hogg)迎战铁路和其他企业。明尼苏达州的伪科学和启示录小说作家伊格内修斯·唐纳里成为北方平原的主要空想家,撰写了奥马哈政纲如雷贯耳的序言。这场运动还吸引了许多机会主义者,比如独眼而口舌便给的南卡罗来纳参议员"干草叉"·本·蒂尔曼(Pitchfork Ben Tillman),他们为了自己的政治目的利用农民的不满。

1892年总统大选中,平民党候选人詹姆斯·韦弗(James Weaver)收获了8%的选民票,在四个州获得多数,并获得22张选举人票。从1856年开始从未有哪个第三党在第一次全国竞选中赢得这么好的成绩。尽管如此,他们没什么权力。平民主义者的竞选只在西部获得成功。选民集中的东北部忽略了韦弗,而且阿拉巴马是唯一一个给平民主义者多达三分之一选票的南方州。

尽管如此,平民主义让南方和西部的农村居民相信,合作社和民主的未来充满希望。尽管平民主义者是有着种种缺点的平等主义者,不相信黑人和

放眼天下

俄国平民主义

在美国平民主义于1890年代末崛起之前，另一种平民主义在另一个农业大国中慢慢形成：俄国。美国平民主义发端于农民联盟组织，而俄国平民主义则是知识分子的产物，他们希望教育农民，煽动社会变革，追求经济自由。

在沙皇亚历山大二世（Alexander Ⅱ）改革的推动下，俄国社会于19世纪中期开始现代化进程。政府管理和司法得到改革，市政府被赋予了控制税收的权力，教育范围开始扩大。最重要的是，1861年亚历山大签署了《解放敕令》（Edict of Emancipation），解放俄国农奴（依附于特定土地的奴隶），并为他们提供补偿，用于从地主那里买地。然而，这些改革确立得太慢了，这促使一些受过教育的年轻俄国人要求更激进的改革，包括进行社会主义改革。这些年轻人被称作虚无主义者，因为他们反对沙皇和封建制度。这些改革者也以民粹派（narodniki）或平民主义者著称，该词来源于"narod"一词，即俄语的"农民"。

俄国平民主义者构想了一个由自治村庄公社构成的社会，某种程度上类似美国农民联盟提出的合作社，1870年代他们拜访俄国村庄，试图把自己的思想传授给农民。领袖之一彼得·拉夫罗夫（Peter Lavrov）相信知识分子应该缩小自己和其他人之间的差距，帮助大众改善生活。然而，这一信息比起美国平民主义者和民主运动包含着更为激进的内涵，因为俄国平民主义者相信只有一场社会革命、一场反沙皇的起义，才能实现他们的目标。1870年代亚历山大颁布压迫平民主义者的政策时，许多人转而诉诸恐怖主义，导致1881年亚历山大被刺杀。

俄国平民主义的失败是多方面的，与美国平民主义不尽相同。俄国农民并不接受知识青年的干涉，而且许多农民坚持传统，无法抛弃对沙皇的忠诚。亚历山大被刺后的逮捕和拘押让平民主义者的努力受挫，这次运动渐渐式微。尽管如此，正如美国平民主义者的许多目标在19、20世纪之交被许多其他改革者继承，俄国平民主义的许多观点成为1917年俄国革命以及其后的苏维埃社会和政治意识形态的基石。

外国人，但是他们为了达成自己的美国理想积极寻求改变。在艰难和绝望中，数百万人开始相信，在政府保障平等机遇的合作民主中，他们可以战胜企业势力。奥马哈会议舞台上方的横幅抓住了这场运动的精神："我们不乞求同情或怜悯。我们要求公正。"平民主义者以此为目标，充满希望地展望1896年的总统大选。

1890年代的大萧条和抗议

然而，这次大选开始之前，美国遭受了严重的经济破坏。1893年，在格罗弗·克利夫兰第二届任期开始前不久，曾经欣欣向荣而盈利颇丰的费城&里丁铁路（Philadelphia & Reading Railroad）破产了。和其他铁路一样，这家公司为了铺设铁轨、建造车站和桥梁欠下巨额贷款。但是过度扩张消耗了利润，最终公司入不敷出。

制造企业也受到同样问题的困扰。比如，1893年麦考密克（McCormick）农业机械厂的产量是1879年时的9倍，但是收入却仅仅是3倍。为了弥补，公司购买更多设备，从更少的劳动力中挤出更多工作。然而，这种策略增加了债务和失业率。失业工人发现自己和雇主陷入同样的困境：他们无法支付账单。银行也损失惨重，因为客户无法履约。1893年国家绳索公司（National Cordage Company）的破产引发连锁反应，导致一系列企业和银行倒

▲ 伊格内修斯·唐纳里（Ignatius Donnelly）在南北战争和重建时期曾三次担任明尼苏达州国会代表，他在1880年代成为小说家兼伪科学作家。接着他成为一名活跃的明尼苏达农民联盟成员，并于1892年撰写了尖锐的平民党第一届政纲序文，其中包括以下宣言："我们身处的这个国家已经沦落至道德、政治和物质毁灭的边缘。"

图片来源：明尼苏达历史协会

闭。到年末，500家银行和1 600家企业破产。一位顾问提醒克利夫兰总统："我们正处在漫漫长夜中。"他是对的。1893年至1897年之间，美国遭受了毁灭性的经济萧条。

商业崩溃继之以个人生活的举步维艰；在大萧条期间，近20%的劳动力长期失业。下降的需求导致1892年至1895年之间物价急剧下跌，但是裁员和减薪幅度比生活成本下降幅度更大。许多人无法负担生活必需品。纽约警方估计，当时有两万无家可归者和失业人员在该城市的大街小巷游荡。亨利·亚当斯（Henry Adams）调查经济萧条对波士顿的影响时写道："在重压下，人们像苍蝇一样死去，波士顿突然变得衰弱憔悴而消瘦。"

持续的货币问题

随着经济萧条日益严重，货币困境到达了危机时刻。1890年《谢尔曼购银法案》（Sherman Silver Purchase Act）导致政府不得不每月使用金库兑税券（银证）购买450万盎司白银。对方可以一盎司黄金兑换十六盎司白银的比率用这些银证兑换黄金。但是西部开采量的突然增加使白银更充足，导致白银相对黄金的市场价格下滑，因而银证和南北战争期间发行的纸币持有者争相兑换价值更高的黄金。结果，美国的黄金储备大幅缩减，于1893年年初下跌至1亿美元以下。

1亿美元关口有一种心理上的重要性。假如投资者们相信美国的黄金储备即将消失，他们就会对美国的经济稳定性失去信心并避免投资。比如，英国资本家拥有40亿美国股票和债券。假如美元因为缺乏足够黄金支撑而贬值，那么英国将停止投资美国的经济。事实上，黄金储备跌得越低，越多人急于赶在黄金消失前兑换钱。恐慌四处扩散，导致更多破产和失业。

克利夫兰发誓捍卫黄金储备，召集特别国会会议，撤销《谢尔曼购银法案》。撤销令于1893年年末通过，但是黄金继续流失。1895年年初，储备下降到4 100万美元。克利夫兰在绝望中接受了来自由金融家J.P.摩根为首的银行财团的提议，以价值6 500万美元的联邦债券购买其提供的350万美元黄金。银行家将债券重新出售给公众时获得了200万美元的利润。克利夫兰宣称自己拯救了黄金储备，但是不满的农民、工人、银矿工人，甚至克利夫兰的民主党同盟只从总统与大商人的交易中看到了耻辱。"当犹大背叛基督的时候，"参议员蒂尔曼谴责道，"他的心也不如克利夫兰这个无赖背叛（民主党）时黑。"

几乎没有人知道总统私下里承受着什么。大约在克利夫兰召开国会特别会议的时候，医生们在他的上颚发现了一个肿瘤，需要立即摘除。由于害怕公开他患病的消息会加速黄金消耗，并且为了阻止支持白银的副总统阿德莱·E.史蒂文森（Adlai E. Stevenson）攫取影响力，克利夫兰严守患病的秘密。他宣称自己要出海，医生们在游艇驶离纽约市的时候切除了他的肿瘤。装上橡胶下颚的克利夫兰于五天后恢复全职，为了驱散关于他得重病的谣言，掩饰剧烈的疼痛。他最终康复了，但是知道手术内情的人相信这场病消耗了他的元气。

克利夫兰和摩根之间的交易并没有终结大萧条。1895年情况略微好转之后，经济又开始跳水。从1887年以来一直下降的农业收入进一步下滑；工厂纷纷关闭；还开着的银行限制储户取款。紧缩的货币供应遏制了住宅建设，工作岗位得不到扩张，抑制了移民。底特律这样的城市鼓励市民在空地上种植"土豆田"，帮助解决食物短缺。每天夜晚，城市警察局中挤满了无家可归的人们。

大萧条的后果

大萧条最终沿着既定的过程走到了头。1890年代末，阿拉斯加发现金矿，丰收的年景和工业发展带来了经济回暖。但是经济下行加速了旧经济体系的崩溃和新经济体系的崛起。美国经济在地区和地域基础上扩张良好；大商业在国家某个地区受挫，如今又在另一个地方回弹。西部的农民陷入债务危机并失去购买力的时候，他们的困境也影响了其他地区的铁路、农具制造商和银行。不仅如此，作为新经济体系的特征之一，企业合并潮引诱许多企业过于快速地扩张。当经济收缩发生时，比如1893年，它们欠下的巨额债务将它们拖垮，并将其他产业一起拖下水。

与此同时，一个新的全球市场正在出现，美国农民不仅疲于应对不公平的运输费用和下降的国内农产品价格，还需和加拿大、俄国的小麦种植者、阿根廷的牧牛人、印度和埃及的棉花生产者以及澳大利亚的羊毛生产者竞争。一个国家的经济状况前所未有地影响其他国家的经济。不仅如此，供过于求的国内市场说服美国商人去海外寻找新兴市场（参见第二十二章。）

大萧条时期的抗议

大萧条暴露了工业体系中的根本矛盾。技术和组织变革在半个世纪中不断拉开雇员和雇主的鸿沟，这一鸿沟中涌现出异议的浪潮。1877年的一系列铁路罢工拉开了工人抗议的帷幕。这些罢工的激烈程度，以及他们从劳动阶层人民那里获得的支持，引发了美国人的恐惧，他们害怕美国会经历类似于1871年法国那样的平民暴动，法国的那场暴动暂时颠覆了政府，并且引入了共产主义原则。1886年的海马基特暴动（Haymarket）、1892年卡内基霍姆斯特德钢铁厂（Carnegie Homestead Steel）的长时间罢工以及西部矿工中普遍的工人暴力加剧了人们的焦虑（参见第十八章）。对于许多中产和上流阶层的人们来说，工人抗议似乎预示着一场经济和政治爆炸。1894年，美国经济陷入萧条，这一年有超过1 300次罢工和数不胜数的暴动。和商业领袖的谴责相反，抗议者极少是蓄意破坏美国民主的无政府主义者移民或共产主义者。相反，这些愤愤不平的人中包括成千上万相信在民主制度中应该表达自己意见的美国人。

社会主义者

少数社会主义者参与了这些对抗。一些社会主义者相信工人应该控制工厂和商业；另一些人支持政府所有制。然而，所有社会主义者都反对资本主义的私营企业。他们的思想来自德国哲学家、共产主义之父卡尔·马克思（1818—1883）的论著，他主张控制生产手段的人能够决定人们生活得好不好。马克思写道，资本主义通过支付工人少于他们劳动价值的薪酬产生利润，而大规模生产将工人与他们的工作隔离。因此，马克思主张，资本家和工人将不可避免地因为工人应该获得多少报酬进行斗争。根据马克思的观点，只有废除资本的回报——利润——劳动才能获得其真正价值，只有当工人们掌握生产才可能达到这一目的。马克思预测，全世界工人的不满将逐渐累积，直到他们奋起反抗，占领工厂、农场、银行和交通运输线。这场革命将建立起社会主义的公正公平秩序。马克思的愿景对一些工人很有吸引力，包括许多并不视自己为社会主义者的人们，因为它承诺了独立和保障。它也吸引了一些知识分子，因为它承诺终结愚蠢的物质主义。

在美国，社会主义者就如何达成马克思的愿望发生分歧。这场运动深受移民的影响，最初是来自德国的移民，后来还有俄国犹太人、意大利人、匈牙利人和波兰人。尽管美国社会主义分裂成许多小团体，但是其主要分支是由丹尼尔·德莱昂（Daniel Deleon）领导的社会主义劳动党（Socialist Labor Party），德莱昂出生于库拉索（Curacao），在德国受教育，是个脾气暴烈的编辑兼律师，他批判美国劳工联合会之类的美国工人组织过于保守。然而他和其他社会主义领袖争论纲领要点时，忽略了工人们的日常需要，因此没能吸引许多工人。他们也无法反驳推崇机遇、自我提升、社会流动性和消费主义的宗教和商业领袖。工人们希望他们或他们的孩子可以通过受教育、置产或者成为自己的老板而获益；大多数美国工人的追求是修身齐家而不是平天下。

尤金·V.德布斯

然而，19世纪行将结束时，一位富有魅力的新领袖为美国社会主义注入了活力。出生于印第安纳的尤金·V.德布斯领导新成立了美国铁路工会（American Railway Union），该组织发起了对抗普尔曼公司的1894年罢工。由于公然违抗对铁路工人发布的禁令被捕入狱后，德布斯在狱中阅读了卡尔·马克思的著作。出狱后，他短暂地接触了平民主义，接着成为美国社会主义的主要代言人，将高瞻远瞩的马克思主义和杰弗逊派以及平民派反垄断主义结合起来。德布斯以热忱的雄辩以及对自由企业体制的愤怒抨击抓住了观众的注意力。"你们中有很多人认为自己在竞争，"他在演说中讲道，"和谁竞争？和洛克菲勒？这就好比我用一辆独轮手推车，和从这里到堪萨斯城的圣达菲（铁路）竞争。"至1900年，被称为美国社会主义党的团体已经紧密团结在德布斯周围。在20世纪中，它将更强有力地表现自己的存在感。

科克西失业请愿军

1894年，以抗议行为吸引公众注意的并不是德布斯，而是一个来自俄亥俄州马西隆（Massillon）的名为雅各布·科克西（Jacob Coxey）的低调商人。科克西志存高远。他相信政府应该发行5亿美元"法定货币"纸币帮助债务人，并且向地方政府提供低息贷款，而地方政府则将以这笔基金雇佣失业人员来修筑公路和其他公共设施。他计划从马西隆长途跋涉到华盛顿特区宣传自己的计划，沿途吸引失业工人加入这场"步行请愿"。为了强调自己的真诚，科克西将自己刚出生的儿子取名为法定货币，并提出由十几岁的女儿骑着白马走在队伍前方。

科克西的军队大约有200人，1894年3月开始向华盛顿出发。游行者们徒步穿越俄亥俄州，进入宾夕法尼亚，在萧条的工业城镇和乡村中获得食物和住宿，吸引了更多参与者。在其他地方，十几支类似的队伍从诸如西雅图、旧金山和洛杉矶等地出发，同样向东部跋涉。一些不堪痛苦的游行者征用了列车，但是大多数游行都是和平和守法的。

科克西的队伍有500人，其中包括女性和儿童，大军于4月30日抵达华盛顿。第二天（五一国际劳动节，海马基特市场暴动周年纪念日），这群人装备着"和平军棍"向国会大厦挺近。当科克西和其他几人试图翻过墙进入庭院时，骑警前来阻止了抗议者。科克西试图在国会大厦的台阶上讲话，但是被警察拖走。逮捕和械斗继续，科克西为四十万失业工人抗议的梦想破灭了。就像罢工一样,华盛顿的第一次人民示威游行在警察的力量下屈服了。

与社会主义者想要取代资本主义制度不同,科克西大军只想要工作和更高的生活水平。现今,在劳工合同、公司规定和政府主导的失业救济的时代,科克西大军的目标并不激进。然而,官方凶残的反应说明了像科克西和德布斯这样的持不同政见者对于现行社会秩序的捍卫者来说是多么大的威胁。

白银圣战和1896年总统大选

在社会抗议和经济萧条的喧嚣中,1896年的总统大选似乎应该是极其关键的。关于金钱和权力的争论达到了巅峰,民主党人和共和党人继续就国会控制权及总统职位争斗不休,而平民主义者站在了政治漩涡的中心。关键问题在于选民是否会抛弃旧的党派忠诚,转而支持平民党。

自由白银

平民主义对抗"金钱势力"的战争最后聚焦于白银问题,许多人将其视为国家复杂局面的对症良方。对他们来说,铸造银币象征着富人特权的终结以及政府回归人民,因为这一举措将让普通人摆脱缠身的债务,增加现金流通量,并且降低利率。平

▲ 雅各布·科克西走在由抗议者组成的非正式"公共利益军队"前,于1894年向华盛顿挺进。他的队伍中有人步行,有人骑车,有人骑马,他的女儿骑着一匹白马走在前列。示威者希望联邦政府能向1890年代经济萧条中失业的人提供工作。

图片来源:国会图书馆

民主义者将自有银币铸造作为自己的政治战斗口号。

随着1896年大选的进行，平民主义者不得不决定如何将他们极少的竞选优势变成更大规模的成功。他们是应该与主要两党中同情他们的派系联合起来，冒着失去身份的风险，还是应该保持独立第三党派的身份，接受微小的胜利甚至更差局面？除了落基山脉诸州的矿区，自由银币铸造获得强大的支持，共和党人不太可能成为盟友，因为他们支持金本位，而且他们的大商业取向代表了平民主义者反对的东西。

在北方和西部，与民主党结盟似乎更合理。在那些地方，民主党保留了一些反垄断意识形态的痕迹，并且赞同更为宽松的货币制度，尽管"黄金民主党"有着强大的影响力，比如克利夫兰总统和纽约参议员大卫·希尔（David Hill）。平民主义者认为他们与民主党城市工人有着一致的利益，他们相信这些人和农民一样遭受同样的压迫和困扰。在南方，农民联盟原先支持民主党候选人，但是这些候选人当选后食言而肥，导致南方农民感到自己遭到了背叛。无论他们选择什么选项，无论（与民主党）融合还是独立，平民主义者都确保1896年的竞选运动将是1860年以来最切中问题核心的一次选举。

麦金莱的提名

在提名各自的总统候选人之际，两党内部都发生了分歧。共和党人领袖是俄亥俄州工业主义者马库斯·A.汉纳（Marcus A. Hanna），他已经运作了一年，为威廉·麦金莱获得俄亥俄州长提名。至共和党在圣路易斯召开会议时，汉纳已经得到了成功所需的足够代表。"他宣传麦金莱，"西奥多·罗斯福讥讽道，"仿佛他是一种专利药。"共和党人主要的不幸在于采纳了支持金本位的政纲，拒绝科罗拉多州参议员亨利·M.泰勒（Henry M. Teller）提议的支持白银的立场。泰勒40年前是党派建立者之一，他流着泪走出会场，带走了一小群支持白银的共和党人。

在民主党大会上，支持白银的代表佩戴着银质徽章，挥舞着银色横幅，大踏步通过芝加哥圆形竞技场。一位目睹他们乱哄哄的游行的代表写道："我第一次理解了法国大革命的情景！"一位《纽约世界报》的记者评论道："银本位支持者只缺一个摩西了。"而威廉·杰宁斯·布莱恩（William Jennings Bryan）充当了这一角色。

威廉·杰宁斯·布莱恩

布莱恩作为具有争议的内布拉斯加代表团的一员前来参加民主党大会。布莱恩是一位前国会议员，因为支持铸造银币而惹恼了克利夫兰总统，他发现经济萧条对中西部农场的影响令人痛苦。会议接纳了布莱恩及其同僚，而非另一个支持金本位的竞争派系。不久后，布莱恩加入民主党决议委员会，帮助起草了号召无限铸造银币的政纲。当委员会向全体与会人员出示政纲时，布莱恩上前讲话。他的话语让代表们热血沸腾，并名垂青史。

> 我们身后是这个国家和这个世界的生产力量，在无处不在的商业利益、工人利益和劳苦大众的支持下，我们将如此回答（富有阶层）对金本位的要求，我们将对他们说：你不应该把这荆棘之冠压迫在劳动者的前额，你不应该将人类钉在黄金十字架上。

这次演讲的时机堪称完美。支持布莱恩竞选总统的代表们开始获取支持。他整整经过了五次投票赢得提名，但是事实证明"男孩演说家"（Boy Orator）的魅力无法抵挡。接受南方人和西部人的白银本位目标，并且拒绝克利夫兰的政策后，民主党对于不满的农民更具吸引力。但是和共和党一样，它也疏远了一个小众的派系。一些黄金民主党退出并提名了自己的候选人。

布莱恩的提名使圣路易斯的平民党会议陷入两难处境。平民党应该加入共和党支持布莱恩还是应该提名自己的候选人？反对和民主党融合的

▲ 1896年总统竞选期间，共和党人将自己的候选人威廉·麦金莱描绘成掌握着决定工人和白领劳动者繁荣富裕的钥匙，图中这些代表向候选人脱帽致敬。共和党人成功地将经济问题变成了竞选结果的差异，而不是麦金莱失败的对手威廉·杰宁斯·布莱恩发起白银圣战的原因。

图片来源：珍妮斯·L.和大卫·J.弗兰特（Janice L. and J. Frent）收藏

汤姆·沃森警告道，"民主党理想中的融合（是）我们扮演约拿，他们扮演鲸鱼。"其他人提出支持另一位候选人将分去反麦金莱选票，确保共和党的胜利。最后会议承诺，首先提名沃森作为该党的副总统候选人，保持党派身份[民主党提名了缅因州船运大亨亚瑟·休厄尔（Arthur Sewall）竞选副总统]，接着提名布莱恩竞选总统。

正如堪萨斯记者威廉·艾伦·怀特（William Allen White）评论，这场运动"带着宗教般的狂热……当革命战士们返回家乡时，他们赞美人民的意志，仿佛那是上帝的旨意，并且诅咒财富的邪恶"。布莱恩宣称，"每个重大经济问题事实上都是一个重大道德问题。"共和党人反驳布莱恩对特权的攻击，预测他当选后将带来混乱。布莱恩周游全国，每天发表20场演说时，汉纳则邀请成千上万人来到麦金莱位于俄亥俄坎顿（Canton）的家，候选人在那里向他们呈上关于节制和繁荣的说教，向每个人都承诺一些东西。在讨好工人阶级投票者时，共和党人强调保护性关税将会创造新的工作机会。

大选结果

大选结果显示，政治僵局结束了。城市和企业优势的象征麦金莱以600 000选民票和271对176的选举团票打败了布莱恩（参见地图20.1）。这几乎是1872年以来最一边倒的总统竞选。

布莱恩为重振这个国家做出了许多努力，但是执着于白银阻碍了平民党建立能够扩大其吸引力的城市—农村同盟。白银问题分散了选民的注意力,让他们无法关注农民联盟运动和1892年奥马哈政纲提出的更广泛的企业改革和政府援助。原本可能从平民主义目标中获益的城市工人害怕铸造银币会让他们的薪酬缩水。工人领袖,比如美国劳工联合会的塞缪尔·龚帕斯(Samuel Gompers),尽管有些感同身受,却无法全情投入,因为他们将农民视为商人而非工人。而丹尼尔·德莱昂这样的社会主义者诟病平民主义者"倒退",因为他们不像社会主义者那样相信自由企业。因此,平民主义战斗瓦解了。尽管平民主义者和融合候选人赢得了部分州和国会选举,但是平民党候选人布莱恩—沃森在全国范围内只收获了222 600票。

麦金莱总统任期

当选总统后,麦金莱加强了对商业的支持,签署《金本位法》(Gold Standard Act, 1900),要求所有纸币必须有黄金支持。作为一个老辣而风度翩翩的政治家,麦金莱最著名的举措是设立保护性关税;作为一个国会议员,他曾于1890年引导史无前例的高关税法案通过。因此,他支持1897年《丁利关税法案》,将关税提得更高。麦金莱相信打开国外新市场能够支撑国内利润,鼓励在拉美和太平洋地区进行帝国主义投机。经济回暖后国内的紧张局势渐渐平息。更好的年景和西班牙—美国战争的胜利使他于1900年再次战胜布莱恩。

结语

尽管特殊利益群体和南北战争挥之不去的后果带来种种冲击,但是镀金时代政治家仍然取得了一些或微小或重大的成就。在善意而总体上能力出众的人们的领导下,州议会会场、国会大厅和白宫中发生的事情让这个国家为进入20世纪做好了准备。法律用一些规范原则鼓励经济发展,采取措施扩大政府部门,同时减少赤裸裸的赞助,联邦干预贸易和货币问题全都在1870年代和1880年代开

▲ 威廉·杰宁斯·布莱恩(1860—1925)于1896年拍摄了这张照片,这时他36岁,第一次竞选总统。布莱恩感情充沛的演讲将农民动乱和自由白银问题变成了一场道德圣战。
图片来源:国会图书馆

始出现。

尽管如此,美国仍然是一个充满风波的国家。剥夺非裔美国人公民权以及对黑人及女性持续不断的歧视仍然玷污着政治。黑人和女性却没有为了共同的理想而联合起来,女性对选举权的追求包含着种族和阶级排外。有权有势的人常常代表着特殊利益团体,无法忍受社会主义者、科克西或平民主义者表达的激进观点,但是这些群体提出的观点将在即将来临的20世纪中继续获得支持。

1896年总统大选将国家政治重新洗牌。1850年代在反奴隶制的圣战中建立并因北方在南北战争中取得胜利而得利的共和党,因为强调政府对商业的扶持而成为大多数党,在城市中产阶级中间扩大了社会基础,并且弱化了道德主义。民主党误判了白银问题,但是在南方和城市政治机器中仍然广受支持。然而,在全国范围内,人们的忠诚度开始减弱,不能与先前同日而语。对党派政治的怀疑不断加剧,选民参与率下降了。平民党人试图发起第三党派运动,但是他们的辉煌转瞬即逝。一种新的政治正在酝酿中,技术专家和科学组织将试图取代

1896

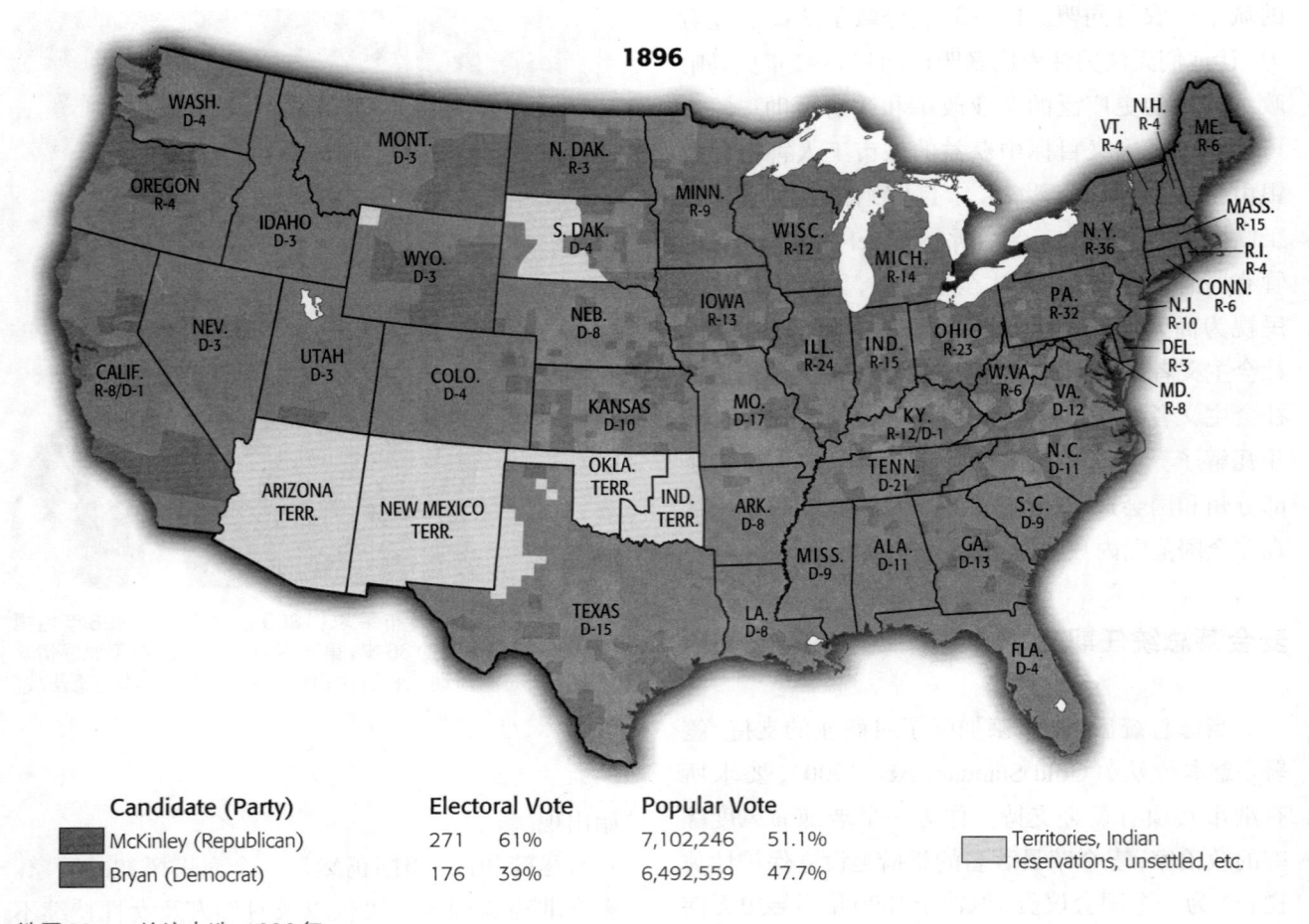

Candidate (Party)	Electoral Vote		Popular Vote	
McKinley (Republican)	271	61%	7,102,246	51.1%
Bryan (Democrat)	176	39%	6,492,559	47.7%

地图 20.1　总统大选，1896 年

威廉·杰宁斯·布莱恩在南方和西部获得了强有力的选民支持，但是人数上占巨大优势的工业州，加上加利福尼亚，为威廉·麦金莱赢得了大多数票。

来源：©圣智学习

前一个时代特有的暗箱交易和相互偏袒。

尽管随着 20 世纪的到来，白银问题逐渐消弭了，但是许多平民主义目标融入了主要党派，包括规范铁路、银行和公共事业，更短的工作时长，国库分库计划的变体，分级收入税以及直接选举参议员。这些改革之所以能成功是因为背后有各方利益集团的支持。移民、城市化和工业化将美国变成一个多元化社会，利益集团之间的相互妥协成为一种日常政治现实。当镀金时代结束时，商业仍然在蓬勃发展，很大一部分人口仍然被排斥在政治和经济机遇之外。但是异议和改革的风已经吹得更猛烈了。

扩展阅读

Edward L. Ayers, *The Promise of the New South: Life After Reconstruction* (1992)

Jean Baker, *Sisters: The Lives of America's Suffragists* (2005)

Glenda Elizabeth Gilmore, *Gender and Jim Crow: Women and the Politics of White Supremacy in North Carolina, 1896—1920* (1996)

Steven Hahn, *A Nation Under Our Feet: Black Political Struggles in the Rural South, from Slavery to the Great Migration* (2003)

Michael Kazin, *The Populist Persuasion: An American History*

人民与国家的遗产

一个童话的解读

1939年上映的电影《绿野仙踪》(The Wizard of Oz)是历史上最受欢迎的电影之一,原著是1900年由记者李曼·法兰克·鲍姆(L. Frank Baum)发表的青少年文学作品。这个故事原名叫作《奥兹国的神奇巫师》(The Wonderful Wizard of Oz),作家用令人难忘的角色创造出一个充满乐趣和冒险的追寻之旅。

尽管孩子们将这个故事和电影视为幻想作品,但是成人却试图寻找隐藏在故事背后的含义。1964年,学者亨利·M.利特菲尔德(Henry M. Littlefield)发表了一篇文章,坚持认为鲍姆的真实意图是写一部平民主义寓言,表现不堪重负的农民和工人的艰难处境。利特菲尔德认为,《奥兹国的神奇巫师》中的角色支持了他的理论。多萝西(Dorothy)象征着善良的普通人,稻草人象征着挣扎求生的农民,铁皮人象征着工人。为了追求更好的生活,这些朋友们加上懦弱的狮子(吼声大却没有力量的威廉·杰宁斯·布莱恩),踏上了通往虚无之地的黄色砖石路(金本位)。他们找到的翡翠之都(Emerald City)被一位巫师占领,他在屏幕后面操纵着一切。这位巫师像个典型的政治家,向所有人施以各种手段,但是多萝西揭露了他骗子的真面目。多萝西最后使用魔法银拖鞋(代表了银币铸造,尽管电影里拍成了红色)设法离开这个懵懂的社会,回到她爱姆婶婶和亨利叔叔简单的堪萨斯农场家庭。

后来的理论家又发现了更多象征。比如奥兹是黄金的主要单位盎司的缩写(oz.)。而东方的邪恶女巫可以视为工业资本主义的力量,在鲍姆笔下,她将小人们(Munchkins)"奴役起来……迫使奴隶们没日没夜地替她干活"。鲍姆的故事以电影形式在美国家喻户晓,成为向学生解释平民主义的工具,至1970年代它显而易见的讯息对"既有体制"的批评家具有强大吸引力。

但是接着研究者们开始用另一种视角审视这个故事,提出了不同的结论。1983年,历史学家威廉·R.利奇(William R. Leach)主张鲍姆的故事事实上是在颂扬城市消费者文化。它的语言歌颂了翡翠城的富饶,在利奇看来翡翠城肖似1893年芝加哥世博会的"白色城市",而且多萝西乐观向上的性格象征着工业时代的乐观主义。不仅如此,鲍姆的职业支持了这个新解读。在他成为作家之前,他曾设计橱窗,并涉足戏剧,这些活动让他欣赏现代都市生活。

《奥兹国的神奇巫师》的真正遗产不是困惑,而是引发各种理解和思考的能力。重要的是,鲍姆于19、20世纪之交的童话故事是美国历史上首部同类作品,直至今日赠予我们无数引人入胜的意象,表现了美国文化的多样性和矛盾。

Jean V. Matthews, *The Rise of the New Woman: The Women's Movement in America, 1875—1930* (2003)

Nick Salvatore, *Eugene V. Debs: Citizen and Socialist* (1992)

第二十一章

进步时期，1895—1920

本·林赛眼前的那一幕让他怒火中烧。作为一名1890年代科罗拉多的青年律师，一个法官要求他为两个大约12岁被起诉入室盗窃的男孩辩护。这两名男孩已经在没有庭审的情况下被监禁了60天，他们连入室盗窃是什么意思都不明白，遑论司法体系如何运作。当林赛去监狱探视两名男孩时，他发现他们在和年龄较大的狱友打扑克牌，其中一个是保险箱窃贼，另一个是盗马贼。林赛问典狱长监狱里还有多少这样的男孩。"哦，有不少呢"是他得到的答案。"天性纯良"的儿童和冷酷的罪犯监禁在一起让林赛无比愤怒，他后来写道："这是两个男孩，他们都不是严重的社会敌人，他们将被宣判犯有入室盗窃罪，并且终其一生都有洗不掉的案底……我发誓一定要摧毁这个对年轻人如此不公的体制。"

章 节 大 纲
千差万别的进步动机
放眼天下　海外大学和留学
政府和立法改革
社会体制的新思想
挑战种族和性别歧视
昨日重现　重量级拳击冠军杰克·约翰逊成为种族英雄
西奥多·罗斯福和总统地位复兴
伍德罗·威尔逊和进步改革扩张
人民与国家的遗产　玛格丽特·桑格，计划生育和避孕争议
结语

1901年，林赛竞选郡县法官，开始为青少年福利做长期不懈的斗争。他以保护青少年免遭犯罪指控、剥削劳动和贫穷重负为宗旨，发表了大量演说，写了很多文章。他和他的妻子亨丽埃塔（Henrietta）长期不懈地推动独立的青少年法庭系统，并且帮助那些孩子容易变成罪犯的家庭。他们编撰的改革法律被很多州和其他国家采用。林赛为消除不公做出的努力既表现出真切的同情，又体现出中产阶级偏见，他们属于一场广泛的运动，这一运动旨在为现代美国的社会和经济问题寻找解决方案。

1890年代，经济萧条、劳动暴力、政治动荡和外交纠缠动摇了这个国家。科技兑现了许多承诺，但是无数美国人仍然遭受贫穷和不公的折磨。一些评论家将实业家视为为了将利益最大化而不择手段操控市场和物价的怪物。另一些人则相信政府被滥用权力发大财的首领们腐蚀了。但是也有另一些人认为劳动阶级的需求遭到了忽视。城市化和工业化造成的矛盾似乎将社会分裂成争斗不休的利益群体。

◀ 丹佛的本·林赛（Ben Lindsey）法官（1869—1943）是一个进步时代的改革者，为实现儿童法律保护而不懈奋斗。和同时代的许多改革者一样，林赛热忱地相信，人类有能力建设更美好的世界。

572 年表

年份	事件
1895	布克·T.华盛顿（Booker T. Washington）发表《亚特兰大种族和解》（Atlanta Compromise）演讲
	全国有色人种女性协会（National Association of Colored Women）成立
1898	"霍尔顿诉哈迪案"（Holden v. Hardy）判决支持限制矿工的工作时长
1901	麦金莱遭暗杀，西奥多·罗斯福就任总统
1904	"北方证券公司案"（Northern Securities）瓦解铁路托拉斯
1905	"洛克纳诉纽约州案"（Lochner v. New York）判决解除面包师工作时长限制
1906	《赫伯恩法案》（Hepburn Act）收紧州际商务委员会对铁路的控制
	《肉品检疫法案》（Meat Inspection Act）通过
	《纯净食品和药品法案》（Pure Food and Drug Act）通过
1908	"马勒诉俄勒冈州案"（Muller v. Oregon）支持限制女性工作时长
1909	全国有色人种促进会成立
1910	《曼恩—埃尔金斯法案》（Mann-Elkins Act）巩固州际商务委员会权力
	《禁止贩卖妇女为娼法》（White Slave Traffic Act，即曼恩法案）禁止因"不道德目的"运输女性
	塔夫脱解雇平肖（Pinchot）
1911	美国印第安人协会（Society of American Indians）成立
1913	第十六条修正案生效，将所得税合法化
	第十七条修正案生效，规定直接选举参议员
	《安德伍德关税法》（Underwood Tariff）设立所得税
	《联邦储备法案》（Federal Reserve Act）建立中央银行系统
1914	联邦贸易委员会（Federal Trade Commission）创立，负责调查不公平贸易行为
	《克莱顿反托拉斯法案》（Clayton Anti-Trust Act）禁止商业垄断行为
1919	第十八条修正案生效，禁止销售酒精饮品
1920	第十九条修正案生效，赋予女性联邦选举权

然而，直到1900年，前十年的政治动荡才逐渐平复，经济萧条也渐渐褪去。美国赢得了西班牙战争，从战争中崛起（参见第二十二章），包括西奥多·罗斯福和伍德罗·威尔逊等新政治领袖的新时代即将到来。一种焕然一新的感觉既加剧了人们对长久以来诸多问题的焦虑，又给予人们希望，让他们相信无论如何这些问题终将得到解决，民主终将与资本主义握手言和。

从这些现实中，涌现了一场复杂而多面的改革运动。至1910年代，来自共和党和民主党的改革者们将自己称作"进步派"（Progressives）；1912年，他们以此为名成立了一个新的党派，以表达他们的原则。历史学家们一致使用"进步主义"（Progressivism）一词指称这个时代的精神，但是对其含义以及谁才是真正的进步派存在争议。尽管如此，1895年至1920年这个时期包括一系列运动，每一场运动都致力于以某种方式复兴美国社会、价值观和体制，无论是通过自上而下的改变还是自下而上的影响。

改革冲动有着许多源头。工业资本主义创造出令人敬畏的科技、史无前例的生产力以及不计其数的消费品。但是它也带来了有害的生产过剩、作威作福的垄断、劳动纠纷和自然资源的破坏。膨胀的城市使人们更容易囤积和分配产品、服务以及文化娱乐，但是它们也滋生贫穷、疾病和犯罪。移民的流入和新兴经理人以及职业人阶层的崛起改变了社会秩序。而1890年代的经济萧条迫使领导阶层意识到工薪阶层早已知晓的事实：美国生活的核心诺言并未兑现，机会均等转瞬即逝。

这些问题激励中产阶级和劳动阶级成员追求改变，尽管他们采取的方式不尽相同。中产阶级改革者围绕三个目标组织他们的思想和行为。首先，他们试图终止权力的滥用。打击垄断和腐败并非新事；1830年代和1840年代的杰克逊改革者以及1890年代的平民主义者属于同一个传统。然而，进步派扩大了攻势。反托拉斯、消费者权益和好政府成为亟待解决的政治问题。第二，像本·林赛这样的进步人士希望以人道主义体制替代腐败权力，比如学校、法院和医疗诊所。尽管他们热衷于保护个人权益，但是也主张社会有责任和能力改善个人生活，而且他们相信政府为了社会大部分人的利益必须进行干预，以便保护大多数人的利益，将公共利益提升到个人利益之上。他们反叛固有的观念类别，挑战了对女性角色、种族关系、教育、法律和科学思想以及道德等各方面约定俗成的观念。第三，进步派希望信赖专家，终止浪费的竞争，促进社会和经济秩序。科学和科学方法是他们的核心价值观——规划、控制、可预见性。正如企业采用科学管理技术，提升经济效率，进步派主张应用专业知识和规划提升社会和政治效率。

另一种改革从劳动阶级的日常需求和问题中涌现。代表这一群体利益的改革者有时候与其他关心社会福利的人结成同盟，有时则孤军奋战，他们号召广大公众，促进社会的健康、安全，并为新城市工业世界中遭遇困境的家庭和工人提供保障。

进步者名副其实，他们坚定地相信人类有能力创造更美好的世界。他们表达了"人性的普遍成长"和"人类发展的上升螺旋"等措辞。提高的收入、新的教育机会、越来越容易获得的产品和服务创造出自信的气氛，他们相信社会进步将接踵而来。林赛法官表达进步信念，他写道："最终人们注定要做正确的事，无论他们失败了多少次。"

- 进步主义的主要特点是什么？
- 进步改革在哪些方面取得了成功，又在哪些方面遭遇了失败？
- 女性和少数种族如何挑战之前关于美国社会的思维方式的？

千差万别的进步动机

进步改革者们直面过去半个世纪中——浮现的各种令人困扰的问题，但是他们是在一种全新的政治氛围中做这些事。1896年竞争激烈的选举之后，党派忠诚受到侵蚀，选民出席率下降了。在北方各州，总统竞选中符合资格的选民（男性）参与率从1880年代的80%降至60%。在南方各州，人头税和文化测试阻止了大多数非裔美国人和许多贫困白人男性投票，投票率降至30%以下。看起来党派似乎对政府政治丧失了影响力。与此同时，拥护各自特定目标的新利益群体获得了影响力，进步改革以问题为中心，而非受到党派意识形态影响。

全国协会和海外影响

许多围绕特定利益和问题成立的前地方性组织在1890年之后变成了全国组织。这些组织包括各种职业协会，比如美国律师协会（American Bar Association）；各种女性组织，比如全美女性选举权协会（National American Woman Suffrage Association）；以问题为导向的团体，比如全国消费者联盟（National Consumers League）；热心公益的俱乐部，如全国城市联盟（National Municipal League）；以及少数种族群体协会，比如全国黑人商业联盟（National Negro Business League）和美国印第安人协会（Society of American Indians）。因为他们通常在现有的党派外活动，所以这些群体使政治变得比之前的时代更碎片化，也更聚焦于问题。

美国改革者们还吸纳了海外思潮。在英国、法国和德国学习的美国人将他们留学期间见识到的改革计划带回美国，另一种情况则是由拜访美国的外国人引进。（欧洲人也向美国人学习，但是此时思想流动的天平朝美国这一侧倾斜。）美国人从英国那里复制了诸如安置住房等计划，改革者们生活在城市贫民中间，帮助穷人以及工业事故受害者争取补偿金。其他改革同样起源于海外而为美国所用，比如老年保险、工人住房补贴、城市规划和乡村重建等。

源自新时代的问题和方法使进步改革有别于之前的平民主义运动。尽管基于农村的平民主义者的目标在运动式微之后仍然延续了下来，比如道德复兴、政治民主和反垄断，但是进步改革对社会正义、教育和司法改革以及政府简化的追求更富有城市特色。利用邮件、电话和电报通讯的进步，城市改革者比之乡村改革者可以更容易地交换信息、协同合作。

新中产阶级和黑幕披露者

进步目标存在于社会每个层面——终止权力的滥用、保护所有阶层的福利、改革体制、提升社会效率。但是身处法律、医学、工程、社会服务、宗教、教育和商业的新中产阶级男性和女性组成了重要的改革先锋。这些人不齿于商业、政府和人际关系中的腐败和不道德，下定决心将他们在职业中学会的理性技术运用于广大社会问题中。他们还相信自己可以通过改造移民和印第安人创造一个团结的国家，通过教育将他们"美国化"，让他们服从中产阶级习俗和理想。

对于权力滥用的愤慨是许多中产阶级改革者的动力。被西奥多·罗斯福昵称为"耙土者"（黑幕披露者，muckraker）的新闻工作者把他们的观点表达了出来（这是来自《天路历程》中的一个角色，指从不抬头看一看美好的世界，只知低头收集地上的泥土）。耙土者通过曝光社会、经济和政治负面新闻来满足公众渴望丑闻和轰动事件的胃口。他们发表于《麦克卢尔》（McClure's）、《时尚杂志》（Cosmopolitan）和其他流行杂志的调研文章攻击劣质食品、保险欺诈、卖淫和政治腐败。林肯·斯蒂芬斯（Lincoln Steffens）发表于《麦克卢尔》中的文章后来集结成《城市之耻》（The Shame of the Cities, 1904）出版，成为耙土风格的缩影。斯蒂芬斯希望他对首领们苛政的曝光能引起公愤，进而最终带来改革。其他著名的耙土作品包括厄普顿·辛克莱（Upton Sinclair）的《丛林》（The Jungle, 1906），这部小说揭露了肉品包装业的残酷；伊达·M.塔贝尔（Ida M. Tarbell）对标准石油公司历史的谴责（最初发表于《麦克卢尔》，1902—1904）；伯顿·J.亨德里克（Burton J. Hendrick）的《人寿保险的故事》（Story of Life Insurance, 1907）；以及戴维·格雷厄姆·菲利普（David Graham Phillip）的《参议院的背叛》（Treason of the Senate, 1906）。

为了修复腐败的政治，这些进步者主张无党派选举，避免党派忠诚滋生的欺诈和贿赂。为了让公务员更尽职尽责，他们呼吁采用主动权，允许选举人提出新的法律；他们也提倡公民表决，允许选举人罢免讨厌的官员和法官。这些行动的目标是效率，就像企业合并运动一样：中产阶级进步者希望以负责任的全体选民选出的可靠管理者取代政治首领，重新夺回政府权力。

上层改革者

进步精神也吸引了一些男性商业领袖和富有女性。像宾夕法尼亚铁路（Pennsylvania Railroad）的亚历山大·卡萨特（Alexander Cassatt）这样的企业家支持一定程度的政府管制和整治重建，保护他们的利益免受更激进改革者的影响。另一些人，比如波士顿一家百货商店的创始人E.A.费雷纳（E. A. Filene）以及克利夫兰有轨电车巨头汤姆·约翰逊

放眼天下

海外大学和留学

大学作为高等教育学位认证机构，起源于中世纪时期信奉伊斯兰教的摩洛哥和埃及。不久之后，大学在意大利、法国、英国和西班牙纷纷出现。至19世纪末，现代大学的主要模范存在于德国城市和英国剑桥及牛津，大学学习包括调研、研究班和实验室，代替了主要以宗教为主的课程设置。这些大学以学术自由和激进的学者师资，吸引年轻美国人前往海外求学，为他们在现代世界寻找一席之地。德国大学学费特别低廉，旅行费用加上这些学校的学费只需同水平美国教育机构费用的1/3。

前往英国和欧洲大学访问与学习后，许多美国人被改善社会的思想所鼓舞。例如，黑幕披露记者林肯·斯蒂芬斯（Lincoln Steffens）就拥有加州大学本科学位，他在那里"以学术和科学为追求的目标"。接着他决定前往德国大学深造，因为他希望跟从被加州大学的教授们"援引和仰视，并视为宗师"的伟大思想家学习。于是他访问了柏林、海德尔堡（Heidleberg）、慕尼黑和莱比锡（Leipzig）的校园。进步经济学家理查德·伊利（Richard Ely）同样前往德国留学，在哈勒大学（Halle）学习哲学，学者和公民权利活动家W.E.B.杜博斯（W.E.B. Du Bois）在柏林学习硕士课程。事实证明英国的大学也很有影响力。牛津大学的学习生涯给了进步历史学家查尔斯·比尔德（Charles Beard）深刻的触动，而美国社会工作先锋艾迪斯·艾伯特（Edith Abbott）曾在伦敦经济学院（London School of Economics）学习福利政策。

一些美国留学生接受了欧洲社会民主运动的洗礼，这场运动与社会主义有关，但是强调通过政治进行改革而非通过革命来实现。社会民主人士与工人阶级的奋斗者结成同盟，常常把自己称为"社会主义者"。但是他们倾向于强调促进社会团结的道德问题，而非让一个阶级与其他阶级相斗。当这些美国人回到自己的祖国时，他们带回了反对自由主义自私自利的思想，并且也带回了运用政府团结社会、促进大众福利的动力。因此，海外留学经历为进步改革提供了重要的支持。

▶ 林肯·斯蒂芬斯在1866年生于加利福尼亚的萨克拉门托（Sacramento），1889年从伯克利的加州大学毕业，接着前往海外，在德国和法国的大学求学，"学习文化"。回到美国后，他成为纽约市的一名警察发言人，接着为黑幕披露杂志《麦克卢汉》撰写文章，包括关于美国城市腐败问题的作品。他将这些文章集结成《城市之耻》，后来这部书成为进步时期最著名的出版物。

图片来源：科比斯

▶ 艾迪斯·艾伯特（Edith Abbott）在内部拉斯加格兰德岛（Grand Island）长大，获得内部拉斯加大学的本科学位和芝加哥大学经济博士学位之前，她曾在高中任教。1906年，30岁的艾伯特获得了英国伦敦经济学院的留学奖学金，在那里学习关于贫穷的新理论。几年后，她和赫尔馆（Hull House）的珍妮·亚当斯一起，成为进步改革中的一名先锋。

图片来源：特殊收藏研究中心（Special Collection Research Center），芝加哥大学图书馆

(Tom Johnson)是为社会正义无私奋斗的人道主义者。商业主导的组织，比如城市选民联盟(Municipal Voters League)和美国商会(U.S. Chamber of Commerce)认为，像高效的企业一样运营学校、医院和地方政府有助于社会变得更稳定。精英阶层的女性领导向基督教女青年会(Young Women's Christian Association, 即YWCA)等组织以及安置房计划提供经济支持，该组织旨在帮助未婚劳动女性。

安置房

工业主义在不同社会阶层中间制造了一道鸿沟，受过良好教育的年轻中产阶级女性和男性似乎在鸿沟上架起了桥梁。在市中心，他们用所谓的安置房提供舒适的环境和生活。这个想法来自英国，居民们把安置房视为人们互相学习和通过教育、艺术与改革共同缓解现代问题的基地。1886年至1910年间，全国建立了超过400个安置点，大多数位于大城市中，他们还赞助了一系列项目，从英语课程、幼儿园和托儿所、保健诊所、短期培训、游乐场到艺术展览不一而足。作为城市贫困和艰苦居住条件的第一手见证者，安置房工作者把大量精力集中在改善居住环境上，并向着进步主义的目标前进。他们支持住房和劳动改革，为工会提供集会空间，并且担任学校护士、青少年留校察看官员和教师。他们还在政治改革者的竞选活动中工作。

尽管一些男性帮助发起了安置运动，但是最具影响力的参与者是女性。芝加哥赫尔馆(Hull House)安置点的珍妮·亚当斯(Jane Addams)、纽约亨利街(Henry Street)安置点的莉莲·沃尔德(Lillian Wald)、波士顿丹尼森馆(Denison House)的维达·斯卡德(Vida Scudder)以及赫尔馆的弗洛伦斯·凯利(Florence Kelley)和许多其他意志坚定的领袖一起，不仅拓宽了女性服务的传统角色，并且将安置房工作作为一个跳板，开始在改革中扮演更重要的角色。凯利对儿童劳动力剥削进行调查，伊利诺伊州州长约翰·阿尔特吉尔德(John Altgeld)因此将她委任为工厂调查员，她后来成立了全国消费者联盟(National Consumers League)。沃尔德帮助将护理变成一种受人尊敬的职业，并且联合创立了全国有色人种促进会。亚当斯则拥有广泛的政治影响力，为世界和平做出的不懈努力为她赢得了1931年诺贝尔和平奖。

工人阶级改革者

现代美国自由主义的重要元素脱胎于工人阶级城市经验。至1900年，许多城市工人向政府施压，要求进行干预，确保安全保障。他们主张"面包黄油改革"，要求更安全的工厂、更短的工作日、工人补偿、儿童和女性劳动者保护、更好的居住条件以及更公平的税收结构。纽约市参议员罗伯特·F.瓦格纳(Robert F. Wagner)和伊利诺伊州州长爱德华·F.唐恩(Edward F. Dunne)等政治家积极工作力图缓和城市工业增长导致的艰难困苦。他们在政治机器中受训，他们的选举人与支持政治首领的是同一批人，而这些人一般被视为改革的敌人。然而首领主义并不一定与人道主义背道而驰。比如纽约坦慕尼协会政治机器中富有影响力的首领"大蒂姆"·沙利文("Big Tim" Sullivan)，当被问及为什么支持减少女性工作时间时，他解释道："我曾看见我的姐姐外出工作，当时她只有14岁，我知道我们应该帮助这些女孩，给她们一部法律，让她们避免在年轻时累垮。"代表工人阶级利益的人并不赞同所有改革。作为个人自由的保护者，他们反对诸如禁酒令、星期日关门法律、公民服务以及无党派选举等计划，因为这些方针与他们选举人的利益相悖。另一方面，他们加入其他改革者的行列，通过了帮助劳动者和促进社会福利的法律。

社会福音运动(Social Gospel)

进步改革的很大一部分建立在宗教基础上，从这个根源中生发出关于如何以道德原则巩固社会关系的新思想。尤其是一场被称作"社会福音"的运动,这场运动由新教牧师沃尔特·劳申布施(Walter Rauschenbusch)、华盛顿·格拉登(Washington Gladden)和查尔斯·谢尔登(Charles Sheldon)发起,旨在通过将基督教教会插入实际和世俗的事务中,对抗竞争的资本主义,比如仲裁产业协调和改善穷人的处境。社会福音支持者相信对同胞们的传教能够提供个人救赎以及在地球上建立神之国度的方法,他们积极参与社会改革,以一个问题指导他们的生活:"换了耶稣会怎么做?"

另一些人则采取更世俗化的捷径。那些人相信对所有人传教,扩大他们的教育、经济和文化机会,从而将移民和印第安人"美国化"。但是有时候善意的人道主义者将自己的价值观强加于拥有不同文化的人们,削弱了他们的努力。工人阶级天主教和犹太移民,有时候拒绝社会福音者的新教教义和美国化努力,并且憎恶中产阶级改革者干涉他们根据自己的信仰养育子女的特权。

社会主义者

一些对现有体制大失所望的人希望创造一个完全不同的社会。他们中间包括移民知识分子、产业工人、前平民主义者和女性权利活动家,他们转投社会主义的怀抱。从欧洲社会主义中得到启示,他们主张美国应该采取类似的措施,尤其该向德国、英国和法国学习,那些政府支持低成本住房、工人补偿、老年退休金、市政服务国有化和劳动改革等社会主义目标。至1912年,成立于1901年的美国社会主义党(Socialist Party of America)号称已拥有150 000名成员,而社会主义报刊《诉诸理性》(Appeal to Reason)发行量在全国周报中遥遥领先,拥有700 000名订阅者。

在政治方面,社会主义者团结在美国铁路工会组织者尤金·V.德布斯的背后,他作为社会主义党候选人在1900年的总统选举中获得超过100 000张选票。德布斯是一位富有魅力的演说家,引起了城市移民和西部农民的共鸣。他在1904年获得400 000张选票,在1912年获得900 000张选票,这是他和政党的事业巅峰。尽管德布斯和其他社会主义领袖,如第一个当选为美国国会议员的社会主义者,威斯康星的维克多·博格尔(Victor Berger)、纽约劳动律师莫里斯·希尔奎特(Morris Hillquit)等,并不总是对策略毫无分歧,但是他们却为充满改革思想的人们奏起了难以抗拒的前奏。

最终,美国社会主义难以维持广泛的接受度。一些进步人士加入了社会主义党,但是大多数改革者偏爱资本主义,并不希望颠覆它。公共事业国有化代表了他们剧烈变革的极限。在威斯康星,进步主义的前线,改革者拒绝与博格尔更激进的团体结成联盟。在加利福尼亚,进步者暂时与保守派联合起来,防止社会主义者在洛杉矶夺得势力。尽管一些美国劳工联合会成员工会支持社会主义目标和候选人,但是许多其他工会反对失业保险这样的改革,因为那会提高成员的收入税。不仅如此,私有房地产利益反对政府对住房进行任何干预,而制造业主则试图用好斗工人黑名单镇压社会主义活动。

南方和西部进步主义

在某些方面,南方的进步改革与其他地区不无相似之处。这场运动本质上主要属于城市和中产阶级,包括铁路和公用事业规范、工厂安全、洁净食物和药品立法,以及类似于北方的道德改革。南方也在一些政治改革方面走在了前列:起源于北卡罗来纳的直接预选,从得克萨斯加尔维斯敦(Galveston)兴起的城市委员会计划,源于弗吉尼亚斯汤顿(Staunton)的市政执政官计划。进步派州长引入了商业规范、教育扩张和其他复制北方各州行动的改革手段,比如阿拉巴马的布拉克斯顿·布拉格·科默(Braxton Bragg Comer)和佐治亚的霍克·史密斯(Hoke Smith)。

在西部,几位政治家支持人道主义和政府管制,让这一地区成为扩大联邦和州政府职能运动的前线。内华达的进步派参议员弗朗西斯·纽兰兹(Francis Newlands)主张对水源进行国家计划和联邦管控。加利福尼亚州州长海勒姆·约翰逊(Hiram

▲ 尽管社会主义者的目标有时候与中产阶级进步改革者的不同，但是也成为20世纪初一股更活跃的力量。五一劳动节的社会主义游行旨在表达工人的团结一心，图中展示了1910年的游行场景。

图片来源：国会图书馆

Johnson）为直接预选、儿童和女性劳动规范、工人补偿、洁净食品和药品法案以及教育改革而斗争。蒙大拿州参议员托马斯·J.沃尔什（Thomas J. Walsh）与腐败做斗争，并支持女性选举权。

南方和西部的女性，无论白人还是黑人，都为进步事业做出了引人瞩目的贡献，就像北方和东部一样。在西部诸州，女性可以就州和地方事务投票表决，所以她们能够直接参与政治改革。但是这两个地区更有效的女性改革事业都发生于政治领域之外，而且她们的计划中仍然存在种族的差异。白人女性呼吁反对童工、创立社会服务组织、挑战不公平的薪资。而非裔美国女性运用非政治的幌子，如主妇和宗教领袖，服务于她们的社区——白人们觉得这样的身份比政治活动家更容易接受，他们发起了街道清扫活动，倡导更好的教育和健康改革。

进步主义的反对者

就此断言1895年至1920年之间进步精神获得美国社会所有人的支持是错误的。在国会中拥有众多代表的不计其数的人们不喜欢政府干预经济事务，而且对现有的权力结构并无不满。自由企业的捍卫者反对管制措施，因为害怕政府程序会削弱市场动力和竞争，他们相信这两点对于自由市场体系是至关重要的。"保守派"共和党人，比如罗德岛的参议员尼尔森·W.奥尔德里奇（Nelson W. Aldrich）和伊利诺伊州的白宫发言人约瑟夫·坎农（Joseph Cannon）支持这一理论。在华盛顿之外，J.P.摩根和约翰·D.洛克菲勒等巨头坚持认为只有维持利润激励和无拘无束的经济才能带来进步。

不仅如此，声名显赫的进步派并非在所有方面都是"进步的"。他们将移民美国化的企图反映了偏见和无知。比如作为州长的海勒姆·约翰逊（Hiram Johnson）推动了针对日本裔美国人的歧视，而无论进步与否，大多数南方州长，比如史密斯、科默、查尔斯，北卡罗来纳的B.艾科克（B. Aycock）和密西西比的杰姆斯·K.瓦达曼（James K. Vardaman），都将自己的权力建立在讨好白人至上主义的基础上。在南方，通过人头税、文化要求和其他手段剥夺黑人选举权，意味着竞选改革只影响白人，而且只有拥有足够金钱和教育的白人男性才能满足投票条件。北方城市的安置房用隔离的项目和建筑将黑人和白人分开。

进步改革者总体而言占据着意识形态的中心。他们谦逊、心怀社会，有时候又充满矛盾，他们一方面相信自由主义是过时的，另一方面又认为背离自由商业太远是危险的。就像托马斯·杰弗逊一样，他们表达了对人们良知和愿望的信念；和亚历山大·汉密尔顿一样，他们希望有一个强大的中央政府以良知行事。他们的目标既理想主义又现实。正如牧师—改革者沃尔特·劳申布施写道："我们应该渴望完美，而永远不能期待得到它。"

政府和立法改革

传统中对独裁的不信任令美国人相信，民主政府应该是小规模的，并且只有在特殊情况下才可以干涉个人事务，一旦恢复平衡就应该立即取消。但是在1800年代末，这种观点变弱了，经济变化导致的问题似乎压倒了个人努力。企业为了生意寻求政府扶持和保护。不满的农民希望对铁路和其他垄断行业采取政府管制。而习惯于政治机器帮助的城市居民，开始期待政府尽自己的责任行动起来。在1900年之前，州政府已经大量参与铁路和经济发展；联邦政府的关注点主要在关税和货币上。但是在1900年之后，管制问题吸引了关注，无论经济还是社会方面都是如此。比起以前，由披露黑幕媒体引发的民意影响了改变。

重组政府

中产阶级进步改革者反对自由主义政府原则。他们越来越意识到，一个简单而僵化的政府在复杂的工业时代是无法胜任的，他们主张公共权威需要克服低效和剥削。但是在活动家们能够有效行使这种权力前，他们不得不从政客的手中夺回政府，他们相信这些人的贪婪玷污了民主体系。因此，革除政府中的腐败是进步运动的核心动力之一。

在进步时期之前，改革者们通过结构改革打击市政府中的腐败，比如公民服务、无党派选举和对公共支出的仔细审查。1900年之后，提高城市运作效率的运动中产生了市政执政官和委员会形式的政府，城市官员因为专业知识而非政治关系而当选公职。但是城市管理改革不足以实现改革者们追求的进步，他们重新将注意力集中在州和联邦政府上，希望寻求帮助。

在州层面，进步派信任具有改革思想的执政官，他们因此支持多位富有专业技能和魅力的州长。最激进的进步派州长或许是威斯康星州的罗伯特·M.拉福莱特（Robert M. La Follette）。拉福莱特原本是一名小镇律师，1900年他代表共和党当选州长。在任上，他发起了多样的改革项目，包括直接预选、更

▲ 罗伯特·M.拉福莱特（1855—1925）是最激进的进步政治家之一。作为威斯康星州州长，他赞助了一个政治改革和商业规范计划，被称作"威斯康星计划"（Wisconsin Plan）。1906年，他进入美国国会，继续支持进步改革。1911年由拉福莱特创立的全国进步共和党联盟（The National Progressive Republican League）成为进步党的核心。

图片来源：威斯康星历史协会 #WHi 2390

公平的税收和铁路管制。他还委任了由专家组成的委员会,他们为他提供演讲中需要的数据,这些演讲为他的政策赢得了多方支持。在三届州长任期期满之后,拉福莱特成为美国参议员,把他的理想引入全国政治。"战斗中的鲍勃"(Battling Bob)展现了以科学方式进行改革的宝贵能力,同时还能以富有感染力的口才激发人们的热情。他宣称,他的目标"不是'粉碎'企业,而是将它们赶出政治领域,然后以一视同仁的方式对待他们"。

反腐败政策改革运动使政治体制变得更民主。至1916年,所有州中除了三个以外都实施直接预选,而且许多州都采取了提案、公决和罢免。1913年,政治改革者达成了一个重要目标,第十七条修正案通过,规定直接选举美国参议员,以此代替了州立法会的选举。然而,这种措施并不一定能收获理想的结果。党派首领比改革者更有组织、更有经验,仍然能够操控选举,而且特殊利益群体一掷千金地影响投票。不仅如此,法院常常帮助而非限制现有势力。

劳动改革

进步派在改善劳动环境方面不懈努力,提出的州法律比政治改革更有效,因为中产阶级和工人阶级改革者都认为这些举措很有必要。在中产阶级/工人阶级联合的煽动下,许多州实施工厂调查法,至1916年,接近2/3的州要求为生产事故的受害者提供补偿。该联盟也诱导一些立法会为需要抚养子女的母亲提供帮助。在国家童工委员会(National Child Labor Committee)的压力下,几乎每个州都设定了最低就业年龄标准(从12岁至16岁不等),并且限制了儿童工作时长。然而,劳动法律的作用并不完善。它们很少对工厂进行仔细调查以确保有效执行。而需要额外收入的家庭向雇主谎报孩子年龄,逃避儿童劳动的限制规定。

一些中产和工人阶级团体还联合起来支持限制女性工作时间和帮助退休劳动者的措施。1908年"马勒诉俄勒冈案"中,最高法院支持俄勒冈的10小时工作制,随后更多州通过了保护女性工人的法律。与此同时,1914年美国老年保障协会(American Association for Old Age Security)的努力取得了进展,亚利桑那建立了养老金制度。法官驳回了法律,但是对养老金的呼吁仍然持续,在1920年代,许多州已经实施供养贫困老人的法律。

禁酒令

日益增强的政府职责和女性及儿童保护缔造了改革联盟。但是当涉及规范饮酒和性行为等问题时,分歧出现了,尤其是当改革者将道德和社会控制作为他们的事业基础。比如,成立于1893年的反沙龙联盟(Anti-Saloon League)加强长期以来反酗酒及其社会问题的运动。该组织与基督教妇女禁酒联合会结成同盟,宣传酒精导致的健康问题和家庭矛盾。联盟尤其成功地将关注点从酗酒的不道德转向使用法律手段抵制酗酒以及酗酒造成的事故、贫困和生产力低下。

反酗酒斗争违背了许多工人阶级人民的意愿,他们渴望个人自由,这场斗争导致许多州和地方限制酒精销售。至1900年,全国人口中有1/4生活在禁止出售酒精的"干旱"社区中。但是酒精消费量却增加了,因为新涌入的移民文化中包括社交饮酒,禁酒提倡者相信,全国范围内的禁酒是最好的解决方法。他们得到了不少德高望重人士的支持,如联邦最高法院法官路易斯·D.布兰代斯(Louis D. Brandeis)和前总统威廉·霍华德·塔夫脱。1918年,国会通过了第十八条修正案(1919年通过,1920年生效),禁止生产、销售和运输含酒精饮料。并非所有禁酒提倡者都是进步派,也并非所有进步派都是禁酒提倡者。尽管如此,第十八条修正案可以视为对进步主义目标的表达,旨在通过改革立法来保护家庭和工作环境。

管控卖淫

黑幕披露记者谴责国际帮派绑架年轻女性并强迫她们卖淫时,人们对此义愤填膺,这种行为被称为"白色奴隶制"。谴责不无夸大其词,但是一些卫道士错误地将移民和卖淫联系起来,他们害怕娼妓会生出基因上低人一等的孩子。尽管一些女性自愿进入"这个行业",因为它提供的收入比她们能接触到的其他工作高得多,而有的女性会偶尔以性行为报答别人馈赠的礼物。许多人害怕卖淫导致不良的社会影响,于是督促政府进行调查和通过管制法律。比如,芝加哥取缔卖淫委员会(Chicago Vice Commission)对舞厅和违法性行为进行了"科学"调查,然后在1911年出版的《芝加哥社会之恶》(The Social Evil in Chicago)中公布了调查结果。这份报告总结道,贫穷、轻信和绝望导致女性卖淫。这类调查让人们得知娼妓数量日益上升,但是没能证明犯罪团伙有意引诱女性进入"这一行"。

尽管如此,改革者们相信,他们能够惩罚提倡这种行为的人,打击从事卖淫嫖娼行为的人,从而打击卖淫。1910年,国会通过了《禁止贩卖妇女为娼法》(曼恩法案),禁止为了不道德目的的跨州或者跨国运输女性。至1915年,几乎每个州都以法律禁止妓院和引诱性行为。这种法律表面上保护年轻女性免受剥削,但是事实上却没有解决一个更严重的性暴力问题,施暴者常常是女性的家庭成员、朋友和雇主。

就像禁酒令一样,曼恩法案反映了政府希望通过规范和限制改善行为的想法。中产阶级改革者相信,邪恶的源头不是原罪,也不是人的天性,而是社会环境。假如恶是由人类意志创造的,那么罪也能通过人类努力根除。以法律形式进行干预可以帮助创造一个人间天堂。然而,新的工人阶级则憎恨这种干涉,将之视为控制他们的企图。因此,当芝加哥人在第十八条修正案通过前夕投票公决时,该城市3/4的移民选举人表示反对,这个措施失败了。

社会体制的新思想

除了立法途径以外,进步改革还在社会体制组织方式方面拓宽了视野。对于效率和科学管理的执着渗透了教育、法律、宗教和社会科学。达尔文的进化论挑战了上帝创造世界的传统信仰,移民造成了复杂的社会多样性,而科技使旧的生产习惯过

▲ 图中密歇根大学(University of Michigan)1892年班的成员是19世纪公立学院学生全体的缩影。这种学校拥有多样化的课程,招收女性学生,招生规模不断扩大,在进步时期改变了美国高等教育。
图片来源:宾利历史图书馆(Bentley Historical Library),密歇根大学

时了。各行各业中善于思考的人们开始考虑如何面对新时代,同时保留旧时代的精髓。

约翰·杜威(John Dewey)和进步教育

对待童年的态度变化以及入学率的上升,改变了人们对待教育的态度。直至1870年,家庭常需要孩子在家做农活时,美国人平均上学时间每年只有几个月,总共四年。然而,至1900年,城市—工业经济及其扩张的中产阶级广为传播了一种看待童年的新态度,人们开始将童年视为一个特殊的人生阶段,要求成人保护少年避免社会风险,并且促进他们的身体和情感的发展。关心儿童发展的人们相信,少年需要特别的教育形式和活动,以促进儿童生理和文化发展。

教育家辩称,延长学校教育能够塑造出更优秀的成年公民和工作者。1870年代至1880年代,各州纷纷通过法律,要求14岁以下儿童去学校上学,而膨胀的移民和迁徙儿童人口令教室拥挤不堪。与此同时,公立高中的数量从1870年的500所增至1910年的10 000所。至1900年,心理学家G.史丹利·霍尔(G. Stanley Hall)和哲学家约翰·杜威等教育改革者主张学校需要通过教育让儿童为现代世界做好准备。他们坚持认为,个人发展应该是课程设置的焦点,而学校应该成为社区的中心。

建立在杜威的《学校与社会》(*The School and Society*, 1899)和《民主和教育》(*Democracy and Education*, 1916)理论基础上的进步教育,是美国

▲ "国家收银机公司(National Cash Register Company)的商业教育。"国家收银机公司创始人约翰·H.帕特森(John H. Patterson)创造了另一种教育改革,积极推动销售员培训。帕特森是一位社会进步派,为自己的工厂提供良好的照明和通风设施,同时还首先使用图中所示的活动挂图代表商业环境并教育员工。许多20世纪最具前瞻性的企业管理人员曾为帕特森工作并向他学习。

图片来源:国家收银机公司档案,代顿历史(Dayton History)

特有的现象。杜威相信学习应该包含现实生活问题，儿童应该被教导如何把聪明才智用作掌控环境的工具。杜威主张，从幼儿园到高中，儿童需要通过直接体验而不是死记硬背进行学习。杜威及其妻子爱丽丝在位于芝加哥大学的实验学校（Laboratory School）中，把这些思想付诸实践。

学院和大学的发展

更实用的课程同样成为高等教育背后的一个推动原则。此前，美国学院和大学的目标与欧洲高校相似：培训少数精挑细选的精英，为法律、医学和宗教等职业做准备。但是至1800年代，高等教育机构成倍增长，因为各州纷纷用1862年和1890年《莫里尔法案》（Morrill Acts）中获得的联邦资金建立了自己的公立大学。私立教育机构的数量同样增长了。在1870年至1910年之间，美国学院和大学的总数从563所增长至近1 000所，课程也大大丰富，因为教育者致力于让学习变得更有吸引力，并与技术和社会变革保持同步。哈佛大学在查尔斯·W. 艾略特（Charles W. Eliot）校长的领导下成为先锋，该校用选修课代替必修课，并且试验新的教学手段。威斯康星大学和其他州立大学也在新的学习领域中独树一帜，比如政治科学、经济学和社会学。无论公立或私立，许多学校认为运动对于学生的成长至关重要，男性校际间运动成为学生生活的特色和学校荣誉感的来源。

在南方诸州，除了白人教育机构以外，政府按照隔离但平等原则，在政府增地基金的支持下，为黑人建立了种族隔离的专门院校，如阿拉巴马农工大学（Alabama Agricultural and Mechanical University，即A&M），南卡罗来纳州立大学（South Carolina State University）和有色人种农工学院（A&M College for the Colored Race，北卡罗来纳）。隔离而非平等是对这些教育机构的精准描述。非裔美国人继续遭到劣质教育机会的贻害。尽管如此，非裔美国男性和女性在黑人学院中得到了知识的激励，希望运用教育促进种族地位的提升。

随着高等教育的扩张，女性入学率也上升了。在1890年至1910年之间，进入学院和大学的女性人数从56 000剧增至140 000。其中106 000进入男女合校的教育机构（主要是州立大学）；其余则进入女子学院，比如韦尔斯利学院（Wellesley）和巴纳德学院（Barnard）。至1920年，284 000女性进入高校，占总入学人数的47%。但是在入学和课程政策中，性别歧视仍然存在着。女性被鼓励（事实上，她们同样要求）修习家庭经济学和教育课程，而不是科学和数学，并且大部分医学院校拒绝招收女性或提出苛刻的名额限制。性别隔离的女性医学院校，比如费城女子医学院（Women's Medical College of Philadelphia）和芝加哥女子医科大学（Women's Medical College of Chicage）培训女性医师，但是这类学校大部分被男性主导的大型教育机构合并或者挤出市场。

美国教育者庆祝他们提升了入学人数并使教育指导更有意义，这无可厚非。至1920年，5岁至17岁之间的孩子中有78%进入公立学校；其余8%进入私立或者教会学校。这些数字在1870年入学率基础上得到巨大提升。1920年，美国有600 000名学院和大学生，而1870年只有52 000名。然而很少有人越过数字来评估学校有没有尽到自己的职责。批评分析很少考量这些学校促进社会平等、个人成长以及公民责任心的信念。

进步法律思想

法律职业同样强调经验和科学原则。哈佛法学教授罗斯科·庞德（Roscoe Pound）和最高法院陪审法官小奥利佛·温德尔·霍尔姆斯（Oliver Wendell Holmes Jr., 1902—1932）引领了一场改革，一反视法律为普遍和一成不变的传统观点。"法律的生命，"霍尔姆斯写道，口吻听起来颇像杜威，"不是逻辑，而是经验。"他认为法律应该反应社会需求的观点挑战了传统法律行业中的做法，援引一成不变的法律先例常常会阻碍社会立法。后来和霍尔摩斯一起加入最高法院的律师路易斯·D. 布兰代斯（Louis D. Brandeis）坚持认为法官的意见应该建立在科学采集的社会现实信息的基础上。运用这种方式，布兰代斯收集了大量书籍，证明长时间工作的有害影响，以便在"马勒诉俄勒冈案"中说服最高法院，支持俄勒冈州女性十小时工作制的规定。

新的法律思想激起了一些反对意见。法官们支持自由主义经济和对宪法的狭义解释，推翻进步派认为有效改革必不可少的法律。因此，尽管霍尔姆斯强烈反对，但是最高法院还是于1905年在"洛克纳诉纽约州案"中撤销了一项限制面包师工作时间的州法律。法院的大多数辩称，在这个案件以及类似案件中，第十四条修正案保护个人免受政府干预签订协议的权利。法官们援引第十条修正案，削弱了联邦管制，这一修正案禁止联邦政府干涉属于州的事务。

不过法院支持了部分管制措施，尤其是旨在保护生命和身体的规定。从"霍尔顿诉哈迪案"（1898）开始，一系列判决确认了运用州警力保护健康、安全和道德的责任，该案中最高法院维持了犹他州一项规定矿工工作时长的法律。法官们通过支持立法肯定了联邦警察权力和国会对于州际贸易的权威，比如《纯净食品和药品法》《肉类调查法案》以及《曼恩法案》。在这些案例中，公民的福利被置于第十条修正案之前。

但是当大多数人将自己的意愿强加于少数人身上，大众福利的概念常常与平等权利原则背道而驰。即使有人赞成法律应该解决社会问题，但是应该以谁的需要为主？美国曾经是（并且现在仍是）一个多样化的国家，性别、种族、宗教和民族利益常常互相矛盾。因此当本土出生的新教多数派在公立学校中强行加入圣经阅读课（冒犯了天主教徒和犹太教徒），要求商业设施星期日关门，限制女性权利，限制摩门教徒和其他群体的宗教行为，禁止种族间通婚，强制种族隔离时，引起了许多人的抗议。法官霍尔姆斯主张法律应该为"拥有根本分歧观点的人们"而制定，但是如何让这种法律适应那么多千差万别的利益群体？争议持续至今日仍未尘埃落定。

社会科学

社会科学，即对社会及其体制的研究，经历了类似教育和法律的变革。在经济学中，一些学者运用数据辩称规范经济关系的法律并不是恒久不变的。相反，他们声称理论应该反映主流的社会环境。比如，约翰霍普金斯大学（John Hopkins University）和威斯康星大学的理查德·伊利辩称，贫穷和工业化导致的去人格化需要"教会、国家和科学共同努力"进行干涉。一批新的社会学家在莱斯特·沃德（Lester Ward）、埃尔比恩·斯莫尔（Albion Small）和爱德华·A.罗斯（Edward A. Ross）的带领下赞同这一观点，他们补充道，公民应该积极努力治愈社会顽疾，而非消极地等待问题自行解决。

与此同时，历史学家弗雷德里克·杰克逊·特纳（Frederick Jackson Turner）、查尔斯·毕尔德和弗农·L.帕灵顿（Vernon L. Parrington）以史为鉴解释当代美国社会。比尔德像其他激进派一样，相信宪法是一部富有弹性的文件而非一种由睿智的先辈制定的神圣法典，认为宪法是可以通过修正来发展变化的。他的《宪法的经济学解释》（*Economic Interpretation of the Constitution*, 1913）辩称，一群商人和以商业为中心的律师制定宪法保护个人财产。他辩称，假如宪法在某个时代为特殊利益服务，那么在另一个时代可以通过改变它服务于更广泛的利益。

公共健康方面，全国消费者联盟（NCL）这样的组织加入医生和社会科学家的行列，带来一些影响深远的进步改革。1899年由弗洛伦斯·凯利创立的全国消费者联盟旨在保护女性和儿童劳动者，消除市场中潜在的健康风险。该组织在"马勒诉俄勒冈案"中协助了俄勒冈的胜诉，又与律师路易斯·布兰代斯和费利克斯·弗兰克福特（Felix Frankfurter）一起，在后续庭审中支持女性工人。全国消费者联盟地方分会与女性俱乐部同心协力，推动消费者保护措施，比如食品销售商的认证和乳品调查。他们还敦促市政府资助社区诊所，为穷人提供健康教育和医疗保健。

优生学

社会福音是对将生物自然选择和适者生存理论运用于人类交往的社会达尔文主义做出的回应。但是进步时期兴起的另一种运动，优生学，旨在以一种更深入的方式将达尔文理论原则应用于社会。优生学是英国统计学家，查尔斯·达尔文的表亲弗朗西斯·高尔顿（Francis Galton）的智慧结晶，它更偏向于社会哲学而非科学。这种理论的基础是人类性格和行为会遗传的观点。假如优点可以遗传，那么缺点也可以，比如犯罪倾向和精神疾病。正如一些进步派相信社会有义务干预和消除贫穷和不公，优生学家相信社会有义务阻止被判定为患有精神缺陷和犯罪倾向的人繁衍后代，手段包括阻止他们结婚，在极端案例中甚至剥夺他们的生育能力。这种观点主要针对移民和有色人种。在亚历山大·格雷厄姆·贝尔（Alexander Graham Bell）、玛格丽特·桑格和 W.E.B.杜博斯等美国名人的支持下，优生学受到了质疑，尤其当它变成纳粹种族政策的关键理论后，但是现代基因工程吸纳了部分来自优生学的传承。

一些改革者为优生学辩护，但是另一些人将移民限制视为控制美国社会组成的更好方式。麦迪逊·格兰特（Madison Grant）是限制移民派的领袖之一，他的《伟大种族的逝去》（*The Passing of the Great Race*, 1916）一书激烈地宣称，来自南欧和东欧的移民会削弱美国社会，因为他们基因上和道德上比早期北欧移民低劣。这种想法促使包括一些进步派在内的许多人下结论，新法律应该限制波兰人、意大利人、犹太人和其他东欧及南欧移民的涌入。限制移民的努力在1920年代达成目标，限制立法彻底向"新"移民关上了大门。

在第一次世界大战前的20年间，新一代男性和女性呼吁政治改革和体制变革。忧国忧民的中产阶级职业人士自信新的思想可以带来进步，经历了第一手社会问题的工人阶级代表帮助扩大了政府职能，令其满足一个成熟工业社会的需求。但是他们对于普遍价值判断的质疑同样动摇了人们对待种族和性别的传统态度。

挑战种族和性别歧视

进步时期的白人男性改革者主要处理政治和体制问题，在此过程中忽略了直接影响前奴隶、非白人移民、印第安人和女性的问题。然而，这些群体中的活动家抓住了进步精神，挑战根深蒂固的习俗，并且昂首阔步地向自己的进步目标前进。然而，他们的努力造成了困境。女性和非白人移民是否应该模仿白人男性，采纳白人男性的价值观，追求与他们一样的权利？抑或种族和性别文化中存在一些独特的东西，他们应该冒着牺牲更大利益的风险保留下来？在排斥他们的文化面前，两个群体都在吸引和抗拒间徘徊不定。

针对非裔美国人的持续歧视

1900年，九成非裔美国人居住在南方，压制的黑人歧视法律在1880年代至1890年代成倍增加（参见第555页）。南方黑人被剥夺了法律和选举权，几乎在他们生活的每个方面都遭到种族隔离，他们遭受着无休无止的排斥、来自私刑的残酷暴力和不计其数的胁迫行为。1910年，970 000名高中年龄段黑人中，只有8 000人进入南方高中。结果，许多非裔美国人迁徙到北方，加速了1900年后的迁徙。他们在芝加哥和底特律等地的处境与乡村佃农比有所改善，但是就业歧视、劣质的学校教育和隔离住房仍然盛行着。

非裔美国领袖对于如何和是否追求融入新环境具有严重分歧。在奴隶解放前夕，前奴隶弗雷德里克·道格拉斯（Frederick Douglass）呼吁"通过自我伸张获得最终的同化，没有其他条件"。另一些人偏爱与白人社会隔离而居，支持移居非洲，或者在俄克拉荷马领地和堪萨斯等地建立全黑人社区。还有一些人主张武力，正如一位作家所言："我们的人民必须在枪和其他武器的帮助下置之死地而后生，临死也要拉他们垫背。"

布克·T.华盛顿（Booker T. Washington）和自强自立

大多数黑人既不能脱离，也不能征服白人社会。他们寻求别的途径改善经济和社会地位。由教育家布克·T.华盛顿表达的自强自立策略提供了一种广受欢迎的选择。华盛顿在1856年出生于奴隶家庭，在1881年创立的塔斯克基学院（Tuskegee Institute）中接受教育，这是一所只招收黑人的职业学校，位于阿拉巴马。他在那里提出了一种理论，即黑人同化的最大希望在于至少暂时适应白人社会。华盛顿建议非裔美国人努力工作，积累财产，证明他们值得尊敬，而非为政治权利而斗争。华盛顿在1895年的亚特兰大博览会演讲中表达了自己的观点。"让普通劳动变得体面而光辉，"他呼吁人们，这次演讲后来被称为"亚特兰大种族和解"（Atlanta Compromise），"煽动种族平等问题是最极端的蠢行。"他构想了一个黑人和白人井水不犯河水但是分享相似目标的社会，华盛顿称："在所有纯粹社会性的事务中，我们可以像手指那样彼此分离，然而在所有对共同进步至关重要的事务中团结成拳头。"

白人欢迎华盛顿的适应政策，因为它建议忍耐，提醒黑人安于原地。因为他说的正是他们想听到的，所以白人商人、改革者和政治家选择将华盛顿视为全体非裔美国人的代表。尽管华盛顿支持隔离但平等的政策，但是他却投射了一种微妙的种族自豪感，这种自豪感将在20世纪的黑人民族主义中得到更直接的表达，一些非裔美国人开始主张控制自己的商业和学校。华盛顿从来没有辩称黑人低人一等；相反，他主张他们可以通过自我提升来维护自己的尊严。

然而，一些黑人认为华盛顿支持二等公民身份。他基于南方的哲学不能吸引报刊编辑威廉·门罗·特罗特（William Monroe Trotter）和T.托马斯·富图恩（T. Thomas Fortune）这样受过教育的北方非裔美国人。1905年，一群"反布克"人士在尼亚加拉大瀑布附近集会，下决心以不懈斗争追求法律以外无限制的投票、经济机会、联合和平等之类的权利。尼亚加拉行动的代表人物是W.E.B.杜博斯，他强烈批判"亚特兰大种族和解"。

W.E.B.杜博斯和"精英的1/10"

杜博斯是新英格兰人，也是首位获得哈佛大学博士学位的黑人，他既是激进派又是黑人精英中的一员。他一开始在只招收黑人的费斯克大学（Fisk University）学习，然后前往德国深造，学习科学调查。在亚特兰大大学供职时，杜博斯编撰了详实的黑人城市生活社会学调查，并且用诗意的笔调支持公民权利。他对华盛顿很礼貌，但是无法接受他的适应策略。"一个民族获得合理权利的方式，"杜博斯主张，"不是自愿抛弃这些权利。"相反，黑人必须为自己正当的权利斗争。杜博斯相信有文化、受过良好教育的黑人知识分子先锋应该在追求种族平等的事业中带领同胞进行斗争，这些人被称作"精英的1/10"。1909年，他和不满华盛顿适应策略的白人自由派一起成立了全国有色人种促进会。该组织致力于终止种族歧视，根除私刑，通过法律改革获得选举权利。至1914年，该协会拥有50个分支机构和6 000名成员。

在协会内部和其他组织内，非裔美国人就他们在白人社会中的地位问题不断斗争。杜博斯沉痛地表述了这一两难问题："你能感到他的两重性——既是美国人，又是黑人，在一具黑色的身体中有着两个灵魂、两种思想、两种无法调和的抗争、两种兵戈相见的理想。"无论如何，黑人必须通过结合种族自豪感和国家身份认同与这种"两重性"握手言和。正如杜博斯在1903年写道，一个黑人"不会将美国非洲化，因为拥有太多可以教给世界和非洲的东西。他也不会在白色的美国化浪潮中将自己的黑人灵魂漂白，因为他知道黑人的血脉为这个世界带来了一个讯息。他只是简单地希望一个人

重量级拳击冠军杰克·约翰逊成为种族英雄

1910年代，非裔美国人赋予杰克·约翰逊的关注很可能多于对布克·华盛顿或W.E.B. 杜博斯的关注。1908年，杰克逊打败汤米·伯恩斯（Tommy Burns），成为世界上第一位黑人重量级世界冠军。很快，白人拳击"粉丝"开始寻找"伟大的白人希望"，以重新夺回荣誉，1910年，前冠军詹姆斯·J.杰弗里斯（James J. Jeffries）复出与约翰逊对战，他吹嘘自己会"证明白人是他们的王"。但是被约翰逊连续15轮击败后，杰弗里斯放弃了。全国的非裔美国人欢庆他们英雄的胜利，在一些地方甚至发生了种族暴动，愤怒的白人攻击欣喜若狂的庆祝者。种族主义反应尤其强烈，因为约翰逊拒绝接受白人制定的黑人行为守则。他与白人女性恋爱结婚，炫耀自己的消费品位，并且以自负的态度回应对手和记者。1915年，时年37岁的约翰逊输给了古巴的杰希·维尔德（Jess Willard）。这场比赛在海外举行，因为1913年约翰逊被指控违反《曼恩法案》，为"不道德目的"运输白人妓女贝尔·施赖伯（Belle Schreiber）穿越州境线。约翰逊被判入狱一年，他逃离了美国，但是1920年回国服刑。这三张图片如何反映出黑人和白人对待杰克·约翰逊的种族态度？它们向观看者传达了怎样的讯息？

▶ 1910年，美国的第一本成功幽默杂志《帕克》（Puck），讽刺地表现了杰克·约翰逊打败詹姆斯·杰弗里斯后，"汤姆叔叔的小屋"是如何表现的。杂志封面将约翰逊表现为一个大个子的富人，将奴隶主西蒙·列格里（Simon Legree）打倒在地。

图片来源：国会图书馆

有可能同时是黑人和美国人"。这个简单的愿望将在接下去的几十年中困扰着这个国家。

美国印第安人社会

身份认同的困境同样困扰着美国印第安人,但是还加入了一个部落维度。从1880年代开始,大多数印第安改革者属于白人领导的组织。然而,1911年一些中产阶级印第安人成立了自己的美国印第安人协会(Society of American Indians,即SAI),该协会致力于更好的教育、公民权和医疗保健,还赞助"美洲印第安人日"(American Indian Days)以培养民族自豪感,并消除野性西部表演传播的野蛮民族形象。

然而,美国印第安人协会对种族荣誉感的强调在融入的压力和部落忠诚的夹缝中挣扎。它的少数会员并不能代表多样化而彼此没有联系的印第安国,它建立一致统治体的尝试也无疾而终。一些部落政府不再存在选举代表,并且大多数美国印第安人协会成员只在乎推进自己的利益。与此同时,在白人社会获得认同的目标转瞬即逝。个人努力工作不足以克服偏见和俯就,而且通过法律行动追求公平判决的尝试也因为缺少资金而踟蹰不前。最终,美国印第安人协会对于饱受贫穷摧残的印第安人几乎没有什么影响,他们甚至很少知道这个组织的存在。由于内部分歧,这个组织四分五裂,在1920年代初一败涂地。

"女性运动"

在女性中间,对现有社会习俗的挑战同样提出了关于身份认同的问题。随之而来的困境与少数种族的困境类似:女性应该采取什么策略谋取权利?女性在社会中的角色应该是怎样的?她们是否应该在一个男性主导的社会中争取平等权利?还是应该拥护某些女性特质,为自己在社会中创造一个新的位置?

这些问题的答案蕴含在一个微妙而重要的政治变化中。1910年之前,为女性权利斗争的改革者将自己的事业称为"女性运动"。这一标签适用于中产阶级女性,她们超越了家庭主妇的角色,得到高等教育和白领工作。就像非裔美国人和印第安领袖一样,女性辩称,法律和选举权对于这些行动是不可分割的。她们以女性作为家庭和道德守护者的独特角色为基础,提出自己的主张,甚至认为女性具有比男性更优越的品质,认为女性将感化整个社会。比如,安置房创始人珍妮·亚当斯为女性选举权辩护,她问道:"假如女性能够负责生活更柔和的一面,柔化了环境中的一些残酷因素,她们为什么不能在美国城市中承担责任呢?"

女性俱乐部

女性俱乐部代表着女性运动的一个独特维度。

▲ 安置房运动和访问护士协会(Visiting Nurse Association)的崛起为年轻中产阶级女性提供了服务社区的机会,形成了社会工作职业的基础。图中一群访问护士正在准备利用自己的医疗培训知识来帮助残疾人。

图片来源:科比斯/贝特曼

女性俱乐部源自文学和教育组织，19世纪末开始逐渐涉足公共事务。由于女性活动家一般被禁止担任公职（除了少数几个西部州），他们主张，家族和家庭中的传统女性责任证明他们通过历史学家所谓的"社会管家事业"来改革社会。她们主张的不是反托拉斯或直接预选式的改革，女性改革者致力于工厂调查、规范儿童和女性劳动、改善居住条件和消费者保护。

这些努力不限于白人女性。非裔美国女性大体上被白人女性俱乐部排除在外，但是她们拥有自己的俱乐部运动，包括有色妇女联合会，该组织致力于为"有色人种女孩"建立一所培训学校。全国有色人种女性协会（National Association of Colored Women）成立于1895年，是全国第一个非裔美国社会服务机构；它专注于建立托儿所、幼儿园和养老院。黑人女性还在黑人浸信会和非洲卫理公会教会中发起改革计划。

女权主义

1910年前后，关心女性社会地位的人开始运用"女权主义"（feminism）一词表达自己的理想。女性运动谈论广义的职责和道德纯洁性，而女权主义者则强调权利和自我发展是经济和性独立的关键。该运动中的重要人物夏洛特·珀金斯·吉尔曼（Charlotte Perkins Gilman）谴责维多利亚式女性角色观，并在她无数著作中倡导女权主义目标。比如，她的著作《女性和经济》（*Women and Economics*, 1898）宣称宜室宜家和女性纯洁是过时的，而且攻击了男性对经济机会的垄断。她辩称，应该聘用雇工处理家庭杂务，比如烹饪、打扫和育儿。吉尔曼主张，现代女性必须能够拥有工业和专业工作。

玛格丽特·桑格的圣战

女权主义者还支持对男性和女性采取一致的行为规范，几位女权主义者加入了由玛格丽特·桑格领导的避孕运动。桑格是一名前上门服务护士，她相信女性有权享受性愉悦和决定什么时候生育孩子，她帮助颠覆了禁止出版和传播关于性和避孕信息的州和联邦法律。她的演讲和活动最初引起了一些人的反对，他们将避孕视为对家庭和道德的威胁。同时她还是一个优生学者，将避孕视为限制"劣等"移民和非白人母亲生育儿童数量的手段。桑格坚持了下来，并于1921年成立了美国节制生育联合会（American Birth Control League），招收医师和社工，说服法官允许传播避孕信息。大多数州仍然禁止避孕工具的销售，但是桑格成功地将这一问题引入公众辩论。

女性选举权

新一代的进步时期女权主义者一举拿下女性选举的战役，这场运动中的代表包括哈里奥特·斯坦顿·布莱奇（Harriot Stanton Blatch），19世纪妇女政权论者伊丽莎白·凯迪·斯坦顿（Elizabeth Cady Stanton）的女儿。布莱奇拥有丰富的选举权活动经验，曾陪伴她的母亲进行巡回演说，并且参加英国女性选举权运动。在美国，布莱奇将选举权与改善女性工作环境联系在一起。她曾加入妇女工会联盟（Women's Trade Union League），并于1907年创立了自立妇女平等联盟（Equality League of Self Supporting Women）。布莱奇宣称每个女性都在工作，无论是从事有偿劳动还是无偿家务，她相信所有女性的努力为社会的进步做出了贡献。在她看来，成就是公共地位的最佳衡量标准，而非财富和优雅。因此，女性应该践行选举权，不是为了扩大精英的权力，而是促进和保护女性的经济角色。

至20世纪初，妇女政权论者赢得了一些成果。到1912年，九个州允许女性在州和地方选举中投票，这些州全都位于西部。女性继续争取全国选举权（参见地图21.1）。她们的策略包括持续写信、凯莉·查普曼·凯特（Carrie Chapman Catt）领导的美国全国选举权协会（National American Suffrage

Association)出版著述,爱莉丝·保罗(Alice Paul)和哈里奥特·斯坦顿·布莱奇领导的国家女性党(National Woman's Party)发起斗志昂扬的集会和游行。所有这些活动都提高了公众关注。然而,更决定性的因素是女性在第一次世界大战中的服务,她们成为工人、志愿医护人员和市政工人。女性的战时贡献让立法者相信她们能够肩负起公共责任,这为1920年最终通过全国选举修正案(第十九条)助了一臂之力。

尽管成就斐然,但是女性俱乐部、女权主义者和扩大政权论者的运动没能创建一个足够团结或者强势的利益团体,以对抗男性的政治、经济和社会权力。在进步时期,诸如布莱奇、保罗和凯特这样的领袖充满决心和活力,帮助澄清了与所有女性息息相关的问题,并最终为女性赢得了选举的权利,但是这场胜利只是向前迈出了一步,远不是终点。工作、教育和法律中的歧视仍然将在接下去的几十年中笼罩女性。在选举权斗争之后,女权主义者克丽丝特尔·伊斯曼(Crystal Eastman)评价道:"男性或许在说,'谢天谢地,这场无休无止的女性斗争终于结束了!'但是据我所了解,女人们会说:'现在我们终于可以开始了'……现在她们终于可以说,与世间挣扎沉浮的其他人一样,自己真正追求的东西是自由。"

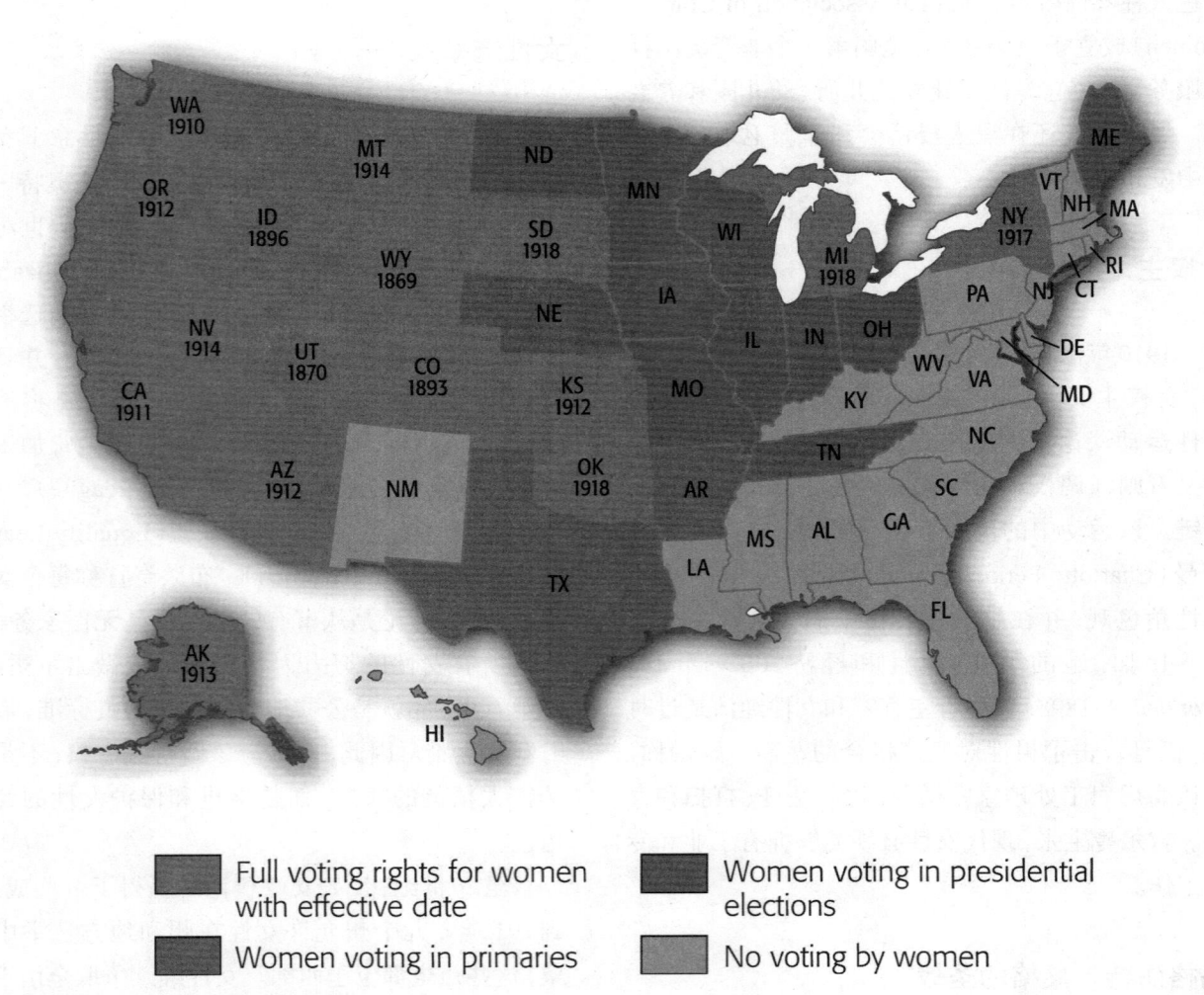

地图21.1　1920年以前的女性选举权

在国会通过、各州批准第十九条修正案之前,女性选举权已经存在,但是主要是在西部。几个中西部州只允许女性在总统选举中投票,但是南方和北方的立法会一般拒绝这类权利,直到宪法修正案强制他们接受。

来源:©圣智学习

588 西奥多·罗斯福和总统地位复兴

进步时期政治、体制和社会关系改革将人们的注意力引向政府，联邦政府成为首当其冲的改革主体。尽管联邦政府在镀金时代取得了一些显著的成就，但是它的主要职责是支持经济扩张而非管制，如将西部公共土地和资源转为私有。接着，1901年9月，政治气候骤变。总统威廉·麦金莱被无政府主义者里昂·乔戈什（Leon Czolgosz）暗杀，年轻的副总统（当时42岁）西奥多·罗斯福平步青云，入主白宫。在担任纽约州州长期间，罗斯福因为同情管制立法而激怒了州共和党首领，他们遂将其推到全国政治界以便摆脱他。当时他们完全没预料到，自己为美国自林肯以来最强势的总统铺好了垫脚石，罗斯福为政府带来了许多20世纪的特色。

西奥多·罗斯福

年轻时，罗斯福饱受哮喘和近视的困扰。他终其一生执着于克服自己的身体极限，他运用自己和同时代人所谓的"男子气概"品质，处处体现了对行动的渴望和在"困苦生活"中展示勇气的热衷。十几岁时，他成为神枪手和马术师，后来又加入了哈佛拳击和摔跤队。1880年代，他前往达科他牧场生活，他在那里和牛仔们一起套牛和打架。罗斯福出身于一个荷兰贵族家庭，拥有大量财富，够他随心所欲追求这些爱好。但是他也继承了一种公民责任感，引领他进入公共服务职业生涯。他在纽约立法会服务三届，加入联邦公民服务委员会（Civil Service Commission），担任过纽约市警察局长，还曾任海军助理秘书长。在这些岗位上，罗斯福赢得了斗志旺盛、政治技巧娴熟的领导者声誉。1898年，

▶ 西奥多·罗斯福（1858—1919）喜欢将自己视为伟大的户外行者。他最喜欢粗犷的乡村，并且认为他和他的国家应该成为"刚毅"的典范。

图片来源：加利福尼亚摄影博物馆，加利福尼亚大学

他组织了被称作莽骑士的志愿骑兵旅,投入西班牙—美国战争,前往古巴战斗。尽管他戏剧性的行为对战争结果的影响微乎其微,但是它刺激了公众的想象,使他成为媒体英雄。

罗斯福把年轻的活力带入白宫。(一位英国外交家曾嘲讽道:"你必须时刻牢记,总统大概只有6岁。")罗斯福将自己视为进步人士,他与其同盟都认为,在工业时代,置身事外的小政府是不够的。相反,经济进步令一个足够强大、足以指导国家事务的政府成为可能。"一个简单而贫穷的社会,"他评论道,"可以在纯粹个人主义的基础上作为民主实体存在。但是一个富有而复杂的社会却无法这样维持。"尤其是在经济事务方面,罗斯福希望政府作为一个帝国采取行动,决定大商业什么时候是好的,什么时候又是坏的。但是他轻率无礼的爱国主义和对缺乏男子气概的品质的不屑一顾,同样让人想起更早的无节制扩张时代,那时候社会和经济领域充满粗犷的力量。

规范托拉斯

从罗斯福总统任期开始,联邦对商业的管制成为美国历史的特点。罗斯福一开始把注意力投向过去几十年中由企业合并而来的巨大托拉斯。尽管罗斯福被贴上了解散托拉斯的标签,但是他事实上将商业并购视为一种能够获得物质进步的有效手段。他相信应该区分好的托拉斯和坏的托拉斯,并通过操纵市场来阻止坏托拉斯的影响。因此,他委派司法部运用反托拉斯法律制裁铁路、肉类包装和石油托拉斯,他相信这些托拉斯寡廉鲜耻地压榨公众。1904年,罗斯福的政策赢得胜利,最高法院被政府的论点说服,下令解散由J.P.摩根创立的大规模铁路联合体——北方证券公司。然而,罗斯福选择不攻击其他托拉斯,比如摩根创立的另一个托拉斯,美国钢铁。

据报道,对北方证券公司的制裁开始时,摩根揪住罗斯福的衣领,道:"如果我们做错了什么,派你的人来找我的人,他们能搞定。"总统拒绝了他的提议,但是真实态度可能并非表面那么决然,他对于商业和政府之间结盟是赞同的。他并没有在每个关头采取制裁手段,而是敦促企业局[Bureau of Corporations,新成立的劳动和商业部(Department of Labor and Commerce)的一部分]帮助企业进行合并和扩张。这一机构通过调研和咨询劝诱企业进行自我规范;企业之间常常合作,因为政府管制帮助它们更有效地运作,并减少过量生产。

罗斯福还支持规范性立法,尤其是在大获成功的1904年竞选中,他在这次大选中赢得了进步党和商业人士的选票。与铁路及其政治同盟长达一年的角力之后,罗斯福说服国会通过了《赫伯恩法案》(1906),这一法案巩固了州际商务委员会的地位,赋予其审查铁路财务记录、制定铁路"公正而合理的"运输价格的权力,并将权威延伸至轮渡、快车公司、仓储设施和油管。1903年《埃尔金斯法案》(Elkins Act)中,国会已经允许州际商务委员会向涉嫌收受公开货运价格回扣的铁路及其顾客征收高额罚款。《赫伯恩法案》仍然允许法院推翻州际商务委员会决议,但是与此前法律不同的是,它要求运输者证明自己没有违反规定,而不是要求政府证明违规行为。

纯净食物和药物法律

罗斯福知道政治程序使政府很难达到彻底管制商业的目的,于是对确保食物和药物洁净的立法稍作妥协。几十年来,改革者们一直呼吁政府出台法律规范肉类加工和处方药制造。1906年,厄普顿·辛克莱(Upton Sinclair)出版《丛林》(The Jungle)一书,用虚构作品揭露了芝加哥肉类加工厂的黑幕,欺诈和假冒伪劣让公众极度愤慨。辛克莱是一位社会主义者,他的目的是改善工作环境,然而绘声绘色的描写震惊了公众。

> 厂房里肉类堆积如山;脏水从天花板上渗下来滴到肉上,成千上万的老鼠在其中穿梭。这些储藏室里光线太暗,看不清楚,但是

你要是把手穿过成堆的肉，就会沾上一手的老鼠粪便。这些老鼠不堪一提，包装商不会为了它们把污染的粮食捡出去；它们会死在里面，然后老鼠、粮食和肉，都将一起进入碾肉机。

读了这部小说后，罗斯福下令调查，发现辛克莱的描述非常精准。1906年，他支持的《肉类调查法案》(Meat Inspection Act)在国会通过。这部法律和赫伯恩法案一样增强了政府规范原则，要求政府官员监督加工肉品质量。但是作为对肉类包装商及其同盟的妥协，这一法案规定政府应该负担调查经费，而非肉类包装商，而且肉类包装商可以向法院申诉不利的决议。法律也没有强制企业在罐头肉类包装上提供加工日期信息。大多数大型肉类包装商无论如何欢迎这项立法，因为这一法律出台重新增强了海外客户对美国肉类产品的信心。

《纯净食物与药物法案》(The Pure food and Drug Act, 1906)不仅禁止危险伪劣食物，而且打击处方药产业中的滥用行为。保健品和药品制造商一直过分夸大产品的功效，并且将酒精和麻醉药用作原料。流行出版物中的广告也是如此，西尔斯百货(Sears)和罗布克(Roebuck)目录中的"大脑促进和神经补剂"(Brain Stimulator and Nerve Tonic)对功效大加吹嘘。尽管法律并未明令禁止这类产品，但是要求标签列出配方，这一目标与进步信心一致，认为人们只要了解事实就能做出明智的购买决定。

罗斯福对待劳动力的态度与他在管制问题上对商业的妥协类似。1902年，矿工联合会(United Mine Workers)再次向宾夕法尼亚煤矿主发起罢工，在要求八小时工作制和更高薪资时，总统呼吁矛盾双方进行仲裁。然而，煤矿主拒绝承认工会或仲裁。随着冬天来临，全球燃料短缺威胁迫近，罗斯福征询公众意见。他威胁动用联邦军队重开煤矿，因此迫使管理层接受特别委员会的争议仲裁。委员会决定支持提高薪资和缩短工作时间，要求管理层与矿工代表进行协商。然而在与管理层的妥协中，政府并没有授权承认工会。据罗斯福所言，这一决议

▲ 不受管制的处方药制造商在广告中宣称自己的产品具有包治百病的奇效，能治愈任何身体不适。洛林(Loring)的Fat-Ten-U片剂和洛林Corpula就是这类产品。1906《纯净食物与药物法案》并不禁止这些药物，但是试图阻止制造商进行不实宣传。

图片来源：贝特曼/科比斯

为所有人提供了"公平的解决方案"。这种处理方式体现了罗斯福的观点，他认为总统或其代表应该判断哪些劳动要求是正当的，哪些不是。在罗斯福看来，存在好的和坏的工人组织（比如社会主义者

种族关系

尽管罗斯福因为邀请布克·华盛顿进入白宫讨论种族问题而惹怒了南方国会议员，但是罗斯福也信奉白人至上主义，只有当黑人在政治上对他有所助力时才保持中立立场。1906年发生的一个事件证明了这种观点。那一年，军队将一个非裔美国营从内布拉斯加送到得克萨斯州布朗斯维尔（Brownsville）。英裔和墨西哥裔居民非常反感他们的出现，禁止他们进入公园和商业场所。他们还向华盛顿抗议，但是以失败告终。8月14日，黑人和白人之间发生冲突，一个白人被杀害。布朗斯维尔居民谴责士兵，但是当军队调查者请部队指认参与暴动者时，没有士兵愿意合作。结果，罗斯福没有举行听证或审判就开除了167名黑人士兵，并且禁止他们获得报酬和退伍津贴，哪怕没有证据表明他们有罪。罗斯福希望黑人在1906年的大选中支持共和党候选人，因此一直按兵不动。但是大选之后，他就签署了撤职文件，参议院援引法案允许士兵们重新入伍，然而总统没有提供任何支持。

保护资源

罗斯福将进步时期对高效率的追求和他自己对户外活动的热衷相结合，对资源保护做出了长久的贡献。19世纪末，政府开始参与这一事业，尤其重要的是国家公园的建立。罗斯福推进了这一运动，支持节约而非保护。他不仅行使总统权力，保护如华盛顿奥林匹克半岛和亚利桑那大峡谷这样的自然奇观，也保护了科罗拉多河亚利桑那的自然悬崖房屋等人类奇迹，将它们宣布为国家纪念物，但是他也支持"明智使用"森林、水道和其他自然资源，以便为未来的子孙后代保护这些自然资源。此前，政府将联邦土地上的自然资源所有权和控制权转让给各州和个人利益。然而，罗斯福相信运用和保护资源最有效的方式是联邦政府保留公共领地中的土地资源。

罗斯福运用集中方式对资源施加联邦权威。他创建了五座国家公园和51个鸟类自然保护区，保护水力点不被出售给个人利益集团，并且对希望使用水力发电的使用者收取许可费用。他还支持1902年《纽兰兹垦荒条例》，控制西部灌溉联邦土地的销售（参见第472页），1908年，他请全国州长来到白宫，一起讨论有效使用自然资源的问题。在罗斯福总统任期内，他将国家森林的数量和面积增加了三倍，并且支持自然资源保护主义者吉福德·平肖（Gifford Pinchot）建立美国林务局（U.S. Forest Service）。

吉福德·平肖

作为美国首席林务官和"明智运用"政策的主要提倡者，平肖推动了对全国林地的科学管理。他赢得了罗斯福的支持，把国家森林的管理权从内务部转移到农业部中的机构，辩称森林是生长在"树木农场"里的农作物。在他的领导下，林务局对国家森林内的食草牲畜征收费用，并雇佣受过高等教育的林务官作为联邦雇员。

平肖和罗斯福并不企图长期封锁（保留）自然资源；然而，他们希望确保资源的有效运用（保护），让从公共土地中获得收益的人向政府支付使用费。尽管反政府、支持开发的态度仍然存在于西部，但是许多参与自然资源利用的人欢迎这种政策，就像规范食物和药物能让他们更好地控制产品，比如罗斯福和平肖鼓励木材公司参与重新造林。由于新联邦政策的影响，西部及其自然资源被专业管理的进步魅力征服了。

1907年大恐慌

1907年，经济危机迫使罗斯福对自己的原则进行妥协，与大商业更密切地合作。当年，由轻率调查导致的一场金融恐慌迫使部分纽约银行关闭，以便阻止恐慌的储户取出存款。J.P. 摩根说服金融家停止踩踏证券，帮助遏制了恐慌。作为对摩根雪中送炭的回报，罗斯福通过了一项协议，允许美国钢铁并购田纳西钢铁公司（Tennessee Iron and Coal Company）——这一协议是与罗斯福的解散托拉斯目标背道而驰的。

但是在任期的最后一年中，罗斯福一反共和党对大商业的传统友好态度。他猛烈抨击不负责任的"巨富犯罪分子"，支持更强硬的商业管制手段，并提出对富人征收更重的税负。罗斯福承诺自己不连任，并支持自己的朋友，战争部长威廉·霍华德·塔夫脱竞选1908年共和党提名，希望塔夫脱能延续他的事业。民主党人第三次提名威廉·詹宁斯·布赖恩（William Jennings Bryan），但是"伟大的平民"（Great Commoner）再次败北。在仍然享有很高人气的罗斯福的帮助下，塔夫脱以125万张普选票和2比1的选举团优势赢得了大选。

塔夫脱政府

早在1909年，罗斯福前往非洲狩猎，留下塔夫脱面对罗斯福成功推迟的政治问题。首当其冲的是关税，税率上升至极高水准。众议院尊重塔夫脱降低关税的决心，通过了一项由众议员塞伦诺·E.佩恩（Sereno E. Payne）提出的法令，大刀阔斧地降低关税。参议院的贸易保护论者仍然主导着共和党。最后，参议员奥尔德里奇（Aldrich）恢复了佩恩法令降低的大部分关税，而塔夫脱签署了被称为《佩恩—奥尔德里奇关税法》（Payne-Aldrich Tariff, 1909）的文件，总统相信这一法令有部分积极的条款，并且理解极端减税在政治上是不可能实现的。在进步党的眼中，塔夫脱在继承罗斯福衣钵的考验中失败了。

共和党中的进步派和保守派公然针锋相对。关税矛盾之后不久，众议院中的一群反对派在内布拉斯加的乔治·诺里斯（George Norris）的领导下挑战众议院议长，伊利诺伊的"乔叔叔"·加农（"Uncle Joe" Cannon），加农分配委员会职务和制定辩论日程的权力可以支持或破坏一项立法。塔夫脱一开始支持反对派，随后又将他们抛弃，尽管如此，他们还是扩大了富有影响力的众议院规则委员会（Rules Committee），令其成员摆脱加农的控制，从而将程序自由化。1910年，塔夫脱因为解雇吉福德·平肖而开罪了自然资源保护主义者，当时平肖抗议内务部长理查德·A.博林格（Richard A. Ballinger）通过出售阿拉斯加煤矿土地支持私营企业发展，减少联邦对西部水力发电站的监督力度，从而帮助私营企业发展。

事实上，塔夫脱对改革的同情不亚于罗斯福。他制裁的托拉斯比罗斯福更多；他扩大了国家森林保护区；签署了《曼恩—埃尔金斯法案》（Mann-Elkins Act, 1910），提升了州际商务委员会的管控权力；并且支持劳动改革，比如更短的工作时长和矿场安全立法。第十六条修正案将联邦政府收入税作为联邦权力的永久部分合法化，而第十七条修正案则规定美国参议员的直接选举制度，这两个修正案也是在塔夫脱的总统任期内开始的（并于1913年通过）。正如罗斯福一样，塔夫脱与大商业妥协，但是与罗斯福不同的是，他缺少以雄辩来操纵公众的能力。罗斯福扩大了总统权力，为总统职位注入新的活力。"我相信强大的执行官，"他曾主张道，"我相信权力。"相反，塔夫脱则相信法律的严格限制。他曾经是成功的律师和法官，并且在1921年至1930年之间重新担任美国首席大法官。他的谨慎和不愿冒犯别人的做法让习惯于罗斯福魅力的人们大失所望。

1912年的候选人们

1910年，罗斯福从非洲回国时，发现自己的党派四分五裂。改革者被塔夫脱显而易见的无动于衷激怒，成立了全国进步共和党联盟（National Progressive Republican League），团结一心推举罗伯特·拉福莱特（Robert La Follette）参加1912年总统大选，尽管许多人希望罗斯福能参选。党派的另一个分支仍然对塔夫脱忠诚。罗斯福对塔夫脱的表现大失所望（尤其是解雇平肖），开始向公众发声。

他在演说中大量援引"人民的福祉"和更强硬的商业管制。拉福莱特于1912年患病时,罗斯福宣称自己像"公麋(bull moose)"一样斗志昂扬,决定亲自下场较量,竞争共和党总统候选人。

塔夫脱的支持者们控制着共和党会议,第二次提名他。作为抗议,罗斯福的支持者退出会议,成立了第三个党派——进步党,或称公麋党——并提名53岁的前总统为候选人。与此同时,民主党人进行了46次投票,选出候选人:新泽西的进步派州长伍德罗·威尔逊。社会主义者至此已经组织起井然并日益壮大的党派,再次提名尤金·V.德布斯。接下去的选举运动让选民见证了自1896年以来关于美国民主本质最彻底的辩论。

新国家主义对抗新自由主义

西奥多·罗斯福作为进步党提名候选人的竞选核心是一个称作新国家主义的计划,这一提法是由改革派媒体编辑赫伯特·克罗利(Herbert Croly)创造的。新国家主义构想了一个全国团结的时代,政府将协调和管制经济活动。罗斯福在总统任期最后几年提出的声明与之呼应,他主张将建立专家组成的监督委员会保护公民的利益,并确保明智地运用经济力量。"组织商业合并的努力实质上已经失败了,"他宣称,"唯一的出路……在于完全控制它们。"

威尔逊提供了一种更理想主义的提议,建立在进步派律师路易斯·布兰代斯的理论上的"新自由主义"。威尔逊辩称,集中经济权力威胁到个人自由,垄断应该被打破,这样市场才能真正开放。但是他不会恢复自由主义。像罗斯福一样,威尔逊将扩大政府权威、保护和管制。"今日的自由,"他宣称,"远不止放任自流。没有谨慎……而坚决的政府干预,在个人和托拉斯这样的强大机构之间不可

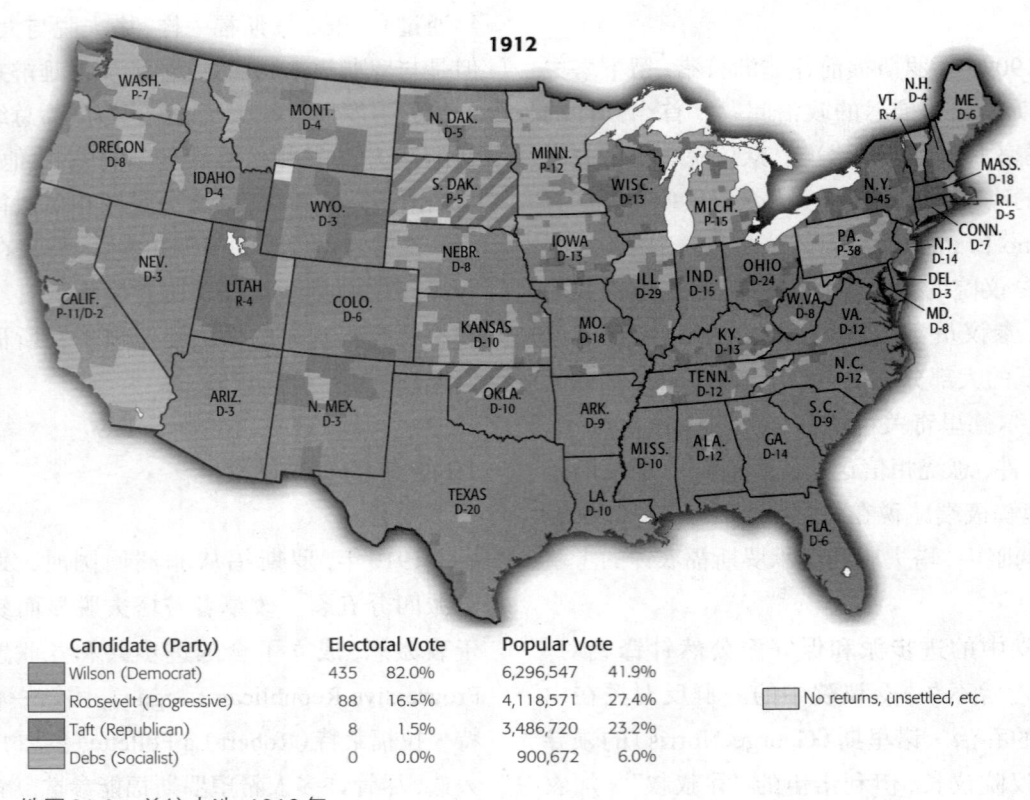

Candidate (Party)	Electoral Vote		Popular Vote	
Wilson (Democrat)	435	82.0%	6,296,547	41.9%
Roosevelt (Progressive)	88	16.5%	4,118,571	27.4%
Taft (Republican)	8	1.5%	3,486,720	23.2%
Debs (Socialist)	0	0.0%	900,672	6.0%

地图21.2 总统大选,1912年

尽管伍德罗·威尔逊没有赢得多数普选票,但是还是赢得了足够多的州,在选举团中轻松胜出。

来源:©圣智学习

能存在公平竞争。"然而，威尔逊止步于此，并不主张罗斯福的新国家主义中一脉相承的政府与商业合作。

罗斯福和威尔逊的言辞虽然互相对立，但是实际立场更相近。尽管罗斯福信任专家充当规范者，他对于个人自由的信仰和威尔逊同样强烈。威尔逊也不是完全仇视集中经济权力。两人都支持机会平等（主要是白人男性之间）、节约自然资源、公平薪酬和社会改良。两人都毫不犹豫地通过强硬的个人领导和官僚制度改革扩大政府干预。

罗斯福和威尔逊呈上激情澎湃的道德宣言，德布斯发表强硬批评，塔夫脱为保守主义低调辩护，普选结果悬而未决。领先的威尔逊只赢得了42%，尽管他得到了531张选举团票中的435张（参见地图21.2）。罗斯福获得了普选票的27%。塔夫脱位列第三，获得23%普选票和仅仅8张选举团票。德布斯获得6%普选票和0张选举团票。然而，一个重要的结果显而易见：选举团中有3/4支持塔夫脱代表的克制政府以外的某种选择。因此，威尔逊可以在1913年的就职典礼上宣称："这个国家洋溢着一种庄严的激情……我们以这样的感情面对充满权利和机遇的新时代，这些情感像风一样拂过我们的心弦，如上帝亲自显现，公正和慈悲握手言和，审判者和兄弟手足合为一体。"

伍德罗·威尔逊和进步改革扩张

伍德罗·威尔逊

公众将罗斯福亲昵地称呼为"泰迪"和"TR"，但是托马斯·伍德罗·威尔逊太高高在上，没人昵称他为"伍迪"或者"WW"。威尔逊在1856年出生于弗吉尼亚，在南方长大，是一位长老派牧师的儿子。他在普林斯顿大学获得学士学位（在1902年至1920年任该校校长），在弗吉尼亚大学学习法律，并获得了约翰·霍普金斯大学的博士学位，成为历史学、法学和政治经济学教授。1885年至1908年期间，他出版了几部关于美国历史和政府的著作，深受尊敬。

威尔逊的气质和态度反映了他的背景。从一方面来说，他是个超凡的演说家，能够用宗教意象和冠冕堂皇的美国理想激发强烈的忠诚感。但是他对于非裔美国人十分不齿；他曾写道，过去对奴隶们太过"纵容"，他贬低在重建中担任公职的黑人，对黑人歧视法律深信不疑，还反对普林斯顿招收黑人学生。在普林斯顿，他用课程改革抨击传统，向该校的贵族元素开战，获得了足够的改革者声誉，所以1910年亟须名望的新泽西民主党提名威尔逊为州长候选人。赢得选举后，威尔逊驳斥党派首领，推动进步立法。作为一个糟糕的管理者，他常常大发脾气，固执地拒绝妥协。尽管如此，他的成就吸引了全国的注意，于是1912年他成功被民主党提名为总统候选人。

威尔逊的商业管制政策

作为总统，威尔逊发现将新自由竞争和新国家主义管制融为一体非常必要；在此过程中，他确立了未来联邦经济政策的走向。由于企业合并，恢复公开竞争几无可能。威尔逊只能尽力通过扩大政府的管制权力来防止权力滥用。因此1914年他支持国会通过《克莱顿（反托拉斯）法案》和一项设立联邦商务委员会（FTC）的法令。《克莱顿法案》纠正了1890年《谢尔曼反托拉斯法案》的缺陷，将价格歧视（在某些地区降低价格，另一些地区则不然）和连锁董事会（同样的执行者管理两家及以上竞争企业）等行为规定为非法。这一法案还免除工会的反合并条款，从而帮助了工人阶层，让他们能够发起和平罢工、联合抵制和派遣纠察员，使其在政府干预面前不再不堪一击。联邦商务委员会可以调查企业，向不公平的行为出具终止令。遭到处罚的企业可以在法院中向联邦商务委员会命令提起申诉；尽管如此，联邦商务委员会代表了消费者权益保护的更进一步。

也是在威尔逊的领导下，《联邦储备法案》（1913）创立了自1836年以来全国第一个中央银行体系。为了打破 J.P. 摩根这样的企业联合组织对货币供应的巨大影响,这一法案设立了 12 家地区银行,存放全国分行的准备金。地区银行在美国联邦储备委员会的监督下,把欠款按照称为"优惠利率"的低利率出借给成员银行。通过调整这一利率决定成员银行能够负担得起多少借款,地区银行因此可以增加或者减少流通货币。换句话说,为了回应国家的经济需求,联邦储备委员会可以放宽或者缩紧信用,让利率变得更公平,尤其是对中小借贷者而言。

关税与税收改革

威尔逊和国会企图以 1913 年的《安德伍德关税》帮助消费者,恢复贸易竞争。《安德伍德关税》通过下调或者免除某些关税税率鼓励进口廉价外国原材料和制成品。为了平衡关税下调导致的收入,这个法案向美国居民征收累进式收入税——同年通过的第十七条修正案让这种选择变为可能。用今天的标准衡量,这项税收不算很高。年收入 4 000 美元以下免税;因此,几乎所有工人和农民都不需要缴税。年收入 4 000 美元至 20 000 美元的个人和企业需要付 1% 的税;税率逐渐升高,最高税率为 6%,年收入超过 500 000 美元的个人和企业需要缴纳。

1916 年,第一次世界大战的爆发(参见第二十三章)和总统大选运动的迫近导致威尔逊支持更强硬的改革。为了帮助农民,总统支持《联邦农业借贷法案》(Federal Farm Loan Act)。这一措施设立了 12 家由联邦政府支持的银行(与联邦储备银行不是一回事),以较低利率向属于信用体制的农民发放贷款——上一个时代平民主义提出的国库分库计划的稀释版(参见第 559 页)。为了先下手为强避免在国家情势紧急时干扰交通运输的铁路罢工,威尔逊于 1916 年推动了《亚当姆森法案》(Adamson Act)的通过,规定八小时工作制,并向铁路工人发放 1.5 倍加班费。他通过委任"人民的律师"布兰迪斯(Brandeis)为联邦最高法院法官取悦了进步派,尽管反犹太力量几乎阻止参议院通过联邦最高法院第一位犹太法官的任命。除此以外,威尔逊还支持管制童工,为遭受工伤或与工作相关疾病的联邦雇员提供劳动补偿,以此取悦了社会改革者。

然而,威尔逊在改革中从来没有克服自己的种族主义。他解雇了几名黑人联邦官员,在他的政府中,休息室、餐厅和政府行政楼中保留了种族隔离制度。威尔逊对发起抗议的黑人辩解道:"种族隔离不是一种耻辱,而是一种恩惠,你们这些绅士应该这么认为。"1915 年,关于内战和重建的电影《一个国家的诞生》上映时,威尔逊允许这部开创性但是极具煽动性的影片在白宫展映,虽然他不久后在第一次世界大战期间禁了这部片子。

1916 年大选

为了选出一名候选人在 1916 年总统大选中对抗威尔逊,共和党人冷落西奥多·罗斯福,转而支持最高法院法官和纽约州前改革派州长查尔斯·埃

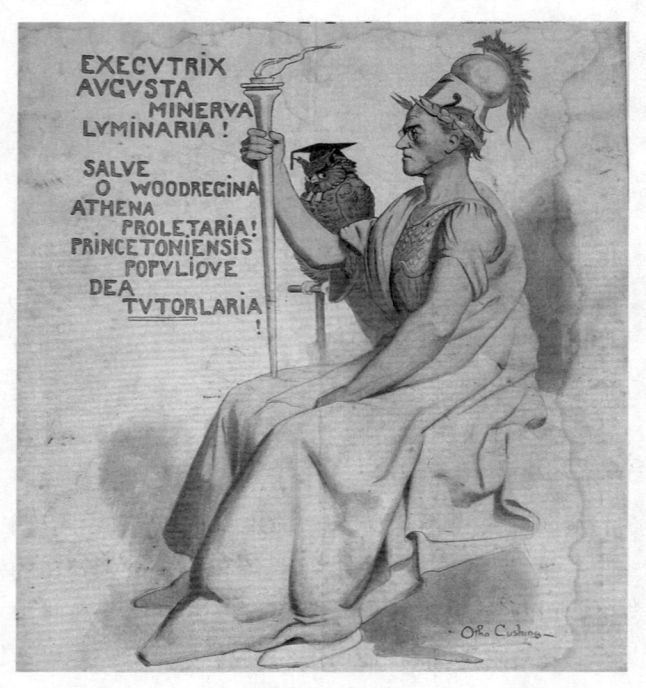

▲ 图中描绘的伍德罗·威尔逊是一位严厉的罗马领事,他曾是一名教授(图中他身旁的猫头鹰代表了他的学术背景),作为总统,他用固执的道德准则引导美国向着他的理想前进。

图片来源:图像研究顾问和档案

玛格丽特·桑格，计划生育和避孕争议

一些进步时期的改革证明，帮助他人的诚挚目标与富有争议的道德问题相互纠缠。如计划生育提倡者玛格丽特·桑格留下的遗产。1912年，桑格开始在《纽约召唤》(New York Call)上撰写题为"每个女孩都该了解的事"(What Every Girl Should Know)的专栏。严肃的道学家几乎立刻谴责她制造淫秽文学，因为她公开讨论性病和避孕。然而，限制家庭规模的问题成为她的热情所在，她开始劝告纽约下东区的贫穷女性如何避免频繁生育、流产和堕胎的痛苦。1914年，桑格出版了第一期新闻月刊《女人的反叛》(The Woman Rebel)，提倡女性践行计划生育的权利。桑格因为通过邮件传播淫秽内容而遭到指控并逃往英国。她在那里加入了激进团体，发表演说提倡家庭生育计划，支持女性享受性满足而不必担心怀孕风险。

1916年，桑格回到美国后在布鲁克林开设了全国第一家计划生育诊所。她遭到逮捕，但是法庭豁免了医师们违反禁止传播避孕信息的法律。1923年，她又建立了由医生运营的诊所。生育控制临床研究局(Birth Control Clinical Research Bureau)的员工由女性医生和社工组成，成为其他诊所的模范。桑格还组织了美国节制生育联合会(American Birth Control League, 1921)，并试图获得医学界和社会改革者的支持，包括一些来自优生学运动的活动家，争取计划生育合法化。最终，她的激进观点导致她失去了一些盟友，1928年她退出了美国节制生育联合会。

然而，这场运动仍然得以继续，1938年美国节育联盟和节育诊疗研究处合并为美国节育优生联盟(Birth Control Federation of America)，于1942年更名为美国计划生育联合会(Planned Parenthood Federation of America，即PPFA)。该组织的名称将其使命定义为通过政府支持的帮助来巩固家庭和稳定社会，而非直接聚焦于女性应不应该被赋予自愿生育权这一女权主义问题。整个1940年代，该联合会通过普及避孕措施强调家庭计划生育。1970年，该组织开始在联邦项目下获得资金支持，提供家庭计划生育服务。

1960年代，追求女性权利的新女权主义思潮和对人口过剩的担忧将节育和堕胎的问题转移到一个引起激烈争议的领域。尽管美国计划生育联合会一开始与堕胎这种家庭计划手段撇清关系，但是在女性的"选择权"和胚胎的"生命权"之间的争议让这个组织争吵不休，尤其是在1973年之后，最高法院在"罗伊诉韦德案"(Roe v. Wade)中批准了女性堕胎的权利。国家美国计划生育联合会及其地方分支机构反抗立法机关及法院，不让它们将堕胎非法化，1989年，它帮助组织了一次华盛顿女性游行，目的是争取平等和堕胎权利。与此同时，一些拉丁裔和非裔美国团体攻击该联合会的立场，谴责合法堕胎是一种优生学计划，意味着降低有色人种的生育率。

由于该联合会介入堕胎政策，一部分诊所成为道德谴责甚至暴力的对象，受到认为堕胎不道德的人们的攻击。该联合会现在运营着接近900家保健中心，提供全国性的医疗服务和教育，完成了玛格丽特·桑格的合法避孕和家庭计划的梦想。但是和其他有关道德和个人权利的改革一样，节育为国家和人民留下了备受争议的遗产：该以谁的权利为先？又该以谁的道德为标准？

文斯·休斯（Charles Evans Hughes）。意识到公众对1914年开始席卷欧洲的世界大战充满焦虑，威尔逊以中立和进步主义为政纲，打出了"他让我们远离战争"（He Kept Us Out of War）的口号。休斯主张加强军事准备，但是威尔逊的和平政纲让选民更有共鸣。竞选结果很接近。威尔逊赢得了910万张普选票，而休斯则赢得了850万张，选举团结果也是277对254票险胜。社会主义候选人只获得了60万张选票，比1912年的901 000张下降了许多，主要是因为威尔逊的改革赢得了一些社会主义者的支持，而且境况不佳的尤金·德布斯不再是该党的旗手。

在威尔逊的第二届任期中，美国涉足第一次世界大战，加强了政府对经济的管制。他相信，动员和战争要求更强大的生产协调和公私领域的协作。战时工业委员会就是这种合作的例证：委员会管制的私营企业受其控制的条件是继续满足它们的利润追求。第一次世界大战后，威尔森的政府放弃了大多合作和规范措施，包括农业价格支持、集体议价保证和高税收。这种政府管制的后退部分是由于1918年共和党国会造成的，这一趋势刺激了1920年代商业势力崛起的新时期。

结语

至1920年，为时1/4个世纪的改革运动在政府、经济和社会等方方面面带来了可观的改变。为了达到终止滥用权力的目标，改革机构运用科学和高效管理手段，进步派建立了公共干预机制，确保公平、健康和安全的原则。对贫穷和不公的担忧达到了新的高峰。但是改革者们并不能无限期地维持自己的努力。尽管进步派价值观在第一次世界大战后仍然保留了下来，但是一个大众消费社会开始将人们的注意力从改革转向物质主义。

多重而充满矛盾的目标是这一时期的特征。进步运动不可能是单一的。国家层面的计划包括罗斯福对大政府协调大商业的构想，威尔逊瓦解经济集中并承诺立法鼓励公开竞争。在州和地方层面，改革者们追求各种各样的事业，从社区改良、政府重新组织、公用事业公有化到改善工作环境不一而足。全国协会努力协调特定问题，但是拥有不同目标的改革者常常怀着不同目的进行合作，有时候是扩大权利，有时候则是限制自由。女性和非裔美国人对于自己的身份发展出新的意识，尽管女性非常努力地渗透公共生活，但是两个群体都发现自己的社会地位非常有限，而且在追求尊严和社会承认的道路上缺乏白人男性的支持。

尽管进步事业取得了不少成功，但是失败的案例也不少，失败既体现了反抗力量的强大，也反映出改革运动本身的一些弱点。正如美国化、优生学、禁酒令、教育和整体道德提升反映出的现实，社会改革常常与社会控制密不可分，改革者企图将某一群体的价值观强加于整个社会，并规范移民和有色人种群体。在政治事务中，法院通过推翻重要的进步立法来维护宪法和契约自由原则，值得注意的是禁止童工的联邦法律。在州和城市中，直接预选和公民表决并不像预期的那样效果卓著，鼓励更多人参与政府事务；这些机制很少被采用，或者沦为特殊利益群体的工具。联邦规范部门很少有足够资源进行全面调查，它们不得不依赖管制对象自己提供的信息。进步派因此在许多重新分配权力的方面败下阵来。1920年，和1900年一样，政府仍然受制于商业的影响，许多有权有势者都认为这种情况是令人满意的。

然而进步时期标志性的改革运动重塑了国家的前景。无论有多少猫腻，解散托拉斯使实业家对民意更为敏感，而国会中的反对派稀释了独裁政治家的权力。进步立法成为政府保护消费者不受价格垄断和伪劣产品危害的工具。社会改革者解决了城市和工业生活中的一些问题。或许最重要的是，进步派挑战了陈旧的思维方式。尽管他们提出的关于美国生活本质的问题仍然没有解决，但是进步派使这个国家更尖锐地认识到自己的原则和诺言。

扩展阅读

Francis L. Broderick, *Progressivism at Risk: Electing a*

President in 1912 (1989)

Nancy F. Cott, *The Grounding of Modern Feminism* (1987)

Steven J. Diner, *A Very Different Age: Americans of the Progressive Era* (1998)

Glenda Gilmore, *Who Were the Progressives?* (2002)

Hugh D. Hindman, *Child Labor: An American History* (2002)

Alice Kessler-Harris, *Out to Work: A History of Wage-Earning Women in the United States*, 20th anniversary ed. (2003)

Michael McGerr, *A Fierce Discontent: The Rise and Fall of the Progressive Movement in America, 1870—1920* (2003)

Patricia A. Schecter, *Ida B. Wells and American Reform, 1880—1930* (2001)

David Tyack, *Seeking Common Ground: Public Schools in a Diverse Society* (2003)

第二十二章

帝国征途，1865—1914

"**恶魔！**"人们向幕拉第喊道。"外国恶魔！"南方浸洗会传教士跋涉半个世界，从家乡来到中国，在"乌合之众"的叫喊声中强打精神，她曾下定决心要说服他们皈依基督教。1880年代，她"坚持不懈迈着稳稳的步伐"穿过质问她的人群，沉默地发誓要让他们接纳自己，进而赢得他们的灵魂。

夏洛特·迪格斯·慕（Charlotte Diggs Moon）在1840年出生于弗吉尼亚，曾在霍林斯学院（Holins College）的前身受教育。1873年她自愿前往中国北方进行"女性工作"。她在中国传播教育和信仰，传教对象主要是女性和孩子，因为女性很少向男性传教，男性也被禁止向女性传教。这位富有同情心、虔诚而充满勇气的单身女性"把爱融入行动中"，在中国一直孜孜不倦地工作，直到1912年去世那一天。

章 节 大 纲
帝国梦
昨日重现　广告中的讯息
放眼天下　《国家地理》
野心和战略
1890年代危机：夏威夷、委内瑞拉和古巴
西班牙—美国战争和帝国之辩
亚洲交锋：菲律宾战争和中国外交
西奥多·罗斯福的世界
结语
人民与国家的遗产
关塔那摩湾（Guantánamo Bay）

在1870年代和1880年代，慕女士屡次前往中国偏远村庄，她的传教之旅有时险象环生。"哦！被人类眼睛盯着真是种折磨；他们审视你的每个特征、每个表情、每个姿态！"好奇的农妇动手捏她，扯她的裙子，咕哝道："她的手多白啊！"他们不停地问她问题："你几岁了？""你靠什么生活啊？"慕女士说着中文，把耶稣基督诞生和受难的图画书高高举起，把人们的注意力引向"外国教义"，她希望用这种教义取代当地盛行的儒教、佛教和道教。

1890年代，一场针对外国人的"迫害风暴"席卷了中国。由于传教士颠覆了传统方式和权威，他们被视为眼中钉。一位传教士承认：人们害怕"相信耶稣"会使女孩和女人们变成"不驯服的妻子和女儿"，不再"听话地崇拜偶像"。1890年初在沙岭村（Shaling）中，慕女士的基督教皈依者遭到殴打，"外国恶魔"被勒令离开。她担心自己有生命危险，因而不得不逃走。1900年，因为暴力的义和团运动，多方力量（包括美国军队）进行干预，救助外国传教士、外交官和商人，她不得不告别了中国。

◀ 1901年，传教士慕女士（Lottie Moon, 1840—1912）因中国义和团运动前往日本避难，图中她正和学习英语的日本学生在一起。

年表

	1861—1869	苏厄德发起了扩张主义事业
	1867	美国购买阿拉斯加和中途岛
	1876	亲美的迪亚兹开始在墨西哥长达34年的统治
	1878	美国获得萨摩亚的领海权
	1885	斯特朗的《我们的国家》(Our Country)歌颂了盎格鲁–撒克逊的天赋使命
	1887	美国获得夏威夷珍珠港领海权
		《麦金莱关税法案》损害夏威夷砂糖出口
	1893	经济危机导致商业失败和大规模失业
		夏威夷亲美利益上演成功政变,颠覆女王莉里渥卡拉尼(Lili'uokalani)
	1895	古巴反西班牙革命爆发
		日本发动战争,打败中国,吞并朝鲜和台湾地区
	1898	美国正式兼并夏威夷
		美国战舰缅因号在哈瓦那港爆炸
		美国在西班牙—美国战争中战胜西班牙
	1899	《巴黎条约》扩大美利坚帝国
		联合果品公司(United Fruit Company)成立,在中美洲产生巨大影响
		由艾米利奥·阿奎纳多(Emilio Aguinaldo)领导的菲律宾暴动爆发
	1901	麦金莱遭暗杀,西奥多·罗斯福接任总统一职
	1903	巴拿马将运河权移交美国
		《普拉特修正案》(Platt Amendment)征服古巴
	1904	罗斯福推论宣称美国为西半球"警察"
	1905	朴次茅斯会谈(Portsmouth Conference)终止日俄战争
	1906	旧金山教育委员会(San Francisco School Board)隔离亚洲学生
		美国侵略古巴以镇压暴动
	1907	"伟大的白色舰队"(Great White Fleet)环球航行
	1910	墨西哥革命威胁美国利益
	1914	美国军队入侵墨西哥
		第一次世界大战爆发
		巴拿马运河开放

幕拉第和成千上万其他传教士只成功说服很小一部分中国人皈依基督教。尽管她像其他传教士一样可能从没有放弃西方观点，认为自己代表着更先进的宗教和文化，但是在她"享受苦难"的过程中，对于中国人民的喜爱和对外国传教项目的执着从未动摇过。在频繁寄给美国受众的书信和文章中，她游说人们征召"热心、热情而经验丰富的基督教女性"，掀起"女性为女性工作的热情巨浪"。直至今日，幕拉第圣诞祭仍是南方浸洗会教会中的重要活动，为海外传教项目募集了数百万美金款项。

幕拉第和19世纪末20世纪初前往海外的许许多多其他美国人一样，帮助将美国文化和影响力传播至全世界。在这个复杂的过程中，其他民族有时接纳，有时则抗拒美国的方式。与此同时，在这场文化扩张以及衍生出的文化碰撞中，美国参与者本身也发生了改变。比如，幕拉第努力了解中国人，学习他们的语言。她穿上他们的服饰，抛弃了"中国异教徒"和"下层社会"这样不敬的用语。她提醒其他不那么敏感的传教士，中国人以自己的悠久历史为荣是正当的，因此没有理由"在西方文明面前目瞪口呆"。

借用她本人的话，幕拉第从一个"羞涩而充满自我怀疑的女孩变成一个勇敢而自力更生的女人"。她质疑中国对女性的约束，如包办婚姻、裹小脚和性别隔离，推动了女性权利的提升。她明白要是中国女性没有足够自由来聆听她的话语，她是无法劝说她们皈依的。与当时的性别理想背道而驰，她举步维艰地挑战美国教会传教中男性的统治。南方浸洗会海外传教会拒绝女性传教士在会议中投票时，她提出辞职以抗议。该组织很快就改变了自身。

后来几十年中，评论者将幕拉第和其他传教士的行动定义为"文化帝国主义"，谴责他们破坏本土传统，引发了破坏性的文化冲突。而另一方面，为传教工作辩解的人们颂扬他们努力打破文化藩篱，让世界各个民族更紧密联系在一起。无论如何，幕拉第的故事体现了19世纪末美国人如何以各种方式与世界互动，通过他们的经历，"国内"和"海外"两个范畴如何交融，他们又是如何往海外扩张的。他们在此过程中不仅寻找土地、贸易、投资和战略基地，更推广了包括基督教信仰在内的美国文化。

在南北战争和第一次世界大战之间，扩张主义的美国加入了世界列强的行列。在南北战争之前，美国人不断开拓边境：他们买下路易斯安那，合并佛罗里达、俄勒冈和得克萨斯，在白人西进的道路上将拦路的印第安人铲除，从墨西哥手中夺下加利福尼亚和其他西部地区，并且从墨西哥购得今日亚利桑那和新墨西哥的南部地区[哥斯登购买计划（Gadsden Purchase）]。美国人还与世界大部分地区发展了利润丰厚的海外贸易，并且在所到之处不遗余力地推广美国文化。他们在南北战争之后重新点燃了扩张主义事业的火种，建立、管理和保护海外帝国。

这是帝国时代。至1870年代，大多数欧洲势力都切割了非洲和大部分亚洲以及大洋洲。至1900年，列强已经征服了超过1 000万平方英里土地（全球1/5土地）和15 000万人。19、20世纪之交，法国、俄国和德国在现代钢铁舰队上斥资巨大，开始挑战过度扩张的大不列颠。与此同时，在亚洲，快速现代化的日本在中国和俄国处于颓势的情况下进行扩张。

工程学的进步改变了世界的政治地理，苏伊士运河（1869）、英国印度铁路（1870）以及俄国西伯利亚铁路（1904）相继诞生，同时蒸汽船、机械枪支、电报和疟疾药大大辅助了帝国主义事业。与此同时，1850年代和1860年代欧洲政治中标志性的乐观主义精神被弥漫的悲观主义取代，种族矛盾和适者生存观给人战争一触即发的感觉。

观察力敏锐的美国人无疑注意到了这种世界政治的变化。一些人辩称，美国假如不参与领地和市场的争夺战就有被"撇下"的风险。马萨诸塞州共和党参议员亨利·卡伯特·洛奇（Henry Cabot Lodge）宣称"伟大的国家"正在攫取"世界上的废土"，并建议"美国千万不能在这场跃进中掉队"，因为"文明和（盎格鲁-撒克逊）种族的进步"危在旦夕。这种思想点燃了美国人的进取心，他们希望在南北战争后的数年中把影响力延伸到美国陆地以外，并渴望开疆拓土、占领更多市场、进行更多文化渗透、攫取更多权力。

至1900年，美国已经跃升为强国，在拉丁美洲的影响力特别大，尤其是在西班牙衰落，英国从西半球脱离的情况下。在太平洋地区，新的美利坚帝国包括夏威夷、美属萨摩亚群岛和菲律宾群岛。1890年代，西奥多·罗斯福是帝国主义事业的主要代言人，在接下去的十年中，他将作为总统致力于巩固这一新建立的势力。

大多数美国人为扩张主义叫好，支持将商品、船只、美元、人民和观念向外输出，这是他们国家历史中的传统特色。但是当扩张主义让位于帝国主义时，很多人开始感到担忧，对其他民族横加干涉，侵犯他们的主权，篡夺他们自主决定的自由并不那么光彩。在国外，本土的民族主义者、商业竞争者和其他帝国试图阻止美国影响力的扩张。

- 19世纪末的数年中，海外政策在美国政治中的重要性与日俱增的原因是什么？
- 美国反帝国主义者的主要论点是什么？
- 19世纪末的帝国主义如何改变美国？

帝国梦

19世纪末的最后几年中，海外政策重新获得了美国人的重视。镀金时代的大部分时间里，他们的主要注意力都放在内政上，比如工业化、铁路建设以及西部定居。然而，随着时间的推移，越来越多的政治和商业领袖开始向外看，并且主张对世界事务采取更积极的干预手段。这些扩张主义者的动机复杂而多样，但是他们所有人都强调这种方针对于美国国内的福祉大有好处。

海外扩张拥护者强调扩张能给国内带来好处并不令人惊讶，因为海外政策总是来源于一个国家的国内环境——它的需求和情绪、意识形态和文化。领导美国扩张主义海外关系的领袖与主导机械时代经济发展、建设跨大洲铁路、建立美国繁华都市和巨型企业并塑造大众文化的领袖，其实是同一批人。他们毫不讳言自己相信，美国是一个独一无二的国家，与其他国家如此不同，又如此优越，因为它拥有盎格鲁-撒克逊的传承和上帝眷顾的繁荣历史。

美国例外论只是许许多多彼此纠结的思想中的一种，这些思想在美国向帝国迈进的道路上享有重要地位。民族主义、资本主义、社会达尔文主义和对待外国人的家长式态度，也同样影响着美国领袖。"在关于政府的深刻事务上，我们得承认他们只是孩子。"未来的总统伍德罗·威尔逊于1898年宣称。他选择的这些语汇体现了美国态度中的性别和年龄歧视。而这些态度与海外文化交汇，不仅有接纳，也有拒绝，不仅有模仿，也有碰撞，正如幕拉第所遭遇的。

海外政策精英

大多数美国人需要一段时间才能认识到变化正在进行。"人民"或许直接影响国内政策，但是海外政策通常是由那些被学者们称为"海外政策精英"的人制定的，包括政治、新闻、商业、农业、宗教、教育和军事界的意见领袖们。在后南北战争时期，这个被国务卿沃尔特·Q.格雷沙姆（Walter Q. Gresham）称作"国家思想者"的小团体表达了举足轻重的意见。他们比大多数美国人有文化、见多识广、视野更都市化，政治上非常活跃。他们相信美国繁荣昌盛和长治久安的基础是扩大其海外影响力。19世纪末，尤其是1890年代，拥有扩张主义思想的精英们日益拥护正式和非正式的帝国主义。帝国主义者野心勃勃而排外，他们常常在华盛顿特区历史学家亨利·亚当斯（Henry Adams）以及作家兼外交家约翰·海依（John Hay，他于1898年成为国务卿）的家中会面，或者在大都会俱乐部（Metropolitan Club）中聚首。他们谈论建立更强大的海军，挖掘穿越中美洲巴拿马或者墨西哥的运河，建立殖民地，把过剩产品卖到国外。1897年被委任为海军助理部长的西奥多·罗斯福于也是其中一员；除此以外还有1896年加入外交关系委员会（Foreign Relations Committee）的参议员亨利·卡伯特·洛奇，以及后来担任战争部长和国务卿的商业律师伊莱休·鲁特（Elihu Root）。这些身份显赫的杰出人物擂响了帝国主义的鼓点。

这些美国社会的领军人物相信，出售、购买和投资海外市场对美国来说非常重要。为什么？其中一个原因是海外贸易带来的巨大利润。"这是我的梦想，"佐治亚州州长于1878年道，看见"每个山谷……每个棉花工场把社区中的原材料变成面料，温暖日本人和中国人的双腿"。恐惧也成为海外贸易的理由，因为海外贸易可以充当过度生产、失业、经济衰退和社会矛盾的安全阀。美国的农场和工厂制造的产品已经超过了美国人能够消费的限度，在1890年代的经济萧条中更是如此。经济学家大卫·A.威尔斯（David A. Wells）警告道，多余产品必须出口到国外，不然"我们一定会被自己的油脂闷死"。经济联系也让政治影响力可以向海外施加并帮助传播美国的生活方式，尤其是资本主义，从而创造一个对美国更友好的世界。在这个时期，大多数世界强国同时也是最重要的贸易者，活跃的海外经济扩张象征着国家声望。

海外贸易扩张

尽管大多数商界领袖仍然关注国内市场，然而海外贸易在美国南北战争后的经济增长中举足轻重。海外贸易激励国家建立一个更强大的海军保护贸易，鼓励海外服务职业化，推动建立更多殖民地，实行更干涉主义的海外政策。1865年，美国出口总额为2.34亿美元；至1900年，这一数字攀升至15亿美元（参见图表22.1）。至1914年，在第一次世界大战爆发时，出口额达到了25亿美元，导致一些欧洲人开始抗议美国商品的"入侵"。1874年，美国扭转了历史上的贸易逆差（进口多于出口），开始享受长期的顺差（出口大于进口），尽管财政收支差额仍然是赤字。大多数美国产品流入英国、欧洲大陆和加拿大，但是越来越多产品流向拉丁美洲和亚洲的新兴市场。与此同时，至1914年美国直接海外投资达到了35亿美元，让美国成为世界四大投资国之一。

1870年总出口额中，农产品大约占了3/4，1900年则占了大约2/3，粮食、棉花、肉类和乳制品位于当年出口名单的前列。棉花年产量中超过一半被出口到国外。中西部农民通过铁路将农作物运到海港城市，然后再运往海外市场。农民的生计因此与世界市场环境以及海外战争的结果紧密相连。威斯康星奶酪制造商把奶酪运往英国，斯威夫特（Swift）和盔甲（Armour）肉制品公司向欧洲出口冷冻猪肉。为了把美国粮食卖到国外，北方铁路公司（Great Northern Railroad）的詹姆斯·J.希尔（James J. Hill）派发翻译成几种亚洲语言的小麦烹饪书。

1913年，美国的出口制造业产值打败英国和德国（参见图表22.2），制造品首次在美国出口商品中取得领先地位。美国生产的钢铁、黄铜和石油中很大一部分出售到国外，使许多这些产业中的美国工人依赖出口为生。乔治·威斯汀豪斯（George Westinghouse）在欧洲推广气闸，卖到海外的胜家缝纫机几乎和本土一样多，赛勒斯·麦克科密克（Cyrus McCormick）的"收割机之王"收割俄国田野里的麦子。

种族思维和男性社会精神特质

在美国扩张海外影响力过程中，许多官员推崇建立在美国至上论基础上的民族主义。一些人在种族主义理论中找到了扩张主义的基础以及传播西方思想和政治的正当理由，与欧洲帝国主义者的语汇呼应（它们也有各自的民族至上观念）。几十年来，西方科学机构用种族划分人类，人类体格学学者援引骨相学和相术，通过分析头骨尺寸和形状以及面部五官的构成制造出一系列高等和低等种族的位阶。比如，一位著名的法国研究者就曾宣称，黑人代表着"女性种族"，"像女人一样，黑人缺乏政治和科学智慧；他从来没有创造过伟大的国家……

昨日重现

广告中的讯息

美国向着帝国迈进的征途也反映在广告中。这本1901年的推广小册子的封面和封底上，胜家缝纫机公司（Singer Sewing Machine Company）不仅推广自己的产品，还宣扬缝纫机能够团结各国的思想。美国作为调解人和统一者的形象开始出现。1892年，胜家缝纫机广告卡上，祖鲁（Zulu）土著正在缝纫美国式样的服装。你认为这里传达的讯息是什么？对比近来诸如星巴克、耐克和斯巴鲁等企业的营销活动，有什么不同？后者是间接地推广产品，还是表现全世界人民如何克服差异彼此相连？

◀ 有了缝纫机，世界就能和平？
图片来源：珍稀书籍手稿＆特别收藏（Rare Book Manuscript & Special Collections），杜克大学图书馆（Duke University Library）

◀ 胜家缝纫机广告卡，展现了六个来自祖鲁兰（Zululand，南非）的土著在胜家缝纫机前的场景。
图片来源：国会图书馆

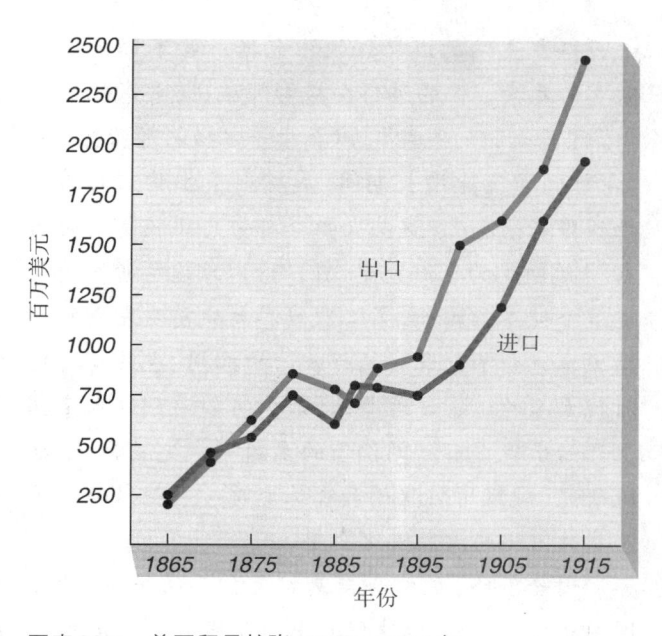

第二十二章 帝国征途，1865—1914 671

图表22.1 美国贸易扩张，1865—1914年

数据显示了美国海外贸易的两大关键特征：首先，美国在1870年代开始享受贸易顺差（出口额高于进口额）；其次，美国出口额大幅提升，使美国成为全世界的经济巨头之一。

来源：托马斯·G.帕特森（Thomas G. Paterson），J.加里·克礼福德（J. Garry Clifford）及肯尼斯·J.海根（Kenneth J. Hagan），《美国海外关系史》第五版（*American Foreign Relations: A History*, 5th ed.），霍顿·米夫林出版公司（Houghton Mifflin Company），2000年。经霍顿·米夫林公司授权使用

他从来没有在工业机械方面取得任何功绩。但是从另一方面来说，他情感丰富又多愁善感。像女性一样，他也热爱珠宝、舞蹈和歌唱。"

美国领导人的语言中同样充满了诸如"男子气概"和"软弱者"这样的词汇。参议员洛奇的女婿、西班牙—美国战争老兵、国会议员奥古斯都·P.加德纳（Augustus P. Gardner）称"欲望与血的竞技场上能找到真汉子"。勇士总统西奥多·罗斯福将有色人种[或"小黑"（darkeys），他是这么称呼他们的]视为女里女气的弱者，认为他们缺乏自治能力，也不能应对世界政治。美国人习以为常地将拉丁美洲人视为需要密切监管的混血儿，如同渴望男子汉拯救的悲伤少女或者需要监护的儿童。这种美国海外关系中挥之不去的性别化意象加上种族思维，将女性、有色人种和国力不如美国的国家置于权力阶层上的低等位置，赋予他们依赖性的地位，将美国统治正当化。

牧师乔赛亚·斯特朗（Josiah Strong）广受欢迎而富有影响力的著作《我们的国家》（1885）推崇盎格鲁—撒克逊种族，认为它注定将统治别的种族。"美国人前进，世界就前进，"他宣称。几年后，他又写道，"成为一个基督徒、一个盎格鲁—撒克逊、一个美国人……就是站在特权的山巅。"社会达尔文主义者将美国人视为高人一等的民族，认为他们肯定能击败所有竞争对手。国务卿托马斯·F.贝亚德（Thomas F. Bayard，1885—1889）称颂"我们的人口和资本"大量涌入墨西哥，"用美国性浸透这些地区"，但是他又补充道，"我们不想要他们"，除非"他们符合标准"。

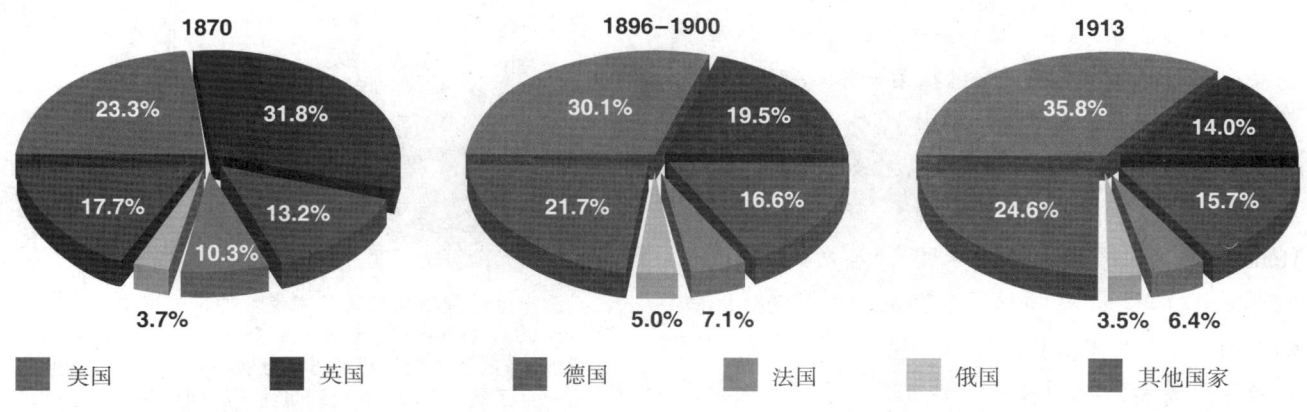

图表22.2 美国经济在世界上崛起

1870: 23.3% | 31.8% | 17.7% | 13.2% | 10.3% | 3.7%
1896—1900: 30.1% | 19.5% | 21.7% | 16.6% | 5.0% | 7.1%
1913: 35.8% | 14.0% | 24.6% | 15.7% | 3.5% | 6.4%

■ 美国 ■ 英国 ■ 德国 ■ 法国 ■ 俄国 ■ 其他国家

来源：艾伦·L.弗里德伯格（Aaron L. Friedberg）：《疲惫的泰坦》（*The Weary Titan*），普林斯顿大学出版社（Princeton University Press），1989年，平装本。经普林斯顿大学出版社授权使用

《国家地理》

1888年年初的一个冬日，华盛顿特区宇宙（Cosmos）俱乐部的33位成员围坐在一张桃花心木桌子旁，考虑"是否可能组织一个提升和传播地理知识的协会"。他们的成果就是国家地理协会（National Geography Society），它注定成为全世界最大非营利性科学和教育机构。

这个计划的核心是一本刊物，目的在于为协会赢得广泛支持。1888年10月，《国家地理杂志》（后简化为《国家地理》）应运而生。最早的几期内容简短、技术性强，而且视觉上平淡乏味，因此销售情况很不理想。然而，1898年，亚历山大·格雷厄姆·贝尔（Alexander Graham Bell）担任协会主席，做出两大关键改变：他把书报亭销售变成协会会员制，认为足不出户的神游旅行者们会蜂拥而至参加一个著名的俱乐部，事实证明他的预测分毫不差。他还委任了富有才华的新主编吉尔伯特·H.格罗夫纳（Gilbert H. Grosvenor），格罗夫纳年仅23岁，他编撰引起读者普遍兴趣的文章，并且下了出乎意料的一步棋，在一期刊物的11页中放满照片。

这些早期照片展示了人们如何身着当地服饰僵硬地面对镜头，就像人类学的样本一样展示给读者。但是它们引起了轰动。至1908年，图片占到整本杂志的50%。1910年，第一批彩色照片出现在关于韩国和中国的24页跨页中，创下了当时单期期刊刊印最多彩色照片的纪录。多年之后，《国家地理》将夺得另外几项摄影第一，包括第一张北极生物和第一张海底世界的自然彩色照片。

协会还运用会员费赞助探险，比如1909年罗伯特·佩里（Robert Peary）和马修·汉森（Matthew Henson）的北极探险，以及后来雅克·库斯托（Jacques Cousteau）的多次海洋探索，珍妮·古道尔（Jane Goodall）对野生黑猩猩的近距离观测拍摄。这些探险故事接着和震撼的照片一起出现在杂志页面上。到1954年格罗夫纳离开总编职位时，发行量已经增长至200多万册。

格罗夫纳的成功秘诀中包括一些不那么让人欣赏的元素。他的编辑向摄影师施压，要求他们提供"漂亮女孩的照片"，以至于一位摄影师回忆道："在订阅率飞速增长期间，成百上千袒胸露乳的女性刊登在杂志上，这些女性全都来自比较贫困的国家。"编辑们为了避免争议问题，以玫瑰色的滤镜呈现这个世界。比如，第二次世界大战前夕发表的一篇文章完全不包含对纳粹政治的批判，也没有提到对犹太人的迫害。近年来，我们可以看到这本杂志上开始出现更有新闻价值的主题——艾滋病、干细胞研究、飓风卡特里娜和全球变暖——但斟酌谨慎而非政治化的调性依然没变。

由始至终，该协会持续扩大自己的版图，涉足图书出版、地图、地球仪和电视纪录片。以海外读者为目标，1995年该协会推出了日语版，随后又增加了25个海外版。《国家地理》，在一个世纪将美国与遥远的土地相连之后，现在反其道而行之，让远方的读者与美国相连。

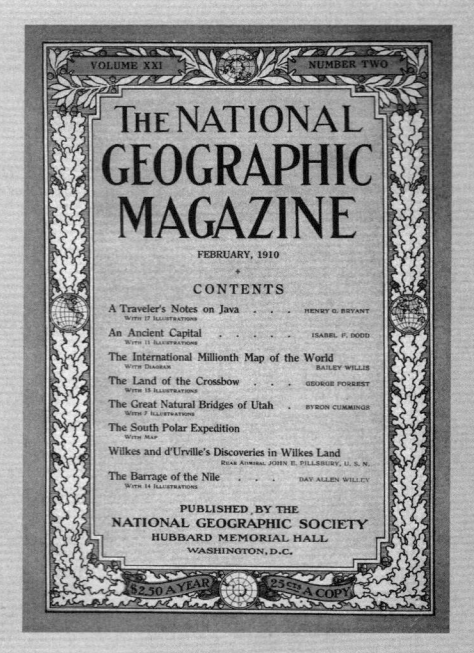

▲ 英国出生的加拿大装饰艺术家罗伯特·维尔·克劳奇（Robert Weir Crouch）设计出巩固杂志视觉特征的版式时，《国家地理》封面格式已经经历了五次改版。新的设计风格独特，一目了然，1910年2月刊封面上的橡树和月桂边框将保留近半个世纪，基本没有变化，尽管浅黄色边缘后来被金黄色代替。

图片来源：国家地理协会图像收藏

种族思维在杂志照片、卡通、世界博览会、明信片、学校教材、博物馆和政治演说中广泛传播,加强了美国伟大的观念,影响了美国领导人对待其他民族的方式,并且抹杀了反思其他社会细致肌理的必要性。1888年出版第一期的《国家地理》杂志用照片记录了美国涉足亚洲和太平洋事务的过程。即使这些照片中充斥着微笑的脸庞,但是其中呈现的形象是奇特而异域风情的,表现的是前现代的民族,与"西方"大相径庭。博览会也将这些所谓的未开化有色人种安排在"古怪"或者"中途"部分。1904年圣路易斯世界博览会上,食狗肉的菲律宾人引起了热议。这种种族主义贬低了外交,将占领和战争正当化,因为征服者宣称自己高人一等,不需要与低等人谈判。

同样的思想在对待移民的态度中也屡见不鲜,这几年美国首次限制移民进入美国。尽管《柏林盖姆条约》(Burlingame Treaty, 1868)允许美国和中国之间自由移民,但是针对中国移民的暴动一次次在美国西部爆发——洛杉矶(1871)、旧金山(1877)、丹佛(1880)和西雅图(1886)。1880年的一部新条约允许国会阻止中国向美国移民,两年后,国会行使了这项权利。1885年,怀俄明州罗克斯普林斯(Rock Springs)发生暴力事件,白人矿工和铁路工人发起暴动,屠杀了至少25名中国人。

1906年,旧金山教育委员会下令在特殊学校中隔离所有中国人、韩国人和日本人,反映了许多西海岸美国人的反亚裔偏见。东京抗议美国对其公民的歧视。第二年,罗斯福总统与东京达成"绅士协议",限制日本移民的涌入,平复了这一危机;旧金山接着废除了隔离令。1913年,与东京的关系再次震动,因为加利福尼亚立法会否认日本居民在该州中拥有财产的权利。

"教化"冲动

扩张主义者融合了自利和美国海外政策中典型的理想主义,相信帝国对美国人和统治下的人们都有好处。美国人宣称,当美国干预其他土地或者向弱国说教时,他们是在改造海外社会,将自由和繁荣播撒向不那么幸运的人们。作为菲律宾总督(1901—1904),威廉·霍华德·塔夫脱描述美国在这个新殖民地中的使命是提升菲律宾人的"文明程度",让他们"对美国感恩戴德"。塔夫脱后来成为战争部长(1904—1908),关于中国人,他评论道:"他们越文明……越富有,对我们来说就是越好的市场。""这个世界应该基督化、文明化,"乔赛亚·斯特朗牧师道,"开化过程不就是创造更多、更高的愿望吗?"

像幕拉第那样的传教士被派往非洲和亚洲,帮助美国文化和力量更快地传达到海外,正如牧师弗雷德里克·盖茨(Frederick Gates)所言,旨在"和平征服世界"。1880年代从大学校园发起的外国使团学生志愿者组织(Student Volunteers for Foreign Missions)至1914年已经将大约6 000名传教士送到国外。1915年,总共有10 000名美国传教士在海

▲ 1901年,传教士查尔斯·哈特韦尔(Charles)和安娜·哈特韦尔(Anna Hartwell)兄妹乘坐"福音船"前往中国福州传教团工作。

图片来源:美国公理会(ABCFM)图片收藏:个人,凯特·C.伍德哈尔(Kate C. Woodhull),霍夫顿图书馆(Houghton Library),哈佛大学图书馆。经联合基督教会广大教会职事会(Wider Church Ministries of United Church of Christ)授权使用

外工作。至1915年，单单在中国就有超过2 500名美国新教传教士辛勤工作、宣讲教义、在学校中任教、提供医疗服务，其中大多数是女性。

野心和战略

美国领导人确定指导原则，建立支持海外野心的机构，美利坚帝国逐渐发展壮大，间或踌躇不前。其中的一位主要构建者，来自纽约的参议员（1849—1861）和国务卿（1861—1869）威廉·H.苏厄德（William H. Seward）冷漠无情地为开拓美国边境辩解。"在罗马帝国的历史上，扩张的野心从未像美利坚民族那样显著。"他曾说过。苏厄德构想了一个庞大和谐的美利坚帝国，包含加拿大、加勒比、古巴、中美洲、墨西哥、夏威夷、冰岛、格陵兰和太平洋诸岛。这个帝国将通过各国对美国自然的向心力而非战争达到目的。商业将加速这一进程，穿越中美洲的运河、横跨大陆的美国铁路将连接亚洲市场，电报系统可以加速通信。

苏厄德的帝国追求

苏厄德浮夸的计划并没有在他在世时获得成果。比如，1867年，他与丹麦签署条约，购买丹麦属西印度群岛（Virgin Islands），但是参议院中的国内政敌和一场摧毁圣托马斯的飓风让他的努力飞灰湮灭。维尔京岛民投票赞成合并，但不得不等到1917年才获得正式美国公民地位。苏厄德与寡廉鲜耻的多米尼加共和国领导人在萨满湾（Saman Bay）建立加勒比海军基地的计划也注定失败。这场声名狼藉的交易散发出腐败恶臭，飘进了尤利西斯·S.格兰特（Ulysses S. Grant）的政府，并且阻碍

▲ 从19世纪末开始，标准石油[埃克森美孚公司（Exxon Mobil Corporation）的前身]派遣专员前往中国，说服中国人使用美国制造的煤油点灯和烧火。为了推动销售，美国企业家派发小煤油灯，中国人将之称为"美孚（美丽的伴侣）"。威廉·P.柯尔特曼（William P. Coltman）是其中一位推广这种灯的专员，照片里，他和中国商业伙伴坐在一起。

图片来源：埃克森美孚公司

了1870年格兰特购买整个岛国的行动。参议院反对合并。

反帝国主义而不仅仅是政治，阻碍了苏厄德的道路。帝国的反对者，如参议员卡尔·舒尔茨（Carl Schurz）和《国家》杂志的编辑E.L.戈德金（E.L. Godkin）辩称，美国已经有足够多的未定居土地，在国内创造民主和繁荣的展示窗是说服其他民族接纳美国体制和原则的最佳途径。一些反帝国主义者保持当时的种族主义观念，反对合并深色皮肤民族居住的领地。

苏厄德取得了一些成功。1866年，他援引门罗主义（参见第237页），派遣部队前往墨西哥边境，要求法国放弃那里的傀儡政权。面对愤怒的墨西哥民族主义者，拿破仑三世放弃了三年前用武力建立的极权君主制。1867年，苏厄德向俄罗斯支付720万美元购买阿拉斯加591 000平方英里土地，这块土地的面积是得克萨斯的两倍。一些批评者将其嘲讽为"苏厄德的冰箱"，但是这位国务卿称这片俄国土地蕴藏着丰富的自然资源，参议员的投票结果赞成这项条约。同年，苏厄德对太平洋中的中途岛（Midway Islands）宣誓主权（夏威夷西北部的两座小岛和一座珊瑚环礁，因为大致在北美和亚洲之间的中间而得名）。

国际交流

苏厄德还实现了用一个巨大通信系统将全世界密切相连的梦想。1866年，通过金融家赛勒斯·菲尔德（Cyrus Field）的不懈努力，水下跨大西洋电缆连接了欧洲和美国的电报网络。在J.P.摩根的资本支持下，通信业先锋詹姆斯·A.斯克莱姆瑟（James A. Scrymser）把电报线路接到拉丁美洲，于1890年进入智利。1903年，水下电缆穿过太平洋到达菲律宾群岛；三年后，又延伸至日本和中国。关于市场、危机和战争的信息稳定而迅疾地流动。有线电报就像后来的无线电通信（无线电报）一样，让地球缩小了。通过先进的通信和交通运输，国与国被拉近了，同时它们也发现，远方的事件对它们的繁荣和稳定有着越来越大的影响。由于通信革命，"国与国摩肩接踵。"艾姆赫斯特学院（Amherst College）教授埃德温·格罗夫纳（Edwin Grosvenor）在1898年点评道。

越来越多的美国外交官发现，他们已经可以在基本平等的条件下与欧洲列强谈判，这是美国已经登上国际舞台的明确信号。比如，华盛顿官员成功地在有关萨摩亚的竞争中直面欧洲列强，这一美丽的南太平洋群岛距离旧金山4 000英里，位于通往澳大利亚的贸易路线上。1878年，美国获得了在萨摩亚备受觊觎的帕果—帕果（Pago Pago）港设立装煤站的专权。极度艳羡的英国和德国开始与萨摩亚领导人交涉。年复一年，矛盾愈演愈烈，列强将战舰派往萨摩亚，导致萨摩亚领袖之间党派之争不断。战争似乎成为可能。在最后时刻，英国、德国和美国于1889年在柏林聚首，设计了一个三方保护国体制限制萨摩亚的独立，完全没有征询萨摩亚人的意见。10年后，三股势力瓜分了萨摩亚；美国通过合并群岛的一部分（现在被称作美属萨摩亚，由美国内务部管理）获得了帕果—帕果；德国获得了如今的独立西萨摩亚；而英国，因为正式放弃对萨摩亚的权利，获得了吉尔伯特群岛（Gilbert Islands）和所罗门群岛（Solomon Islands）。

艾尔弗雷德·T.马汉（Alfred T. Mahan）和海军至上主义

热心的扩张主义者提倡海军至上主义，对于全世界各个地区虎视眈眈，连美国利益薄弱的非洲都不放过。海军至上主义是一场建立帝国海军的运动。他们的注意力被欧洲列强尤其是德国引向海军建设，主张建立更强大的现代化海军，在传统的"棕水"（brown water）近海防御和河流作业角色以外加入对"蓝水"的海洋控制权。阿尔弗雷德·T.马汉上校成为这支"新海军"的主要宣传者。他主张，由于海外贸易对美国至关重要，国家需要有效的海军保护船运；而海军需要殖民地用以建立基地。"无论美国人是不是愿意，"马汉写道，"他们现在必须开始往外看了。这个国家日益增长的生产力要求他们这么做。"马汉在罗德岛纽波特（Newport）的美国海军学院（Naval War College）担任校长，他的授课讲义集结成《海权对历史的影响》(The Influence of Sea Power upon History, 1890)一书出版。该书端放在每个严肃扩张主义者的书架上，海外领导人纷纷翻阅。西奥多·罗斯福和亨利·卡伯特·洛奇热忱地咨询马汉，对于贸易、海军和殖民地之间的联系，以及警惕德国与日俱增的"侵略军事精神"等，他们观点相近。

美国朝着海军现代化进发，国会于1883年授权建造第一艘钢铁船身战舰。美国工厂各司其职地制造蒸汽引擎、高速炮、威力巨大的枪支和瞄准工具。海军从船帆动力变成蒸汽动力，从木材变成钢铁。新海军船只通常以州或城市命名，以便激起民众的爱国主义情感，让他们支持海军扩张，比如缅因号、俄勒冈号、波士顿号，这些行动让美国的海军强盛起来，尤其是在1890年代危机期间。

1890年代危机：夏威夷、委内瑞拉和古巴

在萧条笼罩的1890年代，夏威夷和古巴的危机让美国扩张主义者有机会实践他们狂热的观点，为参议员洛奇所称的"大政治"一搏。很多人相信国内边境已经到头，因而强调扩张主义事业。1893年，历史学家弗雷德里克·杰克逊·特纳（Frederick Jackson Turner）假设，不断扩张的大陆边境塑造了美国性格。"边境没了，"特纳宣称，"随着边境的消失，美国历史的第一阶段也结束了。"他并没有明确说必须在海外寻找新的边境才能维持美国生活方式，但是他确实宣称："美国的能量需要更广阔的土地去施展。"

合并夏威夷

夏威夷是太平洋上八座大岛屿组成的列岛，距离美国西海岸2 000英里，成为美国人的新边境。夏威夷群岛一直吸引着美国的注意——商业、宗教传教、海军和外交。虎视眈眈的美国扩张主义者设想船只从东部海岸起航，穿过中美洲运河，经由夏威夷到达传说中的中国市场。至1881年，国务卿詹姆斯·布赖恩（James Blaine）已经宣称夏威夷群岛"本质上是美国系统中的一部分"。至1890年，美国人已经拥有大约3/4的夏威夷财富，并且其经济通过蔗糖出口从属于美国经济，这些出口的砂糖进入美国市场时免税。

在夏威夷的多种族社会中，中国人和日本人远多于美国人，美国人只占总人口的2.1%。夏威夷群岛上有权有势的美国人组织秘密俱乐部和军事组织挑战皇家统治，其中包括律师、商人和蔗糖种植园主，许多是传教士的儿子。1887年，他们迫使国王接受一部宪法，赋予外国人投票的权利，把决策权从君主制转移至立法会。同年，夏威夷将珍珠港的权利赋予美国海军。许多夏威夷土著（1890年占总人口的53%）相信"外国人"（haole）正在从他们手里把国家夺走，尤其是美国人。

1890年的《麦金莱关税法案》在夏威夷制造了一场经济危机，更进一步削弱了本土统治。这项关税取消了夏威夷砂糖免税出口到美国的特权。由于遭遇砂糖价格和利润的下跌，美国岛上精英向当局施压，要求美国合并夏威夷群岛，这样他们的砂糖就可以分类为国内产品而不是海外产品。1891年莉里渥卡拉尼公主登基，试图从外国人手中夺回政治权力。第二年，畏惧夏威夷民族主义并且遭受《麦金莱关税法案》重创的白人寡头小集团成立了颠覆性的合并俱乐部（Annexation Club），质疑莉里渥卡拉尼的道德品行。

1893年1月，合并主义者与美国在夏威夷的首席外交官约翰·L.史蒂文斯（John L. Stevens）勾结，发起攻击。史蒂文斯派遣来自美国军舰波士顿的军队占领了火奴鲁鲁。女王被逮捕、监禁，最终投降。然而，女王并没有屈服于由传教士之子、位高权重的律师桑福德·B.多尔（Sanford B. Dole）领导的新临时政权，而是将权力移交给了美国政府。美国国旗在夏威夷升起。"夏威夷梨子现在完全成熟了，现在是采摘的黄金时刻。"志得意满的史蒂文斯知会华盛顿。本杰明·哈里森（Benjamin Harrison）总统无视女王和日本人的抗议，迅速把合并条约送达参议院。

▲ 1893年，莉里渥卡拉尼女王（1838—1917）被富有的革命者从王座上赶了下来，她在自传、日记和采访中极力抗议美国在1898年合并夏威夷的举措。多年来，她捍卫夏威夷民族主义，强调1893年的美国官员与桑福德·B.多尔及其他人勾结，颠覆本土君主政权。

图片来源：主教博物馆/莉里渥卡拉尼信托基金提供

新任总统格罗弗·克利夫兰意识到欺诈行为的存在，下令调查，证实经济精英与史蒂文斯暗中勾结，并注意到大多数夏威夷人反对合并。美国国旗又降了下来。但是在西班牙—美国战争期间，夏威夷作为通往亚洲和菲律宾的战略和商业中转站，地位再次备受瞩目，1898年7月7日，总统威廉·麦金莱通过国会操纵了合并，通过大多数投票［纽兰兹决议（Newlands Resolution）］而非条约完成合并行为，因为条约要求2/3多数票赞成才能签署。1900年6月《组织法》（Organic Act）实行，夏威夷人民成为美国公民，拥有在当地选举中投票的权利，并有权派遣没有投票权的国会代表。1959年夏威夷正式成为美国的州。

委内瑞拉边境争端

1895年的委内瑞拉危机同样可以看出美国的扩张情绪。几十年来，委内瑞拉和英国就委内瑞拉和英属圭亚那之间的边境线争端不断。争议领土蕴含着丰富的黄金储备以及奥里诺科河（Orinoco River）河口。委内瑞拉寻求美国的帮助。克利夫兰总统认为"卑鄙贪婪的"英国人必须受点警告。1895年7月，国务卿理查德·奥尔尼（Richard Olney）鲁莽地向英国人喊话，称门罗主义禁止欧洲势力否认西半球各国的自治权。他向全世界受众传达自己强硬的言辞，宣称美国是一个"文明的国度"，在美洲它的"命令就是法律"。他宣称，美国是"掌控者，在任何别的强国面前都是坚不可摧的"。英国人希望获得国际盟友以对抗来自德国越来越激烈的竞争，于是安静地退出了这一争端。1896年，盎格鲁—美利坚仲裁委员会划分了英国和委内瑞拉之间争议领地的边界。这一切几乎没有征求委内瑞拉人的意见。因此，美国展现了帝国主义者共有的一种特质：无视小国的权利和感受。

1895年，美国政策带来的另一场危机悄然而至，这次是在古巴。1868至1878年，古巴人与西班牙人抗争，争取独立。奴隶制废除了，但是独立遭到否决。而古巴经济遭遇萧条，高压的西班牙统治仍在继续。投身自由古巴（Cuba libre）运动的反抗者等待另一个机会，古巴历史上的英雄之一何塞·马蒂（Jose Martí）从美国获得资金、武器和人员。

古巴革命

美国对古巴独立事业的支持是美国人和古巴人产生交集的众多方式之一。比如，他们的文化互相融合。各个阶层的古巴人在巴尔的摩、纽约、波士顿和费城定居。岛上地位显赫的古巴人把孩子送到美国的学校接受教育。古巴放逐者回到家乡时，许多人身着美国服饰，说英语，用美国名字，打棒球，而且抛弃了天主教改信新教宗派。古巴人与身份认同冲突做斗争，欣赏美国文化，但是同时憎恨美国的经济霸权（控制）。

古巴和美国经济的羁绊也颇深。5 000万美元的美国投资主导着这个加勒比岛屿，这些资金大多投入了甘蔗种植园。90%以上的古巴蔗糖出口到美国,大多数岛上的进口产品来自美国。哈瓦那的著名雪茄工厂搬迁到基维斯特(Key West)和坦帕(Tampa),以规避关税保护主义美国的关税法律。然而,马蒂担心"经济统一意味着政治统一",因为"买方国家命令",而"卖方国家服从"。他警告人们,要警惕美国把拉丁美洲国家变成"依赖国"的"征服政策"。

马蒂的担忧具有预见性。1894年,《威尔逊—戈尔曼关税法案》对古巴蔗糖征税,而此前这种商品在《麦金莱关税法案》下一直是免税进入美国的。高度依赖出口的古巴经济陷入深深的危机,推动了该岛的反西班牙革命,并使它进一步融入了"美国体系"。

1895年,在美国土地上,马蒂发起了耗费巨大人力物力的反西班牙革命。反抗者焚烧甘蔗田、夷平磨坊、发起经济战争,使用游击战术避免与西班牙士兵正面交锋。"为了让蜜蜂四处飞舞,烧掉蜂巢是必要的。"反抗领袖马克西莫·戈梅(Máximo Gómez)解释道。美国投资被付之一炬,而古巴—美国贸易规模缩小了。为了将反抗者与古巴人中的支持者分开,西班牙将军瓦莱里亚诺·魏勒尔(Valeriano Weyler)制定了一个叫作"再集中"的政策。大约300 000名古巴人被集中到守备森严的城镇和营地中,在那里,饥饿、匮乏和疾病导致数以万计人的死亡。关于残暴和破坏的报道成为美国黄色报刊上的头条新闻,美国人越来越同情起义者。1897年年末,马德里的新政府修改了再集中政策,保证赋予古巴一定自治权,但是起义者继续步步为营。

缅因号沉没

帝国主义者总统威廉·麦金莱就任,他主张为

◀ 1898年7月1日,美国军队突袭古巴圣地亚哥附近圣胡安山(San Juan Hill)上的西班牙驻地。双方都伤亡惨重。《哈珀斯杂志》的一名通讯员报道了成百上千人死亡和受伤的恐怖情景。美国画家威廉·格拉肯斯(William Glackens,1870—1938)把亲眼所见的一幕画了下来。圣地亚哥于7月17日投降,推动了美国在这场战争中的胜利,由于"勇猛骑士"西奥多·罗斯福参加了圣胡安山之战,并且后来对这次经历加以自我美化,这幕人间惨剧常常不为人所关注。

图片来源:沃兹沃思艺术学院艺术博物馆(Wadsworth Atheneum Museum of Art),康涅狄格哈特福(Hartford),亨利·E.施耐肯伯格(Henry E. Schnakenberg)赠

新海军建立海外基地，将过剩产能出口，并拥护西半球的美国至上主义。他被古巴的动乱激怒，开始相信西班牙应该放弃它的殖民地。他曾试图用3亿美元收购古巴。1898年年初的一系列事件导致麦金莱怀疑马德里是否有能力让古巴重获和平。1月，反对革命、支持西班牙的现政权拥护者和军事人员在哈瓦那发起暴动，华盛顿命令战舰缅因号前往哈瓦那港，证明美国对该事件的关注，并保护美国公民的人身财产安全。

2月15日，一场爆炸撕裂了缅因号，354名美国官员和船员中266人死亡。仅仅一个星期前，威廉·兰道尔夫·赫斯特（William Randolph Hearst）煽风点火地在《纽约日报》发表了一封截获的私人信件，这封信是由华盛顿的一个西班牙神父恩里克·杜布依·德洛梅（Enrique Dupuy de Lome）写的，他诋毁麦金莱"孱弱、邀买人心"，并建议西班牙坚持斗争。国会很快全体一致通过麦金莱的5 000万美元国防军费要求。负责调查缅因号灾难的海军委员会称，水雷导致了这场爆炸。急于复仇的美国人谴责西班牙人（后来官方和非官方研究将缅因号的沉没归结于意外的内部爆炸，很可能是由于通风不良的煤仓自燃引起的）。

麦金莱的最后通牒和战争决定

这些事件的影响让麦金莱的外交选择所剩无几。尽管不情愿开战，他还是决定向西班牙发出最后通牒。3月末，美国坚持西班牙接受停战协议，完全终止集中营措施，并且指明麦金莱为仲裁人。马德里政府让步了，终止了集中营，接着先拒绝、随后接受停战。疲惫不堪的总统迟疑了，但是他无法再忍受距离美国海岸只有90英里的地方长期混乱。4月11日，麦金莱向国会请求授权运用武力"确保西班牙和……古巴……之间的仇恨完全终结，并在岛上建立稳定、有能力维持秩序的政府"。他说，美国干预意味着"对争端双方进行敌对强制约束"。

麦金莱列举了战争的理由："人道主义事业"，保护美国生命和财产安全，反抗"对我们人民的商业、贸易和生意的严重伤害"，（援引缅因号被毁事件）消除"对我们和平的持续威胁"。在报告的最后，麦金莱提到西班牙最近的让步，但是不以为然。他没有提及另一个可能的动机：德洛梅将他刻画为"孱弱的"，海军助理部长西奥多·罗斯福也曾如此攻击他。4月19日，国会宣布古巴自由和独立，并且指示总统使用武力将西班牙势力从岛上赶走。立法者通过了《泰勒修正案》（Teller Amendment），否认美国合并古巴或控制该岛的任何企图，除非是为了保证它的"平定"（他们指的是镇压人口中所有活跃的敌对因素）。麦金莱驳回了一项承认反叛政府的国会修正案。他相信古巴人还没有做好自治的准备，称他们需要一段时间的美国指导。

西班牙—美国战争和帝国之辩

外交手段失败了。西班牙同意让步时，各种事件已经让战争一触即发。华盛顿也许本可以更有耐心，马德里也许本可以直面曾经辉煌的帝国已经瓦解的事实。尽管如此，妥协的希望看起来很渺茫，因为不断前进的古巴反抗者得不到完全独立誓不放弃，而西班牙政府如果放弃就休想待在台上。美国也并不欢迎一个真正独立的古巴政府，因为这样的政府可能会损害美国利益。正如历史学家小路易斯·A.佩雷斯（Louis A. Perez Jr.）所言，麦金莱的战争决定"不仅针对西班牙统治，也同样针对古巴独立"。因此，一场被（古怪而精准地）称为"西班牙—美国—古巴—菲律宾战争（Spanish-American-Cuban-Filipino War）"的战争拉开了帷幕，这个称谓囊括了所有主要参战方，并点明战场所在以及涉及的相关利益方。

战争动机

赞成战争的美国人的动机很复杂，混合了多重因素。麦金莱4月的报告表达了阻止血流成河的人道主义冲动、对商业和财产的忧虑，以及一劳永逸地终结噩梦般焦虑的心理需求。共和党政治家们向麦金莱建言,称他如果解决不了古巴问题,他们的政党将在即将到来的国会选举中失利。许多在1898年初危机之前犹豫不决的商人加入了农民的行列,相信将西班牙统治驱逐出古巴将为过剩产能打开新的市场。

根深蒂固的帝国主义者将这次战争视为实现扩张主义梦想的良机,而保守主义者在平民主义和暴力罢工的警戒下欢迎战争,视之为一种民族统一的手段。一位参议员评论道:在"爱国主义的炽烈热量中","内部矛盾"消失了。哗众取宠同样在美国走向战争过程中起到一定作用,黄色报刊大肆夸大西班牙罪恶累累的故事。西奥多·罗斯福和其他人太年轻,对血腥的内战没有记忆,他们将战争视为一场冒险,用男性化的修辞奏响了战争的号角。

战争期间,超过263 000名正规军和志愿军在军队中服役,另外25 000人在海军服役。他们中大多数人从未离开过美国。典型的志愿军很年轻(二十出头),白人,未婚,本土出生,属于劳动阶层。其中许多是南方人,这一事实使内战导致的激烈分歧最终和解。战争死亡人数为5 462,而死于战斗的只有379人。其他人死于黄热病或伤寒,大多数人死在美国,尤其是在田纳西、弗吉尼亚和佛罗里达的军营里,7月至8月,一场伤寒疫情毁灭了整支队伍。大约有10 000非裔美国军人被编成隔离的军团参加西班牙战争,他们发现自己并不能免于种族主义和黑人歧视法的迫害,即使黑人军队在古巴圣地亚哥的决胜战役中扮演着关键角色。对所有人来说,食物、卫生和医疗条件很糟糕,罗斯福却难以自抑。尽管他的勇猛骑士是一帮由常春藤学生和牛仔组成的五花八门的队伍,目无军纪而且基本没起到什么作用,但是他们却吸引了大量媒体报道,这主要是因为罗斯福自吹自擂的公关宣传。

菲律宾战场上的杜威

让大多数美国人感到惊讶的是,最早的战争

◀ 就像任何时代任何战争中的士兵一样,西班牙—美国战争中的士兵们迫切渴望家乡的消息。照片中两位无名的士兵坐在帐篷前的空地上阅读书信。

图片来源:堪萨斯州历史协会(Kansas State Historical Society)

613 ▲ 加勒比的西班牙舰队指挥官是帕斯库尔·科卑拉上将（Pascual Cervera y Topete）。1898年5月19日，他的中队进入古巴圣地亚哥湾，很快遭到威廉·T.桑普森上将（William T. Sampson）的舰队封锁。7月3日，塞尔韦拉（Cervera）在接到马德里的命令后英勇地尝试突破美国封锁线，但是失败了。亨利·鲁特达（Henry Reuterdahl）的画作描绘了中队被击沉的景象。塞尔韦拉活了下来，并成为战犯。

图片来源：1898年西班牙—美国战争的故事，由中尉W.纽菲尔·金（W. Newphew King）讲述/图像研究顾问和档案

消息实际上来自遥远的亚洲，位于菲律宾群岛的西班牙殖民地。在那里，马德里政府也遭到了追求独立的菲律宾人的挑战。1898年5月1日，乔治·杜威准将（George Dewey）的新海军战舰奥林匹亚号（Olympia）载着一支美国中队进入马尼拉湾（Manila Bay）并击沉了武器装备逊于美国海军的西班牙舰队。杜威和他的水手自2月起就在中国香港戒备，被帝国主义思想主导的华盛顿政府向他下达命令，一旦战争爆发就袭击群岛。马尼拉和珍珠港以及帕果—帕果一样都是可选择的港口，而菲律宾位于通往中国及其潜在巨大市场的航线上，位置很重要。

面对美国人以及古巴和菲律宾的起义军，西班牙的抵抗很快崩溃。美国战舰封锁了古巴港口，阻止西班牙为军队提供补给，由于古巴起义军切断了乡村的物资供应，西班牙军队遭受饥饿和疾病的折磨。美国军队在6月22日迎来了第一次地面战争行动，当日数千美国士兵在古巴圣地亚哥附近登陆，开始围攻该城市。7月3日，美国战舰在圣地亚哥港击沉了西班牙加勒比中队。美国武装力量接着攻击西班牙殖民地波多黎各，为海军攫取了另一个加勒比基地及战略地点，帮助保护中美洲运河。马德里全面溃败，只能议和。

《巴黎条约》

8月12日，西班牙和美国签署了停战协议终止这场战争。1898年12月，美国和西班牙谈判，双方达成和平协议：古巴从西班牙独立；西班牙将菲律宾群岛、波多黎各和太平洋岛屿关岛割让给美国；美国向西班牙支付2 000万美元作为购买这些领土的费用。美利坚帝国就此深入亚洲，复活岛（Wake Island, 1898）、夏威夷（1898）和萨摩亚（1899）的合并为美国商人、传教士和海军支持者铺平了通往中国的道路。

在对西班牙的战争中，《华盛顿邮报》察觉到"一种新的胃口、一种新的渴望，我们渴望展示力量……第一次尝到帝国的滋味"。但是当举国上下热议《巴黎条约》时，反帝国主义者如作家马克·吐温、内布拉斯加政治家威廉·詹宁斯·布赖恩、知

识分子威廉·格雷厄姆·萨姆纳（William Graham Sumner）、改革者珍妮·亚当斯（Jane Addams）、实业家安德鲁·卡内基以及马萨诸塞州参议员乔治·霍尔（George Hoar）积极展开辩论，反对兼并菲律宾群岛。他们担心解放古巴的战争孕育了新的帝国，并引起了一场关于美国海外政策基本进程的大讨论。

反帝国主义主张

帝国控制可以正式（通过军事占领、兼并或殖民）或非正式（经济控制、政治操纵或威胁干涉内政）地强加于其他国家。反帝国主义愤怒大多集中在正式的帝国主义控制中，包括由居住在远离本土的遥远土地上的有色人种构成的海外领土帝国。一些批评家诉诸原则，援引《独立宣言》和《宪法》：违背他人意志征服其他民族违背了民族自决的权利。哲学家威廉·詹姆斯（William James）谴责美国抛弃了它在各个国家中的特殊地位：他警告道，这是在"摧毁传统"。

另一种反帝国主义者害怕美国个性被帝国主义狂热腐化。珍妮·亚当斯看到芝加哥街道上的孩子们玩战争游戏，指出他们不是解放古巴人，而是屠杀西班牙人。有人希望建立一种与众不同的海外政策拥护者选区，脱离女性俱乐部和女性组织，亚当斯这样的德高望重的女性捍卫和平，并为终结帝国主义征服而斗争。

一些反帝国主义者抗议美国正在实行双重标准——"一方面向古巴人提供独立，另一方面却将自由塞进菲律宾人的咽喉，同时双脚践踏黑人的脖颈。"正如一位来自马萨诸塞州的非裔美国政治家所言。还有另一派反帝国主义者警告人们，兼并有色民族将破坏本土的盎格鲁-撒克逊的纯洁性和至高无上地位。

对于塞缪尔·龚帕斯（Samuel Gompers）和其他反帝国主义工人领袖来说，问题在于工作；他们担心龚帕斯所谓的来自新殖民地的"混血儿和半野蛮人"将使美国劳动力变得廉价。新殖民地的居民是否会作为廉价的协议劳动力引入，拉低美国工人的薪资？压榨海外的弱者难道不会传染到国内，导致国内进一步压榨弱者？一个海外的帝国难道不会挤占利益和资源，搁置迫在眉睫的国内问题，延缓改革？

反帝国主义者带着许多缺陷加入辩论，从来没有发起过有效的运动。尽管他们于1898年11月组织了反帝国主义同盟（Anti-Imperialist League），但是他们在国内问题上分歧非常严重，以至于根本无法在海外问题上统一口径。他们看起来还经常不合逻辑：龚帕斯支持战争，但是不提倡战后兼并；卡内基接受殖民地，只要不是通过武力占领；霍尔赞成兼并夏威夷，但是不赞成兼并菲律宾；布赖恩支持《巴黎条约》，但是仅仅是为了加速菲律宾独立的进程。最终，拥有菲律宾已经是既成事实了，要撤销非常困难。

帝国主义之辩

为了回应批判，帝国主义者诉诸爱国主义、命运和商业。他们描绘了美国宏图大志的蓝图：在无边无际的亚洲市场，美国商船密布于水域；海军战舰在太平洋中游弋，捍卫美国利益；传教士努力改变劣等民族。他们坚称这是美国的责任，引用当时非常流行的拉迪亚德·吉卜林（Rudyard Kipling）的诗作："肩负起白人的重担。"不仅如此，菲律宾起义者开始反抗美国统治，在炮火前退却似乎是懦夫所为。德国和日本，两大强有力的国际竞争者，正在菲律宾周围打探，伺机而动，一旦美国放松控制就来夺取。民族尊严让美国人必须维护自己抛头颅洒热血得来的领地。印第安纳州共和党参议员艾伯特·贝弗里奇（Albert Beveridge）问道："（历史）会说，时事将我们造就成历史最高贵的作品，统领和指挥历史上最骄傲、最有能力、最纯粹的种族，难道我们要拒绝这一伟大的使命吗？"

1899年2月，参议院以57对27票（比必要的2/3大多数票仅多一票）通过了《巴黎条约》，结束了西班牙战争。大多数共和党人投了赞成票，大多数民主党人投了反对票。国会的一部修正案承诺一旦菲律宾形成稳定的政府就赋予其独立地位，由于副总统的关键一票，这一修正案未获通过。民主党总统候选人布赖恩将反帝国主义立场带到1900年大选中，警告人们拒绝菲律宾自治权将弱化美国本土的原则。但是获胜的麦金莱拒绝为美国帝国主义道歉，坚称他的政策是为了捍卫国家的利益。

亚洲交锋：菲律宾战争和中国外交

然而，正如麦金莱所知，菲律宾危机远没有那么快结束。他曾说他的目的是"提升和教化"菲律宾人，但是他们否认自己需要美国人的帮助。菲律宾民族主义领袖艾米利奥·阿奎纳多（Emilio Aguinddo）与西班牙斗争多年，相信美国官员承诺赋予菲律宾独立。但是在战胜西班牙之后，美国官员下令阿奎纳多离开马尼拉，让他无法参与影响国家的决议。1899年年初，阿奎纳多感到被《巴黎条约》背叛，于是宣称独立菲律宾共和国成立，并发起了武装起义。美国官员很快对起义亮出了爪牙。

菲律宾暴动和绥靖

在双方的鏖战中，美国士兵焚烧庄稼和村庄、折磨俘虏，而菲律宾武装则发起了打了就跑的伏击，这些残酷的策略常常很有效。就像后来很多战争中的游击队一样，他们会突然发起猛烈攻击，然后散入丛林或友好的村庄中。美国人把菲律宾人称为"野蛮人"，一名士兵宣称菲律宾"不可能平定，除非那些黑蛮子（菲律宾人）像印第安人一样被赶尽杀绝"。美国军队引入了一种西班牙集中营政策的变体。比如在八打雁省（Batangas），美国军队强迫居民住在指定的区域内，以便将起义者和当地支持者分开。灾难随之而来。糟糕的卫生条件、饥荒、疟疾和霍乱导致数千人死亡。在安全区外，美国人破坏食物供应，让起义者陷入饥荒。八打雁至少有1/4人口死亡或逃走。

1902年在菲律宾起义最终被镇压之前，大约20 000菲律宾人死于战斗，多达60 000人死于饥荒和疾病。超过4 000名美国人丧生。然而，对美国统治的反抗并未消失。摩洛省（Moro Province）信仰伊斯兰教的菲律宾人的独立意愿非常强烈，他们激烈反抗基督教信仰，拒绝卑躬屈膝，并且常常很暴力。美国军队命令他们服从，否则就将他们赶尽杀绝。1906年，摩洛人最终遭遇了打击；包括女性和儿童在内的600人在霍洛岛达洛山（Bud Dajo）战役中遭到屠杀。摩洛省总督伦纳德·伍德（Leonard Wood）将军在给总统的书信中写道："这样的工作有着不愉快的一面。"

美国军官采取冷酷的军事手段，很快开始将菲律宾人美国化。美丽城市运动的领袖，建筑师丹尼尔·伯纳姆（Daniel Burnham）规划了现代马尼拉。美国当局设立了全新的教育制度，将英语作为主要教学语言。成千上万年轻的美国教育者在这些新学校中任教，其中有许多人出于理想主义的鼓舞来到这里。菲律宾成为美国卫星国后，国家经济得到了增长，而一项煽动性言论的法律会将批判美国当局者送往监狱，由此禁止他们发声。1916年，《琼斯法案》（Jones Act）暧昧地保证，一旦菲律宾人建立"稳定政府"，就赋予他们独立地位。在第二次世界大战结束后的去殖民化时期，美国最终于1946年结束了统治。

中国和开放门户政策

在中国，麦金莱选择了一种强调谈判的方式，并获得了更大的成功。从1840年代，外国势力就已经开始在中国周围探头探脑，但是日本的冲击加剧了国际争夺。欧美列强利用清王朝的孱弱瓜分了势力范围（在这些地区，外部势力主张政治控制和专有商业特权）：德国在山东，俄罗斯在东北，法国在云南和海南，英国在九龙和香港。接着，1895年，古巴革命爆发的同一年，日本宣布在一场短暂的战争中战胜中国，并且得到中国台湾地区和朝鲜以及中国部分特定区域的控制权。美国宗教和商界领袖向华盛顿请愿在尘埃落定前参与瓜分中国。

国务卿约翰·海依（John Hay）知道美国无法把帝国列强赶出中国，但是他打定主意保护美国商业和幕拉第这样的传教士。他知道传教士成了中国民族主义愤怒的靶子，而美国石油和纺织公司对于自己在该国的投资大失所望。因此，1899年9月，海依向在中国有势力范围的国家发函，请他们尊重平等贸易的机会，遵循开放门户原则。接收者作了避重就轻的回复，私下里抱怨美国在中国寻求自由贸易权利是打算坐收其成，而他们则付出了可观的军事和管理成本。

第二年，一个名叫义和团（Boxers，西方媒体如此称呼该组织是因为其中一些成员是功夫大师）的中国秘密组织煽动杀害外国人的暴动，包括传教士，并且围攻北京的外国公使馆。义和团试图将所有外国人赶出中国。在美国商人和传教士的敦促下，美国加入其他欧洲列强的行列，派遣军队前往中国解围。海依还于7月发送了第二份开放门户信函，要求其他国家保持中国领土完整性，尊重"平等和公平的贸易"。尽管海依提出抗议，但是中国在接下去的多年中仍然是外国势力压榨的沃土，尤其是日本人。

虽然海依对亚洲政治的突袭没有解决什么问题，但是开放门户政策成为美国外交的基石。"开放门户"事实上成为一项长久的美国原则，因为作为贸易国家，美国反对国际贸易中设置障碍，要求在外国市场享有平等机会。然而，1900年后，当美国开始崛起为最大的世界贸易方，开放门户政策成为一种工具，先窥视开放市场，然后占领它们，不仅仅是中国，更包括全世界。开放门户政策也发展成一种由一系列观点构成的意识形态：首先，为了美国的国内福祉需要出口；其次，除非美国参与海外市场、推行美国原则并保持市场开放，否则海外贸易将遭到干预；再次，任何地区向美国商品、公民或价值观关上大门，将威胁到美国自身的存亡。

西奥多·罗斯福的世界

西奥多·罗斯福在麦金莱政府时期的美国海外政策中起着重要的作用。作为海军助理部长（1897—1898）、西班牙—美国战争英雄和麦金莱第二次任期中的副总统，罗斯福孜孜不倦地努力使美国成为列强俱乐部中的重要成员。他一直执迷于权力及其运用。他也爱好狩猎和杀戮。他曾在年轻时与女朋友争吵之后射杀邻居的狗泄愤。他在西部杀死第一头水牛后绕着尸体疯狂地手舞足蹈，震惊了围观的印第安向导。罗斯福认为必要情况下屠杀美国印第安人是正当的，还带领他的勇猛骑士前往古巴，迫不及待地投入战斗。他并没有失望。"我告诉过你了吗？"他后来对亨利·卡伯特·洛奇写道，"我亲手杀了一个西班牙人。"

就像许多同时代的美国人一样，罗斯福对新教的盎格鲁—美国文化的优越性深信不疑，他相信运用美国力量塑造国际事务非常重要。（他引用西非谚语"温言软语扛大棒上哪儿都能吃得开"[Speak softly and carry a big stick, and you will go far]总结这种信念。）在西奥多·罗斯福的世界中存在"文明"和"未开化"两种国家；前者主要是白人，盎格鲁—撒克逊或条顿人，有权利和责任干预后者（一般来说包括非白人、拉丁人、斯拉夫人，因此是"落后的"）的事务，以保障秩序和稳定。假如不得不使用暴力手段才能完成这一使命，那么就用吧。

总统权威

罗斯福对战斗的热爱导致许多人后悔在麦金莱于1901年9月被刺杀后让他继任总统一职。但是这个"牛仔"身上除了恫吓外还有很多别的特质，他也是海外政策和国际事务的机敏分析者。西奥多·罗斯福明白，美国势力尽管逐年增长，但是仍然是有限的，在世界的许多地方美国将不得不依赖外交和非军事手段，以达到令人满意的结果。它必须与其他列强合作。

罗斯福试图在白宫将海外政策集权化。他相信，总统必须掌控海外关系，正如他有权规划国内重整和改革的优先级。国会太大，架构太笨重。提到民意时，罗斯福说，这是"魔鬼之声，或者更糟糕，是蠢蛋之声"。执行者应该成为海外政策中的最高决策者，直至今日西奥多·罗斯福的大多继任者都将此奉为圭臬。

罗斯福带着对总统和国家权力不加掩饰的主张登上了国际舞台。他新官上任第一把火针对的是拉丁美洲，在那里，美国经济和策略利益以及权力举足轻重（参见地图22.1），此外还有欧洲，反复的政治和军事争端让美国人相信，美国应该与英国发展良好关系，避免卷入欧洲大陆的纷扰，许多美国人谴责德国是混乱之源。

当美国利益在拉丁美洲扩张时，美国的政治影响力也是如此。1870年代出口到拉丁美洲的货物超过了5 000万美元，1901年罗斯福升任总统时更是超过了1亿2千万美元，接着在1914年达到了3亿美元。美国公民在拉丁美洲的投资到1914年上升至12.6亿美元。1899年，两个香蕉进口商合并为联合果品公司（United Fruit Company）。联合果品拥有中美洲的大片土地（1913年超过100万英亩）以及铁路和蒸汽船航线，这个公司遂成为该地区影响力巨大的经济和政治势力。该公司致力于根除黄热病和疟疾，与此同时通过为亲美官员提供资金支持来操纵中美洲政治。

古巴和《普拉特修正案》

古巴爆发破坏性的战争之后，美国公民和企业继续主导该岛的经济，控制蔗糖、采矿、烟草和日用产业以及大部分农村土地。古巴的私人美国投资从革命前的5 000万美元增长至1913年的2.2亿美元，美国对古巴的出口额从1900年的2 600万美元上升至1917年的1.96亿美元。《泰勒修正案》禁止兼并古巴，但是华盛顿的官员很快就使用文件中的"绥靖"号召正当化美国的控制。美国军队一直在古巴驻扎到1902年。

美国当局偏向"上流阶层"，将选举权利主要限制在有产阶级古巴男性之间，将2/3成年男性和所有女性排除在外。美国官员还迫使古巴人在宪法中附加了对美国霸权的直接声明，这一法律被称作《普拉特修正案》。该声明禁止古巴和其他国家签署可能损害其独立性的条约；实践中，这意味着所有条约都必须取得美国的批准。最重要的是，另一个《普拉特修正案》条款赋予美国"干预权"，以便保护这个岛屿的独立性，维持国内秩序。这一修正案还要求古巴向美国租借海军基地（位于关塔那摩湾，如今仍然在美国管辖范围内）。这一修正案在1903年的条约中正式化，直到1934年一直指导着古巴和美国的关系。"当然，在《普拉特修正案》下，古巴没有或几乎没有独立性可言，"1902年在该岛任军事总督的伍德将军告诉罗斯福总统。

古巴人和菲律宾人一样，在美国控制下焦躁不堪。古巴人发起大规模示威抗议《普拉特修正案》，1906年一场针对古巴政府的起义促使罗斯福下令再次入侵古巴。海军一直驻扎到1909年，1912年短暂撤回，然后从1917年至1922年再次占领该岛。在这一过程中，美国官员帮助建设了一个交通运输系统，扩张了公立学校体系，建立了国家军队，并且增加了蔗糖产量。沃尔特·里德医生（Dr Walter Reed）以古巴医生卡洛斯·胡安·芬利（Carlos Juan Finlay）的理论为基础，用实验证实了蚊子是传播黄热病的罪魁祸首，卫生工程师通过控制这种害虫根除了这一疾病。

在《美西巴黎条约》中被作为战利品的加勒比岛屿波多黎各，也在美国监护下发展起来。尽管谈判桌旁没有一个波多黎各人，但是波多黎各精英一开始欢迎美国，将之视为相对西班牙的进步。不过，他们的幻想很快就破灭了。屈尊的军事总督盖伊·V.亨利（Guy V. Henry）将波多黎各人视为调皮欠管教的顽童，需要"幼儿园教育让他们懂得自控能力，不能给他们太多自由"。一些居民提醒人们提防"美国人的威胁"；另一些人则赞扬"美国人的模范"，徒劳地渴望取得州地位。

巴拿马运河

与此同时，巴拿马成为美国大胆扩张主义冒险

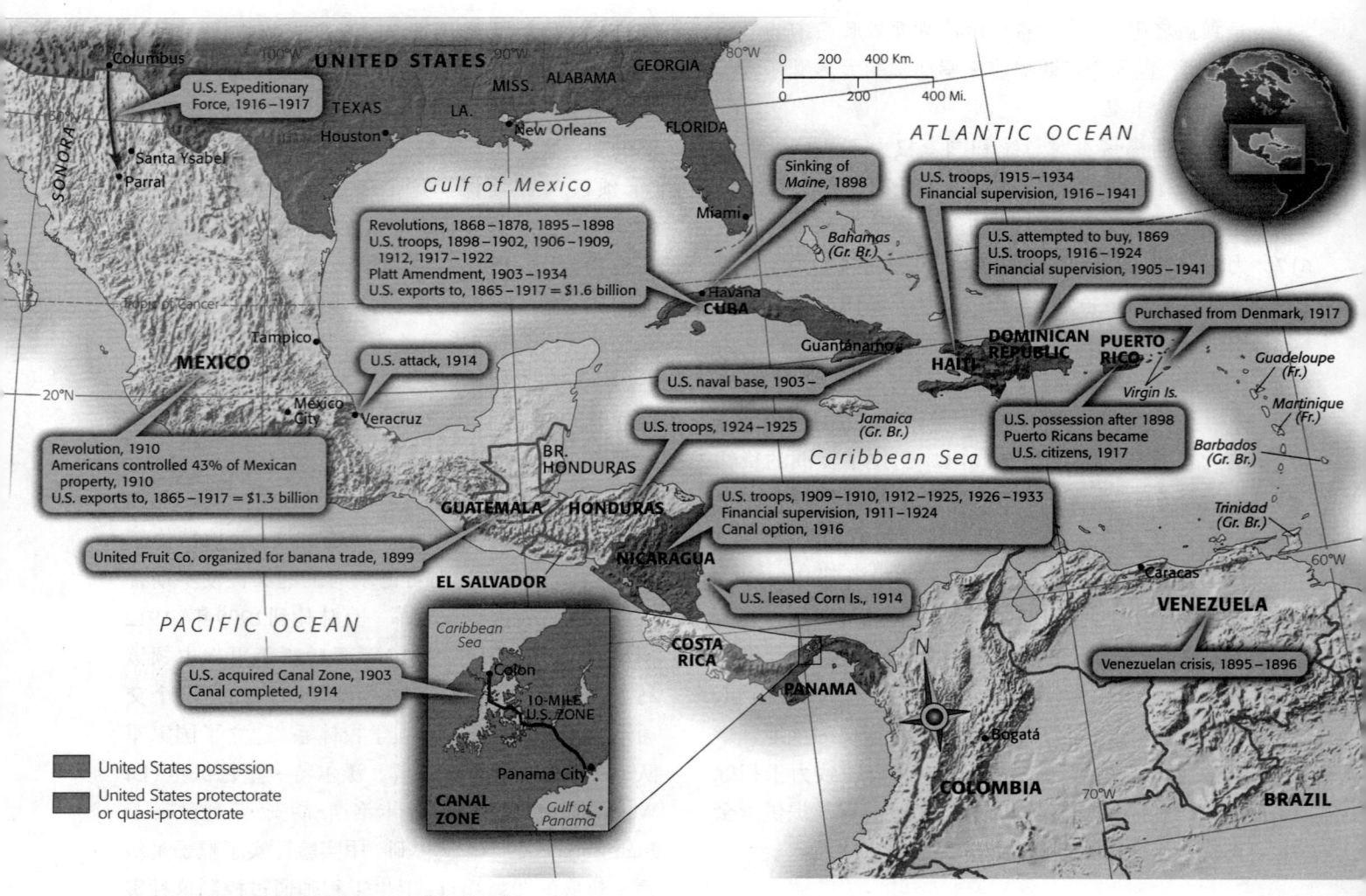

地图 22.1　美国在加勒比和拉丁美洲的霸权

通过许多干预措施、领土兼并和强势经济扩张，20世纪初美国成为拉丁美洲的主导力量。美国常常通过向加勒比各国派遣军队支持罗斯福推论宣扬的"警察权力"，他们在该地区遭遇了民族主义者的顽强抵抗。

来源：©圣智学习

的目标。1869年，这个世界惊叹于苏伊士运河的竣工，这条北非航道使印度洋和地中海之间的航行变得大为便捷，并且巩固了大英帝国的势力。当然，西半球也能复制这一技术，极可能在哥伦比亚的省份巴拿马。扩张主义美国海军军官罗伯特·W.舒费尔特（Robert W. Shufeldt）预测新的运河将把"墨西哥湾变成美国的一个湖泊"。商业利益连接了政治家、外交家和海军军官，坚持美国应该控制这样一条大洋间运河。

然而，为了建造这样一条运河，美国不得不克服令人畏惧的障碍。和英国签署的《克莱顿—布尔沃条约》（Clayton-Bulwer Treaty，1850）规定对运河的联合控制权。英国人意识到自己在该地区的影响力式微，遂与美国结成盟友对抗德国。英国在《海依—埃尔兰条约》（Hay-Pauncefote Treaty，1901）中让步，允许美国独立运营运河。当哥伦比亚犹豫是否满足美国的条件时，罗斯福鼓励巴拿马叛乱者宣布独立，下令美国战舰前往地峡为他们提供支持。

1903年，新巴拿马政府给予美国运河地带及其长期控制权。这一条约还保证了巴拿马的独立。（1922年，美国向哥伦比亚支付了2 500万"良心

▶ 西奥多·罗斯福总统身穿西服头戴帽子，站在巴拿马运河工地的95吨掘土机的控制台前。1906年11月，罗斯福前往工地视察这个大项目，这次旅程是美国历史上在位总统第一次离开美国。

图片来源：美联社图片/大千世界

费"，但是并没有道歉。）1914年巴拿马运河的竣工标志着重大的技术成就。在运河第一年运营过程中，超过1 000艘商船穿过水闸。

罗斯福推论

在加勒比其余地区，西奥多·罗斯福坚决抵制对美国霸权的挑战。欧洲各国担心拉丁美洲各国不履行对欧洲银行的债务，因而发起了干预行动（英国、德国和意大利于1902年派遣战舰前往委内瑞拉），1904年总统发布了"罗斯福推论"，补充门罗主义。他警告拉丁美洲人稳定政治和金融。推论告诫他们，"长期的不正当行为"或许导致"某个文明国家的干预"，并且"在明目张胆的不正当行为或无能的情况下"，美国将不得不承担起"国际警察"的角色。加上了美国高人一等的前提，罗斯福的宣言为美国频繁干预拉丁美洲提供了理由。

从1900年至1917年，美国总统派遣美国军队前往古巴、巴拿马、尼加拉瓜、多米尼加共和国、墨西哥和海地镇压内战，挫败对美国影响力的挑战，攫取港口和基地，并且对欧洲干预先下手为强（参见地图22.2）。美国当局控制这些国家的选举，训练国民警卫队，攫取巨大政治权力，并且重新协商海外债务，把它们转移到美国银行中。他们还接管了海关，控制关税收入和政府预算（在多米尼加共和国，这种情况从1905年持续到1941年）。

美国—墨西哥关系

美国官员对墨西哥尤其关注，长期的独裁者波菲里奥·迪亚兹（Porfirio Diaz, 1876—1910）激进地通过税收刺激和土地授权吸引海外投资。美国资本家开始购买墨西哥的铁路和矿藏，并且大量投资石油和银行产业。至1890年代初，美国主导了墨西哥的海外贸易。至1910年，美国已经控制了墨西哥43%的财产，并生产该国一半以上的石油；在索诺拉州（Sonora），208个矿业公司中有186家为美国所有。墨西哥革命者于1910年将迪亚兹赶下台，就像拉丁美洲其他地区的民族主义者一样，他们通过终止对美国的依赖，开始重新主张自己国家的主权。

这场革命演变成一场血腥的内战，伴随着坚定的反美声音，墨西哥政府企图将大量美国所有的财产国有化。华盛顿领导人努力压制这一企图，伍德罗·威尔逊总统两次派遣军队踏上墨西哥国土：一次是1914年到韦拉克鲁斯，美军报复当地人对美国制服和旗帜的藐视，并颠覆维克托里亚诺·韦尔塔（Victoriano Huerta）总统的民族主义政府，当时韦尔塔正试图进口德国武器；第二次是在1916年，在墨西哥北部，在墨西哥起义军扫荡一个美国边境城镇之后，约翰·J."黑杰克"·珀欣（John J. "Black Jack" Pershing）将军耗费数月时间追踪潘丘·维拉（Pancho Villa）。美国军队没能抓住维拉，另一个由维努斯蒂亚诺·卡兰萨（Venustiano Carranza）领导的民族主义政府上台，美军被迫于1917年1月离去。

美国重申门罗主义，反对西半球的欧洲扩张并展示了贯彻这一原则的信念和实力，欧洲各国不情不愿地尊重美国在拉丁美洲的霸权。相应地，美国也维持对欧洲纷争置身事外的传统。欧洲的权力平衡岌岌可危，美国总统极少让美国直接参与其中。西奥多·罗斯福在西班牙阿尔赫西拉斯（Algeciras, 1906）调停殖民，帮助解决了一场法国—德国关于摩洛哥的争端。但是总统因为搅和进欧洲问题受到国内的批评。美国人支持完全徒劳的海牙和平会议（1899年和1907年），并谈判订立了各种仲裁条约，但是整体上置身于欧洲之外，仅仅通过贸易获取利益。

东亚的调停

然而，在东亚，罗斯福及其继任者威廉·霍

▲ 弗朗西斯科·"潘丘"·维拉（Francisco "Pancho" Villa）将自己塑造成一个无私的墨西哥爱国者。生活在边境线上的美国人却有不同看法，尤其是维拉的军队曾杀害30多名美国平民。美国军队追逐维拉300多英里，深入墨西哥境内，但是从未抓住他。

图片来源：约翰·O.哈德曼（John O. Hardman）收藏，俄亥俄州的沃伦

华德·塔夫脱都采取了积极的手段。两人都致力于维持开放门户政策，并限制日本在该地区日益崛起的势力。许多持有种族思维的日本人将美国在太平洋地区的推进视为白人统治亚洲人的企图。尽管如此，日本领导人将美国视为工业化的模范，敦促公民前往美国学习，以便获得世界领先的实力。一些美国人骄傲地称日本人为"东方的美国人"，但是美国还是逐渐对日本做出让步，以保护脆弱的菲律宾并维持开放门户政策。日本继续在中国攫取利益，接着在日俄战争（1904—1905）中重创俄国。罗斯福总统在新罕布什尔州的朴次茅斯会谈上调停了谈判，因为在亚洲平衡势力并限制日本一家独大，总统荣获了诺贝尔和平奖。

1905年，在《塔夫脱—桂太郎协定》（Taft-Katsura Agreement）中，美国对日本在朝鲜的霸权做出让步，相应地要求日本保证不损害美国在菲律宾的地位。三年后，在《鲁特—高平协定》（Root-Takahira Agreement）中，华盛顿承认了日本在中国东北的利益，与此同时日本再一次保证太平洋地区美国财产的安全，并支持美国在中国的开放门户政策。罗斯福还建立了美国海军力量用以威慑日本人；1907年年末，他派出海军"伟大的白色舰队"（之所以获得此名是因为舰队为了这次航行刷成白色）进行全球巡航。日本人叹为观止，开始建立更强大的海军。

美元外交

塔夫脱总统认为应该通过美元外交抵消日本在亚洲的推进，他积极运用私有资金达成美国外交目标，并为美国金融家积聚利润，与此同时为欠发达国家带去变革。在这个案例中，塔夫脱诱导美国银行家加入国际财团，在中国建造铁路。然而，塔夫脱的事业似乎只是鼓励日本巩固和扩张其对于中国的控制，1911年中国发生民族主义革命，清王朝被推翻，内部混乱一直延续。

1914年，当第一次世界大战在欧洲爆发时，日本从德国那里夺得山东和一些太平洋岛屿。1915年，日本发布了《二十一条》（Twenty-One Demands），实际上坚持对中国全境的霸权。中国国门被重重关上，但是美国在亚洲缺乏足以抗衡的力量来阻止日本的帝国主义行径。新任总统伍德罗·威尔逊忧虑"白种人"如何才能阻止"黄种人"的崛起。

盎格鲁—美利坚和解

伦敦的英国官员有着同样的顾虑，尽管他们的注意力主要集中在欧洲愈演愈烈的矛盾之上。在西奥多—塔夫脱执政的数年中，盎格鲁—美利坚的合作开花结果，这是美欧关系中的一大特点，两者间的合作贯穿19世纪末。激烈的英德对抗和美国崛起跻身强国的后果是，伦敦寻求与华盛顿结盟。盎格鲁—撒克逊的种族亲近感、共同的语言与对代议政府和私有财产权的尊重，使得万事俱备，美国人感激1898战争和《海依—埃尔兰条约》中英国的支持，伦敦对罗斯福推论的实际支持、英国舰队从加勒比撤离也让美国人心怀感念。正如马克·吐温提到这两个帝国主义强国时说："我们罪恶的血脉彼此相连。"

英美贸易和美国在英国的投资同样让两国的联系更加紧密稳固。至1914年，超过140家美国企业在英国运营，包括亨氏（H.J. Heinz）食品加工企业以及F.W. 伍尔沃思的"便士市场"。许多英国人谴责英国文化的美国化。一个记者抱怨英国人"一大早被美国的闹钟吵醒；从新英格兰床品里钻出来，然后用……美国人的安全剃刀刮胡子。接着他……把沃特伯里（Waterbury）的怀表揣进兜里（并）登上一辆纽约制造的有轨电车……在办公室里……他坐在一张内布拉斯加产的转椅上，面前是一张密歇根翻盖书桌"。然而，这种夸大其词的恐惧以及盎格鲁—美利坚关系中常有的棘手问题，让步于国际事务中的合作，最明显的是1917年，美国将武器和士兵投入第一次世界大战，站在英国一边，与德国对抗。

人民与国家的遗产

关塔那摩湾（Guantánamo Bay）

美国海军基地关塔那摩湾距离迈阿密400英里，位于古巴东南角。这是最古老的美国境外军事基地，也是唯一一个位于与华盛顿没有公开政治关系的国家境内的军事基地。美国占领这个基地长达一个多世纪，西班牙—美国战争结束后，美国以每年4 085美元的价格从古巴租下关塔那摩湾（原本是每年2 000美元，以金币结算）。

很久以前，古巴领导人就对这一协议表达了不满，1959年菲德尔·卡斯特罗（Fidel Castro）领导的共产主义者接管政府之后，关塔那摩成为两国之间持续矛盾的源头。卡斯特罗把这个45平方英里的基地称为"插进古巴心脏中的匕首"，多年来尖锐地拒绝兑现租金支票。不过他曾兑现第一张支票，华盛顿将这一事实作为他的政府接受租约条款的证明。

从2001年末开始，"Gitmo"（美国军方对关塔那摩基地的称呼）设立了拘留营，用于扣押在阿富汗逮捕的嫌疑武装人员，后来则用来关押伊拉克和其他地方的嫌疑人员。2002年1月，第一批20名被拘留者乘坐20小时飞机从阿富汗来到这里。至2005年底，关押人数超过了500人，来自四十多个国家。乔治·W.布什（George W. Bush）政府把这些被拘留者称为"不法敌对武装分子"而不是"战犯"，但是承诺遵守日内瓦协议中处置战犯的规定。不过很快，就出现了关于虐囚的指控，批评者称未经审理和指控擅自扣押被拘留者，并且不提供任何释放的希望，是残忍而非法的。一些被拘留者以自杀告终。对许多批判者来说，这个营地成为美国残忍暴虐的国际标志，甚至有一些盟友称，这个营地的相关争议已经严重损害了美国的海外形象。

2006年6月，美国联邦最高法院宣判布什总统在未经国会特别授权的情况下越权制定关塔那摩的关押程序。最高法院进一步称，这些程序违反了《统一军法典》(Uniform Code of Military Justice)和日内瓦协议。2009年1月，贝拉克·奥巴马总统签署了行政令，规定一年内关闭拘留中心，但是遭到强烈反对（甚至来自一些民主党人），涉及被拘留者诉讼和安置的复杂问题使最后期限形同虚设。这个民族和国家的问题就此遗留了下来：美国如何平衡安全需求和司法程序以及法律原则义务？

结语

从南北战争到第一次世界大战的这些年中，扩张主义和帝国主义提升了美国的地位，让它跻身于世界列强。至1914年，美国人在全世界拥有大量经济、战略和政治利益，现代科技缩小了这个世界。1898年对西班牙战争的胜利只是这个漫长过程中最戏剧性的时刻。从苏厄德到威尔逊，美国海外政策的向外扩张激起国内批评家、其他帝国主义国家和海外民族主义者的激烈反对，但是扩张主义者占了上风，美国持续向帝国前进。

从亚洲到拉丁美洲，经济和战略需求以及意识形态推动并合理化扩张和帝国主义。美国人相信，需要海外市场吸收过剩生产力才能拯救国内经济，除此以外他们还拥有一种传教般的热忱，急于通过推广美国产品和文化改革其他社会。种族和男性至上的观念以及民族自豪感同样养大了海外探险和投入的胃口。发展壮大的海军成为实现美国理想和愿望的主要手段。

像前往中国的幕拉第那样的传教士，前往古巴的伍德那样的将军，前往非洲的胜家和英国的亨氏那样的公司，前往菲律宾的塔夫脱那样的政治家，将美国方式、思想、枪支和货物带到世界各地。奥尔尼、海依、罗斯福和其他领袖引人注目的宣言成为世界事务中美国原则和行为的指导文件。当一场世界大战于1914年8月爆发时，作为一个有着广泛利益需要保护的世界强国，美国不得不面对严峻的考验，检验它自命的伟大是否真实，并重新反思它的政治孤立。

扩展阅读

Gail Bederman, *Manliness and Civilization: A Cultural History of Gender and Race in the United States, 1880—1917* (1995)

Kristin L. Hoganson, *Fighting for American Manhood: How Gender Politics Provoked the Spanish-American and Philippine-American Wars* (1998)

Michael H. Hunt, *Ideology and U.S. Foreign Policy* (1987)

Paul A. Kramer, *The Blood of Government: Race, Empire, the United States, and the Philippines* (2006)

Walter LaFeber, *The American Search for Opportunity, 1865—1913* (1993)

Brian M. Linn, *The Philippine War, 1899—1902* (2000)

Eric T. Love, *Race over Empire: Racism and U. S. Imperialism, 1865—1900* (2004)

Stuart Creighton Miller, *"Benevolent Assimilation": The American Conquest of the Philippines, 1899—1903* (1982)

John Offner, *An Unwanted War: The Diplomacy of the United States and Spain over Cuba, 1895—1898* (1992)

Louis A. Perez Jr., *The War of 1898: The United States and Cuba in History and Historiography* (1998)

第二十三章

第一次世界大战中的美国人，1914—1920

1915年5月7日，国务卿威廉·詹宁斯·布赖恩正与几位内阁成员在华盛顿肖汉姆酒店（Shoreham Hotel）用餐，突然收到一封简报称：奢华的英国远洋游轮路西塔尼亚号沉没了，显然是被德国潜水艇击沉的。他冲进办公室，于下午3:06与伦敦确认消息："路西塔尼亚号在爱尔兰海岸附近被鱼雷击中，在半小时内沉没。暂时还没有乘客的消息。"事实上，这一事件导致1 198人死亡，其中包括128名美国人。这艘巨轮也不是半小时后才沉没，而只用了18分钟。布赖恩心情非常烦乱，但是一点也不惊讶。欧洲各国已经开战，他一直担心的正是这种灾难。英国对德国施加海军封锁，德国人的回应就是向协约国的船运发起潜水艇战争。2，德国潜水艇击沉了无数英国和盟国的船只。作为客轮，路西塔尼亚号原以为可以逃过一劫，但是德国官员在美国报刊中发表声明，警告乘坐英国或协约国船的人们风险自负；疑似运输军火弹药或其他违禁货物的客船将成为攻击对象。数周以来，布赖恩呼吁伍德罗·威尔逊总统阻止美国人乘坐英国船只旅行；威尔逊拒绝了。

那天晚上，布赖恩若有所思地对他的妻子说："我怀疑那艘船运输军火……如果船上装有军火，那么整件事的局面就大不相同了！英国用我们的公民掩护军火运输！"真相很快水落石出，路西塔尼亚号确实运输军火，而布赖恩准备呼吁克制的美国对此做出回应。他迫切地想让美国置身战争之外，劝说威尔逊和他一起谴责德国的行为，同时向英国发表同样强硬的声明，抗议其海军封锁，并禁止美国人搭乘交战国船只。威尔逊犹豫了。另一些人把这次沉没称为"海盗行径"并且要求开战，包括前总统西奥多·罗斯福。威尔逊并不想参战，但是他也不接受布赖恩的意见，他并不认为应该同等对待英国和德国的危害。他向柏林发出强烈的抗议书，要求德国政府终止潜艇战争。

章 节 大 纲

岌岌可危的中立
战争决定
赢得战争
放眼天下　1918年的流感疫情
动员后方
昨日重现　以食取胜
公民自由受到挑战
红色恐慌，红色之夏
和平的溃败
人民与国家的遗产　言论自由和美国公民自由协会
结语

◀ 路西塔尼亚号（Lusitania）沉没不久后，弗雷德·斯皮尔（Fred Spear）绘制了这幅海报并发表于波士顿，这幅海报表现了美国人在失去128名同胞后的愤怒之情，受害者中不乏女性和儿童。这时距离美国参战还有近两年，这样的海报呼吁美国人参军，为他们不得不直面德国敌人的那一天做好准备。

624 年表

1914	欧洲爆发第一次世界大战
1915	德国在爱尔兰海岸附近击沉路西塔尼亚号
1916	德国用鱼雷击沉苏塞克斯号（Sussex）后，承诺不再不加预警地攻击商船
1916	《国防法案》（National Defense Act）扩充军备
1917	德国宣布开始全面潜水艇战争
1917	俄国革命将沙皇赶下皇位，布尔什维克党夺过权柄
1917	美国参加第一次世界大战
1917	《义务兵役法案》（Selective Service Act）拟定草案
1917	《间谍法案》（Espionage Act）限制第一条修正案的权利
1917	种族暴动在伊利诺伊的东圣路易斯（East St. Louis）爆发
1918	威尔逊宣布新世界秩序《十四点计划》（Fourteen Points）
1918	《镇压叛乱法案》（Sedition Act）进一步限制言论自由
1918	美国军队在沙托鲁—蒂埃里城堡（Château-Thierry）帮助阻止德国进犯
1918	美国军队干预俄国政治，对抗布尔什维克党
1918	西班牙流感疫情导致全世界 2 000 万人死亡
1918	停战协议结束第一次世界大战
1919	巴黎和会惩罚德国，建立国际联盟（League of Nations）
1919	劳动节（May Day）爆炸煽动了红色恐慌
1919	美国军团成立，主张老兵的福利和反激进主义
1919	威尔逊在巡回演说后中风
1919	参议院拒绝《凡尔赛条约》和美国加入国际联盟
1919	"申克诉美国政府案"（Schenck v. U.S.）支持《间谍法案》
1920	"帕尔默搜捕"（Palmer Raids）围捕嫌疑激进派

在接下去的数周中，布赖恩继续坚持自己的意见，但是感到自己在政府中越来越孤立无援。6月初威尔逊明确表示他不会禁止美国人乘坐参战国船只，并且打算向德国发出第二封抗议书，布赖恩提出辞呈。私下里，威尔逊把布赖恩称为"怪人"，认为他患有一种"独一无二的道德盲视"。

总统及其国务卿之间的分歧反映了美国在欧洲战争问题上的民意分歧。从对布赖恩辞职一事的反应上就可看出这种分歧的端倪。东部报刊谴责他"不可告人的叛国行为"，认为他在祖国背后捅刀子。但是在中西部和南方，布赖恩受到尊敬，并且因为他的"英勇行为"受到反战人士和德裔美国群体的赞扬。几个星期之后，布赖恩向聚集在麦迪逊广场花园的15 000人发表演讲（另外15 000人因为场地爆满被拒），他警告人们不要与"任何参战国爆发战争"，人群中掌声雷动。尽管许多美国人像威尔逊总统一样感到，荣誉比和平更重要，但是另一些人赞同布赖恩，认为牺牲一些中立权利是值得的，假如美国这么做就可以免于战争。这场辩论将持续到1917年美国最终参战为止，而在那之后，这些矛盾仍将泛起涟漪。

像大多数美国人一样，布赖恩震惊于1914年第一次世界大战（它很快以"大战"[Great War]而闻名）的爆发。多年来，美国参与争夺殖民地、市场和武器优势地位的竞争。但是全面战争似乎是不可想象的。新的机械枪支、榴弹炮、潜水艇和无畏舰是可怕的死亡引擎，领导人当然不该使用它们。当他们使用这些武器的时候，一位社会改革者哀叹道："文明全成了过去，野蛮来临了。"

在近三年的时间里，威尔逊总统让美国置身事外。在这段时间内，他致力于保护美国的贸易利益，增强国家的军事地位，与此同时劝说参战国重新发掘自己的人性，尊重国际法。但是美国财产、生命和中立地位变成英国和德国海军战争中的牺牲品。在路西塔尼亚号沉没两年后，总统终于请求国会宣战，他这么做带着典型的个人圣战热忱。美国加入战斗不仅是为了赢得战争，更是为了改革战后世界："让世界变成更适于民主生存的安全世界。"

一年半之后，第一次世界大战结束了。它让欧洲付出了可怕的代价，一整代年轻人被杀害，大约有1 000万士兵死于大战。欧洲人看着巨大的墓地，无法相信发生的一切。理想、信心和善意被大肆破坏，他们在此过程中遭受了沉痛的精神损失。经济上的破坏也是巨大的。对于20世纪的未来影响最深远的是，这场大战颠覆了旧世界的四个帝国——德国、奥匈帝国、俄国和奥斯曼土耳其，剩下的两个，英国和法国，国力也遭到极大削弱。

美国付出的人员和物质代价相对较小，然而美国人可以名正言顺地宣称，他们通过投入战争物资和军队，以及供应贷款和食物，使局势有利于协约国。数年的战争也见证了大量国际财富从欧洲穿过大西洋，令美国从世界最大的债务国变成了最大的债权国。这场斗争标志着美国位列世界强国。在许多方面，第一次世界大战对美国来说是一次伟大的胜利。

不过，从另一些方面来说，第一次世界大战是一段困难而痛苦的经历。它加速和加剧了社会分歧。种族矛盾伴随着南方黑人向北迁徙而愈演愈烈，反战人士和德裔美国人遭到骚扰。急于激励爱国主义的联邦政府践踏公民自由，让批判者噤声。在俄国的一场共产主义革命之后，美国的红色恐慌导致对激进派的镇压，玷污了美国作为民主社会的名誉。尽管改革者在停战后继续投身于禁酒和女性选举权等问题，但是战争经历分裂了进步运动。珍妮·亚当斯（Jane Addams）沉痛地评价道："战斗精神烧光了一切促进正义理想的冲动……"

在海外，美国人仿佛投身圣战般迈入战场，但是很快就对和平进程大失所望。获胜者为战利品唇枪舌剑，这一幕让他们望而却步，他们也责备威尔逊没能实现"不战而屈人之兵"的承诺。继1790年代、1840年代和1890年代，美国人再一次对他们的海外政策展开全国性的大辩论。第一次世界大战之后，各国领导人在巴黎就《凡尔赛条约》进行谈判，此后总统呼吁美国加入新成立的国际联盟，将之视为改革世界政治的工具。参议院否决了他的请求（不过虽然美国没有参加，但这个联盟还是成立了），因为许多美国人害怕这个联盟会威胁美国利益，并将美国卷入欧洲的问题中。

- 美国为什么试图保持中立，接着又于1917年加入欧洲战争？
- 战争如何改变了美国社会？
- 伍德罗·威尔逊战后计划的要点是什么？为什么他没能实现这些计划？

岌岌可危的中立

1914年8月爆发的这场战争起源于多年来欧洲在贸易、殖民地、盟友和军备等方面的竞争。两个强大的结盟系统形成：德国、奥匈帝国和意大利的三国同盟，以及英国、法国和俄国的三国协约。这些国家都拥有帝国主义利益，并野心勃勃想要更多，但是德国尤其大胆，开始挑战英国的世界领先地位。许多美国人将德国视为西半球美国利益的威胁，并认为德国是过度军国主义的国家，接纳专制制度,拒斥民主制度。

第一次世界大战的爆发

战略家称欧洲享有权力平衡,但是南欧巴尔干国家的危机引发了一连串事件,将平衡毁于一旦。斯拉夫民族主义者企图通过兼并波斯尼亚等地区扩大塞尔维亚,该地区当时是奥匈帝国(参见地图23.1)的一个省份。1914年6月28日,奥匈帝国皇储弗朗茨·斐迪南大公(Archduke Franz Ferdinand)在波斯尼亚首都萨拉热窝进行国事访问期间遭到塞尔维亚民族主义者暗杀。由于担心毗邻的塞尔维亚贪得无厌,奥匈帝国征询了盟友德国的意见,德国敦促其采取强硬手段。当塞尔维亚向自己的斯拉夫朋友俄国请求帮助时,俄国又请求其盟友法国的支持。7月末,奥匈帝国向塞尔维亚宣战。俄国开始调遣军队。

德国唆使奥匈帝国开战并相信战争无法避免,应先下手为强,于8月1日向俄国宣战,并于两日后向法国宣战。英国犹豫了,但是当德国军队取道中立的比利时前往法国时,伦敦也于8月4日向德国宣战。最终,土耳其(奥斯曼土耳其帝国)加入德国和奥匈帝国,成为同盟国,而意大利(改变了立场)和日本与英国、法国及俄国结成盟友。日本利用欧洲战争占领山东——德国在中国的势力范围。

威尔逊总统一开始企图通过宣布中立让美国

地图23.1 欧洲开始战争,1914年夏
巴尔干的塞尔维亚人反复颠覆和平,激发混乱,因为结盟而捆绑在一起的欧洲各国于1914年夏天投入战争。巴尔干危机逐步演变成"第一次世界大战。"
来源:©圣智学习

远离这场大灾难,这是美国对欧洲战争采取的传统政策。他还要求美国人避免偏袒某一方,以展现"自制的高贵"。私下里,总统说:"我们显然不得不保持中立,否则我们的各族人口将互相开战。"他热切地期盼美国可以作为一个理智、文明的国家在疯狂的国际体系中独善其身。

偏袒

美国国内中立和团结的崇高诉求遭遇了一系列现实冲击。首先,美国的族群有自己的立场。许多德裔美国人和反英国的爱尔兰裔美国人(爱尔兰当时正在试图脱离英国统治独立)为同盟国欢呼。有英国和法国血统的美国人和有其他协约国血统的美国人倾向于拥护协约国一方。德国对比利时的袭击证实了很多人心目中放纵军国主义的印象。

威尔逊政府支持协约国的倾向同样削弱了美国的中立宣言。由于推崇盎格鲁——美利坚和解,威尔逊与英国领导人达成共识,认为德国胜利将毁灭自由事业和法治政府。他预言,德国战胜"将会改变我们文明的进程,让美国变成一个军事国家"。威尔逊的几个主要顾问和外交家,包括他的助理爱德华·豪斯上校(Edward House)、伦敦大使沃尔特·海因斯·佩奇(Walter Hines Page),以及后来成为国务卿的国务院顾问罗伯特·兰辛(Robert Lansing)持类似的反德观点,这常常被解读为支持协约国的政策。

美国与协约国的经济联系同样让中立非常艰难,即便不是毫无可能。英国一直是美国最佳的消费国。现在英国的无数新订单涌入美国,尤其是武器订单。对协约国的出口将美国经济从衰退中解救出来。1914年至1916年之间,美国对英国和法国的出口额增长了365%,从7.53亿美元上升至27.5亿美元。然而,同时期,由于英国的海军封锁,美国对德国的出口额跌幅超过90%,从3.45亿美元降至仅2 900万美元。美国私有银行给英国和法国的贷款为美国与协约国的大量贸易提供了资金,在中立时期总额达23亿美元,而同时期德国只获得了2 700万美元。一开始对这些事务皱眉的威尔逊政府开始将之视为美国良性经济必需的条件。

从德国的视角看,美国经济和协约国之间的联系使美国成为协约国军队的军火库和银行。然而,美国人面临着两难境地:切断他们与英国的经济联系会构成有利于德国的非中立立场。在国际法规定下,控制海域的英国可以从中立国购买违禁货物(与战争相关的商品)和非违禁货物。以国际法规定的方式阻止这类贸易是德国的责任,而非美国的责任,即有效封锁敌军的领海、强占中立(美国)船只的违禁货物,或者从敌军(英国)船只上收缴这些货物。德国当然将美国与协约国的大量贸易判定为非中立行为,认为必须阻止这种贸易。

威尔逊主义

总统及其官员相信,假如最终是英国而非同盟国坐镇战后世界,威尔逊主义更有机会被国际接受。"威尔逊主义"指威尔逊信奉的一系列思想,包含传统美国原则(比如民主和开放门户),以及美国是这个世界的自由灯塔的信念。威尔逊主义认为只有美国可以将这个摇摇欲坠的世界引入一个全新、和平、自由贸易、自由市场资本主义、民主政治和开放外交的新时代。美国进步主义似乎被投射到了整个世界。

"美国在完成自己的使命和拯救全世界方面拥有无限的特权。"威尔逊宣称。帝国必须瓦解,尊重自主决策的原则。必须裁撤军备。批评家们谴责威尔逊在将这些信条强加于其他国家时常常违反自己的信条,比如1914年在墨西哥、1915年在海地、1916年在多米尼加共和国的军事干预就是明证。不过,所有人都赞同,这些理想有助于实现美国的商业目的;在这个方面,理想主义和自我利益结合在了一起。

由于族群忠诚、经济联系和威尔逊主义倾向,美国中立从来不是个真正的选项,但这并非是说威尔逊想方设法参战。相反,他竭力想让美国置身事外。他反复试图调停危机,阻止一方势力碾压另一方。1917年年初,总统评价道:"我们是今日唯一一个免于战争的白人大国,我们参战将是对文明的犯罪。"但是美国最终还是参战了。为什么?

破坏中立权利

简而言之,美国人被协约国—同盟国的交战殃及。英国海军政策意图隔离中立国与德国的贸易,以便削弱德国经济。英国人"控制海权,搁置原则",宣称对德国的水路进行封锁,并开采北海资源。他们还通过扣押货物骚扰中立国船运,定义了一个长的违禁品名单(包括食品),禁止中立国将货物运往德国。美国与德国的贸易迅速缩减。不仅如此,为了对抗德国潜水艇,英国蔑视国际法,武装商船,悬挂中立国国旗(有时候是美国国旗)。威尔逊频繁抗议英国破坏中立权利,指出中立国有权向交战国出售和运输非违禁品,不受其干扰。但是伦敦常常灵巧地缓和华盛顿的责问,为没收货物付款,而且德国的挑衅让英国的行为相形之下不那么具有冒犯性了。

德国无法在陆地上赢得战争,下定决心撕开封锁,阻止美国—协约国贸易,希望通过潜水艇赢得海战的胜利。1915年2月,柏林宣布不列颠群岛的周围海域为战争带,警告中立国船只绕行,以免误伤,并建议来自中立国的乘客避免乘坐协约国船只。威尔逊总统告知德国,美国将对任何美国人的生命和财产的损失进行"严厉追究"。

威尔逊以最严苛的方式解读国际法。法律规定攻击者在发动攻击前必须警告客船或商船,以便让乘客和船员安全转移到救生艇中,提早躲开潜水艇。德国人认为不应该指望纤细、脆弱和行动迟缓的U艇(Unterseebooten)浮出水面来警告攻击目标,因为浮出水面将抹杀U艇的突袭优势,令它们暴露在袭击风险中。柏林抗议威尔逊否认唯一可以打破英国经济束缚、瓦解协约国与美国制造商和银行家的牢固联系并赢得战争的武器。对于所有相关方——英国人、德国人和美国人——海战成为生死存亡的关键。

战争决定

最终,是海战让美国中立的希望变成一场空。1915年年初,德国U艇击沉了一艘又一艘船只,最引人瞩目的是5月7日英国邮轮卢西塔尼亚号。8月中旬,在德国保证避免攻击载客邮轮后,另一艘英国船只阿拉伯号(Arabic)在爱尔兰海岸附近沉没。三名美国人死亡。德国人很快保证,不会再不加警告地攻击没有武装的客船。但是阿拉伯号的沉没令美国国内激烈争论美国乘客是否该乘坐交战方船只。呼应前一年春天布赖恩的恳求(参见本

▲ 德国潜水艇作为一种武器一开始被低估了,事实证明,潜水艇对协约国船只的打击实在可怕。在战争开始时,德国在公海舰队(High Seas Fleet)中拥有20艘能使用的潜水艇,但是官方很快就加速生产。1914年德国海报表彰德国的潜水艇制造,标榜潜水艇遏制了运往英国的补给。

图片来源:国会图书馆

章开头介绍），批判者问道：为什么不规定美国人只能乘坐美国船只旅行？无论如何，从1914年8月至1917年3月，只有三名美国人在美国船只上身亡（油轮"海湾灯光号"[Gulflight]于1915年5月被一艘德国U艇击沉），而同期有190名乘客因乘坐交战方船只而死。

和平主张

1916年3月，一艘U艇对穿过英吉利海峡的法国船只苏塞克斯号发动攻击，美国距离战争因此又近了一步。U艇指挥官将之误认为布水雷的舰艇，船上四名美国人受伤。美国责令德国停止潜水艇骚扰，否则将与德国断交。德国再一次让步了，保证不再未经警告向商船发动攻击。与此同时，美国与英国的关系开始变味。英国在爱尔兰镇压复活节叛乱（Easter Rebellion），英国对美国与同盟国的进一步限制引起了美国的愤怒。

当美国在大战中牵涉得越来越深时，许多美国人呼吁威尔逊让美国置身事外。1915年年初，珍妮·亚当斯、凯莉·查普曼·凯特（Carrie Chapman Catt）以及其他妇女政权论者成立了妇女和平党（Woman's Peace Party）、妇女国际和平与自由联盟（Women's International League for Peace and Freedom）的美国分支。女性和平倡导者称，"人类中具有母亲天性的那一半"在"守护生命"的使命中扮演着特殊的角色。同年较晚时候，包括奥斯瓦尔德·加里森·维拉德（Oswald Garrison Villard）、保罗·凯洛格（Paul Kellogg）和莉莲·沃尔德（Lillian Wald）在内的反战派进步人士组织了一个反战联盟——美国反军国主义联盟（American Union Against Militarism）。企业家安德鲁·卡内基于1910年建立了卡内基国际和平基金会（Carnegie Endowment for International Peace），资助和平团体。亨利·福特也一样，于1915年年末乘坐"和平船"前往欧洲宣传协议停战。社会主义者如尤金·德布斯（Eugene Debs）也积极声援和平运动。

反战倡导者强调几个论点：战争让一个国家失去青春、资源和改革动力，它会助长国内的压迫，战争还违反了基督教道德，而且战时名商巨贾以人民为代价聚敛大量财富。亚当斯指出，军国主义和征兵是数百万移民离开欧洲的原因。他们现在身在美国，难道还要被迫陷入他们逃离的堕落体制吗？尽管和平运动中的各方并不团结一心，一些人希望美国置身事外，但是并不认可和平主义者的主张，认为干涉永远是不正当的，但这场运动承载着威尔逊无法视而不见的政治和智慧分量，而且将他引为共识的一些思想宣之于口。事实上，他在1916年总统大选中以和平为政纲。胜利后，威尔逊徒劳地想将交战双方再一次拉到谈判桌前。1917年年初，他建议他们放弃自己贪得无厌的战争目标，呼吁达成"没有胜负的和平"。

全面潜水艇战争

在德国，威尔逊的先声并未引起注意。自1916年8月，柏林的领导人们就是否重新开始全面潜水艇战争争论不休。反对者害怕与美国断交，但是支持者称他们已经别无选择。他们辩称，只有通过全面攻击英国的供给船运，德国才能在英国封锁和法国壕沟战穷尽德国战斗力前赢得战争。德国海军部估计，假如U艇每个月能击沉600 000吨协约国船运物资，英国就会处于饥荒的边缘。确实，美国或许会参战，但那是值得冒的风险。胜利必须在美国军队大规模渡过大西洋之前锤定。事实证明这个论点占了上风。1917年2月初，德国发动全面潜水艇战争。在德国宣称的战争海域，一旦战舰和商船被发现，都将遭到攻击，无论是交战国还是中立国。威尔逊立即与柏林断交。

德国对美国中立权利和经济利益的挑战很快继之以安全威胁。2月末，英国情报机构截获并传递给美国官员一份德国外交部部长阿瑟·齐默尔曼（Arthur Zimmermann）写给墨西哥一名德国神父的电报。电报称：假如墨西哥加入对抗美国的军事联盟，德国将帮助墨西哥夺回1848年失去的领土，包括几个西部州。齐默尔曼希望"在美国的咽喉处竖立新的敌人,这些敌人将让他们自顾不暇"。

齐默尔曼的电报让威尔逊愈发下定决心。虽然墨西哥城拒绝了德国的倡议,威尔逊政府却将齐默尔曼的电报视为"针对美国的阴谋"。墨西哥即使不破坏美国财产,仍然可能允许德国特工使用墨西哥土壤进行反美宣传。德国—墨西哥合作的可能帮助扭转了美国西南部的民意,该地区的反战情绪曾经非常高涨。

不久之后,威尔逊请求国会批准"武装中立",以保卫美国人的生命和商业。他要求国会授权武装美国商船,并"运用任何其他必要的工具或手段"。在辩论期间,威尔逊将齐默尔曼的电报公布给媒体。美国人特别愤怒。尽管如此,反战参议员罗伯特·M.拉福莱特(Robert M. La Follette)和乔治·诺里斯(George Norris)及其他一些人将武装船只法案视为总统带领整个国家走向战争的自由行动权,竭尽所能地加以阻挠。无论如何,威尔逊将美国商船武装起来。这一行动来得太晚,没能阻止几艘美国船只的沉没。战争呼吁响彻整个国家。3月末,极度痛苦的威尔逊召集国会召开特别会议。

战争讯息和战争宣言

1917年4月2日,总统走到肃静的国会面前。他庄严地谴责德国人的"反人类战争"。威尔逊充满激情和雄辩地列举美国的不满:德国违反航海自由、干扰贸易、干涉墨西哥并杀害无辜美国人、违反人权。那些"普鲁士贵族"必须受到"民主国家"的惩罚。他欣慰地称,现在俄国属于后者,因为数周前的俄国革命颠覆了沙皇的统治。4月6日国会以众议院373票对50票、参议院82票对6票的结果向德国宣战。(这次投票只针对对德宣战,数月后的12月7日美国才对奥匈帝国宣战。)第一位在国会中占据一席之地的女性,蒙大拿州的珍妮特·兰金(Jeannette Rankin)干脆地投下了反对票。"和平是女性的工作,"她宣称,"因为男性天然地害怕反对战争会让自己被视为懦夫",而且母亲有责任保护她们的孩子不受死亡武器的威胁。

为了原则,为了道德,为了荣誉,为了商业,为

◀ 蒙大拿州的珍妮特·兰金(1880—1973)是第一位坐在众议院中的女性(1916年当选议员),也是国会中唯一投票反对美国参与两次世界大战的议员(1917年和1941年)。作为一名终身反战者,这幅图显示她在1932年抗议战争。1967年,87岁高龄的兰金领导了一场在华盛顿特区的示威游行,反对美国干涉越南。

图片来源:格兰杰收藏,纽约

了安全，为了改革——为了所有这些原因，威尔逊带领美国走向第一次世界大战。潜水艇显然是将不情愿的总统和举国上下拖入第一次世界大战漩涡的罪魁祸首。然而批评家们认为U艇并不是美国走向战争的唯一原因。他们强调威尔逊对国际法的严苛解读并不适合潜水艇的战术。他们批评他认为美国人应该有权去任何地方，即使是乘坐载满违禁物资的交战国船只的论点。他们批评他的政策不中立。然而他们在辩论中失败了。大多数美国人开始接受威尔逊的观点，认为德国人必须受到压制才能确保一个开放、有序的世界，保障美国的原则和利益安全无虞。

美国为了改革世界政治而参战，而不是为了毁灭德国。威尔逊曾宣称，美国是"一股吹向世界政治的新风，势必破除幻象、扫除致病的瘴气"。至1917年年初，威尔逊总统总结道，美国若要在战后的和平会议中取得一席之地，首先必须成为一个战斗者。在和平会议上，威尔逊希望推进在他看来对于稳定世界秩序必不可少的原则，促进民主和开放门户政策，禁止革命和侵略。威尔逊试图保存美国作为中立国的部分地位，将美国指定为"联合"势力而非完全的协约国，但是这种想法就像部分怀孕一样不现实。

赢得战争

早在美国宣战之前，在国家安全联盟（National Security League）和海军同盟会（Navy League）等团体以及公众对德国潜水艇战争愈演愈烈的怒火鼓舞下，威尔逊政府已经在"有备无患"的幌子下巩固军事力量。当反战歌曲"我养儿子不是为了当士兵"开始流行时，备战支持者反驳道："我养儿子不是为了当懦夫。"1916年的《国防法案》规定扩充军队和国民警卫队，并且以纽约普拉茨堡（Plattsburgh）的暑期训练营为模版设立多个训练营。1915年，一批美国社会和经济界精英曾作为"民兵"受训。1916年《海军法案》(The Navy Act) 开始了美国历史上最大规模的海军扩张。

征兵入伍

为了在宣战后集结一支军队，国会于1917年5月通过了《义务兵役法案》，要求在21岁和30岁之间（后来改为18至45岁）的男性登记入伍。支持者们相信，举国兵役不但能让国家准备好战斗，还能灌输爱国主义和对秩序、民主以及个人牺牲的尊重。批评者们害怕这将导致美国生活的军事化。

1917年6月5日，超过950万男性报名参加了"伟大国家的赌注"。至战争结束，2 400万男性在当地征兵局登记。在这个数字中，480万人曾在军队中服役，其中200万人前往法国。有成千上万人在1917年12月以前志愿参军，当时政府禁止征募，因为军队认为志愿兵役效率太低（许多志愿兵在市民工厂中比在军队中更有用），而且矛盾太多（参军者希望选择他们想要的军种，因此导致了征兵竞争）。数百万劳动者获得了延缓服役资格，因为他们在军工行业中工作或者有家人需要赡养。

典型的士兵是二十来岁的新兵，白人，单身，出生于美国，教育程度很低（大多数人没上过高中，或许有30%不能读或写）。数万女性加入护士队，在通信部队中充当"女电话接线员"（hello girls，志愿双语电话接线员），并且成为海军和海军陆战队中的文职人员。在大学校园中，150 000名学生加入学生陆军训练队（Student Army Training Corps）或者类似的海军部队。在军官训练营中，军队制造出"90天奇迹"。

大约400 000名非裔美国人也在军队中服役。尽管许多南方政治家担心黑人武装有风险，但是军队还是把他们征召编入隔离的部队，他们被分派后勤工作，忍受残忍的虐待和糟糕的环境。然而，最终有40 000名非裔美国人出现在欧洲战场上，几支黑人部队在法国军队中引人瞩目。比如，全部由黑人组成的第369步兵团（369th Infantry Regiment）在战壕中比其他美国部队坚持了更长时间，长达191天，并赢得了更多勋章。法国政府授予整个部队法国十字勋章。

尽管法国军官也有自己的种族偏见，常常对来自自己非洲殖民地的士兵很差，但是在法国服役的美国黑人得到一定程度的尊重和协作，这正是美国军队中所缺少的。较之美国，他们在法国公民中也受到更热忱的接纳。非裔美国领袖身上也能看到这种讽刺，比如W.E.B.杜波依斯（W.E.B. Du Bois）。杜波依斯领导全国有色人种促进会支持战争，并响应号召，加入黑人志愿军投身战斗，这样他们或许就能把世界变成一个更民主的地方，并且帮助模糊美国国内的肤色界限。

然而，并不是每个符合兵役条件的人都积极应征入伍。大约有300万人逃避征兵。一些人被逮捕，另一些人逃到墨西哥或加拿大，但是大多数人留在家乡，从未被发现。另外338 000登记入伍的人被征兵局征召时没有按时应征。根据逮捕记录，这些"逃兵"和更多"拒服兵役者"多数是较低收入的农业和工业劳动者。一些人只是因为反感政府官僚机构的压迫而置身事外，另一些人则是感到被孤立的少数派或少数族群。尽管接近65 000新兵一开始申请拒服兵役资格（因为宗教或反战原因拒绝动武），但是一些人改变了想法，或者像很多其他人一样，没有通过入伍前的测试。在4 000名事实上被归类为拒服兵役者（COs）的人中，震颤教和门诺清教徒（Mennonites）占了多数。但是这种资格来之不易。伦纳德·伍德将军把拒服兵役者称为"共和国的敌人"，军队骚扰他们。而拒绝非战斗性兵役，比如医疗部队的拒服兵役者则面临着被囚禁的命运。

堑壕战

乘船前往法国的美国军队将在美国军官指挥下战斗。美国远征军（American Expeditionary Forces，即AEF）的总指挥官约翰·J.潘兴（John J. Pershing）将军坚持让他"强健的新兵"留在分离、独立的军队。他也不打算把自己的"步兵"（doughboy，如此命名显然是因为1860年代美国军装上的大纽扣很像一种焦黄的同名面包）交给协约国指挥官，这些指挥官固执坚守缺乏想象力而死伤惨重的堑壕战，造成了西方前线的僵持局面和惨重的伤亡。从1914年秋天开始，法国全境布满了"之"字形的战壕，前面挡着有刺铁丝网和地雷。泥泞而臭气熏天的壕沟之间的土地暴露在炮火下，成了无人区。一声令下，士兵们一拥而上抢占壕沟。迎接他们的不是枪林弹雨就是毒气。

1915年4月德国人率先使用氯气，这种气体会使肺中产生过多液体，从而导致窒息死亡。一名照料受到毒气攻击的部队的英国军官称："大约200人在我手中死去……一些人在我身边死去，另一些人每况愈下……我必须与许多人讨论他们死了没有。"各种类型的毒气（二氯二乙硫醚和光气，除了氯气以外）将继续运用于战争中，有时候产生灼热，有时候让人失去行动能力，常常能致人死亡。

▲ 约有15 000名印第安人在第一次世界大战中入伍。其中大多数企图逃离严苛的印第安学校、贫穷的生活，并寻求发展新技能的机遇、证明自己爱国主义精神的机会。照片中是洛斯巴德苏族人（Rosebud Sioux）法斯特·弗雷德·霍斯（Fast Fred Horse）在纽约医院中疗养的情形，1918年默兹—阿尔贡战役（Meuse-Argonne）中，弗雷德不幸受伤和瘫痪。和非裔美国人不同，印第安人在战争期间并没有成立隔离部队。印第安人参加了对日本军队的所有重大战役，并有着很高的伤亡率，因为他们中有很多人担任侦察员、通信兵和狙击兵。

图片来源：威廉·哈蒙德·马瑟斯博物馆，印第安纳大学

▶ K连第110步兵团的一名美国士兵在法国维雷内（Verennes）的战斗中获得帮助。

图片来源：国家档案

堑壕战中的死伤程度让人难以理解。在1916年的索姆河战役（Battle of the Somme）中，英国和法国在区区125平方英里战场中有多达600 000人死亡或受伤；德军失去了400 000人。同年的凡尔登战役（Verdun）中，有336 000名德军死亡，1917年的帕斯尚尔战役（Passchendaele），超过370 000名英国人死亡，只为了占领40英里泥土地和带刺铁丝网。佩奇大使对欧洲的情形恶心不已："这是个充满寡妇的破产屠宰场。"

炮弹休克症

第一批美国军队于1917年6月26日登陆法国，参加巴黎七月四日游行，然后乘坐火车来到前线。他们很快就见识了先进武器带来的恐惧。一些人遭受炮弹休克症的折磨，这种精神疾病也被称作战争精神病。症状包括无神的瞪视、剧烈的震颤、瘫痪的四肢、无精打采、喋喋不休和尖叫，以及噩梦。这种疾病可能袭击任何人，即使是看起来最英勇、最富有男子气概的士兵也可能在数日连续不断的炮火和无法逃离的人类残杀下被击垮。"人类的忍耐力是有极限的。"一名中尉解释道。红十字军人服务社提供了一些安慰，里面的员工都是女性志愿者，在陌生的土地上为士兵们提供服务小站，提供理发、食物和娱乐服务。大约有10 000名红十字护士照顾年轻的战士们，而美国图书馆协会（American Library Association）提供了1 000万本书籍和杂志。

在巴黎，40家大型妓院蒸蒸日上，英国人是酒鬼，法国人是嫖客，而美国人两者都是，这已经成为老生常谈。性疾病成为严重的问题。法国总理乔治·克列孟梭（Georges Clemenceau）在"特别馆"中向美国军队提供经过调查的持证娼妓服务。当这个慷慨的法国式待遇传到华盛顿时，战争部部长牛顿·贝克（Newton Baker）喘着气道："老天……别让总统看到这个，不然他会停止战争的。"到战争结束时，大约15%美国士兵感染了性疾病，军队付出了约5 000万美元和700万天兵役的代价。军队提供定期检查、化学预防性治疗，感染士兵可能遭到军事法庭惩罚，这些措施阻止了事态进一步扩大。

法国战场上的美国部队

欧洲的经历让许多美国士兵拓宽了原本局限的视野。士兵们在日记和书信中写满了当地风俗和"古代"建筑的描述,并指出肮脏而战火纷飞的法国乡村与他们在绘画中看到的美好景象天差地别。一些人对于平民的忍耐精神感到欣赏,同时也恼怒于当地人对美国人的无动于衷。"对于美国士兵来说,法国的生活意味着在污秽和泥泞中行军,生活在肮脏的地窖中,浑身湿冷,还有战斗,"第四师的参谋长评论道,"他在危难之中前来帮助法国,他很高兴自己前来施以援手,但是这些法国人似乎完全不感激他。"

美国人员和物资的涌入以及他们对同盟国士气的打击决定了第一次世界大战的结果。双方筋疲力竭时,美国人让战争的天平向协约国倾斜。不过,美国军事机器花了一些时间才让自己的效果显现。从很早开始,美国海军与潜水艇展开斗争,保护军队运输船,美国空军飞行员驾驶英国和法国的飞机,进行有限的行动,主要是保护美国地面部队和运输。美国"王牌飞行员"如艾迪·理肯贝克(Eddie Rickenbacker)在"空战"(dogfights)中与势均力敌的德国飞行员交锋,成为著名战争英雄,在法国和本国都闻名遐迩。但是只有地面部队可以造成决定性的差别,而美国部队事实上直到1917—1918年严冬的停战期之后才开始参与较多战斗。

布尔什维克革命

至此时,一场20世纪最重要的政治事件导致军队和外交环境发生戏剧性的变化:俄国布尔什维克革命爆发了。1917年11月,当年年初沙皇被废黜后领导该国的阿莱克桑德·克伦斯基(Aleksander Kerensky)自由民主政府被V.I.列宁(V.I. Lenin)领导的激进社会主义者颠覆。列宁夺得权力,发誓要改变世界、终结帝国竞争,挑战伍德罗·威尔逊的方式。列宁把这场战争看作资本主义行将就木的讯号,并且企图发动全球工人革命,横扫"帝国主义秩序"。对于西方领袖来说,布尔什维克式革命在

◀ 在第一次世界大战期间,战争部推出了一部对抗性传播疾病的影片。战后纽约州审查委员会(New York State Board of Censors)宣布这部影片内容淫秽。

图片来源:社会福利历史档案中心(Social Welfare History Archives Center),明尼苏达大学

全世界传播的可能性仅想想就太可怕了。全世界的劳动阶层齐心协力掌握权力将摧毁全世界所有政府。

在布尔什维克党人掌权后的数周内，他们试图公布协约国之间关于得胜后如何瓜分殖民地和其他同盟国领土的秘密协议，以羞辱资本主义政府并鼓动全球革命。拥有丰富国际事务经验的观察者不会觉得这些文件特别骇人听闻，而且威尔逊已经知悉了，但是这些文件的公开戳破了协约国战争的高尚谎言。威尔逊向豪斯上校直言他真的想让那些布尔什维克党人"下地狱"，但是他接受了上校的意见，回应列宁的声明，对交战双方立场没有区别的观点进行反驳，还驳斥了社会主义代表未来的观点。

十四点计划

1918年1月，威尔逊政府公布《十四点计划》，威尔逊在这份文件中重申美国坚持一个由法律统治的国际体系，并且拒绝将获取领土作为合法的战争目标。前五点要求"公开透明"的外交，海洋自由，降低关税，裁减军备，以及帝国去殖民地化。接下去的八点明确将外国部队从俄国、比利时和法国撤走，并且呼吁欧洲民族比如波兰人的自决权。对于威尔逊来说，第十四点是最重要的，是达成其余十三条的机制："一个总的国家联盟"或称国际联盟。

列宁对威尔逊的呼吁无动于衷，他要求的是立即终止战争，根除殖民主义，所有民族获得自决权。1918年3月3日，列宁还和德国单独签署和平协议——《布莱斯克—里托维斯克条约》(Treaty of Brest-Litovsk)。这个协议将俄国数个世纪的扩张一笔勾销，波兰、芬兰和波罗的海诸国脱离俄国，乌克兰获得独立。列宁的目标之一是允许俄国军队对布尔什维克党的忠诚，回到俄国，与发动内战驱逐新政府的反布尔什维克势力抗争。

列宁和威尔逊之间的龃龉埋下了1945年后主宰国际体系的超级大国对抗的种子。两个人都拒绝传统外交，他们认为这为当前的战争创造了条件；两人都坚持认为全新社会秩序十分必要。尽管他们分别表示忠于民主原则，但是却以不同的方式定义民主。对于列宁来说，民主意味着世界各地的工人从资本所有者那里夺得控制权，并建立工人领导的政府。对于威尔逊来说，这意味着按照共和制政治惯例在资本主义体系中运作的独立政府。

战斗中的美国人

1918年3月，随着德国军队从俄国前线脱身并转移到法国，德国人发动了一次大规模进攻。至5月，他们推进到距巴黎50英里处。当月末，美国第一师部队在坎提格尼(Cantigny)帮助阻挡德军攻势（参见地图23.2）。6月，第四师和法国军队在沙托鲁—蒂埃里城堡占领马恩河畔(Marne River)的有利地位，第二师很快在贝洛林苑(Belleau Wood)袭击了德军。美国士兵在三个星期的战斗后赢得了战役，但是他们几乎是悍不为死地正面迎击德国机枪，成千上万人死亡或受伤。

1918年7月，协约国在第二次马恩战役(Second Battle of the Marne)中的胜利遏制了所有德国进军。9月，法国和美国军队在一场激烈的战役中占领了圣米伊尔(St. Mihiel)，美国炮手打出了100 000发光气炮弹。接着协约国发起了大规模的默兹—阿尔贡进攻。在数周的鏖战中，超过100万美国人与英法军队并肩作战；10月10日协约国占领阿尔贡之前，大约26 000名美国人参加了战斗。对于德国来说，和平已经成为大势所趋，德国的地面和潜水艇战争受到干扰，军队和城市哗变，土耳其和奥地利退出同盟国，皇帝退位，美国部队增援似乎无穷无尽。德国人接受了惩罚性的停战协议，这一协议于1918年11月11日上午11点生效。

伤亡

这场战争的代价难以估量，但是尺度清晰无误：据交战双方统计，有1 000万士兵和660万平民

放眼天下

1918年的流感疫情

1918年的夏季和秋季，当第一次世界大战将近尾声时，一场可怕的瘟疫席卷世界。这是一场大规模的流感暴发，导致的死亡人数达第一次世界大战本身的两倍多，大约250万至400万人。美国有67.5万人丧生。

3月初，中西部军营中发现最早的病例。士兵们抱怨类似流感的症状，头疼、咽喉痛、发烧，许多人就此一病不起。在堪萨斯赖利堡（Fort Riley）有48人死亡。但是因为战争如火如荼，政府或媒体中几乎没人注意疫情。士兵被大批送往欧洲（3月有84 000人），一些人的肺部携带着不为人知的病毒。4月，这种疾病出现在西方前线。至6月末，估计有800万西班牙人感染，因此这种疫病被命名为"西班牙流感"。

8月，在仲夏的休战期间，第二种更致命的流感病毒开始传播。这一次，疫情同时在三个大洲的三个城市中爆发：非洲塞拉利昂（Sierra Leone）的弗里敦（Freetown）；法国布雷斯特（Brest，许多美国士兵就是通过这个港口进入法国的），以及马萨诸塞州波士顿。9月，疫情从东海岸横扫至纽约、费城以及其他地区。当月有12 000名美国人丧生。

这是一场史无前例的流感。从健康到死亡可能只有短短一周。一些人肺部迅速积液，然后名副其实地溺亡。另一些人死得更缓慢，由细菌性肺炎的继发性感染导致。20到29周岁人群死亡率最高，与在战壕中大量死去的人群年龄段相同。

10月，疫情达到巅峰。病毒传播到日本、印度、非洲和拉丁美洲。在美国，200 000人死亡。全国都紧缺棺材和掘墓人，葬礼被缩短到15分钟。尸体停放在檐沟或前廊，由卡车收集后驶过街道。商店被禁止举行促销活动，学校和电影院被迫关闭。军队军医处处长维克多·沃恩（Victor Vaughan）做了骇人听闻的计算："假如疫情继续保持它的加速率，短短几周后文明会轻易从地球表面消失。"

接着，在11月，出于至今仍然不明的原因，疫情突然缓解了，尽管死亡持续到1919年。在英格兰和威尔士，最终死亡人数是200 000。萨摩亚失去了1/4人口，这场瘟疫在印度造成的死亡人数更耸人听闻，多达200万人。用历史学家罗伊·波特（Roy Porter）的话说，这是"人类从古至今遭遇过的最严重的唯一的人口危机"。

第一次世界大战帮助传播了这场疾病，但是此前几十年的科技进步让全球旅行更便捷，也是一大原因。世界变成了一个更小、联系更紧密的地方，通常这是好事，但偶尔也是坏事。美国人习惯于认为两个大洋让他们遗世独立，现在终于认识到他们一直与人类连接在一起。

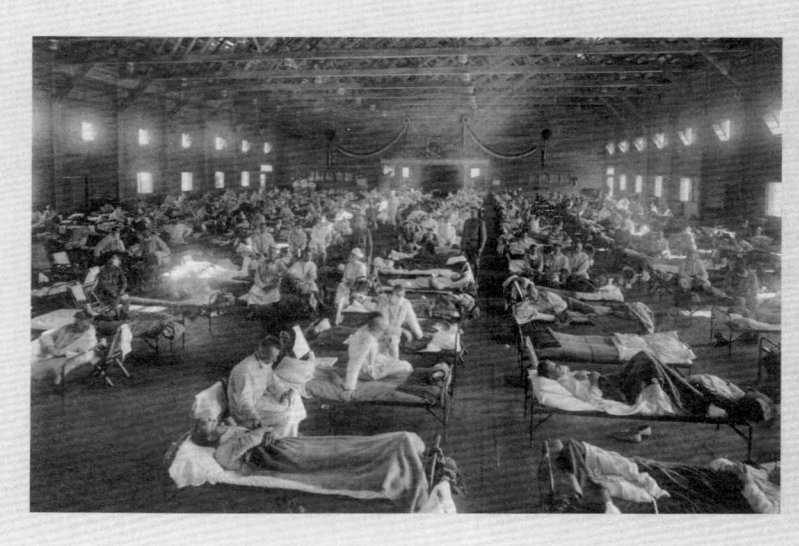

◀ 1918年春季，流感疫情或许开始于堪萨斯州的弗斯顿军营（Camp Funston）。士兵们被一种致使人衰弱的疾病击倒，他们将之称为"打倒我"高烧。

图片来源：国家卫生与医学博物馆（National Museum of Health and Medicine），武装部队病理学研究所（Armed Forces Institute of Pathology）

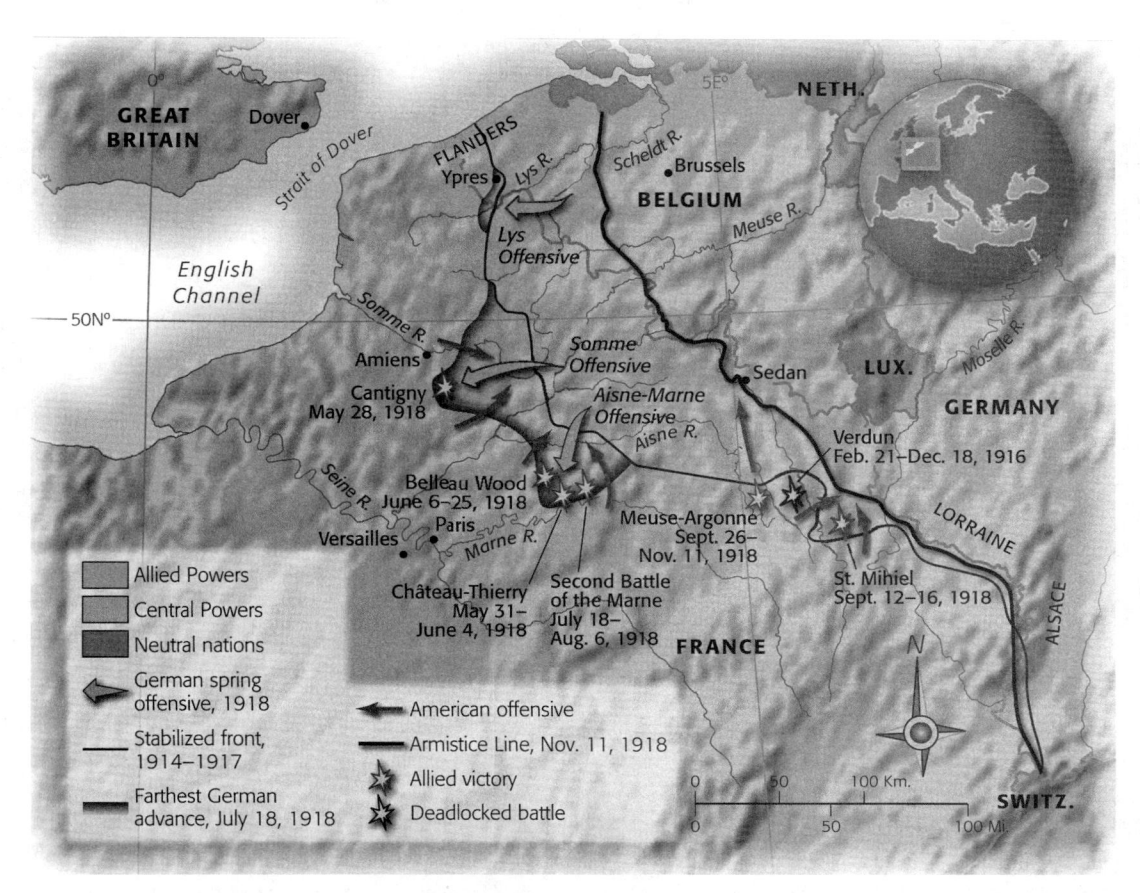

地图 23.2　美国军队在西方前线，1918 年
美国派往法国的两百万军队正面遭遇德国军队，导致 1918 年同盟国战败。
来源：©圣智学习

死亡，2 130 万人受伤。53 000 名美国士兵在战斗中丧生，另外 62 000 人死于疾病。非战斗死亡中许多人死于 1918 年年末肆虐全世界的病毒性流感，这场瘟疫造成的死亡人数更甚于战争本身。战争对经济造成的破坏也是巨大的，第一次世界大战是 1918—1919 年冬季欧洲大范围饥荒的一大原因。欧洲大陆上的经济生产大幅减少，一些国家的交通运输名副其实地瘫痪了。"我们在命运的死亡季，"一个英国观察者写道，"在当代人的一生中，人类灵魂从未如此黯淡过。"

这场大灾难的死亡人数骇人听闻，德国、奥匈帝国、奥斯曼和俄罗斯帝国已经覆亡。一段时间内，布尔什维克革命似乎要向西传播，共产主义暴动动摇了德国和中欧的部分地区。甚至在停战之前，革命者已经暂时在德国城市不来梅（Bremen）、汉堡和吕贝克（Lubeck）掌握政权。在匈牙利，一个革命政府确实掌权数月，而奥地利被左翼游行折磨得摇摇欲坠。与此同时，在莫斯科，这个新的苏维埃国家致力于巩固自己的权力。"我们坐在一座开放的火药库上，"豪斯上校忧虑道，"某天一个火星就能点燃它。"

动员后方

"我们必须为战争打造的不是一支军队，"威尔逊总统宣称，"而是一个国家。"美国成为参战国只有 19 个月，但是这场战争在国内产生了巨大的影响。为了满足战争需求，联邦政府迅速行动，扩张经济权力，前所未有地干涉美国生活。大幅扩张的华盛顿官僚机构管理经济、劳动力、军事、舆情等方

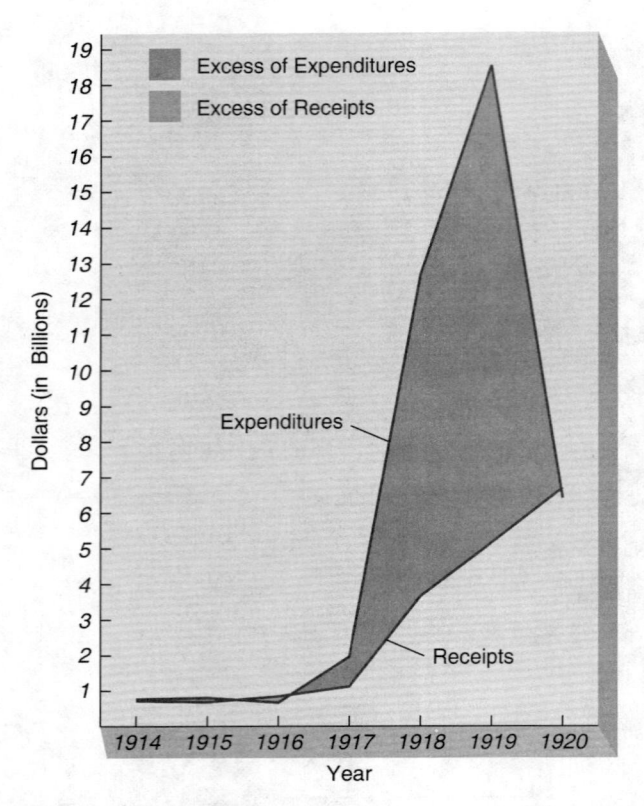

图表23.1 联邦预算，1914—1920年

在第一次世界大战期间，联邦政府的支出大于税收收入增长。美国向银行贷款或者通过自由公债（Liberty Loan）机制出售债券。换句话说，为了满足战争不断升高的支出，联邦政府不得不寅吃卯粮。1919年，支出超过收入130亿美元。不仅如此，由于战时的财政模式，联邦政府债务从1914年的10亿美元上升至1919年的25亿美元。

来源：美国商务部，《美国历史数据：殖民时期至1957年》（*Historical Statistics of the United States: Colonial Times to 1957*），华盛顿特区：统计局，1960，第711页

方面面。联邦开支急剧增加，从1917年4月至1919年8月，政府花了7.6亿美元。税收收入滞后，政府开支赤字（参见图表23.1）。战争的总代价难以估量，因为未来的几代人将不得不支付老兵的福利和贷款利息。以新民族主义进步（Progressives of the New Nationalist）观念看来，战时政府权力扩张和集中化是受欢迎的。对于另外一些人来说，这些变化似乎过度了，这导致了集中而危险的联邦权力。

商业—政府合作

联邦政府和私营企业在战争期间成为伙伴。所谓的"年薪一美元"（dollar-a-year）董事会从各大公司聚集到国家首都，他们保留在公司的薪资，同时担任行政和咨询职务。但是逐利的生意人染指国家利益引起了公众的抗议。比如，铝业顾问委员会也是最大铝业公司的总裁。形形色色的委员会于1917年7月解散，代之以单一的管理机构——战时工业委员会（War Industries Board）。但是联邦政府继续通过贸易协会与企业紧密合作，至1920年，贸易协会的数量增长至2 000之多。政府还暂停反托拉斯法律，签署成本加成定价协议，确保企业拥有更多的利润，能够支付更高薪资和防止罢工的发生。竞标实际上被禁止了。在这样的战时方针下，大企业变得更大了。

成千上万主要由企业人员供职的新政府机构掌控经济，使国家资源向协约国、美国远征军（AEF）以及战争相关生产倾斜。由工程师和投资者赫伯特·胡佛（Herbert Hoover）领导的食品管理局（Food Administration）发起志愿项目，提高产量，保存食物，呼吁美国民众种植"胜利菜园"，把膳食改成无肉无麦，但是它也制定价格和规范分配。铁路管理局（Railroad Administration）接管了铁路行业。燃料管理局（Fuel Administration）控制煤炭供应和汽油限量配额。当电话和电报公司受到罢工威胁时，联邦政府接管了这些企业并负责运营。

这些超级政府机构中架势最大的是由金融家伯纳德·巴鲁克（Bernard Baruch）领导的战时工业委员会（War Industries Board，即WIB）。这位华尔街人士曾对亨利·福特开诚布公，假如汽车制造商不接受战时工业委员会对汽车生产的限制，他就派遣军队占领他的工厂。福特投降了。尽管战时工业委员会看起来无所不能，但是事实上它必须安抚对立的利益群体，向企业家妥协，这些人的建议举足轻重。战时工业委员会的定位是协调全国经济的票据交换所，它负责采购、分配物资，并且根据商业要求的水平定价。战时工业委员会还要求商品标准化以节约原材料和流水线生产。比如，汽车轮胎规格从287种减少至3种。

以食取胜

第一次世界大战史无前例地将美国人动员起来，还要求他们做出牺牲。赫伯特·胡佛的食品管理局用彩色海报劝说美国人改变饮食习惯。下面的海报用粗体字和画面传达爱国主义讯息，图中的人脚踩倒地的德国士兵，呼吁人们节衣缩食，把食物省下来给军队。右边的海报则画着1940年代老师形象的山姆大叔，手里拿着倡导城市和农场菜园的书本请人们多学习。右下角的海报运用宗教（和罪恶感）激励民众。你觉得哪幅海报最有效？为什么？如何才能说服现今的美国人改变饮食习惯？

▲ 在这幅1917年的彩色海报中，山姆大叔以老师的姿态说："栽培蔬菜减少食物开销。"海报提供了免费的农业部"栽培公报，这是精神食粮"。

图片来源：国会图书馆

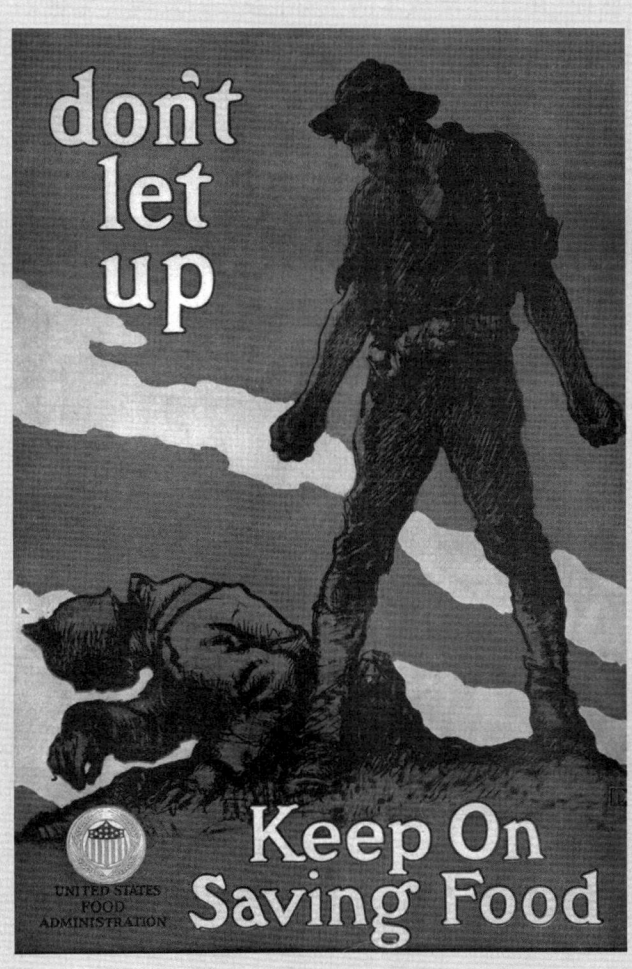

▲ 西班牙艺术家弗兰西斯·路易斯·莫拉（Francis Luis Mora）在1918年的海报中使用了富有视觉冲击力的画面，画中的人物脚踩倒地的德国士兵。

图片来源：国会图书馆

▲ 这幅1917年海报展示了丰收的水果和蔬菜，用细节丰富的插图和色彩明艳的红色字体吸引注意力，"这是上帝赐予我们的，"接着提出问题，"为了让其他人活下去，你打算付出什么？"

图片来源：国会图书馆

经济表现

动员后的经济表现不能一概而论,但是足以将足够人员和物资输送到法国,确保协约国战胜同盟国军队。大约1/4美国产能转向军需物资。农民们迎来农产品价格较高的丰年,把更多土地投入种植,机械化程度达到了前所未有的水准。从1915年至1920年,美国农田中的拖拉机数量翻了十倍。1914年到1919年农业总收入增加了超过230%。尽管1918年制造业产量保持平稳,但是一些产业因为战时需求实现了实质上的发展。1917年钢铁产量达到巅峰的4 500万吨,是战前的两倍。美国士兵把美国品牌传播到欧洲,烟草商从巨幅增长的香烟销量中获益:香烟销量从1916年的260亿支增长至1918年的480亿支。总体上,1920年的国民生产总值比1914年高出237%。

不过急于完成大宗生产任务也导致了许多失误。武器运输供不应求;膨胀的战争航运委员会(War Shipping Board)没能建造足够的船只。在1917—1918年的寒冬,数百万美国人无法获得煤炭。煤炭公司减少产量提高价格;铁路没有足够的运煤列车;港口结冰了,煤炭驳船被迫停运。人们死于肺炎与严寒。一个布鲁克林人早晨出门去搜寻煤炭,回来发现自己两个月大的女儿已经在摇篮里冻死了。

为了支付战时的账单,联邦政府大幅提高了税收。1916年的《税收法案》(Revenue Act)开始了这个过程,向高收入人群和企业盈利收取附加税,并且大幅提高对军火制造商的课税。尽管如此,政府通过税收只能支持1/3的战争开支。另外2/3来自举债,包括通过积极宣传出售给美国人的自由债券。1917年《战争税收法案》规定更差别化的个人收入税、企业收入税和超额利润税,并对酒精饮料、烟草和奢侈品增加特许权税。

尽管这些税收确实抑制了企业过度投机牟利,但是也存在漏洞。有时候企业会夸大成本,隐藏利润或者向管理人员支付高薪和奖金。比如,1917年伯利恒钢铁公司(Bethlehem Steel)的四个管理人员瓜分了230万美元奖金,第二年分了210万美元。1913年企业净收入总共40亿美元;1917年达到70亿美元;1918年,受到税收和战争结束的影响,仍然有45亿美元。利润和爱国主义在美国战时经历中携手并进。然而,价值达几十亿美元的合约在战争结束时作废,导致短暂的经济下行,继之以短暂的繁荣,然后是急剧的衰退(参见第二十四章)。

劳动力短缺

对于美国工人来说,战时经济创造的充分就业机会增加了收入,许多人因为加班获得1.5倍工资。然而,由于生活成本的上升,工人们发现提升他们的经济地位几乎不可能。人员更新率很高,因为工人们经常为了更高报酬和更好的工作环境换工作。一些雇主试图通过扩大福利和社会项目来克服劳动力短缺,并建立员工部门,通用电气将之解释为"专业的人性工程师,保持它的人类机械运行无阻"。

为了应对劳动力危机,劳动部下属的美国就业服务(U.S. Employment Service)负责匹配劳动者和工作岗位,尤其是将南方和中西部的工人吸引至东部的军工产业。这个部门还暂时放松了移民法律的文化测试和人头税条款,吸引来自墨西哥的农民、矿工和铁路工人。劳动力危机还造成了住房危机,工人们涌入城市,美国房地产有限公司(U.S. Housing Corporation)和急救车辆有限公司(Emergency Fleet Corporation)按照英国的先例在弗吉尼亚的纽波特纽斯(New Port News)和宾夕法尼亚的埃迪斯通(Eddystone)建造了排屋。

紧俏的战时劳动力市场还造成了另一个结果:女性获得了全新的工作机会。在康涅狄格,一部独特的影片《斯坦福德的海因斯夫妇尽绵薄之力》(Mr. and Mrs. Hines of Stamford Do Their Bit)号召家庭主妇们的爱国主义热情,呼吁她们去工厂工作。尽管劳动队伍中女性的总数只略微增加了一些,但真实的情况是,许多人换了工作,进入原本专属于男性的领域。一些白人女性从家政服务转向工厂，从百货商店员工变成速记员和打字员，或离开纺织厂前往兵工厂工作。至少有20%的战时电力机械、飞机制造业和食品行业的工人是女性。白人女性抓住这些新机会，黑人女性则取代了她们在家政服务业和纺织厂中的职位。有史以来第一次，百货商店雇用黑人女性当电梯操作员和餐厅服务员。大多数工作女性是单身，并且集中在性别隔离的岗位上，担任打字员、护士、教师和女仆等工作。

女性还以其他方式参与战争事业。作为志愿者，她们为难民和士兵缝制衣物，在红十字机构中供职，教授护士法语。一些女性在战区驾驶救护车。许多人为艾达·塔贝尔（Ida Tarbell）和凯莉·查普曼·凯特领导的国防委员会妇女事务委员会（Women's Committee of the Council of National Defense）工作。这个委员会是由州、县和镇志愿者组织组成的大网络，负责宣传政府动员计划，鼓励种植家庭菜园，支持流动售卖自由债券，并且持续推动社会福利改革。这些爱国主义工作赢得了男性的赞誉，为赋予女性选举权的第十九条修正案的通过增加了砝码。"我们在这场战争中让女性成为伙伴，"威尔逊于1918年为女性选举权辩护时说道，"我们难道仅仅将她们作为患难和牺牲的同伴……却不让她们分享特权和权利？"

在非裔美国人中间，战争动员发生了重要的变化，南方黑人大规模迁徙到北方城市，在铁路工厂、包装厂、钢铁厂、造船厂和煤矿中工作。1910年至1920年之间，克利夫兰的黑人人口膨胀了超过300%，底特律超过600%，芝加哥超过150%。这些增长大多发生在1916年至1919年之间。总计大约有50万非裔美国人背井离乡迁徙到北方。有时候全家人筹集积蓄把一个人送过去，另一些人倾家荡产支付旅费。大多数外来人员是男性——年轻（二十出头），未婚，是熟练工或者半熟练工。北方的战时工作提供了脱离低薪、佃农、租地、作物留置、劳役偿债、私刑和剥夺公民权的机会。一个非裔美国人对密西西比的故友写道："我开始感觉自己像个人了……我不用再向任何人俯首。我登记了。

▲ 出生于加拿大、来自马萨诸塞切尔西的史黛拉·杨（Stella Young, 1896—1989）成为著名的"甜甜圈女孩"，她在第一次世界大战中跟随救世军（Salvation Army）美国分部服务，这个国际组织致力于社会工作。她于1918年3月来到法国，在前线附近的紧急餐厅中工作，为美国军队提供咖啡、可可、三明治、甜甜圈、馅饼和水果。史黛拉·杨穿着卡其布制服，戴着步兵钢盔的形象印在明信片上广泛传播，变得妇孺皆知。甚至有人写了一首关于她的单曲。她在第二次世界大战中再次服务。1968年切尔西市用她的名字命名了一个城市广场以作为纪念。

图片来源：图像研究顾问与档案

将在下一次大选中投票。"

全国战时劳工委员会（National War Labor Board）

为了让工厂更顺利地运作，威尔逊于1918年年初设立了国家战争劳动委员会（简称NWLB）。全国战时劳工委员会反对罢工和关闭工厂，呼吁管理层与现有的工会谈判。7月，在西联电讯公司（Western Union Company）解雇了800名工会成员，因为他们试图将该企业的工人工会化。管理层接着拒绝了全国战时劳工委员会复职雇员的要求。总统将电话线路国有化，让工人们回去工作。同月，全国战时劳工委员会指示通用电气提高薪资，停止歧视纽约斯克内克塔迪（Schenectady）的金属贸易工会成员。另一方面，9月，全国战时劳工委员会下令康涅狄格布里奇波特（Bridgeport）的罢工机械工人回到军火工厂，威胁取消他们的征兵特赦资格（早先因为他们在"关键"产业中工作而获得这一资格）。

许多工人领袖希望在这场战争中能够通过与政府合作获得更多承认，并提高薪资。塞缪尔·龚帕斯（Samuel Gompers）带领美国劳工联合会向威尔逊政府投诚，保证阻止罢工。他和其他温和派工人领袖接受联邦政府机构的委任。反战社会主义党炮轰美国劳工联合会，称其为"资本主义战车上的第五个轮胎"，但是工会成员数量从1916年的大约250万上升至1919年的400多万。

然而，美国劳工联合会无法抑制激进的世界产业工人组织（Industrial Workers of the World，即IWW，也被称为"Wobblies"）或叛逆的美国劳工联合会地方组织发动的罢工，尤其是受工人活动家和社会主义者控制的那些。在战争进行到第19个月时，工人们用6 000多次罢工表达了"糊口报酬"和改善工作环境的要求（许多人要求八小时工作制）。工人们和他们的工会运用威尔逊式战时措辞，致力于创造"工业民主"，希望在工作场所得到更多话语权，决定工作种类和内容时让工人有置喙的余地，并通过企业委员会实现工作场所代表制。至1920年，各个工人党派违抗代表国家的美国劳工联合会，在23个州发起抗议。

公民自由受到挑战

龚帕斯支持战争号召对于威尔逊及其顾问意义重大，他们心满意足地发现大多数报纸、宗教领袖和公共官员都同样表达了支持。然而，他们对于普通美国民众的态度却不那么肯定。"在今天这个至关重要的时刻，挡我们前路的人没有好结果。"总统警告道。一场官方和非官方的运动很快让质疑威尔逊参战决策的异见者或者抗议征兵的人闭嘴。最后，威尔逊政府留下了美国历史上最糟糕的公民自由记录。

政府和准治安维持会打压的目标是数十万拒绝支持战争的美国人和外国人：各行各业的反战者、拒绝服兵役者、社会主义者、激进工人团体、对征兵发起"青玉米叛乱"（Green Corn Rebellion）的俄克拉荷马州负债累累的佃农、无党派联盟（Non-Partisan League）、诸如罗伯特·拉福莱特和珍妮·亚当斯这样的改革者，还有不计其数的其他人。战时民主社会中自由发声的权利成为一大辩题，"公民自由"首次在美国历史上成为重大的公共政治问题（参见"人民与国家的遗产"，第648页）。

公共信息委员会

政府战争动员运动的核心是成立于1917年4月的公共信息委员会（Committee on Public Information，即CPI），该组织由进步派记者乔治·克里尔（George Creel）领导，雇用了全国部分最有才华的作家和学者，运用政治宣传和电影妖魔化德国。公共信息委员会的"四分钟人士"（Four-Minute Men）在电影院、学校和教堂中发表演说，激发爱国主义情绪。在公共信息委员会鼓励下，电影业也积极推动美国参战，电影公司及其行业协会，全国电影产业协会（National Association of the Motion Picture Industry），拍摄了一系列纪录片、新闻片和反德国影片，比如《皇帝，柏林的野兽》（The Kaiser, the Beast of Berlin，1918）和《皇帝下地狱》（To Hell with the Kaiser，1918）。

该委员会还敦促媒体践行"自我审查"，并鼓励人们监视自己的邻居。极端爱国主义团体如煽动监狱（Sedition Slammers）和美国国防协会（American Defense Society），采用治安维持会的政策。一个伊利诺伊州的德国矿工被裹在旗帜中处以私刑。在蒙大拿的希尔格（Hilger），市民焚烧所有提到德国的历史文本。到战争结束,共有16个州禁止教授德语。为了避免麻烦,圣路易斯的凯撒—库恩(Kaiser-Kuhn)杂货店把名字改成先锋杂货店。内布拉斯加德日耳曼敦(Germantown)变成了加兰德(Garland),而爱荷华柏林的居民从此来自林肯。德国牧羊人被称为阿尔萨斯(Alsatian)牧羊人。

由于各个城镇都有自由贷款额度需要完成,它们有时候会逼迫"懒虫"购买债券。本土主义者主张"百分百美国主义",利用这种情绪氛围告诫移民抛弃他们的旧世界文化。企业在工厂中提供英语和归化课程,不能努力提高英语水平的人得不到工作或擢升机会。甚至连工人强制健康保险也沦为不良战争氛围的牺牲者,这项政策在战争前曾在数个州得到支持,包括纽约和加利福尼亚。许多医生和保险公司一直将健康保险贬为"社会主义的";在美国参战之后,他们又质疑它是"德国制造"。

连长期以宽容为荣的机构也被高压政治的精神污染了。韦尔斯利学院(Wellesley College)经济学教授爱米莉·格林·巴尔奇(Emily Greene Balch)因为反战观点遭到解雇(她于1946年获得诺贝尔和平奖)。三名哥伦比亚大学学生在1917年年中因为传播反战请愿书被逮捕。哥伦比亚大学还解雇了著名的心理学家J.M.卡特尔(J.M. Cattell)教授,因为他持反战立场。他的同事,支持战争观点的历史学家查尔斯·比尔德(Charles Beard)以辞职抗议,称:"假如我们必须压制不愿听到的一切,这个国家赖以生存的根基将摇摇欲坠。"在许多州,当地学校董事会开除质疑战争的教师。

有关间谍活动和煽动叛乱的法案

威尔逊政府也通过强制性的国会《间谍法案》(1917)和《煽动法案》(Sedition Act, 1918)来指导工作。第一份文件禁止旨在妨碍征兵或推动军事反抗的"不实言论",还禁止视为谋逆的邮件材料。《煽动法案》规定阻碍战争债券出售为非法,并禁止使用"不忠诚、亵渎、粗鄙或侮辱性"语言描述政府、宪法、国旗或军装。这些语焉不详的法律赋予政府极大的裁量权,严厉惩治批评者。在这两部法案下,超过2 000人受到迫害,还有许多人因为恐惧而沉默。

进步派和保守派都用刻不容缓的战争情势遏制世界产业工人联合会与社会主义党。政府工作人员突袭世界产业工人联合会会议,军队进入西部矿区和林区镇压世界产业工人联合会罢工。至战争结束,这个工会的大多领袖都锒铛入狱。1918年夏天,在政府速记员在场的情况下,社会主义党领袖尤金·V.德布斯发表了慷慨激昂的演说,颂扬社会主义和言论自由,包括批判威尔逊政府带领美国步入战争的自由。联邦特工逮捕了他。德布斯告诉法官,许多异见者以及许多法学家和学者如何看待《间谍法案》:这是"明目张胆地悖离民主原则和自由体制精神的暴虐恶法"。德布斯被宣判入狱十年,在监狱中关押到1921年年末,然后获得了赦免。

最高法院支持这类判决。在"申克诉美国政府

▲ 伊利诺伊州国民警卫队第八军团的成员和他的家人,摄于1918年前后。第八军团原本是1898年西班牙—美国战争期间组织起来的志愿军团,在第一次世界大战中声名显赫。这是唯一一支完全由黑人指挥的军团,也是总部设于美国的唯一一个黑人军械库,"战斗第八军团"在法国战场上脱颖而出,143名成员付出了生命。

图片来源:芝加哥历史博物馆

案"（1919）中，最高法院一致支持判决一名社会主义党成员有罪，因为此人邮寄呼吁抵制征兵的小册子。在战争期间，奥利佛·温德尔·赫尔姆斯（Oliver Wendell Holmes）写道，宪法第一条修正案可以受到限制："言论自由不会保护一个在剧院中谎称'着火'而引起恐慌的人。"在赫尔姆斯看来，假如语言"具有能够创造清晰而近在眼前的危险的特质，并会带来实质上的恶果，国会就有权阻止"，言论自由可以受到限制。

红色恐慌，红色之夏

战时异见压迫和战后红色恐慌的界限很难划清。以爱国主义为名，两者都骚扰疑似内奸，剥夺他们的宪法权利；两者都得到了政府批准。这破坏了权利法案，伤害了美国的激进主义。然而至少在两个方面，两者的情况是不同的。战争时期主要的恐惧是颠覆，在停战后则是革命；1917年打击的目标通常是德裔美国人，1919年则常常是工人组织。俄国革命和欧洲其他地区的共产主义暴动让很多美国人心生警惕，1919年苏维埃领导集团宣布成立共产国际（Communist International，或Comintern），意图将革命输出到全世界，恐惧愈演愈烈。作为回应，大惊失色的保守派在美国大肆搜查支持布尔什维克的同情者（或称"红色分子"[Reds]，因为共产主义者使用的红色旗帜而得名），尤其是在移民群体和工会中。

工人罢工

战争中涌现的工人领袖决定为工人们争取更高的薪酬，以应对高涨的物价，并捍卫战时的议价权利。而雇主们则废除了他们在战争期间不得不赋予工人的福利，包括对工会的承认。结果导致了1919年接连不断的工人罢工，点燃了红色恐慌的导火索。当年总计有3 300多场罢工，牵涉400万工人，包括1月的西雅图大罢工，让整个国家为之战栗。5月1日，全世界工人的节日，有人将炸弹通过邮政寄到美国有名望的人手中。大多数爆炸物被拦截和拆解，但是警察一直没有抓到阴谋者。大多数人有理有据地认为无政府主义者和其他专注破坏美国生活方式的人应该对此负责。接下去的9月发生了波士顿警察罢工。一些人嗅到了布尔什维克阴谋的气息，但是另一些人觉得给波士顿爱尔兰籍美国天主教警察贴上"激进分子"的标签是荒谬的。保守派马萨诸塞州州长卡尔文·柯立芝（Calvin Coolidge）宣称没有人有权以罢工威胁公共安全，遑论以此沽名钓誉。州警卫很快就替代了罢工的警察。

9月钢铁行业的动荡引起了更不祥的恐惧。许多钢铁工人每天工作12小时，每星期工作七天，并且居住在污秽不堪的环境里。他们向全国钢铁工人组织委员会（National Committee for Organizing

▲ 公共信息委员会通过一致的宣传攻势，帮助美国人民接受美国加入第一次世界大战的事实。在这幅1917年的海报中，委员会还提醒民众警惕德国间谍，甚至是德裔美国间谍，称这些人或许会从毫无防备的市民那里窃取机密。

图片来源：个人收藏/图像研究顾问和档案

Iron and Steel Workers)组织的当地钢铁工会寻求帮助,希望能改善生活。当钢铁业的失业率攀升,美国钢铁公司(U.S. Steel Corporation)拒绝会见委员会代表,大约350 000名工人离开工作岗位,争取集体议价的权利、减少工作时间以及能够糊口的薪酬。钢铁富翁们雇用破坏罢工者,派人殴打罢工者。威尔逊总统既担心1919年罢工,又顾虑布尔什维克主义,告诫人们警惕"混乱的毒药"以及"反叛的毒药"。但是在钢铁行业的个案中,企业获得了胜利;罢工于1920年年初崩溃了。

钢铁罢工的领袖之一是前世界产业工人联合会成员、好斗的工人组织者威廉·Z.福斯特(William Z. Foster),他后来加入了共产党。他在以面包黄油为目标的工人运动中的崛起,让政治和商业领袖将钢铁罢工视为由美国激进主义者策划的外国威胁。事实上并不存在阴谋,美国左翼是一盘散沙。两名来自社会主义党的异见者,约翰·里德(John Reed)和本杰明·基特洛(Benjamin Gitlow),于1919年成立了共产主义劳动党(Communist Labor Party)。该组织的竞争对手美国共产党(Communist Party of the United States of America)于同一年创立,主要由外国人组成。两个党派都没能吸引到许多追随者,他们的成员人数加起来可能都没有超过7万,而1919年被骚扰的社会主义党成员不过区区3万人。

美国退伍军人团

尽管激进派之间的分裂事实上意味着贫弱,但是进步派和保守派都认为新党派的出现巩固了激进派的威胁势力。美国退伍军人团正是如此看待这一问题的。1919年5月成立的美国退伍军人团旨在通过游说争取老兵福利,该组织很快开始宣传反激进主义,点燃了红色恐慌的导火索。至1920年,843 000名军人团成员成为慷慨激昂的美国主义的中流砥柱,这些人大多数是中上阶层人士。

威尔逊的首席检查官A.米切尔·帕尔默(A. Mitchell Palmer)也坚持美国人应该拥有同样的思想。作为一位进步派改革者、震颤派教徒和野心勃勃的政治家,帕尔默宣称"革命"就是"蚕食美国劳动者的家园,舔舐教堂的圣餐桌,跃入钟楼的校园铃声"。帕尔默委任约翰·埃德加·胡佛(J. Edgar Hoover)领导司法部激进派。积极的胡佛编撰了疑似激进个人和组织的索引卡。1919年,特工将世界产业工人联合会成员投入监狱,帕尔默将249名外国激进分子驱逐到俄国,其中包括直言不讳的无政府主义者爱玛·戈德曼(Emma Goldman)。

再一次,州和地方政府追随威尔逊政府的脚步。各州通过了和平时期有关煽动叛乱法案,成百上千的人遭到逮捕。治安维持会团体和暴民再一次层出不穷,他们的规模因为回国退伍军人的加入而急剧膨胀。1919年11月,在华盛顿森特勒利亚镇(Centralia),美国退伍军人团成员脱离队伍突袭世界产业工人联合会大厅。这一事件导致数人受伤。许多世界产业联合会成员很快被逮捕,其中一名退役军人被一个暴民从军队中劫持,然后殴打、阉割和射杀。纽约州立法会于1920年年初将五名经过合法程序当选的社会主义党成员除名。

帕尔默围捕

1920年,红色恐慌到达了巅峰。J.埃德加·胡佛负责计划并指挥了行动;政府特工在没有搜查令的情况下突袭33个城市的会议厅和民宅。超过4 000人入狱,并且不准请律师。在波士顿,约400人被拘留在严寒的鹿岛(Deer Island)上;两人死于肺炎,一人跳楼自杀,另一个人疯了。由于法院判决和劳动部副部长路易斯·波斯特(Louis Post)故意拦截文书的英勇行为,大部分被捕者被释放了,不过1920—1921年还是有接近600名外国人被驱逐出境。

帕尔默对于基本公民自由的漠视招致批评,许多人指责他的方针违反宪法。许多被逮捕的"共产主义者"没有触犯任何法律。帕尔默号召和平时期煽动叛乱法案,警告自由主义和保守主义领袖。他的极端预测认为支持苏维埃的激进分子将于1920年5月1日煽动暴力,而事实证明他估计错误,全美没有任何地方发生任何骚乱。自称"战斗的震颤派教徒"的帕尔默被嘲笑为"战栗斗士"。

种族动乱

帕尔默还为这些年让国家不堪其扰的种族暴力谴责共产主义者。这一指控也是毫无根据的。非裔美国人早在战争结束之前就意识到他们参与战争对改变歧视和白人态度收效甚微。种族隔离仍然是社会习俗。三K党再次兴起,D.W.格里菲斯(D.W. Griffith)的《一个国家的诞生》等种族电影颂扬三K党,负面刻画黑人,助长了偏见。私刑数据暴露了战时人道宣言和本土不人道实践之间的鸿沟:1914年至1920年,382名黑人被私刑处死,其中不乏身着军装的人。

北方白人憎恨"黑鬼入侵",在动乱中发泄愤怒,比如1917年7月在伊利诺伊东圣路易斯的动乱。8月,在休斯敦,非裔美国士兵因拒绝服从种族隔离法律遭到白人骚扰,白人和黑人开始交火。17名白人和两名非裔美国人死亡,军队宣判13名黑人士兵死刑,41人因叛乱罪被判处终身监禁。在血腥的1919年"红色之夏"(由黑人作家詹姆斯·韦尔登·约翰逊[James Weldon Johnson]命名,指称动乱的血腥),种族暴动撼动了二十多个城市和城镇。最恶性的暴力事件发生在芝加哥,这个城市是黑人喜欢的迁徙目的地。在1919年7月最炎热的一天,一名黑人青年在种族隔离的白人沙滩游泳,被人用石头击打并溺死。谣言漫天,群情激昂,很快黑人和白人开始交战。械斗、纵火和枪击持续了数日,直到州警平息了部分暴乱。38人死亡,包括23名非裔美国人和15名白人。

到这场灾难发生时,认清现实的W.E.B.杜博斯已经得出结论,黑人对战争的支持并没有消除白人对不平等和种族隔离的坚持。那年春天,他发誓坚持斗争:"我们回来了。我们从战场上回来了。我们回来继续战斗。"诗人克劳德·麦凯(Claude McKay)在芝加哥暴动后创作的一首题为《如果我们必须死去》(*If We Must Die*)的诗写道:

◀ 1919年芝加哥种族暴动中,一名非裔美国人与州民兵队成员对峙。市长比尔·汤普森(Bill Thompson)确定市警力无法恢复秩序时出动了部队。

图片来源:芝加哥历史博物馆的照片,由Jun Fujita拍摄

像男人一样,我们将直面凶残的懦夫。
背水一战,濒临死亡,但以牙还牙。

黑人的斗志

杜博斯和麦凯的劝告反映了黑人退伍军人和日益增长的北方黑人社区中出现的战意。非裔美国报刊把包括总统在内的白人政治家当作批判对象,批判越来越严苛,与此同时呼吁读者接纳自己的英勇和美:"黑人是拥有巨大潜能的强者,他开始意识到自己的力量。"有色人种促进协会在1919年郑重宣告要公开私刑法律的恐怖,并要求立法会停止"法官私刑",加强了追求民权和平等的运动。另一些黑人怀疑平等的可能性,转而投向一个名叫马库斯·加维(Marcus Garvey)的魅力无穷的牙买加移民(参见第661页),他呼吁非裔美国人抛弃融入的希望,追求独立的黑人国家。

工人和激进派受到的镇压加上1919年种族主义的回潮粉碎了战时的希望。尽管1920年第十九条修正案通过,确保了女性投票的权利,证明改革可以发生,但却是规则的例外。失业、通货膨胀、种族矛盾、工人动乱、反言论自由运动都引发了战后数年中的幻想破灭。

和平的溃败

威尔逊总统似乎更专注于对抗海外而非本土的激进主义。在战争的最后几个月中,他对俄国的苏维埃当政感到非常焦虑,而且对中欧各个地区的共产主义暴动忧心忡忡。数月后,1918年年中,威尔逊表现出热切的反布尔什维克主义倾向,下令5 000名美国军人前往俄国北部,1万名军人前往西伯利亚,加入协约国队伍,参与现在被称作俄国内战的战争。他们还站在"白色"一方(各种反革命军队)对抗"红色"一方(布尔什维克党)。威尔逊并未与国会商议。他说军事出征将保护协约国供给运输线和俄国铁路免受德国占领,并且还能促使一群希望返乡的捷克人与德国人战斗。

威尔逊担心日本人将在西伯利亚发挥影响力并终结开放门户政策,希望通过进一步在亚洲推进牵制日本。不过,最重要的是,他希望粉碎襁褓中的布尔什维克政府,他将之视为对他新世界秩序的挑战。因此,他支持对俄国进行经济封锁,向反布尔什维克军队运输武器,拒绝承认列宁的政府。美国还私下向反布尔什维克势力传递军事情报,在波罗的海地区通过食物援助支持苏维埃的对手。后来在巴黎和会上,来自新苏维埃政府的代表被拒绝。直到1920年春天,布尔什维克党证明自己的权力不可撼动后,美国军队才离开俄国。威尔逊和其他协约国领袖在1918—1920年期间的行动让许多俄国人产生了强烈的仇恨和怀疑。

威尔逊面临着一项重大任务,需要确保战后安置。1918年12月,当他离开美国前往法国参加巴黎和会时,他面临着政敌、协约国以及他自己造成的障碍。一些观察者提出,自负的威尔逊低估了自己的任务。在1918年国会选举中,威尔逊犯了个大错,称民主党国会才能满足爱国主义要求;共和党趁此机会大显身手,攻击总统质疑他们对祖国的爱。共和党控制了两院,由于未任命参议员加入自己的顾问团美国和平委员会(American Peace Commission),威尔逊使自己的政治问题雪上加霜。他还拒绝带任何德高望重的共和党人一起去巴黎,也不肯在会议前与参议院外交委员会(Senate Foreign Relations Committee)协商。总统贬低自己的批评者是"盲目没见识的乡下人",情况进一步恶化。

在巴黎、伦敦和罗马,威尔逊受到汹涌人潮的夹道欢迎。然而,关上门来,这些国家的领导人成为可怕的敌手:法国的乔治·克列孟梭,英国的戴维·劳合·乔治(David Lloyd George)和意大利的维托里奥·埃曼努尔·奥兰多(Vittorio Orlando)。(加上威尔逊,统称"四巨头"。)克列孟梭沉吟道:"上帝给了人类十诫,而他违反了每一条。威尔逊给了我们十四点。我们走着瞧吧。"四年的可怕战争后,协约国不想被骗去胜利的果实。威尔逊可以粉饰"没有输赢的和平",但是迟到的美国人并没有遭受法国和英国人遭受的苦难。德国必须付出代价,为它导致的巨大灾难付出巨大代价。

巴黎和会

在金碧辉煌的凡尔赛宫举行的会议上,四巨头试图达成协议,协商大部分是关起门来进行的。批评者很快指出,威尔逊迫不及待地抛弃了他十四点中的第一条:"公开透明"的外交。战胜国要求德国(并没有受邀出席这场会议)支付巨额战争赔偿。而威尔逊则主张较低赔款,以免经济受到重创又充满怨恨的德国会投向布尔什维克主义阵营,或者以某种其他方式破坏战后社会。总统无法缓和协约国的立场,只得不情愿地放弃了,他同意了一项把战争归咎于德国人的条款,并建立委员会决定战争赔偿的数额(后来定在330亿美元)。威尔逊承认和平条件是"困难的",但是他相信"必须让德国人憎恨战争"。

而对于终止帝国主义和自决原则,威尔逊只达成了一部分目标。让世界上大部分有色人种大失所望的是,帝国体系几乎毫发无损,与会国建立了一个由联盟管理的"托管"系统,把前德国和土耳其殖民地置于其他帝国的控制之下。日本获得了德国在太平洋地区的殖民地,而法国和英国获得了中东的一部分:法国人获得了如今的黎巴嫩和叙利亚,而英国人获得了前奥斯曼帝国的三个省份,包括后来的伊拉克。英国还拿下了巴勒斯坦,条件是遵守战时承诺,帮助"巴勒斯坦建立犹太民族家园",对于"现有的非犹太群体的公民和宗教权利不带任何偏见",这即所谓的1917年《贝尔福宣言》(Balfour Declaration)。

根据其他协议,日本代替德国作为中国山东半岛的帝国霸主,而法国获得了在德国莱茵兰驻扎的权利。在欧洲其他地区,威尔逊的处方效果良好。奥匈帝国和俄国成为数个新的独立国家:奥地利、匈牙利、南斯拉夫、捷克斯洛伐克和波兰。威尔逊和他的同僚们还建立了一道封锁线(cordon sanitaire,也就是缓冲地带),由几个向西方看齐的国家组成(芬兰、爱沙尼亚、拉脱维亚和立陶宛)的地带围绕着俄国,阻隔布尔什维克主义的传播(参见地图23.3)。

国际联盟和第十条款

威尔逊为国际联盟宪章耗费了最多心血,这是他为战后世界制订的计划的核心。在他的设想中,国际联盟有权处理国家之间的所有争端,包括未出现在和平协议中的问题;如此一来,它可以改变国际关系。尽管如此,大国确有压倒性的话语权:这个组织将设立一个由五个常任成员国组成的委员会,具有强大影响力,还将从较小的国家选出代表组成所有成员国的集合,除此以外还将设立一个国际法庭。

威尔逊将第十条款定义为国际联盟契约的"首脑":"联盟全体成员同意,尊重和保护联盟内所有成员的领土完整和现有政治独立性不受外部侵略。在发生任何上述侵略或上述侵略的威胁或危险时,委员会将就如何贯彻这一义务提出建议。"这一集体安全条款以及整部联盟宪章成为和平条约的一部分,因为威尔逊坚持认为,假如没有一个国际联盟监督德国,世界就无法拥有和平。

德国代表一开始拒绝签署惩罚性条约,但最终于1919年6月妥协。德国人放弃了13%的德国领土、10%的人口、所有殖民地和一大部分国家财产。许多人想知道联盟如何在战后极端耻辱和复仇氛围中运作。但是威尔逊信心满满:"舞台已经布置好了,命运已经展开。它不是由我们构想的计划,而是出自上帝之手。"

条约的批判者

美国的批判者并不那么肯定。1919年3月,39位参议员(足够推翻条约所需的2/3必需票)签署了一份请愿书,宣称国际联盟的结构无法充分保护美国利益。

威尔逊将自己的批评者贬斥为"侏儒"脑子,

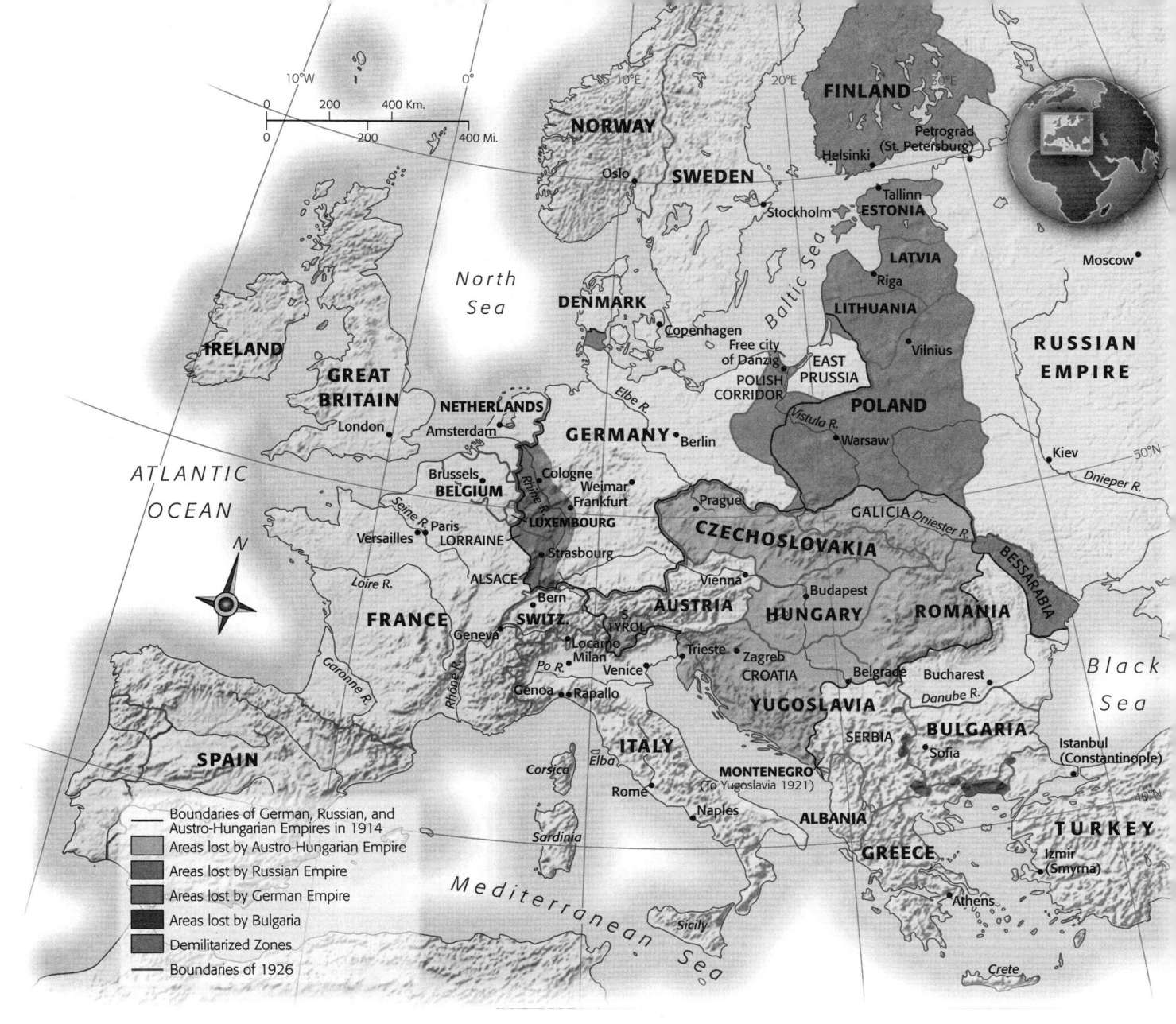

地图23.3 欧洲被战争和和平改变

威尔逊总统和其他巴黎和会与会者协商《凡尔赛条约》后，几大帝国分崩离析。尤其在东欧，数个新国家诞生了。

来源：©圣智学习

但是他说服和平委员会豁免门罗主义和国内事务的联盟裁量权。向参议院做了这些让步后，威尔逊半步也不愿意再退让了。他坚持道，与其他国家妥协对于继续会议是至关重要的，而联盟将纠正这些错误。他的批评者们难道看不出来，联盟的成员国地位将赋予美国"世界领导地位"？

到该年夏天，威尔逊受到了更多非议：他破坏了自己的原则，把山东拱手让与日本。他个人还驳回了一条确认所有民族种族平等的条款。这一条约没有提到航海自由，也没有降低关税。对德国的战争赔偿将是惩罚性的。参议员拉福莱特和其他左翼批评者抗议联盟将使帝国体系存续下去。保守派批判者害怕联盟会限制美国在国际事务中的行动自由，阻挠美国的扩张，并且干预国内问题。而第十条款提出了严肃的问题：美国是否不得不运用武装部队确保集体安全？殖民地叛乱又如何处置，比如爱尔兰或印度？联盟迫于压力必须镇压？"假如乔治·华盛顿奋起抗争并赢得胜利的时代有国际联盟存在，"一位爱尔兰裔美国编辑写道，"我们到今天还是英国殖民地。"

马萨诸塞州的亨利·卡伯特·洛奇（Henry Cabot Lodge）领导了参议院对联盟的反对。洛奇是哈佛大学博士，共和党人，同时对威尔逊有着强烈的个人憎恶，他的海外关系委员会里塞满了批判者，冗长的公共听证会一场接一场。他对条约提出了几个限制性条款，最重要的是坚持第十条下的任何责任必须得到国会批准。

1919年9月，威尔逊着手在美国进行巡回演讲。他越来越疲惫，把自己的对手一概称为"卑劣的半途而废者"。在受到爱尔兰裔美国人和德裔美国人质问挑衅时，他用红色恐慌的语汇猛烈抨击："任何携带连字号的人都好比带着一把匕首，时刻准备着插进共和国的脏器中。"民众对于第十条的质疑与日剧增，威尔逊试图强调这部联盟宪章被忽略的特点，比如仲裁争端、废除童工的国际会议。总统在科罗拉多发表了又一场慷慨激昂的演说，第二天起床感到头晕目眩，无法控制面部抽搐。"我觉得自己要分裂成碎片了。"他道。几天之后，他发生严重中风，致使左半边身体瘫痪。他开始变得乖戾，甚至更固执，越来越无法胜任总统一职。日甚一日，他的妻子伊迪丝不得不挑出部分事项给他过目，其余事务则分配给内阁官员。下属建议威尔逊安抚洛奇和其他"保留主义"参议院批评者，让《凡尔赛条约》有机会被国会批准，但是他拒绝了"可耻的妥协"。威尔逊要求参议院民主党的完全忠诚：投票反对一切限制性条款。

参议院驳回条约和联盟

11月参议院两次驳回《凡尔赛条约》和美国加入国际联盟的提议。在第一次投票中，民主党合计投了16张"不妥协"票，而大部分共和党人反对任何条约，用限制性条款驳回条约（39票支持和53票反对）。1920年3月参议院再次投票；这次，大多数人（49票支持，35票反对）倾向于加上限制性条款的条约，但是结果没达到需要的2/3。假如威尔逊允许民主党人妥协，接受限制性条款，他就可以达成自己最迫切的目标，即成为国际联盟成员。尽管美国缺席，国际联盟还是成立了。

辩论的核心是美国对外政策中的一个根本问题：美国是否支持集体安全，抑或继续脚踏实地地遵循乔治·华盛顿的告别演说和门罗主义中提出

▲ 1919年10月，伍德罗·威尔逊总统（1856—1924）遭受严重中风，疾病的打击让他很难维持自己的思路和管理政府事务。历史学家们至今仍在辩论威尔逊糟糕的身体状况带来的影响，讨论总统在加入国际联盟问题上失利是否与健康状况有关。

图片来源：国会图书馆

人民与国家的遗产

言论自由和美国公民自由协会

尽管言论自由如今在美国宪法中被供上神坛，但是美国成立一个多世纪以来，这个概念在美国法理学中几乎没有地位。在第一次世界大战之前，持有激进观点的人们常常因为践行今日被界定为言论自由的权利而遭到严酷对待。然而，在战争期间，威尔逊政府对于异见者的镇压导致一些美国人更改了可接受言论的传统定义。这个运动中的两个关键人物是拒服兵役者罗杰·鲍德温（Roger Baldwin）以及女性选举权活动家克丽丝特尔·伊斯曼（Crystal Eastman）。鲍德温和伊斯曼首先提出了政治言论内容可以脱离发言者身份的观点，认为爱国的美国人可以并且也应该捍卫其他人表达与自己相悖的政治观点的权利。鲍德温和伊斯曼在战争中积极捍卫拒服兵役者的权利，珍妮·亚当斯、海伦·凯勒（Helen Keller）和诺曼·托马斯（Norman Thomas）随后加入他们的行列，他们联手成立了美国公民自由协会（American Liberties Union，即ACLU）。

从1920年开始，该协会致力于保护所有美国人的基本公民自由，并且把它们赋予传统上被排除在外的人们，该组织现今在全国拥有三百个分会，成员达300 000人。这一组织几乎参与了美国法院中每一个重要的公民自由案件，包括约翰·斯科普斯（John Scopes）的"猴子审判"（monkey trial，1925年，关于是否在田纳西州的一所学校中教授进化论）以及标志性的"布朗诉托皮卡教育局案"（Brown v. Board of Education, 1954），该案终结了联邦政府对种族隔离的容忍。更近的案例是1997年联邦最高法院判决1996年《电讯法案》（Communications Act）禁止"猥亵言论"违反了第一条修正案权利，其中也有美国公民自由协会的参与。

保守派长期以来批判美国公民自由协会反对公立学校中官方祷告，以及支持堕胎合法化，在他们看来，该组织独断专横地决定谁的言论自由该得到捍卫。该组织的支持者反驳，它也捍卫右翼人士如奥利佛·诺斯（Oliver North）的言论自由，他是1980年代伊朗门（Iran-contra）丑闻中的关键人物。

无论如何，言论自由原则如今被美国人广泛接受，如此普遍以至于连美国公民自由协会的反对者也认为言论自由理所当然。在2001年9月11日恐怖袭击事件之后，该组织成员数量大幅增加，一些人担心政府政策将侵蚀隐私和法律保护，不仅包括美国人，也包括关塔那摩湾关监狱中的外国人。讽刺的是，威尔逊政府对异见的镇压却导致一个民族和国家对言论自由的普遍执着。

的路线。帝国主义国家不愿意将自己的战略野心屈从于某个国际组织，在这些国家统治的世界里，美国更倾向于维持自己传统的不结盟和自由选择权，而非受集体行动的牵制。这就是威尔逊的批判者们抨击第十条款的原因。威尔逊反驳道，这种论点归根结底是安于现状——欧洲帝国主义国家是自私的，所以美国也应该自私。他相信接受第十条款和国际联盟成员国身份预示着更好的未来，对于美国和世界都是如此；它意味着在国际联盟脆弱不堪、权力平衡岌岌可危的世界中，各国有可能享受和平。

一个不安全的世界

最后，第一次世界大战并没有让世界成为一片更适合民主生存的安全土壤。威尔逊没能通过改革建立新的世界秩序。尽管如此，美国还是从第一次世界大战中脱颖而出，成为一个更强大的国家。至1920年，美国已经成为世界领先的经济强国，产出全世界40%的煤炭、70%的汽油以及一半生铁。

它还进入世界贸易的第一梯队。美国企业利用战争将德国人和英国人排挤出海外市场,尤其是拉丁美洲。与此同时,美国从债务国变成债权国,成为世界领先的庄家。

在凡尔赛的失望之后,对武器管制的呼吁加速了,和平运动再次复兴。与此同时,军队装备升级,变得更专业了。后备军官训练团(The Reserve Officers Training Corps,即ROTC)成为永久性机构,军事"学院"提供高阶训练,而成立于1924年的军工业大学(Army Industrial College)在物流和规划领域寻求商业—军队合作。成立于1916年的美国国家研究会(The National Research Council)以政府资金和卡内基及洛克菲勒提供的资金在战后继续存在,联合科学家和商界人士,共同参与国防相关的研究。坦克、急射枪支、穿甲炸药和高海拔飞行员的氧气面罩只是第一次世界大战中涌现的科技革新中的一部分。

这些年诞生的国际体系极不稳定,而且四分五裂。活跃于第一次世界大战期间的民族主义领袖信奉去殖民化,真心拥护威尔逊的自决原则,发誓为自己的民族赢得独立,比如越南的胡志明和印度的莫汉达斯·K.甘地(Mohandas K. Gandhi)。共产主义成为世界政治中的分裂性力量,而苏维埃对于企图阻碍革命的侵略者产生了仇恨。中欧和东欧的新国家非常弱小,必须仰仗外来者才能保障安全。德国人对严苛的和平方案深恶痛绝,而德国战争债务和赔款问题多年来让国际秩序动荡不安。步入1920年代,伍德罗·威尔逊试图改革的国际体系仍然充满亟待解决的问题。

结语

第一次世界大战结束时,历史学家艾伯特·布什内尔·哈特(Albert Bushnell Hart)评论道:"很容易看出美国是一个新的国家。"事实上,走出战争的美国是旧与新的不稳定混合体。战争年代促使美国作为世界强国崛起,美国人理所应当为自己在协约国胜利中的贡献而骄傲。与此同时,这场战争暴露了美国人之间的深刻分歧:白人与黑人、本土主义者与移民、资本家与工人、男性与女性、激进主义与进步主义及保守主义、反战主义与干涉主义、民族主义与国际主义。毫无疑问,美国人在经历了种族暴动、罢工、公民自由斗争以及国际联盟争议后,希望逃回沃伦·G.哈丁(Warren G. Harding)总统所谓的"常态"中。

战争期间,联邦政府前所未有地干涉经济,影响人民的日常生活。华盛顿特区控制权高度集中化,后方动员成为未来的范本。尽管威尔逊政府避免重建或复原计划(比如将战争安置项目出售给私营投资者),很快解散了许多政府代理处,但是第一次世界大战中活跃政府的经历成为1930年代改革者与大萧条做斗争时的指南(参见第二十五章)。政府和商业协作管理战时经济,通过产品标准化和效率提升推动了大众社会的发展。威尔逊战时政策还通过暂停反托拉斯法助长了企业所有权的集中化。商业势力将主导接下去的十年。而美国工人进入萧条年景,尽管包括企业福利项目在内的新劳动管理措施保留了下来。

尽管凡尔赛会议之后明显的幻灭并没有导致美国接受孤立主义后退政策(参见第二十六章),战后美国普遍的情绪特征是怀疑美国是否能纠正海外的错误。这场战争肮脏而丑陋,远没有威尔逊冠冕堂皇的言辞暗示的那么辉煌。被炮弹休克症困扰的脸庞和带刺铁丝网上尸体的照片让人们大惊失色。美国士兵已经厌倦了理想主义,只对最新棒球比分和正常工作感兴趣。原本相信参战能够带来太平盛世的进步主义者对自己的天真无知惊讶不已。许多人失去了圣战的热忱,许多人为战胜国的争吵恶心不已。一些人感到被背叛。记者威廉·艾伦·怀特(William Allen White)愤怒地对一个朋友写道,协约国"那些该死的秃鹫把这场伟大战争中的乐趣带走了,把它变成肮脏卑鄙而可悲的东西,和世界上的其他战争没有区别"。

至1920年,伍德罗·威尔逊的理想主义在很多美国人看来似乎已经威风不再。无论是在国内还是国外。美国人意识到祖国获得了领先世界强国的新地位，但并不确定这一现实对这个国家或者个人生活意味着什么。带着这场大战留下的好坏参半的遗产以及深刻的不安，美国迈入了1920年代。

扩展阅读

John Milton Cooper Jr., *Breaking the Heart of the World: Woodrow Wilson and the Fight for the League of Nations* (2001)

Alan Dawley, *Changing the World: American Progressives in War and Revolution, 1914—1924* (2003)

David S. Foglesong, *America's Secret War Against Bolshevism* (1995)

James B. Grossman, *Land of Hope: Chicago, Black Southerners, and the Great Migration* (1989)

Michael Kazin, *A Godly Hero: The Life of William Jennings Bryan* (2006)

Jennifer D. Keene, *Doughboys, the Great War, and the Remaking of America* (2001)

David M. Kennedy, *Over Here: The Home Front in the First World War* (1980)

Thomas J. Knock, *To End All Wars: Woodrow Wilson and the Quest for a New World Order* (1992)

Margaret MacMillan, *Paris 1919: Six Months That Changed the World* (2002)

Robert H. Zieger, *America's Great War: World War Ⅰ and the American Experience* (2000)

第二十四章

新时代，1920—1929

651　贝丝·戈登(Beth Gordon)和罗伯特·戈登(Robert Gordon)似乎是对怨侣。贝丝作风守旧，要求苛刻；罗伯特喜欢声色犬马。一天晚上，他在俱乐部里遇到了同样夜夜笙歌的莎莉·克拉克(Sally Clark)。他们一起跳了支舞，罗伯特回到家时，贝丝闻到他外套上有香水的气味。夫妻俩吵起来，他们很快就离婚了。不过，罗伯特很快发现莎莉对他的吸引力消退了；他怀念贝丝的见识和智慧。与此同时，贝丝认为她需要改变自己寒酸的形象。她买了新衣服和化妆品，把自己变成了一个光彩熠熠的美人。贝丝和罗伯特碰巧去了同一个消夏胜地，重新点燃了爱情的火花。当罗伯特在一场事故中受伤时，贝丝把他带回家，精心照顾他，直到他康复，这让莎莉非常失望。最后，贝丝和罗伯特复婚了，而莎莉达观地接受了罗伯特的离开，揶揄地评价道："不管怎么说，婚姻唯一的好处就是赡养费。"

章 节 大 纲
大商业的胜利
政治和政府
消费社会
城市、流动人口和郊区
放眼天下　泛美航空
昨日重现　1920年代的郊区扩张
日常生活的新节奏
防线
娱乐时代
文化潮流
1928年大选和新时代的终结
人民与国家的遗产　校际运动
结语

贝丝、罗伯特和莎莉的经历构成了1920年的电影《为什么换妻子》(Why Change Your Wife)的情节，这是塞西尔·B.戴米尔(Cecil B. DeMille)导演的几十部影片中的一部。戴米尔为观众呈上他们想看的东西以及他们幻想自己能够做的事情，从而大获成功。贝丝、罗伯特和莎莉衣着时髦，他们出去跳舞、听黑胶唱片、驾车兜风、去度假胜地消夏。尽管戴米尔的电影和其他1920年代的影片结尾通常巩固婚姻，抨击婚前性行为，并支持职业道德，但是他们也显露出一种新的道德观。女性主角们不再是被家庭束缚的母亲；男性和女性角色都挣脱了老式的价值观，转而追求奢侈、快乐和性自由，电影中的男女演员本人在银幕之外的现实生活中也过着这样的日子，比如《为什么换妻子》的演员葛洛丽亚·斯旺森(Gloria Swanson)和托马斯·梅甘(Thomas Meighan)。从这种方面来说，《为什么换妻子》是新时代的先驱，尽管对时代的刻画不那么准确。

◀ 托马斯·梅甘和葛洛丽亚·斯旺森，身着时髦华服，沉醉在暧昧的调笑中，塞西尔·B.戴米尔的浪漫喜剧《为什么换妻子》的主演表现了电影和电影人物向公众呈现的1920年代的新社会习俗，时而准确，时而夸张。

年表

1920	《沃尔斯特法案》(Volstead Act)实行禁酒令(第十八条修正案)
	第十九条修正案确认生效,女性获得合法联邦选举权
	哈丁(Harding)当选总统
	KDKA创立首个商业电台
1920—1921	战后通货紧缩和经济萧条
1921	《联邦公路法案》(Federal Highway Act)为全国公路系统提供资金
	《紧急限额法案》(Emergency Quota Act)规定移民限额
	萨科(Sacco)和樊塞蒂(Vanzetti)被判罪名成立
	《谢泼德—汤纳法案》(Shepard-Towner Act)向各州分配资金,用于建立产科和儿科诊所
1922	经济复苏提高了生活标准
	"美国矿工联合会诉科罗拉多煤炭公司案"(Coronado Coal Company v. United Mine Workers)判决,在贸易管制中罢工可能成为非法行为
	"贝利诉德雷克塞尔家具公司案"(Bailey v. Drexel Furniture Company)解除了对童工的限制
	联邦政府终结铁路商店工人和矿工罢工
	《福德尼—麦克坎贝尔关税法案》(Fordney-McCumber Tariff)提高进口商品税率
1923	哈丁去世,柯立芝(Coolidge)暂代总统一职
	"阿德金斯诉儿童医院案"(Adkins v. Children's Hospital)驳回一项影响女性的最低工资法律
1923—1924	政府丑闻["蒂波特山丑闻"(Teapot Dome)]曝光
1924	《斯奈德法案》(Snyder Act)赋予所有此前非公民的印第安人美国公民身份
	《国家原籍法案》(National Origins Act)修改移民限额
	柯立芝当选总统
1925	斯科普斯(Scopes)审判突出了宗教基要主义者与现代主义者之间的斗争
1927	林德伯格飞行员单人跨大西洋飞行
	第一部有声电影《爵士歌手》(*The Jazz Singer*)上映
1928	证券市场一飞冲天
	胡佛(Hoover)当选总统
1929	证券市场崩溃,经济大萧条开始

1920年代,电影角色以及扮演这些角色的明星们享受的产品、娱乐和休闲活动代表了消费主义滥觞。尽管贫穷困扰着小农民、衰退行业中的工人以及市中心区的有色人种,但是大部分其他公民享受着相对于前几个时代更高的生活水准。在广告和分期付款的刺激下,美国人热情高涨地购买收音机、汽车、房产和证券。就像镀金时代一样,联邦政府营造了一种对商业有利的环境。与进步时期形

成鲜明对比的是,很少有人担心私权的滥用。然而州和地方政府在延伸公共权威的范围时,推进了重要的改革。

在这个时期,形形色色的人拥抱新技术,同时试图保留他们长期理解的价值观。新的娱乐形式恰逢艺术创造力爆发和科技显著进步的时期。工作习惯、家庭职责和健康医疗的变化造成了新的时间分配方式和新的处世态度,包括鼓励人们保持"年轻思维方式"。物质丰富和扩张的消费主义影响着许多人的生活,然而另一些人继续忍受着艰辛和排斥。新风尚也引起了抵制浪潮和文化分歧煽动的政治,忠于传统观念的人对这些现象痛心疾首。因此,这十年既引人入胜又动荡不安,激发热情,同时招致抵抗。

然而,一场风暴悄然出现在天际。主导戴米尔的影片及其观众日常生活的消费主义文化的辉光,让美国人盲目举债,并造成了不平等的繁荣。就在这十年快要过去时,一场摧枯拉朽的大萧条令这个时代戛然而止。

- 技术和工作环境的发展如何引发1920年代的社会变化?
- 消费主义的优点和损失分别是什么?人们如何面对旧时代价值观受到的挑战?
- 什么原因导致了证券市场的崩溃以及随之而来的严重萧条,并最终为这个时代画上句号?

大商业的胜利

1920年代以动荡的经济衰退开始。第一次世界大战结束后不久,因为战争订单枯竭,工业产量开始下降。当欧洲农业从战争中恢复时,美国的出口收缩,农产品收入跳水。在西部,铁路和矿业遭受重创。随着复员军人涌入劳动大军中,失业率从1919年的2%左右上升至1921年的12%多。整个新英格兰到处都在裁员,纺织企业抛弃了过时的工厂,转向南方,利用唾手可得的原材料和廉价劳动力。这些形势导致消费减少,因而又造成严重的收缩和失业。

新经济扩张

在电力的帮助下,1922年经济开始复苏,并且震荡上行,直至1929年。制造商可以用新的电动马达替代蒸汽引擎,更廉价和高效地生产商品。制造商还可以运用铝合金等新合金,以及人造丝等其他合成材料,制造出大量消费品,包括冰箱、吐司机、真空吸尘器和服饰。除此以外,大多数城市家庭已经通了电,能够用上新的电器。扩张的经济让美国人有更多的余钱购买这些产品,还可以享受餐厅、美容美发店、电影院的娱乐消费。不过,更重要的是,分期付款或到期付款计划("晚付的一美元也是一美元",一个批评者讽刺道)推动了新的消费主义。1923年售出的350万辆汽车中,80%是贷款买的。

1920年代的经济扩张延续了企业合并潮,在19世纪末正是这类兼并催生了托拉斯和控股公司。尽管进步时期解散托拉斯措施达到了部分规范大商业的目的,但是并没有消除商品垄断以及一家或几家大公司对整个产业的控制。现在,美国钢铁公司和通用电气等庞大企业占领了基础工业,而商品垄断控制着大部分营销、分销和金融领域。

协会和"新游说"

1900年前后崛起的商业和专业组织也在1920年代扩张了。零售商和制造商成立了贸易协会,负责交换信息和合作规划。农业局推广科学农业并试图稳定市场。律师、工程师和社会科学家拓展自己的行业协会。这些特殊利益团体参与所谓的"新游说"。在一个复杂的社会中,政府扮演着越来越具影响力的角色,成千上万组织试图说服联邦和州立法会支持他们的利益。一个华盛顿特区的观察者承认:"游说者摩肩接踵,以至于后一个常常摔倒在前一个身上。"

政府帮助商业走向繁荣,而立法人员在制定决策时依赖游说者的专业知识。在游说者的支持下，国会于1921年降低企业和富人的税收，并通过了《福德尼—麦克坎贝尔关税法案》(1922)，提高关税税率。总统沃伦·G.哈丁(Warren G. Harding)、卡尔文·库利奇(Calvin Coolidge)和赫伯特·胡佛(Herbert Hoover)任命支持商业的内阁官员。联邦贸易委员会和州际商业委员会等监管机构负责监督企业活动，但是，在游说者的影响下，这些机构更多地与企业合作，而不是进行管制。

1921年哈丁提名前总统威廉·霍华德·塔夫脱(William Howard Taft)为首席大法官，在他的领导下，联邦最高法院像镀金时代一样强势地保护商业和个人财产，并抛弃了进步时期的反托拉斯立场。最高法院的重要判决庇护商业免受政府管制，也阻止了工人组织通过罢工和立法达到目的。在"科罗拉多煤炭公司诉美国煤矿工人案"(Coronado Coal Company v. United Mine Workers, 1922)中，塔夫脱判决发起罢工的工会像托拉斯一样，可以因为非法限制贸易而被提起公诉，然而在"枫木地板协会诉美国案"(Maple Floor Association v. United States, 1929)中，法院判决散布反工会信息的贸易协会并非限制贸易行为。最高法院以违背州权利原则为由废止了限制童工的联邦法律（1922年"贝利诉德雷克塞尔家具公司案"），并且以违背协议自由原则推翻了影响女性的最低薪资法律（1923年"阿德金斯诉儿童医院案"）。

工人组织的挫败

1920年代，工人组织还遭遇了其他挫败。民众害怕激进派移民把共产主义带入这个国家，开始反对以罢工干扰日常生活的工人。延续1919年红色恐慌时期的策略，哈丁政府于1922年以包罗万象的法庭禁令镇压了400 000名铁路商店工人的罢工。同年，司法部协助终止了一场650 000名矿工参与的全国性罢工。州和联邦法院都发布禁令禁止罢工，并允许商业起诉工会赔偿工人运动造成的损失。

与此同时，企业直接对抗工会。为了阻止工人组织，雇主强迫工人们签署不参加工会的黄狗协议(yellow-dog)，以此作为雇用条件。企业还通过提供养老金、分红和公司赞助的野餐和体育活动与工会的吸引力抗衡，这种政策被称作福利资本主义。州立法会员帮助雇主，禁止封闭工场（工会要求某一工作场所中的所有雇员都加入工会）并允许开放工场（雇主可以雇用非工会员工）。法院行动、福利资本主义和低效领导导致的结果是，工会成员数量从1920年的510万下降到1929年的360万。

疲软的农业

农业是1920年代全国经济中衰退的一个重要组成部分。美国农民被迫与其他国家的种植者竞争，试图通过投资收割机和拖拉机等机器提高产量，却发现自己陷入了困境。灌溉和机械化创造了"田野中的工厂"，大规模农业如此高效，较少农民可以生产出更多农作物。结果，农产品价格大幅下降，大农业企业接管了农业，小地主和佃农无法维持生计。比如，第一次世界大战结束后不久，农民的棉花售价下降了2/3，而牲畜价格下降了一半。海外竞争让情况更糟糕。小农民的收入（非农业企业）骤然跌落，负债增加。

政治和政府

几位共和党总统延续了西奥多·罗斯福的政商合作观念，但是他们把政府变成了百依百顺的协调者，而非罗斯福主张的积极管理者。政府亲商的标杆是1920年当选的沃伦·G.哈丁总统，民众不希望再看到国内或国际战争，于是选择了哈丁。民主党提名了俄亥俄州州长詹姆斯·M.考克斯(James M. Cox)，他支持伍德罗·威尔逊的目标，希望美国成为国际联盟成员，然而最终化为泡影。考克斯及其竞选搭档，纽约州州长富兰克林·D.罗斯福(Franklin D. Roosevelt)，没能激发选民的热情。哈丁对于联盟的态度模棱两可，获得了1 600万直接选票,而考克斯只获得了900万票。(1920年总统选举的总票数比1916年高了36%,反映了女性选民首次参与选举的事实。)

哈丁政府丑闻

哈丁来自俄亥俄州的一个小镇,是一位受人爱戴的新闻工作者和参议员,他委任了一些得力助手,帮助推动商业发展,其中值得注意的是国务卿查尔斯·埃文斯·休斯(Charles Evans Hughes)、商务部部长赫伯特·胡佛、财政部部长安德鲁·梅隆(Andrew Mellon)以及农业部部长亨利·C.华莱士(Henry C. Wallace)。哈丁还支持了一些改革政策。然而,哈丁有着个人软肋。作为一个参议员,他与一个俄亥俄州商人的妻子发生了婚外情。1917年,他开始与南·布里登(Nan Britton)保持婚外关系,后者比他年轻31岁,从青少年时代就开始痴迷哈丁。1919年,他们生了一个女儿,布里登在出版于1927年的《总统的女儿》(The President's Daughter)一书中透露了这个秘密。与格罗弗·克利夫兰(Grover Cleveland)不同,哈丁一直没有承认他的私生女。

然而,比性丑闻后果更严重的是,哈丁任人唯亲,他的亲朋好友将公职视为聚敛个人财富的机会。退伍军人管理局(Veterans Bureau)局长查尔斯·福布斯(Charles Forbes)因为与政府合同有关的欺诈和贿赂锒铛入狱。总检察长哈里·多尔蒂(Harry Daugherty)被指收受非法酒类走私犯的回扣,不得不提出辞呈,并拒绝自证其罪而逃脱制裁。最臭名昭著的是,1923—1924年的国会调查揭露了内务部部长阿尔伯特·福尔(Albert Fall)收受贿赂,将政府财产出租给私营石油企业。因为在这一事件中扮演的角色,福尔被罚款100 000美元并入狱一年,这是第一个落得如此狼狈的内阁成员。该事件被称作"蒂波特山丑闻",因福尔给猛犸象石油公司(Mammoth Oil Company)的怀俄明石油矿产而得名。

至1923年年中,哈丁的幻想破灭了。在管理不善和犯罪的传闻中,他告诉一名记者:"我的上帝,这真是一个麻烦的工作。应付敌人毫无问题……但是我的朋友们,我那些该死的朋友们……他们是让我彻夜难眠的人。"在同年夏天的巡回演讲中,哈丁罹患疾病,于8月2日在旧金山去世。尽管他的去世在蒂波特山丑闻曝光之前,但是一些人推测,为了避免弹劾,哈丁其实是自杀或者被他的妻子毒杀身亡。不过,大部分证据指向自然死亡,很可能是由于心脏病。尽管如此,举国上下哀悼哈丁。这是一个亲切而举止高贵的人,喜欢笑话和扑克,他似乎很适合这个从世界大战和艰难内政中慢慢恢复的国家。

柯立芝繁荣

继任总统的前副总统卡尔文·柯立芝远没有他的前任外向。记者昵称他为"沉默的卡尔",有人嘲讽柯立芝可以用五国语言保持沉默。1919年,作为马萨诸塞州州长时,柯立芝用国民警卫队终止波士顿警察罢工,引起了全国关注,这一行动为他赢得了商界支持和1920年的副总统提名。柯立芝的总统生涯与政府支持下的商业繁荣基本重合。在留任财政部部长安德鲁·梅隆(Andrew Mellon)的帮助下,柯立芝政府尊重私营企业,减少了联邦负债,降低了收入所得税税率(尤其是富人),并开始建设全国高速公路系统。但是柯立芝拒绝动用政府权力帮助水深火热的农民。农产品价格下降,农民叫苦不迭,对此,国会两次通过法令建立农产品价格支持体系[1927年和1928年《麦克纳利—豪根农田救济法》(McNary-Haugen)]。这两部法案类似于1890年代农民联盟提出的国库分库方案,政府可以通过法案建立的系统收购过量的农产品,持有至价格上升时或者直接卖到海外。农民要求像制造业主一样获得政府保护。然而,柯立芝两次否决了这些措施,认为政府不当干涉市场经济。

"柯立芝繁荣"是1924年总统大选的关键。两大党派都推出倾向于私营企业而非政府干预的候选人。共和党人几乎毫无争议地提名柯立芝。在

◀ 卡尔文·柯立芝总统喜欢交好商界领袖,但是也时常表现出他的佛蒙特州背景。这幅照片是1925年拍摄于他在佛蒙特普利茅斯的家中,照片中总统正在倒枫糖浆,他的右边是(轮胎公司的)哈维·费尔斯通(Harvey Firestone),左边是亨利·福特,福特的左边是托马斯·爱迪生。

图片来源:卡尔文·柯立芝纪念馆,福布斯图书馆(Forbes Library),马萨诸塞州诺桑普顿(Northampton)

全国大会上,民主党人首次辩论是否应该斥责卷土重来的三K党,投票结果以542对541票反对谴责。接着他们进行了103次表决,南方禁酒主义者支持前财政部部长威廉·G.麦卡杜(William G. McAdoo),而东部反禁酒主义者则支持纽约州州长阿尔·E.史密斯(Alfred E. Smith),双方相持不下。最后他们经过妥协,选出纽约商业律师约翰·W.戴维斯(John W. Davis)。进步运动的残军成立了一个新的进步党,提名年迈的威斯康星改革者罗伯特·拉福莱特(Robert M. La Follette)。这个新党派强调之前的改革问题:铁路和发电厂国有,保护自然资源,帮助农民、工人组织权利以及规范商业。然而,选民支持柯立芝繁荣。柯立芝以1 570万对840万张普选票,382对136张选举团票的悬殊结果战胜了戴维斯。拉福莱特位列第三,获得480万张直接选票和13张选举团票。

进步主义改革的延伸

对于国会和总统来说,曾打动进步改革一代的刻不容缓的政治和经济改革形势到1920年代已经逐渐消逝。然而,州和地方层面发生了许多改革。1920年代,第一次世界大战前开始,34个州制定或拓展了工人补偿法律和公共福利计划。在城市中,社会工作者为了更舒适的居住条件和贫困救济而奋斗。至1926年,每个大城市和许多小城市拥有规划和分区委员会,控制城市发展规模,谋求大众福利。而他们努力的结果是,新一代改革者在州议会、市政厅和大学中累积了宝贵的经验,为以后影响全国政策打好了基础。

印第安事务和政策

联邦政府的印第安政策常常对印第安人的命运漠不关心,在这样的环境下,印第安权利协会(Indian Rights Association)、印第安保卫协会(Indian Defense Association)以及妇女俱乐部总联合会(General Federation of Women's Clubs)等改革团体致力于争取公正和社会服务,包括改善教育条件以及归还部落土地。但是大多数美国人认为印第安人不再是一种对白人理想的威胁,希望他们能像其他少数民族一样融入主流社会。这种先入为主的观点忽视了重要的障碍。1887年《道斯法案》(Dawes Act)制定的单独保有联邦政策,把土地分配给个人而非部落,但是没有达到让印第安人自力更生的目的。印第安农民不得不忍受贫瘠的土壤、灌溉水源的匮乏以及医疗资源稀缺。他们深深眷恋自己的土地,对迁往城市毫无兴趣。白人仍然希望把印第安人改造成"有生产能力的"公民，但是从某种方面来说，这种企图忽略了本土文化。改革者们尤其苛责印第安女性，因为他们拒绝采纳中产阶级的家政习惯，把孩子送到寄宿学校时也犹豫不决。

与此同时，联邦政府挣扎着想厘清印第安人的公民状态。《道斯法案》把公民权赋予了所有接受土地分配的印第安人，但是却把留在保护区中的印第安人排除在外。而且政府保留了对印第安人的控制权，而这些权力却不加诸其他民族。比如，由于保护区中所谓的酗酒问题，在禁酒令生效之前联邦法律就禁止向印第安人出售酒类。在几次法庭挑战后，国会最终于1924年通过了《印第安公民法案》(Indian Citizenship Act，即斯奈德法案)，赋予所有此前未获完整公民权的印第安人完全公民身份，希望印第安人能帮助印第安人融入。

女性和政治

1920年，随着第十九条修正案的生效，女性获得了选举权，然而政治上活跃的女性仍然被排除在地方和国家权力结构之外。不过和行业协会一样，女性志愿组织运用各种策略推动现代集团政治。在节育、和平、教育、印第安事务或反对私刑等各种问题上，这些协会中的女性游说立法会员支持她们的事业。比如，脱胎于全国妇女选举权协会(National Woman Suffrage Association)的女性选民联盟(League of Women Voters)鼓励女性竞选政府官员，积极游说政府通过法律改善女性员工、精神病患者和城市贫困人员的处境。

1921年，女性团体积极活动，说服国会通过了《谢泼德—汤纳法案》，筹集资金给各州建立产科和儿科诊所，以降低婴儿死亡率。(1929年，这些措施终止了，国会在私人医生的压力下取消了政府资助。)原本法律规定嫁给外国人的美国女性将丧失美国公民身份，并且需要加入她丈夫的国籍，1922年的《凯布尔法案》(Cable Act)推翻了这一法律。在州层面，女性也获得了各种权利，比如参加陪审团的权利。

然而，作为新选民，女性在达到目的和克服内部分歧方面面对着令人畏惧的挑战。比如，全国有色妇女协会为少数民族女性和男性的权利而斗争，却得不到白人主导的全国妇女党(National Woman's Party)或新成立的女性选民联盟的支持。全国妇女党等团体要求平等权利修正案确保女性和男性在法律下平等。但是这种运动孤立了全国消费者联盟(National Consumers League)、妇女工会联盟(Women's Trade Union League)、女性选民联盟和其他支持特殊保护性立法，限制女性工作时间，改善工作环境的组织。但是和男性一样，各类女性都积极投身新时期的消费主义。

消费社会

《为什么换妻子》中描绘的消费主义反映了影响美国的重要经济变化。1919年至1929年之间，国内生产总值——美国境内生产的所有商品和服务的价值——增长了40%。酬劳和薪资也提高了（虽然涨幅没有那么大），而生活成本相对来说保持稳定。人们具备了更高购买力，他们以美国人前所未有的消费能力进行消费（参见表24.1）。科技的好处惠及了更多人。至1929年，有2/3的美国人享受了电力，1912年则只有1/6。1929年，1/4的家庭拥有真空吸尘器，1/5拥有吐司机。许多人可以负担这些电器，还有收音机、化妆品和电影票，因为家庭中常有不止一个成员挣工资，或者主要抚养者身兼数职。尽管如此，新的产品和服务不再是富人才能享用的特权，尤其对生活在城市中的人来说。比如，室内管道和电力在私人住宅中更普遍，罐头食品和成衣售价更低廉。

汽车的影响

汽车是这个时期物质奇迹的先锋。1920年代，汽车登记数量从800万上升至2 300万，至1929年，每五个美国人就拥有一辆汽车。量产和行业竞争使一些工人阶级家庭都能负担得起汽车。福特T型车只需要300美元,而到1926年一辆雪佛兰售价仅需700美元,工人的年收入约为1 300美元,职员的收入约为2 300美元。二手车更便宜。因为低廉的定价,人们可以把汽车视为必需品而非奢侈品。"不存在所谓'享乐汽车'这样的东西,"1925年的一份报纸称,"就像不存在'新鲜空气的乐趣'或者'牛排的乐趣'……汽车延长了寿命,提升了幸福感,代表着我们时代的进步和文明至高无上的成就。"

汽车对生活的改变可以媲美75年前的铁路。汽车拥有者养成了新的"驾驶习惯",抛弃了拥挤而不便的有轨电车。汽车代替了每天排泄数吨粪便的马,街道变得越来越整洁。女司机也获得了前所未有的独立,她们与女性朋友自驾旅行,征服泥泞的道路,在汽车故障时自己修理。家庭创造了"轮子上的家,人们随时可以"打包食物和野营装备"远离尘嚣"。至1927年,大多数汽车变成封闭式(原本是敞篷的),为年轻人提供了新的私密空间,改变了恋爱和性关系。大量车型和颜色的选择(1923年有108家汽车制造商)让车主可以表现自己的个人品位。最重要的是,汽车是一种社会平等工具。正如一位作家在1924年评价的那样:"当史蒂夫·波波维奇(Steve Popovich)、安东尼奥·布兰卡(Antonio Branca)或者平庸的约翰·史密斯可以随心所欲地在同样的高速公路上驾驶,欣赏同样的景色,和现代弥达斯(Midas)一样从旅途中收获许多快乐,很难让他相信他在资本面前不名一文。"

美国人对于驾驶的热情使大规模道路建设和充足燃料供应成为必要条件。从1800年代末开始,农民和骑自行车的人一直在游说政府改良道路。在第一次世界大战之后,汽车驾驶者加入了这场运动,1920年代,政府支持使举国"汽车化"变得真正可行。1921年,国会通过了《联邦高速公路法案》

表24.1 1920年代的消费主义

1900	
2辆自行车	70美元
绞干机和搓衣板	5美元
刷子和扫帚	5美元
缝纫机(机械)	25美元
总计	105美元
1928	
汽车	700美元
收音机	75美元
留声机	50美元
洗衣机	150美元
真空吸尘器	50美元
缝纫机(电力)	60美元
其他电器	35美元
总计	1 145美元

来源:1928年《调查杂志》(Survey Magazine)的一篇文章,收入保罗·卡特(Paul Carter):《二十岁的另一部分》(Another Part of the Twenties),哥伦比亚大学出版社,1977年。经出版商授权使用

◀ 1920年代,买车的愿望扩散到每个阶层、种族和少数民族的所有成员。低廉的售价和贷款让这个来自得克萨斯州博蒙特(Beaumont)的家庭能够拥有一辆"旅行车"。

图片来源:泰里尔历史博物馆(Tyrell Historical Museum)

（Federal Highway Act）为州道路提供资金；1923年，公路局（Bureau of Public Roads）规划全国高速公路系统。道路建设随即刺激了技术发展，如机械化分类机和混凝土搅拌机。生产汽油的炼油产业变得庞大而强势。1920年，美国生产了全世界65%的汽油。汽车也迫使政府人员更关注安全和交通规范。通用电气公司于1924年生产了首盏交通灯。

广告

作为消费主义的关键组成部分，广告变得更重要了。至1929年，花费在广告产品和服务上的钱比正式教育更高。广告理论家将心理学理论与实践的犬儒主义糅合，自信地主张，任何个人品位都可以被操纵，而且市场营销人员发展了新的技术以达到他们的目的。比如，蜜丝佛陀（Max Factor）、赫莲娜（Helena Rubenstein）等化妆品制造商和非裔美国企业家C.J.沃克夫人（Madame C. J. Walker）在杂志中刊登影星广告和美容建议引诱女性消费者购买他们的产品。其他广告人员雇用棒球明星贝比·鲁斯（Babe Ruth）和橄榄球星莱德·格兰吉（Red Grange）为食物和体育用品背书。

收音机

收音机成为强大的广告和娱乐媒介。至1929年，1 000万户家庭拥有收音机，美国人每年在广播设备上花费8.5亿美元。1920年代初，国会认定广播应该成为私营事业，而不是像英国那样的税收支持的公共服务。结果美国广播节目主要被娱乐占领，教育内容被边缘化，因为娱乐能吸引更多听众，从广告商那里获得更高利润。威斯汀豪斯电气公司（Westinghouse Electric Company）所有的匹兹堡的KDKA广播站是商业广播的先锋，于1920年播送了总统大选的结果。接着，1922年，纽约市AT&T运营的电台开始为一家房地产开发商反复播送广告，即所谓"商业广告"。其他电台也开始播放商业广告；至1922年，全国有508家这样的电台。1929年，全国广播公司（National Broadcasting Company）开始集合电台网络，不久以后，广告主赞助一档一小时的节目需要支付10 000美元赞助费。

▲ 就像如今的大屏幕彩电一样，奢华的收音机不仅是娱乐工具也是装饰家具。这台美国无线电公司"Radiola"结合了早期无线电广播接收器和扩音器，装置在优美的实木橱柜中。

图片来源：图像研究顾问和档案

像汽车一样，无线电广播改变了美国社会。1924年，两党的总统提名会议通过电台播放，候选人和议题以前所未有的速度到达美国民众。作为大规模营销和标准化编导的结果，无线电广播模糊了民族界限，至少在某一方面创造了同质化的"美国"文化，20世纪，电视和其他大众媒体将这种效果进一步扩大。

城市、流动人口和郊区

消费主义不仅标志着经济成熟的国家，而且

标志着一个城市化的国家。1920年联邦人口统计显示，有史以来第一次，大部分美国人生活在城市地区（2 500人以上的地区）；而城市生活开始成为国内体验的焦点。芝加哥和纽约这样的大都市蓬勃发展，除此以外制造业和服务业帮助推动了几十个地区中心的扩张。钢铁、石油和汽车生产等产业激励了伯明翰、休斯敦和底特律的发展；服务业和零售业让西雅图、亚特兰大和明尼阿波利斯欣欣向荣。气候温暖的城市中也出现爆炸式增长，值得注意的是迈阿密和圣地亚哥，当地舒适的环境和繁荣的希望吸引了成千上万房地产投机者。

当城市发展时，农业生活方式逐渐衰落。1920年代，600万美国人离开农场前往城市。年轻人将自己的生存状态与都市生活的开放比较，感到自己的生活如一潭死水，于是他们搬到地区中心如堪萨斯城、印第安纳波利斯或者西部。1920年至1930年之间，加利福尼亚的人口增加了67%，加利福尼亚成为一个高度城市化的州，同时保留农业生产的领先地位。与此同时，一批批农村南方人搬到西部工业城市或者乘坐铁路向北来到芝加哥和克利夫兰。

非裔美国人的迁徙

在后来被称作"大迁徙"（Great Migration）的迁徙潮中，非裔美国人占1920年代流动人口的很大一部分。他们因为棉籽象鼻虫灾害被迫退出棉花种植业，并且被工业中的就业机会吸引，150万名黑人远走他乡，纽约、芝加哥、底特律和休斯敦的非裔美国人人口翻了一番。洛杉矶、旧金山和圣地亚哥的黑人社区也扩大了。在这些城市，他们找到了和南方差别不太大的工作，如仆役和体力劳动，他们充当看门人、码头装卸工和白人的家仆。但是向北迁徙是一个心理放松的过程，因为纽约和芝加哥有着查尔斯敦或亚特兰大所没有的自由。在北方，黑人并不总需要对白人毕恭毕敬。正如一名迁徙者写给家里的书信道："我……过得很好……不需要向每个经过的小男孩说先生……只要有座位我就可以在任何地方乘（有轨电车）。"

黑人新来者迫于低薪和歧视不得不寻找最廉价的住房，他们挤在芝加哥南部、纽约哈莱姆以及洛杉矶的中央大道那样的聚居区里。然而，在西海岸，黑人住房拥有率比其他地区要高。洛杉矶的"平房繁荣"为许多人提供了机会，他们可以用900美元买一栋小小的单层住宅。但是与只要有钱就可以从市中心搬到任何地方的白人外来者不同，每个地区的黑人都在原址周边寻找好一些的社区。他们可以进一步深入已经人满为患的黑人社区，或者融入附近的白人社区，这个过程会招致抵制和暴力。白人担心这类"入侵"会影响社区环境，于是社区协会采取限制性契约，让白人房主保证不把房子出租或出售给黑人。

马库斯·加维（Marcus Garvey）

面对歧视、威胁和暴力，成千上万的城市黑人加入了弘扬种族独立的运动。黑人民族主义团体中最具影响力的是全球黑人进步协会（Universal Negro Improvement Association，即UNIA），该组织总部设于哈莱姆，由牙买加移民马库斯·加维领导，加维相信黑人应该远离堕落腐化的白人社会。加维宣称"我和任何白人平等"，呼吁非洲文化传承的自豪感，通过大规模集会和游行传播他的讯息。与由精英非裔美国人和白人自由主义者组成的全国有色人种协进会不同，全球黑人进步协会只接纳黑人，这些人大多处于经济阶梯的下层。

加维还通过促进黑人所有的商业推进了布克·T.华盛顿（Booker T. Washington）的经济独立思想，将制造和出售产品给黑人消费者，他还提议建立菲利斯惠特利酒店（Phyllis Wheatley Hotel，以著名非裔美国诗人命名），允许任何黑人预订。他的报刊《黑人世界》（Negro World）宣扬黑人独立并成立了"黑星"（Black Star）蒸汽船航线，在北美、加勒比和非洲的黑人商户之间运输制成品和原材料。在一个白人将钱投入证券投机的时代，成千上万充满希望的黑人把存款投入黑星线。

1920年代中期，管理不善侵蚀了加维的经济计划，全球黑人进步协会衰落了，黑星线以破产收场。1923年，加维因为涉及黑星线的邮件欺诈而被捕入狱，接着于1927年被驱逐到牙买加。他被指控试图通过宣传非其所有的船只来出售公司证券。然而，他被起诉背后有政治动机。中产阶级黑人领袖，比如W.E.B. 杜博依斯（W.E.B. Du Bois）和几名牧师反对全球黑人进步协会，害怕它的极端主义会破坏他们的事业和影响力。1919年开始，美国联邦调查局的前身，调查局（Bureau of Investigation，即BOI）开始渗透全球黑人进步协会，监视加维的激进活动，而调查局的副局长J.埃德加·胡佛（J. Edgar Hoover）称加维是美国最危险的黑人之一。1922年传出风声，据说加维秘密与三K党头目会晤，因为支持加维让黑人返回非洲的想法，杜博依斯为此大为愤怒。尽管如此，数年来全球黑人进步协会吸引了无数追随者（同时代估计有50万人，加维宣称有600万人），而加维的演说向许多非裔美国人灌输了种族自豪感。

墨西哥和波多黎各的新移民

来自墨西哥和波多黎各的新移民与美国北方农村移民处境类似，衰落的环境让人们背井离乡。1910年代，盎格鲁农民协会鼓励墨西哥移民，充当廉价劳动力的来源；至1920年代，墨西哥移民构成了美国西部农业劳动力的3/4。种植者把墨西哥劳动力当作奴隶一样对待，支付他们极低的报酬。就像其他新移民团体一样，墨西哥新移民大体上缺乏资源和技能，并且男性数量超过女性。尽管一些人作为店主和职业人员获得了中产阶级地位，但是大部分人挤在日益发达的城市中租金低廉的街区，如丹佛、圣安东尼奥、洛杉矶和图森，他们忍受着糟糕的卫生状况、糟糕的治安和糟糕的学校。农村和城市墨西哥人在家乡和美国之间往返，找寻就业机会，创造了一种被墨西哥人称作"无国界"（sin fronteras）的生活方式——没有疆界。

1920年代还见证了波多黎各人涌入大陆。波多黎各从1898年开始就是美国领地，当地人于1916年获得美国公民身份。该岛的经济从蔗糖转向咖啡生产时造成了劳动力过剩，波多黎各人遂背井离乡前往纽约和其他城市，被寻找廉价劳动力的雇主吸引。在城市，他们建立了贫民区（社区），在工厂、酒店、餐厅和家政服务业中找工作。波多黎各人保留了传统习俗，并发展商业：酒窖（Bodegas）、咖啡馆、寄宿公寓，社会组织帮助他们适应美国社会。和墨西哥人一样，受过教育的波多黎各精英成为社区领袖，如医生、律师和商人。

郊区化

当城市化达到顶峰时，郊区发展也加速了。尽管从建国初年开始城镇在大城市周围不断萌芽，1920年代的经济繁荣和汽车交通使那些希望远离都市住宅区的人们更容易在郊区生活。1920年至1930年之间，芝加哥［比如橡树公园（Oak Park）和埃文斯顿（Evanston）］、克利夫兰［谢克海茨（Shaker Heights）］以及洛杉矶［伯班克（Burbank）和英格伍德（Inglewood）］的郊区增长速度比附近的中心城市快5到10倍。它们促成了住宅建设的爆发；仅洛杉矶的建筑商就为拥有汽车的郊区居民建造了250 000座房屋。尽管一些郊区是工业卫星城，比如海兰帕克（Highland Park，靠近底特律）和芝加哥东部，但是大多数是中上阶层社区。

郊区越来越抗拒与中心城市的合并。郊区居民希望远离大城市的犯罪、尘垢和税收，他们竭力控制自己的警察、学校、水和煤气服务。尤其是在东北部和中西部地区，郊区强烈的独立性扼杀了中心城市的扩张，阻止它们获得资源和较富有的郊区居民的计税基数。郊区扩张也有其他代价，因为汽车和人口的分散也在整个都市地区扩散了城市生活的环境问题——垃圾、污染、噪音。

城市和郊区一起培养了大众文化，赋予这个年代独有的特质。大多数涌向商店、电影院、运动场的消费者以及投身填字游戏和迷你高尔夫等潮流的人住在城市周边。在这些地方，人们拒绝传统的行为准则，他们惠顾私酒酒吧（禁酒令期间的非法沙龙），穿着古怪的服饰，随着爵士乐翩翩起舞。然而小镇社会的理想存续了下来。当数百万人蜂拥至城市，美国人追忆着逝去世界的美好单纯，无论那个世界的神话色彩有多浓。这是现代美国面临的困境：个人如何才能在猖獗的物质主义和飞速的社会变化中找到一席之地？

日常生活的新节奏

在向消费者社会转变的过程中，美国人发展出新的日常生活模式，一种涉及时间利用的模式。人们越来越习惯于将自己的每一天划分成不同的组成部分：工作、家庭和休闲娱乐。对于许多人来说，机械化和更高的生产力缩短了工作时间，让雇主们将许多工人的工作时间从每周6天缩短至5天半。白领雇员常常每周工作40小时，享受双休日，并且获得年假福利。

家庭生活的时间很难衡量，但是存在某种清晰的趋势。在1920年至1930年之间，家庭规模缩小了，因为很多家庭实行生育控制。在1870年代至1880年代之间结婚的美国女性中，活到50岁以上的超过半数生了5个或以上的孩子；而1920年代结婚的同样女性中，只有20%生育5个及以上的孩子。较低的生育率和较高的预期寿命意味着成年人将生活中较

▲ 1920年代超过50万的墨西哥人移民到美国，他们中大多数以家庭的形式迁徙，在加利福尼亚和其他的西部州中一起在田野或果园中劳作。图片中的家庭是1924年在洛杉矶县去杏核的一家人。

图片来源：西部历史研究西维尔中心，洛杉矶县国家历史博物馆

小的精力时间投入养育儿女,有更多时间进行非家庭活动。与此同时,离婚率上升了。1920年,每7.5桩婚姻就有一桩以离婚告终;至1929年,全国离婚率是1/6,在许多城市中,离婚比例达到了2/7。

家庭管理

在家中,家庭主妇仍然耗费大量时间打扫、烹饪和养育子女,不过机器让这些家务变得轻松了一些,这个时代的女性以前所未有的方式分配时间。尤其是在中产阶级家庭中,电熨斗和洗衣机简化了家庭杂务。煤气和石油驱动的中央供暖和热水器免除了运木柴、煤炭、水以及生火煮饭的麻烦,也让家中的灰尘变少了。

虽然科技和经济变化让一些家务变得更简单,但是它们也对母亲的时间提出了新的要求。工人阶级家庭的女儿们上学的时间更长,能够帮助家庭主妇打扫、烹饪和照顾孩子的人员变少了,其他工作导致家仆短缺。除此以外,洗衣机、热水、真空吸尘器和肥皂对家庭主妇施加了更大压力,她们必须保持一切整洁。这些产品的广告主试图向女性灌输负罪感,不能把足够注意力分配给清洁卫生似乎就是大逆不道。女性不再像先辈那样是家中食物和衣物的生产者,她们的责任是确保家庭明智地消费。而汽车让妻子成为家中主要的驾驶员。一份调查显示,城市家庭主妇平均每周花7.5个小时开车去商店或者接送孩子。

健康和预期寿命

对营养的强调为主妇职责增加了一个科学维度。随着1915年至1930年之间维生素的发现,营养学家们开始主张用特定食物预防疾病。牛奶、罐头水果和蔬菜以及其他食物的生产者利用维生素热牟利,他们宣称自己的产品能促进健康,通常这些益处很难反驳,因为人们关于这些无形无味的配料所知甚少。比如,韦尔奇葡萄汁(Welch's Grape Juice)对产品中过量的糖只字不提,在广告中宣称产品"富有健康价值"和"你的身体不可或缺的润肠物质"。连巧克力糖果生产商都宣称自己的巧克力块中充满维生素。

▲ 李施德林(Listerine)漱口水的制造商把个人社交场景和口号用于广告中,试图让潜在消费者疑心自己是否也有"全国性的可恶特征":口臭(难闻的口气),令他们尴尬不已。而李施德林这样的健康产品广告让人们渴望不受细菌困扰,以及新消费社会中的社会接纳。

图片来源:约翰·W.哈特曼销售、广告和营销历史中心(John W. Hartman Center for Sales, Advertising & Marketing History),杜克大学图书馆(Duke University Library)

更富有营养的饮食和改善的卫生条件让美国人整体上更健康。在1920年至1930年之间,出生时的预期寿命从45岁上升至69岁,而婴儿死亡率降低了2/3。公共卫生和细菌学研究降低了威胁生命的疾病风险,比如结核病和白喉。但是医疗进步并没有平等地惠及所有群体;种族和阶级在健康趋势中扮演着重要角色,就像在其他领域一样。有色人种的婴儿死亡率比白人高50%到100%,而市中心贫民区的结核病仍然普遍得让人警惕。除此以

放眼天下

泛美航空

美国和拉丁美洲之间的航空运输及航空邮件服务开始于1920年代，但是一开始建立联系并不容易，因为该地区的反美仇恨情绪很严重。1926年，美国政府担心，假如美国再次与德国开战，德国飞机可能轰炸巴拿马运河，于是与巴拿马签订合约，赋予美国飞机在巴拿马机场活动的独家权利。但是美国的空中英雄查尔斯·林德伯格（Charles Lindbergh，参见第671页）以及名不见经传的前飞行员胡安·特里普（Juan Tripple）在扭转仇美情绪和把美国航空服务扩张至拉丁美洲其他地区的过程中扮演了关键的角色。

特里普梦想着建立一条国际航线。在其岳父，J.P.摩根（J.P. Morgan）的银行合伙人的帮助下，于1927年建立了泛美航空（简称为"泛美"，Pan Am），投资现代飞机技术，获得了一宗政府合约，在佛罗里达和古巴之间传递邮件。同年12月，林德伯格（Lindbergh）身具跨越大西洋壮举的威名飞往墨西哥，用自己的魅力说服墨西哥人接受与美国相通的航线。第二年，林德伯格加入泛美，开始驾驶飞机前往中美洲和南美洲目的地。1929年，林德伯格帮助特里普把邮件和乘客服务拓展到巴拿马、墨西哥以及其他拉丁美洲国家，所到之处都受到热烈欢迎。特里普向富有的美国人打广告，称乘坐泛美航空前往哈瓦那和更远的地方是逃离禁酒令、享受加勒比海滩的好机会，此外他还向旅行者提供飞行餐。

因为需要着陆设施才能运营，泛美还建造了几个机场，成为拉丁美洲和世界其他地区的关键门户。特里普的员工制作空中地图，为飞行员提供导航帮助。泛美不仅使拉丁美洲与美国的联系更密切，而且帮助促进了拉丁美洲各个地区的交通，这些地区之间原本隔着无法逾越的高山。然而，泛美为了建立机场启动服务几乎不择手段。它与声名狼藉的独裁者合作、参与贿赂、违反人权，有一次甚至持续几天帮助玻利维亚警方将当地印第安人拦截在带刺铁丝网外，以便为机场腾出土地。

尽管如此，泛美航空既让美国人能够更方便地去海外旅行，也把更多外国人带到美国。1942年，泛美旗下一架飞机首次环游世界。1940年代，该公司开始运营前往欧洲和非洲的航线，1950年更名为泛美世界航空公司（Pan American World Airways），强调其全球特点。泛美航空史无前例地连接了美国和全世界，直到1991年关闭。

▶ 泛美航空向加勒比、中美洲和南美洲提供航空交通，建立了美国和其他国家之间的首批客机和货机航线。至1930年代初，航班已经非常之多，这幅插图中的时间表足足有12页。

图片来源：泛美传承网站（The Pan American Heritage Web Site）

1920年代的郊区扩张

住宅和高速公路工程的爆发使1920年代的郊区快速增长变为可能。芝加哥奈尔斯中心（Niles Centre）郊区于1888年并入，后来更名为奈尔斯中心，最终定名为斯科奇村（Village of Skokie）。在往返列车服务的支持下，该镇于1900年代初开始发展，1913年，库克县（Cook County）第一条永久混凝土道路在奈尔斯中心建成。1920年后，房地产开始繁荣，至1920年代中期，该镇已经拥有了自己的水利、排污和路灯服务以及许多混凝土道路。富有的芝加哥人在奈尔斯中心建造了奢华的住宅，比如公用事业和铁路投资者萨缪尔·因萨尔（Samuel Insull）。很快，商业和办公建筑沿着主干道拔地而起。人口增长十分迅速，以至于该社区夸口是"全世界最大的村镇"。1929年，大萧条中止了繁荣，但是第二次世界大战之后大规模发展得以继续。你认为郊区发展为今日的日常生活带来了怎样的变化？

▶ 在部分地区，房地产开发商在不断扩大的郊区规划了道路和街区，在居民区开始建造之前就吸引了办公、商店和机构。这幅伊利诺伊奈尔斯中心的照片是1927年前后从飞机上拍摄的，显示了道路和汽车对于郊区扩张的关键作用。

图片来源：斯科奇历史协会

◀ 1920年代，郊区住宅建设速度加快了。照片摄于1926年奈尔斯中心的布朗街（Brown Street），展示了草原如何变成住宅区。其中一栋住宅还在建设中。请注意画面中的汽车、平板卡车和电线，这些设施和工具对于郊区生活至关重要。

图片来源：斯科奇历史协会

外，交通事故死亡人数增加了150%，心脏疾病和癌症等老年人疾病死亡人数增加了15%。尽管如此，美国人普遍上活得更久了：1920年至1930年之间，65岁以上人口增加了35%，而其余人口只增加了15%。

664 老龄美国人和退休

老人数量不断增加，他们低下的经济地位导致人们开始追求养老金和其他形式的老龄救助。工业主义嘉奖年轻和敏捷，让老人陷入贫困，遭受被迫退休和减薪的待遇。认识到年迈公民的需求，大多数欧洲国家都在1900年代初建立了国家支持的养老金体系。然而，许多美国人相信个人应该在年轻时未雨绸缪，储蓄为老年做准备；他们感到养老金有着共产主义的味道。直到1923年，宾夕法尼亚商会还给老龄救济贴上"不美国、社会主义……共产主义宣传的楔子"的标签。

然而情势已经刻不容缓。大多数公立救济院的居住者是老年人，65岁及以上的美国人中，接近1/3依靠别人赡养。很少有雇主供养退休的员工，包括联邦政府。一名邮政员工指出，政府会喂养年迈的马匹直到它们死去，他抱怨道："在退休金问题上，做人还不如做马呢。"1920年，反抗最终在州层面爆发。在医生艾萨克·麦克斯·鲁比诺（Isaac Max Rubinow）和记者亚伯拉罕·艾普斯顿（Abraham Epstein）的领导下，改革者说服志愿协会、工会和立法者通过养老金、保险和退休之家支持老龄救济。至1933年，几乎每个州至少为贫困的老人提供最低救济，通往全国养老保险的道路已经开辟。

社会价值

当美国人以新的方式分配时间时，习惯和价值观改变是不可避免的。在新面料和化学印染的帮助下，服饰变成了一种自我表达的方式，女性和男性穿着更休闲和色彩更鲜艳的服饰，超出他们父辈的想象。可接受和不得体行为的界限变得模糊，抽烟、喝酒和性开放变得时髦。生育控制在德高望重的圈子中获得了可观的支持者。报纸、杂志、电影（比如《为什么换妻子》）和流行歌曲（比如《我不在乎》[*I Don't Care*]）让一些美国人不再忍受"性饥渴"的折磨。典型的电影海报保证"光鲜亮丽的男人、曼妙的爵士宝贝、香槟浴、夜夜笙歌、淡紫色黎明中的爱抚晚会，这一切都将在令你喘不过气的绝佳高潮体验中结束"。

其他潮流趋势弱化了世代相传的习俗。由于全国童工法律和义务教育规定孩子们必须在学校度过更长的岁月，同伴而非父母在社交的年轻人中扮演着更具影响力的角色。更早的时代，不同年龄群体一直分担同样的活动：孩子与成年人在田野和厨房中互动，年轻的学徒在工厂中与熟练工或工匠并肩工作。现在，学校课程、体育运动和俱乐部让同龄的孩子们聚集在一起，他们不再由成年人陪伴和影响。

不仅如此，年轻男女相互交往的方式也经历了根本变化。1890年至1920年代中期，仪式化的中上阶层恋爱逐渐让位于没有成年人监督的"约会"，男性不再正式"邀请"女性参加有家人伴护的社交活动，而是把女性"约出去"，通常会为她消费。城市生活的新自由和机会中诞生了更自由的恋爱形式，并从劳动阶层扩散至中产和上流阶层。未婚的年轻人远离家庭的束缚，兴致盎然地进行约会，参加新的商业娱乐，比如电影和俱乐部。汽车成为主要交通方式，扩大了约会的范围。女性的工作报酬让她很难负担这些娱乐，但是假如有男性"请客"和陪伴她，她就能享受这些乐趣。这种行为伴随着陪伴、浪漫，有时候还有性利用，尤其是女性被期待以性回报男性的付出。在这个恋爱系统中，一个女性能控制谁有资格"邀请"她。但是当她进入另一个系统，男性的金钱让她满足娱乐和独立愿望的同时，她或许会发现自己面临着困难的道德选择。

劳动队伍中的女性 665

约会风俗迅速发展，因为第一次世界大战以

后女性持续加入劳动队伍。至1930年，1 080万名女性拥有工作，比战争结束时增加了200万名。尽管女性从事农业工作的比例减少了，但是在各类城市中工作的比例不断上升或者维持稳定（参见图表24.1）。工作场所中长期存在的性别隔离现象延续了下来；大多数女性从事男性很少从事的工作，反之亦然。因此，超过100万名女性担任教师和护士。大约有220万名女性从事打字、图书管理和文秘等文职工作，从1920年开始增加了10倍。另有736 000人担任店员，服务类行业中也可以看到越来越多女性的身影，比如服务员和美发师。尽管近200万名女性在制造业中工作，但是她们的数量在过去十年间几乎没有增长。同样职位的女性薪资常常不足男性的一半。

尽管女性出于很多原因离家外出工作，她们家庭的经济需求是最重要的。1920年代的消费主义吸引劳动阶级和中产阶级家庭通过超前消费或者女性外出打工满足消费欲望和需求。即使大部分已婚女性不从事有偿工作（1930年只有12%被雇用），但是已婚女性在1920年代劳动队伍中的比例上升了30%，受雇的已婚女性数量从190万增长至310万。这些数字除去了不计其数的寡妇、离婚女性和被抛弃的女性，她们像已婚女性一样外出工作，通常也有孩子需要抚养。

雇用少数民族女性

有偿劳动力中少数种族和民族女性的比例是

▶ 服务行业工作的扩张和新科技为1920年代的女性创造了新的机会。图中的电话接线员同时处理几十通电话，并且监测巨大的电话总机控制板。她的服饰和珠宝与工厂女工的简单服装风格形成鲜明对比，工人必须更审慎地操作危险的机器。

图片来源：乔治·伊斯特曼之家（George Eastman House）

白人女性的两倍。她们常常加入劳动队伍,因为她们的丈夫找不到工作或未充分就业。大部分受雇的非裔美国女性都从事烹饪、清洁和浣洗等家庭工作。在香烟和肉类包装等工厂工作的少数人从事的是最不理想、薪水最低的职务。社会工作中有些机会向受过教育的黑人女性开放,比如教职和护理,但是这些女性也面临着歧视和低薪。比起白人母亲,就业黑人女性通常请亲友帮助照顾孩子,比如祖母和姨妈。

经济需求还吸引成千上万其他少数民族女性加入劳动大军。越来越多墨西哥女性从事有偿工作,尽管他们的传统反对女性从事有偿工作。我们无法确知具体数字,但可以肯定,西南部的许多墨西哥女性担任女仆,在制衣工厂中工作,并且充当农业劳动者。日本裔美国女性是仅次于黑人女性最有可能从事有偿工作的。她们充当田间帮手和家仆,在这些工作中忍受种族歧视和低薪。

淑女以外的形象选择

无论是否工作,一些女性重塑了淑女的形象。和上一代人沉重的拖地连衣裙和长发形成鲜明对比,1920年代"摩登女郎"的短裙和波波头象征着独立和性自由。尽管很少有女性过着摩登女郎的生活,但是这种形象在白领员工和店员以及男女合校大学生中很流行。正如塞西尔·戴米尔的影片展示的,女性行为的朴素典范被电影尤物掩盖了光辉,比如克拉拉·鲍(Clara Bow)被称作"时髦女郎"(It Girl),而葛洛丽亚·斯旺森因为银幕内外炽热的爱情而著称。许多女性主张与男性平等的社会地位。一名观察者形容"新女性"迷人而独立:

> 她拥有一种男性的视角,这是她的母亲无法做到的……她永远不会给你做帽带或是织领结,但是她会驾驶着她的小跑车到车站来接你……她会穿上衬裤和你一起滑雪……她的潜水技术和你一样好,甚至更好,只要你喜欢她就跳舞,她也能理解你的每句话。

同性恋文化

性方面的开放同样让潜藏于暗处的同性恋文化较之以前稍微显露了一些。在非传统城市社区,如纽约的格林威治村和哈莱姆,廉价的房租和对非主流生活方式显而易见的包容吸引了同性恋男性和女性,他们惠顾舞厅、地下酒吧、咖啡馆和其他聚

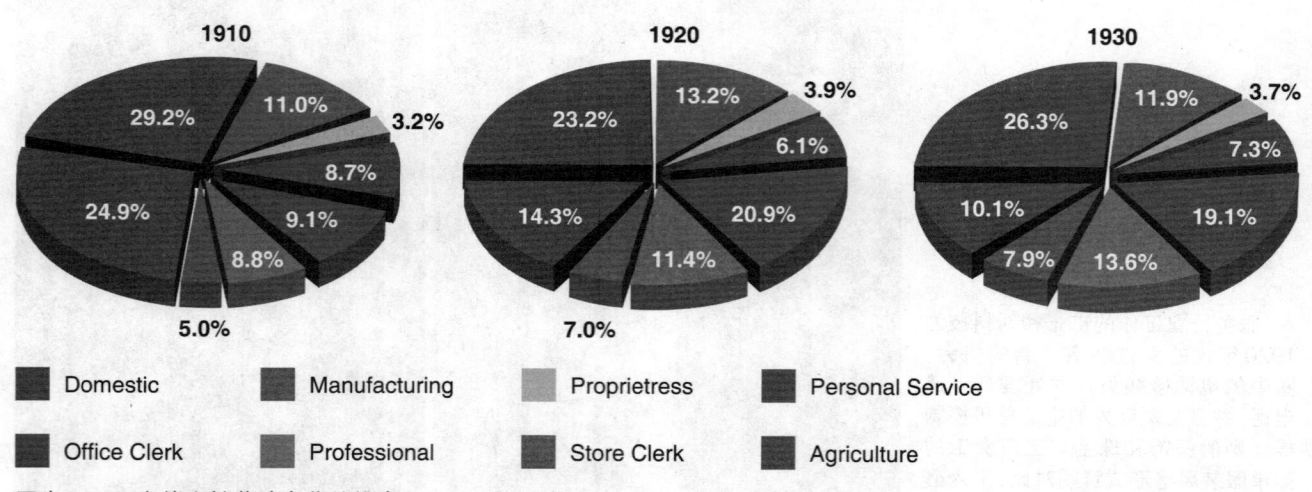

1910: 29.2%, 11.0%, 3.2%, 8.7%, 9.1%, 8.8%, 5.0%, 24.9%

1920: 23.2%, 13.2%, 3.9%, 6.1%, 20.9%, 11.4%, 7.0%, 14.3%

1930: 26.3%, 11.9%, 3.7%, 7.3%, 19.1%, 13.6%, 7.9%, 10.1%

■ Domestic ■ Manufacturing ■ Proprietress ■ Personal Service
■ Office Clerk ■ Professional ■ Store Clerk ■ Agriculture

图表24.1 有偿女性劳动变化的维度,1910—1930年
这些数据图显示,就业女性中文员和职员非同寻常的增长,以及随之而来的20世纪农业劳动力中的比例下降。请注意制造业雇用女性人数的巅峰是1920年,而家政服务业起伏不定,因为白人移民女性开始脱离这些工作,被有色人种女性替代。

会场所。然而，迎合同性恋顾客的消费场所仍然是警察突击的目标，这证明男性和女性同性恋者无法期待社会其他人群的认同。

这些潮流代表了社会与19世纪保守文化的决裂。但是社会变革的到来常常伴随着风雨。当1920年代接近尾声时，各种社会群体纷纷行动起来，捍卫传统价值观。

防线

1920年年初，一个新成立组织的领袖运用现代商业策略，雇用两名公共关系专家负责招揽成员。这两名专家：爱德华·克拉克（Edward Clarke）和伊莉莎白·泰勒（Elizabeth Tyler），详细调查了南部、西南部和中西部的社区，他们发现不计其数的人乐意支付10美元会费和6美元白色制服费。克拉克和泰勒从售出的每个会员中获得2.5美元酬劳。至1923年，他们的成功帮助让这个组织的成员发展至500万名，拥有4 000家分会。

三K党

这个组织不是普通的民间俱乐部，而是三K党（Ku Klux Klan，即KKK），内战后恐吓南方社会的蒙面组织的复兴版。1915年由佐治亚亚特兰大福音教徒和保险销售员威廉·J.西蒙斯（William J. Simmons）重新建立，三K党保留了前辈的兜帽、恐吓手段和神秘主义术语［其领袖是帝国的导师（Imperial Wizard），仪式之书称为"可兰"（Kloran）］。但是新三K党比旧的有着更宽泛的目标。它从深南方向外扩张，曾经是支配许多地方的政治权力。比如俄勒冈州波特兰的市长就是三K党成员，在印第安纳，三K党成员出任政府公职，并在立法会中占据数个席位。它的成员包括许多城市中产阶级，他们害怕失去从繁荣中获得的社会和经济成果，并且对于不受家庭控制的新青年文化感到不安。三K党还包括一个女性附属机构——三K党妇女会（Women of the Ku Klux Klan），估计有50万名成员。

一组词总结了三K党的目标："本土、白人、清教徒至高无上地位。"本土意味着停止移民和美国文化的杂糅化。根据帝国的导师希拉姆·卫斯理·伊万斯（Hiram Wesley Evans）的说法，白人至上事涉生死存亡。"这个世界，"他警告道，"是这样构成的，每个种族必须为生存而战斗，若不征服就得接受奴役或者死去。三K党人相信，白人不会成为奴隶，也不想英年早逝。"伊万斯赞扬新教教义，因为他提倡"不受阻碍的个人发展"，而且谴责天主教教会劝阻同化、奴役人民，令他们顺从教士和外国教皇。

1920年代初，三K党运用恐吓集会、暴力和政治及经济压迫等手段，恐吓了许多社群。三K党人分配治安维持会法官惩治有嫌疑的酒类走私者、家暴妻子者以及通奸者；强迫学校停止教授进化论；积极采取运动反对天主教和犹太教政治候选人；呼吁成员抵制持异见的商人的商品；并且激化了得克萨斯边境城市的种族矛盾，反对墨西哥人以及各地的黑人。尽管男性紧紧掌控三K党的活动，但是女性不仅加入男性行列努力推进本土白人新教主义，还在男性的批准下致力于贯彻道德改革和禁酒令。由于三K党发誓保护女性和家庭主妇的"美德"，法律权威不加干涉时，一些女性有时候会向三K党求助，要求惩罚暴虐的、不道德或不负责任的丈夫和父亲。三K党的正义手段不是逮捕和诉讼，而是鞭打。

然而，至1925年，这个隐形帝国（Invisible Empire）开始分崩离析，丑闻冲垮了它的道德基础。最引人注目的是，1925年印第安纳"大龙"大卫·斯蒂芬森（David Stephenson）绑架和强奸一名女性后，被判决二级谋杀罪成立，受害人因为服毒或身体被咬伤所导致的感染而死亡。更普遍的是，三K党消极而排外的爱国主义和单一价值观无法在一个多元化的社会中竞争。

1920年代，三K党并未垄断顽固不化，美国社会中仍然随处可见狭隘和排外。本土主义者要求终止自1880年代以来的自由移民政策。他们谴责天主教和犹太教移民充塞城市贫民窟，蔑视社区行为规范,顽固地坚守异乡的宗教和政治理念。反移民的激进派同样导致了1921年一桩戏剧性的审判,两名意大利无政府主义者尼古拉·萨科(Nicola Sacco)和巴托罗密欧·樊塞蒂(Bartolomeo Vanzetti)被指控在马萨诸塞州布雷茵特里(Braintree)谋杀一名出纳员兼保安。他们的犯罪证据薄弱无力,但是法官韦伯斯特塞耶(Webster Thayer)公开站在有罪判决一边,私下里把两名被告称作"无政府主义畜生"。

移民限额

在这种情绪的引导下,限制移民的运动吸引了支持者。工人领袖提醒人们警惕外国工人的涌入会压低薪酬,提高失业率。此前反对限制移民的商业决策者改变了想法,原本他们渴望廉价的移民劳动力,现在意识到可以通过机械化保持低薪。即使一些人道主义改革者也支持将限制移民当作一种缓解贫困和缓和同化的手段。国会从这些群体中获得支持,改变了之前的政策。在1921年《紧急限额法案》(Emergency Quota Act)中,国会为每个国籍设定了年度移民配额。这一政策反映出对盎格鲁-撒克逊新教移民的青睐,对南欧和东欧的天主教徒及犹太教徒的偏见,国会规定,每个给定国籍的年度移民人数不能超过1910年居住在美国的该国移民总数的3%。这一法案歧视了来自南欧和东欧的移民,因为1910年相对于来自北欧的移民,南欧和东欧移民人数非常少。

1924年,国会用《国家原籍法案》替代了《紧急限额法案》。这部法律将每年移民额限制在1 150 000人,并且把限额限定在1890年居住在美国的某国籍总移民人数的2%,亚洲人是例外,他们被完全禁止移民。(1882年中国人就已经被排除在外了。)这一法案进一步限制南欧和东欧移民,因为1890年生活在美国的南欧和东欧人比1910年还要少。然而,这一法律却允许出生于国外的妻子和美国公民的孩子作为非限额移民进入。1927年,经过修改的《国家原籍法案》规定于1929年设定新的配额。它保留了每年15万的人数限制,但是重新定义了分配方式,通过1920年美国居民的"国家出身"分配欧洲各国的移民比例(出生国或是血统)。来自西半球的人们不受配额限制(除了被劳动部定义为潜在贫民的那些人口),很快他们成为最大的移民群体(参见图表24.2)。

基要主义

当本土主义者试图建立民族和种族纯洁性时,精神纯洁性的理想激励着基要主义者。数百万美国人从他们眼中的社会物质主义和享乐主义中追寻确定性和救赎,遵循逐字逐句解读圣经的新教福音教派。他们坚决相信上帝的奇迹创造了世界以及万物,他们谴责进化论是异端邪说,辩称无论在哪里,基要主义者都是社会中的大多数,因为他们在许多地方都是多数,所以应该能够决定学校中教授什么。他们的敌人是运用源自心理学等社会科学和人类学中的理论解读行为的"现代主义者"。对于现代主义者来说,上帝对于研究文化和历史是重要的,但是科学引领知识进步。

斯科普斯审判

1925年,基督教基要主义与现代主义在田纳西戴顿(Dayton)的著名案件中正面交锋。那年年初,州立法会通过了一项法律,禁止公立学校老师教授人类从低等生命形态进化而来而非亚当和夏娃后代的理论。不久之后,高中教师约翰·汤姆斯·斯科普斯以身试法,因为违反这项法律被捕。那年夏天斯科普斯案的庭审成为头条新闻事件。前国务卿和三届总统候选人威廉·詹宁斯·布赖恩主张有罪判决,而一个以克莱伦斯·丹诺(Clarence Darrow)自由派律师为首的团队成为斯科普斯的代理。新闻记者涌入该镇,无线电广播电台报道了这次庭审。

尽管斯科普斯被判有罪——显然他违反了法律——但是现代主义者宣告胜利。他们相信,证词体现出基要主义的毫无逻辑。庭审的高潮中,布赖

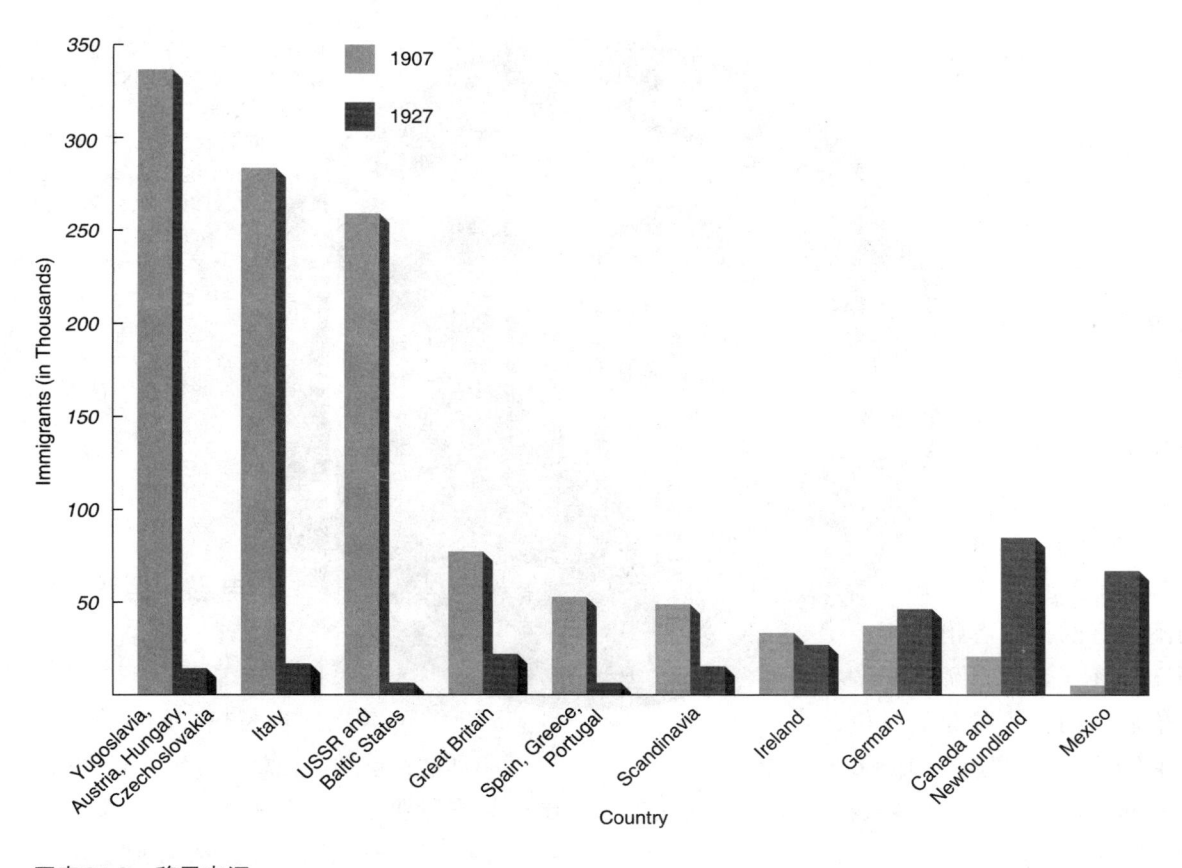

图表24.2 移民来源

移民潮在1907年和1908年达到巅峰，来自南欧和东欧的新移民涌入美国。1920年代通过移民限制法律后，大部分移民来自西半球（加拿大和墨西哥），他们免受配额的限制，而来自东欧和南欧的移民数量大幅缩减。

恩作为圣经专家站在证人席上。在丹诺的质询之下，布赖恩断言夏娃确实是用亚当的肋骨做成的，而巴别塔是语言多样性的原因，约拿确实被一条大鱼吞噬。戴顿的围观者为他的宣言欢呼，但是自由派的新闻报道嘲讽他和他的同盟们。尽管如此，基要主义者并没有丧失信心。比如，发展最迅速的新教教派美南浸信会（Southern Baptist Convention）继续吸引新成员，并且和其他基要主义团体一起向校董会施压，要求停止教授进化论。这些教会主张信仰是家庭和行为的基本价值观，它们用自己的学校、营地、无线电布道和传教社团创造了一种独立的亚文化。

宗教复兴教派

宗教狂热四处传播，与经济危机感做斗争的人们开始对现代主义与旧时代宗教的剑拔弩张感到不安。城市中矗立起不计其数的五旬节派教会（Pentecostal）教堂，黑人和白人被它们的华丽场面和对个人救世主的描述吸引。富有魅力的"复兴主义"布道者运用现代广告技巧和花哨繁复的播音宣传，比如浮夸的洛杉矶的艾米·森普尔·麦克弗森（Aimee Semple McPherson）；前棒球运动员比利·桑代（Billy Sunday）周游全国布道；父神（Father Divine），一名非裔美国人，通过他在长岛上的基地聚集了各种族支持者，引发了复兴主义热潮。

复兴主义只是其中一种保持传统价值观、在飞速发展的消费社会中寻找慰藉的手段。数百万并不属于三K党的人们相信有色人种和移民是卑劣的人，危及国家福祉。所有教派的神职人员和教师谴责跳舞、新服饰风格与电影中和汽车内的性行为。许多城市居民支持禁酒令,相信抵制酒精的诱惑将帮助社会赢得对抗贫穷、罪恶和腐化堕落的战争。然而在哀悼昨日不再时,大多数美国人真诚地寻找某种平衡,以某种方式适应现代秩序。很少有人能制止自己收听广播或者观看《为什么换妻子》这样的影片,事实证明这些活动不像有的批判者担心的那样堕落。史无前例地,美国人争取民间组织的会员身份,如劳特莱(Rotary)、麋鹿(Elks)和女性俱乐部。最重要的或许是,越来越多人在全新的休闲娱乐和业余时间中寻求释放。

▶ 1921年,尼古拉·萨科和巴托罗密欧·樊塞蒂被判谋杀和抢劫罪时,一些人相信俩人的反政府政治倾向导致了法官和陪审团过度偏见,这些人筹措资金为他们上诉。捐助者得到图中所示的纽扣徽章,可以佩戴在身上支持这两个意大利移民。然而,美国国内和国外的同情者失败了,萨科和樊塞蒂于1927年被执行死刑。

图片来源:贝特曼/科比斯

娱乐时代

1920年代的美国人以前所未有的热情拥抱商业娱乐。1919年,他们在休闲活动上花费了25亿美元;至1929年,这类开销达到了43亿美元,这个数字一直到第二次世界大战都没有被超越过。观赏性娱乐占1929年娱乐消费总额的21%,如电影、音乐和体育运动;其余项目包括参与性休闲娱乐,如游戏、兴趣爱好和旅行。企业家响应对时尚和壮观场面的诉求。1920年代初,中国方牌游戏麻将风靡一时。1920年代中期,爱好者让填字游戏在大量刊行的报纸和杂志中流行起来。接下去,迷你高尔夫也在爱好者中兴起,成为一时的潮流。至1930年,美国号称有3万种迷你高尔夫,有小城堡、风车和瀑布等多种式样。像查尔斯敦舞这样的舞蹈在全国吸引了众多粉丝,在现场音乐和录音伴奏的支持下,爵士也吸引了越来越多的人。

电影和运动

除了积极享受娱乐之外,美国人也是热心的观众,尤其是电影和体育运动。在总投资额方面,电影成为美国的领先行业之一。几乎每个社区都至少有一家剧院,无论是一百来个座位的小镇剧院还是大城市中装饰着华丽的大厅和成千上万软包椅的电影院。1922年,电影每星期吸引4 000万名观众;至1929年,这个数字已接近1亿,而当时全国总人口只有1.2亿,每周去教堂做礼拜的人数也不过6 000万。新科技增强了电影的吸引力。1922年至1927年之间,特艺集团(Technicolor Corporation)开发了一种彩色影片制作方法。有了这种工艺,加上1927年《爵士歌手》开始引入有声电影,电影变得更激动人心和真实震撼。

回应普通观众的品味,电影工业生产逃避现实的娱乐。尽管戴米尔的浪漫喜剧如《为什么换妻子》探索世俗的主题,但是他的大部分流行影片来源于圣经,如《十诫》(The Ten Commandments, 1923)和《万王之王》(The King of Kings, 1927)。像《出卖灵魂》(Souls for Sale, 1923)以及《犯了罪的女人》(A Woman Who Sinned, 1924)这样的惊悚影片同样吸引着观众,哈罗德·劳埃德(Harold Lloyd)和查理·卓别林主演的滑稽剧也很有人气。然而,这些电影的内容用现在的标准判断是枯燥乏味的。1927年，制片人在立法者和宗教领袖的压力下进行自我审查，禁止裸露、粗俗语言和不以公正和道德胜利为结尾的情节。电影还复制了社会偏见。白人女演员和男演员扮演着魅力女王和动作英雄的角色，而寥寥无几的黑人演员必须扮演女仆和管家的角色。

观赏性体育赛事也蓬勃发展，每年有数百万人涌向体育馆和棒球场。这个时代，科技和量产剥夺了体验和物品的独特性，而体育提供了人们渴望的不可预见性和戏剧性。报刊和广播向热忱的观众提供体育新闻，放大了这种焦灼感，体育推广人员用戏剧化的叙事美化体育比赛，连广告都不需要购买。

棒球运动以其漫长的悬念、多样化的规则以及保持比分的潜力吸引了众多追随者。1919年发生"黑袜丑闻"，芝加哥白袜队（Chicago White Sox）的8名成员因为被指控把世界职业棒球大赛（World Series）拱手让给辛辛那提红人（Cincinnati Reds）而被禁赛（尽管陪审团宣告他们无罪），这一事件后棒球通过自身改变重获尊严。联盟发现本垒打能让球迷激动不已，因而重新设计了棒球规则，使其变得更生动。观看比赛的人数一飞冲天。根据记录，1921年纽约巨人队（New York Giants）和纽约洋基队（New York Yankees）之间的6场世界职业棒球大赛吸引了30万人。数百万人定期聚集观看当地球队比赛，在广播上收听职业比赛的人更多。尽管非裔美国棒球运动员被禁止在主要联赛中比赛，但是他们组成了自己的队伍，1920年第一个成功的黑人联赛（Negro League）在堪萨斯城创立，安得烈·"乡巴佬"·福斯特（Andrew "Rube" Foster）担任主席。联赛包括来自芝加哥、堪萨斯城和印第安纳波利斯等地区的八支球队，接下去的几年中，又有几个联赛成立。

体育英雄

体育、电影和新闻创造了群星闪耀的英雄人物。当科技和大众社会使个人变得不再那么重要，人们依附英勇的人格，将之作为认同独特人物的方式。网球运动员比尔·蒂尔登（Bill Tilden）、游泳运动员格特鲁德·埃德尔（Gertrude Ederle，1926年，她成为第一个游过英吉利海峡的女性）以及高尔夫运动员鲍比·琼斯（Bobby Jones）获得了全国性的盛名。拳击、橄榄球和棒球的力量与技巧塑造了最受欢迎的体育英雄。重量级拳击冠军来自科罗拉多州的"马纳河大槌子"杰克·登普西（Jack Dempsey）在1921年与法国人乔治·卡彭提尔（Georges Carpentier）的一战中吸引了百万美元门票的收入，并且在之后多次复制成功。为伊利诺伊州大学橄榄球队效力的哈罗德·"红人"·格兰奇（Harold "Red" Grange）用速度和敏捷让球迷和体育新闻撰稿人们惊心动魄。

棒球界最著名的英雄是乔治·赫尔曼·"宝贝"·鲁斯（George Herman "Babe" Ruth），他作为投手开始职业生涯，但是发现自己可以更好地利用惊人的力量击出本垒打。鲁斯在1919年打出了29次本垒打，1920年则是54次[当年波士顿红袜（Boston Red Sox）把他卖给了纽约扬基队（New York Yankees）]，1921年59次，1927年60次——一年刷新一次纪录。他的天赋和男孩式的微笑让他吸引了数百万球迷。虽然以过度沉迷食物、饮料和性而著称，但他出席公共场合，拜访住院儿童，用魅力让球迷原谅了他的任性。

电影明星和公众英雄

美国人还通过电影偶像达成了他们对于浪漫和冒险的渴望。全国的起居室和台球厅中，人们津津有味地讨论道格拉斯·费尔班克斯（Douglas Fairbanks）、葛洛丽亚·斯旺森和查理·卓别林的电影和个人生活。这个年代最受钟爱的电影人物是鲁道夫·瓦伦蒂诺（Rudolph Valentino），他的外貌和翩翩风度让女性神魂颠倒，男性模仿他的发型，涂上发脂，蓄整齐的短络腮胡。瓦伦蒂诺的形象利用了这个时代的性自由和暧昧。在最著名的影片中，瓦伦蒂诺结合了诱拐者和引诱者的角色，扮演一个热情的酋长,把美丽的女性带到帐篷中。当他在31岁时因溃疡和阑尾炎并发症去世时,媒体将他的葬礼变成了一出公众盛典。悼念者排了一英里队,只为了从他的棺木旁走过。

不过,这个时代最著名的英雄却是查尔斯·A.林德伯格,一名坚强不屈的飞行员,他于1927年5月独自一人驾驶飞机从纽约飞往巴黎。这次飞行名副其实地吸引了每一个美国人,报刊和电报报道密切追踪林德伯格的进展。在这位飞行员成功着陆后,柯立芝总统派出军舰把"幸运林迪"(Lucky Lindy)带回故乡。恭贺者向他发送了55 000份电报,在他衣锦还乡的游行过程中向他撒了1 800吨碎纸片。在不计其数的荣誉中,林德伯格荣获了杰出飞行十字勋章(Distinguished Flying Cross)和国会荣誉勋章(Congressional Medal of Honor)。赞助人为他提供数百万美元周游全世界的费用和700 000美元的电影合约。经历了这一切,被昵称为"孤鹰"(The Lone Eagle)的林德伯格仍然严肃稳重,甚至有点离群索居。尽管他的飞行及其成果象征着1920年代科技和大众文化的新结合,但是林德伯格本人是个人成就、自力更生和勇气的化身,这些老式的价值观在媒体狂热中让公众肃然起敬。

禁酒令

在追求乐趣和自我表达过程中,一些美国人因为拒绝放弃喝酒而变成违法者。第十八条修正案(1919)禁止制造、销售和运输酒精饮料,贯彻执行这一修正案的联邦法律(1920年《沃尔斯特法案》)一开始收效不错。人均酒精饮料消费量下降了,因为酗酒逮捕和非法饮酒的代价超过了一般劳动者能够承受的范围。但是联邦和各州当局几乎都不愿贯彻新的法律。1922年,国会只给禁酒局(Prohibition Bureau)3 000名员工,不到700万美元预算,需要在全国范围内执法,至1927年大多数州的预算中减去了执行禁酒令的经费。

1925年之后,所谓的高贵禁酒实验无法再推进,因为成千上万人自己非法酿造葡萄酒和杜松子酒,走私进口商能沿着全国的边境和海岸轻松地避开试图阻止他们的零星巡逻。不仅如此,饮酒就像赌博和卖淫一样,是有自愿客人的生意,犯罪组织利用公众需求赚钱。这类团伙中最臭名昭著的当属阿尔·卡彭(Al Capone),一个魁梧的莽汉,他通过恐吓、贿赂和暴力手段控制了芝加哥的非法酒精和犯罪团伙,对政治家和黑道生意很有影响力。卡彭在一份揭露这个时代的声明中坦言:"禁酒是一种生意。我所做的一切在于满足公众需求。"美国人想要他们的洋酒和啤酒,卡彭为他们供应需要的酒精,直到1931年,联邦法院才以偷税漏税罪名判决他有罪并收监(这是唯一一项当局能够获得铁证的指控)。反思禁酒令中承袭的矛盾,专栏作家沃尔特·李普曼(Walter Lippmann)于1931年写道:"导致铤而走险的原因是美国人渴望做许多事情,但同时他们又渴望禁止这些事情。"

文化潮流

伴随着消费主义热情,这个新时代的艰难困苦也播撒了不安的种子,像李普曼这样的知识分子很快指出长期存在的虚伪现象。严肃的作家和艺术家感到与社会格格不入,他们对物质主义和随波逐流的抗拒既尖刻又苦涩。

文学的异化

作为抗议,所谓"失落的一代"(Lost Generation)的几位作家抛弃美国前往欧洲,包括小说家欧内斯特·海明威和诗人埃兹拉·庞德(Ezra Pound)以及T.S.艾略特(T.S. Eliot)。另一些人仍然留在美国,比如小说家威廉·福克纳和辛克莱·刘易斯(Sinclair Lewis),但是他们像移居国外的作家一样,也表达了物质主义的幻灭感。F.斯科特·菲茨杰拉德(F. Scott Fitzgerald)的小说《天堂的这一边》(This Side of Paradise, 1920)以及《伟大的盖茨比》(The Great Gatsby, 1925);刘易斯的《巴比特》(Babbitt, 1922)、

▲ 非裔美国人被禁止打白人控制的职业棒球,不得不组织了自己的球队和联赛。在1920年代,以美国酿酒公司(American Brewing Company)命名的印第安纳波利斯ABC队(Indianapolis ABCs)是黑人全国联赛中比较成功的球队之一,该队拥有当时最优秀的数名黑人棒球选手,包括奥斯卡·查尔斯顿(Oscar Charleston)、埃尔伍德·"宾果"·狄摩斯(Elwood "Bingo" DeMoss)以及"炸弹"·迪克·雷丁("Cannonball" Dick Redding)。

图片来源:国家棒球名人堂(National Baseball Hall of Fame),纽约库珀斯敦

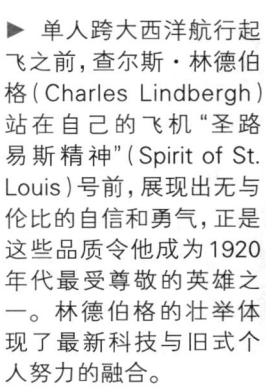

▶ 单人跨大西洋航行起飞之前,查尔斯·林德伯格(Charles Lindbergh)站在自己的飞机"圣路易斯精神"(Spirit of St. Louis)号前,展现出无与伦比的自信和勇气,正是这些品质令他成为1920年代最受尊敬的英雄之一。林德伯格的壮举体现了最新科技与旧式个人努力的融合。

图片来源:图像研究顾问和档案

《阿罗史密斯》(Arrowsmith, 1925)和《孽海痴魂》(Elmer Gantry, 1927);以及尤金·奥尼尔(Eugene O'Neill)的剧作鄙薄美国人对金钱心无旁骛的追求。伊迪丝·华顿(Edith Wharton)在《纯真年代》(The Age of Innocence, 1920)等小说中探索了新旧道德观的碰撞。南方文学领军人物之一爱伦·格拉斯哥(Ellen Glasgow)在《贫瘠之地》(Barren Ground, 1925)中哀悼冷漠物化的趋势。约翰·多斯·帕索斯(John Dos Passo)的《三个士兵》(Three Soldiers, 1921)和海明威的《永别了武器》(A Farewell to Arms, 1929)将反战情绪与对空洞现代关系的批判交织在一起。

哈莱姆文艺复兴

与白人作家大相径庭的不满激发了新一代非裔美国艺术家。受过良好教育的黑人中产阶级为自己的非洲传承感到骄傲,黑人作家拒绝白人文化,挑衅地主张"新黑人"价值观。他们大多住在纽约哈莱姆区;在这个"黑人圣地"(Negro Mecca)中,黑人知识分子和艺术家在一些白人赞助人的帮助下,在所谓的哈莱姆文艺复兴中颂扬黑人文化。

1921年的音乐喜剧《踯躅而行》(Shuffle Along)常常被誉为哈莱姆文艺复兴的起源。这场表演由天赋卓绝的黑人艺术家主演,比如抒情诗人诺布尔·西索(Noble Sissle),作曲家尤比·布雷克(Eubie Blake)和歌手弗洛伦斯·米尔斯(Florence Mills)、约瑟芬·贝克(Josephine Baker)以及玛贝尔·梅瑟尔(Mabel Mercer)。哈莱姆文艺复兴还培养了几名颇具天赋的作家,其中包括诗人兰斯顿·休斯(Langston Hughes)、康梯·卡伦(Countee Cullen)和克劳德·麦凯(Claude McKay),小说家佐拉·尼尔·赫斯顿(Zora Neale Hurston)、杰西·福塞特(Jessie Fauset)、吉恩·图玛(Jean Toomer),散文家艾伦·洛克(Alain Locke)。这场运动也包括了画家阿陇·道格拉斯(Aaron Douglas)和女雕塑家奥古斯塔·塞维奇(Augusta Savage)等视觉艺术家。来自美国其他地区的黑人作家也在这十年中纷纷涌现。其中包括休斯敦和孟菲斯的小说家萨顿·E.格里格斯(Sutton E. Griggs)以及来自俄克拉荷马的记者兼历史学家德鲁希拉·邓奇·休斯顿(Drusilla Dunjee Houston)。

这些艺术家和知识分子紧紧抓住身份的概念。尽管他们珍惜自己的非洲传承和奴隶制南方民间文化,但是他们意识到黑人必须作为自由美国人与自己和解。因此,艾伦·洛克(Alain Locke)敦促,新黑人应该成为"美国文明的合作者和参与者"。但是兰斯顿·休斯写道:"我们年轻一代黑人艺术家,希望表达自己的黑肤自我,不带任何恐惧或羞耻。假如白人高兴,我们也感到快乐。假如他们不高兴,也无所谓。我们知道自己是美丽的。"

爵士乐

1920年代有时候被称作爵士乐时代,这一名字来源于黑人音乐文化。早期的爵士乐从非洲和美国黑人民间音乐中演化而来,传达丰饶、幽默和自主的价值观,是非裔美国人很少能在公共和政治生活中体验到的。爵士乐以其情绪化的节奏和即兴创作,模糊了作曲家和演奏者之间的界限,营造了演奏者和听众之间的亲密感。当非裔美国人向北向西迁徙时,爵士乐与他们一起旅行,正如他们的音乐中心崛起于堪萨斯城、芝加哥和圣地亚哥。都市舞厅和俱乐部呈现天赋卓绝的爵士乐演奏家的表演,受众来自各个种族,如黑人、白人、拉丁裔和亚洲人,比如小号手路易斯·阿姆斯特朗(Louis Armstrong),长号手基德·奥里(Kid Ory)以及蓝调歌手贝西·史密斯(Bessie Smith)。多亏黑胶唱片和无线电广播,这些演奏家享有盛名。黑人艺术家录制的面向黑人消费者(有时候被称作"种族唱片")的音乐让非裔美国人在商业文化中占据了一席之地。更重要的是,爵士乐让美国拥有了自己的独特艺术形式。

在很多方面,1920年代是这个国家有史以

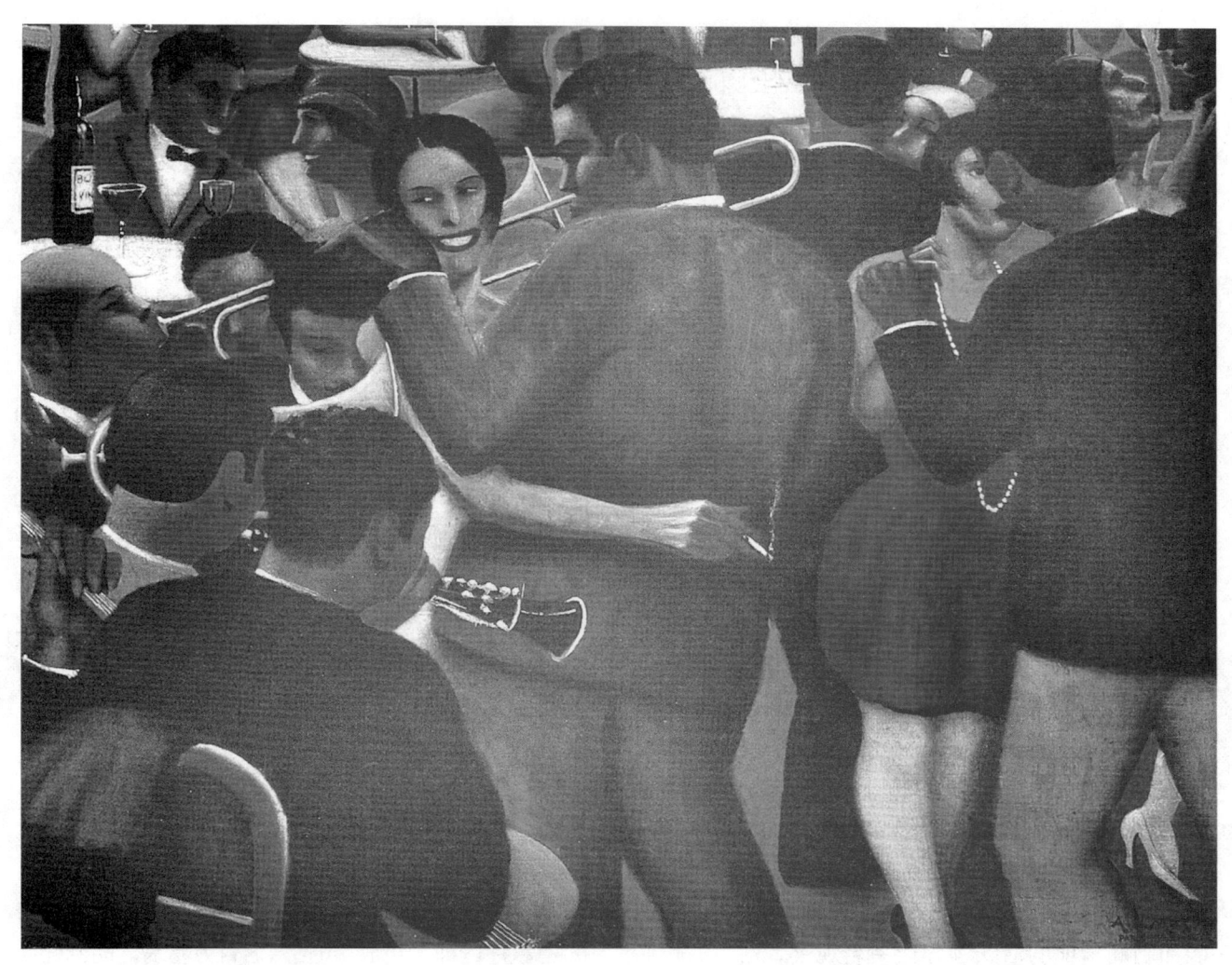

▲ 这幅由非裔美国人阿奇博尔德·莫特利（Archibald Motley）画的油画展现了"烟酒"风格，不庄重的画面是没有问题的，也展示了非裔美国文化中爵士乐和舞蹈之间的感官关系。

图片来源：阿奇博尔德·莫特利和瓦莱丽·杰拉德·布朗（Valerie Gerrard Browne）收藏，芝加哥艺术博物馆免费提供的照片

来最富创造性的时代。画家如乔治亚·欧姬芙（Georgia O'Keeffe）、阿陇·道格拉斯和约翰·马林（John Marin）打造了一种美国独有的视觉艺术风格。作曲家亨利·考埃尔（Henry Cowell）是电子音乐的先锋，而阿隆·科普兰（Aaron Copland）围绕本土民间主题创造了管弦乐作品。乔治·格什温（George Gershwin）在严肃作品中融合了爵士乐节奏、古典形式和民间旋律［1924年的《蓝色狂想曲》(Rhapsody in Blue)以及1925年的《F大调钢琴协奏曲》(Piano Concerto in F)］，并创作了各种音乐剧（1927年的《鬼脸》(Funny Face)和流行曲调如《我爱的人》(The Man I Love)。在建筑方面，摩天大楼，包括由威廉·范·艾伦（William van Allen）设计的装饰派艺术（art deco）风格纽约克莱斯勒大厦，以其美国特色吸引了全世界的关注。在这十年的开始，散文家哈罗德·斯塔恩斯（Harold Stearns）曾抱怨："美国今日的社会生活中最……可悲的事实在于情感和审美饥渴。"至1929年，这个论点已经被证伪了。

1928年大选和新时代的终结

知识分子对于物质主义的不安极少影响政治界自信的话语。赫伯特·胡佛在1928年接受共和

党总统候选人提名时表现了这种自信:"身处今日美国的我们,"胡佛夸口道,"比世界任何地方、任何历史时期更接近最终战胜贫穷……我们还没达到这一目标,但是,只要有机会推进过去八年的政策,我们在上帝的帮助下将很快能够看到贫穷被逐出这个国家的一天。"

赫伯特·胡佛

1928年胡佛是个称职的共和党候选人(柯立芝选择不竞选连任),因为他融合了个人奋斗的传统价值与强调合作的现代观念。胡佛是一名来自爱荷华的震颤派教徒,10岁时成为孤儿,通过自己的奋斗进入斯坦福大学,成为一名富有的矿业工程师。在第一次世界大战期间和之后,他作为美国食品监管员和欧洲食品救济管理者脱颖而出。

作为哈丁和柯立芝政府中的商业部部长,胡佛倡导所谓的"联合主义"。胡佛认识到全国各大协会在很大程度上主导工商业,希望刺激商业和政府之间的合作联合关系。他抓紧每一个机会使商业部成为推进商业、促成贸易协会成立、举办会议和发布报告的中心,这一切措施的目的都在于提高产能和利润。他的活跃领导让一名观察者戏言,胡佛是"商业部部长以及所有其他部门的副部长"。

阿尔·史密斯

1928年,民主党选择纽约州州长阿尔弗雷德·E.史密斯(Alfred E. Smith)为总统候选人,他的背景与胡佛形成鲜明对比。胡佛出生于农村,是土生土长的美国人,新教徒,从来没有竞选过公职。史密斯则出生城市,是长袖善舞的爱尔兰政治家,事业扎根于纽约市坦慕尼协会政治机器中。他的都市街头以牙还牙的风格在竞选运动中可见一斑。当一名质问者喊道:"把你知道的一切告诉他们,阿尔。不会花太多时间的!"史密斯毫不妥协地反击道:"我会把我们俩知道的都告诉他们,还是花那么多时间!"

史密斯是第一个作为主要党派候选人竞选美国总统的罗马天主教徒。他的宗教背景增强了他在城市少数民族(包括女性)中的吸引力,这些选民的数量越来越多,但是反天主教情绪让他失去了南方和农村选票。史密斯在进步改革和担任州长期间累积了强大的履历,但是他的竞选运动没能建立农民和城市居民的联盟,因为他过于强调让这些群体无法统一意见的问题,尤其是他反对禁酒令。

胡佛在共和党政府下强调国家繁荣,以2 100万对1 500万张普选票,444对87张选举团票的结果赢得了竞选。不过,史密斯的参选对民主党也有良好的效果。他吸引数百万外国移民选民参加投票,获得了全国12个最大的城市,而这些城市之前多数选票都归共和党候选人。接下去的40年中,民主党巩固了城市基础,与南方的传统大本营联合,成为全国竞选中令人生畏的力量。

胡佛政府

在就职典礼上,胡佛宣称新的一天(New Day)已经到来,"光明而充满希望"。他的内阁主要由执着现有秩序的商人组成,包括六名百万富翁。胡佛任命的基层官员则大多为年轻职业人士,他们赞同他的观点,认为科学手段能够解决国家问题。假如胡佛过于乐观,那么大多数美国人也是如此。当时有一种广为流传的信念,认为成功来自于个人奋斗,而失业和贫困标志着个人的软弱。普遍观点还认为商业周期的动荡是自然的,因此不应该由政府来干预。

证券市场崩溃

1929年10月24日这种信任瓦解了,这一天后来被称作"黑色星期四",证券市场价格突然跳水,100亿美元价值(大约相当于今天的1 000亿美元)瞬间蒸发。恐慌性抛售持续。许多证券的价格创出新低,一些卖家找不到买家。震惊的人群聚集在狂乱的纽约证券交易所外面。中午,领导银行家们在摩根大通公司总部开会。为了重塑信心,他们筹措了2 000万美元资金,开始大手笔地购买股票。市场情绪明快了一些,一些股票重整旗鼓。银行家们似乎拯救了这一天。

但是黑色星期四的新闻传播开来,受到惊吓的投资者决定抛售股票,而不是冒损失的风险继续持有。10月29日的黑色星期二,证券价格再次垂直跌落。从来不赞成所谓"投机热"的胡佛向美国人保证"这场危机将在60天内结束"。三个月后,他仍然相信"毫无疑问最糟糕的时期已经过去了"。他相信一种流行的假设,认为证券市场的弊病可以被隔离,而经济足够强健,能够坚持到市场自我修正之时。可惜,这场崩溃最终放纵了一场摧枯拉朽的世界性大萧条。

以后见之明来看,经济萧条早在证券市场崩溃之前很久就已经开始了。1920年代的繁荣并不如乐观主义者相信的那么广泛。农业已经好几十年萎靡不振,而且许多地区被排除在消费者社会之外,尤其是南方。城市和乡村的少数族裔遭受经济和社会歧视。矿业和纺织等产业在这十年中的大部分时期无法维持利润率,1926年后,甚至连欣欣向荣的汽车和家具用品行业都开始停滞了。胡佛忧心的投机热包括加利福尼亚、佛罗里达房地产业投机和证券市场投机,这些投机热掩盖了国家经济许多不健康的方面。

需求下降

更普遍的情况是,大萧条背后的经济衰弱是由几个互相关联的原因引起的。原因之一是需求下

▲ 1929年10月24日,证券市场开始暴跌时,一群被逼至绝路的投资者聚集在华尔街纽约证券交易所外面,他们对一个前所未有的经济大萧条毫无准备,这场萧条将使美国在未来十年内陷入恐慌混乱。

图片来源:贝特曼/科比斯

人民与国家的遗产

校际运动

1924年,由于暴力、学术腐败和非法贿赂新成员,卡内基高等教育发展基金会(Carnegie Foundation for the Advancement of Higher Education)发起了一项对大学运动的调查活动。1929年的报告谴责教练和校友支持者违反业余规定,并建议取消大学橄榄球比赛。这份报告收效甚微。"红人"·格兰奇(Red Grange)的职业生涯证明,大学橄榄球赛在1920年代变得非常受欢迎,几十个学校运动场和体育馆吸引观众,鼓励校友忠诚感,提高收入,并推广学校精神。

从1920年代到现在,一流的校际运动以高薪聘请的教练,开出优厚的条件征召学生运动员,成为这个国家的重要商业娱乐之一。与此同时,美国高等教育挣扎着调和运动比赛的商业主义与学术任务及业余理想的矛盾。除了美国以外,没有任何其他国家的高水平体育运动和教育之间发展出如此千丝万缕的联系。按理说来,高等教育的目的是培养头脑。但是赛事的经济潜力以及随之而来的不计代价获胜的动机催生了不断扩张的运动部门,包括大量工作人员、教师以及教练和训练员,结果体育项目与教育机构的学术使命一争高下,甚至让后者黯然失色。

从1920年代开始,招生丑闻、学术腐败和残暴行为让校园运动备受争议。1952年,篮球比赛诈分(预定结果)被曝光,涉及纽约市和其他地区的多所大学,美国教育委员会(American Council on Education,即ACE)发起了一个调查,类似于卡内基基金会以前所做的调查。该委员会的建议包括取消橄榄球碗赛,但是基本上被忽视了。1991年,越发严重的滥用职权,尤其是在招生和学术合格方面,导致奈特基金会在校际田径委员会(Knight Foundation Commision on Intercollegiate Athletics)进行调查,敦促大学校长带头改革校际运动。但是这一举措几乎没有带来任何重大变化,即使2001年又进行了一项后续研究。继1972年《教育修正案》第九条(Title IX of the Educational Amendments Act)规定女性体育运动享有男性同等待遇后,最重大的变化来自1990年代的法院判决。然而,满足第九条的要求需要减少男性运动队数量,判决执行过程中遭到了严重抵制。近年来,除了对于招生和业余性的宽松规范以外,全国大学体育协会(National College Athletic Association,即NCAA)通过监控运动员的学业进展努力来规范学术标准,但是改革的有效性依赖于成员机构的配合。体育仍然是高校以及国家文化的关键组成部分,并且涉及数百万美元利益,这个1920年代建立的体系依旧表现出强韧的一面,足以对抗绝大部分的改变压力。

降。从1928年年中开始,大众对新住宅的需求开始停滞不前,这导致建材销量下降和建筑工人失业。发展产业只要消费者购买它们的产品就能扩张,比如汽车业和电器业。然而,扩张不能迅猛如初地持续下去。当需求变得平稳时,工厂主不得不降低产量,减少劳动力。零售商积压了许多卖不出去的存货,结果他们开始从制造商那里减少订单量。农产品价格继续下陷,导致农民用于购买新机器的收入越来越少。当薪资和就业率下降时,家庭无法承担他们需要或想要的东西。因此,至1929年,大量低消费者引发了严重的反应。

低消费也来自越来越两极分化的收入分配。富人变得越来越富有,中产阶级和低收入美国人最好的情况也只是获得微薄收入。尽管人均可支配收入(税后收入)在1920年至1929年之间上升了9%,但是1%富人的收入增加了75%,占整体增长的大部分。这些钱很大一部分进入证券市场投机，而非用于消费品。

公司债务和证券市场投机

不仅如此，许多商业因为渴望增加利润而过度举债。为了获得贷款，他们以各种方式谎报资产，隐藏自己欠缺偿付能力的事实。这种行为被贷款中介忽略，导致这个国家的银行体系危如累卵。当大厦的一部分崩塌时，整个结构化作了废墟。

高风险的证券市场投机同样加速了大萧条的到来。个人和企业以保证金形式购买了数百万股票，这意味着他们只付出了股票实际价值的一部分，然后用他们购买的并未付清全款的股票作为抵押，购买更多股票。当股票价格开始停止上升时，投资者试图通过抛售他们以保证金形式购买来的股票将损失最小化。但是不计其数的投资者同时抛售股票导致价格暴跌。证券价值崩溃时，经纪人要求完全偿付他们以保证金形式购买的股票。投资者试图从银行中取出存款，或者把股票贱卖，能拿多少拿多少。现金短缺的银行向企业施压，要求偿付贷款，进一步收紧了钳制。越来越多的偿付义务无法满足，越来越多的机构陷入泥沼。不可避免地，银行和投资公司崩溃了。

海外经济困难，国内联邦失败

国际经济环境也为大萧条推波助澜。在第一次世界大战和战后重建期间，美国人借给欧洲各国数十亿美元贷款。然而，至1920年代末，美国投资者把资金留在国内投资证券市场。欧洲人无法借到更多资金，由于高关税也无法把产品卖到美国市场，不得不开始减少向美国购买产品。不仅如此，协约国依赖德国战争赔款支付自己向美国欠下的战争贷款，而德国政府依赖美国银行贷款支付这些赔款。当经济崩溃让美国无法提供贷款时，德国无法尽自己对协约国的赔款义务，从而导致协约国无法向美国支付战争借款。西方经济因此停滞不前。

联邦政策同样是导致这场危机的原因之一。政府抑制自己，对投机不加管制，只偶尔斥责无法无天的银行家和商人。在持续支持商业扩张过程中，联邦储备金监察小组（Federal Reserve Board）追求简便的贷款政策，收取低贴现率（贷款给成员银行的利率），即使这些贷款进一步助长了投机狂热。

部分出于乐观主义，部分由于相对不成熟的经济分析状态，专家和华尔街的人们都没有意识到1929年究竟发生了什么。建立在此经验基础上的传统智慧认为没有什么措施可以纠正经济下行，只能等待大萧条自生自灭。于是，1929年，人们等待混乱缓解，从来没有意识到"新时代"已经终结了，经济、政治和社会都无法再重建。

结语

两个关键性事件标志着1920年代的边界——第一次世界大战的结束和经济大萧条的开始。战争结束后，传统习俗和价值观变弱，女性和男性探索全新的自我表达和满足方式。来自现代科学和技术的一系列成果同时影响了富人和穷人的生活，如汽车、电器和大众传媒，尤其是无线电广播。体育运动和电影使娱乐更普遍。不仅如此，这个年代随心所欲的消费主义让普通美国人能够努力追赶比较富有的人，不仅能购买更多商品，而且可能通过证券市场投机一夜暴富。证券市场崩溃之后的大萧条至少在一段时间内遏制了这些习惯。

在"新时代"的表象之下，潜藏着植根于之前时代的两个重要现象。其一是长期以来玷污美国梦的持续偏见和民族矛盾。三K党成员和移民限制主义者发出自己的声音，鼓励人们歧视少数人种，并且中伤被其视为低人一等的少数民族。与此同时，21世纪生活中与众不同的因素也日益突出——科技变化、行政机构扩大、大众文化和中产阶级的增长，使这个时代确实日新月异。两种现象在20世纪余下的几十年历史中将作为重要主题不断显现。

扩展阅读

Lynn Dumenil, *The Modern Temper: American Culture and Society in the 1920s* (1995)

Colin Grant, *Negro With a Hat: The Rise and Fall of Marcus Garvey* (2008)

Maury Klein, *Rainbow's End: The Crash of 1929* (2003)

Roland Marchand, *Advertising the American Dream: Making Way for Modernity, 1920—1940* (1985)

Nathan Miller, *New World Coming: The 1920s and the Making of Modern America* (2004)

David Montgomery, *The Fall of the House of Labor: The Workplace, the State, and American Activism, 1865—1925* (1987)

Mae M. Ngai, *Impossible Subjects: Illegal Aliens and the Making of Modern America* (2004)

George Sanchez, *Becoming Mexican American: Ethnicity, Culture and Identity in Chicano Los Angeles, 1900—1945* (1993)

Susan Thistle, *From Marriage to the Market: The Transformation of Women's Lives and Work* (2006)

第二十五章

大萧条和罗斯福新政，1929—1941

▼ 这张1939年的照片题为《母亲和孩子们在路上》(*Mother and Children on the Road*)，由农场安全管理局摄影师多萝西·兰格 (Dorothea Lange) 摄于加利福尼亚图利湖 (Tule Lake)。农场安全管理局用这样的照片为帮助迁徙工人和农村贫困人口的新政计划争取公众支持。

1931年，大平原的雨停了。蒙大拿和达科他像索诺拉沙漠（Sonora Desert）一样干旱。爱荷华的气温达到了华氏115度。土壤干旱龟裂。农民们眼睁睁地看着肥沃的黑土变成灰色尘土。

接着刮起风来。1920年代，农民每天用拖拉机开垦5万英亩新土地，把大平原上原生的草皮剥光了。现在，失去了防止水土流失的屏障，土壤开始被风刮走。始于1934—1935年的沙尘暴愈演愈烈。尘埃遮蔽了正午的阳光，有时候大中午就伸手不见五指。被飞扬的沙砾吹瞎的家畜不停地绕圈跑着，直至筋疲力尽而亡。堪萨斯史密斯中心（Smith Center）一名七岁的男孩在沙尘暴中窒息而亡。堪萨斯、科罗拉多、俄克拉荷马、得克萨斯和新墨西哥等许多地区变成了干旱尘暴区，天空中充满了酷热的沙尘云。

章节大纲

胡佛和艰苦时期，1929—1933

富兰克林·D.罗斯福和新政的推行

政治压力和第二次新政

劳动力

联邦权力和文化全国化

昨日重现　女性急救队和通用汽车
　静坐罢工

放眼天下　1936年奥林匹克运动会

新政的局限

人民与国家的遗产　社会保障

结语

1937年年末，在靠近俄克拉荷马斯蒂格勒（Stigler）的农场中，马尔文·蒙哥马利（Marvin Montgomery）正在清点他的资产：53美元和一辆汽车，这是他刚买的于1929年产的哈得孙（Hudson）。"干旱成这样，生活变得如此艰难，"他后来道，"我觉得换个地方比较好。"于是1937年12月29日，蒙哥马利和他的妻子以及四个孩子带着他们的家具、床品、罐子和平底锅，挤进那辆哈得孙里。"我把这辆车塞满了东西，"蒙哥马利告诉一位1940年在移民劳动营主持听证会的国会委员会委员，"顶上、边上、每个地方。"蒙哥马利一家沿着六十六号公路向西行驶，向着加利福尼亚进发。

他们并不孤单。1930年代，干旱尘暴区至少有1/3的农场被遗弃，许多家庭被传单和报刊广告上保证加利福尼亚田野里有工作的信息吸引着向西进发。1930年代约有30万人迁徙到加利福尼亚。其中大多数并非像蒙哥马利一家那样流离失所囿于贫困的农业家庭，许多是前往加利福尼亚城市中寻找更好机会的白领。然而，联邦政府资助的农场安全管理局（Farm Security Administration，即FSA）的照片记录了蒙哥马利一家那样的家庭的困境，1938年约翰·斯坦贝克（John Steinbeck）的畅销小说《愤怒的葡萄》（The Grapes of Wrath）让这些故事不朽，这部小说呈现了大萧条中的人类苦难。

年表

1929	证券市场崩溃（10月），大萧条开始
1930	《霍利—斯姆特关税法》（Hawley-Smoot Tariff）提高进口产品税率
1931	"斯科茨伯勒男孩"（Scottsboro Boys）在阿拉巴马被捕
1932	全国各地的银行纷纷破产
	补助金大军（Bonus Army）在华盛顿游行
	胡佛的复兴金融公司（Reconstruction Finance Corporation）试图稳定银行、保险公司和铁路
	罗斯福当选总统
1933	1 300万美国人失业
	罗斯福政府"第一个百天"为经济恢复和贫困救济提供重要立法
	全国银行假日终止，银行继续营业
	《农业调整法案》（Agricultural Adjustment Act，即AAA）鼓励缩减农业生产
	《全国工业复兴法》（National Industrial Recovery Act，即NIRA）试图刺激工业增长
	田纳西州流域管理局（Tennessee Valley Authority，即TVA）成立
1934	朗（Long）启动"分享我们的社会财富"（Share Our Wealth Society）计划
	汤森德（Townsend）提出养老金计划
	《印第安人重新组织法》[Indian Reorganization Act，也被称为《惠勒—霍华德法案》（Wheeler-Howard Act）]将土地归还部落所有
1935	《国家劳动关系法案》[National Labor Relations Act，也被称为《瓦格纳法案》（Wagner Act）]保障工人组织工会的权利
	《社会保障法案》（Social Security Act）为老人、失业人员和贫困儿童建立保险
	公共事业振兴署（Works Progress Administration，即WPA）用公共工程创造工作机会
	《税收法案》[Revenue Act，也称为《财富税法案》（Wealth Act）]提高商业和富人税收
1936	900万美国人失业
	全美汽车工人联合会（United Auto Workers）针对通用汽车静坐示威，并获得胜利
1937	罗斯福的"法院填塞计划"（court-packing plan）失败
	美国阵亡将士纪念日（Memorial Day），罢工钢铁工人惨败
	"罗斯福衰退"开始
1938	1 040万美国人失业
	每周售出8 000万张电影票
1939	玛丽安·安德森（Marian Anderson）在林肯纪念堂（Lincoln Memorial）演出
	社会保障修正案为鳏夫和寡妇增加福利

蒙哥马利的旅程并不轻松。这家人到亚利桑那时就用光了所有存款，在棉花地里工作五个星期才能继续上路。到了加利福尼亚，"我锄了一些甜菜，锄了一些棉花，采了一些土豆。"蒙哥马利称，但是酬劳很低，外来家庭很不受欢迎。他们接过原本由墨西哥人和墨西哥裔美国人做的工作，他们发现自己因为做农活在很多农村加利福尼亚人眼中丧失了他们的"白人性"。"黑人和移民农夫坐楼上。"圣华金（San Joaquin）河谷的一座电影院告示牌上写着。

大多数前往加利福尼亚的外来人员生活在肮脏的临时营地中，但是蒙哥马利一家比较幸运。农场安全管理局为农场工人提供的住所让他们获得一席之地。农场安全管理局在克恩县（Kern County）的沙夫特（Shafter）的营地有240个帐篷和40栋小房子。蒙哥马利一家六口人在14乘16英尺的帐篷中住了9个月，每天租金10美分，加上每月4个小时义务劳动。接着他们自豪地搬进了一栋农场安全管理局房子，"有水、电灯和一切，是的，先生，还有一个小小的园子。"怀念农场的蒙哥马利告诉国会委员会，他希望回到俄克拉荷马，但是他17岁的儿子哈维（Harvey）看到一个不同的未来。"我喜欢加利福尼亚，"他说，"我更愿意留在这里。"很快，加利福尼亚开始提供足够的就业机会，哈维·蒙哥马利和许多新来者在为第二次世界大战做准备的飞机工厂和造船厂中找到了工作。

蒙哥马利的经历显示了大萧条时期人们付出的代价，但是我们需要统计数据才能感受到它的规模。1930年代，全世界多个国家陷入萧条，美国面临着一场巨大的危机。1929年至1933年之间，国民生产总值下降了一半。企业利润从100亿美元下降至10亿美元；十万家企业关门大吉。当企业破产或减少生产时，他们裁撤员工。每天，成千上万的男性和女性失去工作。400万工人在1930年1月失业；至11月，失业人数跃升至600万。当赫伯特·胡佛总统于1933年离任时，1 300万工人赋闲——大约占总劳动人数的1/4，还有数百万人只有兼职工作。当时没有全国安全网，没有福利体系，没有失业补偿，没有社会保障。当数以千计的银行关闭时，没有联邦保障的储蓄保险，家庭的积蓄就这样消失不见了。

在1920年代末的繁荣和乐观主义中当选的赫伯特·胡佛一开始向私营企业寻求解决方法。至任期结束，他比任何前任都更进一步地拓展了联邦政府在管理经济危机方面的职责。尽管如此，经济并没有改善，当大萧条进一步深化时，举国上下的情绪越来越绝望。经济灾难加重了已有的种族和阶级矛盾，法律和秩序似乎分崩离析。在德国，国际经济危机把阿道夫·希特勒推上台。尽管美国的领导人并不真的认为美国可能转向法西斯主义，但是他们也深知，德国人民并没有期待希特勒崛起。至1932年年末，大萧条似乎远不止暂时的"低潮"。许多人害怕这是资本主义甚至民主本身的危机。

1932年，选民将胡佛赶出总统办公室，换上一个发誓以"新政"为绝望时期注入希望的人。富兰克林·德拉诺·罗斯福似乎愿意试验，尽管他漫无目标的方针并没有终止经济萧条（第二次世界大战的大规模动员完成了这个使命），但是新政项目确实缓和了苦难。有史以来第一次，联邦政府肩负起国家经济和公民福利的职责。新的联邦政府机构对亟须改革的金融体系进行规范，富兰克林·罗斯福政府赋予了工人组织工会以及集体议价的合法性。社会保障保证为美国许多老年公民以及其他无法自力更生的人提供帮助。在此过程中，联邦政府巩固了与各州及地方政府相关的权力。

然而，当新政改变联邦政府的职责和权力时，它仍然保留了美国现有的经济和社会体系。尽管一些美国人把经济危机看作重大经济变革甚至革命的契机，但是罗斯福的目标是拯救资本主义。新政计划加强了政府对经济的管制，但是它们并没有在根本上改变现存的资本主义体制或财富分配方式。尽管罗斯福受到（包括来自自己执政班底中的）压力，攻击拒绝赋予非裔美国人平等地位的社会体制，但是他从来没有直接挑战南方的法定种族隔离——一部分因为他依赖南方白人民主党的投票通过新政立法。

尽管存在很多局限，但是新政在一个充满不确定和危机的时期保留了美国民主实验。至这十年的尾声，世界大战扩大的影响力导致美国把关注焦点从内政转向外交政策。但是由新政启动的变化将在接下去的几十年中继续改变美国。

- 1930年代经济低潮怎样影响美国人？特定群体和地区的经历存在哪些差别？
- 联邦政府的权力在大萧条时期如何以及为什么会扩张？

- 新政的成功和失败各有哪些？

胡佛和艰苦时期，1929—1933

至1930年代初，大萧条进一步深化，数千万美国人陷入赤贫。在城市中，饥饿的男女在施舍处排队。人们依靠马铃薯、脆饼或蒲公英叶维生，一些人在垃圾箱中翻找食物碎屑。在西弗吉尼亚和肯塔基，饥荒四处扩散，资源极为有限，以至于美国公谊服务委员会（American Friends Service Committee）只向至少比同等身高、正常体重轻10%的人分配食物。1932年11月，《民族报》（The Nation）告诉读者，美国人口中有1/6在即将到来的冬天面临饥荒威胁。纽约的社会工作者报告，在城市的许多黑人儿童家中"没有丁点儿食物"。在纽约奥尔巴尼，一名10岁的女孩在小学教室中死于饥饿。

无法支付房租的家庭被赶了出去。新近无家可归的人们涌入临时搭建的陋屋，这些棚户区被称作"胡佛村"（Hoovervilles），以讽刺之前广受爱戴的总统。一百多万人在街道或铁路上游荡，绝望地寻找工作，任何工作都可以。十几岁的男孩和女孩（后者被称作"街头姐妹"）也离开赤贫的家自己谋生。因为未来难以预料，许多年轻恋人推迟结婚计划；平均结婚年龄在1930年代晚了两年多。已婚夫妇延迟生孩子，1933年，出生率降到了人口替换率以下。（唯独售价每打1美元的避孕套销量在大萧条时期没有下降。）在大萧条期间年龄处于20—30岁的女性中，有1/4一生都没有生孩子。

农民和产业工人

经济危机对农民的打击尤其大。农业中有接近1/4的美国劳动者，但是这些人从来没有分享到1920年代的经济繁荣。而当城市消费需求降低，国外竞争者将过剩农产品倾倒进全球市场中时，农产品价格降到了低谷。农民试图通过种植更多农产品补偿降低的价格，因此增加过剩，进一步压低了价格。至1932年，北达科他农民种植1蒲式耳小麦的成本是77美分，利润只有33美分。全国范围内，缺乏现金的农民无法支付物业税或是贷款。银行自己也濒临毁灭，取消了赎回权。据报道，1932年4月的一天，密西西比一州就有1/4的农场被拍卖抵债。至1930年代中期，干旱尘暴的生态危机将迫使成千上万农民背井离乡。

与农民不同，美国的产业工人在1920年代见证了生活标准缓慢但稳步的提高。1929年，几乎每个想工作的城市美国人都能找到工作，工人在消费品上的开销促进了美国的经济增长。但是当美国人没有那么多钱用来消费时，制成品销量直线下降，工厂纷纷关闭，至1933年有超过7万家工厂关闭。汽车销量从1929年的450万跌至1933年的100万辆，福特解雇了2/3的底特律工人。美国第一家10亿美元企业美国钢铁剩下的工人缩短了工作时间；1933年，这家巨大的钢铁企业已经没有全职工人。产业工人中几乎有1/4失业，而那些能够保住饭碗的人发现平均薪资下降了近1/3。

边缘工人

对于雇用阶梯最下层的工人们来说，大萧条是毁灭性的一击。在南方，非裔美国人的机会已经最有限了，在大萧条之前被许多白人视为配不上自己尊严的工作似乎一夜之间变得值得向往了，比如环卫工人、旅馆侍者和收垃圾工。1930年，一个昙花一现的法西斯式组织黑衫（Black Shirts），用"不给黑鬼工作，除非每个白人都有工作"的口号吸引了4万名成员。北方黑人的境遇也不比南方好多少。工厂降低产量时，非裔美国人总是最先被解雇的。城市联盟（Urban League）对106个城市的调查研究发现，黑人失业率平均比白人高30%到60%。至1932年，非裔美国人失业率达到了近50%。

试图在南方谋生的墨西哥裔美国人和墨西哥人同样感到了经济萧条和种族主义的双重影响。他们在加利福尼亚农场的酬劳从1929年微薄的35美分时薪下降到1932年残酷的14美分。在整个西南部，盎格鲁—美利坚人声称外国工人在窃取他们的工作。反对"外国人"的运动不仅伤害了墨西哥移民，也伤害了西班牙裔的美国公民，他们的家人世世代代生活在西南部，远远早于这片土地属于美国之前。1931年，劳动部公布将非法移民驱逐出境的方案，把工作留给美国公民。这一政策让墨西哥裔受到最严重的打击。即使是合法移民也常常缺少完整的文件。官员们常常忽略美国出生的儿童是美国公民的事实。1929年至1935年间，美国政府官方驱逐了82 000名墨西哥人，但是在1930年代被遣返回墨西哥的移民多达50万人。一些人自愿离去，但是更多人遭到威胁或欺骗，相信自己别无选择。

即使是在经济危机之前，所有阶级和种族的女性也被许多岗位排除在外，并且收入比男性低很多。当经济情况恶化时，歧视增加了。大多数美国人已经相信男主外女主内。加上那么多男性失业，他们很容易相信工作的女性抢占了男性的工作。事实上，被美国钢铁公司裁员的男性不太可能受雇为小学教师、秘书、女销售员或女仆。尽管如此，1936年的民意调查问女性在丈夫有工作的前提下是否应该外出工作时，82%的回复（包括75%的女性）回答不应该。这种信念被化作政策。1930年和1931年调查的1 500所城市学校机构中，77%拒绝雇用已婚女性为教师，63%解雇在工作期间结婚的女性教师。

大萧条对女性劳动者有着多重影响。首先，女性比男性更快失去工作。低薪制造业中的女性工人在男性员工之前被裁撤，人们先入为主地认为男性需要养家糊口。经济低潮对家政工人的打击尤其大，中产阶级解雇家庭帮佣来节约开支。至1931年1月，家政服务业中的女性有近1/4失去工作，其中很大比例是非裔美国女性。当工作岗位消失时，有色人种女性甚至连这些低收入工作也让给了开始愿意从事家政工作的白人女性。不过，尽管受到歧视和经济衰退的影响，外出工作的女性数量在1930年代有所上升。"女性的工作"，比如教育、文书工作和接线操作员工作，受到的打击并不像重工业中的"男性的工作"那么大，而且女性在经济低潮时期外出工作缓解家庭拮据状况，包括之前不需要从事有偿工作的已婚女性。尽管如此，至1940年，只有15.2%的已婚女性外出工作。

中产阶级劳动者和家庭

尽管失业率攀升至25%，大多数美国人在大萧条期间并没有失去家园或工作。专业人士和白领劳动者的运气并不像产业工人和农民那么坏。然而，虽然许多中产阶级家庭从来没有挨饿或者流离失所，但是却拮据度日。正如俗语所说，"用到底儿朝天，穿到破，将就过，能省则省。"而中产阶级女性通过腌制食物或者自己做衣服节约开支。报刊提供富有想象力的建议，教主妇如何烹饪廉价肉类（"肝脏汉堡"）或者使用"添加物"——廉价的材料——让食物保存更久["卷心菜包薄脆饼"（Cracker-Stuffed Cabbage）]。尽管大多数家庭的收入下降了，但是消费品成本降低缓冲了影响，尤其是食品。比如，1933年奥马哈的一家咖啡厅提供十道菜的正餐，包括女士的一枝玫瑰花和男士的一支雪茄，总共只需60美分。

当家庭主妇想尽办法节约度日，不再能让家人过上好日子的男性自责"失败无能"。但是即使对于较富裕的人来说，大萧条的心理影响也是难以摆脱的。大萧条时期，人类苦难随处可见，没有人再把经济保障看作理所当然。苦难从来不是平等的，但是所有美国人都必须与朝不保夕的日子斗争，为家庭和国家的未来忧虑恐惧。

胡佛的有限解决方案

尽管"伟大的工程师"赫伯特·胡佛享有问题解决者的美誉，但是这场经济危机无法轻易解决，而且包括胡佛在内没有人真正知道该做什么。专家和领导人对于大萧条的起因众说纷纭，他们对于该采取何种行动也莫衷一是。许多德高望重的商界领袖相信，金融恐慌和大萧条无论如何痛苦，都

▶ 经济低潮越来越糟，许多家庭被赶出房屋或公寓。在绝望中，许多人搬到了美国城市外围地区被称作"胡佛村"的临时搭建棚户区（以人气尽失的总统命名）。照片拍摄于1931年10月，图中是位于西雅图的胡佛村。尽管环境污秽不堪，还是有人洗了衣服挂在太阳底下晾晒。

图片来源：华盛顿大学图书馆，华盛顿西雅图

是自然且最终有益的"商业周期"的一部分。根据这一理论，经济萧条将膨胀的价格降低，清除了阻碍真正经济进步的障碍。正如一位银行家对一个调查失业率上升的参议院委员会所言："在那么多年里总会遇到一些商业难关，有繁荣的时候，也有不景气的时候。世界上没有任何委员会或者任何头脑能阻止它发生。"

赫伯特·胡佛不同意这种观点。他说："经济宿命论者相信这些危机是不可避免的……我要提醒这些悲观主义者，同样的话也被用在伤寒、霍乱和天花上。"胡佛对于"联合主义"抱有巨大信心：在联邦政府协调下，商业和专业组织联合力量，齐心戮力地解决国家问题。联邦政府的角色仅限于收集信息，充当思想和计划的交换所，以便州和地方政府以及私营产业能够自愿地选择贯彻执行。

虽然许多美国人认为胡佛没采取任何措施对抗经济衰退，但是事实上他拓展了政府尽可能承担适当职责的理念。他尝试了自愿捐助主义、劝诫和有限政府干预。首先，他寻求数百个商业团体的自愿承诺，确保薪资稳定，更新经济投资。但是当个人企业家看到自己的账本底线时，很少有人遵守这些承诺。

▲ 当经济危机愈演愈烈，美国人能花的钱变少了，甚至连购买必需品都捉襟见肘，消费品制造商挣扎着销售产品，试图在生意场上生存下去。在上图中1932年的《妇女家庭杂志》（Ladies' Home Journal）广告中，盔甲食品公司（Armour Foods）试图说服节约的家庭主妇自己的产品非常划算——购买一整条火腿而不是便宜的分切肉类，"每份只需10美分"。

图片来源：图像研究顾问和档案

当失业率攀升时，胡佛继续鼓励企业自愿回应高涨的需求，成立"总统失业救济组织"（President's Organization on Unemployment Relief，即POUR），吸引个人捐助，帮助赤贫者。尽管1932年慈善捐助破了纪录，但是只不过是杯水车薪。至1932年年中，纽约有1/4的个人慈善机构因为资金用尽而关闭。亚特兰大的中央救济委员会（Central Relief Committee）只能为每个需要帮助的家庭提供每周1.3美元的救济金。州和市政府官员发现他们的财政也枯竭了。然而，胡佛立场很坚定。"解除个人对于邻居的责任并不是政府职能所在。"他坚持道。

胡佛害怕政府"救济"会毁灭穷人的自力更生精神。因此，他授权用联邦资金喂养阿肯色农民饥渴的牲畜，但是拒绝为贫困的农民家庭提供较小的款项购买食物。许多美国人对于胡佛的冷漠无情非常恼怒。胡佛试图让越来越焦虑的国家恢复信心，他说道："这个国家需要的是一场开怀大笑……假如每个人每十天能听到一个精彩的笑话，我相信我们的麻烦会结束的。"然而人们编出的笑话与他想象中的不太一样。"商业在改善。"一个人对另一个人说。"胡佛死了吗？"他的同伴回答道。在当选短短两年中，胡佛成了全美国最受憎恨的人。

胡佛最终支持采取有限的联邦政府行动对抗经济危机，但仍然收效甚微。联邦公共工程创造了一些工作机会，比如华盛顿的大古力水坝（Grand Coulee Dam）。1929年由《农产品购销法案》（Agricultural Marketing Act）而成立的联邦农业委员会（Federal Farm Board）通过借钱给合作者来购买农作物，让农作物离开市场，以此支持农产品价格。但是该委员会很快缺乏资金，卖不出去的过剩农产品在仓库中堆积如山。

胡佛还签署了《霍利—斯姆特关税法》（1930），将外国货品的进口关税提高到惊人的40%，以此支持美国农民和制造商。然而，这一法案却阻碍了国际贸易，因为其他国家也纷纷设立了自己的保护性关税。其他国家出售到美国的商品更少时，它们用以偿还美国债务或者购买美国产品的钱也更少了。担心国际货币体系崩溃，胡佛于1931年宣布了第一次世界大战借款和赔款的延缓偿付。

1932年1月，联邦政府采取了最强有力的行动。胡佛政府的复兴金融公司向银行、保险公司和铁路提供联邦贷款，希望以此支持这些产业，并且停止美国经济的入不敷出。纽约市市长费奥雷洛·拉哥地亚（Fiorello LaGuardia）把这一将纳税人的钱投入私营产业的条款称为"对百万富翁的施舍"。但是通过复兴金融公司，胡佛对自己的理想主义原则进行了妥协。这是直接的政府干预，而不是"自愿主义"。假如他能支持对私营产业的直接支持，为什么不能对数百万失业人口进行直接救济？

抗议和社会动荡

越来越多的美国人开始提出这个问题。尽管大多数人以困惑或安静的绝望面对这场危机，但是当绝望进一步深化时，社会动荡和暴力开始浮现。在零星的事件中，农民和失业工人直接对他们眼中的始作俑者采取行动。另一些人在愤怒中猛烈抨击，把比自己更弱的人当作替罪羊。与日俱增的暴力提高了民众叛乱的威胁，芝加哥市市长安顿·塞马克（Anton Cermak）告诉国会，假如联邦政府不给自己的市民提供救济，就不得不派军队来了。

在整个国家，数以万计的农民把法律掌握到自己手中。愤怒的人群逼迫拍卖商接受区区几美元，放弃取消赎回权的财产，接着把它返还给原本的主人。农民还试图阻止农产品进入市场。1932年8月，新成立的农民节日协会（Farmers' Holiday Association）鼓励农民们"放假"，抑制农产品生产，从而限制供应、推高农产品价格。在中西部，农民用插着钉子的木头和电报杆阻隔道路，拦截其他农民的卡车，然后把运输的货物倒进路边的沟渠里。在爱荷华，罢工农民射杀了四名试图突破重围的农民。

在城市中，抗议也层出不穷。最暴力的行动来自失业委员会（Unemployed Councils），这是一个共产党成员创立和领导的类似于失业工人联合会的地方组织。共产党领袖相信大萧条证明了资本主义的失败,并为革命提供了契机。25万加入地方失业委员会的美国人中很少有人希望革命,但是他们确实需要采取行动。"战斗,不要挨饿。"芝加哥示威游行的横幅上写道。示威游行最后经常变得很丑陋。底特律失业委员会的三千名成员在1932年福特的里弗鲁日(River Rouge)工厂游行,杀死4人,导致50人受伤。从东海岸到西海岸的城市中爆发了抗议者和警察之间的战斗,但是从来上不了全国新闻报道。

当社会动荡扩散时,种族暴力也是一样。治安维持委员会提供津贴,强迫非裔美国工人离开伊利诺伊中央铁路:打伤黑人工人可以获得25美元,杀死黑人工人则可以获得100美元奖金。10人被杀害,至少有另外70人受伤。随着经济恶化,三K党卷土重来,1930年1月至1933年2月之间,有记录的私刑未遂案件至少有140桩。在许多案件中,地方当局能够阻止私刑,但是在大萧条的前几年,白人暴民虐待、吊打和致残38名黑人。种族暴力不限于南方,在宾夕法尼亚、明尼苏达、科罗拉多和俄亥俄州也有私刑事件发生。

补助金大军

1932年,最严重的公共对抗撼动了整个国家。当国会讨论是否授权立即以现金来支付原本定于1945年发放给退伍军人的"补助金"时,超过15 000名失业的第一次世界大战退伍军人和他们的家人聚集在美国的首都。游行者把自己称作补助金远征军(Bonus Expeditionary Force)或补助金大军,在阿纳卡斯蒂亚(Anacostia Flats)建立了一个巨大的"胡佛村"棚户区,与国会大厦仅一河之隔。胡佛总统担心补助金法令会对联邦预算产生不良影响,于是表示反对,在大量辩论之后,参议院投票否决了这一法令。"我们在1917年是英雄,但是现在是乞丐。"一名退伍军人在参议院投票之后喊道。

失败之后,大部分补助金游行者离开了华盛顿,但有数千人留了下来,有些人只是因为身无分

▲ 1932年夏天,失业的第一次世界大战退伍军人聚集在华盛顿特区,要求支付他们的从军补助金。国会拒绝"补助金大军"的诉求之后,一些人拒绝离去,于是胡佛总统派遣美国军队驱赶他们。照片中,1932年7月警察与补助金游行者对峙。

图片来源:国家档案

文无处可去;另一些人留下来为自己争取权利。总统把他们叫作"起义者",并规定了离开的最后期限。7月28日,胡佛派出由道格拉斯·麦克阿瑟将军(Douglas MacArthur)统帅的美国军队。四个步兵兵团、四支骑兵部队、一支机枪中队和六辆坦克对退伍军人及其家人排开阵势。接下去发生的事情震惊了全国。男男女女被骑兵追赶,孩子们被催泪弹攻击,棚屋被点燃。第二天,报纸上刊登了美国军队袭击本国公民的照片。但是胡佛毫无悔意,坚持在动员演说中道:"谢天谢地我们还有一个知道如何处理暴民的政府。"

受到绝望驱使,革命的威胁日益严重,然而一些人在民众对民主本身的失望中看到了甚至更严重的危险。大萧条恶化时,人们日益渴望一个强大的领袖,能够杀伐决断,不受宪法规定的权力制衡妨碍。1933年年初,媒体大亨威廉·兰道尔夫·赫斯特(William Randolph Hearst)发行了影片《白宫风云》(Gabriel over the White House),电影中,一个随波逐流的总统被大天使加百利(Gabriel)附体,获得独裁权力,终止了大萧条的悲剧。更重要的是,1933年2月,美国参议院通过一项决议,要求新近当选的总统富兰克林·D.罗斯福承担"无限

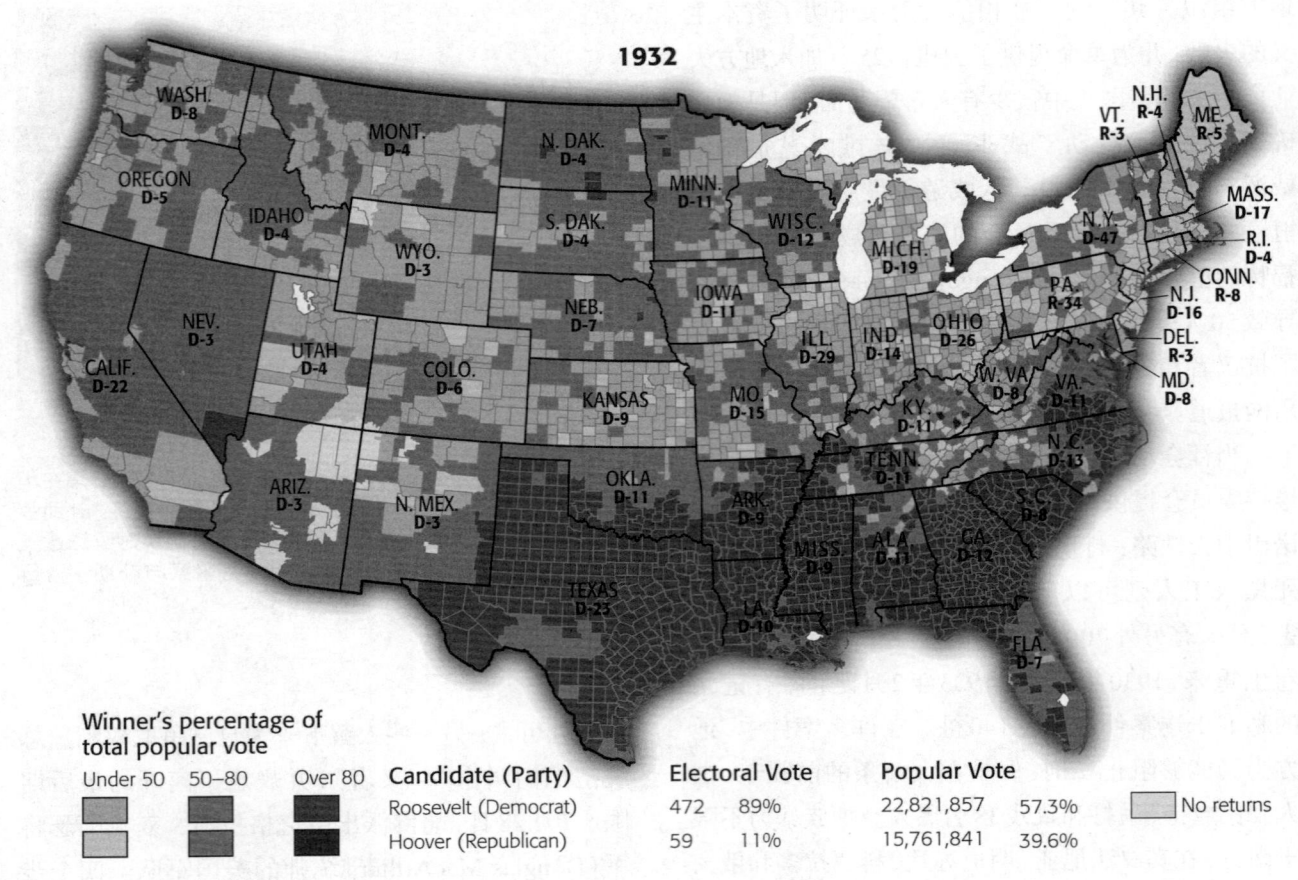

地图 25.1　1932 年总统大选

决定 1932 年总统大选最重要的因素是大萧条。罗斯福赢得了 42 个州，胡佛只有 6 个。

来源：©圣智学习

权力"。希特勒及其国家社会党（National Socialist Party）的崛起增加了危机感，1933 年初危机将变成现实。

富兰克林·D.罗斯福和新政的推行

1932 年总统大选中，选民面前的选择很清楚。大萧条当前，现任总统赫伯特·胡佛坚持有限联邦干预的政纲。民主党挑战者富兰克林·德拉诺·罗斯福则坚持联邦政府必须肩负更大的职责。他支持直接为失业者提供救济金，称这类政府救助并非慈善，而是"一种社会责任"。他保证"为美国人民带来新政"。在竞选运动期间，他对于新政的梗概讳莫如深。事实上，他的具体提议有时是自相矛盾的（在一个没有全国新闻媒体的国家，这一点不像今天那么成问题）。但是所有人都明白他下定决心用联邦政府的权力对抗令整个国家陷入瘫痪的经济危机。选民以压倒性结果选择了罗斯福而不是胡佛：罗斯福获得 2 280 万普选票，把胡佛的 1 580 万远远抛在身后（参见地图 25.1）。第三党派社会主义党候选人诺曼·托马斯（Norman Thomas）获得了近 100 万张普选票。

作为一个显赫政治家族才华横溢的孩子，他似乎注定会获得政治成功。从哈佛大学和哥伦比亚法学院毕业后，罗斯福与西奥多·罗斯福的侄女，他的第五个表妹埃莉诺·罗斯福（Eleanor Roosevelt）结婚。罗斯福曾在纽约州立法会中任职，被伍德罗·威尔逊（Woodrow Wilson）委任为副海军部长，1920 年 38 岁的罗斯福代表民主党竞选副总统，不过失败了。

▲ 1930年11月,富兰克林·D.罗斯福(1882—1945)从报纸上读到好消息。他以735 000票连任纽约州州长,很快成为民主党总统提名的领先角逐者。请注意罗斯福的双腿支架,照片中很少能看到,因为有一个不成文的规定,摄影师只拍他腰部以上的照片。
图片来源:贝特曼/科比斯

1921年,罗斯福罹患小儿麻痹症。他卧床两年,与20世纪初最可怕的疾病之一做斗争。他失去了对双腿的控制,但是根据他妻子埃莉诺的说法,他却获得了一种全新的个性力量,在他走向深受大萧条创伤的美国时,赋予他无尽勇气。罗斯福解释道:"假如你在床上躺了整整两年,为了弯曲你的脚趾竭尽所能,在那之后任何事都很简单了。"至1928年,罗斯福的身体恢复得不错,足以参加竞选并赢得了纽约州州长一职,然后于1932年接受了民主党总统候选人提名。

罗斯福于1932年9月当选总统,直到1933年3月才就任。[1933年生效的第二十条修正案——所谓的《跛鸭修正案》(Lame Duck Amendment)把就职典礼改到了1月20日。]在这段漫长的时期内,美国银行体系濒临崩溃的边缘。

银行业危机

银行业危机的起源深埋于第一次世界大战和1920年代的繁荣之中,美国银行发放了无数高风险贷款。1929年房地产和证券市场泡沫破灭时,农业价格崩溃,许多贷款成为坏账。结果,许多银行缺乏足够资金偿付客户的存款。储户害怕因为银行崩溃失去自己的存款,争先恐后把钱从银行中取出来,换成黄金或者藏在床垫下。"银行挤兑"由此发生,愤怒的人群、恐惧的客户排队取款,在全国遭受经济灾害的城镇中,这些成为常见的景象。

至1932年总统大选,银行业危机迅速升级。跛鸭总统胡佛称没有罗斯福的支持拒绝采取行动,而罗斯福称胡佛寻求支持是"厚颜无耻"的行为,拒绝支持他无法控制的行动。与此同时,情况恶化了。至罗斯福3月4日上任时,美国每个州都暂停了银行运营或者限制存户取款。新总统理解这远不止是对他执政班底的考验。美国银行体系的完全崩溃将会威胁国家的生存。

罗斯福(据称在上任前看过几遍《白宫风云》)在就职演说中向美国人民保证采取果断的行动。他站在国会大厦台阶上,冒着寒冷的雨,发誓"坦率而无畏地"面对危机。演说中,令人们最记忆犹新的是宽慰的话语:"让我伸张我的坚定信念。"这位新总统向成千上万聚集在国会大厦前的人民,以及数百万收音机旁的听众道:"我们唯一需要恐惧的只是恐惧本身——无名的、不理智的、没有依据的恐惧。"但是那天唯一的大声欢呼来自罗斯福的"战争类比",他主张如果必要的话,"我将请求国会赋予我不遗余力地面对危机——对紧急情势宣战的广泛执行权,如同遭遇外敌侵略时赋予我的权力一样。"

第二天,罗斯福采用《第一次世界大战对敌贸易法》(World War I Trading with the Enemy Act)合法赋予他的权力,给全国银行放了四天"假",并且召集国会召开紧急会议。他很快就推出《紧急银行救济法案》(Emergency Banking Relief Bill),事先没有过目就被众议院投票一致通过,在参议院中获73对7票通过,并且当天就签署成为法律。这一法案规定联邦当局重开有偿付能力的银行,并重新组织其余银行。在就职演说中,罗斯福攻击了"寡廉鲜耻的钱商",银行体系的众多批判者希望他把银行从私营转为国有。相反,如一位北达科他国会议员抱怨的那样:"3月4日总统把钱商赶出了国会大厦,但是9日他们又全都回来了。"罗斯福的银行政策和胡佛的很像,根本上是维持现状的保守措施。

只有当美国人有足够信心把钱存入重开的银行时,这个银行法案才能拯救美国银行体系。于是罗斯福在第一次广播"围炉夜话"(Fireside Chats)中请求美国人民的支持。"我们提供了恢复金融体系的机制,"他说,"是否支持并让它生效由你们决定。"第二天早晨,当银行重新开门时,人们纷纷前去排队——但是这一次,大部分人是去存钱的。这对于新任总统来说是个巨大的成功。它还证明了罗斯福尽管不惧于采取大胆的行动,但他不是一些人希望或另一些人恐惧的激进派。

第一个百日

国会为期99天的特别会议被记者称为"第一个百日",会议上,联邦政府肩负起重大的新职责。罗斯福的顾问团队包括律师、大学教授和社会工作者,被统一冠以"智囊团"(Brain Trust)的称号,在智囊团和能力卓著的第一夫人的帮助下,罗斯福开始复兴美国经济。这些"新政人士"没有一个统一而一以贯之的计划,罗斯福的经济政策在平衡预算和巨大的赤字开支之间摇摆(开支大于税收收入,靠借贷弥补差额)。但是新政府拥有巨大的行动权力,并得到民主党控制的国会支持,推出了许多法律。经济恢复是重中之重。第一个百日中出现了两个基本策略。新政人士试验国家经济规划,创造了一系列"救济"项目,帮助最需要帮助的人。

《全国工业复兴法》

新政规划实验中的核心是《全国工业复兴法》以及《农业调整法案》。《全国工业复兴法》的基础是"恶性竞争"让产业经济灾难恶化的观念。《全国工业复兴法》规避反托拉斯立法,授权竞争企业合作制定同业规范。比如汽车制造商将合作限制产量,建立行业标准售价,并且设定工人的酬劳。制造商之间的竞争将无法再拉低价格和酬劳。根据理论,薪酬和价格稳定后,消费将上升,因此让产业能够重新雇用工人。重要的是,第七条(a)向产业工人保证了"组织和集体议价"的权利,换言之,组织工会的权利。

根据全国工业复兴总署(National Recovery Administration,即NRA)的规定,私营企业参与这个项目是自愿的。遵守行业规范的企业将展示全国工业复兴总署的蓝鹰标志,政府敦促消费者抵制不"放飞"蓝鹰的企业。这个自愿项目与胡佛时期的"联合主义"并无本质不同,尽管规模比此前的任何政府—私营企业合作更大。

从一开始,全国工业复兴总署就面临着严重的问题。小企业主害怕大企业轻易主导全国工业复兴总署授权的同业联盟。全国工业复兴总署员工缺乏训练和经验,无法勇敢抵抗美国商业代表。一名26岁的全国工业复兴总署员工负责监督汽油工业规范的过程中,受到20名高薪石油业律师的"帮助"。全国工业复兴总署最后批准的541个行业规范中,大部分都反映了大企业而非小业主、工人或消费者的利益。最根本上,全国工业复兴总署并没有带来经济复苏。1935年，最高法院终止了这个脆弱而挣扎的系统。最高法院使用陈旧的（被罗斯福称为"马和马车"[horse-and-buggy]）州际贸易定义，发现全国工业复兴总署规定下联邦权力越过了宪法规定的边界。

《农业调整法案》

《农业调整法案》对美国有着更为持久的效果。《农业调整法案》建立了一个全国农业控制体系，为同意限制特定农产品生产的农民提供补贴。（过度生产把农产品价格拉低。）补贴来自农产品加工行业的税收，旨在赋予农民在第一次世界大战前的繁荣时期拥有的一定购买力。但是1933年，为了降低产量，美国的农民同意宰杀850只小猪，把田野里的作物锄去。尽管限制农业生产确实提高了农产品价格，但是数百万饥饿的美国人发现自己很难理解浪费食物背后的经济理论。

政府农产品补贴产生了意料之外的后果：它们对于佃农和分成制佃农来说是一场灾难。与政府的良好愿望相反，当地主减少产量时，他们把佃农赶出了自己的土地。在南方，1930年至1940年之间，分成制佃农农场的数量几乎下降了1/3，流离失所的农民涌入整个美国的城市和城镇中，其中许多是非裔美国人。但是补贴确实帮助了许多人。比如，在大萧条侵袭达科他时，政府补贴几乎占了1934年农场总收入的3/4。

1936年，最高法院发现《农业调整法案》和全国工业复兴总署一样是不合宪的。但是《农业调整法案》（和全国工业复兴总署）不同，在受其影响的选民——美国农民中间太受欢迎了，所以无法撤销。根据最高法院的反对意见，这部法律被重新修改，农场补贴一直持续到21世纪。

救济项目

数百万美国人身处绝望的贫困中，罗斯福很快行动起来，实施贫困救济：1935年联邦政府划拨出30亿美元资金帮助穷人。然而，新政人士像许多其他美国人一样，不赞成直接发放救济款。"给一个人施舍，你救了他的身体却毁了他的灵魂；给他一份工作，付他一份确定的薪水，你既拯救了他的身体又拯救了他的灵魂。"深受罗斯福信任的顾问和总统重要的救济机构联邦紧急救济署（Federal Emergency Relief Administration，即FERA）的负责人哈里·霍普金斯（Harry Hopkins）这样说道。新

◀ 在《农业调整法案》之下，农民因为不种植或者毁去他们已经耕种的农作物而获得政府补贴。然而，一些农民需要另一种帮助。1935年由总统行政令成立的移民局（Resettlement Administration）被授权安置来自水土流失、洪水和河流污染地区的赤贫农业家庭，帮助他们在家园社区中安顿下来。这幅海报是由本·沙恩（Ben Shahn）创作的。

图片来源：国会图书馆

政项目强调"工作救济"。至1934年1月,土木工程署(Civil Works Administration)雇用了400万人,大多数人每周挣15美元。美国民间资源保护队(Civilian Conservation Corps,即CCC)每天向未婚男性(未婚女性不符合资格)支付1美元,请他们从事艰苦的户外劳动:建造水坝和水库、在自然公园中修路。这个项目是种族隔离的,但是把不同背景的年轻男性聚集到了一起。至1942年,美国民间资源保护队雇用了250名男性,包括在西部的印第安保留区中工作的8万名原住民。

工作救济项目很少解决贫困女性的需要。幼童的母亲通常被归类为"不可雇用",只能获得救济金而非工作。但是历史学家琳达·戈登(Linda Gordon)解释道:"母亲的帮助款"比起联邦工作项目的酬劳十分微薄。比如,在北卡罗来纳只有酬劳的1/6。联邦救济项目拒绝区分"值得"和"不值得"帮助的贫穷法传统,但是地方官员却并非如此。"调查员就像侦探一样。"一名要求救济的女性抱怨道。记者罗来纳·西考克(Lorena Hickok)向哈里·霍普金斯报告:"非婚女性往往度日艰难。只有上帝能帮助存在'道德问题'的家庭。"

由《全国工业复兴法》的第二部分而成立的公共工程管理局(Public Works Administration,即PWA),把资金倾入重大建筑项目中,为建筑业和建筑贸易行业的人提供了工作岗位,并且把联邦资金注入经济中。国会为1933年的公共工程管理局项目拨出了33亿美元,相当于当年的联邦政府收入。创造就业机会、以联邦资金为经济注入弹药是关键目标,同时新政公共工作项目还通过全国基础设施建设促进经济发展,尤其是欠发达地区。公共工程管理局的工人在纽约市建造了三区大桥(Triborough Bridge)、在俄克拉荷马耶建造了大河坝(Great River Dam),以及全国近一半县的学校建筑,还有在大萧条期间建造的大部分全新排水系统。

1933年6月16日,国会特别会议休会。在短短三个多月中,罗斯福已经向国会发出15条信息,提议重大立法,国会通过了15部重大法律(参见表25.1)。美国从崩溃的边缘弹了回来。正如专栏作家沃尔特·李普曼(Walter Lippmann)写道,在罗斯福就任总统时,这个国家是一系列"混乱恐慌驱动的暴民和派系。从3月到6月的这一百来天中,我们再一次成为一个有组织的国家,对自己充满信心,相信自己能为自己提供保障,并掌控自己的命运"。在1933年剩下的几个月以及1934年的春季和夏季,更多新政法令被贯彻执行,1933年至1936年,失业率从1 300万稳步下降至900万。农产品价格上升了,酬劳和薪资也随之上升,商业失败缓解了(参见表25.1)。

表25.1 新政成果

年份	劳动	农业与环境	商业与工业复兴	救济	改革
1933	《美国工业复兴法》(NIRA)第七条(a)	农业调整法案 农场信用法案	紧急银行救济法案	平民保育团 联邦紧急救济法案 业主再融资法案 公共事业管理局 公民事业管理局	田纳西流域管理局 联邦安全法案
1934	国家劳动关系委员会	泰勒放牧法案	经济法案		证券交易法案
1935	国家劳动关系(瓦格纳)法案	重新安置管理局 农村供电管理局	啤酒—红酒收入法案	公共事业振兴管理局 国家青年管理局	社会保障法案 公共事业持股公司法案 税收法案(财产税)

(续表)

年份	劳动	农业与环境	商业与工业复兴	救济	改革
1937	公平劳动标准法案	农场安全管理局	1933银行法案（保证存款）	国家住房建筑法案	
1938	劳动	1938农业调整法案	国家工业复兴法案		

来源：查尔斯·赛勒斯(Charles Sellers)、亨利·梅(Henry May)和尼尔·R.麦克米伦(Neil R. McMillen)：《美国历史纲要》(A Synopsis of American History)，第六版，霍顿·米夫林出版公司(Houghton Mifflin Company)，1985年。经授权使用

政治压力和第二次新政

罗斯福的新政享有史无前例的民众和国会支持，但是却无法持久。第一个百日的表面团结掩盖了国家内部深刻的分歧，一旦迫在眉睫的危机得以避免，关于解决方案的斗争又激烈起来。一些人试图阻止政府权力的扩张，另一些人要求增加政府行动，对抗持续的贫穷和不平等。当总统思考下一阶段新政行动的方向时，压力从四面八方涌来。

商业反对

当经济开始好转时，许多富有的商业领袖开始公开批判新政。他们谴责政府规范和税收以及运用赤字资金进行救济和公共工作。1934年，几家大企业的领袖联合前总统候选人阿尔·史密斯，与愤愤不平的保守派民主党人一起建立了美国自由联盟(American Liberty League)。这个团体发起了引人注目的运动，反对新政"激进主义"。自由联盟试图让南方白人反对新政，分裂民主党，还秘密向南方的一个种族主义团体输送资金，试图传播第一夫人与非裔美国人拍的照片，引起反抗情绪。

煽动政治家和平民主义者

许多地位显赫的商业领袖反对新政时，另一些美国人（有时候被称作"平民主义者"）认为政府太偏向商业，对普通人的需求关注太少。失业率下降了，但是仍然有900万人没有工作。1934年，一波罢工打击了这个国家，影响了150万工人。1935年，大规模沙尘暴包围了南方平原，杀死牲畜，迫使蒙哥马利一家这样的家庭背井离乡。数百万美国人仍然处于水深火热之中。他们的不满日益增加，各种煽动者的吸引力也同样与日俱增。这些煽动者专门利用民众的偏见和感情用事达到自己的目的。

罗马天主教神父查理·考夫林(Charles Coughlin)的每周广播布道有3 000万名听众，他对那些感觉生活失控的人说，应该远离精英和冷漠的力量。他越来越反新政，还越来越反犹太，他告诉听众们犹太银行家的国际阴谋导致了他们的问题。

另一个挑战来自弗兰西斯·E.汤森德(Francis E. Townsend)医生，加利福尼亚长滩的一名公共健康官员，他67岁时失业，只有100美元积蓄。他的情况并不特殊。由于各州自行决定社会福利政策，660万老年美国人中只有40万人获得某种州政府提供的养老金。当工作与积蓄随着经济萧条一起消失时，许多老人陷入了绝望的贫困。汤森德提出，60岁以上的美国人应该获得每个月200美元的政府养老金，由新"交易"（销售）税支付。事实上，汤森德的计划在财政上是不可能的（每月收入在200美元及以下的美国劳动者占了近3/4），而且是严重退化的（因为销售税对每个人来说都是一样的，它们从赚得最少的人手中收取更大比例收入）。因此，汤森德事实上是打算从有工作的穷人手中转移一大笔钱到不工作的老人手中。尽管如此，2 000万美国人，相当于1/5成年人签署了支持这个计划的请愿书，他们关心老年人的困境，而对经济细节毫不

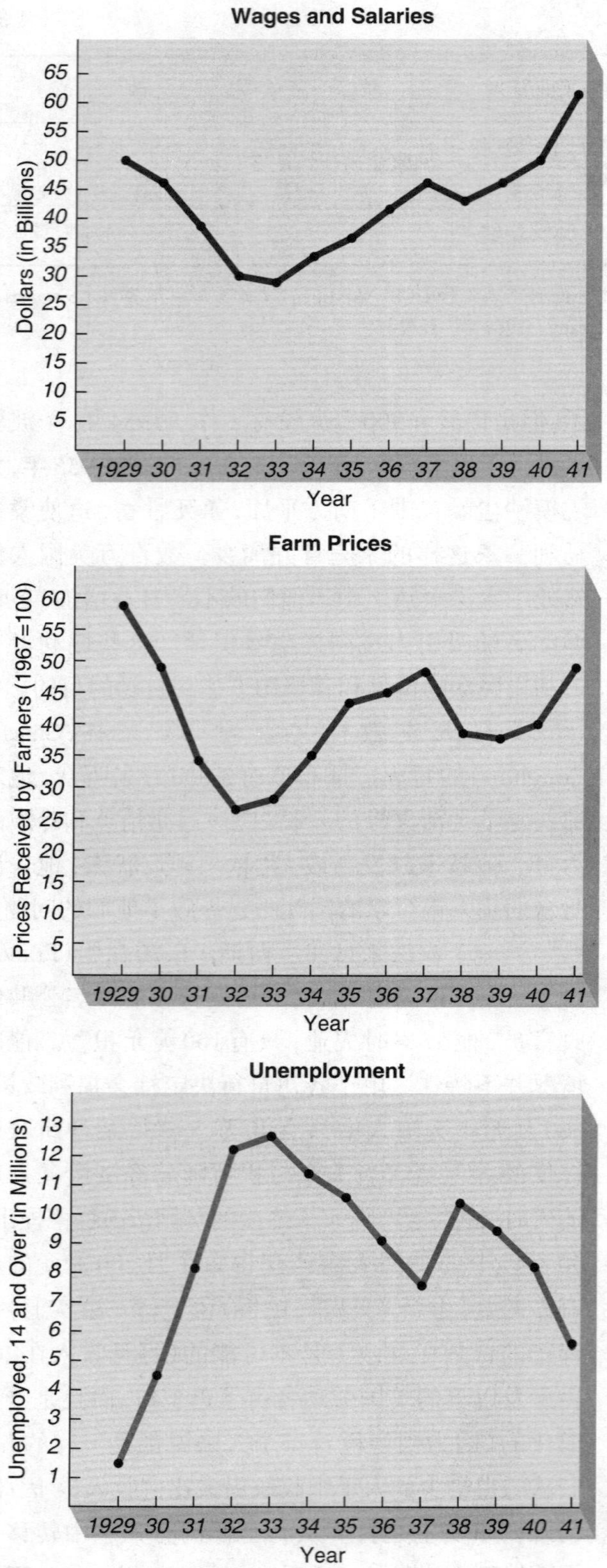

图表25.1 新政前后的经济，1929—1941年

新政减少了关闭的银行数量，降低了商业失败和失业率，也提高了农产品价格、酬劳和薪资。然而，这个国家最顽固的经济问题直到第二次世界大战到来才解决。

在意。

此外还有休伊·朗（Huey Long），他或许是美国历史上最成功的平民主义煽动者。1928年，朗以"每个人都是国王，但是没人戴着王冠"的口号当选为路易斯安那州州长。作为一名美国参议员，朗一开始支持新政，但是很快认为罗斯福已经沦为大商业的傀儡。1934年，朗用"分享我们的社会财富"反对新政，主张强占（通过税收）所有100万美元以上的年收入以及每个家庭财富中超过500万美元的部分。从这些资金中，政府可以为每个美国家庭提供2 000美元的年收入以及一次性5 000美元的安家费。（朗的计划在财政上是不可能的，但显然不是退化的。）至1935年年中，朗的运动吸引了700万名成员，很少有人怀疑他觊觎总统之位。但是1935年9月的一次暗杀未遂事件中，朗被一名保安的流弹击中，不幸去世。

左翼批判者

经济持续低迷，政治左翼也颇有斩获。社会主义者和共产主义者都批判新政试图挽救资本主义，而不是努力减少美国社会中权力和财富的不平等。在加利福尼亚，揭发丑闻的记者和社会主义者厄普顿·辛克莱（Upton Sinclair）以"终结加利福尼亚的贫穷"的口号赢得了1934年民主党州长提名。当年在威斯康星，左翼进步党占10名国会代表中的7名，选民重新选择罗伯特·拉福莱特进入参议院，并给他的兄弟菲利普州长一职。连美国共产主义党也在争取社会福利和救济的运动中找到了新的支持者。该党改变策略，否认一切颠覆美国政府的企图，宣称"共产主义是20世纪的美国性"，并开始与"人民前线"的左翼工会、学生团体和作家组织合作，反对国外的法西斯主义和国内的种族主义。1920年代末，它关注非裔美国人的困境，建立了黑人权利斗争联盟（League of Struggle for Negro Rights），反抗私刑，从1931年开始向"斯科茨伯勒男孩"（被诬陷在阿拉巴马强奸两名白人妇女）提供法律和金融支持（参见第705页）。一名成为阿拉巴马共产主义组织者的黑人工人解释，共产党"无私而不倦地战斗，努力解除针对我们种族的恶行。在黑人完全平等的问题上，没有犹豫不决，没有谨言慎行"。1938年，在这十年中的巅峰，该党拥有55 000名成员。

塑造第二次新政

迫使罗斯福关注社会公正的不仅是外部批判者。因为埃莉诺·罗斯福的影响，他的执政班底中包括许多进步运动家。比如美国的第一位女性内阁成员弗朗西斯·帕金斯（Frances Perkins）即有社会工作背景，罗斯福的亲密顾问哈罗德·伊克斯（Harold Ickes）也是如此。一群女性社会改革者围绕在第一夫人周围，成为政府以及民主党中的重要人物。而非裔美国人在白宫中也拥有史无前例的话语权。至1936年，至少有50名非裔美国人在新政机构和同层级的部门中担任比较重要的职务。这些官员每周五晚上在玛莉·麦克里欧德·贝颂（Mary Mcleod Bethune）家中聚首，贝颂是一位著名教育家，在全国青年管理局（National Youth Administration）中担任黑人事务主任，一名记者把他们称为"黑色内阁"。最后，埃莉诺·罗斯福本人也不知疲倦地努力把社会公正问题置于新政日程的核心。

当罗斯福面临1936年大选时，他明白自己必须迎合有着各种矛盾愿望的美国人。遭到大萧条沉痛打击的人们向新政寻求帮助和社会公正。如果这种帮助不能来到，罗斯福将失去他的支持者。另一些美国人并非最穷困，勉强跻身中产阶级，他们最害怕的是持续混乱和无序，想要保障和稳定。还有一些人，拥有的东西更多，更害怕失去，这些人被朗和考夫林等人的平民主义承诺吓坏了。他们希望新政能保存美国的资本主义。牢记这些前车之鉴，罗斯福再一次采取行动。

在被历史学家称作第二次新政的时期，罗斯福推出了一系列进步项目，正如他在1935年对国会所言，旨在"为普通人提供美国历史上史无前

◀ 1930年代，参议员休伊·朗（中间）拥有大量支持者和成为总统的野心。但是他在1935年一天晚上遭到暗杀，这张照片就是当天拍摄的。朗被射杀时倒入政治挚友詹姆斯·奥康纳（James O'Connor，左）的怀中。路易斯安那州州长O.K.艾伦（O.K.Allen，右）掏出手枪，一边冲到走廊中追赶杀人犯，一边喊道："想开枪就冲我来。"

图片来源：美联社图片/广阔世界（Wide World）

例的更大保障"。第二次新政的第一场胜利是一项听起来无害但是关系重大的法律，罗斯福称之为"大法令"（The Big Bill）。《紧急救济拨款法案》（Emergency Relief Appropriation Act）提供40亿美元赤字开支，主要用于为无业人员创造大规模公共工作项目。它还建立了移民管理局（Resettlement Administration），安置赤贫的家庭，为低收入工人组织农村宅地社区和城郊绿色带城镇；农村电气化管理局（Rural Electrification Administration）负责将电力输送到与世隔绝的农村地区；而全国青年管理局为年轻成年人设立工作救济项目，并为学生提供兼职工作。

公共事业振兴署

《紧急救济拨款法案》资助的项目中，规模最大也最有名的是公共事业振兴署，后来被更名为工程项目署（Work Projects Administration）。公共事业振兴署雇用了850多万人，在全国建造了650 000英里高速公路和道路、125 000栋公共建筑，以及桥梁、水库、灌溉系统、污水处理厂、公园、游乐场和游泳池。批判者给这些项目贴上了"无用琐事"的标签，或者辩称它们只是用以购买政治支持。但是公共事业振兴署项目造福了地方社区：公共事业振兴署工人建造或翻新学校和医院，为学前儿童运营托儿所，教会150万成年人读书写字。

公共事业振兴署还雇用艺术家、音乐家、作家和演员参与一大批文化项目。公共事业振兴署的联邦剧院项目（Federal Theater Project）把杂技、马戏、戏剧，包括非裔美国和意第绪喜剧带到全国的城市和城镇中。艺术项目（Art Project）雇用画家和雕塑家在农村学校中教授技艺，并委托艺术家用描绘美国过去和现在日常生活的壁画装饰邮政局墙面。联邦音乐项目（Federal Music Project）雇用1500名音乐家在政府资助的管弦乐队中工作，并且收集全国的民间音乐。新政文化项目中最具野心的或许是公共事业振兴署的联邦作家项目（Federal Writers' Project, FWP），该项目雇用约翰·斯坦贝克（John Steinbeck）以及理查德·赖特（Richard Wright）等才华横溢的作家。联邦作家项目的作家为每个州和地区撰写导览书，还描写美国的普通人。经过南北战争从奴隶制中解放的2 000多名老年男性和女性把他们的故事告诉联邦作家项目的作家，作家们收集这些"奴隶叙事"、分成制佃农和纺织工人的生平故事，集结出版了《这些是我们的生活》(These Are Our Lives, 1939)。这些公共事业振兴署艺术项目饱受争议，因为许多公共事业振兴署艺术家、音乐家、演员和作家同情工人和农民的政治斗争。批判者攻讦它们是左翼政治宣传，事实上其中一些艺术家的确是共产主义者。然而，"人民阵线"文化的目标并不是颠覆政府，而是通过纪念和颂扬美国普通人的生活及劳动，恢复美国激进主义的传统。

《社会保障法案》

大法令项目和机构是短期"紧急"策略的一部分，这一策略本意是满足国家的迫切需求。罗斯福的长期策略围绕第二次新政的第二部重大法律——《社会保障法案》展开。《社会保障法案》首次创立了一个向美国公民提供社会福利的联邦体制。它的关键条款是联邦养老金体系，在这个体系中，政府对符合资格的劳动者的薪资征收强制性社会保障税，同时由雇主支付同等金额；然后这些工人就能获得联邦退休福利。《社会保障法案》还创立了几个福利项目，包括合作联邦—州失业补偿体系和救济贫苦儿童计划[Aid to Dependent Children, 后来更名为"受抚养子女家庭援助计划"(Aid to Families with Dependent Children, 即 AFDC)]，后者为没有父亲的家庭中嗷嗷待哺的儿童提供帮助。20世纪中，社会保障系统提供的福利让数千万美国人，尤其是老人，免于贫穷和绝望。

与大部分西欧国家已有的国家社会保障体系相比，美国的社会保障体系非常保守。首先，政府并不支付老龄福利，付钱的是劳动者和他们的雇主。其次，税收是累退的，劳动者赚得越多，他们缴的税所占收入比例就越低。最后，这部法律并不涵盖农业劳动人口、家政服务业以及"与雇主的行业或商业无关的随意劳动"(比如医院的看门人)。因此，福利分配非常不均衡，相当一部分充当农业劳动者、家政仆人和医院及餐厅担任服务工作的有色人种无法享受福利。这一法案还将公共雇员排除

▶ 全国青年管理局黑人事务主管玛莉·麦克里欧德·贝颂是第一位领导联邦机构的非裔美国女性，图中她与朋友及支持者埃莉诺·罗斯福在一起。
图片来源：贝特曼/科比斯

在外，所以许多教师、护士、图书管理员和社会工作者得不到福利保障，其中大部分是女性。(尽管最初的《社会保障法案》没有为保障范围内劳动者的鳏夫或寡妇提供退休福利，但是国会于1939年增加了这些福利。)尽管有诸多局限，但是《社会保障法案》仍然是非常重大的发展。随着它的通过，联邦政府为老年人、临时失业、无谋生能力的儿童以及残疾人的经济保障承担了部分责任。

罗斯福的平民主义策略

1936年大选迫近时，罗斯福采用了他批判的平民主义措辞。他对大商业提出尖刻的批判。斥责"改不掉的贪婪"和"财富及权力的不公平集中"，他提出政府应该通过反托拉斯诉讼和加重企业税收"缩小巨型企业规模"。他还支持《财富税法案》(Wealth Tax Act)，一些批判者视之为总统"先声夺人抢了休伊·朗的风头"。这部税法通过提高富人的收入税(参见图表25.2)达到对收入进行轻微再分配的目的。它还向商业利润收取一项新的税赋，对遗产继承、大宗礼物和出售财产获得的利润提高税率。

1936年11月，罗斯福以压倒性的胜利赢得总统大选，以2 780万对1 670万张普选票的结果大败共和党候选人、堪萨斯州州长艾尔弗雷德·兰登(Alf Landon)。民主党在众议院和参议院中也赢得了压倒性的大多数。民主党的胜利如此排山倒海，以至于一些人担心两党体系或许会崩溃。事实上，罗斯福和民主党打造了一个强大的"新政联合体"。这个新的联盟将不同背景和不同利益的群体集合到一起：城市工人阶级(尤其是来自南欧和东欧的移民及其子女)、工会工人、邦联十一州("坚固南方"[Solid South])以及北方黑人。至此时，北方城市的非裔美国人口已经多到足以构成选民集团，他们长期把共和党视作林肯的党派支持，而新政福利把他们从共和党的阵营中吸引过来。这个新政联合体让民主党在两党体系中夺得主导权，并确保民主党在接下来的30年中占据白宫。

▲ 公共事业振兴署委托26位艺术家创作一幅壁画，描绘现代加利福尼亚的旧金山科特塔(Coit Tower)的日常生活场景，该画于1933年完成。这幅壁画的一个细节是"妇女和百合花"，这是由玛克辛·奥尔布罗(Maxine Albro)所画的。

图片来源：旧金山科特塔

劳动力

在大萧条最严重的数年中，美国劳动者继续组织起来为工人权利做斗争。然而，管理层坚决抵制工人联合。许多雇主拒绝承认工会，一些人还雇用武装暴徒恐吓工人。一份经济出版物宣称"几百场葬礼就能让他们安静下来"。雇主拒绝与工会代表谈判，工人们就开始罢工。雇主试图用破坏罢工者替代罢工的工人，而工人们则试图防止破坏罢工者越过罢工纠察线。情势常常演变成暴力。地方警察或国民警卫队常常站在管理层的一边进行干预，粉碎工人们的纠察线。罢工在整个国家扩散，暴力事件在钢铁、汽车和纺织业，西北太平洋(Pacific

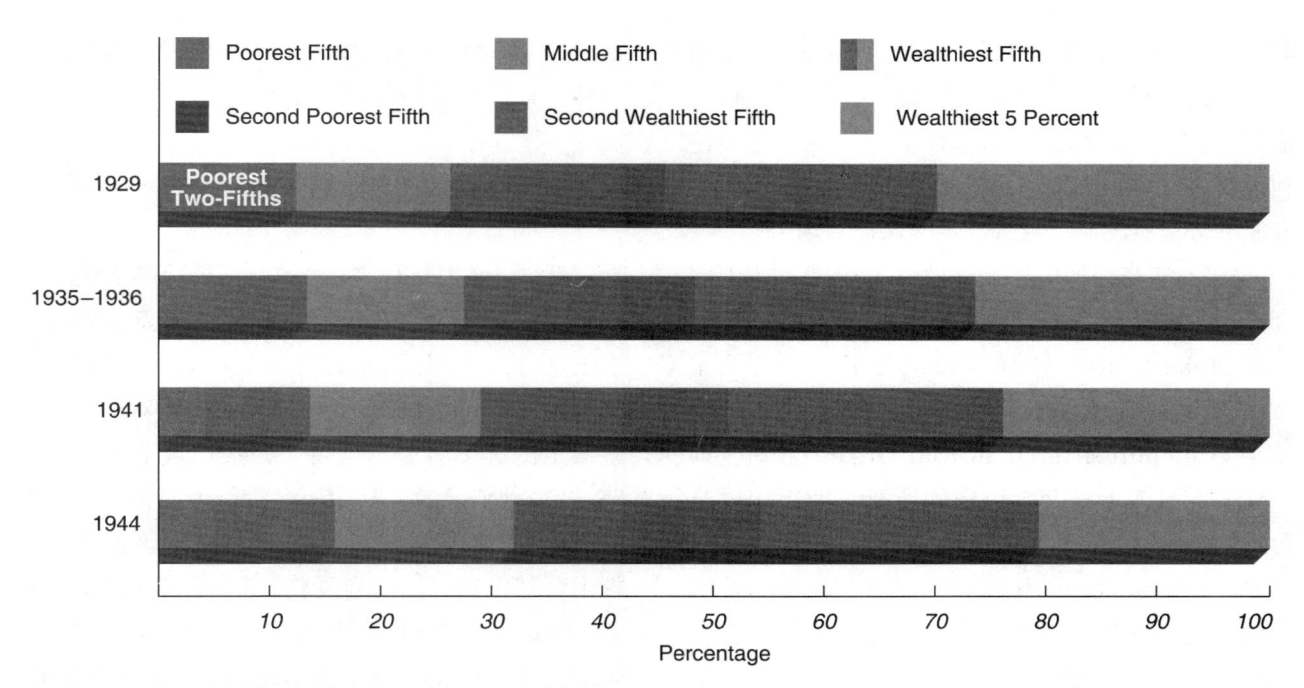

图表25.2 美国人家庭总收入分布，1929—1944年（单位：百分比）
尽管新政为美国人提供了经济救济，但是它并没有像批判者经常谴责的那样大幅重新分配收入，将富人的钱直接给穷人。
来源：根据美国人口普查局：《美国历史统计数据，殖民时期至1970年》(Historical Statistics of the United States, Colonial Times to 1970)两百周年版，华盛顿特区，美国政府印刷所，1975年，第301页

Northwest）的林业工人，中西部的卡车司机中间不断爆发。1934年，在旧金山的码头，警察以暴力对抗码头装卸工罢工；两名工会成员被杀害，工人的愤怒波及其他产业。最终130 000名工人加入了这场大罢工。

工人们要求罗斯福政府支持1935年《全国劳工关系法案》（又称《瓦格纳法案》）。这一法案确保工人组织工会和集体议价的权利。它禁止了"不公平劳动行为"，比如解雇加入工会的工人，并要求雇主与工人选择的工会代表协商制定薪酬、工作时长和工作环境。最关键的是，《瓦格纳法案》建立了执行机制：全国劳资关系委员会（National Labor Relations Board，即NLRB）。尽管至1930年代末劳资纠纷仍然持续，但是全国劳资关系委员会在调解纠纷过程中起着关键作用。在联邦保护下，工会成员数量日益增长。煤矿区的组织者告诉矿工，"罗斯福总统希望你们加入工会"，于是他们就加入了，此外还有几十个产业的工人。1929年工会成员数为360万，到1938年年中已经超过了700万。

《瓦格纳法案》进一步离间了商业领袖和新政。"拒绝服从。"一份主流经济杂志的社论宣称。商业资助的自由联盟坚持认为最高法院很快会发现《瓦格纳法案》是不合宪的，然而事实并非如此。

手工艺和产业工会之间的竞争

不但劳动者和管理层之间剑拔弩张，工人运动内部也时常产生矛盾。随着这场运动迅速发展，斗争日益激烈，美国"手工艺"和"产业"工会之间原有的分裂也加剧了。手工艺工会代表了工人中的精英：某些特定产业中的技术工人，比如木匠。产业工会代表某个产业中的所有工人，比如汽车制造，无论他们是否有技术。1930年代，得到蓬勃发展的是产业工会。

手工业工会主导着美国劳工联合会，这个组织是某些工会的强大保护伞。大多数美国劳工联合会领袖对产业工人组织几乎不提供支持。许多人

看不起产业工人，这些工人相当大一部分是来自南欧和东欧的移民。用卡车司机工会主席的话来说，他们就是"劳动队伍中的垃圾"。技术工人的经济利益与大量体力工人不一样，较为保守的手工业工会成员常常对产业工会激进主义保持警惕。

1935年，产业工会成员采取了行动。矿工联合会和美国最德高望重的工人领袖约翰·L.刘易斯（John L. Lewis）辞任美国劳工联合会副主席。他和其他产业工会会员创立了工业组织委员会（Committee for Industrial Organization，即CIO）；美国劳工联合会以暂停所有工业组织委员会的工会作为回应。1938年，更命名为产业工会联合会（Congress of Industrial Organizations）的组织拥有370万名成员，略多于美国劳工联合会的340万。与美国劳工联合会不同的是，工业组织委员会还接纳女性和有色人种入会。工会成员身份给这些"边缘"工人更大的工作保障以及集体议价的好处。

静坐罢工

这10年中最决定性的劳动纠纷事件发生在1936年末，产业工会全美汽车工人联合会要求通用汽车、克莱斯勒和福特承认自己。通用汽车拒绝了，全美汽车工人联合会的组织者以相对较新颖的策略作为回应："静坐罢工"。1936年12月30日，密歇根弗林特费希博德公司（Fisher Body）工厂的工人开始在费希一号厂房内发起罢工。他们拒绝离开厂房，因此导致通用汽车生产系统的关键部分瘫痪。通用汽车试图通过关闭暖气把工人们赶出去。当警察试图夺回工厂时，罢工者开始投掷钢铁螺栓、咖啡杯和其他物品。警察尝试了催泪弹。罢工者打开工厂水管对抗警察。

静坐罢工波及邻近的工厂，汽车生产直线下降。通用汽车收到法庭命令疏散工厂，但是罢工者非常坚定，冒着入狱和罚款的风险坚持不懈。在关键决议中，密歇根州州长拒绝派出国民警卫队将工人清除出厂房。44天之后，全美汽车工人联合会胜利了。通用汽车同意承认工会，克莱斯勒紧随其后。福特一直坚持到1941年。

美国阵亡将士纪念日的惨败

然而，这次胜利之后不久，一场冷酷无情的悲剧提醒人们工人斗争的代价。1937年美国阵亡将士纪念日，一群郊游的工人及其家人向芝加哥共和钢铁公司（Republic Steel）工厂进发，想对工厂前纠察线上的罢工者表示支持。警察拦截了他们的去路，命令他们疏散。其中一名游行者向警察投掷了什么东西，警察开始发动攻击。10人被杀害，7人被打中背部。30名游行者受伤，其中包括1名女性和3名儿童。许多美国人受够了劳动纠纷和暴力，对于工人缺乏同情。反工人运动的《芝加哥论坛报》谴责游行者，赞扬警察击退了"某革命团体的一支训练有素的军事队伍"。

1930年代，工会工人以巨大代价换取了巨大成果。事实证明美国全国劳资关系委员会对于调停争端确实有效，暴力逐渐减少。而占非农业劳动力23%左右的工会工人发现自己的生活水平提高了。至1941年，一名普通钢铁工人每六年可以为他和他的妻子买一身新衣服，每两年能为每个孩子买一双新鞋子。

联邦权力和文化全国化

1930年代，随着全国大众媒体的影响范围扩大；联邦政府的权力扩张，国家文化、政治和政策在各个地区、阶层和民族背景的美国人生活中扮演着日益重要的角色。10年经济危机中，政治权力从州和地方层面流向联邦政府。1930年，除了邮政以外，美国人与联邦政府很少直接打交道。至1920年代末，近35%的人口获得过某种联邦政府福利，无论是通过联邦《农业调整法案》发放的农作物补贴还是公共事业振兴署的工作，或者联邦紧急救济署的救济金。正如政治分析师迈克尔·巴罗尼（Michael Barone）辩称："新政通过改变美国

昨日重现

女性急救队（Women's Emergency Brigade）和通用汽车静坐罢工

1937年密歇根州弗林特市汽车工人静坐罢工中，一个由妻子、女儿、姐妹和女友组成的"急救队"每天在工厂里示威。当警察试图施放催泪瓦斯将男人们赶出雪佛兰厂房时，女人们用棍棒打碎工厂窗户，让新鲜空气进入室内。警察和罢工者发生冲突那天有16人受伤。第二天女性急救队再次游行。以这张照片为视觉证据，这些女性如何证明她们抗议行动的尊严和主流性质？而她们肩扛的棍棒如何与这个讯息和谐相融？

▲ 在警察和罢工者发生暴力冲突的后一天，其中一名罢工者的妻子格兰达·约翰逊（Gerenda Johnson）领着游行队伍穿过通用汽车雪佛兰的小零件工厂。

图片来源：贝特曼/科比斯

人和他们政府的关系改变了美国生活。"1930年代的美国人开始期待联邦政府在美国的生活中扮演重要而活跃的角色。

在西部的新政

新政对美国西部的改变比其他任何地区都大，联邦资助的水坝和其他公共事业项目重塑了该地区的经济和环境。1930年代，由1920年《纽兰兹垦荒法案》创立的职责模糊的机构：联邦垦荒局（Bureau of Reclamation），为小农场和牧场提供灌溉，戏剧性地扩大职权，建造巨大的多用途水坝，控制了整个河流系统。中央河谷工程（Central Valley Project）为萨克拉门托河（Sacramento River）及其支流建造了水坝。博尔德坝（Boulder Dam，后来更名为赫伯特·胡佛水坝）控制了科罗拉多河，为南加利福尼亚各市提供水源，并用水力发电站为洛杉矶以及南亚利桑那提供电力。来自这些水坝的水源开辟了新的农业地区，让西部城市得以扩张；它们生产的廉价电力吸引工业来到这个地区。大规模的工业化农场巩固了他们在该地区的势力，全国各地的纳税人和地区内城市水电消费者支付水费，购买来自这些大规模工程的水资源。这些联邦工程还令联邦政府在西部扮演前所未有的角色。尤其是1941年华盛顿州的大古力水坝落成之后，联邦政府控制了该地区大量水资源和水力发电资源。在西部，对水源的控制就意味着对地区未来的控制。

1930年代，联邦政府还将数百万英亩西部土地纳入自己掌控之下。联邦项目致力于限制农业产量，试图对抗大尘暴地区的环境灾难，阻止农产品和牲畜价格进一步下滑。为了降低过度耕种对土地的压力，在1934—1935年的6个月中，联邦政府从农民处购买了800万头牛，并把健康的牛运出该地区。1934年，《泰勒放牧法》对于牧场主使用公共土地喂养牲畜做出新的限制规定。联邦家畜减少项目很可能拯救了西部畜牧业，但是它们破坏了纳瓦乔人的传统经济，迫使他们缩小了受联邦保护的保留区土地上的羊群规模。西部的大农场和牧场从联邦补贴和《农业调整法案》农产品补助中获益匪浅，但是这类项目也提高了联邦政府对该地区的控制力。正如西部历史学家理查德·怀特（Richard White）所言，至1930年代末，"联邦官僚名副其实地重塑了美国西部"。

美洲原住民的新政

联邦政府的积极活动也影响到西部的人民。在过去的几十年中，联邦对美洲原住民的政策是灾难性的，尤其是西部印第安保留区的人民。印第安事务局（Bureau of Indian Affairs，即BIA）被腐败撼动；在它"同化"美洲原住民的过程中，孩子被迫与父母分开，原住民语言受到压抑，部落宗教行为被法律禁止。印第安事务局推行的这种同化并不成功。部落土地的分配没能促进个人土地所有制，1933年住在保留区中的人中有近一半没有自己的土地。1930年代初，美洲原住民是全国最贫穷的群体，遭受传染病和营养不良的侵害，婴儿死亡率高达美国白人婴儿死亡率的两倍。

1933年，罗斯福将印第安事务局最著名的批判者任命为该机构的领导。美国印第安保卫机构（American Indian Defense Agency）的创始人约翰·柯里尔（John Collier）致力于完全颠覆美国印第安政策，他的举措产生了许多积极的结果。《印第安人重新组织法案》（Indian Reorganization Act, 1934）任重道远，这一法案终止了对美洲原住民族的强制性同化，并且将印第安土地归还部落所有。它还给予部落政府联邦承认。印第安部落重新获得了半主权国家的地位，在所有国会法案未明确限制的事务中确保"内部主权"。

并不是所有印第安民族都支持印第安事务局。一些人将之视为"倒退"措施，只是对"正宗"印第安文化的浪漫认识。由印第安事务局指定的部落政府结构对于帕帕戈（Papagos）等部落在文化上是陌生的，并且非常令人困惑，他们的语言中根本没有"代表"一词。纳瓦乔族也拒绝承认印第安事务局，因为投票举行的时机非常糟糕，联邦刚刚授权毁灭纳瓦乔羊群。然而,最终有181个部落在印第安事务局下组织起来。科里尔成功地颠覆了过去的一些破坏性政策,印第安事务局也为未来的经济发展和原住民的有限政治自制打下了基础。

在南方的新政

新政人士一开始并不打算改变美国西部,但是他们的确有心改变美国南方。早在大萧条之前,南方就陷入了大范围的贫困泥沼中。1929年,南方的年人均收入只有365美元,比西部的921美元少了一半有余。该地区的农业家庭中超过半数是没有自己土地的佃农或分成制佃农。"疾病、困苦和不必要的死亡"侵袭着南方的穷人,用一个当代研究者的话来说。近15%的南卡罗来纳人不懂得识文断字。

在佐治亚温泉池中治疗小儿麻痹症的罗斯福亲眼见到南方的贫困,明白当地人付出了怎样的代价。但是1938年他将南方描述为"全国第一的经济问题",指的是许多新政项目背后的经济理论。如果人民太贫穷,无法参与国家的大众消费经济,南方就会拖全国经济复苏的后腿。

南方最大规模的联邦干预措施是田纳西河流域管理局,这一机构在罗斯福的第一个百天期间得到国会授权。成立田纳西河流域管理局的目的是发展类似于西部多用途水坝的水资源和水力发电工程;水坝不仅能控制洪水,而且将为该地区生产电力(参见地图25.2)。然而,面对田纳西河谷地区的贫穷和绝望(包括弗吉尼亚、北卡罗来纳、田纳西、佐治亚、阿拉巴马、密西西比和肯塔基的部分地区),田纳西河流域管理局很快拓宽了关注范围。通过田纳西河流域管理局,联邦政府促进经济发展,帮助把电力带到农村地区,恢复因为过度使用而贫瘠的土地,并且与疟疾的诅咒做斗争。

尽管田纳西河流域管理局让许多贫苦南方人获益,但是事实逐渐证明该计划是个重大灾难。田纳西河流域管理局的露天采矿导致水土流失。燃烧煤炭的发电机释放出氧化硫,和水蒸气结合,产生酸雨。最重要的是,田纳西河流域管理局把来自露天矿的未经处理的废水、有毒化学物质和金属污染物倒进小溪和河流中,严重污染了水资源。

1930年代,罗斯福政府在南方面临着非常严峻的政治处境。罗斯福迫切需要南方参议员的支持,联邦资金注入他们的州让他们获得利益。但是他们对于联邦干涉非常警惕,并下定决心保留州权利。尤其是当联邦行为威胁南方的种族等级制度时,他们发起激烈抵制。作为美国最贫困、受教育程度最低的地区,南方难以轻易融入全国文化和经济中。但是新政项目启动了这一进程,并且在此过程中改善了该地区中至少一部分人的生活。

大众媒体和流行文化

1930年代,打破地区疆界、促进全国联系的不仅是联邦政府项目。国家大众广播媒体帮助数百万人度过经济低潮,美国的全国流行文化在1930年代美国人的生活中扮演着关键的角色。

广播的声音充斥着大萧条时期的日日夜夜。制造商急于生产更廉价的型号,至1937年美国人以每分钟28台的频率购买收音机。至1930年代末,2 750万个家庭拥有收音机,平均每个家庭每天收听5小时广播。罗斯福理解广播在美国生活中的重要性,在任总统期间,他直接通过广播节目"围炉夜话"的方式接近美国普通人。1938年,美国人事实上将他评选为顶尖"广播人物"中的第11位。

无线电广播为美国人提供了许多东西。在一个朝不保夕的时代,广播让公民能史无前例地即时获得当日政治新闻,让他们聆听自己选出的领导人本人的声音。在经济低潮时期,广播提供了逃避现实的途径:孩子们可以收听《飞侠哥顿》(*Flash Gordon*)和《全美男孩杰克·阿姆斯特朗》(*Jack Armstrong, The All-American Boy*)的历险记;家庭主妇可以收听最新肥皂剧,比如《海伦·特兰特罗曼史》(*The Romance of Helen Trent*)以及《年轻的韦德尔·布朗》(*Young Widder Brown*)。全家人

◀ 印第安事务委员约翰·柯里尔（John Collier，右）颠覆长期的美国政策，坚持"印第安人的文化历史在所有方面都应该获得与非印第安群体同等的地位"。然而，他推出的一些改革措施与传统行为相矛盾，霍皮族（Hopis）的案例即很好的例子。霍皮人的独立村庄传统并不适合由《印第安重新组织法案》授权的集中化部落管控模型。照片中，霍皮（Hopi）领袖洛玛·哈弗托瓦（Loma Haftowa，左）和查夫·托瓦（Chaf Towa，中）与科里尔一起参加华盛顿特区新内政部大楼的落成典礼。

图片来源：美联社图片/广阔世界图片公司

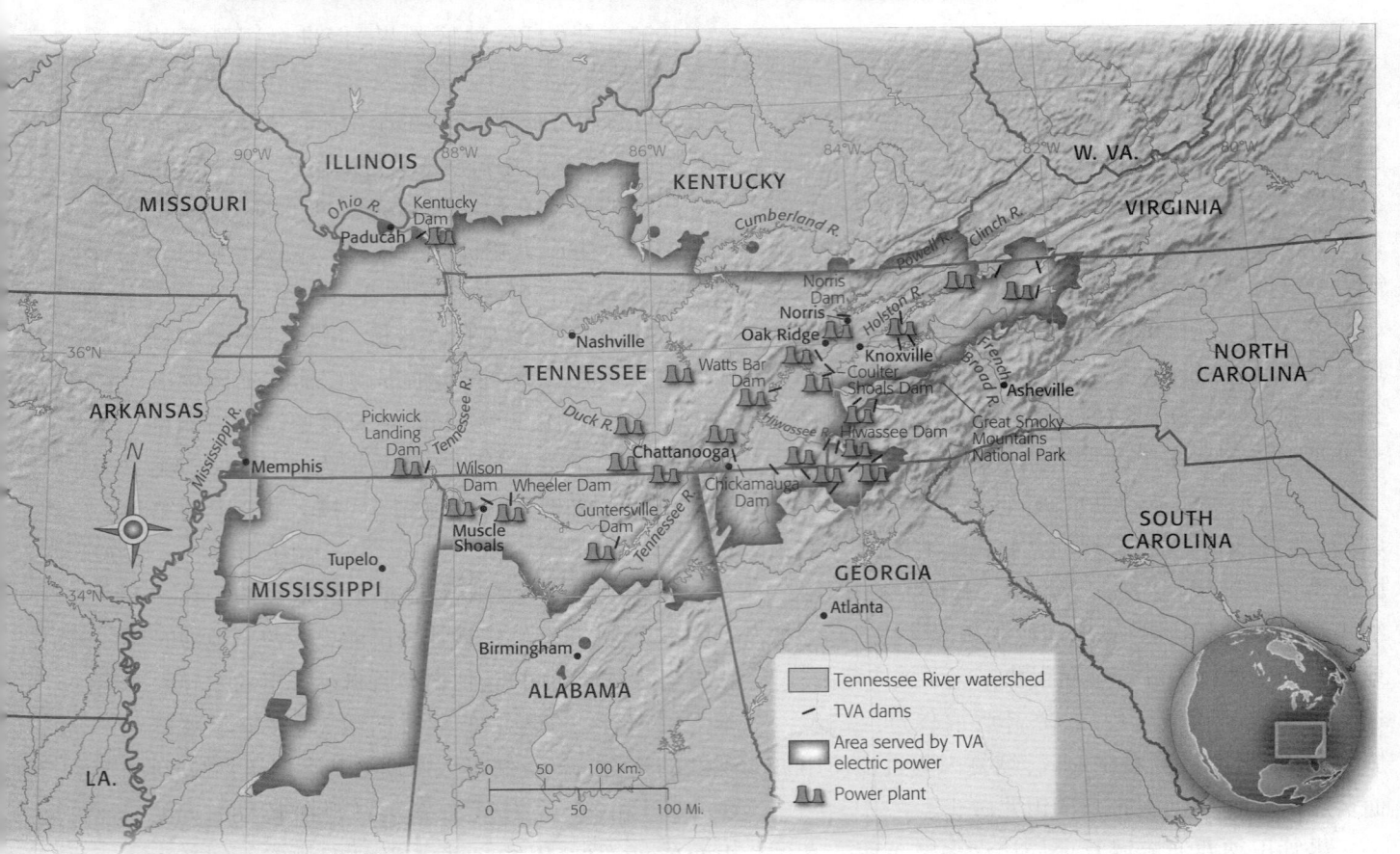

地图25.2　田纳西河流域管理局

为了控制洪水和生产电力，田纳西河流域管理局沿着田纳西河及其支流，建造从肯塔基帕迪尤卡（Paducah）到田纳西诺克斯维尔（Knoxville）的水坝。

来源：©圣智学习

坐在收音机旁收听前杂技演员杰克·本尼(Jack Benny)、乔治·彭斯(George Burns)和格雷西·艾伦(Gracie Allen)的喜剧。

广播还给了人们更多机会参与原本无法经历的事件(无论其中有多少自我代入成分):星期六下午,听众被带到纽约市大都会歌剧院(Metropolitan Opera)欣赏表演,或者在一档名为《夏威夷的召唤》(Hawaii Calls)的直播广播节目中来到怀基基海滩(Waikiki)的莫阿纳酒店(Moana Hotel),还能身临其境地体验遥远城市中举办的重大联盟棒球赛事[由圣路易红雀(St. Louis Cardinals)在1935年初创]。数百万人体验1932年飞行员查尔斯·林德伯格(Charles Lindbergh)被绑架的恐怖,北方城市和南方农村中的美国黑人分享非裔美国拳击手乔·路易斯(Joe Louis,被称为"棕色炸弹")的胜利。广播削弱了个体和社会的孤立感。因为全国人民收听同样的节目,它帮助创造了一种同质的大众文化,而通过提供一系列共享的体验,它也缩小了不同地区和阶级背景的美国人之间的鸿沟。

好莱坞影片也是1930年代美国大众流行文化的中心。电影业在大萧条最初几年遭到了打击,几乎1/3的电影院关闭,电影票价从30美分下降到20美分,但是1933年之后情况就开始好转。至1930年代中期,在一个只有1亿3 000万人口的国家,每周售出的电影票有8 000万至9 000万张。电影对美国人的影响力得到清晰证明,克拉克·盖博(Clark Gable)在《一夜风流》(It Happened One Night)中脱下衬衫露出胸膛,背心的销量因此直线下降。当大萧条持续,许多美国人从电影中寻找慰藉,以逃避冷酷的现实。喜剧尤其受欢迎,从马克斯兄弟(Marx Brothers)的粗俗滑稽剧到《我的高德弗里》(My Man Godfrey)或《一夜风流》等富有内涵的戏谑不一而足。然而,经济低迷的背景下,积极乐观的电影尤其具有吸引力。1933年,当经济降到谷底,热门单曲是迪士尼动画电影《三只小猪》(Three Little Pigs)的主题曲《谁害怕大坏狼?》(Who's Afraid of the Big Bad Wolf?)。

1930年代初,一批帮派电影[包括《小凯撒》(Little Caesar)和《疤面煞星》(Scarface)]吸引了大量观众,许多美国人因此担心这类影片的影响。犯罪似乎得到美化,虽然黑帮英雄最后总是遭到死亡或者毁灭的结局。天主教道德联盟(Roman Catholic Legion of Decency)带头发起抵制,1934年,电影业建立了制作规范,在接下去的几十年中决定观众将看到和看不到哪种美国影片。"粗俗的、廉价的和低级的出局,"制片规范管理局(Production Code Administration)的负责人说道,"这些伤风败俗的影片将永远无法在银幕上占据一席之地。"

最终,在无心栽柳的结果中,试图为家庭男主人创造就业机会的联邦政策加强了全国流行文化的影响力。在罗斯福就任后的前两年,150万年轻人失业;许多在经济比较好的时代14岁就会外出工作的年轻人决定留在学校里。至1930年代末,3/4的美国年轻人上高中,而1920年仅有50%,毕业率也翻了一番。学校是免费的,教室很温暖,而且教育似乎承诺着更好的未来。1920年代高中和大学里发展出的流行驱动而充满活力的同伴文化不复存在,但是以消费为中心的青年文化并没有消亡。越来越多年轻人上高中,越来越多人参与国家青年文化。越来越多年轻人听同样的音乐。前所未有地,他们接受同样的服饰风格、舞蹈和语言风格。矛盾的是,大萧条的经济低潮并没有毁灭青年文化;相反,它令青年文化在美国年轻人中间更加广为流传。

新政的局限

罗斯福抱着巨大的乐观主义以及强大的改革权力开始他的第二届任期。然而,这位总统自己的行动几乎立即破坏了他的新政计划。劳动纠纷和种族问题分裂了美国人。法西斯主义在欧洲扩散,世界逐步向战争迈进,国内计划被外交事务和防御所替代。至1938年,新政改革已经停滞不前,但是它已经对美国产生了深远的影响。

放眼天下

1936年奥林匹克运动会

1936年奥林匹克运动会定于柏林举行，但是纳粹统治为美国和其他国家制造了两难处境。他们应该去柏林吗？参加纳粹策划的体育盛事是否会为希特勒统治增加信誉？抑或其他国家的胜利能够挫败希特勒对于德国"雅利安种族"优越性的自信？

尽管现代奥林匹克运动会创立于1896年，旨在促进和支持世界各国团结和平与互相理解。但是国际政治从未远离。1920年和1924年，德国在第一次世界大战中发动侵略和战败后，被奥运会排除在外，而国际奥委会选择（1931）柏林为第11届奥运会举办地，以示欢迎德国重回国际社会。然而，1933年希特勒掌权后，德国决定把这届奥运会当作纳粹德国的政治宣传，证明纯种"雅利安"运动员的卓越。此后不久，几个国家出现了抵制柏林奥运会的运动，包括英国、瑞典、法国、捷克斯洛伐克和美国。

美国人对于抵制问题无法统一意见。一些美国犹太团体发起反对美国参加柏林奥运会的运动，而另一些人则选择不公开立场，担心他们的行动会在德国境内导致愈演愈烈的反犹太暴力。犹太运动员自行决定是否抵制这届奥运会。但是关于柏林奥运会的争论中，美国的一些反犹太团体有所动作。美国奥委会主席艾弗里·布伦戴奇（Avery Brundage）把抵制运动归因于犹太人和共产主义者的"阴谋"，并要求美国运动员不要牵扯进"当前的犹太—纳粹争论"。非裔美国人一边倒地反对抵制奥运会。他们非常清楚希特勒对于"杂种"民族的态度，许多人希望在柏林的赛道和赛场上证明希特勒的雅利安优越观念错得多离谱。一些人还指出美国官员的虚伪，只顾谴责德国而忽略了美国对黑人运动员的歧视。

最后，美国派出312名运动员前往柏林，包括18名非裔美国人。这些黑人运动员赢得了14块奖牌，占美国获得奖牌总数56块的近1/4。赛道和赛场上的明星杰西·欧文斯（Jesse Owens）带着4块金牌荣归故里。犹太运动员在1936年奥运会上获得了13块奖牌，其中有一名美国人。但是德国运动员赢得了89块奖牌，超过美国运动员的56块。尽管一开始颇多争议，但是第11届奥运会对于德国来说是一场巨大的公关胜利。《纽约时报》震撼于比赛的规模和德国人的热情好客，宣称第11届奥运会让德国"重新进入大国行列"。

通过和平体育竞赛将各国团结起来的理想主义愿景在1936年奥运会碰了钉子。原定于1940年在东京举行的奥运会因为逐步升级的世界大战而取消。

▲ 图片来源：伦纳德·德·塞尔瓦/科比斯

◀ 柏林举办的第11届夏季奥运会被精心策划为纳粹德国的政治宣传。海报中呈现的1936年奥运会的景象令人震撼。但是在运动场上，雅利安优越性的纳粹宣言受到运动员的挑战，左侧照片中的非裔美国人杰西·欧文斯打破了200米赛跑的奥林匹克纪录。

图片来源：科比斯/贝特曼

法院填塞计划

1936年取得压倒性的竞选胜利之后，罗斯福开始捍卫他的进步计划。在他眼中，最大的危险来自美国联邦最高法院。最高法院将《全国工业复兴法》（于1935）和《农业调整法案》（于1936年）都判定为危险，不仅驳回了仓促而就的新政法案的某些具体条款，还驳回了这类立法需要的总统和联邦权力。九位法官中，只有三位一直同情新政"紧急"措施，而罗斯福相信法院将废除第二次新政法立法中的大部分。罗斯福借口九位法官年事已高，工作负担太大，请求国会授权向最高法院委任六名新法官。但是在一个见证希特勒、墨索里尼和斯大林权力崛起的时代，许多美国人把罗斯福的计划看作是对宪法政府的攻击。即使同情新政的人也担心最高法院政治化的危险。"假设，"权威记者威廉·艾伦·怀特（William Allen White）说道，"有一位反动的总统，像罗斯福一样富有魅力、雄辩和难以抗拒，他甚至有权力改变法院，那么我们就在恶魔的掌握中了，而这一切并非完全不可能。"国会强烈反对，而罗斯福体验到了他在国会中的第一次重大失败。

这一事件最后发生了讽刺的反转。在关于法院填塞计划的漫长公开辩论之后，最高法院的意识形态核心动摇了。持关键选票的法官开始投票支持自由主义和新政判决。很快，法院支持《社会保障法案》和《瓦格纳法案》["国家劳工关系委员会诉琼斯&劳克林钢铁公司"（NLRB v. Jones & Laughlin Steel Corp.）]，判决国会规范州际间贸易的权力涵盖以州际贸易为目的的生产。不仅如此，新的法官养老金项目鼓励年事已高的法官退休，总统在接下去的4年中委任了7名新的陪审法官，包括名人雨果·布莱克（Hugo Black）、费利克斯·弗兰克福特（Felix Frankfurter）和威廉·O.道格拉斯（William O. Douglas）。最后，罗斯福从最高法院那里赢得了他想要的一切，但是法院填塞计划破坏了他的政治声誉。

▲ 1933年《金刚》（King Kong）打破了所有票房纪录，美国人蜂拥前往电影院看巨大的猩猩在世界上最高的大楼：纽约帝国大厦楼顶与飞机对战。

图片来源：格兰杰收藏

罗斯福衰退

1937—1939年卷土重来的大萧条对新政造成严重打击，这一衰退时期有时被称为"罗斯福衰退"。尽管罗斯福运用赤字支出，但是一直没有抛弃自己对平衡预算的执着。1937年，自信大萧条已经很大程度上被治愈，他开始缩减政府支出。与此同时，联邦储备金监察小组（Federal Reserve Board）担心3.6%的通胀率过高，缩紧了信贷。这两个行动让经济陷入恐慌：失业人数从1937年的770万攀升至1938年的1 040万。很快罗斯福就恢复了赤字财政。

1937年和1938年，新政陷入危机，而新政人士对于自由改革的方向难以达成共识。一些人敦促政府采取激进行动，解散托拉斯；另一些人则主张复兴全国工业复兴总署下的国家经济计划。但是最后，罗斯福驳回了这些选项，选择赤字财政作为刺激消费需求和创造工作机会的手段。1939年，始于欧洲的世界大战矛盾引起了美国的日益关注，新政走到了尾声。罗斯福牺牲了进一步的国内改革，以换取保守派对其重整军备和战备项目的支持。

1940年总统大选

从来没有总统连任超过两届，很多美国人揣测富兰克林·罗斯福是否会参加1940年大选。罗斯福似乎直到当年春季才下定决心，阿道尔夫·希特勒在欧洲的军事扩张说服他留下来。罗斯福阻止了对手共和党候选人温德尔·威尔基（Wendell Willkie）可预见的攻击，他扩张军事和海军采购合同，因此降低了失业率。罗斯福还向美国人保证："你们的男孩不会被送去参加任何海外战争。"

罗斯福并没有像1936年那样以压倒性的结果赢得选举（参见地图25.3）。但是新政联盟坚持了下来。罗斯福再一次赢得了城市选票，受到蓝领工人、少数族裔和非裔美国人的支持。他还赢得了南方的每一个州。尽管新政改革在国内终止了，但是罗斯福仍然享有大批的公共支持。

种族和新政的局限

当新政直接影响许多美国人的生活时，并不是所有人都均等地受益。差异大多建立在种族基础上。新政对有色人种缺乏公平，主要有两个原因。

首先是地方和全国权力的关系。全国计划在地方层面实施，而地方习俗与国家目的产生矛盾，在南方和西部，地方习俗获得了胜利。在南方，非裔美国人获得的救济金比白人低，从事公共事业振兴署工作获得的酬劳也比白人低。西南部的情况也类似。比如，在亚利桑那的图森（Tucson），联邦紧急救济署的官员把申请者分为四个类别——盎格鲁、墨西哥裔美国人、墨西哥移民和印第安人，然后以递减的方式分配救济金。

这种歧视行为不仅植根于种族主义，还源自白人/盎格鲁的经济利益。大多数非裔美国人和墨西哥裔美国工人的薪资过低，以至于他们赚得比领取救济的贫困白人还少。假如政府救济或者政府工作项目能提供更多收入，这些工人为什么要做低薪的私企工作？地方社区明白，联邦计划威胁着建立在种族层级制度上的政治、社会和经济体制。

斯科茨伯勒男孩案证明了在1930年代的美国，地方和全国权力矛盾中种族主义的力量。1931年3月的一个夜晚，年轻黑人和白人"流浪者"（hobos）在一辆南方铁路的运输列车经过阿拉巴马时发生斗殴。黑人青年赢得了胜利，把白人扔下火车。不久之后，民防团拦截货车，逮捕黑人青年，把他们投入阿拉巴马斯科茨伯勒的监狱。民防团还发现两名"铁道游击队"的白人女性，声称这些年轻人强奸了他们。消息扩散，这些年轻人差点被暴民处以私刑。医学证据后来显示这些女性说谎。但是两周内，八名所谓的斯科茨伯勒男孩被所有白人陪审员判处强奸罪成立，并宣判死刑。第九个人，一

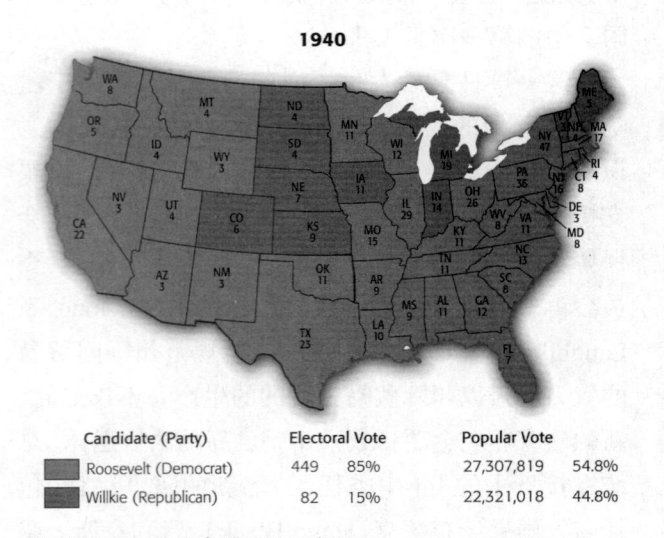

Candidate (Party)	Electoral Vote		Popular Vote	
Roosevelt (Democrat)	449	85%	27,307,819	54.8%
Willkie (Republican)	82	15%	22,321,018	44.8%

地图25.3 总统大选，1940年
罗斯福在1940年的总统大选中赢得了史无前例的第三次连任。他并没有重复1936年压倒性的胜利，当时他赢得了两个州以外的所有选票。但是1940年他还是赢得了38个州的选票，温德尔·威尔基赢得了10个州。
来源：©圣智学习

名13岁的男孩,因为一票而免于死刑判决。这个案子显然是南方种族主义的产物,后来成为国内和世界共产党事业中的著名讼案。

联邦最高法院进行了干预,判决阿拉巴马黑人被告被剥夺法律规定下的平等保护,地方法院有组织地把非裔美国人从陪审团中排除在外,而且拒绝了被告的辩护权利。然而,阿拉巴马进行新的审判。这些年轻人中,五名被判有罪(四名于1950年假释,另外一名越狱)。尽管联邦政府通过联邦最高法院采取行动,但是阿拉巴马还是占了上风。围绕种族问题,南方竭力抵制联邦干预,绝不会轻易向联邦力量低头。

第二,南方抵制的政治现实限制了有色人种获得的成果。罗斯福需要南方民主党的支持才能通过他的立法项目,而他们想要在种族问题上裹挟他。比如,1938年南方民主党以参议院中长达六星期的妨碍议事抵制了一项反私刑法令。罗斯福拒绝动用其政治资本来破坏妨碍议事和强制通过法令。在政治上,这么做有很多风险,却没有什么收获。他知道黑人不会抛弃民主党,但是没有南方参议员的支持,他的立法计划将走投无路。罗斯福希望所有美国人都能享受民主的好处,但是他对于民权事业并没有太强烈的执着。正如全国有色人种协进会的罗伊·威尔金斯(Roy Wilkins)

▲ 华盛顿特区的游行者要求释放斯科茨伯勒男孩,1931年在阿拉巴马,这些非裔美国青年被错误地指控和判决强奸两名白人女性。这场1933年的游行是由美利坚共产主义党的合法力量国际工人保护组织组织的,该组织代表这九名年轻人展开强势的运动。

图片来源:贝特曼/科比斯

所言:"罗斯福不是黑人的朋友。他不是敌人,但也不是朋友。"

非裔美国人的支持

那么,为什么非裔美国人支持罗斯福和新政?因为尽管存在很多歧视性政策,但是新政还是帮助了非裔美国人。至1930年代末,近1/3的非裔美国家庭靠着公共事业振兴署工作的薪资活了下来。非裔美国人在罗斯福政府中担任一些重要职务。最后,还有第一夫人。备受拥戴的黑人女低音歌手玛丽安·安德森(Marian Anderson)受到"美国革命女儿会"(Daughters of the American Revolution)抵制,被禁止在华盛顿宪法大厅(Constitution Hall)中演出时,埃莉诺·罗斯福安排安德森于1939年复活节在林肯纪念堂演唱。这种对于种族平等的公开支持对于非裔美国公民来说极为重要。

尽管很多非裔美国人广泛支持罗斯福和新政,但是对于新政改革的局限一清二楚。一些人总结道,他们只能依靠自己组织直接的运动。1934年,黑人佃农和分成制佃农与贫困白人一起成立了南方佃农联合会(Southern Tenant Farmers' Union)。在北方,好斗的哈莱姆租户联盟(Harlem Tenants League)对抗涨租和驱逐,非裔美国消费者开始抵制拒绝雇用黑人为员工的白人商人。他们的口号是"别去不要你工作的地方买东西"。而卧车搬运工兄弟会在A.菲利普·伦道夫(A. Philip Randolph)精明的领导下,为黑人工人的权利做斗争。此类行动,加上新政有限的好处,帮助1930年代改善了美国黑人的生活水平。

▲ 非裔美国报刊《芝加哥捍卫者》(The Chicago Defender)的所有者罗伯特·阿博特(Robert Abbot)以及报刊员工准备为贫困家庭分发食物,这样他们就能在1931年庆祝感恩节。《芝加哥捍卫者》是非裔美国人的强烈声音,阿博特记录了大萧条对于美国黑人公民的毁灭性打击。

图片来源:《芝加哥捍卫者》/图像研究顾问和档案

对新政的评估

对新政的任何分析都必须从富兰克林·德拉诺·罗斯福开始。罗斯福的评价在他的总统生涯内起起落落：他受到强烈的憎恨，也收获同样强烈的爱戴。罗斯福对美国人来说成为总统一职的象征。当他在围炉夜话中直接对美国人发声时，数十万人写信给他，分享他们的问题，请求他的帮助，提供他们的建议。

美国第一夫人埃莉诺·罗斯福在罗斯福政府中扮演着关键且史无前例的角色。作为第一夫人，她孜孜不倦地为社会正义和人权而奋斗，把改革者、行业公会成员以及女性权利主张者和非裔美国人引入白宫。她被一些人称作新政的良心，她采取公开立场，尤其是在非裔美国人公民权利方面比她丈夫的政府进步得多。在某些方面她充当着避雷针，把对她丈夫的保守批判引到自己身上。但是她的公开立场也巩固了其他群体对新政的效忠，尤其是非裔美国人。

大多数历史学家和政治科学家把富兰克林·罗斯福视为一位真正伟大的总统，赞颂他的勇气和活泼的自信、他的勇于尝试，以及他在大萧条时期最阴沉的岁月里鼓励全国人民的能力。另一些人却把新政视为对真正政治和经济革新的浪费，谴责罗斯福缺乏远见和勇气。他们用并非罗斯福自己的标准批判他：罗斯福是一名实用主义者，他的目标是保留这个体制。但是即使是批判罗斯福表现的学者也赞成，他改变了总统这个职务。"只有创造这个职位的华盛顿和重塑这个职位的杰克逊比罗斯福做得更多，罗斯福把总统一职提升到代表力量、尊严和独立的境地。"政治科学家克林顿·罗西特（Clinton Rossiter）说道。但还有一些人把"帝国总统制"的根源追溯到罗斯福政府，发现这种改变令人困扰。

在超过12年的总统生涯中，罗斯福不仅加强了总统职权，也巩固了联邦政府。过去，联邦政府对经济几乎没有什么控制权。通过新政项目，联邦政府大量增加了规范职责，包括监管全国金融体系的职责。有史以来第一次，联邦政府承担起为失业和贫困人员提供救济的职责，它也第一次运用赤字支出刺激经济。数百万美国人从政府工程中获益，这些工程至今仍在运作。新政为社会保障体系打下了基础，接下去的执政班底将在这一基础上添砖加瓦。

新政项目把资金注入经济，拯救了数百万美国人免于饥荒和悲惨遭遇。然而，直至1939年，还有1 000多万男性和女性失业，而且美国失业率仍然保持19%。最后，带来全面经济复苏的并不是新政，而是第二次世界大战中的大宗政府开支。1941年，由于战争动员，失业率下降到10%，1944年，在战争的顶峰，只有1%劳动人口失业。让美国经济重新恢复活力的并非新政，而是第二次世界大战。

结语

1930年代，一场重大经济危机威胁着美国的未来。至1933年，近1/4的美国工人已经失业。数百万人饥寒交迫居无定所。1928年当选总统的赫伯特·胡佛相信政府在管理和规范国家经济中应该扮演有限的角色。他试图通过"联合主义"解决这个国家的经济问题，即商业和联邦政府进行自愿合作。1932年总统大选中，选民转向承诺"新政"的候选人。富兰克林·德拉诺·罗斯福总统下定决心采取行动，稳定美国资本主义体系，接着致力于缓解大萧条对全国人民最惨痛的打击。

新政是一个自由主义改革计划，从美国资本主义和民主体系的数据中发展而来。最根本的是，它扩张了联邦政府的职责和权力。由于新政改革，银行、公共事业、证券市场和大多数企业都按照联邦政府制定的规范运作。联邦政府确保工人加入工会的权利，而不用担心雇主的报复，联邦法律要求雇主与工会协商，设定薪资、工作时长和工作条件。通过联邦政府管理的全国福利体系，许多失业工人、老年人和残疾人以及需要抚养的儿童受到庇护。总统通过大众传媒和自己的魅力，成为普通美

人民与国家的遗产

社会保障

新政的社会保障体系为数百万可能将生活在贫困中的美国人创造了一个更安全、更愉快的晚年。尽管社会保障一开始将美国最困苦的公民排除在外，比如农场和家政工作者，但是对这项法律的修正扩大了享有资格。如今，近99%美国工人享受社会保障。在国家的老人中间，社会保障大幅降低了贫困率，而社会救济为残疾人和没有独立能力的儿童提供了关键的支持。

尽管收获了巨大成功，但是今天的社会保障体系面临着不确定的未来。它的困境一方面来自1930年代的决议。总统富兰克林·罗斯福不希望社会保障与贫困救济相混淆。因此，他拒绝欧洲政府的养老金的模型，而是创造了一种由工人及其雇主提供资金的系统，这个系统建立在个人账户上。然而，这个系统造成了一个短期问题。假如福利来自自己的付出，1940年开始获得社会保障款的工人每个月的收入将少于1美元。因此，当前工人支付的社会保障金支付了已退休人员的福利。

多年来，这个资金体系越来越不稳定，因为越来越多的贫困退休人员必须由目前的劳动力来支持。人们的寿命越来越长。1935年，这个体系刚建立时，平均预期寿命不到65岁，65岁正是开始享受福利的年纪。如今，美国人平均寿命超过65岁的退休年龄16年，而女性则超过退休年龄近20年。1935年，需要16名正在工作的工人提供一份退休福利。而2000年，不到3.5名工人就需要支付一份退休福利。近7 700万名婴儿出生于1940年代、1950年代和1960年代，这批人将在21世纪的前几十年纷纷退休。许多人称，除非这个体系得到改革，婴儿潮中出生的人大量退休甚至会让这个系统破产。

1990年代证券市场迅速上涨时，一些人提议，如果个人把自己的社会保障税投入证券市场，他们挣的钱可能比社会福利高得多，美国人应该被赋予这么做的权利。另一些反对者宣称这种提议风险太大；还有一些人简单地指出社会保障退休的结构问题。假如现在的工人把钱留下用于投资，目前的退休人员的福利从哪里来？2001年证券市场发生暴跌，紧接着2008年又发生暴跌（损失由私营养老金基金维持），减缓了对私有化的推动。尽管如此，婴儿潮期间出生者中年龄最大的已经开始退休了，关于社会保障未来的问题仍然是这个制度的重要遗产。

国人生活中重要的存在。

新政面临着多方挑战。当大萧条慢慢过去，平民主义煽动者谴责替罪羊，或者为美国人民的困苦提供过于简单的解释。商业领袖攻击新政，因为它对商业增加管制并且支持工人组织。当联邦政府在整个国家扩张职权时，国家和地方当局的矛盾时不时燃起，各地生活方式和社会及经济结构的差异向全国政策制定者提出了挑战。西部和南方都被联邦政府的行动改变了，但是两个地区的公民都对联邦干预十分警惕，南方白人强烈反对联邦政府挑战黑人种族体制。对脆弱的新政联盟的政治现实和激烈反对塑造并限制了1930年代的新政项目，持续至今的社会福利体系也是如此。

最后，终结大萧条的是美国加入第二次世界大战带来的经济繁荣，而不是新政。然而，新政计划帮助许多美国人获得更好、更有保障的生活。并且新政从根本上改变了美国政府处理未来经济衰退，以及公民在繁荣和萧条时期需求的方式。

扩展阅读

Anthony J. Badger, *The New Deal: The Depression Years,*

1933—1940 (1989)

Alan Brinkley, *The End of Reform: New Deal Liberalism in Recession and War* (1995)

Alan Brinkley, *Voices of Protest: Huey Long, Father Coughlin, and the Great Depression* (1982)

Lizabeth Cohen, *Making a New Deal: Industrial Workers in Chicago* (1990)

Blanche Wiesen Cook, *Eleanor Roosevelt*, Vols. 1 and 2 (1992, 1999)

Timothy Egan, *The Worst Hard Time* (2005)

Sidney Fine, *Sit down: The General Motors Strike of 1936—37* (1969)

James E. Goodman, *Stories of Scottsboro* (1994)

David M. Kennedy, *Freedom from Fear: The American People in Depression and War* (1999)

Robert McElvaine, *The Great Depression: America, 1929—1941* (1984)

Donald Worster, *Dust Bowl: The Southern Plains in the 1930s* (2004)

第二十六章

喧嚣浮世中的美国，1920—1941

1921年，洛克菲勒基金会宣布对拉丁美洲的蚊子开战。作为黄热病毒的携带者，叮咬昆虫埃及伊蚊（Aedes aegypti）会传播一种致命的病毒，导致严重头痛、呕吐、黄疸病（皮肤泛黄），对许多人来说意味着死亡。美国国务院为基金会保驾护航、扫除障碍，基金会投入数百万美元，从墨西哥开始发起控制黄热病的项目。以来自古巴的卡洛斯·胡安·芬利（Carlos Juan Finlay）、巴西的奥斯瓦尔多·克鲁兹（Oswaldo Cruz）以及美国军医沃尔特·里德（Walter Reed）的先锋研究为基础，科学家们致力于将这种蚊子消灭在变成产卵成虫以前的幼虫状态。

章 节 大 纲
在1920年代追求和平与秩序
世界经济、文化扩张和大萧条
美国控制拉丁美洲
欧洲步入战争
日本、中国和亚洲新秩序
昨日重现　德国在波兰发动闪电战
美国加入第二次世界大战
放眼天下　广播新闻
人民与国家的遗产　总统愚民
结语

美国在西半球的统治似乎岌岌可危。美国外交家、军官和企业家都赞成基金会官员的意见，认为这种疾病威胁公共健康，因此扰乱了政治和经济秩序。当疫情暴发时，港口被关闭和检疫隔离，干扰了贸易和移民。感染也波及许多美国官员、商人、投资者和驻扎海外的军人。工人们失去工作能力，因此减少了产量。在整个拉丁美洲，官方对于黄热疫病的重视不足导致公众对于亲美政权的不满。1914年，当巴拿马运河向全世界的船只敞开大门，一些领导人害怕这种可能致命的疾病会四处传播，甚至让1905年的美国疫情历史重演。

1914年，美国入侵韦拉克鲁斯（Veracruz），这是一个有着重要美国经济活动的墨西哥省份，1920年的一场黄热病暴发导致235人死亡。第二年，逐步克服当地强烈的反美情绪，洛克菲勒基金会工作人员勤恳地调查住宅中滋生蚊虫的地方，在公共水利设施中投放吞食幼虫的鱼类。1924年，洛克菲勒基金会宣称墨西哥已经消除了黄热病。在拉丁美洲其他地方，该基金会的反蚊虫运动在近海和城市地区很成功，但是在农村和森林地区则不那么有效。1920年代和1930年代，洛克菲勒基金会的努力还产生了政治效果：通过提供全国公共健康基础设施，在一个以反美国人著称的地区帮助消除反美情绪。

◀ 在1920年代一场与黄热病斗争的运动中，巴西联邦健康服务（Brazilian Federal Health Service）的官员与洛克菲勒基金会合作，在巴伊亚（Bahia）的民居中喷洒药水控制蚊虫。
图片来源：洛克菲勒档案中心

年表

1921—1922	华盛顿会议限制海军武器
	洛克菲勒基金会开始与拉丁美洲的黄热病做斗争
1922	墨索里尼在意大利执政
1924	道斯计划（Dawes Plan）延缓德国的战争赔款
1928	《凯洛格—白里安公约》(Kellogg-Briand Pact)宣布战争非法
1929	大萧条开始
	杨计划（Young Plan）减少德国赔款
1930	《霍利—斯姆特关税法》提高关税
1931	日本占领东北地区
1933	阿道夫·希特勒成为德国元首
	美国在外交上承认苏联
	美国宣布对拉丁美洲采取好邻居（Good Neighbor）政策
1934	富尔亨西奥·巴蒂斯塔（Fulgencio Batista）在古巴执政
1935	意大利侵略埃塞俄比亚
	国会通过第一部《中立法案》(Neutrality Act)
1936	德国重新占领莱茵兰（Rhineland）
	西班牙内战爆发
1937	中日战争爆发
	罗斯福针对侵略者发表"隔离演说"
1938	墨西哥将所有美国石油公司国有化
	慕尼黑会议将捷克斯洛伐克的一部分割让给德国
1939	德国和苏联签署互不侵犯条约
	德国侵略波兰，第二次世界大战开始
1940	德国侵略丹麦、挪威、比利时、荷兰和法国
	《选择性训练和服役法案》(Selective Training and Service Act)开始美国第一个和平时期征兵法案
1941	《租借法案》(Lend-Lease Act)为同盟国提供帮助
	德国袭击苏联
	美国冻结日本资产
	罗斯福和丘吉尔签署《大西洋宪章》(Atlantic Charter)
	日本驱逐舰队袭击夏威夷珍珠港，美国加入第二次世界大战

洛克菲勒基金会灭除蚊虫的动机让我们可以一窥美国热忱但是徒劳的事业，美国试图在第一次世界大战后建立一个稳定的国际秩序，然而希望却落空了。美国并没有将自己与国际事务割裂开，尽管"孤立主义者"的标签有时候仍适用于美国两次世界大战之间的外交关系。1920年代和1930年代，美国人在国际事务中保持相当的活跃度，从中国水域中的炮艇到欧洲金融中心的谈判，到海地和尼加拉瓜的海洋占领，到中东的油井，再到非洲和拉丁美洲对抗疾病的斗争。诚如威尔逊总统所言，第一次世界大战之后，美国已经"成为人类历史上的一个关键因素，而你一旦成为关键因素之后，你就无法独善其身了，无论愿意与否"。

尽管如此，大部分经历过第一次世界大战的美国人对涉足海外事务非常警惕，对于运用集体行动解决世界的顽疾充满怀疑。对于两次世界大战间的美国外交政策，最恰如其分的表述是"独立国际主义"。换句话说，美国在全球尺度上积极活跃，但是保留了行动的独立性和传统的单方面裁军。尽管美国的海外项目遍布全球——殖民地、影响圈、海军基地、投资、贸易、传教活动、人道主义项目——但是许多美国人仍然把自己视为孤立主义者，他们的意思是自己不想掺和欧洲的政治斗争、军事结盟和干预，也不愿加入国际联盟，因为这或许会把他们身不由己地拖入战争。更具有国际主义思想的美国人，包括大多数高级官员在内，也很渴望在未来的任何欧洲战争中置身事外，但是他们比孤立主义者更愿意努力将世界塑造成理想中的样子。

这样一个世界将是和平和稳定的，能更好地保障美国繁荣和安全。在两次世界大战之间的岁月里，美国外交家日益致力于通过会议、人道主义项目、文化渗透（美国化）、不承认不赞同的政权、武器控制、开放门户原则下的经济及金融联系来践行美国的力量。比如，在拉丁美洲，美国领导人把军事干预降格为好邻居政策。

但事实证明稳定的世界秩序只是空中楼阁。一些国家处心积虑干扰它，严峻的经济问题动摇了它的根基。公共卫生项目拯救了不计其数的生命，但是却无法解决低生活标准，也不能把全球不能自力更生的人们从令人难以置信的贫困中拯救出来。第一次世界大战遗留的债务和赔款账单让1920年代困苦不已，而1930年代大萧条摧毁了世界贸易和金融。大萧条威胁着美国在国际市场上的重要地位；它还播撒了极权主义和政治极端主义、军国主义，引起欧洲和亚洲的战争。当纳粹德国向世界大战进发时，美国试图通过采取中立政策保护自己远离纷争。与此同时，美国企图通过援引开放门户政策反对日本侵略，捍卫自己在亚洲的利益。

1930年代末，尤其是1939年9月欧洲战争爆发之后，许多美国人开始赞同富兰克林·D.罗斯福总统的意见，认为德国和日本让美国的国家利益陷入危机，因为他们正在建立军事力量和经济占领基础上的自给自足排外影响圈。罗斯福一开始奋力争取美国军事备战，接着呼吁抛弃中立立场，转而帮助英国和法国。他推论道，德国若在欧洲取得胜利，将会侵蚀西方政治原则，毁灭传统经济联系，威胁美国在西半球的影响力，并且把欧洲权力的顶峰让给一个狂人——阿道夫·希特勒——他的野心和野蛮似乎永无止境。

与此同时，日本似乎下定决心要瓜分美国的亚洲朋友中国，在亚洲建立封闭的经济圈，破坏开放门户政策，威胁美国殖民地菲律宾。为了阻止日本在太平洋地区的扩张，美国最终切断了关键的美国产品供给，如石油。但是经济战争只是让对抗升级。日本于1941年12月偷袭夏威夷珍珠港，最终促使美国加入第二次世界大战。

- 美国试图通过哪些途径在两次世界大战之间创造一个稳定的世界秩序，为什么？
- 罗斯福政府在1930年代后期对于日益壮大的纳粹德国的威胁做何反应？
- 美国为什么加入第二次世界大战？

在1920年代追求和平与秩序

第一次世界大战把欧洲变成一片废墟。1914

年至1921年之间，欧洲遭受世界大战、内战、大屠杀、瘟疫和饥荒造成的数百万人员伤亡。德国和法国都失去了10%的劳动者。庄稼、牲畜、工厂、铁路、森林、桥梁所剩无几。美国救济署和个人慈善组织将食物送达困苦的欧洲人手中，包括1921年和1922年饱受饥荒折磨的俄国人。美国人不仅希望救济绝望的欧洲人，也希望消灭政治激进主义任何可能的吸引力。国务卿查尔斯·埃文斯·休斯（Charles Evans Hughes）在1920年初说道："除非人们享有经济满足，否则不可能得到长期和平。"休斯和其他领导人期望美国的经济扩张能促进国际稳定，从经济繁荣中诞生一个免于极端意识形态、革命、军备竞赛、侵略和战争的世界。

伍德罗·威尔逊构想的（参见第645页）集体安全几乎不能引起休斯和其他共和党领袖的热情。参议员亨利·卡伯特·洛奇（Henry Cabot Lodge）在1920年幸灾乐祸道："我们破坏了威尔逊先生的国际联盟……我们把威尔逊主义连根拔起。"事实并不如此。事实证明，这个由和事佬构想，总部设于日内瓦的国际联盟孱弱不堪，不仅因为美国没有加入，还因为成员国没能运用新组织解决重要争端。尽管如此，从1920年代中期开始，美国官员谨慎地参与关于公共健康、卖淫、药品和武器非法交易、伪造货币以及其他国际问题的会议。美国法学家在国际常设法院（Permanent Court of International Justice，即世界法庭）任职，尽管美国还是拒绝加入联盟体。与此同时，洛克菲勒基金会每年向联盟捐赠十万美元，支持它的公共健康事业。

和平团体

威尔逊的遗产也以其他形式延续。在美国，和平社团为国际稳定而努力，其中许多人保留了威尔逊主义对世界共同体的偏好。在两次世界大战期间，唯爱社（Fellowship of Reconciliation）以及全国防止战争委员会（National Council for Prevention of War）等和平团体获得了广泛的公众支持。女性和平提倡者被女性组织吸引，因为她们在男性主导的团体中缺乏影响力，也因为人们先入为主地认为女性作为生命给予者、哺育孩子的母亲，对于暴力和战争有一种与生俱来的憎恶。温和的全国战争对策和原因委员会（National Conference on the Cure and Cause of War）于1924年由凯利·查普曼·凯特（Carrie Chapman Catt）成立，除此以外还有较为激进的妇女国际和平与自由联盟（Women's International League for Peace and Freedom，即WILPF）美国分会，成立于1915年，在珍妮·亚当斯（Jane Addams）和爱米莉·葛林·巴尔奇（Emily Greene Balch）的领导下成为全国最大的女性和平团体。亚当斯于1931年获得诺贝尔和平奖时，把奖金转给了国际联盟。

大多数和平组织直指第一次世界大战的残酷，认为战争无法解决国际问题，但是他们对于如何维持世界秩序却莫衷一是。一些人敦促与国际联盟及世界法庭合作。另一些人则提倡争端仲裁、裁军和减少武器，宣布战争非法，并且在战争期间实行严格的中立。妇女国际和平与自由联盟呼吁美国停止经济帝国主义，该组织宣称，经济帝国主义迫使美国为了保护美国商业利益在拉丁美洲进行军事干预。女性和平联盟（Women's Peace Union，成立于1921年）游说制定宪法修正案，对宣战进行全国公投。震颤派教徒、基督教青年会官员以及社会福音（Social Gospel）神职人员于1917年建立了美国公谊服务会（American Friends Service Committee），把和平主义以外的选择等同于开战。一般来说，和平追求者相信他们的各种改革活动可以并且必然带来一个没有战争的世界。

华盛顿海军会议

和平倡导者影响了沃伦·G.哈丁（Warren G. Harding）政府，从1921年11月—1922年2月，他召集了华盛顿海军会议。来自英国、日本、法国、意大利、中国、葡萄牙、比利时和荷兰的代表加入由国务卿查尔斯·埃文斯·休斯领导的美国团队，讨论限制海军军备。英国、美国和日本面临着一场海军军备竞

在《五大国条约》(Five-Power Treaty)中达成了共识，该条约还设定了为期10年的大型军舰（战舰和航母）停止建造期。政府还恳请不要在太平洋领地中建造新的防御工事（比如菲律宾）。

接着，《九国条约》(Nine-Power Treaty)再次确认中国的开放门户政策，承认中国主权。最终，在《四国条约》(Four-Power Treaty)中，美国、英国、日本和法国同意尊重彼此的太平洋领地。这三部条约并没有限制潜水艇、驱逐舰或巡洋舰的数量，也没有为开放门户宣言提供实施保障。尽管如此，这次会议对休斯来说是一场重大胜利。他达到了真正的武器限制，与此同时提高了美国在太平洋相对于日本的战略地位。

▲ 1920年代女性和平联盟向公众分发图中的传单，提醒美国人第一次世界大战时人类遭受的惨痛代价。作为两次世界大战期间活跃的许多和平社团之中的一个，女性和平联盟游说制定宪法修正案，要求宣战必须通过全国公投。1930年代，代表路易斯·洛德罗（Louis Ludlow，来自印第安纳州的民主党）致力于在国会通过这一措施，但是他失败了。

图片来源：施维默—劳埃德（Schwimmer-Lloyd）收藏，弗里达·兰格·拉扎佩斯·帕佩尔斯（Freida Langer Lazarus Papers）。纽约公共图书馆，阿斯托、雷诺克斯、蒂尔登基金会

▲ 1921—1922年，法国外交部部长阿里斯蒂德·白里安（Aristide Briand, 1862—1932，左）和美国国务卿查尔斯·埃文斯·休斯(1862—1948)以及其他外交官在华盛顿海军会议上就海军控制协议进行谈判。数年之后，白里安帮助制定了《凯洛格—白里安公约》，宣布战争为非法。作为布朗大学（Brown University）和哥伦比亚法学院（Columbia Law School）的毕业生，休斯曾在最高法院任职：1910—1016（作为助理法官）以及1930—1941（大法官）。休斯保守而缄默（西奥多·罗斯福把他叫作"大胡子冰山"），他称美国必须转向国际主义，领导全世界尊重法律和秩序。

图片来源：国家档案

争，它们的巨大军事开支威胁了经济修复。美国领导人还担心扩张主义的日本坐拥世界第三大海军，将超过美国位列第二大海军强国，仅次于英国。

休斯以惊人的宣言作为会议开场白：他提出通过拆解总计846 000吨的30艘美国大型军舰，达到真正的裁军。接着他转向震惊的英国和日本代表团，敦促他们少量裁军。休斯宣称，最低限度是美国、英国各500 000吨，日本300 000吨，法国和意大利各175 000吨（比率为5∶3∶1.75）。这些总量

《凯洛格—白里安公约》

和平倡议者也欢迎1925年的《洛迦诺公约》（Locarno Pact），这是欧洲各国之间的一系列协议，旨在缓解德国和法国之间的矛盾。1928年的《凯洛格—白里安公约》也备受和平主义者赞誉。这个以关键促成者美国国务卿弗兰克·B.凯洛格（Frank B. Kellogg）和法国首相阿里斯蒂德·白里安命名的文件中，62个国家统一"谴责将战争作为解决国际争端的方法，并且正式宣布放弃将它作为国家政策工具"。该协议在参议院中以85对1票通过，但是许多立法者认为它不过是道德倾向宣言，因为它缺乏实施条款。这份条约的效力很弱，怀疑论者把它称作一个"国际友好之吻"，但是《凯洛格—白里安公约》反映了一种流行的观点，认为战争是野蛮和浪费的，而这一协议引发了人们对和平与战争问题的严肃公开讨论。但是军备限制、和平公约和和平团体以及国际机构的努力都没能为战争的恶犬戴上嘴套，它们以经济困境为食，颠覆世界秩序。

世界经济、文化扩张和大萧条

当欧洲挣扎着从第一次世界大战的浩劫中恢复时，国际经济动荡不已，接着于1930年代初崩溃了。大萧条引起了一场政治连锁反应，把世界引向战争。1933—1944年总统富兰克林·德拉诺·罗斯福任下的国务卿科德尔·赫尔（Cordell Hull）常常指出政治极端主义和军国主义来自残缺的经济。"我们不可能拥有一个和平的世界，"他警告道，"除非我们重建国际经济结构。"事实证明赫尔是对的。

经济和文化扩张

对于休斯和赫尔这样相信美国经济扩张将稳定世界政治的领导人，美国在国际经济中占据至关重要的地位似乎恰如其分。由于第一次世界大战，美国成为债权国以及世界的金融首都（参见图表26.1）。从1914年到1930年，海外个人投资增长了5倍，达到170多亿美元。至1920年代末，美国生产了全世界工业品中的近一半，并且在出口国中排第一位（1929年52亿美元货物）。比如，通用电气在德国大量投资，美国公司开始开发委内瑞拉丰富的石油资源，而美国企业开始挑战英国在中东地区对石油资源的控制。英国和德国在拉丁美洲被美国商业挤占，标准石油公司在八个国家中运营，而联合果品公司（United Fruit Company）成为巨大的土地所有者。

美国的经济繁荣让美国文化出口变得便利。好莱坞电影浸没了全球市场，刺激了对美国生活方式和美国产品的兴趣。在英国，美国的默片和有声电影占了主流，一个来自采矿业城镇的女性回忆在银幕上看到"那些不可思议的（美国）电影明星。一切都光鲜亮丽。我只想去那里，像他们一样生活"。尽管一些外国人警告美国化的危险，但是其他人模仿美国的批量生产方式和强调效率以及现代化的态度。可口可乐在德国埃森（Essen）开设灌装厂，福特在科隆建立了汽车装配厂，而通用汽车则在柏林附近设立了一个卡车工厂。德国作家汉斯·约阿希姆（Hans Joachim）宣称这种文化改造或许会带来一个和平、民主的世界，因为"我们对电梯、无线电广播塔和爵士乐的兴趣是……一种希望把火焰喷射器变成真空吸尘器的态度"。

德国人惊叹于亨利·福特的经济成功和工业技术，抢购他的自传译本《我的生活和工作》（My Life and Work, 1922）。1930年代，纳粹领袖阿道夫·希特勒在推出大众汽车之前曾派德国汽车设计师前往底特律。进一步将美国资本主义模式广而告之的是菲尔普斯—斯托克斯基金（Phelps-Stokes Fund），该组织把布克·T.华盛顿（Booker T. Washington）的塔斯克基（Tuskegee）教育哲学出口到非洲，除此以外还有洛克菲勒基金会，该组织与拉丁美洲和非洲的疾病做斗争，在黎巴嫩和中国资助成立医学院，并且在欧洲为医学研究和护士培训提供资金。

美国政府支持这种文化和经济扩张。《韦布—泼美瑞恩法案》（Webb-Pomerene Act, 1918）把这

▲ 小约翰·D.洛克菲勒（1874—1960，右二）于1921年来到中国，捐建北京协和医学院（Peking Union Medical College），这是洛克菲勒基金会的一个项目。1913年石油实业家约翰·戴维森·洛克菲勒（John D. Rockefeller Sr.）创立了这个慈善组织。在照片中间的是民国大总统徐世昌（1855—1939）。

图片来源：洛克菲勒档案中心授权

些为了出口贸易而建立的商业联合体排除在反托拉斯诉讼之外，《边缘法案》（Edge Act, 1919）允许美国银行开设海外分行，商业部的海外办公室收集和传播有价值的市场信息。联邦政府也通过美国投资者刺激海外贷款，打击可能用于军事目的的贷款。美国政府支持电信行业扩张，至1930年，在政府扶持下，国际电报电话（International Telegraph and Telephone，即IT&T）、美国无线电公司（Radio Corporation of America，即RCA）以及美国联合通讯社（Associated Press，即AP）已经成为国际巨头。美国海军与胡安·特里普（Juan Trippe）的泛太平洋航空公司合作，帮助该公司的"飞船"抵达亚洲。

欧洲人小心谨慎地看着美国经济扩张。尽管他们抢购福特的自传译本，但是许多旧世界精英仍然担心福特和其他美国实业家颂扬的平民消费主义，因为这预示着社会动荡和现有习俗的颓败。结果，大众消费的希望成为一个充满政治意味的阶级问题。1930年代，当法国人民阵线（French Popular Front）政府企图通过提高薪资和缩短每周工作时间提高工人购买力时，这个观念遭到保守派攻击，因为它体现了激进主义和革命精神，这种精神是1920年代美国通过消费主导的商品以及服务爆炸造成的。

战争债务和德国赔款

一些欧洲人还为美国贴上吝啬的标签，因为它

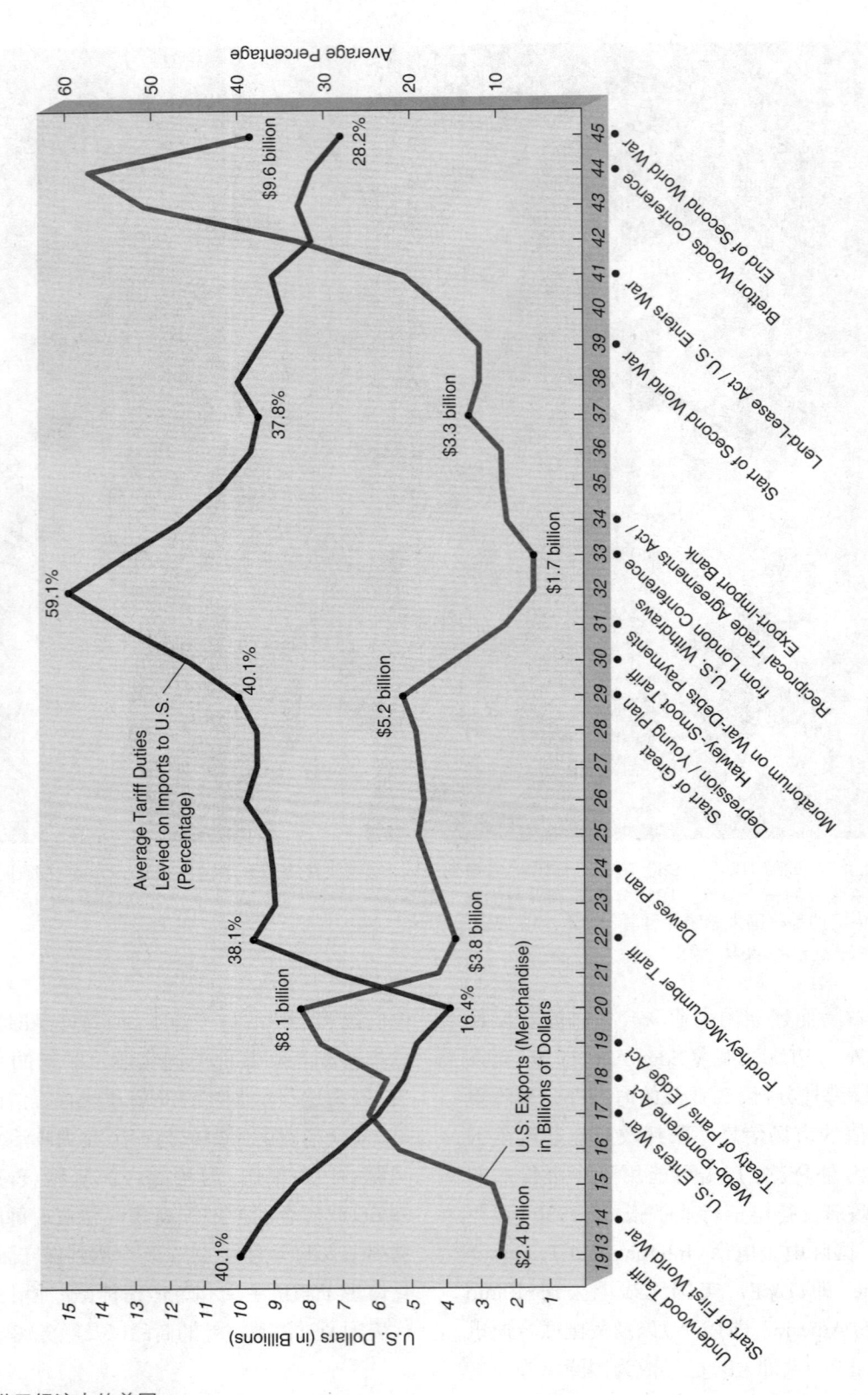

717 图表26.1 世界经济中的美国

1920年代和1930年代，全球大萧条和战争打消了美国对稳定经济秩序的期望。根据图表显示，非但如此，美国高关税意味着较低的出口额，进一步妨碍了世界贸易。开始于1930年年初的互惠贸易协定项目，目的在于缓解与其他国家的关税战争。

来源：美国统计局，《美国历史统计数据，殖民时期至1970年》(Historical Statistics of the United States, Colonial Times to 1970)，华盛顿特区，1975年

处理第一次世界大战债务和赔款的方式不够慷慨。28个国家陷入协约国内部的政府债务网，总数达265亿美元（其中96亿美元欠美国政府）。欧洲人还欠美国个人债权人另外的30亿美元。欧洲人敦促美国人将政府债务一笔勾销，当作对战争事业的慷慨解囊。他们愤怒地谴责道，欧洲在战争中抛头颅洒热血，而美国坐收渔翁之利。"让我们和欧洲人关系变得更差只有一个办法，"幽默作家威尔·罗杰斯（Will Rogers）道，"那就是帮助他们爬出两场战争，而不是一场。"美国领导人坚持要求欧洲各国偿还债务，一些人指出获胜的欧洲各国获得了大量领土和资源作为战利品。内布拉斯加参议员乔治·诺里斯（George Norris）强调国内优先，宣称如果欧洲偿还债务，美国就能在"每个县"建立高速公路。

对于德国330亿美元战争赔款的债务问题，一些人相信德国有能力但不愿意偿付这笔钱。无论如何，通货膨胀和经济混乱让德国举步维艰，于是开始不履行赔款义务。为了让国家从债务中脱身，抢占先机压制借着经济困境崛起的激进主义，美国银行家借出数百万美元。于是一个三角关系形成了：美国投资者的钱流入德国，德国向协约国支付赔款，协约国接着偿付对美国的部分欠款。美国制订的1924年道斯计划通过降低德国每年偿付金额来延长偿还期限，提供更多贷款，让这个链条转得更顺畅。美国还逐渐减少协约国的义务，至1920年代把债务砍去了一半。

但是一切都系于德国持续从美国借款，1928年和1929年，由于国内证券市场有利可图，美国对外借贷大幅下降。1929年降低德国赔款的杨计划不过是杯水车薪，在秋天的证券市场暴跌后，世界经济陷入混乱和崩溃。同年，英国拒绝了赫伯特·胡佛的提议，不愿割让英属洪都拉斯[Honduras，以及伯利兹（Belize）]、百慕大和特里尼达（Trinidad）来偿还债务。至1931年，当胡佛宣布延缓偿付时，协约国只偿还了26亿美元。受到大萧条的打击，它们不履行剩余债务，这是一场国际灾难。1934年，对欧洲愤怒不已的国会通过了《约翰逊法案》（Johnson Act），禁止美国政府借款给拖欠债务不还的外国政府。

贸易下滑

当大萧条越陷越深，关税战争显露出死灰复燃的经济民族主义。至1932年，约有25个国家对提高的美国关税进行报复（1922年《福德尼—麦坎伯关税法》和1930年《霍利—斯姆特关税法》中设立的），对外国进口产品征收更高的税。从1929年至1933年，世界贸易总额下降了约40%。美国商品出口从52亿美元极速下滑至17亿美元。

谁对世界范围的经济灾难负责？谴责的声音随处可闻。美国或许应该降低关税，这样欧洲人就可以把商品卖到美国市场，赚取美元偿还债务。美国人或许也可以尽力寻求一个详尽的跨国解决方案，处理战争债务问题。相反，在1933年伦敦会议上，罗斯福总统阻碍美国在国际货币稳定中的合作。欧洲人或许可以降低德国的巨额赔款。德国人或许应该少借些外债，多收税。苏维埃或许应该同意支付，而不是拒绝偿付俄国的40亿美元债务。

对于国务卿赫尔来说，从危机中找到出路取决于复兴世界贸易。他坚称，增加贸易不仅能帮助美国自己从经济停滞中脱身，还能促进世界和平。他把保护性关税称为"邪恶之王"，成功地说服国会于1934年通过了《互惠贸易协定》。这部重要的法律让总统有权通过与外国的特别协议来降低美国关税达50%。这一法案的核心特点是最惠国待遇，对方与任何其他国家签署协议，美国都能享受其设定的最低关税税率。比如，假如美国和比利时赋予彼此最惠国地位，比利时接着与德国协商降低对德国打字机征收的比利时关税，那么美国打字机也能获得同样的低关税。

1934年，霍尔还帮助建立了进出口银行（Export-Import Bank），这个政府机构为购买美国商品的外国人提供贷款。这家银行刺激了贸易，成为一种外交武器，让美国能够通过赞成或拒绝贷款来实现税率减让。但是短期来说，赫尔的宏图伟业——美国独立国际主义的例证——只带来毁誉参半的结果。

美国承认苏联

这几年的另一个重要政策决议背后也有经济动机：罗斯福政府在外交上承认苏联。整个1920年代，共和党人拒绝与苏维埃政府开启外交关系，苏维埃政府没能支付600万美元补偿征用的美国财产，并且拒绝偿付之前的俄国债务。对于很多美国人来说，共产主义者是无神论者、激进的反叛者，企图通过世界革命毁灭美国生活方式。尽管如此，1920年代末，美国企业如通用电气和国际收割机（International Harvester）进入苏维埃市场，亨利·福特签署了一份合约在那里建立汽车工厂。至1930年，苏联已经成为美国农业和工业设备的最大买家。

入主白宫时，罗斯福总结道，美国的拒绝承认并不能改变苏联体制，他推测更亲密的苏联—美国关系或许能促进经济，同时阻止日本扩张。1933年，罗斯福在外交上承认苏联，以换取苏联同意讨论债务问题，并同意赋予在苏联的美国人宗教自由和法律权利。

美国控制拉丁美洲

1921—1922年，休斯的华盛顿条约体系背后的前提是，特定势力有维持各自地区中秩序的责任，比如日本在东亚、美国在拉丁美洲。20世纪初，通过《普拉特修正案》（The Platt Amendment）、罗斯福推论和巴拿马运河，美国的军事干预和经济超然地位将一张帝国主义的罗网罩在拉丁美洲之上。第一次世界大战后，美国加快在西半球的主导地位进程。一名位高权重的国务院官员居高临下地评论道，拉丁美洲人不能取得政治进步，因为他们具有"低劣的种族品质"。然而，只要善加管理，他们是很容易相处的人。

他们确实受到了管理。美国建立的学校、道路、电话和灌溉系统遍布加勒比地区和中美洲各国。哥伦比亚和秘鲁的美国"财政医生"帮助改革关税和税收法律，并且邀请美国企业建设公共事业。华盛顿对多米尼加共和国和海地强加高利率个人贷款，作为在当地掌握影响力的手段。在萨尔瓦多、洪都拉斯和哥斯达黎加，国务院向政府施压，镇压反帝国主义知识分子。一段时期内，共和党政府限制了美国在西半球的军事干预，将前十年驻扎的军队撤离多米尼加共和国（1924年）和尼加拉瓜（1925年）。但是海军于1926年回到尼加拉瓜，终止保守派和自由派尼加拉瓜人之间的争端，并保护美国财产。在海地，1915年在伍德罗·威尔逊治下派遣驻扎的军队直到1934年才撤离，军人在那里维护支持华盛顿的政府掌权。美国当局始终把波多黎各当作殖民地（参见地图26.1）。

◀ 1930年11月，美国和俄国劳动者在苏联的下诺夫哥罗德（Nizhny Novgorod）建造亨利·福特工厂时通力合作。这家工厂计划每年生产30 000辆汽车，是这一时期无数进入苏联市场的美国企业中的一个。其他企业包括西屋（Westinghouse）、卡特彼勒（Caterpillar）、约翰迪尔（John Deere）、美国运通（American Express）和美国无线电公司（RCA）。

图片来源：贝特曼/科比斯

美国的经济实力

至1929年,美国在拉丁美洲的直接投资(排除债券和公债)总计35亿美元,美国出口商品占领了该地区的贸易。一个接一个国家经历了美国经济和政治决策影响。比如,美国人为智利黄铜设定的价格决定了智利经济的健康状况。北美石油决策者贿赂委内瑞拉政客,谋求减税优惠。

拉美民族主义者抗议他们的资源被美国榨干,变成美国企业的利润,让许多国家处于劣势地位。1928年,在哈瓦那美洲(Havana Inter-American)会议上,美国官员试图驳回一项声称"没有国家有权干涉另一个国家内政"的决议,但是没有成功。两年之后,一份权威智利报纸警告人们提防美国"巨人",无视"历史平等"而施加"经济权力",它的目标是"所有美洲人的美洲——仅限于北美"。在美国,爱达荷州参议员威廉·博拉(William Borah)呼吁授予拉丁美洲人自我决策的权利,让他们决定自己的未来。一些美国人还被随处可见的双重标准困扰。1932年,胡佛的国务卿亨利·L.史汀生(Henry L. Stimson)在抗议日本侵略中国时承认了这个问题:"只要我们把一个士兵派到南美洲……那么我在中国做的一切都是错的,日本以保护国人的幌子派遣部队,犯下大宗恶行。"

好邻居政策

美国正式放弃不受欢迎的军事干预,转向其他在拉丁美洲保持影响力的手段:泛美洲主义(这种概念可以追溯至大约50年前,旨在令北美和南美联系更紧密),支持强势的本土领导人,训练国家卫队,经济和文化渗透,进出口银行贷款,财政监督和政治颠覆。尽管大致的方针在富兰克林·罗斯福上任前就已存在,但是罗斯福于1933年给它取了个名字:"好邻居政策"。这意味着美国在统治过程中将不再那么高调行事,不再捍卫剥削的商业行为,不再积极发起军事远征,不再抗拒偶尔征询拉丁美洲人自己的意见。

"给他们分一点。"罗斯福道,他采取了几个商业措施。其中最引人注目的措施是,他下令驻扎在海地(自1915年)和尼加拉瓜(自1912年,1925—1926年曾暂时撤离)的军队撤回国,而且还恢复了巴拿马部分主权,提高了这个国家从运河中获得的收入。这类行为大大增强了罗斯福在拉丁美洲的人气,在一系列泛美洲会议中,他发誓西半球任何一个国家都不能干涉另一个国家的"内政或外交事务",他的形象进一步拔高。

▶ 两次世界大战之间,在拉丁美洲大量持股的美国企业中包括芝加哥的F.W. 麦克劳克林公司(F.W. McLaughlin & Co.)。图中的工人们在巴西桑托斯(Santos)的一个私营企业码头,正准备把咖啡装船运往美国。
图片来源:科特·泰希明信片档案(Curt Teich Postcard Archives),雷克县博物馆(Lake County Museum)

地图 26.1　两次世界大战期间的美国和拉丁美洲

美国常常干涉别国内政，以维持自己在拉丁美洲的霸权势力，而民族主义者憎恨主权事务受到外部干涉。好邻居政策减少了美国军事干预，但是美国的经济利益在西半球仍然非常强势。

来源：©圣智学习

在这里，罗斯福的承诺超过了他预计付出的限度。他的政府继续支持和鼓励该地区的独裁者，相信他们能促进稳定和保护美国的经济利益。["他或许是一个畜生（S.O.B.），"据称罗斯福曾经这样评价多米尼加共和国胡作非为的领导人拉斐尔·莱昂尼达斯·特鲁希略（Rafael Leonidas Trujillo），"但是他是我们这边的畜生"。] 1933年的一场革命让激进政府在古巴掌权时，罗斯福并不愿意接受现实。尽管他忍住没有向古巴派遣美国陆军部队，但是指示哈瓦那的美国大使与保守派古巴人合作，用一个对美国利益更友好的政权代替新政府。在华盛顿的支持下，军队士官富尔亨西奥·巴蒂斯塔（Fulgencio Batista）在1934年夺过权柄。

在巴蒂斯塔时期，古巴吸引和保护美国投资，与美国海外政策目标结盟，一直持续到1959年菲德尔·卡斯特罗（Fidel Castro）把巴蒂斯塔赶下台。作为回报，美国提供军事帮助和进出口贷款，废止不受欢迎的《普拉特修正案》，并且赋予古巴砂糖在美国市场上的优势地位。古巴进一步融入北美消费文化，美国游客蜂拥至哈瓦那的夜生活，那里充斥着朗姆、伦巴、卖淫和赌博。民族主义古巴人抗议他们的国家变成了美国的延伸，沦为一个属国。

与墨西哥民族主义的冲突

在墨西哥，罗斯福再次展现出他的前任们缺乏的克制水平。自从伍德罗·威尔逊于1914年和1916年派军队前往墨西哥，美国—墨西哥关系经历了几个不同阶段，两国政府就美国经济利益的权利争执不休。尽管如此，在第一次世界大战后，美国仍然是墨西哥的主要贸易伙伴，1934年美国占了墨西哥进口额的61%，并消化了52%的出口额。然而，当年拉萨罗·卡德那斯（Lazaro Cardenas）统治下的新政府发誓要把墨西哥变成"墨西哥人的墨西哥"，并且迅速地加强了行业工会，这样它们就可以组织罢工反对外国企业。

1937年，外国石油企业工人罢工，要求提高薪资和承认工会，但是包括标准石油公司在内的这些公司拒绝了工会的诉求，希望向西半球传达一个讯息：经济民族主义永远不可能胜利。在第二年的一份经济独立宣言中，卡德那斯政府大胆地将全部外国所有的石油公司充公，算计着欧洲即将到来的战争会让美国无暇攻击墨西哥。美国减少对墨西哥白银的购买，发起针对墨西哥的多国抵制行动。但是罗斯福拒绝了商业领袖的诉求，不愿进行军事干预，而是决定妥协，其中部分原因是害怕墨西哥人

▶ 中间的富尔亨西奥·巴蒂斯塔士官把手放在皮带上，照片拍摄于1933年9月7日。作为古巴军队陆军参谋长，他以"武装力量革命领袖"的头衔领导了政变，这次政变于前一天，即1933年9月6日导致德·塞斯佩德斯（de Cespedes）政府下台。

图片来源：美联社图片

会提高对德国和日本的石油销售量。谈判冗长而艰难，但是两国于1942年年中达成了协议，美国承认墨西哥拥有原材料，而且有权进行处置，而墨西哥则补偿企业失去的财产。

一般来说，在罗斯福统治下，好邻居政策可以说朝着名副其实迈进了一大步，至少美国现在是个明显好得多的邻居。即使它仍然是西半球的统治力量，但是它前所未有的自制在拉丁美洲人之间创造了希望，让他们相信一个新时代即将来临。然而该地区更清醒的民族主义者知道，如果不是因为欧洲和亚洲日益深化的矛盾，华盛顿或许会采取不同的行动。这些威胁创造了一种错觉，仿佛西半球的所有国家可以携手并肩。

欧洲步入战争

主要威胁来自复兴的德国。1933年3月5日，在富兰克林·罗斯福就职典礼后一天，德国的议会将独裁权力授予新元首，纳粹党领袖阿道夫·希特勒。这一行动标志着希特勒势力崛起的巅峰，假如大萧条没有以如此大的力量冲击德国，他的纳粹党可能还是个边缘党派。产量骤然下跌40%，失业率水涨船高，失业人口达到了600万，意味着五个劳动者中就有两个没有工作。加上分崩离析的银行体系，劫掠了德国人数百万存款，并且在他们中扩散了对于凡尔赛和平方案的憎恨，下跌的就业数据把大众的不满引向国家。当共产党人宣扬工人革命时，德国企业家和业主站到了希特勒和纳粹背后，其中许多人相信他们可以把他当作傀儡，只要他能阻碍共产党。他们错了。

像1922年掌握意大利权柄的贝尼托·墨索里尼一样，希特勒是个法西斯主义者。法西斯主义[在德国被称作纳粹主义或者国家社会主义（National Socialism）]是一系列思想和偏见，宣扬国家利益高于个人，独裁高于民主，极权主义高于言论自由，规范和国有经济高于自由市场经济，军国主义和战争高于和平。纳粹党人发誓不仅要复兴德国经济和军事力量，还要打击共产主义，"清洗"德国"种族"，毁灭犹太人和其他人，如同性恋和吉普赛人，希特勒毁谤他们是劣等人。1935年《纽伦堡法规》（Nuremberg Laws）剥夺了犹太人的公民身份，并且宣布犹太人不得与德国人通婚。犹太人不能从事教师、医生和其他职业，一半德国犹太人失业。

希特勒统治下的德国侵略

希特勒下定决心把德国从凡尔赛条约体系中解放出来，领导德国退出了国际联盟，终止了支付赔款，并且开始重新武装。秘密策划侵略政府邻国时，他充满赞赏地视察墨索里尼于1935年侵略非洲埃塞俄比亚的部队。第二年，希特勒下令踢着正步的军队进入莱茵兰，一个《凡尔赛条约》规定下去军事化的地区。德国胆怯的邻居法国并未阻止这一行为，希特勒欢呼道："这个国家属于有胆量的人！"

很快侵略者就聚首了。1936年，意大利和德国组成了"罗马—柏林轴心国"。不久之后，德国和日本在《反共产国际协定》（Anti-Comintern Pact）下联合对抗苏联。对于这些事件，英国和法国以绥靖政策作为回应，希望通过允许希特勒占领少量领地抑制他的扩张主义胃口。虽然从当时的认知角度看绥靖政策并非不合理，但是事实证明是灾难性的，这个满腹仇恨的德国领导人不知餍足，不断提高自己的要求。

希特勒也让西班牙感受到他的存在，1936年西班牙境内爆发内战。7月开始，西班牙的现政权拥护者捍卫西班牙的选举共和政府，抵制弗朗西斯科·佛朗哥（Francisco Franco）的法西斯运动。美国政府的官方立场是中立的，但是大约三千名被称作"国际纵队"（International Brigades）的亚伯拉罕·林肯营美国志愿军加入了拥护现政权的共和党人一方，这一方也得到了苏联的支持。与此同时，许多美国天主教徒相信佛朗哥能促进社会稳定，因此应该得到支持，这一观点也受到一些国务院的官员支持。希特勒和墨索里尼向佛朗哥派去援军，后者于1939年赢得胜利，加紧了法西斯主义对欧洲大陆的支配。

1938年年初，希特勒再一次试探了欧洲忍耐的底线，派遣士兵前往奥地利，吞并了他出生的国家。接着，他于9月占领了德语区捷克斯洛伐克苏台德（Sudeten）地区。当月绥靖达到了顶峰，法国和英国在慕尼黑同意希特勒侵吞这片领土，根本没有征求捷克意见，换得他不再夺取更多领土的保证。英国首相内维尔·张伯伦（Neville Chamberlain）回到英国，自信希特勒已经餍足，宣称"我们的时代和平了"。1939年3月，希特勒吞并了捷克斯洛伐克的其他地区（参见地图26.3）。

美国的孤立主义观点

美国人满怀忧虑地看着欧洲的矛盾愈演愈烈。许多人企图通过拥抱孤立主义远离骚乱，孤立主义的主要元素是憎恶战争，强烈反对美国与任何其他国家结盟。美国人从第一次世界大战中得到了有力的前车之鉴：这场战争破坏了改革运动，破坏了公民自由，危险地扩张了联邦和总统权力，干扰了经济，并且加剧了种族和阶级矛盾。1937年的民意调查显示，近2/3的人认为美国加入第一次世界大战是一个错误。

保守派孤立主义者害怕，假如美国再次参战，会导致更高税收和执行部门权力扩大。自由派孤立主义者担心，假如国家把更多经费花在军事上，国内问题或许会被忽略。许多孤立主义者预测，美国人试图把民主传播到海外或者充当世界警察时，或许会失去国内自由。绝大多数孤立主义者反对法西斯主义，谴责侵略，但是他们不认为美国应该承担欧洲自己都不愿意履行的义务：阻止希特勒。孤立主义情绪在中西部和反英国少数民族团体中最为强烈，尤其是美国的德国裔或者爱尔兰裔，但是这是一种全国的氛围，跨越社会经济、民族、党派和地域，吸引了大多数美国人。

奈氏委员会（Nye Committee）听证会

一些孤立主义者谴责企业的"军火商人"推动战争，帮助侵略者。一个由参议员杰拉尔德·P.奈（Gerald P. Nye）领导的国会委员会于1934—1936年之间举行听证会，评估美国加入第一次世界大战决策中商业和金融家扮演的角色。奈委员会无法证明美国军火制造商把国家拖入战争，但是它的确揭露了企业在1920年代和1930年代行使"腐朽商业主义"、贿赂外国政治家、鼓励武器销售并且游说反对军备控制的证据。

孤立主义者对美国与纳粹德国以及法西斯意大利的经济联系越来越警惕，怀疑这会威胁美国的中立。1937年，美国100强企业中有26家与德国公司签订了契约协议，包括杜邦、标准石油和通用汽车。1935年意大利入侵埃塞俄比亚之后，美国出口到意大利的石油、黄铜、铁屑和不锈钢大幅上升，尽管罗斯福号召对这种商业贸易进行道德抵制。一名陶氏化学（Dow Chemical）管理人员宣称："我们并不调查产品怎么被使用。我们只对卖产品感兴趣。"并不是所有美国企业家都这么想。比如，华尔街沙利文和克伦威尔（Sullivan and Cromwell）律师行，就斩断了与德国的联系，牺牲了丰厚利润，抗议纳粹对犹太人的迫害。

罗斯福签署了一系列中立法案，反映了民众对于远离欧洲纷争的意愿。国会企图保护国家，将在第一次世界大战期间危害美国中立地位的协约宣布为非法。《1935年中立法案》规定，一旦总统宣布交战状态的存在，武器将被禁止运往战争一方。罗斯福希望有权指明侵略者，并且只对其实施武器禁运，但是国会不愿把这样任意的权力赋予总统。《1936年中立法案》禁止向交战国借款。1937年的一项联合决议宣布美国在西班牙内战中保持中立后，罗斯福禁止向双方运输武器。《1937年中立法案》引入了现金购物自行运输的原则：想和美国交易的交战国必须为他们的非军事交易支付现金，并且用自己的船把货物从美国港口运走。这一法案还禁止美国人乘坐交战国的船只。

罗斯福的观念转变

1930年代，罗斯福总统也抱持着孤立主义观点。尽管在第一次世界大战之前他和他的堂叔西奥多一样,是一名扩张主义者和干涉主义者,但是在两次世界大战之间富兰克林·德拉诺·罗斯福较少谈及备战,更多提到裁军和战争的恐怖,较少提到辖治世界,更多谈论处理国内问题。1936年8月,在纽约肖陶扩村(Chautauqua)文化讲习集会上发表的一场激情澎湃的演讲中,罗斯福表达了盛行的孤立主义观点,并且试图在即将来临的大选中吸引和平主义选票:"我亲眼见过战争……我看见鲜血从伤者身上流下来。我看见肺部吸入毒气的人们咳嗽不止……我看见过母亲和妻子的痛苦。我恨战争。"他承诺,美国将置身于欧洲矛盾之外。在1938年的捷克斯洛伐克危机中,罗斯福支持绥靖,并且以一种"普遍的解脱感"拥护《慕尼黑协议》。

罗斯福对于德国、意大利和日本的傲慢行径越来越忧虑,他把这些侵略者称为"三大土匪国"。他谴责纳粹对犹太人的迫害以及日本在东亚的扩张主义行动。私下里,他指责英国和法国没能遏制希特勒。然而他自己在面对德国领导人时也谨小慎微。1938年11月,希特勒发动"水晶之夜"行动(Kristallnacht,或者叫作"砸玻璃窗之夜",名字来源于街道上散落的玻璃碴),袭击犹太教会堂、商店和住宅,并将数万犹太人送到集中营。罗斯福非常震惊,召回美国驻德国大使,并且允许持访问许可的15 000难民长时间留在美国。但是他不愿采取更多措施,比如与希特勒断绝贸易关系,或者推动国会放松1920年代实施的严格移民法律。国会方面拒绝所有措施,包括允许20 000名14岁以下儿童入境的法令。受到经济问题和广泛传播的反犹太主义驱使,超过80%的美国人支持国会维持移民限制的决议。

即使是"圣路易斯"号的悲剧航行也没有改变政府政策。这艘船只于1939年年中载着930名绝望的犹太难民离开汉堡,他们没有齐全的移民文件。被拒绝进入哈瓦那,"圣路易斯"号掉头开往迈阿密,海岸卫队(Coast Guard)的快艇阻止他们靠岸。这艘船被迫返回欧洲。其中一些难民前往后来被希特勒军团践踏的国家避难。"'圣路易斯'号的航行,"《纽约时报》写道,"向苍天哭诉人类对人类的冷漠无情。"

不过,罗斯福已经开始暗中采取行动,为战争做准备。1938年年初,他成功地向众议院施压,驳回了由印第安纳民主党路易斯·洛德罗(Louis Ludlow)提议的宪法修正案,该修正案要求国会在宣战生效之前进行全国公投(除非美国遭到攻击)。同年,慕尼黑危机之后,罗斯福立即请求国会拨款建立空军,他相信这对于威慑侵略至关重要。1939年1月,总统秘密决定向法国出售轰炸机,私下说:"我们的前线在莱茵河。"尽管运往法国的五百多架战斗机并没有阻挡战争,但是却刺激了美国航空业的发展。

对于罗斯福和其他西方领导人来说,1939年希特勒吞并整个捷克斯洛伐克是一个转折点,迫使他们面对赤裸裸的新现实。直到这时,他们一直可以轻描淡写地解释希特勒的行为,说他只是试图重新

▲ 德国领袖阿道夫·希特勒(1889—1945)被这幅政治宣传画环绕,其中充满了象征仇恨、种族灭绝和战争的意象:画着纳粹党党徽标志的纳粹旗帜、独裁者口袋上的铁十字、发誓效忠的纳粹军队。反犹太的希特勒把美国贬斥为"犹太垃圾堆",满是"卑劣和堕落","没能力发动战争"。

图片来源:美军军事历史中心(U.S. Army Center of Military History)

统一德语区民族。但是现在这种论点不再成立了。巴黎和伦敦的领导人意识到,要阻止这个德国领袖必须通过武力。当希特勒开始觊觎邻国波兰时,伦敦和巴黎宣布将站在波兰人一边。1939年8月,柏林无所畏惧地与莫斯科签署互不侵犯条约。苏联领导人约瑟夫·斯大林(Joseph Stalin)相信西方对希特勒的绥靖让他别无选择,只能与柏林协商。但是斯大林也觊觎领土:条约附带的一份最高机密议定书把东欧分割成德国和苏联区,并且允许苏联占领波兰的东半部和三个波罗的海国家——立陶宛、爱沙尼亚和拉脱维亚,这几个国家原本属于俄罗斯帝国。

波兰和第二次世界大战爆发

9月1日清晨,德国坦克纵队驶入波兰。德国战斗机掩护进军,由此发起了一种新的战争形式——闪电战(blitzkrieg),即高度机动的陆军和装甲车配合战斗机。48小时内,英国和法国对德国宣战。"这一天最终来临了,"富兰克林·罗斯福喃喃道,"上帝会帮助我们所有人。"

欧洲于1939年步入战争深渊时,罗斯福宣布中立,并恳请废除武器禁运。密歇根州的孤立主义参议员亚瑟·范登堡(Arthur Vandenberg)振聋发聩地反驳,美国不可能成为"交战其中一方的军火库,而不成为另一方的目标"。然而,在长时间辩论之后,国会于11月撤销了对战争物资的禁运令,并允许现金交易自行运输的武器出口。罗斯福开始运用"除了战争以外的所有手段"帮助同盟国。希特勒嘲笑"一半犹太化……一半黑人化的"美国"没能力发动战争"。

日本、中国和亚洲新秩序

当欧洲屈服于政治混乱和战争时,亚洲遭受日本的侵略。美国在亚洲的利益受到威胁:菲律宾和太平洋岛屿、传教团、贸易和投资以及中国的开放门户政策。美国持有传统的传教观念,相信他们是中国的特殊朋友和保护者。"在上帝的帮助下,"内布拉斯加参议员肯尼斯·威利(Kenneth Wherry)曾经宣称,"我们将把上海提升,提升,再提升,直到它像堪萨斯城一样。"赛珍珠(Pearl Buck)的畅销小说《大地》(*The Good Earth*, 1931)六年后被拍成广为流传的电影,颠覆了美国人长期以来对中国人的刻板印象,即认为中国人非我族类,是不正常的"异教徒"。赛珍珠把中国人描写为高尚而坚韧的农民。作为长老会牧师家庭的女儿,赛珍珠将美国人对中国人的负面印象转变为正面。形成鲜明对比的是,贪婪成性的日本隐约成为美国方式和利益的威胁。东京政府似乎企图征服中国,并使平等贸易和投资机会的开放门户原则失灵。

中国人本身并不希望亚洲出现美国人。像日本人一样,他们想减少西方人的影响力。中国的1911年辛亥革命犹在眼前,这场革命损坏了美国财产,危及了美国传教团。中国民族主义者谴责美国的治外法权帝国主义行为(被指控犯罪的外国人免受中国法律裁决的豁免权),而且他们还要求终止对中国主权的冒犯。

蒋介石

1920年代末,中国爆发内战。蒋介石将毛泽东及其共产主义追随者驱逐出。美国人赞扬这一反布尔什维克主义行为,蒋介石于1930年皈依基督教。蒋介石的妻子宋美龄也赢得了他们的心。蒋女士在美国受教育,说着一口完美的英语,身着西方服饰,与美国名流建立良好的关系。美国官员向蒋介石示好,于1928年签署条约放弃了一项帝国主义遗留制度,把关税控制权还给中国人。

日本人日益提防美国和中国的联系。20世纪初,日本在中国东北、山东和朝鲜获得影响力,日美关系逐步恶化。日本人不仅企图将西方帝国主义者逐出亚洲,还打算占领生产原材料的亚洲领土,作为依赖进口的岛屿国家,这是他们或缺的。日本人还对1924年的歧视性移民法律怀恨在心,这一法律禁止他们移民美国,并且宣布他们为"不符合公

昨日重现

德国在波兰发动闪电战

欧洲的第二次世界大战持续了近六年。然而，它的开始很突然，1939年9月1日第二次世界大战前夕，纳粹德国入侵波兰。巨大的坦克、排成长队的德国军人，各大国际报刊头条都呈现了德国闪电战的视觉信息。这些画面组合起来，传达了德国技术和人力上的优势以及侵略的严重后果。哪幅图在你看来最富冲击力，为什么？如今你如何获得类似重大事件的信息？

▲ 德国宣传明信片展示闪电战中的装甲车坦克。
图片来源：迈克·尼克尔森/科比斯

▲ 德国部队在闪电战后进入波兰。
图片来源：STF/法新社/盖蒂图库

▲ 伦敦《标准晚报》于1939年9月1日的头版，宣布德国侵略波兰。
图片来源：赫尔顿档案（Hulton Archive）/盖蒂图片社（Getty Images）

民资格的外国人"。国务卿休斯敦促国会不要通过这一法案；当国会驳回他的劝告时，他悲伤地把这部法律称作对日美关系的"持续伤害"。尽管华盛顿会议签署了条约，但是海军竞赛仍然持续，商业领域也有竞争。在美国，廉价日本商品的进口，尤其是纺织品，引发了"买国货"运动和抵制。

727 东北危机

1931年，日本军队占领中国东北，中国被内战削弱无力反抗，日美关系因此进一步恶化。东北比得克萨斯更大，对日本来说既是抵御苏联人的缓冲带，也是重要的煤炭、钢铁、木材和食物来源。日本海外投资超过一半在东北。"我们在寻找能够让我们喘息的空间。"一名日本政治家说道，称他那拥挤的岛国（6 500万人口挤在一个比加州稍大的地方）为了生存必须扩张。尽管占领东北破坏了《九国条约》以及《凯洛格—白里安公约》，但是美国没有办法迫使日本撤退，而国际联盟除了谴责东京政府什么也做不了。美国以一场道德说教作为回应，被称为"史汀生主义"（Stimson Doctrine）：美国不会承认任何破坏中国主权或开放门户政策的措施，国务卿史汀生于1932年宣称。他自己后来将这一政策描述为"虚张声势"。

日本继续向中国施压。1937年年中，由于日本的挑衅，中日战争全面爆发。日本军队占领北京和沿海城市。上海遭到残忍轰炸，进一步强化了美国的反日情绪。参议员诺里斯谴责日本人"卑劣、无耻、野蛮和残忍，难以言表"。作为一名孤立主义者，随着每一次日本进攻，他离孤立主义越来越远。罗斯福允许中国购买美国武器，同时拒绝宣布存在战争，以此规避中立法案。

罗斯福的隔离演说

在1937年10月5日谴责侵略者的演说中，总统呼吁以"隔离"抑制"世界无法无天的瘟疫"。认为华盛顿对日本过于温和的人们发出欢呼。而孤

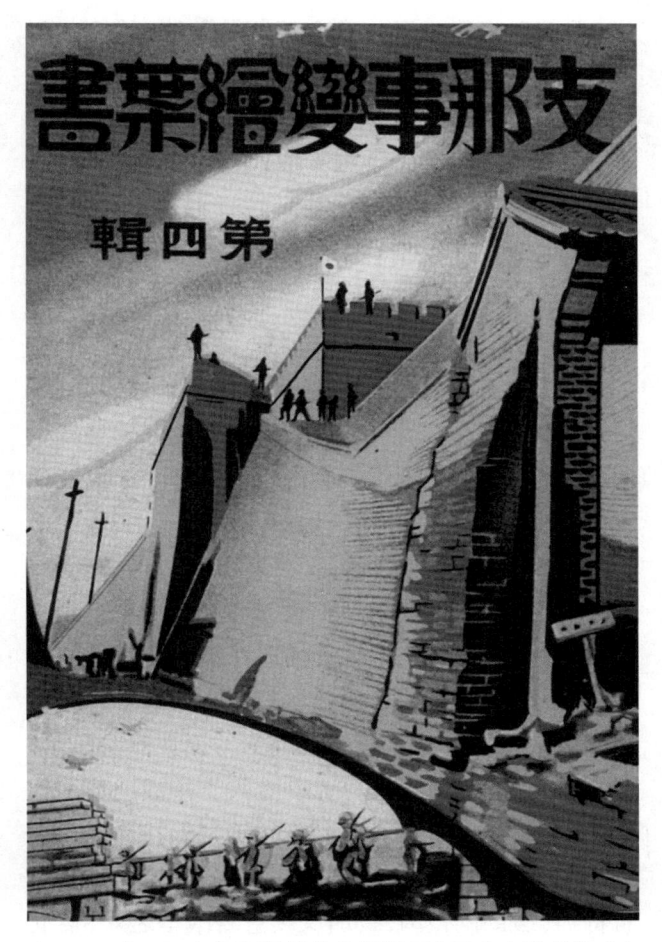

▲ 1937年，日本全面侵华战争爆发后［日本人称其为"中国事变"（China Incident）］，日本明信片出版商发行了大量明信片，展示"新政府"的领土、武器和军旅生活。士兵们可以把明信片寄给日本的家人。这幅图出现在1930年代末一套八张明信片的封套上，上面写道："中国事变明信片——第四辑。"

图片来源：埃里克·波利策（Eric Politzer）

立主义者警告人们，总统正在向战争倾斜。12月12日，日本飞机击沉标准石油公司油轮在长江上的护卫舰美国炮艇"班乃"号（Panay）。两名美国水手在袭击中死亡。当东京道歉并提出赔偿损失时，罗斯福松了一口气。

日本宣称在亚洲建立"新秩序"，用一个美国官员的话来说，"用力关上了"开放门户。1930年代末，心生警惕的罗斯福政府为蒋介石当局提供贷款，出售军事装备。国务卿赫尔宣称对运输飞机到日本采取道德禁运。与此同时，在1938年10亿美元国会拨款的帮助下，美国海军继续发展。至1939年年

中，美国已经终止了与东京的贸易条约，然而美国人继续把石油、棉花和机械运输到日本。政府对发起经济制裁非常犹豫，因为这种压力或许会点燃日本—美国战争，此时德国正造成更严重的威胁，而且美国并没有准备参战。1939年夏末，战争于欧洲爆发时，日美关系僵持不下。

美国加入第二次世界大战

僵持不下的局面对于许多美国人来说没什么问题，只要能让美国远离战争。但是这个国家能独善其身多久呢？罗斯福于1939年评论道，美国无法"在这个国家周围画一条防御线，完全与世隔绝地生活"。托马斯·杰弗逊的1807年禁运令就已经尝试过这种做法——"这该死的东西不起作用"，并且"我们最终还是陷入了1812年战争"。总统坚持道，美国无法将自己与世界大战隔绝。民意测验显示，美国人强烈支持同盟国，大多数人支持援助英国和法国，但是绝大多数人强烈希望美国保持和平。这些自相矛盾的建议让总统无比困扰——既要反对希特勒、援助同盟国，同时又要置身战争之外，然而他慢慢把国家从中立引向心照不宣的对德战争，接着在日本袭击珍珠港后，演变成全面战争。

由于风险非常高，美国人在1939年至1941年激烈地辩论外交政策何去何从。史无前例地，大批美国人就外交事务发表观点，并且加入探讨这些问题的组织。美国的主要新闻渠道——广播的普及让公众得知毛骨悚然的事件，引起了极大关注。少数民族与交战国以及侵略受害者之间千丝万缕的关系也致使民众日益关心局势。美国退伍军人协会、女选民联盟（League of Women Voters）、工会和援助同盟国保卫美国委员会（Committee to Defend America by Aiding the Allies）的地方分支机构以及孤立主义组织美国优先委员会（America First Committee，都成立于1940年）为公民提供了参与全国辩论的途径。非裔美国教会组织发起反意大利经济抵制，抗议墨索里尼侵略埃塞俄比亚。

1940年3月，苏联侵略芬兰。4月，德国征服丹麦和挪威（参见地图26.2）。"小国家被瓦解。一个接一个，就像火柴棍一样。"温斯顿·丘吉尔道，他于1940年5月10日，德国袭击比利时、荷兰和法国那天就任英国首相。德国部队最终把法国和德国军队逼退至英吉利海峡。5月26日至6月6日，30多万名同盟国士兵乘坐小船组成的船队从法国敦刻尔克（Dunkirk）疯狂逃回英国。一个星期后，德国占领了巴黎。6月22日，一个位于维奇镇（Vichy）的新法国政府决定与征服的纳粹合作，把法国拱手让于柏林。将法国从大战中淘汰之后，德国空军对英国发起了大规模轰炸，准备发动全面侵略。震惊的美国人不由担心华盛顿或纽约会成为德国空军的下一个目标。

一个接一个的欧洲国家被迅速打败，美国人心生警惕，逐渐摆脱了孤立主义情绪。一些自由主义者脱离了孤立主义，孤立主义日益成为保守派的势力范围。民众情绪高涨。罗斯福把孤立主义者称作"鸵鸟"，谴责一些人是支持纳粹的颠覆分子。总统向美国人保证，不一定必须牺牲新政改革才能达到军事备战的目的，开始帮助被围困的同盟国，防止英国的陷落。1940年5月，他下令将现有的剩余军备卖给英国和法国。7月，他将共和党人亨利·刘易斯·史汀生和弗兰克·诺克斯（Frank Knox）分别任命为战争部部长和海军部部长，两人都是援助同盟国的热心支持者，通过此举，罗斯福赢得了两党的支持。9月，总统通过行政协定，把超过50年的美国驱逐舰出租给八个英国军事基地，包括纽芬兰、百慕大和牙买加。

第一个和平时期征兵法案

两星期后，罗斯福签署了引起激烈辩论并以微弱优势通过的《选择性训练和服役法案》成为法律，这是美国历史上第一个和平时期征兵法。这一法案要求所有年龄在21岁和35岁之间的男性登记。很快，超过1 600万人登记，入伍通知开始派发。与此同时，罗斯福于1940年11月赢得连任，他向人民承诺和平："你们的孩子不会被派去参加任何外国

地图 26.2　德国进军

希特勒占领欧洲的动机推动德国军队深入法国和苏联。英国遭受重创，但是在美国经济和军事援助的帮助下坚持下来，直到1941年末美国加入第二次世界大战。

来源：©圣智学习

战争。"共和党候选人温德尔·威尔基在兴起的两党合作中并没有把外交政策视为问题，他怒道："那个虚伪的狗娘养的！他这么说我输定了！"事实的确如此。

罗斯福宣称美国可以通过帮助英国赢得战争而置身事外。他称，美国必须成为"民主的伟大军火库"。1941年1月，国会就总统的军备租借法案进行辩论。总统解释道，由于英国已经破产，美国应该出借而非出售武器，就像把花园水管借给邻居灭火。大多数立法者甚至不需要说服。1941年3月，全国上下支持英国的情绪高涨，众议院以317对71票，参议院以60对31票通过了《租借法案》。一开始的拨款是70亿美元，但是到战争结束时数额达到了500亿美元，其中超过310亿美元给了英国。

为了确保安全运输租借武器，罗斯福下令美国海军将货物护送到大西洋中间，他还派遣美国军队前往格陵兰。7月，总统向那里派遣了海军，称冰岛对于捍卫西半球至关重要。希特勒于6月袭击苏联（因此粉碎了1939年的纳粹—苏联互不侵略条约）时，罗斯福还向苏联派送租借援助。帮助苏联人可以在东部阻挡200个德国师，罗斯福合计道，这样英国就可以得到喘息的空间。丘吉尔长期以来反对共产主义，如今也支持援助苏联："假如希特勒入侵地狱，我至少可以在下议院为恶魔说几句好话。"

《大西洋宪章》

1941年8月，丘吉尔和罗斯福在停靠在纽芬兰岸边的英国战舰上进行了为期4天的会晤。他们相处得很好，交流海军故事，罗斯福很高兴地发现丘吉尔是半个美国人（他的母亲来自纽约）。这两位

放眼天下

广播新闻

在无线电广播刚出现的数年中，广播站很少播报新闻。广播网的决策人相信他们的工作是娱乐美国人，而时事新闻应该留给报纸。然而广播具有传统通信媒体无法企及的能力：它不仅可以播报已经发生的事，还可以随时进行跟踪报道。

富兰克林·罗斯福是最早利用广播这一潜力的人之一。作为纽约州州长，他时不时参加广播节目，成为总统后，他开始了围炉夜话节目。罗斯福拥有适合这个媒介的完美嗓子，他向大萧条中遭受苦难的美国人保证，尽管目前的处境很艰难，但是政府正在竭力帮助他们。这些广播谈话如此成功，以至于用一名记者的话说："总统只需用广播就能让国会接受一切条件。"

大西洋彼岸，另一名领袖也很明白广播的力量。阿道夫·希特勒很早就决定用德国广播直接向人民发表演讲。他的讯息是德国受到外国敌人、国内马克思主义者及犹太人的欺侮。但是在希特勒领导下的纳粹将带领这个国家重新走向辉煌。当"胜利万岁！"（Sieg Heil）在电波中回响，数百万德国人开始将希特勒视为他们的救星。

1938年，欧洲的事件升级成危机，美国广播网增加了新闻报道比例。3月，希特勒吞并奥地利时，美国国家广播公司（NBC）和哥伦比亚广播公司（CBS）在固定节目中插播了新闻公告。接着，3月13日星期六晚上，哥伦比亚广播公司先声夺人，播报了第一个国际新闻综述，这场半小时的节目呈现了德国占领欧洲重要首都的实况报道。美国广播的一个全新时代降临了。用作家约瑟夫·波斯科（Joseph Persico）的话来说，广播的革命性在于让"听众身临其境地感觉"遥远欧洲发生的事件。

法国和英国领袖当年在慕尼黑与希特勒会面时，成百上千万的美国人专心致志地收听实况新闻追踪报道。通信员很快变得举国闻名，其中最著名的莫过于哥伦比亚广播公司的爱德华·R.摩洛（Edward R. Murrow）。1940—1941年德国空袭伦敦时，摩洛富有磁性又低沉沙哑的嗓音让美国人欲罢不能。"这——是伦敦，"每次报道之前他会这样开始，接着进行富有画面感的描述，"报道人们（美国人）没有经历的苦难。"

摩洛坚定地支持同盟国，他的报道称颂温斯顿·丘吉尔的伟大和英国的勇敢，毫无疑问加强了华盛顿的干预主义声音。不过，更重要的是，来自欧洲的广播报道让美国人感觉与身在数千英里之外、远隔重洋的人们更贴近了。正如美国作家阿齐博尔德·麦克利什（Archibald MacLeish）对摩洛的广播的评论："没有矫饰，没有戏剧性，没有多余的情感，你消除了对距离和时间的迷信。"

◀ 战时伦敦，爱德华·R.摩洛在打字机旁。
图片来源：国会图书馆

领导人签署了《大西洋宪章》,这让人联想起威尔逊主义的战争目标:集体安全、裁军、自我决策、经济合作和海洋自由。丘吉尔后来回忆道,总统在纽芬兰告诉他,他不能要求国会对德国宣战,但是"他将发动战争"并且"变得越来越激进"。

数日后,德国和美国船只在大西洋中正面相遇。9月4日,一艘德国潜水艇向美国驱逐舰"格瑞尔"号(Greer)发射鱼雷(但是没有击中)。从此以后,罗斯福称,美国海军有权在受到威胁的情况下率先开火。他还宣布了一项已经私下许诺丘吉尔的政策:美国战舰将在大西洋中为英国商船保驾护航。因此,美国未宣战但是实际已经对德国展开海军战争。10月初,在冰岛沿岸,一艘德国潜水艇发射鱼雷击中美国驱逐舰"卡尼"号(Kearny)。总统宣称:"攻击已经开始。历史已经记录下是谁发射了第一炮。"当月,当驱逐舰"鲁本·詹姆斯"号(Reuben James)被击沉,100多名美国人丧生,国会废除了现金交易自行运输政策,进一步修改中立法案,允许用武装的美国商船向英国运输军火。美国已经到达了成为交战国的边缘。

美国对日本的要求

第二次世界大战取道亚洲降临美国,似乎显得很讽刺。为了集中美国资源打败德国,罗斯福希望避免与日本开战。1940年9月,德国、意大利和日本签署《三国同盟条约》(Tripartite Pact,形成轴心势力),罗斯福向日本发起限制运输飞机燃料和碎金属的禁运令。总统相信日本会把切断石油看作生死存亡的大事,因此并没有禁运这种关键商品。但是在1941年7月日本军队占领法属印度后,华盛顿冻结了美国境内的日本资产,事实上终止了与日本的贸易(包括石油)。对日本来说,"石油量器等同于计时器。"一名观察者写道。

东京建议罗斯福总统和首相近卫文麿公爵(Prince Konoye)举行峰会,但是美国拒绝了这个想法。美国官员坚持日本应该首先同意尊重中国主权和领土完整,尊重开放门户政策,一言以蔽之,离开中国。根据1941年秋天的民意测验,美国人似乎愿意冒与日本开战的风险,也要阻挠其进一步侵

▶ 1941年8月峰会期间,总统富兰克林·德拉诺·罗斯福(左)和英国首相温斯顿·丘吉尔(1874—1965)在纽芬兰附近的一艘船上会晤。在会议上,他们签署了《大西洋宪章》。回到英国后,丘吉尔告诉顾问们,罗斯福保证对德国"发动战争",并且将"不择手段"地"引发一个事件"。

图片来源:富兰克林·德拉诺·罗斯福图书馆

略。对于罗斯福来说,欧洲仍然是重中之重,但是他支持国务卿赫尔的强硬政策,反对日本的大东亚共荣圈计划——这是日本为计划占领的亚洲大片地区取的名字。

罗斯福让他的顾问安排日美谈话以争取时间,用这段时间巩固菲律宾的防御,同时解决欧洲的法西斯主义者。通过破译日本外交密码和"魔法行动"(Operation MAGIC)中途拦截的情报,美国官员得知东京的外交耐心正在快速消耗。11月末,日本人拒绝撤离印度的要求。12月3日美国专家破译密码的消息命令在华盛顿的日本大使馆人员烧毁了密码,毁去了密码机器——这一步骤预示着战争即将到来。

偷袭珍珠港

日本人策划对夏威夷珍珠港发起大胆突袭。60艘日本船只组成的舰队和六艘载着360架飞机的航空母舰在太平洋上航行3 000英里。为了躲避侦查,每艘军舰都停止发送无线电信号。12月7日清晨,火奴鲁鲁西北部约230英里,航空母舰放下飞机,每架飞机上都画着红色太阳符号,代表日本国旗。它们狂风骤雨般地对毫无防备的美国海军基地和附近的飞机场发动攻击,投下鱼雷和炸弹,低

▲ 被击中的"西弗吉尼亚"号(West Virginia)是1941年12月7日日本偷袭夏威夷珍珠港事件中陷落的八艘军舰之一。照片中,船员乘坐救生船,试图把一名同伴从水中拉出来,沉船被燃烧的油包围。
图片来源:美军

空扫射建筑物。

美国军舰"亚利桑那"号（Arizona）成为日本炸弹的牺牲品，其甲板下爆炸，导致1 000多名船员死亡。"内华达"号（Nevada）试图逃往海中，但是第二波空袭击中了这艘军舰。侵略者总共击沉及破坏了八艘军舰和许多较小的船只，粉碎了地面上的160多架飞机。16岁的玛丽·安·拉姆齐（Mary Ann Ramsey）在一个防空堡垒中缩成一团，眼看着伤员被抬进来，"裂开的皮肉覆盖着肮脏的黑油。第一个船员被严重烧伤，我的恐惧消失了；他让我看到了那一天完整的悲剧。"总共有2 403人死亡，1 178人受伤。因为意外，三艘航空母舰碰巧出海，躲过了劫难。从战争结果的角度来看，珍珠港悲剧与其说是灾难不如说是军事打击。

解释珍珠港事件

偷袭珍珠港为什么会发生？不管怎么说，美国密码专家已经破译了日本外交密码。尽管破解的日本情报告诉决策者战争在即，但是情报并没有披露海军或军事计划，也从来没有特别提到珍珠港。罗斯福并没有像一些批判者谴责的那样，阴谋让舰队毫不设防地遭受攻击，这样美国就能通过亚洲的"后门"进入第二次世界大战。珍珠港的军事基地并没有进入红色警戒状态，因为来自华盛顿的战争警告被随意地用慢速方式传送，到得太晚了。基地指挥官太放松，相信夏威夷离日本太远，不可能是全力进攻的目标。就像罗斯福的顾问一样，他们预测攻击会发生在英属马来半岛、泰国或菲律宾。珍珠港灾难源自失误和信息不足，而非阴谋。

12月8日，罗斯福将前一天称作"将永远留驻在恶名中的一天"，他请求国会对日本宣战。他指出日本几乎同时袭击了马来半岛、中国香港、关岛、菲律宾、威克岛（Wake）和中途岛。罗斯福发誓美国人将永远不会忘记"日本对我们这次袭击的性质"，他表达了一种盛行的复仇感。参议院投票全体通过，众议院投票为388对1票，美国将投身战争。蒙大拿代表珍妮特·兰琦（Jeannette Rankin）投了反对票，她在第一次世界大战时也反对美国参战。三天后，德国和意大利也对美国宣战，以示对1940年9月与日本签署的《三国同盟条约》的尊重。"希特勒的命运是未知的，"丘吉尔后来写道，"墨索里尼的命运是未知的。但是对日本来说，他们将被碾成粉末……我躺在床上，睡了个安稳而感激的觉。"

根本的体制冲突解释了战争为什么会到来。德国和日本偏爱分裂成一个个封闭影响圈的世界。而美国追求自由资本主义世界秩序，在这个体系中，所有国家都能享有贸易和投资自由。美国原则显示了对人权的尊重；而欧洲的法西斯主义者和亚洲的军国主义者挑衅地践踏这些权利。美国以民主体制为傲。而德国和日本则拥护倚靠军事的极权政权。当美国抗议德国和日本扩张时，柏林和东京谴责华盛顿使用双重标准，简单地忽略了它自己在拉丁美洲的影响圈，以及其军事和经济扩张的历史。美国人反驳这种类比，宣称他们的扩张主义不仅让自己也让整个世界受益。这么多势不两立的目标和前景阻碍了外交，使战争一触即发。

可避免的战争？

这场战争一触即发，但是或许并非不可避免。至少从日本方面来看，1941年秋天更灵活的美国协商姿态或许能避免美日战争？这是个令人浮想联翩的问题。私下里，美国领导人终究承认他们大体上对日本在中国的行动毫无影响力；他们相互之间也承认，日本从中国撤退将耗费数月才能实现。所以为什么公开坚持日本必须退出，并且立即退出？为什么不勉强默认日本占领中国，与东京政府至少重新开启有限贸易，以避免日本进一步在东南亚进行扩张？这种政策或许会推迟与日本的摊牌，让美国继续把关注焦点放在欧洲战争，并给华盛顿争取更多武装时间。历史学家戴维·M.甘乃迪（David M. Kennedy）写道："在这些情况下，日本—美国战争是否本可以避免，这是最沉重的假设问题之一，涵盖了美国反希特勒斗争的本质

总统愚民

1941年9月4日，美国驱逐舰"基尔"号（Greer）跟踪德军前往冰岛的U-652潜水艇数小时，其后该潜艇对"基尔"号发射两枚鱼雷。"基尔"号两次将U型潜艇的位置报告给英国巡逻轰炸机，其中一架轰炸机对潜艇投下深水炸弹。在错失目标的鱼雷攻击后，"基尔"号也投放了深水炸弹。但是9月11日在一次戏剧性的无线电"围炉夜话"演说中，罗斯福总统描述这场交战时宣称该艘德国潜艇未经提醒率先发起攻击，并抗议德国的"海盗行为"违反了海域自由原则。

罗斯福在9月4日发生的一系列事件中误导了美国人民。这一事件与海域自由毫无关系——这一原则只适用于中立商船，而非在战争区域航行的美国军舰。罗斯福的措辞已达到了号召动用武力的程度，但是他并未向国会申请对德宣战。总统相信他必须欺骗美国人民，以便让他们向高尚立场前进，而这种立场最终是必要的。这一策略奏效了：民意调查显示，在基尔事件之后，大部分美国人赞成罗斯福"见一个打一个"的政策。

然而，随着时间的流逝，人们开始质疑——即使是同意必须阻止德国的人。批评者发现罗斯福的手段是对民主进程的威胁，在不诚实和篡夺国会权力的环境下，民主是不可能推进的。1960年代，在越南战争期间，阿肯色州参议员J.威廉·富布莱特（J. William Fulbright）回顾了这一事件："罗斯福出于善意采取狡诈手段，使林登·约翰逊更容易将同样手段用于恶的事业。"在1980年代，里根政府的官员故意且公开就美国向伊朗出售武器一事撒谎，并隐瞒了美国政府对尼加拉瓜叛乱武装的暗中帮助。2003年3月美国攻打伊拉克之后，有人质疑乔治·W.布什总统及其副手宣称伊拉克藏有大规模杀伤性武器并且其领袖萨达姆·侯赛因有意使用这些武器的声明同样是谎言。批评者称，布什使用的是"大规模欺骗性武器"，只是为了将美国入侵伊拉克正当化。

在罗斯福之后，总统们发现夸大、扭曲、隐瞒甚至欺骗外交事实以控制民意，让人民支持自己的政策变得更为容易了。其中一个结果是"帝国主义总统权力"的发展——总统从国会攫取权力，不择手段达到目的。为了总统所谓的高尚目的采取欺骗行为是罗斯福为这个民族和国家留下的遗产之一。

和时机，也充满着战后欧洲以及亚洲形态的暗示。"尽管如此，事已至此，美国现在已经准备在相隔半个世界的两个舞台上发动战争。

结语

事实证明，在1920年代和1930年代，美国人无法创造一个和平而繁荣的世界秩序。华盛顿会议的合约没能抑制海军军备竞赛，也没能保护中国，道斯计划和《凯洛格—白里安公约》都收效甚微。慈善活动无法满足需要，而文化美国化的进程并非万灵药。在大萧条时期，从保护主义关税到互惠贸易协定，美国贸易政策只略微改善了美国和国际贸易。对苏联的外交承认对两国关系几乎没有什么改善。最不利的是，侵略者德国和日本忽略了从史汀生主义以来美国的反复抗议；由1930年代向前推进，美国在欧洲和亚洲的危机中越陷越深。即使美国势力和政策在拉丁美洲似乎能达到好邻居政策的目标，当地的民族主义仇恨情绪也在慢慢升起，墨西哥挑战了美国的统治。

1930年代和1940年代初，罗斯福总统犹豫而亦步亦趋地将美国从中立引向援助同盟国，这时已濒临交战状态，最终在珍珠港事件后宣战。在日益增长的危险和逐渐退却的孤立主义面前，国会逐步修改和废除中立法案。独立的国际主义、经济及非军事手段获取和平最终让位于结盟和战争。

然而第二次世界大战也为美国提供了第二次重新纠正世界秩序的机会。正如出版人亨利·卢斯（Henry Luce）在《美国世纪》（*American Century*, 1941）一书中写道，美国必须"向世界施加我们完全的影响力，为了达到我们视为恰当的目的，以我们视为恰当的手段"。就像之前的许多次一样，美国人再次集合到星条旗下。孤立主义者和总统一起英姿勃发地呼唤胜利。"我们将赢得这场战争，我们也将赢得之后的和平。"罗斯福预言道。

扩展阅读

H.W. Brands, *Traitor to His Class: The Privileged Life and Radical Presidency of Franklin Delano Roosevelt* (2008)

Patrick Cohrs, *The Unfinished Peace After World War I: America, Britain and the Stabilization of Europe, 1919—1932* (2006)

Frank Costigliola, *Awkward Dominion: American Political, Economic, and Cultural Relations with Europe* (1984)

Justus D. Doenecke, *Storm on the Horizon: The Challenge to American Intervention, 1939—1941* (2000)

Akira Iriye, *The Origins of the Second World War in Asia and the Pacific* (1987)

David M. Kennedy, *Freedom from Fear: The American People in Depression and War, 1929—1945* (1999)

Walter LaFeber, *Inevitable Revolutions: The United States in Central America*, 2nd and extended ed. (1993)

Fredrick B. Pike, *FDR's Good Neighbor Policy* (1995)

Emily S. Rosenberg, *Spreading the American Dream: American Economic and Cultural Expansion, 1890—1945* (1982)

Linda A. Schott, *Reconstructing Women's Thoughts: The Women's International League for Peace and Freedom Before World War II* (1997)

第二十七章

国内外第二次世界大战，1941—1945

▼ 纳瓦霍"密码通话员"隶属于美国海军，是首批在太平洋沿岸登陆的进攻部队。他们冒着敌军的枪林弹雨，设置无线电设备，把关键信息传达给总部，包括敌方的可视距离和美国的打击目标。日本人从来没有破译过独特的纳瓦霍密码。画家是美国海军陆战队（退伍）的C.H.沃特豪斯上校（C. H. Waterhouse）。

1942年美国海军陆战队新兵来到新墨西哥希普罗克(Shiprock)时，威廉·迪恩·威尔逊(William Dean Wilson)只有17岁，他是纳瓦霍寄宿学校的一名学生，但是他非常渴望投身战争。因为离征兵年龄差了五年，离海军部队志愿军差了一年，他对自己的年龄撒了谎。他的父母并不希望他辍学参战。但是他把"父母不同意"的备注从征兵文件中删去，正式加入海军陆战队。

尽管威尔逊非常年轻，但却加入了战争中最重要的计划之一。各国能否破译敌军传送的信息常常决定了战斗的成败。海军正在开发一种基于纳瓦霍语"人"(Diné)的新密码，因为这种语言的句法和音调特点极端复杂。1942年，它不存在于文字形式，而且世界上只有不到30个非纳瓦霍人懂这种语言，其中没有一个是日本人。与文字形式的密文不同，这种密码很可能无法破解。

章 节 大 纲
战争中的美国
生产前线和美国劳动者
后方的生活
昨日重现　描绘敌人
美国理想的局限
放眼天下　东京玫瑰
军旅生活
赢得战争
人民与国家的遗产　核扩散
结语

威尔逊和他的纳瓦霍同族战友被训练成无线电报务员，并协助设计基本密码。纳瓦霍词汇代表英语译文的首字母；因此wol-la-chee("蚂蚁")代表字母A。每个人还背诵了一本特殊的纳瓦霍词汇字典，代表413个基本军事术语和概念。Dah-he-tih-hi("蜂鸟")意味着战斗机，Ne-he-mah("我们的母亲")是美国，beh-na-ali-tsosie("斜视者")代表日本。

至威尔逊17岁生日到来的时候，他已经在太平洋参加战斗了。从瓜达尔卡纳尔岛战役(Battle of Guadalcanal)开始，他和420名密码通话员组成的部队参加了1942年至1945年太平洋地区海军发动的每一次攻击。通常，每个营分配两名密码通话员，一个人与进攻部队一起上岸，另一个人留在船上接收信息。在敌方炮火下，密码通话员设置好自己的无线电通信设备，然后开始传送，报告敌军的一举一动以及美国分遣部队的炮击。他们的工作需要极大勇气，也得到良好成效。"如果不是纳瓦霍人，"海军陆战队第五师的通信官霍华德·康纳(Howard Conner)少校说道，"海军永远不可能拿下硫磺岛(Iwo Jima)。这个行动是由纳瓦霍密码指挥的……我们有六台纳瓦霍无线电系统夜以继日地工作。仅在这段时期内，他们就发送和接收了800多条信息，没有一个错误。"

战时从军经历改变了纳瓦霍密码通话员的生活。对于一些人来说，战争拓宽了眼界，深化了野心。比如，威廉·迪恩·威尔逊后来成为部落法官。但是在1945年，大多数纳瓦霍退伍军人只想回到家乡重续传统文化。按照纳瓦霍仪式，他们参加净化典礼，驱逐战场上的幽灵，祈求未来的祝福。

年表

1941	日本袭击珍珠港
	美国加入第二次世界大战
1942	战时生产委员会（War Production Board）成立，监督工厂转型军事生产
	同盟国在太平洋屡次败于日本；6月，美国在中途岛战役中的胜利成为转折点
	物价管理局（Office of Price Administration，即OPA）建立食物和消费品的限量配给机制
	美国追求"欧洲为先"的战争政策；同盟国拒绝斯大林第二前线和入侵北非的要求
	西海岸的日裔美国人被转移到集中营
	建立曼哈顿计划，负责制造原子弹
	争取种族平等大会（Congress of Racial Equality）建立
1943	苏联军队在斯大林格勒打败德国军队
	在矿工罢工后，国会通过《战时劳动纠纷法案》（War Labor Disputes Act，又称为《史密斯—康纳利法》[Smith–Connally]）
	洛杉矶爆发"阻特装暴动"（Zoot suit riots），底特律、哈林区和其他城市爆发种族暴动
	同盟国占领意大利
	罗斯福、丘吉尔和斯大林在德黑兰会议（Teheran Conference）上会晤
1944	同盟国部队于6月6日"登陆日"（D–Day）在诺曼底登陆
	罗斯福再次连任总统（第四届）
	美国夺回菲律宾
1945	罗斯福、斯大林和丘吉尔在雅尔塔会议（Yalta Conference）上会晤
	英国和美国军队轰炸德国的德累斯顿（Dresden）
	在硫磺岛和冲绳（Okinawa）的战争对日本和美国造成重大损失
	罗斯福去世，杜鲁门成为总统
	德国投降，同盟国军队解放纳粹集中营
	波茨坦会议（Potsdam Conference）呼吁日本"无条件投降"
	美国在广岛和长崎投下原子弹
	日本投降

第二次世界大战成为数百万美国人生活以及美国历史的转折点。最深受影响的是在沙滩和战场上、天空和海洋中参加战争的人们。45个月中，美国人在海外战斗，抵抗德国、意大利和日本侵略者。尽管美国一开始处于劣势，但是至1942年年中同盟国已经阻挡轴心国的进军。1944年6月，美国军队与加拿大、英国和自由法国的军队一起，穿过英吉利海峡发动大规模进攻，在诺曼底登陆，并于

第二年春天进入德国。纳粹德国被无情的轰炸袭击接连重创，阿道尔夫·希特勒自杀后群龙无首，又从东面受到苏联进军的夹击，不得不于1945年5月有条件投降。在太平洋地区，美国人击退了日军，一个岛接一个岛把日军逼退回日本。美国对日本城市发起毁灭性的传统轰炸，又于1945年8月投下原子弹摧毁了广岛和长崎，苏联对日本宣战，日本最终投降。在战争结束时，国际合作的希望似乎很渺茫。"大联盟"（Grand Alliance）的成员国英国、苏联和美国对于战后世界的构想分歧很大，核时代的来临令所有人惊惧不已。

第二次世界大战的战场离美国很远，但是它对美国社会产生了深远影响。在战场以外，美国领导人还试图在"生产前线"进行战斗，并且一心让美国变成"民主的军火库"，为反抗轴心国的战争生产大量武器。经济的所有方面，工业、金融、农业和劳动，都被调动起来。美国的大商业变得更大，工会和农场也是一样。联邦政府在所有前线承担指挥战争的巨大任务，扩张了它的范围和权力。

战争期间，每十名美国人中就有近一人搬到另一个州定居。大多数迁徙者涌向战争生产中心，尤其是北方和西海岸的城市。日裔美国人也被迫离乡背井，被监禁在偏僻的"重新安置中心"。战争为非裔美国人提供新的经济和政治机会，鼓励他们追求完整公民权利、争夺工作和住宅，引发了一系列种族暴动。对于女性来说，这场战争提供了军队和军工产业中的新工作机会。

在后方，美国人团结在战争事业背后，收集铁片、橡胶和报纸，以资战争之用，并且积极种植"胜利菜园"。尽管食物和汽油等商品限额配给，但是战争让美国重回繁荣。在战争结束时，美国已经拥有前所未有的实力、国际社会中的超然地位和无与伦比的繁荣。

- 哪些军事、外交和社会因素影响了第二次世界大战的战略决定？
- 投身第二次世界大战的这一代美国人是否是"最伟大的一代"？
- 第二次世界大战如何改变美国？

战争中的美国

日本向美国夏威夷领土投下炸弹时，美国的反战情绪蒸发不见了。12月8日，富兰克林·罗斯福号召全国人民对日本开战，宣称"正义的美国人可以赢得绝对胜利"。三天后，德国正式向美国宣战时，美国加入英国和苏联，组成同盟国一起对抗日本、德国和意大利联合成的轴心势力。美国公众从谨慎甚至孤立主义突然转变成狂热支持战争，这一转变突兀而富有戏剧性。一些原本批判干预主义的人为此寻找有说服力的解释，引用了流行的儿童故事《公牛费迪南德》（Ferdinand the Bull）。费迪南德尽管巨大而强壮，但是只想"坐下来嗅花香"，直到有一天被蜜蜂叮了一下。这个故事给人带来安慰，但是并不贴切。当世界卷入战争时，美国并不像费迪南德一样只想"嗅花香"。美国对日本采取禁运令，拒绝接受日本的扩张主义政策，导致两国的战争一触即发，而且早在日本袭击珍珠港之前，美国已经深深卷入与德国心照不宣的海军战。1941年12月，罗斯福早已确立了前所未有的和平时期征兵计划，建立战争动员机构，并且为欧洲和太平洋制订同步战争计划。美国加入第二次世界大战并不出人意料。

毫无防备的国家

尽管如此，美国并没有为战争做好充分准备。整个1930年代，军备预算的优先级一直很低。1939年12月（当希特勒入侵波兰，开始第二次世界大战时），美国的军队规模在全世界军队中排到了第45位，并且只能完全武装227 000人中的1/3。1940年制订的和平时期征兵计划将美国军队扩充至200万人，但是罗斯福于1941年进行的战备调查"胜利计划"（Victory Plan）估计美国直到1943年才能准备好投身战斗。

1941年12月，美国胜利看起来遥不可及。在欧洲，同盟国已经露出败象（参见地图26.2）。希特勒

▲ "人民造就海军。"美国海军征兵宣传册宣称,强调丰厚报酬、食物、船员以及可能的"战斗行动"鼓励人们应征入伍。10万女性也通过加入海军女兵紧急志愿服务队(WAVES)响应海军征兵号召。

图片来源:个人收藏/图像研究顾问和档案

已经占领了奥地利、捷克斯洛伐克、波兰、荷兰、丹麦和挪威。1940年法国陷落。英国坚持抗争,但是德国飞机在伦敦投下炮弹雨。超过300万名士兵在德国的指挥下深入苏联和非洲。德国潜水艇控制了从北极到加勒比的大西洋。在美国参战数月之内,德国潜水艇已经击沉了216艘船只,一些船只离美国海岸近在咫尺,人们可以清楚地看到船只燃烧发出的火光。

太平洋地区的战争

美国是太平洋地区战争的主力。苏联还没有对日本宣战时,尽管英国军队保护大不列颠的亚洲殖民地,但是因为人数太少,几乎无法影响战局。至1942年春末,日本已经占领了东南亚大部分欧洲殖民地:荷属东印度群岛(Dutch East Indies,印度尼西亚)、法属中南半岛(Indochina,越南),以及英国殖民地马来半岛(Malaya)、缅甸、西新几内亚(Western New Guinea)、中国香港地区和新加坡。在美属菲律宾群岛,斗争持续了更长时间,但是仍然无济于事。日本在成功偷袭珍珠港几小时后又袭击了菲律宾,发现整支B-17轰炸机军队停在机场上,于是摧毁了该地区的美国空军力量。美国和菲律宾部队撤退到巴丹半岛(Bataan Peninsula),希望能保住主岛吕宋岛(Luzon),但是日本军队力量更强。1942年3月,在罗斯福的命令下,远东美军总指挥官道格拉斯·麦克阿瑟将军(Douglas MacArthur)离开菲律宾前往澳大利亚,并宣称"我会回来的"。

他们留下的是近8万美国和菲律宾部队。这些士兵饱受饥荒和疾病的折磨,又坚持了近一个月,最后不得不投降。幸存下来亲眼看到投降的人面临着更大的恐怖。日本军队自己供给不足,并不打算处理这么大数量的俘虏,而且大多数人相信,因为投降,俘虏已经丧失了得到尊重的权利。在被称作"巴丹死亡行军"(Bataan Death March)的事件中,日军让战俘步行至80英里外的俘虏营中。看守们拒绝为俘虏提供食物和水,落在后面的人被用刀刺死或殴打至死。多达10 000多名菲律宾人和600名美国人在行军中死去。菲律宾公民遭受了可怕的折磨。数十万难民和战俘在日本占领期间死去。

损失越来越大,美国开始反击。4月18日,美军B-25轰炸机开始在日本上空出现。"杜利特尔空袭"(Doolittle,以这次任务的指挥官命名)对日本没有造成什么伤害,但是对日本领导人却施加了巨大的心理影响。美军轰炸机在日本本国岛屿上空出现的画面让日本指挥官山本(Yamamoto)铤而走险。他没有巩固本国附近的控制,而是判断日本必须快速行动,引诱实力被削弱的美国"决一死战"。他的目标是中途岛——距离火奴鲁鲁(Honolulu)西

地图 27.1 欧洲的盟军进攻

美国追求"欧洲为先"政策：首先打败德国，然后集中精力对付日本。美国军事斗争于1942年末从北非开始，于1945年5月8日（欧洲盟国胜利日，即V-E Day）在德国结束。

来源：©圣智学习

北部大约1 000英里的两个小岛，美国海军在那里有个军事基地。假如日本可以攻下中途岛，它将获得一个远离本岛的安全防御外围（参见地图27.1），从而给日本带来一系列胜利，这在当时看来并非不合情理。日本相信，只要用关岛、菲律宾，或许甚至澳大利亚牵制美国，它将与日本达成有利的和平协议。

山本将军并不知道美国的"魔术"（MAGIC）密码破译机器能够破译日本的情报。这一次，奇袭来自美国方面，日本军队发现美国海军和航母上的俯冲轰炸机严阵以待时。1942年6月的中途岛战役是太平洋战争的转折点。日本战略家原本希望美国因为日本一开始的几场胜利而气馁撤退，并让日本控制太平洋地区。但是他们的希望落空了。现在日本变成了防守的一方。

"欧洲为先"策略

尽管这些早期太平洋战役很重要，但是美国的战争策略是"欧洲为先"。美国战争策划者认识到，比起日本，德国对美国的威胁更大。他们相信，假如德国征服苏联，它或许会直接威胁美国本土。罗斯福还担心苏联遭受难以想象的损失后，在对抗希特勒侵略军的过程中可能会与德国达成和平协议并解散盟军联盟。因此，美国将首先与英国及苏联合作战胜德国，接着再处理孤立的日本。

英国首相温斯顿·丘吉尔和苏联总理约瑟夫·斯大林对于如何对抗德国存在很大分歧。至

1941年年末，德国军队几乎已经快到达莫斯科和列宁格勒了（如今的圣彼得堡），并且深深插进乌克兰，占领了基辅，直到严酷的俄罗斯冬天阻碍他们的猛烈攻势。超过一百万名苏联士兵死于保卫国家的战争中。斯大林向英军和美军施压，要求他们从西面进军，通过法国攻击德国，把德国军队从苏联前线引开。罗斯福相信"无论情感还是理智上"，斯大林都是对的，并保证于1942年年末前在德国的西面打开"第二前线"。然而丘吉尔阻止了这个计划。他并没有忘记斯大林与希特勒的互不侵犯条约（参见第724页）。更根本的原因是，第一次世界大战长时间壕沟战的痛苦经历让许多英国军队指挥官不希望大规模入侵欧洲。丘吉尔希望首先夺得北大西洋航道控制权，并且对德国发动空袭。他还敦促在北非的轴心国据地发起较小规模较安全的袭击，阻止该地区的德国人，保护英国在地中海中的帝国主义领地以及石油矿藏丰富的中东。

罗斯福不顾顾问的建议，接受了丘吉尔的计划。美军还没有做好重大战役的准备，而罗斯福需要向美国公众展现欧洲战争中的部分胜利。因此，英国和美国没有去救援苏联，而是于1942年11月联合在北非登陆。面对相对轻微的抵抗，美国军队很快在阿尔及利亚和摩洛哥赢得了胜利。在埃及，英国在争夺苏伊士运河以及中东油田的战斗中对战上埃尔温·隆美尔（Erwin Rommel）将军和他的非洲军团（Afrika Korps）。隆美尔的军队遭到英国和美国军队围攻，在六个月后投降。在俄罗斯，苏联军队不计成败地坚持下来，在严酷的寒冬中，一个街区一个街区地打下斯大林格勒，并于1943年年初打败了德国第六集团军（German Sixth Army）。斯大林格勒像中途岛一样是第二次世界大战的重要转折点。至1943年春天，德国像日本一样处于防守地位。但是同盟国之间的关系仍然岌岌可危。苏联在斯大林格勒保卫战中失去了110万人。然而美国和英国却继续拒绝斯大林立即开辟第二前线的要求。已经长达数百万的死亡名单仍然在增加。

生产前线和美国劳动者

1940年12月末，距美国加入战争还有近一年，富兰克林·罗斯福誓将美国变成世界的"民主的伟大军火库"，为同盟国制造能够赢得战争的军械。在珍珠港事件之后，美国策略仍然大体保持不变。罗斯福告诉国会，美国将以"压倒性的武器优势"取胜。尽管战争将在欧洲和太平洋战场上展开，但是美国的策略优势建立在国内的"生产前线"上。

军工生产目标令人咋舌。1940年，当战争迫近时，美国工厂只制造了3 807架飞机。在珍珠港事件之后，罗斯福要求1942年生产60 000架飞机，1943年的目标是再翻一番。计划要求生产1 600万吨军舰和12万辆坦克。军队需要供给训练和武装一支1 600万人的部队。因此，在战争期间，军工生产优先于民用商品的生产。汽车工厂生产坦克和飞机而非汽车；服装厂缝纫军装。罗斯福于1942年年初建立的战时生产委员会，负责在成千上万家独立工厂之间分配资源和协调生产，肩负艰巨的使命。

企业、高校和战争事业

在战争期间，美国企业一边倒地配合政府的战争生产计划。爱国主义是其中一个原因，但是政府慷慨的激励也是一大原因。美国的主要产业一开始抵制政府压力，拒绝转型军工生产。1940年，美国为同盟国生产武器时，经济开始从大萧条中逐渐恢复。上升的消费支出建立了产业信心。比如，汽车制造商预期1941年将售出400万辆汽车，比1939年增长了超过25%。生产飞机或坦克需要大规模设备更新，代价可能会无比昂贵，会让制造商完全依赖单一的客户——联邦政府。不仅如此，许多大实业家仍然对罗斯福以及在他们看来反商业的政府政策不太信任，比如通用汽车总裁阿尔费莱德·斯隆（Alfred Sloan）。

第二十七章　国内外第二次世界大战，1941—1945　　827

业。通用汽车一家就获得了总额的8%。这种方式对于一个想在最短时间内生产大量战争物资的国家来说是可以理解的。然而，战时政府合约进一步让美国制造业集中在少数巨型企业手中。

曼哈顿计划

战时需求还创造了科学和美国军事之间的新关系。数百万美元用于资助研发项目，在美国最大的高校中。仅麻省理工（Massachusetts Institue of Technology）一家就获得了1亿1 700万美元经费。这种联邦赞助的研究项目发展了新的战争技术，比如得到长足进步的雷达系统以及近炸引信。政府赞助的最重要的科研项目是曼哈顿计划，一个20亿美元的秘密项目，用于制造原子弹。罗斯福被1939年逃离纳粹德国的科学家说服，认为德国正在研究核武器，他决定以其人之道还治其人之身。1942年在芝加哥大学，曼哈顿计划成功制造出全世界第一个持续的核连锁反应，1943年联邦政府在洛斯阿拉莫斯（Los Alamos）为原子弹科学家及其家人建立了秘密社区。在这个风景如画，偏僻而人烟稀少的地方，一些来自纳粹德国犹太难民营的美国最天才的科学家制造出即将改变世界的武器。

工人的新机会

美国日以继夜的新国防工厂需要数百万工人。一开始，工人应有尽有：900万美国人在1940年还处于失业状态，1941年12月当战争动员开始时，还有100万人没有工作。但是在战争期间，武装部队从潜在的公民劳动力中抽出了1 600万人，导致实业不得不去其他地方找工人。女性、非裔美国人、墨西哥裔美国人、来自偏僻的阿巴拉契亚山区的贫困白人，还有南方腹地的佃农——所有这些人都涌向国防工厂的工作岗位。

通过联邦行动的帮助，他们更容易达到目的。1941年，联邦政府把数十亿美元倾入军工产业，很多产业拒绝雇用非裔美国人。"黑人只能担任门

▲ 美国政府没有准备好打这么大规模的战争，转向全国最大、最高效的企业，生产能让美国成为"民主的伟大军火库"的飞机、战舰和枪支，通用汽车获得了政府战争合约总额的8%。通用汽车没有新的汽车，继续在全国杂志上打广告，宣称"胜利是我们的事业"。图片中是通用汽车的内部员工杂志，提醒这些"生产士兵"，他们工作的重要性。

图片来源：彼得·克莱特（Peter Kreitter）的收藏，免费提供

然而，政府与商业殊途同归。联邦政府负担了昂贵的设备更新和工厂扩张费用，允许企业向政府收取生产支出加上固定利润，建立慷慨的税收优惠并让其免受反托拉斯法律制裁。战争动员并没有要求美国企业牺牲利润。相反，企业的净利润在1939年至1943年翻了一番。战争部部长亨利·史汀生（Henry Stimson）解释道，当一个"资本主义国家"进入战争，它必须"让商业在这个过程中盈利，不然商业不会干活"。

大多数军事合约分配到美国最大的企业，这些企业拥有足够的设备和经验，能够保障迅速和高效的生产。从1940年年中到1944年9月，政府发出了总计1 750亿美元合约，其中大约2/3属于100强企

卫和其他类似工作。"一名执行者告知黑人申请者。卧车搬运工兄弟会（Brotherhood of Sleeping Car Porters）的领袖A.菲利普·伦道夫（A. Philip Randolph）提议向华盛顿特区发起游行，要求获得平等的国防产业工作机会。罗斯福害怕游行引发种族暴动，更担心共产主义者乘机会渗入这场运动，于是为华盛顿游行运动提出了协商方案。作为取消游行的回报，总统发布第8802号行政令，禁止军工业和政府工作中的歧视。公平就业实践委员会（Fair Employment Practices Committee，即FEPC）成立，确保行政令的条款得以实施。尽管执行情况不尽相同，在官方保证工作平等的政策下，数十万黑人从南方迁徙至北方和西部的工业城市。

墨西哥工人也填补了一部分战时美国工作岗位。尽管美国政府在大萧条期间失业率攀升的时候把墨西哥人驱逐出境，但是约20万名墨西哥农场劳动者，或获得短期合约的墨西哥短期合同工（braceros），在美国人转向报酬更丰厚的军工产业工作时弥补了农业人手的不足。墨西哥人和墨西哥裔美国劳动者也面临着歧视和隔离，但是他们抓住了面前新的经济机会。1941年，洛杉矶造船厂没有一个墨西哥裔美国人；至1944年已经雇用了17 000名墨西哥裔。

工作中的女性

军工业繁荣初期，雇主坚持女性不适合工业工作。但是当劳动力短缺开始威胁战争事业时，雇主们彻底转变了立场。"几乎一夜之间，"劳动部妇女局（Women's Bureau of the Department of Labor）负责人玛丽·安德森（Mary Andeerson）道，"女性被实业家重新定位，从武器制造的边缘劳动力来源变成基础劳动力供应。"海报和广告牌鼓励女性"肩负起他留下的工作"。政府战时人力委员会（War Manpower Commission）赞颂虚构的工人"铆工罗西"（Rosie the Riveter），她出现在海报、杂志和征兵曲中，"罗西有个男朋友，查理/查理，他是海军/罗西保护查理/在铆钉厂日夜工作。"

铆工罗西是个鼓舞人心的形象，但是她并不准确代表美国劳动女性。只有16%的女性劳动者在国防工厂中工作，只有4.4%的技术工种（比如铆接）由女性从事。尽管如此，在战争数年中，超过600万女性进入劳动者队伍，劳动女性的数量增加了57%。超过40万非裔美国女性离开家政业，转向报酬更高的实业工作，通常享有工会福利。700万女性进入军工地区，比如造船厂和飞机工厂的家乡南加利福尼亚。大部分女性劳动者从事的并非军工业工作——她们担任职员，或者填补传统上属于男性的工作空缺，比如公共汽车司机，甚至"女伐木工"，当男性服兵役或者找到酬劳更丰厚的工厂工作——让美国经济发展起来，将其他工人解放出来，能够投身于军工工厂的高负荷工作。

国防工厂中的工人常常需要连续工作10天才能获得1天休息，或者从事艰苦的夜班工作。企业和联邦政府意识到让人们留在工作岗位上的重要性，纷纷向工人们提供新形式的支持。西海岸恺撒（The West Coast Kaiser）造船厂不仅提高报酬，还提供幼托、住房补贴和健康医疗：健康保养组织（HMO）的前驱凯萨医疗机构提出医疗保健计划（Kaiser Permanente Medical Care Program），从每周的薪资中扣除50美分，为工人提供医疗服务。联邦政府还资助幼托中心和上学前放学后项目。最高峰时，13万名学前儿童和32万名学龄儿童进入联邦资助的托儿所。

战争中的工会工人

由于工业生产是美国战争策略的关键，联邦政府试图确保工业生产不受1930年代司空见惯的工人罢工干扰。珍珠港事件发生后不到一个星期，一次白宫劳动管理会议通过不罢工/不关闭工厂保证。1942年，罗斯福建立了国防（工业）劳工委员会（National War Labor Board，即NWLB），处理劳动纠纷。国防（工业）劳工委员会在工会"只雇用工会成员"的要求和管理层"开放"就业的愿望中寻求暂时的妥协。工会不能强制工人加入工会，但是可以竭尽所能招收成员。1940年至1945年之间，工会成员数量从850万膨胀至1475万。

然而，当工会威胁到军工生产时，政府毫不犹豫地限制其权力。1943年，国防（工业）劳工委员会试图限制根据生活成本调整薪资增长，矿工联合会（United Mine Workers）工会的煤矿工人发起罢工。煤炭短缺阻碍了铁路运营，导致钢铁厂关闭。几乎没有美国人支持这场罢工。一名空军飞行员道："我会像打日本人一样打死这些罢工者——他们这么做会导致我们在战争中失败。"反工人情绪滋生，国会通过了《战时劳动纠纷法案》（《史密斯—康纳利法》）。这个法案赋予总统查封和运营任何罢工工厂的权力，只要对国家安全必要，但是它也包含了广泛的处罚条款，规定对领导罢工者处以罚金，并试图限制工会权力，禁止在战争期间资助政治运动。

745 生产线上的成功

接近四年时间，美国工厂每天24小时连轴运作，在生产前线为战争事业做贡献。1940年至1945年之间，美国工厂生产了大约30万架飞机、10.2万辆装甲车、7.7万艘船、2000万件小型武器、400亿发子弹和600万吨炸弹。至战争结束，美国已经生产了全世界40%的武器。美国之所以能完成这一壮举，是因为把之前造船产业等技术工作转变成批量生产的流水线过程。当时已经78岁高龄的亨利·福特在距底特律不远的维罗朗溪沿岸农业用地上建立起巨大的炸弹工厂。维罗朗（Willow Run）的流水线近1英里长，以每小时一架的速度生产B-24"解放者"轰炸机。在西海岸，威廉·凯瑟（William Kaiser）运用量产技术把"自由轮"（Liberty）的建造时间从355天缩短至56天，这种440英尺长的巨大货船负责将坦克、枪支和弹药运输到海外。（作为宣传噱头，靠近旧金山的里士满凯瑟造船厂在4天15小时26分钟就能造出一艘自由轮。）这些船的质量不太好，焊接的船体有时候会在风浪中裂开，有一艘停靠在码头的时候就沉没了。然而，当美国为了赶上德国潜水艇击沉的速度奋力建造货船时，生产速度显然比质量更重要。

一名维罗朗工厂的参观者描述道："机器的轰鸣，附近铆接枪特有的喧闹声振聋发聩，还有巨大的金属冲压设备震颤的撞击……一排排望不到边际的半成品'天船'（skyships）在一群群工人手中长

▶ 军工生产计划号召国防工厂于1943年制造12万架新的飞机。图中，女性工人在伏尔提飞机公司（Vultee Aircraft Corporation）承担起"男人的工作"，用铆接枪和打钉杆制作教练机机翼的核心部分。

图片来源：科比斯

出了翅膀。"他的描述展现出美国工业的规模，但是也让人一窥工人的经历，他们做着肮脏、重复的、让人筋疲力尽的工作，日复一日"坚持着"。尽管美国在战争中的政治宣传严重夸大了那些报酬丰厚的工人们的贡献，把他们与前线士兵媲美，但是多达10.2万的男性和女性在战争前两年死于军工生产，超过35万人严重受伤。

后方的生活

美国是唯一一个没有直接经历战争的主要交战国（夏威夷是美国领土，菲律宾群岛是美国属国，但是两者都不是严格意义上的本土）。美国人担心遥远战场上的亲人，他们为痛失儿子、兄弟、父亲、丈夫和朋友而悲伤。他们的生活受到打扰。但是美国在保护两个大洋免受敌人侵犯时，并没有遭到其他国家承受的战争苦难。炸弹并没有掉落在美国城市；侵略军并没有在这里烧杀抢掠。相反，战争动员终结了大萧条，带来了繁荣。美国公民在全球大灾难中体验到矛盾的繁荣时光。

支持战争事业

尽管战场很遥远，但是却对"后方"美国人的生活造成了持续的压力。公民在各个方面支持战争事业，尽管美国人从来不曾团结一心执着于分享牺牲，与20世纪初流行历史和流行文化中宣扬的"最伟大的一代"形象不怎么相符。然而，战争期间，美国家庭种植了2 000万个"胜利菜园"，将食物供给让给军队。家庭主妇烹饪时节约油脂，把多余油脂还给屠夫，因为烹饪油脂可以提炼出甘油，制作炮弹或子弹中需要的黑火药。儿童收集金属碎片，一把旧铁锹的铁足够制作4枚手榴弹，每个罐头都能帮助制造坦克或自由船只。

许多消费品采取限额供应制度或者根本买不到。为了省下羊毛用于军事用途，战争生产理事会下令把男装翻领变窄，外套缩短，省去背心和裤子翻边。战时生产委员会指明，泳衣必须缩小10%。丝绸和尼龙从长筒袜变成降落伞，女性流行在腿上使用化妆品，用眉笔画上"丝袜"缝线。1942年由国会成立的物价管理局建立了全国性的定量配给系统，限制糖、咖啡和汽油等消费品的配给。至1943年年初，物价管理局已经为限额配给食品制定了磅因制。供养一个家庭需要一套复杂的计算。每个公民无论老少每个月都会收到两本定额分配册。蓝色印章用来换罐装水果和蔬菜，红色用来换肉类、鱼类和乳制品。比如，为了买两磅肉，消费者必须用美元加上点数付款。每个月每人只有48个蓝点和64个红点，1944年一小瓶番茄酱就要"花费"20个蓝点，而"乳制黄油"要20个红点，一磅西冷牛排需要13个红点。不过，猪肩肉只需要美元就能买到。糖的限额很严格，于是人们需要省几个月才能做一个生日蛋糕或一份节日甜品。有黑市存在，但是大多数美国人明白，糖能够生产武器制造必需的酒精，而肉类要优先供给在异国他乡战斗的"我们的男孩"。

政治宣传和流行文化

尽管政府领导人对战争几乎毫无异议地支持，但是他们担心随着时间的流逝，大众牺牲的意愿或许会懈怠。1942年，罗斯福成立了战争资讯局（Office of War Information，即OWI）管理国内宣传，雇用好莱坞电影制作人和纽约广告职业人员在国内发动宣传攻势。战争资讯局的海报呼吁美国人节约和牺牲，并提醒他们谨言慎行，因为"口无遮拦令船沉"。

流行文化也强调了战争讯息。一则《星期六晚报》（Saturday Evening Post）的吸尘器广告（长期断货）敦促女性军工工人"为自由和所有女性珍视的一切战斗。你们正在为你们的小家战斗，为了每天晚上能与丈夫在家门前团聚。你们在为无忧无虑地抚养孩子而战斗"。流行歌曲号召美国人"记住12月7日"或者"强调积极的一面"。另一些则取笑美国的敌人（"你是个笨蛋，日本先生/山姆大叔要打屁股了"），另一些歌曲则表现了战时离别的痛

昨日重现

描绘敌军

种族偏见影响了美国人和日本人发动战争的方式。美国人严重低估了日本人,导致驻珍珠港和菲律宾的美军毫无防备地遭到日本突袭。而日本人相信美国人是缺少荣誉感的野蛮人,错误地认为,美国人一旦遭遇日本的力量和决心就会从东亚撤退。日军偷袭珍珠港一周年后不久出版的《矿工》(Collier)杂志在封面上登载了这场战争中最极端的种族形象,但是无独有偶。日本被描绘成什么样?日本对美国发动的成功奇袭如何导致这一形象的产生或者美国的反应?

▲ 美国政治宣传丑化了所有轴心国,但是对日本人极尽丑化之能事。

图片来源:个人收藏/图像研究顾问和档案

苦,比如"擦着我的来复枪(想着你)"。

1944年,电影每个星期吸引9 000万观众,而美国总人口不过13 200万。在战争期间,"新兵鸭"(Draftee Duck)从军,在"弗洛克希德"(Flockheed)为战争事业生产鸡肉,观众们跟着电影前的卡通片"元首的面孔"(Der Fuehrer's Face)齐声歌唱("元首说我们是统治种族/我们朝着元首的脸欢呼、欢呼")。大部分情况下,好莱坞以埃莉诺·罗斯福提出的挑战"让他们开怀大笑"为目标。《海浪、妇女队和海军陆战队》(A WAVE, a WAC, and a Marine)保证"没有战争场面,没有信息,只有一桶桶的笑料和爵士舞,让你们因为活着而开怀"。另一些电影,比如《巴丹半岛》(Bataan)或《复活岛》(Wake Island),描述了现实的战争事件,虽然是净化过的。然而,即使是最浮夸的喜剧中,战争也无处不在。剧院里播放"血浆首演",向红十字献半品脱血就能获得免费入场。观众们全体起立高声齐唱"星条旗",接着在电影开场前观看经过仔细审查的新闻片,了解最近的战斗。1944年6月6日,盟军军队在诺曼底登陆,全国的剧院管理者带领观众齐唱"主祷文"(Lord's Prayer)或"二十三诗篇"(the Twenty-third Psalm)("主是我的牧羊人……")1945年5月,美国人在电影院中看到纳粹集中营中的恐怖。全球电影公司的新闻片叙述者命令观众:"不要转过头。看着。"

战时繁荣

战争要求美国人做出牺牲,但是也让他们的个人收入屡创新高。1939年至战争结束期间,人均收入从691美元提升至1 515美元。从1940年到1945年,酬劳和薪资水平上升了超过135%。物价管理局主导的价格管控使通货膨胀率保持低水平,如此一来薪酬增长并不会因为更高的成本而抵消。再加上没什么商品可以购买,人民的存款增加了。

第二次世界大战耗费了美国大约3 040亿美元(超过如今的3兆亿美元)。政府并没有通过税收来资助战争,而是依赖赤字开支,通过将战争债券出售给爱国公民和金融机构借款。国家债务水涨船高,从1941年的490亿美元增长至1945年的2 590亿美元。(直到1970年才还清。)然而,《战时收入法案》将美国人的收入税从400万美元提高到4 260万美元,把利率从6%提高到94%,并且引入了新的税收体制,让雇主从雇员的薪水中直接"扣除"税款。有史以来第一次,美国个人支付的税收超过了企业。

流动中的国家

尽管这场战争充满艰辛和恐惧,但是为后方的美国人提供了新的机遇,数百万美国人抓住了机会。超过1 500万公民在战争中迁徙(参见地图27.2)。超过一半人迁徙到另一个州,另外半数迁徙到另一个地区。70万美国黑人在战争年间离开南方;1943年,每个月有10万黑人涌入洛杉矶。以前从来没有去过邻县以外其他地方的人们发现自己横穿整个国度,甚至是世界。人们迁徙是为了寻找国防产业工作或者离本土驻军地的亲人近一些。南方人向北迁徙,北方人向南迁徙,150万人迁徙至加利福尼亚。

军工产业工人大量涌入大城市和小城镇,耗尽了社区资源。外来人员挤在低于一般标准的住宅中,甚至是柴草房、帐篷或地下室里,以及缺乏适当卫生设施的拖车公园里。疥癣和轮癣、脊髓灰质炎、结核病等疾病肆虐。很多长期居民发现新来者是一群粗暴的人,尤其是未婚男性军工业工人。在劳伦斯、堪萨斯的小镇中,市领导吹嘘新的军工厂给小镇带来的经济繁荣,同时也对层出不穷的酒吧焦虑不已,这些"肮脏的窗口小卖部"向军工业工人出售酒精。

在底特律市内和周边,原先的汽车工厂负责生产坦克和飞机,本地居民把从南部阿帕拉契亚来的军工工人称作"乡巴佬"(hillbillies)和"白种垃圾"。一个新的笑话广为流传:"美国有多少个州? 45。田纳西和肯塔基搬到了密歇根,密歇根下了地狱。"这些移民中有很多人对都市生活完全不了解。一

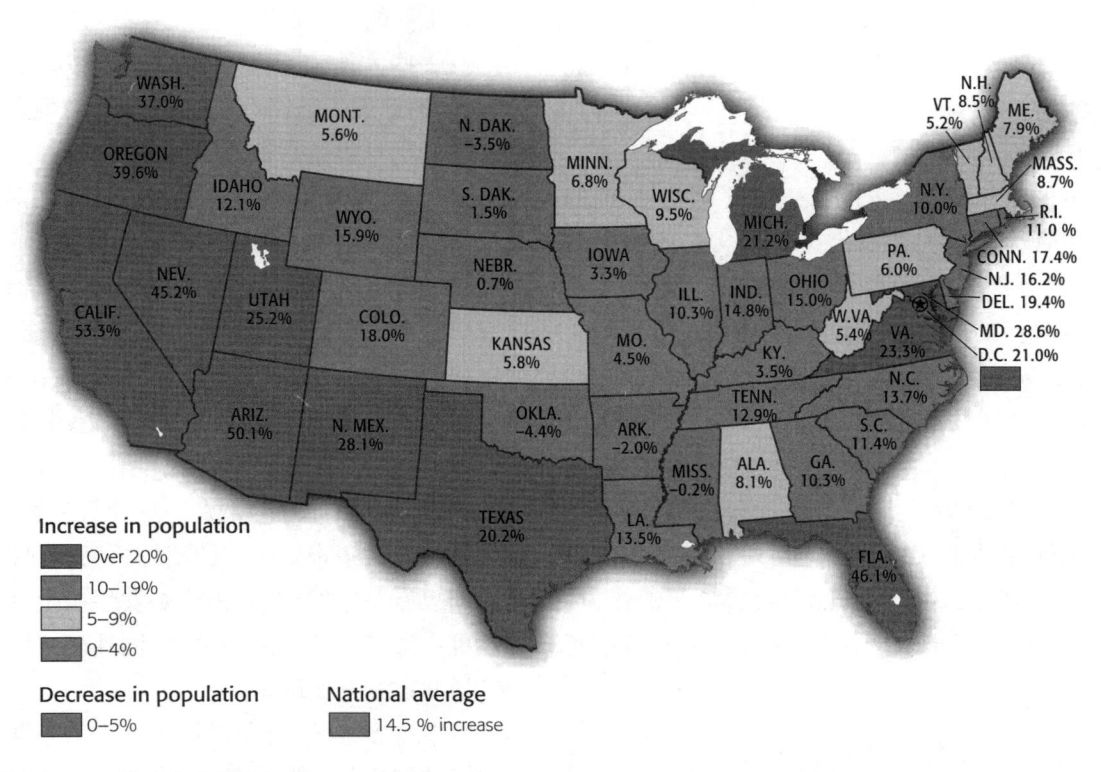

地图27.2 流动中的国家，1940—1950

1940年代美国迁徙是有史以来规模最大的一次。男性、女性和儿童往军工生产地区、军队和海军基地迁徙，尤其是西海岸，各地农业人口大幅下降。超过3 000万美国人（平民和军人）在战争中迁徙。许多人在战争结束后回到故乡，但是1 200万移民留在了新的地方。请注意西海岸、西南部和佛罗里达的人口增长。

来源：©圣智学习

个来自田纳西农村的年轻人不熟悉交通灯和街头指示牌，只能数他家到工作的军工厂之间的树木来认路。一些阿帕拉契亚"拖车住民"建造露天厕所或在后院中填埋垃圾，震惊了他们的邻居。

种族矛盾

当来自不同背景的人们在不同境遇下邂逅，矛盾也加剧了。广泛传播的种族主义让情况变得更糟糕。1943年，近250次种族矛盾在47个城市爆发。6月，彻底的种族战争血洗了底特律的街道。白人暴民不顾警察阻拦在城市中游荡，袭击过路黑人。黑人向警察投掷石头，把白人乘客从有轨电车上拽下来。在30个小时暴动结束后，有25名黑人和9名白人死亡。当局调查破坏情况时，一名黑人老妇人说道："这已经不再是北方。现在一切都跟南方一样。"

战争时期，愈演愈烈的种族和民族矛盾还导致了1943年的洛杉矶暴动。年轻的墨西哥裔美国黑帮成员或称花衣墨西哥（裔）少年流氓（pachucos），穿上祖特装：宽肩长外套，松垮的裤子"系"在膝盖下，戴着宽檐帽和表链。因为战争期间布料限量供应，所以身穿需要5码布才能做出来的裤子成为一种政治宣言，一些年轻人穿祖特装，抵制服务和牺牲等战时理想。尽管事实上有很大比例墨西哥裔美国人在美军中服役，但是许多白人军人并不这么认为。种族矛盾在拥挤的洛杉矶暗流汹涌、一触即发，而关于花衣墨西哥流氓袭击白人水手的传言很快引发暴力。整整四天，白人男性暴民在街上搜寻和袭击穿祖特装的人，把他们的衣服扒下来，这些暴民主要是士兵和水手。洛杉矶市宣布祖特装非法，并且逮捕穿这种服装的人。"祖特装暴动"直到海军离开该市时才偃旗息鼓。

战时家庭

战争的错位对这个国家的家庭产生了深远的影响。尽管大部分时候已婚男性和父亲的兵役得以免除，但是仍然有近百万家庭骨肉分离。幼儿在没有父亲陪伴的环境下成长。离婚率从1940年的1.6%翻至1944年的27%。与此同时，数十万男性和女性结婚。婚姻数量从1939年每1 000个未婚者中73人结婚升高至1942年1 000个未婚者中有93人结婚。一些夫妇抢在男方被派到海外前结婚，另一些人企图通过结婚获得暂缓入伍资格。出生率也攀升了：1939年有240万婴儿降生，1943年则有310万。许多人是为了传宗接代，以防父亲在战争中死去而生下的"再见宝贝"。

一些大学校园中男学生所剩无几，女性怨声载道，还为此编了歌曲《男人不见了》。但是其他年轻女性发现身边还是有足够的男性相陪，这引发了关于战时性道德威胁的担忧。1943年的新闻片《危机中的年轻人》(Youth in Crisis)讲述了一个"经验远超年龄水平"的女孩与一名士兵在大街上交头接耳。这些"胜利女孩"或者"抱抱兔"据说是向穿制服的男性奉献自己的一切，以此支持战争事业。许多男性和女性在战争的激烈情感中抛却了和平时期的矜持。这通常意味着和陌生人闪婚，尤其是因为意外怀孕导致的婚姻。尽管行为发生了改变，但是人们对于未婚先孕的禁忌感仍然很强烈，战争期间只有1%的婴儿是由未婚女性所生。战时流动性也增加了同性关系的机会，同性恋社区在旧金山这样的地方发展迅速。

在许多方面，战争巩固了在大萧条期间弱化的传统性别角色，那段时间许多男性失去了养家者的角色。现在男性保家卫国，而女性则"守护家中的火焰不灭"。一些女性从事"男人的工作"，但是大部分明白她们是"为了坚持"与前线浴血奋战的男性并肩作战。尽管如此，工作女性常常因为忽略孩子而受到谴责，人们认为母亲的疏忽造成了"流行的"青少年犯罪，"胜利女孩"即证明。尽管如此，数百万女性抓住了战时的新机遇，无论是在工厂中还是在自己家里。许多丈夫从战场归来，发现即使没有他们，妻子和孩子的生活也很完满，一些女性意识到，战争让她们享受了更大的自由和独立。

美国理想的局限

在战争期间，美国政府努力向公民解释他们为什么需要做出如此多的牺牲。1941年，罗斯福发誓美国将捍卫"四项基本人类自由"——言论自由、宗教自由、免于匮乏的自由、免于恐惧的自由，政府赞助的影片鲜明对比了民主和极权、自由和法西斯主义、平等和压迫。

尽管美国的宣言信誓旦旦、充满自信，但是当

▲ 维嘉（Vega）家的成员身穿海军陆战队、国民警卫队和美国海军的制服在镜头前摆好姿势。

图片来源：洛杉矶公共图书馆

放眼天下

东京玫瑰

成千上万美国陆军和海军在酷热、潮湿、充满蚊虫的太平洋海岛上等待下一次己方或日本敌军的进攻，他们发现自己与正常世界最密切的联系来自日本电波，通过日本电台收听美国流行的伤感曲调。然而，收听东京电台，并不总是令人获得慰藉。许多军人写信回家提到"东京玫瑰"，那个嗓音性感、操着英语的广播员，用妻子、女友的不贞故事嘲讽他们，并且耸人听闻、言之凿凿地预测，美军将遭受毁灭性的袭击。

1945年的一次美国政府调查显示，事实上并不存在东京玫瑰。尽管战争期间日本电台有几名说英语的女性担任广播员，但是没有一个官方监测日本广播的美国人听过东京玫瑰的名字。历史学家辩称，最大的可能性是，东京玫瑰是伪造的，是美国军人而非日本政治宣传者虚构的人物。东京玫瑰的故事给人们一种谈论恐惧的渠道，而这些恐惧对大部分人来说难以直面。

然而，9月1日，"东京玫瑰"在日本召开新闻发布会。户栗郁子（Iva Toguri）作为东京玫瑰首次亮相，很可能是被报道者承诺的2 000美元独家采访酬劳（她从来没有获得这笔钱）打动。她是一名在日本拜访病重姑妈的美国公民，在战争开始时被抓住，户栗确实在战争期间主持了一档针对美国军人的广播节目。但是她把自己称作"孤儿安妮"（Orphan Ann）而不是东京玫瑰，而且她对所谓"朋友"和"敌人"的威胁是"用指甲锉谄媚和消灭他们"，而不是美国军人记得自己听到的军事轰炸或者毒气攻击威胁。

在采访中，户栗承认自己东京玫瑰的身份，似乎对叛国罪供认不讳。美国政府调查她的故事时关押了她一年。因为缺少证据被释放后，她试图回到美国，引起了一场抗议风暴。报刊专栏作家沃尔特·温切尔（Walter Winchell）强烈谴责这个"在东京为日本人广播"的"日本纳粹"。争吵愈演愈烈，退伍军人团体要求对这名"背叛"美国军人甚至可能导致他们死亡的女性进行审判。1949年，户栗以伪证罪被判罪名成立，入狱10年。尽管户栗的行为发生在第二次世界大战期间，但是她的庭审和判决是受到美国和苏联之间的新冷战影响的，美国人担心美国公民的忠诚以及内部颠覆的威胁。美国的新超级国家地位创造了与更广阔世界的联系，塑造了举国舆论和全国恐惧。

◀ 报道者提出以2 000美元酬劳采访"东京玫瑰"，刚结婚的户栗郁子走上台前，即使东京玫瑰并不存在。照片中，户栗在横滨接受美国记者的采访，她从来没有获得承诺的酬金，而是在美国政府调查她战争期间的行为时遭到逮捕和监禁。

图片来源：科比斯

美国与轴心国极权政权对抗时,这个国家面临着很多没有容易答案的问题:在国家安全利益面前,对公民自由加以多大程度的限制是正当的?信息多大程度上可以自由流向国家公民,同时确保不把军事机密泄露给敌军,造成美国生命的牺牲?美国如何在间谍或蓄意破坏者的威胁面前保护自己,尤其是当威胁来自生活在美国的德国、意大利或日本公民?还有美国国内现存的问题,尤其是种族问题又待如何?这个国家与轴心国战斗时能否回应自己公民的改革需求?这些问题的答案常常揭露出美国的民主宣言和战时实践之间的矛盾。

大部分情况下,美国在公民自由问题上处理得不错。美国领袖拥抱"真相策略",宣称一个民主国家的公民需要对战争进程有确实了解。然而,政府严格控制关于军事的信息。审查是严肃大事,甚至连看似微不足道的细节都可能让敌军掌握军事行动或进攻计划:广播站被禁止播报天气预报,甚至不能提到天气情况,居民们因此得不到即将到来的暴风雨警告,体育实况转播员也无法解释为什么比赛被延期或取消。在战争期间,政府创造的政治宣传有时候会妖魔化敌人,尤其是日本人。尽管如此,美国政府散布仇恨的行为比第一次世界大战中少了很多。

更复杂的是如何处理分歧以及如何防止敌人特工在国家边境线活动。1940年通过的《外国人登记(史密斯)法案》(Alien Registration (Smith) Act)规定通过武力或暴力颠覆美国政府为非法,加入任何具有这一目的和行为的组织也一样。在珍珠港事件之后,政府使用这一法律扣押成千上万的德国人、意大利人和其他欧洲人,视其为嫌疑特工和潜在叛国者。在战争期间,政府在敌人营(Enemy Alien Camps)中审问了14 426名欧洲人。政府还禁止10 000名意大利裔美国人在加利福尼亚沿岸的限制地带生活和工作,包括旧金山和蒙特雷湾(Monterey Bay),以免发生阴谋破坏行为。

拘禁日裔美国人

1942年3月,罗斯福命令在战争期间将生活在加利福尼亚、俄勒冈和华盛顿州(大陆人口的绝大部分)的11.2万名出生海外的日本人和日裔美国人从西海岸迁徙到"安置中心"。每个受到美国政府审问的意大利人和德国人都是因为具体的个人指控。而日本公民和日裔美国人则不是如此。他们作为一个群体被关押,只是因为有日本血统就遭到怀疑。

美国人对日本偷袭珍珠港的愤怒导致人们呼吁拘禁日本人,害怕西海岸城市也遭到敌军攻击。长期存在的种族主义显而易见,西部防御司令部(Western Defense Command)负责人警告道:"日本种族是敌对的种族。"最终,与日裔美国人存在经济竞争的人们强烈支持拘禁政策。尽管日本人不能获得美国公民身份或者拥有财产,但是美国出生的"第二代"(Nissei)和"第三代"(Sansei)全是美国公民,他们在商业和农业领域越来越成功。驱逐令迫使日裔美国人折价出售5亿美元财产。西海岸的日裔美国人也失去了他们在商品蔬菜园、园艺和渔业中的地位。

日本人和日裔美国人被送往堪萨斯密西西比河冲积平原税收滞纳土地中划拨出的营地,包括怀俄明的山区和西亚利桑那的沙漠还有西部其他干旱贫瘠的地区。这些营地荒芜而令人绝望。带刺铁丝网后的木头棚屋屋顶铺着沥青纸,整个家庭住在一个单间里,里面只有床、毯子和一个裸灯泡。大多数房屋没有流动水。厕所、用餐和沐浴设施都是公用的,隐私几乎不存在。尽管如此,在如此艰苦的环境中,人们还是试图维持社会生活,建立消费合作社和体育联盟[一个阿肯色棒球队把自己称作奇格人(Chiggers)],而且很多人在基督教信仰的压力之下仍然维持着佛教崇拜。

遭到政府背叛,许多被拘禁者的内心深处充满矛盾。一些人寻求法律救济,但是联邦最高法院在"松诉美国政府案"(Korematsu v. U.S., 1944)中支持政府行动。当被问及是否愿意"发誓无条件效忠美国"时,阿肯色营地中接近1/4的成年人回答"不",或者表达了某种程度的保留。12万名被拘禁者中有近6 000人放弃美国公民身份,要求被遣送回日本。另一些人企图证明自己的忠诚。从拘禁营中

▲ 1942年2月，总统富兰克林·德拉诺·罗斯福下令将所有居住在西海岸的日籍外国人和日裔美国人拘禁在偏僻的"集中营"，总计大约有110 000人。居民不能拍照片，但是很多人试图画下他们的经历。这幅水彩画《曼扎纳初印象》(First Impressions of Manzanar)体现了被拘禁者与严酷的沙漠环境持续斗争——大风、沙尘和极端气温。曼扎纳战争重置营(Manzanar War Relocation Camp)位于加利福尼亚，坐落在内华达山脉(Sierra Nevadas)脚下。由配着冲锋枪的军警守卫的八座瞭望塔环绕着营地。

图片来源：高村唐戈(Tango Takamura)赠，查尔斯·E.杨研究图书馆(Charles E. Young Research Library)特殊藏品部，加州大学洛杉矶分校

选拔年轻男性组成的全日裔第四百四十二团战斗队(442nd Regimental Combat Team)在同等规模的部队中是获得勋章数最多的。第四百四十二团战斗队在意大利和法国遭受惨重伤亡，成员被授予国会荣誉勋章(Congressional Medal of Honor)，获得47枚优异十字勋章(Distinguished Service Crosses)和350枚银星勋章(Silver Stars)，还有3 600多枚紫心勋章(Purple Hearts)。1988年，国会发布了一份公开道歉声明，并对6万名活下来的日裔美国被拘禁者每人补偿了2万美元，主要表达了象征意义。

752 非裔美国人和"双胜利"

当美国为战争进行动员时，一些非裔美国领袖试图迫使国家直面纳粹和美国国内黑人种族隔离之间令人尴尬的相似。全国有色人种协进会等团体希望"通过说服、强迫和羞辱，让我们的政府和国家……对1/10的人民更为文明"，宣布发起"双胜利"运动（国内和海外同时取得胜利），公民权利组织的成员数大幅上升。1940年风头强劲的全国有色人种协进会拥有5万名成员，到1946年已经扩展至45万。1942年公民权利活动家在印度人莫罕达斯·甘地(Mohandas Gandhi)的哲学影响下，成立了争取种族平等大会(Congress of Racial Equality，即CORE)，强调"非暴力直接行动"，在芝加哥及华盛顿特区的隔离餐厅和剧院中发起静坐示威。

兵役对非裔美国人来说是关键问题，他们明白捍卫国家的责任和完整公民身份权利之间的传统

联系。但是美军仍然以种族隔离强烈抵制黑人部队成为战斗部队。晚至1943年，只有不到6%的武装部队是非裔美国人，与10%以上的人口比例形成鲜明对比。海军陆战队一开始完全拒绝接受非裔美国人，而海军将黑人委派到服务岗位从而实现种族隔离，在这些岗位上，他们极少能作为平级或上级与非黑人交往。

隔离的军队

为什么美国要以隔离的军队打一场民主战争？美国军队明白，它的重中之重是阻止轴心势力，赢得战争，而联邦政府和战争部认定第二次世界大战期间不是试图统一军队的时候。大部分美国人（大约89%美国人是白人）反对融合，许多人的态度非常激烈。红十字甚至在战争期间隔离种族血浆，可见种族主义成见在美国渗透得有多深。在大部分南方州，种族隔离并不仅仅是习俗，它也是法律。军事设施和训练营大部分位于南方，当联邦权力与州法律相矛盾时，种族融合将导致一场危机。政府和军队官员以南方训练营中的种族暴力爆发作为证据，辩称战时种族融合几乎肯定会引发比种族暴力更严重的问题，造成军队中的混乱，阻碍美国战争事业。这种抵抗或许是短期的，但是战争部不会冒这个风险。战争部为自己的决定辩解，称它不能"在法律之外行动，也不能违背全国大部分公民的意愿行事"。陆军参谋长乔治·C.马歇尔（George C. Marshall）将军宣称："解决有史以来困扰全美国人的社会问题……"不是军队的职责，"军队不是社会科学实验室"。种族正义的希望不断被延宕，成为战争的另一个牺牲品。

尽管受到严重歧视，但是许多非裔美国人仍然积极主张自己的权利。1944年得克萨斯的军队训练营训练时，杰基·罗宾森（Jackie Robinson）少尉拒绝坐在公共汽车的后部，直面军事法庭审判，尽管军事法规禁止军队交通工具上的种族歧视，无论当地法律或习俗如何。黑人船员在一场毁坏两艘船，导致320人死亡并把玻璃碎片炸到35英里外的爆炸后拒绝回去工作，这场爆炸的起因是海军让完全没有受过训练的人把高度危险的爆炸物装进炸弹中，从旧金山附近的芝加哥港武器仓库装上自由货船。当这些士兵因为叛变指控遭到军事法庭审判时，未来的联邦最高法院法官和全国有色人种协进会主要律师瑟古德·马歇尔（Thurgood Marshall）质问，为什么黑人船员做这项工作。他宣称："这不是50个因为叛变受审判的人。海军应该为针对黑人的恶意政策而受到审判。"

随着战争深入，非裔美国军人在前线战斗，而且战果累累。海军陆战队太平洋战场的指挥官宣称："黑人海军陆战队军人不再需要考验。他们是海军，句号。"在阿拉巴马塔斯克基机构受训的飞

▲ 第二次世界大战期间，战争部第一次批准训练和使用非裔美国飞行员。九十九追击中队（Ninety-ninth Pursuit Squadron）的成员在1943年6月加入北非的战斗，他们被称作"塔斯克基飞行员"（Tuskegee Airmen），因为曾在阿拉巴马的全黑人塔斯克基学院（Tuskegee Institute）中受训。就像大部分非裔美国部队一样，九十九追击中队在种族隔离部队中受到白人军官指挥。

图片来源：国家档案

▶ 数百万平民在战争期间被关押、被饿死、被用毒气毒杀、被用机枪扫射或者做苦力至死。图中，美国军队强迫纳粹党员掘出两百名俄罗斯官员和其他在乌尔费尔（Wuelfel）被杀害的人的尸体，汉诺威的居民在一旁看着。盟军部队常常迫使当地居民旁观大坟墓挖掘，试图让他们直面他们坚持毫不知情的暴行。

图片来源：美国大屠杀纪念博物馆（United States Holocaust Memorial Museum）

行员"塔斯克基空军"在全黑人部队中英勇战斗，九十九追击中队赢得了80枚优异飞行十字勋章（Dinstinguished Flying Crosses）。在战争结束后，非裔美国人以自己战时的兵役为由，主张完整公民权利，让一些美国白人的担忧变成现实。非裔美国人的战时经历好坏参半，但是战争是平权运动的转折点。

美国和大屠杀

美国在如今称作"大屠杀"的事件面前无动于衷是一次令人扼腕的忽略，不过，回顾起来，与当时相比所产生的影响是更显然的。1939年年初，美国拒绝圣路易斯的难民（第724页），拒绝放松移民限额并接纳欧洲犹太人和其他从希特勒的德国逃出来的难民，当时几乎没有人能预料未来将出现奥斯威辛或者灭绝营（Treblinka）这样的死亡集中营。美国人知道他们拒绝了逃离极端惩罚的人们，而反犹太主义在这个决策中扮演着重要的角色，但是拒绝寻求庇护的难民并非不寻常，在似乎每况愈下的重大金融危机期间尤其普遍。

早至1942年，美国报刊就开始报道希特勒统治下"大规模屠杀"犹太人和其他"不受欢迎者"（吉普赛人、同性恋、心理或精神残疾者）。许多在第一次世界大战中曾受虚构残忍故事蒙骗的美国人对这些故事不加理会。但是罗斯福知道纳粹集中营的存在，毒气"齐克隆-B"（Zyklon-B）每小时能杀死2 000人。

1943年，英国和美国代表在百慕大会晤讨论这一情况，但是没有采取实质的行动。许多盟军官员尽管感到震怖，但是却把希特勒的"最终解决"（Final Solution）仅仅视为一场遍及全世界、导致数千万人死亡的更大规模屠杀的一部分。财政部部长小亨利·摩根索（Henry Morgenthau Jr.）为美国拒绝行动而震惊，谴责国务院拖后腿导致美国人成为谋杀的帮凶。"拯救犹太人免受灭顶之灾太过重大，不应掌握在冷漠、无情，或许甚至敌对的人手中。"他于1944年痛苦地写道。同年，在摩根索有理有据的呼吁之后，罗斯福成立了战时难民委员会（War Refugee Board），在欧洲建立难民营，在拯救20万名犹太人免于死亡过程中起到关键的作用。但是,一名美国官员哀叹道:"到那时候已经太晚了,做不了多少事了。"到战争结束时,纳粹有组织地杀害了近1 100万人。

军旅生活

第二次世界大战期间,超过1 500万男性和约35万女性在美军中服役。18%的美国家庭至少有一名父亲、儿子或兄弟在军队中服役。其中一些男性(和所有女性)自愿入伍,渴望保家卫国。但是大部分服役的人是应征入伍的,超过1 000万。1942年12月,军队在总统命令下停止接受志愿兵。由于需要填满无数军队岗位,同时保证军工生产和平民经济的挑战,义务兵役制(Selective Service)和新成立的战时人力委员会企图对人力集中控制分配。他们的努力常常被地方和国家控制之间的矛盾打败,这种矛盾在整个战争时期一直很激烈。然而,大部分美国人相信征兵比较公平。与内战以及越南战争相比,第二次世界大战期间征兵令基本上平等地分配给所有美国人口。

义务兵役

《义务兵役法案》(Selective Service Act)允许延期入伍,但是并没有不成比例地倾向于较富裕人群。近1万名普林斯顿学生或校友前去服役,富兰克林和埃莉诺·罗斯福的四个儿子全都应征入伍,而全国的法官为轻罪犯提供入伍或入狱的选择。小部分大学兵役延期者在长长的"关键岗位"延期服役名单面前无足轻重,名单中不仅包括军工业工人,还有近200万农民。大多数免于兵役的人被评判为身体或精神上不符合入伍标准。军医发现大萧条为这个国家的年轻人带来各种疾病,很多入伍新兵有蛀牙和近视,这是营养不良的标志。军队牙医拔除了1 500万颗牙齿,为士兵装上牙托;验光师配了2 500万副眼镜。数十万患有性病的男性被1942年研发的磺胺制剂治愈。军队考官还发现

种族主义和贫穷带来的影响。半数非裔美国人没有六年级以上的学历,多达1/3的人基本上是文盲。被征召的46%非裔美国人和近1/3欧裔美国人被评为"4-F"级——不适合入伍。

尽管如此,美国总人口中有近12%在军队中服役。军团迅速成立,把不同背景的人们扔到一起。地域差异很深刻,北方人和南方人常常名副其实地不能理解对方。民族差异让情况变得更为复杂。尽管非裔美国人和日裔美国人在自己独立的部队中服役,西班牙裔、美洲原住民和华裔美国人却在"白人"部队中服役。不仅如此,"白人"之间的差异也是深入骨髓的,来自布鲁克林的"意大利"男孩和来自密西西比农村(或者蒙大拿农村)的男孩完全是两类人。结果常常导致矛盾,但是许多美国人与和自己大相径庭的人并肩作战之后,变得不那么偏激,也不那么狭隘了。

投身战斗

尽管兵役覆盖范围很广,但是战斗的重担并不是平等分配的。尽管女性可敬地报效国家,常常英勇无比,但是女性在美国军队中的角色比英国或苏联军队中更局限,后者可以担任防空炮手和其他战斗相关职位。美国女性则只能充当护士、通信员、打字员或是厨师。陆军妇女队(Women's Army Corps,即WAC)的征兵口号是"从战斗中释放一个男人"。然而,大部分军队中的男性也没有亲历过战斗;1/4的人从来没离开过美国。美国在交战国中拥有最低的武装比例,每个战斗士兵背后有八人以上的后勤人员支持。1/3的美军成员在文职岗位上工作,主要由受过良好教育的男性担任。非裔美国人尽管被分配了肮脏和危险的任务,但是基本上不能上战场。在第二次世界大战中,出身较低、文化程度较低的白人男性在战斗中冲锋陷阵。

对于那些投身战斗的人来说,第二次世界大战中的战役是人类所能遭遇的最恐怖的经历。从好莱坞量产的战争影片中,后方观众看到人们英勇赴死,被击中心脏痛快死去,在生命最后时刻得

到战友的安慰。但是人们真正经历的是残杀。不到10%的死亡是子弹导致的。大部分人被迫击炮、炸弹或手榴弹杀死或致伤。7.5万人一直到战争结束后还处于失踪状态,因为被炸成难以辨认身份的碎块。战斗意味着连续数日甚至数周在充满瘴气的丛林中忍受连绵不断的阴雨,滑下布满淤泥的山丘,降落到一堆腐臭的尸体上;意味着淹没在寒冷的北大西洋海水中,身边是被鱼雷击中,在水中燃烧的船只残骸;意味着用火焰喷射器朝其他人喷射华氏2 000度的火焰;意味着船只穿过漂浮着无数残骸的水面时剧烈颠簸,那些尸体都是之前抢先登陆的人,登陆的士兵一旦被困住,很可能被身上68磅重的行李拖入水中淹死,假如成功爬到岸边,又很可能会被炮弹炸成碎片。兵役一直持续到战争结束。只有死亡、严重受伤或是胜利才能带来解脱。在这个艰难的世界中,人们为了胜利而战斗。

在战争的45个月中,近30万美国军人死于战斗。近100万美国军队受伤,其中一半受重伤。医学进步帮助伤员幸存下来,比如盘尼西林(青霉素)的发明和使用血浆防止休克,但是很多人永远没有从这些伤害中恢复。20%到30%的战斗伤害是神经性的,人们被逼到忍耐的极限。在战争大部分时期内,联邦政府严格审查美军在战斗中的死亡画面,把它们交由被称作"恐怖物象陈列室"(chamber of horrors)的秘密档案保管。国内的美国人很少能理解战斗是什么样的,很多人回国后对自己战争中的经历闭口不谈。

赢得战争

轴心国胜利的希望建立在速战速决的基础上。德国和日本的领导人知道,假如美国有足够时间完成全面动员,满载武器登上战争舞台,为联盟军队补充训练有素的有生力量,这场战争就输了。然而,日军和德国当局的领导层中强大的集团相信,美国只要遭到初期的决定性失败就会退缩。希特勒向美国宣战不久后,以盲目的种族傲慢宣称:"在我看来美国人没什么未来……这是个堕落的国家……美国社会(是)一半犹太化,另一半黑鬼化。你能指望这样一个国家万众一心吗?"至1942年年中,轴心国明白他们不仅低估了美国人的决心,也低估了其他同盟国阻止轴心国进犯的意愿,甚至不惜牺牲不计其数公民的生命(参见地图27.1)。随着时间流逝,轴心国胜利的机会越来越渺茫,然而,尽管在1943年之后结果已成定局,距离战争结束仍然有两年血腥的战斗。

盟军之间的矛盾

当战争持续,盟军的关注点在于打败侵略者,但是他们对彼此的怀疑破坏了合作。苏联人继续向英国人以及美国人施压,要求在德国西面开辟第二前线,把德国军队从苏联引开。然而,美国和英国继续拖延。1942年英国皇家空军在德国发起的"千次轰炸"(thousand-bomber)空袭并没有平息斯大林的愤怒,盟军于1943年进攻意大利也不能平息他的怒火。盟军关系紧张,罗斯福试图通过个人外交进行调解。三位盟军领导人于1943年12月在伊朗德黑兰会晤。斯大林不理会丘吉尔为拖延开辟第二前线将德军从苏联引开所做的辩解。罗斯福也受够了,他还拒绝了丘吉尔再一次提出的通过巴尔干向维也纳发起外围进攻的提议。三人最后达成协议,在1944年年初发动"霸王行动"(Operation Overlord),跨海峡进攻法国。苏联保证一旦德国被打败就协助盟军对抗日本。

欧洲的战争

1944年6月6日登陆日,清晨太阳还未升起时,盟军开始开辟第二前线。这是有史以来最大规模的一次登陆,14多万名盟军在美国将军德怀特·戴维·艾森豪威尔(Dwight D. Eisenhower)的指挥下登上法国诺曼底的海岸。成千上万的船只把士兵运到距沙滩一百码之内。登陆船只和士兵们很快遭遇了敌军的阻击;他们引爆地雷,被悬崖上碉堡的枪林弹雨击中倒下。与此同时,15 500名盟军空

▲ 美军于1944年6月6日登陆日发起进攻，在诺曼底登陆。一旦人们不慎在海浪中失足，就会被68磅的背囊拽入水中溺亡；另一些人被沙滩两边耸立的悬崖上的碉堡里的德国机枪扫射和炮火打中。约2 500名盟军士兵在登陆日进攻中死去。在持续到8月末的诺曼底战役中，盟军和德国军队伤亡人数总计达45万（战死、失踪或受伤）。
图片来源：罗伯特·卡帕/马格南照片有限公司（Robert Capa/Magnum Photos, Inc.）

中部队加上成千上万用以干扰德国防御的假人从飞机上跃下。尽管密集的空中和海军炮火掩护，加上特工的暗中工作软化了德国防御，但是战斗仍然异常激烈。

至7月1日，已有400万盟军战士在法国战斗。他们穿越乡村，至8月末解放了法国和比利时，但是所过之处留下破坏的足迹。一名英国士兵写道，盟军轰炸似乎把村庄"变成了死寂、毁坏和令人窒息的巨大垃圾堆，破坏如此彻底，仿佛天谴"。近3.7万盟军战士死于战斗中，多达2万法国平民被杀。9月，盟军进入德国。12月，德国的武装部队在比利时的阿登森林（Ardennes Forest）发起反击，希望能推进到安特卫普，阻断通过比利时港源源不断输送来的盟军补给。在后来被称作"鼓突大决战"［Battle of the Bulge，因为一个60英里深、40英里宽的"鼓突（bulge）"而得名］的数周激烈战斗之后，德国军队被盟军战线击退，盟军最终于1945年1月下旬控制战局。

到这时，"战略"轰炸（尽管远没有公开宣称的那么精准）已经破坏了德国的军工生产能力，并摧毁了德国经济。1945年年初，英国和美国人开始在柏林进行"士气"轰炸，接着在德累斯顿的空袭中杀死数万平民。与此同时，浴血奋战的苏联军队通过波兰向柏林挺进。美国军队于1945年穿过莱茵河，攻下了工业重镇鲁尔（Ruhr）河谷。他们分出几支部队进入奥地利和捷克斯洛伐克，在那里与苏联军队会合。

雅尔塔会议

盟军在鼓突战役中遭到德国军队最后的绝望

抵抗，同时盟军领袖已经开始计划和平。1945年年初，此时已经病笃的富兰克林·罗斯福召集峰会，讨论一系列政治问题，包括如何处理德国。三位盟军领导人于1945年2月在俄属克里米亚（Crimea）的雅尔塔会晤。每个人对于如何塑造战后世界都有着明确目标。前强盛帝国英国现在脆弱不堪，实力被严重削弱，企图保护其殖民属国并限制苏联势力。经历重创，2 100万人死亡的苏联希望德国支付赔款，提供大规模重建事业的资金。苏联人也希望扩大他们在整个东欧的影响力圈，并保证国家安全；斯大林坚称，德国必须被永久削弱。短短1/4个世纪中两次德国入侵已经远远足够了。

美国像其他大国一样，希望扩张影响力并控制和平进程。为了达到这一目的，罗斯福游说成立前一年在华盛顿特区敦巴顿橡树园（Dumbarton Oaks）基本上通过的联合国组织，美国希望通过这个组织施加其影响力。第一次世界大战的教训也影响了美国的提议；美国寻求长期的和平和稳定，希望避免第一次世界大战后让欧洲陷入危机的债务—赔款教训。美国的目标包括自由民族的自决权，逐步和有序地去殖民化，以及用罗斯福曾提到过的"四警察"（Four Policemen）管理国际事务：苏联、英国、美国和中国。（罗斯福希望中国能帮助稳定战后的亚洲；美国于1943年废除了中国驱逐法案，希望能巩固两国之间的联系。）美国还决定限制战后苏联的影响力。显然，各国存在很多分歧。

▲ 1945年2月，三位盟军领导人——温斯顿·丘吉尔、富兰克林·德拉诺·罗斯福和约瑟夫·斯大林——在雅尔塔会晤。罗斯福当了12年总统，显露出衰老和疲态。两个月后，他死于严重脑出血。
图片来源：富兰克林·D.罗斯福图书馆

雅尔塔会议举行时的军事地位影响了谈判。苏联军队占领了他们解放的东欧国家，包括波兰在内，莫斯科在那里驻扎了一个苏联军团，尽管伦敦有个受到英国支持的波兰流亡政府。苏联军队在东欧驻扎，英国和美国在这些土地相关问题上能够协商的限度有限。而对德国来说，三个大国同意将德国东部的一些领土并入波兰，剩下的土地分成四个地带，第四个地带由法国管理。英国向其他国家施压，希望将法国囊括在战后控制德国的计划内，以便将苏维埃地区的势力从1/3减少到1/4。在苏联控制区内的柏林也将在四个胜利国之间进行分割。雅尔塔会议标志着大联盟的高点；在外交礼尚往来的传统中，每个盟军国家带走一些它谋求的东西。为了换取美国支持苏联控制1904—1905年日俄战争中输给日本的领土，斯大林同意与美国的中国盟友蒋介石而不是和共产党人毛泽东，签署友好条约，并且在希特勒战败后2到3个月内向日本宣战。

哈里·杜鲁门

1944年1月，富兰克林·德拉诺·罗斯福史无前例地，第四次当选总统，但是并没有活着看到战争结束。4月12日罗斯福去世，副总统哈里·杜鲁门成为总统和战争总指挥。来自密苏里的参议员杜鲁门于1944年代替前副总统亨利·华莱士（Henry Wallace）成为罗斯福的竞选搭档，他在外交事务方面欠缺经验。他甚至都对最高机密的原子弹计划一无所知，直到成为总统后才了解。罗斯福去世后一天，杜鲁门向民主党和共和党的老朋友寻求帮助，希望他们辅助他接下这项"可怕的工作"。不久之后，他告诉记者："孩子们，假如你们曾祈祷，那么现在为我祈祷吧。我不知道你们的同伴是否曾向你们撒下过一大捧干草，但是当他们昨天告诉我发生了什么时，我感觉就像月亮、恒星和行星都落在了我身上。"杜鲁门就任总统18天后，希特勒在枪林弹雨的柏林的一个地堡中自杀。5月8日，德国投降。

当几个大国在德国投降后角逐影响力时，大联盟开始分崩离析。7月中旬的波茨坦会议上，国际外交的新手杜鲁门对于苏联远不像罗斯福那么有耐心。杜鲁门在会议上得知新的核武器试验获得了成功。拥有这样的武器后，美国不再需要苏联在太平洋战争中的帮助。罗斯福秘密向斯大林保证日本战时占领的领土，换取苏联帮助美国打败日本；而原子弹让这些让步不再必要。盟军商定日本必须无条件投降。但是因为希特勒的战败和欧洲战争的结束，盟军之间的战时联系即将断裂。

太平洋地区的战争

在太平洋地区，战争在持续。1942年6月的中途岛战争中，美国阻挡了日本的进攻，然后开始向日本实行"岛屿跳跃"策略，除非必要，否则跳过防御最强的岛屿，并且攻占防御较薄弱的岛屿，旨在通过日本的岛屿前哨削弱日军。为了切断从日本本岛运来的供给，美国人还将日本商船作为目标。盟军和日本军队为了争夺散落在太平洋中的小片土地而进行激烈战斗。至1944年，来自美国、英国、澳大利亚和新西兰的盟军军队攻占了所罗门、吉尔贝（Gilbert）、马绍尔群岛（Marshall）和马里亚纳岛（Mariana）。道格拉斯·麦克阿瑟将军于1944年10月在莱特岛（Leyte）登陆，为美国夺回了菲律宾群岛。

1945年2月，当三大国领导人在雅尔塔聚首时，美国和日本军队为争夺硫磺岛而战，这个岛屿总长不到5英里，距东京南端700英里。2.1万名日本守军占领了这个岛屿的高地。他们躲藏在洞穴、壕沟和地下通道工事中，躲过了美军用来为登陆清除障碍的轰炸。贫瘠的火山岛屿没有任何掩护，海军陆战队靠近岸边时遭到屠戮。20天来，美军浴血奋战，一码一码地攻占硫磺岛岛上最高点折钵山（Mount Suribachi），也是防御最重的地点。硫磺岛争夺战造成了6 821名美国人和两万多名日本人丧生，其中一些日本人选择自杀而不是投降。只有200名日本人活了下来。

一个月后，美军在冲绳登陆，这是琉球群岛

759 ▲ 在冲绳，一名受伤的军人在等待撤回战地医院时祈祷。医学进步大大提高了战斗中伤员的存活率，比如盘尼西林的发明和用葡萄糖生理盐水替代失去的血液。但是在战斗特别激烈的地方，比如冲绳，神经性伤害或许会大大超过战斗死亡人数，达到3比1。

图片来源：W. 尤金·史密斯（W. Eugene Smithe）/时光图库/盖蒂图库

（Ryukyus）锁链上的一个岛屿，位于日本南端，盟军计划从那里进攻日本主岛。战斗持续了两个月，到处都是死亡。5月雨季开始，战场变成了充满腐尸和泥浆的汪洋。供给舰队忍受着大规模的神风队（kamikaze）（自杀）袭击——日本飞行员故意驾驶着装满炸弹的飞机撞向美国船只。近5 000名海员在这些袭击中死亡。在冲绳，7 374名美国陆军和海军陆战队军人死于战斗。几乎整支日本卫戍部队，10万人死亡。超过1/4的冲绳人，其中包括8万名平民，在两军交战中死去。

轰炸日本

即使美军已经在距离日本主岛仅350英里处挖掘壕沟，日本领导人仍然拒绝承认战败。强大的军事派系下定决心保持天皇的主权，抗拒无条件投降的耻辱。甚至在美国轰炸机夷平他们的城市时还坚持着。1945年3月9日晚上，333架美国"B-29超级要塞"（B-29 Superfortresses）向东京4乘3英里的区域投下炸弹和燃烧弹的混合物。为了证明空军的战略价值，他们制造了一场火风暴，暴虐的大火吸收空气中的氧气，造成了飓风，温度足以熔化水泥和金属。近10万人试图跳入运河中躲避大火，被焚化、窒息而亡或者烧死。在接下去的五个月中，美国轰炸机袭击了66个日本城市，导致800万人无家可归，杀死近90万人。

与此同时，日本试图轰炸美国本土。女学生用米纸和土豆粉胶水制作的成千上万只装载着炸弹的高海拔气球被喷气机气流发射。那些到达美国的气球降落在无人的地区,偶尔会引起森林火灾。战争中美国本土唯一的伤亡是五名儿童和一名成人,他们在俄勒冈进行学校野餐时偶然地引爆了一个矮树丛下发现的气球炸弹。当山本将军意识到战争开始时,美国资源已经远远超过日本。

1945年夏初,日本开始向苏联发出和平信号。然而,日本并不愿意接受盟军领袖在波茨坦达成的"无条件投降",而杜鲁门及其顾问选择不放弃和平谈判。至此时,美军已经开始为攻击日本本岛做准备。硫磺岛和冲绳的两次战役在计划中所占分量很重。日本军队在丧失了任何胜利希望后仍然继续战斗,而日本和美军的伤亡都非常惨重。曼哈顿计划成功的消息提供了另一个选择,杜鲁门总统选择了这一选项。杜鲁门相信,对日本使用原子弹将快速结束战争,挽救美国生命。

历史学家仍然对杜鲁门使用原子弹的决定争论不休。为什么他不愿协商投降条件?日本是否已经如一些人辩称的那样处于无条件投降的边缘?抑或日本军方领导人中反投降派足够强势,能够一直占上风?杜鲁门知道原子弹能在和平谈判中给美国带来实际和心理上的力量;他在多大程度上希望向苏维埃展示原子弹的实力,或者阻止苏联在太平洋战争的尾声中扮演重要角色,从而影响他的决定?种族主义或是报复欲是否也是原因之一?估计的进攻伤亡人数多大程度上影响了杜鲁门的决定,这些数字精确吗?这些辩论持续到今日,无论答案是什么,轰炸(无论是传统还

▲ ▶ 这块烧焦的手表是在广岛的废墟中找到的,时间停止在了爆炸的时刻——8:16。原子弹造成的冲击波和火焰夷平了这个城市的大片土地。原子弹辐射导致成千上万爆炸中的幸存者慢慢死去。这张广岛的照片是轰炸后八个月时拍摄的。

图片来源:约翰·劳诺瓦(John Launois)/黑星(Black Star)(小图)

图片来源:美国空军(大图)

当时，原子弹轰炸的决定对于杜鲁门来说并不像事后看来那么重大。道德界线已经跨越，战争中两军持续大规模轰炸平民：日本人于1937年轰炸中国城市上海。德国人"恐怖轰炸"华沙、鹿特丹和伦敦。英国和美国轰炸机故意在德国城市中制造火风暴；1945年2月的一个夜晚，就有22.5万人在德累斯顿轰炸中身亡。美国用传统武器对日本城市的轰炸就杀死了近100万人，单东京一城就被毁去56平方英里。原子弹与传统炸弹的分界在于其威力和效率，而不是以无法言喻的可怕方式杀死大量无辜平民。

1945年7月26日，盟军对日本下达最后通牒：承诺日本人将永远不会"被奴役"，《波茨坦宣言》(Potsdam Declaration)号召日本人无条件投降，否则将面临"立即和彻底的毁灭"。东京广播宣布政府将以"默杀"(mokusatsu)作为回应（"默杀"即漠视最后通牒）。1945年8月6日，以飞行员母亲的名字命名的B-29轰炸机"艾诺拉·盖号"(Enola Gay)在广岛上空投下原子弹。炫目的亮光在空中爆发；接着是巨大的微紫的蘑菇云，4万英尺土地化成蒸汽。这座城市大部分被爆炸夷为平地。爆炸引起了风暴性大火，成千上万从最初的爆炸中幸存下来的人被烧死。约有13万人被杀死。数万人遭受辐射伤害。

美国飞机继续他们毁灭性的传统轰炸。8月8日，苏联对日本宣战。8月9日，第二颗美国原子弹落在长崎，杀死了至少6万人。五天后，8月14日，日本投降了。最新历史研究辩称，苏联对日本宣战对日本投降决定所起的作用大于美国运用核武器。最后，盟军保证，日本天皇可以继续担任名义上的领袖。正式投降仪式于9月2日在东京湾的战舰"密苏里"号上举行。第二次世界大战结束了。

结语

希特勒曾经预言："我们或许会被毁灭，但是假如我们被毁灭，我们也要拉一个世界垫背——一个火焰中的世界。"至少在这一点上希特勒没料错。第二次世界大战让地球满目疮痍。在亚洲和欧洲，行尸走肉般的人们在废墟中游荡，绝望地找寻食物。苏联有1/9的人死去：总共有2 100万平民和军人丧生。中国统计的死亡人数有1 000万，德国人和奥地利人是600万，日本人是2 500万。在日本占领的中南半岛地区，有100万人死于饥荒。近1 100万人在纳粹集中营中被有组织地杀害。在全世界，第二次世界大战导致了至少5 500万人死亡。

发动战争需要有着大相径庭的目标和利益的同盟国携手合作。在整场战争中，它们彼此之间的矛盾一直很大，美国和英国拒绝斯大林开辟第二前线、把德国军队从苏联引开的要求。与此同时，美国在太平洋地区打着一场残酷的战争，把日本军队逼回日本本岛。至日本1945年8月投降时，苏联和英美盟军之间的矛盾已经让战后和平稳定变得不太可能。

美国人和武器是盟军战争事业获胜的关键。尽管美国人并没有像所谓"最伟大的一代"美化的那样万众一心、牺牲自我，但是美国军人奔赴全球战斗，从北极到热带。在后方，美国人马不停蹄、不眠不休地制造赢得战争的武器。尽管美国人在战争期间做出了牺牲，包括近30万人献出宝贵的生命，但是许多人发现战争让他们的生活条件好转了。战争动员结束了大萧条，把失业率降到接近于零。战争工作需要劳动者，美国人大量迁徙到军工产业中心。工人的涌入穷尽了现有社区的资源，有时候还导致社会冲突，甚至暴力。但是许多美国人——非裔美国人、墨西哥裔美国人、女性、来自南方的贫苦白人——在报酬丰厚的产业中找到了就业机会。

联邦政府为了管理国家战争事业，成为美国个人生活中更强大的存在，负责规范商业和工作岗位；监督征兵、训练和部署；甚至控制人们能买什么吃或穿。第二次世界大战是社会变革的强大引擎。

从第二次世界大战中崛起的美国人异常自信，

人民与国家的遗产

核扩散

从广岛和长崎原子弹爆炸的瞬间开始,美国战略家就绞尽脑汁思考如何树立障碍,阻止"核俱乐部"成员资格扩散。最早的焦点是苏联。分析师们好奇,斯大林得到原子弹需要多久?1949年9月23日,答案揭露,杜鲁门总统告诉震惊的美国公众,苏联人成功地试验了核装置。

在那之后的数年中,核武器俱乐部的成员进一步扩大,通过巨大的国家投资、间谍活动和黑市,西方供应商提供需要的原材料和技术。英国(1952)、法国(1960)、中国(1964)、印度(1974)和巴基斯坦(1998)先后成功引爆原子弹。以色列于1967年在"六日战争"(Six-Day War)前夕跨越了核武器的门槛,但是一直拒绝承认或否认掌握原子弹。更近的是,可信的报道显示朝鲜拥有一个小规模核军械库,而伊朗正在努力制造核武器。

目前拥有核武器的国家看起来似乎已经很多了,但是远比专家在1960年代预测的要少。"假如1970年代有三个国家造出原子弹,"一个英国资深分析师警告道,"1980年代或许会达到10个,1990年代达到30个。"这种情况并没有发生,主要原因是五个现有的核武器国家于1960年代中期出于一系列复杂的自利原因,同意推动防止核扩散计划。结果,扩散率持续下降;31个开始踏上核道路的国家中有22个改变了路线,放弃了原子弹。至2006年年末,于1968年7月1日生效的《不扩散核武器条约》(Treaty on the Non-Proliferation of Nuclear Weapons,即NPT)有187个签署国,并被广泛称赞为1945年以后最伟大的国际协议之一。

怀疑论者持有不同的看法。他们注意到,《不扩散核武器条约》以外有三个国家(以色列、印度和巴基斯坦)成为核势力,而且他们谴责"最初五国"的虚伪,一边想方设法地防止其他国家获得核武器,一边储存大量核武器。2009年世界上有多达23 000枚核武器(其中97%属于美国和俄罗斯),评论家害怕新型的核扩散,即恐怖主义团体或其他非国家组织把手伸向一个或更多核弹。在这个噩梦般的剧本中,他们警告道,国际核武器禁止将名副其实地烟消云散。

他们的国家是世界上最伟大的国家。它肯定是最强大的。在战争结束时,只有美国有资本和经济资源刺激国际经济复苏;只有美国比战争开始时更繁荣、更安全。在从旧世界灰烬中塑造新世界的斗争,即所谓的冷战中,美国将居高临下。不论好坏——也可能是好坏参半,第二次世界大战是这个国家历史的转折点。

扩展阅读

Michael C.C. Adams, *The Best War Ever: America and World War II* (1993)

Tsuyoshi Hasegawa, *Racing the Enemy: Stalin, Truman, and the Surrender of Japan* (2005)

William I. Hitchcock, *The Bitter Road to Freedom: A New History of the Liberation of Europe* (2008)

John Howard, *Concentration Camps on the Homefront: Japanese Americans in the House of Jim Crow* (2008)

David M. Kennedy, *Freedom from Fear: The American People in Depression and War, 1929—1945* (1999)

Warren F. Kimball, *Forged in War: Roosevelt, Churchill, and the Second World War* (1997)

Nelson Lichtenstein, *Labor's War at Home: The CIO in World War II* (1983)

Gerald F. Linderman, *The World Within War: America's Combat Experience in World War II* (1997)

Leisa Meyers, *Creating G. I. Jane: Sexuality and Power in the Women's Army Corps During World War II* (1996)

George Roeder, Jr., *The Censored War: American Visual Experience During World War II* (1993)

Barbara Dianne Savage, *Broadcasting Freedom: Radio, War, and the Politics of Race, 1938—1948* (1999)

Ronald Takaki, *Double Victory: A Multicultural History of America in World War II* (2000)

第二十八章

冷战和美国全球化，1945—1961

1945年7月16日,"鹿"队负责人乘坐降落伞来到越南北部村庄Kimlung附近,村庄坐落于种植水稻的山谷中。此时艾莉森·托马斯(Allison Thomas)上校不知道距离第二次世界大战结束只剩下几个星期,但是他和战略情报局部队的另外五名成员牢记他们的任务:与越南民族主义组织越南独立同盟(Vietminh,简称越盟)合作,打击三月从法国手中夺走越南的日本军队。降落伞落在一棵印度榕树上,他从树上挣脱下来,然后对两百名越南士兵说了几句冠冕堂皇的话,越南人的横幅上写道:"欢迎我们的美国朋友。"越盟的领袖胡志明身患恶疾,但是以一口流利的英语诚挚欢迎战略情报局团队,并邀请他们共进晚餐。第二天,胡志明虽然谴责法国人,但是对美国人评价颇高:"我们欢迎1 000万美国人。""忘掉那个共产主义妖怪吧。"托马斯向设立在中国的战略情报局总部发去无线电。

章 节 大 纲
从盟友到对手
昨日重现　斯大林:从盟友到对手
遏制政策
亚洲冷战
朝鲜战争
持续的冷战
放眼天下　人民对人民运动
第三世界的斗争
人民与国家的遗产　国家安全体制
结语

胡志明是一名共产主义者,几十年来致力于让祖国脱离法国赢得解放,他在第一次世界大战之后加入法国共产党,把共产主义当作争取越南独立的工具。接下去的20年,他生活在中国、苏联和其他地方,他耐心地策划和战斗,试图将祖国从法国殖民者的统治中解放出来。第二次世界大战期间,胡志明的越盟战士骚扰法国和日本军队,解救坠落的美国飞行员。1945年3月,胡志明在中国与美国官员会面,他在战争资讯局(Office of War Information)机构中阅读《美国百科全书》(*Encyclopaedia Americana*)和《时代》杂志。胡志明从苏联的意识形态盟友那里没有得到任何帮助,于是他希望美国能够支持他的自由解放和脱离殖民梦想。

其他战略情报局人员很快降落到Kimlung,其中包括一名男性护士,他诊断胡志明的病症是疟疾和痢疾。奎宁和磺胺制剂让他恢复了健康,但是仍然很虚弱。作为友谊的标志,美国人把胡志明称为"战略情报局19号队员"(OSS Agent 19)。美国人所到之处,贫穷的村民馈赠食物和衣物,尽管1944—1945年他们遭遇了毁灭性的大饥荒,至少导致100万越南人死去。村民们把外国人的到来看作美国反殖民和反日本的标志。8

◀ 1945年,越南民族主义者胡志明(Ho Chi Minh, 1890—1969)与战略情报局(Office of Strategic Services, 即OSS)"鹿"队(Deer Team)会面。最左边是胡志明的军事副官武元甲(Vo Nguyen Giap)。

月初，鹿队开始对越盟士兵进行武器培训。胡志明在与战略情报局成员的多次谈话中表示，他希望年轻的越南人能够在美国学习，美国技术人员能够帮助建立一个独立的越南。胡志明援引历史评价道："你们的政治家对于民族自决发表了很多雄辩的演说。我们是自决的。为什么不帮助我们？我和你们的乔治·华盛顿有区别吗？"

第二个战略情报局部队，"仁慈"队（Mercy），在阿基米德·佩蒂上尉（Captain Archimedes Patti）的帮助下，于8月22日来到河内市。当佩蒂遇到胡志明的时候"这瘦骨嶙峋的男人"——越盟领袖赞扬了美国的帮助，并且呼吁未来"合作"。但是这些战略情报局成员还不知道，华盛顿的新的杜鲁门政府已经决定让法国决定越南的命运，他们原本以为富兰克林·德拉诺·罗斯福总统同情越南，以为美国政策仍然是支持越南最终独立。正是因为政策改变，胡志明向华盛顿发的几封信和电报如石沉大海，第一封信的日期是1945年8月30日。

1945年9月2日，在战略情报局人员在场的情况下，河内嘹亮的号角声中，激情澎湃的胡志明宣读了越南民主共和国（Democratic Republic of Vietnam）的独立宣言："所有人生而平等，他们的造物主赋予他们确定的、不可剥夺的权利，这些权利包括生命、自由和追求幸福的权利。"借用国际著名的1776年《美国宣言》，胡志明一一列举了越南对法国的愤懑。

至初秋，两支战略情报局队伍相继离开了越南。胡志明与佩蒂上尉道别时表达了他的悲伤，因为美国为法国人提供武装，重新在越南建立了殖民统治。当然，胡志明道，华盛顿的美国官员将他视为"莫斯科的傀儡"，只因为他是个共产党人。但是胡志明声称他首先"是一个自由者"、一个民族主义者，并从美国争取独立的斗争中汲取了许多灵感。他坚持道，如果必要的话越南人可以依靠自己，无论有没有美国或苏联的帮助。他们确实说到做到，越南开始反抗法国，然后对抗50万美国军队，这场冲突逐步演变成美国历史上时间最长的战争。如果哈里·S.杜鲁门总统对1946年2月16日胡志明寄给美国的最后一封信做出正面反馈，世界历史将变得多么不同，在信中，胡志明请求美国"作为世界正义的守护者和斗士，迈出关键的一步，支持我们独立"。

年表

1945	罗斯福去世，杜鲁门成为总统
	原子弹轰炸日本
1946	凯南（Kennan）发"长电报"谴责苏联
	越南反法战争爆发
1947	杜鲁门主义为希腊和土耳其寻求援助
	马歇尔（Marshall）向欧洲提供经济援助
	《国家安全法案》（National Security Act）重新组织政府
1948	共产党在捷克斯洛伐克掌权
	杜鲁门承认以色列
	美国组织柏林空运

(续表)

年份	事件
1949	反苏联同盟——北大西洋公约组织（NATO）成立
	苏联试爆原子弹
	毛泽东领导的共产党在中国赢得胜利
1950	美国国家安全委员会第68号文件（NSC-68）提议大规模扩军
	6月朝鲜战争开始，秋季中国加入战争
1951	美国与日本签署《美日安保条约》（Mutual Security Treaty）
1953	艾森豪威尔当选总统
	斯大林去世
	美国帮助沙阿在伊朗夺回权力
	朝鲜战争结束
1954	日内瓦协定瓜分朝鲜
	中央情报局领导政变颠覆危地马拉的阿本斯（Arbenz）统治
1955	苏联创立华沙合约组织（Warsaw Pact）
1956	苏联粉碎匈牙利起义
	苏伊士危机点燃中东战争
1957	苏联发射第一颗洲际弹道导弹，并成功发射人造地球卫星
1958	美国军队登陆黎巴嫩
	柏林危机
1959	卡斯特罗在古巴驱逐巴蒂斯塔（Batista）
1960	18个非洲殖民地独立
	越南南部组织越共

由于胡志明和他的许多民族主义追随者宣称自己是共产主义者，美国领袖拒绝了他们的请求。从杜鲁门到乔治·H. W. 布什（George H.W. Bush），历任总统都支持遏制政策，与所有地区的共产主义划清界限，他们相信冷酷的苏联政府主导了全世界的共产主义阴谋，威胁和平、自由市场资本主义和政治民主。从约瑟夫·斯大林到米哈伊尔·戈尔巴乔夫（Mikhail Gorbachev）的苏联领袖断言，军国主义化、经济上野心勃勃的美国真正的目标是统治世界。美国和苏联长期的竞争被称为冷战。

作为40多年来国际关系的主要特征，冷战基本上是美国和苏联之间的两极斗争，双方争夺影响范围和国际势力。华盛顿和莫斯科做出的决策主导世界历史，资本主义"西方"对抗共产主义"东方"。这场竞赛主导了国际关系，最终导致数百万人丧生，耗费数万亿美元，扩散末日恐惧，并且让一个接一个国家动荡不安。有时候，两个超级大国在峰会上谈判，签署协议缓和他们危险的军备竞赛；另一些时候它们处于战争的边缘，武装军队发起残酷的第三世界战争。有时候这些盟军有自己的想法和野心，事实证明，它们常常善于抵制来自超级大国其中一方或双方的压力。随着时间流逝，美国和苏联领导人开始意识到，虽然拥有庞大的军事实力，但是他们在关键方面主导变化的力量十分有限。

越南是第三世界的一部分，冷战期间"第三世界"用来指称这些既不带"西方"（"第一世界"）标签,也不算"东方"("第二世界")的国家。第三世界国家有时候也被称作"发展中国家",总体而言是非白种、非工业化国家,常常位于南半球——亚洲、非洲、中东以及拉丁美洲。许多地区曾经是欧洲国家或日本的殖民地,这些国家在强加于它们的冷战对抗面前不堪一击。美国领导人常常把它们的反殖民主义、政治不稳定和对外国资产管制视为苏联或共产主义意识形态的影响,认为它们很可能被莫斯科利用,简而言之,这是冷战问题,而非深刻本土化民族主义的表达。比如,越南成为冷战恐惧和第三世界期待交融之处,促使美国进行干预。这种干预代表了一种全球主义外交政策,意味着美国官员已经把整个世界视为美国影响力理所当然的辐射范围。

美国评论家挑战冷战的规划师,质疑他们夸大来自海外的威胁,在第三世界多管闲事,付出了外交政策军事化的昂贵代价。但是杜鲁门等领导人以极端主义语言描述冷战,将其形容为一场生死存亡的斗争,敌人仿佛妖魔鬼怪,连合理的批判也变得可疑,异见者受到质疑。批评者对于美国全球干预主义外交政策及其对核武器依赖的追根究底的质疑被淹没在谴责声中,异见者被视为"对共产主义手软",甚至是反美的。美国的决策者成功地培养了一种冷战舆论,压抑了不同的声音,塑造了几代美国人的思维方式。

- 为什么苏联和美国之间的关系在第二次世界大战胜利之后很快就变成相互敌视?
- 冷战什么时候从一场关于欧洲和中亚未来的斗争转变成将全球卷入的斗争,为什么?
- 在1940年代和1950年代,杜鲁门和艾森豪威尔政府以哪些方式扩张美国的全球影响力?

从盟友到对手

第二次世界大战让国际体系产生动荡。最后德国毁于一旦。英国资源枯竭,到了强弩之末的地步。法国忍受了长达五年的纳粹占领,被内部分裂消耗。意大利的国力也被大幅削弱,在亚洲,日本人口锐减,被别国部队占领,中国正在投入新一场内战。在整个欧洲和亚洲,工厂、运输和通信设备都化作了碎石瓦砾。农业产能直线下降,无家可归的人们四处游荡,寻找食物和家人。这个分崩离析的世界如何重整旗鼓? 美国和苏联尽管在第二次世界大战中是盟国,但是提供了大相径庭的答案和发展模式。不仅如此,德国和日本的崩溃造成了权力真空,两大势力试图对轴心国侵略者曾经支配的国家施加影响力时发生了冲突。而许多国家在第二次世界大战后经历的政治混乱也刺激了苏联—美国竞争。比如,在希腊和中国,左翼和保守政权之间打响内战,两大势力分别支持敌对双方。

去殖民化

国际体系还经历了另一场地动山摇,随着帝国分崩离析,新的第三世界诞生了。金融约束和民族主义叛乱迫使帝国解放它们的殖民地。英国于1947年解放了印度(和巴基斯坦),1948年解放了缅甸和斯里兰卡(锡兰,Ceylon)。1946年,菲律宾群岛从美国获得独立。四年后,荷兰与印尼的民族主义者交战后,于1949年被迫离开。在中东,黎巴嫩(1943年)、叙利亚(1946年)和约旦(1946年)获得独立,而在巴勒斯坦,英国官员面对着试图建立犹太人家园的犹太复国者(Zionists)越来越大的压力,反对这种企图的阿拉伯领导人也向殖民政府施加压力。在伊拉克,反英国殖民政府的民族主义焦虑也越来越强势。华盛顿和莫斯科对这种反殖民主义骚动密切关注,把这些新崛起的第三世界国家视为潜在的盟友,指望它们提供军事基地、资源和市场。并不是所有新国家都愿意虚与委蛇;一些国家在冷战中选择不结盟。"我们不想变成其他国家的玩物。"印度领袖贾瓦哈拉尔·尼赫鲁(Jawaharlal Nehru)宣称。

斯大林的目标

在这个反复无常的国际氛围中,美国和苏联在不同意识形态和不同经济以及策略需求的驱动下，以大相径庭的方式评估了他们各自最迫切的使命。苏联尽管致力于追求对抗资本主义国家的终极胜利，但是更关心的是防止祖国再次遭到侵略。由于地理和历史等多方面原因，苏联国土远没有美国安全。苏联的土地非常广袤，是美国国土面积的三倍，但是只有10 000英里海岸线，大部分地区一年中大部分时间都被冰雪覆盖。苏联领导人在革命前后都把增加海路入口作为主要的外交政策。

更有甚者，苏联的地理边境很难防御。距离莫斯科东部6 000英里的西伯利亚因其丰富的矿产资源而至关重要，如果日本和中国进犯，会非常脆弱。在西部，与波兰接壤的边境线从第一次世界大战开始就孕育了无数暴力冲突，而东欧是1941年希特勒侵略的跳板：随后的战争让2 500万俄罗斯人丧生，并导致了巨大的物质毁灭。自此以后，苏联领导人下定决心，他们不能允许西边国境再次遭受威胁。

不过，总体而言苏联的领土目标是有限的。尽管许多美国人很快把斯大林比作希特勒，但是斯大林并没有这个纳粹领袖一统世界的宏图大计。总体而言，他的目标和之前的沙皇没什么不同：他希望扩张苏联的疆域，把波罗的海诸国爱沙尼亚、拉脱维亚和立陶宛，以及战前波兰的东部地区囊括在内。斯大林害怕德国复兴，企图确保东欧由亲苏政府统治。往南，斯大林希望在伊朗北部驻军，并且向土耳其施压，要求授予他海军基地和自由出入黑海的权利。经济上，苏联政府促进经济独立，而不是与他国进行贸易；苏联人对他们的欧洲邻居充满警惕，他们不愿支持迅速重建欧洲地区被战争摧毁的经济，更普遍来说，他们不赞成扩张世界贸易。

美国经济和策略需求

相反，美国的领导人在战争结束后对于国家边境的安全充满信心。美国本土与其他世界势力分隔两个大洋，基本上对战争中的袭击完全免疫，只有偶尔来自潜水艇或敌方气球的弹片到达美国大陆的海岸上。美国的伤亡人数比任何主要参战国都少，与苏联对比更是相差巨大。由于其固定资本原封未动，它的资源比任何时候都充足，而且仅凭掌握原子弹，美国就是战争结束时全世界最强大的国家。

然而这并不是自鸣得意的时候，华盛顿官员互相告诫。另一方势力——几乎肯定是指苏联——可能利用被战争撕裂的欧洲和亚洲的政治和经济动荡局面，最终控制这些地区，对美国的现实和经济安全造成可怕的威胁。为了阻止这一结果，华盛顿官员企图推进海外基地，确保把空降敌军阻挡在海湾之外。为了进一步巩固美国安全，美国策划者与苏联领导人截然相反，企图迅速重建第二次世界大战国家以及建立在自由贸易基础上的世界经济，包括前敌国德国和日本。他们推论，这样一个体系对于保障美国的经济健康是至关重要的。

而另一方面，苏联则拒绝加入1944年7月布里顿森林会议（Bretton Woods Conference）上由44个国家创立，旨在巩固贸易和金融的世界银行和国际货币基金组织。他们坚持认为美国主导了这两个机构，用它们推动个人投资，打开国际贸易，莫斯科将之视为资本主义剥削工具。世界银行于1945年开张，开始贷款帮助成员国资助重建项目，美国是最大的资助者；国际货币基金组织也有很深的美国背景，该组织帮助成员借贷货币面对贸易差额问题。

斯大林和杜鲁门

两国领导人的个性也起到了一定的作用。约瑟夫·斯大林尽管敌视西方势力，并且对自己的人民进行高压统治（1930年代以来的政治清洗夺去了数百万人的生命），但是并不希望立即开战。由于俄国在第二次世界大战中损失巨大，他太清楚自己国家与美国的国力差距。至少一段时间内，他看起来似乎相信自己能够继续与美国人和英国人合作，以和平手段达成自己的期望。尽管长期看来他设想了更多的矛盾斗争。斯大林相信，到1960年代，德国和日本的崛起很可能会威胁苏联，他对于其他

斯大林：从盟友到对手

这两本《看客》(Look)杂志封面对苏联领导人斯大林的描述体现了第二次世界大战大联盟(Grand Alliance)如何分裂成冷战的两大超级对峙势力。在来自1944年年中第一篇封面报道中，记者拉尔夫·帕克(Ralph Parker)写道，斯大林一半的时间用来写诗，另一半时间为坐在他膝上的学童朗诵。帕克补充道："斯大林毫无疑问是全世界穿着打扮很讲究的政治家之一，对比之下身着连体裤的丘吉尔看起来不修边幅。"四年后，路易斯·费歇尔(Louis Fischer)勾勒出一个完全不同的形象。"这个矮小的溜肩男人主宰着世界的1/5。"费歇尔这样评价这位苏联领导人，并补充道：希特勒和任何俄国沙皇都没有这个"伟大红色之父"那么权势熏天或危险。这两篇报道暗示了美国对待外部世界怎样的态度？从中体现出媒体在美国社会中扮演着怎样的角色？

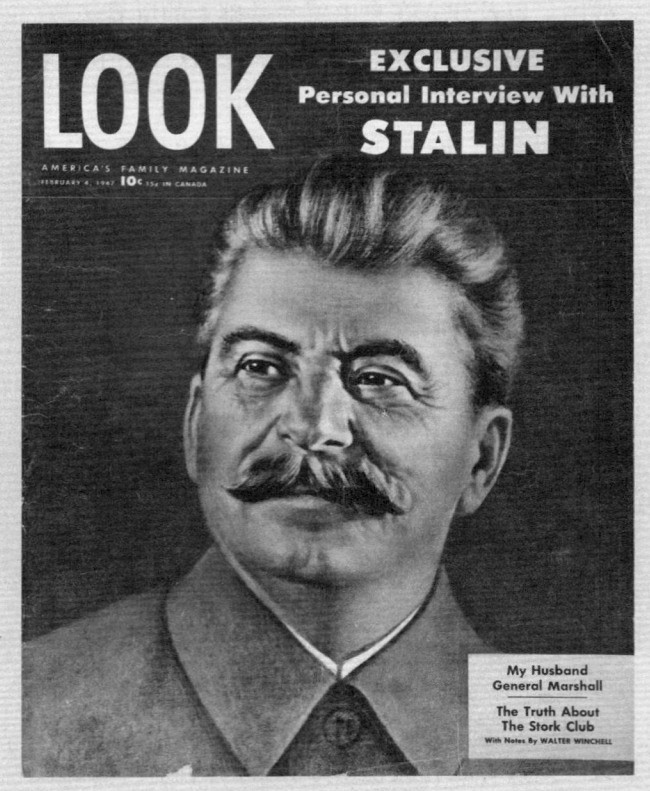

▲ 1944年6月27日，《看客》杂志封面故事《一个名叫约瑟夫的人》，由拉尔夫·帕克撰写。

图片来源：迈克尔·巴尔森(Michael Barson)的收藏

▲ 1948年6月8日，《看客》杂志的《斯大林的人生故事》，路易斯·费歇尔撰。

图片来源：迈克尔·巴尔森的收藏

资本主义势力的猜忌也没有界限。许多人总结，斯大林患有偏执妄想症：最早下此判断的是1927年的一名权威的苏联神经病理学家，他几天后就身故了！正如历史学家大卫·雷纳兹（David Reynolds）指出的，这种偏执加上斯大林的仇外（害怕任何外国的东西）和马克思列宁意识形态，使这位苏联领导人在脑海中建立了"他们"对"我们"的思维地图，决定性地影响了他对待国际事务的态度。

哈里·杜鲁门没有斯大林那样决绝，但是在较轻微的程度上，他也倾向于"他们"对"我们"的世界观。杜鲁门认为微妙差别、模棱两可和反证不过是粉饰太平；他偏爱非此即彼的简单答案。温斯顿·丘吉尔欣赏杜鲁门的果断，他曾经评论道，这位总统"注意不到基础的脆弱，只是把脚坚定地踏在上面"。杜鲁门经常夸大其词，正如他在不曾发表的告别演说中宣称，他在朝鲜"把共产主义者打得落花流水"。1945年年初，罗斯福去世后不久，杜鲁门在白宫会见了苏联国际事务人民委员 V. M. 莫洛托夫（V. M. Molotov）。总统尖锐地抗议苏联没有在波兰事务上遵守雅尔塔协定，莫洛托夫愤怒离去。杜鲁门有意识地营造出他所谓的"强硬风格"，并且在这次会面后夸口道："我给了他迎头一击。"杜鲁门展现出的强硬立场成为美国冷战外交的标志。

冷战的开端

冷战究竟是从哪一刻真正开始的？我们无法指出明确的起始日期。冷战的缘起应该视为一个过程，据称这一过程始于1917年，植根于布尔什维克革命以及西方势力的敌对反应，但是在更切实的意义上，应该开始于1945年年中，第二次世界大战进入尾声之时。当然，至1947年春天，斗争已经开始了。

1945年在波兰发生了苏联和美国最早的冲突之一，苏联人拒绝让位于伦敦的波兰流亡政府成为莫斯科扶持的共产主义政府的一部分。苏联人还扼杀了前纳粹卫星国罗马尼亚的公民自由，并称他们的立场和美国操纵意大利没什么本质不同，以此合理化自己的行为。莫斯科一开始允许在匈牙利和捷克斯洛伐克自由选举，但是当冷战加速，美国在欧洲的影响力扩张，苏联人开始在匈牙利（1947）和捷克斯洛伐克（1948）鼓动共产主义政变。南斯拉夫是个特例：它的独立共产主义政府在约瑟普·布罗兹·铁托（Josip Broz Tito）的领导下，于1948年成功与斯大林决裂。

为了捍卫自己的行动，莫斯科官员指出，美国正在复兴他们的传统敌人德国。在苏联领导者们的人生中，德国两次对苏联造成巨大伤害，而斯大林和他的副手们决定阻止第三次类似情况发生。苏联人还抗议美国干涉东欧事务。他们指出美国与反苏联团体进行秘密会议，反复呼吁大选，很可能会孕育出反苏联政权，更谴责美国运用贷款获取政治影响力（金融外交）。莫斯科谴责美国追求双重标准，一边干涉东欧事务，同时却要求苏联对拉丁美洲与亚洲事务置身事外。莫斯科指出，美国人还呼吁苏联势力范围内的国家采取自由选举政策，但是美国在拉丁美洲自己势力范围内却反其道而行之，几个军事独裁政权依旧统治着那些地区。

核外交

原子弹也分裂了两个大国。苏联人相信美国运用"核外交"——维持核垄断，以此震慑苏联人进行外交让步。国务卿詹姆斯·F.伯恩斯（James F. Byrnes）认为原子弹给了美国讨价还价的底气，能够作为阻止苏联扩张的威慑力量，但是1945年，战争部部长亨利·L.史汀生（Henry L. Stimson）1945年却持相反观点。假如美国继续"炫耀我们腰间的武器"，他警告杜鲁门，苏联人"将越发质疑和不信任我们的目的和动机"。

在猜忌和怀疑的氛围中，杜鲁门拒绝把武器交给国际权威。1946年，他支持称作"巴鲁克计划"（Baruch Plan）的政治宣传策略，这个提议称，只有全世界的核裂变物质被权威国际机构掌握，美国才能放弃核垄断。苏联人反驳，这个计划将要求他们放弃原子弹开发项目，而美国可以继续自己的项目。华盛顿和莫斯科很快就陷入了昂贵而恐怖的核武器竞赛中。

至1946年年中，战时的大联盟已经变成了褪色的记忆；那一年，苏联人和美国人在每个前线针锋相对。美国拒绝苏联重建贷款的请求，却向英国发放贷款，莫斯科谴责华盛顿用自己的美元操控外国政府。两大冷战巨头还在伊朗支持不同的群体，美国帮助支持西方的沙阿登上权位。双方无法就统一德国问题达成一致，前盟友各自为政，建立了自己的影响力区域。

凯南和丘吉尔的告诫

1946年2月，斯大林发表了一场演说，描述世界正在受到资本主义贪婪的威胁，美国驻莫斯科的代办乔治·F.凯南（George F. Kennan）向华盛顿发出一封悲观的"长电报"。凯南坚持认为苏联的盲目狂热让暂时和解都变得不可能。他广泛流传的报告在美国官员中间散播了一种日益增长的信念，认为只有强硬手段才能对付苏联人。在接下去的一个月中，温斯顿·丘吉尔在密苏里富尔顿（Fulton）发表了令人不安的演讲。这位前英国首相警告人们，苏联树立起的"铁幕"已经把东欧各国与西方切断。赞成这种说法的杜鲁门坐在台上，丘吉尔呼吁盎格鲁—美国携手合作，抵御新的威胁。

日益升温的苏联—美国矛盾对于联合国的运作有着重大的意义。1945年4月，代表们聚集在旧金山，签署了《联合国宪章》，同意成立一个包括所有成员国组成的联合国大会（General Assembly）以及一个较小的安理会（Security Council），负责领导和平和安全问题。五个大国将获得委员会的永久席位——美国、苏联、英国、中国和法国。这些常任理事国并不能阻止问题的讨论，但是它们能够对任何提案予以否决。因此，为了让重大的战争与和平问题生效，联合国必须得到战时那样的大国合作，而在1946年年中看来，合作已经是遥远的记忆了。51个国家中，22个来自美洲，另外15

▲ 1946年3月，前英国首相温斯顿·S.丘吉尔（1874—1965）在密苏里富尔顿的威斯敏斯特学院（Westminster College）发表了一场面向全球听众的演说。总统哈里·S.杜鲁门（右）鼓励丘吉尔（坐）谈谈两个主题：阻止苏联扩张的重要性和形成盎格鲁—美国合作的必要性。丘吉尔雄辩而具有煽动性，谴责苏联人在东欧周围拉起"铁幕"。这场演讲成为冷战的标志性宣言之一。

图片来源：哈里·S.杜鲁门图书馆

个来自欧洲，这实际上让美国在联合国中得到绝大多数的支持。作为报复，莫斯科开始在安理会中行使其否决权。

一些美国高级官员对于政府强硬的反苏联立场感到沮丧。曾经在杜鲁门之前担任罗斯福的副总统的时任商业部部长亨利·A.华莱士（Henry A. Wallace）谴责杜鲁门的铁腕政策是用原子和经济威压代替了外交。华莱士于1946年9月告诉麦迪逊广场花园（Madison Square Garden）的听众，"手段强硬并不能带来真实而持久的成果——无论是学校操场恶霸、商人还是国家。我们越强硬，俄国人也会变得越强硬。"杜鲁门很快就把华莱士逐出内阁，私下里咒骂他是个"真正的共产党，一个危险分子"，并且吹嘘自己，现在已经"把这些癫狂分子赶出了民主党"。

772 杜鲁门主义

1947年年初，英国人请求美国在希腊反左翼内战中帮助保守主义的委托政府（client-government，依赖某个更强大国家的经济或军事支持的政府），东方—西方矛盾进一步升级。在1947年3月12日对国会发表的讲话中，杜鲁门要求拨款4亿美元援助希腊和土耳其。他需要花大力气说服国会。第八十届共和党大会（Republican Eightieth Congress）想要减少，而非增加开支；许多成员对这位民主党总统没有什么敬意，1946年选民赋予大老党（GOP），即共和党在国会两院中的大多数席位，驳回了他的提议。代表两党的密歇根共和党参议员亚瑟·范登堡（Arthur Vandenberg）私下支持杜鲁门的要求，他坦率地告诉总统，必须"把美国人吓破胆"才能获得国会的赞成。

得到这个建议后，总统发表了一场充斥着神经质语言的演说，指出美国在第二次世界大战后的角色。杜鲁门宣称，以经济错位为基础的共产主义威胁着整个世界。"假如希腊陷入武装少数派的手中，"他在多米诺理论的雏形版本中（参见第781页）沉痛地总结道，"对邻国土耳其的影响将是立竿见影而严重的。困惑和混乱或许会传遍整个中东地区。"杜鲁门表达了后来被称作杜鲁门主义的原则："我相信美国的政策一定是支持自由民族、抵御武装少数派或者外部势力的压迫企图。"

批判者纠正地指出，苏联并没有涉足希腊内战，而希腊的共产主义者支持的是铁托而非斯大林，而且反叛运动中既有非共产党员也有共产党员。当时苏联也没有对土耳其造成威胁。另一些人提议通过联合国渠道输送援助。杜鲁门反驳道，假如共产党员获得希腊权柄，他们或许会在地中海向苏联势力敞开大门。在大量辩论之后，参议院以67对23票同意了杜鲁门的请求。1949年，希腊政府运用美国资金和军事顾问打败了起义者，土耳其成为苏联边境上坚定的美国盟友。

不可避免的冷战？

在杜鲁门发表演说后的几个月中，"冷战"一词进入了词典，成为描述苏联—美国关系的用语。对抗轴心国的光辉胜利只过去不到两年，两个大联盟成员发现自己已经陷入了争夺世界主导权的激烈斗争中。这场斗争将持续近半个世纪。这场对抗是否本可以避免？完全避免似乎显然不太可能。即使在第二次世界大战结束之前，有远见的观察者已经预测美国和苏联将争相填补战后的权力真空，因此而导致一系列摩擦。两国有着敌对和矛盾的历史，两者都具有很强的军事实力。最重要的是，两个国家存在巨大的政治经济分歧，有着大相径庭的需求，并且被深刻的意识形态鸿沟分隔两端。某种对抗注定要发生。

并没有明确证据表明这场冲突必然导致冷战。从1917年革命开始一直持续了整个第二次世界大战的"冷和平"也可能持续到战后年代。双方的领导人都不希望开战。至少在起初几个月中，双方都希望合作精神能够延续下去。冷战来自个人的决定，而这些人也可能做出相反选择，他们可能做更多，比如，维持外交对话，寻求以谈判方式解决国际问题。几十年来，许多美国人怀疑他们为这场超级大国对抗的胜利付出的代价是否值得。

遏制政策

投身于反苏联和反共产主义扩张斗争中，杜鲁门团队必须思考如何打冷战。他们选择的政策是遏制，在这个词出现之前，政策已经确定了。前美国驻莫斯科大使乔治·凯南卸任后回到华盛顿国务院，他发表了一份具有深远影响力的遏制政策声明。1947年，凯南署名"X先生"，在1947年7月的《外交事务》（Foreign Affairs）中主张"坚定遏制的政策，以不可动摇的反击力对抗俄国人，只要他们在任何地方表现出威胁世界和平、损害国际利益的迹象。"凯南辩称，这种对抗将抑制苏联扩张，最终让苏联行为变得"收敛"。凯南的"X"文件和杜鲁门主义一起成为冷战政策的关键宣言。

李普曼的评论

退伍记者沃尔特·李普曼（Walter Lippmann）在短小精悍的著作《冷战》（*The Cold War*, 1947）中提到了遏制原则，把它称作"策略怪物"，认为这一政策对威胁美国安全的关键地区和外围地区不加甄别。李普曼推论，假如美国领导人把地球上每个地方都视为战略上重要的地区，这个国家的耐心和资源将很快耗尽。李普曼也不认同杜鲁门的观点，不相信苏联图谋整个世界。他主张，总统对于外交太不重视了。讽刺的是，凯南自己对于李普曼的很多批判深以为然，他很快开始与自己推波助澜塑造出来的原则划清界限。

1947年和1948年，美国开始援引遏制政策建立国际经济和防御网络，保护美国繁荣和安全并推动美国霸权。西欧是美国最关注的地区，美国外交家追求一系列目标，包括经济重建、营造亲美政治环境。他们致力于将共产主义者逐出各国政府，就像1947年在法国和意大利所做的那样，除此以外还有阻止"第三势力"或中立主义倾向。为了在重要首都维持政治稳定，美国官员致力于欧洲各大帝国逐步有序地去殖民化。在德国，他们主张统一西区。与此同时，美国文化充斥着欧洲社会——消费品、音乐、消费伦理和生产技术。一些欧洲人抵制美国化，但是跨大西洋联系还是加强了。

马歇尔计划

马歇尔计划是第一个旨在在西欧达成美国目

▲ 在包括马歇尔计划等官方战后救济和复兴项目中，美国把价值数十亿美元的食物和设施运送到遭受第二次世界大战沉重打击的西欧各国。民间努力也取得了成功，比如1950年的这一次。新泽西州泽西城（Jersey City）的人们把这辆扫雪车运到意大利卡普拉科塔（Capracotta）山村。

图片来源：科比斯/贝特曼

第二十八章 冷战和美国全球化，1945—1961 861

地图28.1 分裂的欧洲

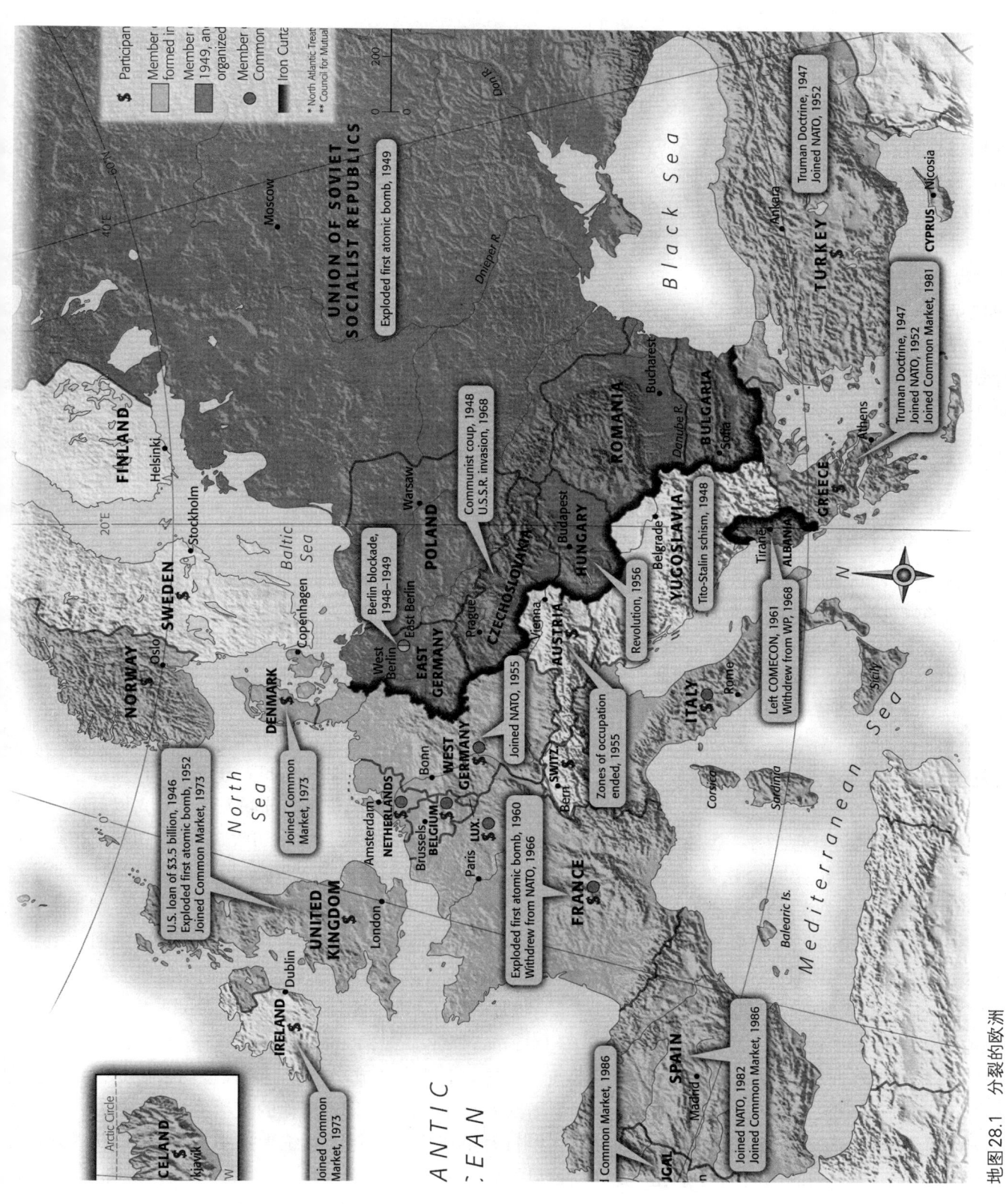

第二次世界大战后，欧洲分裂成两大针锋相对阵营。美国于1948年发起马歇尔计划，第二年苏联也发起自己的经济计划进行抗衡。1949年，美国建立北约，1955年苏联以华沙条约合约组织作为回应。整体而言，两大阵营直到1980年代末始终僵持不下。

来源：© 圣智学习

标的工具。欧洲各国经济上举步维艰，政治上动荡不安，缺乏购买重要的美国商品的美元。至1947年，美国人已经在欧洲救济和复苏上花了数十亿美元，他们对1930年代的困境没齿难忘：全球大萧条、政治极端主义和战争诞生于经济匮乏之中。不能让这种灾难卷土重来；不能让共产主义替代法西斯主义。一名国务部外交官道，西欧是"支撑我们赖以生存的世界的拱顶上最重要的冠石"。

1947年6月，国务卿乔治·C.马歇尔宣布美国将资助大规模的欧洲复兴计划。1948年发起的马歇尔计划到1951年终止时（参见地图28.1）已经向西欧输送了124亿美元。为了刺激国内的商业，这一法令要求欧洲人把外国援助资金用于购买美国生产的产品。事实证明，马歇尔计划好坏参半；当今一些学者甚至辩称欧洲没有这个计划也能够复兴。这个项目导致了通货膨胀，没能解决贸易差额问题，对于经济一体化只迈出了试探的步子，而且进一步把欧洲分成"东"和"西"两半。但是这个项目刺激了可观的西欧工业生产和投资，并推动该地区向自给自足的经济增长迈进。不仅如此，从美国角度来看，这个计划还帮助约束了共产主义。

《国家安全法案》

为了提升美国国防管理效率，杜鲁门与国会一起于1947年拟定了《国家安全法案》。这一法案成立了国防部部长办公室（Office of Secretary of Defense，两年后成为国防部），监督军队各个分支机构，由高级官员组成的国家安全委员会（National Security Council, NSC）为总统提供建议，中央情报局负责进行间谍活动和收集海外情报。至1950年代初，中央情报局已经成为国家安全政策中一个重要的元素，并且扩张职能，开始策划颠覆不友好外国领导人的秘密行动，正如一名美国高级官员所言，这是"一个专门干脏活的部门"，专事在"敌对阵营中"搅起经济麻烦。总而言之，《国家安全法案》的这些组成机构赋予总统更多权力，助其推行海外政策。

在马歇尔计划和《国家安全法案》实行之初，斯大林硬化了自己的冷战姿态。他禁止东欧的共产主义卫星政府接受马歇尔计划援助，并命令西欧的共产党努力阻碍这个计划。他还建立了共产党和工人党情报局（Cominform），一个旨在协调全世界共产主义行动的组织。这正是历史学家赫伯特·巴特菲尔德（Herbert Butterfield）所说的典型"安全困境"：面对潜在的苏联威胁，美国政治家认为马歇尔计划能帮助他们的欧洲朋友获得安全，而在斯大林看来，这进一步提高了资本主义渗透的恐惧。作为回应，他开始收紧对东欧的控制——最显著的是，他于1948年2月在捷克斯洛伐克策划了一场政变，保证对这个国家实现完全的苏维埃控制——因而造成了美国更大的焦虑。以这种方式，美苏关系成为一个下降螺旋，似乎每过一个月都会加快速度。

柏林封锁和空运

德国问题仍然尤为棘手。1948年6月，美国人、法国人和英国人同意对各自的德国区域进行合并，包括柏林的三个地区。他们希望统一西德（德意志联邦共和国，Federal Republic of Germany），融入西欧经济，改革德国货币。苏联人担心复兴以后的德国与美国冷战阵营建立密切联系，于是切断了苏联地盘上的柏林市陆上入口，切段三国联盟与外界的联系。杜鲁门总统下令大规模空运食物、燃料和其他物资前往柏林作为对这个大胆举措的回应。苏联人的破坏计划遭到阻碍，他们最终于1949年5月解除了封锁，并且建立了德意志民主共和国（German Democratic Republic）或称东德。

空运事件中的成功对哈里·杜鲁门来说是一场巨大的胜利，甚或拯救了他的政治生涯：在1948年11月危机中间举行的总统大选中，他以微弱优势打败了共和党候选人托马斯·E.杜威（Thomas E. Dewey），震惊了权威人士。安然当选后，杜鲁门迈出了重要的一步，将本质上已经实现的美国、加拿大和西欧各国军事联盟正式化。1949年4月，12

国签署了共同防御条约,同意任何一国遭到攻击视为对所有国家的攻击,并建立了北大西洋公约组织(参见地图28.1)。

这一条约引发了严重的国内争议,因为自从1778年开始,美国就从来没有加入过正式的欧洲军事联盟,而且一些批判者称北约将引发而非阻挡战争,比如俄亥俄州的共和党人、参议员罗伯特·A.塔夫脱(Robert A. Taft)。另一些批判者辩称,苏联威胁是政治上的,而非军事上的。政府官员自己并不认为苏联将对西欧发起军事攻击,但是他们回应道,假如苏联人向西探索,北约将充当"绊网",让苏联受到美国全力反击。杜鲁门官员还希望北约能够防止西欧各国在冷战中接纳共产主义甚至中立主义。参议院以82对13票通过了这一条约,美国很快开始在《共同防御援助法案》(Mutual Defense Assistance Act)下花费数十亿美元。

至1949年夏季,杜鲁门及其顾问沐浴在外交政策的成功下。他们和许多局外观察者总结道,遏制政策成效卓著。西德在复兴的道路上不断前进。柏林封锁被打破了,北约组织成立了。在西欧,共产党造成的威胁似乎减弱了。确实,中国有点棘手,共产主义者在毛泽东的领导下正在逐步赢得这个国家的内战。但是这场斗争很可能僵持十几年甚至几十年,除此以外,杜鲁门不可能为那里的事件负责。一些人大胆地猜测,哈里·杜鲁门可能正走在赢得冷战的道路上。

双重打击

接着,9月末突然发生了"双重打击",两个重大发展让美国人感到前所未有的重大危机。20年后,他们仍然在处理这两个事件的影响。首先,一架美国侦察机在大气中探测出不同寻常的高放射性物质。这一消息震惊了美国官员:苏联已经引爆了核装置。随着美国核垄断破灭,西欧似乎更脆弱了。与此同时,中国的共产主义者完成了征服,结局比许多人料想的要快。现在世界上面积最大、人口最多的几个国家都加入了共产主义阵营,其中一

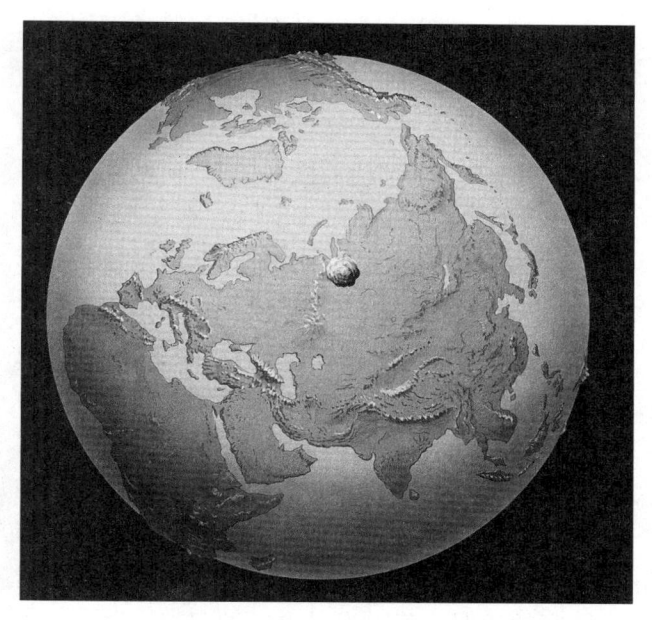

▲《生活》(Life)杂志于1949年10月刊登了理查德·艾德斯·哈里森(Richard Edes Harrison)绘制的苏联引爆原子弹插图。作为20世纪中期著名的记者—绘图员,哈里森以其作品体现的全球观而闻名。此图中,他用一朵烟云暗示远方原子弹爆炸潜在的深远影响。

图片来源:国会图书馆

个还掌握着原子弹。1945—1948年的两党外交政策崩溃了,共和党人对杜鲁门的连任怀恨在心,宣称一定是美国的叛徒把原子弹给了苏联,并且导致了美国在中国的失败。

1950年年初,杜鲁门拒绝凯南和其他人对高层谈判的呼吁,下令开始制造"超级"(Super)氢弹,并命令国家安全团队对这个政策做彻底评估。凯南叹惋冷战的军事化,他在国务部的职位被保罗·尼茨(Paul Nitze)代替。国家安全委员会于1950年4月向总统提交了一份重要的顶级机密文件,即美国国家安全委员会第68号文件。这份文件预测,美国将与全世界扩张主义共产主义者持续斗争,并勾勒了一个"势力两极化的收缩世界",这份报告主要撰写者为尼茨,他呼吁大幅扩充军备预算,动员民意,支持扩军。冷战即将成为代价更昂贵、影响更深远的事务。

亚洲冷战

尽管欧洲是冷战的主要战场,但是亚洲也逐步

陷入了冷战的陷阱。事实上，在亚洲，扩张遏制政策的后果将以朝鲜和越南的大规模和血腥战争为形式给美国造成最惨重的代价。尽管亚洲对于两个超级大国来说一直没有欧洲重要，但是亚洲的冷战常常升温至灼热。

从一开始，日本在美国战略中的地位就非常重要。让斯大林大为沮丧的是，美国由道格拉斯·麦克阿瑟将军指挥军事占领，垄断了日本的重建，他打算将太平洋变成"盎格鲁-撒克逊湖"。杜鲁门并不喜欢"地位高、有权有势的"麦克阿瑟，但是这位将军发起了一场"自上而下的民主革命"，正如日本人所说，这反映了华盛顿的意愿。麦克阿瑟撰写了民主宪法，赋予女性选举权，复兴经济，销毁这个国家的武器。美国当局也通过审查协助日本美国化；禁止了潜在批判美国的影片（比如毁灭广岛）或者描绘传统日本习俗的影片，如自杀、包办婚姻和剑道等。1951年，美国和日本签署了独自和解协议，恢复日本主权，结束占领。同年签订的《美日安保条约》规定美军在日本国土驻扎，包括在冲绳的一个军事基地。

中国内战

美国政府在中国则不那么成功。美国一直支持蒋介石领导的国民党，对抗毛泽东领导的共产党。但是在第二次世界大战之后，蒋介石成为一个不可靠的伙伴，他拒绝美国的建议。他的政府变得腐败、低效，而且与不满的农民断绝联系，共产党则以土地改革的承诺招揽他们。蒋介石还破坏美国协商停火和联合政府的努力。"我们选了一匹坏马，"杜鲁门承认道，他私下里谴责国民党是"贪污分子和小偷"。尽管如此，杜鲁门知道蒋介石是毛

▲ 毛泽东是一位军事理论家，他还参与日常军事决策。在共产党逐渐获取权力的道路上，他主导了所有重大策略行动，或者至少经由他批准。图片中，他在北京天安门广场为士兵和其他支持者鼓掌。

图片来源：Sovfoto/Eastfoto

泽东以外的唯一选择,不得不一直支持他到最后。

毛泽东是否倒向了苏联,美国官员在这一问题上存在分歧。一些人将他视为亚洲的铁托,虽然奉行共产主义,但是保持独立地位。但是大多数人相信他是国际共产主义运动的一部分,可能会为苏联人架起通往亚洲的跳板。因此,1945年和1949年当中国共产主义者向美国发出秘密讯息,希望开启外交谈话时,美国官员断然拒绝了他们。毛泽东决定在冷战中"倾向"苏联一方。由于中国一直保持着坚决的独立,苏联人怀恨在心,不久以后中苏开始分裂。事实上,毛泽东对于苏联人拒绝在内战中帮助共产主义者始终心怀怨愤。

1949年9月,毛泽东获得胜利,蒋介石逃到台湾。毛泽东在北京(前北平)宣布中华人民共和国成立。杜鲁门仍然犹豫是否给予新政府外交承认,虽然英国首相问他:"我们是否要与世界上1/6的居民断绝一切联系?"1950年的中苏友好条约和美国人及其财产在中国受到的骚扰让美国官员心生警惕。共和党批评者的游说(所谓的中国游说)坚定了杜鲁门选择不承认的信念,他们在头条中质问:"谁失去了中国?"出版人亨利·卢斯(Henry Luce)、加利福尼亚参议员威廉·诺兰(William Knowland)和明尼苏达代表沃尔特·贾德(Walter Judd)把蒋介石的战败归咎于杜鲁门。这位总统坚决地回答,成事不足的蒋介石手握几十亿美元的美国援助,却无法推行遏制政策,是件不趁手的工具。尽管如此,政府选择了一条政治上较为安全的路线,拒绝承认中华人民共和国政府。(直到1979年正式的中美关系才恢复。)

越南追求独立

毛泽东在中国的胜利立即把美国的注意力引向印度尼西亚——被法国占领半个多世纪的东南亚半岛。日本曾经在第二次世界大战中夺得印度尼西亚的控制权,但是即使在那时,追求独立的越南民族主义者已经蓄势待发。民族主义领袖胡志明请求美国的支持,希望利用日本的战败主张越南独立。美国官员关于法国殖民政策没什么好话,很多人悲观地认为法国可能对这一矛盾采取军事手段解决。尽管如此,他们拒绝了胡志明的请求,而是支持恢复法国的统治,主要是为了确保法国在升级的苏美对峙中与美国合作。除此以外,杜鲁门政府也对胡志明的共产主义政治很警惕。国务院声称,胡志明是"国际共产主义"的一员,认为他会支持苏联以及1949年之后的中国扩张主义。华盛顿官员通过冷战的有色眼镜解读印尼发生的事件,忽略越南民族主义反叛的本土根源,越南对侵略者不屈不挠的抗争源自反法国殖民主义。

即使如此,1946年越盟和法国之间的战争爆发时,美国一开始采取了袖手旁观的处理方式。但是当蒋介石的政权在中国崩溃三年后,杜鲁门政府在1950年年初,朝鲜战争之前做出两个关键决定。首先,2月,华盛顿承认了法国傀儡政府,聪明但懒惰的前皇帝保大(Bao Dai),他曾与法国人及日本人合作。在许多越南人的眼中,美国因此在本质上变成了殖民势力——他们憎恨的法国人的同盟。第二,5月,美国政府同意向印尼的法国人输送武器和其他援助。1945年至1954年,美国给法国的50亿美元的越南援助资金中,有20亿打了水漂(参见第三十章和第三十一章)。为什么越南最终变成美国主要的战场,世界上最强大的国家又为什么没能让一个饱受苦难的农业民族臣服,这是现代美国历史上最可悲可叹的故事之一。

朝鲜战争

然而,在越南之前,美国还将在朝鲜进行一场大规模军事斗争。1950年6月25日清晨,朝鲜民主主义人民共和国(Democratic People's Republic of Korea,时称北朝鲜)的大支部队穿过三八线,进入大韩民国(Republic of Korea,时称南朝鲜)。朝鲜于1910年开始被日本殖民,1945年日本战败后,战胜国把朝鲜一分为二。尽管苏联人武装了朝鲜,美国人武装韩国(美国支援达到每年100万美元),但是朝鲜战争一开始是一场内战。从分裂的那一刻开始,朝鲜和韩国就在临时边境上冲突不断,反政府(反美)游击战在南方蔓延。

朝鲜的共产主义领袖金日成(Kim Ⅱ Sung)以及韩国的总统李承晚(Syngman Rhee)致力于重新统一他们的国家。1949年,在数万经过战火洗礼的朝鲜人从毛泽东的军队返回国内时,金日成的军队尤其声势浩大。然而,杜鲁门总统展现了当时的冷战思维,宣布苏联人策划了朝鲜袭击。"共产主义在朝鲜的行为就跟希特勒、墨索里尼和日本人没什么两样。"他回顾了轴心国侵略之后说道。

事实上,金日成不得不催促疑虑重重的约瑟夫·斯大林,他预测在毛泽东的支持下可以轻而一举得胜后才赞成进攻。无论斯大林的推理如何,他对金日成的冒险仍然不冷不热。联合国安理会投票捍卫韩国,对抗朝鲜侵略时,苏联代表甚至没有在场驳回决议,因为苏联人正在抵制联合国,抗议它拒绝赋予中华人民共和国成员国资格。在战争期间,莫斯科向朝鲜和中国提供了有限的支持,中国对斯大林非常愤怒,因为苏联原本保证提供苏联空军支援但却食言了。斯大林太清楚自己相对美国的战略劣势,不想被拖入代价惨重的战争。

美国军队干预

杜鲁门总统一开始派道格拉斯·麦克阿瑟将军向韩国输送武器和部队。他并没有征求国会同意,开启了仅以行政权发动战争的先例,他和他的副手们害怕立法者会发起无休无止的辩论。杜鲁门担心毛泽东会利用这一机会攻占台湾,还下令第七十舰队(Seventh Fleet)在中国大陆和台湾之间的海域巡逻,再一次干涉中国政治。在安理会投票决定援助韩国后,麦克阿瑟成为联合国部队在朝鲜的指挥官。16国派遣部队受联合国调遣,但是40%是韩国人,大约50%是美国人。在战争最初的几个星期中,朝鲜坦克和火力让韩国军队仓皇撤退。第一批美国士兵遭到严重伤亡,无法阻止朝鲜的进攻。几周内,韩国和美国人被逼退至韩国一端小小的釜山地区。

麦克阿瑟将军策划了一场冒险的行动:在距离朝鲜阵线几百英里防守森严的仁川通过水陆两条线登陆。1950年9月15日,美国机枪和炸弹对仁川发动猛烈攻击,炮火掩护下海军陆战队士兵冲刺到岸上。这场行动是一次胜利,部队很快解放了韩国首都汉城(现首尔),并且把朝鲜人逼退至三八线后面。即使在仁川的行动之前,杜鲁门已经重新定义了美国的战争目标,把遏制朝鲜变成通过武力重新统一朝鲜。不仅需要阻止共产主义,还要击退和压制。

中国加入战争

9月,杜鲁门授权联合国军队穿过三八线。这些军队深入朝鲜,美国飞机开始对鸭绿江上的桥梁进行打击,鸭绿江是朝鲜和中国之间的国境线。中国人谨慎地观望,害怕美国人紧接着会对中华人民共和国发起袭击。毛泽东公开表示中国不允许美军轰炸其与朝鲜之间的交通路线,也不接受对朝鲜本身的歼灭。华盛顿官员站在坚决的将军一边,麦克阿瑟预测苏联人不打算开战,这给了他们进一步的信心。

麦克阿瑟对于苏联人的判断是对的,但是错判了中国人。毛泽东认为必须阻止美国人,否则他们"会越来越猖狂"。10月25日,毛泽东派中国士兵加入鸭绿江附近的战斗。或许是为了引美军入瓮,抑或显示谈判的意愿,他们在对韩国部队发起短暂而成功的进攻后立即撤退了。接着,在麦克阿瑟派遣美国第八集团军(U. S. Eighth Army)向北推进的时候,数万中国军队于11月26日发动反击,震惊了美国军队,让他们仓促向南撤退。一名美国官员把它称作:"数百年未见的景象:整支美国军队从战场上仓皇逃命,丢盔卸甲、抛弃伤员。"

杜鲁门开除麦克阿瑟

至1951年年初,前线已经固定在三八线附近。

战局陷入僵持。华盛顿和莫斯科都欢迎谈判，但是麦克阿瑟有别的想法。这位夸张的将军鲁莽地呼吁进攻中国，让蒋介石反攻大陆。他坚称，现在是时候通过毁灭共产主义的亚洲侧翼粉碎它。麦克阿瑟谴责局部战争概念（不使用核武器，局限在某一地区），暗示总统在实践绥靖政策。4月，在参谋首长联席会议（各种军队的首领）的支持下，杜鲁门将麦克阿瑟解职。这位十多年没有踏足美国土地的将军回国进行巡回演说，受到夹道欢迎。杜鲁门人气下滑，但是他阻挡了零星弹劾他的请求。

停战谈判于1951年7月开始，但是战斗和死亡又持续了两年多。谈判中争论的焦点问题是战争俘虏的命运。美国官员无视《日内瓦战俘公约》（Geneva Prisoners of War Convention, 1949），宣称只把想回国的朝鲜和日本战俘遣送回国。因为美国宣称不进行强制遣返，朝鲜人也放弃了强制逗留。双方都发起了"再教育"或者"洗脑"项目，说服战俘抵制遣送回国。

和平协定

当战俘问题拖慢谈判进程时，美国官员故意发表关于在朝鲜运用核武器的暧昧公开宣言。美国轰炸机在朝鲜炸毁水坝（决堤的河水冲坏了稻田）、工厂、机场和桥梁。双方的伤亡人数一直在增加。直到1953年7月，双方才签署停战协议。1953年3月，斯大林去世，莫斯科及华盛顿都换上新领导人，这帮助扫清了障碍，终于达成各方都欢迎的解决方案。交战国同意把战俘问题移交给中立国的特殊小组处理，后者让战俘自行选择去或留。（最后，大约100 000名朝鲜人中有70 000人、20 700中国战俘中有5 600人返回故乡；11 000名战俘中有21名美国人和325名韩国人回到祖国，其余人决定留在朝鲜。）朝鲜和韩国的边境设定在战前的边境三八线附近，并设立非军事化地带。

美国总计54 246人死亡，103 284人受伤。接近500万亚洲人死在这场战争中：200万朝鲜平民和500 000名士兵；100万韩国平民和100 000名士兵以及至少100万中国士兵，这令朝鲜战争成为20世纪代价最惨重的战争之一。

战争的影响

朝鲜战争造成了重要的国内政治影响。由于美国没能赢得胜利，公众对于僵持的战争失去耐心，共和党人德怀特·戴维·艾森豪威尔（Dwight Eisenhower）成为受益者，于1952年当选总统，这位前将军承诺"前往朝鲜"结束这场战争。当国会反复顺从杜鲁门时，总统的权力不断增长。总统从来没有向国会请求宣战，他相信自己作为总指挥官有权随心所欲把军队派到任何地方。他不觉得自己有必要征求国会的意见——除了需要有人支付695亿美元朝鲜战争账单时。除此之外，这场发生在"谁失去了中国？"论战期间的战争引燃了美国的党派政治。包括威斯康星参议员约瑟夫·麦卡锡在内的共和党立法者谴责杜鲁门和国务卿迪恩·艾奇逊（Dean Acheson）"对共产主义心慈手软"，没能先下手为强不计代价地赢得战争；他们的口头攻击加强了政府的决心，在谈判中坚持采取不妥协的立场。

这场战争对于外交政策的影响甚至更甚远。这场战争孕育的中美敌对关系令美国与中国政府不可能握手言和，而韩国和中国台湾地区将成为美国海外援助的主要受益者。在获得来自美国的大额订单后，台湾地区经济蓬勃发展，与日本结盟更让其如虎添翼。澳大利亚和新西兰加入美国的共同防御协议：《澳新美安全条约》（ANZUS Treaty, 1951）。美军向欧洲派遣了四个师，美国政府发起了重新武装西德的计划。朝鲜战争还说服杜鲁门做了战争爆发前不情愿做的事——批准美国国家安全委员会第68号文件。军费预算从1949年的140亿美元极速上升至1953年的440亿美元；一直到1950年代末，每年的军费高达350亿美元至440亿美元不等。苏联试图赶上美国扩军的步伐，结果导致两国之间的大规模军备竞赛。总而言之，杜鲁门的遗产是活跃于全球尺度的高度军事化海外政策。

持续的冷战

总统艾森豪威尔和国务卿约翰·福斯特·杜勒斯（John Foster Dulles）的新外交政策团队大体上维持了杜鲁门的冷战政策。两者都带着丰富的外交经验上任。艾森豪威尔曾旅居欧洲、亚洲和拉丁美洲，第二次世界大战期间曾作为将军与全世界领袖进行谈判。在战争结束后，他担任军队总参谋长和北约组织最高指挥官。从20世纪之初开始，杜勒斯就一直密切参与美国外交。"福斯特从五岁开始就在学当国务卿。"艾森豪威尔评论道。他很依赖杜勒斯充当他的海外特使。国务卿花了大量时间辗转世界各国首都，以至于批评者宣称："别做任何事，福斯特，只要站在那儿别动就行了！"

艾森豪威尔和杜勒斯拥护关于共产主义威胁以及全球警戒必要性的冷战舆论。尽管民主党人将艾森豪威尔的形象塑造成一个装模作样、消极、垂垂老矣的战争英雄，称其把大部分外交事务交给杜勒斯，对他言听计从，但是事实上总统指挥着政策制定过程，并且时不时把杜勒斯和副总统理查德·尼克松更为鹰派的提议稍微温和化。尽管如此，国务卿的影响力非常广泛。很少有冷战战士能与杜勒斯激情澎湃的反共产主义匹敌，杜勒斯通常以圣经措辞来表达。尽管他教养良好，并且很有口才，但是他给人们的印象是个傲慢、固执和霸道的人，他厌恶妥协，这是成功外交的必要元素。关起门来，杜勒斯可以表现出不同的一面，远远比外在形象灵活和实用主义，但是没有证据显示他认为谈判有用，至少在涉及共产主义者的场合是这样。他主张中立是"不道德和短视的观念"，这很不受第三世界领导人的待见，这些领导人讨厌有人指手画脚地让他们在东方和西方之间做抉择。

"大规模报复"

杜勒斯曾说过，他认为遏制政策对于共产主义来说是个过于消极防守的姿态。相反，他呼吁"解放"，尽管他从来没有明确解释东欧国家如何从苏联控制中解放出来。"大规模报复"是政府对于苏联或疑似盟友中华人民共和国的核消除计划，只要任何一方发动侵略行动就立即实施。艾森豪威尔称："意思就是，只要他们敢有所动作，就立即把他们炸飞。"美国用"威慑"能力阻止苏联采取敌对行动。

在艾森豪威尔和杜勒斯为美国军队展望的"新面貌"中，他们强调空军和核武器。总统对重武器的偏好一方面植根于他控制联邦预算的意愿（俗话说的"事半功倍"）。1952年11月，在世界上第一颗氢弹试验成功的激励下，艾森豪威尔开始大规模贮存核武器。核武器储备在他就任总统时共计1 200颗，到他卸任时达到了22 229颗。在巨大军火库的支持下，美国可以实践"边缘政策"：在危机中不后退，即使这意味着让国家处于战争的边缘。艾森豪威尔还让"多米诺理论"广为人知：假如美国不提供支撑，弱小邻国沦为共产主义就会引起多米诺骨牌一样的效应。

中央情报局成为外交政策工具

艾森豪威尔越来越将中央情报局（简称"中情局"）用作外交政策工具。在国务卿的兄弟艾伦·杜勒斯（Allen Dulles）的领导下，中情局把国外领导人（比如约旦国王侯赛因）纳入麾下；资助外国工会、报刊和政治党派（比如日本保守派自由民主党［Liberal Democratic Party］）；通过"故意的假情报"项目在报刊中植入虚假的故事；并且培训外国军官反革命手段。它还雇用美国记者和教授，秘密资助全国学生协会（National Student Association），激励与外国学生领袖的联系，把企业家当作"前线"，并且对毫无防备的美国人做实验，测试"思维控制"药物的效果（MKULTRA项目）。中情局还发动秘密行动（包括暗杀计划）颠覆或破坏第三世界的政府。中情局帮助颠覆了伊朗的政府（1953）和危地马拉（1954），但是在试图颠覆印尼（1958）和古巴（1961）政府时失败了。

中情局和其他美国情报组织机构遵循合理推诿的原则：完美隐藏秘密行动的决定，让总统可以随时否认对其知情。因此，艾森豪威尔总统把美国在危地马拉的所有作用推得一干二净，即使是他下达了行动命令。他和他的继任者约翰·F.肯尼迪（John F. Kennedy）也否认他们下令中情局暗杀1959年后明确反美的古巴领导人菲德尔·卡斯特罗（Fidel Castro）。

核扩军

莫斯科的领导人不久之后就意识到艾森豪威尔的秘密行动以及他增加核武器的行动。他们也增强了自己的情报活动，并且于1953年试验了第一枚氢弹。四年之后，他们发射了全世界第一枚洲际弹道导弹，震惊了美国人，接着又把地球卫星斯普特尼克（Sputnik）送入外太空轨道。美国人感到自己在空袭面前非常脆弱，而且在火箭科技中落后了，尽管1957年美国拥有2 460台战略武器和5 543枚核弹储备，而苏联分别只有102和650。艾森豪威尔总统说："假如我们对苏联放松核弹储备，主要危险不是来自报复，而是来自地球大气层的沉降物。"政府扩充了长距离轰炸机（B-52）部队，并在欧洲部署中程导弹，目标直指苏联。1960年年末，美国开始为海军增加北极星式舰载弹道导弹武器系统（Polaris）运载潜水艇。为了促进未来的科技进步，美国国家航空和航天局（NASA）于1958年成立。

不过，总体而言艾森豪威尔避免与苏联或中国产生正面军事冲突；尽管杜勒斯姿态强硬地谈论"解放"和"大规模报复"，但是这届政府满足于跟随杜鲁门的脚步，强调遏制共产主义。艾森豪威尔拒绝了使用核武器的机会，而且事实证明他比任何冷战总统都更不情愿把美国士兵送上战场。他偏好在政治宣传层面上对抗苏联人。他相信与苏联的斗争在很大程度上将在国际公论的战场上见分晓，他希望赢得海外人民的"心和头脑"。1956年发起的"人民对人民"运动试图通过普通美国人和非政府组织提高美国及其人民的国际形象。

在艾森豪威尔担任总统期间，美国文化交流和贸易参与以同样的方式，用于在海外为美国政治、经济和军事政策创造有利的氛围。有时候政治宣传战甚至深入苏联人自己的地盘。1959年，副总统理查德·尼克松前往莫斯科举办美国产品交易会。尼克松站在六室牧场房舍展厅中的现代美式厨房中，宣扬资本主义消费主义，而苏联总理、斯大林的继任者尼基塔·赫鲁晓夫（Nikita Khrushchev）则兜售共产主义的优点。这次交锋被称作"厨房辩论"而闻名于世。

匈牙利起义

1956年，东欧的一些地区发生动乱，艾森豪威尔在这一系列事件中显示了他的克制。2月，赫鲁晓夫呼吁资本主义者和共产主义者之间"和平共处"，谴责斯大林，并暗示莫斯科将容忍各种共产主义类型。反苏维埃势力的暴动在波兰和匈牙利爆发，考验着赫鲁晓夫的新包容政策。1956年新的匈牙利政府宣布退出华沙合约组织（1955年与东欧共产主义国家结成的苏维埃军事联盟）时，苏联军队和坦克在布达佩斯的街头与学生和工人交战，镇压了起义。

尽管艾森豪威尔政府的政治宣传一直鼓励解放事业，但是美国官员发现自己如果援助起义者就会引发世界战争。他们袖手旁观，只是欢迎匈牙利移民，放松美国移民配额法。即使如此，西方也可能从苏联残忍的军事镇压中斩获一些政治宣传利益，然而美国的盟友英国、法国和以色列军队却在苏伊士危机中侵略埃及，刚好在苏联人镇压匈牙利起义前夕（参见第789页）。

动乱还没有平息，分裂的柏林再一次成为冷战的引爆点。苏联人阻拦西方国家在西德设置运输核弹头的轰炸机，他们抱怨西柏林已经沦为不忠东德人的逃亡目的地。1958年，赫鲁晓夫宣布苏联将承认东德对柏林全境的控制，除非美国及其盟国对德国统一和重新武装进行磋商。美国拒绝放弃对西柏林的控制，也不愿意断绝西德和北约的联系。

放眼天下

人民对人民运动

冷战开始后不久，美国官员确定，苏美对抗既是心理和意识形态之争，也是军事和经济之争。这种认识导致了人民对人民运动，美国新闻署（USIA）于1956年发起的一个国家——私人层面投机事业，旨在赢得全世界人民的"心灵和头脑"。在这个计划中，美国政治宣传专家企图利用普通美国人、企业、公民组织、劳动团体和女性俱乐部的能量促进海外对美国人民幸福的信任，并将这种信任延伸到他们的政府。除此以外，这场运动的目的还在于提高国内士气，赋予美国人一种个人参与冷战斗争的感觉。美国新闻署的宣传册上写道，人民对人民运动使"每个人都成为大使"。

这场计划类似于第二次世界大战中的后方动员事业。在战争期间，战争资讯局鼓励美国人购买战争债券，现在则告知他们，付出30美元就可以把99册美国图书送到海外的学校和图书馆中。出版商捐赠杂志和书籍，在海外国家免费传播，比如《妇女之日》（Woman's Day）每个月自愿捐助6 000份杂志。人民对人民委员会组织姐妹城市和"笔友"通信，主持交换生项目，并组织"人民对人民代表团"旅行，代表他们各自的社会。旅行者被敦促在国外像亲善大使一样行事，并且"帮助扭转外国人的偏见，证明美国不是一个有钱什么都能买到的地方"。他们将"欣赏（外国人）的风俗习惯，而不是坚持让他们模仿美国人的待人接物方式"。

为了歌颂美国的日常生活，营火少女团（Camp Fire Girls）以"这是我们的家园，这是我们的生活，这些是我们的人民"为题在超过三千个社区中拍摄照片。这些照片集结成影集，被送给拉丁美洲、非洲、亚洲和中东的女孩。与此同时，爱好委员会（Hobbies Committee）将对无线电广播、摄影、钱币、邮票和园艺感兴趣的人联系在一起。一个养狗者团体的代表相信"在追求和平的道路上，狗是很好的大使，能够跨越语言和意识形态的障碍"。

人民对人民运动对于改变美国在外国人眼中的形象究竟起到什么效果很难说。直至今日，世界对美国人的普遍印象是肤浅和物质主义，这体现出整齐划一的怀疑主义。但是与这个负面形象相伴的还有更积极的一面，人们将美国人视为开放、友好、乐观和实用的人；假如这场运动并没有消除前一个印象，它或许帮助培养了后者。无论人民对人民运动在更广泛的冷战斗争中扮演着什么角色，它显然达到了一大主要目标：更紧密地将普通美国人和世界上其他地区的人民联系在一起。

◀ "旅途中交个朋友。"这幅1957年6月送给艾森豪威尔总统的镶着外框的人民对人民海报鼓励道，"为你自己，为你的生意，为你的国家。"总统身边是这场运动的两位负责人，小约翰·W.海恩斯（John W. Hanes Jr.）以及爱德华·利普斯科姆（Edward Lipscomb）。

图片来源：德怀特·戴维·艾森豪威尔图书馆

赫鲁晓夫从最后通牒中退让了，但是发誓将再次把这个问题推到前台。

U-2事件

赫鲁晓夫本打算在1960年年中计划召开的巴黎峰会中再次提出柏林问题。但是会议两周前的5月1日，一架携带高性能摄像头的U-2侦察机在苏联境内1 200英里坠毁。莫斯科宣称为击落这架飞机负责，苏联人将飞机残骸与被逮捕的中情局飞行员弗朗西斯·加里·鲍尔斯（Francis Gary Powers）一起展示，并出示了他拍摄的苏联军事基地的照片。赫鲁晓夫要求美国为侵犯苏联领空而道歉。华盛顿拒绝，苏联人愤然退出巴黎峰会。"这是机遇葬身的坟墓。"正如一名苏联官员所言。

双方在欧洲问题上放松，但是对中华人民共和国密切关注，中国谴责苏联和平共处的呼吁。尽管有证据显示中苏分歧越来越大，但是大多数美国官员仍然把共产主义视为一体化的世界运动。北京和华盛顿的分歧妨碍沟通，让美国和中国持续产生矛盾。1954年，因为中国沿海附近一些袖珍岛屿的领土纠纷，美国和中华人民共和国到达交战边缘，包括妈祖岛（Mazu/Matsu）和被称作金门（Jinmen/Quemoy）的列岛。蒋介石占领着这些岛屿，希望当作反攻大陆的起点。大陆的枪炮于1954年轰击了这些岛屿。艾森豪威尔认为美国信誉遭到威胁，决定捍卫这些前哨；他甚至暗示或许会动用核武器。为什么对这么无关紧要的问题发起大规模报复？"让这些共产党继续揣测。"约翰·杜勒斯建议。"但是如果他们猜错了呢？"批评者回答。

《台湾问题决议案》

1955年年初，国会通过了《台湾问题决议案》，授权总统部署美国军队守卫台湾及相邻岛屿。通过这一举措，国会正式把1950年朝鲜战争时期非正式放弃的权力授予了总统：宣战的宪法权力。尽管这场危机于1955年4月过去，但是1958年战争的阴云再次笼罩金门和妈祖上空。这一次，在华盛顿强烈警告不要对大陆动武后，蒋介石从这些岛屿撤军。接着大陆放松了炮击。而军备竞争加速了：艾森豪威尔的核威慑让中国人相信，他们也需要核武器。1964年，中国引爆了第一枚核弹。

第三世界的斗争

艾森豪威尔和前任杜鲁门以及之后的所有冷战总统一样，最担心的莫过于西欧的命运。不过随着时间的流逝，他的政府越来越关注非洲、亚洲、拉丁美洲和中东的共产主义扩张带来的威胁。在第三世界的很多地方，去殖民化的进程开始于第一次世界大战，在第二次世界大战中加速，因为经济遭受重创的帝国无法抵御殖民地的解放追求。一系列新国家挣脱了殖民枷锁。单单1960年，18个新非洲国家摆脱殖民地位。从1943年至1994年，总共有125个国家独立（这个数字包括1991年脱离苏联的国家）。1940年代以及以后涌现出的这么多新国家，以及与权力更替有关的混乱，动摇了国际体系的根基。权力重新分配，造成了"近于混乱"，美国政府报告称。在传统的美国富有影响力的拉丁美洲，民族主义者再一次挑战华盛顿的统治。

第三世界的利益

至1940年代末，当冷战战线在欧洲绷紧时，苏美对抗日益转向第三世界。情势很危急。新国家可以购买美国商品和技术，提供战略原材料，并且吸引投资（1959年，美国超过1/3的私人海外投资在第三世界）。而且它们可以与美国建立文化联系。不仅如此，两个超级大国都觊觎这些新国家在联合国中的选票，并且企图在它们的国境内建立军事和情报基地。但是这些国家通常贫困而不稳定，并且充斥着部落、民族和阶级斗争，许多新国家试图结束西方的经济、军事和文化霸权。许多人学着挑起两个超级大国的斗争，以便收获更多援助和武器。美国领导人相信，为了向莫斯科展示华盛顿的实力，解决和对抗民族主义以及威胁着美国的战略和经济利益的激进反资本主义社会变革，美国在第三世界的军事及非军事干预是非常必要的。

为了阻挠民族主义者、激进派和共产主义挑战，美国将巨大的资源投向第三世界，包括海外援助、政治宣传、发展项目等。至1961年，超过90%的美国海外援助流向发展中国家。华盛顿还与当地精英阶层以及不民主但是反共产主义的政权结盟，美国政府干预内战，并且纵容中情局采取秘密行动。这些美国干预手段常常在当地平民中引起仇恨。几个较大的第三世界中的国家拒绝在冷战中站队，其中值得注意的是印度、加纳、埃及和印度尼西亚，国务卿杜勒斯宣称采取中立主义就是向共产主义迈进了一步。他和艾森豪威尔都坚持认为，每个国家都应该在生死存亡的冷战斗争中明确立场。

美国领导人辩称，科技上"落后"的第三世界国家需要西方主导的资本主义发展和现代化，才能享受经济发展、社会和谐和政治现代化。通常这些美国官员还归因于偏颇的种族、年龄和性别特征，把第三世界民族看作无法独立、情绪化和不理性的民族，因此需要依赖美国家长般的监护。中情局领导艾伦·杜勒斯于1959年年初告诉国家安全委员会，他们"必须或多或少像对待孩子一样对待古巴人。必须对他们进行指引而不是冷落。假如我们对他们置之不理，像孩子一样，他们几乎可能做出任何事情"。

另一些时候，美国官员运用性别化的语言，暗示第三世界国家是柔弱的女性，被动而卑屈，不能抵挡共产主义者和中立主义者的威逼利诱。比如美国人把印度视为女子气和顺从的中立国家，艾森豪威尔纡尊降贵地把它称作一个"似乎是由情感而非理性决定政策"的地方。

种族主义和隔离成为美国劣势

美国的种族态度和隔离政策尤其影响着美国与第三世界国家的关系。1955年，印度驻美国大使 G. L. 梅塔（G. L. Mehta）在休斯敦国际机场（Houston International Airport）一家餐厅的白人区域被拒绝服务。这种侮辱深深刺痛了他，许多其他第三世界外交官也受到类似羞辱。约翰·福斯特·杜勒斯担心这一事件影响美国与印度的关系，因为美国在冷战中很需要这个大国的支持，于是向梅塔（Mehta）道歉。国务卿认为美国的种族隔离是"重大的国际冒险"，损害了美国在第三世界国家赢得朋友的努力，并且授人以柄，给了苏联人宣传优势。美国实践和理想并不一致。

因此，当美国首席检察官呼吁最高法院撤销公立学校中的隔离政策时，他强调那些深肤色外交官受到的耻辱"为共产主义的政治宣传磨坊提供了粮食"。1954年联邦最高法院宣布"布朗案"判决（参见第807页）时，政府很快将反隔离法律的消息以35种语言通过美国之声海外广播网络向全世界播报。但是这个问题并没有解决。比如，在1957年的小石城危机（参见第809页）之后，杜勒斯评论道，种族固执正在"毁灭我们的海外政策。种族主义在亚洲和非洲造成的影响比匈牙利对俄国人的影响还要糟糕"。尽管如此，当国务院的一个办公室决定进行反击苏联宣传，在1958年布鲁塞尔世界博览会设立名为"未完成的工作"的展览，旨在推进美国的种族关系和反隔离制度时，南方保守派勃然大怒，以至于艾森豪威尔政府只好关闭了展览。

美国对革命的仇恨也阻碍了它在第三世界中追求影响力的努力。20世纪，美国公开反对墨西哥、中国、俄罗斯、古巴、越南、尼加拉瓜和伊朗等国家的革命。美国人赞扬"1776年独立意志"（Spirit of '76），但是越来越不能容忍革命动乱，因为许多第三世界革命奋起反抗美国的冷战同盟，威胁美国投资、市场和军事基地。就像历史上大多其他大国，美国倾向于维持原状，支持它的欧洲盟友或者第三世界的保守主义有产阶级。比如，1960年，联合国的一项决议支持去殖民化，而美国则在投票中弃权。

发展和现代化

然而美国方针中存在理想主义的因素。美国的政策制定者相信第三世界民族渴望现代化，美国私有企业经济模型以及企业、劳动者和政府之间的合作模式对于它们来说是最好的选择，以此为基础发起了各种"发展"计划。这类项目支持可持续经济发展、繁荣和稳定，捐助者希望能够削弱激进主义。1950年代，卡耐基、福特和洛克菲勒基金会与美国国际开发署（U.S. Agency for International Development, AID）合作资助绿色革命（Green Revolution）计划，大幅增加农业生产，比如运用杂交种子。洛克菲勒基金会支持国外大学培训致力于非激进发展的国家领导人；从1958年至1969年，这个慈善机构在尼日利亚投入了2 500万美元。迪恩·鲁斯克（Dean Rusk）于1961年成为国务卿以前，曾担任洛克菲勒基金会的主席。

为了说服第三世界民族国家放弃激进政策和中立主义，美国领导人常常与商业资助的广告委员会（Advertising Council）合作，指导在发展中国家的政治宣传。1953年成立的美国新闻署用电影、广播杂志《自由世界》（Free World）、展览、交换项目以及图书馆（至1961年全世界有162个城市设立美国图书馆）宣扬"人民的资本主义"的主题。利用美国的经济成功展现丰衣足食的美国劳动者，宣扬政治民主和宗教自由，与苏联的"奴隶劳动"处境形成鲜明对比。为了与种族隔离、白人攻击非裔美国人及南方公民权利活动家的丑陋画面抗衡，美国新闻署宣扬非裔美国人的个人成功故事，比如拳击手弗洛伊德·帕特森（Floyd Patterson）和舒格·雷·罗宾逊（Sugar Ray Robinson）。单单1960年，就有约1 380万人在海外参观美国馆，在叙利亚大马士革举办的消费品展"通往和平和繁荣的商道"（Tradeways to Peace and Prosperity）吸引了100万人前往参观。

毫无疑问，美国的生活方式对一些第三世界人民颇具吸引力。他们也想享受美国的消费品、摇滚乐、经济地位和教育机会。好莱坞影片让人得以一窥中产阶级物质主义的诱人景象，而美国电影占领了许多海外市场。蓝色牛仔裤、广告牌和软饮料涌入外国社会。但是外国人嫉妒美国人的同时，也憎恨他们拥有如此多的物质，如此浪费，让企业能够从海外榨取这么多的利润。美国人常常因为发展中国家的长期贫困而遭到谴责，即使是这些国家的领导人自己的决定阻碍了他们的发展，比如在他们的人民急需食物的时候把数百万美元投入军事。尽管如此，从印度加尔各答、黎巴嫩贝鲁特和哥伦比亚波哥大（Bogota）的美国新闻署图书馆遭袭事件中，对1950年代的反美仇恨情绪可见一斑。

干预危地马拉

事实证明较温和的遏制技巧，如援助、贸易、文化关系，不足以让第三世界国家在冷战中站在美国一边，艾森豪威尔政府常常通过秘密或公开手段表现出更高压的意志。危地马拉是个较早的实验案例。1951年，左翼哈科沃·阿本斯·古斯曼（Jacobo Arbenz Guzman）当选危地马拉总统，这是一个贫穷的国家，最大的地主是美国所有的联合果品公司（United Fruit Company）。联合果品是遍布整个拉丁美洲的经济势力，它拥有300万英亩土地，运营铁路、港口、船只和电报通信设施。为了达成土地改革的承诺，阿本斯没收了联合水果未耕种的土地，并且提供赔偿。公司无视补偿提议，谴责阿本斯造成共产主义威胁。一些中情局官员已经提出了这个谴责，因为阿本斯在他的政府中雇用了一些共产主义者。中情局开始秘密谋划，企图颠覆阿本斯，于是他转而向莫斯科寻求军事援助，因此更加强了美国的猜疑。中情局将武器空运到危地马拉，把它们空投在联合果品的地盘上，1954年年中，中情局支持的危地马拉人从洪都拉斯发起攻击。美国飞机轰炸首都城市，侵略者把阿本斯赶下台。新成立的亲美政权返还了联合果品公司的土地，但是接连不断的内战让这个中美洲国家连续几十年都战火

◀ 1950年代,在海外被称作美国新闻处的美国新闻署企图为美国思想和文化塑造有利的国际形象,包括被国务院称为"孤立区"的地方。图中,1953年6月,人们围绕在缅甸的仰光附近的一个路边美国新闻处流动图书馆周围。

图片来源:国家档案

纷飞。

古巴革命和菲德尔·卡斯特罗

1950年代末笼罩古巴的动乱也令艾森豪威尔忧心忡忡。1959年年初,菲德尔·卡斯特罗的叛军,或称"大胡子的人"(barbudos),因为深刻的反美民族主义动机,驱逐了美国的长期盟友富尔亨西奥·巴蒂斯塔(Fulgencio Batista),巴蒂斯塔欢迎北美投资者、美国军事顾问和游客来到这个加勒比海岛屿。巴蒂斯塔的腐败专制政权把哈瓦那变成了一个犯罪组织经营赌博和卖淫的庇护所。从20世纪初《普拉特修正案》(Platt Amendment)放弃独立开始,古巴人一直憎恨美国统治。抑制美国的影响力成为古巴革命的战斗口号,1958年中情局秘密谋划阻止卡斯特罗夺权,但计划失败,反美情绪更加激昂。美国企业在该岛投资了约10亿美元,从一开始卡斯特罗就希望压制美国商业的影响力,并试图挣脱美国对古巴贸易的控制。

卡斯特罗与日俱增的独裁主义、反美国人宣言,以及在西半球水涨船高的人气让华盛顿十分警惕。1960年年初,在古巴与苏联签署贸易条约之后,艾森豪威尔下令中情局组织古巴流亡者组成的反叛力量,意图颠覆卡斯特罗政府。该机构还开始策划暗杀这位古巴领导人。当总统大量减少美国对古巴蔗糖的采购时,卡斯特罗控制了所有还未国有化的北美企业。美国试图颠覆卡斯特罗及其革命,在此威胁之下,卡斯特罗向苏联求助,苏联为他提供贷款扩张贸易。1961年卸任前夕,艾森豪威尔断绝了与古巴的外交关系,并建议继任总统约翰·F. 肯尼迪推进侵略计划,1961年该计划开始实施并最终失败(参见第829页)。

阿拉伯—以色列纷争

与此同时,在中东,艾森豪威尔政府也面临着阿拉伯人和犹太人之间持续矛盾造成的挑战,伊朗和埃及的民族主义领袖让事态更为复杂(参见地图33.2)。在第二次世界大战结束前,大国中只有法国和英国与这个地区息息相关;在之前的30多年中,

▶ 1948—1950年数年间，几十万犹太难民来到以色列。传奇摄影师罗伯特·卡帕（Robert Capa）于1949年拍下了这张难民乘船来到海法（Haifa）的照片。几年以后，卡帕在《生活》杂志的一次拍摄任务中前往印尼，不幸死于地雷爆炸。

图片来源：罗伯特·卡帕/玛格南图片社

他们有效地占领该地区。但是帝国的瓦解和冷战矛盾的升级把华盛顿引向该地区，英国掌控下的巴勒斯坦矛盾也日益深化。1945年至1947年，英国试图让美国官员一起努力探索如何在当地阿拉伯人和犹太人之间分配巴勒斯坦土地。杜鲁门政府拒绝了伦敦的引诱，英国人对于阿拉伯人和犹太人之间的暴力已经深感绝望，于1947年把这个问题移交给联合国，联合国通过投票把巴勒斯坦分成阿拉伯和犹太两国。阿拉伯领导人反对这一决定，但是1948年犹太领导人宣布以色列成立。

美国努力游说联合国成员投票支持，在这个新国家成立几分钟后就承认了它。美国人中存在一种道德信念，认为犹太人在遭受如此巨大的磨难后有权获得一片家园，并且犹太复国主义（Zionism）是一场值得尊重的运动，将创造一个民主的以色列，这种观念也影响了杜鲁门的决定，除此之外他还相信，犹太人的选票会在1948年的大选中让民主党赢得几个州的支持。一些官员担心阿拉伯石油生产国可能会因此反对美国，但是上述这些信念压倒了他们的犹疑，除此以外，如果美国不采取行动，苏联—以色列的密切联系可能会把以色列变成一个中东的亲苏堡垒。苏联也立刻承认了这个新国家，但是以色列领导人和莫斯科若即若离，一方面是因为他们有着更迫切的顾虑。被从世代所居的土地上驱逐出去的巴勒斯坦阿拉伯人联合以色列的阿拉伯邻居们，立即对这个新国家开战。以色列在接下去的六个月血腥战斗中阻止了进攻，直到在联合国支持下停战。

在接下去的数年中，美国在中东的政策聚焦于确保以色列的生存、巩固与阿拉伯石油生产国的联系。美国石油资产分布广泛：1950年代，美国企业在该地区生产约一半石油。艾森豪威尔因此企图避免采取可能疏远阿拉伯国家的行动，比如与以色列走得太近，而且他与石油贮藏丰富的伊朗缔结了亲密的关系。掌权的沙阿族人在一个新成立的石油财团中把40%的股份给了美国石油公司，作为交换条件，中情局于1953年协助他成功颠覆他的对手穆罕默德·摩萨德（Mohammed Mossadegh），而后者企图国有化外国石油股份。问题不仅在于石油：伊朗在苏联边境上的地理位置使沙阿成为弥足珍贵的盟友。

美国官员在埃及面临更可怕的仇敌，旨在减少中东的西方利益的泛阿拉伯运动领军人物加麦尔·阿卜杜勒·纳赛尔（Gamal Abdul Nasser）是这股势力的化身。纳赛尔发誓要把英国人赶出苏伊士运河，把以色列人赶出巴勒斯坦。美国既不希望得罪阿拉伯人,因为害怕失去宝贵的石油供给,也不想疏远盟友以色列,政治上活跃的美国犹太人在美国国内支持以色列。但是当纳赛尔在冷战中宣布中立时,杜勒斯失去了耐心。

苏伊士危机

1956年,美国突兀地拒绝兑现帮助埃及建设阿斯旺大坝(Aswan Dam)的承诺,这个项目旨在为干旱的尼罗河河谷农田提供廉价的电力和水资源。国务卿杜勒斯直截了当的经济施压适得其反,因为纳赛尔国有化了英国所有的苏伊士运河,企图用获得的利润建设水坝。在亚历山大港(Alexandria)的大规模集会中,纳赛尔表达了第三世界民族挣脱帝国控制时典型的深刻民族主义:"今夜,我们的埃及运河将由埃及人管理,埃及人!"整整75%的西欧石油来自中东,大部分通过苏伊士运河运输。因为害怕关键贸易被中断,英国和法国与以色列密谋,企图把纳赛尔赶下台。1956年10月29日,以色列人入侵苏伊士,两天后英国和法国军队加入了他们的行列。

艾森豪威尔勃然大怒。美国的盟友没有征求他的意见,而且这次袭击把国际注意力从苏维埃干预匈牙利内政事件引开了。总统害怕这次侵略会导致纳赛尔寻求苏联人的帮助,把苏联人引入中东。艾森豪威尔强硬地要求伦敦、巴黎和以色列撤军,他们照做了。埃及占领了运河,苏联人建造了阿斯旺水坝,而纳赛尔成为第三世界民族的英雄。法国和英国在该地区的影响力急剧衰落。为了对抗纳赛尔,美国人决定"扶持"沙特阿拉伯的保守主义国王伊本沙特(Ibn Saud),让他充当埃及的"阿拉伯对手"。尽管这位君主更新了美国空军基地的租约,但是很少有阿拉伯人尊敬这位臭名昭著的腐败沙特。

艾森豪威尔主义

美国官员担心中东存在的权力"真空"会让苏联人乘虚而入。纳赛尔主义者坚持认为不存在真空,而日益壮大的阿拉伯民族主义提供了最佳的防御共产主义的手段。为了努力增强中东地区逐步恶化的西方地位,并保护那里的美国利益,总统于1957年宣布艾森豪威尔主义。他宣称,假如任何国家受到共产主义夺权的威胁,向美国提出请求,美国将干涉中东。1958年,14 000人的美国军队登上黎巴嫩海岸,镇压一场内部政治纠纷,华盛顿害怕支持纳赛尔的团体或共产主义者会利用这次机会。艾森豪威尔把军队集结在贝鲁特地区,称他的使命"主要不是战斗",而只是表明立场。美国克制使用军事力量,化解了这场危机,黎巴嫩官员同意将权力和平移交给新的领导班子。在杜勒斯看来,干涉的作用还在于"让许多小国家安心,让他们知道在危机时刻可以向我们求助"。

冷战顾虑还推动了艾森豪威尔对越南的政策,那里的民族主义者试图反抗法国人,争取独立。尽管杜鲁门时期美国就开始向法国提供实打实的援助项目,但是法国仍然在越盟面前节节败退。最后,1954年年初,胡志明的部队包围了越南西北部奠边府(Dienbienphu)的法国防御阵地(参见地图30.2)。尽管艾森豪威尔的一些顾问建议对越南阵地发起大规模美国空中打击,或许甚至运用战术核武器,但是总统却小心谨慎。美国已经为法国提供了建议和资金,但是并不想把自己的部队投入这场战争。假如美国空军救不了美国,它是不是会进一步要求地面部队进入敌军领土?正如一名高层的质疑者所言:"你不可能坐着木桶穿越尼加拉瓜瀑布。"

艾森豪威尔公开表明担忧共产主义获得胜利,向英国施压,要求他们协助组成联盟解决印度尼西亚危机,但是他们拒绝了。在国内,国会中具有影响力的成员告诉艾森豪威尔,他们不想再重蹈朝鲜的覆辙,并且告诫他避免任何美国军事投入,尤其是在美国盟国合作缺席的情况下,这些官员中包括得克萨斯的林顿·贝恩斯(Lyndon Baines),他就任总统后将在越南发动大规模战争。一些人对于支持殖民主义感到不安。这个问题到5月7日已经失去了讨论的意义,因为奠边府疲惫不堪的法国守军

关于越南的《日内瓦协定》

和平谈判已经在日内瓦展开，冷战和民族主义角逐者被召集到一起——美国、苏联、英国、中华人民共和国、老挝、柬埔寨、敌对的越南保大政权和胡志明政权。约翰·福斯特·杜勒斯很不情愿参与其中，他害怕共产主义者会在任何协议中占上风，但是最后越盟得到的谈判成果与他们领先的军事地位并不匹配。由法国和胡志明的越南民主共和国之间签署的1954年《日内瓦协定》暂时以北纬17度为界将越南分为两半；胡志明的政府被限制在北边，保大政府被限制在南边。在中国和苏联的压力之下，胡志明政府害怕美国会擅自干涉越南内政，不得不同意了这个妥协方案。北纬17度充当军事停战线，而不是国境线；按照计划，这个国家将在1956年全国大选之后重新统一。与此同时，北部和南部都不能参与军事联盟或者允许国土上建立海外军事基地。

美国相信《日内瓦协定》最终将意味着共产主义胜利，于是从很早开始就企图破坏协议条款。在会议后不久，一个中情局团队进入越南，针对北部政府采取秘密行动，包括穿过北纬17度线发起突然袭击。在南部，美国扶持吴庭艳（Ngo Dinh Diem），把保大推到一边，并且创立了越南共和国。吴庭艳是一个佛教国家中的天主教徒，是个狂热的民族主义者和反共产主义者，但是他没什么民众支持基

▲ 法国士兵在八辆坦克中的一辆前集结，分批进入奠边府。背景中是简易机场和驻地工事。事实证明这些坦克在即将到来的战斗中没什么效果。

图片来源：埃弗瑞特·迪克西·里斯（Everette Dixie Reece）/乔治·伊斯特曼之家（George Eastman House）

人民与国家的遗产

国家安全体制

有人评论道,为了建一座大教堂,你首先需要一个宗教,而一个宗教需要鼓舞人心的经典,掌握权威。几十年来,美国的冷战宗教就是国家安全;它的经典就是杜鲁门主义、凯南的"X"文件和国家安全委员会的第68号文件;它的大教堂就是国家安全体制。"state"一词在这里的意思是"公民政府"(civil state)。在冷战期间,美国政府为全面战争积极做着准备,本质上把自己转变成了一个巨大的军事总部,与企业和高校紧密联系。不仅如此,国会成员宣扬国家安全的教义,竭力为他们各自的地区争取利润丰厚的国防合约。

在总统及其顾问团队国家安全委员会监督下,国家安全体制的核心是1947年《国家安全法案》所说的国家军事机构(National Military Establishment);1949年,它更名为国防部。这个部门可算作是具有领先地位的工作单位;至2007年,它包括140万现役员工和近600 000名非军事人员,雇员超过埃克森美孚公司(Exxon Mobil)、福特、通用汽车和通用电气的总和。这些军人和非军人中有700 000人在海外的177个国家工作,覆盖了每一个时区。尽管国防开支在冷战结束后的几年中下降了,但是一直没有降到2 900亿美元以下。在9·11恐怖袭击事件和入侵伊拉克之后,军事预算再次上升,于2007年达到了4 390亿美元。这个数字代表了波兰和荷兰的经济总量,以及仅次于美国的25个国家的军费开支总和。这个数字也不包括由国会拨款支付阿富汗和伊拉克军事行动的几十亿美元的补充经费。

除了国防部以外,参谋长联席会议、中情局以及其他几十个政府机构也是国家安全政策工具。所有这些机构的关注点在于寻找最佳方式对抗来自外国政府的现实和潜在威胁。但是国内的威胁又待如何?2001年9月的恐怖袭击清楚地表明,敌人可能从美国境内发动袭击,他们或许隶属于某个国外组织,甚至不一定是某个政府。因此,2002年乔治·W. 布什(George W. Bush)总统提议建立国土安全部(Department of Homeland Security,DHS),这个机构将拥有170 000名雇员,涵盖22个机构中的所有或部分,包括海岸警卫队(Coast Guard)、海关(the Customs Service)、联邦紧急管理局(the Federal Emergency Management Administration,FEMA)以及国内收入署(Internal Revenue Service)。这个机构将彻查联邦官僚系统,而且标志着从国防部成立以来更宽泛的国家安全概念。至2008年,国土安全部的雇员数量达到了208 000。

1961年,艾森豪威尔总统警告人们提防"军事—工业联合体",而另一些人则害怕"堡垒体制"或者"战争体制"。尽管得到这些告诫,至21世纪初,国家安全体制仍然很活跃,这是早先的冷战时期留给这个民族和国家长期持久的遗产。

础。他在南越上演了一场诈欺选举,获得了99%的选票(在西贡,他获得的选票比登记的选民还多了200 000)。当胡志明和国际社会中的一些人要求按照《日内瓦协定》进行全国大选时,吴庭艳和艾森豪威尔拒绝了,他们害怕广受爱戴的越盟领导人会获胜。1955年至1961年,吴庭艳政府收到10亿多美元美国援助,大部分用于军事。美国顾问组织和训练吴庭艳的军队,美国农业专家致力于改良农作物。吴庭艳的西贡政权依靠美国生存,南越的文化越来越美国化。

民族解放阵线

事实证明吴庭艳是个很难合作的盟友。他行

事专断独裁，废止了村庄选举，让效忠他的人担任公职。他把异见者投入监狱，并且关闭批判他政权的报刊。当美国官员定期催促他实施有意义的土地改革时，他毫无顾忌地无视他们。非共产主义者和共产主义者都开始回击吴庭艳的高压政府。在河内，胡志明政府一开始极力巩固自己对北部的控制，但是1950年代末，它开始向南部起义者提供支援，后者开始实施恐怖主义行动，杀害了数百名吴庭艳任命的村官。1960年年末，南越共产主义者在河内组织了民族解放阵线（National Liberation Front，即NLF），被称作越共。越共吸引了南部的其他反吴庭艳群体。艾森豪威尔政府虽然清楚吴庭艳的缺点和他对美国建议的抗拒，但还是继续投入军事力量，试图保存一个独立的非共产主义南越。

结语

美国从第二次世界大战中崛起，成为出类拔萃的世界大国。华盛顿官员对国家的现实安全充满信心，但是不稳定的国际体系、不友好的苏联以及去殖民化的第三世界干扰了美国的战后和平计划。陷入"冷战"僵局后，美国总统拿出国家的优势资源，影响和引诱其他国家。海外经济援助、核外交、军事联盟、附庸国、秘密行动、军事干预、政治宣传、文化渗透——这些手段成为发动冷战的工具，这是一场起源于欧洲未来问题的矛盾，但是很快扩散并将全球卷入其中。

美国主张国际领导地位，受到西欧和其他地区人民的欢迎，他们担心斯大林及其苏联继任者的动机。前敌国日本和（西）德国的重建帮助这些国家迅速恢复，成为西方联盟中坚定的成员。但是美国政策也引发了抵制。共产主义国家谴责美国的金融和核外交，而许多新近获得独立的第三世界国家试图削弱美国和欧洲盟友，有时候将美国视为帝国主义。偶尔地，甚至连美国的盟友都对美国表示愤怒，因为美国大言不惭地把自己当作经济导师和世界警察，并且傲慢地兜售他的霸权地位。

在国内，自由主义和激进派批评者抗议，杜鲁门总统和艾森豪威尔总统夸大了共产主义的威胁，将美国资产浪费在不道德的海外投机上；阻挠合法的民族主义希望；并且表现出种族偏见。尽管如此，这两位总统和他们的继任者坚持创造以美国国内为模本的非激进、资本主义和自由贸易国际秩序。他们下定决心遏制苏联扩张，害怕被国内谴责"对共产主义心慈手软"，致力于扩大美国的影响力范围，并塑造这个世界。数年来，杜鲁门和艾森豪威尔培养盟友，在世界范围内运用遏制政策，他们坚持阵线，抵制苏联和中华人民共和国，到处反抗不结盟、共产主义、民族主义和革命。这种政策的一大后果是总统权力在外交事务领域大幅提升，国会让出宪法权力，历史学家小亚瑟·M.施莱辛格（Arthur M. Schlesinger Jr.）称之为"帝国主义总统职位"。

美国通常站在欧洲盟友一边，与第三世界的许多国家站在对立面，提倡缓慢去殖民化，宣扬进步，而非革命。美国人的全球主义视角使他们把发展中世界的许多问题解读为冷战矛盾，认为这些国家受到亲苏共产主义者的启发，即使不是他们亲自主导。冷战的激烈程度让很多美国人忽略了大多数第三世界纷争的本土根源，朝鲜和越南战争即明证。美国也不能顺从发展中国家对经济独立的渴望，不允许它们控制自己的原材料和经济。作为进口者、出口者和投资者，美国深陷全球经济中，美国人将来自"边缘"的挑战视为对美国以私营企业为特点的生活标准和生活方式的威胁。简而言之，第三世界通过在冷战中形成第三势力挑战了美国战略势力，并且通过追求新的共享利益经济秩序挑战了美国的经济权力。总而言之，第三世界的崛起让新的演员登上世界舞台，挑战了国际体系的两极化，并导致权力分散。

自始至终，核战争的威胁让美国人和外国人同样不安。在影片《哥斯拉》（Godzilla, 1956）中，被核武器试验复活的史前怪物在东京肆虐。斯坦利·克雷默（Stanley Kramer）广受欢迎但令人不安的影片《海滨》（On the Beach, 1959）根据内尔·舒特（Nevil Shute）1957年的畅销小说改编，描述了一场核灾难,地球上最后的人类决定吞下政府分发的毒药,这样他们就可以在氢弹辐射病杀死他们之前死去。这种末日或善恶决战(Armageddon)的态度与美国政府的官方承诺大相径庭,后者信誓旦旦称美国能从核战争中幸存下来。在《海滨》一片中,一位妻子临死时问她的丈夫:"难道没人能阻止这一切吗?"他的回答是:"有些愚昧,你就是无法阻止。"艾森豪威尔并没有阻止这一切,尽管他曾于1959年对赫鲁晓夫说:"我们真的应该达成某种协议,停止这场毫无成果、实在非常浪费的对抗。"

扩展阅读

Campbell Craig and Fredrik Logevall, *America's Cold War: The Politics of Insecurity* (2009)

Nick Cullather, *Secret History: The CIA's Classified Account of Its Operations in Guatemala, 1952—1954* (1999)

Mary L. Dudziak, *Cold War Civil Rights: Race and the Image of American Democracy* (2000)

John Lewis Gaddis, *Strategies of Containment*, 2nd ed. (2005)

Walter LaFeber, *America, Russia, and the Cold War, 1945—2006*, 10th ed. (2006)

Douglas Little, *American Orientalism: The United States and the Middle East Since 1945* (2002)

Robert J. McMahon, *The Limits of Empire: The United States and Southeast Asia Since World War II* (1999)

Geoffrey Roberts, *Stalin's Wars: From World War to Cold War, 1939—1953* (2007)

Marc Trachtenberg, *A Constructed Peace: The Making of the European Settlement, 1945—1963* (1999)

第二十九章

20世纪中叶的美国，1945—1960

▼ 1952年，科学家和其他官员检测内华达丝兰平地（Yucca Flat）地下核武器试验的结果。爆炸引起的蘑菇云在空中升至3 500英尺。

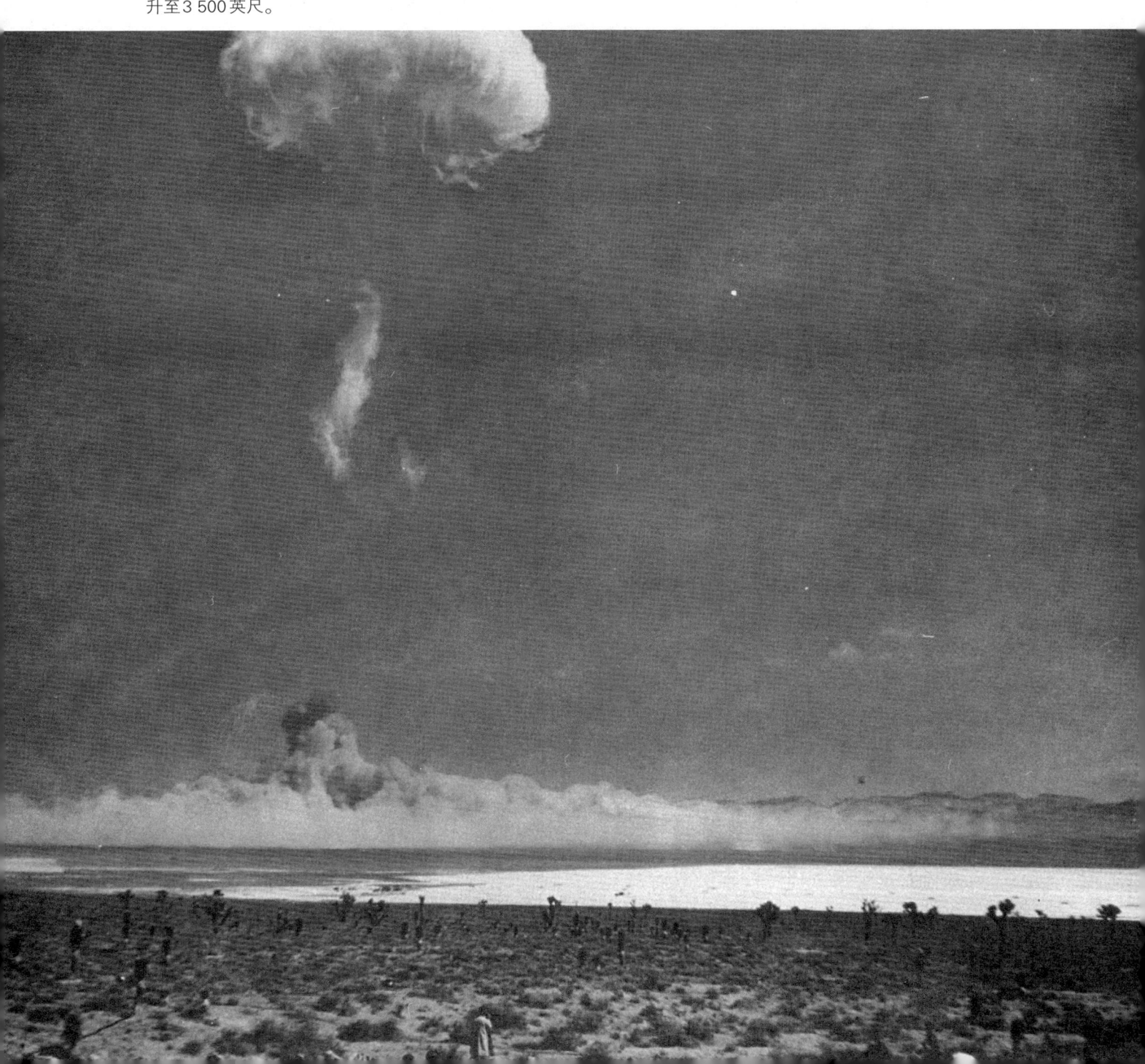

1951年1月末寒冷冬季的凌晨时分，艾萨克·纳尔逊(Isaac Nelson)和奥利塔·纳尔逊(Oleta Nelson)用毯子裹住自己，望着即将撕开沙漠黑暗的耀眼亮光。他们和来自犹他州雪松市(Cedar)的一百来个朋友和邻居开车前来观看美国土地上自第二次世界大战以来首次原子弹试验。"每个人都非常激动，"艾萨克回忆道，"我们想要尽一点儿微薄之力"并且"表现我们的爱国主义"。橙红色的爆炸火光点亮了超过10英里以外河谷另一侧的树木。那天下午，卡纳拉维尔(Kanarraville)和雪松市的居民看着褐中带粉的云从空中飘过。

章节大纲

塑造战后美国

冷战时期的国内政策

冷战恐惧和反共产主义

民权斗争

创造一个中产阶级国家

昨日重现　向莱维敦迁徙

20世纪中叶的男性、女性和年轻人

放眼天下　芭比

中产阶级国家的局限

结语

人民与国家的遗产　忠诚誓约

第二次世界大战结束后的数年中，美国已经在南太平洋与世隔绝的岛上测试了核武器。美国官员已经意识到核辐射的危险，但是一群日本捕鱼船员的恐怖死亡把它难以预料的威胁传至国内，这些渔民出乎意料地出现在炸弹掉落的轨道上，因此不幸身亡。然而当苏联开发自己的核武器，朝鲜冲突爆发，标志着冷战的扩大时，原子能委员会(Atomic Energy Commission, A.E.C.)的成员辩称，美国国境线以外的核试验会对国家安全造成威胁。他们总结道(以1957年的一份法律声明)，原子弹对美国公众健康和安全的威胁远不如苏联敌军"全歼"的威胁。

杜鲁门总统选择了内华达的一大片原本用于爆炸和射击试验的土地用于核试验。该地区拥有气象学的优势：风一直向东方吹，远离洛杉矶和拉斯维加斯的人口中心。顾问把包括内华达、亚利桑那和犹他州的部分地区在内的下风处土地描述为"事实上的不毛之地"。然而近100 000人定居在沙漠河谷的农场和小城镇中；许多人是1840年代来到该地的摩门教定居者的后裔或者西肖肖尼族(Western Shoshone Nation)族人，测试场正位于他们的土地上。辐射云在城镇和农场上空飘浮时，孩子在沉降物中玩耍，还以为那是雪花。

年表

1945	第二次世界大战结束
1946	婚姻和出生率极速上升
	220万退伍军人追求教育深造
	超过500万美国工人罢工
1947	《塔夫脱—哈特莱法案》限制工会权力
	杜鲁门下令对300万政府雇员进行忠诚度调查
	批量生产技术用于建造莱维敦住宅
1948	杜鲁门发布行政令，去除军队和联邦政府中的种族隔离
	杜鲁门当选总统
1949	苏联试爆原子弹
1950	朝鲜战争打响
	麦卡锡指控政府中的共产主义者
	《底特律条约》(Treaty of Detroit)建立新型劳资关系模型
1951	由于白人居民反对居住融合，在伊利诺伊州西塞罗市爆发种族暴动
1952	艾森豪威尔当选总统
1953	朝鲜战争结束
	国会对美洲原住民部落采取终止政策
	罗森博格夫妇(Rosenbergs)被当作核间谍处决
1954	"布朗诉托皮卡教育局案"(Brown v. Board of Education)判决推翻"隔离但平等"原则
	参议院谴责麦卡锡
1955	蒙哥马利公共汽车抵制开始
1956	《高速公路法案》(Highway Act)启动州际高速公路系统建设
	艾森豪威尔连任总统
	埃尔维斯·普雷斯利(Elvis Presley)出现在埃德·沙利文秀(Ed Sullivan Show)上
1957	马丁·路德·金当选南方基督教领袖协会(Southern Christian Leadership Conference)第一任主席
	阿肯色小石城(Little Rock)爆发校园种族隔离危机
	国会通过《公民权利法案》(Civil Rights Act)
	苏联发射斯普特尼克号(Sputnik)人造卫星
1958	国会通过《国防教育法案》(National Defense Education Act)
1959	阿拉斯加和夏威夷分别成为第49和第50个州

1953年，三万两千吨当量的爆炸物"哈利"（Harry）的沉降物弥漫该地区，当地牧场中的14 000头羊中有4 500头死亡。原子能委员会发布了新闻稿，把羊群死亡归咎于"出乎意料的寒冷天气"。那一年春天出生的羊没有羊毛或羊皮，器官在薄膜下若隐若现。委员会压制了记录致命辐射等级的兽医报告。至1955年，原子能委员会发起了一场宣传运动，安抚"下风口居民"，称这些实验不会造成危险。原子能委员会的医疗人员走访小镇，准备好无耻而谨慎的谎言。他们告诉居民，来自核试验的辐射总量只有"照一次X光的1/20。"同一年，奥利塔·纳尔逊站在屋外，看着沉降云在空中飘浮。几个小时内，她暴露在外的皮肤变得鲜红。她感到恶心，开始剧烈腹泻。一个月之后，她美丽乌黑的及肩长发掉光了。她的头发再也没有长出来。奥利塔于1962年被诊断出脑部肿瘤，并于1965年去世。到那时，"下风口居民"的癌症率是其他美国人口的1.5倍。

对于大多数美国人来说，冷战的影响没有那么直接。但是，冷战恐惧和政策以各种方式影响着战后美国人的生活，时而显著，时而微妙，当时许多人努力工作，期望摆脱大萧条和战争的艰难时期，为他们自己和家人创造更好的生活。

第二次世界大战后，全世界所有大国中只有美国比战争开始时更强大、更繁荣。欧洲和亚洲遭到巨大破坏，但是美国的农场、城市和工厂毫发无伤。美国产能在战争期间大幅上升，尽管仍然存在许多社会矛盾和不平等，但是反法西斯主义战争赋予了美国人一致的目标。胜利似乎证明了他们的斗争确有所值。但是16年的大萧条和笼罩在美国胜利上方的战争阴影，以及这些经历的记忆，将继续影响美国人在个人生活、国内政策以及与世界的关系中做出的选择。

战后时期，联邦政府行动以及美国个体选择推动了美国社会中影响深远的资源再配置。战后许多源自冷战顾虑的社会政策把数百万退役军人送到军人安置法案（GI Bill）规定的学院，用高速州际公路把这个国家连接起来，扶植郊区和阳光地带的发展，地域隔阂被打断，帮助创造了全国性的中产阶级文化，史无前例地将全国大部分公民包含在内。不计其数的个人决定正是由于这些联邦行动才可能变成现实——上大学、早婚、组建大家庭、往郊区迁徙、创业。这些个人决策聚沙成塔，改变了美国社会的阶级和种族划分。美国人在战后时期定义了一个新的美国梦，以家庭为核心，建立在新层次的物质满足和消费基础上，也建立在属于某种大众文化的感觉之上。精英文化批判者严厉地批判这种郊区舒适理想、批判"因循守旧"，但是许多美国人发现自己对这种新的生活方式很满意。

近1/4的美国人没有享受到战后的繁荣——但是他们对于中产阶级大多数来说是无关紧要的。农村贫困在持续，而市中心越来越贫穷，因为更富裕的美国人搬到郊区，贫困的黑人和南方白人外来者、墨西哥和波多黎各的移民、被联邦政府从部落土地上重新迁徙安置的美洲原住民纷至沓来。

阶级和民族划分在郊区变得不再那么重要，然而种族问题继续令美国人分裂成不同阵营。非裔美国人在全国面对种族主义和歧视，但是这场战争也成为平权斗争的转折点。从这个时期，非裔美国人开始采取更直接的行动。1955年，长达一年的蒙哥马利公共汽车抵制运动成为现代民权运动的开端。他们的行动导致联邦政府采取重要举措保护美国黑人的公民权利，包括最高法院在"布朗诉托皮卡教育局案"中做出的校园去种族隔离判决。

在新政获得巨大的成就之后，战后时期的国家政治得到约束。杜鲁门发誓要扩大新政，但是被保守的国会阻碍。20年来第一位共和党总统，1952年当选的德怀特·D.艾森豪威尔提出了坚定的共和党政纲，追求平衡预算开支、降低税收、减少政府支出，尽管这些目标几乎都没有达成。两位总统都把主要注意力聚焦在冷战的外交政策挑战。事实上，最重要的国内政治动乱是冷战的副产品：激烈的反共产主义运动使美国对异见的宽容度降低了。

战争末尾时开始的经济繁荣持续了25年，为美国人民带来新的繁荣。尽管对核武器和经济低潮卷土重来的恐惧仍然持续，至1950年代，繁荣让美国人志满意得。在这十年的尾声,人们在家庭和消费享乐中寻求满足,很多人是最近才开始享受到这种乐趣。

- 冷战如何影响美国社会和政治?
- 第二次世界大战后的联邦政府行动如何改变这个国家?
- 1950年代,许多人开始把自己的国家看作一个中产阶级国家。他们的看法正确吗?

塑造战后美国

美国人庆祝第二次世界大战的结束,沉痛悼念那些永远不会回来的亲人,这时许多人害怕前路上的挑战。美国不得不设法让退伍军人重新融入普通社会,并且为年轻家庭寻找生活居住的地方。它必须把战时经济转变成和平时期的设施。而且它还得与国内冷战迹象斗争,并应对全世界新的势力平衡。尽管失业率上升,一波罢工在战争刚结束时撼动了国家,但是经济很快繁荣发展。强大的经济加上新的联邦计划改变了美国社会的形态。

退役军人回归

1945年,德国和日本相继投降,美国面临着一个新的挑战:复员近1500万军人。为了公平起见,当局决定不按照部队顺序而是以个人为基础进行复员。每个人都能得到一个"服役分数",以服役年限、在海外停留年限以及战斗时间,再加上孩子的数目统计出得分。得分最高的人先回家;而得分最低的人直到1947年6月才复员。

退役军人通常很高兴回家,但是普遍而言,美国人对于退役军人的回国非常焦虑。在一个中西部小城镇中,当地民选官员估计,20%回乡退役军人将"误入歧途,难以拘束",还有那么多人可能因为"期望太高"变成"游手好闲者"。这种顾虑非常普遍,以至于1945年年中《时代》杂志向读者保证,"海外回国的军人不是崩溃暴虐的公民仇敌,也不会一感到被亏待就勃然大怒诉诸暴力。"

大多数人找到了自己的道路,但这常常很不容易。许多退役军人回到家中发现妻子已经习惯了没有他们的生活,孩子几乎不认识他们,整个世界看起来如此陌生。一些人留下了严重的心理创伤。近50万退役军人被诊断出精神疾病,而1946年《全国精神健康法案》(National Mental Health Act)通过主要是因为当局意识到美国退伍军人的战争心理疾病问题。1946年,美国人蜂拥前去观看电影《黄金时代》(The Best Years of Our Lives),这部影片入木三分地刻画了三位退役军人挣扎着融入家乡世界的心路历程,因而获得了七项奥斯卡奖。

美国人还担心复员造成负面经济影响。当战争临近尾声,美国战争机器运转速度放慢时,工厂开始裁员。盟军战胜日本十天后,全国有180万人收到解雇通知书,640 000人申请失业补偿金。工作机会缩减如何容纳数百万回国退役军人?

《军人安置法案》

尽管联邦政府对于美国加入第二次世界大战准备不足,但是早在战争中最艰苦的战役还未打响时,政府就已经开始为复员做准备。在1944年春季——第二次世界大战胜利纪念日前一年——国会全体通过了《军人调整法案》(Servicemen's Readjustment Act),有时被称作《军人安置法案》。《军人安置法案》体现了国家对于战士的感激,但是它也试图控制复员军人的洪流(几乎全部都是男性),以免冲垮美国经济。近一半退役军人获得了失业福利,旨在减缓退役军人进入平民工作市场。《军人安置法案》还提供低息购房或创业贷款,或许最重要的是,它还为退伍军人支付学院或技术学校培训和生活费用。

尽管《军人安置法案》平等适用于所有退役军人,无论种族还是性别,只要他们的退役过程光明正大,但是国会辩论和美国退伍军人协会(American Legion)游说将它的管理权限交给退伍军人管理局（Veteran's Administration），这个联邦机构缺少管理如此大规模项目的能力。因此，具体执行权落入州和地方代理机构手中，给种族歧视制造了空间。而且由于被指控同性恋的男性和女性不算是光荣退伍，连给和这些人一起服役的军人的福利也被没收了。

尽管如此，《军人安置法案》为许多人提供了新的机遇，而且当许多个人抓住这些机会时，他们改变了自己的生活和美国社会的形态。近一半回国退役军人使用《军人安置法案》的教育福利，这个计划的成本超过战后的马歇尔计划。准大学项目吸引了560万退役军人，其中220万人进入学院、研究生院或者职业学校。1947年，近2/3的美国大学生是退役军人。雪城大学（Syracuse University）的入学新生数量大幅增长，一年就翻了三倍。旨在限制犹太学生数量的入学标准很大程度上消失了，由于种族隔离继续存在，黑人学院的容量和规模也增加了。面临非传统学生的涌入，芝加哥大学校长罗伯特·梅纳德·哈钦斯（Robert Maynard Hutchins）表示抗议，称《军人安置法案》将把大学变成"教育流浪汉丛林"，但是生源和联邦美元涌入美国各个学院和大学，造就了高等教育的黄金时代，高学历或技术劳动者的大量增加也让美国经济受益匪浅。

通过《军人安置法案》获得的教育机会增强了社会流动性：近乎文盲的体力劳动者的孩子成为白领职业人员。而战后大学像军队一样，把来自五湖四海不同背景的人们集中到一起。《军人安置法案》促进了全国中产阶级文化的崛起，因为学院让人们接触新的思想，获得新的人生经历，大学生们一般不那么狭隘，也不那么坚守民族或地域文化。

经济增长

美国人曾担心经济大萧条会随着战争结束卷土重来，事实证明这种顾虑是没有根据的。向和平时期经济过渡的第一年很困难，但是经济很快在消费支出的刺激下恢复了。尽管美国人在战争期间得到稳定薪水，但是找不到什么花钱的地方。比如，从1942年开始美国就没有生产过新的汽车。美国人存了四年钱，现在他们已经准备好大买特买了。通用汽车这样的公司对大萧条即将到来的传统智慧不屑一顾，在战争后立即扩大生产，发现数百万热忱的顾客翘首以盼。由于世界上大部分其他国家的工厂都变成了废墟，美国企业开始迅速扩张并占领全球市场。农业也经历了革命。新的机器如作物喷粉飞机和机械棉花、烟叶和葡萄采摘机，加上越来越普遍的化肥和杀虫剂大幅增加了农业总产值，农业劳动者的生产力翻了三倍。盈利潜力吸引了大量投资者，农场的平均规模从195英亩上升至306英亩。

婴儿潮

在大萧条期间，年轻人推迟结婚，美国的出生率急剧下降。当战争带来经济复苏时，婚姻和出生率开始上升。但是战争结束带来了爆发。1946年，美国结婚率比20世纪所有保持纪录的国家（除了匈牙利）都要高。出生率大幅增长，逆转了过去150年的下降趋势。希尔维亚·F.波特（Sylvia F. Porter）在同时发表在多家报刊上的专栏中写道，"把1950年出生的3 548 000个婴儿捆作一堆，然后扔在美国这片充满弹性的土地上。你会获得什么？"波特的答案是"爆炸。历史上最大、最剧烈的爆炸。只要想象一下这些多出来的人、这些新的市场，能够吸收多少东西——食品、服装、小零碎、住宅、服务。我们的工厂必须不断扩张才能保持同步"。尽管婴儿潮在1957年达到巅峰，但是直到1965年每年都有400万以上婴儿出生（参见图表29.1）。当大批婴儿长大，对住房、幼儿园、小学和中学、时尚和流行音乐、学院和大学、工作市场、退休金包括社会保障都产生连锁反应。

这些婴儿潮家庭住在哪里呢？1920年代开始，美国境内几乎没有建造新的住宅。1948年近200万家庭的成员数量翻了一番；50 000人生活在活动房屋（Quonset）里，芝加哥住房非常紧张，250辆二手拖车被当成住所卖了出去。

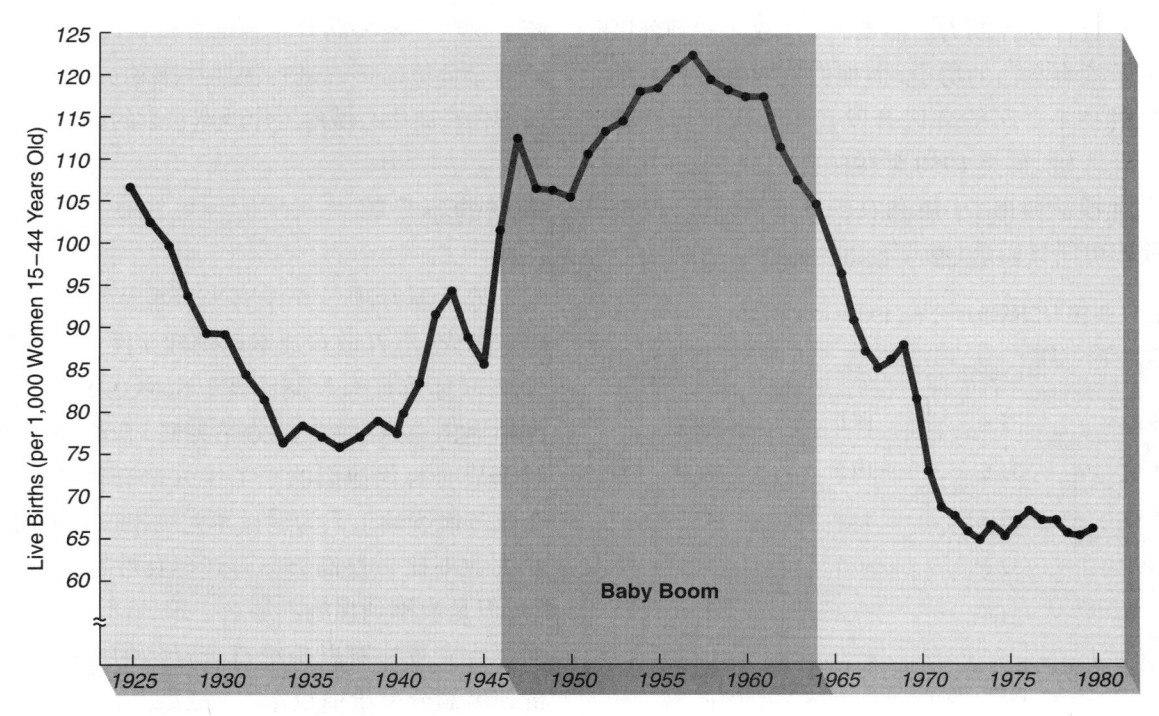

图表29.1　1945—1964年出生率

1942年和1943年出生率开始上升，但是从1946年开始，在战后数年中，这一数字急剧上升，1957年到达巅峰。从1954年至1964年，美国每年的新出生人口都超过了400万。

来源：改自美国统计局，《美国历史数据：殖民时期至1970年》200年纪念版（*Historical Statistics of the United States, Colonial Times to 1970*），华盛顿特区：美国政府印刷局（U.S. Government Printing Office），1975年，第49页

郊区化

市场力量、政府行动和个人决策的结合解决了住房危机，并且在这个过程中改变了大量美国人生活的方式。在战后数年中，美国白人逐渐往郊区迁徙。他们的理由不尽相同。一些人迁徙是为了逃离城市拥挤的人群和喧嚣的环境。来自农村地区的人们为了方便在城市工作搬到城市周边。一些白人家庭因为非裔美国家庭的到来而搬离都市社区。许多新的郊区居民希望获得更多政治影响力

▶ 在第二次世界大战结束后的数年中，住房如此紧张，以至于许多年轻夫妇不得不与一方父母一起居住，或者接受一些不同寻常的住房选择。前海军陆战队中尉威拉德·佩德里克（Willard Pedrick）及其家人生活在伊利诺伊州埃文斯通（Evanston）西北大学校园的活动房屋里，佩德里克是经济系的副教授。

图片来源：贝特曼/科比斯

和对孩子教育的控制力。然而，大多数人搬到郊区只是为了拥有自己的房子，而他们只能够负担城郊开发区的住宅。尽管郊区开发在第二次世界大战之前已经开始，但是1950至1960年之间1 800万美国人大规模从城市、小镇和农场迁徙至郊区，尺度与之前不可同日而语（参见表29.1）。

表29.1 美国人口的地理分布，1930—1970（单位：百分比）

年份	中心城市	郊区	农村和小城镇
1930	31.8	18.0	50.2
1940	31.6	19.5	48.9
1950	32.3	23.8	43.9
1960	32.6	30.7	36.7
1970	31.4	37.6	31.0

来源：改自美国统计局，《十年一次人口普查，1930—1970年》（Decennial Censuses, 1930—1970），华盛顿特区：美国政府印刷局

在第二次世界大战后的数年中，郊区开发商运用批量生产技术，在原本是草场和田野的土地上建起占地数英亩的简陋城郊住宅区。1947年，建筑商威廉·莱维特（William Levitt）运用亨利·福特的流水线方式，改革了房屋建造方式。至1949年，莱维特的公司每星期建造180座房屋，而不是每年4到5座定制房屋。这些房子非常简单，60×100英尺的地基分成4.5个房间，每幢房子的平面图都是一样的，可以称之为住宅中的福特T型车。但是四种不同的外观掩盖了结构的雷同，莱维特还交替使用7种涂料颜色，保证28座房屋中只有2座是一样的。在长岛的莱维敦，每28英尺种一棵树（每座房子2.5棵树）。包括内部设施在内，每座基本住宅售价7 990美元。其他建筑商很快采用了莱维特的技术。

然而，假如没有联邦政策的鼓励，郊区开发不可能在如此大的尺度上发生。联邦住房管理委员会（Federal Housing Administration, FHA）的房贷保险让低利率的军人安置房屋贷款和商业贷款变得可能。新的高速公路也促进了郊区发展。1947年，国会授权建设37 000英里高速公路链。1956年国会通过了高速公路法案，建立了42 500英里州际高速公路系统。这些高速公路旨在为商业提供便利，让国家遭遇安全危机时可以进行快速军事动员，也让工人们能够住在离中心城市工作地点更远的地方。

福利的不平等

战后联邦项目并没有平等地让所有美国人受惠。首先，联邦政策通常以牺牲女性为代价扶持男性。《联邦选征兵役制法案》（Selective Service Act）保障退伍军人（绝大部分是男性）在战后就业时相对于战时替代他们的军工工人享有优先地位。当企业裁撤普通工人为退役军人腾出位置的时候，女性失业率比男性高75%。许多女性留在劳动队伍中，但是被推到报酬不那么丰厚的岗位上。大学根据军人安置法案以拒绝符合资格的女性学生为代价把名额分配给退役军人；战后，女性获得大学学历的比例比战前低了。

种族也是造成不平等的基础。欧裔美国退役军人、非裔美国人、美洲原住民、墨西哥裔美国人和亚裔美国退役军人在战后得到的教育福利和公民服务岗位都有偏向性。但是来自这些群体的军工业工人是最先被裁员的，因为工厂需要为白人男性退役军人腾出空位。联邦住房政策也加重了种族不平等。联邦贷款官员和银行家在发放贷款时，常常为非裔美国或者种族混合住宅区贴上"高风险"的标签，拒绝向少数种族成员发放房贷，无论个人信用如何。因为借贷者在地图上用红线将这些社区圈划出来，这种行为被称作"划红线"（对某社群进行经济歧视），这一行为让非裔美国人和许多西班牙裔无法享受战后时期的巨大经济爆炸所带来的利益。用联邦住房贷款购买住房的白人家庭发现，他们的小笔投资数年后大幅增值。歧视政策令大部分非裔美国人和其他有色人种无法享受这一机会。

冷战时期的国内政策

尽管战后时期的主要社会和经济变化很大一

部分缘于联邦政策和计划,但是国内政策并不是美国生活的最前线。民主党总统哈里·杜鲁门和共和党总统德怀特·D.艾森豪威尔都面临冷战扩大的重大挑战,海外事务通常是重中之重。在国内政策方面,杜鲁门试图以新政的自由计划为基础,而艾森豪威尔则主张平衡预算和亲商政策。但是两届政府都没有达到1930年代新政时期的政治和立法活跃程度。

哈里·S.杜鲁门和战后自由主义

来自密苏里州的坦率的前缝纫用品商哈里·杜鲁门,从来没有预料到自己会成为总统。1944年,当富兰克林·罗斯福邀请他作为副总统候选人加入民主党阵营时,他几乎拒绝了。罗斯福这位政治导师并没有给他拒绝的机会。"假如他想在战争中间分裂民主党,那这就是他的责任。"总统坦率地说。"哦,他妈的,"杜鲁门道,"如果情况是这样,我不得不说好的。"但是在美国进入战争第四个年头,罗斯福总统忙得不可开交,没有什么时间留给他的副总统,杜鲁门对几乎所有事情毫不知情——从曼哈顿项目到战后国内政策计划。当罗斯福突然于1945年4月去世时,杜鲁门完全没有准备好接替他的位子。

然而,杜鲁门走到了台前,他的桌上放了一块牌子,上面写着:"责任到我这里为止。"杜鲁门担任总统期间大部分注意力集中在外交关系上,他领导美国经历第二次世界大战最后几个月,然后步入与苏联的冷战中。在内政方面,他监督从战争到和平的再次转变过程,并试图延续自由主义计划——罗斯福新政的遗产。

1944年国情咨文(State of the Union)演说中,罗斯福总统向美国人提出了《第二权利法案》(Second Bill of Rights):就业、医疗、教育、食物和住房的权利。这份政府对国家及其公民福祉的职责宣言是战后自由主义政策的奠基石。杜鲁门的立法项目企图维持联邦政府在保障社会福利、促进社会正义、管理经济和规范企业权力过程中的活跃角色。杜鲁门提议提高最低薪资标准,制定全国住房立法,提供住房贷款,并且支持1945年冬季由国会中的民主党人引入的《充分就业法案》(Full Employment Act),这项法案保证所有有能力、有意愿工作的人得偿所愿,如果必要的话由政府创造公共领域的就业机会。

为了在经济上支持他提出的社会福利项目,杜鲁门打赌,充分就业将产生足够的税收收入,而消费支出将刺激经济增长。押在经济增长上的赌注得到了回报,但是杜鲁门很快就发现了他的政治影响力有着很大局限。曾在1930年代末阻碍罗斯福新政立法的共和党和南方民主党人的保守派联盟更不愿意支持杜鲁门。国会拒绝提高最低薪资,并且摧毁了《充分就业法案》的核心。1946年,杜鲁门正式将这一法案签署为法律时,关于保障就业的核心条款已经完全消失了。但是这一法案再次确认了联邦政府管理经济的职责,并创立了经济顾问委员会(Council of Economic Advisers),帮助总统预防经济衰退。

战后罢工和《塔夫脱—哈特莱法案》

从战争过渡到和平时期的经济困难也削弱了杜鲁门的国内影响力。战争结束后,战时价格管控取消导致通货膨胀率大幅上升,在日本投降后的一年中,超过500万工人罢工,人们勉强挣扎着养家糊口。工会关闭了煤炭、汽车、钢铁和电力产业,并且阻碍了铁路和海洋运输。罢工破坏性如此之强,以至于美国人开始囤积食物和汽油。

至1946年春天,美国人已经对罢工和民主党政府失去了耐心,他们认为后者要负一部分责任。当工会威胁发起全国性铁路罢工时,杜鲁门总统在国会的联合会议上戏剧性地亮相。他宣称,假如对国家安全至关重要的罢工者拒绝总统返回岗位的命令,他将请求国会立即把"所有罢工抵制政府的工人"征召入伍。杜鲁门明确表示,民主党不会向工人组织提供无底线的支持。

1947年,亲商共和党人及其保守派民主党同盟将大部分公众愤怒导向罢工,致力于局限工会的权力。《塔夫脱—哈特莱法案》允许各州行使就业权利,宣布"只雇用工会成员"为非法,后者规定,假如大部分工人支持某一工会,则该厂所有工人必须加入该工会。这部法律还规定,工会发起威胁国家安全的罢工前需要经过80天的冷却期。这些规定限制了工会扩大成员数量的潜力,尤其是在南方和西部,这些地区的各州通过了就业权利法律。尽管杜鲁门曾使用总统权力避免全国铁路罢工,但是他并不支持对工会权力施加此类限制。但国会不顾杜鲁门的反对通过了《塔夫脱—哈特莱法案》。

当杜鲁门指挥着全国经济从战时向和平时期过渡时,他不得不处理大幅通胀(曾短暂地达到35%)、消费品短缺以及一波战后罢工潮,罢工减缓了民众热切期待的消费品生产,并且进一步把价格推高。在国会强烈反对下,他没有机会获得重要的立法成就。但是他的缺乏经验也是政治僵局的一大原因。"犯错就是杜鲁门。"人们开始开玩笑。杜鲁门的支持率从1945年年末的87%降到1946年的32%。

1948年总统大选

1948年,共和党人看似将于11月赢得总统大选。自信的共和党人托马斯·杜威(Thomas Dewey)成为总统候选人,他曾于1944年败给罗斯福。共和党人指望民主党的分裂能给他们带来胜利。前新政派亨利·A.华莱士(Henry A. Wallace)成为进步党候选人,主张与苏联维持良好关系、种族隔离以及基础产业的国有化。而当民主党于1948年采取支持公民权利的政纲时,一群南方白人成立了州权利民主党(States' Rights Democratic Party,即南部各州的民主党[Dixiecrats])并提名持有坚定隔离主义立场的南卡罗来纳州州长斯特罗姆·瑟蒙德(Strom Thurmond)。即使华莱士的参选没有毁灭杜鲁门的希望,专家们说,州权利民主党显然会做到这一点。

然而,杜鲁门拒绝放弃。他恢复"赤色分子迫害"(red-baiting),抓住每一个机会谴责"亨利·华莱士及其共产主义者"。他还从北方城市的非裔美国选民那里寻求支持,成为第一个在哈莱姆进行竞选活动的总统候选人。最后,杜鲁门连任了。大多数民主党人将杜鲁门视作富有魅力的温和派,与瑟蒙德或华莱士形成鲜明对比。非裔美国选民造成了不同结果,赋予杜鲁门关键的北方诸州的选举团票。罗斯福的新政联盟都保留了下来——非裔美国人、工会成员、北方城市选民以及大部分南方白人。

杜鲁门的"公平施政"(Fair Deal)

杜鲁门信心满满地开始他的新一届任期。他相信,是时候让政府承担起自己的职责,为穷人和老人提供经济保障了。当他准备1949年的国情咨文致辞时,他用铅笔写下自己的目的:"我希望为所有群体提供一个公平的政策。"杜鲁门和罗斯福不同,他推动立法支持非裔美国人的公民权利,包括罗斯福只给予不温不火支持的反死刑法令。他还提议全国医疗保险项目和联邦教育扶持。然而,再一次,杜鲁门的立法计划几乎没有收获任何成果。国会中南方保守派发起的妨碍议事破坏了公民权利立法,而美国医学会(American Medical Association)谴责他的医疗保险计划是"医疗国有化",罗马天主教会则反对教育援助,因为这个计划不包括教会学校。

事实证明战后和平转瞬即逝,杜鲁门于1950年6月派军队前往朝鲜,许多后备役军人和国家卫兵憎恨被召唤上战场。通货膨胀率开始上升,人们记起上一次战争中物资匮乏的经历,开始囤积砂糖、咖啡和罐头食品。杜鲁门的一些朋友被谴责利用影响力牟利,加上不受欢迎的战争,1951年总统的公众支持率下降到史上最低点23%,并且在低点维持了一年。

艾森豪威尔的积极保守主义

1952年共和党总统竞选口号为"是时候做个改

变了",选民们也同意,尤其共和党推出德怀特·D. 艾森豪威尔将军。美国人希望这位德高望重的第二次世界大战英雄能够终结朝鲜战争。艾森豪威尔对两党的温和派都很有吸引力(事实上,民主党曾试图让他成为他们的候选人)。

20年来白宫迎来第一位共和党总统,保守派希望压制新政自由项目,比如强制社会保障体系。然而,艾森豪威尔并没有这样的意向。作为一个温和派共和党人,艾森豪威尔拥抱一种称作"积极保守主义"的态度:"在金钱上保守,在人类问题上自由。"在自由这一边,1954年艾森豪威尔签署了一部法律,提高社会保障福利,并把750万工人加入社会保障名单,其中大部分是来自雇佣农民。艾森豪威尔政府还增加了教育经费——尽管经费增加的主要动机来自冷战恐惧,而不是自由原则。1957年,苏联成功发射第一颗地球轨道卫星"斯普特尼克",而美国的第一颗人造卫星发射后几秒钟就爆炸,政治家和政策制定者担心美国科研处于弱势地位。随之而来的《国防教育法案》(National Defense Education Act, NDEA)斥资成立小学和高中数学、外语以及科学项目,并向大学生提供奖学金和助学贷款。这种试图赢得"头脑战争"的冷战企图增加了年轻美国人获得教育的机会。

军事—工业复合体的发展

然而,整体上艾森豪威尔政府毫不羞耻地执行保守财政政策并支持商业。总统试图降低联邦支出并平衡预算。然而,面临三次经济衰落(1953—1954、1957—1958和1960—1961)以及全球活动的巨大支出,艾森豪威尔向着赤字支出亦步亦趋。1959年,联邦支出攀升至920亿美元,近一半用于支持庞大的350万现役军队,并为持续的冷战研发新武器。

然而,艾森豪威尔对这种发展的影响不无担忧。在1961年年初的告别演说中,这位情绪外露的总统谴责"巨大军事机构和庞大军工产业的联盟",并警告人们,它的"经济的、政治的甚至是精神的终极影响力"威胁着这个国家的民主进程。前五星上将和战争英雄艾森豪威尔呼吁人们"警惕……这个军事—工业复合体"。

在艾森豪威尔任总统期间,自由派民主党和温和派共和党人都占据着历史学家小亚瑟·M.施莱辛格(Arthur M. Schlesinger Jr.)所谓的"关键核心"。而美国和苏联之间的冷战被描绘成善与恶之间的战役,美国人认为自己在为世界未来而战斗,因此对美国社会的批判似乎用心险恶,甚至是不爱国的。英国记者高佛瑞·哈吉逊(Godfrey Hodgson)把这一时期描述为"舆论一致"时期,美国人"对美国社会完美性的自信已经趋近于自鸣得意,而对于共产主义的焦虑已经近乎偏执"。

冷战恐惧和反共产主义

在第二次世界大战之后的数年中,国际关系对于美国内政有着深远的影响。美国人震慑于美国和苏联之间的冷战矛盾,这种恐惧确实事出有因。然而,合理的恐惧转化成反共产主义煽动和政治迫害。恐惧让践踏公民自由变得可以容忍,镇压异见以及迫害成千上万无辜美国人变得可以接受。

反共产主义在美国社会并不鲜见。1917年俄国革命之后,一场红色恐怖席卷全国,而整个1930年代,美国工人运动的对手用共产主义谴责阻碍工会化进程。许多人把苏联在1940年代实际接管东欧视作与纳粹德国占领邻国一样骇人听闻、令人警惕。人们记得慕尼黑"绥靖"的失败,并且担心美国对苏政策"太软弱"。

间谍活动和核恐惧

除此以外,美国政府高层官员知道,苏联正在对美国进行间谍活动(美国也在苏联境内设有间谍)。一个代号为"薇诺娜"(Venona)的顶级机密计划破译了近3 000份苏联电报,证实为渗透美国政府机构和核项目的苏联间谍。情报官员决定惩处苏联间谍,但是他们没有把证据向美国公众公开,这样苏联就不会意识到他们的密码被破译了。

对于核战争的恐惧也加剧了美国反共产主义进程。四年来,美国独自掌握着看似无坚不摧的终极武器,但是1949年苏联试爆了自己的原子弹设备。杜鲁门总统不久之后就发起了全国原子民防项目,他告诉美国人:"我不能告诉你们袭击将于何时何地发生或者是否会发生。我只能提醒你们,当它到来的时候,我们必须做好准备。"在学校教室中,孩子们演练"卧倒并掩护"(duck and cover)的姿势,学习如何保护脸部免受原子弹闪光和纷飞的弹片伤害。《生活》杂志教人们如何在后院建立沉降物防护设施。当全球斗争的风险升高时,美国人担心自己的国土在新的袭击面前不堪一击。

反共产主义政治

在冷战的巅峰,包括总统杜鲁门和艾森豪威尔在内的美国领导人,常常将防止苏联间谍渗透重要政府机构的谨慎措施和散播反共产主义恐慌混为一谈,以便攫取政治利益。1947年,杜鲁门故意诱

▲ 冷战塑造了美国流行文化以及海外政策。1959年,漫画家杰·沃德(Jay Ward)的《洛基和他的朋友们》(Rocky and His Friends)在电视上首播。第一部40集中,飞鼠洛基(Rocky the Flying Squirrel)和驼鹿布尔文科尔(Bullwinkle J. Moose)在美国军方领导的敦促下,试图重新创造他们的月球推进秘密方程"喷气燃料配方",同时躲避鲍里斯·巴德诺夫(Boris Badenov)和娜塔莎·法塔尔(Natasha Fatale)的诡计和爆炸陷阱,这些间谍打着"波提塞尔文尼亚"(Pottsylvanian)出身的幌子,但是却毫不掩饰自己浓重的俄罗斯口音。

图片来源:布鲁斯·斯塔维基(Bruce Stawicki)

发"共产主义威胁",为援助希腊和土耳其争取支持。共和党政治家"赤色迫害"民主党对手,最终把杜鲁门政府作为整体攻击目标。1947年,杜鲁门总统下令调查300多万美国政府雇员的忠诚度。当反共产主义歇斯底里升级时,政府开始解雇被判定为存在"安全隐患"的人,其中有酗酒者、同性恋和被认为易受敲诈勒索的债务人。在大多案例中,这些人并不存在不忠的证据。

领导这场反共产主义运动的机构是众议院的非美活动调查委员会(House Un-American Activities Committee,即HUAC)。这一机构创立于1938年,旨在调查"颠覆性的反美政治宣传",这个恶意反对新政的委员会谴责部分影星是共产党的受骗者,其中包括年仅八岁的秀兰·邓波儿,反而失去了信誉。1947年,该委员会再次以无耻的耸人听闻的手段攻击好莱坞,征引联邦调查局档案和电影演员公会(Screen Actors Guild)主席罗纳德·里根等人的调查报告(里根同时也是一名联邦调查局秘密情报提供者,拥有代号名称)。被称为"好莱坞十君子"(Hollywood Ten)的编剧和导演因蔑视国会被送进监狱,因为他们拒绝向非美活动调查委员会提供可疑共产党"名单"。至少有十多名好莱坞人物自杀。工作室人人自危,进入黑名单的数百名演员、编剧、导演甚至化妆师被怀疑与共产党有关联。虽然缺乏任何不正当行为的证据,这些男性和女性的事业——有时候还连同他们的生活——被毁了。

麦卡锡主义和愈演愈烈的"猎巫"行动

大学教授也成了1949年愈演愈烈的"猎巫"行动的目标,非美活动调查委员会要求81所大学提供教材书单。加州大学伯克利分校董事会规定员工进行忠诚宣誓,解雇26名坚持原则的员工,整个国家的教职员工逼迫董事会让步。但是许多教授因为害怕非美活动调查委员会的势力,开始弱化他们课程中有争议的材料。在工人运动中,美国产业工业联合会以所谓的共产主义统治为由解散了11个工会,超过900 000名成员。红色恐怖于1950年2月达到顶点,一名相对默默无闻的美国参议员在西弗吉尼亚威灵(Wheeling)的民众面前谴责美国国务院"彻底被共产主义者感染"。来自威斯康星的共和党参议员约瑟夫·R.麦卡锡(Joseph R. McCarthy)并不是特别可信的提供消息者。他发起指控,然后又改口,一开始宣称国务院中有205名共产主义者,接着改成57,后来又改成81。他有着严重的酗酒问题,一口气能喝光满满一杯苏格兰威士忌,然后吞下1/4磅黄油,希望能抵消酒精的影响。他在家乡威斯康星阿普尔顿(Appleton)当律师和法官时有不诚实的记录。但是麦卡锡将很多人面对全新困难时期的焦虑实质化了,这一时期的过度反共产主义行为被称作麦卡锡主义。

非美活动调查委员会和麦卡锡到处攻击,美国人开始互相指责。反共产主义运动被工会官员、宗教领袖、媒体以及政治家们接受。在五角大楼,一名擦鞋匠被联邦调查局审问了70次,因为他在1930年向为斯科茨伯勒男孩而发起的基金会捐了10美元,而这个组织被一名共产党律师代理。在纽约继续游说战时日托项目的女性被《纽约世界电讯报》(New York World Telegram)谴责为共产主义者。用杜鲁门的话说,"赤色分子、骗子和倾向于共产主义思想的中产阶级分子"似乎潜伏在每个地方。

国会中的反共产主义

在这样的氛围中,大部分公众人物发现对抗麦卡锡主义风险太大。而且大部分民主党确实支持国内冷战以及反共产主义行动。1950年,在两党支持下,国会通过了《国内治安(麦卡伦)法案》[Internal Security(McCarran)],要求"共产党前线"组织成员在政府登记,并禁止他们担任政府公职或出国旅行。1954年,参议员全体一致通过《共产党人控制法案》(Communist Control Act,众议院中有两张反对票),事实上让共产党的成员身份成为非法。主要支持者、来自明尼苏达州的民主党参议员休伯特·H.汉弗莱（Hubert H. Humphrey）在投票前告诉同事们："我们已经关上了所有的门。老鼠们不可能从陷阱中逃脱。"

不少美国人被指控为向苏联提供秘密情报的间谍，他们耸人听闻而富有争议的审判助长了反共产主义狂热。1948年，非美活动调查委员会的成员、加利福尼亚的国会议员理查德·尼克松（Richard Nixon）被推到全国舞台上，他指控前国务院官员阿尔杰·希斯（Alger Hiss）进行间谍活动。1950年，希斯被指控在与苏联特工的接洽问题上说谎。同一年，埃塞尔·罗森堡（Ethel Rosenberg）和朱利叶斯·罗森堡（Julius Rosenberg）夫妇因为向苏联人传递原子弹机密而被捕；他们被宣判叛国罪罪名成立，并于1953年被处决。几十年来，许多历史学家相信，罗森堡夫妇大体上是政治迫害的受害者。事实上，当时破译出的电报内容中有强烈证据证明朱利叶斯·罗森堡有罪（并且有证据表明埃塞尔·罗森堡不像被指控的那样牵涉得深），但是庭审中出于国家安全原因并没有呈上证据。电报一直是最高机密，直至1995年克林顿政府首次把这些档案向历史学家公开。

红色恐怖的衰退

1954年，参议员麦卡锡在全国电视直播中名誉扫地，冷战反共产主义最严重的极端行为慢慢平息。麦卡锡本人是运用媒体的大师，善于制造耸人听闻的指控，赶在记者的截稿日期之前为其提供封面素材。当证据失败或者麦卡锡的指控被证明为不实时，报刊的折页中登载反悔之辞。即使明知麦

▲ 1954年，在一次电视直播的"陆军—麦卡锡"听证会（Army-McCarthy）上，参议员约瑟夫·麦卡锡彻底溃败。军方律师约瑟夫·威尔士（Joseph Welsh）（左）在全国电视上与麦卡锡针锋相对。
图片来源：罗伯特·菲利普斯（Robert Phillips）/盖蒂图库

卡锡不可靠的记者也继续报道他的指控。耸人听闻的故事能把报纸卖出去,麦卡锡成为名人。

但是麦卡锡严重误解了电视的力量。他的关键错误在于,他在数百万电视观众面前直接对抗美国军队。这名参议员疯狂指控军队掩护和支持共产主义者并引用了一个军队牙医的案例。1954年,一个参议院小组委员会主持了这场所谓的"陆军—麦卡锡"听证会,听证会成为参议员辱骂证人的展示会。麦卡锡显然喝醉了,他一会儿夸大其词,一会儿中伤诋毁。最后,在他诋毁一名甚至没有参与听证会的年轻律师时,军方律师约瑟夫·威尔士抗议道:"你难道没有廉耻吗,先生?"观众席爆发出一阵掌声,麦卡锡的猎巫者职业生涯结束了。1954年12月,参议院投票决定因损毁参议院尊严"谴责"麦卡锡。他继续担任参议员,但是筋疲力尽和酒精让他的健康状态每况愈下,麦卡锡于1957年去世,终年48岁。麦卡锡名誉扫地后,最恶毒的反共产主义潮流已经到了强弩之末。然而,使用恐惧手段攫取政治利益、美国自由的狭隘化,都是冷战留给内政的让人不寒而栗的遗产。

民权斗争

国内和国外的冷战同样影响着非裔美国人的民权斗争以及国家对他们的回应。苏联很快指出,美国没有资格以自由世界领袖的姿态出现或者谴责东欧与苏联否认人权,因为美国国内仍在实施种族隔离。美国也无法说服新的非洲和亚洲国家相信它投身人权,因为非裔美国人仍然饱受种族隔离、歧视、剥夺公民权以及种族暴力的迫害。事实上,一些非裔美国领袖把他们在美国争取平等权利的斗争视作一场更大规模的国际运动中的一部分。为了赢得不结盟国家的支持,美国必须真正以身作则,达到自己的理想。与此同时,许多美国人将任何社会批判都视为持续冷战中苏联削弱美国的阴谋。联邦调查局和地方执法机构一般用这类反共产主义恐惧正当化对民权活动者的攻击。在这个白热化的环境中,非裔美国人挣扎着夺取政治主动权。

上升的黑人政治权利

美国人把第二次世界大战视为争取民主、反对仇恨的斗争。帮助赢得这场战争的非裔美国人充满信心,认为他们在战后美国的生活会因做出的巨大牺牲而改善。不仅如此,哈里·杜鲁门这样的政治家开始关注黑人的愿望,尤其是当一些城市工业州中的黑人选民强烈影响着政治势力平衡时。

杜鲁门总统有足够的政治理由支持非裔美国公民权利。但是他也感到自己有道德义务做些什么,因为他发自内心地相信,每一个美国人,不论种族,都应该享受完整的公民权利,这样才算公平。在第二次世界大战之后,复兴的三K党焚烧十字架,杀害追求公民权利和种族公平的黑人,卷土重来的种族恐怖主义令杜鲁门总统深感困扰。但是真正让杜鲁门恐惧的是另一个事件,南卡罗来纳艾肯(Aiken)的警察在一名黑人中士退役短短数小时后挖出了他的眼睛。1946年12月,这次暴行过去几个星期后,杜鲁门签署行政令建立总统公民权利委员会(President's Committee on Civil Rights)。这个委员会的报告:《为保障这些权利》(To Secure These Rights)将成为接下去20年的公民权利运动纲领。它号召反私刑,反种族隔离立法,提倡保障选举权和平等就业机会的法律。自重建时期以来,第一次有总统承认联邦政府有责任保护黑人、为种族平等做斗争。

杜鲁门严肃对待这项责任,1948年,他发布了两条行政令,宣布在联邦政府中终止种族歧视。一份宣称"通过联邦政府机构推进公平就业",并创立了公务员委员会就业委员会(Employment Board of the Civil Service Commission),对歧视指控进行听证。另一份命令旨在消除军队中的种族隔离,并且指派委员会监督这一过程。尽管去隔离化遭到军队内部的强烈反对,但是在朝鲜战争开始时,种族隔离部队已经被逐步取缔了。

这些行动之所以成为可能,部分是因为战后

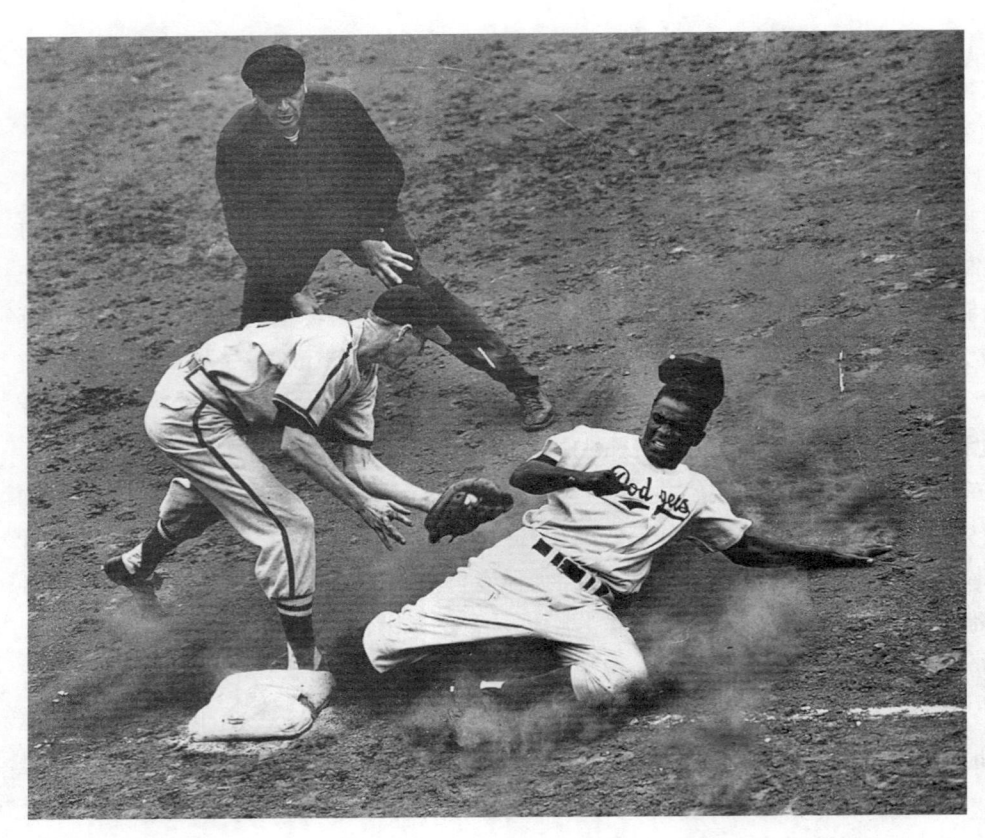

◀ 杰基·罗宾逊加入布鲁克林道奇队，参加1947年赛季，突破了主要棒球联赛中的肤色界限。罗宾逊安全地滑入三垒，展现出凌厉的进攻风格，赢得了年度新秀的荣誉。他后来还入选棒球名人堂。

图片来源：Hy Peshin/Time Pix/Time Life Pictures/Getty Images

美国社会态度和经历发生转变。一个新的、引人注目的黑人中产阶级正在崛起，这一阶层由受过高等教育的活动家、退役军人和工会工人组成。而贡纳尔·默达尔（Gunnar Myrdal）的社会科学研究《美国困境》（An American Dilemma, 1944）和理查德·赖特（Richard Wright）的小说《土生子》（Native Son, 1940）以及自传《黑人男孩》（Black Boy, 1945）也提高了白人对社会不公的意识。黑人和白人还并肩在美国产业工业联合会的工会和服务组织中工作，比如全国基督教协进会（National Council of Churches）。1947年，黑人棒球运动员杰基·罗宾逊（Jackie Robinson）打破了美国主要运动联盟的肤色藩篱，用惊人的击球和跑垒震惊了布鲁克林道奇队（Brooklyn Dodgers）的球迷。

最高法院胜利和校园去种族隔离

非裔美国人在法院和州以及地方立法会挑战种族歧视。在1940年代和1950年代，北方州立法会回应公民权利活动家的压力，通过各种措施禁止就业歧视。全国范围内的成果通过联邦最高法院取得。1940年代，全国有色人种协进会的法律辩护和教育基金（Legal Defense and Educational Fund）的负责人瑟古德·马歇尔（Thurgood Marshall）和他的同事们推进了查尔斯·汉密尔顿·休斯敦（Charles Hamilton Houston）制订的计划，通过坚持字面解读推翻了在"普莱西诉弗格森案"（Plessy v. Ferguson, 1896）中确立的隔离但平等原则。全国有色人种协进会估计，在高等教育界，种族隔离学校中实现真正平等的代价将异常高昂。"你不可能为每个学生建一个回旋加速器。"俄克拉荷马大学的校长承认道。全国有色人种协进会诉讼的结果之一是，非裔美国学生在原本实行种族隔离的州立大学中赢得了进入职业和研究生院的机会。全国有色人种协进会还在最高法院的"史密斯诉奥尔莱特案"（Smith v. Allwright, 1944）中赢得了重大胜利，把民主党在南方诸州中只招收白人的小学判为非法；在"摩根诉弗吉尼亚案"（Morgan v. Virginia, 1946）中，废除了州际公共交通工具上的种族隔离；还有"谢利诉克瑞默案"（Shelley v. Kraemer, 1948）中，最高法院判决种族限制契约（白人业主之间不把房屋出售给黑人的个人协议）没有法律效力。

尽管如此，种族隔离在1950年代仍然是标准做法，而且黑人继续遭受剥夺公民权、就业歧视和暴力的侵害，1951年一场炸弹袭击谋杀了佛罗里达州的全国有色人种协进会负责人及其妻子。但是1954年，全国有色人种协进会赢得了一场历史性的胜利，震惊了南方白人，激励非裔美国人在各种前线挑战种族隔离。最高法院"布朗诉托皮卡教育局案"中，瑟古德·马歇尔（Thurgood Marshall）合并来自几个州的校园种族隔离案，进行辩护。首席大法官厄尔·沃伦（Earl Warren）写下法院全体一致判决，作为加州的首席检察官，他曾在第二次世界大战中推动了对日裔美国人的监禁，后来开始后悔这一行动。法院最后总结道："在公共教育领域，'隔离但平等'原则没有立足之地。隔离的教育设施本身就是不平等的。"但是推翻"普莱西诉弗格森案"的判决并没有要求立即执行。一年之后，法院最终命令校园废除种族隔离，但点明"以从容的速度"。

蒙哥马利公共汽车抵制

至1950年代中期，非裔美国人在北方和南方都投身于草根民权斗争中，尽管南方斗争吸引了最多的全国关注。1955年，百货商店女裁缝和长期的全国有色人种协进会活动者罗莎·帕克斯（Rosa Parks），拒绝在阿拉巴马蒙哥马利的一辆公共汽车上为一个白人男性让座，因而遭到逮捕。她的被捕给当地黑人女性组织和公民权利团体提供了一个因由，他们开始组织对城市公共汽车系统的抵制。他们选择了新进上任的牧师马丁·路德·金作为他们的领袖。金刚刚来到蒙哥马利，以感人的演说发起抵制运动，他宣称："假如我们错了，那么宪法就错了。假如我们错了，那么全能的上帝就错了。假如我们错了，那么拿撒勒（Nazareth）的耶稣不过是个乌托邦梦想者……假如我们错了，正义就是一个谎言。"

马丁·路德·金是一位26岁的浸洗会牧师，最近刚从波士顿大学获得博士学位。他致力于发挥基督之爱的潜力，学习印度领袖莫汉达斯·K.甘地（Mohandas K. Gandhi）的教诲，提倡非暴力抗议和非暴力反抗。他希望通过拒绝遵循不公正和种族主义法律，让全国关注黑人法的悖德。金坚持斗争，即使对手炸他的房子，本人还因为"阴谋"抵制而被投入监狱。

在长达一年的蒙哥马利公共汽车抵制运动中，年轻和年老的黑人集结在教会中，唱着赞美诗，祈祷这个国家能意识到种族隔离和种族歧视的罪恶。他们在大雨和酷暑中坚持抵制，常常每天步行数英里。一名年迈的黑人女性拒绝白人记者的好意，他提议这位女性乘车去工作，但她说："不，我的双脚很疲惫，但是我的灵魂很平静。"公共汽车公司几近破产，市中心商人因为下降的销售额而遭受损失，市政府官员采取了骚扰手段，终结抵制运动。但是蒙哥马利的黑人们坚持了下来。在抵制运动开始后13个月，联邦最高法院宣布阿拉巴马的公共汽车种族隔离法律违宪。

白人反抗

当公民权利运动赢得了重要胜利时，白人的反应不尽相同。边境州如堪萨斯和马里兰的一些社区安静地实施废除种族隔离法令，而许多南方温和派主张逐步废止种族隔离。但是另一些人主张违抗。三K党经历了又一次回潮，而针对黑人的白人暴力事件增加了。1955年8月，密西西比的白人殴打、残害和谋杀了来自芝加哥的14岁少年艾莫特·泰尔（Emmett Till），因为他对一个白人女性说话的方式让他们感到被冒犯；一个全部由白人组成的陪审团只用了67分钟就宣告这些被指控犯罪的嫌疑人无罪。企业和职业人员创立了白人公民委员会（White Citizens' Councils），以抵制校园废除种族隔离法令。委员会成员通常被称为"城市三K党"，用经济势力对抗黑人公民权利活动者。与弗吉尼亚参议员哈利·F.伯德(Harry F. Byrd Sr.)提出的"大规模抵制"项目保持一致,在弗吉尼亚,他们推动了为白人孩子提供私立学校教育的州法律,拒绝向融合学校提供州经费,许多白人孩子为了避免种族融合离开公立学校。1956年联邦调查局局长约翰·埃德加·胡佛向艾森豪威尔陈述南方种族矛盾时,他警告总统公民权利活动者中的共产主义影响,甚至暗示,假如白人公民委员会能避免种族形势恶化,他们的行动或许能"控制与日俱增的矛盾"。

白人的反民权运动也在北方大城市获得了影响力。芝加哥的非裔美国人口从1940年的275 000名上升至1960年的800 000名。这些新来者在工业中找到新工作,他们的人数增长赋予了他们政治权利。但是他们在北方也面对种族主义和种族隔离。1951年,在毗邻芝加哥的城镇西塞罗(Cicero),几千名白人下定决心阻止黑人进入他们的社区,引发了一场种族暴动。俄亥俄的哥伦布(Columbus)郊区的白人"欢迎"新来黑人家庭的方式是,在他们屋前的草坪上焚烧十字架。芝加哥的种族分歧非常严重,以至于美国公民权利委员会(U.S. Commission on Civil Rights)于1959年把该地描述为"全国在住房方面种族隔离最严重的城市"。底特律和其他北方城市紧随其后。由于孩子上的是本社区的学校,北方的教育事实上也常常是种族隔离的,尽管不像在南方那样是因为法律。

联邦权威和州权利

艾森豪威尔总统和杜鲁门不同,他希望避免对公民权利问题采取行动。尽管艾森豪威尔不赞成种族隔离,但是他也反对将"强制联邦法律"作为解决方法,因为他相信"只有当(废除种族隔离)从地方开始时",种族关系才能改善。他也害怕在他的任期内快速废除隔离会让共和党在南方的渗透举步维艰。因此,艾森豪威尔并不直截了当地宣称联邦政府会强制作为国家法律来执行布朗决议。简而言之,他没有领导白人反民权运动,而是态度暧昧,因此心照不宣地鼓励白人抵制。1956年,101位来自南方各州的国会议员和参议员,全部为民主党,发布了"南方宣言"(The Southern Manifesto)。这份文件谴责布朗判决是"法院滥用职权",违反了州权利的原则,并且号召这些州努力"以合法途径抵制强制种族融合"。

阿肯色小石城的一系列事件迫使总统采取行动。1957年9月,阿肯色州州长奥尔·E.福伯斯(Orval E. Faubus)拒绝在小石城的中央高中(Central High School)根据法院要求实施废止种族隔离计划。在开学前一天晚上,福伯斯在电视上告诉阿肯色人,假如第二天黑人学生打算去这所高中,"街上将血流成河"。开学第二天,八名黑人青少年试图进入中央高中,但是他们被阿肯色国民警卫队拒之门外,州长派卫队阻挡他们进入。第九名落单学生被嘲弄的白人包围,最后在一名同情他的白人女性帮助下躲过暴民攻击。

开学两个多星期之后,"小石城九人"才第一次进入中央高中,因为联邦法官进行了干预。愤怒的人群包围学校,这一幕通过电视向全国和全世界播报,艾森豪威尔决定将阿肯色国家卫队国有化(把它置于联邦而非州统治下),并且向小石城派遣了1 000名空降兵。军队守卫学生直到当年年底。艾森豪威尔在小石城使用联邦力量是美国为种族平等斗争迈出的关键一步,因为他直接面对联邦权威和州权利之间的冲突。然而,州权利在第二年赢得了胜利,福伯斯不愿废除种族隔离,宁愿关闭了小石城的所有公立高中。

尽管如此,联邦行动仍在继续。1957年,国会通过了自重建时期以来第一部公民权利法案,设立美国公民权利委员会,负责调查体制性歧视,比如选举。尽管这一措施像三年后通过的选举权利法案一样,并不完全生效,但是联邦政府再一次承认公民权利的核心地位。然而,最重要的是,一场全新的草根民权运动飞速发展。1957年,马丁·路德·金成为南方基督教领袖协会(Southern Christian Leadership Conference, SCLC)首位主席,该组织旨在协调公民权利活动。蒙哥马利的成功以及通过最高法院和杜鲁门政府取得的其他成功,让非裔美国人备受鼓舞，准备好在接下去的几年中发起一场重要的全国民权运动。

创造一个中产阶级国家

即使在1950年代，非裔美国人在为公民权利而斗争过程中遭遇大规模抵制，但是在其他方面，美国正变成一个越来越包容的社会。比历史上任何时期更多的美国人参与了一种广泛的中产阶级和郊区文化，而美国人基于阶级、民族、宗教和地域身份的隔阂变得不那么重要了。全国繁荣为越来越多的进入经济中产阶级的美国人提供了物质舒适和经济保障，陈旧的欧洲民族身份在消逝，因为美国人中第一代或第二代移民的百分比正在逐渐缩小。

在新的郊区，来自不同背景的人们并肩合作，创造社区，建造学校、教堂和其他机构。中产阶级美国人越来越向强势的全国媒体，而不是地域或民族传统寻求建议，从如何庆祝感恩节到买什么车、怎么抚养孩子等各种事务。新的消费机会——无论是强势的青少年文化潮流还是郊区牧场式住宅——把来自不同背景的美国人连接在一起。在战后数年中，一种全新的中产阶级生活方式正在改变美国。

更多美国人的繁荣

1950年代，强劲的经济增长前所未有地让更多美国人获得经济上的舒适和安定（参见图表29.2）。这场爆炸式经济增长是由消费支出驱动的，因为美国人热情地购买战争期间难以获得的消费品，各行各业扩大生产以满足消费者的需求。政府支出也很重要。当冷战深入，政府把大量资金注入国防产业，创造工作机会，刺激了经济。

冷战军工和航天业支出以意料之外的方式改变了美国社会和文化。职业中产阶级扩大了，因为政府的武器开发和太空项目需要大量受过高等教育的科学家、工程师和其他白领工作者。而且高校获得数十亿美元的资金赞助的这类研究，也迅速发展，扩大了在美国生活中的作用。政府资助的研究集中在军事武器系统和太空竞赛中，但是也产生了更广泛的影响：比如1950年代发明的晶体管让计算机革命和晶体管收音机变为可能，如果没有这项技术，1950年代的青年文化看起来会截然不同。

一种全新的劳动关系也帮助更多美国人实现了经济繁荣。至1950年，劳动者和投资方创造了一种更稳定的新关系。在和平谈判中，全美汽车工人联合会（United Auto Workers, UAW）和通用汽车为其他企业树立了榜样，企业为员工提供医疗保险、养老金计划，根据生活成本或生活指数调整薪资，保护劳动者收入不受通货膨胀影响。这份1950年的协议被《财富》（Fortune）杂志称为"底特律合约"（The Treaty of Detroit），通用汽车为工人提供五年合同，包括与企业生产力挂钩的定期涨薪。为了换取薪资和福利，组织工人放弃了在企业事务上享有更多控制权的要求。而且由于涨薪与企业生产力挂钩，工人与管理层成为利益共同体：工作场所的稳定和高效而不是罢工，将带来更高的薪资。1950年代，工人的薪资和福利常常能与受过高等教育的职业人士抗衡，工人家庭成为经济上的中产阶级。

阳光地带和经济增长

劳动协议帮助为工会成员及其家庭创造繁荣时，政府政策也帮助全国最贫困的地区融入美国经济主流。1930年代，罗斯福把南方称为"全国首要经济问题"。在第二次世界大战期间，新的国防产业工厂和军队训练营把联邦经费导入该地区，刺激了经济增长。在战后时期，巨大的国防支出，尤其是这个国家的航天产业，继续把经济发展从东北和中西部地区转移到南方和西南部的阳光地带（参见地图29.1）。政府向石油企业提供慷慨的减税优惠、设立军事基地、国防和航天合约的奖励，这些对于该地区的新经济繁荣起到关键作用。

昨日重现

向莱维敦迁徙

建筑商莱维特的流水线建造法为年轻家庭创造了低廉的住宅，尽管一开始只有"高加索人"获准在莱维敦置业。照片上这个家庭正在搬家，他们将获得一份莱维敦的《业主指南》(Homeowners Guide)，其中包括一系列"该做事项"和"勿做事项"：比如，居民不准在周日晾衣服，因为他们的邻居们此时"最有可能在屋后的草坪上小憩"。关于这个新的莱维敦家庭，这幅照片显示了哪些信息？为什么社区规范手册能确保居民"享受他们的新家"？仔细观察这幅地图，包括街道名称和公共空间，开发商在建造廉价而一模一样的房屋时，如何营造邻里和社区？

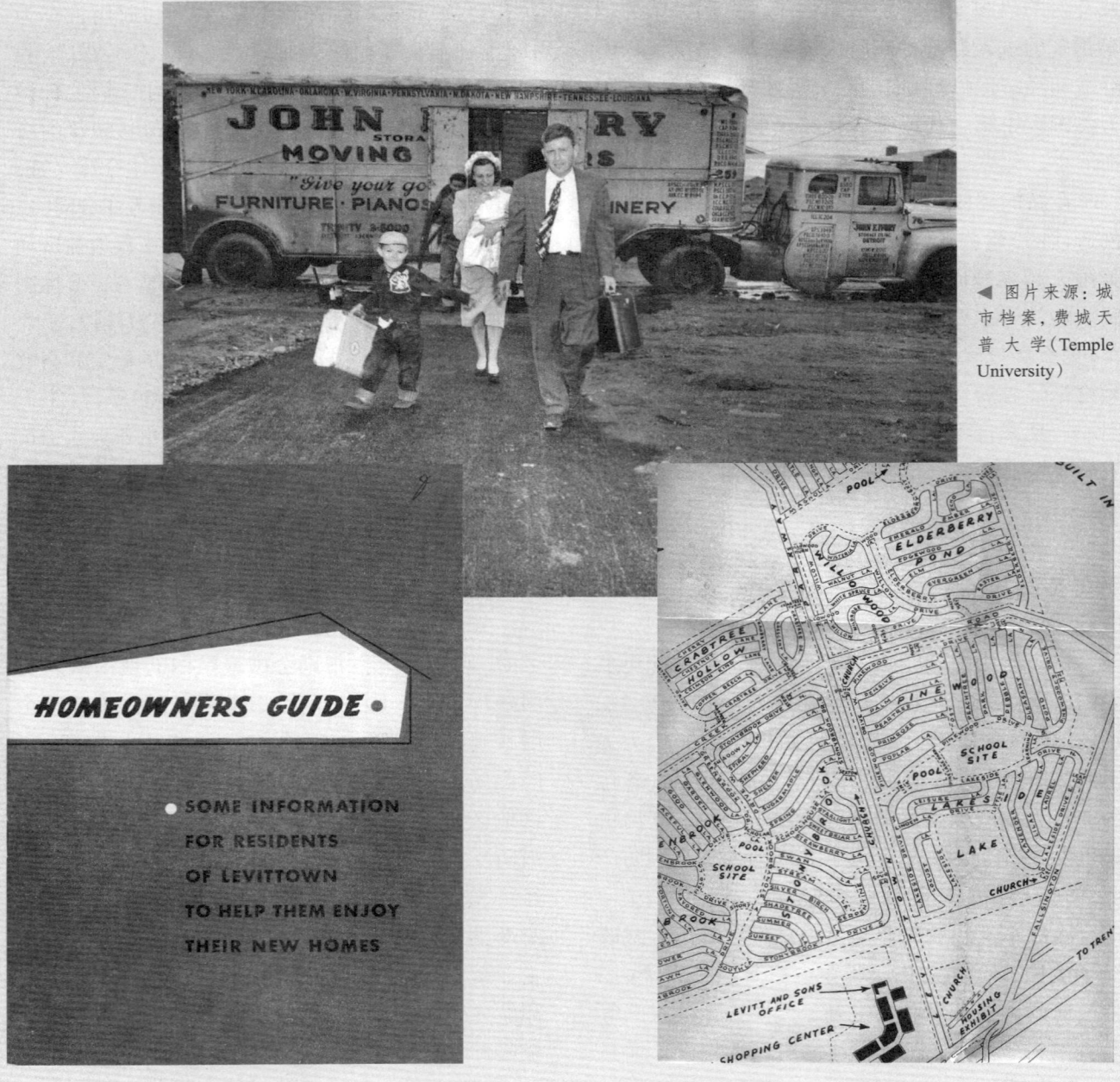

◀ 图片来源：城市档案，费城天普大学（Temple University）

▲ 图片来源：宾夕法尼亚州博物馆，宾夕法尼亚历史和博物馆委员会

▲ 图片来源：宾夕法尼亚州博物馆，宾夕法尼亚历史和博物馆委员会

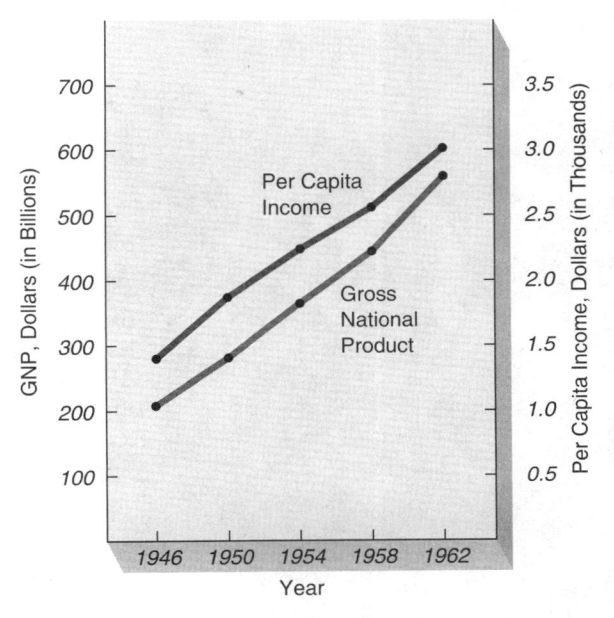

图表 29.2　1946—1962年国民生产总值和人均收入
1946年至1962年的经济繁荣中，国民生产总值和人均收入都大幅上升。
来源：改自美国统计局，《美国历史数据，殖民时期至1970》，两百周年版，华盛顿特区：美国政府印刷所，1975年，第224页

阳光地带令人惊叹的发展也源自农业、石油产业、房地产开发和娱乐业的蓬勃。阳光地带各州强势而成功地引入海外投资。就业权利法律把工业吸引到南方，这些州以法律禁止雇用单一工会成员的行为，低税率和低供暖费用也是一大吸引力。空调的发明也很关键，因为空调让最炎热的夏日也变得可以忍受了。休斯敦、菲尼克斯、洛杉矶、圣地亚哥、达拉斯和迈阿密都欣欣向荣；航天业和石油以及石化生产的中心休斯敦的人口从1940年到1960年增长了三倍。1950年代，加利福尼亚消化了全国人口增长的1/5多。至1963年，这里成为美国人口最多的州。

新中产阶级文化

至1950年代，美国似乎正在变成一个中产阶级国家。加入工会的蓝领工人获得中产阶级收入，而获得军人安置计划高校教育的退役军人涌入蓬勃发展的管理和职业阶层。1956年，美国白领劳动者的数量首次超过蓝领劳动者，1957年，中产阶级劳动者的数量比十年前增加了61%。也是有史以来第一次，大部分家庭（60%）拥有中产阶级的收入（1950年代中期年薪为3 000至9 000美元）。

然而，中产阶级身份不仅仅是经济问题。1952年的一项重要调查研究发现，父亲从事非技能体力劳动或者母亲只有六年级教育的青少年中，有一半相信自己的家庭属于"中产"（而非劳动阶层或更低阶层）。矛盾的是，战后时期工会的强大也导致了工人阶级认同的衰落：当大量蓝领工人完全融入郊区中产阶级文化时，划分劳动阶层和中产阶层的界线似乎不那么重要了。比之从事何种工作，一个家庭的生活水平可能更为重要。有色人种并没有平等地分享美国战后繁荣，而且他们在美国"优越生活"的缔造中常常是不可见的。然而，许多中产阶级收入非裔、拉美裔和亚裔美国人也参与了广泛的中产阶级文化。

白人身份和全国文化

全国中产阶级文化的崛起之所以可能，部分由于1950年代美国的人口更同族化，可以说前无古人后无来者。19世纪和20世纪初，美国限制或禁止了来自亚洲、非洲和拉丁美洲的移民，同时接纳数百万欧洲人来到美国海岸。这场大规模的欧洲移民在1920年代关闭，因此至1960年美国只有5.7%的人口出生于国外（1910年约为15%，2010年约为13%）。1950年，88%美国人拥有欧洲血统（与2000年的69%相比），10%拥有非洲血统，2%拥有西班牙血统，美洲原住民和亚裔美国人各占约0.2%。但是几乎所有欧裔美国人都至少是第二代移民。他们越来越把自己归类为"白人"而不是"意大利人""俄罗斯人"或"犹太人"。1959年，新加入的阿拉斯加和夏威夷两个州把更多美洲原住民、亚裔或太平洋血统的人融入美国人口。

尽管新的郊区大部分居住着白人家庭，但是这些郊区通常比居民们原先居住的社区更多元化。美国的小城镇和城市民族飞地非常同族化，而且通常对于差异和挑战传统不那么包容。在郊

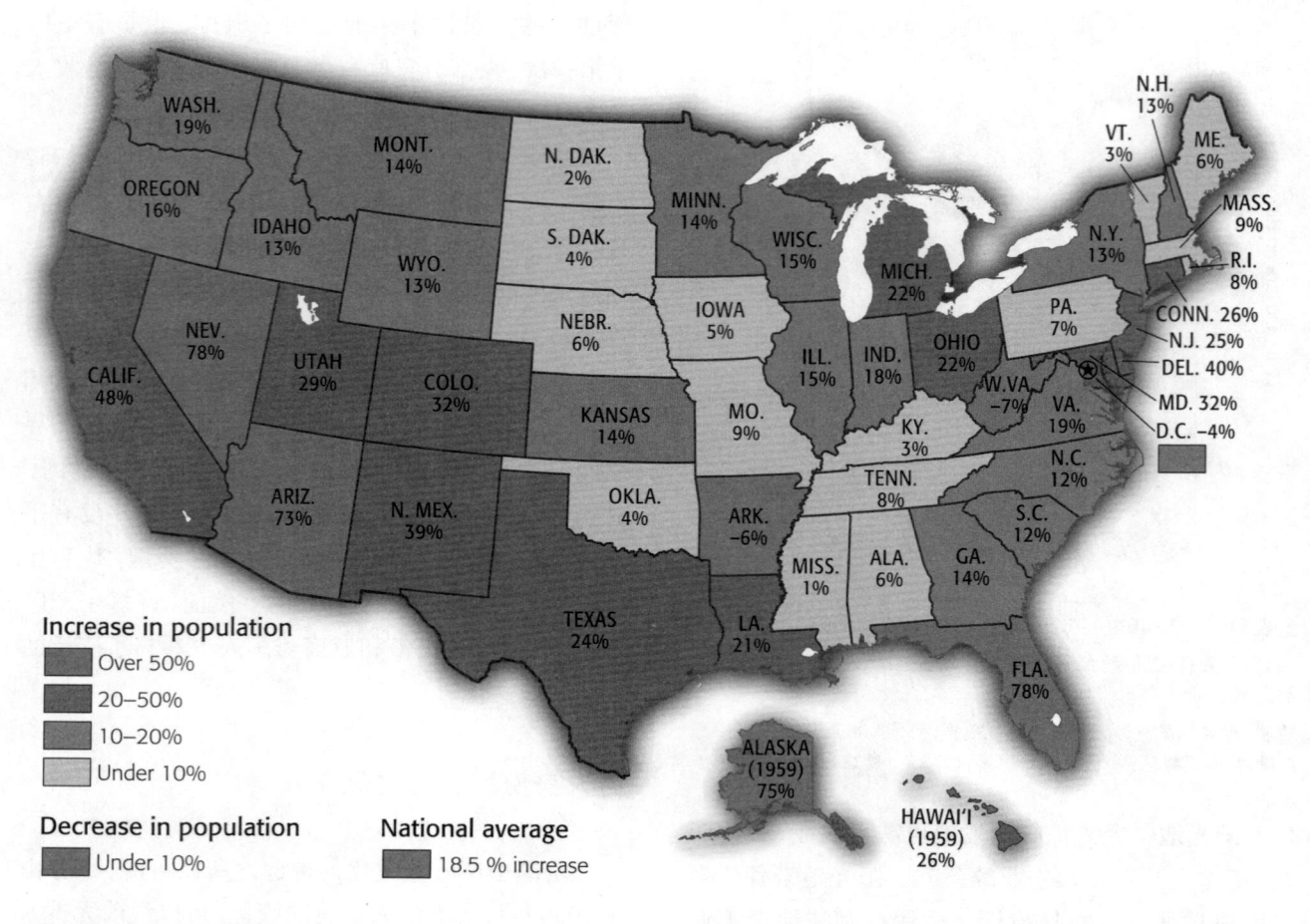

地图 29.1　阳光地带的崛起，1950—1960 年
第二次世界大战后的数年见证了美国人持续向西南部和西海岸的阳光地带各州迁徙的浪潮。
来源：©圣智学习

区，来自不同背景的人们聚集在一起：来自城市和农村，来自不同地区，来自不同民族文化和不同宗教背景的人们。矛盾的是，很多人是在郊区第一次邂逅不同的习俗和信仰。但是当他们和邻居一起打造新的社区时，这些新郊区居民常常拥护飞速发展的全国中产阶级的标准。他们把狭隘的特定民族或宗教文化认同换成了一种新的同质：全国中产阶级文化。

电视

由于许多美国白人刚刚步入中产阶级，他们对于什么是恰当和理所当然的行为并不确定。他们开始从全国的大众媒体中寻找答案。女性杂志帮助家庭主妇把从小习惯的民族和地域菜式换成由全国知名品牌产品创造的"美国"食谱，比如用坎贝尔（Campbell）的奶油蘑菇汤做成的炖菜。电视也助长了美国的共同国家文化，并教美国人如何成为中产阶级。尽管电视机售价约 300 美元，相当于今天的 2 000 美元，但是至 1953 年已经进入近一半美国家庭。到 1960 年，电视拥有率已经上升至 90%，拥有电视的美国家庭比拥有洗衣机或者电熨斗的美国家庭还要多。

在电视上，像安德森（Andersons）一家［出自《老爸大过天》（Father Knows Best）］和克莉佛（Cleavers）一家［出自《反斗小宝贝》（Leave It to Beaveer）］这样的郊区家庭坐在摆设典雅的餐桌旁吃晚餐。母亲们总是一丝不苟，琼·克莉佛（June

Cleaver)穿着熨烫整齐的裙装做家务。当孩子们面临道德困境时,父母们温柔而坚定地引导他们做出正确的决定。每个危机都通过家长的智慧解决——加上一点儿小幽默。在这些家庭中,没有人吼叫或摔打。这些流行的家庭情景喜剧描绘并巩固了许多美国家庭追求的郊区中产阶级理想。

电视节目的"中产性"一方面是由电视行业的经济原因造成的。为电视节目支付广告费并购买广告时间的企业并不希望冒犯潜在的顾客。因此,尽管非裔美国音乐家纳·金·高尔(Nat King Cole)在全国广播公司的电视表演吸引了几百万观众,但是它从来找不到赞助商。全国大企业害怕与高尔这样的黑人表演者挂钩会影响在白人中间的销售额——尤其是在南方。由于非裔美国人只占总人口的约10%,而且许多人的可支配收入很少,他们对于经济驱动的体系毫无影响力。纳·金·高尔的表演不到一年就被取消了,过了十年电视网络才再次尝试围绕黑人演员制作节目。

电视机的辐射范围远不限于郊区。来自市中心和偏僻农村地区的人们也收看家庭情景剧,或是因为米尔顿·伯利(Milton Berle)和露西尔·鲍尔(Lucille Ball)的滑稽表演捧腹大笑。由于只能接收到电视网电视节目——美国广播公司、哥伦比亚广播公司和全国广播公司[直到1956年才加入了杜蒙特(DuMont)]——任何时段都可能有70%以上观众收看同一个流行节目。(在21世纪初,最受欢迎的节目或许能达到12%的收视率。)电视给美国人带来共同的体验;它还帮助创造了更同族化的、以白人为中心的中产阶级文化。

消费者文化

共同的国家文化把美国人连接在一起,他们还在充足的消费品中找到了更多共同点。几十年的物资短缺之后,美国人拥有了让人眼花缭乱的消费品选择,他们以前所未有的热情迎接它们。即使是

▶ "上将牌"(Admiral)"上下颠倒"冰箱自夸是大尺寸的冷藏库,号称能储藏120磅冷冻食品,让现代家庭主妇的生活更轻松。它还抓住了新的消费者繁荣:连冰箱内部都有着鲜艳的色彩!

图片来源:图像研究顾问和档案

最实用的物品也有两种色调,或者加上火箭飞船细节;绿松石色的冰箱、飞镖形的家具和设计成战斗机形状的汽车体现出一种乐观主义和通俗的欢乐。在这个消费者社会中,人们用消费选择来表达个性,或者在中产阶级的广阔疆域中宣示地位。汽车比其他任何物品更能体现一夜暴富的美国人的消费幻想和蓬勃生机。昂贵的凯迪拉克率先设计了尾翼,尾翼很快在中档雪佛兰、福特和普利茅斯中流行开来。1955年美国人在汽车上花了650亿,这个数字相当于国民生产总值的20%。为了支付这些汽车和现代化设施的郊区住宅的费用,美国的消费债务从1945年的57亿美元上升至1961年的580亿美元。

宗教

在这些年中,美国人以前所未有的规模投入宗教组织。教会成员数(尤其是主流基督教会)从第二次世界大战结束后到1960年代开始时翻了一番。核时代的朝不保夕很可能对于宗教复兴起到不小作用,一些美国人也许是在破坏巨大的战争后寻找精神慰藉。越来越重要的全国大众媒体也在其中扮演了角色,比利·格雷厄姆(Billy Graham)等传教士在电视观众中寻找全国教众,他的布道结合了救赎希望和冷战爱国主义。地方教会和会堂与宗教教诲一起,为新的郊区居民提供了一种社区感。他们欢迎新来者,庆贺生活中各种仪式,并且帮助生病和丧偶的人,这些居民通常远离他们的大家族或是老社区。很难衡量战后美国宗教信仰的深度,但是教会团体会堂几乎成了新战后中产阶级文化的中心。

20世纪中叶的男性、女性和年轻人

最重要的是,美国人追求"优质生活",通过家庭和家人在冷战中寻求庇护。许多从大萧条和世界大战中幸存下来的人更多追求个人生活的成就而非公共活动;他们把对家庭及家人的执着作为未来的信念表达。然而,尽管许多美国人在家庭生活中找到真正的满足感,男性和女性都发现自己的人生选择受到强大社会压力的局限,不得不顺从定义狭隘的性别角色。

婚姻和家庭

1950年代,保持单身的美国人很少,大部分人结婚很早。至1959年,几乎一半美国新娘刚满19岁;她们的丈夫通常比她们大一年左右。这种早婚的趋势得到专家支持和大部分父母的赞成,也是一种防止婚前性行为的方式。在战后数年中,美国人开始接受精神疗法观念,他们担心婚前性行为不仅可能让年轻女性怀孕或者"名誉"扫地,也怕这段经历会对其造成心理损害,让她无法再调整回归"正常的"婚姻关系。一本流行的女性杂志辩称:"当两个人准备好在人类层面上进行性行为,他们就已经准备好了结婚……不这么做是道德懦弱。而社会没有权力阻碍他们。"

许多年轻夫妇仍然是青少年,他们通过结婚和建立自己的家庭脱离父母权威,找到自主权和自由。大部分新婚夫妇很快生孩子让家庭完整,平均每对夫妇会生三个孩子,而他们自己才20多岁。生育控制手段(避孕套和子宫帽)唾手可得,并被广泛使用,因为大部分夫妻需要控制自己的家庭规模。但是几乎所有已婚夫妇都想组建大家庭,无论种族或阶级。1940年,美国理想家庭规模是两个孩子;至1960年,大部分夫妇想要四个。尽管许多家庭看起来一点也不像电视上的琼、沃德、瓦利和贝弗·克莉佛,但是88%的18岁以下的孩子与父母住在一起(2008年,这个数字是70%)。非婚生孩子这一时期较少;1950年只有3.9%的婴儿是未婚女性所生(而2000年又超过1/3)。离婚率也更低了。至1960年,每1000对已婚夫妇中离婚的只有9例。

1950年代家庭中的性别角色

在这些1950年代家庭中,男性和女性通常担负完全不同的职责，男主外女主内。当时的评论者坚称，这种劳动分工建立在永恒而根本的两性差异之上。事实上，经济和社会结构以及战后美国社会的文化价值观很大程度上决定了美国男性和女性拥有何种选择。

在1950年代，对许多家庭来说，依靠一份（男性）收入维持低调的中产阶级舒适生活是可能的。女性受到的鼓励是留在家里，尤其是当孩子们还小时。优质的儿童保育服务非常稀缺，而且很多家庭居住在远离祖父母的地方，附近也没有传统上能帮助抚养孩子的其他亲属。一群新的儿童保育专家坚持认为母亲全身心的关注对于孩子的幸福是至关重要的，其中斯波克博士（Dr. Spock）于1946年出版的《育儿经》（Baby and Child Care）售出了数百万册。由于就业歧视，有条件待在家里的女性常常无法找到对她们有足够吸引力、能说服她们接受轮班制的工作，工作只是增加了她们烹饪和家务以外的负担。因此许多女性选择把大量精力投入家庭生活。美国的学校和宗教机构也从她们的志愿劳动中获益匪浅。

女性和工作

然而，大量女性发现她们的生活无法完全匹配1950年代的家庭生活理想。郊区家庭生活让许多女性感到孤独，她们的丈夫仍然生活在充满各种经历的世界，而她们已经与之完全隔绝。普遍观念认为，一个人应该在个人生活中找到完全的情感满足，这对婚姻和家庭关系造成了不现实的压力。最后，尽管女性的家庭角色受到几乎众口一词的称颂，但是许多女性发现自己同时肩负工作和家庭责任（参见图表29.3）。1960年就业女性数量是1940年的两倍，包括39%的孩子在6—17岁之间的女性。这些女性大部分为了某些特定的家庭目标从事兼职：新车、孩子们的大学费用等。她们并不认为这些工作破坏了她们作为家庭主妇的主要角色；这些工作是为家庭服务的方式，而不是从家庭中独立出来的手段。

然而，无论女性外出工作的原因是为了补充中产阶级收入、养育子女还是自给自足，她们在职场上仍然面临着歧视。招聘广告被分为"招聘—男性"和"招聘—女性"两类。女性全职工作者平均薪资是男性全职工作者的60%，而且局限于薪资较低的"女性"领域，比如女佣、秘书、教师和护士。拥有超常天赋或志向的女性常常发现自己的理想受到阻碍。畅销书《现代女性：失落的性》（Modern Woman: The Lost Sex）解释道，野心勃勃的女性和"女性主义者"遭受"男性嫉妒"的折磨。大学心理学和社会学课程的教材警告女性不要与男性"竞争"；杂志文章把"职业女性"描述为"第三性"。医学院通常把女性名额限制在每班5%。1960年，不到4%的律师和法官是女性。1959年当未来的最高法院法官露丝·巴德·金斯伯格（Ruth Bader

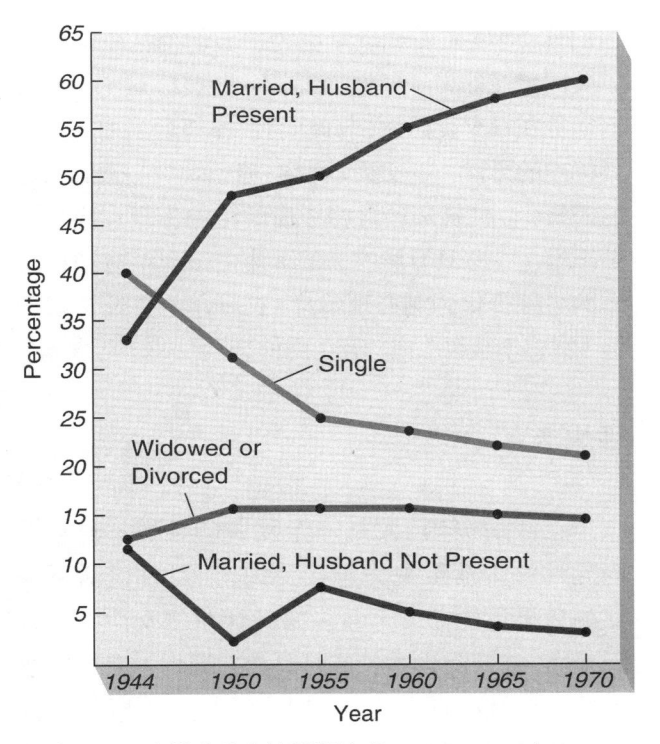

图表29.3 女性劳动者的婚姻构成，1944—1970年

从1944年到1970年，女性劳动力的构成发生了戏剧性的改变。1944年，劳动队伍中41%的女性是单身；1970年，只有22%单身女性。在同样的年代，女性劳动家家中有丈夫的比例从34%跃升至59%。而丧夫或者离婚的比例从1944年至1970年基本持平。

来源：改自美国统计局，《美国历史数据：殖民时期至1970年》两百周年纪念版，华盛顿特区：美国政府印刷局，1975年，第133页

Ginsburg）从哥伦比亚法学院（Columbia Law School）以全班第一名成绩毕业时，连工作都找不到。

"男子气概危机"

当学者和大众媒体评论家齐声强调"得体"女性角色的重要性时，他们也同样关注美国男性的困境。美国大量发行的杂志援引一群心理学专家的说法，宣称美国男性面临"男子气概危机"。社会学家威廉·H.怀特（William H. Whyte）在畅销书中解释道，战后企业员工成为"组织男性"，他们通过合作和服从而不是通过个人主动性和冒险获得成功。男性危机被归咎于女性：专家们坚称，女性对于安全和舒适的"自然"渴望扼杀了男性对冒险的本能渴望。一些人甚至把关于男子气概的顾虑与冷战联系起来，他们称，白领工作或以家庭为中心的郊区生活消磨了美国男性的男子气概，如果不能恢复，这个国家的未来危在旦夕。然而，与此同时，不符合当前男性责任标准的男性——丈夫、父亲、养家者——遭到激烈的谴责，有时候两种自相矛盾的论调出现在同一本杂志里。一些具有影响力的著作主张为年满30但未婚的男性提供强制心理治疗；这种单身男性被谴责为"情感不成熟"或"潜在同性恋"。

性生活

在战后美国，性是一个复杂的领域。只有婚内异性性生活被视为可接受的，而且性生活不检点的后果可能非常严重。婚外怀孕的女性常常众叛亲离，被开除出学校或是高校。同性恋是被企业解雇、被学校开除，甚至入狱的理由。与此同时，许多美国人正在打破时代的性规范桎梏。在关于人类性行为的重要著作《人类男性性行为》（Sexual Behavior in the Human Male，1948）和《人类女性性行为》（Sexual Behavior in the Human Female，1953）中，印第安纳州立大学性学研究会（Institute for Sex Research）会长阿尔弗雷德·金赛博士（Dr. Alfred Kinsey）告诉美国人，尽管80%的女性样本因为"道德理由"不支持婚前性行为，但是这些女性中有一半曾有过婚前性行为。他的报告还称，至少有37%的美国男性拥有"某种同性恋经历"。美国人把金赛枯燥、量化的研究变成了畅销书，当然还有人迫不及待地谴责他。一名国会议员谴责金赛"对我们的母亲、妻子、女儿和姐妹泼脏水"；《芝加哥论坛报》把他称作"社会的威胁"。尽管金赛的人口样本并没有为美国性行为勾勒出完全精确的图景，但是他的研究发现让许多美国人意识到，他们并不是唯一打破某些规范的人。

1950年代性规范受到的另一大挑战来自休·海夫纳（Hugh Hefner），他于1953年创办了《花花公子》（Playboy）杂志。三年内，杂志的发行量达到了百万。海夫纳把《花花公子》视为对美国"暴虐的反性行为（和）黑暗反情色"的攻击，并认为在一个以家庭为中心的郊区文化中，他的裸体"玩伴"是男性与越来越"模糊的两性界限"做斗争的手段。

青年文化

当儿童在相对稳定和繁荣的环境中成长时，一种独特的"青年文化"发展起来。青年文化事实上是一系列亚文化；白人、中产阶级和郊区青年的文化与黑人、城市青少年，甚至白人劳动阶层的青少年文化并不相同。然而，青年文化与成年人的文化大相径庭。它的习俗和仪式是在同伴群体中创造的，并由全国媒体塑造，大量青少年杂志、电影、广播、广告、音乐以这个巨大的潜在受众群体为目标。

"婴儿潮"一代年轻人的数量让他们成为美国社会的一股巨大力量。人们有时候把婴儿潮一代称为"蟒蛇中的猪"，当这一群体从儿童成长为青少年时，社区相继建设小学、初中和高中。当儿童时尚成为数百万美元的产业，美国的企业很快发现了青年一代的力量。1947年开始，美国家家户户的楼梯上弹跳着售价1美元的弹簧圈；1952年，薯头先生（Mr. Potato Head）销售额达400万美元，这可能是电视广告上的第一个儿童玩具。1950年代中期，当沃尔特·迪士尼（Walt Disney）的电视节目"迪士尼乐园"推出"野性边境之王"大卫·克洛科特（Davy Crockett）时，美国的每个孩子（还有许多成年人）必定买一顶浣熊皮帽。浣熊皮的价格从25美分涨到8美元一磅时，许多孩子只能拿大卫·克洛科特午餐盒或者牙刷凑合。当这些婴儿潮儿童长大时，他们的购买力塑造了美国流行文化。

至1960年，美国的1 800万青少年每年消费100亿美元。1950年代72%的电影票出售给青少年，好莱坞为这群观众量身定制影片，从《酷哥和疯子》（The Cool and the Crazy）以及《毕业舞会》（Senior Prom）等过目即忘的二流影片到富有争议和影响力的影片，比如詹姆斯·迪恩（James Dean）的《无因的反叛》（Rebel Without a Cause）。成年人担心青少年会被《无因的反叛》中桀骜不驯的浪漫意象吸引，青少年确实模仿迪恩叛逆的造型。然而，这场电影把青少年的困惑归咎于父母，并且大量援引性心理学理论以及"男子气概危机"。"假如你不得不成为一个男人，你能怎么办？"詹姆斯·迪恩的角色恳求他的父亲。

电影帮助塑造了青少年潮流和时尚，但是音乐比任何其他元素更能定义青年文化。年轻的美国人震惊于比尔·哈雷（Bill Haley）、彗星（the Comets）、查克·贝里（Chuck Berry）、小理查德（Little Richard）以及巴迪·霍利（Buddy Holly）的能量和节奏。1956年，猫王埃尔维斯·普雷斯利（Elvis Presley）首次出现在电视埃德·沙利文秀（Ed Sullivan Show）上，感染了无数狂热的青少年粉丝。无数父母对他的"摇摆"感到愤慨，寄去了抗议信。一位评论家表示："当猫王扭胯摇摆时，哪怕12岁儿童也会被过度刺激好奇心的。"尽管一些白人音乐家不承认，摇滚的根源其实来自非裔美国人的韵律和蓝调音乐。在音乐产业追求白人表演者的时候，早期摇滚乐的粗犷能量和有时充满性暗示的旋律逐渐衰落，比如帕特·布恩（Pat Boone）把黑人艺术家的音乐做成更温和、更易于接受的翻唱版本。

发展于1950年代的独特青年文化让许多成年人感到不安。父母们担心"外出约会"的普遍做法让青少年更可能在性方面"行差踏错"。青少年犯罪是重要的顾虑。在第二次世界大战后的数年中，年轻人犯罪率大幅上升，违反宵禁、性尝试、未成年饮酒，这些行为因为一个人的年龄而非行为本身被定为犯罪。国会对于青少年犯罪举行大量听证会，专家证明以青年为中心的流行文化具有腐化堕落的影响力，尤其是漫画书。1955年，《生活》杂志报告，"一些美国父母不清楚自己的孩子打算干什么，担心那是他们不该干的事。"然而，大部分青少年行为，从频繁外出约会到音乐和着装的潮流，完全符合青少年与其父母分享的消费者文化。"叛逆青年"很少拷问战后美国文化的逻辑。

中产阶级文化受到的挑战

尽管这种中产阶级文化的范围和影响力与日俱增，但是也存在不少文化异见。"垮掉的一代"（这个词既暗示了"潦倒落魄"，又暗示了"幸福安详"）作家拒绝中产阶级社会行为规范和当时的文学传统。《在路上》（On the Road）一书的作者杰克·凯鲁亚克（Jack Kerouac）把灵感来源追溯到"对所有现代工业状态和形式的厌倦"。垮掉的一代在艺术中拥抱自发性，在生活中摆脱日常生活，追求自由，同时享受更开放的性生活和吸毒。垮掉的一代最重要的作品或许是艾伦·金斯伯格（Allen Ginsberg）愤怒而充满诅咒的诗歌《嚎叫》（Howl, 1956），这一作品导致他被指控猥亵罪，这一案件的判决让美国出版业向更广泛的作品开放。主流媒体嘲笑垮掉的一代，把他们和他们的追随者戏称为"披头族人"（beatniks，戏仿斯普特尼克[Sputnik]，暗示他们的非美国性）。尽管他们在1950年代吸引的关注有限，但是为1960年代的反文化奠定了基础。

中产阶级国家的局限

1950年代，美国流行文化和大众媒体称颂全国

芭比

"美国国民玩偶"芭比娃娃，像很多美国人一样是移民。尽管芭比是1959年由美国玩具公司美泰（Mattel）引进的，但是它其实起源于德国，引入时的名字是莉丽（Lilli）。

许多当时的母亲注意到这款新玩偶的身材比例（比例相当于人类的39—21—31），怀疑芭比娃娃的背景不正派，这一猜测并没有错。这款德国莉丽玩偶原本是为成年男性而非小女孩设计的玩具。她的灵感来自漫画家莱茵哈德·博伊亭（Reinhard Beuthien）笔下的一个角色，1952年6月24日漫画家用它填补德国小报《图片报》（Das Bild）上的一些空白。这幅漫画本意应该只出现一次，但是因为太受欢迎成了定期出现的人物。很快莉丽化身三维版本的比尔德·莉丽（Bild Lilli），一个11.5英寸高的金发玩偶，这就是著名的芭比形象。莉丽身穿各种性感的服饰，在烟草店和酒吧出售，是送给男性的"新奇礼物"。

莉丽跟着美泰玩具公司的创始人和联合董事之一露丝·汉德勒（Ruth Handler）来到美国。在一个女孩子们只能收到婴儿玩偶的时代，汉德勒构想出一款成人玩偶，女孩子们可以给它换衣服，就像纸玩偶一样。汉德勒在欧洲度假时偶然看到莉丽，她买了三个，一个送给她的女儿芭芭拉（Barbara），莉丽后来改名芭比就是由此而来。美泰买下了莉丽的版权（玩偶和卡通，美泰默默地让卡通销声匿迹），并且于1959年3月推出了芭比娃娃。尽管母亲们犹豫要不要买一款芭比这样的玩偶，但是一年内美泰就以3美元的单价（相当于2000年的17美元）售出了351 000个芭比娃娃。1997年，美泰售出了第十亿个芭比娃娃。

在美国，芭比引起了许多争议，至少在成年人之间。一些人担心芭比脱离现实的身材会导致女孩对自己的身体不满意，在一个充斥着饮食紊乱的文化中，这是个严重的问题。另一些人主张，尽管1980年代芭比披上了"女孩可以做任何事"的幌子，但是芭比代表了一种空洞的女性特质范本，聚焦于无止境的消费。而且很多人批判金发蓝眼的芭比娃娃无法代表美国人民的多样性，美泰对种族和民族多样性有过尝试（比如1967年推出"深肤色弗兰奇"[Francie]），但是这些玩偶拥有与原版芭比一样的高加索五官，只是把肤色和发色加深了。

近年来，芭比在重要的国际问题中扮演着重要角色。2002年，国际工人权利团体要求抵制芭比。他们援引研究，显示一半的芭比是在中国通过剥削年轻女工制造出来的：每个芭比平均10美元的零售成本中，中国工厂只得到35美分，包括所有成本，连同劳动力成本在内。芭比还在国际关系上扮演着角色。沙特阿拉伯于2003年禁止销售芭比，称她衣不蔽体的穿着和代表的价值观不适合伊斯兰国家。（一家叙利亚公司制造非常受欢迎的"富拉"[Fulla]，这款娃娃的身材比例虽然和芭比一样，但是穿着阿拉伯长袍，还配了一块粉色的毛毡祈祷垫。）一项民意调查显示，美国对伊拉克发动战争之后，其他国家的人们不像以前那么愿意买芭比娃娃，因为它被视为美国的代表。

尽管如此，这个11.5英寸的玩偶仍然在全世界各地广受欢迎，在150多个国家销售。如今，平均每个美国女孩拥有10个芭比娃娃，德国女孩一般有5个。在过去的那些年中，无论好坏，芭比仍然把美国和世界其他地区连接在一起。

▲ 在1956年的一场直播表演中，猫王展示了标志性的"摇摆"。许多成年人大惊失色（《时代》杂志嘲讽其是"性裸露癖者"[sexhibitionist]），但是1956年4月仅一天埃尔维斯就售出了价值75 000美元的唱片。

图片来源：图像研究顾问和档案

人民的机遇。与此同时，一群富有影响力的批判者迫不及待谴责全新的中产阶级文化，称其为顺从、同质化和丑陋消费主义的荒原。

顺从性的批判者

这些批判者并不是在荒原中怒号的孤独人物。美国人虽然全身心地参与他们时代宣扬的"舆论"文化，却执着于自我批判，迫不及待地购买约翰·济慈（John Keats）的《落地窗的裂缝》（*The Crack in the Picture Window*, 1957）这样的书，该书描绘了三个家庭——"琼斯"（Drones）、"艾米亚博斯"（Amiables）和"费昆德"（Fecunds）——他们生活在由开发商堆砌出的一模一样的大片住宅里，在对消费品的追求中泯灭了自己残留的个性。一些战后时期最受欢迎的小说深刻地批判了美国社会，比如J. D.塞林格（J. D. Salinger）的《麦田里的守望者》（*The Catcher in the Rye*）和诺曼·梅勒（Norman Mailer）的《裸者与死者》（*The Naked and the Dead*）。美国人甚至把艰深的学术著作变成了畅销书，比如大卫·里斯曼（David Riesman）的《孤独的人群》（*The Lonely Crowd*, 1950）和威廉·H.怀特的《组织人》（*The Organization Man*, 1955），这两部著作都批判了美国生活中增长的服从性。这些批判观点还出现在发行量巨大的杂志中，比如《妇女家庭杂志》（*Ladies' Home Journal*）以及《读者文摘》。浸淫在这类文化批判中，许多美国人甚至能够理解《天外魔花》（*Invasion of the Body Snatchers*），这部1956年的影片描述了在巨大的豆荚中长大的丧尸般的外星人逐步替代了一个小镇上的所有人类居民，同时批判了郊区顺从性和战后文化寡淡的同质性。

大部分批判者试图理解美国社会大规模和重要的变化。当大企业替代小商业时，美国人与自主性缺失做着斗争；他们体会到量产同化的力量以及全国消费者文化；他们看到民族群体之间，甚至社会经济阶层之间的区别逐渐不那么重要了。许多人希望更了解这些社会错位。然而，这种新文化的批判者常常是精英主义和反民主的。许多人只看到这种崛起的中产阶级郊区文化中平淡的顺从和思想贫乏，因此遗漏了一些重要的东西。同样的房子并不会制造出同样的灵魂；相反，物美价廉的郊区住宅为数百万原本生活在阴冷潮湿而且昏暗的廉价公寓、没有室内管道的摇摇欲坠的农舍中的人们提供了更健康，或许也更幸福的生活。然而，回头看，其他批判也不无道理。

环境恶化

首先,这种新消费文化鼓励浪费的习惯,损害了环境。《商业周刊》(Business Week)指出,1950年代企业不需要依靠"计划荒废",即故意设计易损耗的产品以便让消费者经常替换。美国人替换产品是因为它们"过时"了,而不是因为它们无法使用,汽车制造商鼓励这股风潮,每年都翻新设计。簇新而廉价的塑料产品和去污剂让消费者的生活更简单轻松,但是这些产品无法降解。而且美国的新消费者社会占用了更大比例的世界资源。至1960年代,美国人口仅占全世界的5%,消费超过全世界1/3的商品和服务。

快速的经济增长孕育了中产阶级消费者文化,同时也导致了巨大的环境成本。钢铁厂、煤炭动力发电机、内燃机汽车引擎和铅基汽油污染了大气,影响了人们的健康。郊区居民需要走更远的路去上班,而居民区又没有公共交通线路或者人们住宅步行距离内的购物场所,于是美国人越发依赖私家汽车,消耗无法再生的石油和汽油资源,并让城市和郊区空气充满烟雾。美国人从湖泊和河流中抽出大量水,满足美国日益扩张的阳光地带城市的需求,包括遍布亚利桑那和南加州的游泳池和高尔夫球场。

国防承包商和农业商是全国最严重的污染制造者。华盛顿汉福德(Hanford)核武器设施制造的废料、科罗拉多洛基弗拉茨(Rocky Flats)的军工厂废料污染土壤和水资源长达多年。农业开始运用大量杀虫剂和其他化学制剂。DDT从1945年开始用于太平洋岛屿,在战争中杀灭蚊虫和虱子,到1962年后已经广泛用于美国,直到野生动物生物学家蕾切尔·卡逊(Rachel Carson)在畅销书《寂静之春》(Silent Spring)中特别指出DDT造成哺乳动物、

▲ 在第二次世界大战期间,DDT用于保护美国军队免于昆虫传播的疾病,被称赞为奇迹杀虫剂。在战后美国,DDT广泛运用于农业中,但是很少有人注意这种杀虫剂对鸟类、哺乳类动物和鱼类造成的致命后果。1945年,即使有孩子在周围奔跑,这辆卡车也照样喷洒DDT,这是纽约琼斯海滩州立公园(Jones Beach State Park)蚊虫控制计划的一部分。

图片来源:贝特曼/科比斯

鸟类和鱼类的死亡。

在繁荣中,很少有人理解经济变化将会产生的后果。这个国家正朝着后工业经济发展,在这种经济形态中,为消费者提供商品和服务比制造产品更为重要。因此,尽管工会成员在1950年代盛行一时,但是工会成员数量增长缓慢,因为大部分新工作不是在雇用蓝领工人的重工业中,而是在抵制工会的白领服务行业中产生。科技进步提高了生产力,自动的电子生产线替代了缓慢的机械生产线,但是它们把人们赶出了相对报酬丰厚的蓝领岗位,进入快速增长但是报酬不那么丰厚的服务领域。

种族主义延续

新兴中产阶级文化对于伴随着经济增长和消费主义而来的环境恶化和工作领域转变基本上不以为意,还忽略了其他阶层的人们。种族仍然是美国社会中重要的分界线,即使因为民族身份而受到排斥的美国人越来越少。1950年代美国大部分地区,种族歧视仍然稳如磐石。许多美国白人在日常生活中与不同种族的人很少或没有交流,不仅因为居住隔离,也因为相对较少的非白种美国人口并不是平均分布在全国各地。1960年,佛蒙特只有68个华裔和519个非裔美国人;181个美洲原住民生活在西弗吉尼亚;密西西比只有178名日裔美国居民。大部分1950年代的美国白人对于种族毫不在意,尤其是南方以外,那里有大量非裔美国人。他们并没有把新兴的中产阶级文化视为"白人的",而是视为"美国的",在意象和现实中都边缘化了有色人种(参见地图29.2)。

新的中产阶级文化也无视穷人的困境。在一个物资丰富的时代,超过1/5美国人生活贫困。1/5的穷人是有色人种,包括近一半非裔美国人口和超过一半美洲原住民。2/3的穷人生活在一个家教育程度为八年级或以下的家庭中,1/4家庭的家长是单身女性。超过1/3穷人不满18岁,1/4超过65岁。社会保障金帮助老人,但是许多退休人员还无法完全享受,而且医疗费用导致许多美国老年人陷入贫困。这些人看不到希望。

繁荣时期的贫困

当数百万美国人(其中大部分是白人)在郊区定居时,穷人比以前更集中在市中心。许多来自南方的非裔美国迁徙者和来自南方阿巴拉契亚山区的贫困白人,往芝加哥、辛辛那提、巴尔的摩和底特律迁徙。与此同时,更多来自墨西哥、多米尼加共和国、哥伦比亚、厄瓜多尔和古巴的拉美裔来到美国。根据1960年人口统计数据,从1940年开

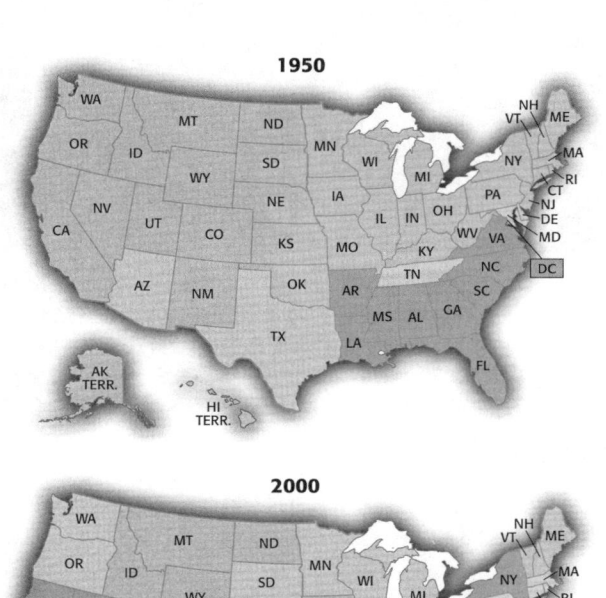

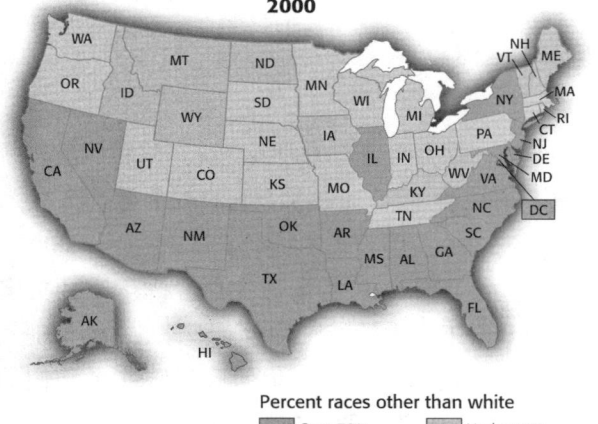

地图29.2 美国的种族构成,1950年和2000年
与当今的美国相比,1950年大部分州在种族方面是同质化的。南方腹地是个例外,大部分非裔美国人仍然居住在那里。
来源:改自"20世纪的人口趋势"(Demographic Trends in the Twentieth Century),美国统计局:www.census.gov/population/www/censusdata/hiscendata.html

▲ 一名来自社区服务组织（Community Service Organization, CSO）的志愿者为一个墨西哥裔美国母亲及其女儿登记，这是战后洛杉矶大规模选民登记项目的一部分。女性在社区服务组织中扮演着关键的角色，该组织成立于1947年，旨在解决墨西哥裔美国人公民权利问题，包括洛杉矶东部的教育和就业。

图片来源：洛杉矶每日新闻照片档案，特别收藏部（Department of Special Collections），加州大学洛杉矶分校查尔斯·E. 杨研究图书馆（Charles E. Young Research Library）

始，超过50万墨西哥裔美国人迁徙至洛杉矶的行政区域——长滩地区。而纽约市的波多黎各人口从1940年的70 000爆炸式增长至1960年的613 000。

这些城市新来者前来寻找更好的生活和更多的机遇。由于强大的经济和低失业率，许多人确实得到了更高的生活水平。但是歧视限制了他们的前进，而且他们必须忍受拥挤和破旧的住房以及低劣的教育。除此以外，支持中产阶级美国人的联邦项目有时候让穷人的生活雪上加霜。比如，旨在"向每个美国家庭提供体面的家"而通过的1949年《全国住房法案》（National Housing Act）规定"城市再开发"。再开发意味着清理贫民窟。整个住宅区被夷为平地，代之以奢侈的高楼大厦、停车场甚至高速公路，许多穷人失去了立锥之地。

在美国农村贫困也是个长期存在的问题，大规模农业的发展导致许多佃农和小农场主流离失所。从1945年至1961年，全国的农业人口从2 440万减少至1 480万。1940年代和1950年代，南方的棉花全面机械化，超过400万人被替代。南方烟草种植园主解雇了佃农，购买拖拉机耕地，并雇用外来工人采摘烟草。很多流离失所的农民来到北方，但是依然贫困。在西部和西南部，墨西哥裔公民继续在墨西哥短期合同工项目下充当廉价的外来工人。1959年，近100万墨西哥工人合法进入美国；但更多人是无正式文件的工人。整家人辛苦劳作，忍受着不比大萧条好多少的环境。

美洲原住民是美国最贫困的一群人，人均年收入刚刚达到贫困水平的一半。艾森豪威尔执政期间实施的一项联邦政策让美洲原住民的处境雪上加霜：终止政策（termination）。终止政策推翻了1934年的《印第安人重新组织法案》，终止印第安人部落地位，撤销了联邦政府对禁售保护区的保护。1954年至1960年，61个部落被撤销。终止程序只有在部落的同意下才能完成，但是有时候压力非常大，尤其是很多保护区土地拥有令人觊觎的丰富自然资源。比如俄勒冈州的卡拉马斯人（Klamaths）生活的保护区拥有木材利益集团十分觊觎的西黄松资源。近4/5的卡拉马斯人在现金诱惑下接受了撤销政策，并投票出售自己的林地。由于终止政策，他们的生活方式崩溃了。许多印第安人离开保护区来到城市，加入其他贫困美国人的大潮，寻找新的工作和生活。至终止政策在1960年代停止时，评论家把美洲原住民的处境比为他们祖辈在19世纪遭到的毁灭。像大部分穷人一样，这些美国人在郊区蓬勃发展的中产阶级眼中是不存在的。

总体上，经历过大萧条灾难和第二次世界大战的美国人在战后时期享受着相对的繁荣和经济保障。但是那些跻身优越中产阶级的人们常常忽略掉队者的困境。而他们的孩子们——在郊区舒适生活中长大的婴儿潮一代，将把种族主义、贫困和战后郊区文化的自我满足视为美国理想的失败。

822 ▶ 战争之后，美国印第安人的神圣土地被大企业和联邦政府侵夺。1948年在北达科他，乔治·吉列特（George Gillette，左）、印第安部落委员会（Indian Tribal Council）主席福特·贝尔特霍德（Fort Berthold）与内政部部长J. A.德拉格（J. A. Drug）签署购买155 000英亩部落土地用作水库时，乔治·吉列特忍不住捂脸哭泣。

图片来源：美联社图片

结语

当经济萧条和世界大战的经历慢慢褪色，美国人努力为自己和家人营造美好的生活。人们结婚生子，打破历史纪录。数百万退役军人通过《军人安置法案》上大学、买房、创业。尽管美国领导人曾担心美国在战时政府支出终止之后会堕入经济萧条，但是消费支出带来了经济增长。战后时期持续的经济增长让大部分美国人进入扩张的中产阶级。

冷战总统杜鲁门和艾森豪威尔关注国际关系和全球反共产主义斗争，而不是国内政治。在美国，冷战恐惧引起了极端反共产主义，人们扼杀政治异见，减少了公民权利和自由。

在蒙哥马利公共汽车抵制事件中，非裔美国人不懈的民权斗争引起全国关注，这些事件提醒白人，并非所有美国人都享有平等。非裔美国人在联邦最高法院中赢得了重要的胜利，包括在"布朗诉托皮卡教育局案"中里程碑式的判决，杜鲁门和艾森豪威尔都运用联邦权力保证美国黑人的权利。因为这些胜利，全国公民权利运动开始联合，国内的种族矛盾加剧了。

尽管种族分裂仍然存续，1950年代的美国在很多方面变成一个更包容的国家，大部分美国人加入全国性的、以消费者为中心的中产阶级文化。这一文化基本上忽视了仍然存在于这个国家城市和农村地区的贫困现象，并且造成了迅速的经济恶化。但是对于大量第一次享有物质舒适的中产阶级美国人来说，美国梦似乎变成了现实。

扩展阅读

Glenn C. Altschuler and Stuart M. Blumin, *The GI Bill: A New Deal for Veterans* (2009)

Taylor Branch, *Parting the Waters: America in the King Years, 1954—1963* (1988)

Lizebeth Cohen, *A Consumer's Republic: The Politics of Mass Consumption in Postwar America* (2003)

Stephanie Coontz, *The Way We Never Were: American Families and the Nostalgia Trap* (1992)

Thomas Patrick Doherty, *Cold War, Cool Medium: Television, McCarthyism, and American Culture* (2003)

Mary Dudziak, *Cold War Civil Rights: Race and the Image of American Democracy* (2000)

James Gregory, *The Southern Diaspora: How the Great Migrations of Black and White Southerners Transformed*

人民与国家的遗产

忠诚誓约

今天，所有美国人在学校教室和体育馆中背诵的忠诚誓约是由美国冷战时期的反苏联斗争塑造的。1954年，国会在已有的誓言中加入了"上帝之下"（under God）一词，以强调敬畏上帝的美国和苏联"无神论共产主义者"之间的区别。

忠诚誓约并不一直是美国公共生活中重要的一部分。原版由《青年伙伴》（The Youth's Companion）的编辑弗朗西斯·贝拉米（Francis Bellamy）于1892年写作，纪念哥伦布到达美洲四百周年。1892年10月11日，1 100多万学生背诵这段誓词："我宣誓效忠美利坚合众国国旗，以及它所代表的共和国。统一而不可分割，自由和正义属于所有人。"1942年，国会正式把改写过的版本作为战时爱国主义行为。然而，联邦最高法院于1943年规定，不允许强迫学生向"国旗宣誓"。

在冷战年代，这段誓词越来越成为一种证明对美国忠诚的重要方式。冷战恐惧帮助了哥伦布骑士会（Knights of Columbus）的运动，这是一个天主教组织，把"上帝之下"加入誓词中。艾森豪威尔总统支持这一法令，他宣称：

> 以这种方式，我们重申美国古往今来的宗教忠诚；以这种方式，我们将持续巩固我们的精神武器，它们将永远成为我们国家最强大的精神源泉，无论在和平还是战争中。从今往后，我们数百万学童将在每个城市、每个城镇、每个村庄和每个乡村学堂中宣誓，我们国家和人民对上帝的奉献。

一些美国人引用政教分离准则，抗议在国家誓词中加入"上帝之下"一词。2002年6月，第九区法院（Ninth District Court，包括加利福尼亚和其他八个州）由于判定1954年版誓词违反宪法引发了巨大的争议，该法院认为它表达了对某种宗教信仰的"国家支持"。宗教在美国生活中应该扮演何种角色注定会继续引发争议，当美国人在21世纪变得日益多元化时，这成为民族与国家的遗产。

---

the Nation (2007)
Thomas Hine, *Populuxe* (1986)
Grace Palladino, *Teenagers* (1996)
Michael Sherry, *In the Shadow of War* (1995)
Thomas J. Sugrue, *Sweet Land of Liberty: The Forgotten Struggle for Civil Rights in the North* (2008)

第三十章

躁动的 1960 年代，1960—1968

▼ 四名北卡罗来纳农业技术学院的大一新生在北卡罗来纳格林斯博罗（Greensboro）的伍尔沃思商店只服务白人的午餐角坐下来点咖啡，这时他们并不知道自己是否会面临拘捕甚至暴力攻击。这幅照片来自静坐的第二天，同班同学加入了这些年轻人的行列。最初四人中的两人，约瑟夫·麦克尼尔（Joseph McNeil）和富兰克林·麦凯恩（Franhlin McCain）位于照片左侧。

夜已经深了，埃泽尔·布莱尔（Ezell Blair）第二天有一场重要的考试。但是他和朋友们像往常一样在宿舍中讨论不公、歧视等话题，他们生活在一个号称所有人平等但却因为肤色差异拒绝将完整公民权利赋予一部分人的国家。他们抱怨所有没有作为的成年人，基本上把整个格林斯博罗黑人社区都谴责了一遍，这远不是第一次了。富兰克林·麦凯恩认真严肃地说道："是时候放线钓鱼了，要不就把饵切断了。"乔·麦克尼尔说："是的，我们是一帮伪君子。来吧，让我们干吧。明天就干。"麦凯恩的室友戴维·里士满（David Richmond）表示赞成。布莱尔犹豫了。"我在担心我的成绩，"他后来道，"我在想怎么应付那门建筑和工程课。"

> **章节大纲**
>
> 肯尼迪和冷战
> 向着自由前进
> 昨日重现 "C计划"和全国舆论
> 自由主义和伟大社会
> 约翰逊和越南
> 分裂的国家
> 放眼天下 来势汹汹的英国流行音乐
> 1968年
> 结语
> 人民与国家的遗产 1965年《移民法案》

但是布莱尔只能少数服从多数。第二天，1960年2月1日，北卡罗来纳农业技术学院的课程结束后，四个大一新生走到镇上。在南榆（South Elm）街的弗兰克·温菲尔德·伍尔沃思（F. W. Woolworth's），全国最赚钱的连锁品牌店之一，每个人都买了一些小东西，其中大部分是文具。接着，他们紧张地坐在午餐角涂着乙烯基涂料的凳子上，试着点咖啡。这些十七八岁的年轻人准备好随时被逮捕，甚至准备好受到身体攻击。但是什么都没有发生。餐厅服务员尽可能长时间地无视他们；他们的咖啡一直没有来。一名员工最后终于忍不住提醒他们："我们不为有色人种提供服务。"四个人趁机表明了立场：他们在几英尺开外买东西的时候已经得到服务了。为什么餐厅不行？一个老年白人女性来到男孩们面前，告诉他们她是多么为他们骄傲。"我们从那个'矮小的老太太'那里得到如此多的勇气，如此多的自豪。"麦凯恩后来道。但是尽管如此什么都没有发生。商店关门了，经理关上了灯。四个发起静坐运动的年轻人在黑暗中坐了45分钟，然后站起身走出了商店。

1960	格林斯博罗开始静坐示威
	避孕药被批准
	约翰·费茨杰拉德·肯尼迪当选总统
	美国青年争取自由组织（Young Americans for Freedom）撰写《莎伦声明》（Sharon Statement）
1961	自由乘车运动（Freedom Rides）抗议交通运输中的种族隔离
1962	学生争取民主社会组织（Students for a Democratic Society）发表《休伦港宣言》（Port Huron Statement）
	古巴导弹危机招致核战争的危险
1963	"华盛顿工作与自由公民权利游行"（Civil Rights March on Washington for Jobs and Freedom）吸引了250 000多人
	在美国默许的政变后，南越领袖吴庭艳遭到暗杀
	约翰·F.肯尼迪遭暗杀，林登·B.约翰逊（Lyndon B. Johnson）成为总统
1964	国会通过《公民权利法案》
	种族暴动在第一个"酷热长夏"爆发
	国会通过《东京湾决议》（Gulf of Tonkin Resolution）
	加州大学伯克利分校开始言论自由运动
	林登·B.约翰逊当选总统
1965	林登·约翰逊发起伟大社会（Great Society）计划
	美国向越南派遣陆军部队并开始轰炸
	《选举权法案》（Voting Rights Act）宣布南方各州阻止大部分非裔美国人投票的行为非法
	《移民与国籍法案》（Immigration and Nationality Act）降低了亚洲和拉丁美洲移民的门槛
	马尔克姆·X（Malcolm X）遭暗杀
1966	美国全国妇女组织（National Organization for Women）成立
1967	"爱之夏"在旧金山海特—艾许伯里区（Haight-Ashbury）兴起
	种族暴动在底特律纽瓦克（Newark）及其他城市爆发
1968	春节攻势（Tet Offensive）加深了越战失败的恐惧
	马丁·路德·金遭暗杀
	罗伯特·肯尼迪（Robert Kennedy）遭暗杀
	民主党全国大会上发生暴力事件
	理查德·尼克松（Richard Nixon）当选总统

第二天他们又回来了,不过这次他们并不是孤军作战。20位同学加入了静坐示威。至2月3日,65个座位中有63个被他们占据。2月4日,来自其他高校的学生也来了,这场静坐示威传播到街对面的S.H.可莱斯(S. H. Kress)商店。至2月7日,温斯顿-塞勒姆(Winston-Salem)也开始举行静坐活动;至2月8日,这场运动传播到夏洛特(Charlotte);至2月9日,罗利(Raleigh)开始静坐活动。至2月的第三个星期,学生们聚集在北方的伍尔沃思商店和全南方的快餐厅,衣着得体的年轻男性和女性坐下来礼貌地要求服务。1960年7月26日,他们胜利了。F. W. 伍尔沃思终止了种族隔离,不仅在格林斯博罗,也包括全国所有门店。

当这四个大学新生在格林斯博罗的伍尔沃思商店的午餐角坐下时,标志着美国历史上无与伦比的十年公民运动开始了。1960年代,数百万美国人来到大街上,其中许多是年轻人。一些人为争取公民权利或者反对越南战争而发起游行;另一些人发泄对生存处境的不满和愤怒。当时事件引起的激情复兴了民主,并且威胁着分裂国家。

1961年,美国最年轻的总统约翰·F.肯尼迪上任时告诉美国人:"火炬传到了新一代的手中。"尽管他的语言鼓舞人心,但是肯尼迪在国内计划中只取得了微小的成功。在他开始第三年总统任期时,受到公民权利活动家英勇行为的触动,加上他们白人对手的不妥协,肯尼迪开始为公民权利提供更积极的支持,并提出更有野心的国内政策。但是肯尼迪于1963年11月被暗杀。他的去世对很多人来说似乎标志着希望时代的终结。

肯尼迪的继任者林登·约翰逊唤起人们对以身殉道的总统的追忆,并发起野心勃勃的公民权利计划和其他自由立法。约翰逊希望运用联邦政府的权力消除贫困,为所有美国人保障平等权利。他把他的构想称为"伟大社会计划"。

除了华盛顿特区的自由主义胜利以及非裔美国公民权利运动实实在在的收获,1960年代中期社会矛盾逐步升级。南方白人抛弃了民主党,复兴的保守主义运动开始崛起,富兰克林·罗斯福的老新政联盟破裂了。许多非裔美国人对于持续的贫困和种族歧视非常愤怒,尤其是在北方,尽管通过了里程碑式的公民权利法律,但是这些问题仍然存在。他们的不满在1960年代中期的"酷热长夏"中爆发。与此同时,白人青年文化似乎下定决心抗拒上一代孜孜以求的一切,造成了美国人所谓的"代沟"。

海外的局势也助长了国内的不稳定。1962年古巴导弹危机导致苏联和美国之间的核战争一触即发,总统约翰·F.肯尼迪和苏联领导人尼基塔·赫鲁晓夫(Nikita Khrushchev)于1963年采取行动,缓解双方的矛盾,结果欧洲的冷战压力略微缓解。然而,在世界其他地区,两个超级大国仍然继续白热化的竞争。在整个1960年代,美国运用一系列手段企图赢得冷战,包括海外援助、中央情报局秘密行动、军事侵略、文化渗透、经济制裁和外交,把不结盟的国家拖入冷战轨道,缓和革命民族主义的危险。在越南,肯尼迪选择大幅扩张美国的干涉行动。约翰逊"美国化"了这场战争,于1968年把美国军队人数增加至50万。

至1968年,越南战争把美国人民分裂成两个阵营,破坏了约翰逊的伟大社会计划。那年春天,美国两位最睿智的非裔公民权利运动领袖——马丁·路德·金和罗伯特·肯尼迪遭到暗杀,城市火光熊熊。同年8月坦克开上芝加哥的街头,这个国家的命运似乎危在旦夕。

- 1960年代美国自由主义获得了哪些成功和失败?
- 为什么美国要扩大对越南战争的投入,让战争持续那么久?
- 至1968年,许多人相信美国的命运危在旦夕。他们眼中的危险是什么?是什么分裂了美国人,他们又如何表达自己的分歧?

肯尼迪和冷战

如作家诺曼·梅勒(Norman Mailer)所言,总统约翰·F.肯尼迪是"我们的领导人"。这位新总统年轻、英俊、精力充沛，是首个出生于20世纪的总统。肯尼迪有着求知欲非常旺盛的头脑，并且作为艺术赞助人，他为白宫带来了智慧与品位。他出生于富有的政治之家：他的爱尔兰裔美国祖父曾是波士顿市长，而他的百万富翁父亲约瑟夫·P.肯尼迪（Joseph P. Kennedy）曾担任驻英国大使。1946年，年轻的肯尼迪作为海军英雄从第二次世界大战战场返回（他指挥的战舰于1943年被一艘日本驱逐舰撞击沉没，肯尼迪拯救了船员），延续家族传统，竞选美国众议院的波士顿代表。他轻而易举地赢得胜利，在众议院中连任三届，并于1952年入选参议院。

约翰·菲茨杰拉德·肯尼迪

作为民主党人，肯尼迪继承了新政对美国社会福利体系的投入。他慷慨地抛下自由票，站在低收入蓝领宪民一边。但是他避免富有争议的问题，比如公民权利问题或者非难约瑟夫·麦卡锡（Joseph McCarthy）。肯尼迪因为他的《勇敢的心》（*Profiles in Courage*, 1956）获得普利策奖，这本著作对坚守原则的政治家进行研究，但是当他主张对这本书的著作权时掩盖了事实，因为这本书的主要撰写者是他的助理西奥多·索伦森（Theodore Sorensen，尽管以肯尼迪口述的100多页笔记为基础）。在海外政策方面，参议员肯尼迪支持冷战遏制政策，他对国际事务的兴趣随着1950年代的进程而加深。他作为立法者的履历并不出众，但是他得到热情的拥护，尤其是在1958年再次以压倒性胜利连任参议员后。

肯尼迪和他的代理人致力于营造幸福健康的顾家好男人的形象。从某种程度上来说，这是一种策略。他风流成性，1953年和杰奎琳·布维尔（Jacqueline Bouvier）结婚后仍然风流韵事不断。虽然是战争英雄、年轻而有魅力，但是他与这些身份投射的健康活力形象并不符。孩提时代，他差点死于猩红热，童年大量时间花在病床上，小病小痛接连不断。他还有严重的背部问题，因为第二次世界大战的经历更加恶化。在战争后，肯尼迪被诊断出阿狄森氏病（Addison），一种需要每天注射可的松才能控制的肾上腺素缺乏症。当时，这种疾病被认为是绝症；尽管肯尼迪活了下来，但是他常常饱受疼痛折磨。作为总统，他要求足够的卧床时间，并要求在白宫游泳池中频繁进行游泳理疗。

1960年大选

肯尼迪的辞藻和风格攫住了很多美国人的想象。然而1960年他对共和党候选人理查德·尼

▲ 许多美国人被年轻上相的肯尼迪一家迷住。1963年4月14日，私人复活节礼拜之后，总统及其家人在其父位于佛罗里达棕榈滩的住宅外拍摄了这张照片。

图片来源：美联社图片

克松的优势特别微弱，只有近 6 900 万选票中的 118 000 张。肯尼迪在南方只赢得了不完全的胜利，但是他在东北部以及中西部成果斐然。他的罗马天主教信仰在一些州妨害了他，选民害怕他会直接受教皇指使，但是在拥有大量天主教人口的州却是助益。现任副总统尼克松因为任期原因束手束脚；他不得不对下降的经济数据以及苏联击落U-2侦察机事件负责。尼克松在电视上看起来也不讨喜；在电视辩论中对抗上镜的肯尼迪时，他看起来不是焦虑就是乖戾，而镜头让他看起来胡子拉碴。或许更糟糕的是，艾森豪威尔对尼克松的支持也是不冷不热。被要求列出尼克松担任副总统时期的重要决策时，艾森豪威尔回答道："假如你给我一个星期，我可能可以想出一个。"

悖离艾森豪威尔政府沉着、保守的形象，新总统身边环绕的大多是充满智慧活力的年轻顾问，他们宣称自己有新鲜的想法，将为这个国家注入活力；作家大卫·哈伯斯坦（David Halberstam）把他们称作"最好的和最睿智的"。国防部部长罗伯特·麦克纳马拉（Robert McNamara，44岁）24岁时成为哈佛大学副教授，随后成为福特汽车公司的神童总裁。肯尼迪国家安全事务特别助理麦克乔治·邦迪（McGeorge Bundy，41岁）34岁时以大学学士学位出任哈佛大学校长。团队中的长者，国务卿迪恩·鲁斯克（Dean Rusk，52岁）年轻时曾是罗德学者。肯尼迪自己只有43岁，他的弟弟罗伯特任司法部部长，年仅35岁。

并不意外，这些"最优秀、最睿智"的人大部分就职于外交领域。从一开始，肯尼迪就把发动冷战置于最高优先级别。在竞选运动中，他批判艾森豪威尔的海外政策缺乏想象力，谴责他错失良机，没能降低与苏联核战争的威胁，并且削弱了美国在第三世界中的地位。肯尼迪及其顾问充满自信，相信自己能够改变现状。正如国家安全顾问麦克乔治·邦迪所言："美国是人类的引擎，而世界的其余部分则是货车。"肯尼迪的就职演说表示，他绝不会采取不彻底的手段："让每个国家都知道，我们将不计代价，肩负任何重担，接受任何磨难，支持每一位朋友，反对每一位敌人，确保自由的存续与成功。"

第三世界的国家建设

现实中，肯尼迪并没有准备好在对抗共产主义的斗争中不计代价或者承受任何重担。他很快开始领悟美国在海外的影响力是有局限的，比很多顾问还快；总体上来说，他在海外政策中表现得谨慎而实用主义。事实证明，比起前任他更愿意发起与苏联人的对话，有时候将他的弟弟罗伯特当作与莫斯科联系的秘密渠道。然而肯尼迪也追求冷战胜利。苏联领导人尼基塔·赫鲁晓夫支持"民族解放战争"，比如越南战争时，肯尼迪要求建立在国家建设观念上的"和平革命"。肯尼迪政府开始通过援助项目帮助发展中国家度过建国早期阶段，促进农业、交通和通信。在肯尼迪的监督下，1961年美国政府斥资数十亿美元成立"进步联盟"（Alliance for Progress），用于刺激拉丁美洲的经济发展。同年，他还创立了"和平队"（Peace Corps），派遣数千美国教师、农业专家和医疗工作者帮助发展中国家的政府，其中许多人刚刚从大学毕业。

当时和后来的愤世嫉俗者把进步联盟和和平队贬为冷战工具而不以为意，认为肯尼迪企图用这些手段抵消反美主义，在发展中国家打败共产主义。这些项目确实有这些目的，但是两者都诞生自千真万确的人道主义。和平队尤其象征着1960年代理想主义、进取精神和美国对世界道德领袖地位的长期追求。"超过任何实体，"历史学家伊丽莎白·柯布斯·霍夫曼（Elizabeth Cobbs Hoffman）曾写道，"和平队提出了美国海外政策中长期存在的两难处境：如何调和世界政治中的统治诱惑与所有国家自由和自决理想之间的矛盾。"

提出这个两难处境是一回事，解决它是另一回事。肯尼迪及其班底认为自己支持第三世界的社会革命，但是他们无法想象共产主义者有权干涉这类起义，也不尊重发展中国家在东西方斗争中保持中立的愿望。因此，除了和平队等基本属于慈善性质的项目以外，政府还依赖更阴暗的反破坏概念，对妄图挑战亲美第三世界政府的革命势力进行打击。美国军事和技术顾问训练当地军队和警力并镇压动乱。

国家建设和反破坏遇到无数问题。进步联盟只获得了部分成功；婴儿死亡率降低了，但是拉丁美洲的经济增长率平平无奇，而且阶级分裂继续扩大，加剧了政治动荡。美国人先入为主地认为美国的资本主义模式和代议政府制度可以成功移植到外国文化中。尽管许多海外民族欢迎美国的经济援助，渴望美国的物质文化，但是他们却憎恨外来者对内政横加干预。由于援助常常是由自私自利的精英阶层中转，所以常常无法到达穷人手中。

苏联—美国矛盾

新任总统在与美苏关系方面也没有取得成功。1961年6月与苏联领导人尼基塔·赫鲁晓夫在维也纳举行的峰会收效不佳，两位领导人对世界和平稳定的前提无法达成共识。结果，肯尼迪上任第一年在核武器竞争方面没有取得什么进展，甚至连禁止大气或地下核武器试验的协议都无法达成。后一个目标对于肯尼迪非常重要，他把测试禁令视为阻止其他国家获得这项可怕武器的先决条件。相反，两个超级大国继续核试验，加速武器生产。1961年，美国军备预算上升15%；至1964年年中，美国核武器增加了150%。政府建议公民在后院建造沉降物遮挡设施，加剧了公众对毁灭性战争的恐惧。

假如战争打响，许多人相信起因会是长期的柏林问题。1961年年中，赫鲁晓夫要求终止西方占领西柏林，重新统一东德和西德，因此加剧了矛盾。肯尼迪回答，美国将坚持对西柏林和西德的支持。8月，苏联人在东德政权的催促下，在分裂的城市中树立了水泥和带刺铁丝网组成的防御工事，阻止东德人逃往更繁荣、政治上更自由的西柏林。柏林墙引起了整个非共产主义世界的抗议，但是肯尼迪私下叹道："一堵墙比一场战争好多了。"这堵丑陋的屏障截断了难民潮，危机过去了。

猪湾侵略事件（Bay of Pigs Invasion）

然而肯尼迪知道赫鲁晓夫将继续在世界其他地区施压并夺取优势。苏联对菲德尔·卡斯特罗（Fidel Castro）古巴政府日益增长的援助尤其让总统怀恨在心。肯尼迪曾承认，大部分美国同盟认为美国对古巴有种"偏执"；无论对于整个国家来说是否是事实，他本人显然如此。艾森豪威尔政府一直与古巴革命不懈斗争，遗留给肯尼迪政府一个进展到一半的中央情报局计划，旨在颠覆菲德尔·卡斯特罗：受过中央情报局训练的古巴流亡者将登陆并攻取滩头阵地；古巴人将奋起反抗卡斯特罗，并欢迎美国支持的新政府。

肯尼迪首肯了这个计划，1961年4月17日进攻开始，1 200名流亡者在古巴泥泞的猪湾登陆。但是并没有对政府心怀怨愤的古巴人在那里迎接他们，只有忠于卡斯特罗政府的军队。入侵者很快被包围逮捕。肯尼迪试图隐藏美国参与该行动的蛛丝马迹，出于这一原因，他拒绝为袭击者提供空中掩护，但是中央情报局在这一事件中的角色很快众所周知。反美情绪在拉丁美洲甚嚣尘上。卡斯特罗认为美国不会甘于失败，可能会发起另一场侵略，于是进一步向苏联靠拢，寻求军事和经济救生索。

因为猪湾的惨败无比尴尬，肯尼迪发誓要把卡斯特罗赶下台。中央情报局很快孵化了一个称作"猫鼬行动"（Operation Mongoose）的计划，旨在干扰该岛的贸易，支持从迈阿密突袭古巴，并且密谋杀死卡斯特罗。中情局的暗杀计划向卡斯特罗提供嵌进炸药和致命毒药的雪茄，并企图在他在加勒比度假地浮潜时用鱼叉杀死他。美国还缩紧了经济封锁，并在加勒比地区进行军事演习。美国参谋长联席会议（Joint Chiefs of Staff）制订计划，在古巴煽风点火引起叛乱，随后美国军队将入侵接应。"如果那时候我在墨西哥或者哈瓦那，"国防部部长罗伯特·麦克纳马拉后来评论道，"我也会相信美国人在为侵略做准备。"

古巴导弹危机

麦克纳马拉了解他所说的那种情况，因为卡斯特罗和赫鲁晓夫都相信侵略即将到来。这也是苏联1962年铤而走险秘密在古巴部署核导弹的原因之一：他希望这种武器在岛上出现能够威慑任何袭击。但是赫鲁晓夫也有其他动机。他相信，在古巴部署核武器将立即提升苏联在核势力平衡中的地位，而且或许能迫使肯尼迪一劳永逸地解决德国问题。赫鲁晓夫仍然希望把西方势力赶出柏林，而且他也担心华盛顿向西德提供核武器。除了把苏联导弹部署在佛罗里达海岸90英里处以外，还有更好的方式吗？在卡斯特罗的支持下，赫鲁晓夫采取行动部署核武器。世界很快面临着最可怕的战争边缘政策。

1962年10月中旬，一架U-2侦察机在古巴上空拍摄到导弹基地。总统立即组织了由顾问组成的特别执行委员会（Executive Committee，即ExComm），寻找把导弹和核弹头移出古巴的方法。该执行委员会考虑过的选项从全面入侵到局部轰炸再到和平外交不一而足。麦克纳马拉向总统提交了他最终接受的提案：对古巴进行海军隔离。

10月22日，肯尼迪在电视上向全国人民发表讲话，要求苏联人撤退。美国战舰开始穿越加勒比，携带核炸弹的B-52轰炸机飞上天空。赫鲁晓夫回应，只有美国保证永远不袭击古巴苏联才会将导弹撤离。他还补充道，指向苏联的美国"丘比特"（Jupiter）导弹必须从土耳其撤离。焦虑不安的顾问预测战争一触即发，那几天整个世界在灾难边缘摇摇欲坠。接着，10月28日，妥协达成了。美国保证停止入侵古巴，私下承诺把丘比特导弹从土耳其撤离，换取苏联从古巴撤兵。害怕偶然事件或者卡斯特罗的挑衅行为会导致"现实的战火"，赫鲁晓夫决定不征询古巴人的意见直接下决定。从岛上撤除了导弹。

当时和后来的许多观察者把它称作肯尼迪的最佳时期。危机期间录下的特别执行委员会会议磁带中，总统作为总指挥官表现出身先士卒、冷静威严的风度，竭尽全力尽可能和平解决导弹危机。批评者宣称肯尼迪最开始因为反古巴计划而导致了这场危机；一些人则辩称和平外交可以获得同样的结果，还能避免额外的矛盾。另一些怀疑论者主张肯尼迪拒绝外交解决方式是因为他害怕共产党人会利用导弹事件在即将到来的中期选举中坐收渔翁之利。尽管如此，无可否认的是，总统颇有技巧地化解了这场危机，在此过程中表现出克制与灵活的手腕。事实证明，在冷战最危急的时刻，肯尼迪不辱使命。

古巴导弹危机是苏美关系的分水岭。肯尼迪和赫鲁晓夫在此后都谨小慎微，坚定地一步步向着改善的双边关系迈进。1963年6月，肯尼迪在美利坚大学（American University）的学位授受典礼演说中以温和的语言敦促苏联和美国谨慎地迈向裁军。8月，敌对双方签署了条约，禁止在大气、海洋和外太空进行核试验。他们还设置了一条加密的电线电报"热线"，翻译和技术人员24小时待命，让两国首都能够近乎即时通信。双方都避免在柏林发生进一步冲突。

这些措施单独看很小，但是它们合在一起扭转了前些年的趋势，开始建立亟需的双向信任。甚至可以说，至1963年秋季，欧洲的冷战已开始走向尾声。似乎双方都准备好接受现实，面对分裂的大陆和守卫森严的边境。不过，与此同时，军备竞赛还在继续，并且在某些方面还加快了速度，而第三世界的超级大国竞争丝毫没有冷却的迹象。

向着自由前进

约翰·肯尼迪从上任开始就相信，冷战是美国人民面临的最重要的问题。但是在1960年代初，年轻的公民权利活动家以几十年的长期斗争为基础，占据了全国舞台，要求联邦政府的力量为他们提供支持。他们在追求种族正义的斗争中赢得了胜利，但是他们的成果都是用热血换来的。

学生和运动

由北卡罗来纳农业技术学院的四名大一新生发起的伍尔沃思午餐角静坐运动，标志着非裔美国公民权利斗争的转折点。1960年，布朗判决宣称"隔离但平等"原则违宪六年后，只有10%的南方公立学校开始消除隔离。不到1/4的南方成年美国黑人男性参与投票，公共场所的饮水器仍然打着"只供白人使用"和"只供有色人种使用"的标签。但是这些年轻人们在格林斯博罗只服务白人的午餐角静坐一年后，超过70 000美国人参加了静坐示威运动，其中大部分是大学生。一个城市接一个城市，他们在南方的快餐店挑战黑人种族隔离法，还在南方实行种族隔离的全国连锁品牌的北方分店中抗议。

1960年春天成立的学生非暴力协调委员会（Student Nonviolent Coordinating Committee，即SNCC）帮助协调静坐示威运动，马丁·路德·金等年轻人主张非暴力抵抗。在接下去的数年中，这些年轻人将在社会正义斗争中抛头颅洒热血。

自由之行和选民登记

1961年5月4日，第二次世界大战期间成立的非暴力公民权利组织争取种族平等大会（Congress of Racial Equality，即CORE）的12名成员，在华盛顿特区购买了1 500英里的公共汽车票，穿越南方前往新奥尔良。这个种族融合群体把自己称作自由行客，他们用行动证明，尽管最高法院判决州际公共汽车和公共汽车站消除隔离，但是黑人歧视法仍然统治着南方。这些男性和女性知道他们此举有生命危险，一些人受到永久性的伤害。一辆公共汽车在阿拉巴马安尼斯顿（Anniston）外遭到炸弹攻击。行客在伯明翰遭到激烈殴打。在蒙哥马利，增援替换了伤员之后，一群1 000多名白人暴民用棒球棒和钢筋袭击了另一辆公共汽车上的行客。四处都看不到警察的身影，蒙哥马利的警察局局长宣称："我们不愿意为一群来到我们城市找麻烦的人提供保护。"

暴力袭击的新闻出现在全世界媒体头条。在苏联，广播评论员指出"美国自由和民主的野蛮本质"。一名南方商业领袖当时正在东京宣传伯明翰，推广国际商业发展，但是当伯明翰袭击的照片出现在东京报纸上之后，日本人的兴趣瞬间蒸发了。

在美国，由全国新闻媒体报道的暴力事件迫使许多人直面种族歧视和他们国家内部的仇恨现实。中产和上流阶层南方白人参与了对种族融合的"大规模抵制"，在布朗判决之后，许多南方白人对于"北佬"联邦政府的干涉仍然高度警惕，甚至包括种族温和派，而这时距内战已经过去了近一个世纪。自由乘车运动导致一些人改变了想法。《亚特兰大日报》（Atlanta Journal）发表社论称："（是）时候让高尚的人……为豺狼套上口套了。"国内和国际的呼吁迫使不情愿的肯尼迪总统采取行动。肯尼迪直接挑战南方州权利原则，派遣联邦执法官前往阿拉巴马保护自由行客和他们的支持者。与此同时，迫于南方白人的压力，他允许密西西比逮捕自由行客。

当一些活动家追求这些"直接行动"策略时，另一些人致力于在南方构建黑人政治权利。开始于1961年，成千上万学生非暴力协调委员会志愿者，冒着生命的危险走上密西西比和佐治亚满是灰尘的小路鼓励非裔美国人登记投票，其中许多人是高中生和大学生。一些学生非暴力协调委员会志愿者是白人，一些人来自北方，但是更多是来自低收入家庭的南方黑人。这些志愿者从亲身经历中明白，种族主义、弱势和贫穷如何斩断非裔美国人的生活希望。

肯尼迪和公民权利

肯尼迪总统对公民权利运动总体上是富有同情心的，尽管没有全身心投入，他也意识到种族压迫在冷战的国际舆论争夺战中伤害了美国利益。然而，像富兰克林·D.罗斯福一样，他也明白，假如他疏远国会中保守派民主党人,他的立法项目将会失败。因此,他委任了五名积习难改的种族隔离主义者,授以南方腹地的联邦席位,并且拖延发布联邦资助住房项目中禁止种族隔离的行政令(1960年运动的要求之一),直至1962年年末。不仅如此,他还允许联邦调查局局长约翰·埃德加·胡佛(J. Edgar Hoover)骚扰马丁·路德·金和其他公民权利领袖,使用窃听和监视手段收集个人信息并传播关于共产主义联系以及个人举止不当的谣言,努力让人们质疑他们的领导。

但是草根公民权利活动以及白人暴民的暴力无情地迫使肯尼迪采取行动。1962年9月,总统下令500名美国执法官保护首位进入密西西比州立大学的非裔美国学生詹姆斯·莫瑞德斯(James Meredith)。作为回应,成千上万白人用枪、汽油弹、砖块和钢管袭击执法官。暴民杀死了两个人,并导致160名联邦执法官严重受伤。执法官并没有退缩,詹姆斯·莫瑞德斯也没有。他在密西西比大学打破了种族界限。

伯明翰和儿童圣战

1961年,自由行客吸引了全国人民和更广阔的冷战世界的注意力,迫使总统插手。马丁·路德·金在蒙哥马利公共汽车抵制运动中担当领袖,一鸣惊人,他明白这些事件的含义。他和盟友们仍然坚持非暴力原则,认为把公民权利斗争推进到下一阶段的唯一方式是引发一场吸引国内外关注的危机,为进一步变革制造压力。金和他的南方基督教领袖大会(Southern Christian Leadership Conference, SCLC)开始策划1963年运动,他们选择的目标是美国种族主义最严重的城市:阿拉巴马伯明翰。他们清醒地意识到,他们的非暴力抗议会引起暴力反应,并把自己的计划称作C计划——"C代表对抗(confrontation)"。金希望让所有美国人看到,种族主义仇恨和暴力损害了他们的国家。

1963年4月的大部分时间,伯明翰的非暴力抗议导致成百上千次逮捕。接着,5月2日,在备受争议的行动中,金和伯明翰的父母亲们提高了赌注。他们把儿童置于抗议的前线,有些孩子甚至只有六岁。约一千名黑人儿童为公民权利游行时,警察局长尤金·"公牛"·康纳(Eugene "Bull" Connor)下令警察用训练水枪"监视者"(monitor)攻击他们,这种水枪的力量足以在100英尺外把树皮从树身上剥离。儿童在水枪攻击下一排排倒下,接着警察放出了警犬。当这些片段出现在晚间新闻上时,全国人民大惊失色。肯尼迪总统再一次被迫采取行动。他要求伯明翰的白人商界和政治精英协商解决方案。在压力下,他们同意了。伯明翰运动赢得了实在的胜利。不仅如此,活动家把公民权利运动推向了肯尼迪总统政治计划的前列。

"永远隔离!"

肯尼迪政府还遭遇了阿拉巴马顽固的州长乔治·C.华莱士(George C. Wallace)的抵抗。6月11日,华莱士信守承诺,亲自"堵住校舍大门",阻止阿拉巴马州立大学的消除隔离运动。1963年华莱士在就职演说中宣称"现在隔离,明天隔离,永远隔离!"引起了共鸣,眼看着美国被成百上千公民权利抗议撼动,白人暴民的暴力蜂拥而起,肯尼迪投入联邦政府力量确保种族正义,即使遭到个别州的抵制也在所不惜。第二天6月12日晚上,在电视演说中,肯尼迪告诉美国人:"已经到了这个国家践行诺言的时刻了。"几个小时之后,37岁的公民权利领袖梅加·埃弗斯(Medgar Evers)在密西西比杰克逊家中的车道上被杀害,就在他的孩子们面前。接下来的一周,总统请求国会通过全面的《公民权利法案》,在整个美国终止基于种族的法律歧视。

华盛顿游行

1963年8月28日,25万美国人顶着酷热聚集在华盛顿国家广场。他们来自全国各地,向国会显示他们对肯尼迪《公民权利法案》的支持;许多人还希望联邦政府采取行动保障工作机会。在幕后,来

昨日重现

"C计划"和全国舆论

1963年5月4日,《纽约时报》的头版刊登了这张阿拉巴马伯明翰的公民权利游行的照片,画面中警犬正在袭击一名17岁示威者。下面的照片是一名消防员用高压灭火龙头冲散人群的照片,其中还包括三名少女。第二天,肯尼迪总统在白宫会议上讨论了这张照片。一些历史学家辩称,这些照片不仅记录了历史,也创造了历史。这个说法在这个案例中是否成立?这张照片如何体现马丁·路德·金的"C计划"(参见第832页)?《纽约时报》编辑选择这幅照片,而非当天的许多其他照片,有没有深意?

▲ 大众媒体报道帮助刺激公众舆论支持公民权利抗议者。
图片来源:美联社照片/比尔·哈得森(Bill Hudson)

自各大公民权利团体的组织者紧紧抓住运动中与日俱增的矛盾——南方基督教领袖协会、种族平等大会、学生非暴力委员会、全国有色人种协进会、城市联盟(Urban League)以及A.菲利普·兰道尔夫(A. Philip Randolph)的卧车搬运工兄弟会(Brotherhood of Sleeping Car Porters)。学生非暴力委员会活动家认为肯尼迪提出的法律规模太小、来得太迟，希望采取激进的行动。金和另一些较年长的领袖则建议谦逊温和的美德。这场运动开始分裂了。

这些分歧并没有被完全掩藏。学生非暴力委员会的约翰·路易斯(John Lewis)告诉聚集的人群，学生非暴力委员会成员带着"一种严重的疑虑"加入游行，并且问道："哪个政党能让华盛顿游行不再必要？"然而，大部分美国人看到的是对团结的赞礼。黑人和白人名人携手共进，民歌歌手唱着自由之歌。电视网络在下午的肥皂剧中插播马丁·路德·金的行动，他以南方传教士抑扬顿挫的语调，预言终有一天，"所有上帝的子民，黑人和白人、犹太人和非犹太人、新教徒和天主教徒，能够手拉着手，用古老的黑人灵魂语言歌唱，终获自由！终获自由！谢谢全能的主，我们终获自由！"1963年的华盛顿就业和自由游行是胜利的时刻，它强有力地向全国人民证明，非裔美国公民下定决心争取平等和正义。但是这场斗争远没有结束。几天之后，白人至上主义者轰炸了伯明翰的第十六街浸礼会教堂(Sixteenth Street Baptist Church)，杀死了四名黑人女孩。

自由之夏

在暴力面前，为种族正义而战的斗争持续着。1964年夏季，1 000多名白人学生加入了密西西比动员计划。这些工人建立自由学校，教授读写和宪法权利，并且帮助组织密西西比自由民主党(Mississippi Freedom Democratic Party)，作为常规白人民主党的替代选择。重要的学生非暴力委员会组织者还相信，大量白人志愿者能让全国人民关注密西西比的压迫和暴力。但是这些行动并非一切顺利：受过良好教育的白人志愿者涉足决策角色时，地方黑人活动家有时候会非常焦虑，种族间性关系的矛盾让已经艰难的处境更加复杂。更糟糕的是，参与计划的工作者遭到上千次逮捕，受到枪击、轰炸和殴打。6月21日，当地黑人活动家杰姆斯·切尼(James Cheney)和两名白人志愿者迈克尔·施沃纳(Michael Schwerner)及安德鲁·古德曼(Andrew Goodman)被一群三K党暴民杀害。四天之后，在他们的尸体被发现之前，沃尔·克朗凯特(Walter Cronkite)告诉夜间新闻观众，整个美国都在注视着密西西比。哥伦比亚广播公司播放黑人和白人工作者手拉手，齐唱"我们要战胜一切"(We Shall Overcome)的片段。那年夏天，黑人和白人活动家一起冒着生命的危险，挑战南方腹地的种族等级体系。

自由主义和伟大社会

至1963年，公民权利成为首要内政问题，肯尼迪似乎踏上了一条全新的道路。1960年竞选时，他保证带领美国迈向"新前线"，联邦政府将致力于消除贫困，恢复城市繁荣，保障老年人医疗健康，并且为所有美国儿童提供体面的学校。但是肯尼迪的国内创举很少能通过并成为法律，一方面是因为肯尼迪没有用自己的政治资本支持它们。1960年大选中，肯尼迪缺乏选民授权，也没有强烈的国内改革愿景，更害怕疏远国会中的南方民主党，他任由自己的社会政策计划衰弱下去。

肯尼迪更关注不那么有争议的问题，他尝试调整美国经济，相信持续的经济增长和繁荣将解决美国的社会问题。肯尼迪的设想在美国的太空项目中得到最佳实现。苏联人在冷战太空竞赛中领先，1961年肯尼迪发誓要在这十年结束前把人类送上月球。美国国家航空和航天局(National Aeronautics and Space Administration，即NASA)获得了几十亿美元的资金支持，启动了"阿波罗登月计划"。1962年2月，宇航员约翰·格伦(John Glenn)乘坐太空舱"友谊7号"(Friendship 7)进入地球轨道。

肯尼迪遇刺

这个国家永远无法知道肯尼迪能成为怎样的总统。1963年11月22日，肯尼迪拜访副总统林登·约翰逊的故乡得克萨斯。在达拉斯，肯尼迪乘坐敞篷豪华轿车，数万民众在车队两旁夹道欢迎。突然之间，枪声响起。总统头部中弹倒了下来。哥伦比亚广播公司王牌播音员沃尔·克朗凯特向全国人民宣告他们的总统死亡的消息，并流下了眼泪。通过学校教师的轻声低语，通过工厂和办公室中理智清醒的宣告，通过街上人们震惊的脸庞，消息很快传遍大街小巷。

同一天，警察抓住了嫌疑人：前美国海军陆战队成员（不光彩地被除名）李·哈维·奥斯瓦尔德（Lee Harvey Oswald），他试图通过此举获得苏联公民身份。两天之后，在数百万电视观众面前，奥斯瓦尔德被可疑的夜总会店主杰克·鲁比（Jack Ruby）射中头部身亡。已经陷入震惊的美国人感到无比困惑。鲁比的动机是什么？他杀奥斯瓦尔德是否是为了灭口，防止他供出其他人？七个成员组成的沃伦委员会（Warren Commission）在美国联邦最高法院首席大法官厄尔·沃伦（Earl Warren）的领导下进行调查，并得出结论认为奥斯瓦尔德没有同伙。四天来，这场悲剧不间断地占据着美国电视屏幕。数百万美国人收看了他们总统的葬礼：年轻勇敢的遗孀戴着黑色面纱，失去主人的马，3岁的"约翰－约翰"向父亲的棺木致敬。在达拉斯，这个可怕的时刻，肯尼迪的总统生涯似乎从现实变成了神话，肯尼迪本人也变成了某种殉道者。人们将牢记肯尼迪，不是因为任何特定的成就，而是他洋溢的热忱、他鼓舞人心的言辞，以及他带给美国政治生活的浪漫憧憬。以一种独特的方式，他在死亡中达到了比在世时更高的成就。在总统遇刺后沉痛和哀悼的氛围中，林登·约翰逊作为总统登上空军一号（Air Force One）宣誓，他诉诸肯尼迪的记忆，开始推动新政时期以来最野心勃勃的立法计划。

约翰逊和伟大社会计划

新总统是个高大而充满激情的人，与前任几乎在每个方面都大相径庭。肯尼迪从小出身富有特权家庭，在哈佛接受教育，而约翰逊则生于得克萨斯山区的贫寒之家，在得克萨斯州立师范学院（Texas State Teachers' College）受教育。他粗俗、满口粗话，与肯尼迪的优雅形成鲜明反差，他还很乐意利用自己人高马大的优势。据顾问和副官说，他希望他们跟他进盥洗室，在他淋浴或者上厕所的时候处理事务。但是约翰逊成年之后一直浸淫在全国政治中。1937年，他作为参议院大多数派的领袖填补了得克萨斯国会席位的空缺，从1954年到1960年，他学会了如何操纵人心，通过引导权力达到自己的目的。现在，作为总统，他运用这些政治技巧，试图团结和安定这个国家。"让我们在这里下定决心，"他在肯尼迪遇刺五天后的国会会议上说道，"约翰·菲茨杰拉德·肯尼迪没有白活——也不会白死。"

约翰逊是富兰克林·D.罗斯福式的自由派，他相信联邦政府必须积极行动改善美国人的生活。1964年在密歇根大学学位授受仪式致辞时，他描述自己心目中的国家理想基础是"所有人富足而自由……贫穷和种族不公得以终结……每个孩子都能找到知识丰富自己的头脑，拓展自己的天赋……每个人都能重拾与自然的联系……人们更关心他们目标的质量，而非物品的数量"。约翰逊把这个愿景称作"伟大社会"。

《公民权利法案》

约翰逊把公民权利置于自己立法优先级的第一位，7月，他签署了1964年《公民权利法案》，使之成为法律。这部法律终止了建立在种族、肤色、宗教、国籍基础之上的合法歧视，涉及联邦项目、选举、就业和公共住房等各个方面，就业中的性别歧视也被禁止了。最初版本的法案并不包括性别歧视；这一条款是一位南方国会议员加入的，他希望

▲ 美国的贫困不仅是城市问题，1964年夏天，约翰逊总统走访了全国各个贫困地区。照片中，他坐在农舍的台阶上，和北卡罗来纳落基山城（Rocky Mount）的马罗（Marlow）一家亲切交谈。

图片来源：贝特曼/科比斯

以这一条款引起强烈反对，从而使这个法案整体上无法通过。然而，当众议院的两党女性团体专注于这一条款时，法案顺利通过了，性别成为一个受保护类别。非常重要的一点是，1964年《公民权利法案》制定了实施机制，赋予政府从具有歧视行为的公共机构或联邦承包商那里扣留联邦资金的权力，并设立了同等就业机会委员会（Equal Employment Opportunity Commission，EEOC）调查和判断就业歧视的控诉。然而，该委员会很少关注性别歧视，作为回应，1966年女性平等的支持者组成了美国全国妇女组织（National Organization for Women，NOW）。在接下去十年中，这一组织将在更广泛的女性权利和平等运动中起到重要作用（参见第862页）。

许多美国人并不相信终止种族歧视或者对抗贫穷是联邦政府的职责。许多南方白人憎恨联邦干预他们眼中的地方习俗；许多北方白人对于1964年夏天城市少数族裔聚居区的暴力动乱感到愤怒。在全国各地，数百万保守的美国人相信从新政时期开始，联邦政府已经跨越了宪法设定的界限。在不断增长的联邦权力面前，他们希望恢复地方控制和州权利。1964年大选中，这种保守愿望得到共和党候选人、亚利桑那州参议员巴里·戈德华特（Barry Goldwater）的支持。

1964年总统大选

戈德华特不仅在1964年《公民权利法案》中投了反对票，他还反对全国社会保障体系。和许多保守派一样，他相信最重要的美国价值观是个人自由，而非平等。戈德华特对"法律和秩序"的呼吁赢得了很多选民的喝彩。他相信美国需要更强大的国家军队对抗共产主义；在竞选演说中，他暗示美国应该使用战术性核武器对抗敌人。"在捍卫自由过程中采取极端手段并不是恶。"他在1964年共和党全国大会上告诉代表们。

戈德华特的竞选口号"在你内心深处知道他是对的(right)"被林登·约翰逊的支持者用以攻击他，"在你内心深处知道他是右派(right)……太右了"，有人一语双关地总结。另一个版本警告人们小心戈德华特使用核武器的意愿，"在你的内心深处你知道他会的"。约翰逊的竞选资本是自己的执政纪录，失业率控制在4%以下，经济增长率超过6%。但是他知道自己对公民权利的支持让他与新政联合关系破裂。在签署1964年《公民权利法案》之后不久，他告诉一个助手，"我觉得我和你们这辈子已经把南方拱手让给共和党了。"

1964年民主党全国会议上，约翰逊对公民权利的支持与他需要的南方民主党支持之间的矛盾到达了巅峰。两个来自密西西比的代表团都要求席位。民主党官方代表团全部由白人组成，而密西西比自由民主党则派了一个多种族代表团来代表一个歧视文化水平测试和暴力剥夺黑人公民投票权的州。来自南方各州的白人代表威胁，假如密西西比自由民主党代表入座，他们就发起公开罢工。密西西比自由民主党代表芬妮·娄·哈默（Fannie Lou Hamer）提出有力证据，总结道："（假如）自由党不能入席，我质疑美国。"约翰逊试图达成妥协，但是密西西比自由民主党对于政治协议没有兴趣。"我们走那么远的路来到这里不是为了区区两个席位。"哈默说道，然后代表团走出了会议厅。

约翰逊失去了密西西比自由民主党，他也失去了南方腹地——这是内战以来第一个失去南方腹地的民主党候选人。然而他以压倒性优势赢得了大选，美国选民给了他历史上最自由主义的国会。约翰逊获得破纪录的61.1%选民票，发起了伟大社会计划。国会以1935年以来最全面的改革立法回应约翰逊的当选。

公民权利仍然是关键问题。1964年年末，南方基督教领袖协会把选举权置于计划的顶端。马丁·路德·金和其他领袖转向阿拉巴马塞尔玛（Selma），这个城镇具有打击公民权利抗议的历史，他们试图寻找另一个引起全国支持和联邦行动的公开对抗事件。3月6日，冲突到来，当和平游行者穿过爱德蒙·佩特斯桥（Edmund Pettus Bridge）前往蒙哥马利时，州军队用电牛刺、锁链和催泪瓦斯对他们发动袭击。3月15日，总统向国会和全国人民发表讲话，提出全面支持第二个纪念碑式的公民权利法案——《选举权法案》。这一法案规定南方腹地妨碍大部分黑人公民选举的行为非法，并且在有证据显示历史上存在歧视行为的地区对选举进行联邦监督（参见地图30.1）。两年之内，在密西西比登记投票的非裔美国人百分比从7%跃升至近60%。接下去的十年中，黑人官员当选在南方各州越来越普遍。

改善美国生活

约翰逊政府致力于改善美国人的生活质量，设立了新的学生贷款和助学金项目，帮助中低收入美国人上大学，并且建立了国家艺术基金会（National Endowment for the Arts）和国家人文学科捐赠基金会（National Endowment for the Humanities）。1965年《移民法案》终止了几十年来塑造美国移民政策的建立在种族基础上的配额限制。约翰逊还支持重要的消费者保护立法，包括1966年受到拉尔夫·纳德（Ralph Nader）的汽车业博览会主题"任何速度都不安全"（Unsafe at Any Speed）的启发（1965）提出《全国交通及汽车安全法案》（National Traffic and Motor Vehicle Safety Act）。

环境保护主义者也在约翰逊政府中找到了同盟。第一夫人克劳迪娅·阿尔塔·泰勒·约翰逊（Claudia Alta Taylor Johnson）(被所有人称为"鸟夫人"[Lady Bird]）成功地推动了一项立法，限制全国新建州际高速公路系统旁的广告牌和垃圾场。

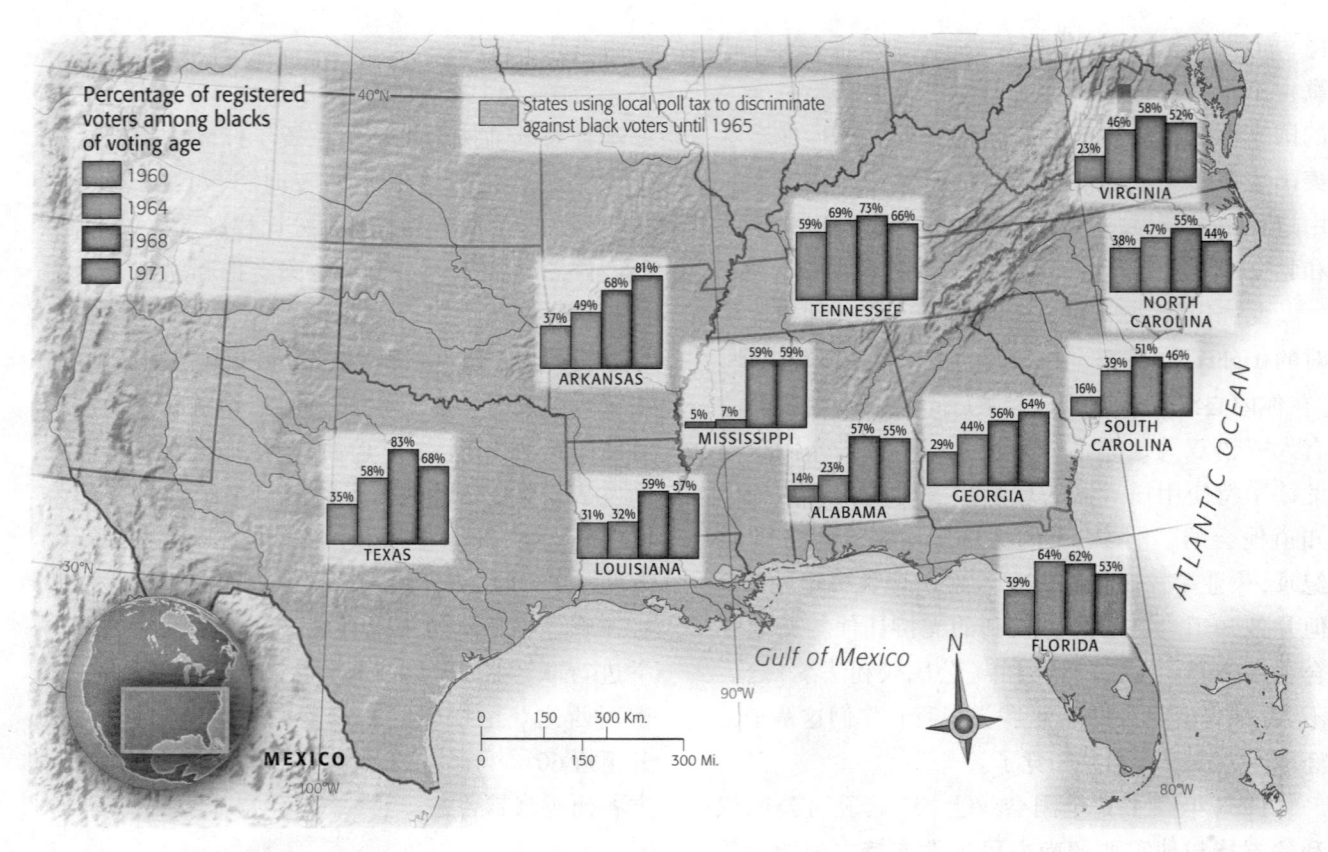

地图30.1 非裔美国人选举权，1960—1971年
在1965年《选举权法案》通过后，密西西比和阿拉巴马登记的非裔美国选民数量急剧上升，其他南方各州也大幅上升。
来源：《选民动员和种族政治：南方和普遍选举权，1952—1984》(*Voter Mobilization and the Politics of Race: The South and Universal Suffrage, 1952—1984*)，哈罗德·W.斯坦利（Harold W. Stanley），普拉格出版社（Praeger Publishers），1987年，经百科全书有限公司（ABC–CLIO, LLC）授权

约翰逊签署了"保护"法律，保护美国留存下来的荒野，并支持针对环境污染的法律。

反贫困战争

约翰逊的伟大社会计划核心是对贫困的战争。约翰逊和其他自由派相信，在经济富裕的时代，这个国家将有足够资源实行终结"美国社会根深蒂固的贫穷、无知和饥饿"的计划。从1964年开始，约翰逊通过了20多部旨在对抗贫穷的重要法案（参见表30.1）。

约翰逊的目标，用他自己的话来说，是"为我们被遗忘的1/5人民提供机会，而不是施舍。几十亿美元的联邦经费输送到自治市和校区，用于为穷人创造机会，从学龄前儿童（领先计划）到高中生（向上跃进计划）"，再到年轻成人（就业工作团）。模范城市项目提供联邦资金，在目标城市社区提升就业、住房、教育和医疗健康，"社区行动计划"（Community Action Programs）让贫苦美国人参与创办当地草根反贫困项目，创造更美好的社区。

约翰逊政府还试图确保基本的经济保障，扩大现有的食物券项目，并且拨出几十亿美元用于建设公共住房和补贴租金。两个新的联邦项目为特定的美国人群体提供医疗保健：65岁及以上老人的医疗保险，以及穷人的公共医疗补助制度。最后，新政时期创设的基本福利项目"受抚养子女家庭援助（计划）"（Aid to Families with Dependent Children，即AFDC）扩大了福利和资格。

反贫困战争从一开始就备受争议。左翼人士相信政府在改变基本结构性不平等方面缺乏作为。

而保守派则辩称伟大社会计划助长了美国穷人的依赖性。政策分析师指出，某些项目构思不佳，执行也很差。即使是支持者也承认，这些项目大体上缺乏资金，并且被政治妥协妨碍。反贫困战争的"将军"之一，约瑟夫·卡利法诺（Joseph Califano）回应了这次批判，他宣称："无论20年后历史学家如何评价伟大社会计划，他们不得不承认我们尽力了，我相信他们会认为，因为我们的所作所为，美国变成了一个更美好的地方。"

几十年之后，大部分历史学家认为反贫困战争只取得了部分成功。反贫困战争计划改善了全国穷人的住房质量、医疗和营养。1965年至1970年之间，联邦社会保障、医疗、福利和教育支出增加了一倍以上，而这个趋势将持续到接下去的十年中。比如，至1975年，符合领取食物券资格的美国人人数从600 000（1965年）上升至1 700万。老年人中的贫困人口从1960年的40%下降到1974年的16%，主要是因为增加了社会保障福利和老年医疗保险。反贫困战争毫无疑问改善了许多低收入美国人的生活质量（参见图表30.1）。

但是反贫困战争在解决贫困的根本原因方面却不那么成功。就业工作团和社区行动计划项目都没有收到显著成效。经济增长而不是约翰逊政府政策，成为1960年代贫困率大幅降低的原因，从1959年的22.4%下降到1973年的11%。还有一个结构性的贫困决定性因素没有改变：生活在女性担任家长的家庭中的1 100万美国人在1960年代末仍然生活在贫困中——这个数字与1963年一样。

塑造伟大社会计划的政治妥协也造成了长期问题。比如，国会在医疗保险法律中照顾医生和医院的利益，在治疗老年病人时，允许联邦返还医院的"合理成本"和医生的"合理收费"。医生和医院没有降低价格的动机，所以医疗费用大幅上升。全国医疗保健支出占国民生产总值的比例从1960年至1971年上升了近44%。约翰逊的伟大社会计划并不是绝对的成功，但是在这一刻许多美国人相信他们可以解决贫困、疾病和歧视的问题，而且有必要尽力尝试。

表30.1 伟大社会计划成果，1964—1966年

	1964	1965	1966
公民权利	《公民权利法案》 平等就业委员会 第二十四条修正案	《选举权法案》	
对抗贫困战争	《经济机会法案》 经济机会办公室 就业工作团 贫困人口法律服务 为美国服务志愿队		模范城市
教育		小学和中学教育法案 领先计划 向上跃进计划	
环境		《水质法案》 《空气质量法案》	《清洁水恢复法案》
新政府机构		住房和城市发展部 国家艺术与人文捐赠基金	交通部
其他		老年医疗保险制度和公共医疗补助制度 移民和国籍法案	

注：1960年代中期的伟大社会计划见证了1930年代新政以来最大规模的一次改革立法爆发。

▲ 这个三岁的西班牙裔女孩在领先计划中学习阅读。领先计划是1964年《经济机会法案》创设的几个项目之一，为低收入家庭学龄前儿童做小学入学准备。
图片来源：E.克鲁斯（E. Crews）/图像作品（The Image Works）

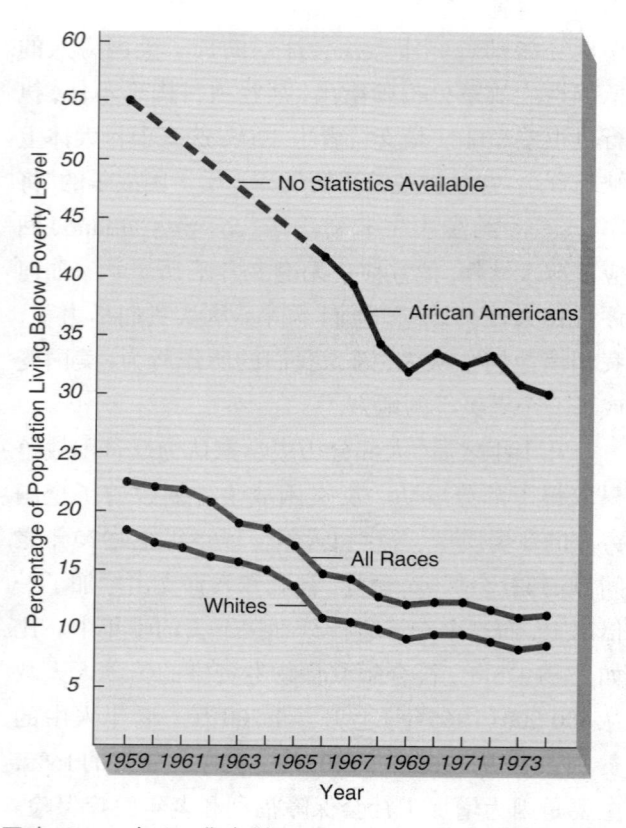

图表30.1　白人、非裔美国人和所有种族的贫困情况，1959—1974年
由于经济繁荣水平的提升，以及伟大社会计划的影响，1974年生活在贫困中的美国人比例只有1959年的一半。非裔美国人贫困的可能性仍然比美国白人高得多。1959年，超过半数黑人（55.1%）处于贫困状态；1974年，这个数字仍然很高（30.3%）。政府并没有1960年至1965年非裔美国人贫困状况的记录数据。
来源：©圣智学习

约翰逊和越南

从很早开始，约翰逊的国内宏愿就受到了海外动荡的威胁。在海外政策方面，他坚持美国崇高地位以及共产主义威胁的观念。他以一种简单的、非黑即白的方式看待这个世界：他们对抗我们，而且在他眼里有很多个"他们"。但是，大部分时间，他更喜欢直接忽略美国海岸之外的地方。国际事务从来没有引起他的兴趣，他也不会欣赏外国文化。任副总统时，他曾访问泰国，一名助手温和地提醒他，泰国人不喜欢与陌生人进行肢体接触，他大发雷霆。该死，约翰逊震怒道，他明明到处和人握手而且他们喜欢这样。在印度泰姬陵，约翰逊用得克萨斯牛仔式喊叫测试这个建筑物的回声效果。在前往塞内加尔的旅途中，他要求随身带美式床、特殊的淋浴头和顺风威士忌（Cutty Sark）箱。"外国人，"约翰逊在上任初期半开玩笑地嘲讽道，"和我习惯的人不一样。"

肯尼迪在越南的遗产

然而约翰逊从一开始就知道海外政策要求他给予大量关注，尤其是与越南有关的政策。从1950年代末开始，越南的敌对行动增加了，胡志明的北越帮助南部越共游击队推动共产主义政府领导下的国家统一。肯尼迪总统已经逐步增加对西贡吴庭艳政权的资金支持，增加了前往北越的空投突击队,并且用落叶剂毁灭庄稼,让越共陷入饥荒,并暴露他们的隐藏地点。肯尼迪还巩固了美军在南越的势力,1963年越南有超过16 000名美国军事顾问,一些人得到授权和美国支持的越南共和国陆军(Army of the Republic of Vietnam,即ARVN)一起参加战斗。

与此同时,越南人民对吴庭艳高压政权的反抗愈演愈烈,其中不仅有共产主义者。农民抵制为了他们自身安全考虑强迫他们背井离乡的计划,佛教僧人抗议罗马天主教徒吴庭艳的宗教迫害,在身上倾倒汽油,走上西贡街头自焚。尽管吴庭艳本人很诚实,但是他支持政府中的腐败势力,并把权力集中在家人和朋友的手中。他将批判者投入监狱,阻止他们发声。最后,美国官员在肯尼迪的允许下,鼓励野心勃勃的南越将军把吴庭艳赶下台。1963年11月1日,将军发动政变,杀死了吴庭艳。短短几周之后,肯尼迪本人遭到暗杀。

肯尼迪遇刺的时机让越南成为他遗留问题中最富争议的方面。我们已经永远无法得知,假如肯尼迪能活着从得克萨斯回来,东南亚局势会发生什么变化。当然,他对于这场纷争的矛盾记录也让人很难猜测。他扩大了美国的干涉,并且赞成颠覆吴庭艳政权,但是尽管高层顾问不断催促,他仍然拒绝将美国地面部队投入这场斗争。随着时间流逝,他越来越怀疑南越的希望,并且暗示他将在赢得1964年大选之后终止美国的投入。一些作者更进一步,辩称他甚至在去世时已经开始让美国抽身,但是支持这个主张的证据很单薄。更可能的情况是,肯尼迪在命运之日来到达拉斯时,仍然不确定如何解决越南问题,并且打算把真正困难的抉择留到以后。

东京湾事件和决议

林登·约翰逊从即将到来的1964年总统大选的角度审视自己的越南战争选择。他不希望对越政策给总统选举增加变数,这意味着把越南置于次要地位。然而约翰逊也渴望胜利,或者至少不能打输,其实两者是一回事。结果,在整个1964年,约翰逊政府秘密制定把战争扩大到北越的计划,并且从来没有严肃考虑谈判的解决手段。

1964年8月初,北越沿海东京湾发生的一起事件引发了约翰逊的干预(参见地图30.2)。三天之内,美国驱逐舰两次报告遭到北越巡逻舰的袭击。尽管缺乏证据表明第二次袭击确实发生,约翰逊还是下令有选择地对北越巡逻舰基地和一个石油仓库进行报复性空中打击。他还命令助手修改一项存在很久的关于使用武力的国会决议。众议院以416对0票,参议院以88票对2票,很快通过了东京湾决议,赋予总统权力,"采取一切必要措施击退任何针对美国的武装袭击,并阻止进一步进犯"。在此过程中,国会本质上把自己的宣战权力移交给了执行机关。国防部部长罗伯特·麦克纳马拉后来指出,这项决议旨在"打开闸门"。

扩大战争决议

约翰逊总统对决议授予他的宽泛权力非常满意,他使用了一个与众不同的比喻。"就像老祖母的睡衣,"他打趣道,"它覆盖了一切。"他也很感激东京湾事件对他的政治地位起到的帮助。他的公众支持率急剧上升,而他施展武力有效地让越南不再是共和党总统候选人巴里·戈德华特的竞选问题。然而,直到1964年的最后几个星期,南越土地上的前景依然黯淡,越共继续步步为营。美国官员的回应是制订秘密计划、扩大美国投入。

1965年2月,越共对南越美国工事发动袭击,杀害了32名美国人,作为回应,约翰逊下令发起前一年秋天制订的轰炸计划"滚雷行动"(Operation Rolling Thunder),轰炸几乎不间断地持续到1968年10月。接着,3月8日,首批美国战斗部队在达南(Danang)附近上岸。然而,北越人不愿意放弃。他们躲在掩体中,以一种让美国决策者焦头烂额而肃然起敬的坚韧重建道路和桥梁。他们还增加了对南部的渗透。与此同时,在西贡,由自私自利的军阀上演的政变和反政变,妨碍了美国试图扭转战局的努力。"我不认为我们应该严肃对待这个政府，"大使亨利·卡伯特·洛奇（Henry Cabot Lodge）在一次白宫会议上说道，"反正没有一个能用的人。"

1965年7月，约翰逊关于美国在这场战争中的政策召开了一系列高级别讨论会。尽管这些商讨有一种文字游戏的特点，约翰逊希望记录下他的举棋不定，而事实上他早已经下定了决心，但是它们确实证明美国的投入或多或少是无限制的。7月28日，约翰逊公开宣布重要的增援，并暗示其他兵力将紧随其后。至1965年年底，在越南有超过180 000人的美国地面部队。1966年，这个数字攀升至385 000。单单1967年，美国军用飞机就飞行了108 000架次，对北越投下了226 000吨炸弹。1968年，美国的兵力达到了536 100人（参见图表30.2）。每次美国扩大军队投入带来的不是胜利，而是北越的扩大兵力。苏联和中国对于逐步升级的美国干涉做出回应，增加了对河内政府的物资援助。

842 反美国化运动

滚雷行动和美国军队的投入"美国化"了这场战争。这场战争原本可以视为南北之间的内战，或者一场民族统一战争，而现在明白无误已经变成一场美国对抗共产主义河内政府的战争。越南战争的"美国化"不顾国内外德高望重和理智的声音，一意孤行地进行下去。在为期数月的决策关键时期，参议院中的民主党领袖、重要新闻媒体如《纽约时报》和《华尔街日报》、权威专栏作家如沃尔特·李普曼（Walter Lippmann）纷纷告诫美国避免泥足深陷。政府内部也有很多反对意见，包括副总统休伯特·H.汉弗莱和副国务卿乔治·W.波尔（George W. Ball）。在国外，美国的所有盟友都提醒美国警惕战事扩大并且敦促政治协商解决，包括法国、英国、加拿大和日本，它们的理由是，不存在对美国有利的军事解决方案。值得注意的是，高层美国官员自己也持这种悲观主义的态度。他们大多知道成功的希望很渺茫。他们显然希望这些新的举措能够让河内结束在南部的叛乱，但是他们对此并没有充足

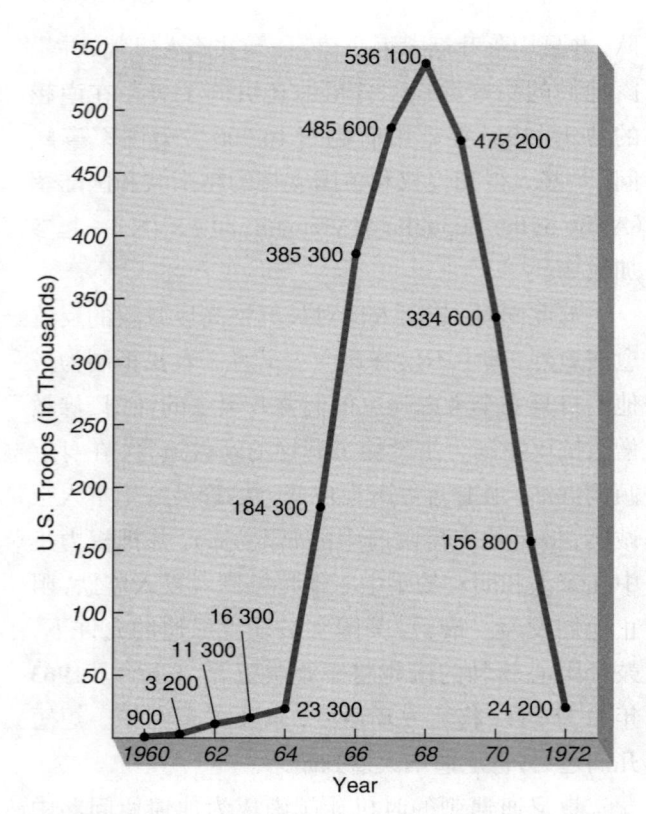

图表30.2 越南的美国军队，1960—1972年

这些数据显示，约翰逊总统下令大幅扩大部队规模，越南战争在他的决策下开始美国化。尼克松总统反转了这一趋势，至1973年年初停火，留在越南的美国军队不到25 000人。统计数据截止到每年12月31日。

来源：美国国防部

的信心。

那么，为什么美国的领导人选择战争？岌岌可危的是"信用"。他们担心，假如美国无法在越南立足，全世界的朋友和敌人将发现美国的力量没有那么可靠。苏联人和中国人将从中获得勇气，挑战世界其他地区的美国势力，并且同盟政府或许会认为他们无法再依靠华盛顿。至少对于包括总统本人在内的一部分核心成员而言，国内政治信誉和个人信誉也悬于一线。约翰逊担心越南的失败会损害他的国内方针；更甚之，他害怕想象中伴随战败而来的不可避免的个人羞辱。对他来说，协商撤退等于战败。帮助南越同盟击退外敌侵略这一冠冕堂皇的理由也是一方面，但如果西贡政府能更积极地捍卫自己的国土，这个理由将会占更大比重，相反，西贡政府摇摇欲坠，高层领导人内部斗争不断，并

且几乎没有民众支持。

越南的美国士兵

即使当约翰逊美国化越南战争时，他仍然努力把对这一行动的公众关注尽可能降低。因此，他拒绝了美国参谋长联席会议的观点，联席会议认为应该动员美国预备部队，并宣布全国进入紧急状态。拒绝召集预备部队的决定对于美国派往越南战场的战斗部队有着严重影响。它迫使军队机构严重依赖新兵，也意味着越南成为一场年轻人的战争：士兵的平均年龄仅为22岁，而第二次世界大战则是26岁。它还成为一场穷人和工人阶级的战争。在大规模扩大战争的数年（1965—1968年）中，大学生可以获得延期入伍，教师和工程师也一样。（1969年，征兵政策做出了调整，一些学生也通过抽签系统应征入伍。）最贫苦、受教育程度最低的年轻人最不可能逃避征兵，也更可能志愿从军。军队在贫困的社区征召了大量士兵，其中有许多是非裔美国人和拉美裔，政府把军队宣传成训练和晋升的渠道，这种宣传手段经常有成效。穿上军装后，那些缺乏技能的人更可能投入战斗，因此也更可能死亡。

受到调遣的步兵背负沉重的背包，深入茂密的丛林，每一步都十分危险。饵雷和地雷是持续的威胁。昆虫成群结队，虱子趴在疲惫的身体上吸血。靴子和人类皮肤因为淫雨而溃烂，不下雨的时候就是烈日暴晒。"太阳和土地本身好像都站在越共一边，"海军陆战队军官菲利普·卡普托（Phillip Caputo）在《战争的谣言》（A Rumor of War，1977）中回忆道，"让我们疲惫不堪，把我们逼疯，杀死我们。"与此同时，敌人难觅踪迹，常常挖掘错综复杂的地道或隐藏在人群中，任何越南人都可能是越共。

美国军队骁勇善战，他们于1965年加入战争帮助避免了南越的战败。在这种意义上，美国化达到了最即时也最基本的目标。但是随着那年战斗逐步升级，河内领袖发现这场战争无法轻而易举获胜，华盛顿的领导人也同样明白了这一点。随着每次美国扩军北越人也扩大自己的军队规模，这场战争逐渐变成了僵局。美国指挥官威廉·威斯特摩兰（William Westmoreland）将军相信，消耗策略代表胜利的关键，事实证明他是错的，敌人似乎有着源源不断的增援投入战斗。在威斯特摩兰的战略下，衡量成功的手段变成了"点尸体"——清点战斗后北越人和越共的尸体。从一开始，急于说服上级军官某次行动成功的军官就不断操纵这些数字。更糟糕的是，美国对于大规模军队和其他技术的依赖让很多南越人反感，包括地毯式轰炸、凝固汽油（凝胶状的汽油）以及毁灭整片森林的植物脱叶剂，这种情绪反过来给越共贡献了有生力量。

国内的分歧

美国人日益分裂成支持战争和反对战争两个阵营。电视报道每晚把战争场景送到千家万户：成堆尸体和尸袋、焚毁的村庄和哭泣的难民，反对者的人数越来越多。在大学校园中，教授和学生们组织关于美国政策的辩论会和讲座。有时候这些不眠不休而激烈的公开讨论变成了一种被称作"时事宣讲会"（teach-ins）的抗议形式，这一名称来自公民权利运动的静坐运动。大型校园和街头示威游行还没有开始，但是美国公谊服务委员会（American Friends Service Committee）和妇女国际和平与自由联盟（Women's International League for Peace and Freedom）等和平主义团体组织了早期的抗议活动。

1966年年初，参议员威廉·富布赖特（William Fulbright）就战争追求是否能促进国家利益举行电视直播公开听证会。威胁到底是什么？参议员们问道。让一些人吃惊的是，乔治·K.凯南（George K. Kennan）做证，他的遏制原则是为欧洲而非反复无常的东南亚环境制定的。凯南主张，美国对越南的"执着"妨碍了它的全球责任。富布赖特听证会究竟改变了多少人的看法不得而知，但是引起了首次关于越南战争的深入的全国性讨论。它们激发美国人思考这场战争以及美国在其中的角色。没有任何人能再怀疑，公共官员对于越南问题有着严

▲ 越南战争中在一场战役中受伤的美国士兵。
图片来源：拉里·伯罗斯（Larry Barrows）/盖蒂图库

重的分歧，并且其中两人，林登·约翰逊和威廉·富布赖特，已经因为这场战争彻底分道扬镳。

尽管私下里充满疑虑，国防部部长罗伯特·麦克纳马拉还是公开支持1965年越战的美国化，但是随着轰炸的杀戮和破坏，他感到越来越困扰。1965年11月，他已经对于胜利持怀疑态度，此后的几个月中，他为美国人的国际形象苦恼不已。麦克纳马拉担心，坚定地投入战争并没有捍卫美国的信誉，反而让其受到严重的损害。"在一个星期内，这个世界上最强大的超级大国杀戮或严重伤害了1 000平民，同时试图在一个众说纷纭的问题上把一个落后国家打服，这并不是漂亮的做法。"1967年年中，他告诉约翰逊。

但是约翰逊并没有心情听人劝告或者重新考虑。他下定决心要在越南立足，一头扎进去，厉声批判"那些校园里的小搅屎棍"。尽管有时候他会暂停轰炸，鼓励胡志明进行谈判（接受美国的条件），安抚批评者，而这样的暂停通常伴随着美国部队力量的加强。而且美国有时候会在外交突破看似可能的时候恢复或加速轰炸。河内要求完全停止轰炸袭击才愿意坐在谈判桌前。而胡志明不愿意接受美国的条件，因为美国要求他放弃建立独立统一越南的毕生梦想。

分裂的国家

当约翰逊挣扎着与越南难以战胜的敌人做斗争时，他国内的自由主义伟大社会构想也面临着挑战。在一个沿着许多分界线分崩离析的社会中，关于越南政策的分歧只是其中一条裂缝，除此之外还有黑与白、年轻与年老、激进与保守。

城市动乱

即使1960年代中期公民权利运动赢得了重要胜利，许多美国人仍然放弃了自由主义改革的希望。1964年，在约翰逊总统签署里程碑式的《公民权利法案》后不久，种族暴力在北方城市中爆发。在一名白人警官枪杀一名黑人少年之后，愤怒的哈莱姆居民走上街头。随后的夏天，在黑人聚居区洛杉矶瓦茨区（Watts），人们纵火、劫掠、与警察对抗，持续了五天五夜。这场暴动的起因是一名白人警官试图以涉嫌酒后驾驶逮捕一名黑人居民，暴动导致34人死亡，1 000多人受伤。1967年7月，新泽西纽瓦克非裔美国人和警察及军队的战斗中，26人死亡。一个星期后，底特律3平方英里区域被焚毁，导致43人死亡。单单1967年，128个城市中发生了167起暴乱事件（参见地图30.2）。

1960年代的"酷热长夏"城市动乱与此前的几乎所有种族暴动都不一样。过去的暴动基本上是由白人发起的。而在这一系列事件中，黑人居民因为生活处境而愤然爆发。他们劫掠和焚烧属于白人所有的商店。但是在此过程中他们也摧毁了自己的社区。

1968年，由伊利诺伊州州长奥托·克耶那尔（Otto Kerner）担任主席的国家民事疾病咨询委员会（National Advisory Commission on Civil Disorders）提醒人们，美国正在"分裂成两个社会，一个白人，一个黑人——分裂而不平等"，并且谴责白人种族主义造成了暴动。"美国白人从来没有完全理解，然而黑人永远无法忘怀的是，少数族裔聚居区深刻反映了白人社会。白人机构创造了它，白人机构维持着它，白人社会纵容了它。"克耶那尔委员会（Kerner Commission）总结道。一些白人拒绝这种解读。另一些人对于这种看似毫无意义的暴力感到震惊，不明白为什么非裔美国人在公民权利斗争中取得真正进步时要如此毁灭性地发泄自己的愤慨。

答案部分源于地域差别。尽管南方合法剥夺公民权和歧视是公民权利运动显著的焦点，但是南方以外的非裔美国人也遭受着歧视。市中心越来越集中的少数族裔聚居区每况愈下，大部分非裔美国人生活在像南方腹地一样种族隔离严重的社会中。他们在住房、信用贷款和就业中都面临歧视。北方黑人收入的中位数比北方白人的一半多不了多少，而他们的失业率是白人的两倍。许多北方黑人放弃了公民权运动，几乎没有人相信伟大社会的自由主义能解决他们的困境。

黑人权力

在这样的氛围中，一个新的声音敦促黑人"采取任何必要手段"夺取自由。曾经的恶棍马尔科姆·X在监狱中皈依伊斯兰国（Nation of Islam）信仰，为非裔美国人提供了新的领导方向。伊斯兰国的成员信奉黑人自豪感和脱离白人社会。他们的信仰糅合了传统伊斯兰教元素和白人是半人类"恶魔"的信念，认为白人将很快被毁灭，同时强调节制、勤勉和社会责任的重要性。至1960年代初，马尔科姆·X已经成为这个组织的主要代言人，他的建议直截了当："假如有人敢对你动手，那就把他送进坟墓。"但是马尔科姆·X于1965年年初被伊斯兰国成员杀害，因为他们相信他悖离了他们的事业，打算另起炉灶，建立更具种族包容性的组织。在死亡中，马尔科姆·X成为黑人反抗和自尊的有力象征。

马尔科姆·X死亡一年后，学生非暴力委员会主席斯托克利·卡迈克尔（Stokely Carmichael）谴责"白人美国对黑人梦想的背叛"。卡迈克尔宣称，为了真正摆脱白人压迫，黑人必须"站起来夺过权柄"——选举黑人候选人、组织自己的学校、控制自己的机构、拥抱"黑人权力"。那一年，学生非暴力委员会开除了白人成员，否定了非暴力和融合。种族平等大会于1967年紧随其后。

这一时期最著名的黑人激进派是1966年成立于加利福尼亚奥克兰（Oakland）的组织"黑豹党"（Black Panthers）。黑豹党融合了黑人分离主义和

地图 30.2　种族暴动，1965—1968年

1965年，1960年代第一场重大种族暴动在洛杉矶瓦茨社区爆发。1967年最血腥的暴动在纽瓦克、新泽西和底特律分别爆发。1968年马丁·路德·金遇刺后爆发了20多次暴动。

来源：©圣智学习

革命共产主义，投身于摧毁资本主义和"压迫的军事力量"——少数族裔聚居区的警力。与早先穿西装打领带或者身着连衣裙，以此证明自己体面尊严的非暴力公民权利抗议者形成鲜明对比，男性黑豹党身穿冲锋衣，携带武器，谈论着屠杀"猪猡"。至1970年，他们确实已经杀死了11名警官。警察以牙还牙；最臭名昭著的事件中，芝加哥警方把黑豹党领袖福来德·汉普顿（Fred Hampton）杀死在卧榻上。然而，这个团体也通过设立免费早餐和医疗保健项目致力于改善他们社区中的生活，为聚居区的儿童提供非裔美国历史课程，为穷人争取工作和体面的住房。黑豹党的纲领吸引了许多年轻非裔美国人，而他们对于暴力的公开拥护让许多白人大惊失色。然而，激进主义不仅限于黑人民族主义团体。在1960年代结束前，少数族裔年轻人将响应革命的呼吁。

年轻人和政治

至1960年代中期，美国20岁以下人口占总人口的41%。这些年轻人比起前人更多地沉浸在同伴文化中。其中有3/4的高中毕业生（1920年代是1/5），近一半人上过大学（1940年是16%）。当婴儿潮中的一代长大成人时，很多年轻人严肃地相信，他们必须为他们的国家提供民主的领导。黑人大学生开始了静坐运动，为非裔美国公民权利斗争注入了新生力量。一些白人大学生也投身于改变体制的事业中，无论是政治左派还是右派。

1960年秋天，一群保守的大学生聚集在威廉·F.巴克利（William F. Buckley）位于康涅狄格州莎伦的庄园中，成立了美国青年争取自由组织（Young Americans for Freedom, YAF）。他们的声明

▲ 1968年墨西哥市奥运会颁奖仪式上，美国短跑运动员托米·史密斯（Tommie Smith，中间）和约翰·卡洛斯（John Carlos，右）向天空伸出戴手套的手，抗议种族不平等，表达黑人权利。作为报复，奥林匹克官员取消了史密斯和卡洛斯的奖牌。

图片来源：美联社图片

《莎伦声明》支持冷战反共产主义和有限政府权力的构想，与新政自由主义及其传承截然相反。"在这个道德和政治危机的时刻，"他们写道，"美国年轻人有责任确证某些永恒的真理……这些超凡的价值中（最）重要的是个人对于上帝赋予的自由意志的运用。"美国青年争取自由组织计划占领共和党，再转向政治权利；1964年，戈德华特当选为共和党候选人，证明了他们早期的胜利。

在政治图景的另一端，兴起的"新左翼"很快加入保守年轻人的行列，拒绝自由主义。保守派相信自由主义的积极政府侵犯了个人自由，这些年轻美国人则相信自由主义永远无法为所有美国人提供真正的民主和平等。1962年在密歇根休伦港举行的会议上，学生争取民主社会运动组织（Students for a Democratic Society, SDS）的初创成员宣称："我们这一代人民在小康以上的环境中成长，现在在大学中就读，不满地看着这个我们继承的世界。"他们的《休伦港宣言》谴责富裕繁荣中的种族主义和贫穷以及冷战。学生争取民主社会运动组织呼吁"共享民主"，致力于从企业、军队和政治家手中夺取权力并归还给"人民"。

言论自由运动

积极的年轻白人新势力迹象最早出现在加州大学伯克利分校。1964年秋季，该校行政机构禁止学生进行政治活动，包括为密西西比的公民权利工作征召志愿者，它的传统活动地点——校园周围人行道也是禁止范围。校方报警逮捕了一名违反禁令的种族平等大会工作人员，约4 000名学生包围了警车。伯克利研究生、"密西西比自由之夏（Mississippi Freedom Summer）"的老兵马里奥·萨维奥（Mario Savio）点燃了这场运动，他告诉学生们："你们必须把身体放在杠杆上……你们必须告诉那些控制它的人、那些拥有它的人，除非你们获得自由，否则这台机器将无法运作。"

学生政治团体同心协力发起了言论自由运动（Free Speech Movement, FSM），无论左翼还是右翼。言论自由运动赢回了政治言论权利，但是在此之前州警察逮捕了近800名抗议学生。伯克利的学生从言论自由运动中获得了两个教训。许多人将当局的行动视为美国民主承诺的失败，这一经历让他们变得更激进。但是言论自由运动的胜利也向学生们证明了他们的潜在力量。至1960年代末，诞生于伯克利的社会活动将传播至数百所高等学院和大学校园（参见地图30.3）。

学生运动

许多1960年代的学生抗议者希望对自己的学生生活拥有更多控制权，要求更贴近现实的课程设置，更自由地选择研究课程，并且在大学运作过程中更多地发声。学生抗议的主要对象是代替家长责任原则，直到1960年代末，这一原则一直让大学

地图 30.3　高等学院和大学校园中的骚动，1967—1969 年

从东海岸到西海岸，高校学生纷纷抗议越南战争。一些抗议是和平的，另一些则演变成抗议者和警方或者国民警卫队之间的暴力冲突。

来源：©圣智学习

◀ 1969 年 8 月，几十万年轻人聚集在一起参加伍德斯托克音乐艺术节（Woodstock Music and Art Fair）。《时代》杂志报道提醒成年人，"这些福利国家和原子弹的孩子们已经开始伴着电子吉他手的调子，踏着不同的鼓点前进"，而当地警察局局长把他们称作"我打过交道的孩子中最好的一群"。

图片来源：画报出版社（Pictorial Press）

放眼天下

来势汹汹的英国流行音乐

英国流行音乐入侵的预兆始于1964年2月。《生活》杂志报道，伦敦和巴黎已经陷落了，而纽约也将很快步上它们的后尘。3 000名尖叫的美国青少年等待着泛美航空的"洋基快艇"（Yankee Clipper）降落在肯尼迪机场，带来四位英国"拖把头"（moptops）歌手。"我要紧握你的手"（I Want to Hold Your Hand）已经登上美国排行榜的首位，披头士迅速征服了美国。在下一个星期天的晚上，7 300万人收看了埃德·沙利文秀（Ed Sullivan Show）上他们的表演，观众数打破了历史纪录。

尽管披头士领导了这场音乐侵略，但是他们在征服美国的战斗中并非孤军奋战。滚石的第一首美国单曲也于1964年来到美国。克拉克五人组（Dave Clark Five）18次登上埃德·沙利文秀。还有一长串其他名字，有些已经被遗忘，有些一直被铭记：弗雷迪和梦想家（Freddie and the Dreamers）、赫尔曼的隐士们（Herman's Hermits）、动物（the Animals）、雏鸟乐队（the Yardbirds）、冬青树乐队（the Hollies）、奇想乐队（the Kinks）、格里和带头人（Gerry and the Pacemakers）、查德和杰瑞米（Chad and Jeremy）、佩屈拉·克拉克（Petula Clark）。

至少从一方面来说，英国入侵是美国音乐的胜利回归，这场两国跨大西洋交流让双方重新充满活力。至1960年代初，美国摇滚已经失去了许多早期的能量，而在英国，以伦敦为中心的流行音乐产业正在输出多产而甜美版的美国流行乐。但是其他形式的美国音乐也穿越大西洋，常常由旅客带到利物浦这样的港口城市，披头士正是诞生于该地。至1950年代末，英国偏远城市的年轻音乐人听着非裔美国蓝调歌手穆迪·沃特斯（Muddy Waters）和"嚎叫野狼"（Howlin' Wolf）的音乐；他们演奏巴迪·霍利（Buddy Holly）和查克·贝利（Chuck Berry）的早期摇滚乐；他们实验噪音爵士乐——一种受到爵士和蓝调影响的民间音乐，主要用即兴的工具演奏。这些音乐在美国很小众，1960年《公告牌》（Billboard）杂志的首位单曲是珀西·费思（Percy Faith）的"夏日烟云"（Theme from A Summer Place）[由桑德拉·狄（Sandra Dee）和特洛伊·唐纳修（Troy Donahue）主演的电影]，而在披头士到来之前，排行榜的首位是歌唱修女（Singing Nun）。

包括约翰·列侬、埃里克·克莱普顿（Eric Clapton）和米克·贾格尔（Mick Jagger）在内的年轻英国歌手重新创造了美国音乐形式，并且重新发明了摇滚乐。至1960年代中期，披头士和其他英国乐队的入侵是青年文化的核心，这种文化跨越了国家的界限。音乐不仅将英国和美国连接在一起，也跨越了大西洋和太平洋，把美国青年与全世界的年轻人连接在一起。

◀ 1964年2月披头士在埃德·沙利文秀上演出。尽管英国的王太后认为披头士"年轻、清新、富有活力"，但是美国父母被风靡全国的披头士"长"发吓坏了。

图片来源：美联社图片

合法地承担"家长地位",控制学生行为,远远超过当地法律许可的程度。代替家长责任原则的影响对女性尤其严重,她们受到称作"异性访客规定"(parietals)的严格宵禁规范的约束,而男性则没有这样的规范。抗议者要求终止基于性别的歧视,但是也出于其他原因拒绝代替家长。一个堪萨斯大学的团体要求校方解释,既然该校认为"大学生被视为具有负起成人责任所必需的成熟判断能力",为什么还要对学生的非学术生活进行事无巨细的横加干涉?一个年轻人抱怨道:"一个在超市卖卷心菜的高中辍学生"也比成功的大学生拥有更多权利和自由。学生们日益坚持,他们应该获得民主社会中公民的完整权利和责任。

848 年轻人和越南战争

然而,全国学生运动的焦点是越南战争。当1965年战事扩大时,大学生和学校员工相信了解和谈论重要全国事件是公民的民主责任,因此发起关于美国干涉越南的"时事宣讲会"。支持民主社会的学生赞助了当年的第一次大规模反战游行,吸引了20 000名抗议者来到华盛顿特区。当反战情绪与日俱增,当地学生争取民主社会运动分会不断壮大。在全国的大学校园中,学生们采用公民权利运动中发展出的战术,包围后备军官训练团大楼,抗议本校园中的军事研究和征兵。然而,尽管校园反战抗议随处可见,但是大部分学生当时并没有反对战争:1967年,只有30%男性大学生宣称自己在越南问题上是"鸽派",而67%称自己是"鹰派"。而且事实上有许多年轻人前往越南参加战争。但是当战争规模持续扩大,越来越多年轻人开始怀疑对他们的抗议充耳不闻的政府,而大学行政机构似乎日益成为独断专横的权威而非民主教育源泉。

青年文化和反文化

但是浩大的婴儿潮一代将更多地改变这个国家的文化而非政治。尽管许多年轻人抗议战争,为了社会正义而游行,但是大部分人置身事外。1960年代的"青年文化"从来不是单一的。即使在激进主义甚嚣尘上时,校园兄弟会和姐妹会生活在大部分学校中依然非常流行。尽管有一些交集,但是黑人、白人和拉丁裔年轻人有着不同的文化风格:不同的音乐、不同的衣着,甚至不同的年轻人专用语,这些词汇常常让成年人一头雾水。尽管如此,作为潜在的消费者、作为一个群体,年轻人拥有着巨大的文化权威。他们的音乐和他们的风格驱动着1960年代的美国流行文化。

青年文化最统一的元素是音乐的重要地位。披头士让美国青少年沸腾了——7 300万观众收看了1964年埃德·沙利文秀上他们第一次电视演出。鲍勃·迪伦(Bob Dylan)用"答案在风中飘荡"(Blowin' in the Wind)承诺革命答案,珍妮丝·贾普林(Janis Joplin)把蓝调的性力量带给白人青年,詹姆斯·布朗(James Brown)和艾瑞莎·富兰克林(Aretha Franklin)宣扬黑人荣誉感;而杰弗逊飞机(Jefferson Airplane)和感恩而死(the Grateful Dead)的迷幻音乐和致幻毒品重新定义了现实。这种新的现实在1969年纽约北部边远地区初具雏形,400 000多人沉醉于音乐和他们自己创造的世界中。他们在雨和泥泞中幕天席地而相安无事地生活了四天。

一些年轻人希望把青年叛逆变成某种超越以消费为基础的生活方式,拒绝在他们看来道貌岸然的中产阶级价值观。他们试图构建另一种生活方式,或称反文化,摆脱竞争物质主义的束缚,颂扬快乐的合法性。"性、毒品和摇滚"成为各种各样的魔咒,为这些"嬉皮士"或者"怪人"提供了通向全新意识的途径。许多人致力于在城市或是偏远的美国农村建立公社社区。尽管新左翼批判反文化是非政治的,但是许多怪人的确怀抱着革命的梦想。正如摇滚乐队MC5的经理人约翰·辛克莱(John Sinclair)解释,超乎想象的性、毒品或音乐实验比激情澎湃的演说更能改变年轻人的看法:"与其登上讲台高谈阔论我们对越南的道德义务,你只需要把他们变得怪异就行了,他们一开始就不想入伍。"

1967年夏季,萌芽状态的反文化首次爆发,进入全国意识中，数万年轻人涌入美国迷幻文化的中心——旧金山的海特-艾许伯里区地区，加入"爱之夏"。当老一代"直"（或者正统）美国人充满恐惧地看着他们，白人青年的外观和行为越来越趋于反文化。外套和领带消失了，丝袜和胸衣也是。男青年蓄起长发，全国的家长抱怨道："你都不能分辨男孩和女孩。"数百万人抽大麻或者致幻毒品，阅读地下报刊，并且认为自己与"直"文化格格不入，尽管他们上高中和大学，并不完全"放弃"正统。

最持久的文化变革中包括对性的态度。大众媒体被"自由之爱"迷住，一些人确实拥护真正的混乱性关系。然而，更重要的是，婚前性行为不再破坏女性的"名誉"。从1960年开始，避孕药开始流行，至1960年代末单身女性已经很容易获得避孕药，大大降低了意外怀孕的风险，性传播疾病也很容易用基本的抗生素疗程治好。同居情侣的数量从1960年至1970年增加了900%，当时用语称其为"不用结婚的好处"；许多年轻人不再试图隐瞒他们性生活活跃的事实。尽管如此，在1969年，68%的美国成年人不赞成婚前性行为。

成年人常常因为年轻人的行为而困扰，甚至愤怒。这一代成长过程中经历过艰难的大萧条和战争时代，许多人把中产阶级尊严视作成功和稳定的关键，就是无法理解年轻人的行为。这些年轻人怎么能因为婚前性行为、吸毒或在越战问题上反对美国政府，就把光明的前途置于危险中？

1968年

至1968年年初，这个国家似乎陷入分裂了。美国人在越南战争问题上分歧严重，对于社会变革的缓慢步伐焦躁不已，对破坏美国城市的种族暴力怒不可遏，当这个国家面临着战后时代最严重的国内危机时，他们全力寻找出路。

春节攻势

这一年以越南战场的重要袭击开始。1968年1月31日，越南新年的第一天（Tet），越共和北越军队打击南越全境，占领省会城市。在精心策划的攻势中，西贡机场、总统宫殿和南越共和国军总部遭到攻击。连美国在这个城市中的大使馆都被越共士兵攻破，他们占领了院子长达六小时。美国和南越部队最终重新收复了大部分失地，造成大量伤亡，破坏了无数村庄。

尽管春节攻势并没有获得河内战略家期望的巨大战斗胜利，但是激烈的交战让美国军方领导人之前几个月信誓旦旦的预测遭到质疑，他们原本以为能轻而易举拿下这场战争。越共和北越人不是证明了他们能随时随地发动进攻吗？如果美国的空中力量、美元和50万人的部队都无法打败越共，他们还有可能做到吗？美国公众是否遭到了欺骗？2月，德高望重的哥伦比亚广播电台电视新闻节目主持人沃尔·克朗凯特前往越南寻找答案。西贡的军方官员向他保证："敌人出现在我们意料之中的地方。"主持人回答道："我觉得应该把这个告诉海军，海军战士的尸体正装在飞机上的尸袋里。"

高层总统顾问也发出绝望的调子。继罗伯特·麦克纳马拉之后接任国防部部长的克拉克·克利福德（Clark Clifford）告诉约翰逊，即使派出韦斯特摩兰（Westmoreland）要求的206 000人的增援部队，这场战争还是无法打赢，这就是个"污水池"。官员们意识到美国为了维持这场战争和其他全球布局导致大规模赤字开支，令国内遭受经济危机，他们知道在越南占据主动需要再投入几十亿美元，这会进一步让财政预算脱轨，让海外的美元持有者恐慌，并且破坏经济。克利福德从商业圈的伙伴那里打听消息，"商业人士现在感到我们陷入了毫无希望的泥沼中"，他告诉总统，"为了维持公众对这场战争的支持，失去这些人（商业人士）的支持"是不可能的。

约翰逊退出

11月总统大选即将到来之际，关于战争的争议分裂了民主党。明尼苏达州参议员尤金·麦卡锡和罗伯特·F.肯尼迪（Robert F. Kennedy，当时是来自纽约州的参议员）都是约翰逊战争政策的坚定反对者，他们强有力地在初选中挑战总统。会议冗长而令人疲惫，顾问们纷纷提出怀疑论调，约翰逊为战事扩大导致的经济问题焦头烂额，他感觉到投入再多资源也不会带来胜利，于是改变了路线。3月31日的电视演说中，他宣布停止大部分轰炸，要求河内开始谈判，并且提出退出总统竞选，让他的听众们大为震惊。他成为战争的牺牲者，他的总统生涯受到离华盛顿10 000英里以外无休无止的斗争拖累。5月和平谈判在巴黎开始，但是战争仍在继续。

暗杀

约翰逊令人震惊的宣言发布后一个星期不到，马丁·路德·金在前往孟菲斯（Memphis）支持罢工的环卫工人时遇刺身亡。嫌疑犯詹姆斯·厄尔·雷（James Earl Ray）是一名45岁的白人流浪汉和小偷小摸惯犯，他为什么要射杀金不得而知，也不知道他是单独作案还是团伙阴谋。至1968年，作为公民权利运动的资深政治活动家，马丁·路德·金已经成为越战和美国资本主义的公开批判者。尽管一些美国人憎恨他代表的观点，但是他广受尊重和敬仰。即使黑人暴动和悲痛在130个城市爆发，大部分美国人哀悼他的死亡。再一次，少数族裔聚居区烈火熊熊；34名黑人和5名白人死亡。这场暴力引起了白人的报复——主要是城市工人阶级，他们厌倦了暴力，因为美国黑人越来越激进的要求很快耗尽了白人对他们仅有的那一点儿同情。在芝加哥，市长理查德·达利（Richard Daley）下令警察向暴动者开枪。

仅仅两个月之后，一个已然风雨飘摇的国家难以置信地看着又一位政治领袖遭到暴力杀害。反战民主党总统候选人罗伯特·肯尼迪（Robert Kennedy）正在庆祝加利福尼亚预选胜利时遭枪击身亡，暗杀者名为西尔汉·西尔汉（Sirhan Sirhan），

▲ 1968年林登·约翰逊。越南战争逐步摧毁了他的总统生涯，并且分裂了国家。

图片来源：林登·B.约翰逊总统图书馆（Lyndon B. Johnson Presidential Library）

是一名阿拉伯民族主义者，他之所以瞄准肯尼迪是因为他支持以色列。

芝加哥民主党全国会议

8月，芝加哥举行的民主党全国大会上，暴力事件再次爆发。成千上万抗议者聚集在该城市：发起"干净基因行动"（Clean for Gegne）的学生剪去长发，把"体面"的服装捐赠给反战候选人尤金·麦卡锡，无政府主义团体青年国际党（Yippies）的承诺吸引着美国反文化成员，打算用"生命节日"（Festival of Life）对抗"死亡会议"；反战团体的成员从激进派到主流派不一而足。达利市长下定决心阻止任何人干扰"他的"大会，派出12 000名警察每12小时

▲ 1968年8月21日的布拉格，在华沙条约组织部队入侵捷克不久之后，一辆载着平民的军方卡车挥舞着捷克国旗经过一辆苏联卡车旁。100多人在冲突中身亡，包括亚历山大·杜布切克（Alexander Dubcek）在内的几名布拉格之春领袖被逮捕并带到莫斯科。杜布切克希望创造"拥有人类面目的社会主义"，这一观念通常被认为是米哈伊尔·戈尔巴乔夫于1980年代在苏联实施的改革政策的历史和意识形态先驱。

图片来源：赫尔顿档案（Hulton Archive）/盖蒂图库

一班轮流值班，并且让装备火箭筒、来复枪和火焰喷射器的12 000名军人随时待命。警察袭击和平的反战抗议者和记者。"整个世界都在看着。"抗议者喊叫着，挥舞着大棒的警察无差别地把人们打倒在地，美国人聚集在电视机周围看着这一幕，对于国家的未来忧心忡忡。

全球抗议

尽管美国的视线聚焦在芝加哥的冲突上，但是那年春季和夏季，整个世界都爆发了动乱。在法国，高校学生抗议严苛的学院政策和越南战争。他们得到了法国工人的支持，工人们占领了工厂，让公共交通运输陷入瘫痪；这场动乱为第二年的夏尔·戴高乐（Charles de Gaulle）政府倒台做出了贡献。在意大利、德国、英国、爱尔兰、瑞典、加拿大、墨西哥、智利、日本和韩国，学生们也发起抗议反对高校、政府和越南战争，时不时诉诸暴力。在捷克斯洛伐克，几十万示威游行者涌入布拉格的街头，要求民主并终止苏联操纵的政府对人民的压迫。这场所谓的布拉格之春发展成全面的全国叛乱，最后被苏联的坦克镇压。

为什么那么多动乱同时发生在那么多地方，原因并不明了。单纯数量之巨就产生了重大影响。战后许多国家都经历了婴儿潮，至1960年代末，庞大的青少年和青年群体对未来有着更高的期待，他们大多在相对繁荣的环境下长大成人。全球媒体覆盖范围扩大也起到了作用。技术进步让电视画面几乎能在全世界范围内同步传播，所以一个国家的抗议者确实可能激励其他国家的类似行动。尽管全世界的示威游行没有越南战争也可能发生,但是越南战争的画面显然助长了动乱的势头,人们直观地看到,最富有和工业化程度最高的国家对一个贫穷的发展中国家展开地毯式轰炸,而后者的领袖还是胡志明这样富有魅力的革命家。

尼克松当选

在如此艰难的一年尾声,1968年总统大选如期到来,大选对治愈这个国家并没有多少效果。民主党候选人、约翰逊的副总统休伯特·汉弗莱似乎是旧有政策的延续。共和党候选人理查德·尼克松像1964年的戈德华特一样,呼吁"法律与秩序"(这个词有时候被理解为种族主义语汇),向受够了种族暴动和社会动乱的人们示好。尼克松承诺"把我们团结起来",他向那些所谓"伟大的、被遗忘的大多数——安静本分的非示威者,数百万只求体面有尊严地生活的人们"伸出手。在越南问题上,尼克松发誓将"结束战争赢得和平"。阿拉巴马州州长乔治·华莱士作为第三位候选人参与竞选,他在五年前还发誓"种族隔离到永远!"并提议对越南使用核武器。华莱士获得了五个南方州的支持,赢得了近14%选民票,而尼克松以最微弱的优势当选总统(参见地图30.4)。美国人之间的分歧更深化了。

然而在1968年的圣诞夜,约翰·肯尼迪在这动荡不安的1960年代初许下的誓言朝前迈进了一步,阿波罗8号进入了月球轨道。宇航员们俯瞰着这个纷扰的世界,把太空中拍摄的地球照片传到地球——悬浮在黑暗中的蔚蓝球体。全世界的人们侧耳倾听,宇航员们大声朗诵《创世纪》中的开篇段落:"一开始,……是好的。"许多听众热泪盈眶。

结语

1960年代始于对民主美国的极高期待。公民权利志愿者常常冒着生命危险,把种族平等的追求传播到全国各个地区。这个国家的领导人逐步支持这场运动,1964年《公民权利法案》和1965年《选举权法案》是追求正义道路上的里程碑。1963年,总统约翰·肯尼迪遇刺撼动了美国,但是在约翰逊总统治下,运用政府权力为全国公民创造更好生活的自由主义构想达到了新的高度,一系列法律得以实施,人们希望创造一个伟大社会。

但是在整个1960年代,美国的稳定受到威胁。美国和苏联之间的冷战规模和尺度在1960年代继续扩大。1962年的古巴导弹危机中,这个世界已经接近核战争的边缘。冷战地缘政治导致美国越来越投入越南战争。美国下定决心不让越南"落入"共产主义者的统治,派遣部队在越南内战中阻止胡志明领导的共产主义越南民族主义者获得胜利。至1968年,越南的美国军队人数达到了50万。美国在越南的战争分裂了国家,破坏了国内伟大社会计划,并摧毁了林登·约翰逊的总统生涯。

尽管公民权利运动取得了实实在在的收获,但是在促进公正、结束贫穷的努力中,美国人之间的分歧越来越深。许多非裔美国人背离了公民权利运动,希望更迅速地改变自己的生活。当暴动在整个国家扩散,贫困的非裔美国社区被烧毁。融合主

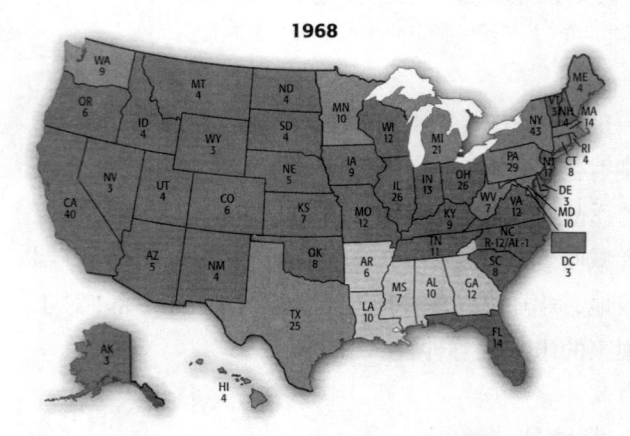

候选人(党派)	选举团票		选民票	
尼克松(共和党)	301	56.1%	31 710 470	43.4%
汉弗莱(民主党)	191	35.5%	30 898 055	42.3%
华莱士(美国独立党)	46	8.4%	9 446 167	12.9%

地图30.4 总统大选,1968年

选民票几乎平均分布在理查德·M.尼克松和休伯特·汉弗莱之间,但是尼克松获得了31个州,而汉弗莱是14个,尼克松轻松地赢得了选举团胜利。美国独立党候选人乔治·华莱士在南方腹地赢得了五个州。

来源:©圣智学习

人民与国家的遗产

1965年《移民法案》

约翰逊总统签署1965年《移民法案》之后,在自由女神像脚下的一场庆典中宣布:"我们今天签署的法令不是一个革命性的法令,并不会影响数百万人的生活,也不会重新塑造我们日常生活的结构,或者显著地增加我们的财富和力量。"约翰逊相信这一法案在为美国社会种族角色做斗争的时期很重要,因为它通过终止以国籍为基础的移民配额"修复了美国正义肌理中一个非常深刻而沉痛的错误",原本被排除在外的"玻利尼西亚人、东方人和黑人"终于获得了申请移民的权利[正如夏威夷议员邝友良(Hiram Fong)于1963年指出的那样]。尽管如此,总统及其顾问主要将其视为一部具有象征意义的法案。他们错了,这部相对模糊的法案对美国人生活的影响比其他伟大社会计划立法更深刻、更长远。

1965年《移民法案》终止了令人侧目的针对来自亚洲、非洲和各个第三世界移民的歧视,以国家配额取代东半球和西半球的"帽子",并建立了家庭重聚政策,允许美国公民的直系亲属移民到美国,不受移民指标限制。《移民法案》的撰写者并没有预料到移民规模或来源会发生改变,但是国际事件却导致了相反结果。政治动荡,如东南亚的战争和拉丁美洲以及非洲的国内矛盾,加上许多世界较贫困国家迅速的人口增长,创造了大批潜在移民,他们受到美国长期繁荣的吸引。移民率直线上升。

至1990年代,移民已经占据美国人口增长的近60%。至2000年,海外出生的美国人口比例比1930年代以来任何时候都要高,而且他们的数字还在继续增长。大多移民来自西欧以外的地区。大部分移民来自墨西哥、菲律宾、越南、中国、多米尼加共和国、韩国、印度、苏联、牙买加和伊朗。

超过2/3的新移民定居在六个州——纽约、加利福尼亚、佛罗里达、新泽西、伊利诺伊和得克萨斯,但是许多人想方设法进入原本更同族化的地区。至20世纪末,西班牙语标示出现在南卡罗来纳,而来自东南亚山区的赫蒙(Hmong)农民在蒙大拿州米苏拉(Missoula)的农夫市场上出售他们的农产品。1965年《移民法案》无心栽柳,但是却留下影响深远的遗产:因为这个法案,这个民族和这个国家变得远比从前多元化了。

义者和公民权利主张者与分裂主义黑人权利斗争及白人种族隔离主义者战斗。仗义执言的年轻人以及部分长辈质疑美国是否真的存在民主。大量美国白人青年成为"反文化"的成员,拥护另一种反叛形式,反对白人中产阶级价值观。美国人带着巨大的热情为国家的未来而斗争。

1968年充满了危机、暗杀和街头暴力。这十年开始时充满希望,而行将结束时却呈现为猛烈的政治分化。

扩展阅读

Beth Bailey, *Sex in the Heartland* (1999)

David Farber, *Chicago '68* (1988)

Lawrence Freedman, *Kennedy's Wars: Berlin, Cuba, Laos, and Vietnam* (2000)

George C. Herring, *LBJ and Vietnam: A Different Kind of War* (1994)

Michael Kazin and Maurice Isserman, *America Divided: The Civil War of the 1960s* (1999)

Fredrik Logevall, *Choosing War: The Lost Chance for Peace and the Escalation of War in Vietnam* (1999)

Lisa McGirr, *Suburban Warriors: The Origins of the New American Right* (2001)

Charles Payne, *I've Got the Light of Freedom: The Organizing Tradition and the Mississippi Freedom Struggle* (1995)

第三十一章

持续分裂和新局限，1969—1980

▼ 1973年1月17日，在案件公开庭审后，丹尼尔·艾斯伯格（Daniel Ellsberg）和记者交谈。他身后是共同被告，艾斯伯格智库兰德公司（Rand Corporation）的同事安东尼·拉索（Anthony Russo），曾帮他偷偷影印五角大楼文件。政府以间谍活动、盗窃和谋叛罪起诉艾斯伯格和拉索，但是1973年5月，一名联邦法官驳回了对他们的所有指控，因为政府存在不当行为。

1969年，丹尼尔·艾斯伯格38岁，他曾任国防部副部长约翰·麦克诺顿（John McNaughton）的副官。在五角大楼，艾斯伯格在国防部部长罗伯特·麦克纳马拉（Robert S. McNamara）要求下研究美国在越南战争中的决策。艾斯伯格在理查德·尼克松当选总统后卸任，他打算在智库兰德公司继续他在担任政府职务前的研究员生涯，这时他接触到保存在那里的研究影印本。接下去的六个月，他翻阅了47本共计7 000页资料，后来这些资料将被称作"五角大楼文件"（Pentagon Papers）。

艾斯伯格一开始支持美国军方在越南的干预，但在政府生涯的最后几年中，他的幻想逐渐破灭。作为一个取得哈佛大学博士学位的前海军陆战队军官和冷战战士，他充满捍卫美国核实力的道德热情，从1965年至1967年，他在南越待了近两年时间，为他华盛顿的上级评估战争的进程。他几次参加战役巡逻，遭到敌军的炮火，他也对军官、美国外交官员和越南领导人进行访谈。他总结道，这场战争在几个方面——军事、政治、道德——都是一场失败的事业。

> **章 节 大 纲**
>
> 新的身份政治
> 女性运动和同性恋解放
> 越南战争结束
> 昨日重现　战争景象
> 尼克松、基辛格和世界
> 放眼天下　石油输出国组织和
> 　1973年石油禁运
> 总统政治和领导危机
> 经济危机
> 文化转型时期
> 新一轮冷战和中东危机
> 人民与国家的遗产　志愿兵役制
> 结语

艾斯伯格一开始不情愿采取行动支持这一观点，并且把自己从这项政策中分离出来。"就像许多人一样，"他后来回忆道，"我把对总统的个人忠诚……看得比什么都重要。"但是1969年，即将上任的尼克松政府显然并没有结束战争的意愿，于是他决定大胆采取行动：他将把五角大楼文件公之于众，尽管这么做会让他锒铛入狱。他相信，这项研究明白无误地显示了几位总统反复扩大美国对越南战争的投入，尽管顾问们一致做出消极的评估。而且他们关于自己的所作所为和获得的结果反复对公众撒谎。艾斯伯格认为，或许公开这些信息能产生足够的反响，迫使政策做出巨大改变。

在一名智库兰德同事的帮助下，艾斯伯格偷偷地复印了整个研究，接着花了几个月时间请求反战参议员和众议院代表将它发表。当他们拒绝时，他转向媒体。1971年6月13日，全世界首次通过《纽约时报》的一篇头版文章得知五角大楼文件。无数其他报刊紧随其后开始发表摘要。

艾斯伯格泄露最高机密研究的行为非常富有争议，尤其是当尼克松决定尽力阻止报刊发表并且试图破坏艾斯伯格的名誉时，这是自美国革命以来试图控制媒体的最早行动之一。尼克松政府还暗中操纵非法行为威慑其他企图泄密者。对很多美国人来说，艾斯伯格是一位英雄，他的反叛行为至少间接地缩短了一场不正当的战争。对于其他许多人来说，他是个沽名钓誉的叛国者。这些相反的观点反映了越南战争时期最后阶段美国社会的严重分裂。

年表

1969	石墙酒吧（Stonewall Inn）暴动开始同性恋解放运动
	阿波罗11号宇航员尼尔·阿姆斯特朗（Neil Armstrong）成为第一个在月球表面行走的人
	全国奇卡诺解放青年大会（National Chicano Liberation Youth Conference）在丹佛举行
	"所有部落印第安人"（Indians of All Tribes）占领恶魔岛（Alcatraz）
	尼克松政府开始"肯定性行动"（affirmative-action）计划
1970	美国入侵柬埔寨
	肯特州立大学（Kent State University）和杰克逊州立大学（Jackson State University）学生遭到国民警卫队射击
	庆祝首个地球日（Earth Day）
	环境保护署（Environmental Protection Agency）成立
1971	五角大楼文件被公开
1972	尼克松访问中国和苏联
	"争取总统连任委员会"（CREEP）筹划揭露"水门事件"
	国会通过《平等权利修正案》，并且通过《教育法修正案》第九条款，这增加了女性体育赛事
1973	巴黎和平协议结束了美国在越南的战争
	石油输出国组织提高了石油价格，造成美国能源危机
	"罗伊诉韦德案"（Roe v. Wade）让堕胎合法化
	阿格纽（Agnew）辞职，福特被提名为副总统
1974	尼克松在弹劾的威胁下辞职，福特成为总统
1975	在愈演愈烈的经济衰退中，失业率达到了8.5%
	联邦贷款保障拯救纽约市免于破产
	国会通过了《印第安人自决和教育援助法》（Indian Self-Determination and Education Assistance Act），以回应美洲原住民活动家
1976	卡特当选总统
1978	"加州大学董事会诉巴基案"（Regents of University of California v. Bakke）宣布配额非法，但是支持"肯定性行动"
	加州选民支持第13号提案（Proposition 13）
1979	三里岛（Three Mile Island）核事故造成恐慌
	以色列和埃及签署戴维营协定（Camp David Accords）
	美国人质在伊朗被扣押
	苏联入侵阿富汗
	消费者贷款从1975年起翻了一番，达到3 150亿美元

对于美国人来说,1970年代将成为一个充满分裂和局限的时代。1968年的暴力和混乱在理查德·尼克松就任总统初期仍然持续。反越南战争行动变得更极端。当政府的谎言被揭露时,美国人民对于美国对越政策的分歧越来越严重。1960年代全面崛起的争取种族平等和社会正义运动在1970年代初也变得更激进。尽管一些人继续为种族融合而奋斗,但是许多活动家开始拥护文化民族主义,强调美国人之间的差异,并追求分离主义文化和社会。作为1970年代势头最强劲的社会运动——女性运动,在反对性别歧视方面取得了重要胜利,然而也有着两极化的趋势。反对者把女权主义视为对他们选择的生活方式的攻击,其中不乏许多女性,他们还发起了一场保守派草根运动,在接下去的几十年中将产生重要的政治影响。

分裂的美国在海外和国内都面临着巨大的挑战。对于这些挑战中的一部分,领导人大胆而富有想象力地做出应对。理查德·尼克松和他的国家安全顾问亨利·基辛格都明白,在海外事务中,美国造成改变的能力是有限的。他们了解,美国和苏联相互间的竞争导致了巨大的成本,妨碍两国发展,并受到其他国家的挑战,如今他们面临着一个权力分散的国际体系。据此,虽然尼克松和基辛格固执且徒劳无用地追求在越南的胜利,但是他们同时也致力于改善和中华人民共和国以及苏联的关系。他们推论,在越来越多极化的体系中,维持世界秩序依赖于大国之间的稳定关系。通过对中国开放,并改善与苏联的关系,这两个人帮助降低了大国战争的威胁。

然而,最终,理查德·尼克松因其在"水门事件"中的非法行为,动摇了美国人的信仰,这是总统关于越南战争欺骗公众之后仅存的信仰。至此,尼克松在弹劾的威胁下提出辞呈,美国人对于政治充满怀疑,也对军队和政治领袖充满猜忌。尼克松的继任者杰拉尔德·福特(Gerald Ford)或吉米·卡特(Jimmy Carter)尽管都是正派的人,却无法重拾美国人的信心。卡特总统虽然取得了一些国内成就,但是无法控制的国际事件损害了他的总统生涯。

中东在美国海外政策中的地位越来越重要,卡特协助埃及和以色列达成了一个和平协议,但是事实证明,他无法终止在伊朗发生了很长时间的美国人质危机。与此同时,苏联于1979年入侵阿富汗,让冷战矛盾再次兴起。

让卡特政府雪上加霜的是愈演愈烈的经济危机,传统手段对其束手无策。1970年代,中产阶级美国人突然发现自己的积蓄消失在两位数的通货膨胀率里,而他们似乎很有保障的工作一夜之间就蒸发了。这场经济危机很大程度上是由全球经济和国际贸易的变化引起的,石油输出国组织的阿拉伯成员国家在1973年发起的石油禁运让情况进一步恶化。美国人重新意识到,他们在千里之外的决策面前脆弱不堪,而美国根本无法控制这些决策。

- 美国海外政策如何因干涉越南而改变?
- 为什么美国人把这个时代视为局限的时代?
- 一些历史学家把1968年至1980年之间的时期视为美国人失去信仰的时期,他们不再相信政府,也不再相信能在一个为所有人提供平等的社会中戮力同心,更不相信他们能统一意见而非针锋相对。这个时期的斗争和分歧比之以前是否相似,你怎么看?

新的身份政治

1960年代的社会改革运动在1970年代演变成全新的强大形式。至1960年代末,当分裂在美国人之间继续深化,伸张社会正义和种族平等的斗争变得更强势、更激烈,通常也更激进。在追求平等权利和种族融合中开始的公民权利运动分崩离析,许多年轻非裔美国人悖离了非暴力战术,拒绝融合,更偏向分离主义,并且拥护与众不同的非裔美国文化。墨西哥裔美国人和美洲原住民在公民权利运动的启示下,也奋起与自己在美国社会中的边缘化地位做斗争,至1970年代初,他们已创立了强大的"褐色人权力"(Brown Power)和"红色权力"(Red Power)运动。和年轻的非裔美国人一样,他们不仅要求平等权利,还要求主流社会承认他们与众不同的文化。这些运动引发了全新的"身份政治"的发展。身份政治的主张者相信,美国种族和民族群体间的差异是至关重要的。这些美国人辩称,群体身份必须成为政治行动的基础。政府和社会领袖必须停止把美国公众想象成个体,而应该对以身份为基础的不同群体的需求做出回应。

非裔美国文化民族主义

至1970年,大多数非裔美国活动家不再通过普世主义的公民权利运动主张"我们除了肤色并无不同,以追求政治权利和种族正义"。相反,他们强调黑人文化和社会的独特性。这些想法吸引了大量追随者,甚至在更年长、不那么激进的人中间也是如此。许多美国黑人被法律规定种族隔离废止后仍然持续的种族主义打破了梦想,开始相信融合将意味着在一个白人统治的社会中屈服,这个社会对他们的历史和文化传统没有丝毫尊重。

1970年代初,尽管主流团体如全国有色人种协进会继续通过国家的法院和投票箱追求政治和社会平等,但是许多非裔美国人(像反文化中的年轻白人一样),转而通过文化而不是狭隘的政治行动引发社会变革。他们拒绝当时的欧裔美国审美标准,年轻人让他们的头发长成"自然状态"和"阿弗罗头"(Afros);他们主张黑人"灵魂"的力量。黑人大学生和年轻的教职员工奋起斗争,在自己的历史和文化传承中寻找力量,他们成功在美国大学中创立了黑人研究部门。非裔传统被回收利用——或者有时进行再创造。长滩加州大学黑人研究教授考拉那·卡伦加(Kaulana Karenga)于1966年创立了一个新的节日宽扎节(Kwanzaa),为非裔美国人提供了一个弘扬共同非洲传承的节日。许多非裔美国人在自己的历史和文化中找到自豪感;大部分激进派活动家完全放弃了更广义的"美国"文化。

墨西哥裔美国政治活动

1970年,美国的900万墨西哥裔美国人(美国总人口的4.3%)大量集中在西南部和加利福尼亚。尽管这些美国人被联邦政府官方分类为白种人——在联邦人口统计中,所有西班牙裔都算作白人——但是在就业、酬劳、住房、学校和法院中的歧视很普遍。在城市中,贫困的墨西哥裔美国人生活在破旧的贫民区中。在农村地区,贫困很普遍。几乎一半墨西哥裔美国人基本上是文盲。高中辍学率极高:1974年,只有21%的墨西哥裔美国男性从高中毕业。尽管越来越多墨西哥裔美国人进入中产阶级,但是几乎1/4的墨西哥裔美国家庭仍然停留在贫困水平以下。尤其可怕的是外来农场工人

▲ 1968年的葡萄采摘者罢工中,农场工人联合会(United Farm Workers)领袖凯萨·查维斯(Cesar Chavez)与德洛丽丝·韦尔塔(Dolores Huerta)交谈。圣母玛利亚的塑像、总统候选人罗伯特·肯尼迪的海报以及甘地(Mahatma Gandhi)的照片暗示了这场运动的指导宗教、政治和哲学理解。

图片来源:亚瑟·史卡茨(Arthur Schatz)/时间生活图片/盖蒂图库

的困境。

全国墨西哥裔美国人追求社会公正的运动就从这些外来工人开始。从1965年至1970年，工人组织领袖凯萨·查维斯和德洛丽丝·韦尔塔领导大部分为墨西哥裔的外来工人，对加利福尼亚圣华金河谷（San Joaquin Valley）的葡萄种植园主发起罢工。葡萄种植园主付给工人的时薪只有10美分（1965年的最低工资标准是1.25美元），而且常常让他们住在没有流动水或室内厕所的肮脏房舍中。查维斯和美国劳工联合会—产业工会联合会（AFL-CIO）领导的葡萄全国消费者抵制运动加入农场工人联合会（UFW），把种植者带到了谈判桌前，1970年，农场工人联合会赢得了争取更高酬劳和改善工作环境的斗争。农场工人联合会在墨西哥和墨西哥裔美国人社区中的根基对于它的成功非常重要。这个工会类似19世纪的墨西哥"mutualistas"，或合作协会，同时它也具有传统美国工会的特点。它的成员成立了合作杂货店，一份西班牙语报纸，还有一个戏剧团；他们在斗争中呼唤圣母瓜达卢佩（Virgin de Guadalupe）的庇佑。

奇卡诺运动

在同一时期，更激进的斗争也开始了。在新墨西哥北部，雷耶斯·迪耶利纳（Reies Tijerina）创立了联邦许可同盟（Federal Alliance of Grants），该组织为夺回据称属于当地西班牙裔村民的土地而斗争，后者的祖先曾经在美国人主张这些土地之前就已世代在此定居，1848年《瓜达卢佩-伊达尔戈条约》（Treaty of Guadalupe Hidalgo）规定了他们对土地的所有权。在丹佛，前拳击手鲁道夫·"软木"·冈萨雷斯（Rudolfo "Corky" Gonzales）吸引墨西哥裔美国青年参加他的"正义圣战"（Crusade for Justice）；1969年，1 000多名年轻人聚集在那里参加全国奇卡诺解放青年大会。他们采纳了《阿兹特兰精神计划》（El Plan Espiritual de Aztlan）的宣言，谴责"'暴虐的外国佬'（Gringo）侵略我们的领土"并宣扬"国家独立"。

这些年轻政治活动家呼吁将褐色人（La Raza de Bronze）从美国社会和文化压迫下解放出来，而不是通过融合争取平等权利。他们也拒绝带有连字符号的"墨西哥裔—美国"身份。"墨西哥裔美国人，"他们在《阿兹特兰精神计划》中解释道，"缺乏对他的文化和民族传承的尊重……（并且）把融入主流社会当作一种摆脱他'堕落'社会地位的途径。"这些年轻人把自己称作"奇卡诺人"（Chicanos）或"奇卡纳人"（Chicanas）——这个词是西班牙语贫民区的俚语，与"pachucos"有关，意为臀部、反叛，有时候也用来形容为非作歹的年轻人，象征着一切"体面的"墨西哥裔美国人所不齿的东西。

许多中产阶级墨西哥裔美国人和上几代成员从来不接纳"奇卡诺"一词或这些分离主义、文化民族主义者的运动（el movimiento）方针。然而，整个1970年代，比较年轻的活动家继续追求建立在分离而独特的奇卡诺/奇卡纳文化基础上的"褐色权力"。他们成功把奇卡诺研究引入当地高中和大学课程，为墨西哥裔美国年轻人创造了一种强烈而统一的文化认同感。一些活动家也开始追求政治成果，成立了种族联合党（La Raza Unida，RUP），一个位于西南部的政党，登记了数万选民，并赢得了几场地方选举。奇卡诺运动在全国范围内的影响力从来不像非裔美国公民权利运动或者黑色权力运动那么大。然而，它有效地在地方层面挑战了歧视，并且为墨西哥裔美国（以及更广义的拉美裔）人口在此后几十年急剧上升的地位创造了政治活动基础。

美洲原住民的政治活动

1968年到1975年之间，美洲原住民政治活动家迫使美国社会倾听他们的诉求，并且改革针对美洲原住民族的政策。像非裔美国人和墨西哥裔美国人一样，年轻的美洲原住民活动家深受文化民族主义观念的影响。许多追求回归"古老方式"的年轻活动家，加入他们长辈中的"传统主义者"，挑战主张融入主流社会、与联邦机构合作的部落领袖。

▲ 这些美国印第安活动家把他们的运动称为"红色权力"，1969年，他们在"重新收复"旧金山湾的恶魔岛运动中跳舞。这一团体辩称1868年的一个苏族条约让他们有权占领未使用的联邦土地，于是占领了该岛，这场运动持续到1971年年中。

图片来源：拉尔夫·克兰（Ralph Crane），《生活》杂志，时代集团

1969年11月，一小群把自己称作"所有部落印第安人"的活动家占领了旧金山的恶魔岛，要求把这座岛屿归还给原住民民族，当作印第安文化中心。这场抗议持续了19个月，最终牵涉了来自50个不同部落的400个人，标志着"泛印第安"运动方式的巩固。在恶魔岛事件之前，抗议倾向于以保护区为基础，并且主要牵涉特定地方问题。许多恶魔岛活动家是城市印第安人，相当一部分是导致美洲原住民离开保护区并在美国城市中寻找工作的政府政策的产物。他们对于主张跨越部落差异的共同"印第安"身份很感兴趣。尽管抗议者并没有成功收复恶魔岛，但他们把全国的注意力引向自己的斗争事业，并为日益壮大的"红色权力"运动提供了启示。1972年，激进的美国印第安运动（American Indian Movement）占领了华盛顿特区的印第安人事务局（Bureau of Indian Affairs）办公室，随后于1973年占领了达科他南部翁迪德尼（Wounded Knee）的一个贸易站，1890年美国军队曾在那里屠杀了300名苏族男性、女性和儿童。

与此同时，比较温和的活动家组织了美国印第安人全国代表大会（National Congress of American Indians）和美洲原住民权利基金会（Native American Rights Fund）等泛部落组织，努力游说国会给予更大权利和更多资源，让他们能自治并加强部落文化。国会和联邦法院回应了这些请求，把数百万英亩土地返还部落所有，1975年国会通过了《印第安人自决和教育援助法》。除了这些成果以外，在1970年代和1980年代大部分美洲原住民的处境仍然很艰难：美国印第安人相较其他群体有更高的结核病、酗酒和自杀比例。十之八九的印第安人生活在低于标准线以下的住房中，印第安人的失业率达到了近40%。

《平权法案》

来自各种团体的活动家让所有美国人日益意识到歧视和不平等的存在，政策制定者努力制定补偿政策。早在1965年，约翰逊总统就已经承认了公民权立法的局限。"你不能把一个被锁链束缚几十年的人带上前来，松开他的手脚，把他领到起跑线上，然后对他说：'你可以自由和其他人竞争了，还以为自己的做法完全公平。'"约翰逊在霍华德大学（Howard University）演讲时说道。在这场演说中，约翰逊呼吁"不仅仅是法律平等……而是作为事实的平等，作为结果的平等。"约翰逊相信，联邦政府必须帮助个人获得在美国社会竞争所必需的技能，并融入了一个新的观念：平等是可以通过群体成果或者结果衡量的。

实际问题也导致了个人机会转向群体结果的平权重心变化。1964年《公民权利法案》禁止歧视，但是似乎规定，只有当一名雇主"故意参与"对个人的歧视时，才能被视为违反该法律。而这种个人化的、以个案为基准的平等权利方式，为同等就业机会委员会（Equal Employment Opportunity

Commission, EEOC）制造了一场噩梦。美国教育和就业中存在数以万计的种族和性别歧视案例，但是每一个个案都要求证明针对个人的"故意"行为。一些人开始辩称，以"结果"证明歧视才是可能的——比如，通过雇主雇用或晋升的非裔美国人或女性的相对比例。

1969年，尼克松政府实施了第一个重要的政府平权法案计划，促进"结果平等"。"费城计划"（Philadelphia Plan，因针对该市的政府合约而得名）要求和联邦政府签订合约的企业体现（以尼克松总统的话来说）"平权行为，以达到提高少数族裔就业的目标"，并且为雇主们设定了具体的数字"目标"，或者配额。女性和少数种族及民族人员的《平权法案》很快成为所有重大政府合同的要求，而许多大企业和教育机构也开始发起它们自己的平权项目。

支持者把《平权法案》看作是对长期以来的歧视的补偿。而批判者（其中一些人支持种族和性别平等）辩称，为女性和少数群体创造同比例代表，意味着对其他并没有过错的个人造成新的歧视，而以群体为基础的补偿违反了个人应该以自己的功绩受到评价的原则。当《平权法案》项目开始影响雇用和大学录取，让未被充分代表的群体进入全国大学校园、律师事务所、教室、建筑公司、警察局和消防署时，日益深化的经济衰退让工作机会更加是"僧多粥少"。白人工人阶级男性受这项政策的负面影响最大，很多人憎恨这一政策。

女性运动和同性恋解放

1950年代，即使越来越多的女性加入有偿劳动队伍，并参与这个国家的政治生活，美国社会和文化仍然强调女性作为妻子和母亲的个人角色。女性运动在1920年代为美国女性赢得了选举权，然后就此销声匿迹了。但是在1960年代，美国女性运动的"第二浪潮"掀起，至1970年代主流和激进派活动家打响了"女性解放"的全面战役。

1963年，贝蒂·弗里丹（Betty Friedan）的《女性的奥秘》（The Feminine Mystique）出人意料地广受欢迎，标志着复兴女性运动已经准备好充足燃料。弗里丹以一个家庭主妇和母亲的身份写作（尽管她也有很长的政治活动历史），描述了"无名的问题"，像她那样受过良好教育的中产阶级妻子和母亲，望着自己美好的房子和家庭——满怀负罪感地好奇这是否就是生活的一切。这个"问题"并不新颖，那种笼罩着家庭主妇的模糊的不满足感从1950年代开始就是女性杂志的常备话题。但是弗里丹没有谴责女性个人无法适应女性的恰当角色，而是谴责这个角色本身以及创造它的社会。

自由的和激进的女权主义

1966年，伴随着美国全国妇女组织的成立，有组织的自由派女性运动开始崛起。美国全国妇女组织主要由受过良好教育的职业女性构成，是传统的游说团体；它的目标是向平等就业机会委员会施压，贯彻1964年《公民权利法案》。种族歧视是平等就业机会委员会的焦点，以性别为基础的歧视无关紧要，以至于这个话题被当作笑话来对待。当一名记者问平等就业机会委员会的主席小富兰克林·罗斯福，"性别歧视呢？"罗斯福笑道："别引我说下去。我完全支持。"面临工作场所歧视的女性却不觉得这种评论好笑，至1970年，美国全国妇女组织有100个分部，全国成员超过3 000人。

女性运动的另一分支源自美国越来越激进的社会变革和正义斗争。许多女性在为公民权利或者反对越南战争而努力时，发现自己被当作二等公民对待——倒咖啡，而不是制定政策。当她们分析美国的社会和政治结构中的不平等时，这些年轻女性开始讨论自己以及所有女性在美国社会中受到的压迫。1968年，一群女性聚集在大西洋城的美国小姐选美大赛（Miss America Pagant）外抗议美女游行代表的"堕落的无脑大胸女孩象征"。尽管游行者没有烧毁什么东西，但是1970年女性主义的贬义词"胸罩焚烧者"就来自这一事件，活动中，女性把"奴役"物品（紧身内衣、高跟鞋、卷发夹和胸罩）扔进了"自由垃圾桶"（Freedom Trashcan）中。

这些年轻的活动家和其他挑战女性压迫的人们拥护的女权主义从来不是一系列单一或前后一致的观点。一些人辩称,这个世界应该由和平的、非竞争的价值观统治,它们相信这本质上是女性的;另一些人则宣称社会把性别角色强加于个人,男性和女性并没有内在的不同。然而,大部分激进派的女权主义者实践她们所谓的"个人政治"。她们相信,正如女权主义作家夏洛特·邦奇(Charlotte Bunch)所言:"每个个体的私人生活中,没有哪个领域不带有政治意味,所有政治问题归根结底是个人问题。"一些年轻女性开始参加"意识提升"团体聚会,探讨在个人日常生活中,女性如何被男性以及专制社会置于从属地位。1970年代初,全国女性团结在一起,在郊区厨房中、大学寝室中、教堂里或者犹太教会堂中,创造自己的意识提升团体,探讨诸如恋爱和婚姻、性、堕胎、医疗、工作和家庭中的权利关系等话题。

女性运动的成就

1970年代,构成女性运动的各个团体获得了重大成果。女权主义者致力于影响美国生活方方面面的改革:已婚女性以自己的名字获得信用的权利;未婚女性获得生育控制的权利;终止性别隔离招工广告。她们还致力于改变看待强奸的态度和对待强奸受害人的程序,比如堪萨斯大学学生健康中心的一名精神病医生在1970年道:"女性的整体态度和外表有时候在诱发他的袭击者中扮演着重要角色……"但是至1970年代结束时,在州和地方层面奋斗的活动家建立了强奸危机中心,教育当地警察和医院官员,推行保护强奸受害者的程序,甚至改变了法律。

当大部分医疗机构完全忽视女性理解和控制自己的性和生殖健康的意愿时,波士顿妇女健康图书协会(Boston Women's Health Collective)于1971年出版了《我们的身体,我们自己》(Our Bodies, Ourselves,初版售出了300万本)。而女性开始追求安全和合法堕胎的权利,并在1973年赢得了重大胜利,在"罗伊诉韦德案"中,最高法院以7对2判决隐私权保护女性选择终止妊娠的权利。

美国全国女性组织和许多其他女性组织同心协力推进一项《平等权利修正案》(Equal Rights Amendment),将终止所有以性别为基础的歧视性对待,同一修正案最早由全国妇女党(National Woman's Party)于1920年代提出。1972年3月22日,共和党和民主党以82票对8票联合批准了这个修正案,简单明了地宣称"美国或任何州不得以性别为理由否认法律规定下的权利平等"。至当年年末,22个州(修正宪法要求38个州同意)确认了《平等权利修正案》。1972年,国会还通过了《教育法修正案》的第九条款,禁止联邦资金投入任何歧视女性的学院或者大学。结果,大学开始把资金注入女性体育运动,体育运动的女性参与率迅速增长。

女性申请研究生项目的比率也急剧增长。1970年,只有8.4%的医学院研究生和5.4%的法学院研究生是女性。至1979年,美国医学院的研究生班中有23%的女性,还有28.5%的新律师是女性。女性在军队中的比例也越来越高,女性军人从1971年的1.3%上升至1979年的7.6%。1976年,女性首次获准进入美国的军事学院,关于女性在军队中适合何种角色引起了激烈辩论。女性也增强了她们在宗教组织中的角色,一些教派开始授予女性圣职。学院和大学成立了女性研究院系;至1980年,有3000多个大学课程聚焦于女性或性别研究。

女性运动的阻力

女性运动包含了各行各业的女性,但是也受到了强有力的反对,很大程度上阻力也来自女性。许多女性相信,中产阶级女权主义者并不理解她们的生活现实。假如那意味着放弃婚姻中的传统性别角色,外出从事低薪的繁重工作,她们没有"平等"的意愿。许多非裔美国女性和拉美裔女性曾积极参加自己民族的解放运动,其中一些还帮助创造了女权主义第二浪潮运动,但是她们也开始把女权主义看作"白人"运动,认为她们的文化传统和需求

▲ 1940年代的漫画女英雄神奇女侠在1972年7月出现在《女士》杂志（Ms. Magazine）第一本常刊的封面上。神奇女侠代表了女权主义的"女性权力"信念，但是选择神奇女侠也有着实际意义上的理由：《女士》杂志的主要投资人华纳通讯（Warner Communications）将要重新推出神奇女侠漫画。

图片来源：经《女士》杂志授权使用，1972

被忽视了；一些人相信女性运动占用了种族平等斗争的时间和精力。

对女权主义的有组织反对主要来自保守派，常常是受宗教动机驱使的男性和女性。正如一名保守基督教作家声称："《圣经》明确宣布妻子必须服从她丈夫的领导……就如服从她的主基督的领导。"这种观点，加上性别角色改变的恐惧，点燃了"阻止《平等权利修正案》运动"（STOP-ERA）。这场运动由律师菲利丝·施拉夫利（Phyllis Schlafly）领导，她同时也是一位显赫的保守派政治活动家。施拉夫利辩称，《平等权利修正案》的支持者是"一群指望用宪法解决个人问题的怨妇"。她谴责女权运动是"对美国女性作为妻子和母亲的角色，以及家庭作为社会基本单位的彻底攻击"。施拉夫利和她的支持者们辩称，《平等权利修正案》将助长联邦政府对个人生活的干涉、非刑事化强奸，迫使美国人使用男女通用的厕所，并且让女性成为征兵对象。

许多女性把女权主义视为对自己自主选择的攻击，通过反对《平等权利修正案》，她们感到自己在捍卫传统角色。在与《平等权利修正案》的斗争中，数以万计的女性获得了丰富的政治经验；她们助长了一场日益扩大的保守运动，这场运动将在1980年代形成规模。至1970年代中期，阻止《平等权利修正案》运动已经阻碍了《平等权利修正案》的通过。尽管国会延长了确认截止的期限，但是这个修正案直到1982年过期时仍然差三个州的支持票，因而没能通过。

同性恋解放

1970年代初，同性恋男性和女性面临着广泛传播的歧视。同性之间双方自愿的性行为几乎在每个州都是非法的，直到1973年，同性恋依然被美国精神病学会（American Psychiatric Association）打上精神疾病的标签。同性恋伴侣无法获得伴侣福利，比如医疗保险；他们也无法收养儿童。男女同性恋权利问题甚至让进步组织都四分五裂：1970年，纽约的美国全国妇女组织分会开除了女同性恋官员。同性恋男性和女性，能够隐藏让他们易于遭到歧视和骚扰的身份，这一点与大部分少数种族的成员相异。在广为传播的歧视背景下，保留"不出柜"的状态为个体提供了一些保护，但是这一选择也令有组织政治运动变得非常困难。美国存在一些小规模的"关心同性恋权益"组织，比如面具人协会[Mattachine Society，以一个成员戴着面具表演的中世纪音乐组织面具人协会（Societe Mattachine）命名，用以表达美国同性恋者的"面具"生活]以及比利蒂斯之女（Daughters of Bilitis，以女性之间的情诗集命名），从1950年代开始致力于争取同性恋权利。但是同性恋解放运动的标志性开端始于1969年6月28日，纽约市警察突击位于格林威治村的同性恋酒吧石墙酒吧（Stonewall Inn），因为纽约市法律规定，只要有超过三个同性恋顾客同时光临一个酒吧即为非法。是夜，顾客们第一次奋然反抗警察。当消息在纽约的同性恋圈中传开时，数百人加入了对抗。第二天，纽约人发现住宅区墙壁上喷上了新的标语："同性恋权力。"

受到石墙暴动的激励，一些男性和女性公开并以武力争取同性恋权利。他们聚焦于双重方针：法律平等和推广同性恋尊严。在种族和民族社群采取的身份政治中，一些人拒绝融入直（异性恋）文化概念，并帮助创立了与众不同的同性恋社群。至1973年，美国有约800个同性恋组织。大部分这类组织集中在大城市和大学校园中，试图为同性恋男性和女性创造"出柜"的友好环境。一旦"出柜"，他们将使用数量优势（"我们无处不在"是流行的口号）推动政治改革，比如类似于保护女性和少数种族群体的非歧视性法规。至1970年代末，同性恋男性和女性在包括纽约、迈阿密和旧金山在内的各大城市中成为一股公开的政治势力，并在美国的社会和政治生活中扮演着越来越瞩目的角色。

越南战争结束

1960年代末美国政治和社会的所有分歧中，没有什么问题比越战更无处不在。"我不想沦落到林登·贝恩斯·约翰逊的处境，"理查德·尼克松在赢得1968年总统大选后回顾这场战争如何摧毁了约翰逊的政治生涯，他发誓不会重蹈覆辙，"我将终止这场战争。快刀斩乱麻。"但是他并没有。他理解这场矛盾在国内引起了深刻的分歧，并且伤害了美国的国际形象，然而就像约翰逊政府中的官员一样，他害怕快速撤兵会伤害美国在国际舞台上的信誉，他自己在国内的地位也是顾虑之一。尼克松急于把美国军队撤出越南，同时也像他的前任那样渴望保留一个独立的、非共产主义的南越。为了达到这些目标，他采取了一种同时收缩和扩张战争的政策。

入侵柬埔寨

尼克松政策的核心是"越南化"，即建立南越部队,替代美国军队。尼克松希望这样一种政策能让国内的反对声音偃旗息鼓,并推动从1968年5月开始在巴黎进行的和平对话。据此,总统开始从越南撤回美国军队,把驻军从1969年春天的543 000人减少至1971年年末的156 800人,至1972年秋季又减少到了60 000人。越南化确实帮助平息了国内异议,但是对于巴黎谈判的僵局却没什么帮助。因此,即使尼克松着手撤军,还是加剧了对北越和邻国柬埔寨的敌军供给仓库的轰炸,希望能重创河内军队,让其不得不退让(参见第841页地图30.2)。

美国从1969年3月开始对中立国柬埔寨进行轰炸。在接下去的14个月中,B-52飞行员向这个国家发射了3 600颗导弹,并投下了100 000吨炸弹。一开始,政府费了很大心思隐瞒这场轰炸运动。当北越人拒绝妥协时,尼克松变本加厉:1970年4月,南越和美国军队入侵柬埔寨,搜寻武器仓库和北越的军队庇护所。总统公开宣称他不会允许"这个世界上最强大的国家"变成"一个孤立无援的巨人"。

抗议和反示威

反战运动立即兴起,约450个大学的学生开始罢工,几十万示威者聚集在各大城市,抗议政府政策。5月4日,危机氛围变得更浓重了,俄亥俄州的国民警卫队向肯特州立大学的一群学生开枪,杀死了4名年轻人并导致11人受伤。十天后,装备自动武器的警察和州高速公路巡警突袭了密西西比传统黑人高校杰克逊州立大学的一个女性宿舍,杀死2名学生并导致9人受伤。警察宣称他们遭到枪击,但是没有发现相关证据。在国会中,过去几个月对战争的反对意见不断积累,尼克松扩大战争引发了愤怒,6月,参议院终止了1964年的《东京湾决议》。两个月后,美国军队撤离柬埔寨,没有取得什么成果。

然而,美国人对于战争问题仍然分歧严重。尽管大多数人告诉民意调查者他们认为美国一开始对越南投入军队就是个错误,但是50%的人说他们相信尼克松所说的入侵柬埔寨能够缩短战争。被示威大学生的景象激怒,许多人表达了对总统和战争事业的支持。在华盛顿,一个称作"荣耀美国日"(Honor America Day)的节目吸引了超过200 000人,他们听比利·格雷厄姆(Billy Graham)和鲍勃·霍普(Bob Hope)赞美政府政策。尽管尼克松欢迎这些支持的表示,但是入侵柬埔寨引起的骚动减少了他在战争中的选择权。因此,可以预见绝大多数人反对美国派遣新的地面部队进入东南亚。

尼克松的国内困境于1971年6月达到巅峰,《纽约时报》开始公开关于美国在越南战争中决策的高层机密官方研究:五角大楼文件。尼克松发布了阻止公开的禁止令,但是最高法院驳回了这一命令。美国人从这份研究中发现,政府和军方领导人频繁向公众撒谎,隐瞒他们在东南亚的真实目标和策略。

军队的士气问题

军队中士气低迷的迹象令战争反对者和支持者同样困扰。部队中的士气和纪律早在尼克松就任之前就已经很低落了,越来越多报告称军人吸毒、逃亡,甚至谋杀不受欢迎的军官(这种行为被称作"蓄意杀伤")。关于美国军队暴行的传言开始流传到国内。1971年,威廉·凯利中尉(Lieutenant William Calley)被指控于1968年在梅莱村(My Lai)中监督杀害300多名南越平民,凯利受到军事法庭审判并被判有罪,这一事件引起了广泛关注。一名军队摄影师用照片记录下暴行的恐怖。对于很多人来说,这场屠杀象征着战争对于军人的兽化效应。

巴黎和平协定

与此同时,尼克松总统开始努力向河内施压,试图解决问题。约翰逊缺少"走向边缘"的意愿。尼克松告诉基辛格:"我无疑有这个意愿。"1972年3月,北越人发起重大进攻,穿过边境向南越推进,尼克松对北越发动大规模空中猛攻。1972年12月,明确的和平协议崩溃,南越拒绝让步,于是美国对

867 昨日重现

战争景象

越南战争被称作第一场"电视战争"。前无古人(据称也是后无来者)的新闻片段和照片让美国人和世界其他地区的人们直面战争的残酷及其受害者的悲惨。1972年6月,一群孩子和他们的家人逃离壮庞(Trang Bang)村,他们的身体被汽油弹炙烤,黄幼公(Huynh Cong "Nick" Ut)拍下了这幅代表性的照片,它后来成为反战号召和希望的象征。中间的这个女孩潘金淑(Phan Thi Kim Phuc)从袭击中幸存下来,但是不得不忍受长达14个月痛苦的恢复过程,治疗覆盖超过半个身体的三度烧伤。金后来成为加拿大公民和联合国教科文组织(UNESCO)的亲善大使。一些分析师辩称,一幅照片就能成为民众抗议的声音;另一些人则说即使是不可磨灭的影像也不可能拥有这种力量,比如这幅。你怎么看?

▲ 图片来源:美联社图片/黄幼公

北方发起了大规模空中打击,这就是所谓的"圣诞轰炸"。

然而,外交协议已经不远了。数个月前,基辛格和谈判中的北越对手黎德寿(Le Duc Tho)已经解决了许多显著的问题。最引人注目的是,基辛格同意北越军队在停战之后留在南方,而黎德寿抛弃了河内除去阮文绍(Nguyen Van Thieu)的西贡政府的决心。尼克松指示基辛格做出让步,因为总统急于改善与苏联及中国的关系,赢回美国盟友的支持,并且恢复国内的稳定。1973年1月27日,基辛格和黎德寿在巴黎签署了停战协议,尼克松通过威胁切断美国援助让不情愿的阮文绍接受了这个协议,同时保证,假如北越违反协议,美国将保护越南。在协定中,美国保证在60天内撤回所有军队。北越军队将被允许留在南越,而包括越共在内的联合政府将最终在南方建立。

美国把军队撤离越南,只留下一些军事顾问。很快,北越和南越都破坏了停战协议,全面战争再次打响。孱弱的南越政府,尽管在坦克和军队数量上占明显优势,却无法招架。在投降之前,成百上千美国人和为他们工作的越南人迅速从西贡撤离。1975年4月29日,南越政府崩溃了,而越南重新在以河内为基础的共产主义政府领导下统一。不久之后,西贡被更名为胡志明市,以纪念这位1969年去世的爱国者。

越南战争的代价

这场战争的总体代价非常巨大。超过58 000名美国人和150万至200万越南人死亡。柬埔寨和老挝的平民死亡人数达数十万。这场战争花了美国至少1 700亿美元,另外几十亿美元将用于支付退伍军人福利。巨大的战争支出让国内项目缺乏投资。相反,这个国家遭受通货膨胀和改革退步的影响,并充斥着政治分裂和滥用行政权力等现象。这场战争还拖延了美国与苏联以及中华人民共和国的和解,导致了与同盟国的分歧,并且疏远了第三世界。

1975年,共产党夺得权柄,在越南、柬埔寨和老挝成立了高压政府,但是在印度尼西亚以外,美国官员曾经预测的多米诺效应并没有发生。严重的饥荒折磨着这些焦土上的人民,"船民"挤上危险的船只,希望能逃离战火纷飞的故土。许多人移民到美国,美国人对他们的感情非常复杂,一方

▶ 2010年阵亡将士纪念日,一名越战老兵以朋友之名祈祷,他的这位朋友是少数在战争中死去的美国女性之一。这座位于华盛顿的越战老兵纪念碑(Vietnam Veterans Memorial)于1989年由耶鲁大学的研究生林璎(Maya Lin)设计。批评者把这座纪念碑称作"伤疤"和"黑色的耻辱伤口",但是它已经成为附近人气最高的地点。

图片来源:美联社图片

面这让他们想起亚洲的败绩。但是也有许多美国人面对现实，认识到美国曾无情地轰炸、烧毁、破坏曾经富饶的农业土地，对于东南亚人民的困境负有很大责任。

越战教训引起的争议

美国人对国家的战争经历似乎既愤怒又困惑。鹰派观察者宣称，美国在越南的失败破坏了这个国家的信誉度，并且诱使敌人利用这些机会，让美国利益付出了代价。他们指出，"越南综合症"——美国对海外牵连疑惑警惕——恐怕会因此阻碍美国行使它的力量。他们主张，美国之所以在越南战败是因为美国人在国内失去了勇气。

而鸽派的分析师则得出截然相反的结论，他们否认军方受到过度约束。一些人把战争归咎于帝国主义的总统职责，让固执己见的人不受约束地肆意行动，他们也谴责弱势的国会把太多权力交给行政部门。这些批判者建议，只有让总统坚守三权分立体系，让他必须请示国会才能宣战，这样美国才能变得不那么干涉主义。1973年的《战争权力法案》(War Powers Act)表达了这一观点，这一法案旨在限制总统的战争自由。自此以后，美国军队任何超过60天的战斗行动都必须获得国会批准。同年，征兵制（曾经于1969年变成抽签系统）结束了；美国军队从此将变成一支志愿服役体制的军队。

越战老兵

越战老兵纷纷呼吁人们帮助其解决外伤后的压力失调，这一现象也引发了人们对越战教训的公开讨论。这种心理问题影响了280万越战老兵中的成千上万人。回到祖国后，他们遭到噩梦和极度精神紧张的困扰。医生报告这种失调主要由于士兵看到许多儿童、女性和老人被杀。一些士兵不以为意地杀死这些人；另一些人报复性地杀死他们，而随后又充满负罪感。一些老兵公布，他们在越南时处理过的或者无意被喷洒到的橙剂（Agent Orange）和其他落叶剂导致了健康状况恶化，这引起了公众关注。1982年在华盛顿特区建立的越南老兵纪念碑使这个问题至今仍活跃在美国社会中，直至今日，各个中学和大学还常常组织越战老兵口述历史项目，让中学生和大学生们不断反思这场战争。

尼克松、基辛格和世界

即使尼克松和基辛格试图在越南战争中获得胜利，但是他们明白，1960年代美国的军事投入已经越界了，并导致了大规模伤亡、深重的国内分裂以及经济错位。这些战争造成的困境向他们表明，美国的力量是有限的，并且在相对意义上还在下降。这一现实让全新的冷战方式必不可少，俩人很快开始重新制定美国政策。他们尤其相信，美国必须适应全新多极化的国际体系；这个体系已经不再能简单地用苏美对抗来定义。西欧已经成为一个重要的选手，日本也是一样。中东越来越重要，主要是因为美国对该地区石油的依赖与日俱增。最重要的是，美国人必须面对中国的现实，重新考虑在1949年共产党上台后的敌对孤立政策。

尼克松和基辛格是一个看起来不太可能的组合，一个离群索居而野心勃勃的加利福尼亚人，出生于震颤教徒之家，另一个是热爱社交并富有活力的犹太知识分子，儿时逃离纳粹德国。尼克松年长十岁，或多或少是一名职业政治家，而基辛格以哈佛教授和海外政策顾问闻名。尼克松是个坚定的共和党人，而基辛格则没有强烈的党派执着，事实上他在民主党朋友面前诋毁过共和党人。这两个人的共同点是对待对手倾向于偏执，并以广义的观念化的方式考虑美国在全世界中的地位。

尼克松主义

1969年7月，尼克松和基辛格承认了美国力量和资源的局限性,并宣布尼克松主义。他们说,美国将继续为亚洲和其他地区的盟友提供经济援助,但是这些盟友不再能指望美国军队的支援。这相当于承认华盛顿无法再维持它的许多海外投入,因此将越来越多地依赖地区同盟维持反共产主义的世界秩序,事实证明,这些同盟将包括许多专制政权。尽管尼克松并没有这么说,但是他的尼克松主义是从1947年杜鲁门主义的部分倒退,后者承诺为面临内部或外部生存威胁的非共产主义政府提供支持。

缓和政策

假如尼克松主义是新外交政策的一根支柱,那么缓和政策就是另一根:"detént"一词为法语,本意是"放松",意指在总体对抗环境下,通过谈判与苏联人谨慎合作。缓和政策的主要目的,在于阻止苏联扩张,限制苏联武器规模,就像它代表的遏制政策一样,尽管现在这个目标将通过外交和双方让步达到。这个策略的第二部分旨在抑制第三世界的革命和激进主义,以抑制其对美国利益的威胁。更具体地说,像越战那样的冷战和局部战争代价太大;扩张并与较友好的苏联人和中国人进行贸易或许能减少美国巨大的贸易差额赤字。而且在中苏矛盾与日俱增的时候,与这两个共产主义大国改善关系或许能加重两者之间的矛盾,削弱共产主义。

苏联的领导人有自己的理由欢迎缓和政策。冷战也是对其资源的巨大消耗,而且至1960年代,国防需求和消费需求之间的矛盾越来越大。改善与华盛顿的关系也将让苏联更多聚焦于与中国越来越紧张的关系,或许还能在显著的欧洲问题上取得重要进展,包括德国和柏林的局势。一些莫斯科政府高层中的理论家对于和美国资本主义者缓和关系仍然抱着深刻怀疑的态度,但是他们不能说服变革的主张者。因此,1972年5月,美国和苏联在《反弹道导弹条约》(ABM Treaty)(官方名称为《限制反弹道导弹系统条约》[Treaty on the Limitation of Anti-Ballistic Missile Systems])中同意通过限制洲际弹道导弹和反弹道导弹防御系统的制造和部署,放慢耗资巨大的军备竞赛。

向中国开放

与苏联缓和关系的同时,美国迈出戏剧性的一步,结束了20多年中美敌对关系。中国人欢迎这个改变,因为他们希望刺激贸易,希望更友好的中美关系能够让他们曾经的同盟、现在的敌人苏联更不敢轻举妄动。尼克松也做同样推理:"我们用中国的破冰让俄罗斯人震动。"在1972年年初,尼克松对"红色中国"进行了历史性的访问,他和显赫的中国领导人毛泽东和周恩来会晤,同意对许多问题保持不同见解,而在一个问题上保持了一致的态度:不能允许苏联在亚洲获利。中美关系略有改善,官方外交承认和大使往来在1979年达成。

向中国开放以及与苏联的缓和政策反映了尼克松和基辛格的观点,他们相信维持大国之间的稳定非常重要。在第三世界,他们也追求稳定,尽管在那里他们希望通过维持现状而不是变革来达到这一目的。事实是,尼克松—基辛格方针将在第三世界面临最为严峻的考验,而不仅仅是越南。

中东的战争

在中东,1967年的阿拉伯—以色列六日战争之后,情况变得越来越反复无常。在这场矛盾中,以色列对抗埃及和叙利亚,赢得了一系列胜利,从约旦手中夺取了西奈山(Sinai Peninsula)和东耶路撒冷的西岸(West Bank),还从叙利亚手中夺过了戈兰高地(Golan Heights)。以色列的地区地位立即改变了,因为它赢得了28 000平方英里土地,因此可以在入侵的军队面前更轻易地捍卫自己。但是这场胜利代价惨重。加沙和西岸是几十万巴勒斯坦人世世代代的故乡,也是从1948年阿拉伯—以色列矛盾(参见第二十八章)中逃离的另外几十万巴勒斯

▲ "这是改变世界的一周。"理查德·尼克松这样形容他在1972年2月的访华之行。许多历史学家赞成这个评价,把中美关系破冰视为尼克松作为总统最伟大的政绩。据称当总统和妻子帕特(Pat)游览长城时,总统评价道:"这是一堵伟大的墙。"

图片来源:尼克松总统资料项目,国家档案和记录管理局(Nixon Presidential Materials Project, National Archives and Record Administration)

坦难民最近的故乡。突然之间,以色列发现自己统治着许多恨不得毁灭以色列的人民。以色列人开始在他们新近取得的地区建立定居地时,阿拉伯仇恨变得更强烈了。与巴勒斯坦解放组织(Palestinian Liberation Organization, PLO)有关联的恐怖主义者对犹太聚落发起打一枪换一个地方的袭击,劫持喷

放眼天下

石油输出国组织和1973年石油禁运

假如要指出一个标志着美国势力在冷战时期相对下降、中东地区国家作为重要选手登上国际舞台的日子，那必定是1973年10月20日。那一天，石油输出国组织（Organization of Petroleum Exporting Countries, OPEC）的阿拉伯成员国——沙特阿拉伯、伊拉克、科威特、利比亚和阿尔及利亚对运往美国和其他以色列同盟国的石油发起完全禁运。这一行动是为了报复美国在为期两周的赎罪日战争（Yom Kippur War）中对以色列的支持。这个禁运令发布前三天，成员国决定单方面提高石油价格，把原油价格从3.01美元提高至每桶5.12美元。12月，这五个阿拉伯国家加上伊朗，再次把油价提高到每桶11.65美元，接近10月初的4倍。"这一决定，"国家安全顾问亨利·基辛格评价这次提价行为，"是20世纪历史上关键的事件之一。"

即使基辛格略有夸张，他的评价也离真相不远。全美国的汽油价格水涨船高，一些经销商供应短缺。焦头烂额的美国人忍受着无休无止的加油长队，在供暖不足的家中颤抖。写给报刊编辑的书信表达了愤怒，民众不仅谴责阿拉伯国家政府，也谴责大型石油公司，因为它们的利润也骤然上升。1974年3月，在为期五个月的禁运撤销时，石油价格仍然保持高位，禁运的后续效应将持续到1970年代末。这一事件比之任何其他事件更证明了美国无法再对自己的经济命运完全掌控，程度之深令人震惊。

就在20年之前，1950年代初，美国曾在国内生产他们所需的石油。底特律的汽车制造者销售庞大的有着张扬尾翼的烧油车完全没有困难。至1960年代初，情形开始发生变化，美国工厂和汽车制造商更依赖海外资源，每使用的六桶油中就有一桶进口油。至1972年，这个数字上升至1/3，或者超过30%。尽管在绝对意义上数量巨大——美国汽车驾驶员每天消耗全世界总量的1/7——但是很少有美国人担心石油供应不足。接着就发生了禁运事件。正如作家丹尼尔·耶金（Daniel Yergin）所言："石油短缺打击了资源无穷无尽的基本信念，这种想法深深植根于美国性格和经历中，以至于很大一部分公众甚至直到1973年10月才知道，美国依赖进口石油。"

尽管美国人在禁运结束后恢复了浪费的生活方式，但是一个重要的变化已经悄然发生，无论人们是否充分理解其内涵。美国已经成为一个依赖进口的国家，它的经济未来与半个世界以外的阿拉伯领导人的决策紧密相连。

气客机，在1972年西德慕尼黑运动会上杀害以色列运动员。以色列人通过暗杀巴勒斯坦解放组织领袖加以报复。

1973年10月，在犹太赎罪日当天，埃及和叙利亚袭击了以色列。他们的动机很复杂，但是主要是为1967年战败复仇。以色列遭到意外打击，一时间反应不过来，然后才在西奈对苏联武装的埃及军队组织起有效的反击。为了惩罚美国支持以色列的立场，大部分成员为阿拉伯国家的石油输出国组织联合起来提高原油价格，禁止原油运往美国和其他以色列的支持者。能源危机和戏剧性的高油价撼动了美国。很快，基辛格安排了这场战争中的停火协议，但是石油输出国组织直到1974年3月才解除了禁运。第二年，基辛格说服埃及和以色列接受了西奈的联合国维和部队。但是和平并没有降临这一地区，巴勒斯坦人和其他阿拉伯人仍然誓要摧毁以色列，而以色列人坚持在占领的土地上建立更多犹太聚落。

拉丁美洲和非洲的反激进主义

与此同时，尼克松政府试图在拉丁美洲维持稳定，并阻挠激进的左翼对专制统治的挑战。1970年，智利选民选出了一位马克思主义总统萨尔瓦多·阿连德（Salvador Allende），美国中情局开始采取秘密行动，在智利造成混乱，鼓励军官发起政变。1973年，一个军政府驱逐了阿连德，建立了奥古斯托·皮诺切特（Augusto Pinochet）将军统治下的专制政权。（阿连德后来被杀害。）华盛顿公开否认在这一事件中扮演任何角色，这一事件在智利开启了20多年的铁腕独裁政治。

在非洲同样如此，华盛顿更偏爱维持现状。尼克松在罗得西亚（Rhodesia，现在的津巴布韦）支持白人少数政权，并发动中情局，努力在新近独立的安哥拉的内战中打击苏联和古巴支持的派系，但是失败了。在南非，尼克松容忍对黑人和混血"有色人种"施加种族隔离政策的白人统治者，当地黑人贫穷、没有选举权，并聚居在监狱一样的镇区中。然而，左翼政府在安哥拉上台后，华盛顿对非洲其他地区更热心了，建立了经济联系，并派遣军队前往友好的黑人国家，比如肯尼亚和刚果。美国政府日益疏远罗得西亚以及南非的白人政府。美国不得不"阻止非洲的激进化"，基辛格道。

总统政治和领导危机

理查德·尼克松对自己的海外政策成果感到非常自豪，但是他在国内的失败却为这些成果笼罩上了一层阴影。他辜负了公众的信任，违反了大大小小的法律。他的不当行为，加上美国人日益相信他们的领导在越战问题上反复欺骗他们，动摇了美国人对政府的信心。这种新的不信任和保守派对积极活跃的大政府的传统怀疑相结合，造成了一场领导危机，破坏了从新政开始统治这个国家的自由政策。在水门听证会结束后，对于总统领导权和政府行为的深刻怀疑笼罩全国，这种氛围将限制尼克松的继任者杰拉尔德·福特（Gerald Ford）和吉米·卡特的成就。

尼克松的内政计划

理查德·尼克松是最复杂的美国总统之一。他聪明、主动，政治上游刃有余，能够以创造性的手段应对改变的国际现实——同时尼克松也粗俗，他歧视犹太人和非裔美国人，乐于使用肮脏手段和总统权力对付他的假想敌，并且受到一种近乎偏执的仇恨的驱使。尽管坚韧不拔而富有智慧，尼克松作为南加利福尼亚农业地区的杂货商之子，从来没有被世故的北方自由精英阶层接纳。（在尼克松当选之后，《华盛顿》杂志取笑道，白宫餐桌上的精致甜点被"茅屋奶酪和番茄酱"替代了。）尼克松厌恶自由派当权者，后者也一样厌恶他，在他的总统生涯中，仇恨和保守原则的哲学性执着是同样重要的动力。

尼克松的国内政策一直让历史学家感到困惑。他的很多方针是自由主义的，主张扩张联邦项目改善社会。尼克松政府是《平权法案》的先驱。他也把新人文学科国家基金（National Endowment for the Humanities，即NEH）和国家艺术基金会（National Endowment for the Arts，即NEA）的预算提高了一倍。尼克松支持《平等权利修正案》，签署了重要的环境保护立法，创立了职业安全与卫生管理局（Occupational Safety and Health Administration，即OSHA），积极地运用赤字开支努力管理经济，甚至提议为所有美国人建立最低收入保障。

与此同时，尼克松追求保守主义的方针。他的重要立法目标之一是"权力转移"，或把联邦政府权力移交给州和地方政府。他推动收入分享项目，把联邦经费分还给各州，让各州根据自己的判断支用，恼怒于付出高税收支持自由主义"送钱"项目给穷人和少数族裔的美国人感到这些政策很有吸引力。作为总统，尼克松致力于将共和党与法律和秩序划等号，而将民主党与纵容、犯罪、毒品、激进主义以及"嬉皮生活方式"等同。为了给反对1960年代社会变革运动的反抗运动提供资助，并巩固他所谓的"沉默的大多数"的支持，尼克松助长了分裂，利用自己直率的副总统斯皮罗·阿格纽（Spiro Agnew）攻击战争抗议者和批判者是"调皮捣蛋的孩童""衰弱的……势利小人"以及"意识形态无能者"。他向最高法院委任了四名保守派法官：沃伦·伯格（Warren Burger）、哈里·布莱克门（Harry Blackmun）、小刘易斯·鲍威尔（Lewis Powell Jr.）以及威廉·伦奎斯特（William Rehnquist）。

有着这样令人困惑的记录，尼克松是自由派还是保守派，抑或只是实用主义？答案很复杂。比如，当尼克松政府提议为包括劳动阶层的穷人在内的所有美国人建立最低收入保障时，他更大的目标是瓦解联邦福利体系，摧毁它的自由主义社工管理机构（在尼克松的模式下这种机构将不再必要）。而且尽管尼克松将国家艺术基金会经费提高了一倍，但是他重新把奖金从东北部艺术机构——他视为敌人的"精英"阶层——转向地方和地区艺术团体，资助写实绘画或民间音乐等流行音乐形式。

除此以外，尼克松认识到吸引南方白人加入共和党的可能性，追求高度实用主义的"南方策略"。他为最高法院提名了两名南方人，其中一个具有种族隔离主义记录。当国会拒绝确认两名候选人时，尼克松愤怒地抗议，说道："我明白数百万生活在南方的美国人的痛苦感受。"在最高法院支持一项学校去隔离计划，要求在布朗判决15年后仍然高度种族隔离的北卡罗来纳学校系统把黑人和白人儿童从各自的社区学校中转移出来，用校车送到其他地方的学校中，从而达到种族融合的目的时［"斯万诉夏洛特–梅克伦伯格县教育委员会案"（Swann v. Charlotte-Mecklenburg, 1971）］，尼克松谴责转移方案是轻率而极端的弥补方案。（抵制校车转移或是持续种族隔离并不纯粹是南方现象，比如1974年波士顿居民时常抗议法庭为对抗学校种族隔离而发起的校车转移，甚至诉诸暴力。）

敌手和肮脏伎俩

尼克松几乎确定能在1972年大选中获得连任。他的民主党对手是来自南达科他的进步派参议员乔治·麦戈文（George McGovern）——越南战争的强烈反对者。麦戈文诉诸左翼，本质上放弃了中立派，宣称："我不是一个中间派的候选人。"阿拉巴马州州长乔治·华莱士，作为第三党派的候选人参选，但是在一场暗杀行动中受伤瘫痪之后退出了角逐。然而，尼克松的竞选运动却不容有失。6月17日，大选前四个月，五人试图闯入华盛顿水门公寓和办公楼区的民主党全国委员会办公室并被逮捕。这些人与争取总统连任委员会有关。这次闯入事件当时没有引起多少注意，11月，尼克松以60%的选民票轻松连任。麦戈文只赢得了马萨诸塞和哥伦比亚。但是即使尼克松成功连任，他的衰落也已经开始了。

从总统生涯之初，尼克松就执迷于一个观点，认为在国家动荡时期，他的周围环绕着敌人。他制定了"仇敌名单"，上面足有几百个名字，包括国会中的所有黑人成员，还有大部分常春藤盟校的校长。用其中一个成员的话来说，尼克松政府致力于"使用一切可用的联邦机器毁灭我们的政敌"。在尼克松的命令下，他的副手查尔斯·寇尔森（Charles Colson，以格言"抓住眼球，就得到了他们的心和头脑"而著称）成立了一个称作"水管工"（Plumbers）的秘密团体。他们的第一份工作是闯入治疗丹尼尔·艾斯伯格的精神病医生的办公室寻找败坏他名誉的材料，艾斯伯格是前五角大楼职员，曾经把五角大楼文件公之于众。在1972年的总统预算和竞选运动中，水管工扩大了他们的"肮脏伎俩"行动，他们窃听电话，渗入竞选员工，甚至撰写和传播诬陷民主党候选人私生活不检点的匿名信。他们已经窃听了民主党全国委员会办公室，打算回去植入更多监听设备，就在这时于水门大楼区被华盛顿特区警方抓获。

水门事件的掩盖和调查

尼克松并没有直接涉足水门闯入事件。但是他没有与该事件的负责人划清界限并将他们开除，而是试图掩盖事实，找了一堆国家安全的理由命令中情局阻止联邦调查局的调查。尼克松妨碍了司法公正，这是一项重罪，是宪法规定下满足弹劾条件的罪名，但是这一阶段他似乎确实阻止了调查进行。然而，两位名不见经传的年轻《华盛顿邮报》记者，卡尔·伯恩斯坦（Carl Bernstein）和鲍勃·伍德沃德（Bob Woodward）并不愿意放弃这个故事。在一个代号为"深喉"（Deep Throat）的匿名政府高官的帮助下（名称来自一部1972年的著名限制级电影），他们开始顺着一笔资金的流向进行调查，这笔资金直接将他们导向白宫。（2005年，1970年代初联邦调查局的二把手W.马克·费尔特（W. Mark Felt）公开承认自己就是水门事件中的深喉。）

水门事件在法庭和国会的仔细调查之下水落石出。从1973年5月至8月，参议院就水门事件举行了电视公开听证会。白宫顾问约翰·迪恩（John Dean）害怕自己会成为整个水门惨败的替罪羊，于是给出了足以定罪的证词。接着，7月13日，一名白宫助理告诉参议院委员会，尼克松定期录下他在总统办公室的谈话。这些录音记录是证实尼克松直接涉及掩盖事实的决定性证据——但是尼克松拒绝把录音带交给国会。

弹劾和辞呈

正当尼克松和国会为录音带斗争时，尼克松在其他方面也面临丑闻威胁。1973年，副总统斯皮罗·阿格纽被指控任马里兰州州长时收受贿赂，迫于压力提出辞呈。在宪法程序之后，尼克松委任、国会批准了众议院少数派领袖，密歇根州的杰拉尔德·福特取代阿格纽的职务。与此同时，尼克松的班底越来越担心他的过度饮酒和疑似精神不稳定。接着，1973年10月24日，众议院开始启动针对总统的弹劾程序。

在法院命令下，尼克松开始向国会公布经过剪辑的总统办公室部分磁带。尽管第一批录音带没有显示出犯罪活动，但是公众被尼克松时不时的污言秽语和种族主义诋毁震惊。1974年7月，最高法院最终下令尼克松必须公开所有录音带。尽管两盘关键录音带有"神秘"的擦除痕迹，但是众议院司法委员会仍然找到足够证据，以三方面理由弹劾尼克松：妨碍司法公正、滥用权力以及藐视国会。1974年8月9日，面临特定的弹劾和有罪判决，理查德·尼克松成为美国第一位在任上辞职的总统。

水门丑闻动摇了美国公民对政府的信心。它还促使国会重新评估了行政部门和立法部门之间的权力平衡。1973年开始，国会通过了几部旨在限制总统权力的重要法令。其中不仅包括《战争权力法案》，还有1974年的《预算与截留控制法案》（Budget and Impoundment Control Act），让总统无法忽略国会的开支授权。

福特的总统生涯

美国历史上首位非选举的总统杰拉尔德·福特面临着一个饱受怀疑论冲击的国家。总统职位遭到质疑。经济在衰退。美国人民四分五裂。在上任后采取的第一批公务行为中，福特对理查德·尼克松发布了完全赦免令，先下手为强地阻止任何带来犯罪指控的企图，他的支持率从71%急速下降至41%。一些人缺乏证据地暗示，他和尼克松之间存在某种肮脏交易。福特几十年来坚持，他只是为了国家的利益行事，但是在2006年年末去世前不久，他告诉一位记者，尽管很少人知道，但是他和尼克松曾是好朋友，"我不希望看到我真正的朋友受到"犯罪指控的"侮辱"。

总体而言，福特是个高尚正直的人，他竭尽所能结束所谓的"全国噩梦"，在两年半的任期中，他在内政方面收效甚微。1974年国会选举中，民主党人获得巨大优势。在水门事件后，国会希望践行自己的权力。福特几乎是例行公事地否决国会的法令，一年否决了39个之多，但是国会常常推翻他的否决。而且福特成为人们嘲讽的对象。在政治讽刺漫画、独角喜剧，尤其是电视节目《周六夜现场》中，他被塑造成一个丑角和傻瓜。当他走出空军一号不小心滑跤时，各大主要新闻媒体纷纷播

首批新南方领导人之一。他在佐治亚大平原地区的乡村城镇长大，他的家族在那里拥有一个花生农场。从海军军官学校(Naval Academy)毕业后，卡特在海军核潜艇项目中担任工程师。卡特是个虔诚的重生基督教徒，他的缺乏政治经验成为美德。他向美国人民承诺："我永远不会欺骗你们。"他强调自己和华盛顿以及最近那些政治腐败事件保持距离。

从上任开始，他就打破了总统车队的传统，和妻子兼亲密顾问罗莎琳(Rosalynn)以及小女儿艾米(Amy)手挽着手沿着宾夕法尼亚大道(Pennsylvania Avenue)走来。卡特拒绝帝国主义总统职位的行头，强调他民粹的、局外人的吸引力。但是让他赢得总统一职的局外人立场将成为卡特总统生涯中重要的障碍。尽管他是个精明的政策制定者，但是却蔑视为了在国会中通过立法必须付出的妥协。

卡特面临足以难倒任何领导人的问题：经济继续衰退，能源短缺还没有缓解，美国人民不信任他们的政府。卡特比第二次世界大战后的任何美国领导人更愿意告诉美国人逆耳忠言。当天然气匮乏迫使学校和企业在1977年寒冬关闭时，身穿羊毛上衣的卡特在电视上对美国人民大谈新的限制时代，并且呼吁"牺牲"。卡特在白宫和政府大楼中实行能源节约措施，并且向国会提出详细的能源计划，强调节约。当国家与一种不确定和沉重感斗争时，卡特在他总统生涯中最有名的演说中告诉美国人，这个国家正在经历一场精神危机。他谈论"自我沉溺和消费"的虚假诱惑，谈论"瘫痪、停滞和随波逐流"。他呼吁"重新踏上共同目标的道路"。但是他却无法为所谓的全国萎靡现象提供实际的解决方法。

卡特的确取得了一些值得称道的内政成就。他致力于缓解沉重的政府规章，而没有破坏消费者和劳动者保护，并且建立了能源部与教育部。他还创立环境保护措施，建立了16亿美元的"超级基金"治理废气的化学废品地点，并且把100多万英亩阿拉斯加土地置于联邦政府保护之下，作为国家公园、国家森林和野生动物保护区。

▲ 因为在水门事件中所扮演的角色，理查德·尼克松狼狈辞职势在必行，照片中理查德·尼克松在最后一次离开白宫时伸出双臂比出"V"字胜利符号。

图片来源：尼克松总统资料项目，国家档案和纪录管理局

875 放了这一片段，把福特描述成为一个身体上无能的人是非常讽刺的，他曾为了上耶鲁法学院放弃了国家橄榄球联盟(National Football League)的参赛机会。但是正如福特所理解的，这种描述开始给公众造成一种"跌跌撞撞、笨手笨脚"的印象，仿佛会犯各种错误。福特因为尼克松放纵不敬的行为而遭受池鱼之殃。对于总统一职的崇敬心理再也不能阻止大众媒体报道总统的失足、口误、过失或行为失当。福特是第一个发现规则已经发生巨大改变的总统。

卡特成为"局外人"总统

1976年以微弱优势当选的吉米·卡特一开始从美国人对政治领袖的怀疑中获益。卡特曾是佐治亚州的一任州长，是投身种族平等和种族融合的

经济危机

美国人对于政治领导人的信心缺失因为愈演愈烈的经济危机而雪上加霜。从第二次世界大战开始，除了短暂的衰退，繁荣一直是美国生活的基调。主要建立在生产率上升基础上的国民生产总值稳步上升，推动千千万万美国人进入经济宽裕的中产阶级。繁荣让1960年代的大型自由主义计划变得可能，并且改善了美国贫困和老龄公民的生活。但是在1970年代初，长期的经济扩张和繁荣走到了尽头。几乎每项经济指标都带来坏消息。仅仅1974年一年，国民生产总值就下降了整整两个百分点。工业生产总值下降了九个百分点。通货膨胀率——商品和服务成本——急剧上升，失业率也升高了。

滞胀及其原因

整个1970年代，美国经济在一个被经济学家戏称为"滞胀"的处境中苦苦挣扎：以高失业率和失控的通货膨胀率为特点的停滞经济（参见图表31.1）。滞胀几乎不可能以传统经济弥补措施进行管理。当联邦政府以增加支出来刺激经济，因此降低了失业率时，通货膨胀率却上升了。当联邦政府试图通过削减政府开支或者缩紧货币供给来控制通货膨胀率时，衰退加深了，失业率猛涨。

导致这场经济危机的原因是复杂的。一方面联邦政府对经济的管理应该受到谴责：约翰逊总统坚持认为美国应该同时拥有"枪炮和黄油"，一边在越南打一场耗资巨大的战争，一边在他的伟大社会项目中大幅扩大国内支出，逆转了传统的经济智慧，造成了通货膨胀压力。但是根本问题也来自美国在全国经济中的角色转换。在第二次世界大战之后，由于领先的工业国家都变成了一片废墟，美国在全球经济中鹤立鸡群。但是被战争摧毁的国家——常常在美国的经济援助下——重建了自己的产能，建起技术上非常先进的全新工厂。至1970年代初，美国的两个重要战时敌国——日本和德国，已经成为重要经济强国，也是全球贸易中的重要竞争者。1971年，从19世纪末以来第一次，美国进口的产品额超过了出口额，开启了美国贸易逆差的时代。

美国企业行为也助长了这种愈演愈烈的贸易失衡。在全球统治的年代，很少有美国企业重新把利润投资于提高生产技术或培训劳动者。结果，美国的生产力——每小时劳动平均产出产品量——开始下降。然而，劳动者的生产力虽然下降，他们的薪资却很少会随之下降。下降的生产力和高劳动力成本的结合就意味着美国产品变得越来越昂贵，对美国消费者和其他国家的消费者来说都是如此。甚至更糟糕的是，没有来自国外制造商的竞争，

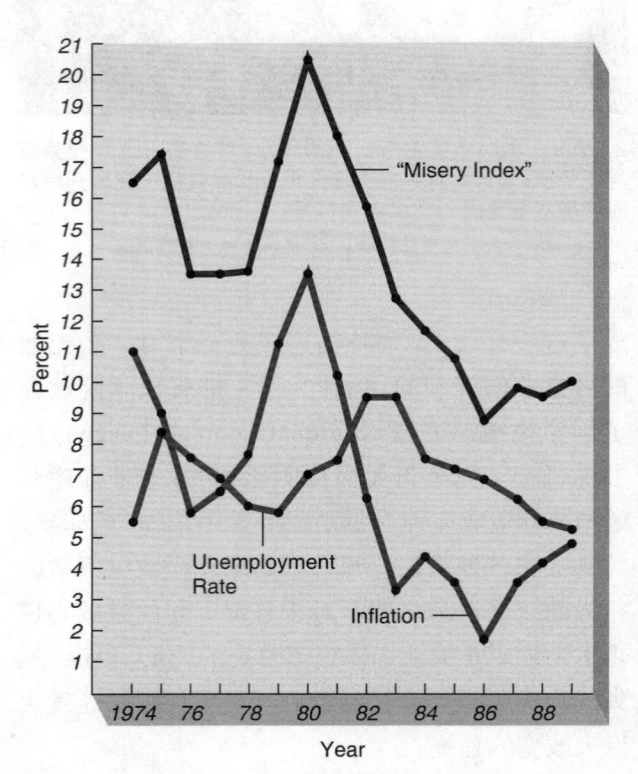

图表31.1　1974—1989年"经济失调指数"（失业率加上通货膨胀率）

美国人的经济困境直接导致了他们的政治行为。1976年和1980年"经济失调指数"升高时，美国人投票换总统。1984年和1988年，经济困境缓解时，罗纳德·里根（Ronald Reagan）和乔治·布什成了政治受益者。

来源：改自《总统经济报告，1992》（Economic Report of the President, 1992），华盛顿特区，1992年，第340、365页

美国企业的产品质量也下降了。比如，1966年至1973年，美国汽车和卡车制造商由于严重质量问题不得不召回近3 000万辆汽车。

恢复经济的努力

美国政治领导人徒然地试图管理经济危机，但是他们的行动常常让它雪上加霜。美国升高的贸易逆差破坏了国际对美元的信心时，尼克松政府终止了美元与金本位的联系；自由浮动的汇率导致美国国内进口商品的价格上涨，因而刺激了通货膨胀率。福特总统于1974年创立了"现在开始鞭打通货膨胀"（Whip Inflation Now）志愿项目（包括红色和白色的写着WIN的胸章），旨在鼓励草根群众的反通货膨胀努力。货币理论认为，减少"追逐"商品供应的货币，能够让价格上涨逐渐放缓，终止通货膨胀螺旋，在这一理论的教导下，福特抑制政府支出，鼓励联邦储备金监察小组（Federal Reserve Board）缩紧信用——因此导致了40年来最糟糕的衰退。1975年，失业率上升至8.5%。

卡特一开始试图通过刺激经济降低失业率，但是通货膨胀失控上升；他接着又试图放缓经济——并在1980年大选之年造成了大规模衰退。事实上，卡特的广泛经济政策，包括他于1978年对航空、货运、银行和通信行业的去规范化，将最终造就经济增长，但是效果不够迅速。在近十年的衰退后，美国人对美国经济以及他们政治领导人管理经济的能力彻底失去了信心。

经济危机的影响

1970年代的经济危机加速了这个国家从工业经济向服务经济的转变过程。1970年代，美国经济完成了"去工业化"。汽车企业裁撤工人。大型钢铁厂关闭了，荒废了整个社区。其他制造业向海外转移，追逐低劳动力成本和更宽松的政府管制。2 700万个新工作机会诞生，但是它们主要出现在经济学家所说的"服务部门"中：零售、餐饮和其他服务提供者。当重工业崩溃时，原先高收入、工会化的劳动者在飞速增长但没有工会化的服务行业中工作。这些工作付的薪水低很多并且常常缺少医疗福利，比如仓库工作或是零售工作。

原先成功的蓝领工人发现自己的中产阶级生活标准不复存在。更多已婚女性加入了劳动队伍，因为她们不得不这么做，尽管其中一些人是受到新机会吸引。即使在经济最好的时候，为成百上千万婴儿潮时期出生的人口制造就业机会已经是巨大负担，这些人在1970年代加入了劳动市场。1970年代从高中或大学毕业的年轻人从小有着很高的期望值，但是突然发现他们的可能性非常有限，即使他们有幸找到工作。

这场经济危机还帮助改变了这个国家的经济和文化中心。当旧有的北方和中西部经济地区开始衰落，人们逃离"雪带"（snow belt）或是"铁锈地带"（rust belt），加速了已经开始的阳光地带繁荣（参见地图31.1）。阳光地带是工作机会所在地。战后时期联邦政府在南方和西部投入了大量资金以及必需的基础设施，尤其是军工和国防产业。阳光地带从来不是一个重要的重制造业中心，当地建立的主要是迅速发展的现代产业和服务业——航天、国防、电子、交通运输、研究、银行和金融以及娱乐业。市和州政府相互竞争，吸引商业和投资款，阻止工会扩张是其中一项手段。亚特兰大、休斯敦和其他南方城市将自己宣传为成熟和富有种族包容性的大都会；他们购买体育队伍，并建造博物馆。

人口向南方和西部转移的潮流与中产阶级纳税人向郊区逃离，造成了北方和中西部城市的灾难。纽约市至1975年接近财政崩溃，众议院和参议院银行委员会批准联邦贷款保障后才得救。克利夫兰在1978年拖欠债务，这是1933年年底特律宣布破产后第一个这么做的城市。

税收抵制

即使滞胀和阳光地带发展改变了美国政治，一场"税收抵制"运动在迅速增长的美国西部崛起。

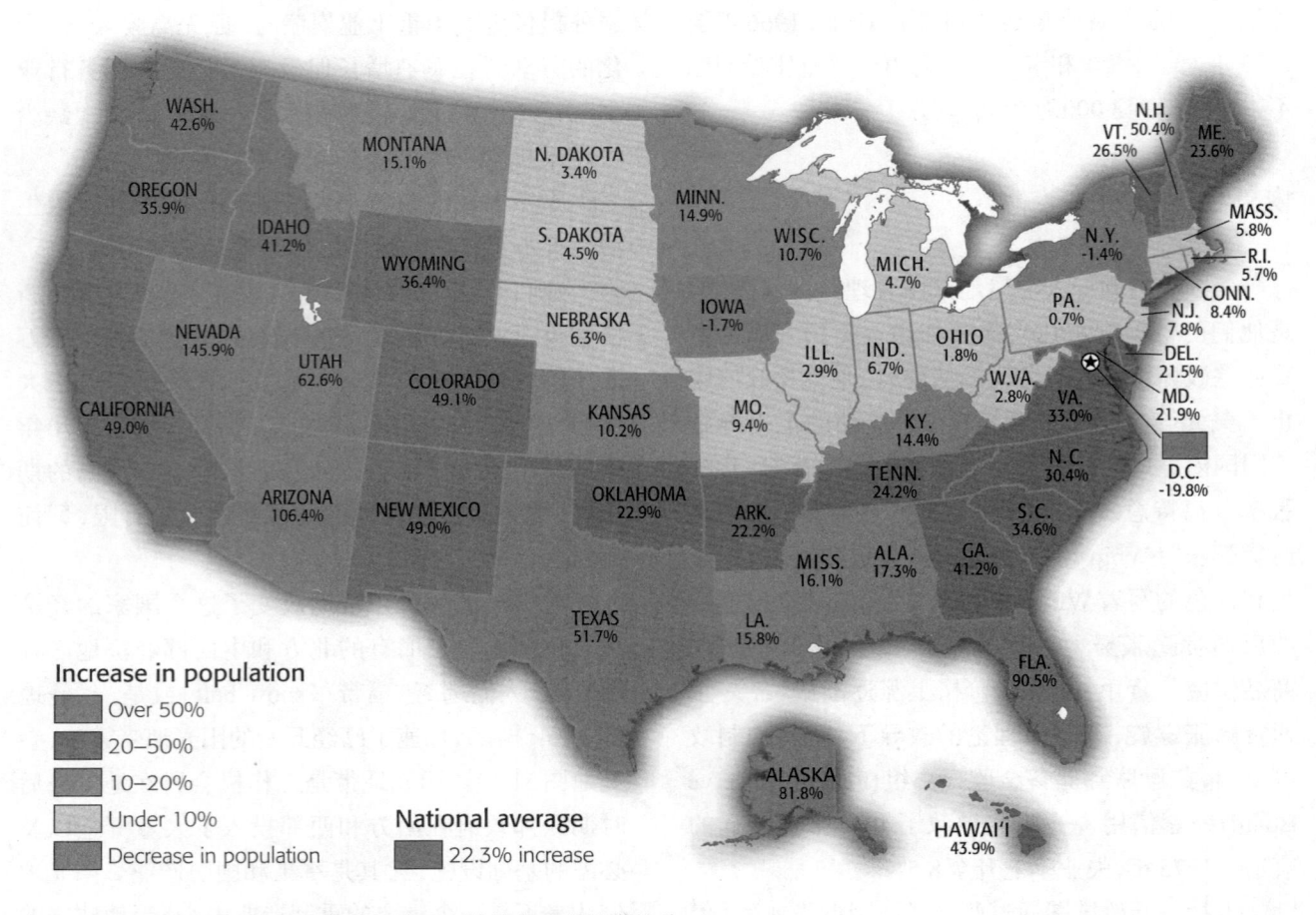

地图31.1　1970年代和1980年代经济重心持续向阳光地带转移

在整个1970年代和1980年代，美国人继续离开北方和东部的经济衰退地区，追求阳光地带的就业机会。阳光地带和西部各州见证了最大的人口涨幅。

来源："向阳光地带转移"，《新闻周刊》，1990年9月10日

在加利福尼亚，通货膨胀率迅速推高财产税，对中产阶级纳税人造成沉重打击。在这个经济衰退和水门事件后充满质疑的时代，愤怒的纳税人把政府看作问题所在。选民们没有呼吁富有的公民和大企业承担更大比例的税收，而是反抗税收本身。1978年以压倒性胜利通过的加利福尼亚第13号提案，压低了财产税，并且限制未来提高的可能性。在第13号提案通过后的几个月中，37个州削减了财产税，28个降低了州所得税税率。

第13号提案和类似措施的影响一开始被州的预算盈余抵消，但是当这些盈余变成赤字，州开始减少服务，关闭消防站和公共图书馆，终止或限制精神医疗服务和残疾人项目。公立学校受到的打击尤其大。税收抵制运动标志着新保守主义的兴起；选民希望更低的税和更小的政府，这将在1980年总统大选中把罗纳德·里根送进白宫。

信用和投资

1970年代失控的通货膨胀还改变了美国人管理金钱的方式。在这个时期之前，住房贷款和汽车贷款是美国人会冒险尝试的唯一重要贷款。国家信用卡只在1960年代末流行，很少有美国人愿意花费他们还未拥有的金钱，尤其是对大萧条记忆犹新的人。然而，在1970年代，节俭已经没有意义了。两位数的通货膨胀率意味着美元购买力的两位数

下降。经济上来说,在物价上涨前购买商品更聪明——即使这意味着借钱。由于贷款后来是用贬值的美元支付,消费者开始超前消费。1975年,消费贷款创下1 670亿美元新高;至1979年,这个数字几乎翻了一番,达到3 150亿美元。

1970年代也是一个普通美国人变身投资者而非储蓄者的时代。在1970年代,由于大萧条时期设立的规定,银行能够支付给个人储蓄账户的利率是封顶的。从1970年到1980年,利率5%的平均储蓄账户事实上失去了20%多的价值。同一笔钱如果投资市场利率,将得到巨大提升。共有基金公司富达投资(Fidelity Investments)看到了其中的商机:它的货币市场账户集合了许多较小投资,购买大宗短期国库券和存款证,因此让小投资者能够获得通常只有大投资者才能享受的高利率。资金从银行存折账户中涌出,汇入货币基金,货币市场投资规模从1974年的170亿美元上升至1982年的2 000亿美元。与此同时,纽约证券市场的管制撤销让贴现票据经济行大量涌现,他们的低佣金率让中产阶级投资者能够负担得起股票交易。

文化转型时期

1970年代一直被轻忽地视为文化荒漠,这个时期,美国面临新的限制,人们没有太多激情或是创造力。但是也是在1970年代,当美国人与经济衰退做斗争时,政府失信,社会分裂,20世纪末文化的主流得到了发展或巩固。当时的环境运动、科技的发展,以及重生基督教和"治疗学文化"悄然崛起,在这个处于政治活跃的1960年代和保守主义的1980年代之间的尴尬十年中,当代性关系和家庭形式、年轻人的新角色、美国人对多样性的注重都能找到根源。

环境保护主义

正当美国人被迫面对战后繁荣的终结时,一系列生态危机让人们意识到自然资源的限制和环境的脆弱。1969年,加利福尼亚圣巴巴拉沿岸发生严重石油泄漏;同一年,流经克利夫兰的凯霍加河(Cuyahoga River)因为严重污染燃起熊熊大火。尽管1970年代的能源危机主要源自石油禁运,而不是石油的匮乏,但是它还是让美国人认识到国际石油和天然气供应的真正限制。1979年,宾夕法尼亚哈里斯堡(Harrisburg)附近的三里岛核能厂因疏忽造成核事故。1980年卡特总统在纽约州的拉夫运河(Love Canal)宣布联邦紧急行动,这一运河是一家当地化工制造厂的废品倾倒地点,当地发现有30%居民受到染色体损伤。1970年代的公众运动制定了重要的环境法规和措施,从1970年(在强烈的公众压力下)由尼克松政府创立的环境保护署(EPA),到这十年中由国会实施的18部重要环境保护法。

▲ 1970年4月22日,首个地球日的庆祝者聚集在一个城市公园中。全国有2 000多万美国人参与当地的时事宣讲会、庆典和抗议活动,把公众的注意力引向环境保护问题。至1990年,地球日已经变成全球节日,吸引了来自141个国家的两亿名参与者。

图片来源:肯·里根(Ken Regan)/里根图像(Regan Pictures, Inc.)

当 2 000 万美国人——其中一半是学校学生——聚集在当地社区中，庆祝1970年4月22日的首个地球日时，他们表现了环境保护主义较新的解读方式的胜利。传统中保护"未经破坏的"荒野的关注融合了"生态"的新焦点，强调地球和所有有机生命体之间的关系，包括人类。这场运动的核心是承认地球的资源是有穷尽的，必须得到保护，免于人类行为的不良后果如污染。1971年，生态学家巴里·康芒纳（Barry Commoner）坚称，"当前环境恶化的程度如此严重，如果持续下去，将使环境无法支持一个合理文明程度的人类社会。"许多关心地球资源枯竭的人还把迅速的全球人口增长视为一个问题，州公共医疗健康办公室常常散发避孕药，作为扼杀这种新"流行病"的方法。

科技

在这些年中，美国人对于曾经是美国伟大来源之一的科学技术越来越感到不安。在科技胜利中，美国宇航员尼尔·阿姆斯特朗于1969年7月20日登上月球表面，全世界的人们盯着粗糙的电视传输画面，听到他掷地有声的话语——"这是个人的一小步，人类的一大步。"但是能把一个人送上月球的科技进步并不能解决大地上的贫穷、犯罪、污染和都市衰败问题；而且技术战争无法在越南赢得胜利，同时反战抗议者还质疑运用这类技术的道德问题。一些美国人加入了要求"科技"适应人性尺度发展的运动，但是美国依然深刻依赖复杂的技术系统。正是在1970年代，科学家奠定了计算机革命的基础。集成电路发明于1970年，至1975年，MITS的"牵牛星"（Altair）8800已经可以从新墨西哥阿尔布开克（Albuquerque）邮购，这台机器需要通过拨动开关输入单独二进制数字，号称拥有256个字节的存储器，需要30个小时组装。

宗教和精神治疗文化

当美国人面临物质限制时，他们越来越追求精神满足和幸福。一些人转向宗教，尽管不是传统的主流新教。卫理公会教、长老会和圣公会等教派都在这一时期失去许多成员，而福音基督教派迅速崛起。宣扬与救世主的个人关系的新教福音派，把自己表述为"重生"，并强调生活中瞬时的、日常的存在。即使是一些天主教徒，比如欢迎短期培信班（cursillo）运动的墨西哥裔美国人（信仰的"小课程［little course］"），也开始追求与上帝更个人化的联系。其他美国人把目光投向各种被总称为"新世纪"（New Age）的信仰和行为。新世纪运动常常从各种非西方精神和宗教行为中汲取灵感或是加以糅合，包括禅宗佛教、瑜伽和萨满教，加上来自西方心理学的观点，以及一种以精神为中心的环境保护主义。部分精神舒适的追求错得离谱，比如1978年，由詹姆斯·琼斯（James Jones）建立的邪教"人民圣殿"（People's Temple）的907名成员在位于圭亚那的团体聚居地"琼斯镇"（Jonestown），喝下添加了氰化物的酷爱牌饮料（Kool-Aid）进行"革命自杀"。

也是在1970年代，美国见证了一种"精神治疗"文化的崛起。尽管一些美国人厌恶"我时代"（Me-Decade）的自我中心，但是精神治疗学家的畅销书和自助精神领袖坚称，个人感觉才是真理的终极衡量标准；情感坦诚和自我意识是社会之善，超过社会联系、友谊或家庭。类似《我不是个婴儿——但是我是我所拥有的一切》（I Ain't Much Baby — But I'm All I've Got）或者《我很好—你也很好》（I'm OK- You're OK）（初版于1967年，在1970年代中期成为畅销书）这样的自助书籍占据1970年代畅销书总量的15%。

性和家庭

此类自助书籍中有一本叫作《性爱的快乐》（The Joy of Sex, 1972），两年中售出了380万册。在1970年代，当电视广播网放松了对性内容的管制，性在美国的公共文化中变得越来越引人注目。1960年代初，电视节目上的已婚夫妇需要分两张床睡觉；1970年代，热门电视节目中有一部叫作《三人行》

(Three's Company)的情景喜剧,剧情前提在当时来说算是伤风败俗,一个单身男性和两名漂亮的女性室友住在同一屋檐下,男主还向怀疑自己的房东伪装成同性恋而蒙混过关。另一部广受欢迎的电视节目《霹雳娇娃》(Charlie's Angels)利用了人们所谓的"微动因素"(jiggle factor),展示了(对当时来说)过于裸露的女性肉体。"裸奔"是这个时代的一大青年潮流,即赤身裸体奔跑着穿过公共场所。唐娜·桑默(Donna Summeer)在1975年的迪斯科热曲《爱你为了爱你宝贝》(Love to Love You Baby)包括16分钟的呻吟。迪斯科是展示性魅力的场所,对于同性恋男性和富有男子气概的工人阶级文化都是如此;哈姿舞(hustle)起源于拉丁布朗克斯(Bronx),1977年的热门影片《周末夜的狂热》(Saturday Night Fever)描述了一名意大利裔美国年轻人逃脱家庭的约束和无聊工作的拘束,在一个布鲁克林迪斯科中跳充满性诱惑的舞。尽管很少有美国人参与纽约"柏拉图之乡"(Plato's Retreat)的异性狂欢,但是很多人通过《时代》杂志的专题故事得知这类活动。

性行为也发生了变化。1970年代是单身酒吧和同性恋公共浴室的时代,一些美国人过着名副其实不受旧有规则约束的性生活。然而,对于大部分美国人来说,"性革命"带来的主要变化是社会对婚前性行为接受度变高,以及有限地接受同性恋,尤其是在受教育程度较高的美国人中间。在1970年代,越来越多没有婚姻关系的异性恋年轻人未婚"同居";人口统计局甚至发明了"合住的异性"(POSSLQ)一词来描述这种关系。第一夫人贝蒂·福特(Betty Ford)在《60分钟》(60 Minutes)上说,假如她当时17岁的女儿苏珊(Susan)发生性关系,她也不会觉得奇怪,1970年代的世风显然发生了很大变化。

性规范和女性可能的角色变化也帮助改变了美国家庭的形态。男性和女性的结婚年龄都比以前大,而且美国女性的孩子数量也变少了。至1970年代末,生育率从1957年的高峰下降了近40%。1980年近1/4的年轻女性说自己不打算生孩子。未婚女性生育率稳步上升,未婚女性负担的家庭数量在1970年代上升了400%。离婚率也上升了,部分是因为各州实施"无过错"离婚政策。尽管1970年代的家庭看起来不像战前时代那么稳定了,但是美国人也对各种不同的家庭形式更为包容(比如电视剧《脱线家族》[Brady Bunch]中的混合家庭),许多年轻伴侣追求两性恋爱关系或婚姻中的更大平等。

青年

1970年代,美国社会中的年轻人获得了全新的自由和责任,但是他们也面临经济危机和社会动荡。1971年,人们意识到,满足征兵条件的18岁男性却不符合投票资格,于是国会通过、各州很快批准了第二十六条修正案,赋予年满18岁公民选举权。因为类似的动机,29个州降低了最低饮酒年龄。吸食大麻的人数急剧增加,几个州向着合法化的方向松动。年轻人从高中或大学毕业时,他们更可能和同龄人而非父母住在一起。1970年代初,一些年轻人成立了城市或农村公社,试图创造反文化的"体制外"世界。1970年代末,一群大相径庭的年轻人通过音乐和"自己动手"精神为年轻人提供全新的现实和文化空间,或许是因为前工业化时代无穷机遇以及政治变革已经遥不可及。

多样性

1960年代和1970年代的种族公平和身份运动让所有美国人逐渐意识到美国人民之间的差异——这种意识因为蜂拥而至的新移民而更加鲜明,这些移民不是来自欧洲,而是来自拉丁美洲和亚洲。然而,如何在公共政治中承认这种"差异"的重要性是一个挑战。1970年代提出的解决方案是"多样性"。差异不是一个问题,而是一种力量;这个国家不应该行使抹杀各族人民之间差异的政策,而应该求同存异,追求学校、工作场所和公众文化中的"多样性"。

1978年最高法院在"加州大学董事会诉巴基案"(Regents of the University of California v. Bakke)

中的判决顺着这一思路提出了重大举措。33岁的白人艾伦·巴基(Allan Bakke)有着很强的学术背景,却被戴维斯的加州大学医学院拒绝。巴基起诉学校,控告学校违反了"平等保护"法律,因为医学院的《平权法案》项目保留了为少数种族候选人提供的16%名额,这些人的入学标准比其他申请人要低。这个案件引发了全国关于《平权法案》正当性的激烈讨论。1978年,最高法院在非一致性决定的情况下,判决支持巴基。四名法官辩称,任何基于种族的偏颇都违反了1964年《公民权利法案》;而另外四名法官认为《平权法案》项目是宪法上可以接受的对历史歧视的弥补措施。尽管对于巴基来说,决定性的投票包含着重要的限制。法官刘易斯·鲍威尔写道,一个"多样化的学生群体对于高等教育机构来说,是宪法上承认的目标"。为了达到"多样性"的积极特质,教育机构在做招生决定时应该考虑种族因素。

新一轮冷战和中东危机

1977年吉米·卡特上任时,他请求美国人把"对共产主义的过度恐惧"抛诸脑后。卡特以一种改革主义的热忱,发誓要降低美国在海外的军事存在,并减少武器销售(在尼克松任下达到了前所未有的100亿美元高点),并且放缓核武器竞赛。在当时,超过400 000名美国军人驻扎在海外,美国与92个国家存在军事联系,而中情局在每个大洲都很活跃。在第三世界,卡特通过积极的预防外交极力避免新的越南战争,他更多关注环境保护问题以及富裕国家和贫困国家之间的关系。他尤其下定决心改善海外的人权——投票、信仰、旅行、言论和得到公正审判的自由。然而,就像他的前任一样,卡特把革命民族主义视为对美国突出的全球地位的威胁。

卡特的分裂政府

卡特的言行经常不一致,部分因为在越南战争后的数年中,外交政策中不存在审查,另一方面是因为他的顾问们经常互相争吵。卡特政策的来源之一是他的国家安全顾问、表情严肃的兹比格纽·布热津斯基(Zbigniew Brezinski),他是一个出生于波兰的政治科学家。作为一个老派的冷战战士,布热津斯基把海外危机归咎于苏联的扩张主义。卡特逐渐更多地听取布热津斯基的意见,而非国务卿赛勒斯·万斯(Cyrus Vance),一个主张平和的外交的经验老到的政治家。仗义执言的新保守主义知识分子,比如《评论》(Commentary)杂志的编辑诺曼·波德霍雷茨(Norman Podhoretz),1976年由冷战鹰派人士在1950年撰写了《国家安全委员会第68号文件》的保罗·尼茨(Paul Nitze)所建立的"当前危险委员会"(Committee on the Present Danger),批判卡特对于冷战的懈怠,并要求他放弃缓和政策。

尼茨如愿以偿。在卡特统治下缓和政策逐渐失败,冷战深化了。但是这并不是一蹴而就的。一开始,卡特与莫斯科维持着非常良好的关系,并且在国际上取得了一些海外政策成果。在巴拿马,当地人民长久以来期望控制运河,他们相信1903年美国从他们手中无耻地将这一地区夺走,卡特为1964年巴拿马的反美国暴动之后开始的谈判赋予了能量。1977年,美国与巴拿马签署了两份条约。一份规定于2000年将运河返还给巴拿马,另一份确保美国在此后捍卫运河的权利。保守派谴责这份条约是卖国,参议院于1978年以微弱优势支持两份条约。大部分人同意卡特的理由,即放弃运河是改善美国和拉丁美洲关系的最佳途径。

戴维营协定

尽管巴拿马协议很重要,但是对比卡特总统生涯中最伟大的成就黯然失色:戴维营协定——第一份以色列和阿拉伯国家之间的调停协议。通过不屈不挠的个人外交,1978年9月,总统在马里兰州戴维营与埃及以及以色列领袖举行会谈,说服以色列和埃及达成和平协议,获得以色列从西奈半岛撤兵的保证,并且达成了一项临时协议,规定就生活在约旦西岸和埃及加沙地带的巴勒斯坦人未来的地位进行持续谈判(参见地图33.2)。其他阿拉伯国家谴责该协定没有要求以色列放弃所有侵占的领地,并且没有保证巴勒斯坦家园。但是这一协定至少终止了这个多事地带上一个重要前线的战事。1979年3月26日,以色列总理梅纳赫姆·贝京(Menachem Begin)和埃及总统安瓦尔·萨达特(Anwar al-Sadat)在白宫草坪上签署了正式协定,微笑的卡特在一旁见证了这一幕。

苏联入侵阿富汗

卡特的外交胜利并没有持续很久,因为很快其他外交政策问题纷至沓来。与莫斯科的关系恶化了,克里姆林宫不愿意解除对犹太人从苏联移民的禁令,苏联还决定针对西欧布置新的中程弹道导弹,美国和苏联领导人因此发生分歧。接着,1979年12月,苏联人入侵阿富汗。阿富汗是一个遥远的山区国家,之所以成为大国矛盾的源头是因为它的战略地位。在19世纪,它是大博弈的杠杆支点——英国和俄罗斯竞争控制中亚和印度的竞赛。在第二次世界大战之后,阿富汗进入民族和派系斗争的模式;西方很少有人关注它,直到这个国家在1970年代螺旋式发展成为无政府状态。1979年末,苏联红军粗暴地入侵阿富汗,支持被伊斯兰围困的摇摇欲坠的共产主义政府。莫斯科官员以为他们可以在任何人真正意识到之前就进入和撤离阿富汗,也避开美国人的耳目。

让他们失望的是,卡特不仅注意到了,而且强有力地发起反击。他暂停向苏联运输粮食和高科技设备,撤回一项提交给参议院的重要的新武器控

▲ 1979年3月26日,埃及总统安瓦尔·萨达特、美国总统吉米·卡特和以色列总理梅纳赫姆·贝京坐在白宫外,签署基于1978年9月戴维营协定的和平条约。这一条约结束了埃及和以色列此前的长期战争状态。

图片来源:瓦利·麦克纳米(Wally McNamee)/科比斯

制条约，并且发起了对1980年莫斯科夏季奥运会的国际抵制行动。他还秘密授权中情局向对抗共产主义政府的伊斯兰教游击队（Mujahidin）提供援助，包括武器和军事支持，并且批准向他们的后台支持者巴基斯坦提供军事援助。总统宣布卡特主义，主张假如苏联侵略威胁到石油储藏丰富的波斯湾，美国将在必要时进行单边的和军事上的干预。这一系列措施代表了鹰派布热津斯基对抗支持缓和政策的万斯而获得的胜利。事实上，卡特痛斥克里姆林宫时，似乎比布热津斯基更热忱。他警告苏联人的帮手，假如他们想在中东其他地区发动袭击就要小心了，但是解密的文件证实批评者当时曾说过：苏联侵略的规模是有限的，而且并没有向西南推进到波斯湾的预兆。

883 伊朗人质危机

卡特之所以对阿富汗发表激烈言辞，或许部分源自他在邻国伊朗遭遇的严峻海外政策考验。美国长期以来支持的沙阿被一个广泛的伊朗人联盟赶下了王位，其中许多人憎恨沙阿的现代化企图造成的传统方式错位。美国分析师没能预测到这种混乱可能产生的后果，被1978年年末兴起的伊斯兰领导的反美暴动打了个措手不及。沙阿开始流亡，1979年4月，伊斯兰革命者在年迈的神职人员鲁霍拉·穆萨维·霍梅尼（Ayatollah Khomeini）的领导下，谴责美国是资本主义和西方物质主义的堡垒，宣称成立什叶派伊斯兰共和国（Shi'ite Islamic Republic）。11月，当流亡沙阿在美国进行治疗时，暴民袭击了德黑兰的美国大使馆。他们把美国使馆人员当作人质，要求美国交出沙阿接受审判。伊朗人最终释放了一些美国人质，但是52人在伊朗人看守下受着折磨。他们忍受孤独的拘禁、殴打和令人胆战心惊的处决威慑。

无法通过外交调停手段让人质获得自由，卡特说他感到"当一个强者的孩子被绑架时同样的焦急无助"。他采取行动在经济上孤立伊朗，冻结了美国境内的伊朗资产。当绑架者让蒙住双眼的人质排队在电视机镜头前走过时，美国人感到受到莫大的侮辱和羞耻。1980年4月，卡特焦头烂额，在民意调查中处于低潮，他与伊朗断绝外交关系，并下令采取冒险的营救行动。但是营救行动在伊朗沙漠中因为设备故障而失败，并且在紧急撤退中两架飞机发生相撞事故，导致8名美国士兵死亡。1981年1月，直到卡特离任，美国解冻伊朗资产并保证不再干涉伊朗内政时，人质才被释放。

伊朗革命伴随着阿富汗伊斯兰的崛起，标志着

◀ 图片中的一个伊朗人正在读报纸，前不久发生了袭击德黑兰的美国大使馆并且挟持50名美国人质的暴动。他后面是嘲弄美国总统卡特和谴责沙阿的海报。

图片来源：图像研究顾问和档案

志愿兵役制

1973年6月30日，美国终止了征兵制度。从那天起，美国开始依赖志愿兵役军队保家卫国（AVF）。从美国1940年为第二次世界大战动员开始，一直实行征兵制，除了1940年代末的短暂中断。美国从来没有过和平时代兵役。但是当这个国家在第二次世界大战后承担起全球领导国家的新角色，而冷战的阴影不断扩大，征兵制成为美国生活中被普遍接受的一部分，自第二次世界大战之后超过5 000万美国人曾加入美国军队。

理查德·尼克松在1968年总统竞选运动中承诺终止征兵制。这是个精明的政治手段，因为征兵制在越南战争行将失败并且越来越失民心的过程中，已经成为广泛抗议的焦点。终止征兵制在战争期间并不可行，但是尼克松兑现了他的承诺，一上任就开始计划志愿兵役制。许多美国人支持这一改变，因为他们相信总统要把一支志愿兵役制军队送到战场上会更难，因为他无法依赖征兵制强迫人们去打一场他们不支持的战争。

然而，军方对尼克松的计划并不热情。越南战争粉碎了士气，让美国的军队一片混乱，尤其是陆军。公众对军方的评价跌至史上最低。他们要怎么吸引志愿军呢？

作为四支军队中规模最大的一个，陆军必须吸引最多的志愿者。它面临着一个艰巨的任务。改革是第一步：摆脱无聊琐碎的任务（chickenshit），并且扩大军事职业化。陆军还转向最先进的市场调研和广告手段。军方发现许多年轻人害怕在军队中失去个性，于是陆军宣传机构发起了新的推广运动。新的志愿陆军放弃了传统的山姆大叔"我需要你"的海报，而是宣称："今天的陆军想让你加盟。"

志愿兵役制开端艰难。陆军每年（对比2009年的65 000人）必须招募225 000个新兵，吸引足够多有能力的男女青年很困难。不过，在十年后，美国的军队号称有着美国同年龄段人口平均水平以上的高中毕业生比率和更高的头脑"素质"（通过标准测验衡量）。在一个相对和平的时期，许多年轻男性和女性通过服役找到教育和训练的机会。从军对于有能力但是经济上处于劣势的年轻人尤其富有吸引力，其中非裔美国人占了很高比例。

向志愿军的转变对于美国人民来说是一种重要的传统。军方明白，没有征兵制，它将必须吸纳女性填补空缺。军队中女性的比例从1972年的1.9%上升至目前的15%左右，而且她们可以担任的职责也有了很大程度的扩展。与此同时，这个国家对于兵役的理解改变了。它不再被视为（男性）公民的义务。相反，它是一种自愿的选择。在和平时期，这一意义似乎不那么重要。但是在战争时期，向志愿兵役制转变的传承引起强烈反应。只有一小部分志愿者背负战争的重担，而大多数美国人从来不必考虑参战的可能性，这意味着什么？

伊斯兰激进主义开始成为国际事务中的一股重要势力。社会主义和资本主义，两个超级大国为现代化问题提出的两大答案，没能解决中亚和中东的问题，更不用说满足他们激起的热情和期望。它们也没有缓解几个世纪以来西方统治产生的深刻羞耻感。结果，伊斯兰激进主义的讯息得到越来越多支持：埃及的纳塞尔（Nasser）和伊朗的沙阿这样的世俗领袖带领他们的人民走的是错误的道路，必须回归保守的伊斯兰价值观和伊斯兰法律。伊朗革命尤其表达了许多伊斯兰社会中深刻而复杂的不满。

萨达姆·侯赛因的崛起

公开表明世俗立场的邻国伊拉克政府为伊朗

带来越来越多摩擦,让美国官员略感安慰。在阿拉伯复兴党(Ba'athist Party,一个分布在数个阿拉伯国家的世俗和准社会主义党派)的统治下,伊拉克已经因其对伊拉克共产党无情的追逐和剿灭赢得了华盛顿的青睐。1979年,名叫萨达姆·侯赛因的阿拉伯复兴党领袖接过伊拉克总统一职时,他开始威胁德黑兰政府,美国官员乐见其成;对他们来说,萨达姆似乎是波斯湾地区对伊朗危险的反作用力。1980年伊拉克和伊朗军队的边境冲突逐步升级,并于9月大规模战争的爆发达到巅峰,华盛顿的政策制定者采取官方中立的立场,但是很快就向伊拉克倾斜。

吉米·卡特在外交事务中的纪录激起了来自左翼和右翼的大量批判。他在中东、非洲和拉丁美洲赢得了一些外交成果,但是卷土重来的冷战和持久的伊朗人质危机在政治上损害了这届政府的统治。与卡特的目标相反,对比1976年,1980年有更多美国军人驻扎海外;国防预算节节攀升,海外的武器销售额在1980年增长至153亿美元。在人权问题上,事实证明这位总统常常前后矛盾。他践行着一套双重标准,对一些国家应用人权考量(苏联、阿根廷和智利),但是对美国的盟友却不做要求(韩国、沙阿的伊朗以及菲律宾)。尽管如此,虽然前后不一致,但是卡特的人权政策并非不重要:他得以释放和拯救一些政治囚犯的生命,而且他在全世界推广和体制化了对人权的关注。但是卡特没能满足美国人的希望,越战后始终无法恢复美国曾经享有的经济统治地位和军事优势。他在1980年大选中败给鹰派的罗纳德·里根——前好莱坞影星和加利福尼亚州州长。

结语

1970年代对于美国人来说是艰难的十年。从1968年的多事之秋开始,美国人关于越战问题、关于实现种族平等以及所有美国人平等权利之路、关于平等的含义、关于美国本身的意义,似乎都变得越来越两极分化。正如许多社会正义活动家转向"文化民族主义"或者族群身份政治,美国统一的观念似乎成为过去的残迹。尽管一场全新的女性运动赢得了一些重要的胜利,但是针对这一运动的强烈反对运动也随之兴起。

在这一时期,美国人对政治和政治领袖越来越失望。理查德·尼克松在水门丑闻和掩盖活动中的滥用职权,加上人们日益发现政府反复欺骗公民,关于美国在越战中的角色不断撒谎,导致人民对于政府产生深刻怀疑。一场严重的经济危机结束了第二次世界大战以后引发中产阶级发展和社会改革的经济扩张,美国人与新局限时代带来的心理影响以及滞胀效应做斗争,上升的失业率与高通货膨胀率给予他们双重打击。

在海外,一系列挫败——越南的战败、石油禁运、伊朗人质危机——标志着1970年代美国力量的式微。这个国家似乎越来越无法在国际舞台上任意而为。与苏联的缓和政策盛行一时,两个超级大国都希望适应新的地缘政治现实;然而,至1980年新的冷战矛盾兴起。美国国家最重要的双边关系虽然仍然是和苏联的关系,然而一个重要变化已经悄然发生,虽然当时很少引起注意:美国海外政策的焦点日益向中东转移。

美国人饱受政治、经济和海外政策危机困扰,伤痕累累、连遭打击,大失所望地结束了1970年代。自由主义时代已经过去很久了,保守派复兴的因素已经具备。

扩展阅读

Edward D. Berkowitz, *Something Happened: A Political and Cultural Overview of the Seventies* (2007)

Donald T. Critchlow, *Phyllis Schlafly and Grassroots Conservatism: A Woman's Crusade* (2005)

Daniel Ellsberg, *Secrets: A Memoir of Vietnam and the Pentagon Papers* (2002)

David Farber, *Taken Hostage: The Iran Hostage Crisis and America's First Encounter with Radical Islam* (2004)

Nancy Maclean, *Freedom Is Not Enough: The Opening of the American Workplace* (2006)

Rick Perlstein, *Nixonland: The Rise of a President and the Fracturing of America* (2008)

Ruth Rosen, *The World Split Open: How the Modern Women's Movement Changed America* (2000)

Hal Rothman, *The Greening of a Nation: Environmentalism in the U.S. Since 1945* (1997)

John D. Skrentny, *The Minority Rights Revolution* (2002)

Odd Arne Westad, *The Global Cold War: Third World Interventions and the Making of Our Times* (2005)

第三十二章

保守主义的复兴，1980—1992

▼ 1980年代，社工沙拉·马丁内斯（Sarah Martinez）在洛杉矶莱斯凯特难民中心（Rescate Refugee Center）帮助难民。马丁内斯本人也曾是难民；她的丈夫原本是大学教授，被萨尔瓦多暗杀小组杀害，沙拉被关押和虐待，后来逃出了萨尔瓦多。然而美国政府将他们视为"经济难民"，拒绝为他们提供庇护所。

"天很热,那里是一大片沙漠,"路易莎·奥雷亚纳(Luisa Orellana)描述全家于1980年代初穿越墨西哥边境进入美国的经历,"所有人开始跑起来,每个人怀里都抱着个孩子。我的母亲一直在用念珠祈祷,突然天空中开始下起雨。雨下得非常大,我们看不见方向,但是这场雨帮了我们的忙,因为边境巡逻队也看不见我们。"

三个月之前,路易莎的父亲被杀害了。塔尼斯·斯坦尼斯劳斯·奥雷亚纳(Tanis Stanislaus Orellana)曾在萨尔瓦多(El Salvador)与奥斯卡·罗梅罗大主教(Archibishop Oscar Romero)一起工作,罗梅罗是对当权军事独裁政权最富影响力的批判者。1979年至1981年,当局的暗杀小组谋杀了近30 000萨尔瓦多人。1980年,罗梅罗在弥撒中奉献圣餐时遇刺,在众目睽睽下遭枪杀。接下来的内战持续了12年;估计有100万萨尔瓦多人逃到其他国家避难,逃离虐待、强奸和谋杀的威胁。

章节大纲

里根和保守派复兴
里根经济政策
里根和世界
1980年代的美国社会
昨日重现　对抗艾滋病的传播
冷战的结束和全球失序
放眼天下　美国有线电视新闻网络(CNN)
人民与国家的遗产　《美国残疾人法案》
结语

路易莎一家是大批流亡者中的一员;在奥雷亚纳被杀后,他们背井离乡,几乎留下了所有财产。他们乘坐公共汽车穿过危地马拉,非法进入墨西哥边境,然后在一个又一个教堂中寻求庇护,从恰帕斯(Chiapas)到墨西哥再到美国墨西哥边境的阿瓜普列塔(Agua Prieta)。

从阿瓜普列塔出发,路易莎及其家人在让人难辨东西的瓢泼大雨中奔跑了两英里。他们穿过边境来到亚利桑那的道格拉斯(Douglas)寻求庇护,他们浑身湿透,饥寒交迫,满心恐惧。他们在那里遇见了政治庇护运动的成员,这些美国人认为,美国难民政策的目的既然是为逃离暴力压迫和死亡或虐待威胁的人们提供避难所,那么它理应接纳从血腥内战中逃出来的人,而1980年代中美洲大部分地区内战肆虐。

为了与这种认识抗争,美国庇护运动运用教会网络和人权组织,调查和确认中美洲难民遭遇的强奸、虐待和凶杀的故事。许多庇护运动成员来自以信仰为基础的社区,包括公立和私立大学以及新墨西哥州政府等世俗机构都加入了这场运动。部分成员因为他们的工作被指控运送或窝藏逃亡者,因而入狱。

这场运动的中心在图森,路易莎和她的家人在当地教会获得庇护,然后辗转前往华盛顿斯波坎(Spokane)的一家天主教教堂,生活在教堂地下室中。1989年,美国政府为向美国寻求庇护的中美洲难民提供保护和工作许可。路易莎留在华盛顿州,她在那里成为一个英语第二外语老师。后来她回顾庇护运动和帮助她全家的人们,说道:"他们就像圣徒一样。他们冒着生命危险拯救了我们。"

888 年表

1980	里根当选总统
1981	美国发现最早的艾滋病病例
1981	经济问题仍在持续：最低银行利率达到21.5%
1981	国会通过"里根经济政策"财政预算和税收缩减计划
1982	失业率达到自大萧条以来最高水平10.8%
1982	抵制《平等权利修正案》运动阻止了关键几个州的批准，《平等权利修正案》被迫终止
1983	里根提出战略防务倡议（SDI）
1983	恐怖主义者在黎巴嫩杀害美国海军陆战队士兵
1983	美国侵略格林纳达
1984	里根不顾国会禁止，援助反政府人员
1984	经济复苏，失业率下降，经济在没有通货膨胀的前提下获得增长
1984	里根连任
1984	戈尔巴乔夫推动苏联改革
1986	伊朗反政府丑闻爆发
1987	证券市场一天下跌508点
1987	巴勒斯坦暴动开始
1988	乔治·H. W. 布什（George H. W. Bush）当选总统
1989	中国政治风波
1989	推倒柏林墙
1989	美国军队入侵巴拿马
1989	1920年代以来贫富差距达到最高点
1990	《美国残疾人法案》通过
1990	东欧共产主义政权崩溃
1990	伊拉克入侵科威特
1990	南非开始瓦解种族隔离
1991	海湾战争
1991	苏联解体，分裂成数个独立国家
1991	美国进入衰退
1992	在老布什总统任期结束时，联邦年度财政预算赤字高达3 000亿美元

始于1970年代，在1980年代得到发展的"新移民"潮中，从亚洲、墨西哥、中美洲和南美洲以及加勒比地区来到美国的移民数量突破新高，路易莎·奥雷亚纳和她的家人也加入了这股浪潮。这些移民来自各种不同的环境；许多来自中美洲、越南、苏联和古巴的移民是得到美国庇护的政治难民。奥雷亚纳一家在美国找到了安全和和平，但是在1980年代，并非所有移民——或者所有美国人——都能有这样的好运气。这十年中，美国的贫富差距越拉越大。一系列社会问题：毒品、暴力、流浪、日益扩散的艾滋病，让城市穷人的生活变得更加艰难。但是对于经济鸿沟另一端的人来说，1980年代是奢侈和炫耀的时代。这个时代最触目惊心的画面是一个无家可归的男人蜷缩在里根的白宫外面——这两个美国人之间隔着一道天堑。

1980年里根当选，开启了为期12年的共和党统治，里根于1988年被副总统乔治·布什取代。里根是个很受欢迎的总统，他似乎象征着被1970年代的社会、经济和政治危机动摇的自信和乐观。整个1980年代，里根得到广大美国人的支持：喜欢他的亲商经济政策的富人、力图创造"上帝的美国"的宗教新右翼、被里根的个人魅力和倡导"老式"价值观吸引的白人中产和劳动阶级美国人。

里根支持新右翼社会主张：他反对堕胎，支持在学校中进行祈祷，他也结束了共和党对《平等权利修正案》的支持，还向联邦最高法院和联邦法院委派法官，他们的判决巩固了社会保守主义方针。尽管如此，里根政府的注意力主要聚焦在政治和经济保守主义方针之上：缩减联邦政府的规模和权力，为商业和工业营造有利的条件。美国经济从肆虐全国的滞胀中恢复，1980年代大部分时间，经济繁荣起来。但是金融机构因为脱离政府监管而腐败横行，纳税人不得不付出救市的成本。至里根—布什时代结束，减税和国防支出大规模扩大留下了比他上任前高五倍的财政赤字。

然而，里根—布什时代最重大的事件并非发生在国内，而是在海外。在十年跨度中，冷战急剧升温，然后结束。其中的关键人物是里根，他上任时承诺重新伸张美国的军事权威，并直面苏联，这两点他都做到了。结束冷战的关键人物是1985年上任的苏联领导人米哈伊尔·戈尔巴乔夫（Mikhail Gorbachev），他下定决心解决苏联长期的经济衰落，为了达到这一目的，他需要缓和两大超级大国之间的关系。戈尔巴乔夫并非革命派，他希望改革苏联体制，而不是将之根除，尽管如此，当东欧的一系列革命浪潮推翻了一个又一个共产主义政权时，他对局面彻底失去了控制。1991年，苏联本身也解体了，美国发现自己成为世界上仅剩的超级大国。同一年的海湾战争证明了美国无与伦比的国际力量，也证明了中东在美国海外政策中前所未有的重要地位。

- 1984年竞选总统时，罗纳德·里根告诉选民："这是美国的又一个黎明。"来自不同背景的美国人如何判断他的宣言是否准确？
- 1980年代让美国人四分五裂的是哪些问题、信念、背景和经济现实？这些分歧如何塑造当代美国的文化和政治？
- 为什么冷战在1980年代升温，然后又突然衰退？

里根和保守派复兴

1970年代对于美国人来说是个艰难的时代：越战失败，总统名誉尽毁并狼狈提出辞呈，能源危机，经济"滞胀"以及伊朗人质危机。在1980年大选之年，卡特总统的公众支持率只有21%，甚至比深陷水门事件的理查德·尼克松还要低。这个国家分裂严重，深受打击，美国人已习惯于似乎永无止尽的经济增长和不容置疑的世界力量，然而却在国内和海外同时面临新的局限。民主党从富兰克林·罗斯福新政开始基本上一直统治着美国，而挑战卡特总统和民主党的领导以及自由方针的时机已经成熟。

罗纳德·里根

1980年，几位保守派共和党政治家加入了总统角逐。其中最引人注目的是前电影明星和两任加州州长罗纳德·里根。1940年代，作为好莱坞演员工会奖（Screen Actors Guild）主席，里根曾是一名新政民主党。但是在1950年代，作为通用电气的企业代言人，他变得越来越保守。1964年，里根支持共和党总统候选人巴里·戈德华特（Barry Goldwater）的电视讲话把他推到了保守政治的风口浪尖。里根说，美国已经到了"选择的关口"，在自由企业和大政府之间抉择，也是在个人自由和"极权主义的蚁堆"之间抉择。

新保守主义联盟

里根两年之后即当选加利福尼亚州州长，因为他的右翼言论而著称：美国应该"夷平越南，铺上路面，刷上线，把它变成停车场"，里根宣称。1969年，当学生抗议者占领加州大学伯克利分校附近的"人民公园"时，他威胁"血洗"，并且派遣了全副武装的国民警卫队。然而，里根对待政治决策常常很实用主义。他谴责福利政策，但是主持州福利机构的改革。而且他还签署了美国最宽松的堕胎法律之一。

1980年大选中，里根与现任总统吉米·卡特形成鲜明对比，提出了一个乐观主义的美国未来。里根运用好莱坞魅力和强大的保守派信赖，成功地把美国各类保守派融合成一个新的政治联盟。里根赢得了政治保守派的天然选民基础。这些强烈的反共产主义者希望巩固国防力量；他们还相信联邦政府应该在美国的国内生活中扮演有限的角色，并且希望推翻1930年代新政和1960年代伟大社会时期发起的自由主义项目。里根同时还向不那么注重意识形态的经济保守派抛出橄榄枝，承诺放松经济管制和税收政策，让企业、富裕的投资者及企业家获益。他还吸引了相对较新的新保守派群体，这个群体较小但富有影响力，主要由学术界人士和知识分子构成，其中许多人是前民主党，他们相信该党在越南战争后迷失了方向，同时也拒绝老派的保守主义，认为后者是只顾后不瞻前的。新保守派对海外政策尤其感兴趣，他们拥护里根在竞选运动中表现出的坚决反苏联姿态。

里根成功吸引了两个选民群体，团结了这些政治、经济和新保守派。他利用了激发1970年代税收抵制运动的民众情绪，吸引传统上属于民主党选区的选民，比如工会成员和城市少数民族群体。许多中产阶级和劳动阶级白人怨恨自己辛辛苦苦赚的钱来交的税变成福利，被白白送给不劳而获的人；一些人对政府项目的所作所为愤怒不已，比如用校车把孩子送到其他地区的学校，以达到种族融合、对抗种族不平等的目的。许多人还认为里根的笑话很有道理，里根说最可怕的事莫过于打开门发现一个政府官员站在门口："我来自政府，是来帮助你的。"这些"里根民主党"发现，共和党谴责税收支持的社会以及"大政府"这一点很有吸引力，尽管里根提出的经济政策以他们的利益为代价，让富人受惠。

作为最后一跃，里根把这些群体绑在以宗教为基础的新右翼上，这是一个越来越强大的社会保守派运动，其中许多人是福音派和再生基督教徒，他们相信[用"争取道德多数运动"（Moral Majority）始人杰瑞·法威尔（Jerry Falwell）的话来说]美国的"内在问题是精神信仰状态的直接反映"。里根为了寻求他们的支持宣称："我希望你们知道，我支持你们和你们的事业。"

里根的保守方针

大选日，里根以51%的选民票宣布胜利。吉米·卡特只赢得六个州的选票。1980年大选中里根的胜利开启了10多年的共和党势力统治时代：里根任两届总统，1988年他的副总统乔治·H. W. 布什当选总统一职。从富兰克林·罗斯福以来，里根比任何其他总统更能定义他统治的时代。

作为总统，里根并不特别关注统治的细节或者政策及项目的具体详情。当即将卸任的吉米·卡特向他简述最迫切的海外和国内政策问题时，里根礼貌地倾听，但是没有做任何记录，也没有提出任何问题。批评者辩称,他的不学无术可能会导致危险——他坚称携带核弹头的洲际弹道导弹可以在发射后被撤回,还说"我们的大气污染中有80%源于植物释放的碳氢化合物"。

但是支持者们坚持认为里根是个伟大的总统,很大程度上是因为他关注大局。当他向美国人民讲话时,他提供的似乎都是简单的真理——而且以一种千真万确的坦率和经验丰富的演员所特有的温暖和幽默说出来。尽管许多人对他把复杂的政策问题化作简单(而且常常是误导性的)故事的做法震惊反感,但是里根对于大部分美国人来说是个"伟大的沟通者"。当选总统仅69天后,他就遇到行刺并受了重伤,他在这一事件中表现出的勇气赢得了赞赏。医生准备去除他心脏附近的子弹时,里根打趣道:"我希望你们都是共和党人。"

最重要的是,里根对于美国未来有着清晰的构想。过去50年的自由政策让政府日益肩负起全国经济健康以及公民社会福利负责的职责,他和他的顾问希望能结束这一政策。里根任命的行政管理和预算局(Office of Management and Budget)局长大卫·斯托克曼(David Stockman)说,这届政府希望"建立最小化政府"并且把"从华盛顿到全国每个犄角旮旯的依赖脐带"切断。

抨击社会福利项目

像传统保守派一样,里根相信美国的社会问题不能由联邦政府来解决。但是他也着手发起一个更广泛,有时还前后矛盾的计划,抵制伟大社会政策和项目。许多在1970年代和1980年代初的经济危机期间挣扎维持生计的美国人对税收深恶痛绝,他们相信这些税收用来资助政府"救济",便宜了不劳而获的人。里根利用现存的种族矛盾削弱民众对福利的支持,他反复描述一个来自芝加哥南部(一个主要非裔美国人聚居的地区)的"福利皇后",用80个不同的姓氏收集福利支票,诈骗政府150 000美元(其实真实原型只有两个化名,涉案金额只有8 000美元)。1981年,里根政府削减了250亿美元社会福利项目资金。但是"福利"["受抚养子女家庭援助计划"(Aid to Families with Dependent Children)和救济粮票项目]与社会保障和医疗相比,只占了财政预算很小一部分——这些福利项目让每个收入水平的美国人获益,而不仅仅是穷人。而事实证明,大幅缩减这些广受欢迎、群众基础广泛的项目完全没有可能。里根政府确实缩小了用于社会福利项目的联邦预算的比例(包括社会保障和医疗),把它从28%降至1980年代末的22%,不过只是因为国防支出增加了1.2万亿美元,扩大了基数。

亲商政策

里根还攻击联邦环境、医疗和安全管制,他相

▲ 1980年,共和党总统候选人罗纳德·里根宣传"家庭价值观"、激烈的反苏联海外和军事政策以及减税计划。他浑身散发着乐观主义,激起美国人的爱国情感。这幅由共和党全国委员会发布的海报上写着里根最喜欢的竞选口号:"让美国再次伟大。"

图片来源:大卫·J和珍妮丝·L.弗兰特(David J. and Janice L. Frent)收藏

信这些管制降低了商业利润,也影响了经济增长。政府官员宣称,挪开政府管制的扼制大手将恢复美国自由市场体制的活力和创造力。然而,他们并没有终止政府的职责,而是部署政府权力,支持美国企业。总统甚至委任了联邦管制的对手领导负有执行职责的机构——批评者称这是让狐狸看守鸡栏。

当里根委任著名的反环境保护主义者詹姆斯·瓦特(James Watt)为内务部秘书时,环保主义者大惊失色。瓦特是"山艾反抗运动"(Sagebrush Rebellion)的领袖,这场运动企图收回西部的公有土地,比如国家森林,把这些土地从联邦所有划归州控制。土地控制问题很复杂:联邦政府控制着超过一半西部土地——包括内华达83%的土地、犹他州66%的土地和怀俄明50%的土地——很多西部人相信东部的政策制定者并不了解西部生活的现实。但是州政府是否有能力管理境内土地还不是唯一的问题;瓦特和他的团体希望把西部公有土地向私营企业开放,用于伐木、采矿和畜牧业。

瓦特对于为后代保护国家资源和公共闲置土地不以为意,1981年参议院确认听证会上,他指出:"我不知道我们需要指望多少代后代,才能等到主回归。"作为内务部秘书,瓦特允许私营企业以极低的成本获得开采石油、采矿和伐木权利。1983年,他轻蔑地将一个联邦顾问委员会称为"一个黑人……一个女人、两个犹太人、一个瘸子",随后被迫辞职。即使辞职之前,瓦特的任命也遭到了反对,他的行为让美国的环境保护运动重新充满力量,甚至引起商界领袖的反对,因为他们明白,不加控制的露天采矿和无节制砍伐西部森林将摧毁西部各州利润丰厚的旅游业和休闲度假产业。

对工人组织的攻击

作为亲商政策方针的一部分,里根政府还削弱了工会协商薪酬和工作条件的能力。工会影响力已经式微;1970年代重工业中的许多工作机会消失不见,工会成员数量不断下降,而高增长的电子业和服务业并没有成功被工会化。1981年8月,里根为自己的统治定下基调,干涉了专业空中交通管制人员工会(Professional Air Traffic Controllers)组织的一场罢工。这些空中交通管制人员是联邦员工,对他们来说罢工是非法的。他们罢工是为了抗议工作条件,他们认为这样的工作环境牺牲了美国空中交通的安全性。罢工不到48小时,里根就解雇了11 350名罢工者,并且规定美国联邦航空管理局(Federal Aviation Administration)永远不能重新录用这些人。

1980年代,在反公会劳动秘书和美国全国劳资关系委员会(National Labor Relations Board)委任官员的支持下,企业对工会越来越强硬。工会没能发起有效的反抗,至1990年私营企业中只有12%的工人加入工会。然而,1980年大选中估计有44%的工会家庭投票给里根,因为被他的亲切态度、信奉老式价值观和慷慨激昂的反共产主义言论吸引。

新右翼

尽管里根的很多国内政策关注传统保守主义政治和经济目标,但是新右翼及其方针在里根时代的社会政策中扮演着越来越重要的角色。令人惊讶的是,宗教色彩浓厚的新右翼会被里根吸引,因为里根是个没有很强宗教联系的离婚男性,对自己的孩子似乎也漠不关心。但是不上教堂的里根为新右翼问题提供了支持:他支持反堕胎事业,他的白宫还发布了一项支持公立学校祈祷的报告。

里根的法院委任也取悦了宗教右翼。尽管参议院两党投票拒绝确认联邦最高法院法官候选人罗伯特·伯克(Rovert Bork),在87小时剑拔弩张的听证会后,国会最终确认了安东尼·M.肯尼迪(Anthony M. Kennedy)。里根还委任了安东斯·卡利亚(Anton Scalia),他将成为法院中的保守派中坚力量,除此以外还有桑德拉·戴·奥康纳(Sandra Day O'Connor,第一位被任命的女性),里根还擢升尼克松任命的威廉·伦奎斯特(William Rehnquist)为首席大法官。1986年,日趋保守的最高法院支持了一部佐治亚法律，惩罚男性之间的肛交或口交性行为，刑期最高达20年[“鲍威尔斯诉哈德维案"(Bowers v. Hardwick)]；1989年，法官判决一项限制堕胎权利的法律合乎宪法[“韦伯斯特诉生殖健康服务案"(Webster v. Reproductive Health Services)]，因此鼓励进一步挑战“罗伊诉韦德案"(Roe v. Wade)判决。在联邦法院上，司法部门在这些社会问题上采取新右翼立场，里根对联邦法院的378个委任也是如此，通常按照此方针进行判决。然而，总的来说里根政府并没有像新共和党联盟的部分成员期望的那样推出一个强势的保守派社会方针。

里根经济政策

里根国内政策的核心是以他名字命名的经济计划：里根经济政策。1980年代初的美国经济非常糟糕。传统经济弥补措施在通货滞胀面前完全无效：当政府增加支出刺激停滞的经济时，通货膨胀率急剧升高；当政府缩减支出或者缩紧货币供应以降低通货膨胀率时，经济落入更深的衰退，失业率急剧蹿升。每个人都认为必须采取些什么措施打破这一循环，但是没人想过政府干预会起作用。甚至一些民主党也对"老一套罗斯福式社会问题解决方案"发表了"非意识形态怀疑"论调。

里根为美国人民提供了一个应付经济灾难的简单答案。他没有将注意力放在全球竞争、去工业化、石油输出国组织对石油的控制等这些复杂问题上，而是辩称，美国经济问题是因为政府破坏了"自由市场"经济体制才导致的。政府对商业和工业的干预管制、昂贵的政府社会项目、为不事生产的公民提供"救济"、高税收以及赤字开支，才是错误的根源——一言以蔽之，政府自己才是问题本质。里根政府的经济方针与更广泛的保守主义有限政府意识形态密切相关：它企图让自由企业体制挣脱政府管制和控制的"枷锁"，大幅削减社会项目的支出，限制政府运用税收再分配美国人收入的权力，并通过减少联邦政府职责来平衡预算。

供应方经济

里根的经济政策大体上基于供应方经济，这一理论认为减税（而不是政府支出）将造成经济增长。经济学家阿瑟·拉弗(Arthur Laffer)为供应方提出了一个关键的概念，1974年，他在一块鸡尾酒餐巾上画下了后来闻名遐迩的拉弗曲线，展示给一名《华尔街日报》作者和总统杰拉尔德·福特的参谋长（未来的副总统）迪克·切尼看。根据拉弗的理论，在某一点，增加税收会让人们不愿意参与可征税活动（比如投资存款）：假如来自投资的利润只是变成了税收，投资的动机从哪里来？当人们减少投资时，经济就放缓了。即使税率仍然很高，政府的税收收入也会减少，因为经济停滞了。从另一方面，减税能够逆转这一循环，从而增加税收收入。

尽管当时的经济学家接受拉弗曲线背后更广义的原则，但是几乎没人相信美国税率已经达到了障碍点。即使是保守派经济学家也对供应方原则持高度怀疑态度。然而，里根和他的政府以未经证实的假设为基础，认为美国的企业和个人税率已经到达了阻碍投资的水准，他们开始追求大规模减税。他们辩称，美国企业和个人将把降低税率解放出来的资金用于投资，建造新的工厂，创造新的工作机会，生产新的产品。经济增长不仅能弥补税收收入损失，还能有盈余。经济恢复繁荣后，利润将由上而下"流向"中产阶级，甚至穷人。

里根的经济计划几乎完全是由行政管理和预算局局长大卫·斯托克曼制订的。斯托克曼提出了一个通过经济增长（由减税达到目的）和大幅降低支出，在社会项目中平衡联邦预算的五年计划。国会以一项为期三年的7 500亿减税计划配合他的方案，这在美国历史上是史无前例的。然而，事实证明削减联邦预算更困难。斯托克曼的平衡预算计划打算从政府项目中削减1 000亿美元，包括社会保障和医疗——但是国会不打算削减社会保障和医疗福利。与此同时，里根因为大幅提高年度国防支出而抵消了国内支出的下降。

大幅减税、国防支出的大幅提升、社会项目的小规模削减：最后结果并不合算。年度联邦预算赤字爆炸了——从1980年的590亿美元增加到1982年的1 000多亿美元，到1992年乔治·布什任期结束时，赤字达到了近3 000亿美元。联邦政府借款弥补差额，把美国从世界上最大的债权国变成了最大的债务国（参见图表32.1）。国家债务增加到近3万亿美元。由于更高比例的联邦预算用于支付膨胀的借款的利息，联邦项目的预算也越来越少，海外和国内都是如此。

通货膨胀的猛药

里根经济政策试图刺激经济，但是经济增长不能解决长期存在的通货膨胀问题。这时，自治联邦机构联邦储备银行（Federal Reserve Bank）开始插手。1981年，联邦储备银行提高了银行贷款的利率，达到前所未有的21.5%，通过缩紧货币供应来对抗通货膨胀，减缓经济衰退。美国坠入衰退的深渊。在这一年前三个月中，国民生产总值下降了5%，汽车和房屋销售大幅减少。因为经济活跃度衰落，失业率急剧上升至8%，达到近6年来最高水平。

至1982年年末，失业率达到10.8%，是1940年以来的最高点。对于非裔美国人来说，失业率更是达到了20%。许多失业者是来自每况愈下的"大烟囱工业"的蓝领工人，比如钢铁和汽车业。里根及其顾问承诺，消费者将把减少的税收用于消费，从而把经济拽出衰退泥沼。但是直至1983年4月，失业率仍然维持在10%，人民无比愤怒。失业的钢铁工人在宾夕法尼亚麦基斯波特（McKeesport）发起游行，众人还抬着一具刻着"美国梦"的棺材。农业也举步维艰，接近崩溃。农民们不仅遭受由于过度生产造成的农产品价格下降，也受到洪水、干旱和高利率贷款的沉重债务负担的折磨。许多人在住房贷款抵押赎回和农场拍卖中失去财产。另一些人申请破产。当经济衰退深化时，贫困率上升至1965年来最高水平。

这是一剂猛药，但是联邦储备银行终止通货滞胀的计划起作用了。高利率把通胀率从1980年的12%下降至1982年的7%。经济也从石油输出国组织的1981年决议中获益，在长达八年人为造成的石油稀缺后，增加了石油产量，因此降低了油价。1984年，国民生产总值上升了7%，是1951年来最大涨幅，而年中就业率下降至4年来最低点7%。经济蓬勃起来，也没有引发通货膨胀。

"美国的黎明"

至1984年总统大选，经济衰退已经成为记忆。里根因为经济复苏积累了信誉，尽管这和供应方政策没什么关系。事实上，民主党候选人、前副总统沃尔特·蒙代尔（Walter Mondale）反复攻击里根的经济政策。他坚持认为迅速增长的预算赤字将为美国经济造成可怕后果，他（坦率但可能不太精明地）坦陈自己会提高税收。而且他关注平等和同情等问题；蒙代尔告诉美国公众，在里根的美国，并不是所有美国人都能够享受繁荣。相反，里根宣称："美国的又一个早晨到来了。"电视广告展现了这种暖心的美国生活画面，用画外音告诉观众："生活更美好。美国回来了。人民出乎意料地找回了原本以为一去不复返的自豪感。"里根以压倒性优势获胜，赢得了59%的选民票。而蒙代尔和竞选伙伴，来自纽约州的美国女性国会议员和第一位女性副总统候选人杰拉尔丁·费拉罗（Geraldine Ferraro）只获得了他的家乡明尼苏达一个州。

解除管制

供应方经济并不是1980年代改变美国经济的唯一政策。在吉米·卡特治下开始，在里根时期大幅扩大的解除管制为美国商业和工业创造了新的机会（包括所有联邦规范的《联邦公报》[Federal Register]，从1980年的87 012页缩减到1986年的47 418页）。1978年航空业的解除管制降低了短期和长期的票价；机票成本在21世纪初（按不变价值美元计算）比1978年低了近45%。电信业的解除管

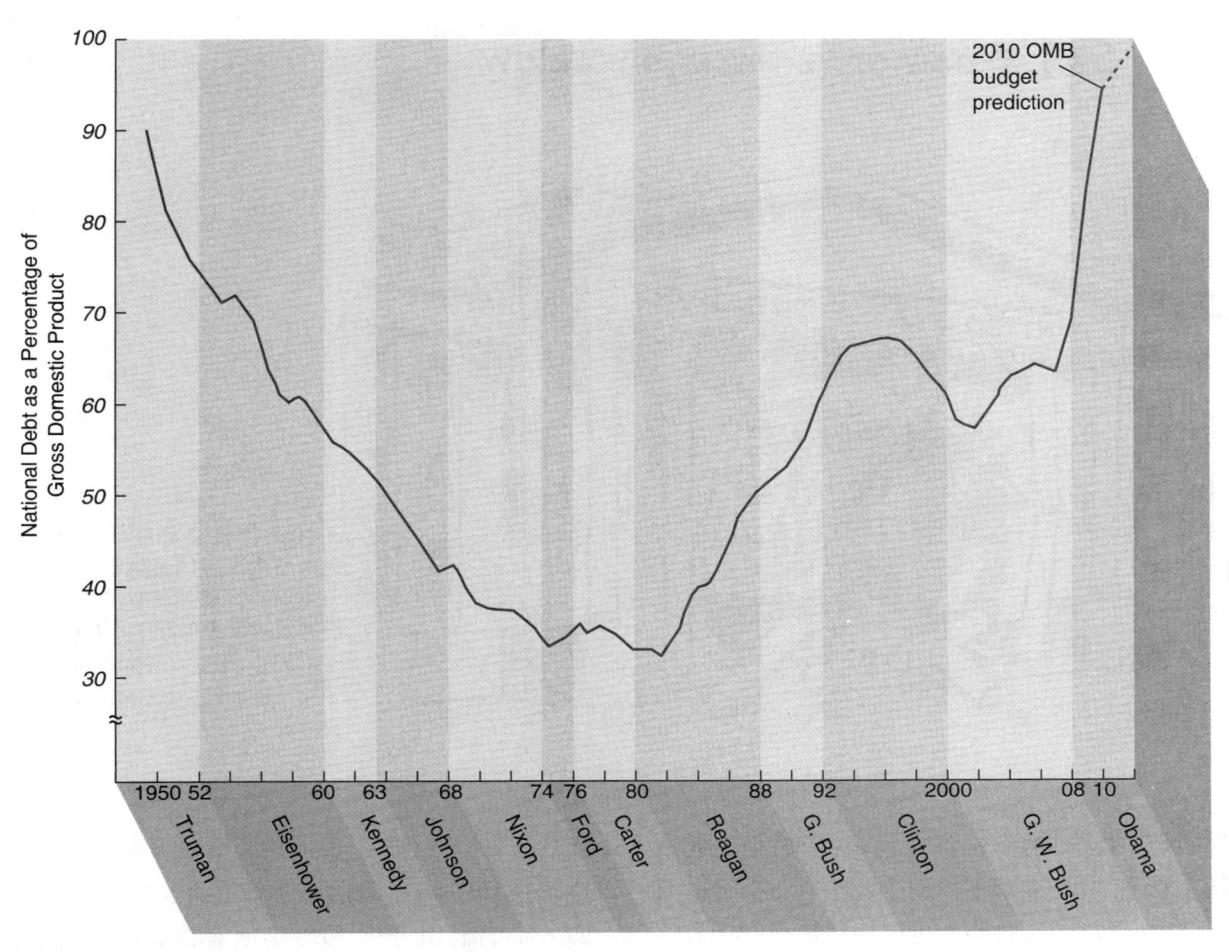

图表32.1　美国国家债务增长，1974—2010年

1970年代，美国的国家债务零星增长，1980年代则连创新高。在里根总统的治下，大笔国防支出和减税造成国内债务上升了1.5万亿美元。

来源：改自美国统计局，《美国统计概要》(*Statistical Abstract of the United States*)，华盛顿特区，1992年，第315页

制为巨头美国电话电报公司制造了严酷的竞争，长途电话变得不再昂贵。

里根政府放松了对美国银行和金融业的管制，有目的地削减监管华尔街的证券交易管理委员会（Securities and Exchange Commission, SEC）的执行能力。1980年代初，国会撤销了对储贷协会（S&Ls）的管制，原本这些组织被要求把储户的存款投入30年期固定利率抵押贷款，并要求以储贷协会的主要办公室方圆50英里范围内的物产担保。通货滞胀已经让许多储蓄贷款机构失去偿付能力，但是1980年代的立法创造了崩溃的条件。政府放松对投资行为的监管，并保证负担储贷机构投资亏损，国会对失败没有采取任何处罚措施。储贷机构越来越倾向于把储户的资金投入高风险投资项目中，并参与灰色甚至违法交易。

高风险债券和合并热

高风险投资也在华尔街大行其道，为凡士通（Drexel Firestone）工作的原本默默无闻的债券交易员迈克尔·米尔肯（Michael Milken），引领了"高风险债券"业，并创造了极为有利可图的投资可能。米尔肯为无法获得传统低利率银行贷款的企业提供贷款，这些企业负债累累或者非常衰弱，通常无法获得用于扩张的资金。米尔肯发行高利率债券提供给投资者，因为它们风险非常高，所以又被称

◀ 1980年代储蓄贷款危机导致了大萧条以来美国金融机构最严重的一场崩溃。联邦拯救储贷协会将花费纳税人至少1 240亿美元。

图片来源：乔治·费雪（George Fisher）/《阿肯色民主党公报》（*Arkansas Democrat Gazette*）

为"垃圾"债券。米尔肯意识到，对于其他企业或投资者来说，这类经营不善的企业中有很多是颇具吸引力的收购对象，收购方可以用垃圾债券为收购提供资金。这种"捕食者"可以使用第一个企业的现有债务作为税款冲销，廉价出售不盈利的部分，裁撤员工，以创造更高效也更有利可图的企业。原来垃圾债券的投资者可以把他们的股份出售给企业蓄意收购者，从而获得巨大利润。

至1980年代中期，这些"恶意收购者"的目标不仅限于衰弱的企业；成百上千的大企业——包括沃特·迪士尼和大陆石油公司（Conoco）这样的巨头——也成了并购热的猎物。投资者的利润令人难以置信，至1987年，垃圾债券的鼻祖米尔肯年佣金收入达5.5亿美元——约每分钟1 046美元；如果计入投资回报的话，米尔肯的年收入大约有10亿美元。

这些行为的后果是什么？高度竞争和企业规模缩小常常能创造更高效的商业和工业。解除管制帮助较小而富有创新能力的企业挑战巨头垄断，如电信等行业。短暂的"里根衰退"之后，在1980年代大部分时间内，美国经济繁荣起来。尽管证券市场在1987年10月的一天就下跌了508点，失去了22.6%市值，几乎是1929年崩盘百分比的两倍，但是很快就反弹了。然而，1980年代的高风险繁荣有着巨大的代价。企业缩减规模意味着白领劳动者和管理层人员遭到裁撤，其中许多（尤其中年人）很难找到同级别的职位。合并和收购潮让美国企业整体而言提高了负债。它还固化了经济的某些领域，令其集中在更少的参与者控制中，比如媒体。

富人越来越富有

此外，1980年代高风险而无拘无束的繁荣中还充斥着腐败。至1980年代末，内幕交易丑闻撼动了金融市场。内幕交易是指运用大众一无所知的企业"内幕"信息在交易证券中牟取巨大利益。华尔街一些最显赫的人物因此锒铛入狱（尽管是舒适的"乡村俱乐部"监狱）。储蓄和贷款损失有时候掩盖事实上升到欺诈的程度，数以十亿计的美元被投入不良投资项目。丑闻从四面八方涌向白宫：副总

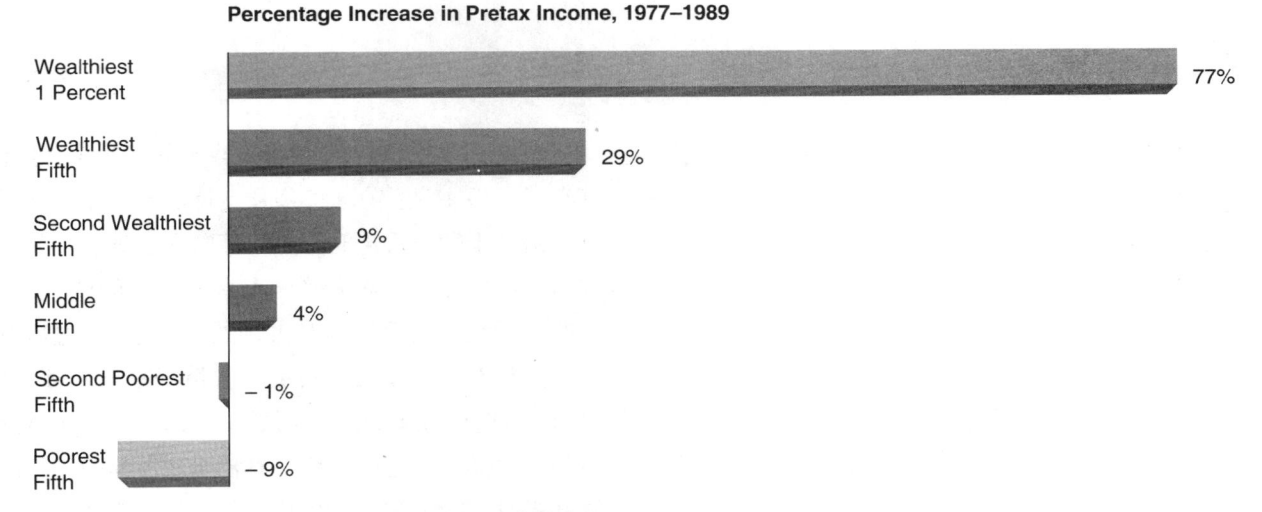

Percentage Increase in Pretax Income, 1977–1989

Wealthiest 1 Percent	77%
Wealthiest Fifth	29%
Second Wealthiest Fifth	9%
Middle Fifth	4%
Second Poorest Fifth	-1%
Poorest Fifth	-9%

图表32.2　1980年代富人越来越富有，穷人越来越穷困

1977年至1989年之间，最富有的1%美国家庭收割了经济增长的大部分成果。事实上，最富有家庭的税前收入增加了77%。与此同时，一般家庭的收入增长只有4%。而底层40%的家庭收入事实上还下降了。

来源：数据来自《纽约时报》，1992年3月5日

统布什的儿子尼尔（Neil）涉及储贷机构灰色交易。里根—布什政府对储贷行业的救援耗费了纳税人5 000亿美元。

最后，在1980年代，富人变得越来越富，穷人变得越来越穷（参见图表32.2）。合并热和金融市场暴富也是部分原因，年收入500 000美元的人数量在1980年和1989年之间增加了10倍。根据经济政策研究所（Economic Policy Institute）的报告，一个首席执行官（CEO）的平均年薪与普通员工的薪酬相比，从1978年的35倍增加到1989年的71倍（2005年这个比例是262比1）。在1987年，美国有49个十亿万富翁，而1978年只有1个。在非常富有的美国人人数增加的同时，中产阶级收入停滞不前。

这种新的不平等处境大部分是里根的经济政策造成的，中产和低收入美国人付出代价，富人却从中得益。里根的税收政策减少了"总有效税率"——收入税加上社会保障税。1%的美国最富有家庭的有效税率减少了14.4%。但是最贫困的20%的家庭的税率却增加了16%。至1990年，最富有的1%的美国人控制着全国40%的财富；80%的财富掌握在20%最富有的美国人手中。从1920年代以来，美国人从来没有见过这么严重的经济不平等。

里根和世界

1980年大选中，里根的获胜策略中有个关键因素，他直截了当地呼吁美国在世界舞台上伸张自己的地位。尽管缺少对国际问题、历史和地理的扎实了解——朋友和伙伴常常惊叹于他把基本事实搞错的能力——然而里根坚持一些核心原则。其一是深刻而恒久的反共产主义，这一原则主导了他几十年的世界观，构成了他总统竞选运动的基础。其次是他坚信美国权力和价值观将为世界带来积极改变，持有潜在的乐观主义。里根喜欢引用托马斯·潘恩（Thomas Paine）提到美国独立战争时的话语："我们有权重新开始这个世界。"然而里根也是个政治实用主义者，尤其是随着时间的流逝，他的政府陷入丑闻的泥沼。这些元素集合在一起，解释了他激烈的反共产主义海外政策，也解释了他在第二届任期中为什么愿意积极回应苏联领导人米哈伊尔·戈尔巴乔夫的国际事务"新思考"。

897 苏美矛盾

一开始，里根提出的口号是与莫斯科针锋相对。拥护冷战初期美国海外政策中特有的尖锐反共产主义，里根和他的顾问拒绝尼克松年代的缓和战略以及卡特政府在海外拓展人权的战略。尼克松和卡特意识到，国际体系日趋多极化，而里根团队则倒退回一种由苏美两国关系定义的两极观点。年轻一代的新保守派，比如理查德·皮勒（Richard Perle）和保罗·沃尔福威茨（Paul Wolfowitz）在政府中担任中层职务，为对莫斯科政策的改变提供了大部分思想依据和道德激情。

在第一次总统新闻发布会上，里根描绘了一个恶毒的苏联，称其领导人认为自己有"权利犯下任何罪、谎言、欺骗"。1981年，当波兰的亲苏领导人镇压独立的劳动组织"团结"（Solidarity）时，华盛顿以限制苏美贸易和向莫斯科愤怒抗议作为回应。1983年3月，里根告诉佛罗里达的福音派基督教观众，苏联人是"现代世界中的邪恶中心……一个邪恶的帝国"。同年，里根限制了和苏联之间的商业航班，因为一名苏联战斗机飞行员误将一架韩国商业客机击落，导致269名乘客身亡，这架客机迷失300英里，不幸误入苏联领空。

里根相信，充分的军事建设将阻挡苏联的威胁，并且震慑莫斯科。据此，里根政府发起了美国历史上最大的和平时期军备扩张，让联邦债务水涨船高。1985年，军事预算高达2 947亿美元（比1980年翻了一番），五角大楼平均每个小时花费2 800万美元。里根对军备控制会谈给予很低的优先级，1983年宣布了他建立太空防御屏障的意愿，以抵御新型弹道导弹：战略防御计划（SDI）。他的批判者将之称为"星际战争"，并指出，科学上这样一个系统永远无法起作用，总有一些敌方导弹能穿过防御。不仅如此，批判者们还警告人们，战略防御计划将会把军备竞赛上升到危险的新层次。但是里根无所畏惧，在接下去的几年中，战略防御计划研究和开发耗费了数百亿美元。

里根主义

总统把第三世界的混乱归咎于苏联阴谋，于是宣布了里根主义：美国将公开支持反共产主义运动（"自由斗士"），只要他们对抗苏联人或苏联支持的政府。在阿富汗，总统继续吉米·卡特的政策，在伊斯兰叛乱武装反抗苏联占领的战争中，通过巴基斯坦向叛军提供隐蔽的援助。中情局局长威廉·J. 凯西（William J. Casey）多次前往巴基斯坦，协调武器和其他援助的运输工作。1985年，当苏联人将战争升级时，里根政府送出了更多高科技武器。尤其重要的是防空"毒刺"（Stinger）导弹。毒刺导弹很容易运输，单兵就可以发射，扭转了阿富汗战争的局势，让苏联喷气机和直升机在11 000英尺下不堪一击。

里根政府还将里根主义强硬地应用于加勒比和中美洲。高级官员相信苏联人和卡斯特罗的古巴正在该地区煽动混乱（参见地图32.1）。据此，1983年10月，总统派美国部队进驻加勒比地区的格林纳达（Grenada）小岛，驱逐亲马克思主义政府，该政府似乎在与莫斯科及哈瓦建立纽带。在萨尔瓦多，他为军方政府提供军事和经济援助，与左翼革命者斗争。这一政权使用（尽管无法控制）右翼暗杀小组，路易莎·奥雷亚纳及其家人就是从他们的魔爪中逃了出来。至1980年代末，他们杀死了400 000名异见者和其他公民，以及几个帮助失地农民的美国传教士团体。而至1980年代末，美国已经在这场反叛乱战争中耗费了60亿美元。1992年1月，萨尔瓦多战士最终通过协商达成了联合国资助的和平协议。

尼加拉瓜反政府战争

里根政府还对尼加拉瓜内战进行干预。1979年，尼加拉瓜的左派叛乱者颠覆了安纳斯塔西奥·索摩查（Anastasio Somoza），索摩查是美国长期的盟友，属于从1930年代中期开始一直统治这个中美洲国家的独裁家族。革命者把自己称为桑地诺解放阵线（Sandinistas），以纪念奥古斯托·塞萨尔·桑地诺（Csar Augusto Sandino），桑地诺领导了1930年代反抗美国占领的民族主义、反帝国主义战争，与美国海军陆战队作战，最终被索摩查的亲信刺杀。他们谴责美国在他们国家实施传统帝国主义。当桑地诺解放阵线援助萨尔瓦多的叛军，购买苏联武器，并邀请古巴人在尼加拉瓜的医院和学校中工作，帮助重新组织尼加拉瓜军队时，里根政府官员指责尼加拉瓜正在成为苏联爪牙。1981年，中情局开始训练、武装和指导10 000多人的被称作反政府军的反革命武装，以颠覆尼加拉瓜政府。

美国在萨尔瓦多和尼加拉瓜的干预引发了争论，让人想起早先关于越南战争那场大辩论。许多美国人对于该地区是否受到共产主义威胁感到非常怀疑，包括国会中的民主党领袖，他们告诫民众，尼加拉瓜可能会变成另一个越南。国会于1984年投票终止美国对反政府军的军事援助。里根政府秘密与其他国家结盟，包括沙特阿拉伯、巴拿马以及韩国，向反政府军输送资金和武器，1985年里根对尼加拉瓜发起经济禁运令。总统或许选择了外交解决方法，但是他拒绝哥斯达黎加的总统奥斯

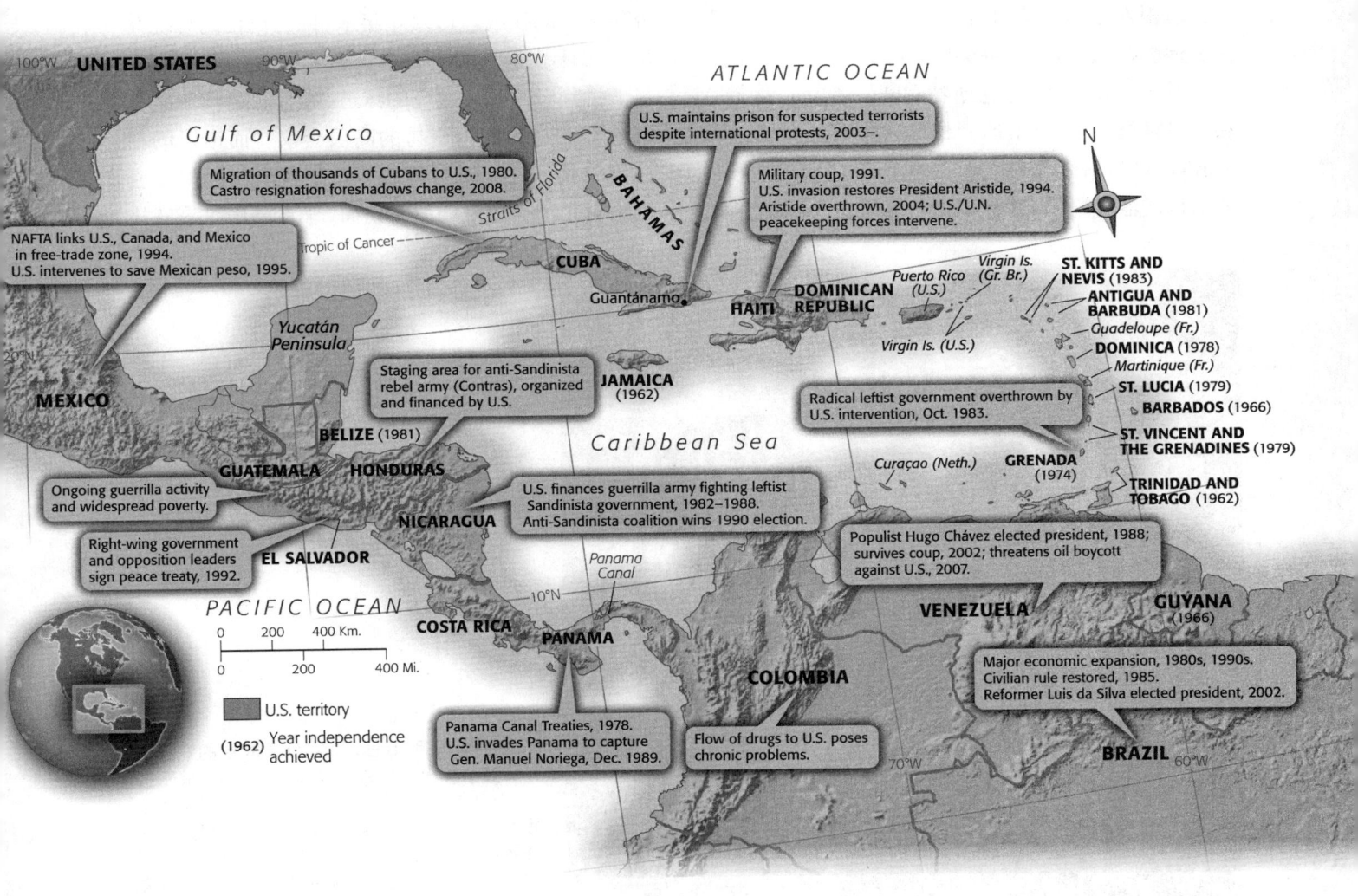

地图32.1　美国在加勒比和中美洲的活动
美国常常干预加勒比和中美洲政治。地理上的毗邻、经济风险、政治分歧、安全联系、违禁药品贸易、古巴领导人菲德尔·卡斯特罗对华盛顿的长期违抗让美国紧紧盯着该地区的形势。
来源：©圣智学习

卡·阿里亚斯·桑切斯（Oscar Arias Sanchez）在1987年的提议，阿里亚斯提议通过协商和减少对所有叛军的援助达成停火协议。（阿里亚斯赢得了1987年诺贝尔和平奖。）三年后，在里根卸任之后，中美洲的所有领导人终于达成了协议；在接下去的全国大选中，桑地诺解放阵线败给了一个美国资助的政党。在近十年的内战之后，30 000名尼加拉瓜人死于战火，经济遭到严重破坏，尼加拉瓜成为西半球最贫穷的国家之一。

伊朗门事件丑闻

里根对于打败桑地诺解放阵线的执着几乎毁灭了他的政治生涯。1986年1月，总统的国家安全顾问约翰·M.波因德克斯特（John M. Poindexter）和一名官员、海军陆战队中校奥利弗·诺斯（Oliver North），被发现与中情局局长凯西串通，秘密向伊朗出售武器，企图让中东伊斯兰激进主义团体释放劫持的几名美国人，但是大体上这是一次失败的尝试。同一时期，华盛顿一直在谴责伊朗是恐怖主义国家，并要求美国的盟友不要与这个伊斯兰国家进行贸易。更具破坏性的是，证据显示来自伊朗武器交易的钱款被非法导入一个援助反政府武装的基金，而此前国会已经断然拒绝提供这类援助。诺斯后来承认，他为了让这些行动保持机密非法地销毁了政府文件，并向国会说谎。

尽管里根度过了丑闻危机，但是他究竟做了什么，他是否知道这些行动，仍然不得而知，他的总统生涯受到了沉重的打击。他的个人支持率下降了，而且从中获得勇气的国会开始重新主张自己在海外事务上的权威。1992年年末，即将离任的总统乔治·布什赦免了几个被指控欺骗国会的前政府官员。批判者嗅到了包庇的味道，布什自己作为副总统曾经参与伊朗门交易的高层会议。而诺斯的指控因为技术性问题被推翻。鉴于这个伊朗门秘密网络对于国会权威的故意妨碍，学者威廉·李欧格

◀ 1983年4月18日，恐怖分子放置的汽车炸弹炸毁了黎巴嫩贝鲁特的美国大使馆，杀死63人，其中有17名美国人。图中的美国士兵在炸毁的大楼附近守卫。接着，同年10月，恐怖分子的炸弹夷平了一个军营，杀死了241名美国士兵。几个月之后，里根总统从多国维和部队中撤回了美国海军陆战队，这支维和部队被派遣到黎巴嫩，平息以色列对抗巴勒斯坦解放组织和叙利亚军队的战争。

图片来源：比尔·皮尔斯（Bill Pierce）/西格玛（Sygma）

兰（William LeoGrande）曾辩称:"对美国的民主来说是比对尼加拉瓜更大的威胁。"

美国在中东的利益

伊朗门丑闻还显示出中东和恐怖主义在美国海外政策中与日俱增的重要性（参见地图33.2）。和以前一样，美国在中东的最主要目标是获得石油供应，并支持盟友以色列，与此同时约束苏联在该地区的影响力。不过，在1980年代，美国领导人面临着新的压力，以深刻的以色列—巴勒斯坦冲突和反美以及反以色列的伊斯兰激进组织运动为形式，1979年伊朗沙阿被驱逐后，伊斯兰激进组织运动开始蔓延。

1979年，以色列和埃及之间的戴维营协定，提出了一劳永逸地解决争端的希望，包括为生活在以色列占领的加沙地带和西岸地区的巴勒斯坦阿拉伯人建立自治政府。但是这一目标并未实现，以色列和巴勒斯坦解放组织（PLO）仍然针锋相对。1982年，为了报复巴勒斯坦从黎巴嫩炮击以色列，以色列军队入侵黎巴嫩，抵达首都贝鲁特，造成了巨大的破坏。被围攻的巴勒斯坦解放组织和各个黎巴嫩派系向叙利亚求助，请求协助抵御以色列人。成千上万平民死于多方冲突，一百万人成了难民。里根没有做出任何阻止进攻的努力，但是他同意派遣美国海军陆战队前往黎巴嫩，加入维和部队。很快美国军队卷入了一场基督教派系和伊斯兰派系之间的战争，伊斯兰派系谴责海军陆战队帮助基督教主导的政府，而不是充当中立的停火执行者。1983年10月，恐怖主义炸弹摧毁了一座军营，杀死了241名美国军人。四个月之后，里根认识到失败，把剩下的海军陆战队士兵撤回了美国。

恐怖主义

海军陆战队军营遭到袭击，体现了恐怖主义对美国和其他西方国家日益严重的威胁。1980年代，无数原本力量薄弱的群体依靠恐怖主义行动推动自己的政治目标，其中许多与巴勒斯坦问题有关，或者与伊斯兰激进组织有关。由于华盛顿支持以色列，而且美国涉足黎巴嫩内战，通常他们把美国公民和财产作为打击目标。1985年，全世界发生690次劫持、绑架、爆炸和射杀活动，其中217起是针对美国人的。这些行动中大部分是由伊朗、利比亚、黎巴嫩和加沙地带组织的。比如，1985年6月，来自黎巴嫩的什叶派伊斯兰激进组织分子劫持了一架美国喷气客机，杀死了一名乘客，并且劫持39名美国人为人质，整个事件持续了17天。三年后，一架泛美航空客机在苏格兰上空被摧毁，很可能是被亲伊朗的恐怖主义者炸毁的，炸弹藏在一台录音机里。

与以色列关系紧密的美国继续提出和平计划，旨在说服以色列人返还占领的领土，阿拉伯人放弃把犹太人赶出中东的企图（"以土地换和平"方法）。1987年和平进程停滞不前，生活在西岸的巴勒斯坦人开始"intifada"（阿拉伯语中的"起义"），对以色列军队发起攻击。以色列拒绝谈判，但是在巴勒斯坦解放组织首领亚西尔·阿拉法特（Yasir Arafat）宣布放弃恐怖主义，接受以色列和平和安全生活的权利后，美国决定与他对话。事实上，让巴勒斯坦解放组织承认以色列，也相当于美国承认巴勒斯坦解放组织，这是阿拉伯—以色列冲突中的重要发展，即使彻底的解决仍然遥遥无期。

在南非，随着1980年代的发展，美国外交立场也变得越来越强硬。一开始，里根政府遵循"建设性参与"的政策，请日趋被孤立的政府改革其种族隔离体制，旨在保留白人优越地位。但是许多美国人要求经济制裁：切断南非的进口，并且向约350家美国企业施压，尤其是德士古（Texaco）、通用汽车、福特和固特异（Goodyear），要求它们终止在当地的运作。一些美国城市和州通过了撤资法律，从在南非活跃的美国企业中撤走资金（比如用于购买股票的养老金）。公众抗议和国会立法迫使里根政府于1986年对南非实施经济管制。

戈尔巴乔夫上台

许多右翼人士不喜欢南非制裁政策,他们相信主要的黑人反对团体非洲民族会议(African National Congress, ANC)受共产主义者统治,而且他们怀疑经济制裁的效力。他们中更极端的一些人很快发现了另一个对里根失去好感的理由。新的苏联领导人米哈伊尔·谢尔盖耶维奇·戈尔巴乔夫上台了,而里根在自己的民众支持开始下滑时,表现出与"邪恶帝国"谈判的意愿。戈尔巴乔夫呼吁超级大国之间建立更友好的关系和一个全新的、更强调合作的世界体系。1985年,两个领导人在日内瓦举行峰会,里根原则上同意戈尔巴乔夫的论点,认为应该大幅减少战略武器,1986年在冰岛雷克雅未克(Reykjavik)的会议上,两人几乎达成了重要的裁军协议。然而,战略防御计划挡了道:戈尔巴乔夫坚持将这一计划搁置,而里根拒绝放弃,尽管科学界不断发出反对声音,认为这一计划将耗费几十亿美元,却永远不会起效。

但是里根和戈尔巴乔夫相处得很不错,尽管语言不通,性格也大相径庭。里根喜欢讲故事而不是讨论政治细节,这种倾向并没有让注重细节的戈尔巴乔夫觉得困扰。正如科林·鲍威尔将军评论,尽管苏联领导人在专业问题上比里根高明多了,但是他没有表现出一丝一毫的纡尊降贵。正如鲍威尔所言,他明白,里根"是美国民族的务实性格、实用主义和乐观主义的化身"。而里根软化了他强硬的反苏联论调,尤其是当他偏向鹰派的顾问于1980年代离开政府之后。

"改革"和"开放"

苏美关系的转变更多源自海外局势变化,而非里根的决策。正如里根在总统任期即将结束时说的那样,他只是"掉进了一个伟大的历史时刻"。

◀ 在其中一场峰会上,苏联领袖米哈伊尔·戈尔巴乔夫(1931年生)和罗纳德·里根总统(1911—2004)于1988年5月在莫斯科会面,希望能够签署削减战略核武器会谈(Strategic Arms Reduction Talks, START)的协议。里根后来称,他和戈尔巴乔夫之间温暖而相互吸引的友好关系没能减少危险的战略性武器。但是他们友好的交往鼓励了外交沟通,最终促进了冷战的结束。

图片来源:罗纳德·里根总统图书馆

在精力充沛的戈尔巴乔夫领导下，新一代苏联领导团体于1985年上台。他们开始对高度官僚化的衰颓经济进行现代化改变，推出一个称作"重组"（perestroika）的改革项目，通过"开放"（glasnost）来使专制政治体制自由化。然而，为了让这些改革付诸实施，苏联军费必须降低，海外援助也必须下降。

1987年，戈尔巴乔夫和里根签署了《中程核力量条约》（Intermediate-Range Nuclear Forces [INF] Treaty），在欧洲禁止所有基于陆地的中程核导弹实验。两国很快开始对2 800颗导弹启动摧毁程序，包括目标为西欧的苏联导弹和目标为苏联的北约导弹。戈尔巴乔夫还单方面地减少了苏联的军队，帮助解决地区争端，并开始从阿富汗撤离苏联军队。在超过40个寒冷的年头之后，冷战终于行将结束。

1980年代的美国社会

当冷战式微，美国人也不再坚定地相信美国能被一系列共有的中产阶级价值观团结在一起。尽管共同价值观的理想从来不是现实，但是冷战以来它在美国的公众文化中扮演着重要角色，直至1960年代末。至1980年代，在数年社会斗争和分裂之后，罕有美国人相信这一观点的真实性；许多人拒绝它，认为它已经过时。尽管1980年代并不如1960年代和1970年代初那么动荡和暴力，但是深刻的社会和文化鸿沟存在于美国人之间。一个新近强大起来的基督教保守主义团体挑战了美国大众的世俗文化。日益壮大的富裕和高等教育的美国人阶级似乎与城市穷人分裂成两个社会，而新的科技重新塑造了工作和休闲娱乐。与此同时，移民剧烈地改变了美国的人口构成。

宗教右翼的兴起

晚至1980年，许多美国人相信1925年关于是否教授进化论的斯科普斯审判是基要主义基督教在美国的尾声。他们错了。从1960年代开始，美国人的主流自由主义新教教派——圣公会（Episcopalian）、长老派（Presbyterian）、卫理公会教（Methodist）——开始流失教众，而南方浸洗会和其他教派提出能通过信仰耶稣基督获得"重生"的精神体验，并接受圣经的字面事实（基要主义），这些教派发展迅速。基要主义传教士通过电视接触大量观众：至1970年代末，电视传道者奥瑞尔·罗伯茨（Oral Roberts）吸引了390万观众。在1980年，接近20%的美国人认为自己是基要主义基督徒。

大部分基要主义基督教派在1960年代和1970年代初的社会和政治冲突中置身事外，辩称传授"耶稣基督的纯粹救赎教义"更重要。但是1970年代末，他们认为越来越放纵的美国社会是对上帝意志的背叛，一些具有影响力的传教士开始动员他们的教众进行政治斗争。在1980年的"基督的华盛顿"（Washington for Jesus）集会上，基要主义领袖帕特·罗伯特森（Pat Robertson）告诉人们："我们有足够选票统治这个国家……当人民说'我们足以'时，我们将主宰这个国家。"1979年由杰瑞·法威尔创立的争取道德多数运动旨在建立一个"基督教美国"，其中一个途径就是在地方和国家层面支持政治候选人。法威尔对社会保守"家庭价值观"的保护，对女权主义（他把全国妇女组织称作"全国巫女组织"[National Order of Witches]）、同性恋、性、色情和堕胎的谴责引起了许多美国人的共鸣。

保守派基督教徒的联合被称作新右翼，整个1980年代，新右翼对美国世俗文化发起了反抗运动。新右翼拒绝"多元文化主义"观点，并不认为不同的文化和生活方式选择同样有意义，他们致力于把"上帝之法"变成美国社会的基础。1979年贝弗利·拉海尔斯（Beverly LaHayes）创立的忧国妇女同盟（Concerned Women for America）企图把包含"不可接受"的宗教观点（包括《安妮日记》[The Diary of Anne Frank]和《绿野仙踪》的选段）从教室中赶出去，基要主义基督教团体再次开始挑战公立学校中教授的进化论。里根政府常常向保守派组织聚焦家庭（Focus on the Family）的创始人詹姆斯·多布森（James Dobson）征询政治建议。

▲ 一个周日的早晨，礼拜仪式开始之前，牧师杰瑞·法威尔手持《圣经》站在弗吉尼亚林奇堡（Lynchburg）自己的教堂前。作为一个福音派牧师，他的"旧时代福音"（Old Time Gospel Hour）节目拥有1 500万美国观众，法威尔鼓励他的会众以及广大宗教右派在1980年总统大选中展现自己的政治力量。

图片来源：瓦利·麦克纳米（Wally McNamee）/科比斯

"文化战争"

尽管新右翼常常在里根的白宫里找到支持，但是许多美国人积极反抗他们，视之为传扬狭隘和威胁基本自由的运动，包括宗教信仰自由——并不符合保守派新右翼基督教的那些信仰。1982年，来自商界、宗教、政治和娱乐界德高望重的人士成立了美国方式组织（People for the American Way），声援美国公民自由、政教分离、文化包容和多样性价值观。这场宗教右翼及其对手争夺国家未来的斗争逐渐被称作"文化战争"。

然而，这并不是唯一一个反抗宗教右翼方针的组织。许多基督教基要主义的观点与大部分美国人的生活方式背道而驰，尤其是涉及女性角色时。至1980年代，新一代女孩在他们母亲从未享受过的自由和机遇中成长起来，有着更高期待。1964年《公民权利法案》和《教育法修正案》的第九条款这样的法律为女孩和女人开创了更多的学术和体育项目。1960年，美国男性律师和女性律师的比率是38比1；至1983年，这个比例达到5.5比1。至1985年，超过一半有着三岁以下孩子的已婚女性外出工作，许多人是因为经济压力所致。宗教右翼坚持认为女性的位置在家中，应该臣服于她的丈夫，这不仅违背了美国社会向性别平等前进的道路上取得的成果，也违背了许多女性的生活现实。

新的不平等

当美国人在1980年代的"文化战争"中针锋相对时，另一个重大的社会分歧威胁着这个国家。1988年的一份关于种族关系的全国报告回顾了1968年科纳委员会（Kerner Commission）的报告，称"美国再次成为两个割裂的社会"——白人和黑人。报告称，非裔美国人在市中心聚居区忍受着贫困、种族隔离和犯罪，而大部分白人在郊区飞地中舒适地生活。事实上，美国优越和艰难的两个隔离社会不完全是由种族决定的。大部分美国穷人是白人，而黑人中产阶级日益强大，并且在不断扩张。但是有色人种在美国穷人中的比例仍然很失衡。1980年，33%的黑人和26%的拉美裔美国人生活在贫困中，而白人的比例则是10%（参见图表32.3）。

造成贫困的原因不尽相同。对于有色人种来说，种族主义传统起到相当作用。改变的工作结构也是原因之一，技术和非技术劳动者的报酬丰厚的岗位总数下降，薪酬较低的服务类工作取而代之。仅纽约一地，1980年的蓝领工人数量就比1970年代初减少了234 000人。除此以外，由单身母亲担任家长的家庭更可能陷入贫困，比夫妇维持的同种

昨日重现

对抗艾滋病的传播

在1960年代和1970年代,有了能够快速和毫无痛苦地治愈性病的盘尼西林以及可靠的避孕措施(比如唾手可得的避孕药),非单一对象性行为比起历史上的任何时候风险更小。但是新的性传播疾病在1980年代出现了。至今为止最严重的是HIV/艾滋病(人类免疫缺陷病毒/获得性免疫缺陷综合征[Acquired Immune Deficiency Syndrome])。由于艾滋病一开始是从同性恋男性群体中诊断出来的,许多异性恋美国人最初并不知道自己也有风险。公共医疗机构和活动团体努力提高人们的意识,推广安全性行为。这个广告如何描绘伴侣关系?这个广告如何改变广为流传的错觉,告诉人们谁有风险?这幅公共服务广告如何定义"安全性行为"?

▲ "安全性行为"运动提醒人们使用避孕套,比如这幅纽约市地铁广告。
图片来源:由纽约市卫生局提供,盛世长城国际广告有限公司授权使用

族家庭高五倍。至1990年，高比例的非婚怀孕和上升的离婚率意味着所有儿童中有1/4生活在没有父亲的家庭中。种族差异也很显著：至1992年，59%非裔美国儿童和17%白人儿童生活在单身母亲当家的家庭中，近一半黑人儿童生活在贫困中。

美国城市中的社会危机

当不平等增加时，社会病症也是一样。在贫困和绝望的市中心社区中，暴力犯罪，尤其是谋杀和聚众斗殴，增加到让人警惕的程度，辍学率、犯罪率和虐童也是如此。一些人试图在毒品中逃避现实，尤其是快克可卡因（crack），一种于1985年开始出现在纽约市最贫困社区中的可卡因衍生物。快克可卡因的影响包括毁灭家庭、引起虐童，并造就了很多全副武装的少年毒贩。由毒品引发的帮派枪战是致命的：1987年洛杉矶有387起死亡事件，其中超过一半死者是无辜的路人。暴力令人震惊，许多州规定持有少量快克可卡因就要强制入狱，1克快克的量刑相当于100克可卡因，而1980年代较富裕的美国白人通常选择后者。

1980年代，流浪者的比例也有所上升，一方面是因为减少了低收入住房补助。一些流浪者是一贫如洗的家庭；许多生活在街头的人们存在毒品或酒精问题。近1/3流浪者是在"去体制化"热潮中从精神病院中释放的精神病人。至1985年，州立精神病医院减少了80%的床位，前提是小型社区项目比起大型州立医院更能及时回应人们的需要。然而这样的地方项目却没能实现，并且缺乏必要的医疗监督和药物治疗，美国许多罹患精神病的公民只能在街头游荡。

艾滋病流行

1980年代，美国人面临的另一个社会危机是获得性免疫缺陷综合征的全球传播，即艾滋病。这种疾病由人类免疫缺陷病毒（HIV）导致，病毒会攻击免疫系统中的细胞，让患者很容易受到致命感染和癌症侵袭。人类免疫缺陷病毒本身是通过血液或体液传播的，常常由性行为或者静脉注射吸毒者共用针头导致。

1981年，美国诊断出第一例艾滋病。1981年至1988年之间，报告的57 000例艾滋病病例中，近32 000例以死亡告终。政治家们过了很久才开始投入资源与艾滋病做斗争，其中一个原因是，这种疾病一开始被视为"同性恋男人的病症"，并不会威胁其他美国人。"种瓜得瓜种豆得豆"，争取道德多数运动的牧师杰瑞·法威尔宣称。艾滋病和其他性传播疾病，比如生殖器疱疹和衣原体疾病，结束了由"药丸"盘尼西林定义的时代，在这个时代中，性从严重疾病或者意外怀孕的威胁中解放出来。

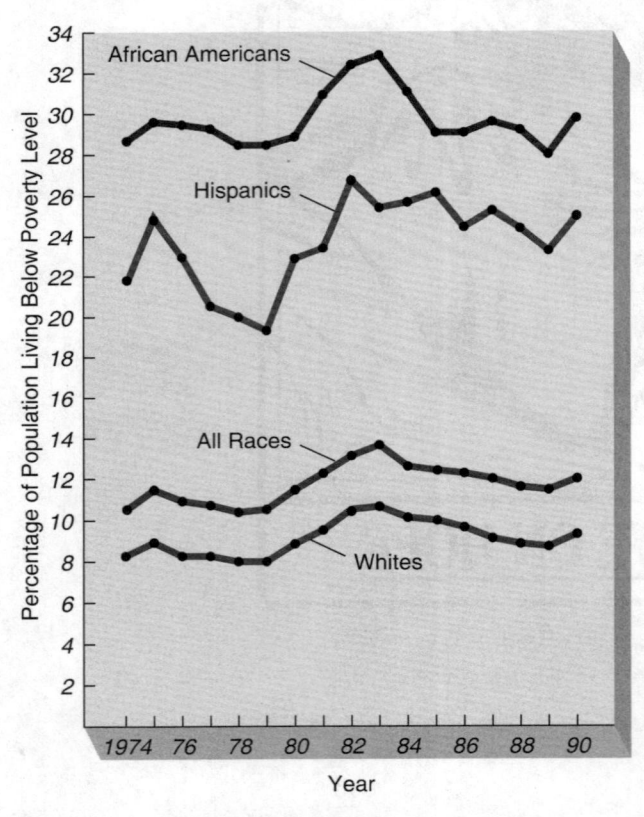

图表32.3　美国各种族贫困状况，1974—1990年
1980年代，美国的贫困率有所上升，但是随后又下降。然而，在1980年代很多有色人种的生活处境并没有得到改善。请注意生活在贫困线以下的非裔美国人比白人高三倍。西班牙裔也高出不少。
来源：改自美国统计局，《美国统计概要》，华盛顿特区：1992年，第461页

来自亚洲的新移民

1980年代，原本在美国民族构成中较少的移民纷纷涌入，让美国社会的分歧变得更为复杂。1970年和1990年之间，美国吸收了1 300多万新移民，大多来自拉丁美洲和亚洲。在1965年移民法案改革之前，亚裔美国人只占全国总人数的1%不到；至1990年，这个比例上升了三倍，接近3%。

而这一小部分美国人口的组成也发生了巨大变化。在1965年以前，大部分亚裔美国人是日裔（1960年的近52%），接着是中国和菲律宾裔。1964年美国只有603个越南裔居民。至1990年，美国已经吸收了800 000名来自中南半岛的难民、越南战争和周边国家战争中的牺牲品。移民从韩国、泰国、印度、巴基斯坦、孟加拉国、印度尼西亚、新加坡、老挝、柬埔寨和越南蜂拥而至。日裔美国人在亚裔美国人口中的比例缩小到15%，被华裔和菲律宾裔赶超，与越南裔不相上下。

来自亚洲的移民大致上有两种情况：掌握很高的技能，或者完全没有技能。1970年代和1980年代菲律宾的动荡局势造成了许多受过良好教育的菲律宾人逃亡到美国。印度的经济无法支撑过剩的熟练医师和医护人员，越来越多的人开始前往美国和其他地方寻找工作。韩国、中国大陆和台湾地区的技术劳动者以及受过良好教育的劳动者也流失到美国。然而，另一些来自中国的移民几乎没有职业技能，而且不会说英语。大量新移民涌入纽约唐人街这样的社区，在城市中的非工会制衣产业中，女性在糟糕的环境下连续长时间工作。来自东南亚的移民最可能缺乏技术，生活在贫困中，尽管有一些人找到了成功的机会。

但是即使是受过高等教育的移民也发现他们的选择很有限。一份1983年的研究发现，韩国移民或者韩裔美国人拥有美国纽约市1 200家蔬菜水果店中的3/4。尽管韩国水果蔬菜店常被当作伟大的移民成功故事加以援引，但是韩国蔬菜水果店主常常在职业阶梯上下降了不少：其中78%的人拥有大学或者职业文凭。

增长的拉丁人口

尽管来自亚洲的移民很多，但是前所未有的高移民率加上高出生率让拉美裔成为美国人口中增长最快的族群。来自墨西哥的新移民加入墨西哥裔美国人和其他西班牙姓氏美国人的行列，其中许多家族在美国生活了好几个世代。1970年拉美裔构成全国人口的4.5%；至1990年这个比例跃升至9%，三个洛杉矶人和迈阿密人中就有一个是西班牙裔，48%的圣安东尼奥人（San Antonio）和70%的埃尔帕索人（El Paso）是拉美裔。墨西哥裔美国人集中在加利福尼亚和西南部，占人口中很大一部分，但是美国也有不少波多黎各人、古巴人、多米尼加人和其他加勒比地区的移民，他们主要聚居在东海岸城市。

1980年代，有不少像路易莎·奥雷亚纳这样来自危地马拉和萨尔瓦多的人，为了逃离内战和政府暴力迫害，他们想方设法来到美国。尽管美国政府一般会拒绝赋予他们政治庇护（约113 000名古巴人在1980年代获得政治难民资格，而与之形成鲜明对比，只有1 400名萨尔瓦多人获得难民资格），基督教会的全国庇护运动挑战法律，保护难民，让他们免于被遣送回国，面对暴力或死亡威胁。墨西哥、整个中美洲和南美洲的经济困境也制造了各种难民潮：非法劳动者穿过美国和墨西哥之间守卫松懈的2 000英里国境线，前来寻找经济机会。一些人是旅居者，在国境线两边来回穿梭。大部分人想要长期留下来。这些新美国人创造了一种新的杂糅文化，成为美国重要的构成部分。"我们想留在这里，"洛杉矶的电视策划人丹尼尔·维兰纽瓦（Daniel Villanueva）说道，"但是却不想失去我们自己的语言和文化。它们是我们不愿意失去的财富和宝藏。"

这么多新来者要融入美国社会常常并非易事，因为许多美国人相信新来者威胁他们的工作和经济保障，而本土主义暴力和单纯的顽固抵制也增加了。在1982年，27岁的陈果仁（Vincent

▲ 签证申请者在印度新德里的美国大使馆前排队等待。1985年，140 000人等待移民签证，而每年的名额只有20 000人。许多较贫穷的国家，比如印度，经历了"人才流失"，受过高等教育的人流向美国和西欧。

图片来源：桑德罗·图奇(Sandro Tucci)/时间生活图片(Time Life Pictures)/盖蒂图库

Chin)在底特律被一个失业汽车工人和他的叔叔殴打至死。美国汽车工厂因为日本进口而失去竞争力，这两个人似乎把华裔美国人陈果仁误认为日本人，据目击者称他们朝他喊道："就是因为你们这些小(此处删除咒骂语)让我们失业。"在纽约、费城和洛杉矶，市中心的非裔美国人抵制韩国杂货店。洛杉矶学校中的黑人学生和新来的墨西哥学生之间爆发暴力冲突。在佛罗里达的戴德县(Dade)，选民们通过了一项反双语措施，去除了公共交通工具上的西班牙语标志，而在州和全国层面，人们就是否宣布英语为美国"官方"语言而争论不休。然而，公立学校的教室不得不与实际问题做斗争：1992年，美国超过1 000个校区招收来自八种以上语言群体的学生。

由于担心非法移民涌入美国，国会于1986年通过了《移民改革与控制(辛普森—罗蒂诺)法案》[Immigration Reform and Control (Simpson-Rodino) Act]。这一法案的目的是通过制裁雇用非法移民的雇主来阻止非法移民，但是它为数百万1982年以前非法移民的人提供了赦免。1990年代，移民仍然以很高的比率涌入，它将进一步改变美国的面貌，常常既带来丰富的多样文化，也带来持续的潜在社会矛盾。

新的生活方式

许多美国人发现1980年代自己的生活方式发生了改变，很大程度上是因为新的科技和新的分配及消费模式。美国商业在1980年代向科技产业投入大量资本，计算机对于工作场所越来越重要。这种新的通信技术让企业能把大型办公场所设置在城市外围建筑成本低廉的地方；这些新的工作场所促进了"边缘城市"或者"技术郊区"(technoburbs)的发展,聚集了在老城市中心以外生活、工作和购物的居民。新的独栋住宅变得越来越大,越来越昂贵;新住宅的平均成本从1980年中等家庭年收入的2.5倍上升至1988年中等家庭年收入的4倍,42%的新住宅有三个及以上盥洗室。

在1980年代,当富人们炫耀财富[唐纳德·特朗普(Donald Trump)价值2 900万美元的游艇有着镀金的盥洗设备],不那么宽裕的家庭也提高了消费。1980年和1988年间,沃尔玛的销售额从16亿美元上升到206亿美元。美国商场的数量在这十年中增加了2/3,超市的货品种类是十年前的两倍。外出就餐变得很普遍;至1980年代末,麦当劳每天服务1 700万人,而"新派法国菜"(nouvelle cuisine,以艺术方式呈现的小份美食,强调食材新鲜度)出现在高档餐厅中。超重或者肥胖的美国人百分比在1980年代大幅上升,即使越来越多的人开始跑马拉松(或者参加要求更高的三项全能竞赛),数千万人上有氧健身课程,或者购买简·方达(Jane Fonda)的有氧运动教学录像,迅速增长的耐克品牌提出了新广告语:"Just Do It"。

新科技不仅限于工作场所。至1990年,近一半美国家庭拥有某种家庭计算机。有线电视拓宽了广播电视频道选择;所有家庭中有近一半在1980年代中订购了有线电视。当音乐电视(MTV)于1981年面市时,新泽西州只有几千个有线电视订购用户能收看这个频道,但是它很快变成了全国风靡的现象。第一代MTV明星包括迈克尔·杰克逊,他14分钟的"颤栗"(Thriller)录像于1983年在MTV首播,还有麦当娜,她对自己形象进行富有创造性的操控,从"男孩玩具"的性感到"表达你自己"(Express Yourself)中的歌颂女性赋权,激怒了这个年代文化战争对立的双方。价格低廉的录像机(VCR)给了消费者更多选择。电影院的观影人数下降了,美国人开始租电影录像在家观看,儿童不再翘首期盼一年一度的《灰姑娘》或者《绿野仙踪》在电视上播放,而是能够随心所欲地或者在父母允许的频率下观看《木偶出征百老汇》(The Muppets Take Manhattan)或者其他以儿童为目标人群的节目。

冷战的结束和全球失序

罗纳德·里根卸任时恰逢世界局势发生一系列变化,这些变化将在短期内导致冷战结束以及新国际体系的来临。里根的副总统乔治·赫伯特·沃克·布什将成为总统,并目睹这一转变过程。作为一个曾经担任美国参议员的华尔街银行家后人,来自康涅狄格州的布什从小就读于私立寄宿学校,然后前往耶鲁大学。作为一个上流阶层精英、东部实权派人物,这是在共和党中越来越稀有的类型,他相对于党内竞争总统候选人提名的对手有个最大优势——曾是忠诚的副总统。而且他拥有令人敬畏的履历——他曾担任联合国大使、共和党主席、中国特使,以及中情局负责人。他还曾是战争英雄,在第二次世界大战的太平洋战争中执行了58次飞行战斗任务,并且获得了杰出飞行十字勋章(Distinguished Flying Cross)。

乔治·赫伯特·沃克·布什

布什在民主党对手、马萨诸塞州州长迈克尔·杜卡基斯(Michael Dukakis)之后加入总统竞选,一开始落后不少。共和党人发起美国历史上最恶劣的竞选之一,扭转了局势。最臭名昭著的是,布什阵营投放了一条电视广告,内容包含黑人谋杀犯在周末假释时袭击一对马里兰州夫妇的事件,犯下强奸罪——临时实施的周末假释计划其实开始于杜卡基斯的共和党前任执政期间,但是广告却暗示杜卡基斯"对犯罪手软"。共和党人捏造事实,暗示杜卡基斯有精神病问题的历史。他的爱国主义受到质疑,还有他的妻子被诽谤曾经为了抗议越南战争而焚烧美国国旗。这些个人攻击一般并非来自布什本人,但是他也没有予以否认。与此同时,杜卡基斯并没有发起对布什的个人攻击,而是进行普通的竞选活动。大选日,布什以8%的选民票优势获胜,并在选举团中获得了426票,杜卡基斯仅获得

112票。然而，民主党人恢复了对国会两院的控制。

从一开始，布什就把大部分注意力聚焦于海外政策，但是他生性谨慎，在国际事务中反应灵活，让新保守派非常懊恼，即使在国际体系发生巨大变化时。米哈伊尔·戈尔巴乔夫在苏联推行的改革已经挣脱了缰绳，刺激了东欧的改革，最终导致革命。1989年，成千上万生活在东德、波兰、匈牙利、捷克斯洛伐克和罗马尼亚的人渴望个人自由，反抗共产主义政府，对共产主义意识形态发起大规模抗议，震惊了全世界。1989年11月，德国人攀登柏林墙，然后把它推倒了；接下去的十月，两德在45年的分裂后重新统一。至此时，东欧的其他共产主义政府不是已经陷落就是行将就木。

支持民主运动

1989年，中国发生了政治风波，布什政府急于在北京保持影响力，除了谴责外什么都没做，中国政府反对资产阶级自由化，其成功的经济改革在1980年代获得了大量赞誉。

然而，在其他地区，民主化的力量势不可挡。在南非，一个F. W. 德克勒克（F. W. de Klerk）领导下的新政府，面对与日俱增的国内和国际压力，开始逐渐撤销种族隔离体制。1990年2月，德克勒克合法化了南非的所有政党，包括非洲人国民大会，并在27年囚禁之后下令释放南非黑人的英雄纳尔逊·曼德拉（Nelson Mandela）。接着，在一个持续数年的程序中，政府废除了种族隔离法律，并且向所有公民开放选举，无论肤色。曼德拉于1994年成为南非第一个黑人总统，他把南非的转变称为"一个小小的奇迹"。

苏联势力的崩溃

1990年，苏联本身开始分崩离析。首先是波罗的海诸国立陶宛、拉脱维亚和爱沙尼亚宣布脱离莫斯科的统治独立。第二年，苏联本身也不复存在，分裂成一系列独立的国家——俄罗斯、乌克兰、塔吉克斯坦和许多其他国家。戈尔巴乔夫被俄罗斯改革者排挤到一边，他们认为他在民主和自由市场经济道路上走得太慢，他本人也失势了。苏联帝国的分裂、华沙条约组织（1955年与东欧共产主义国家结成的苏维埃军事同盟）的瓦解、本国领导对共产主义的批判、德国统一，以及核战争风险的急剧下降，标志着冷战的结束。半个世纪以来主宰国际政治的苏美对抗以及两国受此约束的国内预期，终于结束了。

美国及其盟国获得了胜利。从杜鲁门到布什，九位总统遵循的遏制政策在这些年中受到许多批判，无论来自右翼还是左翼，但是它在最基本的层面上获得了成功：四十多年中，这一政策遏制了共

▲ 1994年4月27日，非洲民族会议（ANC）领袖纳尔逊·曼德拉在伊南达（Inanda）的奥兰吉（Ohlange）高中礼堂投下自己的选票，然后向人们致意，这是南非第一届全种族大选。周末宣布投票结果，曼德拉当选为南非首位黑人总统。

图片来源：美联社图片/约翰·帕金（John Parkin）

产主义的扩张，没有炸毁世界，也没有损害国内的自由。两个体制在东西对抗中竞争，而西方显然胜利了，因为任何体验过北约国家和华沙条约国生活的人都能立即意识到差别。前者熙熙攘攘的街道、琳琅满目的货架与后者单调的住房项目、污染严重的天空以及稀缺的消费品形成鲜明对比。随着时间流逝，事实证明苏联社会主义经济越来越难以与美国自由市场经济抗衡，越来越无法满足苏联和东欧公民的需求。

然而如果不是因为戈尔巴乔夫，苏维埃帝国或许可以再苟延残喘几年，戈尔巴乔夫是20世纪最具影响力的人物之一。他登上苏联权力巅峰是冷战最后阶段最重要的事件，很难想象如果没有他的影响，1985—1990年怎么会产生这么影响深远的变化。通过一系列出乎意料的序曲和决策，戈尔巴乔夫以一种几年前根本难以预料的方式从根本上改变了超级大国间关系的本质。罗纳德·里根的角色不那么关键，但是仍然极为重要，不是因为他第一届任期中的强硬政策，而是因为他后来愿意投入严肃的谈判，并更多地把戈尔巴乔夫当作合作伙伴，而非敌人。乔治·赫伯特·沃克·布什也延续了这一普遍的态度。冷战开始时领导人的个性起了重要作用，结束时也是如此。

胜利的代价

冷战的胜利在美国人中间并没有引出多少赞美。这场斗争耗费了巨大的金钱和生命代价。这场对抗可能永远不会升级成全球层面的热战，但是1945年后的时期见证了无数的血腥冷战——相关冲突吞噬了数百万生命。仅仅越南战争就导致了150万至200万人死亡，其中超过58 000名美国人。与此同时，军费预算吞噬了数十亿美元的资金，这些资金原本可以应用于国内计划中。一些美国人怀疑这么巨大的代价是否必要，也怀疑共产主义威胁是否真的有1940年代末以来官员们宣称的那样严重。

布什宣布"新的世界秩序"来临，但是对他和他的顾问来说，问题在于：接下去该做什么？当冷战拉上帷幕，他们徒劳无益地努力从各个角度描述据说将建立在民主、自由贸易和法制基础上的国际体系。这届政府于1991年和苏联、1993年与解体后的俄罗斯签署了重要的裁军协议，双方大幅裁减核武器，但是美国仍然维持着庞大的国防预算，继续在海外驻扎大量兵力。结果，美国人并没有获得他们希望的"和平红利"，和平没有带来减税、解放资本，或者解决国内问题。

在中美洲，布什政府冷却了里根搅起的仇焰，因为海外干预大体上失败了，而且随着冷战的结束，反共产主义似乎已经无关紧要。尽管如此，像许多前任总统一样，布什继续在该地区毫不迟疑地进行强势单边干涉，推进美国的目标。1989年12月，美国军队侵略巴拿马，把军事领袖曼纽尔·诺列加（Manuel Noriega）赶下台。诺列加是一名毒品贸易商，在1980年代为尼加拉瓜附近的走私武器提供运输支持，受到华盛顿的青睐，但是在1990年代，他的肮脏纪录遭到揭发，导致了巴拿马的抗议，也改变了布什的想法。诺列加在进攻中被逮捕并被带到迈阿密，1992年，他被判贩毒罪成立入狱。与此同时，满目疮痍的巴拿马更加依赖美国，而后者则几乎没有提供重建援助。

萨达姆·侯赛因的赌局

布什海外政策面临的最严峻的考验在中东。1988年，伊朗—伊拉克战争悬而未决地结束了，八年战争导致了近400 000人死亡。里根政府用武器和情报援助伊拉克战争，就像许多其他北约国家一样。1990年年中，伊拉克总统萨达姆·侯赛因面临巨大的战争债务和日益增长的国内不满，侵略了邻国科威特，希望以此提高自己在地区内的势力以及他的石油收入，并提升国内声望。他指望华盛顿对此视而不见。但是，乔治·布什强烈谴责这场侵略，并发誓要捍卫科威特。他被侯赛因的侵略行为激怒，同时也害怕伊拉克可能威胁美国的石油供应，不仅是科威特，还有石油资源丰富的邻国沙特阿拉伯。

  数周内，布什就说服了每一个重要的政府，包括大部分阿拉伯和伊斯兰国家，签署了经济抵制伊拉克的协议。接着，在沙漠之盾行动（Operation Desert Shield）中，布什派遣500 000多名美国士兵前往该地区，接着盟国派来的200 000人加入了他们的行列。布什将萨达姆比作希特勒，宣称这是冷战后"对我们勇气"的首次考验，他召集深刻分裂的国会，授权"所有必要手段"把伊拉克侵略者逐出科威特（众议院投票结果为250对183票，参议院则为52对47票）。尽管布什并没有援引1973年《战争权利法案》，但是无数观察者看来，他寻求国会的批准决议也是在巩固这一法案的目的。许多美国人相信，对伊拉克施加经济制裁应该等待更长时间以达到效果，但是布什不愿意等待。"这不会是另一场越南战争。"总统说道，他的意思是这不会变成一个冗长而令人身心俱疲的事件。胜利将迅速而明确地到来。

沙漠风暴行动

  1991年1月16日，沙漠风暴行动开始了，这是有史以来连续打击伊拉克目标的最大规模机群。美国巡航导弹巩固对伊拉克的首都巴格达的连续轰炸。这是一场电视战争，CNN记者从一家巴格达酒店中进行现场报道，炸弹落在城市中时，数百万美国人目瞪口呆地坐在起居室里紧紧盯着电视机。2月末，诺曼·施瓦茨科普夫（Norman Schwartzkopf）领导下的联军发动了地面战争，快速将伊拉克人逐出了科威特。3月1日战争结束时，至少有40 000伊拉克人死亡，而盟军死亡人数是240人（其中148名美国人）。近1/4的美军阵亡是由"友军炮火"导致

▲ 1991年年初的海湾战争中，沙漠之盾行动将伊拉克部队赶出了科威特。这个国家的大部分石油产业被炸弹和撤退的伊拉克人摧毁，他们离开时点燃了石油设施。油井持续燃烧数月，美国军队头顶上的天空被染黑，造成了巨大的环境破坏。

图片来源：布鲁诺·巴贝（Bruno Barbay）/玛格南图片社（Magnum Photos, Inc）

放眼天下

美国有线电视新闻网络（CNN）

1980年6月1日，当特德·特纳（Ted Turner）推出他的有线新闻网CNN时，很少有人严肃看待它。CNN有三百名员工，大部分很年轻，大部分毫无经验，它由大西洋城的一个乡村俱乐部转变而来。评论者们轻蔑地将其称为鸡汤面条网络（Chicken Noodle Network）。CNN一开始以直播失误著称，比如在台柱伯纳德·肖（Bernard Shaw）直播新闻过程中，一名女清洁工走进拍摄场景中，并清空了他的垃圾。但是让所有人出乎意料的是，至1992年，CNN已经在全世界150个国家播放，《时代》杂志把特德·特纳选为"年度人物"，因为他实现了传媒理论家马歇尔·麦克卢汉（Marshall McLuhan）理想中由大众媒体连接起来的"地球村"世界。

在整个1980年代，CNN亦步亦趋地与世界各国的本土新闻通道建立关系。当突发的关键事件重塑世界时，CNN能第一时间到达现场。CNN对1989年中国政治风波和推倒柏林墙事件进行了现场报道。1991年海湾战争开始时，CNN记者从巴格达发来报道，数百万人守在电视机前。CNN不仅改变了观众对这些事件的体验，也改变了外交本身。1989年，当苏联打算谴责美国侵略巴拿马时，官员拨打的是CNN莫斯科办公室的电话，而不是美国大使馆电话。在海湾战争期间，据报道，萨达姆·侯赛因在地堡中把电视机调到CNN电视台，而美国将军依赖它的报道判断导弹袭击是否奏效。1992年，总统乔治·赫伯特·沃克·布什指出："我从CNN学到的东西比中情局还多。"

尽管特纳的24小时新闻网络肩负着全球新闻报道的使命，但是他的美国起源也很明显。在美国入侵巴拿马期间，CNN提醒通信员不要把美国军队称为"我们的"部队。特纳本人曾经向员工发出通知，无论谁使用"外国"而非"国际"一词，都将被罚款100美元。CNN提供的与其说是国际新闻，毋宁说是一种全球体验：全世界的人们一起关注着当代历史中的重大时刻。美国的CNN在全世界人民中间创造了新的联系。但是正如《时代》杂志指出的（称颂特纳为"地球村王子"），这种联系"并不能一蹴而就地创造出手足情，而是让人循序渐进地意识到，这个世界已经被单一的电视画面穿透"。

的——被美国或盟军部队的枪炮误杀。

布什没有听从顾问建议占领巴格达和颠覆侯赛因政权。盟军不会同意这样的计划，这将超出把伊拉克赶出科威特的初衷，而且在伊拉克谁能取代独裁者也不明朗。一些人还警告道，前往巴格达的途中美军可能会陷入困境，付出高昂代价，耗费冗长的时间。于是萨达姆·侯赛因保留了权柄，尽管他的权威被限制了。联合国维持武器和经济禁运令，而安理会发表了687号决议，要求伊拉克揭露其发展大规模杀伤性武器和射程150千米以上的洲际导弹项目的所有方面。在688号决议中，安理会谴责伊拉克政权对伊拉克北部的库尔德人和南部的什叶派穆斯林进行镇压，并要求人道主义团体干涉。美国、英国和法国抓住688号决议的机会，建立了北部的"禁飞带"，禁止伊拉克飞行器在这一范围内飞行。类似的禁飞带于1992年在伊拉克南部建立，并在1996年扩大了。

尽管后来有人质疑布什总统放弃巴格达的决定，但是一开始并没有什么反对声音。在沙漠风暴行动之后，总统在民意调查中的支持率急速上升至91%，打败了哈里·杜鲁门在1945年德国投降后创下的纪录89%。趾高气扬的白宫顾问以为布什的支持率可以一直持续到1992年大选及以后。在军事胜利的余晖中，这似乎是个很合理的猜测，尤其是布什还在国内阵线上取得了不少成就，似乎证明了他的就职日誓言——领导一个"更仁慈，更温和

国内问题

比如，1990年布什签署了《美国残疾人法案》(Americans with Disabilities Act)。这一法案适用于拥有25名及以上雇员的企业，并覆盖了所有有偿劳动者的87%，规定禁止歧视身负残疾，但是在合理的便利措施下，能够完成岗位上必要任务的人。它还要求提供"合理的便利措施"让残疾人的生活更方便，比如轮椅斜坡。也是在1990年，这位总统让反对增加管制的保守派非常失望，他签署了《清洁空气法案》(Clean Air Act)，旨在通过限制工厂和汽车的排放减少酸雨。1991年，在持续多月的激烈辩论后，布什和国会就一项保护公民不受工作歧视的公民权利法令达成共识。

然而，在到达历史巅峰后不久，布什的民意测验结果一落千丈，主要是因为总统对日渐衰落的美国经济没能做出有效反应。他对沉重的国债和大规模联邦赤字反应迟钝，而这些数字已经失控了近十年了。在海湾战争后数月，美国陷入全面衰退，这时布什并没有做出反应，只是宣称事情并没有那么糟糕。他的财政部部长尼古拉斯·布雷迪(Nicholas Brady)持同样观点："我认为即使我们遭遇经济衰退，也不是世界末日。我们将再次克服它。这不是什么大不了的事。"

对于数百万普通美国人来说，这的确是大事。商业开始收缩，尽管理论上低利率应该能鼓励投资。房地产价格一落千丈。美国产品面临越来越严峻的海外产品竞争，尤其是日本和亚洲其他地方的产品。当失业率攀升至8%，消费者信心下降了。至1991年年末，不到40%的美国人对这个国家的走向感到乐观。许多人要求联邦政府直面长期被忽略的问题，比如不断上升的医疗价格。

克拉伦斯·托马斯(Clarence Thomas)提名

布什的信誉因为克拉伦斯·托马斯的确认听证会进一步削弱，1991年秋季，布什将他提名为最高法院法官。布什政府希望反对另一名保守派最高法院候选者的人会支持非裔美国法官。但是在十月，俄克拉荷马大学非裔美国法学教授安妮塔·希尔(Anita Hill)谴责托马斯曾在1980年代初对她进行性骚扰，当时她为他工作。电视直播的司法委员会(Judiciary Committee)听证会变得很丑陋，一些共和党成员暗示希尔不是在撒谎就是有精神疾病。托马斯把自己描述为"高科技私刑"的"受害者"，非裔美国团体在希尔—托马斯证词中激烈地分成两派。然而，希尔的证词把全国的注意力集中在权力、性别、性和工作场所问题上。而参议院承认了托马斯，加上对希尔的人身攻击，让很多人感到十分愤怒，进一步扩大了美国政治中的性别鸿沟。

当乔治·布什和他的共和党人步入1992大选之年时，海湾战争军事胜利的余晖已经完全褪去了。

结语

1988年，罗纳德·里根离开白宫，他的副总统乔治·布什继任总统，《纽约时报》如此总结里根的总统生涯："罗纳德·里根没有留下越南战争，没有水门事件，也没有人质危机。但是他留下了一堆巨大的问号——还有许多亟待解决的事情。"乔治·赫伯特·沃克·布什完成了1980年代的海外政策诺言，伴随着苏联解体，美国在持续几十年的冷战中终获胜利。他还领导美国对伊拉克发动战争——这场战争很快结束，并且取得了决定性胜利，但是留下萨达姆·侯赛因继续掌权。

1980年代，美国从深刻的衰退走向经济繁荣。然而，大幅减税和大规模增加国防支出造成了巨大的财政赤字，把国家债务从9 940亿美元上升至2.9万亿美元。这笔巨大的贷款将限制随后几届执政班底的选择。解除管制等亲商政策为新科技的发展创造了机会，并且促进了经济增长，但是也向腐败和欺诈敞开了大门。政策以中产阶级或者美国穷人的

▲ 1990年7月26日，乔治·布什总统在白宫草坪上签署《美国残疾人法案》。总统提起笔时道："让可耻的排斥之墙最终倒塌吧。"
图片来源：罗恩·萨克斯（Ron Sachs）/CNP/科比斯

代价让富人受益，扩大了富人和其他人之间的鸿沟。吸毒、犯罪和暴力等社会病征增加了，尤其是在美国最贫困的地区。1980年代的遗产包括充斥着年轻人的监狱、成千上万生来对快克上瘾的儿童，他们将终其一生受到精神和身体损害的困扰。

1980年代还见证了接二连三的"文化战争"。希望将美国"还给"上帝的基要主义基督徒和宣扬政教分离、拥抱自由价值观的人们展开斗争。美国政治上转向右翼，尽管支持里根的经济和社会保守派联盟非常脆弱，也无法保证持续的共和党统治。

最后，在1980年代，美国的面貌改变了。一个原本主要由白人和黑人构成的社会变得越来越多样化。这个国家的拉美裔人口规模和存在感都有所增加。来自亚洲的新移民大批涌入美国；尽管他们在人口中所占比例仍然很小，但是将在美国社会扮演越来越重要的角色。在里根—布什执政期间，美国变得更分裂，也更多样化。在接下去的几年中，美国人和他们的领袖将与"里根时代"的遗留问题做斗争。

扩展阅读

Elijah Anderson, *Streetwise: Race, Class, and Change in an Urban Community* (1992)

Lou Cannon, *President Reagan: The Role of a Lifetime* (2000)

Robert M. Collins, *Transforming America: Politics and Culture During the Reagan Years* (2006)

John Ehrman, *The Eighties: America in the Age of Reagan* (2005)

Jack F. Matlock, *Reagan and Gorbachev: How the Cold War Ended* (2004)

John Micklethwait and Adrian Wooldridge, *The Right Nation: Conservative Power in America* (2004)

《美国残疾人法案》

1990年7月26日,《美国残疾人法案》由国会中的两党绝大多数通过,并由乔治·布什总统签署成为法律,这一法案建立在美国公民权利运动的基础上;布什总统把它称作"世界上首个为残疾人伸张平等权利的广泛宣言"。但是该法案所做的不只是禁止歧视身体或精神残障人士。它规定,公共和私营实体——包括学校、商店、餐厅和酒店、图书馆和其他政府建筑,以及公共交通当局——提供"合理的便利措施",让残疾人能够充分参与社区和国家生活。

在不到20年内,这一法案的这些平等条款改变了美国的面貌。原本到处都是轮椅无法通行的陡峭马路和台阶,现在斜坡和电梯随处可见。公共汽车为行动受限的乘客"跪下";斑马线和电梯用语音提示视力不佳的人。在高校和大学中,合格的学生(包括后天残疾)获得大量帮助或便利。国家公园管理局(National Park Service)的"便利措施"计划让各种残疾的人们能够前去大峡谷和许多公园游玩。来自弗吉尼亚的体育爱好者和轮椅使用者李·佩奇(Lee Page),激动地描述了这一法案对体育场馆标准的影响:"当大家齐唱国歌时,我们终于可以越过站着的观众看到远处的情形。我能看到国旗,以及赛场上发生的一切……我终于感到自己是人群中的一员了。"

与此同时,《美国残疾人法案》为许多美国人提供了更多机会,就业规定派生出一些困难的法律问题。该法案适用于哪些条件?(最高法院规定无症状的HIV感染属于该法律适用范围内的残疾,而腕管综合征则不是。)雇主们不能歧视符合资格、在"合理"变通下能够胜任一份工作的"关键"职责的残疾人——但是什么是"合理",什么是"关键"?该法案的具体条款很可能会继续引发争议,并在法庭中不断重新定义。但是正如司法部部长珍妮特·雷诺(Janet Reno)在佐治亚沃姆斯普林斯(Warm Springs,富兰克林·罗斯福总统曾在此治疗小儿麻痹症)的一场庆祝《美国残疾人法案》十周年的庆典活动上指出的,这一法案真正的遗产是"发掘每个人的优点,并给予每个人平等机遇的"决心。

James A. Morone, *Hellfire Nation: The Politics of Sin in American History* (2003)
James Patterson, *The Restless Giant: The United States from Watergate to Bush vs. Gore* (2005)
Mary Elise Sarotte, *1989: The Struggle to Create Post-Cold War Europe* (2009)

第三十三章

步入全球新千年，1992年以来的美国

这是宿命般的一天。星期二早晨8时46分，擦窗工人贾恩·德姆祖尔（Jan Demczur）走进纽约世界贸易中心北塔的电梯。电梯开始往上升，但是还没来得及停下意外就发生了。当时的六名乘客之一回忆道："我们感到一下沉闷的撞击，整幢大楼震颤起来。电梯像钟摆一样左右摇晃。"当时没有人知道原因，其实美国航空第11次航班刚刚以440英里的时速撞向北塔。

电梯开始下落。有人按下了紧急停止按钮，下落停止了。过了几分钟，什么都没有发生。接着对讲机中响起一个声音，直截了当地告诉他们：发生了一起爆炸。接着线路断了，浓烟开始从电梯缝中渗进来。几个人用德姆祖尔的橡皮擦窗器木柄撬开电梯门，却发现自己停在了距离地面500英尺的15楼，电梯并没有正常停下，他们面前是一堵墙。

> ## 章 节 大 纲
>
> 社会压力和政治新方向
> 全球化和繁荣
> "9·11"和伊拉克战争
> "9·11"后美国的国内政策
> 新千年最初十年的美国人
> 昨日重现　亚利桑那移民法
> 放眼天下　猪流感疫情
> 结语
> 人民与国家的遗产　因特网

德姆祖尔是一个波兰移民，曾经当过建筑工人，他发现这堵墙是用石膏灰胶纸夹板做成的，知道这种石膏厚纸板可以切开。他开始用拖把的金属边缘刮墙，反反复复，一次又一次。然后他从篮子里拿出一个短金属把手，终于把墙板戳穿。这一过程花了1个多小时，六个男人轮流刮削戳刺，终于把墙挖出一个洞，通往一间男盥洗室。吃了一惊的消防员指引他们进入楼梯井。他们慢慢地顺着楼梯穿过浓重的烟雾，经过漫长跋涉，直到上午10时23分终于来到街上。五分钟后，大楼倒塌了。

那天是2001年9月11日。

德姆祖尔后来才得知发生了什么：恐怖分子劫持了四架飞机，把它们变成了导弹。两架飞机撞向世界贸易中心；一架撞击华盛顿特区五角大楼；另一架在机上乘客努力从劫机者手中夺回飞机控制权后，坠毁在宾夕法尼亚农村的田野中。世界贸易中心的两栋塔楼都倒塌了，致使近3 000人死亡，包括德姆祖尔的好朋友、来自阿尔巴尼亚的擦窗工人洛柯·卡玛吉（Roko Camaj）。

◀ 2002年3月11日，"9·11"恐怖袭击6个月悼念日，"光之颂"（The Tribute of Light）点亮了下曼哈顿的天空，悼念世界贸易中心恐怖主义袭击遇难者。背景中可以看到布鲁克林大桥。

1992	因为罗德尼·金（Rodney King）一案的判决，洛杉矶发生暴力事件
	大规模经济衰退
	克林顿当选总统
1993	国会通过《北美自由贸易协议》（North American Free Trade Agreement, NAFTA）
1994	"与美国有约"帮助共和党人赢得了众议院和参议院中的大多数席位
	卢旺达大屠杀
	美国在海地进行干预
1995	国内恐怖主义炸弹袭击俄克拉荷马市联邦大楼
	美国外交官调停波斯尼亚冲突
1996	福利改革法案对领取福利设置时间限制
	克林顿连任
1998	众议院投票决定弹劾克林顿
1999	参议院宣布对克林顿弹劾指控不成立
	北约在科索沃危机中轰炸塞尔维亚
	反全球化示威游行者干扰西雅图举行的国际贸易组织会议
2000	美国刷新了历史最长经济扩张纪录
	最高法院解决总统竞选争议，判决布什当选
2001	经济开始衰退；经济增长放缓和失业率提高的时期开始了
	布什成为总统
	基地组织恐怖主义者袭击世界贸易中心和五角大楼
	美国袭击阿富汗基地组织目标，颠覆了执政的塔利班政权
2003	美国入侵伊拉克，驱逐萨达姆·侯赛因政权
2004	布什连任
2005	飓风卡特里娜袭击墨西哥湾岸区
2006	至年底美国死亡人数达到3 000人
	民主党在中期选举中占领了国会两院
2007	12月大规模经济衰退开始
2008	贝拉克·奥巴马当选总统
2009	奥巴马宣布增加对阿富汗的军事投入，美国继续从伊拉克撤兵

这是美国本土遭受的最致命的袭击,这一事件将导致美国人生活发生剧烈变化。但是这一天的事件在美国海岸之外同样掀起了惊涛骇浪,让全球人民大惊失色,赤裸裸地证明,在21世纪之初,这个世界已经变得如此密不可分。仅仅世界贸易中心一地,就有近500名来自80多个国家的外国人丧生。其中包括67个英国人、21个牙买加人、27个日本人。墨西哥失去了17个公民,印度失去了34人。16名加拿大人丧生,还有15名澳大利亚人和7名海地人。小国特立尼达和多巴哥共和国死亡人数达15人。

遇难者名单体现了纽约人口无与伦比的多样性,这个城市再一次成为世界文化的大杂烩。据"爆心投影点组织"(ground zero)的牧师称,遇难者家属用100多种语言表达他们的悲伤。许多遇难者是来到纽约为自己和家人追求更好生活的移民,比如德姆祖尔和卡玛吉;还有一些人持有临时工作签证。但是所有人都同心协力把世界贸易中心变成了某种全球城,有约50 000人在此工作,除此以外每天还有140 000左右访客。

作为美国金融力量的象征,世界贸易中心双子楼也是世界贸易全球化的象征,可谓名副其实,而全球化是1980年代和1990年代的核心现象。双子楼容纳着无数办公室,拥有超过400家商业机构,包括一些全世界领先的金融机构——美国银行(Bank of America)、瑞士瑞信银行(Credit Suisse Group)、德国德意志银行、日本日商第一劝业银行(Dai-Ichi Kangyo Bank)。

全球化已经成为1990年代的时髦用语,其定义在很大程度上已经超越了贸易和投资的范畴,包含商业、通信和文化连接网络,日益将整个世界捆绑在一起。恐怖分子与一个称为基地组织的伊斯兰激进组织有联系,他们希望对全球化进行沉重打击,然而袭击本身也是全球化的一种表现。换句话说,基地组织所依赖的国际技术、经济和旅行基础设施正引发了全球融合。移动电话、计算机、跨大洲航空——在准备发起袭击过程中,策划者充分利用这些全球化的手段,然后把四架现代喷气式客机变成了致命武器。

伊斯兰激进分子实际上早在1993年就曾袭击过世界贸易中心,他们在世贸中心的地下停车场引爆大型炸弹,造成了巨大破坏。但是当时的美国人并没有给予持续关注。随着苏联共产主义的消逝和冷战的结束,大部分人希望将注意力聚焦在国内问题。比尔·克林顿总统于1993年上任,下定决心把更多精力放在医疗健康和减少赤字等内政,而非海外政策上。克林顿相信数码科技将从根本上改变美国人在国内和海外的经商方式,他希望驾驭全球化的力量,以增加美国利益。

对于大多数美国人来说,过去十年的生活很不错。证券市场大幅上涨,失业率下降了,比起以前,更多美国人拥有了自己的住宅。但是1990年代也充满着暴力和文化冲突——首次多民族暴动在洛杉矶爆发、国内恐怖主义者袭击俄克拉荷马联邦大楼、校园枪击案,还有震惊全国的仇恨犯罪。

这些年也是充满政治矛盾和分歧的年代。从克林顿刚上任开始,保守共和党人就开始阻碍民主党的立法计划。大老党(共和党别称)采用保守主义有限政府方针和"家庭价值观",在1994年中期选举中一举击溃民主党。但是共和党人过高估计了自己的力量,1995年至1996年冬天在联邦预算争议的僵局中,共和党迫使联邦政府关闭,因此疏远了选民,克林顿于1996年顺利连任。然而,克林顿的白宫遭到丑闻侵蚀,总统的领导力被削弱。

克林顿的继任者乔治·沃克·布什在难分伯仲和充满争议的选举中险胜,他提出对"恐怖主义宣战"来回应9·11袭击。通过这种手段,他将自己的政府和国家投入一场复杂而危险,并且缺乏清晰范围和起讫期限的运动中。18个月中,布什两次下令美国军队采取大规模军事行动,先是袭击基地组织总部所在地阿富汗,颠覆庇护该组织的塔利班政权,接着是在伊拉克驱逐萨达姆·侯赛因政府。一开始,两次军事行动进展颇为顺利,塔利班和伊拉克政府很快战败。然而,基地组织并没有停止威胁,而且阿富汗又起纷争。在伊拉克,美国驻军面临大规模叛乱。布什眼看着自己的高支持率不断下降,尽管他在2004年大选中成功连任,但是他的第二届任期遭到伊拉克持续不断的流血冲突和国内丑闻重创。2008年,民主党候选人贝拉克·奥巴马以希望和改变的政纲赢得了大选。美国第一位非裔美国总统有着巨大的象征意义,但是继承两场战争和大规模经济衰退的奥巴马,发现自己很难信守承诺,为美国国内状况带来翻天覆地的变化。

- 1990年代的"新经济"是指什么?它如何促进商业全球化?
- 2001年9月11日的恐怖主义袭击是否以根本方式改变了美国?试解释。
- 美国为什么于2003年侵略伊拉克,为什么驻军最后面临持久而血腥的叛乱?

社会压力和政治新方向

尽管1990年代将作为一个相对和平繁荣的时代留在美国人民的记忆中,但是一开始的情况并非如此。毒品、流浪、犯罪肆虐美国城市。种族矛盾激化了,贫富差距变得越来越明显。从1989年开始增速放缓的经济开始向衰退倾斜。1992年总统大选年开始时,美国人焦躁疲惫,希求改变。

洛杉矶动乱

1992年,困扰美国的种族矛盾在洛杉矶中南部社区爆发。这一事件和大部分此类暴力事件一样存在导火索。四名白人警察被指控殴打黑人男性罗德尼·金,该名男性超速达110英里每小时,在警车追赶时试图逃脱,当地陪审团(没有非裔美国成员)宣判四人无罪释放。

然而,暴力的根源更为深刻。近1/3中南部居民生活在贫困中,这个比例比全城数据高了75%,因为1970年代和1980年代的去工业化造成许多报酬丰厚的工作岗位消失。来自墨西哥和中美洲的拉美裔新移民与非裔美国居民竞争工作岗位,来自韩国的移民也在这个地区寻找落脚点,从事杂货等小商业。在合法经济以外,"四十瘸子帮"(40 Crips,一个非裔美国帮派)和"第十八街帮"(拉美裔)为争夺领地大打出手,与此同时,快克可卡因的流行进一步侵害当地社区,自杀率不断升高。警察的手段让大部分社区居民避之唯恐不及,非裔美国人和韩国新移民之间的关系尤其紧张,因为很多非裔美国居民和拉美裔居民认为韩国人开的商店哄抬物价,压榨消费者,而店主则抱怨盗窃、抢劫,甚至殴打常常发生。

洛杉矶的暴力事件(韩国社区称之为Sa-I-Gu,或者以事件起始日期4.29命名)是一场多民族暴动,导致至少53人死亡,对很多人来说,这一事件象征着美国社会核心的根本冲突。经济问题也困扰着这个国家。在布什统治期间,经济增长缓慢,甚至完全停滞。1978年加利福尼亚通过的第13号提案是在席卷全国的税收抵制运动中第一个提出在人口急剧扩张时削减财产税的提案,而这将州政府推到了一个无法挽回的境地,1992年年中加利福尼亚濒临破产。加利福尼亚并不是个例;1990年代初有30个州陷入财政困境。许多企业负债累累,不得不关闭或者缩小规模。工厂就业人数从1982年经济衰退以来落到了谷底,并且企业缩小规模意味着受过高等教育的白领劳动者也开始失业。1991年,中等家庭收入遭受自1973年衰退以来最严重的下降;1992年,美国穷人数量达到了1964年以来的最高水平。

克林顿的胜利

当美国经济陷入困境时,乔治·H. W.布什的支持率也是一样。尽管老布什在海外政策上赢得声誉,成功结束冷战并在海湾战争中速战速决,但是经济灾难和缺少所谓的"远见"让他在1992年的总统大选中功亏一篑。

民主党候选人、阿肯色州州长比尔·克林顿与老布什形成鲜明对比。克林顿的竞选总部挂着一句标语:"傻瓜,这是经济问题。"在一个市政厅规格的总统辩论上,一名女性问经济困境如何影响各个候选人,克林顿从讲台后走出来问她:"再告诉我一遍它如何影响你?你知道有人失去他们的工作和家园吗?"镜头中,老布什尴尬地低头看着手表。

大选日,克林顿和他的竞选伙伴、田纳西州参议员艾伯特·戈尔(Al Gore)席卷了新英格兰、西海岸和大部分中西部工业地区,甚至渗入曾经是共和党坚实堡垒的南方,把"里根民主党"重新纳入麾下。

克林顿和"新民主党"

比尔·克林顿是美国历史上最矛盾的总统之一。一名记者在1996年的一篇《纽约时报》文章中把他描述为"最伟岸、最有才华、最有口才、最智慧、最开放、最多姿多彩的白宫主人之一",同时指出,克林顿"也可以成为最无法无天、最笨拙、最迟钝、最小人之心、最自以为是的恶棍……他聪明得让人惊叹,同时也有着做蠢事的潜力"。克林顿是个超凡的人物、天生的政治家,他来自一个名叫霍普的小城,毕生大部分时间都在梦想成为总统。1960年代,在华盛顿特区的乔治城大学(Georgetown University)就读期间,他抗议越南战争并(像很多同时代人一样)用非常手段避免被派往越南。克林顿获得罗德学者奖学金,从耶鲁获得法律学位,回到家乡阿肯色州,并于1978年以32岁之龄当选州长。比尔·克林顿的妻子希拉里·罗德姆·克林顿(Hillary Rodham Clinton)是第一个在结婚后拥有自己重要事业的第一夫人;他们在耶鲁学法律时邂逅,希拉里·罗德姆曾创办《法律评论》(Law Review,这一荣誉没有被她的丈夫分享)。

政治上,比尔·克林顿是一名"新民主党"。他和其他新民主党领导委员会(Democratic Leadership Council)的成员,主张民主党采取更温和的立场,尽管仍然属于社会进步派。克林顿及其同僚提出疑问:大政府官僚机构是否仍然适合处理现代美国的社会问题?他们强调私营经济发展而不是公共就业项目,聚焦于职业培训和其他政策,他们相信这些政策能够促进机遇而不会助长民众的依赖感。

◀1992年总统候选人克林顿在密西西比杰克逊进行竞选运动。一名《纽约时报》记者描述克林顿大选日前一天晚上的竞选表现时写道:"比尔·克林顿,一个水平普通的业余萨克斯风演奏者,正在操纵他真正的工具——人群。"

图片来源:伊拉·怀曼(Ira Wyman)

他们倡导全球视野,无论海外政策还是经济发展。最后,他们强调"双向责任"和"包容"的伦理道德。

克林顿投入野心勃勃的改革和复兴计划,上任后第一个举措是任命一个"看起来像美国"的内阁,倡导多样性。但是他几乎立即遇到了麻烦。共和党人下定决心让克林顿无法享受传统的总统"蜜月"期,他们通过运作迫使他立即兑现竞选中的承诺,终止军队中禁止同性恋的规定,让他来不及首先确保国会或广泛的军方支持。在严重的公众争议中,克林顿最终接受了"不问不说"的妥协方案,同时疏远了自由派、保守派、同性恋群体和军队。

克林顿的重要目标是让所有美国人能负担和享受医疗保健,包括没有保险的数百万人。但是特殊利益集团却恰恰相反:保险业担心失去利润;商业界害怕会以更高的税收支持保外人员;医疗界担心更多的政府管制、更低的政府付还率,还有下降的医疗质量。由希拉里·罗德姆·克林顿担任联合主席的政府特别医疗工作队,无法创造一个足够强大的政治联盟对抗这些阻力。不到一年的时间里,克林顿总统生涯刚刚起步,然而他的核心目标已经失败了。

"共和党革命"和政治妥协

克林顿四面楚歌,而新共和党人抓住这一机会挑战新民主党。1994年9月,中期选举前不久,300多名共和党众议员候选人支持"与美国有约"(Contract with America)方略。在佐治亚国会议员纽特·金里奇(Newt Gingrich)领导下发起的"约定"承诺"终结过大、过干预、过于轻易挥霍公众钱款的政府(并且)建设一个尊重美国家庭价值观、分享美国家庭信仰的国会"。它呼吁在宪法中加入平衡财政预算的修正案,减少资本收益税,对福利领取加上两年的限制(同时取消18岁以下的未婚母亲享受福利的资格),增加国防支出。

在中期选举中,共和党动员社会保守派选民,取得了重大胜利。共和党人从1954年以来第一次控制国会两院,并在州立法会和州政府中取得巨大收获。意识形态热情高涨,许多共和党人相信他们削弱联邦权力和瓦解福利国家的企图将获得成功。

然而,第104届国会的共和党人判断失误了。尽管许多美国人欢迎减少政府开支的想法,但是它们反对削减大部分具体项目的支出,包括联邦医疗保险计划和医疗补助计划、教育和大学贷款、高速公路建设、农业补助、退伍军人福利和社会保障。当共和党人向克林顿总统发出关于联邦预算的最后通牒时,克林顿拒绝接受他们的条件,共和党人拒绝通过一项悬而未决的决议,为其提供临时资金,政府因此被迫在1995—1996年冬季暂停所有非关键活动。愤怒的民众开始谴责共和党人。

这类斗争体现了克林顿的决心,但是它们也导致他做出让步,令美国政治向右倾斜。比如,他签署了1996年《个人责任和工作机会协调法案》(Personal Responsibility and Work Opportunity Act)。这项福利改革措施规定,福利家庭的家长必须在两年内找到工作(不过各州最多可以豁免20%的福利接受者),把每个人一生中的福利期限限制到五年,并让很多合法移民失去资格。由克林顿签署的1996年《电信法案》(Telecommunications Act)允许企业拥有更多电视和广播电台,从而减少了美国媒体的多样性。

克林顿和戈尔于1996年连任[打败了共和党候选人鲍勃·多尔(Bob Dole)和改革党候选人罗斯·佩罗(Ross Perot)],部分原因在于克林顿抢占了保守派的先机。他宣布"大政府时代已经结束了",并援引家庭价值观,而这正是共和党竞选的核心。有时候克林顿的行动真正与保守派利益妥协;另一些时候他试图从保守派手中重新夺回一些问题的主导权,比如他把家庭价值观定义为"为了家庭休假法、杀伤性武器禁令或……让孩子接触不到烟草而斗争"。

在克林顿的两届总统生涯中,他的立法成就并不多,但是他的一些计划让美国家庭生活变得更轻松。《家庭医疗休假法》(Family and Medical Leave Act)为9 100万劳动者保障请假照顾生病亲属或新生儿的权利。《健康保险携带和责任法案》(Health

Insurance Portability and Accountability Act)确保当美国人换工作时基于之前存在的医疗情况,不会失去医疗保险。政府变得更高效:到克林顿任期结束时,联邦政府减少了365 000名雇员,副总统戈尔领导的一项工作减少了16 000页联邦规定。克林顿建立国家公园和纪念碑,保护了320万英亩美国土地,并采取前所未有的措施,在全国范围内清理有毒废料堆。然而,1990年代最为人们所牢记的,是繁荣和经济增长。

政治合作和丑闻

尽管经济保障覆盖广泛,克林顿亦步亦趋地向政治中心前进,但是在克林顿时代,美国政治中的斗争层出不穷、花样繁多,而且常常很丑陋,政治右翼用富兰克林·罗斯福新政以来难得一见的热情攻击克林顿。希拉里·克林顿常常成为打击目标,她在丈夫第一次总统竞选中告诉一名不友好的采访者:"我猜我可以待在家里烤烤饼干喝喝茶。但是我还是决定追求自己的事业,我比我的丈夫更早参与公共生活。"《纽约邮报》把她称作"一个丑角和对大部分女性的侮辱"。当丑闻的风声席卷白宫时,由保守派共和党人、前法官肯尼思·温斯顿·史塔(Kenneth Starr)领导的独立委员会办公室耗费7 200万美元调查希拉里和克林顿的不正当行为指控。史塔受一个独立于司法部门的法官委员会委派,原本负责调查白水事件(Whitewater)——一桩克林顿夫妇曾参与投资的1970年代阿肯色房地产交易。尽管他在白水事件中并没有找到不正当行为的证据,但是史塔扩大了调查范围,并提出证据表明克林顿做证否认自己与22岁的白宫实习生莫妮卡·莱温斯基(Monica Lewinsky)发生性关系时对大法官撒了谎。

在提交给国会的445页报告中,史塔概述了11个弹劾总统可能成立的条件,谴责克林顿违背誓言作伪证,妨碍司法公正,篡改证词和滥用职权。1998年12月,众议院判定总统在大法官证词中做伪证并妨碍司法公正,投票结果基本上代表了党派立场。克林顿成为面临参议院审判的第二位总统,也是130年来第一位。根据宪法规定,参议院有责任通过2/3大多数表决决定是否对总统撤职。

但是美国人民不希望克林顿被撤职。民意调查显示绝大多数人满意总统的工作表现,即使许多人谴责他的个人行为。许多人不相信他的行为能上升到由《宪法》规定的弹劾条件——"严重犯罪和不正当行为"的程度(一般这类行为包括叛国等重罪)。共和党控制的参议院,至少部分考虑了民意,并没有宣布克林顿罪名成立。

政治、媒体和名流文化

克林顿当然对自己的行为负有责任。然而,这些行为是否应该成为弹劾条件却值得商榷,史塔报告中的明确性细节也通过因特网传遍全世界。克林顿并不是第一个涉及不伦性关系的总统。约翰·F.肯尼迪总统以及很多其他总统都有着无数著名的婚外情,包括和19岁实习生的风流逸事。但是在1970年代的水门丑闻之后,大众媒体不再愿意对总统的不当行为视而不见。1980年开始,以CNN为首的24小时新闻网络竞争激烈,依赖丑闻、耸人听闻和危机来吸引观众。公共官员也协助模糊了公共和私密、明星和要员之间的界限。比如,克林顿在第一届竞选中常常出现在电视上,回答关于他内裤偏好的问题(平角)。

1990年代的党派政治战争造成了赶尽杀绝的风气,政治家的任何行差踏错都不会被忽略。克林顿弹劾的后果是,众议院共和党发言人纽特·金里奇及其继任者罗伯特·利文斯顿(Robert Livingston)当面对自己的婚外情证据时,只能提出辞呈。最后,正如前克林顿副手西尼·布鲁门多(Sidney Blumenthal)写道,弹劾斗争不只关于总统伪证和婚姻不忠。这是让美国人四分五裂的"文化战争"的一部分:"一场关于宪法的重大政治问题,关于文化风俗和女性在美国社会中的位置,关于美国人民的特性的宏大战争。最终,这是一场关于国家身份的斗争。"

美国社会中的暴力和愤怒

华盛顿政治以外的政治极端主义于1995年4月19日爆发，168名儿童、女性和男性在重大爆炸案中遇难，这场爆炸摧毁了俄克拉荷马市市中心九层高的艾尔弗雷德·P. 默拉（Alfred P. Murrah）联邦大楼。一开始，许多人认为这个炸弹来自国外，或许是中东的恐怖主义者放置的。但是爆炸现场两个街区外发现烧成焦炭的卡车轮轴，上面的汽车身份编码依稀能够辨认出来，将调查者引向蒂莫西·麦克维（Timothy McVeigh），一个土生土长的美国白人和海湾战争退伍军人。麦克维的目的是为大卫教派成员的死亡报仇，他相信两年前的同一天，在得克萨斯州关于武器控制的僵持中，联邦调查局故意杀害了他们。

在接下去的数月中，记者和政府调查员发现了民兵、税收抵制者和各种白人至上主义团体的网络，遍及全国各地。这些团体因对联邦政府的不信任而团结在一起。许多人认为联邦政府的枪支管制法律是对公民武装权利的威胁压迫，比如1993年签署的《布莱迪法案》（Brady Bill）。这些团体的成员相信，联邦政府受到"罪恶势力"控制，包括支持犹太人复国主义者、文化精英、伊丽莎白女王和联合国。在麦克维的国内恐怖主义行为之后，这些团体失去了很多成员，但是也开始转向因特网，用新途径传播他们的观点。

其他形式的暴力犯罪也阴魂不散。1999年4月20日，科罗拉多州利特尔顿市（Littleton）科伦拜中学（Columbine High School）的18岁的埃里克·哈里斯（Eric Harris）和17岁的迪伦·克莱伯德（Dylan Klebold）对同班同学和老师拔枪扫射，杀死了13人，然后开枪自杀。没有明确证据表明为什么这两个住在中产阶级郊区、学业成绩优异的学生，会犯下有史以来最大规模的凶杀案。而且科伦拜屠杀并不是孤立事件：肯塔基州帕迪尤卡（Paducah）、俄勒冈州斯普林菲尔德（Springfield）和阿肯色州琼斯伯勒（Jonesboro）都发生了学生屠杀同学事件。

最后，1990年代末的两桩仇杀案震惊了全国。1998年在得克萨斯州杰斯帕（Jasper），49岁的黑人男性小詹姆斯·伯德（James Byrd Jr.）被3名白人至上主义者杀害，他们用锁链把他绑在皮卡车后面，拖出数英里。同一年，怀俄明州拉勒米（Laramie）郊外，同性恋大学生马修·谢普德（Matthew Shepherd）被殴打到失去知觉然后绑在木篱笆上，暴露在严寒中不幸身亡。谋杀者称他在酒吧与他们调情，让他们感到"受侮辱"。一些人辩称，这些杀人犯证明美国社会种族主义和反同的力量，而另一些人则认为大部分美国人对这些杀人犯表现出的惊恐标志着积极的改变。

克林顿的外交

尽管如此，仍然不可否认，美国在世界舞台上

▲ 1999年4月20日，科罗拉多利特尔顿市的科伦拜中学，两名学生狂暴地杀害12名学生和1名老师后自杀，事件发生后学生们紧急撤离学校。

图片来源：美联社图片

占据了一个尤为强大的地位。苏联的解体造就了一个单一超级大国的世界,无论是政治、军事还是经济实力,美国都遥遥领先于其他势力。然而在第一届任期中,克林顿在海外政策的传统方面显得更为机警——大国外交、武器控制、地区纠纷——而不是进行美国文化和贸易扩张。他深刻警惕海外军事干涉。越南的灾难给了他前车之鉴,让他明白美国公众对缺乏清晰国家利益的战争耐心有限,乔治·布什没能从海湾战争的胜利中获得持续的政治力量,再次巩固了这一教训。

克林顿从布什那里继承的索马里难题更加强了他对海外干涉的不信任。1992年,布什派遣美国海军陆战队前往这个东非国家,协助联合国,确保人道主义供给到达饥荒的索马里人手中。但是1993年夏天,美国人受到忠于当地军阀的部队的猛烈攻击,克林顿撤回了美国部队。1993年卢旺达爆发残忍内战,大多数种族胡图人(Hutus)屠杀了800 000名少数种族图西人(Tutsis),克林顿也没有进行干预。

巴尔干危机

索马里和卢旺达出现在美国政策中,证明了冷战后人道主义关怀在美国政治中的重要性。许多政府官员都主张动用美国影响力约束民族仇恨、支持人权,并促进全世界的民主。这一观念在巴尔干爆发的一系列民族战争中遭遇严峻考验。波斯尼亚穆斯林、塞尔维亚人和克罗地亚人相互交战,很快造成数以万计的人死亡。克林顿强烈抗议塞尔维亚人在波斯尼亚—黑塞哥维亚(Bosnia-Herzegovina)的侵略和暴行,尤其是通过屠杀和强奸营进行"种族清洗"。他偶尔下令空中打击,但是

▲ 1999年春天,为了惩罚塞尔维亚屠杀和驱逐阿尔巴尼亚人,北约集中轰炸了塞尔维亚(南斯拉夫)和在科索沃的塞尔维亚军队,科索沃的难民数量急剧增长。绝望和饥饿的难民逃往邻近国家。在马其顿斯科普里,北约建立的难民营外,美国陆战队员正在向被迫离开科索沃家园的85万难民分发食物。
图片来源:美联社图片

主要强调外交。1995年年末,美国外交官通过调停在该地区达成了脆弱的和平。

但是南斯拉夫总统斯洛博丹·米洛舍维奇(Slobodan Milosevic)延续了反穆斯林和反克罗地亚人的热潮。塞尔维亚军队前往塞尔维亚的南部省份科索沃,屠杀当地大多数种族阿尔巴尼亚人(Albanians),克林顿被迫采取干预行动。一开始他很不情愿;越南战争的幽灵在总统办公室的讨论中不断浮现。但是塞尔维亚暴行的报道和重大难民危机激起了世界舆论,迫使克林顿进行干涉。1999年,以美国为首的北约军队向塞尔维亚发起大规模空中轰炸。米洛舍维奇从科索沃撤军,美国军队加入当地的联合国维和部队。同一年,国际战争罪法庭(International War Crimes Tribunal)宣判米洛舍维奇和他的高级副官有罪。

中东的协议

在中东,克林顿扮演着活跃的角色,试图让巴勒斯坦解放组织和以色列共同解决他们的分歧。1993年9月,巴勒斯坦解放组织首领亚西尔·阿拉法特(Yasir Arafat)和以色列总理伊扎克·拉宾(Yitzhak Rabin)在白宫签署协议,约定巴勒斯坦在加沙地带以及西岸的耶利哥(Jericho)取得自治权。第二年,以色列与约旦签署了和平协定,进一步减少了爆发另一场全面阿拉伯—以色列战争的可能性。然而,激进派的反阿拉法特巴勒斯坦人继续对以色列人发动恐怖袭击,而极端以色列人也杀害巴勒斯坦人,1995年11月,拉宾本人也遭到暗杀。在美国举行谈判期间,西岸的新一轮暴力发生后,以色列才于1997年年初同意从巴勒斯坦城市希布伦(Hebron)撤兵。从那以后,和平进程起伏不定。

全球的环境保护事业也在1990年代取得了进展。乔治·H.W.布什政府反对1992年旨在保护植物和动物的物种多样性的《里约热内卢条约》(Rio de Janeiro Treaty)中的很多条款,并对阻止全球变暖的严格规范加以抵制。克林顿在副总统艾伯特·戈尔的敦促下,签署了1997年《京都议定书》(Kyoto protocol),旨在降低碳排放以及其他科学家们认为会将热量封锁在大气层中的气体排放。议定书要求美国至2012年把碳排放降低到比1990年低7%的水平。但是面对强烈的国会反对,克林顿一直没有将议定书提交给共和党控制的参议院进行审批。

本·拉登和基地组织

与此同时,这届政府越来越担心伊斯兰激进组织对美国利益的威胁。政府高层官员尤为担心由奥萨马·本·拉登领导的国际恐怖主义网络基地组织的崛起,该组织致力于整肃伊斯兰国家,消除西方的亵渎影响,恢复激进主义的伊斯兰政权。

本·拉登的父亲出生于也门,定居沙特阿拉伯,是一名建筑大亨。本·拉登曾支持阿富汗穆斯林游击队(Mujahidin)反抗苏联占领。其后,他建立了基地组织,用丰厚的遗产资助恐怖主义计划。美国官员越来越忧虑,尤其是当本·拉登将美国锁定为目标后。1995年,利雅得(Riyadh)的汽车炸弹爆炸事件导致7人死亡,其中有5名美国人。1998年,肯尼亚和坦桑尼亚的美国大使馆同时爆炸,导致224人身亡,其中包括12名美国人。2000年,也门一艘装满炸药的船只撞击"科尔"号驱逐舰(USS Cole),致使17名美国船员身亡。尽管本·拉登策划和资助了这些袭击,但是他却逃避了美国的逮捕。1998年,克林顿曾批准一项在阿富汗基地营地中暗杀本·拉登的计划,但是失败了。

全球化和繁荣

尽管海外战火纷飞,华盛顿党派斗争无休无止,但是在大部分美国人的经历中,1990年代是前所未有的和平和繁荣时期,证券市场惊人的涨幅更助长了繁荣。1991年至1999年之间,道琼斯工业平均指数从3169点攀升至11497点(参见图表33.1)。繁荣的市场让中产阶级和富人阶层受益,共有基金、401(k)计划和其他新型投资手段把大部分美国

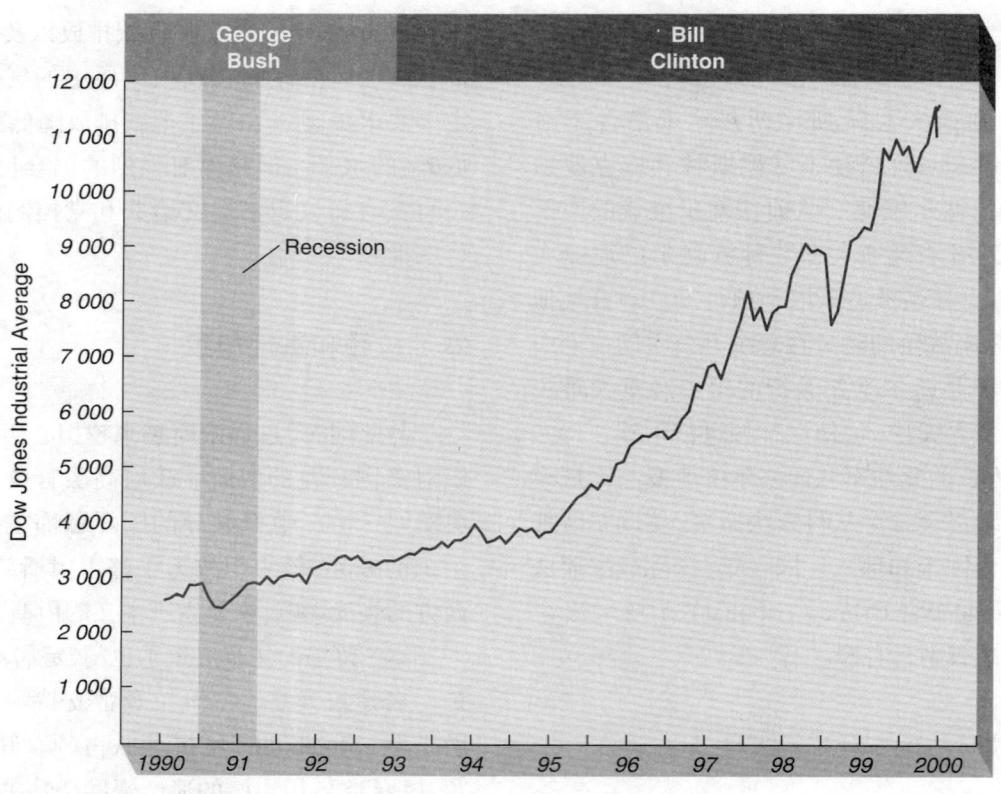

图表33.1 美国证券市场
本图显示了道琼斯工业平均指数在1990年代的牛市中稳步攀升，体现了这一时期的大规模经济扩张。
来源：改自道琼斯公司（Dow Jones & Company）

人吸引到证券市场。1952年，只有4%的美国家庭持有股票；至2000年，这个比例达到了近60%。

1990年代末，失业率维持在4.3%，这是自1957年以来最低的和平时期失业率。低失业率让实施福利改革更为容易，福利名单减少了50%。最富有的5%和最贫穷的20%的美国家庭都发现自己的收入上升了近25%。但是对顶端的5%来说，上升额是50 000美元，对底部的20%家庭来说则只有2 880美元，这进一步扩大了贫富之间的差距。尽管如此，到1990年代结束时，超过2/3的美国人拥有了自己的住房，这是历史上的最高比例。

经济复苏中，克林顿的功劳究竟有多少，这一点值得商榷。经济困难时总统们一般受到过多的苛责，而经济好转时又赢得太多荣誉。1990年代繁荣的根源在1970年代，当时美国企业开始投资新科技，重组工厂，提高能效，并降低劳动力成本。尤为重要的是，企业把工厂转移到工会势力较弱的南方和西部以及中国和墨西哥等劳动力廉价，污染控制也很疏忽的地区，降低了工会的影响。

数字革命

比重建现有企业更为重要的是，一个与数字技术相关的强大经济部门正在崛起。这个迅速发展的产业后来被称为"信息科技"——计算机、传真机、移动电话和因特网——在1980年代和1990年代造成巨大的经济影响。新企业和产业纷纷涌现，许多公司将总部设于旧金山附近的"硅谷"。至1990年代后期，福布斯排行榜上最富有的400个美国人中出现了高科技领军人物，比如微软的比尔·盖茨，他以近1 000亿美元资产成为全世界最富有的人，他的公司为大部分个人电脑生产操作软件。高科技产业产生了可观的外溢效应，孕育出提高的生产力、新的工作机会和持续的经济增长。

这场技术革命的核心是微处理器。1970年由英特尔引入，微处理器缩小了计算机的中央处理单元，意味着小型机器如今可以胜任原本需要大型机器才能完成的计算。1970年代初需要耗费一个星期的计算任务，到2000年只需要1分钟就能完成；储存1兆信息或者320页书的空间，其成本从1975年的5 000多美元下降至1999年的17美分。这对商业的意义非常大。

分析师把这一由技术驱动的经济领域称为"新经济"，无论谁入主白宫，这一切都会发生。然而克林顿及其顾问在这一巨大的转机中起到了一些作用。美国财政赤字顶峰时达到5 000亿美元，他们采取了政治上风险颇高的行动，抛弃了中产阶级的税收缩减，把减少赤字当作首要任务。白宫官员正确地总结道，假如赤字能够得到控制，利率将会下降，经济也能反弹。这正是现实中发生的事。财政赤字减少了（至1997年已经被抹平），利率降低了，投资得到促进。证券价格急剧上涨，国民生产总值每年平均上升3.5%—4%。

商业全球化

克林顿很早就认为技术革命将缩小整个世界并加强其内在联系。他也相信，随着苏联共产主义的瓦解，资本主义开始在全球传播，或者至少引入市场力量、更自由的贸易和消除管制。

全球化并不是一种新现象，它已经持续了一个世纪，但是现在它被赋予前所未有的动力。记者托马斯·L.弗里德曼（Thomas L. Friedman）主张，冷战后的世界将进入以市场、金融和技术融合为特征的"全球化时代"。美国官员降低了贸易和投资壁垒，于1993年与加拿大及墨西哥达成了《北美自由贸易协议》（NAFTA），并且于1994年在关税与贸易总协定（General Agreement on Tariffs and Trade, GATT）乌拉圭回合的谈判中，降低了70个成员的关税，总计约达世界贸易额的80%。这届政府还支持1995年世界贸易组织的创立，以管理和贯彻乌拉圭回合谈判中的协议。最后，总统成立了国家经济委员会（National Economic Council），旨在促进全世界的贸易计划。

多国企业是全球经济的标志。至2000年，全世界有63 000母公司和690 000家海外子公司。一些企业把部分商品的生产转包给劳动力成本最低的发展中国家，比如耐克和盖璞公司。这种做法创造了"新国际劳动分工"模式，导致了世界出口的繁荣，1998年达54亿美元，在20年中翻了一番。美国于1998年出口额达到了6 800亿美元，但是进口额更高，达9 070亿美元（贸易赤字约2 270亿美元）。有时候多国企业会影响海外政策，比如克林顿于1995年赋予越南完全的外交承认，来自可口可乐、花旗集团、通用汽车和联合航空等企业的压力起了部分作用，这些企业希望能进入这个蓬勃发展的市场。

全球化的批判者

当政府促进开放市场时，工会组织称自由贸易协议加重了贸易赤字，把美国工作机会出口到国外。美国劳动者的平均实际收入在1973年后稳步下降，从每周320美元下降到1990年代中期的260美元。其他批判者坚持认为，全球化拉大了富国和穷国之间的差距，在贫困国家造就了大量"奴隶劳动者"，这些劳动者在西方人永远无法忍受的工作环境中劳动。环保主义者谴责全球化还把污染出口到没有准备好合理解决方案的国家中。另一些批判者提醒人们警惕多国企业的势力和全球金融市场对传统文化的影响。

反全球化热潮于1999年秋季达到了巅峰，成千上万抗议者干扰西雅图举行的世界贸易组织会议。在接下去的数月中，控制国际信贷和汇率以及世界银行，为无数国家的发展项目提供资金的国际货币基金组织（IMF）会议上也出现大批抗议者。2001年7月，50 000名示威游行者在意大利热那亚（Genoa）抗议国际货币基金组织和世界银行会议。

目标：麦当劳

社会活动家还把企业当作目标，比如盖璞、星巴克、耐克，尤其是麦当劳。至1995年，麦当劳在超过100个国家开设了20 000多家连锁店，每天服务3 000万顾客。批判者攻击该企业的屠宰技术、剥削工人传闻以及高脂肪菜单，并谴责该企业助纣为虐，帮助创造了一个越来越同质化和缺乏想象力的世界文化。从1996年开始，六年中，麦当劳忍受着

▲ 1999年11月29日，齐声高呼的示威者在西雅图大街上游行，抗议世界贸易组织，认为该组织具有挑战任何国家环境法律的危险力量，只要世界贸易组织视任何规定为贸易障碍，就能加以扫除。世界贸易组织的批判者称，海龟和海豚已经成为这个组织的牺牲品。示威者把世界贸易组织视为一个全球化错误方向的案例。世界贸易组织会议继续召开，但事实证明未能达成有效结果，因为各国无法同意部分规定垃圾倾倒、农业产品补助、转基因食品和降低高科技产品税收的条款。

图片来源：美联社图片库／贝斯·A.凯泽（Beth A. Keiser）

▲ 20世纪初，麦当劳的餐厅遍布全球，是美国文化全球化的例证。照片拍摄于基辅的一家麦当劳，图中的乌克兰妇女似乎既享受她的汉堡，又享受与快餐连锁品牌人类化身麦当劳叔叔的谈话。

图片来源：美联社图片

成百上千次抗议，这些抗议活动常常发展成暴力，包括罗马、布拉格、伦敦、澳门、里约热内卢和雅加达的爆炸事件。

另一些人则谴责暴力和反全球化运动者的基本论点。确实，一些经济学家承认，数据显示全球不平等在近年中有所扩大。但是假如把生活质量衡量标准如识字率和健康水平包括进去，你就会发现全球不平等实际上反而缩小了。一些研究发现，美国工人的薪资和工作机会损失的主要原因并非全球化因素，如进口产品、生产外包和移民，而是由于技术变革让生产变得更为高效。另一些研究者没有发现有效证据显示政府当局做出重要妥协，或者因为全球化而导致世界各国"竞相降低"环境保护标准。

还有一些人称，麦当劳根据当地口味定制菜单和运营方式，并非导致全球文化同质化的元凶。而且尽管美国电影、电视、音乐、计算机软件和其他"知识产权"常常占领世界市场，但是海外竞争在美国本土也能为人感受到。数百万美国儿童被日本

宠物小精灵的时尚吸引视线,而卫星电视让全球观众关注欧洲足球队。外国选手的涌入增加了全国篮球协会(NBA)和美国职业棒球联盟(MLB)的吸引力,而全国曲棍球联盟(National Hockey League)中,从1990年代末开始有近20%选手来自欧洲。

布什—戈尔竞争

2000年总统大选中,强健的经济形势似乎把副总统戈尔推上了有利位置。但是戈尔没能激发选民的热情。戈尔为人诚恳而睿智,拥有闪闪发光的履历,包括越南服役经历和六届国会从政经验,但是在很多人看来他是个学富五车的书呆子,而不是个富有魅力的领袖。

戈尔的共和党对手小布什,最出名的身份是美国第41任总统乔治·W. H. 布什的儿子。乔治·W. 布什是个心不在焉的学生,他于1968年从耶鲁毕业,通过幕后操作跳过了一年半的得克萨斯州空军国民警卫队(Texas Air National Guard)等待名单,因此逃避了越南兵役。布什在石油等行业中度过了一段坎坷颠簸的事业生涯,在一段低潮时期之后,他时来运转,因为1994年他的父亲老布什出任总统,他也当选为得克萨斯州州长并成功连任。

胶着的2000年总统大选

大选日,艾伯特·戈尔以微弱优势赢得选民票多数(参见地图33.1),但是却与总统一职失之交臂。决定的关键在佛罗里达州(布什的弟弟杰布担任该州州长)及其25张选举团票。根据最初的计算,布什以微弱优势赢得了佛罗里达州选票,但是因为差距实在太小,所以根据法律应该重新统计选票。谴责和反驳甚嚣尘上。在几个非裔美国人集中的县里,成千上万选票被视为无效,没有计入总数,因为选民在给老实选票打孔时没有完全戳穿方形的打孔圈。律师们关于"悬挂票"(部分分离)和"凸起票"(戳了但是没有戳穿)是否足够表达选民意志争论不休。在棕榈滩县(Palm Beach County),许多老年犹太居民对设计糟糕的选票困惑。他们认为自己选了戈尔,但是实际上却选了据称有反犹太倾向的帕特·布坎南(Pat Buchanan)。在36天的纠结中,州和联邦层面出现各种法庭案件,最后最高法院以党派为界,用5比4的结果结束了复核程序。佛罗里达州的选票和总统职位归属乔治·布什。大选结果争议进一步将这个国家两极化,当布什等待一月的就职典礼时,评论和漫画开始把他称为"选拔出的总统"。

鉴于极为接近的选举结果和激烈的佛罗里达矛盾,许多人相信布什将把中立立场作为执政立足点。一些人还认为他是个哲学意义上的中立主义者,就像他的父亲一样,而他倾向右派只是为了确保保守福音派基督徒的支持,因为他们构成了共和党基础中越来越重要的部分。然而,从这届政府上任之初开始,布什就采取了右翼立场,可能比任何现代政府更右。保守派华盛顿政策研究机构传统基金会(Heritage Foundation)的领导欢欣鼓舞地称这个新班底"比里根政府还里根"。

"9·11"和伊拉克战争

在国际事务方面,这届政府制订了片面限武论的计划。布什政府高层官员推论,由于美国压倒性的实力,它不需要其他国家的帮助。根据这一观点,布什领导美国退出了1972年与苏联签订的《反弹道导弹条约》,着手开发国家导弹防御系统(被该条约禁止),该计划与里根的"星际战争"非常类似。白宫还放弃了1997年关于控制全球变暖的《京都议定书》,并且反对一项经过谨慎谈判决定,旨在巩固1972年《生物和毒素武器公约》(Biological and Toxin Weapons Convention)的议定书。这些决策和这届政府对以色列—巴勒斯坦和平进程的袖手旁观政策让欧洲大为震惊。

"9·11"

接着9·11事件发生了。在那个阳光灿烂的星期二早晨,19名劫机犯控制了四架喷气式客机,

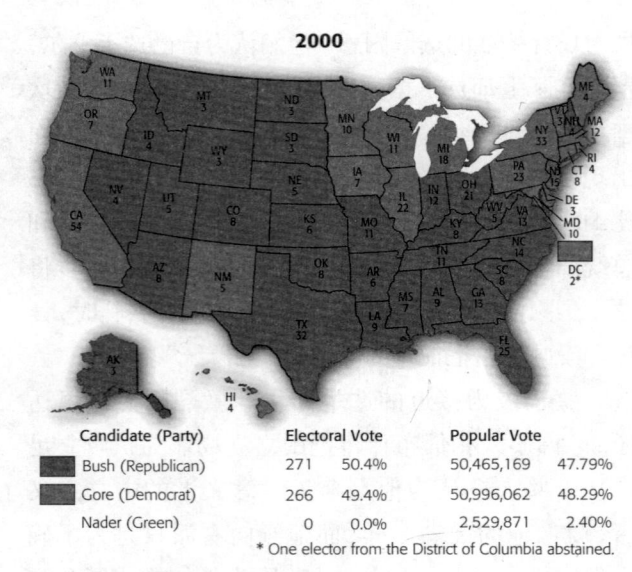

地图33.1 总统选举，2000年

民主党候选人阿尔·戈尔赢得了普选票，但是乔治·W.布什以4票之差获得了选举人票的胜利。在白人男性中，布什的竞选很顺利，而戈尔赢得了大多数少数种族和女性选民的青睐。拉尔夫·纳德的绿党获得了不到3%的全国选票，但他在佛罗里达州的选票使戈尔的选票减少了，从而使布什获得了关键的选举胜利。

来源：Carol Berkin, *Making America*, Third Edition. Used by permission of Houghton Mifflin Company

从东海岸机场出发。早晨8时46分，一架飞机撞向110层高的纽约世界贸易中心北塔。9时3分，第二架飞机撞向南塔。不到两小时，两栋大楼坍塌，导致数千名办公室工作人员、消防员和警察死亡。9时43分，第三架飞机撞击五角大楼，在大楼西侧撞出一个巨大的窟窿。第四架飞机正在向华盛顿飞来，但是几名乘客通过手机通话得知世界贸易中心发生袭击，他们从飞机舱座中冲出来和歹徒扭打在一起，在此过程中飞机坠毁在宾夕法尼亚萨默塞特郡（Somerset County），飞机上所有乘客不幸罹难。

这一事件的死亡人数超过3 000人，成为历史上最致命的恐怖主义行动。1941年日本袭击珍珠港以来，美国从未在本土经历过如此破坏性的袭击。劫机犯——15名沙特阿拉伯人、2名阿联酋人、1名黎巴嫩人，还有领导他们的1名埃及人——与奥萨马·本·拉登的伊斯兰激进组织基地组织存在联系。克林顿和布什政府中的一些官员曾经提醒他们，基地组织的袭击不可避免，但是两届政府都没有将反恐怖主义作为首要外政使命。

阿富汗战争

反恐怖主义立即变成重中之重。布什迅速反应，出动大规模军事力量。基地组织在阿富汗外活动，受到统治该地区的塔利班政府庇护，这一高压的伊斯兰激进政权于1996年上台。10月初，美国对塔利班和基地组织目标发动持续的轰炸，并派遣特种部队协助北阿富汗的一个反政府组织。不到两个月，塔利班被赶下台，尽管本·拉登和塔利班高层领导人逃脱了追捕。

政府官员承认，迅速的军事胜利没能结束恐怖威胁。布什提出与邪恶势力进行长期斗争，全世界各国如不站在美国一边就是与之为敌。一些人质疑"对恐怖主义的战争"是否可能取得有意义的胜利，假如敌人只是一个非国家对象，那么以领土和政府实力等传统标准衡量非常弱小，而且没有什么可以失去的。然而，大部分美国人还是愿意相信。"9·11"事件的惊骇让他们体验到一种复兴的国家团结和自豪感。国旗销量大幅上升，布什的支持率也水涨船高。移民的公民身份申请率也大幅上升了。

《美国爱国者法案》

但是新的爱国主义也有黑暗的一面。国会通过了《美国爱国者法案》(Uniting and Strengthening America by Providing Appropriate Tools Required to Intercept and Obstruct Terrorism，即USA PATRIOT Act)，让执法机构更容易进行调查、监听电话，并获得个人的电子记录。司法部部长约翰·阿什克罗夫特（John Ashcroft）同意赋予联邦调查局调查员新的权利，包括监控因特网、清真寺和集会。公民自由主义者谴责司法机关越界，一些法官否决这些策略。然而根据一项2002年6月的民意调查，80%的美国人愿意用一些自由换取安全。

在袭击发生几个星期后的调查中，71%的人表

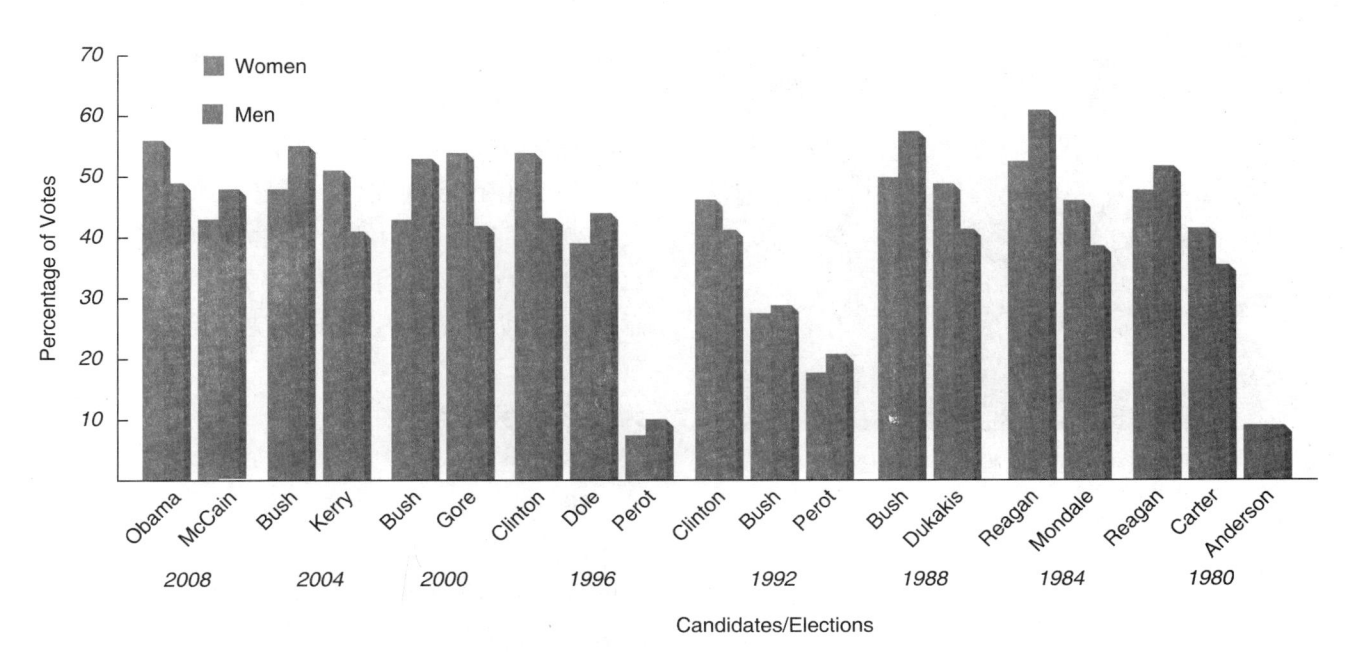

图表33.2 美国总统大选中的性别差异

1980年，美国全国妇女组织的主席艾琳娜·斯密尔（Eleanor Smeal）最早发现和提出性别差异理论，或者男性和女性投票模式的差别。从此以后，该理论被视为美国政治中的重要因素。图表中的数据显示，每一场总统选举中，比起男性，更多女性（无论种族或民族、收入、受教育程度或婚姻状况）把票投给民主党候选人，无一例外。

来源：基于美国妇女与政治中心（Center for American Woman and Politics）的数据

示自己感到压抑，1/3的人有失眠现象。然而人们继续去商场购物，去游乐园玩耍，在摩天大楼里工作。尽管在最初几个星期中，航空公司的订单大幅下降（对很多航空公司造成了严重的经济问题），但是人们仍然乘坐飞机。在华盛顿，"9·11"事件后几乎销声匿迹的党派分歧又回来了，民主党和共和党在法官任命、能源政策，以及成立国土安全部提议等问题上不能达成统一意见。2002年11月，在国会的批准下，这一部门合并了八个内阁部门和两个机构，协调反恐怖主义情报工作和国防。

经济不稳定

经济上，"9·11"事件发生前的几个月见证了互联网公司的崩溃，而互联网企业在1990年代曾是华尔街的宠儿。2001年，约500家互联网企业宣布破产或关闭。除此之外还有其他经济预警，值得注意的是，2001年下半年商品和服务增长仅为区区0.2%，这是八年来最缓慢的增长率。企业收入也下滑了。

经济问题在"9·11"之后进一步深化，华尔街关闭了四天，继之以证券市场价格的暴跌。市场重开后的那个星期，道琼斯工业平均指数骤跌14.26%，位列1900年来单周跌幅第四。市场最终反弹了，但是经济的整体健康状况仍然存在许多问题。"9·11"后布什的政治影响力也是一样，然而，这种经济不稳定性或者没能逮捕奥萨马·本·拉登以及塔利班高层领导人并没有严重影响他的支持率。2002年的中期大选中，共和党人重新夺回参议院，并扩大了众议院中的优势。

海外反应

在国际上，总统的地位完全无法与国内相媲美。"9·11"事件发生后，全球各地人民的支持从四面八方涌来。"现在我们都是美国人。"《法国世界报》（Le Monde）在袭击后评论道。许多国家为遇难者默哀以示悼念，全世界的政府都宣布他们将

▲ "9·11"恐怖袭击引起了全世界人民对遇难者及其家属的同情,对美国这个国家也深感同情。图中,中国台湾地区台北的消防员在全球哀悼日进行祈福活动。

图片来源:法新社/盖蒂图片

与华盛顿并肩作战,对抗恐怖主义。但是短短一年内,国际态度发生了戏剧性的转变。布什的好战姿态和非黑即白的措辞从一开始就将许多外国观察者拒之于千里之外,但是他们一开始咽下了自己的反对意见。总统随后暗示美国或将单方面打击萨达姆·侯赛因统治的伊拉克或者强硬处理朝鲜或伊朗问题——布什所谓的"邪恶轴心"三国——许多同盟政府提出强烈反对。

问题不仅在于美国有可能对这些国家中的某一个发动攻击,而在于背后的推论过程。布什和其他高层官员辩称,在一个恐怖主义的时代,美国不会坐以待毙,袖手等待潜在的安全威胁变成事实;因此它会先下手为强。布什宣称,美国人必须"在必要时先发制人,以捍卫我们的自由,保护我们的生命"。包括许多国家领导人在内的批判者认为,这种策略鲁莽好战,违反国际法,他们质疑,如果全世界的独裁者都伸张这种先发制人的权利,世界将变成什么样。

但是布什已经下定了决心,尤其是对伊拉克。他的几个顶级顾问,包括国防部部长唐纳德·拉姆斯菲尔德(Donald Rumsfeld)和副总统迪克·切尼(Dick Cheney)在内,多年来一直希望把萨达姆·侯赛因赶下台,事实上从1991年海湾战争结束时就开始了。在双子大楼倒塌后,他们把伊拉克也纳入广义的反恐怖主义战争中——尽管反恐怖主义专家并没有找到萨达姆和基地组织之间的联系。美国首位非裔国务卿科林·鲍威尔(Colin Powell),曾在一段时间内关注阿富汗,但是白宫的观点逐渐转变。2001年11月,布什下令五角大楼开始策划对伊拉克的战争;至2002年春季,领导层秘密达成一致意见:用武力把萨达姆·侯赛因赶下台。

为什么是伊拉克

2002年9月,布什向联合国发起挑战,要求执行对伊拉克的决议,否则美国将自行其是。在接下去的数周中,他和他的官员运用各种狡猾手段,意图对伊拉克采取强硬措施。他们称萨达姆对于美国及其盟国是个重大威胁,称其拥有并将使用违禁的生化"大规模杀伤性武器"(WMD),并企图掌握核武器。他们不顾本国情报评估,宣称他与基地组织有联系,并且与"9·11"恐怖袭击有关。他们说他暴虐压迫自己的人民,并且他的独裁统治造成了地区动荡。

在表面之下潜藏着别的动机。新保守主义者将伊拉克视为一个机会,可以通过美国力量重塑在该地区的形象、反抗独裁、传播民主。他们说,驱逐萨达姆将维护美国关键的中东盟友以色列的安全,并且很可能会引发一系列连锁反应,在整个地区传播民主。与此同时,白宫政治策略家相信,迅速驱逐一个备受憎恨的独裁者能够巩固共和党在华盛顿的统治地位,实实在在地确保布什的连任。最后,布什希望能够防止伊拉克掌握大规模杀伤性武器,避免这个富藏石油的地区发生动荡。

国会首肯

布什像其父在1991年所做的那样,宣称他不需要国会授权对伊拉克采取军事行动;也和他的父亲一样,尽管如此他还是设法获得国会的批准。2002年10月初,众议院以296对133票,参议院以77对23票授权对伊拉克出兵。许多投赞成票的人不愿意在中期选举将至时挑战总统,尽管他们不赞成没有联合国认可的军事行动。批评者抱怨总统没有提出足够证据表明萨达姆·侯赛因构成迫近的威胁,或者与"9·11"恐怖袭击有关。布什换了一个不那么强硬的立场,11月初,联合国安理会一致同意1441号决议,对伊拉克实施严格的新武器调查。

然而,在幕后,安理会对于接下去的行动存在分歧。2003年1月末,武器调查员的报告因没能完成"要求的裁军"而制裁伊拉克,但是这份报告也称,此时断言调查是否成功还为时过早。美国和英国官员称外交时间已经用尽,法国、俄罗斯和中国呼吁进行更多调查。联合国辩论继续,大规模反战示威游行在全世界举行,但是布什仍然一意孤行地向该地区派遣了约250 000名军人,英国则派遣了45 000人的部队。

巴格达陷落

2月末,美国向联合国提议了一项决议草案,提出对伊拉克发出最后通牒,但是15名联合国安理会成员中只有三人确认支持。3月17日,布什抛弃了决议和所有进一步的外交努力,命令萨达姆·侯赛因于48小时内离开伊拉克,不然就发动攻击。萨达姆无视了最后通牒,3月19日,美国和英国对巴格达和其他地区发起空袭。地面侵入紧随其后。伊拉克人一开始进行顽强的抵抗,但是4月9日,巴格达最终陷落了。

暴力和无序很快爆发,美国策划者似乎无力应对。普通伊拉克人的处境每况愈下,事实证明驻军当局无法维持秩序。在巴格达,每天电力供应只

▲ 2003年9月,伊拉克纳杰夫(Najaf)的伊玛目阿里(Imam Ali)神庙外发生爆炸,一个人大声呼救,这是什叶派穆斯林最神圣的场所之一。在接下去的数月和数年中,寺庙附近将成为频繁袭击的目标,其中一次袭击损坏了两座宣礼塔。2006年8月10日,一名自杀袭击者携带炸药,在寺庙附近发起自杀式袭击,杀死40人,导致50多人受伤。

图片来源:凯特·布鲁克斯(Kate Brooks)/北极星

有短短几个小时，电话服务完全不复存在。由大使保罗·布雷默（Paul Bremer）领导的联盟理事会（Coalition Governing Council，即CPA）的决议让情势变得更恶劣——值得注意的是，布雷默在5月解散伊拉克军队的行动导致数万愤怒的武装男性失去工作。萨达姆效忠者的叛乱层出不穷，各种派系的伊拉克民族主义者和外国伊斯兰革命者的反抗逐渐成形；很快，美国驻军遭到频繁的伏击和游击攻击。至2003年10月，死于这类袭击的军人比一开始进攻中阵亡的更多。

伊拉克的混乱愈演愈烈，美国军队也没能找到大规模杀伤性武器，批评者不由质疑这场战争的意义。到了现在已经清楚，备受嘲讽的联合国批准和调查事实上成功把萨达姆塑造为大致上手无寸铁的独裁者，他的兵力空虚不堪一击，完全没有生化武器。战前"投身战争过于鲁莽"的声音再次回响。即使是入侵伊拉克的支持者也开始谴责政府没能预测驻军面临的问题。2004年春季，有照片资料显示，阿布格莱布监狱（Abu Ghraib）的伊拉克囚徒受到美国守卫的虐待，虐囚照片传播到全世界，引发了国际谴责。

2004年大选

当年秋季即将连任的布什总统对阿布格莱布监狱虐囚照片表达了唾弃，并且否认他和他的高层官员知悉并宽宥这种虐待行为。白宫还在6月末解散了大部分联盟理事会，把统治权转移给临时伊拉克政府。根据白宫预测，发展将很快把叛乱的热情扑灭。许多人对此持怀疑态度，但是那年秋天选民准备给布什尝试的机会。他的民主党对手、马萨诸塞州的参议员、越南战争老兵约翰·克里（John Kerry）曾于2001年10月不情愿地为伊拉克决议投赞成票，此时他发现很难找到恰当的竞选立场，也一直没有为这场战争提供其他策略选择。选举团分歧严重，布什以51%的选民票对克里的48%赢得选举。共和党也增加了参议院和众议院中的大多数席位。

美国遭到孤立

国际上，布什也面临着批判，不仅因为伊拉克和阿布格莱布监狱事件，也是因为他的政府在以色列—巴勒斯坦分歧中缺少作为，而且似乎对所有外交手段都深恶痛绝。批评者说，白宫试图阻止朝鲜和伊朗加入核俱乐部是对的，但是似乎没有富于想象力和多边解决问题的能力。在欧洲，布什继续被描述为挥舞着手枪的牛仔，他道貌岸然的说辞和好战的政策威胁了世界和平。根据2006年6月的一项皮尤研究中心（Pew）调查，英国公众对于布什在国际事务中的领导有信心的比例下降了30%，德国下降25%，法国下降15%，西班牙下降7%。

尽管如此，伊拉克仍然是最主要的问题。伊拉克战争的账单已经超过了一星期10亿美元。2005年3月，美国在这场战争中的死亡人数达到1 500人；在2006年12月，达到3 000人。与此同时，伊拉克平民死亡人数，从入侵开始到2006年年中，估计从60 000人上升至655 000人。叛乱自杀袭击和美国对可疑叛乱藏匿处轰炸导致了伊拉克平民伤亡，除此之外还有逊尼派和什叶派之间与日俱增的暴力冲突。

布什政府否认伊拉克已经深陷内战，也不承认这场斗争将成为越南一样的泥潭，但是它似乎并不确定如何结束斗争。在国会和媒体上，从伊拉克撤兵的呼声越来越高，但是怀疑者提醒人们，这会让事情变得更糟糕，引发流血冲突和巴格达政府的崩溃。邻国伊朗的地区影响力将上升，而美国在整个中东的信誉将受到损害。一些评论者反其道而行，呼吁增加美国在伊拉克的兵力，布什听从了他们的建议。2007年的"增兵"大幅减少了暴力，指挥官把焦点放在强调保护民众的反叛乱策略上。但是增兵的第二个目标并没有获得有意义的结果：在伊拉克相互斗争的教派间促进政治和解。这一目标直到2009年布什离任时仍然遥不可及。

"9·11"后美国的国内政策

当布什政府把焦点放在布什所谓的"全球反恐怖主义战争"（GWOT）上时，它也追求国内目标。在"9·11"袭击发生前，布什的主要内政成就是减少了1.3万亿税收，这是美国历史上规模最大的一次减税。正如布什所愿，减税抹去了他从克林顿政府那里继承的2 000亿美元财政盈余。

乔治·W.布什的总统生涯

在整个总统生涯中，乔治·W.布什支持保守派理念，尽管有时候他的方式看似自相矛盾。他的大部分方针完全吻合保守原则。宗教保守派对于宗教在政治进程中的重要角色感到很满意。总统常常提及自己的信仰；布什的首席检察官约翰·阿什克罗夫特是五旬节派基督徒，在他确认就职之前就宣称，美国"除了耶稣没有王"，并每天早晨8点在司法部举行祈祷会。而布什还委任某基督教孕育咨询中心的负责人领导全国联邦家庭计划项目，该中心的网站上写道"传播生育控制手段是对女性的贬低，对人类天性的亵渎，不利于人类健康和幸福"。

布什还强烈主张经济去管制。他的政府取消了对石油、木材和矿业的环境限制规定，当华尔街开发出琳琅满目的高风险金融工具时，他坚持对规章制度采取放任自流的方式。他部分私有化社会保障体系的尝试失败了，他的全面移民改革事业也一样，布什的确重塑了最高法院。在80岁的首席大法官威廉·伦奎斯特（William Renquist）去世后，50岁的保守派美国巡回法院法官约翰·罗伯茨（John Roberts）被确认为大法官，另一位强硬的保守派、55岁的塞缪尔·阿利托（Samuel Alito）在桑德拉·戴·奥康纳（Sandra Day O'Connor）辞任后成为初级联席大法官（junior associate justice），前者常常偏向法院中较为自由的派系。

与此同时，布什常常转向一种"大政府"保守主义。罗纳德·里根试图废除联邦教育部，布什政府则通过他的"不让任何孩子落后"（No Child Left Behind）计划增强了联邦政府在公共教育中的角色。旨在弥补一个"将某些孩子和某类孩子视为不能教化而排除在外的残缺教育体系"，这部法律将联邦经费与州行为联系在一起：为了获得联邦教育经费，各州必须为所有学生设定"高标准"，通过一系列标准测试评估他们的学业状况，不合格的学校将承担责任。保守派依据传统辩称联邦政府不该对全国公民的医疗负责，然而布什政府设立了一个耗资巨大的新授权项目，覆盖享有美国老年医疗保险的老人的所有处方药费用，无论收入水平如何。

飓风卡特里娜

尽管布什赢得了2004年总统大选，但是人们开始认识到他的执政能力有所欠缺，这一认识损害了美国人民对总统和这届政府的信心。2005年8月末，一场大飓风侵袭美国墨西哥湾岸区和新奥尔良。飓风卡特里娜摧毁了堤岸，新奥尔良部分地势低矮地区被庞恰特雷恩湖（Pontchartrain）和周围的运河淹没。洪水冲击新奥尔良的80%，超过1 800人死于风暴和随后的洪水中。

数万人缺少必要资源，逃往新奥尔良超圆屋顶体育场（Superdome）避灾。食物和淡水供应很快见底，厕所水管回流；人们用毯子包裹死者，等待救援。墨西哥湾地区以外的人们看着苦难的人群，主要是贫困的新奥尔良黑人，被困在超圆屋顶体育场，全国上下开始了一场直击灵魂的讨论，民主党领袖霍华德·迪安（Howard Dean）称其为"丑陋的真相"：在这个国家中，贫穷仍然与种族密切相关。然而，很快公众的注意力转向地方、州和联邦层面的行政管理不力以及总统的无动于衷。《纽约时报》在灾难发生不久后总结道："总统昨天的行为举止中没有丝毫迹象表明他理解当前这场危机的严重性——简直轻松到了没心没肺的程度。"

经济衰退

但是一场更大的灾难正在酝酿中：巨大的"房

▲ 在密西西比圣路易斯，卡特里娜飓风之后，搜救人员正将一家人从洪水中解救出来。卡特里娜不仅摧毁了新奥尔良，还有从路易斯安那到阿拉巴马的墨西哥湾岸区。联邦政府将 90 000 平方英里划定为灾区。1 800 多人在风暴中丧生。

图片来源：美联社照片／本·斯科拉尔（Ben Sklar）

地产泡沫"已经濒临破灭，美国住房价格即将崩溃。1980年代的金融市场去管制开始后，金融机构想方设法扩张市场和利润。他们开始尝试为几年前信誉不足无法贷款的人提供"次级"抵押贷款。比如，"NINA"贷款被放给"没有收入，没有资产"的购房者。至2006年，所有住房贷款中的1/5是次级贷款。当更多美国人争相买房时，需求量的增加导致住房价格上升。2000年，中等住房"成本"是一个（中等收入）家庭的三年年收入。在2006年泡沫巅峰时期，一个中等收入家庭需要工作4.6年。这对债权人来说是好消息：因为住房价格一直在上升，他们看不到风险。假如某个家庭不能履行偿付义务，他们就会失去房子，房产将卖出比贷款价值更高的价格，有时候高得多。华尔街公司看到了迅速牟取短期利润的机会。他们开始购买贷款，把它们优劣掺杂地打包，变成几十亿美元的打包产品卖给投资者。这些以抵押贷款为基础的债券很复杂，也很难估量——但是去管制让大型金融机构铤而走险并侥幸成功。

2007年，这种不稳定的结构开始溃败，越来越多债务人试图通过卖房来逃避难以承担的抵押贷款，但是住房价格一落千丈。抵押贷款和房屋价值下降之间的差距越来越大。许多大型金融机构将宝押在抵押贷款支持的债券上，此时却没有足够的资本维持这样的损失。美国的主要金融机构——事实上，全世界主要银行——都已处于崩溃边缘。

美国经济依赖于信用——商业贷款、车贷、住房贷款、信用卡。这场危机让整个信用市场瘫痪了。企业无法获得他们购买原材料或研发所需要的贷款，消费者无法获得购买汽车等大宗商品的贷款。许多美国人已经负债累累。他们把住宅衡平贷款拿出来应付房价的上升，他们的几张信用卡都已欠费。1981年，美国家庭平均省下超过10%的税后收入；2005年，美国平均家庭入不敷出，35岁以

地图33.2 2008年大选
来源：©圣智学习

下的人存款率更是低至-16%。当信用缩紧，人们只能减少购买频率。企业开始裁员，失业率开始攀升。那些失业或担心失业的人进一步节衣缩食，这个恶性循环不断持续下去。布什政府试图为部分美国最大的银行和信贷提供者提供紧急援助，这些机构被认为"太庞大，不能倒"。问题资产救助计划（Troubled Asset Relief Program，即TARP）最终拿出7 000亿美元贷款拯救濒临倒闭的金融机构，但是普通大众的经济状况恢复起来比"华尔街"更慢，许多美国人非常愤怒税收被拿来拯救富有的银行家。

2008年大选

蔓延到全球的金融危机影响了2008年总统大选，美国人对经济忧心忡忡，布什的支持率下降到27%，但是这也是几十年来最重大的考验。竞争激烈的民主党预选中，希拉里·克林顿对抗伊利诺伊参议员贝拉克·奥巴马，美国人不得不直面美国政治和社会中种族和性别的意义。赢得民主党提名的奥巴马与来自亚利桑那州的资深参议员约翰·麦凯恩（John McCain）角逐总统一职。麦凯恩是一个独断专行，有时脾气火爆的越南老兵，在战俘营中扛过了五年，有着诚实和直率的名声，但是他从来没有获得共和党偏社会保守派的热情支持。相反，

奥巴马动员了草根阶层：年轻人、非裔美国人、原先从来没参加过投票的人。比之以前的任何候选人，他率先使用新技术接触选民。人们通过他的网站捐助数百万美元，其中大部分是小笔款项，"奥巴马女孩"在家中录制音乐录像表达了她对奥巴马的爱，竞选初期，这段视频在Youtube上走红。

麦凯恩任命阿拉斯加州州长莎拉·佩林（Sarah Palin）为他的竞选伙伴，因此赢得了社会保守派共和党人的支持。佩林吸引了大批人，但是似乎准备不足，并且对重要的国内和国际问题基本上一无所知。喜剧女演员蒂娜·菲（Tina Fey）用佩林自己的话（和乱七八糟的句法）编造流行的《周六夜现场》（Saturday Night Live）段子，批评者谴责麦凯恩选择佩林只是为了获得短期政治利益，声称麦凯恩表现出判断力失误，担任总统可能会造成灾难。但是经济在2008年大选中始终是关键因素。麦凯恩在2008年9月华尔街的崩溃中宣称"我国经济的基础是很强大的"却适得其反。美国人发现奥巴马冷静而谨慎的态度更适于处理经济危机，于是在11月大选中给了他胜利。

贝拉克·奥巴马

美国第44任总统贝拉克·侯赛因·奥巴马于1961年出生于夏威夷。他的母亲是来自堪萨斯的白人，而他的父亲则是夏威夷大学的肯尼亚研究生。（他们在孩子两岁时离婚，并分别再婚，这让贝拉克多了非裔和印度尼西亚的手足。）奥巴马的童年一半是在印尼与母亲度过的，然后来到夏威夷上高中，并迁徙到美国大陆上大学。奥巴马在哈佛法学院曾担任《哈佛法律评论》（Harvard Law Review）主编。毕业后，他前往芝加哥，在这座城市中担任社区组织者。接着他邂逅了同为哈佛法学院毕业生的米歇尔·罗宾森（Michelle Robinson）并步入婚姻殿堂，他曾担任公民权利律师和芝加哥大学法学教授，于1997年进入州政界。奥巴马在2004年民主党全国会议上发表主题演说时引起了全国的注意；三年后，作为第一任参议员，他开始竞选总统。

奥巴马是个慷慨激昂的演说家,能传达"希望"和"改变"的讯息。支持者对他充满热情,有时候甚至希望他能奇迹般地解决国家的问题,并为深刻分裂的国会带来两党和谐。奥巴马上任之初充满宏大想法和高瞻远瞩的目标。他发誓要在一年内通过一项广泛的医疗改革法案,但是他不得不面对自己承续的问题:两场悬而未决的战争,大笔联邦赤字,还有威胁将全球经济卷入泥沼的严重经济衰退。2009年2月,奥巴马签署了一项法律,创立一个7 870亿美元的一揽子经济刺激计划,试图助推经济,并支持扩大资产救助计划,拯救濒临破产边缘的汽车业巨头通用汽车和克莱斯勒。2009年,经济开始缓慢复苏,但是失业率仍然很高。2009年年末,官方就业率(只计算过去四个星期中积极寻找工作的人)是10.2%,但是所有想工作的人中有17.5%没有工作或是没有全职工作。1/8的美国人从政府领取粮票,沃尔玛指出了经济低潮的证据:用于装剩菜的厨房保鲜盒销量大幅下降。

激烈的党派斗争在华盛顿延续,阻碍了医疗改革和就业创造的进程。一些评论家将这一僵局视为美国难以统治的证据,认为美国领导人无法恰当地解决长期的社会和经济挑战;另一些人则反驳,认为国父们设计建立的体制正是以这种方式运作的——缓慢而谨慎。尽管国会最终于2010年3月通过了医疗法案,但是众议院中没有一个共和党人投支持票。

在海外事务中,奥巴马享有总统特有的较大自由。在伊拉克,美国死亡人数继续下降,2009年,奥巴马坚持撤退的终止时间,预定在2010年8月前把所有战斗部队撤离伊拉克。然而,在阿富汗,安全处境恶化令美国政策朝着相反的方向发展。2009年秋季,经过冗长的商讨后,奥巴马宣布美国将扩大阿富汗的美军数量,增兵30 000人,使总数达到100 000人。为了解除战争将无休无止继续下去的顾虑,总统同时宣布美国将于2011年开始撤兵。批评者不为所动,质疑增兵的战略逻辑,并把阿富汗战争称为"奥巴马的战争"。

新千年最初十年的美国人

21世纪之初,美国是一个极富多样性的国家。然而,在20世纪的大部分时间内,美国似乎又在往相反的方向发展。从1920年至1965年,获准进入美国的移民非常少。新科技一开始产生了同化作用,比如无线电广播和电视,因为大众媒体依赖于尽可能广泛的潜在观众,即大众市场。尽管地方和民族传统仍然坚持着,但是越来越多的美国人投身于共同的大众文化,然而,20世纪最后1/3的时间里,这些同化潮流被逆转了。1960年代中期的移民改革使美国向大量来自世界各个国家的人们开放国境。因特网、频道丰富的有线和卫星电视等新科技用细分市场代替了大众市场。从电视节目到化妆品到汽车,一切商品都能针对特定的年龄、民族、阶级、性别或生活方式人群进行细分。这些变化并不简单地让美国社会变得更四分五裂。相反,它们令美国人对于身份的理解变得更变通和更复杂。

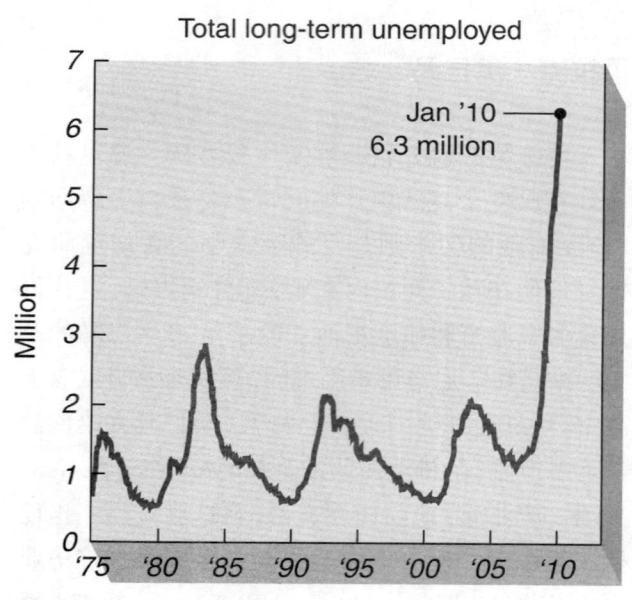

图表33.3 长期失业率

衰退期间失业率暴涨。但在长期失业期间罢工也戏剧化地增加了。2010年1月,有630万找工作的人已经失业27周以上。
来源:"长期失业率"表格,《纽约时报》,2010年2月21日,见http://www.nytimes.com/2010/02/21/business/economy/21unemployed.html?hp。《纽约时报》授权使用

近年美国的种族和民族

2000年的美国政府统计中，美国人首次获准将自己认同为多种族。新的人口统计类别承认生物"种族"是有问题的。为什么一个白人女性能生出"黑人"孩子，而黑人女性却不能生出白人孩子？这一改变也承认了拥有不同种族背景父母的美国人越来越多，美国的跨种族和跨民族婚姻从1970年的不到1%上升至2008年的8%。然而，批评者担心，由于人口统计数据用以收集关于美国的社会情况的信息，是分配资源的基础，新的"多种族"选项会降低少数民族的可见性和影响。因此联邦政府把那些同时将自己认同为白人和少数种族或民族成员的人视为少数族裔。在这一体系中，一些群体的官方人口上升了：比如，更多美国人认为自己至少有一部分美洲原住民血统。另一些人则完全拒绝种族和民族分类：2 000万人把自己简单地认同为"美国人"，这一数字自1990年以来上升了50%多。

2006年10月17日，根据美国官方统计，美国人口超过了3亿（1915年达到1亿，1967年达到2亿），美国的人民比过去任何时候都要多样化。在1990

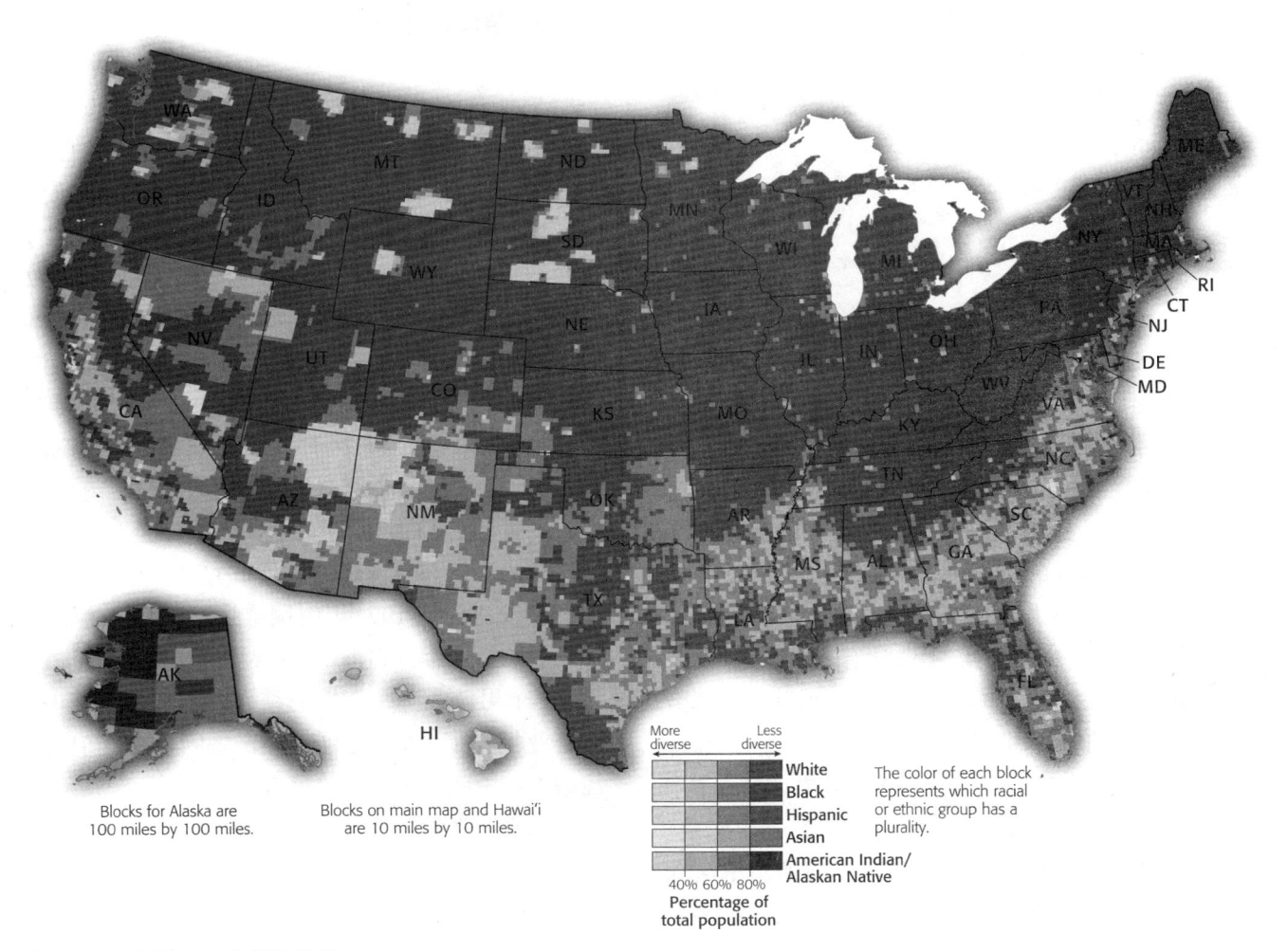

地图33.3 美国人口多样性地图

总数据（在2000年，超过12%的美国人口是黑人，约4%是亚洲人）体现了美国的民族和种族多样性。然而，如上图所示，种族和民族群体成员不是在全国各个地区平均分布的。

来源：引自2001年4月1日，《纽约时报》。经授权使用，受美国版权法律保护。未经明确书面许可，禁止本材料的影印、复制传播或再传播

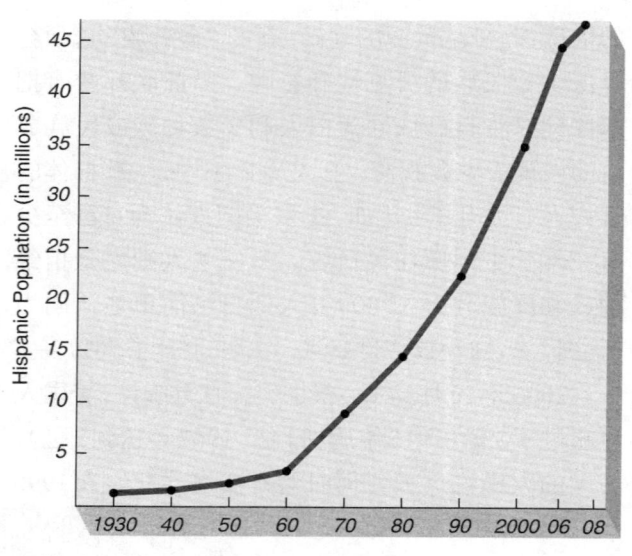

图表33.4 美国西班牙裔人口的增长

"西班牙裔"结合了来自许多国籍和血统的宽泛群体——包括中美洲和南美洲的所有国家，墨西哥、古巴、波多黎各、多米尼加共和国、西班牙——以及认同为加利福尼亚人(Californio)、德州人(Tejano)、新墨西哥人(Nuevo Mexicano)和梅斯蒂索人(Mestizo)的所有人。

来源：改自美国商业部，经济和数据信息，人口统计局，1993年报告《我们、美国西班牙裔》以及最近的人口统计局有关西班牙裔人口的数据

年代，有色人种的人口上升速度比白人人口上升速度快12倍，这种情况是由移民和出生率差异共同造成的。2003年，拉美裔超过非裔美国人成为全国第二大民族或种族群体（仅次于非西班牙裔白人），使美国成为世界上第五大"拉美"国家（参见图表33.4）。来自亚洲的移民比例也很高，2007年，5%的美国人口是亚洲人或亚裔美国人。这些移民中大部分是非法的，但是2005年估计有1 110万人没有官方移民文件，而1980年的数字是300万。非法劳动者占2005年美国劳动队伍的近5%，包括20%计算机硬件工程师和近30%屋顶工以及农业劳动者。

迅速的人口统计学变化改变了美国的面貌。在亚特兰大偏远南方郊区，距离《飘》的历史区六英里远的一家冰雪皇后(Dairy Queen)中，印度和巴基斯坦移民少年为消费者端上"暴风雪"和"布朗尼地震"。在印第安纳的小镇利戈尼尔(Ligonier)，原本空旷的主干道已开出了三家墨西哥餐厅和一家墨西哥西部服装商店；1990年代被充足的工业工作机会吸引来的墨西哥移民与新来的也门移民狭路相逢，有人穿着传统服饰，还有乘坐轻型马车的严谨派家庭。

尽管许多美国学校和社区仍然实行种族隔离，公众对于非法移民后果的辩论非常激烈，但是美国流行文化接纳了这些全新多民族人口的影响。经济很重要：2006年拉美裔人口的购买力超过了7 980亿美元，亚裔美国家庭的平均收入超过其他所有族群。但是美国受众也跨越了种族和民族界限，比如，非裔美国说唱和嘻哈吸引了大量年轻白人男性拥趸。

改变的美国家庭

关于其他变化的内涵和意义，美国人也存在很大分歧，尤其是美国家庭形态的改变（参见图表33.5）。结婚的中位年龄继续上升，在2009年达到男性28.1岁，女性25.9岁（攻读硕士学位的女性中，首次结婚的中位年龄接近30岁）。未婚同居的人数越来越多。2006年，已婚夫妇家庭首次下降到50%以下，未婚异性伴侣占总家庭数的5%左右，而同性伴侣略少于1%。1/3的女性伴侣家庭和1/5的男性伴侣家庭有孩子，2002年美国儿科学会(American Academy of Pediatrics)支持同性恋情侣收养孩子。对男同性恋、女同性恋、变性和双性美国人的合法平等权的支持与日俱增，与此同时反同性恋运动也同样存在。尽管1996年由国会通过的联邦《婚姻保护法》(Defense of Marriage Act)把婚姻定义为"仅为"一个男性和一个女性的结合，但是许多州和私营企业扩大了家庭伴侣福利，覆盖同性恋伴侣，同性婚姻在一些州可以合法进行。

未婚女性的生育率在21世纪初大大上升，2007年达到了4/10。（在瑞典，这一比例是55%；日本是2%）。在大部分拥有未满18岁儿童的已婚夫妇家庭中，父母双方都有工作。尽管近1/3的有孩子的家庭只有一个家长——通常是母亲——但是孩子们也常常在第二次婚姻创造的融合家庭中生活，或者在分享共同抚养权的父母双方家庭中轮流住。

昨日重现

亚利桑那移民法

2010年4月,亚利桑那州实施了一部富有争议的移民法律,也是迄今为止全国最苛刻的移民法。旨在便于辨识和遣送非法移民,该法律要求移民随身携带移民文件,并授权警察盘问任何有嫌疑隐瞒自己移民状况的人。没有文件的移民可以被拘留,直到确认他们的状态。这项法令的反对者辩称,这将导致西班牙裔受到骚扰,无论他们是非法移民、合法移民还是美国公民,奥巴马总统称其威胁了"我们作为美国人所珍视的基本公平意识"。2007年和2010年年初有222个州移民法律相继实施,这部法律引起了全国辩论。下图中描绘的是哪种违法情况?漫画家如何运用象征性的意象?这幅漫画是否暗示法律措辞和执行过程可能存在问题?

◀ 几十幅社论漫画以亚利桑那移民法为题材。这幅乔·海勒(Joe Heller)创作的漫画刊登在《绿湾新闻报》(Green Bay Press-Gazette)上。

图片来源:©2010年,乔·海勒,《绿湾新闻报》和政治卡通画网(Political Cartoons.com)

基于目前的数据统计分析,针对1990年代中期结婚的夫妇,女性受教育程度是离婚率最清晰的指征:假如女性毕业于四年制大学,这对夫妇有25%的可能性离婚;否则离婚率会跃升至50%。

2006年,婴儿潮一代中最年长的已经达到60岁;2008年美国人口中位年龄是36.7岁,而1967年为29.5岁。尽管婴儿潮一代与他们父母及祖父母衰老的方式不一样——"60是新的40",俗语有云——老年人比例上升对于美国社会有着重大影响。当预期寿命上升,美国老龄人口的增长将对国家的医疗体系和家庭结构造成巨大压力——谁来照顾无法独立生活的老年人?——也是对社会保障和老年医疗保险体系的巨大考验。

另一个健康问题也变得越来越严峻,2/3以上美国成年人超重或肥胖,肥胖和高血压、心血管疾病以及糖尿病密切相关。1995年,所有州的成年人肥胖率都低于20%。至2009年,只有科罗拉多保持在20%以下,路易斯安那、密西西比、西弗吉尼亚和

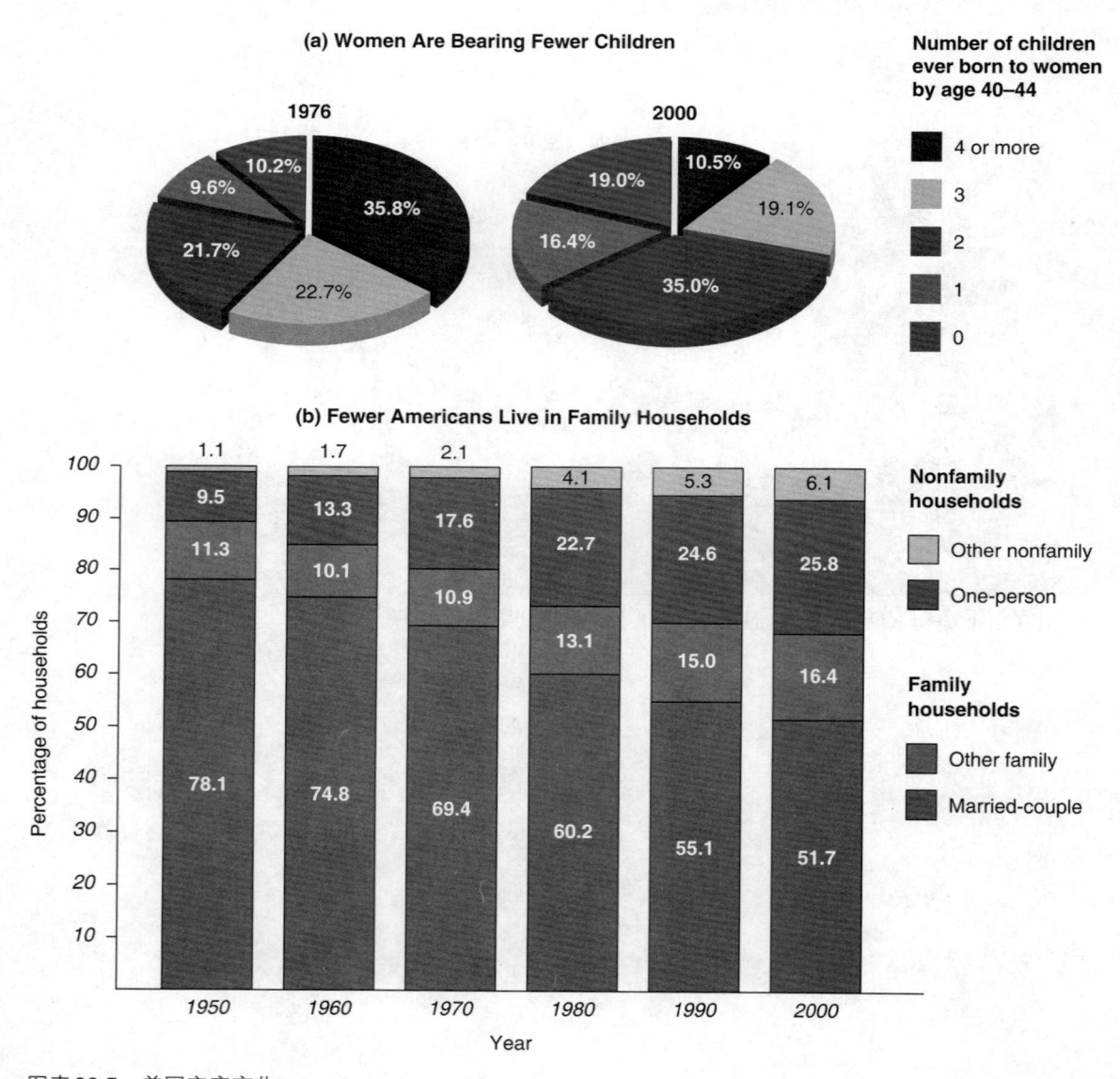

(a) Women Are Bearing Fewer Children

1976	2000
35.8% — 4 or more	10.5% — 4 or more
22.7% — 3	19.1% — 3
21.7% — 2	35.0% — 2
9.6% — 1	16.4% — 1
10.2% — 0	19.0% — 0

Number of children ever born to women by age 40–44

(b) Fewer Americans Live in Family Households

Year	Married-couple	Other family	One-person	Other nonfamily
1950	78.1	11.3	9.5	1.1
1960	74.8	10.1	13.3	1.7
1970	69.4	10.9	17.6	2.1
1980	60.2	13.1	22.7	4.1
1990	55.1	15.0	24.6	5.3
2000	51.7	16.4	25.8	6.1

图表33.5 美国家庭变化
在20世纪下半叶,美国家庭变得更小了,更多人独自生活,女性平均生育的孩子数量减少了。
来源:改自美国统计局, http://www.census.gov/prod/2002pubs/censr-4.pdf, 以及http://www.census.gov/population/pop-profile/2000/chap04.pdf

田纳西均超过了30%。儿童肥胖问题更严重，29个州的儿童肥胖率超过了30%，密西西比已接近50%。另一方面，吸烟人口缓慢但稳步下降。2008年美国成年人吸烟比例略少于1/5，1980年为近1/3，1965年为42%。每年有近440 000人死于由吸烟导致的疾病，医疗成本和生产力损失约1 570亿美元。人们对于二手烟的危害有了更清楚的认识，地方政府日益禁止包括餐厅和酒吧等公共空间中的吸烟行为。

药物、科学和宗教

科学家和医学研究者不懈努力，试图寻找治愈癌症和艾滋病等绝症的医疗手段，生物基因学的迅速发展提供了全新的巨大可能，对于许多美国人来说，它同时也提出了伦理或哲学难题。在人工授精过程中——精子和卵子在无菌培养皿中结合，受孕的卵子和其他卵子接着被移植到子宫中——受精卵在最初分裂时会形成五到六个细胞胚囊。这些胚囊包含精子细胞，不特定的细胞可以被诱变成拥有特定功能的细胞。比如，精子细胞可以变成生产胰岛素的细胞，因此可以治疗糖尿病；它们也可以成为分泌多巴胺的神经元细胞，治疗帕金森病，一种影响100多万美国人的神经系统变性疾病。2001年，布什总统把胚胎细胞研究称为"一系列道德风险的前沿"，因为提取精子细胞毁灭了胚囊的"生命潜力"，布什还限制联邦对现存78个精子细胞研究项目的资助。然而，大部分美国人支持精子细胞研究，他们相信比起保留胚囊的潜在生命，治愈毁灭许多男性、女性和儿童一生的疾病是更高的善，持此观点的还有南希·里根，她的丈夫、美国前总统罗纳德·里根身受阿尔茨海默症的困扰。2009年年初，奥巴马总统签署行政令，结束了布什时期的限制，这一行动标志着对待科学问题的重要态度转变。

与此同时，许多美国人认识到宗教信仰和科学研究之间的根本矛盾。基要主义基督教徒努力阻止全国科学课程教授进化论，或者要求引入平行的《圣经》"创世"或是"智慧设计论"，他们认定地球生命发展的背后存在一位睿智的造物主。接受进化论科学证据的美国人比例低于全世界除了土耳其以外的所有大国。

改变的世纪

20世纪也见证了比上一个世纪更重大的变化——为人类带来无穷益处的变化，威胁人类物种生存的变化。物理和生物科学研究让人类得以窥视物质和宇宙的结构。技术——科学的应用——创造了令人震惊的进步，让美国人在生活的方方面面获益匪浅：更好的健康、更多的财富、更高的流动性、更少的辛苦、更多的资讯。

因为这些进步，21世纪之初的美国人与其他人的联系比以往任何时代都更紧密。这种内在联系或许是全球化最强大的产物。2010年2月，芝加哥的一位商品贸易商可以给她远在东京的未婚夫发短信，也可以通过电话与法兰克福的贸易商通话，还可以给孟买的另一个贸易商写电子邮件，并留意美国全国广播公司的冬季奥运会现场报道；在一两分钟内，她就能收到未婚夫的消息说他也想她。假如她相思成疾，可以马上登上飞机，第二天就能到日本了。

这个世界已经缩小到了一张机票的尺寸。1955年，总计有5 100万人次乘坐飞机旅行。到20、21世纪之交，每年乘坐飞机的有16亿人次，其中5亿3千万人，大约每天150万人跨越边境。这种边境的渗透带来许多好处，市场融合和随之而来的全球信息共享也是如此。

全球化和世界卫生

但是联系紧密也有不利的一面，甚至连全球化的倡导者也认识到了这一点。国际航班的迅速增加尤其可能传播全球疾病，因为飞行让人们更容易在远比许多疾病潜伏期短的时间内到达世界另一端。环境恶化也造成了重大的全球健康威胁。2003年，世界卫生组织估计近1/4的全球疾病和伤害负担与环境破坏及恶化有关。比如，每年导致

猪流感疫情

2009年5月20日，从华盛顿起飞的联合航空803号航班甫一降落在东京成田机场，日本医疗健康官员立即登上飞机。他们戴着防毒面具、护目镜和一次性刷子，用温度扫描器检查乘客体温是否过高。当官员仔细检查飞机上每一个人时，乘客们紧张地等待着，他们知道，一旦发现任何症状或者可疑，整架飞机可能都会被隔离检疫。日本已经对所有来自墨西哥的旅行者关闭边境，因为H1N1"猪流感"大约三个星期前在那里出现。墨西哥采取了特别行动，关闭学校和企业，从全世界请来公共安全专家。尽管如此，H1N1病毒至5月中旬已经扩散到22个国家。通过隔离来源国的旅行者来阻止猪流感扩散已经不可能了。

4月末，墨西哥出现一系列死亡病例之后，世界卫生组织（World Health Organization）已经把警戒层级提升到第五级，这意味着世界卫生组织的官员预期这种病毒将造成40多年来第一次流感疫情。国际媒体文章提醒读者1918年的流感疫情历史，同时强调现在的情况与当时已经不可同日而语，因为国际航空旅行让世界更紧密相连。卫生分析师明确表示，"正确的"病原体，如果出现在"正确的"地点，一天之内就能传播到全世界，早于任何人意识到它的威胁之前。

另一方面，全球联系也提供了对抗疫情的新型工具：对疾病的全球监控，尽管各个国家的医疗发达程度不均衡，也并非都那么可靠，不过新的技术手段或许会扼杀发展过程中的疾病威胁。一旦有疫情发生，各个国家和全球组织将集中专业资源全力开发针对疫情的疫苗和技术。有了2003年非典（严重的急性呼吸综合征）暴发的经验，中国香港发展出先进完善的预防和管理重大传染性疾病暴发的计划，为世界其他地区做出榜样。最后，一些人相信，边境不再成为屏障的全球文化或许会增强全球人口对传染疾病的免疫力。

在墨西哥一开始的几例死亡病例出现后，来势汹汹的猪流感证实为不比普通流感更致命，全世界人民都松了一口气。前些年，非典和H5N1"禽流感"也没有发展成世界范围内的健康威胁。但是世界卫生组织和美国疾病控制中心（U.S. Center for Disease Control）提醒人们，重大疫情的出现只是时间问题。"我们生活在一个相连的世界上，共享健康。"一名联合国官员说道。在全球化时代，疾病并不会止步于边境，也不会敬畏财富和权力，美国人和世界其他民族的联系不容置疑。

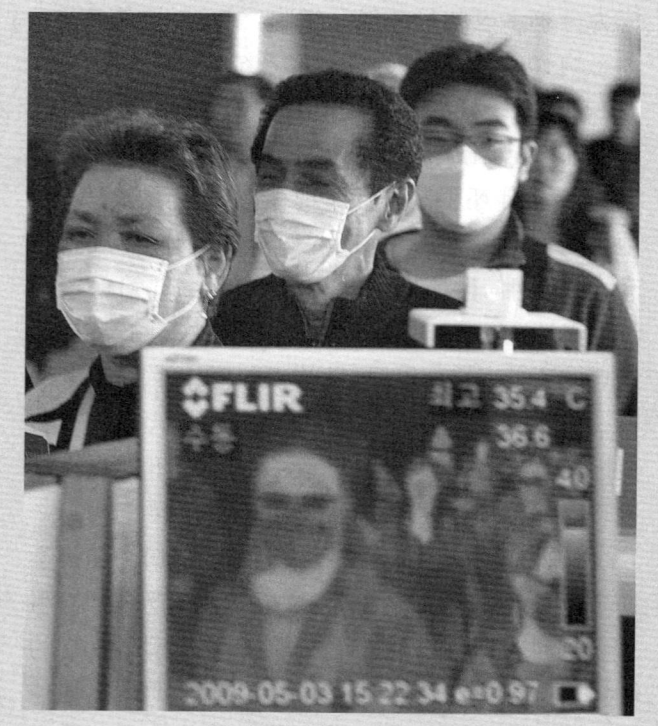

▶ 2009年春季，当H1N1病毒（"猪流感"）迅速传播时，世界各国试图阻止感染扩散。图中，韩国仁川机场用热成像摄像头检查到达机场的乘客体温。

图片来源：美联社照片

300万人死亡的腹泻疾病（比如霍乱）中约90%源自污染水源。世界卫生组织还指出，全球化和环境恶化造成了一种情况，在20世纪最后20年中，超过30种传染疾病第一次在人类体内被诊断出——包括艾滋病、埃博拉病毒、汉他病毒（hantavirus）和丙型肝炎病毒（hepatitis C）和戊型肝炎病（E）。与此同时，环境保护主义者坚持认为，由于国家经济的相互作用日益增加，气候变化、臭氧损耗、危险废料和破坏渔场等问题对于生态系统造成了负面效果。

直面恐怖主义

不过，在军事和外交方面，"9·11"造成了深刻和难以磨灭的印象。那天发生的恐怖袭击将美国人原本只有个模糊印象的事实带到了国内：全球化已经缩小了自然缓冲带，两个大洋给美国提供的屏障不再可靠。很显然，基地组织利用这个越来越开放、融合和全球化的世界，为自己攫取新的势力和影响力。这体现了恐怖主义的小组织如何变成真正的跨国威胁，它没有任何单一国家赞助或国内基地，却在全球肆虐。根据美国情报机关的情报，基地组织在90多个国家中运转——包括美国。

怎样才能打败这样一个敌人？决定性的胜利是否可能？在世界贸易中心倒塌九年后，这些仍然悬而未决。军事上难以撼动，没有任何大国可以匹敌，美国可以毫不拘束地干涉阿富汗以及伊拉克，但是在这两国的问题证明，美国的无敌并不能带来高枕无忧。美国继续在军事上花费巨额资金，事实上比全世界所有其他国家加起来更多。（包括增加的伊拉克和阿富汗军费，2010年五角大楼花了6800多亿美元，折合成每小时约7700万美元。）美国在全球投入军事力量，从巴尔干到伊拉克再到阿富汗和韩国不一而足（参见表33.1）。它的武装力量看起来庞大无匹，但是它的职责似乎更为艰巨。

结语

对于大部分美国人来说，1990年代繁荣昌盛。通信和信息业数字革命足以媲美一个世纪以前的电力和内燃机引擎革命，或者两个世纪前的蒸汽引擎革命，这场革命带来了繁荣，改变了美国和全世界的生活。从1991年至2001年，美国经历了历史上时间最长的经济扩张，意味着大部分美国人只要愿意都能找到工作，意味着证券市场欣欣向荣，意味着美国拥有财政盈余而非赤字，也意味着比起以前更多的美国人拥有了自己的房子。而且美国不仅繁荣，也强大。苏联已成过去，放眼全球再没有势均力敌的对手，美国成为世界上唯一的超级大国，它的经济和军事力量使朋友和敌人同样望而生畏。

尽管美国似乎处于力量和繁荣的巅峰，但是悬而未决的事件困扰着这个国家，海外和国内都是如此。1999年12月31日午夜前几分钟，克林顿总统呼吁美国人民不要畏惧未来，而是"欢迎它，创造它，拥抱它"。当美国人那一晚迎来新千年时，未来的挑战比他们想象的更严峻。2000年，胶着的总统大选最终由联邦最高法院以党派为界的5比4选票决定；2001年，十年的经济扩张到达了尾声。

接着，同年9月11日，伊斯兰极端分子袭击了世界贸易中心和五角大楼，杀死数千人，改变了美国生活的许多方面。新任总统乔治·W.布什，对"恐怖主义宣战"，把海外和国内都视为战场。当美国空中和地面部队追击阿富汗目标时，国会建立了国土安全部，并通过了《爱国者法案》，扩大了联邦政府的监管权力。2003年3月，布什领导美国与伊拉克开战，对将会发生的全面叛乱一无所知。布什于2004年连任，但是他的运气很快就用完了。国外两场耗资巨大的战争加上国内严重的经济危机为2008年贝拉克·奥巴马历史性的当选铺平了道路。

21世纪第一个十年，美国人眼中的世界与他们在1999年新年前夜充满信心地庆祝新千年到来时已经截然不同。2001年9月11日的恐怖袭击撼动了美国的核心。接着是漫长而胶着的战争，继之以大萧条以来最严重的经济衰退。到这十年结束时，

表 33.1　2009年[1]美国海外驻军人数

地区/国家	人 数	地区/国家	人 数
美国及其领地		阿富汗	66 400
美国大陆	959 508	巴林	1 507
阿拉斯加	21 597	迪亚哥加西亚	253
夏威夷	36 890	埃及	265
关岛	2 970	伊拉克	164 000
波多黎各	179	以色列	45
欧洲		阿曼苏丹国	34
比利时*	1 267	巴基斯坦	39
法国*	58	卡塔尔	463
德国*	52 658	沙特阿拉伯	269
希腊*	361	阿联酋	105
格陵兰*	144	**撒哈拉以南的非洲**	
匈牙利	60	吉布提共和国	1 207
意大利*	9 707	肯尼亚	41
荷兰*	510	南非	30
挪威*	70	**西半球**	
葡萄牙*	716	巴哈马	45
俄罗斯	57	巴西	37
西班牙*	1 365	加拿大	128
土耳其*	1 616	智利	30
英国	9 199	哥伦比亚	77
东亚和太平洋		古巴（关塔那摩）	926
澳大利亚	139	洪都拉斯	416
中国（包括香港）	68	秘鲁	45
日本	35 965	**国外驻军总计**[2]	262 793
朝鲜共和国	缺少数据	岸上	242 291
菲律宾	117	船上	20 502
新加坡	125	**全世界驻军总计**[2]	1 418 542
泰国	95	岸上	1 313 308
北非、近东和南亚		船上	105 234

*北约国家
[1] 仅列出美国驻军人数30人以上的国家
[2] 包括所有地区/国家，不限于表中列出的国家
来源：美国国防部，国防人力数据中心(Defense Manpower Data Center)

人民与国家的遗产

因特网

"谷歌一下"——这个词在21世纪来临以前没人知道,但是在21世纪的最初几年已成为家喻户晓的表达,像"施乐一下"或者"联邦快递一下"一样。谷歌是1990年代崛起的备受欢迎的因特网搜索引擎,它每天回应全世界3亿多次搜索,几乎毫不延迟,接近所有因特网搜索次数的40%。

谷歌的传奇崛起标志着21世纪初,因特网已经成为许多美国人日常生活中普遍的构成部分。尤其是对于年轻人来说,因特网是理所当然的东西,就像冰箱、微波炉、立体声音响和电视机一样。

然而因特网的广泛传播是最近的现象,尽管它的历史可以追溯到约40年以前。在1960年代中期,美国军方的先进研究项目局(Advanced Research Projects Agency,即ARPA)希望为全国各地的政府和大学研究员建立一种通信网络。1969年,实验系统的最初几个部分(称作ARPANET)在加州大学伯克利分校、位于圣巴巴拉的加州大学、斯坦福大学研究院(Stanford Research Institute)以及犹他州州立大学上线。至1971年,23台计算机已接入网络,这一数字逐渐增加,至1984年接近1 000台。至1980年年末,该系统已经更名为因特网,此时它还只传送文字。1990年,计算机科学家开发了万维网(World Wide Web),可以运用因特网传输图片和多媒体信息。接着在1993年,第一个用于浏览网络信息的商业"浏览器"出现在市场上。1994年和1995年两个更好的浏览器诞生:网景(Netscape)和因特网浏览器(Internet Explorer)。全世界数百万计算机用户联网终于变成了事实。

至2009年年末,全世界有超过17亿因特网用户,包括2.3亿美国人。多亏了科技进步和提供高速连接的新形式"宽带"通道,这些用户可以在网上做各种各样的事情。他们可以发送和接收电子邮件,加入线上讨论组,阅读报刊,预定行程,下载电影和音乐,购买从书籍到个人喷气机的所有东西,还能进行理财——这一切都只需家中有一台小小的计算机。对于与全球相连的新千年中的美国人来说,21世纪最宝贵的遗产无疑是因特网。

美国人对于如何解决国家问题分歧严重。在一些人看来,这些障碍似乎不可能克服。然而,美国人民在历史上曾面对过无数困境;每一次,他们都证明了自己的弹性,安然度过风暴。当新的十年来临,美国人继续争论不休,探讨国外和国内政策的优先级别,寻找国家的前进方向,正是这种激情和执着让民主精神得以不朽。

扩展阅读

Derek Chollet and James Goldgeier, *America Between the Wars: From 11/9 to 9/11* (2008)

Barbara Ehrenreich, *Nickled and Dimed: On (Not) Getting by in America* (2002)

David Halberstam, *War in a Time of Peace: Bush, Clinton, and the Generals* (2001)

John F. Harris, *The Survivor: Bill Clinton in the White House* (2005)

Jennifer L. Hochschild, *Facing up to the American Dream: Race, Class, and the Soul of the Nation* (1995)

James Mann, *Rise of the Vulcans: The History of Bush's War Cabinet* (2004)

Alejandro Portes and Reuben G. Rumbaut, *Immigrant America: A Portrait*, 3d ed. (2006)

Thomas E. Ricks, *The Gamble: General David Petraeus and the American Military Adventure in Iraq, 2006—2008* (2009)

Joseph E. Stiglitz, *Globalization and Its Discontents* (2002)

图书在版编目（CIP）数据

特别的人民，特别的国家：美国全史/（美）玛丽·贝丝·诺顿等著；黄少婷译.—上海：上海社会科学院出版社，2017

书名原文：A People & A Nation
ISBN 978-7-5520-1999-5

Ⅰ.①特… Ⅱ.①玛… ②黄… Ⅲ.①美国-历史
Ⅳ.①K712

中国版本图书馆CIP数据核字（2017）第128830号

A People & A Nation：A History of the United States（Ninth Edition）
Mary Beth Norton, Carol Sheriff, David W. Blight, Howard P. Chudacoff, Fredrik Logevall, Beth Bailey
黄少婷 译

Copyright © 2012,2008 Wadsworth, Cengage Learning.
Original edition published by Cengage Learning. All Rights reserved.
本书原版由圣智学习出版公司出版。版权所有，盗印必究。

Shanghai Academy Social Sciences Press is authorized by Cengage Learning to publish and distribute exclusively this simplified Chinese edition. This edition is authorized for sale in the People's Republic of China only (excluding Hong Kong, Macao SAR and Taiwan). Unauthorized export of this edition is a violation of the Copyright Act. No part of this publication may be reproduced or distributed by any means, or stored in a database or retrieval system, without the prior written permission of the publisher.
本书中文简体字翻译版由圣智学习出版公司授权上海社会科学院出版社独家出版发行。此版本仅限在中华人民共和国境内（不包括中国香港、澳门特别行政区及中国台湾）销售。未经授权的本书出口将被视为违反版权法的行为。未经出版者预先书面许可，不得以任何方式复制或发行本书的任何部分。
9787552019995

Cengage Learning Asia Pte. Ltd.
151 Lorong Chuan, #02-08 New Tech Park, Singapore 556741

本书封面贴有 Cengage Learning 防伪标签，无标签者不得销售。

上海市版权局著作权合同登记号 图字：09-2012-835

特别的人民，特别的国家——美国全史（第9版）

著　　者：	[美]玛丽·贝丝·诺顿
	[美]卡罗尔·谢瑞夫
	[美]大卫·W.布莱特
	[美]霍华德·P.丘达柯夫
	[美]弗雷德里克·洛奇沃
	[美]贝丝·百利
译　　者：	黄少婷
责任编辑：	唐云松　张　晶
封面设计：	黄婧昉
出版发行：	上海社会科学院出版社
	上海顺昌路622号　邮编200025
	电话总机021-63315900　销售热线021-53063735
	http://www.sassp.org.cn　E-mail: sassp@sass.org.cn
排　　版：	南京展望文化发展有限公司
印　　刷：	上海景条印刷有限公司
开　　本：	889×1194毫米　1/16开
印　　张：	67.75
插　　页：	1
字　　数：	1720千字
版　　次：	2018年8月第1版　2018年8月第1次印刷

ISBN 978-7-5520-1999-5 / K.397　　　　　定价：198.00元
审图号GS（2018）273号

版权所有　翻印必究